[Wissen für die Praxis]

Das gesamte Sozialgesetzbuch SGB I bis SGB XII

Mit Durchführungsverordnungen,
Wohngeldgesetz (WoGG) und
Sozialgerichtsgesetz (SGG)

WALHALLA

Bibliografische Information der Deutschen Nationalbibliothek
Die Deutsche Nationalbibliothek verzeichnet diese Publikation in der Deutschen Nationalbibliografie; detaillierte bibliografische Daten sind im Internet über http://dnb.dnb.de abrufbar.

Zitiervorschlag:
Das gesamte Sozialgesetzbuch SGB I bis SGB XII, Ausgabe 2015/II
in der Reihe WALHALLA Online-Bibliothek
Walhalla Fachverlag, Regensburg 2015

FSC
www.fsc.org
MIX
Papier aus verantwortungsvollen Quellen
FSC® C083411

Diese Textausgabe erscheint halbjährlich neu. Wer „Das gesamte Sozialgesetzbuch SGB I bis SGB XII" abonniert, erhält für diesen Inhalt einen regelmäßig aktualisierten kostenlosen Online-Zugang.

Rechtsstand: 15. August 2015

Produktion Walhalla Fachverlag, 93042 Regensburg
Umschlaggestaltung: grubergrafik, Augsburg
Printed in Germany
ISBN 978-3-8029-2003-5

PMC-CPI-0915-7712-0

Die Rechtsgrundlagen für die Ausbildung und Praxis der Sozialberatung und Sozialarbeit

Im „Sozialgesetzbuch" (SGB) mit seinen zwölf Büchern ist das Recht der Sozialversicherungen und der staatlichen Fürsorgeleistungen zusammengefasst. Um den praktischen Anforderungen gerecht zu werden, enthält die vorliegende Ausgabe nicht nur den vollständigen Gesetzestext jedes Sozialgesetzbuches, sondern darüber hinaus auch die relevanten Verordnungen bzw. Nebenbestimmungen, ohne deren Beachtung eine rechtssichere Fallbearbeitung nicht möglich ist. Abgedruckt sind diese Verordnungen jeweils im Anschluss an das jeweilige SGB.

Die Leitziffernsystematik am oberen Seitenrand funktioniert ganz einfach:

Die erste Zahl entspricht der Abschnittsnummer.

Die zweite Zahl stellt die Ordnungsnummer innerhalb des Abschnitts dar.

XII.28 **RBEG: Regelbedarfs-Ermittlungsgesetz**

Diese Textausgabe berücksichtigt den Rechtsstand 15. August 2015. Soweit die Änderungen am 1. Januar 2016 in Kraft treten, sind sie als Anmerkungen beim jeweiligen Paragrafen eingearbeitet.

Besonders hinweisen möchten wir auf folgende Änderungen:

5. SGB IV-Änderungsgesetz – ein bunter Strauß an Neuerungen

Ursprünglich sollten mit diesem Änderungsgesetz die technischen und organisatorischen Abläufe in den Meldeverfahren zwischen Unternehmen und Sozialversicherungsträgern vereinfacht werden. Im Laufe des Gesetzgebungsverfahrens wurden im so genannten Omnibusverfahren weitere – nicht im Zusammenhang mit dem Meldeverfahren stehende – sozialrechtliche Modifikationen in den unterschiedlichsten Bereichen vorgenommen:

- Bei volljährigen Waisen, die in einer Ausbildung sind, wird die Waisenrente künftig nicht mehr gekürzt, auch wenn ihr Einkommen über 500 Euro liegt.
- Der Ausbau der ausbildungsbegleitenden Hilfen und das neue Instrument der „Assistierten Ausbildung" (§ 130 SGB III) sollen sozial- und bildungsbenachteiligten Jugendlichen verbesserte Chancen auf eine betriebliche Berufsausbildung schaffen.
- Bei Teilnahme am Bundesprogramm „Soziale Teilhabe" in der Arbeitsförderung besteht nun sozialversicherungsrechtliche Versicherungsfreiheit.
- Auch junge Frauen unter 20 Jahren haben nun einen Anspruch auf Kostenübernahme durch die gesetzliche Krankenversicherung für die „Pille danach".
- Bei Sozialversicherungsbeiträgen bei geringfügiger Beschäftigung in Privathaushalten, die in der Regel im Haushaltsscheckverfahren berechnet werden, wurden die Fälligkeitstermine mit den steuerrechtlichen Regelungen harmonisiert. Die Beiträge werden nun jeweils am 31. Juli des laufenden Jahres sowie am 31. Januar des folgenden Jahres fällig.

GKV-Versorgungsstärkungsgesetz

Das „Gesetz zur Stärkung der Versorgung in der gesetzlichen Krankenversicherung" soll die flächendeckende ambulante medizinische Versorgung der Versicherten sichern. Es schafft daher neue Regelungen für die Zu- und Niederlassung von Ärzten sowie neue Gründungsmöglichkeiten für medizinische Versorgungszentren.

Zur Verbesserung der medizinischen Betreuung wurden zudem zahlreiche neue Maßnahmen in das SGB V eingebaut, die insbesondere für die Patientenbetreuung und -beratung wichtig sind:

- Definition der hauptberuflich selbstständigen Erwerbstätigkeit (§ 5 SGB V)
- Befristete Beibehaltung des Sonderstatus für Tagespflegepersonen (§ 10 SGB V)
- GKV-Mitgliedschaft aufgrund des Bezugs von Mutterschaftsgeld (§ 24i SGB V)
- Rechtsanspruch auf Zweitmeinung (§ 27b SGB V)
- Verbesserung der medizinischen Versorgung von Menschen mit Behinderung sowie von Pflegebedürftigen (§§ 22a, 43b, 119c SGB V)
- Schnellere Termine bei Fachärzten (§ 75 SGB V)
- Verbessertes Entlassungsmanagement (§ 39 SGB V)
- Verbesserter Zugang zu Reha-Maßnahmen (§ 40 SGB V)
- Unterstützendes Krankengeldfallmanagement (§ 44 SGB V)
- Nachreichungsmöglichkeit der Arbeitsunfähigkeits-Folgebescheinigung (§ 46 SGB V)
- Krankentransporte unter Genehmigungsvorbehalt (§ 60 SGB V)
- Haushaltshilfe als Sachleistung (§ 132 SGB V)
- Anwendung neuer Untersuchungs- und Behandlungsmethoden (§ 137c SGB V)
- Mehr strukturierte Behandlungsprogramme (§ 137f SGB V)
- Stärkung der Selbsthilfe- und Angehörigengruppen (§ 279 SGB V)

Präventionsgesetz

Ziel des „Gesetzes zur Stärkung der Gesundheitsförderung und der Prävention" ist es, die Gesundheit direkt im Lebensumfeld – beispielweise in der KiTa, der Schule, am Arbeitsplatz oder im Pflegeheim – zu fördern. Dazu wurden die §§ 20-20h SGB V neu eingeführt. Zudem wurden die Früherkennungsuntersuchungen für Kinder, Jugendliche und Erwachsene weiterentwickelt und der Impfschutz verbessert (§ 26 SGB V).

Wir wünschen erfolgreiches Arbeiten mit „Das gesamte Sozialgesetzbuch SGB I bis SGB XII".

Ihr Walhalla Fachverlag

Schnellübersicht

I SGB I: Allgemeiner Teil

II SGB II: Grundsicherung für Arbeitsuchende

III SGB III: Arbeitsförderung

IV SGB IV: Gemeinsame Vorschriften für die Sozialversicherung

V SGB V: Gesetzliche Krankenversicherung

V

VI SGB VI: Gesetzliche Rentenversicherung

VI

VII SGB VII: Gesetzliche Unfallversicherung

VIII SGB VIII: Kinder- und Jugendhilfe

VIII

IX SGB IX: Rehabilitation und Teilhabe behinderter Menschen

X SGB X: Sozialverwaltungsverfahren und Sozialdatenschutz

X

XI SGB XI: Soziale Pflegeversicherung

XI

XII SGB XII: Sozialhilfe

XIII Besondere Teile des Sozialgesetzbuches nach § 68 SGB I

Neben den hier veröffentlichten Vorschriften werden in § 68 SGB I auch folgende Gesetze als zum Sozialgesetzbuch gehörig genannt:

- das Bundesausbildungsförderungsgesetz
- das Bundesversorgungsgesetz
- das Gesetz über die Alterssicherung der Landwirte
- das Gesetz über das Verwaltungsverfahren der Kriegsopferversorgung
- das Adoptionsvermittlungsgesetz
- das Altersteilzeitgesetz
- das Schwangerschaftskonfliktgesetz
- das Unterhaltsvorschussgesetz
- der Erste, Zweite und Dritte Abschnitt des Bundeselterngeld- und Elternzeitgesetzes

Aus Umfanggründen konnten diese Vorschriften nicht aufgenommen werden. Abonnenten der Halbjahresbände „Das gesamte Sozialgesetzbuch" haben im für sie kostenlosen Onlinedienst Zugriff auf diese Vorschriften.

XIV SGG: Sozialgerichtsgesetz

XIV

I SGB I: Allgemeiner Teil

I

Sozialgesetzbuch (SGB) Erstes Buch (I) – Allgemeiner Teil – (SGB I)

Vom 11. Dezember 1975 (BGBl. I S. 3015)

Zuletzt geändert durch
Gesetz zur Einführung des Elterngeld Plus mit Partnerschaftsbonus und einer flexibleren Elternzeit im Bundeselterngeld- und Elternzeitgesetz
vom 18. Dezember 2014 (BGBl. I S. 2325)[1])

Inhaltsübersicht

[1]) Die Änderungen in § 22 und § 24 zum 1. Januar 2016 sind als Anmerkung eingearbeitet.

I

Artikel I
Allgemeiner Teil

Erster Abschnitt
Aufgaben des Sozialgesetzbuchs und soziale Rechte

§ 1 Aufgaben des Sozialgesetzbuchs

(1) 1Das Recht des Sozialgesetzbuchs soll zur Verwirklichung sozialer Gerechtigkeit und sozialer Sicherheit Sozialleistungen einschließlich sozialer und erzieherischer Hilfen gestalten. 2Es soll dazu beitragen,

- ein menschenwürdiges Dasein zu sichern,
- gleiche Voraussetzungen für die freie Entfaltung der Persönlichkeit, insbesondere auch für junge Menschen zu schaffen,
- die Familie zu schützen und zu fördern,
- den Erwerb des Lebensunterhalts durch eine frei gewählte Tätigkeit zu ermöglichen und
- besondere Belastungen des Lebens, auch durch Hilfe zur Selbsthilfe, abzuwenden oder auszugleichen.

(2) Das Recht des Sozialgesetzbuchs soll auch dazu beitragen, daß die zur Erfüllung der in Absatz 1 genannten Aufgaben erforderlichen sozialen Dienste und Einrichtungen rechtzeitig und ausreichend zur Verfügung stehen.

§ 2 Soziale Rechte

(1) 1Der Erfüllung der in § 1 genannten Aufgaben dienen die nachfolgenden sozialen Rechte. 2Aus ihnen können Ansprüche nur insoweit geltend gemacht oder hergeleitet werden, als deren Voraussetzungen und Inhalt durch die Vorschriften der besonderen Teile dieses Gesetzbuchs im einzelnen bestimmt sind.

(2) Die nachfolgenden sozialen Rechte sind bei der Auslegung der Vorschriften dieses Gesetzbuchs und bei der Ausübung von Ermessen zu beachten; dabei ist sicherzustellen, daß die sozialen Rechte möglichst weitgehend verwirklicht werden.

§ 3 Bildungs- und Arbeitsförderung

(1) Wer an einer Ausbildung teilnimmt, die seiner Neigung, Eignung und Leistung entspricht, hat ein Recht auf individuelle Förderung seiner Ausbildung, wenn ihm die hierfür erforderlichen Mittel nicht anderweitig zur Verfügung stehen.

(2) Wer am Arbeitsleben teilnimmt oder teilnehmen will, hat ein Recht auf

1. Beratung bei der Wahl des Bildungswegs und des Berufs,
2. individuelle Förderung seiner beruflichen Weiterbildung,
3. Hilfe zur Erlangung und Erhaltung eines angemessenen Arbeitsplatzes und
4. wirtschaftliche Sicherung bei Arbeitslosigkeit und bei Zahlungsunfähigkeit des Arbeitgebers.

§ 4 Sozialversicherung

(1) Jeder hat im Rahmen dieses Gesetzbuchs ein Recht auf Zugang zur Sozialversicherung.

(2) 1Wer in der Sozialversicherung versichert ist, hat im Rahmen der gesetzlichen Kranken-, Pflege-, Unfall- und Rentenversicherung einschließlich der Alterssicherung der Landwirte ein Recht auf

1. die notwendigen Maßnahmen zum Schutz, zur Erhaltung, zur Besserung und zur Wiederherstellung der Gesundheit und der Leistungsfähigkeit und
2. wirtschaftliche Sicherung bei Krankheit, Mutterschaft, Minderung der Erwerbsfähigkeit und Alter.

2Ein Recht auf wirtschaftliche Sicherung haben auch die Hinterbliebenen eines Versicherten.

§ 5 Soziale Entschädigung bei Gesundheitsschäden

1Wer einen Gesundheitsschaden erleidet, für dessen Folgen die staatliche Gemeinschaft in Abgeltung eines besonderen Opfers oder aus anderen Gründen nach versorgungsrechtlichen Grundsätzen einsteht, hat ein Recht auf

1. die notwendigen Maßnahmen zur Erhaltung, zur Besserung und zur Wiederher-

stellung der Gesundheit und der Leistungsfähigkeit und

2. angemessene wirtschaftliche Versorgung.

2Ein Recht auf angemessene wirtschaftliche Versorgung haben auch die Hinterbliebenen eines Beschädigten.

§ 6 Minderung des Familienaufwands

Wer Kindern Unterhalt zu leisten hat oder leistet, hat ein Recht auf Minderung der dadurch entstehenden wirtschaftlichen Belastungen.

§ 7 Zuschuß für eine angemessene Wohnung

Wer für eine angemessene Wohnung Aufwendungen erbringen muß, die ihm nicht zugemutet werden können, hat ein Recht auf Zuschuß zur Miete oder zu vergleichbaren Aufwendungen.

§ 8 Kinder- und Jugendhilfe

1Junge Menschen und Personensorgeberechtigte haben im Rahmen dieses Gesetzbuchs ein Recht, Leistungen der öffentlichen Jugendhilfe in Anspruch zu nehmen. 2Sie sollen die Entwicklung junger Menschen fördern und die Erziehung in der Familie unterstützen und ergänzen.

§ 9 Sozialhilfe

1Wer nicht in der Lage ist, aus eigenen Kräften seinen Lebensunterhalt zu bestreiten oder in besonderen Lebenslagen sich selbst zu helfen, und auch von anderer Seite keine ausreichende Hilfe erhält, hat ein Recht auf persönliche und wirtschaftliche Hilfe, die seinem besonderen Bedarf entspricht, ihn zur Selbsthilfe befähigt, die Teilnahme am Leben in der Gemeinschaft ermöglicht und die Führung eines menschenwürdigen Lebens sichert. 2Hierbei müssen Leistungsberechtigte nach ihren Kräften mitwirken.

§ 10 Teilhabe behinderter Menschen

Menschen, die körperlich, geistig oder seelisch behindert sind oder denen eine solche Behinderung droht, haben unabhängig von der Ursache der Behinderung zur Förderung ihrer Selbstbestimmung und gleichberechtigten Teilhabe ein Recht auf Hilfe, die notwendig ist, um

1. die Behinderung abzuwenden, zu beseitigen, zu mindern, ihre Verschlimmerung zu verhüten oder ihre Folgen zu mildern,
2. Einschränkungen der Erwerbsfähigkeit oder Pflegebedürftigkeit zu vermeiden, zu überwinden, zu mindern oder eine Verschlimmerung zu verhüten sowie den vorzeitigen Bezug von Sozialleistungen zu vermeiden oder laufende Sozialleistungen zu mindern,
3. ihnen einen ihren Neigungen und Fähigkeiten entsprechenden Platz im Arbeitsleben zu sichern,
4. ihre Entwicklung zu fördern und ihre Teilhabe am Leben in der Gesellschaft und eine möglichst selbständige und selbstbestimmte Lebensführung zu ermöglichen oder zu erleichtern sowie
5. Benachteiligungen auf Grund der Behinderung entgegenzuwirken.

Zweiter Abschnitt Einweisungsvorschriften

Erster Titel Allgemeines über Sozialleistungen und Leistungsträger

§ 11 Leistungsarten

1Gegenstand der sozialen Rechte sind die in diesem Gesetzbuch vorgesehenen Dienst-, Sach- und Geldleistungen (Sozialleistungen). 2Die persönliche und erzieherische Hilfe gehört zu den Dienstleistungen.

§ 12 Leistungsträger

1Zuständig für die Sozialleistungen sind die in den §§ 18 bis 29 genannten Körperschaften, Anstalten und Behörden (Leistungsträger). 2Die Abgrenzung ihrer Zuständigkeit ergibt sich aus den besonderen Teilen dieses Gesetzbuchs.

§ 13 Aufklärung

Die Leistungsträger, ihre Verbände und die sonstigen in diesem Gesetzbuch genannten öffentlich-rechtlichen Vereinigungen sind verpflichtet, im Rahmen ihrer Zuständigkeit die Bevölkerung über die Rechte und Pflichten nach diesem Gesetzbuch aufzuklären.

§ 14 Beratung

₁Jeder hat Anspruch auf Beratung über seine Rechte und Pflichten nach diesem Gesetzbuch. ₂Zuständig für die Beratung sind die Leistungsträger, denen gegenüber die Rechte geltend zu machen oder die Pflichten zu erfüllen sind.

§ 15 Auskunft

(1) Die nach Landesrecht zuständigen Stellen, die Träger der gesetzlichen Krankenversicherung und der sozialen Pflegeversicherung sind verpflichtet, über alle sozialen Angelegenheiten nach diesem Gesetzbuch Auskünfte zu erteilen.

(2) Die Auskunftspflicht erstreckt sich auf die Benennung der für die Sozialleistungen zuständigen Leistungsträger sowie auf alle Sach- und Rechtsfragen, die für die Auskunftsuchenden von Bedeutung sein können und zu deren Beantwortung die Auskunftsstelle imstande ist.

(3) Die Auskunftsstellen sind verpflichtet, untereinander und mit den anderen Leistungsträgern mit dem Ziel zusammenzuarbeiten, eine möglichst umfassende Auskunftserteilung durch eine Stelle sicherzustellen.

(4) Die Träger der gesetzlichen Rentenversicherung können über Möglichkeiten zum Aufbau einer nach § 10a oder Abschnitt XI des Einkommensteuergesetzes geförderten zusätzlichen Altersvorsorge Auskünfte erteilen, soweit sie dazu im Stande sind.

§ 16 Antragstellung

(1) ₁Anträge auf Sozialleistungen sind beim zuständigen Leistungsträger zu stellen. ₂Sie werden auch von allen anderen Leistungsträgern, von allen Gemeinden und bei Personen, die sich im Ausland aufhalten, auch von den amtlichen Vertretungen der Bundesrepublik Deutschland im Ausland entgegengenommen.

(2) ₁Anträge, die bei einem unzuständigen Leistungsträger, bei einer für die Sozialleistung nicht zuständigen Gemeinde oder bei einer amtlichen Vertretung der Bundesrepublik Deutschland im Ausland gestellt werden, sind unverzüglich an den zuständigen Leistungsträger weiterzuleiten. ₂Ist die Sozialleistung von einem Antrag abhängig, gilt der Antrag als zu dem Zeitpunkt gestellt, in dem er bei einer der in Satz 1 genannten Stellen eingegangen ist.

(3) Die Leistungsträger sind verpflichtet, darauf hinzuwirken, daß unverzüglich klare und sachdienliche Anträge gestellt und unvollständige Angaben ergänzt werden.

§ 17 Ausführung der Sozialleistungen

(1) Die Leistungsträger sind verpflichtet, darauf hinzuwirken, daß

1. jeder Berechtigte die ihm zustehenden Sozialleistungen in zeitgemäßer Weise, umfassend und zügig erhält,
2. die zur Ausführung von Sozialleistungen erforderlichen sozialen Dienste und Einrichtungen rechtzeitig und ausreichend zur Verfügung stehen,
3. der Zugang zu den Sozialleistungen möglichst einfach gestaltet wird, insbesondere durch Verwendung allgemein verständlicher Antragsvordrucke und
4. ihre Verwaltungs- und Dienstgebäude frei von Zugangs- und Kommunikationsbarrieren sind und Sozialleistungen in barrierefreien Räumen und Anlagen ausgeführt werden.

(2) ₁Hörbehinderte Menschen haben das Recht, bei der Ausführung von Sozialleistungen, insbesondere auch bei ärztlichen Untersuchungen und Behandlungen, Gebärdensprache zu verwenden. ₂Die für die Sozialleistung zuständigen Leistungsträger sind verpflichtet, die durch die Verwendung der Gebärdensprache und anderer Kommunikationshilfen entstehenden Kosten zu tragen; § 19 Abs. 2 Satz 4 des Zehnten Buches gilt entsprechend.

(3) ₁In der Zusammenarbeit mit gemeinnützigen und freien Einrichtungen und Organisa-

tionen wirken die Leistungsträger darauf hin, daß sich ihre Tätigkeit und die der genannten Einrichtungen und Organisationen zum Wohl der Leistungsempfänger wirksam ergänzen. 2Sie haben dabei deren Selbständigkeit in Zielsetzung und Durchführung ihrer Aufgaben zu achten. 3Die Nachprüfung zweckentsprechender Verwendung bei der Inanspruchnahme öffentlicher Mittel bleibt unberührt. 4Im übrigen ergibt sich ihr Verhältnis zueinander aus den besonderen Teilen dieses Gesetzbuchs; § 97 Abs. 1 Satz 1 bis 4 und Abs. 2 des Zehnten Buches findet keine Anwendung.

Zweiter Titel Einzelne Sozialleistungen und zuständige Leistungsträger

§ 18 Leistungen der Ausbildungsförderung

(1) Nach dem Recht der Ausbildungsförderung können Zuschüsse und Darlehen für den Lebensunterhalt und die Ausbildung in Anspruch genommen werden.

(2) Zuständig sind die Ämter und die Landesämter für Ausbildungsförderung nach Maßgabe der §§ 39, 40, 40a und 45 des Bundesausbildungsförderungsgesetzes.

§ 19 Leistungen der Arbeitsförderung

(1) Nach dem Recht der Arbeitsförderung können in Anspruch genommen werden:

1. Berufsberatung und Arbeitsmarktberatung,
2. Ausbildungsvermittlung und Arbeitsvermittlung,
3. Leistungen
   a) zur Aktivierung und beruflichen Eingliederung,
   b) zur Berufswahl und Berufsausbildung,
   c) zur beruflichen Weiterbildung,
   d) zur Aufnahme einer Erwerbstätigkeit,
   e) zum Verbleib in Beschäftigung,
   f) der Teilhabe behinderter Menschen am Arbeitsleben,
4. Arbeitslosengeld, Teilarbeitslosengeld, Arbeitslosengeld bei Weiterbildung und Insolvenzgeld.

(2) Zuständig sind die Agenturen für Arbeit und die sonstigen Dienststellen der Bundesagentur für Arbeit.

§ 19a Leistungen der Grundsicherung für Arbeitsuchende

(1) Nach dem Recht der Grundsicherung für Arbeitsuchende können in Anspruch genommen werden

1. Leistungen zur Eingliederung in Arbeit,
2. Leistungen zur Sicherung des Lebensunterhalts.

(2) 1Zuständig sind die Agenturen für Arbeit und die sonstigen Dienststellen der Bundesagentur für Arbeit, sowie die kreisfreien Städte und Kreise, soweit durch Landesrecht nicht andere Träger bestimmt sind. 2In den Fällen des § 6a des Zweiten Buches ist abweichend von Satz 1 der zugelassene kommunale Träger zuständig.

§ 19b Leistungen bei gleitendem Übergang älterer Arbeitnehmer in den Ruhestand

(1) Nach dem Recht der Förderung eines gleitenden Übergangs älterer Arbeitnehmer in den Ruhestand können in Anspruch genommen werden:

1. Erstattung der Beiträge zur Höherversicherung in der gesetzlichen Rentenversicherung und der nicht auf das Arbeitsentgelt entfallenden Beiträge zur gesetzlichen Rentenversicherung für ältere Arbeitnehmer, die ihre Arbeitszeit verkürzt haben.
2. Erstattung der Aufstockungsbeträge zum Arbeitsentgelt für die Altersteilzeitarbeit.

(2) Zuständig sind die Agenturen für Arbeit und die sonstigen Dienststellen der Bundesagentur für Arbeit.

§ 20 (weggefallen)

I

§ 21 Leistungen der gesetzlichen Krankenversicherung

(1) Nach dem Recht der gesetzlichen Krankenversicherung können in Anspruch genommen werden:

1. Leistungen zur Förderung der Gesundheit, zur Verhütung und zur Früherkennung von Krankheiten,
2. bei Krankheit Krankenbehandlung, insbesondere
   a) ärztliche und zahnärztliche Behandlung,
   b) Versorgung mit Arznei-, Verband-, Heil- und Hilfsmitteln,
   c) häusliche Krankenpflege und Haushaltshilfe,
   d) Krankenhausbehandlung,
   e) medizinische und ergänzende Leistungen zur Rehabilitation,
   f) Betriebshilfe für Landwirte,
   g) Krankengeld,
3. bei Schwangerschaft und Mutterschaft ärztliche Betreuung, Hebammenhilfe, stationäre Entbindung, häusliche Pflege, Haushaltshilfe, Betriebshilfe für Landwirte, Mutterschaftsgeld,
4. Hilfe zur Familienplanung und Leistungen bei durch Krankheit erforderlicher Sterilisation und bei nicht rechtswidrigem Schwangerschaftsabbruch.

(2) Zuständig sind die Orts-, Betriebs- und Innungskrankenkassen, die Sozialversicherung für Landwirtschaft, Forsten und Gartenbau als landwirtschaftliche Krankenkasse, die Deutsche Rentenversicherung Knappschaft-Bahn-See und die Ersatzkassen.

§ 21a Leistungen der sozialen Pflegeversicherung

(1) Nach dem Recht der sozialen Pflegeversicherung können in Anspruch genommen werden:

1. Leistungen bei häuslicher Pflege:
   a) Pflegesachleistung,
   b) Pflegegeld für selbst beschaffte Pflegehilfen,
   c) häusliche Pflege bei Verhinderung der Pflegeperson,
   d) Pflegehilfsmittel und technische Hilfen,
2. teilstationäre Pflege und Kurzzeitpflege,
3. Leistungen für Pflegepersonen, insbesondere
   a) soziale Sicherung und
   b) Pflegekurse,
4. vollstationäre Pflege.

(2) Zuständig sind die bei den Krankenkassen errichteten Pflegekassen.

§ 21b Leistungen bei Schwangerschaftsabbrüchen

(1) Nach dem Fünften Abschnitt des Schwangerschaftskonfliktgesetzes können bei einem nicht rechtswidrigen oder unter den Voraussetzungen des § 218a Abs. 1 des Strafgesetzbuches vorgenommenen Abbruch einer Schwangerschaft Leistungen in Anspruch genommen werden.

(2) Zuständig sind die Orts-, Betriebs- und Innungskrankenkassen, die Sozialversicherung für Landwirtschaft, Forsten und Gartenbau als landwirtschaftliche Krankenkasse, die Deutsche Rentenversicherung Knappschaft-Bahn-See und die Ersatzkassen.

§ 22 Leistungen der gesetzlichen Unfallversicherung

(1) Nach dem Recht der gesetzlichen Unfallversicherung können in Anspruch genommen werden:

1. Maßnahmen zur Verhütung von Arbeitsunfällen, Berufskrankheiten und arbeitsbedingten Gesundheitsgefahren und zur Ersten Hilfe sowie Maßnahmen zur Früherkennung von Berufskrankheiten und arbeitsbedingten Gesundheitsgefahren,
2. Heilbehandlung, Leistungen zur Teilhabe am Arbeitsleben und andere Leistungen zur Erhaltung, Besserung und Wiederherstellung der Erwerbsfähigkeit sowie zur Erleichterung der Verletzungsfolgen einschließlich wirtschaftlicher Hilfen,
3. Renten wegen Minderung der Erwerbsfähigkeit,

4. Renten an Hinterbliebene, Sterbegeld und Beihilfen,
5. Rentenabfindungen,
6. Haushaltshilfe,
7. Betriebshilfe für Landwirte.

(2) Zuständig sind die gewerblichen Berufsgenossenschaften, die Sozialversicherung für Landwirtschaft, Forsten und Gartenbau als landwirtschaftliche Berufsgenossenschaft, die Gemeindeunfallversicherungsverbände, die Feuerwehr-Unfallkassen, die Unfallkasse Post und Telekom, die Unfallkassen der Länder und Gemeinden, die gemeinsamen Unfallkassen für den Landes- und kommunalen Bereich und die Unfallversicherung Bund und Bahn.

In Absatz 2 wird die Unfallkasse Post und Telekom zum 1.1.2016 gestrichen (Änderung durch Gesetz zur Neuorganisation der bundesunmittelbaren Unfallkassen, zur Änderung des Sozialgerichtsgesetzes und zur Änderung anderer Gesetze vom 19.10.2013, BGBl. I S. 3836).

§ 23 Leistungen der gesetzlichen Rentenversicherung einschließlich der Alterssicherung der Landwirte

(1) Nach dem Recht der gesetzlichen Rentenversicherung einschließlich der Alterssicherung der Landwirte können in Anspruch genommen werden:

1. in der gesetzlichen Rentenversicherung:
   a) Heilbehandlung, Leistungen zur Teilhabe am Arbeitsleben und andere Leistungen zur Erhaltung, Besserung und Wiederherstellung der Erwerbsfähigkeit einschließlich wirtschaftlicher Hilfen,
   b) Renten wegen Alters, Renten wegen verminderter Erwerbsfähigkeit und Knappschaftsausgleichsleistung,
   c) Renten wegen Todes,
   d) Witwen- und Witwerrentenabfindungen sowie Beitragserstattungen,
   e) Zuschüsse zu den Aufwendungen für die Krankenversicherung,
   f) Leistungen für Kindererziehung.
2. in der Alterssicherung der Landwirte:
   a) Heilbehandlung und andere Leistungen zur Erhaltung, Besserung und Wiederherstellung der Erwerbsfähigkeit einschließlich Betriebs- oder Haushaltshilfe,
   b) Renten wegen Erwerbsminderung und Alters,
   c) Renten wegen Todes,
   d) Beitragszuschüsse,
   e) Betriebs- und Haushaltshilfe oder sonstige Leistungen zur Aufrechterhaltung des Unternehmens der Landwirtschaft.

(2) Zuständig sind
1. in der allgemeinen Rentenversicherung die Regionalträger, die Deutsche Rentenversicherung Bund und die Deutsche Rentenversicherung Knappschaft-Bahn-See,
2. in der knappschaftlichen Rentenversicherung die Deutsche Rentenversicherung Knappschaft-Bahn-See,
3. in der Alterssicherung der Landwirte die Sozialversicherung für Landwirtschaft, Forsten und Gartenbau als landwirtschaftliche Alterskasse.

§ 24 Versorgungsleistungen bei Gesundheitsschäden

(1) Nach dem Recht der sozialen Entschädigung bei Gesundheitsschäden können in Anspruch genommen werden:
1. Heil- und Krankenbehandlung sowie andere Leistungen zur Erhaltung, Besserung und Wiederherstellung der Leistungsfähigkeit einschließlich wirtschaftlicher Hilfen,
2. besondere Hilfen im Einzelfall einschließlich Leistungen zur Teilhabe am Arbeitsleben,
3. Renten wegen anerkannten Schädigungsfolgen,
4. Renten an Hinterbliebene, Bestattungsgeld und Sterbegeld,
5. Kapitalabfindung, insbesondere zur Wohnraumbeschaffung.

(2) [1]Zuständig sind die Versorgungsämter, die Landesversorgungsämter und die orthopädi-

schen Versorgungsstellen. 2Für die besonderen Hilfen im Einzelfall sind die Kreise und kreisfreien Städte sowie die Hauptfürsorgestellen zuständig. 3Bei der Durchführung der Heil- und Krankenbehandlung wirken die Träger der gesetzlichen Krankenversicherung mit. 4Für die Leistungen nach den §§ 80, 81a bis 83a des Soldatenversorgungsgesetzes, soweit die Versorgung nicht in der Erbringung von Leistungen der Kriegsopferfürsorge nach den §§ 25 bis 27j des Bundesversorgungsgesetzes besteht, ist die Bundeswehrverwaltung zuständig.

Zum 1.1.2016 wird auch die Zuständigkeit für Leistungen der Kriegsopferfürsorge auf die Bundeswehrverwaltung übertragen, so dass diese ab diesem Zeitpunkt vollumfänglich für Leistungen nach dem Bundesversorgungsgesetz für Bundeswehrangehörige und ihrer Hinterbliebenen zuständig ist. Absatz 2 Satz 4 wird daher durch das Gesetz zur Übertragung der Zuständigkeiten der Länder im Bereich der Beschädigten- und Hinterbliebenenversorgung nach dem Dritten Teil des Soldatenversorgungsgesetzes auf den Bund vom 15.7.2013 (BGBl. I S. 2416) wie folgt gefasst: "Für die Leistungen nach den §§ 80, 81a bis 83a des Soldatenversorgungsgesetzes ist die Bundeswehrverwaltung zuständig."

§ 25 Kindergeld, Kinderzuschlag, Leistungen für Bildung und Teilhabe, Elterngeld und Betreuungsgeld

(1) 1Nach dem Bundeskindergeldgesetz kann nur dann Kindergeld in Anspruch genommen werden, wenn nicht der Familienleistungsausgleich nach § 31 des Einkommensteuergesetzes zur Anwendung kommt. 2Nach dem Bundeskindergeldgesetz können auch der Kinderzuschlag und Leistungen für Bildung und Teilhabe in Anspruch genommen werden.

(2) Nach dem Recht des Bundeselterngeld- und Elternzeitgesetzes kann Elterngeld und Betreuungsgeld in Anspruch genommen werden.

(3) Für die Ausführung des Absatzes 1 sind die nach § 7 des Bundeskindergeldgesetzes bestimmten Stellen und für die Ausführung des Absatzes 2 die nach § 12 des Bundeselterngeld- und Elternzeitgesetzes bestimmten Stellen zuständig.

Das Bundesverfassungsgericht hat am 21.7.2015 (Az. 1 BvF 2/13) entschieden, dass die §§4a bis 4d des Bundeselterngeld- und Elternzeitgesetzes (BEEG), die einen Anspruch auf Betreuungsgeld begründen, nichtig sind.

§ 26 Wohngeld

(1) Nach dem Wohngeldrecht kann als Zuschuß zur Miete oder als Zuschuß zu den Aufwendungen für den eigengenutzten Wohnraum Wohngeld in Anspruch genommen werden.

(2) Zuständig sind die durch Landesrecht bestimmten Behörden.

§ 27 Leistungen der Kinder- und Jugendhilfe

(1) Nach dem Recht der Kinder- und Jugendhilfe können in Anspruch genommen werden:

1. Angebote der Jugendarbeit, der Jugendsozialarbeit und des erzieherischen Jugendschutzes,
2. Angebote zur Förderung der Erziehung in der Familie,
3. Angebote zur Förderung von Kindern in Tageseinrichtungen und in Tagespflege,
4. Hilfe zur Erziehung, Eingliederungshilfe für seelisch behinderte Kinder und Jugendliche sowie Hilfe für junge Volljährige.

(2) Zuständig sind die Kreise und die kreisfreien Städte, nach Maßgabe des Landesrechts auch kreisangehörige Gemeinden; sie arbeiten mit der freien Jugendhilfe zusammen.

§ 28 Leistungen der Sozialhilfe

(1) Nach dem Recht der Sozialhilfe können in Anspruch genommen werden:

1. Hilfe zum Lebensunterhalt,

1a. Grundsicherung im Alter und bei Erwerbsminderung,

2. Hilfen zur Gesundheit,
3. Eingliederungshilfe für behinderte Menschen,
4. Hilfe zur Pflege,

5. Hilfe zur Überwindung besonderer sozialer Schwierigkeiten,
6. Hilfe in anderen Lebenslagen

sowie die jeweils gebotene Beratung und Unterstützung.

(2) Zuständig sind die Kreise und kreisfreien Städte, die überörtlichen Träger der Sozialhilfe und für besondere Aufgaben die Gesundheitsämter; sie arbeiten mit den Trägern der freien Wohlfahrtspflege zusammen.

§ 29 Leistungen zur Rehabilitation und Teilhabe behinderter Menschen

(1) Nach dem Recht der Rehabilitation und Teilhabe behinderter Menschen können in Anspruch genommen werden

1. Leistungen zur medizinischen Rehabilitation, insbesondere
   a) Frühförderung behinderter und von Behinderung bedrohter Kinder,
   b) ärztliche und zahnärztliche Behandlung,
   c) Arznei- und Verbandmittel sowie Heilmittel einschließlich physikalischer, Sprach- und Beschäftigungstherapie,
   d) Körperersatzstücke, orthopädische und andere Hilfsmittel,
   e) Belastungserprobung und Arbeitstherapie,
2. Leistungen zur Teilhabe am Arbeitsleben, insbesondere
   a) Hilfen zum Erhalten oder Erlangen eines Arbeitsplatzes,
   b) Berufsvorbereitung, berufliche Anpassung, Ausbildung und Weiterbildung,
   c) sonstige Hilfen zur Förderung der Teilhabe am Arbeitsleben,
3. Leistungen zur Teilhabe am Leben in der Gemeinschaft, insbesondere Hilfen
   a) zur Entwicklung der geistigen und körperlichen Fähigkeiten vor Beginn der Schulpflicht,
   b) zur angemessenen Schulbildung,
   c) zur heilpädagogischen Förderung,
   d) zum Erwerb praktischer Kenntnisse und Fähigkeiten,
   e) zur Ausübung einer angemessenen Tätigkeit, soweit Leistungen zur Teilhabe am Arbeitsleben nicht möglich sind,
   f) zur Förderung der Verständigung mit der Umwelt,
   g) zur Freizeitgestaltung und sonstigen Teilhabe am gesellschaftlichen Leben,
4. unterhaltssichernde und andere ergänzende Leistungen, insbesondere
   a) Krankengeld, Versorgungskrankengeld, Verletztengeld, Übergangsgeld, Ausbildungsgeld oder Unterhaltsbeihilfe,
   b) Beiträge zur gesetzlichen Kranken-, Unfall-, Renten- und Pflegeversicherung sowie zur Bundesagentur für Arbeit,
   c) Reisekosten,
   d) Haushalts- oder Betriebshilfe und Kinderbetreuungskosten,
   e) Rehabilitationssport und Funktionstraining,
5. besondere Leistungen und sonstige Hilfen zur Teilhabe schwerbehinderter Menschen am Leben in der Gesellschaft, insbesondere am Arbeitsleben.

(2) Zuständig sind die in den §§ 19 bis 24, 27 und 28 genannten Leistungsträger und die Integrationsämter.

Dritter Abschnitt
Gemeinsame Vorschriften für alle Sozialleistungsbereiche dieses Gesetzbuchs

Erster Titel
Allgemeine Grundsätze

§ 30 Geltungsbereich

(1) Die Vorschriften dieses Gesetzbuchs gelten für alle Personen, die ihren Wohnsitz oder gewöhnlichen Aufenthalt in seinem Geltungsbereich haben.

(2) Regelungen des über- und zwischenstaatlichen Rechts bleiben unberührt.

(3) $_1$Einen Wohnsitz hat jemand dort, wo er eine Wohnung unter Umständen innehat, die

I

darauf schließen lassen, daß er die Wohnung beibehalten und benutzen wird. 2Den gewöhnlichen Aufenthalt hat jemand dort, wo er sich unter Umständen aufhält, die erkennen lassen, daß er an diesem Ort oder in diesem Gebiet nicht nur vorübergehend verweilt.

§ 31 Vorbehalt des Gesetzes

Rechte und Pflichten in den Sozialleistungsbereichen dieses Gesetzbuchs dürfen nur begründet, festgestellt, geändert oder aufgehoben werden, soweit ein Gesetz es vorschreibt oder zuläßt.

§ 32 Verbot nachteiliger Vereinbarungen

Privatrechtliche Vereinbarungen, die zum Nachteil des Sozialleistungsberechtigten von Vorschriften dieses Gesetzbuchs abweichen, sind nichtig.

§ 33 Ausgestaltung von Rechten und Pflichten

1Ist der Inhalt von Rechten und Pflichten nach Art oder Umfang nicht im einzelnen bestimmt, sind bei ihrer Ausgestaltung die persönlichen Verhältnisse des Berechtigten oder Verpflichteten, sein Bedarf und seine Leistungsfähigkeit sowie die örtlichen Verhältnisse zu berücksichtigen, soweit Rechtsvorschriften nicht entgegenstehen. 2Dabei soll den Wünschen des Berechtigten oder Verpflichteten entsprochen werden, soweit sie angemessen sind.

§ 33a Altersabhängige Rechte und Pflichten

(1) Sind Rechte oder Pflichten davon abhängig, daß eine bestimmte Altersgrenze erreicht oder nicht überschritten ist, ist das Geburtsdatum maßgebend, das sich aus der ersten Angabe des Berechtigten oder Verpflichteten oder seiner Angehörigen gegenüber einem Sozialleistungsträger oder, soweit es sich um eine Angabe im Rahmen des Dritten oder Sechsten Abschnitts des Vierten Buches handelt, gegenüber dem Arbeitgeber ergibt.

(2) Von einem nach Absatz 1 maßgebenden Geburtsdatum darf nur abgewichen werden, wenn der zuständige Leistungsträger feststellt, daß

1. ein Schreibfehler vorliegt oder
2. sich aus einer Urkunde, deren Original vor dem Zeitpunkt der Angabe nach Absatz 1 ausgestellt worden ist, ein anderes Geburtsdatum ergibt.

(3) Die Absätze 1 und 2 gelten für Geburtsdaten, die Bestandteil der Versicherungsnummer oder eines anderen in den Sozialleistungsbereichen dieses Gesetzbuchs verwendeten Kennzeichens sind, entsprechend.

§ 33b Lebenspartnerschaften

Lebenspartnerschaften im Sinne dieses Gesetzbuches sind Lebenspartnerschaften nach dem Lebenspartnerschaftsgesetz.

§ 33c Benachteiligungsverbot

1Bei der Inanspruchnahme sozialer Rechte darf niemand aus Gründen der Rasse, wegen der ethnischen Herkunft oder einer Behinderung benachteiligt werden. 2Ansprüche können nur insoweit geltend gemacht oder hergeleitet werden, als deren Voraussetzungen und Inhalt durch die Vorschriften der besonderen Teile dieses Gesetzbuchs im Einzelnen bestimmt sind.

§ 34 Begrenzung von Rechten und Pflichten

(1) Soweit Rechte und Pflichten nach diesem Gesetzbuch ein familienrechtliches Rechtsverhältnis voraussetzen, reicht ein Rechtsverhältnis, das gemäß Internationalem Privatrecht dem Recht eines anderen Staates unterliegt und nach diesem Recht besteht, nur aus, wenn es dem Rechtsverhältnis im Geltungsbereich dieses Gesetzbuchs entspricht.

(2) Ansprüche mehrerer Ehegatten auf Witwenrente oder Witwerrente werden anteilig und endgültig aufgeteilt.

§ 35 Sozialgeheimnis

(1) 1Jeder hat Anspruch darauf, daß die ihn betreffenden Sozialdaten (§ 67 Abs. 1 Zehntes Buch) von den Leistungsträgern nicht unbefugt erhoben, verarbeitet oder genutzt werden (Sozialgeheimnis). 2Die Wahrung des

Sozialgeheimnisses umfaßt die Verpflichtung, auch innerhalb des Leistungsträgers sicherzustellen, daß die Sozialdaten nur Befugten zugänglich sind oder nur an diese weitergegeben werden. 3Sozialdaten der Beschäftigten und ihrer Angehörigen dürfen Personen, die Personalentscheidungen treffen oder daran mitwirken können, weder zugänglich sein noch von Zugriffsberechtigten weitergegeben werden. 4Der Anspruch richtet sich auch gegen die Verbände der Leistungsträger, die Arbeitsgemeinschaften der Leistungsträger und ihrer Verbände, die Datenstelle der Träger der Rentenversicherung, die in diesem Gesetzbuch genannten öffentlich-rechtlichen Vereinigungen, gemeinsame Servicestellen, Integrationsfachdienste, die Künstlersozialkasse, die Deutsche Post AG, soweit sie mit der Berechnung oder Auszahlung von Sozialleistungen betraut ist, die Behörden der Zollverwaltung, soweit sie Aufgaben nach § 2 des Schwarzarbeitsbekämpfungsgesetzes und § 66 des Zehnten Buches durchführen, die Versicherungsämter und Gemeindebehörden sowie die anerkannten Adoptionsvermittlungsstellen (§ 2 Abs. 2 des Adoptionsvermittlungsgesetzes), soweit sie Aufgaben nach diesem Gesetzbuch wahrnehmen und die Stellen, die Aufgaben nach § 67c Abs. 3 des Zehnten Buches wahrnehmen. 5Die Beschäftigten haben auch nach Beendigung ihrer Tätigkeit bei den genannten Stellen das Sozialgeheimnis zu wahren.

(2) Eine Erhebung, Verarbeitung und Nutzung von Sozialdaten ist nur unter den Voraussetzungen des Zweiten Kapitels des Zehnten Buches zulässig.

(3) Soweit eine Übermittlung nicht zulässig ist, besteht keine Auskunftspflicht, keine Zeugnispflicht und keine Pflicht zur Vorlegung oder Auslieferung von Schriftstücken, nicht automatisierten Dateien und automatisiert erhobenen, verarbeiteten oder genutzten Sozialdaten.

(4) Betriebs- und Geschäftsgeheimnisse stehen Sozialdaten gleich.

(5) 1Sozialdaten Verstorbener dürfen nach Maßgabe des Zweiten Kapitels des Zehnten Buches verarbeitet oder genutzt werden. 2Sie dürfen außerdem verarbeitet oder genutzt werden, wenn schutzwürdige Interessen des Verstorbenen oder seiner Angehörigen dadurch nicht beeinträchtigt werden können.

§ 36 Handlungsfähigkeit

(1) 1Wer das fünfzehnte Lebensjahr vollendet hat, kann Anträge auf Sozialleistungen stellen und verfolgen sowie Sozialleistungen entgegennehmen. 2Der Leistungsträger soll den gesetzlichen Vertreter über die Antragstellung und die erbrachten Sozialleistungen unterrichten.

(2) 1Die Handlungsfähigkeit nach Absatz 1 Satz 1 kann vom gesetzlichen Vertreter durch schriftliche Erklärung gegenüber dem Leistungsträger eingeschränkt werden. 2Die Rücknahme von Anträgen, der Verzicht auf Sozialleistungen und die Entgegennahme von Darlehen bedürfen der Zustimmung des gesetzlichen Vertreters.

§ 36a Elektronische Kommunikation

(1) Die Übermittlung elektronischer Dokumente ist zulässig, soweit der Empfänger hierfür einen Zugang eröffnet.

(2) 1Eine durch Rechtsvorschrift angeordnete Schriftform kann, soweit nicht durch Rechtsvorschrift etwas anderes bestimmt ist, durch die elektronische Form ersetzt werden. 2Der elektronischen Form genügt ein elektronisches Dokument, das mit einer qualifizierten elektronischen Signatur nach dem Signaturgesetz versehen ist. 3Die Signierung mit einem Pseudonym, das die Identifizierung der Person des Signaturschlüsselinhabers nicht unmittelbar durch die Behörde ermöglicht, ist nicht zulässig. 4Die Schriftform kann auch ersetzt werden

1. durch unmittelbare Abgabe der Erklärung in einem elektronischen Formular, das von der Behörde in einem Eingabegerät oder über öffentlich zugängliche Netze zur Verfügung gestellt wird;
2. bei Anträgen und Anzeigen durch Versendung eines elektronischen Dokuments an die Behörde mit der Versandart nach § 5 Absatz 5 des De-Mail-Gesetzes;

3. bei elektronischen Verwaltungsakten oder sonstigen elektronischen Dokumenten der Behörden durch Versendung einer De-Mail-Nachricht nach § 5 Absatz 5 des De-Mail-Gesetzes, bei der die Bestätigung des akkreditierten Diensteanbieters die erlassende Behörde als Nutzer des De-Mail-Kontos erkennen lässt;
4. durch sonstige sichere Verfahren, die durch Rechtsverordnung der Bundesregierung mit Zustimmung des Bundesrates festgelegt werden, welche den Datenübermittler (Absender der Daten) authentifizieren und die Integrität des elektronisch übermittelten Datensatzes sowie die Barrierefreiheit gewährleisten; der IT-Planungsrat gibt Empfehlungen zu geeigneten Verfahren ab.

5In den Fällen des Satzes 4 Nummer 1 muss bei einer Eingabe über öffentlich zugängliche Netze ein sicherer Identitätsnachweis nach § 18 des Personalausweisgesetzes oder nach § 78 Absatz 5 des Aufenthaltsgesetzes erfolgen; in der Kommunikation zwischen dem Versicherten und seiner Krankenkasse kann die Identität auch mit der elektronischen Gesundheitskarte nach § 291 Absatz 2a Satz 4 des Fünften Buches elektronisch nachgewiesen werden.

(2a) 1Ist durch Rechtsvorschrift die Verwendung eines bestimmten Formulars vorgeschrieben, das ein Unterschriftsfeld vorsieht, wird allein dadurch nicht die Anordnung der Schriftform bewirkt. 2Bei einer für die elektronische Versendung an die Behörde bestimmten Fassung des Formulars entfällt das Unterschriftsfeld.

(3) 1Ist ein der Behörde übermitteltes elektronisches Dokument für sie zur Bearbeitung nicht geeignet, teilt sie dies dem Absender unter Angabe der für sie geltenden technischen Rahmenbedingungen unverzüglich mit. 2Macht ein Empfänger geltend, er könne das von der Behörde übermittelte elektronische Dokument nicht bearbeiten, übermittelt sie es ihm erneut in einem geeigneten elektronischen Format oder als Schriftstück.

(4) 1Die Träger der Sozialversicherung einschließlich der Bundesagentur für Arbeit, ihre Verbände und Arbeitsgemeinschaften verwenden unter Beachtung der Grundsätze der Wirtschaftlichkeit und Sparsamkeit im jeweiligen Sozialleistungsbereich Zertifizierungsdienste nach dem Signaturgesetz, die eine gemeinsame und bundeseinheitliche Kommunikation und Übermittlung der Daten und die Überprüfbarkeit der qualifizierten elektronischen Signatur auf Dauer sicherstellen. 2Diese Träger sollen über ihren jeweiligen Bereich hinaus Zertifizierungsdienste im Sinne des Satzes 1 verwenden. 3Die Sätze 1 und 2 gelten entsprechend für die Leistungserbringer nach dem Fünften und dem Elften Buch und die von ihnen gebildeten Organisationen.

§ 37 Vorbehalt abweichender Regelungen

1Das Erste und Zehnte Buch gelten für alle Sozialleistungsbereiche dieses Gesetzbuchs, soweit sich aus den übrigen Büchern nichts Abweichendes ergibt; § 68 bleibt unberührt. 2Der Vorbehalt gilt nicht für die §§ 1 bis 17 und 31 bis 36. 3Das Zweite Kapitel des Zehnten Buches geht dessen Erstem Kapitel vor, soweit sich die Ermittlung des Sachverhaltes auf Sozialdaten erstreckt.

Zweiter Titel
Grundsätze des Leistungsrechts

§ 38 Rechtsanspruch

Auf Sozialleistungen besteht ein Anspruch, soweit nicht nach den besonderen Teilen dieses Gesetzbuchs die Leistungsträger ermächtigt sind, bei der Entscheidung über die Leistung nach ihrem Ermessen zu handeln.

§ 39 Ermessensleistungen

(1) 1Sind die Leistungsträger ermächtigt, bei der Entscheidung über Sozialleistungen nach ihrem Ermessen zu handeln, haben sie ihr Ermessen entsprechend dem Zweck der Ermächtigung auszuüben und die gesetzlichen Grenzen des Ermessens einzuhalten. 2Auf

pflichtgemäße Ausübung des Ermessens besteht ein Anspruch.

(2) Für Ermessensleistungen gelten die Vorschriften über Sozialleistungen, auf die ein Anspruch besteht, entsprechend, soweit sich aus den Vorschriften dieses Gesetzbuchs nichts Abweichendes ergibt.

§ 40 Entstehen der Ansprüche

(1) Ansprüche auf Sozialleistungen entstehen, sobald ihre im Gesetz oder auf Grund eines Gesetzes bestimmten Voraussetzungen vorliegen.

(2) Bei Ermessensleistungen ist der Zeitpunkt maßgebend, in dem die Entscheidung über die Leistung bekanntgegeben wird, es sei denn, daß in der Entscheidung ein anderer Zeitpunkt bestimmt ist.

§ 41 Fälligkeit

Soweit die besonderen Teile dieses Gesetzbuchs keine Regelung enthalten, werden Ansprüche auf Sozialleistungen mit ihrem Entstehen fällig.

§ 42 Vorschüsse

(1) $_1$Besteht ein Anspruch auf Geldleistungen dem Grund nach und ist zur Feststellung seiner Höhe voraussichtlich längere Zeit erforderlich, kann der zuständige Leistungsträger Vorschüsse zahlen, deren Höhe er nach pflichtgemäßem Ermessen bestimmt. $_2$Er hat Vorschüsse nach Satz 1 zu zahlen, wenn der Berechtigte es beantragt; die Vorschußzahlung beginnt spätestens nach Ablauf eines Kalendermonats nach Eingang des Antrags.

(2) $_1$Die Vorschüsse sind auf die zustehende Leistung anzurechnen. $_2$Soweit sie diese übersteigen, sind sie vom Empfänger zu erstatten. $_3$§ 50 Abs. 4 des Zehnten Buches gilt entsprechend.

(3) Für die Stundung, Niederschlagung und den Erlaß des Erstattungsanspruchs gilt § 76 Abs. 2 des Vierten Buches entsprechend.

§ 43 Vorläufige Leistungen

(1) $_1$Besteht ein Anspruch auf Sozialleistungen und ist zwischen mehreren Leistungsträgern streitig, wer zur Leistung verpflichtet ist, kann der unter ihnen zuerst angegangene Leistungsträger vorläufig Leistungen erbringen, deren Umfang er nach pflichtgemäßen Ermessen bestimmt. $_2$Er hat Leistungen nach Satz 1 zu erbringen, wenn der Berechtigte es beantragt; die vorläufigen Leistungen beginnen spätestens nach Ablauf eines Kalendermonats nach Eingang des Antrags.

(2) $_1$Für die Leistungen nach Absatz 1 gilt § 42 Abs. 2 und 3 entsprechend. $_2$Ein Erstattungsanspruch gegen den Empfänger steht nur dem zur Leistung verpflichteten Leistungsträger zu.

§ 44 Verzinsung

(1) Ansprüche auf Geldleistungen sind nach Ablauf eines Kalendermonats nach dem Eintritt ihrer Fälligkeit bis zum Ablauf des Kalendermonats vor der Zahlung mit vier vom Hundert zu verzinsen.

(2) Die Verzinsung beginnt frühestens nach Ablauf von sechs Kalendermonaten nach Eingang des vollständigen Leistungsantrags beim zuständigen Leistungsträger, beim Fehlen eines Antrags nach Ablauf eines Kalendermonats nach der Bekanntgabe der Entscheidung über die Leistung.

(3) $_1$Verzinst werden volle Euro-Beträge. $_2$Dabei ist der Kalendermonat mit dreißig Tagen zugrunde zu legen.

§ 45 Verjährung

(1) Ansprüche auf Sozialleistungen verjähren in vier Jahren nach Ablauf des Kalenderjahrs, in dem sie entstanden sind.

(2) Für die Hemmung, die Ablaufhemmung, den Neubeginn und die Wirkung der Verjährung gelten die Vorschriften des Bürgerlichen Gesetzbuchs sinngemäß.

(3) $_1$Die Verjährung wird auch durch schriftlichen Antrag auf die Sozialleistung oder durch Erhebung eines Widerspruchs gehemmt. $_2$Die Hemmung endet sechs Monate nach Bekanntgabe der Entscheidung über den Antrag oder den Widerspruch.

§ 46 Verzicht

(1) Auf Ansprüche auf Sozialleistungen kann durch schriftliche Erklärung gegenüber dem

Leistungsträger verzichtet werden; der Verzicht kann jederzeit mit Wirkung für die Zukunft widerrufen werden.

(2) Der Verzicht ist unwirksam soweit durch ihn andere Personen oder Leistungsträger belastet oder Rechtsvorschriften umgangen werden.

§ 47 Auszahlung von Geldleistungen

(1) Soweit die besonderen Teile dieses Gesetzbuchs keine Regelung enthalten, sollen Geldleistungen kostenfrei auf ein Konto des Empfängers bei einem Geldinstitut, für das die Verordnung (EU) Nr. 260/2012 des Europäischen Parlaments und des Rates vom 14. März 2012 zur Festlegung der technischen Vorschriften und der Geschäftsanforderungen für Überweisungen und Lastschriften in Euro und zur Änderung der Verordnung (EG) Nr. 924/2009 (ABl. L 94 vom 30. 3. 2012, S. 22) gilt, überwiesen oder, wenn der Empfänger es verlangt, kostenfrei an seinen Wohnsitz innerhalb des Geltungsbereiches dieser Verordnung übermittelt werden.

(2) Bei Zahlungen außerhalb des Geltungsbereiches der in Absatz 1 genannten Verordnung trägt der Leistungsträger die Kosten bis zu dem von ihm mit der Zahlung beauftragten Geldinstitut.

§ 48 Auszahlung bei Verletzung der Unterhaltspflicht

(1) $_1$Laufende Geldleistungen, die der Sicherung des Lebensunterhalts zu dienen bestimmt sind, können in angemessener Höhe an den Ehegatten oder die Kinder des Leistungsberechtigten ausgezahlt werden, wenn er ihnen gegenüber seiner gesetzlichen Unterhaltspflicht nicht nachkommt. $_2$Kindergeld, Kinderzuschläge und vergleichbare Rentenbestandteile (Geldleistungen für Kinder) können an Kinder, die bei der Festsetzung der Geldleistungen berücksichtigt werden, bis zur Höhe des Betrages, der sich bei entsprechender Anwendung des § 54 Abs. 5 Satz 2 ergibt, ausgezahlt werden. $_3$Für das Kindergeld gilt dies auch dann, wenn der Kindergeldberechtigte mangels Leistungsfähigkeit nicht unterhaltspflichtig ist oder nur Unterhalt in Höhe eines Betrages zu leisten braucht, der geringer ist als das für die Auszahlung in Betracht kommende Kindergeld. $_4$Die Auszahlung kann auch an die Person oder Stelle erfolgen, die dem Ehegatten oder den Kindern Unterhalt gewährt.

(2) Absatz 1 Satz 1, 2 und 4 gilt entsprechend, wenn unter Berücksichtigung von Kindern, denen gegenüber der Leistungsberechtigte nicht kraft Gesetzes unterhaltspflichtig ist, Geldleistungen erbracht werden und der Leistungsberechtigte diese Kinder nicht unterhält.

§ 49 Auszahlung bei Unterbringung

(1) Ist ein Leistungsberechtigter auf Grund richterlicher Anordnung länger als einen Kalendermonat in einer Anstalt oder Einrichtung untergebracht, sind laufende Geldleistungen, die der Sicherung des Lebensunterhalts zu dienen bestimmt sind, an die Unterhaltsberechtigten auszuzahlen, soweit der Leistungsberechtigte kraft Gesetzes unterhaltspflichtig ist und er oder die Unterhaltsberechtigten es beantragen.

(2) Absatz 1 gilt entsprechend, wenn für Kinder, denen gegenüber der Leistungsberechtigte nicht kraft Gesetzes unterhaltspflichtig ist, Geldleistungen erbracht werden.

(3) § 48 Abs. 1 Satz 4 bleibt unberührt.

§ 50 Überleitung bei Unterbringung

(1) Ist der Leistungsberechtigte untergebracht (§ 49 Abs. 1), kann die Stelle, der die Kosten der Unterbringung zur Last fallen, seine Ansprüche auf laufende Geldleistungen, die der Sicherung des Lebensunterhalts zu dienen bestimmt sind, durch schriftliche Anzeige an den zuständigen Leistungsträger auf sich überleiten.

(2) Die Anzeige bewirkt den Anspruchsübergang nur insoweit, als die Leistung nicht an Unterhaltsberechtigte oder die in § 49 Abs. 2 genannten Kinder zu zahlen ist, der Leistungsberechtigte die Kosten der Unterbringung zu erstatten hat und die Leistung auf den für die Erstattung maßgebenden Zeitraum entfällt.

(3) Die Absätze 1 und 2 gelten entsprechend, wenn für ein Kind (§ 56 Abs. 1 Satz 1 Nr. 2, Abs. 2), das untergebracht ist (§ 49 Abs. 1), ein Anspruch auf eine laufende Geldleistung besteht.

§ 51 Aufrechnung

(1) Gegen Ansprüche auf Geldleistungen kann der zuständige Leistungsträger mit Ansprüchen gegen den Berechtigten aufrechnen, soweit die Ansprüche auf Geldleistungen nach § 54 Abs. 2 und 4 pfändbar sind.

(2) Mit Ansprüchen auf Erstattung zu Unrecht erbrachter Sozialleistungen und mit Beitragsansprüchen nach diesem Gesetzbuch kann der zuständige Leistungsträger gegen Ansprüche auf laufende Geldleistungen bis zu deren Hälfte aufrechnen, wenn der Leistungsberechtigte nicht nachweist, dass er dadurch hilfebedürftig im Sinne der Vorschriften des Zwölften Buches über die Hilfe zum Lebensunterhalt oder der Grundsicherung für Arbeitsuchende nach dem Zweiten Buch wird.

§ 52 Verrechnung

Der für eine Geldleistung zuständige Leistungsträger kann mit Ermächtigung eines anderen Leistungsträgers dessen Ansprüche gegen den Berechtigten mit der ihm obliegenden Geldleistung verrechnen, soweit nach § 51 die Aufrechnung zulässig ist.

§ 53 Übertragung und Verpfändung

(1) Ansprüche auf Dienst- und Sachleistungen können weder übertragen noch verpfändet werden.

(2) Ansprüche auf Geldleistungen können übertragen und verpfändet werden

1. zur Erfüllung oder zur Sicherung von Ansprüchen auf Rückzahlung von Darlehen und auf Erstattung von Aufwendungen, die im Vorgriff auf fällig gewordene Sozialleistungen zu einer angemessenen Lebensführung gegeben oder gemacht worden sind oder,
2. wenn der zuständige Leistungsträger feststellt, daß die Übertragung oder Verpfändung im wohlverstandenen Interesse des Berechtigten liegt.

(3) Ansprüche auf laufende Geldleistungen, die der Sicherung des Lebensunterhalts zu dienen bestimmt sind, können in anderen Fällen übertragen und verpfändet werden, soweit sie den für Arbeitseinkommen geltenden unpfändbaren Betrag übersteigen.

(4) Der Leistungsträger ist zur Auszahlung an den neuen Gläubiger nicht vor Ablauf des Monats verpflichtet, der dem Monat folgt, in dem er von der Übertragung oder Verpfändung Kenntnis erlangt hat.

(5) Eine Übertragung oder Verpfändung von Ansprüchen auf Geldleistungen steht einer Aufrechnung oder Verrechnung auch dann nicht entgegen, wenn der Leistungsträger beim Erwerb des Anspruchs von der Übertragung oder Verpfändung Kenntnis hatte.

(6) $_1$Soweit bei einer Übertragung oder Verpfändung Geldleistungen zu Unrecht erbracht worden sind, sind sowohl der Leistungsberechtigte als auch der neue Gläubiger als Gesamtschuldner dem Leistungsträger zur Erstattung des entsprechenden Betrages verpflichtet. $_2$Der Leistungsträger hat den Erstattungsanspruch durch Verwaltungsakt geltend zu machen.

§ 54 Pfändung

(1) Ansprüche auf Dienst- und Sachleistungen können nicht gepfändet werden.

(2) Ansprüche auf einmalige Geldleistungen können nur gepfändet werden, soweit nach den Umständen des Falles, insbesondere nach den Einkommens- und Vermögensverhältnissen des Leistungsberechtigten, der Art des beizutreibenden Anspruchs sowie der Höhe und der Zweckbestimmung der Geldleistung, die Pfändung der Billigkeit entspricht.

(3) Unpfändbar sind Ansprüche auf

1. Elterngeld und Betreuungsgeld bis zur Höhe der nach § 10 des Bundeselterngeld- und Elternzeitgesetzes anrechnungsfreien Beträge sowie dem Erziehungsgeld vergleichbare Leistungen der Länder,

I

2. Mutterschaftsgeld nach § 13 Absatz 1 des Mutterschutzgesetzes, soweit das Mutterschaftsgeld nicht aus einer Teilzeitbeschäftigung während der Elternzeit herrührt, bis zur Höhe des Elterngeldes nach § 2 des Bundeselterngeld- und Elternzeitgesetzes, soweit es die anrechnungsfreien Beträge nach § 10 des Bundeselterngeld- und Elternzeitgesetzes nicht übersteigt,

2a. Wohngeld, soweit nicht die Pfändung wegen Ansprüchen erfolgt, die Gegenstand der §§ 9 und 10 des Wohngeldgesetzes sind,

3. Geldleistungen, die dafür bestimmt sind, den durch einen Körper- oder Gesundheitsschaden bedingten Mehraufwand auszugleichen.

(4) Im übrigen können Ansprüche auf laufende Geldleistungen wie Arbeitseinkommen gepfändet werden.

(5) ₁Ein Anspruch des Leistungsberechtigten auf Geldleistungen für Kinder (§ 48 Abs. 1 Satz 2) kann nur wegen gesetzlicher Unterhaltsansprüche eines Kindes, das bei der Festsetzung der Geldleistungen berücksichtigt wird, gepfändet werden. ₂Für die Höhe des pfändbaren Betrages bei Kindergeld gilt:

1. Gehört das unterhaltsberechtigte Kind zum Kreis der Kinder, für die dem Leistungsberechtigten Kindergeld gezahlt wird, so ist eine Pfändung bis zu dem Betrag möglich, der bei gleichmäßiger Verteilung des Kindergeldes auf jedes dieser Kinder entfällt. Ist das Kindergeld durch die Berücksichtigung eines weiteren Kindes erhöht, für das einer dritten Person Kindergeld oder dieser oder dem Leistungsberechtigten eine andere Geldleistung für Kinder zusteht, so bleibt der Erhöhungsbetrag bei der Bestimmung des pfändbaren Betrages des Kindergeldes nach Satz 1 außer Betracht.

2. Der Erhöhungsbetrag (Nummer 1 Satz 2) ist zugunsten jedes bei der Festsetzung des Kindergeldes berücksichtigten unterhaltsberechtigten Kindes zu dem Anteil pfändbar, der sich bei gleichmäßiger Verteilung auf alle Kinder, die bei der Festsetzung des Kindergeldes zugunsten des Leistungsberechtigten berücksichtigt werden, ergibt.

(6) In den Fällen der Absätze 2, 4 und 5 gilt § 53 Abs. 6 entsprechend.

Das Bundesverfassungsgericht hat am 21.7.2015 (Az. 1 BvF 2/13) entschieden, dass die §§ 4a bis 4d des Bundeselterngeld- und Elternzeitgesetzes (BEEG), die einen Anspruch auf Betreuungsgeld begründen, nichtig sind.

§ 55 (weggefallen)

§ 56 Sonderrechtsnachfolge

(1) ₁Fällige Ansprüche auf laufende Geldleistungen stehen beim Tode des Berechtigten nacheinander

1. dem Ehegatten,
1a. dem Lebenspartner,
2. den Kindern,
3. den Eltern,
4. dem Haushaltsführer

zu, wenn diese mit dem Berechtigten zur Zeit seines Todes in einem gemeinsamen Haushalt gelebt haben oder von ihm wesentlich unterhalten worden sind. ₂Mehreren Personen einer Gruppe stehen die Ansprüche zu gleichen Teilen zu.

(2) Als Kinder im Sinne des Absatzes 1 Satz 1 Nr. 2 gelten auch

1. Stiefkinder und Enkel, die in den Haushalt des Berechtigten aufgenommen sind,
2. Pflegekinder (Personen, die mit dem Berechtigten durch ein auf längere Dauer angelegtes Pflegeverhältnis mit häuslicher Gemeinschaft wie Kinder mit Eltern verbunden sind),
3. Geschwister des Berechtigten, die in seinen Haushalt aufgenommen worden sind.

(3) Als Eltern im Sinne des Absatzes 1 Satz 1 Nr. 3 gelten auch

1. sonstige Verwandte der geraden aufsteigenden Linie,
2. Stiefeltern,
3. Pflegeeltern (Personen, die den Berechtigten als Pflegekind aufgenommen haben).

(4) Haushaltsführer im Sinne des Absatzes 1 Satz 1 Nr. 4 ist derjenige Verwandte oder Verschwägerte, der an Stelle des verstorbenen oder geschiedenen oder an der Führung des Haushalts aus gesundheitlichen Gründen dauernd gehinderten Ehegatten oder Lebenspartners den Haushalt des Berechtigten mindestens ein Jahr lang vor dessen Tod geführt hat und von diesem überwiegend unterhalten worden ist.

§ 57 Verzicht und Haftung des Sonderrechtsnachfolgers

(1) 1Der nach § 56 Berechtigte kann auf die Sonderrechtsnachfolge innerhalb von sechs Wochen nach ihrer Kenntnis durch schriftliche Erklärung gegenüber dem Leistungsträger verzichten. 2Verzichtet er innerhalb dieser Frist, gelten die Ansprüche als auf ihn nicht übergegangen. 3Sie stehen den Personen zu, die ohne den Verzichtenden nach § 56 berechtigt wären.

(2) 1Soweit Ansprüche auf den Sonderrechtsnachfolger übergegangen sind, haftet er für die nach diesem Gesetzbuch bestehenden Verbindlichkeiten des Verstorbenen gegenüber dem für die Ansprüche zuständigen Leistungsträger. 2Insoweit entfällt eine Haftung des Erben. 3Eine Aufrechnung und Verrechnung nach den §§ 51 und 52 ist ohne die dort genannten Beschränkungen der Höhe zulässig.

§ 58 Vererbung

1Soweit fällige Ansprüche auf Geldleistungen nicht nach den §§ 56 und 57 einem Sonderrechtsnachfolger zustehen, werden sie nach den Vorschriften des Bürgerlichen Gesetzbuchs vererbt. 2Der Fiskus als gesetzlicher Erbe kann die Ansprüche nicht geltend machen.

§ 59 Ausschluß der Rechtsnachfolge

1Ansprüche auf Dienst- und Sachleistungen erlöschen mit dem Tode des Berechtigten. 2Ansprüche auf Geldleistungen erlöschen nur, wenn sie im Zeitpunkt des Todes des Berechtigten weder festgestellt sind noch ein Verwaltungsverfahren über sie anhängig ist.

Dritter Titel
Mitwirkung des Leistungsberechtigten

§ 60 Angabe von Tatsachen

(1) 1Wer Sozialleistungen beantragt oder erhält, hat

1. alle Tatsachen anzugeben, die für die Leistung erheblich sind, und auf Verlangen des zuständigen Leistungsträgers der Erteilung der erforderlichen Auskünfte durch Dritte zuzustimmen,
2. Änderungen in den Verhältnissen, die für die Leistung erheblich sind oder über die im Zusammenhang mit der Leistung Erklärungen abgegeben worden sind, unverzüglich mitzuteilen,
3. Beweismittel zu bezeichnen und auf Verlangen des zuständigen Leistungsträgers Beweisurkunden vorzulegen oder ihrer Vorlage zuzustimmen.

2Satz 1 gilt entsprechend für denjenigen, der Leistungen zu erstatten hat.

(2) Soweit für die in Absatz 1 Satz 1 Nr. 1 und 2 genannten Angaben Vordrucke vorgesehen sind, sollen diese benutzt werden.

§ 61 Persönliches Erscheinen

Wer Sozialleistungen beantragt oder erhält, soll auf Verlangen des zuständigen Leistungsträgers zur mündlichen Erörterung des Antrags oder zur Vornahme anderer für die Entscheidung über die Leistung notwendiger Maßnahmen persönlich erscheinen.

§ 62 Untersuchungen

Wer Sozialleistungen beantragt oder erhält, soll sich auf Verlangen des zuständigen Leistungsträgers ärztlichen und psychologischen Untersuchungsmaßnahmen unterziehen, soweit diese für die Entscheidung über die Leistung erforderlich sind.

§ 63 Heilbehandlung

Wer wegen Krankheit oder Behinderung Sozialleistungen beantragt oder erhält, soll sich auf Verlangen des zuständigen Leistungsträgers einer Heilbehandlung unterziehen, wenn zu erwarten ist, daß sie eine Besserung seines

I

Gesundheitszustands herbeiführen oder eine Verschlechterung verhindern wird.

§ 64 Berufsfördernde Maßnahmen

Wer wegen Minderung der Erwerbsfähigkeit, anerkannten Schädigungsfolgen oder wegen Arbeitslosigkeit Sozialleistungen beantragt oder erhält, soll auf Verlangen des zuständigen Leistungsträgers an Leistungen zur Teilhabe am Arbeitsleben teilnehmen, wenn bei angemessener Berücksichtigung seiner beruflichen Neigung und seiner Leistungsfähigkeit zu erwarten ist, daß sie seine Erwerbs- oder Vermittlungsfähigkeit auf Dauer fördern oder erhalten werden.

§ 65 Grenzen der Mitwirkung

(1) Die Mitwirkungspflichten nach den §§ 60 bis 64 bestehen nicht, soweit

1. ihre Erfüllung nicht in einem angemessenen Verhältnis zu der in Anspruch genommenen Sozialleistung oder ihrer Erstattung steht oder
2. ihre Erfüllung dem Betroffenen aus einem wichtigen Grund nicht zugemutet werden kann oder
3. der Leistungsträger sich durch einen geringeren Aufwand als der Antragsteller oder Leistungsberechtigte die erforderlichen Kenntnisse selbst beschaffen kann.

(2) Behandlungen und Untersuchungen,

1. bei denen im Einzelfall ein Schaden für Leben oder Gesundheit nicht mit hoher Wahrscheinlichkeit ausgeschlossen werden kann,
2. die mit erheblichen Schmerzen verbunden sind oder
3. die einen erheblichen Eingriff in die körperliche Unversehrtheit bedeuten,

können abgelehnt werden.

(3) Angaben, die dem Antragsteller, dem Leistungsberechtigten oder ihnen nahestehenden Personen (§ 383 Abs. 1 Nr. 1 bis 3 der Zivilprozeßordnung) die Gefahr zuziehen würde, wegen einer Straftat oder einer Ordnungswidrigkeit verfolgt zu werden, können verweigert werden.

§ 65a Aufwendungsersatz

(1) $_1$Wer einem Verlangen des zuständigen Leistungsträgers nach den §§ 61 oder 62 nachkommt, kann auf Antrag Ersatz seiner notwendigen Auslagen und seines Verdienstausfalles in angemessenem Umfang erhalten. $_2$Bei einem Verlangen des zuständigen Leistungsträgers nach § 61 sollen Aufwendungen nur in Härtefällen ersetzt werden.

(2) Absatz 1 gilt auch, wenn der zuständige Leistungsträger ein persönliches Erscheinen oder eine Untersuchung nachträglich als notwendig anerkennt.

§ 66 Folgen fehlender Mitwirkung

(1) $_1$Kommt derjenige, der eine Sozialleistung beantragt oder erhält, seinen Mitwirkungspflichten nach den §§ 60 bis 62, 65 nicht nach und wird hierdurch die Aufklärung des Sachverhalts erheblich erschwert, kann der Leistungsträger ohne weitere Ermittlungen die Leistung bis zur Nachholung der Mitwirkung ganz oder teilweise versagen oder entziehen, soweit die Voraussetzungen der Leistung nicht nachgewiesen sind. $_2$Dies gilt entsprechend, wenn der Antragsteller oder Leistungsberechtigte in anderer Weise absichtlich die Aufklärung des Sachverhalts erheblich erschwert.

(2) Kommt derjenige, der eine Sozialleistung wegen Pflegebedürftigkeit, wegen Arbeitsunfähigkeit, wegen Gefährdung oder Minderung der Erwerbsfähigkeit, anerkannten Schädigungsfolgen oder wegen Arbeitslosigkeit beantragt oder erhält, seinen Mitwirkungspflichten nach den §§ 62 bis 65 nicht nach und ist unter Würdigung aller Umstände mit Wahrscheinlichkeit anzunehmen, daß deshalb die Fähigkeit zur selbständigen Lebensführung, die Arbeits-, Erwerbs- oder Vermittlungsfähigkeit beeinträchtigt oder nicht verbessert wird, kann der Leistungsträger die Leistung bis zur Nachholung der Mitwirkung ganz oder teilweise versagen oder entziehen.

(3) Sozialleistungen dürfen wegen fehlender Mitwirkung nur versagt oder entzogen werden, nachdem der Leistungsberechtigte auf diese Folge schriftlich hingewiesen worden

ist und seiner Mitwirkungspflicht nicht innerhalb einer ihm gesetzten angemessenen Frist nachgekommen ist.

§ 67 Nachholung der Mitwirkung

Wird die Mitwirkung nachgeholt und liegen die Leistungsvoraussetzungen vor, kann der Leistungsträger Sozialleistungen, die er nach § 66 versagt oder entzogen hat, nachträglich ganz oder teilweise erbringen.

Vierter Abschnitt
Übergangs- und Schlussvorschriften

§ 68 Besondere Teile dieses Gesetzbuches

Bis zu ihrer Einordnung in dieses Gesetzbuch gelten die nachfolgenden Gesetze mit den zu ihrer Ergänzung und Änderung erlassenen Gesetzen als dessen besondere Teile:

1. das Bundesausbildungsförderungsgesetz,
2. (weggefallen)
3. die Reichsversicherungsordnung,
4. das Gesetz über die Alterssicherung der Landwirte,
5. (weggefallen)
6. das Zweite Gesetz über die Krankenversicherung der Landwirte,
7. das Bundesversorgungsgesetz, auch soweit andere Gesetze, insbesondere
   a) §§ 80 bis 83a des Soldatenversorgungsgesetzes,
   b) § 59 Abs. 1 des Bundesgrenzschutzgesetzes,
   c) § 47 des Zivildienstgesetzes,
   d) § 60 des Infektionsschutzgesetzes,
   e) §§ 4 und 5 des Häftlingshilfegesetzes,
   f) § 1 des Opferentschädigungsgesetzes,
   g) §§ 21 und 22 des Strafrechtlichen Rehabilitierungsgesetzes,
   h) §§ 3 und 4 des Verwaltungsrechtlichen Rehabilitierungsgesetzes,

   die entsprechende Anwendung der Leistungsvorschriften des Bundesversorgungsgesetzes vorsehen,
8. das Gesetz über das Verwaltungsverfahren der Kriegsopferversorgung,
9. das Bundeskindergeldgesetz,
10. das Wohngeldgesetz,
11. (weggefallen)
12. das Adoptionsvermittlungsgesetz,
13. (weggefallen)
14. das Unterhaltsvorschussgesetz,
15. der Erste, Zweite und Dritte Abschnitt des Bundeselterngeld- und Elternzeitgesetzes,
16. das Altersteilzeitgesetz,
17. der Fünfte Abschnitt des Schwangerschaftskonfliktgesetzes.

§ 69 Stadtstaaten-Klausel

Die Senate der Länder Berlin, Bremen und Hamburg werden ermächtigt, die Vorschriften dieses Buches über die Zuständigkeit von Behörden dem besonderen Verwaltungsaufbau ihrer Länder anzupassen.

§ 70 Überleitungsvorschrift zum Verjährungsrecht

Artikel 229 § 6 Abs. 1 und 2 des Einführungsgesetzes zum Bürgerlichen Gesetzbuche gilt entsprechend bei der Anwendung des § 45 Abs. 2 und 3 in der seit dem 1. Januar 2002 geltenden Fassung.

§ 71 Überleitungsvorschrift zur Übertragung, Verpfändung und Pfändung

§ 53 Abs. 6 und § 54 Abs. 6 sind nur auf Geldleistungen anzuwenden, soweit diese nach dem 30. März 2005 ganz oder teilweise zu Unrecht erbracht werden.

II SGB II: Grundsicherung für Arbeitsuchende

II

Sozialgesetzbuch (SGB) Zweites Buch (II) – Grundsicherung für Arbeitsuchende – (SGB II)

in der Fassung der Bekanntmachung vom 13. Mai 2011 (BGBl. I S. 850, S. 2094)

Zuletzt geändert durch
Gesetz zur Förderung von Investitionen finanzschwacher Kommunen und zur Entlastung von Ländern und Kommunen bei der Aufnahme und Unterbringung von Asylbewerbern vom 24. Juni 2015 (BGBl. I S. 974)

Inhaltsübersicht

Kapitel 1
Fördern und Fordern

§ 1 Aufgabe und Ziel der Grundsicherung für Arbeitsuchende

(1) Die Grundsicherung für Arbeitsuchende soll es Leistungsberechtigten ermöglichen, ein Leben zu führen, das der Würde des Menschen entspricht.

(2) $_{1}$Die Grundsicherung für Arbeitsuchende soll die Eigenverantwortung von erwerbsfähigen Leistungsberechtigten und Personen, die mit ihnen in einer Bedarfsgemeinschaft leben, stärken und dazu beitragen, dass sie ihren Lebensunterhalt unabhängig von der Grundsicherung aus eigenen Mitteln und Kräften bestreiten können. $_{2}$Sie soll erwerbsfähige Leistungsberechtigte bei der Aufnahme oder Beibehaltung einer Erwerbstätigkeit unterstützen und den Lebensunterhalt sichern, soweit sie ihn nicht auf andere Weise bestreiten können. $_{3}$Die Gleichstellung von Männern und Frauen ist als durchgängiges Prinzip zu verfolgen. $_{4}$Die Leistungen der Grundsicherung sind insbesondere darauf auszurichten, dass

1. durch eine Erwerbstätigkeit Hilfebedürftigkeit vermieden oder beseitigt, die Dauer der Hilfebedürftigkeit verkürzt oder der Umfang der Hilfebedürftigkeit verringert wird,
2. die Erwerbsfähigkeit einer leistungsberechtigten Person erhalten, verbessert oder wieder hergestellt wird,
3. geschlechtsspezifischen Nachteilen von erwerbsfähigen Leistungsberechtigten entgegengewirkt wird,
4. die familienspezifischen Lebensverhältnisse von erwerbsfähigen Leistungsberechtigten, die Kinder erziehen oder pflegebedürftige Angehörige betreuen, berücksichtigt werden,
5. behindertenspezifische Nachteile überwunden werden,
6. Anreize zur Aufnahme und Ausübung einer Erwerbstätigkeit geschaffen und aufrechterhalten werden.

(3) Die Grundsicherung für Arbeitsuchende umfasst Leistungen

1. zur Beendigung oder Verringerung der Hilfebedürftigkeit insbesondere durch Eingliederung in Arbeit und
2. zur Sicherung des Lebensunterhalts.

§ 2 Grundsatz des Forderns

(1) $_{1}$Erwerbsfähige Leistungsberechtigte und die mit ihnen in einer Bedarfsgemeinschaft lebenden Personen müssen alle Möglichkeiten zur Beendigung oder Verringerung ihrer Hilfebedürftigkeit ausschöpfen. $_{2}$Eine erwerbsfähige leistungsberechtigte Person muss aktiv an allen Maßnahmen zu ihrer Eingliederung in Arbeit mitwirken, insbesondere eine Eingliederungsvereinbarung abschließen. $_{3}$Wenn eine Erwerbstätigkeit auf dem allgemeinen Arbeitsmarkt in absehbarer Zeit nicht möglich ist, hat die erwerbsfähige leistungsberechtigte Person eine ihr angebotene zumutbare Arbeitsgelegenheit zu übernehmen.

(2) $_{1}$Erwerbsfähige Leistungsberechtigte und die mit ihnen in einer Bedarfsgemeinschaft lebenden Personen haben in eigener Verantwortung alle Möglichkeiten zu nutzen, ihren Lebensunterhalt aus eigenen Mitteln und Kräften zu bestreiten. $_{2}$Erwerbsfähige Leistungsberechtigte müssen ihre Arbeitskraft zur Beschaffung des Lebensunterhalts für sich und die mit ihnen in einer Bedarfsgemeinschaft lebenden Personen einsetzen.

§ 3 Leistungsgrundsätze

(1) $_{1}$Leistungen zur Eingliederung in Arbeit können erbracht werden, soweit sie zur Vermeidung oder Beseitigung, Verkürzung oder Verminderung der Hilfebedürftigkeit für die Eingliederung erforderlich sind. $_{2}$Bei den Leistungen zur Eingliederung in Arbeit sind

1. die Eignung,
2. die individuelle Lebenssituation, insbesondere die familiäre Situation,
3. die voraussichtliche Dauer der Hilfebedürftigkeit und
4. die Dauerhaftigkeit der Eingliederung

der erwerbsfähigen Leistungsberechtigten zu berücksichtigen. 3Vorrangig sollen Maßnahmen eingesetzt werden, die die unmittelbare Aufnahme einer Erwerbstätigkeit ermöglichen. 4Bei der Leistungserbringung sind die Grundsätze von Wirtschaftlichkeit und Sparsamkeit zu beachten.

(2) 1Erwerbsfähige Leistungsberechtigte, die das 25. Lebensjahr noch nicht vollendet haben, sind unverzüglich nach Antragstellung auf Leistungen nach diesem Buch in eine Ausbildung oder Arbeit zu vermitteln. 2Können Leistungsberechtigte ohne Berufsabschluss nicht in eine Ausbildung vermittelt werden, soll die Agentur für Arbeit darauf hinwirken, dass die vermittelte Arbeit auch zur Verbesserung ihrer beruflichen Kenntnisse und Fähigkeiten beiträgt.

(2a) Erwerbsfähige Leistungsberechtigte, die das 58. Lebensjahr vollendet haben, sind unverzüglich in Arbeit zu vermitteln.

(2b) 1Die Agentur für Arbeit hat darauf hinzuwirken, dass erwerbsfähige Leistungsberechtigte, die nicht über deutsche Sprachkenntnisse entsprechend dem Niveau B1 des Gemeinsamen Europäischen Referenzrahmens für Sprachen verfügen und die

1. zur Teilnahme an einem Integrationskurs nach § 44 des Aufenthaltsgesetzes berechtigt sind,
2. nach § 44a des Aufenthaltsgesetzes verpflichtet werden können oder
3. einen Anspruch nach § 9 Absatz 1 Satz 1 des Bundesvertriebenengesetzes haben,

an einem Integrationskurs nach § 43 des Aufenthaltsgesetzes teilnehmen, sofern sie nicht unmittelbar in eine Ausbildung oder Arbeit vermittelt werden können und ihnen eine Teilnahme an einem Integrationskurs daneben nicht zumutbar ist. 2Eine Verpflichtung zur Teilnahme ist in die Eingliederungsvereinbarung als vorrangige Maßnahme aufzunehmen.

(3) Leistungen zur Sicherung des Lebensunterhalts dürfen nur erbracht werden, soweit die Hilfebedürftigkeit nicht anderweitig beseitigt werden kann; die nach diesem Buch vorgesehenen Leistungen decken den Bedarf der erwerbsfähigen Leistungsberechtigten und der mit ihnen in einer Bedarfsgemeinschaft lebenden Personen.

§ 4 Leistungsformen

(1) Die Leistungen der Grundsicherung für Arbeitsuchende werden erbracht in Form von

1. Dienstleistungen,
2. Geldleistungen und
3. Sachleistungen.

(2) 1Die nach § 6 zuständigen Träger wirken darauf hin, dass erwerbsfähige Leistungsberechtigte und die mit ihnen in einer Bedarfsgemeinschaft lebenden Personen die erforderliche Beratung und Hilfe anderer Träger, insbesondere der Kranken- und Rentenversicherung, erhalten. 2Die nach § 6 zuständigen Träger wirken auch darauf hin, dass Kinder und Jugendliche Zugang zu geeigneten vorhandenen Angeboten der gesellschaftlichen Teilhabe erhalten. 3Sie arbeiten zu diesem Zweck mit Schulen und Kindertageseinrichtungen, den Trägern der Jugendhilfe, den Gemeinden und Gemeindeverbänden, freien Trägern, Vereinen und Verbänden und sonstigen handelnden Personen vor Ort zusammen. 4Sie sollen die Eltern unterstützen und in geeigneter Weise dazu beitragen, dass Kinder und Jugendliche Leistungen für Bildung und Teilhabe möglichst in Anspruch nehmen.

§ 5 Verhältnis zu anderen Leistungen

(1) 1Auf Rechtsvorschriften beruhende Leistungen Anderer, insbesondere der Träger anderer Sozialleistungen, werden durch dieses Buch nicht berührt. 2Ermessensleistungen dürfen nicht deshalb versagt werden, weil dieses Buch entsprechende Leistungen vorsieht.

(2) 1Der Anspruch auf Leistungen zur Sicherung des Lebensunterhalts nach diesem Buch schließt Leistungen nach dem Dritten Kapitel des Zwölften Buches aus. 2Leistungen nach dem Vierten Kapitel des Zwölften Buches sind gegenüber dem Sozialgeld vorrangig.

(3) 1Stellen Leistungsberechtigte trotz Aufforderung einen erforderlichen Antrag auf Leistungen eines anderen Trägers nicht, können die Leistungsträger nach diesem Buch den

Antrag stellen sowie Rechtsbehelfe und Rechtsmittel einlegen. 2Der Ablauf von Fristen, die ohne Verschulden der Leistungsträger nach diesem Buch verstrichen sind, wirkt nicht gegen die Leistungsträger nach diesem Buch; dies gilt nicht für Verfahrensfristen, soweit die Leistungsträger nach diesem Buch das Verfahren selbst betreiben.

§ 6 Träger der Grundsicherung für Arbeitsuchende

(1) 1Träger der Leistungen nach diesem Buch sind:

1. die Bundesagentur für Arbeit (Bundesagentur), soweit Nummer 2 nichts anderes bestimmt,
2. die kreisfreien Städte und Kreise für die Leistungen nach § 16a, das Arbeitslosengeld II und das Sozialgeld, soweit Arbeitslosengeld II und Sozialgeld für den Bedarf für Unterkunft und Heizung geleistet wird, die Leistungen nach § 24 Absatz 3 Satz 1 Nummer 1 und 2, § 27 Absatz 3 sowie für die Leistungen nach § 28, soweit durch Landesrecht nicht andere Träger bestimmt sind (kommunale Träger).

2Zu ihrer Unterstützung können sie Dritte mit der Wahrnehmung von Aufgaben beauftragen; sie sollen einen Außendienst zur Bekämpfung von Leistungsmissbrauch einrichten.

(2) 1Die Länder können bestimmen, dass und inwieweit die Kreise ihnen zugehörige Gemeinden oder Gemeindeverbände zur Durchführung der in Absatz 1 Satz 1 Nummer 2 genannten Aufgaben nach diesem Gesetz heranziehen und ihnen dabei Weisungen erteilen können; in diesen Fällen erlassen die Kreise den Widerspruchsbescheid nach dem Sozialgerichtsgesetz. 2§ 44b Absatz 1 Satz 3 bleibt unberührt. 3Die Sätze 1 und 2 gelten auch in den Fällen des § 6a mit der Maßgabe, dass eine Heranziehung auch für die Aufgaben nach § 6b Absatz 1 Satz 1 erfolgen kann.

(3) Die Länder Berlin, Bremen und Hamburg werden ermächtigt, die Vorschriften dieses Gesetzes über die Zuständigkeit von Behörden für die Grundsicherung für Arbeitsuchende dem besonderen Verwaltungsaufbau ihrer Länder anzupassen.

§ 6a Zugelassene kommunale Träger

(1) Die Zulassungen der aufgrund der Kommunalträger-Zulassungsverordnung vom 24. September 2004 (BGBl. I S. 2349) anstelle der Bundesagentur als Träger der Leistungen nach § 6 Absatz 1 Satz 1 Nummer 1 zugelassenen kommunalen Träger werden vom Bundesministerium für Arbeit und Soziales durch Rechtsverordnung über den 31. Dezember 2010 hinaus unbefristet verlängert, wenn die zugelassenen kommunalen Träger gegenüber der zuständigen obersten Landesbehörde die Verpflichtungen nach Absatz 2 Satz 1 Nummer 4 und 5 bis zum 30. September 2010 anerkennen.

(2) 1Auf Antrag wird eine begrenzte Zahl weiterer kommunaler Träger vom Bundesministerium für Arbeit und Soziales als Träger im Sinne des § 6 Absatz 1 Satz 1 Nummer 1 durch Rechtsverordnung ohne Zustimmung des Bundesrates zugelassen, wenn sie

1. geeignet sind, die Aufgaben zu erfüllen,
2. sich verpflichten, eine besondere Einrichtung nach Absatz 5 zu schaffen,
3. sich verpflichten, mindestens 90 Prozent der Beamtinnen und Beamten, Arbeitnehmerinnen und Arbeitnehmer der Bundesagentur, die zum Zeitpunkt der Zulassung mindestens seit 24 Monaten in der im Gebiet des kommunalen Trägers gelegenen Arbeitsgemeinschaft oder Agentur für Arbeit in getrennter Aufgabenwahrnehmung im Aufgabenbereich nach § 6 Absatz 1 Satz 1 tätig waren, vom Zeitpunkt der Zulassung an, dauerhaft zu beschäftigen,
4. sich verpflichten, mit der zuständigen Landesbehörde eine Zielvereinbarung über die Leistungen nach diesem Buch abzuschließen, und
5. sich verpflichten, die in der Rechtsverordnung nach § 51b Absatz 1 Satz 2 festgelegten Daten zu erheben und gemäß den Regelungen nach § 51b Absatz 4 an die Bundesagentur zu übermitteln, um bundeseinheitliche Datenerfassung, Ergebnis-

berichterstattung, Wirkungsforschung und Leistungsvergleiche zu ermöglichen. ₂Für die Antragsberechtigung gilt § 6 Absatz 3 entsprechend. ₃Der Antrag bedarf in den dafür zuständigen Vertretungskörperschaften der kommunalen Träger einer Mehrheit von zwei Dritteln der Mitglieder sowie der Zustimmung der zuständigen obersten Landesbehörde. ₄Die Anzahl der nach den Absätzen 1 und 2 zugelassenen kommunalen Träger beträgt höchstens 25 Prozent der zum 31. Dezember 2010 bestehenden Arbeitsgemeinschaften nach § 44b in der bis zum 31. Dezember 2010 geltenden Fassung, zugelassenen kommunalen Trägern sowie der Kreise und kreisfreien Städte, in denen keine Arbeitsgemeinschaft nach § 44b in der bis zum 31. Dezember 2010 geltenden Fassung errichtet wurde (Aufgabenträger).

(3) Das Bundesministerium für Arbeit und Soziales wird ermächtigt, Voraussetzungen der Eignung nach Absatz 2 Nummer 1 und deren Feststellung sowie die Verteilung der Zulassungen nach den Absätzen 2 und 4 auf die Länder durch Rechtsverordnung mit Zustimmung des Bundesrates zu regeln.

(4) ₁Der Antrag nach Absatz 2 kann bis zum 31. Dezember 2010 mit Wirkung zum 1. Januar 2012 gestellt werden. ₂Darüber hinaus kann vom 30. Juni 2015 bis zum 31. Dezember 2015 mit Wirkung zum 1. Januar 2017 ein Antrag auf Zulassung gestellt werden, soweit die Anzahl der nach den Absätzen 1 und 2 zugelassenen kommunalen Träger 25 Prozent der zum 1. Januar 2015 bestehenden Aufgabenträger nach Absatz 2 Satz 4 unterschreitet. ₃Die Zulassungen werden unbefristet erteilt.

(5) Zur Wahrnehmung der Aufgaben anstelle der Bundesagentur errichten und unterhalten die zugelassenen kommunalen Träger besondere Einrichtungen für die Erfüllung der Aufgaben nach diesem Buch.

(6) ₁Das Bundesministerium für Arbeit und Soziales kann mit Zustimmung der zuständigen obersten Landesbehörde durch Rechtsverordnung ohne Zustimmung des Bundesrates die Zulassung widerrufen. ₂Auf Antrag des zugelassenen kommunalen Trägers, der der Zustimmung der zuständigen obersten Landesbehörde bedarf, widerruft das Bundesministerium für Arbeit und Soziales die Zulassung durch Rechtsverordnung ohne Zustimmung des Bundesrates. ₃Die Trägerschaft endet mit Ablauf des auf die Antragstellung folgenden Kalenderjahres.

(7) ₁Auf Antrag des kommunalen Trägers, der der Zustimmung der obersten Landesbehörde bedarf, widerruft, beschränkt oder erweitert das Bundesministerium für Arbeit und Soziales die Zulassung nach Absatz 1 oder 2 durch Rechtsverordnung ohne Zustimmung des Bundesrates, wenn und soweit die Zulassung aufgrund einer kommunalen Neugliederung nicht mehr dem Gebiet des kommunalen Trägers entspricht. ₂Absatz 2 Satz 1 Nummer 2 bis 5 gilt bei Erweiterung der Zulassung entsprechend. ₃Der Antrag nach Satz 1 kann bis zum 1. Juli eines Kalenderjahres mit Wirkung zum 1. Januar des folgenden Kalenderjahres gestellt werden.

§ 6b Rechtsstellung der zugelassenen kommunalen Träger

(1) ₁Die zugelassenen kommunalen Träger sind anstelle der Bundesagentur im Rahmen ihrer örtlichen Zuständigkeit Träger der Aufgaben nach § 6 Absatz 1 Satz 1 Nummer 1 mit Ausnahme der sich aus den §§ 44b, 48b, 50, 51a, 51b, 53, 55, 56 Absatz 2, §§ 64 und 65d ergebenden Aufgaben. ₂Sie haben insoweit die Rechte und Pflichten der Agentur für Arbeit.

(2) ₁Der Bund trägt die Aufwendungen der Grundsicherung für Arbeitsuchende einschließlich der Verwaltungskosten mit Ausnahme der Aufwendungen für Aufgaben nach § 6 Absatz 1 Satz 1 Nummer 2. ₂§ 46 Absatz 1 Satz 4, Absatz 2 und 3 Satz 1 gilt entsprechend. ₃§ 46 Absatz 5 bis 8 bleibt unberührt.

(2a) Für die Bewirtschaftung von Haushaltsmitteln des Bundes durch die zugelassenen kommunalen Träger gelten die haushaltsrechtlichen Bestimmungen des Bundes, soweit in Rechtsvorschriften des Bundes oder Vereinbarungen des Bundes mit den zugelassenen kommunalen Trägern nicht etwas anderes bestimmt ist.

(3) Der Bundesrechnungshof ist berechtigt, die Leistungsgewährung zu prüfen.

(4) 1Das Bundesministerium für Arbeit und Soziales prüft, ob Einnahmen und Ausgaben in der besonderen Einrichtung nach § 6a Absatz 5 begründet und belegt sind und den Grundsätzen der Wirtschaftlichkeit und Sparsamkeit entsprechen. 2Die Prüfung kann in einem vereinfachten Verfahren erfolgen, wenn der zugelassene kommunale Träger ein Verwaltungs- und Kontrollsystem errichtet hat, das die Ordnungsmäßigkeit der Berechnung und Zahlung gewährleistet und er dem Bundesministerium für Arbeit und Soziales eine Beurteilung ermöglicht, ob Aufwendungen nach Grund und Höhe vom Bund zu tragen sind. 3Das Bundesministerium für Arbeit und Soziales kündigt örtliche Prüfungen bei einem zugelassenen kommunalen Träger gegenüber der nach § 48 Absatz 1 zuständigen Landesbehörde an und unterrichtet sie über das Ergebnis der Prüfung.

(5) 1Das Bundesministerium für Arbeit und Soziales kann von dem zugelassenen kommunalen Träger die Erstattung von Mitteln verlangen, die er zu Lasten des Bundes ohne Rechtsgrund erlangt hat. 2Der zu erstattende Betrag ist während des Verzugs zu verzinsen. 3Der Verzugszinssatz beträgt für das Jahr 3 Prozentpunkte über dem Basiszinssatz.

§ 6c Personalübergang bei Zulassung weiterer kommunaler Träger und bei Beendigung der Trägerschaft

(1) 1Die Beamtinnen und Beamten, Arbeitnehmerinnen und Arbeitnehmer der Bundesagentur, die am Tag vor der Zulassung eines weiteren kommunalen Trägers nach § 6a Absatz 2 und mindestens seit 24 Monaten Aufgaben der Bundesagentur als Träger nach § 6 Absatz 1 Satz 1 Nummer 1 in dem Gebiet des kommunalen Trägers wahrgenommen haben, treten zum Zeitpunkt der Neuzulassung kraft Gesetzes in den Dienst des kommunalen Trägers über. 2Für die Auszubildenden bei der Bundesagentur gilt Satz 1 entsprechend. 3Die Versetzung eines nach Satz 1 übergetretenen Beamtinnen und Beamten vom kommunalen Träger zur Bundesagentur bedarf nicht der Zustimmung der Bundesagentur, bis sie 10 Prozent der nach Satz 1 übergetretenen Beamtinnen und Beamten, Arbeitnehmerinnen und Arbeitnehmer wieder aufgenommen hat. 4Bis zum Erreichen des in Satz 3 genannten Anteils ist die Bundesagentur zur Wiedereinstellung von nach Satz 1 übergetretenen Arbeitnehmerinnen und Arbeitnehmern verpflichtet, die auf Vorschlag des kommunalen Trägers dazu bereit sind. 5Die Versetzung und Wiedereinstellung im Sinne der Sätze 3 und 4 ist innerhalb von drei Monaten nach dem Zeitpunkt der Neuzulassung abzuschließen. 6Die Sätze 1 bis 5 gelten entsprechend für Zulassungen nach § 6a Absatz 4 Satz 2 sowie Erweiterungen der Zulassung nach § 6a Absatz 7.

(2) 1Endet die Trägerschaft eines kommunalen Trägers nach § 6a, treten die Beamtinnen und Beamten, Arbeitnehmerinnen und Arbeitnehmer des kommunalen Trägers, die am Tag vor der Beendigung der Trägerschaft Aufgaben anstelle der Bundesagentur als Träger nach § 6 Absatz 1 Nummer 1 durchgeführt haben, zum Zeitpunkt der Beendigung der Trägerschaft kraft Gesetzes in den Dienst der Bundesagentur über. 2Für die Auszubildenden bei dem kommunalen Träger gilt Satz 1 entsprechend.

(3) 1Treten Beamtinnen und Beamte aufgrund des Absatzes 1 oder 2 kraft Gesetzes in den Dienst eines anderen Trägers über, wird das Beamtenverhältnis mit dem anderen Träger fortgesetzt. 2Treten Arbeitnehmerinnen und Arbeitnehmer aufgrund des Absatzes 1 oder 2 kraft Gesetzes in den Dienst eines anderen Trägers über, tritt der neue Träger unbeschadet des Satzes 3 in die Rechte und Pflichten aus den Arbeitsverhältnissen ein, die im Zeitpunkt des Übertritts bestehen. 3Vom Zeitpunkt des Übertritts an sind die für Arbeitnehmerinnen und Arbeitnehmer des neuen Trägers jeweils geltenden Tarifverträge ausschließlich anzuwenden. 4Den Beamtinnen und Beamten, Arbeitnehmerinnen oder Arbeitnehmern ist die Fortsetzung des Beamten- oder Arbeitsverhältnisses von dem auf-

nehmenden Träger schriftlich zu bestätigen. $_{5}$Für die Verteilung der Versorgungslasten hinsichtlich der aufgrund des Absatzes 1 oder 2 übertretenden Beamtinnen und Beamten gilt § 107b des Beamtenversorgungsgesetzes entsprechend. $_{6}$Mit Inkrafttreten des Versorgungslastenteilungs-Staatsvertrags sind für die jeweils beteiligten Dienstherrn die im Versorgungslastenteilungs-Staatsvertrag bestimmten Regelungen entsprechend anzuwenden.

(4) $_{1}$Beamtinnen und Beamten, die nach Absatz 1 oder 2 kraft Gesetzes in den Dienst eines anderen Trägers übertreten, soll ein gleich zu bewertendes Amt übertragen werden, das ihrem bisherigen Amt nach Bedeutung und Inhalt ohne Berücksichtigung von Dienststellung und Dienstalter entspricht. $_{2}$Wenn eine dem bisherigen Amt entsprechende Verwendung im Ausnahmefall nicht möglich ist, kann ihnen auch ein anderes Amt mit geringerem Grundgehalt übertragen werden. $_{3}$Verringert sich nach Satz 1 oder 2 der Gesamtbetrag von Grundgehalt, allgemeiner Stellenzulage oder entsprechender Besoldungsbestandteile und anteiliger Sonderzahlung (auszugleichende Dienstbezüge), hat der aufnehmende Träger eine Ausgleichszulage zu gewähren. $_{4}$Die Ausgleichszulage bemisst sich nach der Differenz zwischen den auszugleichenden Dienstbezügen beim abgebenden Träger und beim aufnehmenden Träger zum Zeitpunkt des Übertritts. $_{5}$Auf die Ausgleichszulage werden alle Erhöhungen der auszugleichenden Dienstbezüge beim aufnehmenden Träger angerechnet. $_{6}$Die Ausgleichszulage ist ruhegehaltfähig. $_{7}$Als Bestandteil der Versorgungsbezüge vermindert sich die Ausgleichszulage bei jeder auf das Grundgehalt bezogenen Erhöhung der Versorgungsbezüge um diesen Erhöhungsbetrag. $_{8}$Im Fall des Satzes 2 dürfen die Beamtinnen und Beamten neben der neuen Amtsbezeichnung die des früheren Amtes mit dem Zusatz „außer Dienst" („a. D.") führen.

(5) $_{1}$Arbeitnehmerinnen und Arbeitnehmern, die nach Absatz 1 oder 2 kraft Gesetzes in den Dienst eines anderen Trägers übertreten, soll grundsätzlich eine tarifrechtlich gleichwertige Tätigkeit übertragen werden. $_{2}$Wenn eine derartige Verwendung im Ausnahmefall nicht möglich ist, kann ihnen eine niedriger bewertete Tätigkeit übertragen werden. $_{3}$Verringert sich das Arbeitsentgelt nach den Sätzen 1 und 2, ist eine Ausgleichszahlung in Höhe des Unterschiedsbetrages zwischen dem Arbeitsentgelt bei dem abgebenden Träger zum Zeitpunkt des Übertritts und dem jeweiligen Arbeitsentgelt bei dem aufnehmenden Träger zu zahlen.

§ 6d Jobcenter

Die gemeinsamen Einrichtungen nach § 44b und die zugelassenen kommunalen Träger nach § 6a führen die Bezeichnung Jobcenter.

Kapitel 2 Anspruchsvoraussetzungen

§ 7 Leistungsberechtigte

(1) $_{1}$Leistungen nach diesem Buch erhalten Personen, die

1. das 15. Lebensjahr vollendet und die Altersgrenze nach § 7a noch nicht erreicht haben,
2. erwerbsfähig sind,
3. hilfebedürftig sind und
4. ihren gewöhnlichen Aufenthalt in der Bundesrepublik Deutschland haben

(erwerbsfähige Leistungsberechtigte). $_{2}$Ausgenommen sind

1. Ausländerinnen und Ausländer, die weder in der Bundesrepublik Deutschland Arbeitnehmerinnen, Arbeitnehmer oder Selbständige noch aufgrund des § 2 Absatz 3 des Freizügigkeitsgesetzes/EU freizügigkeitsberechtigt sind, und ihre Familienangehörigen für die ersten drei Monate ihres Aufenthalts,
2. Ausländerinnen und Ausländer, deren Aufenthaltsrecht sich allein aus dem Zweck der Arbeitsuche ergibt, und ihre Familienangehörigen,
3. Leistungsberechtigte nach § 1 des Asylbewerberleistungsgesetzes.

$_{3}$Satz 2 Nummer 1 gilt nicht für Ausländerinnen und Ausländer, die sich mit einem Aufenthaltstitel nach Kapitel 2 Abschnitt 5 des Aufenthaltsgesetzes in der Bundesrepublik Deutschland aufhalten. $_{4}$Aufenthaltsrechtliche Bestimmungen bleiben unberührt.

(2) $_{1}$Leistungen erhalten auch Personen, die mit erwerbsfähigen Leistungsberechtigten in einer Bedarfsgemeinschaft leben. $_{2}$Dienstleistungen und Sachleistungen werden ihnen nur erbracht, wenn dadurch Hemmnisse bei der Eingliederung der erwerbsfähigen Leistungsberechtigten beseitigt oder vermindert werden. $_{3}$Zur Deckung der Bedarfe nach § 28 erhalten die dort genannten Personen auch dann Leistungen für Bildung und Teilhabe, wenn sie mit Personen in einem Haushalt zusammenleben, mit denen sie nur deshalb keine Bedarfsgemeinschaft bilden, weil diese aufgrund des zu berücksichtigenden Einkommens oder Vermögens selbst nicht leistungsberechtigt sind.

(3) Zur Bedarfsgemeinschaft gehören

1. die erwerbsfähigen Leistungsberechtigten,
2. die im Haushalt lebenden Eltern oder der im Haushalt lebende Elternteil eines unverheirateten erwerbsfähigen Kindes, welches das 25. Lebensjahr noch nicht vollendet hat, und die im Haushalt lebende Partnerin oder der im Haushalt lebende Partner dieses Elternteils,
3. als Partnerin oder Partner der erwerbsfähigen Leistungsberechtigten
   a) die nicht dauernd getrennt lebende Ehegattin oder der nicht dauernd getrennt lebende Ehegatte,
   b) die nicht dauernd getrennt lebende Lebenspartnerin oder der nicht dauernd getrennt lebende Lebenspartner,
   c) eine Person, die mit der erwerbsfähigen leistungsberechtigten Person in einem gemeinsamen Haushalt so zusammenlebt, dass nach verständiger Würdigung der wechselseitige Wille anzunehmen ist, Verantwortung füreinander zu tragen und füreinander einzustehen,
4. die dem Haushalt angehörenden unverheirateten Kinder der in den Nummern 1 bis 3 genannten Personen, wenn sie das 25. Lebensjahr noch nicht vollendet haben, soweit sie die Leistungen zur Sicherung ihres Lebensunterhalts nicht aus eigenem Einkommen oder Vermögen beschaffen können.

(3a) Ein wechselseitiger Wille, Verantwortung füreinander zu tragen und füreinander einzustehen, wird vermutet, wenn Partner

1. länger als ein Jahr zusammenleben,
2. mit einem gemeinsamen Kind zusammenleben,
3. Kinder oder Angehörige im Haushalt versorgen oder
4. befugt sind, über Einkommen oder Vermögen des anderen zu verfügen.

(4) $_{1}$Leistungen nach diesem Buch erhält nicht, wer in einer stationären Einrichtung untergebracht ist, Rente wegen Alters oder Knappschaftsausgleichsleistung oder ähnliche Leistungen öffentlich-rechtlicher Art bezieht. $_{2}$Dem Aufenthalt in einer stationären Einrichtung ist der Aufenthalt in einer Einrichtung zum Vollzug richterlich angeordneter Freiheitsentziehung gleichgestellt. $_{3}$Abweichend von Satz 1 erhält Leistungen nach diesem Buch,

1. wer voraussichtlich für weniger als sechs Monate in einem Krankenhaus (§ 107 des Fünften Buches) untergebracht ist oder
2. wer in einer stationären Einrichtung untergebracht und unter den üblichen Bedingungen des allgemeinen Arbeitsmarktes mindestens 15 Stunden wöchentlich erwerbstätig ist.

(4a) $_{1}$Erwerbsfähige Leistungsberechtigte erhalten keine Leistungen, wenn sie sich ohne Zustimmung des zuständigen Trägers nach diesem Buch außerhalb des zeit- und ortsnahen Bereichs aufhalten und deshalb nicht für die Eingliederung in Arbeit zur Verfügung stehen. $_{2}$Die Zustimmung ist zu erteilen, wenn für den Aufenthalt außerhalb des zeit- und ortsnahen Bereichs ein wichtiger Grund vorliegt und die Eingliederung in Arbeit nicht beeinträchtigt wird. 3Ein wichtiger Grund liegt insbesondere vor bei

1. Teilnahme an einer ärztlich verordneten Maßnahme der medizinischen Vorsorge oder Rehabilitation,
2. Teilnahme an einer Veranstaltung, die staatspolitischen, kirchlichen oder gewerkschaftlichen Zwecken dient oder sonst im öffentlichen Interesse liegt, oder
3. Ausübung einer ehrenamtlichen Tätigkeit.

4Die Zustimmung kann auch erteilt werden, wenn für den Aufenthalt außerhalb des zeit- und ortsnahen Bereichs kein wichtiger Grund vorliegt und die Eingliederung in Arbeit nicht beeinträchtigt wird. 5Die Dauer der Abwesenheiten nach Satz 4 soll in der Regel insgesamt drei Wochen im Kalenderjahr nicht überschreiten.

(5) Auszubildende, deren Ausbildung im Rahmen des Bundesausbildungsförderungsgesetzes oder der §§ 51, 57 und 58 des Dritten Buches dem Grunde nach förderungsfähig ist, haben über die Leistungen nach § 27 hinaus keinen Anspruch auf Leistungen zur Sicherung des Lebensunterhalts.

(6) Absatz 5 findet keine Anwendung auf Auszubildende,

1. die aufgrund von § 2 Absatz 1a des Bundesausbildungsförderungsgesetzes keinen Anspruch auf Ausbildungsförderung oder aufgrund von § 60 des Dritten Buches keinen Anspruch auf Berufsausbildungsbeihilfe haben,
2. deren Bedarf sich nach § 12 Absatz 1 Nummer 1 des Bundesausbildungsförderungsgesetzes, nach § 62 Absatz 1 oder § 124 Absatz 1 Nummer 1 des Dritten Buches bemisst oder
3. die eine Abendhauptschule, eine Abendrealschule oder ein Abendgymnasium besuchen, sofern sie aufgrund von § 10 Absatz 3 des Bundesausbildungsförderungsgesetzes keinen Anspruch auf Ausbildungsförderung haben.

§ 7a Altersgrenze

1Personen, die vor dem 1. Januar 1947 geboren sind, erreichen die Altersgrenze mit Ablauf des Monats, in dem sie das 65. Lebensjahr vollenden. 2Für Personen, die nach dem 31. Dezember 1946 geboren sind, wird die Altersgrenze wie folgt angehoben:

für den Geburtsjahrgang	erfolgt eine Anhebung um Monate	auf den Ablauf des Monats, in dem ein Lebensalter vollendet wird von
1947	1	65 Jahren und 1 Monat
1948	2	65 Jahren und 2 Monaten
1949	3	65 Jahren und 3 Monaten
1950	4	65 Jahren und 4 Monaten
1951	5	65 Jahren und 5 Monaten
1952	6	65 Jahren und 6 Monaten
1953	7	65 Jahren und 7 Monaten
1954	8	65 Jahren und 8 Monaten
1955	9	65 Jahren und 9 Monaten
1956	10	65 Jahren und 10 Monaten
1957	11	65 Jahren und 11 Monaten
1958	12	66 Jahren
1959	14	66 Jahren und 2 Monaten
1960	16	66 Jahren und 4 Monaten
1961	18	66 Jahren und 6 Monaten
1962	20	66 Jahren und 8 Monaten
1963	22	66 Jahren und 10 Monaten
ab 1964	24	67 Jahren.

§ 8 Erwerbsfähigkeit

(1) Erwerbsfähig ist, wer nicht wegen Krankheit oder Behinderung auf absehbare Zeit außerstande ist, unter den üblichen Bedingungen des allgemeinen Arbeitsmarktes mindestens drei Stunden täglich erwerbstätig zu sein.

(2) 1Im Sinne von Absatz 1 können Ausländerinnen und Ausländer nur erwerbstätig sein, wenn ihnen die Aufnahme einer Beschäftigung erlaubt ist oder erlaubt werden könnte. 2Die rechtliche Möglichkeit, eine Beschäftigung vorbehaltlich einer Zustimmung nach § 39 des Aufenthaltsgesetzes aufzunehmen, ist ausreichend.

§ 9 Hilfebedürftigkeit

(1) Hilfebedürftig ist, wer seinen Lebensunterhalt nicht oder nicht ausreichend aus dem zu berücksichtigenden Einkommen oder Vermögen sichern kann und die erforderliche

Hilfe nicht von anderen, insbesondere von Angehörigen oder von Trägern anderer Sozialleistungen, erhält.

(2) ₁Bei Personen, die in einer Bedarfsgemeinschaft leben, sind das Einkommen und Vermögen des Partners zu berücksichtigen. ₂Bei unverheirateten Kindern, die mit ihren Eltern oder einem Elternteil in einer Bedarfsgemeinschaft leben und die ihren Lebensunterhalt nicht aus eigenem Einkommen oder Vermögen sichern können, sind auch das Einkommen und Vermögen der Eltern oder des Elternteils und dessen in Bedarfsgemeinschaft lebender Partnerin oder lebenden Partners zu berücksichtigen. ₃Ist in einer Bedarfsgemeinschaft nicht der gesamte Bedarf aus eigenen Kräften und Mitteln gedeckt, gilt jede Person der Bedarfsgemeinschaft im Verhältnis des eigenen Bedarfs zum Gesamtbedarf als hilfebedürftig, dabei bleiben die Bedarfe nach § 28 außer Betracht. ₄In den Fällen des § 7 Absatz 2 Satz 3 ist Einkommen und Vermögen, soweit es die nach Satz 3 zu berücksichtigenden Bedarfe übersteigt, im Verhältnis mehrerer Leistungsberechtigter zueinander zu gleichen Teilen zu berücksichtigen.

(3) Absatz 2 Satz 2 findet keine Anwendung auf ein Kind, das schwanger ist oder sein Kind bis zur Vollendung des sechsten Lebensjahres betreut.

(4) Hilfebedürftig ist auch derjenige, dem der sofortige Verbrauch oder die sofortige Verwertung von zu berücksichtigendem Vermögen nicht möglich ist oder für den dies eine besondere Härte bedeuten würde.

(5) Leben Hilfebedürftige in Haushaltsgemeinschaft mit Verwandten oder Verschwägerten, so wird vermutet, dass sie von ihnen Leistungen erhalten, soweit dies nach deren Einkommen und Vermögen erwartet werden kann.

§ 10 Zumutbarkeit

(1) Einer erwerbsfähigen leistungsberechtigten Person ist jede Arbeit zumutbar, es sei denn, dass

1. sie zu der bestimmten Arbeit körperlich, geistig oder seelisch nicht in der Lage ist,
2. die Ausübung der Arbeit die künftige Ausübung der bisherigen überwiegenden Arbeit wesentlich erschweren würde, weil die bisherige Tätigkeit besondere körperliche Anforderungen stellt,
3. die Ausübung der Arbeit die Erziehung ihres Kindes oder des Kindes ihrer Partnerin oder ihres Partners gefährden würde; die Erziehung eines Kindes, das das dritte Lebensjahr vollendet hat, ist in der Regel nicht gefährdet, soweit die Betreuung in einer Tageseinrichtung oder in Tagespflege im Sinne der Vorschriften des Achten Buches oder auf sonstige Weise sichergestellt ist; die zuständigen kommunalen Träger sollen darauf hinwirken, dass erwerbsfähigen Erziehenden vorrangig ein Platz zur Tagesbetreuung des Kindes angeboten wird,
4. die Ausübung der Arbeit mit der Pflege einer oder eines Angehörigen nicht vereinbar wäre und die Pflege nicht auf andere Weise sichergestellt werden kann,
5. der Ausübung der Arbeit ein sonstiger wichtiger Grund entgegensteht.

(2) Eine Arbeit ist nicht allein deshalb unzumutbar, weil

1. sie nicht einer früheren beruflichen Tätigkeit entspricht, für die die erwerbsfähige leistungsberechtigte Person ausgebildet ist oder die früher ausgeübt wurde,
2. sie im Hinblick auf die Ausbildung der erwerbsfähigen leistungsberechtigten Person als geringerwertig anzusehen ist,
3. der Beschäftigungsort vom Wohnort der erwerbsfähigen leistungsberechtigten Person weiter entfernt ist als ein früherer Beschäftigungs- oder Ausbildungsort,
4. die Arbeitsbedingungen ungünstiger sind als bei den bisherigen Beschäftigungen der erwerbsfähigen leistungsberechtigten Person,
5. sie mit der Beendigung einer Erwerbstätigkeit verbunden ist, es sei denn, es liegen begründete Anhaltspunkte vor, dass durch die bisherige Tätigkeit künftig die Hilfebedürftigkeit beendet werden kann.

(3) Die Absätze 1 und 2 gelten für die Teilnahme an Maßnahmen zur Eingliederung in Arbeit entsprechend.

§ 11 Zu berücksichtigendes Einkommen

(1) 1Als Einkommen zu berücksichtigen sind Einnahmen in Geld oder Geldeswert abzüglich der nach § 11b abzusetzenden Beträge mit Ausnahme der in § 11a genannten Einnahmen. 2Als Einkommen zu berücksichtigen sind auch Zuflüsse aus darlehensweise gewährten Sozialleistungen, soweit sie dem Lebensunterhalt dienen. 3Der Kinderzuschlag nach § 6a des Bundeskindergeldgesetzes ist als Einkommen dem jeweiligen Kind zuzurechnen. 4Dies gilt auch für das Kindergeld für zur Bedarfsgemeinschaft gehörende Kinder, soweit es bei dem jeweiligen Kind zur Sicherung des Lebensunterhalts, mit Ausnahme der Bedarfe nach § 28, benötigt wird.

(2) 1Laufende Einnahmen sind für den Monat zu berücksichtigen, in dem sie zufließen. 2Zu den laufenden Einnahmen zählen auch Einnahmen, die an einzelnen Tagen eines Monats aufgrund von kurzzeitigen Beschäftigungsverhältnissen erzielt werden. 3Für laufende Einnahmen, die in größeren als monatlichen Zeitabständen zufließen, gilt Absatz 3 entsprechend.

(3) 1Einmalige Einnahmen sind in dem Monat, in dem sie zufließen, zu berücksichtigen. 2Sofern für den Monat des Zuflusses bereits Leistungen ohne Berücksichtigung der einmaligen Einnahme erbracht worden sind, werden sie im Folgemonat berücksichtigt. 3Entfiele der Leistungsanspruch durch die Berücksichtigung in einem Monat, ist die einmalige Einnahme auf einen Zeitraum von sechs Monaten gleichmäßig aufzuteilen und monatlich mit einem entsprechenden Teilbetrag zu berücksichtigen.

§ 11a Nicht zu berücksichtigendes Einkommen

(1) Nicht als Einkommen zu berücksichtigen sind

1. Leistungen nach diesem Buch,
2. die Grundrente nach dem Bundesversorgungsgesetz und nach den Gesetzen, die eine entsprechende Anwendung des Bundesversorgungsgesetzes vorsehen,
3. die Renten oder Beihilfen, die nach dem Bundesentschädigungsgesetz für Schaden an Leben sowie an Körper oder Gesundheit erbracht werden, bis zur Höhe der vergleichbaren Grundrente nach dem Bundesversorgungsgesetz.

(2) Entschädigungen, die wegen eines Schadens, der kein Vermögensschaden ist, nach § 253 Absatz 2 des Bürgerlichen Gesetzbuchs geleistet werden, sind nicht als Einkommen zu berücksichtigen.

(3) 1Leistungen, die aufgrund öffentlich-rechtlicher Vorschriften zu einem ausdrücklich genannten Zweck erbracht werden, sind nur so weit als Einkommen zu berücksichtigen, als die Leistungen nach diesem Buch im Einzelfall demselben Zweck dienen. 2Abweichend von Satz 1 sind als Einkommen zu berücksichtigen

1. die Leistungen nach § 39 des Achten Buches, die für den erzieherischen Einsatz erbracht werden,
   a) für das dritte Pflegekind zu 75 Prozent,
   b) für das vierte und jedes weitere Pflegekind vollständig,
2. die Leistungen nach § 23 des Achten Buches.

(4) Zuwendungen der freien Wohlfahrtspflege sind nicht als Einkommen zu berücksichtigen, soweit sie die Lage der Empfängerinnen und Empfänger nicht so günstig beeinflussen, dass daneben Leistungen nach diesem Buch nicht gerechtfertigt wären.

(5) Zuwendungen, die ein anderer erbringt, ohne hierzu eine rechtliche oder sittliche Pflicht zu haben, sind nicht als Einkommen zu berücksichtigen, soweit

1. ihre Berücksichtigung für die Leistungsberechtigten grob unbillig wäre oder
2. sie die Lage der Leistungsberechtigten nicht so günstig beeinflussen, dass daneben Leistungen nach diesem Buch nicht gerechtfertigt wären.

§ 11b Absetzbeträge

(1) 1Vom Einkommen abzusetzen sind

1. auf das Einkommen entrichtete Steuern,
2. Pflichtbeiträge zur Sozialversicherung einschließlich der Beiträge zur Arbeitsförderung,
3. Beiträge zu öffentlichen oder privaten Versicherungen oder ähnlichen Einrichtungen, soweit diese Beiträge gesetzlich vorgeschrieben oder nach Grund und Höhe angemessen sind; hierzu gehören Beiträge
   a) zur Vorsorge für den Fall der Krankheit und der Pflegebedürftigkeit für Personen, die in der gesetzlichen Krankenversicherung nicht versicherungspflichtig sind,
   b) zur Altersvorsorge von Personen, die von der Versicherungspflicht in der gesetzlichen Rentenversicherung befreit sind,

   soweit die Beiträge nicht nach § 26 bezuschusst werden,
4. geförderte Altersvorsorgebeiträge nach § 82 des Einkommensteuergesetzes, soweit sie den Mindesteigenbeitrag nach § 86 des Einkommensteuergesetzes nicht überschreiten,
5. die mit der Erzielung des Einkommens verbundenen notwendigen Ausgaben,
6. für Erwerbstätige ferner ein Betrag nach Absatz 3,
7. Aufwendungen zur Erfüllung gesetzlicher Unterhaltsverpflichtungen bis zu dem in einem Unterhaltstitel oder in einer notariell beurkundeten Unterhaltsvereinbarung festgelegten Betrag,
8. bei erwerbsfähigen Leistungsberechtigten, deren Einkommen nach dem Vierten Abschnitt des Bundesausbildungsförderungsgesetzes oder nach § 67 oder § 126 des Dritten Buches bei der Berechnung der Leistungen der Ausbildungsförderung für mindestens ein Kind berücksichtigt wird, der nach den Vorschriften der Ausbildungsförderung berücksichtigte Betrag.

2Bei der Verteilung einer einmaligen Einnahme nach § 11 Absatz 3 Satz 3 sind die auf die einmalige Einnahme im Zuflussmonat entfallenden Beträge nach den Nummern 1, 2, 5 und 6 vorweg abzusetzen.

(2) 1Bei erwerbsfähigen Leistungsberechtigten, die erwerbstätig sind, ist anstelle der Beträge nach Absatz 1 Satz 1 Nummer 3 bis 5 ein Betrag von insgesamt 100 Euro monatlich abzusetzen. 2Beträgt das monatliche Einkommen mehr als 400 Euro, gilt Satz 1 nicht, wenn die oder der erwerbsfähige Leistungsberechtigte nachweist, dass die Summe der Beträge nach Absatz 1 Satz 1 Nummer 3 bis 5 den Betrag von 100 Euro übersteigt. 3Erhält eine leistungsberechtigte Person mindestens aus einer Tätigkeit Bezüge oder Einnahmen, die nach § 3 Nummer 12, 26, 26a oder 26b des Einkommensteuergesetzes steuerfrei sind, gelten die Sätze 1 und 2 mit den Maßgaben, dass jeweils an die Stelle des Betrages von 100 Euro monatlich der Betrag von 200 Euro monatlich und an die Stelle des Betrages von 400 Euro der Betrag von 200 Euro tritt. 4§ 11a Absatz 3 bleibt unberührt.

(3) 1Bei erwerbsfähigen Leistungsberechtigten, die erwerbstätig sind, ist von dem monatlichen Einkommen aus Erwerbstätigkeit ein weiterer Betrag abzusetzen. 2Dieser beläuft sich

1. für den Teil des monatlichen Einkommens, das 100 Euro übersteigt und nicht mehr als 1000 Euro beträgt, auf 20 Prozent und
2. für den Teil des monatlichen Einkommens, das 1000 Euro übersteigt und nicht mehr als 1200 Euro beträgt, auf 10 Prozent.

3Anstelle des Betrages von 1200 Euro tritt für erwerbsfähige Leistungsberechtigte, die entweder mit mindestens einem minderjährigen Kind in Bedarfsgemeinschaft leben oder die mindestens ein minderjähriges Kind haben, ein Betrag von 1500 Euro.

§ 12 Zu berücksichtigendes Vermögen

(1) Als Vermögen sind alle verwertbaren Vermögensgegenstände zu berücksichtigen.

(2) 1Vom Vermögen sind abzusetzen

1. ein Grundfreibetrag in Höhe von 150 Euro je vollendetem Lebensjahr für jede in der Bedarfsgemeinschaft lebende volljährige Person und deren Partnerin oder Partner, mindestens aber jeweils 3100 Euro; der Grundfreibetrag darf für jede volljährige Person und ihre Partnerin oder ihren Partner jeweils den nach Satz 2 maßgebenden Höchstbetrag nicht übersteigen,

1a. ein Grundfreibetrag in Höhe von 3100 Euro für jedes leistungsberechtigte minderjährige Kind,

2. Altersvorsorge in Höhe des nach Bundesrecht ausdrücklich als Altersvorsorge geförderten Vermögens einschließlich seiner Erträge und der geförderten laufenden Altersvorsorgebeiträge, soweit die Inhaberin oder der Inhaber das Altersvorsorgevermögen nicht vorzeitig verwendet,

3. geldwerte Ansprüche, die der Altersvorsorge dienen, soweit die Inhaberin oder der Inhaber sie vor dem Eintritt in den Ruhestand aufgrund einer unwiderruflichen vertraglichen Vereinbarung nicht verwerten kann und der Wert der geldwerten Ansprüche 750 Euro je vollendetem Lebensjahr der erwerbsfähigen leistungsberechtigten Person und deren Partnerin oder Partner, höchstens jedoch jeweils den nach Satz 2 maßgebenden Höchstbetrag nicht übersteigt,

4. ein Freibetrag für notwendige Anschaffungen in Höhe von 750 Euro für jeden in der Bedarfsgemeinschaft lebenden Leistungsberechtigten.

2Bei Personen, die

1. vor dem 1. Januar 1958 geboren sind, darf der Grundfreibetrag nach Satz 1 Nummer 1 jeweils 9750 Euro und der Wert der geldwerten Ansprüche nach Satz 1 Nummer 3 jeweils 48 750 Euro,

2. nach dem 31. Dezember 1957 und vor dem 1. Januar 1964 geboren sind, darf der Grundfreibetrag nach Satz 1 Nummer 1 jeweils 9900 Euro und der Wert der geldwerten Ansprüche nach Satz 1 Nummer 3 jeweils 49 500 Euro,

3. nach dem 31. Dezember 1963 geboren sind, darf der Grundfreibetrag nach Satz 1 Nummer 1 jeweils 10 050 Euro und der Wert der geldwerten Ansprüche nach Satz 1 Nummer 3 jeweils 50 250 Euro

nicht übersteigen.

(3) 1Als Vermögen sind nicht zu berücksichtigen

1. angemessener Hausrat,

2. ein angemessenes Kraftfahrzeug für jede in der Bedarfsgemeinschaft lebende erwerbsfähige Person,

3. von der Inhaberin oder dem Inhaber als für die Altersvorsorge bestimmt bezeichnete Vermögensgegenstände in angemessenem Umfang, wenn die erwerbsfähige leistungsberechtigte Person oder deren Partnerin oder Partner von der Versicherungspflicht in der gesetzlichen Rentenversicherung befreit ist,

4. ein selbst genutztes Hausgrundstück von angemessener Größe oder eine entsprechende Eigentumswohnung,

5. Vermögen, solange es nachweislich zur baldigen Beschaffung oder Erhaltung eines Hausgrundstücks von angemessener Größe bestimmt ist, soweit dieses zu Wohnzwecken behinderter oder pflegebedürftiger Menschen dient oder dienen soll und dieser Zweck durch den Einsatz oder die Verwertung des Vermögens gefährdet würde,

6. Sachen und Rechte, soweit ihre Verwertung offensichtlich unwirtschaftlich ist oder für den Betroffenen eine besondere Härte bedeuten würde.

2Für die Angemessenheit sind die Lebensumstände während des Bezugs der Leistungen zur Grundsicherung für Arbeitsuchende maßgebend.

(4) 1Das Vermögen ist mit seinem Verkehrswert zu berücksichtigen. 2Für die Bewertung ist der Zeitpunkt maßgebend, in dem der Antrag auf Bewilligung oder erneute Bewilligung der Leistungen der Grundsicherung für Arbeitsuchende gestellt wird, bei späterem

Erwerb von Vermögen der Zeitpunkt des Erwerbs. 3Wesentliche Änderungen des Verkehrswertes sind zu berücksichtigen.

§ 12a Vorrangige Leistungen

1Leistungsberechtigte sind verpflichtet, Sozialleistungen anderer Träger in Anspruch zu nehmen und die dafür erforderlichen Anträge zu stellen, sofern dies zur Vermeidung, Beseitigung, Verkürzung oder Verminderung der Hilfebedürftigkeit erforderlich ist. 2Abweichend von Satz 1 sind Leistungsberechtigte nicht verpflichtet,

1. bis zur Vollendung des 63. Lebensjahres eine Rente wegen Alters vorzeitig in Anspruch zu nehmen oder
2. Wohngeld nach dem Wohngeldgesetz oder Kinderzuschlag nach dem Bundeskindergeldgesetz in Anspruch zu nehmen, wenn dadurch nicht die Hilfebedürftigkeit aller Mitglieder der Bedarfsgemeinschaft für einen zusammenhängenden Zeitraum von mindestens drei Monaten beseitigt würde.

§ 13 Verordnungsermächtigung

(1) Das Bundesministerium für Arbeit und Soziales wird ermächtigt, im Einvernehmen mit dem Bundesministerium der Finanzen ohne Zustimmung des Bundesrates durch Rechtsverordnung zu bestimmen,

1. welche weiteren Einnahmen nicht als Einkommen zu berücksichtigen sind und wie das Einkommen im Einzelnen zu berechnen ist,
2. welche weiteren Vermögensgegenstände nicht als Vermögen zu berücksichtigen sind und wie der Wert des Vermögens zu ermitteln ist,
3. welche Pauschbeträge für die von dem Einkommen abzusetzenden Beträge zu berücksichtigen sind,
4. welche durchschnittlichen monatlichen Beträge für einzelne Bedarfe nach § 28 für die Prüfung der Hilfebedürftigkeit zu berücksichtigen sind und welcher Eigenanteil des maßgebenden Regelbedarfs bei der Bemessung des Bedarfs nach § 28 Absatz 6 zugrunde zu legen ist.

(2) Das Bundesministerium für Arbeit und Soziales wird ermächtigt, ohne Zustimmung des Bundesrates durch Rechtsverordnung zu bestimmen, unter welchen Voraussetzungen und für welche Dauer Leistungsberechtigte nach Vollendung des 63. Lebensjahres ausnahmsweise zur Vermeidung von Unbilligkeiten nicht verpflichtet sind, eine Rente wegen Alters vorzeitig in Anspruch zu nehmen.

(3) Das Bundesministerium für Arbeit und Soziales wird ermächtigt, durch Rechtsverordnung ohne Zustimmung des Bundesrates nähere Bestimmungen zum zeit- und ortsnahen Bereich (§ 7 Absatz 4a) sowie dazu zu treffen, wie lange und unter welchen Voraussetzungen sich erwerbsfähige Leistungsberechtigte außerhalb des zeit- und ortsnahen Bereichs aufhalten dürfen, ohne Ansprüche auf Leistungen nach diesem Buch zu verlieren.

Kapitel 3
Leistungen

Abschnitt 1
Leistungen zur Eingliederung in Arbeit

§ 14 Grundsatz des Förderns

1Die Träger der Leistungen nach diesem Buch unterstützen erwerbsfähige Leistungsberechtigte umfassend mit dem Ziel der Eingliederung in Arbeit. 2Die Agentur für Arbeit soll eine persönliche Ansprechpartnerin oder einen persönlichen Ansprechpartner für jede erwerbsfähige leistungsberechtigte Person und die mit dieser in einer Bedarfsgemeinschaft lebenden Person benennen. 3Die Träger der Leistungen nach diesem Buch erbringen unter Berücksichtigung der Grundsätze von Wirtschaftlichkeit und Sparsamkeit alle im Einzelfall für die Eingliederung in Arbeit erforderlichen Leistungen.

§ 15 Eingliederungsvereinbarung

(1) 1Die Agentur für Arbeit soll im Einvernehmen mit dem kommunalen Träger mit jeder erwerbsfähigen leistungsberechtigten Person die für ihre Eingliederung erforderlichen Leistungen vereinbaren (Eingliederungsvereinba-

rung). $_{2}$Die Eingliederungsvereinbarung soll insbesondere bestimmen,

1. welche Leistungen die oder der Erwerbsfähige zur Eingliederung in Arbeit erhält,
2. welche Bemühungen erwerbsfähige Leistungsberechtigte in welcher Häufigkeit zur Eingliederung in Arbeit mindestens unternehmen müssen und in welcher Form diese Bemühungen nachzuweisen sind,
3. welche Leistungen Dritter, insbesondere Träger anderer Sozialleistungen, erwerbsfähige Leistungsberechtigte zu beantragen haben.

$_{3}$Die Eingliederungsvereinbarung soll für sechs Monate geschlossen werden. $_{4}$Danach soll eine neue Eingliederungsvereinbarung abgeschlossen werden. $_{5}$Bei jeder folgenden Eingliederungsvereinbarung sind die bisher gewonnenen Erfahrungen zu berücksichtigen. $_{6}$Kommt eine Eingliederungsvereinbarung nicht zustande, sollen die Regelungen nach Satz 2 durch Verwaltungsakt erfolgen.

(2) $_{1}$In der Eingliederungsvereinbarung kann auch vereinbart werden, welche Leistungen die Personen erhalten, die mit der oder dem erwerbsfähigen Leistungsberechtigten in einer Bedarfsgemeinschaft leben. $_{2}$Diese Personen sind hierbei zu beteiligen.

(3) Wird in der Eingliederungsvereinbarung eine Bildungsmaßnahme vereinbart, ist auch zu regeln, in welchem Umfang und unter welchen Voraussetzungen die oder der erwerbsfähige Leistungsberechtigte schadensersatzpflichtig ist, wenn sie oder er die Maßnahme aus einem von ihr oder ihm zu vertretenden Grund nicht zu Ende führt.

§ 15a Sofortangebot

Erwerbsfähigen Personen, die innerhalb der letzten zwei Jahre laufende Geldleistungen, die der Sicherung des Lebensunterhalts dienen, weder nach diesem Buch noch nach dem Dritten Buch bezogen haben, sollen bei der Beantragung von Leistungen nach diesem Buch unverzüglich Leistungen zur Eingliederung in Arbeit angeboten werden.

§ 16 Leistungen zur Eingliederung

(1) $_{1}$Zur Eingliederung in Arbeit erbringt die Agentur für Arbeit Leistungen nach § 35 des Dritten Buches. $_{2}$Sie kann folgende Leistungen des Dritten Kapitels des Dritten Buches erbringen:

1. die übrigen Leistungen der Beratung und Vermittlung nach dem Ersten Abschnitt,
2. Leistungen zur Aktivierung und beruflichen Eingliederung nach dem Zweiten Abschnitt,
3. Leistungen zur Berufsausbildung nach dem Vierten Unterabschnitt des Dritten Abschnitts und Leistungen nach den §§ 54a und 130,
4. Leistungen zur beruflichen Weiterbildung nach dem Vierten Abschnitt und Leistungen nach den §§ 131a und 131b,
5. Leistungen zur Aufnahme einer sozialversicherungspflichtigen Beschäftigung nach dem Ersten Unterabschnitt des Fünften Abschnitts.

$_{3}$Für Eingliederungsleistungen an erwerbsfähige behinderte Leistungsberechtigte nach diesem Buch gelten die §§ 112 bis 114, 115 Nummer 1 bis 3 mit Ausnahme berufsvorbereitender Bildungsmaßnahmen und der Berufsausbildungsbeihilfe, § 116 Absatz 1, 2 und 5, die §§ 117, 118 Satz 1 Nummer 3, Satz 2 und die §§ 127 und 128 des Dritten Buches entsprechend. $_{4}$§ 1 Absatz 2 Nummer 4 sowie § 36 und § 81 Absatz 3 des Dritten Buches sind entsprechend anzuwenden.

(2) $_{1}$Soweit dieses Buch nichts Abweichendes regelt, gelten für die Leistungen nach Absatz 1 die Voraussetzungen und Rechtsfolgen des Dritten Buches mit Ausnahme der Verordnungsermächtigung nach § 47 des Dritten Buches sowie der Anordnungsermächtigungen für die Bundesagentur und mit der Maßgabe, dass an die Stelle des Arbeitslosengeldes das Arbeitslosengeld II tritt. $_{2}$§ 44 Absatz 3 Satz 3 des Dritten Buches gilt mit der Maßgabe, dass die Förderung aus dem Vermittlungsbudget auch die anderen Leistungen nach dem Zweiten Buch nicht aufstocken, ersetzen oder umgehen darf.

(3) $_{1}$Abweichend von § 44 Absatz 1 Satz 1 des Dritten Buches können Leistungen auch für die Anbahnung und Aufnahme einer schulischen Berufsausbildung erbracht werden. $_{2}$Abweichend von § 45 Absatz 2 Satz 2 und Absatz 4 Satz 3 Nummer 3 des Dritten Buches darf bei Langzeitarbeitslosen oder bei erwerbsfähigen Leistungsberechtigten, die das 25. Lebensjahr noch nicht vollendet haben und deren berufliche Eingliederung auf Grund von schwerwiegenden Vermittlungshemmnissen besonders erschwert ist, die Teilnahme an Maßnahmen oder Teilen von Maßnahmen, die bei oder von einem Arbeitgeber durchgeführt werden, jeweils die Dauer von zwölf Wochen nicht überschreiten.

(3a) $_{1}$Abweichend von § 81 Absatz 4 des Dritten Buches kann die Agentur für Arbeit unter Anwendung des Vergaberechts Träger mit der Durchführung von Maßnahmen der beruflichen Weiterbildung beauftragen, wenn die Maßnahme den Anforderungen des § 180 des Dritten Buches entspricht und

1. eine dem Bildungsziel entsprechende Maßnahme örtlich nicht verfügbar ist oder
2. die Eignung und persönlichen Verhältnisse der erwerbsfähigen Leistungsberechtigten dies erfordern.

$_{2}$§ 176 Absatz 2 des Dritten Buches findet keine Anwendung.

(4) $_{1}$Die Agentur für Arbeit als Träger der Grundsicherung für Arbeitsuchende kann die Ausbildungsvermittlung durch die für die Arbeitsförderung zuständigen Stellen der Bundesagentur wahrnehmen lassen. $_{2}$Das Bundesministerium für Arbeit und Soziales wird ermächtigt, durch Rechtsverordnung ohne Zustimmung des Bundesrates das Nähere über die Höhe, Möglichkeiten der Pauschalierung und den Zeitpunkt der Fälligkeit der Erstattung von Aufwendungen bei der Ausführung des Auftrags nach Satz 1 festzulegen.

§ 16a Kommunale Eingliederungsleistungen

Zur Verwirklichung einer ganzheitlichen und umfassenden Betreuung und Unterstützung bei der Eingliederung in Arbeit können die folgenden Leistungen, die für die Eingliederung der oder des erwerbsfähigen Leistungsberechtigten in das Erwerbsleben erforderlich sind, erbracht werden:

1. die Betreuung minderjähriger oder behinderter Kinder oder die häusliche Pflege von Angehörigen,
2. die Schuldnerberatung,
3. die psychosoziale Betreuung,
4. die Suchtberatung.

§ 16b Einstiegsgeld

(1) $_{1}$Zur Überwindung von Hilfebedürftigkeit kann erwerbsfähigen Leistungsberechtigten, die arbeitslos sind, bei Aufnahme einer sozialversicherungspflichtigen oder selbständigen Erwerbstätigkeit ein Einstiegsgeld erbracht werden, wenn dies zur Eingliederung in den allgemeinen Arbeitsmarkt erforderlich ist. $_{2}$Das Einstiegsgeld kann auch erbracht werden, wenn die Hilfebedürftigkeit durch oder nach Aufnahme der Erwerbstätigkeit entfällt.

(2) $_{1}$Das Einstiegsgeld wird, soweit für diesen Zeitraum eine Erwerbstätigkeit besteht, für höchstens 24 Monate erbracht. $_{2}$Bei der Bemessung der Höhe des Einstiegsgeldes sollen die vorherige Dauer der Arbeitslosigkeit sowie die Größe der Bedarfsgemeinschaft berücksichtigt werden, in der die oder der erwerbsfähige Leistungsberechtigte lebt.

(3) $_{1}$Das Bundesministerium für Arbeit und Soziales wird ermächtigt, im Einvernehmen mit dem Bundesministerium der Finanzen ohne Zustimmung des Bundesrates durch Rechtsverordnung zu bestimmen, wie das Einstiegsgeld zu bemessen ist. $_{2}$Bei der Bemessung ist neben der Berücksichtigung der in Absatz 2 Satz 2 genannten Kriterien auch ein Bezug zu dem für die oder den erwerbsfähigen Leistungsberechtigten jeweils maßgebenden Regelbedarf herzustellen.

§ 16c Leistungen zur Eingliederung von Selbständigen

(1) $_{1}$Erwerbsfähige Leistungsberechtigte, die eine selbständige, hauptberufliche Tätigkeit aufnehmen oder ausüben, können Darlehen und Zuschüsse für die Beschaffung von

Sachgütern erhalten, die für die Ausübung der selbständigen Tätigkeit notwendig und angemessen sind. $_{2}$Zuschüsse dürfen einen Betrag von 5000 Euro nicht übersteigen.

(2) $_{1}$Erwerbsfähige Leistungsberechtigte, die eine selbständige, hauptberufliche Tätigkeit ausüben, können durch geeignete Dritte durch Beratung oder Vermittlung von Kenntnissen und Fertigkeiten gefördert werden, wenn dies für die weitere Ausübung der selbständigen Tätigkeit erforderlich ist. $_{2}$Die Vermittlung von beruflichen Kenntnissen ist ausgeschlossen.

(3) $_{1}$Leistungen zur Eingliederung von erwerbsfähigen Leistungsberechtigten, die eine selbständige, hauptberufliche Tätigkeit aufnehmen oder ausüben, können nur gewährt werden, wenn zu erwarten ist, dass die selbständige Tätigkeit wirtschaftlich tragfähig ist und die Hilfebedürftigkeit durch die selbständige Tätigkeit innerhalb eines angemessenen Zeitraums dauerhaft überwunden oder verringert wird. $_{2}$Zur Beurteilung der Tragfähigkeit der selbständigen Tätigkeit soll die Agentur für Arbeit die Stellungnahme einer fachkundigen Stelle verlangen.

§ 16d Arbeitsgelegenheiten

(1) $_{1}$Erwerbsfähige Leistungsberechtigte können zur Erhaltung oder Wiedererlangung ihrer Beschäftigungsfähigkeit, die für eine Eingliederung in Arbeit erforderlich ist, in Arbeitsgelegenheiten zugewiesen werden, wenn die darin verrichteten Arbeiten zusätzlich sind, im öffentlichen Interesse liegen und wettbewerbsneutral sind. $_{2}$§ 18d Satz 2 findet Anwendung.

(2) $_{1}$Arbeiten sind zusätzlich, wenn sie ohne die Förderung nicht, nicht in diesem Umfang oder erst zu einem späteren Zeitpunkt durchgeführt würden. $_{2}$Arbeiten, die auf Grund einer rechtlichen Verpflichtung durchzuführen sind oder die üblicherweise von juristischen Personen des öffentlichen Rechts durchgeführt werden, sind nur förderungsfähig, wenn sie ohne die Förderung voraussichtlich erst nach zwei Jahren durchgeführt würden. $_{3}$Ausgenommen sind Arbeiten zur Bewältigung von Naturkatastrophen und sonstigen außergewöhnlichen Ereignissen.

(3) $_{1}$Arbeiten liegen im öffentlichen Interesse, wenn das Arbeitsergebnis der Allgemeinheit dient. $_{2}$Arbeiten, deren Ergebnis überwiegend erwerbswirtschaftlichen Interessen oder den Interessen eines begrenzten Personenkreises dient, liegen nicht im öffentlichen Interesse. $_{3}$Das Vorliegen des öffentlichen Interesses wird nicht allein dadurch ausgeschlossen, dass das Arbeitsergebnis auch den in der Maßnahme beschäftigten Leistungsberechtigten zugute kommt, wenn sichergestellt ist, dass die Arbeiten nicht zu einer Bereicherung Einzelner führen.

(4) Arbeiten sind wettbewerbsneutral, wenn durch sie eine Beeinträchtigung der Wirtschaft infolge der Förderung nicht zu befürchten ist und Erwerbstätigkeit auf dem allgemeinen Arbeitsmarkt weder verdrängt noch in ihrer Entstehung verhindert wird.

(5) Leistungen zur Eingliederung in Arbeit nach diesem Buch, mit denen die Aufnahme einer Erwerbstätigkeit auf dem allgemeinen Arbeitsmarkt unmittelbar unterstützt werden kann, haben Vorrang gegenüber der Zuweisung in Arbeitsgelegenheiten.

(6) $_{1}$Erwerbsfähige Leistungsberechtigte dürfen innerhalb eines Zeitraums von fünf Jahren nicht länger als insgesamt 24 Monate in Arbeitsgelegenheiten zugewiesen werden. $_{2}$Der Zeitraum beginnt mit Eintritt in die erste Arbeitsgelegenheit.

(7) $_{1}$Den erwerbsfähigen Leistungsberechtigten ist während einer Arbeitsgelegenheit zuzüglich zum Arbeitslosengeld II von der Agentur für Arbeit eine angemessene Entschädigung für Mehraufwendungen zu zahlen. $_{2}$Die Arbeiten begründen kein Arbeitsverhältnis im Sinne des Arbeitsrechts und auch kein Beschäftigungsverhältnis im Sinne des Vierten Buches; die Vorschriften über den Arbeitsschutz und das Bundesurlaubsgesetz mit Ausnahme der Regelungen über das Urlaubsentgelt sind entsprechend anzuwenden. $_{3}$Für Schäden bei der Ausübung ihrer Tätigkeit haften die erwerbsfähigen Leistungsberechtigten wie Arbeitnehmerinnen und Arbeitnehmer.

(8) Auf Antrag werden die unmittelbar im Zusammenhang mit der Verrichtung von Arbeiten nach Absatz 1 erforderlichen Kosten, einschließlich der Kosten, die bei besonderem Anleitungsbedarf für das erforderliche Betreuungspersonal entstehen, erstattet.

§ 16e Förderung von Arbeitsverhältnissen

(1) Arbeitgeber können auf Antrag für die Beschäftigung von zugewiesenen erwerbsfähigen Leistungsberechtigten durch Zuschüsse zum Arbeitsentgelt gefördert werden, wenn zwischen dem Arbeitgeber und der erwerbsfähigen leistungsberechtigten Person ein Arbeitsverhältnis begründet wird.

(2) 1Der Zuschuss nach Absatz 1 richtet sich nach der Leistungsfähigkeit des erwerbsfähigen Leistungsberechtigten und beträgt bis zu 75 Prozent des berücksichtigungsfähigen Arbeitsentgelts. 2Berücksichtigungsfähig sind das zu zahlende Arbeitsentgelt und der pauschalierte Anteil des Arbeitgebers am Gesamtsozialversicherungsbeitrag abzüglich des Beitrags zur Arbeitsförderung. 3Einmalig gezahltes Arbeitsentgelt ist nicht berücksichtigungsfähig. 4§ 91 Absatz 2 des Dritten Buches gilt entsprechend.

(3) 1Eine erwerbsfähige leistungsberechtigte Person kann einem Arbeitgeber zugewiesen werden, wenn

1. sie langzeitarbeitslos im Sinne des § 18 des Dritten Buches ist und in ihren Erwerbsmöglichkeiten durch mindestens zwei weitere in ihrer Person liegende Vermittlungshemmnisse besonders schwer beeinträchtigt ist,
2. sie für einen Zeitraum von mindestens sechs Monaten verstärkte vermittlerische Unterstützung nach § 16 Absatz 1 Satz 1 unter Einbeziehung der übrigen Eingliederungsleistungen nach diesem Buch erhalten hat,
3. eine Erwerbstätigkeit auf dem allgemeinen Arbeitsmarkt für die Dauer der Zuweisung ohne die Förderung voraussichtlich nicht möglich ist und
4. für sie innerhalb eines Zeitraums von fünf Jahren Zuschüsse an Arbeitgeber nach Absatz 1 höchstens für eine Dauer von 24 Monaten erbracht werden. 2Der Zeitraum beginnt mit dem ersten nach Absatz 1 geförderten Arbeitsverhältnis.

(4) 1Die Agentur für Arbeit soll die erwerbsfähige leistungsberechtigte Person umgehend abberufen, wenn sie diese in eine zumutbare Arbeit oder Ausbildung vermitteln kann oder die Förderung aus anderen Gründen beendet wird. 2Die erwerbsfähige leistungsberechtigte Person kann das Arbeitsverhältnis ohne Einhaltung einer Frist kündigen, wenn sie eine Arbeit oder Ausbildung aufnimmt, an einer Maßnahme der Berufsausbildung oder beruflichen Weiterbildung teilnehmen kann oder nach Satz 1 abberufen wird. 3Der Arbeitgeber kann das Arbeitsverhältnis ohne Einhaltung einer Frist kündigen, wenn die Arbeitnehmerin oder der Arbeitnehmer nach Satz 1 abberufen wird.

(5) Eine Förderung ist ausgeschlossen, wenn zu vermuten ist, dass der Arbeitgeber

1. die Beendigung eines anderen Beschäftigungsverhältnisses veranlasst hat, um eine Förderung nach Absatz 1 zu erhalten, oder
2. eine bisher für das Beschäftigungsverhältnis erbrachte Förderung ohne besonderen Grund nicht mehr in Anspruch nimmt.

§ 16f Freie Förderung

(1) 1Die Agentur für Arbeit kann die Möglichkeiten der gesetzlich geregelten Eingliederungsleistungen durch freie Leistungen zur Eingliederung in Arbeit erweitern. 2Die freien Leistungen müssen den Zielen und Grundsätzen dieses Buches entsprechen.

(2) 1Die Ziele der Leistungen sind vor Förderbeginn zu beschreiben. 2Eine Kombination oder Modularisierung von Inhalten ist zulässig. 3Die Leistungen der Freien Förderung dürfen gesetzliche Leistungen nicht umgehen oder aufstocken. 4Ausgenommen hiervon sind Leistungen für

1. Langzeitarbeitslose und
2. erwerbsfähige Leistungsberechtigte, die das 25. Lebensjahr noch nicht vollendet haben und deren berufliche Eingliederung

auf Grund von schwerwiegenden Vermittlungshemmnissen besonders erschwert ist,

bei denen in angemessener Zeit von in der Regel sechs Monaten nicht mit Aussicht auf Erfolg auf einzelne Gesetzesgrundlagen dieses Buches oder des Dritten Buches zurückgegriffen werden kann. 5Bei Leistungen an Arbeitgeber ist darauf zu achten, Wettbewerbsverfälschungen zu vermeiden. 6Projektförderungen im Sinne von Zuwendungen sind nach Maßgabe der §§ 23 und 44 der Bundeshaushaltsordnung zulässig. 7Bei längerfristig angelegten Förderungen ist der Erfolg regelmäßig zu überprüfen und zu dokumentieren.

§ 16g Förderung bei Wegfall der Hilfebedürftigkeit

(1) 1Entfällt die Hilfebedürftigkeit der oder des Erwerbsfähigen während einer Maßnahme zur Eingliederung, kann sie weiter gefördert werden, wenn dies wirtschaftlich erscheint und die oder der Erwerbsfähige die Maßnahme voraussichtlich erfolgreich abschließen wird. 2Die Förderung soll als Darlehen erbracht werden.

(2) 1Für die Dauer einer Förderung des Arbeitgebers oder eines Trägers durch eine Geldleistung nach § 16 Absatz 1 und § 16e können auch Leistungen nach dem Dritten Kapitel und § 46 Absatz 1 Satz 1 Nummer 5 des Dritten Buches oder nach § 16a Nummer 1 bis 4 und § 16b erbracht werden, wenn die Hilfebedürftigkeit der oder des Erwerbsfähigen aufgrund des zu berücksichtigenden Einkommens entfallen ist. 2Während der Förderdauer nach Satz 1 gilt § 15 entsprechend.

§ 17 Einrichtungen und Dienste für Leistungen zur Eingliederung

(1) 1Zur Erbringung von Leistungen zur Eingliederung in Arbeit sollen die zuständigen Träger der Leistungen nach diesem Buch eigene Einrichtungen und Dienste nicht neu schaffen, soweit geeignete Einrichtungen und Dienste Dritter vorhanden sind, ausgebaut oder in Kürze geschaffen werden können. 2Die zuständigen Träger der Leistungen nach diesem Buch sollen Träger der freien Wohlfahrtspflege in ihrer Tätigkeit auf dem Gebiet der Grundsicherung für Arbeitsuchende angemessen unterstützen.

(2) 1Wird die Leistung von einem Dritten erbracht und sind im Dritten Buch keine Anforderungen geregelt, denen die Leistung entsprechen muss, sind die Träger der Leistungen nach diesem Buch zur Vergütung für die Leistung nur verpflichtet, wenn mit dem Dritten oder seinem Verband eine Vereinbarung insbesondere über

1. Inhalt, Umfang und Qualität der Leistungen,
2. die Vergütung, die sich aus Pauschalen und Beträgen für einzelne Leistungsbereiche zusammensetzen kann, und
3. die Prüfung der Wirtschaftlichkeit und Qualität der Leistungen

besteht. 2Die Vereinbarungen müssen den Grundsätzen der Wirtschaftlichkeit, Sparsamkeit und Leistungsfähigkeit entsprechen.

§ 18 Örtliche Zusammenarbeit

(1) 1Die Agenturen für Arbeit arbeiten bei der Erbringung von Leistungen zur Eingliederung in Arbeit unter Berücksichtigung ihrer Aufgaben nach dem Dritten Buch mit den Beteiligten des örtlichen Arbeitsmarktes, insbesondere den Gemeinden, den Kreisen und Bezirken, den Trägern der freien Wohlfahrtspflege, den Vertretern der Arbeitgeber sowie der Arbeitnehmerinnen und Arbeitnehmer sowie den Kammern und berufsständischen Organisationen zusammen, um die gleichmäßige oder gemeinsame Durchführung von Maßnahmen zu beraten oder zu sichern und Leistungsmissbrauch zu verhindern oder aufzudecken. 2Die örtlichen Träger der Sozialhilfe sind verpflichtet, mit den Agenturen für Arbeit zusammenzuarbeiten.

(1a) Absatz 1 gilt für die kommunalen Träger und die zugelassenen kommunalen Träger entsprechend.

(2) Die Leistungen nach diesem Buch sind in das regionale Arbeitsmarktmonitoring der Agenturen für Arbeit nach § 9 Absatz 2 des Dritten Buches einzubeziehen.

(3) $_{1}$Die Agenturen für Arbeit sollen mit Gemeinden, Kreisen und Bezirken auf deren Verlangen Vereinbarungen über das Erbringen von Leistungen zur Eingliederung nach diesem Gesetz mit Ausnahme der Leistungen nach § 16 Absatz 1 schließen, wenn sie den durch eine Rechtsverordnung festgelegten Mindestanforderungen entsprechen. $_{2}$Satz 1 gilt nicht für die zugelassenen kommunalen Träger.

(4) Das Bundesministerium für Arbeit und Soziales wird ermächtigt, ohne Zustimmung des Bundesrates durch Rechtsverordnung zu bestimmen, welchen Anforderungen eine Vereinbarung nach Absatz 3 mindestens genügen muss.

§ 18a Zusammenarbeit mit den für die Arbeitsförderung zuständigen Stellen

$_{1}$Beziehen erwerbsfähige Leistungsberechtigte auch Leistungen der Arbeitsförderung, so sind die Agenturen für Arbeit, die zugelassenen kommunalen Träger und die gemeinsamen Einrichtungen verpflichtet, bei der Wahrnehmung der Aufgaben nach diesem Buch mit den für die Arbeitsförderung zuständigen Dienststellen der Bundesagentur eng zusammenzuarbeiten. $_{2}$Sie unterrichten diese unverzüglich über die ihnen insoweit bekannten, für die Wahrnehmung der Aufgaben der Arbeitsförderung erforderlichen Tatsachen, insbesondere über

1. die für erwerbsfähige Leistungsberechtigte, die auch Leistungen der Arbeitsförderung beziehen, vorgesehenen und erbrachten Leistungen zur Eingliederung in Arbeit,
2. den Wegfall der Hilfebedürftigkeit bei diesen Personen.

§ 18b Kooperationsausschuss

(1) $_{1}$Die zuständige oberste Landesbehörde und das Bundesministerium für Arbeit und Soziales bilden einen Kooperationsausschuss. $_{2}$Der Kooperationsausschuss koordiniert die Umsetzung der Grundsicherung für Arbeitsuchende auf Landesebene. $_{3}$Im Kooperationsausschuss vereinbaren das Land und der Bund jährlich die Ziele und Schwerpunkte der Arbeitsmarkt- und Integrationspolitik in der Grundsicherung für Arbeitsuchende auf Landesebene. $_{4}$§ 48b bleibt unberührt. $_{5}$Die Verfahren zum Abschluss der Vereinbarungen zwischen Bund und Ländern werden mit den Verfahren zum Abschluss der Zielvereinbarungen zwischen dem Bundesministerium für Arbeit und Soziales und der Bundesagentur sowie deren Konkretisierung in den Zielvereinbarungen der Bundesagentur und den gemeinsamen Einrichtungen abgestimmt. $_{6}$Der Kooperationsausschuss kann sich über die Angelegenheiten der gemeinsamen Einrichtungen unterrichten lassen. $_{7}$Der Kooperationsausschuss entscheidet darüber hinaus bei einer Meinungsverschiedenheit über die Weisungszuständigkeit im Verfahren nach § 44e, berät die Trägerversammlung bei der Bestellung und Abberufung eines Geschäftsführers nach § 44c Absatz 2 Nummer 1 und gibt in den Fällen einer Weisung in grundsätzlichen Angelegenheiten nach § 44b Absatz 3 Satz 4 eine Empfehlung ab.

(2) $_{1}$Der Kooperationsausschuss besteht aus sechs Mitgliedern, von denen drei Mitglieder von der zuständigen obersten Landesbehörde und drei Mitglieder vom Bundesministerium für Arbeit und Soziales entsandt werden. $_{2}$Die Mitglieder des Kooperationsausschusses können sich vertreten lassen. $_{3}$An den Sitzungen soll in der Regel jeweils mindestens eine Mitarbeiterin oder ein Mitarbeiter der zuständigen obersten Landesbehörde und des Bundesministeriums für Arbeit und Soziales teilnehmen.

(3) $_{1}$Die Mitglieder wählen eine Vorsitzende oder einen Vorsitzenden. $_{2}$Kann im Kooperationsausschuss keine Einigung über die Person der oder des Vorsitzenden erzielt werden, wird die oder der Vorsitzende von den Vertreterinnen und Vertretern des Bundesministeriums für Arbeit und Soziales oder den Vertreterinnen und Vertretern der zuständigen obersten Landesbehörde abwechselnd jeweils für zwei Jahre bestimmt; die erstmalige Bestimmung erfolgt durch die Vertreterinnen und Vertreter des Bundesministeriums für

Arbeit und Soziales. $_3$Der Kooperationsausschuss gibt sich eine Geschäftsordnung.

§ 18c Bund-Länder-Ausschuss

(1) $_1$Beim Bundesministerium für Arbeit und Soziales wird ein Ausschuss für die Grundsicherung für Arbeitsuchende gebildet. $_2$Er beobachtet und berät die zentralen Fragen der Umsetzung der Grundsicherung für Arbeitsuchende und Fragen der Aufsicht nach den §§ 47 und 48, Fragen des Kennzahlenvergleichs nach § 48a Absatz 2 sowie Fragen der zu erhebenden Daten nach § 51b Absatz 1 Satz 2 und erörtert die Zielvereinbarungen nach § 48b Absatz 1.

(2) $_1$Bei der Beobachtung und Beratung zentraler Fragen der Umsetzung der Grundsicherung für Arbeitsuchende sowie Fragen des Kennzahlenvergleichs nach § 48a Absatz 2 und Fragen der zu erhebenden Daten nach § 51b Absatz 1 Satz 2 ist der Ausschuss besetzt mit Vertreterinnen und Vertretern der Bundesregierung, der Länder, der kommunalen Spitzenverbände und der Bundesagentur. $_2$Der Ausschuss kann sich von den Trägern berichten lassen.

(3) $_1$Bei der Beratung von Fragen der Aufsicht nach den §§ 47 und 48 ist der Ausschuss besetzt mit Vertreterinnen und Vertretern der Bundesregierung und der Aufsichtsbehörden der Länder. $_2$Bund und Länder können dazu einvernehmlich Vertreterinnen und Vertreter der kommunalen Spitzenverbände und der Bundesagentur einladen, sofern dies sachdienlich ist.

§ 18d Örtlicher Beirat

$_1$Bei jeder gemeinsamen Einrichtung nach § 44b wird ein Beirat gebildet. $_2$Der Beirat berät die Einrichtung bei der Auswahl und Gestaltung der Eingliederungsinstrumente und -maßnahmen. $_3$Die Trägerversammlung beruft die Mitglieder des Beirats auf Vorschlag der Beteiligten des örtlichen Arbeitsmarktes, insbesondere den Trägern der freien Wohlfahrtspflege, den Vertreterinnen und Vertretern der Arbeitgeber und Arbeitnehmer sowie den Kammern und berufsständischen Organisationen. $_4$Vertreterinnen und Vertreter von Beteiligten des örtlichen Arbeitsmarktes, die Eingliederungsleistungen nach diesem Buch anbieten, dürfen nicht Mitglied des Beirats sein. $_5$Der Beirat gibt sich eine Geschäftsordnung. $_6$Die Sätze 1 bis 5 gelten entsprechend für die zugelassenen kommunalen Träger mit der Maßgabe, dass die Berufung der Mitglieder des Beirats durch den zugelassenen kommunalen Träger erfolgt.

§ 18e Beauftragte für Chancengleichheit am Arbeitsmarkt

(1) $_1$Die Trägerversammlungen bei den gemeinsamen Einrichtungen bestellen Beauftragte für Chancengleichheit am Arbeitsmarkt aus dem Kreis der Beamtinnen und Beamten, Arbeitnehmerinnen und Arbeitnehmer, denen in den gemeinsamen Einrichtungen Tätigkeiten zugewiesen worden sind. $_2$Sie sind unmittelbar der jeweiligen Geschäftsführerin oder dem jeweiligen Geschäftsführer zugeordnet.

(2) $_1$Die Beauftragten unterstützen und beraten die gemeinsamen Einrichtungen in Fragen der Gleichstellung von Frauen und Männern in der Grundsicherung für Arbeitsuchende, der Frauenförderung sowie der Vereinbarkeit von Familie und Beruf bei beiden Geschlechtern. $_2$Hierzu zählen insbesondere Fragen der Beratung, der Eingliederung in Arbeit und Ausbildung sowie des beruflichen Wiedereinstiegs von Frauen und Männern nach einer Familienphase.

(3) $_1$Die Beauftragten sind bei der Erarbeitung des örtlichen Arbeitsmarkt- und Integrationsprogramms der Grundsicherung für Arbeitsuchende sowie bei der geschlechter- und familiengerechten fachlichen Aufgabenerledigung der gemeinsamen Einrichtung zu beteiligen. $_2$Sie haben ein Informations-, Beratungs- und Vorschlagsrecht in Fragen, die Auswirkungen auf die Chancengleichheit von Frauen und Männern haben.

(4) $_1$Die Beauftragten unterstützen und beraten erwerbsfähige Leistungsberechtigte und die mit diesen in einer Bedarfsgemeinschaft lebenden Personen, Arbeitgeber sowie Arbeitnehmer- und Arbeitgeberorganisationen in übergeordneten Fragen der Gleichstellung

von Frauen und Männern in der Grundsicherung für Arbeitsuchende, der Frauenförderung sowie der Vereinbarkeit von Familie und Beruf bei beiden Geschlechtern. 2Zur Sicherung der gleichberechtigten Teilhabe von Frauen und Männern am Arbeitsmarkt arbeiten die Beauftragten mit den in Fragen der Gleichstellung im Erwerbsleben tätigen Stellen im Zuständigkeitsbereich der gemeinsamen Einrichtung zusammen.

(5) Die gemeinsamen Einrichtungen werden in den Sitzungen kommunaler Gremien zu Themen, die den Aufgabenbereich der Beauftragten betreffen, von den Beauftragten vertreten.

(6) Die Absätze 1 bis 5 gelten entsprechend für die zugelassenen kommunalen Träger.

Abschnitt 2 Leistungen zur Sicherung des Lebensunterhalts

Unterabschnitt 1 Leistungsanspruch

§ 19 Arbeitslosengeld II, Sozialgeld und Leistungen für Bildung und Teilhabe

(1) 1Erwerbsfähige Leistungsberechtigte erhalten Arbeitslosengeld II. 2Nichterwerbsfähige Leistungsberechtigte, die mit erwerbsfähigen Leistungsberechtigten in einer Bedarfsgemeinschaft leben, erhalten Sozialgeld, soweit sie keinen Anspruch auf Leistungen nach dem Vierten Kapitel des Zwölften Buches haben. 3Die Leistungen umfassen den Regelbedarf, Mehrbedarfe und den Bedarf für Unterkunft und Heizung.

(2) 1Leistungsberechtigte haben unter den Voraussetzungen des § 28 Anspruch auf Leistungen für Bildung und Teilhabe, soweit sie keinen Anspruch auf Leistungen nach dem Vierten Kapitel des Zwölften Buches haben. 2Soweit für Kinder Leistungen zur Deckung von Bedarfen für Bildung und Teilhabe nach § 6b des Bundeskindergeldgesetzes gewährt werden, haben sie keinen Anspruch auf entsprechende Leistungen zur Deckung von Bedarfen nach § 28.

(3) 1Die Leistungen zur Sicherung des Lebensunterhalts werden in Höhe der Bedarfe nach den Absätzen 1 und 2 erbracht, soweit diese nicht durch das zu berücksichtigende Einkommen und Vermögen gedeckt sind. 2Zu berücksichtigendes Einkommen und Vermögen deckt zunächst die Bedarfe nach den §§ 20, 21 und 23, darüber hinaus die Bedarfe nach § 22. 3Sind nur noch Leistungen für Bildung und Teilhabe zu leisten, deckt weiteres zu berücksichtigendes Einkommen und Vermögen die Bedarfe in der Reihenfolge der Absätze 2 bis 7 nach § 28.

Unterabschnitt 2 Arbeitslosengeld II und Sozialgeld

§ 20 Regelbedarf zur Sicherung des Lebensunterhalts

(1) 1Der Regelbedarf zur Sicherung des Lebensunterhalts umfasst insbesondere Ernährung, Kleidung, Körperpflege, Hausrat, Haushaltsenergie ohne die auf die Heizung und Erzeugung von Warmwasser entfallenden Anteile sowie persönliche Bedürfnisse des täglichen Lebens. 2Zu den persönlichen Bedürfnissen des täglichen Lebens gehört in vertretbarem Umfang eine Teilhabe am sozialen und kulturellen Leben in der Gemeinschaft. 3Der Regelbedarf wird als monatlicher Pauschalbetrag berücksichtigt. 4Über die Verwendung der zur Deckung des Regelbedarfs erbrachten Leistungen entscheiden die Leistungsberechtigten eigenverantwortlich; dabei haben sie das Eintreten unregelmäßig anfallender Bedarfe zu berücksichtigen.

(2) 1Als Regelbedarf werden bei Personen, die alleinstehend oder alleinerziehend sind oder deren Partnerin oder Partner minderjährig ist, monatlich 364 Euro anerkannt. 2Für sonstige erwerbsfähige Angehörige der Bedarfsgemeinschaft werden als Regelbedarf anerkannt

1. monatlich 275 Euro, sofern sie das 18. Lebensjahr noch nicht vollendet haben,
2. monatlich 291 Euro in den übrigen Fällen.

(3) Abweichend von Absatz 2 Satz 1 ist bei Personen, die das 25. Lebensjahr noch nicht

vollendet haben und ohne Zusicherung des zuständigen kommunalen Trägers nach § 22 Absatz 5 umziehen, bis zur Vollendung des 25. Lebensjahres der in Absatz 2 Satz 2 Nummer 2 genannte Betrag als Regelbedarf anzuerkennen.

(4) Haben zwei Partner der Bedarfsgemeinschaft das 18. Lebensjahr vollendet, ist als Regelbedarf für jede dieser Personen ein Betrag in Höhe von monatlich 328 Euro anzuerkennen.

(5) 1Die Regelbedarfe nach den Absätzen 2 bis 4 sowie nach § 23 Nummer 1 werden jeweils zum 1. Januar eines Jahres entsprechend § 28a des Zwölften Buches in Verbindung mit der Verordnung nach § 40 Satz 1 Nummer 1 des Zwölften Buches angepasst. 2Für die Neuermittlung der Regelbedarfe findet § 28 des Zwölften Buches in Verbindung mit dem Regelbedarfs-Ermittlungsgesetz entsprechende Anwendung. 3Das Bundesministerium für Arbeit und Soziales gibt jeweils spätestens zum 1. November eines Kalenderjahres die Höhe der Regelbedarfe, die für die folgenden zwölf Monate maßgebend sind, im Bundesgesetzblatt bekannt.

Entscheidung des Bundesverfassungsgerichts
vom 23. Juli 2014 (BGBl. I S. 1581)

§ 20 Absatz 2 Satz 1 und 2 Nummer 1, Absatz 4 und Absatz 5 ist nach Maßgabe der Gründe mit Artikel 1 Absatz 1 des Grundgesetzes in Verbindung mit dem Sozialstaatsprinzip des Artikels 20 Absatz 1 des Grundgesetzes vereinbar.

Bekanntmachung über die Höhe der Regelbedarfe nach § 20 Absatz 5 des Zweiten Buches Sozialgesetzbuch für die Zeit ab 1. Januar 2015
vom 15. Oktober 2014 (BGBl. I S. 1620)

Nach § 20 Absatz 5 Satz 3 des Zweiten Buches Sozialgesetzbuch – Grundsicherung für Arbeitsuchende – in der Fassung der Bekanntmachung vom 13. Mai 2011 (BGBl. I S. 850, 2094) wird hiermit Folgendes bekannt gemacht:

Als Regelbedarfe nach § 20 Absatz 2 bis 4 des Zweiten Buches Sozialgesetzbuch (SGB II) sowie nach § 23 Nummer 1 SGB II werden für die Zeit ab 1. Januar 2015 anerkannt:

1. für eine Person, die alleinstehend oder alleinerziehend ist oder deren Partnerin oder Partner minderjährig ist, monatlich **399 Euro** (§ 20 Absatz 2 Satz 1 SGB II);
2. für sonstige erwerbsfähige Angehörige der Bedarfsgemeinschaft, sofern sie das 18. Lebensjahr noch nicht vollendet haben, monatlich **302 Euro** (§ 20 Absatz 2 Satz 2 Nummer 1 SGB II);
3. für sonstige erwerbsfähige Angehörige der Bedarfsgemeinschaft, sofern sie das 18. Lebensjahr vollendet haben, sowie für Personen, die das 25. Lebensjahr noch nicht vollendet haben und ohne Zusicherung des zuständigen kommunalen Trägers nach § 22 Absatz 5 SGB II umziehen, bis zur Vollendung des 25. Lebensjahres, monatlich **320 Euro** (§ 20 Absatz 2 Satz 2 Nummer 2 SGB II und § 20 Absatz 3 SGB II);
4. für zwei Partner der Bedarfsgemeinschaft, die das 18. Lebensjahr vollendet haben, für jede dieser Personen ein Betrag in Höhe von monatlich **360 Euro** (§ 20 Absatz 4 SGB II);
5. für eine Person bis zur Vollendung des sechsten Lebensjahres monatlich **234 Euro** (§ 23 Nummer 1 erste Alternative SGB II);
6. für eine Person vom Beginn des siebten bis zur Vollendung des 14. Lebensjahres monatlich **267 Euro** (§ 23 Nummer 1 zweite Alternative SGB II);
7. für Leistungsberechtigte im 15. Lebensjahr monatlich **302 Euro** (§ 23 Nummer 1 dritte Alternative SGB II).

§ 21 Mehrbedarfe

(1) Mehrbedarfe umfassen Bedarfe nach den Absätzen 2 bis 6, die nicht durch den Regelbedarf abgedeckt sind.

(2) Bei werdenden Müttern wird nach der zwölften Schwangerschaftswoche ein Mehrbedarf von 17 Prozent des nach § 20 maßgebenden Regelbedarfs anerkannt.

(3) Bei Personen, die mit einem oder mehreren minderjährigen Kindern zusammenleben und allein für deren Pflege und Erziehung sorgen, ist ein Mehrbedarf anzuerkennen

1. in Höhe von 36 Prozent des nach § 20 Absatz 2 maßgebenden Bedarfs, wenn sie mit einem Kind unter sieben Jahren oder mit zwei oder drei Kindern unter sechzehn Jahren zusammenleben, oder

2. in Höhe von 12 Prozent der nach § 20 Absatz 2 maßgebenden Bedarfs für jedes Kind, wenn sich dadurch ein höherer Prozentsatz als nach der Nummer 1 ergibt, höchstens jedoch in Höhe von 60 Prozent des nach § 20 Absatz 2 maßgebenden Regelbedarfs.

(4) 1Bei erwerbsfähigen behinderten Leistungsberechtigten, denen Leistungen zur Teilhabe am Arbeitsleben nach § 33 des Neunten Buches sowie sonstige Hilfen zur Erlangung eines geeigneten Platzes im Arbeitsleben oder Eingliederungshilfen nach § 54 Absatz 1 Satz 1 Nummer 1 bis 3 des Zwölften Buches erbracht werden, wird ein Mehrbedarf von 35 Prozent des nach § 20 maßgebenden Regelbedarfs anerkannt. 2Satz 1 kann auch nach Beendigung der dort genannten Maßnahmen während einer angemessenen Übergangszeit, vor allem einer Einarbeitungszeit, angewendet werden.

(5) Bei Leistungsberechtigten, die aus medizinischen Gründen einer kostenaufwändigen Ernährung bedürfen, wird ein Mehrbedarf in angemessener Höhe anerkannt.

(6) 1Bei Leistungsberechtigten wird ein Mehrbedarf anerkannt, soweit im Einzelfall ein unabweisbarer, laufender, nicht nur einmaliger besonderer Bedarf besteht. 2Der Mehrbedarf ist unabweisbar, wenn er insbesondere nicht durch die Zuwendungen Dritter sowie unter Berücksichtigung von Einsparmöglichkeiten der Leistungsberechtigten gedeckt ist und seiner Höhe nach erheblich von einem durchschnittlichen Bedarf abweicht.

(7) 1Bei Leistungsberechtigten wird ein Mehrbedarf anerkannt, soweit Warmwasser durch in der Unterkunft installierte Vorrichtungen erzeugt wird (dezentrale Warmwassererzeugung) und deshalb keine Bedarfe für zentral bereitgestelltes Warmwasser nach § 22 anerkannt werden. 2Der Mehrbedarf beträgt für jede im Haushalt lebende leistungsberechtigte Person jeweils

1. 2,3 Prozent des für sie geltenden Regelbedarfs nach § 20 Absatz 2 Satz 1 oder Satz 2 Nummer 2, Absatz 3 oder 4,
2. 1,4 Prozent des für sie geltenden Regelbedarfs nach § 20 Absatz 2 Satz 2 Nummer 1 oder § 23 Nummer 1 bei Leistungsberechtigten im 15. Lebensjahr,
3. 1,2 Prozent des Regelbedarfs nach § 23 Nummer 1 bei Leistungsberechtigten vom Beginn des siebten bis zur Vollendung des 14. Lebensjahres oder
4. 0,8 Prozent des Regelbedarfs nach § 23 Nummer 1 bei Leistungsberechtigten bis zur Vollendung des sechsten Lebensjahres,

soweit nicht im Einzelfall ein abweichender Bedarf besteht oder ein Teil des angemessenen Warmwasserbedarfs nach § 22 Absatz 1 anerkannt wird.

(8) Die Summe des insgesamt anerkannten Mehrbedarfs nach den Absätzen 2 bis 5 darf die Höhe des für erwerbsfähige Leistungsberechtigte maßgebenden Regelbedarfs nicht übersteigen.

§ 22 Bedarfe für Unterkunft und Heizung

(1) 1Bedarfe für Unterkunft und Heizung werden in Höhe der tatsächlichen Aufwendungen anerkannt, soweit diese angemessen sind. 2Erhöhen sich nach einem nicht erforderlichen Umzug die angemessenen Aufwendungen für Unterkunft und Heizung, wird nur der bisherige Bedarf anerkannt. 3Soweit die Aufwendungen für die Unterkunft und Heizung den der Besonderheit des Einzelfalles angemessenen Umfang übersteigen, sind sie als Bedarf so lange anzuerkennen, wie es der oder dem alleinstehenden Leistungsberechtigten oder der Bedarfsgemeinschaft nicht möglich oder nicht zuzumuten ist, durch einen Wohnungswechsel, durch Vermieten oder auf andere Weise die Aufwendungen zu senken, in der Regel jedoch längstens für sechs Monate. 4Eine Absenkung der nach Satz 1 unangemessenen Aufwendungen muss nicht gefordert werden, wenn diese unter Berücksichtigung der bei einem Wohnungswechsel zu erbringenden Leistungen unwirtschaftlich wäre.

(2) 1Als Bedarf für die Unterkunft werden auch unabweisbare Aufwendungen für Instandhaltung und Reparatur bei selbst be-

wohntem Wohneigentum im Sinne des § 12 Absatz 3 Satz 1 Nummer 4 anerkannt, soweit diese unter Berücksichtigung der im laufenden sowie den darauffolgenden elf Kalendermonaten anfallenden Aufwendungen insgesamt angemessen sind. ₂Übersteigen unabweisbare Aufwendungen für Instandhaltung und Reparatur den Bedarf für die Unterkunft nach Satz 1, kann der kommunale Träger zur Deckung dieses Teils der Aufwendungen ein Darlehen erbringen, das dinglich gesichert werden soll.

(3) Rückzahlungen und Guthaben, die dem Bedarf für Unterkunft und Heizung zuzuordnen sind, mindern die Aufwendungen für Unterkunft und Heizung nach dem Monat der Rückzahlung oder der Gutschrift; Rückzahlungen, die sich auf die Kosten für Haushaltsenergie beziehen, bleiben außer Betracht.

(4) 1Vor Abschluss eines Vertrages über eine neue Unterkunft soll die erwerbsfähige leistungsberechtigte Person die Zusicherung des für die Leistungserbringung bisher örtlich zuständigen kommunalen Trägers zur Berücksichtigung der Aufwendungen für die neue Unterkunft einholen. 2Der kommunale Träger ist zur Zusicherung verpflichtet, wenn der Umzug erforderlich ist und die Aufwendungen für die neue Unterkunft angemessen sind; der für den Ort der neuen Unterkunft örtlich zuständige kommunale Träger ist zu beteiligen.

(5) 1Sofern Personen, die das 25. Lebensjahr noch nicht vollendet haben, umziehen, werden Bedarfe für Unterkunft und Heizung für die Zeit nach einem Umzug bis zur Vollendung des 25. Lebensjahres nur anerkannt, wenn der kommunale Träger dies vor Abschluss des Vertrages über die Unterkunft zugesichert hat. 2Der kommunale Träger ist zur Zusicherung verpflichtet, wenn

1. die oder der Betroffene aus schwerwiegenden sozialen Gründen nicht auf die Wohnung der Eltern oder eines Elternteils verwiesen werden kann,
2. der Bezug der Unterkunft zur Eingliederung in den Arbeitsmarkt erforderlich ist oder
3. ein sonstiger, ähnlich schwerwiegender Grund vorliegt.

3Unter den Voraussetzungen des Satzes 2 kann vom Erfordernis der Zusicherung abgesehen werden, wenn es der oder dem Betroffenen aus wichtigem Grund nicht zumutbar war, die Zusicherung einzuholen. 4Bedarfe für Unterkunft und Heizung werden bei Personen, die das 25. Lebensjahr noch nicht vollendet haben, nicht anerkannt, wenn diese vor der Beantragung von Leistungen in eine Unterkunft in der Absicht umziehen, die Voraussetzungen für die Gewährung der Leistungen herbeizuführen.

(6) 1Wohnungsbeschaffungskosten und Umzugskosten können bei vorheriger Zusicherung durch den bis zum Umzug örtlich zuständigen kommunalen Träger als Bedarf anerkannt werden; eine Mietkaution kann bei vorheriger Zusicherung durch den am Ort der neuen Unterkunft zuständigen kommunalen Träger als Bedarf anerkannt werden. 2Die Zusicherung soll erteilt werden, wenn der Umzug durch den kommunalen Träger veranlasst oder aus anderen Gründen notwendig ist und wenn ohne die Zusicherung eine Unterkunft in einem angemessenen Zeitraum nicht gefunden werden kann. 3Eine Mietkaution soll als Darlehen erbracht werden.

(7) 1Soweit Arbeitslosengeld II für den Bedarf für Unterkunft und Heizung geleistet wird, ist es auf Antrag der leistungsberechtigten Person an den Vermieter oder andere Empfangsberechtigte zu zahlen. 2Es soll an den Vermieter oder andere Empfangsberechtigte gezahlt werden, wenn die zweckentsprechende Verwendung durch die leistungsberechtigte Person nicht sichergestellt ist. 3Das ist insbesondere der Fall, wenn

1. Mietrückstände bestehen, die zu einer außerordentlichen Kündigung des Mietverhältnisses berechtigen,
2. Energiekostenrückstände bestehen, die zu einer Unterbrechung der Energieversorgung berechtigen,
3. konkrete Anhaltspunkte für ein krankheits- oder suchtbedingtes Unvermögen der leistungsberechtigten Person beste-

hen, die Mittel zweckentsprechend zu verwenden, oder

4. konkrete Anhaltspunkte dafür bestehen, dass die im Schuldnerverzeichnis eingetragene leistungsberechtigte Person die Mittel nicht zweckentsprechend verwendet.

4Der kommunale Träger hat die leistungsberechtigte Person über eine Zahlung der Leistungen für die Unterkunft und Heizung an den Vermieter oder andere Empfangsberechtigte schriftlich zu unterrichten.

(8) 1Sofern Arbeitslosengeld II für den Bedarf für Unterkunft und Heizung erbracht wird, können auch Schulden übernommen werden, soweit dies zur Sicherung der Unterkunft oder zur Behebung einer vergleichbaren Notlage gerechtfertigt ist. 2Sie sollen übernommen werden, wenn dies gerechtfertigt und notwendig ist und sonst Wohnungslosigkeit einzutreten droht. 3Vermögen nach § 12 Absatz 2 Satz 1 Nummer 1 ist vorrangig einzusetzen. 4Geldleistungen sollen als Darlehen erbracht werden.

(9) 1Geht bei einem Gericht eine Klage auf Räumung von Wohnraum im Falle der Kündigung des Mietverhältnisses nach § 543 Absatz 1, 2 Satz 1 Nummer 3 in Verbindung mit § 569 Absatz 3 des Bürgerlichen Gesetzbuchs ein, teilt das Gericht dem örtlich zuständigen Träger nach diesem Buch oder der von diesem beauftragten Stelle zur Wahrnehmung der in Absatz 8 bestimmten Aufgaben unverzüglich Folgendes mit:

1. den Tag des Eingangs der Klage,
2. die Namen und die Anschriften der Parteien,
3. die Höhe der monatlich zu entrichtenden Miete,
4. die Höhe des geltend gemachten Mietrückstandes und der geltend gemachten Entschädigung und
5. den Termin zur mündlichen Verhandlung, sofern dieser bereits bestimmt ist.

2Außerdem kann der Tag der Rechtshängigkeit mitgeteilt werden. 3Die Übermittlung unterbleibt, wenn die Nichtzahlung der Miete nach dem Inhalt der Klageschrift offensichtlich nicht auf Zahlungsunfähigkeit der Mieterin oder des Mieters beruht.

§ 22a Satzungsermächtigung

(1) 1Die Länder können die Kreise und kreisfreien Städte durch Gesetz ermächtigen oder verpflichten, durch Satzung zu bestimmen, in welcher Höhe Aufwendungen für Unterkunft und Heizung in ihrem Gebiet angemessen sind. 2Eine solche Satzung bedarf der vorherigen Zustimmung der obersten Landesbehörde oder einer von ihr bestimmten Stelle, wenn dies durch Landesgesetz vorgesehen ist. 3Die Länder Berlin und Hamburg bestimmen, welche Form der Rechtsetzung an die Stelle einer nach Satz 1 vorgesehenen Satzung tritt. 4Das Land Bremen kann eine Bestimmung nach Satz 3 treffen.

(2) 1Die Länder können die Kreise und kreisfreien Städte auch ermächtigen, abweichend von § 22 Absatz 1 Satz 1 die Bedarfe für Unterkunft und Heizung in ihrem Gebiet durch eine monatliche Pauschale zu berücksichtigen, wenn auf dem örtlichen Wohnungsmarkt ausreichend freier Wohnraum verfügbar ist und dies dem Grundsatz der Wirtschaftlichkeit entspricht. 2In der Satzung sind Regelungen für den Fall vorzusehen, dass die Pauschalierung im Einzelfall zu unzumutbaren Ergebnissen führt. 3Absatz 1 Satz 2 bis 4 gilt entsprechend.

(3) 1Die Bestimmung der angemessenen Aufwendungen für Unterkunft und Heizung soll die Verhältnisse des einfachen Standards auf dem örtlichen Wohnungsmarkt abbilden. 2Sie soll die Auswirkungen auf den örtlichen Wohnungsmarkt berücksichtigen hinsichtlich:

1. der Vermeidung von Mietpreis erhöhenden Wirkungen,
2. der Verfügbarkeit von Wohnraum des einfachen Standards,
3. aller verschiedenen Anbietergruppen und
4. der Schaffung und Erhaltung sozial ausgeglichener Bewohnerstrukturen.

§ 22b Inhalt der Satzung

(1) [1]In der Satzung ist zu bestimmen,

1. welche Wohnfläche entsprechend der Struktur des örtlichen Wohnungsmarktes als angemessen anerkannt wird und
2. in welcher Höhe Aufwendungen für die Unterkunft als angemessen anerkannt werden.

[2]In der Satzung kann auch die Höhe des als angemessen anerkannten Verbrauchswertes oder der als angemessen anerkannten Aufwendungen für die Heizung bestimmt werden. [3]Bei einer Bestimmung nach Satz 2 kann sowohl eine Quadratmeterhöchstmiete als auch eine Gesamtangemessenheitsgrenze unter Berücksichtigung der in den Sätzen 1 und 2 genannten Werte gebildet werden. [4]Um die Verhältnisse des einfachen Standards auf dem örtlichen Wohnungsmarkt realitätsgerecht abzubilden, können die Kreise und kreisfreien Städte ihr Gebiet in mehrere Vergleichsräume unterteilen, für die sie jeweils eigene Angemessenheitswerte bestimmen.

(2) [1]Der Satzung ist eine Begründung beizufügen. [2]Darin ist darzulegen, wie die Angemessenheit der Aufwendungen für Unterkunft und Heizung ermittelt wird. [3]Die Satzung ist mit ihrer Begründung ortsüblich bekannt zu machen.

(3) [1]In der Satzung soll für Personen mit einem besonderen Bedarf für Unterkunft und Heizung eine Sonderregelung getroffen werden. [2]Dies gilt insbesondere für Personen, die einen erhöhten Raumbedarf haben wegen

1. einer Behinderung oder
2. der Ausübung ihres Umgangsrechts.

§ 22c Datenerhebung, -auswertung und -überprüfung

(1) [1]Zur Bestimmung der angemessenen Aufwendungen für Unterkunft und Heizung sollen die Kreise und kreisfreien Städte insbesondere

1. Mietspiegel, qualifizierte Mietspiegel und Mietdatenbanken und
2. geeignete eigene statistische Datenerhebungen und -auswertungen oder Erhebungen Dritter

einzeln oder kombiniert berücksichtigen. [2]Hilfsweise können auch die monatlichen Höchstbeträge nach § 12 Absatz 1 des Wohngeldgesetzes berücksichtigt werden. [3]In die Auswertung sollen sowohl Neuvertrags- als auch Bestandsmieten einfließen. [4]Die Methodik der Datenerhebung und -auswertung ist in der Begründung der Satzung darzulegen.

(2) Die Kreise und kreisfreien Städte müssen die durch Satzung bestimmten Werte für die Unterkunft mindestens alle zwei Jahre und die durch Satzung bestimmten Werte für die Heizung mindestens jährlich überprüfen und gegebenenfalls neu festsetzen.

§ 23 Besonderheiten beim Sozialgeld

Beim Sozialgeld gelten ergänzend folgende Maßgaben:

1. Der Regelbedarf beträgt bis zur Vollendung des sechsten Lebensjahres 213 Euro, bis zur Vollendung des 14. Lebensjahres 242 Euro und im 15. Lebensjahr 275 Euro;
2. Mehrbedarfe nach § 21 Absatz 4 werden auch bei behinderten Menschen, die das 15. Lebensjahr vollendet haben, anerkannt, wenn Leistungen der Eingliederungshilfe nach § 54 Absatz 1 Nummer 1 und 2 des Zwölften Buches erbracht werden;
3. § 21 Absatz 4 Satz 2 gilt auch nach Beendigung der in § 54 Absatz 1 Nummer 1 und 2 des Zwölften Buches genannten Maßnahmen;
4. bei nicht erwerbsfähigen Personen, die voll erwerbsgemindert nach dem Sechsten Buch sind, wird ein Mehrbedarf von 17 Prozent der nach § 20 maßgebenden Regelbedarfe anerkannt, wenn sie Inhaberin oder Inhaber eines Ausweises nach § 69 Absatz 5 des Neunten Buches mit dem Merkzeichen G sind; dies gilt nicht, wenn bereits ein Anspruch auf einen Mehrbedarf wegen Behinderung nach § 21 Absatz 4 oder nach der vorstehenden Nummer 2 oder 3 besteht.

II

Entscheidung des Bundesverfassungsgerichts
vom 23. Juli 2014 (BGBl. I S. 1581)
§ 23 Nummer 1 ist nach Maßgabe der Gründe mit Artikel 1 Absatz 1 des Grundgesetzes in Verbindung mit dem Sozialstaatsprinzip des Artikels 20 Absatz 1 des Grundgesetzes vereinbar.

Unterabschnitt 3 Abweichende Leistungserbringung und weitere Leistungen

§ 24 Abweichende Erbringung von Leistungen

(1) 1Kann im Einzelfall ein vom Regelbedarf zur Sicherung des Lebensunterhalts umfasster und nach den Umständen unabweisbarer Bedarf nicht gedeckt werden, erbringt die Agentur für Arbeit bei entsprechendem Nachweis den Bedarf als Sachleistung oder als Geldleistung und gewährt der oder dem Leistungsberechtigten ein entsprechendes Darlehen. 2Bei Sachleistungen wird das Darlehen in Höhe des für die Agentur für Arbeit entstandenen Anschaffungswertes gewährt. 3Weiter gehende Leistungen sind ausgeschlossen.

(2) Solange sich Leistungsberechtigte, insbesondere bei Drogen- oder Alkoholabhängigkeit sowie im Falle unwirtschaftlichen Verhaltens, als ungeeignet erweisen, mit den Leistungen für den Regelbedarf nach § 20 ihren Bedarf zu decken, kann das Arbeitslosengeld II bis zur Höhe des Regelbedarfs für den Lebensunterhalt in voller Höhe oder anteilig in Form von Sachleistungen erbracht werden.

(3) 1Nicht vom Regelbedarf nach § 20 umfasst sind Bedarfe für

1. Erstausstattungen für die Wohnung einschließlich Haushaltsgeräten,
2. Erstausstattungen für Bekleidung und Erstausstattungen bei Schwangerschaft und Geburt sowie
3. Anschaffung und Reparaturen von orthopädischen Schuhen, Reparaturen von therapeutischen Geräten und Ausrüstungen sowie die Miete von therapeutischen Geräten.

2Leistungen für diese Bedarfe werden gesondert erbracht. Leistungen nach Satz 2 werden auch erbracht, wenn Leistungsberechtigte keine Leistungen zur Sicherung des Lebensunterhalts einschließlich der angemessenen Kosten für Unterkunft und Heizung benötigen, den Bedarf nach Satz 1 jedoch aus eigenen Kräften und Mitteln nicht voll decken können. 3In diesem Fall kann das Einkommen berücksichtigt werden, das Leistungsberechtigte innerhalb eines Zeitraumes von bis zu sechs Monaten nach Ablauf des Monats erwerben, in dem über die Leistung entschieden wird. 4Die Leistungen für Bedarfe nach Satz 1 Nummer 1 und 2 können als Sachleistung oder Geldleistung, auch in Form von Pauschalbeträgen, erbracht werden. 5Bei der Bemessung der Pauschalbeträge sind geeignete Angaben über die erforderlichen Aufwendungen und nachvollziehbare Erfahrungswerte zu berücksichtigen.

(4) Leistungen zur Sicherung des Lebensunterhalts können als Darlehen erbracht werden, soweit in dem Monat, für den die Leistungen erbracht werden, voraussichtlich Einnahmen anfallen.

(5) 1Soweit Leistungsberechtigten der sofortige Verbrauch oder die sofortige Verwertung von zu berücksichtigendem Vermögen nicht möglich ist oder für sie eine besondere Härte bedeuten würde, sind Leistungen als Darlehen zu erbringen. 2Die Leistungen können davon abhängig gemacht werden, dass der Anspruch auf Rückzahlung dinglich oder in anderer Weise gesichert wird.

(6) In Fällen des § 22 Absatz 5 werden Leistungen für Erstausstattungen für die Wohnung nur erbracht, wenn der kommunale Träger die Übernahme der Leistungen für Unterkunft und Heizung zugesichert hat oder vom Erfordernis der Zusicherung abgesehen werden konnte.

§ 25 Leistungen bei medizinischer Rehabilitation der Rentenversicherung und bei Anspruch auf Verletztengeld aus der Unfallversicherung

1Haben Leistungsberechtigte dem Grunde nach Anspruch auf Übergangsgeld bei medizinischen Leistungen der gesetzlichen Rentenversicherung, erbringen die Träger der Leistungen nach diesem Buch die bisherigen Leistungen als Vorschuss auf die Leistungen der Rentenversicherung weiter; dies gilt entsprechend bei einem Anspruch auf Verletztengeld aus der gesetzlichen Unfallversicherung. 2Werden Vorschüsse länger als einen Monat geleistet, erhalten die Träger der Leistungen nach diesem Buch von den zur Leistung verpflichteten Trägern monatliche Abschlagszahlungen in Höhe der Vorschüsse des jeweils abgelaufenen Monats. 3§ 102 des Zehnten Buches gilt entsprechend.

§ 26 Zuschuss zu Versicherungsbeiträgen

(1) 1Für Bezieherinnen und Bezieher von Arbeitslosengeld II oder Sozialgeld, die in der gesetzlichen Krankenversicherung weder versicherungspflichtig noch familienversichert sind und die für den Fall der Krankheit

1. bei einem privaten Krankenversicherungsunternehmen versichert sind, gilt § 12 Absatz 1c Satz 5 und 6 des Versicherungsaufsichtsgesetzes,
2. freiwillig in der gesetzlichen Krankenversicherung versichert sind, wird für die Dauer des Leistungsbezugs der Beitrag übernommen; für Personen, die allein durch den Beitrag zur freiwilligen Versicherung hilfebedürftig würden, wird der Beitrag im notwendigen Umfang übernommen.

2Der Beitrag wird ferner für Personen im notwendigen Umfang übernommen, die in der gesetzlichen Krankenversicherung versicherungspflichtig sind und die allein durch den Krankenversicherungsbeitrag hilfebedürftig würden.

(2) 1Für Bezieherinnen und Bezieher von Arbeitslosengeld II oder Sozialgeld, die in der sozialen Pflegeversicherung weder versicherungspflichtig noch familienversichert sind, werden für die Dauer des Leistungsbezugs die Aufwendungen für eine angemessene private Pflegeversicherung im notwendigen Umfang übernommen. 2Satz 1 gilt entsprechend, soweit Personen allein durch diese Aufwendungen hilfebedürftig würden. 3Für Personen, die in der sozialen Pflegeversicherung versicherungspflichtig sind und die allein durch den Pflegeversicherungsbeitrag hilfebedürftig würden, wird der Beitrag im notwendigen Umfang übernommen.

(3) Die Bundesagentur zahlt den Zusatzbeitrag zur gesetzlichen Krankenversicherung nach § 242 des Fünften Buches für Personen, die allein durch diese Aufwendungen hilfebedürftig würden, in der erforderlichen Höhe.

(4) Der Zuschuss nach Absatz 1 Satz 1 Nummer 1 sowie nach Absatz 2 Satz 1 und 2 ist an das Versicherungsunternehmen zu zahlen, bei dem die leistungsberechtigte Person versichert ist.

Durch das Gesetz zur Modernisierung der Finanzaufsicht über Versicherungen vom 1.4.2015 (BGBl. I S. 434) wird Absatz 1 Ziffer 1 mit Geltung ab 1.1.2016 dahingehend geändert, dass anstelle von § 12 Absatz 1c Satz 5 und 6 des Versicherungsaufsichtsgesetzes ab diesem Zeitpunkt § 152 Absatz 4 Satz 2 und 3 des Versicherungsaufsichtsgesetzes gilt.

§ 27 Leistungen für Auszubildende

(1) 1Auszubildende im Sinne des § 7 Absatz 5 erhalten Leistungen zur Sicherung des Lebensunterhalts nach Maßgabe der folgenden Absätze. 2Die Leistungen für Auszubildende gelten nicht als Arbeitslosengeld II.

(2) Leistungen werden in Höhe der Mehrbedarfe nach § 21 Absatz 2, 3, 5 und 6 und in Höhe der Leistungen nach § 24 Absatz 3 Nummer 2 erbracht, soweit die Mehrbedarfe nicht durch zu berücksichtigendes Einkommen oder Vermögen gedeckt sind.

(3) 1Erhalten Auszubildende Berufsausbildungsbeihilfe oder Ausbildungsgeld nach dem Dritten Buch oder Leistungen nach dem Bundesausbildungsförderungsgesetz oder erhalten sie diese nur wegen der Vorschriften

zur Berücksichtigung von Einkommen und Vermögen nicht und bemisst sich deren Bedarf nach § 61 Absatz 1, § 62 Absatz 2, § 116 Absatz 3, § 123 Absatz 1 Nummer 1 und 4, § 124 Absatz 1 Nummer 2 des Dritten Buches oder nach § 12 Absatz 1 Nummer 2 und Absatz 2, § 13 Absatz 1 in Verbindung mit Absatz 2 Nummer 1 des Bundesausbildungsförderungsgesetzes, erhalten sie einen Zuschuss zu ihren angemessenen Aufwendungen für Unterkunft und Heizung (§ 22 Absatz 1 Satz 1), soweit der Bedarf in entsprechender Anwendung des § 19 Absatz 3 ungedeckt ist. $_{2}$Satz 1 gilt nicht, wenn die Berücksichtigung des Bedarfs für Unterkunft und Heizung nach § 22 Absatz 5 ausgeschlossen ist.

(4) $_{1}$Leistungen können als Darlehen für Regelbedarfe, Bedarfe für Unterkunft und Heizung und notwendige Beiträge zur Kranken- und Pflegeversicherung erbracht werden, sofern der Leistungsausschluss nach § 7 Absatz 5 eine besondere Härte bedeutet. $_{2}$Für den Monat der Aufnahme einer Ausbildung können Leistungen entsprechend § 24 Absatz 4 erbracht werden. $_{3}$Leistungen nach den Sätzen 1 und 2 sind gegenüber den Leistungen nach den Absätzen 2 und 3 nachrangig.

(5) Unter den Voraussetzungen des § 22 Absatz 8 können Auszubildenden auch Leistungen für die Übernahme von Schulden erbracht werden.

Unterabschnitt 4
Leistungen für Bildung und Teilhabe

§ 28 Bedarfe für Bildung und Teilhabe

(1) $_{1}$Bedarfe für Bildung und Teilhabe am sozialen und kulturellen Leben in der Gemeinschaft werden bei Kindern, Jugendlichen und jungen Erwachsenen neben dem Regelbedarf nach Maßgabe der Absätze 2 bis 7 gesondert berücksichtigt. $_{2}$Bedarfe für Bildung werden nur bei Personen berücksichtigt, die das 25. Lebensjahr noch nicht vollendet haben, eine allgemein- oder berufsbildende Schule besuchen und keine Ausbildungsvergütung erhalten (Schülerinnen und Schüler).

(2) $_{1}$Bei Schülerinnen und Schülern werden die tatsächlichen Aufwendungen anerkannt für

1. Schulausflüge und
2. mehrtägige Klassenfahrten im Rahmen der schulrechtlichen Bestimmungen.

$_{2}$Für Kinder, die eine Kindertageseinrichtung besuchen, gilt Satz 1 entsprechend.

(3) Für die Ausstattung mit persönlichem Schulbedarf werden bei Schülerinnen und Schülern 70 Euro zum 1. August und 30 Euro zum 1. Februar eines jeden Jahres berücksichtigt.

(4) $_{1}$Bei Schülerinnen und Schülern, die für den Besuch der nächstgelegenen Schule des gewählten Bildungsgangs auf Schülerbeförderung angewiesen sind, werden die dafür erforderlichen tatsächlichen Aufwendungen berücksichtigt, soweit sie nicht von Dritten übernommen werden und es der leistungsberechtigten Person nicht zugemutet werden kann, die Aufwendungen aus dem Regelbedarf zu bestreiten. $_{2}$Als zumutbare Eigenleistung gilt in der Regel ein Betrag in Höhe von 5 Euro monatlich.

(5) Bei Schülerinnen und Schülern wird eine schulische Angebote ergänzende angemessene Lernförderung berücksichtigt, soweit diese geeignet und zusätzlich erforderlich ist, um die nach den schulrechtlichen Bestimmungen festgelegten wesentlichen Lernziele zu erreichen.

(6) $_{1}$Bei Teilnahme an einer gemeinschaftlichen Mittagsverpflegung werden die entstehenden Mehraufwendungen berücksichtigt für

1. Schülerinnen und Schüler und
2. Kinder, die eine Tageseinrichtung besuchen oder für die Kindertagespflege geleistet wird.

$_{2}$Für Schülerinnen und Schüler gilt dies unter der Voraussetzung, dass die Mittagsverpflegung in schulischer Verantwortung angeboten wird. $_{3}$In den Fällen des Satzes 2 ist für die Ermittlung des monatlichen Bedarfs die Anzahl der Schultage in dem Land zugrunde zu legen, in dem der Schulbesuch stattfindet.

(7) 1Bei Leistungsberechtigten bis zur Vollendung des 18. Lebensjahres wird ein Bedarf zur Teilhabe am sozialen und kulturellen Leben in der Gemeinschaft in Höhe von insgesamt 10 Euro monatlich berücksichtigt für

1. Mitgliedsbeiträge in den Bereichen Sport, Spiel, Kultur und Geselligkeit,
2. Unterricht in künstlerischen Fächern (zum Beispiel Musikunterricht) und vergleichbare angeleitete Aktivitäten der kulturellen Bildung und
3. die Teilnahme an Freizeiten.

2Neben der Berücksichtigung von Bedarfen nach Satz 1 können auch weitere tatsächliche Aufwendungen berücksichtigt werden, wenn sie im Zusammenhang mit der Teilnahme an Aktivitäten nach Satz 1 Nummer 1 bis 3 entstehen und es den Leistungsberechtigten im begründeten Ausnahmefall nicht zugemutet werden kann, diese aus dem Regelbedarf zu bestreiten.

§ 29 Erbringung der Leistungen für Bildung und Teilhabe

(1) 1Leistungen zur Deckung der Bedarfe nach § 28 Absatz 2 und 5 bis 7 werden erbracht durch Sach- und Dienstleistungen, insbesondere in Form von personalisierten Gutscheinen oder Direktzahlungen an Anbieter von Leistungen zur Deckung dieser Bedarfe (Anbieter); die kommunalen Träger bestimmen, in welcher Form sie die Leistungen erbringen. 2Sie können auch bestimmen, dass die Leistungen nach § 28 Absatz 2 durch Geldleistungen gedeckt werden. 3Die Bedarfe nach § 28 Absatz 3 und 4 werden jeweils durch Geldleistungen gedeckt. 4Die kommunalen Träger können mit Anbietern pauschal abrechnen.

(2) 1Werden die Bedarfe durch Gutscheine gedeckt, gelten die Leistungen mit Ausgabe des jeweiligen Gutscheins als erbracht. 2Die kommunalen Träger gewährleisten, dass Gutscheine bei geeigneten vorhandenen Anbietern oder zur Wahrnehmung ihrer eigenen Angebote eingelöst werden können. 3Gutscheine können für den gesamten Bewilligungszeitraum im Voraus ausgegeben werden. 4Die Gültigkeit von Gutscheinen ist angemessen zu befristen. 5Im Fall des Verlustes soll ein Gutschein erneut in dem Umfang ausgestellt werden, in dem er noch nicht in Anspruch genommen wurde.

(3) 1Werden die Bedarfe durch Direktzahlungen an Anbieter gedeckt, gelten die Leistungen mit der Zahlung als erbracht. 2Eine Direktzahlung ist für den gesamten Bewilligungszeitraum im Voraus möglich.

(4) 1Im begründeten Einzelfall kann ein Nachweis über eine zweckentsprechende Verwendung der Leistung verlangt werden. 2Soweit der Nachweis nicht geführt wird, soll die Bewilligungsentscheidung widerrufen werden.

§ 30 Berechtigte Selbsthilfe

1Geht die leistungsberechtigte Person durch Zahlung an Anbieter in Vorleistung, ist der kommunale Träger zur Übernahme der berücksichtigungsfähigen Aufwendungen verpflichtet, soweit

1. unbeschadet des Satzes 2 die Voraussetzungen einer Leistungsgewährung zur Deckung der Bedarfe im Zeitpunkt der Selbsthilfe nach § 28 Absatz 2 und 5 bis 7 vorlagen und
2. zum Zeitpunkt der Selbsthilfe der Zweck der Leistung durch Erbringung als Sach- oder Dienstleistung ohne eigenes Verschulden nicht oder nicht rechtzeitig zu erreichen war.

2War es dem Leistungsberechtigten nicht möglich, rechtzeitig einen Antrag zu stellen, gilt dieser als zum Zeitpunkt der Selbstvornahme gestellt.

Unterabschnitt 5
Sanktionen

§ 31 Pflichtverletzungen

(1) 1Erwerbsfähige Leistungsberechtigte verletzen ihre Pflichten, wenn sie trotz schriftlicher Belehrung über die Rechtsfolgen oder deren Kenntnis

1. sich weigern, in der Eingliederungsvereinbarung oder in dem diese ersetzenden Verwaltungsakt nach § 15 Absatz 1 Satz 6

festgelegte Pflichten zu erfüllen, insbesondere in ausreichendem Umfang Eigenbemühungen nachzuweisen,

2. sich weigern, eine zumutbare Arbeit, Ausbildung, Arbeitsgelegenheit nach § 16d oder ein nach § 16e gefördertes Arbeitsverhältnis aufzunehmen, fortzuführen oder deren Anbahnung durch ihr Verhalten verhindern,
3. eine zumutbare Maßnahme zur Eingliederung in Arbeit nicht antreten, abbrechen oder Anlass für den Abbruch gegeben haben.

2Dies gilt nicht, wenn erwerbsfähige Leistungsberechtigte einen wichtigen Grund für ihr Verhalten darlegen und nachweisen.

(2) Eine Pflichtverletzung von erwerbsfähigen Leistungsberechtigten ist auch anzunehmen, wenn

1. sie nach Vollendung des 18. Lebensjahres ihr Einkommen oder Vermögen in der Absicht vermindert haben, die Voraussetzungen für die Gewährung oder Erhöhung des Arbeitslosengeldes II herbeizuführen,
2. sie trotz Belehrung über die Rechtsfolgen oder deren Kenntnis ihr unwirtschaftliches Verhalten fortsetzen,
3. ihr Anspruch auf Arbeitslosengeld ruht oder erloschen ist, weil die Agentur für Arbeit das Eintreten einer Sperrzeit oder das Erlöschen des Anspruchs nach den Vorschriften des Dritten Buches festgestellt hat, oder
4. sie die im Dritten Buch genannten Voraussetzungen für das Eintreten einer Sperrzeit erfüllen, die das Ruhen oder Erlöschen eines Anspruchs auf Arbeitslosengeld begründen.

§ 31a Rechtsfolgen bei Pflichtverletzungen

(1) 1Bei einer Pflichtverletzung nach § 31 mindert sich das Arbeitslosengeld II in einer ersten Stufe um 30 Prozent des für die erwerbsfähige leistungsberechtigte Person nach § 20 maßgebenden Regelbedarfs. 2Bei der ersten wiederholten Pflichtverletzung nach § 31 mindert sich das Arbeitslosengeld II um 60 Prozent des für die erwerbsfähige leistungsberechtigte Person nach § 20 maßgebenden Regelbedarfs. 3Bei jeder weiteren wiederholten Pflichtverletzung nach § 31 entfällt das Arbeitslosengeld II vollständig. 4Eine wiederholte Pflichtverletzung liegt nur vor, wenn bereits zuvor eine Minderung festgestellt wurde. 5Sie liegt nicht vor, wenn der Beginn des vorangegangenen Minderungszeitraums länger als ein Jahr zurückliegt. 6Erklären sich erwerbsfähige Leistungsberechtigte nachträglich bereit, ihren Pflichten nachzukommen, kann der zuständige Träger die Minderung der Leistungen nach Satz 3 ab diesem Zeitpunkt auf 60 Prozent des für sie nach § 20 maßgebenden Regelbedarfs begrenzen.

(2) 1Bei erwerbsfähigen Leistungsberechtigten, die das 25. Lebensjahr noch nicht vollendet haben, ist das Arbeitslosengeld II bei einer Pflichtverletzung nach § 31 auf die für die Bedarfe nach § 22 zu erbringenden Leistungen beschränkt. 2Bei wiederholter Pflichtverletzung nach § 31 entfällt das Arbeitslosengeld II vollständig. 3Absatz 1 Satz 4 und 5 gilt entsprechend. 4Erklären sich erwerbsfähige Leistungsberechtigte, die das 25. Lebensjahr noch nicht vollendet haben, nachträglich bereit, ihren Pflichten nachzukommen, kann der Träger unter Berücksichtigung aller Umstände des Einzelfalles ab diesem Zeitpunkt wieder die für die Bedarfe nach § 22 zu erbringenden Leistungen gewähren.

(3) 1Bei einer Minderung des Arbeitslosengeldes II um mehr als 30 Prozent des nach § 20 maßgebenden Regelbedarfs kann der Träger auf Antrag in angemessenem Umfang ergänzende Sachleistungen oder geldwerte Leistungen erbringen. 2Der Träger hat Leistungen nach Satz 1 zu erbringen, wenn Leistungsberechtigte mit minderjährigen Kindern in einem Haushalt leben. 3Bei einer Minderung des Arbeitslosengeldes II um mindestens 60 Prozent des für den erwerbsfähigen Leistungsberechtigten nach § 20 maßgebenden Regelbedarfs soll das Arbeitslosengeld II, soweit es für den Bedarf für Unterkunft und Heizung nach § 22 Absatz 1 erbracht wird, an

den Vermieter oder andere Empfangsberechtigte gezahlt werden.

(4) Für nichterwerbsfähige Leistungsberechtigte gilt Absatz 1 und 3 bei Pflichtverletzungen nach § 31 Absatz 2 Nummer 1 und 2 entsprechend.

§ 31b Beginn und Dauer der Minderung

(1) $_{1}$Der Auszahlungsanspruch mindert sich mit Beginn des Kalendermonats, der auf das Wirksamwerden des Verwaltungsaktes folgt, der die Pflichtverletzung und den Umfang der Minderung der Leistung feststellt. $_{2}$In den Fällen des § 31 Absatz 2 Nummer 3 tritt die Minderung mit Beginn der Sperrzeit oder mit dem Erlöschen des Anspruchs nach dem Dritten Buch ein. $_{3}$Der Minderungszeitraum beträgt drei Monate. $_{4}$Bei erwerbsfähigen Leistungsberechtigten, die das 25. Lebensjahr noch nicht vollendet haben, kann der Träger die Minderung des Auszahlungsanspruchs in Höhe der Bedarfe nach den §§ 20 und 21 unter Berücksichtigung aller Umstände des Einzelfalls auf sechs Wochen verkürzen. $_{5}$Die Feststellung der Minderung ist nur innerhalb von sechs Monaten ab dem Zeitpunkt der Pflichtverletzung zulässig.

(2) Während der Minderung des Auszahlungsanspruchs besteht kein Anspruch auf ergänzende Hilfe zum Lebensunterhalt nach den Vorschriften des Zwölften Buches.

§ 32 Meldeversäumnisse

(1) $_{1}$Kommen Leistungsberechtigte trotz schriftlicher Belehrung über die Rechtsfolgen oder deren Kenntnis einer Aufforderung des zuständigen Trägers, sich bei ihm zu melden oder bei einem ärztlichen oder psychologischen Untersuchungstermin zu erscheinen, nicht nach, mindert sich das Arbeitslosengeld II oder das Sozialgeld jeweils um 10 Prozent des für sie nach § 20 maßgebenden Regelbedarfs. $_{2}$Dies gilt nicht, wenn Leistungsberechtigte einen wichtigen Grund für ihr Verhalten darlegen und nachweisen.

(2) $_{1}$Die Minderung nach dieser Vorschrift tritt zu einer Minderung nach § 31a hinzu. $_{2}$§ 31a Absatz 3 und § 31b gelten entsprechend.

Unterabschnitt 6
Verpflichtungen Anderer

§ 33 Übergang von Ansprüchen

(1) $_{1}$Haben Personen, die Leistungen zur Sicherung des Lebensunterhalts beziehen, für die Zeit, für die Leistungen erbracht werden, einen Anspruch gegen einen Anderen, der nicht Leistungsträger ist, geht der Anspruch bis zur Höhe der geleisteten Aufwendungen auf die Träger der Leistungen nach diesem Buch über, wenn bei rechtzeitiger Leistung des Anderen Leistungen zur Sicherung des Lebensunterhalts nicht erbracht worden wären. $_{2}$Satz 1 gilt auch, soweit Kinder unter Berücksichtigung von Kindergeld nach § 11 Absatz 1 Satz 4 keine Leistungen empfangen haben und bei rechtzeitiger Leistung des Anderen keine oder geringere Leistungen an die Mitglieder der Haushaltsgemeinschaft erbracht worden wären. $_{3}$Der Übergang wird nicht dadurch ausgeschlossen, dass der Anspruch nicht übertragen, verpfändet oder gepfändet werden kann. $_{4}$Unterhaltsansprüche nach bürgerlichem Recht gehen zusammen mit dem unterhaltsrechtlichen Auskunftsanspruch auf die Träger der Leistungen nach diesem Buch über.

(2) $_{1}$Ein Unterhaltsanspruch nach bürgerlichem Recht geht nicht über, wenn die unterhaltsberechtigte Person

1. mit der oder dem Verpflichteten in einer Bedarfsgemeinschaft lebt,
2. mit der oder dem Verpflichteten verwandt ist und den Unterhaltsanspruch nicht geltend macht; dies gilt nicht für Unterhaltsansprüche
   a) minderjähriger Leistungsberechtigter,
   b) Leistungsberechtigter, die das 25. Lebensjahr noch nicht vollendet und die Erstausbildung noch nicht abgeschlossen haben,

   gegen ihre Eltern,
3. in einem Kindschaftsverhältnis zur oder zum Verpflichteten steht und
   a) schwanger ist oder
   b) ihr leibliches Kind bis zur Vollendung seines sechsten Lebensjahres betreut.

$_{2}$Der Übergang ist auch ausgeschlossen, soweit der Unterhaltsanspruch durch laufende Zahlung erfüllt wird. $_{3}$Der Anspruch geht nur über, soweit das Einkommen und Vermögen der unterhaltsverpflichteten Person das nach den §§ 11 bis 12 zu berücksichtigende Einkommen und Vermögen übersteigt.

(3) $_{1}$Für die Vergangenheit können die Träger der Leistungen nach diesem Buch außer unter den Voraussetzungen des bürgerlichen Rechts nur von der Zeit an den Anspruch geltend machen, zu welcher sie der oder dem Verpflichteten die Erbringung der Leistung schriftlich mitgeteilt haben. $_{2}$Wenn die Leistung voraussichtlich auf längere Zeit erbracht werden muss, können die Träger der Leistungen nach diesem Buch bis zur Höhe der bisherigen monatlichen Aufwendungen auch auf künftige Leistungen klagen.

(4) $_{1}$Die Träger der Leistungen nach diesem Buch können den auf sie übergegangenen Anspruch im Einvernehmen mit der Empfängerin oder dem Empfänger der Leistungen auf diese oder diesen zur gerichtlichen Geltendmachung rückübertragen und sich den geltend gemachten Anspruch abtreten lassen. $_{2}$Kosten, mit denen die Leistungsempfängerin oder der Leistungsempfänger dadurch selbst belastet wird, sind zu übernehmen. $_{3}$Über die Ansprüche nach Absatz 1 Satz 3 ist im Zivilrechtsweg zu entscheiden.

(5) Die §§ 115 und 116 des Zehnten Buches gehen der Regelung des Absatzes 1 vor.

§ 34 Ersatzansprüche bei sozialwidrigem Verhalten

(1) $_{1}$Wer nach Vollendung des 18. Lebensjahres vorsätzlich oder grob fahrlässig die Voraussetzungen für die Gewährung von Leistungen nach diesem Buch an sich oder an Personen, die mit ihr oder ihm in einer Bedarfsgemeinschaft leben, ohne wichtigen Grund herbeigeführt hat, ist zum Ersatz der deswegen gezahlten Leistungen verpflichtet. $_{2}$Der Ersatzanspruch umfasst auch die geleisteten Beiträge zur Kranken-, Renten- und Pflegeversicherung. $_{3}$Von der Geltendmachung des Ersatzanspruchs ist abzusehen, soweit sie eine Härte bedeuten würde.

(2) $_{1}$Eine nach Absatz 1 eingetretene Verpflichtung zum Ersatz der Leistungen geht auf den Erben über. $_{2}$Sie ist auf den Nachlasswert zum Zeitpunkt des Erbfalls begrenzt.

(3) $_{1}$Der Ersatzanspruch erlischt drei Jahre nach Ablauf des Jahres, in dem die Leistung erbracht worden ist. $_{2}$Die Bestimmungen des Bürgerlichen Gesetzbuchs über die Hemmung, die Ablaufhemmung, den Neubeginn und die Wirkung der Verjährung gelten sinngemäß; der Erhebung der Klage steht der Erlass eines Leistungsbescheides gleich.

§ 34a Ersatzansprüche für rechtswidrig erhaltene Leistungen

(1) $_{1}$Zum Ersatz rechtswidrig erbrachter Leistungen nach diesem Buch ist verpflichtet, wer diese durch vorsätzliches oder grob fahrlässiges Verhalten an Dritte herbeigeführt hat. $_{2}$Der Ersatzanspruch umfasst auch die geleisteten Beiträge zur Kranken-, Renten- und Pflegeversicherung entsprechend § 335 Absatz 1, 2 und 5 des Dritten Buches.

(2) $_{1}$Der Ersatzanspruch verjährt in vier Jahren nach Ablauf des Kalenderjahres, in dem der Verwaltungsakt, mit dem die Erstattung nach § 50 des Zehnten Buches festgesetzt worden ist, unanfechtbar geworden ist. $_{2}$Soweit gegenüber einer rechtswidrig begünstigten Person ein Verwaltungsakt nicht aufgehoben werden kann, beginnt die Frist nach Satz 1 mit dem Zeitpunkt, ab dem die Behörde Kenntnis von der Rechtswidrigkeit der Leistungserbringung hat. $_{3}$§ 34 Absatz 3 Satz 2 gilt entsprechend. $_{4}$§ 52 des Zehnten Buches bleibt unberührt.

(3) $_{1}$§ 34 Absatz 2 gilt entsprechend. $_{2}$Auf den Ersatzanspruch gegenüber einem Erben ist § 35 Absatz 3 entsprechend anwendbar.

(4) Zum Ersatz nach Absatz 1 und zur Erstattung nach § 50 des Zehnten Buches Verpflichtete haften als Gesamtschuldner.

§ 34b Ersatzansprüche nach sonstigen Vorschriften

Bestimmt sich das Recht des Trägers nach diesem Buch, Ersatz seiner Aufwendungen von einem anderen zu verlangen, gegen den die Leistungsberechtigten einen Anspruch haben, nach sonstigen gesetzlichen Vorschriften, die dem § 33 vorgehen, gelten als Aufwendungen auch solche Leistungen zur Sicherung des Lebensunterhalts, die an die nicht getrennt lebende Ehegattin oder Lebenspartnerin oder den nicht getrennt lebenden Ehegatten oder Lebenspartner der leistungsberechtigten Person erbracht wurden sowie an deren oder dessen unverheiratete Kinder, die das 25. Lebensjahr noch nicht vollendet hatten.

§ 35 Erbenhaftung

(1) 1Der Erbe einer Person, die Leistungen nach diesem Buch erhalten hat, ist zum Ersatz der Leistungen verpflichtet, soweit diese innerhalb der letzten zehn Jahre vor dem Erbfall erbracht worden sind und 1700 Euro übersteigen. 2Der Ersatzanspruch umfasst auch die geleisteten Beiträge zur Kranken-, Renten- und Pflegeversicherung. 3Die Ersatzpflicht ist auf den Nachlasswert zum Zeitpunkt des Erbfalls begrenzt.

(2) Der Ersatzanspruch ist nicht geltend zu machen,

1. soweit der Wert des Nachlasses unter 15 500 Euro liegt, wenn der Erbe der Partner der Person, die die Leistungen empfangen hat, war oder mit diesem verwandt war und nicht nur vorübergehend bis zum Tode der Person, die die Leistungen empfangen hat, mit dieser in häuslicher Gemeinschaft gelebt und sie gepflegt hat,
2. soweit die Inanspruchnahme des Erben nach der Besonderheit des Einzelfalles eine besondere Härte bedeuten würde.

(3) 1Der Ersatzanspruch erlischt drei Jahre nach dem Tod der Person, die die Leistungen empfangen hat. 2§ 34 Absatz 3 Satz 2 gilt sinngemäß.

Kapitel 4
Gemeinsame Vorschriften für Leistungen

Abschnitt 1
Zuständigkeit und Verfahren

§ 36 Örtliche Zuständigkeit

1Für die Leistungen nach § 6 Absatz 1 Nummer 1 ist die Agentur für Arbeit zuständig, in deren Bezirk die erwerbsfähige leistungsberechtigte Person ihren gewöhnlichen Aufenthalt hat. 2Für die Leistungen nach § 6 Absatz 1 Satz 1 Nummer 2 ist der kommunale Träger zuständig, in dessen Gebiet die erwerbsfähige leistungsberechtigte Person ihren gewöhnlichen Aufenthalt hat. 3Für Leistungen nach den Sätzen 1 und 2 an Minderjährige, die Leistungen für die Zeit der Ausübung des Umgangsrechts nur für einen kurzen Zeitraum beanspruchen, ist der jeweilige Träger an dem Ort zuständig, an dem die umgangsberechtigte Person ihren gewöhnlichen Aufenthalt hat. 4Kann ein gewöhnlicher Aufenthaltsort nicht festgestellt werden, so ist der Träger nach diesem Buch örtlich zuständig, in dessen Bereich sich die oder der erwerbsfähige Leistungsberechtigte tatsächlich aufhält. 5Für nicht erwerbsfähige Personen, deren Leistungsberechtigung sich aus § 7 Absatz 2 Satz 3 ergibt, gelten die Sätze 1 bis 4 entsprechend.

§ 36a Kostenerstattung bei Aufenthalt im Frauenhaus

Sucht eine Person in einem Frauenhaus Zuflucht, ist der kommunale Träger am bisherigen gewöhnlichen Aufenthaltsort verpflichtet, dem durch die Aufnahme im Frauenhaus zuständigen kommunalen Träger am Ort des Frauenhauses die Kosten für die Zeit des Aufenthaltes im Frauenhaus zu erstatten.

§ 37 Antragserfordernis

(1) 1Leistungen nach diesem Buch werden auf Antrag erbracht. 2Leistungen nach § 24 Absatz 1 und 3 und Leistungen für die Bedarfe nach § 28 Absatz 2, Absatz 4 bis 7 sind gesondert zu beantragen.

(2) 1Leistungen nach diesem Buch werden nicht für Zeiten vor der Antragstellung erbracht. 2Der Antrag auf Leistungen zur Sicherung des Lebensunterhalts wirkt auf den Ersten des Monats zurück. 3Der Antrag auf Leistungen für die Bedarfe nach § 28 Absatz 7 wirkt, soweit daneben andere Leistungen zur Sicherung des Lebensunterhalts erbracht werden, auf den Beginn des aktuellen Bewilligungszeitraums nach § 41 Absatz 1 Satz 4 beziehungsweise 5 zurück.

§ 38 Vertretung der Bedarfsgemeinschaft

(1) 1Soweit Anhaltspunkte dem nicht entgegenstehen, wird vermutet, dass die oder der erwerbsfähige Leistungsberechtigte bevollmächtigt ist, Leistungen nach diesem Buch auch für die mit ihm in einer Bedarfsgemeinschaft lebenden Personen zu beantragen und entgegenzunehmen. 2Leben mehrere erwerbsfähige Leistungsberechtigte in einer Bedarfsgemeinschaft, gilt diese Vermutung zugunsten der Antrag stellenden Person.

(2) Für Leistungen an Kinder im Rahmen der Ausübung des Umgangsrechts hat die umgangsberechtigte Person die Befugnis, Leistungen nach diesem Buch zu beantragen und entgegenzunehmen, soweit das Kind dem Haushalt angehört.

§ 39 Sofortige Vollziehbarkeit

Keine aufschiebende Wirkung haben Widerspruch und Anfechtungsklage gegen einen Verwaltungsakt,

1. der Leistungen der Grundsicherung für Arbeitsuchende aufhebt, zurücknimmt, widerruft, die Pflichtverletzung und die Minderung des Auszahlungsanspruchs feststellt oder Leistungen zur Eingliederung in Arbeit oder Pflichten erwerbsfähiger Leistungsberechtigter bei der Eingliederung in Arbeit regelt,
2. der den Übergang eines Anspruchs bewirkt,
3. mit dem zur Beantragung einer vorrangigen Leistung aufgefordert wird oder
4. mit dem nach § 59 in Verbindung mit § 309 des Dritten Buches zur persönlichen Meldung bei der Agentur für Arbeit aufgefordert wird.

§ 40 Anwendung von Verfahrensvorschriften

(1) 1Für das Verfahren nach diesem Buch gilt das Zehnte Buch. 2Abweichend von Satz 1 gilt § 44 Absatz 4 Satz 1 des Zehnten Buches mit der Maßgabe, dass anstelle des Zeitraums von vier Jahren ein Zeitraum von einem Jahr tritt.

(2) Entsprechend anwendbar sind die Vorschriften des Dritten Buches über

1. die vorläufige Entscheidung (§ 328) mit der Maßgabe, dass auch dann vorläufig entschieden werden kann, wenn die Gültigkeit einer Satzung oder einer anderen im Rang unter einem Landesgesetz stehenden Rechtsvorschrift, die nach § 22a Absatz 1 und dem dazu ergangenen Landesgesetz erlassen worden ist, Gegenstand eines Verfahrens bei einem Landessozialgericht, dem Bundessozialgericht oder einem Verfassungsgericht ist;
2. die Aufhebung von Verwaltungsakten nach § 330 Absatz 1 mit der Maßgabe, dass bei der Unwirksamkeit einer Satzung oder einer anderen im Rang unter einem Landesgesetz stehenden Rechtsvorschrift, die nach § 22a Absatz 1 und dem dazu ergangenen Landesgesetz erlassen worden ist, auf die Zeit nach der Entscheidung des Landessozialgerichts abgestellt wird;
3. die Aufhebung von Verwaltungsakten (§ 330 Absatz 2, 3 Satz 1 und 4);
4. die vorläufige Zahlungseinstellung nach § 331 mit der Maßgabe, dass die Träger auch zur teilweisen Zahlungseinstellung berechtigt sind, wenn sie von Tatsachen Kenntnis erhalten, die zu einem geringeren Leistungsanspruch führen;
5. die Erstattung von Beiträgen zur Kranken-, Renten- und Pflegeversicherung (§ 335 Absatz 1, 2 und 5).

(3) 1§ 50 Absatz 1 des Zehnten Buches ist mit der Maßgabe anzuwenden, dass Gutscheine in Geld zu erstatten sind. 2Die leistungsberechtigte Person kann die Erstattungsforde-

rung auch durch Rückgabe des Gutscheins erfüllen, soweit dieser nicht in Anspruch genommen wurde. 3Eine Erstattung der Leistungen nach § 28 erfolgt nicht, soweit eine Aufhebungsentscheidung allein wegen dieser Leistungen zu treffen wäre.

(4) 1Abweichend von § 50 des Zehnten Buches sind 56 Prozent der bei der Berechnung des Arbeitslosengeldes II und des Sozialgeldes berücksichtigten Bedarfe für Unterkunft nicht zu erstatten. 2Satz 1 gilt nicht in den Fällen des § 45 Absatz 2 Satz 3 des Zehnten Buches, des § 48 Absatz 1 Satz 2 Nummer 2 und 4 des Zehnten Buches sowie in Fällen, in denen die Bewilligung lediglich teilweise aufgehoben wird.

(5) § 28 des Zehnten Buches gilt mit der Maßgabe, dass der Antrag unverzüglich nach Ablauf des Monats, in dem die Ablehnung oder Erstattung der anderen Leistung bindend geworden ist, nachzuholen ist.

(6) Für die Vollstreckung von Ansprüchen der in gemeinsamen Einrichtungen zusammenwirkenden Träger nach diesem Buch gilt das Verwaltungs-Vollstreckungsgesetz des Bundes; im Übrigen gilt § 66 des Zehnten Buches.

Ab 1.1.2016 lautet Absatz 2 Ziffer 5 wie folgt (Änderung durch Gesetz zur Weiterentwicklung der Finanzstruktur und der Qualität in der gesetzlichen Krankenversicherung vom 21.7.2014, BGBl. I S. 1133):

5. die Erstattung von Beiträgen zur Kranken-, Renten- und Pflegeversicherung (§ 335 Absatz 1, 2 und 5); § 335 Absatz 1 Satz 1 und Absatz 5 in Verbindung mit Absatz 1 Satz 1 ist nicht anwendbar, wenn in einem Kalendermonat fürmindestens einen Tag rechtmäßig Arbeitslosengeld II gewährt wurde; in den Fällen des § 335 Absatz 1 Satz 2 und Absatz 5 in Verbindung mit Absatz 1 Satz 2 besteht kein Beitragserstattungsanspruch.

§ 40a Erstattungsanspruch

1Wird einer leistungsberechtigten Person für denselben Zeitraum, für den ein Träger der Grundsicherung für Arbeitsuchende Leistungen nach diesem Buch erbracht hat, eine andere Sozialleistung bewilligt, so steht dem Träger der Grundsicherung für Arbeitsuchende unter den Voraussetzungen des § 104 des Zehnten Buches ein Erstattungsanspruch gegen den anderen Sozialleistungsträger zu. 2Der Erstattungsanspruch besteht auch, soweit die Erbringung des Arbeitslosengeldes II allein auf Grund einer nachträglich festgestellten vollen Erwerbsminderung rechtswidrig war oder rückwirkend eine Rente wegen Alters oder eine Knappschaftsausgleichsleistung zuerkannt wird. 3Die §§ 106 bis 114 des Zehnten Buches gelten entsprechend. 4§ 44a Absatz 3 bleibt unberührt.

§ 41 Berechnung der Leistungen

(1) 1Anspruch auf Leistungen zur Sicherung des Lebensunterhalts besteht für jeden Kalendertag. 2Der Monat wird mit 30 Tagen berechnet. 3Stehen die Leistungen nicht für einen vollen Monat zu, wird die Leistung anteilig erbracht. 4Die Leistungen sollen jeweils für sechs Monate bewilligt und monatlich im Voraus erbracht werden. 5Der Bewilligungszeitraum kann auf bis zu zwölf Monate bei Leistungsberechtigten verlängert werden, bei denen eine Veränderung der Verhältnisse in diesem Zeitraum nicht zu erwarten ist.

(2) 1Berechnungen werden auf zwei Dezimalstellen durchgeführt, wenn nichts Abweichendes bestimmt ist. 2Bei einer auf Dezimalstellen durchgeführten Berechnung wird die letzte Dezimalstelle um eins erhöht, wenn sich in der folgenden Dezimalstelle eine der Ziffern 5 bis 9 ergeben würde.

§ 42 Auszahlung der Geldleistungen

1Geldleistungen nach diesem Buch werden auf das im Antrag angegebene Konto bei einem Geldinstitut überwiesen, für das die Verordnung (EU) Nr. 260/2012 des Europäischen Parlaments und des Rates vom 14. März 2012 zur Festlegung der technischen Vorschriften und der Geschäftsanforderungen für Überweisungen und Lastschriften in Euro und zur Änderung der Verordnung (EG) Nr. 924/2009 (ABl. L 94 vom 30. 3. 2012, S. 22) gilt. 2Werden sie an den Wohnsitz oder gewöhnlichen Aufenthalt der Leistungsberechtigten übermittelt, sind die dadurch veranlassten Kosten abzuziehen. 3Dies gilt nicht, wenn Leistungsberechtigte nachweisen, dass ihnen die Einrichtung eines Kontos bei einem

Geldinstitut ohne eigenes Verschulden nicht möglich ist.

§ 42a Darlehen

(1) $_{1}$Darlehen werden nur erbracht, wenn ein Bedarf weder durch Vermögen nach § 12 Absatz 2 Satz 1 Nummer 1, 1a und 4 noch auf andere Weise gedeckt werden kann. $_{2}$Darlehen können an einzelne Mitglieder von Bedarfsgemeinschaften oder an mehrere gemeinsam vergeben werden. $_{3}$Die Rückzahlungsverpflichtung trifft die Darlehensnehmer.

(2) $_{1}$Solange Darlehensnehmer Leistungen zur Sicherung des Lebensunterhalts beziehen, werden Rückzahlungsansprüche aus Darlehen ab dem Monat, der auf die Auszahlung folgt, durch monatliche Aufrechnung in Höhe von 10 Prozent des maßgebenden Regelbedarfs getilgt. $_{2}$Die Aufrechnung ist gegenüber den Darlehensnehmern schriftlich durch Verwaltungsakt zu erklären. $_{3}$Satz 1 gilt nicht, soweit Leistungen zur Sicherung des Lebensunterhalts nach § 24 Absatz 5 oder § 27 Absatz 4 erbracht werden.

(3) $_{1}$Rückzahlungsansprüche aus Darlehen nach § 24 Absatz 5 sind nach erfolgter Verwertung sofort in voller Höhe und Rückzahlungsansprüche aus Darlehen nach § 22 Absatz 6 bei Rückzahlung durch den Vermieter sofort in Höhe des noch nicht getilgten Darlehensbetrages fällig. $_{2}$Deckt der erlangte Betrag den noch nicht getilgten Darlehensbetrag nicht, soll eine Vereinbarung über die Rückzahlung des ausstehenden Betrags unter Berücksichtigung der wirtschaftlichen Verhältnisse der Darlehensnehmer getroffen werden.

(4) $_{1}$Nach Beendigung des Leistungsbezuges ist der noch nicht getilgte Darlehensbetrag sofort fällig. $_{2}$Über die Rückzahlung des ausstehenden Betrags soll eine Vereinbarung unter Berücksichtigung der wirtschaftlichen Verhältnisse der Darlehensnehmer getroffen werden.

(5) $_{1}$Rückzahlungsansprüche aus Darlehen nach § 27 Absatz 4 sind abweichend von Absatz 4 Satz 1 erst nach Abschluss der Ausbildung fällig. $_{2}$Absatz 4 Satz 2 gilt entsprechend.

(6) Sofern keine abweichende Tilgungsbestimmung getroffen wird, werden Zahlungen, die zur Tilgung der gesamten fälligen Schuld nicht ausreichen, zunächst auf das zuerst erbrachte Darlehen angerechnet.

§ 43 Aufrechnung

(1) Die Träger von Leistungen nach diesem Buch können gegen Ansprüche von Leistungsberechtigten auf Geldleistungen zur Sicherung des Lebensunterhalts aufrechnen mit ihren

1. Erstattungsansprüchen nach § 42 Absatz 2 Satz 2, § 43 Absatz 2 Satz 1 des Ersten Buches, § 328 Absatz 3 Satz 2 des Dritten Buches oder § 50 des Zehnten Buches oder
2. Ersatzansprüchen nach den §§ 34 oder 34a.

(2) $_{1}$Die Höhe der Aufrechnung beträgt bei Erstattungsansprüchen, die auf den §§ 42 und 43 des Ersten Buches, § 328 Absatz 3 Satz 2 des Dritten Buches oder § 48 Absatz 1 Satz 2 Nummer 3 in Verbindung mit § 50 des Zehnten Buches beruhen, 10 Prozent des für den Leistungsberechtigten maßgebenden Regelbedarfs, in den übrigen Fällen 30 Prozent. $_{2}$Die Höhe der monatlichen Aufrechnung ist auf insgesamt 30 Prozent des maßgebenden Regelbedarfs begrenzt. $_{3}$Soweit die Erklärung einer späteren Aufrechnung zu einem höheren monatlichen Aufrechnungsbetrag als 30 Prozent führen würde, erledigen sich die vorherigen Aufrechnungserklärungen.

(3) $_{1}$Sind in einem Monat Aufrechnungen nach Absatz 1 und § 42a Absatz 2 zu vollziehen, gilt Absatz 2 Satz 2 entsprechend. $_{2}$Würden die Aufrechnungen nach § 42a Absatz 2 und nach Absatz 1 den in Absatz 2 Satz 2 genannten Betrag übersteigen, erledigt sich die nach § 42a Absatz 2 erklärte Aufrechnung, soweit sie der Aufrechnung nach Absatz 1 entgegensteht.

(4) $_{1}$Die Aufrechnung ist gegenüber der leistungsberechtigten Person schriftlich durch Verwaltungsakt zu erklären. $_{2}$Sie endet spätestens drei Jahre nach dem Monat, der auf die Bestandskraft der in Absatz 1 genannten

Entscheidungen folgt. 3Zeiten, in denen die Aufrechnung nicht vollziehbar ist, verlängern den Aufrechnungszeitraum entsprechend.

§ 43a Verteilung von Teilzahlungen

Teilzahlungen auf Ersatz- und Erstattungsansprüche der Träger nach diesem Buch gegen Leistungsberechtigte oder Dritte mindern die Aufwendungen der Träger der Aufwendungen im Verhältnis des jeweiligen Anteils an der Forderung zueinander.

§ 44 Veränderung von Ansprüchen

Die Träger von Leistungen nach diesem Buch dürfen Ansprüche erlassen, wenn deren Einziehung nach Lage des einzelnen Falles unbillig wäre.

Abschnitt 2 Einheitliche Entscheidung

§ 44a Feststellung von Erwerbsfähigkeit und Hilfebedürftigkeit

(1) 1Die Agentur für Arbeit stellt fest, ob die oder der Arbeitsuchende erwerbsfähig ist. 2Der Entscheidung können widersprechen:

1. der kommunale Träger,
2. ein anderer Träger, der bei voller Erwerbsminderung zuständig wäre, oder
3. die Krankenkasse, die bei Erwerbsfähigkeit Leistungen der Krankenversicherung zu erbringen hätte.

3Der Widerspruch ist zu begründen. 4Im Widerspruchsfall entscheidet die Agentur für Arbeit, nachdem sie eine gutachterliche Stellungnahme eingeholt hat. 5Die gutachterliche Stellungnahme erstellt der nach § 109a Absatz 2 des Sechsten Buches zuständige Träger der Rentenversicherung. 6Die Agentur für Arbeit ist bei der Entscheidung über den Widerspruch an die gutachterliche Stellungnahme nach Satz 5 gebunden. 7Bis zu der Entscheidung über den Widerspruch erbringen die Agentur für Arbeit und der kommunale Träger bei Vorliegen der übrigen Voraussetzungen Leistungen der Grundsicherung für Arbeitsuchende.

(1a) 1Der Einholung einer gutachterlichen Stellungnahme nach Absatz 1 Satz 4 bedarf es nicht, wenn der zuständige Träger der Rentenversicherung bereits nach § 109a Absatz 2 Satz 2 des Sechsten Buches eine gutachterliche Stellungnahme abgegeben hat. 2Die Agentur für Arbeit ist an die gutachterliche Stellungnahme gebunden.

(2) Die gutachterliche Stellungnahme des Rentenversicherungsträgers zur Erwerbsfähigkeit ist für alle gesetzlichen Leistungsträger nach dem Zweiten, Dritten, Fünften, Sechsten und Zwölften Buch bindend; § 48 des Zehnten Buches bleibt unberührt.

(3) 1Entscheidet die Agentur für Arbeit, dass ein Anspruch auf Leistungen der Grundsicherung für Arbeitsuchende nicht besteht, stehen ihr und dem kommunalen Träger Erstattungsansprüche nach § 103 des Zehnten Buches zu, wenn der oder dem Leistungsberechtigten eine andere Sozialleistung zuerkannt wird. 2§ 103 Absatz 3 des Zehnten Buches gilt mit der Maßgabe, dass Zeitpunkt der Kenntnisnahme der Leistungsverpflichtung des Trägers der Sozialhilfe, der Kriegsopferfürsorge und der Jugendhilfe der Tag des Widerspruchs gegen die Feststellung der Agentur für Arbeit ist.

(4) 1Die Agentur für Arbeit stellt fest, ob und in welchem Umfang die erwerbsfähige Person und die dem Haushalt angehörenden Personen hilfebedürftig sind. 2Sie ist dabei und bei den weiteren Entscheidungen nach diesem Buch an die Feststellung der Angemessenheit der Kosten für Unterkunft und Heizung durch den kommunalen Träger gebunden. 3Die Agentur für Arbeit stellt fest, ob die oder der erwerbsfähige Leistungsberechtigte oder die dem Haushalt angehörenden Personen vom Bezug von Leistungen nach diesem Buch ausgeschlossen sind.

(5) 1Der kommunale Träger stellt die Höhe der in seiner Zuständigkeit zu erbringenden Leistungen fest. 2Er ist dabei und bei den weiteren Entscheidungen nach diesem Buch an die Feststellungen der Agentur für Arbeit nach Absatz 4 gebunden. 3Satz 2 gilt nicht, sofern der kommunale Träger zur vorläufigen Zahlungseinstellung berechtigt ist und dies der Agentur für Arbeit vor dieser Entscheidung mitteilt.

(6) $_{1}$Der kommunale Träger kann einer Feststellung der Agentur für Arbeit nach Absatz 4 Satz 1 oder 3 innerhalb eines Monats schriftlich widersprechen, wenn er aufgrund der Feststellung höhere Leistungen zu erbringen hat. $_{2}$Der Widerspruch ist zu begründen; er befreit nicht von der Verpflichtung, die Leistungen entsprechend der Feststellung der Agentur für Arbeit zu gewähren. $_{3}$Die Agentur für Arbeit überprüft ihre Feststellung und teilt dem kommunalen Träger innerhalb von zwei Wochen ihre endgültige Feststellung mit. $_{4}$Hält der kommunale Träger seinen Widerspruch aufrecht, sind die Träger bis zu einer anderen Entscheidung der Agentur für Arbeit oder einer gerichtlichen Entscheidung an die Feststellung der Agentur für Arbeit gebunden.

§ 44b Gemeinsame Einrichtung

(1) $_{1}$Zur einheitlichen Durchführung der Grundsicherung für Arbeitsuchende bilden die Träger im Gebiet jedes kommunalen Trägers nach § 6 Absatz 1 Satz 1 Nummer 2 eine gemeinsame Einrichtung. $_{2}$Die gemeinsame Einrichtung nimmt die Aufgaben der Träger nach diesem Buch wahr; die Trägerschaft nach § 6 sowie nach den §§ 6a und 6b bleibt unberührt. $_{3}$Die gemeinsame Einrichtung ist befugt, Verwaltungsakte und Widerspruchsbescheide zu erlassen. $_{4}$Die Aufgaben werden von Beamtinnen und Beamten sowie Arbeitnehmerinnen und Arbeitnehmern wahrgenommen, denen entsprechende Tätigkeiten zugewiesen worden sind.

(2) $_{1}$Die Träger bestimmen den Standort sowie die nähere Ausgestaltung und Organisation der gemeinsamen Einrichtung durch Vereinbarung. $_{2}$Die Ausgestaltung und Organisation der gemeinsamen Einrichtung sollen die Besonderheiten der beteiligten Träger, des regionalen Arbeitsmarktes und der regionalen Wirtschaftsstruktur berücksichtigen. $_{3}$Die Träger können die Zusammenlegung mehrerer gemeinsamer Einrichtungen zu einer gemeinsamen Einrichtung vereinbaren.

(3) $_{1}$Den Trägern obliegt die Verantwortung für die rechtmäßige und zweckmäßige Erbringung ihrer Leistungen. $_{2}$Sie haben in ihrem Aufgabenbereich nach § 6 Absatz 1 Nummer 1 oder 2 gegenüber der gemeinsamen Einrichtung ein Weisungsrecht; dies gilt nicht im Zuständigkeitsbereich der Trägerversammlung nach § 44c. $_{3}$Die Träger sind berechtigt, von der gemeinsamen Einrichtung die Erteilung von Auskunft und Rechenschaftslegung über die Leistungserbringung zu fordern, die Wahrnehmung der Aufgaben in der gemeinsamen Einrichtung zu prüfen und die gemeinsame Einrichtung an ihre Auffassung zu binden. $_{4}$Vor Ausübung ihres Weisungsrechts in Angelegenheiten grundsätzlicher Bedeutung befassen die Träger den Kooperationsausschuss nach § 18b. $_{5}$Der Kooperationsausschuss kann innerhalb von zwei Wochen nach Anrufung eine Empfehlung abgeben.

(4) Die gemeinsame Einrichtung kann einzelne Aufgaben auch durch die Träger wahrnehmen lassen.

(5) Die Bundesagentur stellt der gemeinsamen Einrichtung Angebote an Dienstleistungen zur Verfügung.

(6) Die Träger teilen der gemeinsamen Einrichtung alle Tatsachen und Feststellungen mit, von denen sie Kenntnis erhalten und die für die Leistungen erforderlich sind.

§ 44c Trägerversammlung

(1) $_{1}$Die gemeinsame Einrichtung hat eine Trägerversammlung. $_{2}$In der Trägerversammlung sind Vertreterinnen und Vertreter der Agentur für Arbeit und des kommunalen Trägers je zur Hälfte vertreten. $_{3}$In der Regel entsenden die Träger je drei Vertreterinnen oder Vertreter. $_{4}$Jede Vertreterin und jeder Vertreter hat eine Stimme. $_{5}$Die Vertreterinnen und Vertreter wählen eine Vorsitzende oder einen Vorsitzenden für eine Amtszeit von bis zu fünf Jahren. $_{6}$Kann in der Trägerversammlung keine Einigung über die Person der oder des Vorsitzenden erzielt werden, wird die oder der Vorsitzende von den Vertreterinnen und Vertretern der Agentur für Arbeit und des kommunalen Trägers abwechselnd jeweils für zwei Jahre bestimmt; die erstmalige Bestimmung erfolgt durch die

Vertreterinnen und Vertreter der Agentur für Arbeit. 7Die Trägerversammlung entscheidet durch Beschluss mit Stimmenmehrheit. 8Bei Stimmengleichheit entscheidet die Stimme der oder des Vorsitzenden; dies gilt nicht für Entscheidungen nach Absatz 2 Satz 2 Nummer 1, 4 und 8. 9Die Beschlüsse sind von der oder dem Vorsitzenden schriftlich niederzulegen. 10Die Trägerversammlung gibt sich eine Geschäftsordnung.

(2) 1Die Trägerversammlung entscheidet über organisatorische, personalwirtschaftliche, personalrechtliche und personalvertretungsrechtliche Angelegenheiten der gemeinsamen Einrichtung. 2Dies sind insbesondere

1. die Bestellung und Abberufung der Geschäftsführerin oder des Geschäftsführers,
2. der Verwaltungsablauf und die Organisation,
3. die Änderung des Standorts der gemeinsamen Einrichtung,
4. die Entscheidungen nach § 6 Absatz 1 Satz 2 und § 44b Absatz 4, ob einzelne Aufgaben durch die Träger oder durch Dritte wahrgenommen werden,
5. die Regelung der Ordnung in der Dienststelle und des Verhaltens der Beschäftigten,
6. die Arbeitsplatzgestaltung,
7. die Genehmigung von Dienstvereinbarungen mit der Personalvertretung,
8. die Aufstellung des Stellenplans und der Richtlinien zur Stellenbewirtschaftung,
9. die grundsätzlichen Regelungen der innerdienstlichen, sozialen und persönlichen Angelegenheiten der Beschäftigten.

(3) Die Trägerversammlung nimmt in Streitfragen zwischen Personalvertretung und Geschäftsführerin oder Geschäftsführer die Aufgaben einer übergeordneten Dienststelle und obersten Dienstbehörde nach den §§ 69 bis 72 des Bundespersonalvertretungsgesetzes wahr.

(4) 1Die Trägerversammlung berät zu gemeinsamen Betreuungsschlüsseln. 2Sie hat dabei die zur Verfügung stehenden Haushaltsmittel zu berücksichtigen. 3Bei der Personalbedarfsermittlung sind im Regelfall folgende Anteilsverhältnisse zwischen eingesetztem Personal und Leistungsberechtigten nach diesem Buch zu berücksichtigen:

1. 1 : 75 bei der Gewährung der Leistungen zur Eingliederung in Arbeit von erwerbsfähigen Leistungsberechtigten bis zur Vollendung des 25. Lebensjahres,
2. 1 : 150 bei der Gewährung der Leistungen zur Eingliederung in Arbeit von erwerbsfähigen Leistungsberechtigten, die das 25. Lebensjahr vollendet und die Altersgrenze nach § 7a noch nicht erreicht haben.

(5) 1Die Trägerversammlung stellt einheitliche Grundsätze der Qualifizierungsplanung und Personalentwicklung auf, die insbesondere der individuellen Entwicklung der Mitarbeiterinnen und Mitarbeiter dienen und ihnen unter Beachtung ihrer persönlichen Interessen und Fähigkeiten die zur Wahrnehmung ihrer Aufgaben erforderliche Qualifikation vermitteln sollen. 2Die Trägerversammlung stimmt die Grundsätze der Personalentwicklung mit den Personalentwicklungskonzepten der Träger ab. 3Die Geschäftsführerin oder der Geschäftsführer berichtet der Trägerversammlung regelmäßig über den Stand der Umsetzung.

(6) In der Trägerversammlung wird das örtliche Arbeitsmarkt- und Integrationsprogramm der Grundsicherung für Arbeitsuchende unter Beachtung von Zielvorgaben der Träger abgestimmt.

§ 44d Geschäftsführerin, Geschäftsführer

(1) 1Die Geschäftsführerin oder der Geschäftsführer führt hauptamtlich die Geschäfte der gemeinsamen Einrichtung, soweit durch Gesetz nichts Abweichendes bestimmt ist. 2Sie oder er vertritt die gemeinsame Einrichtung gerichtlich und außergerichtlich. 3Sie oder er hat die von der Trägerversammlung in deren Aufgabenbereich beschlossenen Maßnahmen auszuführen und nimmt an deren Sitzungen beratend teil.

(2) 1Die Geschäftsführerin oder der Geschäftsführer wird für fünf Jahre bestellt. 2Für

II

die Ausschreibung der zu besetzenden Stelle findet § 4 der Bundeslaufbahnverordnung entsprechende Anwendung. 3Kann in der Trägerversammlung keine Einigung über die Person der Geschäftsführerin oder des Geschäftsführers erzielt werden, unterrichtet die oder der Vorsitzende der Trägerversammlung den Kooperationsausschuss. 4Der Kooperationsausschuss hört die Träger der gemeinsamen Einrichtung an und unterbreitet einen Vorschlag. 5Können sich die Mitglieder des Kooperationsausschusses nicht auf einen Vorschlag verständigen oder kann in der Trägerversammlung trotz Vorschlags keine Einigung erzielt werden, wird die Geschäftsführerin oder der Geschäftsführer von der Agentur für Arbeit und dem kommunalen Träger abwechselnd jeweils für zweieinhalb Jahre bestimmt. 6Die erstmalige Bestimmung erfolgt durch die Agentur für Arbeit; abweichend davon erfolgt die erstmalige Bestimmung durch den kommunalen Träger, wenn die Agentur für Arbeit erstmalig die Vorsitzende oder den Vorsitzenden der Trägerversammlung bestimmt hat. 7Die Geschäftsführerin oder der Geschäftsführer kann auf Beschluss der Trägerversammlung vorzeitig abberufen werden. 8Bis zur Bestellung einer neuen Geschäftsführerin oder eines neuen Geschäftsführers führt sie oder er die Geschäfte der gemeinsamen Einrichtung kommissarisch.

(3) 1Die Geschäftsführerin oder der Geschäftsführer ist Beamtin, Beamter, Arbeitnehmerin oder Arbeitnehmer eines Trägers und untersteht dessen Dienstaufsicht. 2Soweit sie oder er Beamtin, Beamter, Arbeitnehmerin oder Arbeitnehmer einer nach § 6 Absatz 2 Satz 1 herangezogenen Gemeinde ist, untersteht sie oder er der Dienstaufsicht ihres oder seines Dienstherrn oder Arbeitgebers.

(4) Die Geschäftsführerin oder der Geschäftsführer übt über die Beamtinnen und Beamten sowie die Arbeitnehmerinnen und Arbeitnehmer, denen in der gemeinsamen Einrichtung Tätigkeiten zugewiesen worden sind, die dienst-, personal- und arbeitsrechtlichen Befugnisse der Bundesagentur und des kommunalen Trägers und die Dienstvorgesetzten- und Vorgesetztenfunktion, mit Ausnahme der Befugnisse zur Begründung und Beendigung der mit den Beamtinnen und Beamten sowie Arbeitnehmerinnen und Arbeitnehmern bestehenden Rechtsverhältnisse, aus.

(5) Die Geschäftsführerin ist Leiterin, der Geschäftsführer ist Leiter der Dienststelle im personalvertretungsrechtlichen Sinn und Arbeitgeber im Sinne des Arbeitsschutzgesetzes.

(6) Bei personalrechtlichen Entscheidungen, die in der Zuständigkeit der Träger liegen, hat die Geschäftsführerin oder der Geschäftsführer ein Anhörungs- und Vorschlagsrecht.

(7) 1Bei der besoldungsrechtlichen Einstufung der Dienstposten der Geschäftsführerinnen und der Geschäftsführer sind Höchstgrenzen einzuhalten. 2Die Besoldungsgruppe A 16 der Bundesbesoldungsordnung A, in Ausnahmefällen die Besoldungsgruppe B 3 der Bundesbesoldungsordnung B, oder die entsprechende landesrechtliche Besoldungsgruppe darf nicht überschritten werden. 3Das Entgelt für Arbeitnehmerinnen und Arbeitnehmer darf die für Beamtinnen und Beamte geltende Besoldung nicht übersteigen.

§ 44e Verfahren bei Meinungsverschiedenheit über die Weisungszuständigkeit

(1) 1Zur Beilegung einer Meinungsverschiedenheit über die Zuständigkeit nach § 44b Absatz 3 und § 44c Absatz 2 können die Träger oder die Trägerversammlung den Kooperationsausschuss anrufen. 2Stellt die Geschäftsführerin oder der Geschäftsführer fest, dass sich Weisungen der Träger untereinander oder mit einer Weisung der Trägerversammlung widersprechen, unterrichtet sie oder er unverzüglich die Träger, um diesen Gelegenheit zur Überprüfung der Zuständigkeit zum Erlass der Weisungen zu geben. 3Besteht die Meinungsverschiedenheit danach fort, kann die Geschäftsführerin oder der Geschäftsführer den Kooperationsausschuss anrufen.

(2) $_{1}$Der Kooperationsausschuss entscheidet nach Anhörung der Träger und der Geschäftsführerin oder des Geschäftsführers durch Beschluss mit Stimmenmehrheit. $_{2}$Bei Stimmengleichheit entscheidet die Stimme der oder des Vorsitzenden. $_{3}$Die Beschlüsse des Ausschusses sind von der Vorsitzenden oder von dem Vorsitzenden schriftlich niederzulegen. $_{4}$Die oder der Vorsitzende teilt den Trägern, der Trägerversammlung sowie der Geschäftsführerin oder dem Geschäftsführer die Beschlüsse mit.

(3) $_{1}$Die Entscheidung des Kooperationsausschusses bindet die Träger. $_{2}$Soweit nach anderen Vorschriften der Rechtsweg gegeben ist, wird er durch die Anrufung des Kooperationsausschusses nicht ausgeschlossen.

§ 44f Bewirtschaftung von Bundesmitteln

(1) $_{1}$Die Bundesagentur überträgt der gemeinsamen Einrichtung die Bewirtschaftung von Haushaltsmitteln des Bundes, die sie im Rahmen von § 46 bewirtschaftet. $_{2}$Für die Übertragung und die Bewirtschaftung gelten die haushaltsrechtlichen Bestimmungen des Bundes.

(2) $_{1}$Zur Bewirtschaftung der Haushaltsmittel des Bundes bestellt die Geschäftsführerin oder der Geschäftsführer eine Beauftragte oder einen Beauftragten für den Haushalt. $_{2}$Die Geschäftsführerin oder der Geschäftsführer und die Trägerversammlung haben die Beauftragte oder den Beauftragten für den Haushalt an allen Maßnahmen von finanzieller Bedeutung zu beteiligen.

(3) Die Bundesagentur hat die Übertragung der Bewirtschaftung zu widerrufen, wenn die gemeinsame Einrichtung bei der Bewirtschaftung wiederholt oder erheblich gegen Rechts- oder Verwaltungsvorschriften verstoßen hat und durch die Bestellung einer oder eines anderen Beauftragten für den Haushalt keine Abhilfe zu erwarten ist.

(4) $_{1}$Näheres zur Übertragung und Durchführung der Bewirtschaftung von Haushaltsmitteln des Bundes kann zwischen der Bundesagentur und der gemeinsamen Einrichtung vereinbart werden. $_{2}$Der kommunale Träger kann die gemeinsame Einrichtung auch mit der Bewirtschaftung von kommunalen Haushaltsmitteln beauftragen.

(5) Auf Beschluss der Trägerversammlung kann die Befugnis nach Absatz 1 auf die Bundesagentur zurückübertragen werden.

§ 44g Zuweisung von Tätigkeiten bei der gemeinsamen Einrichtung

(1) $_{1}$Beamtinnen und Beamten sowie Arbeitnehmerinnen und Arbeitnehmern der Träger und der nach § 6 Absatz 2 Satz 1 herangezogenen Gemeinden und Gemeindeverbände können mit Zustimmung der Geschäftsführerin oder des Geschäftsführers der gemeinsamen Einrichtung nach den beamten- und tarifrechtlichen Regelungen Tätigkeiten bei den gemeinsamen Einrichtungen zugewiesen werden; diese Zuweisung kann auch auf Dauer erfolgen. $_{2}$Die Zuweisung ist auch ohne Zustimmung der Beamtinnen und Beamten sowie Arbeitnehmerinnen und Arbeitnehmer zulässig, wenn dringende dienstliche Interessen es erfordern.

(2) Bei einer Zuweisung von Tätigkeiten bei den gemeinsamen Einrichtungen an Beschäftigte, denen bereits eine Tätigkeit in diesen gemeinsamen Einrichtungen zugewiesen worden war, ist die Zustimmung der Geschäftsführerin oder des Geschäftsführers der gemeinsamen Einrichtung nicht erforderlich.

(3) $_{1}$Die Rechtsstellung der Beamtinnen und Beamten bleibt unberührt. $_{2}$Ihnen ist eine ihrem Amt entsprechende Tätigkeit zu übertragen.

(4) $_{1}$Die mit der Bundesagentur, dem kommunalen Träger oder einer nach § 6 Absatz 2 Satz 1 herangezogenen Gemeinde oder einem Gemeindeverband bestehenden Arbeitsverhältnisse bleiben unberührt. $_{2}$Werden einer Arbeitnehmerin oder einem Arbeitnehmer aufgrund der Zuweisung Tätigkeiten übertragen, die einer niedrigeren Entgeltgruppe oder Tätigkeitsebene zuzuordnen sind, bestimmt sich die Eingruppierung nach der vorherigen Tätigkeit.

(5) $_{1}$Die Zuweisung kann

1. aus dienstlichen Gründen mit einer Frist von drei Monaten,

2. auf Verlangen der Beamtin, des Beamten, der Arbeitnehmerin oder des Arbeitnehmers aus wichtigem Grund jederzeit

beendet werden. 2Die Geschäftsführerin oder der Geschäftsführer kann der Beendigung nach Nummer 2 aus zwingendem dienstlichem Grund widersprechen.

II

§ 44h Personalvertretung

(1) 1In den gemeinsamen Einrichtungen wird eine Personalvertretung gebildet. 2Die Regelungen des Bundespersonalvertretungsgesetzes gelten entsprechend.

(2) Die Beamtinnen und Beamten sowie Arbeitnehmerinnen und Arbeitnehmer in der gemeinsamen Einrichtung besitzen für den Zeitraum, für den ihnen Tätigkeiten in der gemeinsamen Einrichtung zugewiesen worden sind, ein aktives und passives Wahlrecht zu der Personalvertretung.

(3) Der Personalvertretung der gemeinsamen Einrichtung stehen alle Rechte entsprechend den Regelungen des Bundespersonalvertretungsgesetzes zu, soweit der Trägerversammlung oder der Geschäftsführerin oder dem Geschäftsführer Entscheidungsbefugnisse in personalrechtlichen, personalwirtschaftlichen, sozialen oder die Ordnung der Dienststelle betreffenden Angelegenheiten zustehen.

(4) 1Zur Erörterung und Abstimmung gemeinsamer personalvertretungsrechtlich relevanter Angelegenheiten wird eine Arbeitsgruppe der Vorsitzenden der Personalvertretungen der gemeinsamen Einrichtungen eingerichtet. 2Die Arbeitsgruppe hält bis zu zwei Sitzungen im Jahr ab. 3Sie beschließt mit der Mehrheit der Stimmen ihrer Mitglieder eine Geschäftsordnung, die Regelungen über den Vorsitz, das Verfahren zur internen Willensbildung und zur Beschlussfassung enthalten muss. 4Die Arbeitsgruppe kann Stellungnahmen zu Maßnahmen der Träger, die Einfluss auf die Arbeitsbedingungen aller Arbeitnehmerinnen und Arbeitnehmer sowie Beamtinnen und Beamten in den gemeinsamen Einrichtungen haben können, an die zuständigen Träger abgeben.

(5) Die Rechte der Personalvertretungen der abgebenden Dienstherren und Arbeitgeber bleiben unberührt, soweit die Entscheidungsbefugnisse bei den Trägern verbleiben.

§ 44i Schwerbehindertenvertretung; Jugend- und Auszubildendenvertretung

Auf die Schwerbehindertenvertretung und Jugend- und Auszubildendenvertretung ist § 44h entsprechend anzuwenden.

§ 44j Gleichstellungsbeauftragte

1In der gemeinsamen Einrichtung wird eine Gleichstellungsbeauftragte bestellt. 2Das Bundesgleichstellungsgesetz gilt entsprechend. 3Der Gleichstellungsbeauftragten stehen die Rechte entsprechend den Regelungen des Bundesgleichstellungsgesetzes zu, soweit die Trägerversammlung und die Geschäftsführer entscheidungsbefugt sind.

§ 44k Stellenbewirtschaftung

(1) Mit der Zuweisung von Tätigkeiten nach § 44g Absatz 1 und 2 übertragen die Träger der gemeinsamen Einrichtung die entsprechenden Planstellen und Stellen sowie Ermächtigungen für die Beschäftigung von Arbeitnehmerinnen und Arbeitnehmern mit befristeten Arbeitsverträgen zur Bewirtschaftung.

(2) 1Der von der Trägerversammlung aufzustellende Stellenplan bedarf der Genehmigung der Träger. 2Bei Aufstellung und Bewirtschaftung des Stellenplanes unterliegt die gemeinsame Einrichtung den Weisungen der Träger.

§ 45 (weggefallen)

Kapitel 5 Finanzierung und Aufsicht

§ 46 Finanzierung aus Bundesmitteln

(1) 1Der Bund trägt die Aufwendungen der Grundsicherung für Arbeitsuchende einschließlich der Verwaltungskosten, soweit die Leistungen von der Bundesagentur erbracht werden. 2Der Bundesrechnungshof prüft die

Leistungsgewährung. 3Dies gilt auch, soweit die Aufgaben von gemeinsamen Einrichtungen nach § 44b wahrgenommen werden. 4Eine Pauschalierung von Eingliederungsleistungen und Verwaltungskosten ist zulässig. 5Die Mittel für die Erbringung von Eingliederungsleistungen und Verwaltungskosten werden in einem Gesamtbudget veranschlagt.

(2) 1Der Bund kann festlegen, nach welchen Maßstäben die Mittel nach Absatz 1 Satz 4 auf die Agenturen für Arbeit zu verteilen sind. 2Bei der Zuweisung wird die Zahl der erwerbsfähigen Leistungsberechtigten nach diesem Buch zugrunde gelegt. 3Für Leistungen nach den §§ 16e und 16f kann die Agentur für Arbeit insgesamt bis zu 20 Prozent der auf sie entfallenden Eingliederungsmittel einsetzen. 4Das Bundesministerium für Arbeit und Soziales kann im Einvernehmen mit dem Bundesministerium der Finanzen durch Rechtsverordnung ohne Zustimmung des Bundesrates andere oder ergänzende Maßstäbe für die Verteilung der Mittel nach Absatz 1 Satz 4 festlegen.

(3) 1Der Anteil des Bundes an den Gesamtverwaltungskosten der gemeinsamen Einrichtungen beträgt 84,8 Prozent. 2Durch Rechtsverordnung mit Zustimmung des Bundesrates kann das Bundesministerium für Arbeit und Soziales im Einvernehmen mit dem Bundesministerium der Finanzen festlegen, nach welchen Maßstäben

1. kommunale Träger die Aufwendungen der Grundsicherung für Arbeitsuchende bei der Bundesagentur abrechnen, soweit sie Aufgaben nach § 6 Absatz 1 Satz 1 Nummer 1 wahrnehmen,
2. die Gesamtverwaltungskosten, die der Berechnung des Finanzierungsanteils nach Satz 1 zugrunde liegen, zu bestimmen sind.

(4) (weggefallen)

(5) 1Der Bund beteiligt sich zweckgebunden an den Leistungen für Unterkunft und Heizung nach § 22 Absatz 1. 2Diese Beteiligung beträgt in den Jahren 2011 bis 2013 im Land Baden-Württemberg 34,4 vom Hundert, im Land Rheinland-Pfalz 40,4 vom Hundert und in den übrigen Ländern 30,4 vom Hundert der Leistungen nach Satz 1. 3Im Jahr 2014 sowie ab dem Jahr 2018 beträgt diese Beteiligung im Land Baden-Württemberg 31,6 vom Hundert, im Land Rheinland-Pfalz 37,6 vom Hundert und in den übrigen Ländern 27,6 vom Hundert der Leistungen nach Satz 1. 4In den Jahren 2015 bis 2016 erhöht der Bund seine Beteiligung an den Leistungen nach Satz 1 um 3,7 Prozentpunkte auf 35,3 vom Hundert im Land Baden-Württemberg, auf 41,3 vom Hundert im Land Rheinland-Pfalz und auf 31,3 vom Hundert in den übrigen Ländern. 5Im Jahr 2017 erhöht der Bund seine Beteiligung an den Leistungen nach Satz 1 um 7,4 Prozentpunkte auf 39,0 vom Hundert im Land Baden-Württemberg, auf 45,0 vom Hundert im Land Rheinland-Pfalz und auf 35,0 vom Hundert in den übrigen Ländern.

(6) 1Die in Absatz 5 Satz 2 bis 5 genannten Prozentsätze erhöhen sich jeweils um einen Wert in Prozentpunkten. 2Dieser entspricht den Gesamtausgaben für die Leistungen nach § 28 sowie nach § 6b des Bundeskindergeldgesetzes des abgeschlossenen Vorjahres geteilt durch die Gesamtausgaben für die Leistungen nach Absatz 5 Satz 1 des abgeschlossenen Vorjahres multipliziert mit 100. 3Bis zum Jahr 2013 beträgt dieser Wert 5,4 Prozentpunkte; Absatz 7 bleibt unberührt.

(7) 1Das Bundesministerium für Arbeit und Soziales wird ermächtigt, den Wert nach Absatz 6 Satz 1 erstmalig im Jahr 2013 jährlich durch Rechtsverordnung mit Zustimmung des Bundesrates für das Folgejahr festzulegen und für das laufende Jahr rückwirkend anzupassen. 2Dabei legt es jeweils den Wert nach Absatz 6 Satz 2 für das abgeschlossene Vorjahr zugrunde. 3Für die rückwirkende Anpassung wird die Differenz zwischen dem Wert nach Satz 2 und dem für das abgeschlossene Vorjahr festgelegten Wert nach Absatz 6 Satz 1 im laufenden Jahr zeitnah ausgeglichen. 4Die Höhe der Beteiligung des Bundes an den in Absatz 5 Satz 1 genannten Leistungen beträgt höchstens 49 vom Hundert.

(7a) 1Die in Absatz 5 Satz 3 genannten Prozentsätze erhöhen sich im Jahr 2014 jeweils um 0,18 Prozentpunkte. 2Das Bundesministerium für Arbeit und Soziales wird ermächtigt, ausgehend von diesem Wert auf Grundlage der Entwicklung der Zuwanderung aus anderen EU-Mitgliedstaaten durch Rechtsverordnung mit Zustimmung des Bundesrates länderspezifische Werte festzusetzen.

(8) 1Der Anteil des Bundes an den in Absatz 5 Satz 1 genannten Leistungen wird den Ländern erstattet. 2Der Abruf der Erstattungen ist zur Monatsmitte und zum Monatsende zulässig. 3Soweit eine Bundesbeteiligung für Zahlungen geltend gemacht wird, die wegen des fristgerechten Eingangs beim Empfänger bereits am Ende eines Haushaltsjahres geleistet wurden, aber erst im folgenden Haushaltsjahr fällig werden, ist die für das folgende Haushaltsjahr geltende Bundesbeteiligung maßgeblich. 4Die Gesamtausgaben für die Leistungen nach § 28 sowie nach § 6b des Bundeskindergeldgesetzes sind durch die Länder bis zum 31. März des Folgejahres zu ermitteln und dem Bundesministerium für Arbeit und Soziales mitzuteilen. 5Die Länder gewährleisten, dass geprüft wird, dass die Ausgaben der kommunalen Träger begründet und belegt sind und den Grundsätzen der Wirtschaftlichkeit und Sparsamkeit entsprechen.

§ 47 Aufsicht

(1) 1Das Bundesministerium für Arbeit und Soziales führt die Rechts- und Fachaufsicht über die Bundesagentur, soweit dieser nach § 44b Absatz 3 ein Weisungsrecht gegenüber den gemeinsamen Einrichtungen zusteht. 2Das Bundesministerium für Arbeit und Soziales kann der Bundesagentur Weisungen erteilen und sie an seine Auffassung binden; es kann organisatorische Maßnahmen zur Wahrung der Interessen des Bundes an der Umsetzung der Grundsicherung für Arbeitsuchende treffen.

(2) 1Die zuständigen Landesbehörden führen die Aufsicht über die kommunalen Träger, soweit diesen nach § 44b Absatz 3 ein Weisungsrecht gegenüber den gemeinsamen Einrichtungen zusteht. 2Im Übrigen bleiben landesrechtliche Regelungen unberührt.

(3) 1Im Aufgabenbereich der Trägerversammlung führt das Bundesministerium für Arbeit und Soziales die Rechtsaufsicht über die gemeinsamen Einrichtungen im Einvernehmen mit der zuständigen obersten Landesbehörde. 2Kann ein Einvernehmen nicht hergestellt werden, gibt der Kooperationsausschuss eine Empfehlung ab. 3Von der Empfehlung kann das Bundesministerium für Arbeit und Soziales nur aus wichtigem Grund abweichen. 4Im Übrigen ist der Kooperationsausschuss bei Aufsichtsmaßnahmen zu unterrichten.

(4) Das Bundesministerium für Arbeit und Soziales kann durch Rechtsverordnung ohne Zustimmung des Bundesrates die Wahrnehmung seiner Aufgaben nach den Absätzen 1 und 3 auf eine Bundesoberbehörde übertragen.

(5) Die aufsichtführenden Stellen sind berechtigt, die Wahrnehmung der Aufgaben bei den gemeinsamen Einrichtungen zu prüfen.

§ 48 Aufsicht über die zugelassenen kommunalen Träger

(1) Die Aufsicht über die zugelassenen kommunalen Träger obliegt den zuständigen Landesbehörden.

(2) 1Die Rechtsaufsicht über die obersten Landesbehörden übt die Bundesregierung aus, soweit die zugelassenen kommunalen Träger Aufgaben anstelle der Bundesagentur erfüllen. 2Zu diesem Zweck kann die Bundesregierung mit Zustimmung des Bundesrates allgemeine Verwaltungsvorschriften zu grundsätzlichen Rechtsfragen der Leistungserbringung erlassen. 3Die Bundesregierung kann die Ausübung der Rechtsaufsicht auf das Bundesministerium für Arbeit und Soziales übertragen.

(3) Das Bundesministerium für Arbeit und Soziales kann mit Zustimmung des Bundesrates allgemeine Verwaltungsvorschriften für die Abrechnung der Aufwendungen der Grundsicherung für Arbeitsuchende erlassen.

§ 48a Vergleich der Leistungsfähigkeit

(1) Zur Feststellung und Förderung der Leistungsfähigkeit der örtlichen Aufgabenwahrnehmung der Träger der Grundsicherung für Arbeitsuchende erstellt das Bundesministerium für Arbeit und Soziales auf der Grundlage der Kennzahlen nach § 51b Absatz 3 Nummer 3 Kennzahlenvergleiche und veröffentlicht die Ergebnisse vierteljährlich.

(2) Das Bundesministerium für Arbeit und Soziales wird ermächtigt, durch Rechtsverordnung mit Zustimmung des Bundesrates die für die Vergleiche erforderlichen Kennzahlen sowie das Verfahren zu deren Weiterentwicklung und die Form der Veröffentlichung der Ergebnisse festzulegen.

§ 48b Zielvereinbarungen

(1) 1Zur Erreichung der Ziele nach diesem Buch schließen

1. das Bundesministerium für Arbeit und Soziales im Einvernehmen mit dem Bundesministerium der Finanzen mit der Bundesagentur,
2. die Bundesagentur und die kommunalen Träger mit den Geschäftsführerinnen und Geschäftsführern der gemeinsamen Einrichtungen,
3. das Bundesministerium für Arbeit und Soziales mit der zuständigen Landesbehörde sowie
4. die zuständige Landesbehörde mit den zugelassenen kommunalen Trägern

Vereinbarungen ab. 2Die Vereinbarungen nach Satz 1 Nummer 2 bis 4 umfassen alle Leistungen dieses Buches. 3Die Beratungen über die Vereinbarung nach Satz 1 Nummer 3 führen die Kooperationsausschüsse nach § 18b. 4Im Bund-Länder-Ausschuss nach § 18c wird für die Vereinbarungen nach diesem Absatz über einheitliche Grundlagen beraten.

(2) Die Vereinbarungen werden nach Beschlussfassung des Bundestages über das jährliche Haushaltsgesetz abgeschlossen.

(3) 1Die Vereinbarungen umfassen insbesondere die Ziele der Verringerung der Hilfebedürftigkeit, Verbesserung der Integration in Erwerbstätigkeit und Vermeidung von langfristigem Leistungsbezug. 2Die Vereinbarungen nach Absatz 1 Satz 1 Nummer 2 bis 4 umfassen zusätzlich das Ziel der Verbesserung der sozialen Teilhabe.

(4) Die Vereinbarungen nach Absatz 1 Satz 1 Nummer 4 sollen sich an den Vereinbarungen nach Absatz 1 Satz 1 Nummer 3 orientieren.

(5) Für den Abschluss der Vereinbarungen und die Nachhaltung der Zielerreichung sind die Daten nach § 51b und die Kennzahlen nach § 48a Absatz 2 maßgeblich.

(6) Die Vereinbarungen nach Absatz 1 Satz 1 Nummer 1 können

1. erforderliche Genehmigungen oder Zustimmungen des Bundesministeriums für Arbeit und Soziales ersetzen,
2. die Selbstbewirtschaftung von Haushaltsmitteln für Leistungen zur Eingliederung in Arbeit sowie für Verwaltungskosten zulassen.

§ 49 Innenrevision

(1) 1Die Bundesagentur stellt durch organisatorische Maßnahmen sicher, dass in allen Dienststellen und gemeinsamen Einrichtungen durch eigenes, nicht der Dienststelle angehörendes Personal geprüft wird, ob von ihr Leistungen nach diesem Buch unter Beachtung der gesetzlichen Bestimmungen nicht hätten erbracht werden dürfen oder zweckmäßiger oder wirtschaftlicher hätten eingesetzt werden können. 2Mit der Durchführung der Prüfungen können Dritte beauftragt werden.

(2) Das Prüfpersonal der Bundesagentur ist für die Zeit seiner Prüftätigkeit fachlich unmittelbar der Leitung der Dienststelle unterstellt, in der es beschäftigt ist.

(3) Der Vorstand legt die Berichte nach Absatz 1 unverzüglich dem Bundesministerium für Arbeit und Soziales vor.

II

Kapitel 6
Datenerhebung, -verarbeitung und -nutzung, datenschutzrechtliche Verantwortung

§ 50 Datenübermittlung

(1) Die Bundesagentur, die kommunalen Träger, die zugelassenen kommunalen Träger, gemeinsame Einrichtungen, die für die Bekämpfung von Leistungsmissbrauch und illegaler Beschäftigung zuständigen Stellen und mit der Wahrnehmung von Aufgaben beauftragte Dritte sollen sich gegenseitig Sozialdaten übermitteln, soweit dies zur Erfüllung ihrer Aufgaben nach diesem Buch oder dem Dritten Buch erforderlich ist.

(2) Die gemeinsame Einrichtung ist verantwortliche Stelle für die Erhebung, Verarbeitung und Nutzung von Sozialdaten nach § 67 Absatz 9 des Zehnten Buches sowie Stelle im Sinne des § 35 Absatz 1 des Ersten Buches.

(3) 1Die gemeinsame Einrichtung nutzt zur Erfüllung ihrer Aufgaben durch die Bundesagentur zentral verwaltete Verfahren der Informationstechnik. 2Sie ist verpflichtet, auf einen auf dieser Grundlage erstellten gemeinsamen zentralen Datenbestand zuzugreifen. 3Verantwortliche Stelle für die zentral verwalteten Verfahren der Informationstechnik nach § 67 Absatz 9 des Zehnten Buches ist die Bundesagentur.

(4) 1Die Zulässigkeit der Erhebung, Verarbeitung und Nutzung von personenbezogenen Sozialdaten durch die gemeinsame Einrichtung richtet sich nach dem Datenschutzrecht des Bundes, soweit nicht in diesem Buch und im Zweiten Kapitel des Zehnten Buches vorrangige Regelungen getroffen sind. 2Der Anspruch auf Zugang zu amtlichen Informationen gegenüber der gemeinsamen Einrichtung richtet sich nach dem Informationsfreiheitsgesetz des Bundes. 3Die Datenschutzkontrolle und die Kontrolle der Einhaltung der Vorschriften über die Informationsfreiheit bei der gemeinsamen Einrichtung sowie für die zentralen Verfahren der Informationstechnik obliegen nach § 24 des Bundesdatenschutzgesetzes der oder dem Bundesbeauftragten für den Datenschutz und die Informationsfreiheit.

§ 51 Erhebung, Verarbeitung und Nutzung von Sozialdaten durch nichtöffentliche Stellen

Die Träger der Leistungen nach diesem Buch dürfen abweichend von § 80 Absatz 5 des Zehnten Buches zur Erfüllung ihrer Aufgaben nach diesem Buch einschließlich der Erbringung von Leistungen zur Eingliederung in Arbeit und Bekämpfung von Leistungsmissbrauch nichtöffentliche Stellen mit der Erhebung, Verarbeitung und Nutzung von Sozialdaten beauftragen, auch soweit die Speicherung der Daten den gesamten Datenbestand umfasst.

§ 51a Kundennummer

1Jeder Person, die Leistungen nach diesem Gesetz bezieht, wird einmalig eine eindeutige, von der Bundesagentur oder im Auftrag der Bundesagentur von den zugelassenen kommunalen Trägern vergebene Kundennummer zugeteilt. 2Die Kundennummer ist vom Träger der Grundsicherung für Arbeitsuchende als Identifikationsmerkmal zu nutzen und dient ausschließlich diesem Zweck sowie den Zwecken nach § 51b Absatz 3. 3Soweit vorhanden, ist die schon beim Vorbezug von Leistungen nach dem Dritten Buch vergebene Kundennummer der Bundesagentur zu verwenden. 4Die Kundennummer bleibt der jeweiligen Person auch zugeordnet, wenn sie den Träger wechselt. 5Bei erneuter Leistung nach längerer Zeit ohne Inanspruchnahme von Leistungen nach diesem Buch oder nach dem Dritten Buch wird eine neue Kundennummer vergeben. 6Diese Regelungen gelten entsprechend auch für Bedarfsgemeinschaften. 7Als Bedarfsgemeinschaft im Sinne dieser Vorschrift gelten auch ein oder mehrere Kinder eines Haushalts, die nach § 7 Absatz 2 Satz 3 Leistungen erhalten. 8Bei der Übermittlung der Daten verwenden die Träger eine eindeutige, von der Bundesagentur vergebene Trägernummer.

§ 51b Datenerhebung und -verarbeitung durch die Träger der Grundsicherung für Arbeitsuchende

(1) 1Die zuständigen Träger der Grundsicherung für Arbeitsuchende erheben laufend die für die Durchführung der Grundsicherung für Arbeitsuchende erforderlichen Daten. 2Das Bundesministerium für Arbeit und Soziales wird ermächtigt, durch Rechtsverordnung mit Zustimmung des Bundesrates die nach Satz 1 zu erhebenden Daten, die zur Nutzung für die in Absatz 3 genannten Zwecke erforderlich sind, einschließlich des Verfahrens zu deren Weiterentwicklung festzulegen.

(2) Die kommunalen Träger und die zugelassenen kommunalen Träger übermitteln der Bundesagentur die Daten nach Absatz 1 unter Angabe eines eindeutigen Identifikationsmerkmals, personenbezogene Datensätze unter Angabe der Kundennummer sowie der Nummer der Bedarfsgemeinschaft nach § 51a.

(3) Die nach den Absätzen 1 und 2 erhobenen und an die Bundesagentur übermittelten Daten dürfen nur – unbeschadet auf sonstiger gesetzlicher Grundlagen bestehender Mitteilungspflichten – für folgende Zwecke verarbeitet und genutzt werden:

1. die zukünftige Gewährung von Leistungen nach diesem und dem Dritten Buch an die von den Erhebungen betroffenen Personen,
2. Überprüfungen der Träger der Grundsicherung für Arbeitsuchende auf korrekte und wirtschaftliche Leistungserbringung,
3. die Erstellung von Statistiken, Kennzahlen für die Zwecke nach § 48a Absatz 2 und § 48b Absatz 5, Eingliederungsbilanzen und Controllingberichten durch die Bundesagentur, der laufenden Berichterstattung und der Wirkungsforschung nach den §§ 53 bis 55,
4. die Durchführung des automatisierten Datenabgleichs nach § 52,
5. die Bekämpfung von Leistungsmissbrauch.

(4) 1Die Bundesagentur regelt im Benehmen mit den kommunalen Spitzenverbänden auf Bundesebene den genauen Umfang der nach den Absätzen 1 bis 2 zu übermittelnden Informationen, einschließlich einer Inventurmeldung, sowie die Fristen für deren Übermittlung. 2Sie regelt ebenso die zu verwendenden Systematiken, die Art der Übermittlung der Datensätze einschließlich der Datenformate, sowie Aufbau, Vergabe, Verwendung und Löschungsfristen von Kunden- und Bedarfsgemeinschaftsnummern nach § 51a.

§ 52 Automatisierter Datenabgleich

(1) Die Bundesagentur und die zugelassenen kommunalen Träger überprüfen Personen, die Leistungen nach diesem Buch beziehen, zum 1. Januar, 1. April, 1. Juli und 1. Oktober im Wege des automatisierten Datenabgleichs daraufhin,

1. ob und in welcher Höhe und für welche Zeiträume von ihnen Leistungen der Träger der gesetzlichen Unfall- oder Rentenversicherung bezogen werden oder wurden,
2. ob und in welchem Umfang Zeiten des Leistungsbezuges nach diesem Buch mit Zeiten einer Versicherungspflicht oder Zeiten einer geringfügigen Beschäftigung zusammentreffen,
3. ob und welche Daten nach § 45d Absatz 1 und § 45e des Einkommensteuergesetzes an das Bundeszentralamt für Steuern übermittelt worden sind,
4. ob und in welcher Höhe ein Kapital nach § 12 Absatz 2 Nummer 2 nicht mehr dem Zweck einer geförderten zusätzlichen Altersvorsorge im Sinne des § 10a oder des Abschnitts XI des Einkommensteuergesetzes dient,
5. ob und in welcher Höhe und für welche Zeiträume von ihnen Leistungen der Träger der Sozialhilfe bezogen werden oder wurden,
6. ob und in welcher Höhe und für welche Zeiträume von ihnen Leistungen der Bundesagentur als Träger der Arbeitsförderung nach dem Dritten Buch bezogen werden oder wurden,
7. ob und in welcher Höhe und für welche Zeiträume von ihnen Leistungen anderer

II

Träger der Grundsicherung für Arbeitsuchende bezogen werden oder wurden.

(2) Zur Durchführung des automatisierten Datenabgleichs dürfen die Träger der Leistungen nach diesem Buch die folgenden Daten einer Person, die Leistungen nach diesem Buch bezieht, an die in Absatz 1 genannten Stellen übermitteln:

1. Name und Vorname,
2. Geburtsdatum und -ort,
3. Anschrift,
4. Versicherungsnummer.

(2a) $_1$Die Datenstelle der Rentenversicherungsträger darf als Vermittlungsstelle die nach den Absätzen 1 und 2 übermittelten Daten speichern und nutzen, soweit dies für die Datenabgleiche nach den Absätzen 1 und 2 erforderlich ist. $_2$Sie darf die Daten der Stammsatzdatei (§ 150 des Sechsten Buches) und der bei ihr für die Prüfung bei den Arbeitgebern geführten Datei (§ 28p Absatz 8 Satz 2 des Vierten Buches) nutzen, soweit die Daten für die Datenabgleiche erforderlich sind. $_3$Die nach Satz 1 bei der Datenstelle der Rentenversicherungsträger gespeicherten Daten sind unverzüglich nach Abschluss des Datenabgleichs zu löschen.

(3) $_1$Die den in Absatz 1 genannten Stellen überlassenen Daten und Datenträger sind nach Durchführung des Abgleichs unverzüglich zurückzugeben, zu löschen oder zu vernichten. $_2$Die Träger der Leistungen nach diesem Buch dürfen die ihnen übermittelten Daten nur zur Überprüfung nach Absatz 1 nutzen. $_3$Die übermittelten Daten der Personen, bei denen die Überprüfung zu keinen abweichenden Feststellungen führt, sind unverzüglich zu löschen.

(4) Das Bundesministerium für Arbeit und Soziales wird ermächtigt, durch Rechtsverordnung das Nähere über das Verfahren des automatisierten Datenabgleichs und die Kosten des Verfahrens zu regeln; dabei ist vorzusehen, dass die Zuleitung an die Auskunftsstellen durch eine zentrale Vermittlungsstelle (Kopfstelle) zu erfolgen hat, deren Zuständigkeitsbereich zumindest das Gebiet eines Bundeslandes umfasst.

§ 52a Überprüfung von Daten

(1) Die Agentur für Arbeit darf bei Personen, die Leistungen nach diesem Buch beantragt haben, beziehen oder bezogen haben, Auskunft einholen

1. über die in § 39 Absatz 1 Nummer 5 und 11 des Straßenverkehrsgesetzes angeführten Daten über ein Fahrzeug, für das die Person als Halter eingetragen ist, bei dem Zentralen Fahrzeugregister;
2. aus dem Melderegister nach den §§ 34 und 38 bis 41 des Bundesmeldegesetzes und dem Ausländerzentralregister,

soweit dies zur Bekämpfung von Leistungsmissbrauch erforderlich ist.

(2) $_1$Die Agentur für Arbeit darf Daten von Personen, die Leistungen nach diesem Buch beantragt haben, beziehen oder bezogen haben und die Wohngeld beantragt haben, beziehen oder bezogen haben, an die nach dem Wohngeldgesetz zuständige Behörde übermitteln, soweit dies zur Feststellung der Voraussetzungen des Ausschlusses vom Wohngeld (§§ 7 und 8 Absatz 1 des Wohngeldgesetzes) erforderlich ist. $_2$Die Übermittlung der in § 52 Absatz 2 Nummer 1 bis 3 genannten Daten ist zulässig. $_3$Die in Absatz 1 genannten Behörden führen die Überprüfung durch und teilen das Ergebnis der Überprüfungen der Agentur für Arbeit unverzüglich mit. $_4$Die in Absatz 1 und Satz 1 genannten Behörden haben die ihnen übermittelten Daten nach Abschluss der Überprüfung unverzüglich zu löschen.

Kapitel 7
Statistik und Forschung

§ 53 Statistik und Übermittlung statistischer Daten

(1) $_1$Die Bundesagentur erstellt aus den bei der Durchführung der Grundsicherung für Arbeitsuchende von ihr nach § 51b erhaltenen und den ihr von den kommunalen Trägern und den zugelassenen kommunalen Trägern nach § 51b übermittelten Daten Statistiken. $_2$Sie übernimmt die laufende Berichterstattung und bezieht die Leistungen nach diesem

Buch in die Arbeitsmarkt- und Berufsforschung ein.

(2) Das Bundesministerium für Arbeit und Soziales kann Art und Umfang sowie Tatbestände und Merkmale der Statistiken und der Berichterstattung näher bestimmen.

(3) 1Die Bundesagentur legt die Statistiken nach Absatz 1 dem Bundesministerium für Arbeit und Soziales vor und veröffentlicht sie in geeigneter Form. 2Sie gewährleistet, dass auch kurzfristigem Informationsbedarf des Bundesministeriums für Arbeit und Soziales entsprochen werden kann.

(4) Die Bundesagentur stellt den statistischen Stellen der Kreise und kreisfreien Städte die für Zwecke der Planungsunterstützung und für die Sozialberichterstattung erforderlichen Daten und Tabellen der Arbeitsmarkt- und Grundsicherungsstatistik zur Verfügung.

(5) 1Die Bundesagentur kann dem Statistischen Bundesamt und den statistischen Ämtern der Länder für Zwecke der Planungsunterstützung und für die Sozialberichterstattung für ihren Zuständigkeitsbereich Daten und Tabellen der Arbeitsmarkt- und Grundsicherungsstatistik zur Verfügung stellen. 2Sie ist berechtigt, dem Statistischen Bundesamt und den statistischen Ämtern der Länder für ergänzende Auswertungen anonymisierte und pseudonymisierte Einzeldaten zu übermitteln. 3Bei der Übermittlung von pseudonymisierten Einzeldaten sind die Namen durch jeweils neu zu generierende Pseudonyme zu ersetzen. 4Nicht pseudonymisierte Anschriften dürfen nur zum Zwecke der Zuordnung zu statistischen Blöcken übermittelt werden.

(6) 1Die Bundesagentur ist berechtigt, für ausschließlich statistische Zwecke den zur Durchführung statistischer Aufgaben zuständigen Stellen der Gemeinden und Gemeindeverbände für ihren Zuständigkeitsbereich Daten und Tabellen der Arbeitsmarkt- und Grundsicherungsstatistik sowie anonymisierte und pseudonymisierte Einzeldaten zu übermitteln, soweit die Voraussetzungen nach § 16 Absatz 5 Satz 2 des Bundesstatistikgesetzes gegeben sind. 2Bei der Übermittlung von pseudonymisierten Einzeldaten sind die Namen durch jeweils neu zu generierende Pseudonyme zu ersetzen. 3Dabei dürfen nur Angaben zu kleinräumigen Gebietseinheiten, nicht aber die genauen Anschriften übermittelt werden.

(7) 1Die §§ 280 und 281 des Dritten Buches gelten entsprechend. 2§ 282a des Dritten Buches gilt mit der Maßgabe, dass Daten und Tabellen der Arbeitsmarkt- und Grundsicherungsstatistik auch den zur Durchführung statistischer Aufgaben zuständigen Stellen der Kreise und kreisfreien Städte sowie der Gemeinden und Gemeindeverbänden übermittelt werden dürfen, soweit die Voraussetzungen nach § 16 Absatz 5 Satz 2 des Bundesstatistikgesetzes gegeben sind.

§ 53a Arbeitslose

(1) Arbeitslose im Sinne dieses Gesetzes sind erwerbsfähige Leistungsberechtigte, die die Voraussetzungen des § 16 des Dritten Buches in sinngemäßer Anwendung erfüllen.

(2) Erwerbsfähige Leistungsberechtigte, die nach Vollendung des 58. Lebensjahres mindestens für die Dauer von zwölf Monaten Leistungen der Grundsicherung für Arbeitsuchende bezogen haben, ohne dass ihnen eine sozialversicherungspflichtige Beschäftigung angeboten worden ist, gelten nach Ablauf dieses Zeitraums für die Dauer des jeweiligen Leistungsbezugs nicht als arbeitslos.

§ 54 Eingliederungsbilanz und Eingliederungsbericht

1Jede Agentur für Arbeit erstellt für die Leistungen zur Eingliederung in Arbeit eine Eingliederungsbilanz. 2§ 11 des Dritten Buches gilt entsprechend. 3Soweit einzelne Maßnahmen nicht unmittelbar zur Eingliederung in Arbeit führen, sind von der Bundesagentur andere Indikatoren zu entwickeln, die den Integrationsfortschritt der erwerbsfähigen Leistungsberechtigten in geeigneter Weise abbilden. 4Auf Bundesebene erstellt die Bundesagentur einen Eingliederungsbericht; § 11 Absatz 4 und 5 des Dritten Buches gilt entsprechend.

II

§ 55 Wirkungsforschung

(1) 1Die Wirkungen der Leistungen zur Eingliederung und der Leistungen zur Sicherung des Lebensunterhalts sind regelmäßig und zeitnah zu untersuchen und in die Arbeitsmarkt- und Berufsforschung nach § 282 des Dritten Buches einzubeziehen. 2Das Bundesministerium für Arbeit und Soziales und die Bundesagentur können in Vereinbarungen Einzelheiten der Wirkungsforschung festlegen. 3Soweit zweckmäßig, können Dritte mit der Wirkungsforschung beauftragt werden.

(2) Das Bundesministerium für Arbeit und Soziales untersucht vergleichend die Wirkung der örtlichen Aufgabenwahrnehmung durch die Träger der Leistungen nach diesem Buch.

Kapitel 8 Mitwirkungspflichten

§ 56 Anzeige- und Bescheinigungspflicht bei Arbeitsunfähigkeit

(1) 1Erwerbsfähige Leistungsberechtigte, die Leistungen zur Sicherung des Lebensunterhalts beantragt haben oder beziehen, sind verpflichtet, der Agentur für Arbeit

1. eine eingetretene Arbeitsunfähigkeit und deren voraussichtliche Dauer unverzüglich anzuzeigen und
2. spätestens vor Ablauf des dritten Kalendertages nach Eintritt der Arbeitsunfähigkeit eine ärztliche Bescheinigung über die Arbeitsunfähigkeit und deren voraussichtliche Dauer vorzulegen.

2Die Agentur für Arbeit ist berechtigt, die Vorlage der ärztlichen Bescheinigung früher zu verlangen. 3Dauert die Arbeitsunfähigkeit länger als in der Bescheinigung angegeben, so ist der Agentur für Arbeit eine neue ärztliche Bescheinigung vorzulegen. 4Die Bescheinigungen müssen einen Vermerk des behandelnden Arztes darüber enthalten, dass dem Träger der Krankenversicherung unverzüglich eine Bescheinigung über die Arbeitsunfähigkeit mit Angaben über den Befund und die voraussichtliche Dauer der Arbeitsunfähigkeit übersandt wird. 5Zweifelt die Agentur für Arbeit an der Arbeitsunfähigkeit der oder des erwerbsfähigen Leistungsberechtigten, so gilt § 275 Absatz 1 Nummer 3b und Absatz 1a des Fünften Buches entsprechend.

(2) 1Die Bundesagentur erstattet den Krankenkassen die Kosten für die Begutachtung durch den Medizinischen Dienst der Krankenversicherung nach Absatz 1 Satz 5. 2Die Bundesagentur und der Spitzenverband Bund der Krankenkassen vereinbaren das Nähere über das Verfahren und die Höhe der Kostenerstattung; der Medizinische Dienst des Spitzenverbands Bund der Krankenkassen ist zu beteiligen. 3In der Vereinbarung kann auch eine pauschale Abgeltung der Kosten geregelt werden.

§ 57 Auskunftspflicht von Arbeitgebern

1Arbeitgeber haben der Agentur für Arbeit auf deren Verlangen Auskunft über solche Tatsachen zu geben, die für die Entscheidung über einen Anspruch auf Leistungen nach diesem Buch erheblich sein können; die Agentur für Arbeit kann hierfür die Benutzung eines Vordrucks verlangen. 2Die Auskunftspflicht erstreckt sich auch auf Angaben über das Ende und den Grund für die Beendigung des Beschäftigungsverhältnisses.

§ 58 Einkommensbescheinigung

(1) 1Wer jemanden, der laufende Geldleistungen nach diesem Buch beantragt hat oder bezieht, gegen Arbeitsentgelt beschäftigt, ist verpflichtet, diesem unverzüglich Art und Dauer dieser Erwerbstätigkeit sowie die Höhe des Arbeitsentgelts oder der Vergütung für die Zeiten zu bescheinigen, für die diese Leistung beantragt worden ist oder bezogen wird. 2Dabei ist der von der Agentur für Arbeit vorgesehene Vordruck zu benutzen. 3Die Bescheinigung ist der- oder demjenigen, die oder der die Leistung beantragt hat oder bezieht, unverzüglich auszuhändigen.

(2) Wer eine laufende Geldleistung nach diesem Buch beantragt hat oder bezieht und gegen Arbeitsentgelt beschäftigt wird, ist verpflichtet, dem Arbeitgeber den für die Bescheinigung des Arbeitsentgelts vorgeschriebenen Vordruck unverzüglich vorzulegen.

§ 59 Meldepflicht

Die Vorschriften über die allgemeine Meldepflicht, § 309 des Dritten Buches, und über die Meldepflicht bei Wechsel der Zuständigkeit, § 310 des Dritten Buches, sind entsprechend anzuwenden.

§ 60 Auskunftspflicht und Mitwirkungspflicht Dritter

(1) Wer jemandem, der Leistungen nach diesem Buch beantragt hat oder bezieht, Leistungen erbringt, die geeignet sind, diese Leistungen nach diesem Buch auszuschließen oder zu mindern, hat der Agentur für Arbeit auf Verlangen hierüber Auskunft zu erteilen, soweit es zur Durchführung der Aufgaben nach diesem Buch erforderlich ist.

(2) 1Wer jemandem, der eine Leistung nach diesem Buch beantragt hat oder bezieht, zu Leistungen verpflichtet ist, die geeignet sind, Leistungen nach diesem Buch auszuschließen oder zu mindern, oder wer für ihn Guthaben führt oder Vermögensgegenstände verwahrt, hat der Agentur für Arbeit auf Verlangen hierüber sowie über damit im Zusammenhang stehendes Einkommen oder Vermögen Auskunft zu erteilen, soweit es zur Durchführung der Aufgaben nach diesem Buch erforderlich ist. 2§ 21 Absatz 3 Satz 4 des Zehnten Buches gilt entsprechend. 3Für die Feststellung einer Unterhaltsverpflichtung ist § 1605 Absatz 1 des Bürgerlichen Gesetzbuchs anzuwenden.

(3) Wer jemanden, der

1. Leistungen nach diesem Buch beantragt hat oder bezieht oder dessen Partnerin oder Partner oder
2. nach Absatz 2 zur Auskunft verpflichtet ist,

beschäftigt, hat der Agentur für Arbeit auf Verlangen über die Beschäftigung, insbesondere über das Arbeitsentgelt, Auskunft zu erteilen, soweit es zur Durchführung der Aufgaben nach diesem Buch erforderlich ist.

(4) 1Sind Einkommen oder Vermögen der Partnerin oder des Partners zu berücksichtigen, haben

1. dieser Partner,
2. Dritte, die für diese Partnerin oder diesen Partner Guthaben führen oder Vermögensgegenstände verwahren,

der Agentur für Arbeit auf Verlangen hierüber Auskunft zu erteilen, soweit es zur Durchführung der Aufgaben nach diesem Buch erforderlich ist. 2§ 21 Absatz 3 Satz 4 des Zehnten Buches gilt entsprechend.

(5) Wer jemanden, der Leistungen nach diesem Buch beantragt hat, bezieht oder bezogen hat, beschäftigt, hat der Agentur für Arbeit auf Verlangen Einsicht in Geschäftsbücher, Geschäftsunterlagen und Belege sowie in Listen, Entgeltverzeichnisse und Entgeltbelege für Heimarbeiterinnen oder Heimarbeiter zu gewähren, soweit es zur Durchführung der Aufgaben nach diesem Buch erforderlich ist.

§ 61 Auskunftspflichten bei Leistungen zur Eingliederung in Arbeit

(1) 1Träger, die eine Leistung zur Eingliederung in Arbeit erbracht haben oder erbringen, haben der Agentur für Arbeit unverzüglich Auskünfte über Tatsachen zu erteilen, die Aufschluss darüber geben, ob und inwieweit Leistungen zu Recht erbracht worden sind oder werden. 2Sie haben Änderungen, die für die Leistungen erheblich sind, unverzüglich der Agentur für Arbeit mitzuteilen.

(2) 1Die Teilnehmerinnen und Teilnehmer an Maßnahmen zur Eingliederung sind verpflichtet,

1. der Agentur für Arbeit auf Verlangen Auskunft über den Eingliederungserfolg der Maßnahme sowie alle weiteren Auskünfte zu erteilen, die zur Qualitätsprüfung benötigt werden, und
2. eine Beurteilung ihrer Leistung und ihres Verhaltens durch den Maßnahmeträger zuzulassen.

2Die Maßnahmeträger sind verpflichtet, ihre Beurteilungen der Teilnehmerin oder des Teilnehmers unverzüglich der Agentur für Arbeit zu übermitteln.

§ 62 Schadenersatz

Wer vorsätzlich oder fahrlässig

1. eine Einkommensbescheinigung nicht, nicht richtig oder nicht vollständig ausfüllt,
2. eine Auskunft nach § 57 oder § 60 nicht, nicht richtig oder nicht vollständig erteilt,

ist zum Ersatz des daraus entstehenden Schadens verpflichtet.

Kapitel 9
Straf- und Bußgeldvorschriften

§ 63 Bußgeldvorschriften

(1) Ordnungswidrig handelt, wer vorsätzlich oder fahrlässig

1. entgegen § 57 Satz 1 eine Auskunft nicht, nicht richtig, nicht vollständig oder nicht rechtzeitig erteilt,
2. entgegen § 58 Absatz 1 Satz 1 oder 3 Art oder Dauer der Erwerbstätigkeit oder die Höhe des Arbeitsentgelts oder der Vergütung nicht, nicht richtig, nicht vollständig oder nicht rechtzeitig bescheinigt oder eine Bescheinigung nicht oder nicht rechtzeitig aushändigt,
3. entgegen § 58 Absatz 2 einen Vordruck nicht oder nicht rechtzeitig vorlegt,
4. entgegen § 60 Absatz 1, 2 Satz 1, Absatz 3 oder 4 Satz 1 oder als privater Träger entgegen § 61 Absatz 1 Satz 1 eine Auskunft nicht, nicht richtig, nicht vollständig oder nicht rechtzeitig erteilt,
5. entgegen § 60 Absatz 5 Einsicht nicht oder nicht rechtzeitig gewährt oder
6. entgegen § 60 Absatz 1 Satz 1 Nummer 2 des Ersten Buches eine Änderung in den Verhältnissen, die für einen Anspruch auf eine laufende Leistung erheblich ist, nicht, nicht richtig, nicht vollständig oder nicht rechtzeitig mitteilt.

(2) Die Ordnungswidrigkeit kann in den Fällen des Absatzes 1 Nummer 6 mit einer Geldbuße bis zu fünftausend Euro, in den übrigen Fällen mit einer Geldbuße bis zu zweitausend Euro geahndet werden.

§ 63a Datenschutzrechtliche Bußgeldvorschriften

(1) Ordnungswidrig handelt, wer als Beamtin, Beamter, Arbeitnehmerin oder Arbeitnehmer der Träger oder der nach § 6 Absatz 2 Satz 1 herangezogenen Gemeinden und Gemeindeverbände, denen nach § 44g Absatz 1 oder 2 eine Tätigkeit in einer gemeinsamen Einrichtung zugewiesen ist, vorsätzlich oder fahrlässig eine in

1. § 85 Absatz 1 Nummer 1a, 1b, 2 oder Nummer 3 des Zehnten Buches oder in § 43 Absatz 1 Nummer 2b des Bundesdatenschutzgesetzes oder
2. § 85 Absatz 2 des Zehnten Buches oder in § 43 Absatz 2 Nummer 1 bis 4 des Bundesdatenschutzgesetzes

bezeichnete Handlung begeht.

(2) Die Ordnungswidrigkeit kann in den Fällen des Absatzes 1 Nummer 1 mit einer Geldbuße bis zu fünfzigtausend Euro und in den Fällen des Absatzes 1 Nummer 2 mit einer Geldbuße bis zu dreihunderttausend Euro geahndet werden.

(3) $_1$Verwaltungsbehörden im Sinne des § 36 Absatz 1 Nummer 1 des Gesetzes über Ordnungswidrigkeiten sind

1. das Bundesministerium für Arbeit und Soziales, wenn die Ordnungswidrigkeit durch eine Beamtin, einen Beamten, eine Arbeitnehmerin oder einen Arbeitnehmer der Bundesagentur für Arbeit,
2. die fachlich zuständige oberste Landesbehörde, wenn die Ordnungswidrigkeit durch eine Beamtin, einen Beamten, eine Arbeitnehmerin oder einen Arbeitnehmer eines kommunalen Trägers oder der nach § 6 Absatz 2 Satz 1 herangezogenen Gemeinden oder Gemeindeverbände

in Ausübung einer Tätigkeit bei einer gemeinsamen Einrichtung begangen wird. $_2$§ 36 Absatz 2 und 3 des Gesetzes über Ordnungswidrigkeiten gilt entsprechend.

§ 63b Datenschutzrechtliche Strafvorschriften

(1) Mit Freiheitsstrafe bis zu zwei Jahren oder mit Geldstrafe wird bestraft, wer eine in § 63a

Absatz 1 Nummer 2 bezeichnete vorsätzliche Handlung gegen Entgelt oder in der Absicht begeht, sich oder einen anderen zu bereichern oder einen anderen zu schädigen.

(2) 1Die Tat wird nur auf Antrag verfolgt. 2Antragsberechtigt sind der Betroffene, die verantwortliche Stelle nach § 50 Absatz 2 oder Absatz 3 Satz 3 und der oder die Bundesbeauftragte für den Datenschutz und die Informationsfreiheit.

Kapitel 10 Bekämpfung von Leistungsmissbrauch

§ 64 Zuständigkeit

(1) Für die Bekämpfung von Leistungsmissbrauch gilt § 319 des Dritten Buches entsprechend.

(2) Verwaltungsbehörden im Sinne des § 36 Absatz 1 Nummer 1 des Gesetzes über Ordnungswidrigkeiten sind in den Fällen

1. des § 63 Absatz 1 Nummer 1 bis 5 die gemeinsame Einrichtung oder der nach § 6a zugelassene kommunale Träger,
2. des § 63 Absatz 1 Nummer 6
   a) die gemeinsame Einrichtung oder der nach § 6a zugelassene kommunale Träger sowie
   b) die Behörden der Zollverwaltung

jeweils für ihren Geschäftsbereich.

(3) 1Soweit die gemeinsame Einrichtung Verwaltungsbehörde nach Absatz 2 ist, fließen die Geldbußen in die Bundeskasse. 2§ 66 des Zehnten Buches gilt entsprechend. 3Die Bundeskasse trägt abweichend von § 105 Absatz 2 des Gesetzes über Ordnungswidrigkeiten die notwendigen Auslagen. 4Sie ist auch ersatzpflichtig im Sinne des § 110 Absatz 4 des Gesetzes über Ordnungswidrigkeiten.

Kapitel 11 Übergangs- und Schlussvorschriften

§ 65 Allgemeine Übergangsvorschriften

(1) bis (3) (weggefallen)

(4) 1Abweichend von § 2 haben auch erwerbsfähige Leistungsberechtigte Anspruch auf Leistungen zur Sicherung des Lebensunterhaltes, die das 58. Lebensjahr vollendet haben und die Regelvoraussetzungen des Anspruchs auf Leistungen zur Sicherung des Lebensunterhalts allein deshalb nicht erfüllen, weil sie nicht arbeitsbereit sind und nicht alle Möglichkeiten nutzen und nutzen wollen, ihre Hilfebedürftigkeit durch Aufnahme einer Arbeit zu beenden. 2Vom 1. Januar 2008 an gilt Satz 1 nur noch, wenn der Anspruch vor dem 1. Januar 2008 entstanden ist und der erwerbsfähige Leistungsberechtigte vor diesem Tag das 58. Lebensjahr vollendet hat. 3§ 428 des Dritten Buches gilt entsprechend. 4Satz 1 gilt entsprechend für erwerbsfähige Personen, die bereits vor dem 1. Januar 2008 unter den Voraussetzungen des § 428 Absatz 1 des Dritten Buches Arbeitslosengeld bezogen haben und erstmals nach dem 31. Dezember 2007 hilfebedürftig werden.

(5) § 12 Absatz 2 Nummer 1 gilt mit der Maßgabe, dass für die in § 4 Absatz 2 Satz 2 der Arbeitslosenhilfe-Verordnung vom 13. Dezember 2001 (BGBl. I S. 3734) in der Fassung vom 31. Dezember 2004 genannten Personen an die Stelle des Grundfreibetrags in Höhe von 150 Euro je vollendetem Lebensjahr ein Freibetrag von 520 Euro, an die Stelle des Höchstfreibetrags in Höhe von jeweils 9750 Euro ein Höchstfreibetrag in Höhe von 33 800 Euro tritt.

§§ 65a bis 65c (weggefallen)

§ 65d Übermittlung von Daten

(1) Der Träger der Sozialhilfe und die Agentur für Arbeit machen dem zuständigen Leistungsträger auf Verlangen die bei ihnen vorhandenen Unterlagen über die Gewährung von Leistungen für Personen, die Leistungen der Grundsicherung für Arbeitsuchende beantragt haben oder beziehen, zugänglich, soweit deren Kenntnis im Einzelfall für die

Erfüllung der Aufgaben nach diesem Buch erforderlich ist.

(2) Die Bundesagentur erstattet den Trägern der Sozialhilfe die Sachkosten, die ihnen durch das Zugänglichmachen von Unterlagen entstehen; eine Pauschalierung ist zulässig.

II

§ 65e Übergangsregelung zur Aufrechnung

1Der zuständige Träger der Leistungen nach diesem Buch kann mit Zustimmung des Trägers der Sozialhilfe dessen Ansprüche gegen den Leistungsberechtigten mit Geldleistungen zur Sicherung des Lebensunterhalts nach den Voraussetzungen des § 43 Absatz 2, 3 und 4 Satz 1 aufrechnen. 2Die Aufrechnung wegen eines Anspruchs nach Satz 1 ist auf die ersten zwei Jahre der Leistungserbringung nach diesem Buch beschränkt.

§ 66 Rechtsänderungen bei Leistungen zur Eingliederung in Arbeit

(1) Wird dieses Gesetzbuch geändert, so sind, soweit nichts Abweichendes bestimmt ist, auf Leistungen zur Eingliederung in Arbeit bis zum Ende der Leistungen oder der Maßnahme die Vorschriften in der vor dem Tag des Inkrafttretens der Änderung geltenden Fassung weiter anzuwenden, wenn vor diesem Tag

1. der Anspruch entstanden ist,
2. die Leistung zuerkannt worden ist oder
3. die Maßnahme begonnen hat, wenn die Leistung bis zum Beginn der Maßnahme beantragt worden ist.

(2) Ist eine Leistung nur für einen begrenzten Zeitraum zuerkannt worden, richtet sich eine Verlängerung nach den zum Zeitpunkt der Entscheidung über die Verlängerung geltenden Vorschriften.

§ 67 Freibetragsneuregelungsgesetz

Die §§ 11 und 30 in der bis zum 30. September 2005 geltenden Fassung sind weiterhin anzuwenden für Bewilligungszeiträume (§ 41 Absatz 1 Satz 4), die vor dem 1. Oktober 2005 beginnen, längstens jedoch bis zur Aufnahme einer Erwerbstätigkeit.

§ 68 Gesetz zur Änderung des Zweiten Buches Sozialgesetzbuch und anderer Gesetze

(1) Die §§ 7, 9, 11 und 20 Absatz 1, 3 und 4 in der bis zum 30. Juni 2006 geltenden Fassung sind weiterhin anzuwenden für Bewilligungszeiträume (§ 41 Absatz 1 Satz 4), die vor dem 1. Juli 2006 beginnen.

(2) § 22 Absatz 2a Satz 1 gilt nicht für Personen, die am 17. Februar 2006 nicht mehr zum Haushalt der Eltern oder eines Elternteils gehören.

§ 69 Gesetz zur Fortentwicklung der Grundsicherung für Arbeitsuchende

(1) § 28 Absatz 1 Satz 3 Nummer 2 in der bis zum 31. Juli 2006 geltenden Fassung ist weiterhin anzuwenden für Bewilligungszeiträume, die vor dem 1. August 2006 beginnen.

(2) § 31 Absatz 3 Satz 1 und 2 gilt mit der Maßgabe, dass Pflichtverletzungen vor dem 1. Januar 2007 keine Berücksichtigung finden.

§ 70 Übergangsregelung zum Gesetz zur Umsetzung aufenthalts- und asylrechtlicher Richtlinien der Europäischen Union

1Für Ausländerinnen und Ausländer, die einen Aufenthaltstitel nach § 104a Absatz 1 Satz 1 des Aufenthaltsgesetzes erhalten, am 1. März 2007 leistungsberechtigt nach § 1 Absatz 1 des Asylbewerberleistungsgesetzes waren und Sachleistungen erhalten haben, kann durch Landesgesetz bestimmt werden, dass sie weiterhin Sachleistungen entsprechend den Vorschriften des Asylbewerberleistungsgesetzes vom Land erhalten. 2Insoweit erhalten diese Personen keine Leistungen zur Sicherung des Lebensunterhalts nach diesem Buch.

§ 71 (weggefallen)

§ 72 Siebtes Gesetz zur Änderung des Dritten Buches Sozialgesetzbuch und anderer Gesetze

Abweichend von § 11 Absatz 1 Satz 1 ist an erwerbsfähige Leistungsberechtigte geleistetes Arbeitslosengeld nicht als Einkommen zu berücksichtigen, soweit es aufgrund des § 440 des Dritten Buches für einen Zeitraum geleistet wird, in dem sie und die mit ihnen in Bedarfsgemeinschaft lebenden Personen Leistungen nach diesem Buch ohne Berücksichtigung des Arbeitslosengeldes erhalten haben.

§ 73 Gesetz zur Neuausrichtung der arbeitsmarktpolitischen Instrumente

§ 28 Absatz 1 Satz 3 Nummer 4 in der bis zum 31. Dezember 2008 geltenden Fassung ist weiterhin anzuwenden für Bewilligungszeiträume, die vor dem 1. Januar 2009 beginnen.

§ 74 (weggefallen)

§ 75 Gesetz zur Weiterentwicklung der Organisation der Grundsicherung für Arbeitsuchende – Anwendbarkeit des § 6a Absatz 7, des § 44d und des § 51b

(1) § 51b Absatz 1 bis 3a in der bis zum 10. August 2010 geltenden Fassung ist anstelle des § 51b Absatz 1 Satz 1 und Absatz 2 weiterhin anzuwenden, solange das Bundesministerium für Arbeit und Soziales keine Rechtsverordnung nach § 51b Absatz 1 Satz 2 erlassen hat.

(2) Abweichend von § 6a Absatz 7 Satz 3 kann der Antrag nach § 6a Absatz 7 Satz 1 im Jahr 2010 bis zum 1. September mit Wirkung zum 1. Januar 2011 gestellt werden.

(3) $_1$Die Geschäftsführerin oder der Geschäftsführer einer Arbeitsgemeinschaft nach § 44b in der bis zum 31. Dezember 2010 geltenden Fassung nimmt die Aufgaben der Geschäftsführung in der gemeinsamen Einrichtung bis zum Ablauf der laufenden Amtsperiode wahr. $_2$§ 44d Absatz 2 Satz 7 bleibt unberührt. $_3$Endet die Amtsperiode der Geschäftsführerin oder des Geschäftsführers einer Arbeitsgemeinschaft nach § 44b in der bis zum 31. Dezember 2010 geltenden Fassung vor Bildung der gemeinsamen Einrichtung oder läuft ihre oder seine Amtsperiode nach Satz 1 ab, bevor die Trägerversammlung nach § 44c Absatz 2 Satz 2 Nummer 1 eine neue Geschäftsführerin oder einen neuen Geschäftsführer bestellt hat, bestimmt die Anstellungskörperschaft der bisherigen Geschäftsführerin oder des bisherigen Geschäftsführers eine kommissarische Geschäftsführerin oder einen kommissarischen Geschäftsführer, die oder der die Geschäfte führt, bis die Trägerversammlung eine Geschäftsführerin oder einen Geschäftsführer bestellt hat.

§ 76 Gesetz zur Weiterentwicklung der Organisation der Grundsicherung für Arbeitsuchende

(1) $_1$Abweichend von § 44b Absatz 1 können die Aufgaben nach diesem Buch bis zum 31. Dezember 2011 getrennt wahrgenommen werden, wenn am 31. März 2010 in dem Bereich eines kommunalen Trägers keine Arbeitsgemeinschaft nach § 44b bestanden hat. $_2$Mit der Bildung einer gemeinsamen Einrichtung erfolgt eine § 44g Absatz 1 Satz 2 entsprechende Zuweisung.

(2) Nimmt im Gebiet eines kommunalen Trägers nach § 6 Absatz 1 Satz 1 Nummer 2 mehr als eine Arbeitsgemeinschaft nach § 44b in der bis zum 31. Dezember 2010 geltenden Fassung die Aufgaben nach diesem Buch wahr, kann insoweit abweichend von § 44b Absatz 1 Satz 1 mehr als eine gemeinsame Einrichtung gebildet werden.

(3) $_1$Bei Wechsel der Trägerschaft oder der Organisationsform tritt der zuständige Träger oder die zuständige Organisationsform an die Stelle des bisherigen Trägers oder der bisherigen Organisationsform; dies gilt auch für laufende Verwaltungs- und Gerichtsverfahren. $_2$Die Träger teilen sich alle Tatsachen mit, die zur Vorbereitung eines Wechsels der Organisationsform erforderlich sind. $_3$Sie sollen sich auch die zu diesem Zweck erforderlichen Sozialdaten in automatisierter und standardisierter Form übermitteln.

(4) $_1$Besteht in einer Arbeitsgemeinschaft nach § 44b in der bis zum 31. Dezember 2010 geltenden Fassung ein Personal- oder Betriebsrat, nimmt dieser ab dem Zeitpunkt, zu dem Beamten und Arbeitnehmern in einer gemeinsamen Einrichtung Tätigkeiten zugewiesen werden, die Aufgaben der Personalvertretung als Übergangspersonalrat bis zur

Konstituierung einer neuen Personalvertretung nach den Regelungen des Bundespersonalvertretungsgesetzes wahr, längstens jedoch bis zum 30. Juni 2012. 2Satz 1 gilt entsprechend für die Jugend- und Auszubildendenvertretung sowie die Schwerbehindertenvertretung.

(5) Bestehen in einer Arbeitsgemeinschaft nach § 44b in der bis zum 31. Dezember 2010 geltenden Fassung Dienst- oder Betriebsvereinbarungen, gelten diese bis zu einer Neuregelung für die jeweilige gemeinsame Einrichtung als Dienstvereinbarungen fort, längstens jedoch bis zum 30. Juni 2012.

(6) Abweichend von § 44g Absatz 2 bedarf es keiner Zustimmung der Geschäftsführerin oder des Geschäftsführers, soweit einer gemeinsamen Einrichtung auf Veranlassung eines Trägers Beschäftigte Dritter zugewiesen werden, die bis zum Tag vor der Bildung einer gemeinsamen Einrichtung in einer Arbeitsgemeinschaft nach § 44b in der bis zum 31. Dezember 2010 geltenden Fassung oder in Agenturen für Arbeit und Kommunen Aufgaben nach diesem Buch durchgeführt haben.

§77 Gesetz zur Ermittlung von Regelbedarfen und zur Änderung des Zweiten und Zwölften Buches Sozialgesetzbuch

(1) § 7 Absatz 4a in der bis zum 31. Dezember 2010 geltenden Fassung gilt weiter bis zum Inkrafttreten einer nach § 13 Absatz 3 erlassenen Rechtsverordnung.

(2) Abweichend von § 11a Absatz 3 Satz 2 Nummer 2 sind bis zum 31. Dezember 2011 die Leistungen nach § 23 des Achten Buches als Einkommen zu berücksichtigen

1. für das erste und zweite Pflegekind nicht,
2. für das dritte Pflegekind zu 75 Prozent und
3. für das vierte und jedes weitere Pflegekind vollständig.

(3) § 30 in der bis zum 31. Dezember 2010 geltenden Fassung ist für Einkommen aus Erwerbstätigkeit, das im Zeitraum vom 1. Januar 2011 bis zum 31. März 2011 zufließt, weiter anzuwenden und gilt anstelle des § 11b Absatz 3 weiter für Bewilligungszeiträume (§ 41 Satz 4), die vor dem 1. Juli 2011 beginnen, längstens jedoch bis zur Aufnahme einer Erwerbstätigkeit ab dem 1. Juli 2011.

(4) Für die Regelbedarfe nach § 20 Absatz 2 Satz 2 Nummer 1 und § 23 Nummer 1 tritt an die Stelle der Beträge nach

1. § 20 Absatz 2 Satz 2 Nummer 1 der Betrag von 287 Euro,
2. § 23 Nummer 1 für Leistungsberechtigte bis zur Vollendung des sechsten Lebensjahres der Betrag von 215 Euro,
3. § 23 Nummer 1 für Leistungsberechtigte vom Beginn des siebten bis zur Vollendung des 14. Lebensjahres der Betrag von 251 Euro,
4. § 23 Nummer 1 für Leistungsberechtigte im 15. Lebensjahr der Betrag von 287 Euro,

solange sich durch die Fortschreibung der Beträge nach § 20 Absatz 2 Satz 2 Nummer 1 und § 23 Nummer 1 nach § 20 Absatz 5 jeweils kein höherer Betrag ergibt.

(5) § 21 ist bis zum 31. Dezember 2011 mit der Maßgabe anzuwenden, dass Beträge, die nicht volle Euro-Beträge ergeben, bei einem Betrag von unter 0,50 Euro abzurunden und von 0,50 Euro an aufzurunden sind.

(6) Sofern Leistungen ohne Berücksichtigung der tatsächlichen Aufwendungen für die Erzeugung von Warmwasser festgesetzt wurden, weil sie nach den §§ 20 und 28 in der bis zum 31. Dezember 2010 geltenden Fassung mit der Regelleistung zur Sicherung des Lebensunterhalts abgegolten waren, ist der Verwaltungsakt, auch nachdem er unanfechtbar geworden ist, bis zum Ablauf eines Monats nach dem Ende des Bewilligungszeitraums zurückzunehmen und die Nachzahlung zu erbringen.

(7) Der Bedarf nach § 28 Absatz 3 wird erstmals zum 1. August 2011 anerkannt.

(8) Werden Leistungen für Bedarfe nach § 28 Absatz 2 und 4 bis 7 für den Zeitraum vom 1. Januar bis zum 31. Mai 2011 bis zum 30. Juni 2011 rückwirkend beantragt, gilt dieser Antrag abweichend von § 37 Absatz 2 Satz 2 als zum 1. Januar 2011 gestellt.

(9) $_{1}$In den Fällen des Absatzes 8 sind Leistungen für die Bedarfe nach § 28 Absatz 2 Satz 1 Nummer 1, Satz 2 und Absatz 5 für den Zeitraum vom 1. Januar bis zum 31. Mai 2011 abweichend von § 29 Absatz 1 Satz 1 durch Direktzahlung an den Anbieter zu erbringen, wenn bei der leistungsberechtigten Person noch keine Aufwendungen zur Deckung dieser Bedarfe entstanden sind. $_{2}$Soweit die leistungsberechtigte Person in den Fällen des Absatzes 8 nachweist, dass ihr bereits Aufwendungen zur Deckung der in Satz 1 genannten Bedarfe entstanden sind, werden diese Aufwendungen abweichend von § 29 Absatz 1 Satz 1 durch Geldleistung an die leistungsberechtigte Person erstattet.

(10) Auf Klassenfahrten im Rahmen der schulrechtlichen Bestimmungen, an denen Schülerinnen und Schüler in der Zeit vom 1. Januar bis zum 29. März 2011 teilgenommen haben, ist § 23 Absatz 3 Satz 1 Nummer 3 und Satz 2 bis 4 in der bis zum 31. Dezember 2010 geltenden Fassung anstelle des § 19 Absatz 3 Satz 3 und des § 28 Absatz 2 Satz 1 Nummer 2 anzuwenden.

(11) $_{1}$Für Schülerinnen und Schüler, die eine Schule besuchen, an der eine gemeinschaftliche Mittagsverpflegung in schulischer Verantwortung angeboten wird, sowie für Kinder, für die Kindertagespflege geleistet wird oder die eine Tageseinrichtung besuchen, an der eine gemeinschaftliche Mittagsverpflegung angeboten wird, werden die entstehenden Mehraufwendungen abweichend von § 28 Absatz 6 für die Zeit vom 1. Januar bis zum 31. März 2011 in Höhe von monatlich 26 Euro berücksichtigt. $_{2}$Bei Leistungsberechtigten bis zur Vollendung des 18. Lebensjahres, denen für die Zeit vom 1. Januar bis zum 31. März 2011 Aufwendungen für Teilhabe am sozialen und kulturellen Leben entstanden sind, werden abweichend von § 28 Absatz 7 als Bedarf monatlich 10 Euro berücksichtigt. $_{3}$Die im Zeitraum vom 1. Januar bis zum 31. März 2011 nach den Sätzen 1 und 2 zu berücksichtigenden Bedarfe werden abweichend von § 29 Absatz 1 Satz 1 durch Geldleistung gedeckt; die im Zeitraum vom 1. April bis zum 31. Mai 2011 nach den Sätzen 1 und 2 zu berücksichtigenden Bedarfe können in den Fällen des Absatzes 8 abweichend von § 29 Absatz 1 Satz 1 auch durch Geldleistung gedeckt werden. $_{4}$Bis zum 31. Dezember 2013 gilt § 28 Absatz 6 Satz 2 mit der Maßgabe, dass die Mehraufwendungen auch berücksichtigt werden, wenn Schülerinnen und Schüler das Mittagessen in einer Einrichtung nach § 22 des Achten Buches einnehmen.

(12) § 31 in der bis zum 31. März 2011 geltenden Fassung ist weiterhin anzuwenden für Pflichtverletzungen, die vor dem 1. April 2011 begangen worden sind.

(13) § 40 Absatz 1 Satz 2 ist nicht anwendbar auf Anträge nach § 44 des Zehnten Buches, die vor dem 1. April 2011 gestellt worden sind.

(14) § 41 Absatz 2 Satz 2 ist bis zum 31. Dezember 2011 mit der Maßgabe anzuwenden, dass bei einer auf zwei Dezimalstellen durchzuführenden Berechnung weitere sich ergebende Dezimalstellen wegfallen.

Entscheidung des Bundesverfassungsgerichts
vom 23. Juli 2014 (BGBl. I S. 1581)
§ 77 Absatz 4 Nummer 1 und 2 ist nach Maßgabe der Gründe mit Artikel 1 Absatz 1 des Grundgesetzes in Verbindung mit dem Sozialstaatsprinzip des Artikels 20 Absatz 1 des Grundgesetzes vereinbar.

§ 78 Gesetz zur Verbesserung der Eingliederungschancen am Arbeitsmarkt

Bei der Ermittlung der Zuweisungshöchstdauer nach § 16d Absatz 6 werden Zuweisungsdauern, die vor dem 1. April 2012 liegen, nicht berücksichtigt.

§ 79 Achtes Gesetz zur Änderung des Zweiten Buches Sozialgesetzbuch – Ergänzung personalrechtlicher Bestimmungen

(1) Hat ein nach § 40a zur Erstattung verpflichteter Sozialleistungsträger in der Zeit vom 31. Oktober 2012 bis zum 5. Juni 2014 in Unkenntnis des Bestehens der Erstattungspflicht bereits an die leistungsberechtigte Person geleistet, entfällt der Erstattungsanspruch.

(2) 1Die gesetzliche Zuweisung von Tätigkeiten in den gemeinsamen Einrichtungen, die nach § 44g Absatz 1 zum 1. Januar 2011 in der bis zum 31. Dezember 2014 geltenden Fassung erfolgt ist, gilt bis zum jeweiligen Ablauf der fünfjährigen Dauer der Erstzuweisung fort. 2Eine spätere Zuweisung von Tätigkeiten in den gemeinsamen Einrichtungen, die nach § 44g Absatz 2 in der bis zum 31. Dezember 2014 geltenden Fassung erfolgt ist, gilt fort.

Zum 1.1.2016 entfällt Absatz 2 Satz 1.

Verordnung zur Zulassung von kommunalen Trägern als Träger der Grundsicherung für Arbeitsuchende (Kommunalträger-Zulassungsverordnung – KomtrZV)

Vom 24. September 2004 (BGBl. I S. 2349)

Zuletzt geändert durch
Fünfte Verordnung zur Änderung der Kommunalträger-Zulassungsverordnung
vom 14. August 2013 (BGBl. I S. 3229)[1])

Auf Grund des § 6a Abs. 2 des Zweiten Buches Sozialgesetzbuch – Grundsicherung für Arbeitsuchende – (Artikel 1 des Gesetzes vom 24. Dezember 2003, BGBl. I S. 2954, 2955), der durch Artikel 1 Nr. 5 des Gesetzes vom 30. Juli 2004 (BGBl. I S. 2014) eingefügt worden ist, verordnet das Bundesministerium für Wirtschaft und Arbeit:

§ 1 Zugelassene kommunale Träger

$_1$Die in der Anlage bezeichneten kommunalen Träger werden als Träger der Leistung nach § 6 Absatz 1 Satz 1 Nummer 1 des Zweiten Buches Sozialgesetzbuch zugelassen. $_2$Sie treten insoweit an die Stelle der für ihr Gebiet jeweils zuständigen Agentur für Arbeit.

§ 2 Inkrafttreten

Diese Verordnung tritt am Tag nach der Verkündung in Kraft.

[1]) Die Änderungen traten am 1. Januar 2014 in Kraft.

Anlage
(zu § 1)

Baden-Württemberg:
1. Landkreis Biberach,
2. Bodenseekreis,
3. Enzkreis,
4. Landkreis Ludwigsburg,
5. Ortenaukreis,
6. Ostalbkreis,
7. Stadt Pforzheim,
8. Landkreis Ravensburg,
9. Landeshauptstadt Stuttgart,
10. Landkreis Tuttlingen,
11. Landkreis Waldshut;

Bayern:
1. Landkreis Ansbach,
2. Stadt Erlangen,
3. Landkreis Günzburg,
4. Stadt Ingolstadt,
5. Stadt Kaufbeuren,
6. Landkreis Miesbach,
7. Landkreis München,
8. Landkreis Oberallgäu,
9. Stadt Schweinfurt,
10. Landkreis Würzburg;

Brandenburg:
1. Landkreis Havelland,
2. Landkreis Oberhavel,
3. Landkreis Oder-Spree,
4. Landkreis Ostprignitz-Ruppin,
5. Landkreis Potsdam-Mittelmark,
6. Landkreis Spree-Neiße,
7. Landkreis Uckermark;

Hessen:
1. Kreis Bergstraße,
2. Landkreis Darmstadt-Dieburg,
3. Landkreis Fulda,
4. Kreis Groß-Gerau,
5. Landkreis Hersfeld-Rotenburg,
6. Hochtaunuskreis,
7. Lahn-Dill-Kreis,
8. Main-Kinzig-Kreis,
9. Main-Taunus-Kreis,
10. Landkreis Marburg-Biedenkopf,
11. Odenwaldkreis,
12. Kreis Offenbach,
13. Stadt Offenbach am Main,
14. Rheingau-Taunus-Kreis,
15. Vogelsbergkreis,
16. Landeshauptstadt Wiesbaden;

Mecklenburg-Vorpommern:
Landkreis Vorpommern-Rügen;

Niedersachsen:
1. Landkreis Ammerland,
2. Landkreis Aurich,
3. Landkreis Emsland,
4. Landkreis Friesland,
5. Landkreis Göttingen,
6. Landkreis Grafschaft Bentheim,
7. Landkreis Leer,
8. Landkreis Oldenburg,
9. Landkreis Osnabrück,
10. Landkreis Osterholz,
11. Landkreis Osterode am Harz,
12. Landkreis Peine,
13. Landkreis Rotenburg (Wümme),
14. Landkreis Schaumburg,
15. Landkreis Heidekreis,
16. Landkreis Verden,
17. Landkreis Wittmund;

Nordrhein-Westfalen:
1. Kreis Borken,
2. Kreis Coesfeld,
3. Kreis Düren,
4. Ennepe-Ruhr-Kreis,
5. Stadt Essen,
6. Kreis Gütersloh,
7. Stadt Hamm,
8. Hochsauerlandkreis,
9. Kreis Kleve,
10. Kreis Lippe,
11. Kreis Minden-Lübbecke,
12. Stadt Mülheim a. d. Ruhr,

13. Stadt Münster,
14. Kreis Recklinghausen,
15. Kreis Steinfurt,
16. Stadt Solingen,
17. Kreis Warendorf,
18. Stadt Wuppertal;

Rheinland-Pfalz:
1. Landkreis Kusel,
2. Landkreis Mainz-Bingen,
3. Landkreis Mayen-Koblenz,
4. Landkreis Südwestpfalz,
5. Landkreis Vulkaneifel;

Saarland:
1. Landkreis Saarlouis,
2. Saarpfalz-Kreis,
3. Landkreis St. Wendel;

Sachsen:
1. Landkreis Bautzen,
2. Erzgebirgskreis,
3. Landkreis Görlitz,
4. Landkreis Leipzig,
5. Landkreis Meißen;

Sachsen-Anhalt:
1. Altmarkkreis Salzwedel,
2. Landkreis Anhalt-Bitterfeld,
3. Burgenlandkreis,
4. Landkreis Harz,
5. Saalekreis,
6. Salzlandkreis;

Schleswig-Holstein:
1. Kreis Nordfriesland,
2. Kreis Schleswig-Flensburg;

Thüringen:
1. Landkreis Greiz,
2. Landkreis Eichsfeld,
3. Stadt Jena,
4. Landkreis Schmalkalden-Meiningen

Verordnung über das Verfahren zur Feststellung der Eignung als zugelassener kommunaler Träger der Grundsicherung für Arbeitsuchende (Kommunalträger-Eignungsfeststellungsverordnung – KtEfV)

Vom 12. August 2010 (BGBl. I S. 1155)

II

Auf Grund des § 6a Absatz 3 des Zweiten Buches Sozialgesetzbuch – Grundsicherung für Arbeitsuchende –, der durch Artikel 1 Nummer 3 des Gesetzes vom 3. August 2010 (BGBl. I S. 1112) neu gefasst worden ist, verordnet das Bundesministerium für Arbeit und Soziales:

§ 1 Zulassungsverfahren

(1) ₁Kommunale Träger können gemäß § 6a des Zweiten Buches Sozialgesetzbuch als Träger der Leistungen nach § 6 Absatz 1 Satz 1 Nummer 1 des Zweiten Buches Sozialgesetzbuch zugelassen werden, wenn sie die in § 6a Absatz 2 des Zweiten Buches Sozialgesetzbuch genannten Voraussetzungen erfüllen und die dort benannte Höchstgrenze nicht überschritten ist. ₂Die kommunalen Träger treten insoweit an die Stelle der für ihr Gebiet jeweils zuständigen Agentur für Arbeit.

(2) Die zuständigen obersten Landesbehörden legen unter Berücksichtigung der Höchstgrenze des § 6a Absatz 2 Satz 4 des Zweiten Buches Sozialgesetzbuch einvernehmlich fest, wie viele kommunale Träger in einem Land jeweils zugelassen werden können.

(3) ₁Stellen in einem Land mehr kommunale Träger einen Antrag auf Zulassung, als auf dieses auf Grund des Verteilungsschlüssels nach Absatz 2 entfallen, schlägt die oberste Landesbehörde dem Bundesministerium für Arbeit und Soziales bis zum 31. März 2011 vor, in welcher Reihenfolge die antragstellenden kommunalen Träger aus dem jeweiligen Land zugelassen werden. ₂Die jeweils am höchsten gereihten kommunalen Träger werden entsprechend dem Verteilungsschlüssel nach Absatz 2 durch Rechtsverordnung des Bundesministeriums für Arbeit und Soziales ohne Zustimmung des Bundesrates bis zur Höchstgrenze des § 6a Absatz 2 Satz 4 des Zweiten Buches Sozialgesetzbuch zugelassen.

(4) Die Absätze 1 bis 3 sind entsprechend anzuwenden, soweit nach § 6a Absatz 4 des Zweiten Buches Sozialgesetzbuch zum 1. Januar 2017 erneut kommunale Träger zur Aufgabenwahrnehmung anstelle der Agentur für Arbeit zugelassen werden.

§ 2 Voraussetzungen der Eignungsfeststellung

(1) Zur Feststellung der Eignung und Bestimmung der Reihenfolge haben die antragstellenden kommunalen Träger mit dem Antrag bei der zuständigen obersten Landesbehörde Konzepte zu ihrer Eignung zur alleinigen Aufgabenwahrnehmung nach § 3 einzureichen und die Verpflichtungserklärungen nach § 6a Absatz 2 Satz 1 Nummer 2 bis 5 des Zweiten Buches Sozialgesetzbuch abzugeben.

(2) ₁Zur Bewertung der eingereichten Konzepte erstellen die zuständigen obersten Landesbehörden eine Bewertungsmatrix, anhand derer die zuständigen obersten Landesbehörden eine Punktzahl vergeben. ₂Der kommunale Träger muss bei jedem Kriterium eine von der zuständigen obersten Landesbehörde festzulegende Mindestpunktzahl erzielen. ₃Die summierten Einzelwerte müssen ihrerseits eine von der zuständigen obersten Landesbehörde zu bestimmende Mindestpunktzahl ergeben. ₄Die erreichte Punktzahl ist auch maßgeblich für die Platzierung in der für das jeweilige Land von der zuständigen obersten Landesbehörde zu erstellenden Reihenfolge.

§ 3 Eignungskriterien

(1) ₁Der kommunale Träger stellt in dem Konzept nach § 2 Absatz 1 die organisatorische

Leistungsfähigkeit seiner Verwaltung dar. ₂Dieses muss zu folgenden Bereichen Angaben enthalten:

1. infrastrukturelle Voraussetzungen,
2. Personalqualifizierung,
3. Aktenführung und Rechnungslegung und
4. bestehende und geplante Verwaltungskooperationen sowie Kooperationen mit Dritten.

(2) Der kommunale Träger stellt zum Nachweis seiner Fähigkeit zur Erfüllung der Aufgaben und Ziele nach § 1 des Zweiten Buches Sozialgesetzbuch dar,

1. mit welchem Konzept und mit welchem Erfolg er sich seit 2003 arbeitsmarktpolitisch engagiert hat und wie dieses Engagement künftig ausgestaltet werden soll,
2. nach welchen Grundsätzen und in welchem Umfang er seit 2005 kommunale Eingliederungsleistungen erbracht hat und wie die Erbringung kommunaler Eingliederungsleistungen künftig ausgestaltet werden soll,
3. wie die kommunalen Eingliederungsleistungen bisher mit Leistungen der Agenturen für Arbeit verknüpft wurden und zukünftig verknüpft werden sollen,
4. nach welchen Zweckmäßigkeitserwägungen die arbeitsmarktpolitischen Leistungen erbracht werden sollen und
5. wie das Eingliederungsbudget verwendet und eine bürgerfreundliche und wirksame Arbeitsvermittlung aufgebaut werden sollen.

(3) Der kommunale Träger legt ein Konzept für eine überregionale Arbeitsvermittlung vor.

(4) Der kommunale Träger legt ein Konzept für ein transparentes internes System zur Kontrolle der recht- und zweckmäßigen Leistungserbringung und Mittelverwendung vor.

(5) ₁Der kommunale Träger legt ein Konzept für den Übergang der in seinem Gebiet bestehenden Aufgabenwahrnehmung in die zugelassene kommunale Trägerschaft vor. ₂Das Konzept umfasst einen Arbeits- und Zeitplan zur Vorbereitung der Trägerschaft, zur rechtlichen und tatsächlichen Abwicklung der bestehenden Trägerform sowie zur Überführung des Daten- und Aktenbestandes und des Eigentums in die zugelassene kommunale Trägerschaft.

§ 4 Inkrafttreten

Diese Verordnung tritt am 23. August 2010 in Kraft.

Verordnung zur Vermeidung unbilliger Härten durch Inanspruchnahme einer vorgezogenen Altersrente (Unbilligkeitsverordnung – UnbilligkeitsV)

Vom 14. April 2008 (BGBl. I S. 734)

Auf Grund des § 13 Abs. 2 des Zweiten Buches Sozialgesetzbuch – Grundsicherung für Arbeitsuchende – (Artikel 1 des Gesetzes vom 24. Dezember 2003, BGBl. I S. 2954, 2955), der durch Artikel 2 Nr. 4 Buchstabe b des Gesetzes vom 8. April 2008 (BGBl. I S. 681) eingefügt worden ist, verordnet das Bundesministerium für Arbeit und Soziales:

§ 1 Grundsatz

Hilfebedürftige sind nach Vollendung des 63. Lebensjahres nicht verpflichtet, eine Rente wegen Alters vorzeitig in Anspruch zu nehmen, wenn die Inanspruchnahme unbillig wäre.

§ 2 Verlust eines Anspruchs auf Arbeitslosengeld

Unbillig ist die Inanspruchnahme, wenn und solange sie zum Verlust eines Anspruchs auf Arbeitslosengeld führen würde.

§ 3 Bevorstehende abschlagsfreie Altersrente

Unbillig ist die Inanspruchnahme, wenn Hilfebedürftige in nächster Zukunft die Altersrente abschlagsfrei in Anspruch nehmen können.

§ 4 Erwerbstätigkeit

Unbillig ist die Inanspruchnahme, solange Hilfebedürftige sozialversicherungspflichtig beschäftigt sind oder aus sonstiger Erwerbstätigkeit ein entsprechend hohes Einkommen erzielen. Dies gilt nur, wenn die Beschäftigung oder sonstige Erwerbstätigkeit den überwiegenden Teil der Arbeitskraft in Anspruch nimmt.

§ 5 Bevorstehende Erwerbstätigkeit

(1) Unbillig ist die Inanspruchnahme, wenn Hilfebedürftige durch die Vorlage eines Arbeitsvertrages oder anderer ebenso verbindlicher, schriftlicher Zusagen glaubhaft machen, dass sie in nächster Zukunft eine Erwerbstätigkeit gemäß § 4 aufnehmen und nicht nur vorübergehend ausüben werden.

(2) Haben Hilfebedürftige bereits einmal glaubhaft gemacht, dass sie alsbald eine Erwerbstätigkeit nach Absatz 1 aufnehmen, so ist eine erneute Glaubhaftmachung ausgeschlossen.

(3) Ist bereits vor dem Zeitpunkt der geplanten Aufnahme der Beschäftigung oder Erwerbstätigkeit anzunehmen, dass diese nicht zu Stande kommen wird, entfällt die Unbilligkeit.

§ 6 Inkrafttreten

Diese Verordnung tritt mit Wirkung vom 1. Januar 2008 in Kraft.

Verordnung zur Berechnung von Einkommen sowie zur Nichtberücksichtigung von Einkommen und Vermögen beim Arbeitslosengeld II/Sozialgeld (Arbeitslosengeld II/Sozialgeld-Verordnung – Alg II-V)

Vom 17. Dezember 2007 (BGBl. I S. 2942)

Zuletzt geändert durch
Ehrenamtsstärkungsgesetz
vom 21. März 2013 (BGBl. I S. 556)[1])

Auf Grund des § 13 des Zweiten Buches Sozialgesetzbuch – Grundsicherung für Arbeitsuchende – (Artikel 1 des Gesetzes vom 24. Dezember 2003, BGBl. I S. 2954, 2955), der durch Artikel 1 Nr. 11 des Gesetzes vom 20. Juli 2006 (BGBl. I S. 1706) geändert worden ist, verordnet das Bundesministerium für Arbeit und Soziales im Einvernehmen mit dem Bundesministerium der Finanzen:

§ 1 Nicht als Einkommen zu berücksichtigende Einnahmen

(1) Außer den in § 11a des Zweiten Buches Sozialgesetzbuch genannten Einnahmen sind nicht als Einkommen zu berücksichtigen:

1. Einnahmen, wenn sie innerhalb eines Kalendermonats 10 Euro nicht übersteigen,
2. Leistungen, die ausdrücklich für die bei der Leistung nach § 19 Absatz 2 Satz 1 in Verbindung mit § 28 Absatz 6 des Zweiten Buches Sozialgesetzbuch zu berücksichtigenden ersparten häuslichen Verbrauchsausgaben erbracht werden, bis zur Höhe des Betrages nach § 5a Nummer 3,
3. (weggefallen)
4. nicht steuerpflichtige Einnahmen einer Pflegeperson für Leistungen der Grundpflege und der hauswirtschaftlichen Versorgung,
5. bei Soldaten der Auslandsverwendungszuschlag und der Leistungszuschlag,
6. die aus Mitteln des Bundes gezahlte Überbrückungsbeihilfe nach Artikel IX Abs. 4 des Abkommens zwischen den Parteien des Nordatlantikvertrages über die Rechtsstellung ihrer Truppen (NATO-Truppenstatut) vom 19. Juni 1951 (BGBl. 1961 II S. 1190) an ehemalige Arbeitnehmer bei den Stationierungsstreitkräften und nach Artikel 5 des Gesetzes zu den Notenwechseln vom 25. September 1990 und 23. September 1991 über die Rechtsstellung der in Deutschland stationierten verbündeten Streitkräfte und zu den Übereinkommen vom 25. September 1990 zur Regelung bestimmter Fragen in Bezug auf Berlin vom 3. Januar 1994 (BGBl. 1994 II S. 26) an ehemalige Arbeitnehmer bei den alliierten Streitkräften in Berlin,
7. die Eigenheimzulage, soweit sie nachweislich zur Finanzierung einer nach § 12 Abs. 3 Satz 1 Nr. 4 des Zweiten Buches Sozialgesetzbuch nicht als Vermögen zu berücksichtigenden Immobilie verwendet wird,
8. Kindergeld für Kinder des Hilfebedürftigen, soweit es nachweislich an das nicht im Haushalt des Hilfebedürftigen lebende Kind weitergeleitet wird,
9. bei Sozialgeldempfängern, die das 15. Lebensjahr noch nicht vollendet haben, Einnahmen aus Erwerbstätigkeit, soweit sie einen Betrag von 100 Euro monatlich nicht übersteigen,

---

[1]) Die Änderungen traten rückwirkend zum 1. Januar 2013 in Kraft.

10. Leistungen der Ausbildungsförderung, soweit sie für Fahrtkosten zur Ausbildung oder für Ausbildungsmaterial verwendet werden; ist bereits mindestens ein Betrag nach § 11b Absatz 2 Satz 1 des Zweiten Buches Sozialgesetzbuch von der Ausbildungsvergütung absetzbar, gilt dies nur für den darüber hinausgehenden Betrag,
11. Verpflegung, die außerhalb der in den §§ 2, 3 und 4 Nummer 4 genannten Einkommensarten bereitgestellt wird,
12. Geldgeschenke an Minderjährige anlässlich der Firmung, Kommunion, Konfirmation oder vergleichbarer religiöser Feste sowie anlässlich der Jugendweihe, soweit sie den in § 12 Absatz 2 Satz 1 Nummer 1a des Zweiten Buches Sozialgesetzbuch genannten Betrag nicht überschreiten.

(2) 1Bei der § 9 Abs. 5 des Zweiten Buches Sozialgesetzbuch zugrunde liegenden Vermutung, dass Verwandte und Verschwägerte an mit ihnen in Haushaltsgemeinschaft lebende Hilfebedürftige Leistungen erbringen, sind die um die Absetzbeträge nach § 11b des Zweiten Buches Sozialgesetzbuch bereinigten Einnahmen in der Regel nicht als Einkommen zu berücksichtigen, soweit sie einen Freibetrag in Höhe des doppelten Betrags des nach § 20 Absatz 2 Satz 1 maßgebenden Regelbedarfs zuzüglich der anteiligen Aufwendungen für Unterkunft und Heizung sowie darüber hinausgehend 50 Prozent der diesen Freibetrag übersteigenden bereinigten Einnahmen nicht überschreiten. 2§ 11a des Zweiten Buches Sozialgesetzbuch gilt entsprechend.

(3) 1Für Bewilligungszeiträume, die vor dem 1. Januar 2009 begonnen haben, ist Kindergeld nicht als Einkommen zu berücksichtigen, soweit es die bis zum 31. Dezember 2008 geltenden Beträge nach § 66 Absatz 1 des Einkommensteuergesetzes und § 6 Absatz 1 und 2 des Bundeskindergeldgesetzes übersteigt. 2Satz 1 gilt bis zum Ende des Bewilligungszeitraums, längstens jedoch bis zum 31. Mai 2009.

(4) 1Nicht als Einkommen zu berücksichtigen sind Einnahmen von Schülerinnen und Schülern allgemein- oder berufsbildender Schulen, die das 25. Lebensjahr noch nicht vollendet haben, aus Erwerbstätigkeiten, die in den Schulferien für höchstens vier Wochen je Kalenderjahr ausgeübt werden, soweit diese einen Betrag in Höhe von 1200 Euro kalenderjährlich nicht überschreiten. 2Für die Bemessung des Zeitraums nach Satz 1 bleiben in den Schulferien ausgeübte Erwerbstätigkeiten mit einem Einkommen, das monatlich den in § 11b Absatz 2 Satz 1 des Zweiten Buches Sozialgesetzbuch oder in Absatz 1 Nummer 9 genannten monatlichen Betrag nicht übersteigt, außer Betracht. 3Satz 1 gilt nicht für Schülerinnen und Schüler, die einen Anspruch auf Ausbildungsvergütung haben. 4Die Bestimmungen des Jugendarbeitsschutzgesetzes bleiben unberührt.

(5) Nicht als Einkommen zu berücksichtigen ist Elterngeld in Höhe von 150 Euro je Lebensmonat eines Kindes, der vor dem 1. Januar 2011 begonnen hat, soweit es auf Grund einer vor dem 1. Januar 2011 widerrufenen Verlängerungsmöglichkeit (§ 6 Satz 2 des Bundeselterngeld- und Elternzeitgesetzes) nachgezahlt wird.

(6) 1Die Verletztenrente nach dem Siebten Buch Sozialgesetzbuch ist teilweise nicht als Einkommen zu berücksichtigen, wenn sie auf Grund eines in Ausübung der Wehrpflicht bei der Nationalen Volksarmee der ehemaligen Deutschen Demokratischen Republik erlittenen Gesundheitsschadens erbracht wird. 2Dabei bestimmt sich die Höhe des nicht zu berücksichtigenden Betrages nach der Höhe der Grundrente nach § 31 des Bundesversorgungsgesetzes, die für den Grad der Schädigungsfolgen zu zahlen ist, der der jeweiligen Minderung der Erwerbsfähigkeit entspricht. 3Bei einer Minderung der Erwerbsfähigkeit um 20 Prozent beträgt der nicht zu berücksichtigende Betrag zwei Drittel, bei einer Minderung der Erwerbsfähigkeit um 10 Prozent ein Drittel der Mindestgrundrente nach dem Bundesversorgungsgesetz.

(7) 1Bei erwerbsfähigen Leistungsberechtigten, die an einem Bundesfreiwilligendienst

oder einem Jugendfreiwilligendienst teilnehmen, ist anstelle der Beträge nach § 11b Absatz 1 Satz 1 Nummer 3 bis 5 des Zweiten Buches Sozialgesetzbuch vom Taschengeld nach § 2 Absatz 1 Nummer 3 des Jugendfreiwilligendienstegesetzes oder § 2 Nummer 4 des Bundesfreiwilligendienstgesetzes ein Betrag von insgesamt 200 Euro monatlich abzusetzen. 2Übersteigt die Summe der Beträge nach § 11b Absatz 1 Satz 1 Nummer 3 bis 5 des Zweiten Buches Sozialgesetzbuch den Betrag von 140 Euro, gilt Satz 1 nicht. 3In diesem Fall ist vom Taschengeld zusätzlich ein Betrag von 60 Euro monatlich nicht als Einkommen zu berücksichtigen. 4Die Sätze 1 bis 3 gelten nicht für erwerbsfähige Leistungsberechtigte, die erwerbstätig sind oder aus einer Tätigkeit Bezüge oder Einnahmen erhalten, die nach § 3 Nummer 12, 26, 26a oder 26b des Einkommensteuergesetzes steuerfrei sind.

§ 2 Berechnung des Einkommens aus nichtselbständiger Arbeit

(1) Bei der Berechnung des Einkommens aus nichtselbständiger Arbeit (§ 14 des Vierten Buches Sozialgesetzbuch) ist von den Bruttoeinnahmen auszugehen.

(2) (weggefallen)

(3) 1Ist bei laufenden Einnahmen im Bewilligungszeitraum zu erwarten, dass diese in unterschiedlicher Höhe zufließen, kann als Einkommen ein monatliches Durchschnittseinkommen zu Grunde gelegt werden. 2Als monatliches Durchschnittseinkommen ist für jeden Monat im Bewilligungszeitraum der Teil des Einkommens zu berücksichtigen, der sich bei der Teilung des Gesamteinkommens im Bewilligungszeitraum durch die Anzahl der Monate im Bewilligungszeitraum ergibt. 3Soweit über die Gewährung von Leistungen zum Lebensunterhalt nach § 40 Absatz 2 Nummer 1 des Zweiten Buches Sozialgesetzbuch vorläufig entschieden wurde, ist das bei der vorläufigen Entscheidung berücksichtigte monatliche Durchschnittseinkommen bei der abschließenden Entscheidung als Einkommen zu Grunde zu legen, wenn das tatsächliche monatliche Durchschnittseinkommen das bei der vorläufigen Entscheidung zu Grunde gelegte monatliche Durchschnittseinkommen um nicht mehr als 20 Euro übersteigt.

(4) (weggefallen)

(5) 1Bei der Berechnung des Einkommens ist der Wert der vom Arbeitgeber bereitgestellten Vollverpflegung mit täglich 1 Prozent des nach § 20 des Zweiten Buches Sozialgesetzbuch maßgebenden monatlichen Regelbedarfs anzusetzen. 2Wird Teilverpflegung bereitgestellt, entfallen auf das Frühstück ein Anteil von 20 Prozent und auf das Mittag- und Abendessen Anteile von je 40 Prozent des sich nach Satz 1 ergebenden Betrages.

(6) 1Sonstige Einnahmen in Geldeswert sind mit ihrem Verkehrswert als Einkommen anzusetzen. 2Ist die Einnahme in Geldeswert auch als Teil des Regelbedarfs nach § 20 des Zweiten Buches Sozialgesetzbuch berücksichtigt, ist als Wert der Einnahme in Geldeswert höchstens der Betrag anzusetzen, der für diesen Teil in dem maßgebenden Regelbedarf enthalten ist.

(7) Das Einkommen kann nach Anhörung geschätzt werden, wenn

1. Leistungen der Grundsicherung für Arbeitsuchende einmalig oder für kurze Zeit zu erbringen sind oder Einkommen nur für kurze Zeit zu berücksichtigen ist oder
2. die Entscheidung über die Erbringung von Leistungen der Grundsicherung für Arbeitsuchende im Einzelfall keinen Aufschub duldet.

§ 3 Berechnung des Einkommens aus selbständiger Arbeit, Gewerbebetrieb oder Land- und Forstwirtschaft

(1) 1Bei der Berechnung des Einkommens aus selbständiger Arbeit, Gewerbebetrieb oder Land- und Forstwirtschaft ist von den Betriebseinnahmen auszugehen. 2Betriebseinnahmen sind alle aus selbständiger Arbeit, Gewerbebetrieb oder Land- und Forstwirtschaft erzielten Einnahmen, die im Bewilligungszeitraum (§ 41 Abs. 1 Satz 4 des Zweiten Buches Sozialgesetzbuch) tatsächlich zufließen. 3Wird eine Erwerbstätigkeit nach

Satz 1 nur während eines Teils des Bewilligungszeitraums ausgeübt, ist das Einkommen nur für diesen Zeitraum zu berechnen.

(2) Zur Berechnung des Einkommens sind von den Betriebseinnahmen die im Bewilligungszeitraum tatsächlich geleisteten notwendigen Ausgaben mit Ausnahme der nach § 11b des Zweiten Buches Sozialgesetzbuch abzusetzenden Beträge ohne Rücksicht auf steuerrechtliche Vorschriften abzusetzen.

(3) $_1$Tatsächliche Ausgaben sollen nicht abgesetzt werden, soweit diese ganz oder teilweise vermeidbar sind oder offensichtlich nicht den Lebensumständen während des Bezuges der Leistungen zur Grundsicherung für Arbeitsuchende entsprechen. $_2$Nachgewiesene Einnahmen können bei der Berechnung angemessen erhöht werden, wenn anzunehmen ist, dass die nachgewiesene Höhe der Einnahmen offensichtlich nicht den tatsächlichen Einnahmen entspricht. $_3$Ausgaben können bei der Berechnung nicht abgesetzt werden, soweit das Verhältnis der Ausgaben zu den jeweiligen Erträgen in einem auffälligen Missverhältnis steht. $_4$Ausgaben sind ferner nicht abzusetzen, soweit für sie Darlehen oder Zuschüsse nach dem Zweiten Buch Sozialgesetzbuch erbracht oder betriebliche Darlehen aufgenommen worden sind. $_5$Dies gilt auch für Ausgaben, soweit zu deren Finanzierung andere Darlehen verwandt werden.

(4) $_1$Für jeden Monat ist der Teil des Einkommens zu berücksichtigen, der sich bei der Teilung des Gesamteinkommens im Bewilligungszeitraum durch die Anzahl der Monate im Bewilligungszeitraum ergibt. $_2$Im Fall des Absatzes 1 Satz 3 gilt als monatliches Einkommen derjenige Teil des Einkommens, der der Anzahl der in den in Absatz 1 Satz 3 genannten Zeitraum fallenden Monate entspricht. $_3$Von dem Einkommen sind die Beträge nach § 11b des Zweiten Buches Sozialgesetzbuch abzusetzen.

(5) $_1$Ist auf Grund der Art der Erwerbstätigkeit eine jährliche Berechnung des Einkommens angezeigt, soll in die Berechnung des Einkommens nach den Absätzen 2 bis 4 auch Einkommen nach Absatz 1 Satz 1 einbezogen werden, das der oder die erwerbsfähige Leistungsberechtigte innerhalb eines Zeitraums von sechs Monaten vor wiederholter Antragstellung erzielt hat, wenn der oder die erwerbsfähige Leistungsberechtigte darauf hingewiesen worden ist. $_2$Dies gilt nicht, soweit das Einkommen bereits in dem der wiederholten Antragstellung vorangegangenen Bewilligungszeitraum berücksichtigt wurde oder bei Antragstellung in diesem Zeitraum hätte berücksichtigt werden müssen.

(6) Soweit über die Gewährung von Leistungen zum Lebensunterhalt nach § 40 Absatz 2 Nummer 1 des Zweiten Buches Sozialgesetzbuch vorläufig entschieden wurde, kann das Einkommen im Bewilligungszeitraum für die abschließende Entscheidung geschätzt werden, wenn das tatsächliche Einkommen nicht innerhalb eines Zeitraums von zwei Monaten nach Ende des Bewilligungszeitraums nachgewiesen wird.

(7) $_1$Wird ein Kraftfahrzeug überwiegend betrieblich genutzt, sind die tatsächlich geleisteten notwendigen Ausgaben für dieses Kraftfahrzeug als betriebliche Ausgabe abzusetzen. $_2$Für private Fahrten sind die Ausgaben um 0,10 Euro für jeden gefahrenen Kilometer zu vermindern. $_3$Ein Kraftfahrzeug gilt als überwiegend betrieblich genutzt, wenn es zu mindestens 50 Prozent betrieblich genutzt wird. $_4$Wird ein Kraftfahrzeug überwiegend privat genutzt, sind die tatsächlichen Ausgaben keine Betriebsausgaben. $_5$Für betriebliche Fahrten können 0,10 Euro für jeden mit dem privaten Kraftfahrzeug gefahrenen Kilometer abgesetzt werden, soweit der oder die erwerbsfähige Leistungsberechtigte nicht höhere notwendige Ausgaben für Kraftstoff nachweist.

§4 Berechnung des Einkommens in sonstigen Fällen

$_1$Für die Berechnung des Einkommens aus Einnahmen, die nicht unter die §§ 2 und 3 fallen, ist § 2 entsprechend anzuwenden. $_2$Hierzu gehören insbesondere Einnahmen aus

1. Sozialleistungen,
2. Vermietung und Verpachtung,

3. Kapitalvermögen sowie
4. Wehr-, Ersatz- und Freiwilligendienstverhältnissen.

§ 5 Begrenzung abzugsfähiger Ausgaben

1Ausgaben sind höchstens bis zur Höhe der Einnahmen aus derselben Einkunftsart abzuziehen. 2Einkommen darf nicht um Ausgaben einer anderen Einkommensart vermindert werden.

§ 5a Beträge für die Prüfung der Hilfebedürftigkeit

Bei der Prüfung der Hilfebedürftigkeit ist zugrunde zu legen

1. für die Schulausflüge (§ 28 Absatz 2 Satz 1 Nummer 1 des Zweiten Buches Sozialgesetzbuch) ein Betrag von drei Euro monatlich,
2. für die mehrtägigen Klassenfahrten (§ 28 Absatz 2 Satz 1 Nummer 2 des Zweiten Buches Sozialgesetzbuch) monatlich der Betrag, der sich bei der Teilung der Aufwendungen, die für die mehrtägige Klassenfahrt entstehen, auf einen Zeitraum von sechs Monaten ab Beginn des auf den Antrag folgenden Monats ergibt,
3. für die ersparten häuslichen Verbrauchsausgaben bei Inanspruchnahme gemeinschaftlicher Mittagsverpflegung der in § 9 des Regelbedarfs-Ermittlungsgesetzes genannte Betrag.

§ 6 Pauschbeträge für vom Einkommen abzusetzende Beträge

(1) Als Pauschbeträge sind abzusetzen

1. von dem Einkommen volljähriger Leistungsberechtigter ein Betrag in Höhe von 30 Euro monatlich für die Beiträge zu privaten Versicherungen nach § 11b Absatz 1 Satz 1 Nummer 3 des Zweiten Buches Sozialgesetzbuch, die nach Grund und Höhe angemessen sind,
2. von dem Einkommen Minderjähriger ein Betrag in Höhe von 30 Euro monatlich für die Beiträge zu privaten Versicherungen nach § 11b Absatz 1 Satz 1 Nummer 3 des Zweiten Buches Sozialgesetzbuch, die nach Grund und Höhe angemessen sind, wenn der oder die Minderjährige eine entsprechende Versicherung abgeschlossen hat,
3. von dem Einkommen Erwerbstätiger für die Beträge nach § 11b Absatz 1 Satz 1 Nummer 5 des Zweiten Buches Sozialgesetzbuch
   a) ein Betrag in Höhe von 15,33 Euro monatlich als mit seiner Erzielung verbundene notwendige Ausgaben; dies gilt nicht für Einkommen nach § 3,
   b) zusätzlich bei Benutzung eines Kraftfahrzeugs für die Fahrt zwischen Wohnung und Arbeitsstätte für Wegstrecken zur Ausübung der Erwerbstätigkeit 0,20 Euro für jeden Entfernungskilometer der kürzesten Straßenverbindung,

   soweit der oder die erwerbsfähige Leistungsberechtigte nicht höhere notwendige Ausgaben nachweist.

(2) Sofern die Berücksichtigung des Pauschbetrags nach Absatz 1 Nummer 3 Buchstabe b im Vergleich zu den bei Benutzung eines zumutbaren öffentlichen Verkehrsmittels anfallenden Fahrtkosten unangemessen hoch ist, sind nur diese als Pauschbetrag abzusetzen.

(3) Für Mehraufwendungen für Verpflegung ist, wenn die erwerbsfähige leistungsberechtigte Person vorübergehend von seiner Wohnung und dem Mittelpunkt seiner dauerhaft angelegten Erwerbstätigkeit entfernt erwerbstätig ist, für jeden Kalendertag, an dem die erwerbsfähige leistungsberechtigte Person wegen dieser vorübergehenden Tätigkeit von seiner Wohnung und dem Tätigkeitsmittelpunkt mindestens zwölf Stunden abwesend ist, ein Pauschbetrag in Höhe von 6 Euro abzusetzen.

§ 7 Nicht zu berücksichtigendes Vermögen

(1) Außer dem in § 12 Abs. 3 des Zweiten Buches Sozialgesetzbuch genannten Vermögen sind Vermögensgegenstände nicht als Vermögen zu berücksichtigen, die zur Aufnahme oder Fortsetzung der Berufsausbil-

dung oder der Erwerbstätigkeit unentbehrlich sind.

(2) Bei der § 9 Abs. 5 des Zweiten Buches Sozialgesetzbuch zu Grunde liegenden Vermutung, dass Verwandte und Verschwägerte an mit ihnen in Haushaltsgemeinschaft lebende Leistungsberechtigte Leistungen erbringen, ist Vermögen nicht zu berücksichtigen, das nach § 12 Abs. 2 des Zweiten Buches Sozialgesetzbuch abzusetzen oder nach § 12 Abs. 3 des Zweiten Buches Sozialgesetzbuch nicht zu berücksichtigen ist.

§ 8 Wert des Vermögens

Das Vermögen ist ohne Rücksicht auf steuerrechtliche Vorschriften mit seinem Verkehrswert zu berücksichtigen.

§ 9 Übergangsvorschrift

$_1$Für Bewilligungszeiträume, die vor dem 1. Januar 2008 begonnen haben, ist § 2a der Arbeitslosengeld II/Sozialgeld-Verordnung vom 20. Oktober 2004 in der bis zum 31. Dezember 2007 geltenden Fassung weiterhin anzuwenden. $_2$§ 2a Abs. 4 der Arbeitslosengeld II/Sozialgeld-Verordnung vom 20. Oktober 2004 in der bis zum 31. Dezember 2007 geltenden Fassung ist mit der Maßgabe anzuwenden, dass für den Teil des Bewilligungszeitraums, der im Berechnungsjahr 2007 liegt, bei der abschließenden Entscheidung als Einkommen der Teil des vom Finanzamt für das Berechnungsjahr festgestellten Gewinns zu berücksichtigen ist, der auf diesen Teil des Bewilligungszeitraums entfällt. $_3$Für den Teil des Bewilligungszeitraums, der nach dem 31. Dezember 2007 liegt, ist bei der abschließenden Entscheidung § 3 dieser Verordnung entsprechend anzuwenden.

§ 10 Inkrafttreten, Außerkrafttreten

$_1$Diese Verordnung tritt am 1. Januar 2008 in Kraft. $_2$Gleichzeitig tritt die Arbeitslosengeld II/Sozialgeld-Verordnung vom 20. Oktober 2004 (BGBl. I S. 2622), zuletzt geändert durch Artikel 3 Abs. 3 der Verordnung vom 21. Dezember 2006 (BGBl. I S. 3385), außer Kraft.

Verordnung zur Bemessung von Einstiegsgeld (Einstiegsgeld-Verordnung – ESGV)

Vom 29. Juli 2009 (BGBl. I S. 2342)

Zuletzt geändert durch
Gesetz zur Ermittlung von Regelbedarfen und zur Änderung des Zweiten und und Zwölften Buches Sozialgesetzbuch
vom 24. März 2011 (BGBl. I S. 453)

Auf Grund des § 16b Absatz 3 des Zweiten Buches Sozialgesetzbuch – Grundsicherung für Arbeitsuchende – (Artikel 1 des Gesetzes vom 24. Dezember 2003, BGBl. I S. 2954, 2955), der durch Artikel 2 Nummer 6 des Gesetzes vom 21. Dezember 2008 (BGBl. I S. 2917) eingefügt worden ist, verordnet das Bundesministerium für Arbeit und Soziales im Einvernehmen mit dem Bundesministerium der Finanzen:

§ 1 Einzelfallbezogene Bemessung des Einstiegsgeldes

(1) $_1$Bei der einzelfallbezogenen Bemessung des Einstiegsgeldes ist ein monatlicher Grundbetrag zu bestimmen, dem Ergänzungsbeträge hinzugefügt werden sollen. $_2$Der monatliche Grundbetrag berücksichtigt den für erwerbsfähige Leistungsberechtigte jeweils maßgebenden Regelbedarf. $_3$Die Ergänzungsbeträge berücksichtigen die vorherige Dauer der Arbeitslosigkeit und die Größe der Bedarfsgemeinschaft, in der die oder der erwerbsfähige Leistungsberechtigte lebt.

(2) $_1$Der Grundbetrag des Einstiegsgeldes darf höchstens 50 vom Hundert des für erwerbsfähige Leistungsberechtigte maßgebenden Regelbedarfs nach § 20 des Zweiten Buches Sozialgesetzbuch betragen. $_2$Bei der Bemessung kann festgelegt werden, dass sich die Höhe des Grundbetrages innerhalb des Förderzeitraums in Abhängigkeit von der Förderdauer verändert.

(3) $_1$Bei erwerbsfähigen Leistungsberechtigten, die vor Aufnahme der mit Einstiegsgeld geförderten sozialversicherungspflichtigen oder selbständigen Erwerbstätigkeit bereits zwei Jahre oder länger arbeitslos waren, soll ein Ergänzungsbetrag gezahlt werden. $_2$Der Ergänzungsbetrag entspricht 20 vom Hundert des Regelbedarfs zur Sicherung des Lebensunterhalts nach § 20 Absatz 2 Satz 1 des Zweiten Buches Sozialgesetzbuch. $_3$Bei Personen, deren Eingliederung in Arbeit wegen in ihrer Person liegender Umstände erschwert ist, soll der Ergänzungsbetrag nach Satz 2 bereits nach einer vorherigen Dauer der Arbeitslosigkeit von mindestens sechs Monaten gezahlt werden. $_4$§ 18 Absatz 2 des Dritten Buches Sozialgesetzbuch gilt für Satz 1 und Satz 3 entsprechend.

(4) $_1$Bei erwerbsfähigen Leistungsberechtigten, die mit weiteren Personen in einer Bedarfsgemeinschaft leben, soll je weiterer leistungsberechtigter Person ein Ergänzungsbetrag gezahlt werden. $_2$Der Ergänzungsbetrag entspricht 10 vom Hundert des Regelbedarfs zur Sicherung des Lebensunterhalts nach § 20 Absatz 2 Satz 1 des Zweiten Buches Sozialgesetzbuch.

(5) $_1$Das Einstiegsgeld für erwerbsfähige Leistungsberechtigte darf bei der einzelfallbezogenen Bemessung monatlich einen Gesamtbetrag nicht überschreiten, der des Regelbedarfs zur Sicherung des Lebensunterhalts nach § 20 Absatz 2 Satz 1 des Zweiten Buches Sozialgesetzbuch entspricht.

§ 2 Pauschale Bemessung des Einstiegsgeldes bei besonders zu fördernden Personengruppen

(1) $_1$Das Einstiegsgeld kann abweichend von § 1 pauschal bemessen werden, wenn dies zur Eingliederung von besonders zu fördernden Personengruppen in den allgemeinen Arbeitsmarkt erforderlich ist. $_2$Bei der Bemessung kann festgelegt werden, dass sich die Höhe des Einstiegsgeldes innerhalb des Förderzeitraums in Abhängigkeit von der Förderdauer verändert.

(2) Das Einstiegsgeld für den erwerbsfähigen Hilfebedürftigen darf in den Fällen des Absat-

zes 1 monatlich einen Betrag nicht überschreiten, der 75 vom Hundert der Regelleistung zur Sicherung des Lebensunterhalts nach § 20 Absatz 2 Satz 1 des Zweiten Buches Sozialgesetzbuch entspricht.

§3 Inkrafttreten

Diese Verordnung tritt am ersten Tag des auf die Verkündung folgenden Kalendermonats in Kraft.

Verordnung über die Mindestanforderungen an die Vereinbarungen über Leistungen der Eingliederung nach dem Zweiten Buch Sozialgesetzbuch (Mindestanforderungs-Verordnung)

Vom 4. November 2004 (BGBl. I S. 2768)

Auf Grund des § 18 Abs. 4 in Verbindung mit § 18 Abs. 3 des Zweiten Buches Sozialgesetzbuch – Grundsicherung für Arbeitsuchende – (Artikel 1 des Gesetzes vom 24. Dezember 2003, BGBl. I S. 2954, 2955), von denen § 18 Abs. 3 durch Artikel 1 des Gesetzes vom 30. Juli 2004 (BGBl. I S. 2014) geändert worden ist, verordnet das Bundesministerium für Wirtschaft und Arbeit:

§ 1 Grundsatz

Die Agenturen für Arbeit sollen mit Gemeinden, Kreisen und Bezirken ohne Vergabeverfahren auf deren Verlangen zur Durchführung der Grundsicherung für Arbeitsuchende Vereinbarungen über das Erbringen von Leistungen zur Eingliederung in Arbeit mit Ausnahme der Leistungen nach § 16 Abs. 1 des Zweiten Buches Sozialgesetzbuch schließen, wenn die Vereinbarungen den Mindestanforderungen des § 2 entsprechen.

§ 2 Mindestanforderungen

Eine Vereinbarung über das Erbringen von Eingliederungsleistungen muss mindestens

1. eine Beschreibung von Inhalt, Umfang und Qualität der Leistungen (Leistungsvereinbarung),
2. eine verbindliche Regelung über die Vergütung, die sich aus Pauschalen und Beträgen für einzelne Leistungsbereiche zusammensetzt (Vergütungsvereinbarung),
3. überprüfbare Anforderungen an die Überprüfung von Wirtschaftlichkeit und Qualität der Leistungen (Prüfungsvereinbarung)

sowie Regelungen über Mitteilungspflicht, Befristung und Kündigung beinhalten.

§ 3 Leistungsvereinbarung

1Die Leistungsvereinbarung muss die wesentlichen Leistungsmerkmale festlegen. 2Dies sind mindestens

1. die Beschreibung der zu erbringenden Leistung,
2. Ziel und Qualität der Leistung,
3. die Qualifikation des Personals,
4. die erforderliche räumliche, sächliche und personelle Ausstattung und
5. die Verpflichtung, im Rahmen des Leistungsangebotes Leistungsberechtigte aufzunehmen.

§ 4 Vergütungsvereinbarung

1Die Vergütungsvereinbarung muss den Grundsätzen der Wirtschaftlichkeit und Sparsamkeit entsprechen. 2Die Gemeinde, der Kreis oder der Bezirk haben jeweils nach längstens sechs Monaten die Kosten für die erbrachten Leistungen abzurechnen.

§ 5 Prüfungsvereinbarung

Die Prüfungsvereinbarung muss mindestens das Recht der Agentur für Arbeit beinhalten, die Wirtschaftlichkeit und Qualität der Leistung zu prüfen und mit Leistungen zu vergleichen, die von Dritten zur Erreichung des mit der Leistung verfolgten Ziels angeboten oder durchgeführt werden; sie muss insbesondere das Recht auf

1. das Betreten von Grundstücken und Geschäftsräumen während der üblichen Öffnungszeit,
2. Einsicht in maßnahmebetreffende Unterlagen und Aufzeichnungen und
3. Befragung der Maßnahmeteilnehmer

zur Prüfung der Leistungen umfassen.

§ 6 Mitteilungspflicht

Eine Vereinbarung über das Erbringen von Eingliederungsleistungen muss mindestens die Verpflichtung der Gemeinde, des Kreises oder des Bezirkes enthalten, der Agentur für Arbeit alle Tatsachen mitzuteilen, von denen sie oder er Kenntnis erhält und die für die in § 31 des Zweiten Buches Sozialgesetzbuch vorgesehenen Rechtsfolgen erheblich sind.

§ 7 Befristung

1Die Befristung darf fünf Jahre nicht übersteigen. 2Eine neue Vereinbarung darf nur abgeschlossen werden, wenn

1. die Prüfung nach § 5 ergeben hat, dass die Anforderungen an Wirtschaftlichkeit und Qualität erfüllt worden sind und
2. das mit der Leistung angestrebte Ziel auf dem Arbeitsmarkt, die Beschäftigung und die individuelle Beschäftigungsfähigkeit erreicht wurde; dies wird vermutet, wenn die erbrachten Eingliederungsleistungen in einem Leistungsvergleich unter Berücksichtigung regionaler Besonderheiten wenigstens durchschnittliche Ergebnisse erzielt haben.

§ 8 Kündigung

Eine Vereinbarung über das Erbringen von Eingliederungsleistungen muss vorsehen, dass die Vereinbarung

1. bei einer wesentlichen und voraussichtlich nachhaltigen Änderung der Verhältnisse, die im Zeitpunkt der Vereinbarung vorgelegen haben, mit einer Frist von höchstens einem Jahr und
2. aus wichtigem Grund ohne Frist

gekündigt werden kann.

§ 9 Inkrafttreten

Diese Verordnung tritt am Tag nach der Verkündung in Kraft.

III SGB III: Arbeitsförderung

III

Sozialgesetzbuch (SGB) Drittes Buch (III) – Arbeitsförderung – (SGB III)

Vom 24. März 1997 (BGBl. I S. 594)

Zuletzt geändert durch
GKV-Versorgungsstärkungsgesetz
vom 16. Juli 2015 (BGBl. I S. 1211)

III

Inhaltsübersicht

III

III

III

Erstes Kapitel
Allgemeine Vorschriften

Erster Abschnitt
Grundsätze

§ 1 Ziele der Arbeitsförderung

(1) 1Die Arbeitsförderung soll dem Entstehen von Arbeitslosigkeit entgegenwirken, die Dauer der Arbeitslosigkeit verkürzen und den Ausgleich von Angebot und Nachfrage auf dem Ausbildungs- und Arbeitsmarkt unterstützen. 2Dabei ist insbesondere durch die Verbesserung der individuellen Beschäftigungsfähigkeit Langzeitarbeitslosigkeit zu vermeiden. 3Die Gleichstellung von Frauen und Männern ist als durchgängiges Prinzip der Arbeitsförderung zu verfolgen. 4Die Arbeitsförderung soll dazu beitragen, dass ein hoher Beschäftigungsstand erreicht und die Beschäftigungsstruktur ständig verbessert wird. 5Sie ist so auszurichten, dass sie der beschäftigungspolitischen Zielsetzung der Sozial-, Wirtschafts- und Finanzpolitik der Bundesregierung entspricht.

(2) Die Leistungen der Arbeitsförderung sollen insbesondere

1. die Transparenz auf dem Ausbildungs- und Arbeitsmarkt erhöhen, die berufliche und regionale Mobilität unterstützen und die zügige Besetzung offener Stellen ermöglichen,
2. die individuelle Beschäftigungsfähigkeit durch Erhalt und Ausbau von Fertigkeiten, Kenntnissen und Fähigkeiten fördern,
3. unterwertiger Beschäftigung entgegenwirken und
4. die berufliche Situation von Frauen verbessern, indem sie auf die Beseitigung bestehender Nachteile sowie auf die Überwindung eines geschlechtsspezifisch geprägten Ausbildungs- und Arbeitsmarktes hinwirken und Frauen mindestens entsprechend ihrem Anteil an den Arbeitslosen und ihrer relativen Betroffenheit von Arbeitslosigkeit gefördert werden.

(3) 1Die Bundesregierung soll mit der Bundesagentur zur Durchführung der Arbeitsförderung Rahmenziele vereinbaren. 2Diese dienen der Umsetzung der Grundsätze dieses Buches. 3Die Rahmenziele werden spätestens zu Beginn einer Legislaturperiode überprüft.

§ 2 Zusammenwirken mit den Agenturen für Arbeit

(1) Die Agenturen für Arbeit erbringen insbesondere Dienstleistungen für Arbeitgeber, Arbeitnehmerinnen und Arbeitnehmer, indem sie

1. Arbeitgeber regelmäßig über Ausbildungs- und Arbeitsmarktentwicklungen, Ausbildungsuchende, Fachkräfteangebot und berufliche Bildungsmaßnahmen informieren sowie auf den Betrieb zugeschnittene Arbeitsmarktberatung und Vermittlung anbieten und
2. Arbeitnehmerinnen und Arbeitnehmer zur Vorbereitung der Berufswahl und zur Erschließung ihrer beruflichen Entwicklungsmöglichkeiten beraten, Vermittlungsangebote zur Ausbildungs- oder Arbeitsaufnahme entsprechend ihren Fähigkeiten unterbreiten sowie sonstige Leistungen der Arbeitsförderung erbringen.

(2) 1Die Arbeitgeber haben bei ihren Entscheidungen verantwortungsvoll deren Auswirkungen auf die Beschäftigung der Arbeitnehmerinnen und Arbeitnehmer und von Arbeitslosen und damit die Inanspruchnahme von Leistungen der Arbeitsförderung einzubeziehen. 2Sie sollen dabei insbesondere

1. im Rahmen ihrer Mitverantwortung für die Entwicklung der beruflichen Leistungsfähigkeit der Arbeitnehmerinnen und Arbeitnehmer zur Anpassung an sich ändernde Anforderungen sorgen,
2. vorrangig durch betriebliche Maßnahmen die Inanspruchnahme von Leistungen der Arbeitsförderung sowie Entlassungen von Arbeitnehmerinnen und Arbeitnehmern vermeiden,
3. Arbeitnehmer vor der Beendigung des Arbeitsverhältnisses frühzeitig über die Notwendigkeit eigener Aktivitäten bei der Suche nach einer anderen Beschäftigung sowie über die Verpflichtung zur Meldung nach § 38 Abs. 1 bei der Agentur für Arbeit

informieren, sie hierzu freistellen und die Teilnahme an erforderlichen Maßnahmen der beruflichen Weiterbildung ermöglichen.

(3) 1Die Arbeitgeber sollen die Agenturen für Arbeit frühzeitig über betriebliche Veränderungen, die Auswirkungen auf die Beschäftigung haben können, unterrichten. 2Dazu gehören insbesondere Mitteilungen über

1. zu besetzende Ausbildungs- und Arbeitsstellen,
2. geplante Betriebserweiterungen und den damit verbundenen Arbeitskräftebedarf,
3. die Qualifikationsanforderungen an die einzustellenden Arbeitnehmerinnen und Arbeitnehmer,
4. geplante Betriebseinschränkungen oder Betriebsverlagerungen sowie die damit verbundenen Auswirkungen und
5. Planungen, wie Entlassungen von Arbeitnehmerinnen und Arbeitnehmern vermieden oder Übergänge in andere Beschäftigungsverhältnisse organisiert werden können.

(4) 1Die Arbeitnehmerinnen und Arbeitnehmer haben bei ihren Entscheidungen verantwortungsvoll deren Auswirkungen auf ihre beruflichen Möglichkeiten einzubeziehen. 2Sie sollen insbesondere ihre berufliche Leistungsfähigkeit den sich ändernden Anforderungen anpassen.

(5) Die Arbeitnehmerinnen und Arbeitnehmer haben zur Vermeidung oder zur Beendigung von Arbeitslosigkeit insbesondere

1. ein zumutbares Beschäftigungsverhältnis fortzusetzen,
2. eigenverantwortlich nach Beschäftigung zu suchen, bei bestehendem Beschäftigungsverhältnis frühzeitig vor dessen Beendigung,
3. eine zumutbare Beschäftigung aufzunehmen und
4. an einer beruflichen Eingliederungsmaßnahme teilzunehmen.

§ 3 Leistungen der Arbeitsförderung

(1) Leistungen der Arbeitsförderung sind Leistungen nach Maßgabe des Dritten und Vierten Kapitels dieses Buches.

(2) Leistungen der aktiven Arbeitsförderung sind Leistungen nach Maßgabe des Dritten Kapitels dieses Buches und Arbeitslosengeld bei beruflicher Weiterbildung.

(3) Leistungen der aktiven Arbeitsförderung sind Ermessensleistungen mit Ausnahme

1. des Aktivierungs- und Vermittlungsgutscheins nach § 45 Absatz 7,
2. der Berufsausbildungsbeihilfe während der ersten Berufsausbildung oder einer berufsvorbereitenden Bildungsmaßnahme,
3. der Leistung zur Vorbereitung auf den nachträglichen Erwerb des Hauptschulabschlusses oder eines gleichwertigen Schulabschlusses im Rahmen einer berufsvorbereitenden Bildungsmaßnahme,
4. der Weiterbildungskosten zum nachträglichen Erwerb des Hauptschulabschlusses oder eines gleichwertigen Schulabschlusses,
5. des Kurzarbeitergeldes bei Arbeitsausfall,
6. des Wintergeldes,
7. der Leistungen zur Förderung der Teilnahme an Transfermaßnahmen,
8. der besonderen Leistungen zur Teilhabe am Arbeitsleben und
9. des Arbeitslosengeldes bei beruflicher Weiterbildung.

(4) Entgeltersatzleistungen sind

1. Arbeitslosengeld bei Arbeitslosigkeit und bei beruflicher Weiterbildung,
2. Teilarbeitslosengeld bei Teilarbeitslosigkeit,
3. Übergangsgeld bei Teilnahme an Maßnahmen zur Teilhabe am Arbeitsleben,
4. Kurzarbeitergeld bei Arbeitsausfall,
5. Insolvenzgeld bei Zahlungsunfähigkeit des Arbeitgebers.

III

§ 4 Vorrang der Vermittlung

(1) Die Vermittlung in Ausbildung und Arbeit hat Vorrang vor den Leistungen zum Ersatz des Arbeitsentgelts bei Arbeitslosigkeit.

(2) Der Vermittlungsvorrang gilt auch im Verhältnis zu den sonstigen Leistungen der aktiven Arbeitsförderung, es sei denn, die Leistung ist für eine dauerhafte Eingliederung erforderlich.

§ 5 Vorrang der aktiven Arbeitsförderung

Die Leistungen der aktiven Arbeitsförderung sind entsprechend ihrer jeweiligen Zielbestimmung und den Ergebnissen der Beratungs- und Vermittlungsgespräche einzusetzen, um sonst erforderliche Leistungen zum Ersatz des Arbeitsentgelts bei Arbeitslosigkeit nicht nur vorübergehend zu vermeiden und dem Entstehen von Langzeitarbeitslosigkeit vorzubeugen.

§ 6 (weggefallen)

§ 7 Auswahl von Leistungen der aktiven Arbeitsförderung

$_1$Bei der Auswahl von Ermessensleistungen der aktiven Arbeitsförderung hat die Agentur für Arbeit unter Beachtung des Grundsatzes der Wirtschaftlichkeit und Sparsamkeit die für den Einzelfall am besten geeignete Leistung oder Kombination von Leistungen zu wählen. $_2$Dabei ist grundsätzlich auf

1. die Fähigkeiten der zu fördernden Personen,
2. die Aufnahmefähigkeit des Arbeitsmarktes und
3. den anhand der Ergebnisse der Beratungs- und Vermittlungsgespräche ermittelten arbeitsmarktpolitischen Handlungsbedarf

abzustellen.

§ 8 Vereinbarkeit von Familie und Beruf

(1) Die Leistungen der aktiven Arbeitsförderung sollen in ihrer zeitlichen, inhaltlichen und organisatorischen Ausgestaltung die Lebensverhältnisse von Frauen und Männern berücksichtigen, die aufsichtsbedürftige Kinder betreuen und erziehen oder pflegebedürftige Angehörige betreuen oder nach diesen Zeiten wieder in die Erwerbstätigkeit zurückkehren wollen.

(2) $_1$Berufsrückkehrende sollen die zu ihrer Rückkehr in die Erwerbstätigkeit notwendigen Leistungen der aktiven Arbeitsförderung unter den Voraussetzungen dieses Buches erhalten. $_2$Hierzu gehören insbesondere Beratung und Vermittlung sowie die Förderung der beruflichen Weiterbildung durch Übernahme der Weiterbildungskosten.

§ 9 Ortsnahe Leistungserbringung

(1) $_1$Die Leistungen der Arbeitsförderung sollen vorrangig durch die örtlichen Agenturen für Arbeit erbracht werden. $_2$Dabei haben die Agenturen für Arbeit die Gegebenheiten des örtlichen und überörtlichen Arbeitsmarktes zu berücksichtigen.

(2) $_1$Die Agenturen für Arbeit sollen die Vorgänge am Arbeitsmarkt besser durchschaubar machen. $_2$Sie haben zum Ausgleich von Angebot und Nachfrage auf dem örtlichen und überörtlichen Arbeitsmarkt beizutragen. $_3$Der Einsatz der aktiven Arbeitsmarktpolitik ist zur Verbesserung der Wirksamkeit und Steuerung regelmäßig durch die Agenturen für Arbeit zu überprüfen. $_4$Dazu ist ein regionales Arbeitsmarktmonitoring einzurichten. $_5$Arbeitsmarktmonitoring ist ein System wiederholter Beobachtungen, Bilanzierungen, Trendbeschreibungen und Bewertungen der Vorgänge auf dem Arbeitsmarkt einschließlich der den Arbeitsmarktausgleich unterstützenden Maßnahmen.

(3) $_1$Die Agenturen für Arbeit arbeiten zur Erfüllung ihrer Aufgaben mit den Gemeinden, Kreisen und Bezirken sowie den weiteren Beteiligten des örtlichen Arbeitsmarktes, insbesondere den Vertreterinnen und Vertretern der Arbeitgeber sowie der Arbeitnehmerinnen und Arbeitnehmer, den Kammern und berufsständischen Organisationen, zusammen. $_2$Sie sollen ihre Planungen rechtzeitig mit Trägern von Maßnahmen der Arbeitsförderung erörtern.

§ 9a Zusammenarbeit mit den für die Wahrnehmung der Aufgaben der Grundsicherung für Arbeitsuchende zuständigen gemeinsamen Einrichtungen und zugelassenen kommunalen Trägern

1Beziehen erwerbsfähige Leistungsberechtigte nach dem Zweiten Buch auch Leistungen der Arbeitsförderung, so sind die Agenturen für Arbeit verpflichtet, eng mit den für die Wahrnehmung der Aufgaben der Grundsicherung für Arbeitsuchende zuständigen gemeinsamen Einrichtungen und zugelassenen kommunalen Trägern zusammenzuarbeiten. 2Sie unterrichten diese unverzüglich über die ihnen insoweit bekannten, für die Wahrnehmung der Aufgaben der Grundsicherung für Arbeitsuchende erforderlichen Tatsachen, insbesondere über

1. die für erwerbsfähige Leistungsberechtigte im Sinne des Zweiten Buches vorgesehenen und erbrachten Leistungen der aktiven Arbeitsförderung sowie
2. über die bei diesen Personen eintretenden Sperrzeiten.

§ 10 (weggefallen)

§ 11 Eingliederungsbilanz und Eingliederungsbericht

(1) 1Die Bundesagentur und jede Agentur für Arbeit erstellen nach Abschluss eines Haushaltsjahres über ihre Ermessensleistungen der aktiven Arbeitsförderung eine Eingliederungsbilanz. 2Die Eingliederungsbilanzen müssen vergleichbar sein und sollen Aufschluss über den Mitteleinsatz, die geförderten Personengruppen und die Wirkung der Förderung geben.

(2) 1Die Eingliederungsbilanzen sollen insbesondere Angaben enthalten zu

1. dem Anteil der Gesamtausgaben an den zugewiesenen Mitteln sowie zu den Ausgaben für die einzelnen Leistungen und ihrem Anteil an den Gesamtausgaben,
2. den durchschnittlichen Ausgaben für die einzelnen Leistungen je geförderte Arbeitnehmerin und je geförderten Arbeitnehmer unter Berücksichtigung der besonders förderungsbedürftigen Personengruppen, insbesondere Langzeitarbeitslose, schwerbehinderte Menschen, Ältere, Berufsrückkehrende und Personen mit geringer Qualifikation,
3. der Beteiligung besonders förderungsbedürftiger Personengruppen an den einzelnen Leistungen unter Berücksichtigung ihres Anteils an den Arbeitslosen,
4. der Beteiligung von Frauen an Maßnahmen der aktiven Arbeitsförderung unter Berücksichtigung ihres Anteils an den Arbeitslosen und ihrer relativen Betroffenheit von Arbeitslosigkeit sowie Angaben zu Maßnahmen, die zu einer gleichberechtigten Teilhabe von Frauen am Arbeitsmarkt beigetragen haben,
5. dem Verhältnis der Zahl der Arbeitslosen, die in eine nicht geförderte Beschäftigung vermittelt wurden, zu der Zahl aller Abgänge aus Arbeitslosigkeit in eine nicht geförderte Beschäftigung (Vermittlungsquote); dabei sind besonders förderungsbedürftige Personengruppen gesondert auszuweisen,
6. dem Verhältnis
   a) der Zahl der Arbeitnehmerinnen und Arbeitnehmer, die sechs Monate nach Abschluss einer Maßnahme der aktiven Arbeitsförderung nicht mehr arbeitslos sind, sowie
   b) der Zahl der Arbeitnehmerinnen und Arbeitnehmer, die nach angemessener Zeit im Anschluss an eine Maßnahme der aktiven Arbeitsförderung sozialversicherungspflichtig beschäftigt sind,

   jeweils zu der Zahl der geförderten Arbeitnehmerinnen und Arbeitnehmer in den einzelnen Maßnahmebereichen; dabei sind besonders förderungsbedürftige Personengruppen gesondert auszuweisen,
7. der Entwicklung der Rahmenbedingungen für die Eingliederung auf dem regionalen Arbeitsmarkt,
8. der Veränderung der Maßnahmen im Zeitverlauf,
9. der Arbeitsmarktsituation von Personen mit Migrationshintergrund.

III

2Die Zentrale der Bundesagentur stellt den Agenturen für Arbeit einheitliche Berechnungsmaßstäbe zu den einzelnen Angaben zur Verfügung, um die Vergleichbarkeit der Eingliederungsbilanzen sicherzustellen.

(3) 1Die Eingliederungsbilanzen der Agenturen für Arbeit sind mit den Beteiligten des örtlichen Arbeitsmarktes zu erörtern. 2Dazu sind sie um einen Teil zu ergänzen, der weiteren Aufschluss gibt über die Leistungen und ihre Wirkungen auf den örtlichen Arbeitsmarkt, Aufschluss über die Konzentration der Maßnahmen auf einzelne Träger sowie Aufschluss über die Zusammensetzung der Maßnahmen zur Aktivierung und beruflichen Eingliederung sowie über die an diesen Maßnahmen teilnehmenden Personen und deren weitere Eingliederung in den Ausbildungs- und Arbeitsmarkt.

(4) 1Die Bundesagentur erstellt für das Bundesgebiet einen Eingliederungsbericht. 2Im Eingliederungsbericht wird die Eingliederungsbilanz um einen Textteil ergänzt, der Einsatz und Wirkung der Leistungen der Arbeitsförderung darstellt. 3Der Eingliederungsbericht wird über das Bundesministerium für Arbeit und Soziales dem Deutschen Bundestag zugeleitet.

(5) 1Die Eingliederungsbilanzen sind bis zum 31. Oktober des nachfolgenden Jahres fertigzustellen und zu veröffentlichen. 2Der Eingliederungsbericht ist dem Bundesministerium für Arbeit und Soziales bis zum 31. Oktober des nachfolgenden Jahres vorzulegen und nach der Zuleitung an den Deutschen Bundestag zu veröffentlichen.

Zweiter Abschnitt
Berechtigte

§ 12 Geltung der Begriffsbestimmungen

Die in diesem Abschnitt enthaltenen Begriffsbestimmungen sind nur für dieses Buch maßgeblich.

§ 13 Heimarbeiterinnen und Heimarbeiter

Arbeitnehmerinnen und Arbeitnehmer im Sinne dieses Buches sind auch Heimarbeiterinnen und Heimarbeiter (§ 12 Abs. 2 des Vierten Buches).

§ 14 Auszubildende

Auszubildende sind die zur Berufsausbildung Beschäftigten und Teilnehmende an nach diesem Buch förderungsfähigen berufsvorbereitenden Bildungsmaßnahmen sowie Teilnehmer an einer Einstiegsqualifizierung.

§ 15 Ausbildung- und Arbeitsuchende

1Ausbildungsuchende sind Personen, die eine Berufsausbildung suchen. 2Arbeitsuchende sind Personen, die eine Beschäftigung als Arbeitnehmerin oder Arbeitnehmer suchen. 3Dies gilt auch, wenn sie bereits eine Beschäftigung oder eine selbständige Tätigkeit ausüben.

§ 16 Arbeitslose

(1) Arbeitslose sind Personen, die wie beim Anspruch auf Arbeitslosengeld

1. vorübergehend nicht in einem Beschäftigungsverhältnis stehen,
2. eine versicherungspflichtige Beschäftigung suchen und dabei den Vermittlungsbemühungen der Agentur für Arbeit zur Verfügung stehen und
3. sich bei der Agentur für Arbeit arbeitslos gemeldet haben.

(2) An Maßnahmen der aktiven Arbeitsmarktpolitik Teilnehmende gelten als nicht arbeitslos.

§ 17 Drohende Arbeitslosigkeit

Von Arbeitslosigkeit bedroht sind Personen, die

1. versicherungspflichtig beschäftigt sind,
2. alsbald mit der Beendigung der Beschäftigung rechnen müssen und
3. voraussichtlich nach Beendigung der Beschäftigung arbeitslos werden.

§ 18 Langzeitarbeitslose

(1) 1Langzeitarbeitslose sind Arbeitslose, die ein Jahr und länger arbeitslos sind. 2Die Teilnahme an einer Maßnahme nach § 45 sowie Zeiten einer Erkrankung oder sonstiger Nicht-

Erwerbstätigkeit bis zu sechs Wochen unterbrechen die Dauer der Arbeitslosigkeit nicht.

(2) Für Leistungen, die Langzeitarbeitslosigkeit voraussetzen, bleiben folgende Unterbrechungen der Arbeitslosigkeit innerhalb eines Zeitraums von fünf Jahren unberücksichtigt:

1. Zeiten einer Maßnahme der aktiven Arbeitsförderung oder zur Eingliederung in Arbeit nach dem Zweiten Buch,
2. Zeiten einer Krankheit, einer Pflegebedürftigkeit oder eines Beschäftigungsverbots nach dem Mutterschutzgesetz,
3. Zeiten der Betreuung und Erziehung aufsichtsbedürftiger Kinder oder der Betreuung pflegebedürftiger Angehöriger,
4. Beschäftigungen oder selbständige Tätigkeiten bis zu einer Dauer von insgesamt sechs Monaten,
5. Zeiten, in denen eine Beschäftigung rechtlich nicht möglich war, und
6. kurze Unterbrechungen der Arbeitslosigkeit ohne Nachweis.

(3) Ergibt sich der Sachverhalt einer unschädlichen Unterbrechung üblicherweise nicht aus den Unterlagen der Arbeitsvermittlung, so reicht Glaubhaftmachung aus.

§ 19 Behinderte Menschen

(1) Behindert im Sinne dieses Buches sind Menschen, deren Aussichten, am Arbeitsleben teilzuhaben oder weiter teilzuhaben, wegen Art oder Schwere ihrer Behinderung im Sinne von § 2 Abs. 1 des Neunten Buches nicht nur vorübergehend wesentlich gemindert sind und die deshalb Hilfen zur Teilhabe am Arbeitsleben benötigen, einschließlich lernbehinderter Menschen.

(2) Behinderten Menschen stehen Menschen gleich, denen eine Behinderung mit den in Absatz 1 genannten Folgen droht.

§ 20 Berufsrückkehrende

Berufsrückkehrende sind Frauen und Männer, die

1. ihre Erwerbstätigkeit oder Arbeitslosigkeit oder eine betriebliche Berufsausbildung wegen der Betreuung und Erziehung von aufsichtsbedürftigen Kindern oder der Betreuung pflegebedürftiger Angehöriger unterbrochen haben und
2. in angemessener Zeit danach in die Erwerbstätigkeit zurückkehren wollen.

§ 21 Träger

Träger sind natürliche oder juristische Personen oder Personengesellschaften, die Maßnahmen der Arbeitsförderung selbst durchführen oder durch Dritte durchführen lassen.

Dritter Abschnitt Verhältnis der Leistungen aktiver Arbeitsförderung zu anderen Leistungen

§ 22 Verhältnis zu anderen Leistungen

(1) Leistungen der aktiven Arbeitsförderung dürfen nur erbracht werden, wenn nicht andere Leistungsträger oder andere öffentlich-rechtliche Stellen zur Erbringung gleichartiger Leistungen gesetzlich verpflichtet sind.

(2) $_1$Allgemeine und besondere Leistungen zur Teilhabe am Arbeitsleben dürfen nur erbracht werden, sofern nicht ein anderer Rehabilitationsträger im Sinne des Neunten Buches zuständig ist. $_2$Der Eingliederungszuschuss für besonders betroffene schwerbehinderte Menschen nach § 90 Absatz 2 bis 4 und Zuschüsse zur Ausbildungsvergütung für schwerbehinderte Menschen nach § 73 dürfen auch dann erbracht werden, wenn ein anderer Leistungsträger zur Erbringung gleichartiger Leistungen gesetzlich verpflichtet ist oder, ohne gesetzlich verpflichtet zu sein, Leistungen erbringt. $_3$In diesem Fall werden die Leistungen des anderen Leistungsträgers angerechnet.

(3) $_1$Soweit Leistungen zur Förderung der Berufsausbildung und zur Förderung der beruflichen Weiterbildung der Sicherung des Lebensunterhaltes dienen, gehen sie der Ausbildungsbeihilfe nach § 44 des Strafvollzugsgesetzes vor. $_2$Die Leistungen für Gefangene dürfen die Höhe der Ausbildungsbeihilfe nach § 44 des Strafvollzugsgesetzes nicht übersteigen. $_3$Sie werden den Gefangenen nach einer Förderzusage der Agentur für Arbeit in Vorleistung von den Ländern erbracht und von der Bundesagentur erstattet.

(4) 1Folgende Leistungen des Dritten Kapitels werden nicht an oder für erwerbsfähige Leistungsberechtigte im Sinne des Zweiten Buches erbracht:

1. Leistungen nach § 35,
2. Leistungen zur Aktivierung und beruflichen Eingliederung nach dem Zweiten Abschnitt,
3. Leistungen zur Berufsausbildung nach dem Vierten Unterabschnitt des Dritten Abschnitts und Leistungen nach den §§ 54a und 130,
4. Leistungen zur beruflichen Weiterbildung nach dem Vierten Abschnitt und Leistungen nach den §§ 131a und 131b,
5. Leistungen zur Aufnahme einer sozialversicherungspflichtigen Beschäftigung nach dem Ersten Unterabschnitt des Fünften Abschnitts,
6. Leistungen der Teilhabe behinderter Menschen am Arbeitsleben nach den §§ 112 bis 114, 115 Nummer 1 bis 3 mit Ausnahme berufsvorbereitender Bildungsmaßnahmen und der Berufsausbildungsbeihilfe, § 116 Absatz 1, 2 und 5, den §§ 117, 118 Satz 1 Nummer 1 und 3 sowie den §§ 119 bis 121, 127 und 128.

2Sofern die Bundesagentur für die Erbringung von Leistungen nach § 35 besondere Dienststellen nach § 367 Abs. 2 Satz 2 eingerichtet oder zusätzliche Vermittlungsdienstleistungen agenturübergreifend organisiert hat, erbringt sie die dort angebotenen Vermittlungsleistungen abweichend von Satz 1 auch an oder für erwerbsfähige Leistungsberechtigte im Sinne des Zweiten Buches. 3Eine Leistungserbringung an oder für erwerbsfähige Leistungsberechtigte im Sinne des Zweiten Buches nach den Grundsätzen der §§ 88 bis 92 des Zehnten Buches bleibt ebenfalls unberührt. 4Die Agenturen für Arbeit dürfen Aufträge nach Satz 3 zur Ausbildungsvermittlung nur aus wichtigem Grund ablehnen. 5Abweichend von Satz 1 werden die Leistungen nach den §§ 35, 45 Absatz 7, den §§ 117, 118 Satz 1 Nummer 1 und 3 und den §§ 127 und 128 auch an oder für erwerbsfähige Leistungsberechtigte im Sinne des Zweiten Buches erbracht, die einen Anspruch auf Arbeitslosengeld haben.

§ 23 Vorleistungspflicht der Arbeitsförderung

(1) Solange und soweit eine vorrangige Stelle Leistungen nicht gewährt, sind Leistungen der aktiven Arbeitsförderung so zu erbringen, als wenn die Verpflichtung dieser Stelle nicht bestünde.

(2) 1Hat die Agentur für Arbeit für eine andere öffentlich-rechtliche Stelle vorgeleistet, ist die zur Leistung verpflichtete öffentlich-rechtliche Stelle der Bundesagentur erstattungspflichtig. 2Für diese Erstattungsansprüche gelten die Vorschriften des Zehnten Buches über die Erstattungsansprüche der Sozialleistungsträger untereinander entsprechend.

Zweites Kapitel
Versicherungspflicht

Erster Abschnitt
Beschäftigte, Sonstige Versicherungspflichtige

§ 24 Versicherungspflichtverhältnis

(1) In einem Versicherungspflichtverhältnis stehen Personen, die als Beschäftigte oder aus sonstigen Gründen versicherungspflichtig sind.

(2) Das Versicherungspflichtverhältnis beginnt für Beschäftigte mit dem Tag des Eintritts in das Beschäftigungsverhältnis oder mit dem Tag nach dem Erlöschen der Versicherungsfreiheit, für die sonstigen Versicherungspflichtigen mit dem Tag, an dem erstmals die Voraussetzungen für die Versicherungspflicht erfüllt sind.

(3) Das Versicherungspflichtverhältnis für Beschäftigte besteht während eines Arbeitsausfalls mit Entgeltausfall im Sinne der Vorschriften über das Kurzarbeitergeld fort.

(4) Das Versicherungspflichtverhältnis endet für Beschäftigte mit dem Tag des Ausscheidens aus dem Beschäftigungsverhältnis oder mit dem Tag vor Eintritt der Versicherungsfreiheit, für die sonstigen Versicherungs-

pflichtigen mit dem Tag, an dem die Voraussetzungen für die Versicherungspflicht letztmals erfüllt waren.

§ 25 Beschäftigte

(1) 1Versicherungspflichtig sind Personen, die gegen Arbeitsentgelt oder zu ihrer Berufsausbildung beschäftigt (versicherungspflichtige Beschäftigung) sind. 2Auszubildende, die im Rahmen eines Berufsausbildungsvertrages nach dem Berufsbildungsgesetz in einer außerbetrieblichen Einrichtung ausgebildet werden, und Teilnehmerinnen und Teilnehmer an dualen Studiengängen stehen den Beschäftigten zur Berufsausbildung im Sinne des Satzes 1 gleich.

(2) 1Bei Wehrdienstleistenden und Zivildienstleistenden, denen nach gesetzlichen Vorschriften für die Zeit ihres Dienstes Arbeitsentgelt weiterzugewähren ist, gilt das Beschäftigungsverhältnis durch den Wehrdienst oder Zivildienst als nicht unterbrochen. 2Personen, die nach dem Vierten Abschnitt des Soldatengesetzes Wehrdienst leisten, sind in dieser Beschäftigung nicht nach Absatz 1 versicherungspflichtig; sie gelten als Wehrdienst Leistende im Sinne des § 26 Abs. 1 Nr. 2. 3Die Sätze 1 und 2 gelten auch für Personen in einem Wehrdienstverhältnis besonderer Art nach § 6 des Einsatz-Weiterverwendungsgesetzes, wenn sie den Einsatzunfall in einem Versicherungspflichtverhältnis erlitten haben.

§ 26 Sonstige Versicherungspflichtige

(1) Versicherungspflichtig sind

1. Jugendliche, die in Einrichtungen der beruflichen Rehabilitation nach § 35 des Neunten Buches Leistungen zur Teilhabe am Arbeitsleben erhalten, die ihnen eine Erwerbstätigkeit auf dem allgemeinen Arbeitsmarkt ermöglichen sollen, sowie Personen, die in Einrichtungen der Jugendhilfe für eine Erwerbstätigkeit befähigt werden sollen,
2. Personen, die nach Maßgabe des Wehrpflichtgesetzes, des § 58b des Soldatengesetzes oder des Zivildienstgesetzes Wehrdienst oder Zivildienst leisten und während dieser Zeit nicht als Beschäftigte versicherungspflichtig sind,
3. (weggefallen)
4. Gefangene, die Arbeitsentgelt, Ausbildungsbeihilfe oder Ausfallentschädigung (§§ 43 bis 45, 176 und 177 des Strafvollzugsgesetzes) erhalten oder Ausbildungsbeihilfe nur wegen des Vorrangs von Leistungen zur Förderung der Berufsausbildung nach diesem Buch nicht erhalten. Gefangene im Sinne dieses Buches sind Personen, die im Vollzug von Untersuchungshaft, Freiheitsstrafen und freiheitsentziehenden Maßregeln der Besserung und Sicherung oder einstweilig nach § 126a Abs. 1 der Strafprozeßordnung untergebracht sind,
5. Personen, die als nicht satzungsmäßige Mitglieder geistlicher Genossenschaften oder ähnlicher religiöser Gemeinschaften für den Dienst in einer solchen Genossenschaft oder ähnlichen religiösen Gemeinschaft außerschulisch ausgebildet werden.

(2) Versicherungspflichtig sind Personen in der Zeit, für die sie

1. von einem Leistungsträger Mutterschaftsgeld, Krankengeld, Versorgungskrankengeld, Verletztengeld oder von einem Träger der medizinischen Rehabilitation Übergangsgeld beziehen,
2. von einem privaten Krankenversicherungsunternehmen Krankentagegeld beziehen,

2a. von einem privaten Krankenversicherungsunternehmen, von einem Beihilfeträger des Bundes, von einem sonstigen öffentlich-rechtlichen Träger von Kosten in Krankheitsfällen auf Bundesebene, von dem Träger der Heilfürsorge im Bereich des Bundes, von dem Träger der truppenärztlichen Versorgung oder von einem öffentlich-rechtlichen Träger von Kosten in Krankheitsfällen auf Landesebene, soweit Landesrecht dies vorsieht, Leistungen für den Ausfall von Arbeitseinkünften im Zusammenhang mit einer nach den §§ 8 und 8a des Transplantati-

III

onsgesetzes erfolgenden Spende von Organen oder Geweben oder im Zusammenhang mit einer im Sinne von § 9 des Transfusionsgesetzes erfolgenden Spende von Blut zur Separation von Blutstammzellen oder anderen Blutbestandteilen beziehen,

2b. von einer Pflegekasse, einem privaten Versicherungsunternehmen, der Festsetzungsstelle für die Beihilfe oder dem Dienstherrn Pflegeunterstützungsgeld beziehen oder

3. von einem Träger der gesetzlichen Rentenversicherung eine Rente wegen voller Erwerbsminderung beziehen,

wenn sie unmittelbar vor Beginn der Leistung versicherungspflichtig waren, eine laufende Entgeltersatzleistung nach diesem Buch bezogen oder eine als Arbeitsbeschaffungsmaßnahme geförderte Beschäftigung ausgeübt haben, die ein Versicherungspflichtverhältnis oder den Bezug einer laufenden Entgeltersatzleistung nach diesem Buch unterbrochen hat.

(2a) 1Versicherungspflichtig sind Personen in der Zeit, in der sie ein Kind, das das dritte Lebensjahr noch nicht vollendet hat, erziehen, wenn sie

1. unmittelbar vor der Kindererziehung versicherungspflichtig waren, eine laufende Entgeltersatzleistung nach diesem Buch bezogen oder eine als Arbeitsbeschaffungsmaßnahme geförderte Beschäftigung ausgeübt haben, die ein Versicherungspflichtverhältnis oder den Bezug einer laufenden Entgeltersatzleistung nach diesem Buch unterbrochen hat, und
2. sich mit dem Kind im Inland gewöhnlich aufhalten oder bei Aufenthalt im Ausland Anspruch auf Kindergeld nach dem Einkommensteuergesetz oder Bundeskindergeldgesetz haben oder ohne die Anwendung des § 64 oder § 65 des Einkommensteuergesetzes oder des § 3 oder § 4 des Bundeskindergeldgesetzes haben würden.

2Satz 1 gilt nur für Kinder

1. der oder des Erziehenden,
2. seiner nicht dauernd getrennt lebenden Ehegattin oder ihres nicht dauernd getrennt lebenden Ehegatten oder
3. ihrer nicht dauernd getrennt lebenden Lebenspartnerin oder seines nicht dauernd getrennt lebenden Lebenspartners.

3Haben mehrere Personen ein Kind gemeinsam erzogen, besteht Versicherungspflicht nur für die Person, der nach den Regelungen des Rechts der gesetzlichen Rentenversicherung die Erziehungszeit zuzuordnen ist (§ 56 Abs. 2 des Sechsten Buches).

(2b) Versicherungspflichtig sind Personen in der Zeit, in der sie eine Pflegezeit nach § 3 Abs. 1 Satz 1 des Pflegezeitgesetzes in Anspruch nehmen und eine pflegebedürftige Person pflegen, wenn sie unmittelbar vor der Pflegezeit versicherungspflichtig waren oder eine als Arbeitsbeschaffungsmaßnahme geförderte Beschäftigung ausgeübt haben, die ein Versicherungspflichtverhältnis oder den Bezug einer laufenden Entgeltersatzleistung nach diesem Buch unterbrochen hat.

(3) 1Nach Absatz 1 Nr. 1 ist nicht versicherungspflichtig, wer nach § 25 Abs. 1 versicherungspflichtig ist. 2Nach Absatz 1 Nr. 4 ist nicht versicherungspflichtig, wer nach anderen Vorschriften dieses Buches versicherungspflichtig ist. 3Versicherungspflichtig wegen des Bezuges von Mutterschaftsgeld nach Absatz 2 Nr. 1 ist nicht, wer nach Absatz 2a versicherungspflichtig ist. 4Nach Absatz 2 Nr. 2 ist nicht versicherungspflichtig, wer nach Absatz 2 Nr. 1 versicherungspflichtig ist. 5Nach Absatz 2a und 2b ist nicht versicherungspflichtig, wer nach anderen Vorschriften dieses Buches versicherungspflichtig ist oder während der Zeit der Erziehung oder Pflege Anspruch auf Entgeltersatzleistungen nach diesem Buch hat; Satz 3 bleibt unberührt. 6Trifft eine Versicherungspflicht nach Absatz 2a mit einer Versicherungspflicht nach Absatz 2b zusammen, geht die Versicherungspflicht nach Absatz 2a vor.

§ 27 Versicherungsfreie Beschäftigte

(1) Versicherungsfrei sind Personen in einer Beschäftigung als

1. Beamtin, Beamter, Richterin, Richter, Soldatin auf Zeit, Soldat auf Zeit, Berufssoldatin oder Berufssoldat der Bundeswehr sowie als sonstige Beschäftigte oder sonstiger Beschäftigter des Bundes, eines Landes, eines Gemeindeverbandes, einer Gemeinde, einer öffentlich-rechtlichen Körperschaft, Anstalt, Stiftung oder eines Verbandes öffentlich-rechtlicher Körperschaften oder deren Spitzenverbänden, wenn sie nach beamtenrechtlichen Vorschriften oder Grundsätzen bei Krankheit Anspruch auf Fortzahlung der Bezüge und auf Beihilfe oder Heilfürsorge haben,
2. Geistliche der als öffentlich-rechtliche Körperschaften anerkannten Religionsgesellschaften, wenn sie nach beamtenrechtlichen Vorschriften oder Grundsätzen bei Krankheit Anspruch auf Fortzahlung der Bezüge und auf Beihilfe haben,
3. Lehrerin oder Lehrer an privaten genehmigten Ersatzschulen, wenn sie hauptamtlich beschäftigt sind und nach beamtenrechtlichen Vorschriften oder Grundsätzen bei Krankheit Anspruch auf Fortzahlung der Bezüge und auf Beihilfe haben,
4. satzungsmäßige Mitglieder von geistlichen Genossenschaften, Diakonissen und ähnliche Personen, wenn sie sich aus überwiegend religiösen oder sittlichen Beweggründen mit Krankenpflege, Unterricht oder anderen gemeinnützigen Tätigkeiten beschäftigen und nicht mehr als freien Unterhalt oder ein geringes Entgelt beziehen, das nur zur Beschaffung der unmittelbaren Lebensbedürfnisse an Wohnung, Verpflegung, Kleidung und dergleichen ausreicht,
5. Mitglieder des Vorstandes einer Aktiengesellschaft für das Unternehmen, dessen Vorstand sie angehören. Konzernunternehmen im Sinne des § 18 des Aktiengesetzes gelten als ein Unternehmen.

(2) $_1$Versicherungsfrei sind Personen in einer geringfügigen Beschäftigung; abweichend von § 8 Abs. 2 Satz 1 des Vierten Buches werden geringfügige Beschäftigungen und nicht geringfügige Beschäftigungen nicht zusammengerechnet. $_2$Versicherungsfreiheit besteht nicht für Personen, die

1. im Rahmen betrieblicher Berufsbildung, nach dem Jugendfreiwilligendienstegesetz, nach dem Bundesfreiwilligendienstgesetz,
2. wegen eines Arbeitsausfalls mit Entgeltausfall im Sinne der Vorschriften über das Kurzarbeitergeld oder
3. wegen stufenweiser Wiedereingliederung in das Erwerbsleben (§ 74 Fünftes Buch, § 28 Neuntes Buch) oder aus einem sonstigen der in § 146 Absatz 1 genannten Gründe

nur geringfügig beschäftigt sind.

(3) Versicherungsfrei sind Personen in einer

1. unständigen Beschäftigung, die sie berufsmäßig ausüben. Unständig ist eine Beschäftigung, die auf weniger als eine Woche der Natur der Sache nach beschränkt zu sein pflegt oder im voraus durch Arbeitsvertrag beschränkt ist,
2. Beschäftigung als Heimarbeiterin oder Heimarbeiter, die gleichzeitig mit einer Tätigkeit als Zwischenmeisterin oder Zwischenmeister (§ 12 Abs. 4 Viertes Buch) ausgeübt wird, wenn der überwiegende Teil des Verdienstes aus der Tätigkeit als Zwischenmeisterin oder Zwischenmeister bezogen wird,
3. Beschäftigung als ausländische Arbeitnehmerin oder ausländischer Arbeitnehmer zur beruflichen Aus- oder Fortbildung, wenn
   a) die berufliche Aus- oder Fortbildung aus Mitteln des Bundes, eines Landes, einer Gemeinde oder eines Gemeindeverbandes oder aus Mitteln einer Einrichtung oder einer Organisation, die sich der Aus- oder Fortbildung von Ausländerinnen oder Ausländern widmet, gefördert wird,
   b) sie verpflichtet sind, nach Beendigung der geförderten Aus- oder Fortbildung das Inland zu verlassen, und
   c) die im Inland zurückgelegten Versicherungszeiten weder nach dem Recht der Europäischen Gemeinschaft noch nach

zwischenstaatlichen Abkommen oder dem Recht des Wohnlandes der Arbeitnehmerin oder des Arbeitnehmers einen Anspruch auf Leistungen für den Fall der Arbeitslosigkeit in dem Wohnland der oder des Betreffenden begründen können,

4. Beschäftigung als Bürgermeisterin, Bürgermeister, Beigeordnete oder Beigeordneter, wenn diese Beschäftigung ehrenamtlich ausgeübt wird,
5. Beschäftigung, die nach § 16e des Zweiten Buches gefördert wird.

(4) 1Versicherungsfrei sind Personen, die während der Dauer

1. ihrer Ausbildung an einer allgemeinbildenden Schule oder
2. ihres Studiums als ordentlich Studierende einer Hochschule oder einer der fachlichen Ausbildung dienenden Schule

eine Beschäftigung ausüben. 2Satz 1 Nr. 1 gilt nicht, wenn die oder der Beschäftigte schulische Einrichtungen besucht, die der Fortbildung außerhalb der üblichen Arbeitszeit dienen.

(5) 1Versicherungsfrei sind Personen, die während einer Zeit, in der ein Anspruch auf Arbeitslosengeld besteht, eine Beschäftigung ausüben. 2Satz 1 gilt nicht für Beschäftigungen, die während der Zeit, in der ein Anspruch auf Teilarbeitslosengeld besteht, ausgeübt werden.

§ 28 Sonstige versicherungsfreie Personen

(1) Versicherungsfrei sind Personen,

1. die das Lebensjahr für den Anspruch auf Regelaltersrente im Sinne des Sechsten Buches vollenden, mit Ablauf des Monats, in dem sie das maßgebliche Lebensjahr vollenden,
2. die wegen einer Minderung ihrer Leistungsfähigkeit dauernd nicht mehr verfügbar sind, von dem Zeitpunkt an, an dem die Agentur für Arbeit diese Minderung der Leistungsfähigkeit und der zuständige Träger der gesetzlichen Rentenversicherung volle Erwerbsminderung im Sinne der gesetzlichen Rentenversicherung festgestellt haben,
3. während der Zeit, für die ihnen eine dem Anspruch auf Rente wegen voller Erwerbsminderung vergleichbare Leistung eines ausländischen Leistungsträgers zuerkannt ist.

(2) Versicherungsfrei sind Personen in einer Beschäftigung oder auf Grund des Bezuges einer Sozialleistung (§ 26 Abs. 2 Nr. 1 und 2), soweit ihnen während dieser Zeit ein Anspruch auf Rente wegen voller Erwerbsminderung aus der gesetzlichen Rentenversicherung zuerkannt ist.

(3) Versicherungsfrei sind nicht-deutsche Besatzungsmitglieder deutscher Seeschiffe, die ihren Wohnsitz oder gewöhnlichen Aufenthalt nicht in einem Mitgliedstaat der Europäischen Union, einem Vertragsstaat des Abkommens über den Europäischen Wirtschaftsraum oder der Schweiz haben.

Zweiter Abschnitt Versicherungspflichtverhältnis auf Antrag

§ 28a Versicherungspflichtverhältnis auf Antrag

(1) 1Ein Versicherungspflichtverhältnis auf Antrag können Personen begründen, die

1. als Pflegeperson einen der Pflegestufe I bis III im Sinne des Elften Buches zugeordneten Angehörigen, der Leistungen aus der sozialen Pflegeversicherung nach dem Elften Buch oder Hilfe zur Pflege nach dem Zwölften Buch oder gleichartige Leistungen nach anderen Vorschriften bezieht, wenigstens 14 Stunden wöchentlich pflegen; bei Pflege mehrerer Angehöriger sind die Zeiten der Pflege zusammenzurechnen,
2. eine selbständige Tätigkeit mit einem Umfang von mindestens 15 Stunden wöchentlich aufnehmen und ausüben oder
3. eine Beschäftigung mit einem Umfang von mindestens 15 Stunden wöchentlich in einem Staat außerhalb eines Mitgliedstaates der Europäischen Union, eines Ver-

tragsstaates des Europäischen Wirtschaftsraums oder der Schweiz aufnehmen und ausüben.

2Gelegentliche Abweichungen von der in den Nummern 1 bis 3 genannten wöchentlichen Mindeststundenzahl bleiben unberücksichtigt, wenn sie von geringer Dauer sind.

(2) 1Voraussetzung für die Versicherungspflicht ist, dass die antragstellende Person

1. innerhalb der letzten 24 Monate vor Aufnahme der Tätigkeit oder Beschäftigung mindestens zwölf Monate in einem Versicherungspflichtverhältnis gestanden hat,
2. eine Entgeltersatzleistung nach diesem Buch unmittelbar vor Aufnahme der Tätigkeit oder Beschäftigung bezogen hat oder
3. eine als Arbeitsbeschaffungsmaßnahme geförderte Beschäftigung, die ein Versicherungspflichtverhältnis nach den Vorschriften des Ersten Abschnitts oder den Bezug einer laufenden Entgeltersatzleistung nach diesem Buch unterbrochen hat, unmittelbar vor Aufnahme der Tätigkeit oder Beschäftigung ausgeübt hat

und weder versicherungspflichtig (§§ 25, 26) noch versicherungsfrei (§§ 27, 28) ist; eine geringfügige Beschäftigung (§ 27 Absatz 2) schließt die Versicherungspflicht nicht aus. 2Die Begründung eines Versicherungspflichtverhältnisses auf Antrag nach Absatz 1 Nummer 2 ist ausgeschlossen, wenn die antragstellende Person bereits versicherungspflichtig nach Absatz 1 Nummer 2 war, die zu dieser Versicherungspflicht führende Tätigkeit zweimal unterbrochen hat und in den Unterbrechungszeiten einen Anspruch auf Arbeitslosengeld geltend gemacht hat.

(3) 1Der Antrag muss spätestens innerhalb von drei Monaten nach Aufnahme der Tätigkeit oder Beschäftigung, die zur Begründung eines Versicherungspflichtverhältnisses auf Antrag berechtigt, gestellt werden. 2Nach einer Pflegezeit im Sinne des § 3 Absatz 1 Satz 1 des Pflegezeitgesetzes muss der Antrag abweichend von Satz 1 innerhalb von drei Monaten nach Beendigung der Pflegezeit gestellt werden. 3Das Versicherungspflichtverhältnis beginnt mit dem Tag, an dem erstmals die Voraussetzungen nach den Absätzen 1 und 2 erfüllt sind; im Falle einer vorangegangenen Pflegezeit nach § 3 Absatz 1 Satz 1 des Pflegezeitgesetzes jedoch frühestens mit dem Ende dieser Pflegezeit.

(4) 1Die Versicherungspflicht nach Absatz 1 ruht, wenn während der Versicherungspflicht nach Absatz 1 eine weitere Versicherungspflicht (§§ 25, 26) oder Versicherungsfreiheit nach § 27 eintritt. 2Eine geringfügige Beschäftigung (§ 27 Absatz 2) führt nicht zum Ruhen der Versicherungspflicht nach Absatz 1.

(5) Das Versicherungspflichtverhältnis endet,

1. wenn die oder der Versicherte eine Entgeltersatzleistung nach § 3 Absatz 4 Nummer 1 bis 3 bezieht,
2. mit Ablauf des Tages, an dem die Voraussetzungen nach Absatz 1 letztmals erfüllt waren,
3. wenn die oder der Versicherte mit der Beitragszahlung länger als drei Monate in Verzug ist, mit Ablauf des Tages, für den letztmals Beiträge gezahlt wurden,
4. in den Fällen des § 28,
5. durch Kündigung der oder des Versicherten; die Kündigung ist erstmals nach Ablauf von fünf Jahren zulässig; die Kündigungsfrist beträgt drei Monate zum Ende eines Kalendermonats.

Drittes Kapitel
Aktive Arbeitsförderung

Erster Abschnitt
Beratung und Vermittlung

Erster Unterabschnitt
Beratung

§ 29 Beratungsangebot

(1) Die Agentur für Arbeit hat jungen Menschen und Erwachsenen, die am Arbeitsleben teilnehmen oder teilnehmen wollen, Berufsberatung und Arbeitgebern Arbeitsmarktberatung anzubieten.

(2) Art und Umfang der Beratung richten sich nach dem Beratungsbedarf der oder des Ratsuchenden.

(3) Die Agentur für Arbeit soll bei der Beratung die Kenntnisse über den Arbeitsmarkt des europäischen Wirtschaftsraumes und die Erfahrungen aus der Zusammenarbeit mit den Arbeitsverwaltungen anderer Staaten nutzen.

§ 30 Berufsberatung

Die Berufsberatung umfasst die Erteilung von Auskunft und Rat

1. zur Berufswahl, zur beruflichen Entwicklung und zum Berufswechsel,
2. zur Lage und Entwicklung des Arbeitsmarktes und der Berufe,
3. zu den Möglichkeiten der beruflichen Bildung,
4. zur Ausbildungs- und Arbeitsstellensuche,
5. zu Leistungen der Arbeitsförderung,
6. zu Fragen der Ausbildungsförderung und der schulischen Bildung, soweit sie für die Berufswahl und die berufliche Bildung von Bedeutung sind.

§ 31 Grundsätze der Berufsberatung

(1) Bei der Berufsberatung sind Neigung, Eignung und Leistungsfähigkeit der Ratsuchenden sowie die Beschäftigungsmöglichkeiten zu berücksichtigen.

(2) Die Agentur für Arbeit kann sich auch nach Beginn einer Berufsausbildung oder nach der Aufnahme einer Arbeit um Auszubildende oder Arbeitnehmerinnen und Arbeitnehmer bemühen, wenn diese ihr Einverständnis erklärt haben, und sie beraten, soweit dies für die Festigung des Ausbildungs- oder Arbeitsverhältnisses erforderlich ist.

§ 32 Eignungsfeststellung

Die Agentur für Arbeit soll Ratsuchende mit deren Einverständnis ärztlich und psychologisch untersuchen und begutachten, soweit dies für die Feststellung der Berufseignung oder Vermittlungsfähigkeit erforderlich ist.

§ 33 Berufsorientierung

$_1$Die Agentur für Arbeit hat Berufsorientierung durchzuführen

1. zur Vorbereitung von jungen Menschen und Erwachsenen auf die Berufswahl und
2. zur Unterrichtung der Ausbildungsuchenden, Arbeitsuchenden, Arbeitnehmerinnen und Arbeitnehmer und Arbeitgeber.

$_2$Dabei soll sie umfassend Auskunft und Rat geben zu Fragen der Berufswahl, über die Berufe und ihre Anforderungen und Aussichten, über die Wege und die Förderung der beruflichen Bildung sowie über beruflich bedeutsame Entwicklungen in den Betrieben, Verwaltungen und auf dem Arbeitsmarkt.

§ 34 Arbeitsmarktberatung

(1) $_1$Die Arbeitsmarktberatung der Agentur für Arbeit soll die Arbeitgeber bei der Besetzung von Ausbildungs- und Arbeitsstellen unterstützen. $_2$Sie umfasst die Erteilung von Auskunft und Rat

1. zur Lage und Entwicklung des Arbeitsmarktes und der Berufe,
2. zur Besetzung von Ausbildungs- und Arbeitsstellen,
3. zur Gestaltung von Arbeitsplätzen, Arbeitsbedingungen und der Arbeitszeit von Auszubildenden sowie Arbeitnehmerinnen und Arbeitnehmern,
4. zur betrieblichen Aus- und Weiterbildung,
5. zur Eingliederung von förderungsbedürftigen Auszubildenden und von förderungsbedürftigen Arbeitnehmerinnen und Arbeitnehmern,
6. zu Leistungen der Arbeitsförderung.

(2) $_1$Die Agentur für Arbeit soll die Beratung nutzen, um Ausbildungs- und Arbeitsstellen für die Vermittlung zu gewinnen. $_2$Sie soll auch von sich aus Kontakt zu den Arbeitgebern aufnehmen und unterhalten.

Zweiter Unterabschnitt
Vermittlung

§ 35 Vermittlungsangebot

(1) $_1$Die Agentur für Arbeit hat Ausbildungsuchenden, Arbeitsuchenden und Arbeitgebern Ausbildungsvermittlung und Arbeitsvermittlung (Vermittlung) anzubieten. $_2$Die Vermittlung umfasst alle Tätigkeiten, die darauf ge-

richtet sind, Ausbildungsuchende mit Arbeitgebern zur Begründung eines Ausbildungsverhältnisses und Arbeitsuchende mit Arbeitgebern zur Begründung eines Beschäftigungsverhältnisses zusammenzuführen. 3Die Agentur für Arbeit stellt sicher, dass Ausbildungsuchende und Arbeitslose, deren berufliche Eingliederung voraussichtlich erschwert sein wird, eine verstärkte vermittlerische Unterstützung erhalten.

(2) 1Die Agentur für Arbeit hat durch Vermittlung darauf hinzuwirken, dass Ausbildungsuchende eine Ausbildungsstelle, Arbeitsuchende eine Arbeitsstelle und Arbeitgeber geeignete Auszubildende sowie geeignete Arbeitnehmerinnen und Arbeitnehmer erhalten. 2Sie hat dabei die Neigung, Eignung und Leistungsfähigkeit der Ausbildungsuchenden und Arbeitsuchenden sowie die Anforderungen der angebotenen Stellen zu berücksichtigen.

(3) 1Die Agentur für Arbeit hat Vermittlung auch über die Selbstinformationseinrichtungen nach § 40 Absatz 2 im Internet durchzuführen. 2Soweit es für diesen Zweck erforderlich ist, darf sie die Daten aus den Selbstinformationseinrichtungen nutzen und übermitteln.

§ 36 Grundsätze der Vermittlung

(1) Die Agentur für Arbeit darf nicht vermitteln, wenn ein Ausbildungs- oder Arbeitsverhältnis begründet werden soll, das gegen ein Gesetz oder die guten Sitten verstößt.

(2) 1Die Agentur für Arbeit darf Einschränkungen, die der Arbeitgeber für eine Vermittlung hinsichtlich Geschlecht, Alter, Gesundheitszustand, Staatsangehörigkeit oder ähnlicher Merkmale der Ausbildungsuchenden und Arbeitsuchenden vornimmt, die regelmäßig nicht die berufliche Qualifikation betreffen, nur berücksichtigen, wenn diese Einschränkungen nach Art der auszuübenden Tätigkeit unerlässlich sind. 2Die Agentur für Arbeit darf Einschränkungen, die der Arbeitgeber für eine Vermittlung aus Gründen der Rasse oder wegen der ethnischen Herkunft, der Religion oder Weltanschauung, einer Behinderung oder der sexuellen Identität der Ausbildungsuchenden und der Arbeitsuchenden vornimmt, nur berücksichtigen, soweit sie nach dem Allgemeinen Gleichbehandlungsgesetz zulässig sind. 3Im Übrigen darf eine Einschränkung hinsichtlich der Zugehörigkeit zu einer Gewerkschaft, Partei oder vergleichbaren Vereinigung nur berücksichtigt werden, wenn

1. es sich um eine Ausbildungs- oder Arbeitsstelle in einem Tendenzunternehmen oder -betrieb im Sinne des § 118 Absatz 1 Satz 1 des Betriebsverfassungsgesetzes handelt und
2. die Art der auszuübenden Tätigkeit diese Einschränkung rechtfertigt.

(3) Die Agentur für Arbeit darf in einen durch einen Arbeitskampf unmittelbar betroffenen Bereich nur dann vermitteln, wenn die oder der Arbeitsuchende und der Arbeitgeber dies trotz eines Hinweises auf den Arbeitskampf verlangen.

(4) 1Die Agentur für Arbeit ist bei der Vermittlung nicht verpflichtet zu prüfen, ob der vorgesehene Vertrag ein Arbeitsvertrag ist. 2Wenn ein Arbeitsverhältnis erkennbar nicht begründet werden soll, kann die Agentur für Arbeit auf Angebote zur Aufnahme einer selbständigen Tätigkeit hinweisen; Absatz 1 gilt entsprechend.

§ 37 Potenzialanalyse und Eingliederungsvereinbarung

(1) 1Die Agentur für Arbeit hat unverzüglich nach der Ausbildungsuchendmeldung oder Arbeitsuchendmeldung zusammen mit der oder dem Ausbildungsuchenden oder der oder dem Arbeitsuchenden die für die Vermittlung erforderlichen beruflichen und persönlichen Merkmale, beruflichen Fähigkeiten und die Eignung festzustellen (Potenzialanalyse). 2Die Potenzialanalyse erstreckt sich auch auf die Feststellung, ob und durch welche Umstände die berufliche Eingliederung voraussichtlich erschwert sein wird.

(2) 1In einer Eingliederungsvereinbarung, die die Agentur für Arbeit zusammen mit der oder dem Ausbildungsuchenden oder der oder dem Arbeitsuchenden trifft, werden für einen zu bestimmenden Zeitraum festgelegt

1. das Eingliederungsziel,
2. die Vermittlungsbemühungen der Agentur für Arbeit,
3. welche Eigenbemühungen zur beruflichen Eingliederung die oder der Ausbildungsuchende oder die oder der Arbeitsuchende in welcher Häufigkeit mindestens unternehmen muss und in welcher Form diese nachzuweisen sind,
4. die vorgesehenen Leistungen der aktiven Arbeitsförderung.

$_2$Die besonderen Bedürfnisse behinderter und schwerbehinderter Menschen sollen angemessen berücksichtigt werden.

(3) $_1$Der oder dem Ausbildungsuchenden oder der oder dem Arbeitsuchenden ist eine Ausfertigung der Eingliederungsvereinbarung auszuhändigen. $_2$Die Eingliederungsvereinbarung ist sich ändernden Verhältnissen anzupassen; sie ist fortzuschreiben, wenn in dem Zeitraum, für den sie zunächst galt, die Ausbildungssuche oder Arbeitsuche nicht beendet wurde. $_3$Sie ist spätestens nach sechsmonatiger Arbeitslosigkeit, bei arbeitslosen und ausbildungsuchenden jungen Menschen spätestens nach drei Monaten, zu überprüfen. $_4$Kommt eine Eingliederungsvereinbarung nicht zustande, sollen die nach Absatz 2 Satz 1 Nummer 3 erforderlichen Eigenbemühungen durch Verwaltungsakt festgesetzt werden.

§ 38 Rechte und Pflichten der Ausbildung- und Arbeitsuchenden

(1) $_1$Personen, deren Ausbildungs- oder Arbeitsverhältnis endet, sind verpflichtet, sich spätestens drei Monate vor dessen Beendigung persönlich bei der Agentur für Arbeit arbeitsuchend zu melden. $_2$Liegen zwischen der Kenntnis des Beendigungszeitpunktes und der Beendigung des Ausbildungs- oder Arbeitsverhältnisses weniger als drei Monate, haben sie sich innerhalb von drei Tagen nach Kenntnis des Beendigungszeitpunktes zu melden. $_3$Zur Wahrung der Frist nach den Sätzen 1 und 2 reicht eine Anzeige unter Angabe der persönlichen Daten und des Beendigungszeitpunktes aus, wenn die persönliche Meldung nach terminlicher Vereinbarung nachgeholt wird. $_4$Die Pflicht zur Meldung besteht unabhängig davon, ob der Fortbestand des Ausbildungs- oder Arbeitsverhältnisses gerichtlich geltend gemacht oder vom Arbeitgeber in Aussicht gestellt wird. $_5$Die Pflicht zur Meldung gilt nicht bei einem betrieblichen Ausbildungsverhältnis. $_6$Im Übrigen gelten für Ausbildung- und Arbeitsuchende die Meldepflichten im Leistungsverfahren nach den §§ 309 und 310 entsprechend.

(2) $_1$Ausbildung- und Arbeitsuchende, die Dienstleistungen der Bundesagentur in Anspruch nehmen, haben dieser die für eine Vermittlung erforderlichen Auskünfte zu erteilen, Unterlagen vorzulegen und den Abschluss eines Ausbildungs- oder Arbeitsverhältnisses unter Benennung des Arbeitgebers und seines Sitzes unverzüglich mitzuteilen. $_2$Sie können die Weitergabe ihrer Unterlagen von deren Rückgabe an die Agentur für Arbeit abhängig machen oder ihre Weitergabe an namentlich benannte Arbeitgeber ausschließen. $_3$Die Anzeige- und Bescheinigungspflichten im Leistungsverfahren bei Arbeitsunfähigkeit nach § 311 gelten entsprechend.

(3) $_1$Die Arbeitsvermittlung ist durchzuführen,

1. solange die oder der Arbeitsuchende Leistungen zum Ersatz des Arbeitsentgelts bei Arbeitslosigkeit oder Transferkurzarbeitergeld beansprucht oder
2. bis bei Meldepflichtigen nach Absatz 1 der angegebene Beendigungszeitpunkt des Ausbildungs- oder Arbeitsverhältnisses erreicht ist.

$_2$Im Übrigen kann die Agentur für Arbeit die Arbeitsvermittlung einstellen, wenn die oder der Arbeitsuchende die ihr oder ihm nach Absatz 2 oder der Eingliederungsvereinbarung oder dem Verwaltungsakt nach § 37 Absatz 3 Satz 4 obliegenden Pflichten nicht erfüllt, ohne dafür einen wichtigen Grund zu haben. $_3$Die oder der Arbeitsuchende kann die Arbeitsvermittlung erneut nach Ablauf von zwölf Wochen in Anspruch nehmen.

(4) $_1$Die Ausbildungsvermittlung ist durchzuführen,

1. bis die oder der Ausbildungsuchende in Ausbildung, schulische Bildung oder Ar-

beit einmündet oder sich die Vermittlung anderweitig erledigt oder

2. solange die oder der Ausbildungsuchende dies verlangt.

₂Absatz 3 Satz 2 gilt entsprechend.

§ 39 Rechte und Pflichten der Arbeitgeber

(1) ₁Arbeitgeber, die Dienstleistungen der Bundesagentur in Anspruch nehmen, haben die für eine Vermittlung erforderlichen Auskünfte zu erteilen und Unterlagen vorzulegen. ₂Sie können deren Überlassung an namentlich benannte Ausbildung- und Arbeitsuchende ausschließen oder die Vermittlung darauf begrenzen, dass ihnen Daten von geeigneten Ausbildung- und Arbeitsuchenden überlassen werden.

(2) ₁Die Agentur für Arbeit soll dem Arbeitgeber eine Arbeitsmarktberatung anbieten, wenn sie erkennt, dass eine gemeldete freie Ausbildungs- oder Arbeitsstelle durch ihre Vermittlung nicht in angemessener Zeit besetzt werden kann. ₂Sie soll diese Beratung spätestens nach drei Monaten anbieten.

(3) ₁Die Agentur für Arbeit kann die Vermittlung zur Besetzung einer Ausbildungs- oder Arbeitsstelle einstellen, wenn

1. sie erfolglos bleibt, weil die Arbeitsbedingungen der angebotenen Stelle gegenüber denen vergleichbarer Ausbildungs- oder Arbeitsstellen so ungünstig sind, dass sie den Ausbildung- oder Arbeitsuchenden nicht zumutbar sind, und die Agentur für Arbeit den Arbeitgeber darauf hingewiesen hat,
2. der Arbeitgeber keine oder unzutreffende Mitteilungen über das Nichtzustandekommen eines Ausbildungs- oder Arbeitsvertrags mit einer oder einem vorgeschlagenen Ausbildungsuchenden oder einer oder einem vorgeschlagenen Arbeitsuchenden macht und die Vermittlung dadurch erschwert wird,
3. die Stelle auch nach erfolgter Arbeitsmarktberatung nicht besetzt werden kann, jedoch frühestens nach Ablauf von sechs Monaten, die Ausbildungsvermittlung jedoch frühestens drei Monate nach Beginn eines Ausbildungsjahres.

₂Der Arbeitgeber kann die Vermittlung erneut in Anspruch nehmen.

Dritter Unterabschnitt
Gemeinsame Vorschriften

§ 40 Allgemeine Unterrichtung

(1) Die Agentur für Arbeit soll Ausbildung- und Arbeitsuchenden sowie Arbeitgebern in geeigneter Weise Gelegenheit geben, sich über freie Ausbildungs- und Arbeitsstellen sowie über Ausbildung- und Arbeitsuchende zu unterrichten.

(2) ₁Bei der Beratung, Vermittlung und Berufsorientierung sind Selbstinformationseinrichtungen einzusetzen. ₂Diese sind an die technischen Entwicklungen anzupassen.

(3) ₁Die Agentur für Arbeit darf in die Selbstinformationseinrichtungen Daten über Ausbildungsuchende, Arbeitsuchende und Arbeitgeber nur aufnehmen, soweit sie für die Vermittlung erforderlich sind und von Dritten keiner bestimmten oder bestimmbaren Person zugeordnet werden können. ₂Daten, die von Dritten einer bestimmten oder bestimmbaren Person zugeordnet werden können, dürfen nur mit Einwilligung der Betroffenen aufgenommen werden. ₃Betroffenen ist auf Verlangen ein Ausdruck der aufgenommenen Daten zuzusenden. ₄Die Agentur für Arbeit kann von der Aufnahme von Daten über Ausbildungs- und Arbeitsstellen in die Selbstinformationseinrichtungen absehen, wenn diese dafür nicht geeignet sind.

§ 41 Einschränkung des Fragerechts

₁Die Agentur für Arbeit darf von Ausbildung- und Arbeitsuchenden keine Daten erheben, die ein Arbeitgeber vor Begründung eines Ausbildungs- oder Arbeitsverhältnisses nicht erfragen darf. ₂Daten über die Zugehörigkeit zu einer Gewerkschaft, Partei, Religionsgemeinschaft oder vergleichbaren Vereinigung dürfen nur bei der oder dem Ausbildungsuchenden und der oder dem Arbeitsuchenden erhoben werden. ₃Die Agentur für Arbeit darf diese Daten nur erheben und nutzen, wenn

1. eine Vermittlung auf eine Ausbildungs- oder Arbeitsstelle
   a) in einem Tendenzunternehmen oder -betrieb im Sinne des § 118 Absatz 1 Satz 1 des Betriebsverfassungsgesetzes oder
   b) bei einer Religionsgemeinschaft oder in einer zu ihr gehörenden karitativen oder erzieherischen Einrichtung

   vorgesehen ist,
2. die oder der Ausbildungsuchende oder die oder der Arbeitsuchende bereit ist, auf eine solche Ausbildungs- oder Arbeitsstelle vermittelt zu werden, und
3. bei einer Vermittlung nach Nummer 1 Buchstabe a die Art der auszuübenden Tätigkeit diese Beschränkung rechtfertigt.

§ 42 Grundsatz der Unentgeltlichkeit

(1) Die Agentur für Arbeit übt die Beratung und Vermittlung unentgeltlich aus.

(2) Die Agentur für Arbeit kann vom Arbeitgeber die Erstattung besonderer, bei einer Arbeitsvermittlung entstehender Aufwendungen (Aufwendungsersatz) verlangen, wenn

1. die Aufwendungen den gewöhnlichen Umfang erheblich übersteigen und
2. sie den Arbeitgeber bei Beginn der Arbeitsvermittlung über die Erstattungspflicht unterrichtet hat.

(3) 1Die Agentur für Arbeit kann von einem Arbeitgeber, der die Auslandsvermittlung auf Grund zwischenstaatlicher Vereinbarungen oder Vermittlungsabsprachen der Bundesagentur mit ausländischen Arbeitsverwaltungen in Anspruch nimmt, eine Gebühr (Vermittlungsgebühr) erheben. 2Die Vorschriften des Verwaltungskostengesetzes sind anzuwenden.

(4) Der Arbeitgeber darf sich den Aufwendungsersatz oder die Vermittlungsgebühr weder ganz noch teilweise von der vermittelten Arbeitnehmerin oder dem vermittelten Arbeitnehmer oder einem Dritten erstatten lassen.

§ 43 Anordnungsermächtigung

1Die Bundesagentur wird ermächtigt, durch Anordnung die gebührenpflichtigen Tatbestände für die Vermittlungsgebühr zu bestimmen und dabei feste Sätze vorzusehen. 2Für die Bestimmung der Gebührenhöhe können auch Aufwendungen für Maßnahmen, die geeignet sind, die Eingliederung ausländischer Arbeitnehmerinnen und Arbeitnehmer in die Wirtschaft und in die Gesellschaft zu erleichtern oder die der Überwachung der Einhaltung der zwischenstaatlichen Vereinbarungen oder Absprachen über die Vermittlung dienen, berücksichtigt werden.

Zweiter Abschnitt
Aktivierung und berufliche Eingliederung

§ 44 Förderung aus dem Vermittlungsbudget

(1) 1Ausbildungsuchende, von Arbeitslosigkeit bedrohte Arbeitsuchende und Arbeitslose können aus dem Vermittlungsbudget der Agentur für Arbeit bei der Anbahnung oder Aufnahme einer versicherungspflichtigen Beschäftigung gefördert werden, wenn dies für die berufliche Eingliederung notwendig ist. 2Sie sollen insbesondere bei der Erreichung der in der Eingliederungsvereinbarung festgelegten Eingliederungsziele unterstützt werden. 3Die Förderung umfasst die Übernahme der angemessenen Kosten, soweit der Arbeitgeber gleichartige Leistungen nicht oder voraussichtlich nicht erbringen wird.

(2) Nach Absatz 1 kann auch die Anbahnung oder die Aufnahme einer versicherungspflichtigen Beschäftigung mit einer Arbeitszeit von mindestens 15 Stunden wöchentlich in einem anderen Mitgliedstaat der Europäischen Union, einem anderen Vertragsstaat des Abkommens über den Europäischen Wirtschaftsraum oder in der Schweiz gefördert werden.

(3) 1Die Agentur für Arbeit entscheidet über den Umfang der zu erbringenden Leistungen; sie kann Pauschalen festlegen. 2Leistungen zur Sicherung des Lebensunterhalts sind ausgeschlossen. 3Die Förderung aus dem Vermittlungsbudget darf die anderen Leistungen

nach diesem Buch nicht aufstocken, ersetzen oder umgehen.

§ 45 Maßnahmen zur Aktivierung und beruflichen Eingliederung

(1) 1Ausbildungsuchende, von Arbeitslosigkeit bedrohte Arbeitsuchende und Arbeitslose können bei Teilnahme an Maßnahmen gefördert werden, die ihre berufliche Eingliederung durch

1. Heranführung an den Ausbildungs- und Arbeitsmarkt,
2. Feststellung, Verringerung oder Beseitigung von Vermittlungshemmnissen,
3. Vermittlung in eine versicherungspflichtige Beschäftigung,
4. Heranführung an eine selbständige Tätigkeit oder
5. Stabilisierung einer Beschäftigungsaufnahme

unterstützen (Maßnahmen zur Aktivierung und beruflichen Eingliederung). 2Für die Aktivierung von Arbeitslosen, deren berufliche Eingliederung auf Grund von schwerwiegenden Vermittlungshemmnissen, insbesondere auf Grund der Dauer ihrer Arbeitslosigkeit, besonders erschwert ist, sollen Maßnahmen gefördert werden, die nach inhaltlicher Ausgestaltung und Dauer den erhöhten Stabilisierungs- und Unterstützungsbedarf der Arbeitslosen berücksichtigen. 3Versicherungspflichtige Beschäftigungen mit einer Arbeitszeit von mindestens 15 Stunden wöchentlich in einem anderen Mitgliedstaat der Europäischen Union oder einem anderen Vertragsstaat des Abkommens über den Europäischen Wirtschaftsraum sind den versicherungspflichtigen Beschäftigungen nach Satz 1 Nummer 3 gleichgestellt. 4Die Förderung umfasst die Übernahme der angemessenen Kosten für die Teilnahme, soweit dies für die berufliche Eingliederung notwendig ist. 5Die Förderung kann auf die Weiterleistung von Arbeitslosengeld beschränkt werden.

(2) 1Die Dauer der Einzel- oder Gruppenmaßnahmen muss deren Zweck und Inhalt entsprechen. 2Soweit Maßnahmen oder Teile von Maßnahmen nach Absatz 1 bei oder von einem Arbeitgeber durchgeführt werden, dürfen diese jeweils die Dauer von sechs Wochen nicht überschreiten. 3Die Vermittlung von beruflichen Kenntnissen in Maßnahmen zur Aktivierung und beruflichen Eingliederung darf die Dauer von acht Wochen nicht überschreiten. 4Maßnahmen des Dritten Abschnitts sind ausgeschlossen.

(3) Die Agentur für Arbeit kann unter Anwendung des Vergaberechts Träger mit der Durchführung von Maßnahmen nach Absatz 1 beauftragen.

(4) 1Die Agentur für Arbeit kann der oder dem Berechtigten das Vorliegen der Voraussetzungen für eine Förderung nach Absatz 1 bescheinigen und Maßnahmeziel und -inhalt festlegen (Aktivierungs- und Vermittlungsgutschein). 2Der Aktivierungs- und Vermittlungsgutschein kann zeitlich befristet sowie regional beschränkt werden. 3Der Aktivierungs- und Vermittlungsgutschein berechtigt zur Auswahl

1. eines Trägers, der eine dem Maßnahmeziel und -inhalt entsprechende und nach § 179 zugelassene Maßnahme anbietet,
2. eines Trägers, der eine ausschließlich erfolgsbezogen vergütete Arbeitsvermittlung in versicherungspflichtige Beschäftigung anbietet, oder
3. eines Arbeitgebers, der eine dem Maßnahmeziel und -inhalt entsprechende betriebliche Maßnahme von einer Dauer bis zu sechs Wochen anbietet.

4Der ausgewählte Träger nach Satz 3 Nummer 1 und der ausgewählte Arbeitgeber nach Satz 3 Nummer 3 haben der Agentur für Arbeit den Aktivierungs- und Vermittlungsgutschein vor Beginn der Maßnahme vorzulegen. 5Der ausgewählte Träger nach Satz 3 Nummer 2 hat der Agentur für Arbeit den Aktivierungs- und Vermittlungsgutschein nach erstmaligem Vorliegen der Auszahlungsvoraussetzungen vorzulegen.

(5) Die Agentur für Arbeit soll die Entscheidung über die Ausgabe eines Aktivierungs- und Vermittlungsgutscheins nach Absatz 4 von der Eignung und den persönlichen Verhältnissen der Förderberechtigten oder der

örtlichen Verfügbarkeit von Arbeitsmarktdienstleistungen abhängig machen.

(6) $_{1}$Die Vergütung richtet sich nach Art und Umfang der Maßnahme und kann aufwands- oder erfolgsbezogen gestaltet sein; eine Pauschalierung ist zulässig. $_{2}$§ 83 Absatz 2 gilt entsprechend. $_{3}$Bei einer erfolgreichen Arbeitsvermittlung in versicherungspflichtige Beschäftigung durch einen Träger nach Absatz 4 Satz 3 Nummer 2 beträgt die Vergütung 2000 Euro. $_{4}$Bei Langzeitarbeitslosen und behinderten Menschen nach § 2 Absatz 1 des Neunten Buches kann die Vergütung auf eine Höhe von bis zu 2500 Euro festgelegt werden. $_{5}$Die Vergütung nach den Sätzen 3 und 4 wird in Höhe von 1000 Euro nach einer sechswöchigen und der Restbetrag nach einer sechsmonatigen Dauer des Beschäftigungsverhältnisses gezahlt. $_{6}$Eine erfolgsbezogene Vergütung für die Arbeitsvermittlung in versicherungspflichtige Beschäftigung ist ausgeschlossen, wenn das Beschäftigungsverhältnis

1. von vornherein auf eine Dauer von weniger als drei Monaten begrenzt ist oder

2. bei einem früheren Arbeitgeber begründet wird, bei dem die Arbeitnehmerin oder der Arbeitnehmer während der letzten vier Jahre vor Aufnahme der Beschäftigung mehr als drei Monate lang versicherungspflichtig beschäftigt war; dies gilt nicht, wenn es sich um die befristete Beschäftigung besonders betroffener schwerbehinderter Menschen handelt.

(7) $_{1}$Arbeitslose, die Anspruch auf Arbeitslosengeld haben, dessen Dauer nicht allein auf § 147 Absatz 3 beruht, und nach einer Arbeitslosigkeit von sechs Wochen innerhalb einer Frist von drei Monaten noch nicht vermittelt sind, haben Anspruch auf einen Aktivierungs- und Vermittlungsgutschein nach Absatz 4 Satz 3 Nummer 2. $_{2}$In die Frist werden Zeiten nicht eingerechnet, in denen die oder der Arbeitslose an Maßnahmen zur Aktivierung und beruflichen Eingliederung sowie an Maßnahmen der beruflichen Weiterbildung teilgenommen hat.

§ 46 Probebeschäftigung und Arbeitshilfe für behinderte Menschen

(1) Arbeitgebern können die Kosten für eine befristete Probebeschäftigung behinderter, schwerbehinderter und ihnen gleichgestellter Menschen im Sinne des § 2 des Neunten Buches bis zu einer Dauer von drei Monaten erstattet werden, wenn dadurch die Möglichkeit einer Teilhabe am Arbeitsleben verbessert wird oder eine vollständige und dauerhafte Teilhabe am Arbeitsleben zu erreichen ist.

(2) Arbeitgeber können Zuschüsse für eine behindertengerechte Ausgestaltung von Ausbildungs- oder Arbeitsplätzen erhalten, soweit dies erforderlich ist, um die dauerhafte Teilhabe am Arbeitsleben zu erreichen oder zu sichern und eine entsprechende Verpflichtung des Arbeitgebers nach dem Teil 2 des Neunten Buches nicht besteht.

§ 47 Verordnungsermächtigung

Das Bundesministerium für Arbeit und Soziales wird ermächtigt, durch Rechtsverordnung, die nicht der Zustimmung des Bundesrates bedarf, das Nähere über Voraussetzungen, Grenzen, Pauschalierung und Verfahren der Förderung nach den §§ 44 und 45 zu bestimmen.

Dritter Abschnitt
Berufswahl und Berufsausbildung

Erster Unterabschnitt
Übergang von der Schule in die Berufsausbildung

§ 48 Berufsorientierungsmaßnahmen

(1) $_{1}$Die Agentur für Arbeit kann Schülerinnen und Schüler allgemeinbildender Schulen durch vertiefte Berufsorientierung und Berufswahlvorbereitung fördern (Berufsorientierungsmaßnahmen), wenn sich Dritte mit mindestens 50 Prozent an der Förderung beteiligen. $_{2}$Die Agentur für Arbeit kann sich auch mit bis zu 50 Prozent an der Förderung von Maßnahmen beteiligen, die von Dritten eingerichtet werden.

(2) Die besonderen Bedürfnisse von Schülerinnen und Schülern mit sonderpädagogischem Förderbedarf und von schwerbehinderten Schülerinnen und Schülern sollen bei der Ausgestaltung der Maßnahmen berücksichtigt werden.

§ 49 Berufseinstiegsbegleitung

(1) Die Agentur für Arbeit kann förderungsbedürftige junge Menschen durch Maßnahmen der Berufseinstiegsbegleitung fördern, um sie beim Übergang von der allgemeinbildenden Schule in eine Berufsausbildung zu unterstützen, wenn sich Dritte mit mindestens 50 Prozent an der Förderung beteiligen.

(2) $_1$Förderungsfähig sind Maßnahmen zur individuellen Begleitung und Unterstützung förderungsbedürftiger junger Menschen durch Berufseinstiegsbegleiterinnen und Berufseinstiegsbegleiter, um die Eingliederung der jungen Menschen in eine Berufsausbildung zu erreichen (Berufseinstiegsbegleitung). $_2$Unterstützt werden sollen insbesondere das Erreichen des Abschlusses einer allgemeinbildenden Schule, die Berufsorientierung und -wahl, die Suche nach einer Ausbildungsstelle und die Stabilisierung des Berufsausbildungsverhältnisses. $_3$Hierzu sollen die Berufseinstiegsbegleiterinnen und Berufseinstiegsbegleiter insbesondere mit Verantwortlichen in der allgemeinbildenden Schule, mit Dritten, die junge Menschen in der Region mit ähnlichen Inhalten unterstützen, und mit den Arbeitgebern in der Region eng zusammenarbeiten.

(3) $_1$Die Berufseinstiegsbegleitung beginnt in der Regel mit dem Besuch der Vorabgangsklasse der allgemeinbildenden Schule und endet in der Regel ein halbes Jahr nach Beginn einer Berufsausbildung. $_2$Die Berufseinstiegsbegleitung endet spätestens 24 Monate nach Beendigung der allgemeinbildenden Schule.

(4) Förderungsbedürftig sind junge Menschen, die voraussichtlich Schwierigkeiten haben werden, den Abschluss der allgemeinbildenden Schule zu erreichen oder den Übergang in eine Berufsausbildung zu bewältigen.

(5) Als Maßnahmekosten werden dem Träger die angemessenen Aufwendungen für die Durchführung der Maßnahme einschließlich der erforderlichen Kosten für die Berufseinstiegsbegleiterinnen und Berufseinstiegsbegleiter erstattet.

§ 50 Anordnungsermächtigung

Die Bundesagentur wird ermächtigt, durch Anordnung das Nähere über Voraussetzungen, Art, Umfang und Verfahren der Förderung zu bestimmen.

Zweiter Unterabschnitt Berufsvorbereitung

§ 51 Berufsvorbereitende Bildungsmaßnahmen

(1) Die Agentur für Arbeit kann förderungsbedürftige junge Menschen durch berufsvorbereitende Bildungsmaßnahmen fördern, um sie auf die Aufnahme einer Berufsausbildung vorzubereiten oder, wenn die Aufnahme einer Berufsausbildung wegen in ihrer Person liegender Gründe nicht möglich ist, ihnen die berufliche Eingliederung zu erleichtern.

(2) $_1$Eine berufsvorbereitende Bildungsmaßnahme ist förderungsfähig, wenn sie

1. nicht den Schulgesetzen der Länder unterliegt und
2. nach Aus- und Fortbildung sowie Berufserfahrung der Leitung und der Lehr- und Fachkräfte, nach Gestaltung des Lehrplans, nach Unterrichtsmethode und Güte der zum Einsatz vorgesehenen Lehr- und Lernmittel eine erfolgreiche berufliche Bildung erwarten lässt.

$_2$Eine berufsvorbereitende Bildungsmaßnahme, die teilweise im Ausland durchgeführt wird, ist auch für den im Ausland durchgeführten Teil förderungsfähig, wenn dieser Teil im Verhältnis zur Gesamtdauer der berufsvorbereitenden Bildungsmaßnahme angemessen ist und die Hälfte der vorgesehenen Förderdauer nicht übersteigt.

(3) Eine berufsvorbereitende Bildungsmaßnahme kann zur Erleichterung der beruflichen Eingliederung auch allgemeinbildende Fächer

enthalten und auf den nachträglichen Erwerb des Hauptschulabschlusses oder eines gleichwertigen Schulabschlusses vorbereiten.

(4) Betriebliche Praktika können abgestimmt auf den individuellen Förderbedarf in angemessenem Umfang vorgesehen werden.

§ 52 Förderungsbedürftige junge Menschen

(1) Förderungsbedürftig sind junge Menschen,

1. bei denen die berufsvorbereitende Bildungsmaßnahme zur Vorbereitung auf eine Berufsausbildung oder, wenn die Aufnahme einer Berufsausbildung wegen in ihrer Person liegender Gründe nicht möglich ist, zur beruflichen Eingliederung erforderlich ist,
2. die die Vollzeitschulpflicht nach den Gesetzen der Länder erfüllt haben und
3. deren Fähigkeiten erwarten lassen, dass sie das Ziel der Maßnahme erreichen.

(2) § 59 Absatz 1 und 3 gilt entsprechend.

§ 53 Vorbereitung auf einen Hauptschulabschluss im Rahmen einer berufsvorbereitenden Bildungsmaßnahme

$_1$Förderungsbedürftige junge Menschen ohne Schulabschluss haben einen Anspruch, im Rahmen einer berufsvorbereitenden Bildungsmaßnahme auf den nachträglichen Erwerb des Hauptschulabschlusses oder eines gleichwertigen Schulabschlusses vorbereitet zu werden. $_2$Die Leistung wird nur erbracht, soweit sie nicht für den gleichen Zweck durch Dritte erbracht wird. $_3$Die Agentur für Arbeit hat darauf hinzuwirken, dass sich die für die allgemeine Schulbildung zuständigen Länder an den Kosten der Maßnahme beteiligen. $_4$Leistungen Dritter zur Aufstockung der Leistung bleiben anrechnungsfrei.

§ 54 Maßnahmekosten

Bei einer berufsvorbereitenden Bildungsmaßnahme werden dem Träger als Maßnahmekosten erstattet:

1. die angemessenen Aufwendungen für das zur Durchführung der Maßnahme eingesetzte erforderliche Ausbildungs- und Betreuungspersonal, einschließlich dessen regelmäßiger fachlicher Weiterbildung, sowie für das erforderliche Leitungs- und Verwaltungspersonal,
2. die angemessenen Sachkosten, einschließlich der Kosten für Lernmittel und Arbeitskleidung, und die angemessenen Verwaltungskosten sowie
3. erfolgsbezogene Pauschalen bei Vermittlung von Teilnehmenden in eine betriebliche Berufsausbildung im Sinne des § 57 Absatz 1.

§ 54a Einstiegsqualifizierung

(1) $_1$Arbeitgeber, die eine betriebliche Einstiegsqualifizierung durchführen, können durch Zuschüsse zur Vergütung bis zu einer Höhe von 216 Euro monatlich zuzüglich eines pauschalierten Anteils am durchschnittlichen Gesamtsozialversicherungsbeitrag der oder des Auszubildenden gefördert werden. $_2$Die betriebliche Einstiegsqualifizierung dient der Vermittlung und Vertiefung von Grundlagen für den Erwerb beruflicher Handlungsfähigkeit. $_3$Soweit die betriebliche Einstiegsqualifizierung als Berufsausbildungsvorbereitung nach dem Berufsbildungsgesetz durchgeführt wird, gelten die §§ 68 bis 70 des Berufsbildungsgesetzes.

(2) Eine Einstiegsqualifizierung kann für die Dauer von sechs bis längstens zwölf Monaten gefördert werden, wenn sie

1. auf der Grundlage eines Vertrags im Sinne des § 26 des Berufsbildungsgesetzes mit der oder dem Auszubildenden durchgeführt wird,
2. auf einen anerkannten Ausbildungsberuf im Sinne des § 4 Absatz 1 des Berufsbildungsgesetzes, § 25 Absatz 1 Satz 1 der Handwerksordnung, des Seearbeitsgesetzes oder des Altenpflegegesetzes vorbereitet und
3. in Vollzeit oder wegen der Erziehung eigener Kinder oder der Pflege von Familienangehörigen in Teilzeit von mindestens 20 Wochenstunden durchgeführt wird.

(3) 1Der Abschluss des Vertrags ist der nach dem Berufsbildungsgesetz, im Fall der Vorbereitung auf einen nach dem Altenpflegegesetz anerkannten Ausbildungsberuf der nach Landesrecht zuständigen Stelle anzuzeigen. 2Die vermittelten Fertigkeiten, Kenntnisse und Fähigkeiten sind vom Betrieb zu bescheinigen. 3Die zuständige Stelle stellt über die erfolgreich durchgeführte betriebliche Einstiegsqualifizierung ein Zertifikat aus.

(4) Förderungsfähig sind

1. bei der Agentur für Arbeit gemeldete Ausbildungsbewerberinnen und -bewerber mit aus individuellen Gründen eingeschränkten Vermittlungsperspektiven, die auch nach den bundesweiten Nachvermittlungsaktionen keine Ausbildungsstelle haben,
2. Ausbildungsuchende, die noch nicht in vollem Maße über die erforderliche Ausbildungsreife verfügen, und
3. lernbeeinträchtigte und sozial benachteiligte Ausbildungsuchende.

(5) 1Die Förderung einer oder eines Auszubildenden, die oder der bereits eine betriebliche Einstiegsqualifizierung bei dem Antrag stellenden Betrieb oder in einem anderen Betrieb des Unternehmens durchlaufen hat, oder in einem Betrieb des Unternehmens oder eines verbundenen Unternehmens in den letzten drei Jahren vor Beginn der Einstiegsqualifizierung versicherungspflichtig beschäftigt war, ist ausgeschlossen. 2Gleiches gilt, wenn die Einstiegsqualifizierung im Betrieb der Ehegatten, Lebenspartnerinnen oder Lebenspartner oder Eltern durchgeführt wird.

§ 55 Anordnungsermächtigung

Die Bundesagentur wird ermächtigt, durch Anordnung das Nähere zu bestimmen

1. über Art und Inhalt der berufsvorbereitenden Bildungsmaßnahmen und die hieran gestellten Anforderungen,
2. zu den Voraussetzungen für die Erstattung von Pauschalen, zum Verfahren der Erstattung von Pauschalen sowie zur Höhe von Pauschalen nach § 54 Nummer 3 sowie
3. über Voraussetzungen, Art, Umfang und Verfahren der Einstiegsqualifizierung.

Dritter Unterabschnitt
Berufsausbildungsbeihilfe

§ 56 Berufsausbildungsbeihilfe

(1) Auszubildende haben Anspruch auf Berufsausbildungsbeihilfe während einer Berufsausbildung, wenn

1. die Berufsausbildung förderungsfähig ist,
2. sie zum förderungsfähigen Personenkreis gehören und die sonstigen persönlichen Voraussetzungen für eine Förderung erfüllt sind und
3. ihnen die erforderlichen Mittel zur Deckung des Bedarfs für den Lebensunterhalt, die Fahrkosten und die sonstigen Aufwendungen (Gesamtbedarf) nicht anderweitig zur Verfügung stehen.

(2) 1Auszubildende haben Anspruch auf Berufsausbildungsbeihilfe während einer berufsvorbereitenden Bildungsmaßnahme nach § 51. 2Teilnehmende an einer ausbildungsvorbereitenden Phase nach § 130 haben Anspruch auf Berufsausbildungsbeihilfe wie Auszubildende in einer berufsvorbereitenden Bildungsmaßnahme.

§ 57 Förderungsfähige Berufsausbildung

(1) Eine Berufsausbildung ist förderungsfähig, wenn sie in einem nach dem Berufsbildungsgesetz, der Handwerksordnung oder dem Seearbeitsgesetz staatlich anerkannten Ausbildungsberuf betrieblich oder außerbetrieblich oder nach dem Altenpflegegesetz betrieblich durchgeführt wird und der dafür vorgeschriebene Berufsausbildungsvertrag abgeschlossen worden ist.

(2) 1Förderungsfähig ist die erste Berufsausbildung. 2Eine zweite Berufsausbildung kann gefördert werden, wenn zu erwarten ist, dass eine berufliche Eingliederung dauerhaft auf andere Weise nicht erreicht werden kann und durch die zweite Berufsausbildung die berufliche Eingliederung erreicht wird.

(3) Nach der vorzeitigen Lösung eines Berufsausbildungsverhältnisses darf erneut gefördert werden, wenn für die Lösung ein berechtigter Grund bestand.

§ 58 Förderung im Ausland

(1) Eine Berufsausbildung, die teilweise im Ausland durchgeführt wird, ist auch für den im Ausland durchgeführten Teil förderungsfähig, wenn dieser Teil im Verhältnis zur Gesamtdauer der Berufsausbildung angemessen ist und die Dauer von einem Jahr nicht übersteigt.

(2) Eine betriebliche Berufsausbildung, die vollständig im angrenzenden Ausland oder in den übrigen Mitgliedstaaten der Europäischen Union durchgeführt wird, ist förderungsfähig, wenn

1. eine nach Bundes- oder Landesrecht zuständige Stelle bestätigt, dass die Berufsausbildung einer entsprechenden betrieblichen Berufsausbildung gleichwertig ist und
2. die Berufsausbildung im Ausland dem Erreichen des Bildungsziels und der Beschäftigungsfähigkeit besonders dienlich ist.

§ 59 Förderungsfähiger Personenkreis

(1) ₁Gefördert werden

1. Deutsche im Sinne des Grundgesetzes,
2. Unionsbürger, die ein Recht auf Daueraufenthalt im Sinne des Freizügigkeitsgesetzes/ EU besitzen sowie andere Ausländer, die eine Niederlassungserlaubnis oder eine Erlaubnis zum Daueraufenthalt – EU nach dem Aufenthaltsgesetz besitzen,
3. Ehegatten oder Lebenspartner und Kinder von Unionsbürgern, die unter den Voraussetzungen des § 3 Absatz 1 und 4 des Freizügigkeitsgesetzes/EU unionsrechtlich freizügigkeitsberechtigt sind oder denen diese Rechte als Kinder nur deshalb nicht zustehen, weil sie 21 Jahre oder älter sind und von ihren Eltern oder deren Ehegatten oder Lebenspartnern keinen Unterhalt erhalten,
4. Unionsbürger, die vor dem Beginn der Ausbildung im Inland in einem Beschäftigungsverhältnis gestanden haben, dessen Gegenstand mit dem der Ausbildung in inhaltlichem Zusammenhang steht,
5. Staatsangehörige eines anderen Vertragsstaates des Abkommens über den Europäischen Wirtschaftsraum unter den Voraussetzungen der Nummern 2 bis 4,
6. Ausländer, die ihren gewöhnlichen Aufenthalt im Inland haben und die außerhalb des Bundesgebiets als Flüchtlinge im Sinne des Abkommens über die Rechtsstellung der Flüchtlinge vom 28. Juli 1951 (BGBl. 1953 II S. 559) anerkannt und im Gebiet der Bundesrepublik Deutschland nicht nur vorübergehend zum Aufenthalt berechtigt sind,
7. heimatlose Ausländer im Sinne des Gesetzes über die Rechtsstellung heimatloser Ausländer im Bundesgebiet in der im Bundesgesetzblatt Teil III, Gliederungsnummer 243-1, veröffentlichten bereinigten Fassung, das zuletzt durch Artikel 7 des Gesetzes vom 30. Juli 2004 (BGBl. I S. 1950) geändert worden ist.

₂§ 8 Absatz 2, 4 und 5 des Bundesausbildungsförderungsgesetzes gilt entsprechend.

(2) Geduldete Ausländerinnen und Ausländer (§ 60a des Aufenthaltsgesetzes), die ihren ständigen Wohnsitz im Inland haben, werden während einer betrieblich durchgeführten Berufsausbildung gefördert, wenn sie sich seit mindestens vier Jahren ununterbrochen rechtmäßig, gestattet oder geduldet im Bundesgebiet aufhalten.

(3) Im Übrigen werden Ausländerinnen und Ausländer gefördert, wenn

1. sie selbst sich vor Beginn der Berufsausbildung insgesamt fünf Jahre im Inland aufgehalten haben und rechtmäßig erwerbstätig gewesen sind oder
2. zumindest ein Elternteil während der letzten sechs Jahre vor Beginn der Berufsausbildung sich insgesamt drei Jahre im Inland aufgehalten hat und rechtmäßig erwerbstätig gewesen ist, im Übrigen von dem Zeitpunkt an, in dem im weiteren Verlauf der Berufsausbildung diese Voraussetzungen vorgelegen haben; von

dem Erfordernis der Erwerbstätigkeit des Elternteils während der letzten sechs Jahre kann abgesehen werden, wenn sie aus einem von ihm nicht zu vertretenden Grunde nicht ausgeübt worden ist und er im Inland mindestens sechs Monate erwerbstätig gewesen ist; ist die oder der Auszubildende in den Haushalt einer oder eines Verwandten aufgenommen, so kann diese oder dieser zur Erfüllung dieser Voraussetzungen an die Stelle des Elternteils treten, sofern die oder der Auszubildende sich in den letzten drei Jahren vor Beginn der Berufsausbildung rechtmäßig im Inland aufgehalten hat.

§ 60 Sonstige persönliche Voraussetzungen

(1) Die oder der Auszubildende wird bei einer Berufsausbildung nur gefördert, wenn sie oder er

1. außerhalb des Haushalts der Eltern oder eines Elternteils wohnt und
2. die Ausbildungsstätte von der Wohnung der Eltern oder eines Elternteils aus nicht in angemessener Zeit erreichen kann.

(2) Absatz 1 Nummer 2 gilt nicht, wenn die oder der Auszubildende

1. 18 Jahre oder älter ist,
2. verheiratet oder in einer Lebenspartnerschaft verbunden ist oder war,
3. mit mindestens einem Kind zusammenlebt oder
4. aus schwerwiegenden sozialen Gründen nicht auf die Wohnung der Eltern oder eines Elternteils verwiesen werden kann.

§ 61 Bedarf für den Lebensunterhalt bei Berufsausbildung

(1) $_1$Ist die oder der Auszubildende während der Berufsausbildung außerhalb des Haushalts der Eltern oder eines Elternteils untergebracht, wird der jeweils geltende Bedarf für Studierende nach § 13 Absatz 1 Nummer 1 des Bundesausbildungsförderungsgesetzes zugrunde gelegt. $_2$Der Bedarf erhöht sich für die Unterkunft um 149 Euro monatlich. $_3$Soweit Mietkosten für Unterkunft und Nebenkosten nachweislich den Betrag nach Satz 2 übersteigen, erhöht sich der dort genannte Bedarf um bis zu 75 Euro monatlich.

(2) Ist die oder der Auszubildende bei der oder dem Ausbildenden mit voller Verpflegung untergebracht, werden abweichend von Absatz 1 als Bedarf für den Lebensunterhalt die Werte der Sozialversicherungsentgeltverordnung für Verpflegung und Unterbringung oder Wohnung zuzüglich 90 Euro monatlich für sonstige Bedürfnisse zugrunde gelegt.

(3) $_1$Ist die oder der Auszubildende mit voller Verpflegung in einem Wohnheim oder einem Internat untergebracht, werden abweichend von Absatz 1 als Bedarf für den Lebensunterhalt die im Rahmen der §§ 78a bis 78g des Achten Buches vereinbarten Entgelte für Verpflegung und Unterbringung ohne sozialpädagogische Begleitung zuzüglich 90 Euro monatlich für sonstige Bedürfnisse zugrunde gelegt. $_2$Als Bedarf für den Lebensunterhalt von Auszubildenden unter 18 Jahren werden zusätzlich die Entgelte für die sozialpädagogische Begleitung zugrunde gelegt, soweit diese nicht von Dritten erstattet werden.

§ 62 Bedarf für den Lebensunterhalt bei berufsvorbereitenden Bildungsmaßnahmen

(1) Ist die oder der Auszubildende während einer berufsvorbereitenden Bildungsmaßnahme im Haushalt der Eltern oder eines Elternteils untergebracht, wird der jeweils geltende Bedarf für Schülerinnen und Schüler nach § 12 Absatz 1 Nummer 1 des Bundesausbildungsförderungsgesetzes zugrunde gelegt.

(2) $_1$Ist die oder der Auszubildende außerhalb des Haushalts der Eltern oder eines Elternteils untergebracht, werden als Bedarf für den Lebensunterhalt 391 Euro monatlich zugrunde gelegt. $_2$Soweit Mietkosten für Unterkunft und Nebenkosten nachweislich 58 Euro monatlich übersteigen, erhöht sich der in Satz 1 genannte Bedarf um bis zu 74 Euro monatlich.

(3) $_1$Ist die oder der Auszubildende mit voller Verpflegung in einem Wohnheim oder einem Internat untergebracht, werden abweichend von Absatz 2 als Bedarf für den Lebensunterhalt die im Rahmen der §§ 78a bis 78g des Achten Buches vereinbarten Entgelte für Ver-

pflegung und Unterbringung ohne sozialpädagogische Begleitung zuzüglich 90 Euro monatlich für sonstige Bedürfnisse zugrunde gelegt. ₂Als Bedarf für den Lebensunterhalt von Auszubildenden unter 18 Jahren werden zusätzlich die Entgelte für die sozialpädagogische Begleitung zugrunde gelegt, soweit diese nicht von Dritten erstattet werden.

§ 63 Fahrkosten

(1) ₁Als Bedarf für Fahrkosten werden folgende Kosten der oder des Auszubildenden zugrunde gelegt:

1. Kosten für Fahrten zwischen Unterkunft, Ausbildungsstätte und Berufsschule (Pendelfahrten),
2. bei einer erforderlichen auswärtigen Unterbringung Kosten für die An- und Abreise und für eine monatliche Familienheimfahrt oder anstelle der Familienheimfahrt für eine monatliche Fahrt einer oder eines Angehörigen zum Aufenthaltsort der oder des Auszubildenden.

₂Eine auswärtige Unterbringung ist erforderlich, wenn die Ausbildungsstätte vom Familienwohnort aus nicht in angemessener Zeit erreicht werden kann.

(2) ₁Abweichend von Absatz 1 Nummer 2 werden bei einer Förderung im Ausland folgende Kosten der oder des Auszubildenden zugrunde gelegt:

1. bei einem Ausbildungsort innerhalb Europas die Kosten für eine Hin- und Rückreise je Ausbildungshalbjahr,
2. bei einem Ausbildungsort außerhalb Europas die Kosten für eine Hin- und Rückreise je Ausbildungsjahr.

₂In besonderen Härtefällen können die notwendigen Aufwendungen für eine weitere Hin- und Rückreise zugrunde gelegt werden.

(3) ₁Die Fahrkosten werden in Höhe des Betrags zugrunde gelegt, der bei Benutzung des zweckmäßigsten regelmäßig verkehrenden öffentlichen Verkehrsmittels in der niedrigsten Klasse zu zahlen ist; bei Benutzung sonstiger Verkehrsmittel wird für Fahrkosten die Höhe der Wegstreckenentschädigung nach § 5 Absatz 1 des Bundesreisekostengesetzes zugrunde gelegt. ₂Bei nicht geringfügigen Fahrpreiserhöhungen hat auf Antrag eine Anpassung zu erfolgen, wenn der Bewilligungszeitraum noch mindestens zwei weitere Monate andauert. ₃Kosten für Pendelfahrten werden nur bis zur Höhe des Betrags zugrunde gelegt, der nach § 86 insgesamt erbracht werden kann.

§ 64 Sonstige Aufwendungen

(1) Bei einer Berufsausbildung wird als Bedarf für sonstige Aufwendungen eine Pauschale für Kosten der Arbeitskleidung in Höhe von 12 Euro monatlich zugrunde gelegt.

(2) Bei einer berufsvorbereitenden Bildungsmaßnahme werden als Bedarf für sonstige Aufwendungen bei Auszubildenden, deren Schutz im Krankheits- oder Pflegefall nicht anderweitig sichergestellt ist, die Beiträge für eine freiwillige Krankenversicherung ohne Anspruch auf Krankengeld und die Beiträge zur Pflegepflichtversicherung bei einem Träger der gesetzlichen Kranken- und Pflegeversicherung oder, wenn dort im Einzelfall ein Schutz nicht gewährleistet ist, bei einem privaten Krankenversicherungsunternehmen zugrunde gelegt.

(3) ₁Bei einer Berufsausbildung und einer berufsvorbereitenden Bildungsmaßnahme werden als Bedarf für sonstige Aufwendungen die Kosten für die Betreuung der aufsichtsbedürftigen Kinder der oder des Auszubildenden in Höhe von 130 Euro monatlich je Kind zugrunde gelegt. ₂Darüber hinaus können sonstige Kosten anerkannt werden,

1. soweit sie durch die Berufsausbildung oder die Teilnahme an der berufsvorbereitenden Bildungsmaßnahme unvermeidbar entstehen,
2. soweit die Berufsausbildung oder die Teilnahme an der berufsvorbereitenden Bildungsmaßnahme andernfalls gefährdet ist und
3. wenn die Aufwendungen von der oder dem Auszubildenden oder ihren oder seinen Erziehungsberechtigten zu tragen sind.

§ 65 Besonderheiten beim Besuch des Berufsschulunterrichts in Blockform

(1) Für die Zeit des Berufsschulunterrichts in Blockform wird ein Bedarf zugrunde gelegt, der für Zeiten ohne Berufsschulunterricht zugrunde zu legen wäre.

(2) Eine Förderung allein für die Zeit des Berufsschulunterrichts in Blockform ist ausgeschlossen.

§ 66 Anpassung der Bedarfssätze

Für die Anpassung der Bedarfssätze gilt § 35 Satz 1 und 2 des Bundesausbildungsförderungsgesetzes entsprechend.

§ 67 Einkommensanrechnung

(1) Auf den Gesamtbedarf sind die Einkommen der folgenden Personen in der Reihenfolge ihrer Nennung anzurechnen:

1. der oder des Auszubildenden,
2. der Person, mit der die oder der Auszubildende verheiratet oder in einer Lebenspartnerschaft verbunden ist und von der sie oder er nicht dauernd getrennt lebt, und
3. der Eltern der oder des Auszubildenden.

(2) ₁Für die Ermittlung des Einkommens und dessen Anrechnung sowie die Berücksichtigung von Freibeträgen gelten § 11 Absatz 4 sowie die Vorschriften des Vierten Abschnitts des Bundesausbildungsförderungsgesetzes mit den hierzu ergangenen Rechtsverordnungen entsprechend. ₂Abweichend von

1. § 21 Absatz 1 des Bundesausbildungsförderungsgesetzes werden Werbungskosten der oder des Auszubildenden auf Grund der Berufsausbildung nicht berücksichtigt;
2. § 22 Absatz 1 des Bundesausbildungsförderungsgesetzes ist das Einkommen der oder des Auszubildenden maßgebend, das zum Zeitpunkt der Antragstellung absehbar ist; Änderungen bis zum Zeitpunkt der Entscheidung sind zu berücksichtigen;
3. § 23 Absatz 3 des Bundesausbildungsförderungsgesetzes bleiben 58 Euro der Ausbildungsvergütung und abweichend von § 25 Absatz 1 des Bundesausbildungsförderungsgesetzes zusätzlich 567 Euro anrechnungsfrei, wenn die Ausbildungsstätte von der Wohnung der Eltern oder eines Elternteils aus nicht in angemessener Zeit erreicht werden kann;
4. § 23 Absatz 4 Nummer 2 des Bundesausbildungsförderungsgesetzes werden Leistungen Dritter, die zur Aufstockung der Berufsausbildungsbeihilfe erbracht werden, nicht angerechnet.

(3) Bei einer Berufsausbildung im Betrieb der Eltern, der Ehefrau oder des Ehemanns oder der Lebenspartnerin oder des Lebenspartners ist für die Feststellung des Einkommens der oder des Auszubildenden mindestens die tarifliche Bruttoausbildungsvergütung als vereinbart zugrunde zu legen oder, soweit eine tarifliche Regelung nicht besteht, die ortsübliche Bruttoausbildungsvergütung, die in diesem Ausbildungsberuf bei einer Berufsausbildung in einem fremden Betrieb geleistet wird.

(4) ₁Für an berufsvorbereitenden Bildungsmaßnahmen Teilnehmende wird von einer Anrechnung des Einkommens abgesehen. ₂Satz 1 gilt nicht für Einkommen der Teilnehmenden aus einer nach diesem Buch oder vergleichbaren öffentlichen Programmen geförderten Maßnahme.

(5) ₁Das Einkommen der Eltern bleibt außer Betracht, wenn ihr Aufenthaltsort nicht bekannt ist oder sie rechtlich oder tatsächlich gehindert sind, im Inland Unterhalt zu leisten. ₂Das Einkommen ist ferner nicht anzurechnen, soweit ein Unterhaltsanspruch nicht besteht oder dieser verwirkt ist.

§ 68 Vorausleistung von Berufsausbildungsbeihilfe

(1) ₁Macht die oder der Auszubildende glaubhaft, dass ihre oder seine Eltern den nach den Vorschriften dieses Buches angerechneten Unterhaltsbetrag nicht leisten, oder kann das Einkommen der Eltern nicht berechnet werden, weil diese die erforderlichen Auskünfte nicht erteilen oder Urkunden nicht vorlegen, und ist die Berufsausbildung, auch unter Berücksichtigung des Einkommens der Ehefrau oder des Ehemanns oder der Lebenspartnerin

oder des Lebenspartners im Bewilligungszeitraum, gefährdet, so wird nach Anhörung der Eltern ohne Anrechnung dieses Betrags Berufsausbildungsbeihilfe geleistet. 2Von der Anhörung der Eltern kann aus wichtigem Grund abgesehen werden.

(2) 1Ein Anspruch der oder des Auszubildenden auf Unterhaltsleistungen gegen ihre oder seine Eltern geht bis zur Höhe des anzurechnenden Unterhaltsanspruchs zusammen mit dem unterhaltsrechtlichen Auskunftsanspruch mit der Zahlung der Berufsausbildungsbeihilfe auf die Agentur für Arbeit über. 2Die Agentur für Arbeit hat den Eltern die Förderung anzuzeigen. 3Der Übergang wird nicht dadurch ausgeschlossen, dass der Anspruch nicht übertragen, nicht verpfändet oder nicht gepfändet werden kann. 4Ist die Unterhaltsleistung trotz des Rechtsübergangs mit befreiender Wirkung an die Auszubildende oder den Auszubildenden gezahlt worden, hat die oder der Auszubildende diese insoweit zu erstatten.

(3) Für die Vergangenheit können die Eltern der oder des Auszubildenden nur von dem Zeitpunkt an in Anspruch genommen werden, ab dem

1. die Voraussetzungen des bürgerlichen Rechts vorgelegen haben oder
2. sie bei dem Antrag auf Ausbildungsförderung mitgewirkt haben oder von ihm Kenntnis erhalten haben und darüber belehrt worden sind, unter welchen Voraussetzungen dieses Buch eine Inanspruchnahme von Eltern ermöglicht.

(4) Berufsausbildungsbeihilfe wird nicht vorausgeleistet, soweit die Eltern bereit sind, Unterhalt entsprechend einer nach § 1612 Absatz 2 des Bürgerlichen Gesetzbuchs getroffenen Bestimmung zu leisten.

(5) 1Die Agentur für Arbeit kann den auf sie übergegangenen Unterhaltsanspruch im Einvernehmen mit der oder dem Unterhaltsberechtigten auf diese oder diesen zur gerichtlichen Geltendmachung rückübertragen und sich den geltend gemachten Unterhaltsanspruch abtreten lassen. 2Kosten, mit denen die oder der Unterhaltsberechtigte dadurch selbst belastet wird, sind zu übernehmen.

§ 69 Dauer der Förderung

(1) 1Anspruch auf Berufsausbildungsbeihilfe besteht für die Dauer der Berufsausbildung oder die Dauer der berufsvorbereitenden Bildungsmaßnahme. 2Über den Anspruch wird bei Berufsausbildung in der Regel für 18 Monate, im Übrigen in der Regel für ein Jahr (Bewilligungszeitraum) entschieden.

(2) Für Fehlzeiten besteht in folgenden Fällen Anspruch auf Berufsausbildungsbeihilfe:

1. bei Krankheit längstens bis zum Ende des dritten auf den Eintritt der Krankheit folgenden Kalendermonats, im Fall einer Berufsausbildung jedoch nur, solange das Berufsausbildungsverhältnis fortbesteht,
2. für Zeiten einer Schwangerschaft oder nach der Entbindung, wenn
   a) bei einer Berufsausbildung nach den Bestimmungen des Mutterschutzgesetzes Anspruch auf Fortzahlung der Ausbildungsvergütung oder Anspruch auf Mutterschaftsgeld besteht oder
   b) bei einer berufsvorbereitenden Bildungsmaßnahme die Maßnahme nicht länger als 14 Wochen, im Fall von Früh- oder Mehrlingsgeburten nicht länger als 18 Wochen (§ 3 Absatz 2 und § 6 Absatz 1 des Mutterschutzgesetzes) unterbrochen wird,
3. wenn bei einer Berufsausbildung die oder der Auszubildende aus einem sonstigen Grund der Berufsausbildung fernbleibt und die Ausbildungsvergütung weitergezahlt oder an deren Stelle eine Ersatzleistung erbracht wird oder
4. wenn bei einer berufsvorbereitenden Bildungsmaßnahme ein sonstiger wichtiger Grund für das Fernbleiben der oder des Auszubildenden vorliegt.

§ 70 Berufsausbildungsbeihilfe für Arbeitslose

1Arbeitslose, die zu Beginn der berufsvorbereitenden Bildungsmaßnahme anderenfalls Anspruch auf Arbeitslosengeld gehabt hätten, der höher ist als der zugrunde zu legende Bedarf für den Lebensunterhalt, haben Anspruch auf Berufsausbildungsbeihilfe in Höhe des Arbeitslosengeldes. 2In diesem Fall wird Einkommen, das die oder der Arbeitslose aus einer neben der berufsvorbereitenden Bildungsmaßnahme ausgeübten Beschäftigung oder selbständigen Tätigkeit erzielt, in gleicher Weise angerechnet wie bei der Leistung von Arbeitslosengeld.

§ 71 Auszahlung

1Monatliche Förderungsbeträge der Berufsausbildungsbeihilfe, die nicht volle Euro ergeben, sind bei Restbeträgen unter 0,50 Euro abzurunden und im Übrigen aufzurunden. 2Nicht geleistet werden monatliche Förderungsbeträge unter 10 Euro.

§ 72 Anordnungsermächtigung

Die Bundesagentur wird ermächtigt, durch Anordnung das Nähere über Voraussetzungen, Umfang und Verfahren der Förderung zu bestimmen.

Vierter Unterabschnitt Berufsausbildung

§ 73 Zuschüsse zur Ausbildungsvergütung behinderter und schwerbehinderter Menschen

(1) Arbeitgeber können für die betriebliche Aus- oder Weiterbildung von behinderten und schwerbehinderten Menschen im Sinne des § 104 Absatz 1 Nummer 3 Buchstabe e des Neunten Buches durch Zuschüsse zur Ausbildungsvergütung oder zu einer vergleichbaren Vergütung gefördert werden, wenn die Aus- oder Weiterbildung sonst nicht zu erreichen ist.

(2) 1Die monatlichen Zuschüsse sollen regelmäßig 60 Prozent, bei schwerbehinderten Menschen 80 Prozent der monatlichen Ausbildungsvergütung für das letzte Ausbildungsjahr oder der vergleichbaren Vergütung einschließlich des darauf entfallenden pauschalierten Arbeitgeberanteils am Gesamtsozialversicherungsbeitrag nicht übersteigen. 2In begründeten Ausnahmefällen können Zuschüsse jeweils bis zur Höhe der Ausbildungsvergütung für das letzte Ausbildungsjahr erbracht werden.

(3) Bei Übernahme schwerbehinderter Menschen in ein Arbeitsverhältnis durch den ausbildenden oder einen anderen Arbeitgeber im Anschluss an eine abgeschlossene Aus- oder Weiterbildung kann ein Eingliederungszuschuss in Höhe von bis zu 70 Prozent des zu berücksichtigenden Arbeitsentgelts (§ 91) für die Dauer von einem Jahr erbracht werden, sofern während der Aus- oder Weiterbildung Zuschüsse erbracht wurden.

§ 74 Unterstützung und Förderung der Berufsausbildung

(1) Träger von Maßnahmen können Zuschüsse erhalten und Maßnahmekosten erstattet bekommen, wenn sie förderungsbedürftige junge Menschen

1. mit ausbildungsbegleitenden Hilfen bei ihrer betrieblichen Berufsausbildung oder ihrer Einstiegsqualifizierung unterstützen oder ihre Eingliederungsaussichten in Berufsausbildung oder Arbeit verbessern oder
2. anstelle einer Berufsausbildung in einem Betrieb in einer außerbetrieblichen Einrichtung ausbilden.

(2) § 57 Absatz 1 gilt entsprechend.

§ 75 Ausbildungsbegleitende Hilfen

(1) 1Ausbildungsbegleitende Hilfen sind Maßnahmen für förderungsbedürftige junge Menschen, die über die Vermittlung von betriebs- und ausbildungsüblichen Inhalten hinausgehen, insbesondere müssen ausbildungsbegleitende Hilfen während einer Einstiegsqualifizierung über die Vermittlung der vom Betrieb im Rahmen der Einstiegsqualifizierung zu vermittelnden Fertigkeiten, Kenntnisse und Fähigkeiten hinausgehen. 2Hierzu gehören Maßnahmen

1. zum Abbau von Sprach- und Bildungsdefiziten,
2. zur Förderung fachpraktischer und fachtheoretischer Fertigkeiten, Kenntnisse und Fähigkeiten und
3. zur sozialpädagogischen Begleitung.

(2) 1Ausbildungsbegleitende Hilfen sind förderungsfähig, wenn sie

1. die förderungsbedürftigen jungen Menschen während einer betrieblichen Berufsausbildung oder einer Einstiegsqualifizierung unterstützen,
2. zur Unterstützung nach der vorzeitigen Lösung eines betrieblichen Berufsausbildungsverhältnisses bis zur Aufnahme einer weiteren betrieblichen oder einer außerbetrieblichen Berufsausbildung erforderlich sind oder
3. nach erfolgreicher Beendigung einer mit ausbildungsbegleitenden Hilfen geförderten betrieblichen Berufsausbildung bis zur Begründung oder Festigung eines Arbeitsverhältnisses fortgesetzt werden und hierfür erforderlich sind.

2Sie enden spätestens sechs Monate nach Begründung eines Arbeitsverhältnisses.

§ 76 Außerbetriebliche Berufsausbildung

(1) Maßnahmen, die zugunsten förderungsbedürftiger junger Menschen als Berufsausbildung in einer außerbetrieblichen Einrichtung durchgeführt werden (außerbetriebliche Berufsausbildung), sind förderungsfähig, wenn

1. der oder dem an der Maßnahme teilnehmenden Auszubildenden auch mit ausbildungsfördernden Leistungen nach diesem Buch eine Ausbildungsstelle in einem Betrieb nicht vermittelt werden kann und
2. der Anteil betrieblicher Ausbildungsphasen je Ausbildungsjahr angemessen ist.

(2) Während der Durchführung einer außerbetrieblichen Berufsausbildung sind alle Möglichkeiten wahrzunehmen, um den Übergang der oder des Auszubildenden in ein betriebliches Berufsausbildungsverhältnis zu fördern.

(3) Ist ein betriebliches oder außerbetriebliches Berufsausbildungsverhältnis vorzeitig gelöst worden und ist eine Eingliederung in betriebliche Berufsausbildung auch mit ausbildungsfördernden Leistungen nach diesem Buch aussichtslos, kann die oder der Auszubildende ihre oder seine Berufsausbildung in einer außerbetrieblichen Einrichtung fortsetzen, wenn zu erwarten ist, dass die Berufsausbildung erfolgreich abgeschlossen werden kann.

(4) Wird ein außerbetriebliches Berufsausbildungsverhältnis vorzeitig gelöst, hat der Träger der Maßnahme eine Bescheinigung über bereits erfolgreich absolvierte Teile der Berufsausbildung auszustellen.

§ 77 Sonstige Förderungsvoraussetzungen

Die Maßnahmen nach den §§ 75 und 76 sind nur förderungsfähig, wenn sie nach Aus- und Fortbildung sowie Berufserfahrung der Leitung und der Lehr- und Fachkräfte, nach Gestaltung des Lehrplans, nach Unterrichtsmethode und Güte der zum Einsatz vorgesehenen Lehr- und Lernmittel eine erfolgreiche Berufsausbildung oder die erfolgreiche Unterstützung der Berufsausbildung oder der Einstiegsqualifizierung erwarten lassen.

§ 78 Förderungsbedürftige junge Menschen

(1) Förderungsbedürftig sind lernbeeinträchtigte und sozial benachteiligte junge Menschen, die wegen in ihrer Person liegender Gründe ohne die Förderung

1. eine Einstiegsqualifizierung oder eine Berufsausbildung nicht beginnen, fortsetzen oder erfolgreich beenden können,
2. nach der vorzeitigen Lösung eines Berufsausbildungsverhältnisses eine weitere Berufsausbildung nicht beginnen können oder
3. nach erfolgreicher Beendigung einer Berufsausbildung ein Arbeitsverhältnis nicht begründen oder festigen können.

(2) 1Förderungsbedürftig sind auch

1. junge Menschen, die ohne die Förderung mit ausbildungsbegleitenden Hilfen eine Einstiegsqualifizierung oder eine erste betriebliche Berufsausbildung nicht beginnen oder fortsetzen können oder voraussichtlich Schwierigkeiten haben werden, diese erfolgreich abzuschließen, oder

2. Auszubildende, die nach der vorzeitigen Lösung eines betrieblichen Berufsausbildungsverhältnisses unter den Voraussetzungen des § 76 Absatz 3 eine Berufsausbildung außerbetrieblich fortsetzen.

2Satz 1 Nummer 1 gilt entsprechend für junge Menschen, die bereits eine Berufsausbildung absolviert haben und deren zweite Berufsausbildung für ihre dauerhafte berufliche Eingliederung erforderlich ist.

(3) § 59 Absatz 1 und 3 gilt entsprechend.

§ 79 Leistungen

(1) Die Leistungen umfassen bei

1. ausbildungsbegleitenden Hilfen die Maßnahmekosten,
2. einer außerbetrieblichen Berufsausbildung die Zuschüsse zur Ausbildungsvergütung zuzüglich des Gesamtsozialversicherungsbeitrags sowie die Maßnahmekosten.

(2) 1Als Zuschuss zur Ausbildungsvergütung bei einer außerbetrieblichen Berufsausbildung kann höchstens ein Betrag geleistet werden, der nach § 123 Absatz 1 Nummer 1 dem Bedarf für den Lebensunterhalt einer oder eines unverheirateten oder nicht in einer Lebenspartnerschaft verbundenen Auszubildenden zugrunde zu legen ist, wenn sie oder er das 21. Lebensjahr noch nicht vollendet hat und im Haushalt der Eltern untergebracht ist. 2Ab dem zweiten Ausbildungsjahr erhöht sich dieser Betrag um 5 Prozent jährlich. 3Der Betrag erhöht sich um den vom Träger zu tragenden Gesamtsozialversicherungsbeitrag.

(3) 1Als Maßnahmekosten werden erstattet:

1. die angemessenen Aufwendungen für das zur Durchführung der Maßnahme eingesetzte erforderliche Ausbildungs- und Betreuungspersonal, einschließlich dessen regelmäßiger fachlicher Weiterbildung, sowie für das erforderliche Leitungs- und Verwaltungspersonal,
2. die angemessenen Sach- und Verwaltungskosten sowie
3. eine Pauschale für jede vorzeitige und nachhaltige Vermittlung aus einer nach § 76 geförderten außerbetrieblichen Berufsausbildung in eine betriebliche Berufsausbildung.

2Die Pauschale nach Satz 1 Nummer 3 beträgt 2000 Euro für jede Vermittlung. 3Die Vermittlung gilt als vorzeitig, wenn die oder der Auszubildende spätestens zwölf Monate vor dem vertraglichen Ende der außerbetrieblichen Berufsausbildung vermittelt worden ist. 4Die Vermittlung gilt als nachhaltig, wenn das Berufsausbildungsverhältnis länger als vier Monate fortbesteht. 5Die Pauschale wird für jede Auszubildende und jeden Auszubildenden nur einmal gezahlt.

§ 80 Anordnungsermächtigung

Die Bundesagentur wird ermächtigt, durch Anordnung das Nähere über Voraussetzungen, Art, Umfang und Verfahren der Förderung zu bestimmen.

Fünfter Unterabschnitt Jugendwohnheime

§ 80a Förderung von Jugendwohnheimen

1Träger von Jugendwohnheimen können durch Darlehen und Zuschüsse gefördert werden, wenn dies zum Ausgleich auf dem Ausbildungsmarkt und zur Förderung der Berufsausbildung erforderlich ist und die Träger oder Dritte sich in angemessenem Umfang an den Kosten beteiligen. 2Leistungen können erbracht werden für den Aufbau, die Erweiterung, den Umbau und die Ausstattung von Jugendwohnheimen.

§ 80b Anordnungsermächtigung

Die Bundesagentur wird ermächtigt, durch Anordnung das Nähere über Voraussetzungen, Art, Umfang und Verfahren der Förderung zu bestimmen.

Vierter Abschnitt Berufliche Weiterbildung

§ 81 Grundsatz

(1) 1Arbeitnehmerinnen und Arbeitnehmer können bei beruflicher Weiterbildung durch

Übernahme der Weiterbildungskosten gefördert werden, wenn

1. die Weiterbildung notwendig ist, um sie bei Arbeitslosigkeit beruflich einzugliedern, eine ihnen drohende Arbeitslosigkeit abzuwenden oder weil bei ihnen wegen fehlenden Berufsabschlusses die Notwendigkeit der Weiterbildung anerkannt ist,
2. die Agentur für Arbeit sie vor Beginn der Teilnahme beraten hat und
3. die Maßnahme und der Träger der Maßnahme für die Förderung zugelassen sind.

2Als Weiterbildung gilt die Zeit vom ersten Tag bis zum letzten Tag der Maßnahme mit Unterrichtsveranstaltungen, es sei denn, die Maßnahme ist vorzeitig beendet worden.

(2) 1Anerkannt wird die Notwendigkeit der Weiterbildung bei Arbeitnehmerinnen und Arbeitnehmern wegen fehlenden Berufsabschlusses, wenn sie

1. über einen Berufsabschluss verfügen, jedoch auf Grund einer mehr als vier Jahre ausgeübten Beschäftigung in an- oder ungelernter Tätigkeit eine dem Berufsabschluss entsprechende Beschäftigung voraussichtlich nicht mehr ausüben können, oder
2. nicht über einen Berufsabschluss verfügen, für den nach bundes- oder landesrechtlichen Vorschriften eine Ausbildungsdauer von mindestens zwei Jahren festgelegt ist; Arbeitnehmerinnen und Arbeitnehmer ohne einen solchen Berufsabschluss, die noch nicht drei Jahre beruflich tätig gewesen sind, können nur gefördert werden, wenn eine Berufsausbildung oder eine berufsvorbereitende Bildungsmaßnahme aus in ihrer Person liegenden Gründen nicht möglich oder nicht zumutbar ist.

2Zeiten der Arbeitslosigkeit, der Kindererziehung und der Pflege eines Angehörigen der Pflegestufe I bis III stehen Zeiten einer Beschäftigung nach Satz 1 Nummer 1 gleich.

(3) 1Arbeitnehmerinnen und Arbeitnehmer werden durch Übernahme der Weiterbildungskosten zum nachträglichen Erwerb des Hauptschulabschlusses oder eines gleichwertigen Schulabschlusses gefördert, wenn

1. sie die Voraussetzungen für die Förderung der beruflichen Weiterbildung nach Absatz 1 erfüllen und
2. zu erwarten ist, dass sie an der Maßnahme erfolgreich teilnehmen werden.

2Absatz 2 Satz 1 Nummer 2 zweiter Halbsatz gilt entsprechend. 3Die Leistung wird nur erbracht, soweit sie nicht für den gleichen Zweck durch Dritte erbracht wird. 4Die Agentur für Arbeit hat darauf hinzuwirken, dass sich die für die allgemeine Schulbildung zuständigen Länder an den Kosten der Maßnahme beteiligen. 5Leistungen Dritter zur Aufstockung der Leistung bleiben anrechnungsfrei.

(4) 1Der Arbeitnehmerin oder dem Arbeitnehmer wird das Vorliegen der Voraussetzungen für eine Förderung bescheinigt (Bildungsgutschein). 2Der Bildungsgutschein kann zeitlich befristet sowie regional und auf bestimmte Bildungsziele beschränkt werden. 3Der von der Arbeitnehmerin oder vom Arbeitnehmer ausgewählte Träger hat der Agentur für Arbeit den Bildungsgutschein vor Beginn der Maßnahme vorzulegen. 4Die Agentur für Arbeit kann auf die Ausstellung eines Bildungsgutscheins bei beschäftigten Arbeitnehmerinnen und Arbeitnehmern verzichten, wenn der Arbeitgeber und die Arbeitnehmerin oder der Arbeitnehmer damit einverstanden sind.

(5) 1Für die berufliche Weiterbildung von Arbeitnehmerinnen und Arbeitnehmern, bei denen die Notwendigkeit der Weiterbildung wegen eines fehlenden Berufsabschlusses nach Absatz 2 anerkannt ist, können Arbeitgeber durch Zuschüsse zum Arbeitsentgelt gefördert werden, soweit die Weiterbildung im Rahmen eines bestehenden Arbeitsverhältnisses durchgeführt wird. 2Die Zuschüsse können bis zur Höhe des Betrags erbracht werden, der sich als anteiliges Arbeitsentgelt für weiterbildungsbedingte Zeiten ohne Arbeitsleistung errechnet; dieses umfasst auch den darauf entfallenden pauschalierten Arbeitgeberanteil am Gesamtsozialversicherungsbeitrag.

§ 82 Förderung besonderer Arbeitnehmerinnen und Arbeitnehmer

1Arbeitnehmerinnen und Arbeitnehmer können bei beruflicher Weiterbildung durch volle oder teilweise Übernahme der Weiterbildungskosten gefördert werden, wenn

1. sie bei Beginn der Teilnahme das 45. Lebensjahr vollendet haben,
2. sie im Rahmen eines bestehenden Arbeitsverhältnisses für die Zeit der Teilnahme an der Maßnahme weiterhin Anspruch auf Arbeitsentgelt haben,
3. der Betrieb, dem sie angehören, weniger als 250 Beschäftigte hat,
4. die Maßnahme außerhalb des Betriebs, dem sie angehören, durchgeführt wird,
5. Kenntnisse und Fertigkeiten vermittelt werden, die über ausschließlich arbeitsplatzbezogene kurzfristige Anpassungsfortbildungen hinausgehen, und
6. die Maßnahme und der Träger der Maßnahme für die Förderung zugelassen sind.

2§ 81 Absatz 4 gilt. 3Der Bildungsgutschein kann in Förderhöhe und Förderumfang beschränkt werden. 4Bei der Feststellung der Zahl der Beschäftigten sind Teilzeitbeschäftigte mit einer regelmäßigen wöchentlichen Arbeitszeit von nicht mehr als zehn Stunden mit 0,25, von nicht mehr als 20 Stunden mit 0,50 und von nicht mehr als 30 Stunden mit 0,75 zu berücksichtigen.

§ 83 Weiterbildungskosten

(1) Weiterbildungskosten sind die durch die Weiterbildung unmittelbar entstehenden

1. Lehrgangskosten und Kosten für die Eignungsfeststellung,
2. Fahrkosten,
3. Kosten für auswärtige Unterbringung und Verpflegung,
4. Kosten für die Betreuung von Kindern.

(2) 1Leistungen können unmittelbar an den Träger der Maßnahme ausgezahlt werden, soweit Kosten bei dem Träger unmittelbar entstehen. 2Soweit ein Bescheid über die Bewilligung von unmittelbar an den Träger erbrachten Leistungen aufgehoben worden ist, sind diese Leistungen ausschließlich von dem Träger zu erstatten.

§ 84 Lehrgangskosten

(1) Lehrgangskosten sind Lehrgangsgebühren einschließlich

1. der Kosten für erforderliche Lernmittel, Arbeitskleidung und Prüfungsstücke,
2. der Prüfungsgebühren für gesetzlich geregelte oder allgemein anerkannte Zwischen- und Abschlussprüfungen sowie
3. der Kosten für eine notwendige Eignungsfeststellung.

(2) Lehrgangskosten können auch für die Zeit vom Ausscheiden einer Teilnehmerin oder eines Teilnehmers bis zum planmäßigen Ende der Maßnahme übernommen werden, wenn

1. die Teilnehmerin oder der Teilnehmer wegen Arbeitsaufnahme vorzeitig ausgeschieden ist,
2. das Arbeitsverhältnis durch Vermittlung des Trägers der Maßnahme zustande gekommen ist und
3. eine Nachbesetzung des frei gewordenen Platzes in der Maßnahme nicht möglich ist.

§ 85 Fahrkosten

Für Übernahme und Höhe der Fahrkosten gilt § 63 Absatz 1 und 3 entsprechend.

§ 86 Kosten für auswärtige Unterbringung und für Verpflegung

Ist eine auswärtige Unterbringung erforderlich, so kann

1. für die Unterbringung je Tag ein Betrag in Höhe von 31 Euro gezahlt werden, je Kalendermonat jedoch höchstens 340 Euro, und
2. für die Verpflegung je Tag ein Betrag in Höhe von 18 Euro gezahlt werden, je Kalendermonat jedoch höchstens 136 Euro.

§ 87 Kinderbetreuungskosten

Kosten für die Betreuung der aufsichtsbedürftigen Kinder der Arbeitnehmerin oder des Arbeitnehmers können in Höhe von 130 Euro monatlich je Kind übernommen werden.

Fünfter Abschnitt
Aufnahme einer Erwerbstätigkeit

Erster Unterabschnitt
Sozialversicherungspflichtige Beschäftigung

§ 88 Eingliederungszuschuss

Arbeitgeber können zur Eingliederung von Arbeitnehmerinnen und Arbeitnehmern, deren Vermittlung wegen in ihrer Person liegender Gründe erschwert ist, einen Zuschuss zum Arbeitsentgelt zum Ausgleich einer Minderleistung erhalten (Eingliederungszuschuss).

§ 89 Höhe und Dauer der Förderung

$_1$Die Förderhöhe und die Förderdauer richten sich nach dem Umfang der Einschränkung der Arbeitsleistung der Arbeitnehmerin oder des Arbeitnehmers und nach den Anforderungen des jeweiligen Arbeitsplatzes (Minderleistung). $_2$Der Eingliederungszuschuss kann bis zu 50 Prozent des zu berücksichtigenden Arbeitsentgelts und die Förderdauer bis zu zwölf Monate betragen. $_3$Bei Arbeitnehmerinnen und Arbeitnehmern, die das 50. Lebensjahr vollendet haben, kann die Förderdauer bis zu 36 Monate betragen, wenn die Förderung bis zum 31. Dezember 2019 begonnen hat.

§ 90 Eingliederungszuschuss für behinderte und schwerbehinderte Menschen

(1) Für behinderte und schwerbehinderte Menschen kann der Eingliederungszuschuss bis zu 70 Prozent des zu berücksichtigenden Arbeitsentgelts und die Förderdauer bis zu 24 Monate betragen.

(2) $_1$Für schwerbehinderte Menschen im Sinne des § 104 Absatz 1 Nummer 3 Buchstabe a bis d des Neunten Buches und ihnen nach § 2 Absatz 3 des Neunten Buches von den Agenturen für Arbeit gleichgestellte behinderte Menschen, deren Vermittlung wegen in ihrer Person liegender Gründe erschwert ist (besonders betroffene schwerbehinderte Menschen), kann der Eingliederungszuschuss bis zu 70 Prozent des zu berücksichtigenden Arbeitsentgelts und die Förderdauer bis zu 60 Monate betragen. $_2$Die Förderdauer kann bei besonders betroffenen schwerbehinderten Menschen, die das 55. Lebensjahr vollendet haben, bis zu 96 Monate betragen.

(3) Bei der Entscheidung über Höhe und Dauer der Förderung von schwerbehinderten und besonders betroffenen schwerbehinderten Menschen ist zu berücksichtigen, ob der schwerbehinderte Mensch ohne gesetzliche Verpflichtung oder über die Beschäftigungspflicht nach dem Teil 2 des Neunten Buches hinaus eingestellt und beschäftigt wird.

(4) $_1$Nach Ablauf von zwölf Monaten ist die Höhe des Eingliederungszuschusses um zehn Prozentpunkte jährlich zu vermindern. $_2$Sie darf 30 Prozent des zu berücksichtigenden Arbeitsentgelts nicht unterschreiten. $_3$Der Eingliederungszuschuss für besonders betroffene schwerbehinderte Menschen ist erst nach Ablauf von 24 Monaten zu vermindern.

§ 91 Zu berücksichtigendes Arbeitsentgelt und Auszahlung des Zuschusses

(1) $_1$Für den Eingliederungszuschuss ist zu berücksichtigen

1. das vom Arbeitgeber regelmäßig gezahlte Arbeitsentgelt, soweit es das tarifliche Arbeitsentgelt oder, wenn eine tarifliche Regelung nicht besteht, das für vergleichbare Tätigkeiten ortsübliche Arbeitsentgelt nicht übersteigt und soweit es die Beitragsbemessungsgrenze in der Arbeitsförderung nicht überschreitet, sowie
2. der pauschalierte Anteil des Arbeitgebers am Gesamtsozialversicherungsbeitrag.

$_2$Einmalig gezahltes Arbeitsentgelt ist nicht zu berücksichtigen.

(2) $_1$Der Eingliederungszuschuss wird zu Beginn der Maßnahme in monatlichen Festbeträgen für die Förderdauer festgelegt. $_2$Die monatlichen Festbeträge werden vermindert, wenn sich das zu berücksichtigende Arbeitsentgelt verringert.

§ 92 Förderungsausschluss und Rückzahlung

(1) Eine Förderung ist ausgeschlossen, wenn

1. zu vermuten ist, dass der Arbeitgeber die Beendigung eines Beschäftigungsverhält-

nisses veranlasst hat, um einen Eingliederungszuschuss zu erhalten, oder

2. die Arbeitnehmerin oder der Arbeitnehmer bei einem früheren Arbeitgeber eingestellt wird, bei dem sie oder er während der letzten vier Jahre vor Förderungsbeginn mehr als drei Monate versicherungspflichtig beschäftigt war; dies gilt nicht, wenn es sich um die befristete Beschäftigung besonders betroffener schwerbehinderter Menschen handelt.

(2) $_1$Der Eingliederungszuschuss ist teilweise zurückzuzahlen, wenn das Beschäftigungsverhältnis während des Förderungszeitraums oder einer Nachbeschäftigungszeit beendet wird. $_2$Dies gilt nicht, wenn

1. der Arbeitgeber berechtigt war, das Arbeitsverhältnis aus Gründen, die in der Person oder dem Verhalten der Arbeitnehmerin oder des Arbeitnehmers liegen, zu kündigen,
2. eine Kündigung aus dringenden betrieblichen Erfordernissen, die einer Weiterbeschäftigung im Betrieb entgegenstehen, berechtigt war,
3. das Arbeitsverhältnis auf das Bestreben der Arbeitnehmerin oder des Arbeitnehmers hin beendet wird, ohne dass der Arbeitgeber den Grund hierfür zu vertreten hat,
4. die Arbeitnehmerin oder der Arbeitnehmer das Mindestalter für den Bezug der gesetzlichen Altersrente erreicht hat, oder
5. der Eingliederungszuschuss für die Einstellung eines besonders betroffenen schwerbehinderten Menschen geleistet wird.

$_3$Die Rückzahlung ist auf die Hälfte des geleisteten Förderbetrags begrenzt und darf den in den letzten zwölf Monaten vor Beendigung des Beschäftigungsverhältnisses geleisteten Förderbetrag nicht überschreiten. $_4$Ungeförderte Nachbeschäftigungszeiten sind anteilig zu berücksichtigen. $_5$Die Nachbeschäftigungszeit entspricht der Förderdauer; sie beträgt längstens zwölf Monate.

Zweiter Unterabschnitt
Selbständige Tätigkeit

§ 93 Gründungszuschuss

(1) Arbeitnehmerinnen und Arbeitnehmer, die durch Aufnahme einer selbständigen, hauptberuflichen Tätigkeit die Arbeitslosigkeit beenden, können zur Sicherung des Lebensunterhalts und zur sozialen Sicherung in der Zeit nach der Existenzgründung einen Gründungszuschuss erhalten.

(2) $_1$Ein Gründungszuschuss kann geleistet werden, wenn die Arbeitnehmerin oder der Arbeitnehmer

1. bis zur Aufnahme der selbständigen Tätigkeit einen Anspruch auf Arbeitslosengeld hat, dessen Dauer bei Aufnahme der selbständigen Tätigkeit noch mindestens 150 Tage beträgt und nicht allein auf § 147 Absatz 3 beruht,
2. der Agentur für Arbeit die Tragfähigkeit der Existenzgründung nachweist und
3. ihre oder seine Kenntnisse und Fähigkeiten zur Ausübung der selbständigen Tätigkeit darlegt.

$_2$Zum Nachweis der Tragfähigkeit der Existenzgründung ist der Agentur für Arbeit die Stellungnahme einer fachkundigen Stelle vorzulegen; fachkundige Stellen sind insbesondere die Industrie- und Handelskammern, Handwerkskammern, berufsständische Kammern, Fachverbände und Kreditinstitute.

(3) Der Gründungszuschuss wird nicht geleistet, solange Ruhenstatbestände nach den §§ 156 bis 159 vorliegen oder vorgelegen hätten.

(4) Die Förderung ist ausgeschlossen, wenn nach Beendigung einer Förderung der Aufnahme einer selbständigen Tätigkeit nach diesem Buch noch nicht 24 Monate vergangen sind; von dieser Frist kann wegen besonderer in der Person der Arbeitnehmerin oder des Arbeitnehmers liegender Gründe abgesehen werden.

(5) Geförderte Personen, die das für die Regelaltersrente im Sinne des Sechsten Buches erforderliche Lebensjahr vollendet haben,

können vom Beginn des folgenden Monats an keinen Gründungszuschuss erhalten.

§ 94 Dauer und Höhe der Förderung

(1) Als Gründungszuschuss wird für die Dauer von sechs Monaten der Betrag geleistet, den die Arbeitnehmerin oder der Arbeitnehmer als Arbeitslosengeld zuletzt bezogen hat, zuzüglich monatlich 300 Euro.

(2) [1]Der Gründungszuschuss kann für weitere neun Monate in Höhe von monatlich 300 Euro geleistet werden, wenn die geförderte Person ihre Geschäftstätigkeit anhand geeigneter Unterlagen darlegt. [2]Bestehen begründete Zweifel an der Geschäftstätigkeit, kann die Agentur für Arbeit verlangen, dass ihr erneut eine Stellungnahme einer fachkundigen Stelle vorgelegt wird.

Sechster Abschnitt Verbleib in Beschäftigung

Erster Unterabschnitt Kurzarbeitergeld

Erster Titel Regelvoraussetzungen

§ 95 Anspruch

[1]Arbeitnehmerinnen und Arbeitnehmer haben Anspruch auf Kurzarbeitergeld, wenn

1. ein erheblicher Arbeitsausfall mit Entgeltausfall vorliegt,
2. die betrieblichen Voraussetzungen erfüllt sind,
3. die persönlichen Voraussetzungen erfüllt sind und
4. der Arbeitsausfall der Agentur für Arbeit angezeigt worden ist.

[2]Arbeitnehmerinnen und Arbeitnehmer in Betrieben nach § 101 Absatz 1 Nummer 1 haben in der Schlechtwetterzeit Anspruch auf Kurzarbeitergeld in Form des Saison-Kurzarbeitergeldes.

§ 96 Erheblicher Arbeitsausfall

(1) [1]Ein Arbeitsausfall ist erheblich, wenn

1. er auf wirtschaftlichen Gründen oder einem unabwendbaren Ereignis beruht,
2. er vorübergehend ist,
3. er nicht vermeidbar ist und
4. im jeweiligen Kalendermonat (Anspruchszeitraum) mindestens ein Drittel der in dem Betrieb beschäftigten Arbeitnehmerinnen und Arbeitnehmer von einem Entgeltausfall von jeweils mehr als 10 Prozent ihres monatlichen Bruttoentgelts betroffen ist; der Entgeltausfall kann auch jeweils 100 Prozent des monatlichen Bruttoentgelts betragen.

[2]Bei den Berechnungen nach Satz 1 Nummer 4 sind Auszubildende nicht mitzuzählen.

(2) Ein Arbeitsausfall beruht auch auf wirtschaftlichen Gründen, wenn er durch eine Veränderung der betrieblichen Strukturen verursacht wird, die durch die allgemeine wirtschaftliche Entwicklung bedingt ist.

(3) [1]Ein unabwendbares Ereignis liegt insbesondere vor, wenn ein Arbeitsausfall auf ungewöhnlichen, von dem üblichen Witterungsverlauf abweichenden Witterungsverhältnissen beruht. [2]Ein unabwendbares Ereignis liegt auch vor, wenn ein Arbeitsausfall durch behördliche oder behördlich anerkannte Maßnahmen verursacht ist, die vom Arbeitgeber nicht zu vertreten sind.

(4) [1]Ein Arbeitsausfall ist nicht vermeidbar, wenn in einem Betrieb alle zumutbaren Vorkehrungen getroffen wurden, um den Eintritt des Arbeitsausfalls zu verhindern. [2]Als vermeidbar gilt insbesondere ein Arbeitsausfall, der

1. überwiegend branchenüblich, betriebsüblich oder saisonbedingt ist oder ausschließlich auf betriebsorganisatorischen Gründen beruht,
2. durch die Gewährung von bezahltem Erholungsurlaub ganz oder teilweise verhindert werden kann, soweit vorrangige Urlaubswünsche der Arbeitnehmerinnen und Arbeitnehmer der Urlaubsgewährung nicht entgegenstehen, oder

3. durch die Nutzung von im Betrieb zulässigen Arbeitszeitschwankungen ganz oder teilweise vermieden werden kann.

3Die Auflösung eines Arbeitszeitguthabens kann von der Arbeitnehmerin oder dem Arbeitnehmer nicht verlangt werden, soweit es

1. vertraglich ausschließlich zur Überbrückung von Arbeitsausfällen außerhalb der Schlechtwetterzeit (§ 101 Absatz 1) bestimmt ist und den Umfang von 50 Stunden nicht übersteigt,
2. ausschließlich für die in § 7c Absatz 1 des Vierten Buches genannten Zwecke bestimmt ist,
3. zur Vermeidung der Inanspruchnahme von Saison-Kurzarbeitergeld angespart worden ist und den Umfang von 150 Stunden nicht übersteigt,
4. den Umfang von 10 Prozent der ohne Mehrarbeit geschuldeten Jahresarbeitszeit einer Arbeitnehmerin oder eines Arbeitnehmers übersteigt oder
5. länger als ein Jahr unverändert bestanden hat.

4In einem Betrieb, in dem eine Vereinbarung über Arbeitszeitschwankungen gilt, nach der mindestens 10 Prozent der ohne Mehrarbeit geschuldeten Jahresarbeitszeit je nach Arbeitsanfall eingesetzt werden, gilt ein Arbeitsausfall, der im Rahmen dieser Arbeitszeitschwankungen nicht mehr ausgeglichen werden kann, als nicht vermeidbar.

§ 97 Betriebliche Voraussetzungen

1Die betrieblichen Voraussetzungen sind erfüllt, wenn in dem Betrieb mindestens eine Arbeitnehmerin oder ein Arbeitnehmer beschäftigt ist. 2Betrieb im Sinne der Vorschriften über das Kurzarbeitergeld ist auch eine Betriebsabteilung.

§ 98 Persönliche Voraussetzungen

(1) Die persönlichen Voraussetzungen sind erfüllt, wenn

1. die Arbeitnehmerin oder der Arbeitnehmer nach Beginn des Arbeitsausfalls eine versicherungspflichtige Beschäftigung
   a) fortsetzt,
   b) aus zwingenden Gründen aufnimmt oder
   c) im Anschluss an die Beendigung eines Berufsausbildungsverhältnisses aufnimmt,
2. das Arbeitsverhältnis nicht gekündigt oder durch Aufhebungsvertrag aufgelöst ist und
3. die Arbeitnehmerin oder der Arbeitnehmer nicht vom Kurzarbeitergeldbezug ausgeschlossen ist.

(2) Die persönlichen Voraussetzungen sind auch erfüllt, wenn die Arbeitnehmerin oder der Arbeitnehmer während des Bezugs von Kurzarbeitergeld arbeitsunfähig wird, solange Anspruch auf Fortzahlung des Arbeitsentgelts im Krankheitsfall besteht oder ohne den Arbeitsausfall bestehen würde.

(3) Die persönlichen Voraussetzungen sind nicht erfüllt bei Arbeitnehmerinnen und Arbeitnehmern

1. während der Teilnahme an einer beruflichen Weiterbildungsmaßnahme mit Bezug von Arbeitslosengeld oder Übergangsgeld, wenn diese Leistung nicht für eine neben der Beschäftigung durchgeführte Teilzeitmaßnahme gezahlt wird,
2. während des Bezugs von Krankengeld sowie
3. während der Zeit, in der sie von einem privaten Krankenversicherungsunternehmen, von einem Beihilfeträger des Bundes, von einem sonstigen öffentlich-rechtlichen Träger von Kosten in Krankheitsfällen auf Bundesebene, von dem Träger der Heilfürsorge im Bereich des Bundes, von dem Träger der truppenärztlichen Versorgung oder von einem öffentlich-rechtlichen Träger von Kosten in Krankheitsfällen auf Landesebene, soweit Landesrecht dies vorsieht, Leistungen für den Ausfall von Arbeitseinkünften im Zusammenhang mit einer nach den §§ 8 und 8a des Transplantationsgesetzes erfolgenden Spende von Organen oder Geweben oder im Zusammenhang mit einer im Sinne von § 9 des Transfusionsgesetzes erfolgenden

Spende von Blut zur Separation von Blutstammzellen oder anderen Blutbestandteilen beziehen.

(4) $_{1}$Die persönlichen Voraussetzungen sind auch nicht erfüllt, wenn und solange Arbeitnehmerinnen und Arbeitnehmer bei einer Vermittlung nicht in der von der Agentur für Arbeit verlangten und gebotenen Weise mitwirken. $_{2}$Arbeitnehmerinnen und Arbeitnehmer, die von einem erheblichen Arbeitsausfall mit Entgeltausfall betroffen sind, sind in die Vermittlungsbemühungen der Agentur für Arbeit einzubeziehen. $_{3}$Hat die Arbeitnehmerin oder der Arbeitnehmer trotz Belehrung über die Rechtsfolgen eine von der Agentur für Arbeit angebotene zumutbare Beschäftigung nicht angenommen oder nicht angetreten, ohne für dieses Verhalten einen wichtigen Grund zu haben, sind die Vorschriften über die Sperrzeit beim Arbeitslosengeld entsprechend anzuwenden.

§ 99 Anzeige des Arbeitsausfalls

(1) $_{1}$Der Arbeitsausfall ist bei der Agentur für Arbeit, in deren Bezirk der Betrieb seinen Sitz hat, schriftlich anzuzeigen. $_{2}$Die Anzeige kann nur vom Arbeitgeber oder der Betriebsvertretung erstattet werden. $_{3}$Der Anzeige des Arbeitgebers ist eine Stellungnahme der Betriebsvertretung beizufügen. $_{4}$Mit der Anzeige ist glaubhaft zu machen, dass ein erheblicher Arbeitsausfall besteht und die betrieblichen Voraussetzungen für das Kurzarbeitergeld erfüllt sind.

(2) $_{1}$Kurzarbeitergeld wird frühestens von dem Kalendermonat an geleistet, in dem die Anzeige über den Arbeitsausfall bei der Agentur für Arbeit eingegangen ist. $_{2}$Beruht der Arbeitsausfall auf einem unabwendbaren Ereignis, gilt die Anzeige für den entsprechenden Kalendermonat als erstattet, wenn sie unverzüglich erstattet worden ist.

(3) Die Agentur für Arbeit hat der oder dem Anzeigenden unverzüglich einen schriftlichen Bescheid darüber zu erteilen, ob auf Grund der vorgetragenen und glaubhaft gemachten Tatsachen ein erheblicher Arbeitsausfall vorliegt und die betrieblichen Voraussetzungen erfüllt sind.

§ 100 Kurzarbeitergeld bei Arbeitskämpfen

(1) § 160 über das Ruhen des Anspruchs auf Arbeitslosengeld bei Arbeitskämpfen gilt entsprechend für den Anspruch auf Kurzarbeitergeld bei Arbeitnehmerinnen und Arbeitnehmern, deren Arbeitsausfall Folge eines inländischen Arbeitskampfes ist, an dem sie nicht beteiligt sind.

(2) $_{1}$Macht der Arbeitgeber geltend, der Arbeitsausfall sei die Folge eines Arbeitskampfes, so hat er dies darzulegen und glaubhaft zu machen. $_{2}$Der Erklärung ist eine Stellungnahme der Betriebsvertretung beizufügen. $_{3}$Der Arbeitgeber hat der Betriebsvertretung die für die Stellungnahme erforderlichen Angaben zu machen. $_{4}$Bei der Feststellung des Sachverhalts kann die Agentur für Arbeit insbesondere auch Feststellungen im Betrieb treffen.

(3) $_{1}$Stellt die Agentur für Arbeit fest, dass ein Arbeitsausfall entgegen der Erklärung des Arbeitgebers nicht Folge eines Arbeitskampfes ist, und liegen die Voraussetzungen für einen Anspruch auf Kurzarbeitergeld allein deshalb nicht vor, weil der Arbeitsausfall vermeidbar ist, wird das Kurzarbeitergeld insoweit geleistet, als die Arbeitnehmerin oder der Arbeitnehmer Arbeitsentgelt (Arbeitsentgelt im Sinne des § 115 des Zehnten Buches) tatsächlich nicht erhält. $_{2}$Bei der Feststellung nach Satz 1 hat die Agentur für Arbeit auch die wirtschaftliche Vertretbarkeit einer Fortführung der Arbeit zu berücksichtigen. $_{3}$Hat der Arbeitgeber das Arbeitsentgelt trotz des Rechtsübergangs mit befreiender Wirkung an die Arbeitnehmerin oder den Arbeitnehmer oder an einen Dritten gezahlt, hat die Empfängerin oder der Empfänger des Kurzarbeitergeldes dieses insoweit zu erstatten.

Zweiter Titel
Sonderformen des Kurzarbeitergeldes

§ 101 Saison-Kurzarbeitergeld

(1) Arbeitnehmerinnen und Arbeitnehmer haben in der Zeit vom 1. Dezember bis zum 31. März (Schlechtwetterzeit) Anspruch auf Saison-Kurzarbeitergeld, wenn

1. sie in einem Betrieb beschäftigt sind, der dem Baugewerbe oder einem Wirtschaftszweig angehört, der von saisonbedingtem Arbeitsausfall betroffen ist,
2. der Arbeitsausfall nach Absatz 5 erheblich ist,
3. die betrieblichen Voraussetzungen des § 97 sowie die persönlichen Voraussetzungen des § 98 erfüllt sind und
4. der Arbeitsausfall der Agentur für Arbeit nach § 99 angezeigt worden ist.

(2) $_{1}$Ein Betrieb des Baugewerbes ist ein Betrieb, der gewerblich überwiegend Bauleistungen auf dem Baumarkt erbringt. $_{2}$Bauleistungen sind alle Leistungen, die der Herstellung, Instandsetzung, Instandhaltung, Änderung oder Beseitigung von Bauwerken dienen. $_{3}$Ein Betrieb, der überwiegend Bauvorrichtungen, Baumaschinen, Baugeräte oder sonstige Baubetriebsmittel ohne Personal Betrieben des Baugewerbes gewerblich zur Verfügung stellt oder überwiegend Baustoffe oder Bauteile für den Markt herstellt, sowie ein Betrieb, der Betonentladegeräte gewerblich zur Verfügung stellt, ist kein Betrieb des Baugewerbes.

(3) $_{1}$Erbringt ein Betrieb Bauleistungen auf dem Baumarkt, wird vermutet, dass er ein Betrieb des Baugewerbes im Sinne des Absatzes 2 Satz 1 ist. $_{2}$Satz 1 gilt nicht, wenn gegenüber der Bundesagentur nachgewiesen wird, dass Bauleistungen arbeitszeitlich nicht überwiegen.

(4) Ein Wirtschaftszweig ist von saisonbedingtem Arbeitsausfall betroffen, wenn der Arbeitsausfall regelmäßig in der Schlechtwetterzeit auf witterungsbedingten oder wirtschaftlichen Gründen beruht.

(5) $_{1}$Ein Arbeitsausfall ist erheblich, wenn er auf witterungsbedingten oder wirtschaftlichen Gründen oder einem unabwendbaren Ereignis beruht, vorübergehend und nicht vermeidbar ist. $_{2}$Als nicht vermeidbar gilt auch ein Arbeitsausfall, der überwiegend branchenüblich, betriebsüblich oder saisonbedingt ist. $_{3}$Wurden seit der letzten Schlechtwetterzeit Arbeitszeitguthaben, die nicht mindestens ein Jahr bestanden haben, zu anderen Zwecken als zum Ausgleich für einen verstetigten Monatslohn, bei witterungsbedingtem Arbeitsausfall oder der Freistellung zum Zwecke der Qualifizierung aufgelöst, gelten im Umfang der aufgelösten Arbeitszeitguthaben Arbeitsausfälle als vermeidbar.

(6) $_{1}$Ein Arbeitsausfall ist witterungsbedingt, wenn

1. er ausschließlich durch zwingende Witterungsgründe verursacht ist und
2. an einem Arbeitstag mindestens eine Stunde der regelmäßigen betrieblichen Arbeitszeit ausfällt (Ausfalltag).

$_{2}$Zwingende Witterungsgründe liegen nur vor, wenn es auf Grund von atmosphärischen Einwirkungen (insbesondere Regen, Schnee, Frost) oder deren Folgewirkungen technisch unmöglich, wirtschaftlich unvertretbar oder für die Arbeitnehmerinnen und Arbeitnehmer unzumutbar ist, die Arbeiten fortzuführen. $_{3}$Der Arbeitsausfall ist nicht ausschließlich durch zwingende Witterungsgründe verursacht, wenn er durch Beachtung der besonderen arbeitsschutzrechtlichen Anforderungen an witterungsabhängige Arbeitsplätze vermieden werden kann.

(7) Eine Anzeige nach § 99 ist nicht erforderlich, wenn der Arbeitsausfall ausschließlich auf unmittelbar witterungsbedingten Gründen beruht.

(8) Die weiteren Vorschriften über das Kurzarbeitergeld sind anzuwenden.

§ 102 Ergänzende Leistungen

(1) Arbeitnehmerinnen und Arbeitnehmer haben Anspruch auf Wintergeld als Zuschuss-Wintergeld und Mehraufwands-Wintergeld und Arbeitgeber haben Anspruch auf Erstattung der von ihnen zu tragenden Beiträge zur Sozialversicherung, soweit für diese Zwecke Mittel durch eine Umlage aufgebracht werden.

(2) Zuschuss-Wintergeld wird in Höhe von bis zu 2,50 Euro je ausgefallener Arbeitsstunde gezahlt, wenn zu deren Ausgleich Arbeitszeitguthaben aufgelöst und die Inanspruchnahme des Saison-Kurzarbeitergeldes vermieden wird.

(3) 1Mehraufwands-Wintergeld wird in Höhe von 1,00 Euro für jede in der Zeit vom 15. Dezember bis zum letzten Kalendertag des Monats Februar geleistete berücksichtigungsfähige Arbeitsstunde an Arbeitnehmerinnen und Arbeitnehmer gezahlt, die auf einem witterungsabhängigen Arbeitsplatz beschäftigt sind. 2Berücksichtigungsfähig sind im Dezember bis zu 90 Arbeitsstunden, im Januar und Februar jeweils bis zu 180 Arbeitsstunden.

(4) Die von den Arbeitgebern allein zu tragenden Beiträge zur Sozialversicherung für Bezieherinnen und Bezieher von Saison-Kurzarbeitergeld werden auf Antrag erstattet.

(5) Die Absätze 1 bis 4 gelten im Baugewerbe ausschließlich für solche Arbeitnehmerinnen und Arbeitnehmer, deren Arbeitsverhältnis in der Schlechtwetterzeit nicht aus witterungsbedingten Gründen gekündigt werden kann.

§ 103 Kurzarbeitergeld für Heimarbeiterinnen und Heimarbeiter

(1) Anspruch auf Kurzarbeitergeld haben auch Heimarbeiterinnen und Heimarbeiter, wenn sie ihren Lebensunterhalt ausschließlich oder weitaus überwiegend aus dem Beschäftigungsverhältnis als Heimarbeiterin oder Heimarbeiter beziehen und soweit nicht nachfolgend Abweichendes bestimmt ist.

(2) 1An die Stelle der im Betrieb beschäftigten Arbeitnehmerinnen und Arbeitnehmer treten die für den Auftraggeber beschäftigten Heimarbeiterinnen und Heimarbeiter. 2Im Übrigen tritt an die Stelle des erheblichen Arbeitsausfalls mit Entgeltausfall der erhebliche Entgeltausfall und an die Stelle des Betriebs und des Arbeitgebers der Auftraggeber; Auftraggeber kann eine Gewerbetreibende oder ein Gewerbetreibender oder eine Zwischenmeisterin oder ein Zwischenmeister sein. 3Ein Entgeltausfall ist erheblich, wenn das Entgelt der Heimarbeiterin oder des Heimarbeiters im Anspruchszeitraum um mehr als 20 Prozent gegenüber dem durchschnittlichen monatlichen Bruttoentgelt der letzten sechs Kalendermonate vermindert ist.

(3) Eine versicherungspflichtige Beschäftigung als Heimarbeiterin oder Heimarbeiter gilt während des Entgeltausfalls als fortbestehend, solange

1. der Auftraggeber bereit ist, der Heimarbeiterin oder dem Heimarbeiter so bald wie möglich Aufträge in dem vor Eintritt der Kurzarbeit üblichen Umfang zu erteilen, und
2. die Heimarbeiterin oder der Heimarbeiter bereit ist, Aufträge im Sinne der Nummer 1 zu übernehmen.

Dritter Titel Leistungsumfang

§ 104 Dauer

(1) 1Kurzarbeitergeld wird für den Arbeitsausfall für eine Dauer von längstens sechs Monaten von der Agentur für Arbeit geleistet. 2Die Bezugsdauer gilt einheitlich für alle in einem Betrieb beschäftigten Arbeitnehmerinnen und Arbeitnehmer. 3Sie beginnt mit dem ersten Kalendermonat, für den in einem Betrieb Kurzarbeitergeld vom Arbeitgeber gezahlt wird.

(2) Wird innerhalb der Bezugsdauer für einen zusammenhängenden Zeitraum von mindestens einem Monat kein Kurzarbeitergeld gezahlt, verlängert sich die Bezugsdauer um diesen Zeitraum.

(3) Sind seit dem letzten Kalendermonat, für den Kurzarbeitergeld gezahlt worden ist, drei Monate vergangen und liegen die Voraussetzungen für einen Anspruch auf Kurzarbeitergeld erneut vor, beginnt eine neue Bezugsdauer.

(4) 1Saison-Kurzarbeitergeld wird abweichend von den Absätzen 1 bis 3 für die Dauer des Arbeitsausfalls während der Schlechtwetterzeit von der Agentur für Arbeit geleistet. 2Zeiten des Bezugs von Saison-Kurzarbeitergeld werden nicht auf die Bezugsdauer für das Kurzarbeitergeld angerechnet. 3Sie gelten nicht als Zeiten der Unterbrechung im Sinne des Absatzes 3.

§ 105 Höhe

Das Kurzarbeitergeld beträgt

1. für Arbeitnehmerinnen und Arbeitnehmer, die beim Arbeitslosengeld die Voraussetzungen für den erhöhten Leistungssatz erfüllen würden, 67 Prozent,
2. für die übrigen Arbeitnehmerinnen und Arbeitnehmer 60 Prozent

der Nettoentgeltdifferenz im Anspruchszeitraum.

§ 106 Nettoentgeltdifferenz

(1) 1Die Nettoentgeltdifferenz entspricht der Differenz zwischen

1. dem pauschalierten Nettoentgelt aus dem Soll-Entgelt und
2. dem pauschalierten Nettoentgelt aus dem Ist-Entgelt.

2Soll-Entgelt ist das Bruttoarbeitsentgelt, das die Arbeitnehmerin oder der Arbeitnehmer ohne den Arbeitsausfall in dem Anspruchszeitraum erzielt hätte, vermindert um Entgelt für Mehrarbeit. 3Ist-Entgelt ist das Bruttoarbeitsentgelt, das die Arbeitnehmerin oder der Arbeitnehmer in dem Anspruchszeitraum tatsächlich erzielt hat, zuzüglich aller zustehenden Entgeltanteile. 4Arbeitsentgelt, das einmalig gezahlt wird, bleibt bei der Berechnung von Soll-Entgelt und Ist-Entgelt außer Betracht. 5Soll-Entgelt und Ist-Entgelt sind auf den nächsten durch 20 teilbaren Euro-Betrag zu runden. 6§ 153 über die Berechnung des Leistungsentgelts beim Arbeitslosengeld gilt mit Ausnahme der Regelungen über den Zeitpunkt der Zuordnung der Lohnsteuerklassen und den Steuerklassenwechsel für die Berechnung der pauschalierten Nettoentgelte beim Kurzarbeitergeld entsprechend.

(2) 1Erzielt die Arbeitnehmerin oder der Arbeitnehmer aus anderen als wirtschaftlichen Gründen kein Arbeitsentgelt, ist das Ist-Entgelt um den Betrag zu erhöhen, um den das Arbeitsentgelt aus diesen Gründen gemindert ist. 2Arbeitsentgelt, das unter Anrechnung des Kurzarbeitergeldes gezahlt wird, bleibt bei der Berechnung des Ist-Entgelts außer Betracht. 3Bei der Berechnung der Nettoentgeltdifferenz nach Absatz 1 bleiben auf Grund von kollektivrechtlichen Beschäftigungssicherungsvereinbarungen durchgeführte vorübergehende Änderungen der vertraglich vereinbarten Arbeitszeit außer Betracht; die Sätze 1 und 2 sind insoweit nicht anzuwenden.

(3) Erzielt die Arbeitnehmerin oder der Arbeitnehmer für Zeiten des Arbeitsausfalls ein Entgelt aus einer anderen während des Bezugs von Kurzarbeitergeld aufgenommenen Beschäftigung, selbständigen Tätigkeit oder Tätigkeit als mithelfende Familienangehörige oder mithelfender Familienangehöriger, ist das Ist-Entgelt um dieses Entgelt zu erhöhen.

(4) 1Lässt sich das Soll-Entgelt einer Arbeitnehmerin oder eines Arbeitnehmers in dem Anspruchszeitraum nicht hinreichend bestimmt feststellen, ist als Soll-Entgelt das Arbeitsentgelt maßgebend, das die Arbeitnehmerin oder der Arbeitnehmer in den letzten drei abgerechneten Kalendermonaten vor Beginn des Arbeitsausfalls in dem Betrieb durchschnittlich erzielt hat, vermindert um Entgelt für Mehrarbeit. 2Ist eine Berechnung nach Satz 1 nicht möglich, ist das durchschnittliche Soll-Entgelt einer vergleichbaren Arbeitnehmerin oder eines vergleichbaren Arbeitnehmers zugrunde zu legen. 3Änderungen der Grundlage für die Berechnung des Arbeitsentgelts sind zu berücksichtigen, wenn und solange sie auch während des Arbeitsausfalls wirksam sind.

(5) 1Die Absätze 1 bis 4 gelten für Heimarbeiterinnen und Heimarbeiter mit der Maßgabe, dass als Soll-Entgelt das durchschnittliche Bruttoarbeitsentgelt der letzten sechs abgerechneten Kalendermonate vor Beginn des Entgeltausfalls zugrunde zu legen ist. 2War die Heimarbeiterin oder der Heimarbeiter noch nicht sechs Kalendermonate für den Auftraggeber tätig, so ist das in der kürzeren Zeit erzielte Arbeitsentgelt maßgebend.

Vierter Titel
Anwendung anderer Vorschriften

§ 107 Anwendung anderer Vorschriften

(1) § 159 Absatz 1 Satz 2 Nummer 6 über das Ruhen des Anspruchs auf Arbeitslosengeld wegen Sperrzeiten bei Meldeversäumnis gilt

für den Anspruch auf Kurzarbeitergeld entsprechend.

(2) § 156 über das Ruhen des Anspruchs auf Arbeitslosengeld bei Zusammentreffen mit anderen Sozialleistungen gilt für den Anspruch auf Kurzarbeitergeld entsprechend für die Fälle, in denen eine Altersrente als Vollrente zuerkannt ist.

Fünfter Titel
Verfügung über das Kurzarbeitergeld

§ 108 Verfügung über das Kurzarbeitergeld

(1) § 48 des Ersten Buches zur Auszahlung von Leistungen bei Verletzung der Unterhaltspflicht ist nicht anzuwenden.

(2) $_1$Für die Zwangsvollstreckung in den Anspruch auf Kurzarbeitergeld gilt der Arbeitgeber als Drittschuldner. $_2$Die Abtretung oder Verpfändung des Anspruchs ist nur wirksam, wenn der Gläubiger sie dem Arbeitgeber anzeigt.

(3) $_1$Hat ein Arbeitgeber oder eine von ihm bestellte Person durch eine der in § 45 Absatz 2 Satz 3 des Zehnten Buches bezeichneten Handlungen bewirkt, dass Kurzarbeitergeld zu Unrecht geleistet worden ist, so ist der zu Unrecht geleistete Betrag vom Arbeitgeber zu ersetzen. $_2$Sind die zu Unrecht geleisteten Beträge sowohl vom Arbeitgeber zu ersetzen als auch von der Bezieherin oder dem Bezieher der Leistung zu erstatten, so haften beide als Gesamtschuldner.

(4) Wird über das Vermögen eines Arbeitgebers, der von der Agentur für Arbeit Beträge zur Auszahlung an die Arbeitnehmerinnen und Arbeitnehmer erhalten hat, diese aber noch nicht ausgezahlt hat, das Insolvenzverfahren eröffnet, so kann die Agentur für Arbeit diese Beträge als Insolvenzgläubigerin zurückverlangen.

Sechster Titel
Verordnungsermächtigung

§ 109 Verordnungsermächtigung

(1) Das Bundesministerium für Arbeit und Soziales wird ermächtigt, durch Rechtsverordnung, die nicht der Zustimmung des Bundesrates bedarf,

1. jeweils für ein Kalenderjahr die pauschalierten monatlichen Nettoentgelte festzulegen, die für die Berechnungen des Kurzarbeitergeldes maßgeblich sind,
2. die Bezugsdauer für das Kurzarbeitergeld über die gesetzliche Bezugsdauer hinaus
   a) bis zur Dauer von zwölf Monaten zu verlängern, wenn außergewöhnliche Verhältnisse auf dem Arbeitsmarkt in bestimmten Wirtschaftszweigen oder Bezirken vorliegen und
   b) bis zur Dauer von 24 Monaten zu verlängern, wenn außergewöhnliche Verhältnisse auf dem gesamten Arbeitsmarkt vorliegen.

(2) $_1$Das Bundesministerium für Arbeit und Soziales wird ermächtigt, durch Rechtsverordnung, die nicht der Zustimmung des Bundesrates bedarf, die Wirtschaftszweige nach § 101 Absatz 1 Nummer 1 festzulegen. $_2$In der Regel sollen hierbei der fachliche Geltungsbereich tarifvertraglicher Regelungen berücksichtigt und die Tarifvertragsparteien vorher angehört werden.

(3) Das Bundesministerium für Arbeit und Soziales wird ermächtigt, auf Grundlage von Vereinbarungen der Tarifvertragsparteien durch Rechtsverordnung, die nicht der Zustimmung des Bundesrates bedarf, festzulegen, ob, in welcher Höhe und für welche Arbeitnehmerinnen und Arbeitnehmer die ergänzenden Leistungen nach § 102 Absatz 2 bis 4 in den Zweigen des Baugewerbes und den einzelnen Wirtschaftszweigen erbracht werden.

(4) Bei den Festlegungen nach den Absätzen 2 und 3 ist zu berücksichtigen, ob diese voraussichtlich in besonderem Maße dazu beitragen, die wirtschaftliche Tätigkeit in der Schlechtwetterzeit zu beleben oder die Be-

schäftigungsverhältnisse der von saisonbedingten Arbeitsausfällen betroffenen Arbeitnehmerinnen und Arbeitnehmer zu stabilisieren.

Zweiter Unterabschnitt
Transferleistungen

§ 110 Transfermaßnahmen

(1) 1Nehmen Arbeitnehmerinnen und Arbeitnehmer, die auf Grund einer Betriebsänderung oder im Anschluss an die Beendigung eines Berufsausbildungsverhältnisses von Arbeitslosigkeit bedroht sind, an Transfermaßnahmen teil, wird diese Teilnahme gefördert, wenn

1. sich die Betriebsparteien im Vorfeld der Entscheidung über die Einführung von Transfermaßnahmen, insbesondere im Rahmen ihrer Verhandlungen über einen die Integration der Arbeitnehmerinnen und Arbeitnehmer fördernden Interessenausgleich oder Sozialplan nach § 112 des Betriebsverfassungsgesetzes, von der Agentur für Arbeit beraten lassen haben,
2. die Maßnahme von einem Dritten durchgeführt wird,
3. die Maßnahme der Eingliederung der Arbeitnehmerinnen und Arbeitnehmer in den Arbeitsmarkt dienen soll und
4. die Durchführung der Maßnahme gesichert ist.

2Transfermaßnahmen sind alle Maßnahmen zur Eingliederung von Arbeitnehmerinnen und Arbeitnehmern in den Arbeitsmarkt, an deren Finanzierung sich Arbeitgeber angemessen beteiligen. 3Als Betriebsänderung gilt eine Betriebsänderung im Sinne des § 111 des Betriebsverfassungsgesetzes, unabhängig von der Unternehmensgröße und unabhängig davon, ob im jeweiligen Betrieb das Betriebsverfassungsgesetz anzuwenden ist.

(2) 1Die Förderung wird als Zuschuss geleistet. 2Der Zuschuss beträgt 50 Prozent der erforderlichen und angemessenen Maßnahmekosten, jedoch höchstens 2500 Euro je geförderter Arbeitnehmerin oder gefördertem Arbeitnehmer.

(3) 1Eine Förderung ist ausgeschlossen, wenn die Maßnahme dazu dient, die Arbeitnehmerin oder den Arbeitnehmer auf eine Anschlussbeschäftigung im gleichen Betrieb oder in einem anderen Betrieb des gleichen Unternehmens vorzubereiten oder, falls das Unternehmen einem Konzern angehört, auf eine Anschlussbeschäftigung in einem Betrieb eines anderen Konzernunternehmens des Konzerns vorzubereiten. 2Durch die Förderung darf der Arbeitgeber nicht von bestehenden Verpflichtungen entlastet werden. 3Von der Förderung ausgeschlossen sind Arbeitnehmerinnen und Arbeitnehmer des öffentlichen Dienstes mit Ausnahme der Beschäftigten von Unternehmen, die in selbständiger Rechtsform erwerbswirtschaftlich betrieben werden.

(4) Während der Teilnahme an Transfermaßnahmen sind andere Leistungen der aktiven Arbeitsförderung mit gleichartiger Zielsetzung ausgeschlossen.

§ 111 Transferkurzarbeitergeld

(1) 1Um Entlassungen von Arbeitnehmerinnen und Arbeitnehmern zu vermeiden und ihre Vermittlungsaussichten zu verbessern, haben diese Anspruch auf Kurzarbeitergeld zur Förderung der Eingliederung bei betrieblichen Restrukturierungen (Transferkurzarbeitergeld), wenn

1. und solange sie von einem dauerhaften nicht vermeidbaren Arbeitsausfall mit Entgeltausfall betroffen sind,
2. die betrieblichen Voraussetzungen erfüllt sind,
3. die persönlichen Voraussetzungen erfüllt sind,
4. sich die Betriebsparteien im Vorfeld der Entscheidung über die Inanspruchnahme von Transferkurzarbeitergeld, insbesondere im Rahmen ihrer Verhandlungen über einen die Integration der Arbeitnehmerinnen und Arbeitnehmer fördernden Interessenausgleich oder Sozialplan nach § 112 des Betriebsverfassungsgesetzes, von der Agentur für Arbeit beraten lassen haben und
5. der dauerhafte Arbeitsausfall der Agentur für Arbeit angezeigt worden ist.

III

[2]Die Agentur für Arbeit leistet Transferkurzarbeitergeld für längstens zwölf Monate.

(2) [1]Ein dauerhafter Arbeitsausfall liegt vor, wenn auf Grund einer Betriebsänderung im Sinne des § 110 Absatz 1 Satz 3 die Beschäftigungsmöglichkeiten für die Arbeitnehmerinnen und Arbeitnehmer nicht nur vorübergehend entfallen. [2]Der Entgeltausfall kann auch jeweils 100 Prozent des monatlichen Bruttoentgelts betragen.

(3) [1]Die betrieblichen Voraussetzungen für die Gewährung von Transferkurzarbeitergeld sind erfüllt, wenn

1. in einem Betrieb Personalanpassungsmaßnahmen auf Grund einer Betriebsänderung durchgeführt werden,
2. die von Arbeitsausfall betroffenen Arbeitnehmerinnen und Arbeitnehmer in einer betriebsorganisatorisch eigenständigen Einheit zusammengefasst werden, um Entlassungen zu vermeiden und ihre Eingliederungschancen zu verbessern,
3. die Organisation und Mittelausstattung der betriebsorganisatorisch eigenständigen Einheit den angestrebten Integrationserfolg erwarten lassen und
4. ein System zur Sicherung der Qualität angewendet wird.

[2]Wird die betriebsorganisatorisch eigenständige Einheit von einem Dritten durchgeführt, tritt an die Stelle der Voraussetzung nach Satz 1 Nummer 4 die Trägerzulassung nach § 178.

(4) [1]Die persönlichen Voraussetzungen sind erfüllt, wenn die Arbeitnehmerin oder der Arbeitnehmer

1. von Arbeitslosigkeit bedroht ist,
2. nach Beginn des Arbeitsausfalls eine versicherungspflichtige Beschäftigung fortsetzt oder im Anschluss an die Beendigung eines Berufsausbildungsverhältnisses aufnimmt,
3. nicht vom Kurzarbeitergeldbezug ausgeschlossen ist und
4. vor der Überleitung in die betriebsorganisatorisch eigenständige Einheit aus Anlass der Betriebsänderung
   a) sich bei der Agentur für Arbeit arbeitsuchend meldet und
   b) an einer arbeitsmarktlich zweckmäßigen Maßnahme zur Feststellung der Eingliederungsaussichten teilgenommen hat; können in berechtigten Ausnahmefällen trotz Mithilfe der Agentur für Arbeit die notwendigen Feststellungsmaßnahmen nicht rechtzeitig durchgeführt werden, sind diese im unmittelbaren Anschluss an die Überleitung innerhalb eines Monats nachzuholen.

[2]§ 98 Absatz 2 bis 4 gilt entsprechend.

(5) Arbeitnehmerinnen und Arbeitnehmer des Steinkohlenbergbaus, denen Anpassungsgeld nach § 5 des Steinkohlefinanzierungsgesetzes gezahlt werden kann, haben vor der Inanspruchnahme des Anpassungsgeldes Anspruch auf Transferkurzarbeitergeld.

(6) [1]Für die Anzeige des Arbeitsausfalls gilt § 99 Absatz 1, 2 Satz 1 und Absatz 3 entsprechend. [2]Der Arbeitsausfall ist bei der Agentur für Arbeit anzuzeigen, in deren Bezirk der personalabgebende Betrieb seinen Sitz hat.

(7) [1]Während des Bezugs von Transferkurzarbeitergeld hat der Arbeitgeber den geförderten Arbeitnehmerinnen und Arbeitnehmern Vermittlungsvorschläge zu unterbreiten. [2]Stellt der Arbeitgeber oder die Agentur für Arbeit fest, dass Arbeitnehmerinnen oder Arbeitnehmer Qualifizierungsdefizite aufweisen, soll der Arbeitgeber geeignete Maßnahmen zur Verbesserung der Eingliederungsaussichten anbieten. [3]Als geeignet gelten insbesondere

1. Maßnahmen der beruflichen Weiterbildung, für die und für deren Träger eine Zulassung nach dem Fünften Kapitel vorliegt, oder
2. eine zeitlich begrenzte, längstens sechs Monate dauernde Beschäftigung zum Zwecke der Qualifizierung bei einem anderen Arbeitgeber.

[4]Bei der Festlegung von Maßnahmen nach Satz 3 ist die Agentur für Arbeit zu beteiligen. [5]Nimmt die Arbeitnehmerin oder der Arbeit-

nehmer während der Beschäftigung in einer betriebsorganisatorisch eigenständigen Einheit an einer Qualifizierungsmaßnahme teil, deren Ziel die anschließende Beschäftigung bei einem anderen Arbeitgeber ist, und wurde das Ziel der Maßnahme nicht erreicht, steht die Rückkehr der Arbeitnehmerin oder des Arbeitnehmers in den bisherigen Betrieb dem Anspruch auf Transferkurzarbeitergeld nicht entgegen.

(8) 1Der Anspruch ist ausgeschlossen, wenn Arbeitnehmerinnen und Arbeitnehmer nur vorübergehend in der betriebsorganisatorisch eigenständigen Einheit zusammengefasst werden, um anschließend einen anderen Arbeitsplatz in dem gleichen oder einem anderen Betrieb des Unternehmens zu besetzen, oder, falls das Unternehmen einem Konzern angehört, einen Arbeitsplatz in einem Betrieb eines anderen Konzernunternehmens des Konzerns zu besetzen. 2§ 110 Absatz 3 Satz 3 gilt entsprechend.

(9) 1Der Arbeitgeber übermittelt der Agentur für Arbeit monatlich mit dem Antrag auf Transferkurzarbeitergeld die Namen und die Sozialversicherungsnummern der Bezieherinnen und Bezieher von Transferkurzarbeitergeld, die bisherige Dauer des Transferkurzarbeitergeldbezugs, Daten über die Altersstruktur sowie die Abgänge in Erwerbstätigkeit. 2Mit der ersten Übermittlung sind zusätzlich Daten über die Struktur der betriebsorganisatorisch eigenständigen Einheit sowie die Größe und die Betriebsnummer des personalabgebenden Betriebs mitzuteilen.

(10) Soweit nichts Abweichendes geregelt ist, sind die für das Kurzarbeitergeld geltenden Vorschriften des Ersten Unterabschnitts anzuwenden, mit Ausnahme der ersten beiden Titel und des § 109 Absatz 1 Nummer 2 und Absatz 2 bis 4.

Siebter Abschnitt
Teilhabe behinderter Menschen am Arbeitsleben

Erster Unterabschnitt
Grundsätze

§ 112 Teilhabe am Arbeitsleben

(1) Für behinderte Menschen können Leistungen zur Förderung der Teilhabe am Arbeitsleben erbracht werden, um ihre Erwerbsfähigkeit zu erhalten, zu verbessern, herzustellen oder wiederherzustellen und ihre Teilhabe am Arbeitsleben zu sichern, soweit Art oder Schwere der Behinderung dies erfordern.

(2) 1Bei der Auswahl der Leistungen sind Eignung, Neigung, bisherige Tätigkeit sowie Lage und Entwicklung des Arbeitsmarktes angemessen zu berücksichtigen. 2Soweit erforderlich, ist auch die berufliche Eignung abzuklären oder eine Arbeitserprobung durchzuführen.

§ 113 Leistungen zur Teilhabe

(1) Für behinderte Menschen können erbracht werden

1. allgemeine Leistungen sowie
2. besondere Leistungen zur Teilhabe am Arbeitsleben und diese ergänzende Leistungen.

(2) Besondere Leistungen zur Teilhabe am Arbeitsleben werden nur erbracht, soweit nicht bereits durch die allgemeinen Leistungen eine Teilhabe am Arbeitsleben erreicht werden kann.

§ 114 Leistungsrahmen

Die allgemeinen und besonderen Leistungen richten sich nach den Vorschriften des Zweiten bis Fünften Abschnitts, soweit nachfolgend nichts Abweichendes bestimmt ist.

Zweiter Unterabschnitt
Allgemeine Leistungen

§ 115 Leistungen

Die allgemeinen Leistungen umfassen

1. Leistungen zur Aktivierung und beruflichen Eingliederung,

2. Leistungen zur Förderung der Berufsvorbereitung und Berufsausbildung einschließlich der Berufsausbildungsbeihilfe und der Assistierten Ausbildung,
3. Leistungen zur Förderung der beruflichen Weiterbildung,
4. Leistungen zur Förderung der Aufnahme einer selbständigen Tätigkeit.

III

§ 116 Besonderheiten

(1) Leistungen zur Aktivierung und beruflichen Eingliederung können auch erbracht werden, wenn behinderte Menschen nicht arbeitslos sind und durch diese Leistungen eine dauerhafte Teilhabe am Arbeitsleben erreicht werden kann.

(2) Förderungsfähig sind auch berufliche Aus- und Weiterbildungen, die im Rahmen des Berufsbildungsgesetzes oder der Handwerksordnung abweichend von den Ausbildungsordnungen für staatlich anerkannte Ausbildungsberufe oder in Sonderformen für behinderte Menschen durchgeführt werden.

(3) $_1$Anspruch auf Berufsausbildungsbeihilfe besteht auch, wenn der behinderte Mensch während der Berufsausbildung im Haushalt der Eltern oder eines Elternteils wohnt. $_2$In diesen Fällen beträgt der allgemeine Bedarf 316 Euro monatlich. $_3$Er beträgt 397 Euro, wenn der behinderte Mensch verheiratet ist, eine Lebenspartnerschaft führt oder das 21. Lebensjahr vollendet hat.

(4) Eine Verlängerung der Ausbildung über das vorgesehene Ausbildungsende hinaus, eine Wiederholung der Ausbildung ganz oder in Teilen oder eine erneute Berufsausbildung wird gefördert, wenn Art oder Schwere der Behinderung es erfordern und ohne die Förderung eine dauerhafte Teilhabe am Arbeitsleben nicht erreicht werden kann.

(5) $_1$Berufliche Weiterbildung kann auch gefördert werden, wenn behinderte Menschen
1. nicht arbeitslos sind,
2. als Arbeitnehmerinnen oder Arbeitnehmer ohne Berufsabschluss noch nicht drei Jahre beruflich tätig gewesen sind oder
3. einer längeren Förderung als nichtbehinderte Menschen oder einer erneuten Förderung bedürfen, um am Arbeitsleben teilzuhaben oder weiter teilzuhaben.

$_2$Förderungsfähig sind auch schulische Ausbildungen, deren Abschluss für die Weiterbildung erforderlich ist.

Dritter Unterabschnitt
Besondere Leistungen

Erster Titel
Allgemeines

§ 117 Grundsatz

(1) $_1$Die besonderen Leistungen sind anstelle der allgemeinen Leistungen insbesondere zur Förderung der beruflichen Aus- und Weiterbildung, einschließlich Berufsvorbereitung, sowie blindentechnischer und vergleichbarer spezieller Grundausbildungen zu erbringen, wenn
1. Art oder Schwere der Behinderung oder die Sicherung der Teilhabe am Arbeitsleben die Teilnahme an
   a) einer Maßnahme in einer besonderen Einrichtung für behinderte Menschen oder
   b) einer sonstigen, auf die besonderen Bedürfnisse behinderter Menschen ausgerichteten Maßnahme

   unerlässlich machen oder
2. die allgemeinen Leistungen die wegen Art oder Schwere der Behinderung erforderlichen Leistungen nicht oder nicht im erforderlichen Umfang vorsehen.

$_2$In besonderen Einrichtungen für behinderte Menschen können auch Aus- und Weiterbildungen außerhalb des Berufsbildungsgesetzes und der Handwerksordnung gefördert werden.

(2) Leistungen im Eingangsverfahren und im Berufsbildungsbereich der Werkstätten für behinderte Menschen werden nach § 40 des Neunten Buches erbracht.

§ 118 Leistungen

$_1$Die besonderen Leistungen umfassen
1. das Übergangsgeld,
2. das Ausbildungsgeld, wenn ein Übergangsgeld nicht gezahlt werden kann,

3. die Übernahme der Teilnahmekosten für eine Maßnahme.

$_2$Die Leistungen können auf Antrag auch als Teil eines trägerübergreifenden Persönlichen Budgets erbracht werden; § 17 Absatz 2 bis 4 des Neunten Buches in Verbindung mit der Budgetverordnung und § 159 des Neunten Buches gelten entsprechend.

Zweiter Titel Übergangsgeld und Ausbildungsgeld

§ 119 Übergangsgeld

$_1$Behinderte Menschen haben Anspruch auf Übergangsgeld, wenn

1. die Voraussetzung der Vorbeschäftigungszeit für das Übergangsgeld erfüllt ist und
2. sie an einer Maßnahme der Berufsausbildung, der Berufsvorbereitung einschließlich einer wegen der Behinderung erforderlichen Grundausbildung, der individuellen betrieblichen Qualifizierung im Rahmen der Unterstützten Beschäftigung nach § 38a des Neunten Buches oder an einer Maßnahme der beruflichen Weiterbildung teilnehmen, für die die besonderen Leistungen erbracht werden.

$_2$Im Übrigen gelten die Vorschriften des Kapitels 6 des Teils 1 des Neunten Buches, soweit in diesem Buch nichts Abweichendes bestimmt ist. $_3$Besteht bei Teilnahme an einer Maßnahme, für die die allgemeinen Leistungen erbracht werden, kein Anspruch auf Arbeitslosengeld bei beruflicher Weiterbildung, erhalten die behinderten Menschen Übergangsgeld in Höhe des Arbeitslosengeldes, wenn sie bei Teilnahme an einer Maßnahme, für die die besonderen Leistungen erbracht werden, Übergangsgeld erhalten würden.

§ 120 Vorbeschäftigungszeit für das Übergangsgeld

(1) Die Voraussetzung der Vorbeschäftigungszeit für das Übergangsgeld ist erfüllt, wenn der behinderte Mensch innerhalb der letzten drei Jahre vor Beginn der Teilnahme

1. mindestens zwölf Monate in einem Versicherungspflichtverhältnis gestanden hat oder
2. die Voraussetzungen für einen Anspruch auf Arbeitslosengeld erfüllt und Leistungen beantragt hat.

(2) $_1$Der Zeitraum von drei Jahren gilt nicht für behinderte Berufsrückkehrende. $_2$Er verlängert sich um die Dauer einer Beschäftigung als Arbeitnehmerin oder Arbeitnehmer im Ausland, die für die weitere Ausübung des Berufes oder für den beruflichen Aufstieg nützlich und üblich ist, längstens jedoch um zwei Jahre.

§ 121 Übergangsgeld ohne Vorbeschäftigungszeit

$_1$Ein behinderter Mensch kann auch dann Übergangsgeld erhalten, wenn die Voraussetzung der Vorbeschäftigungszeit nicht erfüllt ist, jedoch innerhalb des letzten Jahres vor Beginn der Teilnahme

1. durch den behinderten Menschen ein Berufsausbildungsabschluss auf Grund einer Zulassung zur Prüfung nach § 43 Absatz 2 des Berufsbildungsgesetzes oder § 36 Absatz 2 der Handwerksordnung erworben worden ist oder
2. sein Prüfungszeugnis auf Grund einer Rechtsverordnung nach § 50 Absatz 1 des Berufsbildungsgesetzes oder § 40 Absatz 1 der Handwerksordnung dem Zeugnis über das Bestehen der Abschlussprüfung in einem nach dem Berufsbildungsgesetz oder der Handwerksordnung anerkannten Ausbildungsberuf gleichgestellt worden ist.

$_2$Der Zeitraum von einem Jahr verlängert sich um Zeiten, in denen der behinderte Mensch nach dem Erwerb des Prüfungszeugnisses bei der Agentur für Arbeit arbeitslos gemeldet war.

§ 122 Ausbildungsgeld

(1) Behinderte Menschen haben Anspruch auf Ausbildungsgeld während

1. einer Berufsausbildung oder berufsvorbereitenden Bildungsmaßnahme einschließlich einer Grundausbildung,

2. einer individuellen betrieblichen Qualifizierung im Rahmen der Unterstützten Beschäftigung nach § 38a des Neunten Buches und
3. einer Maßnahme im Eingangsverfahren oder Berufsbildungsbereich einer Werkstatt für behinderte Menschen,

wenn Übergangsgeld nicht gezahlt werden kann.

III

(2) Für das Ausbildungsgeld gelten die Vorschriften über die Berufsausbildungsbeihilfe entsprechend, soweit nachfolgend nichts Abweichendes bestimmt ist.

§ 123 Bedarf bei Berufsausbildung

(1) Als Bedarf werden bei einer Berufsausbildung zugrunde gelegt

1. bei Unterbringung im Haushalt der Eltern oder eines Elternteils 316 Euro monatlich, wenn der behinderte Mensch unverheiratet oder nicht in einer Lebenspartnerschaft verbunden ist und das 21. Lebensjahr noch nicht vollendet hat, im Übrigen 397 Euro monatlich,
2. bei Unterbringung in einem Wohnheim, Internat, bei der oder dem Ausbildenden oder in einer besonderen Einrichtung für behinderte Menschen 104 Euro monatlich, wenn die Kosten für Unterbringung und Verpflegung von der Agentur für Arbeit oder einem anderen Leistungsträger übernommen werden,
3. bei anderweitiger Unterbringung und Kostenerstattung für Unterbringung und Verpflegung 230 Euro monatlich, wenn der behinderte Mensch unverheiratet oder nicht in einer Lebenspartnerschaft verbunden ist und das 21. Lebensjahr noch nicht vollendet hat, im Übrigen 265 Euro monatlich und
4. bei anderweitiger Unterbringung ohne Kostenerstattung für Unterbringung und Verpflegung der jeweils nach § 13 Absatz 1 Nummer 1 des Bundesausbildungsförderungsgesetzes geltende Bedarf zuzüglich 149 Euro monatlich für die Unterkunft; soweit Mietkosten für Unterkunft und Nebenkosten nachweislich diesen Betrag übersteigen, erhöht sich dieser Bedarf um bis zu 75 Euro monatlich.

(2) Für einen behinderten Menschen, der das 18. Lebensjahr noch nicht vollendet hat, wird anstelle des Bedarfs nach Absatz 1 Nummer 4 ein Bedarf in Höhe von 316 Euro monatlich zugrunde gelegt, wenn

1. er die Ausbildungsstätte von der Wohnung der Eltern oder eines Elternteils aus in angemessener Zeit erreichen könnte oder
2. Leistungen der Jugendhilfe nach dem Achten Buch erbracht werden, die mit einer anderweitigen Unterbringung verbunden sind.

§ 124 Bedarf bei berufsvorbereitenden Bildungsmaßnahmen, bei Unterstützter Beschäftigung und bei Grundausbildung

(1) Bei berufsvorbereitenden Bildungsmaßnahmen, Unterstützter Beschäftigung und bei Grundausbildung wird folgender Bedarf zugrunde gelegt:

1. bei Unterbringung im Haushalt der Eltern oder eines Elternteils der jeweils nach § 12 Absatz 1 Nummer 1 des Bundesausbildungsförderungsgesetzes geltende Bedarf,
2. bei anderweitiger Unterbringung außerhalb eines Wohnheims oder Internats ohne Kostenerstattung für Unterbringung und Verpflegung 391 Euro monatlich; soweit Mietkosten für Unterkunft und Nebenkosten nachweislich 58 Euro monatlich übersteigen, erhöht sich dieser Bedarf um bis zu 74 Euro monatlich,
3. bei anderweitiger Unterbringung außerhalb eines Wohnheims oder Internats und Kostenerstattung für Unterbringung und Verpflegung 172 Euro monatlich.

(2) Für einen behinderten Menschen, der das 18. Lebensjahr noch nicht vollendet hat, wird anstelle des Bedarfs nach Absatz 1 Nummer 2 ein Bedarf in Höhe von 204 Euro monatlich zugrunde gelegt, wenn

1. er die Ausbildungsstätte von der Wohnung der Eltern oder eines Elternteils aus in angemessener Zeit erreichen könnte oder

2. für ihn Leistungen der Jugendhilfe nach dem Achten Buch erbracht werden, die die Kosten für die Unterkunft einschließen.

(3) Bei Unterbringung in einem Wohnheim, Internat oder in einer besonderen Einrichtung für behinderte Menschen ist ein Bedarf wie bei einer Berufsausbildung zugrunde zu legen.

§ 125 Bedarf bei Maßnahmen in anerkannten Werkstätten für behinderte Menschen

Als Bedarf werden bei Maßnahmen in einer Werkstatt für behinderte Menschen im ersten Jahr 63 Euro monatlich und danach 75 Euro monatlich zugrunde gelegt.

§ 126 Einkommensanrechnung

(1) Das Einkommen, das ein behinderter Mensch während einer Maßnahme in einer anerkannten Werkstatt für behinderte Menschen erzielt, wird nicht auf den Bedarf angerechnet.

(2) Anrechnungsfrei bei der Einkommensanrechnung bleibt im Übrigen das Einkommen

1. des behinderten Menschen aus Waisenrenten, Waisengeld oder aus Unterhaltsleistungen bis zu 242 Euro monatlich,
2. der Eltern bis zu 2909 Euro monatlich, des verwitweten Elternteils oder, bei getrennt lebenden Eltern, das Einkommen des Elternteils, bei dem der behinderte Mensch lebt, ohne Anrechnung des Einkommens des anderen Elternteils, bis zu 1813 Euro monatlich und
3. der Ehegattin oder des Ehegatten oder der Lebenspartnerin oder des Lebenspartners bis zu 1813 Euro monatlich.

Dritter Titel
Teilnahmekosten für Maßnahmen

§ 127 Teilnahmekosten für Maßnahmen

(1) $_1$Teilnahmekosten bestimmen sich nach den §§ 33, 44, 53 und 54 des Neunten Buches. $_2$Sie beinhalten auch weitere Aufwendungen, die wegen Art und Schwere der Behinderung unvermeidbar entstehen, sowie Kosten für Sonderfälle der Unterkunft und Verpflegung.

(2) Die Teilnahmekosten nach Absatz 1 können Aufwendungen für erforderliche eingliederungsbegleitende Dienste während der und im Anschluss an die Maßnahme einschließen.

§ 128 Sonderfälle der Unterbringung und Verpflegung

Werden behinderte Menschen auswärtig untergebracht, aber nicht in einem Wohnheim, Internat, einer besonderen Einrichtung für behinderte Menschen oder bei der oder dem Ausbildenden mit voller Verpflegung, so wird ein Betrag in Höhe von 269 Euro monatlich zuzüglich der nachgewiesenen behinderungsbedingten Mehraufwendungen erbracht.

Vierter Titel
Anordnungsermächtigung

§ 129 Anordnungsermächtigung

Die Bundesagentur wird ermächtigt, durch Anordnung das Nähere über Voraussetzungen, Art, Umfang und Ausführung der Leistungen in Übereinstimmung mit den für die anderen Träger der Leistungen zur Teilhabe am Arbeitsleben geltenden Regelungen zu bestimmen.

Achter Abschnitt
Befristete Leistungen

§ 130 Assistierte Ausbildung

(1) $_1$Die Agentur für Arbeit kann förderungsbedürftige junge Menschen und deren Ausbildungsbetriebe während einer betrieblichen Berufsausbildung (ausbildungsbegleitende Phase) durch Maßnahmen der Assistierten Ausbildung mit dem Ziel des erfolgreichen Abschlusses der Berufsausbildung unterstützen. $_2$Die Maßnahme kann auch eine vorgeschaltete ausbildungsvorbereitende Phase enthalten.

(2) $_1$Förderungsbedürftig sind lernbeeinträchtigte und sozial benachteiligte junge Menschen, die wegen in ihrer Person liegender Gründe ohne die Förderung eine betriebliche Berufsausbildung nicht beginnen, fortsetzen oder erfolgreich beenden können. $_2$§ 57 Absatz 1 und 2 sowie § 59 gelten entsprechend;

§ 59 Absatz 2 gilt auch für die ausbildungsvorbereitende Phase.

(3) Der förderungsbedürftige junge Mensch wird, auch im Betrieb, individuell und kontinuierlich unterstützt und sozialpädagogisch begleitet.

(4) 1In der ausbildungsbegleitenden Phase werden förderungsbedürftige junge Menschen unterstützt

1. zum Abbau von Sprach- und Bildungsdefiziten,
2. zur Förderung fachtheoretischer Fertigkeiten, Kenntnisse und Fähigkeiten und
3. zur Stabilisierung des Berufsausbildungsverhältnisses.

2Die Unterstützung ist mit dem Ausbildungsbetrieb abzustimmen und muss über die Vermittlung betriebs- und ausbildungsüblicher Inhalte hinausgehen.

(5) 1In einer ausbildungsvorbereitenden Phase werden förderungsbedürftige junge Menschen

1. auf die Aufnahme einer betrieblichen Berufsausbildung vorbereitet und
2. bei der Suche nach einer betrieblichen Ausbildungsstelle unterstützt.

2Die ausbildungsvorbereitende Phase darf eine Dauer von bis zu sechs Monaten umfassen. Konnte der förderungsbedürftige junge Mensch in dieser Zeit nicht in eine betriebliche Berufsausbildung vermittelt werden, kann die ausbildungsvorbereitende Phase bis zu zwei weitere Monate fortgesetzt werden. 3Sie darf nicht den Schulgesetzen der Länder unterliegen. 4Betriebliche Praktika können abgestimmt auf den individuellen Förderbedarf in angemessenem Umfang vorgesehen werden.

(6) 1Betriebe, die einen förderungsbedürftigen jungen Menschen betrieblich ausbilden, können bei der Durchführung der Berufsausbildung unterstützt werden

1. administrativ und organisatorisch und
2. zur Stabilisierung des Berufsausbildungsverhältnisses.

2Im Fall des Absatzes 1 Satz 2 können Betriebe, die das Ziel verfolgen, einen förderungsbedürftigen jungen Menschen betrieblich auszubilden, zur Aufnahme der Berufsausbildung in der ausbildungsvorbereitenden Phase im Sinne von Satz 1 unterstützt werden.

(7) 1§ 77 gilt entsprechend. 2Die Leistungen an den Träger der Maßnahme umfassen die Maßnahmekosten. 3§ 79 Absatz 3 Satz 1 Nummer 1 und 2 gilt entsprechend.

(8) 1Abweichend von Absatz 2 Satz 1 können unter den Voraussetzungen von Satz 2 auch junge Menschen förderungsbedürftig sein, die aufgrund besonderer Lebensumstände eine betriebliche Berufsausbildung nicht beginnen, fortsetzen oder erfolgreich beenden können. 2Voraussetzung ist, dass eine Landeskonzeption für den Bereich des Übergangs von der Schule in den Beruf besteht, in der die besonderen Lebensumstände konkretisiert sind, dass eine spezifische Landeskonzeption zur Assistierten Ausbildung vorliegt und dass sich Dritte mit mindestens 50 Prozent an der Förderung beteiligen.

(9) 1Maßnahmen können bis zum 30. September 2018 beginnen. 2Die Unterstützung von Auszubildenden und deren Ausbildungsbetrieben kann in bereits laufenden Maßnahmen auch nach diesem Zeitpunkt beginnen. 3Die oder der Auszubildende muss spätestens in dem Ausbildungsjahr den Termin für die vorgesehene reguläre Abschlussprüfung haben, in dem die ausbildungsbegleitende Phase der Maßnahme endet.

§ 131 (weggefallen)

§ 131a Weiterbildungsförderung in kleinen und mittleren Unternehmen

Abweichend von den Voraussetzungen des § 82 Satz 1 Nummer 1 können Arbeitnehmerinnen und Arbeitnehmer, die das 45. Lebensjahr noch nicht vollendet haben, bei beruflicher Weiterbildung durch Übernahme der Weiterbildungskosten nach § 82 gefördert werden, wenn

1. der Arbeitgeber mindestens 50 Prozent der Lehrgangskosten trägt und
2. die Maßnahme vor dem 31. Dezember 2019 beginnt.

§ 131b Weiterbildungsförderung in der Altenpflege

$_1$Abweichend von § 180 Absatz 4 Satz 1 ist die Dauer einer Vollzeitmaßnahme der beruflichen Weiterbildung in der Altenpflege, die in der Zeit vom 1. April 2013 bis zum 31. März 2016 beginnt, auch dann angemessen, wenn sie nach dem Altenpflegegesetz nicht um mindestens ein Drittel verkürzt werden kann. $_2$Insoweit ist § 180 Absatz 4 Satz 2 nicht anzuwenden.

§ 132 (weggefallen)

§ 133 Saison-Kurzarbeitergeld und ergänzende Leistungen im Gerüstbauerhandwerk

(1) In Betrieben des Gerüstbauerhandwerks (§ 1 Absatz 3 Nummer 1 der Baubetriebe-Verordnung) werden bis zum 31. März 2018 Leistungen nach den §§ 101 und 102 nach Maßgabe der folgenden Regelungen erbracht.

(2) Die Schlechtwetterzeit beginnt am 1. November und endet am 31. März.

(3) $_1$Ergänzende Leistungen nach § 102 Absatz 2 und 4 werden ausschließlich zur Vermeidung oder Überbrückung witterungsbedingter Arbeitsausfälle erbracht. $_2$Zuschuss-Wintergeld wird in Höhe von 1,03 Euro je Ausfallstunde gezahlt.

(4) $_1$Anspruch auf Zuschuss-Wintergeld nach § 102 Absatz 2 haben auch Arbeitnehmerinnen und Arbeitnehmer, die zur Vermeidung witterungsbedingter Arbeitsausfälle eine Vorausleistung erbringen, die das Arbeitsentgelt bei witterungsbedingtem Arbeitsausfall in der Schlechtwetterzeit für mindestens 120 Stunden ersetzt, in angemessener Höhe im Verhältnis zum Saison-Kurzarbeitergeld steht und durch Tarifvertrag, Betriebsvereinbarung oder Arbeitsvertrag geregelt ist. $_2$Der Anspruch auf Zuschuss-Wintergeld besteht für Zeiten des Bezugs der Vorausleistung, wenn diese niedriger ist als das ohne den witterungsbedingten Arbeitsausfall erzielte Arbeitsentgelt.

§ 134 Erfolgsabhängige Pauschale bei Transfermaßnahmen

$_1$Für Transfermaßnahmen nach § 110, die bis zum 31. Dezember 2014 abgeschlossen sind, gilt als Maßnahmekosten nach § 110 Absatz 2 auch eine erfolgsabhängige Pauschale für die Vermittlung aus einer Transfermaßnahme in eine versicherungspflichtige Beschäftigung, die länger als sechs Monate fortbesteht. $_2$Wird eine versicherungspflichtige Beschäftigung in einer betriebsorganisatorisch eigenständigen Einheit nach § 111 fortgesetzt, ist die Zahlung der Pauschale ausgeschlossen. $_3$Die Pauschale darf den Betrag von 1000 Euro nicht übersteigen und je geförderter Arbeitnehmerin oder geförderten Arbeitnehmer nur einmal gezahlt werden.

§ 135 Erprobung innovativer Ansätze

(1) $_1$Die Zentrale der Bundesagentur kann bis zu einem Prozent der im Eingliederungstitel enthaltenen Mittel einsetzen, um innovative Ansätze der aktiven Arbeitsförderung zu erproben. $_2$Die einzelnen Projekte dürfen den Höchstbetrag von 2 Millionen Euro jährlich und eine Dauer von 24 Monaten nicht übersteigen. $_3$Die Regelung gilt für Förderungen, die bis zum 31. Dezember 2016 begonnen haben.

(2) $_1$Die Umsetzung und die Wirkung der Projekte sind zu beobachten und auszuwerten. $_2$Über die Ergebnisse der Projekte ist dem Verwaltungsrat nach deren Beendigung ein Bericht vorzulegen. $_3$Zu Beginn jedes Jahres übermittelt die Bundesagentur dem Verwaltungsrat eine Übersicht über die laufenden Projekte.

Viertes Kapitel
Arbeitslosengeld und Insolvenzgeld

Erster Abschnitt
Arbeitslosengeld

Erster Unterabschnitt
Regelvoraussetzungen

§ 136 Anspruch auf Arbeitslosengeld

III

(1) Arbeitnehmerinnen und Arbeitnehmer haben Anspruch auf Arbeitslosengeld

1. bei Arbeitslosigkeit oder
2. bei beruflicher Weiterbildung.

(2) Wer das für die Regelaltersrente im Sinne des Sechsten Buches erforderliche Lebensjahr vollendet hat, hat vom Beginn des folgenden Monats an keinen Anspruch auf Arbeitslosengeld.

§ 137 Anspruchsvoraussetzungen bei Arbeitslosigkeit

(1) Anspruch auf Arbeitslosengeld bei Arbeitslosigkeit hat, wer

1. arbeitslos ist,
2. sich bei der Agentur für Arbeit arbeitslos gemeldet und
3. die Anwartschaftszeit erfüllt hat.

(2) Bis zur Entscheidung über den Anspruch kann die antragstellende Person bestimmen, dass der Anspruch nicht oder zu einem späteren Zeitpunkt entstehen soll.

§ 138 Arbeitslosigkeit

(1) Arbeitslos ist, wer Arbeitnehmerin oder Arbeitnehmer ist und

1. nicht in einem Beschäftigungsverhältnis steht (Beschäftigungslosigkeit),
2. sich bemüht, die eigene Beschäftigungslosigkeit zu beenden (Eigenbemühungen), und
3. den Vermittlungsbemühungen der Agentur für Arbeit zur Verfügung steht (Verfügbarkeit).

(2) Eine ehrenamtliche Betätigung schließt Arbeitslosigkeit nicht aus, wenn dadurch die berufliche Eingliederung der oder des Arbeitslosen nicht beeinträchtigt wird.

(3) $_1$Die Ausübung einer Beschäftigung, selbständigen Tätigkeit, Tätigkeit als mithelfende Familienangehörige oder mithelfender Familienangehöriger (Erwerbstätigkeit) schließt die Beschäftigungslosigkeit nicht aus, wenn die Arbeits- oder Tätigkeitszeit (Arbeitszeit) weniger als 15 Stunden wöchentlich umfasst; gelegentliche Abweichungen von geringer Dauer bleiben unberücksichtigt. $_2$Die Arbeitszeiten mehrerer Erwerbstätigkeiten werden zusammengerechnet.

(4) $_1$Im Rahmen der Eigenbemühungen hat die oder der Arbeitslose alle Möglichkeiten zur beruflichen Eingliederung zu nutzen. $_2$Hierzu gehören insbesondere

1. die Wahrnehmung der Verpflichtungen aus der Eingliederungsvereinbarung,
2. die Mitwirkung bei der Vermittlung durch Dritte und
3. die Inanspruchnahme der Selbstinformationseinrichtungen der Agentur für Arbeit.

(5) Den Vermittlungsbemühungen der Agentur für Arbeit steht zur Verfügung, wer

1. eine versicherungspflichtige, mindestens 15 Stunden wöchentlich umfassende zumutbare Beschäftigung unter den üblichen Bedingungen des für sie oder ihn in Betracht kommenden Arbeitsmarktes ausüben kann und darf,
2. Vorschlägen der Agentur für Arbeit zur beruflichen Eingliederung zeit- und ortsnah Folge leisten kann,
3. bereit ist, jede Beschäftigung im Sinne der Nummer 1 anzunehmen und auszuüben, und
4. bereit ist, an Maßnahmen zur beruflichen Eingliederung in das Erwerbsleben teilzunehmen.

§ 139 Sonderfälle der Verfügbarkeit

(1) Nimmt eine leistungsberechtigte Person an einer Maßnahme nach § 45 oder an einer Berufsfindung oder Arbeitserprobung im Sinne des Rechts der beruflichen Rehabilitation teil, leistet sie vorübergehend zur Verhütung oder Beseitigung öffentlicher Notstände Dienste, die nicht auf einem Arbeitsverhältnis beruhen, übt sie eine freie Arbeit im Sinne des

Artikels 293 Absatz 1 des Einführungsgesetzes zum Strafgesetzbuch oder auf Grund einer Anordnung im Gnadenwege aus oder erbringt sie gemeinnützige Leistungen oder Arbeitsleistungen nach den in Artikel 293 Absatz 3 des Einführungsgesetzes zum Strafgesetzbuch genannten Vorschriften oder auf Grund deren entsprechender Anwendung, so schließt dies die Verfügbarkeit nicht aus.

(2) $_1$Bei Schülerinnen, Schülern, Studentinnen oder Studenten einer Schule, Hochschule oder sonstigen Ausbildungsstätte wird vermutet, dass sie nur versicherungsfreie Beschäftigungen ausüben können. $_2$Die Vermutung ist widerlegt, wenn die Schülerin, der Schüler, die Studentin oder der Student darlegt und nachweist, dass der Ausbildungsgang die Ausübung einer versicherungspflichtigen, mindestens 15 Stunden wöchentlich umfassenden Beschäftigung bei ordnungsgemäßer Erfüllung der in den Ausbildungs- und Prüfungsbestimmungen vorgeschriebenen Anforderungen zulässt.

(3) Nimmt eine leistungsberechtigte Person an einer Maßnahme der beruflichen Weiterbildung teil, für die die Voraussetzungen nach § 81 nicht erfüllt sind, schließt dies die Verfügbarkeit nicht aus, wenn

1. die Agentur für Arbeit der Teilnahme zustimmt und
2. die leistungsberechtigte Person ihre Bereitschaft erklärt, die Maßnahme abzubrechen, sobald eine berufliche Eingliederung in Betracht kommt, und zu diesem Zweck die Möglichkeit zum Abbruch mit dem Träger der Maßnahme vereinbart hat.

(4) $_1$Ist die leistungsberechtigte Person nur bereit, Teilzeitbeschäftigungen auszuüben, so schließt dies Verfügbarkeit nicht aus, wenn sich die Arbeitsbereitschaft auf Teilzeitbeschäftigungen erstreckt, die versicherungspflichtig sind, mindestens 15 Stunden wöchentlich umfassen und den üblichen Bedingungen des für sie in Betracht kommenden Arbeitsmarktes entsprechen. $_2$Eine Einschränkung auf Teilzeitbeschäftigungen aus Anlass eines konkreten Arbeits- oder Maßnahmeangebotes ist nicht zulässig. $_3$Die Einschränkung auf Heimarbeit schließt die Verfügbarkeit nicht aus, wenn die Anwartschaftszeit durch eine Beschäftigung als Heimarbeiterin oder Heimarbeiter erfüllt worden ist und die leistungsberechtigte Person bereit und in der Lage ist, Heimarbeit unter den üblichen Bedingungen auf dem für sie in Betracht kommenden Arbeitsmarkt auszuüben.

§ 140 Zumutbare Beschäftigungen

(1) Einer arbeitslosen Person sind alle ihrer Arbeitsfähigkeit entsprechenden Beschäftigungen zumutbar, soweit allgemeine oder personenbezogene Gründe der Zumutbarkeit einer Beschäftigung nicht entgegenstehen.

(2) Aus allgemeinen Gründen ist eine Beschäftigung einer arbeitslosen Person insbesondere nicht zumutbar, wenn die Beschäftigung gegen gesetzliche, tarifliche oder in Betriebsvereinbarungen festgelegte Bestimmungen über Arbeitsbedingungen oder gegen Bestimmungen des Arbeitsschutzes verstößt.

(3) $_1$Aus personenbezogenen Gründen ist eine Beschäftigung einer arbeitslosen Person insbesondere nicht zumutbar, wenn das daraus erzielbare Arbeitsentgelt erheblich niedriger ist als das der Bemessung des Arbeitslosengeldes zugrunde liegende Arbeitsentgelt. $_2$In den ersten drei Monaten der Arbeitslosigkeit ist eine Minderung um mehr als 20 Prozent und in den folgenden drei Monaten um mehr als 30 Prozent dieses Arbeitsentgelts nicht zumutbar. $_3$Vom siebten Monat der Arbeitslosigkeit an ist einer arbeitslosen Person eine Beschäftigung nur dann nicht zumutbar, wenn das daraus erzielbare Nettoeinkommen unter Berücksichtigung der mit der Beschäftigung zusammenhängenden Aufwendungen niedriger ist als das Arbeitslosengeld.

(4) $_1$Aus personenbezogenen Gründen ist einer arbeitslosen Person eine Beschäftigung auch nicht zumutbar, wenn die täglichen Pendelzeiten zwischen ihrer Wohnung und der Arbeitsstätte im Vergleich zur Arbeitszeit unverhältnismäßig lang sind. $_2$Als unverhältnismäßig lang sind im Regelfall Pendelzeiten von insgesamt mehr als zweieinhalb Stunden bei einer Arbeitszeit von mehr als sechs Stunden und Pendelzeiten von mehr als zwei Stunden bei einer Arbeitszeit von sechs Stunden und

weniger anzusehen. 3Sind in einer Region unter vergleichbaren Beschäftigten längere Pendelzeiten üblich, bilden diese den Maßstab. 4Ein Umzug zur Aufnahme einer Beschäftigung außerhalb des zumutbaren Pendelbereichs ist einer arbeitslosen Person zumutbar, wenn nicht zu erwarten ist, dass sie innerhalb der ersten drei Monate der Arbeitslosigkeit eine Beschäftigung innerhalb des zumutbaren Pendelbereichs aufnehmen wird. 5Vom vierten Monat der Arbeitslosigkeit an ist einer arbeitslosen Person ein Umzug zur Aufnahme einer Beschäftigung außerhalb des zumutbaren Pendelbereichs in der Regel zumutbar. 6Die Sätze 4 und 5 sind nicht anzuwenden, wenn dem Umzug ein wichtiger Grund entgegensteht. 7Ein wichtiger Grund kann sich insbesondere aus familiären Bindungen ergeben.

(5) Eine Beschäftigung ist nicht schon deshalb unzumutbar, weil sie befristet ist, vorübergehend eine getrennte Haushaltsführung erfordert oder nicht zum Kreis der Beschäftigungen gehört, für die die Arbeitnehmerin oder der Arbeitnehmer ausgebildet ist oder die sie oder er bisher ausgeübt hat.

§ 141 Persönliche Arbeitslosmeldung

(1) 1Die oder der Arbeitslose hat sich persönlich bei der zuständigen Agentur für Arbeit arbeitslos zu melden. 2Eine Meldung ist auch zulässig, wenn die Arbeitslosigkeit noch nicht eingetreten, der Eintritt der Arbeitslosigkeit aber innerhalb der nächsten drei Monate zu erwarten ist.

(2) Die Wirkung der Meldung erlischt

1. bei einer mehr als sechswöchigen Unterbrechung der Arbeitslosigkeit,
2. mit der Aufnahme der Beschäftigung, selbständigen Tätigkeit, Tätigkeit als mithelfende Familienangehörige oder als mithelfender Familienangehöriger, wenn die oder der Arbeitslose diese der Agentur für Arbeit nicht unverzüglich mitgeteilt hat.

(3) Ist die zuständige Agentur für Arbeit am ersten Tag der Beschäftigungslosigkeit der oder des Arbeitslosen nicht dienstbereit, so wirkt eine persönliche Meldung an dem nächsten Tag, an dem die Agentur für Arbeit dienstbereit ist, auf den Tag zurück, an dem die Agentur für Arbeit nicht dienstbereit war.

§ 142 Anwartschaftszeit

(1) 1Die Anwartschaftszeit hat erfüllt, wer in der Rahmenfrist (§ 143) mindestens zwölf Monate in einem Versicherungspflichtverhältnis gestanden hat. 2Zeiten, die vor dem Tag liegen, an dem der Anspruch auf Arbeitslosengeld wegen des Eintritts einer Sperrzeit erloschen ist, dienen nicht zur Erfüllung der Anwartschaftszeit.

(2) 1Für Arbeitslose, die die Anwartschaftszeit nach Absatz 1 nicht erfüllen sowie darlegen und nachweisen, dass

1. sich die in der Rahmenfrist zurückgelegten Beschäftigungstage überwiegend aus versicherungspflichtigen Beschäftigungen ergeben, die auf nicht mehr als zehn Wochen im Voraus durch Arbeitsvertrag zeit- oder zweckbefristet sind, und
2. das in den letzten zwölf Monaten vor der Beschäftigungslosigkeit erzielte Arbeitsentgelt die zum Zeitpunkt der Anspruchsentstehung maßgebliche Bezugsgröße nach § 18 Absatz 1 des Vierten Buches nicht übersteigt,

gilt bis zum 31. Dezember 2015, dass die Anwartschaftszeit sechs Monate beträgt. 2§ 27 Absatz 3 Nummer 1 bleibt unberührt.

§ 143 Rahmenfrist

(1) Die Rahmenfrist beträgt zwei Jahre und beginnt mit dem Tag vor der Erfüllung aller sonstigen Voraussetzungen für den Anspruch auf Arbeitslosengeld.

(2) Die Rahmenfrist reicht nicht in eine vorangegangene Rahmenfrist hinein, in der die oder der Arbeitslose eine Anwartschaftszeit erfüllt hatte.

(3) 1In die Rahmenfrist werden Zeiten nicht eingerechnet, in denen die oder der Arbeitslose von einem Rehabilitationsträger Übergangsgeld wegen einer berufsfördernden Maßnahme bezogen hat. 2In diesem Fall endet die Rahmenfrist spätestens fünf Jahre nach ihrem Beginn.

§ 144 Anspruchsvoraussetzungen bei beruflicher Weiterbildung

(1) Anspruch auf Arbeitslosengeld hat auch, wer die Voraussetzungen für einen Anspruch auf Arbeitslosengeld bei Arbeitslosigkeit allein wegen einer nach § 81 geförderten beruflichen Weiterbildung nicht erfüllt.

(2) Bei einer Arbeitnehmerin oder einem Arbeitnehmer, die oder der vor Eintritt in die Maßnahme nicht arbeitslos war, gelten die Voraussetzungen eines Anspruchs auf Arbeitslosengeld bei Arbeitslosigkeit als erfüllt, wenn sie oder er

1. bei Eintritt in die Maßnahme einen Anspruch auf Arbeitslosengeld bei Arbeitslosigkeit hätte, der weder ausgeschöpft noch erloschen ist, oder
2. die Anwartschaftszeit im Fall von Arbeitslosigkeit am Tag des Eintritts in die Maßnahme der beruflichen Weiterbildung erfüllt hätte; insoweit gilt der Tag des Eintritts in die Maßnahme als Tag der persönlichen Arbeitslosmeldung.

Zweiter Unterabschnitt
Sonderformen des Arbeitslosengeldes

§ 145 Minderung der Leistungsfähigkeit

(1) $_{1}$Anspruch auf Arbeitslosengeld hat auch eine Person, die allein deshalb nicht arbeitslos ist, weil sie wegen einer mehr als sechsmonatigen Minderung ihrer Leistungsfähigkeit versicherungspflichtige, mindestens 15 Stunden wöchentlich umfassende Beschäftigungen nicht unter den Bedingungen ausüben kann, die auf dem für sie in Betracht kommenden Arbeitsmarkt ohne Berücksichtigung der Minderung der Leistungsfähigkeit üblich sind, wenn eine verminderte Erwerbsfähigkeit im Sinne der gesetzlichen Rentenversicherung nicht festgestellt worden ist. $_{2}$Die Feststellung, ob eine verminderte Erwerbsfähigkeit vorliegt, trifft der zuständige Träger der gesetzlichen Rentenversicherung. $_{3}$Kann sich die leistungsgeminderte Person wegen gesundheitlicher Einschränkungen nicht persönlich arbeitslos melden, so kann die Meldung durch eine Vertreterin oder einen Vertreter erfolgen. $_{4}$Die leistungsgeminderte Person hat sich unverzüglich persönlich bei der Agentur für Arbeit zu melden, sobald der Grund für die Verhinderung entfallen ist.

(2) $_{1}$Die Agentur für Arbeit hat die leistungsgeminderte Person unverzüglich aufzufordern, innerhalb eines Monats einen Antrag auf Leistungen zur medizinischen Rehabilitation oder zur Teilhabe am Arbeitsleben zu stellen. $_{2}$Stellt sie diesen Antrag fristgemäß, so gilt er im Zeitpunkt des Antrags auf Arbeitslosengeld als gestellt. $_{3}$Stellt die leistungsgeminderte Person den Antrag nicht, ruht der Anspruch auf Arbeitslosengeld vom Tag nach Ablauf der Frist an bis zum Tag, an dem sie einen Antrag auf Leistungen zur medizinischen Rehabilitation oder zur Teilhabe am Arbeitsleben oder einen Antrag auf Rente wegen Erwerbsminderung stellt. $_{4}$Kommt die leistungsgeminderte Person ihren Mitwirkungspflichten gegenüber dem Träger der medizinischen Rehabilitation oder der Teilhabe am Arbeitsleben nicht nach, so ruht der Anspruch auf Arbeitslosengeld von dem Tag nach Unterlassen der Mitwirkung bis zu dem Tag, an dem die Mitwirkung nachgeholt wird. $_{5}$Satz 4 gilt entsprechend, wenn die leistungsgeminderte Person durch ihr Verhalten die Feststellung der Erwerbsminderung verhindert.

(3) $_{1}$Wird der leistungsgeminderten Person von einem Träger der gesetzlichen Rentenversicherung wegen einer Maßnahme zur Rehabilitation Übergangsgeld oder eine Rente wegen Erwerbsminderung zuerkannt, steht der Bundesagentur ein Erstattungsanspruch entsprechend § 103 des Zehnten Buches zu. $_{2}$Hat der Träger der gesetzlichen Rentenversicherung Leistungen nach Satz 1 mit befreiender Wirkung an die leistungsgeminderte Person oder einen Dritten gezahlt, hat die Empfängerin oder der Empfänger des Arbeitslosengeldes dieses insoweit zu erstatten.

§ 146 Leistungsfortzahlung bei Arbeitsunfähigkeit

(1) $_{1}$Wer während des Bezugs von Arbeitslosengeld infolge Krankheit unverschuldet arbeitsunfähig oder während des Bezugs von

Arbeitslosengeld auf Kosten der Krankenkasse stationär behandelt wird, verliert dadurch nicht den Anspruch auf Arbeitslosengeld für die Zeit der Arbeitsunfähigkeit oder stationären Behandlung mit einer Dauer von bis zu sechs Wochen (Leistungsfortzahlung). 2Als unverschuldet im Sinne des Satzes 1 gilt auch eine Arbeitsunfähigkeit, die infolge einer durch Krankheit erforderlichen Sterilisation durch eine Ärztin oder einen Arzt oder infolge eines nicht rechtswidrigen Abbruchs der Schwangerschaft eintritt. 3Dasselbe gilt für einen Abbruch der Schwangerschaft, wenn die Schwangerschaft innerhalb von zwölf Wochen nach der Empfängnis durch eine Ärztin oder einen Arzt abgebrochen wird, die Schwangere den Abbruch verlangt und der Ärztin oder dem Arzt durch eine Bescheinigung nachgewiesen hat, dass sie sich mindestens drei Tage vor dem Eingriff von einer anerkannten Beratungsstelle beraten lassen hat.

(2) 1Eine Leistungsfortzahlung erfolgt auch im Fall einer nach ärztlichem Zeugnis erforderlichen Beaufsichtigung, Betreuung oder Pflege eines erkrankten Kindes der oder des Arbeitslosen mit einer Dauer von bis zu zehn Tagen, bei alleinerziehenden Arbeitslosen mit einer Dauer von bis zu 20 Tagen für jedes Kind in jedem Kalenderjahr, wenn eine andere im Haushalt der oder des Arbeitslosen lebende Person diese Aufgabe nicht übernehmen kann und das Kind das zwölfte Lebensjahr noch nicht vollendet hat oder behindert und auf Hilfe angewiesen ist. 2Arbeitslosengeld wird jedoch für nicht mehr als 25 Tage, für alleinerziehende Arbeitslose für nicht mehr als 50 Tage in jedem Kalenderjahr fortgezahlt.

(3) Die Vorschriften des Fünften Buches, die bei Fortzahlung des Arbeitsentgelts durch den Arbeitgeber im Krankheitsfall sowie bei Zahlung von Krankengeld im Fall der Erkrankung eines Kindes anzuwenden sind, gelten entsprechend.

Dritter Unterabschnitt Anspruchsdauer

§ 147 Grundsatz

(1) 1Die Dauer des Anspruchs auf Arbeitslosengeld richtet sich nach

1. der Dauer der Versicherungspflichtverhältnisse innerhalb der um drei Jahre erweiterten Rahmenfrist und
2. dem Lebensalter, das die oder der Arbeitslose bei der Entstehung des Anspruchs vollendet hat.

2Die Vorschriften des Ersten Unterabschnitts zum Ausschluss von Zeiten bei der Erfüllung der Anwartschaftszeit und zur Begrenzung der Rahmenfrist durch eine vorangegangene Rahmenfrist gelten entsprechend.

(2) Die Dauer des Anspruchs auf Arbeitslosengeld beträgt

nach Versicherungspflichtverhältnissen mit einer Dauer von insgesamt mindestens . . . Monaten	und nach Vollendung des . . . Lebensjahres	. . . Monate
12		6
16		8
20		10
24		12
30	50.	15
36	55.	18
48	58.	24

(3) 1Bei Erfüllung der Anwartschaftszeit nach § 142 Absatz 2 beträgt die Dauer des Anspruchs auf Arbeitslosengeld unabhängig vom Lebensalter

nach Versicherungspflichtverhältnissen mit einer Dauer von insgesamt mindestens . . . Monaten	. . . Monate
6	3
8	4
10	5

2Abweichend von Absatz 1 sind nur die Versicherungspflichtverhältnisse innerhalb der Rahmenfrist des § 143 zu berücksichtigen.

(4) Die Dauer des Anspruchs verlängert sich um die Restdauer des wegen Entstehung ei-

nes neuen Anspruchs erloschenen Anspruchs, wenn nach der Entstehung des erloschenen Anspruchs noch nicht fünf Jahre verstrichen sind; sie verlängert sich längstens bis zu der dem Lebensalter der oder des Arbeitslosen zugeordneten Höchstdauer.

§ 148 Minderung der Anspruchsdauer

(1) Die Dauer des Anspruchs auf Arbeitslosengeld mindert sich um

1. die Anzahl von Tagen, für die der Anspruch auf Arbeitslosengeld bei Arbeitslosigkeit erfüllt worden ist,
2. jeweils einen Tag für jeweils zwei Tage, für die ein Anspruch auf Teilarbeitslosengeld innerhalb der letzten zwei Jahre vor der Entstehung des Anspruchs erfüllt worden ist,
3. die Anzahl von Tagen einer Sperrzeit wegen Arbeitsablehnung, unzureichender Eigenbemühungen, Ablehnung oder Abbruch einer beruflichen Eingliederungsmaßnahme, Meldeversäumnis oder verspäteter Arbeitsuchendmeldung,
4. die Anzahl von Tagen einer Sperrzeit wegen Arbeitsaufgabe; in Fällen einer Sperrzeit von zwölf Wochen mindestens jedoch um ein Viertel der Anspruchsdauer, die der oder dem Arbeitslosen bei erstmaliger Erfüllung der Voraussetzungen für den Anspruch auf Arbeitslosengeld nach dem Ereignis, das die Sperrzeit begründet, zusteht,
5. die Anzahl von Tagen, für die der oder dem Arbeitslosen das Arbeitslosengeld wegen fehlender Mitwirkung (§ 66 des Ersten Buches) versagt oder entzogen worden ist,
6. die Anzahl von Tagen der Beschäftigungslosigkeit nach der Erfüllung der Voraussetzungen für den Anspruch auf Arbeitslosengeld, an denen die oder der Arbeitslose nicht arbeitsbereit ist, ohne für sein Verhalten einen wichtigen Grund zu haben,
7. jeweils einen Tag für jeweils zwei Tage, für die ein Anspruch auf Arbeitslosengeld bei beruflicher Weiterbildung nach diesem Buch erfüllt worden ist,
8. die Anzahl von Tagen, für die ein Gründungszuschuss in der Höhe des zuletzt bezogenen Arbeitslosengeldes geleistet worden ist.

(2) $_1$In den Fällen des Absatzes 1 Nummer 5 und 6 mindert sich die Dauer des Anspruchs auf Arbeitslosengeld höchstens um vier Wochen. $_2$In den Fällen des Absatzes 1 Nummer 3 und 4 entfällt die Minderung für Sperrzeiten bei Abbruch einer beruflichen Eingliederungsmaßnahme oder Arbeitsaufgabe, wenn das Ereignis, das die Sperrzeit begründet, bei Erfüllung der Voraussetzungen für den Anspruch auf Arbeitslosengeld länger als ein Jahr zurückliegt. $_3$In den Fällen des Absatzes 1 Nummer 7 unterbleibt eine Minderung, soweit sich dadurch eine Anspruchsdauer von weniger als einem Monat ergibt. $_4$Ist ein neuer Anspruch entstanden, erstreckt sich die Minderung nur auf die Restdauer des erloschenen Anspruchs (§ 147 Absatz 4).

Vierter Unterabschnitt
Höhe des Arbeitslosengeldes

§ 149 Grundsatz

Das Arbeitslosengeld beträgt

1. für Arbeitslose, die mindestens ein Kind im Sinne des § 32 Absatz 1, 3 bis 5 des Einkommensteuergesetzes haben, sowie für Arbeitslose, deren Ehegattin, Ehegatte, Lebenspartnerin oder Lebenspartner mindestens ein Kind im Sinne des § 32 Absatz 1, 3 bis 5 des Einkommensteuergesetzes hat, wenn beide Ehegatten oder Lebenspartner unbeschränkt einkommensteuerpflichtig sind und nicht dauernd getrennt leben, 67 Prozent (erhöhter Leistungssatz),

2. für die übrigen Arbeitslosen 60 Prozent (allgemeiner Leistungssatz)

des pauschalierten Nettoentgelts (Leistungsentgelt), das sich aus dem Bruttoentgelt ergibt, das die oder der Arbeitslose im Bemessungszeitraum erzielt hat (Bemessungsentgelt).

§ 150 Bemessungszeitraum und Bemessungsrahmen

(1) 1Der Bemessungszeitraum umfasst die beim Ausscheiden aus dem jeweiligen Beschäftigungsverhältnis abgerechneten Entgeltabrechnungszeiträume der versicherungspflichtigen Beschäftigungen im Bemessungsrahmen. 2Der Bemessungsrahmen umfasst ein Jahr; er endet mit dem letzten Tag des letzten Versicherungspflichtverhältnisses vor der Entstehung des Anspruchs.

III

(2) 1Bei der Ermittlung des Bemessungszeitraums bleiben außer Betracht

1. Zeiten einer Beschäftigung, neben der Übergangsgeld wegen einer Leistung zur Teilhabe am Arbeitsleben, Teilübergangsgeld oder Teilarbeitslosengeld geleistet worden ist,
2. Zeiten einer Beschäftigung als Freiwillige oder Freiwilliger im Sinne des Jugendfreiwilligendienstegesetzes oder des Bundesfreiwilligendienstgesetzes, wenn sich die beitragspflichtige Einnahme nach § 344 Absatz 2 bestimmt,
3. Zeiten, in denen Arbeitslose Elterngeld oder Erziehungsgeld bezogen oder nur wegen der Berücksichtigung von Einkommen nicht bezogen haben oder ein Kind unter drei Jahren betreut und erzogen haben, wenn wegen der Betreuung und Erziehung des Kindes das Arbeitsentgelt oder die durchschnittliche wöchentliche Arbeitszeit gemindert war,
4. Zeiten, in denen Arbeitslose eine Pflegezeit nach § 3 Absatz 1 Satz 1 des Pflegezeitgesetzes in Anspruch genommen haben sowie Zeiten einer Familienpflegezeit oder Nachpflegephase nach dem Familienpflegezeitgesetz, wenn wegen der Pflege das Arbeitsentgelt oder die durchschnittliche wöchentliche Arbeitszeit gemindert war; insoweit gilt § 151 Absatz 3 Nummer 2 nicht,
5. Zeiten, in denen die durchschnittliche regelmäßige wöchentliche Arbeitszeit auf Grund einer Teilzeitvereinbarung nicht nur vorübergehend auf weniger als 80 Prozent der durchschnittlichen regelmäßigen Arbeitszeit einer vergleichbaren Vollzeitbeschäftigung, mindestens um fünf Stunden wöchentlich, vermindert war, wenn die oder der Arbeitslose Beschäftigungen mit einer höheren Arbeitszeit innerhalb der letzten dreieinhalb Jahre vor der Entstehung des Anspruchs während eines sechs Monate umfassenden zusammenhängenden Zeitraums ausgeübt hat.

2Satz 1 Nummer 5 gilt nicht in Fällen einer Teilzeitvereinbarung nach dem Altersteilzeitgesetz, es sei denn, das Beschäftigungsverhältnis ist wegen Zahlungsunfähigkeit des Arbeitgebers beendet worden.

(3) 1Der Bemessungsrahmen wird auf zwei Jahre erweitert, wenn

1. der Bemessungszeitraum weniger als 150 Tage mit Anspruch auf Arbeitsentgelt enthält,
2. in den Fällen des § 142 Absatz 2 der Bemessungszeitraum weniger als 90 Tage mit Anspruch auf Arbeitsentgelt enthält oder
3. es mit Rücksicht auf das Bemessungsentgelt im erweiterten Bemessungsrahmen unbillig hart wäre, von dem Bemessungsentgelt im Bemessungszeitraum auszugehen.

2Satz 1 Nummer 3 ist nur anzuwenden, wenn die oder der Arbeitslose dies verlangt und die zur Bemessung erforderlichen Unterlagen vorlegt.

§ 151 Bemessungsentgelt

(1) 1Bemessungsentgelt ist das durchschnittlich auf den Tag entfallende beitragspflichtige Arbeitsentgelt, das die oder der Arbeitslose im Bemessungszeitraum erzielt hat. 2Arbeitsentgelte, auf die die oder der Arbeitslose beim Ausscheiden aus dem Beschäftigungsverhältnis Anspruch hatte, gelten als erzielt, wenn sie zugeflossen oder nur wegen Zahlungsunfähigkeit des Arbeitgebers nicht zugeflossen sind.

(2) Außer Betracht bleiben Arbeitsentgelte,

1. die Arbeitslose wegen der Beendigung des Arbeitsverhältnisses erhalten oder die im

Hinblick auf die Arbeitslosigkeit vereinbart worden sind,

2. die als Wertguthaben einer Vereinbarung nach § 7b des Vierten Buches nicht nach dieser Vereinbarung verwendet werden.

(3) Als Arbeitsentgelt ist zugrunde zu legen

1. für Zeiten, in denen Arbeitslose Kurzarbeitergeld oder eine vertraglich vereinbarte Leistung zur Vermeidung der Inanspruchnahme von Saison-Kurzarbeitergeld bezogen haben, das Arbeitsentgelt, das Arbeitslose ohne den Arbeitsausfall und ohne Mehrarbeit erzielt hätten,

2. für Zeiten einer Vereinbarung nach § 7b des Vierten Buches das Arbeitsentgelt, das Arbeitslose für die geleistete Arbeitszeit ohne eine Vereinbarung nach § 7b des Vierten Buches erzielt hätten; für Zeiten einer Freistellung das erzielte Arbeitsentgelt.

(4) Haben Arbeitslose innerhalb der letzten zwei Jahre vor der Entstehung des Anspruchs Arbeitslosengeld bezogen, ist Bemessungsentgelt mindestens das Entgelt, nach dem das Arbeitslosengeld zuletzt bemessen worden ist.

(5) $_1$Ist die oder der Arbeitslose nicht mehr bereit oder in der Lage, die im Bemessungszeitraum durchschnittlich auf die Woche entfallende Zahl von Arbeitsstunden zu leisten, vermindert sich das Bemessungsentgelt für die Zeit der Einschränkung entsprechend dem Verhältnis der Zahl der durchschnittlichen regelmäßigen wöchentlichen Arbeitsstunden, die die oder der Arbeitslose künftig leisten will oder kann, zu der Zahl der durchschnittlich auf die Woche entfallenden Arbeitsstunden im Bemessungszeitraum. $_2$Einschränkungen des Leistungsvermögens bleiben unberücksichtigt, wenn Arbeitslosengeld nach § 145 geleistet wird. $_3$Bestimmt sich das Bemessungsentgelt nach § 152, ist insoweit die tarifliche regelmäßige wöchentliche Arbeitszeit maßgebend, die bei Entstehung des Anspruchs für Angestellte im öffentlichen Dienst des Bundes gilt.

§ 152 Fiktive Bemessung

(1) $_1$Kann ein Bemessungszeitraum von mindestens 150 Tagen mit Anspruch auf Arbeitsentgelt innerhalb des auf zwei Jahre erweiterten Bemessungsrahmens nicht festgestellt werden, ist als Bemessungsentgelt ein fiktives Arbeitsentgelt zugrunde zu legen. $_2$In den Fällen des § 142 Absatz 2 gilt Satz 1 mit der Maßgabe, dass ein Bemessungszeitraum von mindestens 90 Tagen nicht festgestellt werden kann.

(2) $_1$Für die Festsetzung des fiktiven Arbeitsentgelts ist die oder der Arbeitslose der Qualifikationsgruppe zuzuordnen, die der beruflichen Qualifikation entspricht, die für die Beschäftigung erforderlich ist, auf die die Agentur für Arbeit die Vermittlungsbemühungen für die Arbeitslose oder den Arbeitslosen in erster Linie zu erstrecken hat. $_2$Dabei ist zugrunde zu legen für Beschäftigungen, die

1. eine Hochschul- oder Fachhochschulausbildung erfordern (Qualifikationsgruppe 1), ein Arbeitsentgelt in Höhe von einem Dreihundertstel der Bezugsgröße,

2. einen Fachschulabschluss, den Nachweis über eine abgeschlossene Qualifikation als Meisterin oder Meister oder einen Abschluss in einer vergleichbaren Einrichtung erfordern (Qualifikationsgruppe 2), ein Arbeitsentgelt in Höhe von einem Dreihundertsechzigstel der Bezugsgröße,

3. eine abgeschlossene Ausbildung in einem Ausbildungsberuf erfordern (Qualifikationsgruppe 3), ein Arbeitsentgelt in Höhe von einem Vierhundertfünfzigstel der Bezugsgröße,

4. keine Ausbildung erfordern (Qualifikationsgruppe 4), ein Arbeitsentgelt in Höhe von einem Sechshundertstel der Bezugsgröße.

§ 153 Leistungsentgelt

(1) $_1$Leistungsentgelt ist das um pauschalierte Abzüge verminderte Bemessungsentgelt. $_2$Abzüge sind

1. eine Sozialversicherungspauschale in Höhe von 21 Prozent des Bemessungsentgelts,

2. die Lohnsteuer, die sich nach dem vom Bundesministerium der Finanzen auf Grund des § 51 Absatz 4 Nummer 1a des Einkommensteuergesetzes bekannt gegebenen Programmablaufplan bei Berücksichtigung der Vorsorgepauschale nach § 39b Absatz 2 Satz 5 Nummer 3 Buchstabe a bis c des Einkommensteuergesetzes zu Beginn des Jahres, in dem der Anspruch entstanden ist, ergibt und
3. der Solidaritätszuschlag.

3Bei der Berechnung der Abzüge nach Satz 2 Nummer 2 und 3 sind

1. Freibeträge und Pauschalen, die nicht jeder Arbeitnehmerin oder jedem Arbeitnehmer zustehen, nicht zu berücksichtigen und
2. der als Lohnsteuerabzugsmerkmal gebildete Faktor nach § 39f des Einkommensteuergesetzes zu berücksichtigen.

4Für die Feststellung der Lohnsteuer wird die Vorsorgepauschale mit folgenden Maßgaben berücksichtigt:

1. für Beiträge zur Rentenversicherung als Beitragsbemessungsgrenze die für das Bundesgebiet West maßgebliche Beitragsbemessungsgrenze,
2. für Beiträge zur Krankenversicherung der ermäßigte Beitragssatz nach § 243 des Fünften Buches,
3. für Beiträge zur Pflegeversicherung der Beitragssatz des § 55 Absatz 1 Satz 1 des Elften Buches.

(2) 1Die Feststellung der Lohnsteuer richtet sich nach der Lohnsteuerklasse, die zu Beginn des Jahres, in dem der Anspruch entstanden ist, als Lohnsteuerabzugsmerkmal gebildet war. 2Spätere Änderungen der als Lohnsteuerabzugsmerkmal gebildeten Lohnsteuerklasse werden mit Wirkung des Tages berücksichtigt, an dem erstmals die Voraussetzungen für die Änderung vorlagen.

(3) 1Haben Ehegatten oder Lebenspartner die Lohnsteuerklassen gewechselt, so werden die als Lohnsteuerabzugsmerkmal neu gebildeten Lohnsteuerklassen von dem Tag an berücksichtigt, an dem sie wirksam werden, wenn

1. die neuen Lohnsteuerklassen dem Verhältnis der monatlichen Arbeitsentgelte beider Ehegatten oder Lebenspartner entsprechen oder
2. sich auf Grund der neuen Lohnsteuerklassen ein Arbeitslosengeld ergibt, das geringer ist als das Arbeitslosengeld, das sich ohne den Wechsel der Lohnsteuerklassen ergäbe.

2Bei der Prüfung nach Satz 1 ist der Faktor nach § 39f des Einkommensteuergesetzes zu berücksichtigen; ein Ausfall des Arbeitsentgelts, der den Anspruch auf eine lohnsteuerfreie Entgeltersatzleistung begründet, bleibt bei der Beurteilung des Verhältnisses der monatlichen Arbeitsentgelte außer Betracht.

§ 154 Berechnung und Leistung

1Das Arbeitslosengeld wird für Kalendertage berechnet und geleistet. 2Ist es für einen vollen Kalendermonat zu zahlen, ist dieser mit 30 Tagen anzusetzen.

Fünfter Unterabschnitt Minderung des Arbeitslosengeldes, Zusammentreffen des Anspruchs mit sonstigem Einkommen und Ruhen des Anspruchs

§ 155 Anrechnung von Nebeneinkommen

(1) 1Übt die oder der Arbeitslose während einer Zeit, für die ihr oder ihm Arbeitslosengeld zusteht, eine Erwerbstätigkeit im Sinne des § 138 Absatz 3 aus, ist das daraus erzielte Einkommen nach Abzug der Steuern, der Sozialversicherungsbeiträge und der Werbungskosten sowie eines Freibetrags in Höhe von 165 Euro in dem Kalendermonat der Ausübung anzurechnen. 2Handelt es sich um eine selbständige Tätigkeit, eine Tätigkeit als mithelfende Familienangehörige oder mithelfender Familienangehöriger, sind pauschal 30 Prozent der Betriebseinnahmen als Betriebsausgaben abzusetzen, es sei denn, die oder der Arbeitslose weist höhere Betriebsausgaben nach.

(2) Hat die oder der Arbeitslose in den letzten 18 Monaten vor der Entstehung des An-

spruchs neben einem Versicherungspflichtverhältnis eine Erwerbstätigkeit (§ 138 Absatz 3) mindestens zwölf Monate lang ausgeübt, so bleibt das Einkommen bis zu dem Betrag anrechnungsfrei, der in den letzten zwölf Monaten vor der Entstehung des Anspruchs aus einer Erwerbstätigkeit (§ 138 Absatz 3) durchschnittlich auf den Monat entfällt, mindestens jedoch ein Betrag in Höhe des Freibetrags, der sich nach Absatz 1 ergeben würde.

(3) Leistungen, die eine Bezieherin oder ein Bezieher von Arbeitslosengeld bei beruflicher Weiterbildung

1. vom Arbeitgeber oder dem Träger der Weiterbildung wegen der Teilnahme oder
2. auf Grund eines früheren oder bestehenden Arbeitsverhältnisses ohne Ausübung einer Beschäftigung für die Zeit der Teilnahme

erhält, werden nach Abzug der Steuern, des auf die Arbeitnehmerin oder den Arbeitnehmer entfallenden Anteils der Sozialversicherungsbeiträge und eines Freibetrags von 400 Euro monatlich auf das Arbeitslosengeld angerechnet.

§ 156 Ruhen des Anspruchs bei anderen Sozialleistungen

(1) 1Der Anspruch auf Arbeitslosengeld ruht während der Zeit, für die ein Anspruch auf eine der folgenden Leistungen zuerkannt ist:

1. Berufsausbildungsbeihilfe für Arbeitslose,
2. Krankengeld, Versorgungskrankengeld, Verletztengeld, Mutterschaftsgeld oder Übergangsgeld nach diesem oder einem anderen Gesetz, dem eine Leistung zur Teilhabe zugrunde liegt, wegen der keine ganztägige Erwerbstätigkeit ausgeübt wird,
3. Rente wegen voller Erwerbsminderung aus der gesetzlichen Rentenversicherung oder
4. Altersrente aus der gesetzlichen Rentenversicherung oder Knappschaftsausgleichsleistung oder ähnliche Leistungen öffentlich-rechtlicher Art.

2Ist der oder dem Arbeitslosen eine Rente wegen teilweiser Erwerbsminderung zuerkannt, kann sie ihr oder er sein Restleistungsvermögen jedoch unter den üblichen Bedingungen des allgemeinen Arbeitsmarktes nicht mehr verwerten, hat die Agentur für Arbeit die Arbeitslose oder den Arbeitslosen unverzüglich aufzufordern, innerhalb eines Monats einen Antrag auf Rente wegen voller Erwerbsminderung zu stellen. 3Wird der Antrag nicht gestellt, ruht der Anspruch auf Arbeitslosengeld vom Tag nach Ablauf der Frist an bis zu dem Tag, an dem der Antrag gestellt wird.

(2) 1Abweichend von Absatz 1 ruht der Anspruch

1. im Fall der Nummer 2 nicht, wenn für denselben Zeitraum Anspruch auf Verletztengeld und Arbeitslosengeld nach § 146 besteht,
2. im Fall der Nummer 3 vom Beginn der laufenden Zahlung der Rente an und
3. im Fall der Nummer 4
   a) mit Ablauf des dritten Kalendermonats nach Erfüllung der Voraussetzungen für den Anspruch auf Arbeitslosengeld, wenn der oder dem Arbeitslosen für die letzten sechs Monate einer versicherungspflichtigen Beschäftigung eine Teilrente oder eine ähnliche Leistung öffentlich-rechtlicher Art zuerkannt ist,
   b) nur bis zur Höhe der zuerkannten Leistung, wenn die Leistung auch während einer Beschäftigung und ohne Rücksicht auf die Höhe des Arbeitsentgelts gewährt wird.

2Im Fall des Satzes 1 Nummer 2 gilt § 145 Absatz 3 entsprechend.

(3) Die Absätze 1 und 2 gelten auch für einen vergleichbaren Anspruch auf eine andere Sozialleistung, den ein ausländischer Träger zuerkannt hat.

(4) Der Anspruch auf Arbeitslosengeld ruht auch während der Zeit, für die die oder der Arbeitslose wegen ihres oder seines Ausscheidens aus dem Erwerbsleben Vorruhestandsgeld oder eine vergleichbare Leistung

III

des Arbeitgebers mindestens in Höhe von 65 Prozent des Bemessungsentgelts bezieht.

§ 157 Ruhen des Anspruchs bei Arbeitsentgelt und Urlaubsabgeltung

(1) Der Anspruch auf Arbeitslosengeld ruht während der Zeit, für die die oder der Arbeitslose Arbeitsentgelt erhält oder zu beanspruchen hat.

III

(2) 1Hat die oder der Arbeitslose wegen Beendigung des Arbeitsverhältnisses eine Urlaubsabgeltung erhalten oder zu beanspruchen, so ruht der Anspruch auf Arbeitslosengeld für die Zeit des abgegoltenen Urlaubs. 2Der Ruhenszeitraum beginnt mit dem Ende des die Urlaubsabgeltung begründenden Arbeitsverhältnisses.

(3) 1Soweit die oder der Arbeitslose die in den Absätzen 1 und 2 genannten Leistungen (Arbeitsentgelt im Sinne des § 115 des Zehnten Buches) tatsächlich nicht erhält, wird das Arbeitslosengeld auch für die Zeit geleistet, in der der Anspruch auf Arbeitslosengeld ruht. 2Hat der Arbeitgeber die in den Absätzen 1 und 2 genannten Leistungen trotz des Rechtsübergangs mit befreiender Wirkung an die Arbeitslose, den Arbeitslosen oder an eine dritte Person gezahlt, hat die Bezieherin oder der Bezieher des Arbeitslosengeldes dieses insoweit zu erstatten.

§ 158 Ruhen des Anspruchs bei Entlassungsentschädigung

(1) 1Hat die oder der Arbeitslose wegen der Beendigung des Arbeitsverhältnisses eine Abfindung, Entschädigung oder ähnliche Leistung (Entlassungsentschädigung) erhalten oder zu beanspruchen und ist das Arbeitsverhältnis ohne Einhaltung einer der ordentlichen Kündigungsfrist des Arbeitgebers entsprechenden Frist beendet worden, so ruht der Anspruch auf Arbeitslosengeld von dem Ende des Arbeitsverhältnisses an bis zu dem Tag, an dem das Arbeitsverhältnis bei Einhaltung dieser Frist geendet hätte. 2Diese Frist beginnt mit der Kündigung, die der Beendigung des Arbeitsverhältnisses vorausgegangen ist, bei Fehlen einer solchen Kündigung mit dem Tag der Vereinbarung über die Beendigung des Arbeitsverhältnisses. 3Ist die ordentliche Kündigung des Arbeitsverhältnisses durch den Arbeitgeber ausgeschlossen, so gilt bei

1. zeitlich unbegrenztem Ausschluss eine Kündigungsfrist von 18 Monaten,
2. zeitlich begrenztem Ausschluss oder Vorliegen der Voraussetzungen für eine fristgebundene Kündigung aus wichtigem Grund die Kündigungsfrist, die ohne den Abschluss der ordentlichen Kündigung maßgebend gewesen wäre.

4Kann der Arbeitnehmerin oder dem Arbeitnehmer nur bei Zahlung einer Entlassungsentschädigung ordentlich gekündigt werden, so gilt eine Kündigungsfrist von einem Jahr. 5Hat die oder der Arbeitslose auch eine Urlaubsabgeltung (§ 157 Absatz 2) erhalten oder zu beanspruchen, verlängert sich der Ruhenszeitraum nach Satz 1 um die Zeit des abgegoltenen Urlaubs. 6Leistungen, die der Arbeitgeber für eine arbeitslose Person, deren Arbeitsverhältnis frühestens mit Vollendung des 55. Lebensjahres beendet wird, unmittelbar für deren Rentenversicherung nach § 187a Absatz 1 des Sechsten Buches aufwendet, bleiben unberücksichtigt. 7Satz 6 gilt entsprechend für Beiträge des Arbeitgebers zu einer berufsständischen Versorgungseinrichtung.

(2) 1Der Anspruch auf Arbeitslosengeld ruht nach Absatz 1 längstens ein Jahr. 2Er ruht nicht über den Tag hinaus,

1. bis zu dem die oder der Arbeitslose bei Weiterzahlung des während der letzten Beschäftigungszeit kalendertäglich verdienten Arbeitsentgelts einen Betrag in Höhe von 60 Prozent der nach Absatz 1 zu berücksichtigenden Entlassungsentschädigung als Arbeitsentgelt verdient hätte,
2. an dem das Arbeitsverhältnis infolge einer Befristung, die unabhängig von der Vereinbarung über die Beendigung des Arbeitsverhältnisses bestanden hat, geendet hätte, oder
3. an dem der Arbeitgeber das Arbeitsverhältnis aus wichtigem Grund ohne Einhaltung einer Kündigungsfrist hätte kündigen können.

₃Der nach Satz 2 Nummer 1 zu berücksichtigende Anteil der Entlassungsentschädigung vermindert sich sowohl für je fünf Jahre des Arbeitsverhältnisses in demselben Betrieb oder Unternehmen als auch für je fünf Lebensjahre nach Vollendung des 35. Lebensjahres um je 5 Prozent; er beträgt nicht weniger als 25 Prozent der nach Absatz 1 zu berücksichtigenden Entlassungsentschädigung. ₄Letzte Beschäftigungszeit sind die am Tag des Ausscheidens aus dem Beschäftigungsverhältnis abgerechneten Entgeltabrechnungszeiträume der letzten zwölf Monate; § 150 Absatz 2 Satz 1 Nummer 3 und Absatz 3 gilt entsprechend. ₅Arbeitsentgeltkürzungen infolge von Krankheit, Kurzarbeit, Arbeitsausfall oder Arbeitsversäumnis bleiben außer Betracht.

(3) Hat die oder der Arbeitslose wegen Beendigung des Beschäftigungsverhältnisses unter Aufrechterhaltung des Arbeitsverhältnisses eine Entlassungsentschädigung erhalten oder zu beanspruchen, gelten die Absätze 1 und 2 entsprechend.

(4) ₁Soweit die oder der Arbeitslose die Entlassungsentschädigung (Arbeitsentgelt im Sinne des § 115 des Zehnten Buches) tatsächlich nicht erhält, wird das Arbeitslosengeld auch für die Zeit geleistet, in der der Anspruch auf Arbeitslosengeld ruht. ₂Hat der Verpflichtete die Entlassungsentschädigung trotz des Rechtsübergangs mit befreiender Wirkung an die Arbeitslose, den Arbeitslosen oder an eine dritte Person gezahlt, hat die Bezieherin oder der Bezieher des Arbeitslosengeldes dieses insoweit zu erstatten.

§ 159 Ruhen bei Sperrzeit

(1) ₁Hat die Arbeitnehmerin oder der Arbeitnehmer sich versicherungswidrig verhalten, ohne dafür einen wichtigen Grund zu haben, ruht der Anspruch für die Dauer einer Sperrzeit. ₂Versicherungswidriges Verhalten liegt vor, wenn

1. die oder der Arbeitslose das Beschäftigungsverhältnis gelöst oder durch ein arbeitsvertragswidriges Verhalten Anlass für die Lösung des Beschäftigungsverhältnisses gegeben und dadurch vorsätzlich oder grob fahrlässig die Arbeitslosigkeit herbeigeführt hat (Sperrzeit bei Arbeitsaufgabe),
2. die bei der Agentur für Arbeit als arbeitsuchend gemeldete (§ 38 Absatz 1) oder die arbeitslose Person trotz Belehrung über die Rechtsfolgen eine von der Agentur für Arbeit unter Benennung des Arbeitgebers und der Art der Tätigkeit angebotene Beschäftigung nicht annimmt oder nicht antritt oder die Anbahnung eines solchen Beschäftigungsverhältnisses, insbesondere das Zustandekommen eines Vorstellungsgespräches, durch ihr Verhalten verhindert (Sperrzeit bei Arbeitsablehnung),
3. die oder der Arbeitslose trotz Belehrung über die Rechtsfolgen die von der Agentur für Arbeit geforderten Eigenbemühungen nicht nachweist (Sperrzeit bei unzureichenden Eigenbemühungen),
4. die oder der Arbeitslose sich weigert, trotz Belehrung über die Rechtsfolgen an einer Maßnahme zur Aktivierung und beruflichen Eingliederung (§ 45) oder einer Maßnahme zur beruflichen Ausbildung oder Weiterbildung oder einer Maßnahme zur Teilhabe am Arbeitsleben teilzunehmen (Sperrzeit bei Ablehnung einer beruflichen Eingliederungsmaßnahme),
5. die oder der Arbeitslose die Teilnahme an einer in Nummer 4 genannten Maßnahme abbricht oder durch maßnahmewidriges Verhalten Anlass für den Ausschluss aus einer dieser Maßnahmen gibt (Sperrzeit bei Abbruch einer beruflichen Eingliederungsmaßnahme),
6. die oder der Arbeitslose einer Aufforderung der Agentur für Arbeit, sich zu melden oder zu einem ärztlichen oder psychologischen Untersuchungstermin zu erscheinen (§ 309), trotz Belehrung über die Rechtsfolgen nicht nachkommt oder nicht nachgekommen ist (Sperrzeit bei Meldeversäumnis),
7. die oder der Arbeitslose der Meldepflicht nach § 38 Absatz 1 nicht nachgekommen

ist (Sperrzeit bei verspäteter Arbeitsuchendmeldung).

[3]Die Person, die sich versicherungswidrig verhalten hat, hat die für die Beurteilung eines wichtigen Grundes maßgebenden Tatsachen darzulegen und nachzuweisen, wenn diese Tatsachen in ihrer Sphäre oder in ihrem Verantwortungsbereich liegen.

(2) [1]Die Sperrzeit beginnt mit dem Tag nach dem Ereignis, das die Sperrzeit begründet, oder, wenn dieser Tag in eine Sperrzeit fällt, mit dem Ende dieser Sperrzeit. [2]Werden mehrere Sperrzeiten durch dasselbe Ereignis begründet, folgen sie in der Reihenfolge des Absatzes 1 Satz 2 Nummer 1 bis 7 einander nach.

(3) [1]Die Dauer der Sperrzeit bei Arbeitsaufgabe beträgt zwölf Wochen. [2]Sie verkürzt sich

1. auf drei Wochen, wenn das Arbeitsverhältnis innerhalb von sechs Wochen nach dem Ereignis, das die Sperrzeit begründet, ohne eine Sperrzeit geendet hätte,
2. auf sechs Wochen, wenn
   a) das Arbeitsverhältnis innerhalb von zwölf Wochen nach dem Ereignis, das die Sperrzeit begründet, ohne eine Sperrzeit geendet hätte oder
   b) eine Sperrzeit von zwölf Wochen für die arbeitslose Person nach den für den Eintritt der Sperrzeit maßgebenden Tatsachen eine besondere Härte bedeuten würde.

(4) [1]Die Dauer der Sperrzeit bei Arbeitsablehnung, bei Ablehnung einer beruflichen Eingliederungsmaßnahme oder bei Abbruch einer beruflichen Eingliederungsmaßnahme beträgt

1. im Fall des erstmaligen versicherungswidrigen Verhaltens dieser Art drei Wochen,
2. im Fall des zweiten versicherungswidrigen Verhaltens dieser Art sechs Wochen,
3. in den übrigen Fällen zwölf Wochen.

[2]Im Fall der Arbeitsablehnung oder der Ablehnung einer beruflichen Eingliederungsmaßnahme nach der Meldung zur frühzeitigen Arbeitsuche (§ 38 Absatz 1) im Zusammenhang mit der Entstehung des Anspruchs gilt Satz 1 entsprechend.

(5) Die Dauer einer Sperrzeit bei unzureichenden Eigenbemühungen beträgt zwei Wochen.

(6) Die Dauer einer Sperrzeit bei Meldeversäumnis oder bei verspäteter Arbeitsuchendmeldung beträgt eine Woche.

§ 160 Ruhen bei Arbeitskämpfen

(1) [1]Durch die Leistung von Arbeitslosengeld darf nicht in Arbeitskämpfe eingegriffen werden. [2]Ein Eingriff in den Arbeitskampf liegt nicht vor, wenn Arbeitslosengeld Arbeitslosen geleistet wird, die zuletzt in einem Betrieb beschäftigt waren, der nicht dem fachlichen Geltungsbereich des umkämpften Tarifvertrags zuzuordnen ist.

(2) Ist die Arbeitnehmerin oder der Arbeitnehmer durch Beteiligung an einem inländischen Arbeitskampf arbeitslos geworden, so ruht der Anspruch auf Arbeitslosengeld bis zur Beendigung des Arbeitskampfes.

(3) [1]Ist die Arbeitnehmerin oder der Arbeitnehmer durch einen inländischen Arbeitskampf arbeitslos geworden, ohne an dem Arbeitskampf beteiligt gewesen zu sein, so ruht der Anspruch auf Arbeitslosengeld bis zur Beendigung des Arbeitskampfes nur, wenn der Betrieb, in dem die oder der Arbeitslose zuletzt beschäftigt war,

1. dem räumlichen und fachlichen Geltungsbereich des umkämpften Tarifvertrags zuzuordnen ist oder
2. nicht dem räumlichen, aber dem fachlichen Geltungsbereich des umkämpften Tarifvertrags zuzuordnen ist und im räumlichen Geltungsbereich des Tarifvertrags, dem der Betrieb zuzuordnen ist,
   a) eine Forderung erhoben worden ist, die einer Hauptforderung des Arbeitskampfes nach Art und Umfang gleich ist, ohne mit ihr übereinstimmen zu müssen, und
   b) das Arbeitskampfergebnis aller Voraussicht nach in dem räumlichen Geltungsbereich des nicht umkämpften Tarifvertrags im Wesentlichen übernommen wird.

2Eine Forderung ist erhoben, wenn sie von der zur Entscheidung berufenen Stelle beschlossen worden ist oder auf Grund des Verhaltens der Tarifvertragspartei im Zusammenhang mit dem angestrebten Abschluss des Tarifvertrags als beschlossen anzusehen ist. 3Der Anspruch auf Arbeitslosengeld ruht nach Satz 1 nur, wenn die umkämpften oder geforderten Arbeitsbedingungen nach Abschluss eines entsprechenden Tarifvertrags für die Arbeitnehmerin oder den Arbeitnehmer gelten oder auf sie oder ihn angewendet würden.

(4) Ist bei einem Arbeitskampf das Ruhen des Anspruchs nach Absatz 3 für eine bestimmte Gruppe von Arbeitslosen ausnahmsweise nicht gerechtfertigt, so kann der Verwaltungsrat bestimmen, dass ihnen Arbeitslosengeld zu leisten ist.

(5) 1Die Feststellung, ob die Voraussetzungen nach Absatz 3 Satz 1 Nummer 2 Buchstabe a und b erfüllt sind, trifft der Neutralitätsausschuss (§ 380). 2Er hat vor seiner Entscheidung den Fachspitzenverbänden der am Arbeitskampf beteiligten Tarifvertragsparteien Gelegenheit zur Stellungnahme zu geben.

(6) 1Die Fachspitzenverbände der am Arbeitskampf beteiligten Tarifvertragsparteien können durch Klage die Aufhebung der Entscheidung des Neutralitätsausschusses nach Absatz 5 und eine andere Feststellung begehren. 2Die Klage ist gegen die Bundesagentur zu richten. 3Ein Vorverfahren findet nicht statt. 4Über die Klage entscheidet das Bundessozialgericht im ersten und letzten Rechtszug. 5Das Verfahren ist vorrangig zu erledigen. 6Auf Antrag eines Fachspitzenverbandes kann das Bundessozialgericht eine einstweilige Anordnung erlassen.

Sechster Unterabschnitt Erlöschen des Anspruchs

§ 161 Erlöschen des Anspruchs

(1) Der Anspruch auf Arbeitslosengeld erlischt

1. mit der Entstehung eines neuen Anspruchs,
2. wenn die oder der Arbeitslose Anlass für den Eintritt von Sperrzeiten mit einer Dauer von insgesamt mindestens 21 Wochen gegeben hat, über den Eintritt der Sperrzeiten schriftliche Bescheide erhalten hat und auf die Rechtsfolgen des Eintritts von Sperrzeiten mit einer Dauer von insgesamt mindestens 21 Wochen hingewiesen worden ist; dabei werden auch Sperrzeiten berücksichtigt, die in einem Zeitraum von zwölf Monaten vor der Entstehung des Anspruchs eingetreten sind und nicht bereits zum Erlöschen eines Anspruchs geführt haben.

(2) Der Anspruch auf Arbeitslosengeld kann nicht mehr geltend gemacht werden, wenn nach seiner Entstehung vier Jahre verstrichen sind.

Siebter Unterabschnitt Teilarbeitslosengeld

§ 162 Teilarbeitslosengeld

(1) Anspruch auf Teilarbeitslosengeld hat, wer als Arbeitnehmerin oder Arbeitnehmer

1. teilarbeitslos ist,
2. sich teilarbeitslos gemeldet und
3. die Anwartschaftszeit für Teilarbeitslosengeld erfüllt hat.

(2) 1Für das Teilarbeitslosengeld gelten die Vorschriften über das Arbeitslosengeld bei Arbeitslosigkeit sowie für Empfängerinnen und Empfänger dieser Leistung entsprechend, soweit sich aus den Besonderheiten des Teilarbeitslosengeldes nichts anderes ergibt, mit folgenden Maßgaben:

1. Teilarbeitslos ist, wer eine versicherungspflichtige Beschäftigung verloren hat, die er neben einer weiteren versicherungspflichtigen Beschäftigung ausgeübt hat, und eine versicherungspflichtige Beschäftigung sucht.
2. Die Anwartschaftszeit für das Teilarbeitslosengeld hat erfüllt, wer in der Teilarbeitslosengeld-Rahmenfrist von zwei Jahren neben der weiterhin ausgeübten versicherungspflichtigen Beschäftigung mindestens zwölf Monate eine weitere versicherungspflichtige Beschäftigung ausgeübt hat. 2Für die Teilarbeitslosengeld-Rah-

menfrist gelten die Regelungen zum Arbeitslosengeld über die Rahmenfrist entsprechend.

3. Die Dauer des Anspruchs auf Teilarbeitslosengeld beträgt sechs Monate.
4. Bei der Feststellung der Lohnsteuer (§ 153 Absatz 2) ist die Lohnsteuerklasse maßgeblich, die für das Beschäftigungsverhältnis zuletzt galt, das den Anspruch auf Teilarbeitslosengeld begründet.
5. Der Anspruch auf Teilarbeitslosengeld erlischt,
   a) wenn die Arbeitnehmerin oder der Arbeitnehmer nach der Entstehung des Anspruchs eine Erwerbstätigkeit für mehr als zwei Wochen oder mit einer Arbeitszeit von mehr als fünf Stunden wöchentlich aufnimmt,
   b) wenn die Voraussetzungen für einen Anspruch auf Arbeitslosengeld erfüllt sind oder
   c) spätestens nach Ablauf eines Jahres seit Entstehung des Anspruchs.

Achter Unterabschnitt Verordnungsermächtigung und Anordnungsermächtigung

§ 163 Verordnungsermächtigung

Das Bundesministerium für Arbeit und Soziales wird ermächtigt, durch Rechtsverordnung, die nicht der Zustimmung des Bundesrates bedarf,

1. Versorgungen im Sinne des § 9 Absatz 1 des Anspruchs- und Anwartschaftsüberführungsgesetzes der Altersrente oder der Rente wegen voller Erwerbsminderung gleichzustellen, soweit dies zur Vermeidung von Doppelleistungen erforderlich ist; es hat dabei zu bestimmen, ob das Arbeitslosengeld voll oder nur bis zur Höhe der Versorgungsleistung ruht, und
2. das Nähere zur Abgrenzung der ehrenamtlichen Betätigung im Sinne des § 138 Absatz 2 und zu den dabei maßgebenden Erfordernissen der beruflichen Eingliederung zu bestimmen.

§ 164 Anordnungsermächtigung

Die Bundesagentur wird ermächtigt, durch Anordnung Näheres zu bestimmen

1. zu den Eigenbemühungen von Arbeitslosen (§ 138 Absatz 1 Nummer 2, Absatz 4),
2. zu den Pflichten von Arbeitslosen, Vorschlägen der Agentur für Arbeit zur beruflichen Eingliederung Folge leisten zu können (§ 138 Absatz 5 Nummer 2), und
3. zu den Voraussetzungen einer Zustimmung zur Teilnahme an Bildungsmaßnahmen nach § 139 Absatz 3.

Zweiter Abschnitt Insolvenzgeld

§ 165 Anspruch

(1) $_1$Arbeitnehmerinnen und Arbeitnehmer haben Anspruch auf Insolvenzgeld, wenn sie im Inland beschäftigt waren und bei einem Insolvenzereignis für die vorausgegangenen drei Monate des Arbeitsverhältnisses noch Ansprüche auf Arbeitsentgelt haben. $_2$Als Insolvenzereignis gilt

1. die Eröffnung des Insolvenzverfahrens über das Vermögen des Arbeitgebers,
2. die Abweisung des Antrags auf Eröffnung des Insolvenzverfahrens mangels Masse oder
3. die vollständige Beendigung der Betriebstätigkeit im Inland, wenn ein Antrag auf Eröffnung des Insolvenzverfahrens nicht gestellt worden ist und ein Insolvenzverfahren offensichtlich mangels Masse nicht in Betracht kommt.

$_3$Auch bei einem ausländischen Insolvenzereignis haben im Inland beschäftigte Arbeitnehmerinnen und Arbeitnehmer einen Anspruch auf Insolvenzgeld.

(2) $_1$Zu den Ansprüchen auf Arbeitsentgelt gehören alle Ansprüche auf Bezüge aus dem Arbeitsverhältnis. $_2$Als Arbeitsentgelt für Zeiten, in denen auch während der Freistellung eine Beschäftigung gegen Arbeitsentgelt besteht (§ 7 Absatz 1a des Vierten Buches), gilt der Betrag, der auf Grund der schriftlichen Vereinbarung zur Bestreitung des Lebensunterhalts im jeweiligen Zeitraum bestimmt war.

3Hat die Arbeitnehmerin oder der Arbeitnehmer einen Teil ihres oder seines Arbeitsentgelts nach § 1 Absatz 2 Nummer 3 des Betriebsrentengesetzes umgewandelt und wird dieser Entgeltteil in einem Pensionsfonds, in einer Pensionskasse oder in einer Direktversicherung angelegt, gilt die Entgeltumwandlung für die Berechnung des Insolvenzgeldes als nicht vereinbart, soweit der Arbeitgeber keine Beiträge an den Versorgungsträger abgeführt hat.

(3) Hat eine Arbeitnehmerin oder ein Arbeitnehmer in Unkenntnis eines Insolvenzereignisses weitergearbeitet oder die Arbeit aufgenommen, besteht der Anspruch auf Insolvenzgeld für die dem Tag der Kenntnisnahme vorausgegangenen drei Monate des Arbeitsverhältnisses.

(4) Anspruch auf Insolvenzgeld hat auch der Erbe der Arbeitnehmerin oder des Arbeitnehmers.

(5) Der Arbeitgeber ist verpflichtet, einen Beschluss des Insolvenzgerichts über die Abweisung des Antrags auf Insolvenzeröffnung mangels Masse dem Betriebsrat oder, wenn kein Betriebsrat besteht, den Arbeitnehmerinnen und Arbeitnehmern unverzüglich bekannt zu geben.

§ 166 Anspruchsausschluss

(1) Arbeitnehmerinnen und Arbeitnehmer haben keinen Anspruch auf Insolvenzgeld für Ansprüche auf Arbeitsentgelt, die

1. sie wegen der Beendigung des Arbeitsverhältnisses oder für die Zeit nach der Beendigung des Arbeitsverhältnisses haben,
2. sie durch eine nach der Insolvenzordnung angefochtene Rechtshandlung oder eine Rechtshandlung, die im Fall der Eröffnung des Insolvenzverfahrens anfechtbar wäre, erworben haben oder
3. die Insolvenzverwalterin oder der Insolvenzverwalter wegen eines Rechts zur Leistungsverweigerung nicht erfüllt.

(2) Soweit Insolvenzgeld gezahlt worden ist, obwohl dies nach Absatz 1 ausgeschlossen ist, ist es zu erstatten.

§ 167 Höhe

(1) Insolvenzgeld wird in Höhe des Nettoarbeitsentgelts gezahlt, das sich ergibt, wenn das auf die monatliche Beitragsbemessungsgrenze (§ 341 Absatz 4) begrenzte Bruttoarbeitsentgelt um die gesetzlichen Abzüge vermindert wird.

(2) Ist die Arbeitnehmerin oder der Arbeitnehmer

1. im Inland einkommensteuerpflichtig, ohne dass Steuern durch Abzug vom Arbeitsentgelt erhoben werden, oder
2. im Inland nicht einkommensteuerpflichtig und unterliegt das Insolvenzgeld nach den für sie oder ihn maßgebenden Vorschriften nicht der Steuer,

sind vom Arbeitsentgelt die Steuern abzuziehen, die bei einer Einkommensteuerpflicht im Inland durch Abzug vom Arbeitsentgelt erhoben würden.

§ 168 Vorschuss

1Die Agentur für Arbeit kann einen Vorschuss auf das Insolvenzgeld leisten, wenn

1. die Eröffnung des Insolvenzverfahrens über das Vermögen des Arbeitgebers beantragt ist,
2. das Arbeitsverhältnis beendet ist und
3. die Voraussetzungen für den Anspruch auf Insolvenzgeld mit hinreichender Wahrscheinlichkeit erfüllt werden.

2Die Agentur für Arbeit bestimmt die Höhe des Vorschusses nach pflichtgemäßem Ermessen. 3Der Vorschuss ist auf das Insolvenzgeld anzurechnen. 4Er ist zu erstatten,

1. wenn ein Anspruch auf Insolvenzgeld nicht zuerkannt wird oder
2. soweit ein Anspruch auf Insolvenzgeld nur in geringerer Höhe zuerkannt wird.

§ 169 Anspruchsübergang

1Ansprüche auf Arbeitsentgelt, die einen Anspruch auf Insolvenzgeld begründen, gehen mit dem Antrag auf Insolvenzgeld auf die Bundesagentur über. 2§ 165 Absatz 2 Satz 3 gilt entsprechend. 3Die gegen die Arbeitnehmerin oder den Arbeitnehmer begründete

Anfechtung nach der Insolvenzordnung findet gegen die Bundesagentur statt.

§ 170 Verfügungen über das Arbeitsentgelt

(1) Soweit die Arbeitnehmerin oder der Arbeitnehmer vor Antragstellung auf Insolvenzgeld Ansprüche auf Arbeitsentgelt einem Dritten übertragen hat, steht der Anspruch auf Insolvenzgeld diesem zu.

(2) Von einer vor dem Antrag auf Insolvenzgeld vorgenommenen Pfändung oder Verpfändung des Anspruchs auf Arbeitsentgelt wird auch der Anspruch auf Insolvenzgeld erfasst.

(3) Die an den Ansprüchen auf Arbeitsentgelt bestehenden Pfandrechte erlöschen, wenn die Ansprüche auf die Bundesagentur übergegangen sind und diese Insolvenzgeld an die berechtigte Person erbracht hat.

(4) $_1$Der neue Gläubiger oder Pfandgläubiger hat keinen Anspruch auf Insolvenzgeld für Ansprüche auf Arbeitsentgelt, die ihm vor dem Insolvenzereignis ohne Zustimmung der Agentur für Arbeit zur Vorfinanzierung der Arbeitsentgelte übertragen oder verpfändet wurden. $_2$Die Agentur für Arbeit darf der Übertragung oder Verpfändung nur zustimmen, wenn Tatsachen die Annahme rechtfertigen, dass durch die Vorfinanzierung der Arbeitsentgelte ein erheblicher Teil der Arbeitsstellen erhalten bleibt.

§ 171 Verfügungen über das Insolvenzgeld

$_1$Nachdem das Insolvenzgeld beantragt worden ist, kann der Anspruch auf Insolvenzgeld wie Arbeitseinkommen gepfändet, verpfändet oder übertragen werden. $_2$Eine Pfändung des Anspruchs vor diesem Zeitpunkt wird erst mit dem Antrag wirksam.

§ 172 Datenaustausch und Datenübermittlung

(1) $_1$Ist der insolvente Arbeitgeber auch in einem anderen Mitgliedstaat der Europäischen Union tätig, teilt die Bundesagentur dem zuständigen ausländischen Träger von Leistungen bei Zahlungsunfähigkeit des Arbeitgebers das Insolvenzereignis und die im Zusammenhang mit der Erbringung von Insolvenzgeld getroffenen Entscheidungen mit, soweit dies für die Aufgabenwahrnehmung dieses ausländischen Trägers erforderlich ist. $_2$Übermittelt ein ausländischer Träger der Bundesagentur entsprechende Daten, darf sie diese Daten zwecks Zahlung von Insolvenzgeld nutzen.

(2) Die Bundesagentur ist berechtigt, Daten über gezahltes Insolvenzgeld für jede Empfängerin und jeden Empfänger durch Datenfernübertragung an die in § 32b Absatz 3 des Einkommensteuergesetzes bezeichnete Übermittlungsstelle der Finanzverwaltung zu übermitteln.

Dritter Abschnitt
Ergänzende Regelungen zur Sozialversicherung

§ 173 Übernahme und Erstattung von Beiträgen bei Befreiung von der Versicherungspflicht in der Rentenversicherung

(1) $_1$Wer Arbeitslosengeld oder Übergangsgeld bezieht und von der Versicherungspflicht in der gesetzlichen Rentenversicherung befreit ist (§ 6 Absatz 1 Satz 1 Nummer 1, § 231 Absatz 1 und 2 des Sechsten Buches), hat Anspruch auf

1. Übernahme der Beiträge, die für die Dauer des Leistungsbezugs an eine öffentlich-rechtliche Versicherungs- oder Versorgungseinrichtung einer Berufsgruppe oder an ein Versicherungsunternehmen zu zahlen sind, und
2. Erstattung der von der Leistungsbezieherin oder vom Leistungsbezieher für die Dauer des Leistungsbezugs freiwillig an die gesetzliche Rentenversicherung gezahlten Beiträge.

$_2$Freiwillig an die gesetzliche Rentenversicherung gezahlte Beiträge werden nur bei Nachweis auf Antrag der Leistungsbezieherin oder des Leistungsbeziehers erstattet.

(2) $_1$Die Bundesagentur übernimmt höchstens die von der Leistungsbezieherin oder dem Leistungsbezieher nach der Satzung der Ver-

sicherungs- oder Versorgungseinrichtung geschuldeten oder im Lebensversicherungsvertrag spätestens sechs Monate vor Beginn des Leistungsbezugs vereinbarten Beiträge. 2Sie erstattet höchstens die von der Leistungsbezieherin oder dem Leistungsbezieher freiwillig an die gesetzliche Rentenversicherung gezahlten Beiträge.

(3) 1Die von der Bundesagentur zu übernehmenden und zu erstattenden Beiträge sind auf die Höhe der Beiträge begrenzt, die die Bundesagentur ohne die Befreiung von der Versicherungspflicht in der gesetzlichen Rentenversicherung für die Dauer des Leistungsbezugs zu tragen hätte. 2Die Leistungsbezieherin oder der Leistungsbezieher kann bestimmen, ob vorrangig Beiträge übernommen oder erstattet werden sollen. 3Trifft die Leistungsbezieherin oder der Leistungsbezieher keine Bestimmung, sind die Beiträge in dem Verhältnis zu übernehmen und zu erstatten, in dem die von der Leistungsbezieherin oder dem Leistungsbezieher zu zahlenden oder freiwillig gezahlten Beiträge stehen.

(4) Die Leistungsbezieherin oder der Leistungsbezieher wird insoweit von der Verpflichtung befreit, Beiträge an die Versicherungs- oder Versorgungseinrichtung oder an das Versicherungsunternehmen zu zahlen, als die Bundesagentur die Beitragszahlung für sie oder ihn übernommen hat.

§ 174 Übernahme von Beiträgen bei Befreiung von der Versicherungspflicht in der Kranken- und Pflegeversicherung

(1) Bezieherinnen und Bezieher von Arbeitslosengeld, die

1. nach § 6 Absatz 3a des Fünften Buches in der gesetzlichen Krankenversicherung versicherungsfrei oder nach § 8 Absatz 1 Nummer 1a des Fünften Buches von der Versicherungspflicht befreit sind,
2. nach § 22 Absatz 1 des Elften Buches oder nach Artikel 42 des Pflege-Versicherungsgesetzes von der Versicherungspflicht in der sozialen Pflegeversicherung befreit oder nach § 23 Absatz 1 des Elften Buches bei einem privaten Krankenversicherungsunternehmen gegen das Risiko der Pflegebedürftigkeit versichert sind,

haben Anspruch auf Übernahme der Beiträge, die für die Dauer des Leistungsbezugs für eine Versicherung gegen Krankheit oder Pflegebedürftigkeit an ein privates Krankenversicherungsunternehmen zu zahlen sind.

(2) 1Die Bundesagentur übernimmt die von der Leistungsbezieherin oder dem Leistungsbezieher an das private Krankenversicherungsunternehmen zu zahlenden Beiträge, höchstens jedoch die Beiträge, die sie ohne die Befreiung von der Versicherungspflicht in der gesetzlichen Krankenversicherung oder in der sozialen Pflegeversicherung zu tragen hätte. 2Hierbei sind zugrunde zu legen

1. für die Beiträge zur gesetzlichen Krankenversicherung der allgemeine Beitragssatz der gesetzlichen Krankenversicherung zuzüglich des durchschnittlichen Zusatzbeitragssatzes (§§ 241, 242a des Fünften Buches),
2. für die Beiträge zur sozialen Pflegeversicherung der Beitragssatz nach § 55 Absatz 1 Satz 1 des Elften Buches.

(3) Die Leistungsbezieherin oder der Leistungsbezieher wird insoweit von der Verpflichtung befreit, Beiträge an das private Krankenversicherungsunternehmen zu zahlen, als die Bundesagentur die Beitragszahlung für sie oder ihn übernommen hat.

§ 175 Zahlung von Pflichtbeiträgen bei Insolvenzereignis

(1) 1Den Gesamtsozialversicherungsbeitrag nach § 28d des Vierten Buches, der auf Arbeitsentgelte für die letzten dem Insolvenzereignis vorausgegangenen drei Monate des Arbeitsverhältnisses entfällt und bei Eintritt des Insolvenzereignisses noch nicht gezahlt worden ist, zahlt die Agentur für Arbeit auf Antrag der zuständigen Einzugsstelle; davon ausgenommen sind Säumniszuschläge, die infolge von Pflichtverletzungen des Arbeitgebers zu zahlen sind, sowie die Zinsen für dem Arbeitgeber gestundete Beiträge. 2Die Einzugsstelle hat der Agentur für Arbeit die Beiträge nachzuweisen und dafür zu sorgen, dass die Beschäftigungszeit und das beitrags-

pflichtige Bruttoarbeitsentgelt einschließlich des Arbeitsentgelts, für das Beiträge nach Satz 1 gezahlt werden, dem zuständigen Rentenversicherungsträger mitgeteilt werden. $_{3}$Die §§ 166, 314, 323 Absatz 1 Satz 1 und § 327 Absatz 3 gelten entsprechend.

(2) $_{1}$Die Ansprüche auf die in Absatz 1 Satz 1 genannten Beiträge bleiben gegenüber dem Arbeitgeber bestehen. $_{2}$Soweit Zahlungen geleistet werden, hat die Einzugsstelle der Agentur für Arbeit die nach Absatz 1 Satz 1 gezahlten Beiträge zu erstatten.

Fünftes Kapitel
Zulassung von Trägern und Maßnahmen

§ 176 Grundsatz

(1) $_{1}$Träger bedürfen der Zulassung durch eine fachkundige Stelle, um Maßnahmen der Arbeitsförderung selbst durchzuführen oder durchführen zu lassen. $_{2}$Arbeitgeber, die ausschließlich betriebliche Maßnahmen oder betriebliche Teile von Maßnahmen durchführen, bedürfen keiner Zulassung.

(2) $_{1}$Maßnahmen nach § 45 Absatz 4 Satz 3 Nummer 1 bedürfen der Zulassung nach § 179 durch eine fachkundige Stelle. $_{2}$Maßnahmen der beruflichen Weiterbildung nach den §§ 81 und 82 bedürfen der Zulassung nach den §§ 179 und 180.

§ 177 Fachkundige Stelle

(1) $_{1}$Fachkundige Stellen im Sinne des § 176 sind die von der Akkreditierungsstelle für die Zulassung nach dem Recht der Arbeitsförderung akkreditierten Zertifizierungsstellen. $_{2}$Mit der Akkreditierung als fachkundige Stelle ist keine Beleihung verbunden. $_{3}$Die Bundesagentur übt im Anwendungsbereich dieses Gesetzes die Fachaufsicht über die Akkreditierungsstelle aus.

(2) $_{1}$Eine Zertifizierungsstelle ist von der Akkreditierungsstelle als fachkundige Stelle zu akkreditieren, wenn

1. sie über die für die Zulassung notwendigen Organisationsstrukturen sowie personellen und finanziellen Mittel verfügt,
2. die bei ihr mit den entsprechenden Aufgaben beauftragten Personen auf Grund ihrer Ausbildung, beruflichen Bildung und beruflichen Praxis befähigt sind, die Leistungsfähigkeit und Qualität von Trägern und Maßnahmen der aktiven Arbeitsförderung einschließlich der Prüfung und Bewertung eines Systems zur Sicherung der Qualität zu beurteilen; dies schließt besondere Kenntnisse der jeweiligen Aufgabengebiete der Träger sowie der Inhalte und rechtlichen Ausgestaltung der zuzulassenden Maßnahmen ein,
3. sie über die erforderliche Unabhängigkeit verfügt und damit gewährleistet, dass sie über die Zulassung von Trägern und Maßnahmen nur entscheidet, wenn sie weder mit diesen wirtschaftlich, personell oder organisatorisch verflochten ist noch zu diesen ein Beratungsverhältnis besteht oder bestanden hat; zur Überprüfbarkeit der Unabhängigkeit sind bei der Antragstellung personelle, wirtschaftliche und organisatorische Verflechtungen oder Beratungsverhältnisse mit Trägern offenzulegen,
4. die bei ihr mit den entsprechenden Aufgaben beauftragten Personen über die erforderliche Zuverlässigkeit verfügen, um die Zulassung ordnungsgemäß durchzuführen,
5. sie gewährleistet, dass die Empfehlungen des Beirats nach § 182 bei der Prüfung angewendet werden,
6. sie die ihr bei der Zulassung bekannt gewordenen Betriebs- und Geschäftsgeheimnisse schützt,
7. sie ein Qualitätsmanagementsystem anwendet,
8. sie ein Verfahren zur Prüfung von Beschwerden und zum Entziehen der Zulassung bei erheblichen Verstößen eingerichtet hat und
9. sie über ein transparentes und dokumentiertes Verfahren zur Ermittlung und Abrechnung des Aufwands der Prüfung von Trägern und Maßnahmen verfügt.

2Das Gesetz über die Akkreditierungsstelle bleibt unberührt.

(3) 1Die Akkreditierung ist bei der Akkreditierungsstelle unter Beifügung der erforderlichen Unterlagen zu beantragen. 2Die Akkreditierung ist auf längstens fünf Jahre zu befristen. 3Die wirksame Anwendung des Qualitätsmanagementsystems ist von der Akkreditierungsstelle in jährlichen Abständen zu überprüfen.

(4) Der Akkreditierungsstelle sind Änderungen, die Auswirkungen auf die Akkreditierung haben können, unverzüglich anzuzeigen.

(5) 1Liegt ein besonderes arbeitsmarktpolitisches Interesse vor, kann die innerhalb der Bundesagentur zuständige Stelle im Einzelfall die Aufgaben einer fachkundigen Stelle für die Zulassung von Trägern und Maßnahmen der beruflichen Weiterbildung wahrnehmen. 2Ein besonderes arbeitsmarktpolitisches Interesse liegt insbesondere dann vor, wenn die Teilnahme an individuell ausgerichteten Weiterbildungsmaßnahmen im Einzelfall gefördert werden soll.

§ 178 Trägerzulassung

Ein Träger ist von einer fachkundigen Stelle zuzulassen, wenn

1. er die erforderliche Leistungsfähigkeit und Zuverlässigkeit besitzt,
2. er in der Lage ist, durch eigene Bemühungen die berufliche Eingliederung von Teilnehmenden in den Arbeitsmarkt zu unterstützen,
3. Leitung, Lehr- und Fachkräfte über Aus- und Fortbildung sowie Berufserfahrung verfügen, die eine erfolgreiche Durchführung einer Maßnahme erwarten lassen,
4. er ein System zur Sicherung der Qualität anwendet und
5. seine vertraglichen Vereinbarungen mit den Teilnehmenden angemessene Bedingungen insbesondere über Rücktritts- und Kündigungsrechte enthalten.

§ 179 Maßnahmezulassung

(1) 1Eine Maßnahme ist von der fachkundigen Stelle zuzulassen, wenn sie

1. nach Gestaltung der Inhalte, der Methoden und Materialien ihrer Vermittlung sowie der Lehrorganisation eine erfolgreiche Teilnahme erwarten lässt und nach Lage und Entwicklung des Arbeitsmarktes zweckmäßig ist,
2. angemessene Teilnahmebedingungen bietet und die räumliche, personelle und technische Ausstattung die Durchführung der Maßnahme gewährleisten und
3. nach den Grundsätzen der Wirtschaftlichkeit und Sparsamkeit geplant und durchgeführt wird, insbesondere die Kosten und die Dauer angemessen sind; die Dauer ist angemessen, wenn sie sich auf den Umfang beschränkt, der notwendig ist, um das Maßnahmeziel zu erreichen.

2Die Kosten einer Maßnahme nach § 45 Absatz 4 Satz 3 Nummer 1 sind angemessen, wenn sie sachgerecht ermittelt worden sind und sie die für das jeweilige Maßnahmeziel von der Bundesagentur jährlich ermittelten durchschnittlichen Kostensätze einschließlich der von ihr beauftragten Maßnahmen nicht unverhältnismäßig übersteigen.

(2) Eine Maßnahme, die im Ausland durchgeführt wird, kann nur zugelassen werden, wenn die Durchführung im Ausland für das Erreichen des Maßnahmeziels besonders dienlich ist.

§ 180 Ergänzende Anforderungen an Maßnahmen der beruflichen Weiterbildung

(1) Für eine Maßnahme der beruflichen Weiterbildung nach den §§ 81 und 82 gelten für die Zulassung durch die fachkundige Stelle ergänzend die Anforderungen der nachfolgenden Absätze.

(2) 1Eine Maßnahme ist zuzulassen, wenn

1. durch sie berufliche Fertigkeiten, Kenntnisse und Fähigkeiten erhalten, erweitert, der technischen Entwicklung angepasst werden oder ein beruflicher Aufstieg ermöglicht wird,
2. sie einen beruflichen Abschluss vermittelt oder

3. sie zu einer anderen beruflichen Tätigkeit befähigt

und mit einem Zeugnis, das Auskunft über den Inhalt des vermittelten Lehrstoffs gibt, abschließt. 2Sofern es dem Wiedereingliederungserfolg förderlich ist, soll die Maßnahme im erforderlichen Umfang betriebliche Lernphasen vorsehen.

(3) 1Ausgeschlossen von der Zulassung ist eine Maßnahme, wenn

1. überwiegend Wissen vermittelt wird, das dem von allgemeinbildenden Schulen angestrebten Bildungsziel oder den berufsqualifizierenden Studiengängen an Hochschulen oder ähnlichen Bildungsstätten entspricht,
2. überwiegend nicht berufsbezogene Inhalte vermittelt werden oder
3. die Maßnahmekosten über den durchschnittlichen Kostensätzen liegen, die für das jeweilige Bildungsziel von der Bundesagentur jährlich ermittelt werden, es sei denn, die innerhalb der Bundesagentur zuständige Stelle stimmt den erhöhten Maßnahmekosten zu.

2Satz 1 Nummer 1 und 2 gilt nicht für Maßnahmen, die auf den nachträglichen Erwerb des Hauptschulabschlusses vorbereiten.

(4) 1Die Dauer einer Vollzeitmaßnahme, die zu einem Abschluss in einem allgemein anerkannten Ausbildungsberuf führt, ist angemessen im Sinne des § 179 Absatz 1 Satz 1 Nummer 3, wenn sie gegenüber einer entsprechenden Berufsausbildung um mindestens ein Drittel der Ausbildungszeit verkürzt ist. 2Ist eine Verkürzung um mindestens ein Drittel der Ausbildungszeit auf Grund bundes- oder landesgesetzlicher Regelungen ausgeschlossen, so ist ein Maßnahmeteil von bis zu zwei Dritteln nur förderungsfähig, wenn bereits zu Beginn der Maßnahme die Finanzierung für die gesamte Dauer der Maßnahme auf Grund bundes- oder landesrechtlicher Regelungen gesichert ist.

(5) Zeiten einer der beruflichen Weiterbildung folgenden Beschäftigung, die der Erlangung der staatlichen Anerkennung oder der staatlichen Erlaubnis zur Ausübung des Berufes dienen, sind nicht berufliche Weiterbildung im Sinne dieses Buches.

§ 181 Zulassungsverfahren

(1) 1Die Zulassung ist unter Beifügung der erforderlichen Unterlagen bei einer fachkundigen Stelle zu beantragen. 2Der Antrag muss alle Angaben und Nachweise enthalten, die erforderlich sind, um das Vorliegen der Voraussetzungen festzustellen.

(2) 1Soweit bereits eine Zulassung bei einer anderen fachkundigen Stelle beantragt worden ist, ist dies und die Entscheidung dieser fachkundigen Stelle mitzuteilen. 2Beantragt der Träger die Zulassung von Maßnahmen nicht bei der fachkundigen Stelle, bei der er seine Zulassung als Träger beantragt hat, so hat er der fachkundigen Stelle, bei der er die Zulassung von Maßnahmen beantragt, alle Unterlagen für seine Zulassung und eine gegebenenfalls bereits erteilte Zulassung zur Verfügung zu stellen.

(3) 1Der Träger kann beantragen, dass die fachkundige Stelle eine durch sie bestimmte Referenzauswahl von Maßnahmen prüft, die in einem angemessenen Verhältnis zur Zahl der Maßnahmen des Trägers stehen, für die er die Zulassung beantragt. 2Die Zulassung aller Maßnahmen setzt voraus, dass die gesetzlichen Voraussetzungen für die geprüften Maßnahmen erfüllt sind. 3Für nach der Zulassung angebotene weitere Maßnahmen des Trägers ist das Zulassungsverfahren in entsprechender Anwendung der Sätze 1 und 2 wieder zu eröffnen.

(4) 1Die fachkundige Stelle entscheidet über den Antrag auf Zulassung des Trägers einschließlich seiner Zweigstellen sowie der Maßnahmen nach Prüfung der eingereichten Antragsunterlagen und örtlichen Prüfungen. 2Sie soll dabei Zertifikate oder Anerkennungen unabhängiger Stellen, die in einem dem Zulassungsverfahren entsprechenden Verfahren erteilt worden sind, ganz oder teilweise berücksichtigen. 3Sie kann das Zulassungsverfahren einmalig zur Nachbesserung nicht erfüllter Kriterien für längstens drei Monate aussetzen oder die Zulassung endgültig ablehnen. 4Die Entscheidung bedarf der Schrift-

form. $_{5}$An der Entscheidung dürfen Personen, die im Rahmen des Zulassungsverfahrens gutachterliche oder beratende Funktionen ausgeübt haben, nicht beteiligt sein.

(5) $_{1}$Die fachkundige Stelle kann die Zulassung maßnahmebezogen und örtlich einschränken, wenn dies unter Berücksichtigung aller Umstände sowie von Lage und voraussichtlicher Entwicklung des Arbeitsmarktes gerechtfertigt ist oder dies beantragt wird. $_{2}$§ 177 Absatz 3 Satz 2 und 3 und Absatz 4 gilt entsprechend.

(6) $_{1}$Mit der Zulassung wird ein Zertifikat vergeben. $_{2}$Die Zertifikate für die Zulassung des Trägers und für die Zulassung von Maßnahmen nach § 45 Absatz 4 Satz 3 Nummer 1 und den §§ 81 und 82 werden wie folgt bezeichnet:

1. „Zugelassener Träger nach dem Recht der Arbeitsförderung. Zugelassen durch (Name der fachkundigen Stelle) – von (Name der Akkreditierungsstelle) akkreditierte Zertifizierungsstelle",
2. „Zugelassene Maßnahme zur Aktivierung und beruflichen Eingliederung nach dem Recht der Arbeitsförderung. Zugelassen durch (Name der fachkundigen Stelle) – von (Name der Akkreditierungsstelle) akkreditierte Zertifizierungsstelle" oder
3. „Zugelassene Weiterbildungsmaßnahme für die Förderung der beruflichen Weiterbildung nach dem Recht der Arbeitsförderung. Zugelassen durch (Name der fachkundigen Stelle) – von (Name der Akkreditierungsstelle) akkreditierte Zertifizierungsstelle".

(7) Die fachkundige Stelle ist verpflichtet, die Zulassung zu entziehen, wenn der Träger die rechtlichen Anforderungen auch nach Ablauf einer von ihr gesetzten, drei Monate nicht überschreitenden Frist nicht erfüllt.

(8) Die fachkundige Stelle hat die Kostensätze der zugelassenen Maßnahmen zu erfassen und der Bundesagentur vorzulegen.

§ 182 Beirat

(1) Bei der Bundesagentur wird ein Beirat eingerichtet, der Empfehlungen für die Zulassung von Trägern und Maßnahmen aussprechen kann.

(2) $_{1}$Dem Beirat gehören elf Mitglieder an. $_{2}$Er setzt sich zusammen aus

1. je einer Vertreterin oder einem Vertreter
   a) der Länder,
   b) der kommunalen Spitzenverbände,
   c) der Arbeitnehmerinnen und Arbeitnehmer,
   d) der Arbeitgeber,
   e) der Bildungsverbände,
   f) der Verbände privater Arbeitsvermittler,
   g) des Bundesministeriums für Arbeit und Soziales,
   h) des Bundesministeriums für Bildung und Forschung,
   i) der Akkreditierungsstelle sowie
2. zwei unabhängigen Expertinnen oder Experten.

$_{3}$Die Mitglieder des Beirats werden durch die Bundesagentur im Einvernehmen mit dem Bundesministerium für Arbeit und Soziales und dem Bundesministerium für Bildung und Forschung berufen.

(3) $_{1}$Vorschlagsberechtigt für die Vertreterin oder den Vertreter

1. der Länder ist der Bundesrat,
2. der kommunalen Spitzenverbände ist die Bundesvereinigung der kommunalen Spitzenverbände,
3. der Arbeitnehmerinnen und Arbeitnehmer ist der Deutsche Gewerkschaftsbund,
4. der Arbeitgeber ist die Bundesvereinigung der Deutschen Arbeitgeberverbände,
5. der Bildungsverbände sind die Bildungsverbände, die sich auf einen Vorschlag einigen,
6. der Verbände privater Arbeitsvermittler sind die Verbände privater Arbeitsvermittler, die sich auf einen Vorschlag einigen.

$_{2}$§ 377 Absatz 3 gilt entsprechend.

(4) $_{1}$Der Beirat gibt sich eine Geschäftsordnung. $_{2}$Die Bundesagentur übernimmt für die Mitglieder des Beirats die Reisekostenvergütung nach § 376.

§ 183 Qualitätsprüfung

(1) 1Die Agentur für Arbeit kann die Durchführung einer Maßnahme nach § 176 Absatz 2 prüfen und deren Erfolg beobachten. 2Sie kann insbesondere

1. von dem Träger der Maßnahme sowie den Teilnehmenden Auskunft über den Verlauf der Maßnahme und den Eingliederungserfolg verlangen und
2. die Einhaltung der Voraussetzungen für die Zulassung des Trägers und der Maßnahme prüfen, indem sie Einsicht in alle die Maßnahme betreffenden Unterlagen des Trägers nimmt.

(2) 1Die Agentur für Arbeit ist berechtigt, zum Zweck nach Absatz 1 Grundstücke, Geschäfts- und Unterrichtsräume des Trägers während der Geschäfts- oder Unterrichtszeit zu betreten. 2Wird die Maßnahme bei einem Dritten durchgeführt, ist die Agentur für Arbeit berechtigt, die Grundstücke, Geschäfts- und Unterrichtsräume des Dritten während dieser Zeit zu betreten. 3Stellt die Agentur für Arbeit bei der Prüfung der Maßnahme hinreichende Anhaltspunkte für Verstöße gegen datenschutzrechtliche Vorschriften fest, soll sie die zuständige Kontrollbehörde für den Datenschutz hiervon unterrichten.

(3) 1Die Agentur für Arbeit kann vom Träger die Beseitigung festgestellter Mängel innerhalb einer angemessenen Frist verlangen. 2Die Agentur für Arbeit kann die Geltung des Aktivierungs- und Vermittlungsgutscheins oder des Bildungsgutscheins für einen Träger ausschließen und die Entscheidung über die Förderung aufheben, wenn

1. der Träger dem Verlangen nach Satz 1 nicht nachkommt,
2. die Agentur für Arbeit schwerwiegende und kurzfristig nicht zu behebende Mängel festgestellt hat,
3. die in Absatz 1 genannten Auskünfte nicht, nicht rechtzeitig oder nicht vollständig erteilt werden oder
4. die Prüfungen oder das Betreten der Grundstücke, Geschäfts- und Unterrichtsräume durch die Agentur für Arbeit nicht geduldet werden.

(4) Die Agentur für Arbeit teilt der fachkundigen Stelle und der Akkreditierungsstelle die nach den Absätzen 1 bis 3 gewonnenen Erkenntnisse mit.

§ 184 Verordnungsermächtigung

Das Bundesministerium für Arbeit und Soziales wird ermächtigt, durch Rechtsverordnung, die nicht der Zustimmung des Bundesrates bedarf, die Voraussetzungen für die Akkreditierung als fachkundige Stelle und für die Zulassung von Trägern und Maßnahmen einschließlich der jeweiligen Verfahren zu regeln.

§§ 185 bis 239 (weggefallen)

Sechstes Kapitel
(weggefallen)

§§ 240 bis 279 (weggefallen)

Siebtes Kapitel
Weitere Aufgaben der Bundesagentur

Erster Abschnitt
Statistiken, Arbeitsmarkt- und Berufsforschung, Berichterstattung

§ 280 Aufgaben

Die Bundesagentur hat Lage und Entwicklung der Beschäftigung und des Arbeitsmarktes im allgemeinen und nach Berufen, Wirtschaftszweigen und Regionen sowie die Wirkungen der aktiven Arbeitsförderung zu beobachten, zu untersuchen und auszuwerten, indem sie

1. Statistiken erstellt,
2. Arbeitsmarkt- und Berufsforschung betreibt und
3. Bericht erstattet.

§ 281 Arbeitsmarktstatistiken

(1) 1Die Bundesagentur hat aus den in ihrem Geschäftsbereich anfallenden Daten Statistiken, insbesondere über Beschäftigung und Arbeitslosigkeit der Arbeitnehmerinnen und Arbeitnehmer sowie über die Leistungen der Arbeitsförderung, zu erstellen. 2Sie hat auf der

Grundlage der Meldungen nach § 28a des Vierten Buches eine Statistik der sozialversicherungspflichtig Beschäftigten und der geringfügig Beschäftigten zu führen.

(2) 1Die Bundesagentur hat zusätzlich den Migrationshintergrund zu erheben und in ihren Statistiken zu berücksichtigen. 2Die erhobenen Daten dürfen ausschließlich für statistische Zwecke verwendet werden. 3Sie sind in einem durch technische und organisatorische Maßnahmen von sonstiger Datenverarbeitung getrennten Bereich zu verarbeiten. 4Das Bundesministerium für Arbeit und Soziales bestimmt durch Rechtsverordnung ohne Zustimmung des Bundesrates das Nähere über die zu erhebenden Merkmale und die Durchführung des Verfahrens, insbesondere Erhebung, Übermittlung und Speicherung der erhobenen Daten.

§ 282 Arbeitsmarkt- und Berufsforschung

(1) 1Die Bundesagentur hat bei der Festlegung von Inhalt, Art und Umfang der Arbeitsmarkt- und Berufsforschung ihren eigenen Informationsbedarf sowie den des Bundesministeriums für Arbeit und Soziales zu berücksichtigen. 2Die Bundesagentur hat den Forschungsbedarf mindestens in jährlichen Zeitabständen mit dem Bundesministerium für Arbeit und Soziales abzustimmen.

(2) 1Die Untersuchung der Wirkungen der Arbeitsförderung ist ein Schwerpunkt der Arbeitsmarktforschung. 2Sie soll zeitnah erfolgen und ist ständige Aufgabe des Instituts für Arbeitsmarkt- und Berufsforschung.

(3) Die Wirkungsforschung soll unter Berücksichtigung der unterschiedlichen Zielsetzungen dieses Buches insbesondere

1. untersuchen, in welchem Ausmaß die Teilnahme an einer Maßnahme die Vermittlungsaussichten der Teilnehmenden verbessert und ihre Beschäftigungsfähigkeit erhöht,
2. vergleichend die Kosten von Maßnahmen im Verhältnis zu ihrem Nutzen ermitteln,
3. volkswirtschaftliche Nettoeffekte beim Einsatz von Leistungen der aktiven Arbeitsförderung messen und
4. Auswirkungen auf Erwerbsverläufe analysieren.

(4) Arbeitsmarktforschung soll auch die Wirkungen der Arbeitsförderung auf regionaler Ebene untersuchen.

(5) 1Innerhalb der Bundesagentur dürfen die Daten aus ihrem Geschäftsbereich dem Institut für Arbeitsmarkt- und Berufsforschung zur Verfügung gestellt und dort für dessen Zwecke genutzt und verarbeitet werden. 2Das Institut für Arbeitsmarkt- und Berufsforschung darf ergänzend Erhebungen ohne Auskunftspflicht der zu Befragenden durchführen, wenn sich die Informationen nicht bereits aus den im Geschäftsbereich der Bundesagentur vorhandenen Daten oder aus anderen statistischen Quellen gewinnen lassen. 3Das Institut, das räumlich, organisatorisch und personell vom Verwaltungsbereich der Bundesagentur zu trennen ist, hat die Daten vor unbefugter Kenntnisnahme durch Dritte zu schützen. 4Die Daten dürfen nur für den Zweck der wissenschaftlichen Forschung genutzt werden. 5Die personenbezogenen Daten sind zu anonymisieren, sobald dies nach dem Forschungszweck möglich ist. 6Bis dahin sind die Merkmale gesondert zu speichern, mit denen Einzelangaben über persönliche oder sachliche Verhältnisse einer bestimmten oder bestimmbaren Person zugeordnet werden können. 7Das Statistische Bundesamt und die statistischen Ämter der Länder dürfen dem Institut für Arbeitsmarkt- und Berufsforschung Daten entsprechend § 16 Abs. 6 des Bundesstatistikgesetzes übermitteln.

(6) 1Das Institut hat die nach § 28a des Vierten Buches gemeldeten und der Bundesagentur weiter übermittelten Daten der in der Bundesrepublik Deutschland Beschäftigten ohne Vor- und Zunamen nach der Versicherungsnummer langfristig in einer besonders geschützten Datei zu speichern. 2Die in dieser Datei gespeicherten Daten dürfen nur für Zwecke der wissenschaftlichen Forschung, der Arbeitsmarktstatistik und der nicht einzelfallbezogenen Planung verarbeitet und genutzt werden. 3Sie sind zu anonymisieren, sobald dies mit dem genannten Zweck vereinbar ist.

(7) $_{1}$Die Bundesagentur übermittelt wissenschaftlichen Einrichtungen auf Antrag oder Ersuchen anonymisierte Daten, die für Zwecke der Arbeitsmarkt- und Berufsforschung erforderlich sind. $_{2}$§ 282a Abs. 6 gilt entsprechend. $_{3}$Für Sozialdaten gilt § 75 des Zehnten Buches.

§ 282a Übermittlung von Daten

(1) Die Bundesagentur ist berechtigt, dem Statistischen Bundesamt und den statistischen Ämtern der Länder Sozialdaten zu übermitteln, soweit dies für Zwecke eines Zensus erforderlich ist.

(2) $_{1}$Die Bundesagentur ist berechtigt, dem Statistischen Bundesamt und den statistischen Ämtern der Länder anonymisierte Einzeldaten zu sozialversicherungspflichtig Beschäftigten zu übermitteln, soweit diese Daten dort für die Erstellung der Erwerbstätigenstatistiken erforderlich sind. $_{2}$Die in Satz 1 genannten Daten dürfen den Statistischen Ämtern des Bundes und der Länder auch übermittelt werden, wenn sie für Zwecke des Verdienststatistikgesetzes erforderlich sind.

(2a) $_{1}$Die Bundesagentur ist berechtigt, dem Statistischen Bundesamt die in § 3 des Verwaltungsdatenverwendungsgesetzes bezeichneten Daten für die in § 1 desselben Gesetzes genannten Zwecke zu übermitteln. $_{2}$Satz 1 gilt auch für Daten, die nach Maßgabe einer Rechtsverordnung im Sinne des § 5 des Verwaltungsdatenverwendungsgesetzes zu übermitteln sind.

(2b) $_{1}$Die Bundesagentur darf dem Statistischen Bundesamt und den statistischen Ämtern der Länder nach Gemeinden zusammengefasste statistische Daten über die Zahl der sozialversicherungspflichtig Beschäftigten und die sozialversicherungspflichtigen Entgelte – jeweils ohne Beschäftigte von Gebietskörperschaften und Sozialversicherungen sowie deren Einrichtungen – übermitteln, soweit diese zur Festsetzung des Verteilungsschlüssels für den Gemeindeanteil am Aufkommen der Umsatzsteuer nach § 5c des Gemeindefinanzreformgesetzes erforderlich sind. $_{2}$Das Statistische Bundesamt und die statistischen Ämter der Länder dürfen die in Satz 1 genannten Daten dem Bundesministerium der Finanzen sowie den zuständigen obersten Landesbehörden übermitteln, soweit die Daten für die Festsetzung des Verteilungsschlüssels nach § 5c des Gemeindefinanzreformgesetzes erforderlich sind. $_{3}$Die Daten dürfen nur auf Ersuchen übermittelt und nur für die in den Sätzen 1 und 2 genannten Zwecke verwendet werden. $_{4}$Sie sind vier Jahre nach Festsetzung des Verteilungsschlüssels zu löschen. $_{5}$Werden innerhalb dieser Frist Einwendungen gegen die Berechnung des Verteilungsschlüssels erhoben, dürfen die Daten bis zur abschließenden Klärung der Einwendungen aufbewahrt werden, soweit sie für die Klärung erforderlich sind.

(3) $_{1}$Das Statistische Bundesamt und die statistischen Ämter der Länder sind berechtigt, der zur Durchführung ausschließlich statistischer Aufgaben zuständigen Stelle der Bundesagentur nach Gemeinden zusammengefaßte statistische Daten über Selbständige, mithelfende Familienangehörige, Beamtinnen und Beamte sowie geringfügig Beschäftigte zu übermitteln, soweit sie für die Berechnung von Arbeitslosenquoten im Rahmen der Arbeitsmarktstatistik erforderlich sind. $_{2}$Diese Daten dürfen bei der Bundesagentur ausschließlich für statistische Zwecke durch eine von Verwaltungsaufgaben räumlich, organisatorisch und personell getrennte Einheit genutzt werden.

(4) Für die Verwendung gegenüber den gesetzgebenden Körperschaften und für Zwecke der Planung, jedoch nicht für die Regelung von Einzelfällen, dürfen den obersten Bundes- oder Landesbehörden von der Bundesagentur Tabellen der Arbeitsmarktstatistiken übermittelt werden, auch soweit Tabellenfelder nur einen einzigen Fall ausweisen.

(5) Auf die übermittelten Daten und Tabellen finden die Geheimhaltungsnormen des § 16 des Bundesstatistikgesetzes entsprechende Anwendung.

(6) Bedarf die Übermittlung einer Datenaufbereitung in erheblichem Umfang, ist über die Daten- oder Tabellenübermittlung eine schriftliche Vereinbarung zu schließen, die eine Regelung zur Erstattung der durch die

Aufbereitung entstehenden Kosten vorsehen kann.

§ 282b Datenverwendung für die Ausbildungsvermittlung durch die Bundesagentur

(1) Die Bundesagentur darf die ihr von den Auskunftsstellen übermittelten Daten über eintragungsfähige oder eingetragene Ausbildungsverhältnisse ausschließlich

1. zur Verbesserung der Ausbildungsvermittlung,
2. zur Verbesserung der Zuverlässigkeit und Aktualität der Ausbildungsvermittlungsstatistik oder
3. zur Verbesserung der Feststellung von Angebot und Nachfrage auf dem Ausbildungsmarkt

verwenden.

(2) Auskunftsstellen sind die nach dem Berufsbildungsgesetz zuständigen Stellen.

(3) Die Bundesagentur hat die ihr zu den Zwecken des Absatzes 1 übermittelten Daten und Datenträger spätestens zum Ende des Kalenderjahres zu löschen.

§ 283 Arbeitsmarktberichterstattung, Weisungsrecht

(1) 1Die Bundesagentur hat die Arbeitsmarktstatistiken und die Ergebnisse der Arbeitsmarkt- und Berufsforschung dem Bundesministerium für Arbeit und Soziales vorzulegen und in geeigneter Form zu veröffentlichen. 2Die Bundesagentur hat zu gewährleisten, dass bei der Wahrnehmung der Aufgaben dieses Abschnitts neben einem eigenen kurzfristigen arbeitsmarktpolitischen Informationsbedarf auch dem des Bundesministeriums für Arbeit und Soziales entsprochen werden kann.

(2) Das Bundesministerium für Arbeit und Soziales kann Art und Umfang sowie Tatbestände und Merkmale der Statistiken und der Arbeitsmarktberichterstattung näher bestimmen und der Bundesagentur entsprechende fachliche Weisungen erteilen.

Zweiter Abschnitt
Erteilung von Genehmigungen und Erlaubnissen

Erster Unterabschnitt
Beschäftigung von Ausländerinnen und Ausländern

§ 284 Arbeitsgenehmigung-EU für Staatsangehörige der neuen EU-Mitgliedstaaten

(1) Kroatische Staatsangehörige und deren freizügigkeitsberechtigte Familienangehörige dürfen eine Beschäftigung nur mit Genehmigung der Bundesagentur ausüben und von Arbeitgebern nur beschäftigt werden, wenn sie eine solche Genehmigung besitzen, soweit nach Maßgabe des Vertrages vom 9. Dezember 2011 über den Beitritt der Republik Kroatien zur Europäischen Union (BGBl. 2013 II S. 586) abweichende Regelungen als Übergangsregelungen von der Arbeitnehmerfreizügigkeit anzuwenden sind.

(2) 1Die Genehmigung wird befristet als Arbeitserlaubnis-EU erteilt, wenn nicht Anspruch auf eine unbefristete Erteilung als Arbeitsberechtigung-EU besteht. 2Die Genehmigung ist vor Aufnahme der Beschäftigung einzuholen.

(3) Die Arbeitserlaubnis-EU kann nach Maßgabe des § 39 Abs. 2 bis 4 und 6 des Aufenthaltsgesetzes erteilt werden.

(4) 1Ausländerinnen und Ausländern nach Absatz 1, die ihren Wohnsitz oder gewöhnlichen Aufenthalt im Ausland haben und eine Beschäftigung im Bundesgebiet aufnehmen wollen, darf eine Arbeitserlaubnis-EU für eine Beschäftigung, die keine qualifizierte Berufsausbildung voraussetzt, nur erteilt werden, wenn dies durch zwischenstaatliche Vereinbarung bestimmt ist oder aufgrund einer Rechtsverordnung zulässig ist. 2Für die Beschäftigungen, die durch Rechtsverordnung zugelassen werden, ist Staatsangehörigen aus den Mitgliedstaaten der Europäischen Union nach Absatz 1 gegenüber Staatsangehörigen aus Drittstaaten vorrangig eine Arbeitserlaubnis-EU zu erteilen, soweit dies der EU-Beitrittsvertrag vorsieht.

(5) Die Erteilung der Arbeitsberechtigung-EU bestimmt sich nach § 12a Arbeitsgenehmigungsverordnung.

(6) 1Das Aufenthaltsgesetz und die aufgrund des § 42 des Aufenthaltsgesetzes erlassenen Rechtsverordnungen zum Arbeitsmarktzugang gelten entsprechend, soweit sie für die Ausländerinnen und Ausländer nach Absatz 1 günstigere Regelungen enthalten. 2Bei Anwendung der Vorschriften steht die Arbeitsgenehmigung-EU der Zustimmung zu einem Aufenthaltstitel nach § 4 Abs. 3 des Aufenthaltsgesetzes gleich.

III

(7) 1Ein vor dem Tag, an dem der Vertrag vom 9. Dezember 2011 über den Beitritt der Republik Kroatien zur Europäischen Union (BGBl. 2013 II S. 586) für die Bundesrepublik Deutschland in Kraft getreten ist, erteilter Aufenthaltstitel zur Ausübung einer Beschäftigung gilt als Arbeitserlaubnis-EU fort, wobei Beschränkungen des Aufenthaltstitels hinsichtlich der Ausübung der Beschäftigung als Beschränkungen der Arbeitserlaubnis-EU bestehen bleiben. 2Ein vor diesem Zeitpunkt erteilter Aufenthaltstitel, der zur unbeschränkten Ausübung einer Beschäftigung berechtigt, gilt als Arbeitsberechtigung-EU fort.

§§ 285 und 286 (weggefallen)

§ 287 Gebühren für die Durchführung der Vereinbarungen über Werkvertragsarbeitnehmerinnen und Werkvertragsarbeitnehmer

(1) Für die Aufwendungen, die der Bundesagentur und den Behörden der Zollverwaltung bei der Durchführung der zwischenstaatlichen Vereinbarungen über die Beschäftigung von Arbeitnehmerinnen und Arbeitnehmern auf der Grundlage von Werkverträgen entstehen, kann vom Arbeitgeber der ausländischen Arbeitnehmerinnen und Arbeitnehmer eine Gebühr erhoben werden.

(2) 1Die Gebühr wird für die Aufwendungen der Bundesagentur und der Behörden der Zollverwaltung erhoben, die im Zusammenhang mit dem Antragsverfahren und der Überwachung der Einhaltung der Vereinbarungen stehen, insbesondere für die

1. Prüfung der werkvertraglichen Grundlagen,
2. Prüfung der Voraussetzungen für die Beschäftigung der ausländischen Arbeitnehmerinnen und Arbeitnehmer,
3. Zusicherung, Erteilung und Aufhebung der Zustimmung zur Erteilung einer Aufenthaltserlaubnis zum Zwecke der Beschäftigung oder der Arbeitserlaubnis-EU,
4. Überwachung der Einhaltung der für die Ausführung eines Werkvertrages festgesetzten Zahl der Arbeitnehmerinnen und Arbeitnehmer,
5. Überwachung der Einhaltung der für die Arbeitgeber nach den Vereinbarungen bei der Beschäftigung ihrer Arbeitnehmerinnen und Arbeitnehmer bestehenden Pflichten einschließlich der Durchführung der dafür erforderlichen Prüfungen nach § 2 Abs. 1 Nr. 4 des Schwarzarbeitsbekämpfungsgesetzes durch die Behörden der Zollverwaltung sowie
6. Durchführung von Ausschlussverfahren nach den Vereinbarungen.

2Die Bundesagentur wird ermächtigt, durch Anordnung die gebührenpflichtigen Tatbestände zu bestimmen, für die Gebühr feste Sätze vorzusehen und den auf die Behörden der Zollverwaltung entfallenden Teil der Gebühren festzulegen und zu erheben.

(3) Der Arbeitgeber darf sich die Gebühr nach den Absätzen 1 und 2 weder ganz noch teilweise erstatten lassen.

(4) Im Übrigen sind die Vorschriften des Verwaltungskostengesetzes anzuwenden.

§ 288 Verordnungsermächtigung und Weisungsrecht

(1) Das Bundesministerium für Arbeit und Soziales kann durch Rechtsverordnung

1. Ausnahmen für die Erteilung einer Arbeitserlaubnis an Ausländerinnen und Ausländer, die keine Aufenthaltsgenehmigung besitzen,
2. Ausnahmen für die Erteilung einer Arbeitserlaubnis unabhängig von der Arbeitsmarktlage,

3. Ausnahmen für die Erteilung einer Arbeitserlaubnis an Ausländerinnen und Ausländer mit Wohnsitz oder gewöhnlichem Aufenthalt im Ausland,
4. die Voraussetzungen für die Erteilung einer Arbeitserlaubnis sowie das Erfordernis einer ärztlichen Untersuchung von Ausländerinnen und Ausländern mit Wohnsitz oder gewöhnlichem Aufenthalt im Ausland mit deren Einwilligung für eine erstmalige Beschäftigung,
5. das Nähere über Umfang und Geltungsdauer der Arbeitserlaubnis,
6. weitere Personengruppen, denen eine Arbeitsberechtigung erteilt wird, sowie die zeitliche, betriebliche, berufliche und regionale Beschränkung der Arbeitsberechtigung,
7. weitere Ausnahmen von der Genehmigungspflicht sowie
8. die Voraussetzungen für das Verfahren und die Aufhebung einer Genehmigung

näher bestimmen.

(2) Das Bundesministerium für Arbeit und Soziales kann der Bundesagentur zur Durchführung der Bestimmungen dieses Unterabschnittes und der hierzu erlassenen Rechtsverordnungen sowie der von den Organen der Europäischen Gemeinschaften erlassenen Bestimmungen über den Zugang zum Arbeitsmarkt und der zwischenstaatlichen Vereinbarungen über die Beschäftigung von Arbeitnehmerinnen und Arbeitnehmern Weisungen erteilen.

Zweiter Unterabschnitt
Beratung und Vermittlung durch Dritte

Erster Titel
Berufsberatung

§ 288a Untersagung der Berufsberatung

(1) 1Die Agentur für Arbeit hat einer natürlichen oder juristischen Person oder Personengesellschaft, die Berufsberatung betreibt (Berufsberatende), die Ausübung dieser Tätigkeit ganz oder teilweise zu untersagen, sofern dies zum Schutz der Ratsuchenden erforderlich ist. 2Bei einer juristischen Person oder Personengesellschaft kann auch einer von ihr für die Leitung des Betriebes bestellten Person die Ausübung der Tätigkeit ganz oder teilweise untersagt werden, sofern dies zum Schutz der Ratsuchenden erforderlich ist.

(2) 1Im Untersagungsverfahren hat die betreffende Person auf Verlangen der Agentur für Arbeit

1. die Auskünfte zu erteilen, die zur Durchführung des Verfahrens erforderlich sind, und
2. die geschäftlichen Unterlagen vorzulegen, aus denen sich die Richtigkeit ihrer Angaben ergibt.

2Sie kann die Auskunft auf solche Fragen verweigern, deren Beantwortung sie selbst oder einen in § 383 Abs. 1 Nr. 1 bis 3 der Zivilprozeßordnung bezeichneten Angehörigen der Gefahr strafrechtlicher Verfolgung oder eines Verfahrens nach dem Gesetz über Ordnungswidrigkeiten aussetzen würde.

(3) 1Soweit es zur Durchführung der Überprüfung erforderlich ist, sind die von der Agentur für Arbeit beauftragten Personen befugt, Geschäftsräume der betreffenden Person während der üblichen Geschäftszeiten zu betreten. 2Die Person hat Maßnahmen nach Satz 1 zu dulden.

(4) Untersagt die Agentur für Arbeit die Ausübung der Berufsberatung, so hat es die weitere Ausübung dieser Tätigkeit nach den Vorschriften des Verwaltungs-Vollstreckungsgesetzes zu verhindern.

§ 289 Offenbarungspflicht

1Berufsberatende, die die Interessen eines Arbeitgebers oder einer Einrichtung wahrnehmen, sind verpflichtet, Ratsuchenden die Identität des Trägers oder der Einrichtung mitzuteilen; sie haben darauf hinzuweisen, dass sich die Interessenwahrnehmung auf die Beratungstätigkeit auswirken kann. 2Die Offenbarungspflicht besteht auch, wenn Berufsberatende zu einer Einrichtung Verbindungen unterhalten, deren Kenntnis für die Ratsuchenden zur Beurteilung einer Beratung von Bedeutung sein kann.

§ 290 Vergütungen

$_1$Für eine Berufsberatung dürfen Vergütungen von Ratsuchenden nur dann verlangt oder entgegengenommen werden, wenn die oder der Berufsberatende nicht zugleich eine Vermittlung von Ausbildungs- oder Arbeitsplätzen betreibt oder eine entsprechende Vermittlung in damit zusammenhängenden Geschäftsräumen betrieben wird. $_2$Entgegen Satz 1 geschlossene Vereinbarungen sind unwirksam.

Zweiter Titel
Ausbildungsvermittlung und Arbeitsvermittlung

§ 291 (weggefallen)

§ 292 Auslandsvermittlung, Anwerbung aus dem Ausland

Das Bundesministerium für Arbeit und Soziales kann durch Rechtsverordnung bestimmen, dass die Vermittlung für eine Beschäftigung im Ausland außerhalb der Europäischen Gemeinschaft oder eines anderen Vertragsstaates des Abkommens über den Europäischen Wirtschaftsraum sowie die Vermittlung und die Anwerbung aus diesem Ausland für eine Beschäftigung im Inland (Auslandsvermittlung) für bestimmte Berufe und Tätigkeiten nur von der Bundesagentur durchgeführt werden dürfen.

§§ 293 bis 295 (weggefallen)

§ 296 Vermittlungsvertrag zwischen Vermittlern und Arbeitsuchenden

(1) $_1$Ein Vertrag, nach dem sich ein Vermittler verpflichtet, einer oder einem Arbeitsuchenden eine Arbeitsstelle zu vermitteln, bedarf der schriftlichen Form. $_2$In dem Vertrag ist insbesondere die Vergütung des Vermittlers anzugeben. $_3$Zu den Leistungen der Vermittlung gehören auch alle Leistungen, die zur Vorbereitung und Durchführung der Vermittlung erforderlich sind, insbesondere die Feststellung der Kenntnisse der oder des Arbeitsuchenden sowie die mit der Vermittlung verbundene Berufsberatung. $_4$Der Vermittler hat der oder dem Arbeitsuchenden den Vertragsinhalt in Textform mitzuteilen.

(2) $_1$Die oder der Arbeitsuchende ist zur Zahlung der Vergütung nach Absatz 3 nur verpflichtet, wenn infolge der Vermittlung des Vermittlers der Arbeitsvertrag zustande gekommen ist. $_2$Der Vermittler darf keine Vorschüsse auf die Vergütungen verlangen oder entgegennehmen.

(3) $_1$Die Vergütung einschließlich der darauf entfallenden gesetzlichen Umsatzsteuer darf 2000 Euro nicht übersteigen, soweit nicht ein gültiger Aktivierungs- und Vermittlungsgutschein in einer abweichenden Höhe nach § 45 Absatz 6 Satz 4 vorgelegt wird oder durch eine Rechtsverordnung nach § 301 für bestimmte Berufe oder Personengruppen etwas anderes bestimmt ist. $_2$Bei der Vermittlung von Personen in Au-pair-Verhältnisse darf die Vergütung 150 Euro nicht übersteigen.

(4) $_1$Arbeitsuchende, die dem Vermittler einen Aktivierungs- und Vermittlungsgutschein vorlegen, können die Vergütung abweichend von § 266 des Bürgerlichen Gesetzbuchs in Teilbeträgen zahlen. $_2$Die Vergütung ist nach Vorlage des Aktivierungs- und Vermittlungsgutscheins bis zu dem Zeitpunkt gestundet, in dem die Agentur für Arbeit nach Maßgabe von § 45 Absatz 6 gezahlt hat.

§ 296a Vergütungen bei Ausbildungsvermittlung

$_1$Für die Leistungen zur Ausbildungsvermittlung dürfen nur vom Arbeitgeber Vergütungen verlangt oder entgegengenommen werden. $_2$Zu den Leistungen zur Ausbildungsvermittlung gehören auch alle Leistungen, die zur Vorbereitung und Durchführung der Vermittlung erforderlich sind, insbesondere die Feststellung der Kenntnisse der oder des Ausbildungsuchenden sowie die mit der Ausbildungsvermittlung verbundene Berufsberatung.

§ 297 Unwirksamkeit von Vereinbarungen

Unwirksam sind

1. Vereinbarungen zwischen einem Vermittler und einer oder einem Arbeitsuchenden

über die Zahlung der Vergütung, wenn deren Höhe die nach § 296 Abs. 3 zulässige Höchstgrenze überschreitet, wenn Vergütungen für Leistungen verlangt oder entgegengenommen werden, die nach § 296 Abs. 1 Satz 3 zu den Leistungen der Vermittlung gehören oder wenn die erforderliche Schriftform nicht eingehalten wird, und

2. Vereinbarungen zwischen einem Vermittler und einer oder einem Ausbildungsuchenden über die Zahlung einer Vergütung,
3. Vereinbarungen zwischen einem Vermittler und einem Arbeitgeber, wenn der Vermittler eine Vergütung mit einer oder einem Ausbildungsuchenden vereinbart oder von dieser oder diesem entgegennimmt, obwohl dies nicht zulässig ist, und
4. Vereinbarungen, die sicherstellen sollen, dass ein Arbeitgeber oder eine Person, die eine Ausbildung oder Arbeit sucht, sich ausschließlich eines bestimmten Vermittlers bedient.

§ 298 Behandlung von Daten

(1) $_1$Vermittler dürfen Daten über zu besetzende Ausbildungs- und Arbeitsplätze und über Ausbildungsuchende sowie Arbeitnehmerinnen und Arbeitnehmer nur erheben, verarbeiten und nutzen, soweit dies für die Verrichtung ihrer Vermittlungstätigkeit erforderlich ist. $_2$Sind diese Daten personenbezogen oder Geschäfts- oder Betriebsgeheimnisse, dürfen sie nur erhoben, verarbeitet oder genutzt werden, soweit die oder der Betroffene im Einzelfall nach Maßgabe des § 4a des Bundesdatenschutzgesetzes eingewilligt hat. $_3$Übermittelt der Vermittler diese Daten im Rahmen seiner Vermittlungstätigkeit einer weiteren Person oder Einrichtung, darf diese sie nur zu dem Zweck verarbeiten oder nutzen, zu dem sie ihr befugt übermittelt worden sind.

(2) $_1$Von Betroffenen zur Verfügung gestellte Unterlagen sind unmittelbar nach Abschluss der Vermittlungstätigkeit zurückzugeben. $_2$Die übrigen Geschäftsunterlagen des Vermittlers sind nach Abschluss der Vermittlungstätigkeit drei Jahre aufzubewahren. $_3$Die Verwendung der Geschäftsunterlagen ist zur Kontrolle des Vermittlers durch die zuständigen Behörden sowie zur Wahrnehmung berechtigter Interessen des Vermittlers zulässig. $_4$Personenbezogene Daten sind nach Ablauf der Aufbewahrungspflicht zu löschen. $_5$Betroffene können nach Abschluss der Vermittlungstätigkeit Abweichungen von den Sätzen 1, 3 und 4 gestatten; die Gestattung bedarf der Schriftform.

§§ 299 und 300 (weggefallen)

Dritter Titel
Verordnungsermächtigung

§ 301 Verordnungsermächtigung

Das Bundesministerium für Arbeit und Soziales wird ermächtigt, durch Rechtsverordnung zu bestimmen, dass für bestimmte Berufe oder Personengruppen Vergütungen vereinbart werden dürfen, die sich nach dem der Arbeitnehmerin oder dem Arbeitnehmer zustehenden Arbeitsentgelt bemessen.

§§ 302 und 303 (weggefallen)

Dritter Abschnitt

§§ 304 bis 308 (weggefallen)

Achtes Kapitel
Pflichten

Erster Abschnitt
Pflichten im Leistungsverfahren

Erster Unterabschnitt
Meldepflichten

§ 309 Allgemeine Meldepflicht

(1) $_1$Arbeitslose haben sich während der Zeit, für die sie einen Anspruch auf Arbeitslosengeld erheben, bei der Agentur für Arbeit oder einer sonstigen Dienststelle der Bundesagentur persönlich zu melden oder zu einem ärztlichen oder psychologischen Untersuchungstermin zu erscheinen, wenn die Agentur für

Arbeit sie dazu auffordert (allgemeine Meldepflicht). 2Die Meldung muss bei der in der Aufforderung zur Meldung bezeichneten Stelle erfolgen. 3Die allgemeine Meldepflicht besteht auch in Zeiten, in denen der Anspruch auf Arbeitslosengeld ruht.

(2) Die Aufforderung zur Meldung kann zum Zwecke der

1. Berufsberatung,
2. Vermittlung in Ausbildung oder Arbeit,
3. Vorbereitung aktiver Arbeitsförderungsleistungen,
4. Vorbereitung von Entscheidungen im Leistungsverfahren und
5. Prüfung des Vorliegens der Voraussetzungen für den Leistungsanspruch

erfolgen.

(3) 1Die meldepflichtige Person hat sich zu der von der Agentur für Arbeit bestimmten Zeit zu melden. 2Ist der Meldetermin nach Tag und Tageszeit bestimmt, so ist die meldepflichtige Person der allgemeinen Meldepflicht auch dann nachgekommen, wenn sie sich zu einer anderen Zeit am selben Tag meldet und der Zweck der Meldung erreicht wird. 3Ist die meldepflichtige Person am Meldetermin arbeitsunfähig, so wirkt die Meldeaufforderung auf den ersten Tag der Arbeitsfähigkeit fort, wenn die Agentur für Arbeit dies in der Meldeaufforderung bestimmt.

(4) Die notwendigen Reisekosten, die der meldepflichtigen Person und einer erforderlichen Begleitperson aus Anlaß der Meldung entstehen, können auf Antrag übernommen werden, soweit sie nicht bereits nach anderen Vorschriften oder auf Grund anderer Vorschriften dieses Buches übernommen werden können.

§ 310 Meldepflicht bei Wechsel der Zuständigkeit

Wird für die Arbeitslose oder den Arbeitslosen nach der Arbeitslosmeldung eine andere Agentur für Arbeit zuständig, hat sie oder er sich bei der nunmehr zuständigen Agentur für Arbeit unverzüglich zu melden.

Zweiter Unterabschnitt Anzeige- und Bescheinigungspflichten

§ 311 Anzeige- und Bescheinigungspflicht bei Arbeitsunfähigkeit

1Wer Arbeitslosengeld oder Übergangsgeld beantragt hat oder bezieht, ist verpflichtet, der Agentur für Arbeit

1. eine eingetretene Arbeitsunfähigkeit und deren voraussichtliche Dauer unverzüglich anzuzeigen und
2. spätestens vor Ablauf des dritten Kalendertages nach Eintritt der Arbeitsunfähigkeit eine ärztliche Bescheinigung über die Arbeitsunfähigkeit und deren voraussichtliche Dauer vorzulegen.

2Die Agentur für Arbeit ist berechtigt, die Vorlage der ärztlichen Bescheinigung früher zu verlangen. 3Dauert die Arbeitsunfähigkeit länger als in der Bescheinigung angegeben, so ist der Agentur für Arbeit eine neue ärztliche Bescheinigung vorzulegen. 4Die Bescheinigungen müssen einen Vermerk der behandelnden Ärztin oder des behandelnden Arztes darüber enthalten, daß dem Träger der Krankenversicherung unverzüglich eine Bescheinigung über die Arbeitsunfähigkeit mit Angaben über den Befund und die voraussichtliche Dauer der Arbeitsunfähigkeit übersandt wird.

§ 312 Arbeitsbescheinigung

(1) 1Der Arbeitgeber hat auf Verlangen der Arbeitnehmerin oder des Arbeitnehmers oder auf Verlangen der Bundesagentur alle Tatsachen zu bescheinigen, die für die Entscheidung über den Anspruch auf Arbeitslosengeld oder Übergangsgeld erheblich sein können (Arbeitsbescheinigung); dabei hat er den von der Bundesagentur hierfür vorgesehenen Vordruck zu benutzen. 2In der Arbeitsbescheinigung sind insbesondere

1. die Art der Tätigkeit der Arbeitnehmerin oder des Arbeitnehmers,
2. Beginn, Ende, Unterbrechung und Grund für die Beendigung des Beschäftigungsverhältnisses und
3. das Arbeitsentgelt und die sonstigen Geldleistungen, die die Arbeitnehmerin

oder der Arbeitnehmer erhalten oder zu beanspruchen hat,

anzugeben. 3Die Arbeitsbescheinigung ist der Arbeitnehmerin oder dem Arbeitnehmer vom Arbeitgeber auszuhändigen.

(2) 1Macht der Arbeitgeber geltend, die Arbeitslosigkeit sei die Folge eines Arbeitskampfes, so hat er dies darzulegen, glaubhaft zu machen und eine Stellungnahme der Betriebsvertretung beizufügen. 2Der Arbeitgeber hat der Betriebsvertretung die für die Stellungnahme erforderlichen Angaben zu machen.

(3) Für Zwischenmeisterinnen, Zwischenmeister und andere Auftraggeber von Heimarbeiterinnen und Heimarbeitern sowie für Leistungsträger, Unternehmen und Stellen, die Beiträge nach diesem Buch für Bezieherinnen und Bezieher von Sozialleistungen, Krankentagegeld oder Leistungen für den Ausfall von Arbeitseinkünften im Zusammenhang mit einer nach den §§ 8 und 8a des Transplantationsgesetzes erfolgenden Spende von Organen oder Geweben oder im Zusammenhang mit einer im Sinne von § 9 des Transfusionsgesetzes erfolgenden Spende von Blut zur Separation von Blutstammzellen oder anderen Blutbestandteilen zu entrichten haben, gelten die Absätze 1 und 2 entsprechend.

(4) Nach Beendigung des Vollzuges einer Untersuchungshaft, Freiheitsstrafe, Jugendstrafe oder freiheitsentziehenden Maßregel der Besserung und Sicherung oder einer einstweiligen Unterbringung nach § 126a der Strafprozeßordnung hat die Vollzugsanstalt der oder dem Entlassenen eine Bescheinigung über die Zeiten auszustellen, in denen sie oder er innerhalb der letzten sieben Jahre vor der Entlassung als Gefangene oder Gefangener versicherungspflichtig war.

§ 312a Arbeitsbescheinigung für Zwecke des über- und zwischenstaatlichen Rechts

(1) 1Der Arbeitgeber hat auf Verlangen der Bundesagentur alle Tatsachen zu bescheinigen, deren Kenntnis für die Entscheidung über einen Anspruch auf Leistungen bei Arbeitslosigkeit eines von der Verordnung erfassten Staates notwendig ist und zu deren Bescheinigung die Bundesagentur nach Artikel 54 der Verordnung (EG) Nr. 987/2009 des Europäischen Parlaments und des Rates vom 16. September 2009 zur Festlegung der Modalitäten für die Durchführung der Verordnung (EG) Nr. 883/2004 über die Koordinierung der Systeme der sozialen Sicherheit (ABl. L 284 vom 30. 10. 2009, S. 1) verpflichtet ist. 2Der Arbeitgeber hat dabei den von der Bundesagentur hierfür vorgesehenen Vordruck zu benutzen. 3Die Sätze 1 und 2 gelten entsprechend für Bescheinigungspflichten der Bundesagentur gegenüber einem ausländischen Träger nach anderen Regelungen des über- oder zwischenstaatlichen Rechts. 4Die Bescheinigungspflichten umfassen nur Daten, zu deren Aufbewahrung der Arbeitgeber nach deutschen Rechtsvorschriften verpflichtet ist.

(2) Die Bescheinigungspflicht gilt auch in den Fällen des § 312 Absatz 3 und 4.

§ 313 Nebeneinkommensbescheinigung

(1) 1Wer eine Person, die Berufsausbildungsbeihilfe, Ausbildungsgeld, Arbeitslosengeld oder Übergangsgeld (laufende Geldleistungen) beantragt hat oder bezieht, gegen Arbeitsentgelt beschäftigt oder dieser Person gegen Vergütung eine selbständige Tätigkeit überträgt, ist verpflichtet, dieser Person unverzüglich Art und Dauer der Beschäftigung oder der selbständigen Tätigkeit sowie die Höhe des Arbeitsentgelts oder der Vergütung für die Zeiten zu bescheinigen, für die diese Leistung beantragt worden ist oder bezogen wird. 2Dabei ist der von der Bundesagentur vorgesehene Vordruck zu benutzen. 3Die Bescheinigung über das Nebeneinkommen ist der Bezieherin oder dem Bezieher der Leistung vom Dienstberechtigten oder Besteller unverzüglich auszuhändigen.

(2) Wer eine laufende Geldleistung beantragt hat oder bezieht und Dienst- oder Werkleistungen gegen Vergütung erbringt, ist verpflichtet, dem Dienstberechtigten oder Besteller den für die Bescheinigung des Arbeitsentgelts oder der Vergütung vorgeschriebenen Vordruck unverzüglich vorzulegen.

(3) Die Absätze 1 und 2 gelten für Personen, die Kurzarbeitergeld beziehen oder für die Kurzarbeitergeld beantragt worden ist, entsprechend.

§ 313a Elektronische Bescheinigung

1Die Bescheinigungen nach den §§ 312, 312a und 313 können von dem Bescheinigungspflichtigen der Bundesagentur elektronisch unter den Voraussetzungen des § 23c Absatz 2a des Vierten Buches übermittelt werden, es sei denn, dass die Person, für die eine Bescheinigung nach den §§ 312 und 313 auszustellen ist, der Übermittlung widerspricht. 2Die Person, für die die Bescheinigung auszustellen ist, ist von dem Bescheinigungspflichtigen in allgemeiner Form schriftlich auf das Widerspruchsrecht hinzuweisen. 3§ 312 Absatz 1 Satz 3 und § 313 Absatz 1 Satz 3 finden keine Anwendung; die Bundesagentur hat der Person, für die eine Bescheinigung nach den §§ 312 und 313 elektronisch übermittelt worden ist, unverzüglich einen Ausdruck der Daten zuzuleiten.

§ 314 Insolvenzgeldbescheinigung

(1) 1Die Insolvenzverwalterin oder der Insolvenzverwalter hat auf Verlangen der Agentur für Arbeit für jede Arbeitnehmerin und jeden Arbeitnehmer, für die oder den ein Anspruch auf Insolvenzgeld in Betracht kommt, Folgendes zu bescheinigen:

1. die Höhe des Arbeitsentgelts für die letzten drei Monate des Arbeitsverhältnisses, die der Eröffnung des Insolvenzverfahrens vorausgegangen sind, sowie
2. die Höhe der gesetzlichen Abzüge und derjenigen Leistungen, die zur Erfüllung der Ansprüche auf Arbeitsentgelt erbracht worden sind.

2Das Gleiche gilt hinsichtlich der Höhe von Entgeltteilen, die gemäß § 1 Abs. 2 Nr. 3 des Betriebsrentengesetzes umgewandelt und vom Arbeitgeber nicht an den Versorgungsträger abgeführt worden sind. 3Dabei ist anzugeben, ob der Entgeltteil in einem Pensionsfonds, in einer Pensionskasse oder in einer Direktversicherung angelegt und welcher Versorgungsträger für die betriebliche Altersversorgung gewählt worden ist. 4Es ist auch zu bescheinigen, inwieweit die Ansprüche auf Arbeitsentgelt gepfändet, verpfändet oder abgetreten sind. 5Dabei ist der von der Bundesagentur vorgesehene Vordruck zu benutzen. 6Wird die Insolvenzgeldbescheinigung durch die Insolvenzverwalterin oder den Insolvenzverwalter nach § 36a des Ersten Buches übermittelt, sind zusätzlich die Anschrift und die Daten des Überweisungsweges mitzuteilen.

(2) In den Fällen, in denen ein Insolvenzverfahren nicht eröffnet wird oder nach § 207 der Insolvenzordnung eingestellt worden ist, sind die Pflichten der Insolvenzverwalterin oder des Insolvenzverwalters vom Arbeitgeber zu erfüllen.

Dritter Unterabschnitt Auskunfts-, Mitwirkungs- und Duldungspflichten

§ 315 Allgemeine Auskunftspflicht Dritter

(1) Wer einer Person, die eine laufende Geldleistung beantragt hat oder bezieht, Leistungen erbringt, die geeignet sind, die laufende Geldleistung auszuschließen oder zu mindern, hat der Agentur für Arbeit auf Verlangen hierüber Auskunft zu erteilen, soweit es zur Durchführung der Aufgaben nach diesem Buch erforderlich ist.

(2) 1Wer einer Person, die eine laufende Geldleistung beantragt hat oder bezieht, zu Leistungen verpflichtet ist, die geeignet sind, die laufende Geldleistung auszuschließen oder zu mindern, oder für diese Person Guthaben führt oder Vermögensgegenstände verwahrt, hat der Agentur für Arbeit auf Verlangen hierüber sowie über das Einkommen oder Vermögen dieser Person Auskunft zu erteilen, soweit es zur Durchführung der Aufgaben nach diesem Buch erforderlich ist. 2§ 21 Abs. 3 Satz 4 des Zehnten Buches gilt entsprechend. 3Für die Feststellung einer Unterhaltsverpflichtung ist § 1605 Abs. 1 des Bürgerlichen Gesetzbuchs anzuwenden.

(3) Wer eine Person beschäftigt, die

1. selbst oder deren Ehegattin, Ehegatte, Lebenspartnerin oder Lebenspartner eine laufende Geldleistung beantragt hat oder bezieht oder
2. nach Absatz 2 zur Auskunft verpflichtet ist,

hat der Agentur für Arbeit auf Verlangen über die Beschäftigung, insbesondere über das Arbeitsentgelt, Auskunft zu erteilen, soweit es zur Durchführung der Aufgaben nach diesem Buch erforderlich ist.

(4) Die Absätze 1 bis 3 gelten entsprechend, wenn jemand anstelle einer laufenden Geldleistung Kurzarbeitergeld bezieht oder für ihn Kurzarbeitergeld beantragt worden ist.

(5) $_1$Sind bei einer Bedürftigkeitsprüfung Einkommen oder Vermögen der Ehegattin oder des Ehegatten, der Lebenspartnerin oder des Lebenspartners oder der Partnerin oder des Partners einer eheähnlichen Gemeinschaft zu berücksichtigen, hat diese oder dieser der Agentur für Arbeit auf Verlangen hierüber Auskunft zu erteilen, soweit es zur Durchführung der Vorschriften dieses Buches erforderlich ist. $_2$Haben die Ehegattin oder der Ehegatte, die Lebenspartnerin oder der Lebenspartner oder die Partnerin oder der Partner einer eheähnlichen Gemeinschaft Dritte beauftragt, für diese oder diesen das Guthaben zu führen oder Vermögensgegenstände zu verwahren, haben sie entsprechend Auskunft zu erteilen. $_3$§ 21 Absatz 3 Satz 4 des Zehnten Buches gilt entsprechend.

§ 316 Auskunftspflicht bei Leistung von Insolvenzgeld

(1) Der Arbeitgeber, die Insolvenzverwalterin oder der Insolvenzverwalter, die Arbeitnehmerinnen oder Arbeitnehmer sowie sonstige Personen, die Einblick in die Arbeitsentgeltunterlagen hatten, sind verpflichtet, der Agentur für Arbeit auf Verlangen alle Auskünfte zu erteilen, die für die Durchführung der §§ 165 bis 171, 175, 320 Absatz 2, des § 327 Absatz 3 erforderlich sind.

(2) Der Arbeitgeber, die Arbeitnehmerinnen und Arbeitnehmer sowie sonstige Personen, die Einblick in die Arbeitsunterlagen hatten, sind verpflichtet, der Insolvenzverwalterin oder dem Insolvenzverwalter auf Verlangen alle Auskünfte zu erteilen, die diese oder dieser für die Insolvenzgeldbescheinigung nach § 314 benötigt.

§ 317 Auskunftspflicht bei Kurzarbeitergeld und Wintergeld

Wer Kurzarbeitergeld oder Wintergeld bezieht oder für wen diese Leistungen beantragt worden sind, hat dem zur Errechnung und Auszahlung der Leistungen Verpflichteten auf Verlangen die erforderlichen Auskünfte zu erteilen.

§ 318 Auskunftspflicht bei Maßnahmen der beruflichen Aus- oder Weiterbildung, Leistungen zur Teilhabe am Arbeitsleben, zur Aktivierung und beruflichen Eingliederung

(1) $_1$Arbeitgeber und Träger, bei denen eine Maßnahme der beruflichen Aus- und Weiterbildung, eine Leistung zur Teilhabe am Arbeitsleben oder eine Maßnahme nach § 45 durchgeführt wurde oder wird, haben der Agentur für Arbeit unverzüglich Auskünfte über Tatsachen zu erteilen, die Aufschluss darüber geben, ob und inwieweit Leistungen zu Recht erbracht worden sind oder werden. $_2$Sie haben Änderungen, die für die Leistungen erheblich sind, unverzüglich der Agentur für Arbeit mitzuteilen.

(2) $_1$Personen, die bei Teilnahme an Maßnahmen der beruflichen Aus- oder Weiterbildung oder einer Maßnahme nach § 45 gefördert werden oder gefördert worden sind, sind verpflichtet,

1. der Agentur für Arbeit oder dem Träger der Maßnahme auf Verlangen Auskunft über den Eingliederungserfolg der Maßnahme sowie alle weiteren Auskünfte zu erteilen, die zur Qualitätsprüfung nach § 183 benötigt werden, und
2. eine Beurteilung ihrer Leistung und ihres Verhaltens durch den Träger zuzulassen.

$_2$Träger sind verpflichtet,

1. ihre Beurteilungen der Teilnehmerin oder des Teilnehmers unverzüglich der Agentur für Arbeit zu übermitteln,

2. der für die einzelne Teilnehmerin oder den einzelnen Teilnehmer zuständigen Agentur für Arbeit kalendermonatlich die Fehltage der Teilnehmerin oder des Teilnehmers sowie die Gründe für die Fehltage mitzuteilen; dabei haben sie den von der Bundesagentur vorgesehenen Vordruck zu benutzen.

§ 319 Mitwirkungs- und Duldungspflichten

(1) 1Wer eine Leistung der Arbeitsförderung beantragt, bezogen hat oder bezieht oder wer jemanden, bei dem dies der Fall ist oder für den eine Leistung beantragt wurde, beschäftigt oder mit Arbeiten beauftragt, hat der Bundesagentur, soweit dies zur Durchführung der Aufgaben nach diesem Buch erforderlich ist, Einsicht in Lohn-, Meldeunterlagen, Bücher und andere Geschäftsunterlagen und Aufzeichnungen und während der Geschäftszeit Zutritt zu seinen Grundstücken und Geschäftsräumen zu gewähren. 2Werden die Unterlagen nach Satz 1 bei einem Dritten verwahrt, ist die Bundesagentur zur Durchführung der Aufgaben nach diesem Buch berechtigt, auch dessen Grundstücke und Geschäftsräume während der Geschäftszeit zu betreten und Einsicht in diese Unterlagen zu nehmen.

(2) 1In automatisierten Dateien gespeicherte Daten hat der Arbeitgeber auf Verlangen und auf Kosten der Agenturen für Arbeit auszusondern und auf maschinenverwertbaren Datenträgern oder in Listen zur Verfügung zu stellen. 2Der Arbeitgeber darf maschinenverwertbare Datenträger oder Datenlisten, die die erforderlichen Daten enthalten, ungesondert zur Verfügung stellen, wenn die Aussonderung mit einem unverhältnismäßigen Aufwand verbunden wäre und überwiegende schutzwürdige Interessen der Betroffenen nicht entgegenstehen. 3In diesem Fall haben die Agenturen für Arbeit die erforderlichen Daten auszusondern. 4Die übrigen Daten dürfen darüber hinaus nicht verarbeitet und genutzt werden. 5Sind die zur Verfügung gestellten Datenträger oder Datenlisten zur Durchführung der Aufgaben nach diesem Buch nicht mehr erforderlich, sind sie unverzüglich zu vernichten oder auf Verlangen des Arbeitgebers zurückzugeben.

Vierter Unterabschnitt
Sonstige Pflichten

§ 320 Berechnungs-, Auszahlungs-, Aufzeichnungs- und Anzeigepflichten

(1) 1Der Arbeitgeber hat der Agentur für Arbeit auf Verlangen die Voraussetzungen für die Erbringung von Kurzarbeitergeld und Wintergeld nachzuweisen. 2Er hat diese Leistungen kostenlos zu errechnen und auszuzahlen. 3Dabei hat er beim Kurzarbeitergeld von den Lohnsteuerabzugsmerkmalen in dem maßgeblichen Antragszeitraum auszugehen; auf Grund einer Bescheinigung der für die Arbeitnehmerin oder den Arbeitnehmer zuständigen Agentur für Arbeit hat er den erhöhten Leistungssatz auch anzuwenden, wenn für ein Kind ein Kinderfreibetrag nicht als Lohnsteuerabzugsmerkmal gebildet ist.

(2) 1Die Insolvenzverwalterin oder der Insolvenzverwalter hat auf Verlangen der Agentur für Arbeit das Insolvenzgeld zu errechnen und auszuzahlen, wenn ihr oder ihm dafür geeignete Arbeitnehmerinnen oder Arbeitnehmer des Betriebs zur Verfügung stehen und die Agentur für Arbeit die Mittel für die Auszahlung des Insolvenzgeldes bereitstellt. 2Für die Abrechnung ist der von der Bundesagentur vorgesehene Vordruck zu benutzen. 3Kosten werden nicht erstattet.

(3) 1Arbeitgeber, in deren Betrieben Wintergeld geleistet wird, haben für jeden Arbeitstag während der Dauer der beantragten Förderung Aufzeichnungen über die im Betrieb oder auf der Baustelle geleisteten sowie die ausgefallenen Arbeitsstunden zu führen. 2Arbeitgeber, in deren Betrieben Saison-Kurzarbeitergeld geleistet wird, haben diese Aufzeichnungen für jeden Arbeitstag während der Schlechtwetterzeit zu führen. 3Die Aufzeichnungen nach Satz 1 und 2 sind vier Jahre aufzubewahren.

(4) (weggefallen)

(4a) 1Der Arbeitgeber hat der Agentur für Arbeit die Voraussetzungen für die Erbringung von Leistungen zur Förderung der Teilnahme an Transfermaßnahmen nachzuweisen. 2Auf Anforderung der Agentur für Arbeit hat der Arbeitgeber das Ergebnis von Maßnahmen zur Feststellung der Eingliederungsaussichten mitzuteilen.

(5) 1Arbeitgeber, in deren Betrieben ein Arbeitskampf stattfindet, haben bei dessen Ausbruch und Beendigung der Agentur für Arbeit unverzüglich Anzeige zu erstatten. 2Die Anzeige bei Ausbruch des Arbeitskampfes muß Name und Anschrift des Betriebes, Datum des Beginns der Arbeitseinstellung und Zahl der betroffenen Arbeitnehmerinnen und Arbeitnehmer enthalten. 3Die Anzeige bei Beendigung des Arbeitskampfes muß außer Name und Anschrift des Betriebes das Datum der Beendigung der Arbeitseinstellung, die Zahl der an den einzelnen Tagen betroffenen Arbeitnehmerinnen und Arbeitnehmer sowie die Zahl der durch Arbeitseinstellung ausgefallenen Arbeitstage enthalten.

Zweiter Abschnitt
Schadensersatz bei Pflichtverletzungen

§ 321 Schadensersatz

Wer vorsätzlich oder fahrlässig

1. eine Arbeitsbescheinigung nach § 312, eine Nebeneinkommensbescheinigung nach § 313 oder eine Insolvenzgeldbescheinigung nach § 314 nicht, nicht richtig oder nicht vollständig ausfüllt,
2. eine Auskunft auf Grund der allgemeinen Auskunftspflicht Dritter nach § 315, der Auskunftspflicht bei beruflicher Aus- und Weiterbildung und bei einer Leistung zur Teilhabe am Arbeitsleben nach § 318 oder der Auskunftspflicht bei Leistung von Insolvenzgeld nach § 316 nicht, nicht richtig oder nicht vollständig erteilt,
3. als Arbeitgeber seine Berechnungs-, Auszahlungs-, Aufzeichnungs- und Mitteilungspflichten bei Kurzarbeitergeld, Wintergeld und Leistungen zur Förderung von Transfermaßnahmen nach § 320 Abs. 1 Satz 2 und 3, Abs. 3 und 4a nicht erfüllt,
4. als Insolvenzverwalterin oder Insolvenzverwalter die Verpflichtung zur Errechnung und Auszahlung des Insolvenzgeldes nach § 320 Abs. 2 Satz 1 nicht erfüllt,

ist der Bundesagentur zum Ersatz des daraus entstandenen Schadens verpflichtet.

Dritter Abschnitt
Verordnungsermächtigung und Anordnungsermächtigung

§ 321a Verordnungsermächtigung

Das Bundesministerium für Arbeit und Soziales wird ermächtigt, durch Rechtsverordnung mit Zustimmung des Bundesrates das Nähere über Art und Umfang der Pflichten nach dem Zweiten bis Vierten Unterabschnitt des Ersten Abschnitts sowie dem Zweiten Abschnitt dieses Kapitels einschließlich des zu beachtenden Verfahrens und der einzuhaltenden Fristen zu bestimmen.

§ 322 Anordnungsermächtigung

1Die Bundesagentur wird ermächtigt, durch Anordnung Näheres über die Meldepflicht der Arbeitslosen zu bestimmen. 2Sie kann auch bestimmen, inwieweit Einrichtungen außerhalb der Bundesagentur auf ihren Antrag zur Entgegennahme der Meldung zuzulassen sind.

Neuntes Kapitel
Gemeinsame Vorschriften für Leistungen

Erster Abschnitt
Antrag und Fristen

§ 323 Antragserfordernis

(1) 1Leistungen der Arbeitsförderung werden auf Antrag erbracht. 2Arbeitslosengeld gilt mit der persönlichen Arbeitslosmeldung als beantragt, wenn die oder der Arbeitslose keine andere Erklärung abgibt. 3Leistungen der aktiven Arbeitsförderung können auch von Amts wegen erbracht werden, wenn die Berechtig-

ten zustimmen. 4Die Zustimmung gilt insoweit als Antrag.

(2) 1Kurzarbeitergeld, Leistungen zur Förderung der Teilnahme an Transfermaßnahmen und ergänzende Leistungen nach § 102 sind vom Arbeitgeber schriftlich unter Beifügung einer Stellungnahme der Betriebsvertretung zu beantragen. 2Der Antrag kann auch von der Betriebsvertretung gestellt werden. 3Mit einem Antrag auf Saison-Kurzarbeitergeld oder ergänzende Leistungen nach § 102 sind die Namen, Anschriften und Sozialversicherungsnummern der Arbeitnehmerinnen und Arbeitnehmer mitzuteilen, für die die Leistung beantragt wird. 4Saison-Kurzarbeitergeld oder ergänzende Leistungen nach § 102 sollen bis zum 15. des Monats beantragt werden, der dem Monat folgt, in dem die Tage liegen, für die die Leistungen beantragt werden.

§ 324 Antrag vor Leistung

(1) 1Leistungen der Arbeitsförderung werden nur erbracht, wenn sie vor Eintritt des leistungsbegründenden Ereignisses beantragt worden sind. 2Zur Vermeidung unbilliger Härten kann die Agentur für Arbeit eine verspätete Antragstellung zulassen.

(2) 1Berufsausbildungsbeihilfe, Ausbildungsgeld und Arbeitslosengeld können auch nachträglich beantragt werden. 2Kurzarbeitergeld und ergänzende Leistungen nach § 102 sind nachträglich zu beantragen.

(3) 1Insolvenzgeld ist abweichend von Absatz 1 Satz 1 innerhalb einer Ausschlußfrist von zwei Monaten nach dem Insolvenzereignis zu beantragen. 2Wurde die Frist aus nicht selbst zu vertretenden Gründen versäumt, wird Insolvenzgeld geleistet, wenn der Antrag innerhalb von zwei Monaten nach Wegfall des Hinderungsgrundes gestellt worden ist. 3Ein selbst zu vertretender Grund liegt vor, wenn sich Arbeitnehmerinnen und Arbeitnehmer nicht mit der erforderlichen Sorgfalt um die Durchsetzung ihrer Ansprüche bemüht haben.

§ 325 Wirkung des Antrages

(1) Berufsausbildungsbeihilfe und Ausbildungsgeld werden rückwirkend längstens vom Beginn des Monats an geleistet, in dem die Leistungen beantragt worden sind.

(2) 1Arbeitslosengeld wird nicht rückwirkend geleistet. 2Ist die zuständige Agentur für Arbeit an einem Tag, an dem die oder der Arbeitslose Arbeitslosengeld beantragen will, nicht dienstbereit, so wirkt ein Antrag auf Arbeitslosengeld in gleicher Weise wie eine persönliche Arbeitslosmeldung zurück.

(3) Kurzarbeitergeld und ergänzende Leistungen nach § 102 sind für den jeweiligen Kalendermonat innerhalb einer Ausschlussfrist von drei Kalendermonaten zu beantragen; die Frist beginnt mit Ablauf des Monats, in dem die Tage liegen, für die die Leistungen beantragt werden.

(4) (weggefallen)

(5) Leistungen zur Förderung der Teilnahme an Transfermaßnahmen sind innerhalb einer Ausschlussfrist von drei Monaten nach Ende der Maßnahme zu beantragen.

§ 326 Ausschlußfrist für Gesamtabrechnung

(1) 1Für Leistungen an Träger hat der Träger der Maßnahme der Agentur für Arbeit innerhalb einer Ausschlußfrist von sechs Monaten die Unterlagen vorzulegen, die für eine abschließende Entscheidung über den Umfang der zu erbringenden Leistungen erforderlich sind (Gesamtabrechnung). 2Die Frist beginnt mit Ablauf des Kalendermonats, in dem die Maßnahme beendet worden ist.

(2) Erfolgt die Gesamtabrechnung nicht rechtzeitig, sind die erbrachten Leistungen von dem Träger in dem Umfang zu erstatten, in dem die Voraussetzungen für die Leistungen nicht nachgewiesen worden sind.

Zweiter Abschnitt Zuständigkeit

§ 327 Grundsatz

(1) 1Für Leistungen an Arbeitnehmerinnen und Arbeitnehmer, mit Ausnahme des Kurzarbeitergeldes, des Wintergeldes, des Insolvenzgeldes und der Leistungen zur Förderung der Teilnahme an Transfermaßnahmen, ist die

Agentur für Arbeit zuständig, in deren Bezirk die Arbeitnehmerin oder der Arbeitnehmer bei Eintritt der leistungsbegründenden Tatbestände ihren oder seinen Wohnsitz hat. 2Solange die Arbeitnehmerin oder der Arbeitnehmer sich nicht an ihrem oder seinem Wohnsitz aufhält, ist die Agentur für Arbeit zuständig, in deren Bezirk die Arbeitnehmerin oder der Arbeitnehmer bei Eintritt der leistungsbegründenden Tatbestände ihren oder seinen gewöhnlichen Aufenthalt hat.

(2) Auf Antrag der oder des Arbeitslosen hat die Agentur für Arbeit eine andere Agentur für Arbeit für zuständig zu erklären, wenn nach der Arbeitsmarktlage keine Bedenken entgegenstehen oder die Ablehnung für die Arbeitslose oder den Arbeitslosen eine unbillige Härte bedeuten würde.

(3) 1Für Kurzarbeitergeld, ergänzende Leistungen nach § 102 und Insolvenzgeld ist die Agentur für Arbeit zuständig, in deren Bezirk die für den Arbeitgeber zuständige Lohnabrechnungsstelle liegt. 2Für Insolvenzgeld ist, wenn der Arbeitgeber im Inland keine Lohnabrechnungsstelle hat, die Agentur für Arbeit zuständig, in deren Bezirk das Insolvenzgericht seinen Sitz hat. 3Für Leistungen zur Förderung der Teilnahme an Transfermaßnahmen ist die Agentur für Arbeit zuständig, in deren Bezirk der Betrieb des Arbeitgebers liegt.

(4) Für Leistungen an Arbeitgeber, mit Ausnahme der Erstattung von Beiträgen zur Sozialversicherung für Personen, die Saison-Kurzarbeitergeld beziehen, ist die Agentur für Arbeit zuständig, in deren Bezirk der Betrieb des Arbeitgebers liegt.

(5) Für Leistungen an Träger ist die Agentur für Arbeit zuständig, in deren Bezirk das Projekt oder die Maßnahme durchgeführt wird.

(6) Die Bundesagentur kann die Zuständigkeit abweichend von den Absätzen 1 bis 5 auf andere Dienststellen übertragen.

Dritter Abschnitt
Leistungsverfahren in Sonderfällen

§ 328 Vorläufige Entscheidung

(1) 1Über die Erbringung von Geldleistungen kann vorläufig entschieden werden, wenn

1. die Vereinbarkeit einer Vorschrift dieses Buches, von der die Entscheidung über den Antrag abhängt, mit höherrangigem Recht Gegenstand eines Verfahrens bei dem Bundesverfassungsgericht oder dem Gerichtshof der Europäischen Gemeinschaften ist,
2. eine entscheidungserhebliche Rechtsfrage von grundsätzlicher Bedeutung Gegenstand eines Verfahrens beim Bundessozialgericht ist oder
3. zur Feststellung der Voraussetzungen des Anspruchs einer Arbeitnehmerin oder eines Arbeitnehmers auf Geldleistungen voraussichtlich längere Zeit erforderlich ist, die Voraussetzungen für den Anspruch mit hinreichender Wahrscheinlichkeit vorliegen und die Arbeitnehmerin oder der Arbeitnehmer die Umstände, die einer sofortigen abschließenden Entscheidung entgegenstehen, nicht zu vertreten hat.

2Umfang und Grund der Vorläufigkeit sind anzugeben. 3In den Fällen des Satzes 1 Nr. 3 ist auf Antrag vorläufig zu entscheiden.

(2) Eine vorläufige Entscheidung ist nur auf Antrag der berechtigten Person für endgültig zu erklären, wenn sie nicht aufzuheben oder zu ändern ist.

(3) 1Auf Grund der vorläufigen Entscheidung erbrachte Leistungen sind auf die zustehende Leistung anzurechnen. 2Soweit mit der abschließenden Entscheidung ein Leistungsanspruch nicht oder nur in geringerer Höhe zuerkannt wird, sind auf Grund der vorläufigen Entscheidung erbrachte Leistungen zu erstatten; auf Grund einer vorläufigen Entscheidung erbrachtes Kurzarbeitergeld und Wintergeld ist vom Arbeitgeber zurückzuzahlen.

(4) Absatz 1 Satz 1 Nr. 3 und Satz 2 und 3, Absatz 2 sowie Absatz 3 Satz 1 und 2 sind für die Erstattung von Arbeitgeberbeiträgen zur Sozialversicherung entsprechend anwendbar.

§ 329 Einkommensberechnung in besonderen Fällen

Die Agentur für Arbeit kann das zu berücksichtigende Einkommen nach Anhörung der oder des Leistungsberechtigten schätzen, soweit Einkommen nur für kurze Zeit zu berücksichtigen ist.

§ 330 Sonderregelungen für die Aufhebung von Verwaltungsakten

(1) Liegen die in § 44 Abs. 1 Satz 1 des Zehnten Buches genannten Voraussetzungen für die Rücknahme eines rechtswidrigen nicht begünstigenden Verwaltungsaktes vor, weil er auf einer Rechtsnorm beruht, die nach Erlaß des Verwaltungsaktes für nichtig oder für unvereinbar mit dem Grundgesetz erklärt oder in ständiger Rechtsprechung anders als durch die Agentur für Arbeit ausgelegt worden ist, so ist der Verwaltungsakt, wenn er unanfechtbar geworden ist, nur mit Wirkung für die Zeit nach der Entscheidung des Bundesverfassungsgerichts oder ab dem Bestehen der ständigen Rechtsprechung zurückzunehmen.

(2) Liegen die in § 45 Abs. 2 Satz 3 des Zehnten Buches genannten Voraussetzungen für die Rücknahme eines rechtswidrigen begünstigenden Verwaltungsaktes vor, ist dieser auch mit Wirkung für die Vergangenheit zurückzunehmen.

(3) [1]Liegen die in § 48 Abs. 1 Satz 2 des Zehnten Buches genannten Voraussetzungen für die Aufhebung eines Verwaltungsaktes mit Dauerwirkung vor, ist dieser mit Wirkung vom Zeitpunkt der Änderung der Verhältnisse aufzuheben. [2]Abweichend von § 48 Abs. 1 Satz 1 des Zehnten Buches ist mit Wirkung vom Zeitpunkt der Änderung der Verhältnisse an ein Verwaltungsakt auch aufzuheben, soweit sich das Bemessungsentgelt auf Grund einer Absenkung nach § 200 Abs. 3 zu Ungunsten der Betroffenen oder des Betroffenen ändert.

(4) Liegen die Voraussetzungen für die Rücknahme eines Verwaltungsaktes vor, mit dem ein Anspruch auf Erstattung des Arbeitslosengeldes durch Arbeitgeber geltend gemacht wird, ist dieser mit Wirkung für die Vergangenheit zurückzunehmen.

§ 331 Vorläufige Zahlungseinstellung

(1) [1]Die Agentur für Arbeit kann die Zahlung einer laufenden Leistung ohne Erteilung eines Bescheides vorläufig einstellen, wenn sie Kenntnis von Tatsachen erhält, die kraft Gesetzes zum Ruhen oder zum Wegfall des Anspruchs führen und wenn der Bescheid, aus dem sich der Anspruch ergibt, deshalb mit Wirkung für die Vergangenheit aufzuheben ist. [2]Soweit die Kenntnis nicht auf Angaben der Person beruht, die die laufende Leistung erhält, sind ihr unverzüglich die vorläufige Einstellung der Leistung sowie die dafür maßgeblichen Gründe mitzuteilen, und es ist ihr Gelegenheit zu geben, sich zu äußern.

(2) Die Agentur für Arbeit hat eine vorläufig eingestellte laufende Leistung unverzüglich nachzuzahlen, soweit der Bescheid, aus dem sich der Anspruch ergibt, zwei Monate nach der vorläufigen Einstellung der Zahlung nicht mit Wirkung für die Vergangenheit aufgehoben ist.

§ 332 Übergang von Ansprüchen

(1) [1]Die Agentur für Arbeit kann durch schriftliche Anzeige an die leistungspflichtige Person bewirken, daß Ansprüche einer erstattungspflichtigen Person auf Leistungen zur Deckung des Lebensunterhalts, insbesondere auf

1. Renten der Sozialversicherung,
2. Renten nach dem Bundesversorgungsgesetz sowie Renten, die nach anderen Gesetzen in entsprechender Anwendung des Bundesversorgungsgesetzes gewährt werden,
3. Renten nach dem Gesetz zur Regelung der Rechtsverhältnisse der unter Artikel 131 des Grundgesetzes fallenden Personen,
4. Unterhaltsbeihilfe nach dem Gesetz über die Unterhaltsbeihilfe für Angehörige von Kriegsgefangenen,
5. Unterhaltsbeihilfe nach dem Lastenausgleichsgesetz,
6. Mutterschaftsgeld oder auf Sonderunterstützung nach dem Mutterschutzgesetz,

7. Arbeitsentgelt aus einem Arbeitsverhältnis, das während des Bezugs der zurückzuzahlenden Leistung bestanden hat,

in Höhe der zurückzuzahlenden Leistung auf die Bundesagentur übergehen, es sei denn, die Bundesagentur hat insoweit aus dem gleichen Grund einen Erstattungsanspruch nach den §§ 102 bis 105 des Zehnten Buches. ₂Der Übergang beschränkt sich auf Ansprüche, die der rückzahlungspflichtigen Person für den Zeitraum in der Vergangenheit zustehen, für den die zurückzuzahlenden Leistungen gewährt worden sind. ₃Hat die rückzahlungspflichtige Person den unrechtmäßigen Bezug der Leistung vorsätzlich oder grob fahrlässig herbeigeführt, so geht in den Fällen nach Satz 1 Nr. 1 bis 5 auch der Anspruch auf die Hälfte der laufenden Bezüge auf die Agentur für Arbeit insoweit über, als die rückzahlungspflichtige Person dieses Teils der Bezüge zur Deckung ihres Lebensunterhalts und des Lebensunterhalts ihrer unterhaltsberechtigten Angehörigen nicht bedarf.

(2) Die leistungspflichtige Person hat ihre Leistungen in Höhe des nach Absatz 1 übergegangenen Anspruchs an die Bundesagentur abzuführen.

(3) ₁Wer nach Absatz 1 Satz 1 Nummer 1 bis 5 leistungspflichtig ist, hat den Eingang eines Antrags auf Rente, Unterhaltsbeihilfe oder Unterhaltshilfe der Agentur für Arbeit mitzuteilen, von der die Antragstellerin oder der Antragsteller zuletzt Leistungen nach diesem Buch bezogen hat. ₂Die Mitteilungspflicht entfällt, wenn der Bezug dieser Leistungen im Zeitpunkt der Antragstellung länger als drei Jahre zurückliegt. ₃Bezüge für eine zurückliegende Zeit dürfen an die Antragstellerin oder den Antragsteller frühestens zwei Wochen nach Abgang der Mitteilung an die Bundesagentur ausgezahlt werden, falls bis zur Auszahlung eine Anzeige der Agentur für Arbeit nach Absatz 1 nicht vorliegt.

(4) Der Rechtsübergang wird nicht dadurch ausgeschlossen, daß der Anspruch nicht übertragen, verpfändet oder gepfändet werden kann.

§ 333 Aufrechnung

(1) Wurde eine Entgeltersatzleistung zu Unrecht bezogen, weil der Anspruch wegen der Anrechnung von Nebeneinkommen gemindert war oder wegen einer Sperrzeit ruhte, so kann die Agentur für Arbeit mit dem Anspruch auf Erstattung gegen einen Anspruch auf die genannten Leistungen abweichend von § 51 Abs. 2 des Ersten Buches in voller Höhe aufrechnen.

(2) Der Anspruch auf Rückzahlung von Leistungen kann gegen einen Anspruch auf Rückzahlung zu Unrecht entrichteter Beiträge zur Arbeitsförderung aufgerechnet werden.

(3) Die Bundesagentur kann mit Ansprüchen auf Winterbeschäftigungs-Umlage, auf Rückzahlung von Kurzarbeitergeld und von ergänzenden Leistungen nach § 102, die vorläufig erbracht wurden, gegen Ansprüche auf Kurzarbeitergeld und Wintergeld, die vom Arbeitgeber verauslagt sind, aufrechnen; insoweit gilt der Arbeitgeber als anspruchsberechtigt.

§ 334 Pfändung von Leistungen

Bei Pfändung eines Geldleistungs- oder Erstattungsanspruchs gilt die Agentur für Arbeit, die über den Anspruch entschieden oder zu entscheiden hat, als Drittschuldner im Sinne der §§ 829 und 845 der Zivilprozeßordnung.

§ 335 Erstattung von Beiträgen zur Kranken-, Renten- und Pflegeversicherung

(1) ₁Wurden von der Bundesagentur für eine Bezieherin oder für einen Bezieher von Arbeitslosengeld oder Unterhaltsgeld Beiträge zur gesetzlichen Krankenversicherung gezahlt, so hat die Bezieherin oder der Bezieher dieser Leistungen der Bundesagentur die Beiträge zu ersetzen, soweit die Entscheidung über die Leistung rückwirkend aufgehoben und die Leistung zurückgefordert worden ist. ₂Hat für den Zeitraum, für den die Leistung zurückgefordert worden ist, ein weiteres Krankenversicherungsverhältnis bestanden, so erstattet diejenige Stelle, an die die Beiträge aufgrund der Versicherungspflicht nach § 5 Absatz 1 Nummer 2 des Fünften Buches ge-

zahlt wurden, der Bundesagentur die für diesen Zeitraum entrichteten Beiträge; die Bezieherin oder der Bezieher wird insoweit von der Ersatzpflicht nach Satz 1 befreit; § 5 Abs. 1 Nr. 2 zweiter Halbsatz des Fünften Buches gilt nicht. 3Werden die beiden Versicherungsverhältnisse bei verschiedenen Krankenkassen durchgeführt und wurden in dem Zeitraum, in dem die Versicherungsverhältnisse nebeneinander bestanden, Leistungen von der Krankenkasse erbracht, bei der die Bezieherin oder der Bezieher nach § 5 Abs. 1 Nr. 2 des Fünften Buches versicherungspflichtig war, so besteht kein Beitragserstattungsanspruch nach Satz 2. 4Die Bundesagentur, der Spitzenverband Bund der Krankenkassen (§ 217a des Fünften Buches) und das Bundesversicherungsamt in seiner Funktion als Verwalter des Gesundheitsfonds können das Nähere über die Erstattung der Beiträge nach den Sätzen 2 und 3 durch Vereinbarung regeln. 5Satz 1 gilt entsprechend, soweit die Bundesagentur Beiträge, die für die Dauer des Leistungsbezuges an ein privates Versicherungsunternehmen zu zahlen sind, übernommen hat.

(2) 1Beiträge für Versicherungspflichtige nach § 5 Abs. 1 Nr. 2 des Fünften Buches, denen eine Rente aus der gesetzlichen Rentenversicherung oder Übergangsgeld von einem nach § 251 Abs. 1 des Fünften Buches beitragspflichtigen Rehabilitationsträger gewährt worden ist, sind der Bundesagentur vom Träger der Rentenversicherung oder vom Rehabilitationsträger zu ersetzen, wenn und soweit wegen der Gewährung von Arbeitslosengeld oder Unterhaltsgeld ein Erstattungsanspruch der Bundesagentur gegen den Träger der Rentenversicherung oder den Rehabilitationsträger besteht. 2Satz 1 ist entsprechend anzuwenden in den Fällen, in denen der oder dem Arbeitslosen von einem Träger der gesetzlichen Rentenversicherung wegen einer Leistung zur medizinischen Rehabilitation oder zur Teilhabe am Arbeitsleben Übergangsgeld oder eine Rente wegen verminderter Erwerbsfähigkeit zuerkannt wurde (§ 125 Abs. 3) sowie im Falle des Übergangs von Ansprüchen der oder des Arbeitslosen auf den Bund (§ 203). 3Zu ersetzen sind

1. vom Rentenversicherungsträger die Beitragsanteile der versicherten Rentnerin oder des versicherten Rentners und des Trägers der Rentenversicherung, die diese ohne die Regelung dieses Absatzes für dieselbe Zeit aus der Rente zu entrichten gehabt hätten,

2. vom Rehabilitationsträger der Betrag, den er als Krankenversicherungsbeitrag hätte leisten müssen, wenn die versicherte Person nicht nach § 5 Abs. 1 Nr. 2 des Fünften Buches versichert gewesen wäre.

4Der Träger der Rentenversicherung und der Rehabilitationsträger sind nicht verpflichtet, für dieselbe Zeit Beiträge zur Krankenversicherung zu entrichten. 5Die versicherte Person ist abgesehen von Satz 3 Nr. 1 nicht verpflichtet, für dieselbe Zeit Beiträge aus der Rente zur Krankenversicherung zu entrichten.

(3) 1Der Arbeitgeber hat der Bundesagentur die im Falle des § 157 Absatz 3 geleisteten Beiträge zur Kranken- und Rentenversicherung zu ersetzen, soweit er für dieselbe Zeit Beiträge zur Kranken- und Rentenversicherung der Arbeitnehmerin oder des Arbeitnehmers zu entrichten hat. 2Er wird insoweit von seiner Verpflichtung befreit, Beiträge an die Kranken- und Rentenversicherung zu entrichten. 3Die Sätze 1 und 2 gelten entsprechend für den Zuschuß nach § 257 des Fünften Buches.

(4) Hat auf Grund des Bezuges von Arbeitslosengeld oder Unterhaltsgeld nach § 157 Absatz 3 eine andere Krankenkasse die Krankenversicherung durchgeführt als diejenige Kasse, die für das Beschäftigungsverhältnis zuständig ist, aus dem die Leistungsempfängerin oder der Leistungsempfänger Arbeitsentgelt bezieht oder zu beanspruchen hat, so erstatten die Krankenkassen einander Beiträge und Leistungen wechselseitig.

(5) Für die Beiträge der Bundesagentur zur sozialen Pflegeversicherung für Versicherungspflichtige nach § 20 Abs. 1 Satz 2 Nr. 2 des Elften Buches sind die Absätze 1 bis 3 entsprechend anzuwenden.

§ 336 Leistungsrechtliche Bindung

Stellt die Deutsche Rentenversicherung Bund im Verfahren nach § 7a Abs. 1 des Vierten Buches die Versicherungspflicht nach diesem Buch durch Verwaltungsakt fest, ist die Bundesagentur hinsichtlich der Zeiten, für die der die Versicherungspflicht feststellende Verwaltungsakt wirksam ist, an diese Feststellung leistungsrechtlich gebunden.

§ 336a Wirkung von Widerspruch und Klage

1Die aufschiebende Wirkung von Widerspruch und Klage entfällt

1. bei Entscheidungen, die Arbeitsgenehmigungen-EU aufheben oder ändern,
2. bei Entscheidungen, die die Berufsberatung nach § 288a untersagen,
3. bei Aufforderungen nach § 309, sich bei der Agentur für Arbeit oder einer sonstigen Dienststelle der Bundesagentur persönlich zu melden.

2Bei Entscheidungen über die Herabsetzung oder Entziehung laufender Leistungen gelten die Vorschriften des Sozialgerichtsgesetzes (§ 86a Abs. 2 Nr. 2).

Vierter Abschnitt Auszahlung von Geldleistungen

§ 337 Auszahlung im Regelfall

(1) 1Geldleistungen werden auf das von der leistungsberechtigten Person angegebene Konto bei einem Geldinstitut überwiesen, für das die Verordnung (EU) Nr. 260/2012 des Europäischen Parlaments und des Rates vom 14. März 2012 zur Festlegung der technischen Vorschriften und der Geschäftsanforderungen für Überweisungen und Lastschriften in Euro und zur Änderung der Verordnung (EG) Nr. 924/2009 (ABl. L 94 vom 30. 3. 2012, S. 22) gilt. 2Geldleistungen, die an den Wohnsitz oder gewöhnlichen Aufenthalt der leistungsberechtigten Person übermittelt werden, sind unter Abzug der dadurch veranlassten Kosten auszuzahlen. 3Satz 2 gilt nicht, wenn die leistungsberechtigte Person nachweist, dass ihr die Einrichtung eines Kontos bei einem Geldinstitut ohne eigenes Verschulden nicht möglich ist.

(2) Laufende Geldleistungen werden regelmäßig monatlich nachträglich ausgezahlt.

(3) 1Andere als laufende Geldleistungen werden mit der Entscheidung über den Antrag auf Leistung oder, soweit der oder dem Berechtigten Kosten erst danach entstehen, zum entsprechenden Zeitpunkt ausgezahlt. 2Insolvenzgeld wird nachträglich für den Zeitraum ausgezahlt, für den es beantragt worden ist. 3Weiterbildungskosten und Teilnahmekosten werden, soweit sie nicht unmittelbar an den Träger der Maßnahme erbracht werden, monatlich im voraus ausgezahlt.

(4) Zur Vermeidung unbilliger Härten können angemessene Abschlagszahlungen geleistet werden.

Fünfter Abschnitt Berechnungsgrundsätze

§ 338 Allgemeine Berechnungsgrundsätze

(1) Berechnungen werden auf zwei Dezimalstellen durchgeführt, wenn nichts Abweichendes bestimmt ist.

(2) Bei einer auf Dezimalstellen durchgeführten Berechnung wird die letzte Dezimalstelle um 1 erhöht, wenn sich in der folgenden Dezimalstelle eine der Zahlen 5 bis 9 ergeben würde.

(3) (weggefallen)

(4) Bei einer Berechnung wird eine Multiplikation vor einer Divison durchgeführt.

§ 339 Berechnung von Zeiten

1Für die Berechnung von Leistungen wird ein Monat mit 30 Tagen und eine Woche mit sieben Tagen berechnet. 2Bei der Anwendung der Vorschriften über die Erfüllung der für einen Anspruch auf Arbeitslosengeld erforderlichen Anwartschaftszeit sowie der Vorschriften über die Dauer eines Anspruchs auf Arbeitslosengeld nach dem Ersten Abschnitt des Vierten Kapitels dieses Buches entspricht ein Monat 30 Kalendertagen. 3Satz 2 gilt entsprechend bei der Anwendung der Vorschriften über die Erfüllung der erforderlichen Vorbeschäftigungszeiten sowie der Vorschrift über die Dauer des Anspruchs auf Übergangsgeld im Anschluß an eine abgeschlossene Leistung zur Teilhabe am Arbeitsleben.

Zehntes Kapitel Finanzierung

Erster Abschnitt Finanzierungsgrundsatz

§ 340 Aufbringung der Mittel

Die Leistungen der Arbeitsförderung und die sonstigen Ausgaben der Bundesagentur werden durch Beiträge der Versicherungspflichtigen, der Arbeitgeber und Dritter (Beitrag zur Arbeitsförderung), Umlagen, Mittel des Bundes und sonstige Einnahmen finanziert.

Zweiter Abschnitt Beiträge und Verfahren

Erster Unterabschnitt Beiträge

§ 341 Beitragssatz und Beitragsbemessung

(1) Die Beiträge werden nach einem Prozentsatz (Beitragssatz) von der Beitragsbemessungsgrundlage erhoben.

(2) Der Beitragssatz beträgt 3,0 Prozent.

(3) $_1$Beitragsbemessungsgrundlage sind die beitragspflichtigen Einnahmen, die bis zur Beitragsbemessungsgrenze berücksichtigt werden. $_2$Für die Berechnung der Beiträge ist die Woche zu sieben, der Monat zu dreißig und das Jahr zu dreihundertsechzig Tagen anzusetzen, soweit dieses Buch nichts anderes bestimmt. $_3$Beitragspflichtige Einnahmen sind bis zu einem Betrag von einem Dreihundertsechzigstel der Beitragsbemessungsgrenze für den Kalendertag zu berücksichtigen. $_4$Einnahmen, die diesen Betrag übersteigen, bleiben außer Ansatz, soweit dieses Buch nichts Abweichendes bestimmt.

(4) Beitragsbemessungsgrenze ist die Beitragsbemessungsgrenze der allgemeinen Rentenversicherung.

§ 342 Beitragspflichtige Einnahmen Beschäftigter

Beitragspflichtige Einnahme ist bei Personen, die beschäftigt sind, das Arbeitsentgelt, bei Personen, die zur Berufsausbildung beschäftigt sind, jedoch mindestens ein Arbeitsentgelt in Höhe von einem Prozent der Bezugsgröße.

§ 343 (weggefallen)

§ 344 Sonderregelungen für beitragspflichtige Einnahmen Beschäftigter

(1) Für Seeleute gilt als beitragspflichtige Einnahme der Betrag, der nach dem Recht der gesetzlichen Unfallversicherung für die Beitragsberechnung maßgebend ist.

(2) $_1$Für Personen, die unmittelbar nach einem Versicherungspflichtverhältnis einen Freiwilligendienst im Sinne des Jugendfreiwilligendienstegesetzes oder des Bundesfreiwilligendienstgesetzes leisten, gilt als beitragspflichtige Einnahme ein Arbeitsentgelt in Höhe der monatlichen Bezugsgröße. $_2$Dies gilt auch, wenn der Jugendfreiwilligendienst oder der Bundesfreiwilligendienst nach einer Unterbrechung, die sechs Monate nicht überschreitet, fortgesetzt wird.

(3) Für behinderte Menschen, die in einer anerkannten Werkstatt für behinderte Menschen oder Blindenwerkstätte beschäftigt sind, ist als beitragspflichtige Einnahme das tatsächlich erzielte Arbeitsentgelt, mindestens jedoch ein Betrag in Höhe von 20 Prozent der monatlichen Bezugsgröße zugrunde zu legen.

(4) Bei Arbeitnehmerinnen und Arbeitnehmern, die gegen ein monatliches Arbeitsentgelt bis zum oberen Grenzbetrag der Gleitzone (§ 20 Absatz 2 des Vierten Buches) mehr als geringfügig beschäftigt sind, gilt der Betrag der beitragspflichtigen Einnahme nach § 163 Absatz 10 Satz 1 bis 5 und 8 des Sechsten Buches entsprechend.

§ 345 Beitragspflichtige Einnahmen sonstiger Versicherungspflichtiger

Als beitragspflichtige Einnahme gilt bei Personen,

1. die in Einrichtungen der beruflichen Rehabilitation Leistungen erhalten, die ihnen eine Erwerbstätigkeit ermöglichen sollen, oder die in Einrichtungen der Jugendhilfe für eine Erwerbstätigkeit befähigt werden sollen, ein Arbeitsentgelt in Höhe von einem Fünftel der monatlichen Bezugsgröße,
2. die als Wehrdienstleistende oder als Zivildienstleistende versicherungspflichtig sind (§ 25 Abs. 2 Satz 2, § 26 Abs. 1 Nr. 2), ein Betrag in Höhe von 40 Prozent der monatlichen Bezugsgröße,
3. die als Gefangene versicherungspflichtig sind, ein Arbeitsentgelt in Höhe von 90 Prozent der Bezugsgröße,
4. die als nicht satzungsmäßige Mitglieder geistlicher Genossenschaften oder ähnlicher religiöser Gemeinschaften für den Dienst in einer solchen Genossenschaft oder ähnlichen religiösen Gemeinschaft außerschulisch ausgebildet werden, ein Entgelt in Höhe der gewährten Geld- und Sachbezüge,
5. die als Bezieherinnen oder Bezieher von Krankengeld, Versorgungskrankengeld, Verletztengeld oder Übergangsgeld versicherungspflichtig sind, 80 Prozent des der Leistung zugrunde liegenden Arbeitsentgelts oder Arbeitseinkommens, wobei 80 Prozent des beitragspflichtigen Arbeitsentgelts aus einem versicherungspflichtigen Beschäftigungsverhältnis abzuziehen sind; bei gleichzeitigem Bezug von Krankengeld neben einer anderen Leistung ist das dem Krankengeld zugrunde liegende Einkommen nicht zu berücksichtigen,

5a. die Krankengeld nach § 44a des Fünften Buches beziehen, das der Leistung zugrunde liegende Arbeitsentgelt oder Arbeitseinkommen; wird Krankengeld in Höhe der Entgeltersatzleistungen nach diesem Buch gezahlt, gilt Nummer 5,

5b. die Krankengeld nach § 45 Absatz 1 des Fünften Buches oder Verletztengeld nach § 45 Absatz 4 des Siebten Buches in Verbindung mit § 45 Absatz 1 des Fünften Buches beziehen, 80 Prozent des während der Freistellung ausgefallenen, laufenden Arbeitsentgelts oder des der Leistung zugrunde liegenden Arbeitseinkommens,

6. die als Bezieherinnen oder Bezieher von Krankentagegeld versicherungspflichtig sind, ein Arbeitsentgelt in Höhe von 70 Prozent der für die Erhebung der Beiträge zur gesetzlichen Krankenversicherung maßgeblichen Beitragsbemessungsgrenze (§ 223 Abs. 3 Satz 1 des Fünften Buches). Für den Kalendermonat ist ein Zwölftel und für den Kalendertag ein Dreihundertsechzigstel des Arbeitsentgelts zugrunde zu legen,

6a. die von einem privaten Krankenversicherungsunternehmen, von einem Beihilfeträger des Bundes, von einem sonstigen öffentlich-rechtlichen Träger von Kosten in Krankheitsfällen auf Bundesebene, von dem Träger der Heilfürsorge im Bereich des Bundes, von dem Träger der truppenärztlichen Versorgung oder von öffentlich-rechtlichen Trägern von Kosten in Krankheitsfällen auf Landesebene, soweit Landesrecht dies vorsieht, Leistungen für den Ausfall von Arbeitseinkünften im Zusammenhang mit einer nach den §§ 8 und 8a des Transplantationsgesetzes erfolgenden Spende von Organen oder Geweben oder im Zusammenhang mit einer im Sinne von § 9 des Transfusionsgesetzes erfolgenden Spende von Blut zur Separation von Blutstammzellen oder anderen Blutbestandteilen beziehen, das diesen Leistungen zugrunde liegende Arbeitsentgelt oder Arbeitseinkommen,

6b. die als Bezieherinnen oder Bezieher von Pflegeunterstützungsgeld versicherungspflichtig sind, 80 Prozent des während der Freistellung ausgefallenen, laufenden Arbeitsentgelts,

7. die als Bezieherinnen von Mutterschaftsgeld versicherungspflichtig sind, ein Arbeitsentgelt in Höhe des Mutterschaftsgeldes,
8. die als Pflegende während einer Pflegezeit versicherungspflichtig sind (§ 26 Abs. 2b), ein Arbeitsentgelt in Höhe von 10 Prozent der monatlichen Bezugsgröße; dabei ist die Bezugsgröße für das Beitrittsgebiet maßgebend, wenn der Tätigkeitsort im Beitrittsgebiet liegt.

III

§ 345a Pauschalierung der Beiträge

1Für die Personen, die als Bezieherinnen oder Bezieher einer Rente wegen voller Erwerbsminderung versicherungspflichtig sind (§ 26 Abs. 2 Nr. 3) wird für jedes Kalenderjahr ein Gesamtbeitrag festgesetzt. 2Der Gesamtbeitrag beträgt

1. für das Jahr 2003: 5 Millionen Euro,
2. für das Jahr 2004: 18 Millionen Euro,
3. für das Jahr 2005: 36 Millionen Euro,
4. für das Jahr 2006: 19 Millionen Euro und
5. für das Jahr 2007: 26 Millionen Euro.

3Der jährliche Gesamtbeitrag verändert sich im jeweils folgenden Kalenderjahr in dem Verhältnis, in dem

1. die Bezugsgröße der Sozialversicherung,
2. die Zahl der Zugänge an Arbeitslosengeldbezieherinnen und Arbeitslosengeldbeziehern aus dem Bezug einer Rente wegen voller Erwerbsminderung und
3. die durchschnittlich durch Zeiten des Bezugs einer Rente wegen voller Erwerbsminderung erworbene Anspruchsdauer

des vergangenen Kalenderjahres zu den entsprechenden Werten des vorvergangenen Kalenderjahres stehen. 4Das Bundesministerium für Arbeit und Soziales macht den Gesamtbeitrag eines Kalenderjahres bis zum 1. Juli desselben Jahres im Bundesanzeiger bekannt.

§ 345b Beitragspflichtige Einnahmen bei einem Versicherungspflichtverhältnis auf Antrag

1Für Personen, die ein Versicherungspflichtverhältnis auf Antrag begründen, gilt als beitragspflichtige Einnahme

1. in Fällen des § 28a Absatz 1 Nummer 1 ein Arbeitsentgelt in Höhe von 10 Prozent der monatlichen Bezugsgröße,
2. in Fällen des § 28a Absatz 1 Nummer 2 und 3 ein Arbeitsentgelt in Höhe der monatlichen Bezugsgröße.

2Abweichend von Satz 1 Nummer 2 gilt in Fällen des § 28a Absatz 1 Nummer 2 bis zum Ablauf von einem Kalenderjahr nach dem Jahr der Aufnahme der selbständigen Tätigkeit als beitragspflichtige Einnahme ein Arbeitsentgelt in Höhe von 50 Prozent der monatlichen Bezugsgröße. 3Dabei ist die Bezugsgröße für das Beitrittsgebiet maßgebend, wenn der Tätigkeitsort im Beitrittsgebiet liegt.

Zweiter Unterabschnitt
Verfahren

§ 346 Beitragstragung bei Beschäftigten

(1) 1Die Beiträge werden von den versicherungspflichtig Beschäftigten und den Arbeitgebern je zur Hälfte getragen. 2Arbeitgeber im Sinne der Vorschriften dieses Titels sind auch die Auftraggeber von Heimarbeiterinnen und Heimarbeitern sowie Träger außerbetrieblicher Ausbildung.

(1a) Bei versicherungspflichtig Beschäftigten, deren beitragspflichtige Einnahme sich nach § 344 Abs. 4 bestimmt, werden die Beiträge abweichend von Absatz 1 Satz 1 getragen

1. von den Arbeitgebern in Höhe der Hälfte des Betrages, der sich ergibt, wenn der Beitragssatz auf das der Beschäftigung zugrunde liegende Arbeitsentgelt angewendet wird,
2. im Übrigen von den versicherungspflichtig Beschäftigten.

(1b) Abweichend von Absatz 1 Satz 1 trägt für Auszubildende, die in einer außerbetrieblichen Einrichtung im Rahmen eines Berufsausbildungsvertrages nach dem Berufsbildungsgesetz ausgebildet werden, der Arbeitgeber die Beiträge allein.

(2) Der Arbeitgeber trägt die Beiträge allein für behinderte Menschen, die in einer anerkannten Werkstatt für behinderte Menschen oder in einer Blindenwerkstätte im Sinne des § 143 des Neunten Buches beschäftigt sind und deren monatliches Bruttoarbeitsentgelt ein Fünftel der monatlichen Bezugsgröße nicht übersteigt.

(3) $_1$Für Beschäftigte, die wegen Vollendung des für die Regelaltersrente im Sinne des Sechsten Buches erforderlichen Lebensjahres versicherungsfrei sind, tragen die Arbeitgeber die Hälfte des Beitrages, der zu zahlen wäre, wenn die Beschäftigten versicherungspflichtig wären. $_2$Für den Beitragsanteil gelten die Vorschriften des Dritten Abschnitts des Vierten Buches und die Bußgeldvorschriften des § 111 Abs. 1 Nr. 2 bis 4, 8 und Abs. 4 des Vierten Buches entsprechend.

§ 347 Beitragstragung bei sonstigen Versicherten

Die Beiträge werden getragen

1. für Personen, die in Einrichtungen der beruflichen Rehabilitation Leistungen erhalten, die eine Erwerbstätigkeit ermöglichen sollen, oder die in Einrichtungen der Jugendhilfe für eine Erwerbstätigkeit befähigt werden sollen, vom Träger der Einrichtung,
2. für Wehrdienstleistende oder für Zivildienstleistende nach der Hälfte des Beitragssatzes vom Bund,
3. für Gefangene von dem für die Vollzugsanstalt zuständigen Land,
4. für nicht satzungsmäßige Mitglieder geistlicher Genossenschaften oder ähnlicher religiöser Gemeinschaften während der Zeit der außerschulischen Ausbildung für den Dienst in einer solchen Genossenschaft oder ähnlichen religiösen Gemeinschaft von der geistlichen Genossenschaft oder ähnlichen religiösen Gemeinschaft,
5. für Personen, die Krankengeld oder Verletztengeld beziehen, von diesen und den Leistungsträgern je zur Hälfte, soweit sie auf die Leistung entfallen, im übrigen von den Leistungsträgern; die Leistungsträger tragen die Beiträge auch allein, soweit sie folgende Leistungen zahlen:
   a) Versorgungskrankengeld oder Übergangsgeld,
   b) Krankengeld oder Verletztengeld in Höhe der Entgeltersatzleistungen nach diesem Buch oder
   c) eine Leistung, die nach einem monatlichen Arbeitsentgelt bemessen wird, das 450 Euro nicht übersteigt,

5a. für Personen, die Krankengeld nach § 44a des Fünften Buches beziehen, vom Leistungsträger,

6. für Personen, die Krankentagegeld beziehen, von privaten Krankenversicherungsunternehmen,

6a. für Personen, die Leistungen für den Ausfall von Arbeitseinkünften im Zusammenhang mit einer nach den §§ 8 und 8a des Transplantationsgesetzes erfolgenden Spende von Organen oder Geweben oder im Zusammenhang mit einer im Sinne von § 9 des Transfusionsgesetzes erfolgenden Spende von Blut zur Separation von Blutstammzellen oder anderen Blutbestandteilen beziehen, von der Stelle, die die Leistung erbringt; wird die Leistung von mehreren Stellen erbracht, sind die Beiträge entsprechend anteilig zu tragen,

6b. für Personen, die Pflegeunterstützungsgeld beziehen, von den Bezieherinnen oder Beziehern der Leistung zur Hälfte, soweit sie auf die Leistung entfallen, im Übrigen
   a) von der Pflegekasse, wenn die oder der Pflegebedürftige in der sozialen Pflegeversicherung versichert ist,
   b) vom privaten Versicherungsunternehmen, wenn die oder der Pflegebedürftige in der privaten Pflege-Pflichtversicherung versichert ist,
   c) von der Festsetzungsstelle für die Beihilfe oder dem Dienstherrn und der Pflegekasse oder dem privaten Versicherungsunternehmen anteilig, wenn

die oder der Pflegebedürftige Anspruch auf Beihilfe oder Heilfürsorge hat und in der sozialen Pflegeversicherung oder bei einem privaten Versicherungsunternehmen versichert ist;

die Beiträge werden von den Stellen, die die Leistung zu erbringen haben, allein getragen, wenn das der Leistung zugrunde liegende Arbeitsentgelt auf den Monat bezogen 450 Euro nicht übersteigt,

III

7. für Personen, die als Bezieherinnen oder Bezieher einer Rente wegen voller Erwerbsminderung versicherungspflichtig sind, von den Leistungsträgern,
8. für Personen, die als Bezieherinnen von Mutterschaftsgeld versicherungspflichtig sind, von den Leistungsträgern,
9. (weggefallen)
10. für Personen, die als Pflegende während einer Pflegezeit versicherungspflichtig sind (§ 26 Absatz 2b) und eine
    a) in der sozialen Pflegeversicherung versicherte pflegebedürftige Person pflegen, von der Pflegekasse,
    b) in der privaten Pflege-Pflichtversicherung versicherte pflegebedürftige Person pflegen, von dem privaten Versicherungsunternehmen,
    c) pflegebedürftige Person pflegen, die wegen Pflegebedürftigkeit Beihilfeleistungen oder Leistungen der Heilfürsorge und Leistungen einer Pflegekasse oder eines privaten Versicherungsunternehmens erhält, von der Festsetzungsstelle für die Beihilfe oder vom Dienstherrn und der Pflegekasse oder dem privaten Versicherungsunternehmen anteilig.

§ 348 Beitragszahlung für Beschäftigte

(1) Die Beiträge sind, soweit nichts Abweichendes bestimmt ist, von der- oder demjenigen zu zahlen, die oder der sie zu tragen hat.

(2) Für die Zahlung der Beiträge aus Arbeitsentgelt bei einer versicherungspflichtigen Beschäftigung gelten die Vorschriften des Vierten Buches über den Gesamtsozialversicherungsbeitrag.

§ 349 Beitragszahlung für sonstige Versicherungspflichtige

(1) Für die Zahlung der Beiträge für Personen, die in Einrichtungen der beruflichen Rehabilitation Leistungen erhalten, die ihnen eine Erwerbstätigkeit ermöglichen soll, oder die in Einrichtungen der Jugendhilfe für eine Erwerbstätigkeit befähigt werden sollen, gelten die Vorschriften über die Beitragszahlung aus Arbeitsentgelt entsprechend.

(2) Die Beiträge für Wehrdienstleistende, für Zivildienstleistende und für Gefangene sind an die Bundesagentur zu zahlen.

(3) $_1$Die Beiträge für Personen, die Sozialleistungen beziehen, sind von den Leistungsträgern an die Bundesagentur zu zahlen. $_2$Die Bundesagentur und die Leistungsträger regeln das Nähere über Zahlung und Abrechnung der Beiträge durch Vereinbarung.

(4) $_1$Die Beiträge für Personen, die Krankentagegeld beziehen, sind von den privaten Krankenversicherungsunternehmen an die Bundesagentur zu zahlen. $_2$Die Beiträge können durch eine Einrichtung dieses Wirtschaftszweiges gezahlt werden. $_3$Mit dieser Einrichtung kann die Bundesagentur Näheres über Zahlung, Einziehung und Abrechnung vereinbaren; sie kann auch vereinbaren, daß der Beitragsabrechnung statistische Durchschnittswerte über die Zahl der Arbeitnehmerinnen und Arbeitnehmer, für die Beiträge zu zahlen sind, und über Zeiten der Arbeitsunfähigkeit zugrunde gelegt werden. $_4$Der Bundesagentur sind Verwaltungskosten für den Einzug der Beiträge in Höhe von zehn Prozent der Beiträge pauschal zu erstatten, wenn die Beiträge nicht nach Satz 2 gezahlt werden.

(4a) $_1$Die Beiträge für Personen, die als Pflegende während einer Pflegezeit versicherungspflichtig sind (§ 26 Abs. 2b), sind von den Stellen, die die Beiträge zu tragen haben, an die Bundesagentur zu zahlen. $_2$Die Beiträge für Bezieherinnen und Bezieher von Pflegeunterstützungsgeld sind von den Stellen, die die Leistung zu erbringen haben, an die Bundesagentur zu zahlen. $_3$Das Nähere über das Verfahren der Beitragszahlung und Abrechnung der Beiträge können der Spitzenverband Bund der Pflegekassen, der Verband der privaten Krankenversicherung e. V., die Festsetzungsstellen für die Beihilfe, das Bundesversicherungsamt und die Bundesagentur durch Vereinbarung regeln.

(4b) 1Die Beiträge für Personen, die Leistungen für den Ausfall von Arbeitseinkünften im Zusammenhang mit einer nach den §§ 8 und 8a des Transplantationsgesetzes erfolgenden Spende von Organen oder Geweben oder im Zusammenhang mit einer im Sinne von § 9 des Transfusionsgesetzes erfolgenden Spende von Blut zur Separation von Blutstammzellen oder anderen Blutbestandteilen beziehen, sind von den Stellen, die die Beiträge zu tragen haben, an die Bundesagentur zu zahlen. 2Absatz 4a Satz 2 gilt entsprechend.

(5) 1Für die Zahlung der Beiträge nach den Absätzen 3 bis 4b sowie für die Zahlung der Beiträge für Gefangene gelten die Vorschriften für den Einzug der Beiträge, die an die Einzugsstelle zu zahlen sind, entsprechend, soweit die Besonderheiten der Beiträge nicht entgegenstehen; die Bundesagentur ist zur Prüfung der Beitragszahlung berechtigt. 2Die Zahlung der Beiträge nach Absatz 4a erfolgt in Form eines Gesamtbeitrags für das Kalenderjahr, in dem die Pflegezeit oder das Pflegeunterstützungsgeld in Anspruch genommen wurde (Beitragsjahr). 3Abweichend von § 23 Abs. 1 Satz 4 des Vierten Buches ist der Gesamtbeitrag spätestens im März des Jahres fällig, das dem Beitragsjahr folgt.

§ 349a Beitragstragung und Beitragszahlung bei einem Versicherungspflichtverhältnis auf Antrag

1Personen, die ein Versicherungspflichtverhältnis auf Antrag begründen, tragen die Beiträge allein. 2Die Beiträge sind an die Bundesagentur zu zahlen. 3§ 24 des Vierten Buches findet keine Anwendung.

§ 350 Meldungen der Sozialversicherungsträger

(1) 1Die Einzugsstellen (§ 28i Viertes Buch) haben monatlich der Bundesagentur die Zahl der nach diesem Buch versicherungspflichtigen Personen mitzuteilen. 2Die Bundesagentur kann in die Geschäftsunterlagen und Statistiken der Einzugsstellen Einsicht nehmen, soweit dies zur Erfüllung ihrer Aufgaben erforderlich ist.

(2) Die Träger der Sozialversicherung haben der Bundesagentur auf Verlangen bei ihnen vorhandene Geschäftsunterlagen und Statistiken vorzulegen, soweit dies zur Erfüllung der Aufgaben der Bundesagentur erforderlich ist.

§ 351 Beitragserstattung

(1) 1Für die Erstattung zu Unrecht gezahlter Beiträge gilt abweichend von § 26 Abs. 2 des Vierten Buches, daß sich der zu erstattende Betrag um den Betrag der Leistung mindert, der in irrtümlicher Annahme der Versicherungspflicht gezahlt worden ist. 2§ 27 Abs. 2 Satz 2 des Vierten Buches gilt nicht.

(2) Die Beiträge werden erstattet durch

1. die Agentur für Arbeit, in deren Bezirk die Stelle ihren Sitz hat, an welche die Beiträge entrichtet worden sind,
2. die Regionaldirektion, wenn die Beitragszahlung wegen des Bezuges von Sozialleistungen oder Krankentagegeld erfolgte,
3. die zuständige Einzugsstelle oder den Leistungsträger, soweit die Bundesagentur dies mit den Einzugsstellen oder den Leistungsträgern vereinbart hat.

Dritter Unterabschnitt
Verordnungsermächtigung, Anordnungsermächtigung und Ermächtigung zum Erlass von Verwaltungsvorschriften

§ 352 Verordnungsermächtigung

(1) Die Bundesregierung wird ermächtigt, durch Rechtsverordnung nach Maßgabe der Finanzlage der Bundesagentur sowie unter Berücksichtigung der Beschäftigungs- und Wirtschaftslage sowie deren voraussichtlicher Entwicklung zu bestimmen, daß die Beiträge zeitweise nach einem niedrigeren Beitragssatz erhoben werden.

(2) Das Bundesministerium für Arbeit und Soziales wird ermächtigt, durch Rechtsverordnung

1. im Einvernehmen mit dem Bundesministerium der Finanzen, dem Bundesministerium der Verteidigung und dem Bundesministerium für Familie, Senioren, Frauen und Jugend eine Pauschalberechnung sowie die Fälligkeit, Zahlung und Abrechnung für einen Gesamtbeitrag der Wehrdienstleistenden und für einen Gesamtbeitrag der Zivildienstleistenden vorzuschreiben; es kann dabei eine geschätzte Durchschnittszahl der beitragspflichtigen Dienstleistenden zugrunde legen sowie die Besonderheiten berücksichtigen, die sich aus der Zusammensetzung dieses Personenkreises hinsichtlich der Bemessungsgrundlage und der Regelungen zur Anwartschaftszeit für das Arbeitslosengeld ergeben,
2. das Nähere über die Zahlung, Einziehung und Abrechnung der Beiträge, die von privaten Krankenversicherungsunternehmen zu zahlen sind, zu regeln.

(3) Das Bundesministerium für Arbeit und Soziales wird ermächtigt, durch Rechtsverordnung mit Zustimmung des Bundesrates eine Pauschalberechnung für die Beiträge der Gefangenen und der für die Vollzugsanstalten zuständigen Länder vorzuschreiben und die Zahlungsweise zu regeln.

§ 352a Anordnungsermächtigung

Die Bundesagentur wird ermächtigt, durch Anordnung das Nähere zum Antragsverfahren, zur Kündigung, zur Fälligkeit, Zahlung und Abrechnung der Beiträge bei einem Versicherungspflichtverhältnis auf Antrag (§ 28a) zu bestimmen.

§ 353 Ermächtigung zum Erlaß von Verwaltungsvorschriften

Das Bundesministerium für Arbeit und Soziales kann mit Zustimmung des Bundesrates zur Durchführung der Meldungen der Sozialversicherungsträger Verwaltungsvorschriften erlassen.

Dritter Abschnitt Umlagen

Erster Unterabschnitt Winterbeschäftigungs-Umlage

§ 354 Grundsatz

[1]Die Mittel für die ergänzenden Leistungen nach § 102 werden einschließlich der Verwaltungskosten und der sonstigen Kosten, die mit der Gewährung dieser Leistungen zusammenhängen, in den durch Verordnung nach § 109 Absatz 3 bestimmten Wirtschaftszweigen durch Umlage aufgebracht. [2]Die Umlage wird unter Berücksichtigung von Vereinbarungen der Tarifvertragsparteien der Wirtschaftszweige von Arbeitgebern oder gemeinsam von Arbeitgebern sowie Arbeitnehmerinnen und Arbeitnehmern aufgebracht und getrennt nach Zweigen des Baugewerbes und weiteren Wirtschaftszweigen abgerechnet.

§ 355 Höhe der Umlage

[1]Die Umlage ist in den einzelnen Zweigen des Baugewerbes und in weiteren Wirtschaftszweigen, die von saisonbedingtem Arbeitsausfall betroffen sind, monatlich nach einem Prozentsatz der Bruttoarbeitsentgelte der dort beschäftigten Arbeitnehmerinnen und Arbeitnehmer, die ergänzende Leistungen nach § 102 erhalten können, zu erheben. [2]Die Verwaltungskosten und die sonstigen Kosten können pauschaliert und für die einzelnen Wirtschaftszweige im Verhältnis der Anteile an den Ausgaben berücksichtigt werden.

§ 356 Umlageabführung

(1) [1]Die Arbeitgeber führen die Umlagebeträge über die gemeinsame Einrichtung ihres Wirtschaftszweiges oder über eine Ausgleichskasse ab. [2]Dies gilt auch, wenn die Umlage gemeinsam von Arbeitgebern sowie Arbeitnehmerinnen und Arbeitnehmern aufgebracht wird; in diesen Fällen gelten § 28e Abs. 1 Satz 1 und § 28g des Vierten Buches entsprechend. [3]Kosten werden der gemeinsamen Einrichtung oder der Ausgleichskasse nicht erstattet. [4]Die Bundesagentur kann mit der gemeinsamen Einrichtung oder der Aus-

gleichskasse ein vereinfachtes Abrechnungsverfahren vereinbaren und dabei auf Einzelnachweise verzichten.

(2) 1Umlagepflichtige Arbeitgeber, auf die die Tarifverträge über die gemeinsamen Einrichtungen oder Ausgleichskassen keine Anwendung finden, führen die Umlagebeträge unmittelbar an die Bundesagentur ab. 2Sie haben der Bundesagentur die Mehraufwendungen für die Einziehung pauschal zu erstatten.

§ 357 Verordnungsermächtigung

(1) Das Bundesministerium für Arbeit und Soziales wird ermächtigt, durch Rechtsverordnung

1. die Höhe der pauschalierten Verwaltungskosten, die von der Umlage in einzelnen Wirtschaftszweigen aufzubringen sind,
2. den jeweiligen Prozentsatz zur Berechnung der Umlage, eine gemeinsame Tragung der Umlage durch Arbeitgeber sowie Arbeitnehmerinnen und Arbeitnehmer und, bei gemeinsamer Tragung, die jeweiligen Anteile,
3. zur Berechnung der Umlage die umlagepflichtigen Bestandteile der Bruttoarbeitsentgelte in den einzelnen Zweigen des Baugewerbes und weiteren Wirtschaftszweigen, die von saisonbedingtem Arbeitsausfall betroffen sind,
4. die Höhe der Pauschale für die Mehraufwendungen in Fällen, in denen die Arbeitgeber ihre Umlagebeträge nicht über eine gemeinsame Einrichtung oder Ausgleichskasse abführen,
5. die Voraussetzungen zur Entrichtung der Umlagebeträge in längeren Abrechnungsintervallen und
6. das Nähere über die Zahlung und Einziehung der Umlage

festzulegen.

(2) 1Bei der Festsetzung des jeweiligen Prozentsatzes ist zu berücksichtigen, welche ergänzenden Leistungen nach § 102 in Anspruch genommen werden können. 2Der jeweilige Prozentsatz ist so festzusetzen, dass das Aufkommen aus der Umlage unter Berücksichtigung von eventuell bestehenden Fehlbeträgen oder Überschüssen für die einzelnen Wirtschaftszweige ausreicht, um den voraussichtlichen Bedarf der Bundesagentur für die Aufwendungen nach § 354 Satz 1 zu decken.

Zweiter Unterabschnitt
Umlage für das Insolvenzgeld

§ 358 Aufbringung der Mittel

(1) 1Die Mittel für die Zahlung des Insolvenzgeldes werden durch eine monatliche Umlage von den Arbeitgebern aufgebracht. 2Der Bund, die Länder, die Gemeinden sowie Körperschaften, Stiftungen und Anstalten des öffentlichen Rechts, über deren Vermögen ein Insolvenzverfahren nicht zulässig ist, und solche juristischen Personen des öffentlichen Rechts, bei denen der Bund, ein Land oder eine Gemeinde kraft Gesetzes die Zahlungsfähigkeit sichert, und private Haushalte werden nicht in die Umlage einbezogen.

(2) 1Die Umlage ist nach einem Prozentsatz des Arbeitsentgelts (Umlagesatz) zu erheben. 2Maßgebend ist das Arbeitsentgelt, nach dem die Beiträge zur gesetzlichen Rentenversicherung für die im Betrieb beschäftigten Arbeitnehmerinnen, Arbeitnehmer und Auszubildenden bemessen werden oder im Fall einer Versicherungspflicht in der gesetzlichen Rentenversicherung zu bemessen wären. 3Für die Zeit des Bezugs von Kurzarbeitergeld, Saisonkurzarbeitergeld oder Transferkurzarbeitergeld bemessen sich die Umlagebeträge nach dem tatsächlich erzielten Arbeitsentgelt bis zur Beitragsbemessungsgrenze der gesetzlichen Rentenversicherung.

(3) 1Zu den durch die Umlage zu deckenden Aufwendungen gehören

1. das Insolvenzgeld einschließlich des von der Bundesagentur gezahlten Gesamtsozialversicherungsbeitrages,
2. die Verwaltungskosten und
3. die Kosten für den Einzug der Umlage und der Prüfung der Arbeitgeber.

2Die Kosten für den Einzug der Umlage und der Prüfung der Arbeitgeber werden pauschaliert.

III

III

§ 359 Einzug und Weiterleitung der Umlage

(1) 1Die Umlage ist zusammen mit dem Gesamtsozialversicherungsbeitrag an die Einzugsstelle zu zahlen. 2Die für den Gesamtsozialversicherungsbeitrag geltenden Vorschriften des Vierten Buches finden entsprechende Anwendung, soweit dieses Gesetz nichts anderes bestimmt.

(2) Die Einzugsstelle leitet die Umlage einschließlich der Zinsen und Säumniszuschläge arbeitstäglich an die Bundesagentur weiter.

§ 360 Umlagesatz

Der Umlagesatz beträgt 0,15 Prozent.

§ 361 Verordnungsermächtigung

Das Bundesministerium für Arbeit und Soziales wird ermächtigt, durch Rechtsverordnung mit Zustimmung des Bundesrates

1. im Einvernehmen mit dem Bundesministerium der Finanzen und dem Bundesministerium für Wirtschaft und Technologie zum Ausgleich von Überschüssen oder Fehlbeständen unter Berücksichtigung der Beschäftigungs- und Wirtschaftslage zu bestimmen, dass die Umlage jeweils für ein Kalenderjahr nach einem von § 360 abweichenden Umlagesatz erhoben wird; dabei soll ein niedrigerer Umlagesatz angesetzt werden, wenn die Rücklage die durchschnittlichen jährlichen Aufwendungen der vorhergehenden fünf Kalenderjahre übersteigt, und ein höherer, wenn der Fehlbestand mehr als die durchschnittlichen jährlichen Aufwendungen der vorhergehenden fünf Kalenderjahre beträgt;
2. die Höhe der Pauschale für die Kosten des Einzugs der Umlage und der Prüfung der Arbeitgeber nach Anhörung der Bundesagentur, der Deutschen Rentenversicherung Bund, des Spitzenverbandes Bund der Krankenkassen und der Sozialversicherung für Landwirtschaft, Forsten und Gartenbau sowie der Deutschen Rentenversicherung Knappschaft-Bahn-See festzusetzen.

§ 362 (weggefallen)

Vierter Abschnitt
Beteiligung des Bundes

§ 363 Finanzierung aus Bundesmitteln

(1) 1Der Bund trägt die Ausgaben für die Aufgaben, deren Durchführung die Bundesregierung auf Grund dieses Buches der Bundesagentur übertragen hat. 2Verwaltungskosten der Bundesagentur werden nicht erstattet.

(2) 1Der Bund trägt die Ausgaben für die weiteren Aufgaben, die er der Bundesagentur durch Gesetz übertragen hat. 2Hierfür werden der Bundesagentur die Verwaltungskosten erstattet, soweit in dem jeweiligen Gesetz nichts Abweichendes bestimmt ist.

§ 364 Liquiditätshilfen

(1) Der Bund leistet die zur Aufrechterhaltung einer ordnungsgemäßen Kassenwirtschaft notwendigen Liquiditätshilfen als zinslose Darlehen, wenn die Mittel der Bundesagentur zur Erfüllung der Zahlungsverpflichtungen nicht ausreichen.

(2) Die Darlehen sind zurückzuzahlen, sobald und soweit am Ende eines Tages die Einnahmen die Ausgaben übersteigen.

§ 365 Stundung von Darlehen

Kann die Bundesagentur als Liquiditätshilfen geleistete Darlehen des Bundes bis zum Schluss des Haushaltsjahres nicht zurückzahlen, gilt die Rückzahlung als bis zum Schluss des folgenden Haushaltsjahres gestundet.

Fünfter Abschnitt
Rücklage und Versorgungsfonds

§ 366 Bildung und Anlage der Rücklage

(1) Die Bundesagentur hat aus den Überschüssen der Einnahmen über die Ausgaben eine Rücklage zu bilden.

(2) Soweit in einem Haushaltsjahr die Einnahmen aus einer Umlage die aus dieser zu zahlenden Ausgaben übersteigen, sind die Überschüsse der Einnahmen über die Ausgaben jeweils einer gesonderten Rücklage zuzuführen.

(3) $_1$Die Rücklage ist nach wirtschaftlichen Grundsätzen so anzulegen, daß bis zur vollen Höhe der Rücklage die jederzeitige Zahlungsfähigkeit der Bundesagentur gewährleistet ist. $_2$Die Bundesagentur kann mit Zustimmung des Bundesministeriums für Arbeit und Soziales sowie des Bundesministeriums der Finanzen Verwaltungsvorschriften über die Anlage der Rücklage erlassen.

§ 366a Versorgungsfonds

(1) $_1$Zur Finanzierung der Versorgungsausgaben (Versorgungsaufwendungen und Beihilfen) für

1. Versorgungsempfängerinnen und Versorgungsempfänger,
2. Beamtinnen und Beamte und
3. Beschäftigte, denen eine Anwartschaft auf Versorgung nach beamtenrechtlichen Vorschriften oder Grundsätzen gewährleistet wird,

wird ein Sondervermögen der Bundesagentur unter dem Namen „Versorgungsfonds der Bundesagentur für Arbeit" errichtet. $_2$Dies gilt nicht für Personen im Beamtenverhältnis auf Widerruf.

(2) Das Sondervermögen „Versorgungsfonds der Bundesagentur für Arbeit" wird gebildet aus

1. einer einmaligen Zuweisung der Bundesagentur,
2. der Entnahme der von der Bundesagentur in die Versorgungsrücklage des Bundes und in den Versorgungsfonds des Bundes nach dem Versorgungsrücklagegesetz eingezahlten Mittel einschließlich der Zinsen,
3. aus regelmäßigen Zuweisungen der Bundesagentur,
4. den sich nach § 14a Abs. 2 bis 3 des Bundesbesoldungsgesetzes ergebenden Beträgen und
5. den Erträgen des Versorgungsfonds.

(3) $_1$Die einmalige Zuweisung nach Absatz 2 Nr. 1 dient der Finanzierung der Versorgungsansprüche aller Versorgungsempfängerinnen und Versorgungsempfänger der Bundesagentur zum Zeitpunkt der Errichtung des Versorgungsfonds der Bundesagentur für Arbeit und beträgt 2,5 Milliarden Euro. $_2$Sie wird aus der Rücklage der Bundesagentur nach § 366 dem Versorgungsfonds zum Zeitpunkt seiner Errichtung zugeführt.

(4) $_1$Die regelmäßigen Zuweisungen nach Absatz 2 Nr. 3 dienen dazu, die Versorgungsanwartschaften des in Absatz 1 Nr. 2 und 3 genannten Personenkreises der Bundesagentur abzudecken. $_2$Die Höhe der monatlich für jede Person abzuführenden Zuweisung bestimmt sich nach Prozentsätzen der jeweiligen ruhegehaltfähigen Dienstbezüge oder Entgeltzahlungen auf der Grundlage versicherungsmathematischer Berechnungen und ist regelmäßig zu überprüfen. $_3$Die Höhe und das Verfahren der Zuweisungen sowie das Verfahren der Überprüfung legt das Bundesministerium für Arbeit und Soziales unter Beachtung der Liquidität des Sondervermögens durch Rechtsverordnung im Einvernehmen mit dem Bundesministerium der Finanzen fest. $_4$Unter Berücksichtigung der Abflüsse ist die Zahlungsfähigkeit des Sondervermögens jederzeit sicherzustellen. $_5$Das Bundesministerium für Arbeit und Soziales kann die Befugnis nach Satz 3 im Einvernehmen mit dem Bundesministerium der Finanzen durch Rechtsverordnung auf den Vorstand der Bundesagentur übertragen. $_6$Für Beamtinnen und Beamte, die nach § 387 Abs. 3 bis 6 beurlaubt sind oder denen die Zeit ihrer Beurlaubung als ruhegehaltfähig anerkannt worden ist, sind regelmäßige Zuweisungen auf der Grundlage der ihnen ohne die Beurlaubung jeweils zustehenden ruhegehaltfähigen Dienstbezüge zu leisten.

(5) $_1$Der Versorgungsfonds ist ein nicht rechtsfähiges Sondervermögen der Bundesagentur. $_2$Die Bundesagentur hat den Versorgungsfonds getrennt von ihrem sonstigen Vermögen zu verwalten. $_3$Sie hat einen jährlichen Wirtschaftsplan zu erstellen, der der Genehmigung durch die Bundesregierung bedarf. $_4$Für jedes Rechnungsjahr ist auf der Grundlage des Wirtschaftsplanes eine Jahresrechnung aufzustellen, in der der Bestand des Versorgungsfonds, die Einnahmen und Ausgaben sowie die Forderungen und Verbindlichkeiten nachzuweisen sind. $_5$Die Jahres-

rechnung ist dem Bundesministerium für Arbeit und Soziales zum Ende des zweiten Monats eines Haushaltsjahres vorzulegen.

(6) 1Die Verwaltung der Mittel des Versorgungsfonds der Bundesagentur wird der Deutschen Bundesbank übertragen. 2Die Mittel des Versorgungsfonds sind einschließlich der Erträge entsprechend der für den Versorgungsfonds des Bundes nach dem Versorgungsrücklagegesetz geltenden Grundsätze und Richtlinien auf der Grundlage einer von der Bundesagentur jährlich aufzustellenden langfristigen Planung der Nettozuweisungen und Abflüsse zu verwalten und anzulegen. 3Über die Terminierung der Anlage der einmaligen Zuweisung nach Absatz 2 Nr. 1 schließen die Bundesagentur und die Deutsche Bundesbank eine Vereinbarung.

(7) Mit Errichtung des Versorgungsfonds werden alle Versorgungsausgaben der Bundesagentur aus diesem geleistet.

Elftes Kapitel
Organisation und Datenschutz

Erster Abschnitt
Bundesagentur für Arbeit

§ 367 Bundesagentur für Arbeit

(1) Die Bundesagentur für Arbeit (Bundesagentur) ist eine rechtsfähige bundesunmittelbare Körperschaft des öffentlichen Rechts mit Selbstverwaltung.

(2) 1Die Bundesagentur gliedert sich in eine Zentrale auf der oberen Verwaltungsebene, Regionaldirektionen auf der mittleren Verwaltungsebene und Agenturen für Arbeit auf der örtlichen Verwaltungsebene. 2Die Bundesagentur kann besondere Dienststellen errichten.

(3) 1Die Regionaldirektionen tragen Verantwortung für den Erfolg der regionalen Arbeitsmarktpolitik. 2Zur Abstimmung der Leistungen der Arbeitsförderung mit der Arbeitsmarkt-, Struktur- und Wirtschaftspolitik der Länder arbeiten sie mit den Landesregierungen zusammen.

(4) Die Bundesagentur hat ihren Sitz in Nürnberg.

§ 368 Aufgaben der Bundesagentur

(1) 1Die Bundesagentur ist der für die Durchführung der Aufgaben nach diesem Buch zuständige Verwaltungsträger. 2Sie darf ihre Mittel nur für die gesetzlich vorgeschriebenen oder zugelassenen Zwecke verwenden.

(1a) 1Die Bundesagentur für Arbeit nimmt auf der Grundlage des über- und zwischenstaatlichen Rechts die Funktion der Verbindungsstelle für die Aufgaben nach diesem Buch oder nach dem Zweiten Buch wahr. 2Hierzu gehören insbesondere

1. die Koordinierung der Verwaltungshilfe und des Datenaustauschs bei grenzüberschreitenden Sachverhalten für den Bereich der Leistungen bei Arbeitslosigkeit,
2. Aufklärung, Beratung und Information.

(2) 1Die Bundesagentur darf für Bundesbehörden Dienstleistungen im Rahmen der Festlegungen des Rates der IT-Beauftragten in den Bereichen Internet-Webhosting, Dienstausweis mit elektronischer Signatur, Druck- und Kuvertierleistungen sowie Archivierung von elektronischen Informationsobjekten erbringen, soweit dies ihre durch dieses Gesetz oder andere Bundesgesetze oder auf Grund dieser Gesetze zugewiesenen Aufgaben nicht beeinträchtigt. 2Dadurch entstehende Kosten sind ihr zu erstatten. 3Das Nähere ist jeweils in Verwaltungsvereinbarungen zu regeln.

(3) 1Die Bundesregierung kann der Bundesagentur durch Rechtsverordnung mit Zustimmung des Bundesrates weitere Aufgaben übertragen, die im Zusammenhang mit deren Aufgaben nach diesem Buch stehen. 2Die Durchführung befristeter Arbeitsmarktprogramme kann sie der Bundesagentur durch Verwaltungsvereinbarung übertragen.

(4) Die Regionaldirektionen können mit Zustimmung der Zentrale durch Verwaltungsvereinbarung die Durchführung befristeter Arbeitsmarktprogramme der Länder übernehmen.

(5) Die Agenturen für Arbeit können die Zusammenarbeit mit Kreisen und Gemeinden in Verwaltungsvereinbarungen regeln.

§ 369 Besonderheiten zum Gerichtsstand

Hat eine Klage gegen die Bundesagentur Bezug auf den Aufgabenbereich einer Regionaldirektion oder einer Agentur für Arbeit, und ist der Sitz der Bundesagentur maßgebend für die örtliche Zuständigkeit des Gerichts, so kann die Klage auch bei dem Gericht erhoben werden, in dessen Bezirk die Regionaldirektion oder die Agentur für Arbeit ihren Sitz hat.

§ 370 Beteiligung an Gesellschaften

Die Bundesagentur kann die Mitgliedschaft in Vereinen erwerben und mit Zustimmung des Bundesministeriums für Arbeit und Soziales sowie des Bundesministeriums der Finanzen Gesellschaften gründen oder sich an Gesellschaften beteiligen, wenn dies zur Erfüllung ihrer Aufgaben nach diesem Buch zweckmäßig ist.

Zweiter Abschnitt
Selbstverwaltung

Erster Unterabschnitt
Verfassung

§ 371 Selbstverwaltungsorgane

(1) Als Selbstverwaltungsorgane der Bundesagentur werden der Verwaltungsrat und die Verwaltungsausschüsse bei den Agenturen für Arbeit gebildet.

(2) 1Die Selbstverwaltungsorgane haben die Verwaltung zu überwachen und in allen aktuellen Fragen des Arbeitsmarktes zu beraten. 2Sie erhalten die für die Wahrnehmung ihrer Aufgaben erforderlichen Informationen.

(3) 1Jedes Selbstverwaltungsorgan gibt sich eine Geschäftsordnung. 2Die Geschäftsordnung ist von mindestens drei Vierteln der Mitglieder zu beschließen.

(4) Die Bundesagentur wird ohne Selbstverwaltung tätig, soweit sie der Fachaufsicht unterliegt.

(5) 1Die Selbstverwaltungsorgane setzen sich zu gleichen Teilen aus Mitgliedern zusammen, die Arbeitnehmerinnen und Arbeitnehmer, Arbeitgeber und öffentliche Körperschaften vertreten. 2Eine Stellvertretung ist nur bei Abwesenheit des Mitglieds zulässig. 3Ein Mitglied, das die öffentlichen Körperschaften vertritt, kann einem Selbstverwaltungsorgan nicht vorsitzen.

(6) 1Die Mitglieder der Selbstverwaltungsorgane üben ihre Tätigkeit ehrenamtlich aus. 2Sie dürfen in der Übernahme oder Ausübung des Ehrenamtes nicht behindert oder wegen der Übernahme oder Ausübung eines solchen Amtes nicht benachteiligt werden.

(7) Stellvertretende Mitglieder haben für die Zeit, in der sie Mitglieder vertreten, die Rechte und Pflichten eines Mitglieds.

(8) § 42 des Vierten Buches gilt entsprechend.

§ 372 Satzung und Anordnungen

(1) Die Bundesagentur gibt sich eine Satzung.

(2) Die Satzung und die Anordnungen des Verwaltungsrats bedürfen der Genehmigung des Bundesministeriums für Arbeit und Soziales.

(3) 1Die Satzung und die Anordnungen sind öffentlich bekannt zu machen. 2Sie treten, wenn ein anderer Zeitpunkt nicht bestimmt ist, am Tag nach ihrer Bekanntmachung in Kraft. 3Die Art der Bekanntmachung wird durch die Satzung geregelt.

(4) Das Bundesministerium für Arbeit und Soziales kann anstelle der nach diesem Gesetz vorgesehenen Anordnungen Rechtsverordnungen erlassen, wenn die Bundesagentur nicht innerhalb von vier Monaten, nachdem das Bundesministerium für Arbeit und Soziales sie dazu aufgefordert hat, eine Anordnung erlässt oder veränderten Verhältnissen anpasst.

§ 373 Verwaltungsrat

(1) 1Der Verwaltungsrat überwacht den Vorstand und die Verwaltung. 2Er kann vom Vorstand die Durchführung von Prüfungen durch die Innenrevision verlangen und Sachverständige mit einzelnen Aufgaben der Überwachung beauftragen.

(2) 1Der Verwaltungsrat kann jederzeit vom Vorstand Auskunft über die Geschäftsführung verlangen. 2Auch ein einzelnes Mitglied des Verwaltungsrats kann einen Bericht, jedoch

nur an den Verwaltungsrat, verlangen; lehnt der Vorstand die Berichterstattung ab, so kann der Bericht nur verlangt werden, wenn die Mehrheit der Gruppe, der das Antrag stellende Mitglied angehört, das Verlangen unterstützt.

(3) 1Die Satzung kann bestimmen, dass bestimmte Arten von Geschäften nur mit Zustimmung des Verwaltungsrats vorgenommen werden dürfen. 2Verweigert der Verwaltungsrat die Zustimmung, so kann der Vorstand verlangen, dass das Bundesministerium für Arbeit und Soziales entscheidet.

(4) Ist der Verwaltungsrat der Auffassung, dass der Vorstand seine Pflichten verletzt hat, kann er die Angelegenheit dem Bundesministerium für Arbeit und Soziales vortragen.

(5) Der Verwaltungsrat beschließt die Satzung und erlässt die Anordnungen nach diesem Gesetz.

(6) 1Der Verwaltungsrat besteht aus 21 Mitgliedern. 2Jede Gruppe kann bis zu fünf stellvertretende Mitglieder benennen. 3Für die Gruppe der öffentlichen Körperschaften können die Mitglieder des Verwaltungsrates, die auf Vorschlag der Bundesregierung, und die Mitglieder des Verwaltungsrates, die auf Vorschlag des Bundesrates in den Verwaltungsrat berufen worden sind, jeweils zwei stellvertretende Mitglieder und das Mitglied, das auf Vorschlag der kommunalen Spitzenverbände in den Verwaltungsrat berufen worden ist, ein stellvertretendes Mitglied benennen.

§ 374 Verwaltungsausschüsse

(1) Bei jeder Agentur für Arbeit besteht ein Verwaltungsausschuss.

(2) 1Der Verwaltungsausschuss überwacht und berät die Agentur für Arbeit bei der Erfüllung ihrer Aufgaben. 2§ 373 Abs. 2 gilt entsprechend.

(3) Ist der Verwaltungsausschuss der Auffassung, dass die Geschäftsführung ihre Pflichten verletzt hat, kann er die Angelegenheit dem Verwaltungsrat vortragen.

(4) 1Die Zahl der Mitglieder der Verwaltungsausschüsse setzt der Verwaltungsrat fest; die Mitgliederzahl darf höchstens 15 betragen. 2Jede Gruppe kann bis zu zwei stellvertretende Mitglieder benennen.

§ 375 Amtsdauer

(1) Die Amtsdauer der Mitglieder der Selbstverwaltungsorgane beträgt sechs Jahre.

(2) Die Mitglieder der Selbstverwaltungsorgane bleiben nach Ablauf ihrer Amtsdauer im Amt, bis ihre Nachfolger berufen sind.

(3) Scheidet ein Mitglied vor Ablauf der Amtsdauer aus, so ist für den Rest der Amtsdauer ein neues Mitglied zu berufen.

(4) Die Amtsdauer der stellvertretenden Mitglieder endet mit der Amtsdauer der Mitglieder der Selbstverwaltungsorgane.

§ 376 Entschädigung der ehrenamtlich Tätigen

1Die Bundesagentur erstattet den Mitgliedern und den stellvertretenden Mitgliedern der Selbstverwaltungsorgane ihre baren Auslagen und gewährt eine Entschädigung. 2Der Verwaltungsrat kann feste Sätze beschließen.

Zweiter Unterabschnitt
Berufung und Abberufung

§ 377 Berufung und Abberufung der Mitglieder

(1) Die Mitglieder und die stellvertretenden Mitglieder der Selbstverwaltung werden berufen.

(2) 1Die Berufung erfolgt bei Mitgliedern des Verwaltungsrats durch das Bundesministerium für Arbeit und Soziales und bei Mitgliedern der Verwaltungsausschüsse durch den Verwaltungsrat. 2Die berufende Stelle hat Frauen und Männer mit dem Ziel ihrer gleichberechtigten Teilhabe in den Gruppen zu berücksichtigen. 3Liegen Vorschläge mehrerer Vorschlagsberechtigter vor, so sind die Sitze anteilsmäßig unter billiger Berücksichtigung der Minderheiten zu verteilen.

(3) 1Ein Mitglied ist abzuberufen, wenn

1. eine Voraussetzung für seine Berufung entfällt oder sich nachträglich herausstellt, dass sie nicht vorgelegen hat,

2. das Mitglied seine Amtspflicht grob verletzt,
3. die vorschlagende Stelle es beantragt oder
4. das Mitglied es beantragt.

$_{2}$Eine Abberufung auf Antrag der vorschlagsberechtigten Gruppe hat bei den Gruppen der Arbeitnehmerinnen und Arbeitnehmer oder der Arbeitgeber nur zu erfolgen, wenn die Mitglieder aus ihren Organisationen ausgeschlossen worden oder ausgetreten sind oder die Vorschlagsberechtigung der Stelle, die das Mitglied vorgeschlagen hat, entfallen ist.

(4) $_{1}$Für die Berufung der stellvertretenden Mitglieder gelten Absatz 2 Satz 1 und 2, Absatz 3 Satz 1 Nr. 1, 2 und 4 sowie § 378 entsprechend. $_{2}$Ein stellvertretendes Mitglied ist abzuberufen, wenn die benennende Gruppe dies beantragt.

§ 378 Berufungsfähigkeit

(1) Als Mitglieder der Selbstverwaltungsorgane können nur Deutsche, die das passive Wahlrecht zum Deutschen Bundestag besitzen, sowie Ausländerinnen und Ausländer, die ihren gewöhnlichen Aufenthalt rechtmäßig im Bundesgebiet haben und die die Voraussetzungen des § 15 des Bundeswahlgesetzes mit Ausnahme der von der Staatsangehörigkeit abhängigen Voraussetzungen erfüllen, berufen werden.

(2) Arbeitnehmerinnen und Arbeitnehmer sowie Beamtinnen und Beamte der Bundesagentur können nicht Mitglieder von Selbstverwaltungsorganen der Bundesagentur sein.

§ 379 Vorschlagsberechtigte Stellen

(1) $_{1}$Vorschlagsberechtigt sind für die Mitglieder der Gruppen

1. der Arbeitnehmerinnen und Arbeitnehmer die Gewerkschaften, die Tarifverträge abgeschlossen haben, sowie ihre Verbände,
2. der Arbeitgeber die Arbeitgeberverbände, die Tarifverträge abgeschlossen haben, sowie ihre Vereinigungen,

die für die Vertretung von Arbeitnehmer- oder Arbeitgeberinteressen wesentliche Bedeutung haben. $_{2}$Für die Verwaltungsausschüsse der Agenturen für Arbeit sind nur die für den Bezirk zuständigen Gewerkschaften und ihre Verbände sowie die Arbeitgeberverbände und ihre Vereinigungen vorschlagsberechtigt.

(2) Vorschlagsberechtigt für die Mitglieder der Gruppe der öffentlichen Körperschaften im Verwaltungsrat sind

1. die Bundesregierung für drei Mitglieder,
2. der Bundesrat für drei Mitglieder und
3. die Spitzenvereinigungen der kommunalen Selbstverwaltungskörperschaften für ein Mitglied.

(3) $_{1}$Vorschlagsberechtigt für die Mitglieder der Gruppe der öffentlichen Körperschaften in den Verwaltungsausschüssen sind die gemeinsamen Rechtsaufsichtsbehörden der zum Bezirk der Agentur für Arbeit gehörenden Gemeinden und Gemeindeverbände oder, soweit es sich um oberste Landesbehörden handelt, die von ihnen bestimmten Behörden. $_{2}$Die zum Bezirk der Agentur für Arbeit gehörenden Gemeinden und Gemeindeverbände sind berechtigt, der zuständigen Behörde Personen vorzuschlagen. $_{3}$Einigen sie sich auf einen Vorschlag, ist die zuständige Behörde an diesen gebunden; im anderen Fall schlägt sie von sich aus Personen vor, die für die beteiligten Gemeinden oder Gemeindeverbände oder für sie tätig sein müssen. $_{4}$Ist eine gemeinsame Gemeindeaufsichtsbehörde nicht vorhanden und einigen sich die beteiligten Gemeindeaufsichtsbehörden nicht, so steht das Vorschlagsrecht der obersten Landesbehörde oder der von ihr bezeichneten Stelle zu. $_{5}$Mitglieder der öffentlichen Körperschaften können nur Vertreterinnen oder Vertreter der Gemeinden, der Gemeindeverbände oder der gemeinsamen Gemeindeaufsichtsbehörde sein, in deren Gebiet sich der Bezirk der Agentur für Arbeit befindet, und die bei diesen hauptamtlich oder ehrenamtlich tätig sind.

Dritter Unterabschnitt
Neutralitätsausschuss

§ 380 Neutralitätsausschuss

(1) $_{1}$Der Neutralitätsausschuss, der Feststellungen über bestimmte Voraussetzungen

über das Ruhen des Arbeitslosengeldes bei Arbeitskämpfen trifft, besteht aus

1. drei Mitgliedern, die der Gruppe der Arbeitnehmerinnen und Arbeitnehmer im Verwaltungsrat angehören,
2. drei Mitgliedern, die der Gruppe der Arbeitgeber im Verwaltungsrat angehören, sowie
3. der oder dem Vorsitzenden des Vorstands.

2Die Gruppe der Arbeitnehmerinnen und Arbeitnehmer sowie die Gruppe der Arbeitgeber bestimmen die sie jeweils vertretenden Personen mit einfacher Mehrheit. 3Vorsitzende oder Vorsitzender ist die oder der Vorsitzende des Vorstands. 4Sie oder er vertritt den Neutralitätsausschuss vor dem Bundessozialgericht.

(2) Die Vorschriften, die die Organe der Bundesagentur betreffen, gelten entsprechend, soweit Besonderheiten des Neutralitätsausschusses nicht entgegenstehen.

Dritter Abschnitt Vorstand und Verwaltung

§ 381 Vorstand der Bundesagentur

(1) 1Der Vorstand leitet die Bundesagentur und führt deren Geschäfte. 2Er vertritt die Bundesagentur gerichtlich und außergerichtlich.

(2) 1Der Vorstand besteht aus einer oder einem Vorsitzenden und zwei weiteren Mitgliedern. 2Die oder der Vorsitzende führt die Amtsbezeichnung „Vorsitzende des Vorstands der Bundesagentur für Arbeit" oder „Vorsitzender des Vorstands der Bundesagentur für Arbeit", die übrigen Mitglieder führen die Amtsbezeichnung „Mitglied des Vorstands der Bundesagentur für Arbeit".

(3) 1Die oder der Vorsitzende des Vorstands bestimmt die Richtlinien der Geschäftsführung und ist bei der Benennung der übrigen Vorstandsmitglieder zu hören. 2Innerhalb dieser Richtlinien nimmt jedes Vorstandsmitglied die Aufgaben seines Geschäftsbereiches selbständig wahr.

(4) 1Der Vorstand gibt sich eine Geschäftsordnung, die der Zustimmung des Verwaltungsrats bedarf. 2Die Geschäftsordnung hat insbesondere die Geschäftsverteilung im Vorstand festzulegen sowie die Stellvertretung und die Voraussetzungen für die Beschlussfassung zu regeln.

(5) 1Die Vorstandsmitglieder dürfen dem Verwaltungsrat nicht angehören. 2Sie sind berechtigt, an den Sitzungen des Verwaltungsrats teilzunehmen. 3Sie können jederzeit das Wort ergreifen.

(6) Der Vorstand hat dem Verwaltungsrat regelmäßig und aus wichtigem Anlass zu berichten und ihm auf Verlangen jederzeit Auskunft über die Geschäftsführung der Bundesagentur zu erteilen.

§ 382 Rechtsstellung der Vorstandsmitglieder

(1) 1Die oder der Vorsitzende und die übrigen Mitglieder des Vorstands werden auf Vorschlag des Verwaltungsrats von der Bundesregierung benannt. 2Erfolgt trotz Aufforderung durch die Bundesregierung innerhalb von vier Wochen kein Vorschlag des Verwaltungsrats, erlischt das Vorschlagsrecht. 3Findet der Vorschlag des Verwaltungsrats nicht die Zustimmung der Bundesregierung, kann der Verwaltungsrat innerhalb von vier Wochen einen neuen Vorschlag unterbreiten. 4Das Letztentscheidungsrecht der Bundesregierung bleibt von diesem Verfahren unberührt.

(2) 1Die oder der Vorsitzende und die übrigen Mitglieder des Vorstands stehen in einem öffentlich-rechtlichen Amtsverhältnis. 2Sie werden von der Bundespräsidentin oder dem Bundespräsidenten ernannt. 3Die Amtszeit der Mitglieder des Vorstands soll fünf Jahre betragen. 4Mehrere Amtszeiten sind zulässig.

(3) 1Das Amtsverhältnis der Vorstandsmitglieder beginnt mit der Aushändigung der Ernennungsurkunde, wenn nicht in der Urkunde ein späterer Tag bestimmt ist. 2Es endet mit Ablauf der Amtszeit, Erreichen der Altersgrenze nach § 51 Abs. 1 und 2 des Bundesbeamtengesetzes oder Entlassung. 3Die Bundespräsidentin oder der Bundespräsident entlässt ein Vorstandsmitglied auf dessen Verlangen. 4Eine Entlassung erfolgt auch auf Beschluss

der Bundesregierung oder des Verwaltungsrats mit Zustimmung der Bundesregierung, wenn das Vertrauensverhältnis gestört ist oder ein wichtiger Grund vorliegt. 5Im Falle der Beendigung des Amtsverhältnisses erhält das Vorstandsmitglied eine von der Bundespräsidentin oder dem Bundespräsidenten vollzogene Urkunde. 6Eine Entlassung wird mit der Aushändigung der Urkunde wirksam. 7Auf Verlangen des Verwaltungsrats mit Zustimmung des Bundesministeriums für Arbeit und Soziales ist ein Vorstandsmitglied verpflichtet, die Geschäfte bis zur Ernennung einer Nachfolgerin oder eines Nachfolgers weiterzuführen.

(4) 1Die Mitglieder des Vorstands haben, auch nach Beendigung ihres Amtsverhältnisses, über die ihnen amtlich bekannt gewordenen Angelegenheiten Verschwiegenheit zu bewahren. 2Dies gilt nicht für Mitteilungen im dienstlichen Verkehr oder über Tatsachen, die offenkundig sind oder ihrer Bedeutung nach keiner Geheimhaltung bedürfen.

(5) 1Die Vorstandsmitglieder dürfen neben ihrem Amt kein anderes besoldetes Amt, kein Gewerbe und keinen Beruf ausüben und weder der Leitung eines auf Erwerb gerichteten Unternehmens noch einer Regierung oder einer gesetzgebenden Körperschaft des Bundes oder eines Landes angehören. 2Sie dürfen nicht gegen Entgelt außergerichtliche Gutachten abgeben. 3Für die Zugehörigkeit zu einem Aufsichtsrat, Verwaltungsrat, Beirat oder einem anderen Gremium eines öffentlichen oder privaten Unternehmens oder einer sonstigen Einrichtung ist die Einwilligung des Bundesministeriums für Arbeit und Soziales erforderlich; dieses entscheidet, inwieweit eine Vergütung abzuführen ist.

(6) 1Im Übrigen werden die Rechtsverhältnisse der Vorstandsmitglieder, insbesondere die Gehalts- und Versorgungsansprüche und die Haftung, durch Verträge geregelt, die das Bundesministerium für Arbeit und Soziales mit den Mitgliedern des Vorstands schließt. 2Die Verträge bedürfen der Zustimmung der Bundesregierung. 3Der Vollzug der vertraglichen Regelung obliegt der Bundesagentur.

(7) 1Wird eine Bundesbeamtin oder ein Bundesbeamter zum Mitglied des Vorstands ernannt, ruhen für die Dauer des Amtsverhältnisses die in dem Beamtenverhältnis begründeten Rechte und Pflichten mit Ausnahme der Pflicht zur Amtsverschwiegenheit und des Verbots der Annahme von Belohnungen oder Geschenken. 2Satz 1 gilt längstens bis zum Eintritt oder bis zur Versetzung in den Ruhestand.

(8) Endet das Amtsverhältnis nach Absatz 2 und wird die oder der Betroffene nicht anschließend in ein anderes öffentlich-rechtliches Amtsverhältnis zum Bund berufen, treten Beamtinnen und Beamte, wenn ihnen nicht innerhalb von drei Monaten unter den Voraussetzungen des § 28 Abs. 2 des Bundesbeamtengesetzes oder vergleichbarer landesrechtlicher Regelungen ein anderes Amt übertragen wird, mit Ablauf dieser Frist aus ihrem Dienstverhältnis als Beamtinnen oder Beamte in den einstweiligen Ruhestand, sofern sie zu diesem Zeitpunkt noch nicht die gesetzliche Altersgrenze erreicht haben.

§ 383 Geschäftsführung der Agenturen für Arbeit

(1) 1Die Agenturen für Arbeit werden von einer Geschäftsführerin, einem Geschäftsführer oder einer Geschäftsführung geleitet. 2Eine Geschäftsführung besteht aus einer oder einem Vorsitzenden und bis zu zwei weiteren Mitgliedern.

(2) 1Die Geschäftsführerin, der Geschäftsführer oder die Mitglieder der Geschäftsführung werden vom Vorstand bestellt. 2Der Vorstand hört die Verwaltungsausschüsse zu den von ihm ausgewählten Bewerberinnen und Bewerbern.

(3) 1Die Geschäftsführerin, der Geschäftsführer oder die Mitglieder der Geschäftsführung sind berechtigt, an den Sitzungen des Verwaltungsausschusses teilzunehmen. 2Sie können jederzeit das Wort ergreifen.

(4) Die Geschäftsführerin, der Geschäftsführer oder die Geschäftsführung haben dem Verwaltungsausschuss regelmäßig und aus wichtigem Anlass zu berichten und ihm auf Ver-

langen jederzeit Auskunft über die Geschäfte der Agentur für Arbeit zu erteilen.

§ 384 Geschäftsführung der Regionaldirektionen

(1) 1Die Regionaldirektionen werden von einer Geschäftsführung geleitet. 2Die Geschäftsführung besteht aus einer oder einem Vorsitzenden und zwei weiteren Mitgliedern.

III

(2) Die Mitglieder werden vom Vorstand bestellt; vor der Bestellung der vorsitzenden Mitglieder der Geschäftsführung hat der Vorstand den Verwaltungsrat und die beteiligten Landesregierungen anzuhören.

§ 385 Beauftragte für Chancengleichheit am Arbeitsmarkt

(1) 1Bei den Agenturen für Arbeit, bei den Regionaldirektionen und bei der Zentrale sind hauptamtliche Beauftragte für Chancengleichheit am Arbeitsmarkt zu bestellen. 2Sie sind unmittelbar der jeweiligen Dienststellenleitung zugeordnet.

(2) 1Die Beauftragten für Chancengleichheit am Arbeitsmarkt unterstützen und beraten Arbeitgeber, Arbeitnehmerinnen und Arbeitnehmer sowie deren Organisationen in übergeordneten Fragen der Frauenförderung, der Gleichstellung von Frauen und Männern am Arbeitsmarkt sowie der Vereinbarkeit von Familie und Beruf bei beiden Geschlechtern. 2Hierzu zählen insbesondere Fragen der beruflichen Ausbildung, des beruflichen Einstiegs und Fortkommens von Frauen und Männern nach einer Familienphase sowie hinsichtlich einer flexiblen Arbeitszeitgestaltung. 3Zur Sicherung der gleichberechtigten Teilhabe von Frauen am Arbeitsmarkt arbeiten sie mit den in Fragen der Frauenerwerbsarbeit tätigen Stellen ihres Bezirks zusammen.

(3) 1Die Beauftragten für Chancengleichheit am Arbeitsmarkt sind bei der frauen- und familiengerechten fachlichen Aufgabenerledigung ihrer Dienststellen zu beteiligen. 2Sie haben ein Informations-, Beratungs- und Vorschlagsrecht in Fragen, die Auswirkungen auf die Chancengleichheit von Frauen und Männern am Arbeitsmarkt haben.

(4) 1Die Beauftragten für Chancengleichheit am Arbeitsmarkt bei den Agenturen für Arbeit können mit weiteren Aufgaben beauftragt werden, soweit die Aufgabenerledigung als Beauftragte für Chancengleichheit am Arbeitsmarkt dies zulässt. 2In Konfliktfällen entscheidet der Verwaltungsausschuss.

§ 386 Innenrevision

(1) 1Die Bundesagentur stellt durch organisatorische Maßnahmen sicher, dass in allen Dienststellen durch eigenes nicht der Dienststelle angehörendes Personal geprüft wird, ob Leistungen unter Beachtung der gesetzlichen Bestimmungen nicht hätten erbracht werden dürfen oder zweckmäßiger oder wirtschaftlicher hätten eingesetzt werden können. 2Mit der Durchführung der Prüfungen können Dritte beauftragt werden.

(2) Das Prüfpersonal der Bundesagentur ist für die Zeit seiner Prüftätigkeit fachlich unmittelbar der Leitung der Dienststelle unterstellt, in der es beschäftigt ist.

(3) 1Der Vorstand legt die Berichte der Innenrevision unverzüglich dem Verwaltungsrat vor. 2Vertreterinnen oder Vertreter der Innenrevision sind berechtigt, an den Sitzungen des Verwaltungsrats teilzunehmen, wenn ihre Berichte Gegenstand der Beratung sind. 3Sie können jederzeit das Wort ergreifen.

§ 387 Personal der Bundesagentur

(1) 1Das Personal der Bundesagentur besteht vorrangig aus Arbeitnehmerinnen und Arbeitnehmern. 2Die Beamtinnen und Beamten der Bundesagentur sind Bundesbeamte.

(2) 1Oberste Dienstbehörde für die Beamtinnen und Beamten der Bundesagentur ist der Vorstand. 2Soweit beamtenrechtliche Vorschriften die Übertragung der Befugnisse von obersten Dienstbehörden auf nachgeordnete Behörden zulassen, kann der Vorstand seine Befugnisse im Rahmen dieser Vorschriften auf die Geschäftsführerinnen, Geschäftsführer oder Vorsitzenden der Geschäftsführungen der Agenturen für Arbeit, auf die Vorsitzenden der Geschäftsführungen der Regionaldirektionen und die Leitungen der besonderen Dienststellen übertragen. 3§ 144 Abs. 1 des

Bundesbeamtengesetzes und § 83 Abs. 1 des Bundesdisziplinargesetzes bleiben unberührt.

(3) 1Beamtinnen und Beamte der Bundesagentur können auf Antrag zur Wahrnehmung einer hauptberuflichen Tätigkeit in einem befristeten Arbeits- oder Anstellungsverhältnis bei der Bundesagentur unter Wegfall der Besoldung beurlaubt werden, soweit das Beamtenverhältnis mindestens drei Jahre besteht und dienstliche Gründe nicht entgegenstehen. 2Eine Beurlaubung ist nur zulässig, wenn der Beamtin oder dem Beamten in dem Arbeits- oder Anstellungsverhältnis eine Funktion übertragen wird, die höher als die bisher übertragene Funktion bewertet ist. 3Die Bewilligung der Beurlaubung dient dienstlichen Interessen und ist auf längstens zehn Jahre zu befristen. 4Verlängerungen sind zulässig. 5Bei Abschluss eines Anstellungsvertrags nach § 389 Absatz 1 verlängert sich die Beurlaubung um die Zeit, die im Anstellungsverhältnis zu erbringen ist. 6Die Bewilligung der Beurlaubung kann aus zwingenden dienstlichen Gründen widerrufen werden. 7Bei Beendigung oder Ruhen des Arbeitsverhältnisses ist die Bewilligung der Beurlaubung grundsätzlich zu widerrufen. 8Sie kann auf Antrag der beurlaubten Beamtin oder des beurlaubten Beamten auch widerrufen werden, wenn ihr oder ihm eine Fortsetzung der Beurlaubung nicht zumutbar ist und dienstliche Belange nicht entgegenstehen.

(4) Die beurlaubten Beamtinnen und Beamten sind im Rahmen ihrer hauptberuflichen Tätigkeit nach Absatz 3 Satz 1 nicht versicherungspflichtig im Anwendungsbereich dieses Buches, in der gesetzlichen Kranken- und Rentenversicherung sowie in der sozialen Pflegeversicherung.

(5) 1Die Zeit der hauptberuflichen Tätigkeit der nach Absatz 3 Satz 1 beurlaubten Beamtinnen und Beamten ist ruhegehaltfähig. 2Die Voraussetzungen des § 28 Abs. 1 Satz 1 des Bundesbesoldungsgesetzes gelten für die Zeit der Beurlaubung als erfüllt. 3Ein Versorgungszuschlag wird nicht erhoben. 4Die Anwartschaft der beurlaubten Beamtinnen und Beamten auf Versorgung bei verminderter Erwerbsfähigkeit und im Alter sowie auf Hinterbliebenenversorgung nach beamtenrechtlichen Vorschriften und Grundsätzen ist gewährleistet.

(6) 1Während der hauptberuflichen Tätigkeit nach Absatz 3 Satz 1 besteht im Krankheitsfall ein zeitlich unbegrenzter Anspruch auf Entgeltfortzahlung in Höhe der Besoldung, die der beurlaubten Beamtin oder dem beurlaubten Beamten vor der Beurlaubung zugestanden hat, mindestens jedoch in Höhe des Krankengeldes, das der beurlaubten Beamtin oder dem beurlaubten Beamten nach den §§ 44 ff. des Fünften Buches zustehen würde. 2Entgeltansprüche, die der beurlaubten Beamtin oder dem beurlaubten Beamten im Krankheitsfall nach dem Entgeltfortzahlungsgesetz, einem Tarifvertrag oder dem Arbeits- oder Anstellungsvertrag zustehen, bleiben unberührt und werden auf den Entgeltfortzahlungsanspruch nach Satz 1 angerechnet. 3Darüber hinaus besteht bei Krankheit und Pflegebedürftigkeit ein Anspruch auf Beihilfe in entsprechender Anwendung der Beihilferegelungen für Beamtinnen und Beamte mit Dienstbezügen.

(7) 1Werden einer Beamtin oder einem Beamten der Bundesagentur mit Bestellung zur Geschäftsführerin oder zum Geschäftsführer einer gemeinsamen Einrichtung nach § 44d Absatz 2 Satz 1 des Zweiten Buches Aufgaben eines höherwertigen Amtes übertragen, erhält sie oder er ab dem siebten Monat der ununterbrochenen Wahrnehmung dieser Aufgaben im Beamtenverhältnis eine Zulage, wenn in diesem Zeitpunkt die haushaltsrechtlichen Voraussetzungen für die Übertragung dieses Amtes vorliegen. 2Die Zulage wird in Höhe des Unterschiedsbetrages zwischen dem Grundgehalt ihrer oder seiner Besoldungsgruppe und dem Grundgehalt der Besoldungsgruppe gezahlt, der das höherwertige Amt zugeordnet ist, höchstens jedoch der dritten folgenden Besoldungsgruppe.

§ 388 Ernennung der Beamtinnen und Beamten

(1) Der Vorstand ernennt die Beamtinnen und Beamten.

(2) 1Der Vorstand kann seine Befugnisse auf Bedienstete der Bundesagentur übertragen. 2Er bestimmt im Einzelnen, auf wen die Ernennungsbefugnisse übertragen werden.

§ 389 Anstellungsverhältnisse oberster Führungskräfte

(1) 1Folgende Funktionen werden vorrangig in einem befristeten außertariflichen Arbeitsverhältnis oberster Führungskräfte (Anstellungsverhältnis) übertragen:

1. die Funktion einer Geschäftsführerin oder eines Geschäftsführers bei der Zentrale der Bundesagentur,
2. die Funktion einer Bereichsleiterin oder eines Bereichsleiters mit herausgehobenen Aufgaben bei der Zentrale der Bundesagentur,
3. die Funktionen der oder des Vorsitzenden der Geschäftsführung einer Regionaldirektion und der ständigen Vertreterin oder des ständigen Vertreters der oder des Vorsitzenden der Geschäftsführung einer Regionaldirektion,
4. die Funktion der Leiterin oder des Leiters der Familienkasse sowie
5. die Funktionen der Leiterin oder des Leiters und der stellvertretenden Leiterin oder des stellvertretenden Leiters des Instituts für Arbeitsmarkt- und Berufsforschung.

2Ein Anstellungsverhältnis darf jeweils die Dauer von fünf Jahren nicht überschreiten. 3Es kann wiederholt begründet werden. 4Wenn Beschäftigte zum Zeitpunkt der Übertragung in einem Arbeitsverhältnis zur Bundesagentur stehen, wird die Funktion ausschließlich im Anstellungsverhältnis übertragen. 5Vor Begründung eines Anstellungsverhältnisses ist der Verwaltungsrat der Bundesagentur zu beteiligen. 6Bei Übertragung im Beamtenverhältnis gilt § 24 Absatz 1 bis 4 und 6 des Bundesbeamtengesetzes.

(2) 1Beamtinnen und Beamte, die ein Anstellungsverhältnis begründen, kehren nach Beendigung ihres Anstellungsverhältnisses in das ihnen vor der Beurlaubung nach § 387 Absatz 3 zuletzt übertragene Amt zurück, es sei denn, sie haben zu diesem Zeitpunkt die für sie geltende Altersgrenze erreicht. 2Sie erhalten die Besoldung aus dem vor der Beurlaubung nach § 387 Absatz 3 zuletzt wahrgenommenen Amt.

(3) Für die Dauer eines Anstellungsverhältnisses ruhen die Rechte und Pflichten aus einem mit der Bundesagentur bereits bestehenden Arbeitsverhältnis.

§ 390 Außertarifliche Arbeitsbedingungen und Vergütungen

(1) 1Der Vorstand regelt mit Zustimmung des Verwaltungsrats und im Benehmen mit dem Bundesministerium für Arbeit und Soziales und dem Bundesministerium der Finanzen die Bedingungen, unter denen die Bundesagentur Anstellungsverträge mit obersten Führungskräften und Arbeitsverträge mit den sonstigen Beschäftigten schließt, für die kein Tarifvertrag der Bundesagentur gilt (obere Führungskräfte und herausgehobene Fachkräfte). 2Die Funktionen der Beschäftigten nach Satz 1 sind jeweils einer von mehreren Tätigkeitsebenen zuzuordnen. 3Im Haushaltsplan der Bundesagentur ist für die Vergütung der in Satz 1 genannten Beschäftigten ein gesonderter Titel auszubringen. 4Dabei ist in einer verbindlichen Erläuterung zum Titel und im verbindlichen Stellenplan die Anzahl der Beschäftigten nach Satz 1 nach Tätigkeitsebenen gegliedert festzulegen. 5Für die Tätigkeitsebenen ist jeweils die Spannbreite der jährlichen Gesamtvergütungen sowie die dieser entsprechende Spannbreite der Besoldungsgruppen nach dem Bundesbesoldungsgesetz auszuweisen.

(2) 1Die nach Absatz 1 Satz 1 zu regelnde Vergütung besteht aus einem Festgehalt, zu dem Zulagen gezahlt werden können. 2Zusätzlich können ein individueller leistungsbezogener Bestandteil sowie eine am Grad der Zielerreichung der Bundesagentur oder ihrer Dienststellen ausgerichtete geschäftspolitische Ergebniskomponente geleistet werden.

(3) 1Die Vergütung nach Absatz 2 Satz 1 hat sich an den Grundgehältern der Bundesbesoldungsordnungen A und B auszurichten. 2Für die Zuordnung von Festgehalt und Zulagen sind die mit der übertragenen Funktion

verbundene Aufgaben- und Personalverantwortung, die Schwierigkeit der Aufgabe und die Bedeutung der Funktion oder der Grad der Anforderungen und Belastungen maßgeblich. ₃Die Summe aus Festgehalt und Zulagen darf für oberste Führungskräfte die Grundgehälter der Bundesbesoldungsordnung B, für obere Führungskräfte und herausgehobene Fachkräfte die Endgrundgehälter der Bundesbesoldungsordnung A, jeweils zuzüglich des Familienzuschlags der Stufe 2, der Bundesbeamtinnen und Bundesbeamten in vergleichbaren Funktionen nicht übersteigen. ₄Dabei darf für oberste Führungskräfte das Grundgehalt der Besoldungsgruppe B 7 der Bundesbesoldungsordnung B zuzüglich des Familienzuschlags der Stufe 2 nicht überschritten werden. ₅§ 44d Absatz 7 des Zweiten Buches bleibt unberührt.

(4) ₁Der leistungsbezogene Bestandteil nach Absatz 2 Satz 2 hat sich an der individuellen Leistung der oder des Beschäftigten zu bemessen. ₂Er darf nicht mehr als 20 Prozent des Festgehalts betragen. ₃Die geschäftspolitische Ergebniskomponente ist auf jährlich höchstens 10 Prozent des nach Absatz 2 Satz 1 vorgesehenen niedrigsten Jahresfestgehalts zu begrenzen. ₄Der Vorstand der Bundesagentur stellt unter vorheriger Beteiligung des Verwaltungsrats fest, zu welchem leistungsorientierten Grad die Ziele erreicht wurden, die für die geschäftspolitische Ergebniskomponente maßgeblich sind. ₅Grundlage dafür ist ein mit dem Verwaltungsrat abgestimmtes geeignetes Ziele-, Kennzahlen- und Messgrößensystem.

(5) ₁Die Vergütung nach Absatz 2 Satz 1 nimmt an den Änderungen des höchsten Festgehalts für tariflich Beschäftigte der Bundesagentur teil. ₂Die Regelung nach Absatz 3 Satz 3 und 4 bleibt davon unberührt.

(6) ₁Der Vorstand kann mit Zustimmung des Verwaltungsrats im Einzelfall Beschäftigten nach Absatz 1 Satz 1 eine weitere Zulage zahlen, wenn ein Dienstposten auf Grund besonderer Anforderungen nicht zu den Bedingungen der Absätze 3 und 4 besetzt werden oder besetzt bleiben kann. ₂§ 44d Absatz 7 des Zweiten Buches bleibt unberührt. ₃Für solche Einzelfälle sind folgende Angaben auszuweisen:

1. ein entsprechender Betrag in dem Titel nach Absatz 1 Satz 3 und
2. die Anzahl der Beschäftigten, die eine Zulage nach Satz 1 erhalten können, in einer verbindlichen Erläuterung zum Titel nach Absatz 1 Satz 3 und im verbindlichen Stellenplan.

§ 391 (weggefallen)

§ 392 Obergrenzen für Beförderungsämter

Bei der Bundesagentur können die nach § 26 Abs. 1 des Bundesbesoldungsgesetzes zulässigen Obergrenzen für Beförderungsämter nach Maßgabe sachgerechter Bewertung überschritten werden, soweit dies zur Vermeidung von Verschlechterungen der Beförderungsverhältnisse infolge einer Verminderung von Planstellen erforderlich ist.

Vierter Abschnitt
Aufsicht

§ 393 Aufsicht

(1) ₁Die Aufsicht über die Bundesagentur führt das Bundesministerium für Arbeit und Soziales. ₂Sie erstreckt sich darauf, dass Gesetze und sonstiges Recht beachtet werden.

(2) Dem Bundesministerium für Arbeit und Soziales ist jährlich ein Geschäftsbericht vorzulegen, der vom Vorstand zu erstatten und vom Verwaltungsrat zu genehmigen ist.

Fünfter Abschnitt
Datenschutz

§ 394 Erhebung, Verarbeitung und Nutzung von Daten durch die Bundesagentur

(1) ₁Die Bundesagentur darf Sozialdaten nur erheben, verarbeiten und nutzen, soweit dies zur Erfüllung ihrer gesetzlich vorgeschriebenen oder zugelassenen Aufgaben erforderlich ist. ₂Ihre Aufgaben nach diesem Buch sind

1. die Feststellung eines Versicherungspflichtverhältnisses einschließlich einer Versicherungsfreiheit,
2. die Erbringung von Leistungen der Arbeitsförderung,
3. die Erstellung von Statistiken, Arbeitsmarkt- und Berufsforschung, Berichterstattung,
4. die Überwachung der Beratung und Vermittlung durch Dritte,
5. die Zustimmung zur Zulassung der Beschäftigung nach dem Aufenthaltsgesetz, die Zustimmung zur Anwerbung aus dem Ausland sowie die Erteilung einer Arbeitsgenehmigung-EU,
6. die Bekämpfung von Leistungsmissbrauch und illegaler Beschäftigung,
7. die Unterrichtung der zuständigen Behörden über Anhaltspunkte von Schwarzarbeit, Nichtentrichtung von Sozialversicherungsbeiträgen oder Steuern und Verstößen gegen das Aufenthaltsgesetz,
8. die Überwachung der Melde-, Anzeige-, Bescheinigungs- und sonstiger Pflichten nach dem Achten Kapitel sowie die Erteilung von Auskünften,
9. der Nachweis von Beiträgen sowie die Erhebung von Umlagen für die ergänzenden Leistungen nach § 102 und das Insolvenzgeld,
10. die Durchführung von Erstattungs- und Ersatzansprüchen.

(2) Eine Verwendung für andere als die in Absatz 1 genannten Zwecke ist nur zulässig, soweit dies durch Rechtsvorschriften des Sozialgesetzbuches angeordnet oder erlaubt ist.

§ 395 Datenübermittlung an Dritte; Erhebung, Verarbeitung und Nutzung von Sozialdaten durch nichtöffentliche Stellen

(1) Die Bundesagentur darf Dritten, die mit der Erfüllung von Aufgaben nach diesem Buch beauftragt sind, Sozialdaten übermitteln, soweit dies zur Erfüllung dieser Aufgaben erforderlich ist.

(2) Die Bundesagentur darf abweichend von § 80 Abs. 5 des Zehnten Buches zur Erfüllung ihrer Aufgaben nach diesem Buch nichtöffentliche Stellen mit der Erhebung, Verarbeitung und Nutzung von Sozialdaten beauftragen, auch soweit die Speicherung der Daten den gesamten Datenbestand umfasst.

§ 396 Kennzeichnungs- und Maßregelungsverbot

$_1$Die Bundesagentur und von ihr beauftragte Dritte dürfen Berechtigte und Arbeitgeber bei der Speicherung oder Übermittlung von Daten nicht in einer aus dem Wortlaut nicht verständlichen oder in einer Weise kennzeichnen, die nicht zur Erfüllung ihrer Aufgaben erforderlich ist. $_2$Die Bundesagentur darf an einer Maßregelung von Berechtigten oder an entsprechenden Maßnahmen gegen Arbeitgeber nicht mitwirken.

§ 397 Automatisierter Datenabgleich

(1) $_1$Soweit für die Erbringung oder die Erstattung von Leistungen nach diesem Buch erforderlich, darf die Bundesagentur Angaben zu Personen, die Leistungen nach diesem Buch beantragt haben, beziehen oder innerhalb der letzten neun Monate bezogen haben, regelmäßig automatisiert mit den folgenden nach § 36 Absatz 3 der Datenerfassungs- und Übermittlungsverordnung von der Datenstelle der Träger der Rentenversicherung übermittelten Daten abgleichen:

1. Versicherungsnummer (§ 28a Absatz 3 Satz 1 Nummer 1 des Vierten Buches),
2. Betriebsnummer des Arbeitgebers (§ 28a Absatz 3 Satz 1 Nummer 6 des Vierten Buches),
3. zuständige Einzugsstelle (§ 28a Absatz 3 Satz 1 Nummer 8 des Vierten Buches),
4. Beschäftigungsbeginn (§ 28a Absatz 3 Satz 2 Nummer 1 Buchstabe b des Vierten Buches),
5. Beschäftigungszeitraum (§ 28a Absatz 3 Satz 2 Nummer 2 Buchstabe d des Vierten Buches),
6. Personengruppenschlüssel, Beitragsgruppenschlüssel und Abgabegründe für die

Meldungen (§ 28b Absatz 1 Satz 1 Nummer 1 des Vierten Buches),
7. Stornokennzeichen (§ 14 Absatz 1 der Datenerfassungs- und Übermittlungsverordnung).

2Satz 1 gilt auch für geringfügig Beschäftigte. 3Bei Beschäftigten, für die Meldungen im Rahmen des Haushaltsscheckverfahrens (§ 28a Absatz 7 des Vierten Buches) erstattet werden, dürfen die nach § 28a Absatz 8 Nummer 1, 2 und 4 Buchstabe a und d des Vierten Buches übermittelten Daten abgeglichen werden. 4Die abzugleichenden Daten dürfen von der Bundesagentur, bezogen auf einzelne Beschäftigungsverhältnisse, zusammengeführt werden. 5Dabei können die nach § 36 Absatz 3 der Datenerfassungs- und Übermittlungsverordnung übermittelten Daten, insbesondere auch das in der Rentenversicherung oder nach dem Recht der Arbeitsförderung beitragspflichtige Arbeitsentgelt in Euro (§ 28a Absatz 3 Satz 2 Nummer 2 Buchstabe b des Vierten Buches) genutzt werden.

(2) 1Nach Durchführung des Abgleichs hat die Bundesagentur die Daten, die für die in Absatz 1 genannten Zwecke nicht erforderlich sind, unverzüglich zu löschen. 2Die übrigen Daten dürfen nur für die in Absatz 1 genannten Zwecke und für die Verfolgung von Straftaten und Ordnungswidrigkeiten verwendet werden, die im Zusammenhang mit der Beantragung oder dem Bezug von Leistungen stehen.

§§ 398 bis 403 (weggefallen)

Zwölftes Kapitel Bußgeldvorschriften

Erster Abschnitt Bußgeldvorschriften

§ 404 Bußgeldvorschriften

(1) Ordnungswidrig handelt, wer als Unternehmerin oder Unternehmer Dienst- oder Werkleistungen in erheblichem Umfang ausführen lässt, indem sie oder er eine andere Unternehmerin oder einen anderen Unternehmer beauftragt, von dem sie oder er weiß oder fahrlässig nicht weiß, dass diese oder dieser zur Erfüllung dieses Auftrags

1. entgegen § 284 Absatz 1 oder § 4 Absatz 3 Satz 2 des Aufenthaltsgesetzes eine Ausländerin oder einen Ausländer beschäftigt oder
2. eine Nachunternehmerin oder einen Nachunternehmer einsetzt oder es zulässt, dass eine Nachunternehmerin oder ein Nachunternehmer tätig wird, die oder der entgegen § 284 Absatz 1 oder § 4 Absatz 3 Satz 2 des Aufenthaltsgesetzes eine Ausländerin oder einen Ausländer beschäftigt.

(2) Ordnungswidrig handelt, wer vorsätzlich oder fahrlässig

1. entgegen § 42 Absatz 4 oder § 287 Abs. 3 sich die dort genannte Gebühr oder den genannten Aufwendungsersatz erstatten lässt,
2. entgegen § 165 Absatz 5 einen dort genannten Beschluß nicht oder nicht rechtzeitig bekanntgibt,
3. entgegen § 284 Abs. 1 oder § 4 Abs. 3 Satz 2 des Aufenthaltsgesetzes eine Ausländerin oder einen Ausländer beschäftigt,
4. entgegen § 284 Abs. 1 oder § 4 Abs. 3 Satz 1 des Aufenthaltsgesetzes eine Beschäftigung ausübt,
5. entgegen § 39 Abs. 2 Satz 3 des Aufenthaltsgesetzes eine Auskunft nicht richtig erteilt,
6. einer vollziehbaren Anordnung nach § 288a Abs. 1 zuwiderhandelt,
7. entgegen § 288a Abs. 2 Satz 1 eine Auskunft nicht, nicht richtig, nicht vollständig oder nicht rechtzeitig erteilt oder eine Unterlage nicht, nicht richtig, nicht vollständig oder nicht rechtzeitig vorlegt,
8. entgegen § 288a Abs. 3 Satz 2 eine Maßnahme nicht duldet,
9. einer Rechtsverordnung nach § 292 zuwiderhandelt, soweit sie für einen bestimmten Tatbestand auf diese Bußgeldvorschrift verweist,
10. (weggefallen)

11. entgegen § 296 Abs. 2 oder § 296a eine Vergütung oder einen Vorschuss entgegennimmt,
12. entgegen § 298 Abs. 1 als privater Vermittler Daten erhebt, verarbeitet oder nutzt,
13. entgegen § 298 Abs. 2 Satz 1 oder 4 eine Unterlage nicht, nicht richtig, nicht vollständig oder nicht rechtzeitig zurückgibt oder Daten nicht oder nicht rechtzeitig löscht,
14. (weggefallen)
15. (weggefallen)
16. einer Rechtsverordnung nach § 352 Abs. 2 Nr. 2 oder § 357 Satz 1 zuwiderhandelt, soweit sie für einen bestimmten Tatbestand auf diese Bußgeldvorschrift verweist,
17. und 18. (weggefallen)
19. entgegen § 312 Abs. 1 Satz 1 oder 3, jeweils auch in Verbindung mit Absatz 3, eine Tatsache nicht, nicht richtig, nicht vollständig oder nicht rechtzeitig bescheinigt oder eine Arbeitsbescheinigung nicht oder nicht rechtzeitig aushändigt,
19a. entgegen § 312a Absatz 1 Satz 1 oder Satz 2, jeweils auch in Verbindung mit Satz 3, eine Tatsache nicht, nicht richtig, nicht vollständig oder nicht rechtzeitig bescheinigt,
20. entgegen § 313 Abs. 1, auch in Verbindung mit Absatz 3, Art oder Dauer der Beschäftigung oder der selbständigen Tätigkeit oder die Höhe des Arbeitsentgelts oder der Vergütung nicht, nicht richtig, nicht vollständig oder nicht rechtzeitig bescheinigt oder eine Bescheinigung nicht oder nicht rechtzeitig aushändigt,
21. entgegen § 313 Abs. 2, auch in Verbindung mit Absatz 3, einen Vordruck nicht oder nicht rechtzeitig vorlegt,
22. entgegen § 314 eine Bescheinigung nicht, nicht richtig, nicht vollständig oder nicht rechtzeitig ausstellt,
23. entgegen § 315 Abs. 1, 2 Satz 1 oder Abs. 3, jeweils auch in Verbindung mit Absatz 4, § 315 Absatz 5 Satz 1, auch in Verbindung mit Satz 2, § 316, § 317 oder als privater Arbeitgeber oder Träger entgegen § 318 Abs. 1 Satz 1 eine Auskunft nicht, nicht richtig, nicht vollständig oder nicht rechtzeitig erteilt oder entgegen § 318 Abs. 2 Satz 2 Nr. 2 eine Mitteilung an die Agentur für Arbeit nicht oder nicht rechtzeitig erteilt,
24. entgegen § 319 Abs. 1 Satz 1 Einsicht oder Zutritt nicht gewährt,
25. entgegen § 320 Abs. 1 Satz 1, Abs. 3 Satz 1 oder 2 oder Abs. 5 einen Nachweis nicht, nicht richtig oder nicht vollständig oder nicht rechtzeitig erbringt, eine Aufzeichnung nicht, nicht richtig oder nicht vollständig führt oder eine Anzeige nicht, nicht richtig, nicht vollständig oder nicht rechtzeitig erstattet,
26. entgegen § 60 Absatz 1 Satz 1 Nummer 1 des Ersten Buches eine Tatsache, die für eine Leistung erheblich ist, nicht, nicht richtig oder nicht vollständig anzeigt oder
27. entgegen § 60 Abs. 1 Satz 1 Nr. 2 des Ersten Buches eine Änderung in den Verhältnissen, die für einen Anspruch auf eine laufende Leistung erheblich ist, nicht, nicht richtig, nicht vollständig oder nicht rechtzeitig mitteilt.

(3) Die Ordnungswidrigkeit kann in den Fällen der Absätze 1 und 2 Nr. 3 mit einer Geldbuße bis zu fünfhunderttausend Euro, in den Fällen des Absatzes 2 Nr. 1, 5 bis 9 und 11 bis 13 mit einer Geldbuße bis zu dreißigtausend Euro, in den Fällen des Absatzes 2 Nr. 2, 4, 16, 26 und 27 mit einer Geldbuße bis zu fünftausend Euro, in den übrigen Fällen mit einer Geldbuße bis zu zweitausend Euro geahndet werden.

§ 405 Zuständigkeit, Vollstreckung und Unterrichtung

(1) Verwaltungsbehörden im Sinne des § 36 Abs. 1 Nr. 1 des Gesetzes über Ordnungswidrigkeiten sind in den Fällen

1. des § 404 Abs. 1 sowie des § 404 Abs. 2 Nr. 3 und 4 die Behörden der Zollverwaltung,
2. des § 404 Abs. 2 Nr. 1, 2, 5 bis 16 und 19 bis 25 die Bundesagentur,
3. des § 404 Abs. 2 Nr. 26 und 27 die Behörden der Zollverwaltung und die Bundesagentur jeweils für ihren Geschäftsbereich.

(2) 1Die Geldbußen fließen in die Kasse der Verwaltungsbehörde, die den Bußgeldbescheid erlassen hat. 2§ 66 des Zehnten Buches gilt entsprechend.

(3) 1Die nach Absatz 2 Satz 1 zuständige Kasse trägt abweichend von § 105 Abs. 2 des Gesetzes über Ordnungswidrigkeiten die notwendigen Auslagen. 2Sie ist auch ersatzpflichtig im Sinne des § 110 Abs. 4 des Gesetzes über Ordnungswidrigkeiten.

(4) Bei der Verfolgung und Ahndung der Beschäftigung oder Tätigkeit von Ausländerinnen und Ausländern ohne Genehmigung nach § 284 Abs. 1 oder ohne Aufenthaltstitel nach § 4 Abs. 3 Satz 1 des Aufenthaltsgesetzes sowie der Verstöße gegen die Mitwirkungspflicht gegenüber der Bundesagentur nach § 60 Abs. 1 Satz 1 Nr. 2 des Ersten Buches arbeiten die Behörden nach Absatz 1 mit den in § 2 Abs. 2 des Schwarzarbeitsbekämpfungsgesetzes genannten Behörden zusammen.

(5) 1Die Bundesagentur unterrichtet das Gewerbezentralregister über rechtskräftige Bußgeldbescheide nach § 404 Abs. 2 Nr. 1, 5 bis 16, 19 und 20. 2Die Behörden der Zollverwaltung unterrichten das Gewerbezentralregister über rechtskräftige Bußgeldbescheide nach § 404 Abs. 1 und 2 Nr. 3. 3Dies gilt nur, sofern die Geldbuße mehr als 200 Euro beträgt.

(6) 1Gerichte, Strafverfolgungs- oder Strafvollstreckungsbehörden sollen den Behörden der Zollverwaltung Erkenntnisse aus sonstigen Verfahren, die aus ihrer Sicht zur Verfolgung von Ordnungswidrigkeiten nach § 404 Abs. 1 oder 2 Nr. 3 erforderlich sind, übermitteln, soweit nicht für die übermittelnde Stelle erkennbar ist, dass schutzwürdige Interessen der oder des Betroffenen oder anderer Verfahrensbeteiligter an dem Ausschluss der Übermittlung überwiegen. 2Dabei ist zu berücksichtigen, wie gesichert die zu übermittelnden Erkenntnisse sind.

Zweiter Abschnitt

§§ 406 und 407 (weggefallen)

Dreizehntes Kapitel
Sonderregelungen

Erster Abschnitt
Sonderregelungen im Zusammenhang mit der Herstellung der Einheit Deutschlands

§ 408 Besondere Bezugsgröße und Beitragsbemessungsgrenze

Soweit Vorschriften dieses Buches bei Entgelten oder Beitragsbemessungsgrundlagen

1. an die Bezugsgröße anknüpfen, ist die Bezugsgröße für das in Artikel 3 des Einigungsvertrages genannte Gebiet (Beitrittsgebiet),
2. an die Beitragsbemessungsgrenze anknüpfen, ist die Beitragsbemessungsgrenze für das Beitrittsgebiet

maßgebend, wenn der Beschäftigungsort im Beitrittsgebiet liegt.

§§ 409 bis 416a (weggefallen)

Zweiter Abschnitt
Ergänzungen für übergangsweise mögliche Leistungen und zeitweilige Aufgaben

§ 417 Entgeltsicherung für ältere Arbeitnehmerinnen und Arbeitnehmer

(1) 1Arbeitnehmerinnen und Arbeitnehmer, die das 50. Lebensjahr vollendet haben und ihre Arbeitslosigkeit durch Aufnahme einer versicherungspflichtigen Beschäftigung beenden oder vermeiden, haben Anspruch auf Leistungen der Entgeltsicherung, wenn sie

1. einen Anspruch auf Arbeitslosengeld von mindestens 120 Tagen haben oder geltend machen könnten,
2. ein Arbeitsentgelt beanspruchen können, das den tariflichen oder, wenn eine tarifliche Bindung der Vertragsparteien nicht besteht, den ortsüblichen Bedingungen entspricht und
3. eine monatliche Nettoentgeltdifferenz von mindestens 50 Euro besteht.

$_{2}$Die Nettoentgeltdifferenz entspricht dem Unterschiedsbetrag zwischen dem pauschalierten Nettoentgelt, das sich aus dem der Bemessung des Arbeitslosengeldes zu Grunde liegenden Arbeitsentgelt ergibt, und dem niedrigeren pauschalierten Nettoentgelt der aufgenommenen Beschäftigung.

(2) $_{1}$Die Entgeltsicherung wird für die Dauer von zwei Jahren gewährt. $_{2}$Kann die Entgeltsicherung nur für eine kürzere Dauer als nach Satz 1 erbracht werden, so ist innerhalb von zwei Jahren nach Aufnahme dieser Beschäftigung die Entgeltsicherung für die Dauer des noch verbleibenden Anspruchs erneut zu gewähren, wenn die Voraussetzungen nach Absatz 1 Satz 1 Nr. 2 und 3 vorliegen, soweit ein neuer Anspruch nach Absatz 1 nicht entstanden ist. $_{3}$Zeiten der Beschäftigung, in denen Leistungen der Entgeltsicherung bezogen werden, begründen keinen Anspruch nach Absatz 1.

(3) $_{1}$Die Entgeltsicherung wird geleistet als Zuschuss zum Arbeitsentgelt und als zusätzlicher Beitrag zur gesetzlichen Rentenversicherung. $_{2}$Der Zuschuss zum Arbeitsentgelt beträgt im ersten Jahr nach Aufnahme der Beschäftigung 50 Prozent und im zweiten Jahr 30 Prozent der monatlichen Nettoentgeltdifferenz. $_{3}$Der zusätzliche Beitrag zur gesetzlichen Rentenversicherung wird nach § 163 Abs. 9 des Sechsten Buches bemessen und von der Bundesagentur entrichtet; § 173 gilt entsprechend. $_{4}$Bei der Feststellung der für die Leistungen der Entgeltsicherung maßgeblichen Tatsachen gilt § 313 entsprechend. $_{5}$Wesentliche Änderungen des Arbeitsentgelts während des Bezugs der Leistungen der Entgeltsicherung werden berücksichtigt.

(4) $_{1}$Weicht die regelmäßige vereinbarte Arbeitszeit der Beschäftigung während des Bezugs der Leistungen der Entgeltsicherung von der regelmäßigen vereinbarten Arbeitszeit der Beschäftigung vor Eintritt der Arbeitslosigkeit ab, ist das Verhältnis der Abweichung auf die Höhe der Leistungen anzuwenden. $_{2}$Wird durch die Aufnahme einer mit Entgeltsicherung geförderten Beschäftigung Arbeitslosigkeit vermieden, so wird für das Verhältnis der Abweichung die regelmäßige vereinbarte Arbeitszeit aus der vorangegangenen Beschäftigung zu Grunde gelegt.

(5) Die Entgeltsicherung ist ausgeschlossen, wenn

1. bei einem Wechsel in eine betriebsorganisatorisch eigenständige Einheit nach § 111 ein geringeres Arbeitsentgelt als bisher vereinbart wurde oder
2. die Arbeitnehmerin oder der Arbeitnehmer eine Rente wegen Alters aus der gesetzlichen Rentenversicherung oder eine ähnliche Leistung öffentlich-rechtlicher Art bezieht.

(6) In Zeiten, in denen die Arbeitnehmerin oder der Arbeitnehmer Kurzarbeitergeld, Krankengeld, Versorgungskrankengeld, Verletztengeld, Übergangsgeld oder Krankentagegeld von einem privaten Krankenversicherungsunternehmen bezieht, werden die Leistungen der Entgeltsicherung unverändert erbracht.

(7) $_{1}$Vom 1. Januar 2012 an finden diese Regelungen nur noch Anwendung, wenn der Anspruch auf Entgeltsicherung vor diesem Tag entstanden ist. $_{2}$Bei erneuter Antragstellung werden die Leistungen längstens bis zum 31. Dezember 2013 gewährt.

§ 418 Tragung der Beiträge zur Arbeitsförderung bei Beschäftigung älterer Arbeitnehmerinnen und Arbeitnehmer

(1) $_{1}$Arbeitgeber, die ein Beschäftigungsverhältnis mit einer zuvor arbeitslosen Person, die das 55. Lebensjahr vollendet hat, erstmalig begründen, werden von der Beitragstragung befreit. $_{2}$Die versicherungspflichtig beschäftigte Person trägt die Hälfte des Beitra-

ges, der ohne die Regelung des Satzes 1 zu zahlen wäre.

(2) Vom 1. Januar 2008 an ist Absatz 1 nur noch für Beschäftigungsverhältnisse anzuwenden, die vor dem 1. Januar 2008 begründet worden sind.

§ 419 Sonderregelungen zu Kurzarbeitergeld, Qualifizierung und Arbeitslosengeld

(1) 1Kurzarbeitergeld nach § 95 wird bis zum 31. Dezember 2011 mit folgenden Maßgaben geleistet:

1. dem Arbeitgeber werden auf Antrag 50 Prozent der von ihm allein zu tragenden Beiträge zur Sozialversicherung in pauschalierter Form erstattet,
2. für Zeiten der Teilnahme von Arbeitsausfall betroffenen Arbeitnehmerinnen und Arbeitnehmern an einer berücksichtigungsfähigen beruflichen Qualifizierungsmaßnahme, bei der die Teilnahme nicht der Rückkehr zur regelmäßigen wöchentlichen Arbeitszeit oder der Erhöhung der Arbeitszeit entgegensteht, werden dem Arbeitgeber die von ihm allein zu tragenden Beiträge zur Sozialversicherung für den jeweiligen Kalendermonat auf Antrag in voller Höhe in pauschalierter Form erstattet, wenn der zeitliche Umfang der Qualifizierungsmaßnahme mindestens 50 Prozent der Ausfallzeit beträgt; berücksichtigungsfähig sind alle beruflichen Qualifizierungsmaßnahmen, die mit öffentlichen Mitteln gefördert werden; nicht öffentlich geförderte Qualifizierungsmaßnahmen sind berücksichtigungsfähig, wenn ihre Durchführung weder im ausschließlichen oder erkennbar überwiegenden Interesse des Unternehmens liegt noch der Arbeitgeber gesetzlich zur Durchführung verpflichtet ist,
3. für ab dem 1. Januar 2009 durchgeführte Kurzarbeit werden dem Arbeitgeber ab dem siebten Kalendermonat des Bezugs von Kurzarbeitergeld auf Antrag 100 Prozent der von ihm allein zu tragenden Beiträge zur Sozialversicherung in pauschalierter Form erstattet,
4. innerhalb der Bezugsdauer werden Zeiträume, in denen Kurzarbeitergeld nicht geleistet wird, auf Antrag des Arbeitgebers abweichend von § 104 Absatz 2 und 3 nicht als Unterbrechung gewertet.

2Für die Pauschalierung wird die Sozialversicherungspauschale nach § 153 Absatz 1 Satz 2 Nummer 1 abzüglich des Beitrages zur Arbeitsförderung zu Grunde gelegt.

(2) Kurzarbeitergeld nach § 95 und Saison-Kurzarbeitergeld nach § 101 werden bis zum 31. Dezember 2011 mit folgenden Maßgaben geleistet:

1. neben den in § 96 Absatz 1 Satz 1 Nummer 4 genannten Voraussetzungen ist ein Arbeitsausfall auch dann erheblich, wenn im jeweiligen Kalendermonat weniger als ein Drittel der in dem Betrieb beschäftigten Arbeitnehmerinnen und Arbeitnehmer von einem Entgeltausfall betroffen ist, soweit dieser jeweils mehr als 10 Prozent ihres monatlichen Bruttoentgelts betrifft,
2. § 96 Absatz 4 Satz 2 Nummer 3 gilt nicht für den Fall negativer Arbeitszeitsalden,
3. bei der Berechnung der Nettoentgeltdifferenz nach § 106 Absatz 1 bleiben auf Grund von kollektivrechtlichen Beschäftigungssicherungsvereinbarungen ab dem 1. Januar 2008 durchgeführte vorübergehende Änderungen der vertraglich vereinbarten Arbeitszeit außer Betracht; § 106 Absatz 2 findet insoweit keine Anwendung.

(3) 1§ 354 gilt bis zum 31. Dezember 2011 mit der Maßgabe, dass die Aufwendungen für die Erstattung der von den Arbeitgebern allein zu tragenden Beiträge zur Sozialversicherung für Bezieherinnen und Bezieher von Saison-Kurzarbeitergeld nach § 102 Absatz 4 zu 50 Prozent von der Bundesagentur gezahlt werden. 2Fällt der siebte Monat des Bezugs von Kurzarbeitergeld in die Schlechtwetterzeit, werden ab diesem Monat die in Satz 1 genannten Aufwendungen zu 100 Prozent von der Bundesagentur gezahlt.

(4) bis (6) (weggefallen)

(7) 1Bei der Ermittlung des Bemessungsentgelts ist § 151 mit der Maßgabe anzuwenden,

dass für Zeiten, in denen die durchschnittliche regelmäßige wöchentliche Arbeitszeit der oder des Arbeitslosen auf Grund einer Beschäftigungssicherungsvereinbarung, die ab dem 1. Januar 2008 geschlossen oder wirksam geworden ist, vermindert war, als Arbeitsentgelt das Arbeitsentgelt zu Grunde zu legen ist, das die oder der Arbeitslose ohne diese Vereinbarung und ohne Mehrarbeit erzielt hätte; insoweit gilt § 150 Absatz 2 Satz 1 Nummer 4 nicht. 2Satz 1 gilt für Zeiten bis zum 31. März 2012.

§ 420 Versicherungsfreiheit von Teilnehmerinnen und Teilnehmern des Programms Soziale Teilhabe am Arbeitsmarkt

Versicherungsfrei sind Personen in einer Beschäftigung, die im Rahmen des Bundesprogramms „Soziale Teilhabe am Arbeitsmarkt" durch Zuwendungen des Bundes gefördert wird.

§ 421 bis 421u (weggefallen)

Dritter Abschnitt Grundsätze bei Rechtsänderungen

§ 422 Leistungen der aktiven Arbeitsförderung

(1) Wird dieses Gesetzbuch geändert, so sind, soweit nichts Abweichendes bestimmt ist, auf Leistungen der aktiven Arbeitsförderung bis zum Ende der Leistungen oder der Maßnahme die Vorschriften in der vor dem Tag des Inkrafttretens der Änderung geltenden Fassung weiter anzuwenden, wenn vor diesem Tag

1. der Anspruch entstanden ist,
2. die Leistung zuerkannt worden ist oder
3. die Maßnahme begonnen hat, wenn die Leistung bis zum Beginn der Maßnahme beantragt worden ist.

(2) Ist eine Leistung nur für einen begrenzten Zeitraum zuerkannt worden, richtet sich eine Verlängerung nach den zum Zeitpunkt der Entscheidung über die Verlängerung geltenden Vorschriften.

§§ 423 und 424 (weggefallen)

Vierter Abschnitt Sonderregelungen im Zusammenhang mit der Einordnung des Arbeitsförderungsrechts in das Sozialgesetzbuch

§ 425 Übergang von der Beitrags- zur Versicherungspflicht

Zeiten einer die Beitragspflicht begründenden Beschäftigung sowie sonstige Zeiten der Beitragspflicht nach dem Arbeitsförderungsgesetz in der zuletzt geltenden Fassung gelten als Zeiten eines Versicherungspflichtverhältnisses.

§§ 426 und 427 (weggefallen)

§ 427a Gleichstellung von Mutterschaftszeiten

(1) Für Personen, die in der Zeit vom 1. Januar 1998 bis zum 31. Dezember 2002 Sonderunterstützung nach dem Mutterschutzgesetz oder Mutterschaftsgeld bezogen haben, gilt für die Erfüllung der für einen Anspruch auf Arbeitslosengeld erforderlichen Anwartschaftszeit und für die Dauer des Anspruchs § 107 Satz 1 Nr. 5 Buchstabe b des Arbeitsförderungsgesetzes in der bis zum 31. Dezember 1997 geltenden Fassung entsprechend.

(2) Die Agentur für Arbeit entscheidet

1. von Amts wegen
   a) über Ansprüche auf Arbeitslosengeld neu, die allein deshalb abgelehnt worden sind, weil Zeiten nach § 107 Satz 1 Nr. 5 Buchstabe b des Arbeitsförderungsgesetzes in der bis zum 31. Dezember 1997 geltenden Fassung nicht berücksichtigt worden sind, wenn die Entscheidung am 28. März 2006 noch nicht unanfechtbar war,
   b) über Ansprüche auf Arbeitslosengeld, über die wegen des Bezugs einer der in Absatz 1 genannten Mutterschaftsleistungen bisher nicht oder nur vorläufig entschieden worden ist;
2. im Übrigen auf Antrag.

§ 428 Arbeitslosengeld unter erleichterten Voraussetzungen

(1) 1Anspruch auf Arbeitslosengeld nach den Vorschriften des Ersten Abschnitts des Vierten Kapitels haben auch Arbeitnehmerinnen und Arbeitnehmer, die das 58. Lebensjahr vollendet haben und die Regelvoraussetzungen des Anspruchs auf Arbeitslosengeld allein deshalb nicht erfüllen, weil sie nicht arbeitsbereit sind und nicht alle Möglichkeiten nutzen und nutzen wollen, um ihre Beschäftigungslosigkeit zu beenden. 2Der Anspruch besteht auch während der Zeit eines Studiums an einer Hochschule oder einer der fachlichen Ausbildung dienenden Schule. 3Vom 1. Januar 2008 an gilt Satz 1 nur noch, wenn der Anspruch vor dem 1. Januar 2008 entstanden ist und die oder der Arbeitslose vor diesem Tag das 58. Lebensjahr vollendet hat.

(2) 1Die Agentur für Arbeit soll die Arbeitslose oder den Arbeitslosen, die oder der nach Unterrichtung über die Regelung des Satzes 2 drei Monate Arbeitslosengeld nach Absatz 1 bezogen hat und in absehbarer Zeit die Voraussetzungen für den Anspruch auf Altersrente voraussichtlich erfüllt, auffordern, innerhalb eines Monats Altersrente zu beantragen; dies gilt nicht für Altersrenten, die vor dem für die Versicherte oder den Versicherten maßgebenden Rentenalter in Anspruch genommen werden können. 2Stellt die oder der Arbeitslose den Antrag nicht, ruht der Anspruch auf Arbeitslosengeld vom Tage nach Ablauf der Frist an bis zu dem Tage, an dem die oder der Arbeitslose Altersrente beantragt.

(3) Der Anspruch nach Absatz 1 ist ausgeschlossen, wenn der oder dem Arbeitslosen eine Teilrente wegen Alters aus der gesetzlichen Rentenversicherung oder eine ähnliche Leistung öffentlich-rechtlicher Art zuerkannt ist.

§ 429 (weggefallen)

§ 430 Sonstige Entgeltersatzleistungen

(1) Bei der Anwendung der Regelungen über die für Leistungen zur Förderung der beruflichen Weiterbildung und für Leistungen zur Teilhabe am Arbeitsleben erforderliche Vorbeschäftigungszeit stehen Zeiten, die nach dem Arbeitsförderungsgesetz in der zuletzt geltenden Fassung den Zeiten einer die Beitragspflicht begründenden Beschäftigung ohne Beitragsleistung gleichstanden, den Zeiten eines Versicherungspflichtsverhältnisses gleich.

(2) 1Ist ein Anspruch auf Unterhaltsgeld vor dem 1. Januar 1998 entstanden, sind das Bemessungsentgelt und der Leistungssatz nicht neu festzusetzen. 2Satz 1 gilt für die Zuordnung zu einer Leistungsgruppe entsprechend.

(3) 1Die Dauer eines Anspruchs auf Eingliederungshilfe für Spätaussiedler nach § 62a Abs. 1 und 2 des Arbeitsförderungsgesetzes, der vor dem 1. Januar 1998 entstanden und am 1. Januar 1998 noch nicht erloschen ist, erhöht sich um jeweils einen Tag für jeweils sechs Tage. 2Bruchteile von Tagen sind auf volle Tage aufzurunden.

(4) Die Vorschriften des Arbeitsförderungsgesetzes über das Konkursausfallgeld in der bis zum 31. Dezember 1998 geltenden Fassung sind weiterhin anzuwenden, wenn das Insolvenzereignis vor dem 1. Januar 1999 eingetreten ist.

(5) Ist ein Anspruch auf Kurzarbeitergeld von Arbeitnehmern, die zur Vermeidung von anzeigepflichtigen Entlassungen im Sinne des § 17 Abs. 1 des Kündigungsschutzgesetzes in einer betriebsorganisatorisch eigenständigen Einheit zusammengefaßt sind, vor dem 1. Januar 1998 entstanden, sind bei der Anwendung der Regelungen über die Dauer eines Anspruchs auf Kurzarbeitergeld in einer betriebsorganisatorisch eigenständigen Einheit Bezugseinheiten, die nach einer auf Grundlage des § 67 Abs. 2 Nr. 3 des Arbeitsförderungsgesetzes erlassenen Rechtsverordnung bis zum 1. Januar 1998 nicht ausgeschöpft sind, verbleibende Bezugszeiten eines Anspruchs auf Kurzarbeitergeld in einer betriebsorganisatorisch eigenständigen Einheit.

§§ 431 bis 433 (weggefallen)

Fünfter Abschnitt
Übergangsregelungen auf Grund von Änderungsgesetzen

§ 434 Gesetz zur Reform der Renten wegen verminderter Erwerbsfähigkeit

(1) Bei der Anwendung des § 26 Abs. 2 Nr. 3 und des § 345a gilt die Rente wegen Erwerbsunfähigkeit, deren Beginn vor dem 1. Januar 2001 liegt, als Rente wegen voller Erwerbsminderung; dies gilt auch dann, wenn die Rente wegen Erwerbsunfähigkeit wegen eines mehr als geringfügigen Hinzuverdienstes als Rente wegen Berufsunfähigkeit gezahlt wird.

(1a) Bei Anwendung des § 28 gilt

1. eine Rente wegen Erwerbsunfähigkeit, deren Beginn vor dem 1. Januar 2001 liegt, als eine Rente wegen voller Erwerbsminderung,
2. eine mit der Rente wegen Erwerbsunfähigkeit vergleichbare Leistung eines ausländischen Leistungsträgers, deren Beginn vor dem 1. Januar 2001 liegt, als eine mit der Rente wegen voller Erwerbsminderung vergleichbare Leistung eines ausländischen Leistungsträgers.

(2) Bei der Anwendung des § 28 Nr. 3 gilt die Feststellung der Berufsunfähigkeit oder Erwerbsunfähigkeit als Feststellung voller Erwerbsminderung.

(3) Bei der Anwendung des § 145 gilt die Feststellung der verminderten Berufsfähigkeit im Bergbau nach § 45 des Sechsten Buches als Feststellung der Erwerbsminderung.

(4) Bei der Anwendung des § 156 Absatz 1 Nummer 3 gilt die Rente wegen Erwerbsunfähigkeit, deren Beginn vor dem 1. Januar 2001 liegt, als Rente wegen voller Erwerbsminderung.

(5) § 142 Abs. 4 in der vor dem 1. Januar 2001 geltenden Fassung ist weiterhin auf Invalidenrenten, Bergmannsinvalidenrenten oder Invalidenrenten für Behinderte nach Artikel 2 des Renten-Überleitungsgesetzes, deren Beginn vor dem 1. Januar 1997 liegt, mit der Maßgabe anzuwenden, dass

1. diese dem Anspruch auf Rente wegen voller Erwerbsminderung gleichstehen und
2. an die Stelle der Feststellung der Erwerbsunfähigkeit oder Berufsunfähigkeit die Feststellung der Erwerbsminderung tritt.

§ 434a bis 434x (weggefallen)

§ 435 Gesetz zur Vereinfachung der Wahl der Arbeitnehmervertreter in den Aufsichtsrat

$_{1}$Zum 27. März 2002 treten der Präsident der Bundesanstalt für Arbeit und der Vizepräsident der Bundesanstalt für Arbeit in den Ruhestand. $_{2}$Für die in Satz 1 genannten Beamten sind § 4 des Bundesbesoldungsgesetzes sowie die Vorschriften des § 7 Nr. 2 und des § 14 Abs. 6 des Beamtenversorgungsgesetzes in der bis zum 31. Dezember 1998 geltenden Fassung entsprechend anzuwenden mit der Maßgabe, dass dem einstweiligen Ruhestand die Zeit von dem Eintritt in den Ruhestand bis zu dem in § 399 Abs. 4 Satz 2 in der bis zum 26. März 2002 geltenden Fassung genannten Zeitpunkt gleichsteht.

§ 436 Zweites Gesetz für moderne Dienstleistungen am Arbeitsmarkt

$_{1}$Personen, die am 31. März 2003 in einer mehr als geringfügigen Beschäftigung versicherungspflichtig waren, die die Merkmale einer geringfügigen Beschäftigung in der ab 1. April 2003 geltenden Fassung von § 8 des Vierten Buches erfüllt, bleiben in dieser Beschäftigung versicherungspflichtig. $_{2}$Sie werden auf ihren Antrag von der Versicherungspflicht befreit. $_{3}$Die Befreiung wirkt vom 1. April 2003 an. $_{4}$Sie ist auf diese Beschäftigung beschränkt.

§ 437 Drittes Gesetz für moderne Dienstleistungen am Arbeitsmarkt

(1) $_{1}$Die Beamtinnen und Beamten der Bundesanstalt, die vor dem 2. Juli 2003 ganz oder überwiegend Aufgaben der Arbeitsmarktinspektion wahrgenommen haben und diese am 31. Dezember 2003 noch wahrnehmen, sind mit Wirkung vom 1. Januar 2004 Bundesbeamtinnen und Bundesbeamte im Dienst der Zollver-

waltung. 2§ 130 Abs. 1 des Beamtenrechtsrahmengesetzes in der Fassung der Bekanntmachung vom 31. März 1999 (BGBl. I S. 654) findet entsprechend Anwendung. 3Von der Überleitung nach Satz 1 ausgenommen sind Beamtinnen und Beamte, die am 2. Juli 2003 die Antragsaltersgrenze des § 52 des Bundesbeamtengesetzes erreicht haben oder sich zu diesem Zeitpunkt in Altersteilzeit befanden.

(2) 1Die Angestellten der Bundesanstalt, die vor dem 2. Juli 2003 ganz oder überwiegend Aufgaben der Arbeitsmarktinspektion wahrgenommen haben und diese am 31. Dezember 2003 noch wahrnehmen, sind mit Wirkung vom 1. Januar 2004 Angestellte des Bundes und in den Dienst der Zollverwaltung übergeleitet. 2Die Bundesrepublik Deutschland tritt unbeschadet der nachfolgenden Absätze in die arbeitsvertraglichen Rechte und Pflichten der im Zeitpunkt der Überleitung bestehenden Arbeitsverhältnisse ein. 3Von der Überleitung nach den Sätzen 1 und 2 ausgenommen sind Angestellte, die am 2. Juli 2003 die Anspruchsvoraussetzungen für eine gesetzliche Rente wegen Alters erfüllt haben oder sich zu diesem Zeitpunkt in einem Altersteilzeitarbeitsverhältnis befanden.

(3) 1Vom Zeitpunkt der Überleitung an gelten die für Angestellte des Bundes bei der Zollverwaltung jeweils geltenden Tarifverträge und sonstigen Bestimmungen, soweit sich aus den Sätzen 2 bis 4 nicht etwas anderes ergibt. 2Die Eingruppierung in die im Zeitpunkt der Überleitung erreichte Vergütungsgruppe besteht fort, solange überwiegend Aufgaben der Arbeitsmarktinspektion wahrgenommen und keine neuen Aufgaben, die nach dem Tarifrecht des Bundes zu einer Eingruppierung in eine höhere Vergütungsgruppe führen, übertragen werden. 3Soweit in den Fällen einer fortbestehenden Eingruppierung nach Satz 2 in der bisherigen Tätigkeit ein Bewährungsaufstieg oder sonstiger Aufstieg vorgesehen war, sind Angestellte nach Ablauf der bei Überleitung geltenden Aufstiegsfrist in diejenige Vergütungsgruppe eingruppiert, die sich nach dem bei Inkrafttreten dieses Gesetzes geltenden Tarifrecht der Bundesanstalt ergeben hätte. 4Eine Eingruppierung nach den Sätzen 2 und 3 entfällt mit dem Ende des Kalendermonats, in dem sich Angestellte schriftlich für eine Eingruppierung nach dem Tarifrecht des Bundes entscheiden.

(4) 1Die bei der Bundesanstalt anerkannten Beschäftigungszeiten werden auf die Beschäftigungszeit im Sinne des Tarifrechts des Bundes angerechnet; Entsprechendes gilt für Zeiten in der Zusatzversorgung. 2Nehmen die übergeleiteten Angestellten Vollzugsaufgaben wahr, die ansonsten Beamten obliegen, wird eine Zulage nach Vorbemerkung Nummer 9 zu den Besoldungsordnungen A und B des Bundesbesoldungsgesetzes nach Maßgabe der für vergleichbare Beamtinnen und Beamte der Zollverwaltung jeweils geltenden Vorschriften gewährt. 3Soweit es darüber hinaus im Zusammenhang mit dem überleitungsbedingten Wechsel des Arbeitgebers angemessen ist, kann das Bundesministerium der Finanzen im Einvernehmen mit dem Bundesministerium des Innern außer- und übertariflich ergänzende Regelungen treffen.

(5) Die Absätze 3 und 4 gelten entsprechend für Angestellte, die im Zusammenhang mit der Übertragung von Aufgaben der Arbeitsmarktinspektion von der Bundesagentur in sonstiger Weise als Angestellte des Bundes in den Dienst der Zollverwaltung wechseln.

(6) 1Die Bundesagentur trägt die Versorgungsbezüge der gemäß Absatz 1 in den Dienst des Bundes übernommenen Beamtinnen und Beamten für die bis zur Übernahme zurückgelegten Dienstzeiten. 2Der Bund trägt die Versorgungsbezüge für die seit der Übernahme in den Dienst des Bundes zurückgelegten Dienstzeiten der in Absatz 1 genannten Beamtinnen und Beamten. 3Im Übrigen gilt § 107b des Beamtenversorgungsgesetzes entsprechend.

(7) § 15 Abs. 1 des Bundespersonalvertretungsgesetzes gilt für die nach den Absätzen 1 und 2 übergeleiteten Beamtinnen und Beamten sowie Angestellten entsprechend.

§ 438 Gesetz zur Förderung ganzjähriger Beschäftigung

Bei Ansprüchen auf Arbeitslosengeld, die nach dem 31. März 2006 entstehen, ist § 131

Abs. 3 Nr. 1 in der bis zum 31. März 2006 geltenden Fassung weiterhin anzuwenden, soweit in den Bemessungszeitraum Zeiten des Bezugs von Winterausfallgeld oder einer Winterausfallgeld-Vorausleistung fallen.

§ 439 Siebtes Gesetz zur Änderung des Dritten Buches Sozialgesetzbuch und anderer Gesetze

Ist ein Anspruch auf Arbeitslosengeld mit einer dem Lebensalter der oder des Arbeitslosen entsprechenden Höchstanspruchsdauer nach § 127 Abs. 2 in der bis zum 31. Dezember 2007 geltenden Fassung am 31. Dezember 2007 noch nicht erschöpft, erhöht sich die Anspruchsdauer bei Arbeitslosen, die vor dem 1. Januar 2008 das 50. Lebensjahr vollendet haben, auf 15 Monate, das 58. Lebensjahr vollendet haben, auf 24 Monate.

§ 440 Gesetz zur Neuausrichtung der arbeitsmarktpolitischen Instrumente

(1) Arbeitnehmerinnen und Arbeitnehmer, die am 31. Dezember 2008 in einer Arbeitsgelegenheit in der Entgeltvariante versicherungspflichtig beschäftigt waren, bleiben in dieser Beschäftigung versicherungspflichtig.

(2) 1§ 38 Abs. 4 in der bis zum 31. Dezember 2008 geltenden Fassung ist weiterhin anzuwenden für den von § 237 Abs. 5 des Sechsten Buches erfassten Personenkreis. 2In diesen Fällen ist § 38 Abs. 3 in der vom 1. Januar 2009 an geltenden Fassung nicht anzuwenden.

(3) Soweit Zeiten der Teilnahme an einer Maßnahme nach § 46 bei der Berechnung von Fristen oder als Fördertatbestand berücksichtigt werden, sind ihnen Zeiten der Teilnahme an einer Maßnahme nach den §§ 37, 37c, 48 und 421i in der bis zum 31. Dezember 2008 geltenden Fassung und einer Maßnahme nach § 241 Abs. 3a in der bis zum 31. Juli 2009 geltenden Fassung gleichgestellt.

(4) 1§ 144 Abs. 4 in der bis zum 31. Dezember 2008 geltenden Fassung ist weiterhin anzuwenden auf Ansprüche auf Arbeitslosengeld, die vor dem 1. Januar 2009 entstanden sind. 2In diesen Fällen ist § 144 Abs. 4 in der vom 1. Januar 2009 an geltenden Fassung nicht anzuwenden.

(5) Die §§ 248 und 249 in der bis zum 31. Dezember 2008 geltenden Fassung sind weiterhin anzuwenden für Träger von Einrichtungen der beruflichen Rehabilitation.

§ 441 Bürgerentlastungsgesetz Krankenversicherung

Ist der Anspruch auf Arbeitslosengeld vor dem 1. Januar 2010 entstanden, ist § 133 Absatz 1 in der bis zum 31. Dezember 2009 geltenden Fassung anzuwenden.

§ 442 Beschäftigungschancengesetz

(1) 1Personen, die als Selbständige oder Auslandsbeschäftigte vor dem 1. Januar 2011 ein Versicherungspflichtverhältnis auf Antrag nach § 28a in der bis zum 31. Dezember 2010 geltenden Fassung begründet haben, bleiben in dieser Tätigkeit oder Beschäftigung über den 31. Dezember 2010 versicherungspflichtig nach § 28a in der ab dem 1. Januar 2011 an geltenden Fassung. 2Sie können die Versicherungspflicht auf Antrag bis zum 31. März 2011 durch schriftliche Erklärung gegenüber der Bundesagentur rückwirkend zum 31. Dezember 2010 beenden.

(2) 1Abweichend von § 345b Satz 1 Nummer 2 und Satz 2 gilt als beitragspflichtige Einnahme für alle Selbständigen und Auslandsbeschäftigten, die in einem Versicherungspflichtverhältnis auf Antrag stehen, vom 1. Januar 2011 bis zum 31. Dezember 2011 ein Arbeitsentgelt in Höhe von 50 Prozent der monatlichen Bezugsgröße. 2§ 345b Satz 1 Nummer 2 und Satz 2 in der vom 1. Januar 2011 geltenden Fassung ist insoweit nicht anzuwenden.

§ 443 Gesetz zur Verbesserung der Eingliederungschancen am Arbeitsmarkt

(1) Für Arbeitsbeschaffungsmaßnahmen nach § 260 und Arbeitsgelegenheiten nach § 16d des Zweiten Buches in der vor dem 1. April 2012 geltenden Fassung gilt § 27 Absatz 3 Satz 1 Nummer 5 in der vor dem 1. April 2012 geltenden Fassung entsprechend, wenn und solange die Arbeitsbeschaffungsmaßnahmen und Arbeitsgelegenheiten nach dem vor die-

sem Tag geltenden Recht durchgeführt werden.

(2) Beschäftigungen im Sinne des § 159 Absatz 1 Satz 2 Nummer 1 und 2 sind auch Arbeitsbeschaffungsmaßnahmen, wenn und solange diese Arbeitsbeschaffungsmaßnahmen nach dem bis zum 31. März 2012 geltenden Recht gefördert werden.

(3) 1Für Träger ist eine Zulassung nach § 176 bis einschließlich 31. Dezember 2012 nicht erforderlich. 2Dies gilt weder für Träger, die Maßnahmen zur Aktivierung und beruflichen Eingliederung nach § 45 Absatz 4 Satz 3 Nummer 1 durchführen, noch für Träger, die Maßnahmen der beruflichen Weiterbildung nach den §§ 81 und 82 durchführen. 3Zulassungen von Trägern und Maßnahmen der beruflichen Weiterbildung, die nach den §§ 84 und 85 in der bis zum 31. März 2012 geltenden Fassung erteilt wurden, sind den Zulassungen nach den §§ 176 und 178 sowie § 179 in Verbindung mit § 180 gleichgestellt. 4Ein Anspruch auf Vergütung für die Arbeitsvermittlung in eine versicherungspflichtige Beschäftigung nach § 45 Absatz 4 Satz 3 Nummer 2 besteht für bis einschließlich 31. Dezember 2012 erfolgte Vermittlungen nur, wenn der Träger zum Zeitpunkt der Vermittlung die Arbeitsvermittlung als Gegenstand seines Gewerbes angezeigt hat.

(4) 1Anerkennungen nach den §§ 2 und 3 der Anerkennungs- und Zulassungsverordnung – Weiterbildung, die bis zum 31. März 2012 erteilt wurden, behalten ihre Gültigkeit bis längstens 31. März 2015. 2Die jährliche Überprüfung anerkannter Stellen wird ab 1. April 2012 von der Akkreditierungsstelle wahrgenommen.

(5) 1Beamtinnen und Beamten, denen am 27. Dezember 2011 ein Amt im Beamtenverhältnis auf Zeit im Sinne der §§ 389 und 390 in der bis zum 27. Dezember 2011 geltenden Fassung übertragen ist, verbleiben bis zum Ablauf der jeweiligen Amtszeit in diesem Amt. 2Zeiten einer Beurlaubung nach § 387 Absatz 3 Satz 1 werden nicht als Amtszeit berücksichtigt. 3Wird nach Ablauf der Amtszeit festgestellt, dass sich die Beamtin oder der Beamte in dem übertragenen Amt bewährt hat, wird das Amt im Beamtenverhältnis auf Lebenszeit übertragen. 4Hat sich die Beamtin oder der Beamte in dem übertragenen Amt nicht bewährt, wird die Beamtin oder der Beamte aus dem Beamtenverhältnis auf Zeit entlassen. 5In diesem Fall enden der Anspruch auf Besoldung und, soweit gesetzlich nichts anderes bestimmt ist, alle sonstigen Ansprüche aus dem im Beamtenverhältnis auf Zeit übertragenen Amt. 6Tritt eine Beamtin auf Zeit oder ein Beamter auf Zeit nach der Entlassung wieder in ihr oder sein vorheriges Amt im Beamtenverhältnis ein oder tritt sie oder er wegen Erreichens der gesetzlichen Altersgrenze in den Ruhestand, ist § 15a des Beamtenversorgungsgesetzes entsprechend anzuwenden. 7§ 15a Absatz 4 des Beamtenversorgungsgesetzes gilt entsprechend, wenn eine Beamtin auf Zeit oder ein Beamter auf Zeit wegen Dienstunfähigkeit in den Ruhestand versetzt wird.

(6) 1§ 389 ist anzuwenden, sofern nach dem 27. Dezember 2011 eine Funktion im Sinne dieser Vorschrift übertragen wird. 2Satz 1 gilt auch, wenn eine vor dem 28. Dezember 2011 übertragene Funktion ab dem 28. Dezember 2011 auf veränderter vertraglicher Grundlage fortgesetzt werden soll. 3§ 387 Absatz 3 Satz 2 bleibt unberührt.

(7) § 421s in der am 31. März 2012 geltenden Fassung ist weiterhin anzuwenden auf Maßnahmen, über die die Bundesagentur vor dem 31. März 2012 Verträge mit Trägern geschlossen hat, bis zum Ende der Vertragslaufzeit; § 422 Absatz 1 Nummer 3 gilt insoweit nicht.

§ 444 Gesetz zu Änderungen im Bereich der geringfügigen Beschäftigung

(1) 1Personen, die am 31. Dezember 2012 in einer mehr als geringfügigen Beschäftigung nach § 8 Absatz 1 Nummer 1 oder § 8a in Verbindung mit § 8 Absatz 1 Nummer 1 des Vierten Buches versicherungspflichtig waren, die die Merkmale einer geringfügigen Beschäftigung nach diesen Vorschriften in der ab dem 1. Januar 2013 geltenden Fassung erfüllt, bleiben in dieser Beschäftigung längstens bis zum 31. Dezember 2014 versicherungspflich-

tig, solange das Arbeitsentgelt 400 Euro monatlich übersteigt. $_{2}$Sie werden auf Antrag von der Versicherungspflicht befreit. $_{3}$Der Antrag ist bei der Agentur für Arbeit zu stellen. $_{4}$Die Befreiung wirkt vom 1. Januar 2013 an, wenn sie bis zum 31. März 2013 beantragt wird, im Übrigen von dem Beginn des Kalendermonats an, der auf den Monat folgt, in dem der Antrag gestellt worden ist. $_{5}$Die Befreiung ist auf diese Beschäftigung beschränkt.

(2) Bei Anwendung des Absatzes 1 gilt § 276b Absatz 1 des Sechsten Buches und bei Anwendung des § 344 Absatz 4 gilt § 276b Absatz 2 des Sechsten Buches entsprechend.

§445 Fünfundzwanzigstes Gesetz zur Änderung des Bundesausbildungsförderungsgesetzes

Abweichend von §422 sind die §§ 54a, 61, 62, 64, 67, 116 und 123 bis 126 ab dem 1. August 2016 anzuwenden.

Die Regelung betrifft die Anpassung der Bedarfssätze und Freibeträge ab dem 1.8.2016, die in diese Ausgabe noch nicht eingearbeitet sind. Sinn der Regelung ist, dass diese Beträge ab dem 1.8.2016 auch auf die dann laufenden Bewilligungen übertragen werden können.

Anordnung des Verwaltungsrats der Bundesanstalt für Arbeit zur Pflicht des Arbeitslosen, Vorschlägen des Arbeitsamtes zur beruflichen Eingliederung zeit- und ortsnah Folge leisten zu können (Erreichbarkeits-Anordnung – EAO)

Vom 23. Oktober 1997 (Amtliche Nachrichten der Bundesanstalt für Arbeit S. 1685)

Zuletzt geändert durch
2. Änderungsanordnung zur EAO
vom 26. September 2008 (ANBA S. 5)

III

Aufgrund der §§ 152 Nr. 2, 376 Abs. 1 Satz 1 des Dritten Buches Sozialgesetzbuch erläßt der Verwaltungsrat der Bundesanstalt für Arbeit mit Genehmigung des Bundesministeriums für Arbeit und Sozialordnung folgende Anordnung:

§ 1 Grundsatz

(1) 1Vorschlägen des Arbeitsamtes zur beruflichen Eingliederung kann zeit- und ortsnah Folge leisten, wer in der Lage ist, unverzüglich

1. Mitteilungen des Arbeitsamtes persönlich zur Kenntnis zu nehmen,
2. das Arbeitsamt aufzusuchen,
3. mit einem möglichen Arbeitgeber oder Träger einer beruflichen Eingliederungsmaßnahme in Verbindung zu treten und bei Bedarf persönlich mit diesem zusammenzutreffen und
4. eine vorgeschlagene Arbeit anzunehmen oder an einer beruflichen Eingliederungsmaßnahme teilzunehmen.

2Der Arbeitslose hat deshalb sicherzustellen, daß das Arbeitsamt ihn persönlich an jedem Werktag an seinem Wohnsitz oder gewöhnlichen Aufenthalt unter der von ihm benannten Anschrift (Wohnung) durch Briefpost erreichen kann. 3Diese Voraussetzung ist auch erfüllt, wenn der Arbeitslose die an einem Samstag oder an einem Tag vor einem gesetzlichen Feiertag eingehende Post erst am folgenden Sonn- bzw. Feiertag zur Kenntnis nehmen kann.

(2) 1Über Ausnahmen von diesem Grundsatz entscheidet das Arbeitsamt im Rahmen der nachfolgenden Vorschriften. 2Es läßt sich von dem Ziel leiten, den Arbeitslosen beruflich einzugliedern und Leistungsmißbrauch zu vermeiden.

(3) Kann der Arbeitslose Vorschlägen des Arbeitsamtes zur beruflichen Eingliederung wegen der nachgewiesenen Wahrnehmung eines Vorstellungs-, Beratungs- oder sonstigen Termins aus Anlaß der Arbeitssuche nicht zeit- oder ortsnah Folge leisten, steht dies der Verfügbarkeit nicht entgegen.

§ 2 Aufenthalt innerhalb des zeit- und ortsnahen Bereichs

1Der Arbeitslose kann sich vorübergehend auch von seinem Wohnsitz oder gewöhnlichen Aufenthalt entfernen, wenn

1. er dem Arbeitsamt rechtzeitig seine Anschrift für die Dauer der Abwesenheit mitgeteilt hat,
2. er auch an seinem vorübergehenden Aufenthaltsort die Voraussetzungen des § 1 Abs. 1 erfüllen kann und
3. er sich im Nahbereich des Arbeitsamtes aufhält. 2Zum Nahbereich gehören alle Orte in der Umgebung des Arbeitsamtes, von denen aus der Arbeitslose erforderlichenfalls in der Lage wäre, das Arbeitsamt täglich ohne unzumutbaren Aufwand zu erreichen.

§ 3 Aufenthalt außerhalb des zeit- und ortsnahen Bereichs

(1) 1Erfüllt der Arbeitslose nicht die Voraussetzungen des § 2 Nrn. 1 bis 3, steht dies der Verfügbarkeit bis zu drei Wochen im Kalen-

derjahr nicht entgegen, wenn das Arbeitsamt vorher seine Zustimmung erteilt hat. ₂Die Zustimmung darf jeweils nur erteilt werden, wenn durch die Zeit der Abwesenheit die berufliche Eingliederung nicht beeinträchtigt wird.

(2) Abs. 1 ist entsprechend anzuwenden

1. bei Teilnahme des Arbeitslosen an einer ärztlich verordneten Maßnahme der medizinischen Vorsorge oder Rehabilitation,
2. bei Teilnahme des Arbeitslosen an einer Veranstaltung, die staatspolitischen, kirchlichen oder gewerkschaftlichen Zwecken dient oder sonst im öffentlichen Interesse liegt. Der Arbeitslose muß sicherstellen, daß er während der Teilnahme werktäglich persönlich unter der dem Arbeitsamt benannten Anschrift durch Briefpost erreichbar ist; er muß die Teilnahme jederzeit abbrechen können und sich vor der Teilnahme für den Fall der beruflichen Eingliederung glaubhaft zum jederzeitigen Abbruch bereit erklärt haben,
3. bei Ausübung einer ehrenamtlichen Tätigkeit.

(3) In Fällen außergewöhnlicher Härten, die aufgrund unvorhersehbarer und für den Arbeitslosen unvermeidbarer Ereignisse entstehen, kann die Drei-Wochenfrist nach Abs. 1 und 2 vom Arbeitsamt tageweise, höchstens um drei Tage verlängert werden.

(4) Abs. 1 und 2 finden keine Anwendung, wenn sich der Arbeitslose zusammenhängend länger als sechs Wochen außerhalb des zeit- und ortsnahen Bereiches aufhalten will.

§ 4 Sonderfälle

₁In Fällen des § 428 und 429 des Dritten Buches Sozialgesetzbuch beträgt die Frist nach § 3 Abs. 1 siebzehn Wochen. ₂In besonderen Fällen kann der Zeitraum nach Satz 1 mit Zustimmung des Arbeitsamtes im notwendigen Umfang überschritten werden. ₃Das Arbeitsamt kann den Arbeitslosen aus gegebenem Anlaß in der Verlängerungszeit vorladen. ₄Der Vorladung ist innerhalb eines Zeitraums von vier Wochen Folge zu leisten.

§ 5 Inkrafttreten

Diese Anordnung tritt am 1. 1. 1998 in Kraft.

Verordnung über die ehrenamtliche Betätigung von Arbeitslosen

Vom 24. Mai 2002 (BGBl. I S. 1783)

Zuletzt geändert durch
Ehrenamtsstärkungsgesetz
vom 21. März 2013 (BGBl. I S. 556)[1])

Auf Grund des § 151 Abs. 2 Nr. 4 des Dritten Buches Sozialgesetzbuch – Arbeitsförderung – (Artikel 1 des Gesetzes vom 24. März 1997, BGBl. I S. 594, 595), der durch Artikel 1 Nr. 47 des Gesetzes vom 10. Dezember 2001 (BGBl. I S. 3443) eingefügt worden ist, verordnet das Bundesministerium für Arbeit und Sozialordnung:

§ 1 Ehrenamtliche Betätigung

(1) Ehrenamtlich im Sinne des § 138 Absatz 2 des Dritten Buches Sozialgesetzbuch ist eine Betätigung, die

1. unentgeltlich ausgeübt wird,
2. dem Gemeinwohl dient und
3. bei einer Organisation erfolgt, die ohne Gewinnerzielungsabsicht Aufgaben ausführt, welche im öffentlichen Interesse liegen oder gemeinnützige, mildtätige oder kirchliche Zwecke fördern.

(2) $_1$Der Ersatz von Auslagen, die dem ehrenamtlich Tätigen durch Ausübung der ehrenamtlichen Tätigkeit entstehen, berührt die Unentgeltlichkeit nicht. $_2$Dies gilt auch, wenn der Auslagenersatz in pauschalierter Form erfolgt und die Pauschale 200 Euro im Monat nicht übersteigt. $_3$Neben einer nicht steuerpflichtigen Aufwandsentschädigung, die der ehrenamtlich Tätige erhält, ist eine Pauschalierung des Auslagenersatzes nur möglich, soweit die Auslagenpauschale zusammen mit der nicht steuerpflichtigen Aufwandsentschädigung 200 Euro im Monat nicht übersteigt.

§ 2 Berufliche Eingliederung

$_1$Die berufliche Eingliederung des Arbeitslosen hat Vorrang vor der Ausübung einer ehrenamtlichen Betätigung. $_2$Der Arbeitslose hat der Agentur für Arbeit die Ausübung einer mindestens 15 Stunden wöchentlich umfassenden ehrenamtlichen Betätigung unverzüglich anzuzeigen. $_3$Er hat darüber hinaus sicherzustellen, dass er

1. durch die Ausübung der ehrenamtlichen Betätigung nicht in seinen Eigenbemühungen zur Beendigung der Beschäftigungslosigkeit gehindert ist und
2. in der Lage ist, Vorschlägen der Agentur für Arbeit zur beruflichen Eingliederung unverzüglich Folge zu leisten.

§ 3 Inkrafttreten

Diese Verordnung tritt mit Wirkung vom 1. Januar 2002 in Kraft.

[1]) Die Änderungen traten rückwirkend zum 1. Januar 2013 in Kraft.

Verordnung über die Voraussetzungen und das Verfahren zur Akkreditierung von fachkundigen Stellen und zur Zulassung von Trägern und Maßnahmen der Arbeitsförderung nach dem Dritten Buch Sozialgesetzbuch (Akkreditierungs- und Zulassungsverordnung Arbeitsförderung – AZAV)

Vom 2. April 2012 (BGBl. I S. 504)

Auf Grund des § 184 des Dritten Buches Sozialgesetzbuch – Arbeitsförderung –, der durch Artikel 2 Nummer 18 des Gesetzes vom 20. Dezember 2011 (BGBl. I S. 2854) geändert worden ist, verordnet das Bundesministerium für Arbeit und Soziales:

§ 1 Akkreditierungsverfahren

Bei der Prüfung nach § 177 Absatz 2 Satz 1 Nummer 2 des Dritten Buches Sozialgesetzbuch berücksichtigt die Akkreditierungsstelle insbesondere, ob die bei der Zertifizierungsstelle mit der Zulassung von Trägern und Maßnahmen beauftragten Personen umfassende Kenntnisse der Fachbereiche nach § 5 Absatz 1 Satz 3 sowie hinsichtlich Inhalt und Durchführung von Maßnahmen nach den §§ 45 sowie 81 und 82 des Dritten Buches Sozialgesetzbuch haben.

§ 2 Trägerzulassung

(1) $_1$Ein Träger ist nach § 178 Nummer 1 des Dritten Buches Sozialgesetzbuch leistungsfähig und zuverlässig, wenn insbesondere seine finanzielle und fachliche Leistungsfähigkeit gewährleistet ist und keine Tatsachen vorliegen, die seine Unzuverlässigkeit oder die der für die Führung der Geschäfte bestellten Personen darlegen. $_2$Damit die fachkundige Stelle die Leistungsfähigkeit des Trägers beurteilen kann, erhält sie von dem Träger grundsätzlich folgende Angaben und Nachweise:

1. eine Erklärung, ob über sein Vermögen ein Insolvenzverfahren eröffnet, beantragt oder die Eröffnung mangels Masse abgelehnt wurde,
2. eine Darstellung seiner Organisations- und Personalstruktur sowie der Eignung dieser Strukturen für die Durchführung von Maßnahmen der Arbeitsförderung,
3. eine Darstellung der Eignung seiner von den Teilnehmenden zu nutzenden Räumlichkeiten und
4. eine Übersicht über sein aktuelles Angebot an Maßnahmen.

$_3$Damit die fachkundige Stelle die Zuverlässigkeit des Trägers beurteilen kann, erhält sie von dem Träger grundsätzlich folgende Angaben und Nachweise:

1. bei natürlichen Personen Name, Geburtsdatum, Geburtsort, zustellungsfähige Anschrift, Anschrift des Geschäftssitzes und der Zweigstellen, von denen aus die Maßnahmen der Arbeitsförderung angeboten werden sollen, sowie bei juristischen Personen und Personengesellschaften Name, Geburtsdatum und Geburtsort der Vertreterinnen oder der Vertreter nach Gesetz, Satzung oder Gesellschaftsvertrag, Anschrift des Geschäftssitzes und der Zweigstellen, von denen die Maßnahmen der Arbeitsförderung angeboten werden sollen und soweit der Träger in das Vereins- oder Handelsregister eingetragen ist, einen entsprechenden Auszug,
2. eine Erklärung des Trägers, der gesetzlichen Vertreterin oder des gesetzlichen Vertreters oder bei juristischen Personen oder nicht rechtsfähigen Personenvereinigungen der nach Gesetz, Satzung oder Gesellschaftsvertrag zur Vertretung oder Geschäftsführung Berechtigten über Vorstrafen, anhängige Strafverfahren, staatsanwaltschaftliche Ermittlungsverfahren und Gewerbeuntersagungen innerhalb der letzten fünf Jahre.

(2) [1]Die Fähigkeit des Trägers, die Eingliederung der Teilnehmenden nach § 178 Nummer 2 des Dritten Buches Sozialgesetzbuch zu unterstützen, setzt insbesondere voraus, dass er bei der Durchführung von Maßnahmen Lage und Entwicklung des Ausbildungs- und Arbeitsmarktes berücksichtigt. [2]Damit die fachkundige Stelle diese Fähigkeit des Trägers beurteilen kann, erhält sie von dem Träger grundsätzlich folgende Angaben und Nachweise:

1. eine Darstellung von Art und Umfang der Zusammenarbeit mit Akteuren des Ausbildungs- und Arbeitsmarktes vor Ort,
2. eine Darstellung der Methoden, mit denen der Träger aktuelle arbeitsmarktrelevante Entwicklungen berücksichtigt,
3. eine Übersicht der im jeweiligen Fachbereich nach § 5 Absatz 1 Satz 3 bereits durchgeführten Maßnahmen und deren arbeitsmarktliche Ergebnisse und
4. Bewertungen des Trägers durch Teilnehmende und Betriebe.

(3) Damit die fachkundige Stelle beurteilen kann, ob die Aus- und Fortbildung sowie Berufserfahrung der Leitung sowie der Lehr- und Fachkräfte nach § 178 Nummer 3 des Dritten Buches Sozialgesetzbuch eine erfolgreiche Durchführung einer Maßnahme erwarten lassen, erhält sie von dem Träger grundsätzlich folgende Angaben und Nachweise:

1. zur Person sowie zur Aus- und Weiterbildung der Leitung sowie der Lehr- und Fachkräfte, einschließlich ihres beruflichen Werdegangs und ihrer praktischen Berufserfahrung im Fachbereich,
2. zur pädagogischen Eignung der Lehr- und Fachkräfte, einschließlich ihrer methodisch-didaktischen Kompetenz, und
3. Bewertungen der Lehr- und Fachkräfte durch Teilnehmende.

(4) [1]Ein System zur Sicherung der Qualität nach § 178 Nummer 4 des Dritten Buches Sozialgesetzbuch liegt vor, wenn durch zielgerichtete und systematische Verfahren und Maßnahmen die Qualität der Leistungen gewährleistet und kontinuierlich verbessert wird. [2]Damit die fachkundige Stelle das Vorliegen der Voraussetzungen beurteilen kann, erhält sie von dem Träger eine Dokumentation grundsätzlich

1. zu einem kundenorientierten und auf Eingliederung in den Ausbildungs- und Arbeitsmarkt gerichteten Leitbild,
2. zur Unternehmensorganisation und -führung, einschließlich der Festlegung von Unternehmenszielen und der Durchführung eigener Prüfungen zur Funktionsweise des Unternehmens,
3. zu einem zielorientierten Konzept zur Qualifizierung und Fortbildung der Leitung und der Lehr- und Fachkräfte,
4. zu Zielvereinbarungen, einschließlich der Messung der Zielerreichung und der Steuerung fortlaufender Optimierungsprozesse auf Grundlage erhobener Kennzahlen und Indikatoren,
5. zur Berücksichtigung arbeitsmarktlicher Entwicklungen bei Konzeption und Durchführung von Maßnahmen der Arbeitsförderung,
6. zu den Methoden zur Förderung der individuellen Entwicklungs-, Eingliederungs- und Lernprozesse der Teilnehmenden,
7. zu den Methoden der Bewertung der durchgeführten Maßnahmen sowie ihrer arbeitsmarktlichen Ergebnisse,
8. zur Art und Weise der kontinuierlichen Zusammenarbeit mit Dritten und der ständigen Weiterentwicklung dieser Zusammenarbeit und
9. zu einem systematischen Beschwerdemanagement, einschließlich der Berücksichtigung regelmäßiger Befragungen der Teilnehmenden.

(5) Die vertraglichen Vereinbarungen nach § 178 Nummer 5 des Dritten Buches Sozialgesetzbuch sollen vorsehen, dass den Teilnehmenden nach Abschluss der Maßnahme eine Teilnahmebescheinigung mit Angaben zum Inhalt, zeitlichen Umfang und Ziel der Maßnahme ausgehändigt wird.

(6) Die Prüfung, ob die Voraussetzungen für die Zulassung für den Fachbereich nach § 5 Absatz 1 Satz 3 Nummer 6 vorliegen, be-

schränkt sich auf die in § 178 des Dritten Buches Sozialgesetzbuch und in dieser Verordnung festgelegten Anforderungen an Träger.

(7) Sofern der Träger im Einzelfall keine Angaben aus seiner bisherigen Tätigkeit machen kann, hat er gegenüber der fachkundigen Stelle in geeigneter Weise darzulegen, wie die jeweilige Anforderung erfüllt werden wird.

§ 3 Maßnahmezulassung

(1) Eine Maßnahme lässt nach § 179 Absatz 1 Satz 1 Nummer 1 des Dritten Buches Sozialgesetzbuch eine erfolgreiche Teilnahme erwarten, wenn

1. Ziele, Dauer und Inhalte der Maßnahme jeweils auf die Voraussetzungen der Zielgruppe und das Maßnahmeziel hin konzipiert sind und
2. sie aktuelle Entwicklungen des Ausbildungs- und Arbeitsmarktes berücksichtigt.

(2) Die Bundesagentur für Arbeit veröffentlicht jährlich die durchschnittlichen Kostensätze nach § 179 Absatz 1 Satz 2 und § 180 Absatz 3 Satz 1 Nummer 3 des Dritten Buches Sozialgesetzbuch.

(3) Bei der Prüfung nach § 179 Absatz 1 Satz 1 Nummer 3 des Dritten Buches Sozialgesetzbuch, ob die Kosten einer Maßnahme angemessen sind, berücksichtigt die fachkundige Stelle insbesondere die Maßnahmekonzeption, einschließlich ihrer Kalkulation.

(4) Bei der Prüfung, ob die Kosten einer Maßnahme nach § 45 Absatz 4 Satz 3 Nummer 1 des Dritten Buches Sozialgesetzbuch die durchschnittlichen Kostensätze nach § 179 Absatz 1 Satz 2 des Dritten Buches Sozialgesetzbuch nicht unverhältnismäßig übersteigen, sind die Besonderheiten der Maßnahme und ihre inhaltliche Qualität zu berücksichtigen.

(5) Soweit eine Maßnahme zugelassen werden soll, für deren Durchführung eine Berechtigung erforderlich ist, ist diese der fachkundigen Stelle vorzulegen.

(6) 1Die fachkundige Stelle kann Maßnahmebausteine zulassen. 2Die Zulassung gilt auch für eine aus zugelassenen Maßnahmebausteinen bestehende Maßnahme, wenn der Träger gewährleistet, dass diese Maßnahme individuell auf die Bedürfnisse der Teilnehmenden und des Ausbildungs- und Arbeitsmarktes abgestimmt ist, und sie die Voraussetzungen des § 45 oder der §§ 81 und 82 des Dritten Buches Sozialgesetzbuch erfüllt.

§ 4 Ergänzende Anforderungen an Maßnahmen der beruflichen Weiterbildung

(1) Soweit Maßnahmen der beruflichen Weiterbildung nach den §§ 81 und 82 des Dritten Buches Sozialgesetzbuch zugelassen werden sollen, die auf Berufsabschlüsse in anerkannten Ausbildungsberufen oder bundes- oder landesrechtlich geregelten Berufen vorbereiten, ist der fachkundigen Stelle eine Bestätigung der zuständigen Stelle oder der zuständigen Aufsichtsbehörde über die Eignung des Trägers als Ausbildungsstätte vorzulegen.

(2) Die Bundesagentur für Arbeit soll ihre Zustimmung nach § 180 Absatz 3 Satz 1 Nummer 3 des Dritten Buches Sozialgesetzbuch von einem besonderen arbeitsmarktpolitischen Interesse an der Maßnahme und dem Nachweis notwendiger überdurchschnittlicher technischer, organisatorischer oder personeller Aufwendungen für die Durchführung der Maßnahme abhängig machen.

§ 5 Zulassungsverfahren

(1) 1Im Rahmen der Trägerzulassung prüft die fachkundige Stelle das Vorliegen der Anforderungen des § 2 Absatz 1 bis 6 ortsbezogen und bezogen auf den jeweiligen Fachbereich. 2Die ortsbezogene Prüfung bezieht die Standorte des Trägers mit ein. 3Die jeweiligen Fachbereiche sind:

1. Maßnahmen zur Aktivierung und beruflichen Eingliederung nach § 45 Absatz 1 Satz 1 Nummer 1 bis 5 des Dritten Buches Sozialgesetzbuch,
2. ausschließlich erfolgsbezogen vergütete Arbeitsvermittlung in versicherungspflichtige Beschäftigung nach § 45 Absatz 4 Satz 3 Nummer 2 des Dritten Buches Sozialgesetzbuch,

3. Maßnahmen der Berufswahl und Berufsausbildung nach dem Dritten Abschnitt des Dritten Kapitels des Dritten Buches Sozialgesetzbuch,
4. Maßnahmen der beruflichen Weiterbildung nach dem Vierten Abschnitt des Dritten Kapitels des Dritten Buches Sozialgesetzbuch,
5. Transferleistungen nach den §§ 110 und 111 des Dritten Buches Sozialgesetzbuch,
6. Maßnahmen zur Teilhabe behinderter Menschen am Arbeitsleben nach dem Siebten Abschnitt des Dritten Kapitels des Dritten Buches Sozialgesetzbuch.

(2) $_1$Im Rahmen der Maßnahmezulassung prüft die fachkundige Stelle das Vorliegen der Anforderungen der §§ 3 und 4 ortsbezogen. $_2$Absatz 1 Satz 2 gilt entsprechend.

(3) $_1$Die Referenzauswahl nach § 181 Absatz 3 des Dritten Buches Sozialgesetzbuch beruht auf einer unabhängigen, repräsentativen Stichprobenauswahl der fachkundigen Stelle. $_2$Die Referenzauswahl kann durchgeführt werden für die Prüfung von Maßnahmen, deren Kosten die Durchschnittskostensätze nach § 179 Absatz 1 Satz 2 oder § 180 Absatz 3 Satz 1 Nummer 3 des Dritten Buches Sozialgesetzbuch nicht übersteigen.

(4) $_1$Die Dauer der Zulassung von Maßnahmen richtet sich nach den voraussichtlichen Entwicklungen am Ausbildungs- und Arbeitsmarkt. $_2$Sie soll auf längstens drei Jahre befristet werden. $_3$Sie kann auf längstens fünf Jahre befristet werden, sofern die Entwicklung auf dem Ausbildungs- und Arbeitsmarkt voraussichtlich keine wesentlichen Auswirkungen auf die Maßnahme hat.

(5) Änderungen, die der Träger der fachkundigen Stelle nach § 181 Absatz 5 Satz 2 in Verbindung mit § 177 Absatz 4 des Dritten Buches Sozialgesetzbuch mitzuteilen hat, sind insbesondere solche, die die Standorte des Trägers, seine Fachbereiche und die Durchführung der Maßnahme betreffen.

(6) $_1$Dem Zertifikat nach § 181 Absatz 6 Satz 2 Nummer 1 des Dritten Buches Sozialgesetzbuch zur Zulassung des Trägers ist eine Anlage beizufügen, in der die Standorte mit den jeweiligen Fachbereichen aufgeführt sind und die fortlaufend aktualisiert wird. $_2$Satz 1 gilt entsprechend für die Zertifikate nach § 181 Absatz 6 Satz 2 Nummer 2 und 3 des Dritten Buches Sozialgesetzbuch.

(7) $_1$§ 181 Absatz 7 des Dritten Buches Sozialgesetzbuch gilt für eine aus zugelassenen Maßnahmebausteinen bestehende Maßnahme entsprechend. $_2$Die von der fachkundigen Stelle nach § 181 Absatz 7 des Dritten Buches Sozialgesetzbuch zu setzende Frist ist so zu wählen, wie es erforderlich ist, um die rechtlichen Anforderungen schnellstmöglich zu erfüllen und die erneute Durchführung nicht rechtmäßiger Maßnahmen zu verhindern.

(8) $_1$Die Prüfung der Durchführung von Maßnahmen und die Beobachtung des Erfolgs dieser Maßnahmen obliegen nach § 183 des Dritten Buches Sozialgesetzbuch allein der Agentur für Arbeit. $_2$Die fachkundige Stelle prüft im Rahmen des § 181 Absatz 7 des Dritten Buches Sozialgesetzbuch, ob die ihr gemäß § 183 Absatz 4 des Dritten Buches Sozialgesetzbuch mitgeteilten Erkenntnisse Auswirkungen auf die Zulassung haben.

§ 6 Zusammenarbeit

(1) Die Akkreditierungsstelle, die fachkundigen Stellen und die Bundesagentur für Arbeit arbeiten in allen Fragen der Zulassung von Trägern und Maßnahmen vertrauensvoll zusammen.

(2) $_1$Die Bundesagentur für Arbeit kann den fachkundigen Stellen Umsetzungshinweise zur Verfügung stellen, die diese bei der Prüfung berücksichtigen. $_2$Sie hat dabei die Empfehlungen des Beirats nach § 182 des Dritten Buches Sozialgesetzbuch zu beachten.

§ 7 Übergangsregelung

Empfehlungen des Anerkennungsbeirats nach der Anerkennungs- und Zulassungsverordnung – Weiterbildung vom 16. Juni 2004 (BGBl. I S. 1100) in der bis zum 31. März 2012 gültigen Fassung gelten bis zum Wirksamwerden neuer Empfehlungen fort, sofern sie nicht den gesetzlichen Regelungen des Drit-

III

ten Buches Sozialgesetzbuch und dieser Verordnung widersprechen.

§8 Inkrafttreten, Außerkrafttreten

1Diese Verordnung tritt am Tag nach der Verkündung in Kraft. 2Gleichzeitig tritt die Anerkennungs- und Zulassungsverordnung – Weiterbildung vom 16. Juni 2004 (BGBl. I S. 1100), die durch Artikel 453 der Verordnung vom 31. Oktober 2006 (BGBl. I S. 2407) geändert worden ist, außer Kraft.

IV SGB IV: Gemeinsame Vorschriften für die Sozialversicherung

IV

Viertes Buch Sozialgesetzbuch – Gemeinsame Vorschriften für die Sozialversicherung – (SGB IV)

in der Fassung der Bekanntmachung vom 12. November 2009 (BGBl. I S. 3710, S. 3973, 2011 S. 363)

Zuletzt geändert durch
Fünftes Gesetz zur Änderung des Vierten Buches Sozialgesetzbuch
und anderer Gesetze
vom 15. April 2015 (BGBl. I S. 583, S. 1008)[1])

IV

Inhaltsübersicht

[1]) Sofern die Änderungen am 1. Januar 2016 in Kraft treten, sind Sie als Anmerkungen beim jeweiligen Paragrafen eingearbeitet (siehe §§ 23c, 28a, 28p, 28q, 95, 110a, 111).

Erster Abschnitt
Grundsätze und Begriffsbestimmungen

Erster Titel
Geltungsbereich und Umfang der Versicherung

§ 1 Sachlicher Geltungsbereich

(1) $_{1}$Die Vorschriften dieses Buches gelten für die gesetzliche Kranken-, Unfall- und Rentenversicherung einschließlich der Alterssicherung der Landwirte sowie die soziale Pflegeversicherung (Versicherungszweige). $_{2}$Die Vorschriften dieses Buches gelten mit Ausnahme des Ersten und Zweiten Titels des Vierten Abschnitts und des Fünften Abschnitts auch für die Arbeitsförderung. $_{3}$Die Bundesagentur für Arbeit gilt im Sinne dieses Buches als Versicherungsträger.

(2) § 18h gilt auch für die Sozialhilfe und die Grundsicherung für Arbeitsuchende; außerdem gelten die §§ 18f, 18g und 19a für die Grundsicherung für Arbeitsuchende.

(3) Regelungen in den Sozialleistungsbereichen dieses Gesetzbuches, die in den Absätzen 1 und 2 genannt sind, bleiben unberührt, soweit sie von den Vorschriften dieses Buches abweichen.

§ 2 Versicherter Personenkreis

(1) Die Sozialversicherung umfasst Personen, die kraft Gesetzes oder Satzung (Versicherungspflicht) oder auf Grund freiwilligen Beitritts oder freiwilliger Fortsetzung der Versicherung (Versicherungsberechtigung) versichert sind.

(1a) Deutsche im Sinne der Vorschriften über die Sozialversicherung und die Arbeitsförderung sind Deutsche im Sinne des Artikels 116 des Grundgesetzes.

(2) In allen Zweigen der Sozialversicherung sind nach Maßgabe der besonderen Vorschriften für die einzelnen Versicherungszweige versichert

1. Personen, die gegen Arbeitsentgelt oder zu ihrer Berufsausbildung beschäftigt sind,
2. behinderte Menschen, die in geschützten Einrichtungen beschäftigt werden,
3. Landwirte.

(3) $_{1}$Deutsche Seeleute, die auf einem Seeschiff beschäftigt sind, das nicht berechtigt ist, die Bundesflagge zu führen, werden auf Antrag des Reeders

1. in der gesetzlichen Kranken-, Renten- und Pflegeversicherung versichert und in die Versicherungspflicht nach dem Dritten Buch einbezogen,
2. in der gesetzlichen Unfallversicherung versichert, wenn der Reeder das Seeschiff der Unfallverhütung und Schiffssicherheitsüberwachung durch die Berufsgenossenschaft für Transport und Verkehrswirtschaft unterstellt hat und der Staat, dessen Flagge das Seeschiff führt, dem nicht widerspricht.

$_{2}$Für deutsche Seeleute, die ihren Wohnsitz oder gewöhnlichen Aufenthalt im Inland haben, und auf einem Seeschiff beschäftigt sind, das im überwiegenden wirtschaftlichen Eigentum eines deutschen Reeders mit Sitz im Inland steht, ist der Reeder verpflichtet, einen Antrag nach Satz 1 Nummer 1 und unter den Voraussetzungen des Satzes 1 Nummer 2 einen Antrag nach Satz 1 Nummer 2 zu stellen. $_{3}$Der Reeder hat auf Grund der Antragstellung gegenüber den Versicherungsträgern die Pflichten eines Arbeitgebers. $_{4}$Ein Reeder mit Sitz im Ausland hat für die Erfüllung seiner Verbindlichkeiten gegenüber den Versicherungsträgern einen Bevollmächtigten im Inland zu bestellen. $_{5}$Der Reeder und der Bevollmächtigte haften gegenüber den Versicherungsträgern als Gesamtschuldner; sie haben auf Verlangen entsprechende Sicherheit zu leisten.

(4) Die Versicherung weiterer Personengruppen in einzelnen Versicherungszweigen ergibt sich aus den für sie geltenden besonderen Vorschriften.

§ 3 Persönlicher und räumlicher Geltungsbereich

Die Vorschriften über die Versicherungspflicht und die Versicherungsberechtigung gelten,

1. soweit sie eine Beschäftigung oder eine selbständige Tätigkeit voraussetzen, für alle Personen, die im Geltungsbereich dieses Gesetzbuchs beschäftigt oder selbständig tätig sind,
2. soweit sie eine Beschäftigung oder eine selbständige Tätigkeit nicht voraussetzen, für alle Personen, die ihren Wohnsitz oder gewöhnlichen Aufenthalt im Geltungsbereich dieses Gesetzbuchs haben.

§ 4 Ausstrahlung

(1) Soweit die Vorschriften über die Versicherungspflicht und die Versicherungsberechtigung eine Beschäftigung voraussetzen, gelten sie auch für Personen, die im Rahmen eines im Geltungsbereich dieses Gesetzbuchs bestehenden Beschäftigungsverhältnisses in ein Gebiet außerhalb dieses Geltungsbereichs entsandt werden, wenn die Entsendung infolge der Eigenart der Beschäftigung oder vertraglich im Voraus zeitlich begrenzt ist.

(2) Für Personen, die eine selbständige Tätigkeit ausüben, gilt Absatz 1 entsprechend.

§ 5 Einstrahlung

(1) Soweit die Vorschriften über die Versicherungspflicht und die Versicherungsberechtigung eine Beschäftigung voraussetzen, gelten sie nicht für Personen, die im Rahmen eines außerhalb des Geltungsbereichs dieses Gesetzbuchs bestehenden Beschäftigungsverhältnisses in diesen Geltungsbereich entsandt werden, wenn die Entsendung infolge der Eigenart der Beschäftigung oder vertraglich im Voraus zeitlich begrenzt ist.

(2) Für Personen, die eine selbständige Tätigkeit ausüben, gilt Absatz 1 entsprechend.

§ 6 Vorbehalt abweichender Regelungen

Regelungen des über- und zwischenstaatlichen Rechts bleiben unberührt.

Zweiter Titel
Beschäftigung und selbständige Tätigkeit

§ 7 Beschäftigung

(1) $_1$Beschäftigung ist die nichtselbständige Arbeit, insbesondere in einem Arbeitsverhältnis. $_2$Anhaltspunkte für eine Beschäftigung sind eine Tätigkeit nach Weisungen und eine Eingliederung in die Arbeitsorganisation des Weisungsgebers.

(1a) $_1$Eine Beschäftigung besteht auch in Zeiten der Freistellung von der Arbeitsleistung von mehr als einem Monat, wenn

1. während der Freistellung Arbeitsentgelt aus einem Wertguthaben nach § 7b fällig ist und
2. das monatlich fällige Arbeitsentgelt in der Zeit der Freistellung nicht unangemessen von dem für die vorausgegangenen zwölf Kalendermonate abweicht, in denen Arbeitsentgelt bezogen wurde.

$_2$Satz 1 gilt entsprechend, wenn während einer bis zu dreimonatigen Freistellung Arbeitsentgelt aus einer Vereinbarung zur flexiblen Gestaltung der werktäglichen oder wöchentlichen Arbeitszeit oder dem Ausgleich betrieblicher Produktions- und Arbeitszeitzyklen fällig ist. $_3$Beginnt ein Beschäftigungsverhältnis mit einer Zeit der Freistellung, gilt Satz 1 Nummer 2 mit der Maßgabe, dass das monatlich fällige Arbeitsentgelt in der Zeit der Freistellung nicht unangemessen von dem für die Zeit der Arbeitsleistung abweichen darf, mit der das Arbeitsentgelt später erzielt werden soll. $_4$Eine Beschäftigung gegen Arbeitsentgelt besteht während der Zeit der Freistellung auch, wenn die Arbeitsleistung, mit der das Arbeitsentgelt später erzielt werden soll, wegen einer im Zeitpunkt der Vereinbarung nicht vorhersehbaren vorzeitigen Beendigung des Beschäftigungsverhältnisses nicht mehr erbracht werden kann. $_5$Die Vertragsparteien können beim Abschluss der Vereinbarung nur für den Fall, dass Wertguthaben wegen der Beendigung der Beschäftigung auf Grund verminderter Erwerbsfähigkeit, des Erreichens einer Altersgrenze, zu der eine Rente wegen Alters beansprucht werden kann, oder des Todes des Beschäftigten nicht mehr für Zeiten einer Freistellung von der Arbeitsleistung verwendet werden können, einen anderen Verwendungszweck vereinbaren. $_{6}$Die Sätze 1 bis 4 gelten nicht für Beschäftigte, auf die Wertguthaben übertragen werden. $_{7}$Bis zur Herstellung einheitlicher Einkommensverhältnisse im Inland werden Wertguthaben, die durch Arbeitsleistung im Beitrittsgebiet erzielt werden, getrennt erfasst; sind für die Beitrags- oder Leistungsberechnung im Beitrittsgebiet und im übrigen Bundesgebiet unterschiedliche Werte vorgeschrieben, sind die Werte maßgebend, die für den Teil des Inlandes gelten, in dem das Wertguthaben erzielt worden ist.

(1b) Die Möglichkeit eines Arbeitnehmers zur Vereinbarung flexibler Arbeitszeiten gilt nicht als eine die Kündigung des Arbeitsverhältnisses durch den Arbeitgeber begründende Tatsache im Sinne des § 1 Absatz 2 Satz 1 des Kündigungsschutzgesetzes.

(2) Als Beschäftigung gilt auch der Erwerb beruflicher Kenntnisse, Fertigkeiten oder Erfahrungen im Rahmen betrieblicher Berufsbildung.

(3) $_{1}$Eine Beschäftigung gegen Arbeitsentgelt gilt als fortbestehend, solange das Beschäftigungsverhältnis ohne Anspruch auf Arbeitsentgelt fortdauert, jedoch nicht länger als einen Monat. $_{2}$Eine Beschäftigung gilt auch als fortbestehend, wenn Arbeitsentgelt aus einem der Deutschen Rentenversicherung Bund übertragenen Wertguthaben bezogen wird. $_{3}$Satz 1 gilt nicht, wenn Krankengeld, Krankentagegeld, Verletztengeld, Versorgungskrankengeld, Übergangsgeld, Pflegeunterstützungsgeld oder Mutterschaftsgeld oder nach gesetzlichen Vorschriften Erziehungsgeld oder Elterngeld bezogen oder Elternzeit in Anspruch genommen oder Wehrdienst oder Zivildienst geleistet wird. $_{4}$Satz 1 gilt auch nicht für die Freistellung nach § 3 des Pflegezeitgesetzes.

(4) Beschäftigt ein Arbeitgeber einen Ausländer ohne die nach § 284 Absatz 1 des Dritten Buches erforderliche Genehmigung oder ohne die nach § 4 Absatz 3 des Aufenthaltsgesetzes erforderliche Berechtigung zur Erwerbstätigkeit, wird vermutet, dass ein Beschäftigungsverhältnis gegen Arbeitsentgelt für den Zeitraum von drei Monaten bestanden hat.

§ 7a Anfrageverfahren

(1) $_{1}$Die Beteiligten können schriftlich eine Entscheidung beantragen, ob eine Beschäftigung vorliegt, es sei denn, die Einzugsstelle oder ein anderer Versicherungsträger hatte im Zeitpunkt der Antragstellung bereits ein Verfahren zur Feststellung einer Beschäftigung eingeleitet. $_{2}$Die Einzugsstelle hat einen Antrag nach Satz 1 zu stellen, wenn sich aus der Meldung des Arbeitgebers (§ 28a) ergibt, dass der Beschäftigte Ehegatte, Lebenspartner oder Abkömmling des Arbeitgebers oder geschäftsführender Gesellschafter einer Gesellschaft mit beschränkter Haftung ist. $_{3}$Über den Antrag entscheidet abweichend von § 28h Absatz 2 die Deutsche Rentenversicherung Bund.

(2) Die Deutsche Rentenversicherung Bund entscheidet auf Grund einer Gesamtwürdigung aller Umstände des Einzelfalles, ob eine Beschäftigung vorliegt.

(3) $_{1}$Die Deutsche Rentenversicherung Bund teilt den Beteiligten schriftlich mit, welche Angaben und Unterlagen sie für ihre Entscheidung benötigt. $_{2}$Sie setzt den Beteiligten eine angemessene Frist, innerhalb der diese die Angaben zu machen und die Unterlagen vorzulegen haben.

(4) Die Deutsche Rentenversicherung Bund teilt den Beteiligten mit, welche Entscheidung sie zu treffen beabsichtigt, bezeichnet die Tatsachen, auf die sie ihre Entscheidung stützen will, und gibt den Beteiligten Gelegenheit, sich zu der beabsichtigten Entscheidung zu äußern.

(5) Die Deutsche Rentenversicherung Bund fordert die Beteiligten auf, innerhalb einer angemessenen Frist die Tatsachen anzugeben, die eine Widerlegung begründen, wenn diese die Vermutung widerlegen wollen.

(6) $_{1}$Wird der Antrag nach Absatz 1 innerhalb eines Monats nach Aufnahme der Tätigkeit gestellt und stellt die Deutsche Rentenversicherung Bund ein versicherungspflichtiges

Beschäftigungsverhältnis fest, tritt die Versicherungspflicht mit der Bekanntgabe der Entscheidung ein, wenn der Beschäftigte

1. zustimmt und
2. er für den Zeitraum zwischen Aufnahme der Beschäftigung und der Entscheidung eine Absicherung gegen das finanzielle Risiko von Krankheit und zur Altersvorsorge vorgenommen hat, die der Art nach den Leistungen der gesetzlichen Krankenversicherung und der gesetzlichen Rentenversicherung entspricht.

$_2$Der Gesamtsozialversicherungsbeitrag wird erst zu dem Zeitpunkt fällig, zu dem die Entscheidung, dass eine Beschäftigung vorliegt, unanfechtbar geworden ist.

(7) $_1$Widerspruch und Klage gegen Entscheidungen, dass eine Beschäftigung vorliegt, haben aufschiebende Wirkung. $_2$Eine Klage auf Erlass der Entscheidung ist abweichend von § 88 Absatz 1 des Sozialgerichtsgesetzes nach Ablauf von drei Monaten zulässig.

§ 7b Wertguthabenvereinbarungen

Eine Wertguthabenvereinbarung liegt vor, wenn

1. der Aufbau des Wertguthabens auf Grund einer schriftlichen Vereinbarung erfolgt,
2. diese Vereinbarung nicht das Ziel der flexiblen Gestaltung der werktäglichen oder wöchentlichen Arbeitszeit oder den Ausgleich betrieblicher Produktions- und Arbeitszeitzyklen verfolgt,
3. Arbeitsentgelt in das Wertguthaben eingebracht wird, um es für Zeiten der Freistellung von der Arbeitsleistung oder der Verringerung der vertraglich vereinbarten Arbeitszeit zu entnehmen,
4. das aus dem Wertguthaben fällige Arbeitsentgelt mit einer vor oder nach der Freistellung von der Arbeitsleistung oder der Verringerung der vertraglich vereinbarten Arbeitszeit erbrachten Arbeitsleistung erzielt wird und
5. das fällige Arbeitsentgelt insgesamt 450 Euro monatlich übersteigt, es sei denn, die Beschäftigung wurde vor der Freistellung als geringfügige Beschäftigung ausgeübt.

§ 7c Verwendung von Wertguthaben

(1) Das Wertguthaben auf Grund einer Vereinbarung nach § 7b kann in Anspruch genommen werden

1. für gesetzlich geregelte vollständige oder teilweise Freistellungen von der Arbeitsleistung oder gesetzlich geregelte Verringerungen der Arbeitszeit, insbesondere für Zeiten,
   a) in denen der Beschäftigte eine Freistellung nach § 3 des Pflegezeitgesetzes oder nach § 2 des Familienpflegezeitgesetzes verlangen kann,
   b) in denen der Beschäftigte nach § 15 des Bundeselterngeld- und Elternzeitgesetzes ein Kind selbst betreut und erzieht,
   c) für die der Beschäftigte eine Verringerung seiner vertraglich vereinbarten Arbeitszeit nach § 8 des Teilzeit- und Befristungsgesetzes verlangen kann; § 8 des Teilzeit- und Befristungsgesetzes gilt mit der Maßgabe, dass die Verringerung der Arbeitszeit auf die Dauer der Entnahme aus dem Wertguthaben befristet werden kann,
2. für vertraglich vereinbarte vollständige oder teilweise Freistellungen von der Arbeitsleistung oder vertraglich vereinbarte Verringerungen der Arbeitszeit, insbesondere für Zeiten,
   a) die unmittelbar vor dem Zeitpunkt liegen, zu dem der Beschäftigte eine Rente wegen Alters nach dem Sechsten Buch bezieht oder beziehen könnte oder
   b) in denen der Beschäftigte an beruflichen Qualifizierungsmaßnahmen teilnimmt.

(2) Die Vertragsparteien können die Zwecke, für die das Wertguthaben in Anspruch genommen werden kann, in der Vereinbarung nach § 7b abweichend von Absatz 1 auf bestimmte Zwecke beschränken.

§ 7d Führung und Verwaltung von Wertguthaben

(1) 1Wertguthaben sind als Arbeitsentgeltguthaben einschließlich des darauf entfallenden Arbeitgeberanteils am Gesamtsozialversicherungsbeitrag zu führen. 2Die Arbeitszeitguthaben sind in Arbeitsentgelt umzurechnen.

(2) Arbeitgeber haben Beschäftigte mindestens einmal jährlich in Textform über die Höhe ihres im Wertguthaben enthaltenen Arbeitsentgeltguthabens zu unterrichten.

(3) 1Für die Anlage von Wertguthaben gelten die Vorschriften über die Anlage der Mittel von Versicherungsträgern nach dem Vierten Titel des Vierten Abschnitts entsprechend, mit der Maßgabe, dass eine Anlage in Aktien oder Aktienfonds bis zu einer Höhe von 20 Prozent zulässig und ein Rückfluss zum Zeitpunkt der Inanspruchnahme des Wertguthabens mindestens in der Höhe des angelegten Betrages gewährleistet ist. 2Ein höherer Anlageanteil in Aktien oder Aktienfonds ist zulässig, wenn

1. dies in einem Tarifvertrag oder auf Grund eines Tarifvertrages in einer Betriebsvereinbarung vereinbart ist oder
2. das Wertguthaben nach der Wertguthabenvereinbarung ausschließlich für Freistellungen nach § 7c Absatz 1 Nummer 2 Buchstabe a in Anspruch genommen werden kann.

§ 7e Insolvenzschutz

(1) 1Die Vertragsparteien treffen im Rahmen ihrer Vereinbarung nach § 7b durch den Arbeitgeber zu erfüllende Vorkehrungen, um das Wertguthaben einschließlich des darin enthaltenen Gesamtsozialversicherungsbeitrages gegen das Risiko der Insolvenz des Arbeitgebers vollständig abzusichern, soweit

1. ein Anspruch auf Insolvenzgeld nicht besteht und wenn
2. das Wertguthaben des Beschäftigten einschließlich des darin enthaltenen Gesamtsozialversicherungsbeitrages einen Betrag in Höhe der monatlichen Bezugsgröße übersteigt.

2In einem Tarifvertrag oder auf Grund eines Tarifvertrages in einer Betriebsvereinbarung kann ein von Satz 1 Nummer 2 abweichender Betrag vereinbart werden.

(2) 1Zur Erfüllung der Verpflichtung nach Absatz 1 sind Wertguthaben unter Ausschluss der Rückführung durch einen Dritten zu führen, der im Fall der Insolvenz des Arbeitgebers für die Erfüllung der Ansprüche aus dem Wertguthaben für den Arbeitgeber einsteht, insbesondere in einem Treuhandverhältnis, das die unmittelbare Übertragung des Wertguthabens in das Vermögen des Dritten und die Anlage des Wertguthabens auf einem offenen Treuhandkonto oder in anderer geeigneter Weise sicherstellt. 2Die Vertragsparteien können in der Vereinbarung nach § 7b ein anderes, einem Treuhandverhältnis im Sinne des Satzes 1 gleichwertiges Sicherungsmittel vereinbaren, insbesondere ein Versicherungsmodell oder ein schuldrechtliches Verpfändungs- oder Bürgschaftsmodell mit ausreichender Sicherung gegen Kündigung.

(3) Keine geeigneten Vorkehrungen sind bilanzielle Rückstellungen sowie zwischen Konzernunternehmen (§ 18 des Aktiengesetzes) begründete Einstandspflichten, insbesondere Bürgschaften, Patronatserklärungen oder Schuldbeitritte.

(4) Der Arbeitgeber hat den Beschäftigten unverzüglich über die Vorkehrungen zum Insolvenzschutz in geeigneter Weise schriftlich zu unterrichten, wenn das Wertguthaben die in Absatz 1 Satz 1 Nummer 2 genannten Voraussetzungen erfüllt.

(5) Hat der Beschäftigte den Arbeitgeber schriftlich aufgefordert, seinen Verpflichtungen nach den Absätzen 1 bis 3 nachzukommen und weist der Arbeitgeber dem Beschäftigten nicht innerhalb von zwei Monaten nach der Aufforderung die Erfüllung seiner Verpflichtung zur Insolvenzsicherung des Wertguthabens nach, kann der Beschäftigte die Vereinbarung nach § 7b mit sofortiger Wirkung kündigen; das Wertguthaben ist nach Maßgabe des § 23b Absatz 2 aufzulösen.

(6) $_{1}$Stellt der Träger der Rentenversicherung bei der Prüfung des Arbeitgebers nach § 28p fest, dass

1. für ein Wertguthaben keine Insolvenzschutzregelung getroffen worden ist,
2. die gewählten Sicherungsmittel nicht geeignet sind im Sinne des Absatzes 3,
3. die Sicherungsmittel in ihrem Umfang das Wertguthaben um mehr als 30 Prozent unterschreiten oder
4. die Sicherungsmittel den im Wertguthaben enthaltenen Gesamtsozialversicherungsbeitrag nicht umfassen,

weist er in dem Verwaltungsakt nach § 28p Absatz 1 Satz 5 den in dem Wertguthaben enthaltenen und vom Arbeitgeber zu zahlenden Gesamtsozialversicherungsbeitrag aus. $_{2}$Weist der Arbeitgeber dem Träger der Rentenversicherung innerhalb von zwei Monaten nach der Feststellung nach Satz 1 nach, dass er seiner Verpflichtung nach Absatz 1 nachgekommen ist, entfällt die Verpflichtung zur sofortigen Zahlung des Gesamtsozialversicherungsbeitrages. $_{3}$Hat der Arbeitgeber den Nachweis nach Satz 2 nicht innerhalb der dort vorgesehenen Frist erbracht, ist die Vereinbarung nach § 7b als von Anfang an unwirksam anzusehen; das Wertguthaben ist aufzulösen.

(7) $_{1}$Kommt es wegen eines nicht geeigneten oder nicht ausreichenden Insolvenzschutzes zu einer Verringerung oder einem Verlust des Wertguthabens, haftet der Arbeitgeber für den entstandenen Schaden. $_{2}$Ist der Arbeitgeber eine juristische Person oder eine Gesellschaft ohne Rechtspersönlichkeit haften auch die organschaftlichen Vertreter gesamtschuldnerisch für den Schaden. $_{3}$Der Arbeitgeber oder ein organschaftlicher Vertreter haften nicht, wenn sie den Schaden nicht zu vertreten haben.

(8) Eine Beendigung, Auflösung oder Kündigung der Vorkehrungen zum Insolvenzschutz vor der bestimmungsgemäßen Auflösung des Wertguthabens ist unzulässig, es sei denn, die Vorkehrungen werden mit Zustimmung des Beschäftigten durch einen mindestens gleichwertigen Insolvenzschutz abgelöst.

(9) Die Absätze 1 bis 8 finden keine Anwendung gegenüber dem Bund, den Ländern, Gemeinden, Körperschaften, Stiftungen und Anstalten des öffentlichen Rechts, über deren Vermögen die Eröffnung des Insolvenzverfahrens nicht zulässig ist, sowie solchen juristischen Personen des öffentlichen Rechts, bei denen der Bund, ein Land oder eine Gemeinde kraft Gesetzes die Zahlungsfähigkeit sichert.

§ 7f Übertragung von Wertguthaben

(1) $_{1}$Bei Beendigung der Beschäftigung kann der Beschäftigte durch schriftliche Erklärung gegenüber dem bisherigen Arbeitgeber verlangen, dass das Wertguthaben nach § 7b

1. auf den neuen Arbeitgeber übertragen wird, wenn dieser mit dem Beschäftigten eine Wertguthabenvereinbarung nach § 7b abgeschlossen und der Übertragung zugestimmt hat,
2. auf die Deutsche Rentenversicherung Bund übertragen wird, wenn das Wertguthaben einschließlich des Gesamtsozialversicherungsbeitrages einen Betrag in Höhe des Sechsfachen der monatlichen Bezugsgröße übersteigt; die Rückübertragung ist ausgeschlossen.

$_{2}$Nach der Übertragung sind die mit dem Wertguthaben verbundenen Arbeitgeberpflichten vom neuen Arbeitgeber oder von der Deutschen Rentenversicherung Bund zu erfüllen.

(2) $_{1}$Im Fall der Übertragung auf die Deutsche Rentenversicherung Bund kann der Beschäftigte das Wertguthaben für Zeiten der Freistellung von der Arbeitsleistung und Zeiten der Verringerung der vertraglich vereinbarten Arbeitszeit nach § 7c Absatz 1 sowie auch außerhalb eines Arbeitsverhältnisses für die in § 7c Absatz 1 Nummer 2 Buchstabe a genannten Zeiten in Anspruch nehmen. $_{2}$Der Antrag ist spätestens einen Monat vor der begehrten Freistellung schriftlich bei der Deutschen Rentenversicherung Bund zu stellen; in dem Antrag ist auch anzugeben, in welcher Höhe Arbeitsentgelt aus dem Wertguthaben entnommen werden soll; dabei ist

§ 7 Absatz 1a Satz 1 Nummer 2 zu berücksichtigen.

(3) 1Die Deutsche Rentenversicherung Bund verwaltet die ihr übertragenen Wertguthaben einschließlich des darin enthaltenen Gesamtsozialversicherungsbeitrages als ihr übertragene Aufgabe bis zu deren endgültiger Auflösung getrennt von ihrem sonstigen Vermögen treuhänderisch. 2Die Wertguthaben sind nach den Vorschriften über die Anlage der Mittel von Versicherungsträgern nach dem Vierten Titel des Vierten Abschnitts anzulegen. 3Die der Deutschen Rentenversicherung Bund durch die Übertragung, Verwaltung und Verwendung von Wertguthaben entstehenden Kosten sind vollständig vom Wertguthaben in Abzug zu bringen und in der Mitteilung an den Beschäftigten nach § 7d Absatz 2 gesondert auszuweisen.

§ 8 Geringfügige Beschäftigung und geringfügige selbständige Tätigkeit

(1) Eine geringfügige Beschäftigung liegt vor, wenn

1. das Arbeitsentgelt aus dieser Beschäftigung regelmäßig im Monat 450 Euro nicht übersteigt,
2. die Beschäftigung innerhalb eines Kalenderjahres auf längstens zwei Monate oder 50 Arbeitstage nach ihrer Eigenart begrenzt zu sein pflegt oder im Voraus vertraglich begrenzt ist, es sei denn, dass die Beschäftigung berufsmäßig ausgeübt wird und ihr Entgelt 450 Euro im Monat übersteigt.

(2) 1Bei der Anwendung des Absatzes 1 sind mehrere geringfügige Beschäftigungen nach Nummer 1 oder Nummer 2 sowie geringfügige Beschäftigungen nach Nummer 1 mit Ausnahme einer geringfügigen Beschäftigung nach Nummer 1 und nicht geringfügige Beschäftigungen zusammenzurechnen. 2Eine geringfügige Beschäftigung liegt nicht mehr vor, sobald die Voraussetzungen des Absatzes 1 entfallen. 3Wird beim Zusammenrechnen nach Satz 1 festgestellt, dass die Voraussetzungen einer geringfügigen Beschäftigung nicht mehr vorliegen, tritt die Versicherungspflicht erst mit dem Tag ein, an dem die Entscheidung über die Versicherungspflicht nach § 37 des Zehnten Buches durch die Einzugsstelle nach § 28i Satz 5 oder einen anderen Träger der Rentenversicherung bekannt gegeben wird. 4Dies gilt nicht, wenn der Arbeitgeber vorsätzlich oder grob fahrlässig versäumt hat, den Sachverhalt für die versicherungsrechtliche Beurteilung der Beschäftigung aufzuklären.

(3) 1Die Absätze 1 und 2 gelten entsprechend, soweit anstelle einer Beschäftigung eine selbständige Tätigkeit ausgeübt wird. 2Dies gilt nicht für das Recht der Arbeitsförderung.

Siehe zu Abs. 1 Nr. 2: Die Fristen der geringfügigen Beschäftigung werden durch § 115, der bis zum 31.12.2018 gilt, verlängert (3 Monate oder 70 Arbeitstage); § 115 eingefügt durch G. v. 11.08.2014 (BGBl. I S. 1348).

§ 8a Geringfügige Beschäftigung in Privathaushalten

1Werden geringfügige Beschäftigungen ausschließlich in Privathaushalten ausgeübt, gilt § 8. 2Eine geringfügige Beschäftigung im Privathaushalt liegt vor, wenn diese durch einen privaten Haushalt begründet ist und die Tätigkeit sonst gewöhnlich durch Mitglieder des privaten Haushalts erledigt wird.

§ 9 Beschäftigungsort

(1) Beschäftigungsort ist der Ort, an dem die Beschäftigung tatsächlich ausgeübt wird.

(2) Als Beschäftigungsort gilt der Ort, an dem eine feste Arbeitsstätte errichtet ist, wenn Personen

1. von ihr aus mit einzelnen Arbeiten außerhalb der festen Arbeitsstätte beschäftigt werden oder
2. außerhalb der festen Arbeitsstätte beschäftigt werden und diese Arbeitsstätte sowie der Ort, an dem die Beschäftigung tatsächlich ausgeübt wird, im Bezirk desselben Versicherungsamts liegen.

(3) Sind Personen bei einem Arbeitgeber an mehreren festen Arbeitsstätten beschäftigt, gilt als Beschäftigungsort die Arbeitsstätte, in der sie überwiegend beschäftigt sind.

(4) Erstreckt sich eine feste Arbeitsstätte über den Bezirk mehrerer Gemeinden, gilt als Beschäftigungsort der Ort, an dem die Arbeitsstätte ihren wirtschaftlichen Schwerpunkt hat.

(5) 1Ist eine feste Arbeitsstätte nicht vorhanden und wird die Beschäftigung an verschiedenen Orten ausgeübt, gilt als Beschäftigungsort der Ort, an dem der Betrieb seinen Sitz hat. 2Leitet eine Außenstelle des Betriebs die Arbeiten unmittelbar, ist der Sitz der Außenstelle maßgebend. 3Ist nach den Sätzen 1 und 2 ein Beschäftigungsort im Geltungsbereich dieses Gesetzbuchs nicht vorhanden, gilt als Beschäftigungsort der Ort, an dem die Beschäftigung erstmals im Geltungsbereich dieses Gesetzbuchs ausgeübt wird.

(6) 1In den Fällen der Ausstrahlung gilt der bisherige Beschäftigungsort als fortbestehend. 2Ist ein solcher nicht vorhanden, gilt als Beschäftigungsort der Ort, an dem der Betrieb, von dem der Beschäftigte entsandt wird, seinen Sitz hat.

(7) 1Gelten für einen Arbeitnehmer auf Grund über- oder zwischenstaatlichen Rechts die deutschen Rechtsvorschriften über soziale Sicherheit und übt der Arbeitnehmer die Beschäftigung nicht im Geltungsbereich dieses Buches aus, gilt Absatz 6 entsprechend. 2Ist auch danach kein Beschäftigungsort im Geltungsbereich dieses Buches gegeben, gilt der Arbeitnehmer als in Berlin (Ost) beschäftigt.

§ 10 Beschäftigungsort für besondere Personengruppen

(1) Für Personen, die ein freiwilliges soziales Jahr oder ein freiwilliges ökologisches Jahr im Sinne des Jugendfreiwilligendienstegesetzes leisten, gilt als Beschäftigungsort der Ort, an dem der Träger des freiwilligen sozialen Jahres oder des freiwilligen ökologischen Jahres seinen Sitz hat.

(2) 1Für Entwicklungshelfer gilt als Beschäftigungsort der Sitz des Trägers des Entwicklungsdienstes. 2Für auf Antrag im Ausland versicherte Personen gilt als Beschäftigungsort der Sitz der antragstellenden Stelle.

(3) 1Für Seeleute gilt als Beschäftigungsort der Heimathafen des Seeschiffs. 2Ist ein Heimathafen im Geltungsbereich dieses Gesetzbuchs nicht vorhanden, gilt als Beschäftigungsort Hamburg.

§ 11 Tätigkeitsort

(1) Die Vorschriften über den Beschäftigungsort gelten für selbständige Tätigkeiten entsprechend, soweit sich nicht aus Absatz 2 Abweichendes ergibt.

(2) Ist eine feste Arbeitsstätte nicht vorhanden und wird die selbständige Tätigkeit an verschiedenen Orten ausgeübt, gilt als Tätigkeitsort der Ort des Wohnsitzes oder des gewöhnlichen Aufenthalts.

§ 12 Hausgewerbetreibende, Heimarbeiter und Zwischenmeister

(1) Hausgewerbetreibende sind selbständig Tätige, die in eigener Arbeitsstätte im Auftrag und für Rechnung von Gewerbetreibenden, gemeinnützigen Unternehmen oder öffentlich-rechtlichen Körperschaften gewerblich arbeiten, auch wenn sie Roh- oder Hilfsstoffe selbst beschaffen oder vorübergehend für eigene Rechnung tätig sind.

(2) Heimarbeiter sind sonstige Personen, die in eigener Arbeitsstätte im Auftrag und für Rechnung von Gewerbetreibenden, gemeinnützigen Unternehmen oder öffentlich-rechtlichen Körperschaften erwerbsmäßig arbeiten, auch wenn sie Roh- oder Hilfsstoffe selbst beschaffen; sie gelten als Beschäftigte.

(3) Als Arbeitgeber der Hausgewerbetreibenden oder Heimarbeiter gilt, wer die Arbeit unmittelbar an sie vergibt, als Auftraggeber der, in dessen Auftrag und für dessen Rechnung sie arbeiten.

(4) Zwischenmeister ist, wer ohne Arbeitnehmer zu sein, die ihm übertragene Arbeit an Hausgewerbetreibende oder Heimarbeiter weitergibt.

(5) 1Als Hausgewerbetreibende, Heimarbeiter oder Zwischenmeister gelten auch die nach § 1 Absatz 2 Satz 1 Buchstaben a, c und d des Heimarbeitsgesetzes gleichgestellten Personen. 2Dies gilt nicht für das Recht der Arbeitsförderung.

§ 13 Reeder, Seeleute und Deutsche Seeschiffe

(1) 1Reeder sind die Eigentümer von Seeschiffen. 2Seeleute sind alle abhängig beschäftigten Besatzungsmitglieder an Bord von Seeschiffen; Kanalsteurer auf dem Nord-Ostsee-Kanal stehen den Seeleuten gleich.

(2) Als deutsche Seeschiffe gelten alle zur Seefahrt bestimmten Schiffe, die berechtigt sind, die Bundesflagge zu führen.

Dritter Titel
Arbeitsentgelt und sonstiges Einkommen

§ 14 Arbeitsentgelt

(1) 1Arbeitsentgelt sind alle laufenden oder einmaligen Einnahmen aus einer Beschäftigung, gleichgültig, ob ein Rechtsanspruch auf die Einnahmen besteht, unter welcher Bezeichnung oder in welcher Form sie geleistet werden und ob sie unmittelbar aus der Beschäftigung oder im Zusammenhang mit ihr erzielt werden. 2Arbeitsentgelt sind auch Entgeltteile, die durch Entgeltumwandlung nach § 1 Absatz 2 Nummer 3 des Betriebsrentengesetzes für betriebliche Altersversorgung in den Durchführungswegen Direktzusage oder Unterstützungskasse verwendet werden, soweit sie 4 vom Hundert der jährlichen Beitragsbemessungsgrenze der allgemeinen Rentenversicherung übersteigen.

(2) 1Ist ein Nettoarbeitsentgelt vereinbart, gelten als Arbeitsentgelt die Einnahmen des Beschäftigten einschließlich der darauf entfallenden Steuern und der seinem gesetzlichen Anteil entsprechenden Beiträge zur Sozialversicherung und zur Arbeitsförderung. 2Sind bei illegalen Beschäftigungsverhältnissen Steuern und Beiträge zur Sozialversicherung und zur Arbeitsförderung nicht gezahlt worden, gilt ein Nettoarbeitsentgelt als vereinbart.

(3) Wird ein Haushaltsscheck (§ 28a Absatz 7) verwendet, bleiben Zuwendungen unberücksichtigt, die nicht in Geld gewährt worden sind.

§ 15 Arbeitseinkommen

(1) 1Arbeitseinkommen ist der nach den allgemeinen Gewinnermittlungsvorschriften des Einkommensteuerrechts ermittelte Gewinn aus einer selbständigen Tätigkeit. 2Einkommen ist als Arbeitseinkommen zu werten, wenn es als solches nach dem Einkommensteuerrecht zu bewerten ist.

(2) Bei Landwirten, deren Gewinn aus Land- und Forstwirtschaft nach § 13a des Einkommensteuergesetzes ermittelt wird, ist als Arbeitseinkommen der sich aus § 32 Absatz 6 des Gesetzes über die Alterssicherung der Landwirte ergebende Wert anzusetzen.

§ 16 Gesamteinkommen

Gesamteinkommen ist die Summe der Einkünfte im Sinne des Einkommensteuerrechts; es umfasst insbesondere das Arbeitsentgelt und das Arbeitseinkommen.

§ 17 Verordnungsermächtigung

(1) 1Das Bundesministerium für Arbeit und Soziales wird ermächtigt, durch Rechtsverordnung mit Zustimmung des Bundesrates zur Wahrung der Belange der Sozialversicherung und der Arbeitsförderung, zur Förderung der betrieblichen Altersversorgung oder zur Vereinfachung des Beitragseinzugs zu bestimmen,

1. dass einmalige Einnahmen oder laufende Zulagen, Zuschläge, Zuschüsse oder ähnliche Einnahmen, die zusätzlich zu Löhnen oder Gehältern gewährt werden, und steuerfreie Einnahmen ganz oder teilweise nicht als Arbeitsentgelt gelten,
2. dass Beiträge an Direktversicherungen und Zuwendungen an Pensionskassen oder Pensionsfonds ganz oder teilweise nicht als Arbeitsentgelt gelten,
3. wie das Arbeitsentgelt, das Arbeitseinkommen und das Gesamteinkommen zu ermitteln und zeitlich zuzurechnen sind,
4. den Wert der Sachbezüge nach dem tatsächlichen Verkehrswert im Voraus für jedes Kalenderjahr.

2Dabei ist eine möglichst weitgehende Übereinstimmung mit den Regelungen des Steuerrechts sicherzustellen.

(2) 1Das Bundesministerium für Arbeit und Soziales bestimmt im Voraus für jedes Kalenderjahr durch Rechtsverordnung mit Zustimmung des Bundesrates die Bezugsgröße (§ 18). 2Das Bundesministerium für Arbeit und Soziales wird ermächtigt, durch Rechtsverordnung mit Zustimmung des Bundesrates auch sonstige aus der Bezugsgröße abzuleitende Beträge zu bestimmen.

§ 17a Umrechnung von ausländischem Einkommen

(1) 1Ist Einkommen zu berücksichtigen, das in fremder Währung erzielt wird, wird es in Euro nach dem Referenzkurs umgerechnet, den die Europäische Zentralbank öffentlich bekannt gibt. 2Wird für die fremde Währung von der Europäischen Zentralbank ein Referenzkurs nicht veröffentlicht, wird das Einkommen nach dem von der Deutschen Bundesbank ermittelten Mittelkurs für die Währung des betreffenden Landes umgerechnet; für Länder mit differenziertem Kurssystem ist der Kurs für den nichtkommerziellen Bereich zugrunde zu legen.

(2) 1Bei Berücksichtigung von Einkommen ist in den Fällen, in denen der Beginn der Leistung oder der neu berechneten Leistung in der Vergangenheit liegt, der Umrechnungskurs für den Kalendermonat maßgebend, in dem die Anrechnung des Einkommens beginnt. 2Bei Berücksichtigung von Einkommen ist in den Fällen, in denen der Beginn der Leistung oder der neu berechneten Leistung nicht in der Vergangenheit liegt, der Umrechnungskurs für den ersten Monat des Kalendervierteljahres maßgebend, das dem Beginn der Berücksichtigung von Einkommen vorausgeht. 3Überstaatliches Recht bleibt unberührt.

(3) 1Der angewandte Umrechnungskurs bleibt so lange maßgebend, bis

1. die Sozialleistung zu ändern ist,
2. sich das zu berücksichtigende Einkommen ändert oder
3. eine Kursveränderung von mehr als 10 vom Hundert gegenüber der letzten Umrechnung eintritt, jedoch nicht vor Ablauf von drei Kalendermonaten.

2Die Kursveränderung nach Nummer 3 sowie der neue Umrechnungskurs werden in entsprechender Anwendung von Absatz 2 ermittelt.

(4) 1Die Absätze 1 bis 3 finden entsprechende Anwendung auf

1. Unterhaltsleistungen,
2. Prämien für eine Krankenversicherung.

2Sie finden keine Anwendung bei der Ermittlung von Bemessungsgrundlagen von Sozialleistungen.

(5) Die Absätze 1 bis 4 sind auch anzuwenden, wenn der Versicherungsfall vor dem 1. Juli 1985 eingetreten ist.

§ 18 Bezugsgröße

(1) Bezugsgröße im Sinne der Vorschriften für die Sozialversicherung ist, soweit in den besonderen Vorschriften für die einzelnen Versicherungszweige nichts Abweichendes bestimmt ist, das Durchschnittsentgelt der gesetzlichen Rentenversicherung im vorvergangenen Kalenderjahr, aufgerundet auf den nächsthöheren, durch 420 teilbaren Betrag.

(2) Die Bezugsgröße für das Beitrittsgebiet (Bezugsgröße [Ost]) verändert sich zum 1. Januar eines jeden Kalenderjahres auf den Wert, der sich ergibt, wenn der für das vorvergangene Kalenderjahr geltende Wert der Anlage 1 zum Sechsten Buch durch den für das Kalenderjahr der Veränderung bestimmten vorläufigen Wert der Anlage 10 zum Sechsten Buch geteilt wird, aufgerundet auf den nächsthöheren, durch 420 teilbaren Betrag.

(3) Beitrittsgebiet ist das in Artikel 3 des Einigungsvertrages genannte Gebiet.

Vierter Titel
Einkommen beim Zusammentreffen mit Renten wegen Todes

§ 18a Art des zu berücksichtigenden Einkommens

(1) 1Bei Renten wegen Todes sind als Einkommen zu berücksichtigen

1. Erwerbseinkommen,

2. Leistungen, die erbracht werden, um Erwerbseinkommen zu ersetzen (Erwerbsersatzeinkommen),
3. Vermögenseinkommen und
4. Elterngeld.

2Nicht zu berücksichtigen sind

1. steuerfreie Einnahmen nach § 3 des Einkommensteuergesetzes mit Ausnahme der Aufstockungsbeträge und Zuschläge nach dessen Nummer 28 und der Einnahmen nach dessen Nummer 40 sowie Erwerbsersatzeinkommen nach Absatz 3 Satz 1 Nummer 1 und 8 und
2. Einnahmen aus Altersversorgungsverträgen, soweit sie nach § 10a oder Abschnitt XI des Einkommensteuergesetzes gefördert worden sind.

3Die Sätze 1 und 2 gelten auch für vergleichbare ausländische Einkommen.

(2) 1Erwerbseinkommen im Sinne des Absatzes 1 Satz 1 Nummer 1 sind Arbeitsentgelt, Arbeitseinkommen und vergleichbares Einkommen. 2Nicht als Erwerbseinkommen im Sinne des Absatzes 1 Satz 1 Nummer 1 gelten Arbeitsentgeltteile, die durch Entgeltumwandlung bis zu 4 vom Hundert der Beitragsbemessungsgrenze in der allgemeinen Rentenversicherung für betriebliche Altersversorgung verwendet werden, sowie das Arbeitsentgelt, das eine Pflegeperson von dem Pflegebedürftigen erhält, wenn das Entgelt das dem Umfang der Pflegetätigkeit entsprechende Pflegegeld im Sinne des § 37 des Elften Buches nicht übersteigt.

(2a) Arbeitseinkommen im Sinne des Absatzes 2 Satz 1 ist die positive Summe der Gewinne oder Verluste aus folgenden Arbeitseinkommensarten:

1. Gewinne aus Land- und Forstwirtschaft im Sinne der §§ 13, 13a und 14 des Einkommensteuergesetzes in Verbindung mit § 15 Absatz 2,
2. Gewinne aus Gewerbebetrieb im Sinne der §§ 15, 16 und 17 des Einkommensteuergesetzes und
3. Gewinne aus selbständiger Arbeit im Sinne des § 18 des Einkommensteuergesetzes.

(3) 1Erwerbsersatzeinkommen im Sinne des Absatzes 1 Satz 1 Nummer 2 sind

1. das Krankengeld, das Verletztengeld, das Versorgungskrankengeld, das Mutterschaftsgeld, das Übergangsgeld, das Pflegeunterstützungsgeld, das Kurzarbeitergeld, das Arbeitslosengeld, das Insolvenzgeld, das Krankentagegeld und vergleichbare Leistungen,
2. Renten der Rentenversicherung wegen Alters oder verminderter Erwerbsfähigkeit, die Erziehungsrente, die Knappschaftsausgleichsleistung, das Anpassungsgeld für entlassene Arbeitnehmer des Bergbaus und Leistungen nach den §§ 27 und 28 des Sozialversicherungs-Angleichungsgesetzes Saar,
3. Altersrenten und Renten wegen Erwerbsminderung der Alterssicherung der Landwirte, die an ehemalige Landwirte oder mitarbeitende Familienangehörige gezahlt werden,
4. die Verletztenrente der Unfallversicherung, soweit sie einen der Grundrente nach dem Bundesversorgungsgesetz entsprechenden Betrag übersteigt; eine Kürzung oder ein Wegfall der Verletztenrente wegen Anstaltspflege oder Aufnahme in ein Alters- oder Pflegeheim bleibt unberücksichtigt; bei einer Minderung der Erwerbsfähigkeit um 20 vom Hundert ist ein Betrag in Höhe von zwei Dritteln, bei einer Minderung der Erwerbsfähigkeit um 10 vom Hundert ist ein Betrag in Höhe von einem Drittel der Mindestgrundrente anzusetzen,
5. das Ruhegehalt und vergleichbare Bezüge aus einem öffentlich-rechtlichen Dienst- oder Amtsverhältnis oder aus einem versicherungsfreien Arbeitsverhältnis mit Anspruch auf Versorgung nach beamtenrechtlichen Vorschriften oder Grundsätzen, Altersgeld oder vergleichbare Alterssicherungsleistungen sowie vergleichbare Bezüge aus der Versorgung der Abgeordneten,
6. das Unfallruhegehalt und vergleichbare Bezüge aus einem öffentlich-rechtlichen

Dienst- oder Amtsverhältnis oder aus einem versicherungsfreien Arbeitsverhältnis mit Anspruch auf Versorgung nach beamtenrechtlichen Vorschriften oder Grundsätzen sowie vergleichbare Bezüge aus der Versorgung der Abgeordneten; wird daneben kein Unfallausgleich gezahlt, gilt Nummer 4 letzter Teilsatz entsprechend,

7. Renten der öffentlich-rechtlichen Versicherungs- oder Versorgungseinrichtungen bestimmter Berufsgruppen wegen Minderung der Erwerbsfähigkeit oder Alters,
8. der Berufsschadensausgleich nach § 30 Absatz 3 bis 11 des Bundesversorgungsgesetzes und anderen Gesetzen, die die entsprechende Anwendung der Leistungsvorschriften des Bundesversorgungsgesetzes vorsehen,
9. Renten wegen Alters oder verminderter Erwerbsfähigkeit, die aus Anlass eines Arbeitsverhältnisses zugesagt worden sind,
10. Renten wegen Alters oder verminderter Erwerbsfähigkeit aus privaten Lebens- und Rentenversicherungen, allgemeinen Unfallversicherungen sowie sonstige private Versorgungsrenten.

2Kinderzuschuss, Kinderzulage und vergleichbare kindbezogene Leistungen bleiben außer Betracht. 3Wird eine Kapitalleistung oder anstelle einer wiederkehrenden Leistung eine Abfindung gezahlt, ist der Betrag als Einkommen zu berücksichtigen, der bei einer Verrentung der Kapitalleistung oder als Rente ohne die Abfindung zu zahlen wäre.

(4) Vermögenseinkommen im Sinne des Absatzes 1 Satz 1 Nummer 3 ist die positive Summe der positiven oder negativen Überschüsse, Gewinne oder Verluste aus folgenden Vermögenseinkommensarten:

1. a) Einnahmen aus Kapitalvermögen im Sinne des § 20 des Einkommensteuergesetzes; Einnahmen im Sinne des § 20 Absatz 1 Nummer 6 des Einkommensteuergesetzes in der ab dem 1. Januar 2005 geltenden Fassung sind auch bei einer nur teilweisen Steuerpflicht jeweils die vollen Unterschiedsbeträge zwischen den Versicherungsleistungen einerseits und den auf sie entrichteten Beiträgen oder den Anschaffungskosten bei entgeltlichem Erwerb des Anspruchs auf die Versicherungsleistung andererseits,

   b) Einnahmen aus Versicherungen auf den Erlebens- oder Todesfall im Sinne des § 10 Absatz 1 Nummer 2 Buchstabe b Doppelbuchstabe cc und dd des Einkommensteuergesetzes in der am 1. Januar 2004 geltenden Fassung, wenn die Laufzeit dieser Versicherungen vor dem 1. Januar 2005 begonnen hat und ein Versicherungsbeitrag bis zum 31. Dezember 2004 entrichtet wurde, es sei denn, sie werden wegen Todes geleistet; zu den Einnahmen gehören außerrechnungsmäßige und rechnungsmäßige Zinsen aus den Sparanteilen, die in den Beiträgen zu diesen Versicherungen enthalten sind, im Sinne des § 20 Absatz 1 Nummer 6 des Einkommensteuergesetzes in der am 21. September 2002 geltenden Fassung.

   Bei der Ermittlung der Einnahmen ist als Werbungskostenpauschale der Sparer-Pauschbetrag abzuziehen,

2. Einnahmen aus Vermietung und Verpachtung im Sinne des § 21 des Einkommensteuergesetzes nach Abzug der Werbungskosten und
3. Gewinne aus privaten Veräußerungsgeschäften im Sinne des § 23 des Einkommensteuergesetzes, soweit sie mindestens 600 Euro im Kalenderjahr betragen.

§ 18b Höhe des zu berücksichtigenden Einkommens

(1) 1Maßgebend ist das für denselben Zeitraum erzielte monatliche Einkommen. 2Mehrere zu berücksichtigende Einkommen sind zusammenzurechnen. 3Wird die Rente nur für einen Teil des Monats gezahlt, ist das entsprechend gekürzte monatliche Einkommen maßgebend. 4Einmalig gezahltes Vermögens-

einkommen gilt als für die dem Monat der Zahlung folgenden zwölf Kalendermonate als erzielt. $_{5}$Einmalig gezahltes Vermögenseinkommen ist Einkommen, das einem bestimmten Zeitraum nicht zugeordnet werden kann oder in einem Betrag für mehr als zwölf Monate gezahlt wird.

(2) $_{1}$Bei Erwerbseinkommen und Erwerbsersatzeinkommen nach § 18a Absatz 3 Satz 1 Nummer 1 gilt als monatliches Einkommen im Sinne von Absatz 1 Satz 1 das im letzten Kalenderjahr aus diesen Einkommensarten erzielte Einkommen, geteilt durch die Zahl der Kalendermonate, in denen es erzielt wurde. $_{2}$Wurde Erwerbseinkommen neben Erwerbsersatzeinkommen nach § 18a Absatz 3 Satz 1 Nummer 1 erzielt, sind diese Einkommen zusammenzurechnen; wurden diese Einkommen zeitlich aufeinander folgend erzielt, ist das Erwerbseinkommen maßgebend. $_{3}$Die für einmalig gezahltes Arbeitsentgelt in § 23a getroffene zeitliche Zuordnung gilt entsprechend. $_{4}$Für die Zeiten des Bezugs von Kurzarbeitergeld ist das dem Versicherungsträger gemeldete Arbeitsentgelt maßgebend. $_{5}$Bei Vermögenseinkommen gilt als monatliches Einkommen im Sinne von Absatz 1 Satz 1 ein Zwölftel dieses im letzten Kalenderjahr erzielten Einkommens; bei einmalig gezahltem Vermögenseinkommen gilt ein Zwölftel des gezahlten Betrages als monatliches Einkommen nach Absatz 1 Satz 1.

(3) $_{1}$Ist im letzten Kalenderjahr Einkommen nach Absatz 2 nicht oder nur Erwerbsersatzeinkommen nach § 18a Absatz 3 Satz 1 Nummer 1 erzielt worden, gilt als monatliches Einkommen im Sinne von Absatz 1 Satz 1 das laufende Einkommen. $_{2}$Satz 1 gilt auch bei der erstmaligen Feststellung der Rente, wenn das laufende Einkommen im Durchschnitt voraussichtlich um wenigstens zehn vom Hundert geringer ist als das nach Absatz 2 maßgebende Einkommen; jährliche Sonderzuwendungen sind beim laufenden Einkommen mit einem Zwölftel zu berücksichtigen. $_{3}$Umfasst das laufende Einkommen Erwerbsersatzeinkommen im Sinne von § 18a Absatz 3 Satz 1 Nummer 1, ist dieses nur zu berücksichtigen, solange diese Leistung gezahlt wird.

(4) Bei Erwerbsersatzeinkommen nach § 18a Absatz 3 Satz 1 Nummer 2 bis 10 gilt als monatliches Einkommen im Sinne von Absatz 1 Satz 1 das laufende Einkommen; jährliche Sonderzuwendungen sind beim laufenden Einkommen mit einem Zwölftel zu berücksichtigen.

(5) $_{1}$Das monatliche Einkommen ist zu kürzen

1. bei Arbeitsentgelt um 40 vom Hundert, jedoch bei
   a) Bezügen aus einem öffentlich-rechtlichen Dienst- oder Amtsverhältnis oder aus einem versicherungsfreien Arbeitsverhältnis mit Anwartschaft auf Versorgung nach beamtenrechtlichen Vorschriften oder Grundsätzen und bei Einkommen, das solchen Bezügen vergleichbar ist, um 27,5 vom Hundert,
   b) Beschäftigten, die die Voraussetzungen des § 172 Absatz 1 des Sechsten Buches erfüllen, um 30,5 vom Hundert;

   das Arbeitsentgelt von Beschäftigten, die die Voraussetzungen des § 172 Absatz 3 oder § 276a des Sechsten Buches erfüllen, und Aufstockungsbeträge nach § 3 Absatz 1 Satz 1 Nummer 1 Buchstabe a des Altersteilzeitgesetzes werden nicht gekürzt, Zuschläge nach § 6 Absatz 2 des Bundesbesoldungsgesetzes werden um 7,65 vom Hundert gekürzt,
2. bei Arbeitseinkommen um 39,8 vom Hundert, bei steuerfreien Einnahmen im Rahmen des Halbeinkünfteverfahrens oder des Teileinkünfteverfahrens um 24,8 vom Hundert,
3. bei Leistungen nach § 18a Absatz 3 Satz 1 Nummer 7 um 27,5 vom Hundert bei Leistungsbeginn vor dem Jahre 2011 und um 29,6 vom Hundert bei Leistungsbeginn nach dem Jahre 2010,
4. bei Leistungen nach § 18a Absatz 3 Satz 1 Nummer 5 und 6 um 23,7 vom Hundert, bei Leistungsbeginn vor dem Jahre 2011 und um 25 vom Hundert bei Leistungsbeginn nach dem Jahre 2010,

5. bei Leistungen nach § 18a Absatz 3 Satz 1 Nummer 9 um 17,5 vom Hundert.; sofern es sich dabei um Leistungen handelt, die der nachgelagerten Besteuerung unterliegen, ist das monatliche Einkommen um 21,2 vom Hundert bei Leistungsbeginn vor dem Jahre 2011 und um 23 vom Hundert bei Leistungsbeginn nach dem Jahre 2010 zu kürzen,
6. bei Leistungen nach § 18a Absatz 3 Satz 1 Nummer 10 um 12,7 vom Hundert,
7. bei Vermögenseinkommen um 25 vom Hundert; bei steuerfreien Einnahmen nach dem Halbeinkünfteverfahren um 5 vom Hundert; bei Besteuerung nach dem gesonderten Steuertarif für Einkünfte aus Kapitalvermögen um 30 vom Hundert; Einnahmen aus Versicherungen nach § 18a Absatz 4 Nummer 1 werden nur gekürzt, soweit es sich um steuerpflichtige Kapitalerträge handelt,
8. bei Leistungen nach § 18a Absatz 3 Satz 1 Nummer 2 und 3 um 13 vom Hundert bei Leistungsbeginn vor dem Jahre 2011 und um 14 vom Hundert bei Leistungsbeginn nach dem Jahre 2010.

2Die Leistungen nach § 18a Absatz 3 Satz 1 Nummer 1 und 4 sind um den Anteil der vom Berechtigten zu tragenden Beiträge zur Bundesagentur für Arbeit und, soweit Beiträge zur sonstigen Sozialversicherung oder zu einem Krankenversicherungsunternehmen gezahlt werden, zusätzlich um 10 vom Hundert zu kürzen.

(5a) Elterngeld wird um den anrechnungsfreien Betrag nach § 10 des Bundeselterngeld- und Elternzeitgesetzes gekürzt.

(6) Soweit ein Versicherungsträger über die Höhe des zu berücksichtigenden Einkommens entschieden hat, ist diese Entscheidung auch für einen anderen Versicherungsträger bindend.

§ 18c Erstmalige Ermittlung des Einkommens

(1) Der Berechtigte hat das zu berücksichtigende Einkommen nachzuweisen.

(2) 1Bezieher von Arbeitsentgelt und diesem vergleichbaren Einkommen können verlangen, dass ihnen der Arbeitgeber eine Bescheinigung über das von ihnen für das letzte Kalenderjahr erzielte Arbeitsentgelt oder vergleichbare Einkommen und den Zeitraum, für den es gezahlt wurde, ausstellt. 2Der Arbeitgeber ist zur Ausstellung der Bescheinigung nicht verpflichtet, wenn er der Sozialversicherung das Arbeitsentgelt gemäß den Vorschriften über die Erfassung von Daten und Datenübermittlung bereits gemeldet hat. 3Satz 2 gilt nicht, wenn das tatsächliche Entgelt die Beitragsbemessungsgrenze übersteigt oder die abgegebene Meldung nicht für die Rentenversicherung bestimmt war.

(3) Bezieher von Erwerbsersatzeinkommen können verlangen, dass ihnen die Zahlstelle eine Bescheinigung über das von ihr im maßgebenden Zeitraum gezahlte Erwerbsersatzeinkommen und den Zeitraum, für den es gezahlt wurde, ausstellt.

(4) Bezieher von Vermögenseinkommen können verlangen, dass ihnen die Kapitalerträge nach § 20 des Einkommensteuergesetzes auszahlende Stelle eine Bescheinigung über die von ihr im letzten Kalenderjahr gezahlten Erträge ausstellt.

§ 18d Einkommensänderungen

(1) Einkommensänderungen sind erst vom nächstfolgenden 1. Juli an zu berücksichtigen; einmalig gezahltes Vermögenseinkommen ist vom Beginn des Kalendermonats an zu berücksichtigen, für den es als erzielt gilt.

(2) 1Minderungen des berücksichtigten Einkommens können vom Zeitpunkt ihres Eintritts an berücksichtigt werden, wenn das laufende Einkommen im Durchschnitt voraussichtlich um wenigstens zehn vom Hundert geringer ist als das berücksichtigte Einkommen; Erwerbsersatzeinkommen im Sinne von § 18a Absatz 3 Satz 1 Nummer 1 ist zu berücksichtigen, solange diese Leistung gezahlt wird. 2Jährliche Sonderzuwendungen sind mit einem Zwölftel zu berücksichtigen.

§ 18e Ermittlung von Einkommensänderungen

(1) 1Für Bezieher von Arbeitsentgelt und diesem vergleichbaren Einkommen hat der Arbeitgeber auf Verlangen des Versicherungsträgers das von ihnen für das letzte Kalenderjahr erzielte Arbeitsentgelt und vergleichbare Einkommen und den Zeitraum, für den es gezahlt wurde, mitzuteilen. 2Der Arbeitgeber ist zur Mitteilung nicht verpflichtet, wenn er der Sozialversicherung das Arbeitsentgelt gemäß den Vorschriften über die Erfassung von Daten und Datenübermittlung bereits gemeldet hat. 3Satz 2 gilt nicht, wenn das tatsächliche Entgelt die Beitragsbemessungsgrenze übersteigt.

(2) Bezieher von Arbeitseinkommen haben auf Verlangen des Versicherungsträgers ihr im letzten Kalenderjahr erzieltes Arbeitseinkommen und den Zeitraum, in dem es erzielt wurde, bis zum 31. März des Folgejahres mitzuteilen.

(3) Für Bezieher von Erwerbsersatzeinkommen haben die Zahlstellen auf Verlangen des Versicherungsträgers das von ihnen im maßgebenden Zeitraum gezahlte Erwerbsersatzeinkommen und den Zeitraum, für den es gezahlt wurde, mitzuteilen.

(3a) 1Bezieher von Vermögenseinkommen haben auf Verlangen des Versicherungsträgers ihr im letzten Kalenderjahr erzieltes Einkommen mitzuteilen. 2Für Bezieher von Kapitalerträgen nach § 20 des Einkommensteuergesetzes haben die auszahlenden Stellen eine Bescheinigung über die von ihr gezahlten Erträge auszustellen.

(4) 1Soweit dem Versicherungsträger das nach den Absätzen 2 und 3 mitzuteilende Einkommen nicht bekannt ist, ist das bisher berücksichtigte Einkommen vom nächstfolgenden 1. Juli an vorläufig um den Vomhundertsatz anzupassen, um den sich die Renten in der Rentenversicherung verändern, wenn nicht Grund zur Annahme besteht, dass die Verhältnisse beim Berechtigten sich in anderer Weise verändern oder unverändert bleiben. 2Die §§ 66 und 67 des Ersten Buches bleiben unberührt. 3Wird dem Versicherungsträger das Arbeitsentgelt vom Arbeitgeber nicht rechtzeitig gemäß den Vorschriften über die Erfassung von Daten und Datenübermittlung gemeldet oder übersteigt das tatsächliche Entgelt die Beitragsbemessungsgrenze, ist der Verwaltungsakt mit Wirkung vom nächstfolgenden 1. Juli an aufzuheben, sobald dem Versicherungsträger das Arbeitsentgelt mitgeteilt wird; spätestens dann ist dem Berechtigten die Anpassung der Rente mitzuteilen. 4Ist das nach Satz 1 berücksichtigte Einkommen unrichtig, ist der Verwaltungsakt mit Wirkung vom nächstfolgenden 1. Juli an aufzuheben.

(5) Im Fall des § 18d Absatz 2 findet § 18c für den erforderlichen Nachweis der Einkommensminderung entsprechende Anwendung.

(6) Bei der Berücksichtigung von Einkommensänderungen bedarf es nicht der vorherigen Anhörung des Berechtigten.

(7) Wird eine Rente wegen Todes wegen der Höhe des zu berücksichtigenden Einkommens nach dem 1. Juli eines jeden Jahres weiterhin in vollem Umfang nicht gezahlt, ist der Erlass eines erneuten Verwaltungsaktes nicht erforderlich.

Fünfter Titel
Erhebung, Verarbeitung und Nutzung der Versicherungsnummer

§ 18f Zulässigkeit der Erhebung, Verarbeitung und Nutzung

(1) 1Die Sozialversicherungsträger, ihre Verbände, ihre Arbeitsgemeinschaften, die Bundesagentur für Arbeit, die Deutsche Post AG, soweit sie mit der Berechnung oder Auszahlung von Sozialleistungen betraut ist, die Versorgungsträger nach § 8 Absatz 4 des Gesetzes zur Überführung der Ansprüche und Anwartschaften aus Zusatz- und Sonderversorgungssystemen des Beitrittsgebiets und die Künstlersozialkasse dürfen die Versicherungsnummer nur erheben, verarbeiten oder nutzen, soweit dies zur personenbezogenen Zuordnung der Daten für die Erfüllung einer gesetzlichen Aufgabe nach diesem Gesetzbuch erforderlich ist; die Deutsche Rentenversicherung Bund darf die Versicherungsnummer auch zur Erfüllung ihrer Aufgaben im

Rahmen der Förderung der zusätzlichen kapitalgedeckten Altersvorsorge nach § 91 des Einkommensteuergesetzes erheben, verarbeiten und nutzen. 2Aufgaben nach diesem Gesetzbuch sind auch diejenigen auf Grund von über- und zwischenstaatlichem Recht im Bereich der sozialen Sicherheit. 3Bei Untersuchungen für Zwecke der Prävention, der Rehabilitation und der Forschung, die dem Ziel dienen, gesundheitlichen Schäden bei Versicherten vorzubeugen oder diese zu beheben, und für entsprechende Dateien darf die Versicherungsnummer nur erhoben, verarbeitet oder genutzt werden, soweit ein einheitliches Ordnungsmerkmal zur personenbezogenen Zuordnung der Daten bei langfristigen Beobachtungen erforderlich ist und der Aufbau eines besonderen Ordnungsmerkmals mit erheblichem organisatorischem Aufwand verbunden wäre oder mehrere der in Satz 1 genannten Stellen beteiligt sind, die nicht über ein einheitliches Ordnungsmerkmal verfügen. 4Die Versicherungsnummer darf nach Maßgabe von Satz 3 von überbetrieblichen arbeitsmedizinischen Diensten nach § 24 des Siebten Buches, auch soweit sie das Arbeitssicherheitsgesetz anwenden, erhoben, verarbeitet oder genutzt werden.

(2) 1Die anderen in § 35 des Ersten Buches genannten Stellen dürfen die Versicherungsnummer nur erheben, verarbeiten oder nutzen, soweit im Einzelfall oder in festgelegten Verfahren eine Übermittlung von Daten gegenüber den in Absatz 1 genannten Stellen oder ihren Aufsichtsbehörden, auch unter Einschaltung von Vermittlungsstellen, für die Erfüllung einer gesetzlichen Aufgabe nach diesem Gesetzbuch erforderlich ist. 2Satz 1 gilt für die in § 69 Absatz 2 des Zehnten Buches genannten Stellen für die Erfüllung ihrer dort genannten Aufgaben entsprechend.

(2a) Die Statistischen Ämter des Bundes und der Länder dürfen die Versicherungsnummer nur erheben, verarbeiten oder nutzen, soweit dies im Einzelfall für die Erfüllung einer gesetzlichen Aufgabe zur Erhebung statistischer Daten erforderlich ist.

(3) 1Andere Behörden, Gerichte, Arbeitgeber oder Dritte dürfen die Versicherungsnummer nur erheben, verarbeiten oder nutzen, soweit dies für die Erfüllung einer gesetzlichen Aufgabe der in Absatz 1 genannten Stellen erforderlich ist

1. bei Mitteilungen, für die die Verarbeitung oder Nutzung von Versicherungsnummern in Rechtsvorschriften vorgeschrieben ist,
2. im Rahmen der Beitragszahlung oder
3. bei der Leistungserbringung einschließlich Abrechnung und Erstattung.

2Ist anderen Behörden, Gerichten, Arbeitgebern oder Dritten die Versicherungsnummer vom Versicherten oder seinen Hinterbliebenen oder nach dem Zweiten Kapitel des Zehnten Buches befugt übermittelt worden, darf die Versicherungsnummer, soweit die Übermittlung von Daten gegenüber den in Absatz 1 und den in § 69 Absatz 2 des Zehnten Buches genannten Stellen erforderlich ist, verarbeitet oder genutzt werden.

(4) Die Versicherungsnummer darf auch bei der Verarbeitung von Sozialdaten im Auftrag gemäß § 80 des Zehnten Buches verarbeitet oder genutzt werden.

(5) Die in Absatz 2 oder 3 genannten Stellen dürfen die Versicherungsnummer nicht verarbeiten oder nutzen, um ihre Dateien danach zu ordnen oder für den Zugriff zu erschließen.

§ 18g Angabe der Versicherungsnummer

1Vertragsbestimmungen, durch die der einzelne zur Angabe der Versicherungsnummer für eine nicht nach § 18f zugelassene Erhebung, Verarbeitung oder Nutzung verpflichtet werden soll, sind unwirksam. 2Eine befugte Übermittlung der Versicherungsnummer begründet kein Recht, die Versicherungsnummer in anderen als den in § 18f genannten Fällen zu speichern.

Sechster Titel
Sozialversicherungsausweis

§ 18h Ausstellung und Pflicht zur Vorlage des Sozialversicherungsausweises

(1) Die Datenstelle der Träger der Rentenversicherung stellt für Personen, für die sie eine

Versicherungsnummer vergibt, einen Sozialversicherungsausweis aus.

(2) 1Der Sozialversicherungsausweis enthält folgende Angaben über die Inhaberin oder den Inhaber:

1. die Versicherungsnummer,
2. den Familiennamen und den Geburtsnamen,
3. den Vornamen.

2Weitere personenbezogene Daten darf der Ausweis nicht enthalten. 3Die Gestaltung des Sozialversicherungsausweises im Übrigen legt die Deutsche Rentenversicherung Bund in Grundsätzen fest, die vom Bundesministerium für Arbeit und Soziales zu genehmigen und im Bundesanzeiger zu veröffentlichen sind.

(3) 1Beschäftigte sind verpflichtet, den Sozialversicherungsausweis bei Beginn einer Beschäftigung dem Arbeitgeber vorzulegen. 2Kann der Beschäftigte dies nicht zum Zeitpunkt des Beschäftigungsbeginns, so hat er dies unverzüglich nachzuholen.

(4) 1Die Inhaberin oder der Inhaber ist verpflichtet, der zuständigen Einzugsstelle (§ 28i) den Verlust des Sozialversicherungsausweises oder sein Wiederauffinden unverzüglich anzuzeigen. 2Ein neuer Sozialversicherungsausweis wird ausgestellt

1. auf Antrag bei der zuständigen Einzugsstelle, wenn der Sozialversicherungsausweis zerstört worden, abhanden gekommen oder unbrauchbar geworden ist,
2. von Amts wegen, wenn sich die Versicherungsnummer, der Familienname oder der Vorname geändert hat.

3Eine Person darf nur einen auf ihren Namen ausgestellten Sozialversicherungsausweis besitzen; unbrauchbare und weitere Sozialversicherungsausweise sind an die zuständige Einzugsstelle zurückzugeben.

Zweiter Abschnitt
Leistungen und Beiträge

Erster Titel
Leistungen

§ 19 Leistungen auf Antrag oder von Amts wegen

1Leistungen in der gesetzlichen Kranken- und Rentenversicherung, nach dem Recht der Arbeitsförderung sowie in der sozialen Pflegeversicherung werden auf Antrag erbracht, soweit sich aus den Vorschriften für die einzelnen Versicherungszweige nichts Abweichendes ergibt. 2Leistungen in der gesetzlichen Unfallversicherung werden von Amts wegen erbracht, soweit sich aus den Vorschriften für die gesetzliche Unfallversicherung nichts Abweichendes ergibt.

§ 19a Benachteiligungsverbot

1Bei der Inanspruchnahme von Leistungen, die den Zugang zu allen Formen und allen Ebenen der Berufsberatung, der Berufsbildung, der beruflichen Weiterbildung, der Umschulung einschließlich der praktischen Berufserfahrung betreffen, darf niemand aus Gründen der Rasse oder wegen der ethnischen Herkunft, des Geschlechts, der Religion oder Weltanschauung, einer Behinderung, des Alters oder der sexuellen Identität benachteiligt werden. 2Ansprüche können nur insoweit geltend gemacht werden oder hergeleitet werden, als deren Voraussetzungen und Inhalt durch die Vorschriften der besonderen Teile dieses Gesetzbuchs im Einzelnen bestimmt sind.

Zweiter Titel
Beiträge

§ 20 Aufbringung der Mittel, Gleitzone

(1) Die Mittel der Sozialversicherung einschließlich der Arbeitsförderung werden nach Maßgabe der besonderen Vorschriften für die einzelnen Versicherungszweige durch Beiträge der Versicherten, der Arbeitgeber und Dritter, durch staatliche Zuschüsse und durch sonstige Einnahmen aufgebracht.

(2) Eine Gleitzone im Sinne dieses Gesetzbuches liegt bei einem Beschäftigungsverhältnis mit einem daraus erzielten Arbeitsentgelt von 450,01 Euro bis 850,00 Euro im Monat vor, das die Grenze von 850,00 Euro im Monat regelmäßig nicht überschreitet; bei mehreren Beschäftigungsverhältnissen ist das insgesamt erzielte Arbeitsentgelt maßgebend.

(3) 1Der Arbeitgeber trägt abweichend von den besonderen Vorschriften für Beschäftigte für die einzelnen Versicherungszweige den Gesamtsozialversicherungsbeitrag allein, wenn

1. Versicherte, die zu ihrer Berufsausbildung beschäftigt sind, ein Arbeitsentgelt erzielen, das auf den Monat bezogen 325 Euro nicht übersteigt, oder
2. Versicherte ein freiwilliges soziales Jahr oder ein freiwilliges ökologisches Jahr im Sinne des Jugendfreiwilligendienstegesetzes oder einen Bundesfreiwilligendienst nach dem Bundesfreiwilligendienstgesetz leisten.

2Wird infolge einmalig gezahlten Arbeitsentgelts die in Satz 1 genannte Grenze überschritten, tragen die Versicherten und die Arbeitgeber den Gesamtsozialversicherungsbeitrag von dem diese Grenze übersteigenden Teil des Arbeitsentgelts jeweils zur Hälfte; in der gesetzlichen Krankenversicherung gilt dies nur für den um den Beitragsanteil, der allein vom Arbeitnehmer zu tragen ist, reduzierten Beitrag.

§ 21 Bemessung der Beiträge

Die Versicherungsträger haben die Beiträge, soweit diese von ihnen festzusetzen sind, so zu bemessen, dass die Beiträge zusammen mit den anderen Einnahmen

1. die gesetzlich vorgeschriebenen und zugelassenen Ausgaben des Versicherungsträgers decken und
2. sicherstellen, dass die gesetzlich vorgeschriebenen oder zugelassenen Betriebsmittel und Rücklagen bereitgehalten werden können.

§ 22 Entstehen der Beitragsansprüche, Zusammentreffen mehrerer Versicherungsverhältnisse

(1) 1Die Beitragsansprüche der Versicherungsträger entstehen, sobald ihre im Gesetz oder auf Grund eines Gesetzes bestimmten Voraussetzungen vorliegen. 2Bei einmalig gezahltem Arbeitsentgelt sowie bei Arbeitsentgelt, das aus Arbeitszeitguthaben abgeleiteten Entgeltguthaben errechnet wird, entstehen die Beitragsansprüche, sobald dieses ausgezahlt worden ist. 3Satz 2 gilt nicht, soweit das einmalig gezahlte Arbeitsentgelt nur wegen eines Insolvenzereignisses im Sinne des § 165 des Dritten Buches vom Arbeitgeber nicht ausgezahlt worden ist oder die Beiträge für aus Arbeitszeitguthaben abgeleiteten Entgeltguthaben schon aus laufendem Arbeitsentgelt gezahlt wurden.

(2) 1Treffen beitragspflichtige Einnahmen aus mehreren Versicherungsverhältnissen zusammen und übersteigen sie die für das jeweilige Versicherungsverhältnis maßgebliche Beitragsbemessungsgrenze, so vermindern sie sich zum Zwecke der Beitragsberechnung nach dem Verhältnis ihrer Höhe so zueinander, dass sie zusammen höchstens die Beitragsbemessungsgrenze erreichen. 2Die beitragspflichtigen Einnahmen aus dem jeweiligen Versicherungsverhältnis sind vor der Verhältnisrechnung nach Satz 1 auf die maßgebliche Beitragsbemessungsgrenze zu reduzieren. 3Für die knappschaftliche Rentenversicherung und die allgemeine Rentenversicherung sind die Berechnungen nach Satz 1 getrennt durchzuführen.

§ 23 Fälligkeit

(1) 1Laufende Beiträge, die geschuldet werden, werden entsprechend den Regelungen der Satzung der Krankenkasse und den Entscheidungen des Spitzenverbandes Bund der Krankenkassen fällig. 2Beiträge, die nach dem Arbeitsentgelt oder dem Arbeitseinkommen zu bemessen sind, sind in voraussichtlicher Höhe der Beitragsschuld spätestens am drittletzten Bankarbeitstag des Monats fällig, in dem die Beschäftigung oder Tätigkeit, mit der das Arbeitsentgelt oder Arbeitseinkommen

IV

erzielt wird, ausgeübt worden ist oder als ausgeübt gilt; ein verbleibender Restbeitrag wird zum drittletzten Bankarbeitstag des Folgemonats fällig. 3Der Arbeitgeber kann abweichend von Satz 2 den Betrag in Höhe der Beiträge des Vormonats zahlen, wenn Änderungen der Beitragsabrechnung regelmäßig durch Mitarbeiterwechsel oder variable Entgeltbestandteile dies erfordern; für einen verbleibenden Restbetrag bleibt es bei der Fälligkeit zum drittletzten Bankarbeitstag des Folgemonats. 4Sonstige Beiträge werden spätestens am Fünfzehnten des Monats fällig, der auf den Monat folgt, für den sie zu entrichten sind. 5Die erstmalige Fälligkeit der Beiträge für die nach § 3 Satz 1 Nummer 1a des Sechsten Buches versicherten Pflegepersonen ist abhängig von dem Zeitpunkt, zu dem die Pflegekasse, das private Versicherungsunternehmen, die Festsetzungsstelle für die Beihilfe oder der Dienstherr bei Heilfürsorgeberechtigten die Versicherungspflicht der Pflegeperson festgestellt hat oder ohne Verschulden hätte feststellen können. 6Wird die Feststellung in der Zeit vom Ersten bis zum Fünfzehnten eines Monats getroffen, werden die Beiträge erstmals spätestens am Fünfzehnten des folgenden Monats fällig; wird die Feststellung in der Zeit vom Sechzehnten bis zum Ende eines Monats getroffen, werden die Beiträge erstmals am Fünfzehnten des zweiten darauffolgenden Monats fällig; das Nähere vereinbaren die Spitzenverbände der beteiligten Träger der Sozialversicherung, der Verband der privaten Krankenversicherung e. V. und die Festsetzungsstellen für die Beihilfe.

(2) 1Die Beiträge für eine Sozialleistung im Sinne des § 3 Satz 1 Nummer 3 des Sechsten Buches einschließlich Sozialleistungen, auf die die Vorschriften des Fünften und des Sechsten Buches über die Kranken- und Rentenversicherung der Bezieher von Arbeitslosengeld oder die Krankenversicherung der Bezieher von Arbeitslosengeld II entsprechend anzuwenden sind, werden am Achten des auf die Zahlung der Sozialleistung folgenden Monats fällig. 2Die Träger der Rentenversicherung und die Bundesagentur für Arbeit können unbeschadet des Satzes 1 vereinbaren, dass die Beiträge zur Rentenversicherung aus Sozialleistungen der Bundesagentur für Arbeit zu den vom Bundesversicherungsamt festgelegten Fälligkeitsterminen für die Rentenzahlungen im Inland gezahlt werden. 3Die Träger der Rentenversicherung mit Ausnahme der Deutschen Rentenversicherung Knappschaft-Bahn-See als Träger der knappschaftlichen Rentenversicherung, die Bundesagentur für Arbeit und die Behörden des sozialen Entschädigungsrechts können unbeschadet des Satzes 1 vereinbaren, dass die Beiträge zur Rentenversicherung und nach dem Recht der Arbeitsförderung aus Sozialleistungen nach dem sozialen Entschädigungsrecht in voraussichtlicher Höhe der Beitragsschuld spätestens zum 30. Juni des laufenden Jahres und ein verbleibender Restbetrag zum nächsten Fälligkeitstermin gezahlt werden.

(2a) Bei Verwendung eines Haushaltsschecks (§ 28a Absatz 7) sind die Beiträge für das in den Monaten Januar bis Juni erzielte Arbeitsentgelt am 31. Juli des laufenden Jahres und für das in den Monaten Juli bis Dezember erzielte Arbeitsentgelt am 31. Januar des folgenden Jahres fällig.

(3) 1Geschuldete Beiträge der Unfallversicherung werden am Fünfzehnten des Monats fällig, der dem Monat folgt, in dem der Beitragsbescheid dem Zahlungspflichtigen bekannt gegeben worden ist; Entsprechendes gilt für Beitragsvorschüsse, wenn der Bescheid hierüber keinen anderen Fälligkeitstermin bestimmt. 2Die landwirtschaftliche Berufsgenossenschaft kann in ihrer Satzung von Satz 1 abweichende Fälligkeitstermine bestimmen. 3Für den Tag der Zahlung und die zulässigen Zahlungsmittel gelten die für den Gesamtsozialversicherungsbeitrag geltenden Bestimmungen entsprechend. 4Die Fälligkeit von Beiträgen für geringfügig Beschäftigte in Privathaushalten, die nach § 28a Absatz 7 der Einzugsstelle gemeldet worden sind, richtet sich abweichend von Satz 1 nach Absatz 2a.

(4) Besondere Vorschriften für einzelne Versicherungszweige, die von den Absätzen 1

bis 3 abweichen oder abweichende Bestimmungen zulassen, bleiben unberührt.

§ 23a Einmalig gezahltes Arbeitsentgelt als beitragspflichtige Einnahmen

(1) 1Einmalig gezahltes Arbeitsentgelt sind Zuwendungen, die dem Arbeitsentgelt zuzurechnen sind und nicht für die Arbeit in einem einzelnen Entgeltabrechnungszeitraum gezahlt werden. 2Als einmalig gezahltes Arbeitsentgelt gelten nicht Zuwendungen nach Satz 1, wenn sie

1. üblicherweise zur Abgeltung bestimmter Aufwendungen des Beschäftigten, die auch im Zusammenhang mit der Beschäftigung stehen,
2. als Waren oder Dienstleistungen, die vom Arbeitgeber nicht überwiegend für den Bedarf seiner Beschäftigten hergestellt, vertrieben oder erbracht werden und monatlich in Anspruch genommen werden können,
3. als sonstige Sachbezüge, die monatlich gewährt werden, oder
4. als vermögenswirksame Leistungen

vom Arbeitgeber erbracht werden. 3Einmalig gezahltes Arbeitsentgelt versicherungspflichtig Beschäftigter ist dem Entgeltabrechnungszeitraum zuzuordnen, in dem es gezahlt wird, soweit die Absätze 2 und 4 nichts Abweichendes bestimmen.

(2) Einmalig gezahltes Arbeitsentgelt, das nach Beendigung oder bei Ruhen des Beschäftigungsverhältnisses gezahlt wird, ist dem letzten Entgeltabrechnungszeitraum des laufenden Kalenderjahres zuzuordnen, auch wenn dieser nicht mit Arbeitsentgelt belegt ist.

(3) 1Das einmalig gezahlte Arbeitsentgelt ist bei der Feststellung des beitragspflichtigen Arbeitsentgelts für versicherungspflichtig Beschäftigte zu berücksichtigen, soweit das bisher gezahlte beitragspflichtige Arbeitsentgelt die anteilige Beitragsbemessungsgrenze nicht erreicht. 2Die anteilige Beitragsbemessungsgrenze ist der Teil der Beitragsbemessungsgrenze, der der Dauer aller Beschäftigungsverhältnisse bei demselben Arbeitgeber im laufenden Kalenderjahr bis zum Ablauf des Entgeltabrechnungszeitraumes entspricht, dem einmalig gezahltes Arbeitsentgelt zuzuordnen ist; auszunehmen sind Zeiten, die nicht mit Beiträgen aus laufendem (nicht einmalig gezahltem) Arbeitsentgelt belegt sind.

(4) 1In der Zeit vom 1. Januar bis zum 31. März einmalig gezahltes Arbeitsentgelt ist dem letzten Entgeltabrechnungszeitraum des vergangenen Kalenderjahres zuzuordnen, wenn es vom Arbeitgeber dieses Entgeltabrechnungszeitraumes gezahlt wird und zusammen mit dem sonstigen für das laufende Kalenderjahr festgestellten beitragspflichtigen Arbeitsentgelt die anteilige Beitragsbemessungsgrenze nach Absatz 3 Satz 2 übersteigt. 2Satz 1 gilt nicht für nach dem 31. März einmalig gezahltes Arbeitsentgelt, das nach Absatz 2 einem in der Zeit vom 1. Januar bis zum 31. März liegenden Entgeltabrechnungszeitraum zuzuordnen ist.

(5) Ist der Beschäftigte in der gesetzlichen Krankenversicherung pflichtversichert, ist für die Zuordnung des einmalig gezahlten Arbeitsentgelts nach Absatz 4 Satz 1 allein die Beitragsbemessungsgrenze der gesetzlichen Krankenversicherung maßgebend.

§ 23b Beitragspflichtige Einnahmen bei flexiblen Arbeitszeitregelungen

(1) 1Bei Vereinbarungen nach § 7b ist für Zeiten der tatsächlichen Arbeitsleistung und für Zeiten der Inanspruchnahme des Wertguthabens nach § 7c das in dem jeweiligen Zeitraum fällige Arbeitsentgelt als Arbeitsentgelt im Sinne des § 23 Absatz 1 maßgebend. 2Im Falle des § 23a Absatz 3 und 4 gilt das in dem jeweils maßgebenden Zeitraum erzielte Arbeitsentgelt bis zu einem Betrag in Höhe der Beitragsbemessungsgrenze als bisher gezahltes beitragspflichtiges Arbeitsentgelt; in Zeiten einer Freistellung von der Arbeitsleistung tritt an die Stelle des erzielten Arbeitsentgelts das fällige Arbeitsentgelt.

(2) 1Soweit das Wertguthaben nicht gemäß § 7c verwendet wird, insbesondere

1. nicht laufend für eine Zeit der Freistellung von der Arbeitsleistung oder der Verringe-

IV

rung der vertraglich vereinbarten Arbeitszeit in Anspruch genommen wird oder

2. nicht mehr für solche Zeiten gezahlt werden kann, da das Beschäftigungsverhältnis vorzeitig beendet wurde,

ist als Arbeitsentgelt im Sinne des § 23 Absatz 1 ohne Berücksichtigung einer Beitragsbemessungsgrenze die Summe der Arbeitsentgelte maßgebend, die zum Zeitpunkt der tatsächlichen Arbeitsleistung ohne Berücksichtigung der Vereinbarung nach § 7b beitragspflichtig gewesen wäre. [2]Maßgebend ist jedoch höchstens der Betrag des Wertguthabens aus diesen Arbeitsentgelten zum Zeitpunkt der nicht zweckentsprechenden Verwendung des Arbeitsentgelts. [3]Zugrunde zu legen ist der Zeitraum ab dem Abrechnungsmonat der ersten Gutschrift auf einem Wertguthaben bis zum Zeitpunkt der nicht zweckentsprechenden Verwendung des Arbeitsentgelts. [4]Bei einem nach § 7f Absatz 1 Satz 1 Nummer 2 auf die Deutsche Rentenversicherung Bund übertragenen Wertguthaben gelten die Sätze 1 bis 3 entsprechend, soweit das Wertguthaben wegen der Inanspruchnahme einer Rente wegen verminderter Erwerbsfähigkeit, einer Rente wegen Alters oder wegen des Todes des Versicherten nicht mehr in Anspruch genommen werden kann. [5]Wird das Wertguthaben vereinbarungsgemäß an einen bestimmten Wertmaßstab gebunden, ist der im Zeitpunkt der nicht zweckentsprechenden Verwendung des Arbeitsentgelts maßgebende angepasste Betrag als Höchstbetrag der Berechnung zugrunde zu legen. [6]Im Falle der Insolvenz des Arbeitgebers gilt auch als beitragspflichtiges Arbeitsentgelt höchstens der Betrag, der als Arbeitsentgelt den gezahlten Beiträgen zugrunde liegt. [7]Für die Berechnung der Beiträge sind der für den Entgeltabrechnungszeitraum nach den Sätzen 8 und 9 für den einzelnen Versicherungszweig geltende Beitragssatz und die für diesen Zeitraum für den Einzug des Gesamtsozialversicherungsbeitrags zuständige Einzugsstelle maßgebend; für Beschäftigte, die bei keiner Krankenkasse versichert sind, gilt § 28i Satz 2 entsprechend. [8]Die Beiträge sind mit den Beiträgen der Entgeltabrechnung für den Kalendermonat fällig, der dem Kalendermonat folgt, in dem

1. im Fall der Insolvenz die Mittel für die Beitragszahlung verfügbar sind,
2. das Arbeitsentgelt nicht zweckentsprechend verwendet wird.

[9]Wird durch einen Bescheid eines Trägers der Rentenversicherung der Eintritt von verminderter Erwerbsfähigkeit festgestellt, gilt der Zeitpunkt des Eintritts der verminderten Erwerbsfähigkeit als Zeitpunkt der nicht zweckentsprechenden Verwendung des bis dahin erzielten Wertguthabens; in diesem Fall sind die Beiträge mit den Beiträgen der auf das Ende des Beschäftigungsverhältnisses folgenden Entgeltabrechnung fällig. [10]Wird eine Rente wegen verminderter Erwerbsfähigkeit in Anspruch genommen und besteht ein nach § 7f Absatz 1 Satz 1 Nummer 2 an die Deutsche Rentenversicherung Bund übertragenes Wertguthaben, kann der Versicherte der Auflösung dieses Wertguthabens widersprechen. [11]Ist für den Fall der Insolvenz des Arbeitgebers ein Dritter Schuldner des Arbeitsentgelts, erfüllt dieser insoweit die Pflichten des Arbeitgebers.

(2a) [1]Als Arbeitsentgelt im Sinne des § 23 Absatz 1 gilt im Falle des Absatzes 2 auch der positive Betrag, der sich ergibt, wenn die Summe der ab dem Abrechnungsmonat der ersten Gutschrift auf einem Wertguthaben für die Zeit der Arbeitsleistung maßgebenden Beträge der jeweiligen Beitragsbemessungsgrenze um die Summe der in dieser Zeit der Arbeitsleistung abgerechneten beitragspflichtigen Arbeitsentgelte gemindert wird, höchstens der Betrag des Wertguthabens im Zeitpunkt der nicht zweckentsprechenden Verwendung des Arbeitsentgelts. [2]Absatz 2 Satz 5 bis 11 findet Anwendung, Absatz 1 Satz 2 findet keine Anwendung.

(3) Kann das Wertguthaben wegen Beendigung des Beschäftigungsverhältnisses nicht mehr nach § 7c oder § 7f Absatz 2 Satz 1 verwendet werden und ist der Versicherte unmittelbar anschließend wegen Arbeitslosigkeit bei einer deutschen Agentur für Arbeit als Arbeitsuchender gemeldet und bezieht eine öffentlich-rechtliche Leistung oder nur

wegen des zu berücksichtigenden Einkommens oder Vermögens nicht, sind die Beiträge spätestens sieben Kalendermonate nach dem Kalendermonat, in dem das Arbeitsentgelt nicht zweckentsprechend verwendet worden ist, oder bei Aufnahme einer Beschäftigung in diesem Zeitraum zum Zeitpunkt des Beschäftigungsbeginns fällig, es sei denn, eine zweckentsprechende Verwendung wird vereinbart; beginnt in diesem Zeitraum eine Rente wegen Alters oder Todes oder tritt verminderte Erwerbsfähigkeit ein, gelten diese Zeitpunkte als Zeitpunkt der nicht zweckentsprechenden Verwendung.

(3a) 1Sieht die Vereinbarung nach § 7b bereits bei ihrem Abschluss für den Fall, dass Wertguthaben wegen der Beendigung der Beschäftigung auf Grund verminderter Erwerbsfähigkeit, des Erreichens einer Altersgrenze, zu der eine Rente wegen Alters beansprucht werden kann, oder des Todes des Beschäftigten nicht mehr für Zeiten einer Freistellung von der Arbeitsleistung oder der Verringerung der vertraglich vereinbarten Arbeitszeit verwendet werden können, deren Verwendung für Zwecke der betrieblichen Altersversorgung vor, gilt das bei Eintritt dieser Fälle für Zwecke der betrieblichen Altersversorgung verwendete Wertguthaben nicht als beitragspflichtiges Arbeitsentgelt; dies gilt nicht,

1. wenn die Vereinbarung über die betriebliche Altersversorgung eine Abfindung vorsieht oder zulässt oder Leistungen im Fall des Todes, der Invalidität und des Erreichens einer Altersgrenze, zu der eine Rente wegen Alters beansprucht werden kann, nicht gewährleistet sind oder
2. soweit bereits im Zeitpunkt der Ansammlung des Wertguthabens vorhersehbar ist, dass es nicht für Zwecke nach § 7c oder § 7f Absatz 2 Satz 1 verwendet werden kann.

2Die Bestimmungen dieses Absatzes finden keine Anwendung auf Vereinbarungen, die nach dem 13. November 2008 geschlossen worden sind.

(4) Werden Wertguthaben auf Dritte übertragen, gelten die Absätze 2 bis 3a nur für den Übertragenden, der die Arbeitsleistung tatsächlich erbringt.

§ 23c Sonstige nicht beitragspflichtige Einnahmen

(1) 1Zuschüsse des Arbeitgebers zum Krankengeld, Verletztengeld, Übergangsgeld, Pflegeunterstützungsgeld oder Krankentagegeld und sonstige Einnahmen aus einer Beschäftigung, die für die Zeit des Bezuges von Krankengeld, Krankentagegeld, Versorgungskrankengeld, Verletztengeld, Übergangsgeld, Pflegeunterstützungsgeld, Mutterschaftsgeld, Erziehungsgeld oder Elterngeld weiter erzielt werden, gelten nicht als beitragspflichtiges Arbeitsentgelt, wenn die Einnahmen zusammen mit den genannten Sozialleistungen das Nettoarbeitsentgelt (§ 47 des Fünften Buches) nicht um mehr als 50 Euro im Monat übersteigen. 2Zur Berechnung des Nettoarbeitsentgelts bei freiwilligen Mitgliedern der gesetzlichen Krankenversicherung ist der um den Beitragszuschuss für Beschäftigte verminderte Beitrag des Versicherten zur Kranken- und Pflegeversicherung abzuziehen; dies gilt entsprechend für Personen und für ihre nicht selbstversicherten Angehörigen, die bei einem privaten Krankenversicherungsunternehmen versichert sind einschließlich der Versicherung für das Krankentagegeld. 3Für Beschäftigte, die nach § 6 Absatz 1 Satz 1 Nummer 1 des Sechsten Buches von der Versicherungspflicht befreit sind und Pflichtbeiträge an eine berufsständische Versorgungseinrichtung entrichten, sind bei der Ermittlung des Nettoentgeltes die um den Arbeitgeberzuschuss nach § 172a des Sechsten Buches verminderten Pflichtbeiträge des Beschäftigten entsprechend abzuziehen.

(2) 1Sind zur Gewährung von Krankengeld, Verletztengeld, Übergangsgeld, Pflegeunterstützungsgeld oder Mutterschaftsgeld Angaben über das Beschäftigungsverhältnis notwendig und sind diese dem Leistungsträger aus anderem Grund nicht bekannt, sind sie durch eine Bescheinigung des Arbeitgebers nachzuweisen. 2Der Arbeitgeber hat dem Leistungsträger diese Bescheinigung im Einzelfall durch gesicherte und verschlüsselte Daten-

übertragung aus systemgeprüften Programmen oder mittels maschinell erstellter Ausfüllhilfen zu erstatten. 3Den Aufbau des Datensatzes, notwendige Schlüsselzahlen und Angaben bestimmen der Spitzenverband Bund der Krankenkassen, die Deutsche Rentenversicherung Bund, die Bundesagentur für Arbeit und die Spitzenverbände der Unfallversicherungsträger in Gemeinsamen Grundsätzen. 4Die Gemeinsamen Grundsätze bedürfen der Genehmigung des Bundesministeriums für Arbeit und Soziales im Einvernehmen mit dem Bundesministerium für Gesundheit; die Bundesvereinigung der Deutschen Arbeitgeberverbände ist anzuhören. 5Die Sätze 2 bis 4 gelten nicht für die Gewährung von Krankengeld bei einer Spende von Organen oder Geweben nach § 44a des Fünften Buches und von Pflegeunterstützungsgeld nach § 44a Absatz 3 des Elften Buches.

(2a) 1Arbeitgeber, die Bescheinigungen nach den §§ 312, 312a und 313 des Dritten Buches elektronisch nach § 313a des Dritten Buches übermitteln, haben diese Meldungen durch gesicherte und verschlüsselte Datenübertragung aus systemgeprüften Programmen oder mittels maschinell erstellter Ausfüllhilfe im eXTra-Standard zu erstatten. 2In diesen Fällen hat die Bundesagentur für Arbeit alle Rückmeldungen an die Arbeitgeber ebenfalls durch Datenübertragung zu erstatten. 3Die Bundesagentur für Arbeit bestimmt das Nähere zu den Datensätzen, notwendige Schlüsselzahlen und Angaben für die Meldungen und Rückmeldungen sowie zum Verfahren bundeseinheitlich in Grundsätzen. 4Die Grundsätze bedürfen der Genehmigung des Bundesministeriums für Arbeit und Soziales, das vorher die Bundesvereinigung der Deutschen Arbeitgeberverbände anzuhören hat.

(3) 1Übermittelt ein Arbeitgeber eine Bescheinigung nach Absatz 2, so hat in diesen Fällen der Leistungsträger alle Angaben gegenüber dem Arbeitgeber durch Datenübertragung zu erstatten. 2Absatz 2 Satz 3 und 4 gilt entsprechend. 3Die Sätze 1 und 2 gelten entsprechend, wenn Krankenkassen auf Antrag des Arbeitgebers Mitteilungen über auf den Anspruch auf Entgeltfortzahlung anrechenbare Zeiten der Arbeitsunfähigkeit der Beschäftigten oder für Anträge nach Absatz 2 Satz 1 die Krankenversicherungsnummer übermitteln. 4Im Falle der Zahlung von Krankentagegeld können private Krankenversicherungsunternehmen Angaben gegenüber dem Arbeitgeber nach den Sätzen 1 und 2 erstatten.

Möglichkeit der Übermittlung elektronischer Bescheinigungen ab 1.1.2016, § 23c lautet dann:

§ 23c Sonstige nicht beitragspflichtige Einnahmen; elektronische Übermittlung von Bescheinigungen

(1) Zuschüsse des Arbeitgebers zum Krankengeld, Verletztengeld, Übergangsgeld, Pflegeunterstützungsgeld oder Krankentagegeld und sonstige Einnahmen aus einer Beschäftigung, die für die Zeit des Bezuges von Krankengeld, Krankentagegeld, Versorgungskrankengeld, Verletztengeld, Übergangsgeld, Pflegeunterstützungsgeld, Mutterschaftsgeld, Erziehungsgeld oder Elterngeld weiter erzielt werden, gelten nicht als beitragspflichtiges Arbeitsentgelt, wenn die Einnahmen zusammen mit den genannten Sozialleistungen das Nettoarbeitsentgelt (§ 47 des Fünften Buches) nicht um mehr als 50 Euro im Monat übersteigen. Zur Berechnung des Nettoarbeitsentgelts bei freiwilligen Mitgliedern der gesetzlichen Krankenversicherung ist der um den Beitragszuschuss für Beschäftigte verminderte Beitrag des Versicherten zur Kranken- und Pflegeversicherung abzuziehen; dies gilt entsprechend für Personen und für ihre nicht selbstversicherten Angehörigen, die bei einem privaten Krankenversicherungsunternehmen versichert sind einschließlich der Versicherung für das Krankentagegeld. Für Beschäftigte, die nach § 6 Absatz 1 Satz 1 Nummer 1 des Sechsten Buches von der Versicherungspflicht befreit sind und Pflichtbeiträge an eine berufsständische Versorgungseinrichtung entrichten, sind bei der Ermittlung des Nettoentgeltes die um den Arbeitgeberzuschuss nach § 172a des Sechsten Buches verminderten Pflichtbeiträge des Beschäftigten entsprechend abzuziehen.

(2) Sind zur Gewährung von Krankengeld, Verletztengeld, Übergangsgeld, Pflegeunterstützungsgeld oder Mutterschaftsgeld Angaben über das Beschäftigungsverhältnis notwendig und sind diese dem Leistungsträger aus anderem Grund nicht bekannt, sind sie durch eine Bescheinigung des Arbeitgebers nachzuweisen. Diese Bescheinigung kann der Leistungsträger im Einzelfall vom Arbeitgeber elektronisch durch Datenübertragung anfor-

dern. Der Arbeitgeber hat dem Leistungsträger diese Bescheinigung im Einzelfall durch gesicherte und verschlüsselte Datenübertragung aus systemgeprüften Programmen oder mittels maschinell erstellter Ausfüllhilfen zu erstatten. Satz 3 gilt nicht für Einzelfälle, in denen ein elektronisches Meldeverfahren nicht wirtschaftlich durchzuführen ist. Den Aufbau der Datensätze, notwendige Schlüsselzahlen und Angaben und die Ausnahmen nach Satz 4 bestimmen der Spitzenverband Bund der Krankenkassen, die Deutsche Rentenversicherung Bund, die Bundesagentur für Arbeit und die Deutsche Gesetzliche Unfallversicherung e. V. sowie die Sozialversicherung für Landwirtschaft, Forsten und Gartenbau in Gemeinsamen Grundsätzen. Die Gemeinsamen Grundsätze bedürfen der Genehmigung des Bundesministeriums für Arbeit und Soziales im Einvernehmen mit dem Bundesministerium für Gesundheit und dem Bundesministerium für Ernährung und Landwirtschaft; die Bundesvereinigung der Deutschen Arbeitgeberverbände ist vorher anzuhören. Die Sätze 2 bis 6 gelten nicht für die Gewährung von Krankengeld bei einer Spende von Organen oder Geweben nach § 44a des Fünften Buches und von Pflegeunterstützungsgeld nach § 44a Absatz 3 des Elften Buches.

(2a) Arbeitgeber, die Bescheinigungen nach den §§ 312, 312a und 313 des Dritten Buches elektronisch nach § 313a des Dritten Buches übermitteln, haben diese Meldungen durch gesicherte und verschlüsselte Datenübertragung aus systemgeprüften Programmen oder mittels maschinell erstellter Ausfüllhilfe im eXTra-Standard zu erstatten. In diesen Fällen hat die Bundesagentur für Arbeit alle Rückmeldungen an die Arbeitgeber ebenfalls durch Datenübertragung zu erstatten. Die Bundesagentur für Arbeit bestimmt das Nähere zu den Datensätzen, notwendige Schlüsselzahlen und Angaben für die Meldungen und Rückmeldungen sowie zum Verfahren bundeseinheitlich in Grundsätzen. Die Grundsätze bedürfen der Genehmigung des Bundesministeriums für Arbeit und Soziales, das vorher die Bundesvereinigung der Deutschen Arbeitgeberverbände anzuhören hat.

(2b) Arbeitgeber, die für Zwecke der gesetzlichen Rentenversicherung Bescheinigungen im Sinne der §§ 18c und 18e und im Sinne von § 98 des Zehnten Buches elektronisch übermitteln (§ 196a des Sechsten Buches), haben diese Meldungen durch gesicherte und verschlüsselte Datenübertragung aus systemgeprüften Programmen oder mittels maschinell erstellter Ausfüllhilfen zu erstatten. Die Datenstelle der Träger der Rentenversicherung hat Anfragen sowie Rückmeldungen an die Arbeitgeber durch gesicherte und verschlüsselte Datenübertragung zu übermitteln. Die Deutsche Rentenversicherung Bund bestimmt das Nähere zu den Datensätzen, notwendigen Schlüsselzahlen und Angaben für die Meldungen und Rückmeldungen sowie zum Verfahren und zu Ausnahmeregelungen bundeseinheitlich in Grundsätzen. Die Grundsätze bedürfen der Genehmigung des Bundesministeriums für Arbeit und Soziales, das vorher die Bundesvereinigung der Deutschen Arbeitgeberverbände anzuhören hat.

(3) Der Leistungsträger hat dem Arbeitgeber alle notwendigen Angaben zur Berechnung des beitragspflichtigen Arbeitsentgeltes nach Absatz 1, insbesondere die Dauer und die Höhe der gezahlten Leistung, sowie mögliche Rückmeldungen an den Arbeitgeber durch Datenübertragung zu übermitteln. Der Leistungsträger kann die Bescheinigung nach Absatz 2 Satz 1 durch elektronische Datenübertragung anfordern. Die Leistungsträger haben auf Antrag des Arbeitgebers Mitteilungen über die Zeiten, die auf den Anspruch des Beschäftigten auf Entgeltfortzahlung anrechenbar sind, und die Versicherungsnummer für Anträge auf Leistungen nach Absatz 2 Satz 1 durch Datenübertragung zu übermitteln. Der Antrag des Arbeitgebers nach Satz 3 ist durch elektronische Datenübertragung zu übermitteln. Das Nähere zu den Angaben und Verfahren nach den Sätzen 1 bis 3 und zu Ausnahmeregelungen regeln die in Absatz 2 Satz 5 genannten Sozialversicherungsträger in Gemeinsamen Grundsätzen; Absatz 2 Satz 6 gilt entsprechend. Private Krankenversicherungsunternehmen können im Falle der Zahlung von Krankentagegeld Meldungen an den Arbeitgeber nach den Sätzen 1 bis 3 übermitteln.

§ 24 Säumniszuschlag

(1) 1Für Beiträge und Beitragsvorschüsse, die der Zahlungspflichtige nicht bis zum Ablauf des Fälligkeitstages gezahlt hat, ist für jeden angefangenen Monat der Säumnis ein Säumniszuschlag von eins vom Hundert des rückständigen, auf 50 Euro nach unten abgerundeten Betrages zu zahlen. 2Bei einem rückständigen Betrag unter 100 Euro ist der Säumniszuschlag nicht zu erheben, wenn dieser gesondert schriftlich anzufordern wäre.

(2) Wird eine Beitragsforderung durch Bescheid mit Wirkung für die Vergangenheit festgestellt, ist ein darauf entfallender Säumniszuschlag nicht zu erheben, soweit der Beitragsschuldner glaubhaft macht, dass er

unverschuldet keine Kenntnis von der Zahlungspflicht hatte.

§ 25 Verjährung

(1) $_{1}$Ansprüche auf Beiträge verjähren in vier Jahren nach Ablauf des Kalenderjahrs, in dem sie fällig geworden sind. $_{2}$Ansprüche auf vorsätzlich vorenthaltene Beiträge verjähren in dreißig Jahren nach Ablauf des Kalenderjahrs, in dem sie fällig geworden sind.

(2) $_{1}$Für die Hemmung, die Ablaufhemmung, den Neubeginn und die Wirkung der Verjährung gelten die Vorschriften des Bürgerlichen Gesetzbuchs sinngemäß. $_{2}$Die Verjährung ist für die Dauer einer Prüfung beim Arbeitgeber gehemmt; diese Hemmung der Verjährung bei einer Prüfung gilt auch gegenüber den auf Grund eines Werkvertrages für den Arbeitgeber tätigen Nachunternehmern und deren weiteren Nachunternehmern. $_{3}$Satz 2 gilt nicht, wenn die Prüfung unmittelbar nach ihrem Beginn für die Dauer von mehr als sechs Monaten aus Gründen unterbrochen wird, die die prüfende Stelle zu vertreten hat. $_{4}$Die Hemmung beginnt mit dem Tag des Beginns der Prüfung beim Arbeitgeber oder bei der vom Arbeitgeber mit der Lohn- und Gehaltsabrechnung beauftragten Stelle und endet mit der Bekanntgabe des Beitragsbescheides, spätestens nach Ablauf von sechs Kalendermonaten nach Abschluss der Prüfung. $_{5}$Kommt es aus Gründen, die die prüfende Stelle nicht zu vertreten hat, zu einem späteren Beginn der Prüfung, beginnt die Hemmung mit dem von dem Versicherungsträger in seiner Prüfungsankündigung ursprünglich bestimmten Tag. $_{6}$Die Sätze 2 bis 5 gelten für Prüfungen der Beitragszahlung bei sonstigen Versicherten, in Fällen der Nachversicherung und bei versicherungspflichtigen Selbständigen entsprechend.

§ 26 Beanstandung und Erstattung zu Unrecht entrichteter Beiträge

(1) $_{1}$Sind Pflichtbeiträge in der Rentenversicherung für Zeiten nach dem 31. Dezember 1972 trotz Fehlens der Versicherungspflicht nicht spätestens bei der nächsten Prüfung beim Arbeitgeber beanstandet worden, gilt § 45 Absatz 2 des Zehnten Buches entsprechend. $_{2}$Beiträge, die nicht mehr beanstandet werden dürfen, gelten als zu Recht entrichtete Pflichtbeiträge. $_{3}$Gleiches gilt für zu Unrecht entrichtete Beiträge nach Ablauf der in § 27 Absatz 2 Satz 1 bestimmten Frist.

(2) Zu Unrecht entrichtete Beiträge sind zu erstatten, es sei denn, dass der Versicherungsträger bis zur Geltendmachung des Erstattungsanspruchs auf Grund dieser Beiträge oder für den Zeitraum, für den die Beiträge zu Unrecht entrichtet worden sind, Leistungen erbracht oder zu erbringen hat; Beiträge, die für Zeiten entrichtet worden sind, die während des Bezugs von Leistungen beitragsfrei sind, sind jedoch zu erstatten.

(3) $_{1}$Der Erstattungsanspruch steht dem zu, der die Beiträge getragen hat. $_{2}$Soweit dem Arbeitgeber Beiträge, die er getragen hat, von einem Dritten ersetzt worden sind, entfällt sein Erstattungsanspruch.

(4) $_{1}$In den Fällen, in denen eine Mehrfachbeschäftigung vorliegt und nicht auszuschließen ist, dass die Voraussetzungen des § 22 Absatz 2 vorliegen, hat die Einzugsstelle nach Eingang der Entgeltmeldungen von Amts wegen die Ermittlung einzuleiten, ob Beiträge zu Unrecht entrichtet wurden. $_{2}$Die Einzugsstelle kann weitere Angaben zur Ermittlung der zugrunde zu legenden Entgelte von den Meldepflichtigen anfordern. $_{3}$Die elektronische Anforderung hat durch gesicherte und verschlüsselte Datenübertragung zu erfolgen. $_{4}$Dies gilt auch für die Rückübermittlung der ermittelten Gesamtentgelte an die Meldepflichtigen. $_{5}$Die Einzugsstelle hat das Verfahren innerhalb von zwei Monaten nach Vorliegen aller insoweit erforderlichen Meldungen abzuschließen. $_{6}$Das Verfahren gilt für Abrechnungszeiträume ab dem 1. Januar 2015. $_{7}$Das Nähere zum Verfahren, zu den zu übermittelnden Daten sowie den Datensätzen regeln die Gemeinsamen Grundsätze nach § 28b Absatz 1.

§ 27 Verzinsung und Verjährung des Erstattungsanspruchs

(1) $_{1}$Der Erstattungsanspruch ist nach Ablauf eines Kalendermonats nach Eingang des vollständigen Erstattungsantrags, beim Feh-

len eines Antrags nach der Bekanntgabe der Entscheidung über die Erstattung bis zum Ablauf des Kalendermonats vor der Zahlung mit vier vom Hundert zu verzinsen. $_2$Verzinst werden volle Euro-Beträge. $_3$Dabei ist der Kalendermonat mit dreißig Tagen zugrunde zu legen.

(2) $_1$Der Erstattungsanspruch verjährt in vier Jahren nach Ablauf des Kalenderjahrs, in dem die Beiträge entrichtet worden sind. $_2$Beanstandet der Versicherungsträger die Rechtswirksamkeit von Beiträgen, beginnt die Verjährung mit dem Ablauf des Kalenderjahrs der Beanstandung.

(3) $_1$Für die Hemmung, die Ablaufhemmung, den Neubeginn und die Wirkung der Verjährung gelten die Vorschriften des Bürgerlichen Gesetzbuchs sinngemäß. $_2$Die Verjährung wird auch durch schriftlichen Antrag auf die Erstattung oder durch Erhebung eines Widerspruchs gehemmt. $_3$Die Hemmung endet sechs Monate nach Bekanntgabe der Entscheidung über den Antrag oder den Widerspruch.

§ 28 Verrechnung und Aufrechnung des Erstattungsanspruchs

Der für die Erstattung zuständige Leistungsträger kann

1. mit Ermächtigung eines anderen Leistungsträgers dessen Ansprüche gegen den Berechtigten mit dem ihm obliegenden Erstattungsbetrag verrechnen,
2. mit Zustimmung des Berechtigten die zu Unrecht entrichteten Beiträge mit künftigen Beitragsansprüchen aufrechnen.

Dritter Abschnitt Meldepflichten des Arbeitgebers, Gesamtsozialversicherungsbeitrag

Erster Titel Meldungen des Arbeitgebers und ihre Weiterleitung

§ 28a Meldepflicht

(1) Der Arbeitgeber oder ein anderer Meldepflichtiger hat der Einzugsstelle für jeden in der Kranken-, Pflege-, Rentenversicherung oder nach dem Recht der Arbeitsförderung kraft Gesetzes Versicherten

1. bei Beginn der versicherungspflichtigen Beschäftigung,
2. bei Ende der versicherungspflichtigen Beschäftigung,
3. bei Eintritt eines Insolvenzereignisses,
4. (weggefallen)
5. bei Änderungen in der Beitragspflicht,
6. bei Wechsel der Einzugsstelle,
7. bei Anträgen auf Altersrenten oder Auskunftsersuchen des Familiengerichts in Versorgungsausgleichsverfahren,
8. bei Unterbrechung der Entgeltzahlung,
9. bei Auflösung des Arbeitsverhältnisses,
10. auf Anforderung der Einzugsstelle nach § 26 Absatz 4 Satz 2,
11. bei Antrag des geringfügig Beschäftigten nach § 6 Absatz 1b des Sechsten Buches auf Befreiung von der Versicherungspflicht,
12. bei einmalig gezahltem Arbeitsentgelt, soweit es nicht in einer Meldung aus anderem Anlass erfasst werden kann,
13. bei Beginn der Berufsausbildung,
14. bei Ende der Berufsausbildung,
15. bei Wechsel von einer Betriebsstätte im Beitrittsgebiet zu einer Betriebsstätte im übrigen Bundesgebiet oder umgekehrt,
16. bei Beginn der Altersteilzeitarbeit,
17. bei Ende der Altersteilzeitarbeit,
18. bei Änderung des Arbeitsentgelts, wenn die in § 8 Absatz 1 Nummer 1 genannte Grenze über- oder unterschritten wird,
19. bei nach § 23b Absatz 2 bis 3 gezahltem Arbeitsentgelt oder
20. bei Wechsel von einem Wertguthaben, das im Beitrittsgebiet und einem Wertguthaben, das im übrigen Bundesgebiet erzielt wurde,

eine Meldung durch gesicherte und verschlüsselte Datenübertragung aus systemgeprüften Programmen oder mittels maschinell erstellter Ausfüllhilfen zu erstatten.

(2) Der Arbeitgeber hat jeden am 31. Dezember des Vorjahres Beschäftigten nach Absatz 1 zu melden (Jahresmeldung).

(3) 1Die Meldungen enthalten für jeden Versicherten insbesondere

1. seine Versicherungsnummer, soweit bekannt,
2. seinen Familien- und Vornamen,
3. sein Geburtsdatum,
4. seine Staatsangehörigkeit,
5. Angaben über seine Tätigkeit nach dem Schlüsselverzeichnis der Bundesagentur für Arbeit,
6. die Betriebsnummer seines Beschäftigungsbetriebes,
7. die Beitragsgruppen,
8. die zuständige Einzugsstelle und
9. den Arbeitgeber.

2Zusätzlich sind anzugeben

1. bei der Anmeldung
   a) die Anschrift,
   b) der Beginn der Beschäftigung,
   c) sonstige für die Vergabe der Versicherungsnummer erforderliche Angaben,
   d) die Angabe, ob zum Arbeitgeber eine Beziehung als Ehegatte, Lebenspartner oder Abkömmling besteht,
   e) die Angabe, ob es sich um eine Tätigkeit als geschäftsführender Gesellschafter einer Gesellschaft mit beschränkter Haftung handelt,
   f) die Angabe der Staatsangehörigkeit,
2. bei allen Entgeltmeldungen
   a) eine Namens-, Anschriften- oder Staatsangehörigkeitsänderung, soweit diese Änderung nicht schon anderweitig gemeldet ist,
   b) das in der Rentenversicherung oder nach dem Recht der Arbeitsförderung beitragspflichtige Arbeitsentgelt in Euro,
   c) das in der Unfallversicherung beitragspflichtige Arbeitsentgelt in Euro und die geleisteten Arbeitsstunden,
   d) der Zeitraum, in dem das angegebene Arbeitsentgelt erzielt wurde,
   e) Wertguthaben, die auf die Zeit nach Eintritt der Erwerbsminderung entfallen,
   f) die Unfallversicherungsmitgliedsnummer seines Beschäftigungsbetriebs,
   g) die Betriebsnummer des zuständigen Unfallversicherungsträgers,
   h) die anzuwendende Gefahrtarifstelle,
3. (weggefallen)
4. bei der Meldung nach Absatz 1 Nummer 19
   a) das Arbeitsentgelt in Euro, für das Beiträge gezahlt worden sind,
   b) im Falle des § 23b Absatz 2 der Kalendermonat und das Jahr der nicht zweckentsprechenden Verwendung des Arbeitsentgelts, im Falle der Zahlungsunfähigkeit des Arbeitgebers jedoch der Kalendermonat und das Jahr der Beitragszahlung.

3Arbeitgeber, die Mitglied der landwirtschaftlichen Berufsgenossenschaft sind und für deren Beitragsberechnung der Arbeitswert keine Anwendung findet, haben Meldungen nach Satz 2 Nummer 2 Buchstabe c, f, g und h nicht zu erstatten.

(3a) 1Der Arbeitgeber oder eine Zahlstelle nach § 202 Absatz 2 des Fünften Buches kann in den Fällen, in denen für eine Meldung keine Versicherungsnummer des Beschäftigten oder Versorgungsempfängers vorliegt, im Verfahren nach Absatz 1 eine Meldung zur Abfrage der Versicherungsnummer an die Datenstelle der Träger der Rentenversicherung übermitteln; die weiteren Meldepflichten bleiben davon unberührt. 2Die Datenstelle der Träger der Rentenversicherung übermittelt dem Arbeitgeber oder der Zahlstelle unverzüglich durch Datenübertragung die Versicherungsnummer oder den Hinweis, dass die Vergabe der Versicherungsnummer mit der Anmeldung erfolgt.

(4) 1Arbeitgeber haben den Tag des Beginns eines Beschäftigungsverhältnisses spätestens bei dessen Aufnahme an die Datenstelle der Träger der Rentenversicherung nach Satz 2 zu melden, sofern sie Personen in fol-

genden Wirtschaftsbereichen oder Wirtschaftszweigen beschäftigen:

1. im Baugewerbe,
2. im Gaststätten- und Beherbergungsgewerbe,
3. im Personenbeförderungsgewerbe,
4. im Speditions-, Transport- und damit verbundenen Logistikgewerbe,
5. im Schaustellergewerbe,
6. bei Unternehmen der Forstwirtschaft,
7. im Gebäudereinigungsgewerbe,
8. bei Unternehmen, die sich am Auf- und Abbau von Messen und Ausstellungen beteiligen,
9. in der Fleischwirtschaft.

₂Die Meldung enthält folgende Angaben über den Beschäftigten:

1. den Familien- und die Vornamen,
2. die Versicherungsnummer, soweit bekannt, ansonsten die zur Vergabe einer Versicherungsnummer notwendigen Angaben (Tag und Ort der Geburt, Anschrift),
3. die Betriebsnummer des Arbeitgebers und
4. den Tag der Beschäftigungsaufnahme.

₃Die Meldung wird in der Stammsatzdatei nach § 150 Absatz 1 und 2 des Sechsten Buches gespeichert. ₄Die Meldung gilt nicht als Meldung nach Absatz 1 Satz 1 Nummer 1.

(4a) ₁Der Meldepflichtige erstattet die Meldungen nach Absatz 1 Nummer 10 an die zuständige Einzugsstelle. ₂In der Meldung sind insbesondere anzugeben:

1. die Versicherungsnummer des Beschäftigten,
2. die Betriebsnummer des Beschäftigungsbetriebes,
3. das monatliche laufende und einmalig gezahlte Arbeitsentgelt, von dem Beiträge zur Renten-, Arbeitslosen-, Kranken- und Pflegeversicherung für das der Ermittlung nach § 26 Absatz 4 zugrunde liegende Kalenderjahr berechnet wurden.

(5) Der Meldepflichtige hat der zu meldenden Person den Inhalt der Meldung in Textform mitzuteilen; dies gilt nicht, wenn die Meldung ausschließlich auf Grund einer Veränderung der Daten für die gesetzliche Unfallversicherung erfolgt.

(6) Soweit der Arbeitgeber eines Hausgewerbetreibenden Arbeitgeberpflichten erfüllt, gilt der Hausgewerbetreibende als Beschäftigter.

(6a) Beschäftigt ein Arbeitgeber, der

1. im privaten Bereich nichtgewerbliche Zwecke oder
2. mildtätige, kirchliche, religiöse, wissenschaftliche oder gemeinnützige Zwecke im Sinne des § 10b des Einkommensteuergesetzes

verfolgt, Personen versicherungsfrei geringfügig nach § 8, kann er auf Antrag abweichend von Absatz 1 Meldungen auf Vordrucken erstatten, wenn er glaubhaft macht, dass ihm eine Meldung auf maschinell verwertbaren Datenträgern oder durch Datenübertragung nicht möglich ist.

(7) ₁Der Arbeitgeber hat der Einzugsstelle für einen im privaten Haushalt Beschäftigten anstelle einer Meldung nach Absatz 1 unverzüglich eine vereinfachte Meldung (Haushaltsscheck) mit den Angaben nach Absatz 8 Satz 1 zu erstatten, wenn das Arbeitsentgelt (§ 14 Absatz 3) aus dieser Beschäftigung regelmäßig 450 Euro im Monat nicht übersteigt. ₂ Der Arbeitgeber hat der Einzugsstelle eine Einzugsermächtigung zum Einzug des Gesamtsozialversicherungsbeitrags zu erteilen. ₃Der Haushaltsscheck ist vom Arbeitgeber und vom Beschäftigten zu unterschreiben. ₄Die Absätze 2 bis 5 gelten nicht.

(8) ₁Der Haushaltsscheck enthält

1. den Familiennamen, Vornamen, die Anschrift und die Betriebsnummer des Arbeitgebers,
2. den Familiennamen, Vornamen, die Anschrift und die Versicherungsnummer des Beschäftigten; kann die Versicherungsnummer nicht angegeben werden, ist das Geburtsdatum des Beschäftigten einzutragen,
3. die Angabe, ob der Beschäftigte im Zeitraum der Beschäftigung bei mehreren Arbeitgebern beschäftigt ist und,

4. a) bei einer Meldung bei jeder Lohn- oder Gehaltszahlung den Zeitraum der Beschäftigung, das Arbeitsentgelt (§ 14 Absatz 3) für diesen Zeitraum sowie am Ende der Beschäftigung den Zeitpunkt der Beendigung,
   b) bei einer Meldung zu Beginn der Beschäftigung deren Beginn und das monatliche Arbeitsentgelt (§ 14 Absatz 3),
   c) bei einer Meldung wegen Änderung des Arbeitsentgelts (§ 14 Absatz 3) den neuen Betrag und den Zeitpunkt der Änderung,
   d) bei einer Meldung am Ende der Beschäftigung den Zeitpunkt der Beendigung,
   e) bei Erklärung des Verzichts auf Versicherungsfreiheit nach § 230 Absatz 8 Satz 2 des Sechsten Buches den Zeitpunkt des Verzichts,
   f) bei Antrag auf Befreiung von der Versicherungspflicht nach § 6 Absatz 1b des Sechsten Buches den Tag des Zugangs des Antrags beim Arbeitgeber.

$_{2}$Bei sich anschließenden Meldungen kann von der Angabe der Anschrift des Arbeitgebers und des Beschäftigten abgesehen werden.

(9) Die Absätze 1 bis 8 gelten entsprechend für versicherungsfrei geringfügig Beschäftigte.

(10) $_{1}$Der Arbeitgeber hat für Beschäftigte, die nach § 6 Absatz 1 Nummer 1 des Sechsten Buches von der Versicherungspflicht befreit und Mitglied einer berufsständischen Versorgungseinrichtung sind, die Meldungen nach den Absätzen 1, 2 und 9 zusätzlich an die Annahmestelle der berufsständischen Versorgungseinrichtungen zu erstatten; dies gilt nicht für Meldungen nach Absatz 1 Satz 1 Nummer 10. $_{2}$Die Datenübermittlung hat durch gesicherte und verschlüsselte Datenübertragung aus systemgeprüften Programmen oder mittels systemgeprüfter maschinell erstellter Ausfüllhilfen zu erfolgen. $_{3}$Zusätzlich zu den Angaben nach Absatz 3 enthalten die Meldungen die Mitgliedsnummer des Beschäftigten bei der Versorgungseinrichtung. $_{4}$Die Absätze 5 bis 6a gelten entsprechend.

(11) $_{1}$Der Arbeitgeber hat für Beschäftigte, die nach § 6 Absatz 1 Nummer 1 des Sechsten Buches von der Versicherungspflicht befreit und Mitglied einer berufsständischen Versorgungseinrichtung sind, der Annahmestelle der berufsständischen Versorgungseinrichtungen monatliche Meldungen zur Beitragserhebung zu erstatten. $_{2}$Absatz 10 Satz 2 gilt entsprechend. $_{3}$Diese Meldungen enthalten für den Beschäftigten

1. die Mitgliedsnummer bei der Versorgungseinrichtung oder, wenn die Mitgliedsnummer nicht bekannt ist, die Personalnummer beim Arbeitgeber, den Familien- und Vornamen, das Geschlecht und das Geburtsdatum,
2. den Zeitraum, für den das Arbeitsentgelt gezahlt wird,
3. das beitragspflichtige ungekürzte laufende Arbeitsentgelt für den Zahlungszeitraum,
4. das beitragspflichtige ungekürzte einmalig gezahlte Arbeitsentgelt im Monat der Abrechnung,
5. die Anzahl der Sozialversicherungstage im Zahlungszeitraum,
6. den Beitrag, der bei Firmenzahlern für das Arbeitsentgelt nach Nummer 3 und 4 anfällt,
7. die Betriebsnummer der Versorgungseinrichtung,
8. die Betriebsnummer des Beschäftigungsbetriebes,
9. den Arbeitgeber,
10. den Ort der Betriebsstätte,
11. den Monat der Abrechnung.

$_{4}$Soweit nicht aus der Entgeltbescheinigung des Beschäftigten zu entnehmen ist, dass die Meldung erfolgt ist und welchen Inhalt sie hatte, gilt Absatz 5.

(12) Der Arbeitgeber hat auch für ausschließlich nach § 2 Absatz 1 Nummer 1 des Siebten Buches versicherte Beschäftigte mit beitragspflichtigem Entgelt Meldungen nach den Absätzen 1 und 3 Satz 2 Nummer 2 abzugeben.

(13) 1Die Künstlersozialkasse hat für die nach dem Künstlersozialversicherungsgesetz krankenversicherungspflichtigen Mitglieder monatlich eine Meldung an die zuständige Krankenkasse (§ 28i) durch Datenübermittlung mit den für den Nachweis der Beitragspflicht notwendigen Angaben, insbesondere die Versicherungsnummer, den Namen und Vornamen, den beitragspflichtigen Zeitraum, die Höhe des der Beitragspflicht zu Grunde liegenden Arbeitseinkommens, ein Kennzeichen über die Ruhensanordnung gemäß § 16 Absatz 2 des Künstlersozialversicherungsgesetzes und den Verweis auf die Versicherungspflicht in der Rentenversicherung des Versicherten zu übermitteln. 2Den Übertragungsweg und die Einzelheiten des Verfahrens wie den Aufbau des Datensatzes regeln die Künstlersozialkasse und der Spitzenverband Bund der Krankenkassen in Gemeinsamen Grundsätzen entsprechend § 28b Absatz 1. 3Bei der Nutzung allgemein zugänglicher Netze sind dem jeweiligen Stand der Technik entsprechende Verschlüsselungsverfahren zu verwenden.

---

§ 28a wird zum 1.1.2016 wie folgt geändert:
Änderung in Absatz 1:

- Nummer 12 wird wie folgt gefasst: "12. bei einmalig gezahltem Arbeitsentgelt,"
- in Nummer 15 werden jeweils die Wörter "einer Betriebsstätte" durch die Wörter "einem Beschäftigungsbetrieb" ersetzt.
- in dem Satzteil nach Nummer 20 werden die Wörter "durch gesicherte und verschlüsselte Datenübertragung aus systemgeprüften Programmen oder mittels maschinell erstellter Ausfüllhilfen" gestrichen und folgende Sätze angefügt: "Jede Meldung sowie die darin enthaltenen Datensätze sind mit einem eindeutigen Kennzeichen zur Identifizierung zu versehen. Meldungen nach diesem Buch erfolgen, soweit nichts Abweichendes geregelt ist, durch elektronische Datenübermittlung(Datenübertragung); dabei sind Datenschutz und Datensicherheit nach dem jeweiligen Stand der Technik sicherzustellen und bei Nutzung allgemein zugänglicher Netze Verschlüsselungsverfahren zu verwenden. Arbeitgeber oder andere Meldepflichtige haben ihre Meldungen durch Datenübertragung aus systemgeprüften Programmen oder mittels maschinell erstellter Ausfüllhilfen zu erstatten.

Absatz 2a wird angefügt. Er lautet:

"(2a) Der Arbeitgeber hat für jeden in einem Kalenderjahr Beschäftigten, der in der Unfallversicherung versichert ist, zum 16. Februar des Folgejahres eine besondere Jahresmeldung zur Unfallversicherung zu erstatten. Diese Meldung enthält über die Angaben nach Absatz 3 Satz 1 Nummer 1 bis 3, 6 und 9 hinaus folgende Angaben:

1. die Mitgliedsnummer des Unternehmers;
2. die Betriebsnummer des zuständigen Unfallversicherungsträgers;
3. das in der Unfallversicherung beitragspflichtige Arbeitsentgelt in Euro und seine Zuordnung zur jeweilig anzuwendenden Gefahrtarifstelle."

Änderung in Absatz 3:

- Satz 2 wird wie folgt geändert: Nummer 2 Buchstabe c und f bis h wird aufgehoben. In Nummer 4 wird die Angabe „Absatz 1 Nr. 19" durch die Wörter „Absatz 1 Satz 1 Nummer 19" ersetzt.
- Satz 3 wird aufgehoben.

In Absatz 4a Satz 1 werden die Wörter "Absatz 1 Nummer 10" durch die Wörter "Absatz 1 Satz 1 Nummer 10" ersetzt.

In Absatz 7 Satz 2 werden die Wörter "eine Einzugsermächtigung" durch die Wörter "ein Lastschriftmandat" ersetzt.

In Absatz 10 Satz 1 werden die Wörter "§ 6 Absatz 1 Nummer 1" durch die Wörter "§ 6 Absatz 1 Satz 1 Nummer 1" ersetzt.

In Absatz 11 Satz 1 werden die Wörter "§ 6 Absatz 1 Nummer 1" durch die Wörter "§ 6 Absatz 1 Satz 1 Nummer 1" ersetzt; in Absatz 11 Satz 3 Nummer 10 werden die Wörter "der Betriebsstätte" durch die Wörter "des Beschäftigungsbetriebes" ersetzt.

§ 28b Inhalte und Verfahren für die Gemeinsamen Grundsätze und die Datenfeldbeschreibung

(1) 1Der Spitzenverband Bund der Krankenkassen, die Deutsche Rentenversicherung Bund, die Deutsche Rentenversicherung Knappschaft-Bahn-See, die Bundesagentur für Arbeit und die Deutsche Gesetzliche Unfallversicherung e. V. bestimmen in Gemeinsamen Grundsätzen bundeseinheitlich:

1. die Schlüsselzahlen für Personengruppen, Beitragsgruppen und für Abgabegründe der Meldungen,
2. den Aufbau, den Inhalt und die Identifizierung der einzelnen Datensätze für die Übermittlung von Meldungen und Beitragsnachweisen durch den Arbeitgeber an die Sozialversicherungsträger, soweit nichts Abweichendes in diesem Buch geregelt ist,
3. den Aufbau und den Inhalt der einzelnen Datensätze für die Übermittlung von Eingangsbestätigungen, Fehlermeldungen und sonstigen Rückmeldungen der Sozialversicherungsträger und anderer am Meldeverfahren beteiligter Stellen an die Arbeitgeber in den Verfahren nach Nummer 2,
4. gesondert den Aufbau und den Inhalt der Datensätze für die Kommunikationsdaten, die einheitlich vor oder nach jedem Datensatz nach Nummer 2 bei jeder Datenübertragung vom Arbeitgeber an die Sozialversicherung und bei Rückmeldungen an den Arbeitgeber zu übermitteln sind,
5. gesondert den Aufbau und den Inhalt aller Bestandsprüfungen in den elektronischen Verfahren mit den Arbeitgebern.

$_2$Die Gemeinsamen Grundsätze bedürfen der Genehmigung des Bundesministeriums für Arbeit und Soziales, das vorher die Bundesvereinigung der Deutschen Arbeitgeberverbände anzuhören hat.

(2) $_1$Der Spitzenverband Bund der Krankenkassen, die Deutsche Rentenversicherung Bund, die Deutsche Rentenversicherung Knappschaft-Bahn-See und die Deutsche Gesetzliche Unfallversicherung e. V. bestimmen bundeseinheitlich die Gestaltung des Haushaltsschecks nach § 28a Absatz 7 und das der Einzugsstelle in diesem Verfahren zu erteilende Lastschriftmandat durch Gemeinsame Grundsätze. $_2$Die Grundsätze bedürfen der Genehmigung des Bundesministeriums für Arbeit und Soziales, das vorher in Bezug auf die steuerrechtlichen Angaben das Bundesministerium der Finanzen anzuhören hat.

(3) Soweit Meldungen nach § 28a Absatz 10 oder 11 betroffen sind, gilt Absatz 1 entsprechend mit der Maßgabe, dass die Arbeitsgemeinschaft berufsständischer Versorgungseinrichtungen e. V. zu beteiligen ist.

(4) $_1$Alle Datenfelder sind eindeutig zu beschreiben und in allen Verfahren, für die Grundsätze oder Gemeinsame Grundsätze nach diesem Gesetzbuch und für das Aufwendungsausgleichsgesetz gelten, verbindlich in der jeweils aktuellen Beschreibung zu verwenden. $_2$Zur Sicherung der einheitlichen Verwendung hält der Spitzenverband Bund der Krankenkassen eine Datenbankanwendung vor, in der alle Datenfelder beschrieben sowie ihre Verwendung in Datensätzen und Datenbausteinen in historisierter wie auch in aktueller Form gespeichert sind und von den an den Meldeverfahren nach diesem Gesetzbuch Beteiligten ab dem 1. Juli 2017 automatisiert abgerufen werden können. $_3$Das Nähere zur Darstellung, zur Aktualisierung und zum Abrufverfahren der Daten regeln die in Absatz 1 Satz 1 genannten Organisationen der Sozialversicherung in Gemeinsamen Grundsätzen; Absatz 3 gilt entsprechend. $_4$Die Grundsätze bedürfen der Genehmigung des Bundesministeriums für Arbeit und Soziales.

Redaktionelle Anmerkung:
Aufgrund des Fünften Gesetzes zur Änderung des Vierten Buches Sozialgesetzbuch und anderer Gesetze vom 15. April 2015 (BGBl. I S. 583) gibt es in der Zeit vom 1. Juli 2015 bis 31. Dezember 2015 jeweils zwei gültige Fassungen von Absatz 1 und Absatz 3.

§ 28c Verordnungsermächtigung

Das Bundesministerium für Arbeit und Soziales wird ermächtigt, durch Rechtsverordnung mit Zustimmung des Bundesrates das Nähere über das Melde- und Beitragsnachweisverfahren zu bestimmen, insbesondere

1. die Frist der Meldungen und Beitragsnachweise,
2. (weggefallen)
3. welche zusätzlichen, für die Verarbeitung der Meldungen und Beitragsnachweise

oder die Durchführung der Versicherung erforderlichen Angaben zu machen sind,

4. das Verfahren über die Prüfung, Sicherung und Weiterleitung der Daten,
5. unter welchen Voraussetzungen Systemprüfungen durchzuführen, Meldungen und Beitragsnachweise durch Datenübertragung zu erstatten sind,
6. in welchen Fällen auf einzelne Meldungen oder Angaben verzichtet wird,
7. in welcher Form und Frist der Arbeitgeber die Beschäftigten über die Meldungen zu unterrichten hat.

Zweiter Titel
Verfahren und Haftung bei der Beitragszahlung

§ 28d Gesamtsozialversicherungsbeitrag

$_{1}$Die Beiträge in der Kranken- oder Rentenversicherung für einen kraft Gesetzes versicherten Beschäftigten oder Hausgewerbetreibenden sowie der Beitrag aus Arbeitsentgelt aus einer versicherungspflichtigen Beschäftigung nach dem Recht der Arbeitsförderung werden als Gesamtsozialversicherungsbeitrag gezahlt. $_{2}$Satz 1 gilt auch für den Beitrag zur Pflegeversicherung für einen in der Krankenversicherung kraft Gesetzes versicherten Beschäftigten. $_{3}$Die nicht nach dem Arbeitsentgelt zu bemessenden Beiträge in der landwirtschaftlichen Krankenversicherung für einen kraft Gesetzes versicherten Beschäftigten gelten zusammen mit den Beiträgen zur Rentenversicherung und Arbeitsförderung im Sinne des Satzes 1 ebenfalls als Gesamtsozialversicherungsbeitrag.

§ 28e Zahlungspflicht, Vorschuss

(1) $_{1}$Den Gesamtsozialversicherungsbeitrag hat der Arbeitgeber und in den Fällen der nach § 7f Absatz 1 Satz 1 Nummer 2 auf die Deutsche Rentenversicherung Bund übertragenen Wertguthaben die Deutsche Rentenversicherung Bund zu zahlen. $_{2}$Die Zahlung des vom Beschäftigten zu tragenden Teils des Gesamtsozialversicherungsbeitrags gilt als aus dem Vermögen des Beschäftigten erbracht. $_{3}$Ist ein Träger der Kranken- oder Rentenversicherung oder die Bundesagentur für Arbeit der Arbeitgeber, gilt der jeweils für diesen Leistungsträger oder, wenn eine Krankenkasse der Arbeitgeber ist, auch der für die Pflegekasse bestimmte Anteil am Gesamtsozialversicherungsbeitrag als gezahlt; dies gilt für die Beiträge zur Rentenversicherung auch im Verhältnis der Träger der Rentenversicherung untereinander.

(2) $_{1}$Für die Erfüllung der Zahlungspflicht des Arbeitgebers haftet bei einem wirksamen Vertrag der Entleiher wie ein selbstschuldnerischer Bürge, soweit ihm Arbeitnehmer gegen Vergütung zur Arbeitsleistung überlassen worden sind. $_{2}$Er kann die Zahlung verweigern, solange die Einzugsstelle den Arbeitgeber nicht gemahnt hat und die Mahnfrist nicht abgelaufen ist. $_{3}$Zahlt der Verleiher das vereinbarte Arbeitsentgelt oder Teile des Arbeitsentgelts an den Leiharbeitnehmer, obwohl der Vertrag nach § 9 Nummer 1 des Arbeitnehmerüberlassungsgesetzes unwirksam ist, so hat er auch den hierauf entfallenden Gesamtsozialversicherungsbeitrag an die Einzugsstelle zu zahlen. $_{4}$Hinsichtlich der Zahlungspflicht nach Satz 3 gilt der Verleiher neben dem Entleiher als Arbeitgeber; beide haften insoweit als Gesamtschuldner.

(2a) $_{1}$Für die Erfüllung der Zahlungspflicht, die sich für den Arbeitgeber knappschaftlicher Arbeiten im Sinne von § 134 Absatz 4 des Sechsten Buches ergibt, haftet der Arbeitgeber des Bergwerksbetriebes, mit dem die Arbeiten räumlich und betrieblich zusammenhängen, wie ein selbstschuldnerischer Bürge. $_{2}$Der Arbeitgeber des Bergwerksbetriebes kann die Befriedigung verweigern, solange die Einzugsstelle den Arbeitgeber der knappschaftlichen Arbeiten nicht gemahnt hat und die Mahnfrist nicht abgelaufen ist.

(3) Für die Erfüllung der Zahlungspflicht des Arbeitgebers von Seeleuten nach § 13 Absatz 1 Satz 2 haften Arbeitgeber und Reeder als Gesamtschuldner.

(3a) $_{1}$Ein Unternehmer des Baugewerbes, der einen anderen Unternehmer mit der Erbringung von Bauleistungen im Sinne des § 101 Absatz 2 des Dritten Buches beauftragt, haftet für die Erfüllung der Zahlungspflicht dieses Unternehmers oder eines von diesem Unternehmer beauftragten Verleihers wie ein selbstschuldnerischer Bürge. 2Satz 1 gilt entsprechend für die vom Nachunternehmer gegenüber ausländischen Sozialversicherungsträgern abzuführenden Beiträge. 3Absatz 2 Satz 2 gilt entsprechend.

(3b) 1Die Haftung nach Absatz 3a entfällt, wenn der Unternehmer nachweist, dass er ohne eigenes Verschulden davon ausgehen konnte, dass der Nachunternehmer oder ein von ihm beauftragter Verleiher seine Zahlungspflicht erfüllt. 2Ein Verschulden des Unternehmers ist ausgeschlossen, soweit und solange er Fachkunde, Zuverlässigkeit und Leistungsfähigkeit des Nachunternehmers oder des von diesem beauftragten Verleihers durch eine Präqualifikation nachweist, die die Eignungsvoraussetzungen nach § 8 der Vergabe- und Vertragsordnung für Bauleistungen Teil A in der Fassung der Bekanntmachung vom 20. März 2006 (BAnz. Nr. 94a vom 18. Mai 2006) erfüllt.

(3c) 1Ein Unternehmer, der Bauleistungen im Auftrag eines anderen Unternehmers erbringt, ist verpflichtet, auf Verlangen der Einzugsstelle Firma und Anschrift dieses Unternehmers mitzuteilen. 2Kann der Auskunftsanspruch nach Satz 1 nicht durchgesetzt werden, hat ein Unternehmer, der einen Gesamtauftrag für die Erbringung von Bauleistungen für ein Bauwerk erhält, der Einzugsstelle auf Verlangen Firma und Anschrift aller Unternehmer, die von ihm mit der Erbringung von Bauleistungen beauftragt wurden, zu benennen.

(3d) 1Absatz 3a gilt ab einem geschätzten Gesamtwert aller für ein Bauwerk in Auftrag gegebenen Bauleistungen von 275 000 Euro. 2Für die Schätzung gilt § 3 der Vergabeverordnung vom 9. Januar 2001 (BGBl. I S. 110), die zuletzt durch Artikel 3 Absatz 1 des Gesetzes vom 16. Mai 2001 (BGBl. I S. 876) geändert worden ist.

(3e) 1Die Haftung des Unternehmers nach Absatz 3a erstreckt sich in Abweichung von der dort getroffenen Regelung auf das von dem Nachunternehmer beauftragte nächste Unternehmen, wenn die Beauftragung des unmittelbaren Nachunternehmers bei verständiger Würdigung der Gesamtumstände als ein Rechtsgeschäft anzusehen ist, dessen Ziel vor allem die Auflösung der Haftung nach Absatz 3a ist. 2Maßgeblich für die Würdigung ist die Verkehrsanschauung im Baubereich. 3Ein Rechtsgeschäft im Sinne dieser Vorschrift, das als Umgehungstatbestand anzusehen ist, ist in der Regel anzunehmen,

a) wenn der unmittelbare Nachunternehmer weder selbst eigene Bauleistungen noch planerische oder kaufmännische Leistungen erbringt oder

b) wenn der unmittelbare Nachunternehmer weder technisches noch planerisches oder kaufmännisches Fachpersonal in nennenswertem Umfang beschäftigt oder

c) wenn der unmittelbare Nachunternehmer in einem gesellschaftsrechtlichen Abhängigkeitsverhältnis zum Hauptunternehmer steht.

4Besonderer Prüfung bedürfen die Umstände des Einzelfalles vor allem in den Fällen, in denen der unmittelbare Nachunternehmer seinen handelsrechtlichen Sitz außerhalb des Europäischen Wirtschaftsraums hat.

(3f) 1Der Unternehmer kann den Nachweis nach Absatz 3b Satz 2 anstelle der Präqualifikation auch durch Vorlage einer Unbedenklichkeitsbescheinigung der zuständigen Einzugsstelle für den Nachunternehmer oder den von diesem beauftragten Verleiher erbringen. 2Die Unbedenklichkeitsbescheinigung enthält Angaben über die ordnungsgemäße Zahlung der Sozialversicherungsbeiträge und die Zahl der gemeldeten Beschäftigten. 3Die Bundesregierung berichtet unter Beteiligung des Normenkontrollrates über die Wirksamkeit und Reichweite der Generalunternehmerhaftung für Sozialversicherungsbeiträge im Baugewerbe, insbesondere über die Haftungsfreistellung nach Satz 1 und nach Absatz 3b, den gesetzgebenden Körperschaften im Jahr 2012.

(4) Die Haftung umfasst die Beiträge und Säumniszuschläge, die infolge der Pflichtver-

letzung zu zahlen sind, sowie die Zinsen für gestundete Beiträge (Beitragsansprüche).

(5) Die Satzung der Einzugsstelle kann bestimmen, unter welchen Voraussetzungen vom Arbeitgeber Vorschüsse auf den Gesamtsozialversicherungsbeitrag verlangt werden können.

§ 28f Aufzeichnungspflicht, Nachweise der Beitragsabrechnung und der Beitragszahlung

(1) 1Der Arbeitgeber hat für jeden Beschäftigten, getrennt nach Kalenderjahren, Entgeltunterlagen im Geltungsbereich dieses Gesetzes in deutscher Sprache zu führen und bis zum Ablauf des auf die letzte Prüfung (§ 28p) folgenden Kalenderjahres geordnet aufzubewahren. 2Satz 1 gilt nicht hinsichtlich der Beschäftigten in privaten Haushalten. 3Die landwirtschaftliche Krankenkasse kann wegen der mitarbeitenden Familienangehörigen Ausnahmen zulassen. 4Für die Aufbewahrung der Beitragsabrechnungen und der Beitragsnachweise gilt Satz 1.

(1a) Bei der Ausführung eines Dienst- oder Werkvertrages im Baugewerbe hat der Unternehmer die Entgeltunterlagen und die Beitragsabrechnung so zu gestalten, dass eine Zuordnung der Arbeitnehmer, des Arbeitsentgelts und des darauf entfallenden Gesamtsozialversicherungsbeitrags zu dem jeweiligen Dienst- oder Werkvertrag möglich ist.

(2) 1Hat ein Arbeitgeber die Aufzeichnungspflicht nicht ordnungsgemäß erfüllt und können dadurch die Versicherungs- oder Beitragspflicht oder die Beitragshöhe nicht festgestellt werden, kann der prüfende Träger der Rentenversicherung den Beitrag in der Kranken-, Pflege- und Rentenversicherung und zur Arbeitsförderung von der Summe der vom Arbeitgeber gezahlten Arbeitsentgelte geltend machen. 2Satz 1 gilt nicht, soweit ohne unverhältnismäßig großen Verwaltungsaufwand festgestellt werden kann, dass Beiträge nicht zu zahlen waren oder Arbeitsentgelt einem bestimmten Beschäftigten zugeordnet werden kann. 3Soweit der prüfende Träger der Rentenversicherung die Höhe der Arbeitsentgelte nicht oder nicht ohne unverhältnismäßig großen Verwaltungsaufwand ermitteln kann, hat er diese zu schätzen. 4Dabei ist für das monatliche Arbeitsentgelt eines Beschäftigten das am Beschäftigungsort ortsübliche Arbeitsentgelt mitzuberücksichtigen. 5Der prüfende Träger der Rentenversicherung hat einen auf Grund der Sätze 1, 3 und 4 ergangenen Bescheid insoweit zu widerrufen, als nachträglich Versicherungs- oder Beitragspflicht oder Versicherungsfreiheit festgestellt und die Höhe des Arbeitsentgelts nachgewiesen werden. 6Die von dem Arbeitgeber auf Grund dieses Bescheides geleisteten Zahlungen sind insoweit mit der Beitragsforderung zu verrechnen.

(3) 1Der Arbeitgeber hat der Einzugsstelle einen Beitragsnachweis zwei Arbeitstage vor Fälligkeit der Beiträge durch Datenübertragung zu übermitteln; dies gilt nicht hinsichtlich der Beschäftigten in privaten Haushalten bei Verwendung von Haushaltsschecks. 2Übermittelt der Arbeitgeber den Beitragsnachweis nicht zwei Arbeitstage vor Fälligkeit der Beiträge, so kann die Einzugsstelle das für die Beitragsberechnung maßgebende Arbeitsentgelt schätzen, bis der Nachweis ordnungsgemäß übermittelt wird. 3Der Beitragsnachweis gilt für die Vollstreckung als Leistungsbescheid der Einzugsstelle und im Insolvenzverfahren als Dokument zur Glaubhaftmachung der Forderungen der Einzugsstelle. 4Im Beitragsnachweis ist auch die Steuernummer des Arbeitgebers anzugeben, wenn der Beitragsnachweis die Pauschsteuer für geringfügig Beschäftigte enthält.

(4) 1Arbeitgeber, die den Gesamtsozialversicherungsbeitrag an mehrere Orts- oder Innungskrankenkassen zu zahlen haben, können bei

1. dem jeweils zuständigen Bundesverband oder
2. einer Orts- oder Innungskrankenkasse

(beauftragte Stelle) für die jeweilige Kassenart beantragen, dass der beauftragten Stelle der jeweilige Beitragsnachweis eingereicht wird. 2Dies gilt auch für Arbeitgeber, die den Gesamtsozialversicherungsbeitrag an mehrere Betriebskrankenkassen zu zahlen haben, gegenüber dem jeweiligen Bundesverband. $_{3}$Gibt die beauftragte Stelle dem Antrag statt, hat sie die zuständigen Einzugsstellen zu unterrichten. $_{4}$Im Falle des Satzes 1 erhält die beauftragte Stelle auch den Gesamtsozialversicherungsbeitrag, den sie arbeitstäglich durch Überweisung unmittelbar an folgende Stellen weiterzuleiten hat:

1. die Beiträge zur Kranken- und Pflegeversicherung an die zuständigen Einzugsstellen,
2. die Beiträge zur Rentenversicherung gemäß § 28k,
3. die Beiträge zur Arbeitsförderung an die Bundesagentur für Arbeit.

$_{5}$Die beauftragte Stelle hat die für die zuständigen Einzugsstellen bestimmten Beitragsnachweise an diese weiterzuleiten. $_{6}$Die Träger der Pflegeversicherung, der Rentenversicherung und die Bundesagentur für Arbeit können den Beitragsnachweis sowie den Eingang, die Verwaltung und die Weiterleitung ihrer Beiträge bei der beauftragten Stelle prüfen. $_{7}$§ 28q Absatz 2 und 3 sowie § 28r Absatz 1 und 2 gelten entsprechend.

(5) $_{1}$Abweichend von Absatz 1 Satz 1 sind die am 31. Dezember 1991 im Beitrittsgebiet vorhandenen Entgeltunterlagen mindestens bis zum 31. Dezember 2011 vom Arbeitgeber aufzubewahren. $_{2}$Die Pflicht zur Aufbewahrung erlischt, wenn der Arbeitgeber die Entgeltunterlagen dem Betroffenen aushändigt oder die für die Rentenversicherung erforderlichen Daten bescheinigt, frühestens jedoch mit Ablauf des auf die letzte Prüfung der Träger der Rentenversicherung bei dem Arbeitgeber folgenden Kalenderjahres, und wenn ein Unternehmen aufgelöst wird.

§ 28g Beitragsabzug

$_{1}$Der Arbeitgeber und in den Fällen der nach § 7f Absatz 1 Satz 1 Nummer 2 auf die Deutsche Rentenversicherung Bund übertragenen Wertguthaben die Deutsche Rentenversicherung Bund hat gegen den Beschäftigten einen Anspruch auf den vom Beschäftigten zu tragenden Teil des Gesamtsozialversicherungsbeitrags. $_{2}$Dieser Anspruch kann nur durch Abzug vom Arbeitsentgelt geltend gemacht werden. $_{3}$Ein unterbliebener Abzug darf nur bei den drei nächsten Lohn- oder Gehaltszahlungen nachgeholt werden, danach nur dann, wenn der Abzug ohne Verschulden des Arbeitgebers unterblieben ist. $_{4}$Die Sätze 2 und 3 gelten nicht, wenn der Beschäftigte seinen Pflichten nach § 28o Absatz 1 vorsätzlich oder grob fahrlässig nicht nachkommt oder er den Gesamtsozialversicherungsbeitrag allein trägt oder solange der Beschäftigte nur Sachbezüge erhält.

§ 28h Einzugsstellen

(1) $_{1}$Der Gesamtsozialversicherungsbeitrag ist an die Krankenkassen (Einzugsstellen) zu zahlen. $_{2}$Die Einzugsstelle überwacht die Einreichung des Beitragsnachweises und die Zahlung des Gesamtsozialversicherungsbeitrags. $_{3}$Beitragsansprüche, die nicht rechtzeitig erfüllt worden sind, hat die Einzugsstelle geltend zu machen.

(2) $_{1}$Die Einzugsstelle entscheidet über die Versicherungspflicht und Beitragshöhe in der Kranken-, Pflege- und Rentenversicherung sowie nach dem Recht der Arbeitsförderung; sie erlässt auch den Widerspruchsbescheid. $_{2}$Soweit die Einzugsstelle die Höhe des Arbeitsentgelts nicht oder nicht ohne unverhältnismäßig großen Verwaltungsaufwand ermitteln kann, hat sie dieses zu schätzen. $_{3}$Dabei ist für das monatliche Arbeitsentgelt des Beschäftigten das am Beschäftigungsort ortsübliche Arbeitsentgelt mit zu berücksichtigen. $_{4}$Die nach § 28i Satz 5 zuständige Einzugsstelle prüft die Einhaltung der Arbeitsentgeltgrenze bei geringfügiger Beschäftigung nach den §§ 8 und 8a und entscheidet bei deren Überschreiten über die Versicherungspflicht in der Kranken-, Pflege- und Rentenversicherung sowie nach dem Recht der Arbeitsförderung; sie erlässt auch den Widerspruchsbescheid.

(3) $_{1}$Bei Verwendung eines Haushaltsschecks vergibt die Einzugsstelle im Auftrag der Bundesagentur für Arbeit die Betriebsnummer des Arbeitgebers, berechnet den Gesamtsozialversicherungsbeitrag und die Umlagen nach dem Aufwendungsausgleichsgesetz

und zieht diese vom Arbeitgeber im Wege des Lastschriftverfahrens ein. 2Die Einzugsstelle meldet bei Beginn und Ende der Beschäftigung und zum Jahresende der Datenstelle der Träger der Rentenversicherung die für die Rentenversicherung und die Bundesagentur für Arbeit erforderlichen Daten eines jeden Beschäftigten. 3Die Einzugsstelle teilt dem Beschäftigten den Inhalt der abgegebenen Meldung schriftlich mit.

(4) Bei Verwendung eines Haushaltsschecks bescheinigt die Einzugsstelle dem Arbeitgeber zum Jahresende

1. den Zeitraum, für den Beiträge zur Rentenversicherung gezahlt wurden, und
2. die Höhe des Arbeitsentgelts (§ 14 Absatz 3), des von ihm getragenen Gesamtsozialversicherungsbeitrags und der Umlagen.

§ 28i Zuständige Einzugsstelle

1Zuständige Einzugsstelle für den Gesamtsozialversicherungsbeitrag ist die Krankenkasse, von der die Krankenversicherung durchgeführt wird. 2Für Beschäftigte, die bei keiner Krankenkasse versichert sind, werden Beiträge zur Rentenversicherung und zur Arbeitsförderung an die Einzugsstelle gezahlt, die der Arbeitgeber in entsprechender Anwendung des § 175 Absatz 3 Satz 2 des Fünften Buches gewählt hat. 3Zuständige Einzugsstelle ist in den Fällen des § 28f Absatz 2 die nach § 175 Absatz 3 Satz 3 des Fünften Buches bestimmte Krankenkasse. 4Zuständige Einzugsstelle ist in den Fällen des § 2 Absatz 3 die Deutsche Rentenversicherung Knappschaft-Bahn-See. 5Bei geringfügigen Beschäftigungen ist zuständige Einzugsstelle die Deutsche Rentenversicherung Knappschaft-Bahn-See als Träger der Rentenversicherung.

§ 28k Weiterleitung von Beiträgen

(1) 1Die Einzugsstelle leitet dem zuständigen Träger der Pflegeversicherung, der Rentenversicherung und der Bundesagentur für Arbeit die für diese gezahlten Beiträge einschließlich der Zinsen auf Beiträge und Säumniszuschläge arbeitstäglich weiter; dies gilt entsprechend für die Weiterleitung der Beiträge zur gesetzlichen Krankenversicherung an den Gesundheitsfonds. 2Die Deutsche Rentenversicherung Bund teilt den Einzugsstellen die zuständigen Träger der Rentenversicherung und deren Beitragsanteil spätestens bis zum 31. Oktober eines jeden Jahres für das folgende Kalenderjahr mit. 3Die Deutsche Rentenversicherung Bund legt den Verteilungsschlüssel für die Aufteilung der Beitragseinnahmen der allgemeinen Rentenversicherung auf die einzelnen Träger unter Berücksichtigung der folgenden Parameter fest:

1. Für die Aufteilung zwischen Deutsche Rentenversicherung Bund und Regionalträgern:
   a) Für 2005 die prozentuale Aufteilung der gezahlten Pflichtbeiträge zur Rentenversicherung der Arbeiter und der Rentenversicherung der Angestellten im Jahr 2003,
   b) Fortschreibung dieser Anteile in den folgenden Jahren unter Berücksichtigung der Veränderung des Anteils der bei den Regionalträgern Pflichtversicherten gegenüber dem jeweiligen vorvergangenen Kalenderjahr.
2. Für die Aufteilung der Beiträge unter den Regionalträgern: Das Verhältnis der Pflichtversicherten dieser Träger untereinander.
3. Für die Aufteilung zwischen Deutsche Rentenversicherung Bund und Deutsche Rentenversicherung Knappschaft-Bahn-See: Das Verhältnis der in der allgemeinen Rentenversicherung Pflichtversicherten dieser Träger untereinander.

(2) 1Bei geringfügigen Beschäftigungen werden die Beiträge zur Krankenversicherung an den Gesundheitsfonds, bei Versicherten in der landwirtschaftlichen Krankenversicherung an die Sozialversicherung für Landwirtschaft, Forsten und Gartenbau weitergeleitet. 2Das Nähere zur Bestimmung des Anteils der Sozialversicherung für Landwirtschaft, Forsten und Gartenbau, insbesondere über eine pauschale Berechnung und Aufteilung, ver-

einbaren die Sozialversicherung für Landwirtschaft, Forsten und Gartenbau und die Spitzenverbände der beteiligten Träger der Sozialversicherung.

§ 28l Vergütung

(1) 1Die Einzugsstellen, die Träger der Rentenversicherung und die Bundesagentur für Arbeit erhalten für

1. die Geltendmachung der Beitragsansprüche,
2. den Einzug, die Verwaltung, die Weiterleitung, die Abrechnung und die Abstimmung der Beiträge,
3. die Prüfung bei den Arbeitgebern,
4. die Durchführung der Meldeverfahren,
5. die Ausstellung der Sozialversicherungsausweise und
6. die Durchführung des Haushaltsscheckverfahrens, soweit es über die Verfahren nach den Nummern 1 bis 5 hinausgeht und Aufgaben der Sozialversicherung betrifft,

eine pauschale Vergütung, mit der alle dadurch entstehenden Kosten abgegolten werden, dies gilt entsprechend für die Künstlersozialkasse. 2Die Höhe und die Verteilung der Vergütung werden durch Vereinbarung zwischen dem Spitzenverband Bund der Krankenkassen, der Deutschen Rentenversicherung Bund, der Bundesagentur für Arbeit und der Künstlersozialkasse geregelt; vor dem Abschluss und vor Änderungen der Vereinbarung ist die Sozialversicherung für Landwirtschaft, Forsten und Gartenbau anzuhören. 3In der Vereinbarung ist auch für den Fall, dass eine Einzugsstelle ihre Pflichten nicht ordnungsgemäß erfüllt und dadurch erhebliche Beitragsrückstände entstehen, festzulegen, dass sich die Vergütung für diesen Zeitraum angemessen mindert. 4Die Deutsche Rentenversicherung Knappschaft-Bahn-See wird ermächtigt, die ihr von den Krankenkassen nach Satz 1 zustehende Vergütung mit den nach § 28k Absatz 2 Satz 1 an den Gesundheitsfonds weiterzuleitenden Beiträgen zur Krankenversicherung für geringfügige Beschäftigungen aufzurechnen.

(2) Soweit die Einzugsstellen oder die beauftragten Stellen (§ 28f Absatz 4) bei der Verwaltung von Fremdbeiträgen Gewinne erzielen, wird deren Aufteilung durch Vereinbarungen zwischen den Krankenkassen oder ihren Verbänden und der Deutschen Rentenversicherung Bund sowie der Bundesagentur für Arbeit geregelt.

§ 28m Sonderregelungen für bestimmte Personengruppen

(1) Der Beschäftigte hat den Gesamtsozialversicherungsbeitrag zu zahlen, wenn sein Arbeitgeber ein ausländischer Staat, eine über- oder zwischenstaatliche Organisation oder eine Person ist, die nicht der inländischen Gerichtsbarkeit untersteht und die Zahlungspflicht nach § 28e Absatz 1 Satz 1 nicht erfüllt.

(2) 1Heimarbeiter und Hausgewerbetreibende können, falls der Arbeitgeber seiner Verpflichtung nach § 28e bis zum Fälligkeitstage nicht nachkommt, den Gesamtsozialversicherungsbeitrag selbst zahlen. 2Soweit sie den Gesamtsozialversicherungsbeitrag selbst zahlen, entfallen die Pflichten des Arbeitgebers; § 28f Absatz 1 bleibt unberührt.

(3) Zahlt der Beschäftigte oder der Hausgewerbetreibende den Gesamtsozialversicherungsbeitrag, hat er auch die Meldungen nach § 28a abzugeben; bei den Meldungen hat die Einzugsstelle mitzuwirken.

(4) Der Beschäftigte oder der Hausgewerbetreibende, der den Gesamtsozialversicherungsbeitrag gezahlt hat, hat gegen den Arbeitgeber einen Anspruch auf den vom Arbeitgeber zu tragenden Teil des Gesamtsozialversicherungsbeitrags.

§ 28n Verordnungsermächtigung

Das Bundesministerium für Arbeit und Soziales wird ermächtigt, durch Rechtsverordnung mit Zustimmung des Bundesrates zu bestimmen,

1. die Berechnung des Gesamtsozialversicherungsbeitrags und der Beitragsbemessungsgrenzen für kürzere Zeiträume als ein Kalenderjahr,

2. zu welchem Zeitpunkt die Beiträge als eingezahlt gelten, in welcher Reihenfolge eine Schuld getilgt wird und welche Zahlungsmittel verwendet werden dürfen,
3. Näheres über die Weiterleitung und Abrechnung der Beiträge einschließlich Zinsen auf Beiträge und der Säumniszuschläge durch die Einzugsstellen an die Träger der Pflegeversicherung, der Rentenversicherung, den Gesundheitsfonds und die Bundesagentur für Arbeit, insbesondere über Zahlungsweise und das Verfahren nach § 28f Absatz 4, wobei von der arbeitstäglichen Weiterleitung bei Beträgen unter 2500 Euro abgesehen werden kann,
4. Näheres über die Führung von Entgeltunterlagen und zur Beitragsabrechnung sowie zur Verwendung des Beitragsnachweises.

Dritter Titel
Auskunfts- und Vorlagepflicht, Prüfung, Schadensersatzpflicht und Verzinsung

§ 28o Auskunfts- und Vorlagepflicht des Beschäftigten

(1) Der Beschäftigte hat dem Arbeitgeber die zur Durchführung des Meldeverfahrens und der Beitragszahlung erforderlichen Angaben zu machen und, soweit erforderlich, Unterlagen vorzulegen; dies gilt bei mehreren Beschäftigungen sowie bei Bezug weiterer in der gesetzlichen Krankenversicherung beitragspflichtiger Einnahmen gegenüber allen beteiligten Arbeitgebern.

(2) $_1$Der Beschäftigte hat auf Verlangen den zuständigen Versicherungsträgern unverzüglich Auskunft über die Art und Dauer seiner Beschäftigungen, die hierbei erzielten Arbeitsentgelte, seine Arbeitgeber und die für die Erhebung von Beiträgen notwendigen Tatsachen zu erteilen und alle für die Prüfung der Meldungen und der Beitragszahlung erforderlichen Unterlagen vorzulegen. $_2$Satz 1 gilt für den Hausgewerbetreibenden, soweit er den Gesamtsozialversicherungsbeitrag zahlt, entsprechend.

§ 28p Prüfung bei den Arbeitgebern

(1) $_1$Die Träger der Rentenversicherung prüfen bei den Arbeitgebern, ob diese ihre Meldepflichten und ihre sonstigen Pflichten nach diesem Gesetzbuch, die im Zusammenhang mit dem Gesamtsozialversicherungsbeitrag stehen, ordnungsgemäß erfüllen; sie prüfen insbesondere die Richtigkeit der Beitragszahlungen und der Meldungen (§ 28a) mindestens alle vier Jahre. $_2$Die Prüfung soll in kürzeren Zeitabständen erfolgen, wenn der Arbeitgeber dies verlangt. $_3$Die Einzugsstelle unterrichtet den für den Arbeitgeber zuständigen Träger der Rentenversicherung, wenn sie eine alsbaldige Prüfung bei dem Arbeitgeber für erforderlich hält. $_4$Die Prüfung umfasst auch die Entgeltunterlagen der Beschäftigten, für die Beiträge nicht gezahlt wurden. $_5$Die Träger der Rentenversicherung erlassen im Rahmen der Prüfung Verwaltungsakte zur Versicherungspflicht und Beitragshöhe in der Kranken-, Pflege- und Rentenversicherung sowie nach dem Recht der Arbeitsförderung einschließlich der Widerspruchsbescheide gegenüber den Arbeitgebern; insoweit gelten § 28h Absatz 2 sowie § 93 in Verbindung mit § 89 Absatz 5 des Zehnten Buches nicht. $_6$Die landwirtschaftliche Krankenkasse nimmt abweichend von Satz 1 die Prüfung für die bei ihr versicherten mitarbeitenden Familienangehörigen vor.

(1a) $_1$Die Prüfung nach Absatz 1 umfasst die ordnungsgemäße Erfüllung der Meldepflichten nach dem Künstlersozialversicherungsgesetz und die rechtzeitige und vollständige Entrichtung der Künstlersozialabgabe durch die Arbeitgeber. $_2$Die Prüfung erfolgt

1. mindestens alle vier Jahre bei den Arbeitgebern, die als abgabepflichtige Unternehmer nach § 24 des Künstlersozialversicherungsgesetzes bei der Künstlersozialkasse erfasst wurden,
2. mindestens alle vier Jahre bei den Arbeitgebern mit mehr als 19 Beschäftigten und
3. bei mindestens 40 Prozent der im jeweiligen Kalenderjahr zur Prüfung nach Absatz 1 anstehenden Arbeitgeber mit weniger als 20 Beschäftigten.

[3]Bei Arbeitgebern, die eine Betriebsstruktur mit Haupt- und Unterbetrieben mit jeweils eigener Betriebsnummer aufweisen, wird der Arbeitgeber insgesamt geprüft. [4]Das Prüfverfahren kann mit der Aufforderung zur Meldung eingeleitet werden. [5]Die Träger der Deutschen Rentenversicherung erlassen die erforderlichen Verwaltungsakte zur Künstlersozialabgabepflicht, zur Höhe der Künstlersozialabgabe und zur Höhe der Vorauszahlungen nach dem Künstlersozialversicherungsgesetz einschließlich der Widerspruchsbescheide. [6]Die Träger der Rentenversicherung unterrichten die Künstlersozialkasse über Sachverhalte, welche die Melde- und Abgabepflichten der Arbeitgeber nach dem Künstlersozialversicherungsgesetz betreffen. [7]Für die Prüfung der Arbeitgeber durch die Künstlersozialkasse gilt § 35 des Künstlersozialversicherungsgesetzes.

(1b) [1]Die Träger der Rentenversicherung legen im Benehmen mit der Künstlersozialkasse die Kriterien zur Auswahl der nach Absatz 1a Satz 2 Nummer 3 zu prüfenden Arbeitgeber fest. [2]Die Auswahl dient dem Ziel, alle abgabepflichtigen Arbeitgeber zu erfassen. [3]Arbeitgeber mit weniger als 20 Beschäftigten, die nicht nach Absatz 1a Satz 2 Nummer 3 zu prüfen sind, werden durch die Träger der Rentenversicherung im Rahmen der Prüfung nach Absatz 1 im Hinblick auf die Künstlersozialabgabe beraten. [4]Dazu erhalten sie mit der Prüfankündigung Hinweise zur Künstlersozialabgabe. [5]Im Rahmen der Prüfung nach Absatz 1 lässt sich der zuständige Träger der Rentenversicherung durch den Arbeitgeber schriftlich oder elektronisch bestätigen, dass der Arbeitgeber über die Künstlersozialabgabe unterrichtet wurde und abgabepflichtige Sachverhalte melden wird. [6]Bestätigt der Arbeitgeber dies nicht, wird die Prüfung nach Absatz 1a Satz 1 unverzüglich durchgeführt. [7]Erlangt ein Träger der Rentenversicherung im Rahmen einer Prüfung nach Absatz 1 bei Arbeitgebern mit weniger als 20 Beschäftigten, die nicht nach Absatz 1a Satz 2 Nummer 3 geprüft werden, Hinweise auf einen künstlersozialabgabepflichtigen Sachverhalt, muss er diesen nachgehen.

(1c) [1]Die Träger der Rentenversicherung teilen den Trägern der Unfallversicherung die Feststellungen aus der Prüfung bei den Arbeitgebern nach § 166 Absatz 2 des Siebten Buches mit. [2]Die Träger der Unfallversicherung erlassen die erforderlichen Bescheide.

(2) [1]Im Bereich der Regionalträger richtet sich die örtliche Zuständigkeit nach dem Sitz der Lohn- und Gehaltsabrechnungsstelle des Arbeitgebers. [2]Die Träger der Rentenversicherung stimmen sich darüber ab, welche Arbeitgeber sie prüfen; ein Arbeitgeber ist jeweils nur von einem Träger der Rentenversicherung zu prüfen.

(3) Die Träger der Rentenversicherung unterrichten die Einzugsstellen über Sachverhalte, soweit sie die Zahlungspflicht oder die Meldepflicht des Arbeitgebers betreffen.

(4) (weggefallen)

(5) [1]Die Arbeitgeber sind verpflichtet, angemessene Prüfhilfen zu leisten. [2]Abrechnungsverfahren, die mit Hilfe automatischer Einrichtungen durchgeführt werden, sind in die Prüfung einzubeziehen.

(6) [1]Zu prüfen sind auch steuerberatende Stellen, Rechenzentren und vergleichbare Einrichtungen, die im Auftrag des Arbeitgebers oder einer von ihm beauftragten Person Löhne und Gehälter abrechnen oder Meldungen erstatten. [2]Die örtliche Zuständigkeit richtet sich im Bereich der Regionalträger nach dem Sitz dieser Stellen. [3]Absatz 5 gilt entsprechend.

(6a) [1]Für die Prüfung nach Absatz 1 gilt § 147 Absatz 6 Satz 1 und 2 der Abgabenordnung entsprechend mit der Maßgabe, dass der Rentenversicherungsträger eine Übermittlung der Daten im Einvernehmen mit dem Arbeitgeber verlangen kann. [2]Die Deutsche Rentenversicherung Bund bestimmt in Grundsätzen bundeseinheitlich das Nähere zum Verfahren der Datenübermittlung und der dafür erforderlichen Datensätze und Datenbausteine. [3]Die Grundsätze bedürfen der Genehmigung des Bundesministeriums für Arbeit und Soziales, das vorher die Bundesvereinigung der Deutschen Arbeitgeberverbände anzuhören hat.

(7) $_{1}$Die Träger der Rentenversicherung haben eine Übersicht über die Ergebnisse ihrer Prüfungen zu führen und bis zum 31. März eines jeden Jahres für das abgelaufene Kalenderjahr den Aufsichtsbehörden vorzulegen. $_{2}$Das Nähere über Inhalt und Form der Übersicht bestimmen einvernehmlich die Aufsichtsbehörden der Träger der Rentenversicherung mit Wirkung für diese.

(8) $_{1}$Die Deutsche Rentenversicherung Bund führt eine Datei, in der der Name, die Anschrift, die Betriebsnummer, der für den Arbeitgeber zuständige Unfallversicherungsträger und weitere Identifikationsmerkmale eines jeden Arbeitgebers sowie die für die Planung der Prüfungen bei den Arbeitgebern und die für die Übersichten nach Absatz 7 erforderlichen Daten gespeichert sind; die Deutsche Rentenversicherung Bund darf die in dieser Datei gespeicherten Daten nur für die Prüfung bei den Arbeitgebern und zur Ermittlung der nach dem Künstlersozialversicherungsgesetz abgabepflichtigen Unternehmer verarbeiten und nutzen. $_{2}$In die Datei ist eine Kennzeichnung aufzunehmen, wenn nach § 166 Absatz 2 Satz 2 des Siebten Buches die Prüfung der Arbeitgeber für die Unfallversicherung nicht von den Trägern der Rentenversicherung durchzuführen ist; die Träger der Unfallversicherung haben die erforderlichen Angaben zu übermitteln. $_{3}$Die Datenstelle der Träger der Rentenversicherung führt für die Prüfung bei den Arbeitgebern eine Datei, in der neben der Betriebsnummer eines jeden Arbeitgebers, die Betriebsnummer des für den Arbeitgeber zuständigen Unfallversicherungsträgers, die Unfallversicherungsmitgliedsnummer des Arbeitgebers, das in der Unfallversicherung beitragspflichtige Entgelt der bei ihm Beschäftigten in Euro, die anzuwendenden Gefahrtarifstellen der bei ihm Beschäftigten, die Versicherungsnummern der bei ihm Beschäftigten einschließlich des Beginns und des Endes von deren Beschäftigung, die Bezeichnung der für jeden Beschäftigten zuständigen Einzugsstelle sowie eine Kennzeichnung des Vorliegens einer geringfügigen Beschäftigung gespeichert sind. $_{4}$Sie darf die Daten der Stammsatzdatei nach § 150 Absatz 1 und 2 des Sechsten Buches sowie die Daten der Datei nach § 150 Absatz 3 des Sechsten Buches für die Prüfung bei den Arbeitgebern verarbeiten und nutzen; die Daten der Stammsatzdatei darf sie auch für Prüfungen nach § 212a des Sechsten Buches verarbeiten und nutzen. $_{5}$Sie ist verpflichtet, auf Anforderung des prüfenden Trägers der Rentenversicherung

1. die in den Dateien nach den Sätzen 1 und 3 gespeicherten Daten,
2. die in den Versicherungskonten der Träger der Rentenversicherung gespeicherten, auf den Prüfungszeitraum entfallenden Daten der bei dem zu prüfenden Arbeitgeber Beschäftigten,
3. die bei den für den Arbeitgeber zuständigen Einzugsstellen gespeicherten Daten aus den Beitragsnachweisen (§ 28f Absatz 3) für die Zeit nach dem Zeitpunkt, bis zu dem der Arbeitgeber zuletzt geprüft wurde,
4. die bei der Künstlersozialkasse über den Arbeitgeber gespeicherten Daten zur Melde- und Abgabepflicht für den Zeitraum seit der letzten Prüfung sowie
5. die bei den Trägern der Unfallversicherung gespeicherten Daten zur Melde- und Beitragspflicht sowie zur Gefahrtarifstelle für den Zeitraum seit der letzten Prüfung,

zu erheben, zu verarbeiten und zu nutzen, soweit dies für die Prüfung, ob die Arbeitgeber ihre Meldepflichten und ihre sonstigen Pflichten nach diesem Gesetzbuch, die im Zusammenhang mit dem Gesamtsozialversicherungsbeitrag stehen, sowie ihre Pflichten als zur Abgabe Verpflichtete nach dem Künstlersozialversicherungsgesetz und ihre Pflichten nach dem Siebten Buch zur Meldung und Beitragszahlung ordnungsgemäß erfüllen, erforderlich ist. $_{6}$Die dem prüfenden Träger der Rentenversicherung übermittelten Daten sind unverzüglich nach Abschluss der Prüfung bei der Datenstelle und beim prüfenden Träger der Rentenversicherung zu löschen. $_{7}$Die Träger der Rentenversicherung, die Einzugsstellen, die Künstlersozialkasse und die Bundesagentur für Arbeit sind verpflichtet, der Deutschen Rentenversicherung Bund und der Datenstelle die für die Prüfung bei den Arbeitgebern erforderlichen Daten zu übermitteln. 8Sind für die Prüfung bei den Arbeitgebern Daten zu übermitteln, so dürfen sie auch durch Abruf im automatisierten Verfahren übermittelt werden, ohne dass es einer Genehmigung nach § 79 Absatz 1 des Zehnten Buches bedarf.

(9) Das Bundesministerium für Arbeit und Soziales bestimmt im Einvernehmen mit dem Bundesministerium für Gesundheit durch Rechtsverordnung mit Zustimmung des Bundesrates das Nähere über

IV

1. den Umfang der Pflichten des Arbeitgebers und der in Absatz 6 genannten Stellen bei Abrechnungsverfahren, die mit Hilfe automatischer Einrichtungen durchgeführt werden,
2. die Durchführung der Prüfung sowie die Behebung von Mängeln, die bei der Prüfung festgestellt worden sind und
3. den Inhalt der Datei nach Absatz 8 Satz 1 hinsichtlich der für die Planung der Prüfungen bei Arbeitgebern und der für die Prüfung bei Einzugsstellen erforderlichen Daten, über den Aufbau und die Aktualisierung dieser Datei sowie über den Umfang der Daten aus der Datei nach Absatz 8 Satz 1, die von den Einzugsstellen und der Bundesagentur für Arbeit nach § 28q Absatz 5 abgerufen werden können.

(10) Arbeitgeber werden wegen der Beschäftigten in privaten Haushalten nicht geprüft.

(11) 1Sind beim Übergang der Prüfung der Arbeitgeber von Krankenkassen auf die Träger der Rentenversicherung Angestellte übernommen worden, die am 1. Januar 1995 ganz oder überwiegend mit der Prüfung der Arbeitgeber beschäftigt waren, sind die bis zum Zeitpunkt der Übernahme gültigen Tarifverträge oder sonstigen kollektiven Vereinbarungen für die übernommenen Arbeitnehmer bis zum Inkrafttreten neuer Tarifverträge oder sonstiger kollektiver Vereinbarungen maßgebend. 2Soweit es sich bei einem gemäß Satz 1 übernommenen Beschäftigten um einen Dienstordnungs-Angestellten handelt, tragen der aufnehmende Träger der Rentenversicherung und die abgebende Krankenkasse bei Eintritt des Versorgungsfalles die Versorgungsbezüge anteilig, sofern der Angestellte im Zeitpunkt der Übernahme das 45. Lebensjahr bereits vollendet hatte. 3§ 107b Absatz 2 bis 5 des Beamtenversorgungsgesetzes gilt sinngemäß.

In § 28p Absatz 8 Satz 4 werden zum 1.1.2016 nach den Wörtern "die Daten der Datei nach § 150 Absatz 3 des Sechsten Buches" die Wörter "und der Stammdatendatei nach § 101" eingefügt.

§ 28q Prüfung bei den Einzugsstellen und den Trägern der Rentenversicherung

(1) 1Die Träger der Rentenversicherung und die Bundesagentur für Arbeit prüfen bei den Einzugsstellen die Durchführung der Aufgaben, für die die Einzugsstellen eine Vergütung nach § 28l Absatz 1 erhalten, mindestens alle vier Jahre. 2Satz 1 gilt auch im Verhältnis der Deutschen Rentenversicherung Bund zur Künstlersozialkasse. 3Die Deutsche Rentenversicherung Bund speichert in der in § 28p Absatz 8 Satz 1 genannten Datei Daten aus dem Bescheid des Trägers der Rentenversicherung nach § 28p Absatz 1 Satz 5, soweit dies für die Prüfung bei den Einzugsstellen nach Satz 1 erforderlich ist. 4Sie darf diese Daten nur für die Prüfung bei den Einzugsstellen verarbeiten und nutzen.

(1a) 1Die Träger der Rentenversicherung und die Bundesagentur für Arbeit prüfen bei den Einzugsstellen für das Bundesversicherungsamt als Verwalter des Gesundheitsfonds im Hinblick auf die Krankenversicherungsbeiträge im Sinne des § 28d Absatz 1 Satz 1 die Geltendmachung der Beitragsansprüche, den Einzug, die Verwaltung, die Weiterleitung und die Abrechnung der Beiträge entsprechend § 28l Absatz 1 Satz 1 Nummer 1 und 2. 2Absatz 1 Satz 3 und 4 gilt entsprechend. 3Die mit der Prüfung nach Satz 1 befassten Stellen übermitteln dem Bundesversicherungsamt als Verwalter des Gesundheitsfonds die zur Geltendmachung der in § 28r Absatz 1 und 2 bezeichneten Rechte erforderlichen Prüfungsergebnisse. 4Die durch die Aufgabenübertragung und -wahrnehmung entstehenden Kosten sind den Trägern der Rentenversicherung und der Bundesagentur für Arbeit aus den Einnahmen des Gesundheitsfonds zu erstatten. 5Die Einzelheiten des Verfahrens und der Vergütung vereinbaren die Träger der Rentenversicherung und die Bundesagentur für Arbeit mit dem Bundesversicherungsamt als Verwalter des Gesundheitsfonds.

(2) Die Einzugsstellen haben die für die Prüfung erforderlichen Unterlagen bis zur nächsten Einzugsstellenprüfung aufzubewahren und bei der Prüfung bereitzuhalten.

(3) 1Die Einzugsstellen sind verpflichtet, bei der Darlegung der Kassen- und Rechnungsführung aufklärend mitzuwirken und bei Verfahren, die mit Hilfe automatischer Einrichtungen durchgeführt werden, angemessene Prüfhilfen zu leisten. 2Der Spitzenverband Bund der Krankenkassen, die Deutsche Rentenversicherung Bund und die Bundesagentur für Arbeit treffen entsprechende Vereinbarungen. 3Die Deutsche Rentenversicherung Knappschaft-Bahn-See und die landwirtschaftliche Krankenkasse können dabei ausgenommen werden.

(4) 1Die Prüfung erstreckt sich auf alle Stellen, die Aufgaben der in Absatz 1 genannten Art für die Einzugsstelle wahrnehmen. 2Die Absätze 2 und 3 gelten insoweit für diese Stellen entsprechend.

(5) 1Die Einzugsstellen und die Bundesagentur für Arbeit prüfen gemeinsam bei den Trägern der Rentenversicherung deren Aufgaben nach § 28p mindestens alle vier Jahre. 2Die Prüfung kann durch Abruf der Arbeitgeberdateien (§ 28p Absatz 8) im automatisierten Verfahren durchgeführt werden. 3Bei geringfügigen Beschäftigungen gelten die Sätze 1 und 2 nicht für die Deutsche Rentenversicherung Knappschaft-Bahn-See als Einzugsstelle.

Dem § 28q Absatz 1 werden mit Geltung ab 1.1.2016 die folgenden Sätze angefügt: "Die Datenstelle der Träger der Rentenversicherung hat auf Anforderung des prüfenden Trägers der Rentenversicherung die in der Datei nach § 28p Absatz 8 Satz 3 gespeicherten Daten zu verarbeiten, zu nutzen und diesem zu übermitteln, soweit dies für die Prüfung nach Satz 1 erforderlich ist. Die Übermittlung darf auch durch Abruf im automatisierten Verfahren erfolgen, ohne dass es einer Genehmigung nach § 79 Absatz 1 des Zehnten Buches bedarf."

§ 28r Schadensersatzpflicht, Verzinsung

(1) 1Verletzt ein Organ oder ein Bediensteter der Einzugsstelle schuldhaft eine diesem nach diesem Abschnitt auferlegte Pflicht, haftet die Einzugsstelle dem Träger der Pflegeversicherung, der Rentenversicherung und der Bundesagentur für Arbeit sowie dem Gesundheitsfonds für einen diesen zugefügten Schaden. 2Die Schadensersatzpflicht wegen entgangener Zinsen beschränkt sich auf den sich aus Absatz 2 ergebenden Umfang.

(2) Werden Beiträge, Zinsen auf Beiträge oder Säumniszuschläge schuldhaft nicht rechtzeitig weitergeleitet, hat die Einzugsstelle Zinsen in Höhe von zwei vom Hundert über dem jeweiligen Basiszinssatz nach § 247 des Bürgerlichen Gesetzbuchs zu zahlen.

(3) 1Verletzt ein Organ oder ein Bediensteter des Trägers der Rentenversicherung schuldhaft eine diesem nach § 28p auferlegte Pflicht, haftet der Träger der Rentenversicherung dem Gesundheitsfonds, der Krankenkasse, der Pflegekasse und der Bundesagentur für Arbeit für einen diesen zugefügten Schaden; dies gilt entsprechend gegenüber den Trägern der Unfallversicherung für die Prüfung nach § 166 Absatz 2 des Siebten Buches. 2Für entgangene Beiträge sind Zinsen in Höhe von zwei vom Hundert über dem jeweiligen Basiszinssatz nach § 247 des Bürgerlichen Gesetzbuchs zu zahlen.

IV

Vierter Abschnitt
Träger der Sozialversicherung

Erster Titel
Verfassung

§ 29 Rechtsstellung

(1) Die Träger der Sozialversicherung (Versicherungsträger) sind rechtsfähige Körperschaften des öffentlichen Rechts mit Selbstverwaltung.

(2) Die Selbstverwaltung wird, soweit § 44 nichts Abweichendes bestimmt, durch die Versicherten und die Arbeitgeber ausgeübt.

(3) Die Versicherungsträger erfüllen im Rahmen des Gesetzes und des sonstigen für sie maßgebenden Rechts ihre Aufgaben in eigener Verantwortung.

§ 30 Eigene und übertragene Aufgaben

(1) Die Versicherungsträger dürfen nur Geschäfte zur Erfüllung ihrer gesetzlich vorgeschriebenen oder zugelassenen Aufgaben führen und ihre Mittel nur für diese Aufgaben sowie die Verwaltungskosten verwenden.

(2) $_{1}$Den Versicherungsträgern dürfen Aufgaben anderer Versicherungsträger und Träger öffentlicher Verwaltung nur auf Grund eines Gesetzes übertragen werden; dadurch entstehende Kosten sind ihnen zu erstatten. $_{2}$Verwaltungsvereinbarungen der Versicherungsträger zur Durchführung ihrer Aufgaben bleiben unberührt.

(3) $_{1}$Versicherungsträger können die für sie zuständigen obersten Bundes- und Landesbehörden insbesondere in Fragen der Rechtsetzung kurzzeitig personell unterstützen. $_{2}$Dadurch entstehende Kosten sind ihnen grundsätzlich zu erstatten; Ausnahmen werden in den jeweiligen Gesetzen zur Feststellung der Haushalte von Bund und Ländern festgelegt.

§ 31 Organe

(1) $_{1}$Bei jedem Versicherungsträger werden als Selbstverwaltungsorgane eine Vertreterversammlung und ein Vorstand gebildet. $_{2}$Jeder Versicherungsträger hat einen Geschäftsführer, der dem Vorstand mit beratender Stimme angehört. $_{3}$Die Aufgaben des Geschäftsführers werden bei der Deutschen Rentenversicherung Bund durch das Direktorium wahrgenommen.

(2) Die Vertreterversammlung, der Vorstand und der Geschäftsführer nehmen im Rahmen ihrer Zuständigkeit die Aufgaben des Versicherungsträgers wahr.

(3) $_{1}$Die vertretungsberechtigten Organe des Versicherungsträgers haben die Eigenschaft einer Behörde. $_{2}$Sie führen das Dienstsiegel des Versicherungsträgers.

(3a) $_{1}$Bei den in § 35a Absatz 1 genannten Krankenkassen wird abweichend von Absatz 1 ein Verwaltungsrat als Selbstverwaltungsorgan sowie ein hauptamtlicher Vorstand gebildet. $_{2}$§ 31 Absatz 1 Satz 2 gilt für diese Krankenkassen nicht.

(3b) $_{1}$Bei der Deutschen Rentenversicherung Bund werden eine Bundesvertreterversammlung und ein Bundesvorstand gebildet. $_{2}$Diese Organe entscheiden anstelle der Vertreterversammlung und des Vorstandes, soweit § 64 Absatz 4 gilt.

(4) $_{1}$Die Sektionen, die Bezirksverwaltungen und die Landesgeschäftsstellen der Versicherungsträger können Selbstverwaltungsorgane bilden. $_{2}$Die Satzung grenzt die Aufgaben und die Befugnisse dieser Organe gegenüber den Aufgaben und Befugnissen der Organe der Hauptverwaltung ab.

§ 32 (weggefallen)

§ 33 Vertreterversammlung, Verwaltungsrat

(1) $_{1}$Die Vertreterversammlung beschließt die Satzung und sonstiges autonomes Recht des Versicherungsträgers sowie in den übrigen durch Gesetz oder sonstiges für den Versicherungsträger maßgebendes Recht vorgesehenen Fällen. $_{2}$Bei der Deutschen Rentenversicherung Bund wird der Beschluss über die Satzung von der Bundesvertreterversammlung nach § 31 Absatz 3b gefasst; der Beschluss wird gemäß § 64 Absatz 4 gefasst, soweit die Satzung Regelungen zu Grundsatz- und Querschnittsaufgaben der Deutschen Rentenversicherung oder zu gemeinsa-

men Angelegenheiten der Träger der Rentenversicherung trifft. 3Im Übrigen entscheidet die Mehrheit der abgegebenen Stimmen der durch Wahl der Versicherten und Arbeitgeber der Deutschen Rentenversicherung Bund bestimmten Mitglieder.

(2) 1Die Vertreterversammlung vertritt den Versicherungsträger gegenüber dem Vorstand und dessen Mitgliedern. 2Sie kann in der Satzung oder im Einzelfall bestimmen, dass das Vertretungsrecht gemeinsam durch die Vorsitzenden der Vertreterversammlung ausgeübt wird.

(3) 1Die Absätze 1 und 2 gelten entsprechend für den Verwaltungsrat nach § 31 Absatz 3a. 2Soweit das Sozialgesetzbuch Bestimmungen über die Vertreterversammlung oder deren Vorsitzenden trifft, gelten diese für den Verwaltungsrat oder dessen Vorsitzenden. 3Dem Verwaltungsrat oder dessen Vorsitzenden obliegen auch die Aufgaben des Vorstandes oder dessen Vorsitzenden nach § 37 Absatz 2, § 38 und nach dem Zweiten Titel.

(4) 1Soweit das Sozialgesetzbuch Bestimmungen über die Vertreterversammlung oder deren Vorsitzenden trifft, gelten diese für die Bundesvertreterversammlung oder deren Vorsitzenden entsprechend. 2Für den Beschluss über die Satzung gilt Absatz 1 Satz 2 und 3.

§ 34 Satzung

(1) 1Jeder Versicherungsträger gibt sich eine Satzung. 2Sie bedarf der Genehmigung der nach den besonderen Vorschriften für die einzelnen Versicherungszweige zuständigen Behörde.

(2) 1Die Satzung und sonstiges autonomes Recht sind öffentlich bekannt zu machen. 2Sie treten, wenn kein anderer Zeitpunkt bestimmt ist, am Tag nach ihrer Bekanntmachung in Kraft. 3Die Art der Bekanntmachung wird durch die Satzung geregelt.

§ 35 Vorstand

(1) 1Der Vorstand verwaltet den Versicherungsträger und vertritt ihn gerichtlich und außergerichtlich, soweit Gesetz oder sonstiges für den Versicherungsträger maßgebendes Recht nichts Abweichendes bestimmen. 2In der Satzung oder im Einzelfall durch den Vorstand kann bestimmt werden, dass auch einzelne Mitglieder des Vorstands den Versicherungsträger vertreten können.

(2) Der Vorstand erlässt Richtlinien für die Führung der Verwaltungsgeschäfte, soweit diese dem Geschäftsführer obliegen.

(3) 1Bei der Deutschen Rentenversicherung Bund obliegen die Aufgaben nach den Absätzen 1 und 2 dem Bundesvorstand nach § 31 Absatz 3b, soweit Grundsatz- und Querschnittsaufgaben oder gemeinsame Angelegenheiten der Träger der Rentenversicherung betroffen sind und soweit Gesetz oder sonstiges für die Deutsche Rentenversicherung Bund maßgebendes Recht nichts Abweichendes bestimmen. 2Soweit das Sozialgesetzbuch Bestimmungen über den Vorstand oder dessen Vorsitzenden trifft, gelten diese für den Bundesvorstand oder dessen Vorsitzenden entsprechend.

§ 35a Vorstand bei Orts-, Betriebs- und Innungskrankenkassen sowie Ersatzkassen

(1) 1Bei den Orts-, Betriebs- und Innungskrankenkassen sowie den Ersatzkassen verwaltet der Vorstand die Krankenkasse und vertritt die Krankenkasse gerichtlich und außergerichtlich, soweit Gesetz und sonstiges für die Krankenkasse maßgebendes Recht nichts Abweichendes bestimmen. 2In der Satzung oder im Einzelfall durch den Vorstand kann bestimmt werden, dass auch einzelne Mitglieder des Vorstandes die Krankenkasse vertreten können. 3Innerhalb der vom Vorstand erlassenen Richtlinien verwaltet jedes Mitglied des Vorstands seinen Geschäftsbereich eigenverantwortlich. 4Bei Meinungsverschiedenheiten entscheidet der Vorstand; bei Stimmengleichheit entscheidet der Vorsitzende.

(2) 1Der Vorstand hat dem Verwaltungsrat zu berichten über

1. die Umsetzung von Entscheidungen von grundsätzlicher Bedeutung,
2. die finanzielle Situation und die voraussichtliche Entwicklung.

$_2$Außerdem ist dem Vorsitzenden des Verwaltungsrates aus sonstigen wichtigen Anlässen zu berichten.

(3) $_1$Die Mitglieder des Vorstandes üben ihre Tätigkeit hauptamtlich aus. $_2$Die Amtszeit beträgt bis zu sechs Jahre; die Wiederwahl ist möglich.

(4) $_1$Der Vorstand besteht bei Krankenkassen mit bis zu 500 000 Mitgliedern aus höchstens zwei Personen, bei mehr als 500 000 Mitgliedern aus höchstens drei Personen. $_2$Die Mitglieder des Vorstandes vertreten sich gegenseitig. $_3$§ 37 Absatz 2 gilt entsprechend. $_4$Besteht der Vorstand nur aus einer Person, hat der Verwaltungsrat einen leitenden Beschäftigten der Krankenkasse mit dessen Stellvertretung zu beauftragen.

(5) $_1$Der Vorstand sowie aus seiner Mitte der Vorstandsvorsitzende und dessen Stellvertreter werden von dem Verwaltungsrat gewählt. $_2$Bei Betriebskrankenkassen bleibt § 147 Absatz 2 des Fünften Buches unberührt; bestellt der Arbeitgeber auf seine Kosten die für die Führung der Geschäfte erforderlichen Personen, so bedarf die Bestellung der Mitglieder des Vorstandes der Zustimmung der Mehrheit der Versichertenvertreter im Verwaltungsrat. $_3$Stimmt der Verwaltungsrat nicht zu und bestellt der Arbeitgeber keine anderen Mitglieder des Vorstandes, die die Zustimmung finden, werden die Aufgaben der Vorstandsmitglieder auf Kosten der Betriebskrankenkasse durch die Aufsichtsbehörde oder durch Beauftragte der Aufsichtsbehörde einstweilen wahrgenommen.

(6) $_1$Der Verwaltungsrat hat bei seiner Wahl darauf zu achten, dass die Mitglieder des Vorstands die erforderliche fachliche Eignung zur Führung der Verwaltungsgeschäfte besitzen auf Grund einer Fort- oder Weiterbildung im Krankenkassendienst oder einer Fachhochschul- oder Hochschulausbildung sowie in beiden Fällen zusätzlich auf Grund mehrjähriger Berufserfahrung in herausgehobenen Führungsfunktionen. $_2$Die Höhe der jährlichen Vergütungen der einzelnen Vorstandsmitglieder einschließlich Nebenleistungen sowie die wesentlichen Versorgungsregelungen sind in einer Übersicht jährlich zum 1. März, erstmalig zum 1. März 2004 im Bundesanzeiger und gleichzeitig, begrenzt auf die jeweilige Krankenkasse und ihre Verbände, in der Mitgliederzeitschrift der betreffenden Krankenkasse zu veröffentlichen. $_3$Die Art und die Höhe finanzieller Zuwendungen, die den Vorstandsmitgliedern in Zusammenhang mit ihrer Vorstandstätigkeit von Dritten gewährt werden, sind dem Vorsitzenden und dem stellvertretenden Vorsitzenden des Verwaltungsrates mitzuteilen.

(6a) $_1$Der Abschluss, die Verlängerung oder die Änderung eines Vorstandsdienstvertrags bedürfen zu ihrer Wirksamkeit der vorherigen Zustimmung der Aufsichtsbehörde. $_2$Die Vergütung der Mitglieder des Vorstandes hat in angemessenem Verhältnis zum Aufgabenbereich, zur Größe und zur Bedeutung der Körperschaft zu stehen. $_3$Dabei ist insbesondere die Zahl der Mitglieder der Körperschaft zu berücksichtigen.

(7) $_1$Für eine Amtsenthebung und eine Amtsentbindung eines Mitglieds des Vorstands durch den Verwaltungsrat gilt § 59 Absatz 2 und 3 entsprechend. $_2$Gründe für eine Amtsenthebung oder eine Amtsentbindung sind auch Unfähigkeit zur ordnungsgemäßen Geschäftsführung oder Vertrauensentzug durch den Verwaltungsrat, es sei denn, dass das Vertrauen aus offenbar unsachlichen Gründen entzogen worden ist. $_3$Verstößt ein Mitglied des Vorstandes in grober Weise gegen seine Amtspflichten und kommt ein Beschluss des Verwaltungsrates nach § 59 Absatz 3 Satz 1 nicht innerhalb einer angemessenen Frist zustande, hat die Aufsichtsbehörde dieses Mitglied seines Amtes zu entheben; Rechtsbehelfe gegen die Amtsenthebung haben keine aufschiebende Wirkung.

§ 36 Geschäftsführer

(1) Der Geschäftsführer führt hauptamtlich die laufenden Verwaltungsgeschäfte, soweit Gesetz oder sonstiges für den Versicherungsträger maßgebendes Recht nichts Abweichendes bestimmen, und vertritt den Versicherungsträger insoweit gerichtlich und außergerichtlich.

(2) Der Geschäftsführer und sein Stellvertreter werden auf Vorschlag des Vorstands von der Vertreterversammlung gewählt; § 59 Absatz 2 bis 4 gilt entsprechend.

(2a) 1Der Geschäftsführer und sein Stellvertreter werden bei der Unfallkasse Post und Telekom vom Bundesministerium der Finanzen bestellt; ihre Bestellung bedarf der Zustimmung der Mehrheit der Versichertenvertreter im Vorstand und in der Vertreterversammlung. 2Der Geschäftsführer und sein Stellvertreter werden bei der Unfallversicherung Bund und Bahn vom Bundesministerium für Arbeit und Soziales bestellt; die Bestellung bedarf der Zustimmung des Vorstandes. 3Vor der Bestellung des Geschäftsführers der Unfallversicherung Bund und Bahn ist der Beirat bei der Künstlersozialkasse zu hören.

(3) 1Bei den Feuerwehr-Unfallkassen bestimmt die zuständige oberste Verwaltungsbehörde das Nähere über die Führung der Geschäfte. 2Die Bestellung des Geschäftsführers bedarf der Zustimmung des Vorstands.

(3a) 1Das Direktorium der Deutschen Rentenversicherung Bund besteht aus einem Präsidenten als Vorsitzenden und zwei Geschäftsführern. 2Die Grundsatz- und Querschnittsaufgaben und die Außendarstellung der Deutschen Rentenversicherung Bund werden grundsätzlich vom Präsidenten wahrgenommen. 3Im Übrigen werden die Aufgabenbereiche der Mitglieder des Direktoriums durch die Satzung bestimmt. 4Die Vorschriften über den Geschäftsführer und § 36 Absatz 4 Satz 4 und 5 gelten für das Direktorium entsprechend.

(3b) 1Das Direktorium der Deutschen Rentenversicherung Bund wird auf Vorschlag des Bundesvorstandes von der Bundesvertreterversammlung gemäß § 64 Absatz 4 gewählt. 2Über den Vorschlag entscheidet der Bundesvorstand der Deutschen Rentenversicherung Bund gemäß § 64 Absatz 4. 3Die Amtsdauer der Mitglieder beträgt sechs Jahre.

(4) 1Bei Versicherungsträgern mit mehr als eineinhalb Millionen Versicherten kann die Satzung bestimmen, dass die Vertreterversammlung auf Vorschlag des Vorstands eine aus drei Personen bestehende Geschäftsführung und aus deren Mitte einen Vorsitzenden wählt. 2Das Gleiche gilt bei Versicherungsträgern, die für mehrere Versicherungszweige zuständig sind. 3Die Vorschriften über den Geschäftsführer gelten für die Geschäftsführung entsprechend. 4Die Mitglieder der Geschäftsführung vertreten sich gegenseitig. 5Die Satzung kann bestimmen, dass auch einzelne Mitglieder der Geschäftsführung den Versicherungsträger vertreten können.

(5) 1Für den Geschäftsführer, seinen Stellvertreter und die Mitglieder der Geschäftsführung gelten die dienstrechtlichen Vorschriften der Sozialversicherungsgesetze und die hiernach anzuwendenden anderen dienstrechtlichen Vorschriften. 2Die in ihnen vorgeschriebenen Voraussetzungen dienstrechtlicher Art müssen bei der Wahl erfüllt sein.

(6) 1Soweit nach den für eine dienstordnungsmäßige Anstellung geltenden Vorschriften nur die Anstellung von Personen zulässig ist, die einen bestimmten Ausbildungsgang oder eine Probezeit zurückgelegt oder bestimmte Prüfungen abgelegt haben, gilt das nicht für Bewerber für das Amt eines Geschäftsführers oder eines Mitglieds der Geschäftsführung, die die erforderliche Befähigung durch Lebens- und Berufserfahrung erworben haben. 2Die Feststellung, ob ein Bewerber die erforderliche Befähigung durch Lebens- und Berufserfahrung erworben hat, trifft die für die Sozialversicherung zuständige oberste Verwaltungsbehörde. 3Sie hat innerhalb von vier Monaten nach Vorlage der erforderlichen Unterlagen über die Befähigung des Bewerbers zu entscheiden. 4Die Sätze 2 und 3 gelten auch, wenn eine Dienstordnung die Anstellung eines Bewerbers für das Amt eines Stellvertreters des Geschäftsführers zulässt, der die Befähigung hierfür durch Lebens- und Berufserfahrung erworben hat.

§ 36a Besondere Ausschüsse

(1) 1Durch Satzung können

1. der Erlass von Widerspruchsbescheiden und

2. in der Unfallversicherung ferner
   a) die erstmalige Entscheidung über Renten, Entscheidungen über Rentenerhöhungen, Rentenherabsetzungen und Rentenentziehungen wegen Änderung der gesundheitlichen Verhältnisse,
   b) Entscheidungen über Abfindungen mit Gesamtvergütungen, Renten als vorläufige Entschädigungen, laufende Beihilfen und Leistungen bei Pflegebedürftigkeit

besonderen Ausschüssen übertragen werden. $_{2}$§ 35 Absatz 2 gilt entsprechend.

(2) $_{1}$Die Satzung regelt das Nähere, insbesondere die Zusammensetzung der besonderen Ausschüsse und die Bestellung ihrer Mitglieder. $_{2}$Zu Mitgliedern der besonderen Ausschüsse können nur Personen bestellt werden, die die Voraussetzungen der Wählbarkeit als Organmitglied erfüllen und, wenn die Satzung deren Mitwirkung vorsieht, Bedienstete des Versicherungsträgers. $_{3}$In Angelegenheiten der Künstlersozialversicherung können auf Vorschlag der Künstlersozialkasse zu Mitgliedern der besonderen Ausschüsse Personen aus den Kreisen der nach dem Künstlersozialversicherungsgesetz Versicherten und der zur Künstlersozialabgabe Verpflichteten und Bedienstete der Deutschen Rentenversicherung Bund, der Deutschen Rentenversicherung Knappschaft-Bahn-See und der Regionalträger der gesetzlichen Rentenversicherung bestellt werden.

(3) Die §§ 40 bis 42 sowie § 63 Absatz 3a und 4 gelten für die ehrenamtlichen Mitglieder der besonderen Ausschüsse entsprechend.

§ 37 Verhinderung von Organen

(1) $_{1}$Solange und soweit die Wahl zu Selbstverwaltungsorganen nicht zustande kommt oder Selbstverwaltungsorgane sich weigern, ihre Geschäfte zu führen, werden sie auf Kosten des Versicherungsträgers durch die Aufsichtsbehörde selbst oder durch Beauftragte geführt. $_{2}$Die Verpflichtung der Aufsichtsbehörde, die Mitglieder der Selbstverwaltungsorgane zu berufen, wenn eine Wahl nicht zustande kommt, bleibt unberührt.

(2) $_{1}$Sind der Geschäftsführer und sein Stellvertreter oder ein Mitglied der Geschäftsführung für längere Zeit an der Ausübung ihres Amtes verhindert oder ist ihr Amt längere Zeit unbesetzt, kann der Vorstand einen leitenden Beschäftigten des Versicherungsträgers mit der vorübergehenden Wahrnehmung dieses Amtes beauftragen; bei einer Geschäftsführung erstreckt sich die Wahrnehmung des Amtes nicht auf den Vorsitz. $_{2}$Die Beauftragung ist der Aufsichtsbehörde unverzüglich anzuzeigen.

§ 38 Beanstandung von Rechtsverstößen

(1) $_{1}$Verstößt der Beschluss eines Selbstverwaltungsorgans gegen Gesetz oder sonstiges für den Versicherungsträger maßgebendes Recht, hat der Vorsitzende des Vorstands den Beschluss schriftlich und mit Begründung zu beanstanden und dabei eine angemessene Frist zur erneuten Beschlussfassung zu setzen. $_{2}$Die Beanstandung hat aufschiebende Wirkung.

(2) $_{1}$Verbleibt das Selbstverwaltungsorgan bei seinem Beschluss, hat der Vorsitzende des Vorstands die Aufsichtsbehörde zu unterrichten. $_{2}$Die aufschiebende Wirkung bleibt bis zu einer Entscheidung der Aufsichtsbehörde, längstens bis zum Ablauf von zwei Monaten nach ihrer Unterrichtung, bestehen.

§ 39 Versichertenälteste und Vertrauenspersonen

(1) Bei den Trägern der Rentenversicherung wählt die Vertreterversammlung Versichertenälteste.

(2) Die Satzung kann bestimmen, dass

1. bei den Trägern der Rentenversicherung die Wahl von Versichertenältesten unterbleibt,
2. auch bei anderen Versicherungsträgern die Vertreterversammlung Versichertenälteste wählt,
3. die Vertreterversammlung Vertrauenspersonen der Arbeitgeber und bei der Sozialversicherung für Landwirtschaft, Forsten und Gartenbau, Vertrauenspersonen der

Selbständigen ohne fremde Arbeitskräfte wählt.

(3) ₁Die Versichertenältesten haben insbesondere die Aufgabe, eine ortsnahe Verbindung des Versicherungsträgers mit den Versicherten und den Leistungsberechtigten herzustellen und diese zu beraten und zu betreuen. ₂Die Satzung bestimmt das Nähere.

§ 40 Ehrenämter

(1) ₁Die Mitglieder der Selbstverwaltungsorgane sowie die Versichertenältesten und die Vertrauenspersonen üben ihre Tätigkeit ehrenamtlich aus. ₂Stellvertreter haben für die Zeit, in der sie die Mitglieder vertreten oder andere ihnen übertragene Aufgaben wahrnehmen, die Rechte und Pflichten eines Mitglieds. ₃Satz 2 gilt für Stellvertreter von Versichertenältesten und Vertrauenspersonen entsprechend.

(2) Niemand darf in der Übernahme oder Ausübung eines Ehrenamtes behindert oder wegen der Übernahme oder Ausübung eines solchen Amtes benachteiligt werden.

§ 41 Entschädigung der ehrenamtlich Tätigen

(1) ₁Der Versicherungsträger erstattet den Mitgliedern der Selbstverwaltungsorgane sowie den Versichertenältesten und den Vertrauenspersonen ihre baren Auslagen; er kann hierfür feste Sätze vorsehen. ₂Die Auslagen des Vorsitzenden und der stellvertretenden Vorsitzenden eines Selbstverwaltungsorgans für ihre Tätigkeit außerhalb der Sitzung können mit einem Pauschbetrag abgegolten werden.

(2) ₁Der Versicherungsträger ersetzt den Mitgliedern der Selbstverwaltungsorgane sowie den Versichertenältesten und den Vertrauenspersonen den tatsächlich entgangenen regelmäßigen Bruttoverdienst und erstattet ihnen die den Arbeitnehmeranteil übersteigenden Beiträge, die sie als ehrenamtlich tätige Arbeitnehmer nach der Vorschrift des Sechsten Buches über die Beitragstragung selbst zu tragen haben. ₂Die Entschädigung beträgt für jede Stunde der versäumten regelmäßigen Arbeitszeit höchstens ein Fünfundsiebzigstel der monatlichen Bezugsgröße (§ 18). ₃Wird durch schriftliche Erklärung des Berechtigten glaubhaft gemacht, dass ein Verdienstausfall entstanden ist, lässt sich dessen Höhe jedoch nicht nachweisen, ist für jede Stunde der versäumten regelmäßigen Arbeitszeit ein Drittel des in Satz 2 genannten Höchstbetrags zu ersetzen. ₄Der Verdienstausfall wird je Kalendertag für höchstens zehn Stunden geleistet; die letzte angefangene Stunde ist voll zu rechnen.

(3) ₁Den Mitgliedern der Selbstverwaltungsorgane kann für jeden Kalendertag einer Sitzung ein Pauschbetrag für Zeitaufwand geleistet werden; die Höhe des Pauschbetrags soll unter Beachtung des § 40 Absatz 1 Satz 1 in einem angemessenen Verhältnis zu dem regelmäßig außerhalb der Arbeitszeit erforderlichen Zeitaufwand, insbesondere für die Vorbereitung der Sitzungen, stehen. ₂Ein Pauschbetrag für Zeitaufwand kann für die Tätigkeit außerhalb von Sitzungen den Vorsitzenden und den stellvertretenden Vorsitzenden der Selbstverwaltungsorgane sowie den Versichertenältesten und den Vertrauenspersonen, bei außergewöhnlicher Inanspruchnahme auch anderen Mitgliedern der Selbstverwaltungsorgane geleistet werden.

(4) ₁Die Vertreterversammlung beschließt auf Vorschlag des Vorstands die festen Sätze und die Pauschbeträge nach den Absätzen 1 und 3. ₂Bei den in § 35a Absatz 1 genannten Krankenkassen entfällt der Vorschlag des Vorstandes. ₃Die Beschlüsse bedürfen der Genehmigung der Aufsichtsbehörde.

§ 42 Haftung

(1) Die Haftung der Mitglieder der Selbstverwaltungsorgane richtet sich bei Verletzung einer ihnen einem Dritten gegenüber obliegenden Amtspflicht nach § 839 des Bürgerlichen Gesetzbuchs und Artikel 34 des Grundgesetzes.

(2) Die Mitglieder der Selbstverwaltungsorgane haften für den Schaden, der dem Versicherungsträger aus einer vorsätzlichen oder grob fahrlässigen Verletzung der ihnen obliegenden Pflichten entsteht.

(3) Auf Ersatz des Schadens aus einer Pflichtverletzung kann der Versicherungsträger nicht im Voraus, auf einen entstandenen Schadensersatzanspruch nur mit Genehmigung der Aufsichtsbehörde verzichten.

(4) Für Versichertenälteste und Vertrauenspersonen gelten die Absätze 1 bis 3 entsprechend.

Zweiter Titel
Zusammensetzung, Wahl und Verfahren der Selbstverwaltungsorgane, Versichertenältesten und Vertrauenspersonen

§ 43 Mitglieder der Selbstverwaltungsorgane

(1) $_{1}$Die Zahl der Mitglieder der Selbstverwaltungsorgane wird durch die Satzung entsprechend der Größe des Versicherungsträgers bestimmt und kann nur für die folgende Wahlperiode geändert werden. $_{2}$Die Vertreterversammlung hat höchstens sechzig Mitglieder; der Verwaltungsrat der in § 35a Absatz 1 genannten Krankenkassen hat höchstens dreißig Mitglieder. $_{3}$Die Vertreterversammlungen der Träger der gesetzlichen Rentenversicherung haben jeweils höchstens dreißig Mitglieder; bis zum Ablauf der am 1. Oktober 2005 laufenden Wahlperiode gilt Satz 2. $_{4}$Für die Bundesvertreterversammlung der Deutschen Rentenversicherung Bund gilt § 44 Absatz 5.

(2) $_{1}$Ein Mitglied, das verhindert ist, wird durch einen Stellvertreter vertreten. $_{2}$Stellvertreter sind die als solche in der Vorschlagsliste benannten und verfügbaren Personen in der Reihenfolge ihrer Aufstellung bis zu einer Zahl, die die der Mitglieder um vier übersteigt; Mitglieder, die eine persönliche Stellvertretung nach Satz 5 haben, bleiben hierbei unberücksichtigt. $_{3}$Bei dem Bundesvorstand der Deutschen Rentenversicherung Bund sind Stellvertreter die als solche gewählten Personen. $_{4}$Bei der Bundesvertreterversammlung der Deutschen Rentenversicherung Bund gilt Entsprechendes für die von den Regionalträgern und der Deutschen Rentenversicherung Knappschaft-Bahn-See gewählten Mitglieder. $_{5}$Anstelle einer Stellvertretung nach Satz 2 können für einzelne oder alle Mitglieder des Vorstandes sowie für einzelne oder alle Mitglieder des Verwaltungsrates der in § 35a Absatz 1 genannten Krankenkassen in der Vorschlagsliste ein erster und ein zweiter persönlicher Stellvertreter benannt werden.

(3) $_{1}$Mitglieder der Vertreterversammlung und ihre Stellvertreter können nicht gleichzeitig bei demselben Versicherungsträger Mitglieder des Vorstandes oder deren Stellvertreter sein. $_{2}$Eine Mitgliedschaft in den Selbstverwaltungsorganen mehrerer Krankenkassen ist ausgeschlossen.

§ 44 Zusammensetzung der Selbstverwaltungsorgane

(1) Die Selbstverwaltungsorgane setzen sich zusammen

1. je zur Hälfte aus Vertretern der Versicherten und der Arbeitgeber, soweit in den Nummern 2 und 3 nichts Abweichendes bestimmt ist,
2. bei der Sozialversicherung für Landwirtschaft, Forsten und Gartenbau je zu einem Drittel aus Vertretern der versicherten Arbeitnehmer (Versicherten), der Selbständigen ohne fremde Arbeitskräfte und der Arbeitgeber,
3. bei den Ersatzkassen aus Vertretern der Versicherten; dies gilt nicht nach Fusionen mit einer Krankenkasse einer anderen Kassenart oder bei der Gründung neuer Institutionen.

(2) $_{1}$Bei Betriebskrankenkassen, die für einen Betrieb oder mehrere Betriebe desselben Arbeitgebers bestehen, gehören den Selbstverwaltungsorganen außer den Vertretern der Versicherten der Arbeitgeber oder sein Vertreter an. $_{2}$Er hat dieselbe Zahl der Stimmen wie die Vertreter der Versicherten; bei einer Abstimmung kann er jedoch nicht mehr Stimmen abgeben, als den anwesenden Versichertenvertretern zustehen. $_{3}$Bei Betriebskrankenkassen, die für Betriebe mehrerer Arbeitgeber bestehen, gehören dem Verwaltungsrat jeder Arbeitgeber oder sein Vertreter an, sofern die Satzung nichts anderes bestimmt. $_{4}$Die Zahl der dem Verwaltungsrat

angehörenden Arbeitgeber oder ihrer Vertreter darf die Zahl der Versichertenvertreter nicht übersteigen; Satz 2 gilt entsprechend. 5Die Satzung legt das Verfahren zur Bestimmung der Arbeitgebervertreter des Verwaltungsrates sowie die Verteilung der Stimmen und die Stellvertretung fest. 6Die Sätze 1 bis 5 gelten nicht für Betriebskrankenkassen, deren Satzung eine Regelung nach § 173 Absatz 2 Satz 1 Nummer 4 des Fünften Buches enthält.

(2a) 1Bei der Unfallkasse Post und Telekom, den Unfallkassen der Länder und Gemeinden und den gemeinsamen Unfallkassen für den Landes- und kommunalen Bereich gehören den Selbstverwaltungsorganen außer den Vertretern der Versicherten eine gleiche Anzahl von Arbeitgebervertretern oder ein Arbeitgebervertreter an. 2Die Arbeitgebervertreter werden bestimmt

1. bei den Unfallkassen der Länder von der nach Landesrecht zuständigen Stelle,
2. bei den Unfallkassen der Gemeinden von der nach der Ortssatzung zuständigen Stelle,
3. bei den gemeinsamen Unfallkassen für den Landes- und kommunalen Bereich
   a) für den Landesbereich von der nach Landesrecht zuständigen Stelle,
   b) für den kommunalen Bereich, wenn in den Unfallkassen nur eine Gemeinde einbezogen ist, von der nach der Ortssatzung zuständigen Stelle,
4. bei der Unfallkasse Post und Telekom vom Bundesministerium der Finanzen.

3Gehört dem Selbstverwaltungsorgan nur ein Arbeitgebervertreter an, hat er die gleiche Zahl der Stimmen wie die Vertreter der Versicherten; bei einer Abstimmung kann er jedoch nicht mehr Stimmen abgeben, als den anwesenden Vertretern der Versicherten zustehen. 4Das Verhältnis der Zahl der Stimmen der Vertreter aus dem Landesbereich zu der Zahl der Stimmen der Vertreter aus dem kommunalen Bereich bei den Unfallkassen im Sinne der Nummer 3 entspricht dem Verhältnis der auf diese beiden Bereiche entfallenden nach § 2 Absatz 1 Nummer 1, 2 und 8 des Siebten Buches versicherten Personen im vorletzten Kalenderjahr vor der Wahl; das Nähere bestimmt die Satzung.

(3) 1In den Selbstverwaltungsorganen der Sozialversicherung für Landwirtschaft, Forsten und Gartenbau wirken in Angelegenheiten der Krankenversicherung der Landwirte und der Alterssicherung der Landwirte die Vertreter der Selbständigen, die in der betreffenden Versicherung nicht versichert sind und die nicht zu den in § 51 Absatz 4 genannten Beauftragten gehören, sowie die Vertreter der Arbeitnehmer nicht mit. 2An die Stelle der nicht mitwirkenden Vertreter der Selbständigen treten die Stellvertreter, die in der betreffenden Versicherung versichert sind; sind solche Stellvertreter nicht in genügender Zahl vorhanden, ist die Liste der Stellvertreter nach § 60 zu ergänzen.

(3a) Das Bundesministerium für Arbeit und Soziales und das Bundesministerium für Ernährung, Landwirtschaft und Verbraucherschutz gehören den Selbstverwaltungsorganen der Sozialversicherung für Landwirtschaft, Forsten und Gartenbau mit beratender Stimme an; für das Bundesministerium für Arbeit und Soziales gilt dies nicht, soweit Fragen der landwirtschaftlichen Krankenversicherung berührt werden.

(4) 1Krankenkassen nach § 35a können die Zusammensetzung des Verwaltungsrates, insbesondere die Zahl der dem Verwaltungsrat angehörenden Arbeitgeber- und Versichertenvertreter sowie die Zahl und die Verteilung der Stimmen, in ihrer Satzung mit einer Mehrheit von mehr als drei Vierteln der stimmberechtigten Mitglieder von der folgenden Wahlperiode an abweichend von den Absätzen 1 und 2 regeln. 2Der Verwaltungsrat muss mindestens zur Hälfte aus Vertretern der Versicherten bestehen. 3Im Fall der Vereinigung von Krankenkassen können die Verwaltungsräte der beteiligten Krankenkassen die Zusammensetzung des Verwaltungsrates der neuen Krankenkasse nach den Sätzen 1 und 2 mit der in Satz 1 genannten Mehrheit auch für die laufende Wahlperiode regeln.

(5) 1Die Vertreterversammlungen der Regionalträger der gesetzlichen Rentenversiche-

IV

rung und der Deutschen Rentenversicherung Knappschaft-Bahn-See wählen aus ihrer Selbstverwaltung jeweils zwei Mitglieder in die Bundesvertreterversammlung der Deutschen Rentenversicherung Bund. 2Die Gewählten müssen je zur Hälfte der Gruppe der Versicherten und der Gruppe der Arbeitgeber angehören. 3Die weiteren Mitglieder der Bundesvertreterversammlung der Deutschen Rentenversicherung Bund werden von den Versicherten und Arbeitgebern der Deutschen Rentenversicherung Bund gewählt; ihre Anzahl wird durch die Satzung festgelegt und darf die Zahl 30 nicht überschreiten. 4Der Vertreterversammlung der Deutschen Rentenversicherung Bund gehören die durch Wahl der Versicherten und Arbeitgeber der Deutschen Rentenversicherung Bund bestimmten Mitglieder an.

(6) 1Der Bundesvorstand der Deutschen Rentenversicherung Bund besteht aus 22 Mitgliedern. 2Zwölf Mitglieder werden auf Vorschlag der Vertreter der Regionalträger, acht Mitglieder auf Vorschlag der nach Absatz 5 Satz 3 gewählten Vertreter der Deutschen Rentenversicherung Bund und zwei Mitglieder auf Vorschlag der Vertreter der Deutschen Rentenversicherung Knappschaft-Bahn-See gewählt. 3Die Gewählten müssen je zur Hälfte der Gruppe der Versicherten und der Gruppe der Arbeitgeber angehören. 4Dem Vorstand der Deutschen Rentenversicherung Bund gehören die Mitglieder des Bundesvorstandes der Deutschen Rentenversicherung Bund an, die auf Vorschlag der nach Absatz 5 Satz 3 gewählten Vertreter der Deutschen Rentenversicherung Bund bestimmt wurden.

(7) 1Bei der Unfallversicherung Bund und Bahn gehören den Selbstverwaltungsorganen Arbeitgebervertreter mit insgesamt der gleichen Stimmenzahl wie die Vertreter der Versicherten an. 2Die Arbeitgebervertreter werden vom Bundesministerium für Arbeit und Soziales auf Vorschlag des Bundesministeriums für Verkehr, Bau und Stadtentwicklung, des Bundesministeriums des Innern, des Bundesministeriums der Finanzen, des Bundesministeriums der Verteidigung, des Bundesministeriums für Arbeit und Soziales und der Bundesagentur für Arbeit bestellt. 3Die auf Vorschlag des Bundesministeriums für Verkehr, Bau und Stadtentwicklung bestellten Arbeitgebervertreter haben in den Selbstverwaltungsorganen einen Stimmenanteil von 40 Prozent der Stimmenzahl der Arbeitgebervertreter. 4Das Nähere regelt die Satzung.

§ 45 Sozialversicherungswahlen

(1) 1Die Wahlen sind entweder allgemeine Wahlen oder Wahlen in besonderen Fällen. 2Allgemeine Wahlen sind die im gesamten Wahlgebiet regelmäßig und einheitlich stattfindenden Wahlen. 3Wahlen in besonderen Fällen sind Wahlen zu den Organen neu errichteter Versicherungsträger und Wahlen, die erforderlich werden, weil eine Wahl für ungültig erklärt worden ist (Wiederholungswahlen).

(2) 1Die Wahlen sind frei und geheim; es gelten die Grundsätze der Verhältniswahl. 2Das Wahlergebnis wird nach dem Höchstzahlverfahren d'Hondt ermittelt. 3Dabei werden nur die Vorschlagslisten berücksichtigt, die mindestens fünf vom Hundert der abgegebenen gültigen Stimmen erhalten haben.

§ 46 Wahl der Vertreterversammlung

(1) Die Versicherten und die Arbeitgeber wählen die Vertreter ihrer Gruppen in die Vertreterversammlung getrennt auf Grund von Vorschlagslisten; das Gleiche gilt bei der Sozialversicherung für Landwirtschaft, Forsten und Gartenbau für die Selbständigen ohne fremde Arbeitskräfte.

(2) Wird aus einer Gruppe nur eine Vorschlagsliste zugelassen oder werden auf mehreren Vorschlagslisten insgesamt nicht mehr Bewerber benannt, als Mitglieder zu wählen sind, gelten die Vorgeschlagenen als gewählt.

(3) 1Ist eine Wahl zur Vertreterversammlung nicht zustande gekommen oder ist nicht die vorgeschriebene Zahl von Mitgliedern gewählt oder kein Stellvertreter benannt worden, zeigt der Vorstand dies der Aufsichtsbehörde unverzüglich an. 2Diese beruft die Mitglieder und die Stellvertreter aus der Zahl der

Wählbaren. 3Bei neu errichteten Versicherungsträgern trifft die Anzeigepflicht den Wahlausschuss.

§ 47 Gruppenzugehörigkeit

(1) Zur Gruppe der Versicherten gehören

1. bei den Krankenkassen deren Mitglieder sowie die Mitglieder der jeweils zugehörigen Pflegekasse,
2. bei den Trägern der Unfallversicherung die versicherten Personen, die regelmäßig mindestens zwanzig Stunden im Monat eine die Versicherung begründende Tätigkeit ausüben, und die Rentenbezieher, die der Gruppe der Versicherten unmittelbar vor dem Ausscheiden aus der versicherten Tätigkeit angehört haben,
3. bei den Trägern der Rentenversicherung diejenigen versicherten Personen, die eine Versicherungsnummer erhalten oder beantragt haben, und die Rentenbezieher.

(2) Zur Gruppe der Arbeitgeber gehören

1. die Personen, die regelmäßig mindestens einen beim Versicherungsträger versicherungspflichtigen Arbeitnehmer beschäftigen; dies gilt nicht für Personen, die bei demselben Versicherungsträger zur Gruppe der Versicherten gehören und nur einen Arbeitnehmer im Haushalt beschäftigen,
2. bei den Trägern der Unfallversicherung auch die versicherten Selbständigen und ihre versicherten Ehegatten, soweit Absatz 3 nichts Abweichendes bestimmt, und die Rentenbezieher, die der Gruppe der Arbeitgeber unmittelbar vor dem Ausscheiden aus der versicherten Tätigkeit angehört haben,
3. bei den Feuerwehr-Unfallkassen auch die Gemeinden und die Gemeindeverbände.

(3) Zur Gruppe der Selbständigen ohne fremde Arbeitskräfte gehören bei der Sozialversicherung für Landwirtschaft, Forsten und Gartenbau

1. die versicherten Selbständigen ohne fremde Arbeitskräfte und ihre versicherten Ehegatten; dies gilt nicht für Personen, die in den letzten zwölf Monaten sechsundzwanzig Wochen als Arbeitnehmer in der Land- oder Forstwirtschaft unfallversichert waren,
2. die Rentenbezieher, die der Gruppe der Selbständigen ohne fremde Arbeitskräfte unmittelbar vor dem Ausscheiden aus der versicherten Tätigkeit angehört haben.

(4) Wer gleichzeitig die Voraussetzungen der Zugehörigkeit zu den Gruppen der Versicherten und der Arbeitgeber oder der Selbständigen ohne fremde Arbeitskräfte desselben Versicherungsträgers erfüllt, gilt nur als zur Gruppe der Arbeitgeber oder der Gruppe der Selbständigen ohne fremde Arbeitskräfte gehörig.

(5) Rentenbezieher im Sinne der Vorschriften über die Selbstverwaltung ist, wer eine Rente aus eigener Versicherung von dem jeweiligen Versicherungsträger bezieht.

§ 48 Vorschlagslisten

(1) 1Das Recht, Vorschlagslisten einzureichen, haben

1. Gewerkschaften sowie andere selbständige Arbeitnehmervereinigungen mit sozial- oder berufspolitischer Zwecksetzung (sonstige Arbeitnehmervereinigungen) sowie deren Verbände,
2. Vereinigungen von Arbeitgebern sowie deren Verbände,
3. für die Gruppe der Selbständigen ohne fremde Arbeitskräfte berufsständische Vereinigungen der Landwirtschaft sowie deren Verbände und für die Gruppe der bei den Trägern der gesetzlichen Unfallversicherung versicherten Angehörigen der freiwilligen Feuerwehren die Landesfeuerwehrverbände,
4. Versicherte, Selbständige ohne fremde Arbeitskräfte und Arbeitgeber (freie Listen).

2Verbände der vorschlagsberechtigten Organisationen haben nur dann das Recht, Vorschlagslisten einzureichen, wenn alle oder mindestens drei ihrer vorschlagsberechtigten Mitgliedsorganisationen darauf verzichten, eine Vorschlagsliste einzureichen.

(2) 1Vorschlagslisten der Versicherten und der Selbständigen ohne fremde Arbeitskräfte müssen bei einem Versicherungsträger mit

bis zu 150 Versicherten von 5 Personen,

151 bis 1 000 Versicherten von 10 Personen,

1 001 bis 5 000 Versicherten von 15 Personen,

5 001 bis 10 000 Versicherten von 20 Personen,

10 001 bis 50 000 Versicherten von 30 Personen,

50 001 bis 100 000 Versicherten von 100 Personen,

100 001 bis 500 000 Versicherten von 250 Personen,

500 001 bis 1 000 000 Versicherten von 500 Personen,

1 000 001 bis 3 000 000 Versicherten von 1 000 Personen,

mehr als 3 000 000 Versicherten von 2 000 Personen

unterzeichnet sein. ₂Für die in Satz 1 genannte Anzahl von Versicherten ist der 31. Dezember des zweiten Kalenderjahres vor dem Kalenderjahr der Wahlausschreibung maßgebend.

(3) ₁Berechtigt zur Unterzeichnung einer Vorschlagsliste nach Absatz 2 sind Personen, die am Tag der Wahlausschreibung die Voraussetzungen des Wahlrechts nach § 50 oder der Wählbarkeit nach § 51 Absatz 1 Satz 2 erfüllen. ₂Von der Gesamtzahl der Unterzeichner dürfen höchstens fünfundzwanzig vom Hundert dem Personenkreis angehören, der nach § 51 Absatz 6 Nummer 5 und 6 nicht wählbar ist.

(4) ₁Die Absätze 2 und 3 gelten für Vorschlagslisten der in Absatz 1 Satz 1 Nummer 1 genannten Arbeitnehmervereinigungen sowie deren Verbände entsprechend. ₂Das gilt nicht, wenn diese

1. seit der vorangegangenen Wahl mit mindestens einem Vertreter ununterbrochen in der Vertreterversammlung vertreten sind oder
2. bei der vorangegangenen Wahl einer Gemeinschaftsliste angehörten und mindestens ein Vertreter dieser Gemeinschaftsliste seitdem ununterbrochen der Vertreterversammlung angehört oder
3. bei der vorangegangenen Wahl eine Vorschlagsliste eingereicht oder einer Gemeinschaftsliste angehört hatten und nur deshalb nicht mit mindestens einem Vertreter ununterbrochen der Vertreterversammlung angehören, weil der oder die Vertreter nach einer Vereinigung nicht als Mitglied berufen worden waren.

₃Schließen sich zwei oder mehrere Arbeitnehmervereinigungen zu einer neuen Arbeitnehmervereinigung zusammen, gelten die Absätze 2 und 3 nicht, wenn seit der letzten Wahl auch nur eine der bisherigen Arbeitnehmervereinigungen ununterbrochen in der Vertreterversammlung vertreten war.

(5) ₁Für Vorschlagslisten der Arbeitgeber gelten die Absätze 2 und 3, für Vorschlagslisten von Arbeitgebervereinigungen sowie deren Verbände Absatz 4 entsprechend. ₂Die Unterzeichner einer Vorschlagsliste müssen zusammen über die den Mindestzahlen entsprechende Stimmenzahl (§ 49 Absatz 2) verfügen.

(6) ₁Die Vorschlagslisten dürfen als Mitglieder der Selbstverwaltungsorgane und deren Stellvertreter von jeweils drei Personen nur einen Beauftragten (§ 51 Absatz 4 Satz 1) enthalten. ₂Die Reihenfolge der Stellvertreter ist so festzulegen, dass erst jeder dritte Stellvertreter zu den Beauftragten gehört.

(7) ₁Eine Zusammenlegung mehrerer Vorschlagslisten zu einer Vorschlagsliste und eine Verbindung mehrerer Vorschlagslisten sind zulässig. ₂Verbundene Listen gelten bei der Ermittlung des Wahlergebnisses im Verhältnis zu den übrigen Listen als eine Liste.

§ 48a Vorschlagsrecht der Arbeitnehmervereinigungen

(1) ₁Arbeitnehmervereinigungen haben nur dann das Recht, Vorschlagslisten einzureichen, wenn sie die arbeitsrechtlichen Voraussetzungen für die Gewerkschaftseigenschaft erfüllen oder wenn sie nach dem Gesamtbild der tatsächlichen Verhältnisse, insbesondere nach Umfang und Festigkeit ihrer Organisation, der Zahl ihrer beitragszahlenden Mitglieder, ihrer Tätigkeit und ihrem Hervortreten in der Öffentlichkeit eine aus-

reichende Gewähr für die Ernsthaftigkeit und Dauerhaftigkeit ihrer sozial- oder berufspolitischen Zwecksetzung und die Unterstützung der auf ihren Vorschlag hin gewählten Organmitglieder und Versichertenältesten bieten. 2Die sozial- oder berufspolitische Tätigkeit darf sich nicht nur auf die Einreichung von Vorschlagslisten zu den Sozialversicherungswahlen beschränken, sondern muss auch als eigenständige Aufgabe der Arbeitnehmervereinigung die Verwirklichung sozialer und beruflicher Ziele für die versicherten Arbeitnehmer oder einzelne Gruppen der versicherten Arbeitnehmer umfassen.

(2) 1Der Name und die Kurzbezeichnung einer Arbeitnehmervereinigung dürfen nicht geeignet sein, einen Irrtum über Art, Umfang und Zwecksetzung der Vereinigung herbeizuführen. 2In der Arbeitnehmervereinigung dürfen nur Arbeitnehmer und, wenn im Namen der Arbeitnehmervereinigung eine bestimmte Personengruppe genannt ist, nur dieser Personengruppe angehörende Arbeitnehmer maßgebenden Einfluss haben.

(3) Eine Arbeitnehmervereinigung, der zu mehr als fünfundzwanzig vom Hundert Bedienstete des Versicherungsträgers angehören, in deren Vorstand Bedienstete einen Stimmanteil von mehr als fünfundzwanzig vom Hundert haben oder in der ihnen auf andere Weise ein nicht unerheblicher Einfluss eingeräumt ist, ist nicht vorschlagsberechtigt.

(4) 1Die Arbeitnehmervereinigung muss von Beginn des Kalenderjahres vor dem Kalenderjahr der Wahlausschreibung an ständig eine Anzahl beitragszahlender Mitglieder haben, die mindestens der Hälfte der nach § 48 Absatz 2 geforderten Unterschriftenzahl entspricht. 2Das tatsächliche Beitragsaufkommen muss die Arbeitnehmervereinigung in die Lage versetzen, ihre Vereinstätigkeit nachhaltig auszuüben und den Vereinszweck zu verfolgen.

(5) Die Satzung der Arbeitnehmervereinigung muss Bestimmungen enthalten über

1. Name, Sitz und Zweck der Vereinigung,
2. Eintritt und Austritt der Mitglieder,
3. Rechte und Pflichten der Mitglieder,
4. Zusammensetzung und Befugnisse des Vorstandes und der übrigen Organe,
5. Voraussetzung, Form und Frist der Einberufung der Mitgliederversammlung, Tätigkeitsbericht und Rechnungslegung durch den Vorstand sowie Zustandekommen und Beurkundung der Beschlüsse.

§ 48b Feststellungsverfahren

(1) 1Ob eine Vereinigung als Arbeitnehmervereinigung vorschlagsberechtigt ist, wird bei Vereinigungen, bei denen nicht eine ununterbrochene Vertretung nach § 48 Absatz 4 vorliegt, vorab festgestellt. 2Der Antrag auf Feststellung ist bis zum 28. Februar des dem Wahljahr vorhergehenden Jahres beim Wahlausschuss des Versicherungsträgers einzureichen.

(2) 1Der Wahlausschuss kann dem Antragsteller eine Frist zur Ergänzung seines Antrags mit ausschließender Wirkung setzen. 2Die Entscheidung soll innerhalb von drei Monaten nach Ablauf der Antragsfrist getroffen werden.

(3) 1Gegen die Entscheidung des Wahlausschusses können der Antragsteller und die nach § 57 Absatz 2 anfechtungsberechtigten Personen und Vereinigungen innerhalb von zwei Wochen Beschwerde einlegen. 2Für das Beschwerdeverfahren gilt Absatz 2 entsprechend.

§ 48c Feststellung der allgemeinen Vorschlagsberechtigung

(1) 1Arbeitnehmervereinigungen, die bei allen Versicherungsträgern die Voraussetzungen der Vorschlagsberechtigung erfüllen und glaubhaft machen, dass sie bei mindestens fünf Versicherungsträgern Vorschlagslisten einreichen werden, können die Feststellung ihrer allgemeinen Vorschlagsberechtigung beim Bundeswahlbeauftragten beantragen. 2Die Feststellung der allgemeinen Vorschlagsberechtigung hat die Wirkung einer Feststellung nach § 48b Absatz 1 Satz 1.

(2) 1Der Antrag auf Feststellung ist bis zum 2. Januar des dem Wahljahr vorhergehenden Jahres zu stellen. 2Der Bundeswahlbeauf-

IV

tragte darf die allgemeine Vorschlagsberechtigung nur feststellen, wenn dies ohne zeitaufwendige Ermittlungen möglich ist. $_{3}$Die Entscheidung ist spätestens bis zum 31. Januar zu treffen und dem Antragsteller unverzüglich bekannt zu geben. $_{4}$Der Bundeswahlbeauftragte hat die Namen der Arbeitnehmervereinigungen, deren allgemeine Vorschlagsberechtigung festgestellt wurde, nach Ablauf der Entscheidungsfrist im Bundesanzeiger zu veröffentlichen.

(3) $_{1}$Gegen die Feststellung der allgemeinen Vorschlagsberechtigung können die nach § 57 Absatz 2 anfechtungsberechtigten Personen und Vereinigungen spätestens zwei Wochen nach ihrer Bekanntmachung im Bundesanzeiger Beschwerde einlegen. $_{2}$Für das Beschwerdeverfahren gilt § 48b Absatz 2 entsprechend. $_{3}$Wird die Entscheidung des Bundeswahlbeauftragten im Beschwerdeverfahren aufgehoben, gilt § 48b mit der Maßgabe, dass der Antrag auf Feststellung innerhalb eines Monats nach Bekanntgabe der Beschwerdeentscheidung zu stellen ist. $_{4}$Die Ablehnung der Feststellung der allgemeinen Vorschlagsberechtigung ist unanfechtbar.

§ 49 Stimmenzahl

(1) Jeder Versicherte hat eine Stimme.

(2) $_{1}$Das Stimmrecht eines Wahlberechtigten, der zur Gruppe der Arbeitgeber gehört, bemisst sich nach der Zahl der am Stichtag für das Wahlrecht (§ 50 Absatz 1) bei ihm beschäftigten, beim Versicherungsträger versicherungspflichtigen und wahlberechtigten Personen. $_{2}$Er hat bei

0 bis 20 Versicherten eine Stimme,

21 bis 50 Versicherten zwei Stimmen,

51 bis 100 Versicherten drei Stimmen und

je weiteren 1 bis 100 Versicherten eine weitere Stimme bis zur Höchstzahl von zwanzig Stimmen. $_{3}$Für das Stimmrecht des Arbeitgebers bei einem Regionalträger der gesetzlichen Rentenversicherung ist unerheblich, bei welchem Regionalträger der gesetzlichen Rentenversicherung die Versicherten wahlberechtigt sind.

(3) $_{1}$Bei den Gemeindeunfallversicherungsverbänden, den gemeinsamen Unfallkassen und den Feuerwehr-Unfallkassen haben Gemeinden eine Stimme je angefangene 1000 Einwohner, Landkreise eine Stimme je angefangene 10 000 Einwohner, Bezirksverbände und Landschaftsverbände eine Stimme je angefangene 100 000 Einwohner. $_{2}$Hierbei ist die letzte vor dem Stichtag für das Wahlrecht (§ 50 Absatz 1) von der für die Statistik zuständigen Landesbehörde veröffentlichte und fortgeschriebene Einwohnerzahl zugrunde zu legen.

(4) Die Satzung kann für Abstufung und Höchstzahl der Stimmen von den Absätzen 2 und 3 Abweichendes bestimmen.

§ 50 Wahlrecht

(1) $_{1}$Wahlberechtigt ist, wer an dem in der Wahlausschreibung bestimmten Tag (Stichtag für das Wahlrecht)

1. bei dem Versicherungsträger zu einer der Gruppen gehört, aus deren Vertretern sich die Selbstverwaltungsorgane des Versicherungsträgers zusammensetzen,
2. das sechzehnte Lebensjahr vollendet hat,
3. eine Wohnung in einem Mitgliedstaat der Europäischen Union, einem Vertragsstaat des Abkommens über den Europäischen Wirtschaftsraum oder der Schweiz innehat oder sich gewöhnlich dort aufhält oder regelmäßig dort beschäftigt oder tätig ist.

$_{2}$Wahlberechtigte, die ihren Wohnsitz oder gewöhnlichen Aufenthalt außerhalb des Geltungsbereichs dieses Gesetzbuchs haben, können in der Renten- und Unfallversicherung an der Wahl nur teilnehmen, wenn sie in der Zeit zwischen dem 107. und dem 37. Tag vor dem Wahltag bei dem Versicherungsträger einen Antrag auf Teilnahme an der Wahl stellen. $_{3}$In der Rentenversicherung ist ein Versicherter bei dem Träger wahlberechtigt, der sein Versicherungskonto führt, ein Rentenbezieher bei dem Träger, der die Rente leistet.

(2) Wahlberechtigt ist nicht, wer aus den in § 13 des Bundeswahlgesetzes genannten Gründen vom Wahlrecht ausgeschlossen ist.

(3) Die Satzung kann bestimmen, dass nicht wahlberechtigt ist, wer am Stichtag für das Wahlrecht fällige Beiträge nicht bezahlt hat.

(4) Anstelle eines nach den Absätzen 1 und 2 nicht wahlberechtigten Arbeitgebers kann sein gesetzlicher Vertreter oder, wenn ein solcher nicht vorhanden ist, ein Geschäftsführer oder bevollmächtigter Betriebsleiter das Wahlrecht ausüben; die Absätze 1 und 2 gelten entsprechend.

§ 51 Wählbarkeit

(1) $_1$Wählbar ist, wer am Tag der Wahlausschreibung (Stichtag für die Wählbarkeit)

1. bei dem Versicherungsträger zu einer der Gruppen gehört, aus deren Vertretern sich die Selbstverwaltungsorgane des Versicherungsträgers zusammensetzen,
2. das Alter erreicht hat, mit dem nach § 2 des Bürgerlichen Gesetzbuchs die Volljährigkeit eintritt,
3. das Wahlrecht zum Deutschen Bundestag besitzt oder im Gebiet der Bundesrepublik Deutschland seit mindestens sechs Jahren eine Wohnung innehat, sich sonst gewöhnlich aufhält oder regelmäßig beschäftigt oder tätig ist,
4. eine Wohnung in dem Bezirk des Versicherungsträgers oder in einem nicht weiter als einhundert Kilometer von dessen Grenze entfernten Ort im Geltungsbereich dieses Gesetzbuchs innehat oder sich gewöhnlich dort aufhält oder in dem Bezirk des Versicherungsträgers regelmäßig beschäftigt oder tätig ist.

$_2$In der Rentenversicherung gilt § 50 Absatz 1 Satz 3 entsprechend; wer bei einem hiernach zuständigen Regionalträger der gesetzlichen Rentenversicherung nach Satz 1 Nummer 4 nicht wählbar ist, ist wählbar bei dem Regionalträger der gesetzlichen Rentenversicherung, in dessen Zuständigkeitsbereich er seine Wohnung oder seinen gewöhnlichen Aufenthalt hat. $_3$Satz 1 Nummer 2 und 4 gilt auch in den Fällen der Absätze 2 bis 5, Satz 1 Nummer 3 auch in den Fällen der Absätze 2, 4 und 5.

(2) Wählbar als Vertreter der Arbeitgeber ist auch ein gesetzlicher Vertreter, Geschäftsführer oder bevollmächtigter Betriebsleiter eines Arbeitgebers.

(3) Wählbar als Versichertenältester ist, wer versichert oder Rentenbezieher ist und seine Wohnung oder seinen gewöhnlichen Aufenthalt in dem Versichertenältestenbezirk hat.

(4) $_1$Wählbar sind auch andere Personen, wenn sie als Vertreter der Versicherten von den Gewerkschaften oder den sonstigen Arbeitnehmervereinigungen oder deren Verbänden, als Vertreter der Arbeitgeber von den Vereinigungen von Arbeitgebern oder deren Verbänden, als Vertreter der Selbständigen ohne fremde Arbeitskräfte von den berufsständischen Vereinigungen der Landwirtschaft oder deren Verbänden vorgeschlagen werden (Beauftragte). $_2$Von der Gesamtzahl der Mitglieder einer Gruppe in einem Selbstverwaltungsorgan darf nicht mehr als ein Drittel zu den Beauftragten gehören; jedem Selbstverwaltungsorgan kann jedoch ein Beauftragter je Gruppe angehören. $_3$Eine Abweichung von Satz 2, die sich infolge der Vertretung eines Organmitglieds ergibt, ist zulässig.

(5) Bei der Berufsgenossenschaft für Transport und Verkehrswirtschaft sind als Vertreter der Versicherten auch Personen wählbar, die mindestens fünf Jahre lang als Seeleute bei der Berufsgenossenschaft für Transport und Verkehrswirtschaft versichert waren, noch in näherer Beziehung zur Seefahrt stehen und nicht Unternehmer sind.

(5a) Wer nach dem Stichtag für die Wählbarkeit seine Gruppenzugehörigkeit wegen Arbeitslosigkeit verliert, verliert nicht deshalb seine Wählbarkeit bis zum Ende der Amtsperiode.

(6) Wählbar ist nicht, wer

1. aus den in § 13 des Bundeswahlgesetzes genannten Gründen vom Wahlrecht ausgeschlossen ist,
2. auf Grund Richterspruchs nicht die Fähigkeit besitzt, öffentliche Ämter zu bekleiden und Rechte aus öffentlichen Wahlen zu erlangen,

3. in Vermögensverfall geraten ist,
4. seit den letzten Wahlen wegen grober Verletzung seiner Pflichten nach § 59 Absatz 3 seines Amtes enthoben worden ist,
5. a) als Beamter, Angestellter oder Arbeiter bei dem Versicherungsträger,
   b) als leitender Beamter oder Angestellter bei einer Behörde, die Aufsichtsrechte gegenüber dem Versicherungsträger hat, oder
   c) als anderer Beamter oder Angestellter bei einer solchen Behörde im Fachgebiet Sozialversicherung

   beschäftigt ist,
6. a) regelmäßig für den Versicherungsträger oder im Rahmen eines mit ihm abgeschlossenen Vertrags freiberuflich oder
   b) in Geschäftsstellen der Deutschen Rentenversicherung Knappschaft-Bahn-See in knappschaftlich versicherten Betrieben

   tätig ist.

(7) Die Satzung kann bestimmen, dass nicht wählbar ist, wer am Tag der Wahlausschreibung fällige Beiträge nicht bezahlt hat.

(8) Als Versichertenältester ist nicht wählbar, wer zur geschäftsmäßigen Besorgung fremder Rechtsangelegenheiten zugelassen ist.

§ 52 Wahl des Vorstandes

(1) Die Vertreter der Versicherten und der Arbeitgeber in der Vertreterversammlung wählen auf Grund von Vorschlagslisten getrennt die Vertreter ihrer Gruppe in den Vorstand; das Gleiche gilt bei der Sozialversicherung für Landwirtschaft, Forsten und Gartenbau für die Selbständigen ohne fremde Arbeitskräfte.

(2) Die Vorschlagslisten müssen von zwei Mitgliedern der Gruppe der Vertreterversammlung, für die sie gelten sollen, unterzeichnet sein.

(3) § 45 Absatz 2, § 46 Absatz 2 und 3 Satz 1 und 2, § 48 Absatz 7 und § 51 gelten entsprechend.

(4) Die Mitglieder des Bundesvorstandes der Deutschen Rentenversicherung Bund werden gemäß § 64 Absatz 4 gewählt.

§ 53 Wahlorgane

(1) $_1$Zur Durchführung der Wahlen werden als Wahlorgane Wahlbeauftragte, Wahlausschüsse und Wahlleitungen bestellt. $_2$Die Mitglieder der Wahlorgane und die Personen, die bei der Ermittlung des Wahlergebnisses zugezogen werden (Wahlhelfer), üben ihre Tätigkeit ehrenamtlich aus.

(2) $_1$Der Bundeswahlbeauftragte und sein Stellvertreter werden vom Bundesministerium für Arbeit und Soziales, die Landeswahlbeauftragten und ihre Stellvertreter von den für die Sozialversicherung zuständigen obersten Verwaltungsbehörden der Länder bestellt. $_2$Dem Bundeswahlbeauftragten obliegen die allgemeinen Aufgaben und die Durchführung der Wahlen zu den Selbstverwaltungsorganen der bundesunmittelbaren Versicherungsträger, den Landeswahlbeauftragten die Durchführung der Wahlen zu den Selbstverwaltungsorganen der landesunmittelbaren Versicherungsträger.

(3) Der Bundeswahlbeauftragte kann für einzelne Zweige der Versicherung Richtlinien erlassen, um sicherzustellen, dass die Wahlen einheitlich durchgeführt werden.

(4) Die Wahlbeauftragten und ihre Stellvertreter sind berechtigt, sich an Ort und Stelle davon zu überzeugen, dass die Wahlräume den Vorschriften der Wahlordnung entsprechend eingerichtet sind und dass bei der Wahlhandlung und bei der Ermittlung des Wahlergebnisses den Vorschriften dieses Gesetzes und der Wahlordnung entsprechend verfahren wird.

§ 54 Durchführung der Wahl

(1) Die Wahlberechtigten wählen durch briefliche Stimmabgabe.

(2) $_1$Soweit Wahlunterlagen nicht übersandt, sondern ausgehändigt werden, hat der Arbeitgeber oder der sonst für die Aushändigung der Wahlunterlagen Zuständige Vorkehrungen zu treffen, dass die Wahlberechtigten ihre Stimmzettel unbeobachtet kenn-

zeichnen und in den Umschlägen verschließen können. 2Sind mehr als 300 Wahlunterlagen an einem Ort auszuhändigen, sollen hierfür besondere Räume eingerichtet werden, in denen auch die Abgabe der Wahlbriefe zu ermöglichen ist. 3Der Arbeitgeber oder der sonst für die Ausgabe der Wahlunterlagen Zuständige hat dafür Sorge zu tragen, dass in den Räumen zur Stimmabgabe und im Bereich der nach Satz 1 zur Wahrung des Wahlgeheimnisses vorzusehenden Einrichtungen jede Beeinflussung der Wahlberechtigten durch Wort, Ton, Schrift oder Bild unterbleibt.

(3) Der Tag, bis zu dem die Wahlbriefe bei den Versicherungsträgern eingegangen sein müssen (Wahltag), ist vom Bundeswahlbeauftragten für alle Versicherungsträger einheitlich zu bestimmen, soweit nicht Abweichungen geboten sind.

(4) Wahlbriefe können von den Absendern bei der Deutschen Post AG unentgeltlich eingeliefert werden, wenn sie sich in amtlichen Wahlbriefumschlägen befinden.

§ 55 Wahlunterlagen und Mitwirkung der Arbeitgeber

(1) Die Wahlberechtigten wählen mit den ihnen ausgehändigten Wahlunterlagen.

(2) Verpflichtet, Wahlunterlagen auszustellen und sie den Wahlberechtigten auszuhändigen, sind

die Versicherungsträger,

die Arbeitgeber im Einvernehmen mit dem Betriebsrat,

die Gemeindeverwaltungen,

die Dienststellen des Bundes und der Länder sowie

die Bundesagentur für Arbeit.

(3) Ist in der Verordnung nach § 56 vorgesehen, dass anstelle der Arbeitgeber die Unfallversicherungsträger die Wahlausweise ausstellen, haben die Arbeitgeber den Unfallversicherungsträgern die hierfür notwendigen Angaben zu machen.

§ 56 Wahlordnung

1Das Bundesministerium für Arbeit und Soziales erlässt durch Rechtsverordnung mit Zustimmung des Bundesrates die zur Durchführung der Wahlen erforderliche Wahlordnung. 2Es trifft darin insbesondere Vorschriften über

1. die Bestellung der Wahlbeauftragten, die Bildung der Wahlausschüsse und der Wahlleitungen sowie über die Befugnisse, die Beschlussfähigkeit und das Verfahren der Wahlorgane,
2. die Entschädigung der Wahlbeauftragten, der Mitglieder der Wahlausschüsse, der Mitglieder der Wahlleitungen und der Wahlhelfer,
3. die Vorbereitung der Wahlen einschließlich der Unterrichtung der Wahlberechtigten über den Zweck und den Ablauf des Wahlverfahrens sowie über die zur Wahl zugelassenen Vorschlagslisten,
4. den Zeitpunkt für die Wahlen,
5. die Feststellung der Vorschlagsberechtigung, die Angaben und Unterlagen, die zur Feststellung der Vorschlagsberechtigung zu machen oder vorzulegen sind, die Einreichung, den Inhalt und die Form der Vorschlagslisten sowie der dazugehörigen Unterlagen, über ihre Prüfung, die Beseitigung von Mängeln sowie über ihre Zulassung und Bekanntgabe und über Rechtsbehelfe gegen die Entscheidungen der Wahlorgane,
6. die Listenzusammenlegung, die Listenverbindung und die Zurücknahme von Vorschlagslisten,
7. die Wahlbezirke sowie die Wahlräume und ihre Einrichtung,
8. die Ausstellung und Aushändigung von Wahlunterlagen,
9. die Form und den Inhalt der Wahlunterlagen,
10. die Stimmabgabe,
11. die Briefwahl,
12. die Ermittlung und Feststellung der Wahlergebnisse und ihre Bekanntgabe

sowie die Benachrichtigung der Gewählten,

13. die Wahlen in besonderen Fällen,
14. die Kosten der Wahlen und einen Kostenausgleich.

§ 57 Rechtsbehelfe im Wahlverfahren

(1) Gegen Entscheidungen und Maßnahmen, die sich unmittelbar auf das Wahlverfahren beziehen, sind nur die in dieser Vorschrift, in § 48b Absatz 3, § 48c Absatz 3 Satz 1 und in der Wahlordnung vorgesehenen Rechtsbehelfe zulässig.

(2) Die in § 48 Absatz 1 genannten Personen und Vereinigungen, der Bundeswahlbeauftragte und der zuständige Landeswahlbeauftragte können die Wahl durch Klage gegen den Versicherungsträger anfechten.

(3) $_1$Die Klage kann erhoben werden, sobald öffentlich bekannt gemacht ist, dass eine Wahlhandlung unterbleibt, oder sobald ein Wahlergebnis öffentlich bekannt gemacht worden ist. $_2$Die Klage ist spätestens einen Monat nach dem Tage der öffentlichen Bekanntmachung des endgültigen Wahlergebnisses bei dem für den Sitz des Versicherungsträgers zuständigen Sozialgericht zu erheben. $_3$Ein Vorverfahren findet nicht statt.

(4) Die Klage ist unzulässig, soweit von dem Recht, gegen eine Entscheidung des Wahlausschusses den hierfür vorgesehenen Rechtsbehelf einzulegen, kein Gebrauch gemacht worden ist.

(5) Während des Wahlverfahrens kann das Gericht auf Antrag eine einstweilige Anordnung treffen, wenn ein Wahlverstoß vorliegt, der dazu führen würde, dass im Wahlanfechtungsverfahren die Wahl für ungültig erklärt wird.

(6) Hat das Gericht eine Entscheidung nach § 131 Absatz 4 des Sozialgerichtsgesetzes getroffen, kann es auf Antrag eine einstweilige Anordnung hinsichtlich der personellen Besetzung der Selbstverwaltungsorgane erlassen.

(7) Beschlüsse, die ein Selbstverwaltungsorgan bis zu dem Zeitpunkt einer Entscheidung nach § 131 Absatz 4 des Sozialgerichtsgesetzes getroffen hat, bleiben wirksam.

§ 58 Amtsdauer

(1) $_1$Die gewählten Bewerber werden Mitglieder des Selbstverwaltungsorgans an dem Tage, an dem die erste Sitzung des Organs stattfindet. $_2$Die neu gewählte Vertreterversammlung tritt spätestens fünf Monate nach dem Wahltag zusammen.

(2) $_1$Die Amtsdauer der Mitglieder der Selbstverwaltungsorgane beträgt sechs Jahre; sie endet jedoch unabhängig vom Zeitpunkt der Wahl mit dem Zusammentritt der in den nächsten allgemeinen Wahlen neu gewählten Selbstverwaltungsorgane. $_2$Wiederwahl ist zulässig.

§ 59 Verlust der Mitgliedschaft

(1) Die Mitgliedschaft in einem Selbstverwaltungsorgan endet vorzeitig

1. durch Tod,
2. durch Erwerb der Mitgliedschaft für ein anderes Selbstverwaltungsorgan, wenn die gleichzeitige Zugehörigkeit zu beiden Selbstverwaltungsorganen ausgeschlossen ist,
3. mit Eintritt der Unanfechtbarkeit eines Beschlusses nach Absatz 2 oder 3.

(2) $_1$Der Vorstand hat ein Mitglied eines Selbstverwaltungsorgans durch Beschluss von seinem Amt zu entbinden, wenn ein wichtiger Grund vorliegt oder wenn die Voraussetzungen der Wählbarkeit nicht vorgelegen haben oder nachträglich weggefallen sind. $_2$Jedes Mitglied hat dem Vorsitzenden des Vorstands unverzüglich Veränderungen anzuzeigen, die seine Wählbarkeit berühren.

(3) $_1$Verstößt ein Mitglied eines Selbstverwaltungsorgans in grober Weise gegen seine Amtspflichten, hat der Vorstand das Mitglied durch Beschluss seines Amtes zu entheben. $_2$Der Vorstand kann die sofortige Vollziehung des Beschlusses anordnen; die Anordnung hat die Wirkung, dass das Mitglied sein Amt nicht ausüben kann.

(4) $_1$Betrifft ein Beschluss nach Absatz 2 oder 3 ein Mitglied der Vertreterversammlung, bedarf er der Zustimmung des Vorsit-

zenden der Vertreterversammlung. 2Stimmt der Vorsitzende nicht zu oder betrifft der Beschluss ihn selbst, entscheidet die Vertreterversammlung.

(5) Für stellvertretende Mitglieder der Selbstverwaltungsorgane gelten die Absätze 1 bis 4 entsprechend.

(6) Endet die Mitgliedschaft in einem Selbstverwaltungsorgan, tritt bis zur Ergänzung des Organs an die Stelle des ausgeschiedenen Mitglieds ein Stellvertreter.

§ 60 Ergänzung der Selbstverwaltungsorgane

(1) 1Scheiden Mitglieder oder stellvertretende Mitglieder eines Selbstverwaltungsorgans vorzeitig aus, fordert der Vorsitzende des Vorstands die Stelle, die die Vorschlagsliste der Ausgeschiedenen eingereicht hat (Listenträger), unverzüglich auf, innerhalb zweier Monate Nachfolger vorzuschlagen. 2Sind in einer Liste Stellvertreter in ausreichender Zahl vorhanden und hält der Listenträger weitere Stellvertreter nicht für erforderlich, kann der Vorstand zulassen, dass von einer Ergänzung abgesehen wird, wenn die in § 48 Absatz 6 Satz 2 vorgeschriebene Reihenfolge gewahrt ist.

(1a) 1Scheiden von den Regionalträgern oder der Deutschen Rentenversicherung Knappschaft-Bahn-See gewählte Mitglieder oder stellvertretende Mitglieder der Bundesvertreterversammlung der Deutschen Rentenversicherung Bund aus, fordert der Vorsitzende des Bundesvorstandes den jeweiligen Regionalträger oder die Deutsche Rentenversicherung Knappschaft-Bahn-See auf, unverzüglich Nachfolger zu wählen. 2Scheiden von den Regionalträgern oder der Deutschen Rentenversicherung Knappschaft-Bahn-See vorgeschlagene Mitglieder oder stellvertretende Mitglieder des Bundesvorstandes der Deutschen Rentenversicherung Bund aus, fordert der Vorsitzende des Bundesvorstandes die Vorschlagsberechtigten auf, unverzüglich Nachfolger zur Wahl vorzuschlagen. 3Das Nähere regelt die Satzung. 4Absatz 2, Absatz 3 Satz 2, Absatz 4 und 5 gelten entsprechend.

(2) Liegen bei einem als Nachfolger Vorgeschlagenen die Voraussetzungen der Wählbarkeit nicht vor, fordert der Vorsitzende des Vorstands den Listenträger auf, innerhalb eines Monats einen anderen Nachfolger vorzuschlagen.

(3) 1Erfüllt ein fristgerecht als Nachfolger für die Vertreterversammlung Vorgeschlagener die Voraussetzungen der Wählbarkeit, stellt der Vorstand nach Anhörung des Vorsitzenden der Vertreterversammlung durch Beschluss fest, dass der Vorgeschlagene als gewählt gilt, und benachrichtigt hiervon das neue Mitglied, den Vorsitzenden der Vertreterversammlung, den Listenträger, die Aufsichtsbehörde und den Wahlbeauftragten. 2Wird dem Vorstand innerhalb der Frist nach den Absätzen 1 und 2 kein Nachfolger vorgeschlagen, der die Voraussetzungen der Wählbarkeit erfüllt, beruft die Aufsichtsbehörde den Nachfolger aus der Zahl der Wählbaren.

(4) 1Erfüllt ein fristgerecht als Nachfolger für den Vorstand Vorgeschlagener die Voraussetzungen der Wählbarkeit, teilt der Vorsitzende des Vorstands dies nach Anhörung des Vorsitzenden der Vertreterversammlung allen Mitgliedern der Gruppe in der Vertreterversammlung mit, die den Ausgeschiedenen gewählt hat, und weist darauf hin, dass der Vorgeschlagene als gewählt gilt, wenn innerhalb eines Monats kein anderer Vorschlag beim Vorstand eingeht. 2Nach Ablauf eines Monats gilt Absatz 3 Satz 1 entsprechend. 3Wird dem Vorstand innerhalb der Frist nach den Absätzen 1 und 2 kein Nachfolger vorgeschlagen, der die Voraussetzungen der Wählbarkeit erfüllt, oder wird ihm innerhalb der in Satz 1 genannten Frist noch ein anderer Vorschlag eingereicht, sind sämtliche Mitglieder in der betreffenden Gruppe des Vorstands und ihre Stellvertreter nach § 52 neu zu wählen.

(5) 1§ 46 Absatz 3 Satz 1 und 2 sowie die §§ 51 und 57 gelten entsprechend. 2An die Stelle des Zeitpunkts der Wahlausschreibung in § 51 Absatz 1 tritt der Zeitpunkt der Aufforderung nach Absatz 1 Satz 1.

§ 61 Wahl der Versichertenältesten und der Vertrauenspersonen

(1) $_{1}$Für die Wahl der Versichertenältesten und der Vertrauenspersonen gelten die §§ 52, 56 bis 60 und 62 Absatz 4 entsprechend, soweit die Satzung nichts Abweichendes bestimmt. $_{2}$Den Vorschlagslisten sind Vorschläge der Organisationen und Wählergruppen zugrunde zu legen, die zur Einreichung von Vorschlagslisten für die Wahl der Mitglieder der Vertreterversammlung berechtigt sind.

(2) $_{1}$Die Stellvertretung der Versichertenältesten und der Vertrauenspersonen wird durch die Satzung geregelt. $_{2}$Die Satzung kann die Nachfolge vorzeitig ausscheidender Versichertenältesten und Vertrauenspersonen abweichend von § 60 regeln.

§ 62 Vorsitzende der Selbstverwaltungsorgane

(1) $_{1}$Die Selbstverwaltungsorgane wählen aus ihrer Mitte einen Vorsitzenden und einen stellvertretenden Vorsitzenden, bei der Sozialversicherung für Landwirtschaft, Forsten und Gartenbau einen ersten und einen zweiten stellvertretenden Vorsitzenden. $_{2}$Der Vorsitzende und die stellvertretenden Vorsitzenden müssen, mit Ausnahme bei den Ersatzkassen, verschiedenen Gruppen angehören.

(2) $_{1}$Erhält in zwei Wahlgängen kein Mitglied die Mehrheit der satzungsmäßigen Mitgliederzahl, ist gewählt, wer im dritten Wahlgang die meisten Stimmen auf sich vereinigt. $_{2}$Bei gleicher Stimmenzahl gelten die Mitglieder, die diese Stimmenzahl erreichen, mit der Maßgabe als gewählt, dass sie den Vorsitz unter gegenseitiger Stellvertretung abwechselnd je für ein Jahr zu führen haben. $_{3}$Gilt hiernach mehr als die vorgeschriebene Zahl von Personen als gewählt, entscheidet das Los; das Gleiche gilt für die Reihenfolge. $_{4}$Bei der Wahl des Vorsitzenden und des stellvertretenden Vorsitzenden der Bundesvertreterversammlung und des Bundesvorstandes der Deutschen Rentenversicherung Bund ist abweichend von Satz 1 in den ersten beiden Wahlgängen jeweils eine Mehrheit nach § 64 Absatz 4 erforderlich.

(3) $_{1}$Die Satzung kann bestimmen, dass die Vertreter der einzelnen Gruppen abwechselnd mindestens für ein Jahr den Vorsitz führen. $_{2}$Bei der Sozialversicherung für Landwirtschaft, Forsten und Gartenbau haben die Vertreter der einzelnen Gruppen während ihrer Amtsdauer abwechselnd je für mindestens ein Jahr den Vorsitz zu führen; Entsprechendes gilt für die Stellvertretung. $_{3}$Die Vertreter von zwei Gruppen können vereinbaren, dass für die Dauer der auf ihre Vertreter entfallenden Vorsitzendentätigkeit einer der Vertreter den Vorsitz führt. $_{4}$Die Satzung bestimmt das Nähere.

(4) Zu Vorsitzenden oder zu stellvertretenden Vorsitzenden gewählte Mitglieder der Selbstverwaltungsorgane erwerben ihr Amt mit der Erklärung, dass sie die Wahl annehmen.

(5) $_{1}$Schließen Tatsachen das Vertrauen der Mitglieder eines Selbstverwaltungsorgans zu der Amtsführung eines Vorsitzenden oder stellvertretenden Vorsitzenden aus, kann ihn das Organ mit einer Mehrheit von zwei Dritteln seiner satzungsmäßigen Mitgliederzahl abberufen. $_{2}$Beim Ausscheiden eines Vorsitzenden oder stellvertretenden Vorsitzenden auf eigenen Wunsch endet die Amtsdauer mit der Neuwahl.

(6) $_{1}$Für einen nach Absatz 5 ausscheidenden Vorsitzenden oder stellvertretenden Vorsitzenden wird ein Nachfolger gewählt. $_{2}$Für einen nach § 59 ausscheidenden Vorsitzenden oder stellvertretenden Vorsitzenden wird ein Nachfolger nach Ergänzung des Selbstverwaltungsorgans gewählt.

§ 63 Beratung

(1) Jedes Selbstverwaltungsorgan gibt sich eine Geschäftsordnung.

(2) $_{1}$Die Selbstverwaltungsorgane werden von ihren Vorsitzenden nach Bedarf einberufen. $_{2}$Sie müssen einberufen werden, wenn ein Drittel der Mitglieder es verlangt.

(3) $_{1}$Die Sitzungen des Vorstands sind nicht öffentlich. $_{2}$Die Sitzungen der Vertreterversammlung sind öffentlich, soweit sie sich nicht mit personellen Angelegenheiten des Versicherungsträgers, Grundstücksgeschäften oder geheimhaltungsbedürftigen Tatsa-

chen (§ 35 des Ersten Buches) befassen. 3Für weitere Beratungspunkte kann in nichtöffentlicher Sitzung die Öffentlichkeit ausgeschlossen werden; der Beschluss ist in öffentlicher Sitzung bekannt zu geben.

(3a) 1Ein Mitglied eines Selbstverwaltungsorgans darf bei der Beratung und Abstimmung nicht anwesend sein, wenn hierbei personenbezogene Daten eines Arbeitnehmers offengelegt werden, der ihm im Rahmen eines Dienst- oder Arbeitsverhältnisses untergeordnet ist, oder wenn das Mitglied des Selbstverwaltungsorgans Angehöriger der Personalverwaltung des Betriebes ist, dem der Arbeitnehmer angehört. 2Diesen Personen darf insbesondere auch bei der Vorbereitung einer Beratung keine Kenntnis von solchen Daten gegeben werden. 3Personenbezogene Daten im Sinne der Sätze 1 und 2 sind

1. die in § 76 Absatz 1 des Zehnten Buches bezeichneten Daten und
2. andere Daten, soweit Grund zur Annahme besteht, dass durch die Kenntnisnahme der genannten Personen schutzwürdige Belange des Arbeitnehmers beeinträchtigt werden.

(4) 1Ein Mitglied eines Selbstverwaltungsorgans darf bei der Beratung und Abstimmung nicht anwesend sein, wenn ein Beschluss ihm selbst, einer ihm nahestehenden Person (§ 383 Absatz 1 Nummer 1 bis 3 der Zivilprozessordnung) oder einer von ihm vertretenen Person einen unmittelbaren Vorteil oder Nachteil bringen kann. 2Satz 1 gilt nicht, wenn das Mitglied nur als Angehöriger einer Personengruppe beteiligt ist, deren gemeinsame Interessen durch die Angelegenheit berührt werden.

(5) Der Vorstand kann zu Tagesordnungspunkten, bei denen wesentliche Fragen der Gesundheit berührt werden, einen auf den jeweiligen Gebieten der Sozialmedizin und der Sozialversicherung fachlich einschlägig erfahrenen Arzt mit beratender Stimme hinzuziehen.

§ 64 Beschlussfassung

(1) 1Soweit Gesetz oder sonstiges für den Versicherungsträger maßgebendes Recht nichts Abweichendes bestimmt, sind die Selbstverwaltungsorgane beschlussfähig, wenn sämtliche Mitglieder ordnungsgemäß geladen sind und die Mehrheit der Mitglieder anwesend und stimmberechtigt ist. 2Ist ein Selbstverwaltungsorgan nicht beschlussfähig, kann der Vorsitzende anordnen, dass in der nächsten Sitzung über den Gegenstand der Abstimmung auch dann beschlossen werden kann, wenn die in Satz 1 bestimmte Mehrheit nicht vorliegt; hierauf ist in der Ladung zur nächsten Sitzung hinzuweisen.

(2) 1Die Beschlüsse werden, soweit Gesetz oder sonstiges Recht nichts Abweichendes bestimmt, mit der Mehrheit der abgegebenen Stimmen gefasst. 2Bei Stimmengleichheit wird die Abstimmung nach erneuter Beratung wiederholt; bei erneuter Stimmengleichheit gilt der Antrag als abgelehnt.

(3) 1Der Vorstand kann in eiligen Fällen ohne Sitzung schriftlich abstimmen. 2Die Vertreterversammlung kann schriftlich abstimmen, soweit die Satzung es zulässt. 3Wenn ein Fünftel der Mitglieder des Selbstverwaltungsorgans der schriftlichen Abstimmung widerspricht, ist über die Angelegenheit in der nächsten Sitzung zu beraten und abzustimmen.

(4) 1Beschlüsse der Bundesvertreterversammlung und des Bundesvorstandes der Deutschen Rentenversicherung Bund in Grundsatz- und Querschnittsaufgaben und in gemeinsamen Angelegenheiten der Träger der Rentenversicherung werden mit der Mehrheit von mindestens zwei Dritteln aller gewichteten Stimmen der satzungsmäßigen Mitgliederzahl getroffen. 2Bei Beschlüssen der Bundesvertreterversammlung und des Bundesvorstandes werden die Stimmen der Regionalträger mit insgesamt 55 vom Hundert und die der Bundesträger mit insgesamt 45 vom Hundert gewichtet. 3In der Bundesvertreterversammlung orientiert sich die Gewichtung innerhalb der Regionalträger und innerhalb der Bundesträger jeweils an der Anzahl der Versicherten der einzelnen Träger.

IV

4Im Bundesvorstand gilt Entsprechendes innerhalb der Bundesträger. 5Das Nähere zur Stimmengewichtung nach Satz 1 bis 4 regelt die Satzung.

§ 65 Getrennte Abstimmung

(1) In den Selbstverwaltungsorganen der Sozialversicherung für Landwirtschaft, Forsten und Gartenbau ist zur Beschlussfassung eine Mehrheit in den Gruppen der Versicherten, der Selbständigen ohne fremde Arbeitskräfte und der Arbeitgeber erforderlich für

1. die Wahl des Geschäftsführers und seines Stellvertreters,
2. die Anstellung, die Beförderung, die Kündigung und die Entlassung der der Dienstordnung unterstehenden Angestellten in einer besoldungsrechtlichen Stellung, die einem Amt der Besoldungsgruppe A 12 der Bundesbesoldungsordnung oder einer höheren Besoldungsgruppe vergleichbar ist,
3. die Einstellung, die Höhergruppierung und die Kündigung von Beschäftigten der Entgeltgruppe 12 oder einer höheren Entgeltgruppe,
4. den Beschluss über den Haushalt,
5. die personelle Besetzung von Ausschüssen,
6. den Beschluss über die Unfallverhütungsvorschriften.

(2) Über einen abgelehnten Antrag ist auf Verlangen der Antragsteller innerhalb von drei Wochen nochmals abzustimmen.

§ 66 Erledigungsausschüsse

(1) 1Die Selbstverwaltungsorgane können die Erledigung einzelner Aufgaben, mit Ausnahme der Rechtsetzung, Ausschüssen übertragen. 2Zu Mitgliedern können bis zur Hälfte der Mitglieder einer jeden Gruppe auch Stellvertreter von Mitgliedern des Organs bestellt werden. 3Die Organe können die Stellvertretung für die Ausschussmitglieder abweichend von § 43 Absatz 2 regeln.

(2) Für die Beratung und Abstimmung gelten die §§ 63 und 64 entsprechend.

Dritter Titel
Haushalts- und Rechnungswesen

§ 67 Aufstellung des Haushaltsplans

(1) Die Versicherungsträger stellen für jedes Kalenderjahr (Haushaltsjahr) einen Haushaltsplan auf, der alle im Haushaltsjahr voraussichtlich zu leistenden Ausgaben und voraussichtlich benötigten Verpflichtungsermächtigungen sowie alle im Haushaltsjahr zu erwartenden Einnahmen enthält.

(2) Im Haushaltsplan sind die Stellen für die Beamten und die dienstordnungsmäßig Angestellten der Versicherungsträger nach Besoldungsgruppen auszubringen; für die übrigen Beschäftigten der Versicherungsträger sind die Haushaltsansätze nach Vergütungs- und Lohngruppen zu erläutern.

§ 68 Bedeutung und Wirkung des Haushaltsplans

(1) 1Der Haushaltsplan dient der Feststellung der Mittel, die zur Erfüllung der Aufgaben des Versicherungsträgers im Haushaltsjahr voraussichtlich erforderlich sind. 2Er ist die Grundlage für die Haushalts- und Wirtschaftsführung und stellt sicher, dass insbesondere die gesetzlich vorgeschriebenen Ausgaben rechtzeitig geleistet werden können.

(2) Durch den Haushaltsplan werden Ansprüche oder Verbindlichkeiten weder begründet noch aufgehoben.

§ 69 Ausgleich, Wirtschaftlichkeit und Sparsamkeit, Kosten- und Leistungsrechnung, Personalbedarfsermittlung

(1) Der Haushalt ist in Einnahme und Ausgabe auszugleichen.

(2) Bei der Aufstellung und Ausführung des Haushaltsplans hat der Versicherungsträger sicherzustellen, dass er die ihm obliegenden Aufgaben unter Berücksichtigung der Grundsätze der Wirtschaftlichkeit und Sparsamkeit erfüllen kann.

(3) Für alle finanzwirksamen Maßnahmen sind angemessene Wirtschaftlichkeitsuntersuchungen durchzuführen.

(4) In geeigneten Bereichen ist eine Kosten- und Leistungsrechnung einzuführen.

(5) Die Träger der Kranken- und Rentenversicherung, die gewerblichen Berufsgenossenschaften, die Unfallversicherungsträger der öffentlichen Hand sowie die Sozialversicherung für Landwirtschaft, Forsten und Gartenbau führen in geeigneten Bereichen ein Benchmarking durch.

(6) 1Die Sozialversicherungsträger dürfen Planstellen und Stellen nur ausbringen, soweit sie unter Anwendung angemessener und anerkannter Methoden der Personalbedarfsermittlung begründet sind. 2Die Erforderlichkeit der im Haushaltsplan ausgebrachten Planstellen und Stellen ist bei gegebenem Anlass, im Übrigen regelmäßig zu überprüfen.

§ 70 Haushaltsplan

(1) 1Der Haushaltsplan wird vom Vorstand aufgestellt. 2Die Vertreterversammlung stellt ihn fest.

(2) Der Haushaltsplan der Träger der Unfallversicherung ist vor Beginn des Kalenderjahrs, für das er gelten soll, der Aufsichtsbehörde vorzulegen, wenn diese es verlangt.

(2a) 1Der Haushaltsplan der Unfallkasse Post und Telekom bedarf der Genehmigung des Bundesministeriums der Finanzen; der Haushaltsplan soll so rechtzeitig festgestellt werden, dass er spätestens am 1. Dezember vor Beginn des Kalenderjahres, für das er gelten soll, der genehmigenden Stelle vorgelegt werden kann. 2Die genehmigende Stelle kann die Genehmigung auch für einzelne Ansätze versagen, wenn der Haushaltsplan gegen Gesetz oder sonstiges für den Versicherungsträger maßgebendes Recht verstößt oder die Leistungsfähigkeit des Versicherungsträgers zur Erfüllung seiner Verpflichtungen gefährdet oder wenn die Bewertungs- oder Bewirtschaftungsmaßstäbe des Bundes nicht beachtet sind.

(3) 1Die Regionalträger der gesetzlichen Rentenversicherung haben den vom Vorstand aufgestellten Haushaltsplan spätestens am 1. Oktober vor Beginn des Kalenderjahrs, für das er gelten soll, der Aufsichtsbehörde von Amts wegen vorzulegen. 2Die Aufsichtsbehörde kann den Haushaltsplan oder einzelne Ansätze innerhalb von sechs Wochen nach Vorlage beanstanden, soweit gegen Gesetz oder sonstiges für den Versicherungsträger maßgebendes Recht verstoßen oder die Leistungsfähigkeit des Versicherungsträgers zur Erfüllung seiner Verpflichtungen gefährdet wird. 3Die Aufsichtsbehörde kann ebenfalls beanstanden, wenn bei landesunmittelbaren Versicherungsträgern die Bewertungs- oder Bewirtschaftungsmaßstäbe des aufsichtführenden Landes und bei bundesunmittelbaren Versicherungsträgern die Bewertungs- und Bewirtschaftungsmaßstäbe des Bundes nicht beachtet sind; die Besonderheiten der Versicherungsträger sind hierbei zu berücksichtigen. 4Berücksichtigt die Vertreterversammlung bei der Feststellung des Haushaltsplans die Beanstandung nicht, kann die Aufsichtsbehörde insoweit den Feststellungsbeschluss aufheben und den Haushaltsplan selbst feststellen.

(4) 1Für die Deutsche Rentenversicherung Bund gilt Absatz 3 mit der Maßgabe, dass

1. anstelle der Aufsichtsbehörde die Bundesregierung zuständig ist;
2. der Haushaltsplan spätestens am 1. September vorzulegen ist und innerhalb von zwei Monaten beanstandet werden kann.

2Im Haushaltsplan der Deutschen Rentenversicherung Bund werden die Einnahmen und Ausgaben für Grundsatz- und Querschnittsaufgaben und für gemeinsame Angelegenheiten der Träger der Rentenversicherung in einer gesonderten Anlage zum Haushalt ausgewiesen. 3Die Anlage wird vom Bundesvorstand gemäß § 64 Absatz 4 aufgestellt und von der Bundesvertreterversammlung der Deutschen Rentenversicherung Bund gemäß § 64 Absatz 4 festgestellt.

(5) 1Die Träger der Krankenversicherung und die Träger der Pflegeversicherung haben den vom Vorstand aufgestellten Haushaltsplan spätestens am 1. November vor Beginn des Kalenderjahrs, für das er gelten soll, der Aufsichtsbehörde vorzulegen, wenn diese es verlangt. 2Auf Verlangen der Aufsichtsbehörde ist der Haushaltsplan zusätzlich in einer

maschinell auswertbaren Form zu übermitteln. $_{3}$Näheres hierzu, insbesondere zur Form und Struktur der Datenmeldung, wird von den Aufsichtsbehörden mit dem Spitzenverband Bund der Krankenkassen vereinbart. $_{4}$Die Aufsichtsbehörde kann den Haushaltsplan oder einzelne Ansätze innerhalb von einem Monat nach Vorlage beanstanden, soweit gegen Gesetz oder sonstiges für den Träger maßgebendes Recht verstoßen wird, insbesondere soweit dadurch die wirtschaftliche Leistungsfähigkeit des Versicherungsträgers zur Erfüllung seiner Verpflichtungen gefährdet wird.

§ 71 Haushaltsplan der Deutschen Rentenversicherung Knappschaft-Bahn-See

(1) $_{1}$Der Haushaltsplan der Deutschen Rentenversicherung Knappschaft-Bahn-See ist getrennt nach knappschaftlicher Krankenversicherung, knappschaftlicher Pflegeversicherung, knappschaftlicher Rentenversicherung und allgemeiner Rentenversicherung aufzustellen. $_{2}$Hierbei gelten Verwaltungsausgaben der knappschaftlichen Krankenversicherung und der allgemeinen Rentenversicherung als Verwaltungsausgaben der knappschaftlichen Rentenversicherung. $_{3}$Die Abstimmung nach § 220 Absatz 3 des Sechsten Buches bleibt unberührt.

(2) Die knappschaftliche Krankenversicherung und die allgemeine Rentenversicherung haben der knappschaftlichen Rentenversicherung die Verwaltungsausgaben ihrer Eigeneinrichtungen sowie die nach einem von der Aufsichtsbehörde zu genehmigenden Schlüssel auf sie entfallenden Verwaltungsausgaben zu erstatten.

(3) $_{1}$Der Haushaltsplan bedarf der Genehmigung durch die Bundesregierung. $_{2}$Er soll so rechtzeitig festgestellt werden, dass er bis zum 1. November vor Beginn des Kalenderjahrs, für das er gelten soll, der Bundesregierung vorgelegt werden kann. $_{3}$Diese kann die Genehmigung auch für einzelne Ansätze versagen, wenn der Haushaltsplan gegen Gesetz oder sonstiges für den Versicherungsträger maßgebendes Recht verstößt oder die Leistungsfähigkeit der Deutschen Rentenversicherung Knappschaft-Bahn-See zur Erfüllung ihrer Verpflichtungen gefährdet oder wenn bei Ansätzen für die knappschaftliche oder allgemeine Rentenversicherung die Bewertungs- oder Bewirtschaftungsmaßstäbe des Bundes nicht beachtet sind.

§ 71a Haushaltsplan der Bundesagentur für Arbeit

(1) $_{1}$Der Haushaltsplan der Bundesagentur für Arbeit wird vom Vorstand aufgestellt. $_{2}$Der Verwaltungsrat stellt den Haushaltsplan fest.

(2) Der Haushaltsplan bedarf der Genehmigung durch die Bundesregierung.

(3) Die Genehmigung kann auch für einzelne Ansätze versagt oder unter Bedingungen und mit Auflagen erteilt werden, wenn der Haushaltsplan gegen Gesetz oder sonstiges für die Bundesagentur maßgebendes Recht verstößt oder die Bewertungs- und Bewirtschaftungsmaßstäbe des Bundes oder die Grundsätze der Sozial-, Wirtschafts- und Finanzpolitik der Bundesregierung nicht berücksichtigt werden.

(4) $_{1}$Enthält die Genehmigung Bedingungen oder Auflagen, stellt der Verwaltungsrat erneut den Haushaltsplan fest. $_{2}$Werden Bedingungen oder Auflagen nicht berücksichtigt, hat der Verwaltungsrat der Bundesregierung einen geänderten Haushaltsplan zur Genehmigung vorzulegen; einen nur mit Liquiditätshilfen ausgeglichenen Haushaltsplan kann das Bundesministerium für Arbeit und Soziales in der durch die Bundesregierung genehmigten Fassung selbst feststellen.

§ 71b Veranschlagung der Arbeitsmarktmittel der Bundesagentur für Arbeit

(1) Die für Ermessensleistungen der aktiven Arbeitsförderung veranschlagten Mittel mit Ausnahme der Mittel für

1. die Erstattung von Maßnahmekosten nach § 54 des Dritten Buches,
2. die Berufsausbildungsbeihilfe nach § 57 Absatz 2 Satz 2 des Dritten Buches,

3. die allgemeinen Leistungen zur Teilhabe am Arbeitsleben nach § 113 Absatz 1 Nummer 1 des Dritten Buches,
4. den Zuschuss zur Ausbildungsvergütung für schwerbehinderte Menschen nach § 73 des Dritten Buches und den Eingliederungszuschuss nach § 90 Absatz 2 bis 4 des Dritten Buches und
5. Leistungen der Trägerförderung nach § 440 Absatz 5 des Dritten Buches

sind im Haushalt der Bundesagentur für Arbeit in einen Eingliederungstitel einzustellen.

(2) $_1$Die in dem Eingliederungstitel veranschlagten Mittel sind den Agenturen für Arbeit zur Bewirtschaftung zuzuweisen, soweit nicht andere Dienststellen die Aufgaben wahrnehmen. $_2$Bei der Zuweisung der Mittel sind insbesondere die regionale Entwicklung der Beschäftigung, die Nachfrage nach Arbeitskräften, Art und Umfang der Arbeitslosigkeit sowie die jeweilige Ausgabenentwicklung im abgelaufenen Haushaltsjahr zu berücksichtigen. $_3$Agenturen für Arbeit, die im Vergleich zu anderen Agenturen für Arbeit schneller und wirtschaftlicher Arbeitslose eingliedern, sind bei der Mittelzuweisung nicht ungünstiger zu stellen.

(3) $_1$Die Agenturen für Arbeit stellen für jede Art dieser Ermessensleistungen der Arbeitsförderung Mittel unter Berücksichtigung der Besonderheiten der Lage und Entwicklung des regionalen Arbeitsmarktes bereit. $_2$Dabei ist ein angemessener Anteil für die Förderung der Anbahnung und Aufnahme einer nach dem Dritten Buch versicherungspflichtigen Beschäftigung sicherzustellen (Vermittlungsbudget).

(4) Die zugewiesenen Mittel sind so zu bewirtschaften, dass eine Bewilligung und Erbringung der einzelnen Leistungen im gesamten Haushaltsjahr gewährleistet ist.

(5) $_1$Die Ausgabemittel des Eingliederungstitels sind nur in das nächste Haushaltsjahr übertragbar. $_2$Die jeweiligen nicht verausgabten Mittel der Agenturen für Arbeit werden diesen im nächsten Haushaltsjahr zusätzlich zu den auf sie entfallenden Mitteln zugewiesen. $_3$Verpflichtungsermächtigungen für folgende Jahre sind im gleichen Verhältnis anzuheben.

§ 71c Eingliederungsrücklage der Bundesagentur für Arbeit

$_1$Die bis zum Ende des Haushaltsjahres nicht verausgabten Mittel des Eingliederungstitels der Bundesagentur für Arbeit werden einer Eingliederungsrücklage zugeführt. $_2$Soweit Liquiditätshilfen nach § 364 des Dritten Buches geleistet werden, erfolgt eine Zuführung zur Eingliederungsrücklage nicht. $_3$Die Eingliederungsrücklage ist bis zum Schluss des nächsten Haushaltsjahres aufzulösen und dient zur Deckung der nach § 71b Absatz 5 gebildeten Ausgabereste.

§ 71d Haushaltsplan und Kostenverteilungsverfahren der Sozialversicherung für Landwirtschaft, Forsten und Gartenbau

(1) $_1$Der Haushaltsplan der Sozialversicherung für Landwirtschaft, Forsten und Gartenbau ist getrennt für die Versicherungszweige landwirtschaftliche Unfallversicherung, Alterssicherung der Landwirte, landwirtschaftliche Krankenversicherung und landwirtschaftliche Pflegeversicherung aufzustellen. $_2$Der Haushaltsplan soll so rechtzeitig festgestellt werden, dass er bis zum 15. November vor Beginn des Kalenderjahres, für das er gelten soll, der Aufsichtsbehörde vorgelegt werden kann.

(2) Die Sozialversicherung für Landwirtschaft, Forsten und Gartenbau hat sicherzustellen, dass die Kosten, die für die Erfüllung von Aufgaben mehrerer oder aller Versicherungszweige entstehen, durch geeignete Verfahren sachgerecht auf die Versicherungszweige landwirtschaftliche Unfallversicherung, landwirtschaftliche Krankenversicherung und Alterssicherung der Landwirte verteilt werden (Kostenverteilungsschlüssel).

(3) $_1$Der Haushaltsplan und der Kostenverteilungsschlüssel bedürfen der Genehmigung durch die Aufsichtsbehörde. $_2$Die Genehmigung wird im Einvernehmen mit dem Bundesministerium für Ernährung, Landwirtschaft und Verbraucherschutz erteilt. $_3$Die

Aufsichtsbehörde kann die Genehmigung des Haushaltsplans auch für einzelne Ansätze versagen, soweit gegen Gesetz oder sonstiges für den Versicherungsträger maßgebendes Recht verstoßen wird, die Leistungsfähigkeit des Versicherungsträgers zur Erfüllung seiner Verpflichtungen gefährdet wird oder die Bewertungs- oder Bewirtschaftungsmaßstäbe des Bundes nicht beachtet sind; die Besonderheiten des Versicherungsträgers sind hierbei zu berücksichtigen.

§ 71e Ausweisung der Schiffssicherheitsabteilung im Haushaltsplan

1Im Haushaltsplan der gewerblichen Berufsgenossenschaft, der die Durchführung von Aufgaben nach § 6 des Seeaufgabengesetzes übertragen worden ist, sind die für die Durchführung anzusetzenden Einnahmen und Ausgaben, insbesondere die Personalkosten, in einer gesonderten Aufstellung auszuweisen. 2Der Haushaltsplan bedarf insoweit der Genehmigung des Bundesversicherungsamtes im Einvernehmen mit dem Bundesministerium für Arbeit und Soziales und dem Bundesministerium für Verkehr, Bau und Stadtentwicklung.

§ 71f Haushaltsplan der Unfallversicherung Bund und Bahn

(1) 1Der Haushaltsplan der Unfallversicherung Bund und Bahn wird in Teilhaushalten aufgestellt, in denen die im Zuständigkeitsbereich nach § 125 Absatz 1 des Siebten Buches und im Zuständigkeitsbereich nach § 125 Absatz 2 des Siebten Buches anfallenden Einnahmen und Ausgaben getrennt veranschlagt werden. 2Der Haushaltsplan bedarf der Genehmigung des Bundesversicherungsamtes. 3Die Genehmigung des Teilhaushaltes für den Zuständigkeitsbereich nach § 125 Absatz 1 des Siebten Buches erfolgt im Einvernehmen mit dem Bundesministerium für Arbeit und Soziales und dem Bundesministerium der Finanzen. 4Die Genehmigung des Teilhaushaltes für den Zuständigkeitsbereich nach § 125 Absatz 2 des Siebten Buches erfolgt im Einvernehmen mit dem Bundesministerium für Verkehr, Bau und Stadtentwicklung. 5Der Haushaltsplan soll so rechtzeitig festgestellt werden, dass er spätestens am 1. Dezember vor Beginn des Kalenderjahres, für das er gelten soll, der genehmigenden Stelle vorgelegt werden kann. 6Die genehmigende Stelle kann die Genehmigung auch für einzelne Ansätze versagen, wenn der Haushaltsplan gegen Gesetz oder sonstiges für den Versicherungsträger maßgebendes Recht verstößt oder die Leistungsfähigkeit des Versicherungsträgers zur Erfüllung seiner Verpflichtungen gefährdet oder wenn die Bewertungs- oder Bewirtschaftungsmaßstäbe des Bundes nicht beachtet sind.

(2) 1Die dem Zuständigkeitsbereich nach § 125 Absatz 1 des Siebten Buches und die dem Zuständigkeitsbereich nach § 125 Absatz 2 des Siebten Buches unmittelbar zuzurechnenden Verwaltungsausgaben werden in dem entsprechenden Teilhaushalt veranschlagt. 2Die den Zuständigkeitsbereichen nicht unmittelbar zurechenbaren Verwaltungsausgaben werden im Rahmen einer Kosten-Leistungs-Rechnung ermittelt, die den jeweils aktuellen Grundsätzen und Prinzipien der standardisierten Kosten- und Leistungsrechnung des Bundes entspricht. 3Die Verwaltungsausgaben, die den Zuständigkeitsbereichen nicht unmittelbar zugeordnet werden können, werden im Teilhaushalt für die Aufgaben nach § 125 Absatz 1 des Siebten Buches veranschlagt. 4Der nach der Kosten- und Leistungsrechnung auf den Zuständigkeitsbereich nach § 125 Absatz 2 des Siebten Buches entfallende Anteil der nicht unmittelbar zurechenbaren Verwaltungsausgaben wird dem Bund monatlich nach Genehmigung des Bundesversicherungsamtes aus dem Teilhaushalt für den Zuständigkeitsbereich nach § 125 Absatz 2 des Siebten Buches erstattet. 5Die Ausgaben für die Vertreterversammlung und den Vorstand werden nach einem Schlüssel in den Teilhaushalten veranschlagt, der nach objektiven und gewichteten Kriterien gebildet wird. 6Das Nähere regelt die Satzung der Unfallversicherung Bund und Bahn.

(3) Einsparungen für überplanmäßige und außerplanmäßige Ausgaben nach § 73 Ab-

satz 2 Satz 4 und 5 an anderer Stelle des Haushaltsplans erfolgen in dem Teilhaushalt, in dem diese Ausgaben geleistet werden.

§ 72 Vorläufige Haushaltsführung

(1) Soweit der Haushaltsplan zu Beginn des Haushaltsjahrs noch nicht in Kraft getreten ist, ist der Vorstand ermächtigt zuzulassen, dass der Versicherungsträger die Ausgaben leistet, die unvermeidbar sind,

1. um seine rechtlich begründeten Verpflichtungen und Aufgaben zu erfüllen,
2. um Bauten und Beschaffungen fortzusetzen, sofern durch den Haushalt eines Vorjahrs bereits Beträge bewilligt worden sind.

(2) $_1$Der Vorstand hat seinen Beschluss unverzüglich der Aufsichtsbehörde anzuzeigen; der Beschluss des Vorstandes der Deutschen Rentenversicherung Bund ist dem Bundesministerium für Arbeit und Soziales anzuzeigen. $_2$Bei der Deutschen Rentenversicherung Knappschaft-Bahn-See und der Bundesagentur für Arbeit bedarf der Beschluss der Genehmigung des Bundesministeriums für Arbeit und Soziales, die jeweils im Einvernehmen mit dem Bundesministerium der Finanzen erfolgt. $_3$Bei der Sozialversicherung für Landwirtschaft, Forsten und Gartenbau bedarf der Beschluss der Genehmigung der Aufsichtsbehörde, die im Einvernehmen mit dem Bundesministerium für Ernährung und Landwirtschaft erfolgt.

§ 73 Überplanmäßige und außerplanmäßige Ausgaben

(1) $_1$Überplanmäßige und außerplanmäßige Ausgaben sowie Maßnahmen, durch die Verpflichtungen entstehen können, für die Ausgaben im Haushaltsplan nicht veranschlagt sind, bedürfen der Einwilligung des Vorstands, bei der Bundesagentur für Arbeit des Verwaltungsrats. $_2$Sie darf nur erteilt werden, wenn

1. ein unvorhergesehenes und unabweisbares Bedürfnis vorliegt und
2. durch sie der Haushaltsplan nicht in wesentlichen Punkten verändert wird oder es sich um außerplanmäßige Ausgaben handelt, die nicht von erheblicher finanzieller Bedeutung sind.

(2) $_1$Die Einwilligung ist unverzüglich der Aufsichtsbehörde, die Einwilligung des Vorstandes der Deutschen Rentenversicherung Bund dem Bundesministerium für Arbeit und Soziales anzuzeigen, das das Bundesministerium der Finanzen unterrichtet. $_2$Bei der Deutschen Rentenversicherung Knappschaft-Bahn-See und der Bundesagentur für Arbeit ist die Genehmigung des Bundesministeriums für Arbeit und Soziales erforderlich, die jeweils im Einvernehmen mit dem Bundesministerium der Finanzen erfolgt. $_3$Bei der Unfallkasse Post und Telekom ist die Genehmigung des Bundesministeriums der Finanzen erforderlich. $_4$Bei der Unfallversicherung Bund und Bahn ist für überplanmäßige und außerplanmäßige Ausgaben im Teilhaushalt für den Zuständigkeitsbereich nach § 125 Absatz 1 des Siebten Buches die Genehmigung des Bundesversicherungsamtes erforderlich, die im Einvernehmen mit dem Bundesministerium für Arbeit und Soziales und dem Bundesministerium der Finanzen erfolgt. $_5$Für überplanmäßige und außerplanmäßige Ausgaben im Teilhaushalt für den Zuständigkeitsbereich nach § 125 Absatz 2 des Siebten Buches erfolgt die Genehmigung des Bundesversicherungsamtes im Einvernehmen mit dem Bundesministerium für Verkehr, Bau und Stadtentwicklung. $_6$Bei der Sozialversicherung für Landwirtschaft, Forsten und Gartenbau ist die Genehmigung der Aufsichtsbehörde erforderlich, die im Einvernehmen mit dem Bundesministerium für Ernährung, Landwirtschaft und Verbraucherschutz erfolgt; Ausgaben bis zu einem Betrag von 50 000 Euro bedürfen nicht der Genehmigung.

(3) Kann die Einwilligung des Vorstands, bei der Bundesagentur für Arbeit des Verwaltungsrats, oder die Genehmigung des Bundesministeriums für Arbeit und Soziales ausnahmsweise und im Einzelfall nicht vor der Leistung von Ausgaben eingeholt werden, weil diese unaufschiebbar sind, sind sie unverzüglich nachzuholen.

§ 74 Nachtragshaushalt

$_{1}$Willigt der Vorstand, bei der Bundesagentur für Arbeit der Verwaltungsrat, in überplanmäßige oder außerplanmäßige Ausgaben nach § 73 Absatz 1 nicht ein, ist für Nachträge ein Nachtragshaushaltsplan festzustellen. $_{2}$Auf ihn finden die Vorschriften für den Haushaltsplan und die vorläufige Haushaltsführung entsprechende Anwendung.

§ 75 Verpflichtungsermächtigungen

(1) $_{1}$Maßnahmen, die den Versicherungsträger zur Leistung von Ausgaben in künftigen Haushaltsjahren verpflichten können (Verpflichtungsermächtigungen), sind nur zulässig, wenn der Haushaltsplan dazu ermächtigt. $_{2}$Ausnahmen bedürfen der Einwilligung des Vorstands. $_{3}$§ 73 Absatz 1 Satz 2 Nummer 1 sowie Absatz 2 und 3 gelten entsprechend.

(2) $_{1}$Verpflichtungen für laufende Geschäfte dürfen eingegangen werden, ohne dass die Voraussetzungen des Absatzes 1 vorliegen. $_{2}$Einer Verpflichtungsermächtigung bedarf es auch dann nicht, wenn zu Lasten übertragbarer Ausgaben Verpflichtungen eingegangen werden, die im folgenden Haushaltsjahr zu Ausgaben führen.

§ 76 Erhebung der Einnahmen

(1) Einnahmen sind rechtzeitig und vollständig zu erheben.

(2) $_{1}$Der Versicherungsträger darf Ansprüche nur

1. stunden, wenn die sofortige Einziehung mit erheblichen Härten für die Anspruchsgegner verbunden wäre und der Anspruch durch die Stundung nicht gefährdet wird,
2. niederschlagen, wenn feststeht, dass die Einziehung keinen Erfolg haben wird, oder wenn die Kosten der Einziehung außer Verhältnis zur Höhe des Anspruchs stehen,
3. erlassen, wenn deren Einziehung nach Lage des einzelnen Falles unbillig wäre; unter den gleichen Voraussetzungen können bereits entrichtete Beiträge erstattet oder angerechnet werden.

$_{2}$Die Stundung soll gegen angemessene Verzinsung und in der Regel nur gegen Sicherheitsleistung gewährt werden. $_{3}$Im Falle des Satzes 1 Nummer 2 dürfen Beitragsansprüche auch niedergeschlagen werden, wenn der Arbeitgeber mehr als sechs Monate meldepflichtige Beschäftigte nicht mehr gemeldet hat und die Ansprüche die von den Spitzenverbänden der Sozialversicherung und der Bundesagentur für Arbeit gemeinsam und einheitlich festgelegten Beträge nicht überschreiten; die Grenzbeträge sollen auch an eine vorherige Vollstreckungsmaßnahme gebunden werden, wenn die Kosten der Maßnahme in einem wirtschaftlich vertretbaren Verhältnis zur Höhe der Forderung stehen. $_{4}$Die Vereinbarung nach Satz 3 bedarf der Genehmigung des Bundesministeriums für Arbeit und Soziales. $_{5}$Kommt eine Vereinbarung nach Satz 3 nicht innerhalb einer vom Bundesministerium für Arbeit und Soziales festgesetzten Frist zustande, bestimmt dieses nach Anhörung der Beteiligten die Beträge durch Rechtsverordnung mit Zustimmung des Bundesrates.

(3) $_{1}$Für Ansprüche auf den Gesamtsozialversicherungsbeitrag trifft die Entscheidung nach Absatz 2 die zuständige Einzugsstelle. $_{2}$Hat die Einzugsstelle einem Schuldner für länger als zwei Monate Beitragsansprüche gestundet, deren Höhe die Bezugsgröße übersteigt, ist sie verpflichtet, bei der nächsten Monatsabrechnung die zuständigen Träger der Rentenversicherung und die Bundesagentur für Arbeit über die Höhe der auf sie entfallenden Beitragsansprüche und über den Zeitraum, für den die Beitragsansprüche gestundet sind, zu unterrichten. $_{3}$Die Einzugsstelle darf

1. eine weitere Stundung der Beitragsansprüche sowie
2. die Niederschlagung von Beitragsansprüchen, deren Höhe insgesamt die Bezugsgröße übersteigt, und
3. den Erlass von Beitragsansprüchen, deren Höhe insgesamt den Betrag von einem Sechstel der Bezugsgröße übersteigt,

nur im Einvernehmen mit den beteiligten Trägern der Rentenversicherung und der Bundesagentur für Arbeit vornehmen.

(4) $_{1}$Die Einzugsstelle kann einen Vergleich über rückständige Beitragsansprüche schließen, wenn dies für die Einzugsstelle, die beteiligten Träger der Rentenversicherung und die Bundesagentur für Arbeit wirtschaftlich und zweckmäßig ist. $_{2}$Die Einzugsstelle darf den Vergleich über rückständige Beitragsansprüche, deren Höhe die Bezugsgröße insgesamt übersteigt, nur im Einvernehmen mit den beteiligten Trägern der Rentenversicherung und der Bundesagentur für Arbeit schließen. $_{3}$Der Träger der Unfallversicherung kann einen Vergleich über rückständige Beitragsansprüche schließen, wenn dies wirtschaftlich und zweckmäßig ist. $_{4}$Für die Träger der Rentenversicherung gilt Satz 3, soweit es sich nicht um Ansprüche aus dem Gesamtsozialversicherungsbeitrag handelt.

(5) Die Bundesagentur für Arbeit kann einen Vergleich abschließen, wenn dies wirtschaftlich und zweckmäßig ist.

§ 77 Rechnungsabschluss, Jahresrechnung und Entlastung

(1) $_{1}$Die Versicherungsträger schließen für jedes Kalenderjahr zur Rechnungslegung die Rechnungsbücher ab und stellen auf der Grundlage der Rechnungslegung eine Jahresrechnung auf. $_{2}$Über die Entlastung des Vorstands und des Geschäftsführers wegen der Jahresrechnung beschließt die Vertreterversammlung. $_{3}$Über die Entlastung des Bundesvorstandes und des Geschäftsführers wegen der Rechnungsergebnisse für die Grundsatz- und Querschnittsaufgaben bei der Deutschen Rentenversicherung Bund beschließt die Bundesvertreterversammlung mit der Mehrheit von mindestens zwei Dritteln der gewichteten Stimmen der satzungsmäßigen Mitgliederzahl. $_{4}$Über die Entlastung des Vorstands der Bundesagentur für Arbeit beschließt der Verwaltungsrat.

(1a) $_{1}$Die Jahresrechnung einer Krankenkasse einschließlich der Deutschen Rentenversicherung Knappschaft-Bahn-See, soweit sie die Krankenversicherung nach dem Fünften Buch durchführt, hat ein den tatsächlichen Verhältnissen entsprechendes Bild der Vermögens-, Finanz- und Ertragslage der Krankenkasse zu vermitteln. $_{2}$Die gesetzlichen Vertreter der Krankenkasse haben bei der Unterzeichnung der Jahresrechnung nach bestem Wissen schriftlich zu versichern, dass die Jahresrechnung ein den tatsächlichen Verhältnissen entsprechendes Bild im Sinne des Satzes 1 vermittelt. $_{3}$Dabei sind bei der Bewertung der in der Jahresrechnung oder den ihr zu Grunde liegenden Büchern und Aufzeichnungen ausgewiesenen Vermögensgegenstände und Verbindlichkeiten insbesondere folgende Grundsätze zu beachten:

1. Die Saldenvorträge zu Beginn des Rechnungsjahres müssen mit den entsprechenden Schlusssalden der Jahresrechnungen des vorhergehenden Rechnungsjahres übereinstimmen.
2. Die Jahresrechnung muss klar und übersichtlich sein: Insbesondere dürfen keine Veränderungen vorgenommen werden, die
   a) dazu führen, dass der ursprüngliche Inhalt einer Eintragung oder Aufzeichnung nicht mehr feststellbar ist, oder
   b) es ungewiss lassen, ob sie ursprünglich oder erst später gemacht worden sind.
3. Die Vermögensgegenstände und Verbindlichkeiten müssen zum Abschlussstichtag einzeln bewertet sein.
4. Es ist vorsichtig zu bewerten, namentlich sind alle vorhersehbaren Risiken und Verluste, die bis zum Abschlussstichtag entstanden sind, zu berücksichtigen, selbst wenn diese erst zwischen dem Abschlussstichtag und dem Tag der Aufstellung der Jahresrechnung bekannt geworden sind; Gewinne sind nur zu berücksichtigen, wenn sie am Abschlussstichtag realisiert sind.
5. Aufwendungen und Erträge des Rechnungsjahres sind unabhängig von den Zeitpunkten der entsprechenden Zahlungen in der Jahresrechnung zu berücksichtigen.
6. Die auf die vorhergehende Jahresrechnung angewandten Bewertungsmethoden sollen beibehalten werden.

$_{4}$Ausführungsbestimmungen über die Grundsätze nach Satz 3 können daneben in die Rechtsverordnung nach § 78 Satz 1 aufgenommen werden, soweit dies erforderlich ist, um eine nach einheitlichen Kriterien und Strukturen gestaltete Jahresrechnung zu schaffen und um eine einheitliche Bewertung der von den Krankenkassen aufgestellten Unterlagen zu ihrer Finanzlage zu erhalten. $_{5}$Die Jahresrechnung ist von einem Wirtschaftsprüfer oder einem vereidigten Buchprüfer zu prüfen und zu testieren. $_{6}$Ein Wirtschaftsprüfer oder ein vereidigter Buchprüfer ist von der Prüfung ausgeschlossen, wenn er in den letzten fünf aufeinanderfolgenden Jahren ohne Unterbrechung die Prüfung durchgeführt hat.

(2) Bei der Deutschen Rentenversicherung Knappschaft-Bahn-See sind die Buchführung, die Rechnungslegung und die Rechnungsprüfung für die knappschaftliche Krankenversicherung, knappschaftliche Pflegeversicherung und die allgemeine sowie die knappschaftliche Rentenversicherung getrennt durchzuführen.

(3) Bei der Deutschen Rentenversicherung Bund sind die Rechnungsergebnisse für die Grundsatz- und Querschnittsaufgaben gesondert nachzuweisen.

§ 77a Geltung von Haushaltsvorschriften des Bundes für die Bundesagentur für Arbeit

$_{1}$Für die Aufstellung und Ausführung des Haushaltsplans sowie für die sonstige Haushaltswirtschaft der Bundesagentur für Arbeit gelten die Vorschriften der Bundeshaushaltsordnung sinngemäß. $_{2}$Die allgemeinen Grundsätze der Haushaltswirtschaft des Bundes sind zu beachten. $_{3}$Abweichungen von Satz 1 können nach § 1 Absatz 3 des Dritten Buches vereinbart werden.

§ 78 Verordnungsermächtigung

$_{1}$Die Bundesregierung wird ermächtigt, durch Rechtsverordnung mit Zustimmung des Bundesrates für die Sozialversicherungsträger mit Ausnahme der Bundesagentur für Arbeit Grundsätze über die Aufstellung des Haushaltsplans, seine Ausführung, die Rechnungsprüfung und die Entlastung sowie die Zahlung, die Buchführung und die Rechnungslegung zu regeln. $_{2}$Die Regelung ist nach den Grundsätzen des für den Bund und die Länder geltenden Haushaltsrechts vorzunehmen; sie hat die Besonderheiten der Sozialversicherung und der einzelnen Versicherungszweige zu berücksichtigen.

§ 79 Geschäftsübersichten und Statistiken der Sozialversicherung

(1) $_{1}$Die Versicherungsträger haben Übersichten über ihre Geschäfts- und Rechnungsergebnisse sowie sonstiges statistisches Material aus ihrem Geschäftsbereich zu erstellen und dem Bundesministerium für Arbeit und Soziales, landesunmittelbare Versicherungsträger auch den für die Sozialversicherung zuständigen obersten Verwaltungsbehörden der Länder oder den von diesen bestimmten Stellen vorzulegen. $_{2}$Die Unterlagen für das Bundesministerium für Arbeit und Soziales sind dem im jeweiligen Versicherungszweig im gesamten Geltungsbereich dieses Buches zuständigen Verband maschinell verwertbar und geprüft zuzuleiten. $_{3}$Nach Aufbereitung leitet dieser die Unterlagen in maschinell verwertbarer Form an das Bundesministerium für Arbeit und Soziales sowie an die zuständigen obersten Verwaltungsbehörden der Länder oder an die von ihnen bestimmten Stellen weiter. $_{4}$Der Verband hat die aufbereiteten Unterlagen der landesunmittelbaren Versicherungsträger den für die Sozialversicherung zuständigen obersten Verwaltungsbehörden der Länder oder den von diesen bestimmten Stellen auf Verlangen zuzuleiten; dies gilt entsprechend für Unterlagen der bundesunmittelbaren Versicherungsträger, die Versicherte oder Mitglieder in dem betreffenden Land haben. $_{5}$Soweit ein Versicherungsträger einem Verband nicht angehört, kann er die Unterlagen dem Bundesministerium für Arbeit und Soziales unmittelbar oder über einen in seinem Versicherungszweig zuständigen Verband vorlegen; bei unmittelbarer Vorlage werden die Unterlagen nach Satz 3 vom Bundesministerium für Arbeit und Soziales zugeleitet. $_{6}$Das Bundesministerium

für Arbeit und Soziales kann zulassen, dass ihm abweichend von Satz 2 die Unterlagen der Träger der allgemeinen Rentenversicherung und der knappschaftlichen Rentenversicherung unmittelbar vorgelegt werden. 7Die Sozialversicherung für Landwirtschaft, Forsten und Gartenbau legt dem Bundesministerium für Arbeit und Soziales die Unterlagen eines Kalenderjahres bis spätestens 30. Juni des folgenden Kalenderjahres unmittelbar vor.

(2) 1Das Nähere zu Absatz 1, insbesondere zu Inhalt, Art und Form der Unterlagen, wird durch allgemeine Verwaltungsvorschriften bestimmt. 2Soweit sich die allgemeinen Verwaltungsvorschriften nur an bundesunmittelbare Versicherungsträger richten, werden sie vom Bundesministerium für Arbeit und Soziales erlassen.

(3) Das Bundesministerium für Arbeit und Soziales erstellt alljährlich eine Übersicht über die gesamten Geschäfts- und Rechnungsergebnisse des abgeschlossenen Geschäftsjahrs.

(3a) 1Im Bereich der gesetzlichen Krankenversicherung und der sozialen Pflegeversicherung sind die Absätze 1 bis 3 mit den Maßgaben anzuwenden, dass an die Stelle des Bundesministeriums für Arbeit und Soziales das Bundesministerium für Gesundheit tritt und beim Erlass der allgemeinen Verwaltungsvorschriften nach Absatz 2 Satz 2 auch das Einvernehmen mit dem Bundesministerium für Arbeit und Soziales herzustellen ist. 2Soweit Bedarf für besondere Nachweise im Bereich der landwirtschaftlichen Krankenversicherung besteht, sind die Absätze 1 bis 3 mit den Maßgaben anzuwenden, dass an die Stelle des Bundesministeriums für Arbeit und Soziales das Bundesministerium für Ernährung, Landwirtschaft und Verbraucherschutz tritt und beim Erlass der allgemeinen Verwaltungsvorschriften nach Absatz 2 Satz 2 auch das Einvernehmen mit dem Bundesministerium für Arbeit und Soziales und dem Bundesministerium für Gesundheit herzustellen ist.

(3b) Soweit Versichertenstatistiken und Statistiken der Sozialgerichtsbarkeit der gesetzlichen Krankenversicherung und der sozialen Pflegeversicherung vom Bundesministerium für Arbeit und Soziales genutzt werden, sind die Daten auch dem Bundesministerium für Arbeit und Soziales vorzulegen.

(4) Diese Vorschrift findet auf die Bundesagentur für Arbeit keine Anwendung.

Hinweis der Redaktion:

Durch die Bekanntmachung der Neufassung des Vierten Buches Sozialgesetzbuch vom 12. November 2009 (BGBl. I S. 3710) wurde ein dritter Satz an § 79 Abs. 3a angefügt, dessen Regelungsgehalt allerdings bereits in Satz 2 enthalten war. Aufgrund des Gesetzes zur Änderung des Vierten Buches Sozialgesetzbuch und anderer Gesetze vom 5. August 2010 (BGBl. I S. 1127) wurde Satz 3 deshalb folgerichtig wieder aufgehoben.

Vierter Titel
Vermögen

§ 80 Verwaltung der Mittel

(1) Die Mittel des Versicherungsträgers sind so anzulegen und zu verwalten, dass ein Verlust ausgeschlossen erscheint, ein angemessener Ertrag erzielt wird und eine ausreichende Liquidität gewährleistet ist.

(2) Die Mittel der Versicherungsträger sind getrennt von den Mitteln Dritter zu verwalten.

§ 81 Betriebsmittel

Die Versicherungsträger haben nach Maßgabe der besonderen Vorschriften für die einzelnen Versicherungszweige kurzfristig verfügbare Mittel zur Bestreitung ihrer laufenden Ausgaben sowie zum Ausgleich von Einnahme- und Ausgabeschwankungen (Betriebsmittel) bereitzuhalten.

§ 82 Rücklage

Die Versicherungsträger haben nach Maßgabe der besonderen Vorschriften für die einzelnen Versicherungszweige zur Sicherstellung ihrer Leistungsfähigkeit, insbesondere für den Fall, dass Einnahme- und Ausgabeschwankungen durch Einsatz der Betriebsmittel nicht mehr ausgeglichen werden können, eine Rücklage bereitzuhalten.

§ 83 Anlegung der Rücklage

(1) Die Rücklage kann, soweit in den besonderen Vorschriften für die einzelnen Versicherungszweige nichts Abweichendes bestimmt ist und die Anlage den dort geregelten Liquiditätserfordernissen entspricht, nur angelegt werden in

1. Schuldverschreibungen von Ausstellern mit Sitz in einem Mitgliedstaat der Europäischen Gemeinschaften, wenn die Schuldverschreibungen an einer Börse in der Europäischen Gemeinschaft zum amtlichen Handel zugelassen sind oder in einen anderen organisierten Markt in einem Mitgliedstaat der Europäischen Gemeinschaften einbezogen sind, der anerkannt und für das Publikum offen ist und dessen Funktionsweise ordnungsgemäß ist. Wertpapiere gemäß Satz 1, deren Zulassung in den amtlichen Handel an einer Börse in der Europäischen Gemeinschaft oder deren Einbeziehung in einen organisierten Markt in einem Mitgliedstaat der Europäischen Gemeinschaften nach den Ausgabebedingungen zu beantragen ist, dürfen ebenfalls erworben werden, sofern die Zulassung oder Einbeziehung innerhalb eines Jahres nach ihrer Ausgabe erfolgt,
2. Schuldverschreibungen und sonstige Gläubigerrechte verbriefende Wertpapiere von Ausstellern mit Sitz in einem Mitgliedstaat der Europäischen Gemeinschaften, wenn für die Einlösung der Forderung eine öffentlich-rechtliche Gewährleistung besteht oder eine Sicherungseinrichtung der Kreditwirtschaft für die Einlösung der Forderung eintritt oder kraft Gesetzes eine besondere Deckungsmasse besteht,
3. Schuldbuchforderungen gegen öffentlich-rechtliche Stellen aus dem Gebiet der Europäischen Gemeinschaften,
4. Forderungen aus Darlehen und Einlagen gegen
   a) öffentlich-rechtliche Gebiets- oder Personenkörperschaften oder Sondervermögen aus dem Gebiet der Europäischen Gemeinschaften,
   b) Personen und Gesellschaften des privaten Rechts aus dem Gebiet der Europäischen Gemeinschaften, wenn für die Forderungen eine öffentlich-rechtliche Einrichtung die Gewährleistung für Rückzahlung und Verzinsung übernimmt oder wenn bei Kreditinstituten eine Sicherungseinrichtung der Kreditwirtschaft in die Gewährleistung eintritt,
5. Anteilen an Sondervermögen nach dem Gesetz über Kapitalanlagegesellschaften, wenn sichergestellt ist, dass für das Sondervermögen nur Vermögensgegenstände gemäß den Nummern 1 bis 4 und 8 dieser Vorschrift erworben werden dürfen,
6. Forderungen, für die eine sichere Hypothek, Grund- oder Rentenschuld an einem Grundstück, Wohnungseigentum oder Erbbaurecht im Bereich der Europäischen Gemeinschaften besteht,
7. Beteiligungen an gemeinnützigen Einrichtungen, soweit die Zweckbestimmung der Mittelhingabe vorwiegend den Aufgaben des Versicherungsträgers dient sowie Darlehen für gemeinnützige Zwecke,
8. Grundstücken und grundstücksgleichen Rechten im Gebiet der Europäischen Gemeinschaften.

(2) [1]Die Anlegung der Rücklage soll grundsätzlich in der im Inland geltenden Währung erfolgen. [2]Der Erwerb von auf die Währung eines anderen Mitgliedstaates der Europäischen Gemeinschaft lautenden Forderungen ist nur in Verbindung mit einem Kurssicherungsgeschäft zulässig.

(3) Anlagen für soziale Zwecke sollen mit Vorrang berücksichtigt werden.

(4) Den Staaten der Europäischen Gemeinschaften in den Absätzen 1 und 2 stehen die Staaten des Abkommens über den Europäischen Wirtschaftsraum und die Schweiz gleich.

§ 84 Beleihung von Grundstücken

Eine Hypothek, Grundschuld oder Rentenschuld ist als sicher anzusehen, wenn die Beleihung die ersten zwei Drittel des Wertes des Grundstücks, Wohnungseigentums oder Erbbaurechts nicht übersteigt.

§ 85 Genehmigungsbedürftige Vermögensanlagen

(1) 1Die Darlehen für gemeinnützige Zwecke, der Erwerb und das Leasen von Grundstücken und grundstücksgleichen Rechten sowie die Errichtung, die Erweiterung und der Umbau von Gebäuden bedürfen der Genehmigung der Aufsichtsbehörde. 2Die Absicht, sich zur Aufgabenerfüllung an Einrichtungen mit Ausnahme von Arbeitsgemeinschaften im Sinne dieses Gesetzbuches zu beteiligen, sowie die Absicht, Datenverarbeitungsanlagen und -systeme anzukaufen, zu leasen oder anzumieten oder sich an solchen zu beteiligen, ist der Aufsichtsbehörde vor Abschluss verbindlicher Vereinbarungen anzuzeigen. 3Solange das Systemkonzept der Datenverarbeitung nicht grundlegend verändert wird, ist eine Anzeige nach Satz 2 nicht erforderlich. 4Die Sätze 2 und 3 gelten für die Beschaffung und bei den Rentenversicherungsträgern auch für die Eigenentwicklung von Datenverarbeitungsprogrammen entsprechend. 5Jede Anzeige hat so umfassend und rechtzeitig zu erfolgen, dass der Aufsichtsbehörde vor Vertragsabschluss ausreichend Zeit zur Prüfung und Beratung des Versicherungsträgers bleibt. 6Die Aufsichtsbehörde kann auf eine Anzeige verzichten.

(2) 1Der Erwerb und das Leasen von Grundstücken und grundstücksgleichen Rechten sowie die Errichtung, die Erweiterung und der Umbau von Gebäuden bedürfen keiner Genehmigung, wenn die veranschlagten Kosten für ein Vorhaben 0,3 vom Hundert des zuletzt festgestellten Haushaltsvolumens des Versicherungsträgers, mindestens jedoch 22 800 Euro (Stand Haushaltsjahr 2000) und höchstens 342 000 Euro (Stand Haushaltsjahr 2000), nicht übersteigen. 2Bei dem Leasen von Grundstücken ist von dem fiktiven Kaufpreis auszugehen.

(3) Der Mindest- und Höchstbetrag nach Absatz 2 verändert sich in demselben Verhältnis wie der Baukostenindex, den das Bundesministerium für Arbeit und Soziales alljährlich bekannt gibt.

(3a) 1Mietverträge von Krankenkassen und ihren Verbänden sind der Aufsichtsbehörde vor ihrem Abschluss vorzulegen, wenn die anzumietende Fläche 7500 Quadratmeter überschreitet und eine Mietdauer von mehr als zehn Jahren fest vereinbart werden soll. 2Absatz 1 Satz 5 und 6 gilt entsprechend.

(4) Diese Vorschrift findet auf die Bundesagentur für Arbeit keine Anwendung.

(5) Maßnahmen einer Einrichtung, an der ein Versicherungsträger beteiligt ist und die nach den Absätzen 1 bis 4 genehmigungs- oder anzeigepflichtig wären, hat der Versicherungsträger der Aufsichtsbehörde rechtzeitig anzuzeigen.

§ 86 Ausnahmegenehmigung

Die Versicherungsträger können in Einzelfällen mit Genehmigung der Aufsichtsbehörde ihre Rücklage abweichend von § 83 anlegen, wenn sie nicht oder noch nicht nach dieser Vorschrift angelegt werden kann oder wenn wichtige Gründe eine im Interesse des Versicherungsträgers liegende andere Anlegung rechtfertigen.

Fünfter Titel
Aufsicht

§ 87 Umfang der Aufsicht

(1) 1Die Versicherungsträger unterliegen staatlicher Aufsicht. 2Sie erstreckt sich auf die Beachtung von Gesetz und sonstigem Recht, das für die Versicherungsträger maßgebend ist.

(2) Auf den Gebieten der Prävention in der gesetzlichen Unfallversicherung erstreckt sich die Aufsicht auch auf den Umfang und die Zweckmäßigkeit der Maßnahmen.

(3) 1Soweit die Deutsche Gesetzliche Unfallversicherung e. V. Aufgaben nach § 14 Absatz 4, § 15 Absatz 1, § 20 Absatz 2 Satz 2, § 31 Absatz 2 Satz 2, § 32 Absatz 4, § 34

Absatz 3 Satz 1, § 40 Absatz 5, § 41 Absatz 4 und § 43 Absatz 5 des Siebten Buches wahrnimmt, untersteht sie der Rechtsaufsicht des Bundesministeriums für Arbeit und Soziales. 2Das Bundesministerium für Arbeit und Soziales kann die Aufsicht mit Ausnahme der Aufsicht im Bereich der Prävention ganz oder teilweise dem Bundesversicherungsamt übertragen.

§ 88 Prüfung und Unterrichtung

(1) Die Aufsichtsbehörde kann die Geschäfts- und Rechnungsführung des Versicherungsträgers prüfen.

(2) Die Versicherungsträger haben der Aufsichtsbehörde oder ihren Beauftragten auf Verlangen alle Unterlagen vorzulegen und alle Auskünfte zu erteilen, die zur Ausübung des Aufsichtsrechts auf Grund pflichtgemäßer Prüfung der Aufsichtsbehörde gefordert werden.

§ 89 Aufsichtsmittel

(1) 1Wird durch das Handeln oder Unterlassen eines Versicherungsträgers das Recht verletzt, soll die Aufsichtsbehörde zunächst beratend darauf hinwirken, dass der Versicherungsträger die Rechtsverletzung behebt. 2Kommt der Versicherungsträger dem innerhalb angemessener Frist nicht nach, kann die Aufsichtsbehörde den Versicherungsträger verpflichten, die Rechtsverletzung zu beheben. 3Die Verpflichtung kann mit den Mitteln des Verwaltungsvollstreckungsrechts durchgesetzt werden, wenn ihre sofortige Vollziehung angeordnet worden oder sie unanfechtbar geworden ist. 4Die Aufsicht kann die Zwangsmittel für jeden Fall der Nichtbefolgung androhen. 5§ 13 Absatz 6 Satz 2 des Verwaltungs-Vollstreckungsgesetzes ist nicht anwendbar.

(2) Absatz 1 gilt für die Aufsicht nach § 87 Absatz 2 entsprechend.

(3) 1Die Aufsichtsbehörde kann verlangen, dass die Selbstverwaltungsorgane zu Sitzungen einberufen werden. 2Wird ihrem Verlangen nicht entsprochen, kann sie die Sitzungen selbst anberaumen und die Verhandlungen leiten.

§ 90 Aufsichtsbehörden

(1) 1Die Aufsicht über die Versicherungsträger, deren Zuständigkeitsbereich sich über das Gebiet eines Landes hinaus erstreckt (bundesunmittelbare Versicherungsträger), führt das Bundesversicherungsamt, auf den Gebieten der Prävention in der gesetzlichen Unfallversicherung das Bundesministerium für Arbeit und Soziales. 2Die Aufsicht über die Unfallkasse Post und Telekom auf dem Gebiet Prävention in der gesetzlichen Unfallversicherung führt das Bundesministerium der Finanzen. 3Die Aufsicht über die Unfallversicherung Bund und Bahn auf dem Gebiet der Prävention führt das Bundesministerium des Innern.

(2) Die Aufsicht über die Versicherungsträger, deren Zuständigkeitsbereich sich nicht über das Gebiet eines Landes hinaus erstreckt (landesunmittelbare Versicherungsträger), führen die für die Sozialversicherung zuständigen obersten Verwaltungsbehörden der Länder oder die von den Landesregierungen durch Rechtsverordnung bestimmten Behörden; die Landesregierungen können diese Ermächtigung auf die obersten Landesbehörden weiter übertragen.

(2a) 1Die Aufsicht über die Deutsche Rentenversicherung Bund führt das Bundesversicherungsamt. 2Soweit die Deutsche Rentenversicherung Bund Grundsatz- und Querschnittsaufgaben wahrnimmt, führt das Bundesministerium für Arbeit und Soziales die Aufsicht; es kann die Aufsicht teilweise dem Bundesversicherungsamt übertragen.

(3) Abweichend von Absatz 1 führen die Verwaltungsbehörden nach Absatz 2 die Aufsicht über Versicherungsträger, deren Zuständigkeitsbereich sich über das Gebiet eines Landes, aber nicht über mehr als drei Länder hinaus erstreckt und für die das aufsichtführende Land durch die beteiligten Länder bestimmt ist.

(4) 1Die Aufsichtsbehörden treffen sich regelmäßig zu einem Erfahrungsaustausch. 2Soweit dieser Erfahrungsaustausch Angelegenheiten der Sozialversicherung für Landwirtschaft, Forsten und Gartenbau betrifft, nehmen auch das Bundesministerium für Arbeit

und Soziales und das Bundesministerium für Ernährung, Landwirtschaft und Verbraucherschutz teil.

§ 90a Zuständigkeitsbereich

(1) Der Zuständigkeitsbereich im Sinne des § 90 wird bestimmt:

1. bei Ortskrankenkassen durch die Region, für die sie bestehen (§ 143 des Fünften Buches),
2. bei Betriebskrankenkassen durch die Betriebe, für die sie ihrer Satzung nach zuständig sind; unselbständige Betriebsteile mit weniger als zehn Mitgliedern in einem Land bleiben unberücksichtigt,
3. bei Innungskrankenkassen durch die Bezirke der Handwerksinnungen, für die sie ihrer Satzung nach bestehen,
4. bei Ersatzkassen durch die in der Satzung festgelegten Bezirke.

(2) Enthält die Satzung einer Betriebs- oder Innungskrankenkasse eine Regelung nach § 173 Absatz 2 Satz 1 Nummer 4 des Fünften Buches in der ab 1. Januar 1996 geltenden Fassung, wird der Zuständigkeitsbereich bestimmt durch die Region (§ 173 Absatz 2 Satz 2 des Fünften Buches), für die sie ihrer Satzung nach zuständig ist.

Fünfter Abschnitt
Versicherungsbehörden

§ 91 Arten

(1) $_{1}$Versicherungsbehörden sind die Versicherungsämter und das Bundesversicherungsamt. $_{2}$Durch Landesrecht können weitere Versicherungsbehörden errichtet werden.

(2) Die Landesregierungen können einzelne Aufgaben, die dieses Gesetzbuch den obersten Landesbehörden zuweist, auf Versicherungsbehörden und andere Behörden ihres Landes durch Rechtsverordnung übertragen; die Landesregierungen können diese Ermächtigung auf die obersten Landesbehörden weiter übertragen.

§ 92 Versicherungsämter

$_{1}$Versicherungsamt ist die untere Verwaltungsbehörde. $_{2}$Die Landesregierungen werden ermächtigt, durch Rechtsverordnung zu bestimmen, welche Behörde zuständige Behörde im Sinne von Satz 1 ist. $_{3}$Sie können diese Ermächtigung auf die obersten Verwaltungsbehörden der Länder übertragen. $_{4}$Die Landesregierungen oder die von ihnen bestimmten Stellen können durch Rechtsverordnung bestimmen, dass ein gemeinsames Versicherungsamt für die Bezirke mehrerer unterer Verwaltungsbehörden bei einer dieser Behörden errichtet wird. $_{5}$Durch Vereinbarung der beteiligten Landesregierungen oder der von ihnen bestimmten Stellen kann ein gemeinsames Versicherungsamt bei einer unteren Verwaltungsbehörde auch für Gebietsteile mehrerer Länder errichtet werden.

§ 93 Aufgaben der Versicherungsämter

(1) $_{1}$Die Versicherungsämter haben in allen Angelegenheiten der Sozialversicherung Auskunft zu erteilen und die sonstigen ihnen durch Gesetz oder sonstiges Recht übertragenen Aufgaben wahrzunehmen. $_{2}$Die Landesregierungen können einzelne Aufgaben der Versicherungsämter den Gemeindebehörden durch Rechtsverordnung übertragen; die Landesregierungen können diese Ermächtigung auf die obersten Landesbehörden weiter übertragen.

(2) $_{1}$Die Versicherungsämter haben Anträge auf Leistungen aus der Sozialversicherung entgegenzunehmen. $_{2}$Auf Verlangen des Versicherungsträgers haben sie den Sachverhalt aufzuklären, Beweismittel beizufügen, sich, soweit erforderlich, zu den entscheidungserheblichen Tatsachen zu äußern und Unterlagen unverzüglich an den Versicherungsträger weiterzuleiten.

(3) $_{1}$Zuständig ist das Versicherungsamt, in dessen Bezirk der Leistungsberechtigte zur Zeit des Antrags seinen Wohnsitz oder gewöhnlichen Aufenthalt oder seinen Beschäftigungsort oder Tätigkeitsort hat. $_{2}$Ist ein solcher Ort im Geltungsbereich dieses Gesetzbuchs nicht vorhanden, richtet sich die Zu-

ständigkeit nach dem Ort, in dem zuletzt die Voraussetzungen des Satzes 1 erfüllt waren.

§ 94 Bundesversicherungsamt

(1) $_1$Das Bundesversicherungsamt ist eine selbständige Bundesoberbehörde. $_2$Es hat seinen Sitz in Bonn.

(2) $_1$Das Bundesversicherungsamt hat die ihm durch Gesetz oder sonstiges Recht übertragenen Aufgaben wahrzunehmen. $_2$Es untersteht dem Bundesministerium für Arbeit und Soziales, für den Bereich der gesetzlichen Krankenversicherung und sozialen Pflegeversicherung dem Bundesministerium für Gesundheit. $_3$Es ist, soweit es die Aufsicht nach diesem Gesetz ausübt, nur an allgemeine Weisungen des zuständigen Bundesministeriums gebunden.

(3) $_1$Das Bundesversicherungsamt begleitet in Abstimmung mit dem Bundesministerium für Arbeit und Soziales und dem Bundesministerium für Ernährung, Landwirtschaft und Verbraucherschutz die Sozialversicherung für Landwirtschaft, Forsten und Gartenbau bei der Weiterentwicklung der Informationstechnik. $_2$Die Kosten des Bundesversicherungsamtes werden von der Sozialversicherung für Landwirtschaft, Forsten und Gartenbau erstattet. $_3$Die Kosten werden nach dem tatsächlich entstandenen Personal- und Sachaufwand berechnet.

§§ 95 bis 110 (weggefallen)

Zum 1.1.2016 werden die §§ 95-98 neu angefügt. Die §§ 99-110 bleiben bis zum 1.1.2017 unbesetzt. Deren Wortlaut wird in einer späteren Ausgabe zur Verfügung gestellt.

Die neuen §§ 95-98 lauten:

§ 95 Gemeinsame Grundsätze Technik

Der Spitzenverband Bund der Krankenkassen, die Deutsche Rentenversicherung Bund, die Deutsche Rentenversicherung Knappschaft-Bahn-See, die Bundesagentur für Arbeit und die Deutsche Gesetzliche Unfallversicherung e. V. vereinbaren in Gemeinsamen Grundsätzen die Standards für die elektronische Datenübermittlung an die oder innerhalb der Sozialversicherung, insbesondere zur Verschlüsselung der Daten, zur Übertragungstechnik, zur Kennzeichnung bei Weiterleitung von Meldungen durch ein Referenzdatum und zu den jeweiligen Schnittstellen. Soweit Standards vereinbart werden, von denen die landwirtschaftliche Sozialversicherung oder die berufsständische Versorgung betroffen ist, sind deren Spitzenorganisationen zu beteiligen. Die Gemeinsamen Grundsätze bedürfen der Genehmigung des Bundesministeriums für Arbeit und Soziales, das vorher das Bundesministerium für Gesundheit und, soweit die Meldeverfahren der Arbeitgeber betroffen sind, die Bundesvereinigung der Deutschen Arbeitgeberverbände anzuhören hat.

§ 96 Kommunikationsserver

(1) Zur Bündelung der Datenübermittlung vom Arbeitgeber an die Sozialversicherungsträger und andere öffentliche Stellen nach diesem Gesetzbuch und dem Aufwendungsausgleichsgesetz sowie des zugehörigen Rückmeldeverfahrens betreiben die gesetzliche Krankenversicherung und die Datenstelle der Träger der Rentenversicherung jeweils einen Kommunikationsserver. Eingehende Meldungen der Arbeitgeber sind unverzüglich an die zuständige Annahmestelle weiterzuleiten. Der technische Eingang der Meldung ist zu quittieren.

(2) Der Arbeitgeber hat Meldungen der Sozialversicherungsträger oder anderer öffentlicher Stellen nach diesem Gesetzbuch mindestens einmal wöchentlich von den Kommunikationsservern abzurufen und zu verarbeiten. Der Abruf ist durch den Arbeitgeber zu quittieren. Mit dem Empfang gelten die Meldungen als dem Arbeitgeber zugegangen. 30 Tage nach Eingang der Quittung sind diese Meldungen durch den Sozialversicherungsträger oder die andere öffentliche Stelle zu löschen. Erfolgt keine Quittierung, werden Meldungen 30 Tage nach der Bereitstellung zum Abruf gelöscht. Satz 1 gilt nicht für Arbeitgeber, die Meldungen nach § 28a Absatz 6a und 7 abgeben. Diese erhalten die Meldungen von den Sozialversicherungsträgern in schriftlicher Form übermittelt. Das Nähere zum Abrufverfahren wird in Gemeinsamen Grundsätzen entsprechend § 28b Absatz 1 Satz 1 Nummer 3 geregelt.

§ 97 Annahmestellen

(1) Die Sozialversicherungsträger und die berufsständischen Versorgungseinrichtungen errichten zur Annahme der Daten vom oder zur Rückmeldung zum Arbeitgeber, zu ihrer technischen Prüfung und zur Weiterleitung innerhalb eines Sozialversicherungszweiges oder an andere Sozialversicherungsträger oder öffentliche Stellen Annahmestellen. Annahmestellen errichten die Krankenkassen. 3Eine Annahmestelle errichten ferner

- die Sozialversicherung für Landwirtschaft, Forsten und Gartenbau,
- die Träger der Rentenversicherung bei der Datenstelle der Träger der Rentenversicherung,
- die Deutsche Rentenversicherung Knappschaft- Bahn-See,
- die Bundesagentur für Arbeit,
- die Unfallversicherungsträger bei der Deutschen Gesetzlichen Unfallversicherung e. V.,
- die berufsständischen Versorgungseinrichtungen bei der Arbeitsgemeinschaft berufsständischer Versorgungseinrichtungen e. V.

(2) Abweichend von Absatz 1 kann ein Sozialversicherungsträger durch schriftliche Vereinbarung einen anderen Sozialversicherungsträger mit dem Betrieb der Annahmestelle beauftragen.

(3) Die erstannehmende Annahmestelle hat nach der Entschlüsselung der Daten und der technischen Prüfung die technisch fehlerfreien Daten innerhalb eines Tages an den Adressaten der Datenübermittlung weiterzuleiten. Der Arbeitgeber erhält mit der Weiterleitung eine Verarbeitungsbestätigung; die Meldungen gelten damit als dem Adressaten zugegangen.

(4) Technisch fehlerhafte Meldungen sind innerhalb eines Tages mit einer Fehlermeldung durch Datenübertragung zurückzuweisen.

(5) Die Annahmestelle darf die Meldungen unter Beachtung der Datensicherheit und Datenvollständigkeit in ein anderes technisches Format umwandeln, wenn dies für die weitere Verarbeitung und Nutzung der Meldungen beim Adressaten der Daten notwendig oder wirtschaftlicher ist. Die Meldungen sind ohne inhaltliche Veränderungen in verschlüsselter Form oder über eine gesicherte Leitung an den Adressaten weiterzuleiten.

§ 98 Weiterleitung der Daten durch die Einzugsstellen

(1) Die Einzugsstellen nehmen, soweit durch dieses Gesetzbuch nichts anderes bestimmt ist, die für die gesetzliche Kranken-, Pflege-, Rentenversicherung und die berufsständischen Versorgungseinrichtungen sowie nach dem Recht der Arbeitsförderung zu übermittelnden Daten von der erstannehmenden Annahmestelle entgegen. Dies gilt auch für die Daten nach § 196 Absatz 2 Satz 3 des Sechsten Buches. Satz 1 gilt auch für Meldungen an die Unfallversicherung nach diesem Buch. Die Einzugsstellen haben dafür zu sorgen, dass die Meldungen rechtzeitig erstattet werden, die erforderlichen Daten vollständig und richtig enthalten sind und innerhalb von drei Arbeitstagen an die Adressaten der Meldeinhalte weitergeleitet werden. Die Einzugsstellen können die Weiterleitung der Daten an andere Sozialversicherungsträger oder andere öffentliche Stellen an eine Annahmestelle übertragen.

(2) Die Einzugsstelle unterzieht die Meldungen einer automatisierten inhaltlichen Prüfung im Abgleich mit ihren Bestandsdaten (Bestandsprüfung). Stellt sie in einer Meldung einen Fehler fest, hat sie diese Meldung innerhalb von drei Arbeitstagen nach Zugang der Daten nach § 97 Absatz 3 Satz 2 durch Datenübertragung an den Meldepflichtigen zurückzuweisen; § 96 Absatz 2 Satz 6 und 7 gilt entsprechend. 3Die Sätze 1 und 2 gelten entsprechend für alle anderen Adressaten der Meldungen.

Sechster Abschnitt Aufbewahrung von Unterlagen

§ 110a Aufbewahrungspflicht

(1) Die Behörde bewahrt Unterlagen, die für ihre öffentlich-rechtliche Verwaltungstätigkeit, insbesondere für die Durchführung eines Verwaltungsverfahrens oder für die Feststellung einer Leistung, erforderlich sind, nach den Grundsätzen ordnungsmäßiger Aufbewahrung auf.

(2) 1Die Behörde kann an Stelle der schriftlichen Unterlagen diese als Wiedergabe auf einem Bildträger oder auf anderen dauerhaften Datenträgern aufbewahren, soweit dies unter Beachtung der Grundsätze der Wirtschaftlichkeit und Sparsamkeit den Grundsätzen ordnungsmäßiger Aufbewahrung entspricht. 2Nach den Grundsätzen ordnungsmäßiger Aufbewahrung von auf Datenträgern aufbewahrten Unterlagen ist insbesondere sicherzustellen, dass

1. die Wiedergabe auf einem Bildträger oder die Daten auf einem anderen dauerhaften Datenträger
   a) mit der diesen zugrunde gelegten schriftlichen Unterlage bildlich und inhaltlich vollständig übereinstimmen, wenn sie lesbar gemacht werden, und über diese Übereinstimmung ein Nachweis geführt wird,
   b) während der Dauer der Aufbewahrungsfrist jederzeit verfügbar sind und unverzüglich bildlich und inhaltlich un-

verändert lesbar gemacht werden können,

2. die Ausdrucke oder sonstigen Reproduktionen mit der schriftlichen Unterlage bildlich und inhaltlich übereinstimmen und
3. als Unterlage für die Herstellung der Wiedergabe nur dann der Abdruck einer Unterlage verwendet werden darf, wenn die dem Abdruck zugrunde liegende Unterlage bei der Behörde nicht mehr vorhanden ist.

3Die Sätze 1 und 2 gelten auch für die Aufbewahrung von Unterlagen, die nur mit Hilfe einer Datenverarbeitungsanlage erstellt worden sind, mit der Maßgabe, dass eine bildliche Übereinstimmung der Wiedergabe auf dem dauerhaften Datenträger mit der erstmals erstellten Unterlage nicht sichergestellt sein muss.

(3) 1Können aufzubewahrende Unterlagen nur in der Form einer Wiedergabe auf einem Bildträger oder als Daten auf anderen dauerhaften Datenträgern vorgelegt werden, sind, soweit die Akteneinsicht zu gestatten ist, bei der Behörde auf ihre Kosten diejenigen Hilfsmittel zur Verfügung zu stellen, die erforderlich sind, die Unterlagen lesbar zu machen. 2Soweit erforderlich, ist die Behörde verpflichtet, die Unterlagen ganz oder teilweise auszudrucken oder ohne Hilfsmittel lesbare Reproduktionen beizubringen; die Behörde kann Ersatz ihrer Aufwendungen in angemessenem Umfang verlangen.

(4) Absatz 2 gilt nicht für Unterlagen, die als Wiedergabe auf einem Bildträger aufbewahrt werden, wenn diese Wiedergabe vor dem 1. Februar 2003 durchgeführt wird.

In § 110a Absatz 2 Satz 2 Nummer 1 Buchstabe a werden die Wörter "und über diese Übereinstimmung ein Nachweis geführt wird," gestrichen.

§ 110b Rückgabe, Vernichtung und Archivierung von Unterlagen

(1) 1Unterlagen, die für eine öffentlich-rechtliche Verwaltungstätigkeit einer Behörde nicht mehr erforderlich sind, können nach den Absätzen 2 und 3 zurückgegeben oder vernichtet werden. 2Die Anbietungs- und Übergabepflichten nach den Vorschriften des Bundesarchivgesetzes und der entsprechenden gesetzlichen Vorschriften der Länder bleiben unberührt. 3Satz 1 gilt insbesondere für

1. Unterlagen, deren Aufbewahrungsfristen abgelaufen sind,
2. Unterlagen, die nach Maßgabe des § 110a Absatz 2 als Wiedergabe auf einem maschinell verwertbaren dauerhaften Datenträger aufbewahrt werden und
3. der Behörde vom Betroffenen oder von Dritten zur Verfügung gestellte Unterlagen.

(2) Unterlagen, die einem Träger der gesetzlichen Rentenversicherung von Versicherten, Antragstellern oder von anderen Stellen zur Verfügung gestellt worden sind, sind diesen zurückzugeben, soweit sie nicht als Ablichtung oder Abschrift dem Träger auf Anforderung von den genannten Stellen zur Verfügung gestellt worden sind; werden die Unterlagen anderen Stellen zur Verfügung gestellt, sind sie von diesen Stellen auf Anforderung zurückzugeben.

(3) Die übrigen Unterlagen im Sinne von Absatz 1 werden vernichtet, soweit kein Grund zu der Annahme besteht, dass durch die Vernichtung schutzwürdige Interessen des Betroffenen beeinträchtigt werden.

§ 110c Verwaltungsvereinbarungen, Verordnungsermächtigung

(1) 1Die Spitzenverbände der Träger der Sozialversicherung und die Bundesagentur für Arbeit vereinbaren gemeinsam unter besonderer Berücksichtigung der schutzwürdigen Interessen der Betroffenen und der Voraussetzungen des Signaturgesetzes das Nähere zu den Grundsätzen ordnungsmäßiger Aufbewahrung im Sinne des § 110a, den Voraussetzungen der Rückgabe und Vernichtung von Unterlagen sowie die Aufbewahrungsfristen für Unterlagen. 2Dies gilt entsprechend für die ergänzenden Vorschriften des E-Government-Gesetzes. 3Die Vereinbarung kann auf bestimmte Sozialleistungsbereiche beschränkt werden; sie ist von den beteiligten Spitzenverbänden abzuschließen.

4Die Vereinbarungen bedürfen der Genehmigung der beteiligten Bundesministerien.

(2) Soweit Vereinbarungen nicht getroffen sind, wird die Bundesregierung ermächtigt, durch Rechtsverordnung mit Zustimmung des Bundesrates unter besonderer Berücksichtigung der schutzwürdigen Interessen der Betroffenen

1. das Nähere zu bestimmen über
   a) die Grundsätze ordnungsmäßiger Aufbewahrung im Sinne des § 110a,
   b) die Rückgabe und Vernichtung von Unterlagen,
2. für bestimmte Unterlagen allgemeine Aufbewahrungsfristen festzulegen.

§ 110d Beweiswirkung

Ist eine Unterlage nach § 110a Absatz 2 auf anderen dauerhaften maschinell verwertbaren Datenträgern als Bildträgern aufbewahrt und

1. die Wiedergabe mit einer qualifizierten elektronischen Signatur nach dem Signaturgesetz dessen versehen, der die Wiedergabe auf dem dauerhaften Datenträger hergestellt oder die Übereinstimmung der Unterlage mit Inhalt und Bild der Wiedergabe unmittelbar nach der Herstellung der Wiedergabe geprüft hat, oder
2. bei urschriftlicher Aufzeichnung des Textes nur in gespeicherter Form diese mit einer qualifizierten elektronischen Signatur nach dem Signaturgesetz dessen versehen ist, der den Text elektronisch signiert hat,

und ist die qualifizierte elektronische Signatur dauerhaft überprüfbar, können der öffentlich-rechtlichen Verwaltungstätigkeit die Daten auf diesem dauerhaften Datenträger zugrunde gelegt werden, soweit nach den Umständen des Einzelfalles kein Anlass ist, ihre sachliche Richtigkeit zu beanstanden.

Siebter Abschnitt
Bußgeldvorschriften

§ 111 Bußgeldvorschriften

(1) 1Ordnungswidrig handelt, wer vorsätzlich oder leichtfertig

1. entgegen § 18f Absatz 1 bis 3 Satz 1 oder Absatz 5 die Versicherungsnummer erhebt, verarbeitet oder nutzt,
2. entgegen § 28a Absatz 1 bis 3, 4 Satz 1 oder Absatz 9, jeweils in Verbindung mit einer Rechtsverordnung nach § 28c Nummer 1 eine Meldung nicht, nicht richtig, nicht vollständig oder nicht rechtzeitig erstattet,

2a. entgegen § 28a Absatz 7 Satz 1 oder 2 eine Meldung nicht, nicht richtig, nicht vollständig oder nicht rechtzeitig erstattet,

2b. entgegen § 28a Absatz 10 Satz 1 oder Absatz 11 Satz 1, jeweils in Verbindung mit einer Rechtsverordnung nach § 28c Absatz 1 Nummer 1, eine Meldung nicht, nicht richtig, nicht vollständig oder nicht rechtzeitig erstattet,

2c. entgegen § 28a Absatz 12 in Verbindung mit einer Rechtsverordnung nach § 28c Absatz 1 Nummer 1 eine Meldung nicht, nicht richtig, nicht vollständig oder nicht rechtzeitig abgibt,

2d. entgegen § 28e Absatz 3c eine Auskunft nicht, nicht richtig oder nicht vollständig erteilt,

3. entgegen § 28f Absatz 1 Satz 1 Lohnunterlagen nicht führt oder nicht aufbewahrt,

3a. entgegen § 28f Absatz 1a eine Lohnunterlage oder eine Beitragsabrechnung nicht oder nicht richtig gestaltet,

3b. entgegen § 28f Absatz 5 Satz 1 eine Lohnunterlage nicht oder nicht für die vorgeschriebene Dauer aufbewahrt,

4. entgegen § 28o
   a) eine Auskunft nicht, nicht richtig, nicht vollständig oder nicht rechtzeitig erteilt oder

b) die erforderlichen Unterlagen nicht, nicht vollständig oder nicht rechtzeitig vorlegt oder

5. bis 7. (weggefallen)

8. einer Rechtsverordnung nach § 28c Nummer 3 bis 5, 7 oder 8, § 28n Satz 1 Nummer 4 oder § 28p Absatz 9 oder einer vollziehbaren Anordnung auf Grund einer solchen Rechtsverordnung zuwiderhandelt, soweit die Rechtsverordnung für einen bestimmten Tatbestand auf diese Bußgeldvorschrift verweist.

2In den Fällen der Nummer 2a findet § 266a Absatz 2 des Strafgesetzbuches keine Anwendung.

(2) Ordnungswidrig handelt, wer als Arbeitgeber einem Beschäftigten oder Hausgewerbetreibenden einen höheren Betrag von dessen Arbeitsentgelt abzieht, als den Teil, den der Beschäftigte oder Hausgewerbetreibende vom Gesamtsozialversicherungsbeitrag zu tragen hat.

(3) Ordnungswidrig handelt, wer

1. entgegen § 40 Absatz 2 einen anderen behindert oder benachteiligt oder
2. entgegen § 77 Absatz 1a Satz 2 eine Versicherung nicht, nicht richtig oder nicht in der vorgeschriebenen Weise abgibt.

(3a) Ordnungswidrig handelt, wer

1. entgegen § 55 Absatz 2 in Verbindung mit einer Rechtsverordnung nach § 56 als Arbeitgeber eine Wahlunterlage nicht, nicht richtig, nicht vollständig oder nicht rechtzeitig ausstellt oder
2. entgegen § 55 Absatz 3 in Verbindung mit einer Rechtsverordnung nach § 56 eine Angabe nicht, nicht richtig, nicht vollständig oder nicht rechtzeitig macht.

(4) Die Ordnungswidrigkeit kann in den Fällen des Absatzes 1 Nummer 2d und 3 und des Absatzes 3 Nummer 2 mit einer Geldbuße bis zu fünfzigtausend Euro, in den Fällen des Absatzes 1 Nummer 2, 2b und 2c mit einer Geldbuße bis zu fünfundzwanzigtausend Euro, in den übrigen Fällen mit einer Geldbuße bis zu fünftausend Euro geahndet werden.

Absatz 1 wird zum 1.1.2016 wie folgt geändert:
- Nummer 5 wird wie folgt gefasst: "5. entgegen § 99 Absatz 1 Satz 1 einen Lohnnachweis nicht, nicht richtig, nicht vollständig, nicht in der vorgeschriebenen Weise oder nicht rechtzeitig übermittelt,".
- Nummer 6 wird wie folgt gefasst: "6. entgegen § 99 Absatz 3, auch in Verbindung mit Absatz 4 Satz 1, eine Meldung nicht, nicht richtig, nicht vollständig oder nicht rechtzeitig erstattet oder".

In Absatz 4 werden zum 1.1.2016 die Wörter "Absatzes 1 Nummer 2, 2b und 2c" durch die Wörter "Absatzes 1 Nummer 2, 2b, 2c und 5" ersetzt.

§ 112 Allgemeines über Bußgeldvorschriften

(1) Verwaltungsbehörden im Sinne des § 36 Absatz 1 Nummer 1 des Gesetzes über Ordnungswidrigkeiten sind

1. der Versicherungsträger, soweit das Gesetz nichts anderes bestimmt,
2. die nach Landesrecht zuständige Stelle bei Ordnungswidrigkeiten nach § 111 Absatz 1 Satz 1 Nummer 1; mangels einer Regelung im Landesrecht bestimmt die Landesregierung die zuständige Stelle,
3. die Behörden der Zollverwaltung bei Ordnungswidrigkeiten nach § 111 Absatz 1 Satz 1 Nummer 2, soweit sie einen Verstoß im Rahmen ihrer Prüfungstätigkeit nach § 2 des Schwarzarbeitsbekämpfungsgesetzes feststellen,
4. die Einzugsstelle bei Ordnungswidrigkeiten nach § 111 Absatz 1 Satz 1 Nummer 2, 2a, 4, 8 und Absatz 2,

4a. der Träger der Rentenversicherung bei Ordnungswidrigkeiten nach § 111 Absatz 1 Nummer 3 bis 3b sowie bei Ordnungswidrigkeiten nach § 111 Absatz 1 Satz 1 Nummer 2, 4, 8 und Absatz 2, wenn die Prüfung nach § 28p vom Träger der Rentenversicherung durchgeführt oder eine Meldung direkt an sie erstattet wird,

4b. die landwirtschaftliche Krankenkasse bei Ordnungswidrigkeiten nach § 111 Absatz 1 Nummer 3 bis 3b im Falle der Prüfung von mitarbeitenden Familienangehörigen nach § 28p Absatz 1 Satz 6,

5. die Aufsichtsbehörde des Versicherungsträgers bei Ordnungswidrigkeiten nach § 111 Absatz 3.

(2) Wird in den Fällen des Absatzes 1 Nummer 1 und 4 gegen den Bußgeldbescheid ein zulässiger Einspruch eingelegt, nimmt die von der Vertreterversammlung bestimmte Stelle die weiteren Aufgaben der Verwaltungsbehörde (§ 69 Absatz 2, 3 und 5 des Gesetzes über Ordnungswidrigkeiten) wahr.

(3) 1Die Geldbußen fließen in den Fällen des Absatzes 1 Nummer 1, 3 und 4 in die Kasse der Verwaltungsbehörde, die den Bußgeldbescheid erlassen hat; § 66 des Zehnten Buches gilt entsprechend. 2Diese Kasse trägt abweichend von § 105 Absatz 2 des Gesetzes über Ordnungswidrigkeiten die notwendigen Auslagen; sie ist auch ersatzpflichtig im Sinne des § 110 Absatz 4 des Gesetzes über Ordnungswidrigkeiten.

§ 113 Zusammenarbeit mit anderen Behörden

1Zur Verfolgung und Ahndung der Ordnungswidrigkeiten nach § 111 arbeiten die Behörden der Zollverwaltung, die Einzugsstellen und die Träger der Rentenversicherung zusammen, wenn sich im Einzelfall konkrete Anhaltspunkte für Verstöße gegen die in § 2 Absatz 1 des Schwarzarbeitsbekämpfungsgesetzes genannten Vorschriften ergeben. 2Sie unterrichten sich gegenseitig über die für die Verfolgung und Ahndung der Ordnungswidrigkeiten notwendigen Tatsachen. 3Ergeben sich Anhaltspunkte für Verstöße gegen die Mitwirkungspflicht nach § 60 Absatz 1 Satz 1 Nummer 2 des Ersten Buches gegenüber einem Träger der Sozialhilfe oder die Meldepflicht nach § 8a des Asylbewerberleistungsgesetzes, unterrichten sie die Träger der Sozialhilfe oder die für die Durchführung des Asylbewerberleistungsgesetzes zuständigen Behörden.

Achter Abschnitt
Übergangsvorschriften

§ 114 Einkommen beim Zusammentreffen mit Renten wegen Todes

(1) Wenn der versicherte Ehegatte vor dem 1. Januar 2002 verstorben ist oder die Ehe vor diesem Tag geschlossen wurde und mindestens ein Ehegatte vor dem 2. Januar 1962 geboren ist, sind bei Renten wegen Todes als Einkommen zu berücksichtigen:

1. Erwerbseinkommen,
2. Leistungen, die auf Grund oder in entsprechender Anwendung öffentlich-rechtlicher Vorschriften erbracht werden, um Erwerbseinkommen zu ersetzen (Erwerbsersatzeinkommen), mit Ausnahme von Zusatzleistungen.

(2) Absatz 1 gilt auch für Erziehungsrenten, wenn der geschiedene Ehegatte vor dem 1. Januar 2002 verstorben ist oder die geschiedene Ehe vor diesem Tag geschlossen wurde und mindestens einer der geschiedenen Ehegatten vor dem 2. Januar 1962 geboren ist.

(3) 1Erwerbsersatzeinkommen im Sinne des Absatzes 1 Nummer 2 sind Leistungen nach § 18a Absatz 3 Satz 1 Nummer 1 bis 8. 2Als Zusatzleistungen im Sinne des Absatzes 1 Nummer 2 gelten Leistungen der öffentlich-rechtlichen Zusatzversorgungen sowie bei Leistungen nach § 18a Absatz 3 Satz 1 Nummer 2 der Teil, der auf einer Höherversicherung beruht.

(4) 1Wenn der versicherte Ehegatte vor dem 1. Januar 2002 verstorben ist oder die Ehe vor diesem Tag geschlossen wurde und mindestens ein Ehegatte vor dem 2. Januar 1962 geboren ist, ist das monatliche Einkommen zu kürzen

1. bei Leistungen nach § 18a Absatz 3 Satz 1 Nummer 2, die nach den besonderen Vorschriften für die knappschaftliche Rentenversicherung berechnet sind, um 25 vom Hundert,
2. bei Leistungen nach § 18a Absatz 3 Satz 1 Nummer 5 und 6 um 42,7 vom Hundert bei Leistungsbeginn vor dem Jahre 2011 und

um 43,6 vom Hundert bei Leistungsbeginn nach dem Jahre 2010 und

3. bei Leistungen nach § 18a Absatz 3 Satz 1 Nummer 7 um 29 vom Hundert bei Leistungsbeginn vor dem Jahre 2011 und um 31 vom Hundert bei Leistungsbeginn nach dem Jahre 2010.

[2]Dies gilt auch für Erziehungsrenten, wenn der geschiedene Ehegatte vor dem 1. Januar 2002 verstorben ist oder die geschiedene Ehe vor diesem Tag geschlossen wurde und mindestens einer der geschiedenen Ehegatten vor dem 2. Januar 1962 geboren ist.

IV

(5) Bestand am 31. Dezember 2001 Anspruch auf eine Rente wegen Todes, ist das monatliche Einkommen bis zum 30. Juni 2002 zu kürzen

1. bei Arbeitsentgelt um 35 vom Hundert, bei Arbeitseinkommen um 30 vom Hundert, bei Bezügen aus einem öffentlich-rechtlichen Dienst- oder Amtsverhältnis oder aus einem versicherungsfreien Arbeitsverhältnis mit Anwartschaften auf Versorgung nach beamtenrechtlichen Vorschriften oder Grundsätzen und bei Einkommen, das solchen Bezügen vergleichbar ist, jedoch nur um 27,5 vom Hundert,
2. bei Leistungen nach § 18a Absatz 3 Satz 1 Nummer 2, die nach den besonderen Vorschriften für die knappschaftliche Rentenversicherung berechnet sind, um 25 vom Hundert und bei Leistungen nach § 18a Absatz 3 Satz 1 Nummer 7 um 27,5 vom Hundert,
3. bei Leistungen nach § 18a Absatz 3 Satz 1 Nummer 5 und 6 um 37,5 vom Hundert.

§ 115 Geringfügige Beschäftigung und geringfügige selbständige Tätigkeit

Vom 1. Januar 2015 bis einschließlich 31. Dezember 2018 gilt § 8 Absatz 1 Nummer 2 mit der Maßgabe, dass die Beschäftigung innerhalb eines Kalenderjahres auf längstens drei Monate oder 70 Arbeitstage nach ihrer Eigenart begrenzt zu sein pflegt oder im Voraus vertraglich begrenzt ist, es sei denn, dass die Beschäftigung berufsmäßig ausgeübt wird und ihr Entgelt 450 Euro im Monat übersteigt.

§ 116 Übergangsregelungen für bestehende Wertguthaben

(1) Wertguthaben für Beschäftigte, die am 1. Januar 2009 abweichend von § 7d Absatz 1 als Zeitguthaben geführt werden, können als Zeitguthaben oder als Entgeltguthaben geführt werden; dies gilt auch für neu vereinbarte Wertguthabenvereinbarungen auf der Grundlage früherer Vereinbarungen.

(2) § 7c Absatz 1 findet nur auf Wertguthabenvereinbarungen Anwendung, die nach dem 1. Januar 2009 geschlossen worden sind.

(3) Für Wertguthabenvereinbarungen nach § 7b, die vor dem 31. Dezember 2008 geschlossen worden sind und in denen entgegen § 7e Absatz 1 und 2 keine Vorkehrungen für den Fall der Insolvenz des Arbeitgebers vereinbart sind, gilt § 7e Absatz 5 und 6 mit Wirkung ab dem 1. Juni 2009.

§ 116a Übergangsregelung zur Beitragshaftung

§ 28e Absatz 3b und 3d Satz 1 in der am 30. September 2009 geltenden Fassung finden weiter Anwendung, wenn der Unternehmer mit der Erbringung der Bauleistungen vor dem 1. Oktober 2009 beauftragt worden ist.

§ 117 Verwaltungsausgaben der knappschaftlichen Krankenversicherung der Rentner

Soweit die Ausgaben der knappschaftlichen Krankenversicherung der Rentner für Versorgungsleistungen der Knappschaftsärzte und Knappschaftszahnärzte die entsprechenden Einnahmen übersteigen, sind sie abweichend von § 71 Absatz 2 der knappschaftlichen Rentenversicherung nicht zu erstatten.

§ 118 (weggefallen)

§ 119 Übergangsregelungen zur Aufhebung des Verfahrens des elektronischen Entgeltnachweises; Löschung der bisher gespeicherten Daten

(1) [1]Alle Daten, die nach den §§ 96, 97 sowie 99 bis 102 in der bis zum Ablauf des 2. Dezember 2011 geltenden Fassung an die Zentrale Speicherstelle und an die Registratur

Fachverfahren übermittelt wurden und gespeichert werden, sowie alle sonstigen im Zusammenhang mit dem Verfahren des elektronischen Entgeltnachweises entstandenen und gespeicherten Daten sind von der Zentralen Speicherstelle und der Registratur Fachverfahren unverzüglich zu löschen. ₂Der Bundesbeauftragte für den Datenschutz und die Informationsfreiheit hat den nach § 99 Absatz 3 Satz 2 in der bis zum Ablauf des 2. Dezember 2011 geltenden Fassung verwalteten Datenbank-Hauptschlüssel unverzüglich zu löschen.

(2) Für die Zwecke des Absatzes 1 bleiben die Zentrale Speicherstelle und die Registratur Fachverfahren nach § 96 in der bis zum Ablauf des 2. Dezember 2011 geltenden Fassung bestehen, bis die Löschung der bei der jeweiligen Stelle gespeicherten Daten nach Absatz 1 abgeschlossen ist.

IV

Verordnung über die sozialversicherungsrechtliche Beurteilung von Zuwendungen des Arbeitgebers als Arbeitsentgelt (Sozialversicherungsentgeltverordnung – SvEV)

Vom 21. Dezember 2006 (BGBl. I S. 3385)

Zuletzt geändert durch
Fünftes Gesetz zur Änderung des Vierten Buches Sozialgesetzbuch und anderer Gesetze
vom 15. April 2015 (BGBl. I S. 583)

§ 1 Dem sozialversicherungspflichtigen Arbeitsentgelt nicht zuzurechnende Zuwendungen

IV

(1) [1]Dem Arbeitsentgelt sind nicht zuzurechnen:

1. einmalige Einnahmen, laufende Zulagen, Zuschläge, Zuschüsse sowie ähnliche Einnahmen, die zusätzlich zu Löhnen oder Gehältern gewährt werden, soweit sie lohnsteuerfrei sind; dies gilt nicht für Sonntags-, Feiertags- und Nachtarbeitszuschläge, soweit das Entgelt, auf dem sie berechnet werden, mehr als 25 Euro für jede Stunde beträgt,
2. sonstige Bezüge nach § 40 Abs. 1 Satz 1 Nr. 1 des Einkommensteuergesetzes, die nicht einmalig gezahltes Arbeitsentgelt nach § 23a des Vierten Buches Sozialgesetzbuch sind,
3. Einnahmen nach § 40 Abs. 2 des Einkommensteuergesetzes,
4. Beiträge nach § 40b des Einkommensteuergesetzes in der am 31. Dezember 2004 geltenden Fassung, die zusätzlich zu Löhnen und Gehältern gewährt werden; dies gilt auch für darin enthaltene Beiträge, die aus einer Entgeltumwandlung (§ 1 Abs. 2 Nr. 3 des Betriebsrentengesetzes) stammen,

4a. Zuwendungen nach § 3 Nr. 56 und § 40b des Einkommensteuergesetzes, die zusätzlich zu Löhnen und Gehältern gewährt werden und für die Satz 3 und 4 nichts Abweichendes bestimmen,

5. Beträge nach § 10 des Entgeltfortzahlungsgesetzes,
6. Zuschüsse zum Mutterschaftsgeld nach § 14 des Mutterschutzgesetzes,
7. in den Fällen des § 3 Abs. 3 der vom Arbeitgeber insoweit übernommene Teil des Gesamtsozialversicherungsbeitrags,
8. Zuschüsse des Arbeitgebers zum Kurzarbeitergeld und Saison-Kurzarbeitergeld, soweit sie zusammen mit dem Kurzarbeitergeld 80 Prozent des Unterschiedsbetrages zwischen dem Sollentgelt und dem Ist-Entgelt nach § 106 des Dritten Buches Sozialgesetzbuch nicht übersteigen,
9. steuerfreie Zuwendungen an Pensionskassen, Pensionsfonds oder Direktversicherungen nach § 3 Nr. 63 Satz 1 und 2 des Einkommensteuergesetzes im Kalenderjahr bis zur Höhe von insgesamt 4 Prozent der Beitragsbemessungsgrenze in der allgemeinen Rentenversicherung; dies gilt auch für darin enthaltene Beträge, die aus einer Entgeltumwandlung (§ 1 Abs. 2 Nr. 3 des Betriebsrentengesetzes) stammen,
10. Leistungen eines Arbeitgebers oder einer Unterstützungskasse an einen Pensionsfonds zur Übernahme bestehender Versorgungsverpflichtungen oder Versorgungsanwartschaften durch den Pensionsfonds, soweit diese nach § 3 Nr. 66 des Einkommensteuergesetzes steuerfrei sind,
11. steuerlich nicht belastete Zuwendungen des Beschäftigten zugunsten von durch Naturkatastrophen im Inland Geschädigten aus Arbeitsentgelt einschließlich Wertguthaben,
12. Sonderzahlungen nach § 19 Absatz 1 Satz 1 Nummer 3 Satz 2 bis 4 des Einkommensteuergesetzes der Arbeitgeber

zur Deckung eines finanziellen Fehlbetrages an die Einrichtungen, für die Satz 3 gilt,

13. Sachprämien nach § 37a des Einkommensteuergesetzes,
14. Zuwendungen nach § 37b Abs. 1 des Einkommensteuergesetzes, soweit die Zuwendungen an Arbeitnehmer eines Dritten erbracht werden und diese Arbeitnehmer nicht Arbeitnehmer eines mit dem Zuwendenden verbundenen Unternehmens sind,
15. vom Arbeitgeber getragene oder übernommene Studiengebühren für ein Studium des Beschäftigten, soweit sie steuerrechtlich kein Arbeitslohn sind,
16. steuerfreie Aufwandsentschädigungen und die in § 3 Nummer 26 und 26a des Einkommensteuergesetzes genannten steuerfreien Einnahmen.

₂Dem Arbeitsentgelt sind die in Satz 1 Nummer 1 bis 4a, 9 bis 11, 13, 15 und 16 genannten Einnahmen, Zuwendungen und Leistungen nur dann nicht zuzurechnen, soweit diese vom Arbeitgeber oder von einem Dritten mit der Entgeltabrechnung für den jeweiligen Abrechnungszeitraum lohnsteuerfrei belassen oder pauschal besteuert werden. ₃Die Summe der in Satz 1 Nr. 4a genannten Zuwendungen nach § 3 Nr. 56 und § 40b des Einkommensteuergesetzes, die vom Arbeitgeber oder von einem Dritten mit der Entgeltabrechnung für den jeweiligen Abrechnungszeitraum lohnsteuerfrei belassen oder pauschal besteuert werden, höchstens jedoch monatlich 100 Euro, sind bis zur Höhe von 2,5 Prozent des für ihre Bemessung maßgebenden Entgelts dem Arbeitsentgelt zuzurechnen, wenn die Versorgungsregelung mindestens bis zum 31. Dezember 2000 vor der Anwendung etwaiger Nettobegrenzungsregelungen eine allgemein erreichbare Gesamtversorgung von mindestens 75 Prozent des gesamtversorgungsfähigen Entgelts und nach dem Eintritt des Versorgungsfalles eine Anpassung nach Maßgabe der Entwicklung der Arbeitsentgelte im Bereich der entsprechenden Versorgungsregelung oder gesetzlicher Versorgungsbezüge vorsieht; die dem Arbeitsentgelt zuzurechnenden Beiträge und Zuwendungen vermindern sich um monatlich 13,30 Euro. ₄Satz 3 gilt mit der Maßgabe, dass die Zuwendungen nach § 3 Nr. 56 und § 40b des Einkommensteuergesetzes dem Arbeitsentgelt insoweit zugerechnet werden, als sie in der Summe monatlich 100 Euro übersteigen.

(2) In der gesetzlichen Unfallversicherung und in der Seefahrt sind auch lohnsteuerfreie Zuschläge für Sonntags-, Feiertags- und Nachtarbeit dem Arbeitsentgelt zuzurechnen; dies gilt in der Unfallversicherung nicht für Erwerbseinkommen, das bei einer Hinterbliebenenrente zu berücksichtigen ist.

IV

§ 2 Verpflegung, Unterkunft und Wohnung als Sachbezug

(1) ₁Der Wert der als Sachbezug zur Verfügung gestellten Verpflegung wird auf monatlich 229 Euro festgesetzt. ₂Dieser Wert setzt sich zusammen aus dem Wert für

1. Frühstück von 49 Euro,
2. Mittagessen von 90 Euro und
3. Abendessen von 90 Euro.

(2) ₁Für Verpflegung, die nicht nur dem Beschäftigten, sondern auch seinen nicht bei demselben Arbeitgeber beschäftigten Familienangehörigen zur Verfügung gestellt wird, erhöhen sich die nach Absatz 1 anzusetzenden Werte je Familienangehörigen,

1. der das 18. Lebensjahr vollendet hat, um 100 Prozent,
2. der das 14., aber noch nicht das 18. Lebensjahr vollendet hat, um 80 Prozent,
3. der das 7., aber noch nicht das 14. Lebensjahr vollendet hat, um 40 Prozent und
4. der das 7. Lebensjahr noch nicht vollendet hat, um 30 Prozent.

₂Bei der Berechnung des Wertes ist das Lebensalter des Familienangehörigen im ersten Entgeltabrechnungszeitraum des Kalenderjahres maßgebend. ₃Sind Ehegatten bei demselben Arbeitgeber beschäftigt, sind die Erhöhungswerte nach Satz 1 für Verpflegung der Kinder beiden Ehegatten je zur Hälfte zuzurechnen.

(3) 1Der Wert einer als Sachbezug zur Verfügung gestellten Unterkunft wird auf monatlich 223 Euro festgesetzt. 2Der Wert der Unterkunft nach Satz 1 vermindert sich

1. bei Aufnahme des Beschäftigten in den Haushalt des Arbeitgebers oder bei Unterbringung in einer Gemeinschaftsunterkunft um 15 Prozent,
2. für Jugendliche bis zur Vollendung des 18. Lebensjahres und Auszubildende um 15 Prozent und
3. bei der Belegung
   a) mit zwei Beschäftigten um 40 Prozent,
   b) mit drei Beschäftigten um 50 Prozent und
   c) mit mehr als drei Beschäftigten um 60 Prozent.

3Ist es nach Lage des einzelnen Falles unbillig, den Wert einer Unterkunft nach Satz 1 zu bestimmen, kann die Unterkunft mit dem ortsüblichen Mietpreis bewertet werden; Absatz 4 Satz 2 gilt entsprechend.

(4) 1Für eine als Sachbezug zur Verfügung gestellte Wohnung ist als Wert der ortsübliche Mietpreis unter Berücksichtigung der sich aus der Lage der Wohnung zum Betrieb ergebenden Beeinträchtigungen anzusetzen. 2Ist im Einzelfall die Feststellung des ortsüblichen Mietpreises mit außergewöhnlichen Schwierigkeiten verbunden, kann die Wohnung mit 3,92 Euro je Quadratmeter monatlich, bei einfacher Ausstattung (ohne Sammelheizung oder ohne Bad oder Dusche) mit 3,20 Euro je Quadratmeter monatlich bewertet werden. 3Bestehen gesetzliche Mietpreisbeschränkungen, sind die durch diese Beschränkungen festgelegten Mietpreise als Werte anzusetzen. 4Dies gilt auch für die vertraglichen Mietpreisbeschränkungen im sozialen Wohnungsbau, die nach den jeweiligen Förderrichtlinien des Landes für den betreffenden Förderjahrgang sowie für die mit Wohnungsfürsorgemitteln aus öffentlichen Haushalten geförderten Wohnungen vorgesehen sind. 5Für Energie, Wasser und sonstige Nebenkosten ist der übliche Preis am Abgabeort anzusetzen.

(5) Werden Verpflegung, Unterkunft oder Wohnung verbilligt als Sachbezug zur Verfügung gestellt, ist der Unterschiedsbetrag zwischen dem vereinbarten Preis und dem Wert, der sich bei freiem Bezug nach den Absätzen 1 bis 4 ergeben würde, dem Arbeitsentgelt zuzurechnen.

(6) 1Bei der Berechnung des Wertes für kürzere Zeiträume als einen Monat ist für jeden Tag ein Dreißigstel der Werte nach den Absätzen 1 bis 5 zugrunde zu legen. 2Die Prozentsätze der Absätze 2 und 3 sind auf den Tageswert nach Satz 1 anzuwenden. 3Die Berechnungen werden jeweils auf 2 Dezimalstellen durchgeführt; die zweite Dezimalstelle wird um 1 erhöht, wenn sich in der dritten Dezimalstelle eine der Zahlen 5 bis 9 ergibt.

§ 3 Sonstige Sachbezüge

(1) 1Werden Sachbezüge, die nicht von § 2 erfasst werden, unentgeltlich zur Verfügung gestellt, ist als Wert für diese Sachbezüge der um übliche Preisnachlässe geminderte übliche Endpreis am Abgabeort anzusetzen. 2Sind auf Grund des § 8 Absatz 2 Satz 10 des Einkommensteuergesetzes Durchschnittswerte festgesetzt worden, sind diese Werte maßgebend. 3Findet § 8 Abs. 2 Satz 2, 3, 4 oder 5 Abs. 3 Satz 1 des Einkommensteuergesetzes Anwendung, sind die dort genannten Werte maßgebend. 4§ 8 Absatz 2 Satz 11 des Einkommensteuergesetzes gilt entsprechend.

(2) Werden Sachbezüge, die nicht von § 2 erfasst werden, verbilligt zur Verfügung gestellt, ist als Wert für diese Sachbezüge der Unterschiedsbetrag zwischen dem vereinbarten Preis und dem Wert, der sich bei freiem Bezug nach Absatz 1 ergeben würde, dem Arbeitsentgelt zuzurechnen.

(3) 1Waren und Dienstleistungen, die vom Arbeitgeber nicht überwiegend für den Bedarf seiner Arbeitnehmer hergestellt, vertrieben oder erbracht werden und die nach § 40 Abs. 1 Satz 1 Nr. 1 des Einkommensteuergesetzes pauschal versteuert werden, können mit dem Durchschnittsbetrag der pauschal versteuerten Waren und Dienstleistungen angesetzt werden; dabei kann der Durch-

schnittsbetrag des Vorjahres angesetzt werden. 2Besteht das Beschäftigungsverhältnis nur während eines Teils des Kalenderjahres, ist für jeden Tag des Beschäftigungsverhältnisses der dreihundertsechzigste Teil des Durchschnittswertes nach Satz 1 anzusetzen. 3Satz 1 gilt nur, wenn der Arbeitgeber den von dem Beschäftigten zu tragenden Teil des Gesamtsozialversicherungsbeitrags übernimmt. 4Die Sätze 1 bis 3 gelten entsprechend für Sachzuwendungen im Wert von nicht mehr als 80 Euro, die der Arbeitnehmer für Verbesserungsvorschläge sowie für Leistungen in der Unfallverhütung und im Arbeitsschutz erhält. 5Die mit einem Durchschnittswert angesetzten Sachbezüge, die in einem Kalenderjahr gewährt werden, sind insgesamt dem letzten Entgeltabrechnungszeitraum in diesem Kalenderjahr zuzuordnen.

V SGB V: Gesetzliche Krankenversicherung

Sozialgesetzbuch (SGB) Fünftes Buch (V) – Gesetzliche Krankenversicherung – (SGB V)

Vom 20. Dezember 1988 (BGBl. I S. 2477)

Zuletzt geändert durch[1])
Präventionsgesetz
vom 17. Juli 2015 (BGBl. I S. 1368)
und
GKV-Versorgungsstärkungsgesetz
vom 16. Juli 2015 (BGBl. I S. 1211)

V

Inhaltsübersicht

---

[1]) Soweit Änderungen am 1. Januar 2017 in Kraft treten, werden sie in einer späteren Ausgaben berücksichtigt. Abonnenten können über den Onlinedienst diese Änderungen bereits abrufen.
Änderungen zum 1. Januar 2016 sind bereits als Anmerkungen eingearbeitet (siehe §§ 5, 10, 20, 20a, 20b, 20h, 20i, 47a, 65b, 92, 232a, 257, 279)

V

V

V

V

V

Erstes Kapitel
Allgemeine Vorschriften

§ 1 Solidarität und Eigenverantwortung

$_{1}$Die Krankenversicherung als Solidargemeinschaft hat die Aufgabe, die Gesundheit der Versicherten zu erhalten, wiederherzustellen oder ihren Gesundheitszustand zu bessern. $_{2}$Das umfasst auch die Förderung der gesundheitlichen Eigenkompetenz und Eigenverantwortung der Versicherten. $_{3}$Die Versicherten sind für ihre Gesundheit mit verantwortlich; sie sollen durch eine gesundheitsbewußte Lebensführung, durch frühzeitige Beteiligung an gesundheitlichen Vorsorgemaßnahmen sowie durch aktive Mitwirkung an Krankenbehandlung und Rehabilitation dazu beitragen, den Eintritt von Krankheit und Behinderung zu vermeiden oder ihre Folgen zu überwinden. $_{4}$Die Krankenkassen haben den Versicherten dabei durch Aufklärung, Beratung und Leistungen zu helfen und auf gesunde Lebensverhältnisse hinzuwirken.

§ 2 Leistungen

(1) $_{1}$Die Krankenkassen stellen den Versicherten die im Dritten Kapitel genannten Leistungen unter Beachtung des Wirtschaftlichkeitsgebots (§ 12) zur Verfügung, soweit diese Leistungen nicht der Eigenverantwortung der Versicherten zugerechnet werden. $_{2}$Behandlungsmethoden, Arznei- und Heilmittel der besonderen Therapierichtungen sind nicht ausgeschlossen. $_{3}$Qualität und Wirksamkeit der Leistungen haben dem allgemein anerkannten Stand der medizinischen Erkenntnisse zu entsprechen und den medizinischen Fortschritt zu berücksichtigen.

(1a) $_{1}$Versicherte mit einer lebensbedrohlichen oder regelmäßig tödlichen Erkrankung oder mit einer zumindest wertungsmäßig vergleichbaren Erkrankung, für die eine allgemein anerkannte, dem medizinischen Standard entsprechende Leistung nicht zur Verfügung steht, können auch eine von Absatz 1 Satz 3 abweichende Leistung beanspruchen, wenn eine nicht ganz entfernt liegende Aussicht auf Heilung oder auf eine spürbare positive Einwirkung auf den Krankheitsverlauf besteht. $_{2}$Die Krankenkasse erteilt für Leistungen nach Satz 1 vor Beginn der Behandlung eine Kostenübernahmeerklärung, wenn Versicherte oder behandelnde Leistungserbringer dies beantragen. $_{3}$Mit der Kostenübernahmeerklärung wird die Abrechnungsmöglichkeit der Leistung nach Satz 1 festgestellt.

(2) $_{1}$Die Versicherten erhalten die Leistungen als Sach- und Dienstleistungen, soweit dieses oder das Neunte Buch nichts Abweichendes vorsehen. $_{2}$Die Leistungen können auf Antrag auch als Teil eines trägerübergreifenden Persönlichen Budgets erbracht werden; § 17 Abs. 2 bis 4 des Neunten Buches in Verbindung mit der Budgetverordnung und § 159 des Neunten Buches finden Anwendung. $_{3}$Über die Erbringung der Sach- und Dienstleistungen schließen die Krankenkassen nach den Vorschriften des Vierten Kapitels Verträge mit den Leistungserbringern.

(3) $_{1}$Bei der Auswahl der Leistungserbringer ist ihre Vielfalt zu beachten. $_{2}$Den religiösen Bedürfnissen der Versicherten ist Rechnung zu tragen.

(4) Krankenkassen, Leistungserbringer und Versicherte haben darauf zu achten, daß die Leistungen wirksam und wirtschaftlich erbracht und nur im notwendigen Umfang in Anspruch genommen werden.

§ 2a Leistungen an behinderte und chronisch kranke Menschen

Den besonderen Belangen behinderter und chronisch kranker Menschen ist Rechnung zu tragen.

§ 2b Geschlechtsspezifische Besonderheiten

Bei den Leistungen der Krankenkassen ist geschlechtsspezifischen Besonderheiten Rechnung zu tragen.

§ 3 Solidarische Finanzierung

$_{1}$Die Leistungen und sonstigen Ausgaben der Krankenkassen werden durch Beiträge finanziert. $_{2}$Dazu entrichten die Mitglieder und die Arbeitgeber Beiträge, die sich in der Regel nach den beitragspflichtigen Einnahmen der Mitglieder richten. $_{3}$Für versicherte Familienangehörige werden Beiträge nicht erhoben.

§4 Krankenkassen

(1) Die Krankenkassen sind rechtsfähige Körperschaften des öffentlichen Rechts mit Selbstverwaltung.

(2) Die Krankenversicherung ist in folgende Kassenarten gegliedert:

- Allgemeine Ortskrankenkassen,
- Betriebskrankenkassen,
- Innungskrankenkassen,
- Sozialversicherung für Landwirtschaft, Forsten und Gartenbau als Träger der Krankenversicherung der Landwirte,
- die Deutsche Rentenversicherung Knappschaft-Bahn-See als Träger der Krankenversicherung (Deutsche Rentenversicherung Knappschaft-Bahn-See),
- Ersatzkassen.

(3) $_{1}$Im Interesse der Leistungsfähigkeit und Wirtschaftlichkeit der gesetzlichen Krankenversicherung arbeiten die Krankenkassen und ihre Verbände sowohl innerhalb einer Kassenart als auch kassenartenübergreifend miteinander und mit allen anderen Einrichtungen des Gesundheitswesens eng zusammen. $_{2}$Krankenkassen können die Unterlassung unzulässiger Werbemaßnahmen von anderen Krankenkassen verlangen; § 12 Absatz 1 bis 3 des Gesetzes gegen den unlauteren Wettbewerb gilt entsprechend.

(4) $_{1}$Die Krankenkassen haben bei der Durchführung ihrer Aufgaben und in ihren Verwaltungsangelegenheiten sparsam und wirtschaftlich zu verfahren und dabei ihre Ausgaben so auszurichten, dass Beitragserhöhungen ausgeschlossen werden, es sei denn, die notwendige medizinische Versorgung ist auch nach Ausschöpfung von Wirtschaftlichkeitsreserven nicht zu gewährleisten. $_{2}$Die Verwaltungsausgaben der einzelnen Krankenkasse dürfen sich in den Jahren 2011 und 2012 gegenüber dem Jahr 2010 nicht erhöhen. $_{3}$Zu den Verwaltungsausgaben zählen auch die Kosten der Krankenkasse für die Durchführung ihrer Verwaltungsaufgaben durch Dritte. $_{4}$Abweichend von Satz 2 sind

1. Veränderungen der für die Zuweisung nach § 270 Absatz 1 Satz 1 Buchstabe c maßgeblichen Bestimmungsgrößen sowie
2. Erhöhungen der Verwaltungsausgaben, die auf der Durchführung der Sozialversicherungswahlen beruhen, es sei denn, dass das Wahlverfahren nach § 46 Absatz 2 des Vierten Buches durchgeführt wird,

zu berücksichtigen. $_{5}$In Fällen unabweisbaren personellen Mehrbedarfs durch gesetzlich neu zugewiesene Aufgaben kann die Aufsichtsbehörde eine Ausnahme von Satz 2 zulassen, soweit die Krankenkasse nachweist, dass der Mehrbedarf nicht durch Ausschöpfung von Wirtschaftlichkeitsreserven gedeckt werden kann. $_{6}$Die Sätze 2 und 3, Satz 4 Nummer 2 und Satz 5 gelten für die Verbände der Krankenkassen entsprechend.

(5) In den Verwaltungsvorschriften nach § 78 Satz 1 und § 77 Absatz 1a des Vierten Buches ist sicherzustellen, dass Verwaltungsausgaben, die der Werbung neuer Mitglieder dienen, nach für alle Krankenkassen gleichen Grundsätzen gebucht werden.

(6) $_{1}$Bei Krankenkassen, die bis zum 31. Dezember 2011 nicht an mindestens 10 Prozent ihrer Versicherten elektronische Gesundheitskarten nach § 291a ausgegeben haben, reduzieren sich abweichend von Absatz 4 Satz 2 die Verwaltungsausgaben im Jahr 2012 gegenüber dem Jahr 2010 um 2 Prozent. $_{2}$Bei Krankenkassen, die bis zum 31. Dezember 2012 nicht an mindestens 70 Prozent ihrer Versicherten elektronische Gesundheitskarten nach § 291a ausgegeben haben, dürfen sich die Verwaltungsausgaben im Jahr 2013 gegenüber dem Jahr 2012 nicht erhöhen. $_{3}$Absatz 4 Satz 4 Nummer 1 und Satz 5 sowie § 291a Absatz 7 Satz 7 gelten entsprechend. $_{4}$Für die Bestimmung des Versichertenanteils ist die Zahl der Versicherten am 1. Juli 2011 maßgeblich.

§ 4a Sonderregelungen zum Verwaltungsverfahren

Abweichungen von den Regelungen des Verwaltungsverfahrens gemäß den §§ 266, 267 und 269 durch Landesrecht sind ausgeschlossen.

Zweites Kapitel
Versicherter Personenkreis

Erster Abschnitt
Versicherung kraft Gesetzes

§ 5 Versicherungspflicht

(1) Versicherungspflichtig sind

1. Arbeiter, Angestellte und zu ihrer Berufsausbildung Beschäftigte, die gegen Arbeitsentgelt beschäftigt sind,
2. Personen in der Zeit, für die sie Arbeitslosengeld oder Unterhaltsgeld nach dem Dritten Buch beziehen oder nur deshalb nicht beziehen, weil der Anspruch ab Beginn des zweiten Monats bis zur zwölften Woche einer Sperrzeit (§ 159 des Dritten Buches) oder ab Beginn des zweiten Monats wegen einer Urlaubsabgeltung (§ 157 Absatz 2 des Dritten Buches) ruht; dies gilt auch, wenn die Entscheidung, die zum Bezug der Leistung geführt hat, rückwirkend aufgehoben oder die Leistung zurückgefordert oder zurückgezahlt worden ist,

2a. Personen in der Zeit, für die sie Arbeitslosengeld II nach dem Zweiten Buch beziehen, soweit sie nicht familienversichert sind, es sei denn, dass diese Leistung nur darlehensweise gewährt wird oder nur Leistungen nach § 24 Absatz 3 Satz 1 des Zweiten Buches bezogen werden; dies gilt auch, wenn die Entscheidung, die zum Bezug der Leistung geführt hat, rückwirkend aufgehoben oder die Leistung zurückgefordert oder zurückgezahlt worden ist,

3. Landwirte, ihre mitarbeitenden Familienangehörigen und Altenteiler nach näherer Bestimmung des Zweiten Gesetzes über die Krankenversicherung der Landwirte,
4. Künstler und Publizisten nach näherer Bestimmung des Künstlersozialversicherungsgesetzes,
5. Personen, die in Einrichtungen der Jugendhilfe für eine Erwerbstätigkeit befähigt werden sollen,
6. Teilnehmer an Leistungen zur Teilhabe am Arbeitsleben sowie an Abklärungen der beruflichen Eignung oder Arbeitserprobung, es sei denn, die Maßnahmen werden nach den Vorschriften des Bundesversorgungsgesetzes erbracht,
7. behinderte Menschen, die in anerkannten Werkstätten für behinderte Menschen oder in Blindenwerkstätten im Sinne des § 143 des Neunten Buches oder für diese Einrichtungen in Heimarbeit tätig sind,
8. behinderte Menschen, die in Anstalten, Heimen oder gleichartigen Einrichtungen in gewisser Regelmäßigkeit eine Leistung erbringen, die einem Fünftel der Leistung eines voll erwerbsfähigen Beschäftigten in gleichartiger Beschäftigung entspricht; hierzu zählen auch Dienstleistungen für den Träger der Einrichtung,
9. Studenten, die an staatlichen oder staatlich anerkannten Hochschulen eingeschrieben sind, unabhängig davon, ob sie ihren Wohnsitz oder gewöhnlichen Aufenthalt im Inland haben, wenn für sie auf Grund über- oder zwischenstaatlichen Rechts kein Anspruch auf Sachleistungen besteht, bis zum Abschluß des vierzehnten Fachsemesters, längstens bis zur Vollendung des dreißigsten Lebensjahres; Studenten nach Abschluß des vierzehnten Fachsemesters oder nach Vollendung des dreißigsten Lebensjahres sind nur versicherungspflichtig, wenn die Art der Ausbildung oder familiäre sowie persönliche Gründe, insbesondere der Erwerb der Zugangsvoraussetzungen in einer Ausbildungsstätte des Zweiten Bildungs-

wegs, die Überschreitung der Altersgrenze oder eine längere Fachstudienzeit rechtfertigen,

10. Personen, die eine in Studien- oder Prüfungsordnungen vorgeschriebene berufspraktische Tätigkeit ohne Arbeitsentgelt verrichten, sowie zu ihrer Berufsausbildung ohne Arbeitsentgelt Beschäftigte; Auszubildende des Zweiten Bildungswegs, die sich in einem förderungsfähigen Teil eines Ausbildungsabschnitts nach dem Bundesausbildungsförderungsgesetz befinden, sind Praktikanten gleichgestellt,

11. Personen, die die Voraussetzungen für den Anspruch auf eine Rente aus der gesetzlichen Rentenversicherung erfüllen und diese Rente beantragt haben, wenn sie seit der erstmaligen Aufnahme einer Erwerbstätigkeit bis zur Stellung des Rentenantrags mindestens neun Zehntel der zweiten Hälfte des Zeitraums Mitglied oder nach § 10 versichert waren,

11a. Personen, die eine selbständige künstlerische oder publizistische Tätigkeit vor dem 1. Januar 1983 aufgenommen haben, die Voraussetzungen für den Anspruch auf eine Rente aus der Rentenversicherung erfüllen und diese Rente beantragt haben, wenn sie mindestens neun Zehntel des Zeitraums zwischen dem 1. Januar 1985 und der Stellung des Rentenantrags nach dem Künstlersozialversicherungsgesetz in der gesetzlichen Krankenversicherung versichert waren; für Personen, die am 3. Oktober 1990 ihren Wohnsitz im Beitrittsgebiet hatten, ist anstelle des 1. Januar 1985 der 1. Januar 1992 maßgebend,

12. Personen, die die Voraussetzungen für den Anspruch auf eine Rente aus der gesetzlichen Rentenversicherung erfüllen und diese Rente beantragt haben, wenn sie zu den in § 1 oder § 17a des Fremdrentengesetzes oder zu den in § 20 des Gesetzes zur Wiedergutmachung nationalsozialistischen Unrechts in der Sozialversicherung genannten Personen gehören und ihren Wohnsitz innerhalb der letzten 10 Jahre vor der Stellung des Rentenantrags in das Inland verlegt haben,

13. Personen, die keinen anderweitigen Anspruch auf Absicherung im Krankheitsfall haben und
    a) zuletzt gesetzlich krankenversichert waren oder
    b) bisher nicht gesetzlich oder privat krankenversichert waren, es sei denn, dass sie zu den in Absatz 5 oder den in § 6 Abs. 1 oder 2 genannten Personen gehören oder bei Ausübung ihrer beruflichen Tätigkeit im Inland gehört hätten.

(2) $_1$Der nach Absatz 1 Nr. 11 erforderlichen Mitgliedszeit steht bis zum 31. Dezember 1988 die Zeit der Ehe mit einem Mitglied gleich, wenn die mit dem Mitglied verheiratete Person nicht mehr als nur geringfügig beschäftigt oder geringfügig selbständig tätig war. $_2$Bei Personen, die ihren Rentenanspruch aus der Versicherung einer anderen Person ableiten, gelten die Voraussetzungen des Absatzes 1 Nr. 11 oder 12 als erfüllt, wenn die andere Person diese Voraussetzungen erfüllt hatte.

(3) Als gegen Arbeitsentgelt beschäftigte Arbeiter und Angestellte im Sinne des Absatzes 1 Nr. 1 gelten Bezieher von Vorruhestandsgeld, wenn sie unmittelbar vor Bezug des Vorruhestandsgeldes versicherungspflichtig waren und das Vorruhestandsgeld mindestens in Höhe von 65 vom Hundert des Bruttoarbeitsentgelts im Sinne des § 3 Abs. 2 des Vorruhestandsgesetzes gezahlt wird.

(4) Als Bezieher von Vorruhestandsgeld ist nicht versicherungspflichtig, wer im Ausland seinen Wohnsitz oder gewöhnlichen Aufenthalt in einem Staat hat, mit dem für Arbeitnehmer mit Wohnsitz oder gewöhnlichem Aufenthalt in diesem Staat keine über- oder zwischenstaatlichen Regelungen über Sachleistungen bei Krankheit bestehen.

(4a) $_1$Auszubildende, die im Rahmen eines Berufsausbildungsvertrages nach dem

Berufsbildungsgesetz in einer außerbetrieblichen Einrichtung ausgebildet werden, stehen den Beschäftigten zur Berufsausbildung im Sinne des Absatzes 1 Nr. 1 gleich. $_2$Teilnehmer an dualen Studiengängen stehen den Beschäftigten zur Berufsausbildung im Sinne des Absatzes 1 Nummer 1 gleich. $_3$Als zu ihrer Berufsausbildung Beschäftigte im Sinne des Absatzes 1 Nr. 1 gelten Personen, die als nicht satzungsmäßige Mitglieder geistlicher Genossenschaften oder ähnlicher religiöser Gemeinschaften für den Dienst in einer solchen Genossenschaft oder ähnlichen religiösen Gemeinschaft außerschulisch ausgebildet werden.

(5) $_1$Nach Absatz 1 Nr. 1 oder 5 bis 12 ist nicht versicherungspflichtig, wer hauptberuflich selbständig erwerbstätig ist. $_2$Bei Personen, die im Zusammenhang mit ihrer selbständigen Erwerbstätigkeit regelmäßig mindestens einen Arbeitnehmer mehr als geringfügig beschäftigen, wird vermutet, dass sie hauptberuflich selbständig erwerbstätig sind; als Arbeitnehmer gelten für Gesellschafter auch die Arbeitnehmer der Gesellschaft.

(5a) $_1$Nach Absatz 1 Nr. 2a ist nicht versicherungspflichtig, wer zuletzt vor dem Bezug von Arbeitslosengeld II privat krankenversichert war oder weder gesetzlich noch privat krankenversichert war und zu den in Absatz 5 oder den in § 6 Abs. 1 oder 2 genannten Personen gehört oder bei Ausübung seiner beruflichen Tätigkeit im Inland gehört hätte. $_2$Satz 1 gilt nicht für Personen, die am 31. Dezember 2008 nach § 5 Abs. 1 Nr. 2a versicherungspflichtig waren, für die Dauer ihrer Hilfebedürftigkeit.

(6) $_1$Nach Absatz 1 Nr. 5 bis 7 oder 8 ist nicht versicherungspflichtig, wer nach Absatz 1 Nr. 1 versicherungspflichtig ist. $_2$Trifft eine Versicherungspflicht nach Absatz 1 Nr. 6 mit einer Versicherungspflicht nach Absatz 1 Nr. 7 oder 8 zusammen, geht die Versicherungspflicht vor, nach der die höheren Beiträge zu zahlen sind.

(7) $_1$Nach Absatz 1 Nr. 9 oder 10 ist nicht versicherungspflichtig, wer nach Absatz 1 Nr. 1 bis 8, 11 oder 12 versicherungspflichtig oder nach § 10 versichert ist, es sei denn, der Ehegatte, der Lebenspartner oder das Kind des Studenten oder Praktikanten ist nicht versichert. $_2$Die Versicherungspflicht nach Absatz 1 Nr. 9 geht der Versicherungspflicht nach Absatz 1 Nr. 10 vor.

(8) $_1$Nach Absatz 1 Nr. 11 oder 12 ist nicht versicherungspflichtig, wer nach Absatz 1 Nr. 1 bis 7 oder 8 versicherungspflichtig ist. $_2$Satz 1 gilt für die in § 190 Abs. 11a genannten Personen entsprechend. $_3$Bei Beziehern einer Rente der gesetzlichen Rentenversicherung, die nach dem 31. März 2002 nach § 5 Abs. 1 Nr. 11 versicherungspflichtig geworden sind, deren Anspruch auf Rente schon an diesem Tag bestand und die bis zu diesem Zeitpunkt nach § 10 oder nach § 7 des Zweiten Gesetzes über die Krankenversicherung der Landwirte versichert waren, aber nicht die Vorversicherungszeit des § 5 Abs. 1 Nr. 11 in der seit dem 1. Januar 1993 geltenden Fassung erfüllt hatten und deren Versicherung nach § 10 oder nach § 7 des Zweiten Gesetzes über die Krankenversicherung der Landwirte nicht von einer der in § 9 Abs. 1 Nr. 6 genannten Personen abgeleitet worden ist, geht die Versicherung nach § 10 oder nach § 7 des Zweiten Gesetzes über die Krankenversicherung der Landwirte der Versicherung nach § 5 Abs. 1 Nr. 11 vor.

(8a) $_1$Nach Absatz 1 Nr. 13 ist nicht versicherungspflichtig, wer nach Absatz 1 Nr. 1 bis 12 versicherungspflichtig, freiwilliges Mitglied oder nach § 10 versichert ist. $_2$Satz 1 gilt entsprechend für Empfänger laufender Leistungen nach dem Dritten, Vierten, Sechsten und Siebten Kapitel des Zwölften Buches und für Empfänger laufender Leistungen nach § 2 des Asylbewerberleistungsgesetzes. $_3$Satz 2 gilt auch, wenn der Anspruch auf diese Leistungen für weniger als einen Monat unterbrochen wird. $_4$Der Anspruch auf Leistungen nach § 19 Abs. 2 gilt nicht als Absicherung im Krankheitsfall im Sinne von Absatz 1 Nr. 13, sofern im Anschluss daran kein anderweitiger Anspruch auf Absicherung im Krankheitsfall besteht.

(9) $_1$Kommt eine Versicherung nach den §§ 5, 9 oder 10 nach Kündigung des Versicherungsvertrages nicht zu Stande oder endet

eine Versicherung nach den §§ 5 oder 10 vor Erfüllung der Vorversicherungszeit nach § 9, ist das private Krankenversicherungsunternehmen zum erneuten Abschluss eines Versicherungsvertrages verpflichtet, wenn der vorherige Vertrag für mindestens fünf Jahre vor seiner Kündigung ununterbrochen bestanden hat. 2Der Abschluss erfolgt ohne Risikoprüfung zu gleichen Tarifbedingungen, die zum Zeitpunkt der Kündigung bestanden haben; die bis zum Ausscheiden erworbenen Alterungsrückstellungen sind dem Vertrag zuzuschreiben. 3Wird eine gesetzliche Krankenversicherung nach Satz 1 nicht begründet, tritt der neue Versicherungsvertrag am Tag nach der Beendigung des vorhergehenden Versicherungsvertrages in Kraft. 4Endet die gesetzliche Krankenversicherung nach Satz 1 vor Erfüllung der Vorversicherungszeit, tritt der neue Versicherungsvertrag am Tag nach Beendigung der gesetzlichen Krankenversicherung in Kraft. 5Die Verpflichtung nach Satz 1 endet drei Monate nach der Beendigung des Versicherungsvertrages, wenn eine Versicherung nach den §§ 5, 9 oder 10 nicht begründet wurde. 6Bei Beendigung der Versicherung nach den §§ 5 oder 10 vor Erfüllung der Vorversicherungszeiten nach § 9 endet die Verpflichtung nach Satz 1 längstens zwölf Monate nach der Beendigung des privaten Versicherungsvertrages. 7Die vorstehenden Regelungen zum Versicherungsvertrag sind auf eine Anwartschaftsversicherung in der privaten Krankenversicherung entsprechend anzuwenden.

(10) (unbesetzt)

(11) 1Ausländer, die nicht Angehörige eines Mitgliedstaates der Europäischen Union, Angehörige eines Vertragsstaates des Abkommens über den Europäischen Wirtschaftsraum oder Staatsangehörige der Schweiz sind, werden von der Versicherungspflicht nach Absatz 1 Nr. 13 erfasst, wenn sie eine Niederlassungserlaubnis oder eine Aufenthaltserlaubnis mit einer Befristung auf mehr als zwölf Monate nach dem Aufenthaltsgesetz besitzen und für die Erteilung dieser Aufenthaltstitel keine Verpflichtung zur Sicherung des Lebensunterhalts nach § 5 Abs. 1 Nr. 1 des Aufenthaltsgesetzes besteht. 2Angehörige eines anderen Mitgliedstaates der Europäischen Union, Angehörige eines anderen Vertragsstaates des Abkommens über den Europäischen Wirtschaftsraum oder Staatsangehörige der Schweiz werden von der Versicherungspflicht nach Absatz 1 Nr. 13 nicht erfasst, wenn die Voraussetzung für die Wohnortnahme in Deutschland die Existenz eines Krankenversicherungsschutzes nach § 4 des Freizügigkeitsgesetzes/EU ist. 3Bei Leistungsberechtigten nach dem Asylbewerberleistungsgesetz liegt eine Absicherung im Krankheitsfall bereits dann vor, wenn ein Anspruch auf Leistungen bei Krankheit, Schwangerschaft und Geburt nach § 4 des Asylbewerberleistungsgesetzes dem Grunde nach besteht.

Ab 1.1.2016 werden alle erwerbsfähigen Leistungsberechtigten nach dem SGB II, die Arbeitslosengeld II beziehen, in der gesetzlichen Krankenversicherung und sozialen Pflegeversicherung einheitlich versicherungspflichtig, soweit sie nicht privat kranken- und pflegeversichert oder dem System der privaten Kranken- und Pflegeversicherung zuzuordnen sind. Die Familienversicherung ist nicht mehr vorrangig einzusetzen.
In Absatz 1 Ziffer 2a entfällt daher ab 1.1.2016 der Zusatz "soweit sie nicht familienversichert sind" (Änderung durch Gesetz zur Weiterentwicklung der Finanzstruktur und der Qualität in der gesetzlichen Krankenversicherung vom 21.7. 2014, BGBl. I S. 1133).

§ 6 Versicherungsfreiheit

(1) Versicherungsfrei sind

1. Arbeiter und Angestellte, deren regelmäßiges Jahresarbeitsentgelt die Jahresarbeitsentgeltgrenze nach den Absätzen 6 oder 7 übersteigt; Zuschläge, die mit Rücksicht auf den Familienstand gezahlt werden, bleiben unberücksichtigt,

1a. nicht-deutsche Besatzungsmitglieder deutscher Seeschiffe, die ihren Wohnsitz oder gewöhnlichen Aufenthalt nicht in einem Mitgliedstaat der Europäischen Union, einem Vertragsstaat des Abkommens über den Europäischen Wirtschaftsraum oder der Schweiz haben,

2. Beamte, Richter, Soldaten auf Zeit sowie Berufssoldaten der Bundeswehr und sonstige Beschäftigte des Bundes, eines Landes, eines Gemeindeverbandes, einer Gemeinde, von öffentlich-rechtlichen Körperschaften, Anstalten, Stiftungen oder Verbänden öffentlich-rechtlicher Körperschaften oder deren Spitzenverbänden, wenn sie nach beamtenrechtlichen Vorschriften oder Grundsätzen bei Krankheit Anspruch auf Fortzahlung der Bezüge und auf Beihilfe oder Heilfürsorge haben,
3. Personen, die während der Dauer ihres Studiums als ordentliche Studierende einer Hochschule oder einer der fachlichen Ausbildung dienenden Schule gegen Arbeitsentgelt beschäftigt sind,
4. Geistliche der als öffentlich-rechtliche Körperschaften anerkannten Religionsgesellschaften, wenn sie nach beamtenrechtlichen Vorschriften oder Grundsätzen bei Krankheit Anspruch auf Fortzahlung der Bezüge und auf Beihilfe haben,
5. Lehrer, die an privaten genehmigten Ersatzschulen hauptamtlich beschäftigt sind, wenn sie nach beamtenrechtlichen Vorschriften oder Grundsätzen bei Krankheit Anspruch auf Fortzahlung der Bezüge und auf Beihilfe haben,
6. die in den Nummern 2, 4 und 5 genannten Personen, wenn ihnen ein Anspruch auf Ruhegehalt oder ähnliche Bezüge zuerkannt ist und sie Anspruch auf Beihilfe im Krankheitsfalle nach beamtenrechtlichen Vorschriften oder Grundsätzen haben,
7. satzungsmäßige Mitglieder geistlicher Genossenschaften, Diakonissen und ähnliche Personen, wenn sie sich aus überwiegend religiösen oder sittlichen Beweggründen mit Krankenpflege, Unterricht oder anderen gemeinnützigen Tätigkeiten beschäftigen und nicht mehr als freien Unterhalt oder ein geringes Entgelt beziehen, das nur zur Beschaffung der unmittelbaren Lebensbedürfnisse an Wohnung, Verpflegung, Kleidung und dergleichen ausreicht,
8. Personen, die nach dem Krankheitsfürsorgesystem der Europäischen Gemeinschaften bei Krankheit geschützt sind.

(2) Nach § 5 Abs. 1 Nr. 11 versicherungspflichtige Hinterbliebene der in Absatz 1 Nr. 2 und 4 bis 6 genannten Personen sind versicherungsfrei, wenn sie ihren Rentenanspruch nur aus der Versicherung dieser Personen ableiten und nach beamtenrechtlichen Vorschriften oder Grundsätzen bei Krankheit Anspruch auf Beihilfe haben.

(3) $_1$Die nach Absatz 1 oder anderen gesetzlichen Vorschriften mit Ausnahme von Absatz 2 und § 7 versicherungsfreien oder von der Versicherungspflicht befreiten Personen bleiben auch dann versicherungsfrei, wenn sie eine der in § 5 Abs. 1 Nr. 1 oder Nr. 5 bis 13 genannten Voraussetzungen erfüllen. $_2$Dies gilt nicht für die in Absatz 1 Nr. 3 genannten Personen, solange sie während ihrer Beschäftigung versicherungsfrei sind.

(3a) $_1$Personen, die nach Vollendung des 55. Lebensjahres versicherungspflichtig werden, sind versicherungsfrei, wenn sie in den letzten fünf Jahren vor Eintritt der Versicherungspflicht nicht gesetzlich versichert waren. $_2$Weitere Voraussetzung ist, dass diese Personen mindestens die Hälfte dieser Zeit versicherungsfrei, von der Versicherungspflicht befreit oder nach § 5 Abs. 5 nicht versicherungspflichtig waren. $_3$Der Voraussetzung nach Satz 2 stehen die Ehe oder die Lebenspartnerschaft mit einer in Satz 2 genannten Person gleich. $_4$Satz 1 gilt nicht für Personen, die nach § 5 Abs. 1 Nr. 13 versicherungspflichtig sind.

(4) $_1$Wird die Jahresarbeitsentgeltgrenze überschritten, endet die Versicherungspflicht mit Ablauf des Kalenderjahres, in dem sie überschritten wird. $_2$Dies gilt nicht, wenn das Entgelt die vom Beginn des nächsten Kalenderjahres an geltende Jahresarbeitsentgeltgrenze nicht übersteigt. $_3$Rückwirkende Erhöhungen des Entgelts werden dem Kalenderjahr zugerechnet, in dem der Anspruch auf das erhöhte Entgelt entstanden ist.

(5) (weggefallen)

(6) $_{1}$Die Jahresarbeitsentgeltgrenze nach Absatz 1 Nr. 1 beträgt im Jahr 2003 45 900 Euro. $_{2}$Sie ändert sich zum 1. Januar eines jeden Jahres in dem Verhältnis, in dem die Bruttolöhne und -gehälter je Arbeitnehmer (§ 68 Abs. 2 Satz 1 des Sechsten Buches) im vergangenen Kalenderjahr zu den entsprechenden Bruttolöhnen und -gehältern im vorvergangenen Kalenderjahr stehen. $_{3}$Die veränderten Beträge werden nur für das Kalenderjahr, für das die Jahresarbeitsentgeltgrenze bestimmt wird, auf das nächsthöhere Vielfache von 450 aufgerundet. $_{4}$Die Bundesregierung setzt die Jahresarbeitsentgeltgrenze in der Rechtsverordnung nach § 160 des Sechsten Buches Sozialgesetzbuch fest.

(7) $_{1}$Abweichend von Absatz 6 Satz 1 beträgt die Jahresarbeitsentgeltgrenze für Arbeiter und Angestellte, die am 31. Dezember 2002 wegen Überschreitens der an diesem Tag geltenden Jahresarbeitsentgeltgrenze versicherungsfrei und bei einem privaten Krankenversicherungsunternehmen in einer substitutiven Krankenversicherung versichert waren, im Jahr 2003 41 400 Euro. $_{2}$Absatz 6 Satz 2 bis 4 gilt entsprechend.

(8) Der Ausgangswert für die Bestimmung der Jahresarbeitsentgeltgrenze für das Jahr 2004 beträgt für die in Absatz 6 genannten Arbeiter und Angestellten 45 594,05 Euro und für die in Absatz 7 genannten Arbeiter und Angestellten 41 034,64 Euro.

§ 7 Versicherungsfreiheit bei geringfügiger Beschäftigung

(1) $_{1}$Wer eine geringfügige Beschäftigung nach §§ 8, 8a des Vierten Buches ausübt, ist in dieser Beschäftigung versicherungsfrei; dies gilt nicht für eine Beschäftigung

1. im Rahmen betrieblicher Berufsbildung,
2. nach dem Jugendfreiwilligendienstegesetz,
3. nach dem Bundesfreiwilligendienstgesetz.

$_{2}$§ 8 Abs. 2 des Vierten Buches ist mit der Maßgabe anzuwenden, daß eine Zusammenrechnung mit einer nicht geringfügigen Beschäftigung nur erfolgt, wenn diese Versicherungspflicht begründet.

(2) $_{1}$Personen, die am 31. März 2003 nur in einer Beschäftigung versicherungspflichtig waren, die die Merkmale einer geringfügigen Beschäftigung nach den §§ 8, 8a des Vierten Buches erfüllt, und die nach dem 31. März 2003 nicht die Voraussetzungen für eine Versicherung nach § 10 erfüllen, bleiben in dieser Beschäftigung versicherungspflichtig. $_{2}$Sie werden auf ihren Antrag von der Versicherungspflicht befreit. $_{3}$§ 8 Abs. 2 gilt entsprechend mit der Maßgabe, dass an die Stelle des Zeitpunkts des Beginns der Versicherungspflicht der 1. April 2003 tritt. $_{4}$Die Befreiung ist auf die jeweilige Beschäftigung beschränkt.

(3) $_{1}$Personen, die am 31. Dezember 2012 in einer mehr als geringfügigen Beschäftigung versicherungspflichtig waren, die die Merkmale einer geringfügigen Beschäftigung in der ab dem 1. Januar 2013 geltenden Fassung der §§ 8 oder 8a des Vierten Buches erfüllt, bleiben in dieser Beschäftigung längstens bis zum 31. Dezember 2014 versicherungspflichtig, sofern sie nicht die Voraussetzungen für eine Versicherung nach § 10 erfüllen und solange das Arbeitsentgelt 400,00 Euro monatlich übersteigt. $_{2}$Sie werden auf ihren Antrag von der Versicherungspflicht nach Satz 1 befreit. $_{3}$§ 8 Absatz 2 gilt entsprechend mit der Maßgabe, dass an die Stelle des Zeitpunkts des Beginns der Versicherungspflicht der 1. Januar 2013 tritt.

§ 8 Befreiung von der Versicherungspflicht

(1) Auf Antrag wird von der Versicherungspflicht befreit, wer versicherungspflichtig wird

1. wegen Änderung der Jahresarbeitsentgeltgrenze nach § 6 Abs. 6 Satz 2 oder Abs. 7,

1a. durch den Bezug von Arbeitslosengeld oder Unterhaltsgeld (§ 5 Abs. 1 Nr. 2) und in den letzten fünf Jahren vor dem Leistungsbezug nicht gesetzlich krankenversichert war, wenn er bei einem Krankenversicherungsunternehmen versichert ist und Vertragsleistungen erhält, die der Art und dem Umfang nach den Leistungen dieses Buches entsprechen,

2. durch Aufnahme einer nicht vollen Erwerbstätigkeit nach § 2 des Bundeserziehungsgeldgesetzes oder nach § 1 Abs. 6 des Bundeselterngeld- und Elternzeitgesetzes während der Elternzeit; die Befreiung erstreckt sich nur auf die Elternzeit,

2a. durch Herabsetzung der regelmäßigen Wochenarbeitszeit während einer Freistellung nach § 3 des Pflegezeitgesetzes oder der Familienpflegezeit nach § 2 des Familienpflegezeitgesetzes; die Befreiung erstreckt sich nur auf die Dauer einer Freistellung oder die Dauer der Familienpflegezeit,

3. weil seine Arbeitszeit auf die Hälfte oder weniger als die Hälfte der regelmäßigen Wochenarbeitszeit vergleichbarer Vollbeschäftigter des Betriebes herabgesetzt wird; dies gilt auch für Beschäftigte, die im Anschluß an ihr bisheriges Beschäftigungsverhältnis bei einem anderen Arbeitgeber ein Beschäftigungsverhältnis aufnehmen, das die Voraussetzungen des vorstehenden Halbsatzes erfüllt, sowie für Beschäftigte, die im Anschluss an die Zeiten des Bezugs von Elterngeld oder der Inanspruchnahme von Elternzeit oder einer Freistellung nach § 3 des Pflegezeitgesetzes oder § 2 des Familienpflegezeitgesetzes ein Beschäftigungsverhältnis im Sinne des ersten Teilsatzes aufnehmen, das bei Vollbeschäftigung zur Versicherungsfreiheit nach § 6 Absatz 1 Nummer 1 führen würde; Voraussetzung ist ferner, daß der Beschäftigte seit mindestens fünf Jahren wegen Überschreitens der Jahresarbeitsentgeltgrenze versicherungsfrei ist; Zeiten des Bezugs von Erziehungsgeld oder Elterngeld oder der Inanspruchnahme von Elternzeit oder einer Freistellung nach § 3 des Pflegezeitgesetzes oder § 2 des Familienpflegezeitgesetzes werden angerechnet,

4. durch den Antrag auf Rente oder den Bezug von Rente oder die Teilnahme an einer Leistung zur Teilhabe am Arbeitsleben (§ 5 Abs. 1 Nr. 6, 11 oder 12),

5. durch die Einschreibung als Student oder die berufspraktische Tätigkeit (§ 5 Abs. 1 Nr. 9 oder 10),

6. durch die Beschäftigung als Arzt im Praktikum,

7. durch die Tätigkeit in einer Einrichtung für behinderte Menschen (§ 5 Abs. 1 Nr. 7 oder 8).

(2) $_1$Der Antrag ist innerhalb von drei Monaten nach Beginn der Versicherungspflicht bei der Krankenkasse zu stellen. $_2$Die Befreiung wirkt vom Beginn der Versicherungspflicht an, wenn seit diesem Zeitpunkt noch keine Leistungen in Anspruch genommen wurden, sonst vom Beginn des Kalendermonats an, der auf die Antragstellung folgt. $_3$Die Befreiung kann nicht widerrufen werden. $_4$Die Befreiung wird nur wirksam, wenn das Mitglied das Bestehen eines anderweitigen Anspruchs auf Absicherung im Krankheitsfall nachweist.

(3) $_1$Personen, die am 31. Dezember 2014 von der Versicherungspflicht nach Absatz 1 Nummer 2a befreit waren, bleiben auch für die Dauer der Nachpflegephase nach § 3 Absatz 1 Nummer 1 Buchstabe c des Familienpflegezeitgesetzes in der am 31. Dezember 2014 geltenden Fassung befreit. $_2$Bei Anwendung des Absatzes 1 Nummer 3 steht der Freistellung nach § 2 des Familienpflegezeitgesetzes die Nachpflegephase nach § 3 Absatz 1 Nummer 1 Buchstabe c des Familienpflegezeitgesetzes in der am 31. Dezember 2014 geltenden Fassung gleich.

Zweiter Abschnitt
Versicherungsberechtigung

§ 9 Freiwillige Versicherung

(1) $_1$Der Versicherung können beitreten

1. Personen, die als Mitglieder aus der Versicherungspflicht ausgeschieden sind und in den letzten fünf Jahren vor dem Ausscheiden mindestens vierundzwanzig Monate oder unmittelbar vor dem Ausscheiden ununterbrochen mindestens zwölf Monate versichert waren; Zeiten der Mitglied-

schaft nach § 189 und Zeiten, in denen eine Versicherung allein deshalb bestanden hat, weil Arbeitslosengeld II zu Unrecht bezogen wurde, werden nicht berücksichtigt,

2. Personen, deren Versicherung nach § 10 erlischt oder nur deswegen nicht besteht, weil die Voraussetzungen des § 10 Abs. 3 vorliegen, wenn sie oder der Elternteil, aus dessen Versicherung die Familienversicherung abgeleitet wurde, die in Nummer 1 genannte Vorversicherungszeit erfüllen,
3. Personen, die erstmals eine Beschäftigung im Inland aufnehmen und nach § 6 Absatz 1 Nummer 1 versicherungsfrei sind; Beschäftigungen vor oder während der beruflichen Ausbildung bleiben unberücksichtigt,
4. schwerbehinderte Menschen im Sinne des Neunten Buches, wenn sie, ein Elternteil, ihr Ehegatte oder ihr Lebenspartner in den letzten fünf Jahren vor dem Beitritt mindestens drei Jahre versichert waren, es sei denn, sie konnten wegen ihrer Behinderung diese Voraussetzung nicht erfüllen; die Satzung kann das Recht zum Beitritt von einer Altersgrenze abhängig machen,
5. Arbeitnehmer, deren Mitgliedschaft durch Beschäftigung im Ausland oder bei einer zwischenstaatlichen oder überstaatlichen Organisation endete, wenn sie innerhalb von zwei Monaten nach Rückkehr in das Inland oder nach Beendigung ihrer Tätigkeit bei der zwischenstaatlichen oder überstaatlichen Organisation wieder eine Beschäftigung aufnehmen,
6. innerhalb von sechs Monaten nach dem Eintritt der Versicherungspflicht Bezieher einer Rente der gesetzlichen Rentenversicherung, die nach dem 31. März 2002 nach § 5 Abs. 1 Nr. 11 versicherungspflichtig geworden sind, deren Anspruch auf Rente schon an diesem Tag bestand, die aber nicht die Vorversicherungszeit nach § 5 Abs. 1 Nr. 11 in der seit dem 1. Januar 1993 geltenden Fassung erfüllt hatten und die deswegen bis zum 31. März 2002 freiwillige Mitglieder waren,
7. innerhalb von sechs Monaten nach ständiger Aufenthaltnahme im Inland oder innerhalb von drei Monaten nach Ende des Bezugs von Arbeitslosengeld II Spätaussiedler sowie deren gemäß § 7 Abs. 2 Satz 1 des Bundesvertriebenengesetzes leistungsberechtigte Ehegatten und Abkömmlinge, die bis zum Verlassen ihres früheren Versicherungsbereichs bei einem dortigen Träger der gesetzlichen Krankenversicherung versichert waren.

2Für die Berechnung der Vorversicherungszeiten nach Satz 1 Nr. 1 gelten 360 Tage eines Bezugs von Leistungen, die nach § 339 des Dritten Buches berechnet werden, als zwölf Monate.

(2) Der Beitritt ist der Krankenkasse innerhalb von drei Monaten anzuzeigen,

1. im Falle des Absatzes 1 Nr. 1 nach Beendigung der Mitgliedschaft,
2. im Falle des Absatzes 1 Nr. 2 nach Beendigung der Versicherung oder nach Geburt des Kindes,
3. im Falle des Absatzes 1 Satz 1 Nummer 3 nach Aufnahme der Beschäftigung,
4. im Falle des Absatzes 1 Nr. 4 nach Feststellung der Behinderung nach § 68 des Neunten Buches,
5. im Falle des Absatzes 1 Nummer 5 nach Rückkehr in das Inland oder nach Beendigung der Tätigkeit bei der zwischenstaatlichen oder überstaatlichen Organisation.

(3) Kann zum Zeitpunkt des Beitritts zur gesetzlichen Krankenversicherung nach Absatz 1 Nr. 7 eine Bescheinigung nach § 15 Abs. 1 oder 2 des Bundesvertriebenengesetzes nicht vorgelegt werden, reicht als vorläufiger Nachweis der vom Bundesverwaltungsamt im Verteilungsverfahren nach § 8 Abs. 1 des Bundesvertriebenengesetzes ausgestellte Registrierschein und die Bestätigung der für die Ausstellung einer Bescheinigung nach § 15 Abs. 1 oder 2 des Bundesvertriebenengesetzes zuständigen Behörde, dass die Ausstellung dieser Bescheinigung beantragt wurde.

Dritter Abschnitt
Versicherung der Familienangehörigen

§ 10 Familienversicherung

(1) 1Versichert sind der Ehegatte, der Lebenspartner und die Kinder von Mitgliedern sowie die Kinder von familienversicherten Kindern, wenn diese Familienangehörigen

1. ihren Wohnsitz oder gewöhnlichen Aufenthalt im Inland haben,
2. nicht nach § 5 Abs. 1 Nr. 1, 2, 3 bis 8, 11 oder 12 oder nicht freiwillig versichert sind,
3. nicht versicherungsfrei oder nicht von der Versicherungspflicht befreit sind; dabei bleibt die Versicherungsfreiheit nach § 7 außer Betracht,
4. nicht hauptberuflich selbständig erwerbstätig sind und
5. kein Gesamteinkommen haben, das regelmäßig im Monat ein Siebtel der monatlichen Bezugsgröße nach § 18 des Vierten Buches überschreitet; bei Renten wird der Zahlbetrag ohne den auf Entgeltpunkte für Kindererziehungszeiten entfallenden Teil berücksichtigt; für geringfügig Beschäftigte nach § 8 Abs. 1 Nr. 1, § 8a des Vierten Buches beträgt das zulässige Gesamteinkommen 450 Euro.

2Eine hauptberufliche selbständige Tätigkeit im Sinne des Satzes 1 Nr. 4 ist nicht deshalb anzunehmen, weil eine Versicherung nach § 1 Abs. 3 des Gesetzes über die Alterssicherung der Landwirte vom 29. Juli 1994 (BGBl. I S. 1890, 1891) besteht. 3Das Gleiche gilt bis zum 31. Dezember 2018 für eine Tagespflegeperson, die bis zu fünf gleichzeitig anwesende, fremde Kinder in Tagespflege betreut. 4Ehegatten und Lebenspartner sind für die Dauer der Schutzfristen nach § 3 Abs. 2 und § 6 Abs. 1 des Mutterschutzgesetzes sowie der Elternzeit nicht versichert, wenn sie zuletzt vor diesen Zeiträumen nicht gesetzlich krankenversichert waren.

(2) Kinder sind versichert

1. bis zur Vollendung des achtzehnten Lebensjahres,
2. bis zur Vollendung des dreiundzwanzigsten Lebensjahres, wenn sie nicht erwerbstätig sind,
3. bis zur Vollendung des fünfundzwanzigsten Lebensjahres, wenn sie sich in Schul- oder Berufsausbildung befinden oder ein freiwilliges soziales Jahr oder ein freiwilliges ökologisches Jahr im Sinne des Jugendfreiwilligendienstegesetzes oder Bundesfreiwilligendienst nach dem Bundesfreiwilligendienstgesetz leisten; wird die Schul- oder Berufsausbildung durch Erfüllung einer gesetzlichen Dienstpflicht des Kindes unterbrochen oder verzögert, besteht die Versicherung auch für einen der Dauer dieses Dienstes entsprechenden Zeitraum über das fünfundzwanzigste Lebensjahr hinaus; dies gilt ab dem 1. Juli 2011 auch bei einer Unterbrechung oder Verzögerung durch den freiwilligen Wehrdienst nach § 58b des Soldatengesetzes, einen Freiwilligendienst nach dem Bundesfreiwilligendienstgesetz, dem Jugendfreiwilligendienstegesetz oder einen vergleichbaren anerkannten Freiwilligendienst oder durch eine Tätigkeit als Entwicklungshelfer im Sinne des § 1 Absatz 1 des Entwicklungshelfer-Gesetzes für die Dauer von höchstens zwölf Monaten,
4. ohne Altersgrenze, wenn sie als behinderte Menschen (§ 2 Abs. 1 Satz 1 des Neunten Buches) außerstande sind, sich selbst zu unterhalten; Voraussetzung ist, daß die Behinderung zu einem Zeitpunkt vorlag, in dem das Kind nach Nummer 1, 2 oder 3 versichert war.

(3) Kinder sind nicht versichert, wenn der mit den Kindern verwandte Ehegatte oder Lebenspartner des Mitglieds nicht Mitglied einer Krankenkasse ist und sein Gesamteinkommen regelmäßig im Monat ein Zwölftel der Jahresarbeitsentgeltgrenze übersteigt und regelmäßig höher als das Gesamteinkommen des Mitglieds ist; bei Renten wird der Zahlbetrag berücksichtigt.

(4) 1Als Kinder im Sinne der Absätze 1 bis 3 gelten auch Stiefkinder und Enkel, die das Mitglied überwiegend unterhält, sowie Pflegekinder (§ 56 Abs. 2 Nr. 2 des Ersten Bu-

V

ches). ₂Kinder, die mit dem Ziel der Annahme als Kind in die Obhut des Annehmenden aufgenommen sind und für die die zur Annahme erforderliche Einwilligung der Eltern erteilt ist, gelten als Kinder des Annehmenden und nicht mehr als Kinder der leiblichen Eltern. ₃Stiefkinder im Sinne des Satzes 1 sind auch die Kinder des Lebenspartners eines Mitglieds.

(5) Sind die Voraussetzungen der Absätze 1 bis 4 mehrfach erfüllt, wählt das Mitglied die Krankenkasse.

(6) ₁Das Mitglied hat die nach den Absätzen 1 bis 4 Versicherten mit den für die Durchführung der Familienversicherung notwendigen Angaben sowie die Änderung dieser Angaben an die zuständige Krankenkasse zu melden. ₂Der Spitzenverband Bund der Krankenkassen legt für die Meldung nach Satz 1 ein einheitliches Verfahren und einheitliche Meldevordrucke fest.

V

Ab 1.1.2016 werden alle erwerbsfähigen Leistungsberechtigten nach dem SGB II, die Arbeitslosengeld II beziehen, in der gesetzlichen Krankenversicherung und sozialen Pflegeversicherung einheitlich versicherungspflichtig, soweit sie nicht privat kranken- und pflegeversichert oder dem System der privaten Kranken- und Pflegeversicherung zuzuordnen sind. Die Familienversicherung ist nicht mehr vorrangig einzusetzen.

In Absatz 1 Ziffer 2 wird daher ab 1.1.2016 der Verweis auf § 5 Absatz 1 Ziffer 2a aufgenommen (Änderung durch Gesetz zur Weiterentwicklung der Finanzstruktur und der Qualität in der gesetzlichen Krankenversicherung vom 21.7.2014, BGBl. I S. 1133).

Drittes Kapitel Leistungen der Krankenversicherung

Erster Abschnitt Übersicht über die Leistungen

§ 11 Leistungsarten

(1) Versicherte haben nach den folgenden Vorschriften Anspruch auf Leistungen

1. bei Schwangerschaft und Mutterschaft (§§ 24c bis 24i),
2. zur Verhütung von Krankheiten und von deren Verschlimmerung sowie zur Empfängnisverhütung, bei Sterilisation und bei Schwangerschaftsabbruch (§§ 20 bis 24b),
3. zur Erfassung von gesundheitlichen Risiken und Früherkennung von Krankheiten (§§ 25 und 26),
4. zur Behandlung einer Krankheit (§§ 27 bis 52),
5. des Persönlichen Budgets nach § 17 Abs. 2 bis 4 des Neunten Buches.

(2) ₁Versicherte haben auch Anspruch auf Leistungen zur medizinischen Rehabilitation sowie auf unterhaltssichernde und andere ergänzende Leistungen, die notwendig sind, um eine Behinderung oder Pflegebedürftigkeit abzuwenden, zu beseitigen, zu mindern, auszugleichen, ihre Verschlimmerung zu verhüten oder ihre Folgen zu mildern. ₂Leistungen der aktivierenden Pflege nach Eintritt von Pflegebedürftigkeit werden von den Pflegekassen erbracht. ₃Die Leistungen nach Satz 1 werden unter Beachtung des Neunten Buches erbracht, soweit in diesem Buch nichts anderes bestimmt ist.

(3) Bei stationärer Behandlung umfassen die Leistungen auch die aus medizinischen Gründen notwendige Mitaufnahme einer Begleitperson des Versicherten oder bei stationärer Behandlung in einem Krankenhaus nach § 108 oder einer Vorsorge- oder Rehabilitationseinrichtung nach § 107 Absatz 2 die Mitaufnahme einer Pflegekraft, soweit Versicherte ihre Pflege nach § 66 Absatz 4 Satz 2 des Zwölften Buches durch von ihnen beschäftigte besondere Pflegekräfte sicherstellen.

(4) ₁Versicherte haben Anspruch auf ein Versorgungsmanagement insbesondere zur Lösung von Problemen beim Übergang in die verschiedenen Versorgungsbereiche; dies umfasst auch die fachärztliche Anschlussversorgung. ₂Die betroffenen Leistungserbringer sorgen für eine sachgerechte Anschlussversorgung des Versicherten und übermitteln sich gegenseitig die erforderlichen Informationen. ₃Sie sind zur Erfüllung dieser Aufgabe von den Krankenkassen zu unterstützen. ₄In

das Versorgungsmanagement sind die Pflegeeinrichtungen einzubeziehen; dabei ist eine enge Zusammenarbeit mit Pflegeberatern und Pflegeberaterinnen nach § 7a des Elften Buches zu gewährleisten. $_5$Das Versorgungsmanagement und eine dazu erforderliche Übermittlung von Daten darf nur mit Einwilligung und nach vorheriger Information des Versicherten erfolgen. $_6$Soweit in Verträgen nach § 140a nicht bereits entsprechende Regelungen vereinbart sind, ist das Nähere im Rahmen von Verträgen mit sonstigen Leistungserbringern der gesetzlichen Krankenversicherung und mit Leistungserbringern nach dem Elften Buch sowie mit den Pflegekassen zu regeln.

(5) $_1$Auf Leistungen besteht kein Anspruch, wenn sie als Folge eines Arbeitsunfalls oder einer Berufskrankheit im Sinne der gesetzlichen Unfallversicherung zu erbringen sind. $_2$Dies gilt auch in Fällen des § 12a des Siebten Buches.

(6) $_1$Die Krankenkasse kann in ihrer Satzung zusätzliche vom Gemeinsamen Bundesausschuss nicht ausgeschlossene Leistungen in der fachlich gebotenen Qualität im Bereich der medizinischen Vorsorge und Rehabilitation (§§ 23, 40), der Leistungen von Hebammen bei Schwangerschaft und Mutterschaft (§ 24d), der künstlichen Befruchtung (§ 27a), der zahnärztlichen Behandlung ohne die Versorgung mit Zahnersatz (§ 28 Absatz 2), bei der Versorgung mit nicht verschreibungspflichtigen apothekenpflichtigen Arzneimitteln (§ 34 Absatz 1 Satz 1), mit Heilmitteln (§ 32) und Hilfsmitteln (§ 33), im Bereich der häuslichen Krankenpflege (§ 37) und der Haushaltshilfe (§ 38) sowie Leistungen von nicht zugelassenen Leistungserbringern vorsehen. $_2$Die Satzung muss insbesondere die Art, die Dauer und den Umfang der Leistung bestimmen; sie hat hinreichende Anforderungen an die Qualität der Leistungserbringung zu regeln. $_3$Die zusätzlichen Leistungen sind von den Krankenkassen in ihrer Rechnungslegung gesondert auszuweisen.

Zweiter Abschnitt
Gemeinsame Vorschriften

§ 12 Wirtschaftlichkeitsgebot

(1) $_1$Die Leistungen müssen ausreichend, zweckmäßig und wirtschaftlich sein; sie dürfen das Maß des Notwendigen nicht überschreiten. $_2$Leistungen, die nicht notwendig oder unwirtschaftlich sind, können Versicherte nicht beanspruchen, dürfen die Leistungserbringer nicht bewirken und die Krankenkassen nicht bewilligen.

(2) Ist für eine Leistung ein Festbetrag festgesetzt, erfüllt die Krankenkasse ihre Leistungspflicht mit dem Festbetrag.

(3) Hat die Krankenkasse Leistungen ohne Rechtsgrundlage oder entgegen geltendem Recht erbracht und hat ein Vorstandsmitglied hiervon gewußt oder hätte es hiervon wissen müssen, hat die zuständige Aufsichtsbehörde nach Anhörung des Vorstandsmitglieds den Verwaltungsrat zu veranlassen, den Geschäftsführer auf Ersatz des aus der Pflichtverletzung entstandenen Schadens in Anspruch zu nehmen, falls der Vorstand das Regreßverfahren nicht bereits von sich aus eingeleitet hat.

§ 13 Kostenerstattung

(1) Die Krankenkasse darf anstelle der Sach- oder Dienstleistung (§ 2 Abs. 2) Kosten nur erstatten, soweit es dieses oder das Neunte Buch vorsieht.

(2) $_1$Versicherte können anstelle der Sach- oder Dienstleistungen Kostenerstattung wählen. $_2$Hierüber haben sie ihre Krankenkasse vor Inanspruchnahme der Leistung in Kenntnis zu setzen. $_3$Der Leistungserbringer hat die Versicherten vor Inanspruchnahme der Leistung darüber zu informieren, dass Kosten, die nicht von der Krankenkasse übernommen werden, von dem Versicherten zu tragen sind. $_4$Eine Einschränkung der Wahl auf den Bereich der ärztlichen Versorgung, der zahnärztlichen Versorgung, den stationären Bereich oder auf veranlasste Leistungen ist möglich. $_5$Nicht im Vierten Kapitel genannte Leistungserbringer dürfen nur nach vorheriger Zustimmung der Krankenkasse in An-

spruch genommen werden. $_{6}$Eine Zustimmung kann erteilt werden, wenn medizinische oder soziale Gründe eine Inanspruchnahme dieser Leistungserbringer rechtfertigen und eine zumindest gleichwertige Versorgung gewährleistet ist. $_{7}$Die Inanspruchnahme von Leistungserbringern nach § 95b Absatz 3 Satz 1 im Wege der Kostenerstattung ist ausgeschlossen. $_{8}$Anspruch auf Erstattung besteht höchstens in Höhe der Vergütung, die die Krankenkasse bei Erbringung als Sachleistung zu tragen hätte. $_{9}$Die Satzung hat das Verfahren der Kostenerstattung zu regeln. $_{10}$Sie kann dabei Abschläge vom Erstattungsbetrag für Verwaltungskosten in Höhe von höchstens 5 Prozent in Abzug bringen. $_{11}$Im Falle der Kostenerstattung nach § 129 Absatz 1 Satz 5 sind die der Krankenkasse entgangenen Rabatte nach § 130a Absatz 8 sowie die Mehrkosten im Vergleich zur Abgabe eines Arzneimittels nach § 129 Absatz 1 Satz 3 und 4 zu berücksichtigen; die Abschläge sollen pauschaliert werden. $_{12}$Die Versicherten sind an ihre Wahl der Kostenerstattung mindestens ein Kalendervierteljahr gebunden.

(3) $_{1}$Konnte die Krankenkasse eine unaufschiebbare Leistung nicht rechtzeitig erbringen oder hat sie eine Leistung zu Unrecht abgelehnt und sind dadurch Versicherten für die selbstbeschaffte Leistung Kosten entstanden, sind diese von der Krankenkasse in der entstandenen Höhe zu erstatten, soweit die Leistung notwendig war. $_{2}$Die Kosten für selbstbeschaffte Leistungen zur medizinischen Rehabilitation nach dem Neunten Buch werden nach § 15 des Neunten Buches erstattet.

(3a) $_{1}$Die Krankenkasse hat über einen Antrag auf Leistungen zügig, spätestens bis zum Ablauf von drei Wochen nach Antragseingang oder in Fällen, in denen eine gutachtliche Stellungnahme, insbesondere des Medizinischen Dienstes der Krankenversicherung (Medizinischer Dienst), eingeholt wird, innerhalb von fünf Wochen nach Antragseingang zu entscheiden. $_{2}$Wenn die Krankenkasse eine gutachtliche Stellungnahme für erforderlich hält, hat sie diese unverzüglich einzuholen und die Leistungsberechtigten hierüber zu unterrichten. $_{3}$Der Medizinische Dienst nimmt innerhalb von drei Wochen gutachtlich Stellung. $_{4}$Wird ein im Bundesmantelvertrag für Zahnärzte vorgesehenes Gutachterverfahren durchgeführt, hat die Krankenkasse ab Antragseingang innerhalb von sechs Wochen zu entscheiden; der Gutachter nimmt innerhalb von vier Wochen Stellung. $_{5}$Kann die Krankenkasse Fristen nach Satz 1 oder Satz 4 nicht einhalten, teilt sie dies den Leistungsberechtigten unter Darlegung der Gründe rechtzeitig schriftlich mit. $_{6}$Erfolgt keine Mitteilung eines hinreichenden Grundes, gilt die Leistung nach Ablauf der Frist als genehmigt. $_{7}$Beschaffen sich Leistungsberechtigte nach Ablauf der Frist eine erforderliche Leistung selbst, ist die Krankenkasse zur Erstattung der hierdurch entstandenen Kosten verpflichtet. $_{8}$Die Krankenkasse berichtet dem Spitzenverband Bund der Krankenkassen jährlich über die Anzahl der Fälle, in denen Fristen nicht eingehalten oder Kostenerstattungen vorgenommen wurden. $_{9}$Für Leistungen zur medizinischen Rehabilitation gelten die §§ 14, 15 des Neunten Buches zur Zuständigkeitsklärung und Erstattung selbst beschaffter Leistungen.

(4) $_{1}$Versicherte sind berechtigt, auch Leistungserbringer in einem anderen Mitgliedstaat der Europäischen Union, einem anderen Vertragsstaat des Abkommens über den Europäischen Wirtschaftsraum oder der Schweiz anstelle der Sach- oder Dienstleistung im Wege der Kostenerstattung in Anspruch zu nehmen, es sei denn, Behandlungen für diesen Personenkreis im anderen Staat sind auf der Grundlage eines Pauschbetrages zu erstatten oder unterliegen auf Grund eines vereinbarten Erstattungsverzichts nicht der Erstattung. $_{2}$Es dürfen nur solche Leistungserbringer in Anspruch genommen werden, bei denen die Bedingungen des Zugangs und der Ausübung des Berufes Gegenstand einer Richtlinie der Europäischen Gemeinschaft sind oder die im jeweiligen nationalen System der Krankenversicherung des Aufenthaltsstaates zur Versorgung der Versicherten berechtigt sind. $_{3}$Der Anspruch

auf Erstattung besteht höchstens in Höhe der Vergütung, die die Krankenkasse bei Erbringung als Sachleistung im Inland zu tragen hätte. 4Die Satzung hat das Verfahren der Kostenerstattung zu regeln. 5Sie hat dabei ausreichende Abschläge vom Erstattungsbetrag für Verwaltungskosten und fehlende Wirtschaftlichkeitsprüfungen vorzusehen sowie vorgesehene Zuzahlungen in Abzug zu bringen. 6Ist eine dem allgemein anerkannten Stand der medizinischen Erkenntnisse entsprechende Behandlung einer Krankheit nur in einem anderen Mitgliedstaat der Europäischen Union oder einem anderen Vertragsstaat des Abkommens über den Europäischen Wirtschaftsraum möglich, kann die Krankenkasse die Kosten der erforderlichen Behandlung auch ganz übernehmen.

(5) 1Abweichend von Absatz 4 können in einem anderen Mitgliedstaat der Europäischen Union, einem anderen Vertragsstaat des Abkommens über den Europäischen Wirtschaftsraum oder der Schweiz Krankenhausleistungen nach § 39 nur nach vorheriger Zustimmung durch die Krankenkassen in Anspruch genommen werden. 2Die Zustimmung darf nur versagt werden, wenn die gleiche oder eine für den Versicherten ebenso wirksame, dem allgemein anerkannten Stand der medizinischen Erkenntnisse entsprechende Behandlung einer Krankheit rechtzeitig bei einem Vertragspartner der Krankenkasse im Inland erlangt werden kann.

(6) § 18 Abs. 1 Satz 2 und Abs. 2 gilt in den Fällen der Absätze 4 und 5 entsprechend.

§ 14 Teilkostenerstattung

(1) 1Die Satzung kann für Angestellte der Krankenkassen und ihrer Verbände, für die eine Dienstordnung nach § 351 der Reichsversicherungsordnung gilt, und für Beamte, die in einer Betriebskrankenkasse oder in der knappschaftlichen Krankenversicherung tätig sind, bestimmen, daß an die Stelle der nach diesem Buch vorgesehenen Leistungen ein Anspruch auf Teilkostenerstattung tritt. 2Sie hat die Höhe des Erstattungsanspruchs in Vomhundertsätzen festzulegen und das Nähere über die Durchführung des Erstattungsverfahrens zu regeln.

(2) 1Die in Absatz 1 genannten Versicherten können sich jeweils im voraus für die Dauer von zwei Jahren für die Teilkostenerstattung nach Absatz 1 entscheiden. 2Die Entscheidung wirkt auch für ihre nach § 10 versicherten Angehörigen.

§ 15 Ärztliche Behandlung, Krankenversichertenkarte

(1) 1Ärztliche oder zahnärztliche Behandlung wird von Ärzten oder Zahnärzten erbracht, soweit nicht in Modellvorhaben nach § 63 Abs. 3c etwas anderes bestimmt ist. 2Sind Hilfeleistungen anderer Personen erforderlich, dürfen sie nur erbracht werden, wenn sie vom Arzt (Zahnarzt) angeordnet und von ihm verantwortet werden.

(2) Versicherte, die ärztliche oder zahnärztliche Behandlung in Anspruch nehmen, haben dem Arzt (Zahnarzt) vor Beginn der Behandlung ihre Krankenversichertenkarte zum Nachweis der Berechtigung zur Inanspruchnahme von Leistungen (§ 291 Abs. 2 Satz 1 Nr. 1 bis 10) oder, soweit sie noch nicht eingeführt ist, einen Krankenschein auszuhändigen.

(3) 1Für die Inanspruchnahme anderer Leistungen stellt die Krankenkasse den Versicherten Berechtigungsscheine aus, soweit es zweckmäßig ist. 2Der Berechtigungsschein ist vor der Inanspruchnahme der Leistung dem Leistungserbringer auszuhändigen.

(4) 1In den Berechtigungsscheinen sind die Angaben nach § 291 Abs. 2 Satz 1 Nr. 1 bis 9, bei befristeter Gültigkeit das Datum des Fristablaufs, aufzunehmen. 2Weitere Angaben dürfen nicht aufgenommen werden.

(5) In dringenden Fällen kann die Krankenversichertenkarte oder der Kranken- oder Berechtigungsschein nachgereicht werden.

(6) 1Jeder Versicherte erhält die Krankenversichertenkarte bei der erstmaligen Ausgabe und bei Beginn der Versicherung bei einer Krankenkasse sowie bei jeder weiteren, nicht vom Versicherten verschuldeten erneuten Ausgabe gebührenfrei. 2Die Krankenkassen haben einem Missbrauch der Karten durch

V

geeignete Maßnahmen entgegenzuwirken. $_{3}$Muß die Karte auf Grund von vom Versicherten zu vertretenden Umständen neu ausgestellt werden, wird eine Gebühr von 5 Euro erhoben; diese Gebühr ist auch von den nach § 10 Versicherten zu zahlen. $_{4}$Die Krankenkasse kann die Aushändigung der Krankenversichertenkarte vom Vorliegen der Meldung nach § 10 Abs. 6 abhängig machen.

§ 16 Ruhen des Anspruchs

(1) $_{1}$Der Anspruch auf Leistungen ruht, solange Versicherte

1. sich im Ausland aufhalten, und zwar auch dann, wenn sie dort während eines vorübergehenden Aufenthalts erkranken, soweit in diesem Gesetzbuch nichts Abweichendes bestimmt ist,
2. Dienst auf Grund einer gesetzlichen Dienstpflicht oder Dienstleistungen und Übungen nach dem Vierten Abschnitt des Soldatengesetzes leisten,

2a. in einem Wehrdienstverhältnis besonderer Art nach § 6 des Einsatz-Weiterverwendungsgesetzes stehen,

3. nach dienstrechtlichen Vorschriften Anspruch auf Heilfürsorge haben oder als Entwicklungshelfer Entwicklungsdienst leisten,
4. sich in Untersuchungshaft befinden, nach § 126a der Strafprozeßordnung einstweilen untergebracht sind oder gegen sie eine Freiheitsstrafe oder freiheitsentziehende Maßregel der Besserung und Sicherung vollzogen wird, soweit die Versicherten als Gefangene Anspruch auf Gesundheitsfürsorge nach dem Strafvollzugsgesetz haben oder sonstige Gesundheitsfürsorge erhalten.

$_{2}$Satz 1 gilt nicht für den Anspruch auf Mutterschaftsgeld.

(2) Der Anspruch auf Leistungen ruht, soweit Versicherte gleichartige Leistungen von einem Träger der Unfallversicherung im Ausland erhalten.

(3) $_{1}$Der Anspruch auf Leistungen ruht, soweit durch das Seearbeitsgesetz für den Fall der Erkrankung oder Verletzung Vorsorge getroffen ist. $_{2}$Er ruht insbesondere, solange sich das Besatzungsmitglied an Bord des Schiffes oder auf der Reise befindet, es sei denn, das Besatzungsmitglied hat nach § 100 Absatz 1 des Seearbeitsgesetzes die Leistungen der Krankenkasse gewählt oder der Reeder hat das Besatzungsmitglied nach § 100 Absatz 2 des Seearbeitsgesetzes an die Krankenkasse verwiesen.

(3a) $_{1}$Der Anspruch auf Leistungen für nach dem Künstlersozialversicherungsgesetz Versicherte, die mit einem Betrag in Höhe von Beitragsanteilen für zwei Monate im Rückstand sind und trotz Mahnung nicht zahlen, ruht nach näherer Bestimmung des § 16 Abs. 2 des Künstlersozialversicherungsgesetzes. $_{2}$Satz 1 gilt entsprechend für Mitglieder nach den Vorschriften dieses Buches, die mit einem Betrag in Höhe von Beitragsanteilen für zwei Monate im Rückstand sind und trotz Mahnung nicht zahlen, ausgenommen sind Untersuchungen zur Früherkennung von Krankheiten nach den §§ 25 und 26 und Leistungen, die zur Behandlung akuter Erkrankungen und Schmerzzustände sowie bei Schwangerschaft und Mutterschaft erforderlich sind; das Ruhen endet, wenn alle rückständigen und die auf die Zeit des Ruhens entfallenden Beitragsanteile gezahlt sind. $_{3}$Ist eine wirksame Ratenzahlungsvereinbarung zu Stande gekommen, hat das Mitglied ab diesem Zeitpunkt wieder Anspruch auf Leistungen, solange die Raten vertragsgemäß entrichtet werden. $_{4}$Das Ruhen tritt nicht ein oder endet, wenn Versicherte hilfebedürftig im Sinne des Zweiten oder Zwölften Buches sind oder werden.

(4) Der Anspruch auf Krankengeld ruht nicht, solange sich Versicherte nach Eintritt der Arbeitsunfähigkeit mit Zustimmung der Krankenkasse außerhalb des Geltungsbereichs dieses Gesetzbuchs aufhalten.

§ 17 Leistungen bei Beschäftigung im Ausland

(1) $_{1}$Mitglieder, die im Ausland beschäftigt sind und während dieser Beschäftigung erkranken oder bei denen Leistungen bei Schwangerschaft oder Mutterschaft erforder-

lich sind, erhalten die ihnen nach diesem Kapitel zustehenden Leistungen von ihrem Arbeitgeber. 2Satz 1 gilt entsprechend für die nach § 10 versicherten Familienangehörigen, soweit sie das Mitglied für die Zeit dieser Beschäftigung begleiten oder besuchen.

(2) Die Krankenkasse hat dem Arbeitgeber die ihm nach Absatz 1 entstandenen Kosten bis zu der Höhe zu erstatten, in der sie ihr im Inland entstanden wären.

(3) Die zuständige Krankenkasse hat dem Reeder die Aufwendungen zu erstatten, die ihm nach § 104 Absatz 2 des Seearbeitsgesetzes entstanden sind.

§ 18 Kostenübernahme bei Behandlung außerhalb des Geltungsbereichs des Vertrages zur Gründung der Europäischen Gemeinschaft und des Abkommens über den Europäischen Wirtschaftsraum

(1) 1Ist eine dem allgemein anerkannten Stand der medizinischen Erkenntnisse entsprechende Behandlung einer Krankheit nur außerhalb des Geltungsbereichs des Vertrages zur Gründung der Europäischen Gemeinschaft und des Abkommens über den Europäischen Wirtschaftsraum möglich, kann die Krankenkasse die Kosten der erforderlichen Behandlung ganz oder teilweise übernehmen. 2Der Anspruch auf Krankengeld ruht in diesem Fall nicht.

(2) In den Fällen des Absatzes 1 kann die Krankenkasse auch weitere Kosten für den Versicherten und für eine erforderliche Begleitperson ganz oder teilweise übernehmen.

(3) 1Ist während eines vorübergehenden Aufenthalts außerhalb des Geltungsbereichs des Vertrages zur Gründung der Europäischen Gemeinschaft und des Abkommens über den Europäischen Wirtschaftsraum eine Behandlung unverzüglich erforderlich, die auch im Inland möglich wäre, hat die Krankenkasse die Kosten der erforderlichen Behandlung insoweit zu übernehmen, als Versicherte sich hierfür wegen einer Vorerkrankung oder ihres Lebensalters nachweislich nicht versichern können und die Krankenkasse dies vor Beginn des Auslandsaufenthalts festgestellt hat. 2Die Kosten dürfen nur bis zu der Höhe, in der sie im Inland entstanden wären, und nur für längstens sechs Wochen im Kalenderjahr übernommen werden. 3Eine Kostenübernahme ist nicht zulässig, wenn Versicherte sich zur Behandlung ins Ausland begeben. 4Die Sätze 1 und 3 gelten entsprechend für Auslandsaufenthalte, die aus schulischen oder Studiengründen erforderlich sind; die Kosten dürfen nur bis zu der Höhe übernommen werden, in der sie im Inland entstanden wären.

§ 19 Erlöschen des Leistungsanspruchs

(1) Der Anspruch auf Leistungen erlischt mit dem Ende der Mitgliedschaft, soweit in diesem Gesetzbuch nichts Abweichendes bestimmt ist.

(1a) 1Endet die Mitgliedschaft durch die Schließung oder Insolvenz einer Krankenkasse, gelten die von dieser Krankenkasse getroffenen Leistungsentscheidungen mit Wirkung für die aufnehmende Krankenkasse fort. 2Hiervon ausgenommen sind Leistungen aufgrund von Satzungsregelungen. 3Beim Abschluss von Wahltarifen, die ein Mitglied zum Zeitpunkt der Schließung in vergleichbarer Form bei der bisherigen Krankenkasse abgeschlossen hatte, dürfen von der aufnehmenden Krankenkasse keine Wartezeiten geltend gemacht werden. 4Die Vorschriften des Zehnten Buches, insbesondere zur Rücknahme von Leistungsentscheidungen, bleiben hiervon unberührt.

(2) 1Endet die Mitgliedschaft Versicherungspflichtiger, besteht Anspruch auf Leistungen längstens für einen Monat nach dem Ende der Mitgliedschaft, solange keine Erwerbstätigkeit ausgeübt wird. 2Eine Versicherung nach § 10 hat Vorrang vor dem Leistungsanspruch nach Satz 1.

(3) Endet die Mitgliedschaft durch Tod, erhalten die nach § 10 versicherten Angehörigen Leistungen längstens für einen Monat nach dem Tode des Mitglieds.

Dritter Abschnitt
Leistungen zur Verhütung von Krankheiten, betriebliche Gesundheitsförderung und Prävention arbeitsbedingter Gesundheitsgefahren, Förderung der Selbsthilfe sowie Leistungen bei Schwangerschaft und Mutterschaft

§ 20 Primäre Prävention und Gesundheitsförderung

(1) $_{1}$Die Krankenkasse sieht in der Satzung Leistungen zur Verhinderung und Verminderung von Krankheitsrisiken (primäre Prävention) sowie zur Förderung des selbstbestimmten gesundheitsorientierten Handelns der Versicherten (Gesundheitsförderung) vor. $_{2}$Die Leistungen sollen insbesondere zur Verminderung sozial bedingter sowie geschlechtsbezogener Ungleichheit von Gesundheitschancen beitragen. $_{3}$Die Krankenkasse legt dabei die Handlungsfelder und Kriterien nach Absatz 2 zugrunde.

(2) $_{1}$Der Spitzenverband Bund der Krankenkassen legt unter Einbeziehung unabhängigen, insbesondere gesundheitswissenschaftlichen, ärztlichen, arbeitsmedizinischen, psychotherapeutischen, psychologischen, pflegerischen, ernährungs-, sport-, sucht-, erziehungs- und sozialwissenschaftlichen Sachverstandes sowie des Sachverstandes der Menschen mit Behinderung einheitliche Handlungsfelder und Kriterien für die Leistungen nach Absatz 1 fest, insbesondere hinsichtlich Bedarf, Zielgruppen, Zugangswegen, Inhalt, Methodik, Qualität, intersektoraler Zusammenarbeit, wissenschaftlicher Evaluation und der Messung der Erreichung der mit den Leistungen verfolgten Ziele. $_{2}$Er bestimmt außerdem die Anforderungen und ein einheitliches Verfahren für die Zertifizierung von Leistungsangeboten durch die Krankenkassen, um insbesondere die einheitliche Qualität von Leistungen nach Absatz 4 Nummer 1 und 3 sicherzustellen. $_{3}$Der Spitzenverband Bund der Krankenkassen stellt sicher, dass seine Festlegungen nach den Sätzen 1 und 2 sowie eine Übersicht der nach Satz 2 zertifizierten Leistungen der Krankenkassen auf seiner Internetseite veröffentlicht werden. $_{4}$Die Krankenkassen erteilen dem Spitzenverband Bund der Krankenkassen hierfür sowie für den nach § 20d Absatz 2 Nummer 2 zu erstellenden Bericht die erforderlichen Auskünfte und übermitteln ihm nicht versichertenbezogen die erforderlichen Daten.

(3) $_{1}$Bei der Aufgabenwahrnehmung nach Absatz 2 Satz 1 berücksichtigt der Spitzenverband Bund der Krankenkassen auch die folgenden Gesundheitsziele im Bereich der Gesundheitsförderung und Prävention:

1. Diabetes mellitus Typ 2: Erkrankungsrisiko senken, Erkrankte früh erkennen und behandeln,
2. Brustkrebs: Mortalität vermindern, Lebensqualität erhöhen,
3. Tabakkonsum reduzieren,
4. gesund aufwachsen: Lebenskompetenz, Bewegung, Ernährung,
5. gesundheitliche Kompetenz erhöhen, Souveränität der Patientinnen und Patienten stärken,
6. depressive Erkrankungen: verhindern, früh erkennen, nachhaltig behandeln,
7. gesund älter werden und
8. Alkoholkonsum reduzieren.

$_{2}$Bei der Berücksichtigung des in Satz 1 Nummer 1 genannten Ziels werden auch die Ziele und Teilziele beachtet, die in der Bekanntmachung über die Gesundheitsziele und Teilziele im Bereich der Prävention und Gesundheitsförderung vom 21. März 2005 (BAnz. S. 5304) festgelegt sind. $_{3}$Bei der Berücksichtigung der in Satz 1 Nummer 2, 3 und 8 genannten Ziele werden auch die Ziele und Teilziele beachtet, die in der Bekanntmachung über die Gesundheitsziele und Teilziele im Bereich der Prävention und Gesundheitsförderung vom 27. April 2015 (BAnz. AT 19. 05. 2015 B3) festgelegt sind. $_{4}$Bei der Berücksichtigung der in Satz 1 Nummer 4 bis 7 genannten Ziele werden auch die Ziele und Teilziele beachtet, die in der Bekanntmachung über die Gesundheitsziele und Teilziele im Bereich der Prävention und Gesundheitsförderung vom 26. Februar 2013 (BAnz. AT 26. 03. 2013 B3) festgelegt sind. $_{5}$Der Spitzenverband Bund der Krankenkassen berücksichtigt auch die von der Nationalen Arbeitsschutzkonferenz im Rahmen der gemeinsamen deutschen Arbeitsschutzstrategie nach § 20a Absatz 2 Nummer 1 des Arbeitsschutzgesetzes entwickelten Arbeitsschutzziele.

(4) Leistungen nach Absatz 1 werden erbracht als

1. Leistungen zur verhaltensbezogenen Prävention nach Absatz 5,
2. Leistungen zur Gesundheitsförderung und Prävention in Lebenswelten für in der gesetzlichen Krankenversicherung Versicherte nach § 20a und
3. Leistungen zur Gesundheitsförderung in Betrieben (betriebliche Gesundheitsförderung) nach § 20b.

(5) 1Bei ihrer Entscheidung über eine Leistung zur verhaltensbezogenen Prävention berücksichtigt die Krankenkasse eine Präventionsempfehlung nach § 25 Absatz 1 Satz 2, nach § 26 Absatz 1 Satz 3 oder eine im Rahmen einer arbeitsmedizinischen Vorsorge oder einer sonstigen ärztlichen Untersuchung schriftlich abgegebene Empfehlung. 2Die Krankenkasse darf die sich aus der Präventionsempfehlung ergebenden personenbezogenen Daten nur mit schriftlicher Einwilligung und nach vorheriger schriftlicher Information des Versicherten erheben, verarbeiten und nutzen. 3Die Einwilligung kann jederzeit schriftlich widerrufen werden. 4Die Krankenkassen dürfen ihre Aufgaben nach dieser Vorschrift an andere Krankenkassen, deren Verbände oder Arbeitsgemeinschaften übertragen. 5Für Leistungen zur verhaltensbezogenen Prävention, die die Krankenkasse wegen besonderer beruflicher oder familiärer Umstände wohnortfern erbringt, gilt § 23 Absatz 2 Satz 2 entsprechend.

(6) 1Die Ausgaben der Krankenkassen für die Wahrnehmung ihrer Aufgaben nach dieser Vorschrift und nach den §§ 20a bis 20c sollen insgesamt im Jahr 2015 für jeden ihrer Versicherten einen Betrag in Höhe von 3,17 Euro und ab dem Jahr 2016 einen Betrag in Höhe von 7 Euro umfassen. 2Ab dem Jahr 2016 wenden die Krankenkassen von dem Betrag nach Satz 1 für jeden ihrer Versicherten mindestens 2 Euro jeweils für Leistungen nach den §§ 20a und 20b auf. 3Unterschreiten die jährlichen Ausgaben einer Krankenkasse den Betrag nach Satz 2 für Leistungen nach § 20a, so stellt die Krankenkasse diese nicht ausgegebenen Mittel im Folgejahr zusätzlich für Leistungen nach § 20a zur Verfügung. 4Die Ausgaben nach den Sätzen 1 und 2 sind in den Folgejahren entsprechend der prozentualen Veränderung der monatlichen Bezugsgröße nach § 18 Absatz 1 des Vierten Buches anzupassen.

Durch das Präventionsgesetz vom 17.7.2015 (BGBl. I S. 1368) wird dem § 20 Absatz 5 ab 1.1.2016 folgender Satz vorangestellt: "Die Krankenkasse kann eine Leistung zur verhaltensbezogenen Prävention nach Absatz 4 Nummer 1 erbringen, wenn diese nach Absatz 2 Satz 2 von einer Krankenkasse oder von einem mit der Wahrnehmung dieser Aufgabe beauftragten Dritten in ihrem Namen zertifiziert ist."

§ 20a Leistungen zur Gesundheitsförderung und Prävention in Lebenswelten

(1) 1Lebenswelten im Sinne des § 20 Absatz 4 Nummer 2 sind für die Gesundheit bedeutsame, abgrenzbare soziale Systeme insbesondere des Wohnens, des Lernens, des Studierens, der medizinischen und pflegerischen Versorgung sowie der Freizeitgestaltung einschließlich des Sports. 2Die Krankenkassen fördern unbeschadet der Aufgaben anderer auf der Grundlage von Rahmenvereinbarungen nach § 20f Absatz 1 mit Leistungen zur Gesundheitsförderung und Prävention in Lebenswelten insbesondere den Aufbau und die Stärkung gesundheitsförderlicher Strukturen. 3Hierzu erheben sie unter Beteiligung der Versicherten und der für die Lebenswelt Verantwortlichen die gesundheitliche Situation einschließlich ihrer Risiken und Potenziale und entwickeln Vorschläge zur Verbesserung der gesundheitlichen Situation sowie zur Stärkung der gesundheitlichen Ressourcen und Fähigkeiten und unterstützen deren Umsetzung. 4Bei der Wahrnehmung ihrer Aufgaben nach Satz 2 sollen die Krankenkassen zusammenarbeiten und kassenübergreifende

V

Leistungen zur Gesundheitsförderung und Prävention in Lebenswelten erbringen. $_{5}$Bei der Erbringung von Leistungen für Personen, deren berufliche Eingliederung auf Grund gesundheitlicher Einschränkungen besonders erschwert ist, arbeiten die Krankenkassen mit der Bundesagentur für Arbeit und mit den kommunalen Trägern der Grundsicherung für Arbeitsuchende eng zusammen.

(2) Die Krankenkasse kann Leistungen zur Gesundheitsförderung und Prävention in Lebenswelten erbringen, wenn die Bereitschaft der für die Lebenswelt Verantwortlichen zur Umsetzung von Vorschlägen zur Verbesserung der gesundheitlichen Situation sowie zur Stärkung der gesundheitlichen Ressourcen und Fähigkeiten besteht und sie mit einer angemessenen Eigenleistung zur Umsetzung der Rahmenvereinbarungen nach § 20f beitragen.

(3) $_{1}$Zur Unterstützung der Krankenkassen bei der Wahrnehmung ihrer Aufgaben zur Gesundheitsförderung und Prävention in Lebenswelten für in der gesetzlichen Krankenversicherung Versicherte, insbesondere in Kindertageseinrichtungen, in sonstigen Einrichtungen der Kinder- und Jugendhilfe, in Schulen sowie in den Lebenswelten älterer Menschen und zur Sicherung und Weiterentwicklung der Qualität der Leistungen beauftragt der Spitzenverband Bund der Krankenkassen die Bundeszentrale für gesundheitliche Aufklärung ab dem Jahr 2016 insbesondere mit der Entwicklung der Art und der Qualität krankenkassenübergreifender Leistungen, deren Implementierung und deren wissenschaftlicher Evaluation. $_{2}$Der Spitzenverband Bund der Krankenkassen legt dem Auftrag die nach § 20 Absatz 2 Satz 1 festgelegten Handlungsfelder und Kriterien sowie die in den Rahmenvereinbarungen nach § 20f jeweils getroffenen Festlegungen zugrunde. $_{3}$Im Rahmen des Auftrags nach Satz 1 soll die Bundeszentrale für gesundheitliche Aufklärung geeignete Kooperationspartner heranziehen. $_{4}$Die Bundeszentrale für gesundheitliche Aufklärung stellt sicher, dass die vom Spitzenverband Bund der Krankenkassen geleistete Vergütung ausschließlich zur Durchführung des Auftrags nach diesem Absatz eingesetzt wird und dokumentiert dies nach Maßgabe des Spitzenverbandes Bund der Krankenkassen.

(4) $_{1}$Das Nähere über die Beauftragung der Bundeszentrale für gesundheitliche Aufklärung nach Absatz 3, insbesondere zum Inhalt und Umfang, zur Qualität und zur Prüfung der Wirtschaftlichkeit sowie zu den für die Durchführung notwendigen Kosten, vereinbaren der Spitzenverband Bund der Krankenkassen und die Bundeszentrale für gesundheitliche Aufklärung erstmals bis zum 30. November 2015. $_{2}$Kommt die Vereinbarung nicht innerhalb der Frist nach Satz 1 zustande, erbringt die Bundeszentrale für gesundheitliche Aufklärung die Leistungen nach Absatz 3 Satz 1 unter Berücksichtigung der vom Spitzenverband Bund der Krankenkassen nach § 20 Absatz 2 Satz 1 festgelegten Handlungsfelder und Kriterien sowie unter Beachtung der in den Rahmenvereinbarungen nach § 20f getroffenen Festlegungen und des Wirtschaftlichkeitsgebots nach § 12. $_{3}$Der Spitzenverband Bund der Krankenkassen regelt in seiner Satzung das Verfahren zur Aufbringung der erforderlichen Mittel durch die Krankenkassen. $_{4}$§ 89 Absatz 3 bis 5 des Zehnten Buches gilt entsprechend.

Durch das Präventionsgesetz vom 17.7.2015 (BGBl. I S. 1368) werden bei Absatz 3 nach Satz 3 ab 1.1.2016 die folgenden Sätze eingefügt: "Die Bundeszentrale für gesundheitliche Aufklärung erhält für die Ausführung des Auftrags nach Satz 1 vom Spitzenverband Bund der Krankenkassen eine pauschale Vergütung in Höhe von mindestens 0,45 Euro aus dem Betrag, den die Krankenkassen nach § 20 Absatz 6 Satz 2 für Leistungen zur Gesundheitsförderung und Prävention in Lebenswelten aufzuwenden haben. Die Vergütung nach Satz 4 erfolgt quartalsweise und ist am ersten Tag des jeweiligen Quartals zu leisten. Sie ist nach Maßgabe von § 20 Absatz 6 Satz 3 jährlich anzupassen."

§ 20b Betriebliche Gesundheitsförderung

(1) $_{1}$Die Krankenkassen fördern mit Leistungen zur Gesundheitsförderung in Betrieben (betriebliche Gesundheitsförderung) insbe-

sondere den Aufbau und die Stärkung gesundheitsförderlicher Strukturen. 2Hierzu erheben sie unter Beteiligung der Versicherten und der Verantwortlichen für den Betrieb sowie der Betriebsärzte und der Fachkräfte für Arbeitssicherheit die gesundheitliche Situation einschließlich ihrer Risiken und Potenziale und entwickeln Vorschläge zur Verbesserung der gesundheitlichen Situation sowie zur Stärkung der gesundheitlichen Ressourcen und Fähigkeiten und unterstützen deren Umsetzung. 3§ 20 Absatz 1 Satz 3 gilt entsprechend.

(2) 1Bei der Wahrnehmung von Aufgaben nach Absatz 1 arbeiten die Krankenkassen mit dem zuständigen Unfallversicherungsträger sowie mit den für den Arbeitsschutz zuständigen Landesbehörden zusammen. 2Sie können Aufgaben nach Absatz 1 durch andere Krankenkassen, durch ihre Verbände oder durch zu diesem Zweck gebildete Arbeitsgemeinschaften (Beauftragte) mit deren Zustimmung wahrnehmen lassen und sollen bei der Aufgabenwahrnehmung mit anderen Krankenkassen zusammenarbeiten. 3§ 88 Abs. 1 Satz 1 und Abs. 2 des Zehnten Buches und § 219 gelten entsprechend.

Durch das Präventionsgesetz vom 17.7.2015 (BGBl. I S. 1368) wird § 20b zum 1.1.2016 wie folgt geändert:

Absatz 1 Satz 2 wird wie folgt gefasst: "Für im Rahmen der Gesundheitsförderung in Betrieben erbrachte Leistungen zur individuellen, verhaltensbezogenen Prävention gilt § 20 Absatz 5 Satz 1 entsprechend."

Die Absätze 3 und 4 werden angefügt:

"(3) Die Krankenkassen bieten Unternehmen unter Nutzung bestehender Strukturen in gemeinsamen regionalen Koordinierungsstellen Beratung und Unterstützung an. Die Beratung und Unterstützung umfasst insbesondere die Information über Leistungen nach Absatz 1 und die Klärung, welche Krankenkasse im Einzelfall Leistungen nach Absatz 1 im Betrieb erbringt. Örtliche Unternehmensorganisationen sollen an der Beratung beteiligt werden. Die Landesverbände der Krankenkassen und die Ersatzkassen regeln einheitlich und gemeinsam das Nähere über die Aufgaben, die Arbeitsweise und die Finanzierung der Koordinierungsstellen sowie über die Beteiligung örtlicher Unternehmensorganisationen durch Kooperationsvereinbarungen. Auf die zum Zwecke der Vorbereitung und Umsetzung der Kooperationsvereinbarungen gebildeten Arbeitsgemeinschaften findet § 94 Absatz 1a Satz 2 und 3 des Zehnten Buches keine Anwendung.

(4) Unterschreiten die jährlichen Ausgaben einer Krankenkasse den Betrag nach § 20 Absatz 6 Satz 2 für Leistungen nach Absatz 1, stellt die Krankenkasse die nicht verausgabten Mittel dem Spitzenverband Bund der Krankenkassen zur Verfügung. Dieser verteilt die Mittel nach einem von ihm festzulegenden Schlüssel auf die Landesverbände der Krankenkassen und die Ersatzkassen, die Kooperationsvereinbarungen mit örtlichen Unternehmensorganisationen nach Absatz 3 Satz 4 abgeschlossen haben. Die Mittel dienen der Umsetzung der Kooperationsvereinbarungen nach Absatz 3 Satz 4."

§ 20c Prävention arbeitsbedingter Gesundheitsgefahren

(1) 1Die Krankenkassen unterstützen die Träger der gesetzlichen Unfallversicherung bei ihren Aufgaben zur Verhütung arbeitsbedingter Gesundheitsgefahren. 2Insbesondere erbringen sie in Abstimmung mit den Trägern der gesetzlichen Unfallversicherung auf spezifische arbeitsbedingte Gesundheitsrisiken ausgerichtete Maßnahmen zur betrieblichen Gesundheitsförderung nach § 20b und informieren diese über die Erkenntnisse, die sie über Zusammenhänge zwischen Erkrankungen und Arbeitsbedingungen gewonnen haben. 3Ist anzunehmen, dass bei einem Versicherten eine berufsbedingte gesundheitliche Gefährdung oder eine Berufskrankheit vorliegt, hat die Krankenkasse dies unverzüglich den für den Arbeitsschutz zuständigen Stellen und dem Unfallversicherungsträger mitzuteilen.

(2) 1Zur Wahrnehmung der Aufgaben nach Absatz 1 arbeiten die Krankenkassen eng mit den Trägern der gesetzlichen Unfallversicherung sowie mit den für den Arbeitsschutz zuständigen Landesbehörden zusammen. 2Dazu sollen sie und ihre Verbände insbesondere regionale Arbeitsgemeinschaften bilden. 3§ 88 Abs. 1 Satz 1 und Abs. 2 des Zehnten Buches und § 219 gelten entsprechend.

§ 20d Nationale Präventionsstrategie

(1) Die Krankenkassen entwickeln im Interesse einer wirksamen und zielgerichteten Gesundheitsförderung und Prävention mit den Trägern der gesetzlichen Rentenversicherung, der gesetzlichen Unfallversicherung und den Pflegekassen eine gemeinsame nationale Präventionsstrategie und gewährleisten ihre Umsetzung und Fortschreibung im Rahmen der Nationalen Präventionskonferenz nach § 20e.

(2) Die Nationale Präventionsstrategie umfasst insbesondere

1. die Vereinbarung bundeseinheitlicher, trägerübergreifender Rahmenempfehlungen zur Gesundheitsförderung und Prävention nach Absatz 3,
2. die Erstellung eines Berichts über die Entwicklung der Gesundheitsförderung und Prävention (Präventionsbericht) nach Absatz 4.

(3) $_1$Zur Sicherung und Weiterentwicklung der Qualität von Gesundheitsförderung und Prävention sowie der Zusammenarbeit der für die Erbringung von Leistungen zur Prävention in Lebenswelten und in Betrieben zuständigen Träger und Stellen vereinbaren die Träger nach Absatz 1 bundeseinheitliche, trägerübergreifende Rahmenempfehlungen, insbesondere durch Festlegung gemeinsamer Ziele, vorrangiger Handlungsfelder und Zielgruppen, der zu beteiligenden Organisationen und Einrichtungen sowie zu Dokumentations- und Berichtspflichten erstmals zum 31. Dezember 2015. $_2$Bei der Festlegung gemeinsamer Ziele werden auch die Ziele der gemeinsamen deutschen Arbeitsschutzstrategie sowie die von der Ständigen Impfkommission gemäß § 20 Absatz 2 des Infektionsschutzgesetzes empfohlenen Schutzimpfungen berücksichtigt. $_3$Die Rahmenempfehlungen werden im Benehmen mit dem Bundesministerium für Gesundheit, dem Bundesministerium für Arbeit und Soziales, dem Bundesministerium für Ernährung und Landwirtschaft, dem Bundesministerium für Familie, Senioren, Frauen und Jugend, dem Bundesministerium des Innern und den Ländern vereinbart. $_4$Das Bundesministerium für Gesundheit beteiligt weitere Bundesministerien, soweit die Rahmenempfehlungen ihre Zuständigkeit berühren. $_5$An der Vorbereitung der Rahmenempfehlungen werden die Bundesagentur für Arbeit, die kommunalen Träger der Grundsicherung für Arbeitsuchende über ihre Spitzenverbände auf Bundesebene, die für den Arbeitsschutz zuständigen obersten Landesbehörden sowie die Träger der öffentlichen Jugendhilfe über die obersten Landesjugendbehörden beteiligt.

(4) $_1$Die Nationale Präventionskonferenz erstellt den Präventionsbericht alle vier Jahre, erstmals zum 1. Juli 2019, und leitet ihn dem Bundesministerium für Gesundheit zu. $_2$Das Bundesministerium für Gesundheit legt den Bericht den gesetzgebenden Körperschaften des Bundes vor und fügt eine Stellungnahme der Bundesregierung bei. $_3$Der Bericht enthält insbesondere Angaben zu den Erfahrungen mit der Anwendung der §§ 20 bis 20g und zu den Ausgaben für die Leistungen der Träger nach Absatz 1 und im Fall des § 20e Absatz 1 Satz 3 bis 5 auch der Unternehmen der privaten Krankenversicherung und der Unternehmen, die die private Pflege-Pflichtversicherung durchführen, den Zugangswegen, den erreichten Personen, der Erreichung der gemeinsamen Ziele und der Zielgruppen, den Erfahrungen mit der Qualitätssicherung und der Zusammenarbeit bei der Durchführung von Leistungen sowie zu möglichen Schlussfolgerungen. $_4$Der Bericht enthält auch Empfehlungen für die weitere Entwicklung des in § 20 Absatz 6 Satz 1 bestimmten Ausgabenrichtwerts für Leistungen der Krankenkassen nach den §§ 20 bis 20c und der in § 20 Absatz 6 Satz 2 bestimmten Mindestwerte für Leistungen der Krankenkassen nach den §§ 20a und 20b. $_5$Die Leistungsträger nach Satz 3 erteilen der Nationalen Präventionskonferenz die für die Erstellung des Präventionsberichts erforderlichen Auskünfte. $_6$Das Robert Koch-Institut liefert für den Präventionsbericht die im Rahmen des Gesundheitsmonitorings erhobenen relevanten Informationen. $_7$Die Länder können regionale Erkenntnisse aus ihrer Gesundheitsberichterstattung

für den Präventionsbericht zur Verfügung stellen.

§ 20e Nationale Präventionskonferenz

(1) $_{1}$Die Aufgabe der Entwicklung und Fortschreibung der nationalen Präventionsstrategie wird von der Nationalen Präventionskonferenz als Arbeitsgemeinschaft der gesetzlichen Spitzenorganisationen der Leistungsträger nach § 20d Absatz 1 mit je zwei Sitzen wahrgenommen. $_{2}$Die Leistungsträger nach § 20d Absatz 1 setzen die Präventionsstrategie in engem Zusammenwirken um. $_{3}$Im Fall einer angemessenen finanziellen Beteiligung der Unternehmen der privaten Krankenversicherung und der Unternehmen, die die private Pflege-Pflichtversicherung durchführen, an Programmen und Projekten im Sinne der Rahmenempfehlungen nach § 20d Absatz 2 Nummer 1 erhält der Verband der privaten Krankenversicherungsunternehmen e. V. ebenfalls einen Sitz. $_{4}$Die Höhe der hierfür jährlich von den Unternehmen der privaten Krankenversicherung zur Verfügung zu stellenden Mittel bemisst sich mindestens nach dem Betrag, den die Krankenkassen nach § 20 Absatz 6 Satz 2 und 3 für Leistungen zur Gesundheitsförderung und Prävention nach § 20a aufzuwenden haben, multipliziert mit der Anzahl der in der privaten Krankenversicherung Vollversicherten. $_{5}$Die Höhe der hierfür jährlich von den Unternehmen, die die private Pflege-Pflichtversicherung durchführen, zur Verfügung zu stellenden Mittel bemisst sich nach dem Betrag, den die Pflegekassen nach § 5 Absatz 2 des Elften Buches für Leistungen zur Prävention in Lebenswelten aufzuwenden haben, multipliziert mit der Anzahl ihrer Versicherten. $_{6}$Bund und Länder erhalten jeweils vier Sitze mit beratender Stimme. $_{7}$Darüber hinaus entsenden die kommunalen Spitzenverbände auf Bundesebene, die Bundesagentur für Arbeit, die repräsentativen Spitzenorganisationen der Arbeitgeber und Arbeitnehmer sowie das Präventionsforum jeweils einen Vertreter in die Nationale Präventionskonferenz, die mit beratender Stimme an den Sitzungen teilnehmen. $_{8}$Die Nationale Präventionskonferenz gibt sich eine Geschäftsordnung; darin werden insbesondere die Arbeitsweise und das Beschlussverfahren festgelegt. $_{9}$Die Geschäftsordnung muss einstimmig angenommen werden. $_{10}$Die Geschäftsstelle, die die Mitglieder der Nationalen Präventionskonferenz bei der Wahrnehmung ihrer Aufgabe nach Satz 1 unterstützt, wird bei der Bundeszentrale für gesundheitliche Aufklärung angesiedelt.

(2) $_{1}$Die Nationale Präventionskonferenz wird durch ein Präventionsforum beraten, das in der Regel einmal jährlich stattfindet. $_{2}$Das Präventionsforum setzt sich aus Vertretern der für die Gesundheitsförderung und Prävention maßgeblichen Organisationen und Verbände sowie der stimmberechtigten und beratenden Mitglieder der Nationalen Präventionskonferenz nach Absatz 1 zusammen. $_{3}$Die Nationale Präventionskonferenz beauftragt die Bundesvereinigung für Prävention und Gesundheitsförderung e. V. mit der Durchführung des Präventionsforums und erstattet dieser die notwendigen Aufwendungen. $_{4}$Die Einzelheiten zur Durchführung des Präventionsforums einschließlich der für die Durchführung notwendigen Kosten werden in der Geschäftsordnung der Nationalen Präventionskonferenz geregelt.

§ 20f Landesrahmenvereinbarungen zur Umsetzung der nationalen Präventionsstrategie

(1) $_{1}$Zur Umsetzung der nationalen Präventionsstrategie schließen die Landesverbände der Krankenkassen und die Ersatzkassen, auch für die Pflegekassen, mit den Trägern der gesetzlichen Rentenversicherung, den Trägern der gesetzlichen Unfallversicherung und mit den in den Ländern zuständigen Stellen gemeinsame Rahmenvereinbarungen auf Landesebene. $_{2}$Die für die Rahmenvereinbarungen maßgeblichen Leistungen richten sich nach § 20 Absatz 4 Nummer 2 und 3, nach den §§ 20a bis 20c sowie nach den für die Pflegekassen, für die Träger der gesetzlichen Rentenversicherung und für die Träger der gesetzlichen Unfallversicherung jeweils geltenden Leistungsgesetzen.

(2) $_{1}$Die an den Rahmenvereinbarungen Beteiligten nach Absatz 1 treffen Festlegungen unter Berücksichtigung der bundeseinheitlichen, trägerübergreifenden Rahmenempfehlungen nach § 20d Absatz 2 Nummer 1 und der regionalen Erfordernisse insbesondere über

1. gemeinsam und einheitlich zu verfolgende Ziele und Handlungsfelder,
2. die Koordinierung von Leistungen zwischen den Beteiligten,
3. die einvernehmliche Klärung von Zuständigkeitsfragen,
4. Möglichkeiten der gegenseitigen Beauftragung der Leistungsträger nach dem Zehnten Buch,
5. die Zusammenarbeit mit dem öffentlichen Gesundheitsdienst und den Trägern der örtlichen öffentlichen Jugendhilfe und
6. die Mitwirkung weiterer für die Gesundheitsförderung und Prävention relevanter Einrichtungen und Organisationen.

$_{2}$An der Vorbereitung der Rahmenvereinbarungen werden die Bundesagentur für Arbeit, die für den Arbeitsschutz zuständigen obersten Landesbehörden und die kommunalen Spitzenverbände auf Landesebene beteiligt. $_{3}$Sie können den Rahmenvereinbarungen beitreten. $_{4}$Auf die zum Zwecke der Vorbereitung und Umsetzung der Rahmenvereinbarungen gebildeten Arbeitsgemeinschaften wird § 94 Absatz 1a Satz 2 und 3 des Zehnten Buches nicht angewendet.

§ 20g Modellvorhaben

(1) $_{1}$Die Leistungsträger nach § 20d Absatz 1 und ihre Verbände können zur Erreichung der in den Rahmenempfehlungen nach § 20d Absatz 2 Nummer 1 festgelegten gemeinsamen Ziele einzeln oder in Kooperation mit Dritten, insbesondere den in den Ländern zuständigen Stellen nach § 20f Absatz 1, Modellvorhaben durchführen. $_{2}$Anhand der Modellvorhaben soll die Qualität und Effizienz der Versorgung mit Leistungen zur Gesundheitsförderung und Prävention in Lebenswelten und mit Leistungen zur betrieblichen Gesundheitsförderung verbessert werden. $_{3}$Die Modellvorhaben können auch der wissenschaftlich fundierten Auswahl geeigneter Maßnahmen der Zusammenarbeit dienen. $_{4}$Die Aufwendungen der Krankenkassen für Modellvorhaben sind auf die Mittel nach § 20 Absatz 6 Satz 2 anzurechnen.

(2) Die Modellvorhaben sind im Regelfall auf fünf Jahre zu befristen und nach allgemein anerkannten wissenschaftlichen Standards wissenschaftlich zu begleiten und auszuwerten.

§ 20h Förderung der Selbsthilfe

(1) $_{1}$Die Krankenkassen und ihre Verbände fördern Selbsthilfegruppen und -organisationen, die sich die gesundheitliche Prävention oder die Rehabilitation von Versicherten bei einer der im Verzeichnis nach Satz 2 aufgeführten Krankheiten zum Ziel gesetzt haben, sowie Selbsthilfekontaktstellen im Rahmen der Festlegungen des Absatzes 3. $_{2}$Der Spitzenverband Bund der Krankenkassen beschließt ein Verzeichnis der Krankheitsbilder, bei deren gesundheitlicher Prävention oder Rehabilitation eine Förderung zulässig ist; sie haben die Kassenärztliche Bundesvereinigung und die Vertretungen der für die Wahrnehmung der Interessen der Selbsthilfe maßgeblichen Spitzenorganisationen zu beteiligen. $_{3}$Selbsthilfekontaktstellen müssen für eine Förderung ihrer gesundheitsbezogenen Arbeit themen-, bereichs- und indikationsgruppenübergreifend tätig sein.

(2) $_{1}$Der Spitzenverband Bund der Krankenkassen beschließt Grundsätze zu den Inhalten der Förderung der Selbsthilfe und zur Verteilung der Fördermittel auf die verschiedenen Förderebenen und Förderbereiche. $_{2}$Die in Absatz 1 Satz 2 genannten Vertretungen der Selbsthilfe sind zu beteiligen. $_{3}$Die Förderung kann durch pauschale Zuschüsse und als Projektförderung erfolgen.

(3) $_{1}$Die Ausgaben der Krankenkassen und ihrer Verbände für die Wahrnehmung der Aufgaben nach Absatz 1 Satz 1 sollen insgesamt im Jahr 2006 für jeden ihrer Versicherten einen Betrag von 0,55 Euro umfassen; sie sind in den Folgejahren entsprechend der prozentualen Veränderung der monatlichen

Bezugsgröße nach § 18 Abs. 1 des Vierten Buches anzupassen. 2Für die Förderung auf der Landesebene und in den Regionen sind die Mittel entsprechend dem Wohnort der Versicherten aufzubringen. 3Mindestens 50 vom Hundert der in Satz 1 bestimmten Mittel sind für kassenartenübergreifende Gemeinschaftsförderung aufzubringen. 4Über die Vergabe der Fördermittel aus der Gemeinschaftsförderung beschließen die Krankenkassen oder ihre Verbände auf den jeweiligen Förderebenen gemeinsam nach Maßgabe der in Absatz 2 Satz 1 genannten Grundsätze und nach Beratung mit den zur Wahrnehmung der Interessen der Selbsthilfe jeweils maßgeblichen Vertretungen von Selbsthilfegruppen, -organisationen und -kontaktstellen. 5Erreicht eine Krankenkasse den in Satz 1 genannten Betrag der Förderung in einem Jahr nicht, hat sie die nicht verausgabten Fördermittel im Folgejahr zusätzlich für die Gemeinschaftsförderung zur Verfügung zu stellen.

Durch das Präventionsgesetz vom 17.7.2015 (BGBl. I S. 1368) wird zum 1.1.2016 in Absatz 3 Satz 1 die Angabe "2006" durch die Angabe "2016" und die Angabe "0,55 Euro" durch die Angabe "1,05 Euro" ersetzt.

§ 20i Primäre Prävention durch Schutzimpfungen

(1) 1Versicherte haben Anspruch auf Leistungen für Schutzimpfungen im Sinne des § 2 Nr. 9 des Infektionsschutzgesetzes. 2Ausgenommen sind Schutzimpfungen, die wegen eines durch einen nicht beruflichen Auslandsaufenthalt erhöhten Gesundheitsrisikos indiziert sind, es sei denn, dass zum Schutz der öffentlichen Gesundheit ein besonderes Interesse daran besteht, der Einschleppung einer übertragbaren Krankheit in die Bundesrepublik Deutschland vorzubeugen. 3Einzelheiten zu Voraussetzungen, Art und Umfang der Leistungen bestimmt der Gemeinsame Bundesausschuss in Richtlinien nach § 92 auf der Grundlage der Empfehlungen der Ständigen Impfkommission beim Robert Koch-Institut gemäß § 20 Abs. 2 des Infektionsschutzgesetzes unter besonderer Berücksichtigung der Bedeutung der Schutzimpfungen für die öffentliche Gesundheit. 4Abweichungen von den Empfehlungen der Ständigen Impfkommission sind besonders zu begründen. 5Zu Änderungen der Empfehlungen der Ständigen Impfkommission hat der Gemeinsame Bundesausschuss innerhalb von drei Monaten nach ihrer Veröffentlichung eine Entscheidung zu treffen. 6Kommt eine Entscheidung nicht fristgemäß zustande, dürfen insoweit die von der Ständigen Impfkommission empfohlenen Schutzimpfungen mit Ausnahme von Schutzimpfungen nach Satz 2 erbracht werden, bis die Richtlinie vorliegt.

(2) Die Krankenkasse kann in ihrer Satzung weitere Schutzimpfungen vorsehen.

(3) 1Die Krankenkassen haben außerdem im Zusammenwirken mit den Behörden der Länder, die für die Durchführung von Schutzimpfungen nach dem Infektionsschutzgesetz zuständig sind, unbeschadet der Aufgaben anderer, gemeinsam und einheitlich Schutzimpfungen ihrer Versicherten zu fördern und sich durch Erstattung der Sachkosten an den Kosten der Durchführung zu beteiligen. 2Dies gilt entsprechend für die Erstattung der Kosten für den Impfstoff für Personen bis zum vollendeten 18. Lebensjahr aus Mitgliedstaaten der Europäischen Union, deren Versicherteneigenschaft in der gesetzlichen Krankenversicherung zum Zeitpunkt der Durchführung der Schutzimpfung noch nicht festgestellt ist und die nicht privat krankenversichert sind. 3Zur Durchführung der Maßnahmen und zur Erstattung der Sachkosten schließen die Landesverbände der Krankenkassen und die Ersatzkassen gemeinsam Rahmenvereinbarungen mit den in den Ländern dafür zuständigen Stellen. 4Dabei sollen vereinfachte Möglichkeiten für die Abrechnung der zu erstattenden Sachkosten vorgesehen werden.

Durch das Präventionsgesetz vom 17.7.2015 (BGBl. I S. 1368) wird zum 1.1.2016 dem Absatz 1 folgender Satz angefügt: "Der Anspruch nach Satz 1 schließt die Bereitstellung des erforderlichen Impfausweisvordruckes ein."

V

§ 21 Verhütung von Zahnerkrankungen (Gruppenprophylaxe)

(1) $_1$Die Krankenkassen haben im Zusammenwirken mit den Zahnärzten und den für die Zahngesundheitspflege in den Ländern zuständigen Stellen unbeschadet der Aufgaben anderer gemeinsam und einheitlich Maßnahmen zur Erkennung und Verhütung von Zahnerkrankungen ihrer Versicherten, die das zwölfte Lebensjahr noch nicht vollendet haben, zu fördern und sich an den Kosten der Durchführung zu beteiligen. $_2$Sie haben auf flächendeckende Maßnahmen hinzuwirken. $_3$In Schulen und Behinderteneinrichtungen, in denen das durchschnittliche Kariesrisiko der Schüler überproportional hoch ist, werden die Maßnahmen bis zum 16. Lebensjahr durchgeführt. $_4$Die Maßnahmen sollen vorrangig in Gruppen, insbesondere in Kindergärten und Schulen, durchgeführt werden; sie sollen sich insbesondere auf die Untersuchung der Mundhöhle, Erhebung des Zahnstatus, Zahnschmelzhärtung, Ernährungsberatung und Mundhygiene erstrecken. $_5$Für Kinder mit besonders hohem Kariesrisiko sind spezifische Programme zu entwickeln.

(2) $_1$Zur Durchführung der Maßnahmen nach Absatz 1 schließen die Landesverbände der Krankenkassen und die Ersatzkassen mit den zuständigen Stellen nach Absatz 1 Satz 1 gemeinsame Rahmenvereinbarungen. $_2$Der Spitzenverband Bund der Krankenkassen hat bundeseinheitliche Rahmenempfehlungen insbesondere über Inhalt, Finanzierung, nicht versichertenbezogene Dokumentation und Kontrolle zu beschließen.

(3) Kommt eine gemeinsame Rahmenvereinbarung nach Absatz 2 Satz 1 nicht zustande, werden Inhalt, Finanzierung, nicht versichertenbezogene Dokumentation und Kontrolle unter Berücksichtigung der bundeseinheitlichen Rahmenempfehlungen des Spitzenverbandes Bund der Krankenkassen durch Rechtsverordnung der Landesregierung bestimmt.

§ 22 Verhütung von Zahnerkrankungen (Individualprophylaxe)

(1) Versicherte, die das sechste, aber noch nicht das achtzehnte Lebensjahr vollendet haben, können sich zur Verhütung von Zahnerkrankungen einmal in jedem Kalenderhalbjahr zahnärztlich untersuchen lassen.

(2) Die Untersuchungen sollen sich auf den Befund des Zahnfleisches, die Aufklärung über Krankheitsursachen und ihre Vermeidung, das Erstellen von diagnostischen Vergleichen zur Mundhygiene, zum Zustand des Zahnfleisches und zur Anfälligkeit gegenüber Karieserkrankungen, auf die Motivation und Einweisung bei der Mundpflege sowie auf Maßnahmen zur Schmelzhärtung der Zähne erstrecken.

(3) Versicherte, die das sechste, aber noch nicht das achtzehnte Lebensjahr vollendet haben, haben Anspruch auf Fissurenversiegelung der Molaren.

(4) (weggefallen)

(5) Der Gemeinsame Bundesausschuss regelt das Nähere über Art, Umfang und Nachweis der individualprophylaktischen Leistungen in Richtlinien nach § 92.

§ 22a Verhütung von Zahnerkrankungen bei Pflegebedürftigen und Menschen mit Behinderungen

(1) $_1$Versicherte, die einer Pflegestufe nach § 15 des Elften Buches zugeordnet sind oder Eingliederungshilfe nach § 53 des Zwölften Buches erhalten oder dauerhaft erheblich in ihrer Alltagskompetenz nach § 45a des Elften Buches eingeschränkt sind, haben Anspruch auf Leistungen zur Verhütung von Zahnerkrankungen. $_2$Die Leistungen umfassen insbesondere die Erhebung eines Mundgesundheitsstatus, die Aufklärung über die Bedeutung der Mundhygiene und über Maßnahmen zu deren Erhaltung, die Erstellung eines Planes zur individuellen Mund- und Prothesenpflege sowie die Entfernung harter Zahnbeläge. $_3$Pflegepersonen des Versicherten sollen in die Aufklärung und Planerstellung nach Satz 2 einbezogen werden.

(2) Das Nähere über Art und Umfang der Leistungen regelt der Gemeinsame Bundesausschuss in Richtlinien nach § 92.

§ 23 Medizinische Vorsorgeleistungen

(1) Versicherte haben Anspruch auf ärztliche Behandlung und Versorgung mit Arznei-, Verband-, Heil- und Hilfsmitteln, wenn diese notwendig sind,

1. eine Schwächung der Gesundheit, die in absehbarer Zeit voraussichtlich zu einer Krankheit führen würde, zu beseitigen,
2. einer Gefährdung der gesundheitlichen Entwicklung eines Kindes entgegenzuwirken,
3. Krankheiten zu verhüten oder deren Verschlimmerung zu vermeiden oder
4. Pflegebedürftigkeit zu vermeiden.

(2) $_1$Reichen bei Versicherten die Leistungen nach Absatz 1 nicht aus oder können sie wegen besonderer beruflicher oder familiärer Umstände nicht durchgeführt werden, kann die Krankenkasse aus medizinischen Gründen erforderliche ambulante Vorsorgeleistungen in anerkannten Kurorten erbringen. $_2$Die Satzung der Krankenkasse kann zu den übrigen Kosten, die Versicherten im Zusammenhang mit dieser Leistung entstehen, einen Zuschuß von bis zu 16 Euro täglich vorsehen. $_3$Bei ambulanten Vorsorgeleistungen für versicherte chronisch kranke Kleinkinder kann der Zuschuss nach Satz 2 auf bis zu 25 Euro erhöht werden.

(3) In den Fällen der Absätze 1 und 2 sind die §§ 31 bis 34 anzuwenden.

(4) $_1$Reichen bei Versicherten die Leistungen nach Absatz 1 und 2 nicht aus, kann die Krankenkasse Behandlung mit Unterkunft und Verpflegung in einer Vorsorgeeinrichtung erbringen, mit der ein Vertrag nach § 111 besteht; für pflegende Angehörige kann die Krankenkasse unter denselben Voraussetzungen Behandlung mit Unterkunft und Verpflegung auch in einer Vorsorgeeinrichtung erbringen, mit der ein Vertrag nach § 111a besteht. $_2$Die Krankenkasse führt statistische Erhebungen über Anträge auf Leistungen nach Satz 1 und Absatz 2 sowie deren Erledigung durch.

(5) $_1$Die Krankenkasse bestimmt nach den medizinischen Erfordernissen des Einzelfalls unter entsprechender Anwendung des Wunsch- und Wahlrechts der Leistungsberechtigten nach § 9 des Neunten Buches Art, Dauer, Umfang, Beginn und Durchführung der Leistungen nach Absatz 4 sowie die Vorsorgeeinrichtung nach pflichtgemäßem Ermessen; die Krankenkasse berücksichtigt bei ihrer Entscheidung die besonderen Belange pflegender Angehöriger. $_2$Leistungen nach Absatz 4 sollen für längstens drei Wochen erbracht werden, es sei denn, eine Verlängerung der Leistung ist aus medizinischen Gründen dringend erforderlich. $_3$Satz 2 gilt nicht, soweit der Spitzenverband Bund der Krankenkassen nach Anhörung der für die Wahrnehmung der Interessen der ambulanten und stationären Vorsorgeeinrichtungen auf Bundesebene maßgeblichen Spitzenorganisationen in Leitlinien Indikationen festgelegt und diesen jeweils eine Regeldauer zugeordnet hat; von dieser Regeldauer kann nur abgewichen werden, wenn dies aus dringenden medizinischen Gründen im Einzelfall erforderlich ist. $_4$Leistungen nach Absatz 2 können nicht vor Ablauf von drei, Leistungen nach Absatz 4 können nicht vor Ablauf von vier Jahren nach Durchführung solcher oder ähnlicher Leistungen erbracht werden, deren Kosten auf Grund öffentlich-rechtlicher Vorschriften getragen oder bezuschusst worden sind, es sei denn, eine vorzeitige Leistung ist aus medizinischen Gründen dringend erforderlich.

(6) $_1$Versicherte, die eine Leistung nach Absatz 4 in Anspruch nehmen und das achtzehnte Lebensjahr vollendet haben, zahlen je Kalendertag den sich nach § 61 Satz 2 ergebenden Betrag an die Einrichtung. $_2$Die Zahlung ist an die Krankenkasse weiterzuleiten.

(7) Medizinisch notwendige stationäre Vorsorgemaßnahmen für versicherte Kinder, die das 14. Lebensjahr noch nicht vollendet haben, sollen in der Regel für vier bis sechs Wochen erbracht werden.

§ 24 Medizinische Vorsorge für Mütter und Väter

(1) $_{1}$Versicherte haben unter den in § 23 Abs. 1 genannten Voraussetzungen Anspruch auf aus medizinischen Gründen erforderliche Vorsorgeleistungen in einer Einrichtung des Müttergenesungswerks oder einer gleichartigen Einrichtung; die Leistung kann in Form einer Mutter-Kind-Maßnahme erbracht werden. $_{2}$Satz 1 gilt auch für Vater-Kind-Maßnahmen in dafür geeigneten Einrichtungen. $_{3}$Vorsorgeleistungen nach den Sätzen 1 und 2 werden in Einrichtungen erbracht, mit denen ein Versorgungsvertrag nach § 111a besteht. $_{4}$§ 23 Abs. 4 Satz 1 gilt nicht; § 23 Abs. 4 Satz 2 gilt entsprechend.

(2) § 23 Abs. 5 gilt entsprechend.

(3) $_{1}$Versicherte, die das achtzehnte Lebensjahr vollendet haben und eine Leistung nach Absatz 1 in Anspruch nehmen, zahlen je Kalendertag den sich nach § 61 Satz 2 ergebenden Betrag an die Einrichtung. $_{2}$Die Zahlung ist an die Krankenkasse weiterzuleiten.

§ 24a Empfängnisverhütung

(1) $_{1}$Versicherte haben Anspruch auf ärztliche Beratung über Fragen der Empfängnisregelung. $_{2}$Zur ärztlichen Beratung gehören auch die erforderliche Untersuchung und die Verordnung von empfängnisregelnden Mitteln.

(2) $_{1}$Versicherte bis zum vollendeten 20. Lebensjahr haben Anspruch auf Versorgung mit verschreibungspflichtigen empfängnisverhütenden Mitteln; § 31 Abs. 2 bis 4 gilt entsprechend. $_{2}$Satz 1 gilt entsprechend für nicht verschreibungspflichtige Notfallkontrazeptiva, soweit sie ärztlich verordnet werden; § 129 Absatz 5a gilt entsprechend.

§ 24b Schwangerschaftsabbruch und Sterilisation

(1) $_{1}$Versicherte haben Anspruch auf Leistungen bei einer durch Krankheit erforderlichen Sterilisation und bei einem nicht rechtswidrigen Abbruch der Schwangerschaft durch einen Arzt. $_{2}$Der Anspruch auf Leistungen bei einem nicht rechtswidrigen Schwangerschaftsabbruch besteht nur, wenn dieser in einer Einrichtung im Sinne des § 13 Abs. 1 des Schwangerschaftskonfliktgesetzes vorgenommen wird.

(2) $_{1}$Es werden ärztliche Beratung über die Erhaltung und den Abbruch der Schwangerschaft, ärztliche Untersuchung und Begutachtung zur Feststellung der Voraussetzungen für eine durch Krankheit erforderliche Sterilisation oder für einen nicht rechtswidrigen Schwangerschaftsabbruch, ärztliche Behandlung, Versorgung mit Arznei-, Verbands- und Heilmitteln sowie Krankenhauspflege gewährt. $_{2}$Anspruch auf Krankengeld besteht, wenn Versicherte wegen einer durch Krankheit erforderlichen Sterilisation oder wegen eines nicht rechtswidrigen Abbruchs der Schwangerschaft durch einen Arzt arbeitsunfähig werden, es sei denn, es besteht ein Anspruch nach § 44 Abs. 1.

(3) Im Fall eines unter den Voraussetzungen des § 218a Abs. 1 des Strafgesetzbuches vorgenommenen Abbruchs der Schwangerschaft haben Versicherte Anspruch auf die ärztliche Beratung über die Erhaltung und den Abbruch der Schwangerschaft, die ärztliche Behandlung mit Ausnahme der Vornahme des Abbruchs und der Nachbehandlung bei komplikationslosem Verlauf, die Versorgung mit Arznei-, Verband- und Heilmitteln sowie auf Krankenhausbehandlung, falls und soweit die Maßnahmen dazu dienen,

1. die Gesundheit des Ungeborenen zu schützen, falls es nicht zum Abbruch kommt,
2. die Gesundheit der Kinder aus weiteren Schwangerschaften zu schützen oder
3. die Gesundheit der Mutter zu schützen, insbesondere zu erwartenden Komplikationen aus dem Abbruch der Schwangerschaft vorzubeugen oder eingetretene Komplikationen zu beseitigen.

(4) $_{1}$Die nach Absatz 3 vom Anspruch auf Leistungen ausgenommene ärztliche Vornahme des Abbruchs umfaßt

1. die Anästhesie,
2. den operativen Eingriff oder die Gabe einer den Schwangerschaftsabbruch herbeiführenden Medikation,

3. die vaginale Behandlung einschließlich der Einbringung von Arzneimitteln in die Gebärmutter,
4. die Injektion von Medikamenten,
5. die Gabe eines wehenauslösenden Medikamentes,
6. die Assistenz durch einen anderen Arzt,
7. die körperlichen Untersuchungen im Rahmen der unmittelbaren Operationsvorbereitung und der Überwachung im direkten Anschluß an die Operation.

$_2$Mit diesen ärztlichen Leistungen im Zusammenhang stehende Sachkosten, insbesondere für Narkosemittel, Verbandmittel, Abdecktücher, Desinfektionsmittel fallen ebenfalls nicht in die Leistungspflicht der Krankenkassen. $_3$Bei vollstationärer Vornahme des Abbruchs übernimmt die Krankenkasse nicht die mittleren Kosten der Leistungen nach den Sätzen 1 und 2 für den Tag, an dem der Abbruch vorgenommen wird. $_4$Das DRG-Institut ermittelt die Kosten nach Satz 3 gesondert und veröffentlicht das Ergebnis jährlich in Zusammenhang mit dem Entgeltsystem nach § 17b des Krankenhausfinanzierungsgesetzes.

§ 24c Leistungen bei Schwangerschaft und Mutterschaft

Die Leistungen bei Schwangerschaft und Mutterschaft umfassen
1. ärztliche Betreuung und Hebammenhilfe,
2. Versorgung mit Arznei-, Verband-, Heil- und Hilfsmitteln,
3. Entbindung,
4. häusliche Pflege,
5. Haushaltshilfe,
6. Mutterschaftsgeld.

§ 24d Ärztliche Betreuung und Hebammenhilfe

$_1$Die Versicherte hat während der Schwangerschaft, bei und nach der Entbindung Anspruch auf ärztliche Betreuung sowie auf Hebammenhilfe einschließlich der Untersuchungen zur Feststellung der Schwangerschaft und zur Schwangerenvorsorge; ein Anspruch auf Hebammenhilfe im Hinblick auf die Wochenbettbetreuung besteht bis zum Ablauf von zwölf Wochen nach der Geburt, weitergehende Leistungen bedürfen der ärztlichen Anordnung. $_2$Sofern das Kind nach der Entbindung nicht von der Versicherten versorgt werden kann, hat das versicherte Kind Anspruch auf die Leistungen der Hebammenhilfe, die sich auf dieses beziehen. $_3$Die ärztliche Betreuung umfasst auch die Beratung der Schwangeren zur Bedeutung der Mundgesundheit für Mutter und Kind einschließlich des Zusammenhangs zwischen Ernährung und Krankheitsrisiko sowie die Einschätzung oder Bestimmung des Übertragungsrisikos von Karies. $_4$Die ärztliche Beratung der Versicherten umfasst bei Bedarf auch Hinweise auf regionale Unterstützungsangebote für Eltern und Kind.

§ 24e Versorgung mit Arznei-, Verband-, Heil- und Hilfsmitteln

$_1$Die Versicherte hat während der Schwangerschaft und im Zusammenhang mit der Entbindung Anspruch auf Versorgung mit Arznei-, Verband-, Heil- und Hilfsmitteln. $_2$Die für die Leistungen nach den §§ 31 bis 33 geltenden Vorschriften gelten entsprechend; bei Schwangerschaftsbeschwerden und im Zusammenhang mit der Entbindung finden § 31 Absatz 3, § 32 Absatz 2, § 33 Absatz 8 und § 127 Absatz 4 keine Anwendung.

§ 24f Entbindung

$_1$Die Versicherte hat Anspruch auf ambulante oder stationäre Entbindung. $_2$Die Versicherte kann ambulant in einem Krankenhaus, in einer von einer Hebamme oder einem Entbindungspfleger geleiteten Einrichtung, in einer ärztlich geleiteten Einrichtung, in einer Hebammenpraxis oder im Rahmen einer Hausgeburt entbinden. $_3$Wird die Versicherte zur stationären Entbindung in einem Krankenhaus oder in einer anderen stationären Einrichtung aufgenommen, hat sie für sich und das Neugeborene Anspruch auf Unterkunft, Pflege und Verpflegung. $_4$Für diese Zeit besteht kein Anspruch auf Krankenhausbehandlung. $_5$§ 39 Absatz 2 gilt entsprechend.

V

§ 24g Häusliche Pflege

$_{1}$Die Versicherte hat Anspruch auf häusliche Pflege, soweit diese wegen Schwangerschaft oder Entbindung erforderlich ist. $_{2}$§ 37 Absatz 3 und 4 gilt entsprechend.

§ 24h Haushaltshilfe

$_{1}$Die Versicherte erhält Haushaltshilfe, soweit ihr wegen Schwangerschaft oder Entbindung die Weiterführung des Haushalts nicht möglich und eine andere im Haushalt lebende Person den Haushalt nicht weiterführen kann. $_{2}$§ 38 Absatz 4 gilt entsprechend.

§ 24i Mutterschaftsgeld

(1) $_{1}$Weibliche Mitglieder, die bei Arbeitsunfähigkeit Anspruch auf Krankengeld haben oder denen wegen der Schutzfristen nach § 3 Absatz 2 und § 6 Absatz 1 des Mutterschutzgesetzes kein Arbeitsentgelt gezahlt wird, erhalten Mutterschaftsgeld. $_{2}$Mutterschaftsgeld erhalten auch Frauen,

1. deren Arbeitsverhältnis unmittelbar vor Beginn der Schutzfrist nach § 3 Absatz 2 des Mutterschutzgesetzes endet, wenn sie am letzten Tag des Arbeitsverhältnisses Mitglied einer Krankenkasse waren, oder
2. die zu Beginn der Schutzfrist nach § 3 Absatz 2 des Mutterschutzgesetzes die Voraussetzungen nach Satz 1 nicht erfüllen, weil ihr Anspruch auf Arbeitslosengeld nach den §§ 157 oder 159 des Dritten Buches ruht.

(2) $_{1}$Für Mitglieder, die bei Beginn der Schutzfrist nach § 3 Absatz 2 des Mutterschutzgesetzes in einem Arbeitsverhältnis stehen oder in Heimarbeit beschäftigt sind oder deren Arbeitsverhältnis während ihrer Schwangerschaft oder der Schutzfrist nach § 6 Absatz 1 des Mutterschutzgesetzes nach Maßgabe von § 9 Absatz 3 des Mutterschutzgesetzes aufgelöst worden ist, wird als Mutterschaftsgeld das um die gesetzlichen Abzüge verminderte durchschnittliche kalendertägliche Arbeitsentgelt der letzten drei abgerechneten Kalendermonate vor Beginn der Schutzfrist nach § 3 Absatz 2 des Mutterschutzgesetzes gezahlt. $_{2}$Es beträgt höchstens 13 Euro für den Kalendertag. $_{3}$Einmalig gezahltes Arbeitsentgelt (§ 23a des Vierten Buches) sowie Tage, an denen infolge von Kurzarbeit, Arbeitsausfällen oder unverschuldeten Arbeitsversäumnissen kein oder ein vermindertes Arbeitsentgelt erzielt wurde, bleiben außer Betracht. $_{4}$Ist danach eine Berechnung nicht möglich, ist das durchschnittliche kalendertägliche Arbeitsentgelt einer gleichartig Beschäftigten zugrunde zu legen. $_{5}$Für Mitglieder, deren Arbeitsverhältnis während der Mutterschutzfristen vor oder nach der Geburt beginnt, wird das Mutterschaftsgeld von Beginn des Arbeitsverhältnisses an gezahlt. $_{6}$Übersteigt das Arbeitsentgelt 13 Euro kalendertäglich, wird der übersteigende Betrag vom Arbeitgeber oder von der für die Zahlung des Mutterschaftsgeldes zuständigen Stelle nach den Vorschriften des Mutterschutzgesetzes gezahlt. $_{7}$Für andere Mitglieder wird das Mutterschaftsgeld in Höhe des Krankengeldes gezahlt.

(3) $_{1}$Das Mutterschaftsgeld wird für die letzten sechs Wochen vor dem mutmaßlichen Tag der Entbindung, den Entbindungstag und für die ersten acht Wochen, bei Mehrlings- und Frühgeburten für die ersten zwölf Wochen nach der Entbindung gezahlt. $_{2}$Wird bei Frühgeburten und sonstigen vorzeitigen Entbindungen der Zeitraum von sechs Wochen vor dem mutmaßlichen Tag der Entbindung verkürzt, so verlängert sich die Bezugsdauer um den Zeitraum, der vor der Entbindung nicht in Anspruch genommen werden konnte. $_{3}$Für die Zahlung des Mutterschaftsgeldes vor der Entbindung ist das Zeugnis eines Arztes oder einer Hebamme maßgebend, in dem der mutmaßliche Tag der Entbindung angegeben ist. $_{4}$Bei Geburten nach dem mutmaßlichen Tag der Entbindung verlängert sich die Bezugsdauer bis zum Tag der Entbindung entsprechend.

(4) $_{1}$Der Anspruch auf Mutterschaftsgeld ruht, soweit und solange das Mitglied beitragspflichtiges Arbeitsentgelt, Arbeitseinkommen oder Urlaubsabgeltung erhält. $_{2}$Dies gilt nicht für einmalig gezahltes Arbeitsentgelt.

Vierter Abschnitt
Leistungen zur Erfassung von gesundheitlichen Risiken und Früherkennung von Krankheiten

§ 25 Gesundheitsuntersuchungen

(1) $_{1}$Versicherte, die das 18. Lebensjahr vollendet haben, haben Anspruch auf alters-, geschlechter- und zielgruppengerechte ärztliche Gesundheitsuntersuchungen zur Erfassung und Bewertung gesundheitlicher Risiken und Belastungen, zur Früherkennung von bevölkerungsmedizinisch bedeutsamen Krankheiten und eine darauf abgestimmte präventionsorientierte Beratung, einschließlich einer Überprüfung des Impfstatus im Hinblick auf die Empfehlungen der Ständigen Impfkommission nach § 20 Absatz 2 des Infektionsschutzgesetzes. $_{2}$Die Untersuchungen umfassen, sofern medizinisch angezeigt, eine Präventionsempfehlung für Leistungen zur verhaltensbezogenen Prävention nach § 20 Absatz 5. $_{3}$Die Präventionsempfehlung wird in Form einer ärztlichen Bescheinigung erteilt. $_{4}$Sie informiert über Möglichkeiten und Hilfen zur Veränderung gesundheitsbezogener Verhaltensweisen und kann auch auf andere Angebote zur verhaltensbezogenen Prävention hinweisen wie beispielsweise auf die vom Deutschen Olympischen Sportbund e. V. und der Bundesärztekammer empfohlenen Bewegungsangebote in Sportvereinen oder auf sonstige qualitätsgesicherte Bewegungsangebote in Sport- oder Fitnessstudios sowie auf Angebote zur Förderung einer ausgewogenen Ernährung.

(2) Versicherte, die das 18. Lebensjahr vollendet haben, haben Anspruch auf Untersuchungen zur Früherkennung von Krebserkrankungen.

(3) $_{1}$Voraussetzung für die Untersuchung nach den Absätzen 1 und 2 ist, dass es sich um Krankheiten handelt, die wirksam behandelt werden können oder um zu erfassende gesundheitliche Risiken und Belastungen, die durch geeignete Leistungen zur verhaltensbezogenen Prävention nach § 20 Absatz 5 vermieden, beseitigt oder vermindert werden können. $_{2}$Die im Rahmen der Untersuchungen erbrachten Maßnahmen zur Früherkennung setzen ferner voraus, dass

1. das Vor- und Frühstadium dieser Krankheiten durch diagnostische Maßnahmen erfassbar ist,
2. die Krankheitszeichen medizinisch-technisch genügend eindeutig zu erfassen sind,
3. genügend Ärzte und Einrichtungen vorhanden sind, um die aufgefundenen Verdachtsfälle eindeutig zu diagnostizieren und zu behandeln.

$_{3}$Stellt der Gemeinsame Bundesausschuss bei seinen Beratungen über eine Gesundheitsuntersuchung nach Absatz 1 fest, dass notwendige Erkenntnisse fehlen, kann er eine Richtlinie zur Erprobung der geeigneten inhaltlichen und organisatorischen Ausgestaltung der Gesundheitsuntersuchung beschließen. $_{4}$§ 137e gilt entsprechend.

(4) $_{1}$Die Untersuchungen nach Absatz 1 und 2 sollen, soweit berufsrechtlich zulässig, zusammen angeboten werden. $_{2}$Der Gemeinsame Bundesausschuss bestimmt in den Richtlinien nach § 92 das Nähere über Inhalt, Art und Umfang der Untersuchungen sowie die Erfüllung der Voraussetzungen nach Absatz 3. $_{3}$Ferner bestimmt er für die Untersuchungen die Zielgruppen, Altersgrenzen und die Häufigkeit der Untersuchungen. $_{4}$Der Gemeinsame Bundesausschuss regelt erstmals bis zum 31. Juli 2016 in Richtlinien nach § 92 das Nähere zur Ausgestaltung der Präventionsempfehlung nach Absatz 1 Satz 2. $_{5}$Im Übrigen beschließt der Gemeinsame Bundesausschuss erstmals bis zum 31. Juli 2018 in Richtlinien nach § 92 das Nähere über die Gesundheitsuntersuchungen nach Absatz 1 zur Erfassung und Bewertung gesundheitlicher Risiken und Belastungen sowie eine Anpassung der Richtlinie im Hinblick auf Gesundheitsuntersuchungen zur Früherkennung von bevölkerungsmedizinisch bedeutsamen Krankheiten. $_{6}$Die Frist nach Satz 5 verlängert sich in dem Fall einer Erprobung nach Absatz 3 Satz 3 um zwei Jahre.

(5) $_{1}$In den Richtlinien des Gemeinsamen Bundesausschusses ist ferner zu regeln, dass

die Durchführung von Maßnahmen nach den Absätzen 1 und 2 von einer Genehmigung der Kassenärztlichen Vereinigung abhängig ist, wenn es zur Sicherung der Qualität der Untersuchungen geboten ist, dass Ärzte mehrerer Fachgebiete zusammenwirken oder die teilnehmenden Ärzte eine Mindestzahl von Untersuchungen durchführen oder besondere technische Einrichtungen vorgehalten werden oder dass besonders qualifiziertes nichtärztliches Personal mitwirkt. 2Ist es erforderlich, dass die teilnehmenden Ärzte eine hohe Mindestzahl von Untersuchungen durchführen oder dass bei der Leistungserbringung Ärzte mehrerer Fachgebiete zusammenwirken, legen die Richtlinien außerdem Kriterien für die Bemessung des Versorgungsbedarfs fest, so dass eine bedarfsgerechte räumliche Verteilung gewährleistet ist. 3Die Auswahl der Ärzte durch die Kassenärztliche Vereinigung erfolgt auf der Grundlage der Bewertung ihrer Qualifikation und der geeigneten räumlichen Zuordnung ihres Praxissitzes für die Versorgung im Rahmen eines in den Richtlinien geregelten Ausschreibungsverfahrens. 4Die Genehmigung zur Durchführung der Früherkennungsuntersuchungen kann befristet und mit für das Versorgungsziel notwendigen Auflagen erteilt werden.

§ 25a Organisierte Früherkennungsprogramme

(1) 1Untersuchungen zur Früherkennung von Krebserkrankungen gemäß § 25 Absatz 2, für die von der Europäischen Kommission veröffentlichte Europäische Leitlinien zur Qualitätssicherung von Krebsfrüherkennungsprogrammen vorliegen, sollen als organisierte Krebsfrüherkennungsprogramme angeboten werden. 2Diese Programme umfassen insbesondere

1. die regelmäßige Einladung der Versicherten in Textform zur Früherkennungsuntersuchung nach Satz 1,
2. die mit der Einladung erfolgende umfassende und verständliche Information der Versicherten über Nutzen und Risiken der jeweiligen Untersuchung, über die nach Absatz 4 vorgesehene Erhebung, Verarbeitung und Nutzung der personenbezogenen Daten, die zum Schutz dieser Daten getroffenen Maßnahmen, die verantwortliche Stelle und bestehende Widerspruchsrechte,
3. die inhaltliche Bestimmung der Zielgruppen, der Untersuchungsmethoden, der Abstände zwischen den Untersuchungen, der Altersgrenzen, des Vorgehens zur Abklärung auffälliger Befunde und der Maßnahmen zur Qualitätssicherung sowie
4. die systematische Erfassung, Überwachung und Verbesserung der Qualität der Krebsfrüherkennungsprogramme unter besonderer Berücksichtigung der Teilnahmeraten, des Auftretens von Intervallkarzinomen, falsch positiver Diagnosen und der Sterblichkeit an der betreffenden Krebserkrankung unter den Programmteilnehmern.

3Die Maßnahmen nach Satz 2 Nummer 4 beinhalten auch einen Abgleich der Daten, die nach § 299 zum Zwecke der Qualitätssicherung an eine vom Gemeinsamen Bundesausschuss bestimmte Stelle übermittelt werden, mit Daten der epidemiologischen oder der klinischen Krebsregister, soweit dies insbesondere für die Erfassung des Auftretens von Intervallkarzinomen und der Sterblichkeit an der betreffenden Krebserkrankung unter den Programmteilnehmern erforderlich ist und landesrechtliche Vorschriften die Übermittlung von Krebsregisterdaten erlauben. 4Die entstehenden Kosten für den Datenabgleich werden von den Krankenkassen getragen.

(2) 1Der Gemeinsame Bundesausschuss regelt bis zum 30. April 2016 in Richtlinien nach § 92 das Nähere über die Durchführung der organisierten Krebsfrüherkennungsprogramme für Früherkennungsuntersuchungen, für die bereits Europäische Leitlinien zur Qualitätssicherung nach Absatz 1 Satz 1 vorliegen. 2Für künftige Leitlinien erfolgt eine Regelung innerhalb von drei Jahren nach Veröffentlichung der Leitlinien. 3Handelt es sich um eine neue Früherkennungsuntersuchung, für die noch keine Richtlinien nach § 92 Absatz 1 Satz 2 Nummer 3 bestehen, prüft der Ge-

meinsame Bundesausschuss zunächst innerhalb von drei Jahren nach Veröffentlichung der Leitlinien, ob die Früherkennungsuntersuchung nach § 25 Absatz 2 zu Lasten der Krankenkassen zu erbringen ist, und regelt gegebenenfalls innerhalb von weiteren drei Jahren das Nähere über die Durchführung des organisierten Krebsfrüherkennungsprogramms. 4In den Richtlinien über die Durchführung der organisierten Krebsfrüherkennungsprogramme ist insbesondere das Nähere zum Einladungswesen, zur Qualitätssicherung und zum Datenabgleich mit den Krebsregistern festzulegen, und es sind die hierfür zuständigen Stellen zu bestimmen. 5Der Verband der Privaten Krankenversicherung ist bei den Richtlinien zu beteiligen.

(3) 1Stellt der Gemeinsame Bundesausschuss bei seinen Beratungen fest, dass notwendige Erkenntnisse fehlen, kann er eine Richtlinie zur Erprobung der geeigneten inhaltlichen und organisatorischen Ausgestaltung eines organisierten Krebsfrüherkennungsprogramms beschließen. 2§ 137e gilt entsprechend. 3Die Frist nach Absatz 2 Satz 1 bis 3 für die Regelung des Näheren über die Durchführung der organisierten Krebsfrüherkennungsprogramme verlängert sich in diesem Fall um den Zeitraum der Vorbereitung, Durchführung und Auswertung der Erprobung, längstens jedoch um fünf Jahre.

(4) 1Die nach Absatz 2 Satz 4 in den Richtlinien bestimmten Stellen sind befugt, die für die Wahrnehmung ihrer Aufgaben erforderlichen und in den Richtlinien aufgeführten Daten nach den dort genannten Vorgaben zu erheben, zu verarbeiten und zu nutzen. 2Für die Einladungen nach Absatz 1 Satz 2 Nummer 1 dürfen die in § 291 Absatz 2 Satz 1 Nummer 2 bis 6 genannten Daten der Krankenkassen erhoben, verarbeitet und genutzt werden; sofern andere Stellen als die Krankenkassen die Aufgabe der Einladung wahrnehmen, darf die Krankenversichertennummer nur in pseudonymisierter Form verwendet werden. 3Die Versicherten können in Textform weiteren Einladungen widersprechen; sie sind in den Einladungen auf ihr Widerspruchsrecht hinzuweisen. 4Andere personenbezogene Daten der Krankenkassen, insbesondere Befunddaten und Daten über die Inanspruchnahme von Krebsfrüherkennungsuntersuchungen, dürfen für die Einladungen nur mit Einwilligung der Versicherten verwendet werden. 5Für die Datenerhebungen, -verarbeitungen und -nutzungen zum Zwecke der Qualitätssicherung nach Absatz 1 Satz 2 Nummer 4 gilt § 299, sofern der Versicherte nicht schriftlich widersprochen hat. 6Ein Abgleich der Daten nach Satz 4 und der Daten, die nach § 299 zum Zwecke der Qualitätssicherung an eine vom Gemeinsamen Bundesausschuss bestimmte Stelle übermittelt werden, mit Daten der epidemiologischen oder klinischen Krebsregister ist unter Beachtung der landesrechtlichen Vorschriften zulässig, sofern der Versicherte nicht schriftlich widersprochen hat. 7Der Gemeinsame Bundesausschuss legt in den Richtlinien fest, welche Daten für den Abgleich zwischen den von ihm bestimmten Stellen und den epidemiologischen oder klinischen Krebsregistern übermittelt werden sollen.

(5) 1Der Gemeinsame Bundesausschuss oder eine von ihm beauftragte Stelle veröffentlicht alle zwei Jahre einen Bericht über den Stand der Maßnahmen nach Absatz 1 Satz 2 Nummer 4. 2Der Gemeinsame Bundesausschuss oder eine von ihm beauftragte Stelle übermittelt auf Antrag, nach Prüfung des berechtigten Interesses des Antragstellers, anonymisierte Daten zum Zwecke der wissenschaftlichen Forschung. 3Die Entscheidung über den Antrag ist dem Antragsteller innerhalb von zwei Monaten nach Antragstellung mitzuteilen; eine Ablehnung ist zu begründen.

§ 26 Gesundheitsuntersuchungen für Kinder und Jugendliche

(1) 1Versicherte Kinder und Jugendliche haben bis zur Vollendung des 18. Lebensjahres Anspruch auf Untersuchungen zur Früherkennung von Krankheiten, die ihre körperliche, geistige oder psycho-soziale Entwicklung in nicht geringfügigem Maße gefährden. 2Die Untersuchungen beinhalten auch eine Erfassung und Bewertung gesundheitlicher Risi-

ken einschließlich einer Überprüfung der Vollständigkeit des Impfstatus sowie eine darauf abgestimmte präventionsorientierte Beratung einschließlich Informationen zu regionalen Unterstützungsangeboten für Eltern und Kind. 3Die Untersuchungen umfassen, sofern medizinisch angezeigt, eine Präventionsempfehlung für Leistungen zur verhaltensbezogenen Prävention nach § 20 Absatz 5, die sich altersentsprechend an das Kind, den Jugendlichen oder die Eltern oder andere Sorgeberechtigte richten kann. 4Die Präventionsempfehlung wird in Form einer ärztlichen Bescheinigung erteilt. 5Zu den Früherkennungsuntersuchungen auf Zahn-, Mund- und Kieferkrankheiten gehören insbesondere die Inspektion der Mundhöhle, die Einschätzung oder Bestimmung des Kariesrisikos, die Ernährungs- und Mundhygieneberatung sowie Maßnahmen zur Schmelzhärtung der Zähne und zur Keimzahlsenkung. 6Die Leistungen nach Satz 5 werden bis zur Vollendung des sechsten Lebensjahres erbracht und können von Ärzten oder Zahnärzten erbracht werden.

(2) 1§ 25 Absatz 3 gilt entsprechend. 2Der Gemeinsame Bundesausschuss bestimmt in den Richtlinien nach § 92 das Nähere über Inhalt, Art und Umfang der Untersuchungen nach Absatz 1 sowie über die Erfüllung der Voraussetzungen nach § 25 Absatz 3. 3Ferner bestimmt er die Altersgrenzen und die Häufigkeit dieser Untersuchungen. 4Der Gemeinsame Bundesausschuss regelt erstmals bis zum 31. Juli 2016 in Richtlinien nach § 92 das Nähere zur Ausgestaltung der Präventionsempfehlung nach Absatz 1 Satz 3. 5Er regelt insbesondere das Nähere zur Ausgestaltung der zahnärztlichen Früherkennungsuntersuchungen zur Vermeidung frühkindlicher Karies.

(3) 1Die Krankenkassen haben im Zusammenwirken mit den für die Kinder- und Gesundheitspflege durch Landesrecht bestimmten Stellen der Länder auf eine Inanspruchnahme der Leistungen nach Absatz 1 hinzuwirken. 2Zur Durchführung der Maßnahmen nach Satz 1 schließen die Landesverbände der Krankenkassen und die Ersatzkassen mit den Stellen der Länder nach Satz 1 gemeinsame Rahmenvereinbarungen.

Fünfter Abschnitt
Leistungen bei Krankheit

Erster Titel
Krankenbehandlung

§ 27 Krankenbehandlung

(1) 1Versicherte haben Anspruch auf Krankenbehandlung, wenn sie notwendig ist, um eine Krankheit zu erkennen, zu heilen, ihre Verschlimmerung zu verhüten oder Krankheitsbeschwerden zu lindern. 2Die Krankenbehandlung umfaßt

1. ärztliche Behandlung einschließlich Psychotherapie als ärztliche und psychotherapeutische Behandlung,
2. zahnärztliche Behandlung,

2a. Versorgung mit Zahnersatz einschließlich Zahnkronen und Suprakonstruktionen,

3. Versorgung mit Arznei-, Verband-, Heil- und Hilfsmitteln,
4. häusliche Krankenpflege und Haushaltshilfe,
5. Krankenhausbehandlung,
6. Leistungen zur medizinischen Rehabilitation und ergänzende Leistungen.

3Bei der Krankenbehandlung ist den besonderen Bedürfnissen psychisch Kranker Rechnung zu tragen, insbesondere bei der Versorgung mit Heilmitteln und bei der medizinischen Rehabilitation. 4Zur Krankenbehandlung gehören auch Leistungen zur Herstellung der Zeugungs- und Empfängnisfähigkeit, wenn diese Fähigkeit nicht vorhanden war oder durch Krankheit oder wegen einer durch Krankheit erforderlichen Sterilisation verlorengegangen war.

(1a) 1Spender von Organen oder Geweben oder von Blut zur Separation von Blutstammzellen oder anderen Blutbestandteilen (Spender) haben bei einer nach den §§ 8 und 8a des Transplantationsgesetzes erfolgenden Spende von Organen oder Geweben oder im Zusammenhang mit einer im Sinne von § 9 des Transfusionsgesetzes erfolgenden Spende zum Zwecke der Übertragung auf Versicherte (Entnahme bei lebenden Spendern) Anspruch auf Leistungen der Krankenbehandlung. $_{2}$Dazu gehören die ambulante und stationäre Behandlung der Spender, die medizinisch erforderliche Vor- und Nachbetreuung, Leistungen zur medizinischen Rehabilitation sowie die Erstattung des Ausfalls von Arbeitseinkünften als Krankengeld nach § 44a und erforderlicher Fahrkosten; dies gilt auch für Leistungen, die über die Leistungen nach dem Dritten Kapitel dieses Gesetzes, auf die ein Anspruch besteht, hinausgehen, soweit sie vom Versicherungsschutz des Spenders umfasst sind. $_{3}$Zuzahlungen sind von den Spendern nicht zu leisten. $_{4}$Zuständig für Leistungen nach den Sätzen 1 und 2 ist die Krankenkasse der Empfänger von Organen, Geweben oder Blutstammzellen sowie anderen Blutbestandteilen (Empfänger). $_{5}$Im Zusammenhang mit der Spende von Knochenmark nach den §§ 8 und 8a des Transplantationsgesetzes, von Blutstammzellen oder anderen Blutbestandteilen nach § 9 des Transfusionsgesetzes können die Erstattung der erforderlichen Fahrkosten des Spenders und die Erstattung der Entgeltfortzahlung an den Arbeitgeber nach § 3a Absatz 2 Satz 1 des Entgeltfortzahlungsgesetzes einschließlich der Befugnis zum Erlass der hierzu erforderlichen Verwaltungsakte auf Dritte übertragen werden. $_{6}$Das Nähere kann der Spitzenverband Bund der Krankenkassen mit den für die nationale und internationale Suche nach nichtverwandten Spendern von Blutstammzellen aus Knochenmark oder peripherem Blut maßgeblichen Organisationen vereinbaren. $_{7}$Für die Behandlung von Folgeerkrankungen der Spender ist die Krankenkasse der Spender zuständig, sofern der Leistungsanspruch nicht nach § 11 Absatz 5 ausgeschlossen ist. $_{8}$Ansprüche nach diesem Absatz haben auch nicht gesetzlich krankenversicherte Personen. $_{9}$Die Krankenkasse der Spender ist befugt, die für die Leistungserbringung nach den Sätzen 1 und 2 erforderlichen personenbezogenen Daten an die Krankenkasse oder das private Krankenversicherungsunternehmen der Empfänger zu übermitteln; dies gilt auch für personenbezogene Daten von nach dem Künstlersozialversicherungsgesetz Krankenversicherungspflichtigen. $_{10}$Die nach Satz 9 übermittelten Daten dürfen nur für die Erbringung von Leistungen nach den Sätzen 1 und 2 verarbeitet und genutzt werden. $_{11}$Die Datenverarbeitung und Nutzung nach den Sätzen 9 und 10 darf nur mit schriftlicher Einwilligung der Spender, der eine umfassende Information vorausgegangen ist, erfolgen.

(2) Versicherte, die sich nur vorübergehend im Inland aufhalten, Ausländer, denen eine Aufenthaltserlaubnis nach § 25 Abs. 4 bis 5 des Aufenthaltsgesetzes erteilt wurde, sowie

1. asylsuchende Ausländer, deren Asylverfahren noch nicht unanfechtbar abgeschlossen ist,
2. Vertriebene im Sinne des § 1 Abs. 2 Nr. 2 und 3 des Bundesvertriebenengesetzes sowie Spätaussiedler im Sinne des § 4 des Bundesvertriebenengesetzes, ihre Ehegatten, Lebenspartner und Abkömmlinge im Sinne des § 7 Abs. 2 des Bundesvertriebenengesetzes haben Anspruch auf Versorgung mit Zahnersatz, wenn sie unmittelbar vor Inanspruchnahme mindestens ein Jahr lang Mitglied einer Krankenkasse (§ 4) oder nach § 10 versichert waren oder wenn die Behandlung aus medizinischen Gründen ausnahmsweise unaufschiebbar ist.

§ 27a Künstliche Befruchtung

(1) Die Leistungen der Krankenbehandlung umfassen auch medizinische Maßnahmen zur Herbeiführung einer Schwangerschaft, wenn

1. diese Maßnahmen nach ärztlicher Feststellung erforderlich sind,
2. nach ärztlicher Feststellung hinreichende Aussicht besteht, daß durch die Maßnahmen eine Schwangerschaft herbeigeführt wird; eine hinreichende Aussicht besteht nicht mehr, wenn die Maßnahme drei Mal ohne Erfolg durchgeführt worden ist,
3. die Personen, die diese Maßnahmen in Anspruch nehmen wollen, miteinander verheiratet sind,

4. ausschließlich Ei- und Samenzellen der Ehegatten verwendet werden und
5. sich die Ehegatten vor Durchführung der Maßnahmen von einem Arzt, der die Behandlung nicht selbst durchführt, über eine solche Behandlung unter Berücksichtigung ihrer medizinischen und psychosozialen Gesichtspunkte haben unterrichten lassen und der Arzt sie an einen der Ärzte oder eine der Einrichtungen überwiesen hat, denen eine Genehmigung nach § 121a erteilt worden ist.

(2) $_1$Absatz 1 gilt auch für Inseminationen, die nach Stimulationsverfahren durchgeführt werden und bei denen dadurch ein erhöhtes Risiko von Schwangerschaften mit drei oder mehr Embryonen besteht. $_2$Bei anderen Inseminationen ist Absatz 1 Nr. 2 zweiter Halbsatz und Nr. 5 nicht anzuwenden.

(3) $_1$Anspruch auf Sachleistungen nach Absatz 1 besteht nur für Versicherte, die das 25. Lebensjahr vollendet haben; der Anspruch besteht nicht für weibliche Versicherte, die das 40. und für männliche Versicherte, die das 50. Lebensjahr vollendet haben. $_2$Vor Beginn der Behandlung ist der Krankenkasse ein Behandlungsplan zur Genehmigung vorzulegen. $_3$Die Krankenkasse übernimmt 50 vom Hundert der mit dem Behandlungsplan genehmigten Kosten der Maßnahmen, die bei ihrem Versicherten durchgeführt werden.

(4) Der Gemeinsame Bundesausschuss bestimmt in den Richtlinien nach § 92 die medizinischen Einzelheiten zu Voraussetzungen, Art und Umfang der Maßnahmen nach Absatz 1.

Entscheidung des Bundesverfassungsgerichts vom 28. Februar 2007 (BGBl. I S. 350)

Aus dem Urteil des Bundesverfassungsgerichts vom 28. Februar 2007 – 1 BvL 5/03 – wird die Entscheidungsformel veröffentlicht:

§ 27a Absatz 1 Nummer 3 des Fünften Buches Sozialgesetzbuch ist mit dem Grundgesetz vereinbar, soweit die Leistung medizinischer Maßnahmen zur Herbeiführung einer Schwangerschaft (künstliche Befruchtung) durch die gesetzliche Krankenversicherung auf Personen beschränkt ist, die miteinander verheiratet sind.

Die vorstehende Entscheidungsformel hat gemäß § 31 Abs. 2 des Bundesverfassungsgerichtsgesetzes Gesetzeskraft.

§ 27b Zweitmeinung

(1) $_1$Versicherte, bei denen die Indikation zu einem planbaren Eingriff gestellt wird, bei dem insbesondere im Hinblick auf die zahlenmäßige Entwicklung seiner Durchführung die Gefahr einer Indikationsausweitung nicht auszuschließen ist, haben Anspruch darauf, eine unabhängige ärztliche Zweitmeinung bei einem Arzt oder einer Einrichtung nach Absatz 3 einzuholen. $_2$Die Zweitmeinung kann nicht bei einem Arzt oder einer Einrichtung eingeholt werden, durch den oder durch die der Eingriff durchgeführt werden soll.

(2) $_1$Der Gemeinsame Bundesausschuss bestimmt in seinen Richtlinien nach § 92 Absatz 1 Satz 2 Nummer 13, für welche planbaren Eingriffe nach Absatz 1 Satz 1 der Anspruch auf Einholung der Zweitmeinung im Einzelnen besteht. $_2$Er legt indikationsspezifische Anforderungen an die Abgabe der Zweitmeinung zum empfohlenen Eingriff und an die Erbringer einer Zweitmeinung fest, um eine besondere Expertise zur Zweitmeinungserbringung zu sichern. $_3$Kriterien für die besondere Expertise sind

1. eine langjährige fachärztliche Tätigkeit in einem Fachgebiet, das für die Indikation zum Eingriff maßgeblich ist,
2. Kenntnisse über den aktuellen Stand der wissenschaftlichen Forschung zur jeweiligen Diagnostik und Therapie einschließlich Kenntnissen über Therapiealternativen zum empfohlenen Eingriff.

$_4$Der Gemeinsame Bundesausschuss kann Anforderungen mit zusätzlichen Kriterien festlegen. $_5$Zusätzliche Kriterien sind insbesondere

1. Erfahrungen mit der Durchführung des jeweiligen Eingriffs,
2. regelmäßige gutachterliche Tätigkeit in einem für die Indikation maßgeblichen Fachgebiet oder
3. besondere Zusatzqualifikationen, die für die Beurteilung einer gegebenenfalls in-

terdisziplinär abzustimmenden Indikationsstellung von Bedeutung sind.

6Der Gemeinsame Bundesausschuss berücksichtigt bei den Festlegungen nach Satz 2 die Möglichkeiten einer telemedizinischen Erbringung der Zweitmeinung. 7Er beschließt die Festlegungen nach den Sätzen 1 bis 5 erstmals bis zum 31. Dezember 2015.

(3) Zur Erbringung einer Zweitmeinung sind berechtigt:

1. zugelassene Ärzte,
2. zugelassene medizinische Versorgungszentren,
3. ermächtigte Ärzte und Einrichtungen,
4. zugelassene Krankenhäuser sowie
5. nicht an der vertragsärztlichen Versorgung teilnehmende Ärzte, die nur zu diesem Zweck an der vertragsärztlichen Versorgung teilnehmen,

soweit sie die Anforderungen nach Absatz 2 Satz 2 erfüllen.

(4) Die Kassenärztlichen Vereinigungen und die Landeskrankenhausgesellschaften informieren inhaltlich abgestimmt über Leistungserbringer, die unter Berücksichtigung der vom Gemeinsamen Bundesausschuss nach Absatz 2 Satz 2 festgelegten Anforderungen zur Erbringung einer unabhängigen Zweitmeinung geeignet und bereit sind.

(5) 1Der Arzt, der die Indikation für einen Eingriff nach Absatz 1 Satz 1 in Verbindung mit Absatz 2 Satz 1 stellt, muss den Versicherten über das Recht, eine unabhängige ärztliche Zweitmeinung einholen zu können, aufklären und ihn auf die Informationsangebote über geeignete Leistungserbringer nach Absatz 4 hinweisen. 2Die Aufklärung muss mündlich erfolgen; ergänzend kann auf Unterlagen Bezug genommen werden, die der Versicherte in Textform erhält. 3Der Arzt hat dafür Sorge zu tragen, dass die Aufklärung in der Regel mindestens zehn Tage vor dem geplanten Eingriff erfolgt. 4In jedem Fall hat die Aufklärung so rechtzeitig zu erfolgen, dass der Versicherte seine Entscheidung über die Einholung einer Zweitmeinung wohlüberlegt treffen kann. 5Der Arzt hat den Versicherten auf sein Recht auf Überlassung von Abschriften der Befundunterlagen aus der Patientenakte gemäß § 630g Absatz 2 des Bürgerlichen Gesetzbuchs, die für die Einholung der Zweitmeinung erforderlich sind, hinzuweisen. 6Die Kosten, die dem Arzt durch die Zusammenstellung und Überlassung von Befundunterlagen für die Zweitmeinung entstehen, trägt die Krankenkasse.

(6) 1Die Krankenkasse kann in ihrer Satzung zusätzliche Leistungen zur Einholung einer unabhängigen ärztlichen Zweitmeinung vorsehen. 2Sofern diese zusätzlichen Leistungen die vom Gemeinsamen Bundesausschuss bestimmten Eingriffe nach Absatz 2 Satz 1 betreffen, müssen sie die Anforderungen nach Absatz 2 Satz 2 erfüllen, die der Gemeinsame Bundesausschuss festgelegt hat. 3Dies gilt auch, wenn die Krankenkasse ein Zweitmeinungsverfahren im Rahmen von Verträgen der besonderen Versorgung nach § 140a anbietet.

§ 28 Ärztliche und zahnärztliche Behandlung

(1) 1Die ärztliche Behandlung umfaßt die Tätigkeit des Arztes, die zur Verhütung, Früherkennung und Behandlung von Krankheiten nach den Regeln der ärztlichen Kunst ausreichend und zweckmäßig ist. 2Zur ärztlichen Behandlung gehört auch die Hilfeleistung anderer Personen, die von dem Arzt angeordnet und von ihm zu verantworten ist. 3Die Partner der Bundesmantelverträge legen bis zum 30. Juni 2012 für die ambulante Versorgung beispielhaft fest, bei welchen Tätigkeiten Personen nach Satz 2 ärztliche Leistungen erbringen können und welche Anforderungen an die Erbringung zu stellen sind. 4Der Bundesärztekammer ist Gelegenheit zur Stellungnahme zu geben.

(2) 1Die zahnärztliche Behandlung umfaßt die Tätigkeit des Zahnarztes, die zur Verhütung, Früherkennung und Behandlung von Zahn-, Mund- und Kieferkrankheiten nach den Regeln der zahnärztlichen Kunst ausreichend und zweckmäßig ist; sie umfasst auch konservierend-chirurgische Leistungen und Röntgenleistungen, die im Zusammenhang mit Zahnersatz einschließlich Zahnkronen und

V

Suprakonstruktionen erbracht werden. 2Wählen Versicherte bei Zahnfüllungen eine darüber hinausgehende Versorgung, haben sie die Mehrkosten selbst zu tragen. 3In diesen Fällen ist von den Kassen die vergleichbare preisgünstigste plastische Füllung als Sachleistung abzurechnen. 4In Fällen des Satzes 2 ist vor Beginn der Behandlung eine schriftliche Vereinbarung zwischen dem Zahnarzt und dem Versicherten zu treffen. 5Die Mehrkostenregelung gilt nicht für Fälle, in denen intakte plastische Füllungen ausgetauscht werden. 6Nicht zur zahnärztlichen Behandlung gehört die kieferorthopädische Behandlung von Versicherten, die zu Beginn der Behandlung das 18. Lebensjahr vollendet haben. 7Dies gilt nicht für Versicherte mit schweren Kieferanomalien, die ein Ausmaß haben, das kombinierte kieferchirurgische und kieferorthopädische Behandlungsmaßnahmen erfordert. 8Ebenso gehören funktionsanalytische und funktionstherapeutische Maßnahmen nicht zur zahnärztlichen Behandlung; sie dürfen von den Krankenkassen auch nicht bezuschußt werden. 9Das Gleiche gilt für implantologische Leistungen, es sei denn, es liegen seltene vom Gemeinsamen Bundesausschuss in Richtlinien nach § 92 Abs. 1 festzulegende Ausnahmeindikationen für besonders schwere Fälle vor, in denen die Krankenkasse diese Leistung einschließlich der Suprakonstruktion als Sachleistung im Rahmen einer medizinischen Gesamtbehandlung erbringt. 10Absatz 1 Satz 2 gilt entsprechend.

(3) 1Die psychotherapeutische Behandlung einer Krankheit wird durch Psychologische Psychotherapeuten und Kinder- und Jugendlichenpsychotherapeuten (Psychotherapeuten), soweit sie zur psychotherapeutischen Behandlung zugelassen sind, sowie durch Vertragsärzte entsprechend den Richtlinien nach § 92 durchgeführt. 2Absatz 1 Satz 2 gilt entsprechend. 3Spätestens nach den probatorischen Sitzungen gemäß § 92 Abs. 6a hat der Psychotherapeut vor Beginn der Behandlung den Konsiliarbericht eines Vertragsarztes zur Abklärung einer somatischen Erkrankung sowie, falls der somatisch abklärende Vertragsarzt dies für erforderlich hält, eines psychiatrisch tätigen Vertragsarztes einzuholen.

§ 29 Kieferorthopädische Behandlung

(1) Versicherte haben Anspruch auf kieferorthopädische Versorgung in medizinisch begründeten Indikationsgruppen, bei denen eine Kiefer- oder Zahnfehlstellung vorliegt, die das Kauen, Beißen, Sprechen oder Atmen erheblich beeinträchtigt oder zu beeinträchtigen droht.

(2) 1Versicherte leisten zu der kieferorthopädischen Behandlung nach Absatz 1 einen Anteil in Höhe von 20 vom Hundert der Kosten an den Vertragszahnarzt. 2Satz 1 gilt nicht für im Zusammenhang mit kieferorthopädischer Behandlung erbrachte konservierend-chirurgische und Röntgenleistungen. 3Befinden sich mindestens zwei versicherte Kinder, die bei Beginn der Behandlung das 18. Lebensjahr noch nicht vollendet haben und mit ihren Erziehungsberechtigten in einem gemeinsamen Haushalt leben, in kieferorthopädischer Behandlung, beträgt der Anteil nach Satz 1 für das zweite und jedes weitere Kind 10 vom Hundert.

(3) 1Der Vertragszahnarzt rechnet die kieferorthopädische Behandlung abzüglich des Versichertenanteils nach Absatz 2 Satz 1 und 3 mit der Kassenzahnärztlichen Vereinigung ab. 2Wenn die Behandlung in dem durch den Behandlungsplan bestimmten medizinisch erforderlichen Umfang abgeschlossen worden ist, zahlt die Kasse den von den Versicherten geleisteten Anteil nach Absatz 2 Satz 1 und 3 an die Versicherten zurück.

(4) 1Der Gemeinsame Bundesausschuss bestimmt in den Richtlinien nach § 92 Abs. 1 befundbezogen die objektiv überprüfbaren Indikationsgruppen, bei denen die in Absatz 1 genannten Voraussetzungen vorliegen. 2Dabei sind auch einzuhaltende Standards zur kieferorthopädischen Befunderhebung und Diagnostik vorzugeben.

§ 30 (weggefallen)

§ 31 Arznei- und Verbandmittel

(1) $_{1}$Versicherte haben Anspruch auf Versorgung mit apothekenpflichtigen Arzneimitteln, soweit die Arzneimittel in der vertragsärztlichen Versorgung verordnungsfähig sind, und auf Versorgung mit Verbandmitteln, Harn- und Blutteststreifen. $_{2}$Der Gemeinsame Bundesausschuss hat in den Richtlinien nach § 92 Abs. 1 Satz 2 Nr. 6 festzulegen, in welchen medizinisch notwendigen Fällen Stoffe und Zubereitungen aus Stoffen, die als Medizinprodukte nach § 3 Nr. 1 oder Nr. 2 des Medizinproduktegesetzes zur Anwendung am oder im menschlichen Körper bestimmt sind, ausnahmsweise in die Arzneimittelversorgung einbezogen werden; § 34 Abs. 1 Satz 5, 7 und 8 und Abs. 6 sowie die §§ 35, 126 und 127 gelten entsprechend. $_{3}$Für verschreibungspflichtige und nicht verschreibungspflichtige Medizinprodukte nach Satz 2 gilt § 34 Abs. 1 Satz 6 entsprechend. $_{4}$Der Vertragsarzt kann Arzneimittel, die auf Grund der Richtlinien nach § 92 Abs. 1 Satz 2 Nr. 6 von der Versorgung ausgeschlossen sind, ausnahmsweise in medizinisch begründeten Einzelfällen mit Begründung verordnen. $_{5}$Für die Versorgung nach Satz 1 können die Versicherten unter den Apotheken, für die der Rahmenvertrag nach § 129 Abs. 2 Geltung hat, frei wählen.

(2) $_{1}$Für ein Arznei- oder Verbandmittel, für das ein Festbetrag nach § 35 oder § 35a festgesetzt ist, trägt die Krankenkasse die Kosten bis zur Höhe dieses Betrages, für andere Arznei- oder Verbandmittel die vollen Kosten, jeweils abzüglich der vom Versicherten zu leistenden Zuzahlung und der Abschläge nach den §§ 130, 130a und dem Gesetz zur Einführung von Abschlägen der pharmazeutischen Großhändler. $_{2}$Hat die Krankenkasse mit einem pharmazeutischen Unternehmen, das ein Festbetragsarzneimittel anbietet, eine Vereinbarung nach § 130a Abs. 8 abgeschlossen, trägt die Krankenkasse abweichend von Satz 1 den Apothekenverkaufspreis dieses Mittels abzüglich der Zuzahlungen und Abschläge nach den §§ 130 und 130a Abs. 1, 3a und 3b. $_{3}$Diese Vereinbarung ist nur zulässig, wenn hierdurch die Mehrkosten der Überschreitung des Festbetrages ausgeglichen werden. $_{4}$Die Krankenkasse übermittelt die erforderlichen Angaben einschließlich des Arzneimittel- und des Institutionskennzeichens der Krankenkasse an die Vertragspartner nach § 129 Abs. 2; das Nähere ist in den Verträgen nach § 129 Abs. 2 und 5 zu vereinbaren. $_{5}$Versicherte und Apotheken sind nicht verpflichtet, Mehrkosten an die Krankenkasse zurückzuzahlen, wenn die von der Krankenkasse abgeschlossene Vereinbarung den gesetzlichen Anforderungen nicht entspricht.

(3) $_{1}$Versicherte, die das achtzehnte Lebensjahr vollendet haben, leisten an die abgebende Stelle zu jedem zu Lasten der gesetzlichen Krankenversicherung verordneten Arznei- und Verbandmittel als Zuzahlung den sich nach § 61 Satz 1 ergebenden Betrag, jedoch jeweils nicht mehr als die Kosten des Mittels. $_{2}$Satz 1 findet keine Anwendung bei Harn- und Blutteststreifen. $_{3}$Satz 1 gilt auch für Medizinprodukte, die nach Absatz 1 Satz 2 und 3 in die Versorgung mit Arzneimitteln einbezogen worden sind. $_{4}$Der Spitzenverband Bund der Krankenkassen kann Arzneimittel, deren Abgabepreis des pharmazeutischen Unternehmers ohne Mehrwertsteuer mindestens um 30 vom Hundert niedriger als der jeweils gültige Festbetrag ist, der diesem Preis zugrunde liegt, von der Zuzahlung freistellen, wenn hieraus Einsparungen zu erwarten sind. $_{5}$Für andere Arzneimittel, für die eine Vereinbarung nach § 130a Abs. 8 besteht, kann die Krankenkasse die Zuzahlung um die Hälfte ermäßigen oder aufheben, wenn hieraus Einsparungen zu erwarten sind. $_{6}$Absatz 2 Satz 4 gilt entsprechend.

(4) $_{1}$Das Nähere zu therapiegerechten und wirtschaftlichen Packungsgrößen bestimmt das Bundesministerium für Gesundheit durch Rechtsverordnung ohne Zustimmung des Bundesrates. $_{2}$Ein Fertigarzneimittel, dessen Packungsgröße die größte der auf Grund der Verordnung nach Satz 1 bestimmte Packungsgröße übersteigt, ist nicht Gegenstand der Versorgung nach Absatz 1 und darf nicht zu Lasten der gesetzlichen Krankenversicherung abgegeben werden.

(5) $_{1}$Versicherte haben Anspruch auf bilanzierte Diäten zur enteralen Ernährung, wenn eine diätetische Intervention mit bilanzierten Diäten medizinisch notwendig, zweckmäßig und wirtschaftlich ist. $_{2}$Der Gemeinsame Bundesausschuss legt in den Richtlinien nach § 92 Abs. 1 Satz 2 Nr. 6 fest, unter welchen Voraussetzungen welche bilanzierten Diäten zur enteralen Ernährung vom Vertragsarzt verordnet werden können und veröffentlicht im Bundesanzeiger eine Zusammenstellung der verordnungsfähigen Produkte. $_{3}$§ 34 Abs. 6 gilt entsprechend. $_{4}$In die Zusammenstellung sollen nur Produkte aufgenommen werden, die die Anforderungen der Richtlinie erfüllen. $_{5}$Für die Zuzahlung gilt Absatz 3 Satz 1 entsprechend. $_{6}$Für die Abgabe von bilanzierten Diäten zur enteralen Ernährung gelten die §§ 126 und 127 entsprechend. $_{7}$Bei Vereinbarungen nach § 84 Abs. 1 Satz 2 Nr. 1 sind Leistungen nach Satz 1 zu berücksichtigen.

§ 32 Heilmittel

(1) $_{1}$Versicherte haben Anspruch auf Versorgung mit Heilmitteln, soweit sie nicht nach § 34 ausgeschlossen sind. $_{2}$Für nicht nach Satz 1 ausgeschlossene Heilmittel bleibt § 92 unberührt.

(1a) $_{1}$Der Gemeinsame Bundesausschuss regelt bis zum 30. Juni 2016 in seiner Richtlinie nach § 92 Absatz 1 Satz 2 Nummer 6 das Nähere zur Heilmittelversorgung von Versicherten mit langfristigem Behandlungsbedarf. $_{2}$Er hat insbesondere zu bestimmen, wann ein langfristiger Heilmittelbedarf vorliegt, und festzulegen, ob und inwieweit ein Genehmigungsverfahren durchzuführen ist. $_{3}$Ist in der Richtlinie ein Genehmigungsverfahren vorgesehen, so ist über die Anträge innerhalb von vier Wochen zu entscheiden; ansonsten gilt die Genehmigung nach Ablauf der Frist als erteilt. $_{4}$Soweit zur Entscheidung ergänzende Informationen des Antragstellers erforderlich sind, ist der Lauf der Frist bis zum Eingang dieser Informationen unterbrochen.

(2) $_{1}$Versicherte, die das achtzehnte Lebensjahr vollendet haben, haben zu den Kosten der Heilmittel als Zuzahlung den sich nach § 61 Satz 3 ergebenden Betrag an die abgebende Stelle zu leisten. $_{2}$Dies gilt auch, wenn Massagen, Bäder und Krankengymnastik als Bestandteil der ärztlichen Behandlung (§ 27 Satz 2 Nr. 1) oder bei ambulanter Behandlung in Krankenhäusern, Rehabilitations- oder anderen Einrichtungen abgegeben werden. $_{3}$Die Zuzahlung für die in Satz 2 genannten Heilmittel, die als Bestandteil der ärztlichen Behandlung abgegeben werden, errechnet sich nach den Preisen, die für die Krankenkasse des Versicherten nach § 125 für den Bereich des Vertragsarztsitzes vereinbart sind. $_{4}$Bestehen insoweit unterschiedliche Preisvereinbarungen, hat die Krankenkasse einen durchschnittlichen Preis zu errechnen. $_{5}$Die Krankenkasse teilt die anzuwendenden Preise den Kassenärztlichen Vereinigungen mit, die die Vertragsärzte darüber unterrichten.

§ 33 Hilfsmittel

(1) $_{1}$Versicherte haben Anspruch auf Versorgung mit Hörhilfen, Körperersatzstücken, orthopädischen und anderen Hilfsmitteln, die im Einzelfall erforderlich sind, um den Erfolg der Krankenbehandlung zu sichern, einer drohenden Behinderung vorzubeugen oder eine Behinderung auszugleichen, soweit die Hilfsmittel nicht als allgemeine Gebrauchsgegenstände des täglichen Lebens anzusehen oder nach § 34 Abs. 4 ausgeschlossen sind. $_{2}$Der Anspruch auf Versorgung mit Hilfsmitteln zum Behinderungsausgleich hängt bei stationärer Pflege nicht davon ab, in welchem Umfang eine Teilhabe am Leben der Gemeinschaft noch möglich ist; die Pflicht der stationären Pflegeeinrichtungen zur Vorhaltung von Hilfsmitteln und Pflegehilfsmitteln, die für den üblichen Pflegebetrieb jeweils notwendig sind, bleibt hiervon unberührt. $_{3}$Für nicht durch Satz 1 ausgeschlossene Hilfsmittel bleibt § 92 Abs. 1 unberührt. $_{4}$Der Anspruch umfasst auch die notwendige Änderung, Instandsetzung und Ersatzbeschaffung von Hilfsmitteln, die Ausbildung in ihrem Gebrauch und, soweit zum Schutz der Versicherten vor unvertretbaren gesundheitlichen Risiken erforderlich, die nach dem Stand der Technik zur Erhaltung der Funktionsfähigkeit und der technischen Sicherheit

notwendigen Wartungen und technischen Kontrollen. $_{5}$Wählen Versicherte Hilfsmittel oder zusätzliche Leistungen, die über das Maß des Notwendigen hinausgehen, haben sie die Mehrkosten und dadurch bedingte höhere Folgekosten selbst zu tragen.

(2) $_{1}$Versicherte haben bis zur Vollendung des 18. Lebensjahres Anspruch auf Versorgung mit Sehhilfen entsprechend den Voraussetzungen nach Absatz 1. $_{2}$Für Versicherte, die das 18. Lebensjahr vollendet haben, besteht der Anspruch auf Sehhilfen, wenn sie auf Grund ihrer Sehschwäche oder Blindheit, entsprechend der von der Weltgesundheitsorganisation empfohlenen Klassifikation des Schweregrades der Sehbeeinträchtigung, auf beiden Augen eine schwere Sehbeeinträchtigung mindestens der Stufe 1 aufweisen; Anspruch auf therapeutische Sehhilfen bestehen, wenn diese der Behandlung von Augenverletzungen oder Augenerkrankungen dienen. $_{3}$Der Gemeinsame Bundesausschuss bestimmt in Richtlinien nach § 92, bei welchen Indikationen therapeutische Sehhilfen verordnet werden. $_{4}$Der Anspruch auf Versorgung mit Sehhilfen umfaßt nicht die Kosten des Brillengestells.

(3) $_{1}$Anspruch auf Versorgung mit Kontaktlinsen besteht für anspruchsberechtigte Versicherte nach Absatz 2 nur in medizinisch zwingend erforderlichen Ausnahmefällen. $_{2}$Der Gemeinsame Bundesausschuss bestimmt in den Richtlinien nach § 92, bei welchen Indikationen Kontaktlinsen verordnet werden. $_{3}$Wählen Versicherte statt einer erforderlichen Brille Kontaktlinsen und liegen die Voraussetzungen des Satzes 1 nicht vor, zahlt die Krankenkasse als Zuschuß zu den Kosten von Kontaktlinsen höchstens den Betrag, den sie für eine erforderliche Brille aufzuwenden hätte. $_{4}$Die Kosten für Pflegemittel werden nicht übernommen.

(4) Ein erneuter Anspruch auf Versorgung mit Sehhilfen nach Absatz 2 besteht für Versicherte, die das vierzehnte Lebensjahr vollendet haben, nur bei einer Änderung der Sehfähigkeit um mindestens 0,5 Dioptrien; für medizinisch zwingend erforderliche Fälle kann der Gemeinsame Bundesausschuss in den Richtlinien nach § 92 Ausnahmen zulassen.

(5) $_{1}$Die Krankenkasse kann den Versicherten die erforderlichen Hilfsmittel auch leihweise überlassen. $_{2}$Sie kann die Bewilligung von Hilfsmitteln davon abhängig machen, daß die Versicherten sich das Hilfsmittel anpassen oder sich in seinem Gebrauch ausbilden lassen.

(5a) $_{1}$Eine vertragsärztliche Verordnung ist für die Beantragung von Leistungen nach den Absätzen 1 bis 4 nur erforderlich, soweit eine erstmalige oder erneute ärztliche Diagnose oder Therapieentscheidung medizinisch geboten ist. $_{2}$Abweichend von Satz 1 können die Krankenkassen eine vertragsärztliche Verordnung als Voraussetzung für die Kostenübernahme verlangen, soweit sie auf die Genehmigung der beantragten Hilfsmittelversorgung verzichtet haben.

(6) $_{1}$Die Versicherten können alle Leistungserbringer in Anspruch nehmen, die Vertragspartner ihrer Krankenkasse sind. $_{2}$Hat die Krankenkasse Verträge nach § 127 Abs. 1 über die Versorgung mit bestimmten Hilfsmitteln geschlossen, erfolgt die Versorgung durch einen Vertragspartner, der den Versicherten von der Krankenkasse zu benennen ist. $_{3}$Abweichend von Satz 2 können Versicherte ausnahmsweise einen anderen Leistungserbringer wählen, wenn ein berechtigtes Interesse besteht; dadurch entstehende Mehrkosten haben sie selbst zu tragen.

(7) Die Krankenkasse übernimmt die jeweils vertraglich vereinbarten Preise.

(8) $_{1}$Versicherte, die das 18. Lebensjahr vollendet haben, leisten zu jedem zu Lasten der gesetzlichen Krankenversicherung abgegebenen Hilfsmittel als Zuzahlung den sich nach § 61 Satz 1 ergebenden Betrag zu dem von der Krankenkasse zu übernehmenden Betrag an die abgebende Stelle. $_{2}$Der Vergütungsanspruch nach Absatz 7 verringert sich um die Zuzahlung; § 43c Abs. 1 Satz 2 findet keine Anwendung. $_{3}$Die Zuzahlung bei zum Verbrauch bestimmten Hilfsmitteln beträgt 10 vom Hundert des insgesamt von der Krankenkasse zu übernehmenden Betrags,

jedoch höchstens 10 Euro für den gesamten Monatsbedarf.

(9) Absatz 1 Satz 5 gilt entsprechend für Intraokularlinsen beschränkt auf die Kosten der Linsen.

§ 34 Ausgeschlossene Arznei-, Heil- und Hilfsmittel

(1) 1Nicht verschreibungspflichtige Arzneimittel sind von der Versorgung nach § 31 ausgeschlossen. 2Der Gemeinsame Bundesausschuss legt in den Richtlinien nach § 92 Abs. 1 Satz 2 Nr. 6 fest, welche nicht verschreibungspflichtigen Arzneimittel, die bei der Behandlung schwerwiegender Erkrankungen als Therapiestandard gelten, zur Anwendung bei diesen Erkrankungen mit Begründung vom Vertragsarzt ausnahmsweise verordnet werden können. 3Dabei ist der therapeutischen Vielfalt Rechnung zu tragen. 4Der Gemeinsame Bundesausschuss hat auf der Grundlage der Richtlinie nach Satz 2 dafür Sorge zu tragen, dass eine Zusammenstellung der verordnungsfähigen Fertigarzneimittel erstellt, regelmäßig aktualisiert wird und im Internet abruffähig sowie in elektronisch weiterverarbeitbarer Form zur Verfügung steht. 5Satz 1 gilt nicht für:

1. versicherte Kinder bis zum vollendeten 12. Lebensjahr,
2. versicherte Jugendliche bis zum vollendeten 18. Lebensjahr mit Entwicklungsstörungen.

6Für Versicherte, die das achtzehnte Lebensjahr vollendet haben, sind von der Versorgung nach § 31 folgende verschreibungspflichtige Arzneimittel bei Verordnung in den genannten Anwendungsgebieten ausgeschlossen:

1. Arzneimittel zur Anwendung bei Erkältungskrankheiten und grippalen Infekten einschließlich der bei diesen Krankheiten anzuwendenden Schnupfenmittel, Schmerzmittel, hustendämpfenden und hustenlösenden Mittel,
2. Mund- und Rachentherapeutika, ausgenommen bei Pilzinfektionen,
3. Abführmittel,
4. Arzneimittel gegen Reisekrankheit.

7Von der Versorgung sind außerdem Arzneimittel ausgeschlossen, bei deren Anwendung eine Erhöhung der Lebensqualität im Vordergrund steht. 8Ausgeschlossen sind insbesondere Arzneimittel, die überwiegend zur Behandlung der erektilen Dysfunktion, der Anreizung sowie Steigerung der sexuellen Potenz, zur Raucherentwöhnung, zur Abmagerung oder zur Zügelung des Appetits, zur Regulierung des Körpergewichts oder zur Verbesserung des Haarwuchses dienen. 9Das Nähere regeln die Richtlinien nach § 92 Abs. 1 Satz 2 Nr. 6.

(2) (weggefallen)

(3) 1Der Ausschluss der Arzneimittel, die in Anlage 2 Nummer 2 bis 6 der Verordnung über unwirtschaftliche Arzneimittel in der gesetzlichen Krankenversicherung vom 21. Februar 1990 (BGBl. I S. 301), die zuletzt durch die Verordnung vom 9. Dezember 2002 (BGBl. I S. 4554) geändert worden ist, aufgeführt sind, gilt als Verordnungsausschluss des Gemeinsamen Bundesausschusses und ist Teil der Richtlinien nach § 92 Absatz 1 Satz 2 Nummer 6. 2Bei der Beurteilung von Arzneimitteln der besonderen Therapierichtungen wie homöopathischen, phytotherapeutischen und anthroposophischen Arzneimitteln ist der besonderen Wirkungsweise dieser Arzneimittel Rechnung zu tragen.

(4) 1Das Bundesministerium für Gesundheit kann durch Rechtsverordnung mit Zustimmung des Bundesrates Hilfsmittel von geringem oder umstrittenem therapeutischen Nutzen oder geringem Abgabepreis bestimmen, deren Kosten die Krankenkasse nicht übernimmt. 2Die Rechtsverordnung kann auch bestimmen, inwieweit geringfügige Kosten der notwendigen Änderung, Instandsetzung und Ersatzbeschaffung sowie der Ausbildung im Gebrauch der Hilfsmittel von der Krankenkasse nicht übernommen werden. 3Die Sätze 1 und 2 gelten nicht für die Instandsetzung von Hörgeräten und ihre Versorgung mit Batterien bei Versicherten, die das achtzehnte Lebensjahr noch nicht vollendet haben. 4Für nicht durch Rechtsverordnung nach Satz 1 ausgeschlossene Hilfsmittel bleibt § 92 unberührt.

(5) (weggefallen)

(6) $_{1}$Pharmazeutische Unternehmer können beim Gemeinsamen Bundesausschuss Anträge zur Aufnahme von Arzneimitteln in die Zusammenstellung nach Absatz 1 Satz 2 und 4 stellen. $_{2}$Die Anträge sind ausreichend zu begründen; die erforderlichen Nachweise sind dem Antrag beizufügen. $_{3}$Sind die Angaben zur Begründung des Antrags unzureichend, teilt der Gemeinsame Bundesausschuss dem Antragsteller unverzüglich mit, welche zusätzlichen Einzelangaben erforderlich sind. $_{4}$Der Gemeinsame Bundesausschuss hat über ausreichend begründete Anträge nach Satz 1 innerhalb von 90 Tagen zu bescheiden und den Antragsteller über Rechtsmittel und Rechtsmittelfristen zu belehren. $_{5}$Eine ablehnende Entscheidung muss eine auf objektiven und überprüfbaren Kriterien beruhende Begründung enthalten. $_{6}$Für das Antragsverfahren sind Gebühren zu erheben. $_{7}$Das Nähere insbesondere zur ausreichenden Begründung und zu den erforderlichen Nachweisen regelt der Gemeinsame Bundesausschuss.

§ 35 Festbeträge für Arznei- und Verbandmittel

(1) $_{1}$Der Gemeinsame Bundesausschuss bestimmt in den Richtlinien nach § 92 Abs. 1 Satz 2 Nr. 6, für welche Gruppen von Arzneimitteln Festbeträge festgesetzt werden können. $_{2}$In den Gruppen sollen Arzneimittel mit

1. denselben Wirkstoffen,
2. pharmakologisch-therapeutisch vergleichbaren Wirkstoffen, insbesondere mit chemisch verwandten Stoffen,
3. therapeutisch vergleichbarer Wirkung, insbesondere Arzneimittelkombinationen,

zusammengefaßt werden; unterschiedliche Bioverfügbarkeiten wirkstoffgleicher Arzneimittel sind zu berücksichtigen, sofern sie für die Therapie bedeutsam sind. $_{3}$Die nach Satz 2 Nr. 2 und 3 gebildeten Gruppen müssen gewährleisten, daß Therapiemöglichkeiten nicht eingeschränkt werden und medizinisch notwendige Verordnungsalternativen zur Verfügung stehen; ausgenommen von diesen Gruppen sind Arzneimittel mit patentgeschützten Wirkstoffen, deren Wirkungsweise neuartig ist oder die eine therapeutische Verbesserung, auch wegen geringerer Nebenwirkungen, bedeuten. $_{4}$Als neuartig gilt ein Wirkstoff, solange derjenige Wirkstoff, der als erster dieser Gruppe in Verkehr gebracht worden ist, unter Patentschutz steht. $_{5}$Der Gemeinsame Bundesausschuss ermittelt auch die nach Absatz 3 notwendigen rechnerischen mittleren Tages- oder Einzeldosen oder anderen geeigneten Vergleichsgrößen. $_{6}$Für die Vorbereitung der Beschlüsse nach Satz 1 durch die Geschäftsstelle des Gemeinsamen Bundesausschusses gilt § 106 Abs. 4a Satz 3 und 7 entsprechend. $_{7}$Soweit der Gemeinsame Bundesausschuss Dritte beauftragt, hat er zu gewährleisten, dass diese ihre Bewertungsgrundsätze und die Begründung für ihre Bewertungen einschließlich der verwendeten Daten offen legen. $_{8}$Die Namen beauftragter Gutachter dürfen nicht genannt werden.

(1a) $_{1}$Für Arzneimittel mit patentgeschützten Wirkstoffen kann abweichend von Absatz 1 Satz 4 eine Gruppe nach Absatz 1 Satz 2 Nr. 2 mit mindestens drei Arzneimitteln gebildet und ein Festbetrag festgesetzt werden, sofern die Gruppenbildung nur für Arzneimittel erfolgt, die jeweils unter Patentschutz stehen. $_{2}$Ausgenommen von der Gruppenbildung nach Satz 1 sind Arzneimittel mit patentgeschützten Wirkstoffen, die eine therapeutische Verbesserung, auch wegen geringerer Nebenwirkungen, bedeuten. $_{3}$Die Sätze 1 und 2 gelten entsprechend für Arzneimittelkombinationen, die Wirkstoffe enthalten, die in eine Festbetragsgruppe nach Absatz 1 oder 1a Satz 1 einbezogen sind oder die nicht neuartig sind.

(1b) $_{1}$Eine therapeutische Verbesserung nach Absatz 1 Satz 3 zweiter Halbsatz und Absatz 1a Satz 2 liegt vor, wenn das Arzneimittel einen therapierelevanten höheren Nutzen als andere Arzneimittel dieser Wirkstoffgruppe hat und deshalb als zweckmäßige Therapie regelmäßig oder auch für relevante Patientengruppen oder Indikationsbereiche den anderen Arzneimitteln dieser Gruppe vorzuziehen ist. $_{2}$Bewertungen nach Satz 1 erfolgen für gemeinsame Anwendungsgebiete der

V

Arzneimittel der Wirkstoffgruppe. $_{3}$Ein höherer Nutzen nach Satz 1 kann auch eine Verringerung der Häufigkeit oder des Schweregrads therapierelevanter Nebenwirkungen sein. $_{4}$Der Nachweis einer therapeutischen Verbesserung erfolgt aufgrund der Fachinformationen und durch Bewertung von klinischen Studien nach methodischen Grundsätzen der evidenzbasierten Medizin, soweit diese Studien allgemein verfügbar sind oder gemacht werden und ihre Methodik internationalen Standards entspricht. $_{5}$Vorrangig sind klinische Studien, insbesondere direkte Vergleichsstudien mit anderen Arzneimitteln dieser Wirkstoffgruppe mit patientenrelevanten Endpunkten, insbesondere Mortalität, Morbidität und Lebensqualität, zu berücksichtigen. $_{6}$Die Ergebnisse der Bewertung sind in der Begründung zu dem Beschluss nach Absatz 1 Satz 1 fachlich und methodisch aufzubereiten, sodass die tragenden Gründe des Beschlusses nachvollziehbar sind. $_{7}$Vor der Entscheidung sind die Sachverständigen nach Absatz 2 auch mündlich anzuhören. $_{8}$Vorbehaltlich einer abweichenden Entscheidung des Gemeinsamen Bundesausschusses aus wichtigem Grund ist die Begründung des Beschlusses bekannt zu machen, sobald die Vorlage nach § 94 Abs. 1 erfolgt, spätestens jedoch mit Bekanntgabe des Beschlusses im Bundesanzeiger. $_{9}$Ein Arzneimittel, das von einer Festbetragsgruppe freigestellt ist, weil es einen therapierelevanten höheren Nutzen nur für einen Teil der Patienten oder Indikationsbereiche des gemeinsamen Anwendungsgebietes nach Satz 1 hat, ist nur für diese Anwendungen wirtschaftlich; das Nähere ist in den Richtlinien nach § 92 Abs. 1 Satz 2 Nr. 6 zu regeln.

(2) $_{1}$Sachverständigen der medizinischen und pharmazeutischen Wissenschaft und Praxis sowie der Arzneimittelhersteller und der Berufsvertretungen der Apotheker ist vor der Entscheidung des Gemeinsamen Bundesausschusses Gelegenheit zur Stellungnahme zu geben; bei der Beurteilung von Arzneimitteln der besonderen Therapierichtungen sind auch Stellungnahmen von Sachverständigen dieser Therapierichtungen einzuholen. $_{2}$Die Stellungnahmen sind in die Entscheidung einzubeziehen.

(3) $_{1}$Der Spitzenverband Bund der Krankenkassen setzt den jeweiligen Festbetrag auf der Grundlage von rechnerischen mittleren Tages- oder Einzeldosen oder anderen geeigneten Vergleichsgrößen fest. $_{2}$Der Spitzenverband Bund der Krankenkassen kann einheitliche Festbeträge für Verbandmittel festsetzen. $_{3}$Für die Stellungnahmen der Sachverständigen gilt Absatz 2 entsprechend.

(4) (weggefallen)

(5) $_{1}$Die Festbeträge sind so festzusetzen, daß sie im allgemeinen eine ausreichende, zweckmäßige und wirtschaftliche sowie in der Qualität gesicherte Versorgung gewährleisten. $_{2}$Sie haben Wirtschaftlichkeitsreserven auszuschöpfen, sollen einen wirksamen Preiswettbewerb auslösen und haben sich deshalb an möglichst preisgünstigen Versorgungsmöglichkeiten auszurichten; soweit wie möglich ist eine für die Therapie hinreichende Arzneimittelauswahl sicherzustellen. $_{3}$Die Festbeträge sind mindestens einmal im Jahr zu überprüfen; sie sind in geeigneten Zeitabständen an eine veränderte Marktlage anzupassen. $_{4}$Der Festbetrag für die Arzneimittel in einer Festbetragsgruppe nach Absatz 1 Satz 2 soll den höchsten Abgabepreis des unteren Drittels des Intervalls zwischen dem niedrigsten und dem höchsten Preis einer Standardpackung nicht übersteigen. $_{5}$Dabei müssen mindestens ein Fünftel aller Verordnungen und mindestens ein Fünftel aller Packungen zum Festbetrag verfügbar sein; zugleich darf die Summe der jeweiligen Vomhundertsätze der Verordnungen und Packungen, die nicht zum Festbetrag erhältlich sind, den Wert von 160 nicht überschreiten. $_{6}$Bei der Berechnung nach Satz 4 sind hochpreisige Packungen mit einem Anteil von weniger als 1 vom Hundert an den verordneten Packungen in der Festbetragsgruppe nicht zu berücksichtigen. $_{7}$Für die Zahl der Verordnungen sind die zum Zeitpunkt des Berechnungsstichtages zuletzt verfügbaren Jahresdaten nach § 84 Abs. 5 zu Grunde zu legen.

(6) $_{1}$Sofern zum Zeitpunkt der Anpassung des Festbetrags ein gültiger Beschluss nach § 31

Absatz 3 Satz 4 vorliegt und tatsächlich Arzneimittel auf Grund dieses Beschlusses von der Zuzahlung freigestellt sind, soll der Festbetrag so angepasst werden, dass auch nach der Anpassung eine hinreichende Versorgung mit Arzneimitteln ohne Zuzahlung gewährleistet werden kann. 2 In diesem Fall darf die Summe nach Absatz 5 Satz 5 den Wert von 100 nicht überschreiten, wenn zu erwarten ist, dass anderenfalls keine hinreichende Anzahl zuvor auf Grund von § 31 Absatz 3 Satz 4 von der Zuzahlung freigestellter Arzneimittel weiterhin freigestellt wird.

(7) 1Die Festbeträge sind im Bundesanzeiger bekanntzumachen. 2Klagen gegen die Festsetzung der Festbeträge haben keine aufschiebende Wirkung. 3Ein Vorverfahren findet nicht statt. 4Eine gesonderte Klage gegen die Gruppeneinteilung nach Absatz 1 Satz 1 bis 3, gegen die rechnerischen mittleren Tages- oder Einzeldosen oder anderen geeigneten Vergleichsgrößen nach Absatz 1 Satz 4 oder gegen sonstige Bestandteile der Festsetzung der Festbeträge ist unzulässig.

(8) 1Der Spitzenverband Bund der Krankenkassen erstellt und veröffentlicht Übersichten über sämtliche Festbeträge und die betroffenen Arzneimittel und übermittelt diese im Wege der Datenübertragung dem Deutschen Institut für medizinische Dokumentation und Information zur abrufähigen Veröffentlichung im Internet. 2Die Übersichten sind vierteljährlich zu aktualisieren.

(9) 1Der Spitzenverband Bund der Krankenkassen rechnet die nach Absatz 7 Satz 1 bekannt gemachten Festbeträge für verschreibungspflichtige Arzneimittel entsprechend den Handelszuschlägen der Arzneimittelpreisverordnung in der ab dem 1. Januar 2012 geltenden Fassung um und macht die umgerechneten Festbeträge bis zum 30. Juni 2011 bekannt. 2Für die Umrechnung ist die Einholung von Stellungnahmen Sachverständiger nicht erforderlich. 3Die umgerechneten Festbeträge finden ab dem 1. Januar 2012 Anwendung.

§ 35a Bewertung des Nutzens von Arzneimitteln mit neuen Wirkstoffen

(1) 1Der Gemeinsame Bundesausschuss bewertet den Nutzen von erstattungsfähigen Arzneimitteln mit neuen Wirkstoffen. 2Hierzu gehört insbesondere die Bewertung des Zusatznutzens gegenüber der zweckmäßigen Vergleichstherapie, des Ausmaßes des Zusatznutzens und seiner therapeutischen Bedeutung. 3Die Nutzenbewertung erfolgt auf Grund von Nachweisen des pharmazeutischen Unternehmers, die er einschließlich aller von ihm durchgeführten oder in Auftrag gegebenen klinischen Prüfungen spätestens zum Zeitpunkt des erstmaligen Inverkehrbringens sowie vier Wochen nach Zulassung neuer Anwendungsgebiete des Arzneimittels an den Gemeinsamen Bundesausschuss elektronisch zu übermitteln hat, und die insbesondere folgende Angaben enthalten müssen:

1. zugelassene Anwendungsgebiete,
2. medizinischer Nutzen,
3. medizinischer Zusatznutzen im Verhältnis zur zweckmäßigen Vergleichstherapie,
4. Anzahl der Patienten und Patientengruppen, für die ein therapeutisch bedeutsamer Zusatznutzen besteht,
5. Kosten der Therapie für die gesetzliche Krankenversicherung,
6. Anforderung an eine qualitätsgesicherte Anwendung.

4Bei Arzneimitteln, die pharmakologisch-therapeutisch vergleichbar mit Festbetragsarzneimitteln sind, ist der medizinische Zusatznutzen nach Satz 3 Nummer 3 als therapeutische Verbesserung entsprechend § 35 Absatz 1b Satz 1 bis 5 nachzuweisen. 5Legt der pharmazeutische Unternehmer die erforderlichen Nachweise trotz Aufforderung durch den Gemeinsamen Bundesausschuss nicht rechtzeitig oder nicht vollständig vor, gilt ein Zusatznutzen als nicht belegt. 6Das Bundesministerium für Gesundheit regelt durch Rechtsverordnung ohne Zustimmung des Bundesrats das Nähere zur Nutzenbewertung. 7Darin sind insbesondere festzulegen:

1. Anforderungen an die Übermittlung der Nachweise nach Satz 3,
2. Grundsätze für die Bestimmung der zweckmäßigen Vergleichstherapie und des Zusatznutzens, und dabei auch die Fälle, in denen zusätzliche Nachweise erforderlich sind, und die Voraussetzungen, unter denen Studien bestimmter Evidenzstufen zu verlangen sind; Grundlage sind die internationalen Standards der evidenzbasierten Medizin und der Gesundheitsökonomie,
3. Verfahrensgrundsätze,
4. Grundsätze der Beratung nach Absatz 7,
5. die Veröffentlichung der Nachweise, die der Nutzenbewertung zu Grunde liegen, sowie
6. Übergangsregelungen für Arzneimittel mit neuen Wirkstoffen, die bis zum 31. Juli 2011 erstmals in den Verkehr gebracht werden.

$_{8}$Der Gemeinsame Bundesausschuss regelt weitere Einzelheiten erstmals innerhalb eines Monats nach Inkrafttreten der Rechtsverordnung in seiner Verfahrensordnung. $_{9}$Zur Bestimmung der zweckmäßigen Vergleichstherapie kann er verlangen, dass der pharmazeutische Unternehmer Informationen zu den Anwendungsgebieten des Arzneimittels übermittelt, für die eine Zulassung beantragt wird. $_{10}$Für Arzneimittel, die zur Behandlung eines seltenen Leidens nach der Verordnung (EG) Nr. 141/2000 des Europäischen Parlaments und des Rates vom 16. Dezember 1999 über Arzneimittel für seltene Leiden zugelassen sind, gilt der medizinische Zusatznutzen durch die Zulassung als belegt; Nachweise nach Satz 3 Nummer 2 und 3 müssen nicht vorgelegt werden. $_{11}$Übersteigt der Umsatz des Arzneimittels nach Satz 10 mit der gesetzlichen Krankenversicherung zu Apothekenverkaufspreisen einschließlich Umsatzsteuer in den letzten zwölf Kalendermonaten einen Betrag von 50 Millionen Euro, hat der pharmazeutische Unternehmer innerhalb von drei Monaten nach Aufforderung durch den Gemeinsamen Bundesausschuss Nachweise nach Satz 3 zu übermitteln und darin den Zusatznutzen gegenüber der zweckmäßigen Vergleichstherapie abweichend von Satz 10 nachzuweisen. $_{12}$Der Umsatz nach Satz 11 ist auf Grund der Angaben nach § 84 Absatz 5 Satz 4 zu ermitteln.

(1a) $_{1}$Der Gemeinsame Bundesausschuss hat den pharmazeutischen Unternehmer von der Verpflichtung zur Vorlage der Nachweise nach Absatz 1 und das Arzneimittel von der Nutzenbewertung nach Absatz 3 auf Antrag freizustellen, wenn zu erwarten ist, dass den gesetzlichen Krankenkassen nur geringfügige Ausgaben für das Arzneimittel entstehen werden. $_{2}$Der pharmazeutische Unternehmer hat seinen Antrag entsprechend zu begründen. $_{3}$Der Gemeinsame Bundesausschuss kann die Freistellung befristen. $_{4}$Das Nähere regelt der Gemeinsame Bundesausschuss in seiner Verfahrensordnung.

(2) $_{1}$Der Gemeinsame Bundesausschuss prüft die Nachweise nach Absatz 1 Satz 3 und entscheidet, ob er die Nutzenbewertung selbst durchführt oder hiermit das Institut für Qualität und Wirtschaftlichkeit im Gesundheitswesen oder Dritte beauftragt. $_{2}$Der Gemeinsame Bundesausschuss und das Institut für Qualität und Wirtschaftlichkeit im Gesundheitswesen erhalten auf Verlangen Einsicht in die Zulassungsunterlagen bei der zuständigen Bundesoberbehörde. $_{3}$Die Nutzenbewertung ist spätestens innerhalb von drei Monaten nach dem nach Absatz 1 Satz 3 maßgeblichen Zeitpunkt für die Einreichung der Nachweise abzuschließen und im Internet zu veröffentlichen.

(3) $_{1}$Der Gemeinsame Bundesausschuss beschließt über die Nutzenbewertung innerhalb von drei Monaten nach ihrer Veröffentlichung. $_{2}$§ 92 Absatz 3a gilt entsprechend mit der Maßgabe, dass Gelegenheit auch zur mündlichen Stellungnahme zu geben ist. $_{3}$Mit dem Beschluss wird insbesondere der Zusatznutzen des Arzneimittels festgestellt. $_{4}$Die Geltung des Beschlusses über die Nutzenbewertung kann befristet werden. $_{5}$Der Beschluss ist im Internet zu veröffentlichen. $_{6}$Der Beschluss ist Teil der Richtlinie nach § 92 Absatz 1 Satz 2 Nummer 6; § 94 Absatz 1 gilt nicht.

(4) $_1$Wurde für ein Arzneimittel nach Absatz 1 Satz 4 keine therapeutische Verbesserung festgestellt, ist es in dem Beschluss nach Absatz 3 in die Festbetragsgruppe nach § 35 Absatz 1 mit pharmakologisch-therapeutisch vergleichbaren Arzneimitteln einzuordnen. $_2$§ 35 Absatz 1b Satz 6 gilt entsprechend. $_3$§ 35 Absatz 1b Satz 7 und 8 sowie Absatz 2 gilt nicht.

(5) $_1$Frühestens ein Jahr nach Veröffentlichung des Beschlusses nach Absatz 3 kann der pharmazeutische Unternehmer eine erneute Nutzenbewertung beantragen, wenn er die Erforderlichkeit wegen neuer wissenschaftlicher Erkenntnisse nachweist. $_2$Der Gemeinsame Bundesausschuss entscheidet über diesen Antrag innerhalb von drei Monaten. $_3$Der pharmazeutische Unternehmer übermittelt dem Gemeinsamen Bundesausschuss auf Anforderung die Nachweise nach Absatz 1 Satz 3 innerhalb von drei Monaten. $_4$Die Absätze 1 bis 4 und 5a bis 8 gelten entsprechend.

(5a) $_1$Stellt der Gemeinsame Bundesausschuss in seinem Beschluss nach Absatz 3 keinen Zusatznutzen oder nach Absatz 4 keine therapeutische Verbesserung fest, hat er auf Verlangen des pharmazeutischen Unternehmers eine Bewertung nach § 35b oder nach § 139a Absatz 3 Nummer 5 in Auftrag zu geben, wenn der pharmazeutische Unternehmer die Kosten hierfür trägt. $_2$Die Verpflichtung zur Festsetzung eines Festbetrags oder eines Erstattungsbetrags bleibt unberührt.

(5b) $_1$Nach einem bis zum 31. Dezember 2012 veröffentlichten Beschluss nach Absatz 3 kann der pharmazeutische Unternehmer abweichend von Absatz 5 jederzeit eine erneute Nutzenbewertung beantragen, wenn der Zusatznutzen als nicht belegt gilt, weil die erforderlichen Nachweise nicht vollständig vorgelegt wurden. $_2$Der Gemeinsame Bundesausschuss entscheidet über den Antrag innerhalb eines Monats. $_3$In diesem Fall beginnt die Frist für die Vereinbarung eines Erstattungsbetrags abweichend von § 130b Absatz 4 Satz 1 mit der Veröffentlichung des Beschlusses über die erneute Nutzenbewertung; § 130b Absatz 4 Satz 3 bleibt unberührt.

(6) (weggefallen)

(7) $_1$Der Gemeinsame Bundesausschuss berät den pharmazeutischen Unternehmer insbesondere zu vorzulegenden Unterlagen und Studien sowie zur Vergleichstherapie. $_2$Er kann hierüber Vereinbarungen mit dem pharmazeutischen Unternehmer treffen. $_3$Eine Beratung vor Beginn von Zulassungsstudien der Phase drei oder zur Planung klinischer Prüfungen soll unter Beteiligung des Bundesinstituts für Arzneimittel und Medizinprodukte oder des Paul-Ehrlich-Instituts stattfinden. $_4$Der pharmazeutische Unternehmer erhält eine Niederschrift über das Beratungsgespräch. $_5$Das Nähere einschließlich der Erstattung der für diese Beratung entstandenen Kosten ist in der Verfahrensordnung zu regeln.

(8) $_1$Eine gesonderte Klage gegen die Aufforderung zur Übermittlung der Nachweise nach Absatz 1, die Nutzenbewertung nach Absatz 2, den Beschluss nach Absatz 3 und die Einbeziehung eines Arzneimittels in eine Festbetragsgruppe nach Absatz 4 ist unzulässig. $_2$§ 35 Absatz 7 Satz 1 bis 3 gilt entsprechend.

§ 35b Kosten-Nutzen-Bewertung von Arzneimitteln

(1) $_1$Der Gemeinsame Bundesausschuss beauftragt auf Grund eines Antrags nach § 130b Absatz 8 das Institut für Qualität und Wirtschaftlichkeit im Gesundheitswesen mit einer Kosten-Nutzen-Bewertung. $_2$In dem Auftrag ist insbesondere festzulegen, für welche zweckmäßige Vergleichstherapie und Patientengruppen die Bewertung erfolgen soll sowie welcher Zeitraum, welche Art von Nutzen und Kosten und welches Maß für den Gesamtnutzen bei der Bewertung zu berücksichtigen sind; das Nähere regelt der Gemeinsame Bundesausschuss in seiner Verfahrensordnung; für die Auftragserteilung gilt § 92 Absatz 3a entsprechend mit der Maßgabe, dass der Gemeinsame Bundesausschuss auch eine mündliche Anhörung durchführt. $_3$Die Bewertung erfolgt durch

Vergleich mit anderen Arzneimitteln und Behandlungsformen unter Berücksichtigung des therapeutischen Zusatznutzens für die Patienten im Verhältnis zu den Kosten; Basis für die Bewertung sind die Ergebnisse klinischer Studien sowie derjenigen Versorgungsstudien, die mit dem Gemeinsamen Bundesausschuss nach Absatz 2 vereinbart wurden oder die der Gemeinsame Bundesausschuss auf Antrag des pharmazeutischen Unternehmens anerkennt; § 35a Absatz 1 Satz 3 und Absatz 2 Satz 2 gilt entsprechend. $_{4}$Beim Patienten-Nutzen sollen insbesondere die Verbesserung des Gesundheitszustandes, eine Verkürzung der Krankheitsdauer, eine Verlängerung der Lebensdauer, eine Verringerung der Nebenwirkungen sowie eine Verbesserung der Lebensqualität, bei der wirtschaftlichen Bewertung auch die Angemessenheit und Zumutbarkeit einer Kostenübernahme durch die Versichertengemeinschaft, angemessen berücksichtigt werden. $_{5}$Das Institut bestimmt auftragsbezogen über die Methoden und Kriterien für die Erarbeitung von Bewertungen nach Satz 1 auf der Grundlage der in den jeweiligen Fachkreisen anerkannten internationalen Standards der evidenzbasierten Medizin und der Gesundheitsökonomie. $_{6}$Das Institut gewährleistet vor Abschluss von Bewertungen hohe Verfahrenstransparenz und eine angemessene Beteiligung der in § 35 Abs. 2 und § 139a Abs. 5 Genannten. $_{7}$Das Institut veröffentlicht die jeweiligen Methoden und Kriterien im Internet.

(2) $_{1}$Der Gemeinsame Bundesausschuss kann mit dem pharmazeutischen Unternehmer Versorgungsstudien und die darin zu behandelnden Schwerpunkte vereinbaren. $_{2}$Die Frist zur Vorlage dieser Studien bemisst sich nach der Indikation und dem nötigen Zeitraum zur Bereitstellung valider Daten; sie soll drei Jahre nicht überschreiten. $_{3}$Das Nähere regelt der Gemeinsame Bundesausschuss in seiner Verfahrensordnung. $_{4}$Die Studien sind auf Kosten des pharmazeutischen Unternehmers bevorzugt in Deutschland durchzuführen.

(3) $_{1}$Auf Grundlage der Kosten-Nutzen-Bewertung nach Absatz 1 beschließt der Gemeinsame Bundesausschuss über die Kosten-Nutzen-Bewertung und veröffentlicht den Beschluss im Internet. $_{2}$§ 92 Absatz 3a gilt entsprechend. $_{3}$Mit dem Beschluss werden insbesondere der Zusatznutzen sowie die Therapiekosten bei Anwendung des jeweiligen Arzneimittels festgestellt. $_{4}$Der Beschluss ist Teil der Richtlinie nach § 92 Absatz 1 Satz 2 Nummer 6; der Beschluss kann auch Therapiehinweise nach § 92 Absatz 2 enthalten. $_{5}$§ 94 Absatz 1 gilt nicht.

(4) $_{1}$Gesonderte Klagen gegen den Auftrag nach Absatz 1 Satz 1 oder die Bewertung nach Absatz 1 Satz 3 sind unzulässig. $_{2}$Klagen gegen eine Feststellung des Kosten-Nutzen-Verhältnisses nach Absatz 3 haben keine aufschiebende Wirkung.

§ 35c Zulassungsüberschreitende Anwendung von Arzneimitteln

(1) $_{1}$Für die Abgabe von Bewertungen zum Stand der wissenschaftlichen Erkenntnis über die Anwendung von zugelassenen Arzneimitteln für Indikationen und Indikationsbereiche, für die sie nach dem Arzneimittelgesetz nicht zugelassen sind, beruft das Bundesministerium für Gesundheit Expertengruppen beim Bundesinstitut für Arzneimittel und Medizinprodukte, davon mindestens eine ständige Expertengruppe, die fachgebietsbezogen ergänzt werden kann. $_{2}$Das Nähere zur Organisation und Arbeitsweise der Expertengruppen regelt eine Geschäftsordnung des Bundesinstituts für Arzneimittel und Medizinprodukte, die der Zustimmung des Bundesministeriums für Gesundheit bedarf. $_{3}$Zur Sicherstellung der fachlichen Unabhängigkeit der Experten gilt § 139b Absatz 3 Satz 2 entsprechend. $_{4}$Der Gemeinsame Bundesausschuss kann die Expertengruppen mit Bewertungen nach Satz 1 beauftragen; das Nähere regelt er in seiner Verfahrensordnung. $_{5}$Bewertungen nach Satz 1 kann auch das Bundesministerium für Gesundheit beauftragen. $_{6}$Die Bewertungen werden dem Gemeinsamen Bundesausschuss als Empfehlung zur Beschlussfassung nach § 92 Absatz 1 Satz 2

Nummer 6 zugeleitet. $_7$Bewertungen sollen nur mit Zustimmung der betroffenen pharmazeutischen Unternehmer erstellt werden. $_8$Gesonderte Klagen gegen diese Bewertungen sind unzulässig.

(2) $_1$Außerhalb des Anwendungsbereichs des Absatzes 1 haben Versicherte Anspruch auf Versorgung mit zugelassenen Arzneimitteln in klinischen Studien, sofern hierdurch eine therapierelevante Verbesserung der Behandlung einer schwerwiegenden Erkrankung im Vergleich zu bestehenden Behandlungsmöglichkeiten zu erwarten ist, damit verbundene Mehrkosten in einem angemessenen Verhältnis zum erwarteten medizinischen Zusatznutzen stehen, die Behandlung durch einen Arzt erfolgt, der an der vertragsärztlichen Versorgung oder an der ambulanten Versorgung nach den §§ 116b und 117 teilnimmt, und der Gemeinsame Bundesausschuss der Arzneimittelverordnung nicht widerspricht. $_2$Eine Leistungspflicht der Krankenkasse ist ausgeschlossen, sofern das Arzneimittel auf Grund arzneimittelrechtlicher Vorschriften vom pharmazeutischen Unternehmer kostenlos bereitzustellen ist. $_3$Der Gemeinsame Bundesausschuss ist mindestens zehn Wochen vor dem Beginn der Arzneimittelverordnung zu informieren; er kann innerhalb von acht Wochen nach Eingang der Mitteilung widersprechen, sofern die Voraussetzungen nach Satz 1 nicht erfüllt sind. $_4$Das Nähere, auch zu den Nachweisen und Informationspflichten, regelt der Gemeinsame Bundesausschuss in den Richtlinien nach § 92 Abs. 1 Satz 2 Nr. 6. $_5$Leisten Studien nach Satz 1 für die Erweiterung einer Zulassung einen entscheidenden Beitrag, hat der pharmazeutische Unternehmer den Krankenkassen die Verordnungskosten zu erstatten. $_6$Dies gilt auch für eine Genehmigung für das Inverkehrbringen nach europäischem Recht.

§ 36 Festbeträge für Hilfsmittel

(1) $_1$Der Spitzenverband Bund der Krankenkassen bestimmt Hilfsmittel, für die Festbeträge festgesetzt werden. $_2$Dabei sollen unter Berücksichtigung des Hilfsmittelverzeichnisses nach § 139 in ihrer Funktion gleichartige und gleichwertige Mittel in Gruppen zusammengefasst und die Einzelheiten der Versorgung festgelegt werden. $_3$Den Spitzenorganisationen der betroffenen Hersteller und Leistungserbringer ist unter Übermittlung der hierfür erforderlichen Informationen innerhalb einer angemessenen Frist vor der Entscheidung Gelegenheit zur Stellungnahme zu geben; die Stellungnahmen sind in die Entscheidung einzubeziehen.

(2) $_1$Der Spitzenverband Bund der Krankenkassen setzt für die Versorgung mit den nach Absatz 1 bestimmten Hilfsmitteln einheitliche Festbeträge fest. $_2$Absatz 1 Satz 3 gilt entsprechend. $_3$Die Hersteller und Leistungserbringer sind verpflichtet, dem Spitzenverband Bund der Krankenkassen auf Verlangen die zur Wahrnehmung der Aufgaben nach Satz 1 und nach Absatz 1 Satz 1 und 2 erforderlichen Informationen und Auskünfte, insbesondere auch zu den Abgabepreisen der Hilfsmittel, zu erteilen.

(3) § 35 Abs. 5 und 7 gilt entsprechend.

§ 37 Häusliche Krankenpflege

(1) $_1$Versicherte erhalten in ihrem Haushalt, ihrer Familie oder sonst an einem geeigneten Ort, insbesondere in betreuten Wohnformen, Schulen und Kindergärten, bei besonders hohem Pflegebedarf auch in Werkstätten für behinderte Menschen neben der ärztlichen Behandlung häusliche Krankenpflege durch geeignete Pflegekräfte, wenn Krankenhausbehandlung geboten, aber nicht ausführbar ist, oder wenn sie durch die häusliche Krankenpflege vermieden oder verkürzt wird. $_2$§ 10 der Werkstättenverordnung bleibt unberührt. $_3$Die häusliche Krankenpflege umfaßt die im Einzelfall erforderliche Grund- und Behandlungspflege sowie hauswirtschaftliche Versorgung. $_4$Der Anspruch besteht bis zu vier Wochen je Krankheitsfall. $_5$In begründeten Ausnahmefällen kann die Krankenkasse die häusliche Krankenpflege für einen längeren Zeitraum bewilligen, wenn der Medizinische Dienst (§ 275) festgestellt hat, daß dies aus den in Satz 1 genannten Gründen erforderlich ist.

(2) [1]Versicherte erhalten in ihrem Haushalt, ihrer Familie oder sonst an einem geeigneten Ort, insbesondere in betreuten Wohnformen, Schulen und Kindergärten, bei besonders hohem Pflegebedarf auch in Werkstätten für behinderte Menschen als häusliche Krankenpflege Behandlungspflege, wenn diese zur Sicherung des Ziels der ärztlichen Behandlung erforderlich ist; der Anspruch umfasst verrichtungsbezogene krankheitsspezifische Pflegemaßnahmen auch in den Fällen, in denen dieser Hilfebedarf bei der Feststellung der Pflegebedürftigkeit nach den §§ 14 und 15 des Elften Buches zu berücksichtigen ist. [2]§ 10 der Werkstättenverordnung bleibt unberührt. [3]Der Anspruch nach Satz 1 besteht über die dort genannten Fälle hinaus ausnahmsweise auch für solche Versicherte in zugelassenen Pflegeeinrichtungen im Sinne des § 43 des Elften Buches, die auf Dauer, voraussichtlich für mindestens sechs Monate, einen besonders hohen Bedarf an medizinischer Behandlungspflege haben. [4]Die Satzung kann bestimmen, dass die Krankenkasse zusätzlich zur Behandlungspflege nach Satz 1 als häusliche Krankenpflege auch Grundpflege und hauswirtschaftliche Versorgung erbringt. [5]Die Satzung kann dabei Dauer und Umfang der Grundpflege und der hauswirtschaftlichen Versorgung nach Satz 4 bestimmen. [6]Leistungen nach den Sätzen 4 und 5 sind nach Eintritt von Pflegebedürftigkeit im Sinne des Elften Buches nicht zulässig. [7]Versicherte, die nicht auf Dauer in Einrichtungen nach § 71 Abs. 2 oder 4 des Elften Buches aufgenommen sind, erhalten Leistungen nach Satz 1 und den Sätzen 4 bis 6 auch dann, wenn ihr Haushalt nicht mehr besteht und ihnen nur zur Durchführung der Behandlungspflege vorübergehender Aufenthalt in einer Einrichtung oder in einer anderen geeigneten Unterkunft zur Verfügung gestellt wird.

(3) Der Anspruch auf häusliche Krankenpflege besteht nur, soweit eine im Haushalt lebende Person den Kranken in dem erforderlichen Umfang nicht pflegen und versorgen kann.

(4) Kann die Krankenkasse keine Kraft für die häusliche Krankenpflege stellen oder besteht Grund, davon abzusehen, sind den Versicherten die Kosten für eine selbstbeschaffte Kraft in angemessener Höhe zu erstatten.

(5) Versicherte, die das 18. Lebensjahr vollendet haben, leisten als Zuzahlung den sich nach § 61 Satz 3 ergebenden Betrag, begrenzt auf die für die ersten 28 Kalendertage der Leistungsinanspruchnahme je Kalenderjahr anfallenden Kosten an die Krankenkasse.

(6) [1]Der Gemeinsame Bundesausschuss legt in Richtlinien nach § 92 fest, an welchen Orten und in welchen Fällen Leistungen nach den Absätzen 1 und 2 auch außerhalb des Haushalts und der Familie des Versicherten erbracht werden können. [2]Er bestimmt darüber hinaus das Nähere über Art und Inhalt der verrichtungsbezogenen krankheitsspezifischen Pflegemaßnahmen nach Absatz 2 Satz 1.

§ 37a Soziotherapie

(1) [1]Versicherte, die wegen schwerer psychischer Erkrankung nicht in der Lage sind, ärztliche oder ärztlich verordnete Leistungen selbständig in Anspruch zu nehmen, haben Anspruch auf Soziotherapie, wenn dadurch Krankenhausbehandlung vermieden oder verkürzt wird oder wenn diese geboten, aber nicht ausführbar ist. [2]Die Soziotherapie umfasst im Rahmen des Absatzes 2 die im Einzelfall erforderliche Koordinierung der verordneten Leistungen sowie Anleitung und Motivation zu deren Inanspruchnahme. [3]Der Anspruch besteht für höchstens 120 Stunden innerhalb von drei Jahren je Krankheitsfall.

(2) Der Gemeinsame Bundesausschuss bestimmt in den Richtlinien nach § 92 das Nähere über Voraussetzungen, Art und Umfang der Versorgung nach Absatz 1, insbesondere

1. die Krankheitsbilder, bei deren Behandlung im Regelfall Soziotherapie erforderlich ist,
2. die Ziele, den Inhalt, den Umfang, die Dauer und die Häufigkeit der Soziotherapie,

3. die Voraussetzungen, unter denen Ärzte zur Verordnung von Soziotherapie berechtigt sind,
4. die Anforderungen an die Therapiefähigkeit des Patienten,
5. Inhalt und Umfang der Zusammenarbeit des verordnenden Arztes mit dem Leistungserbringer.

(3) Versicherte, die das 18. Lebensjahr vollendet haben, leisten als Zuzahlung je Kalendertag der Leistungsinanspruchnahme den sich nach § 61 Satz 1 ergebenden Betrag an die Krankenkasse.

§ 37b Spezialisierte ambulante Palliativversorgung

(1) 1Versicherte mit einer nicht heilbaren, fortschreitenden und weit fortgeschrittenen Erkrankung bei einer zugleich begrenzten Lebenserwartung, die eine besonders aufwändige Versorgung benötigen, haben Anspruch auf spezialisierte ambulante Palliativversorgung. 2Die Leistung ist von einem Vertragsarzt oder Krankenhausarzt zu verordnen. 3Die spezialisierte ambulante Palliativversorgung umfasst ärztliche und pflegerische Leistungen einschließlich ihrer Koordination insbesondere zur Schmerztherapie und Symptomkontrolle und zielt darauf ab, die Betreuung der Versicherten nach Satz 1 in der vertrauten Umgebung des häuslichen oder familiären Bereichs zu ermöglichen; hierzu zählen beispielsweise Einrichtungen der Eingliederungshilfe für behinderte Menschen und der Kinder- und Jugendhilfe. 4Versicherte in stationären Hospizen haben einen Anspruch auf die Teilleistung der erforderlichen ärztlichen Versorgung im Rahmen der spezialisierten ambulanten Palliativversorgung. 5Dies gilt nur, wenn und soweit nicht andere Leistungsträger zur Leistung verpflichtet sind. 6Dabei sind die besonderen Belange von Kindern zu berücksichtigen.

(2) 1Versicherte in stationären Pflegeeinrichtungen im Sinne von § 72 Abs. 1 des Elften Buches haben in entsprechender Anwendung des Absatzes 1 einen Anspruch auf spezialisierte Palliativversorgung. 2Die Verträge nach § 132d Abs. 1 regeln, ob die Leistung nach Absatz 1 durch Vertragspartner der Krankenkassen in der Pflegeeinrichtung oder durch Personal der Pflegeeinrichtung erbracht wird; § 132d Abs. 2 gilt entsprechend.

(3) Der Gemeinsame Bundesausschuss bestimmt in den Richtlinien nach § 92 das Nähere über die Leistungen, insbesondere

1. die Anforderungen an die Erkrankungen nach Absatz 1 Satz 1 sowie an den besonderen Versorgungsbedarf der Versicherten,
2. Inhalt und Umfang der spezialisierten ambulanten Palliativversorgung einschließlich von deren Verhältnis zur ambulanten Versorgung und der Zusammenarbeit der Leistungserbringer mit den bestehenden ambulanten Hospizdiensten und stationären Hospizen (integrativer Ansatz); die gewachsenen Versorgungsstrukturen sind zu berücksichtigen,
3. Inhalt und Umfang der Zusammenarbeit des verordnenden Arztes mit dem Leistungserbringer.

§ 38 Haushaltshilfe

(1) 1Versicherte erhalten Haushaltshilfe, wenn ihnen wegen Krankenhausbehandlung oder wegen einer Leistung nach § 23 Abs. 2 oder 4, §§ 24, 37, 40 oder § 41 die Weiterführung des Haushalts nicht möglich ist. 2Voraussetzung ist ferner, daß im Haushalt ein Kind lebt, das bei Beginn der Haushaltshilfe das zwölfte Lebensjahr noch nicht vollendet hat oder das behindert und auf Hilfe angewiesen ist.

(2) 1Die Satzung soll bestimmen, daß die Krankenkasse in anderen als den in Absatz 1 genannten Fällen Haushaltshilfe erbringt, wenn Versicherten wegen Krankheit die Weiterführung des Haushalts nicht möglich ist. 2Sie kann dabei von Absatz 1 Satz 2 abweichen sowie Umfang und Dauer der Leistung bestimmen.

(3) Der Anspruch auf Haushaltshilfe besteht nur, soweit eine im Haushalt lebende Person den Haushalt nicht weiterführen kann.

(4) 1Kann die Krankenkasse keine Haushaltshilfe stellen oder besteht Grund, davon ab-

V

zusehen, sind den Versicherten die Kosten für eine selbstbeschaffte Haushaltshilfe in angemessener Höhe zu erstatten. $_{2}$Für Verwandte und Verschwägerte bis zum zweiten Grad werden keine Kosten erstattet; die Krankenkasse kann jedoch die erforderlichen Fahrkosten und den Verdienstausfall erstatten, wenn die Erstattung in einem angemessenen Verhältnis zu den sonst für eine Ersatzkraft entstehenden Kosten steht.

(5) Versicherte, die das 18. Lebensjahr vollendet haben, leisten als Zuzahlung je Kalendertag der Leistungsinanspruchnahme den sich nach § 61 Satz 1 ergebenden Betrag an die Krankenkasse.

§ 39 Krankenhausbehandlung

(1) $_{1}$Die Krankenhausbehandlung wird vollstationär, teilstationär, vor- und nachstationär (§ 115a) sowie ambulant (§ 115b) erbracht. $_{2}$Versicherte haben Anspruch auf vollstationäre Behandlung in einem zugelassenen Krankenhaus (§ 108), wenn die Aufnahme nach Prüfung durch das Krankenhaus erforderlich ist, weil das Behandlungsziel nicht durch teilstationäre, vor- und nachstationäre oder ambulante Behandlung einschließlich häuslicher Krankenpflege erreicht werden kann. $_{3}$Die Krankenhausbehandlung umfaßt im Rahmen des Versorgungsauftrags des Krankenhauses alle Leistungen, die im Einzelfall nach Art und Schwere der Krankheit für die medizinische Versorgung der Versicherten im Krankenhaus notwendig sind, insbesondere ärztliche Behandlung (§ 28 Abs. 1), Krankenpflege, Versorgung mit Arznei-, Heil- und Hilfsmitteln, Unterkunft und Verpflegung; die akutstationäre Behandlung umfasst auch die im Einzelfall erforderlichen und zum frühestmöglichen Zeitpunkt einsetzenden Leistungen zur Frührehabilitation.

(1a) $_{1}$Die Krankenhausbehandlung umfasst ein Entlassmanagement zur Unterstützung einer sektorenübergreifenden Versorgung der Versicherten beim Übergang in die Versorgung nach Krankenhausbehandlung. $_{2}$§ 11 Absatz 4 Satz 4 gilt. $_{3}$Das Krankenhaus kann mit Leistungserbringern nach § 95 Absatz 1 Satz 1 vereinbaren, dass diese Aufgaben des Entlassmanagements wahrnehmen. $_{4}$§ 11 des Apothekengesetzes bleibt unberührt. $_{5}$Der Versicherte hat gegenüber der Krankenkasse einen Anspruch auf Unterstützung des Entlassmanagements nach Satz 1; soweit Hilfen durch die Pflegeversicherung in Betracht kommen, kooperieren Kranken- und Pflegekassen miteinander. $_{6}$Soweit dies für die Versorgung des Versicherten unmittelbar nach der Entlassung erforderlich ist, können die Krankenhäuser die in § 92 Absatz 1 Satz 2 Nummer 6 genannten Leistungen verordnen und die Arbeitsunfähigkeit feststellen; hierfür gelten die Bestimmungen über die vertragsärztliche Versorgung. $_{7}$Bei der Verordnung von Arzneimitteln können Krankenhäuser eine Packung mit dem kleinsten Packungsgrößenkennzeichen gemäß der Packungsgrößenverordnung verordnen; im Übrigen können die in § 92 Absatz 1 Satz 2 Nummer 6 genannten Leistungen für die Versorgung in einem Zeitraum von bis zu sieben Tagen verordnet und die Arbeitsunfähigkeit festgestellt werden (§ 92 Absatz 1 Satz 2 Nummer 7). $_{8}$Der Gemeinsame Bundesausschuss bestimmt in den Richtlinien nach § 92 Absatz 1 Satz 2 Nummer 6 und 7 die weitere Ausgestaltung des Verordnungsrechts nach Satz 7. $_{9}$Die weiteren Einzelheiten zu den Sätzen 1 bis 7, insbesondere zur Zusammenarbeit der Leistungserbringer mit den Krankenkassen, regeln der Spitzenverband Bund der Krankenkassen auch als Spitzenverband Bund der Pflegekassen, die Kassenärztliche Bundesvereinigung und die Deutsche Krankenhausgesellschaft unter Berücksichtigung der Richtlinien des Gemeinsamen Bundesausschusses bis zum 31. Dezember 2015 in einem Rahmenvertrag; § 118a Absatz 2 Satz 2 gilt entsprechend; kommt eine Vereinbarung nicht zustande, kann auch das Bundesministerium für Gesundheit das Schiedsamt anrufen. $_{10}$Vor Abschluss des Rahmenvertrages ist der für die Wahrnehmung der wirtschaftlichen Interessen gebildeten maßgeblichen Spitzenorganisation der Apotheker sowie den Vereinigungen der Träger der Pflegeeinrichtungen auf Bundesebene Gelegenheit zur Stellungnahme zu geben. $_{11}$Das Entlassmanagement und eine dazu erforderliche Erhebung, Verarbeitung und Nutzung personenbezogener Daten dürfen nur mit Einwilligung und nach vorheriger Information des Versicherten erfolgen. [12]Die Einwilligung kann jederzeit widerrufen werden. [13]Information, Einwilligung und Widerruf bedürfen der Schriftform.

(2) Wählen Versicherte ohne zwingenden Grund ein anderes als ein in der ärztlichen Einweisung genanntes Krankenhaus, können ihnen die Mehrkosten ganz oder teilweise auferlegt werden.

(3) [1]Die Landesverbände der Krankenkassen, die Ersatzkassen und die Deutsche Rentenversicherung Knappschaft-Bahn-See gemeinsam erstellen unter Mitwirkung der Landeskrankenhausgesellschaft und der Kassenärztlichen Vereinigung ein Verzeichnis der Leistungen und Entgelte für die Krankenhausbehandlung in den zugelassenen Krankenhäusern im Land oder in einer Region und passen es der Entwicklung an (Verzeichnis stationärer Leistungen und Entgelte). [2]Dabei sind die Entgelte so zusammenzustellen, daß sie miteinander verglichen werden können. [3]Die Krankenkassen haben darauf hinzuwirken, daß Vertragsärzte und Versicherte das Verzeichnis bei der Verordnung und Inanspruchnahme von Krankenhausbehandlung beachten.

(4) [1]Versicherte, die das achtzehnte Lebensjahr vollendet haben, zahlen vom Beginn der vollstationären Krankenhausbehandlung an innerhalb eines Kalenderjahres für längstens 28 Tage den sich nach § 61 Satz 2 ergebenden Betrag je Kalendertag an das Krankenhaus. [2]Die innerhalb des Kalenderjahres bereits an einen Träger der gesetzlichen Rentenversicherung geleistete Zahlung nach § 32 Abs. 1 Satz 2 des Sechsten Buches sowie die nach § 40 Abs. 6 Satz 1 geleistete Zahlung sind auf die Zahlung nach Satz 1 anzurechnen.

§ 39a Stationäre und ambulante Hospizleistungen

(1) [1]Versicherte, die keiner Krankenhausbehandlung bedürfen, haben im Rahmen der Verträge nach Satz 4 Anspruch auf einen Zuschuß zu stationärer oder teilstationärer Versorgung in Hospizen, in denen palliativ-medizinische Behandlung erbracht wird, wenn eine ambulante Versorgung im Haushalt oder der Familie des Versicherten nicht erbracht werden kann. [2]Die Krankenkasse trägt die zuschussfähigen Kosten nach Satz 1 unter Anrechnung der Leistungen nach dem Elften Buch zu 90 vom Hundert, bei Kinderhospizen zu 95 vom Hundert. [3]Der Zuschuss darf kalendertäglich 7 vom Hundert der monatlichen Bezugsgröße nach § 18 Abs. 1 des Vierten Buches nicht unterschreiten und unter Anrechnung der Leistungen anderer Sozialleistungsträger die tatsächlichen kalendertäglichen Kosten nach Satz 1 nicht überschreiten. [4]Der Spitzenverband Bund der Krankenkassen vereinbart mit den für die Wahrnehmung der Interessen der stationären Hospize maßgeblichen Spitzenorganisationen das Nähere über Art und Umfang der Versorgung nach Satz 1. [5]Dabei ist den besonderen Belangen der Versorgung in Kinderhospizen ausreichend Rechnung zu tragen. [6]Der Kassenärztlichen Bundesvereinigung ist Gelegenheit zur Stellungnahme zu geben. [7]In den über die Einzelheiten der Versorgung nach Satz 1 zwischen Krankenkassen und Hospizen abzuschließenden Verträgen ist zu regeln, dass im Falle von Nichteinigung eine von den Parteien zu bestimmende unabhängige Schiedsperson den Vertragsinhalt festlegt. [8]Einigen sich die Vertragspartner nicht auf eine Schiedsperson, so wird diese von der für die vertragschließende Krankenkasse zuständigen Aufsichtsbehörde bestimmt. [9]Die Kosten des Schiedsverfahrens tragen die Vertragspartner zu gleichen Teilen.

(2) [1]Die Krankenkasse hat ambulante Hospizdienste zu fördern, die für Versicherte, die keiner Krankenhausbehandlung und keiner stationären oder teilstationären Versorgung in einem Hospiz bedürfen, qualifizierte ehrenamtliche Sterbebegleitung in deren Haushalt, in der Familie, in stationären Pflegeeinrichtungen, in Einrichtungen der Eingliederungshilfe für behinderte Menschen oder der Kinder- und Jugendhilfe erbringen. [2]Voraussetzung der Förderung ist außerdem, dass der ambulante Hospizdienst

V

1. mit palliativ-medizinisch erfahrenen Pflegediensten und Ärzten zusammenarbeitet sowie
2. unter der fachlichen Verantwortung einer Krankenschwester, eines Krankenpflegers oder einer anderen fachlich qualifizierten Person steht, die über mehrjährige Erfahrung in der palliativ-medizinischen Pflege oder über eine entsprechende Weiterbildung verfügt und eine Weiterbildung als verantwortliche Pflegefachkraft oder in Leitungsfunktionen nachweisen kann.

$_3$Der ambulante Hospizdienst erbringt palliativ-pflegerische Beratung durch entsprechend ausgebildete Fachkräfte und stellt die Gewinnung, Schulung, Koordination und Unterstützung der ehrenamtlich tätigen Personen, die für die Sterbebegleitung zur Verfügung stehen, sicher. $_4$Die Förderung nach Satz 1 erfolgt durch einen angemessenen Zuschuss zu den notwendigen Personalkosten. $_5$Der Zuschuss bezieht sich auf Leistungseinheiten, die sich aus dem Verhältnis der Zahl der qualifizierten Ehrenamtlichen zu der Zahl der Sterbebegleitungen bestimmen. $_6$Die Ausgaben der Krankenkassen für die Förderung nach Satz 1 betragen je Leistungseinheit 11 vom Hundert der monatlichen Bezugsgröße nach § 18 Absatz 1 des Vierten Buches, sie dürfen die zuschussfähigen Personalkosten des Hospizdienstes nicht überschreiten. $_7$Der Spitzenverband Bund der Krankenkassen vereinbart mit den für die Wahrnehmung der Interessen der ambulanten Hospizdienste maßgeblichen Spitzenorganisationen das Nähere zu den Voraussetzungen der Förderung sowie zu Inhalt, Qualität und Umfang der ambulanten Hospizarbeit. $_8$Dabei ist den besonderen Belangen der Versorgung von Kindern durch ambulante Hospizdienste ausreichend Rechnung zu tragen.

V

§ 40 Leistungen zur medizinischen Rehabilitation

(1) $_1$Reicht bei Versicherten eine ambulante Krankenbehandlung nicht aus, um die in § 11 Abs. 2 beschriebenen Ziele zu erreichen, erbringt die Krankenkasse aus medizinischen Gründen erforderliche ambulante Rehabilitationsleistungen in Rehabilitationseinrichtungen, für die ein Versorgungsvertrag nach § 111c besteht; dies schließt mobile Rehabilitationsleistungen durch wohnortnahe Einrichtungen ein. $_2$Leistungen nach Satz 1 sind auch in stationären Pflegeeinrichtungen nach § 72 Abs. 1 des Elften Buches zu erbringen.

(2) $_1$Reicht die Leistung nach Absatz 1 nicht aus, erbringt die Krankenkasse stationäre Rehabilitation mit Unterkunft und Verpflegung in einer nach § 20 Abs. 2a des Neunten Buches zertifizierten Rehabilitationseinrichtung, mit der ein Vertrag nach § 111 besteht; für pflegende Angehörige kann die Krankenkasse unter denselben Voraussetzungen stationäre Rehabilitation mit Unterkunft und Verpflegung auch in einer zertifizierten Rehabilitationseinrichtung erbringen, mit der ein Vertrag nach § 111a besteht. $_2$Wählt der Versicherte eine andere zertifizierte Einrichtung, so hat er die dadurch entstehenden Mehrkosten zu tragen; dies gilt nicht für solche Mehrkosten, die im Hinblick auf die Beachtung des Wunsch- und Wahlrechts nach § 9 des Neunten Buches angemessen sind. $_3$Die Krankenkasse führt nach Geschlecht differenzierte statistische Erhebungen über Anträge auf Leistungen nach Satz 1 und Absatz 1 sowie deren Erledigung durch. $_4$§ 39 Absatz 1a gilt entsprechend mit der Maßgabe, dass bei dem Rahmenvertrag entsprechend § 39 Absatz 1a die für die Erbringung von Leistungen zur medizinischen Rehabilitation maßgeblichen Verbände auf Bundesebene zu beteiligen sind.

(3) $_1$Die Krankenkasse bestimmt nach den medizinischen Erfordernissen des Einzelfalls unter Beachtung des Wunsch- und Wahlrechts der Leistungsberechtigten nach § 9 des Neunten Buches Art, Dauer, Umfang, Beginn und Durchführung der Leistungen nach den Absätzen 1 und 2 sowie die Rehabilitationseinrichtung nach pflichtgemäßem Ermessen; die Krankenkasse berücksichtigt bei ihrer Entscheidung die besonderen Belange pflegender Angehöriger. $_2$Leistungen nach Absatz 1 sollen für längstens 20 Behandlungstage, Leistungen nach Absatz 2 für längstens

drei Wochen erbracht werden, es sei denn, eine Verlängerung der Leistung ist aus medizinischen Gründen dringend erforderlich. $_{3}$Satz 2 gilt nicht, soweit der Spitzenverband Bund der Krankenkassen nach Anhörung der für die Wahrnehmung der Interessen der ambulanten und stationären Rehabilitationseinrichtungen auf Bundesebene maßgeblichen Spitzenorganisationen in Leitlinien Indikationen festgelegt und diesen jeweils eine Regeldauer zugeordnet hat; von dieser Regeldauer kann nur abgewichen werden, wenn dies aus dringenden medizinischen Gründen im Einzelfall erforderlich ist. $_{4}$Leistungen nach den Absätzen 1 und 2 können nicht vor Ablauf von vier Jahren nach Durchführung solcher oder ähnlicher Leistungen erbracht werden, deren Kosten auf Grund öffentlich-rechtlicher Vorschriften getragen oder bezuschusst worden sind, es sei denn, eine vorzeitige Leistung ist aus medizinischen Gründen dringend erforderlich. $_{5}$§ 23 Abs. 7 gilt entsprechend. $_{6}$Die Krankenkasse zahlt der Pflegekasse einen Betrag in Höhe von 3072 Euro für pflegebedürftige Versicherte, für die innerhalb von sechs Monaten nach Antragstellung keine notwendigen Leistungen zur medizinischen Rehabilitation erbracht worden sind. $_{7}$Satz 6 gilt nicht, wenn die Krankenkasse die fehlende Leistungserbringung nicht zu vertreten hat. $_{8}$Die Krankenkasse berichtet ihrer Aufsichtsbehörde jährlich über Fälle nach Satz 6.

(4) Leistungen nach den Absätzen 1 und 2 werden nur erbracht, wenn nach den für andere Träger der Sozialversicherung geltenden Vorschriften mit Ausnahme des § 31 des Sechsten Buches solche Leistungen nicht erbracht werden können.

(5) $_{1}$Versicherte, die eine Leistung nach Absatz 1 oder 2 in Anspruch nehmen und das achtzehnte Lebensjahr vollendet haben, zahlen je Kalendertag den sich nach § 61 Satz 2 ergebenden Betrag an die Einrichtung. $_{2}$Die Zahlungen sind an die Krankenkasse weiterzuleiten.

(6) $_{1}$Versicherte, die das achtzehnte Lebensjahr vollendet haben und eine Leistung nach Absatz 1 oder 2 in Anspruch nehmen, deren unmittelbarer Anschluß an eine Krankenhausbehandlung medizinisch notwendig ist (Anschlußrehabilitation), zahlen den sich nach § 61 Satz 2 ergebenden Betrag für längstens 28 Tage je Kalenderjahr an die Einrichtung; als unmittelbar gilt der Anschluß auch, wenn die Maßnahme innerhalb von 14 Tagen beginnt, es sei denn, die Einhaltung dieser Frist ist aus zwingenden tatsächlichen oder medizinischen Gründen nicht möglich. $_{2}$Die innerhalb des Kalenderjahres bereits an einen Träger der gesetzlichen Rentenversicherung geleistete kalendertägliche Zahlung nach § 32 Abs. 1 Satz 2 des Sechsten Buches sowie die nach § 39 Abs. 4 geleistete Zahlung sind auf die Zahlung nach Satz 1 anzurechnen. $_{3}$Die Zahlungen sind an die Krankenkasse weiterzuleiten.

(7) $_{1}$Der Spitzenverband Bund der Krankenkassen legt unter Beteiligung der Arbeitsgemeinschaft nach § 282 (Medizinischer Dienst der Spitzenverbände der Krankenkassen) Indikationen fest, bei denen für eine medizinisch notwendige Leistung nach Absatz 2 die Zuzahlung nach Absatz 6 Satz 1 Anwendung findet, ohne daß es sich um Anschlußrehabilitation handelt. $_{2}$Vor der Festlegung der Indikationen ist den für die Wahrnehmung der Interessen der stationären Rehabilitation auf Bundesebene maßgebenden Organisationen Gelegenheit zur Stellungnahme zu geben; die Stellungnahmen sind in die Entscheidung einzubeziehen.

§ 41 Medizinische Rehabilitation für Mütter und Väter

(1) $_{1}$Versicherte haben unter den in § 27 Abs. 1 genannten Voraussetzungen Anspruch auf aus medizinischen Gründen erforderliche Rehabilitationsleistungen in einer Einrichtung des Müttergenesungswerks oder einer gleichartigen Einrichtung; die Leistung kann in Form einer Mutter-Kind-Maßnahme erbracht werden. $_{2}$Satz 1 gilt auch für Vater-Kind-Maßnahmen in dafür geeigneten Einrichtungen. $_{3}$Rehabilitationsleistungen nach den Sätzen 1 und 2 werden in Einrichtungen erbracht, mit denen ein Versorgungsvertrag nach § 111a besteht. $_{4}$§ 40 Abs. 2 Satz 1 und 2

gilt nicht; § 40 Abs. 2 Satz 3 und 4 gilt entsprechend.

(2) § 40 Abs. 3 und 4 gilt entsprechend.

(3) 1Versicherte, die das achtzehnte Lebensjahr vollendet haben und eine Leistung nach Absatz 1 in Anspruch nehmen, zahlen je Kalendertag den sich nach § 61 Satz 2 ergebenden Betrag an die Einrichtung. 2Die Zahlungen sind an die Krankenkasse weiterzuleiten.

§ 42 Belastungserprobung und Arbeitstherapie

Versicherte haben Anspruch auf Belastungserprobung und Arbeitstherapie, wenn nach den für andere Träger der Sozialversicherung geltenden Vorschriften solche Leistungen nicht erbracht werden können.

V

§ 43 Ergänzende Leistungen zur Rehabilitation

(1) Die Krankenkasse kann neben den Leistungen, die nach § 44 Abs. 1 Nr. 2 bis 6 sowie nach §§ 53 und 54 des Neunten Buches als ergänzende Leistungen zu erbringen sind,

1. solche Leistungen zur Rehabilitation ganz oder teilweise erbringen oder fördern, die unter Berücksichtigung von Art oder Schwere der Behinderung erforderlich sind, um das Ziel der Rehabilitation zu erreichen oder zu sichern, aber nicht zu den Leistungen zur Teilhabe am Arbeitsleben oder den Leistungen zur allgemeinen sozialen Eingliederung gehören,
2. wirksame und effiziente Patientenschulungsmaßnahmen für chronisch Kranke erbringen; Angehörige und ständige Betreuungspersonen sind einzubeziehen, wenn dies aus medizinischen Gründen erforderlich ist,

wenn zuletzt die Krankenkasse Krankenbehandlung geleistet hat oder leistet.

(2) 1Die Krankenkasse erbringt aus medizinischen Gründen in unmittelbarem Anschluss an eine Krankenhausbehandlung nach § 39 Abs. 1 oder stationäre Rehabilitation erforderliche sozialmedizinische Nachsorgemaßnahmen für chronisch kranke oder schwerstkranke Kinder und Jugendliche, die das 14. Lebensjahr, in besonders schwerwiegenden Fällen das 18. Lebensjahr, noch nicht vollendet haben, wenn die Nachsorge wegen der Art, Schwere und Dauer der Erkrankung notwendig ist, um den stationären Aufenthalt zu verkürzen oder die anschließende ambulante ärztliche Behandlung zu sichern. 2Die Nachsorgemaßnahmen umfassen die im Einzelfall erforderliche Koordinierung der verordneten Leistungen sowie Anleitung und Motivation zu deren Inanspruchnahme. 3Angehörige und ständige Betreuungspersonen sind einzubeziehen, wenn dies aus medizinischen Gründen erforderlich ist. 4Der Spitzenverband Bund der Krankenkassen bestimmt das Nähere zu den Voraussetzungen sowie zu Inhalt und Qualität der Nachsorgemaßnahmen.

§ 43a Nichtärztliche sozialpädiatrische Leistungen

(1) Versicherte Kinder haben Anspruch auf nichtärztliche sozialpädiatrische Leistungen, insbesondere auf psychologische, heilpädagogische und psychosoziale Leistungen, wenn sie unter ärztlicher Verantwortung erbracht werden und erforderlich sind, um eine Krankheit zum frühestmöglichen Zeitpunkt zu erkennen und einen Behandlungsplan aufzustellen; § 30 des Neunten Buches bleibt unberührt.

(2) Versicherte Kinder haben Anspruch auf nichtärztliche sozialpädiatrische Leistungen, die unter ärztlicher Verantwortung in der ambulanten psychiatrischen Behandlung erbracht werden.

§ 43b Nichtärztliche Leistungen für Erwachsene mit geistiger Behinderung oder schweren Mehrfachbehinderungen

1Versicherte Erwachsene mit geistiger Behinderung oder schweren Mehrfachbehinderungen haben Anspruch auf nichtärztliche Leistungen, insbesondere auf psychologische, therapeutische und psychosoziale Leistungen, wenn sie unter ärztlicher Verantwortung durch ein medizinisches Behandlungszentrum nach § 119c erbracht werden und erforderlich sind, um eine Krankheit zum frühestmöglichen Zeitpunkt zu erkennen und einen Behandlungsplan aufzustellen. $_2$Dies umfasst auch die im Einzelfall erforderliche Koordinierung von Leistungen.

§ 43c Zahlungsweg

(1) $_1$Leistungserbringer haben Zahlungen, die Versicherte zu entrichten haben, einzuziehen und mit ihrem Vergütungsanspruch gegenüber der Krankenkasse zu verrechnen. $_2$Zahlt der Versicherte trotz einer gesonderten schriftlichen Aufforderung durch den Leistungserbringer nicht, hat die Krankenkasse die Zahlung einzuziehen.

(2) (weggefallen)

(3) $_1$Zuzahlungen, die Versicherte nach § 39 Abs. 4 zu entrichten haben, hat das Krankenhaus einzubehalten; sein Vergütungsanspruch gegenüber der Krankenkasse verringert sich entsprechend. $_2$Absatz 1 Satz 2 gilt nicht. $_3$Zahlt der Versicherte trotz einer gesonderten schriftlichen Aufforderung durch das Krankenhaus nicht, hat dieses im Auftrag der Krankenkasse die Zuzahlung einzuziehen. $_4$Die Krankenhäuser werden zur Durchführung des Verwaltungsverfahrens nach Satz 3 beliehen. $_5$Sie können hierzu Verwaltungsakte gegenüber den Versicherten erlassen; Klagen gegen diese Verwaltungsakte haben keine aufschiebende Wirkung; ein Vorverfahren findet nicht statt. $_6$Die zuständige Krankenkasse erstattet dem Krankenhaus je durchgeführtem Verwaltungsverfahren nach Satz 3 eine angemessene Kostenpauschale. $_7$Die dem Krankenhaus für Klagen von Versicherten gegen den Verwaltungsakt entstehenden Kosten werden von den Krankenkassen getragen. $_8$Das Vollstreckungsverfahren für Zuzahlungen nach § 39 Absatz 4 wird von der zuständigen Krankenkasse durchgeführt. $_9$Das Nähere zur Umsetzung der Kostenerstattung nach den Sätzen 6 und 7 vereinbaren der Spitzenverband Bund und die Deutsche Krankenhausgesellschaft. $_{10}$Soweit die Einziehung der Zuzahlung durch das Krankenhaus erfolglos bleibt, verringert sich abweichend von Satz 1 der Vergütungsanspruch des Krankenhauses gegenüber der Krankenkasse nicht. $_{11}$Zwischen dem Krankenhaus und der Krankenkasse können abweichende Regelungen zum Zahlungsweg vereinbart werden, soweit dies wirtschaftlich ist.

Zweiter Titel
Krankengeld

§ 44 Krankengeld

(1) Versicherte haben Anspruch auf Krankengeld, wenn die Krankheit sie arbeitsunfähig macht oder sie auf Kosten der Krankenkasse stationär in einem Krankenhaus, einer Vorsorge- oder Rehabilitationseinrichtung (§ 23 Abs. 4, §§ 24, 40 Abs. 2 und § 41) behandelt werden.

(2) $_1$Keinen Anspruch auf Krankengeld haben

1. die nach § 5 Abs. 1 Nr. 2a, 5, 6, 9, 10 oder 13 sowie die nach § 10 Versicherten; dies gilt nicht für die nach § 5 Abs. 1 Nr. 6 Versicherten, wenn sie Anspruch auf Übergangsgeld haben, und für Versicherte nach § 5 Abs. 1 Nr. 13, soweit sie abhängig beschäftigt und nicht nach den §§ 8 und 8a des Vierten Buches geringfügig beschäftigt sind,
2. hauptberuflich selbständig Erwerbstätige, es sei denn, das Mitglied erklärt gegenüber der Krankenkasse, dass die Mitgliedschaft den Anspruch auf Krankengeld umfassen soll (Wahlerklärung),
3. Versicherte nach § 5 Absatz 1 Nummer 1, die bei Arbeitsunfähigkeit nicht mindestens sechs Wochen Anspruch auf Fortzahlung des Arbeitsentgelts auf Grund des Entgeltfortzahlungsgesetzes, eines Tarifvertrags, einer Betriebsvereinbarung oder anderer vertraglicher Zusagen oder auf Zahlung einer die Versicherungspflicht begründenden Sozialleistung haben, es sei denn, das Mitglied gibt eine Wahlerklärung ab, dass die Mitgliedschaft den Anspruch auf Krankengeld umfassen soll. Dies gilt nicht für Versicherte, die nach § 10 des Entgeltfortzahlungsgesetzes Anspruch auf Zahlung eines Zuschlages zum Arbeitsentgelt haben,

4. Versicherte, die eine Rente aus einer öffentlich-rechtlichen Versicherungseinrichtung oder Versorgungseinrichtung ihrer Berufsgruppe oder von anderen vergleichbaren Stellen beziehen, die ihrer Art nach den in § 50 Abs. 1 genannten Leistungen entspricht. Für Versicherte nach Satz 1 Nr. 4 gilt § 50 Abs. 2 entsprechend, soweit sie eine Leistung beziehen, die ihrer Art nach den in dieser Vorschrift aufgeführten Leistungen entspricht.

$_{2}$Für die Wahlerklärung nach Satz 1 Nummer 2 und 3 gilt § 53 Absatz 8 Satz 1 entsprechend. $_{3}$Für die nach Nummer 2 und 3 aufgeführten Versicherten bleibt § 53 Abs. 6 unberührt.

(3) Der Anspruch auf Fortzahlung des Arbeitsentgelts bei Arbeitsunfähigkeit richtet sich nach arbeitsrechtlichen Vorschriften.

(4) $_{1}$Versicherte haben Anspruch auf individuelle Beratung und Hilfestellung durch die Krankenkasse, welche Leistungen und unterstützende Angebote zur Wiederherstellung der Arbeitsfähigkeit erforderlich sind. $_{2}$Maßnahmen nach Satz 1 und die dazu erforderliche Erhebung, Verarbeitung und Nutzung personenbezogener Daten dürfen nur mit schriftlicher Einwilligung und nach vorheriger schriftlicher Information des Versicherten erfolgen. $_{3}$Die Einwilligung kann jederzeit schriftlich widerrufen werden. $_{4}$Die Krankenkassen dürfen ihre Aufgaben nach Satz 1 an die in § 35 des Ersten Buches genannten Stellen übertragen. $_{5}$Das Bundesministerium für Gesundheit legt dem Deutschen Bundestag bis zum 31. Dezember 2018 einen Bericht über die Umsetzung des Anspruchs auf individuelle Beratung und Hilfestellung durch die Krankenkassen nach diesem Absatz vor.

§ 44a Krankengeld bei Spende von Organen, Geweben oder Blut zur Separation von Blutstammzellen oder anderen Blutbestandteilen

$_{1}$Spender von Organen, Geweben oder Blut zur Separation von Blutstammzellen oder anderen Blutbestandteilen nach § 27 Absatz 1a Satz 1 haben Anspruch auf Krankengeld, wenn die Spende an Versicherte sie arbeitsunfähig macht. $_{2}$Das Krankengeld wird den Spendern von der Krankenkasse der Empfänger in Höhe des vor Beginn der Arbeitsunfähigkeit regelmäßig erzielten Nettoarbeitsentgelts oder Arbeitseinkommens bis zur Höhe des Betrages der kalendertäglichen Beitragsbemessungsgrenze geleistet. $_{3}$Für nach dem Künstlersozialversicherungsgesetz versicherungspflichtige Spender ist das ausgefallene Arbeitseinkommen im Sinne von Satz 2 aus demjenigen Arbeitseinkommen zu berechnen, das der Beitragsbemessung für die letzten zwölf Kalendermonate vor Beginn der Arbeitsunfähigkeit im Hinblick auf die Spende zugrunde gelegen hat. $_{4}$§ 44 Absatz 3, § 47 Absatz 2 bis 4, die §§ 47b, 49 und 50 gelten entsprechend; Ansprüche nach § 44 sind gegenüber Ansprüchen nach dieser Vorschrift ausgeschlossen. $_{5}$Ansprüche nach dieser Vorschrift haben auch nicht gesetzlich krankenversicherte Personen.

§ 45 Krankengeld bei Erkrankung des Kindes

(1) $_{1}$Versicherte haben Anspruch auf Krankengeld, wenn es nach ärztlichem Zeugnis erforderlich ist, daß sie zur Beaufsichtigung, Betreuung oder Pflege ihres erkrankten und versicherten Kindes der Arbeit fernbleiben, eine andere in ihrem Haushalt lebende Person das Kind nicht beaufsichtigen, betreuen oder pflegen kann und das Kind das zwölfte Lebensjahr noch nicht vollendet hat oder behindert und auf Hilfe angewiesen ist. $_{2}$§ 10 Abs. 4 und § 44 Absatz 2 gelten.

(2) $_{1}$Anspruch auf Krankengeld nach Absatz 1 besteht in jedem Kalenderjahr für jedes Kind längstens für 10 Arbeitstage, für alleinerziehende Versicherte längstens für 20 Arbeitstage. $_{2}$Der Anspruch nach Satz 1 besteht für Versicherte für nicht mehr als 25 Arbeitstage, für alleinerziehende Versicherte für nicht mehr als 50 Arbeitstage je Kalenderjahr. $_{3}$Das Krankengeld nach Absatz 1 beträgt 90 Prozent des ausgefallenen Nettoarbeitsentgelts aus beitragspflichtigem Arbeitsentgelt der Versicherten, bei Bezug von beitragspflichtigem einmalig gezahltem Arbeitsentgelt (§ 23a des Vierten Buches) in den der Frei-

stellung von Arbeitsleistung nach Absatz 3 vorangegangenen zwölf Kalendermonaten 100 Prozent des ausgefallenen Nettoarbeitsentgelts aus beitragspflichtigem Arbeitsentgelt; es darf 70 Prozent der Beitragsbemessungsgrenze nach § 223 Absatz 3 nicht überschreiten. $_{4}$Erfolgt die Berechnung des Krankengeldes nach Absatz 1 aus Arbeitseinkommen, beträgt dies 70 Prozent des erzielten regelmäßigen Arbeitseinkommens, soweit es der Beitragsberechnung unterliegt. $_{5}$§ 47 Absatz 1 Satz 6 bis 8 und Absatz 4 Satz 3 bis 5 gilt entsprechend.

(3) $_{1}$Versicherte mit Anspruch auf Krankengeld nach Absatz 1 haben für die Dauer dieses Anspruchs gegen ihren Arbeitgeber Anspruch auf unbezahlte Freistellung von der Arbeitsleistung, soweit nicht aus dem gleichen Grund Anspruch auf bezahlte Freistellung besteht. $_{2}$Wird der Freistellungsanspruch nach Satz 1 geltend gemacht, bevor die Krankenkasse ihre Leistungsverpflichtung nach Absatz 1 anerkannt hat, und sind die Voraussetzungen dafür nicht erfüllt, ist der Arbeitgeber berechtigt, die gewährte Freistellung von der Arbeitsleistung auf einen späteren Freistellungsanspruch zur Beaufsichtigung, Betreuung oder Pflege eines erkrankten Kindes anzurechnen. $_{3}$Der Freistellungsanspruch nach Satz 1 kann nicht durch Vertrag ausgeschlossen oder beschränkt werden.

(4) $_{1}$Versicherte haben ferner Anspruch auf Krankengeld, wenn sie zur Beaufsichtigung, Betreuung oder Pflege ihres erkrankten und versicherten Kindes der Arbeit fernbleiben, sofern das Kind das zwölfte Lebensjahr noch nicht vollendet hat oder behindert und auf Hilfe angewiesen ist und nach ärztlichem Zeugnis an einer Erkrankung leidet,

a) die progredient verläuft und bereits ein weit fortgeschrittenes Stadium erreicht hat,

b) bei der eine Heilung ausgeschlossen und eine palliativ-medizinische Behandlung notwendig oder von einem Elternteil erwünscht ist und

c) die lediglich eine begrenzte Lebenserwartung von Wochen oder wenigen Monaten erwarten lässt.

$_{2}$Der Anspruch besteht nur für ein Elternteil. $_{3}$Absatz 1 Satz 2, Absatz 3 und § 47 gelten entsprechend.

(5) Anspruch auf unbezahlte Freistellung nach den Absätzen 3 und 4 haben auch Arbeitnehmer, die nicht Versicherte mit Anspruch auf Krankengeld nach Absatz 1 sind.

§ 46 Entstehen des Anspruchs auf Krankengeld

$_{1}$Der Anspruch auf Krankengeld entsteht

1. bei Krankenhausbehandlung oder Behandlung in einer Vorsorge- oder Rehabilitationseinrichtung (§ 23 Abs. 4, §§ 24, 40 Abs. 2 und § 41) von ihrem Beginn an,
2. im Übrigen von dem Tag der ärztlichen Feststellung der Arbeitsunfähigkeit an.

$_{2}$Der Anspruch auf Krankengeld bleibt jeweils bis zu dem Tag bestehen, an dem die weitere Arbeitsunfähigkeit wegen derselben Krankheit ärztlich festgestellt wird, wenn diese ärztliche Feststellung spätestens am nächsten Werktag nach dem zuletzt bescheinigten Ende der Arbeitsunfähigkeit erfolgt; Samstage gelten insoweit nicht als Werktage. $_{3}$Für die nach dem Künstlersozialversicherungsgesetz Versicherten sowie für Versicherte, die eine Wahlerklärung nach § 44 Absatz 2 Satz 1 Nummer 2 abgegeben haben, entsteht der Anspruch von der siebten Woche der Arbeitsunfähigkeit an. $_{4}$Der Anspruch auf Krankengeld für die in Satz 3 genannten Versicherten nach dem Künstlersozialversicherungsgesetz entsteht bereits vor der siebten Woche der Arbeitsunfähigkeit zu dem von der Satzung bestimmten Zeitpunkt, spätestens jedoch mit Beginn der dritten Woche der Arbeitsunfähigkeit, wenn der Versicherte bei seiner Krankenkasse einen Tarif nach § 53 Abs. 6 gewählt hat.

§ 47 Höhe und Berechnung des Krankengeldes

(1) $_{1}$Das Krankengeld beträgt 70 vom Hundert des erzielten regelmäßigen Arbeitsentgelts und Arbeitseinkommens, soweit es der Bei-

tragsberechnung unterliegt (Regelentgelt). $_{2}$Das aus dem Arbeitsentgelt berechnete Krankengeld darf 90 vom Hundert des bei entsprechender Anwendung des Absatzes 2 berechneten Nettoarbeitsentgelts nicht übersteigen. $_{3}$Für die Berechnung des Nettoarbeitsentgelts nach Satz 2 ist der sich aus dem kalendertäglichen Hinzurechnungsbetrag nach Absatz 2 Satz 6 ergebende Anteil am Nettoarbeitsentgelt mit dem Vomhundertsatz anzusetzen, der sich aus dem Verhältnis des kalendertäglichen Regelentgeltbetrages nach Absatz 2 Satz 1 bis 5 zu dem sich aus diesem Regelentgeltbetrag ergebenden Nettoarbeitsentgelt ergibt. $_{4}$Das nach Satz 1 bis 3 berechnete kalendertägliche Krankengeld darf das sich aus dem Arbeitsentgelt nach Absatz 2 Satz 1 bis 5 ergebende kalendertägliche Nettoarbeitsentgelt nicht übersteigen. $_{5}$Das Regelentgelt wird nach den Absätzen 2, 4 und 6 berechnet. $_{6}$Das Krankengeld wird für Kalendertage gezahlt. $_{7}$Ist es für einen ganzen Kalendermonat zu zahlen, ist dieser mit dreißig Tagen anzusetzen. $_{8}$Bei der Berechnung des Regelentgelts nach Satz 1 und des Nettoarbeitsentgelts nach den Sätzen 2 und 4 sind die für die jeweilige Beitragsbemessung und Beitragstragung geltenden Besonderheiten der Gleitzone nach § 20 Abs. 2 des Vierten Buches nicht zu berücksichtigen.

(2) $_{1}$Für die Berechnung des Regelentgelts ist das von dem Versicherten im letzten vor Beginn der Arbeitsunfähigkeit abgerechneten Entgeltabrechnungszeitraum, mindestens das während der letzten angerechneten vier Wochen (Bemessungszeitraum) erzielte und um einmalig gezahltes Arbeitsentgelt verminderte Arbeitsentgelt durch die Zahl der Stunden zu teilen, für die es gezahlt wurde. $_{2}$Das Ergebnis ist mit der Zahl der sich aus dem Inhalt des Arbeitsverhältnisses ergebenden regelmäßigen wöchentlichen Arbeitsstunden zu vervielfachen und durch sieben zu teilen. $_{3}$Ist das Arbeitsentgelt nach Monaten bemessen oder ist eine Berechnung des Regelentgelts nach den Sätzen 1 und 2 nicht möglich, gilt der dreißigste Teil des im letzten vor Beginn der Arbeitsunfähigkeit abgerechneten Kalendermonat erzielten und um einmalig gezahltes Arbeitsentgelt verminderten Arbeitsentgelts als Regelentgelt. $_{4}$Wenn mit einer Arbeitsleistung Arbeitsentgelt erzielt wird, das für Zeiten einer Freistellung vor oder nach dieser Arbeitsleistung fällig wird (Wertguthaben nach § 7b des Vierten Buches), ist für die Berechnung des Regelentgelts das im Bemessungszeitraum der Beitragsberechnung zugrundeliegende und um einmalig gezahltes Arbeitsentgelt verminderte Arbeitsentgelt maßgebend; Wertguthaben, die nicht gemäß einer Vereinbarung über flexible Arbeitszeitregelungen verwendet werden (§ 23b Abs. 2 des Vierten Buches), bleiben außer Betracht. $_{5}$Bei der Anwendung des Satzes 1 gilt als regelmäßige wöchentliche Arbeitszeit die Arbeitszeit, die dem gezahlten Arbeitsentgelt entspricht. $_{6}$Für die Berechnung des Regelentgelts ist der dreihundertsechzigste Teil des einmalig gezahlten Arbeitsentgelts, das in den letzten zwölf Kalendermonaten vor Beginn der Arbeitsunfähigkeit nach § 23a des Vierten Buches der Beitragsberechnung zugrunde gelegen hat, dem nach Satz 1 bis 5 berechneten Arbeitsentgelt hinzuzurechnen.

(3) Die Satzung kann bei nicht kontinuierlicher Arbeitsverrichtung und -vergütung abweichende Bestimmungen zur Zahlung und Berechnung des Krankengeldes vorsehen, die sicherstellen, daß das Krankengeld seine Entgeltersatzfunktion erfüllt.

(4) $_{1}$Für Seeleute gelten als Regelentgelt die beitragspflichtigen Einnahmen nach § 233 Abs. 1. $_{2}$Für Versicherte, die nicht Arbeitnehmer sind, gilt als Regelentgelt der kalendertägliche Betrag, der zuletzt vor Beginn der Arbeitsunfähigkeit für die Beitragsbemessung aus Arbeitseinkommen maßgebend war. $_{3}$Für nach dem Künstlersozialversicherungsgesetz Versicherte ist das Regelentgelt aus dem Arbeitseinkommen zu berechnen, das der Beitragsbemessung für die letzten zwölf Kalendermonate vor Beginn der Arbeitsunfähigkeit zugrunde gelegen hat; dabei ist für den Kalendertag der dreihundertsechzigste Teil dieses Betrages anzusetzen. $_{4}$Die Zahl dreihundertsechzig ist um die Zahl der

Kalendertage zu vermindern, in denen eine Versicherungspflicht nach dem Künstlersozialversicherungsgesetz nicht bestand oder für die nach § 234 Abs. 1 Satz 3 Arbeitseinkommen nicht zugrunde zu legen ist. 5Die Beträge nach § 226 Abs. 1 Satz 1 Nr. 2 und 3 bleiben außer Betracht.

(5) (weggefallen)

(6) Das Regelentgelt wird bis zur Höhe des Betrages der kalendertäglichen Beitragsbemessungsgrenze berücksichtigt.

§ 47a (weggefallen)

Zum 1.1.2016 wird durch das GKV-Versorgungsstärkungsgesetz vom 16.7.2015 (BGBl. I S. 1211) folgender § 47a eingefügt:

§ 47a Beitragszahlungen der Krankenkassen an berufsständische Versorgungseinrichtungen

(1) Für Bezieher von Krankengeld, die wegen einer Pflichtmitgliedschaft in einer berufsständischen Versorgungseinrichtung von der Versicherungspflicht in der gesetzlichen Rentenversicherung befreit sind, zahlen die Krankenkassen auf Antrag des Mitglieds diejenigen Beiträge an die zuständige berufsständische Versorgungseinrichtung, wie sie bei Eintritt von Versicherungspflicht nach § 3 Satz 1 Nummer 3 des Sechsten Buches an die gesetzliche Rentenversicherung zu entrichten wären. Die von der Krankenkasse zu zahlenden Beiträge sind auf die Höhe der Beiträge begrenzt, die die Krankenkasse ohne die Befreiung von der Versicherungspflicht in der gesetzlichen Rentenversicherung für die Dauer des Leistungsbezugs zu tragen hätte; sie dürfen die Hälfte der in der Zeit des Leistungsbezugs vom Mitglied an die berufsständische Versorgungseinrichtung zu zahlenden Beiträge nicht übersteigen.

(2) Die Krankenkassen haben der zuständigen berufsständischen Versorgungseinrichtung den Beginn und das Ende der Beitragszahlung sowie die Höhe der der Beitragsberechnung zugrunde liegenden beitragspflichtigen Einnahmen und den zu zahlenden Beitrag für das Mitglied zu übermitteln; ab dem 1. Januar 2017 erfolgt die Übermittlung durch elektronischen Nachweis. Das Nähere zum Verfahren, zu notwendigen weiteren Angaben und den Datensatz regeln der Spitzenverband Bund der Krankenkassen und die Arbeitsgemeinschaft berufsständischer Versorgungseinrichtungen bis zum 31. Juli 2016 in gemeinsamen Grundsätzen, die vom Bundesministerium für Gesundheit zu genehmigen sind.

§ 47b Höhe und Berechnung des Krankengeldes bei Beziehern von Arbeitslosengeld, Unterhaltsgeld oder Kurzarbeitergeld

(1) 1Das Krankengeld für Versicherte nach § 5 Abs. 1 Nr. 2 wird in Höhe des Betrages des Arbeitslosengeldes oder des Unterhaltsgeldes gewährt, den der Versicherte zuletzt bezogen hat. 2Das Krankengeld wird vom ersten Tage der Arbeitsunfähigkeit an gewährt.

(2) 1Ändern sich während des Bezuges von Krankengeld die für den Anspruch auf Arbeitslosengeld oder Unterhaltsgeld maßgeblichen Verhältnisse des Versicherten, so ist auf Antrag des Versicherten als Krankengeld derjenige Betrag zu gewähren, den der Versicherte als Arbeitslosengeld oder Unterhaltsgeld erhalten würde, wenn er nicht erkrankt wäre. 2Änderungen, die zu einer Erhöhung des Krankengeldes um weniger als zehn vom Hundert führen würden, werden nicht berücksichtigt.

(3) Für Versicherte, die während des Bezuges von Kurzarbeitergeld arbeitsunfähig erkranken, wird das Krankengeld nach dem regelmäßigen Arbeitsentgelt, das zuletzt vor Eintritt des Arbeitsausfalls erzielt wurde (Regelentgelt), berechnet.

(4) 1Für Versicherte, die arbeitsunfähig erkranken, bevor in ihrem Betrieb die Voraussetzungen für den Bezug von Kurzarbeitergeld nach dem Dritten Buch erfüllt sind, wird, solange Anspruch auf Fortzahlung des Arbeitsentgelts im Krankheitsfalle besteht, neben dem Arbeitsentgelt als Krankengeld der Betrag des Kurzarbeitergeldes gewährt, den der Versicherte erhielte, wenn er nicht arbeitsunfähig wäre. 2Der Arbeitgeber hat das Krankengeld kostenlos zu errechnen und auszuzahlen. 3Der Arbeitnehmer hat die erforderlichen Angaben zu machen.

(5) Bei der Ermittlung der Bemessungsgrundlage für die Leistungen der gesetzlichen Krankenversicherung ist von dem Arbeitsentgelt auszugehen, das bei der Bemessung der

V

Beiträge zur gesetzlichen Krankenversicherung zugrunde gelegt wurde.

(6) 1In den Fällen des § 232a Abs. 3 wird das Krankengeld abweichend von Absatz 3 nach dem Arbeitsentgelt unter Hinzurechnung des Winterausfallgeldes berechnet. 2Die Absätze 4 und 5 gelten entsprechend.

§ 48 Dauer des Krankengeldes

(1) 1Versicherte erhalten Krankengeld ohne zeitliche Begrenzung, für den Fall der Arbeitsunfähigkeit wegen derselben Krankheit jedoch für längstens achtundsiebzig Wochen innerhalb von je drei Jahren, gerechnet vom Tage des Beginns der Arbeitsunfähigkeit an. 2Tritt während der Arbeitsunfähigkeit eine weitere Krankheit hinzu, wird die Leistungsdauer nicht verlängert.

(2) Für Versicherte, die im letzten Dreijahreszeitraum wegen derselben Krankheit für achtundsiebzig Wochen Krankengeld bezogen haben, besteht nach Beginn eines neuen Dreijahreszeitraums ein neuer Anspruch auf Krankengeld wegen derselben Krankheit, wenn sie bei Eintritt der erneuten Arbeitsunfähigkeit mit Anspruch auf Krankengeld versichert sind und in der Zwischenzeit mindestens sechs Monate

1. nicht wegen dieser Krankheit arbeitsunfähig waren und
2. erwerbstätig waren oder der Arbeitsvermittlung zur Verfügung standen.

(3) 1Bei der Feststellung der Leistungsdauer des Krankengeldes werden Zeiten, in denen der Anspruch auf Krankengeld ruht oder für die das Krankengeld versagt wird, wie Zeiten des Bezugs von Krankengeld berücksichtigt. 2Zeiten, für die kein Anspruch auf Krankengeld besteht, bleiben unberücksichtigt.

§ 49 Ruhen des Krankengeldes

(1) Der Anspruch auf Krankengeld ruht,

1. soweit und solange Versicherte beitragspflichtiges Arbeitsentgelt oder Arbeitseinkommen erhalten; dies gilt nicht für einmalig gezahltes Arbeitsentgelt,
2. solange Versicherte Elternzeit nach dem Bundeselterngeld- und Elternzeitgesetz in Anspruch nehmen; dies gilt nicht, wenn die Arbeitsunfähigkeit vor Beginn der Elternzeit eingetreten ist oder das Krankengeld aus dem Arbeitsentgelt zu berechnen ist, das aus einer versicherungspflichtigen Beschäftigung während der Elternzeit erzielt worden ist,
3. soweit und solange Versicherte Versorgungskrankengeld, Übergangsgeld, Unterhaltsgeld oder Kurzarbeitergeld beziehen,

3a. solange Versicherte Mutterschaftsgeld oder Arbeitslosengeld beziehen oder der Anspruch wegen einer Sperrzeit nach dem Dritten Buch ruht,

4. soweit und solange Versicherte Entgeltersatzleistungen, die ihrer Art nach den in Nummer 3 genannten Leistungen vergleichbar sind, von einem Träger der Sozialversicherung oder einer staatlichen Stelle im Ausland erhalten,
5. solange die Arbeitsunfähigkeit der Krankenkasse nicht gemeldet wird; dies gilt nicht, wenn die Meldung innerhalb einer Woche nach Beginn der Arbeitsunfähigkeit erfolgt,
6. soweit und solange für Zeiten einer Freistellung von der Arbeitsleistung (§ 7 Abs. 1a des Vierten Buches) eine Arbeitsleistung nicht geschuldet wird,
7. während der ersten sechs Wochen der Arbeitsunfähigkeit für Versicherte, die eine Wahlerklärung nach § 44 Absatz 2 Satz 1 Nummer 3 abgegeben haben.

(2) (weggefallen)

(3) Auf Grund gesetzlicher Bestimmungen gesenkte Entgelt- oder Entgeltersatzleistungen dürfen bei der Anwendung des Absatzes 1 nicht aufgestockt werden.

(4) Erbringt ein anderer Träger der Sozialversicherung bei ambulanter Ausführung von Leistungen zur medizinischen Rehabilitation Verletztengeld, Versorgungskrankengeld oder Übergangsgeld, werden diesem Träger auf Verlangen seine Aufwendungen für diese Leistungen im Rahmen der nach § 13 Abs. 2 Nr. 7 des Neunten Buches vereinbarten gemeinsamen Empfehlungen erstattet.

§ 50 Ausschluß und Kürzung des Krankengeldes

(1) 1Für Versicherte, die

1. Rente wegen voller Erwerbsminderung, Berufsunfähigkeit oder Vollrente wegen Alters aus der gesetzlichen Rentenversicherung,
2. Ruhegehalt, das nach beamtenrechtlichen Vorschriften oder Grundsätzen gezahlt wird,
3. Vorruhestandsgeld nach § 5 Abs. 3,
4. Leistungen, die ihrer Art nach den in den Nummern 1 und 2 genannten Leistungen vergleichbar sind, wenn sie von einem Träger der gesetzlichen Rentenversicherung oder einer staatlichen Stelle im Ausland gezahlt werden,
5. Leistungen, die ihrer Art nach den in den Nummern 1 und 2 genannten Leistungen vergleichbar sind, wenn sie nach den ausschließlich für das in Artikel 3 des Einigungsvertrages genannte Gebiet geltenden Bestimmungen gezahlt werden,

beziehen, endet ein Anspruch auf Krankengeld vom Beginn dieser Leistungen an; nach Beginn dieser Leistungen entsteht ein neuer Krankengeldanspruch nicht. 2Ist über den Beginn der in Satz 1 genannten Leistungen hinaus Krankengeld gezahlt worden und übersteigt dieses den Betrag der Leistungen, kann die Krankenkasse den überschießenden Betrag vom Versicherten nicht zurückfordern. 3In den Fällen der Nummer 4 gilt das überzahlte Krankengeld bis zur Höhe der dort genannten Leistungen als Vorschuß des Trägers oder der Stelle; es ist zurückzuzahlen. 4Wird eine der in Satz 1 genannten Leistungen nicht mehr gezahlt, entsteht ein Anspruch auf Krankengeld, wenn das Mitglied bei Eintritt einer erneuten Arbeitsunfähigkeit mit Anspruch auf Krankengeld versichert ist.

(2) Das Krankengeld wird um den Zahlbetrag

1. der Altersrente, der Rente wegen Erwerbsunfähigkeit oder der Landabgaberente aus der Alterssicherung der Landwirte,
2. der Rente wegen teilweiser Erwerbsminderung, Berufsunfähigkeit oder der Teilrente wegen Alters aus der gesetzlichen Rentenversicherung,
3. der Knappschaftsausgleichsleistung oder der Rente für Bergleute oder
4. einer vergleichbaren Leistung, die von einem Träger oder einer staatlichen Stelle im Ausland gezahlt wird,
5. von Leistungen, die ihrer Art nach den in den Nummern 1 bis 3 genannten Leistungen vergleichbar sind, wenn sie nach den ausschließlich für das in dem in Artikel 3 des Einigungsvertrages genannten Gebiets geltenden Bestimmungen gezahlt werden,

gekürzt, wenn die Leistung von einem Zeitpunkt nach dem Beginn der Arbeitsunfähigkeit oder der stationären Behandlung an zuerkannt wird.

V

§ 51 Wegfall des Krankengeldes, Antrag auf Leistungen zur Teilhabe

(1) 1Versicherten, deren Erwerbsfähigkeit nach ärztlichem Gutachten erheblich gefährdet oder gemindert ist, kann die Krankenkasse eine Frist von zehn Wochen setzen, innerhalb der sie einen Antrag auf Leistungen zur medizinischen Rehabilitation und zur Teilhabe am Arbeitsleben zu stellen haben. 2Haben diese Versicherten ihren Wohnsitz oder gewöhnlichen Aufenthalt im Ausland, kann ihnen die Krankenkasse eine Frist von zehn Wochen setzen, innerhalb der sie entweder einen Antrag auf Leistungen zur medizinischen Rehabilitation und zur Teilhabe am Arbeitsleben bei einem Leistungsträger mit Sitz im Inland oder einen Antrag auf Rente wegen voller Erwerbsminderung bei einem Träger der gesetzlichen Rentenversicherung mit Sitz im Inland zu stellen haben.

(2) Erfüllen Versicherte die Voraussetzungen für den Bezug der Regelaltersrente oder Altersrente aus der Alterssicherung der Landwirte bei Vollendung des 65. Lebensjahres, kann ihnen die Krankenkasse eine Frist von zehn Wochen setzen, innerhalb der sie den Antrag auf diese Leistung zu stellen haben.

(3) 1Stellen Versicherte innerhalb der Frist den Antrag nicht, entfällt der Anspruch auf Krankengeld mit Ablauf der Frist. 2Wird der Antrag

später gestellt, lebt der Anspruch auf Krankengeld mit dem Tag der Antragstellung wieder auf.

Dritter Titel
Leistungsbeschränkungen

§ 52 Leistungsbeschränkung bei Selbstverschulden

(1) Haben sich Versicherte eine Krankheit vorsätzlich oder bei einem von ihnen begangenen Verbrechen oder vorsätzlichen Vergehen zugezogen, kann die Krankenkasse sie an den Kosten der Leistungen in angemessener Höhe beteiligen und das Krankengeld ganz oder teilweise für die Dauer dieser Krankheit versagen und zurückfordern.

(2) Haben sich Versicherte eine Krankheit durch eine medizinisch nicht indizierte ästhetische Operation, eine Tätowierung oder ein Piercing zugezogen, hat die Krankenkasse die Versicherten in angemessener Höhe an den Kosten zu beteiligen und das Krankengeld für die Dauer dieser Behandlung ganz oder teilweise zu versagen oder zurückzufordern.

§ 52a Leistungsausschluss

$_{1}$Auf Leistungen besteht kein Anspruch, wenn sich Personen in den Geltungsbereich dieses Gesetzbuchs begeben, um in einer Versicherung nach § 5 Abs. 1 Nr. 13 oder auf Grund dieser Versicherung in einer Versicherung nach § 10 missbräuchlich Leistungen in Anspruch zu nehmen. $_{2}$Das Nähere zur Durchführung regelt die Krankenkasse in ihrer Satzung.

Sechster Abschnitt
Selbstbehalt, Beitragsrückzahlung

§ 53 Wahltarife

(1) $_{1}$Die Krankenkasse kann in ihrer Satzung vorsehen, dass Mitglieder jeweils für ein Kalenderjahr einen Teil der von der Krankenkasse zu tragenden Kosten übernehmen können (Selbstbehalt). $_{2}$Die Krankenkasse hat für diese Mitglieder Prämienzahlungen vorzusehen.

(2) $_{1}$Die Krankenkasse kann in ihrer Satzung für Mitglieder, die im Kalenderjahr länger als drei Monate versichert waren, eine Prämienzahlung vorsehen, wenn sie und ihre nach § 10 mitversicherten Angehörigen in diesem Kalenderjahr Leistungen zu Lasten der Krankenkasse nicht in Anspruch genommen haben. $_{2}$Die Prämienzahlung darf ein Zwölftel der jeweils im Kalenderjahr gezahlten Beiträge nicht überschreiten und wird innerhalb eines Jahres nach Ablauf des Kalenderjahres an das Mitglied gezahlt. $_{3}$Die im dritten und vierten Abschnitt genannten Leistungen mit Ausnahme der Leistungen nach § 23 Abs. 2 und den §§ 24 bis 24b sowie Leistungen für Versicherte, die das 18. Lebensjahr noch nicht vollendet haben, bleiben unberücksichtigt.

(3) $_{1}$Die Krankenkasse hat in ihrer Satzung zu regeln, dass für Versicherte, die an besonderen Versorgungsformen nach § 63, § 73b, § 137f oder § 140a teilnehmen, Tarife angeboten werden. $_{2}$Für diese Versicherten kann die Krankenkasse eine Prämienzahlung oder Zuzahlungsermäßigungen vorsehen.

(4) $_{1}$Die Krankenkasse kann in ihrer Satzung vorsehen, dass Mitglieder für sich und ihre nach § 10 mitversicherten Angehörigen Tarife für Kostenerstattung wählen. $_{2}$Sie kann die Höhe der Kostenerstattung variieren und hierfür spezielle Prämienzahlungen durch die Versicherten vorsehen. $_{3}$§ 13 Abs. 2 Satz 2 und 3 gilt nicht.

(5) Die Krankenkasse kann in ihrer Satzung die Übernahme der Kosten für Arzneimittel der besonderen Therapierichtungen regeln, die nach § 34 Abs. 1 Satz 1 von der Versorgung ausgeschlossen sind, und hierfür spezielle Prämienzahlungen durch die Versicherten vorsehen.

(6) $_{1}$Die Krankenkasse hat in ihrer Satzung für die in § 44 Absatz 2 Nummer 2 und 3 genannten Versicherten gemeinsame Tarife sowie Tarife für die nach dem Künstlersozialversicherungsgesetz Versicherten anzubieten, die einen Anspruch auf Krankengeld entsprechend § 46 Satz 1 oder zu einem späteren Zeitpunkt entstehen lassen, für die Versicherten nach dem Künstlersozialversicherungsgesetz jedoch spätestens mit Beginn

der dritten Woche der Arbeitsunfähigkeit. $_{2}$Von § 47 kann abgewichen werden. $_{3}$Die Krankenkasse hat entsprechend der Leistungserweiterung Prämienzahlungen des Mitglieds vorzusehen. $_{4}$Die Höhe der Prämienzahlung ist unabhängig von Alter, Geschlecht oder Krankheitsrisiko des Mitglieds festzulegen. $_{5}$Die Krankenkasse kann durch Satzungsregelung die Durchführung von Wahltarifen nach Satz 1 auf eine andere Krankenkasse oder einen Landesverband übertragen. $_{6}$In diesen Fällen erfolgt die Prämienzahlung weiterhin an die übertragende Krankenkasse. $_{7}$Die Rechenschaftslegung erfolgt durch die durchführende Krankenkasse oder den durchführenden Landesverband.

(7) Die Krankenkasse kann in ihrer Satzung für bestimmte Mitgliedergruppen, für die sie den Umfang der Leistungen nach Vorschriften dieses Buches beschränkt, der Leistungsbeschränkung entsprechende Prämienzahlung vorsehen.

(8) $_{1}$Die Mindestbindungsfrist beträgt für die Wahltarife nach den Absätzen 2, 4 und 5 ein Jahr und für die Wahltarife nach den Absätzen 1 und 6 drei Jahre; für die Wahltarife nach Absatz 3 gilt keine Mindestbindungsfrist. $_{2}$Die Mitgliedschaft kann frühestens zum Ablauf der Mindestbindungsfrist nach Satz 1, aber nicht vor Ablauf der Mindestbindungsfrist nach § 175 Absatz 4 Satz 1 gekündigt werden; § 175 Absatz 4 Satz 5 gilt mit Ausnahme für Mitglieder in Wahltarifen nach Absatz 6. $_{3}$Die Satzung hat für Tarife ein Sonderkündigungsrecht in besonderen Härtefällen vorzusehen. $_{4}$Die Prämienzahlung an Versicherte darf bis zu 20 vom Hundert, für einen oder mehrere Tarife 30 vom Hundert der vom Mitglied im Kalenderjahr getragenen Beiträge mit Ausnahme der Beitragszuschüsse nach § 106 des Sechsten Buches sowie § 257 Abs. 1 Satz 1, jedoch nicht mehr als 600 Euro, bei einem oder mehreren Tarifen 900 Euro jährlich betragen. $_{5}$Satz 4 gilt nicht für Versicherte, die Teilkostenerstattung nach § 14 gewählt haben. $_{6}$Mitglieder, deren Beiträge vollständig von Dritten getragen werden, können nur Tarife nach Absatz 3 wählen.

(9) $_{1}$Die Aufwendungen für jeden Wahltarif müssen jeweils aus Einnahmen, Einsparungen und Effizienzsteigerungen aus diesen Wahltarifen auf Dauer finanziert werden. $_{2}$Kalkulatorische Einnahmen, die allein durch das Halten oder die Neugewinnung von Mitgliedern erzielt werden, dürfen dabei nicht berücksichtigt werden; wurden solche Einnahmen bei der Kalkulation von Wahltarifen berücksichtigt, ist die Kalkulation unverzüglich, spätestens bis zum 31. Dezember 2013 entsprechend umzustellen. $_{3}$Die Krankenkassen haben über die Berechnung nach den Sätzen 1 und 2 der zuständigen Aufsichtsbehörde regelmäßig, mindestens alle drei Jahre, Rechenschaft abzulegen. $_{4}$Sie haben hierzu ein versicherungsmathematisches Gutachten vorzulegen über die wesentlichen versicherungsmathematischen Annahmen, die der Berechnung der Beiträge und der versicherungstechnischen Rückstellungen der Wahltarife zugrunde liegen.

§ 54 (weggefallen)

Siebter Abschnitt
Zahnersatz

§ 55 Leistungsanspruch

(1) $_{1}$Versicherte haben nach den Vorgaben in den Sätzen 2 bis 7 Anspruch auf befundbezogene Festzuschüsse bei einer medizinisch notwendigen Versorgung mit Zahnersatz einschließlich Zahnkronen und Suprakonstruktionen (zahnärztliche und zahntechnische Leistungen) in den Fällen, in denen eine zahnprothetische Versorgung notwendig ist und die geplante Versorgung einer Methode entspricht, die gemäß § 135 Abs. 1 anerkannt ist. $_{2}$Die Festzuschüsse umfassen 50 vom Hundert der nach § 57 Abs. 1 Satz 6 und Absatz 2 Satz 5 und 6 festgesetzten Beträge für die jeweilige Regelversorgung. $_{3}$Für eigene Bemühungen zur Gesunderhaltung der Zähne erhöhen sich die Festzuschüsse nach Satz 2 um 20 vom Hundert. $_{4}$Die Erhöhung entfällt, wenn der Gebisszustand des Versicherten regelmäßige Zahnpflege nicht erken-

nen lässt und der Versicherte während der letzten fünf Jahre vor Beginn der Behandlung

1. die Untersuchungen nach § 22 Abs. 1 nicht in jedem Kalenderhalbjahr in Anspruch genommen hat und
2. sich nach Vollendung des 18. Lebensjahres nicht wenigstens einmal in jedem Kalenderjahr hat zahnärztlich untersuchen lassen.

$_{5}$Die Festzuschüsse nach Satz 2 erhöhen sich um weitere 10 vom Hundert, wenn der Versicherte seine Zähne regelmäßig gepflegt und in den letzten zehn Kalenderjahren vor Beginn der Behandlung die Untersuchungen nach Satz 4 Nr. 1 und 2 ohne Unterbrechung in Anspruch genommen hat. $_{6}$Dies gilt nicht in den Fällen des Absatzes 2. $_{7}$Für Versicherte, die nach dem 31. Dezember 1978 geboren sind, gilt der Nachweis für eigene Bemühungen zur Gesunderhaltung der Zähne für die Jahre 1997 und 1998 als erbracht.

(2) $_{1}$Versicherte haben bei der Versorgung mit Zahnersatz zusätzlich zu den Festzuschüssen nach Absatz 1 Satz 2 Anspruch auf einen Betrag in jeweils gleicher Höhe, angepasst an die Höhe der für die Regelversorgungsleistungen tatsächlich anfallenden Kosten, höchstens jedoch in Höhe der tatsächlich entstandenen Kosten, wenn sie ansonsten unzumutbar belastet würden; wählen Versicherte, die unzumutbar belastet würden, nach Absatz 4 oder 5 einen über die Regelversorgung hinausgehenden gleich- oder andersartigen Zahnersatz, leisten die Krankenkassen nur den doppelten Festzuschuss. $_{2}$Eine unzumutbare Belastung liegt vor, wenn

1. die monatlichen Bruttoeinnahmen zum Lebensunterhalt des Versicherten 40 vom Hundert der monatlichen Bezugsgröße nach § 18 des Vierten Buches nicht überschreiten,
2. der Versicherte Hilfe zum Lebensunterhalt nach dem Zwölften Buch oder im Rahmen der Kriegsopferfürsorge nach dem Bundesversorgungsgesetz, Leistungen nach dem Recht der bedarfsorientierten Grundsicherung, Leistungen zur Sicherung des Lebensunterhalts nach dem Zweiten Buch, Ausbildungsförderung nach dem Bundesausbildungsförderungsgesetz oder dem Dritten Buch erhält oder
3. die Kosten der Unterbringung in einem Heim oder einer ähnlichen Einrichtung von einem Träger der Sozialhilfe oder der Kriegsopferfürsorge getragen werden.

$_{3}$Als Einnahmen zum Lebensunterhalt der Versicherten gelten auch die Einnahmen anderer in dem gemeinsamen Haushalt lebender Angehöriger und Angehöriger des Lebenspartners. $_{4}$Zu den Einnahmen zum Lebensunterhalt gehören nicht Grundrenten, die Beschädigte nach dem Bundesversorgungsgesetz oder nach anderen Gesetzen in entsprechender Anwendung des Bundesversorgungsgesetzes erhalten, sowie Renten oder Beihilfen, die nach dem Bundesentschädigungsgesetz für Schäden an Körper und Gesundheit gezahlt werden, bis zur Höhe der vergleichbaren Grundrente nach dem Bundesversorgungsgesetz. $_{5}$Der in Satz 2 Nr. 1 genannte Vomhundertsatz erhöht sich für den ersten in dem gemeinsamen Haushalt lebenden Angehörigen des Versicherten um 15 vom Hundert und für jeden weiteren in dem gemeinsamen Haushalt lebenden Angehörigen des Versicherten und des Lebenspartners um 10 vom Hundert der monatlichen Bezugsgröße nach § 18 des Vierten Buches.

(3) $_{1}$Versicherte haben bei der Versorgung mit Zahnersatz zusätzlich zu den Festzuschüssen nach Absatz 1 Satz 2 Anspruch auf einen weiteren Betrag. $_{2}$Die Krankenkasse erstattet den Versicherten den Betrag, um den die Festzuschüsse nach Absatz 1 Satz 2 das Dreifache der Differenz zwischen den monatlichen Bruttoeinnahmen zum Lebensunterhalt und der zur Gewährung eines zweifachen Festzuschusses nach Absatz 2 Satz 2 Nr. 1 maßgebenden Einnahmegrenze übersteigen. $_{3}$Die Beteiligung an den Kosten umfasst höchstens einen Betrag in Höhe der zweifachen Festzuschüsse nach Absatz 1 Satz 2, jedoch nicht mehr als die tatsächlich entstandenen Kosten.

(4) Wählen Versicherte einen über die Regelversorgung gemäß § 56 Abs. 2 hinausgehenden gleichartigen Zahnersatz, haben sie die

Mehrkosten gegenüber den in § 56 Abs. 2 Satz 10 aufgelisteten Leistungen selbst zu tragen.

(5) Die Krankenkassen haben die bewilligten Festzuschüsse nach Absatz 1 Satz 2 bis 7, den Absätzen 2 und 3 in den Fällen zu erstatten, in denen eine von der Regelversorgung nach § 56 Abs. 2 abweichende, andersartige Versorgung durchgeführt wird.

§ 56 Festsetzung der Regelversorgungen

(1) Der Gemeinsame Bundesausschuss bestimmt in Richtlinien, erstmalig bis zum 30. Juni 2004, die Befunde, für die Festzuschüsse nach § 55 gewährt werden und ordnet diesen prothetische Regelversorgungen zu.

(2) $_1$Die Bestimmung der Befunde erfolgt auf der Grundlage einer international anerkannten Klassifikation des Lückengebisses. $_2$Dem jeweiligen Befund wird eine zahnprothetische Regelversorgung zugeordnet. $_3$Diese hat sich an zahnmedizinisch notwendigen zahnärztlichen und zahntechnischen Leistungen zu orientieren, die zu einer ausreichenden, zweckmäßigen und wirtschaftlichen Versorgung mit Zahnersatz einschließlich Zahnkronen und Suprakonstruktionen bei einem Befund im Sinne von Satz 1 nach dem allgemein anerkannten Stand der zahnmedizinischen Erkenntnisse gehören. $_4$Bei der Zuordnung der Regelversorgung zum Befund sind insbesondere die Funktionsdauer, die Stabilität und die Gegenbezahnung zu berücksichtigen. $_5$Zumindest bei kleinen Lücken ist festsitzender Zahnersatz zu Grunde zu legen. $_6$Bei großen Brücken ist die Regelversorgung auf den Ersatz von bis zu vier fehlenden Zähnen je Kiefer und bis zu drei fehlenden Zähnen je Seitenzahngebiet begrenzt. $_7$Bei Kombinationsversorgungen ist die Regelversorgung auf zwei Verbindungselemente je Kiefer, bei Versicherten mit einem Restzahnbestand von höchstens drei Zähnen je Kiefer auf drei Verbindungselemente je Kiefer begrenzt. $_8$Regelversorgungen umfassen im Oberkiefer Verblendungen bis einschließlich Zahn fünf, im Unterkiefer bis einschließlich Zahn vier. $_9$In die Festlegung der Regelversorgung einzubeziehen sind die Befunderhebung, die Planung, die Vorbereitung des Restgebisses, die Beseitigung von groben Okklusionshindernissen und alle Maßnahmen zur Herstellung und Eingliederung des Zahnersatzes einschließlich der Nachbehandlung sowie die Unterweisung im Gebrauch des Zahnersatzes. $_{10}$Bei der Festlegung der Regelversorgung für zahnärztliche Leistungen und für zahntechnische Leistungen sind jeweils die einzelnen Leistungen nach § 87 Abs. 2 und § 88 Abs. 1 getrennt aufzulisten. $_{11}$Inhalt und Umfang der Regelversorgungen sind in geeigneten Zeitabständen zu überprüfen und an die zahnmedizinische Entwicklung anzupassen. $_{12}$Der Gemeinsame Bundesausschuss kann von den Vorgaben der Sätze 5 bis 8 abweichen und die Leistungsbeschreibung fortentwickeln.

(3) Vor der Entscheidung des Gemeinsamen Bundesausschusses nach Absatz 2 ist dem Verband Deutscher Zahntechniker-Innungen Gelegenheit zur Stellungnahme zu geben; die Stellungnahme ist in die Entscheidung über die Regelversorgung hinsichtlich der zahntechnischen Leistungen einzubeziehen.

(4) Der Gemeinsame Bundesausschuss hat jeweils bis zum 30. November eines Kalenderjahres die Befunde, die zugeordneten Regelversorgungen einschließlich der nach Absatz 2 Satz 10 aufgelisteten zahnärztlichen und zahntechnischen Leistungen sowie die Höhe der auf die Regelversorgung entfallenden Beträge nach § 57 Abs. 1 Satz 6 und Absatz 2 Satz 5 und 6 in den Abstaffelungen nach § 55 Abs. 1 Satz 2, 3 und 5 sowie Abs. 2 im Bundesanzeiger bekannt zu machen.

(5) $_1$§ 94 Abs. 1 Satz 2 gilt mit der Maßgabe, dass die Beanstandungsfrist einen Monat beträgt. $_2$Erlässt das Bundesministerium für Gesundheit die Richtlinie nach § 94 Abs. 1 Satz 5, gilt § 87 Abs. 6 Satz 4 zweiter Halbsatz und Satz 6 entsprechend.

§ 57 Beziehungen zu Zahnärzten und Zahntechnikern

(1) $_1$Der Spitzenverband Bund der Krankenkassen und die Kassenzahnärztliche Bundesvereinigung vereinbaren jeweils bis zum

30. September eines Kalenderjahres für das Folgejahr, erstmalig bis zum 30. September 2004 für das Jahr 2005, die Höhe der Vergütungen für die zahnärztlichen Leistungen bei den Regelversorgungen nach § 56 Abs. 2 Satz 2. $_{2}$Für die erstmalige Vereinbarung ermitteln die Vertragspartner nach Satz 1 den bundeseinheitlichen durchschnittlichen Punktwert des Jahres 2004 für zahnärztliche Leistungen beim Zahnersatz einschließlich Zahnkronen gewichtet nach der Zahl der Versicherten. $_{3}$Soweit Punktwerte für das Jahr 2004 bis zum 30. Juni 2004 von den Partnern der Gesamtverträge nicht vereinbart sind, werden die Punktwerte des Jahres 2003 unter Anwendung der für das Jahr 2004 nach § 71 Abs. 3 maßgeblichen durchschnittlichen Veränderungsrate der beitragspflichtigen Einnahmen aller Mitglieder der Krankenkassen je Mitglied für das gesamte Bundesgebiet festgelegt. $_{4}$Für das Jahr 2005 wird der durchschnittliche Punktwert nach den Sätzen 2 und 3 unter Anwendung der für das Jahr 2005 nach § 71 Abs. 3 maßgeblichen durchschnittlichen Veränderungsrate der beitragspflichtigen Einnahmen aller Mitglieder der Krankenkassen je Mitglied für das gesamte Bundesgebiet festgelegt. $_{5}$Für die folgenden Kalenderjahre gelten § 71 Abs. 1 bis 3 sowie § 85 Abs. 3. $_{6}$Die Beträge nach Satz 1 ergeben sich jeweils aus der Summe der Punktzahlen der nach § 56 Abs. 2 Satz 10 aufgelisteten zahnärztlichen Leistungen, multipliziert mit den jeweils vereinbarten Punktwerten. $_{7}$Die Vertragspartner nach Satz 1 informieren den Gemeinsamen Bundesausschuss über die Beträge nach Satz 6. $_{8}$§ 89 Abs. 4 gilt mit der Maßgabe, dass auch § 89 Abs. 1 und 1a entsprechend gilt. $_{9}$Die Festsetzungsfristen nach § 89 Abs. 1 Satz 1 und 3 und Abs. 1a Satz 2 betragen für die Festsetzungen nach den Sätzen 2 bis 4 zwei Monate.

(2) $_{1}$Der Spitzenverband Bund der Krankenkassen und der Verband Deutscher Zahntechniker-Innungen vereinbaren jeweils zum 30. September eines Kalenderjahres die Veränderung der erstmalig für das Jahr 2005 ermittelten bundeseinheitlichen durchschnittlichen Preise. $_{2}$§ 71 Absatz 1 bis 3 gilt. $_{3}$Die Landesverbände der Krankenkassen und die Ersatzkassen gemeinsam und einheitlich vereinbaren mit den Innungsverbänden der Zahntechniker-Innungen die Höchstpreise für die zahntechnischen Leistungen bei den Regelversorgungen nach § 56 Absatz 2 Satz 2; sie dürfen die für das jeweilige Kalenderjahr nach Satz 1 festgesetzten bundeseinheitlichen Preise um bis zu 5 Prozent unter- oder überschreiten. $_{4}$Für die Vereinbarungen nach Satz 2 gilt § 71 nicht. $_{5}$Die für die Festlegung der Festzuschüsse nach § 55 Absatz 1 Satz 2 maßgeblichen Beträge für die zahntechnischen Leistungen bei den Regelversorgungen, die nicht von Zahnärzten erbracht werden, ergeben sich als Summe der bundeseinheitlichen Preise nach Satz 1 für die nach § 56 Absatz 2 Satz 10 aufgelisteten zahntechnischen Leistungen. $_{6}$Die Höchstpreise nach Satz 3 und die Beträge nach Satz 5 vermindern sich um 5 Prozent für zahntechnische Leistungen, die von Zahnärzten erbracht werden. $_{7}$Die Vertragspartner nach Satz 1 informieren den Gemeinsamen Bundesausschuss über die Beträge für die zahntechnischen Leistungen bei Regelversorgungen. $_{8}$§ 89 Absatz 7 gilt mit der Maßgabe, dass die Festsetzungsfristen nach § 89 Absatz 1 Satz 1 und 3 und Absatz 1a Satz 2 für die Festsetzungen nach Satz 1 jeweils einen Monat betragen.

§ 58 (weggefallen)

§ 59 (weggefallen)

Achter Abschnitt
Fahrkosten

§ 60 Fahrkosten

(1) $_{1}$Die Krankenkasse übernimmt nach den Absätzen 2 und 3 die Kosten für Fahrten einschließlich der Transporte nach § 133 (Fahrkosten), wenn sie im Zusammenhang mit einer Leistung der Krankenkasse aus zwingenden medizinischen Gründen notwendig sind. $_{2}$Welches Fahrzeug benutzt werden kann, richtet sich nach der medizinischen Notwendigkeit im Einzelfall. $_{3}$Die Krankenkasse über-

nimmt Fahrkosten zu einer ambulanten Behandlung unter Abzug des sich nach § 61 Satz 1 ergebenden Betrages in besonderen Ausnahmefällen, die der Gemeinsame Bundesausschuss in den Richtlinien nach § 92 Abs. 1 Satz 2 Nr. 12 festgelegt hat. $_{4}$Die Übernahme von Fahrkosten nach Satz 3 und nach Absatz 2 Satz 1 Nummer 3 für Fahrten zur ambulanten Behandlung erfolgt nur nach vorheriger Genehmigung durch die Krankenkasse.

(2) $_{1}$Die Krankenkasse übernimmt die Fahrkosten in Höhe des sich nach § 61 Satz 1 ergebenden Betrages je Fahrt übersteigenden Betrages

1. bei Leistungen, die stationär erbracht werden; dies gilt bei einer Verlegung in ein anderes Krankenhaus nur, wenn die Verlegung aus zwingenden medizinischen Gründen erforderlich ist, oder bei einer mit Einwilligung der Krankenkasse erfolgten Verlegung in ein wohnortnahes Krankenhaus,
2. bei Rettungsfahrten zum Krankenhaus auch dann, wenn eine stationäre Behandlung nicht erforderlich ist,
3. bei anderen Fahrten von Versicherten, die während der Fahrt einer fachlichen Betreuung oder der besonderen Einrichtungen eines Krankenkraftwagens bedürfen oder bei denen dies auf Grund ihres Zustandes zu erwarten ist (Krankentransport),
4. bei Fahrten von Versicherten zu einer ambulanten Krankenbehandlung sowie zu einer Behandlung nach § 115a oder § 115b, wenn dadurch eine an sich gebotene vollstationäre oder teilstationäre Krankenhausbehandlung (§ 39) vermieden oder verkürzt wird oder diese nicht ausführbar ist, wie bei einer stationären Krankenhausbehandlung.

$_{2}$Soweit Fahrten nach Satz 1 von Rettungsdiensten durchgeführt werden, zieht die Krankenkasse die Zuzahlung in Höhe des sich nach § 61 Satz 1 ergebenden Betrages je Fahrt von dem Versicherten ein.

(3) Als Fahrkosten werden anerkannt

1. bei Benutzung eines öffentlichen Verkehrsmittels der Fahrpreis unter Ausschöpfen von Fahrpreisermäßigungen,
2. bei Benutzung eines Taxis oder Mietwagens, wenn ein öffentliches Verkehrsmittel nicht benutzt werden kann, der nach § 133 berechnungsfähige Betrag,
3. bei Benutzung eines Krankenkraftwagens oder Rettungsfahrzeugs, wenn ein öffentliches Verkehrsmittel, ein Taxi oder ein Mietwagen nicht benutzt werden kann, der nach § 133 berechnungsfähige Betrag,
4. bei Benutzung eines privaten Kraftfahrzeugs für jeden gefahrenen Kilometer den jeweils auf Grund des Bundesreisekostengesetzes festgesetzten Höchstbetrag für Wegstreckenentschädigung, höchstens jedoch die Kosten, die bei Inanspruchnahme des nach Nummer 1 bis 3 erforderlichen Transportmittels entstanden wären.

(4) $_{1}$Die Kosten des Rücktransports in das Inland werden nicht übernommen. $_{2}$§ 18 bleibt unberührt.

(5) Im Zusammenhang mit Leistungen zur medizinischen Rehabilitation werden Fahr- und andere Reisekosten nach § 53 Abs. 1 bis 3 des Neunten Buches übernommen.

Neunter Abschnitt Zuzahlungen, Belastungsgrenze

§ 61 Zuzahlungen

$_{1}$Zuzahlungen, die Versicherte zu leisten haben, betragen 10 vom Hundert des Abgabepreises, mindestens jedoch 5 Euro und höchstens 10 Euro; allerdings jeweils nicht mehr als die Kosten des Mittels. $_{2}$Als Zuzahlungen zu stationären Maßnahmen werden je Kalendertag 10 Euro erhoben. $_{3}$Bei Heilmitteln und häuslicher Krankenpflege beträgt die Zuzahlung 10 vom Hundert der Kosten sowie 10 Euro je Verordnung. $_{4}$Geleistete Zuzahlungen sind von dem zum Einzug Verpflichteten gegenüber dem Versicherten zu quittieren; ein Vergütungsanspruch hierfür besteht nicht.

§ 62 Belastungsgrenze

(1) 1Versicherte haben während jedes Kalenderjahres nur Zuzahlungen bis zur Belastungsgrenze zu leisten; wird die Belastungsgrenze bereits innerhalb eines Kalenderjahres erreicht, hat die Krankenkasse eine Bescheinigung darüber zu erteilen, dass für den Rest des Kalenderjahres keine Zuzahlungen mehr zu leisten sind. 2Die Belastungsgrenze beträgt 2 vom Hundert der jährlichen Bruttoeinnahmen zum Lebensunterhalt; für chronisch Kranke, die wegen derselben schwerwiegenden Krankheit in Dauerbehandlung sind, beträgt sie 1 vom Hundert der jährlichen Bruttoeinnahmen zum Lebensunterhalt. 3Abweichend von Satz 2 beträgt die Belastungsgrenze 2 vom Hundert der jährlichen Bruttoeinnahmen zum Lebensunterhalt für nach dem 1. April 1972 geborene chronisch kranke Versicherte, die ab dem 1. Januar 2008 die in § 25 Absatz 1 genannten Gesundheitsuntersuchungen vor der Erkrankung nicht regelmäßig in Anspruch genommen haben. 4Für Versicherte nach Satz 3, die an einem für ihre Erkrankung bestehenden strukturierten Behandlungsprogramm teilnehmen, beträgt die Belastungsgrenze 1 vom Hundert der jährlichen Bruttoeinnahmen zum Lebensunterhalt. 5Der Gemeinsame Bundesausschuss legt in seinen Richtlinien fest, in welchen Fällen Gesundheitsuntersuchungen ausnahmsweise nicht zwingend durchgeführt werden müssen. 6Die weitere Dauer der in Satz 2 genannten Behandlung ist der Krankenkasse jeweils spätestens nach Ablauf eines Kalenderjahres nachzuweisen und vom Medizinischen Dienst der Krankenversicherung, soweit erforderlich, zu prüfen; die Krankenkasse kann auf den jährlichen Nachweis verzichten, wenn bereits die notwendigen Feststellungen getroffen worden sind und im Einzelfall keine Anhaltspunkte für einen Wegfall der chronischen Erkrankung vorliegen. 7Die Krankenkassen sind verpflichtet, ihre Versicherten zu Beginn eines Kalenderjahres auf die für sie in diesem Kalenderjahr maßgeblichen Untersuchungen nach § 25 Abs. 1 hinzuweisen. 8Das Nähere zur Definition einer schwerwiegenden chronischen Erkrankung bestimmt der Gemeinsame Bundesausschuss in den Richtlinien nach § 92.

(2) 1Bei der Ermittlung der Belastungsgrenzen nach Absatz 1 werden die Zuzahlungen und die Bruttoeinnahmen zum Lebensunterhalt des Versicherten, seines Ehegatten oder Lebenspartners, der minderjährigen oder nach § 10 versicherten Kinder des Versicherten, seines Ehegatten oder Lebenspartners sowie der Angehörigen im Sinne des § 8 Absatz 4 des Zweiten Gesetzes über die Krankenversicherung der Landwirte jeweils zusammengerechnet, soweit sie im gemeinsamen Haushalt leben. 2Hierbei sind die jährlichen Bruttoeinnahmen für den ersten in dem gemeinsamen Haushalt lebenden Angehörigen des Versicherten um 15 vom Hundert und für jeden weiteren in dem gemeinsamen Haushalt lebenden Angehörigen des Versicherten und des Lebenspartners um 10 vom Hundert der jährlichen Bezugsgröße nach § 18 des Vierten Buches zu vermindern. 3Für jedes Kind des Versicherten und des Lebenspartners sind die jährlichen Bruttoeinnahmen um den sich aus den Freibeträgen nach § 32 Abs. 6 Satz 1 und 2 des Einkommensteuergesetzes ergebenden Betrag zu vermindern; die nach Satz 2 bei der Ermittlung der Belastungsgrenze vorgesehene Berücksichtigung entfällt. 4Zu den Einnahmen zum Lebensunterhalt gehören nicht Grundrenten, die Beschädigte nach dem Bundesversorgungsgesetz oder nach anderen Gesetzen in entsprechender Anwendung des Bundesversorgungsgesetzes erhalten, sowie Renten oder Beihilfen, die nach dem Bundesentschädigungsgesetz für Schäden an Körper und Gesundheit gezahlt werden, bis zur Höhe der vergleichbaren Grundrente nach dem Bundesversorgungsgesetz. 5Abweichend von den Sätzen 1 bis 3 ist bei Versicherten,

1. die Hilfe zum Lebensunterhalt oder Grundsicherung im Alter und bei Erwerbsminderung nach dem Zwölften Buch oder die ergänzende Hilfe zum Lebensunterhalt nach dem Bundesversorgungsgesetz oder nach einem Gesetz, das dieses für anwendbar erklärt, erhalten,

2. bei denen die Kosten der Unterbringung in einem Heim oder einer ähnlichen Einrichtung von einem Träger der Sozialhilfe oder der Kriegsopferfürsorge getragen werden

sowie für den in § 264 genannten Personenkreis als Bruttoeinnahmen zum Lebensunterhalt für die gesamte Bedarfsgemeinschaft nur der Regelsatz für die Regelbedarfsstufe 1 nach der Anlage zu § 28 des Zwölften Buches maßgeblich. 6Bei Versicherten, die Leistungen zur Sicherung des Lebensunterhalts nach dem Zweiten Buch erhalten, ist abweichend von den Sätzen 1 bis 3 als Bruttoeinnahmen zum Lebensunterhalt für die gesamte Bedarfsgemeinschaft nur der Regelbedarf nach § 20 Absatz 2 Satz 1 des Zweiten Buches maßgeblich. 7Bei Ehegatten und Lebenspartnern ist ein gemeinsamer Haushalt im Sinne des Satzes 1 auch dann anzunehmen, wenn ein Ehegatte oder Lebenspartner dauerhaft in eine vollstationäre Einrichtung aufgenommen wurde, in der Leistungen gemäß § 43 oder § 43a des Elften Buches erbracht werden.

(3) 1Die Krankenkasse stellt dem Versicherten eine Bescheinigung über die Befreiung nach Absatz 1 aus. 2Diese darf keine Angaben über das Einkommen des Versicherten oder anderer zu berücksichtigender Personen enthalten.

(4) (weggefallen)

(5) Die Spitzenverbände der Krankenkassen evaluieren für das Jahr 2006 die Ausnahmeregelungen von der Zuzahlungspflicht hinsichtlich ihrer Steuerungswirkung und legen dem Deutschen Bundestag hierzu über das Bundesministerium für Gesundheit spätestens bis zum 30. Juni 2007 einen Bericht vor.

Zehnter Abschnitt Weiterentwicklung der Versorgung

§ 63 Grundsätze

(1) Die Krankenkassen und ihre Verbände können im Rahmen ihrer gesetzlichen Aufgabenstellung zur Verbesserung der Qualität und der Wirtschaftlichkeit der Versorgung Modellvorhaben zur Weiterentwicklung der Verfahrens-, Organisations-, Finanzierungs- und Vergütungsformen der Leistungserbringung durchführen oder nach § 64 vereinbaren.

(2) Die Krankenkassen können Modellvorhaben zu Leistungen zur Verhütung und Früherkennung von Krankheiten, zur Krankenbehandlung sowie bei Schwangerschaft und Mutterschaft, die nach den Vorschriften dieses Buches oder auf Grund hiernach getroffener Regelungen keine Leistungen der Krankenversicherung sind, durchführen oder nach § 64 vereinbaren.

(3) 1Bei der Vereinbarung und Durchführung von Modellvorhaben nach Absatz 1 kann von den Vorschriften des Vierten und des Zehnten Kapitels dieses Buches, soweit es für die Modellvorhaben erforderlich ist, und des Krankenhausfinanzierungsgesetzes, des Krankenhausentgeltgesetzes sowie den nach diesen Vorschriften getroffenen Regelungen abgewichen werden; der Grundsatz der Beitragssatzstabilität gilt entsprechend. 2Gegen diesen Grundsatz wird insbesondere für den Fall nicht verstoßen, daß durch ein Modellvorhaben entstehende Mehraufwendungen durch nachzuweisende Einsparungen auf Grund der in dem Modellvorhaben vorgesehenen Maßnahmen ausgeglichen werden. 3Einsparungen nach Satz 2 können, soweit sie die Mehraufwendungen überschreiten, auch an die an einem Modellvorhaben teilnehmenden Versicherten weitergeleitet werden. 4Satz 1 gilt mit der Maßgabe, dass von § 284 Abs. 1 Satz 5 nicht abgewichen werden darf.

(3a) 1Gegenstand von Modellvorhaben nach Absatz 1, in denen von den Vorschriften des Zehnten Kapitels dieses Buches abgewichen wird, können insbesondere informationstechnische und organisatorische Verbesserungen der Datenverwendung, einschließlich der Erweiterungen der Befugnisse zur Erhebung, Verarbeitung und Nutzung von personenbezogenen Daten sein. 2Von den Vorschriften des Zehnten Kapitels dieses Buches zur Erhebung, Verarbeitung und Nutzung personenbezogener Daten darf nur mit schriftlicher Einwilligung des Versicherten und nur in dem Umfang abgewichen werden, der erforderlich ist, um die Ziele des Modellvorhabens zu erreichen. $_{3}$Der Versicherte ist vor Erteilung der Einwilligung schriftlich darüber zu unterrichten, inwieweit das Modellvorhaben von den Vorschriften des Zehnten Kapitels dieses Buches abweicht und aus welchen Gründen diese Abweichungen erforderlich sind. $_{4}$Die Einwilligung des Versicherten hat sich auf Zweck, Inhalt, Art, Umfang und Dauer der Erhebung, Verarbeitung und Nutzung seiner personenbezogenen Daten sowie die daran Beteiligten zu erstrecken; die Einwilligung kann widerrufen werden. $_{5}$Erweiterungen der Krankenversichertenkarte, die von § 291 abweichen, sind nur zulässig, wenn die zusätzlichen Daten informationstechnisch von den Daten, die in § 291 Abs. 2 genannt sind, getrennt werden. $_{6}$Beim Einsatz mobiler personenbezogener Speicher- und Verarbeitungsmedien gilt § 6c des Bundesdatenschutzgesetzes entsprechend.

(3b) $_{1}$Modellvorhaben nach Absatz 1 können vorsehen, dass Angehörige der im Krankenpflegegesetz und im Altenpflegegesetz geregelten Berufe

1. die Verordnung von Verbandsmitteln und Pflegehilfsmitteln sowie
2. die inhaltliche Ausgestaltung der häuslichen Krankenpflege einschließlich deren Dauer

vornehmen, soweit diese auf Grund ihrer Ausbildung qualifiziert sind und es sich bei der Tätigkeit nicht um selbständige Ausübung von Heilkunde handelt. $_{2}$Modellvorhaben nach Absatz 1 können vorsehen, dass Physiotherapeuten mit einer Erlaubnis nach § 1 Abs. 1 Nr. 2 des Masseur- und Physiotherapeutengesetzes die Auswahl und die Dauer der physikalischen Therapie und die Frequenz der Behandlungseinheiten bestimmen, soweit die Physiotherapeuten auf Grund ihrer Ausbildung qualifiziert sind und es sich bei der Tätigkeit nicht um selbständige Ausübung von Heilkunde handelt. $_{3}$Satz 2 gilt im Bereich ergotherapeutischer Behandlungen entsprechend für Ergotherapeuten mit einer Erlaubnis nach § 1 Absatz 1 des Ergotherapeutengesetzes.

(3c) $_{1}$Modellvorhaben nach Absatz 1 können eine Übertragung der ärztlichen Tätigkeiten, bei denen es sich um selbständige Ausübung von Heilkunde handelt und für die die Angehörigen der im Krankenpflegegesetz geregelten Berufe auf Grund einer Ausbildung nach § 4 Abs. 7 des Krankenpflegegesetzes qualifiziert sind, auf diese vorsehen. $_{2}$Satz 1 gilt für die Angehörigen des im Altenpflegegesetz geregelten Berufes auf Grund einer Ausbildung nach § 4 Abs. 7 des Altenpflegegesetzes entsprechend. $_{3}$Der Gemeinsame Bundesausschuss legt in Richtlinien fest, bei welchen Tätigkeiten eine Übertragung von Heilkunde auf die Angehörigen der in den Sätzen 1 und 2 genannten Berufe im Rahmen von Modellvorhaben erfolgen kann. $_{4}$Vor der Entscheidung des Gemeinsamen Bundesausschusses ist der Bundesärztekammer sowie den maßgeblichen Verbänden der Pflegeberufe Gelegenheit zur Stellungnahme zu geben. $_{5}$Die Stellungnahmen sind in die Entscheidungen einzubeziehen.

(4) $_{1}$Gegenstand von Modellvorhaben nach Absatz 2 können nur solche Leistungen sein, über deren Eignung als Leistung der Krankenversicherung der Gemeinsame Bundesausschuss nach § 91 im Rahmen der Beschlüsse nach § 92 Abs. 1 Satz 2 Nr. 5 oder im Rahmen der Beschlüsse nach § 137c Abs. 1 keine ablehnende Entscheidung getroffen hat. $_{2}$Fragen der biomedizinischen Forschung sowie Forschungen zur Entwicklung und Prüfung von Arzneimitteln und Medizinprodukten können nicht Gegenstand von Modellvorhaben sein.

(5) $_{1}$Die Modellvorhaben sind im Regelfall auf längstens acht Jahre zu befristen. $_{2}$Verträge nach § 64 Abs. 1 sind den für die Vertragsparteien zuständigen Aufsichtsbehörden vorzulegen. $_{3}$Modellvorhaben nach Absatz 1, in denen von den Vorschriften des Zehnten Kapitels dieses Buches abgewichen werden kann, sind auf längstens fünf Jahre zu befristen; personenbezogene Daten, die in Abweichung von den Regelungen des Zehnten Kapitels dieses Buches erhoben, verarbeitet oder genutzt worden sind, sind unverzüglich nach Abschluss des Modellvorhabens zu lö-

schen. 4Über Modellvorhaben nach Absatz 1, in denen von den Vorschriften des Zehnten Kapitels dieses Buches abgewichen wird, sind der Bundesbeauftragte für den Datenschutz oder die Landesbeauftragten für den Datenschutz, soweit diese zuständig sind, rechtzeitig vor Beginn des Modellvorhabens zu unterrichten.

(6) 1Modellvorhaben nach den Absätzen 1 und 2 können auch von den Kassenärztlichen Vereinigungen im Rahmen ihrer gesetzlichen Aufgabenstellung mit den Krankenkassen oder ihren Verbänden vereinbart werden. 2Die Vorschriften dieses Abschnitts gelten entsprechend.

§ 64 Vereinbarungen mit Leistungserbringern

(1) 1Die Krankenkassen und ihre Verbände können mit den in der gesetzlichen Krankenversicherung zugelassenen Leistungserbringern oder Gruppen von Leistungserbringern Vereinbarungen über die Durchführung von Modellvorhaben nach § 63 Abs. 1 oder 2 schließen. 2Soweit die ärztliche Behandlung im Rahmen der vertragsärztlichen Versorgung betroffen ist, können sie nur mit einzelnen Vertragsärzten, mit Gemeinschaften dieser Leistungserbringer oder mit Kassenärztlichen Vereinigungen Verträge über die Durchführung von Modellvorhaben nach § 63 Abs. 1 oder 2 schließen.

(2) (weggefallen)

(3) 1Werden in einem Modellvorhaben nach § 63 Abs. 1 oder § 64a Leistungen außerhalb der für diese Leistungen geltenden Vergütungen nach § 85 oder § 87a, der Ausgabenvolumen nach § 84 oder der Krankenhausbudgets vergütet, sind die Vergütungen oder der Behandlungsbedarf nach § 87a Absatz 3 Satz 2, die Ausgabenvolumen oder die Budgets, in denen die Ausgaben für diese Leistungen enthalten sind, entsprechend der Zahl und der Morbiditäts- oder Risikostruktur der am Modellversuch teilnehmenden Versicherten sowie dem in den Verträgen nach Absatz 1 jeweils vereinbarten Inhalt des Modellvorhabens zu bereinigen; die Budgets der teilnehmenden Krankenhäuser sind dem geringeren Leistungsumfang anzupassen. 2Kommt eine Einigung der zuständigen Vertragsparteien über die Bereinigung der Vergütungen, Ausgabenvolumen oder Budgets nach Satz 1 nicht zustande, können auch die Krankenkassen oder ihre Verbände, die Vertragspartner der Vereinbarung nach Absatz 1 sind, das Schiedsamt nach § 89 oder die Schiedsstelle nach § 18a Abs. 1 des Krankenhausfinanzierungsgesetzes anrufen. 3Vereinbaren alle gemäß § 18 Abs. 2 des Krankenhausfinanzierungsgesetzes an der Pflegesatzvereinbarung beteiligten Krankenkassen gemeinsam ein Modellvorhaben, das die gesamten nach der Bundespflegesatzverordnung oder dem Krankenhausentgeltgesetz vergüteten Leistungen eines Krankenhauses für Versicherte erfaßt, sind die vereinbarten Entgelte für alle Benutzer des Krankenhauses einheitlich zu berechnen. 4Bei der Ausgliederung nach Satz 1 sind nicht auf die einzelne Leistung bezogene, insbesondere periodenfremde, Finanzierungsverpflichtungen in Höhe der ausgegliederten Belegungsanteile dem Modellvorhaben zuzuordnen. 5Für die Bereinigung des Behandlungsbedarfs nach § 87a Absatz 3 Satz 2 gilt § 73b Absatz 7 entsprechend; falls eine Vorabeinschreibung der teilnehmenden Versicherten nicht möglich ist, kann eine rückwirkende Bereinigung vereinbart werden. 6Die Krankenkasse kann bei Verträgen nach Satz 1 auf die Bereinigung verzichten, wenn das voraussichtliche Bereinigungsvolumen einer Krankenkasse für ein Modellvorhaben geringer ist als der Aufwand für die Durchführung dieser Bereinigung. 7Der Bewertungsausschuss hat in seinen Vorgaben gemäß § 87a Absatz 5 Satz 7 zur Bereinigung und zur Ermittlung der kassenspezifischen Aufsatzwerte des Behandlungsbedarfs auch Vorgaben zur Höhe des Schwellenwertes für das voraussichtliche Bereinigungsvolumen, unterhalb dessen von einer basiswirksamen Bereinigung abgesehen werden kann, zu der pauschalen Ermittlung und Übermittlung des voraussichtlichen Bereinigungsvolumens an die Vertragspartner nach § 73b Absatz 7 Satz 1 sowie zu dessen Anrechnung beim Aufsatzwert der betroffenen Krankenkasse zu machen.

(4) $_1$Die Vertragspartner nach Absatz 1 Satz 1 können Modellvorhaben zur Vermeidung einer unkoordinierten Mehrfachinanspruchnahme von Vertragsärzten durch die Versicherten durchführen. $_2$Sie können vorsehen, daß der Vertragsarzt, der vom Versicherten weder als erster Arzt in einem Behandlungsquartal noch mit Überweisung noch zur Einholung einer Zweitmeinung in Anspruch genommen wird, von diesem Versicherten verlangen kann, daß die bei ihm in Anspruch genommenen Leistungen im Wege der Kostenerstattung abgerechnet werden.

§ 64a Modellvorhaben zur Arzneimittelversorgung

(1) $_1$Die Kassenärztliche Vereinigung und die für die Wahrnehmung der wirtschaftlichen Interessen maßgebliche Organisation der Apotheker auf Landesebene gemeinsam können mit den für ihren Bezirk zuständigen Landesverbänden der Krankenkassen und den Ersatzkassen gemeinsam die Durchführung eines Modellvorhabens nach § 63 zur Verbesserung der Qualität und Wirtschaftlichkeit der Arzneimittelversorgung für eine Zeitdauer von bis zu drei Jahren vereinbaren. $_2$Werden Modellvorhaben in mehreren Bezirken der Kassenärztlichen Vereinigungen vereinbart, sollen sich die Kassenärztlichen Vereinigungen auf die Durchführung des Modellvorhabens in einem Bezirk einigen. $_3$Überschüsse aufgrund von Minderaufwendungen, die durch Maßnahmen des Modellvorhabens nach Satz 1 bei den Krankenkassen realisiert werden, sind in Teilen an die Leistungserbringer weiterzuleiten. $_4$Die durch das Modellvorhaben den Krankenkassen entstehenden Mehraufwendungen sind auszugleichen. $_5$Die Vereinbarung nach Satz 1 umfasst das Nähere zu dem Modellvorhaben, insbesondere

1. einen Katalog für eine wirtschaftliche Wirkstoffauswahl in allen versorgungsrelevanten Indikationen,
2. die im Modellprojekt zu erbringenden Leistungen und deren Dokumentation,
3. die Grundsätze zur Ermittlung von Überschüssen und deren teilweise Weiterleitung an die Leistungserbringer nach Satz 3 sowie zum Ausgleichsverfahren nach Satz 4.

$_6$Im Übrigen gilt für die Vereinbarung nach Satz 1 § 63 Absatz 3 und 4 bis 6 entsprechend. $_7$§ 65 gilt entsprechend mit der Maßgabe, dass die Begleitung und Auswertung von den Vertragspartnern nach Satz 1 veranlasst wird. $_8$Für das Modellvorhaben ist eine Vereinbarung nach § 106 Absatz 3b zu treffen. $_9$Die Kassenärztliche Bundesvereinigung und die Vertragspartner nach § 129 Absatz 2 können gemeinsame Empfehlungen insbesondere zum Inhalt und zur Durchführung des Modellvorhabens vereinbaren, die in der Vereinbarung nach Satz 1 zu beachten sind.

(2) $_1$Soweit keine Einigung über die Durchführung eines Modellvorhabens nach Absatz 1 erzielt wird, kann jede Vertragspartei das Schiedsamt für die vertragsärztliche Versorgung nach § 89 Absatz 2 zur Festsetzung des Inhalts der Vereinbarung nach Absatz 1 anrufen. $_2$Die Festsetzung soll unterbleiben, wenn in dem Bezirk einer anderen Kassenärztlichen Vereinigung bereits ein Modellvorhaben vereinbart wurde. $_3$Das Schiedsamt wird um Vertreter der für die Wahrnehmung der wirtschaftlichen Interessen gebildeten maßgeblichen Spitzenorganisation der Apotheker in der gleichen Zahl erweitert, wie sie jeweils für die Vertreter der Krankenkassen und der Kassenärztlichen Vereinigung vorgesehen ist. $_4$Das so erweiterte Schiedsamt beschließt mit einer Mehrheit von zwei Dritteln der Stimmen der Mitglieder.

§ 64b Modellvorhaben zur Versorgung psychisch kranker Menschen

(1) $_1$Gegenstand von Modellvorhaben nach § 63 Absatz 1 oder 2 kann auch die Weiterentwicklung der Versorgung psychisch kranker Menschen sein, die auf eine Verbesserung der Patientenversorgung oder der sektorenübergreifenden Leistungserbringung ausgerichtet ist, einschließlich der komplexen psychiatrischen Behandlung im häuslichen Umfeld. $_2$In jedem Land soll unter besonderer Berücksichtigung der Kinder- und Jugendpsychiatrie mindestens ein Modellvorhaben nach

Satz 1 durchgeführt werden; dabei kann ein Modellvorhaben auf mehrere Länder erstreckt werden. $_{3}$Eine bestehende Verpflichtung der Leistungserbringer zur Versorgung bleibt unberührt. $_{4}$§ 63 Absatz 3 ist für Modellvorhaben nach Satz 1 mit der Maßgabe anzuwenden, dass von den Vorgaben der §§ 295, 300, 301 und 302 sowie des § 17d Absatz 9 des Krankenhausfinanzierungsgesetzes nicht abgewichen werden darf. $_{5}$§ 63 Absatz 5 Satz 1 gilt nicht. $_{6}$Die Meldung nach Absatz 3 Satz 2 hat vor der Vereinbarung zu erfolgen.

(2) $_{1}$Die Modellvorhaben nach Absatz 1 sind im Regelfall auf längstens acht Jahre zu befristen. $_{2}$Unter Vorlage des Berichts nach § 65 können die Krankenkassen und die Vertragsparteien bei den zuständigen Aufsichtsbehörden eine Verlängerung beantragen.

(3) $_{1}$Dem DRG-Institut der Selbstverwaltungspartner nach § 17b Absatz 2 des Krankenhausfinanzierungsgesetzes sind neben den nach § 21 des Krankenhausentgeltgesetzes zu übermittelnden Daten von den Vertragsparteien des Modellvorhabens insbesondere auch Informationen zur vereinbarten Art und Anzahl der Patientinnen und Patienten, zu spezifischen Leistungsinhalten und den der verhandelten Vergütungen zugrunde gelegten Kosten sowie zu strukturellen Merkmalen des jeweiligen Modellvorhabens einschließlich der Auswertung nach § 65 mitzuteilen. $_{2}$Über Art und Umfang der zu meldenden Daten sowie zur Meldung von Modellvorhaben beim DRG-Institut schließen die Selbstverwaltungspartner nach § 17b Absatz 2 des Krankenhausfinanzierungsgesetzes bis zum 31. Dezember 2012 eine Vereinbarung. $_{3}$§ 21 Absatz 4, 5 Satz 1 und 2 sowie Absatz 6 des Krankenhausentgeltgesetzes ist für die Vereinbarung und die Datenübermittlung entsprechend anzuwenden. $_{4}$Für die Finanzierung der Aufgaben des DRG-Instituts gilt § 17d Absatz 5 des Krankenhausfinanzierungsgesetzes entsprechend.

(4) Private Krankenversicherungen und der Verband der privaten Krankenversicherung können sich an Modellvorhaben nach Absatz 1 und deren Finanzierung beteiligen.

§ 64c Modellvorhaben zum Screening auf 4MRGN

(1) $_{1}$Die in § 115 Absatz 1 Satz 1 genannten Vertragspartner vereinbaren gemeinsam und einheitlich im Einvernehmen mit dem Robert Koch-Institut die Durchführung eines Modellvorhabens nach § 63, um Erkenntnisse zur Effektivität und zum Aufwand eines Screenings auf 4MRGN (Multiresistente gramnegative Stäbchen mit einer Resistenz gegen vier der vier Antibiotikagruppen) im Vorfeld eines planbaren Krankenhausaufenthaltes zu gewinnen. $_{2}$Das Modellvorhaben ist insbesondere auf die Risikopersonen nach Maßgabe der Empfehlungen der Kommission für Krankenhaushygiene und Infektionsprävention auszurichten. $_{3}$Die Kassenärztlichen Vereinigungen verständigen sich auf die Durchführung eines Modellvorhabens in mindestens einer Kassenärztlichen Vereinigung. $_{4}$Soweit eine überbezirkliche Versorgung besteht, soll das Modellvorhaben in den betroffenen Kassenärztlichen Vereinigungen gemeinsam durchgeführt werden. $_{5}$Das Modellvorhaben kann in mehreren Kassenärztlichen Vereinigungen durchgeführt werden, insbesondere um ausreichende Fallzahlen zu gewährleisten und um regionale Unterschiede in der Bevölkerungsstruktur zu berücksichtigen. $_{5}$§ 65 gilt mit der Maßgabe, dass die wissenschaftliche Begleitung und Auswertung des Modellvorhabens im Einvernehmen mit dem Robert Koch-Institut zu erfolgen hat.

(2) $_{1}$Soweit bis zum 31. Dezember 2015 keine Einigung über die Durchführung eines Modellvorhabens nach Absatz 1 erzielt wird, kann jede Vertragspartei die Landesschiedsstelle nach § 114 anrufen. $_{2}$§ 115 Absatz 3 Satz 2 gilt entsprechend. $_{3}$Die Anrufung der Schiedsstelle soll unterbleiben, wenn in einer anderen Kassenärztlichen Vereinigung bereits ein Modellvorhaben nach Absatz 1 vereinbart wurde, keine überbezirkliche Versorgung besteht oder eine Durchführung in mehreren Kassenärztlichen Vereinigungen aus wissenschaftlichen Gründen nicht erforderlich ist.

§ 65 Auswertung der Modellvorhaben

1Die Krankenkassen oder ihre Verbände haben eine wissenschaftliche Begleitung und Auswertung der Modellvorhaben im Hinblick auf die Erreichung der Ziele der Modellvorhaben nach § 63 Abs. 1 oder Abs. 2 nach allgemein anerkannten wissenschaftlichen Standards zu veranlassen. 2Der von unabhängigen Sachverständigen zu erstellende Bericht über die Ergebnisse der Auswertung ist zu veröffentlichen.

§ 65a Bonus für gesundheitsbewusstes Verhalten

(1) Die Krankenkasse soll in ihrer Satzung bestimmen, unter welchen Voraussetzungen Versicherte, die

1. regelmäßig Leistungen zur Erfassung von gesundheitlichen Risiken und Früherkennung von Krankheiten nach den §§ 25 und 26 in Anspruch nehmen,
2. Leistungen für Schutzimpfungen nach § 20i in Anspruch nehmen oder
3. regelmäßig Leistungen der Krankenkassen zur verhaltensbezogenen Prävention nach § 20 Absatz 5 in Anspruch nehmen oder an vergleichbaren, qualitätsgesicherten Angeboten zur Förderung eines gesundheitsbewussten Verhaltens teilnehmen,

Anspruch auf einen Bonus haben, der zusätzlich zu der in § 62 Absatz 1 Satz 2 genannten abgesenkten Belastungsgrenze zu gewähren ist.

(2) Die Krankenkasse soll in ihrer Satzung auch vorsehen, dass bei Maßnahmen zur betrieblichen Gesundheitsförderung durch Arbeitgeber sowohl der Arbeitgeber als auch die teilnehmenden Versicherten einen Bonus erhalten.

(3) 1Die Aufwendungen für Maßnahmen nach Absatz 1 müssen mittelfristig aus Einsparungen und Effizienzsteigerungen, die durch diese Maßnahmen erzielt werden, finanziert werden. 2Die Krankenkassen haben regelmäßig, mindestens alle drei Jahre, über diese Einsparungen gegenüber der zuständigen Aufsichtsbehörde Rechenschaft abzulegen. 3Werden keine Einsparungen erzielt, dürfen keine Boni für die entsprechenden Versorgungsformen gewährt werden.

§ 65b Förderung von Einrichtungen zur Verbraucher- und Patientenberatung

(1) 1Der Spitzenverband Bund der Krankenkassen fördert Einrichtungen, die Verbraucherinnen und Verbraucher sowie Patientinnen und Patienten in gesundheitlichen und gesundheitsrechtlichen Fragen qualitätsgesichert und kostenfrei informieren und beraten, mit dem Ziel, die Patientenorientierung im Gesundheitswesen zu stärken und Problemlagen im Gesundheitssystem aufzuzeigen. 2Der Spitzenverband Bund der Krankenkassen darf auf den Inhalt oder den Umfang der Beratungstätigkeit keinen Einfluss nehmen. 3Die Förderung einer Einrichtung zur Verbraucher- und Patientenberatung setzt deren Nachweis über ihre Neutralität und Unabhängigkeit voraus. 4Die Vorbereitung der Vergabe der Fördermittel und die Entscheidung darüber erfolgt durch den Spitzenverband Bund der Krankenkassen im Einvernehmen mit der oder dem Beauftragten der Bundesregierung für die Belange der Patientinnen und Patienten; die Fördermittel werden jeweils für eine Laufzeit von sieben Jahren vergeben. 5Die oder der Beauftragte der Bundesregierung für die Belange der Patientinnen und Patienten und der Spitzenverband Bund der Krankenkassen werden bei der Vergabe und während der Förderphase durch einen Beirat beraten. 6Der Beirat tagt unter der Leitung der oder des Beauftragten der Bundesregierung für die Belange der Patientinnen und Patienten mindestens zweimal jährlich; ihm gehören Vertreterinnen und Vertreter der Wissenschaften und Patientenorganisationen, zwei Vertreterinnen oder Vertreter des Bundesministeriums für Gesundheit und eine Vertreterin oder ein Vertreter des Bundesministeriums der Justiz und für Verbraucherschutz sowie im Fall einer angemessenen finanziellen Beteiligung der privaten Krankenversicherungen an der Förderung nach Satz 1 eine Vertreterin oder ein Vertreter des Verbandes der privaten Krankenversicherung an. 7Der Spitzenverband

V

Bund der Krankenkassen hat den Beirat jährlich über Angelegenheiten betreffend die Förderung nach Satz 1 zu unterrichten. 8Der nach Satz 1 geförderten Beratungseinrichtung ist auf Antrag die Gelegenheit zu geben, sich gegenüber dem Beirat zu äußern.

(2) 1Die Fördersumme nach Absatz 1 Satz 1 beträgt im Jahr 2011 insgesamt 5 200 000 Euro und ist in den Folgejahren entsprechend der prozentualen Veränderung der monatlichen Bezugsgröße nach § 18 Absatz 1 des Vierten Buches anzupassen. 2Sie umfasst auch die für die Qualitätssicherung und die Berichterstattung notwendigen Aufwendungen. 3Die Fördermittel nach Satz 1 werden durch eine Umlage der Krankenkassen gemäß dem Anteil ihrer eigenen Mitglieder an der Gesamtzahl der Mitglieder aller Krankenkassen erbracht. 4Die Zahl der Mitglieder der Krankenkassen ist nach dem Vordruck KM6 der Statistik über die Versicherten in der gesetzlichen Krankenversicherung jeweils zum 1. Juli eines Jahres zu bestimmen.

Die Fördersumme gemäß Absatz 2 beträgt im Jahr 2016 9.000.000 Euro (Änderung zum 1.1.2016 durch Gesetz zur Weiterentwicklung der Finanzstruktur und der Qualität in der gesetzlichen Krankenversicherung vom 21.7.2014, BGBl. I S. 1133).

§ 65c Klinische Krebsregister

(1) 1Zur Verbesserung der Qualität der onkologischen Versorgung richten die Länder klinische Krebsregister ein. 2Die klinischen Krebsregister haben insbesondere folgende Aufgaben:

1. die personenbezogene Erfassung der Daten aller in einem regional festgelegten Einzugsgebiet stationär und ambulant versorgten Patientinnen und Patienten über das Auftreten, die Behandlung und den Verlauf von bösartigen Neubildungen einschließlich ihrer Frühstadien sowie von gutartigen Tumoren des zentralen Nervensystems nach Kapitel II der Internationalen statistischen Klassifikation der Krankheiten und verwandter Gesundheitsprobleme (ICD) mit Ausnahme der Daten von Erkrankungsfällen, die an das Deutsche Kinderkrebsregister zu melden sind,
2. die Auswertung der erfassten klinischen Daten und die Rückmeldung der Auswertungsergebnisse an die einzelnen Leistungserbringer,
3. den Datenaustausch mit anderen regionalen klinischen Krebsregistern bei solchen Patientinnen und Patienten, bei denen Hauptwohnsitz und Behandlungsort in verschiedenen Einzugsgebieten liegen, sowie mit Auswertungsstellen der klinischen Krebsregistrierung auf Landesebene,
4. die Förderung der interdisziplinären, direkt patientenbezogenen Zusammenarbeit bei der Krebsbehandlung,
5. die Beteiligung an der einrichtungs- und sektorenübergreifenden Qualitätssicherung des Gemeinsamen Bundesausschusses nach § 137 Absatz 1 Nummer 1 in Verbindung mit § 135a Absatz 2 Nummer 1,
6. die Zusammenarbeit mit Zentren in der Onkologie,
7. die Erfassung von Daten für die epidemiologischen Krebsregister,
8. die Bereitstellung notwendiger Daten zur Herstellung von Versorgungstransparenz und zu Zwecken der Versorgungsforschung.

3Die klinische Krebsregistrierung erfolgt auf der Grundlage des bundesweit einheitlichen Datensatzes der Arbeitsgemeinschaft Deutscher Tumorzentren und der Gesellschaft der epidemiologischen Krebsregister in Deutschland zur Basisdokumentation für Tumorkranke und ihn ergänzender Module flächendeckend sowie möglichst vollzählig. 4Die Daten sind jährlich landesbezogen auszuwerten. 5Eine flächendeckende klinische Krebsregistrierung kann auch länderübergreifend erfolgen. 6Die für die Einrichtung und den Betrieb der klinischen Krebsregister nach Satz 2 notwendigen Bestimmungen einschließlich datenschutzrechtlicher Regelungen bleiben dem Landesrecht vorbehalten.

V

(2) $_{1}$Die Krankenkassen fördern den Betrieb klinischer Krebsregister nach Absatz 1 Satz 2, indem sie eine Pauschale nach Absatz 4 Satz 2 bis 4 zahlen. $_{2}$Der Spitzenverband Bund der Krankenkassen beschließt bis zum 31. Dezember 2013 einheitliche Voraussetzungen für diese Förderung. $_{3}$Er hat in den Fördervoraussetzungen insbesondere Folgendes festzulegen:

1. die sachgerechte Organisation und Ausstattung der klinischen Krebsregister einschließlich eines einheitlichen Datenformates und entsprechender Schnittstellen zur Annahme, Verarbeitung und Weiterleitung der Daten,
2. die Mindestanforderungen an den Grad der Erfassung und an die Vollständigkeit der verschiedenen Datenkategorien nach Absatz 1 Satz 2 Nummer 1 sowie über notwendige Verfahren zur Datenvalidierung,
3. ein einheitliches Verfahren zur Rückmeldung der Auswertungsergebnisse an die Leistungserbringer,
4. die notwendigen Verfahren zur Qualitätsverbesserung der Krebsbehandlung,
5. die erforderlichen Instrumente zur Unterstützung der interdisziplinären Zusammenarbeit nach Absatz 1 Satz 2 Nummer 4,
6. die Kriterien, Inhalte und Indikatoren für eine landesbezogene Auswertung, die eine länderübergreifende Vergleichbarkeit garantieren,
7. die Modalitäten für die Abrechnung der klinischen Krebsregister mit den Krankenkassen.

$_{4}$Über die Festlegungen nach den Sätzen 2 und 3 entscheidet der Spitzenverband Bund der Krankenkassen im Benehmen mit zwei von der Gesundheitsministerkonferenz der Länder zu bestimmenden Vertretern. $_{5}$Soweit die Länder Einwände gegen die Festlegungen haben, sind diese dem Bundesministerium für Gesundheit vorzulegen, das in diesem Fall die entsprechenden Fördervoraussetzungen festlegen kann.

(3) $_{1}$Bei der Erarbeitung der Fördervoraussetzungen hat der Spitzenverband Bund der Krankenkassen folgende Organisationen und Personen zu beteiligen:

1. die Kassenärztlichen Bundesvereinigungen,
2. die Deutsche Krankenhausgesellschaft,
3. den Gemeinsamen Bundesausschuss,
4. die Deutsche Krebsgesellschaft,
5. die Deutsche Krebshilfe,
6. die Arbeitsgemeinschaft Deutscher Tumorzentren,
7. die Gesellschaft der epidemiologischen Krebsregister in Deutschland,
8. die Bundesärztekammer,
9. die Arbeitsgemeinschaft der Wissenschaftlichen Medizinischen Fachgesellschaften sowie
10. die für die Wahrnehmung der Interessen der Patientinnen und Patienten und der Selbsthilfe chronisch kranker und behinderter Menschen maßgeblichen Organisationen.

$_{2}$Der Verband der Privaten Krankenversicherung ist an der Erarbeitung der Fördervoraussetzungen zu beteiligen, wenn die privaten Krankenversicherungsunternehmen den Betrieb der klinischen Krebsregister fördern, indem sie die Pauschale nach Absatz 4 Satz 2 bis 4 für Meldungen in Bezug auf privat krankenversicherte Personen zahlen. $_{3}$Gleiches gilt für die Träger der Kosten in Krankheits-, Pflege- und Geburtsfällen nach beamtenrechtlichen Vorschriften, wenn sie für Meldungen in Bezug auf die nach diesen Vorschriften berechtigten Personen einen Teil der fallbezogenen Krebsregisterpauschale nach Absatz 4 Satz 2 bis 4 zahlen.

(4) $_{1}$Auf Antrag eines klinischen Krebsregisters oder dessen Trägers stellen die Landesverbände der Krankenkassen und die Ersatzkassen gemeinsam und einheitlich mit Wirkung für ihre Mitgliedskassen fest, dass

1. das klinische Krebsregister die Fördervoraussetzungen nach Absatz 2 Satz 2 und 3 erfüllt und

2. in dem Land, in dem das klinische Krebsregister seinen Sitz hat, eine flächendeckende klinische Krebsregistrierung und eine Zusammenarbeit mit den epidemiologischen Krebsregistern gewährleistet sind.

$_{2}$Weist ein klinisches Krebsregister auf Grund der Feststellungen nach Satz 1 nach, dass die Fördervoraussetzungen erfüllt sind, so zahlt die Krankenkasse an dieses Register oder dessen Träger einmalig für jede verarbeitete Meldung zur Neuerkrankung an einem Tumor nach Absatz 1 Nummer 1 mit Ausnahme der Meldungen von nicht-melanotischen Hautkrebsarten und ihrer Frühstadien eine fallbezogene Krebsregisterpauschale in Höhe von 119 Euro. $_{3}$Ab dem Jahr 2015 erhöht sich die fallbezogene Krebsregisterpauschale nach Satz 2 jährlich entsprechend der prozentualen Veränderung der monatlichen Bezugsgröße nach § 18 Absatz 1 des Vierten Buches. $_{4}$Die Landesverbände der Krankenkassen und die Ersatzkassen gemeinsam und einheitlich können mit Wirkung für ihre Mitgliedskassen mit dem Land eine von Satz 2 abweichende Höhe der fallbezogenen Krebsregisterpauschale vereinbaren, wenn dies auf Grund regionaler Besonderheiten erforderlich ist. $_{5}$Im Falle des Absatzes 3 Satz 2 tritt der jeweilige Landesausschuss des Verbandes der Privaten Krankenversicherung bei der Vereinbarung nach Satz 4 an die Seite der Landesverbände der Krankenkassen und der Ersatzkassen. $_{6}$Der Spitzenverband Bund der Krankenkassen passt die Pauschale nach Satz 2 an, wenn die Anpassung erforderlich ist, um 90 Prozent der durchschnittlichen Betriebskosten der nach Absatz 2 Satz 1 geförderten klinischen Krebsregister abzudecken. $_{7}$Die erstmalige Überprüfung der Pauschale erfolgt spätestens bis zum Ablauf des Jahres 2017; Absatz 2 Satz 4 und 5 gilt entsprechend.

(5) $_{1}$In einer Übergangsphase bis zum 31. Dezember 2017 zahlt die Krankenkasse die Pauschale nach Absatz 4 Satz 2 bis 4 unabhängig von den Feststellungen nach Absatz 4 Satz 1 an die klinischen Krebsregister, die von den Ländern für ein festgelegtes Einzugsgebiet als zuständig bestimmt worden sind. $_{2}$Eine anderweitige Finanzierung der klinischen Krebsregister aus Mitteln der gesetzlichen Krankenversicherung ist in diesen Fällen ausgeschlossen. $_{3}$Die Landesverbände der Krankenkassen und die Ersatzkassen gemeinsam und einheitlich können mit dem Land für die Übergangsphase Vereinbarungen über den Prozess zur Einrichtung und Weiterentwicklung der klinischen Krebsregister treffen. $_{4}$Erfüllt ein klinisches Krebsregister die Anforderungen nach Absatz 4 Satz 1 Nummer 1 nach Ablauf der Übergangsphase nach Satz 1 oder zu einem späteren Zeitpunkt nicht, hat das klinische Krebsregister die Möglichkeit der Nachbesserung innerhalb eines Jahres. $_{5}$Für diesen Zeitraum gilt Satz 1 entsprechend.

(6) $_{1}$Für jede landesrechtlich vorgesehene Meldung der zu übermittelnden klinischen Daten an ein klinisches Krebsregister, das nach Absatz 4 Satz 1 förderfähig ist, ist den Leistungserbringern vom jeweiligen klinischen Krebsregister eine Meldevergütung zu zahlen, wenn die zu übermittelnden Daten vollständig gemeldet wurden. $_{2}$Satz 1 gilt nicht für Meldungen, die nicht-melanotische Hautkrebsarten und ihre Frühstadien betreffen. $_{3}$Die Krankenkasse des gemeldeten Versicherten hat dem klinischen Krebsregister die nach Satz 1 entstandenen Kosten zu erstatten. $_{4}$Die Übergangsregelung nach Absatz 5 gilt entsprechend. $_{5}$Die Höhe der einzelnen Meldevergütungen vereinbart der Spitzenverband Bund der Krankenkassen mit der Deutschen Krankenhausgesellschaft und den Kassenärztlichen Bundesvereinigungen bis zum 31. Dezember 2013. $_{6}$Wenn die privaten Krankenversicherungsunternehmen den klinischen Krebsregistern die Kosten für Vergütungen von Meldungen von Daten privat krankenversicherter Personen erstatten, tritt der Verband der Privaten Krankenversicherung bei der Vereinbarung nach Satz 5 an die Seite des Spitzenverbandes Bund der Krankenkassen. $_{7}$Gleiches gilt für die Träger der Kosten in Krankheits-, Pflege- und Geburtsfällen nach beamtenrechtlichen Vorschriften, wenn sie den klinischen Krebsregistern einen Teil der Kosten für Vergütungen

von Meldungen von Daten der nach diesen Vorschriften berechtigten Personen erstatten. $_{8}$Kommt eine Vereinbarung bis zu dem in Satz 5 genannten Zeitpunkt nicht zustande, haben sich die Vereinbarungspartner nach Satz 5 auf eine unabhängige Schiedsperson zu verständigen, die die Höhe der einzelnen Meldevergütungen festlegt. $_{9}$Einigen sich die Vereinbarungspartner nicht auf eine Schiedsperson, so wird diese vom Bundesministerium für Gesundheit bestellt. $_{10}$Die Kosten des Schiedsverfahrens tragen die Vereinbarungspartner zu gleichen Teilen. $_{11}$Klagen gegen die Bestimmung der Schiedsperson haben keine aufschiebende Wirkung. $_{12}$Klagen gegen die Festlegung der Höhe der einzelnen Meldevergütungen richten sich gegen einen der Vereinbarungspartner, nicht gegen die Schiedsperson.

(7) $_{1}$Klinische Krebsregister und Auswertungsstellen der klinischen Krebsregistrierung auf Landesebene arbeiten mit dem Gemeinsamen Bundesausschuss bei der Qualitätssicherung der onkologischen Versorgung zusammen. $_{2}$Der Gemeinsame Bundesausschuss lässt notwendige bundesweite Auswertungen der klinischen Krebsregisterdaten durchführen. $_{3}$Hierfür übermitteln die Auswertungsstellen der klinischen Krebsregistrierung auf Landesebene dem Gemeinsamen Bundesausschuss oder dem nach Satz 4 benannten Empfänger auf Anforderung die erforderlichen Daten in anonymisierter Form. $_{4}$Der Gemeinsame Bundesausschuss bestimmt durch Beschluss die von den Auswertungsstellen der klinischen Krebsregistrierung auf Landesebene zu übermittelnden Daten, den Empfänger dieser Daten sowie Inhalte und Kriterien für Auswertungen nach Satz 2; § 92 Absatz 7e gilt entsprechend. $_{5}$Bei der Erarbeitung und Festlegung von Kriterien und Inhalten der bundesweiten Auswertungen nach Satz 2 ist der Deutschen Krebsgesellschaft, der Deutschen Krebshilfe und der Arbeitsgemeinschaft Deutscher Tumorzentren Gelegenheit zum Einbringen von Vorschlägen zu geben.

(8) $_{1}$Bei Maßnahmen der einrichtungs- und sektorenübergreifenden Qualitätssicherung nach § 135a Absatz 2 Nummer 1 in Verbindung mit § 137 Absatz 1 Nummer 1 in der onkologischen Versorgung soll der Gemeinsame Bundesausschuss die klinischen Krebsregister unter Einhaltung der Vorgaben des § 299 bei der Aufgabenerfüllung einbeziehen. $_{2}$Soweit den klinischen Krebsregistern Aufgaben nach Satz 1 übertragen werden, sind sie an Richtlinien nach § 92 Absatz 1 Nummer 13 gebunden.

(9) $_{1}$Der Gemeinsame Bundesausschuss gleicht erstmals bis zum 31. Dezember 2013 die Dokumentationsanforderungen, die für die Zulassung von strukturierten Behandlungsprogrammen für Brustkrebs nach § 137f Absatz 2 Satz 2 Nummer 5 geregelt sind, an den bundesweit einheitlichen Datensatz der Arbeitsgemeinschaft Deutscher Tumorzentren und der Gesellschaft der epidemiologischen Krebsregister in Deutschland zur Basisdokumentation für Tumorkranke und ihn ergänzende Module an. $_{2}$Leistungserbringer, die an einem nach § 137g Absatz 1 zugelassenen, strukturierten Behandlungsprogramm für Brustkrebs in koordinierender Funktion teilnehmen, können die in dem Programm für die Annahme der Dokumentationsdaten nach § 137f Absatz 2 Satz 2 Nummer 5 zuständige Stelle mit der Meldung der entsprechenden Daten an das klinische Krebsregister beauftragen, wenn die Versicherte nach umfassender Information hierin schriftlich eingewilligt hat. $_{3}$Die Einwilligung kann widerrufen werden. $_{4}$Macht der Leistungserbringer von der Möglichkeit nach Satz 2 Gebrauch, erhält er insoweit keine Meldevergütungen nach Absatz 6.

(10) $_{1}$Der Spitzenverband Bund der Krankenkassen veröffentlicht ab dem Jahr 2018 alle fünf Jahre einen Bericht über die bundesweiten Ergebnisse der klinischen Krebsregistrierung in patientenverständlicher Form, wozu auch die barrierefreie Bereitstellung des Berichtes gehört. $_{2}$Der Bericht ist auf der Grundlage der Landesauswertungen nach Absatz 1 Satz 3 und der Ergebnisse von Bundesauswertungen des Gemeinsamen Bundesausschusses nach Absatz 9 Satz 2 zu erstellen. $_{3}$Die Auswertungsstellen der klini-

schen Krebsregistrierung auf Landesebene und der Gemeinsame Bundesausschuss liefern dem Spitzenverband Bund der Krankenkassen die Auswertungen, die zum Erstellen des Berichts benötigt werden.

§ 66 Unterstützung der Versicherten bei Behandlungsfehlern

Die Krankenkassen sollen die Versicherten bei der Verfolgung von Schadensersatzansprüchen, die bei der Inanspruchnahme von Versicherungsleistungen aus Behandlungsfehlern entstanden sind und nicht nach § 116 des Zehnten Buches auf die Krankenkassen übergehen, unterstützen.

§ 67 Elektronische Kommunikation

(1) Zur Verbesserung der Qualität und Wirtschaftlichkeit der Versorgung soll die papiergebundene Kommunikation unter den Leistungserbringern so bald und so umfassend wie möglich durch die elektronische und maschinell verwertbare Übermittlung von Befunden, Diagnosen, Therapieempfehlungen und Behandlungsberichten, die sich auch für eine einrichtungsübergreifende fallbezogene Zusammenarbeit eignet, ersetzt werden.

(2) Die Krankenkassen und Leistungserbringer sowie ihre Verbände sollen den Übergang zur elektronischen Kommunikation nach Absatz 1 finanziell unterstützen.

§ 68 Finanzierung einer persönlichen elektronischen Gesundheitsakte

1Zur Verbesserung der Qualität und der Wirtschaftlichkeit der Versorgung können die Krankenkassen ihren Versicherten zu von Dritten angebotenen Dienstleistungen der elektronischen Speicherung und Übermittlung patientenbezogener Gesundheitsdaten finanzielle Unterstützung gewähren. 2Das Nähere ist durch die Satzung zu regeln.

Viertes Kapitel
Beziehungen der Krankenkassen zu den Leistungserbringern

Erster Abschnitt
Allgemeine Grundsätze

§ 69 Anwendungsbereich

(1) 1Dieses Kapitel sowie die §§ 63 und 64 regeln abschließend die Rechtsbeziehungen der Krankenkassen und ihrer Verbände zu Ärzten, Zahnärzten, Psychotherapeuten, Apotheken sowie sonstigen Leistungserbringern und ihren Verbänden, einschließlich der Beschlüsse des Gemeinsamen Bundesausschusses und der Landesausschüsse nach den §§ 90 bis 94. 2Die Rechtsbeziehungen der Krankenkassen und ihrer Verbände zu den Krankenhäusern und ihren Verbänden werden abschließend in diesem Kapitel, in den §§ 63, 64 und in dem Krankenhausfinanzierungsgesetz, dem Krankenhausentgeltgesetz sowie den hiernach erlassenen Rechtsverordnungen geregelt. 3Für die Rechtsbeziehungen nach den Sätzen 1 und 2 gelten im Übrigen die Vorschriften des Bürgerlichen Gesetzbuches entsprechend, soweit sie mit den Vorgaben des § 70 und den übrigen Aufgaben und Pflichten der Beteiligten nach diesem Kapitel vereinbar sind. 4Die Sätze 1 bis 3 gelten auch, soweit durch diese Rechtsbeziehungen Rechte Dritter betroffen sind.

(2) 1Die §§ 1, 2, 3 Absatz 1, §§ 19, 20, 21, 32 bis 34a, 48 bis 80, 81 Absatz 2 Nummer 1, 2a und 6, Absatz 3 Nummer 1 und 2, Absatz 4 bis 10 und §§ 82 bis 95 des Gesetzes gegen Wettbewerbsbeschränkungen gelten für die in Absatz 1 genannten Rechtsbeziehungen entsprechend. 2Satz 1 gilt nicht für Verträge und sonstige Vereinbarungen von Krankenkassen oder deren Verbänden mit Leistungserbringern oder deren Verbänden, zu deren Abschluss die Krankenkassen oder deren Verbände gesetzlich verpflichtet sind. 3Satz 1 gilt auch nicht für Beschlüsse, Empfehlungen, Richtlinien oder sonstige Entscheidungen der Krankenkassen oder deren Verbände, zu denen sie gesetzlich verpflichtet sind, sowie für Beschlüsse, Richtlinien und sonstige Ent-

V

scheidungen des Gemeinsamen Bundesausschusses, zu denen er gesetzlich verpflichtet ist. $_{4}$Die Vorschriften des Vierten Teils des Gesetzes gegen Wettbewerbsbeschränkungen sind anzuwenden.

§ 70 Qualität, Humanität und Wirtschaftlichkeit

(1) $_{1}$Die Krankenkassen und die Leistungserbringer haben eine bedarfsgerechte und gleichmäßige, dem allgemein anerkannten Stand der medizinischen Erkenntnisse entsprechende Versorgung der Versicherten zu gewährleisten. $_{2}$Die Versorgung der Versicherten muß ausreichend und zweckmäßig sein, darf das Maß des Notwendigen nicht überschreiten und muß in der fachlich gebotenen Qualität sowie wirtschaftlich erbracht werden.

(2) Die Krankenkassen und die Leistungserbringer haben durch geeignete Maßnahmen auf eine humane Krankenbehandlung ihrer Versicherten hinzuwirken.

§ 71 Beitragssatzstabilität

(1) $_{1}$Die Vertragspartner auf Seiten der Krankenkassen und der Leistungserbringer haben die Vereinbarungen über die Vergütungen nach diesem Buch so zu gestalten, dass Beitragserhöhungen ausgeschlossen werden, es sei denn, die notwendige medizinische Versorgung ist auch nach Ausschöpfung von Wirtschaftlichkeitsreserven nicht zu gewährleisten (Grundsatz der Beitragssatzstabilität). $_{2}$Ausgabensteigerungen auf Grund von gesetzlich vorgeschriebenen Vorsorge- und Früherkennungsmaßnahmen oder für zusätzliche Leistungen, die im Rahmen zugelassener strukturierter Behandlungsprogramme (§ 137g) auf Grund der Anforderungen der Richtlinien des Gemeinsamen Bundesausschusses nach § 137f oder der Rechtsverordnung nach § 266 Abs. 7 erbracht werden, verletzen nicht den Grundsatz der Beitragssatzstabilität.

(2) $_{1}$Um den Vorgaben nach Absatz 1 Satz 1 Halbsatz 1 zu entsprechen, darf die vereinbarte Veränderung der jeweiligen Vergütung die sich bei Anwendung der Veränderungsrate für das gesamte Bundesgebiet nach Absatz 3 ergebende Veränderung der Vergütung nicht überschreiten. $_{2}$Abweichend von Satz 1 ist eine Überschreitung zulässig, wenn die damit verbundenen Mehrausgaben durch vertraglich abgesicherte oder bereits erfolgte Einsparungen in anderen Leistungsbereichen ausgeglichen werden.

(3) $_{1}$Das Bundesministerium für Gesundheit stellt bis zum 15. September eines jeden Jahres für die Vereinbarungen der Vergütungen des jeweils folgenden Kalenderjahres die nach den Absätzen 1 und 2 anzuwendende durchschnittliche Veränderungsrate der beitragspflichtigen Einnahmen aller Mitglieder der Krankenkassen je Mitglied für den gesamten Zeitraum der zweiten Hälfte des Vorjahres und der ersten Hälfte des laufenden Jahres gegenüber dem entsprechenden Zeitraum der jeweiligen Vorjahre fest. $_{2}$Grundlage sind die monatlichen Erhebungen der Krankenkassen und die vierteljährlichen Rechnungsergebnisse des Gesundheitsfonds, die die beitragspflichtigen Einnahmen aller Mitglieder der Krankenkassen ausweisen. $_{3}$Die Feststellung wird durch Veröffentlichung im Bundesanzeiger bekannt gemacht.

(4) $_{1}$Die Vereinbarungen über die Vergütung der Leistungen nach § 57 Abs. 1 und 2, §§ 83 und 85 sind den für die Vertragsparteien zuständigen Aufsichtsbehörden vorzulegen. $_{2}$Die Aufsichtsbehörden können die Vereinbarungen bei einem Rechtsverstoß innerhalb von zwei Monaten nach Vorlage beanstanden.

(5) Die Vereinbarungen nach Absatz 4 Satz 1 und die Verträge nach den §§ 73b und 140a sind unabhängig von Absatz 4 auch den für die Sozialversicherung zuständigen obersten Verwaltungsbehörden der Länder, in denen sie wirksam werden, zu übermitteln, soweit diese nicht die Aufsicht über die vertragsschließende Krankenkasse führen.

(6) $_{1}$Wird durch einen der in den §§ 73b und 140a genannten Verträge das Recht erheblich verletzt, kann die Aufsichtsbehörde abweichend von § 89 Absatz 1 Satz 1 und 2 des Vierten Buches alle Anordnungen treffen, die für eine sofortige Behebung der Rechts-

verletzung geeignet und erforderlich sind. 2Sie kann gegenüber der Krankenkasse insbesondere anordnen, den Vertrag dafür zu ändern oder aufzuheben. 3Die Krankenkasse kann bei einer solchen Anordnung den Vertrag auch außerordentlich kündigen. 4Besteht die Gefahr eines schweren, nicht wieder gutzumachenden Schadens insbesondere für die Belange der Versicherten, kann die Aufsichtsbehörde einstweilige Maßnahmen anordnen. 5Ein Zwangsgeld kann bis zu einer Höhe von 10 Millionen Euro zugunsten des Gesundheitsfonds nach § 271 festgesetzt werden. 6Die Aufsichtsbehörde kann eine erhebliche Rechtsverletzung auch feststellen, nachdem diese beendet ist, sofern ein berechtigtes Interesse an der Feststellung besteht. 7Rechtsbehelfe gegen Anordnungen nach den Sätzen 1 bis 4 haben keine aufschiebende Wirkung.

Zweiter Abschnitt
Beziehungen zu Ärzten, Zahnärzten und Psychotherapeuten

Erster Titel
Sicherstellung der vertragsärztlichen und kassenzahnärztlichen Versorgung

§ 72 Sicherstellung der vertragsärztlichen und vertragszahnärztlichen Versorgung

(1) 1Ärzte, Zahnärzte, Psychotherapeuten, medizinische Versorgungszentren und Krankenkassen wirken zur Sicherstellung der vertragsärztlichen Versorgung der Versicherten zusammen. 2Soweit sich die Vorschriften dieses Kapitels auf Ärzte beziehen, gelten sie entsprechend für Zahnärzte, Psychotherapeuten und medizinische Versorgungszentren, sofern nichts Abweichendes bestimmt ist.

(2) Die vertragsärztliche Versorgung ist im Rahmen der gesetzlichen Vorschriften und der Richtlinien des Gemeinsamen Bundesausschusses durch schriftliche Verträge der Kassenärztlichen Vereinigungen mit den Verbänden der Krankenkassen so zu regeln, daß eine ausreichende, zweckmäßige und wirtschaftliche Versorgung der Versicherten unter Berücksichtigung des allgemein anerkannten Standes der medizinischen Erkenntnisse gewährleistet ist und die ärztlichen Leistungen angemessen vergütet werden.

(3) Für die knappschaftliche Krankenversicherung gelten die Absätze 1 und 2 entsprechend, soweit das Verhältnis zu den Ärzten nicht durch die Deutsche Rentenversicherung Knappschaft-Bahn-See nach den örtlichen Verhältnissen geregelt ist.

§ 72a Übergang des Sicherstellungsauftrags auf die Krankenkassen

(1) Haben mehr als 50 vom Hundert aller in einem Zulassungsbezirk oder einem regionalen Planungsbereich niedergelassenen Vertragsärzte auf ihre Zulassung nach § 95b Abs. 1 verzichtet oder die vertragsärztliche Versorgung verweigert und hat die Aufsichtsbehörde nach Anhörung der Landesverbände der Krankenkassen, der Ersatzkassen und der Kassenärztlichen Vereinigung festgestellt, daß dadurch die vertragsärztliche Versorgung nicht mehr sichergestellt ist, erfüllen insoweit die Krankenkassen und ihre Verbände den Sicherstellungsauftrag.

(2) An der Erfüllung des Sicherstellungsauftrags nach Absatz 1 wirkt die Kassenärztliche Vereinigung insoweit mit, als die vertragsärztliche Versorgung weiterhin durch zugelassene oder ermächtigte Ärzte sowie durch ermächtigte Einrichtungen durchgeführt wird.

(3) 1Erfüllen die Krankenkassen den Sicherstellungsauftrag, schließen die Krankenkassen oder die Landesverbände der Krankenkassen und die Ersatzkassen gemeinsam und einheitlich Einzel- oder Gruppenverträge mit Ärzten, Zahnärzten, Krankenhäusern oder sonstigen geeigneten Einrichtungen. 2Sie können auch Eigeneinrichtungen gemäß § 140 Abs. 2 errichten. 3Mit Ärzten oder Zahnärzten, die in einem mit anderen Vertragsärzten aufeinander abgestimmten Verfahren oder Verhalten auf ihre Zulassung als Vertragsarzt verzichteten (§ 95b Abs. 1), dürfen keine Verträge nach Satz 1 abgeschlossen werden.

V

(4) 1Die Verträge nach Absatz 3 dürfen mit unterschiedlichem Inhalt abgeschlossen werden. 2Die Höhe der vereinbarten Vergütung an Ärzte oder Zahnärzte soll sich an Inhalt, Umfang und Schwierigkeit der zugesagten Leistungen, an erweiterten Gewährleistungen oder eingeräumten Garantien oder vereinbarten Verfahren zur Qualitätssicherung orientieren. 3Ärzten, die unmittelbar nach der Feststellung der Aufsichtsbehörde nach Absatz 1 Verträge nach Absatz 3 abschließen, können höhere Vergütungsansprüche eingeräumt werden als Ärzten, mit denen erst später Verträge abgeschlossen werden.

(5) Soweit für die Sicherstellung der Versorgung Verträge nach Absatz 3 nicht ausreichen, können auch mit Ärzten und geeigneten Einrichtungen mit Sitz im Ausland Verträge zur Versorgung der Versicherten geschlossen werden.

(6) Ärzte oder Einrichtungen, mit denen nach Absatz 3 und 5 Verträge zur Versorgung der Versicherten geschlossen worden sind, sind verpflichtet und befugt, die für die Erfüllung der Aufgaben der Krankenkassen und die für die Abrechnung der vertraglichen Vergütung notwendigen Angaben, die aus der Erbringung, der Verordnung sowie der Abgabe von Versicherungsleistungen entstehen, aufzuzeichnen und den Krankenkassen mitzuteilen.

§ 73 Kassenärztliche Versorgung

(1) 1Die vertragsärztliche Versorgung gliedert sich in die hausärztliche und die fachärztliche Versorgung. 2Die hausärztliche Versorgung beinhaltet insbesondere

1. die allgemeine und fortgesetzte ärztliche Betreuung eines Patienten in Diagnostik und Therapie bei Kenntnis seines häuslichen und familiären Umfeldes; Behandlungsmethoden, Arznei- und Heilmittel der besonderen Therapierichtungen sind nicht ausgeschlossen,
2. die Koordination diagnostischer, therapeutischer und pflegerischer Maßnahmen,
3. die Dokumentation, insbesondere Zusammenführung, Bewertung und Aufbewahrung der wesentlichen Behandlungsdaten, Befunde und Berichte aus der ambulanten und stationären Versorgung,
4. die Einleitung oder Durchführung präventiver und rehabilitativer Maßnahmen sowie die Integration nichtärztlicher Hilfen und flankierender Dienste in die Behandlungsmaßnahmen.

(1a) 1An der hausärztlichen Versorgung nehmen

1. Allgemeinärzte,
2. Kinderärzte,
3. Internisten ohne Schwerpunktbezeichnung, die die Teilnahme an der hausärztlichen Versorgung gewählt haben,
4. Ärzte, die nach § 95a Abs. 4 und 5 Satz 1 in das Arztregister eingetragen sind und
5. Ärzte, die am 31. Dezember 2000 an der hausärztlichen Versorgung teilgenommen haben,

teil (Hausärzte). 2Die übrigen Fachärzte nehmen an der fachärztlichen Versorgung teil. 3Der Zulassungsausschuss kann für Kinderärzte und Internisten ohne Schwerpunktbezeichnung eine von Satz 1 abweichende befristete Regelung treffen, wenn eine bedarfsgerechte Versorgung nicht gewährleistet ist. 4Hat der Landesausschuss der Ärzte und Krankenkassen für die Arztgruppe der Hausärzte, der Kinderärzte oder der Fachinternisten eine Feststellung nach § 100 Absatz 1 Satz 1 getroffen, fasst der Zulassungsausschuss innerhalb von sechs Monaten den Beschluss, ob eine Regelung nach Satz 3 getroffen wird. 5Kinderärzte mit Schwerpunktbezeichnung können auch an der fachärztlichen Versorgung teilnehmen. 6Der Zulassungsausschuss kann Allgemeinärzten und Ärzten ohne Gebietsbezeichnung, die im Wesentlichen spezielle Leistungen erbringen, auf deren Antrag die Genehmigung zur ausschließlichen Teilnahme an der fachärztlichen Versorgung erteilen.

(1b) 1Ein Hausarzt darf mit schriftlicher Einwilligung des Versicherten, die widerrufen werden kann, bei Leistungserbringern, die einen seiner Patienten behandeln, die den Versicherten betreffenden Behandlungsdaten und Befunde zum Zwecke der Dokumentation und der weiteren Behandlung erheben. $_{2}$Die einen Versicherten behandelnden Leistungserbringer sind verpflichtet, den Versicherten nach dem von ihm gewählten Hausarzt zu fragen und diesem mit schriftlicher Einwilligung des Versicherten, die widerrufen werden kann, die in Satz 1 genannten Daten zum Zwecke der bei diesem durchzuführenden Dokumentation und der weiteren Behandlung zu übermitteln; die behandelnden Leistungserbringer sind berechtigt, mit schriftlicher Einwilligung des Versicherten, die widerrufen werden kann, die für die Behandlung erforderlichen Behandlungsdaten und Befunde bei dem Hausarzt und anderen Leistungserbringern zu erheben und für die Zwecke der von ihnen zu erbringenden Leistungen zu verarbeiten und zu nutzen. $_{3}$Der Hausarzt darf die ihm nach den Sätzen 1 und 2 übermittelten Daten nur zu dem Zweck verarbeiten und nutzen, zu dem sie ihm übermittelt worden sind; er ist berechtigt und verpflichtet, die für die Behandlung erforderlichen Daten und Befunde an die den Versicherten auch behandelnden Leistungserbringer mit dessen schriftlicher Einwilligung, die widerrufen werden kann, zu übermitteln. $_{4}$§ 276 Abs. 2 Satz 1 Halbsatz 2 bleibt unberührt. $_{5}$Bei einem Hausarztwechsel ist der bisherige Hausarzt des Versicherten verpflichtet, dem neuen Hausarzt die bei ihm über den Versicherten gespeicherten Unterlagen mit dessen Einverständnis vollständig zu übermitteln; der neue Hausarzt darf die in diesen Unterlagen enthaltenen personenbezogenen Daten erheben.

(2) $_{1}$Die vertragsärztliche Versorgung umfaßt die

1. ärztliche Behandlung,
2. zahnärztliche Behandlung und kieferorthopädische Behandlung nach Maßgabe des § 28 Abs. 2,
2a. Versorgung mit Zahnersatz einschließlich Zahnkronen und Suprakonstruktionen, soweit sie § 56 Abs. 2 entspricht,
3. Maßnahmen zur Früherkennung von Krankheiten,
4. ärztliche Betreuung bei Schwangerschaft und Mutterschaft,
5. Verordnung von Leistungen zur medizinischen Rehabilitation,
6. Anordnung der Hilfeleistung anderer Personen,
7. Verordnung von Arznei-, Verband-, Heil- und Hilfsmitteln, Krankentransporten, sowie Krankenhausbehandlung oder Behandlung in Vorsorge- oder Rehabilitationseinrichtungen,
8. Verordnung häuslicher Krankenpflege,
9. Ausstellung von Bescheinigungen und Erstellung von Berichten, die die Krankenkassen oder der Medizinische Dienst (§ 275) zur Durchführung ihrer gesetzlichen Aufgaben oder die die Versicherten für den Anspruch auf Fortzahlung des Arbeitsentgelts benötigen,
10. medizinische Maßnahmen zur Herbeiführung einer Schwangerschaft nach § 27a Abs. 1,
11. ärztlichen Maßnahmen nach den §§ 24a und 24b,
12. Verordnung von Soziotherapie,
13. Zweitmeinung nach § 27b.

$_{2}$Satz 1 Nummer 2 bis 4, 6, 8, 10 und 11 gilt nicht für Psychotherapeuten; Satz 1 Nummer 9 gilt nicht für Psychotherapeuten, soweit sich diese Regelung auf die Feststellung und die Bescheinigung von Arbeitsunfähigkeit bezieht. $_{3}$Satz 1 Nummer 5 gilt für Psychotherapeuten in Bezug auf die Verordnung von Leistungen zur psychotherapeutischen Rehabilitation. $_{4}$Satz 1 Nummer 7 gilt für Psychotherapeuten in Bezug auf die Verordnung von Krankentransporten sowie Krankenhausbehandlung. $_{5}$Das Nähere zu den Verordnungen durch Psychotherapeuten bestimmt der Gemeinsame Bundesausschuss in seinen Richtlinien nach § 92 Absatz 1 Satz 2 Nummer 6, 8 und 12.

(3) In den Gesamtverträgen ist zu vereinbaren, inwieweit Maßnahmen zur Vorsorge und Rehabilitation, soweit sie nicht zur kassenärztlichen Versorgung nach Absatz 2 gehören, Gegenstand der kassenärztlichen Versorgung sind.

(4) 1Krankenhausbehandlung darf nur verordnet werden, wenn eine ambulante Versorgung der Versicherten zur Erzielung des Heil- oder Linderungserfolgs nicht ausreicht. 2Die Notwendigkeit der Krankenhausbehandlung ist bei der Verordnung zu begründen. 3In der Verordnung von Krankenhausbehandlung sind in den geeigneten Fällen auch die beiden nächsterreichbaren, für die vorgesehene Krankenhausbehandlung geeigneten Krankenhäuser anzugeben. 4Das Verzeichnis nach § 39 Abs. 3 ist zu berücksichtigen.

(5) 1Der an der kassenärztlichen Versorgung teilnehmende Arzt und die ermächtigte Einrichtung sollen bei der Verordnung von Arzneimitteln die Preisvergleichsliste nach § 92 Abs. 2 beachten. 2Sie können auf dem Verordnungsblatt oder in dem elektronischen Verordnungsdatensatz ausschließen, dass die Apotheken ein preisgünstigeres wirkstoffgleiches Arzneimittel anstelle des verordneten Mittels abgeben. 3Verordnet der Arzt ein Arzneimittel, dessen Preis den Festbetrag nach § 35 oder § 35a überschreitet, hat der Arzt den Versicherten über die sich aus seiner Verordnung ergebende Pflicht zur Übernahme der Mehrkosten hinzuweisen.

(6) Zur kassenärztlichen Versorgung gehören Maßnahmen zur Früherkennung von Krankheiten nicht, wenn sie im Rahmen der Krankenhausbehandlung oder der stationären Entbindung durchgeführt werden, es sei denn, die ärztlichen Leistungen werden von einem Belegarzt erbracht.

(7) 1Es ist Vertragsärzten nicht gestattet, für die Zuweisung von Versicherten ein Entgelt oder sonstige wirtschaftliche Vorteile sich versprechen oder sich gewähren zu lassen oder selbst zu versprechen oder zu gewähren. 2§ 128 Absatz 2 Satz 3 gilt entsprechend.

(8) 1Zur Sicherung der wirtschaftlichen Verordnungsweise haben die Kassenärztlichen Vereinigungen und die Kassenärztlichen Bundesvereinigungen sowie die Krankenkassen und ihre Verbände die Vertragsärzte auch vergleichend über preisgünstige verordnungsfähige Leistungen und Bezugsquellen, einschließlich der jeweiligen Preise und Entgelte zu informieren sowie nach dem allgemeinen anerkannten Stand der medizinischen Erkenntnisse Hinweise zu Indikation und therapeutischen Nutzen zu geben. 2Die Informationen und Hinweise für die Verordnung von Arznei-, Verband- und Heilmitteln erfolgen insbesondere auf der Grundlage der Hinweise nach § 92 Abs. 2 Satz 3, der Rahmenvorgaben nach § 84 Abs. 7 Satz 1 und der getroffenen Arzneimittelvereinbarungen nach § 84 Abs. 1. 3In den Informationen und Hinweisen sind Handelsbezeichnung, Indikationen und Preise sowie weitere für die Verordnung von Arzneimitteln bedeutsame Angaben insbesondere auf Grund der Richtlinien nach § 92 Abs. 1 Satz 2 Nr. 6 in einer Weise anzugeben, die unmittelbar einen Vergleich ermöglichen; dafür können Arzneimittel ausgewählt werden, die einen maßgeblichen Anteil an der Versorgung der Versicherten im Indikationsgebiet haben. 4Die Kosten der Arzneimittel je Tagesdosis sind nach den Angaben der anatomisch-therapeutisch-chemischen Klassifikation anzugeben. 5Es gilt die vom Deutschen Institut für medizinische Dokumentation und Information im Auftrage des Bundesministeriums für Gesundheit herausgegebene Klassifikation in der jeweils gültigen Fassung. 6Die Übersicht ist für einen Stichtag zu erstellen und in geeigneten Zeitabständen, im Regelfall jährlich, zu aktualisieren. 7Vertragsärzte dürfen für die Verordnung von Arzneimitteln nur solche elektronischen Programme nutzen, die die Informationen nach den Sätzen 2 und 3 sowie über das Vorliegen von Rabattverträgen nach § 130a Abs. 8 enthalten und die von der Kassenärztlichen Bundesvereinigung für die vertragsärztliche Versorgung zugelassen sind. 8Das Nähere ist in den Verträgen nach § 82 Abs. 1 zu vereinbaren. 9Für die Verordnung von Heilmitteln dürfen Vertragsärzte ab dem 1. Januar 2017 nur solche elektronischen Programme nutzen, die die Informationen der Richtlinien nach § 92 Absatz 1 Satz 2 Nummer 6 in Verbindung mit § 92 Absatz 6 und über besondere Verordnungsbedarfe nach § 106b Absatz 2 Satz 4 enthalten und von der Kassenärztlichen Bundesvereinigung für die vertragsärztliche Versorgung zugelassen sind. 10Das Nähere ist in den Verträgen nach

§ 82 Absatz 1 bis zum 31. Januar 2016 zu vereinbaren.

§ 73a (weggefallen)

§ 73b Hausarztzentrierte Versorgung

(1) Die Krankenkassen haben ihren Versicherten eine besondere hausärztliche Versorgung (hausarztzentrierte Versorgung) anzubieten.

(2) Dabei ist sicherzustellen, dass die hausarztzentrierte Versorgung insbesondere folgenden Anforderungen genügt, die über die vom Gemeinsamen Bundesausschuss sowie in den Bundesmantelverträgen geregelten Anforderungen an die hausärztliche Versorgung nach § 73 hinausgehen:

1. Teilnahme der Hausärzte an strukturierten Qualitätszirkeln zur Arzneimitteltherapie unter Leitung entsprechend geschulter Moderatoren,
2. Behandlung nach für die hausärztliche Versorgung entwickelten, evidenzbasierten, praxiserprobten Leitlinien,
3. Erfüllung der Fortbildungspflicht nach § 95d durch Teilnahme an Fortbildungen, die sich auf hausarzttypische Behandlungsprobleme konzentrieren, wie patientenzentrierte Gesprächsführung, psychosomatische Grundversorgung, Palliativmedizin, allgemeine Schmerztherapie, Geriatrie,
4. Einführung eines einrichtungsinternen, auf die besonderen Bedingungen einer Hausarztpraxis zugeschnittenen, indikatorengestützten und wissenschaftlich anerkannten Qualitätsmanagements.

(3) $_1$Die Teilnahme an der hausarztzentrierten Versorgung ist freiwillig. $_2$Die Teilnehmer verpflichten sich schriftlich gegenüber ihrer Krankenkasse, nur einen von ihnen aus dem Kreis der Hausärzte nach Absatz 4 gewählten Hausarzt in Anspruch zu nehmen sowie ambulante fachärztliche Behandlung mit Ausnahme der Leistungen der Augenärzte und Frauenärzte nur auf dessen Überweisung; die direkte Inanspruchnahme eines Kinderarztes bleibt unberührt. $_3$Die Versicherten können die Teilnahmeerklärung innerhalb von zwei Wochen nach deren Abgabe in Textform oder zur Niederschrift bei der Krankenkasse ohne Angabe von Gründen widerrufen. $_4$Zur Fristwahrung genügt die rechtzeitige Absendung der Widerrufserklärung an die Krankenkasse. $_5$Die Widerrufsfrist beginnt, wenn die Krankenkasse dem Versicherten eine Belehrung über sein Widerrufsrecht in Textform mitgeteilt hat, frühestens jedoch mit der Abgabe der Teilnahmeerklärung. $_6$Wird das Widerrufsrecht nicht ausgeübt, ist der Versicherte an seine Teilnahmeerklärung und an die Wahl seines Hausarztes mindestens ein Jahr gebunden; er darf den gewählten Hausarzt nur bei Vorliegen eines wichtigen Grundes wechseln. $_7$Das Nähere zur Durchführung der Teilnahme der Versicherten, insbesondere zur Bindung an den gewählten Hausarzt, zu weiteren Ausnahmen von dem Überweisungsgebot und zu den Folgen bei Pflichtverstößen der Versicherten, regeln die Krankenkassen in den Teilnahmeerklärungen. $_8$Die Satzung der Krankenkasse hat Regelungen zur Abgabe der Teilnahmeerklärung zu enthalten; die Regelungen sind auf der Grundlage der Richtlinie nach § 217f Absatz 4a zu treffen.

(4) $_1$Zur flächendeckenden Sicherstellung des Angebots nach Absatz 1 haben Krankenkassen allein oder in Kooperation mit anderen Krankenkassen spätestens bis zum 30. Juni 2009 Verträge mit Gemeinschaften zu schließen, die mindestens die Hälfte der an der hausärztlichen Versorgung teilnehmenden Allgemeinärzte des Bezirks der Kassenärztlichen Vereinigung vertreten. $_2$Können sich die Vertragsparteien nicht einigen, kann die Gemeinschaft die Einleitung eines Schiedsverfahrens nach Absatz 4a beantragen. $_3$Ist ein Vertrag nach Satz 1 zustande gekommen oder soll ein Vertrag zur Versorgung von Kindern und Jugendlichen geschlossen werden, können Verträge auch abgeschlossen werden mit

1. vertragsärztlichen Leistungserbringern, die an der hausärztlichen Versorgung nach § 73 Abs. 1a teilnehmen,
2. Gemeinschaften dieser Leistungserbringer,

V

3. Trägern von Einrichtungen, die eine hausarztzentrierte Versorgung durch vertragsärztliche Leistungserbringer, die an der hausärztlichen Versorgung nach § 73 Abs. 1a teilnehmen, anbieten,
4. Kassenärztlichen Vereinigungen, soweit Gemeinschaften nach Nummer 2 sie hierzu ermächtigt haben.

$_{4}$Finden die Krankenkassen in dem Bezirk einer Kassenärztlichen Vereinigung keinen Vertragspartner, der die Voraussetzungen nach Satz 1 erfüllt, haben sie zur flächendeckenden Sicherstellung des Angebots nach Absatz 1 Verträge mit einem oder mehreren der in Satz 3 genannten Vertragspartner zu schließen. $_{5}$In den Fällen der Sätze 3 und 4 besteht kein Anspruch auf Vertragsabschluss; die Aufforderung zur Abgabe eines Angebots ist unter Bekanntgabe objektiver Auswahlkriterien auszuschreiben. $_{6}$Soweit die hausärztliche Versorgung der Versicherten durch Verträge nach diesem Absatz durchgeführt wird, ist der Sicherstellungsauftrag nach § 75 Abs. 1 eingeschränkt. $_{7}$Satz 6 gilt nicht für die Organisation der vertragsärztlichen Versorgung zu den sprechstundenfreien Zeiten.

(4a) $_{1}$Beantragt eine Gemeinschaft gemäß Absatz 4 Satz 2 die Einleitung eines Schiedsverfahrens, haben sich die Parteien auf eine unabhängige Schiedsperson zu verständigen, die den Inhalt des Vertrages nach Absatz 4 Satz 1 festlegt. $_{2}$Einigen sich die Parteien nicht auf eine Schiedsperson, so wird diese von der für die Krankenkasse zuständigen Aufsichtsbehörde bestimmt. $_{3}$Die Kosten des Schiedsverfahrens tragen die Vertragspartner zu gleichen Teilen. $_{4}$Klagen gegen die Bestimmung der Schiedsperson haben keine aufschiebende Wirkung. $_{5}$Klagen gegen die Festlegung des Vertragsinhalts richten sich gegen eine der beiden Vertragsparteien, nicht gegen die Schiedsperson.

(5) $_{1}$In den Verträgen nach Absatz 4 sind das Nähere über den Inhalt und die Durchführung der hausarztzentrierten Versorgung, insbesondere die Ausgestaltung der Anforderungen nach Absatz 2, sowie die Vergütung zu regeln; in Verträgen, die nach dem 31. März 2014 zustande kommen, sind zudem Wirtschaftlichkeitskriterien und Maßnahmen bei Nichteinhaltung der vereinbarten Wirtschaftlichkeitskriterien sowie Regelungen zur Qualitätssicherung zu vereinbaren. $_{2}$Eine Beteiligung der Kassenärztlichen Vereinigung bei der Ausgestaltung und Umsetzung der Anforderungen nach Absatz 2 ist möglich. $_{3}$Die Verträge können auch Abweichendes von den im Dritten Kapitel benannten Leistungen beinhalten, soweit sie die in § 11 Absatz 6 genannten Leistungen, Leistungen nach den §§ 20d, 25, 26, 37a und 37b sowie ärztliche Leistungen einschließlich neuer Untersuchungs- und Behandlungsmethoden betreffen, soweit der Gemeinsame Bundesausschuss nach § 91 im Rahmen der Beschlüsse nach § 92 Absatz 1 Satz 2 Nummer 5 keine ablehnende Entscheidung getroffen hat. $_{4}$Die Einzelverträge können Abweichendes von den Vorschriften dieses Kapitels sowie den nach diesen Vorschriften getroffenen Regelungen regeln. $_{5}$§ 106a Abs. 3 gilt hinsichtlich der arzt- und versichertenbezogenen Prüfung der Abrechnungen auf Rechtmäßigkeit entsprechend. $_{6}$Zugelassene strukturierte Behandlungsprogramme nach §§ 137f und 137g sind, soweit sie die hausärztliche Versorgung betreffen, Bestandteil der Verträge nach Absatz 4.

(6) Die Krankenkassen haben ihre Versicherten in geeigneter Weise umfassend über Inhalt und Ziele der hausarztzentrierten Versorgung sowie über die jeweils wohnortnah teilnehmenden Hausärzte zu informieren.

(7) $_{1}$Die Vertragspartner der Gesamtverträge haben den Behandlungsbedarf nach § 87a Absatz 3 Satz 2 zu bereinigen. $_{2}$Die Bereinigung erfolgt rechtzeitig zu dem Kalendervierteljahr, für welches die Gesamtvergütung bereinigt werden soll, entsprechend der Zahl und der Morbiditätsstruktur der für dieses Kalendervierteljahr eingeschriebenen Versicherten sowie dem vertraglich vereinbarten Inhalt der hausarztzentrierten Versorgung nach Maßgabe der Vorgaben des Bewertungsausschusses nach § 87a Absatz 5 Satz 7. $_{3}$Dabei können die Bereinigungsbeträge unter Beachtung der Maßgaben nach Satz 2 auch pauschaliert ermittelt werden.

$_{4}$Kommt eine rechtzeitige Einigung über die Bereinigung des Behandlungsbedarfs nicht zustande, können auch die Vertragspartner der Verträge über eine hausarztzentrierte Versorgung das Schiedsamt nach § 89 anrufen. $_{5}$Die für die Bereinigungsverfahren erforderlichen arzt- und versichertenbezogenen Daten übermitteln die Krankenkassen den zuständigen Gesamtvertragspartnern bis spätestens drei Wochen vor dem Kalendervierteljahr, für welches die Gesamtvergütung für die in diesem Kalendervierteljahr eingeschriebenen Versicherten bereinigt werden soll. $_{6}$Die Krankenkasse kann, falls eine rechtzeitige Bereinigung nicht festgesetzt worden ist, den Behandlungsbedarf unter Beachtung der Maßgaben nach Satz 2 vorläufig bereinigen. $_{7}$Sie kann auch die Anerkennung und Umsetzung des geltenden Bereinigungsverfahrens für die Bereinigung der Gesamtvergütung für an der hausarztzentrierten Versorgung teilnehmende Versicherte mit Wohnort im Bezirk anderer Kassenärztlichen Vereinigungen von diesen Kassenärztlichen Vereinigungen verlangen. $_{8}$Für die Bereinigung des Behandlungsbedarfs nach Satz 7 sowie für den Fall der Rückführung von Bereinigungsbeträgen bei Beendigung der Teilnahme eines Versicherten sind die Verfahren gemäß § 87a Absatz 5 Satz 9 anzuwenden. $_{9}$Die Kassenärztlichen Vereinigungen haben die zur Bereinigung erforderlichen Vorgaben im Rahmen ihrer gesetzlichen Aufgaben umzusetzen.

(8) Die Vertragsparteien nach Absatz 4 können vereinbaren, dass Aufwendungen für Leistungen, die über die hausärztliche Versorgung nach § 73 hinausgehen und insoweit nicht unter die Bereinigungspflicht nach Absatz 7 fallen, aus Einsparungen und Effizienzsteigerungen, die aus den Maßnahmen von Verträgen nach Absatz 4 erzielt werden, finanziert werden.

(9) Die Einhaltung der nach Absatz 5 Satz 1 vereinbarten Wirtschaftlichkeitskriterien muss spätestens vier Jahre nach dem Wirksamwerden der zugrunde liegenden Verträge nachweisbar sein; § 88 Absatz 2 des Vierten Buches gilt entsprechend.

§ 74 Stufenweise Wiedereingliederung

Können arbeitsunfähige Versicherte nach ärztlicher Feststellung ihre bisherige Tätigkeit teilweise verrichten und können sie durch eine stufenweise Wiederaufnahme ihrer Tätigkeit voraussichtlich besser wieder in das Erwerbsleben eingegliedert werden, soll der Arzt auf der Bescheinigung über die Arbeitsunfähigkeit Art und Umfang der möglichen Tätigkeiten angeben und dabei in geeigneten Fällen die Stellungnahme des Betriebsarztes oder mit Zustimmung der Krankenkasse die Stellungnahme des Medizinischen Dienstes (§ 275) einholen.

§ 75 Inhalt und Umfang der Sicherstellung

(1) $_{1}$Die Kassenärztlichen Vereinigungen und die Kassenärztlichen Bundesvereinigungen haben die vertragsärztliche Versorgung in dem in § 73 Abs. 2 bezeichneten Umfang sicherzustellen und den Krankenkassen und ihren Verbänden gegenüber die Gewähr dafür zu übernehmen, daß die vertragsärztliche Versorgung den gesetzlichen und vertraglichen Erfordernissen entspricht. $_{2}$Kommt die Kassenärztliche Vereinigung ihrem Sicherstellungsauftrag aus Gründen, die sie zu vertreten hat, nicht nach, können die Krankenkassen die in den Gesamtverträgen nach § 85 oder § 87a vereinbarten Vergütungen teilweise zurückbehalten. $_{3}$Die Einzelheiten regeln die Partner der Bundesmantelverträge.

(1a) $_{1}$Der Sicherstellungsauftrag nach Absatz 1 umfasst auch die angemessene und zeitnahe Zurverfügungstellung der fachärztlichen Versorgung. $_{2}$Hierzu haben die Kassenärztlichen Vereinigungen bis zum 23. Januar 2016 Terminservicestellen einzurichten; die Terminservicestellen können in Kooperation mit den Landesverbänden der Krankenkassen und den Ersatzkassen betrieben werden. $_{3}$Die Terminservicestelle hat Versicherten bei Vorliegen einer Überweisung zu einem Facharzt innerhalb einer Woche einen Behandlungstermin bei einem Leistungserbringer nach § 95 Absatz 1 Satz 1 zu vermitteln; einer Überweisung bedarf es nicht, wenn ein Behandlungstermin bei einem Augenarzt oder einem Frauenarzt zu vermitteln ist. $_{4}$Die Wartezeit auf den zu vermittelnden Behandlungstermin darf vier Wochen nicht überschreiten. $_{5}$Die Entfernung zwischen Wohnort des Versicherten und dem vermittelten Facharzt muss zumutbar sein. $_{6}$Kann die Terminservicestelle keinen Behandlungstermin bei einem Leistungserbringer nach § 95 Absatz 1 Satz 1 innerhalb der Frist nach Satz 4 vermitteln, hat sie einen ambulanten Behandlungstermin in einem zugelassenen Krankenhaus anzubieten; die Sätze 3 bis 5 gelten entsprechend. $_{7}$Satz 6 gilt nicht bei verschiebbaren Routineuntersuchungen und in Fällen von Bagatellerkrankungen sowie bei weiteren vergleichbaren Fällen. $_{8}$Für die ambulante Behandlung im Krankenhaus gelten die Bestimmungen über die vertragsärztliche Versorgung. $_{9}$In den Fällen von Satz 7 hat die Terminservicestelle einen Behandlungstermin bei einem Leistungserbringer nach § 95 Absatz 1 Satz 1 in einer angemessenen Frist zu vermitteln. $_{10}$Im Bundesmantelvertrag nach § 82 Absatz 1 sind bis zum 23. Oktober 2015 insbesondere Regelungen zu treffen

1. zum Nachweis des Vorliegens einer Überweisung,
2. zur zumutbaren Entfernung nach Satz 5, differenziert nach Arztgruppen,
3. über das Nähere zu den Fällen nach Satz 7,
4. zur Notwendigkeit weiterer Behandlungen nach § 76 Absatz 1a Satz 2.

$_{11}$Im Bundesmantelvertrag können zudem ergänzende Regelungen insbesondere zu weiteren Ausnahmen von der Notwendigkeit des Vorliegens einer Überweisung getroffen werden. $_{12}$Die Sätze 2 bis 11 gelten nicht für Behandlungen nach § 28 Absatz 2 und § 29. $_{13}$Ab Inkrafttreten des Beschlusses des Gemeinsamen Bundesausschusses nach § 92 Absatz 6a Satz 3 gelten die Sätze 2 bis 11 für Behandlungen nach § 28 Absatz 3 hinsichtlich der Vermittlung eines Termins für ein Erstgespräch im Rahmen der psychotherapeutischen Sprechstunden und der sich aus der Abklärung ergebenden zeitnah erforderlichen Behandlungstermine; einer Überweisung bedarf es nicht. $_{14}$Die Kassenärztliche Bundesvereinigung kann die Kassenärztlichen Vereinigungen durch das Angebot einer Struktur für ein elektronisch gestütztes Wartezeitenmanagement bei der Terminvermittlung unterstützen. $_{15}$Die Kassenärztliche Bundesvereinigung evaluiert die Auswirkungen der Tätigkeit der Terminservicestellen insbesondere im Hinblick auf die Erreichung der fristgemäßen Vermittlung von Facharztterminen, auf die Häufigkeit der Inanspruchnahme und auf die Vermittlungsquote. $_{16}$Über die Ergebnisse hat die Kassenärztliche Bundesvereinigung dem Bundesministerium für Gesundheit jährlich, erstmals zum 30. Juni 2017, zu berichten.

(1b) $_{1}$Der Sicherstellungsauftrag nach Absatz 1 umfasst auch die vertragsärztliche Versorgung zu den sprechstundenfreien Zeiten (Notdienst), nicht jedoch die notärztliche Versorgung im Rahmen des Rettungsdienstes, soweit Landesrecht nichts anderes bestimmt. $_{2}$Die Kassenärztlichen Vereinigungen sollen den Notdienst auch durch Kooperation und eine organisatorische Verknüpfung mit zugelassenen Krankenhäusern sicherstellen. $_{3}$Nicht an der vertragsärztlichen Versorgung teilnehmende zugelassene Krankenhäuser und Ärzte, die aufgrund einer Kooperationsvereinbarung mit der Kassenärztlichen Vereinigung in den Notdienst einbezogen sind, sind zur Leistungserbringung im Rahmen des Notdienstes berechtigt und nehmen zu diesem Zweck an der vertragsärztlichen Versorgung teil. $_{4}$Satz 3 gilt entsprechend für nicht an der vertragsärztlichen Versorgung teilnehmende Ärzte im Rahmen der notärztlichen Versorgung des Rettungsdienstes, soweit entsprechend Satz 1 durch Landesrecht bestimmt ist, dass auch diese Versorgung vom Sicherstellungsauftrag der Kassenärztlichen Vereinigung umfasst ist. $_{5}$Die Kassenärztlichen Vereinigungen sollen mit den Landesapothekerkammern in einen Informationsaustausch über die Organisation des Notdienstes treten, um die Versorgung der Versicherten im Notdienst zu verbessern; die Ergebnisse aus diesem Informationsaustausch sind in die Kooperationen nach Satz 2 einzubeziehen. $_{6}$Die Kassenärztlichen Vereinigungen sollen mit den Rettungsleitstellen der Länder kooperieren.

(2) 1Die Kassenärztlichen Vereinigungen und die Kassenärztlichen Bundesvereinigungen haben die Rechte der Vertragsärzte gegenüber den Krankenkassen wahrzunehmen. 2Sie haben die Erfüllung der den Vertragsärzten obliegenden Pflichten zu überwachen und die Vertragsärzte, soweit notwendig, unter Anwendung der in § 81 Abs. 5 vorgesehenen Maßnahmen zur Erfüllung dieser Pflichten anzuhalten.

(3) 1Die Kassenärztlichen Vereinigungen und die Kassenärztlichen Bundesvereinigungen haben auch die ärztliche Versorgung von Personen sicherzustellen, die auf Grund dienstrechtlicher Vorschriften über die Gewährung von Heilfürsorge einen Anspruch auf unentgeltliche ärztliche Versorgung haben, soweit die Erfüllung dieses Anspruchs nicht auf andere Weise gewährleistet ist. 2Die ärztlichen Leistungen sind so zu vergüten, wie die Ersatzkassen die vertragsärztlichen Leistungen vergüten. 3Die Sätze 1 und 2 gelten entsprechend für ärztliche Untersuchungen der Durchführung der allgemeinen Wehrpflicht sowie Untersuchungen zur Vorbereitung von Personalentscheidungen und betriebs- und fürsorgeärztliche Untersuchungen, die von öffentlich-rechtlichen Kostenträgern veranlaßt werden.

(3a) 1Die Kassenärztlichen Vereinigungen und die Kassenärztlichen Bundesvereinigungen haben auch die ärztliche Versorgung der in den brancheneinheitlichen Standardtarifen nach § 257 Abs. 2a in Verbindung mit § 314 und nach § 257 Abs. 2a in Verbindung mit § 315 sowie dem brancheneinheitlichen Basistarif nach § 12 Abs. 1a des Versicherungsaufsichtsgesetzes und dem Notlagentarif nach § 12h des Versicherungsaufsichtsgesetzes Versicherten mit den in diesen Tarifen versicherten ärztlichen Leistungen sicherzustellen. 2Solange und soweit nach Absatz 3b nichts Abweichendes vereinbart oder festgesetzt wird, sind die in Satz 1 genannten Leistungen einschließlich der belegärztlichen Leistungen nach § 121 nach der Gebührenordnung für Ärzte oder der Gebührenordnung für Zahnärzte mit der Maßgabe zu vergüten, dass Gebühren für die in Abschnitt M des Gebührenverzeichnisses der Gebührenordnung für Ärzte genannten Leistungen sowie für die Leistung nach Nummer 437 des Gebührenverzeichnisses der Gebührenordnung für Ärzte nur bis zum 1,16fachen des Gebührensatzes der Gebührenordnung für Ärzte, Gebühren für die in den Abschnitten A, E und O des Gebührenverzeichnisses der Gebührenordnung für Ärzte genannten Leistungen nur bis zum 1,38fachen des Gebührensatzes der Gebührenordnung für Ärzte, Gebühren für die übrigen Leistungen des Gebührenverzeichnisses der Gebührenordnung für Ärzte nur bis zum 1,8fachen des Gebührensatzes der Gebührenordnung für Ärzte und Gebühren für die Leistungen des Gebührenverzeichnisses der Gebührenordnung für Zahnärzte nur bis zum 2fachen des Gebührensatzes der Gebührenordnung für Zahnärzte berechnet werden dürfen. 3Für die Vergütung von in den §§ 115b und 116b bis 119 genannten Leistungen gilt Satz 2 entsprechend, wenn diese für die in Satz 1 genannten Versicherten im Rahmen der dort genannten Tarife erbracht werden.

(3b) 1Die Vergütung für die in Absatz 3a Satz 2 genannten Leistungen kann in Verträgen zwischen dem Verband der privaten Krankenversicherung einheitlich mit Wirkung für die Unternehmen der privaten Krankenversicherung und im Einvernehmen mit den Trägern der Kosten in Krankheits-, Pflege- und Geburtsfällen nach beamtenrechtlichen Vorschriften mit den Kassenärztlichen Vereinigungen oder den Kassenärztlichen Bundesvereinigungen ganz oder teilweise abweichend von den Vorgaben des Absatzes 3a Satz 2 geregelt werden. 2Für den Verband der privaten Krankenversicherung gilt § 12 Abs. 1d des Versicherungsaufsichtsgesetzes entsprechend. 3Wird zwischen den Beteiligten nach Satz 1 keine Einigung über eine von Absatz 3a Satz 2 abweichende Vergütungsregelung erzielt, kann der Beteiligte, der die Abweichung verlangt, die Schiedsstelle nach Absatz 3c anrufen. 4Diese hat innerhalb von drei Monaten über die Gegenstände, über die keine Einigung erzielt werden konnte, zu entscheiden und den Vertragsinhalt festzusetzen. 5Die Schiedsstelle hat ihre Entscheidung so zu treffen, dass der Vertragsinhalt

1. den Anforderungen an eine ausreichende, zweckmäßige, wirtschaftliche und in der Qualität gesicherte ärztliche Versorgung der in Absatz 3a Satz 1 genannten Versicherten entspricht,
2. die Vergütungsstrukturen vergleichbarer Leistungen aus dem vertragsärztlichen und privatärztlichen Bereich berücksichtigt und
3. die wirtschaftlichen Interessen der Vertragsärzte sowie die finanziellen Auswirkungen der Vergütungsregelungen auf die Entwicklung der Prämien für die Tarife der in Absatz 3a Satz 1 genannten Versicherten angemessen berücksichtigt.

6Wird nach Ablauf einer von den Vertragsparteien nach Satz 1 vereinbarten oder von der Schiedsstelle festgesetzten Vertragslaufzeit keine Einigung über die Vergütung erzielt, gilt der bisherige Vertrag bis zu der Entscheidung der Schiedsstelle weiter. 7Für die in Absatz 3a Satz 1 genannten Versicherten und Tarife kann die Vergütung für die in den §§ 115b und 116b bis 119 genannten Leistungen in Verträgen zwischen dem Verband der privaten Krankenversicherung einheitlich mit Wirkung für die Unternehmen der privaten Krankenversicherung und im Einvernehmen mit den Trägern der Kosten in Krankheits-, Pflege- und Geburtsfällen nach beamtenrechtlichen Vorschriften mit den entsprechenden Leistungserbringern oder den sie vertretenden Verbänden ganz oder teilweise abweichend von den Vorgaben des Absatzes 3a Satz 2 und 3 geregelt werden; Satz 2 gilt entsprechend. 8Wird nach Ablauf einer von den Vertragsparteien nach Satz 7 vereinbarten Vertragslaufzeit keine Einigung über die Vergütung erzielt, gilt der bisherige Vertrag weiter.

(3c) 1Die Kassenärztlichen Bundesvereinigungen bilden mit dem Verband der privaten Krankenversicherung je eine gemeinsame Schiedsstelle. 2Sie besteht aus Vertretern der Kassenärztlichen Bundesvereinigung oder der Kassenzahnärztlichen Bundesvereinigung einerseits und Vertretern des Verbandes der privaten Krankenversicherung und der Träger der Kosten in Krankheits-, Pflege- und Geburtsfällen nach beamtenrechtlichen Vorschriften andererseits in gleicher Zahl, einem unparteiischen Vorsitzenden und zwei weiteren unparteiischen Mitgliedern sowie je einem Vertreter des Bundesministeriums der Finanzen und des Bundesministeriums für Gesundheit. 3Die Amtsdauer beträgt vier Jahre. 4Über den Vorsitzenden und die weiteren unparteiischen Mitglieder sowie deren Stellvertreter sollen sich die Vertragsparteien einigen. 5Kommt eine Einigung nicht zu Stande, gilt § 89 Abs. 3 Satz 4 bis 6 entsprechend. 6Im Übrigen gilt § 129 Abs. 9 entsprechend. 7Die Aufsicht über die Geschäftsführung der Schiedsstelle führt das Bundesministerium der Finanzen; § 129 Abs. 10 Satz 2 gilt entsprechend.

(4) 1Die Kassenärztlichen Vereinigungen und die Kassenärztlichen Bundesvereinigungen haben auch die ärztliche Behandlung von Gefangenen in Justizvollzugsanstalten in Notfällen außerhalb der Dienstzeiten der Anstaltsärzte und Anstaltszahnärzte sicherzustellen, soweit die Behandlung nicht auf andere Weise gewährleistet ist. 2Absatz 3 Satz 2 gilt entsprechend.

(5) Soweit die ärztliche Versorgung in der knappschaftlichen Krankenversicherung nicht durch Knappschaftsärzte sichergestellt wird, gelten die Absätze 1 und 2 entsprechend.

(6) Mit Zustimmung der Aufsichtsbehörden können die Kassenärztlichen Vereinigungen und Kassenärztlichen Bundesvereinigungen weitere Aufgaben der ärztlichen Versorgung insbesondere für andere Träger der Sozialversicherung übernehmen.

(7) 1Die Kassenärztlichen Bundesvereinigungen haben

1. die erforderlichen Richtlinien für die Durchführung der von ihnen im Rahmen ihrer Zuständigkeit geschlossenen Verträge aufzustellen,

2. in Richtlinien die überbezirkliche Durchführung der vertragsärztlichen Versorgung und den Zahlungsausgleich hierfür zwischen den Kassenärztlichen Vereinigungen zu regeln, soweit nicht in Bundesmantelverträgen besondere Vereinbarungen getroffen sind,
3. Richtlinien über die Betriebs-, Wirtschafts- und Rechnungsführung der Kassenärztlichen Vereinigungen aufzustellen und
4. Richtlinien für die Umsetzung einer bundeseinheitlichen Notdienstnummer aufzustellen.

2Die Richtlinie nach Satz 1 Nr. 2 muss sicherstellen, dass die für die erbrachte Leistung zur Verfügung stehende Vergütung die Kassenärztliche Vereinigung erreicht, in deren Bezirk die Leistung erbracht wurde; eine Vergütung auf der Basis bundesdurchschnittlicher Verrechnungspunktwerte ist zulässig. 3Die Richtlinie nach Satz 1 Nr. 2 kann auch Regelungen über die Abrechnungs-, Wirtschaftlichkeits- und Qualitätsprüfung sowie über Verfahren bei Disziplinarangelegenheiten bei überörtlichen Berufsausübungsgemeinschaften, die Mitglieder in mehreren Kassenärztlichen Vereinigungen haben, treffen, soweit hierzu nicht in den Bundesmantelverträgen besondere Vereinbarungen getroffen sind.

(7a) 1Abweichend von Absatz 7 Satz 2 muss die für die ärztliche Versorgung geltende Richtlinie nach Absatz 7 Satz 1 Nr. 2 sicherstellen, dass die Kassenärztliche Vereinigung, in deren Bezirk die Leistungen erbracht wurden (Leistungserbringer-KV), von der Kassenärztlichen Vereinigung, in deren Bezirk der Versicherte seinen Wohnort hat (Wohnort-KV), für die erbrachten Leistungen jeweils die entsprechenden Vergütungen der in der Leistungserbringer-KV geltenden Euro-Gebührenordnung nach § 87a Abs. 2 erhält. 2Dabei ist das Benehmen mit dem Spitzenverband Bund der Krankenkassen herzustellen.

(8) Die Kassenärztlichen Vereinigungen und die Kassenärztlichen Bundesvereinigungen haben durch geeignete Maßnahmen darauf hinzuwirken, daß die zur Ableistung der Vorbereitungszeiten von Ärzten in den Praxen niedergelassener Vertragsärzte benötigten Plätze zur Verfügung stehen.

(9) Die Kassenärztlichen Vereinigungen sind verpflichtet, mit Einrichtungen nach § 13 des Schwangerschaftskonfliktgesetzes auf deren Verlangen Verträge über die ambulante Erbringung der in § 24b aufgeführten ärztlichen Leistungen zu schließen und die Leistungen außerhalb des Verteilungsmaßstabes nach den zwischen den Kassenärztlichen Vereinigungen und den Einrichtungen nach § 13 des Schwangerschaftskonfliktgesetzes oder deren Verbänden vereinbarten Sätzen zu vergüten.

§ 75a Förderung der Weiterbildung

(1) 1Die Kassenärztlichen Vereinigungen und die Krankenkassen sind zur Sicherung der hausärztlichen Versorgung verpflichtet, die allgemeinmedizinische Weiterbildung in den Praxen zugelassener Ärzte und zugelassener medizinischer Versorgungszentren zu fördern. 2Die Kassenärztlichen Vereinigungen und die Krankenkassen tragen die Kosten der Förderung für die Weiterbildung in der Allgemeinmedizin im ambulanten Bereich je zur Hälfte. 3Die Zuschüsse der Krankenkassen werden außerhalb der Gesamtvergütung für die vertragsärztliche Versorgung gewährt. 4Die Förderung ist von der Weiterbildungsstelle auf die im Krankenhaus übliche Vergütung anzuheben und an den Weiterzubildenden in voller Höhe auszuzahlen.

(2) 1Die Krankenkassen sind zur Sicherung der hausärztlichen Versorgung auch verpflichtet, die allgemeinmedizinische Weiterbildung in zugelassenen Krankenhäusern und in Vorsorge- und Rehabilitationseinrichtungen, für die ein Versorgungsvertrag nach § 111 besteht, zu fördern. 2Die Zuschüsse der Krankenkassen werden außerhalb der mit den Krankenhäusern vereinbarten Budgets gewährt.

(3) 1Die Anzahl der zu fördernden Stellen soll bundesweit insgesamt mindestens 7500 betragen. 2Die Kassenärztlichen Vereinigungen dürfen die Anzahl der zu fördernden Weiterbildungsstellen nicht begrenzen.

(4) 1Die Kassenärztliche Bundesvereinigung vereinbart mit dem Spitzenverband Bund der

V

Krankenkassen und der Deutschen Krankenhausgesellschaft bis zum 23. Oktober 2015 das Nähere über den Umfang und die Durchführung der finanziellen Förderung nach den Absätzen 1 bis 3. 2Sie haben insbesondere Vereinbarungen zu treffen über

1. die Höhe der finanziellen Förderung,
2. die Sicherstellung einer durchgängigen Förderung auch bei einem Wechsel in eine andere Weiterbildungsstelle in einem Bezirk einer anderen Kassenärztlichen Vereinigung,
3. die Verteilung der zu fördernden Stellen auf die Kassenärztlichen Vereinigungen,
4. ein finanzielles Ausgleichverfahren, wenn in einem Bezirk einer Kassenärztlichen Vereinigung mehr oder weniger Weiterbildungsstellen gefördert werden, als nach Nummer 3 vorgesehen sind, sowie
5. die zu fördernden Fachärzte aus dem Bereich der allgemeinen fachärztlichen Versorgung, die an der Grundversorgung teilnehmen (grundversorgende Fachärzte).

3Mit der Bundesärztekammer ist das Benehmen herzustellen.

(5) 1Die Höhe der finanziellen Beteiligung der Krankenkassen an den Kosten der Förderung der allgemeinmedizinischen Weiterbildung vermindert sich um den von den privaten Krankenversicherungsunternehmen gezahlten Betrag. 2Über die Verträge nach Absatz 4 ist das Einvernehmen mit dem Verband der Privaten Krankenversicherung anzustreben.

(6) 1Die nach Absatz 4 Satz 2 Nummer 1 zu vereinbarende Höhe der finanziellen Förderung ist so zu bemessen, dass die Weiterzubildenden in allen Weiterbildungseinrichtungen nach den Absätzen 1 und 2 eine angemessene Vergütung erhalten. 2In Gebieten, für die der Landesausschuss der Ärzte und Krankenkassen für den Bereich der hausärztlichen Versorgung eine Feststellung nach § 100 Absatz 1 Satz 1 getroffen hat, soll eine höhere finanzielle Förderung vorgesehen werden. 3Die Vertragspartner haben die Angemessenheit der Förderung regelmäßig zu überprüfen und soweit erforderlich anzupassen.

(7) In den Verträgen nach Absatz 4 kann auch vereinbart werden, dass

1. die Fördermittel durch eine zentrale Stelle auf Landes- oder Bundesebene verwaltet werden,
2. eine finanzielle Beteiligung an regionalen Projekten zur Förderung der Allgemeinmedizin erfolgt,
3. bis zu 5 Prozent der vorgesehenen Fördermittel überregional für die Errichtung und Organisation von Einrichtungen, die die Qualität und Effizienz der Weiterbildung verbessern können, bereitgestellt werden,
4. in einem Förderungszeitraum nicht abgerufene Fördermittel in den darauffolgenden Förderzeitraum übertragen sowie überregional und unabhängig von der Art der Weiterbildungseinrichtung bereitgestellt werden.

(8) Die Kassenärztlichen Vereinigungen können zur Erfüllung der in Absatz 1 genannten Aufgaben kooperieren oder eine Kassenärztliche Vereinigung mit der Durchführung der Aufgaben nach Absatz 1 beauftragen.

(9) 1Die Absätze 1 und 4 bis 8 gelten für die Förderung der Weiterbildung in der ambulanten grundversorgenden fachärztlichen Versorgung nach Maßgabe der Vereinbarung nach Absatz 4 Satz 2 Nummer 5 entsprechend. 2Es sind bundesweit bis zu 1000 Stellen zu fördern.

§ 76 Freie Arztwahl

(1) 1Die Versicherten können unter den zur vertragsärztlichen Versorgung zugelassenen Ärzten, den medizinischen Versorgungszentren, den ermächtigten Ärzten, den ermächtigten oder nach § 116b an der ambulanten Versorgung teilnehmenden Einrichtungen, den Zahnkliniken der Krankenkassen, den Eigeneinrichtungen der Krankenkassen nach § 140 Abs. 2 Satz 2, den nach § 72a Abs. 3 vertraglich zur ärztlichen Behandlung verpflichteten Ärzten und Zahnärzten, den zum ambulanten Operieren zugelassenen Krankenhäusern sowie den Einrichtungen nach § 75 Abs. 9 frei wählen. 2Andere Ärzte dürfen nur in Notfällen in Anspruch genommen werden. 3Die Inanspruchnahme der Eigenein-

richtungen der Krankenkassen nach § 140 Abs. 1 und 2 Satz 1 richtet sich nach den hierüber abgeschlossenen Verträgen. $_{4}$Die Zahl der Eigeneinrichtungen darf auf Grund vertraglicher Vereinbarung vermehrt werden, wenn die Voraussetzungen des § 140 Abs. 2 Satz 1 erfüllt sind.

(1a) $_{1}$In den Fällen des § 75 Absatz 1a Satz 6 können Versicherte auch zugelassene Krankenhäuser in Anspruch nehmen, die nicht an der vertragsärztlichen Versorgung teilnehmen. $_{2}$Die Inanspruchnahme umfasst auch weitere auf den Termin folgende notwendige Behandlungen, die dazu dienen, den Behandlungserfolg zu sichern oder zu festigen.

(2) Wird ohne zwingenden Grund ein anderer als einer der nächsterreichbaren an der vertragsärztlichen Versorgung teilnehmenden Ärzte, Einrichtungen oder medizinische Versorgungszentren in Anspruch genommen, hat der Versicherte die Mehrkosten zu tragen.

(3) $_{1}$Die Versicherten sollen den an der vertragsärztlichen Versorgung teilnehmenden Arzt innerhalb eines Kalendervierteljahres nur bei Vorliegen eines wichtigen Grundes wechseln. $_{2}$Der Versicherte wählt einen Hausarzt. $_{3}$Der Arzt hat den Versicherten vorab über Inhalt und Umfang der hausärztlichen Versorgung (§ 73) zu unterrichten; eine Teilnahme an der hausärztlichen Versorgung hat er auf seinem Praxisschild anzugeben.

(3a) Die Partner der Verträge nach § 82 Abs. 1 haben geeignete Maßnahmen zu vereinbaren, die einer unkoordinierten Mehrfachinanspruchnahme von Vertragsärzten entgegenwirken und den Informationsaustausch zwischen vor- und nachbehandelnden Ärzten gewährleisten.

(4) Die Übernahme der Behandlung verpflichtet die in Absatz 1 genannten Personen oder Einrichtungen dem Versicherten gegenüber zur Sorgfalt nach den Vorschriften des bürgerlichen Vertragsrechts.

(5) $_{1}$Die Versicherten der knappschaftlichen Krankenversicherung können unter den Knappschaftsärzten und den in Absatz 1 genannten Personen und Einrichtungen frei wählen. $_{2}$Die Absätze 2 bis 4 gelten entsprechend.

Zweiter Titel
Kassenärztliche und Kassenzahnärztliche Vereinigungen

§ 77 Kassenärztliche Vereinigungen und Bundesvereinigungen

(1) $_{1}$Zur Erfüllung der ihnen durch dieses Buch übertragenen Aufgaben der vertragsärztlichen Versorgung bilden die Vertragsärzte für den Bereich jedes Landes eine Kassenärztliche und eine Kassenzahnärztliche Vereinigung (Kassenärztliche Vereinigungen). $_{2}$Bestehen in einem Land mehrere Kassenärztliche Vereinigungen, können sich diese nach Absatz 2 vereinigen.

(2) $_{1}$Mit Zustimmung der für die Sozialversicherung zuständigen obersten Verwaltungsbehörden der Länder können sich Kassenärztliche Vereinigungen auf Beschluss ihrer Vertreterversammlungen auch für den Bereich mehrerer Länder vereinigen. $_{2}$Der Beschluss bedarf der Genehmigung der vor der Vereinigung zuständigen Aufsichtsbehörden. $_{3}$§ 144 Absatz 2 bis 4 gilt entsprechend. $_{4}$Die Bundesvereinigung nach Absatz 4 ist vor der Vereinigung zu hören. $_{5}$Die gemeinsame Kassenärztliche Vereinigung kann nach Bereichen der an der Vereinigung beteiligten Kassenärztlichen Vereinigungen getrennte Gesamtverträge längstens für bis zu vier Quartale anwenden. $_{6}$Darüber hinaus können die Vertragspartner der Gesamtverträge unterschiedliche Vergütungen im Einvernehmen mit der zuständigen Aufsichtsbehörde vereinbaren, soweit es zum Ausgleich unterschiedlicher landesrechtlicher Bestimmungen oder aus anderen besonderen Gründen erforderlich ist.

(3) $_{1}$Die zugelassenen Ärzte, die im Rahmen der vertragsärztlichen Versorgung in den zugelassenen medizinischen Versorgungszentren tätigen angestellten Ärzte, die bei Vertragsärzten nach § 95 Abs. 9 und 9a angestellten Ärzte, die in Eigeneinrichtungen nach § 105 Absatz 1 Satz 2 und Absatz 5 Satz 1 angestellten Ärzte und die an der vertrags-

ärztlichen Versorgung teilnehmenden ermächtigten Krankenhausärzte sind Mitglieder der für ihren Arztsitz zuständigen Kassenärztlichen Vereinigung. 2Voraussetzung der Mitgliedschaft angestellter Ärzte in der für ihren Arztsitz zuständigen Kassenärztlichen Vereinigung ist, dass sie mindestens halbtags beschäftigt sind.

(4) 1Die Kassenärztlichen Vereinigungen bilden die Kassenärztliche Bundesvereinigung und die Kassenzahnärztliche Bundesvereinigung (Kassenärztliche Bundesvereinigungen). 2Die Kassenärztlichen Vereinigungen und Kassenärztlichen Bundesvereinigungen können die für sie zuständigen obersten Bundes- und Landesbehörden insbesondere in Fragen der Rechtsetzung kurzzeitig personell unterstützen. 3Dadurch entstehende Kosten sind ihnen grundsätzlich zu erstatten; Ausnahmen werden in den jeweiligen Gesetzen zur Feststellung der Haushalte von Bund und Ländern festgelegt.

(5) Die Kassenärztlichen Vereinigungen und die Kassenärztlichen Bundesvereinigungen sind Körperschaften des öffentlichen Rechts.

(6) 1§§ 88, 94 Abs. 1a bis 4 und § 97 Abs. 1 Satz 1 bis 4 des Zehnten Buches gelten entsprechend. 2Wenn eine Kassenärztliche Vereinigung eine andere Kassenärztliche Vereinigung nach Satz 1 in Verbindung mit § 88 des Zehnten Buches beauftragt, eine ihr obliegende Aufgabe wahrzunehmen und hiermit eine Erhebung, Verarbeitung und Nutzung von Sozialdaten durch die Beauftragte verbunden ist, wird die Beauftragte mit dem Empfang der ihr nach § 285 Absatz 3 Satz 7 übermittelten Sozialdaten verantwortliche Stelle nach § 67 Absatz 9 Satz 1 des Zehnten Buches. 3§ 80 Absatz 3 Satz 1 Nummer 1 bis 3 und Satz 2 des Zehnten Buches gilt entsprechend, Satz 1 Nummer 1 jedoch mit der Maßgabe, dass nur der Auftragnehmer anzuzeigen ist.

§ 77a Dienstleistungsgesellschaften

(1) Die Kassenärztlichen Vereinigungen und die Kassenärztlichen Bundesvereinigungen können zur Erfüllung der in Absatz 2 aufgeführten Aufgaben Gesellschaften gründen.

(2) Gesellschaften nach Absatz 1 können gegenüber vertragsärztlichen Leistungserbringern folgende Aufgaben erfüllen:

1. Beratung beim Abschluss von Verträgen, die die Versorgung von Versicherten mit Leistungen der gesetzlichen Krankenversicherung betreffen,
2. Beratung in Fragen der Datenverarbeitung, der Datensicherung und des Datenschutzes,
3. Beratung in allgemeinen wirtschaftlichen Fragen, die die Vertragsarzttätigkeit betreffen,
4. Vertragsabwicklung für Vertragspartner von Verträgen, die die Versorgung von Versicherten mit Leistungen der gesetzlichen Krankenversicherung betreffen,
5. Übernahme von Verwaltungsaufgaben für Praxisnetze.

(3) 1Gesellschaften nach Absatz 1 dürfen nur gegen Kostenersatz tätig werden. 2Eine Finanzierung aus Mitteln der Kassenärztlichen Vereinigungen oder Kassenärztlichen Bundesvereinigungen ist ausgeschlossen.

§ 78 Aufsicht, Haushalts- und Rechnungswesen, Vermögen, Statistiken

(1) Die Aufsicht über die Kassenärztlichen Bundesvereinigungen führt das Bundesministerium für Gesundheit, die Aufsicht über die Kassenärztlichen Vereinigungen führen die für die Sozialversicherung zuständigen obersten Verwaltungsbehörden der Länder.

(2) 1Die Aufsicht über die für den Bereich mehrerer Länder gebildeten gemeinsamen Kassenärztlichen Vereinigungen führt die für die Sozialversicherung zuständige oberste Verwaltungsbehörde des Landes, in dem diese Vereinigungen ihren Sitz haben. 2Die Aufsicht ist im Benehmen mit den zuständigen obersten Verwaltungsbehörden der beteiligten Länder wahrzunehmen.

(3) 1Die Aufsicht erstreckt sich auf die Beachtung von Gesetz und sonstigem Recht. 2Die §§ 88 und 89 des Vierten Buches gelten entsprechend. 3Für das Haushalts- und Rechnungswesen einschließlich der Statistiken

gelten die §§ 67 bis 70 Abs. 1 und 5, §§ 72 bis 77 Abs. 1, §§ 78 und 79 Abs. 1 und 2 in Verbindung mit Abs. 3a, für das Vermögen die §§ 80 und 85 des Vierten Buches, für die Verwendung der Mittel der Kassenärztlichen Vereinigung § 305b entsprechend.

§ 79 Organe

(1) Bei den Kassenärztlichen Vereinigungen und den Kassenärztlichen Bundesvereinigungen werden eine Vertreterversammlung als Selbstverwaltungsorgan sowie ein hauptamtlicher Vorstand gebildet.

(2) $_{1}$Die Satzungen bestimmen die Zahl der Mitglieder der Vertreterversammlung der Kassenärztlichen Vereinigungen und Kassenärztlichen Bundesvereinigungen. $_{2}$Die Vertreterversammlung der Kassenärztlichen Vereinigungen hat bis zu 30 Mitglieder. $_{3}$Bei mehr als 5000 Mitgliedern der Kassenärztlichen Vereinigung oder mehr als 2000 Mitgliedern der Kassenzahnärztlichen Vereinigung kann die Zahl der Mitglieder auf bis zu 40, bei mehr als 10 000 Mitgliedern der Kassenärztlichen Vereinigung oder mehr als 5000 Mitgliedern der Kassenzahnärztlichen Vereinigung auf bis zu 50 erhöht werden. $_{4}$Die Vertreterversammlung der Kassenärztlichen Bundesvereinigungen hat bis zu 60 Mitglieder.

(3) $_{1}$Die Vertreterversammlung hat insbesondere

1. die Satzung und sonstiges autonomes Recht zu beschließen,
2. den Vorstand zu überwachen,
3. alle Entscheidungen zu treffen, die für die Körperschaft von grundsätzlicher Bedeutung sind,
4. den Haushaltsplan festzustellen,
5. über die Entlastung des Vorstandes wegen der Jahresrechnung zu beschließen,
6. die Körperschaft gegenüber dem Vorstand und dessen Mitgliedern zu vertreten,
7. über den Erwerb, die Veräußerung oder die Belastung von Grundstücken sowie über die Errichtung von Gebäuden zu beschließen.

$_{2}$Sie kann sämtliche Geschäfts- und Verwaltungsunterlagen einsehen und prüfen.

(3a) $_{1}$In der Vertreterversammlung der Kassenärztlichen Bundesvereinigung stimmen über die Belange, die ausschließlich die hausärztliche Versorgung betreffen, nur die Vertreter der Hausärzte, über die Belange, die ausschließlich die fachärztliche Versorgung betreffen, nur die Vertreter der Fachärzte ab. $_{2}$Bei gemeinsamen Abstimmungen sind die Stimmen so zu gewichten, dass insgesamt eine Parität der Stimmen zwischen Vertretern der Hausärzte und Vertretern der Fachärzte in der Vertreterversammlung besteht. $_{3}$Das Nähere zur Abgrenzung der Abstimmungsgegenstände nach Satz 1 und zur Stimmengewichtung nach Satz 2 regelt die Satzung bis spätestens zum 1. November 2015; der Satzungsbeschluss bedarf der Mehrheit von zwei Dritteln der Stimmen der Mitglieder der Vertreterversammlung.

(4) $_{1}$Der Vorstand der Kassenärztlichen Vereinigungen und Kassenärztlichen Bundesvereinigungen besteht aus bis zu drei Mitgliedern. $_{2}$Die Mitglieder des Vorstandes vertreten sich gegenseitig. $_{3}$Sie üben ihre Tätigkeit hauptamtlich aus. $_{4}$Wird ein Arzt in den hauptamtlichen Vorstand gewählt, kann er eine ärztliche Tätigkeit als Nebentätigkeit in begrenztem Umfang weiterführen oder seine Zulassung ruhen lassen. $_{5}$Die Amtszeit beträgt sechs Jahre, es sei denn, ein Vorstandsmitglied wird während der laufenden Amtsdauer der Vertreterversammlung gewählt; die Wiederwahl ist möglich. $_{6}$Die Höhe der jährlichen Vergütungen der einzelnen Vorstandsmitglieder einschließlich Nebenleistungen sowie die wesentlichen Versorgungsregelungen sind in einer Übersicht jährlich zum 1. März, erstmalig zum 1. März 2005 im Bundesanzeiger und gleichzeitig getrennt nach den kassenärztlichen und kassenzahnärztlichen Organisationen in den jeweiligen ärztlichen Mitteilungen der Kassenärztlichen Bundesvereinigungen zu veröffentlichen. $_{7}$Die Art und die Höhe finanzieller Zuwendungen, die den Vorstandsmitgliedern im Zusammenhang mit ihrer Vorstandstätigkeit von Dritten gewährt werden, sind dem Vorsitzenden und den stellvertretenden Vorsitzenden der Vertreterversammlung mitzuteilen.

(5) $_1$Der Vorstand verwaltet die Körperschaft und vertritt sie gerichtlich und außergerichtlich, soweit Gesetz oder sonstiges Recht nichts Abweichendes bestimmen. $_2$In der Satzung oder im Einzelfall durch den Vorstand kann bestimmt werden, dass auch einzelne Mitglieder des Vorstandes die Körperschaft vertreten können.

(6) $_1$§ 35a Abs. 1 Satz 3 und 4, Abs. 2, 5 Satz 1, Absatz 6a, 7 und § 42 Abs. 1 bis 3 des Vierten Buches gelten entsprechend. $_2$Die Vertreterversammlung hat bei ihrer Wahl darauf zu achten, dass die Mitglieder des Vorstandes die erforderliche fachliche Eignung für ihren jeweiligen Geschäftsbereich besitzen.

§ 79a Verhinderung von Organen; Bestellung eines Beauftragten

(1) $_1$Solange und soweit die Wahl der Vertreterversammlung und des Vorstandes nicht zustande kommt oder die Vertreterversammlung oder der Vorstand sich weigern, ihre Geschäfte zu führen, nimmt auf Kosten der Kassenärztlichen Vereinigung oder der Kassenärztlichen Bundesvereinigung die Aufsichtsbehörde selbst oder ein von ihr bestellter Beauftragter die Aufgaben der Kassenärztlichen Vereinigung oder der Kassenärztlichen Bundesvereinigung wahr. $_2$Auf deren Kosten werden ihre Geschäfte durch die Aufsichtsbehörde selbst oder durch den von ihr bestellten Beauftragten auch dann geführt, wenn die Vertreterversammlung oder der Vorstand die Funktionsfähigkeit der Körperschaft gefährden, insbesondere wenn sie die Körperschaft nicht mehr im Einklang mit den Gesetzen und der Satzung verwalten, die Auflösung der Kassenärztlichen Vereinigung betreiben oder das Vermögen gefährdende Entscheidungen beabsichtigen oder treffen.

(2) $_1$Der Übernahme der Geschäfte durch die Aufsichtsbehörde selbst oder der Einsetzung eines Beauftragten hat eine Anordnung vorauszugehen, mit der die Aufsichtsbehörde der Kassenärztlichen Vereinigung aufgibt, innerhalb einer bestimmten Frist das Erforderliche zu veranlassen. $_2$Widerspruch und Klage gegen die Anordnung und die Entscheidung über die Bestellung des Beauftragten oder die Wahrnehmung der Aufgaben der Kassenärztlichen Vereinigung oder der Kassenärztlichen Bundesvereinigung durch die Aufsichtsbehörde selbst haben keine aufschiebende Wirkung. $_3$Die Aufsichtsbehörde oder die von ihr bestellten Beauftragten haben die Stellung des Organs der Kassenärztlichen Vereinigung, für das sie die Geschäfte führen.

§ 79b Beratender Fachausschuß für Psychotherapie

$_1$Bei den Kassenärztlichen Vereinigungen und der Kassenärztlichen Bundesvereinigung wird ein beratender Fachausschuß für Psychotherapie gebildet. $_2$Der Ausschuß besteht aus fünf Psychologischen Psychotherapeuten und einem Kinder- und Jugendlichenpsychotherapeuten sowie Vertretern der Ärzte in gleicher Zahl, die von der Vertreterversammlung aus dem Kreis der Mitglieder ihrer Kassenärztlichen Vereinigung in unmittelbarer und geheimer Wahl gewählt werden. $_3$Für die Wahl der Mitglieder des Fachausschusses bei der Kassenärztlichen Bundesvereinigung gilt Satz 2 mit der Maßgabe, daß die von den Psychotherapeuten gestellten Mitglieder des Fachausschusses zugelassene Psychotherapeuten sein müssen. $_4$Abweichend von Satz 2 werden für die laufende Wahlperiode der Kassenärztlichen Vereinigungen und der Kassenärztlichen Bundesvereinigung die von den Psychotherapeuten gestellten Mitglieder des Fachausschusses auf Vorschlag der für die beruflichen Interessen maßgeblichen Organisationen der Psychotherapeuten auf Landes- und Bundesebene von der jeweils zuständigen Aufsichtsbehörde berufen. $_5$Dem Ausschuß ist vor Entscheidungen der Kassenärztlichen Vereinigungen und der Kassenärztlichen Bundesvereinigung in den die Sicherstellung der psychotherapeutischen Versorgung berührenden wesentlichen Fragen rechtzeitig Gelegenheit zur Stellungnahme zu geben. $_6$Seine Stellungnahmen sind in die Entscheidungen einzubeziehen. $_7$Das Nähere regelt die Satzung. $_8$Die Befugnisse der Vertreterversammlungen der Kassenärztlichen Vereinigungen und der Kassenärztlichen Bundesvereinigung bleiben unberührt.

§ 79c Beratender Fachausschuss für hausärztliche Versorgung; weitere beratende Fachausschüsse

1Bei den Kassenärztlichen Vereinigungen und der Kassenärztlichen Bundesvereinigung wird jeweils ein beratender Fachausschuss gebildet für

1. die hausärztliche Versorgung,
2. die fachärztliche Versorgung und
3. angestellte Ärztinnen und Ärzte.

2Die Fachausschüsse nach Satz 1 Nummer 1 und 2 bestehen aus Mitgliedern, die an der jeweiligen Versorgung teilnehmen und nicht bereits Mitglied in einem Fachausschuss nach § 79b sind. 3Der Fachausschuss nach Satz 1 Nummer 3 besteht aus Mitgliedern, die angestellte Ärztinnen und Ärzte nach § 77 Absatz 3 Satz 2 sind. 4Weitere beratende Fachausschüsse können gebildet werden. 5Die Mitglieder der beratenden Fachausschüsse sind von der Vertreterversammlung aus dem Kreis der Mitglieder der Kassenärztlichen Vereinigungen in unmittelbarer und geheimer Wahl zu wählen. 6Das Nähere über die beratenden Fachausschüsse, insbesondere für rehabilitationsmedizinische Fragen, und ihre Zusammensetzung regelt die Satzung. 7§ 79b Satz 5 bis 8 gilt entsprechend.

§ 80 Wahlen

(1) 1Die Mitglieder der Kassenärztlichen Vereinigungen wählen in unmittelbarer und geheimer Wahl die Mitglieder der Vertreterversammlung. 2Die Wahlen erfolgen nach den Grundsätzen der Verhältniswahl auf Grund von Listen- und Einzelwahlvorschlägen. 3Die Psychotherapeuten wählen ihre Mitglieder der Vertreterversammlung entsprechend den Sätzen 1 und 2 mit der Maßgabe, dass sie höchstens mit einem Zehntel der Mitglieder in der Vertreterversammlung vertreten sind. 4Das Nähere zur Wahl der Mitglieder der Vertreterversammlung, einschließlich des Anteils der übrigen Mitglieder der Kassenärztlichen Vereinigungen, bestimmt die Satzung.

(1a) 1Der Vorsitzende und jeweils ein Stellvertreter des Vorsitzenden der Kassenärztlichen Vereinigungen sind Mitglieder der Vertreterversammlung der Kassenärztlichen Bundesvereinigungen. 2Die Mitglieder der Vertreterversammlungen der Kassenärztlichen Vereinigungen wählen in unmittelbarer und geheimer Wahl aus ihren Reihen die weiteren Mitglieder der Vertreterversammlung der Kassenärztlichen Bundesvereinigungen. 3Absatz 1 gilt entsprechend mit der Maßgabe, dass die Kassenärztlichen Vereinigungen entsprechend ihrem jeweiligen Anteil ihrer Mitglieder an der Gesamtzahl der Mitglieder der Kassenärztlichen Vereinigungen berücksichtigt werden.

(2) 1Die Vertreterversammlung wählt in unmittelbarer und geheimer Wahl

1. aus ihrer Mitte einen Vorsitzenden und einen stellvertretenden Vorsitzenden,
2. die Mitglieder des Vorstandes,
3. den Vorsitzenden des Vorstandes und den stellvertretenden Vorsitzenden des Vorstandes.

2Der Vorsitzende der Vertreterversammlung und sein Stellvertreter dürfen nicht zugleich Vorsitzender oder stellvertretender Vorsitzender des Vorstandes sein. 3Für jeweils ein Mitglied des Vorstandes der Kassenärztlichen Vereinigungen und der Kassenärztlichen Bundesvereinigung erfolgt die Wahl auf der Grundlage von getrennten Vorschlägen der Mitglieder der Vertreterversammlung, die an der hausärztlichen Versorgung teilnehmen, und der Mitglieder der Vertreterversammlung, die an der fachärztlichen Versorgung teilnehmen.

(3) 1Die Mitglieder der Vertreterversammlung der Kassenärztlichen Vereinigungen und der Kassenärztlichen Bundesvereinigungen werden für sechs Jahre gewählt. 2Die Amtsdauer endet ohne Rücksicht auf den Zeitpunkt der Wahl jeweils mit dem Schluß des sechsten Kalenderjahres. 3Die Gewählten bleiben nach Ablauf dieser Zeit bis zur Amtsübernahme ihrer Nachfolger im Amt.

§ 81 Satzung

(1) 1Die Satzung muss insbesondere Bestimmungen enthalten über

1. Namen, Bezirk und Sitz der Vereinigung,
2. Zusammensetzung, Wahl und Zahl der Mitglieder der Organe,

3. Öffentlichkeit und Art der Beschlussfassung der Vertreterversammlung,
4. Rechte und Pflichten der Organe und der Mitglieder,
5. Aufbringung und Verwaltung der Mittel,
6. jährliche Prüfung der Betriebs- und Rechnungsprüfung und Abnahme der Jahresrechnung,
7. Änderung der Satzung,
8. Entschädigungsregelung für Organmitglieder,
9. Art der Bekanntmachungen,
10. die vertragsärztlichen Pflichten zur Ausfüllung des Sicherstellungsauftrags.

2Die Satzung bedarf der Genehmigung der Aufsichtsbehörde.

(2) Sollen Verwaltungs- und Abrechnungsstellen errichtet werden, müssen die Satzungen der Kassenärztlichen Vereinigungen Bestimmungen über Errichtung und Aufgaben dieser Stellen enthalten.

(3) Die Satzungen der Kassenärztlichen Vereinigungen müssen Bestimmungen enthalten, nach denen

1. die von den Kassenärztlichen Bundesvereinigungen abzuschließenden Verträge und die dazu gefaßten Beschlüsse sowie die Bestimmungen über die überbezirkliche Durchführung der vertragsärztlichen Versorgung und den Zahlungsausgleich zwischen den Kassenärztlichen Vereinigungen für die Kassenärztlichen Vereinigungen und ihre Mitglieder verbindlich sind,
2. die Richtlinien nach § 75 Abs. 7, § 92 und § 137 Abs. 1 und 4 für die Kassenärztlichen Vereinigungen und ihre Mitglieder verbindlich sind.

(4) Die Satzungen der Kassenärztlichen Vereinigungen müssen Bestimmungen enthalten über die Fortbildung der Ärzte auf dem Gebiet der vertragsärztlichen Tätigkeit, das Nähere über die Art und Weise der Fortbildung sowie die Teilnahmepflicht.

(5) 1Die Satzungen der Kassenärztlichen Vereinigungen müssen ferner die Voraussetzungen und das Verfahren zur Verhängung von Maßnahmen gegen Mitglieder bestimmen, die ihre vertragsärztlichen Pflichten nicht oder nicht ordnungsgemäß erfüllen. 2Maßnahmen nach Satz 1 sind je nach der Schwere der Verfehlung Verwarnung, Verweis, Geldbuße oder die Anordnung des Ruhens der Zulassung oder der vertragsärztlichen Beteiligung bis zu zwei Jahren. 3Das Höchstmaß der Geldbußen kann bis zu fünfzigtausend Euro betragen. 4Ein Vorverfahren (§ 78 des Sozialgerichtsgesetzes) findet nicht statt.

§ 81a Stellen zur Bekämpfung von Fehlverhalten im Gesundheitswesen

(1) 1Die Kassenärztlichen Vereinigungen und die Kassenärztlichen Bundesvereinigungen richten organisatorische Einheiten ein, die Fällen und Sachverhalten nachzugehen haben, die auf Unregelmäßigkeiten oder auf rechtswidrige oder zweckwidrige Nutzung von Finanzmitteln im Zusammenhang mit den Aufgaben der jeweiligen Kassenärztlichen Vereinigung oder Kassenärztlichen Bundesvereinigung hindeuten. 2Sie nehmen Kontrollbefugnisse nach § 67c Abs. 3 des Zehnten Buches wahr.

(2) 1Jede Person kann sich in den Angelegenheiten des Absatzes 1 an die Kassenärztlichen Vereinigungen und Kassenärztlichen Bundesvereinigungen wenden. 2Die Einrichtungen nach Absatz 1 gehen den Hinweisen nach, wenn sie auf Grund der einzelnen Angaben oder der Gesamtumstände glaubhaft erscheinen.

(3) Die Kassenärztlichen Vereinigungen und die Kassenärztlichen Bundesvereinigungen haben zur Erfüllung der Aufgaben nach Absatz 1 untereinander und mit den Krankenkassen und ihren Verbänden zusammenzuarbeiten.

(3a) 1Die Einrichtungen nach Absatz 1 dürfen personenbezogene Daten, die von ihnen zur Erfüllung ihrer Aufgaben nach Absatz 1 erhoben oder an sie weitergegeben oder übermittelt wurden, untereinander und an Einrichtungen nach § 197a Absatz 1 übermitteln, soweit dies für die Feststellung und Bekämpfung von Fehlverhalten im Gesundheitswesen beim Empfänger erforderlich ist. $_{2}$Der Empfänger darf diese nur zu dem Zweck verarbeiten und nutzen, zu dem sie ihm übermittelt worden sind.

(4) Die Kassenärztlichen Vereinigungen und die Kassenärztlichen Bundesvereinigungen sollen die Staatsanwaltschaft unverzüglich unterrichten, wenn die Prüfung ergibt, dass ein Anfangsverdacht auf strafbare Handlungen mit nicht nur geringfügiger Bedeutung für die gesetzliche Krankenversicherung bestehen könnte.

(5) $_{1}$Der Vorstand hat der Vertreterversammlung im Abstand von zwei Jahren über die Arbeit und Ergebnisse der organisatorischen Einheiten nach Absatz 1 zu berichten. $_{2}$Der Bericht ist der zuständigen Aufsichtsbehörde zuzuleiten.

Dritter Titel
Verträge auf Bundes- und Landesebene

§ 82 Grundsätze

(1) $_{1}$Den allgemeinen Inhalt der Gesamtverträge vereinbaren die Kassenärztlichen Bundesvereinigungen mit dem Spitzenverband Bund der Krankenkassen in Bundesmantelverträgen. $_{2}$Der Inhalt der Bundesmantelverträge ist Bestandteil der Gesamtverträge.

(2) $_{1}$Die Vergütungen der an der vertragsärztlichen Versorgung teilnehmenden Ärzte und Einrichtungen werden von den Landesverbänden der Krankenkassen und den Ersatzkassen mit den Kassenärztlichen Vereinigungen durch Gesamtverträge geregelt. $_{2}$Die Verhandlungen können auch von allen Kassenarten gemeinsam geführt werden.

(3) Die Kassenärztlichen Bundesvereinigungen können mit nicht bundesunmittelbaren Ersatzkassen, der Deutschen Rentenversicherung Knappschaft-Bahn-See und der landwirtschaftlichen Krankenkasse von § 83 Satz 1 abweichende Verfahren zur Vereinbarung der Gesamtverträge, von § 85 Abs. 1 und § 87a Abs. 3 abweichende Verfahren zur Entrichtung der in den Gesamtverträgen vereinbarten Vergütungen sowie von § 291 Abs. 2 Nr. 1 abweichende Kennzeichen vereinbaren.

§ 83 Gesamtverträge

$_{1}$Die Kassenärztlichen Vereinigungen schließen mit den für ihren Bezirk zuständigen Landesverbänden der Krankenkassen und den Ersatzkassen Gesamtverträge über die vertragsärztliche Versorgung der Mitglieder mit Wohnort in ihrem Bezirk einschließlich der mitversicherten Familienangehörigen; die Landesverbände der Krankenkassen schließen die Gesamtverträge mit Wirkung für die Krankenkassen der jeweiligen Kassenart. $_{2}$Für die Deutsche Rentenversicherung Knappschaft-Bahn-See gilt Satz 1 entsprechend, soweit die ärztliche Versorgung durch die Kassenärztliche Vereinigung sichergestellt wird. $_{3}$§ 82 Abs. 2 Satz 2 gilt entsprechend.

§ 84 Arznei- und Heilmittelvereinbarung; Richtgrößen

(1) $_{1}$Die Landesverbände der Krankenkassen und die Ersatzkassen gemeinsam und einheitlich und die Kassenärztliche Vereinigung treffen zur Sicherstellung der vertragsärztlichen Versorgung mit Leistungen nach § 31 bis zum 30. November für das jeweils folgende Kalenderjahr eine Arzneimittelvereinbarung. $_{2}$Die Vereinbarung umfasst

1. ein Ausgabenvolumen für die insgesamt von den Vertragsärzten nach § 31 veranlassten Leistungen,
2. Versorgungs- und Wirtschaftlichkeitsziele und konkrete, auf die Umsetzung dieser Ziele ausgerichtete Maßnahmen, insbesondere Verordnungsanteile für Wirkstoffe und Wirkstoffgruppen im jeweiligen Anwendungsgebiet, auch zur Verordnung wirtschaftlicher Einzelmengen (Zielvereinbarungen), insbesondere zur Information und Beratung und
3. Kriterien für Sofortmaßnahmen zur Einhaltung des vereinbarten Ausgabenvolumens innerhalb des laufenden Kalenderjahres.

$_{3}$Kommt eine Vereinbarung bis zum Ablauf der in Satz 1 genannten Frist nicht zustande, gilt die bisherige Vereinbarung bis zum Ab-

V

schluss einer neuen Vereinbarung oder einer Entscheidung durch das Schiedsamt weiter. 4Die Landesverbände der Krankenkassen und die Ersatzkassen teilen das nach Satz 2 Nr. 1 vereinbarte oder schiedsamtlich festgelegte Ausgabenvolumen dem Spitzenverband Bund der Krankenkassen mit. 5Die Krankenkasse kann mit Ärzten abweichende oder über die Regelungen nach Satz 2 hinausgehende Vereinbarungen treffen.

(2) Bei der Anpassung des Ausgabenvolumens nach Absatz 1 Nr. 1 sind insbesondere zu berücksichtigen

1. Veränderungen der Zahl und Altersstruktur der Versicherten,
2. Veränderungen der Preise der Leistungen nach § 31,
3. Veränderungen der gesetzlichen Leistungspflicht der Krankenkassen,
4. Änderungen der Richtlinien des Gemeinsamen Bundesausschusses nach § 92 Abs. 1 Nr. 6,
5. der wirtschaftliche und qualitätsgesicherte Einsatz innovativer Arzneimittel,
6. Veränderungen der sonstigen indikationsbezogenen Notwendigkeit und Qualität bei der Arzneimittelverordnung auf Grund von getroffenen Zielvereinbarungen nach Absatz 1 Nr. 2,
7. Veränderungen des Verordnungsumfangs von Leistungen nach § 31 auf Grund von Verlagerungen zwischen den Leistungsbereichen und
8. Ausschöpfung von Wirtschaftlichkeitsreserven entsprechend den Zielvereinbarungen nach Absatz 1 Nr. 2.

(3) 1Überschreitet das tatsächliche, nach Absatz 5 Satz 1 bis 3 festgestellte Ausgabenvolumen für Leistungen nach § 31 das nach Absatz 1 Nr. 1 vereinbarte Ausgabenvolumen, ist diese Überschreitung Gegenstand der Gesamtverträge. 2Die Vertragsparteien haben dabei die Ursachen der Überschreitung, insbesondere auch die Erfüllung der Zielvereinbarungen nach Absatz 1 Nr. 2 zu berücksichtigen. 3Bei Unterschreitung des nach Absatz 1 Nr. 1 vereinbarten Ausgabenvolumens kann diese Unterschreitung Gegenstand der Gesamtverträge werden.

(4) Werden die Zielvereinbarungen nach Absatz 1 Nr. 2 erfüllt, entrichten die beteiligten Krankenkassen auf Grund einer Regelung der Parteien der Gesamtverträge auch unabhängig von der Einhaltung des vereinbarten Ausgabenvolumens nach Absatz 1 Nr. 1 einen vereinbarten Bonus an die Kassenärztliche Vereinigung.

(4a) Die Vorstände der Krankenkassenverbände sowie der Ersatzkassen, soweit sie Vertragspartei nach Absatz 1 sind, und der Kassenärztlichen Vereinigungen haften für eine ordnungsgemäße Umsetzung der vorgenannten Maßnahmen.

(5) 1Zur Feststellung des tatsächlichen Ausgabenvolumens nach Absatz 3 erfassen die Krankenkassen die während der Geltungsdauer der Arzneimittelvereinbarung veranlassten Ausgaben arztbezogen, nicht versichertenbezogen. 2Sie übermitteln diese Angaben nach Durchführung der Abrechnungsprüfung dem Spitzenverband Bund der Krankenkassen, der diese Daten kassenartenübergreifend zusammenführt und jeweils der Kassenärztlichen Vereinigung übermittelt, der die Ärzte, welche die Ausgaben veranlasst haben, angehören; zugleich übermittelt der Spitzenverband Bund der Krankenkassen diese Daten den Landesverbänden der Krankenkassen und den Ersatzkassen, die Vertragspartner der jeweiligen Kassenärztlichen Vereinigung nach Absatz 1 sind. 3Ausgaben nach Satz 1 sind auch Ausgaben für Leistungen nach § 31, die durch Kostenerstattung vergütet worden sind. 4Zudem erstellt der Spitzenverband Bund der Krankenkassen für jede Kassenärztliche Vereinigung monatliche Berichte über die Entwicklung der Ausgaben von Leistungen nach § 31 und übermitteln diese Berichte als Schnellinformationen den Vertragspartnern nach Absatz 1 insbesondere für Abschluss und Durchführung der Arzneimittelvereinbarung sowie für die Informationen nach § 73 Abs. 8. 5Für diese Berichte gelten Satz 1 und 2 entsprechend; Satz 2 gilt mit der Maßgabe, dass die Angaben vor Durchführung der Abrechnungsprüfung zu

übermitteln sind. 6Die Kassenärztliche Bundesvereinigung erhält für die Vereinbarung der Rahmenvorgaben nach Absatz 7 und für die Informationen nach § 73 Abs. 8 eine Auswertung dieser Berichte. 7Die Krankenkassen sowie der Spitzenverband Bund der Krankenkassen können eine Arbeitsgemeinschaft nach § 219 mit der Durchführung der vorgenannten Aufgaben beauftragen. 8§ 304 Abs. 1 Satz 1 Nr. 2 gilt entsprechend.

(6) 1Die Vertragspartner nach Absatz 1 vereinbaren bis zum 15. November für das jeweils folgende Kalenderjahr zur Sicherstellung der vertragsärztlichen Versorgung für das auf das Kalenderjahr bezogene Volumen der je Arzt verordneten Leistungen nach § 31 (Richtgrößenvolumen) arztgruppenspezifische fallbezogene Richtgrößen als Durchschnittswerte unter Berücksichtigung der nach Absatz 1 getroffenen Arzneimittelvereinbarung, erstmals bis zum 31. März 2002. 2Zusätzlich sollen die Vertragspartner nach Absatz 1 die Richtgrößen nach altersgemäß gegliederten Patientengruppen und darüber hinaus auch nach Krankheitsarten bestimmen. 3Die Richtgrößen leiten den Vertragsarzt bei seinen Entscheidungen über die Verordnung von Leistungen nach § 31 nach dem Wirtschaftlichkeitsgebot. 4Die Überschreitung des Richtgrößenvolumens löst eine Wirtschaftlichkeitsprüfung nach § 106 Abs. 5a unter den dort genannten Voraussetzungen aus.

(7) 1Die Kassenärztliche Bundesvereinigung und der Spitzenverband Bund der Krankenkassen vereinbaren bis zum 30. September für das jeweils folgende Kalenderjahr Rahmenvorgaben für die Inhalte der Arzneimittelvereinbarungen nach Absatz 1 sowie für die Inhalte der Informationen und Hinweise nach § 73 Abs. 8. 2Die Rahmenvorgaben haben die Arzneimittelverordnungen zwischen den Kassenärztlichen Vereinigungen zu vergleichen und zu bewerten; dabei ist auf Unterschiede in der Versorgungsqualität und Wirtschaftlichkeit hinzuweisen. 3Von den Rahmenvorgaben dürfen die Vertragspartner der Arzneimittelvereinbarung nur abweichen, soweit dies durch die regionalen Versorgungsbedingungen begründet ist. 4Die Vertragsparteien nach Satz 1 beschließen mit verbindlicher Wirkung für die Vereinbarungen der Richtgrößen nach Absatz 6 Satz 1 die Gliederung der Arztgruppen und das Nähere zum Fallbezug. 5Ebenfalls mit verbindlicher Wirkung für die Vereinbarungen der Richtgrößen nach Absatz 6 Satz 2 sollen sie die altersgemäße Gliederung der Patientengruppen und die Krankheitsarten bestimmen. 6Darüber hinaus können sie für die Vereinbarungen nach Absatz 6 Satz 1 Empfehlungen beschließen.

(8) 1Die Absätze 1 bis 7 sind für Heilmittel unter Berücksichtigung der besonderen Versorgungs- und Abrechnungsbedingungen im Heilmittelbereich entsprechend anzuwenden. 2Veranlasste Ausgaben im Sinne des Absatzes 5 Satz 1 betreffen die während der Geltungsdauer der Heilmittelvereinbarung mit den Krankenkassen abgerechneten Leistungen. 3Die Kassenärztliche Bundesvereinigung und der Spitzenverband Bund der Krankenkassen legen erstmals bis zum 30. September 2012 Praxisbesonderheiten für die Verordnung von Heilmitteln fest, die bei den Prüfungen nach § 106 anzuerkennen sind. 4Kommt eine Einigung bis zum Ablauf der in Satz 3 genannten Frist nicht zustande, entscheidet das Schiedsamt nach § 89 Absatz 4. 5Die Vertragspartner nach § 106 Absatz 2 Satz 4 können darüber hinaus weitere anzuerkennende Praxisbesonderheiten vereinbaren. 6Die auf Praxisbesonderheiten und Genehmigungen nach § 32 Absatz 1a entfallenden Kosten verordneter Heilmittel sind bei der Vereinbarung der Richtgrößen nach Absatz 6 zu berücksichtigen.

(9) Das Bundesministerium für Gesundheit kann bei Ereignissen mit erheblicher Folgewirkung für die medizinische Versorgung zur Gewährleistung der notwendigen Versorgung mit Leistungen nach § 31 die Ausgabenvolumen nach Absatz 1 Nr. 1 durch Rechtsverordnung mit Zustimmung des Bundesrates erhöhen.

V

§85 Gesamtvergütung

(1) Die Krankenkasse entrichtet nach Maßgabe der Gesamtverträge an die jeweilige Kassenärztliche Vereinigung mit befreiender Wirkung eine Gesamtvergütung für die gesamte vertragsärztliche Versorgung der Mitglieder mit Wohnort im Bezirk der Kassenärztlichen Vereinigung einschließlich der mitversicherten Familienangehörigen.

(2) $_{1}$Die Höhe der Gesamtvergütung wird im Gesamtvertrag vereinbart; die Landesverbände der Krankenkassen treffen die Vereinbarung mit Wirkung für die Krankenkassen der jeweiligen Kassenart. $_{2}$Die Gesamtvergütung ist das Ausgabenvolumen für die Gesamtheit der zu vergütenden vertragsärztlichen Leistungen; sie kann als Festbetrag oder auf der Grundlage des Bewertungsmaßstabes nach Einzelleistungen, nach einer Kopfpauschale, nach einer Fallpauschale oder nach einem System berechnet werden, das sich aus der Verbindung dieser oder weiterer Berechnungsarten ergibt. $_{3}$Die Vereinbarung unterschiedlicher Vergütungen für die Versorgung verschiedener Gruppen von Versicherten ist nicht zulässig. $_{4}$Die Vertragsparteien haben auch eine angemessene Vergütung für nichtärztliche Leistungen im Rahmen sozialpädiatrischer und psychiatrischer Tätigkeit und für eine besonders qualifizierte onkologische Versorgung zu vereinbaren; das Nähere ist jeweils im Bundesmantelvertrag zu vereinbaren. $_{5}$Die Vergütungen der Untersuchungen nach den §§ 22, 25 Abs. 1 und 2, § 26 werden als Pauschalen vereinbart. $_{6}$Beim Zahnersatz sind Vergütungen für die Aufstellung eines Heil- und Kostenplans nicht zulässig. $_{7}$Soweit die Gesamtvergütung auf der Grundlage von Einzelleistungen vereinbart wird, ist der Betrag des Ausgabenvolumens nach Satz 2 zu bestimmen. $_{8}$Ausgaben für Kostenerstattungsleistungen nach § 13 Abs. 2 und nach § 53 Abs. 4 mit Ausnahme der Kostenerstattungsleistungen nach § 13 Abs. 2 Satz 6 und Ausgaben auf Grund der Mehrkostenregelung nach § 28 Abs. 2 Satz 3 sind auf das Ausgabenvolumen nach Satz 2 anzurechnen.

(2a) $_{1}$Für die Vereinbarung der Vergütungen vertragszahnärztlicher Leistungen im Jahr 2013 ermitteln die Landesverbände der Krankenkassen und die Ersatzkassen einmalig gemeinsam und einheitlich mit der jeweiligen Kassenzahnärztlichen Vereinigung bis zum 31. Dezember 2012 die durchschnittlichen Punktwerte des Jahres 2012 für zahnärztliche Leistungen ohne Zahnersatz, gewichtet nach den gegenüber der jeweiligen Kassenzahnärztlichen Vereinigung abgerechneten Punktmengen. $_{2}$Soweit Punktwerte für das Jahr 2012 bis zum 30. September 2012 von den Partnern der Gesamtverträge nicht vereinbart sind, werden die Punktwerte des Jahres 2011 unter Berücksichtigung des Absatzes 3g und unter Anwendung der um 0,5 Prozentpunkte verminderten für das Jahr 2012 nach § 71 Absatz 3 für das gesamte Bundesgebiet festgestellten Veränderungsrate zugrunde gelegt. $_{3}$Erfolgt die Vergütung nicht auf der Grundlage von vereinbarten Punktwerten, legen die Vertragspartner nach Satz 1 für die jeweiligen Leistungsbereiche einen fiktiven Punktwert fest, der sich aus dem Verhältnis der abgerechneten Punktmenge zur vereinbarten Gesamtvergütung im Jahr 2012 ergibt. $_{4}$Die Partner der Gesamtverträge passen die für das Jahr 2012 vereinbarte Gesamtvergütung auf der Grundlage der nach den Sätzen 1 bis 3 festgestellten Punktwerte an und legen diese als Ausgangsbasis für die Vertragsverhandlungen für das Jahr 2013 zugrunde.

(2b) (weggefallen)

(2c) $_{1}$Die Vertragspartner nach § 82 Abs. 1 können vereinbaren, daß für die Gesamtvergütungen getrennte Vergütungsanteile für die an der vertragsärztlichen Versorgung beteiligten Arztgruppen zugrunde gelegt werden; sie können auch die Grundlagen für die Bemessung der Vergütungsanteile regeln. $_{2}$§ 89 Abs. 1 gilt nicht.

(2d) Die am 31. Dezember 2010 geltenden Punktwerte für zahnärztliche Leistungen ohne Zahnersatz dürfen sich im Jahr 2011 höchstens um die um 0,25 Prozentpunkte verminderte und im Jahr 2012 höchstens um die um 0,5 Prozentpunkte verminderte nach

§ 71 Absatz 3 für das gesamte Bundesgebiet festgestellte Veränderungsrate verändern; dies gilt nicht für Leistungen der Individualprophylaxe und Früherkennung.

(3) $_{1}$In der vertragszahnärztlichen Versorgung vereinbaren die Vertragsparteien des Gesamtvertrages die Veränderungen der Gesamtvergütungen unter Berücksichtigung der Zahl und Struktur der Versicherten, der Morbiditätsentwicklung, der Kosten- und Versorgungsstruktur, der für die vertragszahnärztliche Tätigkeit aufzuwendenden Arbeitszeit sowie der Art und des Umfangs der zahnärztlichen Leistungen, soweit sie auf einer Veränderung des gesetzlichen oder satzungsmäßigen Leistungsumfangs beruhen. $_{2}$Bei der Vereinbarung der Veränderungen der Gesamtvergütungen ist der Grundsatz der Beitragssatzstabilität (§ 71) in Bezug auf das Ausgabenvolumen für die Gesamtheit der zu vergütenden vertragszahnärztlichen Leistungen ohne Zahnersatz neben den Kriterien nach Satz 1 zu berücksichtigen. $_{3}$Absatz 2 Satz 2 bleibt unberührt. $_{4}$Die Krankenkassen haben den Kassenzahnärztlichen Vereinigungen die Zahl ihrer Versicherten vom 1. Juli eines Jahres, die ihren Wohnsitz im Bezirk der jeweiligen Kassenzahnärztlichen Vereinigung haben, gegliedert nach den Altersgruppen des Vordrucks KM 6 der Statistik über die Versicherten in der gesetzlichen Krankenversicherung bis zum 1. Oktober des Jahres mitzuteilen. $_{5}$Bei den Verhandlungen über die Vereinbarungen nach Satz 1 für das Jahr 2013 sind die gegenüber der jeweiligen Kassenzahnärztlichen Vereinigung für das Jahr 2012 abgerechneten Punktmengen für zahnärztliche Leistungen ohne Zahnersatz nach sachlich-rechnerischer Berichtigung angemessen zu berücksichtigen.

(3a) bis (3e) (weggefallen)

(3f) Die nach Absatz 3 zu vereinbarenden Veränderungen der Gesamtvergütungen als Ausgabenvolumen für die Gesamtheit der zu vergütenden vertragszahnärztlichen Leistungen ohne Zahnersatz dürfen sich im Jahr 2011 höchstens um die um 0,25 Prozentpunkte verminderte und im Jahr 2012 höchstens um die um 0,5 Prozentpunkte verminderte nach § 71 Absatz 3 für das gesamte Bundesgebiet festgestellte Veränderungsrate verändern; dies gilt nicht für Leistungen der Individualprophylaxe und Früherkennung.

(3g) $_{1}$Zur Angleichung der Vergütung für zahnärztliche Leistungen ohne Zahnersatz werden die für das Jahr 2011 vereinbarten Punktwerte und Gesamtvergütungen im Jahr 2012 zusätzlich zu der nach Absatz 3 in Verbindung mit den Absätzen 2d und 3f vereinbarten Veränderung im Gebiet der in Artikel 1 Absatz 1 des Einigungsvertrages genannten Länder um 2,5 Prozent und im Land Berlin um 2 Prozent erhöht. $_{2}$Die sich daraus ergebenden Punktwerte und Gesamtvergütungen des Jahres 2012 werden im Jahr 2013 im Gebiet der in Artikel 1 Absatz 1 des Einigungsvertrages genannten Länder zusätzlich zu der nach Absatz 3 vereinbarten Veränderung um weitere 2,5 Prozent und im Land Berlin um weitere 2 Prozent erhöht. $_{3}$Die Veränderungen der Gesamtvergütungen des Jahres 2014 sind auf die nach Satz 2 erhöhten Gesamtvergütungen zu beziehen.

(4) $_{1}$Die Kassenzahnärztliche Vereinigung verteilt die Gesamtvergütungen an die Vertragszahnärzte. $_{2}$Sie wendet dabei in der vertragszahnärztlichen Versorgung den im Benehmen mit den Landesverbänden der Krankenkassen und den Ersatzkassen festgesetzten Verteilungsmaßstab an. $_{3}$Bei der Verteilung der Gesamtvergütungen sind Art und Umfang der Leistungen der Vertragszahnärzte zugrunde zu legen; dabei ist jeweils für die von den Krankenkassen einer Kassenart gezahlten Vergütungsbeträge ein Punktwert in gleicher Höhe zugrunde zu legen. $_{4}$Der Verteilungsmaßstab hat sicherzustellen, dass die Gesamtvergütungen gleichmäßig auf das gesamte Jahr verteilt werden. $_{5}$Der Verteilungsmaßstab hat Regelungen zur Verhinderung einer übermäßigen Ausdehnung der Tätigkeit des Vertragszahnarztes entsprechend seinem Versorgungsauftrag nach § 95 Absatz 3 Satz 1 vorzusehen. $_{6}$Widerspruch und Klage gegen die Honorarfestsetzung sowie ihre Änderung oder Aufhebung haben keine aufschiebende Wirkung.

(4a) (weggefallen)

(4b) $_{1}$Ab einer Gesamtpunktmenge je Vertragszahnarzt aus vertragszahnärztlicher Behandlung einschließlich der kieferorthopädischen Behandlung von 262 500 Punkten je Kalenderjahr verringert sich der Vergütungsanspruch für die weiteren vertragszahnärztlichen Behandlungen im Sinne des § 73 Abs. 2 Nr. 2 um 20 vom Hundert, ab einer Punktmenge von 337 500 je Kalenderjahr um 30 vom Hundert und ab einer Punktmenge von 412 500 je Kalenderjahr um 40 vom Hundert; für Kieferorthopäden verringert sich der Vergütungsanspruch für die weiteren vertragszahnärztlichen Behandlungen ab einer Gesamtpunktmenge von 280 000 Punkten je Kalenderjahr um 20 vom Hundert, ab einer Punktmenge von 360 000 Punkten je Kalenderjahr um 30 vom Hundert und ab einer Punktmenge von 440 000 Punkten je Kalenderjahr um 40 vom Hundert. $_{2}$Satz 1 gilt für ermächtigte Zahnärzte, für bei Vertragszahnärzten nach § 95 Abs. 9 Satz 1 angestellte Zahnärzte und für in medizinischen Versorgungszentren angestellte Zahnärzte entsprechend. $_{3}$Die Punktmengengrenzen bei Berufsausübungsgemeinschaften richten sich nach der Zahl der zahnärztlichen Mitglieder. $_{4}$Die Punktmengen erhöhen sich um 25 vom Hundert für Entlastungs-, Weiterbildungs- und Vorbereitungsassistenten. $_{5}$Bei Teilzeit oder nicht ganzjähriger Beschäftigung verringert sich die Punktmengengrenze nach Satz 1 oder die zusätzlich zu berücksichtigende Punktmenge nach Satz 4 entsprechend der Beschäftigungsdauer. $_{6}$Die Punktmengen umfassen alle vertragszahnärztlichen Leistungen im Sinne des § 73 Abs. 2 Nr. 2. $_{7}$In die Ermittlung der Punktmengen sind die Kostenerstattungen nach § 13 Abs. 2 einzubeziehen. $_{8}$Diese werden den Kassenzahnärztlichen Vereinigungen von den Krankenkassen mitgeteilt.

(4c) Die Kassenzahnärztliche Vereinigung hat die zahnprothetischen und kieferorthopädischen Rechnungen zahnarzt- und krankenkassenbezogen nach dem Leistungsquartal zu erfassen und mit den abgerechneten Leistungen nach § 28 Abs. 2 Satz 1, 3, 7, 9 und den gemeldeten Kostenerstattungen nach § 13 Abs. 2 und nach § 53 Abs. 4 zusammenzuführen und die Punktmengen bei der Ermittlung der Gesamtpunktmenge nach Absatz 4b zugrunde zu legen.

(4d) $_{1}$Die Kassenzahnärztlichen Vereinigungen teilen den Krankenkassen bei jeder Rechnungslegung mit, welche Vertragszahnärzte, welche bei Vertragszahnärzten nach § 95 Abs. 9 Satz 1 angestellten Zahnärzte und welche in medizinischen Versorgungszentren angestellten Zahnärzte die Punktmengengrenzen nach Absatz 4b überschreiten. $_{2}$Dabei ist für diese Zahnärzte die Punktmenge sowie der Zeitpunkt anzugeben, ab dem die Überschreitung der Punktmengengrenzen eingetreten ist. $_{3}$Die Zahl der Entlastungs-, Weiterbildungs- und Vorbereitungsassistenten einschließlich ihrer Beschäftigungsdauer sind, bezogen auf die einzelne Praxis, ebenfalls mitzuteilen.

(4e) $_{1}$Die Kassenzahnärztlichen Vereinigungen haben die Honorareinsparungen aus den Vergütungsminderungen nach Absatz 4b an die Krankenkassen weiterzugeben. $_{2}$Die Durchführung der Vergütungsminderung durch die Kassenzahnärztliche Vereinigung erfolgt durch Absenkung der vertraglich vereinbarten Punktwerte ab dem Zeitpunkt der jeweiligen Grenzwertüberschreitungen nach Absatz 4b. $_{3}$Die abgesenkten Punktwerte nach Satz 2 sind den auf dem Zeitpunkt der Grenzwertüberschreitungen folgenden Abrechnungen gegenüber den Krankenkassen zugrunde zu legen. $_{4}$Überzahlungen werden mit der nächsten Abrechnung verrechnet. $_{5}$Weitere Einzelheiten können die Vertragspartner der Vergütungsverträge (§ 83) regeln.

(4f) $_{1}$Die Krankenkasse hat ein Zurückbehaltungsrecht in Höhe von 10 vom Hundert gegenüber jeder Forderung der Kassenzahnärztlichen Vereinigung, solange die Kassenzahnärztliche Vereinigung ihren Pflichten aus den Absätzen 4c bis 4e nicht nachkommt. $_{2}$Der Anspruch auf Auszahlung der nach Satz 1 einbehaltenen Beträge erlischt, wenn die Kassenzahnärztliche Vereinigung bis zur letzten Quartalsabrechnung eines Jahres ihre Verpflichtungen für dieses Jahr nicht oder nicht vollständig erfüllt.

§ 85a (weggefallen)

§ 85b (weggefallen)

§ 86 (weggefallen)

§ 87 Bundesmantelvertrag, einheitlicher Bewertungsmaßstab, bundeseinheitliche Orientierungswerte

(1) 1Die Kassenärztlichen Bundesvereinigungen vereinbaren mit dem Spitzenverband Bund der Krankenkassen durch Bewertungsausschüsse als Bestandteil der Bundesmantelverträge einen einheitlichen Bewertungsmaßstab für die ärztlichen und einen einheitlichen Bewertungsmaßstab für die zahnärztlichen Leistungen, im ärztlichen Bereich einschließlich der Sachkosten. 2In den Bundesmantelverträgen sind auch die Regelungen, die zur Organisation der vertragsärztlichen Versorgung notwendig sind, insbesondere Vordrucke und Nachweise, zu vereinbaren. 3Bei der Gestaltung der Arzneiverordnungsblätter ist § 73 Abs. 5 zu beachten. 4Die Arzneiverordnungsblätter sind so zu gestalten, daß bis zu drei Verordnungen je Verordnungsblatt möglich sind. 5Dabei ist für jede Verordnung ein Feld für die Auftragung des Kennzeichens nach § 300 Abs. 1 Nr. 1 sowie ein weiteres Feld vorzusehen, in dem der Arzt seine Entscheidung nach § 73 Abs. 5 durch Ankreuzen kenntlich machen kann. 6Spätestens bis zum 1. Januar 2006 ist auf der Grundlage der von der Gesellschaft für Telematik nach § 291a Abs. 7 Satz 2 und § 291b getroffenen Regelungen der Telematikinfrastruktur auch ein elektronischer Verordnungsdatensatz für die Übermittlung der Verordnungsdaten an Apotheken und Krankenkassen zu vereinbaren.

(1a) 1In dem Bundesmantelvertrag haben die Kassenzahnärztliche Bundesvereinigung und der Spitzenverband Bund der Krankenkassen festzulegen, dass die Kosten für Zahnersatz einschließlich Zahnkronen und Suprakonstruktionen, soweit die gewählte Versorgung der Regelversorgung nach § 56 Abs. 2 entspricht, gegenüber den Versicherten nach Absatz 2 abzurechnen sind. 2Darüber hinaus sind im Bundesmantelvertrag folgende Regelungen zu treffen: Der Vertragszahnarzt hat vor Beginn der Behandlung einen kostenfreien Heil- und Kostenplan zu erstellen, der den Befund, die Regelversorgung und die tatsächlich geplante Versorgung auch in den Fällen des § 55 Abs. 4 und 5 nach Art, Umfang und Kosten beinhaltet. 3Im Heil- und Kostenplan sind Angaben zum Herstellungsort des Zahnersatzes zu machen. 4Der Heil- und Kostenplan ist von der Krankenkasse vor Beginn der Behandlung insgesamt zu prüfen. 5Die Krankenkasse kann den Befund, die Versorgungsnotwendigkeit und die geplante Versorgung begutachten lassen. 6Bei bestehender Versorgungsnotwendigkeit bewilligt die Krankenkasse die Festzuschüsse gemäß § 55 Abs. 1 oder 2 entsprechend dem im Heil- und Kostenplan ausgewiesenen Befund. 7Nach Abschluss der Behandlung rechnet der Vertragszahnarzt die von der Krankenkasse bewilligten Festzuschüsse mit Ausnahme der Fälle des § 55 Abs. 5 mit der Kassenzahnärztlichen Vereinigung ab. 8Der Vertragszahnarzt hat bei Rechnungslegung eine Durchschrift der Rechnung des gewerblichen oder des praxiseigenen Labors über zahntechnische Leistungen und die Erklärung nach Anhang VIII der Richtlinie 93/42/EWG des Rates vom 14. Juni 1993 über Medizinprodukte (ABl. EG Nr. L 169 S. 1) in der jeweils geltenden Fassung beizufügen. 9Der Bundesmantelvertrag regelt auch das Nähere zur Ausgestaltung des Heil- und Kostenplans, insbesondere muss aus dem Heil- und Kostenplan erkennbar sein, ob die zahntechnischen Leistungen von Zahnärzten erbracht werden oder nicht.

(2) 1Der einheitliche Bewertungsmaßstab bestimmt den Inhalt der abrechnungsfähigen Leistungen und ihr wertmäßiges, in Punkten ausgedrücktes Verhältnis zueinander; soweit möglich, sind die Leistungen mit Angaben für den zur Leistungserbringung erforderlichen Zeitaufwand des Vertragsarztes zu versehen; dies gilt nicht für vertragszahnärztliche Leistungen. 2Die Bewertungsmaßstäbe sind in bestimmten Zeitabständen auch daraufhin zu überprüfen, ob die Leistungsbeschreibungen und ihre Bewertungen noch dem Stand der

medizinischen Wissenschaft und Technik sowie dem Erfordernis der Rationalisierung im Rahmen wirtschaftlicher Leistungserbringung entsprechen, wobei in die Überprüfung des einheitlichen Bewertungsmaßstabes für ärztliche Leistungen auch die Regelung nach § 33 Absatz 9 erstmalig bis spätestens zum 31. Oktober 2012 einzubeziehen ist; bei der Bewertung der Leistungen ist insbesondere der Aspekt der wirtschaftlichen Nutzung der bei der Erbringung von Leistungen eingesetzten medizinisch-technischen Geräte zu berücksichtigen. 3Im Bewertungsmaßstab für die ärztlichen Leistungen ist die Bewertung der Leistungen nach Satz 1 und die Überprüfung der wirtschaftlichen Aspekte nach Satz 2 unter Berücksichtigung der Besonderheiten der jeweils betroffenen Arztgruppen auf der Grundlage von sachgerechten Stichproben bei vertragsärztlichen Leistungserbringern auf in bestimmten Zeitabständen zu aktualisierender betriebswirtschaftlicher Basis durchzuführen; die Bewertung der von einer Arztpraxis oder einem medizinischen Versorgungszentrum in einem bestimmten Zeitraum erbrachten Leistungen kann dabei insgesamt so festgelegt werden, dass sie ab einem bestimmten Schwellenwert mit zunehmender Menge sinkt. 4Die Bewertung der Sachkosten kann abweichend von Satz 1 in Eurobeträgen bestimmt werden.

(2a) 1Die im einheitlichen Bewertungsmaßstab für ärztliche Leistungen aufgeführten Leistungen sind entsprechend der in § 73 Abs. 1 festgelegten Gliederung der vertragsärztlichen Versorgung in Leistungen der hausärztlichen und Leistungen der fachärztlichen Versorgung zu gliedern mit der Maßgabe, dass unbeschadet gemeinsam abrechenbarer Leistungen Leistungen der hausärztlichen Versorgung nur von den an der hausärztlichen Versorgung teilnehmenden Ärzten und Leistungen der fachärztlichen Versorgung nur von den an der fachärztlichen Versorgung teilnehmenden Ärzten abgerechnet werden dürfen; die Leistungen der fachärztlichen Versorgung sind in der Weise zu gliedern, dass den einzelnen Facharztgruppen die von ihnen ausschließlich abrechenbaren Leistungen zugeordnet werden. 2Bei der Bestimmung der Arztgruppen nach Satz 1 ist der Versorgungsauftrag der jeweiligen Arztgruppe im Rahmen der vertragsärztlichen Versorgung zugrunde zu legen. 3Der einheitliche Bewertungsmaßstab für ärztliche Leistungen hat eine Regelung zu enthalten, nach der ärztliche Leistungen zur Diagnostik und ambulanten Eradikationstherapie einschließlich elektronischer Dokumentation von Trägern mit dem Methicillin-resistenten Staphylococcus aureus (MRSA) vergütet werden. 4Die Kassenärztliche Bundesvereinigung berichtet dem Bundesministerium für Gesundheit quartalsbezogen über Auswertungsergebnisse der Regelung nach Satz 3. 5Das Bundesministerium für Gesundheit kann das Nähere zum Inhalt des Berichts nach Satz 4 sowie zur Auswertung der anonymisierten Dokumentationen zum Zwecke der Versorgungsforschung und zur Förderung der Qualität bestimmen; es kann auch den Bewertungsausschuss mit der Vorlage des Berichts beauftragen. 6Im Übrigen gilt die Veröffentlichungspflicht gemäß § 136 Absatz 1 Satz 2. 7Bei der Überprüfung nach Absatz 2 Satz 2 prüft der Bewertungsausschuss bis spätestens zum 31. Oktober 2012, in welchem Umfang ambulante telemedizinische Leistungen erbracht werden können; auf dieser Grundlage beschließt er bis spätestens zum 31. März 2013, inwieweit der einheitliche Bewertungsmaßstab für ärztliche Leistungen anzupassen ist. 8In die Überprüfung nach Absatz 2 Satz 2 ist auch einzubeziehen, in welchem Umfang delegationsfähige Leistungen durch Personen nach § 28 Absatz 1 Satz 2 qualifiziert erbracht und angemessen vergütet werden können; auf dieser Grundlage ist eine Anpassung des einheitlichen Bewertungsmaßstabes für ärztliche Leistungen unter Berücksichtigung der unterschiedlichen Versorgungsstrukturen bis zum 23. Januar 2016 zu beschließen. 9Nach Inkrafttreten der Bestimmungen nach § 27b Absatz 2 Satz 2 ist im einheitlichen Bewertungsmaßstab für ärztliche Leistungen durch den Bewertungsausschuss gemäß Absatz 5a eine Regelung zu treffen, nach der Leistungen und Kosten im Rahmen der Einholung der Zweitmeinungen nach § 27b abgerechnet werden können. 10Sofern drei Monate nach Inkrafttreten der Bestimmungen des Gemeinsamen Bundesausschusses nach § 27b Absatz 2 keine Regelung im einheitlichen Bewertungsmaßstab für ärztliche Leistungen getroffen wurde, können Versicherte die Leistungen nach § 27b bei den dafür berechtigten Leistungserbringern im Wege der Kostenerstattung nach § 13 Absatz 1 in Anspruch nehmen. 11Die Kosten sind von der Krankenkasse in der entstandenen Höhe zu erstatten. 12Die Möglichkeit der Inanspruchnahme im Wege der Kostenerstattung nach § 13 Absatz 1 endet, sobald die Regelung nach Satz 9 in Kraft getreten ist.

(2b) 1Die im einheitlichen Bewertungsmaßstab für ärztliche Leistungen aufgeführten Leistungen der hausärztlichen Versorgung sollen als Versichertenpauschalen abgebildet werden; für Leistungen, die besonders gefördert werden sollen oder nach Absatz 2a Satz 7 und 8 telemedizinisch oder im Wege der Delegation erbracht werden können, sind Einzelleistungen oder Leistungskomplexe vorzusehen. 2Mit den Pauschalen nach Satz 1 sollen die gesamten im Abrechnungszeitraum regelmäßig oder sehr selten und zugleich mit geringem Aufwand im Rahmen der hausärztlichen Versorgung eines Versicherten erbrachten Leistungen einschließlich der anfallenden Betreuungs-, Koordinations- und Dokumentationsleistungen vergütet werden. 3Die Pauschalen nach Satz 1 sollen einerseits nach Patienten, die in der jeweiligen Arztpraxis erstmals diagnostiziert und behandelt werden, sowie andererseits nach Patienten, bei denen eine begonnene Behandlung fortgeführt wird, und soweit möglich nach weiteren insbesondere auf der Grundlage von Abrechnungsdaten empirisch ermittelten Morbiditätskriterien insbesondere zur Abbildung des Schweregrads der Erkrankung differenziert werden, um mit dem Gesundheitszustand verbundene Unterschiede im Behandlungsaufwand der Versicherten zu berücksichtigen. 4Zudem können Qualitätszuschläge vorgesehen werden, mit denen die in besonderen Behandlungsfällen erforderliche Qualität vergütet wird.

(2c) 1Die im einheitlichen Bewertungsmaßstab für ärztliche Leistungen aufgeführten Leistungen der fachärztlichen Versorgung sollen arztgruppenspezifisch und unter Berücksichtigung der Besonderheiten kooperativer Versorgungsformen als Grund- und Zusatzpauschalen abgebildet werden; Einzelleistungen sollen vorgesehen werden, soweit dies medizinisch oder auf Grund von Besonderheiten bei Veranlassung und Ausführung der Leistungserbringung, einschließlich der Möglichkeit telemedizinischer Erbringung gemäß Absatz 2a Satz 7 oder der Erbringung im Wege der Delegation nach Absatz 2a Satz 8, erforderlich ist. 2Mit den Grundpauschalen nach Satz 1 sollen die regelmäßig oder sehr selten und zugleich mit geringem Aufwand von der Arztgruppe in jedem Behandlungsfall erbrachten Leistungen vergütet werden; die Grundpauschalen sollen dabei soweit möglich und sachgerecht einerseits nach Patienten, die in der jeweiligen Arztpraxis erstmals diagnostiziert und behandelt werden, sowie andererseits nach Patienten, bei denen eine begonnene Behandlung fortgeführt wird, sowie nach insbesondere auf der Grundlage von Abrechnungsdaten empirisch ermittelten Morbiditätskriterien insbesondere zur Abbildung des Schweregrads der Erkrankung, falls dieser nicht durch die Zusatzpauschalen nach Satz 3 berücksichtigt wird, differenziert werden. 3Mit den Zusatzpauschalen nach Satz 1 kann der besondere Leistungsaufwand vergütet werden, der sich aus den Leistungs-, Struktur- und Qualitätsmerkmalen des Leistungserbringers und, soweit dazu Veranlassung besteht, in bestimmten Behandlungsfällen ergibt. 4Abweichend von Satz 3 kann die Behandlung von Versichertengruppen, die mit einem erheblichen therapeutischen Leistungsaufwand und überproportionalen Kosten verbunden ist, mit arztgruppenspezifischen diagnosebezogenen Fallpauschalen vergütet werden. 5Für die Versorgung im Rahmen von kooperativen Versorgungsformen sind spezifische Fallpauschalen festzulegen, die dem fallbezogenen Zusammenwirken von Ärzten unterschiedlicher Fachrichtungen in diesen Versorgungsformen Rechnung tragen. 6Die Bewertungen für psychotherapeutische Leistungen haben eine angemessene Höhe der Vergütung je Zeiteinheit zu gewährleisten.

(2d) 1Im einheitlichen Bewertungsmaßstab für ärztliche Leistungen sind Regelungen einschließlich Prüfkriterien vorzusehen, die sicherstellen, dass der Leistungsinhalt der in den Absätzen 2a Satz 3, 2a bis 2c genannten Leistungen und Pauschalen jeweils vollständig erbracht wird, die jeweiligen notwendigen Qualitätsstandards eingehalten, die abgerechneten Leistungen auf den medizinisch notwendigen Umfang begrenzt sowie bei Abrechnung der Fallpauschalen nach Absatz 2c Satz 5 die Mindestanforderungen zu der institutionellen Ausgestaltung der Kooperation der beteiligten Ärzte eingehalten werden; dazu kann die Abrechenbarkeit der Leistungen an die Einhaltung der vom Gemeinsamen Bundesausschuss und in den Bundesmantelverträgen beschlossenen Qualifikations- und Qualitätssicherungsanforderungen sowie an die Einhaltung der gegenüber der Kassenärztlichen Vereinigung zu erbringenden Dokumentationsverpflichtungen geknüpft werden. 2Zudem können Regelungen vorgesehen werden, die darauf abzielen, dass die Abrechnung der Versichertenpauschalen nach Absatz 2b Satz 1 sowie der Grundpauschalen nach Absatz 2c Satz 1 für einen Versicherten nur durch einen Arzt im Abrechnungszeitraum erfolgt, oder es können Regelungen zur Kürzung der Pauschalen für den Fall eines Arztwechsels des Versicherten innerhalb des Abrechnungszeitraums vorgesehen werden.

(2e) Im einheitlichen Bewertungsmaßstab für ärztliche Leistungen ist jährlich bis zum 31. August ein bundeseinheitlicher Punktwert als Orientierungswert in Euro zur Vergütung der vertragsärztlichen Leistungen festzulegen.

(2f) (weggefallen)

(2g) Bei der Anpassung des Orientierungswertes nach Absatz 2e sind insbesondere

1. die Entwicklung der für Arztpraxen relevanten Investitions- und Betriebskosten, soweit diese nicht bereits durch die Weiterentwicklung der Bewertungsrelationen nach Absatz 2 Satz 2 erfasst worden sind,
2. Möglichkeiten zur Ausschöpfung von Wirtschaftlichkeitsreserven, soweit diese nicht bereits durch die Weiterentwicklung der Bewertungsrelationen nach Absatz 2 Satz 2 erfasst worden sind, sowie
3. die allgemeine Kostendegression bei Fallzahlsteigerungen, soweit diese nicht durch eine Abstaffelungsregelung nach Absatz 2 Satz 3 berücksichtigt worden ist,

zu berücksichtigen.

(2h) 1Die im einheitlichen Bewertungsmaßstab für zahnärztliche Leistungen aufgeführten Leistungen können zu Leistungskomplexen zusammengefasst werden. 2Die Leistungen sind entsprechend einer ursachengerechten, zahnsubstanzschonenden und präventionsorientierten Versorgung insbesondere nach dem Kriterium der erforderlichen Arbeitszeit gleichgewichtig in und zwischen den Leistungsbereichen für Zahnerhaltung, Prävention, Zahnersatz und Kieferorthopädie zu bewerten. 3Bei der Festlegung der Bewertungsrelationen ist wissenschaftlicher Sachverstand einzubeziehen.

(2i) 1Im einheitlichen Bewertungsmaßstab für zahnärztliche Leistungen ist eine zusätzliche Leistung vorzusehen für das erforderliche Aufsuchen von Versicherten, die einer Pflegestufe nach § 15 des Elften Buches zugeordnet sind, Eingliederungshilfe nach § 53 des Zwölften Buches erhalten oder dauerhaft erheblich in ihrer Alltagskompetenz nach § 45a des Elften Buches eingeschränkt sind und die die Zahnarztpraxis aufgrund ihrer Pflegebedürftigkeit, Behinderung oder Einschränkung nicht oder nur mit hohem Aufwand aufsuchen können. 2§ 71 Absatz 1 Satz 2 gilt entsprechend.

(2j) 1Für Leistungen, die im Rahmen eines Vertrages nach § 119b Absatz 1 erbracht werden, ist im einheitlichen Bewertungsmaßstab für zahnärztliche Leistungen eine zusätzliche, in der Bewertung über Absatz 2i Satz 1 hinausgehende Leistung vorzusehen. 2Voraussetzung für die Abrechnung dieser zusätzlichen Leistung ist die Einhaltung der in der Vereinbarung nach § 119b Absatz 2 festgelegten Anforderungen. $_{3}$Die Leistung nach Absatz 2i Satz 1 ist in diesen Fällen nicht berechnungsfähig. $_{4}$§ 71 Absatz 1 Satz 2 gilt entsprechend.

(3) $_{1}$Der Bewertungsausschuß besteht aus drei von der Kassenärztlichen Bundesvereinigung bestellten Vertretern sowie drei vom Spitzenverband Bund der Krankenkassen bestellten Vertreter. $_{2}$Den Vorsitz führt abwechselnd ein Vertreter der Ärzte und ein Vertreter der Krankenkassen. $_{3}$Die Beratungen des Bewertungsausschusses einschließlich der Beratungsunterlagen und Niederschriften sind vertraulich. $_{4}$Die Vertraulichkeit gilt auch für die zur Vorbereitung und Durchführung der Beratungen im Bewertungsausschuss dienenden Unterlagen der Trägerorganisationen und des Instituts des Bewertungsausschusses.

(3a) $_{1}$Der Bewertungsausschuss analysiert die Auswirkungen seiner Beschlüsse insbesondere auf die Versorgung der Versicherten mit vertragsärztlichen Leistungen, auf die vertragsärztlichen Honorare sowie auf die Ausgaben der Krankenkassen. $_{2}$Das Bundesministerium für Gesundheit kann das Nähere zum Inhalt der Analysen bestimmen. $_{3}$Absatz 6 gilt entsprechend.

(3b) $_{1}$Der Bewertungsausschuss wird bei der Wahrnehmung seiner Aufgaben von einem Institut unterstützt, das gemäß der vom Bewertungsausschuss nach Absatz 3e zu vereinbarenden Geschäftsordnung die Beschlüsse nach den §§ 87, 87a und 116b Absatz 6 sowie die Analysen nach Absatz 3a vorbereitet. $_{2}$Träger des Instituts sind die Kassenärztliche Bundesvereinigung und der Spitzenverband Bund der Krankenkassen. $_{3}$Ist das Institut nicht oder nicht in einer seinen Aufgaben entsprechenden Weise errichtet, kann das Bundesministerium für Gesundheit eine oder mehrere der in Satz 2 genannten Organisationen zur Errichtung des Instituts verpflichten oder eine oder mehrere der in Satz 2 genannten Organisationen oder einen Dritten mit den Aufgaben nach Satz 1 beauftragen. $_{4}$Satz 3 gilt entsprechend, wenn das Institut seine Aufgaben nicht in dem vorgesehenen Umfang oder nicht entsprechend den geltenden Vorgaben erfüllt oder wenn es aufgelöst wird. $_{5}$Abweichend von den Sätzen 1 und 2 können die in Satz 2 genannten Organisationen einen Dritten mit den Aufgaben nach Satz 1 beauftragen. $_{6}$Sie haben im Zeitraum bis zur Herstellung der vollständigen Arbeitsfähigkeit des Instituts oder des von ihnen beauftragten Dritten sicherzustellen, dass der Bewertungsausschuss die in Satz 1 genannten Aufgaben in vollem Umfang und fristgerecht erfüllen kann. $_{7}$Hierzu hat der Bewertungsausschuss festzustellen, ob und in welchem Umfang das Institut oder der beauftragte Dritte arbeitsfähig ist und ob abweichend von Satz 2 die dort genannten Aufgaben zwischen dem Institut oder dem beauftragten Dritten und der Kassenärztlichen Bundesvereinigung und dem Spitzenverband Bund der Krankenkassen aufgeteilt werden sollen; Absatz 6 gilt entsprechend.

(3c) $_{1}$Die Finanzierung des Instituts oder des beauftragten Dritten nach Absatz 3b erfolgt durch die Erhebung eines Zuschlags auf jeden ambulant-kurativen Behandlungsfall in der vertragsärztlichen Versorgung. $_{2}$Der Zuschlag ist von den Krankenkassen außerhalb der Gesamtvergütung nach § 85 oder der morbiditätsbedingten Gesamtvergütung nach § 87a zu finanzieren. $_{3}$Das Nähere bestimmt der Bewertungsausschuss in seinem Beschluss nach Absatz 3e Satz 1 Nr. 3.

(3d) $_{1}$Über die Ausstattung des Instituts oder des beauftragten Dritten nach Absatz 3b mit den für die Aufgabenwahrnehmung erforderlichen Sachmitteln, die Einstellung des Personals und die Nutzung der Daten gemäß Absatz 3f durch das Institut oder den beauftragten Dritten entscheidet der Bewertungsausschuss; Absatz 6 gilt entsprechend. $_{2}$Die innere Organisation ist jeweils so zu gestalten, dass sie den besonderen Anforderungen des Datenschutzes nach § 78a des Zehnten Buches gerecht wird.

(3e) $_{1}$Der Bewertungsausschuss beschließt

1. eine Verfahrensordnung, in der er insbesondere die Antragsberechtigten, methodische Anforderungen und Fristen in Bezug auf die Vorbereitung und Durchfüh-

rung der Beratungen sowie die Beschlussfassung über die Aufnahme in den einheitlichen Bewertungsmaßstab insbesondere solcher neuer Laborleistungen und neuer humangenetischer Leistungen regelt, bei denen es sich jeweils nicht um eine neue Untersuchungs- oder Behandlungsmethode nach § 135 Absatz 1 Satz 1 handelt,

2. eine Geschäftsordnung, in der er Regelungen zur Arbeitsweise des Bewertungsausschusses und des Instituts gemäß Absatz 3b trifft, insbesondere zur Geschäftsführung und zur Art und Weise der Vorbereitung der in Absatz 3b Satz 1 genannten Beschlüsse, Analysen und Berichte, sowie

3. eine Finanzierungsregelung, in der er Näheres zur Erhebung des Zuschlags nach Absatz 3c bestimmt.

V

$_2$Die Verfahrensordnung, die Geschäftsordnung und die Finanzierungsregelung bedürfen der Genehmigung des Bundesministeriums für Gesundheit. $_3$Die Verfahrensordnung und die Geschäftsordnung sind im Internet zu veröffentlichen. $_4$Der Bewertungsausschuss ist verpflichtet, im Einvernehmen mit dem Gemeinsamen Bundesausschuss hinsichtlich einer neuen Leistung auf Verlangen Auskunft zu erteilen, ob die Aufnahme der neuen Leistung in den einheitlichen Bewertungsmaßstab in eigener Zuständigkeit des Bewertungsausschusses beraten werden kann oder ob es sich dabei um eine neue Methode handelt, die nach § 135 Absatz 1 Satz 1 zunächst einer Bewertung durch den Gemeinsamen Bundesausschuss bedarf. $_5$Eine Auskunft können pharmazeutische Unternehmer, Hersteller von Medizinprodukten, Hersteller von Diagnostikleistungen und deren jeweilige Verbände, einschlägige Berufsverbände, medizinische Fachgesellschaften und die für die Wahrnehmung der Interessen der Patientinnen und Patienten und der Selbsthilfe chronisch kranker und behinderter Menschen auf Bundesebene maßgeblichen Organisationen nach § 140f verlangen. $_6$Das Nähere regeln der Bewertungsausschuss und der Gemeinsame Bundesausschuss im gegenseitigen Einvernehmen in ihrer jeweiligen Verfahrensordnung.

(3f) $_1$Die Kassenärztlichen Vereinigungen und die Krankenkassen erfassen jeweils nach Maßgabe der vom Bewertungsausschuss zu bestimmenden inhaltlichen und verfahrensmäßigen Vorgaben die für die Aufgaben des Bewertungsausschusses nach diesem Gesetz erforderlichen Daten, einschließlich der Daten nach § 73b Absatz 7 Satz 5 und § 140a Absatz 6, arzt- und versichertenbezogen in einheitlicher pseudonymisierter Form. $_2$Die Daten nach Satz 1 werden jeweils unentgeltlich von den Kassenärztlichen Vereinigungen an die Kassenärztliche Bundesvereinigung und von den Krankenkassen an den Spitzenverband Bund der Krankenkassen übermittelt, die diese Daten jeweils zusammenführen und sie unentgeltlich dem Institut oder dem beauftragten Dritten gemäß Absatz 3b übermitteln. $_3$Soweit erforderlich hat der Bewertungsausschuss darüber hinaus Erhebungen und Auswertungen nicht personenbezogener Daten durchzuführen oder in Auftrag zu geben oder Sachverständigengutachten einzuholen. $_4$Für die Erhebung und Verarbeitung der Daten nach den Sätzen 2 und 3 kann der Bewertungsausschuss eine Datenstelle errichten oder eine externe Datenstelle beauftragen; für die Finanzierung der Datenstelle gelten die Absätze 3c und 3e entsprechend. $_5$Personenbezogene Daten nach Satz 1 sind zu löschen, sobald sie nicht mehr benötigt werden. $_6$Das Verfahren der Pseudonymisierung nach Satz 1 ist vom Bewertungsausschuss im Einvernehmen mit dem Bundesamt für Sicherheit in der Informationstechnik zu bestimmen.

(3g) Die Regelungen der Absätze 3a bis 3f gelten nicht für den für zahnärztliche Leistungen zuständigen Bewertungsausschuss.

(4) $_1$Kommt im Bewertungsausschuß durch übereinstimmenden Beschluß aller Mitglieder eine Vereinbarung ganz oder teilweise nicht zustande, wird der Bewertungsausschuß auf Verlangen von mindestens zwei Mitgliedern um einen unparteiischen Vorsitzenden und zwei weitere unparteiische Mitglieder erweitert. $_2$Für die Benennung des

unparteiischen Vorsitzenden gilt § 89 Abs. 3 entsprechend. 3Von den weiteren unparteiischen Mitgliedern wird ein Mitglied von der Kassenärztlichen Bundesvereinigung sowie ein Mitglied vom Spitzenverband Bund der Krankenkassen benannt.

(5) 1Der erweiterte Bewertungsausschuß setzt mit der Mehrheit seiner Mitglieder die Vereinbarung fest. 2Die Festsetzung hat die Rechtswirkung einer vertraglichen Vereinbarung im Sinne von § 82 Abs. 1. 3Zur Vorbereitung von Maßnahmen nach Satz 1 für den Bereich der ärztlichen Leistungen hat das Institut oder der beauftragte Dritte nach Absatz 3b dem zuständigen erweiterten Bewertungsausschuss unmittelbar und unverzüglich nach dessen Weisungen zuzuarbeiten. 4Absatz 3 Satz 3 und 4 gilt entsprechend; auch für die Unterlagen der unparteiischen Mitglieder gilt Vertraulichkeit.

(5a) Bei Beschlüssen zur Anpassung des einheitlichen Bewertungsmaßstabes zur Vergütung der Leistungen der spezialfachärztlichen Versorgung nach § 116b sind der Bewertungsausschuss für ärztliche Leistungen nach Absatz 3 sowie der erweiterte Bewertungsausschuss für ärztliche Leistungen nach Absatz 4 jeweils um drei Vertreter der Deutschen Krankenhausgesellschaft und jeweils um drei weitere Vertreter des Spitzenverbandes Bund der Krankenkassen zu ergänzen.

(5b) 1Der einheitliche Bewertungsmaßstab für ärztliche Leistungen ist innerhalb von sechs Monaten nach Inkrafttreten der Beschlüsse des Gemeinsamen Bundesausschusses über die Einführung neuer Untersuchungs- und Behandlungsmethoden nach § 92 Absatz 1 Satz 2 Nummer 5 in Verbindung mit § 135 Absatz 1 anzupassen. 2Satz 1 gilt entsprechend für weitere Richtlinienbeschlüsse des Gemeinsamen Bundesausschusses, die eine Anpassung des einheitlichen Bewertungsmaßstabes für ärztliche Leistungen erforderlich machen. 3In diesem Zusammenhang notwendige Vereinbarungen nach § 135 Absatz 2 sind zeitgleich zu treffen. 4Für Beschlüsse des Gemeinsamen Bundesausschusses, die vor dem 23. Juli 2015 in Kraft getreten sind, gelten die Sätze 1 bis 3 entsprechend mit der Maßgabe, dass die Frist nach Satz 1 mit dem 23. Juli 2015 beginnt.

(6) 1Das Bundesministerium für Gesundheit kann an den Sitzungen der Bewertungsausschüsse, des Instituts oder des beauftragten Dritten nach Absatz 3b sowie der von diesen jeweils gebildeten Unterausschüssen und Arbeitsgruppen teilnehmen; ihm sind die Beschlüsse der Bewertungsausschüsse zusammen mit den den Beschlüssen zugrunde liegenden Beratungsunterlagen und den für die Beschlüsse jeweils entscheidungserheblichen Gründen vorzulegen. 2Das Bundesministerium für Gesundheit kann die Beschlüsse innerhalb von zwei Monaten beanstanden; es kann im Rahmen der Prüfung eines Beschlusses vom Bewertungsausschuss zusätzliche Informationen und ergänzende Stellungnahmen dazu anfordern; bis zum Eingang der Auskünfte ist der Lauf der Frist unterbrochen. 3Die Nichtbeanstandung eines Beschlusses kann vom Bundesministerium für Gesundheit mit Auflagen verbunden werden; das Bundesministerium für Gesundheit kann zur Erfüllung einer Auflage eine angemessene Frist setzen. 4Kommen Beschlüsse der Bewertungsausschüsse ganz oder teilweise nicht oder nicht innerhalb einer vom Bundesministerium für Gesundheit gesetzten Frist zustande oder werden die Beanstandungen des Bundesministeriums für Gesundheit nicht innerhalb einer von ihm gesetzten Frist behoben, kann das Bundesministerium für Gesundheit die Vereinbarungen festsetzen; es kann dazu Datenerhebungen in Auftrag geben oder Sachverständigengutachten einholen. 5Zur Vorbereitung von Maßnahmen nach Satz 4 für den Bereich der ärztlichen Leistungen hat das Institut oder der beauftragte Dritte oder die vom Bundesministerium für Gesundheit beauftragte Organisation gemäß Absatz 3b dem Bundesministerium für Gesundheit unmittelbar und unverzüglich nach dessen Weisungen zuzuarbeiten. 6Die mit den Maßnahmen nach Satz 4 verbundenen Kosten sind von dem Spitzenverband Bund der Krankenkassen und der Kassenärztlichen Bundesvereinigung jeweils zur Hälfte zu tragen; das Nähere bestimmt das

V

Bundesministerium für Gesundheit. $_{7}$Abweichend von Satz 4 kann das Bundesministerium für Gesundheit für den Fall, dass Beschlüsse der Bewertungsausschüsse nicht oder teilweise nicht oder nicht innerhalb einer vom Bundesministerium für Gesundheit gesetzten Frist zustande kommen, den erweiterten Bewertungsausschuss nach Absatz 4 mit Wirkung für die Vertragspartner anrufen. $_{8}$Der erweiterte Bewertungsausschuss setzt mit der Mehrheit seiner Mitglieder innerhalb einer vom Bundesministerium für Gesundheit gesetzten Frist die Vereinbarung fest; Satz 1 bis 6 gilt entsprechend. $_{9}$Die Beschlüsse und die entscheidungserheblichen Gründe sind im Deutschen Ärzteblatt oder im Internet bekannt zu machen; falls die Bekanntmachung im Internet erfolgt, muss im Deutschen Ärzteblatt ein Hinweis auf die Fundstelle veröffentlicht werden.

V

§ 87a Regionale Euro-Gebührenordnung, Morbiditätsbedingte Gesamtvergütung, Behandlungsbedarf der Versicherten

(1) Abweichend von § 82 Abs. 2 Satz 2 und § 85 gelten für die Vergütung vertragsärztlicher Leistungen die in Absatz 2 bis 6 getroffenen Regelungen; dies gilt nicht für vertragszahnärztliche Leistungen.

(2) $_{1}$Die Kassenärztliche Vereinigung und die Landesverbände der Krankenkassen und die Ersatzkassen gemeinsam und einheitlich vereinbaren auf der Grundlage des Orientierungswertes gemäß § 87 Absatz 2e jeweils bis zum 31. Oktober eines jeden Jahres einen Punktwert, der zur Vergütung der vertragsärztlichen Leistungen im Folgejahr anzuwenden ist. $_{2}$Die Vertragspartner nach Satz 1 können dabei einen Zuschlag auf den oder einen Abschlag von dem Orientierungswert gemäß § 87 Absatz 2e vereinbaren, um insbesondere regionale Besonderheiten bei der Kosten- und Versorgungsstruktur zu berücksichtigen. $_{3}$Darüber hinaus können auf der Grundlage von durch den Bewertungsausschuss festzulegenden Kriterien zur Verbesserung der Versorgung der Versicherten, insbesondere in Planungsbereichen, für die Feststellungen nach § 100 Absatz 1 oder 3 getroffen wurden, Zuschläge auf den Orientierungswert nach § 87 Absatz 2e für besonders förderungswürdige Leistungen sowie für Leistungen von besonders zu fördernden Leistungserbringern vereinbart werden; nach Abschluss der Vereinbarung nach § 119b Absatz 2 können Zuschläge befristet für den Zeitraum bis zum 31. Dezember 2016 auch vereinbart werden zur Förderung

1. der kooperativen und koordinierten ärztlichen und pflegerischen Versorgung von pflegebedürftigen Versicherten in stationären Pflegeeinrichtungen oder
2. von Kooperationsverträgen gemäß § 119b Absatz 1 Satz 1.

$_{4}$Bei der Festlegung des Zu- oder Abschlags ist zu gewährleisten, dass die medizinisch notwendige Versorgung der Versicherten sichergestellt ist. $_{5}$Aus dem vereinbarten Punktwert nach diesem Absatz und dem einheitlichen Bewertungsmaßstab für ärztliche Leistungen gemäß § 87 Absatz 1 ist eine regionale Gebührenordnung mit Euro-Preisen (regionale Euro-Gebührenordnung) zu erstellen.

(3) $_{1}$Ebenfalls jährlich bis zum 31. Oktober vereinbaren die in Absatz 2 Satz 1 genannten Vertragsparteien gemeinsam und einheitlich für das Folgejahr mit Wirkung für die Krankenkassen die von den Krankenkassen mit befreiender Wirkung an die jeweilige Kassenärztliche Vereinigung zu zahlenden morbiditätsbedingten Gesamtvergütungen für die gesamte vertragsärztliche Versorgung der Versicherten mit Wohnort im Bezirk der Kassenärztlichen Vereinigung. $_{2}$Hierzu vereinbaren sie als Punktzahlvolumen auf der Grundlage des einheitlichen Bewertungsmaßstabes den mit der Zahl und der Morbiditätsstruktur der Versicherten verbundenen Behandlungsbedarf und bewerten diesen mit dem nach Absatz 2 Satz 1 vereinbarten Punktwert in Euro; der vereinbarte Behandlungsbedarf gilt als notwendige medizinische Versorgung gemäß § 71 Abs. 1 Satz 1. $_{3}$Die im Rahmen des Behandlungsbedarfs erbrachten Leistungen sind mit den Preisen der Euro-Gebührenordnung nach Absatz 2 Satz 5 zu vergüten. $_{4}$Da-

rüber hinausgehende Leistungen, die sich aus einem bei der Vereinbarung der morbiditätsbedingten Gesamtvergütung nicht vorhersehbaren Anstieg des morbiditätsbedingten Behandlungsbedarfs ergeben, sind von den Krankenkassen zeitnah, spätestens im folgenden Abrechnungszeitraum unter Berücksichtigung der Empfehlungen nach Absatz 5 Satz 1 Nr. 1 ebenfalls mit den in der Euro-Gebührenordnung nach Absatz 2 Satz 5 enthaltenen Preisen zu vergüten. 5Vertragsärztliche Leistungen bei der Substitutionsbehandlung der Drogenabhängigkeit gemäß den Richtlinien des Gemeinsamen Bundesausschusses sind von den Krankenkassen außerhalb der nach Satz 1 vereinbarten Gesamtvergütungen mit den Preisen der Euro-Gebührenordnung nach Absatz 2 zu vergüten; in Vereinbarungen nach Satz 1 kann darüber hinaus geregelt werden, dass weitere vertragsärztliche Leistungen außerhalb der nach Satz 1 vereinbarten Gesamtvergütungen mit den Preisen der Euro-Gebührenordnung nach Absatz 2 vergütet werden, wenn sie besonders gefördert werden sollen oder soweit dies medizinisch oder auf Grund von Besonderheiten bei Veranlassung und Ausführung der Leistungserbringung erforderlich ist.

(3a) 1Für den Fall der überbezirklichen Durchführung der vertragsärztlichen Versorgung sind die Leistungen abweichend von Absatz 3 Satz 3 und 4 von den Krankenkassen mit den Preisen zu vergüten, die in der Kassenärztlichen Vereinigung gelten, deren Mitglied der Leistungserbringer ist. 2Weichen die nach Absatz 2 Satz 5 vereinbarten Preise von den Preisen nach Satz 1 ab, so ist die Abweichung zeitnah, spätestens bei der jeweils folgenden Vereinbarung der Veränderung der morbiditätsbedingten Gesamtvergütung zu berücksichtigen. 3Die Zahl der Versicherten nach Absatz 3 Satz 2 ist entsprechend der Zahl der auf den zugrunde gelegten Zeitraum entfallenden Versichertentage zu ermitteln. 4Weicht die bei der Vereinbarung der morbiditätsbedingten Gesamtvergütung zu Grunde gelegte Zahl der Versicherten von der tatsächlichen Zahl der Versicherten im Vereinbarungszeitraum ab, ist die Abweichung zeitnah, spätestens bei der jeweils folgenden Vereinbarung der Veränderung der morbiditätsbedingten Gesamtvergütung zu berücksichtigen. 5Ausgaben für Kostenerstattungsleistungen nach § 13 Abs. 2 und nach § 53 Abs. 4 mit Ausnahme der Kostenerstattungsleistungen nach § 13 Abs. 2 Satz 5 sind auf die nach Absatz 3 Satz 1 zu zahlende Gesamtvergütung anzurechnen.

(4) 1Grundlage der Vereinbarung über die Anpassung des Behandlungsbedarfs jeweils aufsetzend auf dem insgesamt für alle Versicherten mit Wohnort im Bezirk einer Kassenärztlichen Vereinigung für das Vorjahr nach Absatz 3 Satz 2 vereinbarten und bereinigten Behandlungsbedarf sind insbesondere Veränderungen

1. der Zahl der Versicherten der Krankenkasse mit Wohnort im Bezirk der jeweiligen Kassenärztlichen Vereinigung,
2. der Morbiditätsstruktur der Versicherten aller Krankenkassen mit Wohnort im Bezirk der jeweiligen Kassenärztlichen Vereinigung,
3. von Art und Umfang der ärztlichen Leistungen, soweit sie auf einer Veränderung des gesetzlichen oder satzungsmäßigen Leistungsumfangs der Krankenkassen oder auf Beschlüssen des Gemeinsamen Bundesausschusses nach § 135 Absatz 1 beruhen,
4. des Umfangs der vertragsärztlichen Leistungen aufgrund von Verlagerungen von Leistungen zwischen dem stationären und dem ambulanten Sektor und
5. des Umfangs der vertragsärztlichen Leistungen aufgrund der Ausschöpfung von Wirtschaftlichkeitsreserven bei der vertragsärztlichen Leistungserbringung;

dabei sind die Empfehlungen und Vorgaben des Bewertungsausschusses gemäß Absatz 5 zu berücksichtigen. 2Bei der Ermittlung des Aufsatzwertes für den Behandlungsbedarf nach Satz 1 für eine Krankenkasse ist ihr jeweiliger Anteil an dem insgesamt für alle Versicherten mit Wohnort im Bezirk der Kassenärztlichen Vereinigung für das Vorjahr

V

vereinbarten, bereinigten Behandlungsbedarf entsprechend ihres aktuellen Anteils an der Menge der für vier Quartale abgerechneten Leistungen jeweils nach sachlich-rechnerischer Richtigstellung anzupassen. 3Die jeweils jahresbezogene Veränderung der Morbiditätsstruktur im Bezirk einer Kassenärztlichen Vereinigung ist auf der Grundlage der vertragsärztlichen Behandlungsdiagnosen gemäß § 295 Absatz 1 Satz 2 einerseits sowie auf der Grundlage demografischer Kriterien (Alter und Geschlecht) andererseits durch eine gewichtete Zusammenfassung der vom Bewertungsausschuss als Empfehlungen nach Absatz 5 Satz 2 bis 4 mitgeteilten Raten zu vereinbaren. 4Falls erforderlich, können weitere für die ambulante Versorgung relevante Morbiditätskriterien herangezogen werden.

V

(4a) 1Über eine mit Wirkung ab dem 1. Januar 2017 einmalige basiswirksame Erhöhung des nach Absatz 4 Satz 1 für das Jahr 2016 angepassten Aufsatzwertes ist in den Vereinbarungen nach Absatz 3 Satz 1 im Jahr 2016 zu verhandeln, wenn die jeweils für das Jahr 2014 und jeweils einschließlich der Bereinigungen zu berechnende durchschnittliche an die Kassenärztliche Vereinigung entrichtete morbiditätsbedingte Gesamtvergütung je Versicherten mit Wohnort im Bezirk der Kassenärztlichen Vereinigung die durchschnittliche an alle Kassenärztlichen Vereinigungen im Bundesgebiet entrichtete morbiditätsbedingte Gesamtvergütung je Versicherten unterschreitet. 2Die Berechnungen nach Satz 1 werden durch das Institut nach § 87 Absatz 3b Satz 1 durchgeführt. 3Es teilt den Vertragsparteien nach Absatz 2 Satz 1 und dem Bundesministerium für Gesundheit das Ergebnis bis spätestens zum 15. September 2016 mit. 4Eine einmalige basiswirksame Erhöhung des Aufsatzwertes ist nur dann zu vereinbaren, wenn in den Verhandlungen nach Satz 1 festgestellt wird, dass der Aufsatzwert im Jahr 2014 unbegründet zu niedrig war. 5Ob und in welchem Umfang der Aufsatzwert im Jahr 2014 unbegründet zu niedrig war, ist von der Kassenärztlichen Vereinigung auch unter Berücksichtigung der Inanspruchnahme des stationären Sektors nachzuweisen. 6Der Aufsatzwert ist in dem Umfang zu erhöhen, wie der Aufsatzwert im Jahr 2014 unbegründet zu niedrig war. 7Die durch die vereinbarte Erhöhung des Aufsatzwertes einschließlich der Bereinigungen sich ergebende morbiditätsbedingte Gesamtvergütung je Versicherten mit Wohnort im Bezirk der betroffenen Kassenärztlichen Vereinigung im Jahr 2014 darf die für das Jahr 2014 berechnete durchschnittliche an alle Kassenärztlichen Vereinigungen im Bundesgebiet einschließlich der Bereinigung entrichtete morbiditätsbedingte Gesamtvergütung je Versicherten nicht übersteigen. 8Die Erhöhung erfolgt um einen im Bezirk der Kassenärztlichen Vereinigung für alle Krankenkassen einheitlichen Faktor. 9Die vereinbarte Erhöhung kann auch schrittweise über mehrere Jahre verteilt werden. 10Die zusätzlichen Mittel sind zur Verbesserung der Versorgungsstruktur einzusetzen. 11Umverteilungen zu Lasten anderer Kassenärztlicher Vereinigungen sind auszuschließen.

(5) 1Der Bewertungsausschuss beschließt Empfehlungen

1. zur Vereinbarung des Umfangs des nicht vorhersehbaren Anstiegs des morbiditätsbedingten Behandlungsbedarfs nach Absatz 3 Satz 4,
2. zur Vereinbarung von Veränderungen der Morbiditätsstruktur nach Absatz 4 Satz 1 Nummer 2 sowie
3. zur Bestimmung von Vergütungen nach Absatz 3 Satz 5.

2Bei der Empfehlung teilt der Bewertungsausschuss den in Absatz 2 Satz 1 genannten Vertragspartnern die Ergebnisse der Berechnungen des Instituts des Bewertungsausschusses zu den Veränderungen der Morbiditätsstruktur nach Absatz 4 Satz 1 Nummer 2 mit. 3Das Institut des Bewertungsausschusses errechnet für jeden Bezirk einer Kassenärztlichen Vereinigung zwei einheitliche Veränderungsraten, wobei eine Rate insbesondere auf den Behandlungsdiagnosen gemäß § 295 Absatz 1 Satz 2 und die andere Rate auf demografischen Kriterien (Alter und Geschlecht) basiert. 4Die Veränderungsraten werden auf der Grundlage des Beschlusses des erweiterten Bewertungsausschusses vom 2. September 2009 Teil B Nummer 2.3 bestimmt mit der Maßgabe, die Datengrundlagen zu aktualisieren. $_{5}$Zur Ermittlung der diagnosenbezogenen Rate ist das geltende Modell des Klassifikationsverfahrens anzuwenden. $_{6}$Der Bewertungsausschuss kann das Modell in bestimmten Zeitabständen auf seine weitere Eignung für die Anwendung in der vertragsärztlichen Versorgung überprüfen und fortentwickeln. $_{7}$Der Bewertungsausschuss hat zudem Vorgaben für ein Verfahren zur Bereinigung des Behandlungsbedarfs in den durch dieses Gesetz vorgesehenen Fällen sowie zur Ermittlung der Aufsatzwerte nach Absatz 4 Satz 1 und der Anteile der einzelnen Krankenkassen nach Absatz 4 Satz 2 zu beschließen; er kann darüber hinaus insbesondere Empfehlungen zur Vereinbarung von Veränderungen nach Absatz 4 Satz 1 Nummer 3 bis 5 und Satz 3 und 4 sowie ein Verfahren zur Bereinigung der Relativgewichte des Klassifikationsverfahrens im Falle von Vergütungen nach Absatz 3 Satz 5 beschließen. $_{8}$Die Empfehlungen nach Satz 1 sowie die Vorgaben nach Satz 7 sind jährlich bis spätestens zum 31. August zu beschließen; die Mitteilungen nach Satz 2 erfolgen jährlich bis spätestens zum 15. September. $_{9}$Der Bewertungsausschuss beschließt geeignete pauschalierende Verfahren zur Bereinigung des Behandlungsbedarfs in den Fällen des § 73b Absatz 7 Satz 7 und 8.

(6) Der Bewertungsausschuss beschließt erstmals bis zum 31. März 2012 Vorgaben zu Art, Umfang, Zeitpunkt und Verfahren der für die Vereinbarungen und Berechnungen nach den Absätzen 2 bis 4 erforderlichen Datenübermittlungen von den Kassenärztlichen Vereinigungen und Krankenkassen an das Institut des Bewertungsausschusses, welches den Vertragspartnern nach Absatz 2 Satz 1 die jeweils erforderlichen Datengrundlagen bis zum 30. Juni eines jeden Jahres zur Verfügung stellt; § 87 Absatz 3f Satz 2 gilt entsprechend.

§ 87b Vergütung der Ärzte (Honorarverteilung)

(1) $_{1}$Die Kassenärztliche Vereinigung verteilt die vereinbarten Gesamtvergütungen an die Ärzte, Psychotherapeuten, medizinischen Versorgungszentren sowie ermächtigten Einrichtungen, die an der vertragsärztlichen Versorgung teilnehmen, getrennt für die Bereiche der hausärztlichen und der fachärztlichen Versorgung; dabei sollen die von fachärztlich tätigen Ärzten erbrachten hausärztlichen Leistungen nicht den hausärztlichen Teil der Gesamtvergütungen und die von hausärztlich tätigen Ärzten erbrachten fachärztlichen Leistungen nicht den fachärztlichen Teil der Gesamtvergütungen mindern. $_{2}$Die Kassenärztliche Vereinigung wendet bei der Verteilung den Verteilungsmaßstab an, der im Benehmen mit den Landesverbänden der Krankenkassen und den Ersatzkassen festgesetzt worden ist. $_{3}$Bisherige Bestimmungen, insbesondere zur Zuweisung von arzt- und praxisbezogenen Regelleistungsvolumen, gelten bis zur Entscheidung über einen Verteilungsmaßstab vorläufig fort.

(2) $_{1}$Der Verteilungsmaßstab hat Regelungen vorzusehen, die verhindern, dass die Tätigkeit des Leistungserbringers über seinen Versorgungsauftrag nach § 95 Absatz 3 oder seinen Ermächtigungsumfang hinaus übermäßig ausgedehnt wird; dabei soll dem Leistungserbringer eine Kalkulationssicherheit hinsichtlich der Höhe seines zu erwartenden Honorars ermöglicht werden. $_{2}$Der Verteilungsmaßstab hat der kooperativen Behandlung von Patienten in dafür gebildeten Versorgungsformen angemessen Rechnung zu tragen. $_{3}$Für Praxisnetze, die von den Kassenärztlichen Vereinigungen anerkannt sind, müssen gesonderte Vergütungsregelungen vorgesehen werden; für solche Praxisnetze können auch eigene Honorarvolumen als Teil der morbiditätsbedingten Gesamtvergütungen nach § 87a Absatz 3 gebildet werden. $_{4}$Im Verteilungsmaßstab sind Regelungen zur Vergütung psychotherapeutischer Leistungen der Psychotherapeuten, der Fachärzte für Kinder- und Jugendpsychiatrie und -psychotherapie, der Fachärzte für Psychiatrie und

Psychotherapie, der Fachärzte für Nervenheilkunde, der Fachärzte für psychosomatische Medizin und Psychotherapie sowie der ausschließlich psychotherapeutisch tätigen Ärzte zu treffen, die eine angemessene Höhe der Vergütung je Zeiteinheit gewährleisten. $_{5}$Im Verteilungsmaßstab dürfen keine Maßnahmen zur Begrenzung oder Minderung des Honorars für anästhesiologische Leistungen angewandt werden, die im Zusammenhang mit vertragszahnärztlichen Behandlungen von Patienten mit mangelnder Kooperationsfähigkeit bei geistiger Behinderung oder schwerer Dyskinesie notwendig sind. $_{6}$Widerspruch und Klage gegen die Honorarfestsetzung sowie gegen deren Änderung oder Aufhebung haben keine aufschiebende Wirkung.

(3) $_{1}$Hat der Landesausschuss der Ärzte und Krankenkassen einen Beschluss nach § 100 Absatz 1 oder 3 getroffen, dürfen für Ärzte der betroffenen Arztgruppe im Verteilungsmaßstab Maßnahmen zur Fallzahlbegrenzung oder -minderung nicht bei der Behandlung von Patienten des betreffenden Planungsbereiches angewendet werden. $_{2}$Darüber hinausgehend hat der Verteilungsmaßstab geeignete Regelungen vorzusehen, nach der die Kassenärztliche Vereinigung im Einzelfall verpflichtet ist, zu prüfen, ob und in welchem Umfang diese Maßnahme ausreichend ist, die Sicherstellung der medizinischen Versorgung zu gewährleisten. $_{3}$Die Kassenärztliche Vereinigung veröffentlicht einmal jährlich in geeigneter Form Informationen über die Grundsätze und Versorgungsziele des Honorarverteilungsmaßstabs.

(4) $_{1}$Die Kassenärztliche Bundesvereinigung hat Vorgaben zur Festlegung und Anpassung des Vergütungsvolumens für die hausärztliche und fachärztliche Versorgung nach Absatz 1 Satz 1 sowie Kriterien und Qualitätsanforderungen für die Anerkennung besonders förderungswürdiger Praxisnetze nach Absatz 2 Satz 2 als Rahmenvorgabe für Richtlinien der Kassenärztlichen Vereinigungen, insbesondere zu Versorgungszielen, im Einvernehmen mit dem Spitzenverband Bund der Krankenkassen zu bestimmen. $_{2}$Darüber hinaus hat die Kassenärztliche Bundesvereinigung Vorgaben insbesondere zu den Regelungen des Absatzes 2 Satz 1 bis 4 und zur Durchführung geeigneter und neutraler Verfahren zur Honorarbereinigung zu bestimmen; dabei ist das Benehmen mit dem Spitzenverband Bund der Krankenkassen herzustellen. $_{3}$Die Vorgaben nach den Sätzen 1 und 2 sind von den Kassenärztlichen Vereinigungen zu beachten. $_{4}$Die Kassenärztlichen Vereinigungen haben bis spätestens zum 23. Oktober 2015 Richtlinien nach Satz 1 zu beschließen.

(5) Die Regelungen der Absätze 1 bis 4 gelten nicht für vertragszahnärztliche Leistungen.

§ 87c Transparenz der Vergütung vertragsärztlicher Leistungen

$_{1}$Die Kassenärztliche Bundesvereinigung veröffentlicht für jedes Quartal zeitnah nach Abschluss des jeweiligen Abrechnungszeitraumes sowie für jede Kassenärztliche Vereinigung einen Bericht über die Ergebnisse der Honorarverteilung, über die Gesamtvergütungen, über die Bereinigungssummen und über das Honorar je Arzt und je Arztgruppe. $_{2}$Zusätzlich ist über Arztzahlen, Fallzahlen und Leistungsmengen zu informieren, um mögliche regionale Honorarunterschiede zu erklären. $_{3}$Die Kassenärztlichen Vereinigungen übermitteln der Kassenärztlichen Bundesvereinigung hierzu die erforderlichen Daten. $_{4}$Das Nähere bestimmt die Kassenärztliche Bundesvereinigung.

§ 87d Vergütung vertragsärztlicher Leistungen im Jahr 2012

(1) $_{1}$Für das Jahr 2012 ist kein Beschluss nach § 87 Absatz 2g zur Anpassung des Orientierungswertes nach § 87 Absatz 2e zu treffen. $_{2}$Der in § 87a Absatz 2 Satz 1 genannte Punktwert wird für das Jahr 2012 nicht angepasst. $_{3}$Die nach § 87a Absatz 2 Satz 2 bis 5 für das Jahr 2010 vereinbarten Zuschläge dürfen mit Wirkung für das Jahr 2012 in der Höhe nicht angepasst und darüber hinausgehende Zuschläge auf den Orientierungswert nicht vereinbart werden.

(2) $_{1}$Der Behandlungsbedarf für das Jahr 2012 ist je Krankenkasse zu ermitteln, indem der

für das Jahr 2011 vereinbarte, bereinigte Behandlungsbedarf je Versicherten um 1,25 Prozent erhöht wird. 2§ 87a Absatz 3 Satz 5 zweiter Halbsatz bleibt unberührt. 3Der sich aus Satz 1 ergebende Behandlungsbedarf für das Jahr 2012 wird mit dem in Absatz 1 Satz 2 genannten Punktwert in Euro bewertet. 4Die Regelungen nach § 87a Absatz 3 Satz 4 sowie nach § 87a Absatz 4 Nummer 2, 4 und 5 werden für das Jahr 2012 nicht angewendet.

§ 87e Zahlungsanspruch bei Mehrkosten

1Abrechnungsgrundlage für die Mehrkosten nach § 28 Abs. 2 Satz 2 und § 55 Abs. 4 ist die Gebührenordnung für Zahnärzte. 2Der Zahlungsanspruch des Vertragszahnarztes gegenüber dem Versicherten ist bei den für diese Mehrkosten zu Grunde liegenden Leistungen auf das 2,3fache des Gebührensatzes der Gebührenordnung für Zahnärzte begrenzt. 3Bei Mehrkosten für lichthärtende Composite-Füllungen in Schicht- und Ätztechnik im Seitenzahnbereich nach § 28 Abs. 2 Satz 2 ist höchstens das 3,5fache des Gebührensatzes der Gebührenordnung für Zahnärzte berechnungsfähig. 4Die Begrenzung nach den Sätzen 2 und 3 entfällt, wenn der Gemeinsame Bundesausschuss seinen Auftrag gemäß § 92 Abs. 1a und der Bewertungsausschuss seinen Auftrag gemäß § 87 Abs. 2h Satz 2 erfüllt hat. 5Maßgebend ist der Tag des Inkrafttretens der Richtlinien und der Tag des Beschlusses des Bewertungsausschusses.

Vierter Titel
Zahntechnische Leistungen

§ 88 Bundesleistungsverzeichnis, Vergütungen

(1) 1Der Spitzenverband Bund der Krankenkassen vereinbart mit dem Verband Deutscher Zahntechniker-Innungen ein bundeseinheitliches Verzeichnis der abrechnungsfähigen zahntechnischen Leistungen. 2Das bundeseinheitliche Verzeichnis ist im Benehmen mit der Kassenzahnärztlichen Bundesvereinigung zu vereinbaren.

(2) 1Die Landesverbände der Krankenkassen und die Ersatzkassen vereinbaren mit den Innungsverbänden der Zahntechniker die Vergütungen für die nach dem bundeseinheitlichen Verzeichnis abrechnungsfähigen zahntechnischen Leistungen, ohne die zahntechnischen Leistungen beim Zahnersatz einschließlich Zahnkronen und Suprakonstruktionen. 2Die vereinbarten Vergütungen sind Höchstpreise. 3Die Krankenkassen können die Versicherten sowie die Zahnärzte über preisgünstige Versorgungsmöglichkeiten informieren.

(3) 1Preise für zahntechnische Leistungen nach Absatz 1 ohne die zahntechnischen Leistungen beim Zahnersatz einschließlich Zahnkronen und Suprakonstruktionen, die von einem Zahnarzt erbracht werden, haben die Preise nach Absatz 2 Satz 1 und 2 um mindestens 5 vom Hundert zu unterschreiten. 2Hierzu können Verträge nach § 83 abgeschlossen werden.

Fünfter Titel
Schiedswesen

§ 89 Schiedsamt

(1) 1Kommt ein Vertrag über die vertragsärztliche Versorgung ganz oder teilweise nicht zustande, setzt das Schiedsamt mit der Mehrheit seiner Mitglieder innerhalb von drei Monaten den Vertragsinhalt fest. 2Kündigt eine Vertragspartei einen Vertrag, hat sie die Kündigung dem zuständigen Schiedsamt schriftlich mitzuteilen. 3Kommt bis zum Ablauf eines Vertrages ein neuer Vertrag nicht zustande, setzt das Schiedsamt mit der Mehrheit seiner Mitglieder innerhalb von drei Monaten dessen Inhalt fest. 4In diesem Fall gelten die Bestimmungen des bisherigen Vertrages bis zur Entscheidung des Schiedsamts vorläufig weiter. 5Kommt ein Vertrag bis zum Ablauf von drei Monaten durch Schiedsspruch nicht zu Stande und setzt das Schiedsamt auch innerhalb einer von der zuständigen Aufsichtsbehörde bestimmten Frist den Vertragsinhalt nicht fest, setzt die für das Schiedsamt zuständige Aufsichtsbehörde den Vertragsinhalt fest. 6Die Klage gegen die

Festsetzung des Schiedsamts hat keine aufschiebende Wirkung.

(1a) 1Kommt ein gesetzlich vorgeschriebener Vertrag über die vertragsärztliche Versorgung ganz oder teilweise nicht zustande und stellt keine der Vertragsparteien bei dem Schiedsamt den Antrag, eine Einigung herbeizuführen, können die zuständigen Aufsichtsbehörden nach Ablauf einer von ihnen gesetzten angemessenen Frist das Schiedsamt mit Wirkung für die Vertragsparteien anrufen. 2Das Schiedsamt setzt mit der Mehrheit seiner Mitglieder innerhalb von drei Monaten den Vertragsinhalt fest. 3Absatz 1 Satz 5 gilt entsprechend. 4Die Klage gegen die Festsetzung des Schiedsamts hat keine aufschiebende Wirkung.

(2) 1Die Kassenärztlichen Vereinigungen, die Landesverbände der Krankenkassen sowie die Ersatzkassen bilden je ein gemeinsames Schiedsamt für die vertragsärztliche und die vertragszahnärztliche Versorgung (Landesschiedsamt). 2Das Schiedsamt besteht aus Vertretern der Ärzte und der Krankenkassen in gleicher Zahl sowie einem unparteiischen Vorsitzenden und zwei weiteren unparteiischen Mitgliedern. 3Bei der Entscheidung über einen Vertrag, der nicht alle Kassenarten betrifft, wirken nur Vertreter der betroffenen Kassenarten im Schiedsamt mit. 4Die in Satz 1 genannten Krankenkassen und Verbände der Krankenkassen können von Satz 3 abweichende Regelungen vereinbaren.

(3) 1Über den Vorsitzenden und die zwei weiteren unparteiischen Mitglieder sowie deren Stellvertreter sollen sich die Kassenärztlichen Vereinigungen, die Landesverbände der Krankenkassen und die Ersatzkassen einigen. 2§ 213 Abs. 2 in der bis zum 31. Dezember 2008 geltenden Fassung gilt für die Landesverbände der Krankenkassen und die Ersatzkassen entsprechend. 3Die Amtsdauer beträgt vier Jahre. 4Soweit eine Einigung nicht zustande kommt, stellen die Beteiligten eine gemeinsame Liste auf, die mindestens die Namen für zwei Vorsitzende und je zwei weitere unparteiische Mitglieder sowie deren Stellvertreter enthalten muß. 5Kommt es nicht zu einer Einigung über den Vorsitzenden, die unparteiischen Mitglieder oder die Stellvertreter aus der gemeinsam erstellten Liste, entscheidet das Los, wer das Amt des Vorsitzenden, der weiteren unparteiischen Mitglieder und der Stellvertreter auszuüben hat. 6Die Amtsdauer beträgt in diesem Fall ein Jahr. 7Die Mitglieder des Schiedsamts führen ihr Amt als Ehrenamt. 8Sie sind an Weisungen nicht gebunden.

(4) 1Die Kassenärztlichen Bundesvereinigungen und der Spitzenverband Bund der Krankenkassen bilden je ein Schiedsamt für die vertragsärztliche und die vertragszahnärztliche Versorgung. 2Absatz 2 Satz 2 bis 4 und Absatz 3 gelten entsprechend.

(5) 1Die Aufsicht über die Schiedsämter nach Absatz 2 führen die für die Sozialversicherung zuständigen obersten Verwaltungsbehörden der Länder oder die von den Landesregierungen durch Rechtsverordnung bestimmten Behörden; die Landesregierungen können diese Ermächtigung auf die obersten Landesbehörden weiter übertragen. 2Die Aufsicht über die Schiedsämter nach Absatz 4 führt das Bundesministerium für Gesundheit. 3Die Aufsicht erstreckt sich auf die Beachtung von Gesetz und sonstigem Recht. 4Die Entscheidungen der Schiedsämter über die Vergütung der Leistungen nach § 57 Abs. 1 und 2, §§ 83, 85 und 87a sind den zuständigen Aufsichtsbehörden vorzulegen. 5Die Aufsichtsbehörden können die Entscheidungen bei einem Rechtsverstoß innerhalb von zwei Monaten nach Vorlage beanstanden. 6Für Klagen der Vertragspartner gegen die Beanstandung gelten die Vorschriften über die Anfechtungsklage entsprechend.

(6) Das Bundesministerium für Gesundheit bestimmt durch Rechtsverordnung mit Zustimmung des Bundesrates das Nähere über die Zahl, die Bestellung, die Amtsdauer, die Amtsführung, die Erstattung der baren Auslagen und die Entschädigung für Zeitaufwand der Mitglieder der Schiedsämter, die Geschäftsführung, das Verfahren, die Erhebung und die Höhe der Gebühren sowie über die Verteilung der Kosten.

(7) 1Der Verband Deutscher Zahntechniker-Innungen und der Spitzenverband Bund der

Krankenkassen bilden ein Bundesschiedsamt. $_{2}$Das Schiedsamt besteht aus Vertretern des Verbandes Deutscher Zahntechniker-Innungen und des Spitzenverbandes Bund der Krankenkassen in gleicher Zahl sowie einem unparteiischen Vorsitzenden und zwei weiteren unparteiischen Mitgliedern. $_{3}$Im übrigen gelten die Absätze 1, 1a, 3 und 5 Satz 2 und 3 sowie die auf Grund des Absatzes 6 erlassene Schiedsamtsverordnung entsprechend.

(8) $_{1}$Die Innungsverbände der Zahntechniker, die Landesverbände der Krankenkassen und die Ersatzkassen bilden ein Landesschiedsamt. $_{2}$Das Schiedsamt besteht aus Vertretern der Innungsverbände der Zahntechniker und der Krankenkassen in gleicher Zahl sowie einem unparteiischen Vorsitzenden und zwei weiteren unparteiischen Mitgliedern. $_{3}$Im übrigen gelten die Absätze 1, 1a und 3 sowie Absatz 5 entsprechend.

Sechster Titel
Landesausschüsse und Gemeinsamer Bundesausschuss

§ 90 Landesausschüsse

(1) $_{1}$Die Kassenärztlichen Vereinigungen und die Landesverbände der Krankenkassen sowie die Ersatzkassen bilden für den Bereich jedes Landes einen Landesausschuß der Ärzte und Krankenkassen und einen Landesausschuß der Zahnärzte und Krankenkassen. $_{2}$Die Ersatzkassen können diese Aufgabe auf eine im Bezirk der Kassenärztlichen Vereinigung von den Ersatzkassen gebildete Arbeitsgemeinschaft oder eine Ersatzkasse übertragen.

(2) $_{1}$Die Landesausschüsse bestehen aus einem unparteiischen Vorsitzenden, zwei weiteren unparteiischen Mitgliedern, neun Vertretern der Ärzte, drei Vertretern der Ortskrankenkassen, drei Vertretern der Ersatzkassen, je einem Vertreter der Betriebskrankenkassen und der Innungskrankenkassen sowie einem gemeinsamen Vertreter der landwirtschaftlichen Krankenkasse und der Knappschaft-Bahn-See. $_{2}$Über den Vorsitzenden und die zwei weiteren unparteiischen Mitglieder sowie deren Stellvertreter sollen sich die Kassenärztlichen Vereinigungen und die Landesverbände sowie die Ersatzkassen einigen. $_{3}$Kommt eine Einigung nicht zustande, werden sie durch die für die Sozialversicherung zuständige oberste Verwaltungsbehörde des Landes im Benehmen mit den Kassenärztlichen Vereinigungen, den Landesverbänden der Krankenkassen sowie den Ersatzkassen berufen. $_{4}$Besteht in dem Bereich eines Landesausschusses ein Landesverband einer bestimmten Kassenart nicht und verringert sich dadurch die Zahl der Vertreter der Krankenkassen, verringert sich die Zahl der Ärzte entsprechend. $_{5}$Die Vertreter der Ärzte und ihre Stellvertreter werden von den Kassenärztlichen Vereinigungen, die Vertreter der Krankenkassen und ihre Stellvertreter werden von den Landesverbänden der Krankenkassen sowie den Ersatzkassen bestellt.

(3) $_{1}$Die Mitglieder der Landesausschüsse führen ihr Amt als Ehrenamt. $_{2}$Sie sind an Weisungen nicht gebunden. $_{3}$Die beteiligten Kassenärztlichen Vereinigungen einerseits und die Verbände der Krankenkassen sowie die Ersatzkassen andererseits tragen die Kosten der Landesausschüsse je zur Hälfte. $_{4}$Das Bundesministerium für Gesundheit bestimmt durch Rechtsverordnung mit Zustimmung des Bundesrates nach Anhörung der Kassenärztlichen Bundesvereinigungen und des Spitzenverbandes Bund der Krankenkassen das Nähere über die Amtsdauer, die Amtsführung, die Erstattung der baren Auslagen und die Entschädigung für Zeitaufwand der Ausschußmitglieder sowie über die Verteilung der Kosten.

(4) $_{1}$Die Aufgaben der Landesausschüsse bestimmen sich nach diesem Buch. $_{2}$In den Landesausschüssen sowie den erweiterten Landesausschüssen nach § 116b Absatz 3 wirken die für die Sozialversicherung zuständigen obersten Landesbehörden beratend mit. $_{3}$Das Mitberatungsrecht umfasst auch das Recht zur Anwesenheit bei der Beschlussfassung.

(5) $_{1}$Die Aufsicht über die Landesausschüsse führen die für die Sozialversicherung zuständigen obersten Verwaltungsbehörden der Länder. $_{2}$§ 87 Absatz 1 Satz 2 und die §§ 88

und 89 des Vierten Buches gelten entsprechend.

(6) $_{1}$Die von den Landesausschüssen getroffenen Entscheidungen nach § 99 Absatz 2, § 100 Absatz 1 Satz 1 und Absatz 3 sowie § 103 Absatz 1 Satz 1 und Absatz 3 sind den für die Sozialversicherung zuständigen obersten Landesbehörden vorzulegen. $_{2}$Diese können die Entscheidungen innerhalb von zwei Monaten beanstanden. $_{3}$§ 94 Absatz 1 Satz 3 bis 5 gilt entsprechend.

§ 90a Gemeinsames Landesgremium

(1) $_{1}$Nach Maßgabe der landesrechtlichen Bestimmungen kann für den Bereich des Landes ein gemeinsames Gremium aus Vertretern des Landes, der Kassenärztlichen Vereinigung, der Landesverbände der Krankenkassen sowie der Ersatzkassen und der Landeskrankenhausgesellschaft sowie weiteren Beteiligten gebildet werden. $_{2}$Das gemeinsame Landesgremium kann Empfehlungen zu sektorenübergreifenden Versorgungsfragen abgeben.

(2) Soweit das Landesrecht es vorsieht, ist dem gemeinsamen Landesgremium Gelegenheit zu geben, zu der Aufstellung und der Anpassung der Bedarfspläne nach § 99 Absatz 1 und zu den von den Landesausschüssen zu treffenden Entscheidungen nach § 99 Absatz 2, § 100 Absatz 1 Satz 1 und Absatz 3 sowie § 103 Absatz 1 Satz 1 Stellung zu nehmen.

§ 91 Gemeinsamer Bundesausschuss

(1) $_{1}$Die Kassenärztlichen Bundesvereinigungen, die Deutsche Krankenhausgesellschaft und der Spitzenverband Bund der Krankenkassen bilden einen Gemeinsamen Bundesausschuss. $_{2}$Der Gemeinsame Bundesausschuss ist rechtsfähig. $_{3}$Er wird durch den Vorsitzenden des Beschlussgremiums gerichtlich und außergerichtlich vertreten.

(2) $_{1}$Das Beschlussgremium des Gemeinsamen Bundesausschusses besteht aus einem unparteiischen Vorsitzenden, zwei weiteren unparteiischen Mitgliedern, einem von der Kassenzahnärztlichen Bundesvereinigung, jeweils zwei von der Kassenärztlichen Bundesvereinigung und der Deutschen Krankenhausgesellschaft und fünf von dem Spitzenverband Bund der Krankenkassen benannten Mitgliedern. $_{2}$Für die Berufung des unparteiischen Vorsitzenden und der weiteren unparteiischen Mitglieder sowie jeweils zweier Stellvertreter einigen sich die Organisationen nach Absatz 1 Satz 1 jeweils auf einen Vorschlag und legen diese Vorschläge dem Bundesministerium für Gesundheit spätestens zwölf Monate vor Ablauf der Amtszeit vor. $_{3}$Als unparteiische Mitglieder und deren Stellvertreter können nur Personen benannt werden, die im vorangegangenen Jahr nicht bei den Organisationen nach Absatz 1 Satz 1, bei deren Mitgliedern, bei Verbänden von deren Mitgliedern oder in einem Krankenhaus beschäftigt oder selbst als Vertragsarzt, Vertragszahnarzt oder Vertragspsychotherapeut tätig waren. $_{4}$Das Bundesministerium für Gesundheit übermittelt die Vorschläge an den Ausschuss für Gesundheit des Deutschen Bundestages. $_{5}$Der Ausschuss für Gesundheit des Deutschen Bundestages kann einem Vorschlag nach nichtöffentlicher Anhörung der jeweils vorgeschlagenen Person innerhalb von sechs Wochen mit einer Mehrheit von zwei Dritteln seiner Mitglieder durch Beschluss widersprechen, sofern er die Unabhängigkeit oder die Unparteilichkeit der vorgeschlagenen Person als nicht gewährleistet ansieht. $_{6}$Die Organisationen nach Absatz 1 Satz 1 legen innerhalb von sechs Wochen, nachdem das Bundesministerium für Gesundheit den Gemeinsamen Bundesausschuss über einen erfolgten Widerspruch unterrichtet hat, einen neuen Vorschlag vor. $_{7}$Widerspricht der Ausschuss für Gesundheit des Deutschen Bundestages nach Satz 5 auch dem neuen Vorschlag innerhalb von sechs Wochen oder haben die Organisationen nach Absatz 1 Satz 1 keinen neuen Vorschlag vorgelegt, erfolgt die Berufung durch das Bundesministerium für Gesundheit. $_{8}$Die Unparteiischen üben ihre Tätigkeit in der Regel hauptamtlich aus; eine ehrenamtliche Ausübung ist zulässig, soweit die Unparteiischen von ihren Arbeitgebern in dem für die Tätigkeit erforderlichen Umfang freigestellt werden. $_{9}$Die Stellvertreter der Unparteiischen

sind ehrenamtlich tätig. $_{10}$Hauptamtliche Unparteiische stehen während ihrer Amtszeit in einem Dienstverhältnis zum Gemeinsamen Bundesausschuss. $_{11}$Zusätzlich zu ihren Aufgaben im Beschlussgremium übernehmen die einzelnen Unparteiischen den Vorsitz der Unterausschüsse des Gemeinsamen Bundesausschusses. $_{12}$Der Vorsitzende nach Absatz 1 Satz 3 stellt übergreifend die Einhaltung aller dem Gemeinsamen Bundesausschuss auferlegten gesetzlichen Fristen sicher. $_{13}$Zur Erfüllung dieser Aufgabe nimmt er eine zeitliche Steuerungsverantwortung wahr, er erstattet auch den nach Absatz 11 jährlich vorzulegenden Bericht. $_{14}$Die Organisationen nach Absatz 1 Satz 1 schließen die Dienstvereinbarungen mit den hauptamtlichen Unparteiischen; § 35a Absatz 6a Satz 1 und 2 des Vierten Buches gilt entsprechend. $_{15}$Die von den Organisationen benannten sonstigen Mitglieder des Beschlussgremiums üben ihre Tätigkeit ehrenamtlich aus; sie sind bei den Entscheidungen im Beschlussgremium an Weisungen nicht gebunden. $_{16}$Die Organisationen nach Absatz 1 Satz 1 benennen für jedes von ihnen benannte Mitglied bis zu drei Stellvertreter. $_{17}$Die Amtszeit im Beschlussgremium beträgt ab der am 1. Juli 2012 beginnenden Amtszeit sechs Jahre.

(2a) $_{1}$Bei Beschlüssen, die allein einen der Leistungssektoren wesentlich betreffen, werden ab dem 1. Februar 2012 alle fünf Stimmen der Leistungserbringerseite anteilig auf diejenigen Mitglieder übertragen, die von der betroffenen Leistungserbringerorganisation nach Absatz 1 Satz 1 benannt worden sind. $_{2}$Bei Beschlüssen, die allein zwei der drei Leistungssektoren wesentlich betreffen, werden ab dem 1. Februar 2012 die Stimmen der von der nicht betroffenen Leistungserbringerorganisation benannten Mitglieder anteilig auf diejenigen Mitglieder übertragen, die von den betroffenen Leistungserbringerorganisationen benannt worden sind. $_{3}$Der Gemeinsame Bundesausschuss legt in seiner Geschäftsordnung erstmals bis zum 31. Januar 2012 fest, welche Richtlinien und Entscheidungen allein einen oder allein zwei der Leistungssektoren wesentlich betreffen. $_{4}$Bei Beschlüssen zur Bewertung ärztlicher Untersuchungs- und Behandlungsmethoden wird die Stimme des von der Kassenzahnärztlichen Bundesvereinigung benannten Mitglieds ab dem 1. Januar 2012 anteilig auf die von der Kassenärztlichen Bundesvereinigung und der Deutschen Krankenhausgesellschaft benannten Mitglieder übertragen.

(3) $_{1}$Für die Tragung der Kosten des Gemeinsamen Bundesausschusses mit Ausnahme der Kosten der von den Organisationen nach Absatz 1 Satz 1 benannten Mitglieder gilt § 139c entsprechend. $_{2}$Im Übrigen gilt § 90 Abs. 3 Satz 4 entsprechend mit der Maßgabe, dass vor Erlass der Rechtsverordnung außerdem die Deutsche Krankenhausgesellschaft anzuhören ist.

(3a) $_{1}$Verletzen Mitglieder oder deren Stellvertreter, die von den in Absatz 1 Satz 1 genannten Organisationen benannt oder berufen werden, in der ihnen insoweit übertragenen Amtsführung die ihnen einem Dritten gegenüber obliegende Amtspflicht, gilt § 42 Absatz 1 bis 3 des Vierten Buches mit der Maßgabe entsprechend, dass die Verantwortlichkeit den Gemeinsamen Bundesausschuss, nicht aber die in Absatz 1 Satz 1 genannten Organisationen, trifft. $_{2}$Dies gilt auch im Falle einer Berufung der unparteiischen Mitglieder und deren Stellvertreter durch das Bundesministerium für Gesundheit nach Absatz 2 Satz 7. $_{3}$Soweit von den in Absatz 1 Satz 1 genannten Organisationen für die Vorbereitung von Entscheidungen des Gemeinsamen Bundesausschusses Personen für die nach seiner Geschäftsordnung bestehenden Gremien benannt werden und diese Personen zur Wahrung der Vertraulichkeit der für den Gemeinsamen Bundesausschuss geheimhaltungspflichtigen, ihnen zugänglichen Unterlagen und Informationen verpflichtet werden, gilt Satz 1 entsprechend. $_{4}$Das Gleiche gilt für nach § 140f Absatz 2 Satz 1 zweiter Halbsatz benannte sachkundige Personen, denen zur Ausübung ihres Mitberatungsrechts für den Gemeinsamen Bundesausschuss geheimhaltungspflichtige Unterlagen und Informationen zugänglich gemacht werden, wenn sie durch den Gemeinsamen

Bundesausschuss zur Wahrung der Vertraulichkeit dieser Unterlagen verpflichtet worden sind. $_{5}$Das Nähere regelt der Gemeinsame Bundesausschuss in seiner Geschäftsordnung.

(4) $_{1}$Der Gemeinsame Bundesausschuss beschließt

1. eine Verfahrensordnung, in der er insbesondere methodische Anforderungen an die wissenschaftliche sektorenübergreifende Bewertung des Nutzens, einschließlich Bewertungen nach den §§ 35a und 35b, der Notwendigkeit und der Wirtschaftlichkeit von Maßnahmen als Grundlage für Beschlüsse sowie die Anforderungen an den Nachweis der fachlichen Unabhängigkeit von Sachverständigen und das Verfahren der Anhörung zu den jeweiligen Richtlinien, insbesondere die Feststellung der anzuhörenden Stellen, die Art und Weise der Anhörung und deren Auswertung, regelt,
2. eine Geschäftsordnung, in der er Regelungen zur Arbeitsweise des Gemeinsamen Bundesausschusses insbesondere zur Geschäftsführung, zur Vorbereitung der Richtlinienbeschlüsse durch Einsetzung von in der Regel sektorenübergreifend gestalteten Unterausschüssen, zum Vorsitz der Unterausschüsse durch die Unparteiischen des Beschlussgremiums sowie zur Zusammenarbeit der Gremien und der Geschäftsstelle des Gemeinsamen Bundesausschusses trifft; in der Geschäftsordnung sind Regelungen zu treffen zur Gewährleistung des Mitberatungsrechts der von den Organisationen nach § 140f Abs. 2 entsandten sachkundigen Personen.

$_{2}$Die Verfahrensordnung und die Geschäftsordnung bedürfen der Genehmigung des Bundesministeriums für Gesundheit.

(5) $_{1}$Bei Beschlüssen, deren Gegenstand die Berufsausübung der Ärzte, Psychotherapeuten oder Zahnärzte berührt, ist der jeweiligen Arbeitsgemeinschaft der Kammern dieser Berufe auf Bundesebene Gelegenheit zur Stellungnahme zu geben. $_{2}$§ 137 Abs. 3 Satz 7 bleibt unberührt.

(5a) Bei Beschlüssen des Gemeinsamen Bundesausschusses, die die Erhebung, Verarbeitung oder Nutzung personenbezogener oder personenbeziehbarer Daten regeln oder voraussetzen, ist dem Bundesbeauftragten für den Datenschutz und die Informationsfreiheit Gelegenheit zur Stellungnahme zu geben; die Stellungnahme ist in die Entscheidung einzubeziehen.

(6) Die Beschlüsse des Gemeinsamen Bundesausschusses mit Ausnahme der Beschlüsse zu Entscheidungen nach § 137b sind für die Träger nach Absatz 1 Satz 1, deren Mitglieder und Mitgliedskassen sowie für die Versicherten und die Leistungserbringer verbindlich.

(7) $_{1}$Das Beschlussgremium des Gemeinsamen Bundesausschusses nach Absatz 2 Satz 1 fasst seine Beschlüsse mit der Mehrheit seiner Mitglieder, sofern die Geschäftsordnung nichts anderes bestimmt. $_{2}$Beschlüsse zur Arzneimittelversorgung und zur Qualitätssicherung sind in der Regel sektorenübergreifend zu fassen. $_{3}$Beschlüsse, die nicht allein einen der Leistungssektoren wesentlich betreffen und die zur Folge haben, dass eine bisher zulasten der Krankenkassen erbringbare Leistung zukünftig nicht mehr zu deren Lasten erbracht werden darf, bedürfen einer Mehrheit von neun Stimmen. $_{4}$Der unparteiische Vorsitzende und die weiteren unparteiischen Mitglieder können dem Beschlussgremium gemeinsam einen eigenen Beschlussvorschlag zur Entscheidung vorlegen. $_{5}$Mit der Vorbereitung eines Beschlussvorschlags können sie die Geschäftsführung beauftragen. $_{6}$Die Sitzungen des Beschlussgremiums sind in der Regel öffentlich. $_{7}$Die nichtöffentlichen Beratungen des Gemeinsamen Bundesausschusses, insbesondere auch die Beratungen in den vorbereitenden Gremien, sind einschließlich der Beratungsunterlagen und Niederschriften vertraulich.

(8) $_{1}$Die Aufsicht über den Gemeinsamen Bundesausschuss führt das Bundesministerium für Gesundheit. $_{2}$Die §§ 67, 88 und 89 des Vierten Buches gelten entsprechend.

(9) $_{1}$Jedem, der berechtigt ist, zu einem Beschluss des Gemeinsamen Bundesausschus-

ses Stellung zu nehmen und eine schriftliche Stellungnahme abgegeben hat, ist in der Regel auch Gelegenheit zu einer mündlichen Stellungnahme zu geben. 2Der Gemeinsame Bundesausschuss hat in seiner Verfahrensordnung vorzusehen, dass die Teilnahme jeweils eines Vertreters einer zu einem Beschlussgegenstand stellungnahmeberechtigten Organisation an den Beratungen zu diesem Gegenstand in dem zuständigen Unterausschuss zugelassen werden kann.

(10) 1Der Gemeinsame Bundesausschuss ermittelt spätestens ab dem 1. September 2012 die infolge seiner Beschlüsse zu erwartenden Bürokratiekosten im Sinne des § 2 Absatz 2 des Gesetzes zur Einsetzung eines Nationalen Normenkontrollrates und stellt diese Kosten in der Begründung des jeweiligen Beschlusses nachvollziehbar dar. 2Bei der Ermittlung der Bürokratiekosten ist die Methodik nach § 2 Absatz 3 des Gesetzes zur Einsetzung eines Nationalen Normenkontrollrates anzuwenden. 3Das Nähere regelt der Gemeinsame Bundesausschuss bis zum 30. Juni 2012 in seiner Verfahrensordnung.

(11) 1Der Gemeinsame Bundesausschuss hat dem Ausschuss für Gesundheit des Deutschen Bundestages einmal jährlich zum 31. März über das Bundesministerium für Gesundheit einen Bericht über die Einhaltung der Fristen nach § 135 Absatz 1 Satz 4 und 5, § 137c Absatz 1 Satz 6 und 7 sowie § 137h Absatz 4 Satz 5 vorzulegen, in dem im Falle von Fristüberschreitungen auch die zur Straffung des Verfahrens unternommenen Maßnahmen und die besonderen Schwierigkeiten einer Bewertung, die zu einer Fristüberschreitung geführt haben können, im Einzelnen dargelegt werden müssen. 2Zudem sind in dem Bericht auch alle anderen Beratungsverfahren über Entscheidungen und Richtlinien des Gemeinsamen Bundesausschusses darzustellen, die seit förmlicher Einleitung des Beratungsverfahrens länger als drei Jahre andauern und in denen noch keine abschließende Beschlussfassung erfolgt ist.

§ 92 Richtlinien des Gemeinsamen Bundesausschusses

(1) 1Der Gemeinsame Bundesausschuss beschließt die zur Sicherung der ärztlichen Versorgung erforderlichen Richtlinien über die Gewähr für eine ausreichende, zweckmäßige und wirtschaftliche Versorgung der Versicherten; dabei ist den besonderen Erfordernissen der Versorgung behinderter oder von Behinderung bedrohter Menschen und psychisch Kranker Rechnung zu tragen, vor allem bei den Leistungen zur Belastungserprobung und Arbeitstherapie; er kann dabei die Erbringung und Verordnung von Leistungen oder Maßnahmen einschränken oder ausschließen, wenn nach allgemein anerkanntem Stand der medizinischen Erkenntnisse der diagnostische oder therapeutische Nutzen, die medizinische Notwendigkeit oder die Wirtschaftlichkeit nicht nachgewiesen sind; er kann die Verordnung von Arzneimitteln einschränken oder ausschließen, wenn die Unzweckmäßigkeit erwiesen oder eine andere, wirtschaftlichere Behandlungsmöglichkeit mit vergleichbarem diagnostischen oder therapeutischen Nutzen verfügbar ist. 2Er soll insbesondere Richtlinien beschließen über die

1. ärztliche Behandlung,
2. zahnärztliche Behandlung einschließlich der Versorgung mit Zahnersatz sowie kieferorthopädische Behandlung,
3. Maßnahmen zur Früherkennung von Krankheiten und zur Qualitätssicherung der Früherkennungsuntersuchungen sowie zur Durchführung organisierter Krebsfrüherkennungsprogramme nach § 25a einschließlich der systematischen Erfassung, Überwachung und Verbesserung der Qualität dieser Programme,
4. ärztliche Betreuung bei Schwangerschaft und Mutterschaft,
5. Einführung neuer Untersuchungs- und Behandlungsmethoden,
6. Verordnung von Arznei-, Verband-, Heil- und Hilfsmitteln, Krankenhausbehandlung, häuslicher Krankenpflege und Soziotherapie,

7. Beurteilung der Arbeitsunfähigkeit einschließlich der Arbeitsunfähigkeit nach § 44a Satz 1 sowie der nach § 5 Abs. 1 Nr. 2a und der nach § 10 versicherten erwerbsfähigen Hilfebedürftigen im Sinne des Zweiten Buches,
8. Verordnung von im Einzelfall gebotenen Leistungen zur medizinischen Rehabilitation und die Beratung über Leistungen zur medizinischen Rehabilitation, Leistungen zur Teilhabe am Arbeitsleben und ergänzende Leistungen zur Rehabilitation,
9. Bedarfsplanung,
10. medizinische Maßnahmen zur Herbeiführung einer Schwangerschaft nach § 27a Abs. 1,
11. Maßnahmen nach den §§ 24a und 24b,
12. Verordnung von Krankentransporten,
13. Qualitätssicherung,
14. spezialisierte ambulante Palliativversorgung,
15. Schutzimpfungen.

(1a) 1Die Richtlinien nach Absatz 1 Satz 2 Nr. 2 sind auf eine ursachengerechte, zahnsubstanzschonende und präventionsorientierte zahnärztliche Behandlung einschließlich der Versorgung mit Zahnersatz sowie kieferorthopädischer Behandlung auszurichten. 2Der Gemeinsame Bundesausschuss hat die Richtlinien auf der Grundlage auch von externem, umfassendem zahnmedizinisch-wissenschaftlichem Sachverstand zu beschließen. 3Das Bundesministerium für Gesundheit kann dem Gemeinsamen Bundesausschuss vorgeben, einen Beschluss zu einzelnen dem Bundesausschuss durch Gesetz zugewiesenen Aufgaben zu fassen oder zu überprüfen und hierzu eine angemessene Frist setzen. 4Bei Nichteinhaltung der Frist fasst eine aus den Mitgliedern des Bundesausschusses zu bildende Schiedsstelle innerhalb von 30 Tagen den erforderlichen Beschluss. 5Die Schiedsstelle besteht aus dem unparteiischen Vorsitzenden, den zwei weiteren unparteiischen Mitgliedern des Bundesausschusses und je einem von der Kassenzahnärztlichen Bundesvereinigung und dem Spitzenverband Bund der Krankenkassen bestimmten Vertreter. 6Vor der Entscheidung des Bundesausschusses über die Richtlinien nach Absatz 1 Satz 2 Nr. 2 ist den für die Wahrnehmung der Interessen von Zahntechnikern maßgeblichen Spitzenorganisationen auf Bundesebene Gelegenheit zur Stellungnahme zu geben; die Stellungnahmen sind in die Entscheidung einzubeziehen.

(1b) Vor der Entscheidung des Gemeinsamen Bundesausschusses über die Richtlinien nach Absatz 1 Satz 2 Nr. 4 ist den in § 134a Absatz 1 genannten Organisationen der Leistungserbringer auf Bundesebene Gelegenheit zur Stellungnahme zu geben; die Stellungnahmen sind in die Entscheidung einzubeziehen.

(2) 1Die Richtlinien nach Absatz 1 Satz 2 Nr. 6 haben Arznei- und Heilmittel unter Berücksichtigung der Bewertungen nach den §§ 35a und 35b so zusammenzustellen, daß dem Arzt die wirtschaftliche und zweckmäßige Auswahl der Arzneimitteltherapie ermöglicht wird. 2Die Zusammenstellung der Arzneimittel ist nach Indikationsgebieten und Stoffgruppen zu gliedern. 3Um dem Arzt eine therapie- und preisgerechte Auswahl der Arzneimittel zu ermöglichen, sind zu den einzelnen Indikationsgebieten Hinweise aufzunehmen, aus denen sich für Arzneimittel mit pharmakologisch vergleichbaren Wirkstoffen oder therapeutisch vergleichbarer Wirkung eine Bewertung des therapeutischen Nutzens auch im Verhältnis zu den Therapiekosten und damit zur Wirtschaftlichkeit der Verordnung ergibt; § 73 Abs. 8 Satz 3 bis 6 gilt entsprechend. 4Um dem Arzt eine therapie- und preisgerechte Auswahl der Arzneimittel zu ermöglichen, können ferner für die einzelnen Indikationsgebiete die Arzneimittel in folgenden Gruppen zusammengefaßt werden:

1. Mittel, die allgemein zur Behandlung geeignet sind,
2. Mittel, die nur bei einem Teil der Patienten oder in besonderen Fällen zur Behandlung geeignet sind,
3. Mittel, bei deren Verordnung wegen bekannter Risiken oder zweifelhafter thera-

peutischer Zweckmäßigkeit besondere Aufmerksamkeit geboten ist.

$_{5}$Absatz 3a gilt entsprechend. $_{6}$In den Therapiehinweisen nach den Sätzen 1 und 7 können Anforderungen an die qualitätsgesicherte Anwendung von Arzneimitteln festgestellt werden, insbesondere bezogen auf die Qualifikation des Arztes oder auf die zu behandelnden Patientengruppen. $_{7}$In den Richtlinien nach Absatz 1 Satz 2 Nr. 6 können auch Therapiehinweise zu Arzneimitteln außerhalb von Zusammenstellungen gegeben werden; die Sätze 3 und 4 sowie Absatz 1 Satz 1 dritter Halbsatz gelten entsprechend. $_{8}$Die Therapiehinweise nach den Sätzen 1 und 7 können Empfehlungen zu den Anteilen einzelner Wirkstoffe an den Verordnungen im Indikationsgebiet vorsehen. $_{9}$Der Gemeinsame Bundesausschuss regelt die Grundsätze für die Therapiehinweise nach den Sätzen 1 und 7 in seiner Verfahrensordnung. $_{10}$Verordnungseinschränkungen oder Verordnungsausschlüsse nach Absatz 1 für Arzneimittel beschließt der Gemeinsame Bundesausschuss gesondert in Richtlinien außerhalb von Therapiehinweisen. $_{11}$Der Gemeinsame Bundesausschuss kann die Verordnung eines Arzneimittels nur einschränken oder ausschließen, wenn die Wirtschaftlichkeit nicht durch einen Festbetrag nach § 35 oder durch die Vereinbarung eines Erstattungsbetrags nach § 130b hergestellt werden kann. $_{12}$Verordnungseinschränkungen oder -ausschlüsse eines Arzneimittels wegen Unzweckmäßigkeit nach Absatz 1 Satz 1 dürfen den Feststellungen der Zulassungsbehörde über Qualität, Wirksamkeit und Unbedenklichkeit eines Arzneimittels nicht widersprechen.

(2a) $_{1}$Der Gemeinsame Bundesausschuss kann im Einzelfall mit Wirkung für die Zukunft vom pharmazeutischen Unternehmer im Benehmen mit der Arzneimittelkommission der deutschen Ärzteschaft und dem Bundesinstitut für Arzneimittel und Medizinprodukte oder dem Paul-Ehrlich-Institut innerhalb einer angemessenen Frist ergänzende versorgungsrelevante Studien zur Bewertung der Zweckmäßigkeit eines Arzneimittels fordern. $_{2}$Absatz 3a gilt für die Forderung nach Satz 1 entsprechend. $_{3}$Das Nähere zu den Voraussetzungen, zu der Forderung ergänzender Studien, zu Fristen sowie zu den Anforderungen an die Studien regelt der Gemeinsame Bundesausschuss in seiner Verfahrensordnung. $_{4}$Werden die Studien nach Satz 1 nicht oder nicht rechtzeitig vorgelegt, kann der Gemeinsame Bundesausschuss das Arzneimittel abweichend von Absatz 1 Satz 1 von der Verordnungsfähigkeit ausschließen. $_{5}$Eine gesonderte Klage gegen die Forderung ergänzender Studien ist ausgeschlossen.

(3) $_{1}$Für Klagen gegen die Zusammenstellung der Arzneimittel nach Absatz 2 gelten die Vorschriften über die Anfechtungsklage entsprechend. $_{2}$Die Klagen haben keine aufschiebende Wirkung. $_{3}$Ein Vorverfahren findet nicht statt. $_{4}$Eine gesonderte Klage gegen die Gliederung nach Indikationsgebieten oder Stoffgruppen nach Absatz 2 Satz 2, die Zusammenfassung der Arzneimittel in Gruppen nach Absatz 2 Satz 4 oder gegen sonstige Bestandteile der Zusammenstellung nach Absatz 2 ist unzulässig.

(3a) $_{1}$Vor der Entscheidung über die Richtlinien zur Verordnung von Arzneimitteln nach Absatz 1 Satz 2 Nr. 6 und Therapiehinweisen nach Absatz 2 Satz 7 ist den Sachverständigen der medizinischen und pharmazeutischen Wissenschaft und Praxis sowie den für die Wahrnehmung der wirtschaftlichen Interessen gebildeten maßgeblichen Spitzenorganisationen der pharmazeutischen Unternehmer, den betroffenen pharmazeutischen Unternehmern, den Berufsvertretungen der Apotheker und den maßgeblichen Dachverbänden der Ärztegesellschaften der besonderen Therapierichtungen auf Bundesebene Gelegenheit zur Stellungnahme zu geben. $_{2}$Die Stellungnahmen sind in die Entscheidung einzubeziehen. $_{3}$Der Gemeinsame Bundesausschuss hat unter Wahrung der Betriebs- und Geschäftsgeheimnisse Gutachten oder Empfehlungen von Sachverständigen, die er bei Richtlinien zur Verordnung von Arzneimitteln nach Absatz 1 Satz 2 Nr. 6 sowie bei Therapiehinweisen nach Absatz 2 Satz 7 zu Grunde legt, bei Einleitung des Stellungnahmeverfahrens zu benennen und zu veröffentlichen sowie in den tragenden Gründen der Beschlüsse zu benennen.

(4) In den Richtlinien nach Absatz 1 Satz 2 Nr. 3 sind insbesondere zu regeln

1. die Anwendung wirtschaftlicher Verfahren und die Voraussetzungen, unter denen mehrere Maßnahmen zur Früherkennung zusammenzufassen sind,
2. das Nähere über die Bescheinigungen und Aufzeichnungen bei Durchführung der Maßnahmen zur Früherkennung von Krankheiten,
3. Einzelheiten zum Verfahren und zur Durchführung von Auswertungen der Aufzeichnungen sowie der Evaluation der Maßnahmen zur Früherkennung von Krankheiten einschließlich der organisierten Krebsfrüherkennungsprogramme nach § 25a.

(5) 1Vor der Entscheidung des Gemeinsamen Bundesausschusses über die Richtlinien nach Absatz 1 Satz 2 Nr. 8 ist den in § 111b Satz 1 genannten Organisationen der Leistungserbringer, den Rehabilitationsträgern (§ 6 Abs. 1 Nr. 2 bis 7 des Neunten Buches) sowie der Bundesarbeitsgemeinschaft für Rehabilitation Gelegenheit zur Stellungnahme zu geben; die Stellungnahmen sind in die Entscheidung einzubeziehen. 2In den Richtlinien ist zu regeln, bei welchen Behinderungen, unter welchen Voraussetzungen und nach welchen Verfahren die Vertragsärzte die Krankenkassen über die Behinderung von Versicherten zu unterrichten haben.

(6) 1In den Richtlinien nach Absatz 1 Satz 2 Nr. 6 ist insbesondere zu regeln

1. der Katalog verordnungsfähiger Heilmittel,
2. die Zuordnung der Heilmittel zu Indikationen,
3. die Besonderheiten bei Wiederholungsverordnungen und
4. Inhalt und Umfang der Zusammenarbeit des verordnenden Vertragsarztes mit dem jeweiligen Heilmittelerbringer.

2Vor der Entscheidung des Bundesausschusses über die Richtlinien zur Verordnung von Heilmitteln nach Absatz 1 Satz 2 Nr. 6 ist in § 125 Abs. 1 Satz 1 genannten Organisationen der Leistungserbringer Gelegenheit zur Stellungnahme zu geben; die Stellungnahmen sind in die Entscheidung einzubeziehen.

(6a) 1In den Richtlinien nach Absatz 1 Satz 2 Nr. 1 ist insbesondere das Nähere über die psychotherapeutisch behandlungsbedürftigen Krankheiten, die zur Krankenbehandlung geeigneten Verfahren, das Antrags- und Gutachterverfahren, die probatorischen Sitzungen sowie über Art, Umfang und Durchführung der Behandlung zu regeln. 2Die Richtlinien haben darüber hinaus Regelungen zu treffen über die inhaltlichen Anforderungen an den Konsiliarbericht und an die fachlichen Anforderungen des den Konsiliarbericht (§ 28 Abs. 3) abgebenden Vertragsarztes. 3Der Gemeinsame Bundesausschuss beschließt bis zum 30. Juni 2016 in den Richtlinien Regelungen zur Flexibilisierung des Therapieangebotes, insbesondere zur Einrichtung von psychotherapeutischen Sprechstunden, zur Förderung der frühzeitigen diagnostischen Abklärung und der Akutversorgung, zur Förderung von Gruppentherapien und der Rezidivprophylaxe sowie zur Vereinfachung des Antrags- und Gutachterverfahrens.

(7) 1In den Richtlinien nach Absatz 1 Satz 2 Nr. 6 sind insbesondere zu regeln

1. die Verordnung der häuslichen Krankenpflege und deren ärztliche Zielsetzung,
2. Inhalt und Umfang der Zusammenarbeit des verordnenden Vertragsarztes mit dem jeweiligen Leistungserbringer und dem Krankenhaus,
3. die Voraussetzungen für die Verordnung häuslicher Krankenpflege und für die Mitgabe von Arzneimitteln im Krankenhaus im Anschluss an einen Krankenhausaufenthalt,
4. Näheres zur Verordnung häuslicher Krankenpflege zur Dekolonisation von Trägern mit dem Methicillin-resistenten Staphylococcus aureus (MRSA).

2Vor der Entscheidung des Gemeinsamen Bundesausschusses über die Richtlinien zur Verordnung von häuslicher Krankenpflege nach Absatz 1 Satz 2 Nr. 6 ist den in § 132a

Abs. 1 Satz 1 genannten Leistungserbringern Gelegenheit zur Stellungnahme zu geben; die Stellungnahmen sind in die Entscheidung einzubeziehen.

(7a) Vor der Entscheidung des Gemeinsamen Bundesausschusses über die Richtlinien zur Verordnung von Hilfsmitteln nach Absatz 1 Satz 2 Nr. 6 ist den in § 126 Absatz 1a Satz 3 genannten Organisationen der Leistungserbringer und den Spitzenorganisationen der betroffenen Hilfsmittelhersteller auf Bundesebene Gelegenheit zur Stellungnahme zu geben; die Stellungnahmen sind in die Entscheidung einzubeziehen.

(7b) $_1$Vor der Entscheidung über die Richtlinien zur Verordnung von spezialisierter ambulanter Palliativversorgung nach Absatz 1 Satz 2 Nr. 14 ist den maßgeblichen Organisationen der Hospizarbeit und der Palliativversorgung sowie den in § 132a Abs. 1 Satz 1 genannten Organisationen Gelegenheit zur Stellungnahme zu geben. $_2$Die Stellungnahmen sind in die Entscheidung einzubeziehen.

(7c) Vor der Entscheidung über die Richtlinien zur Verordnung von Soziotherapie nach Absatz 1 Satz 2 Nr. 6 ist den maßgeblichen Organisationen der Leistungserbringer der Soziotherapieversorgung Gelegenheit zur Stellungnahme zu geben; die Stellungnahmen sind in die Entscheidung einzubeziehen.

(7d) $_1$Vor der Entscheidung über die Richtlinien nach den §§ 135, 137c und § 137e ist den jeweils einschlägigen wissenschaftlichen Fachgesellschaften Gelegenheit zur Stellungnahme zu geben; bei Methoden, deren technische Anwendung maßgeblich auf dem Einsatz eines Medizinprodukts beruht, ist auch den für die Wahrnehmung der wirtschaftlichen Interessen gebildeten maßgeblichen Spitzenorganisationen der Medizinproduktehersteller und den jeweils betroffenen Medizinprodukteherstellern Gelegenheit zur Stellungnahme zu geben. $_2$Bei Methoden, bei denen radioaktive Stoffe oder ionisierende Strahlung am Menschen angewandt werden, ist auch der Strahlenschutzkommission Gelegenheit zur Stellungnahme zu geben. $_3$Die Stellungnahmen sind in die Entscheidung einzubeziehen.

(7e) $_1$Bei den Richtlinien nach Absatz 1 Satz 2 Nummer 9 erhalten die Länder ein Mitberatungsrecht. $_2$Es wird durch zwei Vertreter der Länder ausgeübt, die von der Gesundheitsministerkonferenz der Länder benannt werden. $_3$Die Mitberatung umfasst auch das Recht, Beratungsgegenstände auf die Tagesordnung setzen zu lassen und das Recht zur Anwesenheit bei der Beschlussfassung.

(7f) $_1$Bei den Richtlinien nach Absatz 1 Satz 2 Nummer 13 und den Beschlüssen nach § 137 Absatz 3 erhalten die Länder ein Mitberatungsrecht, soweit diese Richtlinien und Beschlüsse für die Krankenhausplanung von Bedeutung sind; Absatz 7e Satz 2 und 3 gilt entsprechend. $_2$Vor der Entscheidung über die Richtlinien nach § 137 Absatz 1 in Verbindung mit Absatz 1a ist dem Robert Koch-Institut Gelegenheit zur Stellungnahme zu geben. $_3$Das Robert Koch-Institut hat die Stellungnahme mit den wissenschaftlichen Kommissionen am Robert Koch-Institut nach § 23 des Infektionsschutzgesetzes abzustimmen. $_4$Die Stellungnahme ist in die Entscheidung einzubeziehen.

(8) Die Richtlinien des Gemeinsamen Bundesausschusses sind Bestandteil der Bundesmanteltarifverträge.

Ab 1.1.2016 werden alle erwerbsfähigen Leistungsberechtigten nach dem SGB II, die Arbeitslosengeld II beziehen, in der gesetzlichen Krankenversicherung und sozialen Pflegeversicherung einheitlich versicherungspflichtig, soweit sie nicht privat kranken- und pflegeversichert oder dem System der privaten Kranken- und Pflegeversicherung zuzuordnen sind. Die Familienversicherung ist nicht mehr vorrangig einzusetzen.

In Absatz 1 Ziffer 7 wird daher ab 1.1.2016 der Passus "und der nach § 10" gestrichen (Änderung durch Gesetz zur Weiterentwicklung der Finanzstruktur und der Qualität in der gesetzlichen Krankenversicherung vom 21.7.2014, BGBl. I S. 1133).

V

§ 92a Innovationsfonds, Grundlagen der Förderung von neuen Versorgungsformen zur Weiterentwicklung der Versorgung und von Versorgungsforschung durch den Gemeinsamen Bundesausschuss

(1) $_{1}$Der Gemeinsame Bundesausschuss fördert neue Versorgungsformen, die über die bisherige Regelversorgung hinausgehen. $_{2}$Gefördert werden insbesondere Vorhaben, die eine Verbesserung der sektorenübergreifenden Versorgung zum Ziel haben und hinreichendes Potential aufweisen, dauerhaft in die Versorgung aufgenommen zu werden. $_{3}$Voraussetzung für eine Förderung ist, dass eine wissenschaftliche Begleitung und Auswertung der Vorhaben erfolgt. $_{4}$Förderkriterien sind insbesondere:

1. Verbesserung der Versorgungsqualität und Versorgungseffizienz,
2. Behebung von Versorgungsdefiziten,
3. Optimierung der Zusammenarbeit innerhalb und zwischen verschiedenen Versorgungsbereichen, Versorgungseinrichtungen und Berufsgruppen,
4. interdisziplinäre und fachübergreifende Versorgungsmodelle,
5. Übertragbarkeit der Erkenntnisse, insbesondere auf andere Regionen oder Indikationen,
6. Verhältnismäßigkeit von Implementierungskosten und Nutzen,
7. Evaluierbarkeit.

$_{5}$Förderfähig sind nur diejenigen Kosten, die dem Grunde nach nicht von den Vergütungssystemen der Regelversorgung umfasst sind. $_{6}$Bei der Antragstellung ist in der Regel eine Krankenkasse zu beteiligen. $_{7}$Ein Anspruch auf Förderung besteht nicht.

(2) $_{1}$Der Gemeinsame Bundesausschuss fördert Versorgungsforschung, die auf einen Erkenntnisgewinn zur Verbesserung der bestehenden Versorgung in der gesetzlichen Krankenversicherung ausgerichtet ist. $_{2}$Antragsteller für eine Förderung von Versorgungsforschung können insbesondere universitäre und nichtuniversitäre Forschungseinrichtungen sein. $_{3}$Für Verträge, die nach den §§ 73c und 140a in der am 22. Juli 2015 geltenden Fassung geschlossen wurden, kann auf Antrag der Vertragsparteien eine wissenschaftliche Begleitung und Auswertung gefördert werden, wenn die Vertragsinhalte hinreichendes Potential aufweisen, in die Regelversorgung überführt zu werden. $_{4}$Ein Anspruch auf Förderung besteht nicht. $_{5}$Die für Versorgungsforschung zur Verfügung stehenden Mittel können auch für Forschungsvorhaben zur Weiterentwicklung und insbesondere Evaluation der Richtlinien des Gemeinsamen Bundesausschusses eingesetzt werden.

(3) $_{1}$Die Fördersumme für neue Versorgungsformen und Versorgungsforschung nach den Absätzen 1 und 2 beträgt in den Jahren 2016 bis 2019 jeweils 300 Millionen Euro. $_{2}$Sie umfasst auch die für die Verwaltung der Mittel und die Durchführung der Förderung einschließlich der wissenschaftlichen Auswertung nach Absatz 5 notwendigen Aufwendungen. $_{3}$Soweit hierfür bereits im Jahr 2015 Ausgaben anfallen, werden diese aus der Liquiditätsreserve des Gesundheitsfonds getragen; der Betrag nach § 271 Absatz 2 Satz 5 verringert sich für das Jahr 2016 um den im Jahr 2015 in Anspruch genommenen Betrag. $_{4}$Von der Fördersumme sollen 75 Prozent für die Förderung nach Absatz 1 und 25 Prozent für die Förderung nach Absatz 2 verwendet werden. $_{5}$Mittel, die im Haushaltsjahr nicht verausgabt wurden, sind entsprechend Absatz 4 Satz 1 anteilig an den Gesundheitsfonds (Liquiditätsreserve) und die Krankenkassen zurückzuführen.

(4) $_{1}$Die Mittel nach Absatz 3, verringert um den Finanzierungsanteil der landwirtschaftlichen Krankenkasse nach § 221 Absatz 2 Satz 3, werden durch den Gesundheitsfonds (Liquiditätsreserve) und die nach § 266 am Risikostrukturausgleich teilnehmenden Krankenkassen jeweils zur Hälfte getragen. $_{2}$Das Bundesversicherungsamt erhebt und verwaltet die Mittel (Innovationsfonds) und zahlt die Fördermittel auf der Grundlage der Entscheidungen des Innovationsausschusses nach § 92b aus. $_{3}$Die dem Bundesversicherungsamt

im Zusammenhang mit dem Innovationsfonds entstehenden Ausgaben werden aus den Einnahmen des Innovationsfonds gedeckt. 4Das Nähere zur Erhebung der Mittel für den Innovationsfonds durch das Bundesversicherungsamt bei den nach § 266 am Risikostrukturausgleich teilnehmenden Krankenkassen regelt die Rechtsverordnung nach § 266 Absatz 7 Satz 1; § 266 Absatz 6 Satz 7 gilt entsprechend. 5Das Nähere zur Weiterleitung der Mittel an den Innovationsfonds und zur Verwaltung der Mittel des Innovationsfonds bestimmt das Bundesversicherungsamt im Benehmen mit dem Innovationsausschuss und dem Spitzenverband Bund der Krankenkassen.

(5) 1Das Bundesministerium für Gesundheit veranlasst eine wissenschaftliche Auswertung der Förderung nach dieser Vorschrift im Hinblick auf deren Eignung zur Weiterentwicklung der Versorgung. 2Die hierfür entstehenden Ausgaben werden aus den Einnahmen des Innovationsfonds gedeckt. 3Das Bundesministerium für Gesundheit übersendet dem Deutschen Bundestag zum 31. März 2019 einen Zwischenbericht über die wissenschaftliche Auswertung. 4Einen abschließenden Bericht über das Ergebnis der wissenschaftlichen Auswertung legt das Bundesministerium für Gesundheit dem Deutschen Bundestag zum 31. März 2021 vor.

§ 92b Durchführung der Förderung von neuen Versorgungsformen zur Weiterentwicklung der Versorgung und von Versorgungsforschung durch den Gemeinsamen Bundesausschuss

(1) 1Zur Durchführung der Förderung wird beim Gemeinsamen Bundesausschuss bis zum 1. Januar 2016 ein Innovationsausschuss eingerichtet. 2Dem Innovationsausschuss gehören drei vom Spitzenverband Bund der Krankenkassen benannte Mitglieder des Beschlussgremiums nach § 91 Absatz 2, jeweils ein von der Kassenärztlichen Bundesvereinigung, der Kassenzahnärztlichen Bundesvereinigung und der Deutschen Krankenhausgesellschaft benanntes Mitglied des Beschlussgremiums nach § 91 Absatz 2, der unparteiische Vorsitzende des Gemeinsamen Bundesausschusses sowie zwei Vertreter des Bundesministeriums für Gesundheit und ein Vertreter des Bundesministeriums für Bildung und Forschung an. 3Die für die Wahrnehmung der Interessen der Patientinnen und Patienten und der Selbsthilfe chronisch kranker und behinderter Menschen auf Bundesebene maßgeblichen Organisationen erhalten ein Mitberatungs- und Antragsrecht. 4§ 140f Absatz 2 Satz 2 bis 7, Absatz 5 sowie 6 gilt entsprechend.

(2) 1Der Innovationsausschuss legt in Förderbekanntmachungen die Schwerpunkte und Kriterien für die Förderung nach § 92a Absatz 1 und 2 Satz 1 bis 4 fest. 2Er führt auf der Grundlage der Förderbekanntmachungen Interessenbekundungsverfahren durch und entscheidet über die eingegangenen Anträge auf Förderung. 3Der Innovationsausschuss entscheidet auch über die Verwendung der Mittel nach § 92a Absatz 2 Satz 5. 4Entscheidungen des Innovationsausschusses bedürfen einer Mehrheit von sieben Stimmen. 5Der Innovationsausschuss beschließt eine Geschäfts- und Verfahrensordnung, in der er insbesondere seine Arbeitsweise und die Zusammenarbeit mit der Geschäftsstelle nach Absatz 3 sowie das Förderverfahren nach Satz 2 regelt. 6Die Geschäfts- und Verfahrensordnung bedarf der Genehmigung des Bundesministeriums für Gesundheit.

(3) 1Zur Vorbereitung und Umsetzung der Entscheidungen des Innovationsausschusses wird eine Geschäftsstelle eingerichtet. 2Der personelle und sachliche Bedarf des Innovationsausschusses und seiner Geschäftsstelle wird vom Innovationsausschuss bestimmt und ist vom Gemeinsamen Bundesausschuss in seinen Haushalt einzustellen.

(4) Die Geschäftsstelle nach Absatz 3 untersteht der fachlichen Weisung des Innovationsausschusses und der dienstlichen Weisung des unparteiischen Vorsitzenden des Gemeinsamen Bundesausschusses und hat insbesondere folgende Aufgaben:

1. Erarbeitung von Entwürfen für Förderbekanntmachungen,

2. Möglichkeit zur Einholung eines Zweitgutachtens, insbesondere durch das Institut für Qualität und Wirtschaftlichkeit im Gesundheitswesen nach § 139a oder das Institut für Qualitätssicherung und Transparenz nach § 137a,
3. Erlass von Förderbescheiden,
4. Veranlassung der Auszahlung der Fördermittel durch das Bundesversicherungsamt,
5. Prüfung der ordnungsgemäßen Verwendung der Fördermittel und eventuelle Rückforderung der Fördermittel,
6. Veröffentlichung der aus dem Innovationsfonds geförderten Vorhaben.

(5) $_{1}$Zur Einbringung wissenschaftlichen und versorgungspraktischen Sachverstands in die Beratungsverfahren des Innovationsausschusses wird ein Expertenbeirat gebildet. $_{2}$Mitglieder des Expertenbeirats sind Vertreter aus Wissenschaft und Versorgungspraxis. $_{3}$Die Zahl der Mitglieder soll zehn nicht überschreiten. $_{4}$Der Expertenbeirat wird vom Bundesministerium für Gesundheit berufen. $_{5}$Die Empfehlungen des Expertenbeirats sind vom Innovationsausschuss in seine Entscheidungen einzubeziehen. $_{6}$Abweichungen vom Votum des Expertenbeirats sind vom Innovationsausschuss schriftlich zu begründen.

(6) Der Expertenbeirat hat insbesondere folgende Aufgaben:

1. Abgabe von Empfehlungen zum Inhalt der Förderbekanntmachungen auf Grundlage von Entwürfen der Geschäftsstelle nach Absatz 3,
2. Durchführung von Kurzbegutachtungen der Anträge auf Förderung,
3. Abgabe einer Empfehlung zur Förderentscheidung.

(7) $_{1}$Klagen bei Streitigkeiten nach dieser Vorschrift haben keine aufschiebende Wirkung. $_{2}$Ein Vorverfahren findet nicht statt.

§ 93 Übersicht über ausgeschlossene Arzneimittel

(1) $_{1}$Der Gemeinsame Bundesausschuss soll in regelmäßigen Zeitabständen die nach § 34 Abs. 1 oder durch Rechtsverordnung auf Grund des § 34 Abs. 2 und 3 ganz oder für bestimmte Indikationsgebiete von der Versorgung nach § 31 ausgeschlossenen Arzneimittel in einer Übersicht zusammenstellen. $_{2}$Die Übersicht ist im Bundesanzeiger bekanntzumachen.

(2) Kommt der Gemeinsame Bundesausschuß seiner Pflicht nach Absatz 1 nicht oder nicht in einer vom Bundesministerium für Gesundheit gesetzten Frist nach, kann das Bundesministerium für Gesundheit die Übersicht zusammenstellen und im Bundesanzeiger bekannt machen.

§ 94 Wirksamwerden der Richtlinien

(1) $_{1}$Die vom Gemeinsamen Bundesausschuss beschlossenen Richtlinien sind dem Bundesministerium für Gesundheit vorzulegen. $_{2}$Es kann sie innerhalb von zwei Monaten beanstanden; bei Beschlüssen nach § 35 Abs. 1 innerhalb von vier Wochen. $_{3}$Das Bundesministerium für Gesundheit kann im Rahmen der Richtlinienprüfung vom Gemeinsamen Bundesausschuss zusätzliche Informationen und ergänzende Stellungnahmen anfordern; bis zum Eingang der Auskünfte ist der Lauf der Frist nach Satz 2 unterbrochen. $_{4}$Die Nichtbeanstandung einer Richtlinie kann vom Bundesministerium für Gesundheit mit Auflagen verbunden werden; das Bundesministerium für Gesundheit kann zur Erfüllung einer Auflage eine angemessene Frist setzen. $_{5}$Kommen die für die Sicherstellung der ärztlichen Versorgung erforderlichen Beschlüsse des Gemeinsamen Bundesausschusses nicht oder nicht innerhalb einer vom Bundesministerium für Gesundheit gesetzten Frist zustande oder werden die Beanstandungen des Bundesministeriums für Gesundheit nicht innerhalb der von ihm gesetzten Frist behoben, erläßt das Bundesministerium für Gesundheit die Richtlinien.

(2) $_{1}$Die Richtlinien sind im Bundesanzeiger und deren tragende Gründe im Internet bekanntzumachen. $_{2}$Die Bekanntmachung der Richtlinien muss auch einen Hinweis auf die Fundstelle der Veröffentlichung der tragenden Gründe im Internet enthalten.

Siebter Titel
Voraussetzungen und Formen der Teilnahme von Ärzten und Zahnärzten an der Versorgung

§ 95 Teilnahme an der vertragsärztlichen Versorgung

(1) $_{1}$An der vertragsärztlichen Versorgung nehmen zugelassene Ärzte und zugelassene medizinische Versorgungszentren sowie ermächtigte Ärzte und ermächtigte Einrichtungen teil. $_{2}$Medizinische Versorgungszentren sind ärztlich geleitete Einrichtungen, in denen Ärzte, die in das Arztregister nach Absatz 2 Satz 3 eingetragen sind, als Angestellte oder Vertragsärzte tätig sind. $_{3}$Der ärztliche Leiter muss in dem medizinischen Versorgungszentrum selbst als angestellter Arzt oder als Vertragsarzt tätig sein; er ist in medizinischen Fragen weisungsfrei. $_{4}$Sind in einem medizinischen Versorgungszentrum Angehörige unterschiedlicher Berufsgruppen, die an der vertragsärztlichen Versorgung teilnehmen, tätig, ist auch eine kooperative Leitung möglich. $_{5}$Die Zulassung erfolgt für den Ort der Niederlassung als Arzt oder den Ort der Niederlassung als medizinisches Versorgungszentrum (Vertragsarztsitz).

(1a) $_{1}$Medizinische Versorgungszentren können von zugelassenen Ärzten, von zugelassenen Krankenhäusern, von Erbringern nichtärztlicher Dialyseleistungen nach § 126 Absatz 3, von gemeinnützigen Trägern, die aufgrund von Zulassung oder Ermächtigung an der vertragsärztlichen Versorgung teilnehmen, oder von Kommunen gegründet werden; die Gründung ist nur in der Rechtsform einer Personengesellschaft, einer eingetragenen Genossenschaft oder einer Gesellschaft mit beschränkter Haftung oder in einer öffentlich-rechtlichen Rechtsform möglich. $_{2}$Die Zulassung von medizinischen Versorgungszentren, die am 1. Januar 2012 bereits zugelassen sind, gilt unabhängig von der Trägerschaft und der Rechtsform des medizinischen Versorgungszentrums unverändert fort. $_{3}$Für die Gründung von medizinischen Versorgungszentren durch Kommunen findet § 105 Absatz 5 Satz 1 bis 4 keine Anwendung.

(2) $_{1}$Um die Zulassung als Vertragsarzt kann sich jeder Arzt bewerben, der seine Eintragung in ein Arzt- oder Zahnarztregister (Arztregister) nachweist. $_{2}$Die Arztregister werden von den Kassenärztlichen Vereinigungen für jeden Zulassungsbezirk geführt. $_{3}$Die Eintragung in ein Arztregister erfolgt auf Antrag

1. nach Erfüllung der Voraussetzungen nach § 95a für Vertragsärzte und nach § 95c für Psychotherapeuten,
2. nach Ableistung einer zweijährigen Vorbereitungszeit für Vertragszahnärzte.

$_{4}$Das Nähere regeln die Zulassungsverordnungen. $_{5}$Um die Zulassung kann sich ein medizinisches Versorgungszentrum bewerben, dessen Ärzte in das Arztregister nach Satz 3 eingetragen sind. $_{6}$Für die Zulassung eines medizinischen Versorgungszentrums in der Rechtsform einer Gesellschaft mit beschränkter Haftung ist außerdem Voraussetzung, dass die Gesellschafter selbstschuldnerische Bürgschaftserklärungen oder andere Sicherheitsleistungen nach § 232 des Bürgerlichen Gesetzbuchs für Forderungen von Kassenärztlichen Vereinigungen und Krankenkassen gegen das medizinische Versorgungszentrum aus dessen vertragsärztlicher Tätigkeit abgeben; dies gilt auch für Forderungen, die erst nach Auflösung des medizinischen Versorgungszentrums fällig werden. $_{7}$Die Anstellung eines Arztes in einem zugelassenen medizinischen Versorgungszentrum bedarf der Genehmigung des Zulassungsausschusses. $_{8}$Die Genehmigung ist zu erteilen, wenn die Voraussetzungen des Satzes 5 erfüllt sind; Absatz 9b gilt entsprechend. $_{9}$Anträge auf Zulassung eines Arztes und auf Zulassung eines medizinischen Versorgungszentrums sowie auf Genehmigung der Anstellung eines Arztes in einem zugelassenen medizinischen Versorgungszentrum sind abzulehnen, wenn bei Antragstellung für die dort tätigen Ärzte Zulassungsbeschränkungen nach § 103 Abs. 1 Satz 2 angeordnet sind. $_{10}$Für die in den medizinischen Versorgungszentren angestellten Ärzte gilt § 135 entsprechend.

(3) $_{1}$Die Zulassung bewirkt, daß der Vertragsarzt Mitglied der für seinen Kassenarztsitz zuständigen Kassenärztlichen Vereinigung

wird und zur Teilnahme an der vertragsärztlichen Versorgung im Umfang seines aus der Zulassung folgenden zeitlich vollen oder hälftigen Versorgungsauftrages berechtigt und verpflichtet ist. $_{2}$Die Zulassung des medizinischen Versorgungszentrums bewirkt, dass die in dem Versorgungszentrum angestellten Ärzte Mitglieder der für den Vertragsarztsitz des Versorgungszentrums zuständigen Kassenärztlichen Vereinigung sind und dass das zugelassene medizinische Versorgungszentrum insoweit zur Teilnahme an der vertragsärztlichen Versorgung berechtigt und verpflichtet ist. $_{3}$Die vertraglichen Bestimmungen über die vertragsärztliche Versorgung sind verbindlich. $_{4}$Die Einhaltung der sich aus den Sätzen 1 und 2 ergebenden Versorgungsaufträge sind von der Kassenärztlichen Vereinigung zu prüfen. $_{5}$Die Ergebnisse sind den Landes- und Zulassungsausschüssen mindestens jährlich zu übermitteln.

(4) $_{1}$Die Ermächtigung bewirkt, daß der ermächtigte Arzt oder die ermächtigte Einrichtung zur Teilnahme an der vertragsärztlichen Versorgung berechtigt und verpflichtet ist. $_{2}$Die vertraglichen Bestimmungen über die vertragsärztliche Versorgung sind für sie verbindlich. $_{3}$Die Absätze 5 bis 7, § 75 Abs. 2 und § 81 Abs. 5 gelten entsprechend.

(5) $_{1}$Die Zulassung ruht auf Beschluß des Zulassungsausschusses, wenn der Vertragsarzt seine Tätigkeit nicht aufnimmt oder nicht ausübt, ihre Aufnahme aber in angemessener Frist zu erwarten ist, oder auf Antrag eines Vertragsarztes, der in den hauptamtlichen Vorstand nach § 79 Abs. 1 gewählt worden ist. $_{2}$Unter den gleichen Voraussetzungen kann bei vollem Versorgungsauftrag das hälftige Ruhen der Zulassung beschlossen werden.

(6) $_{1}$Die Zulassung ist zu entziehen, wenn ihre Voraussetzungen nicht oder nicht mehr vorliegen, der Vertragsarzt die vertragsärztliche Tätigkeit nicht aufnimmt oder nicht mehr ausübt oder seine vertragsärztlichen Pflichten gröblich verletzt. $_{2}$Der Zulassungsausschuss kann in diesen Fällen statt einer vollständigen auch eine hälftige Entziehung der Zulassung beschließen. $_{3}$Einem medizinischen Versorgungszentrum ist die Zulassung auch dann zu entziehen, wenn die Gründungsvoraussetzung des Absatzes 1 Satz 4 und 5 oder des Absatzes 1a Satz 1 länger als sechs Monate nicht mehr vorliegt. $_{4}$Die Gründereigenschaft nach Absatz 1a Satz 1 bleibt auch für die angestellten Ärzte bestehen, die auf ihre Zulassung zugunsten der Anstellung in einem medizinischen Versorgungszentrum verzichtet haben, solange sie in dem medizinischen Versorgungszentrum tätig sind und Gesellschafter des medizinischen Versorgungszentrums sind. $_{5}$Medizinischen Versorgungszentren, die unter den in Absatz 1a Satz 2 geregelten Bestandsschutz fallen, ist die Zulassung zu entziehen, wenn die Gründungsvoraussetzungen des Absatzes 1 Satz 6 zweiter Halbsatz in der bis zum 31. Dezember 2011 geltenden Fassung seit mehr als sechs Monaten nicht mehr vorliegen oder das medizinische Versorgungszentrum gegenüber dem Zulassungsausschuss nicht bis zum 30. Juni 2012 nachweist, dass die ärztliche Leitung den Voraussetzungen des Absatzes 1 Satz 3 entspricht.

(7) $_{1}$Die Zulassung endet mit dem Tod, mit dem Wirksamwerden eines Verzichts, mit dem Ablauf des Befristungszeitraumes oder mit dem Wegzug des Berechtigten aus dem Bezirk seines Kassenarztsitzes. $_{2}$Die Zulassung eines medizinischen Versorgungszentrums endet mit dem Wirksamwerden eines Verzichts, der Auflösung, dem Ablauf des Befristungszeitraumes oder mit dem Wegzug des zugelassenen medizinischen Versorgungszentrums aus dem Bezirk des Vertragsarztsitzes.

(8) (weggefallen)

(9) $_{1}$Der Vertragsarzt kann mit Genehmigung des Zulassungsausschusses Ärzte, die in das Arztregister eingetragen sind, anstellen, sofern für die Arztgruppe, der der anzustellende Arzt angehört, keine Zulassungsbeschränkungen angeordnet sind. $_{2}$Sind Zulassungsbeschränkungen angeordnet, gilt Satz 1 mit der Maßgabe, dass die Voraussetzungen des § 101 Abs. 1 Satz 1 Nr. 5 erfüllt sein müssen. $_{3}$Das Nähere zu der Anstellung von Ärzten bei

Vertragsärzten bestimmen die Zulassungsverordnungen. 4Absatz 5 gilt entsprechend.

(9a) 1Der an der hausärztlichen Versorgung teilnehmende Vertragsarzt kann mit Genehmigung des Zulassungsausschusses Ärzte, die von einer Hochschule mindestens halbtags als angestellte oder beamtete Hochschullehrer für Allgemeinmedizin oder als deren wissenschaftliche Mitarbeiter beschäftigt werden und in das Arztregister eingetragen sind, unabhängig von Zulassungsbeschränkungen anstellen. 2Bei der Ermittlung des Versorgungsgrades in einem Planungsbereich sind diese angestellten Ärzte nicht mitzurechnen.

(9b) Eine genehmigte Anstellung nach Absatz 9 Satz 1 ist auf Antrag des anstellenden Vertragsarztes vom Zulassungsausschuss in eine Zulassung umzuwandeln, sofern der Umfang der Tätigkeit des angestellten Arztes einem ganzen oder halben Versorgungsauftrag entspricht; beantragt der anstellende Vertragsarzt nicht zugleich bei der Kassenärztlichen Vereinigung die Durchführung eines Nachbesetzungsverfahrens nach § 103 Absatz 4, wird der bisher angestellte Arzt Inhaber der Zulassung.

(10) 1Psychotherapeuten werden zur vertragsärztlichen Versorgung zugelassen, wenn sie

1. bis zum 31. Dezember 1998 die Voraussetzung der Approbation nach § 12 des Psychotherapeutengesetzes und des Fachkundenachweises nach § 95c Satz 2 Nr. 3 erfüllt und den Antrag auf Erteilung der Zulassung gestellt haben,
2. bis zum 31. März 1999 die Approbationsurkunde vorlegen und
3. in der Zeit vom 25. Juni 1994 bis zum 24. Juni 1997 an der ambulanten psychotherapeutischen Versorgung der Versicherten der gesetzlichen Krankenversicherung teilgenommen haben.

2Der Zulassungsausschuß hat über die Zulassungsanträge bis zum 30. April 1999 zu entscheiden.

(11) 1Psychotherapeuten werden zur vertragsärztlichen Versorgung ermächtigt, wenn sie

1. bis zum 31. Dezember 1998 die Voraussetzungen der Approbation nach § 12 des Psychotherapeutengesetzes erfüllt und 500 dokumentierte Behandlungsstunden oder 250 dokumentierte Behandlungsstunden unter qualifizierter Supervision in Behandlungsverfahren erbracht haben, die der Gemeinsame Bundesausschuss in den bis zum 31. Dezember 1998 geltenden Richtlinien über die Durchführung der Psychotherapie in der vertragsärztlichen Versorgung anerkannt hat (Psychotherapie-Richtlinien in der Neufassung vom 3. Juli 1987 – BAnz. Nr. 156 Beilage Nr. 156a –, zuletzt geändert durch Bekanntmachung vom 12. März 1997 – BAnz Nr. 49 S. 2946), und den Antrag auf Nachqualifikation gestellt haben,
2. bis zum 31. März 1999 die Approbationsurkunde vorlegen und
3. in der Zeit vom 25. Juni 1994 bis zum 24. Juni 1997 an der ambulanten psychotherapeutischen Versorgung der Versicherten der gesetzlichen Krankenversicherung teilgenommen haben.

2Der Zulassungsausschuß hat über die Anträge bis zum 30. April 1999 zu entscheiden. 3Die erfolgreiche Nachqualifikation setzt voraus, daß die für die Approbation gemäß § 12 Abs. 1 und § 12 Abs. 3 des Psychotherapeutengesetzes geforderte Qualifikation, die geforderten Behandlungsstunden, Behandlungsfälle und die theoretische Ausbildung in vom Gemeinsamen Bundesausschuss anerkannten Behandlungsverfahren erbracht wurden. 4Bei Nachweis des erfolgreichen Abschlusses der Nachqualifikation hat der Zulassungsausschuß auf Antrag die Ermächtigung in eine Zulassung umzuwandeln. 5Die Ermächtigung des Psychotherapeuten erlischt bei Beendigung der Nachqualifikation, spätestens fünf Jahre nach Erteilung der Ermächtigung; sie bleibt jedoch bis zur Entscheidung des Zulassungsausschusses erhalten, wenn der Antrag auf Umwandlung bis

V

fünf Jahre nach Erteilung der Ermächtigung gestellt wurde.

(11a) 1Für einen Psychotherapeuten, der bis zum 31. Dezember 1998 wegen der Betreuung und der Erziehung eines Kindes in den ersten drei Lebensjahren, für das ihm die Personensorge zustand und mit dem er in einem Haushalt gelebt hat, keine Erwerbstätigkeit ausgeübt hat, wird die in Absatz 11 Satz 1 Nr. 1 genannte Frist zur Antragstellung für eine Ermächtigung und zur Erfüllung der Behandlungsstunden um den Zeitraum hinausgeschoben, der der Kindererziehungszeit entspricht, höchstens jedoch um drei Jahre. 2Die Ermächtigung eines Psychotherapeuten ruht in der Zeit, in der er wegen der Betreuung und der Erziehung eines Kindes in den ersten drei Lebensjahren, für das ihm die Personensorge zusteht und das mit ihm in einem Haushalt lebt, keine Erwerbstätigkeit ausübt. 3Sie verlängert sich längstens um den Zeitraum der Kindererziehung.

(11b) 1Für einen Psychotherapeuten, der in dem in Absatz 10 Satz 1 Nr. 3 und Absatz 11 Satz 1 Nr. 3 genannten Zeitraum wegen der Betreuung und Erziehung eines Kindes in den ersten drei Lebensjahren, für das ihm die Personensorge zustand und mit dem er in einem Haushalt gelebt hat, keine Erwerbstätigkeit ausgeübt hat, wird der Beginn der Frist um die Zeit vorverlegt, die der Zeit der Kindererziehung in dem Dreijahreszeitraum entspricht. 2Begann die Kindererziehungszeit vor dem 25. Juni 1994, berechnet sich die Frist vom Zeitpunkt des Beginns der Kindererziehungszeit an.

(12) 1Der Zulassungsausschuß kann über Zulassungsanträge von Psychotherapeuten und überwiegend oder ausschließlich psychotherapeutisch tätigen Ärzten, die nach dem 31. Dezember 1998 gestellt werden, erst dann entscheiden, wenn der Landesausschuß der Ärzte und Krankenkassen die Feststellung nach § 103 Abs. 1 Satz 1 getroffen hat. 2Anträge nach Satz 1 sind wegen Zulassungsbeschränkungen auch dann abzulehnen, wenn diese bei Antragstellung noch nicht angeordnet waren.

(13) 1In Zulassungssachen der Psychotherapeuten und der überwiegend oder ausschließlich psychotherapeutisch tätigen Ärzte (§ 101 Abs. 4 Satz 1) treten abweichend von § 96 Abs. 2 Satz 1 und § 97 Abs. 2 Satz 1 an die Stelle der Vertreter der Ärzte Vertreter der Psychotherapeuten und der Ärzte in gleicher Zahl; unter den Vertretern der Psychotherapeuten muß mindestens ein Kinder- und Jugendlichenpsychotherapeut sein. 2Für die erstmalige Besetzung der Zulassungsausschüsse und der Berufungsausschüsse nach Satz 1 werden die Vertreter der Psychotherapeuten von der zuständigen Aufsichtsbehörde auf Vorschlag der für die beruflichen Interessen maßgeblichen Organisationen der Psychotherapeuten auf Landesebene berufen.

§ 95a Voraussetzung für die Eintragung in das Arztregister für Vertragsärzte

(1) Bei Ärzten setzt die Eintragung in das Arztregister voraus:

1. die Approbation als Arzt,
2. den erfolgreichen Abschluß entweder einer allgemeinmedizinischen Weiterbildung oder einer Weiterbildung in einem anderen Fachgebiet mit der Befugnis zum Führen einer entsprechenden Gebietsbezeichnung oder den Nachweis einer Qualifikation, die gemäß den Absätzen 4 und 5 anerkannt ist.

(2) 1Eine allgemeinmedizinische Weiterbildung im Sinne des Absatzes 1 Nr. 2 ist nachgewiesen, wenn der Arzt nach landesrechtlichen Vorschriften zum Führen der Facharztbezeichnung für Allgemeinmedizin berechtigt ist und diese Berechtigung nach einer mindestens fünfjährigen erfolgreichen Weiterbildung in der Allgemeinmedizin bei zur Weiterbildung ermächtigten Ärzten und in dafür zugelassenen Einrichtungen erworben hat. 2Bis zum 31. Dezember 2008 ist eine dem Satz 1 entsprechende mindestens dreijährige Weiterbildung ausnahmsweise ausreichend, wenn nach den entsprechenden landesrechtlichen Vorschriften eine begonnene Weiterbildung in der Allgemeinmedizin, für die eine

Dauer von mindestens drei Jahren vorgeschrieben war, wegen der Erziehung eines Kindes in den ersten drei Lebensjahren, für das dem Arzt die Personensorge zustand und mit dem er in einem Haushalt gelebt hat, die Weiterbildung unterbrochen worden ist und nach den landesrechtlichen Vorschriften als mindestens dreijährige Weiterbildung fortgesetzt werden darf. $_3$Satz 2 gilt entsprechend, wenn aus den dort genannten Gründen der Kindererziehung die Aufnahme einer vertragsärztlichen Tätigkeit in der Allgemeinmedizin vor dem 1. Januar 2006 nicht möglich war und ein entsprechender Antrag auf Eintragung in das Arztregister auf der Grundlage einer abgeschlossenen mindestens dreijährigen Weiterbildung bis zum 31. Dezember 2008 gestellt wird.

(3) $_1$Die allgemeinmedizinische Weiterbildung muß unbeschadet ihrer mindestens fünfjährigen Dauer inhaltlich mindestens den Anforderungen nach Artikel 28 der Richtlinie 2005/36/EG des Europäischen Parlaments und des Rates vom 7. September 2005 über die Anerkennung von Berufsqualifikationen (ABl. EU Nr. L 255 S. 22, 2007 Nr. L 271 S. 18) entsprechen und mit dem Erwerb der Facharztbezeichnung für Allgemeinmedizin abschließen. $_2$Sie hat insbesondere folgende Tätigkeiten einzuschließen:

1. mindestens sechs Monate in der Praxis eines zur Weiterbildung in der Allgemeinmedizin ermächtigten niedergelassenen Arztes,
2. mindestens sechs Monate in zugelassenen Krankenhäusern,
3. höchstens sechs Monate in anderen zugelassenen Einrichtungen oder Diensten des Gesundheitswesens, die sich mit Allgemeinmedizin befassen, soweit der Arzt mit einer patientenbezogenen Tätigkeit betraut ist.

(4) Die Voraussetzungen zur Eintragung sind auch erfüllt, wenn der Arzt auf Grund von landesrechtlichen Vorschriften zur Ausführung des Artikels 30 der Richtlinie 2005/36/EG des Europäischen Parlaments und des Rates vom 7. September 2005 über die Anerkennung von Berufsqualifikationen (ABl. EU Nr. L 255 S. 22, 2007 Nr. L 271 S. 18) bis zum 31. Dezember 1995 die Bezeichnung Praktischer Arzt erworben hat.

(5) $_1$Einzutragen sind auf ihren Antrag auch im Inland zur Berufsausübung zugelassene Ärzte, wenn sie Inhaber eines Ausbildungsnachweises über eine inhaltlich mindestens den Anforderungen nach Artikel 28 der Richtlinie 2005/36/EG des Europäischen Parlaments und des Rates vom 7. September 2005 über die Anerkennung von Berufsqualifikationen (ABl. EU Nr. L 255 S. 22, 2007 Nr. L 271 S. 18) entsprechende besondere Ausbildung in der Allgemeinmedizin sind und dieser Ausbildungsnachweis in einem Mitgliedstaat der Europäischen Union oder einem anderen Vertragsstaat des Abkommens über den Europäischen Wirtschaftsraum oder einem Vertragsstaat, dem Deutschland und die Europäische Gemeinschaft oder Deutschland und die Europäische Union vertraglich einen entsprechenden Rechtsanspruch eingeräumt haben, ausgestellt worden ist. $_2$Einzutragen sind auch Inhaber von Bescheinigungen über besondere erworbene Rechte von praktischen Ärzten nach Artikel 30 der in Satz 1 genannten Richtlinie, Inhaber eines Ausbildungsnachweises über eine inhaltlich mindestens den Anforderungen nach Artikel 25 dieser Richtlinie entsprechende fachärztliche Weiterbildung oder Inhaber einer Bescheinigung über besondere erworbene Rechte von Fachärzten nach Artikel 27 dieser Richtlinie.

§ 95b Kollektiver Verzicht auf die Zulassung

(1) Mit den Pflichten eines Vertragsarztes ist es nicht vereinbar, in einem mit anderen Ärzten aufeinander abgestimmten Verfahren oder Verhalten auf die Zulassung als Vertragsarzt zu verzichten.

(2) Verzichten Vertragsärzte in einem mit anderen Vertragsärzten aufeinander abgestimmten Verfahren oder Verhalten auf ihre Zulassung als Vertragsarzt und kommt es aus diesem Grund zur Feststellung der Aufsichtsbehörde nach § 72a Abs. 1, kann eine erneute Zulassung frühestens nach Ablauf von sechs

Jahren nach Abgabe der Verzichtserklärung erteilt werden.

(3) 1Nimmt ein Versicherter einen Arzt oder Zahnarzt in Anspruch, der auf seine Zulassung nach Absatz 1 verzichtet hat, zahlt die Krankenkasse die Vergütung mit befreiender Wirkung an den Arzt oder Zahnarzt. 2Der Vergütungsanspruch gegen die Krankenkasse ist auf das 1,0fache des Gebührensatzes der Gebührenordnung für Ärzte oder der Gebührenordnung für Zahnärzte beschränkt. 3Ein Vergütungsanspruch des Arztes oder Zahnarztes gegen den Versicherten besteht nicht. 4Abweichende Vereinbarungen sind nichtig.

§ 95c Voraussetzung für die Eintragung von Psychotherapeuten in das Arztregister

1Bei Psychotherapeuten setzt die Eintragung in das Arztregister voraus:

1. die Approbation als Psychotherapeut nach § 2 oder 12 des Psychotherapeutengesetzes und
2. den Fachkundenachweis.

2Der Fachkundenachweis setzt voraus

1. für nach § 2 Abs. 1 des Psychotherapeutengesetzes approbierten Psychotherapeuten, daß der Psychotherapeut die vertiefte Ausbildung gemäß § 8 Abs. 3 Nr. 1 des Psychotherapeutengesetzes in einem durch den Gemeinsamen Bundesausschuss nach § 92 Abs. 6a anerkannten Behandlungsverfahren erfolgreich abgeschlossen hat;
2. für den nach § 2 Abs. 2 und Abs. 3 des Psychotherapeutengesetzes approbierten Psychotherapeuten, daß die der Approbation zugrundeliegende Ausbildung und Prüfung in einem durch den Gemeinsamen Bundesausschuss nach § 92 Abs. 6a anerkannten Behandlungsverfahren abgeschlossen wurden;
3. für den nach § 12 des Psychotherapeutengesetzes approbierten Psychotherapeuten, daß er die für eine Approbation geforderte Qualifikation, Weiterbildung oder Behandlungsstunden, Behandlungsfälle und die theoretische Ausbildung in einem durch den Gemeinsamen Bundesausschuss nach § 92 Abs. 1 Satz 2 Nr. 1 anerkannten Behandlungsverfahren nachweist.

§ 95d Pflicht zur fachlichen Fortbildung

(1) 1Der Vertragsarzt ist verpflichtet, sich in dem Umfang fachlich fortzubilden, wie es zur Erhaltung und Fortentwicklung der zu seiner Berufsausübung in der vertragsärztlichen Versorgung erforderlichen Fachkenntnisse notwendig ist. 2Die Fortbildungsinhalte müssen dem aktuellen Stand der wissenschaftlichen Erkenntnisse auf dem Gebiet der Medizin, Zahnmedizin oder Psychotherapie entsprechen. 3Sie müssen frei von wirtschaftlichen Interessen sein.

(2) 1Der Nachweis über die Fortbildung kann durch Fortbildungszertifikate der Kammern der Ärzte, der Zahnärzte sowie der Psychologischen Psychotherapeuten und Kinder- und Jugendlichenpsychotherapeuten erbracht werden. 2Andere Fortbildungszertifikate müssen den Kriterien entsprechen, die die jeweilige Arbeitsgemeinschaft der Kammern dieser Berufe auf Bundesebene aufgestellt hat. 3In Ausnahmefällen kann die Übereinstimmung der Fortbildung mit den Anforderungen nach Absatz 1 Satz 2 und 3 auch durch sonstige Nachweise erbracht werden; die Einzelheiten werden von den Kassenärztlichen Bundesvereinigungen nach Absatz 6 Satz 2 geregelt.

(3) 1Ein Vertragsarzt hat alle fünf Jahre gegenüber der Kassenärztlichen Vereinigung den Nachweis zu erbringen, dass er in dem zurückliegenden Fünfjahreszeitraum seiner Fortbildungspflicht nach Absatz 1 nachgekommen ist; für die Zeit des Ruhens der Zulassung ist die Frist unterbrochen. 2Endet die bisherige Zulassung infolge Wegzugs des Vertragsarztes aus dem Bezirk seines Vertragsarztsitzes, läuft die bisherige Frist weiter. 3Erbringt ein Vertragsarzt den Fortbildungsnachweis nicht oder nicht vollständig, ist die Kassenärztliche Vereinigung verpflichtet, das an ihn zu zahlende Honorar aus der Vergütung vertragsärztlicher Tätigkeit für die ersten

vier Quartale, die auf den Fünfjahreszeitraum folgen, um 10 vom Hundert zu kürzen, ab dem darauf folgenden Quartal um 25 vom Hundert. 4Ein Vertragsarzt kann die für den Fünfjahreszeitraum festgelegte Fortbildung binnen zwei Jahren ganz oder teilweise nachholen; die nachgeholte Fortbildung wird auf den folgenden Fünfjahreszeitraum nicht angerechnet. 5Die Honorarkürzung endet nach Ablauf des Quartals, in dem der vollständige Fortbildungsnachweis erbracht wird. 6Erbringt ein Vertragsarzt den Fortbildungsnachweis nicht spätestens zwei Jahre nach Ablauf des Fünfjahreszeitraums, soll die Kassenärztliche Vereinigung unverzüglich gegenüber dem Zulassungsausschuss einen Antrag auf Entziehung der Zulassung stellen. 7Wird die Zulassungsentziehung abgelehnt, endet die Honorarkürzung nach Ablauf des Quartals, in dem der Vertragsarzt den vollständigen Fortbildungsnachweis des folgenden Fünfjahreszeitraums erbringt.

(4) Die Absätze 1 bis 3 gelten für ermächtigte Ärzte entsprechend.

(5) 1Die Absätze 1 und 2 gelten entsprechend für angestellte Ärzte eines medizinischen Versorgungszentrums, eines Vertragsarztes oder einer Einrichtung nach § 105 Absatz 1 Satz 2, Absatz 5 oder nach § 119b. 2Den Fortbildungsnachweis nach Absatz 3 für die von ihm angestellten Ärzte führt das medizinische Versorgungszentrum oder der Vertragsarzt; für die in einer Einrichtung nach § 105 Absatz 5 oder nach § 119b angestellten Ärzte wird der Fortbildungsnachweis nach Absatz 3 von der Einrichtung geführt. 3Übt ein angestellter Arzt die Beschäftigung länger als drei Monate nicht aus, hat die Kassenärztliche Vereinigung auf Antrag den Fünfjahreszeitraum um die Fehlzeiten zu verlängern. 4Absatz 3 Satz 2 bis 5 und 7 gilt entsprechend mit der Maßgabe, dass das Honorar des medizinischen Versorgungszentrums, des Vertragsarztes oder der Einrichtung nach § 105 Absatz 1 Satz 2, Absatz 5 oder nach § 119b gekürzt wird. 5Die Honorarkürzung endet auch dann, wenn der Kassenärztlichen Vereinigung die Beendigung des Beschäftigungsverhältnisses nachgewiesen wird, nach Ablauf des Quartals, in dem das Beschäftigungsverhältnis endet. 6Besteht das Beschäftigungsverhältnis fort und wird nicht spätestens zwei Jahre nach Ablauf des Fünfjahreszeitraums für einen angestellten Arzt der Fortbildungsnachweis gemäß Satz 2 erbracht, soll die Kassenärztliche Vereinigung unverzüglich gegenüber dem Zulassungsausschuss einen Antrag auf Widerruf der Genehmigung der Anstellung stellen.

(6) 1Die Kassenärztlichen Bundesvereinigungen regeln im Einvernehmen mit den zuständigen Arbeitsgemeinschaften der Kammern auf Bundesebene den angemessenen Umfang der im Fünfjahreszeitraum notwendigen Fortbildung. 2Die Kassenärztlichen Bundesvereinigungen regeln das Verfahren des Fortbildungsnachweises und der Honorarkürzung. 3Es ist insbesondere festzulegen, in welchen Fällen Vertragsärzte bereits vor Ablauf des Fünfjahreszeitraums Anspruch auf eine schriftliche Anerkennung abgeleisteter Fortbildung haben. 4Die Regelungen sind für die Kassenärztlichen Vereinigungen verbindlich.

§ 96 Zulassungsausschüsse

(1) Zur Beschlußfassung und Entscheidung in Zulassungssachen errichten die Kassenärztlichen Vereinigungen und die Landesverbände der Krankenkassen sowie die Ersatzkassen für den Bezirk jeder Kassenärztlichen Vereinigung oder für Teile dieses Bezirks (Zulassungsbezirk) einen Zulassungsausschuß für Ärzte und einen Zulassungsausschuß für Zahnärzte.

(2) 1Die Zulassungsausschüsse bestehen aus Vertretern der Ärzte und der Krankenkassen in gleicher Zahl. 2Die Vertreter der Ärzte und ihre Stellvertreter werden von den Kassenärztlichen Vereinigungen, die Vertreter der Krankenkassen und ihre Stellvertreter von den Landesverbänden der Krankenkassen und den Ersatzkassen bestellt. 3Die Mitglieder der Zulassungsausschüsse führen ihr Amt als Ehrenamt. 4Sie sind an Weisungen nicht gebunden. 5Den Vorsitz führt abwechselnd ein Vertreter der Ärzte und der Krankenkasse. 6Die Zulassungsausschüsse beschließen mit

einfacher Stimmenmehrheit, bei Stimmengleichheit gilt ein Antrag als abgelehnt.

(3) $_1$Die Geschäfte der Zulassungsausschüsse werden bei den Kassenärztlichen Vereinigungen einerseits geführt. $_2$Die Kosten der Zulassungsausschüsse werden, soweit sie nicht durch Gebühren gedeckt sind, je zur Hälfte von den Kassenärztlichen Vereinigungen und den Landesverbänden der Krankenkassen und den Ersatzkassen andererseits getragen.

(4) $_1$Gegen die Entscheidungen der Zulassungsausschüsse können die am Verfahren beteiligten Ärzte und Einrichtungen, die Kassenärztlichen Vereinigungen und die Landesverbände der Krankenkassen sowie die Ersatzkassen den Berufungsausschuß anrufen. $_2$Die Anrufung hat aufschiebende Wirkung.

§ 97 Berufungsausschüsse

(1) $_1$Die Kassenärztlichen Vereinigungen und die Landesverbände der Krankenkassen sowie die Ersatzkassen errichten für den Bezirk jeder Kassenärztlichen Vereinigung einen Berufungsausschuß für Ärzte und einen Berufungsausschuß für Zahnärzte. $_2$Sie können nach Bedarf mehrere Berufungsausschüsse für den Bezirk einer Kassenärztlichen Vereinigung oder einen gemeinsamen Berufungsausschuß für die Bezirke mehrerer Kassenärztlicher Vereinigungen errichten.

(2) $_1$Die Berufungsausschüsse bestehen aus einem Vorsitzenden mit der Befähigung zum Richteramt und aus Vertretern der Ärzte einerseits und der Landesverbände der Krankenkassen sowie der Ersatzkassen andererseits in gleicher Zahl als Beisitzern. $_2$Über den Vorsitzenden sollen sich die Beisitzer einigen. $_3$Kommt eine Einigung nicht zustande, beruft ihn die für die Sozialversicherung zuständige oberste Verwaltungsbehörde im Benehmen mit den Kassenärztlichen Vereinigungen und den Landesverbänden der Krankenkassen sowie den Ersatzkassen. $_4$§ 96 Abs. 2 Satz 2 bis 5 und 7 Abs. 3 gilt entsprechend.

(3) $_1$Für das Verfahren sind § 84 Abs. 1 und § 85 Abs. 3 des Sozialgerichtsgesetzes anzuwenden. $_2$Das Verfahren vor dem Berufungsausschuß gilt als Vorverfahren (§ 78 des Sozialgerichtsgesetzes).

(4) Der Berufungsausschuß kann die sofortige Vollziehung seiner Entscheidung im öffentlichen Interesse anordnen.

(5) $_1$Die Aufsicht über die Geschäftsführung der Zulassungsausschüsse und der Berufungsausschüsse führen die für die Sozialversicherung zuständigen obersten Verwaltungsbehörden der Länder. $_2$Sie berufen die Vertreter der Ärzte und der Krankenkassen, wenn und solange die Kassenärztlichen Vereinigungen, die Landesverbände der Krankenkassen oder die Ersatzkassen diese nicht bestellen.

§ 98 Zulassungsverordnungen

(1) $_1$Die Zulassungsverordnungen regeln das Nähere über die Teilnahme an der vertragsärztlichen Versorgung sowie die zu ihrer Sicherstellung erforderliche Bedarfsplanung (§ 99) und die Beschränkung von Zulassungen. $_2$Sie werden vom Bundesministerium für Gesundheit mit Zustimmung des Bundesrates als Rechtsverordnung erlassen.

(2) Die Zulassungsverordnungen müssen Vorschriften enthalten über

1. die Zahl, die Bestellung und die Abberufung der Mitglieder der Ausschüsse sowie ihrer Stellvertreter, ihre Amtsdauer, ihre Amtsführung und die ihnen zu gewährende Erstattung der baren Auslagen und Entschädigung für Zeitaufwand,
2. die Geschäftsführung der Ausschüsse,
3. das Verfahren der Ausschüsse entsprechend den Grundsätzen des Vorverfahrens in der Sozialgerichtsbarkeit,
4. die Verfahrensgebühren unter Berücksichtigung des Verwaltungsaufwandes und der Bedeutung der Angelegenheit für den Gebührenschuldner sowie über die Verteilung der Kosten der Ausschüsse auf die beteiligten Verbände,
5. die Führung der Arztregister durch die Kassenärztlichen Vereinigungen und die Führung von Bundesarztregistern durch die Kassenärztlichen Bundesvereinigungen sowie das Recht auf Einsicht in diese Register und die Registerakten,

insbesondere durch die betroffenen Ärzte und Krankenkassen,

6. das Verfahren für die Eintragung in die Arztregister sowie über die Verfahrensgebühren unter Berücksichtigung des Verwaltungsaufwandes und der Bedeutung der Angelegenheit für den Gebührenschuldner,
7. die Bildung und Abgrenzung der Zulassungsbezirke,
8. die Aufstellung, Abstimmung, Fortentwicklung und Auswertung der für die mittel- und langfristige Sicherstellung der vertragsärztlichen Versorgung erforderlichen Bedarfspläne sowie die hierbei notwendige Zusammenarbeit mit anderen Stellen, deren Unterrichtung und die Beratung in den Landesausschüssen der Ärzte und Krankenkassen,
9. die Ausschreibung von Vertragsarztsitzen,
10. die Voraussetzungen für die Zulassung hinsichtlich der Vorbereitung und der Eignung zur Ausübung der vertragsärztlichen Tätigkeit sowie die nähere Bestimmung des zeitlichen Umfangs des Versorgungsauftrages aus der Zulassung,
11. die Voraussetzungen, unter denen Ärzte, insbesondere in Krankenhäusern und Einrichtungen der beruflichen Rehabilitation, oder in besonderen Fällen Einrichtungen durch die Zulassungsausschüsse zur Teilnahme an der vertragsärztlichen Versorgung ermächtigt werden können, die Rechte und Pflichten der ermächtigten Ärzte und ermächtigten Einrichtungen sowie die Zulässigkeit einer Vertretung von ermächtigten Krankenhausärzten durch Ärzte mit derselben Gebietsbezeichnung,
12. die Voraussetzungen für eine Befristung von Zulassungen,
13. die Voraussetzungen, unter denen nach den Grundsätzen der Ausübung eines freien Berufes die Vertragsärzte angestellte Ärzte, Assistenten und Vertreter in der vertragsärztlichen Versorgung beschäftigen dürfen oder die vertragsärztliche Tätigkeit an weiteren Orten ausüben können,

13a. die Voraussetzungen, unter denen die zur vertragsärztlichen Versorgung zugelassenen Leistungserbringer die vertragsärztliche Tätigkeit gemeinsam ausüben können,

14. die Teilnahme an der vertragsärztlichen Versorgung durch Ärzte, denen die zuständige deutsche Behörde eine Erlaubnis zur vorübergehenden Ausübung des ärztlichen Berufes erteilt hat, sowie durch Ärzte, die zur vorübergehenden Erbringung von Dienstleistungen im Sinne des Artikels 50 des Vertrages zur Gründung der Europäischen Gemeinschaft oder des Artikels 37 des Abkommens über den Europäischen Wirtschaftsraum im Inland tätig werden,
15. die zur Sicherstellung der vertragsärztlichen Versorgung notwendigen angemessenen Fristen für die Beendigung der vertragsärztlichen Tätigkeit bei Verzicht.

(3) Absatz 2 Nummer 12 gilt nicht für die Zulassungsverordnung für Vertragszahnärzte.

Achter Titel
Bedarfsplanung, Unterversorgung, Überversorgung

§ 99 Bedarfsplan

(1) 1Die Kassenärztlichen Vereinigungen haben im Einvernehmen mit den Landesverbänden der Krankenkassen und den Ersatzkassen nach Maßgabe der vom Gemeinsamen Bundesausschuss erlassenen Richtlinien auf Landesebene einen Bedarfsplan zur Sicherstellung der vertragsärztlichen Versorgung aufzustellen und jeweils der Entwicklung anzupassen. 2Die Ziele und Erfordernisse der Raumordnung und Landesplanung sowie der Krankenhausplanung sind zu beachten. 3Soweit es zur Berücksichtigung regionaler Besonderheiten, insbesondere der regionalen Demografie und Morbidität, für eine bedarfs-

V

gerechte Versorgung erforderlich ist, kann von den Richtlinien des Gemeinsamen Bundesausschusses abgewichen werden. 4Den zuständigen Landesbehörden und den auf Landesebene für die Wahrnehmung der Interessen der Patientinnen und Patienten und der Selbsthilfe chronisch kranker und behinderter Menschen maßgeblichen Organisationen ist Gelegenheit zur Stellungnahme zu geben. 5Der aufgestellte oder angepasste Bedarfsplan ist der für die Sozialversicherung zuständigen obersten Landesbehörde vorzulegen. 6Sie kann den Bedarfsplan innerhalb einer Frist von zwei Monaten beanstanden. 7Der Bedarfsplan ist in geeigneter Weise zu veröffentlichen.

(2) 1Kommt das Einvernehmen zwischen den Kassenärztlichen Vereinigungen, den Landesverbänden der Krankenkassen und den Ersatzkassen nicht zustande, kann jeder der Beteiligten den Landesausschuß der Ärzte und Krankenkassen anrufen. 2Dies gilt auch für den Fall, dass kein Einvernehmen darüber besteht, wie einer Beanstandung des Bedarfsplans abzuhelfen ist.

(3) Die Landesausschüsse beraten die Bedarfspläne nach Absatz 1 und entscheiden im Falle des Absatzes 2.

§ 100 Unterversorgung

(1) 1Den Landesausschüssen der Ärzte und Krankenkassen obliegt die Feststellung, daß in bestimmten Gebieten eines Zulassungsbezirks eine ärztliche Unterversorgung eingetreten ist oder in absehbarer Zeit droht; die durch Ermächtigung an der vertragsärztlichen Versorgung teilnehmenden Ärzte sind bei der Feststellung einer Unterversorgung nicht zu berücksichtigen. 2Sie haben den für die betroffenen Gebiete zuständigen Kassenärztlichen Vereinigungen eine angemessene Frist zur Beseitigung oder Abwendung der Unterversorgung einzuräumen.

(2) Konnte durch Maßnahmen einer Kassenärztlichen Vereinigung oder durch andere geeignete Maßnahmen die Sicherstellung nicht gewährleistet werden und dauert die Unterversorgung auch nach Ablauf der Frist an, haben die Landesausschüsse mit verbindlicher Wirkung für die Zulassungsausschüsse nach deren Anhörung Zulassungsbeschränkungen in anderen Gebieten nach den Zulassungsverordnungen anzuordnen.

(3) Den Landesausschüssen der Ärzte und Krankenkassen obliegt nach Maßgabe der Richtlinien nach § 101 Abs. 1 Nr. 3a die Feststellung, dass in einem nicht unterversorgten Planungsbereich zusätzlicher lokaler Versorgungsbedarf besteht.

(4) Absatz 1 Satz 2 und Absatz 2 gelten nicht für Zahnärzte.

§ 101 Überversorgung

(1) 1Der Gemeinsame Bundesausschuss beschließt in Richtlinien Bestimmungen über

1. einheitliche Verhältniszahlen für den allgemeinen bedarfsgerechten Versorgungsgrad in der vertragsärztlichen Versorgung,
2. Maßstäbe für eine ausgewogene hausärztliche und fachärztliche Versorgungsstruktur,

2a. Regelungen, mit denen bei der Berechnung des Versorgungsgrades die von Ärzten erbrachten spezialfachärztlichen Leistungen nach § 116b berücksichtigt werden,

2b. Regelungen, mit denen bei der Berechnung des Versorgungsgrades die durch Ermächtigung an der vertragsärztlichen Versorgung teilnehmenden Ärzte berücksichtigt werden,

3. Vorgaben für die ausnahmsweise Besetzung zusätzlicher Vertragsarztsitze, soweit diese zur Gewährleistung der vertragsärztlichen Versorgung in einem Versorgungsbereich unerläßlich sind, um einen zusätzlichen lokalen oder einen qualifikationsbezogenen Versorgungsbedarf insbesondere innerhalb einer Arztgruppe zu decken,

3a. allgemeine Voraussetzungen, nach denen die Landesausschüsse der Ärzte und Krankenkassen nach § 100 Abs. 3 einen zusätzlichen lokalen Versorgungsbedarf in nicht unterversorgten Planungsbereichen feststellen können,

4. Ausnahmeregelungen für die Zulassung eines Arztes in einem Planungsbereich, für den Zulassungsbeschränkungen angeordnet sind, sofern der Arzt die vertragsärztliche Tätigkeit gemeinsam mit einem dort bereits tätigen Vertragsarzt desselben Fachgebiets oder, sofern die Weiterbildungsordnungen Facharztbezeichnungen vorsehen, derselben Facharztbezeichnung ausüben will und sich die Partner der Berufsausübungsgemeinschaft gegenüber dem Zulassungsausschuß zu einer Leistungsbegrenzung verpflichten, die den bisherigen Praxisumfang nicht wesentlich überschreitet, dies gilt für die Anstellung eines Arztes in einer Einrichtung nach § 311 Abs. 2 Satz 1 und in einem medizinischen Versorgungszentrum entsprechend; bei der Ermittlung des Versorgungsgrades ist der Arzt nicht mitzurechnen,
5. Regelungen für die Anstellung von Ärzten bei einem Vertragsarzt desselben Fachgebiets oder, sofern die Weiterbildungsordnungen Facharztbezeichnungen vorsehen, mit derselben Facharztbezeichnung in einem Planungsbereich, für den Zulassungsbeschränkungen angeordnet sind, sofern sich der Vertragsarzt gegenüber dem Zulassungsausschuß zu einer Leistungsbegrenzung verpflichtet, die den bisherigen Praxisumfang nicht wesentlich überschreitet, und Ausnahmen von der Leistungsbegrenzung, soweit und solange dies zur Deckung eines zusätzlichen lokalen Versorgungsbedarfs erforderlich ist; bei der Ermittlung des Versorgungsgrades sind die angestellten Ärzte nicht mitzurechnen,
6. Ausnahmeregelungen zur Leistungsbegrenzung nach den Nummern 4 und 5 im Fall eines unterdurchschnittlichen Praxisumfangs; für psychotherapeutische Praxen mit unterdurchschnittlichem Praxisumfang soll eine Vergrößerung des Praxisumfangs nicht auf den Fachgruppendurchschnitt begrenzt werden.

$_2$Sofern die Weiterbildungsordnungen mehrere Facharztbezeichnungen innerhalb desselben Fachgebiets vorsehen, bestimmen die Richtlinien nach Nummer 4 und 5 auch, welche Facharztbezeichnungen bei der gemeinschaftlichen Berufsausübung nach Nummer 4 und bei der Anstellung nach Nummer 5 vereinbar sind. $_3$Überversorgung ist anzunehmen, wenn der allgemeine bedarfsgerechte Versorgungsgrad um 10 vom Hundert überschritten ist. $_4$Der allgemeine bedarfsgerechte Versorgungsgrad ist erstmals bundeseinheitlich zum Stand vom 31. Dezember 1990 zu ermitteln. $_5$Bei der Ermittlung des Versorgungsgrades ist die Entwicklung des Zugangs zur vertragsärztlichen Versorgung seit dem 31. Dezember 1980 arztgruppenspezifisch angemessen zu berücksichtigen. $_6$Die regionalen Planungsbereiche sind mit Wirkung zum 1. Januar 2013 so festzulegen, dass eine flächendeckende Versorgung sichergestellt wird. $_7$Der Gemeinsame Bundesausschuss trifft mit Wirkung zum 1. Januar 2017 die erforderlichen Anpassungen für eine bedarfsgerechte Versorgung nach Prüfung der Verhältniszahlen gemäß Absatz 2 Nummer 3 und unter Berücksichtigung der Möglichkeit zu einer kleinräumigen Planung, insbesondere für die Arztgruppe nach Absatz 4. $_8$Bei der Berechnung des Versorgungsgrades in einem Planungsbereich sind Vertragsärzte mit einem hälftigen Versorgungsauftrag mit dem Faktor 0,5 sowie die bei einem Vertragsarzt nach § 95 Abs. 9 Satz 1 angestellten Ärzte, die in einem medizinischen Versorgungszentrum angestellten Ärzte und die in einer Einrichtung nach § 105 Absatz 1 Satz 2 angestellten Ärzte entsprechend ihrer Arbeitszeit anteilig zu berücksichtigen. $_9$Erbringen die in Satz 7 genannten Ärzte spezialfachärztliche Leistungen nach § 116b, ist dies bei der Berechnung des Versorgungsgrades nach Maßgabe der Bestimmungen nach Satz 1 Nummer 2a zu berücksichtigen. $_{10}$Die Berücksichtigung ermächtigter Ärzte und der in ermächtigten Einrichtungen tätigen Ärzte erfolgt nach Maßgabe der Bestimmungen nach Satz 1 Nummer 2b.

(2) Der Gemeinsame Bundesausschuss hat die auf der Grundlage des Absatzes 1 Satz 4 und 5 ermittelten Verhältniszahlen anzupas-

sen oder neue Verhältniszahlen festzulegen, wenn dies erforderlich ist

1. wegen der Änderung der fachlichen Ordnung der Arztgruppen,
2. weil die Zahl der Ärzte einer Arztgruppe bundesweit die Zahl 1000 übersteigt oder
3. zur Sicherstellung der bedarfsgerechten Versorgung; dabei sind insbesondere die demografische Entwicklung sowie die Sozial- und Morbiditätsstruktur zu berücksichtigen.

(3) $_{1}$Im Falle des Absatzes 1 Satz 1 Nr. 4 erhält der Arzt eine auf die Dauer der gemeinsamen vertragsärztlichen Tätigkeit beschränkte Zulassung. $_{2}$Die Beschränkung und die Leistungsbegrenzung nach Absatz 1 Satz 1 Nr. 4 enden bei Aufhebung der Zulassungsbeschränkungen nach § 103 Abs. 3, spätestens jedoch nach zehnjähriger gemeinsamer vertragsärztlicher Tätigkeit. $_{3}$Endet die Beschränkung, wird der Arzt bei der Ermittlung des Versorgungsgrades mitgerechnet. $_{4}$Im Falle der Praxisfortführung nach § 103 Abs. 4 ist bei der Auswahl der Bewerber die gemeinschaftliche Praxisausübung des in Absatz 1 Satz 1 Nr. 4 genannten Arztes erst nach mindestens fünfjähriger gemeinsamer vertragsärztlicher Tätigkeit zu berücksichtigen. $_{5}$Für die Einrichtungen nach § 311 Abs. 2 Satz 1 gelten die Sätze 2 und 3 entsprechend.

(3a) $_{1}$Die Leistungsbegrenzung nach Absatz 1 Satz 1 Nr. 5 endet bei Aufhebung der Zulassungsbeschränkungen. $_{2}$Endet die Leistungsbegrenzung, wird der angestellte Arzt bei der Ermittlung des Versorgungsgrades mitgerechnet.

(4) $_{1}$Überwiegend oder ausschließlich psychotherapeutisch tätige Ärzte und Psychotherapeuten bilden eine Arztgruppe im Sinne des Absatzes 2. $_{2}$Der allgemeine bedarfsgerechte Versorgungsgrad ist für diese Arztgruppe erstmals zum Stand vom 1. Januar 1999 zu ermitteln. $_{3}$Zu zählen sind die zugelassenen Ärzte sowie die Psychotherapeuten, die nach § 95 Abs. 10 zugelassen werden. $_{4}$Dabei sind überwiegend psychotherapeutisch tätige Ärzte mit dem Faktor 0,7 zu berücksichtigen. $_{5}$In den Richtlinien nach Absatz 1 ist für die Zeit bis zum 31. Dezember 2015 sicherzustellen, dass mindestens ein Versorgungsanteil in Höhe von 25 Prozent der allgemeinen Verhältniszahl den überwiegend oder ausschließlich psychotherapeutisch tätigen Ärzten und mindestens ein Versorgungsanteil in Höhe von 20 Prozent der allgemeinen Verhältniszahl den Leistungserbringern nach Satz 1, die ausschließlich Kinder und Jugendliche psychotherapeutisch betreuen, vorbehalten ist. $_{6}$Ab dem 1. Januar 2016 gelten die in Satz 5 vorgesehenen Mindestversorgungsanteile mit der Maßgabe fort, dass der Gemeinsame Bundesausschuss ihre Höhe aus Versorgungsgründen bedarfsgerecht anpassen kann; zudem können innerhalb des Mindestversorgungsanteils für überwiegend oder ausschließlich psychotherapeutisch tätige Ärzte weitere nach Fachgebieten differenzierte Mindestversorgungsanteile vorgesehen werden. $_{7}$Bei der Feststellung der Überversorgung nach § 103 Abs. 1 sind die ermächtigten Psychotherapeuten nach § 95 Abs. 11 mitzurechnen.

(5) $_{1}$Hausärzte (§ 73 Abs. 1a) bilden ab dem 1. Januar 2001 mit Ausnahme der Kinderärzte eine Arztgruppe im Sinne des Absatzes 2; Absatz 4 bleibt unberührt. $_{2}$Der allgemeine bedarfsgerechte Versorgungsgrad ist für diese Arztgruppe erstmals zum Stand vom 31. Dezember 1995 zu ermitteln. $_{3}$Die Verhältniszahlen für die an der fachärztlichen Versorgung teilnehmenden Internisten sind zum Stand vom 31. Dezember 1995 neu zu ermitteln. $_{4}$Der Gemeinsame Bundesausschuss hat die neuen Verhältniszahlen bis zum 31. März 2000 zu beschließen. $_{5}$Der Landesausschuss hat die Feststellungen nach § 103 Abs. 1 Satz 1 erstmals zum Stand vom 31. Dezember 2000 zu treffen. $_{6}$Ein Wechsel für Internisten ohne Schwerpunktbezeichnung in die hausärztliche oder fachärztliche Versorgung ist nur dann zulässig, wenn dafür keine Zulassungsbeschränkungen nach § 103 Abs. 1 angeordnet sind.

(6) Absatz 1 Satz 1 Nummern 2a, 2b, 3, 4, 5 und 6 und die Absätze 3 und 3a gelten nicht für Zahnärzte.

§ 102 (weggefallen)

§ 103 Zulassungsbeschränkungen

(1) $_{1}$Die Landesausschüsse der Ärzte und Krankenkassen stellen fest, ob eine Überversorgung vorliegt; die durch Ermächtigung an der vertragsärztlichen Versorgung teilnehmenden Ärzte sind bei der Feststellung einer Überversorgung nicht zu berücksichtigen. $_{2}$Wenn dies der Fall ist, hat der Landesausschuß nach den Vorschriften der Zulassungsverordnungen und unter Berücksichtigung der Richtlinien des Gemeinsamen Bundesausschusses Zulassungsbeschränkungen anzuordnen. $_{3}$Darüber hinaus treffen die Landesausschüsse eine Feststellung, wenn der allgemeine bedarfsgerechte Versorgungsgrad um 40 Prozent überschritten ist.

(2) $_{1}$Die Zulassungsbeschränkungen sind räumlich zu begrenzen. $_{2}$Sie können einen oder mehrere Planungsbereiche einer Kassenärztlichen Vereinigung umfassen. $_{3}$Sie sind arztgruppenbezogen unter angemessener Berücksichtigung der Besonderheiten bei den Kassenarten anzuordnen.

(3) Die Zulassungsbeschränkungen sind aufzuheben, wenn die Voraussetzungen für eine Überversorgung entfallen sind.

(3a) $_{1}$Wenn die Zulassung eines Vertragsarztes in einem Planungsbereich, für den Zulassungsbeschränkungen angeordnet sind, durch Tod, Verzicht oder Entziehung endet und die Praxis von einem Nachfolger weitergeführt werden soll, entscheidet der Zulassungsausschuss auf Antrag des Vertragsarztes oder seiner zur Verfügung über die Praxis berechtigten Erben, ob ein Nachbesetzungsverfahren nach Absatz 4 für den Vertragsarztsitz durchgeführt werden soll. $_{2}$Satz 1 gilt auch bei hälftigem Verzicht oder bei hälftiger Entziehung; Satz 1 gilt nicht, wenn ein Vertragsarzt, dessen Zulassung befristet ist, vor Ablauf der Frist auf seine Zulassung verzichtet. $_{3}$Der Zulassungsausschuss kann den Antrag ablehnen, wenn eine Nachbesetzung des Vertragsarztsitzes aus Versorgungsgründen nicht erforderlich ist; dies gilt nicht, sofern die Praxis von einem Nachfolger weitergeführt werden soll, der dem in Absatz 4 Satz 5 Nummer 4, 5 und 6 bezeichneten Personenkreis angehört oder der sich verpflichtet, die Praxis in ein anderes Gebiet des Planungsbereichs zu verlegen, in dem nach Mitteilung der Kassenärztlichen Vereinigung aufgrund einer zu geringen Ärztedichte ein Versorgungsbedarf besteht. $_{4}$Für einen Nachfolger, der dem in Absatz 4 Satz 5 Nummer 4 bezeichneten Personenkreis angehört, gilt Satz 3 zweiter Halbsatz mit der Maßgabe, dass dieser Nachfolger die vertragsärztliche Tätigkeit in einem Gebiet, in dem der Landesausschuss nach § 100 Absatz 1 das Bestehen von Unterversorgung festgestellt hat, nach dem 23. Juli 2015 erstmals aufgenommen hat. $_{5}$Für einen Nachfolger, der dem in Absatz 4 Satz 5 Nummer 6 bezeichneten Personenkreis angehört, gilt Satz 3 zweiter Halbsatz mit der Maßgabe, dass das Anstellungsverhältnis oder der gemeinschaftliche Betrieb der Praxis mindestens drei Jahre lang angedauert haben muss. $_{6}$Satz 5 gilt nicht, wenn das Anstellungsverhältnis oder der gemeinschaftliche Praxisbetrieb vor dem 5. März 2015 begründet wurde. $_{7}$Hat der Landesausschuss eine Feststellung nach Absatz 1 Satz 3 getroffen, soll der Zulassungsausschuss den Antrag auf Durchführung eines Nachbesetzungsverfahrens ablehnen, wenn eine Nachbesetzung des Vertragsarztsitzes aus Versorgungsgründen nicht erforderlich ist. Im Fall des Satzes 7 gelten Satz 3 zweiter Halbsatz sowie die Sätze 4 bis 6 entsprechend; Absatz 4 Satz 9 gilt mit der Maßgabe, dass die Nachbesetzung abgelehnt werden soll. $_{8}$Der Zulassungsausschuss beschließt mit einfacher Stimmenmehrheit; bei Stimmengleichheit ist dem Antrag abweichend von § 96 Absatz 2 Satz 6 zu entsprechen. $_{9}$§ 96 Absatz 4 findet keine Anwendung. $_{10}$Ein Vorverfahren (§ 78 des Sozialgerichtsgesetzes) findet nicht statt. $_{11}$Klagen gegen einen Beschluss des Zulassungsausschusses, mit dem einem Antrag auf Durchführung eines Nachbesetzungsverfahrens entsprochen wird, haben keine aufschiebende Wirkung. $_{12}$Hat der Zulassungsausschuss den Antrag abgelehnt, hat die Kassenärztliche Vereinigung dem Vertragsarzt oder seinen zur Verfügung über die Praxis berechtig-

V

ten Erben eine Entschädigung in der Höhe des Verkehrswertes der Arztpraxis zu zahlen. $_{13}$Bei der Ermittlung des Verkehrswertes ist auf den Verkehrswert abzustellen, der nach Absatz 4 Satz 8 bei Fortführung der Praxis maßgeblich wäre.

(4) $_{1}$Hat der Zulassungsausschuss in einem Planungsbereich, für den Zulassungsbeschränkungen angeordnet sind, nach Absatz 3a einem Antrag auf Durchführung eines Nachbesetzungsverfahrens entsprochen, hat die Kassenärztliche Vereinigung den Vertragsarztsitz in den für ihre amtlichen Bekanntmachungen vorgesehenen Blättern unverzüglich auszuschreiben und eine Liste der eingehenden Bewerbungen zu erstellen. $_{2}$Satz 1 gilt auch bei hälftigem Verzicht oder bei hälftiger Entziehung der Zulassung. $_{3}$Dem Zulassungsausschuß sowie dem Vertragsarzt oder seinen Erben ist eine Liste der eingehenden Bewerbungen zur Verfügung zu stellen. $_{4}$Unter mehreren Bewerbern, die die ausgeschriebene Praxis als Nachfolger des bisherigen Vertragsarztes fortführen wollen, hat der Zulassungsausschuß den Nachfolger nach pflichtgemäßem Ermessen auszuwählen. $_{5}$Bei der Auswahl der Bewerber sind folgende Kriterien zu berücksichtigen:

1. die berufliche Eignung,
2. das Approbationsalter,
3. die Dauer der ärztlichen Tätigkeit,
4. eine mindestens fünf Jahre dauernde vertragsärztliche Tätigkeit in einem Gebiet, in dem der Landesausschuss nach § 100 Absatz 1 das Bestehen von Unterversorgung festgestellt hat,
5. ob der Bewerber Ehegatte, Lebenspartner oder ein Kind des bisherigen Vertragsarztes ist,
6. ob der Bewerber ein angestellter Arzt des bisherigen Vertragsarztes oder ein Vertragsarzt ist, mit dem die Praxis bisher gemeinschaftlich betrieben wurde,
7. ob der Bewerber bereit ist, besondere Versorgungsbedürfnisse, die in der Ausschreibung der Kassenärztlichen Vereinigung definiert worden sind, zu erfüllen,
8. Belange von Menschen mit Behinderung beim Zugang zur Versorgung.

$_{6}$Ab dem 1. Januar 2006 sind für ausgeschriebene Hausarztsitze vorrangig Allgemeinärzte zu berücksichtigen. $_{7}$Die Dauer der ärztlichen Tätigkeit nach Satz 5 Nummer 3 wird verlängert um Zeiten, in denen die ärztliche Tätigkeit wegen der Erziehung von Kindern oder der Pflege pflegebedürftiger naher Angehöriger in häuslicher Umgebung unterbrochen worden ist. $_{8}$Die wirtschaftlichen Interessen des ausscheidenden Vertragsarztes oder seiner Erben sind nur insoweit zu berücksichtigen, als der Kaufpreis die Höhe des Verkehrswerts der Praxis nicht übersteigt. $_{9}$Kommt der Zulassungsausschuss in den Fällen des Absatzes 3a Satz 3 zweiter Halbsatz bei der Auswahlentscheidung nach Satz 4 zu dem Ergebnis, dass ein Bewerber auszuwählen ist, der nicht dem in Absatz 3a Satz 3 zweiter Halbsatz in Verbindung mit Absatz 3a Satz 4 bis 6 bezeichneten Personenkreis angehört, kann er die Nachbesetzung des Vertragsarztsitzes mit der Mehrheit seiner Stimmen ablehnen, wenn eine Nachbesetzung aus Versorgungsgründen nicht erforderlich ist; Absatz 3a Satz 10, 11, 13 und 14 gilt in diesem Fall entsprechend. $_{10}$Hat sich ein medizinisches Versorgungszentrum auf die Nachbesetzung des Vertragsarztsitzes beworben, kann auch anstelle der in Satz 5 genannten Kriterien die Ergänzung des besonderen Versorgungsangebots des medizinischen Versorgungszentrums berücksichtigt werden.

(4a) $_{1}$Verzichtet ein Vertragsarzt in einem Planungsbereich, für den Zulassungsbeschränkungen angeordnet sind, auf seine Zulassung, um in einem medizinischen Versorgungszentrum tätig zu werden, so hat der Zulassungsausschuss die Anstellung zu genehmigen, wenn Gründe der vertragsärztlichen Versorgung dem nicht entgegenstehen; eine Fortführung der Praxis nach Absatz 4 ist nicht möglich. $_{2}$Nach einer Tätigkeit von mindestens fünf Jahren in einem medizinischen Versorgungszentrum, dessen Sitz in einem Planungsbereich liegt, für den Zulassungsbeschränkungen angeordnet sind, erhält ein

Arzt unbeschadet der Zulassungsbeschränkungen auf Antrag eine Zulassung in diesem Planungsbereich; dies gilt nicht für Ärzte, die auf Grund einer Nachbesetzung nach Satz 5 oder erst seit dem 1. Januar 2007 in einem medizinischen Versorgungszentrum tätig sind. $_{3}$Medizinischen Versorgungszentren ist die Nachbesetzung einer Arztstelle möglich, auch wenn Zulassungsbeschränkungen angeordnet sind. $_{4}$§ 95 Absatz 9b gilt entsprechend.

(4b) $_{1}$Verzichtet ein Vertragsarzt in einem Planungsbereich, für den Zulassungsbeschränkungen angeordnet sind, auf seine Zulassung, um bei einem Vertragsarzt als nach § 95 Abs. 9 Satz 1 angestellter Arzt tätig zu werden, so hat der Zulassungsausschuss die Anstellung zu genehmigen, wenn Gründe der vertragsärztlichen Versorgung dem nicht entgegenstehen; eine Fortführung der Praxis nach Absatz 4 ist nicht möglich. $_{2}$Soll die vertragsärztliche Tätigkeit in den Fällen der Beendigung der Zulassung durch Tod, Verzicht oder Entziehung von einem Praxisnachfolger weitergeführt werden, kann die Praxis auch in der Form weitergeführt werden, dass ein Vertragsarzt den Vertragsarztsitz übernimmt und die vertragsärztliche Tätigkeit durch einen angestellten Arzt in seiner Praxis weiterführt, wenn Gründe der vertragsärztlichen Versorgung dem nicht entgegenstehen. $_{3}$Die Nachbesetzung der Stelle eines nach § 95 Abs. 9 Satz 1 angestellten Arztes ist möglich, auch wenn Zulassungsbeschränkungen angeordnet sind. $_{4}$§ 95 Absatz 9b gilt entsprechend.

(4c) $_{1}$Soll die vertragsärztliche Tätigkeit in den Fällen der Beendigung der Zulassung durch Tod, Verzicht oder Entziehung von einem Praxisnachfolger weitergeführt werden, kann die Praxis auch in der Form weitergeführt werden, dass ein medizinisches Versorgungszentrum den Vertragsarztsitz übernimmt und die vertragsärztliche Tätigkeit durch einen angestellten Arzt in der Einrichtung weiterführt, wenn Gründe der vertragsärztlichen Versorgung dem nicht entgegenstehen. $_{2}$Die Absätze 3a, 4 und 5 gelten entsprechend. $_{3}$Absatz 4 gilt mit der Maßgabe, dass bei der Auswahl des Praxisnachfolgers ein medizinisches Versorgungszentrum, bei dem die Mehrheit der Geschäftsanteile und der Stimmrechte nicht bei Ärzten liegt, die in dem medizinischen Versorgungszentrum als Vertragsärzte tätig sind, gegenüber den übrigen Bewerbern nachrangig zu berücksichtigen ist. $_{4}$Dieser Nachrang gilt nicht für ein medizinisches Versorgungszentrum, das am 31. Dezember 2011 zugelassen war und bei dem die Mehrheit der Geschäftsanteile und der Stimmrechte bereits zu diesem Zeitpunkt nicht bei den dort tätigen Vertragsärzten lag.

(5) $_{1}$Die Kassenärztlichen Vereinigungen (Registerstelle) führen für jeden Planungsbereich eine Warteliste. $_{2}$In die Warteliste werden auf Antrag die Ärzte, die sich um einen Vertragsarztsitz bewerben und in das Arztregister eingetragen sind, aufgenommen. $_{3}$Bei der Auswahl der Bewerber für die Übernahme einer Vertragsarztpraxis nach Absatz 4 ist die Dauer der Eintragung in die Warteliste zu berücksichtigen.

(6) $_{1}$Endet die Zulassung eines Vertragsarztes, der die Praxis bisher mit einem oder mehreren Vertragsärzten gemeinschaftlich ausgeübt hat, so gelten die Absätze 4 und 5 entsprechend. $_{2}$Die Interessen des oder der in der Praxis verbleibenden Vertragsärzte sind bei der Bewerberauswahl angemessen zu berücksichtigen.

(7) $_{1}$In einem Planungsbereich, für den Zulassungsbeschränkungen angeordnet sind, haben Krankenhausträger das Angebot zum Abschluß von Belegarztverträgen auszuschreiben. $_{2}$Kommt ein Belegarztvertrag mit einem im Planungsbereich niedergelassenen Vertragsarzt nicht zustande, kann der Krankenhausträger mit einem bisher im Planungsbereich nicht niedergelassenen geeigneten Arzt einen Belegarztvertrag schließen. $_{3}$Dieser erhält eine auf die Dauer der belegärztlichen Tätigkeit beschränkte Zulassung; die Beschränkung entfällt bei Aufhebung der Zulassungsbeschränkungen nach Absatz 3, spätestens nach Ablauf von zehn Jahren.

(8) Die Absätze 1 bis 7 gelten nicht für Zahnärzte.

§ 104 Verfahren bei Zulassungsbeschränkungen

(1) Die Zulassungsverordnungen bestimmen, unter welchen Voraussetzungen, in welchem Umfang und für welche Dauer zur Sicherstellung einer bedarfsgerechten ärztlichen Versorgung in solchen Gebieten eines Zulassungsbezirks, in denen eine vertragsärztliche Unterversorgung eingetreten ist oder in absehbarer Zeit droht, Beschränkungen der Zulassungen in hiervon nicht betroffenen Gebieten von Zulassungsbezirken nach vorheriger Ausschöpfung anderer geeigneter Maßnahmen vorzusehen und inwieweit hierbei die Zulassungsausschüsse an die Anordnung der Landesausschüsse gebunden sind und Härtefälle zu berücksichtigen haben.

(2) Die Zulassungsverordnungen bestimmen nach Maßgabe des § 101 auch das Nähere über das Verfahren bei der Anordnung von Zulassungsbeschränkungen bei vertragsärztlicher Überversorgung.

(3) Die Absätze 1 und 2 gelten nicht für Zahnärzte.

§ 105 Förderung der vertragsärztlichen Versorgung

(1) $_{1}$Die Kassenärztlichen Vereinigungen haben mit Unterstützung der Kassenärztlichen Bundesvereinigungen entsprechend den Bedarfsplänen alle geeigneten finanziellen und sonstigen Maßnahmen zu ergreifen, um die Sicherstellung der vertragsärztlichen Versorgung zu gewährleisten, zu verbessern oder zu fördern; zu den möglichen Maßnahmen gehört auch die Zahlung von Sicherstellungszuschlägen an Vertragsärzte in Gebieten oder in Teilen von Gebieten, für die der Landesausschuss der Ärzte und Krankenkassen die Feststellung nach § 100 Abs. 1 und 3 getroffen hat. $_{2}$Zum Betreiben von Einrichtungen, die der unmittelbaren medizinischen Versorgung der Versicherten dienen, oder zur Beteiligung an solchen Einrichtungen bedürfen die Kassenärztlichen Vereinigungen des Benehmens mit den Landesverbänden der Krankenkassen und den Ersatzkassen. $_{3}$Die in den Einrichtungen nach Satz 2 erbrachten ärztlichen Leistungen sind aus der vertragsärztlichen Gesamtvergütung zu vergüten.

(1a) $_{1}$Die Kassenärztliche Vereinigung kann zur Finanzierung von Fördermaßnahmen zur Sicherstellung der vertragsärztlichen Versorgung einen Strukturfonds bilden, für den sie 0,1 Prozent der nach § 87a Absatz 3 Satz 1 vereinbarten morbiditätsbedingten Gesamtvergütungen zur Verfügung stellt. $_{2}$Hat die Kassenärztliche Vereinigung einen Strukturfonds nach Satz 1 gebildet, haben die Landesverbände der Krankenkassen und die Ersatzkassen zusätzlich einen Betrag in gleicher Höhe in den Strukturfonds zu entrichten. $_{3}$Mittel des Strukturfonds sollen insbesondere für Zuschüsse zu den Investitionskosten bei der Neuniederlassung oder der Gründung von Zweigpraxen, für Zuschläge zur Vergütung und zur Ausbildung sowie für die Vergabe von Stipendien verwendet werden.

(2) $_{1}$Die Kassenärztlichen Vereinigungen haben darauf hinzuwirken, daß medizinisch-technische Leistungen, die der Arzt zur Unterstützung seiner Maßnahmen benötigt, wirtschaftlich erbracht werden. $_{2}$Die Kassenärztlichen Vereinigungen sollen ermöglichen, solche Leistungen im Rahmen der vertragsärztlichen Versorgung von Gemeinschaftseinrichtungen der niedergelassenen Ärzte zu beziehen, wenn eine solche Erbringung medizinischen Erfordernissen genügt.

(3) $_{1}$Die Kassenärztlichen Vereinigungen können den freiwilligen Verzicht auf die Zulassung als Vertragsarzt finanziell fördern. $_{2}$In einem Planungsbereich, für den Zulassungsbeschränkungen angeordnet sind, ist eine finanzielle Förderung auch durch den Aufkauf der Arztpraxis durch die Kassenärztliche Vereinigung möglich, wenn auf eine Ausschreibung zur Nachbesetzung nach § 103 Absatz 4 Satz 1 verzichtet wird.

(4) $_{1}$Der Landesausschuss der Ärzte und Krankenkassen entscheidet über die Gewährung der Sicherstellungszuschläge nach Absatz 1 Satz 1 zweiter Halbsatz, über die Höhe der zu zahlenden Sicherstellungszuschläge je Arzt, über die Dauer der Maßnahme sowie über die Anforderungen an den berechtigten Personenkreis. $_{2}$Die für den Vertragsarzt zu-

ständige Kassenärztliche Vereinigung und die Krankenkassen, die an diese Kassenärztliche Vereinigung eine Vergütung nach Maßgabe des Gesamtvertrages nach § 83 oder § 87a entrichten, tragen den sich aus Satz 1 ergebenden Zahlbetrag an den Vertragsarzt jeweils zur Hälfte. 3Über das Nähere zur Aufteilung des auf die Krankenkassen entfallenden Betrages nach Satz 2 auf die einzelnen Krankenkassen entscheidet der Landesausschuss der Ärzte und Krankenkassen.

(5) 1Kommunen können mit Zustimmung der Kassenärztlichen Vereinigung in begründeten Ausnahmefällen eigene Einrichtungen zur unmittelbaren medizinischen Versorgung der Versicherten betreiben. 2Ein begründeter Ausnahmefall kann insbesondere dann vorliegen, wenn eine Versorgung auf andere Weise nicht sichergestellt werden kann. 3Sind die Voraussetzungen nach Satz 1 erfüllt, hat der Zulassungsausschuss die Einrichtung auf Antrag zur Teilnahme an der vertragsärztlichen Versorgung mit angestellten Ärzten, die in das Arztregister eingetragen sind, zu ermächtigen. 4§ 95 Absatz 2 Satz 7 bis 10 gilt entsprechend. 5In der kommunalen Eigeneinrichtung tätige Ärzte sind bei ihren ärztlichen Entscheidungen nicht an Weisungen von Nichtärzten gebunden.

Neunter Titel
Wirtschaftlichkeits- und Abrechnungsprüfung

§ 106 Wirtschaftlichkeitsprüfung in der vertragsärztlichen Versorgung

(1) Die Krankenkassen und die Kassenärztlichen Vereinigungen überwachen die Wirtschaftlichkeit der vertragsärztlichen Versorgung durch Beratungen und Prüfungen.

(1a) In erforderlichen Fällen berät die in Absatz 4 genannte Prüfungsstelle die Vertragsärzte auf der Grundlage von Übersichten über die von ihnen im Zeitraum eines Jahres oder in einem kürzeren Zeitraum erbrachten, verordneten oder veranlassten Leistungen über Fragen der Wirtschaftlichkeit und Qualität der Versorgung.

(2) 1Die Wirtschaftlichkeit der Versorgung wird geprüft durch

1. arztbezogene Prüfung ärztlich verordneter Leistungen bei Überschreitung der Richtgrößenvolumina nach § 84 (Auffälligkeitsprüfung),
2. arztbezogene Prüfung ärztlicher und ärztlich verordneter Leistungen auf der Grundlage von arztbezogenen und versichertenbezogenen Stichproben, die mindestens 2 vom Hundert der Ärzte je Quartal umfassen (Zufälligkeitsprüfung).

2Die Höhe der Stichprobe nach Satz 1 Nr. 2 ist nach Arztgruppen gesondert zu bestimmen. 3Die Prüfungen nach Satz 1 Nr. 2 umfassen neben dem zur Abrechnung vorgelegten Leistungsvolumen auch Überweisungen, Krankenhauseinweisungen und Feststellungen der Arbeitsunfähigkeit sowie sonstige veranlasste Leistungen, insbesondere aufwändige medizinisch-technische Leistungen; honorarwirksame Begrenzungsregelungen haben keinen Einfluss auf die Prüfungen. 4Die Landesverbände der Krankenkassen und die Ersatzkassen können gemeinsam und einheitlich mit den Kassenärztlichen Vereinigungen über die in Satz 1 vorgesehenen Prüfungen hinaus Prüfungen ärztlicher und ärztlich verordneter Leistungen nach Durchschnittswerten oder andere arztbezogene Prüfungsarten vereinbaren; dabei dürfen versichertenbezogene Daten nur nach den Vorschriften des Zehnten Kapitels erhoben, verarbeitet oder genutzt werden. 5Die Prüfungen bei Überschreitung der Richtgrößenvolumina sind für den Zeitraum eines Jahres durchzuführen; sie können für den Zeitraum eines Quartals durchgeführt werden, wenn dies die Wirksamkeit der Prüfung zur Verbesserung der Wirtschaftlichkeit erhöht und hierdurch das Prüfungsverfahren vereinfacht wird; kann eine Richtgrößenprüfung nicht durchgeführt werden, erfolgt die Richtgrößenprüfung auf Grundlage des Fachgruppendurchschnitts mit ansonsten gleichen gesetzlichen Vorgaben. 6Der einer Prüfung nach Satz 1 Nr. 2 zu Grunde zu legende Zeitraum beträgt mindestens ein Jahr. 7Auffälligkeitsprüfungen nach Satz 1 Nr. 1 sollen in der Regel für nicht

V

mehr als 5 vom Hundert der Ärzte einer Fachgruppe durchgeführt werden; die Festsetzung eines den Krankenkassen zu erstattenden Mehraufwands nach Absatz 5a muss innerhalb von zwei Jahren nach Ende des geprüften Verordnungszeitraums erfolgen. 8Verordnungen von Arzneimitteln, für die der Arzt einem Vertrag nach § 130a Abs. 8 beigetreten ist, sind nicht Gegenstand einer Prüfung nach Satz 1 Nr. 1. 9Ihre Wirtschaftlichkeit ist durch Vereinbarungen in diesen Verträgen zu gewährleisten; die Krankenkasse übermittelt der Prüfungsstelle die notwendigen Angaben, insbesondere die Arzneimittelkennzeichen, die teilnehmenden Ärzte und die Laufzeit der Verträge. 10Insbesondere sollen bei Prüfungen nach Satz 1 auch Ärzte geprüft werden, deren ärztlich verordnete Leistungen in bestimmten Anwendungsgebieten deutlich von der Fachgruppe abweichen sowie insbesondere auch verordnete Leistungen von Ärzten, die an einer Untersuchung nach § 67 Abs. 6 des Arzneimittelgesetzes beteiligt sind. 11Die Kassenärztliche Bundesvereinigung hat den Kassenärztlichen Vereinigungen zu diesem Zweck die teilnehmenden Ärzte mitzuteilen; die Kassenärztlichen Vereinigungen übermitteln diese Daten an die Prüfungsstelle. 12Die Krankenkassen übermitteln der Prüfungsstelle die Daten der in der ambulanten Versorgung außerhalb der vertragsärztlichen Versorgung verordneten Leistungen. 13Die §§ 296 und 297 gelten entsprechend. 14Dabei sind zusätzlich die Zahl der Behandlungsfälle und eine Zuordnung der verordneten Leistungen zum Datum der Behandlung zu übermitteln. 15Die Vertragspartner können die Prüfungsstelle mit der Prüfung ärztlich verordneter Leistungen nach Satz 12 beauftragen und tragen die Kosten. 16In diesem Fall wird nach den gleichen Maßstäben wie in der vertragsärztlichen Versorgung geprüft. 17Das Nähere regelt die Prüfungsstelle. 18Die Verordnung der nach § 32 Absatz 1a Satz 1 genehmigten Heilmittel unterliegt nicht der Wirtschaftlichkeitsprüfung nach Satz 1.

(2a) Gegenstand der Beurteilung der Wirtschaftlichkeit in den Prüfungen nach Absatz 2 Satz 1 Nr. 2 sind, soweit dafür Veranlassung besteht,

1. die medizinische Notwendigkeit der Leistungen (Indikation),
2. die Eignung der Leistungen zur Erreichung des therapeutischen oder diagnostischen Ziels (Effektivität),
3. die Übereinstimmung der Leistungen mit den anerkannten Kriterien für ihre fachgerechte Erbringung (Qualität), insbesondere mit den in den Richtlinien des Gemeinsamen Bundesausschusses enthaltenen Vorgaben,
4. die Angemessenheit der durch die Leistungen verursachten Kosten im Hinblick auf das Behandlungsziel,
5. bei Leistungen des Zahnersatzes und der Kieferorthopädie auch die Vereinbarkeit der Leistungen mit dem Heil- und Kostenplan.

(2b) 1Die Kassenärztlichen Bundesvereinigungen und der Spitzenverband Bund der Krankenkassen vereinbaren Richtlinien zum Inhalt und zur Durchführung der Prüfungen nach Absatz 2 Satz 1 Nr. 2, insbesondere zu den Beurteilungsgegenständen nach Absatz 2a, zur Bestimmung und zum Umfang der Stichproben sowie zur Auswahl von Leistungsmerkmalen, erstmalig bis zum 31. Dezember 2004. 2Die Richtlinien sind dem Bundesministerium für Gesundheit vorzulegen. 3Es kann sie innerhalb von zwei Monaten beanstanden. 4Kommen die Richtlinien nicht zu Stande oder werden die Beanstandungen des Bundesministeriums für Gesundheit nicht innerhalb einer von ihm gesetzten Frist behoben, kann das Bundesministerium für Gesundheit die Richtlinien erlassen.

(2c) 1Die Prüfungen nach Absatz 2 Satz 1 werden auf der Grundlage der Daten durchgeführt, die den Prüfungsstellen nach Absatz 4a gemäß § 296 Abs. 1, 2 und 4 sowie § 297 Abs. 1 bis 3 übermittelt werden. 2Hat die Prüfungsstelle Zweifel an der Richtigkeit der übermittelten Daten, ermittelt sie die Datengrundlagen für die Prüfung aus einer Stichprobe der abgerechneten Behandlungsfälle des Arztes und rechnet die so ermittelten

Teildaten nach einem statistisch zulässigen Verfahren auf die Grundgesamtheit der Arztpraxis hoch.

(3) $_{1}$Die in Absatz 2 Satz 4 genannten Vertragspartner vereinbaren Inhalt und Durchführung der Beratung nach Absatz 1a und der Prüfung der Wirtschaftlichkeit nach Absatz 2 gemeinsam und einheitlich; die Richtlinien nach Absatz 2b sind Inhalt der Vereinbarungen. $_{2}$In den Vereinbarungen ist insbesondere das Verfahren der Bestimmung der Stichproben für die Prüfungen nach Absatz 2 Satz 1 Nr. 2 festzulegen; dabei kann die Bildung von Stichprobengruppen abweichend von den Fachgebieten nach ausgewählten Leistungsmerkmalen vorgesehen werden. $_{3}$In den Verträgen ist auch festzulegen, unter welchen Voraussetzungen Einzelfallprüfungen durchgeführt und pauschale Honorarkürzungen vorgenommen werden; festzulegen ist ferner, dass die Prüfungsstelle auf Antrag der Kassenärztlichen Vereinigung, der Krankenkasse oder ihres Verbandes Einzelfallprüfungen durchführt. $_{4}$Für den Fall wiederholt festgestellter Unwirtschaftlichkeit sind pauschale Honorarkürzungen vorzusehen.

(3a) Ergeben die Prüfungen nach Absatz 2 und nach § 275 Abs. 1 Nr. 3b, Abs. 1a und Abs. 1b, daß ein Arzt Arbeitsunfähigkeit festgestellt hat, obwohl die medizinischen Voraussetzungen dafür nicht vorlagen, kann der Arbeitgeber, der zu Unrecht Arbeitsentgelt gezahlt hat, und die Krankenkasse, die zu Unrecht Krankengeld gezahlt hat, von dem Arzt Schadensersatz verlangen, wenn die Arbeitsunfähigkeit grob fahrlässig oder vorsätzlich festgestellt worden ist, obwohl die Voraussetzungen dafür nicht vorgelegen hatten.

(3b) $_{1}$Durch Vereinbarung nach Absatz 3 kann eine arztbezogene Prüfung ärztlich verordneter Leistungen, bezogen auf die Wirkstoffauswahl und die Wirkstoffmenge, im jeweiligen Anwendungsgebiet vorgesehen werden. $_{2}$Dafür sind insbesondere für Wirkstoffe und Wirkstoffgruppen Verordnungsanteile und Wirkstoffmengen in den Anwendungsgebieten für Vergleichsgruppen von Ärzten zu bestimmen. $_{3}$Dabei sind Regelungen für alle Anwendungsgebiete zu treffen, die für die Versorgung und die Verordnungskosten in der Arztgruppe von Bedeutung sind. $_{4}$Regelungen nach Satz 2 sind unter Beachtung der Richtlinien nach § 92 Absatz 1 Satz 2, der Vereinbarungen nach den §§ 84, 130b oder 130c und der Hinweise nach § 73 Absatz 8 Satz 1 zu treffen. $_{5}$Eine Vereinbarung nach Satz 1 ist zu veröffentlichen. $_{6}$Sie löst die Richtgrößenprüfungen nach Absatz 2 ab. $_{7}$In der Vereinbarung nach Satz 1 sind Regelungen über den auszugleichenden Betrag bei Nichteinhaltung der Zielvorgaben zu vereinbaren. $_{8}$Praxisbesonderheiten sind entsprechend Absatz 5a anzuerkennen, sofern in der Vereinbarung nach Satz 1 nichts anderes vorgesehen ist. $_{9}$Liegt eine Vereinbarung nach Satz 1 vor, kann auf den Abschluss einer Vereinbarung nach § 84 Absatz 6 verzichtet werden. $_{10}$Die Vertragsparteien vereinbaren Regelungen darüber, wie viele Ärzte zu prüfen sind; Absatz 2 Satz 7 erster Halbsatz gilt entsprechend. $_{11}$Die Vereinbarung nach Satz 1 gilt in diesem Fall auch nach ihrer Kündigung bis zum Abschluss einer neuen Vereinbarung nach Satz 1 oder nach § 84 Absatz 6 fort.

(4) $_{1}$Die in Absatz 2 Satz 4 genannten Vertragspartner bilden bei der Kassenärztlichen Vereinigung oder bei einem der in Satz 5 genannten Landesverbände eine gemeinsame Prüfungsstelle und einen gemeinsamen Beschwerdeausschuss. $_{2}$Der Beschwerdeausschuss besteht aus Vertretern der Kassenärztlichen Vereinigung und der Krankenkassen in gleicher Zahl sowie einem unparteiischen Vorsitzenden. $_{3}$Die Amtsdauer beträgt zwei Jahre. $_{4}$Bei Stimmengleichheit gibt die Stimme des Vorsitzenden den Ausschlag. $_{5}$Über den Vorsitzenden, dessen Stellvertreter sowie den Sitz des Beschwerdeausschusses sollen sich die Kassenärztliche Vereinigung, die Landesverbände der Krankenkassen und die Ersatzkassen einigen. $_{6}$Kommt eine Einigung nicht zu Stande, beruft die Aufsichtsbehörde nach Absatz 7 im Benehmen mit der Kassenärztlichen Vereinigung, den Landesverbänden der Krankenkassen sowie den Ersatzkassen den Vorsitzenden und dessen

Stellvertreter und entscheidet über den Sitz des Beschwerdeausschusses.

(4a) 1Die Prüfungsstelle und der Beschwerdeausschuss nehmen ihre Aufgaben jeweils eigenverantwortlich wahr; der Beschwerdeausschuss wird bei der Erfüllung seiner laufenden Geschäfte von der Prüfungsstelle organisatorisch unterstützt. 2Die Prüfungsstelle wird bei der Kassenärztlichen Vereinigung oder bei einem der in Absatz 4 Satz 5 genannten Landesverbände oder bei einer bereits bestehenden Arbeitsgemeinschaft im Land errichtet. 3Über die Errichtung, den Sitz und den Leiter der Prüfungsstelle einigen sich die Vertragspartner nach Absatz 2 Satz 4; sie einigen sich auf Vorschlag des Leiters jährlich bis zum 30. November über die personelle, sachliche sowie finanzielle Ausstattung der Prüfungsstelle für das folgende Kalenderjahr. 4Der Leiter führt die laufenden Verwaltungsgeschäfte der Prüfungsstelle und gestaltet die innere Organisation so, dass sie den besonderen Anforderungen des Datenschutzes nach § 78a des Zehnten Buches gerecht wird. 5Kommt eine Einigung nach Satz 2 und 3 nicht zu Stande, entscheidet die Aufsichtsbehörde nach Absatz 7. 6Die Prüfungsstelle bereitet die für die Prüfungen nach Absatz 2 erforderlichen Daten und sonstigen Unterlagen auf, trifft Feststellungen zu den für die Beurteilung der Wirtschaftlichkeit wesentlichen Sachverhalten und entscheidet gemäß Absatz 5 Satz 1. 7Die Kosten der Prüfungsstelle und des Beschwerdeausschusses tragen die Kassenärztliche Vereinigung und die beteiligten Krankenkassen je zur Hälfte. 8Das Bundesministerium für Gesundheit bestimmt durch Rechtsverordnung mit Zustimmung des Bundesrates das Nähere zur Geschäftsführung der Prüfungsstellen und der Beschwerdeausschüsse einschließlich der Entschädigung der Vorsitzenden der Ausschüsse und zu den Pflichten der von den in Absatz 2 Satz 4 genannten Vertragspartnern entsandten Vertreter. 9Die Rechtsverordnung kann auch die Voraussetzungen und das Verfahren zur Verhängung von Maßnahmen gegen Mitglieder der Ausschüsse bestimmen, die ihre Pflichten nach diesem Gesetzbuch nicht oder nicht ordnungsgemäß erfüllen.

(4b) 1Werden Wirtschaftlichkeitsprüfungen nicht in dem vorgesehenen Umfang oder nicht entsprechend den für ihre Durchführung geltenden Vorgaben durchgeführt, haften die zuständigen Vorstandsmitglieder der Krankenkassenverbände und Kassenärztlichen Vereinigungen für eine ordnungsgemäße Umsetzung dieser Regelung. 2Können Wirtschaftlichkeitsprüfungen nicht in dem vorgesehenen Umfang oder nicht entsprechend den für ihre Durchführung geltenden Vorgaben durchgeführt werden, weil die erforderlichen Daten nach den §§ 296 und 297 nicht oder nicht im vorgesehenen Umfang oder nicht fristgerecht übermittelt worden sind, haften die zuständigen Vorstandsmitglieder der Krankenkassen oder der Kassenärztlichen Vereinigungen. 3Die zuständige Aufsichtsbehörde hat nach Anhörung der Vorstandsmitglieder und der jeweils entsandten Vertreter im Ausschuss den Verwaltungsrat oder die Vertreterversammlung zu veranlassen, das Vorstandsmitglied auf Ersatz des aus der Pflichtverletzung entstandenen Schadens in Anspruch zu nehmen, falls der Verwaltungsrat oder die Vertreterversammlung das Regressverfahren nicht bereits von sich aus eingeleitet hat.

(4c) 1Die Vertragspartner nach Absatz 2 Satz 4 können mit Zustimmung der für sie zuständigen Aufsichtsbehörde die gemeinsame Bildung einer Prüfungsstelle und eines Beschwerdeausschusses über den Bereich eines Landes oder einer anderen Kassenärztlichen Vereinigung hinaus vereinbaren. 2Die Aufsicht über eine für den Bereich mehrerer Länder tätige Prüfungsstelle und einen für den Bereich mehrerer Länder tätigen Beschwerdeausschuss führt die für die Sozialversicherung zuständige oberste Verwaltungsbehörde des Landes, in dem der Ausschuss oder die Stelle ihren Sitz hat. 3Die Aufsicht ist im Benehmen mit den zuständigen obersten Verwaltungsbehörden der beteiligten Länder wahrzunehmen.

(5) 1Die Prüfungsstelle entscheidet, ob der Vertragsarzt, der ermächtigte Arzt oder die

ermächtigte Einrichtung gegen das Wirtschaftlichkeitsgebot verstoßen hat und welche Maßnahmen zu treffen sind. $_{2}$Dabei sollen gezielte Beratungen weiteren Maßnahmen in der Regel vorangehen. $_{3}$Gegen die Entscheidungen der Prüfungsstelle können die betroffenen Ärzte und ärztlich geleiteten Einrichtungen, die Krankenkasse, die betroffenen Landesverbände der Krankenkassen sowie die Kassenärztlichen Vereinigungen die Beschwerdeausschüsse anrufen. $_{4}$Die Anrufung hat aufschiebende Wirkung. $_{5}$Für das Verfahren sind § 84 Abs. 1 und § 85 Abs. 3 des Sozialgerichtsgesetzes anzuwenden. $_{6}$Das Verfahren vor dem Beschwerdeausschuß gilt als Vorverfahren (§ 78 des Sozialgerichtsgesetzes). $_{7}$Die Klage gegen eine vom Beschwerdeausschuss festgesetzte Honorarkürzung hat keine aufschiebende Wirkung. $_{8}$Abweichend von Satz 3 findet in Fällen der Festsetzung einer Ausgleichspflicht für den Mehraufwand bei Leistungen, die durch das Gesetz oder durch die Richtlinien nach § 92 ausgeschlossen sind, ein Vorverfahren nicht statt.

(5a) $_{1}$Beratungen nach Absatz 1a bei Überschreitung der Richtgrößenvolumen nach § 84 Abs. 6 und 8 werden durchgeführt, wenn das Verordnungsvolumen eines Arztes in einem Kalenderjahr des Richtgrößenvolumen um mehr als 15 vom Hundert übersteigt und auf Grund der vorliegenden Daten die Prüfungsstelle nicht davon ausgeht, dass die Überschreitung in vollem Umfang durch Praxisbesonderheiten begründet ist (Vorab-Prüfung). $_{2}$Die nach § 84 Abs. 6 zur Bestimmung der Richtgrößen verwendeten Maßstäbe können zur Feststellung von Praxisbesonderheiten nicht erneut herangezogen werden. $_{3}$Bei einer Überschreitung des Richtgrößenvolumens um mehr als 25 vom Hundert hat der Vertragsarzt nach Feststellung durch die Prüfungsstelle den sich daraus ergebenden Mehraufwand den Krankenkassen zu erstatten, soweit dieser nicht durch Praxisbesonderheiten begründet ist. $_{4}$Die Prüfungsstelle soll vor ihren Entscheidungen und Festsetzungen auf eine entsprechende Vereinbarung mit dem Vertragsarzt hinwirken, die eine Minderung des Erstattungsbetrages um bis zu einem Fünftel zum Inhalt haben kann. $_{5}$Die in Absatz 2 Satz 4 genannten Vertragspartner bestimmen in Vereinbarungen nach Absatz 3 die Maßstäbe zur Prüfung der Berücksichtigung von Praxisbesonderheiten. $_{6}$Die Prüfungsstelle beschließt unter Beachtung der Vereinbarung nach Absatz 3 die Grundsätze des Verfahrens der Anerkennung von Praxisbesonderheiten. $_{7}$Die Kosten für verordnete Arznei-, Verband- und Heilmittel, die durch gesetzlich bestimmte oder in den Vereinbarungen nach Absatz 3 und § 84 Abs. 6 und 8 vorab anerkannte Praxisbesonderheiten bedingt sind, sollen vor der Einleitung eines Prüfverfahrens von den Verordnungskosten des Arztes abgezogen werden; der Arzt ist hierüber zu informieren. $_{8}$Weitere Praxisbesonderheiten ermittelt die Prüfungsstelle auf Antrag des Arztes, auch durch Vergleich mit den Diagnosen und Verordnungen in einzelnen Anwendungsbereichen der entsprechenden Fachgruppe. $_{9}$Sie kann diese aus einer Stichprobe nach Absatz 2c Satz 2 ermitteln. $_{10}$Der Prüfungsstelle sind die hierfür erforderlichen Daten nach den §§ 296 und 297 der entsprechenden Fachgruppe zu übermitteln. $_{11}$Eine Klage gegen die Entscheidung des Beschwerdeausschusses hat keine aufschiebende Wirkung. $_{12}$Vorab anerkannte Praxisbesonderheiten nach Satz 7 sind auch Kosten für im Rahmen von Vereinbarungen nach § 84 Absatz 1 Satz 5 verordnete Arzneimittel, insbesondere für parenterale Zubereitungen aus Fertigarzneimitteln zur unmittelbaren ärztlichen Anwendung bei Patienten.

(5b) $_{1}$Gegenstand der Prüfungen nach Absatz 2 ist auch die Einhaltung der Verordnungseinschränkungen und Verordnungsausschlüsse in den Richtlinien nach § 92 Absatz 1 Satz 2 Nummer 6. $_{2}$Das Nähere ist in Vereinbarungen nach Absatz 3 zu regeln.

(5c) $_{1}$Die Prüfungsstelle setzt den den Krankenkassen zustehenden Betrag nach Absatz 5a fest; Zuzahlungen der Versicherten sowie Rabatte nach § 130a Abs. 8 auf Grund von Verträgen, denen der Arzt nicht beigetreten ist, sind als pauschalierte Beträge abzuziehen. $_{2}$Die Krankenkassen sollen der Prüfungsstelle die pauschalen Abzugsbeträge nach Satz 1 als Summe der Zuzahlungen der Versicherten und der erhaltenen Rabatte nach § 130a Absatz 8 für die von der Apotheke abgerechneten Arzneimittel arztbezogen übermitteln. $_{3}$Die nach Maßgabe der Gesamtverträge zu entrichtende Vergütung verringert sich um diesen Betrag. $_{4}$Die Kassenärztliche Vereinigung hat in der jeweiligen Höhe Rückforderungsansprüche gegen den Vertragsarzt, die der an die Kassenärztliche Vereinigung zu entrichtenden Vergütung zugerechnet werden. $_{5}$Soweit der Vertragsarzt nachweist, dass ihn die Rückforderung wirtschaftlich gefährden würde, kann die Kassenärztliche Vereinigung sie entsprechend § 76 Abs. 2 Nr. 1 und 3 des Vierten Buches stunden oder erlassen. $_{6}$Abweichend von Satz 5 können die Krankenkassen ihre Rückforderung stunden oder erlassen; in diesem Fall gilt Satz 3 nicht. $_{7}$Abweichend von Satz 1 setzt die Prüfungsstelle für Ärzte, die erstmals das Richtgrößenvolumen um mehr als 25 Prozent überschreiten, für die Erstattung der Mehrkosten einen Betrag von insgesamt nicht mehr als 25 000 Euro für die ersten beiden Jahre einer Festsetzung eines Betrags nach Satz 1 fest.

V

(5d) $_{1}$Ein vom Vertragsarzt zu erstattender Mehraufwand wird abweichend von Absatz 5a Satz 3 nicht festgesetzt, soweit die Prüfungsstelle mit dem Arzt eine individuelle Richtgröße vereinbart, die eine wirtschaftliche Verordnungsweise des Arztes unter Berücksichtigung von Praxisbesonderheiten gewährleistet. $_{2}$In dieser Vereinbarung muss sich der Arzt verpflichten, ab dem Quartal, das auf die Vereinbarung folgt, jeweils den sich aus einer Überschreitung dieser Richtgröße ergebenden Mehraufwand den Krankenkassen zu erstatten. $_{3}$Die Richtgröße ist für den Zeitraum von vier Quartalen zu vereinbaren und für den folgenden Zeitraum zu überprüfen, soweit hierzu nichts anderes vereinbart ist. $_{4}$Eine Zielvereinbarung nach § 84 Abs. 1 kann als individuelle Richtgröße nach Satz 1 vereinbart werden, soweit darin hinreichend konkrete und ausreichende Wirtschaftlichkeitsziele für einzelne Wirkstoffe oder Wirkstoffgruppen festgelegt sind.

(5e) $_{1}$Abweichend von Absatz 5a Satz 3 erfolgt bei einer erstmaligen Überschreitung des Richtgrößenvolumens um mehr als 25 Prozent eine individuelle Beratung nach Absatz 5a Satz 1. $_{2}$Ein Erstattungsbetrag kann bei künftiger Überschreitung erstmals für den Prüfzeitraum nach der Beratung festgesetzt werden. $_{3}$Dies gilt entsprechend, wenn ein Vertragsarzt die ihm angebotene Beratung abgelehnt hat. $_{4}$Im Rahmen der Beratung nach Satz 1 können Vertragsärzte in begründeten Fällen eine Feststellung der Prüfungsstelle über die Anerkennung von Praxisbesonderheiten beantragen. $_{5}$Eine solche Feststellung kann auch beantragt werden, wenn zu einem späteren Zeitpunkt die Festsetzung eines Erstattungsbetrags nach Absatz 5a droht. $_{6}$Das Nähere zur Umsetzung der Sätze 1 bis 5 regeln die Vertragspartner nach Absatz 2 Satz 4. $_{7}$Dieser Absatz gilt auch für Verfahren, die am 31. Dezember 2011 noch nicht abgeschlossen waren.

(6) Die Absätze 1 bis 5 gelten auch für die Prüfung der Wirtschaftlichkeit der im Krankenhaus erbrachten ambulanten ärztlichen und belegärztlichen Leistungen; § 106a gilt entsprechend.

(7) $_{1}$Die Aufsicht über die Prüfungsstellen und Beschwerdeausschüsse führen die für die Sozialversicherung zuständigen obersten Verwaltungsbehörden der Länder. $_{2}$Die Prüfungsstellen und die Beschwerdeausschüsse erstellen einmal jährlich eine Übersicht über die Zahl der durchgeführten Beratungen und Prüfungen sowie die von ihnen festgesetzten Maßnahmen. $_{3}$Die Übersicht ist der Aufsichtsbehörde vorzulegen.

§ 106a Abrechnungsprüfung in der vertragsärztlichen Versorgung

(1) Die Kassenärztlichen Vereinigungen und die Krankenkassen prüfen die Rechtmäßigkeit und Plausibilität der Abrechnungen in der vertragsärztlichen Versorgung.

(2) $_{1}$Die Kassenärztliche Vereinigung stellt die sachliche und rechnerische Richtigkeit der Abrechnungen der an der vertragsärztlichen

Versorgung teilnehmenden Ärzte und Einrichtungen fest; dazu gehört auch die arztbezogene Prüfung der Abrechnungen auf Plausibilität sowie die Prüfung der abgerechneten Sachkosten. $_{2}$Gegenstand der arztbezogenen Plausibilitätsprüfung ist insbesondere der Umfang der je Tag abgerechneten Leistungen im Hinblick auf den damit verbundenen Zeitaufwand des Arztes; Vertragsärzte und angestellte Ärzte sind entsprechend des jeweiligen Versorgungsauftrages gleich zu behandeln. $_{3}$Bei der Prüfung nach Satz 2 ist ein Zeitrahmen für das pro Tag höchstens abrechenbare Leistungsvolumen zu Grunde zu legen; zusätzlich können Zeitrahmen für die in längeren Zeitperioden höchstens abrechenbaren Leistungsvolumina zu Grunde gelegt werden. $_{4}$Soweit Angaben zum Zeitaufwand nach § 87 Abs. 2 Satz 1 zweiter Halbsatz bestimmt sind, sind diese bei den Prüfungen nach Satz 2 zu Grunde zu legen. $_{5}$Satz 2 bis 4 gilt nicht für die vertragszahnärztliche Versorgung. $_{6}$Bei den Prüfungen ist von dem jeweils angeforderten Punktzahlvolumen unabhängig von honorarwirksamen Begrenzungsregelungen auszugehen. $_{7}$Soweit es für den jeweiligen Prüfungsgegenstand erforderlich ist, sind die Abrechnungen vorangegangener Abrechnungszeiträume in die Prüfung einzubeziehen. $_{8}$Die Kassenärztliche Vereinigung unterrichtet die in Absatz 5 genannten Verbände der Krankenkassen sowie die Ersatzkassen unverzüglich über die Durchführung der Prüfungen und deren Ergebnisse. $_{9}$Satz 2 gilt auch für Verfahren, die am 31. Dezember 2014 noch nicht rechtskräftig abgeschlossen waren.

(3) $_{1}$Die Krankenkassen prüfen die Abrechnungen der an der vertragsärztlichen Versorgung teilnehmenden Ärzte und Einrichtungen insbesondere hinsichtlich

1. des Bestehens und des Umfangs ihrer Leistungspflicht,
2. der Plausibilität von Art und Umfang der für die Behandlung eines Versicherten abgerechneten Leistungen in Bezug auf die angegebene Diagnose, bei zahnärztlichen Leistungen in Bezug auf die angegebenen Befunde,
3. der Plausibilität der Zahl der vom Versicherten in Anspruch genommenen Ärzte, unter Berücksichtigung ihrer Fachgruppenzugehörigkeit.

$_{2}$Sie unterrichten die Kassenärztlichen Vereinigungen unverzüglich über die Durchführung der Prüfungen und deren Ergebnisse.

(4) $_{1}$Die Krankenkassen oder ihre Verbände können, sofern dazu Veranlassung besteht, gezielte Prüfungen durch die Kassenärztliche Vereinigung nach Absatz 2 beantragen. $_{2}$Die Kassenärztliche Vereinigung kann, sofern dazu Veranlassung besteht, Prüfungen durch die Krankenkassen nach Absatz 3 beantragen. $_{3}$Bei festgestellter Unplausibilität nach Absatz 3 Satz 1 Nr. 2 oder 3 kann die Krankenkasse oder ihr Verband eine Wirtschaftlichkeitsprüfung ärztlicher Leistungen beantragen; dies gilt für die Kassenärztliche Vereinigung bei festgestellter Unplausibilität nach Absatz 2 entsprechend. $_{4}$Wird ein Antrag nach Satz 1 von der Kassenärztlichen Vereinigung nicht innerhalb von sechs Monaten bearbeitet, kann die Krankenkasse einen Betrag in Höhe der sich unter Zugrundelegung des Antrags ergebenden Honorarberichtigung auf die zu zahlende Gesamtvergütung anrechnen.

(5) $_{1}$Die Kassenärztlichen Vereinigungen und die Landesverbände der Krankenkassen und die Ersatzkassen gemeinsam und einheitlich vereinbaren Inhalt und Durchführung der Prüfungen nach den Absätzen 2 bis 4. $_{2}$In den Vereinbarungen sind auch Maßnahmen für den Fall von Verstößen gegen Abrechnungsbestimmungen, einer Überschreitung der Zeitrahmen nach Absatz 2 Satz 3 sowie des Nichtbestehens einer Leistungspflicht der Krankenkassen, soweit dies dem Leistungserbringer bekannt sein musste, vorzusehen. $_{3}$Der Inhalt der Richtlinien nach Absatz 6 ist Bestandteil der Vereinbarungen.

(6) $_{1}$Die Kassenärztlichen Bundesvereinigungen und der Spitzenverband Bund der Krankenkassen vereinbaren Richtlinien zum Inhalt und zur Durchführung der Prüfungen nach den Absätzen 2 und 3 einschließlich des Ein-

satzes eines elektronisch gestützten Regelwerks; die Richtlinien enthalten insbesondere Vorgaben zu den Kriterien nach Absatz 2 Satz 2 und 3. $_{2}$Die Richtlinien sind dem Bundesministerium für Gesundheit vorzulegen. $_{3}$Es kann sie innerhalb von zwei Monaten beanstanden. $_{4}$Kommen die Richtlinien nicht zu Stande oder werden die Beanstandungen des Bundesministeriums für Gesundheit nicht innerhalb einer von ihm gesetzten Frist behoben, kann das Bundesministerium für Gesundheit die Richtlinien erlassen.

(7) § 106 Abs. 4b gilt entsprechend.

§ 106b Wirtschaftlichkeitsprüfung ärztlich verordneter Leistungen

(1) $_{1}$Die Wirtschaftlichkeit der Versorgung mit ärztlich verordneten Leistungen wird ab dem 1. Januar 2017 anhand von Vereinbarungen geprüft, die von den Landesverbänden der Krankenkassen und den Ersatzkassen gemeinsam und einheitlich mit den Kassenärztlichen Vereinigungen zu treffen sind. $_{2}$Auf Grundlage dieser Vereinbarungen können Nachforderungen wegen unwirtschaftlicher Verordnungsweise nach § 106 Absatz 3 festgelegt werden. $_{3}$In den Vereinbarungen müssen Regelungen zu Wirtschaftlichkeitsprüfungen in allen Bereichen ärztlich verordneter Leistungen enthalten sein. $_{4}$Die Vereinbarungen nach Satz 1 gelten für Leistungen, die ab dem 1. Januar 2017 verordnet werden.

(2) $_{1}$Die Kassenärztlichen Bundesvereinigungen und der Spitzenverband Bund der Krankenkassen vereinbaren einheitliche Rahmenvorgaben für die Prüfungen nach Absatz 1. $_{2}$Darin ist insbesondere festzulegen, in welchem Umfang Wirtschaftlichkeitsprüfungen mindestens durchgeführt werden sollen. $_{3}$Festzulegen ist auch ein Verfahren, das sicherstellt, dass individuelle Beratungen bei statistischen Prüfungen der Ärztinnen und Ärzte der Festsetzung einer Nachforderung bei erstmaliger Auffälligkeit vorgehen; dies gilt nicht für Einzelfallprüfungen. $_{4}$Die Vereinbarungspartner nach Satz 1 legen zudem besondere Verordnungsbedarfe für die Verordnung von Heilmitteln fest, die bei den Prüfungen nach Absatz 1 anzuerkennen sind. $_{5}$Die Vertragspartner nach Absatz 1 Satz 1 können darüber hinaus weitere anzuerkennende besondere Verordnungsbedarfe vereinbaren. $_{6}$Kommt eine Vereinbarung nach Satz 1 erstmalig bis zum 31. Oktober 2015 nicht zustande, entscheidet das Schiedsamt nach § 89 Absatz 4. $_{7}$Die Klage gegen die Festsetzung des Schiedsamts hat keine aufschiebende Wirkung.

(3) $_{1}$Sofern Vereinbarungen nach Absatz 1 bis zum 31. Juli 2016 ganz oder teilweise nicht zustande kommen, wird der Vertragsinhalt durch das Schiedsamt nach § 89 festgesetzt. $_{2}$Die Klage gegen die Festsetzung des Schiedsamts hat keine aufschiebende Wirkung. $_{3}$Bis zu einer Vereinbarung nach Absatz 1 gelten die Regelungen in den §§ 84, 106, 296 und 297 in der am 31. Dezember 2016 geltenden Fassung fort.

(4) Wirtschaftlichkeitsprüfungen unterliegen nicht:

1. Verordnungen von Heilmitteln für Versicherte mit langfristigem Behandlungsbedarf nach § 32 Absatz 1a;
2. Verordnungen von Arzneimitteln, für die der Arzt einem Vertrag nach § 130a Absatz 8 beigetreten ist; die Krankenkasse übermittelt der Prüfungsstelle die notwendigen Angaben, insbesondere die Arzneimittelkennzeichen, die teilnehmenden Ärzte und die Laufzeit der Verträge.

(5) § 130b Absatz 2 und § 130c Absatz 4 bleiben unberührt.

Dritter Abschnitt
Beziehungen zu Krankenhäusern und anderen Einrichtungen

§ 107 Krankenhäuser, Vorsorge- oder Rehabilitationseinrichtungen

(1) Krankenhäuser im Sinne dieses Gesetzbuchs sind Einrichtungen, die

1. der Krankenhausbehandlung oder Geburtshilfe dienen,
2. fachlich-medizinisch unter ständiger ärztlicher Leitung stehen, über ausreichende, ihrem Versorgungsauftrag entsprechende diagnostische und therapeutische Mög-

lichkeiten verfügen und nach wissenschaftlich anerkannten Methoden arbeiten,

3. mit Hilfe von jederzeit verfügbarem ärztlichem, Pflege-, Funktions- und medizinisch-technischem Personal darauf eingerichtet sind, vorwiegend durch ärztliche und pflegerische Hilfeleistung Krankheiten der Patienten zu erkennen, zu heilen, ihre Verschlimmerung zu verhüten, Krankheitsbeschwerden zu lindern oder Geburtshilfe zu leisten,

und in denen

4. die Patienten untergebracht und verpflegt werden können.

(2) Vorsorge- oder Rehabilitationseinrichtungen im Sinne dieses Gesetzbuchs sind Einrichtungen, die

1. der stationären Behandlung der Patienten dienen, um
   a) eine Schwächung der Gesundheit, die in absehbarer Zeit voraussichtlich zu einer Krankheit führen würde, zu beseitigen oder einer Gefährdung der gesundheitlichen Entwicklung eines Kindes entgegenzuwirken (Vorsorge) oder
   b) eine Krankheit zu heilen, ihre Verschlimmerung zu verhüten oder Krankheitsbeschwerden zu lindern oder im Anschluß an Krankenhausbehandlung den dabei erzielten Behandlungserfolg zu sichern oder zu festigen, auch mit dem Ziel, eine drohende Behinderung oder Pflegebedürftigkeit abzuwenden, zu beseitigen, zu mindern, auszugleichen, ihre Verschlimmerung zu verhüten oder ihre Folgen zu mildern (Rehabilitation), wobei Leistungen der aktivierenden Pflege nicht von den Krankenkassen übernommen werden dürfen,
2. fachlich-medizinisch unter ständiger ärztlicher Verantwortung und unter Mitwirkung von besonders geschultem Personal darauf eingerichtet sind, den Gesundheitszustand der Patienten nach einem ärztlichen Behandlungsplan vorwiegend durch Anwendung von Heilmitteln einschließlich Krankengymnastik, Bewegungstherapie, Sprachtherapie oder Arbeits- und Beschäftigungstherapie, ferner durch andere geeignete Hilfen, auch durch geistige und seelische Einwirkungen, zu verbessern und den Patienten bei der Entwicklung eigener Abwehr- und Heilungskräfte zu helfen,

und in denen

3. die Patienten untergebracht und verpflegt werden können.

§ 108 Zugelassene Krankenhäuser

Die Krankenkassen dürfen Krankenhausbehandlung nur durch folgende Krankenhäuser (zugelassene Krankenhäuser) erbringen lassen:

1. Krankenhäuser, die nach den landesrechtlichen Vorschriften als Hochschulklinik anerkannt sind,
2. Krankenhäuser, die in den Krankenhausplan eines Landes aufgenommen sind (Plankrankenhäuser), oder
3. Krankenhäuser, die einen Versorgungsvertrag mit den Landesverbänden der Krankenkassen und den Verbänden der Ersatzkassen abgeschlossen haben.

§ 108a Krankenhausgesellschaften

$_1$Die Landeskrankenhausgesellschaft ist ein Zusammenschluß von Trägern zugelassener Krankenhäuser im Land. $_2$In der Deutschen Krankenhausgesellschaft sind die Landeskrankenhausgesellschaften zusammengeschlossen. $_3$Bundesverbände oder Landesverbände der Krankenhausträger können den Krankenhausgesellschaften angehören.

§ 109 Abschluß von Versorgungsverträgen mit Krankenhäusern

(1) $_1$Der Versorgungsvertrag nach § 108 Nr. 3 kommt durch Einigung zwischen den Landesverbänden der Krankenkassen und den Ersatzkassen gemeinsam und dem Krankenhausträger zustande; er bedarf der Schriftform. $_2$Bei den Hochschulkliniken gilt die Anerkennung nach den landesrechtlichen Vorschriften, bei den Plankrankenhäusern die Aufnahme in den Krankenhausbedarfsplan

nach § 8 Abs. 1 Satz 2 des Krankenhausfinanzierungsgesetzes als Abschluss des Versorgungsvertrages. $_{3}$Dieser ist für alle Krankenkassen im Inland unmittelbar verbindlich. $_{4}$Die Vertragsparteien nach Satz 1 können im Einvernehmen mit der für die Krankenhausplanung zuständigen Landesbehörde eine gegenüber dem Krankenhausplan geringere Bettenzahl vereinbaren, soweit die Leistungsstruktur des Krankenhauses nicht verändert wird; die Vereinbarung kann befristet werden. $_{5}$Enthält der Krankenhausplan keine oder keine abschließende Festlegung der Bettenzahl oder der Leistungsstruktur des Krankenhauses, werden diese durch die Vertragsparteien nach Satz 1 im Benehmen mit der für die Krankenhausplanung zuständigen Landesbehörde ergänzend vereinbart.

(2) $_{1}$Ein Anspruch auf Abschluß eines Versorgungsvertrags nach § 108 Nr. 3 besteht nicht. $_{2}$Bei notwendiger Auswahl zwischen mehreren geeigneten Krankenhäusern, die sich um den Abschluß eines Versorgungsvertrags bewerben, entscheiden die Landesverbände der Krankenkassen und die Ersatzkassen gemeinsam unter Berücksichtigung der öffentlichen Interessen und der Vielfalt der Krankenhausträger nach pflichtgemäßem Ermessen, welches Krankenhaus den Erfordernissen einer bedarfsgerechten, leistungsfähigen und wirtschaftlichen Krankenhausbehandlung am besten gerecht wird.

(3) $_{1}$Ein Versorgungsvertrag nach § 108 Nr. 3 darf nicht abgeschlossen werden, wenn das Krankenhaus

1. nicht die Gewähr für eine leistungsfähige und wirtschaftliche Krankenhausbehandlung bietet oder
2. für eine bedarfsgerechte Krankenhausbehandlung der Versicherten nicht erforderlich ist.

$_{2}$Abschluß und Ablehnung des Versorgungsvertrags werden mit der Genehmigung durch die zuständigen Landesbehörden wirksam. $_{3}$Verträge, die vor dem 1. Januar 1989 nach § 371 Abs. 2 der Reichsversicherungsordnung abgeschlossen worden sind, gelten bis zu ihrer Kündigung nach § 110 weiter.

(4) $_{1}$Mit einem Versorgungsvertrag nach Absatz 1 wird das Krankenhaus für die Dauer des Vertrages zur Krankenhausbehandlung der Versicherten zugelassen. $_{2}$Das zugelassene Krankenhaus ist im Rahmen seines Versorgungsauftrags zur Krankenhausbehandlung (§ 39) der Versicherten verpflichtet. $_{3}$Die Krankenkassen sind verpflichtet, unter Beachtung der Vorschriften dieses Gesetzbuchs mit dem Krankenhausträger Pflegesatzverhandlungen nach Maßgabe des Krankenhausfinanzierungsgesetzes, des Krankenhausentgeltgesetzes und der Bundespflegesatzverordnung zu führen.

§ 110 Kündigung von Versorgungsverträgen mit Krankenhäusern

(1) $_{1}$Ein Versorgungsvertrag nach § 109 Abs. 1 kann von jeder Vertragspartei mit einer Frist von einem Jahr ganz oder teilweise gekündigt werden, von den Landesverbänden der Krankenkassen und den Ersatzkassen nur gemeinsam und nur aus den in § 109 Abs. 3 Satz 1 genannten Gründen. $_{2}$Eine Kündigung ist nur zulässig, wenn die Kündigungsgründe nicht nur vorübergehend bestehen. $_{3}$Bei Plankrankenhäusern ist die Kündigung mit einem Antrag an die zuständige Landesbehörde auf Aufhebung oder Änderung des Feststellungsbescheids nach § 8 Abs. 1 Satz 2 des Krankenhausfinanzierungsgesetzes zu verbinden, mit dem das Krankenhaus in den Krankenhausplan des Landes aufgenommen worden ist.

(2) $_{1}$Die Kündigung durch die in Absatz 1 Satz 1 genannten Verbände erfolgt im Benehmen mit den als Pflegesatzparteien betroffenen Krankenkassen. $_{2}$Sie wird mit der Genehmigung durch die zuständige Landesbehörde wirksam. $_{3}$Diese hat ihre Entscheidung zu begründen. $_{4}$Bei Plankrankenhäusern kann die Genehmigung nur versagt werden, wenn und soweit das Krankenhaus für die Versorgung unverzichtbar ist. $_{5}$Die Genehmigung gilt als erteilt, wenn die zuständige Landesbehörde nicht innerhalb von drei Monaten nach Mitteilung der Kündigung widersprochen hat. $_{6}$Die Landesbehörde hat einen Widerspruch spätestens innerhalb von

drei weiteren Monaten schriftlich zu begründen.

§ 111 Versorgungsverträge mit Vorsorge- oder Rehabilitationseinrichtungen

(1) Die Krankenkassen dürfen medizinische Leistungen zur Vorsorge (§ 23 Abs. 4) oder Leistungen zur medizinischen Rehabilitation einschließlich der Anschlußheilbehandlung (§ 40), die eine stationäre Behandlung, aber keine Krankenhausbehandlung erfordern, nur in Vorsorge- oder Rehabilitationseinrichtungen erbringen lassen, mit denen ein Versorgungsvertrag nach Absatz 2 besteht; für pflegende Angehörige dürfen die Krankenkassen diese Leistungen auch in Vorsorge- und Rehabilitationseinrichtungen erbringen lassen, mit denen ein Vertrag nach § 111a besteht.

(2) $_1$Die Landesverbände der Krankenkassen und die Ersatzkassen gemeinsam schließen mit Wirkung für ihre Mitgliedskassen einheitliche Versorgungsverträge über die Durchführung der in Absatz 1 genannten Leistungen mit Vorsorge- oder Rehabilitationseinrichtungen, die

1. die Anforderungen des § 107 Abs. 2 erfüllen und
2. für eine bedarfsgerechte, leistungsfähige und wirtschaftliche Versorgung der Versicherten ihrer Mitgliedskassen mit stationären medizinischen Leistungen zur Vorsorge oder Leistungen zur medizinischen Rehabilitation einschließlich der Anschlußheilbehandlung notwendig sind.

$_2$§ 109 Abs. 1 Satz 1 gilt entsprechend. $_3$Die Landesverbände der Krankenkassen eines anderen Bundeslandes und die Ersatzkassen können einem nach Satz 1 geschlossenen Versorgungsvertrag beitreten, soweit für die Behandlung der Versicherten ihrer Mitgliedskassen in der Vorsorge- oder Rehabilitationseinrichtung ein Bedarf besteht.

(3) $_1$Bei Vorsorge- oder Rehabilitationseinrichtungen, die vor dem 1. Januar 1989 stationäre medizinische Leistungen für die Krankenkassen erbracht haben, gilt ein Versorgungsvertrag in dem Umfang der in den Jahren 1986 bis 1988 erbrachten Leistungen als abgeschlossen. $_2$Satz 1 gilt nicht, wenn die Einrichtung die Anforderungen nach Absatz 2 Satz 1 nicht erfüllt und die zuständigen Landesverbände der Krankenkassen und die Ersatzkassen gemeinsam dies bis zum 30. Juni 1989 gegenüber dem Träger der Einrichtung schriftlich geltend machen.

(4) $_1$Mit dem Versorgungsvertrag wird die Vorsorge- oder Rehabilitationseinrichtung für die Dauer des Vertrages zur Versorgung der Versicherten mit stationären medizinischen Leistungen zur Vorsorge oder Rehabilitation zugelassen. $_2$Der Versorgungsvertrag kann von den Landesverbänden der Krankenkassen und den Ersatzkassen gemeinsam mit einer Frist von einem Jahr gekündigt werden, wenn die Voraussetzungen für seinen Abschluß nach Absatz 2 Satz 1 nicht mehr gegeben sind. $_3$Mit der für die Krankenhausplanung zuständigen Landesbehörde ist Einvernehmen über Abschluß und Kündigung des Versorgungsvertrages anzustreben.

(5) $_1$Die Vergütungen für die in Absatz 1 genannten Leistungen werden zwischen den Krankenkassen und den Trägern der zugelassenen Vorsorge- oder Rehabilitationseinrichtungen vereinbart. $_2$Kommt eine Vereinbarung innerhalb von zwei Monaten, nachdem eine Vertragspartei nach Satz 1 schriftlich zur Aufnahme von Verhandlungen aufgefordert hat, nicht oder teilweise nicht zustande, wird ihr Inhalt auf Antrag einer Vertragspartei durch die Landesschiedsstelle nach § 111b festgesetzt. $_3$Die Landesschiedsstelle ist dabei an die für die Vertragsparteien geltenden Rechtsvorschriften gebunden.

(6) Soweit eine wirtschaftlich und organisatorisch selbständige, gebietsärztlich geleitete Vorsorge- oder Rehabilitationseinrichtung an einem zugelassenen Krankenhaus die Anforderungen des Absatzes 2 Satz 1 erfüllt, gelten im übrigen die Absätze 1 bis 5.

V

§ 111a Versorgungsverträge mit Einrichtungen des Müttergenesungswerks oder gleichartigen Einrichtungen

(1) 1Die Krankenkassen dürfen stationäre medizinische Leistungen zur Vorsorge für Mütter und Väter (§ 24) oder Rehabilitation für Mütter und Väter (§ 41) nur in Einrichtungen des Müttergenesungswerks oder gleichartigen Einrichtungen erbringen lassen, mit denen ein Versorgungsvertrag besteht. 2§ 111 Abs. 2, 4 Satz 1 und 2 und Abs. 5 sowie § 111b gelten entsprechend.

(2) 1Bei Einrichtungen des Müttergenesungswerks oder gleichartigen Einrichtungen, die vor dem 1. August 2002 stationäre medizinische Leistungen für die Krankenkassen erbracht haben, gilt ein Versorgungsvertrag in dem Umfang der im Jahr 2001 erbrachten Leistungen als abgeschlossen. 2Satz 1 gilt nicht, wenn die Einrichtung die Anforderungen nach § 111 Abs. 2 Satz 1 nicht erfüllt und die zuständigen Landesverbände der Krankenkassen und die Ersatzkassen gemeinsam dies bis zum 1. Januar 2004 gegenüber dem Träger der Einrichtung schriftlich geltend machen.

V

§ 111b Landesschiedsstelle für Vergütungsvereinbarungen zwischen Krankenkassen und Trägern von Vorsorge- oder Rehabilitationseinrichtungen

(1) 1Die Landesverbände der Krankenkassen und die Ersatzkassen gemeinsam und die für die Wahrnehmung der Interessen der Vorsorge- und Rehabilitationseinrichtungen auf Landesebene maßgeblichen Verbände bilden miteinander für jedes Land eine Schiedsstelle. 2Diese entscheidet in den Angelegenheiten, die ihr nach diesem Buch zugewiesen sind.

(2) 1Die Schiedsstelle besteht aus einem unparteiischen Vorsitzenden und zwei weiteren unparteiischen Mitgliedern sowie aus Vertretern der jeweiligen Vertragsparteien nach § 111 Absatz 5 Satz 1 oder im Falle ambulanter Rehabilitationseinrichtungen nach § 111c Absatz 3 Satz 1 in gleicher Zahl; für den Vorsitzenden und die unparteiischen Mitglieder können Stellvertreter bestellt werden. 2Der Vorsitzende und die unparteiischen Mitglieder werden von den beteiligten Verbänden nach Absatz 1 gemeinsam bestellt. 3Kommt eine Einigung nicht zustande, werden sie von den zuständigen Landesbehörden bestellt.

(3) 1Die Mitglieder der Schiedsstelle führen ihr Amt als Ehrenamt. 2Sie sind an Weisungen nicht gebunden. 3Jedes Mitglied hat eine Stimme. 4Die Entscheidungen werden von der Mehrheit der Mitglieder getroffen. 5Ergibt sich keine Mehrheit, gibt die Stimme des Vorsitzenden den Ausschlag.

(4) Die Rechtsaufsicht über die Schiedsstelle führt die zuständige Landesbehörde.

(5) 1Die Landesregierungen werden ermächtigt, durch Rechtsverordnung das Nähere über die Zahl, die Bestellung, die Amtsdauer und die Amtsführung, die Erstattung der baren Auslagen und die Entschädigung für Zeitaufwand der Mitglieder der Schiedsstelle, die Geschäftsführung, das Verfahren, die Erhebung und die Höhe der Gebühren sowie über die Verteilung der Kosten zu bestimmen. 2Sie können diese Ermächtigung durch Rechtsverordnung auf oberste Landesbehörden übertragen.

§ 111c Versorgungsverträge mit Rehabilitationseinrichtungen

(1) Die Landesverbände der Krankenkassen und die Ersatzkassen gemeinsam schließen mit Wirkung für ihre Mitgliedskassen einheitliche Versorgungsverträge über die Durchführung der in § 40 Absatz 1 genannten ambulanten Leistungen zur medizinischen Rehabilitation mit Rehabilitationseinrichtungen,

1. für die ein Versorgungsvertrag nach § 111 Absatz 2 besteht und
2. die für eine bedarfsgerechte, leistungsfähige und wirtschaftliche Versorgung der Versicherten ihrer Mitgliedskassen mit ambulanten Leistungen zur medizinischen Rehabilitation einschließlich der Anschlussrehabilitation notwendig sind. 2Soweit es für die Erbringung wohnortnaher ambulanter Leistungen zur medizinischen

Rehabilitation erforderlich ist, können Verträge nach Satz 1 auch mit Einrichtungen geschlossen werden, die die in Satz 1 genannten Voraussetzungen erfüllen, ohne dass für sie ein Versorgungsvertrag nach § 111 besteht.

(2) 1§ 109 Absatz 1 Satz 1 gilt entsprechend. 2Die Landesverbände der Krankenkassen eines anderen Bundeslandes und die Ersatzkassen können einem nach Absatz 1 geschlossenen Versorgungsvertrag beitreten, soweit für die Behandlung der Versicherten ihrer Mitgliedskassen in der Rehabilitationseinrichtung ein Bedarf besteht. 3Mit dem Versorgungsvertrag wird die Rehabilitationseinrichtung für die Dauer des Vertrages zur Versorgung der Versicherten mit ambulanten medizinischen Leistungen zur Rehabilitation zugelassen. 4Der Versorgungsvertrag kann von den Landesverbänden der Krankenkassen und den Ersatzkassen gemeinsam mit einer Frist von einem Jahr gekündigt werden, wenn die Voraussetzungen für seinen Abschluss nach Absatz 1 nicht mehr gegeben sind. 5Mit der für die Krankenhausplanung zuständigen Landesbehörde ist Einvernehmen über Abschluss und Kündigung des Versorgungsvertrags anzustreben.

(3) 1Die Vergütungen für die in § 40 Absatz 1 genannten Leistungen werden zwischen den Krankenkassen und den Trägern der zugelassenen Rehabilitationseinrichtungen vereinbart. 2Kommt eine Vereinbarung innerhalb von zwei Monaten, nachdem eine Vertragspartei nach Satz 1 schriftlich zur Aufnahme von Verhandlungen aufgefordert hat, nicht oder teilweise nicht zustande, wird ihr Inhalt auf Antrag einer Vertragspartei durch die Landesschiedsstelle nach § 111b festgesetzt. 3Diese ist dabei an die für die Vertragsparteien geltenden Rechtsvorschriften gebunden.

(4) 1Bei Einrichtungen, die vor dem 1. Januar 2012 ambulante Leistungen zur medizinischen Rehabilitation erbracht haben, gilt ein Versorgungsvertrag nach § 111c in dem Umfang der bis dahin erbrachten Leistungen als abgeschlossen. 2Satz 1 gilt nicht, wenn die Einrichtung die Anforderungen nach Absatz 1 nicht erfüllt und die zuständigen Landesverbände der Krankenkassen und die Ersatzkassen gemeinsam dies bis zum 31. Dezember 2012 gegenüber dem Träger der Einrichtung schriftlich geltend machen.

§ 112 Zweiseitige Verträge und Rahmenempfehlungen über Krankenhausbehandlung

(1) Die Landesverbände der Krankenkassen und die Ersatzkassen gemeinsam schließen mit der Landeskrankenhausgesellschaft oder mit den Vereinigungen der Krankenhausträger im Land gemeinsam Verträge, um sicherzustellen, daß Art und Umfang der Krankenhausbehandlung den Anforderungen dieses Gesetzbuchs entsprechen.

(2) 1Die Verträge regeln insbesondere

1. die allgemeinen Bedingungen der Krankenhausbehandlung einschließlich der
   a) Aufnahme und Entlassung der Versicherten,
   b) Kostenübernahme, Abrechnung der Entgelte, Berichte und Bescheinigungen, einschließlich eines Katalogs von Leistungen, die in der Regel teilstationär erbracht werden können,
2. die Überprüfung der Notwendigkeit und Dauer der Krankenhausbehandlung,
3. Verfahrens- und Prüfungsgrundsätze für Wirtschaftlichkeits- und Qualitätsprüfungen,
4. die soziale Betreuung und Beratung der Versicherten im Krankenhaus,
5. den nahtlosen Übergang von der Krankenhausbehandlung zur Rehabilitation oder Pflege,
6. das Nähere über Voraussetzungen, Art und Umfang der medizinischen Maßnahmen zur Herbeiführung einer Schwangerschaft nach § 27a Abs. 1.

2Sie sind für die Krankenkassen und die zugelassenen Krankenhäuser im Land unmittelbar verbindlich.

(3) Kommt ein Vertrag nach Absatz 1 bis zum 31. Dezember 1989 ganz oder teilweise nicht zustande, wird sein Inhalt auf Antrag einer

Vertragspartei durch die Landesschiedsstelle nach § 114 festgesetzt.

(4) 1Die Verträge nach Absatz 1 können von jeder Vertragspartei mit einer Frist von einem Jahr ganz oder teilweise gekündigt werden. 2Satz 1 gilt entsprechend für die von der Landesschiedsstelle nach Absatz 3 getroffenen Regelungen. 3Diese können auch ohne Kündigung jederzeit durch einen Vertrag nach Absatz 1 ersetzt werden.

(5) Der Spitzenverband Bund der Krankenkassen und die Deutsche Krankenhausgesellschaft oder die Bundesverbände der Krankenhausträger gemeinsam sollen Rahmenempfehlungen zum Inhalt der Verträge nach Absatz 1 abgeben.

(6) Beim Abschluß der Verträge nach Absatz 1 und bei Abgabe der Empfehlungen nach Absatz 5 sind, soweit darin Regelungen nach Absatz 2 Nr. 5 getroffen werden, die Spitzenorganisationen der Vorsorge- und Rehabilitationseinrichtungen zu beteiligen.

V

§ 113 Qualitäts- und Wirtschaftlichkeitsprüfung der Krankenhausbehandlung

(1) 1Die Landesverbände der Krankenkassen, die Ersatzkassen und der Landesausschuß des Verbandes der privaten Krankenversicherung können gemeinsam die Wirtschaftlichkeit, Leistungsfähigkeit und Qualität der Krankenhausbehandlung eines zugelassenen Krankenhauses durch einvernehmlich mit dem Krankenhausträger bestellte Prüfer untersuchen lassen. 2Kommt eine Einigung über den Prüfer nicht zustande, wird dieser auf Antrag innerhalb von zwei Monaten von der Landesschiedsstelle nach § 114 Abs. 1 bestimmt. 3Der Prüfer ist unabhängig und an Weisungen nicht gebunden.

(2) Die Krankenhäuser und ihre Mitarbeiter sind verpflichtet, dem Prüfer und seinen Beauftragten auf Verlangen die für die Wahrnehmung ihrer Aufgaben notwendigen Unterlagen vorzulegen und Auskünfte zu erteilen.

(3) 1Das Prüfungsergebnis ist, unabhängig von den sich daraus ergebenden Folgerungen für eine Kündigung des Versorgungsvertrags nach § 110, in der nächstmöglichen Pflegesatzvereinbarung mit Wirkung für die Zukunft zu berücksichtigen. 2Die Vorschriften über Wirtschaftlichkeitsprüfungen nach der Bundespflegesatzverordnung bleiben unberührt.

(4) 1Die Wirtschaftlichkeit und Qualität der Versorgung durch Hochschulambulanzen nach § 117, psychiatrische Institutsambulanzen nach § 118, sozialpädiatrische Zentren nach § 119 sowie medizinische Behandlungszentren nach § 119c werden von den Krankenkassen in entsprechender Anwendung der nach § 106 Absatz 2 und 3, § 106a und § 136 geltenden Regelungen geprüft. 2Die Wirtschaftlichkeit der ärztlich verordneten Leistungen im Rahmen des Entlassmanagements nach § 39 Absatz 1a Satz 5 und der Inanspruchnahme eines Krankenhauses nach § 76 Absatz 1a wird durch die Prüfungsstellen nach § 106 Absatz 4 entsprechend § 106 Absatz 2 und 3 gegen Kostenersatz durchgeführt, soweit die Krankenkasse mit dem Krankenhaus nichts anderes vereinbart hat.

§ 114 Landesschiedsstelle

(1) 1Die Landesverbände der Krankenkassen und die Ersatzkassen gemeinsam und die Landeskrankenhausgesellschaften oder die Vereinigungen der Krankenhausträger im Land gemeinsam bilden für jedes Land eine Schiedsstelle. 2Diese entscheidet in den ihr nach diesem Buch zugewiesenen Aufgaben.

(2) 1Die Landesschiedsstelle besteht aus Vertretern der Krankenkassen und zugelassenen Krankenhäuser in gleicher Zahl sowie einem unparteiischen Vorsitzenden und zwei weiteren unparteiischen Mitgliedern. 2Die Vertreter der Krankenkassen und deren Stellvertreter werden von den Landesverbänden der Krankenkassen und den Ersatzkassen, die Vertreter der zugelassenen Krankenhäuser und deren Stellvertreter von der Landeskrankenhausgesellschaft bestellt. 3Der Vorsitzende und die weiteren unparteiischen Mitglieder werden von den beteiligten Organisationen gemeinsam bestellt. 4Kommt eine Einigung nicht zustande, werden sie in entsprechender Anwendung des Verfahrens nach § 89 Abs. 3 Satz 3 und 4 durch Los bestellt. 5Soweit be-

teiligte Organisationen keine Vertreter bestellen oder im Verfahren nach Satz 3 keine Kandidaten für das Amt des Vorsitzenden oder der weiteren unparteiischen Mitglieder benennen, bestellt die zuständige Landesbehörde auf Antrag einer beteiligten Organisation die Vertreter und benennt die Kandidaten; die Amtsdauer der Mitglieder der Schiedsstelle beträgt in diesem Fall ein Jahr.

(3) 1Die Mitglieder der Schiedsstelle führen ihr Amt als Ehrenamt. 2Sie sind an Weisungen nicht gebunden. 3Jedes Mitglied hat eine Stimme. 4Die Entscheidungen werden mit der Mehrheit der Mitglieder getroffen. 5Ergibt sich keine Mehrheit, gibt die Stimme des Vorsitzenden den Ausschlag.

(4) Die Aufsicht über die Geschäftsführung der Schiedsstelle führt die zuständige Landesbehörde.

(5) Die Landesregierungen werden ermächtigt, durch Rechtsverordnung das Nähere über die Zahl, die Bestellung, die Amtsdauer und die Amtsführung, die Erstattung der baren Auslagen und die Entschädigung für Zeitaufwand der Mitglieder der Schiedsstelle und der erweiterten Schiedsstelle (§ 115 Abs. 3), die Geschäftsführung, das Verfahren, die Erhebung und die Höhe der Gebühren sowie über die Verteilung der Kosten zu bestimmen.

Vierter Abschnitt
Beziehungen zu Krankenhäusern und Vertragsärzten

§ 115 Dreiseitige Verträge und Rahmenempfehlungen zwischen Krankenkassen, Krankenhäusern und Vertragsärzten

(1) Die Landesverbände der Krankenkassen und die Ersatzkassen gemeinsam und die Kassenärztlichen Vereinigungen schließen mit der Landeskrankenhausgesellschaft oder mit den Vereinigungen der Krankenhausträger im Land gemeinsam Verträge mit dem Ziel, durch enge Zusammenarbeit zwischen Vertragsärzten und zugelassenen Krankenhäusern eine nahtlose ambulante und stationäre Behandlung der Versicherten zu gewährleisten.

(2) 1Die Verträge regeln insbesondere

1. die Förderung des Belegarztwesens und der Behandlung in Einrichtungen, in denen die Versicherten durch Zusammenarbeit mehrerer Vertragsärzte ambulant und stationär versorgt werden (Praxiskliniken),
2. die gegenseitige Unterrichtung über die Behandlung der Patienten sowie über die Überlassung und Verwendung von Krankenunterlagen,
3. die Zusammenarbeit bei der Gestaltung und Durchführung eines ständig einsatzbereiten Notdienstes,
4. die Durchführung einer vor- und nachstationären Behandlung im Krankenhaus nach § 115a einschließlich der Prüfung der Wirtschaftlichkeit und der Verhinderung von Mißbrauch; in den Verträgen können von § 115a Abs. 2 Satz 1 bis 3 abweichende Regelungen vereinbart werden,
5. die allgemeinen Bedingungen der ambulanten Behandlung im Krankenhaus,
6. ergänzende Vereinbarungen zu Voraussetzungen, Art und Umfang des Entlassmanagements nach § 39 Absatz 1a.

2Sie sind für die Krankenkassen, die Vertragsärzte und die zugelassenen Krankenhäuser im Land unmittelbar verbindlich.

(3) 1Kommt ein Vertrag nach Absatz 1 ganz oder teilweise nicht zustande, wird sein Inhalt auf Antrag einer Vertragspartei durch die Landesschiedsstelle nach § 114 festgesetzt. 2Diese wird hierzu um Vertreter der Vertragsärzte in der gleichen Zahl erweitert, wie sie jeweils für die Vertreter der Krankenkassen und Krankenhäuser vorgesehen ist (erweiterte Schiedsstelle). 3Die Vertreter der Vertragsärzte werden von den Kassenärztlichen Vereinigungen bestellt. 4Das Nähere wird durch die Rechtsverordnung nach § 114 Abs. 5 bestimmt. 5Für die Kündigung der Verträge sowie die vertragliche Ablösung der von der erweiterten Schiedsstelle festgesetzten Verträge gilt § 112 Abs. 4 entsprechend.

(4) 1Kommt eine Regelung nach Absatz 1 bis 3 bis zum 31. Dezember 1990 ganz oder teil-

V

weise nicht zustande, wird ihr Inhalt durch Rechtsverordnung der Landesregierung bestimmt. 2Eine Regelung nach den Absätzen 1 bis 3 ist zulässig, solange und soweit die Landesregierung eine Rechtsverordnung nicht erlassen hat.

(5) Der Spitzenverband Bund der Krankenkassen, die Kassenärztlichen Bundesvereinigungen und die Deutsche Krankenhausgesellschaft oder die Bundesverbände der Krankenhausträger gemeinsam sollen Rahmenempfehlungen zum Inhalt der Verträge nach Absatz 1 abgeben.

§ 115a Vor- und nachstationäre Behandlung im Krankenhaus

(1) 1Das Krankenhaus kann bei Verordnung von Krankenhausbehandlung Versicherte in medizinisch geeigneten Fällen ohne Unterkunft und Verpflegung behandeln, um

1. die Erforderlichkeit einer vollstationären Krankenhausbehandlung zu klären oder die vollstationäre Krankenhausbehandlung vorzubereiten (vorstationäre Behandlung) oder
2. im Anschluß an eine vollstationäre Krankenhausbehandlung den Behandlungserfolg zu sichern oder zu festigen (nachstationäre Behandlung).

2Das Krankenhaus kann die Behandlung nach Satz 1 auch durch hierzu ausdrücklich beauftragte niedergelassene Vertragsärzte in den Räumen des Krankenhauses oder der Arztpraxis erbringen. 3Absatz 2 Satz 5 findet insoweit keine Anwendung.

(2) 1Die vorstationäre Behandlung ist auf längstens drei Behandlungstage innerhalb von fünf Tagen vor Beginn der stationären Behandlung begrenzt. 2Die nachstationäre Behandlung darf sieben Behandlungstage innerhalb von 14 Tagen, bei Organübertragungen nach § 9 Absatz 2 des Transplantationsgesetzes drei Monate nach Beendigung der stationären Krankenhausbehandlung nicht überschreiten. 3Die Frist von 14 Tagen oder drei Monaten kann in medizinisch begründeten Einzelfällen im Einvernehmen mit dem einweisenden Arzt verlängert werden. 4Kontrolluntersuchungen bei Organübertragungen nach § 9 Absatz 2 des Transplantationsgesetzes dürfen vom Krankenhaus auch nach Beendigung der nachstationären Behandlung durchgeführt werden, um die weitere Krankenbehandlung oder Maßnahmen der Qualitätssicherung wissenschaftlich zu begleiten oder zu unterstützen. 5Eine notwendige ärztliche Behandlung außerhalb des Krankenhauses während der vor- und nachstationären Behandlung wird im Rahmen des Sicherstellungsauftrags durch die an der vertragsärztlichen Versorgung teilnehmenden Ärzte gewährleistet. 6Das Krankenhaus hat den einweisenden Arzt über die vor- oder nachstationäre Behandlung sowie diesen und die an der weiteren Krankenbehandlung jeweils beteiligten Ärzte über die Kontrolluntersuchungen und deren Ergebnis unverzüglich zu unterrichten. 7Die Sätze 2 bis 6 gelten für die Nachbetreuung von Organspendern nach § 8 Abs. 3 Satz 1 des Transplantationsgesetzes entsprechend.

(3) 1Die Landesverbände der Krankenkassen, die Ersatzkassen und der Landesausschuß des Verbandes der privaten Krankenversicherung gemeinsam vereinbaren mit der Landeskrankenhausgesellschaft oder mit den Vereinigungen der Krankenhausträger im Land gemeinsam und im Benehmen mit der Kassenärztlichen Vereinigung die Vergütung der Leistungen mit Wirkung für die Vertragsparteien nach § 18 Abs. 2 des Krankenhausfinanzierungsgesetzes. 2Die Vergütung soll pauschaliert werden und geeignet sein, eine Verminderung der stationären Kosten herbeizuführen. 3Der Spitzenverband Bund der Krankenkassen und die Deutsche Krankenhausgesellschaft oder die Bundesverbände der Krankenhausträger gemeinsam geben im Benehmen mit der Kassenärztlichen Bundesvereinigung Empfehlungen zur Vergütung ab. 4Diese gelten bis zum Inkrafttreten einer Vereinbarung nach Satz 1. 5Kommt eine Vereinbarung über die Vergütung innerhalb von drei Monaten nicht zustande, nachdem eine Vertragspartei schriftlich zur Aufnahme der Verhandlungen aufgefordert hat, setzt die Schiedsstelle nach § 18a Abs. 1 des Krankenhausfinanzierungsgesetzes auf Antrag einer

Vertragspartei oder der zuständigen Landesbehörde die Vergütung fest.

§ 115b Ambulantes Operieren im Krankenhaus

(1) 1Der Spitzenverband Bund der Krankenkassen, die Deutsche Krankenhausgesellschaft oder die Bundesverbände der Krankenhausträger gemeinsam und die Kassenärztlichen Bundesvereinigungen vereinbaren

1. einen Katalog ambulant durchführbarer Operationen und sonstiger stationsersetzender Eingriffe,
2. einheitliche Vergütungen für Krankenhäuser und Vertragsärzte.

2In der Vereinbarung nach Satz 1 Nr. 1 sind bis zum 31. Dezember 2000 die ambulant durchführbaren Operationen und stationsersetzenden Eingriffe gesondert zu benennen, die in der Regel ambulant durchgeführt werden können, und allgemeine Tatbestände zu bestimmen, bei deren Vorliegen eine stationäre Durchführung erforderlich sein kann. 3In der Vereinbarung sind die Qualitätsvoraussetzungen nach § 135 Abs. 2 sowie die Richtlinien und Beschlüsse des Gemeinsamen Bundesausschusses nach § 92 Abs. 1 Satz 2 und § 137 zu berücksichtigen. 4In der Vereinbarung ist vorzusehen, dass die Leistungen nach Satz 1 auch auf der Grundlage einer vertraglichen Zusammenarbeit des Krankenhauses mit niedergelassenen Vertragsärzten ambulant im Krankenhaus erbracht werden können.

(2) 1Die Krankenhäuser sind zur ambulanten Durchführung der in dem Katalog genannten Operationen und stationsersetzenden Eingriffe zugelassen. 2Hierzu bedarf es einer Mitteilung des Krankenhauses an die Landesverbände der Krankenkassen und die Ersatzkassen, die Kassenärztliche Vereinigung und den Zulassungsausschuß (§ 96); die Kassenärztliche Vereinigung unterrichtet die Landeskrankenhausgesellschaft über den Versorgungsgrad in der vertragsärztlichen Versorgung. 3Das Krankenhaus ist zur Erhaltung des Vertrages nach Absatz 1 verpflichtet. 4Die Leistungen werden unmittelbar von den Krankenkassen vergütet. 5Die Prüfung der Wirtschaftlichkeit und Qualität erfolgt durch die Krankenkassen; die Krankenhäuser übermitteln den Krankenkassen die Daten nach § 301, soweit dies für die Erfüllung der Aufgaben der Krankenkassen erforderlich ist.

(3) 1Kommt eine Vereinbarung nach Absatz 1 ganz oder teilweise nicht zu Stande, wird ihr Inhalt auf Antrag einer Vertragspartei durch das Bundesschiedsamt nach § 89 Abs. 4 festgesetzt. 2Dieses wird hierzu um Vertreter der Deutschen Krankenhausgesellschaft in der gleichen Zahl erweitert, wie sie jeweils für die Vertreter der Krankenkassen und der Kassenärztlichen Bundesvereinigungen vorgesehen ist (erweitertes Bundesschiedsamt). 3Das erweiterte Bundesschiedsamt beschließt mit einer Mehrheit von zwei Dritteln der Stimmen der Mitglieder. 4§ 112 Abs. 4 gilt entsprechend.

(4) 1Bis zum Inkrafttreten einer Regelung nach Absatz 1 oder 3, jedoch längstens bis zum 31. Dezember 1994, sind die Krankenhäuser zur Durchführung ambulanter Operationen auf der Grundlage des einheitlichen Bewertungsmaßstabs (§ 87) berechtigt. 2Hierzu bedarf es einer Mitteilung des Krankenhauses an die Landesverbände der Krankenkassen und die Ersatzkassen, die Kassenärztliche Vereinigung und den Zulassungsausschuß (§ 96), in der die im Krankenhaus ambulant durchführbaren Operationen bezeichnet werden; Absatz 2 Satz 2 zweiter Halbsatz gilt entsprechend. 3Die Vergütung richtet sich nach dem einheitlichen Bewertungsmaßstab mit den für die Versicherten geltenden Vergütungssätzen. 4Absatz 2 Satz 4 und 5 gilt entsprechend.

(5) 1In der Vereinbarung nach Absatz 1 können Regelungen über ein gemeinsames Budget zur Vergütung der ambulanten Operationsleistungen der Krankenhäuser und der Vertragsärzte getroffen werden. 2Die Mittel sind aus der Gesamtvergütung und den Budgets der zum ambulanten Operieren zugelassenen Krankenhäuser aufzubringen.

§ 115c Fortsetzung der Arzneimitteltherapie nach Krankenhausbehandlung

(1) $_1$Ist im Anschluss an eine Krankenhausbehandlung die Verordnung von Arzneimitteln erforderlich, hat das Krankenhaus dem weiterbehandelnden Vertragsarzt die Therapievorschläge unter Verwendung der Wirkstoffbezeichnungen mitzuteilen. $_2$Falls preisgünstigere Arzneimittel mit pharmakologisch vergleichbaren Wirkstoffen oder therapeutisch vergleichbarer Wirkung verfügbar sind, ist mindestens ein preisgünstigerer Therapievorschlag anzugeben. $_3$Abweichungen in den Fällen der Sätze 1 und 2 sind in medizinisch begründeten Ausnahmefällen zulässig.

(2) Ist im Anschluss an eine Krankenhausbehandlung die Fortsetzung der im Krankenhaus begonnenen Arzneimitteltherapie in der vertragsärztlichen Versorgung für einen längeren Zeitraum notwendig, soll das Krankenhaus bei der Entlassung Arzneimittel anwenden, die auch bei Verordnung in der vertragsärztlichen Versorgung zweckmäßig und wirtschaftlich sind, soweit dies ohne eine Beeinträchtigung der Behandlung im Einzelfall oder ohne eine Verlängerung der Verweildauer möglich ist.

§ 116 Ambulante Behandlung durch Krankenhausärzte

$_1$Ärzte, die in einem Krankenhaus, einer Vorsorge- oder Rehabilitationseinrichtung, mit der ein Versorgungsvertrag nach § 111 Absatz 2 besteht, oder nach § 119b Absatz 1 Satz 3 oder 4 in einer stationären Pflegeeinrichtung tätig sind, können, soweit sie über eine abgeschlossene Weiterbildung verfügen, mit Zustimmung des jeweiligen Trägers der Einrichtung, in der der Arzt tätig ist, vom Zulassungsausschuß (§ 96) zur Teilnahme an der vertragsärztlichen Versorgung der Versicherten ermächtigt werden. $_2$Die Ermächtigung ist zu erteilen, soweit und solange eine ausreichende ärztliche Versorgung der Versicherten ohne die besonderen Untersuchungs- und Behandlungsmethoden oder Kenntnisse von hierfür geeigneten Ärzten der in Satz 1 genannten Einrichtungen nicht sichergestellt wird.

§ 116a Ambulante Behandlung durch Krankenhäuser bei Unterversorgung

$_1$Der Zulassungsausschuss muss zugelassene Krankenhäuser für das entsprechende Fachgebiet in den Planungsbereichen, in denen der Landesausschuss der Ärzte und Krankenkassen eingetretene Unterversorgung nach § 100 Absatz 1 oder einen zusätzlichen lokalen Versorgungsbedarf nach § 100 Absatz 3 festgestellt hat, auf deren Antrag zur vertragsärztlichen Versorgung ermächtigen, soweit und solange dies zur Beseitigung der Unterversorgung oder zur Deckung des zusätzlichen lokalen Versorgungsbedarfs erforderlich ist. $_2$Der Ermächtigungsbeschluss ist nach zwei Jahren zu überprüfen.

§ 116b Ambulante spezialfachärztliche Versorgung

(1) $_1$Die ambulante spezialfachärztliche Versorgung umfasst die Diagnostik und Behandlung komplexer, schwer therapierbarer Krankheiten, die je nach Krankheit eine spezielle Qualifikation, eine interdisziplinäre Zusammenarbeit und besondere Ausstattungen erfordern. $_2$Hierzu gehören nach Maßgabe der Absätze 4 und 5 insbesondere folgende Erkrankungen mit besonderen Krankheitsverläufen, seltene Erkrankungen und Erkrankungszustände mit entsprechend geringen Fallzahlen sowie hochspezialisierte Leistungen:

1. Erkrankungen mit besonderen Krankheitsverläufen wie
   a) onkologische Erkrankungen,
   b) rheumatologische Erkrankungen,
   c) HIV/AIDS,
   d) Herzinsuffizienz (NYHA Stadium 3–4),
   e) Multiple Sklerose,
   f) zerebrale Anfallsleiden (Epilepsie),
   g) komplexe Erkrankungen im Rahmen der pädiatrischen Kardiologie,
   h) Folgeschäden bei Frühgeborenen oder

i) Querschnittslähmung bei Komplikationen, die eine interdisziplinäre Versorgung erforderlich machen;

bei Erkrankungen nach den Buchstaben c bis i umfasst die ambulante spezialfachärztliche Versorgung nur schwere Verlaufsformen der jeweiligen Erkrankungen mit besonderen Krankheitsverläufen;

2. seltene Erkrankungen und Erkrankungszustände mit entsprechend geringen Fallzahlen wie
   a) Tuberkulose,
   b) Mukoviszidose,
   c) Hämophilie,
   d) Fehlbildungen, angeborene Skelettsystemfehlbildungen und neuromuskuläre Erkrankungen,
   e) schwerwiegende immunologische Erkrankungen,
   f) biliäre Zirrhose,
   g) primär sklerosierende Cholangitis,
   h) Morbus Wilson,
   i) Transsexualismus,
   j) Versorgung von Kindern mit angeborenen Stoffwechselstörungen,
   k) Marfan-Syndrom,
   l) pulmonale Hypertonie,
   m) Kurzdarmsyndrom oder
   n) Versorgung von Patienten vor oder nach Organtransplantation und von lebenden Spendern sowie
3. hochspezialisierte Leistungen wie
   a) CT/MRT-gestützte interventionelle schmerztherapeutische Leistungen oder
   b) Brachytherapie.

3Untersuchungs- und Behandlungsmethoden können Gegenstand des Leistungsumfangs in der ambulanten spezialfachärztlichen Versorgung sein, soweit der Gemeinsame Bundesausschuss im Rahmen der Beschlüsse nach § 137c für die Krankenhausbehandlung keine ablehnende Entscheidung getroffen hat.

(2) 1An der vertragsärztlichen Versorgung teilnehmende Leistungserbringer und nach § 108 zugelassene Krankenhäuser sind berechtigt, Leistungen der ambulanten spezialfachärztlichen Versorgung nach Absatz 1, deren Behandlungsumfang der Gemeinsame Bundesausschuss nach den Absätzen 4 und 5 bestimmt hat, zu erbringen, soweit sie die hierfür jeweils maßgeblichen Anforderungen und Voraussetzungen nach den Absätzen 4 und 5 erfüllen und dies gegenüber dem nach Maßgabe des Absatzes 3 Satz 1 erweiterten Landesausschuss der Ärzte und Krankenkassen nach § 90 Absatz 1 unter Beifügung entsprechender Belege anzeigen. 2Soweit der Abschluss von Vereinbarungen nach Absatz 4 Satz 9 und 10 zwischen den in Satz 1 genannten Leistungserbringern erforderlich ist, sind diese im Rahmen des Anzeigeverfahrens nach Satz 1 ebenfalls vorzulegen. 3Dies gilt nicht, wenn der Leistungserbringer glaubhaft versichert, dass ihm die Vorlage aus den in Absatz 4 Satz 11 zweiter Halbsatz genannten Gründen nicht möglich ist. 4Der Leistungserbringer ist nach Ablauf einer Frist von zwei Monaten nach Eingang seiner Anzeige zur Teilnahme an der ambulanten spezialfachärztlichen Versorgung berechtigt, es sei denn, der Landesausschuss nach Satz 1 teilt ihm innerhalb dieser Frist mit, dass er die Anforderungen und Voraussetzungen hierfür nicht erfüllt. 5Der Landesausschuss nach Satz 1 kann von dem anzeigenden Leistungserbringer zusätzlich erforderliche Informationen und ergänzende Stellungnahmen anfordern; bis zum Eingang der Auskünfte ist der Lauf der Frist nach Satz 4 unterbrochen. 6Danach läuft die Frist weiter; der Zeitraum der Unterbrechung wird in die Frist nicht eingerechnet. 7Nach Satz 4 berechtigte Leistungserbringer haben ihre Teilnahme an der ambulanten spezialfachärztlichen Versorgung den Landesverbänden der Krankenkassen und den Ersatzkassen, der Kassenärztlichen Vereinigung sowie der Landeskrankenhausgesellschaft zu melden und dabei den Erkrankungs- und Leistungsbereich anzugeben, auf den sich die Berechtigung erstreckt. 8Erfüllt der Leistungserbringer die für ihn nach den Sätzen 1 und 2 maßgeblichen Voraussetzungen für die Berechtigung zur Teilnahme an der ambulanten spezialfachärztlichen Versorgung nicht mehr, hat er dies unverzüglich unter Angabe des Zeitpunkts ihres Wegfalls

V

gegenüber dem Landesausschuss nach Satz 1 anzuzeigen sowie den in Satz 7 genannten Stellen zu melden. $_{9}$Der Landesausschuss nach Satz 1 kann einen an der ambulanten spezialfachärztlichen Versorgung teilnehmenden Leistungserbringer aus gegebenem Anlass sowie unabhängig davon nach Ablauf von mindestens fünf Jahren seit seiner erstmaligen Teilnahmeanzeige oder der letzten späteren Überprüfung seiner Teilnahmeberechtigung auffordern, ihm gegenüber innerhalb einer Frist von zwei Monaten nachzuweisen, dass er die Voraussetzungen für seine Teilnahme an der ambulanten spezialfachärztlichen Versorgung weiterhin erfüllt. $_{10}$Die Sätze 4, 5 und 8 gelten entsprechend.

(3) $_{1}$Für die Wahrnehmung der Aufgaben nach Absatz 2 wird der Landesausschuss der Ärzte und Krankenkassen nach § 90 Absatz 1 um Vertreter der Krankenhäuser in der gleichen Zahl erweitert, wie sie nach § 90 Absatz 2 jeweils für die Vertreter der Krankenkassen und die Vertreter der Ärzte vorgesehen ist (erweiterter Landesausschuss). $_{2}$Die Vertreter der Krankenhäuser werden von der Landeskrankenhausgesellschaft bestellt. $_{3}$Über den Vorsitzenden des erweiterten Landesausschusses und die zwei weiteren unparteiischen Mitglieder sowie deren Stellvertreter sollen sich die beteiligten Kassenärztlichen Vereinigungen, die Landesverbände der Krankenkassen und die Ersatzkassen sowie die Landeskrankenhausgesellschaft einigen. $_{4}$Kommt eine Einigung nicht zustande, werden sie durch die für die Sozialversicherung zuständige oberste Verwaltungsbehörde des Landes im Benehmen mit den beteiligten Kassenärztlichen Vereinigungen, den Landesverbänden der Krankenkassen und den Ersatzkassen sowie der Landeskrankenhausgesellschaft berufen. $_{5}$Die dem Landesausschuss durch die Wahrnehmung der Aufgaben nach Absatz 2 entstehenden Kosten werden zur Hälfte von den Verbänden der Krankenkassen und den Ersatzkassen sowie zu je einem Viertel von den beteiligten Kassenärztlichen Vereinigungen und der Landeskrankenhausgesellschaft getragen. $_{6}$Der erweiterte Landesausschuss beschließt mit einfacher Mehrheit; bei der Gewichtung der Stimmen zählen die Stimmen der Vertreter der Krankenkassen doppelt. $_{7}$Der erweiterte Landesausschuss kann für die Beschlussfassung über Entscheidungen im Rahmen des Anzeigeverfahrens nach Absatz 2 in seiner Geschäftsordnung abweichend von Satz 1 die Besetzung mit einer kleineren Zahl von Mitgliedern festlegen; die Mitberatungsrechte nach § 90 Absatz 4 Satz 2 sowie § 140f Absatz 3 bleiben unberührt. $_{8}$Er ist befugt, geeignete Dritte ganz oder teilweise mit der Durchführung von Aufgaben nach Absatz 2 zu beauftragen und kann hierfür nähere Vorgaben beschließen.

(4) $_{1}$Der Gemeinsame Bundesausschuss regelt in einer Richtlinie bis zum 31. Dezember 2012 das Nähere zur ambulanten spezialfachärztlichen Versorgung nach Absatz 1. $_{2}$Er konkretisiert die Erkrankungen nach Absatz 1 Satz 2 nach der Internationalen Klassifikation der Krankheiten in der jeweiligen vom Deutschen Institut für medizinische Dokumentation und Information im Auftrag des Bundesministeriums für Gesundheit herausgegebenen deutschen Fassung oder nach weiteren von ihm festzulegenden Merkmalen und bestimmt den Behandlungsumfang. $_{3}$In Bezug auf Krankenhäuser, die an der ambulanten spezialfachärztlichen Versorgung teilnehmen, hat der Gemeinsame Bundesausschuss für Leistungen, die sowohl ambulant spezialfachärztlich als auch teilstationär oder stationär erbracht werden können, allgemeine Tatbestände zu bestimmen, bei deren Vorliegen eine ambulante spezialfachärztliche Leistungserbringung ausnahmsweise nicht ausreichend ist und eine teilstationäre oder stationäre Durchführung erforderlich sein kann. $_{4}$Er regelt die sächlichen und personellen Anforderungen an die ambulante spezialfachärztliche Leistungserbringung sowie sonstige Anforderungen an die Qualitätssicherung unter Berücksichtigung der Ergebnisse nach § 137a Absatz 3. $_{5}$Bei Erkrankungen mit besonderen Krankheitsverläufen setzt die ambulante spezialfachärztliche Versorgung die Überweisung durch einen Vertragsarzt voraus; das Nähere hierzu regelt der Gemeinsame Bundesausschuss in seiner Richtlinie

nach Satz 1. 6Satz 5 gilt nicht bei Zuweisung von Versicherten aus dem stationären Bereich. 7Für seltene Erkrankungen und Erkrankungszustände mit entsprechend geringen Fallzahlen sowie hochspezialisierte Leistungen regelt der Gemeinsame Bundesausschuss, in welchen Fällen die ambulante spezialfachärztliche Leistungserbringung die Überweisung durch den behandelnden Arzt voraussetzt. 8Für die Behandlung von Erkrankungen mit besonderen Krankheitsverläufen nach Absatz 1 Satz 2 Nummer 1, bei denen es sich nicht zugleich um seltene Erkrankungen oder Erkrankungszustände mit entsprechend geringen Fallzahlen handelt, kann er Empfehlungen als Entscheidungshilfe für den behandelnden Arzt abgeben, in welchen medizinischen Fallkonstellationen bei der jeweiligen Krankheit von einem besonderen Krankheitsverlauf auszugehen ist. 9Zudem kann er für die Versorgung von Erkrankungen mit besonderen Krankheitsverläufen Regelungen zu Vereinbarungen treffen, die eine Kooperation zwischen den beteiligten Leistungserbringern nach Absatz 2 Satz 1 in diesem Versorgungsbereich fördern. 10Für die Versorgung von Patienten mit onkologischen Erkrankungen hat er Regelungen für solche Vereinbarungen zu treffen. 11Diese Vereinbarungen nach den Sätzen 9 und 10 sind Voraussetzung für die Teilnahme an der ambulanten spezialfachärztlichen Versorgung, es sei denn, dass ein Leistungserbringer eine Vereinbarung nach den Sätzen 9 oder 10 nicht abschließen kann, weil in seinem für die ambulante spezialfachärztliche Versorgung relevanten Einzugsbereich

a) kein geeigneter Kooperationspartner vorhanden ist oder

b) er dort trotz ernsthaften Bemühens innerhalb eines Zeitraums von mindestens zwei Monaten keinen zur Kooperation mit ihm bereiten geeigneten Leistungserbringer finden konnte.

12Der Gemeinsame Bundesausschuss hat spätestens jeweils zwei Jahre nach dem Inkrafttreten eines Richtlinienbeschlusses, der für eine Erkrankung nach Absatz 1 Satz 2 Nummer 1 Buchstabe a oder Buchstabe b getroffen wurde, die Auswirkungen dieses Beschlusses hinsichtlich Qualität, Inanspruchnahme und Wirtschaftlichkeit der ambulanten spezialfachärztlichen Versorgung sowie die Erforderlichkeit einer Anpassung dieses Beschlusses zu prüfen. 13Über das Ergebnis der Prüfung berichtet der Gemeinsame Bundesausschuss dem Bundesministerium für Gesundheit.

(5) 1Der Gemeinsame Bundesausschuss ergänzt den Katalog nach Absatz 1 Satz 2 auf Antrag eines Unparteiischen nach § 91 Absatz 2 Satz 1, einer Trägerorganisation des Gemeinsamen Bundesausschusses oder der für die Wahrnehmung der Interessen der Patientinnen und Patienten und der Selbsthilfe chronisch kranker und behinderter Menschen auf Bundesebene maßgeblichen Organisationen nach § 140f nach Maßgabe des Absatzes 1 Satz 1 um weitere Erkrankungen mit besonderen Krankheitsverläufen, seltene Erkrankungen und Erkrankungszustände mit entsprechend geringen Fallzahlen sowie hochspezialisierte Leistungen. 2Im Übrigen gilt Absatz 4 entsprechend.

(6) 1Die Leistungen der ambulanten spezialfachärztlichen Versorgung werden unmittelbar von der Krankenkasse vergütet; Leistungserbringer können die Kassenärztliche Vereinigung gegen Aufwendungsersatz mit der Abrechnung von Leistungen der ambulanten spezialfachärztlichen Versorgung beauftragen. 2Für die Vergütung der Leistungen der ambulanten spezialfachärztlichen Versorgung vereinbaren der Spitzenverband Bund der Krankenkassen, die Deutsche Krankenhausgesellschaft und die Kassenärztliche Bundesvereinigung gemeinsam und einheitlich die Kalkulationssystematik, diagnosebezogene Gebührenpositionen in Euro sowie deren jeweilige verbindliche Einführungszeitpunkte nach Inkrafttreten der entsprechenden Richtlinien gemäß den Absätzen 4 und 5. 3Die Kalkulation erfolgt auf betriebswirtschaftlicher Grundlage ausgehend vom einheitlichen Bewertungsmaßstab für ärztliche Leistungen unter ergänzender Berücksichtigung der nichtärztlichen Leistungen, der Sachkosten sowie der spezifischen Investiti-

V

onsbedingungen. 4Bei den seltenen Erkrankungen und Erkrankungszuständen mit entsprechend geringen Fallzahlen sollen die Gebührenpositionen für die Diagnostik und die Behandlung getrennt kalkuliert werden. 5Die Vertragspartner können einen Dritten mit der Kalkulation beauftragen. 6Die Gebührenpositionen sind in regelmäßigen Zeitabständen daraufhin zu überprüfen, ob sie noch dem Stand der medizinischen Wissenschaft und Technik sowie dem Grundsatz der wirtschaftlichen Leistungserbringung entsprechen. 7Kommt eine Vereinbarung nach Satz 2 ganz oder teilweise nicht zustande, wird ihr Inhalt auf Antrag einer Vertragspartei durch das Schiedsamt nach § 89 Absatz 4 innerhalb von drei Monaten festgesetzt, das hierzu um weitere Vertreter der Deutschen Krankenhausgesellschaft sowie der Krankenkassen in jeweils gleicher Zahl erweitert wird und mit einer Mehrheit der Stimmen der Mitglieder beschließt; § 112 Absatz 4 gilt entsprechend. 8Bis zum Inkrafttreten einer Vereinbarung nach Satz 2 erfolgt die Vergütung auf der Grundlage der vom Bewertungsausschuss gemäß § 87 Absatz 5a bestimmten abrechnungsfähigen ambulanten spezialfachärztlichen Leistungen des einheitlichen Bewertungsmaßstabs für ärztliche Leistungen mit dem Preis der jeweiligen regionalen Euro-Gebührenordnung; dabei ist die Vergütung bei den öffentlich geförderten Krankenhäusern um einen Investitionskostenabschlag von 5 Prozent zu kürzen. 9Der Bewertungsausschuss gemäß § 87 Absatz 5a hat den einheitlichen Bewertungsmaßstab für ärztliche Leistungen bis zum Inkrafttreten einer Vereinbarung nach Satz 2 und jeweils bis spätestens sechs Monate nach Inkrafttreten der Richtlinien gemäß den Absätzen 4 und 5 insbesondere so anzupassen, dass die Leistungen nach Absatz 1 unter Berücksichtigung der Vorgaben nach den Absätzen 4 und 5 angemessen bewertet sind und nur von den an der ambulanten spezialfachärztlichen Versorgung teilnehmenden Leistungserbringern abgerechnet werden können. 10Die Prüfung der Abrechnung und der Wirtschaftlichkeit sowie der Qualität, soweit der Gemeinsame Bundesausschuss hierzu in der Richtlinie nach Absatz 4 keine abweichende Regelung getroffen hat, erfolgt durch die Krankenkassen, die hiermit eine Arbeitsgemeinschaft oder den Medizinischen Dienst der Krankenversicherung beauftragen können; ihnen sind die für die Prüfungen erforderlichen Belege und Berechtigungsdaten nach Absatz 2 auf Verlangen vorzulegen. 11Für die Abrechnung gilt § 295 Absatz 1b Satz 1 entsprechend. 12Das Nähere über Form und Inhalt des Abrechnungsverfahrens sowie über die erforderlichen Vordrucke wird von den Vertragsparteien nach Satz 2 vereinbart; Satz 7 gilt entsprechend. 13Die morbiditätsbedingte Gesamtvergütung ist nach Maßgabe der Vorgaben des Bewertungsausschusses nach § 87a Absatz 5 Satz 7 in den Vereinbarungen nach § 87a Absatz 3 um die Leistungen zu bereinigen, die Bestandteil der ambulanten spezialfachärztlichen Versorgung sind. 14Die Bereinigung darf nicht zulasten des hausärztlichen Vergütungsanteils und der fachärztlichen Grundversorgung gehen. 15In den Vereinbarungen zur Bereinigung ist auch über notwendige Korrekturverfahren zu entscheiden.

(7) 1Die ambulante spezialfachärztliche Versorgung nach Absatz 1 schließt die Verordnung von Leistungen nach § 73 Absatz 2 Nummer 5 bis 8 und 12 ein, soweit diese zur Erfüllung des Behandlungsauftrags nach Absatz 2 erforderlich sind; § 73 Absatz 2 Nummer 9 gilt entsprechend. 2Die Richtlinien nach § 92 Absatz 1 Satz 2 gelten entsprechend. 3Die Vereinbarungen über Vordrucke und Nachweise nach § 87 Absatz 1 Satz 2 sowie die Richtlinien nach § 75 Absatz 7 gelten entsprechend, soweit sie Regelungen zur Verordnung von Leistungen nach Satz 1 betreffen. 4Verordnungen im Rahmen der Versorgung nach Absatz 1 sind auf den Vordrucken gesondert zu kennzeichnen. 5Leistungserbringer nach Absatz 2 erhalten ein Kennzeichen nach § 293 Absatz 1 und Absatz 4 Satz 2 Nummer 1, das eine eindeutige Zuordnung im Rahmen der Abrechnung nach den §§ 300 und 302 ermöglicht, und tragen dieses auf die Vordrucke auf. 6Das Nähere zu Form und Zuweisung der Kennzeichen nach

den Sätzen 4 und 5, zur Bereitstellung der Vordrucke sowie zur Auftragung der Kennzeichen auf die Vordrucke ist in der Vereinbarung nach Absatz 6 Satz 12 zu regeln. 7Für die Prüfung der Wirtschaftlichkeit der Verordnungen nach Satz 1 gilt § 113 Absatz 4 entsprechend mit der Maßgabe, dass die Prüfung durch die Prüfungsstellen entsprechend § 106 Absatz 2 Satz 12 bis 14 und 17, § 106 Absatz 4 und 4a sowie § 106 Absatz 5 bis 5d gegen Kostenersatz durchgeführt wird, soweit die Krankenkasse mit dem Leistungserbringer nach Absatz 2 nichts anderes vereinbart hat.

(8) 1Bestimmungen, die von einem Land nach § 116b Absatz 2 Satz 1 in der bis zum 31. Dezember 2011 geltenden Fassung getroffen wurden, gelten weiter. 2Bestimmungen nach Satz 1 für eine Erkrankung nach Absatz 1 Satz 2 Nummer 1 oder Nummer 2 oder eine hochspezialisierte Leistung nach Absatz 1 Satz 2 Nummer 3, für die der Gemeinsame Bundesausschuss das Nähere zur ambulanten spezialfachärztlichen Versorgung in der Richtlinie nach Absatz 4 Satz 1 geregelt hat, werden unwirksam, wenn das Krankenhaus zu dieser Erkrankung oder hochspezialisierten Leistung zur Teilnahme an der ambulanten spezialfachärztlichen Versorgung berechtigt ist, spätestens jedoch drei Jahre nach Inkrafttreten des entsprechenden Richtlinienbeschlusses des Gemeinsamen Bundesausschusses. 3Die von zugelassenen Krankenhäusern aufgrund von Bestimmungen nach Satz 1 erbrachten Leistungen werden nach § 116b Absatz 5 in der bis zum 31. Dezember 2011 geltenden Fassung vergütet.

(9) 1Die Auswirkungen der ambulanten spezialfachärztlichen Versorgung auf die Kostenträger, die Leistungserbringer sowie auf die Patientenversorgung sind fünf Jahre nach Inkrafttreten des Gesetzes zu bewerten. 2Gegenstand der Bewertung sind insbesondere der Stand der Versorgungsstruktur, der Qualität sowie der Abrechnung der Leistungen in der ambulanten spezialfachärztlichen Versorgung auch im Hinblick auf die Entwicklung in anderen Versorgungsbereichen. 3Die Ergebnisse der Bewertung sind dem Bundesministerium für Gesundheit zum 31. März 2017 zuzuleiten. 4Die Bewertung und die Berichtspflicht obliegen dem Spitzenverband Bund, der Kassenärztlichen Bundesvereinigung und der Deutschen Krankenhausgesellschaft gemeinsam.

§ 117 Hochschulambulanzen

(1) 1Ambulanzen, Institute und Abteilungen der Hochschulkliniken (Hochschulambulanzen) sind zur ambulanten ärztlichen Behandlung der Versicherten und der in § 75 Absatz 3 genannten Personen

1. in dem für Forschung und Lehre erforderlichen Umfang sowie
2. für solche Personen, die wegen Art, Schwere oder Komplexität ihrer Erkrankung einer Untersuchung oder Behandlung durch die Hochschulambulanz bedürfen,

ermächtigt. 2In den Fällen von Satz 1 Nummer 2 kann die ambulante ärztliche Behandlung nur auf Überweisung eines Facharztes in Anspruch genommen werden. 3Der Spitzenverband Bund der Krankenkassen, die Kassenärztliche Bundesvereinigung und die Deutsche Krankenhausgesellschaft vereinbaren die Gruppe derjenigen Patienten, die wegen Art, Schwere oder Komplexität der Erkrankung einer Versorgung durch die Hochschulambulanzen bedürfen. 4Sie können zudem Ausnahmen von dem fachärztlichen Überweisungsgebot in den Fällen von Satz 1 Nummer 2 vereinbaren. 5Kommt eine Einigung bis zum 23. Januar 2016 ganz oder teilweise nicht zustande, wird ihr Inhalt auf Antrag einer Vertragspartei durch das Bundesschiedsamt nach § 89 Absatz 4 innerhalb von drei Monaten festgelegt. 6Dieses wird hierzu um Vertreter der Deutschen Krankenhausgesellschaft in der gleichen Zahl erweitert, wie sie jeweils für die Vertreter der Krankenkassen und der Kassenärztlichen Bundesvereinigung vorgesehen ist (erweitertes Bundesschiedsamt). 7Das erweiterte Bundesschiedsamt beschließt mit einer Mehrheit von zwei Dritteln der Stimmen der Mitglieder. 8Soweit und solange kein Vertrag nach Satz 3 zustande gekommen ist, können die Hochschulen oder Hochschulkliniken mit den Kassenärztlichen Vereinigungen im Einvernehmen mit den Landesverbänden der Krankenkassen und der Ersatzkassen die Festlegungen nach den Sätzen 3 und 4 vereinbaren. $_{9}$Ist ein Vertrag nach Satz 3 zustande gekommen, können Hochschulen oder Hochschulkliniken zur Berücksichtigung regionaler Besonderheiten mit den Kassenärztlichen Vereinigungen im Einvernehmen mit den Landesverbänden der Krankenkassen und der Ersatzkassen gemeinsam und einheitlich durch Vertrag Abweichendes von dem Vertrag nach Satz 3 regeln.

(2) $_{1}$Absatz 1 gilt entsprechend für die Ermächtigung der Hochschulambulanzen an Psychologischen Universitätsinstituten im Rahmen des für Forschung und Lehre erforderlichen Umfangs sowie für solche Personen, die wegen Art, Schwere oder Komplexität ihrer Erkrankung einer Untersuchung oder Behandlung durch die Hochschulambulanzen bedürfen. $_{2}$Für die Vergütung gilt § 120 Abs. 2 bis 4 entsprechend.

(3) $_{1}$Ambulanzen an Ausbildungsstätten nach § 6 des Psychotherapeutengesetzes sind zur ambulanten psychotherapeutischen Behandlung der Versicherten und der in § 75 Absatz 3 genannten Personen in Behandlungsverfahren, die vom Gemeinsamen Bundesausschuss nach § 92 Absatz 6a anerkannt sind, ermächtigt, sofern die Krankenbehandlung unter der Verantwortung von Personen stattfindet, die die fachliche Qualifikation für die psychotherapeutische Behandlung im Rahmen der vertragsärztlichen Versorgung erfüllen. $_{2}$Für die Vergütung gilt § 120 Absatz 2 Satz 1, 2 und 5 entsprechend mit der Maßgabe, dass dabei eine Abstimmung mit Entgelten für vergleichbare Leistungen erfolgen soll. $_{3}$Im Übrigen gilt § 120 Absatz 3 Satz 3 und 4 sowie Absatz 4 Satz 1 entsprechend.

§ 118 Psychiatrische Institutsambulanzen

(1) $_{1}$Psychiatrische Krankenhäuser sind vom Zulassungsausschuss zur ambulanten psychiatrischen und psychotherapeutischen Versorgung der Versicherten zu ermächtigen. $_{2}$Die Behandlung ist auf diejenigen Versicherten auszurichten, die wegen Art, Schwere oder Dauer ihrer Erkrankung oder wegen zu großer Entfernung zu geeigneten Ärzten auf die Behandlung durch diese Krankenhäuser angewiesen sind. $_{3}$Der Krankenhausträger stellt sicher, dass die für die ambulante psychiatrische und psychotherapeutische Behandlung erforderlichen Ärzte und nichtärztlichen Fachkräfte sowie die notwendigen Einrichtungen bei Bedarf zur Verfügung stehen.

(2) $_{1}$Allgemeinkrankenhäuser mit selbständigen, fachärztlich geleiteten psychiatrischen Abteilungen mit regionaler Versorgungsverpflichtung sind zur psychiatrischen und psychotherapeutischen Behandlung der im Vertrag nach Satz 2 vereinbarten Gruppe von Kranken ermächtigt. $_{2}$Der Spitzenverband Bund der Krankenkassen mit der Deutschen Krankenhausgesellschaft und der Kassenärztlichen Bundesvereinigung legen in einem Vertrag die Gruppe psychisch Kranker fest, die wegen ihrer Art, Schwere oder Dauer ihrer Erkrankung der ambulanten Behandlung durch die Einrichtungen nach Satz 1 bedürfen. $_{3}$Kommt der Vertrag ganz oder teilweise nicht zu Stande, wird sein Inhalt auf Antrag einer Vertragspartei durch das Bundesschiedsamt nach § 89 Abs. 4 festgelegt. $_{4}$Dieses wird hierzu um Vertreter der Deutschen Krankenhausgesellschaft in der gleichen Zahl erweitert, wie sie jeweils für die Vertreter der Krankenkassen und der Kassenärztlichen Bundesvereinigung vorgesehen ist (erweitertes Bundesschiedsamt). $_{5}$Das erweiterte Bundesschiedsamt beschließt mit einer Mehrheit von zwei Dritteln der Stimmen der Mitglieder. $_{6}$Absatz 1 Satz 3 gilt. $_{7}$Für die Qualifikation der Krankenhausärzte gilt § 135 Abs. 2 entsprechend.

(3) Absatz 2 gilt für psychosomatische Krankenhäuser und Allgemeinkrankenhäuser mit selbstständig, fachärztlich geleiteten psychosomatischen Abteilungen mit regionaler Versorgungsverpflichtung entsprechend.

(4) Die in den Absätzen 1 und 2 genannten Krankenhäuser sind vom Zulassungsausschuss auch dann zur ambulanten psychiatri-

schen und psychotherapeutischen Versorgung zu ermächtigen, wenn die Versorgung durch räumlich und organisatorisch nicht angebundene Einrichtungen der Krankenhäuser erfolgt, soweit und solange die Ermächtigung notwendig ist, um eine Versorgung nach Maßgabe der Absätze 1 und 2 sicherzustellen.

§ 118a Geriatrische Institutsambulanzen

(1) 1Geriatrische Fachkrankenhäuser, Allgemeinkrankenhäuser mit selbstständigen geriatrischen Abteilungen, geriatrische Rehabilitationskliniken und dort angestellte Ärzte sowie Krankenhausärzte können vom Zulassungsausschuss zu einer strukturierten und koordinierten ambulanten geriatrischen Versorgung der Versicherten ermächtigt werden. 2Die Ermächtigung ist zu erteilen, soweit und solange sie notwendig ist, um eine ausreichende ambulante geriatrische Versorgung nach Absatz 2 Satz 1 Nummer 1 sicherzustellen. 3Voraussetzung für die Erteilung einer Ermächtigung ist, dass die Einrichtung unter fachärztlich geriatrischer Leitung steht; die Ermächtigung eines in der geriatrischen Rehabilitationsklinik angestellten Arztes oder eines Krankenhausarztes setzt voraus, dass dieser über eine geriatrische Weiterbildung verfügt.

(2) 1Der Spitzenverband Bund der Krankenkassen und die Kassenärztliche Bundesvereinigung vereinbaren im Einvernehmen mit der Deutschen Krankenhausgesellschaft:

1. Inhalt und Umfang einer strukturierten und koordinierten Versorgung geriatrischer Patienten nach Nummer 2,
2. die Gruppe derjenigen geriatrischen Patienten, die wegen Art, Schwere und Komplexität ihrer Krankheitsverläufe einer Versorgung nach Nummer 1 bedürfen,
3. sächliche und personelle Voraussetzungen an die Leistungserbringung sowie sonstige Anforderungen an die Qualitätssicherung und
4. in welchen Fällen die ermächtigte Einrichtung oder der ermächtigte Krankenhausarzt unmittelbar oder auf Überweisung in Anspruch genommen werden kann.

2Kommt eine Vereinbarung nach Satz 1 ganz oder teilweise nicht zustande, wird ihr Inhalt auf Antrag einer Vertragspartei durch das Bundesschiedsamt nach § 89 Absatz 4 innerhalb von drei Monaten festgelegt, das hierzu um Vertreter der Deutschen Krankenhausgesellschaft sowie der Krankenkassen in jeweils gleicher Zahl erweitert wird und mit einfacher Stimmenmehrheit entscheidet; § 112 Absatz 4 gilt entsprechend.

§ 119 Sozialpädiatrische Zentren

(1) 1Sozialpädiatrische Zentren, die fachlich-medizinisch unter ständiger ärztlicher Leitung stehen und die Gewähr für eine leistungsfähige und wirtschaftliche sozialpädiatrische Behandlung bieten, können vom Zulassungsausschuß (§ 96) zur ambulanten sozialpädiatrischen Behandlung von Kindern ermächtigt werden. 2Die Ermächtigung ist zu erteilen, soweit und solange sie notwendig ist, um eine ausreichende sozialpädiatrische Behandlung sicherzustellen.

(2) 1Die Behandlung durch sozialpädiatrische Zentren ist auf diejenigen Kinder auszurichten, die wegen der Art, Schwere oder Dauer ihrer Krankheit oder einer drohenden Krankheit nicht von geeigneten Ärzten oder in geeigneten Frühförderstellen behandelt werden können. 2Die Zentren sollen mit den Ärzten und den Frühförderstellen eng zusammenarbeiten.

§ 119a Ambulante Behandlung in Einrichtungen der Behindertenhilfe

1Einrichtungen der Behindertenhilfe, die über eine ärztlich geleitete Abteilung verfügen, sind vom Zulassungsausschuss zur ambulanten ärztlichen Behandlung von Versicherten mit geistiger Behinderung zu ermächtigen, soweit und solange eine ausreichende ärztliche Versorgung dieser Versicherten ohne die besonderen Untersuchungs- und Behandlungsmethoden oder Kenntnisse der Ärzte in den Einrichtungen durch niedergelassene Ärzte nicht sichergestellt ist. 2Die Behandlung

V

ist auf diejenigen Versicherten auszurichten, die wegen der Art oder Schwere ihrer Behinderung auf die ambulante Behandlung in diesen Einrichtungen angewiesen sind. 3In dem Zulassungsbescheid ist zu regeln, ob und in welchen Fällen die Ärzte in den Einrichtungen unmittelbar oder auf Überweisung in Anspruch genommen werden können. 4Die ärztlich geleiteten Abteilungen sollen mit den übrigen Leistungserbringern eng zusammenarbeiten.

§ 119b Ambulante Behandlung in stationären Pflegeeinrichtungen

(1) 1Stationäre Pflegeeinrichtungen können einzeln oder gemeinsam bei entsprechendem Bedarf unbeschadet des § 75 Abs. 1 Kooperationsverträge mit dafür geeigneten vertragsärztlichen Leistungserbringern schließen. 2Auf Antrag der Pflegeeinrichtung hat die Kassenärztliche Vereinigung zur Sicherstellung einer ausreichenden ärztlichen Versorgung von pflegebedürftigen Versicherten in der Pflegeeinrichtung Verträge nach Satz 1 zu vermitteln. 3Kommt ein Vertrag nach Satz 1 nicht innerhalb einer Frist von sechs Monaten nach Zugang des Antrags der Pflegeeinrichtung zustande, ist die Pflegeeinrichtung vom Zulassungsausschuss zur Teilnahme an der vertragsärztlichen Versorgung der pflegebedürftigen Versicherten in der Pflegeeinrichtung mit angestellten Ärzten, die in das Arztregister eingetragen sind und geriatrisch fortgebildet sein sollen, zu ermächtigen; die Anstellung bedarf der Genehmigung des Zulassungsausschusses. 4Soll die Versorgung der pflegebedürftigen Versicherten durch einen in mehreren Pflegeeinrichtungen angestellten Arzt erfolgen, ist der angestellte Arzt zur Teilnahme an der vertragsärztlichen Versorgung der pflegebedürftigen Versicherten in den Pflegeeinrichtungen zu ermächtigen. 5Das Recht auf freie Arztwahl der Versicherten in der Pflegeeinrichtung bleibt unberührt. 6Der in der Pflegeeinrichtung tätige Arzt ist bei seinen ärztlichen Entscheidungen nicht an Weisungen von Nichtärzten gebunden. 7Er soll mit den übrigen Leistungserbringern eng zusammenarbeiten.

(2) Die Vertragsparteien der Verträge nach § 82 Absatz 1 und § 87 Absatz 1 vereinbaren bis spätestens 30. September 2013 im Benehmen mit den Vereinigungen der Träger der Pflegeeinrichtungen auf Bundesebene sowie den Verbänden der Pflegeberufe auf Bundesebene insbesondere zur Verbesserung der Qualität der Versorgung Anforderungen an eine kooperative und koordinierte ärztliche und pflegerische Versorgung von pflegebedürftigen Versicherten in stationären Pflegeeinrichtungen.

(3) 1Das Institut nach § 87 Absatz 3b Satz 1 evaluiert im Einvernehmen mit dem Bundesministerium für Gesundheit die mit den Maßnahmen nach § 87a Absatz 2 Satz 3 zweiter Halbsatz verbundenen Auswirkungen auf das Versorgungsgeschehen im Bereich der vertragsärztlichen Versorgung einschließlich der finanziellen Auswirkungen auf die Krankenkassen und berichtet der Bundesregierung bis zum 31. August 2016 über die Ergebnisse. 2Die für die Durchführung der Evaluation erforderlichen Daten sind von den Kassenärztlichen Vereinigungen, den Krankenkassen und den Pflegekassen zu erfassen und jeweils über die Kassenärztliche Bundesvereinigung, den Spitzenverband Bund der Krankenkassen und den Spitzenverband Bund der Pflegekassen an das Institut nach Satz 1 zu übermitteln; § 87 Absatz 3f gilt entsprechend.

§ 119c Medizinische Behandlungszentren

(1) 1Medizinische Behandlungszentren für Erwachsene mit geistiger Behinderung oder schweren Mehrfachbehinderungen, die fachlich unter ständiger ärztlicher Leitung stehen und die Gewähr für eine leistungsfähige und wirtschaftliche Behandlung bieten, können vom Zulassungsausschuss zur ambulanten Behandlung von Erwachsenen mit geistiger Behinderung oder schweren Mehrfachbehinderungen ermächtigt werden. 2Die Ermächtigung ist zu erteilen, soweit und solange sie notwendig ist, um eine ausreichende Versorgung von Erwachsenen mit geistiger Behin-

derung oder schweren Mehrfachbehinderungen sicherzustellen.

(2) $_{1}$Die Behandlung durch medizinische Behandlungszentren ist auf diejenigen Erwachsenen auszurichten, die wegen der Art, Schwere oder Komplexität ihrer Behinderung auf die ambulante Behandlung in diesen Einrichtungen angewiesen sind. $_{2}$Die medizinischen Behandlungszentren sollen dabei mit anderen behandelnden Ärzten, den Einrichtungen und Diensten der Eingliederungshilfe und mit dem Öffentlichen Gesundheitsdienst eng zusammenarbeiten.

§ 120 Vergütung ambulanter Krankenhausleistungen

(1) $_{1}$Die im Krankenhaus erbrachten ambulanten ärztlichen Leistungen der ermächtigten Krankenhausärzte, die in stationären Pflegeeinrichtungen erbrachten ambulanten ärztlichen Leistungen von nach § 119b Absatz 1 Satz 4 ermächtigten Ärzten, ambulante ärztliche Leistungen, die in ermächtigten Einrichtungen erbracht werden, und Leistungen, die im Rahmen einer Inanspruchnahme nach § 27b Absatz 3 Nummer 4 oder nach § 76 Absatz 1a erbracht werden, werden nach den für Vertragsärzte geltenden Grundsätzen aus der vertragsärztlichen Gesamtvergütung vergütet. $_{2}$Die mit diesen Leistungen verbundenen allgemeinen Praxiskosten, die durch die Anwendung von ärztlichen Geräten entstehenden Kosten sowie die sonstigen Sachkosten sind mit den Gebühren abgegolten, soweit in den einheitlichen Bewertungsmaßstäben nichts Abweichendes bestimmt ist. $_{3}$Die den ermächtigten Krankenhausärzten zustehende Vergütung wird für diese vom Krankenhausträger mit der Kassenärztlichen Vereinigung abgerechnet und nach Abzug der anteiligen Verwaltungskosten sowie der dem Krankenhaus nach Satz 2 entstehenden Kosten an die berechtigten Krankenhausärzte weitergeleitet. $_{4}$Die Vergütung der von nach § 119b Absatz 1 Satz 4 ermächtigten Ärzten erbrachten Leistungen wird von der stationären Pflegeeinrichtung mit der Kassenärztlichen Vereinigung abgerechnet. $_{5}$Die Vergütung der Leistungen, die im Rahmen einer Inanspruchnahme nach § 76 Absatz 1a erbracht werden, wird vom Krankenhausträger nach Maßgabe der regionalen Euro-Gebührenordnung mit der Kassenärztlichen Vereinigung abgerechnet.

(1a) $_{1}$Ergänzend zur Vergütung nach Absatz 1 sollen die Landesverbände der Krankenkassen und die Ersatzkassen gemeinsam und einheitlich für die in kinder- und jugendmedizinischen, kinderchirurgischen und kinderorthopädischen sowie insbesondere pädaudiologischen und kinderradiologischen Fachabteilungen von Krankenhäusern erbrachten ambulanten Leistungen mit dem Krankenhausträger fall- oder einrichtungsbezogene Pauschalen vereinbaren, wenn diese erforderlich sind, um die Behandlung von Kindern und Jugendlichen, die auf Überweisung erfolgt, angemessen zu vergüten. $_{2}$Die Pauschalen werden von der Krankenkasse unmittelbar vergütet. $_{3}$§ 295 Absatz 1b Satz 1 gilt entsprechend. $_{4}$Das Nähere über Form und Inhalt der Abrechnungsunterlagen und der erforderlichen Vordrucke wird in der Vereinbarung nach § 301 Absatz 3 geregelt. $_{5}$Soweit für ein Jahr für diese Leistungen erstmals Pauschalen nach Satz 1 vereinbart werden, sind bei besonderen Einrichtungen einmalig die Erlössumme nach § 6 Absatz 3 des Krankenhausentgeltgesetzes für dieses Jahr in Höhe der Summe der nach Satz 1 vereinbarten Pauschalen zu vermindern. $_{6}$Der jeweilige Minderungsbetrag ist bereits bei der Vereinbarung der Vergütung nach Satz 1 festzulegen. $_{7}$Bei der Vereinbarung des Landesbasisfallwerts nach § 10 des Krankenhausentgeltgesetzes ist die Summe der für das jeweilige Jahr erstmalig vereinbarten ambulanten Pauschalen ausgabenmindernd zu berücksichtigen.

(2) $_{1}$Die Leistungen der Hochschulambulanzen, der psychiatrischen Institutsambulanzen, der sozialpädiatrischen Zentren und der medizinischen Behandlungszentren werden unmittelbar von der Krankenkasse vergütet. $_{2}$Die Vergütung wird von den Landesverbänden der Krankenkassen und den Ersatzkassen gemeinsam und einheitlich mit den Hochschulen oder Hochschulkliniken, den Kran-

kenhäusern oder den sie vertretenden Vereinigungen im Land vereinbart. $_{3}$Sie muss die Leistungsfähigkeit der Hochschulambulanzen, der psychiatrischen Institutsambulanzen, der sozialpädiatrischen Zentren und der medizinischen Behandlungszentren bei wirtschaftlicher Betriebsführung gewährleisten. $_{4}$Bei der Vergütung der Leistungen der Hochschulambulanzen sind die Vereinbarungen nach Absatz 3 Satz 5 zu berücksichtigen. $_{5}$Bei Hochschulambulanzen an nach den Vorschriften des Krankenhausfinanzierungsgesetzes öffentlich geförderten Krankenhäusern ist ein Investitionskostenabschlag von höchstens 5 Prozent zu berücksichtigen. $_{6}$Bei den Vergütungsvereinbarungen für Hochschulambulanzen nach Satz 2 sind Vereinbarungen nach Absatz 1a Satz 1 zu berücksichtigen.

(3) $_{1}$Die Vergütung der Leistungen der Hochschulambulanzen, der psychiatrischen Institutsambulanzen, der sozialpädiatrischen Zentren, der medizinischen Behandlungszentren und sonstiger ermächtigter ärztlich geleiteter Einrichtungen kann pauschaliert werden. $_{2}$Bei den öffentlich geförderten Krankenhäusern ist die Vergütung nach Absatz 1 um einen Investitionskostenabschlag von 10 vom Hundert zu kürzen. $_{3}$§ 295 Absatz 1b Satz 1 gilt entsprechend. $_{4}$Das Nähere über Form und Inhalt der Abrechnungsunterlagen und der erforderlichen Vordrucke wird für die Hochschulambulanzen, die psychiatrischen Institutsambulanzen, die sozial-pädiatrischen Zentren und die medizinischen Behandlungszentren von den Vertragsparteien nach § 301 Absatz 3, für die sonstigen ermächtigten ärztlich geleiteten Einrichtungen von den Vertragsparteien nach § 83 Satz 1 vereinbart. $_{5}$Die Vertragsparteien nach § 301 Absatz 3 vereinbaren bis zum 23. Januar 2016 bundeseinheitliche Grundsätze, die die Besonderheiten der Hochschulambulanzen angemessen abbilden, insbesondere zur Vergütungsstruktur und zur Leistungsdokumentation.

(3a) $_{1}$Die Vergütung der Leistungen, die im Rahmen einer Inanspruchnahme nach § 76 Absatz 1a erbracht werden, erfolgt mit den festen Preisen der regionalen Euro-Gebührenordnung zu Lasten des Anteils der morbiditätsbedingten Gesamtvergütungen, der für den Bereich der fachärztlichen Versorgung zu bilden ist, es sei denn, die Vertragsparteien nach § 87a Absatz 2 Satz 1 haben für diese Leistungen Vergütungen nach § 87a Absatz 2 Satz 3 oder § 87a Absatz 3 Satz 5 vereinbart. $_{2}$Eine Kürzung der Vergütung um einen Investitionskostenabschlag nach Absatz 3 Satz 2 erster Halbsatz und eine Prüfung der Abrechnungen auf Plausibilität sind nicht vorzunehmen. $_{3}$Das Nähere über Form und Inhalt der Abrechnungsunterlagen und der erforderlichen Vordrucke bestimmt die Kassenärztliche Vereinigung im Einvernehmen mit der Landeskrankenhausgesellschaft und den Landesverbänden der Krankenkassen und den Ersatzkassen gemeinsam und einheitlich unter Berücksichtigung der Regelungen nach § 87 Absatz 1 Satz 2 bis zum 23. Januar 2016; § 115 Absatz 3 gilt entsprechend. $_{4}$Die in § 112 Absatz 1 genannten Vertragspartner treffen eine Vereinbarung über eine pauschale Vergütung und Abrechnung des Sprechstundenbedarfs mit den Krankenkassen im Rahmen der Inanspruchnahme nach § 76 Absatz 1a; § 112 Absatz 5 gilt entsprechend.

(4) $_{1}$Kommt eine Vereinbarung nach Absatz 1a Satz 1 oder nach Absatz 2 Satz 2 ganz oder teilweise nicht zustande, setzt die Schiedsstelle nach § 18a Abs. 1 des Krankenhausfinanzierungsgesetzes auf Antrag einer Vertragspartei die Vergütung fest; im Falle von Vereinbarungen nach Absatz 1a Satz 1 hat die Schiedsstelle zunächst festzustellen, ob die Vereinbarung erforderlich ist, um die Behandlung von Kindern und Jugendlichen, die auf Überweisung erfolgt, angemessen zu vergüten. $_{2}$Kommt die Vereinbarung nach Absatz 3 Satz 5 ganz oder teilweise nicht zustande, setzt die Schiedsstelle nach § 18a Absatz 6 des Krankenhausfinanzierungsgesetzes in der Besetzung ohne den Vertreter des Verbandes der privaten Krankenversicherung auf Antrag einer Vertragspartei den Inhalt innerhalb von sechs Wochen fest. $_{3}$Kommt die Vereinbarung nach Absatz 3a

Satz 4 ganz oder teilweise nicht zustande, setzt die Schiedsstelle nach § 114 auf Antrag einer Vertragspartei den Inhalt innerhalb von sechs Wochen fest.

(5) Beamtenrechtliche Vorschriften über die Entrichtung eines Entgelts bei der Inanspruchnahme von Einrichtungen, Personal und Material des Dienstherrn oder vertragliche Regelungen über ein weitergehendes Nutzungsentgelt, das neben der Kostenerstattung auch einen Vorteilsausgleich umfaßt, und sonstige Abgaben der Ärzte werden durch die Absätze 1 bis 4 nicht berührt.

§ 121 Belegärztliche Leistungen

(1) 1Die Vertragsparteien nach § 115 Abs. 1 wirken gemeinsam mit Krankenkassen und zugelassenen Krankenhäusern auf eine leistungsfähige und wirtschaftliche belegärztliche Behandlung der Versicherten hin. 2Die Krankenhäuser sollen Belegärzten gleicher Fachrichtung die Möglichkeit geben, ihre Patienten gemeinsam zu behandeln (kooperatives Belegarztwesen).

(2) Belegärzte im Sinne dieses Gesetzbuchs sind nicht am Krankenhaus angestellte Vertragsärzte, die berechtigt sind, ihre Patienten (Belegpatienten) im Krankenhaus unter Inanspruchnahme der hierfür bereitgestellten Dienste, Einrichtungen und Mittel vollstationär oder teilstationär zu behandeln, ohne hierfür vom Krankenhaus eine Vergütung zu erhalten.

(3) 1Die belegärztlichen Leistungen werden aus der vertragsärztlichen Gesamtvergütung vergütet. 2Die Vergütung hat die Besonderheiten der belegärztlichen Tätigkeit zu berücksichtigen. 3Hierzu gehören auch leistungsgerechte Entgelte für

1. den ärztlichen Bereitschaftsdienst für Belegpatienten und
2. die vom Belegarzt veranlaßten Leistungen nachgeordneter Ärzte des Krankenhauses, die bei der Behandlung seiner Belegpatienten in demselben Fachgebiet wie der Belegarzt tätig werden.

(4) Der Bewertungsausschuss hat in einem Beschluss nach § 87 mit Wirkung zum 1. April 2007 im einheitlichen Bewertungsmaßstab für ärztliche Leistungen Regelungen zur angemessenen Bewertung der belegärztlichen Leistungen unter Berücksichtigung der Vorgaben nach Absatz 3 Satz 2 und 3 zu treffen.

(5) Abweichend von den Vergütungsregelungen in Absatz 2 bis 4 können Krankenhäuser mit Belegbetten zur Vergütung der belegärztlichen Leistungen mit Belegärzten Honorarverträge schließen.

§ 121a Genehmigung zur Durchführung künstlicher Befruchtungen

(1) 1Die Krankenkassen dürfen Maßnahmen zur Herbeiführung einer Schwangerschaft (§ 27a Abs. 1) nur erbringen lassen durch

1. Vertragsärzte,
2. zugelassene medizinische Versorgungszentren,
3. ermächtigte Ärzte,
4. ermächtigte ärztlich geleitete Einrichtungen oder
5. zugelassene Krankenhäuser,

denen die zuständige Behörde eine Genehmigung nach Absatz 2 zur Durchführung dieser Maßnahmen erteilt hat. 2Satz 1 gilt bei Inseminationen nur dann, wenn sie nach Stimulationsverfahren durchgeführt werden, bei denen dadurch ein erhöhtes Risiko von Schwangerschaften mit drei oder mehr Embryonen besteht.

(2) Die Genehmigung darf den im Absatz 1 Satz 1 genannten Ärzten oder Einrichtungen nur erteilt werden, wenn sie

1. über die für die Durchführung der Maßnahmen zur Herbeiführung einer Schwangerschaft (§ 27a Abs. 1) notwendigen diagnostischen und therapeutischen Möglichkeiten verfügen und nach wissenschaftlich anerkannten Methoden arbeiten und
2. die Gewähr für eine bedarfsgerechte, leistungsfähige und wirtschaftliche Durchführung von Maßnahmen zur Herbeiführung einer Schwangerschaft (§ 27a Abs. 1) bieten.

(3) 1Ein Anspruch auf Genehmigung besteht nicht. 2Bei notwendiger Auswahl zwischen mehreren geeigneten Ärzten und Einrichtun-

V

gen, die sich um die Genehmigung bewerben, entscheidet die zuständige Behörde unter Berücksichtigung der öffentlichen Interessen und der Vielfalt der Bewerber nach pflichtgemäßem Ermessen, welche Ärzte oder welche Einrichtungen den Erfordernissen einer bedarfsgerechten, leistungsfähigen und wirtschaftlichen Durchführung von Maßnahmen zur Herbeiführung einer Schwangerschaft (§ 27a Abs. 1) am besten gerecht werden.

(4) Die zur Erteilung der Genehmigung zuständigen Behörden bestimmt die nach Landesrecht zuständige Stelle, mangels einer solchen Bestimmung die Landesregierung; diese kann die Ermächtigung weiter übertragen.

§ 122 Behandlung in Praxiskliniken

$_{1}$Der Spitzenverband Bund der Krankenkassen und die für die Wahrnehmung der Interessen der in Praxiskliniken tätigen Vertragsärzte gebildete Spitzenorganisation vereinbaren in einem Rahmenvertrag

1. einen Katalog von in Praxiskliniken nach § 115 Absatz 2 Satz 1 Nr. 1 ambulant oder stationär durchführbaren stationsersetzenden Behandlungen,
2. Maßnahmen zur Sicherung der Qualität der Behandlung, der Versorgungsabläufe und der Behandlungsergebnisse.

$_{2}$Die Praxiskliniken nach § 115 Absatz 2 Satz 1 Nr. 1 sind zur Einhaltung des Vertrages nach Satz 1 verpflichtet.

§ 123 (weggefallen)

Fünfter Abschnitt
Beziehungen zu Leistungserbringern von Heilmitteln

§ 124 Zulassung

(1) Heilmittel, die als Dienstleistungen abgegeben werden, insbesondere Leistungen der physikalischen Therapie, der Sprachtherapie oder der Ergotherapie, dürfen an Versicherte nur von zugelassenen Leistungserbringern abgegeben werden.

(2) $_{1}$Zuzulassen ist, wer

1. die für die Leistungserbringung erforderliche Ausbildung sowie eine entsprechende zur Führung der Berufsbezeichnung berechtigende Erlaubnis besitzt,
2. über eine Praxisausstattung verfügt, die eine zweckmäßige und wirtschaftliche Leistungserbringung gewährleistet, und
3. die für die Versorgung der Versicherten geltenden Vereinbarungen anerkennt.

$_{2}$Ein zugelassener Leistungserbringer von Heilmitteln ist in einem weiteren Heilmittelbereich zuzulassen, sofern er für diesen Bereich die Voraussetzungen des Satzes 1 Nr. 2 und 3 erfüllt und eine oder mehrere Personen beschäftigt, die die Voraussetzungen des Satzes 1 Nr. 1 nachweisen.

(3) Krankenhäuser, Rehabilitationseinrichtungen und ihnen vergleichbare Einrichtungen dürfen die in Absatz 1 genannten Heilmittel durch Personen abgeben, die die Voraussetzungen nach Absatz 2 Nr. 1 erfüllen; Absatz 2 Nr. 2 und 3 gilt entsprechend.

(4) $_{1}$Der Spitzenverband Bund der Krankenkassen gibt Empfehlungen für eine einheitliche Anwendung der Zulassungsbedingungen nach Absatz 2 ab. $_{2}$Die für die Wahrnehmung der wirtschaftlichen Interessen maßgeblichen Spitzenorganisationen der Leistungserbringer auf Bundesebene sollen gehört werden.

(5) $_{1}$Die Zulassung wird von den Landesverbänden der Krankenkassen und den Ersatzkassen erteilt. $_{2}$Die Zulassung berechtigt zur Versorgung der Versicherten.

(6) $_{1}$Die Zulassung kann widerrufen werden, wenn der Leistungserbringer nach Erteilung der Zulassung die Voraussetzungen nach Absatz 2 Nr. 1, 2 oder 3 nicht mehr erfüllt. $_{2}$Die Zulassung kann auch widerrufen werden, wenn der Leistungserbringer die Fortbildung nicht innerhalb der Nachfrist gemäß § 125 Abs. 2 Satz 3 erbringt. $_{3}$Absatz 5 Satz 1 gilt entsprechend.

(7) $_{1}$Die am 30. Juni 2008 bestehenden Zulassungen, die von den Verbänden der Ersatzkassen erteilt wurden, gelten als von den Ersatzkassen gemäß Absatz 5 erteilte Zulassungen weiter. $_{2}$Absatz 6 gilt entsprechend.

§ 125 Rahmenempfehlungen und Verträge

(1) $_{1}$Der Spitzenverband Bund der Krankenkassen und die für die Wahrnehmung der Interessen der Heilmittelerbringer maßgeblichen Spitzenorganisationen auf Bundesebene sollen unter Berücksichtigung der Richtlinien nach § 92 Abs. 1 Satz 2 Nr. 6 gemeinsam Rahmenempfehlungen über die einheitliche Versorgung mit Heilmitteln abgeben; es kann auch mit den für den jeweiligen Leistungsbereich maßgeblichen Spitzenorganisationen eine gemeinsame entsprechende Rahmenempfehlung abgegeben werden. $_{2}$Vor Abschluß der Rahmenempfehlungen ist der Kassenärztlichen Bundesvereinigung Gelegenheit zur Stellungnahme zu geben. $_{3}$Die Stellungnahme ist in den Entscheidungsprozeß der Partner der Rahmenempfehlungen einzubeziehen. $_{4}$In den Rahmenempfehlungen sind insbesondere zu regeln:

1. Inhalt der einzelnen Heilmittel einschließlich Umfang und Häufigkeit ihrer Anwendungen im Regelfall sowie deren Regelbehandlungszeit,
2. Maßnahmen zur Fortbildung und Qualitätssicherung, die die Qualität der Behandlung, der Versorgungsabläufe und der Behandlungsergebnisse umfassen,
3. Inhalt und Umfang der Zusammenarbeit des Heilmittelerbringers mit dem verordnenden Vertragsarzt,

3a. Vorgaben für die notwendigen Angaben der Heilmittelverordnung sowie einheitliche Regelungen zur Abrechnung,

4. Maßnahmen der Wirtschaftlichkeit der Leistungserbringung und deren Prüfung und
5. Vorgaben für Vergütungsstrukturen.

$_{5}$Kommt eine Einigung nicht zustande, wird der Empfehlungsinhalt durch eine von den Empfehlungspartnern nach Satz 1 gemeinsam zu benennende unabhängige Schiedsperson festgelegt. $_{6}$Einigen sich die Empfehlungspartner nicht auf eine Schiedsperson, so wird diese von der für den Spitzenverband Bund der Krankenkassen zuständigen Aufsichtsbehörde bestimmt. $_{7}$Die Kosten des Schiedsverfahrens tragen der Spitzenverband Bund der Krankenkassen und die für die Wahrnehmung der Interessen der Heilmittelerbringer maßgeblichen Spitzenorganisationen je zur Hälfte. $_{8}$Die Inhalte der Rahmenempfehlungen nach Satz 4 Nummer 3a sind den Verträgen nach Absatz 2 zugrunde zu legen.

(2) $_{1}$Über die Einzelheiten der Versorgung mit Heilmitteln, über die Preise, deren Abrechnung und die Verpflichtung der Leistungserbringer zur Fortbildung schließen die Krankenkassen, ihre Landesverbände oder Arbeitsgemeinschaften Verträge mit Leistungserbringern oder Verbänden oder sonstigen Zusammenschlüssen der Leistungserbringer; die vereinbarten Preise sind Höchstpreise. $_{2}$Für den Fall, dass die Fortbildung gegenüber dem jeweiligen Vertragspartner nicht nachgewiesen wird, sind in den Verträgen nach Satz 1 Vergütungsabschläge vorzusehen. $_{3}$Dem Leistungserbringer ist eine Frist zu setzen, innerhalb derer er die Fortbildung nachholen kann. $_{4}$Soweit sich die Vertragspartner in den mit Verbänden der Leistungserbringer abgeschlossenen Verträgen nicht auf die Vertragspreise oder eine Anpassung der Vertragspreise einigen, werden die Preise von einer von den Vertragspartnern gemeinsam zu benennenden unabhängigen Schiedsperson festgelegt. $_{5}$Einigen sich die Vertragspartner nicht auf eine Schiedsperson, wird diese von der für die vertragsschließende Krankenkasse oder den vertragsschließenden Landesverband zuständigen Aufsichtsbehörde bestimmt. $_{6}$Die Kosten des Schiedsverfahrens tragen die Verbände der Leistungserbringer sowie die Krankenkassen oder ihre Landesverbände je zur Hälfte.

(3) $_{1}$Untergrenze für die in den Jahren 2016 bis 2021 nach Absatz 2 zu vereinbarenden Höchstpreise ist der Betrag, der sich jeweils aus dem niedrigsten Preis zuzüglich zwei Drittel der Differenz zwischen dem niedrigsten und dem höchsten Preis des betreffenden Landes ergibt. $_{2}$Bei der Ermittlung der niedrigsten und der höchsten Preise sind diejenigen Höchstpreise zu berücksichtigen, die zwischen den Krankenkassen, ihren Landes-

verbänden oder Arbeitsgemeinschaften mit Verbänden der Leistungserbringer vereinbart wurden. $_{3}$Die Vertragspartner auf Kassenseite melden dem Spitzenverband Bund der Krankenkassen jährlich zum 1. April die zu diesem Zeitpunkt gültigen Preise. $_{4}$Der Spitzenverband Bund der Krankenkassen ermittelt daraus für jedes Land die Untergrenze nach Satz 1 und teilt diese sowie den höchsten Preis den Vertragspartnern nach Absatz 2 Satz 1 auf Anfrage mit. $_{5}$Preisanhebungen oberhalb der nach § 71 Absatz 3 festgestellten Veränderungsrate verletzen nicht den Grundsatz der Beitragssatzstabilität, wenn sie erforderlich sind, um die Untergrenze nach Satz 1 zu erreichen. $_{6}$Die Sätze 1 bis 5 gelten nur für die am Risikostrukturausgleich teilnehmenden Krankenkassen.

Sechster Abschnitt
Beziehungen zu Leistungserbringern von Hilfsmitteln

§ 126 Versorgung durch Vertragspartner

(1) $_{1}$Hilfsmittel dürfen an Versicherte nur auf der Grundlage von Verträgen nach § 127 Abs. 1, 2 und 3 abgegeben werden. $_{2}$Vertragspartner der Krankenkassen können nur Leistungserbringer sein, die die Voraussetzungen für eine ausreichende, zweckmäßige und funktionsgerechte Herstellung, Abgabe und Anpassung der Hilfsmittel erfüllen. $_{3}$Der Spitzenverband Bund der Krankenkassen gibt Empfehlungen für eine einheitliche Anwendung der Anforderungen nach Satz 2, einschließlich der Fortbildung der Leistungserbringer, ab.

(1a) $_{1}$Die Krankenkassen stellen sicher, dass die Voraussetzungen nach Absatz 1 Satz 2 erfüllt sind. $_{2}$Sie haben von der Erfüllung auszugehen, wenn eine Bestätigung einer geeigneten Stelle vorliegt. $_{3}$Die näheren Einzelheiten des Verfahrens nach Satz 2 einschließlich der Bestimmung und Überwachung der geeigneten Stellen, Inhalt und Gültigkeitsdauer der Bestätigungen, der Überprüfung ablehnender Entscheidungen und der Erhebung von Entgelten vereinbart der Spitzenverband Bund der Krankenkassen mit den für die Wahrnehmung der Interessen der Leistungserbringer maßgeblichen Spitzenorganisationen auf Bundesebene. $_{4}$Dabei ist sicherzustellen, dass Leistungserbringer das Verfahren unabhängig von einer Mitgliedschaft bei einem der Vereinbarungspartner nach Satz 3 nutzen können und einen Anspruch auf Erteilung der Bestätigung haben, wenn sie die Voraussetzungen nach Absatz 1 Satz 2 erfüllen. $_{5}$Erteilte Bestätigungen sind einzuschränken, auszusetzen oder zurückzuziehen, wenn die erteilende Stelle feststellt, dass die Voraussetzungen nicht oder nicht mehr erfüllt sind, soweit der Leistungserbringer nicht innerhalb einer angemessenen Frist die Übereinstimmung herstellt. $_{6}$Die in der Vereinbarung nach Satz 3 bestimmten Stellen dürfen die für die Feststellung und Bestätigung der Erfüllung der Anforderungen nach Absatz 1 Satz 2 erforderlichen Daten von Leistungserbringern erheben, verarbeiten und nutzen. $_{7}$Sie dürfen den Spitzenverband Bund der Krankenkassen über ausgestellte sowie über verweigerte, eingeschränkte, ausgesetzte und zurückgezogene Bestätigungen einschließlich der für die Identifizierung der jeweiligen Leistungserbringer erforderlichen Daten unterrichten. $_{8}$Der Spitzenverband Bund ist befugt, die übermittelten Daten zu verarbeiten und den Krankenkassen bekannt zu geben.

(2) (weggefallen)

(3) Für nichtärztliche Dialyseleistungen, die nicht in der vertragsärztlichen Versorgung erbracht werden, gelten die Regelungen dieses Abschnitts entsprechend.

§ 127 Verträge

(1) $_{1}$Soweit dies zur Gewährleistung einer wirtschaftlichen und in der Qualität gesicherten Versorgung zweckmäßig ist, können die Krankenkassen, ihre Landesverbände oder Arbeitsgemeinschaften im Wege der Ausschreibung Verträge mit Leistungserbringern oder zu diesem Zweck gebildeten Zusammenschlüssen der Leistungserbringer über die Lieferung einer bestimmten Menge von Hilfsmitteln, die Durchführung einer bestimmten Anzahl von Versorgungen oder die

Versorgung für einen bestimmten Zeitraum schließen. $_{2}$Dabei haben sie die Qualität der Hilfsmittel sowie die notwendige Beratung der Versicherten und sonstige erforderliche Dienstleistungen sicherzustellen und für eine wohnortnahe Versorgung der Versicherten zu sorgen. $_{3}$Die im Hilfsmittelverzeichnis nach § 139 festgelegten Anforderungen an die Qualität der Versorgung und der Produkte sind zu beachten. $_{4}$Für Hilfsmittel, die für einen bestimmten Versicherten individuell angefertigt werden, oder Versorgungen mit hohem Dienstleistungsanteil sind Ausschreibungen in der Regel nicht zweckmäßig.

(1a) $_{1}$Der Spitzenverband Bund der Krankenkassen und die Spitzenorganisationen der Leistungserbringer auf Bundesebene geben erstmalig bis zum 30. Juni 2009 gemeinsam Empfehlungen zur Zweckmäßigkeit von Ausschreibungen ab. $_{2}$Kommt eine Einigung bis zum Ablauf der nach Satz 1 bestimmten Frist nicht zustande, wird der Empfehlungsinhalt durch eine von den Empfehlungspartnern nach Satz 1 gemeinsam zu benennende unabhängige Schiedsperson festgelegt. $_{3}$Einigen sich die Empfehlungspartner nicht auf eine Schiedsperson, so wird diese von der für den Spitzenverband Bund der Krankenkassen zuständigen Aufsichtsbehörde bestimmt. $_{4}$Die Kosten des Schiedsverfahrens tragen der Spitzenverband Bund und die Spitzenorganisationen der Leistungserbringer je zur Hälfte.

(2) $_{1}$Soweit Ausschreibungen nach Absatz 1 nicht durchgeführt werden, schließen die Krankenkassen, ihre Landesverbände oder Arbeitsgemeinschaften Verträge mit Leistungserbringern oder Verbänden oder sonstigen Zusammenschlüssen der Leistungserbringer über die Einzelheiten der Versorgung mit Hilfsmitteln, deren Wiedereinsatz, die Qualität der Hilfsmittel und zusätzlich zu erbringender Leistungen, die Anforderungen an die Fortbildung der Leistungserbringer, die Preise und die Abrechnung. $_{2}$Absatz 1 Satz 2 und 3 gilt entsprechend. $_{3}$Die Absicht, über die Versorgung mit bestimmten Hilfsmitteln Verträge zu schließen, ist in geeigneter Weise öffentlich bekannt zu machen. $_{4}$Über die Inhalte abgeschlossener Verträge sind andere Leistungserbringer auf Nachfrage unverzüglich zu informieren.

(2a) $_{1}$Den Verträgen nach Absatz 2 Satz 1 können Leistungserbringer zu den gleichen Bedingungen als Vertragspartner beitreten, soweit sie nicht auf Grund bestehender Verträge bereits zur Versorgung der Versicherten berechtigt sind. $_{2}$Verträgen, die mit Verbänden oder sonstigen Zusammenschlüssen der Leistungserbringer abgeschlossen wurden, können auch Verbände und sonstige Zusammenschlüsse der Leistungserbringer beitreten. $_{3}$Die Sätze 1 und 2 gelten entsprechend für fortgeltende Verträge, die vor dem 1. April 2007 abgeschlossen wurden. $_{4}$§ 126 Abs. 1a und 2 bleibt unberührt.

(3) $_{1}$Soweit für ein erforderliches Hilfsmittel keine Verträge der Krankenkasse nach Absatz 1 und 2 mit Leistungserbringern bestehen oder durch Vertragspartner eine Versorgung der Versicherten in einer für sie zumutbaren Weise nicht möglich ist, trifft die Krankenkasse eine Vereinbarung im Einzelfall mit einem Leistungserbringer; Absatz 1 Satz 2 und 3 gilt entsprechend. $_{2}$Sie kann vorher auch bei anderen Leistungserbringern in pseudonymisierter Form Preisangebote einholen. $_{3}$In den Fällen des § 33 Abs. 1 Satz 5 und Abs. 6 Satz 3 gilt Satz 1 entsprechend.

(4) Für Hilfsmittel, für die ein Festbetrag festgesetzt wurde, können in den Verträgen nach den Absätzen 1, 2 und 3 Preise höchstens bis zur Höhe des Festbetrags vereinbart werden.

(5) $_{1}$Die Krankenkassen haben ihre Versicherten über die zur Versorgung berechtigten Vertragspartner und auf Nachfrage über die wesentlichen Inhalte der Verträge zu informieren. $_{2}$Sie können auch den Vertragsärzten entsprechende Informationen zur Verfügung stellen.

(6) $_{1}$Der Spitzenverband Bund der Krankenkassen und die für die Wahrnehmung der Interessen der Leistungserbringer maßgeblichen Spitzenorganisationen auf Bundesebene geben gemeinsam Rahmenempfehlungen zur Vereinfachung und Vereinheitlichung der Durchführung und Abrechnung der Versorgung mit Hilfsmitteln ab. $_{2}$In den Empfehlungen können auch Regelungen über die in

§ 302 Absatz 2 Satz 1 und Absatz 3 genannten Inhalte getroffen werden. $_3$§ 139 Absatz 2 bleibt unberührt. $_4$Die Empfehlungen nach Satz 1 sind den Verträgen nach den Absätzen 1, 2 und 3 zugrunde zu legen.

§ 128 Unzulässige Zusammenarbeit zwischen Leistungserbringern und Vertragsärzten

(1) $_1$Die Abgabe von Hilfsmitteln an Versicherte über Depots bei Vertragsärzten ist unzulässig, soweit es sich nicht um Hilfsmittel handelt, die zur Versorgung in Notfällen benötigt werden. $_2$Satz 1 gilt entsprechend für die Abgabe von Hilfsmitteln in Krankenhäusern und anderen medizinischen Einrichtungen.

(2) $_1$Leistungserbringer dürfen Vertragsärzte sowie Ärzte in Krankenhäusern und anderen medizinischen Einrichtungen nicht gegen Entgelt oder Gewährung sonstiger wirtschaftlicher Vorteile an der Durchführung der Versorgung mit Hilfsmitteln beteiligen oder solche Zuwendungen im Zusammenhang mit der Verordnung von Hilfsmitteln gewähren. $_2$Unzulässig ist ferner die Zahlung einer Vergütung für zusätzliche privatärztliche Leistungen, die im Rahmen der Versorgung mit Hilfsmitteln von Vertragsärzten erbracht werden, durch Leistungserbringer. $_3$Unzulässige Zuwendungen im Sinne des Satzes 1 sind auch die unentgeltliche oder verbilligte Überlassung von Geräten und Materialien und Durchführung von Schulungsmaßnahmen, die Gestellung von Räumlichkeiten oder Personal oder die Beteiligung an den Kosten hierfür sowie Einkünfte aus Beteiligungen an Unternehmen von Leistungserbringern, die Vertragsärzte durch ihr Verordnungs- oder Zuweisungsverhalten selbst maßgeblich beeinflussen.

(3) $_1$Die Krankenkassen stellen vertraglich sicher, dass Verstöße gegen die Verbote nach den Absätzen 1 und 2 angemessen geahndet werden. $_2$Für den Fall schwerwiegender und wiederholter Verstöße ist vorzusehen, dass Leistungserbringer für die Dauer von bis zu zwei Jahren von der Versorgung der Versicherten ausgeschlossen werden können.

(4) $_1$Vertragsärzte dürfen nur auf der Grundlage vertraglicher Vereinbarungen mit Krankenkassen über die ihnen im Rahmen der vertragsärztlichen Versorgung obliegenden Aufgaben hinaus an der Durchführung der Versorgung mit Hilfsmitteln mitwirken. $_2$Die Absätze 1 bis 3 bleiben unberührt. $_3$Über eine Mitwirkung nach Satz 1 informieren die Krankenkassen die für die jeweiligen Vertragsärzte zuständige Ärztekammer.

(4a) $_1$Krankenkassen können mit Vertragsärzten Verträge nach Absatz 4 abschließen, wenn die Wirtschaftlichkeit und die Qualität der Versorgung dadurch nicht eingeschränkt werden. $_2$§ 126 Absatz 1 Satz 2 und 3 sowie Absatz 1a gilt entsprechend auch für die Vertragsärzte. $_3$In den Verträgen sind die von den Vertragsärzten zusätzlich zu erbringenden Leistungen und welche Vergütung sie dafür erhalten eindeutig festzulegen. $_4$Die zusätzlichen Leistungen sind unmittelbar von den Krankenkassen an die Vertragsärzte zu vergüten. $_5$Jede Mitwirkung der Leistungserbringer an der Abrechnung und der Abwicklung der Vergütung der von den Vertragsärzten erbrachten Leistungen ist unzulässig.

(4b) $_1$Vertragsärzte, die auf der Grundlage von Verträgen nach Absatz 4 an der Durchführung der Hilfsmittelversorgung mitwirken, haben die von ihnen ausgestellten Verordnungen der jeweils zuständigen Krankenkasse zur Genehmigung der Versorgung zu übersenden. $_2$Die Verordnungen sind den Versicherten von den Krankenkassen zusammen mit der Genehmigung zu übermitteln. $_3$Dabei haben die Krankenkassen die Versicherten in geeigneter Weise über die verschiedenen Versorgungswege zu beraten.

(5) $_1$Absatz 4 Satz 3 gilt entsprechend, wenn Krankenkassen Auffälligkeiten bei der Ausführung von Verordnungen von Vertragsärzten bekannt werden, die auf eine mögliche Zuweisung von Versicherten an bestimmte Leistungserbringer oder eine sonstige Form unzulässiger Zusammenarbeit hindeuten. $_2$In diesen Fällen ist auch die zuständige Kassenärztliche Vereinigung zu informieren. $_3$Gleiches gilt, wenn Krankenkassen Hinweise auf die Forderung oder Annahme unzulässiger

Zuwendungen oder auf eine unzulässige Beeinflussung von Versicherten nach Absatz 5a vorliegen.

(5a) Vertragsärzte, die unzulässige Zuwendungen fordern oder annehmen oder Versicherte zur Inanspruchnahme einer privatärztlichen Versorgung anstelle der ihnen zustehenden Leistung der gesetzlichen Krankenversicherung beeinflussen, verstoßen gegen ihre vertragsärztlichen Pflichten.

(5b) Die Absätze 2, 3, 5 und 5a gelten für die Versorgung mit Heilmitteln entsprechend.

(6) 1Ist gesetzlich nichts anderes bestimmt, gelten bei der Erbringung von Leistungen nach den §§ 31 und 116b Absatz 7 die Absätze 1 bis 3 sowohl zwischen pharmazeutischen Unternehmern, Apotheken, pharmazeutischen Großhändlern und sonstigen Anbietern von Gesundheitsleistungen als auch jeweils gegenüber Vertragsärzten, Ärzten in Krankenhäusern und Krankenhausträgern entsprechend. 2Hiervon unberührt bleiben gesetzlich zulässige Vereinbarungen von Krankenkassen mit Leistungserbringern über finanzielle Anreize für die Mitwirkung an der Erschließung von Wirtschaftlichkeitsreserven und die Verbesserung der Qualität der Versorgung bei der Verordnung von Leistungen nach den §§ 31 und 116b Absatz 7.

Siebter Abschnitt
Beziehungen zu Apotheken und pharmazeutischen Unternehmern

§ 129 Rahmenvertrag über die Arzneimittelversorgung

(1) 1Die Apotheken sind bei der Abgabe verordneter Arzneimittel an Versicherte nach Maßgabe des Rahmenvertrages nach Absatz 2 verpflichtet zur

1. Abgabe eines preisgünstigen Arzneimittels in den Fällen, in denen der verordnende Arzt
   a) ein Arzneimittel nur unter seiner Wirkstoffbezeichnung verordnet oder
   b) die Ersetzung des Arzneimittels durch ein wirkstoffgleiches Arzneimittel nicht ausgeschlossen hat,
2. Abgabe von preisgünstigen importierten Arzneimitteln, deren für den Versicherten maßgeblicher Arzneimittelabgabepreis unter Berücksichtigung der Abschläge nach § 130a Absatz 1, 1a, 2, 3a und 3b mindestens 15 vom Hundert oder mindestens 15 Euro niedriger ist als der Preis des Bezugsarzneimittels; in dem Rahmenvertrag nach Absatz 2 können Regelungen vereinbart werden, die zusätzliche Wirtschaftlichkeitsreserven erschließen,
3. Abgabe von wirtschaftlichen Einzelmengen und
4. Angabe des Apothekenabgabepreises auf der Arzneimittelpackung.

2Bei der Abgabe eines Arzneimittels nach Satz 1 Nummer 1 haben die Apotheken ein Arzneimittel abzugeben, das mit dem verordneten in Wirkstärke und Packungsgröße identisch ist, für ein gleiches Anwendungsgebiet zugelassen ist und die gleiche oder eine austauschbare Darreichungsform besitzt; als identisch gelten dabei Packungsgrößen mit dem gleichen Packungsgrößenkennzeichen nach der in § 31 Absatz 4 genannten Rechtsverordnung. 3Dabei ist die Ersetzung durch ein wirkstoffgleiches Arzneimittel vorzunehmen, für das eine Vereinbarung nach § 130a Abs. 8 mit Wirkung für die Krankenkasse besteht, soweit hierzu in Verträgen nach Absatz 5 nichts anderes vereinbart ist. 4Besteht keine entsprechende Vereinbarung nach § 130a Abs. 8, hat die Apotheke die Ersetzung durch ein preisgünstigeres Arzneimittel nach Maßgabe des Rahmenvertrages vorzunehmen. 5Abweichend von den Sätzen 3 und 4 können Versicherte gegen Kostenerstattung ein anderes Arzneimittel erhalten, wenn die Voraussetzungen nach Satz 2 erfüllt sind. 6§ 13 Absatz 2 Satz 2 und 12 findet keine Anwendung. 7Bei der Abgabe von importierten Arzneimitteln und ihren Bezugsarzneimitteln gelten die Sätze 3 und 4 entsprechend; dabei hat die Abgabe eines Arzneimittels, für das eine Vereinbarung nach § 130a Absatz 8 besteht, Vorrang vor der Abgabe nach Satz 1 Nummer 2.

(1a) 1Der Gemeinsame Bundesausschuss gibt in den Richtlinien nach § 92 Abs. 1 Satz 2 Nr. 6

V

unverzüglich Hinweise zur Austauschbarkeit von Darreichungsformen unter Berücksichtigung ihrer therapeutischen Vergleichbarkeit. 2Der Gemeinsame Bundesausschuss bestimmt in den Richtlinien nach § 92 Absatz 1 Satz 2 Nummer 6 erstmals bis zum 30. September 2014 die Arzneimittel, bei denen die Ersetzung durch ein wirkstoffgleiches Arzneimittel abweichend von Absatz 1 Satz 1 Nummer 1 Buchstabe b ausgeschlossen ist; dabei sollen insbesondere Arzneimittel mit geringer therapeutischer Breite berücksichtigt werden. 3Das Nähere regelt der Gemeinsame Bundesausschuss in seiner Verfahrensordnung.

(2) Der Spitzenverband Bund der Krankenkassen und die für die Wahrnehmung der wirtschaftlichen Interessen gebildete maßgebliche Spitzenorganisation der Apotheker regeln in einem gemeinsamen Rahmenvertrag das Nähere.

V

(3) Der Rahmenvertrag nach Absatz 2 hat Rechtswirkung für Apotheken, wenn sie

1. einem Mitgliedsverband der Spitzenorganisation angehören und die Satzung des Verbandes vorsieht, daß von der Spitzenorganisation abgeschlossene Verträge dieser Art Rechtswirkung für die dem Verband angehörenden Apotheken haben, oder
2. dem Rahmenvertrag beitreten.

(4) 1Im Rahmenvertrag nach Absatz 2 ist zu regeln, welche Maßnahmen die Vertragspartner auf Landesebene ergreifen können, wenn Apotheken gegen ihre Verpflichtungen nach Absatz 1, 2 oder 5 verstoßen. 2In dem Rahmenvertrag ist erstmals bis zum 1. Januar 2016 zu regeln, in welchen Fällen einer Beanstandung der Abrechnung durch Krankenkassen, insbesondere bei Formfehlern, eine Retaxation vollständig oder teilweise unterbleibt; kommt eine Regelung nicht innerhalb der Frist zustande, entscheidet die Schiedsstelle nach Absatz 8. 3Bei gröblichen und wiederholten Verstößen ist vorzusehen, daß Apotheken von der Versorgung der Versicherten bis zur Dauer von zwei Jahren ausgeschlossen werden können.

(5) 1Die Krankenkassen oder ihre Verbände können mit der für die Wahrnehmung der wirtschaftlichen Interessen maßgeblichen Organisation der Apotheker auf Landesebene ergänzende Verträge schließen. 2Absatz 3 gilt entsprechend. 3Die Versorgung mit in Apotheken hergestellten parenteralen Zubereitungen aus Fertigarzneimitteln in der Onkologie zur unmittelbaren ärztlichen Anwendung bei Patienten kann von der Krankenkasse durch Verträge mit Apotheken sichergestellt werden; dabei können Abschläge auf den Abgabepreis des pharmazeutischen Unternehmers und die Preise und Preisspannen der Apotheken vereinbart werden. 4In dem Vertrag nach Satz 1 kann abweichend vom Rahmenvertrag nach Absatz 2 vereinbart werden, dass die Apotheke die Ersetzung wirkstoffgleicher Arzneimittel so vorzunehmen hat, dass der Krankenkasse Kosten nur in Höhe eines zu vereinbarenden durchschnittlichen Betrags je Arzneimittel entstehen.

(5a) Bei Abgabe eines nicht verschreibungspflichtigen Arzneimittels gilt bei Abrechnung nach § 300 ein für die Versicherten maßgeblicher Arzneimittelabgabepreis in Höhe des Abgabepreises des pharmazeutischen Unternehmens zuzüglich der Zuschläge nach den §§ 2 und 3 der Arzneimittelpreisverordnung in der am 31. Dezember 2003 gültigen Fassung.

(5b) 1Apotheken können an vertraglich vereinbarten Versorgungsformen beteiligt werden; die Angebote sind öffentlich auszuschreiben. 2In Verträgen nach Satz 1 sollen auch Maßnahmen zur qualitätsgesicherten Beratung des Versicherten durch die Apotheke vereinbart werden. 3In der besonderen Versorgung kann in Verträgen nach Satz 1 das Nähere über Qualität und Struktur der Arzneimittelversorgung für die an der besonderen Versorgung teilnehmenden Versicherten auch abweichend von Vorschriften dieses Buches vereinbart werden.

(5c) 1Für Zubereitungen aus Fertigarzneimitteln gelten die Preise, die zwischen der mit der Wahrnehmung der wirtschaftlichen Interessen gebildeten maßgeblichen Spitzenorganisation der Apotheker und dem Spitzenverband Bund der Krankenkassen auf Grund von Vorschriften nach dem Arzneimittelgesetz vereinbart sind. $_{2}$Gelten für Fertigarzneimittel in parenteralen Zubereitungen keine Vereinbarungen über die zu berechnenden Einkaufspreise nach Satz 1, berechnet die Apotheke ihre tatsächlich vereinbarten Einkaufspreise, höchstens jedoch die Apothekeneinkaufspreise, die bei Abgabe an Verbraucher auf Grund der Preisvorschriften nach dem Arzneimittelgesetz oder auf Grund von Satz 1 gelten, jeweils abzüglich der Abschläge nach § 130a Absatz 1. $_{3}$Kostenvorteile durch die Verwendung von Teilmengen von Fertigarzneimitteln sind zu berücksichtigen. $_{4}$Der Spitzenverband Bund der Krankenkassen und die Krankenkasse können von der Apotheke Nachweise über Bezugsquellen und verarbeitete Mengen sowie die tatsächlich vereinbarten Einkaufspreise und vom pharmazeutischen Unternehmer über die vereinbarten Preise für Fertigarzneimittel in parenteralen Zubereitungen verlangen. $_{5}$Die Krankenkasse kann ihren Landesverband mit der Prüfung beauftragen.

(6) $_{1}$Die für die Wahrnehmung der wirtschaftlichen Interessen gebildete maßgebliche Spitzenorganisation der Apotheker ist verpflichtet, die zur Wahrnehmung der Aufgaben nach Absatz 1 Satz 4 und Absatz 1a, die zur Herstellung einer pharmakologisch-therapeutischen und preislichen Transparenz im Rahmen der Richtlinien nach § 92 Abs. 1 Satz 2 Nr. 6 und die zur Festsetzung von Festbeträgen nach § 35 Abs. 1 und 2 oder zur Erfüllung der Aufgaben nach § 35a Abs. 1 Satz 2 und Abs. 5 erforderlichen Daten dem Gemeinsamen Bundesausschuss sowie dem Spitzenverband Bund der Krankenkassen zu übermitteln und auf Verlangen notwendige Auskünfte zu erteilen. $_{2}$Das Nähere regelt der Rahmenvertrag nach Absatz 2.

(7) Kommt der Rahmenvertrag nach Absatz 2 ganz oder teilweise nicht oder nicht innerhalb einer vom Bundesministerium für Gesundheit bestimmten Frist zustande, wird der Vertragsinhalt durch die Schiedsstelle nach Absatz 8 festgesetzt.

(8) $_{1}$Der Spitzenverband Bund der Krankenkassen und die für die Wahrnehmung der wirtschaftlichen Interessen gebildete maßgebliche Spitzenorganisation der Apotheker bilden eine gemeinsame Schiedsstelle. $_{2}$Sie besteht aus Vertretern der Krankenkassen und der Apotheker in gleicher Zahl sowie aus einem unparteiischen Vorsitzenden und zwei weiteren unparteiischen Mitgliedern. $_{3}$Über den Vorsitzenden und die zwei weiteren unparteiischen Mitglieder sowie deren Stellvertreter sollen sich die Vertragspartner einigen. $_{4}$Kommt eine Einigung nicht zustande, gilt § 89 Absatz 3 Satz 4 und 5 entsprechend.

(9) $_{1}$Die Schiedsstelle gibt sich eine Geschäftsordnung. $_{2}$Die Mitglieder der Schiedsstelle führen ihr Amt als Ehrenamt. $_{3}$Sie sind an Weisungen nicht gebunden. $_{4}$Jedes Mitglied hat eine Stimme. $_{5}$Die Entscheidungen werden mit der Mehrheit der Mitglieder getroffen. $_{6}$Ergibt sich keine Mehrheit, gibt die Stimme des Vorsitzenden den Ausschlag. $_{7}$Klagen gegen Festsetzungen der Schiedsstelle haben keine aufschiebende Wirkung.

(10) $_{1}$Die Aufsicht über die Geschäftsführung der Schiedsstelle führt das Bundesministerium für Gesundheit. $_{2}$Es kann durch Rechtsverordnung mit Zustimmung des Bundesrates das Nähere über die Zahl und die Bestellung der Mitglieder, die Erstattung der baren Auslagen und die Entschädigung für Zeitaufwand der Mitglieder, das Verfahren sowie über die Verteilung der Kosten regeln.

§ 129a Krankenhausapotheken

$_{1}$Die Krankenkassen oder ihre Verbände vereinbaren mit dem Träger des zugelassenen Krankenhauses das Nähere über die Abgabe verordneter Arzneimittel durch die Krankenhausapotheke an Versicherte, insbesondere die Höhe des für den Versicherten maßgeblichen Abgabepreises. $_{2}$Die nach § 300 Abs. 3 getroffenen Regelungen sind Teil der Vereinbarungen nach Satz 1. $_{3}$Eine Krankenhausapotheke darf verordnete Arzneimittel zu Lasten von Krankenkassen nur abgeben, wenn für sie eine Vereinbarung nach Satz 1 besteht. $_{4}$Die Regelungen des § 129 Absatz 5c

V

Satz 4 bis 5 gelten für Vereinbarungen nach Satz 1 entsprechend.

§ 130 Rabatt

(1) Die Krankenkassen erhalten von den Apotheken für verschreibungspflichtige Fertigarzneimittel einen Abschlag von 1,77 Euro je Arzneimittel, für sonstige Arzneimittel einen Abschlag in Höhe von 5 vom Hundert auf den für den Versicherten maßgeblichen Arzneimittelabgabepreis.

(2) $_{1}$Ist für das Arzneimittel ein Festbetrag nach § 35 oder § 35a festgesetzt, bemißt sich der Abschlag nach dem Festbetrag. $_{2}$Liegt der maßgebliche Arzneimittelabgabepreis nach Absatz 1 unter dem Festbetrag, bemißt sich der Abschlag nach dem niedrigeren Abgabepreis.

(3) $_{1}$Die Gewährung des Abschlags setzt voraus, daß die Rechnung des Apothekers innerhalb von zehn Tagen nach Eingang bei der Krankenkasse beglichen wird. $_{2}$Das Nähere regelt der Rahmenvertrag nach § 129.

§ 130a Rabatte der pharmazeutischen Unternehmer

(1) $_{1}$Die Krankenkassen erhalten von Apotheken für zu ihren Lasten abgegebene Arzneimittel einen Abschlag in Höhe von 7 vom Hundert des Abgabepreises des pharmazeutischen Unternehmers ohne Mehrwertsteuer. $_{2}$Für Arzneimittel nach Absatz 3b Satz 1 beträgt der Abschlag nach Satz 1 6 vom Hundert. $_{3}$Pharmazeutische Unternehmer sind verpflichtet, den Apotheken den Abschlag zu erstatten. $_{4}$Soweit pharmazeutische Großhändler nach Absatz 5 bestimmt sind, sind pharmazeutische Unternehmer verpflichtet, den Abschlag den pharmazeutischen Großhändlern zu erstatten. $_{5}$Der Abschlag ist den Apotheken und pharmazeutischen Großhändlern innerhalb von zehn Tagen nach Geltendmachung des Anspruches zu erstatten. $_{6}$Satz 1 gilt für Fertigarzneimittel, deren Apothekenabgabepreise aufgrund der Preisvorschriften nach dem Arzneimittelgesetz oder aufgrund des § 129 Abs. 5a bestimmt sind, sowie für Arzneimittel, die nach § 129a abgegeben werden. $_{7}$Die Krankenkassen erhalten den Abschlag nach Satz 1 für Fertigarzneimittel in parenteralen Zubereitungen sowie für Arzneimittel, die nach § 129a abgegeben werden, auf den Abgabepreis des pharmazeutischen Unternehmers ohne Mehrwertsteuer, der bei Abgabe an Verbraucher auf Grund von Preisvorschriften nach dem Arzneimittelgesetz gilt. $_{8}$Wird nur eine Teilmenge des Fertigarzneimittels zubereitet, wird der Abschlag nur für diese Mengeneinheiten erhoben.

(1a) $_{1}$Vom 1. August 2010 bis zum 31. Dezember 2013 beträgt der Abschlag für verschreibungspflichtige Arzneimittel einschließlich Fertigarzneimittel in parenteralen Zubereitungen abweichend von Absatz 1 16 Prozent. $_{2}$Satz 1 gilt nicht für Arzneimittel nach Absatz 3b Satz 1. $_{3}$Die Differenz des Abschlags nach Satz 1 zu dem Abschlag nach Absatz 1 mindert die am 30. Juli 2010 bereits vertraglich vereinbarten Rabatte nach Absatz 8 entsprechend. $_{4}$Eine Absenkung des Abgabepreises des pharmazeutischen Unternehmers ohne Mehrwertsteuer gegenüber dem Preisstand am 1. August 2009, die ab dem 1. August 2010 vorgenommen wird, mindert den Abschlag nach Satz 1 in Höhe des Betrags der Preissenkung, höchstens in Höhe der Differenz des Abschlags nach Satz 1 zu dem Abschlag nach Absatz 1; § 130a Absatz 3b Satz 2 zweiter Halbsatz gilt entsprechend. $_{5}$Für Arzneimittel, die nach dem 1. August 2009 in den Markt eingeführt wurden, gilt Satz 4 mit der Maßgabe, dass der Preisstand der Markteinführung Anwendung findet. $_{6}$Hat ein pharmazeutischer Unternehmer für ein Arzneimittel, das im Jahr 2010 zu Lasten der gesetzlichen Krankenversicherung abgegeben wurde und das dem erhöhten Abschlag nach Satz 1 unterliegt, auf Grund einer Preissenkung ab dem 1. August 2010 nicht den Abschlag gezahlt, obwohl die Preissenkung nicht zu einer Unterschreitung des am 1. August 2009 geltenden Abgabepreises des pharmazeutischen Unternehmers um mindestens 10 Prozent geführt hat, gilt für die im Jahr 2011 abgegebenen Arzneimittel abweichend von Satz 1 ein Abschlag von 20,5 Prozent. $_{7}$Das gilt nicht, wenn der pharmazeutische Unternehmer den nach Satz 6 nicht gezahlten Abschlag spätestens bis zu dem Tag vollständig leistet, an dem der Abschlag für die im Dezember 2010 abgegebenen Arzneimittel zu zahlen ist. $_{8}$Der erhöhte Abschlag von 20,5 Prozent wird durch eine erneute Preissenkung gegenüber dem am 1. August 2009 geltenden Abgabepreis des pharmazeutischen Unternehmers gemindert; Satz 4 gilt entsprechend.

(2) $_{1}$Die Krankenkassen erhalten von den Apotheken für die zu ihren Lasten abgegebenen Impfstoffe für Schutzimpfungen nach § 20i Absatz 1 einen Abschlag auf den Abgabepreis des pharmazeutischen Unternehmers ohne Mehrwertsteuer, mit dem der Unterschied zu einem geringeren durchschnittlichen Preis nach Satz 2 je Mengeneinheit ausgeglichen wird. $_{2}$Der durchschnittliche Preis je Mengeneinheit ergibt sich aus den tatsächlich gültigen Abgabepreisen des pharmazeutischen Unternehmers in den vier Mitgliedstaaten der Europäischen Union mit den am nächsten kommenden Bruttonationaleinkommen, gewichtet nach den jeweiligen Umsätzen und Kaufkraftparitäten. $_{3}$Absatz 1 Satz 2 bis 4, Absätze 6 und 7 sowie § 131 Absatz 4 gelten entsprechend. $_{4}$Der pharmazeutische Unternehmer ermittelt die Höhe des Abschlags nach Satz 1 und den durchschnittlichen Preis nach Satz 2 und übermittelt dem Spitzenverband Bund der Krankenkassen auf Anfrage die Angaben zu der Berechnung. $_{5}$Das Nähere regelt der Spitzenverband Bund der Krankenkassen. $_{6}$Bei Preisvereinbarungen für Impfstoffe, für die kein einheitlicher Apothekenabgabepreis nach den Preisvorschriften auf Grund des Arzneimittelgesetzes gilt, darf höchstens ein Betrag vereinbart werden, der dem entsprechenden Apothekenabgabepreis abzüglich des Abschlags nach Satz 1 entspricht.

(3) Die Absätze 1, 1a und 2 gelten nicht für Arzneimittel, für die ein Festbetrag auf Grund des § 35 oder des § 35a festgesetzt ist.

(3a) $_{1}$Erhöht sich der Abgabepreis des pharmazeutischen Unternehmers ohne Mehrwertsteuer gegenüber dem Preisstand am 1. August 2009, erhalten die Krankenkassen für die zu ihren Lasten abgegebenen Arzneimittel ab dem 1. August 2010 bis zum 31. Dezember 2017 einen Abschlag in Höhe des Betrages der Preiserhöhung; dies gilt nicht für Arzneimittel, für die ein Festbetrag auf Grund des § 35 festgesetzt ist. $_{2}$Für Arzneimittel, die nach dem 1. August 2010 in den Markt eingeführt werden, gilt Satz 1 mit der Maßgabe, dass der Preisstand der Markteinführung Anwendung findet. $_{3}$Bei Neueinführungen eines Arzneimittels, für das der pharmazeutische Unternehmer bereits ein Arzneimittel mit gleichem Wirkstoff und vergleichbarer Darreichungsform in Verkehr gebracht hat, ist der Abschlag auf Grundlage des Preises je Mengeneinheit der Packung zu berechnen, die dem neuen Arzneimittel in Bezug auf die Packungsgröße unter Berücksichtigung der Wirkstärke am nächsten kommt. $_{4}$Satz 3 gilt entsprechend bei Änderungen zu den Angaben des pharmazeutischen Unternehmers oder zum Mitvertrieb durch einen anderen pharmazeutischen Unternehmer. $_{5}$Für importierte Arzneimittel, die nach § 129 Absatz 1 Satz 1 Nummer 2 abgegeben werden, gilt abweichend von Satz 1 ein Abrechnungsbetrag von höchstens dem Betrag, welcher entsprechend den Vorgaben des § 129 Absatz 1 Satz 1 Nummer 2 niedriger ist als der Arzneimittelabgabepreis des Bezugsarzneimittels einschließlich Mehrwertsteuer, unter Berücksichtigung von Abschlägen für das Bezugsarzneimittel aufgrund dieser Vorschrift. $_{6}$Abschläge nach Absatz 1, 1a und 3b werden zusätzlich zu dem Abschlag nach den nach den Sätzen 1 bis 5 erhoben. $_{7}$Rabattbeträge, die auf Preiserhöhungen nach Absatz 1 und 3b zu gewähren sind, vermindern den Abschlag nach den Sätzen 1 bis 5 entsprechend. $_{8}$Für die Abrechnung des Abschlags nach den Sätzen 1 bis 5 gelten die Absätze 1, 5 bis 7 und 9 entsprechend. $_{9}$Absatz 4 findet Anwendung. $_{10}$Das Nähere regelt der Spitzenverband Bund der Krankenkassen.

(3b) $_{1}$Für patentfreie, wirkstoffgleiche Arzneimittel erhalten die Krankenkassen ab dem 1. April 2006 einen Abschlag von 10 vom Hundert des Abgabepreises des pharmazeutischen Unternehmers ohne Mehrwertsteuer;

für preisgünstige importierte Arzneimittel gilt Absatz 3a Satz 5 entsprechend. 2Eine Absenkung des Abgabepreises des pharmazeutischen Unternehmers ohne Mehrwertsteuer, die ab dem 1. Januar 2007 vorgenommen wird, vermindert den Abschlag nach Satz 1 in Höhe des Betrages der Preissenkung; wird der Preis innerhalb der folgenden 36 Monate erhöht, erhöht sich der Abschlag nach Satz 1 um den Betrag der Preiserhöhung ab der Wirksamkeit der Preiserhöhung bei der Abrechnung mit der Krankenkasse. 3Die Sätze 1 und 2 gelten nicht für Arzneimittel, deren Abgabepreis des pharmazeutischen Unternehmers ohne Mehrwertsteuer mindestens um 30 vom Hundert niedriger als der jeweils gültige Festbetrag ist, der diesem Preis zugrunde liegt. 4Absatz 3a Satz 7 bis 10 gilt entsprechend. 5Satz 2 gilt nicht für ein Arzneimittel, dessen Abgabepreis nach Satz 1 im Zeitraum von 36 Monaten vor der Preissenkung erhöht worden ist; Preiserhöhungen vor dem 1. Dezember 2006 sind nicht zu berücksichtigen. 6Für ein Arzneimittel, dessen Preis einmalig zwischen dem 1. Dezember 2006 und dem 1. April 2007 erhöht und anschließend gesenkt worden ist, kann der pharmazeutische Unternehmer den Abschlag nach Satz 1 durch eine ab 1. April 2007 neu vorgenommene Preissenkung von mindestens 10 vom Hundert des Abgabepreises des pharmazeutischen Unternehmers ohne Mehrwertsteuer ablösen, sofern er für die Dauer von zwölf Monaten ab der neu vorgenommenen Preissenkung einen weiteren Abschlag von 2 vom Hundert des Abgabepreises nach Satz 1 gewährt.

(4) 1Das Bundesministerium für Gesundheit hat nach einer Überprüfung der Erforderlichkeit der Abschläge nach den Absätzen 1, 1a und 3a nach Maßgabe des Artikels 4 der Richtlinie 89/105/EWG des Rates vom 21. Dezember 1988 betreffend die Transparenz von Maßnahmen zur Regelung der Preisfestsetzung bei Arzneimitteln für den menschlichen Gebrauch und ihre Einbeziehung in die staatlichen Krankenversicherungssysteme die Abschläge durch Rechtsverordnung mit Zustimmung des Bundesrates aufzuheben oder zu verringern, wenn und soweit diese nach der gesamtwirtschaftlichen Lage, einschließlich ihrer Auswirkung auf die gesetzliche Krankenversicherung, nicht mehr gerechtfertigt sind. 2Über Anträge pharmazeutischer Unternehmer nach Artikel 4 der in Satz 1 genannten Richtlinie auf Ausnahme von den nach den Absätzen 1, 1a und 3a vorgesehenen Abschlägen entscheidet das Bundesministerium für Gesundheit. 3Das Vorliegen eines Ausnahmefalls und der besonderen Gründe sind im Antrag hinreichend darzulegen. 4§ 34 Absatz 6 Satz 3 bis 5 und 7 gilt entsprechend. 5Das Bundesministerium für Gesundheit kann Sachverständige mit der Prüfung der Angaben des pharmazeutischen Unternehmers beauftragen. 6Dabei hat es die Wahrung der Betriebs- und Geschäftsgeheimnisse sicherzustellen. 7§ 137g Absatz 1 Satz 7 bis 9 und 13 gilt entsprechend mit der Maßgabe, dass die tatsächlich entstandenen Kosten auf der Grundlage pauschalierter Kostensätze berechnet werden können. 8Das Bundesministerium für Gesundheit kann die Aufgaben nach den Sätzen 2 bis 7 auf eine Bundesoberbehörde übertragen.

(5) Der pharmazeutische Unternehmer kann berechtigte Ansprüche auf Rückzahlung der Abschläge nach den Absätzen 1, 1a, 2, 3a und 3b gegenüber der begünstigten Krankenkasse geltend machen.

(6) 1Zum Nachweis des Abschlags übermitteln die Apotheken die Arzneimittelkennzeichen über die abgegebenen Arzneimittel sowie deren Abgabedatum auf der Grundlage der den Krankenkassen nach § 300 Abs. 1 übermittelten Angaben maschinenlesbar an die pharmazeutischen Unternehmer oder, bei einer Vereinbarung nach Absatz 5, an die pharmazeutischen Großhändler. 2Im Falle einer Regelung nach Absatz 5 Satz 4 ist zusätzlich das Kennzeichen für den pharmazeutischen Großhändler zu übermitteln. 3Die pharmazeutischen Unternehmer sind verpflichtet, die erforderlichen Angaben zur Bestimmung des Abschlags an die für die Wahrnehmung der wirtschaftlichen Interessen maßgeblichen Organisationen der Apotheker sowie den Spitzenverband Bund der

Krankenkassen zur Erfüllung ihrer gesetzlichen Aufgaben auf maschinell lesbaren Datenträgern zu übermitteln. $_{4}$Die für die Wahrnehmung der wirtschaftlichen Interessen gebildeten maßgeblichen Spitzenorganisationen der Apotheker, der pharmazeutischen Großhändler und der pharmazeutischen Unternehmer können in einem gemeinsamen Rahmenvertrag das Nähere regeln.

(7) $_{1}$Die Apotheke kann den Abschlag nach Ablauf der Frist nach Absatz 1 Satz 4 gegenüber pharmazeutischen Großhändlern verrechnen. $_{2}$Pharmazeutische Großhändler können den nach Satz 1 verrechneten Abschlag, auch in pauschalierter Form, gegenüber den pharmazeutischen Unternehmern verrechnen.

(8) $_{1}$Die Krankenkassen oder ihre Verbände können mit pharmazeutischen Unternehmern Rabatte für die zu ihren Lasten abgegebenen Arzneimittel vereinbaren. $_{2}$Dabei kann insbesondere eine mengenbezogene Staffelung des Preisnachlasses, ein jährliches Umsatzvolumen mit Ausgleich von Mehrerlösen oder eine Erstattung in Abhängigkeit von messbaren Therapieerfolgen vereinbart werden. $_{3}$Rabatte nach Satz 1 sind von den pharmazeutischen Unternehmern an die Krankenkassen zu vergüten. $_{4}$Eine Vereinbarung nach Satz 1 berührt die Abschläge nach den Absätzen 3a und 3b nicht; Abschläge nach den Absätzen 1, 1a und 2 können abgelöst werden, sofern dies ausdrücklich vereinbart ist. $_{5}$Die Krankenkassen oder ihre Verbände können Leistungserbringer oder Dritte am Abschluss von Verträgen nach Satz 1 beteiligen oder diese mit dem Abschluss solcher Verträge beauftragen. $_{6}$Die Vereinbarung von Rabatten nach Satz 1 soll für eine Laufzeit von zwei Jahren erfolgen. $_{7}$Dabei ist der Vielfalt der Anbieter Rechnung zu tragen. $_{8}$Verträge nach Satz 1, die nicht nach Maßgabe der Vorschriften des Vierten Teils des Gesetzes gegen Wettbewerbsbeschränkungen abgeschlossen wurden, werden mit Ablauf des 30. April 2013 unwirksam.

(9) $_{1}$Pharmazeutische Unternehmer können einen Antrag nach Absatz 4 Satz 2 auch für ein Arzneimittel stellen, das zur Behandlung eines seltenen Leidens nach der Verordnung (EG) Nr. 141/2000 des Europäischen Parlaments und des Rates vom 16. Dezember 1999 zugelassen ist. $_{2}$Dem Antrag ist stattzugeben, wenn der Antragsteller nachweist, dass durch einen Abschlag nach den Absätzen 1, 1a und 3a seine Aufwendungen insbesondere für Forschung und Entwicklung für das Arzneimittel nicht mehr finanziert werden.

§ 130b Vereinbarungen zwischen dem Spitzenverband Bund der Krankenkassen und pharmazeutischen Unternehmern über Erstattungsbeträge für Arzneimittel

(1) $_{1}$Der Spitzenverband Bund der Krankenkassen vereinbart mit pharmazeutischen Unternehmern im Benehmen mit dem Verband der privaten Krankenversicherung auf Grundlage des Beschlusses des Gemeinsamen Bundesausschusses über die Nutzenbewertung nach § 35a Absatz 3 mit Wirkung für alle Krankenkassen Erstattungsbeträge für Arzneimittel, die mit diesem Beschluss keiner Festbetragsgruppe zugeordnet wurden. $_{2}$Dabei soll jeweils ein Vertreter einer Krankenkasse an der Verhandlung teilnehmen; das Nähere regelt der Spitzenverband Bund der Krankenkassen in seiner Satzung. $_{3}$Für Arzneimittel nach § 129a kann mit dem pharmazeutischen Unternehmer höchstens der Erstattungsbetrag vereinbart werden. $_{4}$§ 130a Absatz 8 Satz 4 gilt entsprechend. $_{5}$Die Vereinbarung soll auch Anforderungen an die Zweckmäßigkeit, Qualität und Wirtschaftlichkeit einer Verordnung beinhalten. $_{6}$Der pharmazeutische Unternehmer soll dem Spitzenverband Bund der Krankenkassen die Angaben zur Höhe seines tatsächlichen Abgabepreises in anderen europäischen Ländern übermitteln. $_{8}$Die Verhandlungen und deren Vorbereitung einschließlich der Beratungsunterlagen und Niederschriften zur Vereinbarung des Erstattungsbetrages sind vertraulich.

(2) $_{1}$Eine Vereinbarung nach Absatz 1 soll vorsehen, dass Verordnungen des Arzneimit-

tels von der Prüfungsstelle als Praxisbesonderheiten im Sinne von § 106 Absatz 5a anerkannt werden, wenn der Arzt bei der Verordnung im Einzelfall die dafür vereinbarten Anforderungen an die Verordnung eingehalten hat. $_{2}$Diese Anforderungen sind in den Programmen zur Verordnung von Arzneimitteln nach § 73 Absatz 8 Satz 7 zu hinterlegen. $_{3}$Das Nähere ist in den Verträgen nach § 82 Absatz 1 zu vereinbaren.

(3) $_{1}$Für ein Arzneimittel, das nach dem Beschluss des Gemeinsamen Bundesausschusses nach § 35a Absatz 3 keinen Zusatznutzen hat und keiner Festbetragsgruppe zugeordnet werden kann, ist ein Erstattungsbetrag nach Absatz 1 zu vereinbaren, der nicht zu höheren Jahrestherapiekosten führt als die nach § 35a Absatz 1 Satz 7 bestimmte zweckmäßige Vergleichstherapie. $_{2}$Sind nach § 35a Absatz 1 Satz 7 mehrere Alternativen für die zweckmäßige Vergleichstherapie bestimmt, darf der Erstattungsbetrag nicht zu höheren Jahrestherapiekosten führen als die wirtschaftlichste Alternative. $_{3}$Absatz 2 findet keine Anwendung. $_{4}$Soweit nichts anderes vereinbart wird, kann der Spitzenverband Bund der Krankenkassen zur Festsetzung eines Festbetrags nach § 35 Absatz 3 die Vereinbarung abweichend von Absatz 7 außerordentlich kündigen.

(3a) $_{1}$Der nach Absatz 1 vereinbarte Erstattungsbetrag gilt einschließlich der Vereinbarungen für die Anerkennung von Praxisbesonderheiten nach Absatz 2 für alle Arzneimittel mit dem gleichen neuen Wirkstoff, die ab dem 1. Januar 2011 in Verkehr gebracht worden sind. $_{2}$Er gilt ab dem 13. Monat nach dem erstmaligen Inverkehrbringen eines Arzneimittels mit dem Wirkstoff. $_{3}$Wird auf Grund einer Nutzenbewertung nach Zulassung eines neuen Anwendungsgebiets ein neuer Erstattungsbetrag vereinbart, gilt dieser ab dem 13. Monat nach Zulassung des neuen Anwendungsgebiets. $_{4}$In den Fällen, in denen die Geltung des für ein anderes Arzneimittel mit dem gleichen Wirkstoff vereinbarten Erstattungsbetrags im Hinblick auf die Versorgung nicht sachgerecht wäre oder eine unbillige Härte darstellen würde, vereinbart der GKV-Spitzenverband mit dem pharmazeutischen Unternehmer abweichend von Satz 1 insbesondere einen eigenen Erstattungsbetrag. $_{5}$Der darin vereinbarte Erstattungsbetrag gilt ebenfalls ab dem 13. Monat nach dem erstmaligen Inverkehrbringen eines Arzneimittels mit dem Wirkstoff mit der Maßgabe, dass die Differenz zwischen dem Erstattungsbetrag und dem bis zu dessen Vereinbarung tatsächlich gezahlten Abgabepreis auszugleichen ist. $_{6}$Das Nähere, insbesondere zur Abgrenzung der Fälle nach Satz 4, ist in der Vereinbarung nach Absatz 9 zu regeln.

(4) $_{1}$Kommt eine Vereinbarung nach Absatz 1 oder 3 nicht innerhalb von sechs Monaten nach Veröffentlichung des Beschlusses nach § 35a Absatz 3 oder nach § 35b Absatz 3 zustande, setzt die Schiedsstelle nach Absatz 5 den Vertragsinhalt innerhalb von drei Monaten fest. $_{2}$Die Schiedsstelle entscheidet unter freier Würdigung aller Umstände des Einzelfalls und berücksichtigt dabei die Besonderheiten des jeweiligen Therapiegebietes. $_{3}$Der im Schiedsspruch festgelegte Erstattungsbetrag gilt ab dem 13. Monat nach dem in § 35a Absatz 1 Satz 3 genannten Zeitpunkt mit der Maßgabe, dass die Preisdifferenz zwischen dem von der Schiedsstelle festgelegten Erstattungsbetrag und dem tatsächlich gezahlten Abgabepreis bei der Festsetzung auszugleichen ist. $_{4}$Die Schiedsstelle gibt dem Verband der privaten Krankenversicherung vor ihrer Entscheidung Gelegenheit zur Stellungnahme. $_{5}$Klagen gegen Entscheidungen der Schiedsstelle haben keine aufschiebende Wirkung. $_{6}$Ein Vorverfahren findet nicht statt. $_{7}$Absatz 1 Satz 10 gilt entsprechend.

(5) $_{1}$Der Spitzenverband Bund der Krankenkassen und die für die Wahrnehmung der wirtschaftlichen Interessen gebildeten maßgeblichen Spitzenorganisationen der pharmazeutischen Unternehmer auf Bundesebene bilden eine gemeinsame Schiedsstelle. $_{2}$Sie besteht aus einem unparteiischen Vorsitzenden und zwei weiteren unparteiischen Mitgliedern sowie aus jeweils zwei Vertretern der Vertragsparteien nach Absatz 1. $_{3}$Die Patientenorganisationen nach § 140f können beratend an den Sitzungen der Schiedsstelle

teilnehmen. $_{4}$Über den Vorsitzenden und die zwei weiteren unparteiischen Mitglieder sowie deren Stellvertreter sollen sich die Verbände nach Satz 1 einigen. $_{5}$Kommt eine Einigung nicht zustande, gilt § 89 Absatz 3 Satz 4 und 5 entsprechend.

(6) $_{1}$Die Schiedsstelle gibt sich eine Geschäftsordnung. $_{2}$Über die Geschäftsordnung entscheiden die unparteiischen Mitglieder im Benehmen mit den Verbänden nach Absatz 5 Satz 1. $_{3}$Die Geschäftsordnung bedarf der Genehmigung des Bundesministeriums für Gesundheit. $_{4}$Im Übrigen gilt § 129 Absatz 9 und 10 entsprechend. $_{5}$In der Rechtsverordnung nach § 129 Absatz 10 Satz 2 kann das Nähere über die Zahl und die Bestellung der Mitglieder, die Erstattung der baren Auslagen und die Entschädigung für Zeitaufwand der Mitglieder, das Verfahren sowie über die Verteilung der Kosten geregelt werden.

(7) $_{1}$Eine Vereinbarung nach Absatz 1 oder 3 oder ein Schiedsspruch nach Absatz 4 kann von einer Vertragspartei frühestens nach einem Jahr gekündigt werden. $_{2}$Die Vereinbarung oder der Schiedsspruch gilt bis zum Wirksamwerden einer neuen Vereinbarung fort. $_{3}$Bei Veröffentlichung eines neuen Beschlusses zur Nutzenbewertung nach § 35a Absatz 3 oder zur Kosten-Nutzen-Bewertung nach § 35b Absatz 3 für das Arzneimittel sowie bei Vorliegen der Voraussetzungen für die Bildung einer Festbetragsgruppe nach § 35 Absatz 1 ist eine Kündigung vor Ablauf eines Jahres möglich.

(8) $_{1}$Nach einem Schiedsspruch nach Absatz 4 kann jede Vertragspartei beim Gemeinsamen Bundesausschuss eine Kosten-Nutzen-Bewertung nach § 35b beantragen. $_{2}$Die Geltung des Schiedsspruchs bleibt hiervon unberührt. $_{3}$Der Erstattungsbetrag ist auf Grund des Beschlusses über die Kosten-Nutzen-Bewertung nach § 35b Absatz 3 neu zu vereinbaren. $_{4}$Die Absätze 1 bis 7 gelten entsprechend.

(9) $_{1}$Die Verbände nach Absatz 5 Satz 1 treffen eine Rahmenvereinbarung über die Maßstäbe für Vereinbarungen nach Absatz 1. $_{2}$Darin legen sie insbesondere Kriterien fest, die neben dem Beschluss nach § 35a und den Vorgaben nach Absatz 1 zur Vereinbarung eines Erstattungsbetrags nach Absatz 1 heranzuziehen sind. $_{3}$Für Arzneimittel, für die der Gemeinsame Bundesausschuss nach § 35a Absatz 3 einen Zusatznutzen festgestellt hat, sollen die Jahrestherapiekosten vergleichbarer Arzneimittel sowie die tatsächlichen Abgabepreise in anderen europäischen Ländern gewichtet nach den jeweiligen Umsätzen und Kaufkraftparitäten berücksichtigt werden. $_{4}$In der Vereinbarung nach Satz 1 ist auch das Nähere zu Inhalt, Form und Verfahren der jeweils erforderlichen Auswertung der Daten nach § 217f Absatz 7 und der Übermittlung der Auswertungsergebnisse an den pharmazeutischen Unternehmer sowie zur Aufteilung der entstehenden Kosten zu vereinbaren. $_{5}$Kommt eine Rahmenvereinbarung nicht zustande, setzen die unparteiischen Mitglieder der Schiedsstelle die Rahmenvereinbarung im Benehmen mit den Verbänden auf Antrag einer Vertragspartei nach Satz 1 fest; eine Klage gegen die Festsetzung hat keine aufschiebende Wirkung. $_{6}$Absatz 1 Satz 10 gilt entsprechend.

(10) Der Gemeinsame Bundesausschuss, der Spitzenverband Bund der Krankenkassen und das Institut für Qualität und Wirtschaftlichkeit im Gesundheitswesen schließen mit dem Verband der privaten Krankenversicherung eine Vereinbarung über die von den Unternehmen der privaten Krankenversicherung zu erstattenden Kosten für die Nutzen-Bewertung nach § 35a und für die Kosten-Nutzen-Bewertung nach § 35b sowie für die Festsetzung eines Erstattungsbetrags nach Absatz 4.

§ 130c Verträge von Krankenkassen mit pharmazeutischen Unternehmern

(1) $_{1}$Krankenkassen oder ihre Verbände können abweichend von bestehenden Vereinbarungen oder Schiedssprüchen nach § 130b mit pharmazeutischen Unternehmern Vereinbarungen über die Erstattung von Arzneimitteln sowie zur Versorgung ihrer Versicherten mit Arzneimitteln treffen. $_{2}$Dabei kann insbesondere eine mengenbezogene Staffelung des Preisnachlasses, ein jährliches Umsatzvo-

lumen mit Ausgleich von Mehrerlösen oder eine Erstattung in Abhängigkeit von messbaren Therapieerfolgen vereinbart werden. $_3$Durch eine Vereinbarung nach Satz 1 kann eine Vereinbarung nach § 130b ergänzt oder abgelöst werden. $_4$Die Ergebnisse der Bewertungen nach den §§ 35a und 35b, die Richtlinien nach § 92, die Vereinbarungen nach § 84 und die Informationen nach § 73 Absatz 8 Satz 1 sind zu berücksichtigen. $_5$§ 130a Absatz 8 gilt entsprechend.

(2) Die Krankenkassen informieren ihre Versicherten und die an der vertragsärztlichen Versorgung teilnehmenden Ärzte umfassend über die vereinbarten Versorgungsinhalte.

(3) Die Krankenkassen oder ihre Verbände können mit Ärzten, kassenärztlichen Vereinigungen oder Verbänden von Ärzten Regelungen zur bevorzugten Verordnung von Arzneimitteln nach Absatz 1 Satz 1 entsprechend § 84 Absatz 1 Satz 5 treffen.

(4) $_1$Arzneimittelverordnungen im Rahmen einer Vereinbarung nach Absatz 3 Satz 1 sind von der Prüfungsstelle als Praxisbesonderheiten im Sinne von § 106 Absatz 5a anzuerkennen, soweit dies vereinbart wurde und die vereinbarten Voraussetzungen zur Gewährleistung von Zweckmäßigkeit, Qualität und Wirtschaftlichkeit der Versorgung eingehalten sind. $_2$§ 106 Absatz 5a Satz 12 gilt entsprechend.

(5) $_1$Informationen über die Regelungen nach Absatz 3 sind in den Programmen zur Verordnung von Arzneimitteln nach § 73 Absatz 8 Satz 7 zu hinterlegen. $_2$Das Nähere ist in den Verträgen nach § 82 Absatz 1 zu vereinbaren.

§ 131 Rahmenverträge mit pharmazeutischen Unternehmern

(1) Der Spitzenverband Bund der Krankenkassen und die für die Wahrnehmung der wirtschaftlichen Interessen gebildeten maßgeblichen Spitzenorganisationen der pharmazeutischen Unternehmer auf Bundesebene können einen Vertrag über die Arzneimittelversorgung in der gesetzlichen Krankenversicherung schließen.

(2) Der Vertrag kann sich erstrecken auf

1. die Bestimmung therapiegerechter und wirtschaftlicher Packungsgrößen und die Ausstattung der Packungen,
2. Maßnahmen zur Erleichterung der Erfassung und Auswertung von Arzneimittelpreisdaten, Arzneimittelverbrauchsdaten und Arzneimittelverordnungsdaten einschließlich des Datenaustausches, insbesondere für die Ermittlung der Preisvergleichsliste (§ 92 Abs. 2) und die Festsetzung von Festbeträgen.

(3) § 129 Abs. 3 gilt für pharmazeutische Unternehmer entsprechend.

(4) $_1$Die pharmazeutischen Unternehmer sind verpflichtet, die zur Herstellung einer pharmakologisch-therapeutischen und preislichen Transparenz im Rahmen der Richtlinien nach § 92 Abs. 1 Satz 2 Nr. 6 und die zur Festsetzung von Festbeträgen nach § 35 Abs. 1 und 2 oder zur Erfüllung der Aufgaben nach § 35a Abs. 1 Satz 2 und Abs. 5 sowie die zur Wahrnehmung der Aufgaben nach § 129 Abs. 1a erforderlichen Daten dem Gemeinsamen Bundesausschuss sowie dem Spitzenverband Bund der Krankenkassen zu übermitteln und auf Verlangen notwendige Auskünfte zu erteilen. $_2$Für die Abrechnung von Fertigarzneimitteln übermitteln die pharmazeutischen Unternehmer die für die Abrechnung nach § 300 erforderlichen Preis- und Produktangaben einschließlich der Rabatte nach § 130a an die in § 129 Abs. 2 genannten Verbände sowie an die Kassenärztliche Bundesvereinigung und den Gemeinsamen Bundesausschuss im Wege elektronischer Datenübertragung und maschinell verwertbar auf Datenträgern; dabei ist auch der für den Versicherten maßgebliche Arzneimittelabgabepreis (§ 129 Abs. 5a) anzugeben. $_3$Das Nähere zur Übermittlung der in Satz 2 genannten Angaben vereinbaren die Verbände nach § 129 Absatz 2. $_4$Sie können die Übermittlung der Angaben nach Satz 2 innerhalb angemessener Frist unmittelbar von dem pharmazeutischen Unternehmer verlangen. $_5$Sie können fehlerhafte Angaben selbst korrigieren und die durch eine verspätete Übermittlung oder erforderliche Korrektur entstandenen Aufwendungen geltend machen. $_6$Die nach

Satz 2 übermittelten Angaben oder, im Falle einer Korrektur nach Satz 5, die korrigierten Angaben sind verbindlich. $_{7}$Die Abrechnung der Apotheken gegenüber den Krankenkassen und die Erstattung der Abschläge nach § 130a Absatz 1, 1a, 2, 3a und 3b durch die pharmazeutischen Unternehmer an die Apotheken erfolgt auf Grundlage der Angaben nach Satz 2. $_{8}$Die Korrektur fehlerhafter Angaben und die Geltendmachung der Ansprüche kann auf Dritte übertragen werden. $_{9}$Zur Sicherung der Ansprüche nach Satz 4 können einstweilige Verfügungen auch ohne die Darlegung und Glaubhaftmachung der in den §§ 935 und 940 der Zivilprozessordnung bezeichneten Voraussetzungen erlassen werden. $_{10}$Entsprechendes gilt für einstweilige Anordnungen nach § 86b Absatz 2 Satz 1 und 2 des Sozialgerichtsgesetzes.

(5) $_{1}$Die pharmazeutischen Unternehmer sind verpflichtet, auf den äußeren Umhüllungen der Arzneimittel das Arzneimittelkennzeichen nach § 300 Abs. 1 Nr. 1 in einer für Apotheken maschinell erfaßbaren bundeseinheitlichen Form anzugeben. $_{2}$Das Nähere regelt der Spitzenverband Bund der Krankenkassen und die für die Wahrnehmung der wirtschaftlichen Interessen gebildeten maßgeblichen Spitzenorganisationen der pharmazeutischen Unternehmer auf Bundesebene in Verträgen.

Achter Abschnitt
Beziehungen zu sonstigen Leistungserbringern

§ 132 Versorgung mit Haushaltshilfe

(1) $_{1}$Über Inhalt, Umfang, Vergütung sowie Prüfung der Qualität und Wirtschaftlichkeit der Dienstleistungen zur Versorgung mit Haushaltshilfe schließen die Krankenkassen Verträge mit geeigneten Personen, Einrichtungen oder Unternehmen. $_{2}$Im Fall der Nichteinigung wird der Vertragsinhalt durch eine von den Vertragspartnern zu bestimmende unabhängige Schiedsperson festgelegt. $_{3}$Einigen sich die Vertragspartner nicht auf eine Schiedsperson, so wird diese von der für die Vertrag schließende Krankenkasse zuständigen Aufsichtsbehörde bestimmt. $_{4}$Die Kosten des Schiedsverfahrens tragen die Vertragsparteien zu gleichen Teilen. $_{5}$Abweichend von Satz 1 kann die Krankenkasse zur Gewährung von Haushaltshilfe auch geeignete Personen anstellen.

(2) $_{1}$Die Krankenkasse hat darauf zu achten, daß die Leistungen wirtschaftlich und preisgünstig erbracht werden. $_{2}$Bei der Auswahl der Leistungserbringer ist ihrer Vielfalt, insbesondere der Bedeutung der freien Wohlfahrtspflege, Rechnung zu tragen.

§ 132a Versorgung mit häuslicher Krankenpflege

(1) $_{1}$Der Spitzenverband Bund der Krankenkassen und die für die Wahrnehmung der Interessen von Pflegediensten maßgeblichen Spitzenorganisationen auf Bundesebene haben unter Berücksichtigung der Richtlinien nach § 92 Abs. 1 Satz 2 Nr. 6 gemeinsam Rahmenempfehlungen über die einheitliche Versorgung mit häuslicher Krankenpflege abzugeben; für Pflegedienste, die einer Kirche oder einer Religionsgemeinschaft des öffentlichen Rechts oder einem sonstigen freigemeinnützigen Träger zuzuordnen sind, können die Rahmenempfehlungen gemeinsam mit den übrigen Partnern der Rahmenempfehlungen auch von der Kirche oder der Religionsgemeinschaft oder von dem Wohlfahrtsverband abgeschlossen werden, dem die Einrichtung angehört. $_{2}$Vor Abschluß der Vereinbarung ist der Kassenärztlichen Bundesvereinigung und der Deutschen Krankenhausgesellschaft Gelegenheit zur Stellungnahme zu geben. $_{3}$Die Stellungnahmen sind in den Entscheidungsprozeß der Partner der Rahmenempfehlungen einzubeziehen. $_{4}$In den Rahmenempfehlungen sind insbesondere zu regeln:

1. Inhalte der häuslichen Krankenpflege einschließlich deren Abgrenzung,
2. Eignung der Leistungserbringer,
3. Maßnahmen zur Qualitätssicherung und Fortbildung,
4. Inhalt und Umfang der Zusammenarbeit des Leistungserbringers mit dem verord-

nenden Vertragsarzt und dem Krankenhaus,

5. Grundsätze der Wirtschaftlichkeit der Leistungserbringung einschließlich deren Prüfung,
6. Grundsätze der Vergütungen und ihrer Strukturen und
7. Grundsätze zum Verfahren der Prüfung der Leistungspflicht der Krankenkassen sowie zum Abrechnungsverfahren einschließlich der für diese Zwecke jeweils zu übermittelnden Daten.

5Die Rahmenempfehlungen nach Satz 4 sind bis zum 1. Juli 2013 abzugeben. 6In den Rahmenempfehlungen nach Satz 4 Nummer 7 können auch Regelungen über die nach § 302 Absatz 2 Satz 1 und Absatz 3 in Richtlinien geregelten Inhalte getroffen werden; in diesem Fall gilt § 302 Absatz 4.

V

(2) 1Über die Einzelheiten der Versorgung mit häuslicher Krankenpflege, über die Preise und deren Abrechnung und die Verpflichtung der Leistungserbringer zur Fortbildung schließen die Krankenkassen Verträge mit den Leistungserbringern. 2Wird die Fortbildung nicht nachgewiesen, sind Vergütungsabschläge vorzusehen. 3Dem Leistungserbringer ist eine Frist zu setzen, innerhalb derer er die Fortbildung nachholen kann. 4Erbringt der Leistungserbringer in diesem Zeitraum die Fortbildung nicht, ist der Vertrag zu kündigen. 5Die Krankenkassen haben darauf zu achten, daß die Leistungen wirtschaftlich und preisgünstig erbracht werden. 6In den Verträgen ist zu regeln, dass im Falle von Nichteinigung eine von den Parteien zu bestimmende unabhängige Schiedsperson den Vertragsinhalt festlegt. 7Einigen sich die Vertragspartner nicht auf eine Schiedsperson, so wird diese von der für die vertragschließende Krankenkasse zuständigen Aufsichtsbehörde bestimmt. 8Die Kosten des Schiedsverfahrens tragen die Vertragspartner zu gleichen Teilen. 9Bei der Auswahl der Leistungserbringer ist ihrer Vielfalt, insbesondere der Bedeutung der freien Wohlfahrtspflege, Rechnung zu tragen. 10Abweichend von Satz 1 kann die Krankenkasse zur Gewährung von häuslicher Krankenpflege geeignete Personen anstellen.

§ 132b Versorgung mit Soziotherapie

Die Krankenkassen oder die Landesverbände der Krankenkassen können unter Berücksichtigung der Richtlinien nach § 37a Abs. 2 mit geeigneten Personen oder Einrichtungen Verträge über die Versorgung mit Soziotherapie schließen, soweit dies für eine bedarfsgerechte Versorgung notwendig ist.

§ 132c Versorgung mit sozialmedizinischen Nachsorgemaßnahmen

(1) Die Krankenkassen oder die Landesverbände der Krankenkassen können mit geeigneten Personen oder Einrichtungen Verträge über die Erbringung sozialmedizinischer Nachsorgemaßnahmen schließen, soweit dies für eine bedarfsgerechte Versorgung notwendig ist.

(2) Der Spitzenverband Bund der Krankenkassen legt in Empfehlungen die Anforderungen an die Leistungserbringer der sozialmedizinischen Nachsorgemaßnahmen fest.

§ 132d Spezialisierte ambulante Palliativversorgung

(1) 1Über die spezialisierte ambulante Palliativversorgung einschließlich der Vergütung und deren Abrechnung schließen die Krankenkassen unter Berücksichtigung der Richtlinien nach § 37b Verträge mit geeigneten Einrichtungen oder Personen, soweit dies für eine bedarfsgerechte Versorgung notwendig ist. 2In den Verträgen ist ergänzend zu regeln, in welcher Weise die Leistungserbringer auch beratend tätig werden.

(2) Der Spitzenverband Bund der Krankenkassen legt gemeinsam und einheitlich unter Beteiligung der Deutschen Krankenhausgesellschaft, der Vereinigungen der Träger der Pflegeeinrichtungen auf Bundesebene, der Spitzenorganisationen der Hospizarbeit und der Palliativversorgung sowie der Kassenärztlichen Bundesvereinigung in Empfehlungen

1. die sächlichen und personellen Anforderungen an die Leistungserbringung,
2. Maßnahmen zur Qualitätssicherung und Fortbildung,

3. Maßstäbe für eine bedarfsgerechte Versorgung mit spezialisierter ambulanter Palliativversorgung

fest.

§ 132e Versorgung mit Schutzimpfungen

(1) $_{1}$Die Krankenkassen oder ihre Verbände schließen mit Kassenärztlichen Vereinigungen, geeigneten Ärzten einschließlich Betriebsärzten, deren Gemeinschaften, Einrichtungen mit geeignetem ärztlichen Personal oder dem öffentlichen Gesundheitsdienst Verträge über die Durchführung von Schutzimpfungen nach § 20i Absatz 1 und 2. $_{2}$Dabei haben sie sicherzustellen, dass insbesondere die an der vertragsärztlichen Versorgung teilnehmenden Ärzte sowie Fachärzte für Arbeitsmedizin und Ärzte mit der Zusatzbezeichnung „Betriebsmedizin", die nicht an der vertragsärztlichen Versorgung teilnehmen, berechtigt sind, Schutzimpfungen zu Lasten der Krankenkasse vorzunehmen. $_{3}$Im Fall von Nichteinigung innerhalb einer Frist von drei Monaten nach der Entscheidung gemäß § 20i Absatz 1 Satz 3 legt eine von den Vertragsparteien zu bestimmende unabhängige Schiedsperson den Vertragsinhalt fest. $_{4}$Einigen sich die Vertragsparteien nicht auf eine Schiedsperson, so wird diese von der für die vertragsschließende Krankenkasse oder für den vertragsschließenden Verband zuständigen Aufsichtsbehörde bestimmt. $_{5}$Die Kosten des Schiedsverfahrens tragen die Vertragspartner zu gleichen Teilen. $_{6}$Endet ein Vertrag, der die Versorgung mit Schutzimpfungen durch die in Satz 2 genannten Personen regelt, so gelten seine Bestimmungen bis zum Abschluss eines neuen Vertrages oder bis zur Entscheidung der Schiedsperson vorläufig weiter.

(2) $_{1}$Die Krankenkassen oder ihre Verbände können zur Versorgung ihrer Versicherten mit Impfstoffen für Schutzimpfungen nach § 20i Absatz 1 und 2 Verträge mit einzelnen pharmazeutischen Unternehmern schließen; § 130a Absatz 8 gilt entsprechend. $_{2}$Soweit nicht anders vereinbart, erfolgt die Versorgung der Versicherten ausschließlich mit dem vereinbarten Impfstoff. $_{3}$In den Verträgen nach Satz 1 sind Vereinbarungen zur Sicherstellung einer rechtzeitigen und bedarfsgerechten Versorgung der Versicherten mit Impfstoffen zur Schutzimpfung vorzusehen. $_{4}$Für die Versorgung der Versicherten mit Impfstoffen sind Verträge nach Satz 1 mit mindestens zwei pharmazeutischen Unternehmern innerhalb eines Versorgungsgebietes zu schließen.

§ 132f Versorgung durch Betriebsärzte

Die Krankenkassen oder ihre Verbände können in Ergänzung zur vertragsärztlichen Versorgung und unter Berücksichtigung der Richtlinien nach § 25 Absatz 4 Satz 2 mit geeigneten Fachärzten für Arbeitsmedizin oder den über die Zusatzbezeichnung „Betriebsmedizin" verfügenden Ärzten oder deren Gemeinschaften Verträge über die Durchführung von Gesundheitsuntersuchungen nach § 25 Absatz 1, über Maßnahmen zur betrieblichen Gesundheitsförderung, über Präventionsempfehlungen, Empfehlungen medizinischer Vorsorgeleistungen und über die Heilmittelversorgung schließen, soweit diese in Ergänzung zur arbeitsmedizinischen Vorsorge erbracht werden.

§ 133 Versorgung mit Krankentransportleistungen

(1) $_{1}$Soweit die Entgelte für die Inanspruchnahme von Leistungen des Rettungsdienstes und anderer Krankentransporte nicht durch landesrechtliche oder kommunalrechtliche Bestimmungen festgelegt werden, schließen die Krankenkassen oder ihre Landesverbände Verträge über die Vergütung dieser Leistungen unter Beachtung des § 71 Abs. 1 bis 3 mit dafür geeigneten Einrichtungen oder Unternehmen. $_{2}$Kommt eine Vereinbarung nach Satz 1 nicht zu Stande und sieht das Landesrecht für diesen Fall eine Festlegung der Vergütungen vor, ist auch bei dieser Festlegung § 71 Abs. 1 bis 3 zu beachten. $_{3}$Sie haben dabei die Sicherstellung der flächendeckenden rettungsdienstlichen Versorgung und die Empfehlungen der Konzertierten Aktion im Gesundheitswesen zu berücksichtigen. $_{4}$Die vereinbarten Preise sind Höchstpreise. $_{5}$Die

Preisvereinbarungen haben sich an möglichst preisgünstigen Versorgungsmöglichkeiten auszurichten.

(2) Werden die Entgelte für die Inanspruchnahme von Leistungen des Rettungsdienstes durch landesrechtliche oder kommunalrechtliche Bestimmungen festgelegt, können die Krankenkassen ihre Leistungspflicht zur Übernahme der Kosten auf Festbeträge an die Versicherten in Höhe vergleichbarer wirtschaftlich erbrachter Leistungen beschränken, wenn

1. vor der Entgeltfestsetzung den Krankenkassen oder ihren Verbänden keine Gelegenheit zur Erörterung gegeben wurde,
2. bei der Entgeltbemessung Investitionskosten und Kosten der Reservevorhaltung berücksichtigt worden sind, die durch eine über die Sicherstellung der Leistungen des Rettungsdienstes hinausgehende öffentliche Aufgabe der Einrichtungen bedingt sind, oder
3. die Leistungserbringung gemessen an den rechtlich vorgegebenen Sicherstellungsverpflichtungen unwirtschaftlich ist.

(3) Absatz 1 gilt auch für Leistungen des Rettungsdienstes und andere Krankentransporte im Rahmen des Personenbeförderungsgesetzes.

(4) § 127 Absatz 6 gilt entsprechend.

§ 134 (weggefallen)

§ 134a Versorgung mit Hebammenhilfe

(1) 1Der Spitzenverband Bund der Krankenkassen schließt mit den für die Wahrnehmung der wirtschaftlichen Interessen gebildeten maßgeblichen Berufsverbänden der Hebammen und den Verbänden der von Hebammen geleiteten Einrichtungen auf Bundesebene mit bindender Wirkung für die Krankenkassen Verträge über die Versorgung mit Hebammenhilfe, die abrechnungsfähigen Leistungen unter Einschluss einer Betriebskostenpauschale bei ambulanten Entbindungen in von Hebammen geleiteten Einrichtungen, die Anforderungen an die Qualitätssicherung in diesen Einrichtungen, die Anforderungen an die Qualität der Hebammenhilfe einschließlich der Verpflichtung der Hebammen zur Teilnahme an Qualitätssicherungsmaßnahmen sowie über die Höhe der Vergütung und die Einzelheiten der Vergütungsabrechnung durch die Krankenkassen. 2Die Vertragspartner haben dabei den Bedarf der Versicherten an Hebammenhilfe unter Einbeziehung der in § 24f Satz 2 geregelten Wahlfreiheit der Versicherten und deren Qualität, den Grundsatz der Beitragssatzstabilität sowie die berechtigten wirtschaftlichen Interessen der freiberuflich tätigen Hebammen zu berücksichtigen. 3Bei der Berücksichtigung der wirtschaftlichen Interessen der freiberuflich tätigen Hebammen nach Satz 2 sind insbesondere Kostensteigerungen zu beachten, die die Berufsausübung betreffen.

(1a) 1Die Vereinbarungen nach Absatz 1 Satz 1 zu den Anforderungen an die Qualität der Hebammenhilfe sind bis zum 31. Dezember 2014 zu treffen. 2Sie sollen Mindestanforderungen an die Struktur-, Prozess- und Ergebnisqualität umfassen sowie geeignete verwaltungsunaufwendige Verfahren zum Nachweis der Erfüllung dieser Qualitätsanforderungen festlegen.

(1b) 1Hebammen, die Leistungen der Geburtshilfe erbringen und die Erfüllung der Qualitätsanforderungen nach Absatz 1a nachgewiesen haben, erhalten für Geburten ab dem 1. Juli 2015 einen Sicherstellungszuschlag nach Maßgabe der Vereinbarungen nach Satz 3, wenn ihre wirtschaftlichen Interessen wegen zu geringer Geburtenzahlen bei der Vereinbarung über die Höhe der Vergütung nach Absatz 1 nicht ausreichend berücksichtigt sind. 2Die Auszahlung des Sicherstellungszuschlags erfolgt nach Ende eines Abrechnungszeitraums auf Antrag der Hebamme durch den Spitzenverband Bund der Krankenkassen. 3In den Vereinbarungen, die nach Absatz 1 Satz 1 zur Höhe der Vergütung getroffen werden, sind bis zum 1. Juli 2015 die näheren Einzelheiten der Anspruchsvoraussetzungen und des Verfahrens nach Satz 1 zu regeln. 4Zu treffen sind insbesondere Regelungen über die Höhe des Sicherstellungszuschlags in Abhängigkeit von der Anzahl der betreuten Geburten, der Anzahl der haftpflichtversicherten Monate für Hebammen mit Geburtshilfe ohne Vorschäden und der Höhe der zu entrichtenden Haftpflichtprämie, die Anforderungen an die von der Hebamme zu erbringenden Nachweise sowie die Auszahlungsmodalitäten. $_{5}$Dabei muss die Hebamme gewährleisten, dass sie bei geringer Geburtenzahl unterjährige Wechselmöglichkeiten der Haftpflichtversicherungsform in Anspruch nimmt. $_{6}$Die erforderlichen Angaben nach den Sätzen 3 bis 5 hat die Hebamme im Rahmen ihres Antrags nach Satz 2 zu übermitteln. $_{7}$Für die Erfüllung der Aufgaben nach Satz 2 übermitteln die Krankenkassen dem Spitzenverband Bund der Krankenkassen leistungserbringer- und nicht versichertenbezogen die erforderlichen Daten nach § 301a Absatz 1 Satz 1 Nummer 2 bis 6.

(1c) Die Vertragspartner vereinbaren in den Verträgen nach Absatz 1 Satz 1 bis zum 30. September 2014 zusätzlich zu den nach Absatz 1 Satz 3 vorzunehmenden Vergütungsanpassungen einen Zuschlag auf die Abrechnungspositionen für Geburtshilfeleistungen bei Hausgeburten, außerklinischen Geburten in von Hebammen geleiteten Einrichtungen sowie Geburten durch Beleghebammen in einer Eins-zu-eins-Betreuung ohne Schichtdienst, der von den Krankenkassen für Geburten vom 1. Juli 2014 bis zum 30. Juni 2015 an die Hebammen zu zahlen ist.

(2) $_{1}$Die Verträge nach Absatz 1 haben Rechtswirkung für freiberuflich tätige Hebammen, wenn sie

1. einem Verband nach Absatz 1 Satz 1 auf Bundes- oder Landesebene angehören und die Satzung des Verbandes vorsieht, dass die von dem Verband nach Absatz 1 abgeschlossenen Verträge Rechtswirkung für die dem Verband angehörenden Hebammen haben, oder
2. einem nach Absatz 1 geschlossenen Vertrag beitreten.

Hebammen, für die die Verträge nach Absatz 1 keine Rechtswirkung haben, sind nicht als Leistungserbringer zugelassen. $_{2}$Das Nähere über Form und Verfahren des Nachweises der Mitgliedschaft in einem Verband nach Satz 1 Nr. 1 sowie des Beitritts nach Satz 1 Nr. 2 regelt der Spitzenverband Bund der Krankenkassen.

(3) $_{1}$Kommt ein Vertrag nach Absatz 1 ganz oder teilweise nicht oder nicht bis zum Ablauf der nach Absatz 1a Satz 1, Absatz 1b Satz 3 und Absatz 1c vorgegebenen Fristen zu Stande, wird der Vertragsinhalt durch die Schiedsstelle nach Absatz 4 festgesetzt. $_{2}$Der bisherige Vertrag gilt bis zur Entscheidung durch die Schiedsstelle vorläufig weiter.

(4) $_{1}$Der Spitzenverband Bund der Krankenkassen und die für die Wahrnehmung der wirtschaftlichen Interessen gebildeten maßgeblichen Berufsverbände der Hebammen sowie die Verbände der von Hebammen geleiteten Einrichtungen auf Bundesebene bilden eine gemeinsame Schiedsstelle. $_{2}$Sie besteht aus Vertretern der Krankenkassen und der Hebammen in gleicher Zahl sowie aus einem unparteiischen Vorsitzenden und zwei weiteren unparteiischen Mitgliedern. $_{3}$Die Amtsdauer beträgt vier Jahre. $_{4}$Über den Vorsitzenden und die zwei weiteren unparteiischen Mitglieder sowie deren Stellvertreter sollen sich die Vertragspartner einigen. $_{5}$Kommt eine Einigung nicht zu Stande, gilt § 89 Abs. 3 Satz 5 und 6 entsprechend. $_{6}$Im Übrigen gilt § 129 Abs. 9 und 10 entsprechend.

(5) $_{1}$Ein Ersatzanspruch nach § 116 Absatz 1 des Zehnten Buches wegen Schäden aufgrund von Behandlungsfehlern in der Geburtshilfe kann von Kranken- und Pflegekassen gegenüber freiberuflich tätigen Hebammen nur geltend gemacht werden, wenn der Schaden vorsätzlich oder grob fahrlässig verursacht wurde. $_{2}$Im Fall einer gesamtschuldnerischen Haftung können Kranken- und Pflegekassen einen nach § 116 Absatz 1 des Zehnten Buches übergegangenen Ersatzanspruch im Umfang des Verursachungs- und Verschuldensanteils der nach Satz 1 begünstigten Hebamme gegenüber den übrigen Gesamtschuldnern nicht geltend machen.

(6) Als Hebammen im Sinne dieser Vorschrift gelten auch Entbindungspfleger.

Neunter Abschnitt
Sicherung der Qualität der Leistungserbringung

§ 135 Bewertung von Untersuchungs- und Behandlungsmethoden

(1) $_1$Neue Untersuchungs- und Behandlungsmethoden dürfen in der vertragsärztlichen und vertragszahnärztlichen Versorgung zu Lasten der Krankenkassen nur erbracht werden, wenn der Gemeinsame Bundesausschuss auf Antrag eines Unparteiischen nach § 91 Abs. 2 Satz 1, einer Kassenärztlichen Bundesvereinigung, einer Kassenärztlichen Vereinigung oder des Spitzenverbandes Bund der Krankenkassen in Richtlinien nach § 92 Abs. 1 Satz 2 Nr. 5 Empfehlungen abgegeben hat über

1. die Anerkennung des diagnostischen und therapeutischen Nutzens der neuen Methode sowie deren medizinische Notwendigkeit und Wirtschaftlichkeit – auch im Vergleich zu bereits zu Lasten der Krankenkassen erbrachte Methoden – nach dem jeweiligen Stand der wissenschaftlichen Erkenntnisse in der jeweiligen Therapierichtung,
2. die notwendige Qualifikation der Ärzte, die apparativen Anforderungen sowie Anforderungen an Maßnahmen der Qualitätssicherung, um eine sachgerechte Anwendung der neuen Methode zu sichern, und
3. die erforderlichen Aufzeichnungen über die ärztliche Behandlung.

$_2$Der Gemeinsame Bundesausschuss überprüft die zu Lasten der Krankenkassen erbrachten vertragsärztlichen und vertragszahnärztlichen Leistungen daraufhin, ob sie den Kriterien nach Satz 1 Nr. 1 entsprechen. $_3$Falls die Überprüfung ergibt, daß diese Kriterien nicht erfüllt werden, dürfen die Leistungen nicht mehr als vertragsärztliche oder vertragszahnärztliche Leistungen zu Lasten der Krankenkassen erbracht werden. $_4$Die Beschlussfassung über die Annahme eines Antrags nach Satz 1 muss spätestens drei Monate nach Antragseingang erfolgen. $_5$Das sich anschließende Methodenbewertungsverfahren ist in der Regel innerhalb von spätestens drei Jahren abzuschließen, es sei denn, dass auch bei Straffung des Verfahrens im Einzelfall eine längere Verfahrensdauer erforderlich ist. $_6$Hat der Gemeinsame Bundesausschuss in einem Verfahren zur Bewertung einer neuen Untersuchungs- und Behandlungsmethode nach Ablauf von sechs Monaten seit Vorliegen der für die Entscheidung erforderlichen Auswertung der wissenschaftlichen Erkenntnisse noch keinen Beschluss gefasst, können die Antragsberechtigten nach Satz 1 sowie das Bundesministerium für Gesundheit vom Gemeinsamen Bundesausschuss die Beschlussfassung innerhalb eines Zeitraums von weiteren sechs Monaten verlangen. $_7$Kommt innerhalb dieser Frist kein Beschluss zustande, darf die Untersuchungs- und Behandlungsmethode in der vertragsärztlichen oder vertragszahnärztlichen Versorgung zu Lasten der Krankenkassen erbracht werden.

(2) $_1$Für ärztliche und zahnärztliche Leistungen, welche wegen der Anforderungen an ihre Ausführung oder wegen der Neuheit des Verfahrens besonderer Kenntnisse und Erfahrungen (Fachkundenachweis), einer besonderen Praxisausstattung oder anderer Anforderungen an die Versorgungsqualität bedürfen, können die Partner der Bundesmantelverträge einheitlich entsprechende Voraussetzungen für die Ausführung und Abrechnung dieser Leistungen vereinbaren. $_2$Soweit für die notwendigen Kenntnisse und Erfahrungen, welche als Qualifikation vorausgesetzt werden müssen, in landesrechtlichen Regelungen zur ärztlichen Berufsausübung, insbesondere solchen des Facharztrechts, bundesweit inhaltsgleich und hinsichtlich der Qualitätsvoraussetzungen nach Satz 1 gleichwertige Qualifikationen eingeführt sind, sind diese notwendige und ausreichende Voraussetzung. $_3$Wird die Erbringung ärztlicher Leistungen erstmalig von einer Qualifikation abhängig gemacht, so können die Vertragspartner für Ärzte, welche entsprechende Qualifikationen nicht während einer Weiterbildung erworben haben, übergangsweise Qualifikationen einführen, welche dem

Kenntnis- und Erfahrungsstand der facharztrechtlichen Regelungen entsprechen müssen. 4Abweichend von Satz 2 können die Vertragspartner nach Satz 1 zur Sicherung der Qualität und der Wirtschaftlichkeit der Leistungserbringung Regelungen treffen, nach denen die Erbringung bestimmter medizinisch-technischer Leistungen den Fachärzten vorbehalten ist, für die diese Leistungen zum Kern ihres Fachgebietes gehören. 5Die nach der Rechtsverordnung nach § 140g anerkannten Organisationen sind vor dem Abschluss von Vereinbarungen nach Satz 1 in die Beratungen der Vertragspartner einzubeziehen; die Organisationen benennen hierzu sachkundige Personen. 6§ 140f Absatz 5 gilt entsprechend. 7Das Nähere zum Verfahren vereinbaren die Vertragspartner nach Satz 1. 8Für die Vereinbarungen nach diesem Absatz gilt § 87 Absatz 6 Satz 9 entsprechend.

§ 135a Verpflichtung zur Qualitätssicherung

(1) 1Die Leistungserbringer sind zur Sicherung und Weiterentwicklung der Qualität der von ihnen erbrachten Leistungen verpflichtet. 2Die Leistungen müssen dem jeweiligen Stand der wissenschaftlichen Erkenntnisse entsprechen und in der fachlich gebotenen Qualität erbracht werden.

(2) Vertragsärzte, medizinische Versorgungszentren, zugelassene Krankenhäuser, Erbringer von Vorsorgeleistungen oder Rehabilitationsmaßnahmen und Einrichtungen, mit denen ein Versorgungsvertrag nach § 111a besteht, sind nach Maßgabe der §§ 137 und 137d verpflichtet,

1. sich an einrichtungsübergreifenden Maßnahmen der Qualitätssicherung zu beteiligen, die insbesondere zum Ziel haben, die Ergebnisqualität zu verbessern und
2. einrichtungsintern ein Qualitätsmanagement einzuführen und weiterzuentwickeln, wozu in Krankenhäusern auch die Verpflichtung zur Durchführung eines patientenorientierten Beschwerdemanagements gehört.

(3) 1Meldungen und Daten aus einrichtungsinternen und einrichtungsübergreifenden Risikomanagement- und Fehlermeldesystemen nach Absatz 2 in Verbindung mit § 137 Absatz 1d dürfen im Rechtsverkehr nicht zum Nachteil des Meldenden verwendet werden. 2Dies gilt nicht, soweit die Verwendung zur Verfolgung einer Straftat, die im Höchstmaß mit mehr als fünf Jahren Freiheitsstrafe bedroht ist und auch im Einzelfall besonders schwer wiegt, erforderlich ist und die Erforschung des Sachverhalts oder die Ermittlung des Aufenthaltsorts des Beschuldigten auf andere Weise aussichtslos oder wesentlich erschwert wäre.

§ 136 Förderung der Qualität durch die Kassenärztlichen Vereinigungen

(1) 1Die Kassenärztlichen Vereinigungen haben Maßnahmen zur Förderung der Qualität der vertragsärztlichen Versorgung durchzuführen. 2Die Ziele und Ergebnisse dieser Qualitätssicherungsmaßnahmen sind von den Kassenärztlichen Vereinigungen zu dokumentieren und jährlich zu veröffentlichen.

(2) 1Die Kassenärztlichen Vereinigungen prüfen die Qualität der in der vertragsärztlichen Versorgung erbrachten Leistungen einschließlich der belegärztlichen Leistungen im Einzelfall durch Stichproben; in Ausnahmefällen sind auch Vollerhebungen zulässig. 2Der Gemeinsame Bundesausschuss entwickelt in Richtlinien nach § 92 Abs. 1 Satz 2 Nr. 13 Kriterien zur Qualitätsbeurteilung in der vertragsärztlichen Versorgung sowie nach Maßgabe des § 299 Abs. 1 und 2 Vorgaben zu Auswahl, Umfang und Verfahren der Qualitätsprüfungen nach Satz 1; dabei sind die Ergebnisse nach § 137a Absatz 3 zu berücksichtigen.

(3) Die Absätze 1 und 2 gelten auch für die im Krankenhaus erbrachten ambulanten ärztlichen Leistungen.

(4) 1Zur Förderung der Qualität der vertragsärztlichen Versorgung können die Kassenärztlichen Vereinigungen mit einzelnen Krankenkassen oder mit den für ihren Bezirk zuständigen Landesverbänden der Krankenkassen oder den Verbänden der Ersatzkassen unbeschadet der Regelungen des § 87a ab dem 1. Januar 2009 gesamtvertragliche Ver-

V

einbarungen schließen, in denen für bestimmte Leistungen einheitlich strukturierte und elektronisch dokumentierte besondere Leistungs-, Struktur- oder Qualitätsmerkmale festgelegt werden, bei deren Erfüllung die an dem jeweiligen Vertrag teilnehmenden Ärzte Zuschläge zu den Vergütungen erhalten. $_{2}$In den Verträgen nach Satz 1 ist ein Abschlag von dem nach § 87a Absatz 2 Satz 1 vereinbarten Punktwert für die an dem jeweiligen Vertrag beteiligten Krankenkassen und die von dem Vertrag erfassten Leistungen, die von den an dem Vertrag nicht teilnehmenden Ärzten der jeweiligen Facharztgruppe erbracht werden, zu vereinbaren, durch den die Mehrleistungen nach Satz 1 für die beteiligten Krankenkassen ausgeglichen werden.

§ 136a Förderung der Qualität durch die Deutsche Krankenhausgesellschaft

$_{1}$Die Deutsche Krankenhausgesellschaft fördert im Rahmen ihrer Aufgaben die Qualität der Versorgung im Krankenhaus. $_{2}$Sie hat in ihren Beratungs- und Formulierungshilfen für Verträge der Krankenhäuser mit leitenden Ärzten bis spätestens zum 30. April 2013 im Einvernehmen mit der Bundesärztekammer Empfehlungen abzugeben, die sicherstellen, dass Zielvereinbarungen, die auf finanzielle Anreize bei einzelnen Leistungen abstellen, ausgeschlossen sind. $_{3}$Die Empfehlungen sollen insbesondere die Unabhängigkeit medizinischer Entscheidungen sichern.

§ 137 Richtlinien und Beschlüsse zur Qualitätssicherung

(1) $_{1}$Der Gemeinsame Bundesausschuss bestimmt für die vertragsärztliche Versorgung und für zugelassene Krankenhäuser grundsätzlich einheitlich für alle Patienten durch Richtlinien nach § 92 Abs. 1 Satz 2 Nr. 13 insbesondere

1. die verpflichtenden Maßnahmen der Qualitätssicherung nach § 135a Abs. 2, § 115b Abs. 1 Satz 3 und § 116b Absatz 3 Satz 3 unter Beachtung der Ergebnisse nach § 137a Absatz 3 sowie die grundsätzlichen Anforderungen an ein einrichtungsinternes Qualitätsmanagement und
2. Kriterien für die indikationsbezogene Notwendigkeit und Qualität der durchgeführten diagnostischen und therapeutischen Leistungen, insbesondere aufwändiger medizintechnischer Leistungen; dabei sind auch Mindestanforderungen an die Struktur-, Prozess- und Ergebnisqualität festzulegen.

$_{2}$Soweit erforderlich erlässt er die notwendigen Durchführungsbestimmungen und Grundsätze für Konsequenzen insbesondere für Vergütungsabschläge für Leistungserbringer, die ihre Verpflichtungen zur Qualitätssicherung nicht einhalten. $_{3}$Der Verband der privaten Krankenversicherung, die Bundesärztekammer sowie die Berufsorganisationen der Pflegeberufe sind bei den Richtlinien nach § 92 Abs. 1 Satz 2 Nr. 13 zu beteiligen; die Bundespsychotherapeutenkammer und die Bundeszahnärztekammer sind, soweit jeweils die Berufsausübung der Psychotherapeuten oder der Zahnärzte berührt ist, zu beteiligen.

(1a) $_{1}$Der Gemeinsame Bundesausschuss legt in seinen Richtlinien nach Absatz 1 geeignete Maßnahmen zur Sicherung der Hygiene in der Versorgung fest und bestimmt insbesondere für die einrichtungsübergreifende Qualitätssicherung der Krankenhäuser Indikatoren zur Beurteilung der Hygienequalität. $_{2}$Er hat die Festlegungen nach Satz 1 erstmalig bis zum 31. Dezember 2012 zu beschließen. $_{3}$Der Gemeinsame Bundesausschuss berücksichtigt bei den Festlegungen etablierte Verfahren zur Erfassung, Auswertung und Rückkopplung von nosokomialen Infektionen, antimikrobiellen Resistenzen und zum Antibiotika-Verbrauch sowie die Empfehlungen der nach § 23 Absatz 1 und 2 des Infektionsschutzgesetzes beim Robert Koch-Institut eingerichteten Kommissionen.

(1b) $_{1}$Die nach der Einführung mit den Indikatoren nach Absatz 1a Satz 1 gemessenen und für eine Veröffentlichung geeigneten Ergebnisse sind in den Qualitätsberichten nach Absatz 3 Nummer 4 darzustellen. $_{2}$Der Gemeinsame Bundesausschuss soll ihm bereits zugängliche Erkenntnisse zum Stand der Hygiene in den Krankenhäusern unverzüglich in die Qualitätsberichte aufnehmen lassen sowie zusätzliche Anforderungen nach Absatz 3 Nummer 4 zur Verbesserung der Informationen über die Hygiene stellen.

(1c) $_{1}$Der Gemeinsame Bundesausschuss legt in seinen Richtlinien nach Absatz 1 geeignete Maßnahmen zur Sicherung der Qualität in der psychiatrischen und psychosomatischen Versorgung fest und beschließt insbesondere Empfehlungen für die Ausstattung der stationären Einrichtungen mit dem für die Behandlung erforderlichen therapeutischen Personal sowie Indikatoren zur Beurteilung der Struktur-, Prozess- und Ergebnisqualität für die einrichtungs- und sektorenübergreifende Qualitätssicherung in diesem Bereich. $_{2}$Bei Festlegungen und Empfehlungen nach Satz 1 für die kinder- und jugendpsychiatrische Versorgung hat er die Besonderheiten zu berücksichtigen, die sich insbesondere aus den altersabhängigen Anforderungen an die Versorgung von Kindern und Jugendlichen ergeben. $_{3}$Er hat die Maßnahmen und Empfehlungen nach Satz 1 bis spätestens zum 1. Januar 2017 einzuführen. $_{4}$Informationen über die Umsetzung der Empfehlungen zur Ausstattung mit therapeutischem Personal und die nach der Einführung mit den Indikatoren nach Satz 1 gemessenen und für eine Veröffentlichung geeigneten Ergebnisse sind in den Qualitätsberichten nach Absatz 3 Nummer 4 darzustellen.

(1d) $_{1}$Der Gemeinsame Bundesausschuss bestimmt in seinen Richtlinien über die grundsätzlichen Anforderungen an ein einrichtungsinternes Qualitätsmanagement nach Absatz 1 Nummer 1 erstmalig bis zum 26. Februar 2014 wesentliche Maßnahmen zur Verbesserung der Patientensicherheit und legt insbesondere Mindeststandards für Risikomanagement- und Fehlermeldesysteme fest. $_{2}$Über die Umsetzung von Risikomanagement- und Fehlermeldesystemen in Krankenhäusern ist in den Qualitätsberichten nach Absatz 3 Nummer 4 zu informieren. $_{3}$Als Grundlage für die Vereinbarung von Vergütungszuschlägen nach § 17b Absatz 1 Satz 5 des Krankenhausfinanzierungsgesetzes bestimmt der Gemeinsame Bundesausschuss Anforderungen an einrichtungsübergreifende Fehlermeldesysteme, die in besonderem Maße geeignet erscheinen, Risiken und Fehlerquellen in der stationären Versorgung zu erkennen, auszuwerten und zur Vermeidung unerwünschter Ereignisse beizutragen.

(2) $_{1}$Die Richtlinien nach Absatz 1 sind sektorenübergreifend zu erlassen, es sei denn, die Qualität der Leistungserbringung kann nur durch sektorbezogene Regelungen angemessen gesichert werden. $_{2}$Die Regelungen in Absatz 3 und 4 bleiben unberührt.

(3) $_{1}$Der Gemeinsame Bundesausschuss fasst für zugelassene Krankenhäuser grundsätzlich einheitlich für alle Patienten auch Beschlüsse über

1. die im Abstand von fünf Jahren zu erbringenden Nachweise über die Erfüllung der Fortbildungspflichten der Fachärzte, der Psychologischen Psychotherapeuten und der Kinder- und Jugendlichenpsychotherapeuten,
2. einen Katalog planbarer Leistungen nach den §§ 17 und 17b des Krankenhausfinanzierungsgesetzes, bei denen die Qualität des Behandlungsergebnisses in besonderem Maße von der Menge der erbrachten Leistungen abhängig ist sowie Mindestmengen für die jeweiligen Leistungen je Arzt oder Krankenhaus und Ausnahmetatbestände,
3. (weggefallen)
4. Inhalt, Umfang und Datenformat eines jährlich zu veröffentlichenden strukturierten Qualitätsberichts der zugelassenen Krankenhäuser, in dem der Stand der Qualitätssicherung insbesondere unter Berücksichtigung der Anforderungen nach Absatz 1 und 1a sowie der Umsetzung der Regelungen nach den Nummern 1 und 2 dargestellt wird. Der Bericht hat auch Art und Anzahl der Leistungen des Krankenhauses auszuweisen sowie eine Erklärung zu enthalten, die unbeschadet der Rechte Dritter Auskunft darüber gibt, ob sich das Krankenhaus bei Verträgen mit leitenden Ärzten an die Empfehlungen der Deutschen Krankenhausgesellschaft nach

§ 136a Satz 2 hält; liegen diese Empfehlungen nach dem 30. April 2013 nicht vor oder hält sich das Krankenhaus nicht an sie, hat es unbeschadet der Rechte Dritter anzugeben, für welche Leistungen leistungsbezogene Zielvereinbarungen getroffen wurden; der Bericht ist in einem für die Abbildung aller Kriterien geeigneten standardisierten Datensatzformat zu erstellen. Er ist über den in dem Beschluss festgelegten Empfängerkreis hinaus auch von den Landesverbänden der Krankenkassen und den Ersatzkassen im Internet zu veröffentlichen.

2Wenn die nach Satz 1 Nr. 2 erforderliche Mindestmenge bei planbaren Leistungen voraussichtlich nicht erreicht wird, dürfen entsprechende Leistungen nicht erbracht werden. 3Die für die Krankenhausplanung zuständige Landesbehörde kann Leistungen aus dem Katalog nach Satz 1 Nr. 2 bestimmen, bei denen die Anwendung von Satz 2 die Sicherstellung einer flächendeckenden Versorgung der Bevölkerung gefährden könnte; sie entscheidet auf Antrag des Krankenhauses bei diesen Leistungen über die Nichtanwendung von Satz 2. 4Zum Zwecke der Erhöhung von Transparenz und Qualität der stationären Versorgung können die Kassenärztlichen Vereinigungen sowie die Krankenkassen und ihre Verbände die Vertragsärzte und die Versicherten auf der Basis der Qualitätsberichte nach Nummer 4 auch vergleichend über die Qualitätsmerkmale der Krankenhäuser informieren und Empfehlungen aussprechen. 5Der Verband der privaten Krankenversicherung, die Bundesärztekammer sowie die Berufsorganisationen der Pflegeberufe sind bei den Beschlüssen nach den Nummern 1 bis 4 zu beteiligen; bei den Beschlüssen nach Nummer 1 und 4 ist zusätzlich die Bundespsychotherapeutenkammer zu beteiligen. 6Die Beschlüsse sind für zugelassene Krankenhäuser unmittelbar verbindlich. 7Sie haben Vorrang vor Verträgen nach § 112 Abs. 1, soweit diese keine ergänzenden Regelungen zur Qualitätssicherung enthalten. 8Verträge zur Qualitätssicherung nach § 112 Abs. 1 gelten bis zum Inkrafttreten von Richtlinien nach Absatz 1 fort. 9Ergänzende Qualitätsanforderungen im Rahmen der Krankenhausplanung der Länder sind zulässig.

(4) 1Der Gemeinsame Bundesausschuss hat auch Qualitätskriterien für die Versorgung mit Füllungen und Zahnersatz zu beschließen. 2Bei der Festlegung von Qualitätskriterien für Zahnersatz ist der Verband Deutscher Zahntechniker-Innungen zu beteiligen; die Stellungnahmen sind in die Entscheidung einzubeziehen. 3Der Zahnarzt übernimmt für Füllungen und die Versorgung mit Zahnersatz eine zweijährige Gewähr. 4Identische und Teilwiederholungen von Füllungen sowie die Erneuerung und Wiederherstellung von Zahnersatz einschließlich Zahnkronen sind in diesem Zeitraum vom Zahnarzt kostenfrei vorzunehmen. 5Ausnahmen hiervon bestimmen die Kassenzahnärztliche Bundesvereinigung und der Spitzenverband Bund der Krankenkassen. 6§ 195 des Bürgerlichen Gesetzbuchs bleibt unberührt. 7Längere Gewährleistungsfristen können zwischen den Kassenzahnärztlichen Vereinigungen und den Landesverbänden der Krankenkassen und den Ersatzkassen sowie in Einzel- oder Gruppenverträgen zwischen Zahnärzten und Krankenkassen vereinbart werden. 8Die Krankenkassen können hierfür Vergütungszuschläge gewähren; der Eigenanteil der Versicherten bei Zahnersatz bleibt unberührt. 9Die Zahnärzte, die ihren Patienten eine längere Gewährleistungsfrist einräumen, können dies ihren Patienten bekannt machen.

(5) 1Der Gemeinsame Bundesausschuss beschließt zur Entwicklung und Durchführung der Qualitätssicherung sowie zur Verbesserung der Transparenz über die Qualität der ambulanten und stationären Versorgung Aufträge nach § 137a Absatz 3 an das Institut für Qualitätssicherung und Transparenz im Gesundheitswesen. 2Soweit hierbei personenbezogene Daten übermittelt werden sollen, gilt § 299.

§ 137a Institut für Qualitätssicherung und Transparenz im Gesundheitswesen

(1) 1Der Gemeinsame Bundesausschuss nach § 91 gründet ein fachlich unabhängiges, wissenschaftliches Institut für Qualitätssicherung und Transparenz im Gesundheitswesen. 2Hierzu errichtet er eine Stiftung des privaten Rechts, die Trägerin des Instituts ist.

(2) 1Der Vorstand der Stiftung bestellt die Institutsleitung mit Zustimmung des Bundesministeriums für Gesundheit. 2Das Bundesministerium für Gesundheit entsendet ein Mitglied in den Vorstand der Stiftung.

(3) 1Das Institut arbeitet im Auftrag des Gemeinsamen Bundesausschusses an Maßnahmen zur Qualitätssicherung und zur Darstellung der Versorgungsqualität im Gesundheitswesen. 2Es soll insbesondere beauftragt werden,

1. für die Messung und Darstellung der Versorgungsqualität möglichst sektorenübergreifend abgestimmte risikoadjustierte Indikatoren und Instrumente einschließlich Module für ergänzende Patientenbefragungen zu entwickeln,
2. die notwendige Dokumentation für die einrichtungsübergreifende Qualitätssicherung unter Berücksichtigung des Gebotes der Datensparsamkeit zu entwickeln,
3. sich an der Durchführung der einrichtungsübergreifenden Qualitätssicherung zu beteiligen und dabei, soweit erforderlich, die weiteren Einrichtungen nach Satz 3 einzubeziehen,
4. die Ergebnisse der Qualitätssicherungsmaßnahmen in geeigneter Weise und in einer für die Allgemeinheit verständlichen Form zu veröffentlichen,
5. auf der Grundlage geeigneter Daten, die in den Qualitätsberichten der Krankenhäuser veröffentlicht werden, einrichtungsbezogen vergleichende risikoadjustierte Übersichten über die Qualität in maßgeblichen Bereichen der stationären Versorgung zu erstellen und in einer für die Allgemeinheit verständlichen Form im Internet zu veröffentlichen; Ergebnisse nach Nummer 6 sollen einbezogen werden,
6. für die Weiterentwicklung der Qualitätssicherung zu ausgewählten Leistungen die Qualität der ambulanten und stationären Versorgung zusätzlich auf der Grundlage geeigneter Sozialdaten darzustellen, die dem Institut von den Krankenkassen nach § 299 Absatz 1a auf der Grundlage von Richtlinien und Beschlüssen des Gemeinsamen Bundesausschusses übermittelt werden, sowie
7. Kriterien zur Bewertung von Zertifikaten und Qualitätssiegeln, die in der ambulanten und stationären Versorgung verbreitet sind, zu entwickeln und anhand dieser Kriterien über die Aussagekraft dieser Zertifikate und Qualitätssiegel in einer für die Allgemeinheit verständlichen Form zu informieren.

3In den Fällen, in denen weitere Einrichtungen an der Durchführung der verpflichtenden Maßnahmen der Qualitätssicherung nach § 137 Absatz 1 Satz 1 Nummer 1 mitwirken, haben diese dem Institut nach Absatz 1 auf der Grundlage der Richtlinien des Gemeinsamen Bundesausschusses zur einrichtungsübergreifenden Qualitätssicherung die für die Wahrnehmung seiner Aufgaben nach Satz 2 erforderlichen Daten zu übermitteln.

(4) 1Die den Gemeinsamen Bundesausschuss bildenden Institutionen, die unparteiischen Mitglieder des Gemeinsamen Bundesausschusses, das Bundesministerium für Gesundheit und die für die Wahrnehmung der Interessen der Patientinnen und Patienten und der Selbsthilfe chronisch kranker und behinderter Menschen maßgeblichen Organisationen auf Bundesebene können die Beauftragung des Instituts beim Gemeinsamen Bundesausschuss beantragen. 2Das Bundesministerium für Gesundheit kann das Institut unmittelbar mit Untersuchungen und Handlungsempfehlungen zu den Aufgaben nach Absatz 3 für den Gemeinsamen Bundesausschuss beauftragen. 3Das Institut kann einen Auftrag des Bundesministeriums für Gesundheit ablehnen, es sei denn, das Bundesministerium für Gesundheit übernimmt die Finan-

zierung der Bearbeitung des Auftrags. 4Das Institut kann sich auch ohne Auftrag mit Aufgaben nach Absatz 3 befassen; der Vorstand der Stiftung ist hierüber von der Institutsleitung unverzüglich zu informieren. 5Für die Tätigkeit nach Satz 4 können jährlich bis zu 10 Prozent der Haushaltsmittel eingesetzt werden, die dem Institut zur Verfügung stehen. 6Die Ergebnisse der Arbeiten nach Satz 4 sind dem Gemeinsamen Bundesausschuss und dem Bundesministerium für Gesundheit vor der Veröffentlichung vorzulegen.

(5) 1Das Institut hat zu gewährleisten, dass die Aufgaben nach Absatz 3 auf Basis der maßgeblichen, international anerkannten Standards der Wissenschaften erfüllt werden. 2Hierzu ist in der Stiftungssatzung ein wissenschaftlicher Beirat aus unabhängigen Sachverständigen vorzusehen, der das Institut in grundsätzlichen Fragen berät. 3Die Mitglieder des wissenschaftlichen Beirats werden auf Vorschlag der Institutsleitung einvernehmlich vom Vorstand der Stiftung bestellt. 4Der wissenschaftliche Beirat kann dem Institut Vorschläge für eine Befassung nach Absatz 4 Satz 4 machen.

(6) Zur Erledigung der Aufgaben nach Absatz 3 kann das Institut im Einvernehmen mit dem Gemeinsamen Bundesausschuss Forschungs- und Entwicklungsaufträge an externe Sachverständige vergeben; soweit hierbei personenbezogene Daten übermittelt werden sollen, gilt § 299.

(7) Bei der Entwicklung der Inhalte nach Absatz 3 sind zu beteiligen:

1. die Kassenärztlichen Bundesvereinigungen,
2. die Deutsche Krankenhausgesellschaft,
3. der Spitzenverband Bund der Krankenkassen,
4. der Verband der Privaten Krankenversicherung,
5. die Bundesärztekammer, die Bundeszahnärztekammer und die Bundespsychotherapeutenkammer,
6. die Berufsorganisationen der Krankenpflegeberufe,
7. die wissenschaftlichen medizinischen Fachgesellschaften,
8. das Deutsche Netzwerk Versorgungsforschung,
9. die für die Wahrnehmung der Interessen der Patientinnen und Patienten und der Selbsthilfe chronisch kranker und behinderter Menschen maßgeblichen Organisationen auf Bundesebene,
10. der oder die Beauftragte der Bundesregierung für die Belange der Patientinnen und Patienten,
11. zwei von der Gesundheitsministerkonferenz der Länder zu bestimmende Vertreter sowie
12. die Bundesoberbehörden im Geschäftsbereich des Bundesministeriums für Gesundheit, soweit ihre Aufgabenbereiche berührt sind.

(8) Für die Finanzierung des Instituts gilt § 139c entsprechend.

(9) Zur Sicherstellung der fachlichen Unabhängigkeit des Instituts hat der Stiftungsvorstand dafür Sorge zu tragen, dass Interessenkonflikte von Beschäftigten des Instituts sowie von allen anderen an der Aufgabenerfüllung nach Absatz 3 beteiligten Personen und Institutionen vermieden werden.

(10) 1Der Gemeinsame Bundesausschuss kann das Institut oder eine andere an der einrichtungsübergreifenden Qualitätssicherung beteiligte Stelle beauftragen, die bei den verpflichtenden Maßnahmen der Qualitätssicherung nach § 137 Absatz 1 Satz 1 Nummer 1 erhobenen Daten auf Antrag eines Dritten für Zwecke der wissenschaftlichen Forschung und der Weiterentwicklung der Qualitätssicherung auszuwerten. 2Jede natürliche oder juristische Person kann hierzu beim Gemeinsamen Bundesausschuss oder bei einer nach Satz 1 beauftragten Stelle einen Antrag auf Auswertung und Übermittlung der Auswertungsergebnisse stellen. 3Das Institut oder eine andere nach Satz 1 beauftragte Stelle übermittelt dem Antragstellenden nach Prüfung des berechtigten Interesses die anonymisierten Auswertungsergebnisse, wenn dieser sich bei der Antrag-

stellung zur Übernahme der entstehenden Kosten bereit erklärt hat. $_4$Der Gemeinsame Bundesausschuss regelt in der Verfahrensordnung für die Auswertung der nach § 137 Absatz 1 Satz 1 Nummer 1 erhobenen Daten und die Übermittlung der Auswertungsergebnisse unter Beachtung datenschutzrechtlicher Vorgaben und des Gebotes der Datensicherheit ein transparentes Verfahren sowie das Nähere zum Verfahren der Kostenübernahme nach Satz 3. $_5$Der Gemeinsame Bundesausschuss hat zur Verbesserung des Datenschutzes und der Datensicherheit das für die Wahrnehmung der Aufgaben nach den Sätzen 1 und 3 notwendige Datenschutzkonzept regelmäßig durch unabhängige Gutachter prüfen und bewerten zu lassen; das Ergebnis der Prüfung ist zu veröffentlichen.

§ 137b Förderung der Qualitätssicherung in der Medizin

$_1$Der Gemeinsame Bundesausschuss hat den Stand der Qualitätssicherung im Gesundheitswesen festzustellen, sich daraus ergebenden Weiterentwicklungsbedarf zu benennen, eingeführte Qualitätssicherungsmaßnahmen auf ihre Wirksamkeit hin zu bewerten und Empfehlungen für eine an einheitlichen Grundsätzen ausgerichtete sowie sektoren- und berufsgruppenübergreifende Qualitätssicherung im Gesundheitswesen einschließlich ihrer Umsetzung zu erarbeiten. $_2$Er erstellt in regelmäßigen Abständen einen Bericht über den Stand der Qualitätssicherung.

§ 137c Bewertung von Untersuchungs- und Behandlungsmethoden im Krankenhaus

(1) $_1$Der Gemeinsame Bundesausschuss nach § 91 überprüft auf Antrag des Spitzenverbandes Bund der Krankenkassen, der Deutschen Krankenhausgesellschaft oder eines Bundesverbandes der Krankenhausträger Untersuchungs- und Behandlungsmethoden, die zu Lasten der gesetzlichen Krankenkassen im Rahmen einer Krankenhausbehandlung angewandt werden oder angewandt werden sollen, daraufhin, ob sie für eine ausreichende, zweckmäßige und wirtschaftliche Versorgung der Versicherten unter Berücksichtigung des allgemein anerkannten Standes der medizinischen Erkenntnisse erforderlich sind. $_2$Ergibt die Überprüfung, dass der Nutzen einer Methode nicht hinreichend belegt ist und sie nicht das Potenzial einer erforderlichen Behandlungsalternative bietet, insbesondere weil sie schädlich oder unwirksam ist, erlässt der Gemeinsame Bundesausschuss eine entsprechende Richtlinie, wonach die Methode im Rahmen einer Krankenhausbehandlung nicht mehr zulasten der Krankenkassen erbracht werden darf. $_3$Ergibt die Überprüfung, dass der Nutzen einer Methode noch nicht hinreichend belegt ist, sie aber das Potenzial einer erforderlichen Behandlungsalternative bietet, beschließt der Gemeinsame Bundesausschuss eine Richtlinie zur Erprobung nach § 137e. $_4$Nach Abschluss der Erprobung erlässt der Gemeinsame Bundesausschuss eine Richtlinie, wonach die Methode im Rahmen einer Krankenhausbehandlung nicht mehr zulasten der Krankenkassen erbracht werden darf, wenn die Überprüfung unter Hinzuziehung der durch die Erprobung gewonnenen Erkenntnisse ergibt, dass die Methode nicht den Kriterien nach Satz 1 entspricht. $_5$Ist eine Richtlinie zur Erprobung nicht zustande gekommen, weil es an einer nach § 137e Absatz 6 erforderlichen Vereinbarung fehlt, gilt Satz 4 entsprechend. $_6$Die Beschlussfassung über die Annahme eines Antrags nach Satz 1 muss spätestens drei Monate nach Antragseingang erfolgen. $_7$Das sich anschließende Methodenbewertungsverfahren ist in der Regel innerhalb von spätestens drei Jahren abzuschließen, es sei denn, dass auch bei Straffung des Verfahrens im Einzelfall eine längere Verfahrensdauer erforderlich ist.

(2) $_1$Wird eine Beanstandung des Bundesministeriums für Gesundheit nach § 94 Abs. 1 Satz 2 nicht innerhalb der von ihm gesetzten Frist behoben, kann das Bundesministerium die Richtlinie erlassen. $_2$Ab dem Tag des Inkrafttretens einer Richtlinie nach Absatz 1 Satz 2 oder 4 darf die ausgeschlossene Methode im Rahmen einer Krankenhausbehandlung nicht mehr zu Lasten der Krankenkassen erbracht werden; die Durchführung klinischer

V

Studien bleibt von einem Ausschluss nach Absatz 1 Satz 4 unberührt.

(3) 1Untersuchungs- und Behandlungsmethoden, zu denen der Gemeinsame Bundesausschuss bisher keine Entscheidung nach Absatz 1 getroffen hat, dürfen im Rahmen einer Krankenhausbehandlung angewandt werden, wenn sie das Potential einer erforderlichen Behandlungsalternative bieten und ihre Anwendung nach den Regeln der ärztlichen Kunst erfolgt, sie also insbesondere medizinisch indiziert und notwendig ist. 2Dies gilt sowohl für Methoden, für die noch kein Antrag nach Absatz 1 Satz 1 gestellt wurde, als auch für Methoden, deren Bewertung nach Absatz 1 noch nicht abgeschlossen ist.

V

§ 137d Qualitätssicherung bei der ambulanten und stationären Vorsorge oder Rehabilitation

(1) 1Für stationäre Rehabilitationseinrichtungen, mit denen ein Vertrag nach § 111 oder § 111a und für ambulante Rehabilitationseinrichtungen, mit denen ein Vertrag über die Erbringung ambulanter Leistungen zur medizinischen Rehabilitation nach § 111c Absatz 1 besteht, vereinbart der Spitzenverband Bund der Krankenkassen auf der Grundlage der Empfehlungen nach § 20 Abs. 1 des Neunten Buches mit den für die Wahrnehmung der Interessen der ambulanten und stationären Rehabilitationseinrichtungen und der Einrichtungen des Müttergenesungswerks oder gleichartiger Einrichtungen auf Bundesebene maßgeblichen Spitzenorganisationen die Maßnahmen der Qualitätssicherung nach § 135a Abs. 2 Nr. 1. 2Die Kosten der Auswertung von Maßnahmen der einrichtungsübergreifenden Qualitätssicherung tragen die Krankenkassen anteilig nach ihrer Belegung der Einrichtungen oder Fachabteilungen. 3Das einrichtungsinterne Qualitätsmanagement und die Verpflichtung zur Zertifizierung für stationäre Rehabilitationseinrichtungen richten sich nach § 20 des Neunten Buches.

(2) 1Für stationäre Vorsorgeeinrichtungen, mit denen ein Versorgungsvertrag nach § 111 und für Einrichtungen, mit denen ein Versorgungsvertrag nach § 111a besteht, vereinbart der Spitzenverband Bund der Krankenkassen mit den für die Wahrnehmung der Interessen der stationären Vorsorgeeinrichtungen und der Einrichtungen des Müttergenesungswerks oder gleichartiger Einrichtungen auf Bundesebene maßgeblichen Spitzenorganisationen die Maßnahmen der Qualitätssicherung nach § 135a Abs. 2 Nr. 1 und die Anforderungen an ein einrichtungsinternes Qualitätsmanagement nach § 135a Abs. 2 Nr. 2. 2Dabei sind die gemeinsamen Empfehlungen nach § 20 Abs. 1 des Neunten Buches zu berücksichtigen und in ihren Grundzügen zu übernehmen. 3Die Kostentragungspflicht nach Absatz 1 Satz 3 gilt entsprechend.

(3) Für Leistungserbringer, die ambulante Vorsorgeleistungen nach § 23 Abs. 2 erbringen, vereinbart der Spitzenverband Bund der Krankenkassen mit der Kassenärztlichen Bundesvereinigung und den maßgeblichen Bundesverbänden der Leistungserbringer, die ambulante Vorsorgeleistungen durchführen, die grundsätzlichen Anforderungen an ein einrichtungsinternes Qualitätsmanagement nach § 135a Abs. 2 Nr. 2.

(4) 1Die Vertragspartner haben durch geeignete Maßnahmen sicherzustellen, dass die Anforderungen an die Qualitätssicherung für die ambulante und stationäre Vorsorge und Rehabilitation einheitlichen Grundsätzen genügen, und die Erfordernisse einer sektor- und berufsgruppenübergreifenden Versorgung angemessen berücksichtigt sind. 2Bei Vereinbarungen nach den Absätzen 1 und 2 ist der Bundesärztekammer, der Bundespsychotherapeutenkammer und der Deutschen Krankenhausgesellschaft Gelegenheit zur Stellungnahme zu geben.

§ 137e Erprobung von Untersuchungs- und Behandlungsmethoden

(1) 1Gelangt der Gemeinsame Bundesausschuss bei der Prüfung von Untersuchungs- und Behandlungsmethoden nach § 135 oder § 137c zu der Feststellung, dass eine Methode das Potenzial einer erforderlichen Behandlungsalternative bietet, ihr Nutzen aber noch nicht hinreichend belegt ist, kann der

Gemeinsame Bundesausschuss unter Aussetzung seines Bewertungsverfahrens eine Richtlinie zur Erprobung beschließen, um die notwendigen Erkenntnisse für die Bewertung des Nutzens der Methode zu gewinnen. $_{2}$Aufgrund der Richtlinie wird die Untersuchungs- oder Behandlungsmethode in einem befristeten Zeitraum im Rahmen der Krankenbehandlung oder der Früherkennung zulasten der Krankenkassen erbracht.

(2) $_{1}$Der Gemeinsame Bundesausschuss regelt in der Richtlinie nach Absatz 1 Satz 1 die in die Erprobung einbezogenen Indikationen und die sächlichen, personellen und sonstigen Anforderungen an die Qualität der Leistungserbringung im Rahmen der Erprobung. $_{2}$Er legt zudem Anforderungen an die Durchführung, die wissenschaftliche Begleitung und die Auswertung der Erprobung fest. $_{3}$Für Krankenhäuser, die nicht an der Erprobung teilnehmen, kann der Gemeinsame Bundesausschuss nach § 137 Anforderungen an die Qualität der Leistungserbringung regeln.

(3) An der vertragsärztlichen Versorgung teilnehmende Leistungserbringer und nach § 108 zugelassene Krankenhäuser können in dem erforderlichen Umfang an der Erprobung einer Untersuchungs- oder Behandlungsmethode teilnehmen, wenn sie gegenüber der wissenschaftlichen Institution nach Absatz 5 nachweisen, dass sie die Anforderungen nach Absatz 2 erfüllen.

(4) $_{1}$Die von den Leistungserbringern nach Absatz 3 im Rahmen der Erprobung erbrachten und verordneten Leistungen werden unmittelbar von den Krankenkassen vergütet. $_{2}$Bei voll- und teilstationären Krankenhausleistungen werden diese durch Entgelte nach § 17b oder § 17d des Krankenhausfinanzierungsgesetzes oder nach der Bundespflegesatzverordnung vergütet. $_{3}$Kommt für eine neue Untersuchungs- oder Behandlungsmethode, die mit pauschalierten Pflegesätzen nach § 17 Absatz 1a des Krankenhausfinanzierungsgesetzes noch nicht sachgerecht vergütet werden kann, eine sich auf den gesamten Erprobungszeitraum beziehende Vereinbarung nach § 6 Absatz 2 Satz 1 des Krankenhausentgeltgesetzes oder nach § 6 Absatz 2 Satz 1 der Bundespflegesatzverordnung nicht innerhalb von drei Monaten nach Erteilung des Auftrags des Gemeinsamen Bundesausschusses nach Absatz 5 zustande, wird ihr Inhalt durch die Schiedsstelle nach § 13 des Krankenhausentgeltgesetzes oder nach § 13 der Bundespflegesatzverordnung festgelegt. $_{4}$Bei Methoden, die auch ambulant angewandt werden können, wird die Höhe der Vergütung für die ambulante Leistungserbringung durch die Vertragspartner nach § 115 Absatz 1 Satz 1 vereinbart. $_{5}$Kommt eine Vereinbarung nach Satz 4 nicht innerhalb von drei Monaten nach Erteilung des Auftrags des Gemeinsamen Bundesausschusses nach Absatz 5 zustande, wird ihr Inhalt durch die erweiterte Schiedsstelle nach § 115 Absatz 3 innerhalb von sechs Wochen festgelegt. $_{6}$Klagen gegen die Festlegung des Vertragsinhalts haben keine aufschiebende Wirkung.

(5) $_{1}$Für die wissenschaftliche Begleitung und Auswertung der Erprobung beauftragt der Gemeinsame Bundesausschuss eine unabhängige wissenschaftliche Institution. $_{2}$Die an der Erprobung teilnehmenden Leistungserbringer sind verpflichtet, die für die wissenschaftliche Begleitung und Auswertung erforderlichen Daten zu dokumentieren und der beauftragten Institution zur Verfügung zu stellen. $_{3}$Sofern hierfür personenbezogene Daten der Versicherten benötigt werden, ist vorher deren Einwilligung einzuholen. $_{4}$Für den zusätzlichen Aufwand im Zusammenhang mit der Durchführung der Erprobung erhalten die an der Erprobung teilnehmenden Leistungserbringer von der beauftragten Institution eine angemessene Aufwandsentschädigung.

(6) $_{1}$Beruht die technische Anwendung der Methode maßgeblich auf dem Einsatz eines Medizinprodukts, darf der Gemeinsame Bundesausschuss einen Beschluss zur Erprobung nach Absatz 1 nur dann fassen, wenn sich die Hersteller dieses Medizinprodukts oder Unternehmen, die in sonstiger Weise als Anbieter der Methode ein wirtschaftliches Interesse an einer Erbringung zulasten der Krankenkassen haben, zuvor gegenüber dem Ge-

meinsamen Bundesausschuss bereit erklären, die nach Absatz 5 entstehenden Kosten der wissenschaftlichen Begleitung und Auswertung in angemessenem Umfang zu übernehmen. 2Die Hersteller oder sonstigen Unternehmen vereinbaren mit der beauftragten Institution nach Absatz 5 das Nähere zur Übernahme der Kosten.

(7) 1Unabhängig von einem Beratungsverfahren nach § 135 oder § 137c können Hersteller eines Medizinprodukts, auf dessen Einsatz die technische Anwendung einer neuen Untersuchungs- oder Behandlungsmethode maßgeblich beruht, und Unternehmen, die in sonstiger Weise als Anbieter einer neuen Methode ein wirtschaftliches Interesse an einer Erbringung zulasten der Krankenkassen haben, beim Gemeinsamen Bundesausschuss beantragen, dass dieser eine Richtlinie zur Erprobung der neuen Methode nach Absatz 1 beschließt. 2Der Antragsteller hat aussagekräftige Unterlagen vorzulegen, aus denen hervorgeht, dass die Methode hinreichendes Potenzial für eine Erprobung bietet sowie eine Verpflichtungserklärung nach Absatz 6 abzugeben. 3Der Gemeinsame Bundesausschuss entscheidet innerhalb von drei Monaten nach Antragstellung auf der Grundlage der vom Antragsteller zur Begründung seines Antrags vorgelegten Unterlagen. 4Beschließt der Gemeinsame Bundesausschuss eine Erprobung, entscheidet er im Anschluss an die Erprobung auf der Grundlage der gewonnenen Erkenntnisse über eine Richtlinie nach § 135 oder § 137c.

(8) 1Der Gemeinsame Bundesausschuss berät Hersteller von Medizinprodukten und sonstige Unternehmen im Sinne von Absatz 7 Satz 1 zu den Voraussetzungen der Erbringung einer Untersuchungs- oder Behandlungsmethode zulasten der Krankenkassen. 2Das Nähere einschließlich der Erstattung der für diese Beratung entstandenen Kosten ist in der Verfahrensordnung zu regeln.

§ 137f Strukturierte Behandlungsprogramme bei chronischen Krankheiten

(1) 1Der Gemeinsame Bundesausschuss nach § 91 legt in Richtlinien nach Maßgabe von Satz 2 geeignete chronische Krankheiten fest, für die strukturierte Behandlungsprogramme entwickelt werden sollen, die den Behandlungsablauf und die Qualität der medizinischen Versorgung chronisch Kranker verbessern. 2Bei der Auswahl der chronischen Krankheiten sind insbesondere die folgenden Kriterien zu berücksichtigen:

1. Zahl der von der Krankheit betroffenen Versicherten,
2. Möglichkeiten zur Verbesserung der Qualität der Versorgung,
3. Verfügbarkeit von evidenzbasierten Leitlinien,
4. sektorenübergreifender Behandlungsbedarf,
5. Beeinflussbarkeit des Krankheitsverlaufs durch Eigeninitiative des Versicherten und
6. hoher finanzieller Aufwand der Behandlung.

3Bis zum 31. Dezember 2016 legt der Gemeinsame Bundesausschuss weitere in § 321 Satz 1 nicht genannte, geeignete chronische Krankheiten fest und erlässt insbesondere für die Behandlung von Rückenleiden und Depressionen jeweils entsprechende Richtlinien nach Absatz 2.

(2) 1Der Gemeinsame Bundesausschuss nach § 91 erlässt Richtlinien zu den Anforderungen an die Ausgestaltung von Behandlungsprogrammen nach Absatz 1. 2Zu regeln sind insbesondere Anforderungen an die

1. Behandlung nach dem aktuellen Stand der medizinischen Wissenschaft unter Berücksichtigung von evidenzbasierten Leitlinien oder nach der jeweils besten, verfügbaren Evidenz sowie unter Berücksichtigung des jeweiligen Versorgungssektors,
2. durchzuführenden Qualitätssicherungsmaßnahmen unter Berücksichtigung der Ergebnisse nach § 137a Absatz 3,

3. Voraussetzungen für die Einschreibung des Versicherten in ein Programm,
4. Schulungen der Leistungserbringer und der Versicherten,
5. Dokumentation einschließlich der für die Durchführung der Programme erforderlichen personenbezogenen Daten und deren Aufbewahrungsfristen,
6. Bewertung der Auswirkungen der Versorgung in den Programmen (Evaluation).

$_{3}$Soweit diese Anforderungen Inhalte der ärztlichen Therapie betreffen, schränken sie den zur Erfüllung des ärztlichen Behandlungsauftrags im Einzelfall erforderlichen ärztlichen Behandlungsspielraum nicht ein. $_{4}$Der Spitzenverband Bund der Krankenkassen hat den Medizinischen Dienst des Spitzenverbandes Bund der Krankenkassen zu beteiligen. $_{5}$Den für die Wahrnehmung der Interessen der ambulanten und stationären Vorsorge- und Rehabilitationseinrichtungen und der Selbsthilfe sowie den für die sonstigen Leistungserbringer auf Bundesebene maßgeblichen Spitzenorganisationen, soweit ihre Belange berührt sind, sowie dem Bundesversicherungsamt und den jeweils einschlägigen wissenschaftlichen Fachgesellschaften ist Gelegenheit zur Stellungnahme zu geben; die Stellungnahmen sind in die Entscheidungen mit einzubeziehen. $_{6}$Der Gemeinsame Bundesausschuss nach § 91 hat seine Richtlinien regelmäßig zu überprüfen.

(3) $_{1}$Für die Versicherten ist die Teilnahme an Programmen nach Absatz 1 freiwillig. $_{2}$Voraussetzung für die Einschreibung ist die nach umfassender Information durch die Krankenkasse erteilte schriftliche Einwilligung zur Teilnahme an dem Programm, zur Erhebung, Verarbeitung und Nutzung der in den Richtlinien des Gemeinsamen Bundesausschusses nach Absatz 2 festgelegten Daten durch die Krankenkasse, die Sachverständigen nach Absatz 4 und die beteiligten Leistungserbringer sowie zur Übermittlung dieser Daten an die Krankenkasse. $_{3}$Die Einwilligung kann widerrufen werden.

(4) $_{1}$Die Krankenkassen oder ihre Verbände haben nach den Richtlinien des Gemeinsamen Bundesausschusses nach Absatz 2 eine externe Evaluation der für dieselbe Krankheit nach Absatz 1 zugelassenen Programme nach Absatz 1 durch einen vom Bundesversicherungsamt im Benehmen mit der Krankenkasse oder dem Verband auf deren Kosten bestellten unabhängigen Sachverständigen auf der Grundlage allgemein anerkannter wissenschaftlicher Standards zu veranlassen, die zu veröffentlichen ist. $_{2}$Die Krankenkassen oder ihre Verbände erstellen für die Programme zudem für jedes volle Kalenderjahr Qualitätsberichte nach den Vorgaben der Richtlinien des Gemeinsamen Bundesausschusses nach Absatz 2, die dem Bundesversicherungsamt jeweils bis zum 1. Oktober des Folgejahres vorzulegen sind.

(5) $_{1}$Die Verbände der Krankenkassen und der Spitzenverband Bund der Krankenkassen unterstützen ihre Mitglieder bei dem Aufbau und der Durchführung von Programmen nach Absatz 1; hierzu gehört auch, dass die in Satz 2 genannten Aufträge auch von diesen Verbänden erteilt werden können, soweit hierdurch bundes- oder landeseinheitliche Vorgaben umgesetzt werden sollen. $_{2}$Die Krankenkassen können ihre Aufgaben zur Durchführung von mit zugelassenen Leistungserbringern vertraglich vereinbarten Programmen nach Absatz 1 auf Dritte übertragen. $_{3}$§ 80 des Zehnten Buches bleibt unberührt.

(6) $_{1}$Soweit in den Verträgen zur Durchführung strukturierter Behandlungsprogramme nach Absatz 1 die Bildung einer Arbeitsgemeinschaft vorgesehen ist, darf diese zur Erfüllung ihrer Aufgaben abweichend von § 80 Abs. 5 Nr. 2 des Zehnten Buches dem Auftragnehmer die Verarbeitung des gesamten Datenbestandes übertragen. $_{2}$Der Auftraggeber hat den für ihn zuständigen Datenschutzbeauftragten rechtzeitig vor der Auftragserteilung die in § 80 Abs. 3 Satz 1 Nr. 1 bis 4 des Zehnten Buches genannten Aufgaben schriftlich anzuzeigen. $_{3}$§ 80 Abs. 6 Satz 4 des Zehnten Buches bleibt unberührt. $_{4}$Die für die Auftraggeber und Auftragnehmer zuständigen Aufsichtsbehörden haben bei der Kont-

rolle der Verträge nach Satz 1 eng zusammenzuarbeiten.

(7) $_{1}$Die Krankenkassen oder ihre Landesverbände können mit zugelassenen Krankenhäusern, die an der Durchführung eines strukturierten Behandlungsprogramms nach Absatz 1 teilnehmen, Verträge über ambulante ärztliche Behandlung schließen, soweit die Anforderungen an die ambulante Leistungserbringung in den Verträgen zu den strukturierten Behandlungsprogrammen dies erfordern. $_{2}$Für die sächlichen und personellen Anforderungen an die ambulante Leistungserbringung des Krankenhauses gelten als Mindestvoraussetzungen die Anforderungen nach § 135 entsprechend.

§ 137g Zulassung strukturierter Behandlungsprogramme

(1) $_{1}$Das Bundesversicherungsamt hat auf Antrag einer oder mehrerer Krankenkassen oder eines Verbandes der Krankenkassen die Zulassung von Programmen nach § 137f Abs. 1 zu erteilen, wenn die Programme und die zu ihrer Durchführung geschlossenen Verträge die in den Richtlinien des Gemeinsamen Bundesausschusses nach § 137f und in der Rechtsverordnung nach § 266 Abs. 7 genannten Anforderungen erfüllen. $_{2}$Dabei kann es wissenschaftliche Sachverständige hinzuziehen. $_{3}$Die Zulassung kann mit Auflagen und Bedingungen versehen werden. $_{4}$Die Zulassung ist innerhalb von drei Monaten zu erteilen. $_{5}$Die Frist nach Satz 4 gilt als gewahrt, wenn die Zulassung aus Gründen, die von der Krankenkasse zu vertreten sind, nicht innerhalb dieser Frist erteilt werden kann. $_{6}$Die Zulassung wird mit dem Tage wirksam, an dem die in den Richtlinien des Gemeinsamen Bundesausschusses nach § 137f und in der Rechtsverordnung nach § 266 Abs. 7 genannten Anforderungen erfüllt und die Verträge nach Satz 1 geschlossen sind, frühestens mit dem Tag der Antragstellung, nicht jedoch vor dem Inkrafttreten dieser Richtlinien und Verordnungsregelungen. $_{7}$Für die Bescheiderteilung sind Kosten deckende Gebühren zu erheben. $_{8}$Die Kosten werden nach dem tatsächlich entstandenen Personal- und Sachaufwand berechnet. $_{9}$Zusätzlich zu den Personalkosten entstehende Verwaltungsaufgaben sind den Kosten in ihrer tatsächlichen Höhe hinzuzurechnen. $_{10}$Soweit dem Bundesversicherungsamt im Zusammenhang mit der Zulassung von Programmen nach § 137f Abs. 1 notwendige Vorhaltekosten entstehen, die durch die Gebühren nach Satz 7 nicht gedeckt sind, sind diese aus dem Gesundheitsfonds zu finanzieren. $_{11}$Das Nähere über die Berechnung der Kosten nach den Sätzen 8 und 9 und über die Berücksichtigung der Kosten nach Satz 10 im Risikostrukturausgleich regelt das Bundesministerium für Gesundheit ohne Zustimmung des Bundesrates in der Rechtsverordnung nach § 266 Abs. 7. $_{12}$In der Rechtsverordnung nach § 266 Abs. 7 kann vorgesehen werden, dass die tatsächlich entstandenen Kosten nach den Sätzen 8 und 9 auf der Grundlage pauschalierter Kostensätze zu berechnen sind. $_{13}$Klagen gegen die Gebührenbescheide des Bundesversicherungsamts haben keine aufschiebende Wirkung.

(2) $_{1}$Die Programme und die zu ihrer Durchführung geschlossenen Verträge sind unverzüglich, spätestens innerhalb eines Jahres an Änderungen der in den Richtlinien des Gemeinsamen Bundesausschusses nach § 137f und der in der Rechtsverordnung nach § 266 Absatz 7 genannten Anforderungen anzupassen. $_{2}$Satz 1 gilt entsprechend für Programme, deren Zulassung bei Inkrafttreten von Änderungen der in den Richtlinien des Gemeinsamen Bundesausschusses nach § 137f und der in der Rechtsverordnung nach § 266 Absatz 7 genannten Anforderungen bereits beantragt ist. $_{3}$Die Krankenkasse hat dem Bundesversicherungsamt die angepassten Verträge unverzüglich vorzulegen und es über die Anpassung der Programme unverzüglich zu unterrichten.

(3) $_{1}$Die Zulassung eines Programms ist mit Wirkung zum Zeitpunkt der Änderung der Verhältnisse aufzuheben, wenn das Programm und die zu seiner Durchführung geschlossenen Verträge die rechtlichen Anforderungen nicht mehr erfüllen. $_{2}$Die Zulassung ist mit Wirkung zum Beginn des Bewer-

tungszeitraums aufzuheben, für den die Evaluation nach § 137f Absatz 4 Satz 1 nicht gemäß den Anforderungen nach den Richtlinien des Gemeinsamen Bundesausschusses nach § 137f durchgeführt wurde. $_{3}$Sie ist mit Wirkung zum Beginn des Kalenderjahres aufzuheben, für das ein Qualitätsbericht nach § 137f Absatz 4 Satz 2 nicht fristgerecht vorgelegt worden ist.

§ 137h Bewertung neuer Untersuchungs- und Behandlungsmethoden mit Medizinprodukten hoher Risikoklasse

(1) $_{1}$Wird hinsichtlich einer neuen Untersuchungs- oder Behandlungsmethode, deren technische Anwendung maßgeblich auf dem Einsatz eines Medizinprodukts mit hoher Risikoklasse beruht, erstmalig eine Anfrage nach § 6 Absatz 2 Satz 3 des Krankenhausentgeltgesetzes gestellt, hat das anfragende Krankenhaus dem Gemeinsamen Bundesausschuss zugleich Informationen über den Stand der wissenschaftlichen Erkenntnisse zu dieser Methode sowie zu der Anwendung des Medizinprodukts zu übermitteln. $_{2}$Eine Anfrage nach Satz 1 und die Übermittlung der Unterlagen erfolgt im Benehmen mit dem Hersteller derjenigen Medizinprodukte mit hoher Risikoklasse, die in dem Krankenhaus bei der Methode zur Anwendung kommen sollen. $_{3}$Weist die Methode ein neues theoretisch-wissenschaftliches Konzept auf, gibt der Gemeinsame Bundesausschuss innerhalb von zwei Wochen nach Eingang der Informationen im Wege einer öffentlichen Bekanntmachung im Internet allen Krankenhäusern, die eine Erbringung der neuen Untersuchungs- oder Behandlungsmethode vorsehen, sowie den jeweils betroffenen Medizinprodukteherstellern in der Regel einen Monat Gelegenheit, weitere Informationen im Sinne von Satz 1 an ihn zu übermitteln. $_{4}$Der Gemeinsame Bundesausschuss nimmt auf Grundlage der übermittelten Informationen innerhalb von drei Monaten eine Bewertung vor, ob

1. der Nutzen der Methode unter Anwendung des Medizinprodukts als hinreichend belegt anzusehen ist,
2. der Nutzen zwar als noch nicht hinreichend belegt anzusehen ist, aber die Methode unter Anwendung des Medizinprodukts das Potential einer erforderlichen Behandlungsalternative bietet, oder
3. die Methode unter Anwendung des Medizinprodukts kein Potential für eine erforderliche Behandlungsalternative bietet, insbesondere weil sie als schädlich oder unwirksam anzusehen ist.

$_{5}$Für den Beschluss des Gemeinsamen Bundesausschusses nach Satz 4 gilt § 94 Absatz 2 Satz 1 entsprechend. $_{6}$Das Nähere zum Verfahren ist erstmals innerhalb von drei Monaten nach Inkrafttreten der Rechtsverordnung nach Absatz 2 in der Verfahrensordnung zu regeln. $_{7}$Satz 1 ist erst ab dem Zeitpunkt des Inkrafttretens der Verfahrensordnung anzuwenden.

(2) $_{1}$Medizinprodukte mit hoher Risikoklasse nach Absatz 1 Satz 1 sind solche, die der Risikoklasse IIb oder III nach Artikel 9 in Verbindung mit Anhang IX der Richtlinie 93/42/EWG des Rates vom 14. Juni 1993 über Medizinprodukte (ABl. L 169 vom 12. 7. 1993, S. 1), die zuletzt durch Artikel 2 der Richtlinie 2007/47/EG (ABl. L 247 vom 21. 9. 2007, S. 21) geändert worden ist, oder den aktiven implantierbaren Medizinprodukten zuzuordnen sind und deren Anwendung einen besonders invasiven Charakter aufweist. $_{2}$Eine Methode weist ein neues theoretisch-wissenschaftliches Konzept im Sinne von Absatz 1 Satz 3 auf, wenn sich ihr Wirkprinzip oder ihr Anwendungsgebiet von anderen, in der stationären Versorgung bereits eingeführten systematischen Herangehensweisen wesentlich unterscheidet. $_{3}$Nähere Kriterien zur Bestimmung der in den Sätzen 1 und 2 genannten Voraussetzungen regelt das Bundesministerium für Gesundheit im Benehmen mit dem Bundesministerium für Bildung und Forschung erstmals bis zum 31. Dezember 2015 durch Rechtsverordnung ohne Zustimmung des Bundesrates.

(3) $_{1}$Für eine Methode nach Absatz 1 Satz 4 Nummer 1 prüft der Gemeinsame Bundesausschuss, ob Anforderungen an die Qualität der Leistungserbringung in einer Richtlinie nach § 137 zu regeln sind. $_{2}$Wenn die Methode mit pauschalierten Pflegesätzen nach § 17 Absatz 1a des Krankenhausfinanzierungsgesetzes noch nicht sachgerecht vergütet werden kann und eine Vereinbarung nach § 6 Absatz 2 Satz 1 des Krankenhausentgeltgesetzes oder nach § 6 Absatz 2 Satz 1 der Bundespflegesatzverordnung nicht innerhalb von drei Monaten nach dem Beschluss nach Absatz 1 Satz 4 zustande kommt, ist ihr Inhalt durch die Schiedsstelle nach § 13 des Krankenhausentgeltgesetzes oder nach § 13 der Bundespflegesatzverordnung festzulegen. $_{3}$Der Anspruch auf die vereinbarte oder durch die Schiedsstelle festgelegte Vergütung gilt für Behandlungsfälle, die ab dem Zeitpunkt der Anfrage nach § 6 Absatz 2 Satz 3 des Krankenhausentgeltgesetzes oder nach § 6 Absatz 2 Satz 2 der Bundespflegesatzverordnung in das Krankenhaus aufgenommen worden sind. $_{4}$Für die Abwicklung des Vergütungsanspruchs, der zwischen dem Zeitpunkt nach Satz 3 und der Abrechnung der vereinbarten oder durch die Schiedsstelle festgelegten Vergütung entstanden ist, ermitteln die Vertragsparteien nach § 11 des Krankenhausentgeltgesetzes oder nach § 11 der Bundespflegesatzverordnung die Differenz zwischen der vereinbarten oder durch die Schiedsstelle festgelegten Vergütung und der für die Behandlungsfälle bereits gezahlten Vergütung; für die ermittelte Differenz ist § 15 Absatz 3 des Krankenhausentgeltgesetzes oder § 15 Absatz 2 der Bundespflegesatzverordnung entsprechend anzuwenden.

(4) $_{1}$Für eine Methode nach Absatz 1 Satz 4 Nummer 2 entscheidet der Gemeinsame Bundesausschuss innerhalb von sechs Monaten nach dem Beschluss nach Absatz 1 Satz 4 über eine Richtlinie zur Erprobung nach § 137e. $_{2}$Wenn die Methode mit pauschalierten Pflegesätzen nach § 17 Absatz 1a des Krankenhausfinanzierungsgesetzes noch nicht sachgerecht vergütet werden kann und eine Vereinbarung nach § 6 Absatz 2 Satz 1 des Krankenhausentgeltgesetzes oder nach § 6 Absatz 2 Satz 1 der Bundespflegesatzverordnung nicht innerhalb von drei Monaten nach dem Beschluss nach Absatz 1 Satz 4 zustande kommt, ist ihr Inhalt durch die Schiedsstelle nach § 13 des Krankenhausentgeltgesetzes oder nach § 13 der Bundespflegesatzverordnung festzulegen. $_{3}$Der Anspruch auf die vereinbarte oder durch die Schiedsstelle festgelegte Vergütung gilt für die Behandlungsfälle, die ab dem Zeitpunkt der Anfrage nach § 6 Absatz 2 Satz 3 des Krankenhausentgeltgesetzes oder nach § 6 Absatz 2 Satz 2 der Bundespflegesatzverordnung in das Krankenhaus aufgenommen worden sind. $_{4}$Für die Abwicklung des Vergütungsanspruchs, der zwischen dem Zeitpunkt nach Satz 3 und der Abrechnung der vereinbarten oder durch die Schiedsstelle festgelegten Vergütung entstanden ist, ermitteln die Vertragsparteien nach § 11 des Krankenhausentgeltgesetzes oder nach § 11 der Bundespflegesatzverordnung die Differenz zwischen der vereinbarten oder durch die Schiedsstelle festgelegten Vergütung und der für die Behandlungsfälle bereits gezahlten Vergütung; für die ermittelte Differenz ist § 15 Absatz 3 des Krankenhausentgeltgesetzes oder § 15 Absatz 2 der Bundespflegesatzverordnung entsprechend anzuwenden. $_{5}$Krankenhäuser, die die Methode unter Anwendung des Medizinprodukts zu Lasten der Krankenkassen erbringen wollen, sind verpflichtet, an einer Erprobung nach § 137e teilzunehmen. $_{6}$Die Anforderungen an die Erprobung nach § 137e Absatz 2 haben unter Berücksichtigung der Versorgungsrealität die tatsächliche Durchführbarkeit der Erprobung und der Leistungserbringung zu gewährleisten. $_{7}$Die Erprobung ist in der Regel innerhalb von zwei Jahren abzuschließen, es sei denn, dass auch bei Straffung des Verfahrens im Einzelfall eine längere Erprobungszeit erforderlich ist. $_{8}$Nach Abschluss der Erprobung entscheidet der Gemeinsame Bundesausschuss innerhalb von drei Monaten über eine Richtlinie nach § 137c.

(5) Für eine Methode nach Absatz 1 Satz 4 Nummer 3 ist eine Vereinbarung nach § 6

Absatz 2 Satz 1 des Krankenhausentgeltgesetzes oder nach § 6 Absatz 2 Satz 1 der Bundespflegesatzverordnung ausgeschlossen; der Gemeinsame Bundesausschuss entscheidet unverzüglich über eine Richtlinie nach § 137c Absatz 1 Satz 2.

(6) $_1$Der Gemeinsame Bundesausschuss berät Krankenhäuser und Hersteller von Medizinprodukten im Vorfeld des Verfahrens nach Absatz 1 über dessen Voraussetzungen und Anforderungen im Hinblick auf konkrete Methoden. $_2$Der Gemeinsame Bundesausschuss kann im Rahmen der Beratung prüfen, ob eine Methode dem Verfahren nach Absatz 1 unterfällt, insbesondere ob sie ein neues theoretisch-wissenschaftliches Konzept aufweist, und hierzu eine Feststellung treffen. $_3$Vor einem solchen Beschluss gibt er im Wege einer öffentlichen Bekanntmachung im Internet weiteren betroffenen Krankenhäusern sowie den jeweils betroffenen Medizinprodukteherstellern Gelegenheit zur Stellungnahme. $_4$Die Stellungnahmen sind in die Entscheidung einzubeziehen. $_5$Für den Beschluss gilt § 94 Absatz 2 Satz 1 entsprechend.

(7) $_1$Klagen bei Streitigkeiten nach dieser Vorschrift haben keine aufschiebende Wirkung. $_2$Ein Vorverfahren findet nicht statt.

§ 138 Neue Heilmittel

Die an der vertragsärztlichen Versorgung teilnehmenden Ärzte dürfen neue Heilmittel nur verordnen, wenn der Gemeinsame Bundesausschuss zuvor ihren therapeutischen Nutzen anerkannt und in den Richtlinien nach § 92 Abs. 1 Satz 2 Nr. 6 Empfehlungen für die Sicherung der Qualität bei der Leistungserbringung abgegeben hat.

§ 139 Hilfsmittelverzeichnis, Qualitätssicherung bei Hilfsmitteln

(1) $_1$Der Spitzenverband Bund der Krankenkassen erstellt ein systematisch strukturiertes Hilfsmittelverzeichnis. $_2$In dem Verzeichnis sind von der Leistungspflicht umfasste Hilfsmittel aufzuführen. $_3$Das Hilfsmittelverzeichnis ist im Bundesanzeiger bekannt zu machen.

(2) $_1$Soweit dies zur Gewährleistung einer ausreichenden, zweckmäßigen und wirtschaftlichen Versorgung erforderlich ist, können im Hilfsmittelverzeichnis indikations- oder einsatzbezogen besondere Qualitätsanforderungen für Hilfsmittel festgelegt werden. $_2$Besondere Qualitätsanforderungen nach Satz 1 können auch festgelegt werden, um eine ausreichend lange Nutzungsdauer oder in geeigneten Fällen den Wiedereinsatz von Hilfsmitteln bei anderen Versicherten zu ermöglichen. $_3$Im Hilfsmittelverzeichnis können auch die Anforderungen an die zusätzlich zur Bereitstellung des Hilfsmittels zu erbringenden Leistungen geregelt werden.

(3) $_1$Die Aufnahme eines Hilfsmittels in das Hilfsmittelverzeichnis erfolgt auf Antrag des Herstellers. $_2$Über die Aufnahme entscheidet der Spitzenverband Bund der Krankenkassen; er kann vom Medizinischen Dienst prüfen lassen, ob die Voraussetzungen nach Absatz 4 erfüllt sind.

(4) Das Hilfsmittel ist aufzunehmen, wenn der Hersteller die Funktionstauglichkeit und Sicherheit, die Erfüllung der Qualitätsanforderungen nach Absatz 2 und, soweit erforderlich, den medizinischen Nutzen nachgewiesen hat und es mit den für eine ordnungsgemäße und sichere Handhabung erforderlichen Informationen in deutscher Sprache versehen ist.

(5) $_1$Für Medizinprodukte im Sinne des § 3 Nr. 1 des Medizinproduktegesetzes gilt der Nachweis der Funktionstauglichkeit und der Sicherheit durch die CE-Kennzeichnung grundsätzlich als erbracht. $_2$Der Spitzenverband Bund der Krankenkassen vergewissert sich von der formalen Rechtmäßigkeit der CE-Kennzeichnung anhand der Konformitätserklärung und, soweit zutreffend, der Zertifikate der an der Konformitätsbewertung beteiligten Benannten Stelle. $_3$Aus begründetem Anlass können zusätzliche Prüfungen vorgenommen und hierfür erforderliche Nachweise verlangt werden. $_4$Prüfungen nach Satz 3 können nach erfolgter Aufnahme des Produkts auch auf der Grundlage von Stichproben vorgenommen werden. $_5$Ergeben sich bei den Prüfungen nach Satz 2 bis 4 Hinweise

darauf, dass Vorschriften des Medizinprodukterechts nicht beachtet sind, sind unbeschadet sonstiger Konsequenzen die danach zuständigen Behörden hierüber zu informieren.

(6) $_{1}$Legt der Hersteller unvollständige Antragsunterlagen vor, ist ihm eine angemessene Frist, die insgesamt sechs Monate nicht übersteigen darf, zur Nachreichung fehlender Unterlagen einzuräumen. $_{2}$Wenn nach Ablauf der Frist die für die Entscheidung über den Antrag erforderlichen Unterlagen nicht vollständig vorliegen, ist der Antrag abzulehnen. $_{3}$Ansonsten entscheidet der Spitzenverband Bund der Krankenkassen innerhalb von drei Monaten nach Vorlage der vollständigen Unterlagen. $_{4}$Über die Entscheidung ist ein Bescheid zu erteilen. $_{5}$Die Aufnahme ist zu widerrufen, wenn die Anforderungen nach Absatz 4 nicht mehr erfüllt sind.

(7) $_{1}$Das Verfahren zur Aufnahme von Hilfsmitteln in das Hilfsmittelverzeichnis regelt der Spitzenverband Bund der Krankenkassen nach Maßgabe der Absätze 3 bis 6. $_{2}$Er kann dabei vorsehen, dass von der Erfüllung bestimmter Anforderungen ausgegangen wird, sofern Prüfzertifikate geeigneter Institutionen vorgelegt werden oder die Einhaltung einschlägiger Normen oder Standards in geeigneter Weise nachgewiesen wird.

(8) $_{1}$Das Hilfsmittelverzeichnis ist regelmäßig fortzuschreiben. $_{2}$Die Fortschreibung umfasst die Weiterentwicklung und Änderungen der Systematik und der Anforderungen nach Absatz 2, die Aufnahme neuer Hilfsmittel sowie die Streichung von Produkten, deren Aufnahme zurückgenommen oder nach Absatz 6 Satz 5 widerrufen wurde. $_{3}$Vor einer Weiterentwicklung und Änderungen der Systematik und der Anforderungen nach Absatz 2 ist den Spitzenorganisationen der betroffenen Hersteller und Leistungserbringer unter Übermittlung der hierfür erforderlichen Informationen innerhalb einer angemessenen Frist Gelegenheit zur Stellungnahme zu geben; die Stellungnahmen sind in die Entscheidung einzubeziehen.

§ 139a Institut für Qualität und Wirtschaftlichkeit im Gesundheitswesen

(1) $_{1}$Der Gemeinsame Bundesausschuss nach § 91 gründet ein fachlich unabhängiges, rechtsfähiges, wissenschaftliches Institut für Qualität und Wirtschaftlichkeit im Gesundheitswesen und ist dessen Träger. $_{2}$Hierzu kann eine Stiftung des privaten Rechts errichtet werden.

(2) $_{1}$Die Bestellung der Institutsleitung hat im Einvernehmen mit dem Bundesministerium für Gesundheit zu erfolgen. $_{2}$Wird eine Stiftung des privaten Rechts errichtet, erfolgt das Einvernehmen innerhalb des Stiftungsvorstands, in den das Bundesministerium für Gesundheit einen Vertreter entsendet.

(3) Das Institut wird zu Fragen von grundsätzlicher Bedeutung für die Qualität und Wirtschaftlichkeit der im Rahmen der gesetzlichen Krankenversicherung erbrachten Leistungen insbesondere auf folgenden Gebieten tätig:

1. Recherche, Darstellung und Bewertung des aktuellen medizinischen Wissensstandes zu diagnostischen und therapeutischen Verfahren bei ausgewählten Krankheiten,
2. Erstellung von wissenschaftlichen Ausarbeitungen, Gutachten und Stellungnahmen zu Fragen der Qualität und Wirtschaftlichkeit der im Rahmen der gesetzlichen Krankenversicherung erbrachten Leistungen unter Berücksichtigung alters-, geschlechts- und lebenslagenspezifischer Besonderheiten,
3. Bewertungen evidenzbasierter Leitlinien für die epidemiologisch wichtigsten Krankheiten,
4. Abgabe von Empfehlungen zu Disease-Management-Programmen,
5. Bewertung des Nutzens und der Kosten von Arzneimitteln,
6. Bereitstellung von für alle Bürgerinnen und Bürger verständlichen allgemeinen Informationen zur Qualität und Effizienz in der Gesundheitsversorgung sowie zu Diagnostik und Therapie von Krankheiten

mit erheblicher epidemiologischer Bedeutung,

7. Beteiligung an internationalen Projekten zur Zusammenarbeit und Weiterentwicklung im Bereich der evidenzbasierten Medizin.

(4) $_1$Das Institut hat zu gewährleisten, dass die Bewertung des medizinischen Nutzens nach den international anerkannten Standards der evidenzbasierten Medizin und die ökonomische Bewertung nach den hierfür maßgeblichen international anerkannten Standards, insbesondere der Gesundheitsökonomie erfolgt. $_2$Es hat in regelmäßigen Abständen über die Arbeitsprozesse und -ergebnisse einschließlich der Grundlagen für die Entscheidungsfindung öffentlich zu berichten.

(5) $_1$Das Institut hat in allen wichtigen Abschnitten des Bewertungsverfahrens Sachverständigen der medizinischen, pharmazeutischen und gesundheitsökonomischen Wissenschaft und Praxis, den Arzneimittelherstellern sowie den für die Wahrnehmung der Interessen der Patientinnen und Patienten und der Selbsthilfe chronisch Kranker und behinderter Menschen maßgeblichen Organisationen sowie der oder dem Beauftragten der Bundesregierung für die Belange der Patientinnen und Patienten Gelegenheit zur Stellungnahme zu geben. $_2$Die Stellungnahmen sind in die Entscheidung einzubeziehen.

(6) Zur Sicherstellung der fachlichen Unabhängigkeit des Instituts haben die Beschäftigten vor ihrer Einstellung alle Beziehungen zu Interessenverbänden, Auftragsinstituten, insbesondere der pharmazeutischen Industrie und der Medizinprodukteindustrie, einschließlich Art und Höhe von Zuwendungen offen zu legen.

§ 139b Aufgabendurchführung

(1) $_1$Der Gemeinsame Bundesausschuss nach § 91 beauftragt das Institut mit Arbeiten nach § 139a Abs. 3. $_2$Die den Gemeinsamen Bundesausschuss bildenden Institutionen, das Bundesministerium für Gesundheit und die für die Wahrnehmung der Interessen der Patientinnen und Patienten und der Selbsthilfe chronisch kranker und behinderter Menschen maßgeblichen Organisationen sowie die oder der Beauftragte der Bundesregierung für die Belange der Patientinnen und Patienten können die Beauftragung des Instituts beim Gemeinsamen Bundesausschuss beantragen.

(2) $_1$Das Bundesministerium für Gesundheit kann die Bearbeitung von Aufgaben nach § 139a Abs. 3 unmittelbar beim Institut beantragen. $_2$Das Institut kann einen Antrag des Bundesministeriums für Gesundheit als unbegründet ablehnen, es sei denn, das Bundesministerium für Gesundheit übernimmt die Finanzierung der Bearbeitung des Auftrags.

(3) $_1$Zur Erledigung der Aufgaben nach § 139a Abs. 3 Nr. 1 bis 5 hat das Institut wissenschaftliche Forschungsaufträge an externe Sachverständige zu vergeben. $_2$Diese haben alle Beziehungen zu Interessenverbänden, Auftragsinstituten, insbesondere der pharmazeutischen Industrie und der Medizinprodukteindustrie, einschließlich Art und Höhe von Zuwendungen offen zu legen.

(4) $_1$Das Institut leitet die Arbeitsergebnisse der Aufträge nach den Absätzen 1 und 2 dem Gemeinsamen Bundesausschuss nach § 91 als Empfehlungen zu. $_2$Der Gemeinsame Bundesausschuss hat die Empfehlungen im Rahmen seiner Aufgabenstellung zu berücksichtigen.

(5) $_1$Versicherte und sonstige interessierte Einzelpersonen können beim Institut Bewertungen nach § 139a Absatz 3 Nummer 1 und 2 zu medizinischen Verfahren und Technologien vorschlagen. $_2$Das Institut soll die für die Versorgung von Patientinnen und Patienten besonders bedeutsamen Vorschläge auswählen und bearbeiten.

§ 139c Finanzierung

$_1$Die Finanzierung des Instituts nach § 139a Abs. 1 erfolgt jeweils zur Hälfte durch die Erhebung eines Zuschlags für jeden abzurechnenden Krankenhausfall und durch die zusätzliche Anhebung der Vergütungen für die ambulante vertragsärztliche und vertragszahnärztliche Versorgung nach den §§ 85 und 87a um einen entsprechenden

Vomhundertsatz. 2Die im stationären Bereich erhobenen Zuschläge werden in der Rechnung des Krankenhauses gesondert ausgewiesen; sie gehen nicht in den Gesamtbetrag oder die Erlösausgleiche nach dem Krankenhausentgeltgesetz oder der Bundespflegesatzverordnung ein. 3Der Zuschlag für jeden Krankenhausfall, die Anteile der Kassenärztlichen und der Kassenzahnärztlichen Vereinigungen sowie das Nähere zur Weiterleitung dieser Mittel an eine zu benennende Stelle werden durch den Gemeinsamen Bundesausschuss festgelegt.

§ 139d Erprobung von Leistungen und Maßnahmen zur Krankenbehandlung

1Gelangt der Gemeinsame Bundesausschuss bei seinen Beratungen über eine Leistung oder Maßnahme zur Krankenbehandlung, die kein Arzneimittel ist und die nicht der Bewertung nach § 135 oder § 137c unterliegt, zu der Feststellung, dass sie das Potential einer erforderlichen Behandlungsalternative bietet, ihr Nutzen aber noch nicht hinreichend belegt ist, kann der Gemeinsame Bundesausschuss unter Aussetzung seines Bewertungsverfahrens im Einzelfall und nach Maßgabe der hierzu in seinen Haushalt eingestellten Mittel eine wissenschaftliche Untersuchung zur Erprobung der Leistung oder Maßnahme in Auftrag geben oder sich an einer solchen beteiligen. 2Das Nähere regelt der Gemeinsame Bundesausschuss in seiner Verfahrensordnung.

Zehnter Abschnitt
Eigeneinrichtungen der Krankenkassen

§ 140 Eigeneinrichtungen

(1) 1Krankenkassen dürfen der Versorgung der Versicherten dienende Eigeneinrichtungen, die am 1. Januar 1989 bestehen, weiterbetreiben. 2Die Eigeneinrichtungen können nach Art, Umfang und finanzieller Ausstattung an den Versorgungsbedarf unter Beachtung der Landeskrankenhausplanung und der Zulassungsbeschränkungen im vertragsärztlichen Bereich angepasst werden; sie können Gründer von medizinischen Versorgungszentren nach § 95 Abs. 1 sein.

(2) 1Sie dürfen neue Eigeneinrichtungen nur errichten, soweit sie die Durchführung ihrer Aufgaben bei der Gesundheitsvorsorge und der Rehabilitation auf andere Weise nicht sicherstellen können. 2Die Krankenkassen oder ihre Verbände dürfen Eigeneinrichtungen auch dann errichten, wenn mit ihnen der Sicherstellungsauftrag nach § 72a Abs. 1 erfüllt werden soll.

Elfter Abschnitt
Sonstige Beziehungen zu den Leistungserbringern

§ 140a Besondere Versorgung

(1) 1Die Krankenkassen können Verträge mit den in Absatz 3 genannten Leistungserbringern über eine besondere Versorgung der Versicherten abschließen. 2Sie ermöglichen eine verschiedene Leistungssektoren übergreifende oder eine interdisziplinär fachübergreifende Versorgung (integrierte Versorgung) sowie unter Beteiligung vertragsärztlicher Leistungserbringer oder deren Gemeinschaften besondere ambulante ärztliche Versorgungsaufträge. 3Verträge, die nach den §§ 73a, 73c und 140a in der am 22. Juli 2015 geltenden Fassung geschlossen wurden, gelten fort. 4Soweit die Versorgung der Versicherten nach diesen Verträgen durchgeführt wird, ist der Sicherstellungsauftrag nach § 75 Absatz 1 eingeschränkt. 5Satz 4 gilt nicht für die Organisation der vertragsärztlichen Versorgung zu den sprechstundenfreien Zeiten.

(2) 1Die Verträge können Abweichendes von den Vorschriften dieses Kapitels, des Krankenhausfinanzierungsgesetzes, des Krankenhausentgeltgesetzes sowie den nach diesen Vorschriften getroffenen Regelungen beinhalten. 2Die Verträge können auch Abweichendes von den im Dritten Kapitel benannten Leistungen beinhalten, soweit sie die in § 11 Absatz 6 genannten Leistungen, Leistungen nach den §§ 20d, 25, 26, 27b, 37a und 37b sowie ärztliche Leistungen einschließlich neuer Untersuchungs- und Behandlungsmethoden betreffen. 3Die Sätze 1

und 2 gelten insoweit, als über die Eignung der Vertragsinhalte als Leistung der gesetzlichen Krankenversicherung der Gemeinsame Bundesausschuss nach § 91 im Rahmen der Beschlüsse nach § 92 Absatz 1 Satz 2 Nummer 5 oder im Rahmen der Beschlüsse nach § 137c Absatz 1 keine ablehnende Entscheidung getroffen hat und die abweichende Regelung dem Sinn und der Eigenart der vereinbarten besonderen Versorgung entspricht, sie insbesondere darauf ausgerichtet ist, die Qualität, die Wirksamkeit und die Wirtschaftlichkeit der Versorgung zu verbessern. $_4$Die Wirtschaftlichkeit der besonderen Versorgung muss spätestens vier Jahre nach dem Wirksamwerden der zugrunde liegenden Verträge nachweisbar sein; § 88 Absatz 2 des Vierten Buches gilt entsprechend. $_5$Für die Qualitätsanforderungen zur Durchführung der Verträge gelten die vom Gemeinsamen Bundesausschuss sowie die in den Bundesmantelverträgen für die Leistungserbringung in der vertragsärztlichen Versorgung beschlossenen Anforderungen als Mindestvoraussetzungen entsprechend. $_6$Gegenstand der Verträge dürfen auch Vereinbarungen sein, die allein die Organisation der Versorgung betreffen.

(3) $_1$Die Krankenkassen können nach Maßgabe von Absatz 1 Satz 2 Verträge abschließen mit:

1. nach diesem Kapitel zur Versorgung der Versicherten berechtigten Leistungserbringern oder deren Gemeinschaften,
2. Trägern von Einrichtungen, die eine besondere Versorgung durch zur Versorgung der Versicherten nach dem Vierten Kapitel berechtigte Leistungserbringer anbieten,
3. Pflegekassen und zugelassenen Pflegeeinrichtungen auf der Grundlage des § 92b des Elften Buches,
4. Praxiskliniken nach § 115 Absatz 2 Satz 1 Nummer 1,
5. pharmazeutischen Unternehmern,
6. Herstellern von Medizinprodukten im Sinne des Gesetzes über Medizinprodukte,
7. Kassenärztlichen Vereinigungen zur Unterstützung von Mitgliedern, die an der besonderen Versorgung teilnehmen.

$_2$Die Partner eines Vertrages über eine besondere Versorgung nach Absatz 1 können sich auf der Grundlage ihres jeweiligen Zulassungsstatus für die Durchführung der besonderen Versorgung darauf verständigen, dass Leistungen auch dann erbracht werden können, wenn die Erbringung dieser Leistungen vom Zulassungs-, Ermächtigungs- oder Berechtigungsstatus des jeweiligen Leistungserbringers nicht gedeckt ist.

(4) $_1$Die Versicherten erklären ihre freiwillige Teilnahme an der besonderen Versorgung schriftlich gegenüber ihrer Krankenkasse. $_2$Die Versicherten können die Teilnahmeerklärung innerhalb von zwei Wochen nach deren Abgabe in Textform oder zur Niederschrift bei der Krankenkasse ohne Angabe von Gründen widerrufen. $_3$Zur Fristwahrung genügt die rechtzeitige Absendung der Widerrufserklärung an die Krankenkasse. $_4$Die Widerrufsfrist beginnt, wenn die Krankenkasse dem Versicherten eine Belehrung über sein Widerrufsrecht in Textform mitgeteilt hat, frühestens jedoch mit der Abgabe der Teilnahmeerklärung. $_5$Das Nähere zur Durchführung der Teilnahme der Versicherten, insbesondere zur zeitlichen Bindung an die Teilnahmeerklärung, zur Bindung an die vertraglich gebundenen Leistungserbringer und zu den Folgen bei Pflichtverstößen der Versicherten, regeln die Krankenkassen in den Teilnahmeerklärungen. $_6$Die Satzung der Krankenkasse hat Regelungen zur Abgabe der Teilnahmeerklärungen zu enthalten. $_7$Die Regelungen sind auf der Grundlage der Richtlinie nach § 217f Absatz 4a zu treffen.

(5) Die Erhebung, Verarbeitung und Nutzung der für die Durchführung der Verträge nach Absatz 1 erforderlichen personenbezogenen Daten durch die Vertragspartner nach Absatz 1 darf nur mit Einwilligung und nach vorheriger Information der Versicherten erfolgen.

(6) $_1$Für die Bereinigung des Behandlungsbedarfs nach § 87a Absatz 3 Satz 2 gilt § 73b Absatz 7 entsprechend; falls eine Vorabein-

schreibung der teilnehmenden Versicherten nicht möglich ist, kann eine rückwirkende Bereinigung vereinbart werden. ₂Die Krankenkasse kann bei Verträgen nach Absatz 1 auf die Bereinigung verzichten, wenn das voraussichtliche Bereinigungsvolumen einer Krankenkasse für einen Vertrag nach Absatz 1 geringer ist als der Aufwand für die Durchführung dieser Bereinigung. ₃Der Bewertungsausschuss hat in seinen Vorgaben gemäß § 87a Absatz 5 Satz 7 zur Bereinigung und zur Ermittlung der kassenspezifischen Aufsatzwerte des Behandlungsbedarfs auch Vorgaben zur Höhe des Schwellenwertes für das voraussichtliche Bereinigungsvolumen, unterhalb dessen von einer basiswirksamen Bereinigung abgesehen werden kann, zu der pauschalen Ermittlung und Übermittlung des voraussichtlichen Bereinigungsvolumens an die Vertragspartner nach § 73b Absatz 7 Satz 1 sowie zu dessen Anrechnung beim Aufsatzwert der betroffenen Krankenkasse zu machen.

§ 140b Verträge zu integrierten Versorgungsformen

(1) ₁Die Krankenkassen können die Verträge nach § 140a Abs. 1 nur mit

1. einzelnen, zur vertragsärztlichen Versorgung zugelassenen Ärzten und Zahnärzten und einzelnen sonstigen, nach diesem Kapitel zur Versorgung der Versicherten berechtigten Leistungserbringern oder deren Gemeinschaften,
2. Trägern zugelassener Krankenhäuser, soweit sie zur Versorgung der Versicherten berechtigt sind, Trägern von stationären Vorsorge- und Rehabilitationseinrichtungen, soweit mit ihnen ein Versorgungsvertrag nach § 111 Abs. 2 besteht, Trägern von ambulanten Rehabilitationseinrichtungen oder deren Gemeinschaften,
3. Trägern von Einrichtungen nach § 95 Abs. 1 Satz 2 oder deren Gemeinschaften,
4. Trägern von Einrichtungen, die eine integrierte Versorgung nach § 140a durch zur Versorgung der Versicherten nach dem Vierten Kapitel berechtigte Leistungserbringer anbieten,
5. Pflegekassen und zugelassenen Pflegeeinrichtungen auf der Grundlage des § 92b des Elften Buches,
6. Gemeinschaften der vorgenannten Leistungserbringer und deren Gemeinschaften,
7. Praxiskliniken nach § 115 Absatz 2 Satz 1 Nr. 1,
8. pharmazeutischen Unternehmern,
9. Herstellern von Medizinprodukten im Sinne des Gesetzes über Medizinprodukte

abschließen. ₂Für pharmazeutische Unternehmer und Hersteller von Medizinprodukten nach den Nummern 8 und 9 gilt § 95 Absatz 1 Satz 6 zweiter Teilsatz nicht.

(2) (weggefallen)

(3) ₁In den Verträgen nach Absatz 1 müssen sich die Vertragspartner der Krankenkassen zu einer qualitätsgesicherten, wirksamen, ausreichenden, zweckmäßigen und wirtschaftlichen Versorgung der Versicherten verpflichten. ₂Die Vertragspartner haben die Erfüllung der Leistungsansprüche der Versicherten nach den §§ 2 und 11 bis 62 in dem Maße zu gewährleisten, zu dem die Leistungserbringer nach diesem Kapitel verpflichtet sind. ₃Insbesondere müssen die Vertragspartner die Gewähr dafür übernehmen, dass sie die organisatorischen, betriebswirtschaftlichen sowie die medizinischen und medizinisch-technischen Voraussetzungen für die vereinbarte integrierte Versorgung entsprechend dem allgemein anerkannten Stand der medizinischen Erkenntnisse und des medizinischen Fortschritts erfüllen und eine an dem Versorgungsbedarf der Versicherten orientierte Zusammenarbeit zwischen allen an der Versorgung Beteiligten einschließlich der Koordination zwischen den verschiedenen Versorgungsbereichen und einer ausreichenden Dokumentation, die allen an der integrierten Versorgung Beteiligten im jeweils erforderlichen Umfang zugänglich sein muss, sicherstellen. ₄Gegenstand des Versorgungsauftrags an die Vertragspartner der Krankenkassen nach den Absätzen 1 und 2 dürfen nur solche Leistungen sein, über deren Eignung als Leistung der Krankenver-

sicherung der Gemeinsame Bundesausschuss nach § 91 im Rahmen der Beschlüsse nach § 92 Abs. 1 Satz 2 Nr. 5 und im Rahmen der Beschlüsse nach § 137c Abs. 1 keine ablehnende Entscheidung getroffen hat.

(4) $_{1}$Die Verträge können Abweichendes von den Vorschriften dieses Kapitels, des Krankenhausfinanzierungsgesetzes, des Krankenhausentgeltgesetzes sowie den nach diesen Vorschriften getroffenen Regelungen insoweit regeln, als die abweichende Regelung dem Sinn und der Eigenart der integrierten Versorgung entspricht, die Qualität, die Wirksamkeit und die Wirtschaftlichkeit der integrierten Versorgung verbessert oder aus sonstigen Gründen zu ihrer Durchführung erforderlich ist. $_{2}$Der Grundsatz der Beitragssatzstabilität nach § 71 Abs. 1 gilt für Verträge, die bis zum 31. Dezember 2008 abgeschlossen werden, nicht. $_{3}$Die Vertragspartner der integrierten Versorgung können sich auf der Grundlage ihres jeweiligen Zulassungsstatus für die Durchführung der integrierten Versorgung darauf verständigen, dass Leistungen auch dann erbracht werden können, wenn die Erbringung dieser Leistungen vom Zulassungs-, Ermächtigungs- oder Berechtigungsstatus des jeweiligen Leistungserbringers nicht gedeckt ist. $_{4}$Bis zum 31. Dezember 2014 sind die Krankenhäuser unabhängig von Satz 3 im Rahmen eines Vertrages zur integrierten Versorgung zur ambulanten Behandlung der im Katalog nach § 116b Abs. 3 in der bis zum 31. Dezember 2011 geltenden Fassung genannten hochspezialisierten Leistungen, seltenen Erkrankungen und Erkrankungen mit besonderen Behandlungsverläufen berechtigt. $_{5}$Die Leistungserbringer nach § 116b Absatz 2 Satz 4 sind im Rahmen eines Vertrages zur integrierten Versorgung nach Maßgabe des § 116b Absatz 2 Satz 1 zur Erbringung von Leistungen der ambulanten spezialfachärztlichen Versorgung berechtigt.

(5) Ein Beitritt Dritter zu Verträgen der integrierten Versorgung ist nur mit Zustimmung aller Vertragspartner möglich.

§ 140c Vergütung

(1) $_{1}$Die Verträge zur integrierten Versorgung legen die Vergütung fest. $_{2}$Aus der Vergütung für die integrierten Versorgungsformen sind sämtliche Leistungen, die von teilnehmenden Versicherten im Rahmen des vertraglichen Versorgungsauftrags in Anspruch genommen werden, zu vergüten. $_{3}$Dies gilt auch für die Inanspruchnahme von Leistungen von nicht an der integrierten Versorgung teilnehmenden Leistungserbringern, soweit die Versicherten von an der integrierten Versorgung teilnehmenden Leistungserbringern an die nicht teilnehmenden Leistungserbringer überwiesen wurden oder aus sonstigen, in dem Vertrag zur integrierten Versorgung geregelten Gründen berechtigt waren, nicht teilnehmende Leistungserbringer in Anspruch zu nehmen.

(2) $_{1}$Die Verträge zur integrierten Versorgung können die Übernahme der Budgetverantwortung insgesamt oder für definierte Teilbereiche (kombiniertes Budget) vorsehen. $_{2}$Die Zahl der teilnehmenden Versicherten und deren Risikostruktur sind zu berücksichtigen. $_{3}$Ergänzende Morbiditätskriterien sollen in den Vereinbarungen berücksichtigt werden.

§ 140d Bereinigung

(1) $_{1}$Die Vertragspartner nach § 87a Absatz 2 Satz 1 haben den Behandlungsbedarf nach § 87a Absatz 3 Satz 2 entsprechend der Zahl und der Morbiditätsstruktur der an der integrierten Versorgung teilnehmenden Versicherten sowie dem im Vertrag nach § 140a vereinbarten Versorgungsbedarf zu bereinigen. $_{2}$Kommt eine Einigung über eine Verringerung des Behandlungsbedarfs nach Satz 1 nicht zustande, können auch die Krankenkassen oder ihre Verbände, die Vertragspartner der Verträge nach § 140a sind, das Schiedsamt nach § 89 anrufen. $_{3}$Die für die Bereinigungsverfahren erforderlichen arzt- und versichertenbezogenen Daten übermitteln die Krankenkassen den zuständigen Gesamtvertragspartnern.

(2) $_{1}$Die Vertragspartner der Vereinbarungen nach § 84 Abs. 1 haben die Ausgabenvolu-

men rechnerisch zu bereinigen, soweit die integrierte Versorgung die Versorgung mit Arznei- und Heilmitteln einschließt. $_{2}$Die Ausgabenvolumen sind entsprechend der Zahl und der Risikostruktur der an der integrierten Versorgung teilnehmenden Versicherten zu verringern. $_{3}$Ergänzende Morbiditätskriterien sollen berücksichtigt werden.

Zwölfter Abschnitt
Beziehungen zu Leistungserbringern europäischer Staaten

§ 140e Verträge mit Leistungserbringern europäischer Staaten

Krankenkassen dürfen zur Versorgung ihrer Versicherten nach Maßgabe des Dritten Kapitels und des dazugehörigen untergesetzlichen Rechts Verträge mit Leistungserbringern nach § 13 Absatz 4 Satz 2 in anderen Mitgliedstaaten der Europäischen Union, in den Vertragsstaaten des Abkommens über den Europäischen Wirtschaftsraum oder in der Schweiz abschließen.

Dreizehnter Abschnitt
Beteiligung von Patientinnen und Patienten, Beauftragte oder Beauftragter der Bundesregierung für die Belange der Patientinnen und Patienten

§ 140f Beteiligung von Interessenvertretungen der Patientinnen und Patienten

(1) Die für die Wahrnehmung der Interessen der Patientinnen und Patienten und der Selbsthilfe chronisch kranker und behinderter Menschen maßgeblichen Organisationen sind in Fragen, die die Versorgung betreffen, nach Maßgabe der folgenden Vorschriften zu beteiligen.

(2) $_{1}$Im Gemeinsamen Bundesausschuss nach § 91 und in der Nationalen Präventionskonferenz nach § 20e Absatz 1 erhalten die für die Wahrnehmung der Interessen der Patientinnen und Patienten und der Selbsthilfe chronisch kranker und behinderter Menschen auf Bundesebene maßgeblichen Organisationen ein Mitberatungsrecht; die Organisationen benennen hierzu sachkundige Personen. $_{2}$Das Mitberatungsrecht beinhaltet auch das Recht zur Anwesenheit bei der Beschlussfassung. $_{3}$Die Zahl der sachkundigen Personen soll höchstens der Zahl der von dem Spitzenverband Bund der Krankenkassen entsandten Mitglieder in diesem Gremium entsprechen. $_{4}$Die sachkundigen Personen werden einvernehmlich von den in der Verordnung nach § 140g genannten oder nach der Verordnung anerkannten Organisationen benannt. $_{5}$Bei Beschlüssen des Gemeinsamen Bundesausschusses nach § 56 Abs. 1, § 92 Abs. 1 Satz 2, § 116b Abs. 4, § 136 Abs. 2 Satz 2, §§ 137, 137a, 137b, 137c und 137f erhalten die Organisationen das Recht, Anträge zu stellen. $_{6}$Der Gemeinsame Bundesausschuss hat über Anträge der Organisationen nach Satz 5 in der nächsten Sitzung des jeweiligen Gremiums zu beraten. $_{7}$Wenn über einen Antrag nicht entschieden werden kann, soll in der Sitzung das Verfahren hinsichtlich der weiteren Beratung und Entscheidung festgelegt werden.

(3) $_{1}$Die auf Landesebene für die Wahrnehmung der Interessen der Patientinnen und Patienten und der Selbsthilfe chronisch kranker und behinderter Menschen maßgeblichen Organisationen erhalten in

1. den Landesausschüssen nach § 90 sowie den erweiterten Landesausschüssen nach § 116b Absatz 3,

2. dem gemeinsamen Landesgremium nach § 90a,

3. den Zulassungsausschüssen nach § 96 und den Berufungsausschüssen nach § 97, soweit Entscheidungen betroffen sind über
   a) die ausnahmeweise Besetzung zusätzlicher Vertragsarztsitze nach § 101 Absatz 1 Satz 1 Nummer 3,
   b) die Befristung einer Zulassung nach § 19 Absatz 4 der Zulassungsverordnung für Vertragsärzte,
   c) die Ermächtigung von Ärzten und Einrichtungen,

4. den Zulassungsausschüssen nach § 96, soweit Entscheidungen betroffen sind über
   a) die Durchführung eines Nachbesetzungsverfahrens nach § 103 Absatz 3a,
   b) die Ablehnung einer Nachbesetzung nach § 103 Absatz 4 Satz 9,

ein Mitberatungsrecht; die Organisationen benennen hierzu sachkundige Personen. 2Das Mitberatungsrecht beinhaltet auch das Recht zur Anwesenheit bei der Beschlussfassung. 3Die Zahl der sachkundigen Personen soll höchstens der Zahl der von den Krankenkassen entsandten Mitglieder in diesen Gremien entsprechen. 4Die sachkundigen Personen werden einvernehmlich von den in der Verordnung nach § 140g genannten oder nach der Verordnung anerkannten Organisationen benannt.

(4) 1Bei einer Änderung, Neufassung oder Aufhebung der in § 21 Abs. 2, § 84 Abs. 7 Satz 6, § 112 Absatz 5, § 115 Abs. 5, § 124 Abs. 4, § 125 Abs. 1, § 126 Abs. 1 Satz 3, § 127 Abs. 1a Satz 1 und Absatz 6, §§ 132a, 132c Absatz 2, § 132d Abs. 2, § 133 Absatz 4 und § 217f Absatz 4a vorgesehenen Rahmenempfehlungen, Empfehlungen und Richtlinien des Spitzenverbandes Bund der Krankenkassen, des Hilfsmittelverzeichnisses nach § 139 sowie bei der Bestimmung der Festbetragsgruppen nach § 36 Abs. 1 und der Festsetzung der Festbeträge nach § 36 Abs. 2 wirken die in der Verordnung nach § 140g genannten oder nach der Verordnung anerkannten Organisationen beratend mit. 2Das Mitberatungsrecht beinhaltet auch das Recht zur Anwesenheit bei der Beschlussfassung. 3Wird ihrem schriftlichen Anliegen nicht gefolgt, sind ihnen auf Verlangen die Gründe dafür schriftlich mitzuteilen.

(5) 1Die sachkundigen Personen erhalten Reisekosten nach dem Bundesreisekostengesetz oder nach den Vorschriften des Landes über Reisekostenvergütung, Ersatz des Verdienstausfalls in entsprechender Anwendung des § 41 Abs. 2 des Vierten Buches sowie einen Pauschbetrag für Zeitaufwand in Höhe eines Fünfzigstels der monatlichen Bezugsgröße (§ 18 des Vierten Buches) für jeden Kalendertag einer Sitzung. 2Der Anspruch richtet sich gegen die Gremien, in denen sie als sachkundige Personen mitberatend tätig sind.

(6) 1Die in der Verordnung nach § 140g genannten oder nach der Verordnung anerkannten Organisationen sowie die sachkundigen Personen werden bei der Durchführung ihres Mitberatungsrechts nach Absatz 2 vom Gemeinsamen Bundesausschuss durch geeignete Maßnahmen organisatorisch und inhaltlich unterstützt. 2Hierzu kann der Gemeinsame Bundesausschuss eine Stabstelle Patientenbeteiligung einrichten. 3Die Unterstützung erfolgt insbesondere durch Organisation von Fortbildung und Schulungen, Aufbereitung von Sitzungsunterlagen, koordinatorische Leitung des Benennungsverfahrens auf Bundesebene und bei der Ausübung des in Absatz 2 Satz 4 genannten Antragsrechts.

(7) 1Die in der Verordnung nach § 140g genannten oder nach der Verordnung anerkannten Organisationen sowie die sachkundigen Personen werden bei der Durchführung ihres Mitberatungsrechts nach Absatz 3 von den Landesausschüssen nach § 90 unterstützt. 2Die Unterstützung erstreckt sich insbesondere auf die Übernahme von Reisekosten, Aufwandsentschädigung und Verdienstausfall entsprechend Absatz 5 für jährlich bis zu sechs Koordinierungs- und Abstimmungstreffen, auf Fortbildungen und Schulungen der sachkundigen Personen sowie auf die Durchführung des Benennungsverfahrens nach Absatz 3 Satz 4.

§ 140g Verordnungsermächtigung

Das Bundesministerium für Gesundheit wird ermächtigt, durch Rechtsverordnung mit Zustimmung des Bundesrates Näheres zu den Voraussetzungen der Anerkennung der für die Wahrnehmung der Interessen der Patientinnen und Patienten und der Selbsthilfe chronisch kranker und behinderter Menschen maßgeblichen Organisationen auf Bundesebene, insbesondere zu den Erfordernissen an die Organisationsform und die Offenlegung der Finanzierung, sowie zum Verfahren der Patientenbeteiligung zu regeln.

V

§ 140h Amt, Aufgabe und Befugnisse der oder des Beauftragten der Bundesregierung für die Belange der Patientinnen und Patienten

(1) 1Die Bundesregierung bestellt eine Beauftragte oder einen Beauftragten für die Belange der Patientinnen und Patienten. 2Der beauftragten Person ist die für die Erfüllung ihrer Aufgabe notwendige Personal- und Sachausstattung zur Verfügung zu stellen. 3Das Amt endet, außer im Falle der Entlassung, mit dem Zusammentreten eines neuen Bundestages.

(2) 1Aufgabe der beauftragten Person ist es, darauf hinzuwirken, dass die Belange von Patientinnen und Patienten besonders hinsichtlich ihrer Rechte auf umfassende und unabhängige Beratung und objektive Information durch Leistungserbringer, Kostenträger und Behörden im Gesundheitswesen und auf die Beteiligung bei Fragen der Sicherstellung der medizinischen Versorgung berücksichtigt werden. 2Sie setzt sich bei der Wahrnehmung dieser Aufgabe dafür ein, dass unterschiedliche Lebensbedingungen und Bedürfnisse von Frauen und Männern beachtet und in der medizinischen Versorgung sowie in der Forschung geschlechtsspezifische Aspekte berücksichtigt werden. 3Die beauftragte Person soll die Rechte der Patientinnen und Patienten umfassend, in allgemein verständlicher Sprache und in geeigneter Form zusammenstellen und zur Information der Bevölkerung bereithalten.

(3) 1Zur Wahrnehmung der Aufgabe nach Absatz 2 beteiligen die Bundesministerien die beauftragte Person bei allen Gesetzes-, Verordnungs- und sonstigen wichtigen Vorhaben, soweit sie Fragen der Rechte und des Schutzes von Patientinnen und Patienten behandeln oder berühren. 2Alle Bundesbehörden und sonstigen öffentlichen Stellen im Bereich des Bundes unterstützen die beauftragte Person bei der Erfüllung der Aufgabe.

Fünftes Kapitel Sachverständigenrat zur Begutachtung der Entwicklung im Gesundheitswesen

§ 141 (weggefallen)

§ 142 Unterstützung der Konzertierten Aktion; Sachverständigenrat

(1) 1Das Bundesministerium für Gesundheit beruft einen Sachverständigenrat zur Begutachtung der Entwicklung im Gesundheitswesen. 2Zur Unterstützung der Arbeiten des Sachverständigenrates richtet das Bundesministerium für Gesundheit eine Geschäftsstelle ein.

(2) 1Der Sachverständigenrat hat die Aufgabe, Gutachten zur Entwicklung der gesundheitlichen Versorgung mit ihren medizinischen und wirtschaftlichen Auswirkungen zu erstellen. 2Im Rahmen der Gutachten entwickelt der Sachverständigenrat unter Berücksichtigung der finanziellen Rahmenbedingungen und vorhandener Wirtschaftlichkeitsreserven Prioritäten für den Abbau von Versorgungsdefiziten und bestehenden Überversorgungen und zeigt Möglichkeiten und Wege zur Weiterentwicklung des Gesundheitswesens auf; er kann in seine Gutachten Entwicklungen in anderen Zweigen der Sozialen Sicherung einbeziehen. 3Das Bundesministerium für Gesundheit kann den Gegenstand der Gutachten näher bestimmen sowie den Sachverständigenrat mit der Erstellung von Sondergutachten beauftragen.

(3) 1Der Sachverständigenrat erstellt das Gutachten im Abstand von zwei Jahren und leitet es dem Bundesministerium für Gesundheit in der Regel zum 15. April eines Jahres zu. 2Das Bundesministerium für Gesundheit legt das Gutachten den gesetzgebenden Körperschaften des Bundes unverzüglich vor.

Sechstes Kapitel
Organisation der Krankenkassen

Erster Abschnitt
Arten der Krankenkassen

Erster Titel
Ortskrankenkassen

§ 143 Bezirk der Ortskrankenkassen

(1) Ortskrankenkassen bestehen für abgegrenzte Regionen.

(2) 1Die Landesregierung kann die Abgrenzung der Regionen durch Rechtsverordnung regeln. 2Die Landesregierung kann die Ermächtigung auf die nach Landesrecht zuständige Behörde übertragen.

(3) Die betroffenen Länder können durch Staatsvertrag vereinbaren, daß sich die Region über mehrere Länder erstreckt.

§ 144 Freiwillige Vereinigung

(1) 1Ortskrankenkassen können sich auf Beschluss ihrer Verwaltungsräte auch dann vereinigen, wenn sich der Bezirk der neuen Krankenkasse nach der Vereinigung über das Gebiet eines Landes hinaus erstreckt. 2Der Beschluß bedarf der Genehmigung der vor der Vereinigung zuständigen Aufsichtsbehörden.

(2) Die beteiligten Krankenkassen fügen dem Antrag auf Genehmigung eine Satzung, einen Vorschlag zur Berufung der Mitglieder der Organe, ein Konzept zur Organisations-, Personal- und Finanzstruktur der neuen Krankenkasse einschließlich der Zahl und der Verteilung ihrer Geschäftsstellen sowie eine Vereinbarung über die Rechtsbeziehungen zu Dritten bei.

(3) Die Aufsichtsbehörde genehmigt die Satzung und die Vereinbarung, beruft die Mitglieder der Organe und bestimmt den Zeitpunkt, an dem die Vereinigung wirksam wird.

(4) 1Mit diesem Zeitpunkt sind die bisherigen Krankenkassen geschlossen. 2Die neue Krankenkasse tritt in die Rechte und Pflichten der bisherigen Krankenkassen ein.

§ 145 Vereinigung innerhalb eines Landes auf Antrag

(1) Die Landesregierung kann auf Antrag einer Ortskrankenkasse oder des Landesverbandes durch Rechtsverordnung einzelne oder alle Ortskrankenkassen des Landes nach Anhörung der betroffenen Ortskrankenkassen und ihrer Landesverbände vereinigen, wenn

1. durch die Vereinigung die Leistungsfähigkeit der betroffenen Krankenkassen verbessert werden kann oder
2. der Bedarfssatz einer Ortskrankenkasse den durchschnittlichen Bedarfssatz aller Ortskrankenkassen auf Bundes- oder Landesebene um mehr als 5 vom Hundert übersteigt. § 313 Abs. 10 Buchstabe a gilt entsprechend.

(2) Die Landesregierung vereinigt auf Antrag des Landesverbandes durch Rechtsverordnung einzelne oder alle Ortskrankenkassen des Landes nach Anhörung der betroffenen Ortskrankenkassen und ihrer Landesverbände, wenn

1. die Voraussetzungen nach Absatz 1 erfüllt sind und
2. eine freiwillige Vereinigung innerhalb von zwölf Monaten nach Antragstellung nicht zustande gekommen ist. Erstreckt sich der Bezirk nach der Vereinigung der Ortskrankenkassen über das Gebiet eines Landes hinaus, gilt § 143 Abs. 3 entsprechend.

(3) 1Bedarfssatz ist das Verhältnis der Ausgaben für Leistungen zur Summe der beitragspflichtigen Einnahmen der Mitglieder im abgelaufenen Geschäftsjahr. 2Die Ausgaben sind zu mindern um die von Dritten erstatteten Ausgaben für Leistungen, um die Ausgaben für Mehr- und Erprobungsleistungen sowie für Leistungen, auf die kein Rechtsanspruch besteht, um den nach § 266 erhaltenen Risikostrukturausgleich und um den nach § 269 erhaltenen Ausgleich aus dem Risikopool. 3Zu den Ausgaben zählen auch die nach den §§ 266 und 269 zu tragenden Ausgleiche.

§ 146 Verfahren bei Vereinigung innerhalb eines Landes auf Antrag

(1) Werden Ortskrankenkassen nach § 145 vereinigt, legen sie der Aufsichtsbehörde eine Satzung, einen Vorschlag zur Berufung der Mitglieder der Organe und eine Vereinbarung über die Neuordnung der Rechtsbeziehungen zu Dritten vor.

(2) Die Aufsichtsbehörde genehmigt die Satzung und die Vereinbarung, beruft die Mitglieder der Organe und bestimmt den Zeitpunkt, an dem die Vereinigung wirksam wird.

(3) $_1$Mit diesem Zeitpunkt sind die bisherigen Krankenkassen geschlossen. $_2$Die neue Krankenkasse tritt in die Rechte und Pflichten der bisherigen Krankenkassen ein.

(4) $_1$Kommen die beteiligten Krankenkassen ihrer Verpflichtung nach Absatz 1 nicht innerhalb einer von der Aufsichtsbehörde gesetzten Frist nach, setzt die Aufsichtsbehörde die Satzung fest, bestellt die Mitglieder der Organe, regelt die Neuordnung der Rechtsbeziehungen zu Dritten und bestimmt den Zeitpunkt, an dem die Vereinigung wirksam wird. $_2$Absatz 3 gilt.

§ 146a Schließung

$_1$Eine Ortskrankenkasse wird von der Aufsichtsbehörde geschlossen, wenn ihre Leistungsfähigkeit nicht mehr auf Dauer gesichert ist. $_2$Die Aufsichtsbehörde bestimmt den Zeitpunkt, an dem die Schließung wirksam wird, wobei zwischen diesem Zeitpunkt und der Zustellung des Schließungsbescheids mindestens acht Wochen liegen müssen. $_3$§ 155, mit Ausnahme von Absatz 4 Satz 9, und § 164 Abs. 2 bis 5 gelten entsprechend.

Zweiter Titel
Betriebskrankenkassen

§ 147 Errichtung

(1) Der Arbeitgeber kann für einen oder mehrere Betriebe eine Betriebskrankenkasse errichten, wenn

1. in diesen Betrieben regelmäßig mindestens 1000 Versicherungspflichtige beschäftigt werden,
2. ihre Leistungsfähigkeit auf Dauer gesichert ist.

(2) $_1$Bei Betriebskrankenkassen, deren Satzung keine Regelung nach § 173 Abs. 2 Satz 1 Nr. 4 enthält, kann der Arbeitgeber auf seine Kosten die für die Führung der Geschäfte erforderlichen Personen bestellen. $_2$Nicht bestellt werden dürfen Personen, die im Personalbereich des Betriebes oder Dienstbetriebes tätig sein dürfen. $_3$Wird eine Betriebskrankenkasse nach dem 31. Dezember 1995 errichtet, ist in der dem Antrag auf Genehmigung nach § 148 Abs. 3 beigefügten Satzung zu bestimmen, ob der Arbeitgeber auf seine Kosten das Personal bestellt. $_4$Lehnt der Arbeitgeber die weitere Übernahme der Kosten des für die Führung der Geschäfte erforderlichen Personals durch unwiderrufliche Erklärung gegenüber dem Vorstand der Krankenkasse ab, übernimmt die Betriebskrankenkasse spätestens zum 1. Januar des auf den Zugang der Erklärung folgenden übernächsten Kalenderjahres die bisher mit der Führung der Geschäfte der Betriebskrankenkasse beauftragten Personen, wenn diese zustimmen. $_5$Die Betriebskrankenkasse tritt in die Rechte und Pflichten aus den Dienst- oder Arbeitsverhältnissen der übernommenen Personen ein; § 613a des Bürgerlichen Gesetzbuchs ist entsprechend anzuwenden. $_6$Neueinstellungen nimmt vom Tag des Zugangs der Erklärung nach Satz 4 an die Betriebskrankenkasse vor. $_7$Die Sätze 4 bis 6 gelten entsprechend, wenn die Betriebskrankenkasse in ihrer Satzung eine Regelung nach § 173 Abs. 2 Satz 1 Nr. 4 vorsieht, vom Tag des Wirksamwerdens dieser Satzungsbestimmung an.

(2a) $_1$Betriebskrankenkassen nach Absatz 2 Satz 1, bei denen der Arbeitgeber auf seine Kosten die für die Führung der Geschäfte erforderlichen Personen bestellt, leiten 85 vom Hundert ihrer Zuweisungen, die sie nach § 270 Absatz 1 Satz 1 Buchstabe c erhalten, an den Arbeitgeber weiter. $_2$Trägt der Arbeitgeber die Kosten der für die Führung der Geschäfte der Betriebskrankenkasse erforderlichen Personen nur anteilig, reduziert sich der von der Betriebskrankenkasse an den Arbeitgeber weiterzuleitende Betrag entsprechend. $_{3}$Die weitergeleiteten Beträge sind gesondert auszuweisen. $_{4}$Der weiterzuleitende Betrag nach den Sätzen 1 und 2 ist auf die Höhe der Kosten begrenzt, die der Arbeitgeber tatsächlich trägt.

(3) $_{1}$Betriebskrankenkassen, deren Satzung am 1. Januar 2004 eine Regelung nach § 173 Abs. 2 Satz 1 Nr. 4 enthält und bei denen der Arbeitgeber die Kosten des für die Führung der Geschäfte erforderlichen Personals trägt, übernehmen spätestens bis zum 31. Dezember 2004 die mit der Führung der Geschäfte beauftragten Personen, wenn diese zustimmen. $_{2}$Absatz 2 Satz 5 gilt entsprechend. $_{3}$Neueinstellungen nimmt ab dem 1. Januar 2004 die Betriebskrankenkasse vor.

(4) $_{1}$Absatz 1 gilt nicht für Betriebe, die als Leistungserbringer zugelassen sind oder deren maßgebliche Zielsetzung die Wahrnehmung wirtschaftlicher Interessen von Leistungserbringern ist, soweit sie nach diesem Buch Verträge mit den Krankenkassen oder deren Verbänden zu schließen haben. $_{2}$Satz 1 gilt nicht für Leistungserbringer, die nicht überwiegend Leistungen auf Grund von Verträgen mit den Krankenkassen oder deren Verbänden erbringen.

§ 148 Verfahren bei Errichtung

(1) $_{1}$Die Errichtung der Betriebskrankenkasse bedarf der Genehmigung der nach der Errichtung zuständigen Aufsichtsbehörde. $_{2}$Die Genehmigung darf nur versagt werden, wenn eine der in § 147 Abs. 1 genannten Voraussetzungen nicht vorliegt oder die Krankenkasse zum Errichtungszeitpunkt nicht 1000 Mitglieder haben wird.

(2) $_{1}$Die Errichtung bedarf der Zustimmung der Mehrheit der im Betrieb Beschäftigten. $_{2}$Die Aufsichtsbehörde oder die von ihr beauftragte Behörde leitet die Abstimmung. $_{3}$Die Abstimmung ist geheim.

(3) $_{1}$Der Arbeitgeber hat dem Antrag auf Genehmigung eine Satzung beizufügen. $_{2}$Die Aufsichtsbehörde genehmigt die Satzung und bestimmt den Zeitpunkt, an dem die Errichtung wirksam wird.

§ 149 Ausdehnung auf weitere Betriebe

$_{1}$Eine Betriebskrankenkasse, deren Satzung keine Regelung nach § 173 Abs. 2 Satz 1 Nr. 4 enthält, kann auf Antrag des Arbeitgebers auf weitere Betriebe desselben Arbeitgebers ausgedehnt werden. $_{2}$§ 148 gilt entsprechend.

§ 150 Freiwillige Vereinigung

(1) $_{1}$Betriebskrankenkassen können sich auf Beschluß ihrer Verwaltungssätze zu einer gemeinsamen Betriebskrankenkasse vereinigen. $_{2}$Der Beschluß bedarf der Genehmigung der vor der Vereinigung zuständigen Aufsichtsbehörden.

(2) $_{1}$§ 144 Abs. 2 bis 4 gilt entsprechend. $_{2}$Für Betriebskrankenkassen, deren Satzungen eine Regelung nach § 173 Abs. 2 Satz 1 Nr. 4 enthalten, gelten die §§ 145 und 146 entsprechend; für die Vereinigung einer oder mehrerer bundesunmittelbarer Betriebskrankenkassen mit anderen Betriebskrankenkassen gilt § 168a Abs. 2 entsprechend.

§ 151 Ausscheiden von Betrieben

(1) Geht von mehreren Betrieben desselben Arbeitgebers, für die eine gemeinsame Betriebskrankenkasse besteht, einer auf einen anderen Arbeitgeber über, kann jeder beteiligte Arbeitgeber das Ausscheiden des übergegangenen Betriebes aus der gemeinsamen Betriebskrankenkasse beantragen.

(2) $_{1}$Besteht für mehrere Betriebe verschiedener Arbeitgeber eine gemeinsame Betriebskrankenkasse, kann jeder beteiligte Arbeitgeber beantragen, mit seinem Betrieb aus der gemeinsamen Betriebskrankenkasse auszuscheiden. $_{2}$Satz 1 gilt nicht für Betriebskrankenkassen mehrerer Arbeitgeber, deren Satzung eine Regelung nach § 173 Abs. 2 Satz 1 Nr. 4 enthält.

(3) $_{1}$Über den Antrag auf Ausscheiden des Betriebes aus der gemeinsamen Betriebskrankenkasse entscheidet die Aufsichtsbehörde. $_{2}$Sie bestimmt den Zeitpunkt, an dem das Ausscheiden wirksam wird.

V

§ 152 Auflösung

$_{1}$Eine Betriebskrankenkasse kann auf Antrag des Arbeitgebers aufgelöst werden, wenn der Verwaltungsrat mit einer Mehrheit von mehr als drei Vierteln der stimmberechtigten Mitglieder zustimmt. $_{2}$Über den Antrag entscheidet die Aufsichtsbehörde. $_{3}$Sie bestimmt den Zeitpunkt, an dem die Auflösung wirksam wird. $_{4}$Die Sätze 1 und 2 gelten nicht, wenn die Satzung der Betriebskrankenkasse eine Regelung nach § 173 Abs. 2 Satz 1 Nr. 4 enthält. $_{5}$Für Betriebskrankenkassen mehrerer Arbeitgeber, die nach dem 31. Dezember 1995 vereinigt wurden, ist der Antrag nach Satz 1 von allen beteiligten Arbeitgebern zu stellen.

§ 153 Schließung

$_{1}$Eine Betriebskrankenkasse wird von der Aufsichtsbehörde geschlossen, wenn

1. der Betrieb schließt, für den sie errichtet worden ist und die Satzung keine Regelung nach § 173 Abs. 2 Satz 1 Nr. 4 enthält,
2. sie nicht hätte errichtet werden dürfen oder
3. ihre Leistungsfähigkeit nicht mehr auf Dauer gesichert ist.

$_{2}$Die Aufsichtsbehörde bestimmt den Zeitpunkt, an dem die Schließung wirksam wird, wobei zwischen diesem Zeitpunkt und der Zustellung des Schließungsbescheids mindestens acht Wochen liegen müssen.

§ 154 (weggefallen)

§ 155 Abwicklung der Geschäfte, Haftung für Verpflichtungen

(1) $_{1}$Der Vorstand einer aufgelösten oder geschlossenen Betriebskrankenkasse wickelt die Geschäfte ab. $_{2}$Bis die Geschäfte abgewickelt sind, gilt die Betriebskrankenkasse als fortbestehend, soweit es der Zweck der Abwicklung erfordert. $_{3}$Scheidet ein Vorstand nach Auflösung oder Schließung aus dem Amt, bestimmt die Aufsichtsbehörde nach Anhörung des Spitzenverbandes Bund der Krankenkassen und des Landesverbandes den Abwicklungsvorstand. $_{4}$§ 35a Abs. 7 des Vierten Buches gilt entsprechend.

(2) $_{1}$Der Vorstand macht die Auflösung oder Schließung öffentlich bekannt. $_{2}$Die Befriedigung von Gläubigern, die ihre Forderungen nicht innerhalb von sechs Monaten nach der Bekanntmachung anmelden, kann verweigert werden, wenn die Bekanntmachung einen entsprechenden Hinweis enthält. $_{3}$Bekannte Gläubiger sind unter Hinweis auf diese Folgen zur Anmeldung besonders aufzufordern. $_{4}$Die Sätze 2 und 3 gelten nicht für Ansprüche aus der Versicherung sowie für Forderungen auf Grund zwischen- oder überstaatlichen Rechts. $_{5}$Der Vorstand hat unverzüglich nach Zustellung des Schließungsbescheids jedem Mitglied einen Vordruck mit den für die Erklärung nach § 175 Absatz 1 Satz 1 erforderlichen und den von der gewählten Krankenkasse für die Erbringung von Leistungen benötigten Angaben sowie eine wettbewerbsneutral gestaltete Übersicht über die wählbaren Krankenkassen zu übermitteln und darauf hinzuweisen, dass der ausgefüllte Vordruck an ihn zur Weiterleitung an die gewählte Krankenkasse zurückgesandt werden kann. $_{6}$Er hat die einzelnen Mitgliedergruppen ferner auf die besonderen Fristen für die Ausübung des Kassenwahlrechts nach § 175 Absatz 3a hinzuweisen sowie auf die Folgen einer nicht rechtzeitigen Ausübung des Wahlrechts. $_{7}$Der Abwicklungsvorstand hat außerdem die zur Meldung verpflichtete Stelle über die Schließung zu informieren sowie über die Fristen für die Ausübung des Kassenwahlrechts und für die Anmeldung des Mitglieds, wenn das Wahlrecht nicht rechtzeitig ausgeübt wird.

(3) $_{1}$Verbleibt nach Abwicklung der Geschäfte noch Vermögen, geht dieses auf den Landesverband über. $_{2}$Das Vermögen geht auf den Spitzenverband Bund der Krankenkassen über, der dieses auf die übrigen Betriebskrankenkassen verteilt, wenn der Landesverband nicht besteht oder die Betriebskrankenkasse keinem Landesverband angehörte.

(4) $_{1}$Reicht das Vermögen einer aufgelösten oder geschlossenen Betriebskrankenkasse nicht aus, um die Gläubiger zu befriedigen, hat der Arbeitgeber die Verpflichtungen zu erfüllen. $_{2}$Sind mehrere Arbeitgeber beteiligt,

haften sie als Gesamtschuldner. $_{3}$Reicht das Vermögen des Arbeitgebers nicht aus, um die Gläubiger zu befriedigen, haben die übrigen Betriebskrankenkassen die Verpflichtungen zu erfüllen. $_{4}$Die Sätze 1 bis 3 gelten nicht, wenn die Satzung der geschlossenen Betriebskrankenkasse eine Regelung nach § 173 Abs. 2 Satz 1 Nr. 4 enthält; in diesem Fall haben die übrigen Betriebskrankenkassen die Verpflichtungen zu erfüllen. $_{5}$Die Erfüllung der Verpflichtungen nach den Sätzen 3 und 4 kann nur vom Spitzenverband Bund der Krankenkassen verlangt werden, der die Verteilung auf die einzelnen Betriebskrankenkassen vornimmt und die zur Tilgung erforderlichen Beträge von den Betriebskrankenkassen anfordert. $_{6}$Sind die Betriebskrankenkassen zur Erfüllung dieser Verpflichtungen nicht in der Lage, macht der Spitzenverband Bund der Krankenkassen den nicht gedeckten Betrag bei allen anderen Krankenkassen mit Ausnahme der landwirtschaftlichen Krankenkasse geltend. $_{7}$Klagen gegen die Geltendmachung der Beträge und gegen ihre Vollstreckung haben keine aufschiebende Wirkung. $_{8}$Übersteigen die Verpflichtungen einer Betriebskrankenkasse ihr Vermögen zum Zeitpunkt des Inkrafttretens einer Satzungsbestimmung nach § 173 Abs. 2 Satz 1 Nr. 4, hat der Arbeitgeber den Unterschiedsbetrag innerhalb von sechs Monaten nach dem Inkrafttreten der Satzungsbestimmung auszugleichen. $_{9}$§ 164 Abs. 2 bis 4 gilt entsprechend mit der Maßgabe, dass § 164 Abs. 3 Satz 3 nur für Beschäftigte gilt, deren Arbeitsverhältnis nicht durch ordentliche Kündigung beendet werden kann.

(5) $_{1}$Für die Erfüllung

1. einer am 1. Januar 2008 bestehenden Verschuldung,
2. der sonstigen Schließungskosten, wenn die Auflösung oder Schließung innerhalb von zehn Jahren nach dem 1. Januar 2008 erfolgt und die an diesem Tag bestehende Verschuldung nach Nummer 1 zum Zeitpunkt der Auflösung oder Schließung noch nicht getilgt war,
3. der Ansprüche der Leistungserbringer und der Ansprüche aus der Versicherung,
4. der in § 171d Abs. 1 Satz 3 genannten Verpflichtungen bis zum 31. Dezember 2049 sowie
5. der Forderungen auf Grund zwischen- und überstaatlichen Rechts

einer aufgelösten oder geschlossenen Betriebskrankenkasse haftet auch die neue Krankenkasse, wenn sich eine Betriebskrankenkasse nach dem 1. April 2007 mit einer anderen Krankenkasse nach § 171a vereinigt und die neue Krankenkasse einer anderen Kassenart angehört. $_{2}$Die Haftung nach Satz 1 wird nicht dadurch berührt, dass sich die aufgelöste oder geschlossene Betriebskrankenkasse nach dem 1. April 2007 mit einer anderen Krankenkasse nach § 171a vereinigt hat und die neue Krankenkasse einer anderen Kassenart angehört. $_{3}$Der Spitzenverband Bund der Krankenkassen stellt für jede Betriebskrankenkasse die Höhe der am 1. Januar 2008 bestehenden Verschuldung fest und nimmt ihre Verteilung auf die einzelnen Betriebskrankenkassen bei Auflösung oder Schließung einer Betriebskrankenkasse vor. $_{4}$Absatz 4 Satz 5 bis 7 gilt entsprechend.

§ 156 Betriebskrankenkassen öffentlicher Verwaltungen

$_{1}$Die §§ 147 bis 155 Abs. 4 gelten entsprechend für Dienstbetriebe von Verwaltungen des Bundes, der Länder, der Gemeindeverbände oder der Gemeinden. $_{2}$An die Stelle des Arbeitgebers tritt die Verwaltung.

Dritter Titel
Innungskrankenkassen

§ 157 Errichtung

(1) Eine oder mehrere Handwerksinnungen können für die Handwerksbetriebe ihrer Mitglieder, die in die Handwerksrolle eingetragen sind, eine Innungskrankenkasse errichten.

(2) Eine Innungskrankenkasse darf nur errichtet werden, wenn

1. in den Handwerksbetrieben der Mitglieder der Handwerksinnung regelmäßig mindestens 1000 Versicherungspflichtige beschäftigt werden,

2. ihre Leistungsfähigkeit auf Dauer gesichert ist.

(3) Absatz 1 gilt nicht für Handwerksbetriebe, die als Leistungserbringer zugelassen sind, soweit sie nach diesem Buch Verträge mit den Krankenkassen oder deren Verbänden zu schließen haben.

§ 158 Verfahren bei Errichtung

(1) $_{1}$Die Errichtung der Innungskrankenkassen bedarf der Genehmigung der nach der Errichtung zuständigen Aufsichtsbehörde. $_{2}$Die Genehmigung darf nur versagt werden, wenn eine der in § 157 genannten Voraussetzungen nicht vorliegt oder die Krankenkasse zum Errichtungszeitpunkt nicht 1000 Mitglieder haben wird.

(2) Die Errichtung bedarf der Zustimmung der Innungsversammlung und der Mehrheit der in den Innungsbetrieben Beschäftigten.

(3) $_{1}$Für das Verfahren gilt § 148 Abs. 2 Satz 2 und 3 und Abs. 3 entsprechend. $_{2}$An die Stelle des Arbeitgebers tritt die Handwerksinnung.

§ 159 Ausdehnung auf weitere Handwerksinnungen

(1) $_{1}$Wird eine Handwerksinnung, die allein oder gemeinsam mit anderen Handwerksinnungen eine Innungskrankenkasse errichtet hat (Trägerinnung), mit einer anderen Handwerksinnung vereinigt, für die keine Innungskrankenkasse besteht, so gehören die in den Betrieben der anderen Handwerksinnung versicherungspflichtigen Beschäftigten der Innungskrankenkasse an, wenn die Mehrheit der in den Innungsbetrieben Beschäftigten zustimmt; § 157 Abs. 2 Nr. 2 und 3 gilt entsprechend. $_{2}$Satz 1 gilt entsprechend, wenn eine Trägerinnung ihren Zuständigkeitsbereich örtlich oder sachlich erweitert. $_{3}$§ 158 gilt entsprechend.

(2) $_{1}$Wird auf Grund von Änderungen des Handwerksrechts der Kreis der Innungsmitglieder einer Trägerinnung verändert, hat die zuständige Aufsichtsbehörde den Mitgliederkreis der Innungskrankenkasse entsprechend anzupassen. $_{2}$Sind von der Anpassung mehr als 1000 Beschäftigte von Innungsmitgliedern der Trägerinnung betroffen, gelten die §§ 157, 158 entsprechend.

(3) Erstreckt sich die Innungskrankenkasse nach der Anpassung über die Bezirke mehrerer Aufsichtsbehörden, treffen die Entscheidung nach Absatz 2 die Aufsichtsbehörden, die vor der Anpassung zuständig waren.

§ 160 Vereinigung von Innungskrankenkassen

(1) $_{1}$Innungskrankenkassen können sich auf Beschluß ihrer Verwaltungsräte miteinander vereinigen. $_{2}$Der Beschluß bedarf der Genehmigung der vor der Vereinigung zuständigen Aufsichtsbehörden. $_{3}$Für das Verfahren gilt § 144 Abs. 2 bis 4 entsprechend.

(2) $_{1}$Innungskrankenkassen werden vereinigt, wenn sich ihre Trägerinnungen vereinigen. $_{2}$Für das Verfahren gilt § 146 entsprechend.

(3) Für die Vereinigung von Innungskrankenkassen durch die Landesregierung gelten die §§ 145 und 146 entsprechend.

§ 161 Ausscheiden einer Handwerksinnung

$_{1}$Eine Handwerksinnung kann das Ausscheiden aus einer gemeinsamen Innungskrankenkasse beantragen. $_{2}$Über den Antrag auf Ausscheiden entscheidet die Aufsichtsbehörde. $_{3}$Sie bestimmt den Zeitpunkt, an dem das Ausscheiden wirksam wird. $_{4}$Die Sätze 1 bis 3 gelten nicht für Innungskrankenkassen, deren Satzung eine Regelung nach § 173 Abs. 2 Satz 1 Nr. 4 enthält.

§ 162 Auflösung

$_{1}$Eine Innungskrankenkasse kann auf Antrag der Innungsversammlung nach Anhörung des Gesellenausschusses, eine gemeinsame Innungskrankenkasse auf Antrag aller Innungsversammlungen nach Anhörung der Gesellenausschüsse aufgelöst werden, wenn der Verwaltungsrat mit einer Mehrheit von mehr als drei Vierteln der stimmberechtigten Mitglieder zustimmt. $_{2}$Über den Antrag entscheidet die Aufsichtsbehörde. $_{3}$Sie bestimmt den Zeitpunkt, an dem die Auflösung wirksam wird. $_{4}$Die Sätze 1 bis 3 gelten nicht, wenn die Satzung der Innungskrankenkasse eine Regelung nach § 173 Abs. 2 Satz 1 Nr. 4 enthält.

§ 163 Schließung

1Eine Innungskrankenkasse wird von der Aufsichtsbehörde geschlossen, wenn

1. die Handwerksinnung, die sie errichtet hat, aufgelöst wird, eine gemeinsame Innungskrankenkasse dann, wenn alle beteiligten Handwerksinnungen aufgelöst werden,
2. sie nicht hätte errichtet werden dürfen oder
3. ihre Leistungsfähigkeit nicht mehr auf Dauer gesichert ist.

2Die Aufsichtsbehörde bestimmt den Zeitpunkt, an dem die Schließung wirksam wird, wobei zwischen diesem Zeitpunkt und der Zustellung des Schließungsbescheids mindestens acht Wochen liegen müssen. 3Satz 1 Nr. 1 gilt nicht, wenn die Satzung der Innungskrankenkasse eine Regelung nach § 173 Abs. 2 Satz 1 Nr. 4 enthält.

§ 164 Auseinandersetzung, Abwicklung der Geschäfte, Haftung bei Verpflichtungen, Dienstordnungsangestellte

(1) 1Bei Auflösung und Schließung von Innungskrankenkassen gelten die §§ 154 und 155 Abs. 1 bis 3 entsprechend. 2Reicht das Vermögen einer aufgelösten oder geschlossenen Innungskrankenkasse nicht aus, um die Gläubiger zu befriedigen, hat die Handwerksinnung die Verpflichtungen zu erfüllen. 3Sind mehrere Handwerksinnungen beteiligt, haften sie als Gesamtschuldner. 4Reicht das Vermögen der Handwerksinnung nicht aus, um die Gläubiger zu befriedigen, haben die übrigen Innungskrankenkassen die Verpflichtungen zu erfüllen. 5Die Sätze 2 bis 4 gelten nicht, wenn die Satzung der geschlossenen Innungskrankenkasse eine Regelung nach § 173 Abs. 2 Satz 1 Nr. 4 enthält; in diesem Fall haben die übrigen Innungskrankenkassen die Verpflichtungen zu erfüllen. 6Für die Haftung nach den Sätzen 4 und 5 gilt § 155 Abs. 4 Satz 5 bis 7 und Abs. 5 entsprechend. 7Für die Haftung im Zeitpunkt des Inkrafttretens einer Satzungsbestimmung nach § 173 Abs. 2 Satz 1 Nr. 4 gilt § 155 Abs. 4 Satz 8 entsprechend.

(2) Die Versorgungsansprüche der am Tag der Auflösung oder Schließung einer Innungskrankenkasse vorhandenen Versorgungsempfänger und ihrer Hinterbliebenen bleiben unberührt.

(3) 1Die dienstordnungsmäßigen Angestellten sind verpflichtet, eine vom Landesverband der Innungskrankenkassen nachgewiesene dienstordnungsmäßige Stellung bei ihm oder einer anderen Innungskrankenkasse anzutreten, wenn die Stellung nicht in auffälligem Mißverhältnis zu den Fähigkeiten der Angestellten steht. 2Entstehen hierdurch geringere Besoldungs- oder Versorgungsansprüche, sind diese auszugleichen. 3Den übrigen Beschäftigten ist bei dem Landesverband der Innungskrankenkassen oder einer anderen Innungskrankenkasse eine Stellung anzubieten, die ihnen unter Berücksichtigung ihrer Fähigkeiten und bisherigen Dienststellung zuzumuten ist. 4Jede Innungskrankenkasse ist verpflichtet, entsprechend ihrem Anteil an der Zahl der Versicherten aller Innungskrankenkassen dienstordnungsmäßige Stellungen nach Satz 1 nachzuweisen und Anstellungen nach Satz 3 anzubieten; die Nachweise und Angebote sind den Beschäftigten in geeigneter Form zugänglich zu machen.

(4) 1Die Vertragsverhältnisse der Beschäftigten, die nicht nach Absatz 3 untergebracht werden, enden mit dem Tag der Auflösung oder Schließung. 2Vertragsmäßige Rechte, zu einem früheren Zeitpunkt zu kündigen, werden hierdurch nicht berührt.

(5) Für die Haftung aus den Verpflichtungen nach den Absätzen 2 bis 4 gilt Absatz 1 und § 155 Abs. 5 entsprechend.

Vierter Titel
(weggefallen)

§ 165 (weggefallen)

§ 165 wurde durch das Gesetz vom 19. Dezember 2007 (BGBl. I S. 3024) in Verbindung mit der Bekanntmachung vom 28. Dezember 2007 (BGBl. I

S. 3305) zum 28. Dezember 2007 aufgehoben. Die Änderung des § 165 durch das GKV-Wettbewerbsstärkungsgesetz vom 26. März 2007 (BGBl. I S. 378), die am 1. Januar 2009 in Kraft treten sollte, ist daher hinfällig.

Fünfter Titel Landwirtschaftliche Krankenkasse

§ 166 Landwirtschaftliche Krankenkasse

Die Sozialversicherung für Landwirtschaft, Forsten und Gartenbau als Träger der Krankenversicherung der Landwirte führt die Krankenversicherung nach dem Zweiten Gesetz über die Krankenversicherung der Landwirte durch; sie führt in Angelegenheiten der Krankenversicherung die Bezeichnung landwirtschaftliche Krankenkasse.

V

Sechster Titel Deutsche Rentenversicherung Knappschaft-Bahn-See

§ 167 Deutsche Rentenversicherung Knappschaft-Bahn-See

Die Deutsche Rentenversicherung Knappschaft-Bahn-See führt die Krankenversicherung nach den Vorschriften dieses Buches durch.

Siebter Titel Ersatzkassen

§ 168 Ersatzkassen

(1) Ersatzkassen sind am 31. Dezember 1992 bestehende Krankenkassen, bei denen Versicherte die Mitgliedschaft bis zum 31. Dezember 1995 durch Ausübung des Wahlrechts erlangen können.

(2) Beschränkungen des aufnahmeberechtigten Mitgliederkreises sind nicht zulässig.

(3) $_1$Der Bezirk einer Ersatzkasse kann durch Satzungsregelung auf das Gebiet eines oder mehrerer Länder oder das Bundesgebiet erweitert werden. $_2$Die Satzungsregelung bedarf der Genehmigung der vor der Erweiterung zuständigen Aufsichtsbehörde.

§ 168a Vereinigung von Ersatzkassen

(1) $_1$Ersatzkassen können sich auf Beschluß ihrer Verwaltungsräte vereinigen. $_2$Der Beschluß bedarf der Genehmigung der vor der Vereinigung zuständigen Aufsichtsbehörden. $_3$Für das Verfahren gilt § 144 Abs. 2 bis 4 entsprechend.

(2) $_1$Das Bundesministerium für Gesundheit kann auf Antrag einer Ersatzkasse durch Rechtsverordnung mit Zustimmung des Bundesrates einzelne Ersatzkassen nach Anhörung der betroffenen Ersatzkassen vereinigen. $_2$Für die Vereinigung von Ersatzkassen durch Rechtsverordnung des Bundesministeriums für Gesundheit gelten die §§ 145 und 146 entsprechend.

§ 169 (weggefallen)

§ 170 Schließung

$_1$Eine Ersatzkasse wird von der Aufsichtsbehörde geschlossen, wenn ihre Leistungsfähigkeit nicht mehr auf Dauer gesichert ist. $_2$Die Aufsichtsbehörde bestimmt den Zeitpunkt, an dem die Schließung wirksam wird, wobei zwischen diesem Zeitpunkt und der Zustellung des Schließungsbescheids mindestens acht Wochen liegen müssen.

§ 171 Auseinandersetzung, Abwicklung der Geschäfte, Haftung für Verpflichtungen

$_1$Bei Schließung gelten die §§ 154, 155 Abs. 1 bis 3 und § 164 Abs. 2 bis 5 entsprechend mit der Maßgabe, dass § 164 Abs. 3 Satz 3 nur für Beschäftigte gilt, deren Arbeitsverhältnis nicht durch ordentliche Kündigung beendet werden kann. $_2$Reicht das Vermögen einer geschlossenen Ersatzkasse nicht aus, um die Gläubiger zu befriedigen, gilt § 155 Abs. 4 Satz 4 bis 7 und Abs. 5 entsprechend.

Achter Titel Kassenartenübergreifende Regelungen

§ 171a Kassenartenübergreifende Vereinigung von Krankenkassen

(1) $_1$Die im Ersten bis Dritten und Siebten Titel dieses Abschnitts genannten Krankenkassen

können sich auf Beschluss ihrer Verwaltungsräte mit den in diesen Titeln genannten Krankenkassen anderer Kassenarten vereinigen. $_{2}$Der Beschluss bedarf der Genehmigung der vor der Vereinigung zuständigen Aufsichtsbehörden. $_{3}$§ 144 Abs. 2 bis 4 gilt entsprechend mit der Maßgabe, dass dem Antrag auf Genehmigung auch eine Erklärung beizufügen ist, welche Kassenartzugehörigkeit aufrechterhalten bleiben soll. $_{4}$Soll danach die neue Krankenkasse Mitglied des Verbandes werden, dem die an der Vereinigung beteiligte Krankenkasse mit der kleinsten Mitgliederzahl am Tag der Beantragung der Genehmigung angehört hat, kann dieser die Mitgliedschaft der neuen Krankenkasse gegenüber den Aufsichtsbehörden nach Satz 2 ablehnen, wenn auf Grund einer von der Aufsichtsbehörde dieses Verbandes durchgeführten Prüfung einvernehmlich festgestellt wird, dass hierdurch seine finanziellen Grundlagen gefährdet würden.

(2) $_{1}$Die neue Krankenkasse hat für die Dauer von fünf Jahren nach dem Wirksamwerden der Vereinigung Zahlungsverpflichtungen auf Grund der Haftung nach Schließung einer Krankenkasse oder der Gewährung finanzieller Hilfen nach § 265a gegenüber den Verbänden zu erfüllen, denen gegenüber die an der Vereinigung beteiligten Krankenkassen ohne die Vereinigung zahlungspflichtig geworden wären. $_{2}$§ 155 Abs. 5 gilt. $_{3}$Die für die Ermittlung der Zahlungsverpflichtung maßgeblichen Größen sind auf die neue Krankenkasse unter Zugrundelegung des Verhältnisses anzuwenden, in dem diese Größen bei den an der Vereinigung beteiligten Krankenkassen am Tag der Stellung des Antrags auf Genehmigung der Vereinigung zueinander gestanden haben. $_{4}$Die neue Krankenkasse hat den betroffenen Verbänden die für die Ermittlung der Höhe des Zahlungsanspruchs erforderlichen Angaben mitzuteilen. $_{5}$Handelt es sich bei der neuen Krankenkasse um eine Betriebs- oder Ersatzkasse, gilt bei Schließung dieser Krankenkasse § 164 Abs. 2 bis 5 entsprechend.

§ 171b Insolvenz von Krankenkassen

(1) $_{1}$Vom 1. Januar 2010 an findet § 12 Abs. 1 Nr. 2 der Insolvenzordnung auf Krankenkassen keine Anwendung. $_{2}$Von diesem Zeitpunkt an gilt die Insolvenzordnung für die Krankenkassen nach Maßgabe der nachfolgenden Absätze.

(2) $_{1}$Wird eine Krankenkasse zahlungsunfähig oder ist sie voraussichtlich nicht in der Lage, die bestehenden Zahlungspflichten im Zeitpunkt der Fälligkeit zu erfüllen (drohende Zahlungsunfähigkeit), oder tritt Überschuldung ein, hat der Vorstand der Krankenkasse dies der zuständigen Aufsichtsbehörde unter Beifügung aussagefähiger Unterlagen unverzüglich anzuzeigen. $_{2}$Verbindlichkeiten der Krankenkasse, für die nach § 171d Abs. 1 der Spitzenverband Bund der Krankenkassen haftet, sind bei der Feststellung der Überschuldung nicht zu berücksichtigen.

(3) $_{1}$Der Antrag auf Eröffnung des Insolvenzverfahrens über das Vermögen der Krankenkasse kann nur von der Aufsichtsbehörde gestellt werden. $_{2}$Liegen zugleich die Voraussetzungen für eine Schließung wegen auf Dauer nicht mehr gesicherter Leistungsfähigkeit vor, soll die Aufsichtsbehörde anstelle des Antrages nach Satz 1 die Krankenkasse schließen. $_{3}$Stellt die Aufsichtsbehörde den Antrag nach Satz 1 nicht innerhalb von drei Monaten nach Eingang der in Absatz 2 Satz 1 genannten Anzeige, ist die spätere Stellung eines Insolvenzantrages so lange ausgeschlossen, wie der Insolvenzgrund, der zu der Anzeige geführt hat, fortbesteht. $_{4}$§ 155 Absatz 2 Satz 5 bis 7 gilt entsprechend, wenn die Aufsichtsbehörde den Antrag auf Eröffnung des Insolvenzverfahrens gestellt hat.

(4) $_{1}$Die Aufsichtsbehörde hat den Spitzenverband Bund der Krankenkassen unverzüglich über die Anzeige nach Absatz 2 Satz 1 und die Antragstellung nach Absatz 3 Satz 1 zu unterrichten. $_{2}$Der Spitzenverband Bund der Krankenkassen unterrichtet hierüber unverzüglich die Krankenkassen derselben Kassenart oder deren Landesverbände. $_{3}$Vor der Bestellung des Insolvenzverwalters hat das Insolvenzgericht die Aufsichtsbehörde zu hören. $_{4}$Der Aufsichtsbehörde ist der Eröff-

nungsbeschluss gesondert zuzustellen. $_{5}$Die Aufsichtsbehörde und der Spitzenverband Bund der Krankenkassen können jederzeit vom Insolvenzgericht und dem Insolvenzverwalter Auskünfte über den Stand des Verfahrens verlangen.

(5) Mit dem Tag der Eröffnung des Insolvenzverfahrens oder dem Tag der Rechtskraft des Beschlusses, durch den die Eröffnung des Insolvenzverfahrens mangels Masse abgelehnt worden ist, ist die Krankenkasse geschlossen mit der Maßgabe, dass die Abwicklung der Geschäfte der Krankenkasse im Fall der Eröffnung des Insolvenzverfahrens nach den Vorschriften der Insolvenzordnung erfolgt.

(6) $_{1}$Zum Vermögen einer Krankenkasse gehören die Betriebsmittel, die Rücklage und das Verwaltungsvermögen. $_{2}$Abweichend von § 260 Abs. 2 Satz 2 bleiben die Beitragsforderungen der Krankenkasse außer Betracht, soweit sie dem Gesundheitsfonds als Sondervermögen zufließen.

(7) Für die bis zum 31. Dezember 2009 entstandenen Wertguthaben aus Altersteilzeitvereinbarungen sind die Verpflichtungen nach § 8a des Altersteilzeitgesetzes vollständig spätestens ab dem 1. Januar 2015 zu erfüllen.

§ 171c Aufhebung der Haftung nach § 12 Abs. 2 der Insolvenzordnung

Vom 1. Januar 2009 an haften die Länder nicht mehr nach § 12 Abs. 2 der Insolvenzordnung für die Ansprüche der Beschäftigten von Krankenkassen auf Leistungen der Altersversorgung und auf Insolvenzgeld.

§ 171d Haftung im Insolvenzfall

(1) $_{1}$Wird über das Vermögen einer Krankenkasse das Insolvenzverfahren eröffnet oder die Eröffnung mangels Masse rechtskräftig abgewiesen (Insolvenzfall), haftet der Spitzenverband Bund der Krankenkassen für die bis zum 31. Dezember 2009 entstandenen Altersversorgungs- und Altersteilzeitverpflichtungen dieser Krankenkasse und für Verpflichtungen aus Darlehen, die zur Ablösung von Verpflichtungen gegenüber einer öffentlich-rechtlichen Einrichtung zur betrieblichen Altersversorgung aufgenommen worden sind, soweit die Erfüllung dieser Verpflichtungen durch den Insolvenzfall beeinträchtigt oder unmöglich wird. $_{2}$Soweit der Träger der Insolvenzsicherung nach dem Betriebsrentengesetz die unverfallbaren Altersversorgungsverpflichtungen einer Krankenkasse zu erfüllen hat, ist ein Rückgriff gegen die anderen Krankenkassen oder ihre Verbände ausgeschlossen. $_{3}$Der Spitzenverband Bund der Krankenkassen macht die zur Erfüllung seiner Haftungsverpflichtung erforderlichen Beträge bei den übrigen Krankenkassen der Kassenart sowie bis zum 31. Dezember 2049 anteilig auch bei den Krankenkassen geltend, die aus einer Vereinigung nach § 171a hervorgegangen sind, wenn an der Vereinigung eine Krankenkasse beteiligt war, die dieser Kassenart angehört hat. $_{4}$Sind die in Satz 3 genannten Krankenkassen nicht in der Lage, die Verpflichtungen nach Satz 1 zu erfüllen, macht der Spitzenverband Bund der Krankenkassen den nicht gedeckten Betrag bei allen anderen Krankenkassen geltend. $_{5}$§ 155 Abs. 4 Satz 7 und § 164 Abs. 2 bis 4 gelten entsprechend.

(1a) Die Haftung für Altersteilzeitverpflichtungen nach Absatz 1 Satz 1 gilt nicht für Insolvenzfälle nach dem 1. Januar 2015.

(2) $_{1}$Das Nähere zur Geltendmachung der Beträge nach Absatz 1 Satz 3 und 4, Absatz 5 Satz 1 und 2 sowie nach § 155 Abs. 4 Satz 5 und 6 und Abs. 5 Satz 1 Nr. 3 und 5 regelt das Bundesministerium für Gesundheit durch Rechtsverordnung mit Zustimmung des Bundesrates. $_{2}$Dabei ist vorzusehen, dass Betriebs- und Innungskrankenkassen, deren Satzungen keine Regelung nach § 173 Abs. 2 Satz 1 Nr. 4 enthalten, an der Finanzierung mit einer Quote in Höhe von 20 Prozent des an sich zu zahlenden Betrages beteiligt werden. $_{3}$In der Rechtsverordnung kann auch geregelt werden, welche Angaben die Krankenkassen dem Spitzenverband Bund der Krankenkassen für die Durchführung des Absatzes 1 Satz 3 und 4 mitzuteilen haben, einschließlich der Zeitpunkte für die Übermittlung dieser Angaben.

(3) $_{1}$Im Fall der Insolvenz einer Krankenkasse, bei der vor dem 1. Januar 2010 das Insolvenzverfahren nicht zulässig war, umfasst der Insolvenzschutz nach dem Vierten Abschnitt des Betriebsrentengesetzes nur die Ansprüche und Anwartschaften aus Versorgungszusagen, die nach dem 31. Dezember 2009 entstanden sind. $_{2}$Die §§ 7 bis 15 des Betriebsrentengesetzes gelten nicht für Krankenkassen, die auf Grund Landesgesetz Pflichtmitglied beim Kommunalen Versorgungsverband Baden-Württemberg oder Sachsen sind. $_{3}$Hiervon ausgenommen ist die AOK Baden-Württemberg. $_{4}$Falls die Mitgliedschaft endet, gilt Satz 1 entsprechend.

(4) $_{1}$Hat der Spitzenverband Bund der Krankenkassen auf Grund des Absatzes 1 Leistungen zu erbringen, gehen die Ansprüche der Berechtigten auf ihn über; § 9 Absatz 2 bis 3a mit Ausnahme des Absatzes 3 Satz 1 letzter Halbsatz des Betriebsrentengesetzes gilt entsprechend für den Spitzenverband Bund der Krankenkassen. $_{2}$Der Spitzenverband Bund der Krankenkassen macht die Ansprüche nach Satz 1 im Insolvenzverfahren zu Gunsten der Krankenkassen nach Absatz 1 Satz 3 und 4 geltend.

(5) $_{1}$Für die in § 155 Abs. 5 Satz 1 Nr. 3 und 5 genannten Ansprüche und Forderungen haften im Insolvenzfall die übrigen Krankenkassen der Kassenart. $_{2}$Übersteigen die Verpflichtungen nach Satz 1 1 Prozent des Gesamtbetrages der Zuweisungen, den die Krankenkassen der jeweiligen Kassenart aus dem Gesundheitsfonds jährlich erhalten, haften hierfür auch die Krankenkassen der anderen Kassenarten. $_{3}$§ 155 Abs. 4 Satz 5 bis 7 gilt entsprechend. $_{4}$Soweit Krankenkassen nach Satz 1 oder Satz 2 Leistungen zu erbringen haben, gehen die Ansprüche der Versicherten und der Leistungserbringer auf sie über. $_{5}$Absatz 4 Satz 2 gilt entsprechend.

(6) $_{1}$Wird der Spitzenverband Bund der Krankenkassen nach dieser Vorschrift oder nach § 155 Absatz 4 oder Absatz 5 von Gläubigern einer Krankenkasse in Anspruch genommen, kann er zur Zwischenfinanzierung des Haftungsbetrags ein nicht zu verzinsendes Darlehen in Höhe von bis zu 750 Millionen Euro aus der Liquiditätsreserve des Gesundheitsfonds nach § 271 Absatz 2 aufnehmen. $_{2}$Das Nähere zur Darlehensaufnahme vereinbart der Spitzenverband Bund der Krankenkassen mit dem Bundesversicherungsamt. $_{3}$Ein zum 31. Dezember eines Jahres noch nicht getilgter Darlehensbetrag ist bis zum 28. Februar des Folgejahres zurückzuzahlen. $_{4}$Überschreitet der zum Ende eines Kalendermonats festgestellte, für einen Schließungsfall aufgenommene Darlehensbetrag den Betrag von 50 Millionen Euro, ist dieser Betrag bis zum Ende des übernächsten Kalendermonats zurückzuzahlen. $_{5}$Die darlehensweise Inanspruchnahme des Gesundheitsfonds für Zwecke dieses Absatzes darf insgesamt den in Satz 1 genannten Betrag nicht übersteigen. $_{6}$§ 271 Absatz 3 gilt entsprechend.

§ 171e Deckungskapital für Altersversorgungsverpflichtungen

(1) $_{1}$Krankenkassen haben für Versorgungszusagen, die eine direkte Einstandspflicht nach § 1 Abs. 1 Satz 3 des Betriebsrentengesetzes auslösen sowie für ihre Beihilfeverpflichtungen durch mindestens jährliche Zuführungen vom 1. Januar 2010 an bis spätestens zum 31. Dezember 2049 ein wertgleiches Deckungskapital zu bilden, mit dem der voraussichtliche Barwert dieser Verpflichtungen an diesem Tag vollständig ausfinanziert wird. $_{2}$Auf der Passivseite der Vermögensrechnung sind Rückstellungen in Höhe des vorhandenen Deckungskapitals zu bilden. $_{3}$Satz 1 gilt nicht, soweit eine Krankenkasse der Aufsichtsbehörde durch ein versicherungsmathematisches Gutachten nachweist, dass für ihre Verpflichtungen aus Versorgungsanwartschaften und -ansprüchen sowie für ihre Beihilfeverpflichtungen ein Deckungskapital besteht, das die in Satz 1 und in der Rechtsverordnung nach Absatz 3 genannten Voraussetzungen erfüllt. $_{4}$Der Nachweis ist bei wesentlichen Änderungen der Berechnungsgrundlagen, in der Regel alle fünf Jahre, zu aktualisieren. $_{5}$Das Deckungskapital darf nur zweckentsprechend verwendet werden.

(2) 1Soweit Krankenversicherungsträger vor dem 31. Dezember 2009 Mitglied einer öffentlich-rechtlichen Versorgungseinrichtung geworden sind, werden die zu erwartenden Versorgungsleistungen im Rahmen der Verpflichtungen nach Absatz 1 entsprechend berücksichtigt. 2Wurde vor dem 31. Dezember 2009 Deckungskapital bei aufsichtspflichtigen Unternehmen im Sinne des § 1 Abs. 1 Nr. 1 und 2 des Versicherungsaufsichtsgesetzes gebildet, wird dieses anteilig berücksichtigt, sofern es sich um Versorgungszusagen nach Absatz 1 Satz 1 handelt. 3Soweit Krankenversicherungsträger dem Versorgungsrücklagegesetz des Bundes oder entsprechender Landesgesetze unterliegen, ist das nach den Vorgaben dieser Gesetze gebildete Kapital ebenfalls zu berücksichtigen.

(3) 1Das Bundesministerium für Gesundheit regelt durch Rechtsverordnung mit Zustimmung des Bundesrates das Nähere über

1. die Abgrenzung der Versorgungsverpflichtungen, für die das Deckungskapital zu bilden ist,
2. die allgemeinen versicherungsmathematischen Vorgaben für die Ermittlung des Barwertes der Versorgungsverpflichtungen,
3. die Höhe der für die Bildung des Deckungskapitals erforderlichen Zuweisungsbeträge und über die Überprüfung und Anpassung der Höhe der Zuweisungsbeträge,
4. das Zahlverfahren der Zuweisungen zum Deckungskapital,
5. die Anrechnung von Deckungskapital bei den jeweiligen Durchführungswegen der betrieblichen Altersversorgung sowie über die Anlage des Deckungskapitals.

2Das Bundesministerium für Gesundheit kann die Befugnis nach Satz 1 durch Rechtsverordnung mit Zustimmung des Bundesrates auf das Bundesversicherungsamt übertragen. 3In diesem Fall gilt für die dem Bundesversicherungsamt entstehenden Ausgaben § 271 Abs. 6 entsprechend.

V

§ 171f Insolvenzfähigkeit von Krankenkassenverbänden

Die §§ 171b bis 171e gelten für die Verbände der Krankenkassen entsprechend.

§ 172 Vermeidung der Schließung oder Insolvenz von Krankenkassen

(1) 1Vor Errichtung, Vereinigung, Öffnung (§ 173 Abs. 2 Satz 1 Nr. 4), Auflösung oder Schließung von Krankenkassen sind die Verbände der beteiligten Krankenkassen zu hören. 2Satz 1 gilt entsprechend, wenn eine Krankenkasse ihren Sitz in den Bezirk eines anderen Verbandes verlegt.

(2) 1Die Krankenkassen haben dem Spitzenverband Bund der Krankenkassen und dem Landesverband, dem sie angehören, auf Verlangen unverzüglich die Unterlagen vorzulegen und die Auskünfte zu erteilen, die diese zur Beurteilung ihrer dauerhaften Leistungsfähigkeit für erforderlich halten, oder ihnen auf Verlangen die Einsichtnahme in diese Unterlagen in ihren Räumen zu gestatten. 2Stellt der Spitzenverband Bund der Krankenkassen fest, dass in der letzten Vierteljahresrechnung einer Krankenkasse die Ausgaben die Einnahmen um einen Betrag überstiegen haben, der größer ist als 0,5 Prozent der durchschnittlichen monatlichen Zuweisungen aus dem Gesundheitsfonds für den zu beurteilenden Berichtszeitraum, so hat er hierüber die zuständige Aufsichtsbehörde zu unterrichten. 3Darüber hinaus hat der Spitzenverband Bund der Krankenkassen den Aufsichtsbehörden die in den Jahresrechnungen zum Stichtag 31. Dezember eines jeden Kalenderjahres ausgewiesenen Betriebsmittel, Rücklagen und Geldmittel zur Anschaffung und Erneuerung von Verwaltungsvermögen einer Krankenkasse mitzuteilen. 4Die Aufsichtsbehörde hat unter Berücksichtigung der in den Sätzen 2 und 3 genannten Finanzdaten vom Vorstand einer Krankenkasse unverzüglich die Vorlage der in Satz 1 genannten Unterlagen und Auskünfte zu verlangen, wenn sich daraus Anhaltspunkte für eine dauerhafte Gefährdung der wirtschaftlichen Leistungsfähigkeit der Kasse ergeben. 5Hält der Verband auf Grund der nach den Sätzen 1

und 4 übermittelten Informationen die dauerhafte Leistungsfähigkeit der Krankenkasse für bedroht, hat er die Krankenkasse über geeignete Maßnahmen zur Sicherung ihrer dauerhaften Leistungsfähigkeit zu beraten und die Aufsichtsbehörde der Krankenkasse über die finanzielle Situation der Krankenkasse und die vorgeschlagenen Maßnahmen zu unterrichten. 6Kommt eine Krankenkasse ihren Verpflichtungen nach Satz 1 nicht nach, ist die Aufsichtsbehörde der Krankenkasse auch hierüber zu unterrichten.

(3) 1Stellt die Aufsichtsbehörde im Benehmen mit dem Spitzenverband Bund der Krankenkassen fest, dass bei einer Krankenkasse nur durch die Vereinigung mit einer anderen Krankenkasse die Leistungsfähigkeit auf Dauer gesichert oder der Eintritt von Zahlungsunfähigkeit oder Überschuldung vermieden werden kann, kann dieser der Aufsichtsbehörde Vorschläge für eine Vereinigung dieser Krankenkasse mit einer anderen Krankenkasse vorlegen. 2Kommt bei der in ihrer Leistungsfähigkeit gefährdeten Krankenkasse ein Beschluss über eine freiwillige Vereinigung innerhalb einer von der Aufsichtsbehörde gesetzten Frist nicht zustande, ersetzt die Aufsichtsbehörde diesen Beschluss.

§ 172a Zusammenschlusskontrolle bei Vereinigungen von Krankenkassen

(1) Bei der freiwilligen Vereinigung von Krankenkassen finden die Vorschriften über die Zusammenschlusskontrolle nach dem Siebten Abschnitt des Ersten Teils des Gesetzes gegen Wettbewerbsbeschränkungen nach Maßgabe des Absatzes 2 sowie die §§ 48, 49, 50c Absatz 2, §§ 54 bis 80 und 81 Absatz 2 und 3 Nummer 3, Absatz 4 bis 10 und die §§ 83 bis 86a des Gesetzes gegen Wettbewerbsbeschränkungen entsprechende Anwendung.

(2) Finden die Vorschriften über die Zusammenschlusskontrolle Anwendung, darf die Genehmigung nach § 144 Absatz 3 erst erfolgen, wenn das Bundeskartellamt die Vereinigung nach § 40 des Gesetzes gegen Wettbewerbsbeschränkungen freigegeben hat oder sie als freigegeben gilt. Hat der Vorstand einer an der Vereinigung beteiligten Krankenkasse eine Anzeige nach § 171b Absatz 2 Satz 1 abgegeben, beträgt die Frist nach § 40 Absatz 2 Satz 2 des Gesetzes gegen Wettbewerbsbeschränkungen sechs Wochen. Vor einer Untersagung ist mit den zuständigen Aufsichtsbehörden nach § 90 des Vierten Buches das Benehmen herzustellen. Neben die obersten Landesbehörden nach § 42 Absatz 4 Satz 2 des Gesetzes gegen Wettbewerbsbeschränkungen treten die zuständigen Aufsichtsbehörden nach § 90 des Vierten Buches. § 41 Absatz 3 und 4 des Gesetzes gegen Wettbewerbsbeschränkungen gilt nicht.

Zweiter Abschnitt
Wahlrechte der Mitglieder

§ 173 Allgemeine Wahlrechte

(1) Versicherungspflichtige (§ 5) und Versicherungsberechtigte (§ 9) sind Mitglied der von ihnen gewählten Krankenkasse, soweit in den nachfolgenden Vorschriften, im Zweiten Gesetz über die Krankenversicherung der Landwirte oder im Künstlersozialversicherungsgesetz nichts Abweichendes bestimmt ist.

(2) 1Versicherungspflichtige und Versicherungsberechtigte können wählen

1. die Ortskrankenkasse des Beschäftigungs- oder Wohnorts,
2. jede Ersatzkasse, deren Zuständigkeit sich nach der Satzung auf den Beschäftigungs- oder Wohnort erstreckt,
3. die Betriebs- oder Innungskrankenkasse, wenn sie in dem Betrieb beschäftigt sind, für den die Betriebs- oder die Innungskrankenkasse besteht,
4. die Betriebs- oder Innungskrankenkasse, wenn die Satzung der Betriebs- oder Innungskrankenkasse dies vorsieht,

4a. die Deutsche Rentenversicherung Knappschaft-Bahn-See,

5. die Krankenkasse, bei der vor Beginn der Versicherungspflicht oder Versicherungs-

berechtigung zuletzt eine Mitgliedschaft oder eine Versicherung nach § 10 bestanden hat,

6. die Krankenkasse, bei der der Ehegatte oder der Lebenspartner versichert ist.

2Falls die Satzung eine Regelung nach Nummer 4 enthält, gilt diese für die Gebiete der Länder, in denen Betriebe oder Innungsbetriebe bestehen und die Zuständigkeit für diese Betriebe sich aus der Satzung der Betriebs- oder Innungskrankenkasse ergibt; soweit eine Satzungsregelung am 31. März 2007 für ein darüber hinausgehendes Gebiet gegolten hat, bleibt dies unberührt; die Satzung darf das Wahlrecht nicht auf bestimmte Personen beschränken oder von Bedingungen abhängig machen. 3Eine Satzungsregelung nach Satz 1 Nr. 4 kann nicht widerrufen werden. 4Ist an der Vereinigung von Betriebskrankenkassen oder von Innungskrankenkassen eine Krankenkasse mit einer Satzungsregelung nach Satz 1 Nr. 4 beteiligt, gilt diese Satzungsregelung auch für die vereinigte Krankenkasse. 5Satz 1 Nr. 4 und Satz 4 gelten nicht für Betriebskrankenkassen, die für Betriebe privater Kranken- oder Lebensversicherungen errichtet oder aus einer Vereinigung mit solchen Betriebskrankenkassen hervorgegangen sind, wenn die Satzung dieser Krankenkassen am 26. September 2003 keine Regelung nach Satz 1 Nr. 4 enthalten hat.

(2a) § 2 Abs. 1 der Verordnung über den weiteren Ausbau der knappschaftlichen Versicherung in der im Bundesgesetzblatt Teil III, Gliederungsnummer 822-4, veröffentlichten bereinigten Fassung, die zuletzt durch Artikel 22 Nr. 1 des Gesetzes vom 22. Dezember 1983 (BGBl. I S. 1532) geändert worden ist, gilt nicht für Personen, die nach dem 31. März 2007 Versicherte der Deutschen Rentenversicherung Knappschaft-Bahn-See werden.

(3) Studenten können zusätzlich die Ortskrankenkasse oder jede Ersatzkasse an dem Ort wählen, in dem die Hochschule ihren Sitz hat.

(4) Nach § 5 Abs. 1 Nr. 5 bis 8 versicherungspflichtige Jugendliche, Teilnehmer an Leistungen zur Teilhabe am Arbeitsleben, behinderte Menschen und nach § 5 Abs. 1 Nr. 11 und 12 oder nach § 9 versicherte Rentner sowie nach § 9 Abs. 1 Nr. 4 versicherte behinderte Menschen können zusätzlich die Krankenkasse wählen, bei der ein Elternteil versichert ist.

(5) Versicherte Rentner können zusätzlich die Betriebs- oder Innungskrankenkasse wählen, wenn sie in dem Betrieb beschäftigt gewesen sind, für den die Betriebs- oder Innungskrankenkasse besteht.

(6) Für nach § 10 Versicherte gilt die Wahlentscheidung des Mitglieds.

(7) War an einer Vereinigung nach § 171a eine Betriebs- oder Innungskrankenkasse ohne Satzungsregelung nach Absatz 2 Satz 1 Nr. 4 beteiligt, und gehört die aus der Vereinigung hervorgegangene Krankenkasse einem Verband der Betriebs- oder Innungskrankenkassen an, ist die neue Krankenkasse auch für die Versicherungspflichtigen und Versicherungsberechtigten wählbar, die ein Wahlrecht zu der Betriebs- oder Innungskrankenkasse gehabt hätten, wenn deren Satzung vor der Vereinigung eine Regelung nach Absatz 2 Satz 1 Nr. 4 enthalten hätte.

§ 174 Besondere Wahlrechte

(1) (weggefallen)

(2) Für Versicherungspflichtige und Versicherungsberechtigte, die bei einer Betriebs- oder Innungskrankenkasse beschäftigt sind oder vor dem Rentenbezug beschäftigt waren, gilt § 173 Abs. 2 Satz 1 Nr. 3 entsprechend.

(3) Versicherungspflichtige und Versicherungsberechtigte, die bei einem Verband der Betriebs- oder Innungskrankenkassen beschäftigt sind oder vor dem Rentenbezug beschäftigt waren, können eine Betriebs- oder Innungskrankenkasse am Wohn- oder Beschäftigungsort wählen.

(4) (weggefallen)

(5) Abweichend von § 173 werden Versicherungspflichtige nach § 5 Abs. 1 Nr. 13 Mitglied der Krankenkasse oder des Rechtsnachfolgers der Krankenkasse, bei der sie zuletzt versichert waren, andernfalls werden sie

Mitglied der von ihnen nach § 173 Abs. 1 gewählten Krankenkasse; § 173 gilt.

§ 175 Ausübung des Wahlrechts

(1) 1Die Ausübung des Wahlrechts ist gegenüber der gewählten Krankenkasse zu erklären. 2Diese darf die Mitgliedschaft nicht ablehnen oder die Erklärung nach Satz 1 durch falsche oder unvollständige Beratung verhindern oder erschweren. 3Das Wahlrecht kann nach Vollendung des 15. Lebensjahres ausgeübt werden.

(2) 1Die gewählte Krankenkasse hat nach Ausübung des Wahlrechts unverzüglich eine Mitgliedsbescheinigung auszustellen. 2Hat innerhalb der letzten 18 Monate vor Beginn der Versicherungspflicht oder Versicherungsberechtigung eine Mitgliedschaft bei einer anderen Krankenkasse bestanden, kann die Mitgliedsbescheinigung nur ausgestellt werden, wenn die Kündigungsbestätigung nach Absatz 4 Satz 3 vorgelegt wird. 3Eine Mitgliedsbescheinigung ist zum Zweck der Vorlage bei der zur Meldung verpflichteten Stelle auch bei Eintritt einer Versicherungspflicht unverzüglich auszustellen.

(2a) 1Liegen der Aufsichtsbehörde Anhaltspunkte dafür vor, dass eine Krankenkasse entgegen Absatz 1 Satz 2 eine Mitgliedschaft rechtswidrig abgelehnt hat oder die Abgabe der Erklärung nach Absatz 1 Satz 1 verhindert oder erschwert, hat sie diesen Anhaltspunkten unverzüglich nachzugehen und die Krankenkasse zur Behebung einer festgestellten Rechtsverletzung und zur Unterlassung künftiger Rechtsverletzungen zu verpflichten. 2Als rechtswidrig ist insbesondere eine Beratung durch die angegangene Krankenkasse anzusehen, die dazu führt, dass von der Erklärung nach Absatz 1 Satz 1 ganz abgesehen wird oder diese nur unter erschwerten Bedingungen abgegeben werden kann. 3Die Verpflichtung der Krankenkasse nach Satz 1 ist mit der Androhung eines Zwangsgeldes von bis zu 50 000 Euro für jeden Fall der Zuwiderhandlung zu verbinden. 4Rechtsbehelfe gegen Maßnahmen der Aufsichtsbehörde nach den Sätzen 1 und 3 haben keine aufschiebende Wirkung. 5Vorstandsmitglieder, die vorsätzlich oder fahrlässig nicht verhindern, dass die Krankenkasse entgegen Absatz 1 Satz 2 eine Mitgliedschaft rechtswidrig ablehnt oder die Abgabe der Erklärung nach Absatz 1 Satz 1 verhindert oder erschwert, sind der Krankenkasse zum Ersatz des daraus entstehenden Schadens als Gesamtschuldner verpflichtet. 6Die zuständige Aufsichtsbehörde hat nach Anhörung des Vorstandsmitglieds den Verwaltungsrat zu veranlassen, das Vorstandsmitglied in Anspruch zu nehmen, falls der Verwaltungsrat das Regressverfahren nicht bereits von sich aus eingeleitet hat.

(3) 1Versicherungspflichtige haben der zur Meldung verpflichteten Stelle unverzüglich eine Mitgliedsbescheinigung vorzulegen. 2Wird die Mitgliedsbescheinigung nicht spätestens zwei Wochen nach Eintritt der Versicherungspflicht vorgelegt, hat die zur Meldung verpflichtete Stelle den Versicherungspflichtigen ab Eintritt der Versicherungspflicht bei der Krankenkasse anzumelden, bei der zuletzt eine Versicherung bestand; bestand vor Eintritt der Versicherungspflicht keine Versicherung, hat die zur Meldung verpflichtete Stelle den Versicherungspflichtigen ab Eintritt der Versicherungspflicht bei einer nach § 173 wählbaren Krankenkasse anzumelden und den Versicherungspflichtigen unverzüglich über die gewählte Krankenkasse zu unterrichten. 3Für die Fälle, in denen eine Mitgliedsbescheinigung nach Satz 1 nicht vorgelegt wird und keine Meldung nach Satz 2 erfolgt, legt der Spitzenverband Bund der Krankenkassen Regeln über die Zuständigkeit fest.

(3a) 1Bei Schließung oder Insolvenz einer Krankenkasse haben Versicherungspflichtige spätestens innerhalb von sechs Wochen nach Zustellung des Schließungsbescheids oder der Stellung des Insolvenzantrags (§ 171b Absatz 3 Satz 1) der zur Meldung verpflichteten Stelle eine Mitgliedsbescheinigung vorzulegen. 2Wird die Mitgliedsbescheinigung nicht rechtzeitig vorgelegt, gilt Absatz 3 Satz 2 entsprechend mit der Maßgabe, dass die Anmeldung durch die zur Meldung verpflichtete Stelle innerhalb von weiteren zwei Wochen mit Wirkung zu dem Zeitpunkt zu erfolgen hat, an dem die Schließung wirksam wird. $_{3}$Bei Stellung eines Insolvenzantrags erfolgt die Meldung zum ersten Tag des laufenden Monats, spätestens zu dem Zeitpunkt, an dem das Insolvenzverfahren eröffnet oder der Antrag mangels Masse abgewiesen wird. $_{4}$Wird die Krankenkasse nicht geschlossen, bleibt die Mitgliedschaft bei dieser Krankenkasse bestehen. $_{5}$Die gewählten Krankenkassen haben der geschlossenen oder insolventen Krankenkasse unverzüglich eine Mitgliedsbescheinigung zu übermitteln. $_{6}$Mitglieder, bei denen keine zur Meldung verpflichtete Stelle besteht, haben der geschlossenen Krankenkasse innerhalb von drei Monaten nach dem in Satz 1 genannten Zeitpunkt eine Mitgliedsbescheinigung vorzulegen.

(4) $_{1}$Versicherungspflichtige und Versicherungsberechtigte sind an die Wahl der Krankenkasse mindestens 18 Monate gebunden. $_{2}$Eine Kündigung der Mitgliedschaft ist zum Ablauf des übernächsten Kalendermonats möglich, gerechnet von dem Monat, in dem das Mitglied die Kündigung erklärt. $_{3}$Die Krankenkasse hat dem Mitglied unverzüglich, spätestens jedoch innerhalb von zwei Wochen nach Eingang der Kündigung eine Kündigungsbestätigung auszustellen. $_{4}$Die Kündigung wird wirksam, wenn das Mitglied innerhalb der Kündigungsfrist eine Mitgliedschaft bei einer anderen Krankenkasse durch eine Mitgliedsbescheinigung oder das Bestehen einer anderweitigen Absicherung im Krankheitsfall nachweist. $_{5}$Erhebt die Krankenkasse nach § 242 Absatz 1 erstmals einen Zusatzbeitrag oder erhöht sie ihren Zusatzbeitragssatz, kann die Kündigung der Mitgliedschaft abweichend von Satz 1 bis zum Ablauf des Monats erklärt werden, für den der Zusatzbeitrag erstmals erhoben wird oder für den der Zusatzbeitragssatz erhöht wird. $_{6}$Die Krankenkasse hat spätestens einen Monat vor dem in Satz 5 genannten Zeitpunkt ihre Mitglieder in einem gesonderten Schreiben auf das Kündigungsrecht nach Satz 5, auf die Höhe des durchschnittlichen Zusatzbeitragssatzes nach § 242a sowie auf die Übersicht des Spitzenverbandes Bund der Krankenkassen zu den Zusatzbeitragssätzen der Krankenkassen nach § 242 Absatz 5 hinzuweisen; überschreitet der neu erhobene Zusatzbeitrag oder der erhöhte Zusatzbeitragssatz den durchschnittlichen Zusatzbeitragssatz, so sind die Mitglieder auf die Möglichkeit hinzuweisen, in eine günstigere Krankenkasse zu wechseln. $_{7}$Kommt die Krankenkasse ihrer Hinweispflicht nach Satz 6 gegenüber einem Mitglied verspätet nach, gilt eine erfolgte Kündigung als in dem Monat erklärt, für den der Zusatzbeitrag erstmalig erhoben wird oder für den der Zusatzbeitragssatz erhöht wird; hiervon ausgenommen sind Kündigungen, die bis zu dem in Satz 5 genannten Zeitpunkt ausgeübt worden sind. $_{8}$Die Sätze 1 und 4 gelten nicht, wenn die Kündigung eines Versicherungsberechtigten erfolgt, weil die Voraussetzungen einer Versicherung nach § 10 erfüllt sind, Satz 1 gilt nicht, wenn die Kündigung erfolgt, weil keine Mitgliedschaft bei einer Krankenkasse begründet werden soll. $_{9}$Die Krankenkassen können in ihren Satzungen vorsehen, dass die Frist nach Satz 1 nicht gilt, wenn eine Mitgliedschaft bei einer anderen Krankenkasse der gleichen Kassenart begründet werden soll.

(5) Absatz 4 gilt nicht für Versicherungspflichtige, die durch die Errichtung oder Ausdehnung einer Betriebs- oder Innungskrankenkasse oder durch betriebliche Veränderungen Mitglieder einer Betriebs- oder Innungskrankenkasse werden können, wenn sie die Wahl innerhalb von zwei Wochen nach dem Zeitpunkt der Errichtung, Ausdehnung oder betrieblichen Veränderung ausüben.

(6) Der Spitzenverband Bund der Krankenkassen legt für die Meldungen und Mitgliedsbescheinigungen nach dieser Vorschrift einheitliche Verfahren und Vordrucke fest.

§§ 176 bis 185 (weggefallen)

Dritter Abschnitt
Mitgliedschaft und Verfassung

Erster Titel
Mitgliedschaft

§ 186 Beginn der Mitgliedschaft Versicherungspflichtiger

(1) Die Mitgliedschaft versicherungspflichtig Beschäftigter beginnt mit dem Tag des Eintritts in das Beschäftigungsverhältnis.

(2) $_{1}$Die Mitgliedschaft unständig Beschäftigter (§ 179 Abs. 2) beginnt mit dem Tag der Aufnahme der unständigen Beschäftigung, für die die zuständige Krankenkasse erstmalig Versicherungspflicht festgestellt hat, wenn die Feststellung innerhalb eines Monats nach Aufnahme der Beschäftigung erfolgt, andernfalls mit dem Tag der Feststellung. $_{2}$Die Mitgliedschaft besteht auch an den Tagen fort, an denen der unständig Beschäftigte vorübergehend, längstens für drei Wochen nicht beschäftigt wird.

(2a) Die Mitgliedschaft der Bezieher von Arbeitslosengeld II nach dem Zweiten Buch und Arbeitslosengeld oder Unterhaltsgeld nach dem Dritten Buch beginnt mit dem Tag, von dem an die Leistung bezogen wird.

(3) $_{1}$Die Mitgliedschaft der nach dem Künstlersozialversicherungsgesetz Versicherten beginnt mit dem Tage, an dem die Versicherungspflicht auf Grund der Feststellung der Künstlersozialkasse beginnt. $_{2}$Ist die Versicherungspflicht nach dem Künstlersozialversicherungsgesetz durch eine unständige Beschäftigung (§ 179 Abs. 2) unterbrochen worden, beginnt die Mitgliedschaft mit dem Tage nach dem Ende der unständigen Beschäftigung. $_{3}$Kann nach § 9 des Künstlersozialversicherungsgesetzes ein Versicherungsvertrag gekündigt werden, beginnt die Mitgliedschaft mit dem auf die Kündigung folgenden Monat, spätestens zwei Monate nach der Feststellung der Versicherungspflicht.

(4) Die Mitgliedschaft von Personen, die in Einrichtungen der Jugendhilfe für eine Erwerbstätigkeit befähigt werden, beginnt mit dem Beginn der Maßnahme.

(5) Die Mitgliedschaft versicherungspflichtiger Teilnehmer an Leistungen zur Teilhabe am Arbeitsleben beginnt mit dem Beginn der Maßnahme.

(6) Die Mitgliedschaft versicherungspflichtiger behinderter Menschen beginnt mit dem Beginn der Tätigkeit in den anerkannten Werkstätten für behinderte Menschen, Anstalten, Heimen oder gleichartigen Einrichtungen.

(7) Die Mitgliedschaft versicherungspflichtiger Studenten beginnt mit dem Semester, frühestens mit dem Tag der Einschreibung oder der Rückmeldung an der Hochschule.

(8) $_{1}$Die Mitgliedschaft versicherungspflichtiger Praktikanten beginnt mit dem Tag der Aufnahme der berufspraktischen Tätigkeit. $_{2}$Die Mitgliedschaft von zu ihrer Berufsausbildung ohne Arbeitsentgelt Beschäftigten beginnt mit dem Tag des Eintritts in die Beschäftigung.

(9) Die Mitgliedschaft versicherungspflichtiger Rentner beginnt mit dem Tag der Stellung des Rentenantrags.

(10) Wird die Mitgliedschaft Versicherungspflichtiger zu einer Krankenkasse gekündigt (§ 175), beginnt die Mitgliedschaft bei der neugewählten Krankenkasse abweichend von den Absätzen 1 bis 9 mit dem Tag nach Eintritt der Rechtswirksamkeit der Kündigung.

(11) $_{1}$Die Mitgliedschaft der nach § 5 Abs. 1 Nr. 13 Versicherungspflichtigen beginnt mit dem ersten Tag ohne anderweitigen Anspruch auf Absicherung im Krankheitsfall im Inland. $_{2}$Die Mitgliedschaft von Ausländern, die nicht Angehörige eines Mitgliedstaates der Europäischen Union, eines Vertragsstaates des Abkommens über den Europäischen Wirtschaftsraum oder Staatsangehörige der Schweiz sind, beginnt mit dem ersten Tag der Geltung der Niederlassungserlaubnis oder der Aufenthaltserlaubnis. $_{3}$Für Personen, die am 1. April 2007 keinen anderweitigen Anspruch auf Absicherung im Krankheitsfall haben, beginnt die Mitgliedschaft an diesem Tag.

§ 187 Beginn der Mitgliedschaft bei einer neu errichteten Krankenkasse

Die Mitgliedschaft bei einer neu errichteten Krankenkasse beginnt für Versicherungspflichtige, für die diese Krankenkasse zuständig ist, mit dem Zeitpunkt, an dem die Errichtung der Krankenkasse wirksam wird.

§ 188 Beginn der freiwilligen Mitgliedschaft

(1) Die Mitgliedschaft Versicherungsberechtigter beginnt mit dem Tag ihres Beitritts zur Krankenkasse.

(2) ₁Die Mitgliedschaft der in § 9 Abs. 1 Nr. 1 und 2 genannten Versicherungsberechtigten beginnt mit dem Tag nach dem Ausscheiden aus der Versicherungspflicht oder mit dem Tag nach dem Ende der Versicherung nach § 10. ₂Die Mitgliedschaft der in § 9 Absatz 1 Satz 1 Nummer 3 und 5 genannten Versicherungsberechtigten beginnt mit dem Tag der Aufnahme der Beschäftigung. ₃Die Mitgliedschaft der in § 9 Abs. 1 Nr. 6 genannten Versicherungsberechtigten beginnt mit dem Eintritt der Versicherungspflicht nach § 5 Abs. 1 Nr. 11.

(3) Der Beitritt ist schriftlich zu erklären.

(4) ₁Für Personen, deren Versicherungspflicht oder Familienversicherung endet, setzt sich die Versicherung mit dem Tag nach dem Ausscheiden aus der Versicherungspflicht oder mit dem Tag nach dem Ende der Familienversicherung als freiwillige Mitgliedschaft fort, es sei denn, das Mitglied erklärt innerhalb von zwei Wochen nach Hinweis der Krankenkasse über die Austrittsmöglichkeiten seinen Austritt. ₂Der Austritt wird nur wirksam, wenn das Mitglied das Bestehen eines anderweitigen Anspruchs auf Absicherung im Krankheitsfall nachweist. ₃Satz 1 gilt nicht für Personen, deren Versicherungspflicht endet, wenn die übrigen Voraussetzungen für eine Familienversicherung erfüllt sind oder ein Anspruch auf Leistungen nach § 19 Absatz 2 besteht, sofern im Anschluss daran das Bestehen eines anderweitigen Anspruchs auf Absicherung im Krankheitsfall nachgewiesen wird.

§ 189 Mitgliedschaft von Rentenantragstellern

(1) ₁Als Mitglieder gelten Personen, die eine Rente der gesetzlichen Rentenversicherung beantragt haben und die Voraussetzungen nach § 5 Abs. 1 Nr. 11 und 12 und Abs. 2, jedoch nicht die Voraussetzungen für den Bezug der Rente erfüllen. ₂Satz 1 gilt nicht für Personen, die nach anderen Vorschriften versicherungspflichtig oder nach § 6 Abs. 1 versicherungsfrei sind.

(2) ₁Die Mitgliedschaft beginnt mit dem Tag der Stellung des Rentenantrags. ₂Sie endet mit dem Tod oder mit dem Tag, an dem der Antrag zurückgenommen oder die Ablehnung des Antrags unanfechtbar wird.

§ 190 Ende der Mitgliedschaft Versicherungspflichtiger

(1) Die Mitgliedschaft Versicherungspflichtiger endet mit dem Tod des Mitglieds.

(2) Die Mitgliedschaft versicherungspflichtig Beschäftigter endet mit Ablauf des Tages, an dem das Beschäftigungsverhältnis gegen Arbeitsentgelt endet.

(3) (weggefallen)

(4) Die Mitgliedschaft unständig Beschäftigter endet, wenn das Mitglied die berufsmäßige Ausübung der unständigen Beschäftigung nicht nur vorübergehend aufgibt, spätestens mit Ablauf von drei Wochen nach dem Ende der letzten unständigen Beschäftigung.

(5) Die Mitgliedschaft der nach dem Künstlersozialversicherungsgesetz Versicherten endet mit dem Tage, an dem die Versicherungspflicht auf Grund der Feststellung der Künstlersozialkasse endet; § 192 Abs. 1 Nr. 2 und 3 bleibt unberührt.

(6) Die Mitgliedschaft von Personen, die in Einrichtungen der Jugendhilfe für eine Erwerbstätigkeit befähigt werden, endet mit dem Ende der Maßnahme.

(7) Die Mitgliedschaft versicherungspflichtiger Teilnehmer an Leistungen zur Teilhabe am Arbeitsleben endet mit dem Ende der Maßnahme, bei Weiterzahlung des Übergangs-

geldes mit Ablauf des Tages, bis zu dem Übergangsgeld gezahlt wird.

(8) Die Mitgliedschaft von versicherungspflichtigen behinderten Menschen in anerkannten Werkstätten für behinderte Menschen, Anstalten, Heimen oder gleichartigen Einrichtungen endet mit Aufgabe der Tätigkeit.

(9) Die Mitgliedschaft versicherungspflichtiger Studenten endet einen Monat nach Ablauf des Semesters, für das sie sich zuletzt eingeschrieben oder zurückgemeldet haben.

(10) 1Die Mitgliedschaft versicherungspflichtiger Praktikanten endet mit dem Tag der Aufgabe der berufspraktischen Tätigkeit. 2Die Mitgliedschaft von zu ihrer Berufsausbildung ohne Arbeitsentgelt Beschäftigten endet mit dem Tag der Aufgabe der Beschäftigung.

(11) Die Mitgliedschaft versicherungspflichtiger Rentner endet

1. mit Ablauf des Monats, in dem der Anspruch auf Rente wegfällt oder die Entscheidung über den Wegfall oder den Entzug der Rente unanfechtbar geworden ist, frühestens mit Ablauf des Monats, für den letztmalig Rente zu zahlen ist,
2. bei Gewährung einer Rente für zurückliegende Zeiträume mit Ablauf des Monats, in dem die Entscheidung unanfechtbar wird.

(11a) Die Mitgliedschaft der in § 9 Abs. 1 Nr. 6 genannten Personen, die das Beitrittsrecht ausgeübt haben, sowie ihrer Familienangehörigen, die nach dem 31. März 2002 nach § 5 Abs. 1 Nr. 11 versicherungspflichtig geworden sind, deren Anspruch auf Rente schon an diesem Tag bestand, die aber nicht die Vorversicherungszeit des § 5 Abs. 1 Nr. 11 in der seit dem 1. Januar 1993 geltenden Fassung erfüllt hatten und die bis zum 31. März 2002 nach § 10 oder nach § 7 des Zweiten Gesetzes über die Krankenversicherung der Landwirte versichert waren, endet mit dem Eintritt der Versicherungspflicht nach § 5 Abs. 1 Nr. 11.

(12) Die Mitgliedschaft der Bezieher von Arbeitslosengeld II nach dem Zweiten Buch und Arbeitslosengeld oder Unterhaltsgeld nach dem Dritten Buch endet mit Ablauf des letzten Tages, für den die Leistung bezogen wird.

(13) 1Die Mitgliedschaft der in § 5 Abs. 1 Nr. 13 genannten Personen endet mit Ablauf des Vortages, an dem

1. ein anderweitiger Anspruch auf Absicherung im Krankheitsfall begründet wird oder
2. der Wohnsitz oder gewöhnliche Aufenthalt in einen anderen Staat verlegt wird.

2Satz 1 Nr. 1 gilt nicht für Mitglieder, die Empfänger von Leistungen nach dem Dritten, Vierten, Sechsten und Siebten Kapitel des Zwölften Buches sind.

§ 191 Ende der freiwilligen Mitgliedschaft

Die freiwillige Mitgliedschaft endet

1. mit dem Tod des Mitglieds,
2. mit Beginn einer Pflichtmitgliedschaft oder
3. mit dem Wirksamwerden der Kündigung (§ 175 Abs. 4); die Satzung kann einen früheren Zeitpunkt bestimmen, wenn das Mitglied die Voraussetzungen einer Versicherung nach § 10 erfüllt.

§ 192 Fortbestehen der Mitgliedschaft Versicherungspflichtiger

(1) Die Mitgliedschaft Versicherungspflichtiger bleibt erhalten, solange

1. sie sich in einem rechtmäßigen Arbeitskampf befinden,
2. Anspruch auf Krankengeld oder Mutterschaftsgeld besteht oder eine dieser Leistungen oder nach gesetzlichen Vorschriften Erziehungsgeld oder Elterngeld bezogen oder Elternzeit in Anspruch genommen oder Pflegeunterstützungsgeld bezogen wird,

2a. von einem privaten Krankenversicherungsunternehmen, von einem Beihilfeträger des Bundes, von sonstigen öffentlich-rechtlichen Trägern von Kosten in Krankheitsfällen auf Bundesebene, von dem Träger der Heilfürsorge im Bereich des Bundes, von dem Träger der truppenärztlichen Versorgung oder von einem öffentlich-rechtlichen Träger von Kosten in Krankheitsfällen auf Landesebene, soweit das Landesrecht dies vorsieht, Leistungen für den Ausfall von Arbeitseinkünften im Zusammenhang mit einer nach den §§ 8 und 8a des Transplantationsgesetzes erfolgenden Spende von Organen oder Geweben oder im Zusammenhang mit einer Spende von Blut zur Separation von Blutstammzellen oder anderen Blutbestandteilen im Sinne von § 9 des Transfusionsgesetzes bezogen werden oder diese beansprucht werden können,

3. von einem Rehabilitationsträger während einer Leistung zur medizinischen Rehabilitation Verletztengeld, Versorgungskrankengeld oder Übergangsgeld gezahlt wird oder
4. Kurzarbeitergeld nach dem Dritten Buch bezogen wird.

(2) Während der Schwangerschaft bleibt die Mitgliedschaft Versicherungspflichtiger auch erhalten, wenn das Beschäftigungsverhältnis vom Arbeitgeber zulässig aufgelöst oder das Mitglied unter Wegfall des Arbeitsentgelts beurlaubt worden ist, es sei denn, es besteht eine Mitgliedschaft nach anderen Vorschriften.

§ 193 Fortbestehen der Mitgliedschaft bei Wehrdienst oder Zivildienst

(1) $_1$Bei versicherungspflichtig Beschäftigten, denen nach § 1 Abs. 2 des Arbeitsplatzschutzgesetzes Entgelt weiterzugewähren ist, gilt das Beschäftigungsverhältnis als durch den Wehrdienst nach § 4 Abs. 1 und § 6b Abs. 1 des Wehrpflichtgesetzes nicht unterbrochen. $_2$Dies gilt auch für Personen in einem Wehrdienstverhältnis besonderer Art nach § 6 des Einsatz-Weiterverwendungsgesetzes, wenn sie den Einsatzunfall in einem Versicherungsverhältnis erlitten haben.

(2) $_1$Bei Versicherungspflichtigen, die nicht unter Absatz 1 fallen, sowie bei freiwilligen Mitgliedern berührt der Wehrdienst nach § 4 Abs. 1 und § 6b Abs. 1 des Wehrpflichtgesetzes eine bestehende Mitgliedschaft bei einer Krankenkasse nicht. $_2$Die versicherungspflichtige Mitgliedschaft gilt als fortbestehend, wenn die Versicherungspflicht am Tag vor dem Beginn des Wehrdienstes endet oder wenn zwischen dem letzten Tag der Mitgliedschaft und dem Beginn des Wehrdienstes ein Samstag, Sonntag oder gesetzlicher Feiertag liegt. $_3$Absatz 1 Satz 2 gilt entsprechend.

(3) Die Absätze 1 und 2 gelten für den Zivildienst entsprechend.

(4) $_1$Die Absätze 1 und 2 gelten für Personen, die Dienstleistungen oder Übungen nach dem Vierten Abschnitt des Soldatengesetzes leisten. $_2$Die Dienstleistungen und Übungen gelten nicht als Beschäftigungen im Sinne des § 5 Abs. 1 Nr. 1 und § 6 Abs. 1 Nr. 3.

(5) Die Zeit in einem Wehrdienstverhältnis besonderer Art nach § 6 des Einsatz-Weiterverwendungsgesetzes gilt nicht als Beschäftigung im Sinne von § 5 Abs. 1 Nr. 1 und § 6 Abs. 1 Nr. 3.

Zweiter Titel
Satzung, Organe

§ 194 Satzung der Krankenkassen

(1) Die Satzung muß insbesondere Bestimmungen enthalten über

1. Namen und Sitz der Krankenkasse,
2. Bezirk der Krankenkasse und Kreis der Mitglieder,
3. Art und Umfang der Leistungen, soweit sie nicht durch Gesetz bestimmt sind,
4. Festsetzung des Zusatzbeitrags nach § 242,
5. Zahl der Mitglieder der Organe,
6. Rechte und Pflichten der Organe,
7. Art der Beschlußfassung des Verwaltungsrates,
8. Bemessung der Entschädigungen für Organmitglieder,
9. jährliche Prüfung der Betriebs- und Rechnungsführung und Abnahme der Jahresrechnung,
10. Zusammensetzung und Sitz der Widerspruchsstelle und
11. Art der Bekanntmachungen.

(1a) 1Die Satzung kann eine Bestimmung enthalten, nach der die Krankenkasse den Abschluss privater Zusatzversicherungsverträge zwischen ihren Versicherten und privaten Krankenversicherungsunternehmen vermitteln kann. 2Gegenstand dieser Verträge können alle Leistungen sein, die den gesetzlichen Krankenversicherungsschutz ergänzen, insbesondere Ergänzungstarife zur Kostenerstattung, Wahlarztbehandlung im Krankenhaus, Ein- oder Zweibettzuschlag im Krankenhaus sowie eine Auslandskrankenversicherung.

(2) 1Die Satzung darf keine Bestimmungen enthalten, die den Aufgaben der gesetzlichen Krankenversicherung widersprechen. 2Sie darf Leistungen nur vorsehen, soweit dieses Buch sie zuläßt.

§ 195 Genehmigung der Satzung

(1) Die Satzung bedarf der Genehmigung der Aufsichtsbehörde.

(2) 1Ergibt sich nachträglich, daß eine Satzung nicht hätte genehmigt werden dürfen, kann die Aufsichtsbehörde anordnen, daß die Krankenkasse innerhalb einer bestimmten Frist die erforderliche Änderung vornimmt. 2Kommt die Krankenkasse der Anordnung nicht innerhalb dieser Frist nach, kann die Aufsichtsbehörde die erforderliche Änderung anstelle der Krankenkasse selbst vornehmen. 3Klagen gegen Maßnahmen der Aufsichtsbehörde nach den Sätzen 1 und 2 haben keine aufschiebende Wirkung.

(3) Absatz 2 gilt entsprechend, wenn die Satzung wegen nachträglich eingetretener Umstände einer Änderung bedarf.

§ 196 Einsichtnahme in die Satzung

(1) Die geltende Satzung kann in den Geschäftsräumen der Krankenkasse während der üblichen Geschäftsstunden eingesehen werden.

(2) Jedes Mitglied erhält unentgeltlich ein Merkblatt über Beginn und Ende der Mitgliedschaft bei Pflichtversicherung und freiwilliger Versicherung, über Beitrittsrechte sowie die von der Krankenkasse zu gewährenden Leistungen und über die Beiträge.

§ 197 Verwaltungsrat

(1) Der Verwaltungsrat hat insbesondere

1. die Satzung und sonstiges autonomes Recht zu beschließen,

1a. den Vorstand zu überwachen,

1b. alle Entscheidungen zu treffen, die für die Krankenkasse von grundsätzlicher Bedeutung sind,

2. den Haushaltsplan festzustellen,

3. über die Entlastung des Vorstands wegen der Jahresrechnung zu beschließen,

4. die Krankenkasse gegenüber dem Vorstand und dessen Mitgliedern zu vertreten,

5. über den Erwerb, die Veräußerung oder die Belastung von Grundstücken sowie über die Errichtung von Gebäuden zu beschließen und

6. über die Auflösung der Krankenkasse oder die freiwillige Vereinigung mit anderen Krankenkassen zu beschließen.

(2) Der Verwaltungsrat kann sämtliche Geschäfts- und Verwaltungsunterlagen einsehen und prüfen.

(3) Der Verwaltungsrat soll zur Erfüllung seiner Aufgaben Fachausschüsse bilden.

§ 197a Stellen zur Bekämpfung von Fehlverhalten im Gesundheitswesen

(1) 1Die Krankenkassen, wenn angezeigt ihre Landesverbände, und der Spitzenverband Bund der Krankenkassen richten organisatorische Einheiten ein, die Fällen und Sachverhalten nachzugehen haben, die auf Unregelmäßigkeiten oder auf rechtswidrige oder zweckwidrige Nutzung von Finanzmitteln im Zusammenhang mit den Aufgaben der jeweiligen Krankenkasse oder des jeweiligen Verbandes hindeuten. 2Sie nehmen Kontrollbefugnisse nach § 67c Abs. 3 des Zehnten Buches wahr.

(2) 1Jede Person kann sich in Angelegenheiten des Absatzes 1 an die Krankenkassen und die weiteren in Absatz 1 genannten Organisationen wenden. 2Die Einrichtungen nach Absatz 1 gehen den Hinweisen nach, wenn

sie auf Grund der einzelnen Angaben oder der Gesamtumstände glaubhaft erscheinen.

(3) Die Krankenkassen und die weiteren in Absatz 1 genannten Organisationen haben zur Erfüllung der Aufgaben nach Absatz 1 untereinander und mit den Kassenärztlichen Vereinigungen und Kassenärztlichen Bundesvereinigungen zusammenzuarbeiten.

(3a) 1Die Einrichtungen nach Absatz 1 dürfen personenbezogene Daten, die von ihnen zur Erfüllung ihrer Aufgaben nach Absatz 1 erhoben oder an sie weitergegeben oder übermittelt wurden, untereinander und an Einrichtungen nach § 81a übermitteln, soweit dies für die Feststellung und Bekämpfung von Fehlverhalten im Gesundheitswesen beim Empfänger erforderlich ist. 2Der Empfänger darf diese nur zu dem Zweck verarbeiten und nutzen, zu dem sie ihm übermittelt worden sind.

(4) Die Krankenkassen und die weiteren in Absatz 1 genannten Organisationen sollen die Staatsanwaltschaft unverzüglich unterrichten, wenn die Prüfung ergibt, dass ein Anfangsverdacht auf strafbare Handlungen mit nicht nur geringfügiger Bedeutung für die gesetzliche Krankenversicherung bestehen könnte.

(5) 1Der Vorstand der Krankenkassen und der weiteren in Absatz 1 genannten Organisationen hat dem Verwaltungsrat im Abstand von zwei Jahren über die Arbeit und Ergebnisse der organisatorischen Einheiten nach Absatz 1 zu berichten. 2Der Bericht ist der zuständigen Aufsichtsbehörde zuzuleiten.

§ 197b Aufgabenerledigung durch Dritte

1Krankenkassen können die ihnen obliegenden Aufgaben durch Arbeitsgemeinschaften oder durch Dritte mit deren Zustimmung wahrnehmen lassen, wenn die Aufgabenwahrnehmung durch die Arbeitsgemeinschaften oder den Dritten wirtschaftlicher ist, es im wohlverstandenen Interesse der Betroffenen liegt und Rechte der Versicherten nicht beeinträchtigt werden. 2Wesentliche Aufgaben zur Versorgung der Versicherten dürfen nicht in Auftrag gegeben werden. 3§ 88 Abs. 3 und 4 und die §§ 89, 90 bis 92 und 97 des Zehnten Buches gelten entsprechend.

Vierter Abschnitt
Meldungen

§ 198 Meldepflicht des Arbeitgebers für versicherungspflichtig Beschäftigte

Der Arbeitgeber hat die versicherungspflichtig Beschäftigten nach den §§ 28a bis 28c des Vierten Buches an die zuständige Krankenkasse zu melden.

§ 199 Meldepflichten bei unständiger Beschäftigung

(1) 1Unständig Beschäftigte haben der nach § 179 Abs. 1 zuständigen Krankenkasse Beginn und Ende der berufsmäßigen Ausübung von unständigen Beschäftigungen unverzüglich zu melden. 2Der Arbeitgeber hat die unständig Beschäftigten auf ihre Meldepflicht hinzuweisen.

(2) 1Gesamtbetriebe, in denen regelmäßig unständig Beschäftigte beschäftigt werden, haben die sich aus diesem Buch ergebenden Pflichten der Arbeitgeber zu übernehmen. 2Welche Einrichtungen als Gesamtbetriebe gelten, richtet sich nach Landesrecht.

§ 200 Meldepflichten bei sonstigen versicherungspflichtigen Personen

(1) 1Eine Meldung nach § 28a Abs. 1 bis 3 des Vierten Buches hat zu erstatten

1. für Personen, die in Einrichtungen der Jugendhilfe für eine Erwerbstätigkeit befähigt werden sollen oder in Werkstätten für behinderte Menschen, Blindenwerkstätten, Anstalten, Heimen oder gleichartigen Einrichtungen tätig sind, der Träger dieser Einrichtung,
2. für Personen, die an Leistungen zur Teilhabe am Arbeitsleben teilnehmen, der zuständige Rehabilitationsträger,
3. für Personen, die Vorruhestandsgeld beziehen, der zur Zahlung des Vorruhestandsgeldes Verpflichtete.

$_2$§ 28a Abs. 5 sowie die §§ 28b und 28c des Vierten Buches gelten entsprechend.

(2) $_1$Die staatlichen und die staatlich anerkannten Hochschulen haben versicherte Studenten, die Ausbildungsstätten versicherungspflichtige Praktikanten und zu ihrer Berufsausbildung ohne Arbeitsentgelt Beschäftigte der zuständigen Krankenkasse zu melden. $_2$Das Bundesministerium für Gesundheit regelt durch Rechtsverordnung mit Zustimmung des Bundesrates Inhalt, Form und Frist der Meldungen sowie das Nähere über das Meldeverfahren.

§ 201 Meldepflichten bei Rentenantragstellung und Rentenbezug

(1) $_1$Wer eine Rente der gesetzlichen Rentenversicherung beantragt, hat mit dem Antrag eine Meldung für die zuständige Krankenkasse einzureichen. $_2$Der Rentenversicherungsträger hat die Meldung unverzüglich an die zuständige Krankenkasse weiterzugeben.

(2) Wählen versicherungspflichtige Rentner oder Hinterbliebene eine andere Krankenkasse, hat die gewählte Krankenkasse dies der bisherigen Krankenkasse und dem zuständigen Rentenversicherungsträger unverzüglich mitzuteilen.

(3) $_1$Nehmen versicherungspflichtige Rentner oder Hinterbliebene eine versicherungspflichtige Beschäftigung auf, für die eine andere als die bisherige Krankenkasse zuständig ist, hat die für das versicherungspflichtige Beschäftigungsverhältnis zuständige Krankenkasse dies der bisher zuständigen Krankenkasse und dem Rentenversicherungsträger mitzuteilen. $_2$Satz 1 gilt entsprechend, wenn das versicherungspflichtige Beschäftigungsverhältnis endet.

(4) Der Rentenversicherungsträger hat der zuständigen Krankenkasse unverzüglich mitzuteilen

1. Beginn und Höhe einer Rente der gesetzlichen Rentenversicherung, den Monat, für den die Rente erstmalig laufend gezahlt wird,
2. den Tag der Rücknahme des Rentenantrags,
3. bei Ablehnung des Rentenantrags den Tag, an dem über den Rentenantrag verbindlich entschieden worden ist,
4. Ende, Entzug, Wegfall und sonstige Nichtleistung der Rente sowie
5. Beginn und Ende der Beitragszahlung aus der Rente.

(5) $_1$Wird der Bezieher einer Rente der gesetzlichen Rentenversicherung versicherungspflichtig, hat die Krankenkasse dies dem Rentenversicherungsträger unverzüglich mitzuteilen. $_2$Satz 1 gilt entsprechend, wenn die Versicherungspflicht aus einem anderen Grund als den in Absatz 4 Nr. 4 genannten Gründen endet.

(6) $_1$Die Meldungen sind auf maschinell verwertbaren Datenträgern oder durch Datenübertragung zu erstatten. $_2$Der Spitzenverband Bund der Krankenkassen vereinbart mit der Deutschen Rentenversicherung Bund das Nähere über das Verfahren im Benehmen mit dem Bundesversicherungsamt.

§ 202 Meldepflichten bei Versorgungsbezügen

(1) $_1$Die Zahlstelle hat bei der erstmaligen Bewilligung von Versorgungsbezügen sowie bei Mitteilung über die Beendigung der Mitgliedschaft eines Versorgungsempfängers die zuständige Krankenkasse des Versorgungsempfängers zu ermitteln und dieser Beginn, Höhe, Veränderungen und Ende der Versorgungsbezüge unverzüglich mitzuteilen. $_2$Bei den am 1. Januar 1989 vorhandenen Versorgungsempfängern hat die Ermittlung der Krankenkasse innerhalb von sechs Monaten zu erfolgen. $_3$Der Versorgungsempfänger hat der Zahlstelle seine Krankenkasse anzugeben und einen Kassenwechsel sowie die Aufnahme einer versicherungspflichtigen Beschäftigung anzuzeigen. $_4$Die Krankenkasse hat der Zahlstelle der Versorgungsbezüge und dem Bezieher von Versorgungsbezügen unverzüglich die Beitragspflicht des Versorgungsempfängers und deren Umfang mitzuteilen.

(2) $_1$Die Zahlstelle hat der zuständigen Krankenkasse die Meldung durch gesicherte und verschlüsselte Datenübertragung aus systemgeprüften Programmen oder mittels ma-

schineller Ausfüllhilfen zu erstatten. $_{2}$Die Krankenkasse hat nach inhaltlicher Prüfung alle fehlerfreien Angaben elektronisch zu übernehmen, zu verarbeiten und zu nutzen. $_{3}$Alle Rückmeldungen der Krankenkasse an die Zahlstelle erfolgen arbeitstäglich durch Datenübertragung. $_{4}$Den Aufbau des Datensatzes, notwendige Schlüsselzahlen und Angaben legt der Spitzenverband Bund der Krankenkassen in Grundsätzen fest, die vom Bundesministerium für Arbeit und Soziales im Einvernehmen mit dem Bundesministerium für Gesundheit zu genehmigen sind; die Bundesvereinigung der Deutschen Arbeitgeberverbände ist anzuhören.

§ 203 Meldepflichten bei Bezug von Erziehungsgeld oder Elterngeld

Die Zahlstelle des Erziehungsgeldes oder Elterngeldes hat der zuständigen Krankenkasse Beginn und Ende der Zahlung des Erziehungsgeldes oder Elterngeldes unverzüglich mitzuteilen.

§ 203a Meldepflicht bei Bezug von Arbeitslosengeld, Arbeitslosengeld II oder Unterhaltsgeld

Die Agenturen für Arbeit oder in den Fällen des § 6a des Zweiten Buches die zugelassenen kommunalen Träger erstatten die Meldungen hinsichtlich der nach § 5 Abs. 1 Nr. 2 und Nr. 2a Versicherten entsprechend §§ 28a bis 28c des Vierten Buches.

§ 204 Meldepflichten bei Einberufung zum Wehrdienst oder Zivildienst

(1) $_{1}$Bei Einberufung zu einem Wehrdienst hat bei versicherungspflichtig Beschäftigten der Arbeitgeber und bei Arbeitslosen die Agentur für Arbeit den Beginn des Wehrdienstes sowie das Ende des Grundwehrdienstes und einer Wehrübung oder einer Dienstleistung oder Übung nach dem Vierten Abschnitt des Soldatengesetzes der zuständigen Krankenkasse unverzüglich zu melden. $_{2}$Das Ende eines Wehrdienstes nach § 4 Abs. 1 Nr. 6 des Wehrpflichtgesetzes hat das Bundesministerium der Verteidigung oder die von ihm bestimmte Stelle zu melden. $_{3}$Sonstige Versicherte haben die Meldungen nach Satz 1 selbst zu erstatten.

(2) $_{1}$Absatz 1 gilt für den Zivildienst entsprechend. $_{2}$An die Stelle des Bundesministeriums der Verteidigung tritt das Bundesamt für den Zivildienst.

§ 205 Meldepflichten bestimmter Versicherungspflichtiger

Versicherungspflichtige, die eine Rente der gesetzlichen Rentenversicherung oder der Rente vergleichbare Einnahmen (Versorgungsbezüge) beziehen, haben ihrer Krankenkasse unverzüglich zu melden

1. Beginn und Höhe der Rente,
2. Beginn, Höhe, Veränderungen und die Zahlstelle der Versorgungsbezüge sowie
3. Beginn, Höhe und Veränderungen des Arbeitseinkommens.

§ 206 Auskunfts- und Mitteilungspflichten der Versicherten

(1) $_{1}$Wer versichert ist oder als Versicherter in Betracht kommt, hat der Krankenkasse, soweit er nicht nach § 28o des Vierten Buches auskunftspflichtig ist,

1. auf Verlangen über alle für die Feststellung der Versicherungs- und Beitragspflicht und für die Durchführung der der Krankenkasse übertragenen Aufgaben erforderlichen Tatsachen unverzüglich Auskunft zu erteilen,
2. Änderungen in den Verhältnissen, die für die Feststellung der Versicherungs- und Beitragspflicht erheblich sind und nicht durch Dritte gemeldet werden, unverzüglich mitzuteilen.

$_{2}$Er hat auf Verlangen die Unterlagen, aus denen die Tatsachen oder die Änderung der Verhältnisse hervorgehen, der Krankenkasse in deren Geschäftsräumen unverzüglich vorzulegen.

(2) Entstehen der Krankenkasse durch eine Verletzung der Pflichten nach Absatz 1 zusätzliche Aufwendungen, kann sie von dem Verpflichteten die Erstattung verlangen.

Siebtes Kapitel
Verbände der Krankenkassen

§ 207 Bildung und Vereinigung von Landesverbänden

(1) 1In jedem Land bilden
die Ortskrankenkassen einen Landesverband der Ortskrankenkassen,
die Betriebskrankenkassen einen Landesverband der Betriebskrankenkassen,
die Innungskrankenkassen einen Landesverband der Innungskrankenkassen.
2Die Landesverbände der Krankenkassen sind Körperschaften des öffentlichen Rechts. 3Die Krankenkassen gehören mit Ausnahme der Betriebskrankenkassen der Dienstbetriebe des Bundes dem Landesverband des Landes an, in dem sie ihren Sitz haben. 4Andere Krankenkassen können den Landesverbänden beitreten.

(2) 1Bestehen in einem Land am 1. Januar 1989 mehrere Landesverbände, bestehen diese fort, wenn die für die Sozialversicherung zuständige oberste Verwaltungsbehörde des Landes ihre Zustimmung nicht bis zum 31. Dezember 1989 versagt. 2Die für die Sozialversicherung zuständigen obersten Verwaltungsbehörden der Länder können ihre Zustimmung nach Satz 1 unter Einhaltung einer einjährigen Frist zum Ende eines Kalenderjahres widerrufen. 3Versagen oder widerrufen sie die Zustimmung, regeln sie die Durchführung der erforderlichen Organisationsänderungen.

(2a) Vereinigen sich in einem Land alle Mitglieder eines Landesverbandes oder werden alle Mitglieder eines Landesverbandes durch die Landesregierung zu einer Krankenkasse vereinigt, tritt diese Krankenkasse in die Rechte und Pflichten des Landesverbandes ein.

(3) 1Länderübergreifende Landesverbände bestehen fort, wenn nicht eine der für die Sozialversicherung zuständigen obersten Verwaltungsbehörden in den betroffenen Ländern ihre Zustimmung bis zum 31. Dezember 1989 versagt. 2Jede dieser obersten Verwaltungsbehörden der Länder kann ihre Zustimmung unter Einhaltung einer einjährigen Frist zum Ende eines Kalenderjahres widerrufen. 3Wird die Zustimmung versagt oder widerrufen, regeln die beteiligten Länder die Durchführung der erforderlichen Organisationsänderungen einvernehmlich.

(4) 1Besteht in einem Land nur eine Krankenkasse der gleichen Art, nimmt sie zugleich die Aufgaben eines Landesverbandes wahr. 2Sie hat insoweit die Rechtsstellung eines Landesverbands.

(4a) 1Besteht in einem Land für eine Kassenart kein Landesverband, nimmt ein anderer Landesverband dieser Kassenart mit Zustimmung der für die Sozialversicherung zuständigen obersten Verwaltungsbehörden der beteiligten Länder die Aufgabe eines Landesverbandes in diesem Land wahr. 2Kommt eine Einigung der Beteiligten nicht innerhalb von drei Monaten nach Wegfall des Landesverbandes zustande, nimmt der Bundesverband der Kassenart diese Aufgabe wahr.

(5) 1Mit Zustimmung der für die Sozialversicherung zuständigen obersten Verwaltungsbehörden der Länder können sich Landesverbände der gleichen Krankenkassenart zu einem Verband zusammenschließen. 2Das gilt auch, wenn die Landesverbände ihren Sitz in verschiedenen Ländern haben.

§ 208 Aufsicht, Haushalts- und Rechnungswesen, Vermögen, Statistiken

(1) Die Landesverbände unterstehen der Aufsicht der für die Sozialversicherung zuständigen obersten Verwaltungsbehörde des Landes, in dem sie ihren Sitz haben.

(2) 1Für die Aufsicht gelten die §§ 87 bis 89 des Vierten Buches. 2Für das Haushalts- und Rechnungswesen einschließlich der Statistiken gelten die §§ 67 bis 70 Abs. 1 und 5, §§ 72 bis 77 Abs. 1, §§ 78 und 79 Abs. 1 und 2, für das Vermögen die §§ 80 und 85 des Vierten Buches. 3Für das Verwaltungsvermögen gilt § 263 entsprechend.

V

§ 209 Verwaltungsrat der Landesverbände

(1) 1Bei den Landesverbänden der Krankenkassen wird als Selbstverwaltungsorgan ein Verwaltungsrat nach näherer Bestimmung der Satzungen gebildet. 2Der Verwaltungsrat hat höchstens 30 Mitglieder. 3In dem Verwaltungsrat müssen, soweit möglich, alle Mitgliedskassen vertreten sein.

(2) 1Der Verwaltungsrat setzt sich je zur Hälfte aus Vertretern der Versicherten und der Arbeitgeber zusammen. 2Die Versicherten wählen die Vertreter der Versicherten, die Arbeitgeber wählen die Vertreter der Arbeitgeber. 3§ 44 Abs. 4 des Vierten Buches gilt entsprechend.

(3) Die Mitglieder des Verwaltungsrats werden von dem Verwaltungsrat der Mitgliedskassen aus dessen Reihen gewählt.

V

(4) 1Für den Verwaltungsrat gilt § 197 entsprechend. 2§ 33 Abs. 3, § 37 Abs. 1, die §§ 40, 41, 42 Abs. 1 bis 3, § 51 Abs. 1 Satz 1 Nr. 3, die §§ 58, 59, 62, 63 Abs. 1, 3, 4, § 64 Abs. 3 und § 66 Abs. 1 des Vierten Buches gelten entsprechend.

§ 209a Vorstand bei den Landesverbänden

1Bei den Landesverbänden der Orts-, Betriebs- und Innungskrankenkassen wird ein Vorstand gebildet. 2Er besteht aus höchstens drei Personen. 3§ 35a Abs. 1 bis 3 und 5 bis 7 des Vierten Buches gilt entsprechend.

§ 210 Satzung der Landesverbände

(1) 1Jeder Landesverband hat durch seinen Verwaltungsrat eine Satzung aufzustellen. 2Die Satzung bedarf der Genehmigung der für die Sozialversicherung zuständigen obersten Verwaltungsbehörde des Landes. 3Die Satzung muß Bestimmungen enthalten über

1. Namen, Bezirk und Sitz des Verbandes,
2. Zahl und Wahl der Mitglieder des Verwaltungsrats und ihrer Vertreter,
3. Entschädigungen für Organmitglieder,
4. Öffentlichkeit des Verwaltungsrats,
5. Rechte und Pflichten der Mitgliedskassen,
6. Aufbringung und Verwaltung der Mittel,
7. jährliche Prüfung der Betriebs- und Rechnungsführung,
8. Art der Bekanntmachungen.

4§ 34 Abs. 2 des Vierten Buches gilt entsprechend.

(2) Die Satzung muß ferner Bestimmungen darüber enthalten, daß die von dem Spitzenverband Bund der Krankenkassen abzuschließenden Verträge und die Richtlinien nach § 92 und § 282 für die Landesverbände und ihre Mitgliedskassen verbindlich sind.

§ 211 Aufgaben der Landesverbände

(1) Die Landesverbände haben die ihnen gesetzlich zugewiesenen Aufgaben zu erfüllen.

(2) Die Landesverbände unterstützen die Mitgliedskassen bei der Erfüllung ihrer Aufgaben und bei der Wahrnehmung ihrer Interessen, insbesondere durch

1. Beratung und Unterrichtung,
2. Sammlung und Aufbereitung von statistischem Material zu Verbandszwecken,
3. Abschluß und Änderung von Verträgen, insbesondere mit anderen Trägern der Sozialversicherung, soweit sie von der Mitgliedskasse hierzu bevollmächtigt worden sind,
4. Übernahme der Vertretung der Mitgliedskassen gegenüber anderen Trägern der Sozialversicherung, Behörden und Gerichten,
5. Entscheidung von Zuständigkeitskonflikten zwischen den Mitgliedskassen,
6. Förderung und Mitwirkung bei der beruflichen Aus-, Fort- und Weiterbildung der bei den Mitgliedskassen Beschäftigten,
7. Arbeitstagungen,
8. Entwicklung und Abstimmung von Verfahren und Programmen für die automatische Datenverarbeitung, den Datenschutz und die Datensicherung sowie den Betrieb von Rechenzentren in Abstimmung mit den Mitgliedskassen.

(3) Die Landesverbände sollen die zuständigen Behörden in Fragen der Gesetzgebung und Verwaltung unterstützen; § 30 Abs. 3 des

Vierten Buches ist entsprechend anzuwenden.

(4) 1Die für die Finanzierung der Aufgaben eines Landesverbandes erforderlichen Mittel werden von seinen Mitgliedskassen sowie von den Krankenkassen derselben Kassenart mit Mitgliedern mit Wohnsitz im Zuständigkeitsbereich des Landesverbandes aufgebracht. 2Die mitgliedschaftsrechtliche Zuordnung der Krankenkassen nach § 207 Abs. 1 Satz 3 bleibt unberührt. 3Das Nähere zur Aufbringung der Mittel nach Satz 1 vereinbaren die Landesverbände. 4Kommt die Vereinbarung nach Satz 3 nicht bis zum 1. November eines Jahres zustande, wird der Inhalt der Vereinbarung durch eine von den Vertragsparteien zu bestimmende Schiedsperson festgelegt.

§ 211a Entscheidungen auf Landesebene

1Die Landesverbände der Krankenkassen und die Ersatzkassen sollen sich über die von ihnen nach diesem Gesetz gemeinsam und einheitlich zu treffenden Entscheidungen einigen. 2Kommt eine Einigung nicht zustande, erfolgt die Beschlussfassung durch je einen Vertreter der Kassenart, dessen Stimme mit der landesweiten Anzahl der Versicherten nach der Statistik KM6 seiner Kassenart zu gewichten ist. 3Die Gewichtung ist entsprechend der Entwicklung der Versichertenzahlen nach der Statistik KM6 jährlich zum 1. Januar anzupassen.

§ 212 Bundesverbände, Deutsche Rentenversicherung Knappschaft-Bahn-See, Verbände der Ersatzkassen

(1) 1Die nach § 212 Abs. 1 in der bis zum 31. Dezember 2008 geltenden Fassung bestehenden Bundesverbände werden kraft Gesetzes zum 1. Januar 2009 in Gesellschaften des bürgerlichen Rechts umgewandelt. 2Gesellschafter der Gesellschaften sind die am 31. Dezember 2008 vorhandenen Mitglieder des jeweiligen Bundesverbandes. 3Die Gesellschaften sind bis zum 31. Dezember 2012 verpflichtet, den bei den bis zum 31. Dezember 2008 bestehenden Bundesverbänden unbefristet tätigen Angestellten ein neues Beschäftigungsverhältnis zu vermitteln. 4So lange sind betriebsbedingte Kündigungen unzulässig. 5Nach dem 31. Dezember 2012 steht es den Gesellschaftern frei, über den Fortbestand der Gesellschaft und die Gestaltung der Gesellschaftsverhältnisse zu entscheiden. 6Soweit sich aus den folgenden Vorschriften nichts anderes ergibt, finden die Vorschriften des Bürgerlichen Gesetzbuchs über die Gesellschaft bürgerlichen Rechts Anwendung. 7Der Gesellschaft nach Satz 1 können Krankenkassen der jeweiligen Kassenart beitreten.

(2) (weggefallen)

(3) Für die knappschaftliche Krankenversicherung nimmt die Deutsche Rentenversicherung Knappschaft-Bahn-See die Aufgaben eines Landesverbands wahr.

(4) 1Die Gesellschaften nach Absatz 1 sind Rechtsnachfolger der nach § 212 in der bis zum 31. Dezember 2008 geltenden Fassung bestehenden Bundesverbände. 2Zweck der Gesellschaft ist die Erfüllung ihrer sich nach § 214 ergebenden oder zusätzlich vertraglich vereinbarten Aufgaben. 3Bis zum Abschluss eines Gesellschaftsvertrages gelten die zur Erreichung des Gesellschaftszwecks erforderlichen Pflichten und Rechte als vereinbart. 4Das Betriebsverfassungsgesetz findet Anwendung.

(5) 1Die Ersatzkassen können sich zu Verbänden zusammenschließen. 2Die Verbände haben in der Satzung ihre Zwecke und Aufgaben festzusetzen. 3Die Satzungen bedürfen der Genehmigung, der Antrag auf Eintragung in das Vereinsregister der Einwilligung der Aufsichtsbehörde. 4Die Ersatzkassen haben für alle Verträge auf Landesebene, die nicht gemeinsam und einheitlich abzuschließen sind, jeweils einen Bevollmächtigten mit Abschlussbefugnis zu benennen. 5Ersatzkassen können sich auf eine gemeinsame Vertretung auf Landesebene einigen. 6Für gemeinsam und einheitlich abzuschließende Verträge auf Landesebene müssen sich die Ersatzkassen auf einen gemeinsamen Bevollmächtigten mit Abschlussbefugnis einigen. 7In den Fällen der Sätze 5 und 6 können die Ersatzkassen

die Verbände der Ersatzkassen als Bevollmächtigte benennen. $_{8}$Sofern nichts anderes bestimmt ist, haben die Ersatzkassen für sonstige Maßnahmen und Entscheidungen einen gemeinsamen Vertreter zu benennen. $_{9}$Können sich die Ersatzkassen in den Fällen der Sätze 6 und 8 nicht auf einen gemeinsamen Vertreter einigen, bestimmt die Aufsicht den Vertreter. $_{10}$Soweit für die Aufgabenerfüllung der Erlass von Verwaltungsakten notwendig ist, haben im Falle der Bevollmächtigung die Verbände der Ersatzkassen hierzu die Befugnis.

(6) $_{1}$Absatz 5 Satz 6, 8 und 9 gilt für die Krankenkassen der anderen Kassenarten entsprechend. $_{2}$Besteht in einem Land ein Landesverband, gilt abweichend von Satz 1 der Landesverband als Bevollmächtigter der Kassenart. $_{3}$Satz 2 gilt entsprechend, wenn die Aufgaben eines Landesverbandes von einer Krankenkasse oder einem anderen Landesverband nach § 207 wahrgenommen werden. $_{4}$Bestehen in einem Land mehrere Landesverbände, gelten diese in ihrem jeweiligen Zuständigkeitsbereich als Bevollmächtigte.

§ 213 Rechtsnachfolge, Vermögensübergang, Arbeitsverhältnisse

(1) $_{1}$Das den bis zum 31. Dezember 2008 bestehenden Bundesverbänden zustehende Vermögen wandelt sich in Gesamthandsvermögen der Gesellschaften des bürgerlichen Rechts um. $_{2}$Für die Arbeitsverhältnisse findet § 613a des Bürgerlichen Gesetzbuchs entsprechend Anwendung. $_{3}$Für Ansprüche aus Dienst- und Arbeitsvertrag einschließlich der Ansprüche auf Versorgung haften die Gesellschafter zeitlich unbeschränkt. $_{4}$Bei Auflösung eines Verbandes der Ersatzkassen oder des Austritts eines Mitglieds aus einem Verband der Ersatzkassen haften die Vereinsmitglieder für Ansprüche aus Dienst- und Arbeitsvertrag einschließlich der Ansprüche auf Versorgung zeitlich unbeschränkt. $_{5}$Die bei den bis zum 31. Dezember 2008 bestehenden Bundesverbänden tätigen Angestellten, für die die Dienstordnung gilt, werden unter Wahrung ihrer Rechtsstellung und Fortgeltung der jeweiligen Dienstordnungen bei den Gesellschaften beschäftigt. $_{6}$§ 164 Abs. 2 und 3 gilt entsprechend. $_{7}$Angestellte, für die die Dienstordnung gilt, haben einen Anspruch auf Anstellung bei einem Landesverband ihrer Wahl; der Landesverband muss zuvor Mitglied des Bundesverbandes nach § 212 in der bis zum 31. Dezember 2008 geltenden Fassung gewesen sein, bei dem der Dienstordnungsangestellte angestellt war. $_{8}$Der Landesverband oder die Krankenkasse, der oder die einen Dienstordnungsangestellten oder einen übrigen Beschäftigten anstellt, dessen Arbeitsplatz bei einem der bis zum 31. Dezember 2008 bestehenden Bundesverbände oder bei einer der in Satz 1 genannten Gesellschaften bürgerlichen Rechts weggefallen ist, hat einen Ausgleichsanspruch gegen die übrigen Landesverbände oder Krankenkassen der Kassenart. $_{9}$Für die Vergütungs- und Versorgungsansprüche haften die Gesellschafter zeitlich unbeschränkt. $_{10}$Die Sätze 6 bis 9 gelten auch für die Beschäftigten der Verbände der Ersatzkassen.

(2) $_{1}$Die in den Bundesverbänden bis zum 31. Dezember 2008 bestehenden Personalräte nehmen ab dem 1. Januar 2009 die Aufgaben eines Betriebsrates mit dessen Rechten und Pflichten nach dem Betriebsverfassungsgesetz übergangsweise wahr. $_{2}$Das Übergangsmandat endet, sobald ein Betriebsrat gewählt und das Wahlergebnis bekannt gegeben ist; es besteht längstens bis zum 31. Mai 2010.

(3) Die in den Bundesverbänden am 31. Dezember 2008 jeweils bestehenden Dienstvereinbarungen gelten in den Gesellschaften des bürgerlichen Rechts als Betriebsvereinbarungen für längstens 24 Monate fort, soweit sie nicht durch andere Regelungen ersetzt werden.

(4) $_{1}$Auf die bis zum 31. Dezember 2008 förmlich eingeleiteten Beteiligungsverfahren im Bereich der Bundesverbände finden bis zu deren Abschluss die Bestimmungen des Bundespersonalvertretungsgesetzes sinngemäß Anwendung. $_{2}$Dies gilt auch für Verfahren vor der Einigungsstelle und den Verwaltungsgerichten. $_{3}$In den Fällen der Sätze 1

und 2 tritt in diesen Verfahren an die Stelle der Personalvertretung die nach dem Betriebsverfassungsgesetz zuständige Arbeitnehmervertretung.

(5) Bei der Fusion von Landesverbänden wird die Gesellschaft mit dem Rechtsnachfolger des fusionierten Landesverbandes fortgeführt.

(6) $_{1}$Der Spitzenverband Bund soll den Beschäftigten der nach § 212 Abs. 1 in der bis zum 31. Dezember 2008 geltenden Fassung bestehenden Bundesverbände sowie den Beschäftigten der Verbände der Ersatzkassen eine Anstellung anbieten, soweit dies für eine ordnungsgemäße Erfüllung der Aufgaben des Spitzenverbandes Bund erforderlich ist. $_{2}$Einer vorherigen Ausschreibung bedarf es nicht.

§ 214 Aufgaben

$_{1}$Die Gesellschaft hat die Aufgabe, die Verpflichtungen auf Grund der Rechtsnachfolge oder aus Gesetz zu erfüllen. $_{2}$Die Gesellschafter können im Gesellschaftsvertrag weitere Aufgaben zur Unterstützung der Durchführung der gesetzlichen Krankenversicherung vereinbaren.

§ 215 (weggefallen)

§ 216 (weggefallen)

§ 217 (weggefallen)

§ 217a Errichtung des Spitzenverbandes Bund der Krankenkassen

(1) Die Krankenkassen bilden den Spitzenverband Bund der Krankenkassen.

(2) Der Spitzenverband Bund der Krankenkassen ist eine Körperschaft des öffentlichen Rechts.

§ 217b Organe

(1) $_{1}$Bei dem Spitzenverband Bund der Krankenkassen wird als Selbstverwaltungsorgan ein Verwaltungsrat gebildet. $_{2}$Ein Mitglied des Verwaltungsrates muss dem Verwaltungsrat, dem ehrenamtlichen Vorstand oder der Vertreterversammlung einer Mitgliedskasse angehören. $_{3}$§ 33 Abs. 3, die §§ 37, 40, 41, 42 Abs. 1 bis 3, die §§ 58, 59, 62, § 63 Abs. 1, 3, 4, § 64 Abs. 1 bis 3 und § 66 Abs. 1 des Vierten Buches und § 197 gelten entsprechend. $_{4}$Abweichend von § 58 Abs. 2 des Vierten Buches endet die Amtsdauer der im Jahr 2007 gewählten Mitglieder sieben Monate nach den nächsten allgemeinen Wahlen in der Sozialversicherung.

(2) $_{1}$Bei dem Spitzenverband Bund der Krankenkassen wird ein Vorstand gebildet. $_{2}$Der Vorstand besteht aus höchstens drei Personen. $_{3}$Der Vorstand sowie aus seiner Mitte der Vorstandsvorsitzende und dessen Stellvertreter werden von dem Verwaltungsrat gewählt. $_{4}$Der Vorstand verwaltet den Spitzenverband und vertritt den Spitzenverband gerichtlich und außergerichtlich, soweit Gesetz oder sonstiges für den Spitzenverband maßgebendes Recht nichts Abweichendes bestimmen. $_{5}$Die Mitglieder des Vorstandes üben ihre Tätigkeit hauptamtlich aus. $_{6}$§ 35a Abs. 1 bis 3, 6 bis 7 des Vierten Buches gilt entsprechend.

(3) $_{1}$Bei dem Spitzenverband Bund der Krankenkassen wird eine Mitgliederversammlung gebildet. $_{2}$Die Mitgliederversammlung wählt den Verwaltungsrat. $_{3}$In die Mitgliederversammlung entsendet jede Mitgliedskasse jeweils einen Vertreter der Versicherten und der Arbeitgeber aus ihrem Verwaltungsrat, ihrem ehrenamtlichen Vorstand oder ihrer Vertreterversammlung. $_{4}$Eine Ersatzkasse, deren Verwaltungsrat nicht zur Hälfte mit Vertretern der Arbeitgeber besetzt ist, entsendet jeweils zwei Vertreter der Versicherten aus ihrem Verwaltungsrat. $_{5}$§ 64 Abs. 1 und 3 des Vierten Buches gilt entsprechend.

§ 217c Wahl des Verwaltungsrates und des Vorsitzenden der Mitgliederversammlung

(1) $_{1}$Der Verwaltungsrat besteht aus höchstens 52 Mitgliedern. $_{2}$Zu wählen sind als Mitglieder des Verwaltungsrates Versichertenvertreter und Arbeitgebervertreter für die Allgemeinen Ortskrankenkassen, die Ersatzkassen, die Betriebskrankenkassen und die Innungskrankenkassen sowie gemeinsame Versicherten- und Arbeitgebervertreter für die Deutsche Rentenversicherung Knapp-

schaft-Bahn-See und die landwirtschaftliche Krankenkasse. $_{3}$Abweichend von Satz 2 sind für die Ersatzkassen, deren Verwaltungsrat nicht zur Hälfte mit Vertretern der Arbeitgeber besetzt ist, nur Versichertenvertreter zu wählen. $_{4}$Für jedes Mitglied ist ein Stellvertreter zu wählen. $_{5}$§ 43 Absatz 2 des Vierten Buches gilt entsprechend. $_{6}$Die Verteilung der Sitze bestimmt sich nach den bundesweiten Versichertenzahlen der Kassenarten zum 1. Januar des Kalenderjahres, in dem die Mitgliederversammlung den Verwaltungsrat für die neue Wahlperiode wählt.

(2) $_{1}$Die für die Krankenkassen einer Kassenart zu wählenden Mitglieder des Verwaltungsrates müssen jeweils zur Hälfte der Gruppe der Versicherten und der Gruppe der Arbeitgeber angehören. $_{2}$Abweichend von Satz 1 ist für die Festlegung der Zahl der Arbeitgebervertreter, die für die Ersatzkassen zu wählen sind, deren Verwaltungsrat mit Arbeitgebervertretern besetzt ist, die Hälfte des Anteils der Versichertenzahlen dieser Ersatzkassen an den bundesweiten Versichertenzahlen aller Ersatzkassen zum 1. Januar des Kalenderjahres zu Grunde zu legen, in dem der Verwaltungsrat gewählt wird. $_{3}$Bei Abstimmungen des Verwaltungsrates sind die Stimmen zu gewichten, soweit dies erforderlich ist, um insgesamt eine Parität der Stimmen zwischen Versichertenvertretern und Arbeitgebervertretern im Verwaltungsrat herzustellen. $_{4}$Die Verteilung der Sitze und die Gewichtung der Stimmen zwischen den Kassenarten haben zu einer größtmöglichen Annäherung an den prozentualen Versichertenanteil der jeweiligen Kassenart zu führen. $_{5}$Die Einzelheiten zur Sitzverteilung und Stimmengewichtung regelt die Satzung spätestens sechs Monate vor dem Ende der Amtsdauer des Verwaltungsrates. $_{6}$Die Satzung kann vorsehen, dass die Stimmenverteilung während einer Wahlperiode an die Entwicklung der Versichertenzahlen angepasst wird.

(3) $_{1}$Die Wahl des Verwaltungsrates wird nach Vorschlagslisten durchgeführt. $_{2}$Jede Kassenart soll eine Vorschlagsliste erstellen, die mindestens so viele Bewerber enthält, wie ihr Sitze nach der Satzung zugeordnet sind. $_{3}$Entsprechendes gilt für die nach Absatz 1 gemeinsam zu wählenden Mitglieder für die Deutsche Rentenversicherung Knappschaft-Bahn-See und die landwirtschaftliche Krankenkasse. $_{4}$Verständigt sich eine Kassenart nicht auf eine Vorschlagsliste, benennt jede Krankenkasse dieser Kassenart einen Bewerber als Versichertenvertreter und einen Bewerber als Arbeitgebervertreter; die Ersatzkassen, deren Verwaltungsrat nicht zur Hälfte mit Vertretern der Arbeitgeber besetzt ist, benennen jeweils bis zu drei Versichertenvertreter. $_{5}$Aus den eingereichten Einzelvorschlägen erstellt der Vorsitzende der Mitgliederversammlung die kassenartbezogene Vorschlagsliste mit den Bewerbern. $_{6}$Entsprechendes gilt für die Erstellung der Vorschlagslisten mit den zu wählenden Stellvertretern. $_{7}$Die Vorschlagslisten werden getrennt für die Vertreter der Versicherten und der Arbeitgeber sowie jeweils deren Stellvertreter erstellt. $_{8}$Die Wahl erfolgt jeweils getrennt für die Vertreter der Versicherten und der Arbeitgeber, getrennt für deren Stellvertreter sowie getrennt nach Kassenarten. $_{9}$Die Versichertenvertreter in der Mitgliederversammlung wählen die Versichertenvertreter und deren Stellvertreter aus den Vorschlagslisten für den Verwaltungsrat. $_{10}$Die Arbeitgebervertreter in der Mitgliederversammlung wählen die Arbeitgebervertreter und deren Stellvertreter aus den Vorschlagslisten für den Verwaltungsrat. $_{11}$Bei den nach Satz 8 getrennten Wahlgängen hat ein wahlberechtigter Vertreter der Mitgliedskasse bei einem Wahlgang so viele Stimmen, wie jeweils Sitze nach der Satzung zur Verfügung stehen.

(4) $_{1}$Gewählt sind jeweils die Bewerber auf der Vorschlagsliste, die die höchste der nach Absatz 4 gewichteten, abgegebenen Stimmenzahl erhalten (Höchstzahlen). $_{2}$Dabei sind so viele Bewerber mit den Höchstzahlen gewählt, wie Sitze je Kassenart nach der Satzung zu verteilen sind. $_{3}$Entsprechendes gilt für die Wahl der Stellvertreter.

(5) $_{1}$Bei der Wahl der Mitglieder des Verwaltungsrates durch die Mitgliederversammlung sind die Stimmen der Mitgliedskassen des Spitzenverbandes Bund zu gewichten. $_{2}$Die

Gewichtung orientiert sich an der bundesweiten Anzahl der Versicherten eines Mitgliedes am 1. Januar eines Jahres. $_{3}$Die Gewichtung ist entsprechend der Entwicklung der Versichertenzahlen jährlich zum 1. Februar anzupassen. $_{4}$Das Nähere regelt die Satzung.

(6) $_{1}$Die Mitgliederversammlung wählt aus ihren Reihen einen Vorsitzenden und dessen Stellvertreter. $_{2}$Die Wahl des Vorsitzenden der Mitgliederversammlung erfolgt mit einer Mehrheit von zwei Dritteln der abgegebenen Stimmen der Mitgliedskassen. $_{3}$Für die Mitgliedskasse kann nur eine einheitliche Stimmabgabe erfolgen. $_{4}$Das Bundesministerium für Gesundheit lädt die Mitglieder des Spitzenverbandes Bund zu der ersten konstituierenden Mitgliederversammlung ein und leitet in dieser ersten Sitzung die Wahl des Vorsitzenden der Mitgliederversammlung. $_{5}$Für die erste Sitzung der Mitgliederversammlung gilt § 76 der Wahlordnung für die Sozialversicherung entsprechend mit der Maßgabe, dass der Vertreter des Bundesministeriums für Gesundheit die Aufgaben des Wahlausschusses wahrnimmt. $_{6}$Zu den nachfolgenden Sitzungen der Mitgliederversammlung beruft der Vorsitzende ein. $_{7}$Er leitet die Wahl des Verwaltungsrates und stellt das Wahlergebnis fest. $_{8}$Das Nähere regelt die Satzung.

(7) $_{1}$Der Vorsitzende der Mitgliederversammlung lädt den gewählten Verwaltungsrat zu seiner konstituierenden Sitzung ein und leitet die Wahl des Vorsitzenden des Verwaltungsrates. $_{2}$Für die erste Sitzung des Verwaltungsrates gelten die §§ 75 und 76 der Wahlordnung für die Sozialversicherung entsprechend mit der Maßgabe, dass der Vorsitzende der Mitgliederversammlung die Aufgaben des Wahlausschusses wahrnimmt.

(8) Das Nähere zur Durchführung der Wahl des Verwaltungsrates und der Wahl des Vorsitzenden der Mitgliederversammlung sowohl für die Wahl im Errichtungsstadium wie auch für die folgenden Wahlen nach Ablauf der jeweiligen Amtsperioden kann das Bundesministerium für Gesundheit durch Rechtsverordnung ohne Zustimmung des Bundesrates in einer Wahlordnung regeln.

§ 217d Aufsicht, Haushalts- und Rechnungswesen, Vermögen, Statistiken

$_{1}$Der Spitzenverband Bund der Krankenkassen untersteht der Aufsicht des Bundesministeriums für Gesundheit, bei Ausführung des § 217f Abs. 3 der Aufsicht des Bundesministeriums für Arbeit und Soziales. $_{2}$Die Aufsicht über den Spitzenverband Bund der Krankenkassen in seiner Funktion als Verbindungsstelle nach § 219a wird vom Bundesministerium für Gesundheit im Einvernehmen mit dem Bundesministerium für Arbeit und Soziales ausgeübt. $_{3}$§ 208 Abs. 2 gilt entsprechend.

§ 217e Satzung

(1) $_{1}$Der Verwaltungsrat hat eine Satzung zu beschließen. $_{2}$Die Satzung bedarf der Genehmigung der zuständigen Aufsichtsbehörde. $_{3}$Der Spitzenverband Bund hat seinen Sitz in Berlin; die Satzung kann einen davon abweichenden Sitz bestimmen. $_{4}$Die Verbindungsstelle (§ 219a) hat ihren Sitz in Bonn; die Satzung kann einen davon abweichenden Sitz in Berücksichtigung der spezifischen Aufgabenstellung festlegen. $_{5}$Die Satzung muss Bestimmungen enthalten über

1. die Wahl des Verwaltungsrates und des Vorstandes sowie die Ergänzung des Verwaltungsrates bei vorzeitigem Ausscheiden eines Mitglieds,
2. die Entschädigung der Mitglieder des Verwaltungsrates,
3. die Aufbringung und Verwaltung der Mittel,
4. die Beurkundung der Beschlüsse des Verwaltungsrates,
5. die Herstellung der Öffentlichkeit der Sitzungen des Verwaltungsrates,
6. das Nähere über die Entsendung der Vertreter der Mitgliedskassen in die Mitgliederversammlung, über die Wahl des Vorsitzenden der Mitgliederversammlung sowie dessen Aufgaben,

7. die Rechte und Pflichten der Mitgliedskassen,
8. die jährliche Prüfung der Betriebs- und Rechnungsführung,
9. die Art der Bekanntmachung.

$_{6}$§ 34 Abs. 2 des Vierten Buches gilt entsprechend.

(2) Die vom Spitzenverband Bund der Krankenkassen abgeschlossenen Verträge und seine sonstigen Entscheidungen gelten für die Mitgliedskassen des Spitzenverbandes, die Landesverbände der Krankenkassen und die Versicherten.

§ 217f Aufgaben des Spitzenverbandes Bund der Krankenkassen

(1) Der Spitzenverband Bund der Krankenkassen hat ab dem 1. Juli 2008 die ihm gesetzlich zugewiesenen Aufgaben zu erfüllen.

(2) $_{1}$Der Spitzenverband Bund der Krankenkassen unterstützt die Krankenkassen und ihre Landesverbände bei der Erfüllung ihrer Aufgaben und bei der Wahrnehmung ihrer Interessen, insbesondere durch die Entwicklung von und Abstimmung zu Datendefinitionen (Formate, Strukturen und Inhalte) und Prozessoptimierungen (Vernetzung der Abläufe) für den elektronischen Datenaustausch in der gesetzlichen Krankenversicherung und mit den Arbeitgebern. $_{2}$ Die Wahrnehmung der Interessen der Krankenkassen bei über- und zwischenstaatlichen Organisationen und Einrichtungen ist Aufgabe des Spitzenverbandes Bund der Krankenkassen.

(3) $_{1}$Der Spitzenverband Bund der Krankenkassen trifft in grundsätzlichen Fach- und Rechtsfragen Entscheidungen zum Beitrags- und Meldeverfahren und zur einheitlichen Erhebung der Beiträge (§§ 23, 76 des Vierten Buches). $_{2}$Der Spitzenverband Bund der Krankenkassen gibt Empfehlungen zur Benennung und Verteilung von beauftragten Stellen nach § 28f Abs. 4 des Vierten Buches.

(4) Der Spitzenverband Bund der Krankenkassen trifft Entscheidungen zur Organisation des Qualitäts- und Wirtschaftlichkeitswettbewerbs der Krankenkassen, insbesondere zu dem Erlass von Rahmenrichtlinien für den Aufbau und die Durchführung eines zielorientierten Benchmarking der Leistungs- und Qualitätsdaten.

(4a) $_{1}$Der Spitzenverband Bund der Krankenkassen legt in einer Richtlinie allgemeine Vorgaben zu den Regelungen nach § 73b Absatz 3 Satz 8 und § 140a Absatz 4 Satz 6 und 7 fest. $_{2}$Die Richtlinie bedarf der Genehmigung des Bundesministeriums für Gesundheit.

(5) Die von den bis zum 31. Dezember 2008 bestehenden Bundesverbänden sowie der Deutschen Rentenversicherung Knappschaft-Bahn-See, den Verbänden der Ersatzkassen und der See-Krankenkasse bis zum 30. Juni 2008 zu treffenden Vereinbarungen, Regelungen und Entscheidungen gelten so lange fort, bis der Spitzenverband Bund im Rahmen seiner Aufgabenstellung neue Vereinbarungen, Regelungen oder Entscheidungen trifft oder Schiedsämter den Inhalt von Verträgen neu festsetzen.

(6) Der Spitzenverband Bund der Krankenkassen trifft Entscheidungen, die bei Schließung oder Insolvenz einer Krankenkasse im Zusammenhang mit dem Mitgliederübergang der Versicherten erforderlich sind, um die Leistungsansprüche der Versicherten sicherzustellen und die Leistungen abzurechnen.

(7) Der Spitzenverband Bund der Krankenkassen kann zur Durchführung seiner gesetzlichen Aufgaben nach § 130b die Daten nach § 268 Absatz 3 Satz 14 in Verbindung mit Satz 1 Nummer 1 bis 7 anonymisiert und ohne Krankenkassenbezug verarbeiten und nutzen.

§ 218 Regionale Kassenverbände

(1) Orts-, Betriebs- und Innungskrankenkassen können sich durch übereinstimmenden Beschluß ihrer Verwaltungsräte zu einem Kassenverband vereinigen, wenn sie ihren Sitz im Bezirk desselben Versicherungsamts haben.

(2) Mit Genehmigung der für die Sozialversicherung zuständigen obersten Verwaltungsbehörde des Landes kann sich ein Kassenverband über die Bezirke oder Bezirksteile mehrerer Versicherungsämter erstrecken.

§ 219 Arbeitsgemeinschaften

Die Krankenkassen und ihre Verbände können insbesondere mit Kassenärztlichen Vereinigungen und anderen Leistungserbringern sowie mit dem öffentlichen Gesundheitsdienst zur Förderung der Gesundheit, Prävention, Versorgung chronisch Kranker und Rehabilitation Arbeitsgemeinschaften zur Wahrnehmung der in § 94 Abs. 1a Satz 1 des Zehnten Buches genannten Aufgaben bilden.

§ 219a Deutsche Verbindungsstelle Krankenversicherung – Ausland

(1) 1Der Spitzenverband Bund der Krankenkassen nimmt die Aufgaben der Deutschen Verbindungsstelle Krankenversicherung – Ausland (Verbindungsstelle) wahr. 2Er erfüllt dabei die ihm durch über- und zwischenstaatliches sowie durch innerstaatliches Recht übertragenen Aufgaben. 3Insbesondere gehören hierzu

1. Vereinbarungen mit ausländischen Verbindungsstellen,
2. Kostenabrechnungen mit in- und ausländischen Stellen,
3. Festlegung des anzuwendenden Versicherungsrechts,
4. Koordinierung der Verwaltungshilfe und Durchführung des Datenaustauschs in grenzüberschreitenden Fällen,
5. Aufklärung, Beratung und Information,
6. Wahrnehmung der Aufgaben der nationalen Kontaktstelle nach § 219d.

4Die Festlegung des anzuwendenden Versicherungsrechts erfolgt für in Deutschland wohnende und gewöhnlich in mehreren Mitgliedstaaten der Europäischen Union erwerbstätige Personen im Benehmen mit der Arbeitsgemeinschaft Berufsständischer Versorgungseinrichtungen oder der Sozialversicherung für Landwirtschaft, Forsten und Gartenbau, soweit es sich um Mitglieder einer berufsständischen Versorgungseinrichtung oder der landwirtschaftlichen Sozialversicherung handelt oder eine solche Mitgliedschaft bei Anwendbarkeit des deutschen Rechts gegeben wäre. 5Die Satzung des Spitzenverbandes kann Einzelheiten zur Aufgabenerfüllung regeln und dabei im Rahmen der Zuständigkeit des Spitzenverbandes Bund der Verbindungsstelle auch weitere Aufgaben übertragen.

(2) 1Der Spitzenverband Bund der Krankenkassen ist Rechtsnachfolger der Deutschen Verbindungsstelle Krankenversicherung – Ausland (Verbindungsstelle) nach § 219a in der bis zum 31. Dezember 2007 geltenden Fassung. 2§ 613a des Bürgerlichen Gesetzbuchs findet entsprechend Anwendung. 3Der für das Jahr 2008 aufgestellte Haushaltsplan gilt als Teil des Haushalts des Spitzenverbandes fort.

(3) 1Der Verwaltungsrat hat für die Erfüllung der Aufgaben nach Absatz 1 einen Geschäftsführer und seinen Stellvertreter zu bestellen. 2Der Geschäftsführer verwaltet den Spitzenverband Bund in allen Angelegenheiten nach Absatz 1 und vertritt den Spitzenverband Bund in diesen Angelegenheiten gerichtlich und außergerichtlich, soweit Gesetz oder sonstiges maßgebendes Recht nichts anderes bestimmen. 3Für den Abschluss des Dienstvertrages gilt § 35a Abs. 6 Satz 1 des Vierten Buches entsprechend. 4Das Nähere über die Grundsätze der Geschäftsführung durch den Geschäftsführer bestimmt die Satzung.

(4) 1Der Verwaltungsrat hat den Gesamthaushaltsplan des Spitzenverbandes Bund für den Aufgabenbereich der Verbindungsstelle zu untergliedern. 2Die Haushaltsführung hat getrennt nach den Aufgabenbereichen zu erfolgen.

(5) 1Die zur Finanzierung der Verbindungsstelle erforderlichen Mittel werden durch eine Umlage, deren Berechnungskriterien in der Satzung festgelegt werden (§ 217e Abs. 1 Nr. 3), und durch die sonstigen Einnahmen der Verbindungsstelle aufgebracht. 2Die Satzung muss insbesondere Bestimmungen zur ausschließlichen Verwendung der für die Aufgabenerfüllung verfügbaren Mittel für Zwecke der Verbindungsstelle enthalten.

V

§ 219b Datenaustausch im automatisierten Verfahren zwischen den Trägern der sozialen Sicherheit und der Deutschen Verbindungsstelle Krankenversicherung – Ausland

Der Datenaustausch der Krankenkassen und der anderen Träger der sozialen Sicherheit mit dem Spitzenverband Bund der Krankenkassen, Deutsche Verbindungsstelle Krankenversicherung – Ausland, erfolgt im automatisierten Verfahren, soweit hierfür strukturierte Dokumente zur Verfügung stehen, die von der bei der Kommission der Europäischen Union eingesetzten Verwaltungskommission für die Koordinierung der Systeme der sozialen Sicherheit festgelegt worden sind.

§ 219c Dateien bei der Deutschen Verbindungsstelle Krankenversicherung – Ausland

(1) Zur Durchführung von Artikel 15 der Verordnung (EG) Nr. 987/2009 des Europäischen Parlaments und des Rates vom 16. September 2009 zur Festlegung der Modalitäten für die Durchführung der Verordnung (EG) Nr. 883/2004 über die Koordinierung der Systeme der sozialen Sicherheit (ABl. L 284 vom 30. 10. 2009, S. 1) melden die Krankenkassen und die anderen Träger der sozialen Sicherheit, die für die Festlegung der anzuwendenden Rechtsvorschriften zuständig sind, dem Spitzenverband Bund der Krankenkassen, Deutsche Verbindungsstelle Krankenversicherung – Ausland, im automatisierten Verfahren diejenigen Daten, die

1. in der von der Verwaltungskommission festgelegten Bescheinigung über die anzuwendenden Rechtsvorschriften oder
2. in den entsprechenden strukturierten Dokumenten

enthalten sind.

(2) 1Wenn die zuständigen Behörden des Mitgliedstaates, in dem die Tätigkeit ausgeübt wird, dies verlangen, leitet der Spitzenverband Bund der Krankenkassen, Deutsche Verbindungsstelle Krankenversicherung – Ausland, die Daten unverzüglich an den Träger des Mitgliedstaates weiter. 2Andernfalls werden die Daten gespeichert und für spätere Anforderungen aus dem Mitgliedstaat, in dem die Tätigkeit ausgeübt wird oder ausgeübt wurde, zur Verfügung gehalten.

(3) Anforderungen und auch die bei der Antwort anfallenden Daten dürfen ebenfalls gespeichert werden.

(4) Die Daten sind spätestens fünf Jahre nach Ablauf des Geltungszeitraums zu löschen, der in der Bescheinigung oder dem entsprechenden strukturierten Dokument genannt ist.

§ 219d Nationale Kontaktstelle

(1) 1Die Aufgaben der nationalen Kontaktstelle nach der Richtlinie 2011/24/EU des Europäischen Parlaments und des Rates vom 9. März 2011 über die Ausübung der Patientenrechte in der grenzüberschreitenden Gesundheitsversorgung (ABl. L 88 vom 4. 4. 2011, S. 45) nimmt der Spitzenverband Bund der Krankenkassen, Deutsche Verbindungsstelle Krankenversicherung – Ausland, ab dem 25. Oktober 2013 wahr. 2Sie stellt insbesondere Informationen über

1. nationale Gesundheitsdienstleister, geltende Qualitäts- und Sicherheitsbestimmungen, Patientenrechte einschließlich der Möglichkeiten ihrer Durchsetzung sowie die Zugänglichkeit von Krankenhäusern für Menschen mit Behinderungen,
2. die Rechte und Ansprüche des Versicherten bei Inanspruchnahme grenzüberschreitender Leistungen in anderen Mitgliedstaaten,
3. Mindestanforderungen an eine im grenzüberschreitenden Verkehr anerkennungsfähige Verschreibung und
4. Kontaktstellen in anderen Mitgliedstaaten

zur Verfügung. 3In den Informationen nach Satz 2 Nummer 2 ist klar zu unterscheiden zwischen den Rechten, die Versicherte nach § 13 Absatz 4 und 5 in Umsetzung der Richtlinie 2011/24/EU geltend machen können, und den Rechten, die Versicherte aus der Verordnung (EG) Nr. 883/2004 des Europäischen Parlaments und des Rates vom 29. April 2004 zur Koordinierung der Systeme der sozialen Sicherheit (ABl. L 166 vom 30. 4.

2004, S. 1) geltend machen können. $_4$Die Deutsche Krankenhausgesellschaft, die Kassenärztliche Bundesvereinigung, die Kassenzahnärztliche Bundesvereinigung und die privaten Krankenversicherungen stellen der nationalen Kontaktstelle die zur Aufgabenerfüllung erforderlichen Informationen zur Verfügung. $_5$Soweit es zur Erfüllung ihrer Aufgaben erforderlich ist, darf die nationale Kontaktstelle personenbezogene Daten der anfragenden Versicherten nur mit deren schriftlicher Einwilligung und nach deren vorheriger Information verarbeiten und nutzen.

(2) Der Spitzenverband Bund der Krankenkassen, Deutsche Verbindungsstelle Krankenversicherung – Ausland, und die in Absatz 1 Satz 3 genannten Organisationen vereinbaren das Nähere zur Bereitstellung der Informationen durch die nationale Kontaktstelle gemäß Absatz 1 Satz 2 in einem Vertrag.

(3) $_1$An den zur Finanzierung der Aufgaben der nationalen Kontaktstelle erforderlichen Kosten sind die in Absatz 1 Satz 3 genannten Organisationen zu beteiligen. $_2$Das Nähere zur Finanzierung, insbesondere auch zur Höhe der jährlich erforderlichen Mittel, vereinbaren der Spitzenverband Bund der Krankenkassen, Deutsche Verbindungsstelle Krankenversicherung – Ausland, und die in Absatz 1 Satz 3 genannten Organisationen in dem Vertrag nach Absatz 2. $_3$Wird nichts Abweichendes vereinbart, beteiligen sich die privaten Krankenversicherungen zu 5 Prozent, die Deutsche Krankenhausgesellschaft zu 20 Prozent, die Kassenärztliche Bundesvereinigung zu 20 Prozent sowie die Kassenzahnärztliche Bundesvereinigung zu 10 Prozent an den zur Aufgabenerfüllung erforderlichen Kosten.

(4) Die in Absatz 1 Satz 2 genannten Informationen müssen leicht zugänglich sein und, soweit erforderlich, auf elektronischem Wege und in barrierefreien Formaten bereitgestellt werden.

(5) Die nationale Kontaktstelle arbeitet mit den nationalen Kontaktstellen anderer Mitgliedstaaten und der Europäischen Kommission in Fragen grenzüberschreitender Gesundheitsversorgung zusammen.

Achtes Kapitel Finanzierung

Erster Abschnitt Beiträge

Erster Titel Aufbringung der Mittel

§ 220 Grundsatz

(1) $_1$Die Mittel der Krankenversicherung werden durch Beiträge und sonstige Einnahmen aufgebracht; als Beiträge gelten auch Zusatzbeiträge nach § 242. $_2$Darlehensaufnahmen sind nicht zulässig.

(2) $_1$Der beim Bundesversicherungsamt gebildete Schätzerkreis schätzt jedes Jahr bis zum 15. Oktober für das jeweilige Jahr und für das Folgejahr

1. die Höhe der voraussichtlichen beitragspflichtigen Einnahmen der Mitglieder der Krankenkassen,
2. die Höhe der voraussichtlichen jährlichen Einnahmen des Gesundheitsfonds,
3. die Höhe der voraussichtlichen jährlichen Ausgaben der Krankenkassen sowie
4. die voraussichtliche Zahl der Versicherten und der Mitglieder der Krankenkassen.

$_2$Die Schätzung für das Folgejahr dient als Grundlage für die Festlegung des durchschnittlichen Zusatzbeitragssatzes nach § 242a, für die Zuweisungen aus dem Gesundheitsfonds nach den §§ 266 und 270 sowie für die Durchführung des Einkommensausgleichs nach § 270a. $_3$Bei der Schätzung der Höhe der voraussichtlichen jährlichen Einnahmen bleiben die Beträge nach § 271 Absatz 1a außer Betracht.

(3) $_1$Für das Haushalts- und Rechnungswesen einschließlich der Statistiken bei der Verwaltung des Gesundheitsfonds durch das Bundesversicherungsamt gelten die §§ 67 bis 69, 70 Abs. 5, § 72 Abs. 1 und 2 Satz 1 erster Halbsatz, die §§ 73 bis 77 Absatz 1a Satz 1 bis 6 und § 79 Abs. 1 und 2 in Verbindung mit

Abs. 3a des Vierten Buches sowie die auf Grund des § 78 des Vierten Buches erlassenen Rechtsverordnungen entsprechend. $_{2}$Für das Vermögen gelten die §§ 80 und 85 des Vierten Buches entsprechend. $_{3}$Die Bestellung des Wirtschaftsprüfers oder des vereidigten Buchprüfers zur Prüfung der Jahresrechnung des Gesundheitsfonds erfolgt durch die beim Bundesversicherungsamt eingerichtete Prüfstelle im Einvernehmen mit dem Bundesministerium für Gesundheit und dem Bundesministerium der Finanzen. $_{4}$Die Entlastung des Präsidenten oder der Präsidentin des Bundesversicherungsamts als Verwalter des Gesundheitsfonds erfolgt durch das Bundesministerium für Gesundheit im Einvernehmen mit dem Bundesministerium der Finanzen.

§ 221 Beteiligung des Bundes an Aufwendungen

(1) Der Bund leistet zur pauschalen Abgeltung der Aufwendungen der Krankenkassen für versicherungsfremde Leistungen 10,5 Milliarden Euro für das Jahr 2014, 11,5 Milliarden Euro für das Jahr 2015, 14 Milliarden Euro für das Jahr 2016 und ab dem Jahr 2017 jährlich 14,5 Milliarden Euro in monatlich zum ersten Bankarbeitstag zu überweisenden Teilbeträgen an den Gesundheitsfonds.

(2) $_{1}$Der Gesundheitsfonds überweist von den ihm zufließenden Leistungen des Bundes nach Absatz 1 der landwirtschaftlichen Krankenkasse den auf sie entfallenden Anteil an der Beteiligung des Bundes. $_{2}$Der Überweisungsbetrag nach Satz 1 bemisst sich nach dem Verhältnis der Anzahl der Versicherten dieser Krankenkasse zu der Anzahl der Versicherten aller Krankenkassen; maßgebend sind die Verhältnisse am 1. Juli des Vorjahres. $_{3}$Der Überweisungsbetrag nach Satz 1 wird in den Jahren 2016 bis 2019 um den auf die landwirtschaftliche Krankenkasse entfallenden Anteil an der Finanzierung des Innovationsfonds nach § 92a Absatz 3 und 4 reduziert; Satz 2 gilt entsprechend. $_{4}$Der Anteil nach Satz 3 wird dem Innovationsfonds zugeführt; Mittel für den Innovationsfonds, die im Haushaltsjahr nicht verausgabt wurden, sind nach Vorliegen der Geschäfts- und Rechnungsergebnisse des Gesundheitsfonds für das abgelaufene Kalenderjahr anteilig an die landwirtschaftliche Krankenkasse zurückzuführen.

§ 221a (weggefallen)

§ 221b (weggefallen)

§ 222 (weggefallen)

§ 223 Beitragspflicht, beitragspflichtige Einnahmen, Beitragsbemessungsgrenze

(1) Die Beiträge sind für jeden Kalendertag der Mitgliedschaft zu zahlen, soweit dieses Buch nichts Abweichendes bestimmt.

(2) $_{1}$Die Beiträge werden nach den beitragspflichtigen Einnahmen der Mitglieder bemessen. $_{2}$Für die Berechnung ist die Woche zu sieben, der Monat zu dreißig und das Jahr zu dreihundertsechzig Tagen anzusetzen.

(3) $_{1}$Beitragspflichtige Einnahmen sind bis zu einem Betrag von einem Dreihundertsechzigstel der Jahresarbeitsentgeltgrenze nach § 6 Abs. 7 für den Kalendertag zu berücksichtigen (Beitragsbemessungsgrenze). $_{2}$Einnahmen, die diesen Betrag übersteigen, bleiben außer Ansatz, soweit dieses Buch nichts Abweichendes bestimmt.

§ 224 Beitragsfreiheit bei Krankengeld, Mutterschaftsgeld, Erziehungsgeld oder Elterngeld

(1) $_{1}$Beitragsfrei ist ein Mitglied für die Dauer des Anspruchs auf Krankengeld oder Mutterschaftsgeld oder des Bezugs von Elterngeld oder Betreuungsgeld. $_{2}$Die Beitragsfreiheit erstreckt sich nur auf die in Satz 1 genannten Leistungen.

(2) Durch die Beitragsfreiheit wird ein Anspruch auf Schadensersatz nicht ausgeschlossen oder gemindert.

§ 225 Beitragsfreiheit bestimmter Rentenantragsteller

$_{1}$Beitragsfrei ist ein Rentenantragsteller bis zum Beginn der Rente, wenn er

1. als hinterbliebener Ehegatte oder hinterbliebener Lebenspartner eines nach § 5 Abs. 1 Nr. 11 oder 12 versicherungspflichtigen Rentners, der bereits Rente bezogen hat, Hinterbliebenenrente beantragt,
2. als Waise eines nach § 5 Abs. 1 Nr. 11 oder 12 versicherungspflichtigen Rentners, der bereits Rente bezogen hat, vor Vollendung des achtzehnten Lebensjahres Waisenrente beantragt oder
3. ohne die Versicherungspflicht nach § 5 Abs. 1 Nr. 11 oder 12 nach § 10 dieses Buches oder nach § 7 des Zweiten Gesetzes über die Krankenversicherung der Landwirte versichert wäre.

$_2$Satz 1 gilt nicht, wenn der Rentenantragsteller Arbeitseinkommen oder Versorgungsbezüge erhält. $_3$§ 226 Abs. 2 gilt entsprechend.

Zweiter Titel Beitragspflichtige Einnahmen der Mitglieder

§ 226 Beitragspflichtige Einnahmen versicherungspflichtig Beschäftigter

(1) $_1$Bei versicherungspflichtig Beschäftigten werden der Beitragsbemessung zugrunde gelegt

1. das Arbeitsentgelt aus einer versicherungspflichtigen Beschäftigung,
2. der Zahlbetrag der Rente der gesetzlichen Rentenversicherung,
3. der Zahlbetrag der der Rente vergleichbaren Einnahmen (Versorgungsbezüge),
4. das Arbeitseinkommen, soweit es neben einer Rente der gesetzlichen Rentenversicherung oder Versorgungsbezügen erzielt wird.

$_2$Dem Arbeitsentgelt steht das Vorruhestandsgeld gleich. $_3$Bei Auszubildenden, die in einer außerbetrieblichen Einrichtung im Rahmen eines Berufsausbildungsvertrages nach dem Berufsbildungsgesetz ausgebildet werden, steht die Ausbildungsvergütung dem Arbeitsentgelt gleich.

(2) Die nach Absatz 1 Satz 1 Nr. 3 und 4 zu bemessenden Beiträge sind nur zu entrichten, wenn die monatlichen beitragspflichtigen Einnahmen nach Absatz 1 Satz 1 Nr. 3 und 4 insgesamt ein Zwanzigstel der monatlichen Bezugsgröße nach § 18 des Vierten Buches übersteigen.

(3) Für Schwangere, deren Mitgliedschaft nach § 192 Abs. 2 erhalten bleibt, gelten die Bestimmungen der Satzung.

(4) Bei Arbeitnehmern, die gegen ein monatliches Arbeitsentgelt bis zum oberen Grenzbetrag der Gleitzone (§ 20 Absatz 2 des Vierten Buches) mehr als geringfügig beschäftigt sind, gilt der Betrag der beitragspflichtigen Einnahme nach § 163 Absatz 10 Satz 1 bis 5 und 8 oder § 276b des Sechsten Buches entsprechend.

§ 227 Beitragspflichtige Einnahmen versicherungspflichtiger Rückkehrer in die gesetzliche Krankenversicherung und bisher nicht Versicherter

Für die nach § 5 Abs. 1 Nr. 13 Versicherungspflichtigen gilt § 240 entsprechend.

§ 228 Rente als beitragspflichtige Einnahmen

(1) $_1$Als Rente der gesetzlichen Rentenversicherung gelten Renten der allgemeinen Rentenversicherung sowie Renten der knappschaftlichen Rentenversicherung einschließlich der Steigerungsbeträge aus Beiträgen der Höherversicherung. $_2$Satz 1 gilt auch, wenn vergleichbare Renten aus dem Ausland bezogen werden.

(2) $_1$Bei der Beitragsbemessung sind auch Nachzahlungen einer Rente nach Absatz 1 zu berücksichtigen, soweit sie auf einen Zeitraum entfallen, in dem der Rentner Anspruch auf Leistungen nach diesem Buch hatte. $_2$Die Beiträge aus der Nachzahlung gelten als Beiträge für die Monate, für die die Rente nachgezahlt wird.

§ 229 Versorgungsbezüge als beitragspflichtige Einnahmen

(1) $_{1}$Als der Rente vergleichbare Einnahmen (Versorgungsbezüge) gelten, soweit sie wegen einer Einschränkung der Erwerbsfähigkeit oder zur Alters- oder Hinterbliebenenversorgung erzielt werden,

1. Versorgungsbezüge aus einem öffentlich-rechtlichen Dienstverhältnis oder aus einem Arbeitsverhältnis mit Anspruch auf Versorgung nach beamtenrechtlichen Vorschriften oder Grundsätzen; außer Betracht bleiben
   a) lediglich übergangsweise gewährte Bezüge,
   b) unfallbedingte Leistungen und Leistungen der Beschädigtenversorgung,
   c) bei einer Unfallversorgung ein Betrag von 20 vom Hundert des Zahlbetrags und
   d) bei einer erhöhten Unfallversorgung der Unterschiedsbetrag zum Zahlbetrag der Normalversorgung, mindestens 20 vom Hundert des Zahlbetrags der erhöhten Unfallversorgung,
2. Bezüge aus der Versorgung der Abgeordneten, Parlamentarischen Staatssekretäre und Minister,
3. Renten der Versicherungs- und Versorgungseinrichtungen, die für Angehörige bestimmter Berufe errichtet sind,
4. Renten und Landabgabenrenten nach dem Gesetz über die Alterssicherung der Landwirte mit Ausnahme einer Übergangshilfe,
5. Renten der betrieblichen Altersversorgung einschließlich der Zusatzversorgung im öffentlichen Dienst und der hüttenknappschaftlichen Zusatzversorgung.

$_{2}$Satz 1 gilt auch, wenn Leistungen dieser Art aus dem Ausland oder von einer zwischenstaatlichen oder überstaatlichen Einrichtung bezogen werden. $_{3}$Tritt an die Stelle der Versorgungsbezüge eine nicht regelmäßig wiederkehrende Leistung oder ist eine solche Leistung vor Eintritt des Versicherungsfalls vereinbart oder zugesagt worden, gilt ein Einhundertzwanzigstel der Leistung als monatlicher Zahlbetrag der Versorgungsbezüge, längstens jedoch für einhundertzwanzig Monate.

(2) Für Nachzahlungen von Versorgungsbezügen gilt § 228 Abs. 2 entsprechend.

§ 230 Rangfolge der Einnahmearten versicherungspflichtig Beschäftigter

$_{1}$Erreicht das Arbeitsentgelt nicht die Beitragsbemessungsgrenze, werden nacheinander der Zahlbetrag der Versorgungsbezüge und das Arbeitseinkommen des Mitglieds bis zur Beitragsbemessungsgrenze berücksichtigt. $_{2}$Der Zahlbetrag der Rente der gesetzlichen Rentenversicherung wird getrennt von den übrigen Einnahmearten bis zur Beitragsbemessungsgrenze berücksichtigt.

§ 231 Erstattung von Beiträgen

(1) Beiträge aus Versorgungsbezügen oder Arbeitseinkommen werden dem Mitglied durch die Krankenkasse auf Antrag erstattet, soweit sie auf Beträge entfallen, um die die Versorgungsbezüge und das Arbeitseinkommen zusammen mit dem Arbeitsentgelt einschließlich des einmalig gezahlten Arbeitsentgelts die anteilige Jahresarbeitsentgeltgrenze nach § 6 Abs. 7 überschritten haben.

(2) $_{1}$Die zuständige Krankenkasse erstattet dem Mitglied auf Antrag die von ihm selbst getragenen Anteile an den Beiträgen aus der Rente der gesetzlichen Rentenversicherung, soweit sie auf Beträge entfallen, um die die Rente zusammen mit den übrigen der Beitragsbemessung zugrunde gelegten Einnahmen des Mitglieds die Beitragsbemessungsgrenze überschritten hat. $_{2}$Die Satzung der Krankenkasse kann Näheres über die Durchführung der Erstattung bestimmen. $_{3}$Wenn dem Mitglied auf Antrag von ihm getragene Beitragsanteile nach Satz 1 erstattet werden, werden dem Träger der gesetzlichen Rentenversicherung die von diesem insoweit getragenen Beitragsanteile erstattet.

§ 232 Beitragspflichtige Einnahmen unständig Beschäftigter

(1) $_{1}$Für unständig Beschäftigte ist als beitragspflichtige Einnahmen ohne Rücksicht

auf die Beschäftigungsdauer das innerhalb eines Kalendermonats erzielte Arbeitsentgelt bis zur Höhe von einem Zwölftel der Jahresarbeitsentgeltgrenze nach § 6 Abs. 7 zugrunde zu legen. 2Die §§ 226 und 228 bis 231 dieses Buches sowie § 23a des Vierten Buches gelten.

(2) 1Bestanden innerhalb eines Kalendermonats mehrere unständige Beschäftigungen und übersteigt das Arbeitsentgelt insgesamt die genannte monatliche Bemessungsgrenze nach Absatz 1, sind bei der Berechnung der Beiträge die einzelnen Arbeitsentgelte anteilmäßig nur zu berücksichtigen, soweit der Gesamtbetrag die monatliche Bemessungsgrenze nicht übersteigt. 2Auf Antrag des Mitglieds oder eines Arbeitgebers verteilt die Krankenkasse die Beiträge nach den anrechenbaren Arbeitsentgelten.

(3) Unständig ist die Beschäftigung, die auf weniger als eine Woche entweder nach der Natur der Sache befristet zu sein pflegt oder im Voraus durch den Arbeitsvertrag befristet ist.

§ 232a Beitragspflichtige Einnahmen der Bezieher von Arbeitslosengeld, Unterhaltsgeld oder Kurzarbeitergeld

(1) 1Als beitragspflichtige Einnahmen gelten

1. bei Personen, die Arbeitslosengeld oder Unterhaltsgeld nach dem Dritten Buch beziehen, 80 vom Hundert des der Leistung zugrunde liegenden, durch sieben geteilten wöchentlichen Arbeitsentgelts nach § 226 Abs. 1 Satz 1 Nr. 1, soweit es ein Dreihundertsechzigstel der Jahresarbeitsentgeltgrenze nach § 6 Abs. 7 nicht übersteigt; 80 vom Hundert des beitragspflichtigen Arbeitsentgelts aus einem nicht geringfügigen Beschäftigungsverhältnis sind abzuziehen,
2. bei Personen, die Arbeitslosengeld II beziehen, der dreißigste Teil des 0,3450fachen der monatlichen Bezugsgröße; in Fällen, in denen diese Personen weitere beitragspflichtige Einnahmen haben, wird der Zahlbetrag des Arbeitslosengeldes II für die Beitragsbemessung diesen beitragspflichtigen Einnahmen mit der Maßgabe hinzugerechnet, dass als beitragspflichtige Einnahmen insgesamt der in diesem Satz genannte Teil der Bezugsgröße gilt.

2Bei Personen, die Teilarbeitslosengeld oder Teilunterhaltsgeld nach dem Dritten Buch beziehen, ist Satz 1 Nr. 1 zweiter Teilsatz nicht anzuwenden. 3Ab Beginn des zweiten Monats bis zur zwölften Woche einer Sperrzeit oder ab Beginn des zweiten Monats eines Ruhenszeitraumes wegen einer Urlaubsabgeltung gelten die Leistungen als bezogen.

(1a) 1Ist in den Fällen des Absatzes 1 Nummer 2 bei laufenden weiteren beitragspflichtigen Einnahmen zu erwarten, dass diese während des Zeitraums, für den Arbeitslosengeld II bewilligt wurde (Bewilligungszeitraum nach § 41 Absatz 1 Satz 4 des Zweiten Buches), in unterschiedlicher Höhe anfallen, kann zur Bestimmung der weiteren beitragspflichtigen Einnahmen ein monatlicher Durchschnittswert gebildet werden. 2Der monatliche Durchschnittswert nach Satz 1 wird gebildet, indem die zu erwartenden gesamten weiteren beitragspflichtigen Einnahmen im Bewilligungszeitraum durch die Anzahl der Monate im Bewilligungszeitraum geteilt werden. 3Erweist sich nach Ablauf des Bewilligungszeitraums, dass der tatsächliche monatliche Durchschnittswert von dem nach den Sätzen 1 und 2 gebildeten monatlichen Durchschnittswert um mehr als 20 Euro abweicht, ist der tatsächliche monatliche Durchschnittswert als weitere beitragspflichtige Einnahme zu berücksichtigen.

(2) Soweit Kurzarbeitergeld nach dem Dritten Buch gewährt wird, gelten als beitragspflichtige Einnahmen nach § 226 Abs. 1 Satz 1 Nr. 1 80 vom Hundert des Unterschiedsbetrages zwischen dem Sollentgelt und dem Istentgelt nach § 106 des Dritten Buches.

(3) § 226 gilt entsprechend.

Zum 1.1.2016 werden Absatz 1 Ziffer 2 und Absatz 1a durch das Gesetz zur Weiterentwicklung der Finanzstruktur und der Qualität in der gesetzlichen Krankenversicherung vom 21.7.2014 (BGBl. I S. 1133) umfassend geändert.

V

Absatz 1 Ziffer 2 lautet dann: "2. bei Personen, die Arbeitslosengeld II beziehen, das 0,2060fache der monatlichen Bezugsgröße; abweichend von §223 Absatz 1 sind die Beiträge für jeden Kalendermonat, in dem mindestens für einen Tag eine Mitgliedschaft besteht, zu zahlen."

Absatz 1a lautet dann: "(1a) Der Faktor nach Absatz 1 Satz 1 Nummer 2 ist im Jahr 2018 im Hinblick auf die für die Berechnung maßgebliche Struktur der Bezieherinnen und Bezieher von Arbeitslosengeld II zu überprüfen. Bei Veränderungen ist der Faktor nach Absatz 1 Satz 1 Nummer 2 mit Wirkung zum 1. Januar 2018 neu zu bestimmen. Das Nähere über das Verfahren einer nachträglichen Korrektur bestimmen das Bundesministerium für Gesundheit und das Bundesministerium für Arbeit und Soziales im Einvernehmen mit dem Bundesministerium der Finanzen."

§ 232b Beitragspflichtige Einnahmen der Bezieher von Pflegeunterstützungsgeld

(1) Bei Personen, die Pflegeunterstützungsgeld nach § 44a Absatz 3 des Elften Buches beziehen, gelten 80 Prozent des während der Freistellung ausgefallenen, laufenden Arbeitsentgelts als beitragspflichtige Einnahmen.

(2) $_{1}$Für Personen, deren Mitgliedschaft nach § 192 Absatz 1 Nummer 2 erhalten bleibt, gelten § 226 Absatz 1 Nummer 2 bis 4 und Absatz 2 sowie die §§ 228 bis 231 entsprechend. $_{2}$Die Einnahmen nach § 226 Absatz 1 Satz 1 Nummer 2 bis 4 unterliegen höchstens in dem Umfang der Beitragspflicht, in dem zuletzt vor dem Bezug des Pflegeunterstützungsgeldes Beitragspflicht bestand. $_{3}$Für freiwillige Mitglieder gilt Satz 2 entsprechend.

§ 233 Beitragspflichtige Einnahmen der Seeleute

(1) Für Seeleute gilt als beitragspflichtige Einnahme der Betrag, der nach dem Recht der gesetzlichen Unfallversicherung für die Beitragsberechnung maßgebend ist.

(2) § 226 Abs. 1 Satz 1 Nr. 2 bis 4 und Abs. 2 sowie die §§ 228 bis 231 gelten entsprechend.

§ 234 Beitragspflichtige Einnahmen der Künstler und Publizisten

(1) $_{1}$Für die nach dem Künstlersozialversicherungsgesetz versicherungspflichtigen Mitglieder wird der Beitragsbemessung der dreihundertsechzigste Teil des voraussichtlichen Jahresarbeitseinkommens (§ 12 des Künstlersozialversicherungsgesetzes), mindestens jedoch der einhundertachtzigste Teil der monatlichen Bezugsgröße nach § 18 des Vierten Buches Sozialgesetzbuch zugrunde gelegt. $_{2}$Für die Dauer des Bezugs von Elterngeld oder Erziehungsgeld oder für die Zeit, in der Erziehungsgeld nur wegen des zu berücksichtigenden Einkommens nicht bezogen wird, wird auf Antrag des Mitglieds das in dieser Zeit voraussichtlich erzielte Arbeitseinkommen nach Satz 1 mit dem auf den Kalendertag entfallenden Teil zugrunde gelegt, wenn es im Durchschnitt monatlich 325 Euro übersteigt. $_{3}$Für Kalendertage, für die Anspruch auf Krankengeld oder Mutterschaftsgeld besteht oder für die Beiträge nach § 251 Abs. 1 zu zahlen sind, wird Arbeitseinkommen nicht zugrunde gelegt. $_{4}$Arbeitseinkommen sind auch die Vergütungen für die Verwertung und Nutzung urheberrechtlich geschützter Werke oder Leistungen.

(2) § 226 Abs. 1 Satz 1 Nr. 2 bis 4 und Abs. 2 sowie die §§ 228 bis 231 gelten entsprechend.

§ 235 Beitragspflichtige Einnahmen von Rehabilitanden, Jugendlichen und Behinderten in Einrichtungen

(1) $_{1}$Für die nach § 5 Abs. 1 Nr. 6 versicherungspflichtigen Teilnehmer an Leistungen zur Teilhabe am Arbeitsleben gilt als beitragspflichtige Einnahmen 80 vom Hundert des Regelentgelts, das der Berechnung des Übergangsgeldes zugrunde liegt. $_{2}$Das Entgelt ist um den Zahlbetrag der Rente wegen verminderter Erwerbsfähigkeit sowie um das Entgelt zu kürzen, das aus einer die Versicherungspflicht begründenden Beschäftigung erzielt wird. $_{3}$Bei Personen, die Teilübergangsgeld nach dem Dritten Buch beziehen, ist Satz 2 nicht anzuwenden. $_{4}$Wird das Übergangsgeld, das Verletztengeld oder das

Versorgungskrankengeld angepaßt, ist das Entgelt um den gleichen Vomhundertsatz zu erhöhen. 5Für Teilnehmer, die kein Übergangsgeld erhalten, sowie für die nach § 5 Abs. 1 Nr. 5 Versicherungspflichtigen gilt als beitragspflichtige Einnahmen ein Arbeitsentgelt in Höhe von 20 vom Hundert der monatlichen Bezugsgröße nach § 18 des Vierten Buches.

(2) 1Für Personen, deren Mitgliedschaft nach § 192 Abs. 1 Nr. 3 erhalten bleibt, sind die vom zuständigen Rehabilitationsträger nach § 251 Abs. 1 zu tragenden Beiträge nach 80 vom Hundert des Regelentgelts zu bemessen, das der Berechnung des Übergangsgeldes, des Verletztengeldes oder des Versorgungskrankengeldes zugrunde liegt. 2Absatz 1 Satz 3 gilt. 3Bei Personen, die Verletztengeld nach § 45 Absatz 4 des Siebten Buches in Verbindung mit § 45 Absatz 1 beziehen, gelten abweichend von Satz 1 als beitragspflichtige Einnahmen 80 Prozent des während der Freistellung ausgefallenen laufenden Arbeitsentgelts oder des der Leistung zugrunde liegenden Arbeitseinkommens.

(3) Für die nach § 5 Abs. 1 Nr. 7 und 8 versicherungspflichtigen behinderten Menschen ist als beitragspflichtige Einnahmen das tatsächlich erzielte Arbeitsentgelt, mindestens jedoch ein Betrag in Höhe von 20 vom Hundert der monatlichen Bezugsgröße nach § 18 des Vierten Buches zugrunde zu legen.

(4) § 226 Abs. 1 Satz 1 Nr. 2 bis 4 und Abs. 2 sowie die §§ 228 bis 231 gelten entsprechend; bei Anwendung des § 230 Satz 1 ist das Arbeitsentgelt vorrangig zu berücksichtigen.

§ 236 Beitragspflichtige Einnahmen der Studenten und Praktikanten

(1) 1Für die nach § 5 Abs. 1 Nr. 9 und 10 Versicherungspflichtigen gilt als beitragspflichtige Einnahmen ein Dreißigstel des Betrages, der als monatlicher Bedarf nach § 13 Abs. 1 Nr. 2 und Abs. 2 des Bundesausbildungsförderungsgesetzes für Studenten festgesetzt ist, die nicht bei ihren Eltern wohnen. 2Änderungen des Bedarfsbetrags sind vom Beginn des auf die Änderung folgenden Semesters an zu berücksichtigen.

(2) 1§ 226 Abs. 1 Satz 1 Nr. 2 bis 4 und Abs. 2 sowie die §§ 228 bis 231 gelten entsprechend. 2Die nach § 226 Abs. 1 Satz 1 Nr. 3 und 4 zu bemessenden Beiträge sind nur zu entrichten, soweit sie die nach Absatz 1 zu bemessenden Beiträge übersteigen.

§ 237 Beitragspflichtige Einnahmen versicherungspflichtiger Rentner

1Bei versicherungspflichtigen Rentnern werden der Beitragsbemessung zugrunde gelegt

1. der Zahlbetrag der Rente der gesetzlichen Rentenversicherung,
2. der Zahlbetrag der der Rente vergleichbaren Einnahmen und
3. das Arbeitseinkommen.

2§ 226 Abs. 2 und die §§ 228, 229 und 231 gelten entsprechend.

§ 238 Rangfolge der Einnahmearten versicherungspflichtiger Rentner

Erreicht der Zahlbetrag der Rente der gesetzlichen Rentenversicherung nicht die Beitragsbemessungsgrenze, werden nacheinander der Zahlbetrag der Versorgungsbezüge und das Arbeitseinkommen des Mitglieds bis zur Beitragsbemessungsgrenze berücksichtigt.

§ 238a Rangfolge der Einnahmearten freiwillig versicherter Rentner

Bei freiwillig versicherten Rentnern werden der Beitragsbemessung nacheinander der Zahlbetrag der Rente, der Zahlbetrag der Versorgungsbezüge, das Arbeitseinkommen und die sonstigen Einnahmen, die die wirtschaftliche Leistungsfähigkeit des freiwilligen Mitglieds bestimmen (§ 240 Abs. 1), bis zur Beitragsbemessungsgrenze zugrunde gelegt.

§ 239 Beitragsbemessung bei Rentenantragstellern

1Bei Rentenantragstellern wird die Beitragsbemessung für die Zeit der Rentenantragstellung bis zum Beginn der Rente durch den Spitzenverband Bund der Krankenkassen geregelt. 2Dies gilt auch für Personen, bei denen die Rentenzahlung eingestellt wird, bis zum

Ablauf des Monats, in dem die Entscheidung über Wegfall oder Entzug der Rente unanfechtbar geworden ist. $_3$§ 240 gilt entsprechend.

§ 240 Beitragspflichtige Einnahmen freiwilliger Mitglieder

(1) $_1$Für freiwillige Mitglieder wird die Beitragsbemessung einheitlich durch den Spitzenverband Bund der Krankenkassen geregelt. $_2$Dabei ist sicherzustellen, daß die Beitragsbelastung die gesamte wirtschaftliche Leistungsfähigkeit des freiwilligen Mitglieds berücksichtigt; sofern und solange Mitglieder Nachweise über die beitragspflichtigen Einnahmen auf Verlangen der Krankenkasse nicht vorlegen, gilt als beitragspflichtige Einnahmen für den Kalendertag der dreißigste Teil der monatlichen Beitragsbemessungsgrenze (§ 223).

(2) $_1$Bei der Bestimmung der wirtschaftlichen Leistungsfähigkeit sind mindestens die Einnahmen des freiwilligen Mitglieds zu berücksichtigen, die bei einem vergleichbaren versicherungspflichtig Beschäftigten der Beitragsbemessung zugrunde zu legen sind. $_2$Abstufungen nach dem Familienstand oder der Zahl der Angehörigen, für die eine Versicherung nach § 10 besteht, sind unzulässig. $_3$Der zur sozialen Sicherung vorgesehene Teil des Gründungszuschusses nach § 94 des Dritten Buches in Höhe von monatlich 300 Euro darf nicht berücksichtigt werden. $_4$Ebenfalls nicht zu berücksichtigen ist das an eine Pflegeperson weitergereichte Pflegegeld bis zur Höhe des Pflegegeldes nach § 37 Absatz 1 des Elften Buches. $_5$Die §§ 223 und 228 Abs. 2, § 229 Abs. 2, §§ 238a, 247 Satz 1 und 2 und 248 Satz 1 und 2 dieses Buches sowie § 23a des Vierten Buches gelten entsprechend.

(3) $_1$Für freiwillige Mitglieder, die neben dem Arbeitsentgelt eine Rente der gesetzlichen Rentenversicherung beziehen, ist der Zahlbetrag der Rente getrennt von den übrigen Einnahmen bis zur Beitragsbemessungsgrenze zu berücksichtigen. $_2$Soweit dies insgesamt zu einer über der Beitragsbemessungsgrenze liegenden Beitragsbelastung führen würde, ist statt des entsprechenden Beitrags aus der Rente nur der Zuschuß des Rentenversicherungsträgers einzuzahlen.

(4) $_1$Als beitragspflichtige Einnahmen gilt für den Kalendertag mindestens der neunzigste Teil der monatlichen Bezugsgröße. $_2$Für freiwillige Mitglieder, die hauptberuflich selbständig erwerbstätig sind, gilt als beitragspflichtige Einnahmen für den Kalendertag der dreißigste Teil der monatlichen Beitragsbemessungsgrenze (§ 223), bei Nachweis niedrigerer Einnahmen jedoch mindestens der vierzigste, für freiwillige Mitglieder, die einen monatlichen Gründungszuschuss nach § 93 des Dritten Buches oder eine entsprechende Leistung nach § 16b des Zweiten Buches erhalten, der sechzigste Teil der monatlichen Bezugsgröße. $_3$Der Spitzenverband Bund der Krankenkassen bestimmt, unter welchen Voraussetzungen darüber hinaus der Beitragsbemessung hauptberuflich selbstständig Erwerbstätiger niedrigere Einnahmen, mindestens jedoch der sechzigste Teil der monatlichen Bezugsgröße, zugrunde gelegt werden. $_4$Dabei sind insbesondere das Vermögen des Mitglieds sowie Einkommen und Vermögen von Personen, die mit dem Mitglied in Bedarfsgemeinschaft leben, zu berücksichtigen. $_5$Für die Beurteilung der selbständigen Erwerbstätigkeit einer Tagespflegeperson gilt § 10 Abs. 1 Satz 2 und 3 entsprechend. $_6$Veränderungen der Beitragsbemessung auf Grund eines vom Versicherten geführten Nachweises nach Satz 2 können nur zum ersten Tag des auf die Vorlage dieses Nachweises folgenden Monats wirksam werden. $_7$Für freiwillige Mitglieder, die Schüler einer Fachschule oder Berufsfachschule oder als Studenten an einer ausländischen staatlichen oder staatlich anerkannten Hochschule eingeschrieben sind oder regelmäßig als Arbeitnehmer ihre Arbeitsleistung im Umherziehen anbieten (Wandergesellen), gilt § 236 in Verbindung mit § 245 Abs. 1 entsprechend. $_8$Satz 1 gilt nicht für freiwillige Mitglieder, die die Voraussetzungen für den Anspruch auf eine Rente aus der gesetzlichen Rentenversicherung erfüllen und diese Rente beantragt haben, wenn sie seit der erstmaligen Auf-

nahme einer Erwerbstätigkeit bis zur Stellung des Rentenantrags mindestens neun Zehntel der zweiten Hälfte dieses Zeitraums Mitglied oder nach § 10 versichert waren; § 5 Abs. 2 Satz 1 gilt entsprechend.

(4a) $_1$Der Beitragsbemessung für freiwillige Mitglieder sind 10 vom Hundert der monatlichen Bezugsgröße nach § 18 des Vierten Buches zugrunde zu legen, wenn der Anspruch auf Leistungen für das Mitglied und seine nach § 10 versicherten Angehörigen während eines Auslandsaufenthaltes, der durch die Berufstätigkeit des Mitglieds, seines Ehegatten, seines Lebenspartners oder eines seiner Elternteile bedingt ist, oder nach § 16 Abs. 1 Nr. 3 ruht. $_2$Satz 1 gilt entsprechend, wenn nach § 16 Abs. 1 der Anspruch auf Leistungen aus anderem Grund für länger als drei Kalendermonate ruht, sowie für Versicherte während einer Tätigkeit für eine internationale Organisation im Geltungsbereich dieses Gesetzes.

(5) Soweit bei der Beitragsbemessung freiwilliger Mitglieder das Einkommen von Ehegatten oder Lebenspartnern nach dem Lebenspartnerschaftsgesetz, die nicht einer Krankenkasse nach § 4 Absatz 2 angehören, berücksichtigt wird, ist von diesem Einkommen für jedes gemeinsame unterhaltsberechtigte Kind, für das eine Familienversicherung wegen der Regelung des § 10 Absatz 3 nicht besteht, ein Betrag in Höhe von einem Drittel der monatlichen Bezugsgröße, für nach § 10 versicherte Kinder ein Betrag in Höhe von einem Fünftel der monatlichen Bezugsgröße abzusetzen.

Dritter Titel
Beitragssätze, Zusatzbeitrag

§ 241 Allgemeiner Beitragssatz

Der allgemeine Beitragssatz beträgt 14,6 Prozent der beitragspflichtigen Einnahmen der Mitglieder.

§ 242 Zusatzbeitrag

(1) $_1$Soweit der Finanzbedarf einer Krankenkasse durch die Zuweisungen aus dem Gesundheitsfonds nicht gedeckt ist, hat sie in ihrer Satzung zu bestimmen, dass von ihren Mitgliedern ein einkommensabhängiger Zusatzbeitrag erhoben wird. $_2$Die Krankenkassen haben den einkommensabhängigen Zusatzbeitrag als Prozentsatz der beitragspflichtigen Einnahmen jedes Mitglieds zu erheben (kassenindividueller Zusatzbeitragssatz). $_3$Der Zusatzbeitragssatz ist so zu bemessen, dass die Einnahmen aus dem Zusatzbeitrag zusammen mit den Zuweisungen aus dem Gesundheitsfonds und den sonstigen Einnahmen die im Haushaltsjahr voraussichtlich zu leistenden Ausgaben und die vorgeschriebene Höhe der Rücklage decken; dabei ist die Höhe der voraussichtlichen beitragspflichtigen Einnahmen aller Krankenkassen nach § 220 Absatz 2 Satz 2 je Mitglied zugrunde zu legen.

(2) $_1$Ergibt sich während des Haushaltsjahres, dass die Betriebsmittel der Krankenkassen einschließlich der Zuführung aus der Rücklage zur Deckung der Ausgaben nicht ausreichen, ist der Zusatzbeitragssatz nach Absatz 1 durch Änderung der Satzung zu erhöhen. $_2$Muss eine Krankenkasse kurzfristig ihre Leistungsfähigkeit erhalten, so hat der Vorstand zu beschließen, dass der Zusatzbeitragssatz bis zur satzungsmäßigen Neuregelung erhöht wird; der Beschluss bedarf der Genehmigung der Aufsichtsbehörde. $_3$Kommt kein Beschluss zustande, ordnet die Aufsichtsbehörde die notwendige Erhöhung des Zusatzbeitragssatzes an. $_4$Klagen gegen die Anordnung nach Satz 3 haben keine aufschiebende Wirkung.

(3) $_1$Die Krankenkasse hat den Zusatzbeitrag abweichend von Absatz 1 in Höhe des durchschnittlichen Zusatzbeitragssatzes nach § 242a zu erheben für

1. Mitglieder nach § 5 Absatz 1 Nummer 2a,
2. Mitglieder nach § 5 Absatz 1 Nummer 5 und 6 und Absatz 4a Satz 1,
3. Mitglieder nach § 5 Absatz 1 Nummer 7 und 8, wenn das tatsächliche Arbeitsentgelt den nach § 235 Absatz 3 maßgeblichen Mindestbetrag nicht übersteigt,
4. Mitglieder, deren Mitgliedschaft nach § 192 Absatz 1 Nummer 3 oder nach § 193

Absatz 2 bis 5 oder nach § 8 des Eignungsübungsgesetzes fortbesteht,

5. Mitglieder, die Verletztengeld nach dem Siebten Buch, Versorgungskrankengeld nach dem Bundesversorgungsgesetz oder vergleichbare Entgeltersatzleistungen beziehen, sowie
6. Beschäftigte, bei denen § 20 Absatz 3 Satz 1 Nummer 1 oder Nummer 2 oder Satz 2 des Vierten Buches angewendet wird.

$_{2}$Auf weitere beitragspflichtige Einnahmen dieser Mitglieder findet der Beitragssatz nach Absatz 1 Anwendung.

(4) Die Vorschriften des Zweiten und Dritten Abschnitts des Vierten Buches gelten entsprechend.

(5) $_{1}$Die Krankenkassen melden die Zusatzbeitragssätze nach Absatz 1 dem Spitzenverband Bund der Krankenkassen. $_{2}$Der Spitzenverband Bund der Krankenkassen führt eine laufend aktualisierte Übersicht, welche Krankenkassen einen Zusatzbeitrag erheben und in welcher Höhe, und veröffentlicht diese Übersicht im Internet. $_{3}$Das Nähere zu Zeitpunkt, Form und Inhalt der Meldungen sowie zur Veröffentlichung regelt der Spitzenverband Bund der Krankenkassen.

§ 242a Durchschnittlicher Zusatzbeitragssatz

(1) Der durchschnittliche Zusatzbeitragssatz ergibt sich aus der Differenz zwischen den voraussichtlichen jährlichen Ausgaben der Krankenkassen und den voraussichtlichen jährlichen Einnahmen des Gesundheitsfonds, die für die Zuweisungen nach den §§ 266 und 270 zur Verfügung stehen, geteilt durch die voraussichtlichen jährlichen beitragspflichtigen Einnahmen der Mitglieder aller Krankenkassen, multipliziert mit 100.

(2) Das Bundesministerium für Gesundheit legt nach Auswertung der Ergebnisse des Schätzerkreises nach § 220 Absatz 2 die Höhe des durchschnittlichen Zusatzbeitragssatzes für das Folgejahr fest und gibt diesen Wert in Prozent jeweils bis zum 1. November eines Kalenderjahres im Bundesanzeiger bekannt.

§ 242b (weggefallen)

§ 243 Ermäßigter Beitragssatz

$_{1}$Für Mitglieder, die keinen Anspruch auf Krankengeld haben, gilt ein ermäßigter Beitragssatz. $_{2}$Dies gilt nicht für die Beitragsbemessung nach § 240 Absatz 4a. $_{3}$Der ermäßigte Beitragssatz beträgt 14,0 Prozent der beitragspflichtigen Einnahmen der Mitglieder.

§ 244 Ermäßigter Beitrag für Wehrdienstleistende und Zivildienstleistende

(1) $_{1}$Bei Einberufung zu einem Wehrdienst wird der Beitrag für

1. Wehrdienstleistende nach § 193 Abs. 1 auf ein Drittel,
2. Wehrdienstleistende nach § 193 Abs. 2 auf ein Zehntel

des Beitrags ermäßigt, der vor der Einberufung zuletzt zu entrichten war. $_{2}$Dies gilt nicht für aus Renten der gesetzlichen Rentenversicherung, Versorgungsbezügen und Arbeitseinkommen zu bemessende Beiträge.

(2) Das Bundesministerium für Gesundheit kann im Einvernehmen mit dem Bundesministerium der Verteidigung und dem Bundesministerium der Finanzen durch Rechtsverordnung mit Zustimmung des Bundesrates für die Beitragszahlung nach Absatz 1 Satz 1 Nr. 2 eine pauschale Beitragsabrechnung vorschreiben und die Zahlungsweise regeln.

(3) $_{1}$Die Absätze 1 und 2 gelten für Zivildienstleistende entsprechend. $_{2}$Bei einer Rechtsverordnung nach Absatz 2 tritt an die Stelle des Bundesministeriums der Verteidigung das Bundesministerium für Familie, Senioren, Frauen und Jugend.

§ 245 Beitragssatz für Studenten und Praktikanten

(1) Für die nach § 5 Abs. 1 Nr. 9 und 10 Versicherungspflichtigen gelten als Beitragssatz sieben Zehntel des allgemeinen Beitragssatzes.

(2) Der Beitragssatz nach Absatz 1 gilt auch für Personen, deren Mitgliedschaft in der studentischen Krankenversicherung nach

§ 190 Abs. 9 endet und die sich freiwillig weiterversichert haben, bis zu der das Studium abschließenden Prüfung, jedoch längstens für die Dauer von sechs Monaten.

§ 246 Beitragssatz für Bezieher von Arbeitslosengeld II

Für Personen, die Arbeitslosengeld II beziehen, gilt als Beitragssatz der ermäßigte Beitragssatz nach § 243.

§ 247 Beitragssatz aus der Rente

$_1$Für Versicherungspflichtige findet für die Bemessung der Beiträge aus Renten der gesetzlichen Rentenversicherung der allgemeine Beitragssatz nach § 241 Anwendung. $_2$Abweichend von Satz 1 gilt bei Versicherungspflichtigen für die Bemessung der Beiträge aus ausländischen Renten nach § 228 Absatz 1 Satz 2 die Hälfte des allgemeinen Beitragssatzes. $_3$Veränderungen des Zusatzbeitragssatzes gelten jeweils vom ersten Tag des zweiten auf die Veränderung folgenden Kalendermonats an; dies gilt nicht für ausländische Renten nach § 228 Absatz 1 Satz 2.

§ 248 Beitragssatz aus Versorgungsbezügen und Arbeitseinkommen

$_1$Bei Versicherungspflichtigen gilt für die Bemessung der Beiträge aus Versorgungsbezügen und Arbeitseinkommen der allgemeine Beitragssatz. $_2$Abweichend von Satz 1 gilt bei Versicherungspflichtigen für die Bemessung der Beiträge aus Versorgungsbezügen nach § 229 Abs. 1 Satz 1 Nr. 4 die Hälfte des allgemeinen Beitragssatzes. $_3$Veränderungen des Zusatzbeitragssatzes gelten für Versorgungsbezüge nach § 229 in den Fällen des § 256 Absatz 1 Satz 1 jeweils vom ersten Tag des zweiten auf die Veränderung folgenden Kalendermonats an.

Vierter Titel
Tragung der Beiträge

§ 249 Tragung der Beiträge bei versicherungspflichtiger Beschäftigung

(1) $_1$Bei versicherungspflichtig Beschäftigten nach § 5 Abs. 1 Nr. 1 und 13 trägt der Arbeitgeber die Hälfte der Beiträge des Mitglieds aus dem Arbeitsentgelt nach dem allgemeinen oder ermäßigten Beitragssatz; im Übrigen tragen die Beschäftigten die Beiträge. $_2$Bei geringfügig Beschäftigten gilt § 249b.

(2) Der Arbeitgeber trägt den Beitrag allein für Beschäftigte, soweit Beiträge für Kurzarbeitergeld zu zahlen sind.

(3) $_1$Abweichend von Absatz 1 werden die Beiträge bei versicherungspflichtig Beschäftigten mit einem monatlichen Arbeitsentgelt innerhalb der Gleitzone nach § 20 Abs. 2 des Vierten Buches vom Arbeitgeber in Höhe der Hälfte des Betrages, der sich ergibt, wenn der allgemeine oder ermäßigte Beitragssatz auf das der Beschäftigung zugrunde liegende Arbeitsentgelt angewendet wird, im Übrigen vom Versicherten getragen. $_2$Dies gilt auch für Personen, für die § 7 Absatz 3 Anwendung findet.

§ 249a Tragung der Beiträge bei Versicherungspflichtigen mit Rentenbezug

$_1$Bei Versicherungspflichtigen, die eine Rente nach § 228 Absatz 1 Satz 1 beziehen, trägt der Träger der Rentenversicherung die Hälfte der nach der Rente zu bemessenden Beiträge nach dem allgemeinen Beitragssatz; im Übrigen tragen die Rentner die Beiträge. $_2$Die Beiträge aus ausländischen Renten nach § 228 Absatz 1 Satz 2 tragen die Rentner allein.

§ 249b Beitrag des Arbeitgebers bei geringfügiger Beschäftigung

$_1$Der Arbeitgeber einer Beschäftigung nach § 8 Abs. 1 Nr. 1 des Vierten Buches hat für Versicherte, die in dieser Beschäftigung versicherungsfrei oder nicht versicherungspflichtig sind, einen Beitrag in Höhe von 13 vom Hundert des Arbeitsentgelts dieser Beschäftigung zu tragen. $_2$Für Beschäftigte in Privathaushalten nach § 8a Satz 1 des Vierten Buches, die in dieser Beschäftigung versicherungsfrei oder nicht versicherungspflichtig sind, hat der Arbeitgeber einen Beitrag in Höhe von 5 vom Hundert des Arbeitsentgelts dieser Beschäftigung zu tragen. 3Für den Beitrag des Arbeitgebers gelten der Dritte Abschnitt des Vierten Buches sowie § 111 Abs. 1 Nr. 2 bis 4, 8 und Abs. 2 und 4 des Vierten Buches entsprechend.

§ 249c Tragung der Beiträge bei Bezug von Pflegeunterstützungsgeld

1Bei Bezug von Pflegeunterstützungsgeld werden die Beiträge, soweit sie auf das Pflegeunterstützungsgeld entfallen, getragen

1. bei Personen, die einen in der sozialen Pflegeversicherung versicherten Pflegebedürftigen pflegen, von den Versicherten und der Pflegekasse je zur Hälfte,
2. bei Personen, die einen in der privaten Pflege- Pflichtversicherung versicherungspflichtigen Pflegebedürftigen pflegen, von den Versicherten und dem privaten Versicherungsunternehmen je zur Hälfte,
3. bei Personen, die einen Pflegebedürftigen pflegen, der wegen Pflegebedürftigkeit Beihilfeleistungen oder Leistungen der Heilfürsorge und Leistungen einer Pflegekasse oder eines privaten Versicherungsunternehmens erhält, von den Versicherten zur Hälfte und von der Festsetzungsstelle für die Beihilfe oder vom Dienstherrn und der Pflegekasse oder dem privaten Versicherungsunternehmen jeweils anteilig,

im Übrigen von der Pflegekasse, dem privaten Versicherungsunternehmen oder anteilig von der Festsetzungsstelle für die Beihilfe oder dem Dienstherrn und der Pflegekasse oder dem privaten Versicherungsunternehmen. 2Die Beiträge werden von der Pflegekasse oder dem privaten Versicherungsunternehmen allein oder anteilig von der Festsetzungsstelle für die Beihilfe oder dem Dienstherrn und der Pflegekasse oder dem privaten Versicherungsunternehmen getragen, wenn das dem Pflegeunterstützungsgeld zugrunde liegende monatliche Arbeitsentgelt 450 Euro nicht übersteigt.

§ 250 Tragung der Beiträge durch das Mitglied

(1) Versicherungspflichtige tragen die Beiträge aus

1. den Versorgungsbezügen,
2. dem Arbeitseinkommen,
3. den beitragspflichtigen Einnahmen nach § 236 Abs. 1

allein.

(2) Freiwillige Mitglieder, in § 189 genannte Rentenantragsteller sowie Schwangere, deren Mitgliedschaft nach § 192 Abs. 2 erhalten bleibt, tragen den Beitrag allein.

(3) Versicherungspflichtige nach § 5 Abs. 1 Nr. 13 tragen ihre Beiträge mit Ausnahme der aus Arbeitsentgelt und nach § 228 Absatz 1 Satz 1 zu tragenden Beiträge allein.

§ 251 Tragung der Beiträge durch Dritte

(1) Der zuständige Rehabilitationsträger trägt die auf Grund der Teilnahme an Leistungen zur Teilhabe am Arbeitsleben sowie an Berufsfindung oder Arbeitserprobung (§ 5 Abs. 1 Nr. 6) oder des Bezugs von Übergangsgeld, Verletztengeld oder Versorgungskrankengeld (§ 192 Abs. 1 Nr. 3) zu zahlenden Beiträge.

(2) 1Der Träger der Einrichtung trägt den Beitrag allein

1. für die nach § 5 Abs. 1 Nr. 5 versicherungspflichtigen Jugendlichen,
2. für die nach § 5 Abs. 1 Nr. 7 oder 8 versicherungspflichtigen behinderten Menschen, wenn das tatsächliche Arbeitsentgelt den nach § 235 Abs. 3 maßgeblichen Mindestbetrag nicht übersteigt, im übrigen gilt § 249 Abs. 1 entsprechend.

2Für die nach § 5 Abs. 1 Nr. 7 versicherungspflichtigen behinderten Menschen sind die Beiträge, die der Träger der Einrichtung zu tragen hat, von den für die behinderten Menschen zuständigen Leistungsträgern zu erstatten.

(3) 1Die Künstlersozialkasse trägt die Beiträge für die nach dem Künstlersozialversicherungsgesetz versicherungspflichtigen Mitglieder. 2Hat die Künstlersozialkasse nach § 16 Abs. 2 Satz 2 des Künstlersozialversiche-

rungsgesetzes das Ruhen der Leistungen festgestellt, entfällt für die Zeit des Ruhens die Pflicht zur Entrichtung des Beitrages, es sei denn, das Ruhen endet nach § 16 Abs. 2 Satz 5 des Künstlersozialversicherungsgesetzes. $_{3}$Bei einer Vereinbarung nach § 16 Abs. 2 Satz 6 des Künstlersozialversicherungsgesetzes ist die Künstlersozialkasse zur Entrichtung der Beiträge für die Zeit des Ruhens insoweit verpflichtet, als der Versicherte seine Beitragsanteile zahlt.

(4) $_{1}$Der Bund trägt die Beiträge für Wehrdienst- und Zivildienstleistende im Falle des § 193 Abs. 2 und 3 sowie für die nach § 5 Abs. 1 Nr. 2a versicherungspflichtigen Bezieher von Arbeitslosengeld II. $_{2}$Die Höhe der vom Bund zu tragenden Zusatzbeiträge für die nach § 5 Absatz 1 Nummer 2a versicherungspflichtigen Bezieher von Arbeitslosengeld II wird für ein Kalenderjahr jeweils im Folgejahr abschließend festgestellt. $_{3}$Hierzu ermittelt das Bundesministerium für Gesundheit den rechnerischen Zusatzbeitragssatz, der sich als Durchschnitt der im Kalenderjahr geltenden Zusatzbeitragssätze der Krankenkassen nach § 242 Absatz 1 unter Berücksichtigung der Zahl ihrer Mitglieder ergibt. $_{4}$Weicht der durchschnittliche Zusatzbeitragssatz nach § 242a von dem für das Kalenderjahr nach Satz 2 ermittelten rechnerischen Zusatzbeitragssatz ab, so erfolgt zwischen dem Gesundheitsfonds und dem Bundeshaushalt ein finanzieller Ausgleich des sich aus der Abweichung ergebenden Differenzbetrags. $_{5}$Den Ausgleich führt das Bundesversicherungsamt für den Gesundheitsfonds nach § 271 und das Bundesministerium für Arbeit und Soziales im Einvernehmen mit dem Bundesministerium der Finanzen für den Bund durch. $_{6}$Ein Ausgleich findet nicht statt, wenn sich ein Betrag von weniger als einer Million Euro ergibt.

(4a) Die Bundesagentur für Arbeit trägt die Beiträge für die Bezieher von Arbeitslosengeld und Unterhaltsgeld nach dem Dritten Buch.

(4b) Für Personen, die als nicht satzungsmäßige Mitglieder geistlicher Genossenschaften oder ähnlicher religiöser Gemeinschaften für den Dienst in einer solchen Genossenschaft oder ähnlichen religiösen Gemeinschaft außerschulisch ausgebildet werden, trägt die geistliche Genossenschaft oder ähnliche religiöse Gemeinschaft die Beiträge.

(4c) Für Auszubildende, die in einer außerbetrieblichen Einrichtung im Rahmen eines Berufsausbildungsvertrages nach dem Berufsbildungsgesetz ausgebildet werden, trägt der Träger der Einrichtung die Beiträge.

(5) $_{1}$Die Krankenkassen sind zur Prüfung der Beitragszahlung berechtigt. $_{2}$In den Fällen der Absätze 3, 4 und 4a ist das Bundesversicherungsamt zur Prüfung der Beitragszahlung berechtigt. $_{3}$Ihm sind die für die Durchführung der Prüfung erforderlichen Unterlagen vorzulegen und die erforderlichen Auskünfte zu erteilen. $_{4}$Das Bundesversicherungsamt kann die Prüfung durch eine Krankenkasse oder einen Landesverband wahrnehmen lassen; der Beauftragte muss zustimmen. $_{5}$Dem Beauftragten sind die erforderlichen Unterlagen vorzulegen und die erforderlichen Auskünfte zu erteilen. $_{6}$Der Beauftragte darf die erhobenen Daten nur zum Zweck der Durchführung der Prüfung verarbeiten und nutzen. $_{7}$Die Daten sind nach Abschluss der Prüfung zu löschen. $_{8}$Im Übrigen gelten für die Datenerhebung, Verarbeitung und Nutzung die Vorschriften des Ersten und Zehnten Buches.

Fünfter Titel
Zahlung der Beiträge

§ 252 Beitragszahlung

(1) $_{1}$Soweit gesetzlich nichts Abweichendes bestimmt ist, sind die Beiträge von demjenigen zu zahlen, der sie zu tragen hat. $_{2}$Abweichend von Satz 1 zahlen die Bundesagentur für Arbeit oder in den Fällen des § 6a des Zweiten Buches die zugelassenen kommunalen Träger die Beiträge für die Bezieher von Arbeitslosengeld II nach dem Zweiten Buch.

(2) $_{1}$Die Beitragszahlung erfolgt in den Fällen des § 251 Abs. 3, 4 und 4a an den Gesundheitsfonds. $_{2}$Ansonsten erfolgt die Beitragszahlung an die nach § 28i des Vierten Buches zuständige Einzugsstelle. $_{3}$Die Einzugsstellen

leiten die nach Satz 2 gezahlten Beiträge einschließlich der Zinsen auf Beiträge und Säumniszuschläge arbeitstäglich an den Gesundheitsfonds weiter. $_{4}$Das Weitere zum Verfahren der Beitragszahlungen nach Satz 1 und Beitragsweiterleitungen nach Satz 3 wird durch Rechtsverordnung nach den §§ 28c und 28n des Vierten Buches geregelt.

(2a) $_{1}$Die Pflegekassen zahlen für Bezieher von Pflegeunterstützungsgeld die Beiträge nach § 249c Satz 1 Nummer 1 und 3. $_{2}$Die privaten Versicherungsunternehmen, die Festsetzungsstellen für die Beihilfe oder die Dienstherren zahlen die Beiträge nach § 249c Satz 1 Nummer 2 und 3; der Verband der privaten Krankenversicherung e. V., die Festsetzungsstellen für die Beihilfe und die Dienstherren vereinbaren mit dem Spitzenverband Bund der Krankenkassen und dem Bundesversicherungsamt Näheres über die Zahlung und Abrechnung der Beiträge.

(3) $_{1}$Schuldet ein Mitglied Auslagen, Gebühren, Beiträge, den Zusatzbeitrag nach § 242 in der bis zum 31. Dezember 2014 geltenden Fassung, Prämien nach § 53, Säumniszuschläge, Zinsen, Bußgelder oder Zwangsgelder, kann es bei Zahlung bestimmen, welche Schuld getilgt werden soll. $_{2}$Trifft das Mitglied keine Bestimmung, werden die Schulden in der genannten Reihenfolge getilgt. $_{3}$Innerhalb der gleichen Schuldenart werden die einzelnen Schulden nach ihrer Fälligkeit, bei gleichzeitiger Fälligkeit anteilmäßig getilgt.

(4) Für die Haftung der Einzugsstellen wegen schuldhafter Pflichtverletzung beim Einzug von Beiträgen nach Absatz 2 Satz 2 gilt § 28r Abs. 1 und 2 des Vierten Buches entsprechend.

(5) Das Bundesministerium für Gesundheit regelt durch Rechtsverordnung mit Zustimmung des Bundesrates das Nähere über die Prüfung der von den Krankenkassen mitzuteilenden Daten durch die mit der Prüfung nach § 274 befassten Stellen einschließlich der Folgen fehlerhafter Datenlieferungen oder nicht prüfbarer Daten sowie das Verfahren der Prüfung und der Prüfkriterien für die Bereiche der Beitragsfestsetzung, des Beitragseinzugs und der Weiterleitung von Beiträgen nach Absatz 2 Satz 2 durch die Krankenkassen, auch abweichend von § 274.

(6) Stellt die Aufsichtsbehörde fest, dass eine Krankenkasse die Monatsabrechnungen über die Sonstigen Beiträge gegenüber dem Bundesversicherungsamt als Verwalter des Gesundheitsfonds entgegen der Rechtsverordnung auf Grundlage der §§ 28n und 28p des Vierten Buches nicht, nicht vollständig, nicht richtig oder nicht fristgerecht abgibt, kann sie die Aufforderung zur Behebung der festgestellten Rechtsverletzung und zur Unterlassung künftiger Rechtsverletzungen mit der Androhung eines Zwangsgeldes bis zu 50 000 Euro für jeden Fall der Zuwiderhandlung verbinden.

§ 253 Beitragszahlung aus dem Arbeitsentgelt

Für die Zahlung der Beiträge aus Arbeitsentgelt bei einer versicherungspflichtigen Beschäftigung gelten die Vorschriften über den Gesamtsozialversicherungsbeitrag nach den §§ 28d bis 28n und § 28r des Vierten Buches.

§ 254 Beitragszahlung der Studenten

$_{1}$Versicherungspflichtige Studenten haben vor der Einschreibung oder Rückmeldung an der Hochschule die Beiträge für das Semester im voraus an die zuständige Krankenkasse zu zahlen. $_{2}$Der Spitzenverband Bund der Krankenkassen kann andere Zahlungsweisen vorsehen. $_{3}$Weist ein als Student zu Versichernder die Erfüllung der ihm gegenüber der Krankenkasse auf Grund dieses Gesetzbuchs auferlegten Verpflichtungen nicht nach, verweigert die Hochschule die Einschreibung oder die Annahme der Rückmeldung.

§ 255 Beitragszahlung aus der Rente

(1) $_{1}$Beiträge, die Versicherungspflichtige aus ihrer Rente nach § 228 Absatz 1 Satz 1 zu tragen haben, sind von den Trägern der Rentenversicherung bei der Zahlung der Rente einzubehalten und zusammen mit den von den Trägern der Rentenversicherung zu tragenden Beiträgen an die Deutsche Rentenversicherung Bund für die Krankenkassen mit Ausnahme der landwirtschaftlichen Kranken-

kasse zu zahlen. $_{2}$Bei einer Änderung in der Höhe der Beiträge ist die Erteilung eines besonderen Bescheides durch den Träger der Rentenversicherung nicht erforderlich.

(2) $_{1}$Ist bei der Zahlung der Rente die Einbehaltung von Beiträgen nach Absatz 1 unterblieben, sind die rückständigen Beiträge durch den Träger der Rentenversicherung aus der weiterhin zu zahlenden Rente einzubehalten; § 51 Abs. 2 des Ersten Buches gilt entsprechend. $_{2}$Wird die Rente nicht mehr gezahlt, obliegt der Einzug von rückständigen Beiträgen der zuständigen Krankenkasse. $_{3}$Der Träger der Rentenversicherung haftet mit dem von ihm zu tragenden Anteil an den Aufwendungen für die Krankenversicherung.

(3) $_{1}$Soweit im Folgenden nichts Abweichendes bestimmt ist, werden die Beiträge nach den Absätzen 1 und 2 am letzten Bankarbeitstag des Monats fällig, der dem Monat folgt, für den die Rente gezahlt wird. $_{2}$Wird eine Rente am letzten Bankarbeitstag des Monats ausgezahlt, der dem Monat vorausgeht, in dem sie fällig wird (§ 272a des Sechsten Buches), werden die Beiträge nach den Absätzen 1 und 2 abweichend von Satz 1 am letzten Bankarbeitstag des Monats, für den die Rente gezahlt wird, fällig. $_{3}$Am Achten eines Monats wird ein Betrag in Höhe von 300 Millionen Euro fällig; die im selben Monat fälligen Beträge nach den Sätzen 1 und 2 verringern sich um diesen Betrag. $_{4}$Die Deutsche Rentenversicherung Bund leitet die Beiträge nach den Absätzen 1 und 2 an den Gesundheitsfonds weiter und teilt dem Bundesversicherungsamt bis zum 15. des Monats die voraussichtliche Höhe der am letzten Bankarbeitstag fälligen Beträge mit.

§ 256 Beitragszahlung aus Versorgungsbezügen

(1) $_{1}$Für Versicherungspflichtige, die eine Rente der gesetzlichen Rentenversicherung beziehen, haben die Zahlstellen der Versorgungsbezüge die Beiträge aus Versorgungsbezügen einzubehalten und an die zuständige Krankenkasse zu zahlen. $_{2}$Die zu zahlenden Beiträge werden am 15. des Folgemonats der Auszahlung der Versorgungsbezüge fällig. $_{3}$Die Zahlstellen haben der Krankenkasse die einbehaltenen Beiträge nachzuweisen; § 28f Absatz 3 Satz 1 und 2 des Vierten Buches gilt entsprechend. $_{4}$Die Beitragsnachweise sind von den Zahlstellen durch Datenübertragung zu übermitteln; § 202 Absatz 2 gilt entsprechend. $_{5}$Bezieht das Mitglied Versorgungsbezüge von mehreren Zahlstellen und übersteigen die Versorgungsbezüge zusammen mit dem Zahlbetrag der Rente der gesetzlichen Rentenversicherung die Beitragsbemessungsgrenze, verteilt die Krankenkasse auf Antrag des Mitglieds oder einer der Zahlstellen die Beiträge.

(2) $_{1}$§ 255 Abs. 2 Satz 1 und 2 gilt entsprechend. $_{2}$Die Krankenkasse zieht die Beiträge aus nachgezahlten Versorgungsbezügen ein. $_{3}$Dies gilt nicht für Beiträge aus Nachzahlungen aufgrund von Anpassungen der Versorgungsbezüge an die wirtschaftliche Entwicklung. $_{4}$Die Erstattung von Beiträgen obliegt der zuständigen Krankenkasse. $_{5}$Die Krankenkassen können mit den Zahlstellen der Versorgungsbezüge Abweichendes vereinbaren.

(3) $_{1}$Die Krankenkasse überwacht die Beitragszahlung. $_{2}$Sind für die Überwachung der Beitragszahlung durch eine Zahlstelle mehrere Krankenkassen zuständig, haben sie zu vereinbaren, daß eine dieser Krankenkassen die Überwachung für die beteiligten Krankenkassen übernimmt. $_{3}$§ 98 Abs. 1 Satz 2 des Zehnten Buches gilt entsprechend.

(4) Zahlstellen, die regelmäßig an weniger als dreißig beitragspflichtige Mitglieder Versorgungsbezüge auszahlen, können bei der zuständigen Krankenkasse beantragen, daß das Mitglied die Beiträge selbst zahlt.

§ 256a Ermäßigung und Erlass von Beitragsschulden und Säumniszuschlägen

(1) Zeigt ein Versicherter das Vorliegen der Voraussetzungen der Versicherungspflicht nach § 5 Absatz 1 Nummer 13 erst nach einem der in § 186 Absatz 11 Satz 1 und 2 genannten Zeitpunkte an, soll die Krankenkasse die für die Zeit seit dem Eintritt der Versicherungspflicht nachzuzahlenden Beiträge angemessen ermäßigen; darauf entfallende

Säumniszuschläge nach § 24 des Vierten Buches sind vollständig zu erlassen.

(2) 1Erfolgt die Anzeige nach Absatz 1 bis zum 31. Dezember 2013, soll die Krankenkasse den für die Zeit seit dem Eintritt der Versicherungspflicht nachzuzahlenden Beitrag und die darauf entfallenden Säumniszuschläge nach § 24 des Vierten Buches erlassen. 2Satz 1 gilt für bis zum 31. Juli 2013 erfolgte Anzeigen der Versicherungspflicht nach § 5 Absatz 1 Nummer 13 für noch ausstehende Beiträge und Säumniszuschläge entsprechend.

(3) Die Krankenkasse hat für Mitglieder nach § 5 Absatz 1 Nummer 13 sowie für freiwillige Mitglieder noch nicht gezahlte Säumniszuschläge in Höhe der Differenz zwischen dem nach § 24 Absatz 1a des Vierten Buches in der bis zum 31. Juli 2013 geltenden Fassung erhobenen Säumniszuschlag und dem sich bei Anwendung des in § 24 Absatz 1 des Vierten Buches ergebenden Säumniszuschlag zu erlassen.

(4) 1Der Spitzenverband Bund der Krankenkassen regelt das Nähere zur Ermäßigung und zum Erlass von Beiträgen und Säumniszuschlägen nach den Absätzen 1 bis 3, insbesondere zu einem Verzicht auf die Inanspruchnahme von Leistungen als Voraussetzung für die Ermäßigung oder den Erlass. 2Die Regelungen nach Satz 1 bedürfen zu ihrer Wirksamkeit der Zustimmung des Bundesministeriums für Gesundheit und sind diesem spätestens bis zum 15. September 2013 vorzulegen.

Zweiter Abschnitt
Beitragszuschüsse

§ 257 Beitragszuschüsse für Beschäftigte

(1) 1Freiwillig in der gesetzlichen Krankenversicherung versicherte Beschäftigte, die nur wegen Überschreitens der Jahresarbeitsentgeltgrenze versicherungsfrei sind, erhalten von ihrem Arbeitgeber als Beitragszuschuß den Betrag, den der Arbeitgeber entsprechend § 249 Absatz 1 oder 2 bei Versicherungspflicht des Beschäftigten zu tragen hätte. 2Bestehen innerhalb desselben Zeitraums mehrere Beschäftigungsverhältnisse, sind die beteiligten Arbeitgeber anteilig nach dem Verhältnis der Höhe der jeweiligen Arbeitsentgelte zur Zahlung des Beitragszuschusses verpflichtet.

(2) 1Beschäftigte, die nur wegen Überschreitens der Jahresarbeitsentgeltgrenze oder auf Grund von § 6 Abs. 3a versicherungsfrei oder die von der Versicherungspflicht befreit und bei einem privaten Krankenversicherungsunternehmen versichert sind und für sich und ihre Angehörigen, die bei Versicherungspflicht des Beschäftigten nach § 10 versichert wären, Vertragsleistungen beanspruchen können, die der Art nach den Leistungen dieses Buches entsprechen, erhalten von ihrem Arbeitgeber einen Beitragszuschuß. 2Der Zuschuss wird in Höhe des Betrages gezahlt, der sich bei Anwendung der Hälfte des Beitragssatzes nach § 241 und der nach § 226 Absatz 1 Satz 1 Nummer 1 bei Versicherungspflicht zugrunde zu legenden beitragspflichtigen Einnahmen als Beitrag ergibt, höchstens jedoch in Höhe der Hälfte des Betrages, den der Beschäftigte für seine Krankenversicherung zu zahlen hat. 3Für Beschäftigte, die bei Versicherungspflicht keinen Anspruch auf Krankengeld hätten, tritt an die Stelle des Beitragssatzes nach § 241 der Beitragssatz nach § 243. 4Soweit Kurzarbeitergeld bezogen wird, ist der Beitragszuschuss in Höhe des Betrages zu zahlen, den der Arbeitgeber bei Versicherungspflicht des Beschäftigten entsprechend § 249 Absatz 2 zu tragen hätte, höchstens jedoch in Höhe des Betrages, den der Beschäftigte für seine Krankenversicherung zu zahlen hat; für die Berechnung gilt der um den durchschnittlichen Zusatzbeitragssatz nach § 242a erhöhte allgemeine Beitragssatz nach § 241. 5Absatz 1 Satz 2 gilt.

(2a) 1Der Zuschuss nach Absatz 2 wird ab 1. Januar 2009 für eine private Krankenversicherung nur gezahlt, wenn das Versicherungsunternehmen

1. diese Krankenversicherung nach Art der Lebensversicherung betreibt,

2. einen Basistarif im Sinne des § 12 Abs. 1a des Versicherungsaufsichtsgesetzes anbietet,
3. soweit es über versicherte Personen im brancheneinheitlichen Standardtarif im Sinne von § 257 Abs. 2a in der bis zum 31. Dezember 2008 geltenden Fassung verfügt, sich verpflichtet, die in § 257 Abs. 2a in der bis zum 31. Dezember 2008 geltenden Fassung in Bezug auf einen Standardtarif genannten Pflichten einzuhalten,
4. sich verpflichtet, den überwiegenden Teil der Überschüsse, die sich aus dem selbst abgeschlossenen Versicherungsgeschäft ergeben, zugunsten der Versicherten zu verwenden,
5. vertraglich auf das ordentliche Kündigungsrecht verzichtet,
6. die Krankenversicherung nicht zusammen mit anderen Versicherungssparten betreibt, wenn das Versicherungsunternehmen seinen Sitz im Geltungsbereich dieses Gesetzes hat.

2Der Versicherungsnehmer hat dem Arbeitgeber jeweils nach Ablauf von drei Jahren eine Bescheinigung des Versicherungsunternehmens darüber vorzulegen, dass die Aufsichtsbehörde dem Versicherungsunternehmen bestätigt hat, dass es die Versicherung, die Grundlage des Versicherungsvertrages ist, nach den in Satz 1 genannten Voraussetzungen betreibt.

(3) 1Für Bezieher von Vorruhestandsgeld nach § 5 Abs. 3, die als Beschäftigte bis unmittelbar vor Beginn der Vorruhestandsleistungen Anspruch auf den vollen oder anteiligen Beitragszuschuß nach Absatz 1 hatten, bleibt der Anspruch für die Dauer der Vorruhestandsleistungen gegen den zur Zahlung des Vorruhestandsgeldes Verpflichteten erhalten. 2Der Zuschuss wird in Höhe des Betrages gezahlt, den der Arbeitgeber bei Versicherungspflicht des Beziehers von Vorruhestandsgeld zu tragen hätte. 3Absatz 1 Satz 2 gilt entsprechend.

(4) 1Für Bezieher von Vorruhestandsgeld nach § 5 Abs. 3, die als Beschäftigte bis unmittelbar vor Beginn der Vorruhestandsleistungen Anspruch auf den vollen oder anteiligen Beitragszuschuß nach Absatz 2 hatten, bleibt der Anspruch für die Dauer der Vorruhestandsleistungen gegen den zur Zahlung des Vorruhestandsgeldes Verpflichteten erhalten. 2Der Zuschuss wird in Höhe des Betrages gezahlt, der sich bei Anwendung der Hälfte des Beitragssatzes nach § 243 und des Vorruhestandsgeldes bis zur Beitragsbemessungsgrenze (§ 223 Absatz 3) als Beitrag ergibt, höchstens jedoch in Höhe der Hälfte des Betrages, den der Bezieher von Vorruhestandsgeld für seine Krankenversicherung zu zahlen hat; Absatz 1 Satz 2 gilt entsprechend.

Zum 1.1.2016 wird der Basistarif in § 152 VAG und nicht mehr wie bisher in § 12 VAG geregelt (siehe Verweis in Nummer 2). Zudem wird eine neue Nummer 2a eingefügt, die wie folgt lautet: "2a. sich verpflichtet, Interessenten vor Abschluss der Versicherung das amtliche Informationsblatt der Bundesanstalt für Finanzdienstleistungsaufsicht gemäß § 146 Absatz 1 Nummer 6 des Versicherungsaufsichtsgesetzes auszuhändigen, welches über die verschiedenen Prinzipien der gesetzlichen sowie der privaten Krankenversicherung aufklärt, " (Änderung durch Gesetz zur Modernisierung der Finanzaufsicht über Versicherungen vom 1.4.2015, BGBl. I S. 434).

§ 258 Beitragszuschüsse für andere Personen

1In § 5 Abs. 1 Nr. 6, 7 oder 8 genannte Personen, die nach § 6 Abs. 3a versicherungsfrei sind, sowie Bezieher von Übergangsgeld, die nach § 8 Abs. 1 Nr. 4 von der Versicherungspflicht befreit sind, erhalten vom zuständigen Leistungsträger einen Zuschuß zu ihrem Krankenversicherungsbeitrag. 2Als Zuschuß ist der Betrag zu zahlen, der von dem Leistungsträger als Beitrag bei Krankenversicherungspflicht zu zahlen wäre, höchstens jedoch der Betrag, der an das private Krankenversicherungsunternehmen zu zahlen ist. 3§ 257 Abs. 2a gilt entsprechend.

Dritter Abschnitt
Verwendung und Verwaltung der Mittel

§ 259 Mittel der Krankenkasse

Die Mittel der Krankenkasse umfassen die Betriebsmittel, die Rücklage und das Verwaltungsvermögen.

§ 260 Betriebsmittel

(1) Betriebsmittel dürfen nur verwendet werden

1. für die gesetzlich oder durch die Satzung vorgesehenen Aufgaben sowie für die Verwaltungskosten; die Aufgaben der Krankenkassen als Pflegekassen sind keine gesetzlichen Aufgaben im Sinne dieser Vorschrift,
2. zur Auffüllung der Rücklage und zur Bildung von Verwaltungsvermögen.

(2) $_{1}$Die Betriebsmittel sollen im Durchschnitt des Haushaltsjahres monatlich das Eineinhalbfache des nach dem Haushaltsplan der Krankenkasse auf einen Monat entfallenden Betrages der Ausgaben für die in Absatz 1 Nr. 1 genannten Zwecke nicht übersteigen. $_{2}$Bei der Feststellung der vorhandenen Betriebsmittel sind die Forderungen und Verpflichtungen der Krankenkasse zu berücksichtigen, soweit sie nicht der Rücklage oder dem Verwaltungsvermögen zuzuordnen sind. $_{3}$Durchlaufende Gelder bleiben außer Betracht.

(3) Die Betriebsmittel sind im erforderlichen Umfang bereitzuhalten und im übrigen so anzulegen, daß sie für die in Absatz 1 genannten Zwecke verfügbar sind.

§ 261 Rücklage

(1) Die Krankenkasse hat zur Sicherstellung ihrer Leistungsfähigkeit eine Rücklage zu bilden.

(2) $_{1}$Die Satzung bestimmt die Höhe der Rücklage in einem Vomhundertsatz des nach dem Haushaltsplan durchschnittlich auf den Monat entfallenden Betrages der Ausgaben für die in § 260 Abs. 1 Nr. 1 genannten Zwecke (Rücklagesoll). $_{2}$Die Rücklage muß mindestens ein Viertel und darf höchstens das Einfache des Betrages der auf den Monat entfallenden Ausgaben nach Satz 1 betragen.

(3) $_{1}$Die Krankenkasse kann Mittel aus der Rücklage den Betriebsmitteln zuführen, wenn Einnahme- und Ausgabeschwankungen innerhalb eines Haushaltsjahres nicht durch die Betriebsmittel ausgeglichen werden können. $_{2}$In diesem Fall soll die Rücklage in Anspruch genommen werden, wenn dadurch Erhöhungen des Zusatzbeitragssatzes nach § 242 während des Haushaltsjahres vermieden werden.

(4) Ergibt sich bei der Aufstellung des Haushaltsplans, daß die Rücklage geringer ist als das Rücklagesoll, ist bis zur Erreichung des Rücklagesolls die Auffüllung der Rücklage im Regelfall mit einem Betrag in Höhe von mindestens einem Viertel des Rücklagesolls im Haushaltsplan vorzusehen.

(5) Übersteigt die Rücklage das Rücklagesoll, ist der übersteigende Betrag den Betriebsmitteln zuzuführen.

(6) $_{1}$Die Rücklage ist getrennt von den sonstigen Mitteln so anzulegen, daß sie für den nach Absatz 1 genannten Zweck verfügbar ist. $_{2}$Sie wird vorbehaltlich des § 262 von der Krankenkasse verwaltet.

§ 262 Gesamtrücklage

(1) $_{1}$Die Satzungen der Landesverbände können bestimmen, daß die von den Verbandsmitgliedern zu bildenden Rücklagen bis zu einem Drittel des Rücklagesolls von dem Landesverband als Sondervermögen (Gesamtrücklage) verwaltet werden. $_{2}$Die Gesamtrücklage ist vorrangig vor dem von der Krankenkasse verwalteten Teil der Rücklage aufzufüllen.

(2) $_{1}$Die im Laufe eines Jahres entstehenden Kapitalerträge und die aus den Veräußerungen erwachsenden Gewinne der Gesamtrücklage werden gegen die aus Veräußerungen entstehenden Verluste ausgeglichen. $_{2}$Der Unterschied wird auf die beteiligten Krankenkassen nach der Höhe ihres Rücklageguthabens beim Landesverband im Jahresdurchschnitt umgelegt.

(3) $_{1}$Ergibt sich nach Absatz 2 ein Überschuß, wird er den Krankenkassen ausgezahlt, deren

Rücklageguthaben beim Landesverband den nach Absatz 1 bestimmten Anteil erreicht hat. $_{2}$Ist dieses Rücklageguthaben noch nicht erreicht, wird der Überschuß bis zur Höhe des fehlenden Betrages nicht ausgezahlt, sondern gutgeschrieben. $_{3}$Ergibt sich nach Absatz 2 ein Fehlbetrag, wird er dem Rücklageguthaben der Krankenkassen zur Last geschrieben.

(4) $_{1}$Die Krankenkasse kann über ihr Rücklageguthaben beim Landesverband erst verfügen, wenn die von ihr selbst verwalteten Rücklagemittel verbraucht sind. $_{2}$Hat die Krankenkasse ihr Rücklageguthaben verbraucht, kann sie von dem Landesverband ein Darlehen aus der Gesamtrücklage erhalten. $_{3}$Die Satzung des Landesverbandes trifft Regelungen über die Voraussetzungen der Darlehensgewährung, die Rückzahlung und die Verzinsung.

(5) Die Gesamtrücklage ist so anzulegen, daß sie für die in § 261 Abs. 1 und 4 genannten Zwecke verfügbar ist.

§ 263 Verwaltungsvermögen

(1) $_{1}$Das Verwaltungsvermögen der Krankenkasse umfaßt

1. Vermögensanlagen, die der Verwaltung der Krankenkasse sowie der Führung ihrer betrieblichen Einrichtungen (Eigenbetriebe) zu dienen bestimmt sind,
2. die zur Anschaffung und Erneuerung dieser Vermögensteile und für künftig zu zahlende Versorgungsbezüge der Bediensteten und ihrer Hinterbliebenen bereitgehaltenen Geldmittel,

soweit sie für die Erfüllung der Aufgaben der Krankenkasse erforderlich sind. $_{2}$Zum Verwaltungsvermögen gehören auch Grundstücke, die nur teilweise für Zwecke der Verwaltung der Krankenkasse oder für Eigenbetriebe erforderlich sind.

(2) Als Verwaltungsvermögen gelten auch sonstige Vermögensanlagen auf Grund rechtlicher Verpflichtung oder Ermächtigung, soweit sie nicht den Betriebsmitteln, der Rücklage oder einem Sondervermögen zuzuordnen sind.

§ 264 Übernahme der Krankenbehandlung für nicht Versicherungspflichtige gegen Kostenerstattung

(1) Die Krankenkasse kann für Arbeits- und Erwerbslose, die nicht gesetzlich gegen Krankheit versichert sind, für andere Hilfeempfänger sowie für die vom Bundesministerium für Gesundheit bezeichneten Personenkreise die Krankenbehandlung übernehmen, sofern der Krankenkasse Ersatz der vollen Aufwendungen für den Einzelfall sowie eines angemessenen Teils ihrer Verwaltungskosten gewährleistet wird.

(2) $_{1}$Die Krankenbehandlung von Empfängern von Leistungen nach dem Dritten bis Neunten Kapitel des Zwölften Buches, von Empfängern laufender Leistungen nach § 2 des Asylbewerberleistungsgesetzes und von Empfängern von Krankenhilfeleistungen nach dem Achten Buch, die nicht versichert sind, wird von der Krankenkasse übernommen. $_{2}$Satz 1 gilt nicht für Empfänger, die voraussichtlich nicht mindestens einen Monat ununterbrochen Hilfe zum Lebensunterhalt beziehen, für Personen, die ausschließlich Leistungen nach § 11 Abs. 5 Satz 3 und § 33 des Zwölften Buches beziehen sowie für die in § 24 des Zwölften Buches genannten Personen.

(3) $_{1}$Die in Absatz 2 Satz 1 genannten Empfänger haben unverzüglich eine Krankenkasse im Bereich des für die Hilfe zuständigen Trägers der Sozialhilfe oder der öffentlichen Jugendhilfe zu wählen, die ihre Krankenbehandlung übernimmt. $_{2}$Leben mehrere Empfänger in häuslicher Gemeinschaft, wird das Wahlrecht vom Haushaltsvorstand für sich und für die Familienangehörigen ausgeübt, die bei Versicherungspflicht des Haushaltsvorstands nach § 10 versichert wären. $_{3}$Wird das Wahlrecht nach den Sätzen 1 und 2 nicht ausgeübt, gelten § 28i des Vierten Buches und § 175 Abs. 3 Satz 2 entsprechend.

(4) $_{1}$Für die in Absatz 2 Satz 1 genannten Empfänger gelten § 11 Abs. 1 sowie die §§ 61 und 62 entsprechend. $_{2}$Sie erhalten eine Krankenversichertenkarte nach § 291. $_{3}$Als Versichertenstatus nach § 291 Abs. 2 Nr. 7 gilt

für Empfänger bis zur Vollendung des 65. Lebensjahres die Statusbezeichnung „Mitglied", für Empfänger nach Vollendung des 65. Lebensjahres die Statusbezeichnung „Rentner". $_{4}$Empfänger, die das 65. Lebensjahr noch nicht vollendet haben, in häuslicher Gemeinschaft leben und nicht Haushaltsvorstand sind, erhalten die Statusbezeichnung „Familienversicherte".

(5) $_{1}$Wenn Empfänger nicht mehr bedürftig im Sinne des Zwölften Buches oder des Achten Buches sind, meldet der Träger der Sozialhilfe oder der öffentlichen Jugendhilfe diese bei der jeweiligen Krankenkasse ab. $_{2}$Bei der Abmeldung hat der Träger der Sozialhilfe oder der öffentlichen Jugendhilfe die Krankenversichertenkarte vom Empfänger einzuziehen und an die Krankenkasse zu übermitteln. $_{3}$Aufwendungen, die der Krankenkasse nach Abmeldung durch eine missbräuchliche Verwendung der Karte entstehen, hat der Träger der Sozialhilfe oder der öffentlichen Jugendhilfe zu erstatten. $_{4}$Satz 3 gilt nicht in den Fällen, in denen die Krankenkasse auf Grund gesetzlicher Vorschriften oder vertraglicher Vereinbarungen verpflichtet ist, ihre Leistungspflicht vor der Inanspruchnahme der Leistung zu prüfen.

(6) $_{1}$Bei der Bemessung der Vergütungen nach § 85 oder § 87a ist die vertragsärztliche Versorgung der Empfänger zu berücksichtigen. $_{2}$Werden die Gesamtvergütungen nach § 85 nach Kopfpauschalen berechnet, gelten die Empfänger als Mitglieder. $_{3}$Leben mehrere Empfänger in häuslicher Gemeinschaft, gilt abweichend von Satz 2 nur der Haushaltsvorstand nach Absatz 3 als Mitglied; die vertragsärztliche Versorgung der Familienangehörigen, die nach § 10 versichert wären, wird durch die für den Haushaltsvorstand zu zahlende Kopfpauschale vergütet.

(7) $_{1}$Die Aufwendungen, die den Krankenkassen durch die Übernahme der Krankenbehandlung nach den Absätzen 2 bis 6 entstehen, werden ihnen von den für die Hilfe zuständigen Trägern der Sozialhilfe oder der öffentlichen Jugendhilfe vierteljährlich erstattet. $_{2}$Als angemessene Verwaltungskosten einschließlich Personalaufwand für den Personenkreis nach Absatz 2 werden bis zu 5 vom Hundert der abgerechneten Leistungsaufwendungen festgelegt. $_{3}$Wenn Anhaltspunkte für eine unwirtschaftliche Leistungserbringung oder -gewährung vorliegen, kann der zuständige Träger der Sozialhilfe oder der öffentlichen Jugendhilfe von der jeweiligen Krankenkasse verlangen, die Angemessenheit der Aufwendungen zu prüfen und nachzuweisen.

Vierter Abschnitt
Finanzausgleiche und Zuweisungen aus dem Gesundheitsfonds

§ 265 Finanzausgleich für aufwendige Leistungsfälle

$_{1}$Die Satzungen der Landesverbände und der Verbände der Ersatzkassen können eine Umlage der Verbandsmitglieder vorsehen, um die Kosten für aufwendige Leistungsfälle und für andere aufwendige Belastungen ganz oder teilweise zu decken. $_{2}$Die Hilfen können auch als Darlehen gewährt werden; Näheres über Voraussetzungen, Rückzahlung und Verzinsung regelt die Satzung des Verbandes.

§ 265a Finanzielle Hilfen zur Vermeidung der Schließung oder Insolvenz einer Krankenkasse

(1) $_{1}$Die Satzung des Spitzenverbandes Bund der Krankenkassen hat bis zum 31. März 2009 Bestimmungen über die Gewährung finanzieller Hilfen zur Ermöglichung oder Erleichterung von Vereinigungen von Krankenkassen, die zur Abwendung von Haftungsrisiken für notwendig erachtet werden, vorzusehen. $_{2}$Näheres über Voraussetzungen, Umfang, Finanzierung und Durchführung der Hilfen regelt die Satzung des Spitzenverbandes Bund der Krankenkassen. $_{3}$In der Satzung ist vorzusehen, dass die Hilfen nur gewährt werden, wenn finanzielle Hilfe nach § 265b in ausreichender Höhe gewährt wird. $_{4}$Die Satzungsregelungen werden mit 70 Prozent der nach § 217c Abs. 1 Satz 2 gewichteten Stimmen der Mitglieder beschlossen.

(2) $_{1}$Der Antrag auf Gewährung einer finanziellen Hilfe nach Absatz 1 kann nur von der

Aufsichtsbehörde gestellt werden. $_{2}$Der Vorstand des Spitzenverbandes Bund der Krankenkassen entscheidet über die Gewährung der Hilfe nach Absatz 1. $_{3}$Die Hilfen können auch als Darlehen gewährt werden. $_{4}$Sie sind zu befristen und mit Auflagen zu versehen, die der Verbesserung der Wirtschaftlichkeit und Leistungsfähigkeit dienen.

(3) $_{1}$Der Spitzenverband Bund der Krankenkassen macht die zur Finanzierung der Hilfen erforderlichen Beträge durch Bescheid bei seinen Mitgliedskassen mit Ausnahme der landwirtschaftlichen Krankenkasse geltend. $_{2}$Bei der Aufteilung der Finanzierung der Hilfen sind die unterschiedliche Leistungsfähigkeit der Krankenkassen sowie bereits geleistete Hilfen nach § 265b angemessen zu berücksichtigen. $_{3}$Klagen gegen die Bescheide, mit denen die Beträge zur Finanzierung der Hilfeleistungen angefordert werden, haben keine aufschiebende Wirkung.

(4) Ansprüche und Verpflichtungen auf Grund der bis zum 31. Dezember 2008 geltenden Fassung des § 265a bleiben unberührt.

§ 265b Freiwillige finanzielle Hilfen

(1) $_{1}$Krankenkassen können mit anderen Krankenkassen derselben Kassenart Verträge über die Gewährung von Hilfeleistungen schließen, um

1. deren Leistungs- und Wettbewerbsfähigkeit zu erhalten,
2. Haftungsfälle nach § 155 Abs. 4 und 5 und § 171d Abs. 1 Satz 3 und 4 insbesondere durch die Unterstützung von freiwilligen Vereinigungen zu verhindern oder
3. die Aufteilung der Beträge nach § 171d Abs. 1 Satz 3 und 4 abweichend von der nach § 171d Abs. 2 erlassenen Rechtsverordnung zu regeln.

$_{2}$In den Verträgen ist Näheres über Umfang, Finanzierung und Durchführung der Hilfeleistungen zu regeln. $_{3}$§ 60 des Zehnten Buches gilt entsprechend. $_{4}$Die Verbände nach § 172 Absatz 2 Satz 1 haben den Krankenkassen nach Satz 1 auf Verlangen die Auskünfte zu erteilen, die zur Beurteilung des Umfangs der Hilfeleistungen erforderlich sind.

(2) Die Verträge sind von den für die am Vertrag beteiligten Krankenkassen zuständigen Aufsichtsbehörden zu genehmigen.

§ 266 Zuweisungen aus dem Gesundheitsfonds (Risikostrukturausgleich)

(1) $_{1}$Die Krankenkassen erhalten als Zuweisungen aus dem Gesundheitsfonds (§ 271) zur Deckung ihrer Ausgaben eine Grundpauschale, alters-, geschlechts- und risikoadjustierte Zu- und Abschläge zum Ausgleich der unterschiedlichen Risikostrukturen und Zuweisungen für sonstige Ausgaben (§ 270). $_{2}$Mit den alters-, geschlechts- und risikoadjustierten Zuweisungen wird jährlich ein Risikostrukturausgleich durchgeführt, mit dem die finanziellen Auswirkungen von Unterschieden in der Verteilung der Versicherten auf nach Alter und Geschlecht getrennte Versichertengruppen (§ 267 Abs. 2) und Morbiditätsgruppen (§ 268) zwischen den Krankenkassen ausgeglichen werden.

(2) $_{1}$Die Grundpauschale und die alters-, geschlechts- und risikoadjustierten Zu- und Abschläge dienen zur Deckung der standardisierten Leistungsausgaben der Krankenkassen. $_{2}$Die standardisierten Leistungsausgaben je Versicherten werden auf der Basis der durchschnittlichen Leistungsausgaben je Versicherten aller Krankenkassen jährlich so bestimmt, daß das Verhältnis der standardisierten Leistungsausgaben je Versicherten der Versichertengruppen zueinander dem Verhältnis der nach § 267 Abs. 3 für alle Krankenkassen ermittelten durchschnittlichen Leistungsausgaben je Versicherten der Versichertengruppen nach § 267 Abs. 2 zueinander entspricht.

(3) (weggefallen)

(4) $_{1}$Bei der Ermittlung der standardisierten Leistungsausgaben nach Absatz 2 bleiben außer Betracht

1. die von Dritten erstatteten Ausgaben,
2. Aufwendungen für satzungsgemäße Mehr- und Erprobungsleistungen sowie für Leistungen, auf die kein Rechtsanspruch besteht.

$_2$Aufwendungen für eine stationäre Anschlußrehabilitation (§ 40 Abs. 6 Satz 1) sind in die Ermittlung der durchschnittlichen Leistungsausgaben nach Satz 1 einzubeziehen. $_3$Die Aufwendungen für die Leistungen der Knappschaftsärzte und -zahnärzte werden in der gleichen Weise berechnet wie für Vertragsärzte und -zahnärzte.

(5) $_1$Das Bundesversicherungsamt ermittelt die Höhe der Zuweisungen und weist die entsprechenden Mittel den Krankenkassen zu. $_2$Es gibt für die Ermittlung der Höhe der Zuweisung nach Absatz 2 Satz 1 jährlich bekannt

1. die Höhe der standardisierten Leistungsausgaben aller am Ausgleich beteiligten Krankenkassen je Versicherten, getrennt nach Versichertengruppen (§ 267 Abs. 2) und Morbiditätsgruppen (§ 268 Abs. 1), und
2. die Höhe der alters-, geschlechts- und risikoadjustierten Zu- und Abschläge.

$_3$Das Bundesversicherungsamt kann zum Zwecke der einheitlichen Zuordnung und Erfassung der für die Berechnung maßgeblichen Daten über die Vorlage der Geschäfts- und Rechnungsergebnisse hinaus weitere Auskünfte und Nachweise verlangen.

(6) $_1$Das Bundesversicherungsamt stellt im Voraus für ein Kalenderjahr die Werte nach Absatz 5 Satz 2 Nr. 1 und 2 vorläufig fest. $_2$Es legt bei der Berechnung der Höhe der monatlichen Zuweisungen die Werte nach Satz 1, die zuletzt erhobene Zahl der Versicherten der Krankenkassen und die zum 1. Oktober des Vorjahres erhobene Zahl der Versicherten der Krankenkassen je Versichertengruppe nach § 267 Abs. 2 und je Morbiditätsgruppe nach § 268 zugrunde. $_3$Nach Ablauf des Kalenderjahres ist die Höhe der Zuweisung für jede Krankenkasse vom Bundesversicherungsamt aus den für dieses Jahr erstellten Geschäfts- und Rechnungsergebnissen und den zum 1. Oktober dieses Jahres erhobenen Versichertenzahlen der beteiligten Krankenkassen zu ermitteln. $_4$Die nach Satz 2 erhaltenen Zuweisungen gelten als Abschlagszahlungen. $_5$Sie sind nach der Ermittlung der endgültigen Höhe der Zuweisung für das Geschäftsjahr nach Satz 3 auszugleichen. $_6$Werden nach Abschluss der Ermittlung der Werte nach Satz 3 sachliche oder rechnerische Fehler in den Berechnungsgrundlagen festgestellt, hat das Bundesversicherungsamt diese bei der nächsten Ermittlung der Höhe der Zuweisungen nach den dafür geltenden Vorschriften zu berücksichtigen. $_7$Klagen gegen die Höhe der Zuweisungen im Risikostrukturausgleich einschließlich der hierauf entfallenden Nebenkosten haben keine aufschiebende Wirkung.

(7) $_1$Das Bundesministerium für Gesundheit regelt durch Rechtsverordnung mit Zustimmung des Bundesrates das Nähere über

1. die Ermittlung der Höhe der Grundpauschale nach Absatz 1 Satz 1 und ihre Bekanntgabe an die Versicherten, der Werte nach Absatz 5 sowie die Art, den Umfang und den Zeitpunkt der Bekanntmachung der für die Durchführung des Risikoausgleichsverfahrens erforderlichen Daten,
2. die Abgrenzung der Leistungsausgaben nach Absatz 2, 4 und 5; dabei können für in § 267 Abs. 3 genannten Versicherungsgruppen abweichend von Absatz 2 Satz 3 besondere Standardisierungsverfahren und Abgrenzungen für die Berücksichtigung des Krankengeldes geregelt werden,

2a. die Abgrenzung und die Verfahren der Standardisierung der sonstigen Ausgaben nach § 270 sowie die Kriterien der Zuweisung der Mittel zur Deckung dieser Ausgaben,

3. die Abgrenzung der zu berücksichtigenden Versichertengruppen nach § 267 Absatz 2 einschließlich der Altersabstände zwischen den Altersgruppen, auch abweichend von § 267 Absatz 2; hierzu gehört auch die Festlegung der Anforderungen an die Zulassung der Programme nach § 137g hinsichtlich des Verfahrens der Einschreibung der Versicherten einschließlich der Dauer der Teilnahme und des Verfahrens der Erhebung und Übermittlung der für die Durchführung der Programme erforderlichen personenbezogenen Daten,

4. die Berechnungsverfahren sowie die Durchführung des Zahlungsverkehrs einschließlich der Stelle, der die Berechnungen und die Durchführung des Zahlungsverkehrs übertragen werden können,
5. die Fälligkeit der Beträge und die Erhebung von Säumniszuschlägen,
6. das Verfahren und die Durchführung des Ausgleichs,
7. die Festsetzung der Stichtage und Fristen nach § 267; anstelle des Stichtages nach § 267 Abs. 2 kann ein Erhebungszeitraum bestimmt werden,
8. die von den Krankenkassen, den Rentenversicherungsträgern und den Leistungserbringern mitzuteilenden Angaben,
9. die Prüfung der von den Krankenkassen mitzuteilenden Daten durch die mit der Prüfung nach § 274 befassten Stellen einschließlich der Folgen fehlerhafter Datenlieferungen oder nicht prüfbarer Daten sowie das Verfahren der Prüfung und der Prüfkriterien, auch abweichend von § 274.

$_{2}$Abweichend von Satz 1 können die Verordnungsregelungen zu Absatz 4 Satz 2 und Satz 1 Nr. 3 ohne Zustimmung des Bundesrates erlassen werden.

(8) (weggefallen)

(9) Die landwirtschaftliche Krankenkasse nimmt am Risikostrukturausgleich nicht teil.

§ 267 Datenerhebungen zum Risikostrukturausgleich

(1) Die Krankenkassen erheben für jedes Geschäftsjahr nicht versichertenbezogen die Leistungsausgaben in der Gliederung und nach den Bestimmungen des Kontenrahmens.

(2) $_{1}$Die Krankenkassen erheben jährlich zum 1. Oktober die Zahl der Mitglieder und der nach § 10 versicherten Familienangehörigen nach Altersgruppen mit Altersabständen von fünf Jahren, getrennt nach Mitgliedergruppen und Geschlecht. $_{2}$Die Trennung der Mitgliedergruppen erfolgt danach, ob

1. die Mitglieder bei Arbeitsunfähigkeit Anspruch auf Fortzahlung des Arbeitsentgelts oder auf Zahlung einer die Versicherungspflicht begründenden Sozialleistung haben, die Mitglieder nach § 46 Satz 3 einen Anspruch auf Krankengeld von der siebten Woche der Arbeitsunfähigkeit an haben oder die Mitglieder eine Wahlerklärung nach § 44 Absatz 2 Satz 1 Nummer 3 abgegeben haben,
2. die Mitglieder keinen Anspruch auf Krankengeld haben oder ob die Krankenkasse den Umfang der Leistungen auf Grund von Vorschriften dieses Buches beschränkt hat oder
3. die Mitglieder nach § 10 des Entgeltfortzahlungsgesetzes Anspruch auf Zahlung eines Zuschlages zum Arbeitsentgelt haben.

$_{3}$Die Zahl der Personen, deren Erwerbsfähigkeit nach den §§ 43 und 45 des Sechsten Buches gemindert ist, wird in der Erhebung nach Satz 1 als eine gemeinsame weitere Mitgliedergruppe getrennt erhoben.

(3) $_{1}$Die Krankenkassen erheben in Abständen von längstens drei Jahren, erstmals für das Geschäftsjahr 1994, nicht versichertenbezogen die in Absatz 1 genannten Leistungsausgaben und die Krankengeldtage auch getrennt nach den Altersgruppen gemäß Absatz 2 Satz 1 und nach dem Geschlecht der Versicherten, die Krankengeldausgaben nach § 44 und die Krankengeldtage zusätzlich gegliedert nach den in Absatz 2 Satz 2 genannten Mitgliedergruppen; die Ausgaben für Mehr- und Erprobungsleistungen und für Leistungen, auf die kein Rechtsanspruch besteht, werden mit Ausnahme der Leistungen nach § 266 Abs. 4 Satz 2 nicht erhoben. $_{2}$Bei der Erhebung nach Satz 1 sind die Leistungsausgaben für die Gruppe der Personen, deren Erwerbsfähigkeit nach den §§ 43 und 45 des Sechsten Buches gemindert ist, getrennt zu erheben. $_{3}$Die Leistungsausgaben für die Gruppen der Versicherten nach Absatz 2 Satz 4 sind bei der Erhebung nach den Sätzen 1 bis 3 nach Versichertengruppen getrennt zu erheben. $_{4}$Die Erhebung der Daten nach den Sätzen 1 bis 3 kann auf für die Region und die Krankenkassenart repräsentative Stichproben im Bundesgebiet oder in

einzelnen Ländern begrenzt werden. 5Der Gesamtumfang der Stichproben beträgt höchstens 10 vom Hundert aller in der gesetzlichen Krankenversicherung Versicherten.

(4) Die Krankenkassen legen die Ergebnisse der Datenerhebung nach den Absätzen 1 und 3 bis zum 31. Mai des Folgejahres, die Ergebnisse der Datenerhebung nach Absatz 2 spätestens drei Monate nach dem Erhebungsstichtag über den Spitzenverband Bund der Krankenkassen der in der Rechtsverordnung nach § 266 Abs. 7 genannten Stelle auf maschinell verwertbaren Datenträgern vor.

(5) 1Für die Datenerfassung nach Absatz 3 können die hiervon betroffenen Krankenkassen auf der Krankenversichertenkarte auch Kennzeichen für die Mitgliedergruppen nach Absatz 3 Satz 1 bis 3 verwenden. 2Enthält die Krankenversichertenkarte Kennzeichnungen nach Satz 1, übertragen Ärzte und Zahnärzte diese Kennzeichnungen auf die für die vertragsärztliche Versorgung verbindlichen Verordnungsblätter und Überweisungsscheine oder in die entsprechenden elektronischen Datensätze. 3Die Kassenärztlichen und Kassenzahnärztlichen Vereinigungen und die Leistungserbringer verwenden die Kennzeichen nach Satz 1 bei der Leistungsabrechnung; sie weisen zusätzlich die Summen der den einzelnen Kennzeichen zugeordneten Abrechnungsbeträge in der Leistungsabrechnung gesondert aus. 4Andere Verwendungen der Kennzeichen nach Satz 1 sind unzulässig. 5Die Kassenärztlichen und Kassenzahnärztlichen Vereinigungen und die Leistungserbringer stellen die für die Datenerfassung nach den Absätzen 1 bis 3 notwendigen Abrechnungsdaten in geeigneter Weise auf maschinell verwertbaren Datenträgern zur Verfügung.

(6) 1Die Krankenkassen übermitteln den Trägern der gesetzlichen Rentenversicherung über den Spitzenverband Bund der Krankenkassen die Kennzeichen nach § 293 Abs. 1 sowie die Versicherungsnummern nach § 147 des Sechsten Buches der bei ihnen pflichtversicherten Rentner. 2Die Träger der gesetzlichen Rentenversicherung melden den zuständigen Krankenkassen über den Spitzenverband Bund der Krankenkassen jährlich bis zum 31. Dezember auf der Grundlage der Kennzeichen nach Satz 1 die Information, welche Versicherten eine Rente wegen Erwerbsminderung oder eine Berufs- oder Erwerbsunfähigkeitsrente erhalten. 3Die Träger der gesetzlichen Rentenversicherung können die Durchführung der Aufgaben nach Satz 2 auf die Deutsche Post AG übertragen; die Krankenkassen übermitteln über den Spitzenverband Bund der Krankenkassen die Daten nach Satz 1 in diesem Fall an die Deutsche Post AG. 4§ 119 Abs. 6 Satz 1 des Sechsten Buches gilt. 5Die Träger der gesetzlichen Rentenversicherung oder die nach Satz 3 beauftragte Stelle löschen die Daten nach Satz 1, sobald sie ihre Aufgaben nach diesem Absatz durchgeführt haben. 6Die Krankenkassen dürfen die Daten nur für die Datenerhebung nach den Absätzen 1 bis 3 verwenden. 7Die Daten nach Satz 2 sind zu löschen, sobald der Risikostrukturausgleich nach § 266 durchgeführt und abgeschlossen ist.

(7) 1Der Spitzenverband Bund der Krankenkassen bestimmt das Nähere über

1. den Erhebungsumfang, die Auswahl der Regionen und der Stichprobenverfahren nach Absatz 3 und
2. das Verfahren der Kennzeichnung nach Absatz 5 Satz 1.

2Der Spitzenverband Bund der Krankenkassen vereinbart

1. mit den Kassenärztlichen Bundesvereinigungen in den Vereinbarungen nach § 295 Abs. 3 das Nähere über das Verfahren nach Absatz 5 Satz 2 bis 4 und
2. mit der Deutschen Rentenversicherung Bund das Nähere über das Verfahren der Meldung nach Absatz 6.

(8) (weggefallen)

(9) Die Kosten werden getragen

1. für die Erhebung nach den Absätzen 1 und 2 von den betroffenen Krankenkassen,
2. für die Erhebung nach Absatz 3 vom Spitzenverband Bund der Krankenkassen,

3. für die Erhebung und Verarbeitung der Daten nach Absatz 5 von den Kassenärztlichen und Kassenzahnärztlichen Vereinigungen und den übrigen Leistungserbringern,
4. für die Meldung nach Absatz 6 von den Trägern der gesetzlichen Rentenversicherung.

(10) Die Absätze 1 bis 9 gelten nicht für die landwirtschaftliche Krankenkasse.

§ 268 Weiterentwicklung des Risikostrukturausgleichs

(1) 1Die Versichertengruppen nach § 266 Abs. 1 Satz 2 und 3 und die Gewichtungsfaktoren nach § 266 Abs. 2 Satz 2 sind vom 1. Januar 2009 an abweichend von § 266 nach Klassifikationsmerkmalen zu bilden (Morbiditätsgruppen), die zugleich

1. die Morbidität der Versicherten auf der Grundlage von Diagnosen, Diagnosegruppen, Indikationen, Indikationengruppen, medizinischen Leistungen oder Kombinationen dieser Merkmale unmittelbar berücksichtigen,
2. an der Höhe der durchschnittlichen krankheitsspezifischen Leistungsausgaben der zugeordneten Versicherten orientiert sind,
3. Anreize zu Risikoselektion verringern,
4. keine Anreize zu medizinisch nicht gerechtfertigten Leistungsausweitungen setzen und
5. 50 bis 80 insbesondere kostenintensive chronische Krankheiten und Krankheiten mit schwerwiegendem Verlauf der Auswahl der Morbiditätsgruppen zugrunde legen.

2Im Übrigen gilt § 266.

(2) 1Das Bundesministerium für Gesundheit regelt bis zum 31. Dezember 2009 durch Rechtsverordnung nach § 266 Abs. 7 mit Zustimmung des Bundesrates das Nähere zur Umsetzung der Vorgaben nach Absatz 1. 2In der Verordnung ist auch zu bestimmen, ob einzelne oder mehrere der bis zum 31. Dezember 2008 geltenden Kriterien zur Bestimmung der Versichertengruppen neben den in Absatz 1 Satz 1 genannten Vorgaben weitergelten; § 266 Abs. 7 Nr. 3 gilt.

(3) 1Für die Vorbereitung der Gruppenbildung und Durchführung der Untersuchung nach Absatz 2 Satz 5 erheben die Krankenkassen für die Jahre 2001 und 2002 als Stichproben entsprechend § 267 Abs. 3 Satz 3 und 4 bis zum 15. August des jeweiligen Folgejahres getrennt nach den Versichertengruppen nach § 267 Abs. 2 je Versicherten die Versichertentage und die Leistungsausgaben in der Gliederung und nach den Bestimmungen des Kontenrahmens in den Bereichen

1. Krankenhaus einschließlich der Angaben nach § 301 Abs. 1 Satz 1 Nr. 6, 7 und 9 sowie die Angabe des Tages der Aufnahme und der Aufnahmediagnosen nach § 301 Abs. 1 Satz 1 Nr. 3, jedoch ohne das Institutionskennzeichen der aufnehmenden Institution und ohne die Uhrzeit der Entlassung,
2. stationäre Anschlussrehabilitation einschließlich der Angaben nach § 301 Abs. 4 Satz 1 Nr. 5 und 7, jedoch ohne das Institutionskennzeichen der aufnehmenden Institution,
3. Arzneimittel einschließlich des Kennzeichens nach § 300 Abs. 1 Nr. 1,
4. Krankengeld nach § 44 einschließlich der Angaben nach § 295 Abs. 1 Satz 1 Nr. 1,
5. vertragsärztliche Versorgung einschließlich der Angaben nach § 295 Abs. 1 Satz 1 Nr. 2 sowie der abgerechneten Punktzahlen und Kosten und der Angaben nach § 295 Abs. 1 Satz 4, jedoch ohne den Tag der Behandlung,
6. der Leistungserbringer nach § 302 einschließlich der Diagnose, des Befunds und des Tages der Leistungserbringung, jedoch ohne die Leistungen nach Art, Menge und Preis sowie ohne die Arztnummer des verordnenden Arztes,
7. die nach den Nummern 1 bis 6 nicht erfassten Leistungsausgaben ohne die Leistungsausgaben nach § 266 Abs. 4 Satz 1.

2Sofern die Erhebung nach Satz 1 Nummer 1 bis 7 Diagnosedaten und Arzneimittelkennzeichen beinhaltet, dürfen ausschließlich Di-

V

agnosedaten und Arzneimittelkennzeichen verarbeitet oder genutzt werden, die von den Krankenkassen nach den §§ 294 bis 303 erhoben wurden. $_{3}$Die für die Stichprobe erforderlichen versichertenbezogenen Daten sind zu pseudonymisieren. $_{4}$Der Schlüssel für die Herstellung des Pseudonyms ist vom Beauftragten für den Datenschutz der Krankenkasse aufzubewahren und darf anderen Personen nicht zugänglich gemacht werden. $_{5}$Die Kassenärztlichen und Kassenzahnärztlichen Vereinigungen übermitteln den Krankenkassen die erforderlichen Daten zu Satz 1 Nr. 5 bis spätestens 1. Juli des Folgejahres. $_{6}$Die Daten sind vor der Übermittlung mit einem Pseudonym je Versicherten zu versehen, das den Kassenärztlichen und Kassenzahnärztlichen Vereinigungen hierfür von den Krankenkassen übermittelt wird. $_{7}$Die Krankenkassen übermitteln die Daten nach Satz 1 in pseudonymisierter und maschinenlesbarer Form über ihren Spitzenverband an das Bundesversicherungsamt. $_{8}$Die Herstellung des Versichertenbezugs ist zulässig, soweit dies für die Berücksichtigung nachträglicher Veränderungen der nach Satz 7 übermittelten Daten erforderlich ist. $_{9}$Über die Pseudonymisierung in der Krankenkasse und über jede Herstellung des Versichertenbezugs ist eine Niederschrift anzufertigen. $_{10}$Die Spitzenverbände der Krankenkassen bestimmen bis zum 31. März 2002 im Einvernehmen mit dem Bundesversicherungsamt in ihrer Vereinbarung nach § 267 Abs. 7 Nr. 1 und 2 sowie in Vereinbarungen mit der Kassenärztlichen Bundesvereinigung und den für die Wahrnehmung der wirtschaftlichen Interessen der übrigen Leistungserbringer gebildeten maßgeblichen Spitzenorganisationen das Nähere über den Umfang der Stichproben und das Verfahren der Datenerhebung und -übermittlung. $_{11}$In der Vereinbarung nach Satz 10 kann die Stichprobenerhebung ergänzend auch auf das erste Halbjahr 2003 erstreckt werden. $_{12}$§ 267 Abs. 9 und 10 gilt. $_{13}$Kommen die Vereinbarungen nach Satz 10 nicht zustande, bestimmt das Bundesministerium für Gesundheit bis zum 30. Juni 2002 in der Rechtsverordnung nach § 266 Abs. 7 das Nähere über das Verfahren. $_{14}$Die Rechtsverordnung bestimmt außerdem, welche der in Satz 1 genannten Daten vom 1. Januar 2005 an für die Durchführung des Risikostrukturausgleichs sowie für seine weitere Entwicklung zu erheben sind, Verfahren und Umfang dieser Datenerhebung sowie die Voraussetzungen, unter denen die Herstellung des Versichertenbezugs zulässig ist, Satz 2 gilt entsprechend; im Übrigen gilt § 267.

§ 269 Sonderregelungen für Krankengeld und Auslandsversicherte

(1) Für die in § 267 Absatz 2 Satz 2 genannten Versichertengruppen kann das bestehende Standardisierungsverfahren für die Berücksichtigung des Krankengeldes um ein Verfahren ergänzt werden, das die tatsächlichen Leistungsausgaben der einzelnen Krankenkassen für Krankengeld anteilig berücksichtigt.

(2) Für Versicherte, die während des überwiegenden Teils des dem Ausgleichsjahr vorangegangenen Jahres ihren Wohnsitz oder gewöhnlichen Aufenthalt außerhalb des Gebiets der Bundesrepublik Deutschland hatten, ist die Höhe der Zuweisungen zur Deckung ihrer standardisierten Leistungsausgaben auf die tatsächlichen Leistungsausgaben aller Krankenkassen für diese Versichertengruppen zu begrenzen.

(3) $_{1}$Das Bundesversicherungsamt gibt Gutachten in Auftrag, mit denen Modelle für eine zielgerichtetere Ermittlung der Zuweisungen zur Deckung der Aufwendungen für Krankengeld und für Versicherte, die während des überwiegenden Teils des dem Ausgleichsjahr vorangegangenen Jahres ihren Wohnsitz oder gewöhnlichen Aufenthalt außerhalb des Gebiets der Bundesrepublik Deutschland hatten, entwickelt werden sollen. $_{2}$Dabei ist auch zu untersuchen, ob zusätzliche Daten erforderlich sind, um das in Satz 1 genannte Ziel zu erreichen. $_{3}$§ 268 Absatz 1 Satz 1 Nummer 2 bis 4 ist bei der Entwicklung der Modelle zu beachten. $_{4}$Zur Erfüllung des jeweiligen Gutachtenauftrags ist der beauftragten Person oder Personengruppe beim Bundesversicherungsamt Einsicht in die die-

sem nach § 268 Absatz 3 Satz 7 übermittelten pseudonymisierten versichertenbezogenen Daten zu geben. 5Zu diesem Zweck ist der beauftragten Person oder Personengruppe bei der Deutschen Verbindungsstelle Krankenversicherung – Ausland ebenso Einsicht in die dieser nach Artikel 35 der Verordnung (EG) Nr. 883/2004 des Europäischen Parlaments und des Rates vom 29. April 2004 zur Koordinierung der Systeme der sozialen Sicherheit (ABl. L 166 vom 30. 4. 2004, S. 1, L 200 vom 7. 6. 2004, S. 1, L 204 vom 4. 8. 2007, S. 30) in Verbindung mit Titel IV der Verordnung (EG) Nr. 987/2009 des Europäischen Parlaments und des Rates vom 16. September 2009 zur Festlegung der Modalitäten für die Durchführung der Verordnung (EG) Nr. 883/2004 über die Koordinierung der Systeme der sozialen Sicherheit (ABl. L 284 vom 30. 10. 2009, S. 1) vorliegenden Daten zu geben; Einsicht ist nur in pseudonymisierte oder anonymisierte Daten zu geben.

(4) Das Nähere zur Umsetzung der Vorgaben der Absätze 1 bis 3, insbesondere zur Abgrenzung der Leistungsausgaben, zum Verfahren einschließlich der Durchführung des Zahlungsverkehrs sowie zur Festlegung der Vorgaben für die Gutachten regelt die Rechtsverordnung nach § 266 Absatz 7 Satz 1.

§ 270 Zuweisungen aus dem Gesundheitsfonds für sonstige Ausgaben

(1) 1Die Krankenkassen erhalten aus dem Gesundheitsfonds Zuweisungen zur Deckung

a) ihrer standardisierten Aufwendungen nach § 266 Abs. 4 Satz 1 Nr. 2 mit Ausnahme der Leistungen nach § 11 Absatz 6 und § 53,

b) ihrer standardisierten Aufwendungen, die auf Grund der Entwicklung und Durchführung von Programmen nach § 137g entstehen und die in der Rechtsverordnung nach § 266 Abs. 7 näher zu bestimmen sind, sowie

c) ihrer standardisierten Verwaltungsausgaben.

2§ 266 Abs. 5 Satz 1 und 3, Abs. 6 und 9 gilt entsprechend.

(2) 1Für die Ermittlung der Höhe der Zuweisungen nach Absatz 1 erheben die Krankenkassen nicht versichertenbezogen jährlich die Aufwendungen nach § 266 Abs. 4 Satz 1 Nr. 2 und die Verwaltungsausgaben. 2§ 266 Absatz 4 Satz 1 Nummer 1 und § 267 Absatz 4 gelten entsprechend.

§ 270a Einkommensausgleich

(1) Zwischen den Krankenkassen wird im Hinblick auf die von ihnen erhobenen Zusatzbeiträge nach § 242 nach Maßgabe der folgenden Absätze ein vollständiger Ausgleich der beitragspflichtigen Einnahmen ihrer Mitglieder durchgeführt.

(2) 1Die Krankenkassen, die einen Zusatzbeitrag nach § 242 erheben, erhalten aus dem Gesundheitsfonds die Beträge aus den Zusatzbeiträgen ihrer Mitglieder in der Höhe, die sich nach dem Einkommensausgleich ergibt. 2Die Höhe dieser Mittel für jede Krankenkasse wird ermittelt, indem der Zusatzbeitragssatz der Krankenkasse nach § 242 Absatz 1 mit den voraussichtlichen durchschnittlichen beitragspflichtigen Einnahmen je Mitglied aller Krankenkassen und ihrer Mitgliederzahl multipliziert wird.

(3) Weicht der Gesamtbetrag aus den Zusatzbeiträgen nach § 242 von den notwendigen Aufwendungen für die Mittel nach Absatz 2 ab, wird der Abweichungsbetrag entweder aus den Mitteln der Liquiditätsreserve des Gesundheitsfonds nach § 271 Absatz 2 aufgebracht oder der Liquiditätsreserve zugeführt.

(4) 1Das Bundesversicherungsamt verwaltet für die Zwecke der Durchführung des Einkommensausgleichs die eingehenden Beträge aus den Zusatzbeiträgen; § 271 Absatz 6 Satz 1 ist entsprechend anzuwenden. 2Das Bundesversicherungsamt ermittelt die Höhe der Mittel nach Absatz 2 und weist sie den Krankenkassen zu. 3§ 266 Absatz 5 Satz 3 und Absatz 6 Satz 7 ist entsprechend anzuwenden. 4Das Nähere zur Ermittlung der vorläufigen und endgültigen Mittel, die die Krankenkassen im Rahmen des Einkommensaus-

V

gleichs erhalten, zur Durchführung, zum Zahlungsverkehr und zur Fälligkeit der Beiträge regelt die Rechtsverordnung nach § 266 Absatz 7 Satz 1.

§ 271 Gesundheitsfonds

(1) Das Bundesversicherungsamt verwaltet als Sondervermögen (Gesundheitsfonds) die eingehenden Beträge aus:

1. den von den Einzugsstellen nach § 28k Abs. 1 Satz 1 des Vierten Buches und nach § 252 Abs. 2 Satz 3 eingezogenen Beiträgen für die gesetzliche Krankenversicherung,
2. den Beiträgen aus Rentenzahlungen nach § 255,
3. den Beiträgen nach § 28k Abs. 2 des Vierten Buches,
4. der Beitragszahlung nach § 252 Abs. 2 und
5. den Bundesmitteln nach § 221.

(1a) 1Die eingehenden Beträge nach Absatz 1 sind, soweit es sich dabei um Zusatzbeiträge nach § 242 handelt, in voller Höhe für den Einkommensausgleich nach § 270a zu verwenden. 2Sie sind dem Bundesversicherungsamt als Verwalter der eingehenden Beträge aus den Zusatzbeiträgen nachzuweisen.

(2) 1Der Gesundheitsfonds hat liquide Mittel als Liquiditätsreserve vorzuhalten. 2Aus der Liquiditätsreserve sind unterjährige Schwankungen in den Einnahmen, nicht berücksichtigte Einnahmeausfälle in den nach § 242a Absatz 1 zugrunde gelegten voraussichtlichen jährlichen Einnahmen des Gesundheitsfonds und die erforderlichen Aufwendungen für die Durchführung des Einkommensausgleichs nach § 270a zu decken. 3Die Höhe der Liquiditätsreserve muss nach Ablauf eines Geschäftsjahres mindestens 25 Prozent der durchschnittlich auf den Monat entfallenden Ausgaben des Gesundheitsfonds betragen. 4Den Einnahmen des Gesundheitsfonds nach Absatz 1 werden im Jahr 2015 2,5 Milliarden Euro abzüglich des Anteils an diesem Betrag, der sich nach § 221 Absatz 2 Satz 2 bemisst, aus der Liquiditätsreserve zugeführt. 5Zur Finanzierung der Fördermittel nach § 92a Absatz 3 und 4 werden dem Innovationsfonds aus der Liquiditätsreserve des Gesundheitsfonds in den Jahren 2016 bis 2019 jährlich 150 Millionen Euro abzüglich der Hälfte des anteiligen Betrages der landwirtschaftlichen Krankenkasse gemäß § 221 Absatz 2 Satz 3 und 4 zugeführt; Finanzmittel aus der Liquiditätsreserve, die im Haushaltsjahr nicht verausgabt wurden, werden nach § 92a Absatz 3 Satz 5 anteilig an die Liquiditätsreserve des Gesundheitsfonds zurückgeführt.

(2a) 1Bei Schließung oder Insolvenz einer Krankenkasse kann das Bundesversicherungsamt einer leistungsaushelfenden Krankenkasse auf Antrag ein Darlehen aus der Liquiditätsreserve gewähren, wenn dies erforderlich ist, um Leistungsansprüche von Versicherten zu finanzieren, deren Mitgliedschaftsverhältnisse noch nicht geklärt sind. 2Das Darlehen ist innerhalb von sechs Monaten zurückzuzahlen. 3Das Nähere zur Darlehensgewährung, Verzinsung und Rückzahlung regelt das Bundesversicherungsamt im Benehmen mit dem Spitzenverband Bund der Krankenkassen.

(3) 1Reicht die Liquiditätsreserve nicht aus, um alle Zuweisungen nach § 266 Abs. 1 Satz 1 zu erfüllen, leistet der Bund dem Gesundheitsfonds ein nicht zu verzinsendes Liquiditätsdarlehen in Höhe der fehlenden Mittel. 2Das Darlehen ist im Haushaltsjahr zurückzuzahlen. 3Die jahresendliche Rückzahlung ist durch geeignete Maßnahmen sicherzustellen.

(4) Die im Laufe eines Jahres entstehenden Kapitalerträge werden dem Sondervermögen gutgeschrieben.

(5) Die Mittel des Gesundheitsfonds sind so anzulegen, dass sie für den in den §§ 266, 269 und 270 genannten Zweck verfügbar sind.

(6) 1Die dem Bundesversicherungsamt bei der Verwaltung des Fonds entstehenden Ausgaben einschließlich der Ausgaben für die Durchführung und Weiterentwicklung des Risikostrukturausgleichs werden aus den Einnahmen des Gesundheitsfonds gedeckt. 2Das Nähere regelt die Rechtsverordnung nach § 266 Abs. 7.

§ 271a Sicherstellung der Einnahmen des Gesundheitsfonds

(1) 1Steigen die Beitragsrückstände einer Krankenkasse erheblich an, so hat die Krankenkasse nach Aufforderung durch das Bundesversicherungsamt diesem die Gründe hierfür zu berichten und innerhalb einer Frist von vier Wochen glaubhaft zu machen, dass der Anstieg nicht auf eine Pflichtverletzung zurückzuführen ist. 2Entscheidungserhebliche Tatsachen sind durch geeignete Unterlagen glaubhaft zu machen.

(2) 1Werden die entscheidungserheblichen Unterlagen nicht vorgelegt oder reichen diese nicht zur Glaubhaftmachung eines unverschuldeten Beitragsrückstandes aus, wird die Krankenkasse säumig. 2Für jeden angefangenen Monat nach Aufforderung zur Berichtslegung wird vorläufig ein Säumniszuschlag in Höhe von 10 Prozent von dem Betrag erhoben, der sich aus der Rückstandsquote des die Berichtspflicht auslösenden Monats abzüglich der des Vorjahresmonats oder der des Vorjahresdurchschnitts der Krankenkasse, multipliziert mit den insgesamt zum Soll gestellten Beiträgen der Krankenkasse des die Berichtspflicht auslösenden Monats, ergibt. 3Es wird der jeweils niedrigere Wert zur Berechnung der Säumniszuschläge in Ansatz gebracht.

(3) 1Die Krankenkasse erhält ihre Säumniszuschläge zurück, wenn sie innerhalb einer angemessenen, vom Bundesversicherungsamt festzusetzenden Frist, die im Regelfall drei Monate nach Eintritt der Säumnis nach Absatz 2 nicht unterschreiten soll, glaubhaft macht, dass die Beitragsrückstände nicht auf eine Pflichtverletzung ihrerseits zurückzuführen sind. 2Anderenfalls werden die Säumniszuschläge endgültig festgesetzt und verbleiben dem Gesundheitsfonds.

(4) 1Bleiben die Beitragsrückstände auch nach Ablauf der Frist nach Absatz 3 erheblich im Sinne des Absatzes 1 und ist die Krankenkasse säumig im Sinne des Absatzes 2, ist von einer fortgesetzten Pflichtverletzung auszugehen. 2In diesem Fall soll das Bundesversicherungsamt den Säumniszuschlag um weitere 10 Prozentpunkte pro Monat bis zur vollen Höhe des für die Berechnung der Säumniszuschläge zu Grunde gelegten Differenzbetrages nach Absatz 2 erhöhen. 3Diese Säumniszuschläge gelten als endgültig festgesetzt und verbleiben dem Gesundheitsfonds.

(5) Klagen gegen die Erhebung von Säumniszuschlägen haben keine aufschiebende Wirkung.

(6) § 28r des Vierten Buches und § 251 Abs. 5 Satz 2 bleiben unberührt.

§ 272 (weggefallen)

§ 273 Sicherung der Datengrundlagen für den Risikostrukturausgleich

(1) 1Das Bundesversicherungsamt prüft im Rahmen der Durchführung des Risikostrukturausgleichs nach Maßgabe der folgenden Absätze die Datenmeldungen der Krankenkassen hinsichtlich der Vorgaben des § 268 Absatz 3 Satz 1, 2 und 14, insbesondere die Zulässigkeit der Meldung von Diagnosedaten und Arzneimittelkennzeichen. 2§ 266 Absatz 7 Satz 1 Nummer 9 und § 274 bleiben unberührt.

(2) 1Das Bundesversicherungsamt unterzieht die Daten nach § 268 Absatz 3 Satz 14 in Verbindung mit Satz 1 Nummer 5 einer Prüfung zur Feststellung einer Auffälligkeit. 2Die Daten nach § 268 Absatz 3 Satz 14 in Verbindung mit Satz 1 Nummer 1 bis 4 und 6 bis 7 kann das Bundesversicherungsamt einer Prüfung zur Feststellung einer Auffälligkeit unterziehen. 3Die Prüfung erfolgt als kassenübergreifende Vergleichsanalyse. 4Der Vergleichsanalyse sind geeignete Analysegrößen, insbesondere Häufigkeit und Schweregrad der übermittelten Diagnosen, sowie geeignete Vergleichskenngrößen und Vergleichszeitpunkte zugrunde zu legen, um Veränderungen der Daten und ihre Bedeutung für die Klassifikation der Versicherten nach Morbidität nach § 268 Absatz 1 Satz 1 Nummer 1 erkennbar zu machen. 5Das Nähere, insbesondere einen Schwellenwert für die Feststellung einer Auffälligkeit, bestimmt das Bundesversicherungsamt im Benehmen

V

mit dem Spitzenverband Bund der Krankenkassen.

(3) $_{1}$Hat das Bundesversicherungsamt eine Auffälligkeit nach Absatz 2 festgestellt, unterzieht es die betroffene Krankenkasse insbesondere wegen der Zulässigkeit der Meldung von Diagnosedaten nach § 268 Absatz 3 Satz 14 einer Einzelfallprüfung. $_{2}$Das Gleiche gilt auch dann, wenn bestimmte Tatsachen den Verdacht begründen, dass eine Krankenkasse die Vorgaben des § 268 Absatz 3 Satz 1, 2 und 14 nicht eingehalten hat. $_{3}$Das Bundesversicherungsamt kann von der betroffenen Krankenkasse weitere Auskünfte und Nachweise verlangen, insbesondere über die zugehörigen anonymisierten Arztnummern sowie die abgerechneten Gebührenpositionen. $_{4}$Das Nähere über die einheitliche technische Aufbereitung der Daten kann das Bundesversicherungsamt bestimmen. $_{5}$Das Bundesversicherungsamt kann die betroffene Krankenkasse auch vor Ort prüfen. $_{6}$Eine Prüfung der Leistungserbringer, insbesondere im Hinblick auf Diagnosedaten, ist ausgeschlossen. $_{7}$Die von den Krankenkassen übermittelten Daten dürfen ausschließlich für die Prüfung zur Feststellung einer Auffälligkeit nach Absatz 2 sowie für die Einzelfallprüfung nach diesem Absatz verarbeitet oder genutzt werden.

(4) $_{1}$Das Bundesversicherungsamt stellt als Ergebnis der Prüfungen nach den Absätzen 2 und 3 fest, ob und in welchem Umfang die betroffene Krankenkasse die Vorgaben des § 268 Absatz 3 Satz 1, 2 und 14 eingehalten hat. $_{2}$Hat die betroffene Krankenkasse die Vorgaben des § 268 Absatz 3 Satz 1, 2 und 14 nicht oder nur teilweise eingehalten, ermittelt das Bundesversicherungsamt einen Korrekturbetrag, um den die Zuweisungen nach § 266 Absatz 2 Satz 1 für diese Krankenkasse zu kürzen sind. $_{3}$Das Nähere über die Ermittlung des Korrekturbetrags und die Kürzung der Zuweisungen regelt das Bundesministerium für Gesundheit durch Rechtsverordnung nach § 266 Absatz 7 mit Zustimmung des Bundesrates.

(5) $_{1}$Das Bundesversicherungsamt teilt der betroffenen Krankenkasse seine Feststellung nach Absatz 4 Satz 1 und den Korrekturbetrag nach Absatz 4 Satz 2 mit. $_{2}$Klagen bei Streitigkeiten nach dieser Vorschrift haben keine aufschiebende Wirkung.

Fünfter Abschnitt
Prüfung der Krankenkassen und ihrer Verbände

§ 274 Prüfung der Geschäfts-, Rechnungs- und Betriebsführung

(1) $_{1}$Das Bundesversicherungsamt und die für die Sozialversicherung zuständigen obersten Verwaltungsbehörden der Länder haben mindestens alle fünf Jahre die Geschäfts-, Rechnungs- und Betriebsführung der ihrer Aufsicht unterstehenden Krankenkassen und deren Arbeitsgemeinschaften zu prüfen. $_{2}$Das Bundesministerium für Gesundheit hat mindestens alle fünf Jahre die Geschäfts-, Rechnungs- und Betriebsführung des Spitzenverbandes Bund der Krankenkassen und der Kassenärztlichen Bundesvereinigungen, die für die Sozialversicherung zuständigen obersten Verwaltungsbehörden der Länder haben mindestens alle fünf Jahre die Geschäfts-, Rechnungs- und Betriebsführung der Landesverbände der Krankenkassen und der Kassenärztlichen Vereinigungen sowie der Prüfstelle und des Beschwerdeausschusses nach § 106 zu prüfen. $_{3}$Das Bundesministerium für Gesundheit kann die Prüfung der bundesunmittelbaren Krankenkassen und deren Arbeitsgemeinschaften, die der Aufsicht des Bundesversicherungsamts unterstehen, des Spitzenverbandes Bund der Krankenkassen und der Kassenärztlichen Bundesvereinigungen, die für die Sozialversicherung zuständigen obersten Verwaltungsbehörden der Länder können die Prüfung der landesunmittelbaren Krankenkassen und deren Arbeitsgemeinschaften, die ihrer Aufsicht unterstehen, der Landesverbände der Krankenkassen und der Kassenärztlichen Vereinigungen auf eine öffentlich-rechtliche Prüfungseinrichtung übertragen, die bei der Durchführung der Prüfung unabhängig ist, oder eine solche Prüfungseinrichtung errichten. $_{4}$Die Prüfung hat sich auf den gesamten Ge-

schäftsbetrieb zu erstrecken; sie umfaßt die Prüfung seiner Gesetzmäßigkeit und Wirtschaftlichkeit. 5Die Krankenkassen, die Verbände und Arbeitsgemeinschaften der Krankenkassen, die Kassenärztlichen Vereinigungen und die Kassenärztlichen Bundesvereinigungen haben auf Verlangen alle Unterlagen vorzulegen und alle Auskünfte zu erteilen, die zur Durchführung der Prüfung erforderlich sind.

(2) 1Die Kosten, die den mit der Prüfung befaßten Stellen entstehen, tragen die Krankenkassen ab dem Jahr 2009 nach der Zahl ihrer Mitglieder. 2Das Nähere über die Erstattung der Kosten einschließlich der zu zahlenden Vorschüsse regeln für die Prüfung der bundesunmittelbaren Krankenkassen und des Spitzenverbandes Bund der Krankenkassen das Bundesministerium für Gesundheit, für die Prüfung der landesunmittelbaren Krankenkassen und der Landesverbände die für die Sozialversicherung zuständigen obersten Verwaltungsbehörden der Länder. 3Die Kassenärztlichen Vereinigungen, die Kassenärztlichen Bundesvereinigungen sowie die Verbände und Arbeitsgemeinschaften der Krankenkassen tragen die Kosten der bei ihnen durchgeführten Prüfungen selbst. 4Die Kosten werden nach dem tatsächlich entstandenen Personal- und Sachaufwand berechnet. 5Der Berechnung der Kosten für die Prüfung der Kassenärztlichen Bundesvereinigungen sind die vom Bundesministerium des Innern erstellten Übersichten über die Personalkostenansätze des laufenden Rechnungsjahres für Beamte, Angestellte und Lohnempfänger einschließlich der Sachkostenpauschale eines Arbeitsplatzes/Beschäftigten in der Bundesverwaltung, der Berechnung der Kosten für die Prüfung der Kassenärztlichen Vereinigungen die entsprechenden, von der zuständigen obersten Landesbehörde erstellten Übersichten zugrunde zu legen. 6Fehlt es in einem Land an einer solchen Übersicht, gilt die Übersicht des Bundesministeriums des Innern entsprechend. 7Zusätzlich zu den Personalkosten entstehende Verwaltungsausgaben sind den Kosten in ihrer tatsächlichen Höhe hinzuzurechnen. 8Die Personalkosten sind pro Prüfungsstunde anzusetzen. 9Die Kosten der Vor- und Nachbereitung der Prüfung einschließlich der Abfassung des Prüfberichts und einer etwaigen Beratung sind einzubeziehen. 10Die Prüfungskosten nach Satz 1 werden um die Prüfungskosten vermindert, die von den in Satz 3 genannten Stellen zu tragen sind.

(3) 1Das Bundesministerium für Gesundheit kann mit Zustimmung des Bundesrates allgemeine Verwaltungsvorschriften für die Durchführung der Prüfungen erlassen. 2Dabei ist ein regelmäßiger Erfahrungsaustausch zwischen den Prüfungseinrichtungen vorzusehen.

(4) Der Bundesrechnungshof prüft die Haushalts- und Wirtschaftsführung der gesetzlichen Krankenkassen, ihrer Verbände und Arbeitsgemeinschaften.

Neuntes Kapitel
Medizinischer Dienst der Krankenversicherung

Erster Abschnitt
Aufgaben

§ 275 Begutachtung und Beratung

(1) Die Krankenkassen sind in den gesetzlich bestimmten Fällen oder wenn es nach Art, Schwere, Dauer oder Häufigkeit der Erkrankung oder nach dem Krankheitsverlauf erforderlich ist, verpflichtet,

1. bei Erbringung von Leistungen, insbesondere zur Prüfung von Voraussetzungen, Art und Umfang der Leistung, sowie bei Auffälligkeiten zur Prüfung der ordnungsgemäßen Abrechnung,
2. zur Einleitung von Leistungen zur Teilhabe, insbesondere zur Koordinierung der Leistungen und Zusammenarbeit der Rehabilitationsträger nach den §§ 10 bis 12 des Neunten Buches, im Benehmen mit dem behandelnden Arzt,
3. bei Arbeitsunfähigkeit
   a) zur Sicherung des Behandlungserfolgs, insbesondere zur Einleitung von Maßnahmen der Leistungsträger für die

Wiederherstellung der Arbeitsfähigkeit, oder

b) zur Beseitigung von Zweifeln an der Arbeitsunfähigkeit,

eine gutachtliche Stellungnahme des Medizinischen Dienstes der Krankenversicherung (Medizinischer Dienst) einzuholen.

(1a) $_1$Zweifel an der Arbeitsunfähigkeit nach Absatz 1 Nr. 3 Buchstabe b sind insbesondere in Fällen anzunehmen, in denen

a) Versicherte auffällig häufig oder auffällig häufig nur für kurze Dauer arbeitsunfähig sind oder der Beginn der Arbeitsunfähigkeit häufig auf einen Arbeitstag am Beginn oder am Ende einer Woche fällt oder

b) die Arbeitsunfähigkeit von einem Arzt festgestellt worden ist, der durch die Häufigkeit der von ihm ausgestellten Bescheinigungen über Arbeitsunfähigkeit auffällig geworden ist.

$_2$Die Prüfung hat unverzüglich nach Vorlage der ärztlichen Feststellung über die Arbeitsunfähigkeit zu erfolgen. $_3$Der Arbeitgeber kann verlangen, daß die Krankenkasse eine gutachtliche Stellungnahme des Medizinischen Dienstes zur Überprüfung der Arbeitsunfähigkeit einholt. $_4$Die Krankenkasse kann von einer Beauftragung des Medizinischen Dienstes absehen, wenn sich die medizinischen Voraussetzungen der Arbeitsunfähigkeit eindeutig aus den der Krankenkasse vorliegenden ärztlichen Unterlagen ergeben.

(1b) $_1$Der Medizinische Dienst überprüft bei Vertragsärzten, die nach § 106 Abs. 2 Satz 1 Nr. 2 geprüft werden, stichprobenartig und zeitnah Feststellungen der Arbeitsunfähigkeit. $_2$Die in § 106 Abs. 2 Satz 4 genannten Vertragspartner vereinbaren das Nähere.

(1c) $_1$Bei Krankenhausbehandlung nach § 39 ist eine Prüfung nach Absatz 1 Nr. 1 zeitnah durchzuführen. $_2$Die Prüfung nach Satz 1 ist spätestens sechs Wochen nach Eingang der Abrechnung bei der Krankenkasse einzuleiten und durch den Medizinischen Dienst dem Krankenhaus anzuzeigen. $_3$Falls die Prüfung nicht zu einer Minderung des Abrechnungsbetrags führt, hat die Krankenkasse dem Krankenhaus eine Aufwandspauschale in Höhe von 300 Euro zu entrichten.

(2) Die Krankenkassen haben durch den Medizinischen Dienst prüfen zu lassen

1. die Notwendigkeit der Leistungen nach den §§ 23, 24, 40 und 41 unter Zugrundelegung eines ärztlichen Behandlungsplans in Stichproben vor Bewilligung und regelmäßig bei beantragter Verlängerung; der Spitzenverband Bund der Krankenkassen regelt in Richtlinien den Umfang und die Auswahl der Stichprobe und kann Ausnahmen zulassen, wenn Prüfungen nach Indikation und Personenkreis nicht notwendig erscheinen; dies gilt insbesondere für Leistungen zur medizinischen Rehabilitation im Anschluß an eine Krankenhausbehandlung (Anschlußheilbehandlung),
2. (weggefallen)
3. bei Kostenübernahme einer Behandlung im Ausland, ob die Behandlung einer Krankheit nur im Ausland möglich ist (§ 18),
4. ob und für welchen Zeitraum häusliche Krankenpflege länger als vier Wochen erforderlich ist (§ 37 Abs. 1),
5. ob Versorgung mit Zahnersatz aus medizinischen Gründen ausnahmsweise unaufschiebbar ist (§ 27 Abs. 2).

(3) Die Krankenkassen können in geeigneten Fällen durch den Medizinischen Dienst prüfen lassen

1. vor Bewilligung eines Hilfsmittels, ob das Hilfsmittel erforderlich ist (§ 33); der Medizinische Dienst hat hierbei den Versicherten zu beraten; er hat mit den Orthopädischen Versorgungsstellen zusammenzuarbeiten,
2. bei Dialysebehandlung, welche Form der ambulanten Dialysebehandlung unter Berücksichtigung des Einzelfalls notwendig und wirtschaftlich ist,
3. die Evaluation durchgeführter Hilfsmittelversorgungen,
4. ob Versicherten bei der Inanspruchnahme von Versicherungsleistungen aus Behand-

lungsfehlern ein Schaden entstanden ist (§ 66).

(3a) Ergeben sich bei der Auswertung der Unterlagen über die Zuordnung von Patienten zu den Behandlungsbereichen nach § 4 der Psychiatrie-Personalverordnung in vergleichbaren Gruppen Abweichungen, so können die Landesverbände der Krankenkassen und die Verbände der Ersatzkassen die Zuordnungen durch den Medizinischen Dienst überprüfen lassen; das zu übermittelnde Ergebnis der Überprüfung darf keine Sozialdaten enthalten.

(4) $_{1}$Die Krankenkassen und ihre Verbände sollen bei der Erfüllung anderer als der in Absatz 1 bis 3 genannten Aufgaben im notwendigen Umfang den Medizinischen Dienst oder andere Gutachterdienste zu Rate ziehen, insbesondere für allgemeine medizinische Fragen der gesundheitlichen Versorgung und Beratung der Versicherten, für Fragen der Qualitätssicherung, für Vertragsverhandlungen mit den Leistungserbringern und für Beratungen der gemeinsamen Ausschüsse von Ärzten und Krankenkassen, insbesondere der Prüfungsausschüsse. $_{2}$Der Medizinische Dienst führt die Aufgaben nach § 116b Absatz 2 durch, wenn der erweiterte Landesausschuss ihn hiermit nach § 116b Absatz 3 Satz 8 ganz oder teilweise beauftragt.

(4a) $_{1}$Soweit die Erfüllung der sonstigen dem Medizinischen Dienst obliegenden Aufgaben nicht beeinträchtigt wird, kann er Beamte nach den §§ 44 bis 49 des Bundesbeamtengesetzes ärztlich untersuchen und ärztliche Gutachten fertigen. $_{2}$Die hierdurch entstehenden Kosten sind von der Behörde, die den Auftrag erteilt hat, zu erstatten. $_{3}$§ 281 Absatz 1a Satz 2 gilt entsprechend. $_{4}$Der Medizinische Dienst des Spitzenverbandes Bund der Krankenkassen und das Bundesministerium des Innern vereinbaren unter Beteiligung der Medizinischen Dienste, die ihre grundsätzliche Bereitschaft zur Durchführung von Untersuchungen und zur Fertigung von Gutachten nach Satz 1 erklärt haben, das Nähere über das Verfahren und die Höhe der Kostenerstattung. $_{5}$Die Medizinischen Dienste legen die Vereinbarung ihrer Aufsichtsbehörde vor, die der Vereinbarung innerhalb von drei Monaten nach Vorlage widersprechen kann, wenn die Erfüllung der sonstigen Aufgaben des Medizinischen Dienstes gefährdet wäre.

(5) $_{1}$Die Ärzte des Medizinischen Dienstes sind bei der Wahrnehmung ihrer medizinischen Aufgaben nur ihrem ärztlichen Gewissen unterworfen. $_{2}$Sie sind nicht berechtigt, in die ärztliche Behandlung einzugreifen.

§ 276 Zusammenarbeit

(1) $_{1}$Die Krankenkassen sind verpflichtet, dem Medizinischen Dienst die für die Beratung und Begutachtung erforderlichen Unterlagen vorzulegen und Auskünfte zu erteilen. $_{2}$Unterlagen, die der Versicherte über seine Mitwirkungspflicht nach den §§ 60 und 65 des Ersten Buches hinaus seiner Krankenkasse freiwillig selbst überlassen hat, dürfen an den Medizinischen Dienst nur weitergegeben werden, soweit der Versicherte eingewilligt hat. $_{3}$Für die Einwilligung gilt § 67b Abs. 2 des Zehnten Buches.

(2) $_{1}$Der Medizinische Dienst darf Sozialdaten nur erheben und speichern, soweit dies für die Prüfungen, Beratungen und gutachtlichen Stellungnahmen nach § 275 und für die Modellvorhaben nach § 275a erforderlich ist, haben die Krankenkassen nach § 275 Abs. 1 bis 3 eine gutachtliche Stellungnahme oder Prüfung durch den Medizinischen Dienst veranlaßt, sind die Leistungserbringer verpflichtet, Sozialdaten auf Anforderung des Medizinischen Dienstes unmittelbar an diesen zu übermitteln, soweit dies für die gutachtliche Stellungnahme und Prüfung erforderlich ist. $_{2}$Die rechtmäßig erhobenen und gespeicherten Sozialdaten dürfen nur für die in § 275 genannten Zwecke verarbeitet oder genutzt werden, für andere Zwecke, soweit dies durch Rechtsvorschriften des Sozialgesetzbuchs angeordnet oder erlaubt ist. $_{3}$Die Sozialdaten sind nach fünf Jahren zu löschen. $_{4}$Die §§ 286, 287 und 304 Abs. 1 Satz 2 und 3 und Abs. 2 gelten für den Medizinischen Dienst entsprechend. $_{5}$Der Medizinische Dienst hat Sozialdaten zur Identifikation des Versicherten getrennt von den medizinischen Sozialdaten des Versicherten zu speichern. $_{6}$Durch

technische und organisatorische Maßnahmen ist sicherzustellen, dass die Sozialdaten nur den Personen zugänglich sind, die sie zur Erfüllung ihrer Aufgaben benötigen. 7Der Schlüssel für die Zusammenführung der Daten ist vom Beauftragten für den Datenschutz des Medizinischen Dienstes aufzubewahren und darf anderen Personen nicht zugänglich gemacht werden. 8Jede Zusammenführung ist zu protokollieren.

(2a) 1Ziehen die Krankenkassen den Medizinischen Dienst oder einen anderen Gutachterdienst nach § 275 Abs. 4 zu Rate, können sie ihn mit Erlaubnis der Aufsichtsbehörde beauftragen, Datenbestände leistungserbringer- oder fallbezogen für zeitlich befristete und im Umfang begrenzte Aufträge nach § 275 Abs. 4 auszuwerten; die versichertenbezogenen Sozialdaten sind vor der Übermittlung an den Medizinischen Dienst oder den anderen Gutachterdienst zu anonymisieren. 2Absatz 2 Satz 2 gilt entsprechend.

(2b) Beauftragt der Medizinische Dienst einen Gutachter (§ 279 Abs. 5), ist die Übermittlung von erforderlichen Daten zwischen Medizinischem Dienst und dem Gutachter zulässig, soweit dies zur Erfüllung des Auftrages erforderlich ist.

(3) Für das Akteneinsichtsrecht des Versicherten gilt § 25 des Zehnten Buches entsprechend.

(4) 1Wenn es im Einzelfall zu einer gutachtlichen Stellungnahme über die Notwendigkeit und Dauer der stationären Behandlung des Versicherten erforderlich ist, sind die Ärzte des Medizinischen Dienstes befugt, zwischen 8.00 und 18.00 Uhr die Räume der Krankenhäuser und Vorsorge- oder Rehabilitationseinrichtungen zu betreten, um dort die Krankenunterlagen einzusehen und, soweit erforderlich, den Versicherten untersuchen zu können. 2In den Fällen des § 275 Abs. 3a sind die Ärzte des Medizinischen Dienstes befugt, zwischen 8.00 und 18.00 Uhr die Räume der Krankenhäuser zu betreten, um dort die zur Prüfung erforderlichen Unterlagen einzusehen.

(5) 1Wenn sich im Rahmen der Überprüfung der Feststellungen von Arbeitsunfähigkeit (§ 275 Abs. 1 Nr. 3b, Abs. 1a und Abs. 1b) aus den ärztlichen Unterlagen ergibt, daß der Versicherte auf Grund seines Gesundheitszustandes nicht in der Lage ist, einer Vorladung des Medizinischen Dienstes Folge zu leisten oder wenn der Versicherte einen Vorladungstermin unter Berufung auf seinen Gesundheitszustand absagt und der Untersuchung fernbleibt, soll die Untersuchung in der Wohnung des Versicherten stattfinden. 2Verweigert er hierzu seine Zustimmung, kann ihm die Leistung versagt werden. 3Die §§ 65, 66 des Ersten Buches bleiben unberührt.

(6) Die Aufgaben des Medizinischen Dienstes im Rahmen der sozialen Pflegeversicherung ergeben sich zusätzlich zu den Bestimmungen dieses Buches aus den Vorschriften des Elften Buches.

V

§ 277 Mitteilungspflichten

(1) 1Der Medizinische Dienst hat dem an der vertragsärztlichen Versorgung teilnehmenden Arzt, sonstigen Leistungserbringern, über deren Leistungen er eine gutachtliche Stellungnahme abgegeben hat, und der Krankenkasse das Ergebnis der Begutachtung und der Krankenkasse die erforderlichen Angaben über den Befund mitzuteilen. 2Er ist befugt, den an der vertragsärztlichen Versorgung teilnehmenden Ärzten und den sonstigen Leistungserbringern, über deren Leistungen er eine gutachtliche Stellungnahme abgegeben hat, die erforderlichen Angaben über den Befund mitzuteilen. 3Der Versicherte kann der Mitteilung über den Befund an die Leistungserbringer widersprechen.

(2) 1Die Krankenkasse hat, solange ein Anspruch auf Fortzahlung des Arbeitsentgelts besteht, dem Arbeitgeber und dem Versicherten das Ergebnis des Gutachtens des Medizinischen Dienstes über die Arbeitsunfähigkeit mitzuteilen, wenn das Gutachten mit der Bescheinigung des Kassenarztes im Ergebnis nicht übereinstimmt. 2Die Mitteilung darf keine Angaben über die Krankheit des Versicherten enthalten.

Zweiter Abschnitt
Organisation

§ 278 Arbeitsgemeinschaft

(1) 1In jedem Land wird eine von den Krankenkassen der in Absatz 2 genannten Kassenarten gemeinsam getragene Arbeitsgemeinschaft Medizinischer Dienst der Krankenversicherung errichtet. 2Die Arbeitsgemeinschaft ist nach Maßgabe des Artikels 73 Abs. 4 Satz 3 und 4 des Gesundheits-Reformgesetzes eine rechtsfähige Körperschaft des öffentlichen Rechts.

(2) Mitglieder der Arbeitsgemeinschaft sind die Landesverbände der Orts-, Betriebs- und Innungskrankenkassen, die landwirtschaftliche Krankenkasse, die Ersatzkassen und die BAHN-BKK.

(3) 1Bestehen in einem Land mehrere Landesverbände einer Kassenart, kann durch Beschluß der Mitglieder der Arbeitsgemeinschaft in einem Land ein weiterer Medizinischer Dienst errichtet werden. 2Für mehrere Länder kann durch Beschluß der Mitglieder der betroffenen Arbeitsgemeinschaften ein gemeinsamer Medizinischer Dienst errichtet werden. 3Die Beschlüsse bedürfen der Zustimmung der für die Sozialversicherung zuständigen obersten Verwaltungsbehörden der betroffenen Länder.

§ 279 Verwaltungsrat und Geschäftsführer

(1) Organe des Medizinischen Dienstes sind der Verwaltungsrat und der Geschäftsführer.

(2) 1Der Verwaltungsrat wird von den Vertreterversammlungen der Mitglieder gewählt. 2§ 51 Abs. 1 Satz 1 Nr. 2 bis 4, Abs. 6 Nr. 2 bis 4, Nr. 5 Buchstabe b und c und Nr. 6 Buchstabe a des Vierten Buches gilt entsprechend. 3Beschäftigte des Medizinischen Dienstes sind nicht wählbar.

(3) 1Der Verwaltungsrat hat höchstens sechzehn Vertreter. 2Sind mehrere Landesverbände einer Kassenart Mitglieder des Medizinischen Dienstes, kann die Zahl der Vertreter im Verwaltungsrat angemessen erhöht werden. 3Die Mitglieder haben sich über die Zahl der Vertreter, die auf die einzelne Kassenart entfällt, zu einigen. 4Kommt eine Einigung nicht zustande, entscheidet die für die Sozialversicherung zuständige oberste Verwaltungsbehörde des Landes.

(4) 1Der Geschäftsführer führt die Geschäfte des Medizinischen Dienstes nach den Richtlinien des Verwaltungsrats. 2Er stellt den Haushaltsplan auf und vertritt den Medizinischen Dienst gerichtlich und außergerichtlich. 3Die Höhe der jährlichen Vergütungen des Geschäftsführers und seines Stellvertreters einschließlich Nebenleistungen sowie die wesentlichen Versorgungsregelungen sind in einer Übersicht jährlich zum 1. März im Bundesanzeiger zu veröffentlichen. 4Abweichend davon erfolgt die erstmalige Veröffentlichung zum 1. September 2011. 5Die Art und die Höhe finanzieller Zuwendungen, die dem Geschäftsführer und seinem Stellvertreter im Zusammenhang mit ihrer Geschäftsführertätigkeit von Dritten gewährt werden, sind dem Vorsitzenden und dem stellvertretenden Vorsitzenden des Verwaltungsrates mitzuteilen.

(5) Die Fachaufgaben des Medizinischen Dienstes werden von Ärzten und Angehörigen anderer Heilberufe wahrgenommen; der Medizinische Dienst hat vorrangig Gutachter zu beauftragen.

(6) Folgende Vorschriften des Vierten Buches gelten entsprechend: §§ 34, 37, 38, 40 Abs. 1 Satz 1 und 2 und Abs. 2, §§ 41, 42 Abs. 1 bis 3, § 43 Abs. 2, §§ 58, 59 Abs. 1 bis 3, Abs. 5 und 6, §§ 60, 62 Abs. 1 Satz 1 erster Halbsatz, Abs. 2, Abs. 3 Satz 1 und 4 und Abs. 4 bis 6, § 63 Abs. 1 und 2, Abs. 3 Satz 2 und 3, Abs. 4 und 5, § 64 Abs. 1 und Abs. 2 Satz 2, Abs. 3 Satz 2 und 3 und § 66 Abs. 1 Satz 1 und Abs. 2.

Durch das GKV-Versorgungsstärkungsgesetz vom 16.7.2015 (BGBl. I S. 1211) wird § 279 zum 1.1.2016 wie folgt geändert:

Die Überschrift wird wie folgt gefasst: "§ 279 Verwaltungsrat und Geschäftsführer; Beirat".

Absatz 2 wird wie folgt geändert:

- In Satz 1 wird das Wort "Vertreterversammlungen" durch die Wörter "Verwaltungsräten oder der Vertreterversammlung" ersetzt.
- Folgender Satz wird dem Absatz 1 angefügt: "Beschäftigte der Krankenkassen dürfen mit

höchstens einem Viertel der Mitglieder im Verwaltungsrat vertreten sein."

Nach Absatz 4 wird folgender Absatz 4a eingefügt:

"(4a) Bei den Medizinischen Diensten wird ein Beirat errichtet, der den Verwaltungsrat bei seinen Entscheidungen berät und durch Vorschläge und Stellungnahmen unterstützt. Er ist vor allen Entscheidungen des Verwaltungsrates zu hören. Der Beirat besteht aus bis zu acht Vertretern. Die Anzahl der Vertreter im Beirat soll der Hälfte der Anzahl der Mitglieder des Verwaltungsrates entsprechen. Die Vertreter im Beirat werden von der für die Sozialversicherung zuständigen obersten Verwaltungsbehörde des Landes bestimmt, und zwar zur einen Hälfte auf Vorschlag der für die Wahrnehmung der Interessen und der Selbsthilfe der pflegebedürftigen und behinderten Menschen sowie der pflegenden Angehörigen maßgeblichen Organisationen auf Landesebene und zur anderen Hälfte auf Vorschlag der maßgeblichen Verbände der Pflegeberufe auf Landesebene. Die für die Sozialversicherung zuständige oberste Verwaltungsbehörde des Landes bestimmt die Voraussetzungen der Anerkennung der maßgeblichen Organisationen und Verbände nach Satz 3, insbesondere zu den Erfordernissen an die Organisationsform und die Offenlegung der Finanzierung. Sie legt auch die Einzelheiten für das Verfahren der Übermittlung und der Bearbeitung der Vorschläge der Organisationen und Verbände nach Satz 3 fest. Die Kosten der Tätigkeit des Beirats trägt der Medizinische Dienst. Das Nähere, insbesondere zum Verfahren der Beteiligung des Beirats und zu seiner Finanzierung, ist in der Satzung des Medizinischen Dienstes zu regeln."

§ 280 Aufgaben des Verwaltungsrats

(1) 1Der Verwaltungsrat hat

1. die Satzung zu beschließen,
2. den Haushaltsplan festzustellen,
3. die jährliche Betriebs- und Rechnungsführung zu prüfen,
4. Richtlinien für die Erfüllung der Aufgaben des Medizinischen Dienstes unter Berücksichtigung der Richtlinien und Empfehlungen des Spitzenverbandes Bund der Krankenkassen nach § 282 Abs. 2 aufzustellen,
5. Nebenstellen zu errichten und aufzulösen,
6. den Geschäftsführer und seinen Stellvertreter zu wählen und zu entlasten.

2§ 210 Abs. 1 gilt entsprechend. 3§ 35a Absatz 6a des Vierten Buches gilt entsprechend.

(2) 1Beschlüsse des Verwaltungsrats werden mit einfacher Mehrheit der Mitglieder gefaßt. 2Beschlüsse über Haushaltsangelegenheiten und über die Aufstellung und Änderung der Satzung bedürfen einer Mehrheit von zwei Dritteln der Mitglieder.

§ 281 Finanzierung und Aufsicht

(1) 1Die zur Finanzierung der Aufgaben des Medizinischen Dienstes nach § 275 Abs. 1 bis 3a erforderlichen Mittel werden von den Krankenkassen nach § 278 Abs. 1 Satz 1 durch eine Umlage aufgebracht. 2Die Mittel sind im Verhältnis der Zahl der Mitglieder der einzelnen Krankenkassen mit Wohnort im Einzugsbereich des Medizinischen Dienstes aufzuteilen. 3Die Zahl der nach Satz 2 maßgeblichen Mitglieder der Krankenkasse ist nach dem Vordruck KM 6 der Statistik über die Versicherten in der gesetzlichen Krankenversicherung jeweils zum 1. Juli eines Jahres zu bestimmen. 4Werden dem Medizinischen Dienst Aufgaben übertragen, die für die Prüfung von Ansprüchen gegenüber Leistungsträgern bestimmt sind, die nicht Mitglied der Arbeitsgemeinschaft nach § 278 sind, sind ihm die hierdurch entstehenden Kosten von den anderen Leistungsträgern zu erstatten. 5Die Pflegekassen tragen abweichend von Satz 3 die Hälfte der Umlage nach Satz 1.

(1a) 1Die Leistungen der Medizinischen Dienste oder anderer Gutachterdienste im Rahmen der ihnen nach § 275 Abs. 4 übertragenen Aufgaben sind von dem jeweiligen Auftraggeber durch aufwandsorientierte Nutzerentgelte zu vergüten. 2Eine Verwendung von Umlagemitteln nach Absatz 1 Satz 1 zur Finanzierung dieser Aufgaben ist auszuschließen.

(2) 1Für das Haushalts- und Rechnungswesen einschließlich der Statistiken gelten die §§ 67 bis 69, § 70 Abs. 5, § 72 Abs. 1 und 2 Satz 1 erster Halbsatz, die §§ 73 bis 77 Abs. 1 und § 79 Abs. 1 und 2 in Verbindung mit Absatz 3a des Vierten Buches sowie die auf Grund des § 78 des Vierten Buches erlassenen Rechtsverordnungen entsprechend. 2Für die Bildung

von Rückstellungen und Deckungskapital von Altersversorgungsverpflichtungen gelten § 171e sowie § 12 Absatz 1 und 1a der Sozialversicherungs- Rechnungsverordnung entsprechend. 3Für das Vermögen gelten die §§ 80 und 85 des Vierten Buches entsprechend.

(3) 1Der Medizinische Dienst untersteht der Aufsicht der für die Sozialversicherung zuständigen obersten Verwaltungsbehörde des Landes, in dem er seinen Sitz hat. 2§ 87 Abs. 1 Satz 2 und die §§ 88 und 89 des Vierten Buches sowie § 274 gelten entsprechend. 3§ 275 Abs. 5 ist zu beachten.

§ 282 Medizinischer Dienst des Spitzenverbandes Bund der Krankenkassen

(1) 1Der Spitzenverband Bund der Krankenkassen bildet zum 1. Juli 2008 einen Medizinischen Dienst auf Bundesebene (Medizinischer Dienst des Spitzenverbandes Bund der Krankenkassen). 2Dieser ist nach Maßgabe des Artikels 73 Abs. 4 Satz 3 und 4 des Gesundheits-Reformgesetzes eine rechtsfähige Körperschaft des öffentlichen Rechts.

(2) 1Der Medizinische Dienst des Spitzenverbandes Bund der Krankenkassen berät den Spitzenverband Bund der Krankenkassen in allen medizinischen Fragen der diesem zugewiesenen Aufgaben. 2Der Medizinische Dienst des Spitzenverbandes Bund der Krankenkassen koordiniert und fördert die Durchführung der Aufgaben und die Zusammenarbeit der Medizinischen Dienste der Krankenversicherung in medizinischen und organisatorischen Fragen. 3Der Spitzenverband Bund der Krankenkassen erlässt Richtlinien über die Zusammenarbeit der Krankenkassen mit den Medizinischen Diensten, zur Sicherstellung einer einheitlichen Begutachtung sowie über Grundsätze zur Fort- und Weiterbildung. 4Im Übrigen kann er Empfehlungen abgeben. 5Die Medizinischen Dienste der Krankenversicherung haben den Medizinischen Dienst des Spitzenverbandes Bund der Krankenkassen bei der Wahrnehmung seiner Aufgaben zu unterstützen.

(3) 1Der Medizinische Dienst des Spitzenverbandes Bund der Krankenkassen untersteht der Aufsicht des Bundesministeriums für Gesundheit. 2§ 208 Abs. 2 und § 274 gelten entsprechend; § 35a Absatz 6a des Vierten Buches und § 279 Absatz 4 Satz 3 bis 5 gelten auch für die entsprechenden Organe des Medizinischen Dienstes des Spitzenverbandes Bund der Krankenkassen. 3§ 275 Abs. 5 ist zu beachten.

(4) Für die Bildung von Rückstellungen und Deckungskapital von Altersversorgungsverpflichtungen gelten § 171e sowie § 12 Absatz 1 und 1a der Sozialversicherungs-Rechnungsverordnung entsprechend.

§ 283 Ausnahmen

Die Aufgaben des Medizinischen Dienstes nimmt für die Krankenversicherung der Deutschen Rentenversicherung Knappschaft-Bahn-See deren Sozialmedizinischer Dienst wahr.

Zehntes Kapitel
Versicherungs- und Leistungsdaten, Datenschutz, Datentransparenz

Erster Abschnitt
Informationsgrundlagen

Erster Titel
Grundsätze der Datenverwendung

§ 284 Sozialdaten bei den Krankenkassen

(1) 1Die Krankenkassen dürfen Sozialdaten für Zwecke der Krankenversicherung nur erheben und speichern, soweit diese für

1. die Feststellung des Versicherungsverhältnisses und der Mitgliedschaft, einschließlich der für die Anbahnung eines Versicherungsverhältnisses erforderlichen Daten,
2. die Ausstellung des Berechtigungsscheines, der Krankenversichertenkarte und der elektronischen Gesundheitskarte,

3. die Feststellung der Beitragspflicht und der Beiträge, deren Tragung und Zahlung,
4. die Prüfung der Leistungspflicht und der Erbringung von Leistungen an Versicherte einschließlich der Voraussetzungen von Leistungsbeschränkungen, die Bestimmung des Zuzahlungsstatus und die Durchführung der Verfahren bei Kostenerstattung, Beitragsrückzahlung und der Ermittlung der Belastungsgrenze,
5. die Unterstützung der Versicherten bei Behandlungsfehlern,
6. die Übernahme der Behandlungskosten in den Fällen des § 264,
7. die Beteiligung des Medizinischen Dienstes,
8. die Abrechnung mit den Leistungserbringern, einschließlich der Prüfung der Rechtmäßigkeit und Plausibilität der Abrechnung,
9. die Überwachung der Wirtschaftlichkeit der Leistungserbringung,
10. die Abrechnung mit anderen Leistungsträgern,
11. die Durchführung von Erstattungs- und Ersatzansprüchen,
12. die Vorbereitung, Vereinbarung und Durchführung von Vergütungsverträgen nach dem § 87a,
13. die Vorbereitung und Durchführung von Modellvorhaben, die Durchführung des Versorgungsmanagements nach § 11 Abs. 4, die Durchführung von Verträgen zur hausarztzentrierten Versorgung, zu besonderen Versorgungsformen und zur ambulanten Erbringung hochspezialisierter Leistungen, einschließlich der Durchführung von Wirtschaftlichkeitsprüfungen und Qualitätsprüfungen, soweit Verträge ohne Beteiligung der Kassenärztlichen Vereinigungen abgeschlossen wurden,
14. die Durchführung des Risikostrukturausgleichs (§ 266 Abs. 1 bis 6, § 267 Abs. 1 bis 6, § 268 Abs. 3) sowie zur Gewinnung von Versicherten für die Programme nach § 137g und zur Vorbereitung und Durchführung dieser Programme,
15. die Durchführung des Entlassmanagements nach § 39 Absatz 1a,
16. die Auswahl von Versicherten für Maßnahmen nach § 44 Absatz 4 Satz 1 und zu deren Durchführung

erforderlich sind. $_{2}$Versichertenbezogene Angaben über ärztliche Leistungen dürfen auch auf maschinell verwertbaren Datenträgern gespeichert werden, soweit dies für die in Satz 1 Nr. 4, 8, 9, 10, 11, 12, 13, 14 und § 305 Absatz 1 bezeichneten Zwecke erforderlich ist. $_{3}$Versichertenbezogene Angaben über ärztlich verordnete Leistungen dürfen auf maschinell verwertbaren Datenträgern gespeichert werden, soweit dies für die in Satz 1 Nr. 4, 8, 9, 10, 11, 12, 13, 14 und § 305 Abs. 1 bezeichneten Zwecke erforderlich ist. $_{4}$Die nach den Sätzen 2 und 3 gespeicherten Daten sind zu löschen, sobald sie für die genannten Zwecke nicht mehr benötigt werden. $_{5}$Im Übrigen gelten für die Datenerhebung und -speicherung die Vorschriften des Ersten und Zehnten Buches.

(2) Im Rahmen der Überwachung der Wirtschaftlichkeit der vertragsärztlichen Versorgung dürfen versichertenbezogene Leistungs- und Gesundheitsdaten auf maschinell verwertbaren Datenträgern nur gespeichert werden, soweit dies für Stichprobenprüfungen nach § 106 Abs. 2 Satz 1 Nr. 2 erforderlich ist.

(3) $_{1}$Die rechtmäßig erhobenen und gespeicherten versichertenbezogenen Daten dürfen nur für die Zwecke der Aufgaben nach Absatz 1 in dem jeweils erforderlichen Umfang verarbeitet oder genutzt werden, für andere Zwecke, soweit dies durch Rechtsvorschriften des Sozialgesetzbuchs angeordnet oder erlaubt ist. $_{2}$Die Daten, die nach § 295 Abs. 1b Satz 1 an die Krankenkasse übermittelt werden, dürfen nur zu Zwecken nach Absatz 1 Satz 1 Nr. 4, 8, 9, 10, 11, 12, 13, 14 und § 305 Abs. 1 versichertenbezogen verarbeitet und genutzt werden und nur, soweit dies für diese Zwecke erforderlich ist; für die Verarbeitung und Nutzung dieser Daten zu anderen Zwe-

cken ist der Versichertenbezug vorher zu löschen.

(4) $_{1}$Zur Gewinnung von Mitgliedern dürfen die Krankenkassen Daten erheben, verarbeiten und nutzen, wenn die Daten allgemein zugänglich sind, es sei denn, dass das schutzwürdige Interesse des Betroffenen an dem Ausschluss der Verarbeitung oder Nutzung überwiegt. $_{2}$Ein Abgleich der erhobenen Daten mit den Angaben nach § 291 Abs. 2 Nr. 2, 3, 4 und 5 ist zulässig. $_{3}$Widerspricht der Betroffene bei der verantwortlichen Stelle der Nutzung oder Übermittlung seiner Daten, ist sie unzulässig. $_{4}$Die Daten sind zu löschen, sobald sie für die Zwecke nach Satz 1 nicht mehr benötigt werden. $_{5}$Im Übrigen gelten für die Datenerhebung, Verarbeitung und Nutzung die Vorschriften des Ersten und Zehnten Buches.

§ 285 Personenbezogene Daten bei den Kassenärztlichen Vereinigungen

(1) Die Kassenärztlichen Vereinigungen dürfen Einzelangaben über die persönlichen und sachlichen Verhältnisse der Ärzte nur erheben und speichern, soweit dies zur Erfüllung der folgenden Aufgaben erforderlich ist:

1. Führung des Arztregisters (§ 95),
2. Sicherstellung und Vergütung der vertragsärztlichen Versorgung einschließlich der Überprüfung der Zulässigkeit und Richtigkeit der Abrechnung,
3. Vergütung der ambulanten Krankenhausleistungen (§ 120),
4. Vergütung der belegärztlichen Leistungen (§ 121),
5. Durchführung von Wirtschaftlichkeitsprüfungen (§ 106),
6. Durchführung von Qualitätsprüfungen (§ 136).

(2) Einzelangaben über die persönlichen und sachlichen Verhältnisse der Versicherten dürfen die Kassenärztlichen Vereinigungen nur erheben und speichern, soweit dies zur Erfüllung der in Absatz 1 Nr. 2, 5, 6 sowie den §§ 106a und 305 genannten Aufgaben erforderlich ist.

(3) $_{1}$Die rechtmäßig erhobenen und gespeicherten Sozialdaten dürfen nur für die Zwecke der Aufgaben nach Absatz 1 in dem jeweils erforderlichen Umfang verarbeitet oder genutzt werden, für andere Zwecke, soweit dies durch Rechtsvorschriften des Sozialgesetzbuchs angeordnet oder erlaubt ist. $_{2}$Die nach Absatz 1 Nr. 6 rechtmäßig erhobenen und gespeicherten Daten dürfen den ärztlichen und zahnärztlichen Stellen nach § 17a der Röntgenverordnung und den ärztlichen Stellen nach § 83 der Strahlenschutzverordnung übermittelt werden, soweit dies für die Durchführung von Qualitätsprüfungen erforderlich ist. $_{3}$Die beteiligten Kassenärztlichen Vereinigungen dürfen die nach Absatz 1 und 2 rechtmäßig erhobenen und gespeicherten Sozialdaten der für die überörtliche Berufsausübungsgemeinschaft zuständigen Kassenärztlichen Vereinigung übermitteln, soweit dies zur Erfüllung der in Absatz 1 Nr. 1, 2, 4, 5 und 6 genannten Aufgaben erforderlich ist. $_{4}$Sie dürfen die nach den Absätzen 1 und 2 rechtmäßig erhobenen Sozialdaten der nach § 24 Abs. 3 Satz 3 der Zulassungsverordnung für Vertragsärzte und § 24 Abs. 3 Satz 3 der Zulassungsverordnung für Vertragszahnärzte ermächtigten Vertragsärzte und Vertragszahnärzte auf Anforderung auch untereinander übermitteln, soweit dies zur Erfüllung der in Absatz 1 Nr. 2 genannten Aufgaben erforderlich ist. $_{5}$Die zuständige Kassenärztliche und die zuständige Kassenzahnärztliche Vereinigung dürfen die nach Absatz 1 und 2 rechtmäßig erhobenen und gespeicherten Sozialdaten der Leistungserbringer, die vertragsärztliche und vertragszahnärztliche Leistungen erbringen, auf Anforderung untereinander übermitteln, soweit dies zur Erfüllung der in Absatz 1 Nr. 2 sowie in § 106a genannten Aufgaben erforderlich ist. $_{6}$Sie dürfen rechtmäßig erhobene und gespeicherte Sozialdaten auf Anforderung auch untereinander übermitteln, soweit dies zur Erfüllung der in § 32 Abs. 1 der Zulassungsverordnung für Vertragsärzte und § 32 Abs. 1 der Zulassungsverordnung für Vertragszahnärzte genannten Aufgaben erforderlich ist. $_{7}$Die Kassenärztlichen Vereinigungen dürfen rechtmäßig erhobene und gespeicherte Sozi-

aldaten auch untereinander übermitteln, soweit dies im Rahmen eines Auftrags nach § 77 Absatz 6 Satz 2 in Verbindung mit § 88 des Zehnten Buches erforderlich ist. 8Versichertenbezogene Daten sind vor ihrer Übermittlung zu pseudonymisieren.

(3a) Die Kassenärztlichen Vereinigungen sind befugt, personenbezogene Daten der Ärzte, von denen sie bei Erfüllung ihrer Aufgaben nach Absatz 1 Kenntnis erlangt haben, und soweit diese

1. für Entscheidungen über die Rücknahme, den Widerruf oder die Anordnung des Ruhens der Approbation oder
2. für berufsrechtliche Verfahren

erheblich sind, den hierfür zuständigen Behörden und Heilberufskammern zu übermitteln.

V

(4) Soweit sich die Vorschriften dieses Kapitels auf Ärzte und Kassenärztliche Vereinigungen beziehen, gelten sie entsprechend für Psychotherapeuten, Zahnärzte und Kassenzahnärztliche Vereinigungen.

§ 286 Datenübersicht

(1) 1Die Krankenkassen und die Kassenärztlichen Vereinigungen erstellen einmal jährlich eine Übersicht über die Art der von ihnen oder in ihrem Auftrag gespeicherten Sozialdaten. 2Die Übersicht ist der zuständigen Aufsichtsbehörde vorzulegen.

(2) Die Krankenkassen und die Kassenärztlichen Vereinigungen sind verpflichtet, die Übersicht nach Absatz 1 in geeigneter Weise zu veröffentlichen.

(3) Die Krankenkassen und die Kassenärztlichen Vereinigungen regeln in Dienstanweisungen das Nähere insbesondere über

1. die zulässigen Verfahren der Verarbeitung der Daten,
2. Art, Form, Inhalt und Kontrolle der einzugebenden und der auszugebenden Daten,
3. die Abgrenzung der Verantwortungsbereiche bei der Datenverarbeitung,
4. die weiteren zur Gewährleistung von Datenschutz und Datensicherheit zu treffenden Maßnahmen, insbesondere der Maßnahmen nach der Anlage zu § 78a des Zehnten Buches.

§ 287 Forschungsvorhaben

(1) Die Krankenkassen und die Kassenärztlichen Vereinigungen dürfen mit Erlaubnis der Aufsichtsbehörde die Datenbestände leistungserbringer- oder fallbeziehbar für zeitlich befristete und im Umfang begrenzte Forschungsvorhaben, insbesondere zur Gewinnung epidemiologischer Erkenntnisse, von Erkenntnissen über Zusammenhänge zwischen Erkrankungen und Arbeitsbedingungen oder von Erkenntnissen über örtliche Krankheitsschwerpunkte, selbst auswerten oder über die sich aus § 304 ergebenden Fristen hinaus aufbewahren.

(2) Sozialdaten sind zu anonymisieren.

Zweiter Titel Informationsgrundlagen der Krankenkassen

§ 288 Versichertenverzeichnis

1Die Krankenkasse hat ein Versichertenverzeichnis zu führen. 2Das Versichertenverzeichnis hat alle Angaben zu enthalten, die zur Feststellung der Versicherungspflicht oder -berechtigung, zur Bemessung und Einziehung der Beiträge, soweit nach der Art der Versicherung notwendig, sowie zur Feststellung des Leistungsanspruchs einschließlich der Versicherung nach § 10 erforderlich sind.

§ 289 Nachweispflicht bei Familienversicherung

1Für die Eintragung in das Versichertenverzeichnis hat die Krankenkasse die Versicherung nach § 10 bei deren Beginn festzustellen. 2Sie kann die dazu erforderlichen Daten vom Angehörigen oder mit dessen Zustimmung vom Mitglied erheben. 3Der Fortbestand der Voraussetzungen der Versicherung nach § 10 ist auf Verlangen der Krankenkasse nachzuweisen.

§ 290 Krankenversichertennummer

(1) 1Die Krankenkasse verwendet für jeden Versicherten eine Krankenversichertennum-

mer. $_{2}$Die Krankenversichertennummer besteht aus einem unveränderbaren Teil zur Identifikation des Versicherten und einem veränderbaren Teil, der bundeseinheitliche Angaben zur Kassenzugehörigkeit enthält und aus dem bei Vergabe der Nummer an Versicherte nach § 10 sicherzustellen ist, dass der Bezug zu dem Angehörigen, der Mitglied ist, hergestellt werden kann. $_{3}$Der Aufbau und das Verfahren der Vergabe der Krankenversichertennummer haben den Richtlinien nach Absatz 2 zu entsprechen. $_{4}$Die Rentenversicherungsnummer darf nicht als Krankenversichertennummer verwendet werden. $_{5}$Eine Verwendung der Rentenversicherungsnummer zur Bildung der Krankenversichertennummer entsprechend den Richtlinien nach Absatz 2 ist zulässig, wenn nach dem Stand von Wissenschaft und Technik sichergestellt ist, dass nach Vergabe der Krankenversichertennummer weder aus der Krankenversichertennummer auf die Rentenversicherungsnummer noch aus der Rentenversicherungsnummer auf die Krankenversichertennummer zurückgeschlossen werden kann; dieses Erfordernis gilt auch in Bezug auf die vergebende Stelle. $_{6}$Die Prüfung einer Mehrfachvergabe der Krankenversichertennummer durch die Vertrauensstelle bleibt davon unberührt. $_{7}$Wird die Rentenversicherungsnummer zur Bildung der Krankenversichertennummer verwendet, ist für Personen, denen eine Krankenversichertennummer zugewiesen werden muss und die noch keine Rentenversicherungsnummer erhalten haben, eine Rentenversicherungsnummer zu vergeben.

(2) $_{1}$Der Spitzenverband Bund der Krankenkassen hat den Aufbau und das Verfahren der Vergabe der Krankenversichertennummer durch Richtlinien zu regeln. $_{2}$Die Krankenversichertennummer ist von einer von den Krankenkassen und ihren Verbänden räumlich, organisatorisch und personell getrennten Vertrauensstelle zu vergeben. $_{3}$Die Vertrauensstelle gilt als öffentliche Stelle und unterliegt dem Sozialgeheimnis nach § 35 des Ersten Buches. $_{4}$Sie untersteht der Rechtsaufsicht des Bundesministeriums für Gesundheit. $_{5}$§ 274 Abs. 1 Satz 2 gilt entsprechend. $_{6}$Die Richtlinien sind dem Bundesministerium für Gesundheit vorzulegen. $_{7}$Es kann sie innerhalb von zwei Monaten beanstanden. $_{8}$Kommen die Richtlinien nicht innerhalb der gesetzten Frist zu Stande oder werden die Beanstandungen nicht innerhalb der vom Bundesministerium für Gesundheit gesetzten Frist behoben, kann das Bundesministerium für Gesundheit die Richtlinien erlassen.

§ 291 Krankenversichertenkarte

(1) $_{1}$Die Krankenkasse stellt spätestens bis zum 1. Januar 1995 für jeden Versicherten eine Krankenversichertenkarte aus, die den Krankenschein nach § 15 ersetzt. $_{2}$Die Karte ist von dem Versicherten zu unterschreiben. $_{3}$Sie darf vorbehaltlich § 291a nur für den Nachweis der Berechtigung zur Inanspruchnahme von Leistungen im Rahmen der vertragsärztlichen Versorgung sowie für die Abrechnung mit den Leistungserbringern verwendet werden. $_{4}$Die Karte gilt nur für die Dauer der Mitgliedschaft bei der ausstellenden Krankenkasse und ist nicht übertragbar. $_{5}$Bei Inanspruchnahme ärztlicher Behandlung bestätigt der Versicherte auf dem Abrechnungsschein des Arztes das Bestehen der Mitgliedschaft durch seine Unterschrift. $_{6}$Die Krankenkasse kann die Gültigkeit der Karte befristen.

(2) $_{1}$Die Krankenversichertenkarte enthält neben der Unterschrift und einem Lichtbild des Versicherten in einer für eine maschinelle Übertragung auf die für die vertragsärztliche Versorgung vorgesehenen Abrechnungsunterlagen und Vordrucke (§ 295 Abs. 3 Nr. 1 und 2) geeigneten Form vorbehaltlich § 291a ausschließlich folgende Angaben:

1. Bezeichnung der ausstellenden Krankenkasse, einschließlich eines Kennzeichens für die Kassenärztliche Vereinigung, in deren Bezirk das Mitglied seinen Wohnsitz hat,
2. Familienname und Vorname des Versicherten,
3. Geburtsdatum,
4. Geschlecht,
5. Anschrift,

6. Krankenversichertennummer,
7. Versichertenstatus, für Versichertengruppen nach § 267 Abs. 2 Satz 4 in einer verschlüsselten Form,
8. Zuzahlungsstatus,
9. Tag des Beginns des Versicherungsschutzes,
10. bei befristeter Gültigkeit der Karte das Datum des Fristablaufs;

die Erweiterung der Krankenversichertenkarte um das Lichtbild sowie die Angaben zum Geschlecht und zum Zuzahlungsstatus haben spätestens bis zum 1. Januar 2006 zu erfolgen; Versicherte bis zur Vollendung des 15. Lebensjahres sowie Versicherte, deren Mitwirkung bei der Erstellung des Lichtbildes nicht möglich ist, erhalten eine Krankenversichertenkarte ohne Lichtbild.

V

2Sofern für die Krankenkasse Verträge nach § 83 Satz 2 geschlossen sind, ist für die Mitglieder, die ihren Wohnsitz außerhalb der Bezirke der beteiligten Kassenärztlichen Vereinigungen haben, als Kennzeichen nach Satz 1 Nr. 1 das Kennzeichen der Kassenärztlichen Vereinigung zu verwenden, in deren Bezirk die Krankenkasse ihren Sitz hat.

(2a) 1Die Krankenkasse erweitert die Krankenversichertenkarte nach Absatz 1 bis spätestens zum 1. Januar 2006 zu einer elektronischen Gesundheitskarte nach § 291a. 2Neben der Verwendung nach Absatz 1 Satz 3 hat die Gesundheitskarte die Durchführung der Anwendungen nach § 291a Abs. 2 und 3 zu gewährleisten. 3Über die Angaben nach Absatz 2 Satz 1 hinaus kann die elektronische Gesundheitskarte auch Angaben zum Nachweis von Wahltarifen nach § 53 und von zusätzlichen Vertragsverhältnissen sowie in den Fällen des § 16 Abs. 3a Angaben zum Ruhen des Anspruchs auf Leistungen enthalten. 4Die elektronische Gesundheitskarte muss technisch geeignet sein, Authentifizierung, Verschlüsselung und elektronische Signatur zu ermöglichen.

(2b) 1Die Krankenkassen sind verpflichtet, Dienste anzubieten, mit denen die Leistungserbringer die Gültigkeit und die Aktualität der Daten nach Absatz 1 und 2 bei den Krankenkassen online überprüfen und auf der elektronischen Gesundheitskarte aktualisieren können. 2Diese Dienste müssen auch ohne Netzanbindung an die Praxisverwaltungssysteme der Leistungserbringer online genutzt werden können. 3Die an der vertragsärztlichen Versorgung teilnehmenden Ärzte, Einrichtungen und Zahnärzte prüfen bei der erstmaligen Inanspruchnahme ihrer Leistungen durch einen Versicherten im Quartal die Leistungspflicht der Krankenkasse durch Nutzung der Dienste nach Satz 1. 4Dazu ermöglichen sie den Online-Abgleich und die -Aktualisierung der auf der elektronischen Gesundheitskarte gespeicherten Daten nach Absatz 1 und 2 mit den bei der Krankenkasse vorliegenden aktuellen Daten. 5Die Prüfungspflicht besteht ab dem Zeitpunkt, ab dem die Dienste nach Satz 1 sowie die Anbindung an die Telematikinfrastruktur zur Verfügung stehen und die Vereinbarungen nach § 291a Absatz 7a und 7b geschlossen sind. 6§ 15 Absatz 5 ist entsprechend anzuwenden. 7Die Durchführung der Prüfung ist auf der elektronischen Gesundheitskarte zu speichern. 8Die Mitteilung der durchgeführten Prüfung ist Bestandteil der an die Kassenärztliche oder Kassenzahnärztliche Vereinigung zu übermittelnden Abrechnungsunterlagen nach § 295. 9Die technischen Einzelheiten zur Durchführung des Verfahrens nach Satz 2 bis 5 sind in den Vereinbarungen nach § 295 Absatz 3 zu regeln.

(3) Das Nähere über die bundesweite Gestaltung der Krankenversichertenkarte vereinbaren die Vertragspartner im Rahmen der Verträge nach § 87 Abs. 1.

(4) 1Bei Beendigung des Versicherungsschutzes oder bei einem Krankenkassenwechsel ist die Krankenversichertenkarte von der bisherigen Krankenkasse einzuziehen. 2Abweichend von Satz 1 kann der Spitzenverband Bund der Krankenkassen zur Verbesserung der Wirtschaftlichkeit und der Optimierung der Verfahrensabläufe für die Versicherten die Weiternutzung der elektronischen Gesundheitskarte bei Kassenwechsel beschließen; dabei ist sicherzustellen, dass die Daten nach Absatz 2 Nr. 1, 6, 7, 9 und 10 fristge-

recht aktualisiert werden. $_{3}$Der Beschluss bedarf der Genehmigung des Bundesministeriums für Gesundheit. $_{4}$Vor Erteilung der Genehmigung ist dem Bundesbeauftragten für den Datenschutz und die Informationsfreiheit Gelegenheit zur Stellungnahme zu geben. $_{5}$Wird die elektronische Gesundheitskarte nach Satz 1 eingezogen, hat die einziehende Krankenkasse sicherzustellen, dass eine Weiternutzung der Daten nach § 291a Abs. 3 Satz 1 durch die Versicherten möglich ist. $_{6}$Vor Einzug der elektronischen Gesundheitskarte hat die einziehende Krankenkasse über Möglichkeiten zur Löschung der Daten nach § 291a Abs. 3 Satz 1 zu informieren. $_{7}$Die Sätze 5 und 6 gelten auch bei Austausch der elektronischen Gesundheitskarte im Rahmen eines bestehenden Versicherungsverhältnisses.

§ 291a Elektronische Gesundheitskarte

(1) Die Krankenversichertenkarte nach § 291 Abs. 1 wird bis spätestens zum 1. Januar 2006 zur Verbesserung von Wirtschaftlichkeit, Qualität und Transparenz der Behandlung für die in den Absätzen 2 und 3 genannten Zwecke zu einer elektronischen Gesundheitskarte erweitert.

(1a) $_{1}$Werden von Unternehmen der privaten Krankenversicherung elektronische Gesundheitskarten für die Verarbeitung und Nutzung von Daten nach Absatz 2 Satz 1 Nr. 1 und Absatz 3 Satz 1 an ihre Versicherten ausgegeben, gelten Absatz 2 Satz 1 Nr. 1 und Satz 2 sowie die Absätze 3 bis 5a, 6 und 8 entsprechend. $_{2}$Für den Einsatz elektronischer Gesundheitskarten nach Satz 1 können Unternehmen der privaten Krankenversicherung als Versichertennummer den unveränderbaren Teil der Krankenversichertennummer nach § 290 Abs. 1 Satz 2 nutzen. $_{3}$§ 290 Abs. 1 Satz 4 bis 7 gilt entsprechend. $_{4}$Die Vergabe der Versichertennummer erfolgt durch die Vertrauensstelle nach § 290 Abs. 2 Satz 2 und hat den Vorgaben der Richtlinien nach § 290 Abs. 2 Satz 1 für den unveränderbaren Teil der Krankenversichertennummer zu entsprechen. $_{5}$Die Kosten zur Bildung der Versichertennummer und, sofern die Vergabe einer Rentenversicherungsnummer erforderlich ist, zur Vergabe der Rentenversicherungsnummer tragen die Unternehmen der privaten Krankenversicherung. $_{6}$Die Regelungen dieses Absatzes gelten auch für die Postbeamtenkrankenkasse und die Krankenversorgung der Bundesbahnbeamten.

(2) $_{1}$Die elektronische Gesundheitskarte hat die Angaben nach § 291 Abs. 2 zu enthalten und muss geeignet sein, Angaben aufzunehmen für

1. die Übermittlung ärztlicher Verordnungen in elektronischer und maschinell verwertbarer Form sowie
2. den Berechtigungsnachweis zur Inanspruchnahme von Leistungen in einem Mitgliedstaat der Europäischen Union, einem Vertragsstaat des Abkommens über den Europäischen Wirtschaftsraum oder der Schweiz.

$_{2}$§ 6c des Bundesdatenschutzgesetzes findet Anwendung.

(3) $_{1}$Über Absatz 2 hinaus muss die Gesundheitskarte geeignet sein, folgende Anwendungen zu unterstützen, insbesondere das Erheben, Verarbeiten und Nutzen von

1. medizinischen Daten, soweit sie für die Notfallversorgung erforderlich sind,
2. Befunden, Diagnosen, Therapieempfehlungen sowie Behandlungsberichten in elektronischer und maschinell verwertbarer Form für eine einrichtungsübergreifende, fallbezogene Kooperation (elektronischer Arztbrief),
3. Daten zur Prüfung der Arzneimitteltherapiesicherheit,
4. Daten über Befunde, Diagnosen, Therapiemaßnahmen, Behandlungsberichte sowie Impfungen für eine fall- und einrichtungsübergreifende Dokumentation über den Patienten (elektronische Patientenakte),
5. durch von Versicherten selbst oder für sie zur Verfügung gestellte Daten,
6. Daten über in Anspruch genommene Leistungen und deren vorläufige Kosten für die Versicherten (§ 305 Abs. 2),

7. Erklärungen der Versicherten zur Organ- und Gewebespende,
8. Hinweisen der Versicherten auf das Vorhandensein und den Aufbewahrungsort von Erklärungen zur Organ- und Gewebespende sowie
9. Hinweisen der Versicherten auf das Vorhandensein und den Aufbewahrungsort von Vorsorgevollmachten oder Patientenverfügungen nach § 1901a des Bürgerlichen Gesetzbuchs;

die Verarbeitung und Nutzung von Daten nach Nummer 1 muss auch auf der Karte ohne Netzzugang möglich sein. $_2$Die Authentizität der Erklärungen nach Satz 1 Nummer 7 muss sichergestellt sein. $_3$Spätestens bei der Versendung der Karte hat die Krankenkasse die Versicherten umfassend und in allgemein verständlicher Form über deren Funktionsweise, einschließlich der Art der auf ihr oder durch sie zu erhebenden, zu verarbeitenden oder zu nutzenden personenbezogenen Daten zu informieren. $_4$Zugriffsberechtigte nach Absatz 4 Satz 1 und Absatz 5a Satz 1 dürfen mit dem Erheben, Verarbeiten und Nutzen von Daten der Versicherten nach Satz 1 erst beginnen, wenn die Versicherten gegenüber einem zugriffsberechtigten Arzt, Zahnarzt, Psychotherapeuten oder Apotheker dazu ihre Einwilligung erklärt haben. $_5$Die Einwilligung ist bei erster Verwendung der Karte vom Leistungserbringer oder unter dessen Aufsicht von einer Person, die bei dem Leistungserbringer oder in einem Krankenhaus als berufsmäßiger Gehilfe oder zur Vorbereitung auf den Beruf tätig ist, auf der Karte zu dokumentieren; die Einwilligung ist jederzeit widerruflich und kann auf einzelne Anwendungen nach diesem Absatz beschränkt werden. $_6$Satz 4 gilt nicht, wenn Versicherte mit dem Erheben, Verarbeiten und Nutzen von Daten nach Satz 1 ohne die Unterstützung von Zugriffsberechtigten nach Absatz 4 Satz 1 und Absatz 5a Satz 1 begonnen haben. $_7$§ 6c des Bundesdatenschutzgesetzes findet Anwendung.

(4) $_1$Zum Zwecke des Erhebens, Verarbeitens oder Nutzens mittels der elektronischen Gesundheitskarte dürfen, soweit es zur Versorgung der Versicherten erforderlich ist, auf Daten

1. nach Absatz 2 Satz 1 Nr. 1 ausschließlich
   a) Ärzte,
   b) Zahnärzte,
   c) Apotheker, Apothekerassistenten, Pharmazieingenieure, Apothekenassistenten,
   d) Personen, die
      aa) bei den unter Buchstabe a bis c Genannten oder
      bb) in einem Krankenhaus

      als berufsmäßige Gehilfen oder zur Vorbereitung auf den Beruf tätig sind, soweit dies im Rahmen der von ihnen zulässigerweise zu erledigenden Tätigkeiten erforderlich ist und der Zugriff unter Aufsicht der in Buchstabe a bis c Genannten erfolgt,
   e) sonstige Erbringer ärztlich verordneter Leistungen,
2. nach Absatz 3 Satz 1 Nr. 1 bis 5 ausschließlich
   a) Ärzte,
   b) Zahnärzte,
   c) Apotheker, Apothekerassistenten, Pharmazieingenieure, Apothekenassistenten,
   d) Personen, die
      aa) bei den unter Buchstabe a bis c Genannten oder
      bb) in einem Krankenhaus

      als berufsmäßige Gehilfen oder zur Vorbereitung auf den Beruf tätig sind, soweit dies im Rahmen der von ihnen zulässigerweise zu erledigenden Tätigkeiten erforderlich ist und der Zugriff unter Aufsicht der in Buchstabe a bis c Genannten erfolgt,
   e) nach Absatz 3 Satz 1 Nr. 1 in Notfällen auch Angehörige eines anderen Heilberufs, der für die Berufsausübung oder die Führung der Berufsbezeichnung eine staatlich geregelte Ausbildung erfordert,
   f) Psychotherapeuten

zugreifen. 2Die Versicherten haben das Recht, auf die Daten nach Absatz 2 Satz 1 und Absatz 3 Satz 1 zuzugreifen.

(5) 1Das Erheben, Verarbeiten und Nutzen von Daten mittels der elektronischen Gesundheitskarte in den Fällen des Absatzes 3 Satz 1 ist nur mit dem Einverständnis der Versicherten zulässig. 2Durch technische Vorkehrungen ist zu gewährleisten, dass in den Fällen des Absatzes 3 Satz 1 Nr. 2 bis 6 der Zugriff nur durch Autorisierung der Versicherten möglich ist. 3Der Zugriff auf Daten sowohl nach Absatz 2 Satz 1 Nr. 1 als auch nach Absatz 3 Satz 1 Nummer 1 bis 6 mittels der elektronischen Gesundheitskarte darf nur in Verbindung mit einem elektronischen Heilberufsausweis, im Falle des Absatzes 2 Satz 1 Nr. 1 auch in Verbindung mit einem entsprechenden Berufsausweis, erfolgen, die jeweils über eine Möglichkeit zur sicheren Authentifizierung und über eine qualifizierte elektronische Signatur verfügen; im Falle des Absatzes 3 Satz 1 Nr. 5 können die Versicherten auch mittels einer eigenen Signaturkarte, die über eine qualifizierte elektronische Signatur verfügt, zugreifen. 4Zugriffsberechtigte Personen nach Absatz 4 Satz 1 Nr. 1 Buchstabe d und e sowie Nr. 2 Buchstabe d und e, die über keinen elektronischen Heilberufsausweis oder entsprechenden Berufsausweis verfügen, können auf die entsprechenden Daten zugreifen, wenn sie hierfür von Personen autorisiert sind, die über einen elektronischen Heilberufsausweis oder entsprechenden Berufsausweis verfügen, und wenn nachprüfbar elektronisch protokolliert wird, wer auf die Daten zugegriffen hat und von welcher Person die zugreifende Person autorisiert wurde. 5Der Zugriff auf Daten nach Absatz 2 Satz 1 Nr. 1 mittels der elektronischen Gesundheitskarte kann abweichend von den Sätzen 3 und 4 auch erfolgen, wenn die Versicherten den jeweiligen Zugriff durch ein geeignetes technisches Verfahren autorisieren.

(5a) 1Zum Zwecke des Erhebens, Verarbeitens oder Nutzens mittels der elektronischen Gesundheitskarte dürfen, soweit es zur Versorgung erforderlich ist, auf Daten nach Absatz 3 Satz 1 Nummer 7 bis 9 ausschließlich

1. Ärzte,
2. Personen, die
   a) bei Ärzten oder
   b) in einem Krankenhaus

   als berufsmäßige Gehilfen oder zur Vorbereitung auf den Beruf tätig sind, soweit dies im Rahmen der von ihnen zulässigerweise zu erledigenden Tätigkeiten erforderlich ist und der Zugriff unter Aufsicht eines Arztes erfolgt,

in Verbindung mit einem elektronischen Heilberufsausweis, der über eine Möglichkeit zur sicheren Authentifizierung und über eine qualifizierte elektronische Signatur verfügt, zugreifen; Absatz 5 Satz 1 und 4 gilt entsprechend. 2Ohne Einverständnis der betroffenen Person dürfen Zugriffsberechtigte nach Satz 1 auf Daten

1. nach Absatz 3 Satz 1 Nummer 7 und 8 nur zugreifen, nachdem der Tod nach § 3 Absatz 1 Satz 1 Nummer 2 des Transplantationsgesetzes festgestellt wurde und der Zugriff zur Klärung erforderlich ist, ob die verstorbene Person in die Entnahme von Organen oder Gewebe eingewilligt hat,
2. nach Absatz 3 Satz 1 Nummer 9 nur zugreifen, wenn eine ärztlich indizierte Maßnahme unmittelbar bevorsteht und die betroffene Person nicht fähig ist, in die Maßnahme einzuwilligen.

3Zum Speichern, Verändern, Sperren oder Löschen von Daten nach Absatz 3 Satz 1 Nummer 7 durch Zugriffsberechtigte nach Satz 1 ist eine technische Autorisierung durch die Versicherten für den Zugriff erforderlich. 4Versicherte können auf Daten nach Absatz 3 Satz 1 Nummer 7 bis 9 zugreifen, wenn sie sich für den Zugriff durch ein geeignetes technisches Verfahren authentifizieren. 5Sobald die technische Infrastruktur für das Erheben, Verarbeiten und Nutzen von Daten nach Absatz 3 Satz 1 Nummer 7 bis 9 flächendeckend zur Verfügung steht, haben die Krankenkassen die Versicherten umfassend über die Möglichkeiten der Wahrnehmung ihrer Zugriffsrechte zu informieren sowie allein oder in Kooperation mit anderen Krankenkassen für ihre Versicherten technische

Einrichtungen zur Wahrnehmung ihrer Zugriffsrechte nach Satz 4 flächendeckend zur Verfügung zu stellen. $_{6}$Der Spitzenverband Bund der Krankenkassen hat über die Ausstattung jährlich einen Bericht nach den Vorgaben des Bundesministeriums für Gesundheit zu erstellen und ihm diesen erstmals zum 31. Januar 2016 vorzulegen.

(5b) $_{1}$Die Gesellschaft für Telematik hat Verfahren zur Unterstützung der Versicherten bei der Verwaltung von Daten nach Absatz 3 Satz 1 Nummer 7 bis 9 zu entwickeln und hierbei auch die Möglichkeit zu schaffen, dass Versicherte für die Dokumentation der Erklärung auf der elektronischen Gesundheitskarte die Unterstützung der Krankenkasse in Anspruch nehmen können. $_{2}$Bei diesen für die Versicherten freiwilligen Verfahren sind Rückmeldeverfahren der Versicherten über die Krankenkassen mit einzubeziehen, bei denen die Krankenkassen mit Zustimmung der Versicherten Daten nach Absatz 3 Satz 1 Nummer 7 und 8 speichern und löschen können. $_{3}$Über das Ergebnis der Entwicklung legt die Gesellschaft für Telematik dem Deutschen Bundestag über das Bundesministerium für Gesundheit spätestens bis zum 30. Juni 2013 einen Bericht vor. $_{4}$Anderenfalls kann das Bundesministerium für Gesundheit Verfahren nach den Sätzen 1 und 2 im Rahmen eines Forschungs- und Entwicklungsvorhabens entwickeln lassen, dessen Kosten von der Gesellschaft für Telematik zu erstatten sind. $_{5}$In diesem Fall unterrichtet das Bundesministerium für Gesundheit den Deutschen Bundestag über das Ergebnis der Entwicklung.

(5c) $_{1}$Die Länder bestimmen entsprechend dem Stand des Aufbaus der Telematikinfrastruktur

1. die Stellen, die für die Ausgabe elektronischer Heilberufs- und Berufsausweise zuständig sind, und
2. die Stellen, die bestätigen, dass eine Person
   a) befugt ist, einen der von Absatz 4 Satz 1 erfassten Berufe im Geltungsbereich dieses Gesetzes auszuüben oder, sofern für einen der in Absatz 4 Satz 1 erfassten Berufe lediglich die Führung der Berufsbezeichnung geschützt ist, die Berufsbezeichnung zu führen oder
   b) zu den sonstigen Zugriffsberechtigten nach Absatz 4 gehört.

$_{2}$Die Länder können zur Wahrnehmung der Aufgaben nach Satz 1 gemeinsame Stellen bestimmen. $_{3}$Entfällt die Befugnis zur Ausübung des Berufs, zur Führung der Berufsbezeichnung oder sonst das Zugriffsrecht nach Absatz 4, hat die jeweilige Stelle nach Satz 1 Nr. 2 oder Satz 2 die herausgebende Stelle in Kenntnis zu setzen; diese hat unverzüglich die Sperrung der Authentifizierungsfunktion des elektronischen Heilberufs- oder Berufsausweises zu veranlassen.

(6) $_{1}$Daten nach Absatz 2 Satz 1 Nr. 1 und Absatz 3 Satz 1 müssen auf Verlangen der Versicherten gelöscht werden; die Verarbeitung und Nutzung von Daten nach Absatz 2 Satz 1 Nr. 1 für Zwecke der Abrechnung bleiben davon unberührt. $_{2}$Daten nach Absatz 2 Satz 1 Nummer 1 und Absatz 3 Satz 1 Nummer 5 und 7 bis 9 können Versicherte auch eigenständig löschen. $_{3}$Durch technische Vorkehrungen ist zu gewährleisten, dass mindestens die letzten 50 Zugriffe auf die Daten nach Absatz 2 oder Absatz 3 für Zwecke der Datenschutzkontrolle protokolliert werden. $_{4}$Eine Verwendung der Protokolldaten für andere Zwecke ist unzulässig. $_{5}$Die Protokolldaten sind durch geeignete Vorkehrungen gegen zweckfremde Verwendung und sonstigen Missbrauch zu schützen.

(7) $_{1}$Der Spitzenverband Bund der Krankenkassen, die Kassenärztliche Bundesvereinigung, die Kassenzahnärztliche Bundesvereinigung, die Bundesärztekammer, die Bundeszahnärztekammer, die Deutsche Krankenhausgesellschaft sowie die für die Wahrnehmung der wirtschaftlichen Interessen gebildete maßgebliche Spitzenorganisation der Apotheker auf Bundesebene schaffen die für die Einführung und Anwendung der elektronischen Gesundheitskarte, insbesondere des elektronischen Rezeptes und der elektronischen Patientenakte, erforderliche interoperable und kompatible Informations-, Kommunikations- und Sicherheitsinfrastruktur (Tele-

matikinfrastruktur). 2Sie nehmen diese Aufgabe durch eine Gesellschaft für Telematik nach Maßgabe des § 291b wahr, die die Regelungen zur Telematikinfrastruktur trifft sowie deren Aufbau und Betrieb übernimmt. 3Vereinbarungen und Richtlinien zur elektronischen Datenübermittlung nach diesem Buch müssen, soweit sie die Telematikinfrastruktur berühren, mit deren Regelungen vereinbar sein. 4Die in Satz 1 genannten Spitzenorganisationen treffen eine Vereinbarung zur Finanzierung

1. der erforderlichen erstmaligen Ausstattungskosten, die den Leistungserbringern in der Festlegungs-, Erprobungs- und Einführungsphase der Telematikinfrastruktur sowie
2. der Kosten, die den Leistungserbringern im laufenden Betrieb der Telematikinfrastruktur, einschließlich der Aufteilung dieser Kosten auf die in den Absätzen 7a und 7b genannten Leistungssektoren, entstehen.

5Zur Finanzierung der Gesellschaft für Telematik zahlt der Spitzenverband Bund der Krankenkassen für den Zeitraum vom 1. Juli 2008 bis zum 31. Dezember 2008 an die Gesellschaft für Telematik einen Betrag in Höhe von 0,50 Euro je Mitglied der gesetzlichen Krankenversicherung und ab dem Jahr 2009 jährlich einen Betrag in Höhe von 1,00 Euro je Mitglied der gesetzlichen Krankenversicherung; die Zahlungen sind quartalsweise, spätestens drei Wochen vor Beginn des jeweiligen Quartals, zu leisten. 6Die Höhe des Betrages kann das Bundesministerium für Gesundheit entsprechend dem Mittelbedarf der Gesellschaft für Telematik und unter Beachtung des Gebotes der Wirtschaftlichkeit durch Rechtsverordnung ohne Zustimmung des Bundesrates anpassen. 7Die Kosten der Sätze 4 und 5 zählen nicht zu den Ausgaben nach § 4 Abs. 4 Satz 2 und 6.

(7a) 1Die bei den Krankenhäusern entstehenden Investitions- und Betriebskosten nach Absatz 7 Satz 4 Nr. 1 und 2 werden durch einen Zuschlag finanziert (Telematikzuschlag). 2Der Zuschlag nach Satz 1 wird in der Rechnung des Krankenhauses jeweils gesondert ausgewiesen; er geht nicht in den Gesamtbetrag oder die Erlösausgleiche nach dem Krankenhausentgeltgesetz oder der Bundespflegesatzverordnung ein. 3Das Nähere zur Höhe und Erhebung des Zuschlags nach Satz 1 regelt der Spitzenverband Bund der Krankenkassen gemeinsam mit der Deutschen Krankenhausgesellschaft in einer gesonderten Vereinbarung. 4Kommt eine Vereinbarung nicht innerhalb einer vom Bundesministerium für Gesundheit gesetzten Frist oder, in den folgenden Jahren, jeweils bis zum 30. Juni zu Stande, legt die Schiedsstelle nach § 18a Absatz 6 des Krankenhausfinanzierungsgesetzes auf Antrag einer Vertragspartei oder des Bundesministeriums für Gesundheit mit Wirkung für die Vertragsparteien innerhalb einer Frist von zwei Monaten den Vereinbarungsinhalt fest. 5Die Klage gegen die Festsetzung der Schiedsstelle hat keine aufschiebende Wirkung. 6Für die Finanzierung der Investitions- und Betriebskosten nach Absatz 7 Satz 4 Nummer 1 und 2, die bei Leistungserbringern nach § 115b Absatz 2 Satz 1, § 116b Absatz 2 Satz 1 und § 120 Absatz 2 Satz 1 sowie bei Notfallambulanzen in Krankenhäusern, die Leistungen für die Versorgung im Notfall erbringen, entstehen, finden die Sätze 1 und 2 erster Halbsatz sowie die Sätze 3 und 4 entsprechend Anwendung.

(7b) 1Zum Ausgleich der Kosten nach Absatz 7 Satz 4 erhalten die in diesem Absatz genannten Leistungserbringer nutzungsbezogene Zuschläge von den Krankenkassen. 2Das Nähere zu den Regelungen der Vereinbarung nach Absatz 7 Satz 4 für die an der vertragsärztlichen Versorgung teilnehmenden Ärzte, Zahnärzte, Psychotherapeuten sowie medizinischen Versorgungszentren vereinbaren der Spitzenverband Bund der Krankenkassen und die Kassenärztlichen Bundesvereinigungen in den Bundesmantelverträgen. 3Das Nähere zu den Regelungen der Vereinbarung nach Absatz 7 Satz 4 für die Arzneimittelversorgung vereinbaren der Spitzenverband Bund der Krankenkassen und die für die Wahrnehmung der wirtschaftlichen Interessen gebildete maßgebliche Spitzenorganisation der Apotheker auf Bundesebene im Rahmenvertrag

V

nach § 129 Abs. 2. $_{4}$Kommt eine Vereinbarung nach Satz 2 nicht innerhalb einer vom Bundesministerium für Gesundheit gesetzten Frist oder, in den folgenden Jahren, jeweils bis zum 30. Juni zu Stande, legt das jeweils zuständige Schiedsamt nach § 89 Absatz 4 auf Antrag einer Vertragspartei oder des Bundesministeriums für Gesundheit mit Wirkung für die Vertragsparteien innerhalb einer Frist von zwei Monaten den Vereinbarungsinhalt fest. $_{5}$Kommt eine Vereinbarung nach Satz 3 nicht innerhalb einer vom Bundesministerium für Gesundheit gesetzten Frist oder, in den folgenden Jahren, jeweils bis zum 30. Juni zu Stande, legt die Schiedsstelle nach § 129 Absatz 8 auf Antrag einer Vertragspartei oder des Bundesministeriums für Gesundheit innerhalb einer Frist von zwei Monaten den Vereinbarungsinhalt fest. $_{6}$In den Fällen der Sätze 4 und 5 ist Absatz 7a Satz 5 entsprechend anzuwenden.

(7c) $_{1}$Kommt eine Vereinbarung zu den Kosten nach Absatz 7 Satz 4 Nr. 1 nicht innerhalb einer vom Bundesministerium für Gesundheit gesetzten Frist zu Stande oder wird sie gekündigt, entrichten die Gesellschafter der Gesellschaft für Telematik den Finanzierungsbeitrag für die Kosten nach Absatz 7 Satz 4 Nr. 1 gemäß ihrem jeweiligen Geschäftsanteil und nach Aufforderung durch die Geschäftsführung der Gesellschaft; die Spitzenverbände der Krankenkassen erstatten den Finanzierungsbeitrag unmittelbar den Spitzenorganisationen, soweit die nachfolgenden Vorschriften keine andere Regelung enthalten. $_{2}$Im Krankenhausbereich erfolgt die Erstattung des Finanzierungsbeitrages über einen Zuschlag entsprechend Absatz 7a Satz 1 durch vertragliche Vereinbarung der Spitzenverbände der Krankenkassen mit der Deutschen Krankenhausgesellschaft. $_{3}$Kommt eine Vereinbarung nicht innerhalb einer vom Bundesministerium für Gesundheit gesetzten Frist oder, in den folgenden Jahren, jeweils bis zum 30. Juni zu Stande, entscheidet die Schiedsstelle nach § 18a Abs. 6 des Krankenhausfinanzierungsgesetzes auf Antrag einer Vertragspartei innerhalb einer Frist von zwei Monaten. $_{4}$Im Bereich der vertragsärztlichen Versorgung gilt für die Erstattung des Finanzierungsbeitrages Absatz 7b Satz 1, 2 und 4 entsprechend, im Bereich der Arzneimittelversorgung gilt Absatz 7b Satz 1, 3 und 5 entsprechend.

(7d) $_{1}$Kommt eine Vereinbarung zu den Kosten nach Absatz 7 Satz 4 Nr. 1 nicht innerhalb einer vom Bundesministerium für Gesundheit gesetzten Frist als Grundlage der Vereinbarungen nach Absatz 7a Satz 3 und 5 sowie Absatz 7b Satz 2 und 3 zu Stande, trifft der Spitzenverband Bund der Krankenkassen Vereinbarungen zur Finanzierung der den jeweiligen Leistungserbringern entstehenden Kosten nach Absatz 7 Satz 4 Nr. 1 jeweils mit der Deutschen Krankenhausgesellschaft, den Kassenärztlichen Bundesvereinigungen und der für die Wahrnehmung der wirtschaftlichen Interessen gebildeten maßgeblichen Spitzenorganisation der Apotheker auf Bundesebene. $_{2}$Soweit diese Vereinbarungen nicht zu Stande kommen, entscheidet bei Nichteinigung mit der Deutschen Krankenhausgesellschaft die Schiedsstelle nach § 18a Abs. 6 des Krankenhausfinanzierungsgesetzes, bei Nichteinigung mit den Kassenärztlichen Bundesvereinigungen das jeweils zuständige Schiedsamt nach § 89 Abs. 4 und bei Nichteinigung mit der für die Wahrnehmung der wirtschaftlichen Interessen gebildeten maßgeblichen Spitzenorganisation der Apotheker auf Bundesebene die Schiedsstelle nach § 129 Abs. 8 jeweils auf Antrag einer Vertragspartei innerhalb einer Frist von zwei Monaten.

(7e) $_{1}$Kommt eine Vereinbarung zu den Kosten nach Absatz 7 Satz 4 Nr. 2 nicht innerhalb einer vom Bundesministerium für Gesundheit gesetzten Frist als Grundlage der Vereinbarungen nach Absatz 7a Satz 3 und 5, Absatz 7b Satz 2 und 3 zu Stande, bilden die Spitzenorganisationen nach Absatz 7 Satz 1 eine gemeinsame Kommission aus Sachverständigen. $_{2}$Die Kommission ist innerhalb einer Woche nach Ablauf der Frist nach Satz 1 zu bilden. $_{3}$Sie besteht aus jeweils zwei Mitgliedern, die von den Spitzenorganisationen der Leistungserbringer und von dem Spitzenverband Bund der Krankenkassen berufen werden sowie einer oder einem unparteiischen Vorsitzenden, über die oder den sich die Spitzenorganisationen nach Absatz 7 Satz 1 gemeinsam verständigen. 4Kommt es innerhalb der Frist nach Satz 2 nicht zu einer Einigung über den Vorsitz oder die Berufung der weiteren Mitglieder, beruft das Bundesministerium für Gesundheit die Vorsitzende oder den Vorsitzenden und die weiteren Sachverständigen. 5Die Kosten der Kommission sind aus den Finanzmitteln der Gesellschaft für Telematik zu begleichen. 6Die Kommission gibt innerhalb von drei Monaten eine Empfehlung zur Aufteilung der Kosten, die den einzelnen Leistungssektoren nach den Absätzen 7a und 7b im laufenden Betrieb der Telematikinfrastruktur entstehen. 7Die Empfehlung der Kommission ist innerhalb eines Monats in der Vereinbarung nach Absatz 7 Satz 4 Nr. 2 zu berücksichtigen. 8Das Bundesministerium für Gesundheit wird ermächtigt, durch Rechtsverordnung ohne Zustimmung des Bundesrates die Aufteilung der Kosten, die den einzelnen Leistungssektoren nach den Absätzen 7a und 7b im laufenden Betrieb der Telematikinfrastruktur entstehen, als Grundlage der Vereinbarungen nach den Absätzen 7a und 7b festzulegen, sofern die Empfehlung der Kommission nicht berücksichtigt wird.

(8) 1Vom Inhaber der Karte darf nicht verlangt werden, den Zugriff auf Daten nach Absatz 2 Satz 1 Nr. 1 oder Absatz 3 Satz 1 anderen als den in Absatz 4 Satz 1 und Absatz 5a Satz 1 genannten Personen oder zu anderen Zwecken als denen der Versorgung der Versicherten, einschließlich der Abrechnung der zum Zwecke der Versorgung erbrachten Leistungen, zu gestatten; mit ihnen darf nicht vereinbart werden, Derartiges zu gestatten. 2Sie dürfen nicht bevorzugt oder benachteiligt werden, weil sie einen Zugriff bewirkt oder verweigert haben.

§ 291b Gesellschaft für Telematik

(1) 1Im Rahmen der Aufgaben nach § 291a Abs. 7 Satz 2 hat die Gesellschaft für Telematik

1. die technischen Vorgaben einschließlich eines Sicherheitskonzepts zu erstellen,
2. Inhalt und Struktur der Datensätze für deren Bereitstellung und Nutzung festzulegen

sowie die notwendigen Test- und Zertifizierungsmaßnahmen sicherzustellen. 2Sie hat die Interessen von Patientinnen und Patienten zu wahren und die Einhaltung der Vorschriften zum Schutz personenbezogener Daten sicherzustellen. 3Die Gesellschaft für Telematik hat Aufgaben nur insoweit wahrzunehmen, wie dies zur Schaffung einer interoperablen und kompatiblen Telematikinfrastruktur erforderlich ist. 4Mit Teilaufgaben der Gesellschaft für Telematik können einzelne Gesellschafter oder Dritte beauftragt werden; hierbei sind durch die Gesellschaft für Telematik Interoperabilität, Kompatibilität und das notwendige Sicherheitsniveau der Telematikinfrastruktur zu gewährleisten.

(1a) 1Die Komponenten und Dienste der Telematikinfrastruktur werden von der Gesellschaft für Telematik zugelassen. 2Die Zulassung wird erteilt, wenn die Komponenten und Dienste funktionsfähig, interoperabel und sicher sind. 3Die Gesellschaft für Telematik prüft die Funktionsfähigkeit und Interoperabilität auf der Grundlage der von ihr veröffentlichten Prüfkriterien. 4Der Nachweis der Sicherheit erfolgt nach den Vorgaben des Bundesamtes für Sicherheit in der Informationstechnik durch eine Sicherheitszertifizierung. 5Hierzu entwickelt das Bundesamt für Sicherheit in der Informationstechnik geeignete Prüfvorschriften und veröffentlicht diese im Bundesanzeiger. 6Das Nähere zum Zulassungsverfahren und zu den Prüfkriterien wird von der Gesellschaft für Telematik in Abstimmung mit dem Bundesamt für Sicherheit in der Informationstechnik beschlossen. 7Die Gesellschaft für Telematik veröffentlicht eine Liste mit den zugelassenen Komponenten und Diensten. 8Die für die Aufgaben nach Satz 4 und 5 beim Bundesamt für Sicherheit in der Informationstechnik entstehenden Kosten sind diesem durch die Gesellschaft für Telematik zu erstatten. 9Die Einzelheiten werden von dem Bundesamt für Sicherheit in

V

der Informationstechnik und der Gesellschaft für Telematik einvernehmlich festgelegt.

(1b) $_{1}$Betriebsleistungen sind auf der Grundlage der von der Gesellschaft für Telematik zu beschließenden Rahmenbedingungen zu erbringen. $_{2}$Zur Durchführung des operativen Betriebs der Komponenten, Dienste und Schnittstellen der Telematikinfrastruktur hat die Gesellschaft für Telematik oder, soweit einzelne Gesellschafter oder Dritte nach Absatz 1 Satz 4 erster Halbsatz beauftragt worden sind, haben die Beauftragten Aufträge zu vergeben. $_{3}$Bei der Vergabe dieser Aufträge sind abhängig vom Auftragswert die Vorschriften über die Vergabe öffentlicher Aufträge: der Vierte Teil des Gesetzes gegen Wettbewerbsbeschränkungen sowie die Vergabeverordnung und § 22 der Verordnung über das Haushaltswesen in der Sozialversicherung sowie der Abschnitt 1 des Teils A der Verdingungsordnung für Leistungen (VOL/A) anzuwenden. $_{4}$Für die freihändige Vergabe von Leistungen gemäß § 3 Nr. 4 Buchstabe p der Verdingungsordnung für Leistungen – Teil A (VOL/A) werden die Ausführungsbestimmungen vom Bundesministerium für Gesundheit festgelegt und im Bundesanzeiger veröffentlicht. $_{5}$Abweichend von den Sätzen 2 bis 4 sind spätestens ab dem 1. Januar 2009 Anbieter zur Durchführung des operativen Betriebs der Komponenten, Dienste und Schnittstellen der Telematikinfrastruktur von der Gesellschaft für Telematik oder, soweit einzelne Gesellschafter oder Dritte nach Absatz 1 Satz 4 erster Halbsatz beauftragt worden sind, von den Beauftragten in einem transparenten und diskriminierungsfreien Verfahren zuzulassen, wenn

1. die zu verwendenden Komponenten und Dienste gemäß Absatz 1a zugelassen sind,
2. der Anbieter oder die Anbieterin den Nachweis erbringt, dass die Verfügbarkeit und Sicherheit der Betriebsleistung gewährleistet ist und
3. der Anbieter oder die Anbieterin sich vertraglich verpflichtet, die Rahmenbedingungen für Betriebsleistungen der Gesellschaft für Telematik einzuhalten.

$_{6}$Die Gesellschaft für Telematik beziehungsweise die von ihr beauftragten Organisationen können die Anzahl der Zulassungen beschränken, soweit dies zur Gewährleistung von Interoperabilität, Kompatibilität und des notwendigen Sicherheitsniveaus erforderlich ist. $_{7}$Die Gesellschaft für Telematik beziehungsweise die von ihr beauftragten Organisationen veröffentlichen

1. die fachlichen und sachlichen Voraussetzungen, die für den Nachweis nach Satz 5 Nr. 2 erfüllt sein müssen, sowie
2. eine Liste mit den zugelassenen Anbietern.

(1c) $_{1}$Die Gesellschaft für Telematik beziehungsweise die von ihr beauftragten Organisationen können für die Zulassungen der Absätze 1a und 1b Entgelte verlangen. $_{2}$Der Entgeltkatalog bedarf der Zustimmung des Bundesministeriums für Gesundheit.

(2) Der Gesellschaftsvertrag bedarf der Zustimmung des Bundesministeriums für Gesundheit und ist nach folgenden Grundsätzen zu gestalten:

1. Die in § 291a Abs. 7 Satz 1 genannten Spitzenorganisationen sind Gesellschafter der Gesellschaft für Telematik. Die Geschäftsanteile entfallen zu 50 Prozent auf den Spitzenverband Bund der Krankenkassen und zu 50 Prozent auf die anderen in § 291a Abs. 7 Satz 1 genannten Spitzenorganisationen. Mit Zustimmung des Bundesministeriums für Gesundheit können die Gesellschafter den Beitritt weiterer Spitzenorganisationen der Leistungserbringer auf Bundesebene und des Verbandes der Privaten Krankenversicherung beschließen; im Falle eines Beitritts sind die Geschäftsanteile innerhalb der Gruppen der Kostenträger und Leistungserbringer entsprechend anzupassen;
2. unbeschadet zwingender gesetzlicher Mehrheitserfordernisse entscheiden die Gesellschafter mit der Mehrheit von 67 Prozent der sich aus den Geschäftsanteilen ergebenden Stimmen, soweit nicht der Gesellschaftsvertrag eine geringere Mehrheit vorsieht;

3. das Bundesministerium für Gesundheit entsendet in die Versammlung der Gesellschafter eine Vertreterin oder einen Vertreter ohne Stimmrecht;

4. es ist ein Beirat einzurichten, der die Gesellschaft in fachlichen Belangen berät. Er kann Angelegenheiten von grundsätzlicher Bedeutung der Versammlung der Gesellschafter zur Befassung vorlegen und ist vor der Beschlussfassung zu Angelegenheiten von grundsätzlicher Bedeutung zu hören. Der Beirat besteht aus vier Vertreterinnen oder Vertretern der Länder, drei Vertreterinnen oder Vertretern der für die Wahrnehmung der Interessen der Patientinnen und Patienten und der Selbsthilfe chronisch kranker und behinderter Menschen maßgeblichen Organisationen, drei Vertreterinnen oder Vertretern der Wissenschaft, drei Vertreterinnen oder Vertretern der für die Wahrnehmung der Interessen der Industrie maßgeblichen Bundesverbände aus dem Bereich der Informationstechnologie sowie der oder dem Bundesbeauftragten für den Datenschutz und die Informationsfreiheit und der oder dem Beauftragten für die Belange der Patientinnen und Patienten. Vertreterinnen oder Vertreter weiterer Gruppen und Bundesbehörden können berufen werden. Die Mitglieder des Beirats werden von der Versammlung der Gesellschafter im Einvernehmen mit dem Bundesministerium für Gesundheit berufen; die Vertreterinnen und Vertreter der Länder werden von den Ländern benannt. Die Gesellschafter, die Geschäftsführerin oder der Geschäftsführer der Gesellschaft sowie das Bundesministerium für Gesundheit können an den Sitzungen des Beirats teilnehmen.

(3) 1Wird die Gesellschaft für Telematik nicht innerhalb einer vom Bundesministerium für Gesundheit gesetzten Frist gegründet oder löst sich die Gesellschaft für Telematik auf, kann das Bundesministerium für Gesundheit eine oder mehrere der in § 291a Abs. 7 Satz 1 genannten Spitzenorganisationen zur Errichtung der Gesellschaft für Telematik verpflichten; die übrigen Spitzenorganisationen können mit Zustimmung des Bundesministeriums für Gesundheit der Gesellschaft für Telematik als Gesellschafter beitreten. 2Für die Finanzierung der Gesellschaft für Telematik nach Satz 1 gilt § 291a Abs. 7 Satz 5 bis 7 entsprechend.

(4) 1Die Beschlüsse der Gesellschaft für Telematik zu den Regelungen, dem Aufbau und dem Betrieb der Telematikinfrastruktur sind dem Bundesministerium für Gesundheit vorzulegen, das sie, soweit sie gegen Gesetz oder sonstiges Recht verstoßen, innerhalb eines Monats beanstanden kann; bei der Prüfung der Beschlüsse hat das Bundesministerium für Gesundheit der oder dem Bundesbeauftragten für den Datenschutz und die Informationsfreiheit Gelegenheit zur Stellungnahme zu geben. 2In begründeten Einzelfällen, insbesondere wenn die Prüfung der Beschlüsse innerhalb von einem Monat nicht abgeschlossen werden kann, kann das Bundesministerium für Gesundheit die Frist vor ihrem Ablauf um höchstens einen Monat verlängern. 3Erfolgt keine Beanstandung, werden die Beschlüsse nach Ablauf der Beanstandungsfrist für die Leistungserbringer und Krankenkassen sowie ihre Verbände nach diesem Buch verbindlich. 4Kommen die erforderlichen Beschlüsse nicht oder nicht innerhalb einer vom Bundesministerium für Gesundheit gesetzten Frist zu Stande oder werden die Beanstandungen des Bundesministeriums für Gesundheit nicht innerhalb der von ihm gesetzten Frist behoben, legt das Bundesministerium für Gesundheit ihre Inhalte im Benehmen mit den zuständigen obersten Landesbehörden durch Rechtsverordnung ohne Zustimmung des Bundesrates fest. 5Die Gesellschaft für Telematik ist verpflichtet, dem Bundesministerium für Gesundheit zur Vorbereitung der Rechtsverordnung unverzüglich nach dessen Weisungen zuzuarbeiten.

(5) Die vom Bundesministerium für Gesundheit und von seinem Geschäftsbereich zur Vorbereitung der Rechtsverordnung nach Absatz 4 veranlassten Kosten sind unverzüglich aus den Finanzmitteln der Gesellschaft für Telematik zu begleichen; dies gilt auch, so-

weit Arbeiten zur Vorbereitung der Rechtsverordnung im Rahmen von Forschungs- und Entwicklungstätigkeiten durchgeführt werden.

(6) 1Kosten für Forschungs- und Entwicklungstätigkeiten zur Schaffung der Telematikinfrastruktur, die vom Bundesministerium für Gesundheit in der Zeit vom 1. November 2004 bis zum 27. Juni 2005 finanziert wurden, sind von den Spitzenverbänden der Krankenkassen zu erstatten. 2Absatz 3 Satz 2 und 3 gilt entsprechend.

§ 292 Angaben über Leistungsvoraussetzungen

1Die Krankenkasse hat Angaben über Leistungen, die zur Prüfung der Voraussetzungen späterer Leistungsgewährung erforderlich sind, aufzuzeichnen. 2Hierzu gehören insbesondere Angaben zur Feststellung der Voraussetzungen von Leistungsansprüchen bei Krankenhausbehandlung, medizinischen Leistungen zur Gesundheitsvorsorge und Rehabilitation sowie zur Feststellung der Voraussetzungen der Kostenerstattung und zur Leistung von Zuschüssen. 3Im Falle der Arbeitsunfähigkeit sind auch die Diagnosen aufzuzeichnen.

§ 293 Kennzeichen für Leistungsträger und Leistungserbringer

(1) 1Die Krankenkassen verwenden im Schriftverkehr, einschließlich des Einsatzes elektronischer Datenübertragung oder maschinell verwertbarer Datenträger, beim Datenaustausch, für Maßnahmen zur Qualitätssicherung und für Abrechnungszwecke mit den anderen Trägern der Sozialversicherung, der Bundesagentur für Arbeit und den Versorgungsverwaltungen der Länder sowie mit ihren Vertragspartnern einschließlich deren Mitgliedern bundeseinheitliche Kennzeichen. 2Der Spitzenverband Bund der Krankenkassen, die Spitzenorganisationen der anderen Träger der Sozialversicherung, die Postbeamtenkrankenkasse, die Bundesagentur für Arbeit und die Versorgungsverwaltungen der Länder bilden für die Vergabe der Kennzeichen nach Satz 1 eine Arbeitsgemeinschaft.

(2) Die Mitglieder der Arbeitsgemeinschaft nach Absatz 1 Satz 2 gemeinsam vereinbaren mit den Spitzenorganisationen der Leistungserbringer einheitlich Art und Aufbau der Kennzeichen und das Verfahren der Vergabe und ihre Verwendung.

(3) Kommt eine Vereinbarung nach Absatz 2 nicht oder nicht innerhalb einer vom Bundesministerium für Gesundheit gesetzten Frist zustande, kann dieses im Einvernehmen mit dem Bundesministerium für Arbeit und Soziales nach Anhörung der Beteiligten das Nähere der Regelungen über Art und Aufbau der Kennzeichen und das Verfahren der Vergabe und ihre Verwendung durch Rechtsverordnung mit Zustimmung des Bundesrates bestimmen.

(4) 1Die Kassenärztliche und die Kassenzahnärztliche Bundesvereinigung führen jeweils ein bundesweites Verzeichnis der an der vertragsärztlichen Versorgung teilnehmenden Ärzte und Zahnärzte sowie Einrichtungen. 2Das Verzeichnis enthält folgende Angaben:

1. Arzt- oder Zahnarztnummer (unverschlüsselt),
2. Hausarzt- oder Facharztkennung,
3. Teilnahmestatus,
4. Geschlecht des Arztes oder Zahnarztes,
5. Titel des Arztes oder Zahnarztes,
6. Name des Arztes oder Zahnarztes,
7. Vorname des Arztes oder Zahnarztes,
8. Geburtsdatum des Arztes oder Zahnarztes,
9. Straße der Arzt- oder Zahnarztpraxis oder der Einrichtung,
10. Hausnummer der Arzt- oder Zahnarztpraxis oder der Einrichtung,
11. Postleitzahl der Arzt- oder Zahnarztpraxis oder der Einrichtung,
12. Ort der Arzt- oder Zahnarztpraxis oder der Einrichtung,
13. Beginn der Gültigkeit der Arzt- oder Zahnarztnummer und
14. Ende der Gültigkeit der Arzt- oder Zahnarztnummer.

3Das Verzeichnis ist in monatlichen oder kürzeren Abständen zu aktualisieren. 4Die Arzt-

und Zahnarztnummer ist so zu gestalten, dass sie ohne zusätzliche Daten über den Arzt oder Zahnarzt nicht einem bestimmten Arzt oder Zahnarzt zugeordnet werden kann; dabei ist zu gewährleisten, dass die Arzt- und Zahnarztnummer eine Identifikation des Arztes oder Zahnarztes auch für die Krankenkassen und ihre Verbände für die gesamte Dauer der vertragsärztlichen oder vertragszahnärztlichen Tätigkeit ermöglicht. $_{5}$Die Kassenärztliche Bundesvereinigung und die Kassenzahnärztliche Bundesvereinigung stellen sicher, dass das Verzeichnis die Arzt- und Zahnarztnummern enthält, welche Vertragsärzte und -zahnärzte im Rahmen der Abrechnung ihrer erbrachten und verordneten Leistungen mit den Krankenkassen nach den Vorschriften des Zweiten Abschnitts verwenden. $_{6}$Die Kassenärztliche Bundesvereinigung und die Kassenzahnärztliche Bundesvereinigung stellen dem Spitzenverband Bund der Krankenkassen das Verzeichnis bis zum 31. März 2004 im Wege elektronischer Datenübertragung oder maschinell verwertbar auf Datenträgern zur Verfügung; Änderungen des Verzeichnisses sind dem Spitzenverband Bund der Krankenkassen in monatlichen oder kürzeren Abständen unentgeltlich zu übermitteln. $_{7}$Der Spitzenverband Bund der Krankenkassen stellt seinen Mitgliedsverbänden und den Krankenkassen das Verzeichnis zur Erfüllung ihrer Aufgaben, insbesondere im Bereich der Gewährleistung der Qualität und der Wirtschaftlichkeit der Versorgung sowie der Aufbereitung der dafür erforderlichen Datengrundlagen, zur Verfügung; für andere Zwecke darf der Spitzenverband Bund der Krankenkassen das Verzeichnis nicht verwenden.

(5) $_{1}$Die für die Wahrnehmung der wirtschaftlichen Interessen gebildete maßgebliche Spitzenorganisation der Apotheker führt ein bundeseinheitliches Verzeichnis über die Apotheken und stellt dieses dem Spitzenverband Bund der Krankenkassen im Wege elektronischer Datenübertragung oder maschinell verwertbar auf Datenträgern unentgeltlich zur Verfügung. $_{2}$Änderungen des Verzeichnisses sind dem Spitzenverband Bund der Krankenkassen in monatlichen oder kürzeren Abständen unentgeltlich zu übermitteln. $_{3}$Das Verzeichnis enthält den Namen des Apothekers, die Anschrift und das Kennzeichen der Apotheke; es ist in monatlichen oder kürzeren Abständen zu aktualisieren. $_{4}$Die für die Wahrnehmung der wirtschaftlichen Interessen gebildete maßgebliche Spitzenorganisation der Apotheker stellt das Verzeichnis und die Änderungen nach Satz 2 auch der nach § 2 Satz 1 des Gesetzes über Rabatte für Arzneimittel gebildeten zentralen Stelle im Wege elektronischer Datenübertragung oder maschinell verwertbar auf Datenträgern zur Verfügung; die zentrale Stelle hat die Übermittlungskosten zu tragen. $_{5}$Der Spitzenverband Bund der Krankenkassen stellt seinen Mitgliedsverbänden und den Krankenkassen das Verzeichnis zur Erfüllung ihrer Aufgaben im Zusammenhang mit der Abrechnung der Apotheken, der in den §§ 129 und 300 getroffenen Regelungen sowie der damit verbundenen Datenaufbereitungen zur Verfügung; für andere Zwecke darf der Spitzenverband Bund der Krankenkassen das Verzeichnis nicht verwenden. $_{6}$Die zentrale Stelle darf das Verzeichnis an die Träger der Kosten in Krankheits-, Pflege- und Geburtsfällen nach beamtenrechtlichen Vorschriften, die Unternehmen der privaten Krankenversicherung sowie die sonstigen Träger von Kosten in Krankheitsfällen weitergeben. $_{7}$Das Verzeichnis darf nur für die in § 2 des Gesetzes über Rabatte für Arzneimittel genannten Zwecke verarbeitet oder genutzt werden. $_{8}$Apotheken nach Satz 1 sind verpflichtet, die für das Verzeichnis erforderlichen Auskünfte zu erteilen. $_{9}$Weitere Anbieter von Arzneimitteln sind gegenüber dem Spitzenverband Bund der Krankenkassen entsprechend auskunftspflichtig.

Zweiter Abschnitt
Übermittlung und Aufbereitung von Leistungsdaten, Datentransparenz

Erster Titel
Übermittlung von Leistungsdaten

§ 294 Pflichten der Leistungserbringer

Die an der vertragsärztlichen Versorgung teilnehmenden Ärzte und die übrigen Leistungserbringer sind verpflichtet, die für die Erfüllung der Aufgaben der Krankenkassen sowie der Kassenärztlichen Vereinigungen notwendigen Angaben, die aus der Erbringung, der Verordnung sowie der Abgabe von Versicherungsleistungen entstehen, aufzuzeichnen und gemäß den nachstehenden Vorschriften den Krankenkassen, den Kassenärztlichen Vereinigungen oder den mit der Datenverarbeitung beauftragten Stellen mitzuteilen.

§ 294a Mitteilung von Krankheitsursachen und drittverursachten Gesundheitsschäden

(1) $_1$Liegen Anhaltspunkte dafür vor, dass eine Krankheit eine Berufskrankheit im Sinne der gesetzlichen Unfallversicherung oder deren Spätfolgen oder die Folge oder Spätfolge eines Arbeitsunfalls, eines sonstigen Unfalls, einer Körperverletzung, einer Schädigung im Sinne des Bundesversorgungsgesetzes oder eines Impfschadens im Sinne des Infektionsschutzgesetzes ist oder liegen Hinweise auf drittverursachte Gesundheitsschäden vor, sind die an der vertragsärztlichen Versorgung teilnehmenden Ärzte und Einrichtungen sowie die Krankenhäuser nach § 108 verpflichtet, die erforderlichen Daten, einschließlich der Angaben über Ursachen und den möglichen Verursacher, den Krankenkassen mitzuteilen. $_2$Bei Hinweisen auf drittverursachte Gesundheitsschäden, die Folge einer Misshandlung, eines sexuellen Missbrauchs oder einer Vernachlässigung von Kindern und Jugendlichen sein können, besteht keine Mitteilungspflicht nach Satz 1.

(2) $_1$Liegen Anhaltspunkte für ein Vorliegen der Voraussetzungen des § 52 Abs. 2 vor, sind die an der vertragsärztlichen Versorgung teilnehmenden Ärzte und Einrichtungen sowie die Krankenhäuser nach § 108 verpflichtet, den Krankenkassen die erforderlichen Daten mitzuteilen. $_2$Die Versicherten sind über den Grund der Meldung nach Satz 1 und die gemeldeten Daten zu informieren.

§ 295 Abrechnung ärztlicher Leistungen

(1) $_1$Die an der vertragsärztlichen Versorgung teilnehmenden Ärzte und Einrichtungen sind verpflichtet,

1. in dem Abschnitt der Arbeitsunfähigkeitsbescheinigung, den die Krankenkasse erhält, die Diagnosen,
2. in den Abrechnungsunterlagen für die vertragsärztlichen Leistungen die von ihnen erbrachten Leistungen einschließlich des Tages der Behandlung, bei ärztlicher Behandlung mit Diagnosen, bei zahnärztlicher Behandlung mit Zahnbezug und Befunden,
3. in den Abrechnungsunterlagen sowie auf den Vordrucken für die vertragsärztliche Versorgung ihre Arztnummer, in Überweisungsfällen die Arztnummer des überweisenden Arztes sowie die Angaben nach § 291 Abs. 2 Nr. 1 bis 10 maschinenlesbar

aufzuzeichnen und zu übermitteln. $_2$Die Diagnosen nach Satz 1 Nr. 1 und 2 sind nach der Internationalen Klassifikation der Krankheiten in der jeweiligen vom Deutschen Institut für medizinische Dokumentation und Information im Auftrag des Bundesministeriums für Gesundheit herausgegebenen deutschen Fassung zu verschlüsseln. $_3$Das Bundesministerium für Gesundheit kann das Deutsche Institut für medizinische Dokumentation und Information beauftragen, den in Satz 2 genannten Schlüssel um Zusatzkennzeichen zur Gewährleistung der für die Erfüllung der Aufgaben der Krankenkassen notwendigen Aussagefähigkeit des Schlüssels zu ergänzen. $_4$Von Vertragsärzten durchgeführte Operationen und sonstige Prozeduren sind nach dem vom Deutschen Institut für medizinische Dokumentation und Information im Auftrag des Bundesministeriums für Gesundheit herausgegebenen Schlüssel zu verschlüsseln. $_5$Das Bundesministerium für Gesundheit gibt den

Zeitpunkt des Inkrafttretens der jeweiligen Fassung des Diagnosenschlüssels nach Satz 2 sowie des Prozedurenschlüssels nach Satz 4 im Bundesanzeiger bekannt.

(1a) Für die Erfüllung der Aufgaben nach § 106a sind die an der vertragsärztlichen Versorgung teilnehmenden Ärzte verpflichtet und befugt, auf Verlangen der Kassenärztlichen Vereinigungen die für die Prüfung erforderlichen Befunde vorzulegen.

(1b) 1Ärzte, Einrichtungen und medizinische Versorgungszentren, die ohne Beteiligung der Kassenärztlichen Vereinigungen mit den Krankenkassen oder ihren Verbänden Verträge zu besonderen Versorgungsformen (§ 140a) oder zur Versorgung nach § 73b abgeschlossen haben, psychiatrische Institutsambulanzen sowie Leistungserbringer, die gemäß § 116b Abs. 2 an der ambulanten spezialfachärztlichen Versorgung teilnehmen, übermitteln die in Absatz 1 genannten Angaben, bei Krankenhäusern einschließlich ihres Institutionskennzeichens, an die jeweiligen Krankenkassen im Wege elektronischer Datenübertragung oder maschinell verwertbar auf Datenträgern; vertragsärztliche Leistungserbringer können in den Fällen des § 116b die Angaben über die Kassenärztliche Vereinigung übermitteln. 2Das Nähere regelt der Spitzenverband Bund der Krankenkassen mit Ausnahme der Datenübermittlung der Leistungserbringer, die gemäß § 116b Absatz 2 an der ambulanten spezialärztlichen Versorgung teilnehmen, sowie der psychiatrischen Institutsambulanzen. 3Die psychiatrischen Institutsambulanzen übermitteln die Angaben nach Satz 1 zusätzlich an die DRG-Datenstelle nach § 21 Absatz 1 Satz 1 des Krankenhausentgeltgesetzes. 4Die Selbstverwaltungspartner nach § 17b Absatz 2 des Krankenhausfinanzierungsgesetzes vereinbaren für die Dokumentation der Leistungen der psychiatrischen Institutsambulanzen nach Satz 1 bis spätestens zum 30. April 2012 einen bundeseinheitlichen Katalog sowie das Nähere zur Datenübermittlung nach Satz 3; für die Umsetzung des Prüfauftrags nach § 17d Absatz 1 Satz 3 des Krankenhausfinanzierungsgesetzes vereinbaren sie dabei auch, ob und wie der Prüfauftrag auf der Grundlage der Daten einer Vollerhebung oder einer repräsentativen Stichprobe der Leistungen psychiatrischer Institutsambulanzen sachgerecht zu erfüllen ist. 5§ 21 Absatz 4, Absatz 5 Satz 1 und 2 sowie Absatz 6 des Krankenhausentgeltgesetzes ist für die Vereinbarung zur Datenübermittlung entsprechend anzuwenden. 6Für die Vereinbarung einer bundeseinheitlichen Dokumentation der Leistungen der psychiatrischen Institutsambulanzen gilt § 21 Absatz 4 und 6 des Krankenhausentgeltgesetzes entsprechend mit der Maßgabe, dass die Schiedsstelle innerhalb von sechs Wochen entscheidet. 7Die Schiedsstelle entscheidet innerhalb von sechs Wochen nach Antrag einer Vertragspartei auch über die Tatbestände nach Satz 4 zweiter Halbsatz, zu denen keine Einigung zustande gekommen ist.

(2) 1Für die Abrechung der Vergütung übermitteln die Kassenärztlichen Vereinigungen im Wege elektronischer Datenübertragung oder maschinell verwertbar auf Datenträgern den Krankenkassen für jedes Quartal für jeden Behandlungsfall folgende Daten:

1. Angaben nach § 291 Abs. 2 Nr. 1, 6 und 7,
2. Arzt- oder Zahnarztnummer, in Überweisungsfällen die Arzt- oder Zahnarztnummer des überweisenden Arztes,
3. Art der Inanspruchnahme,
4. Art der Behandlung,
5. Tag der Behandlung,
6. abgerechnete Gebührenpositionen mit den Schlüsseln nach Absatz 1 Satz 5, bei zahnärztlicher Behandlung mit Zahnbezug und Befunden,
7. Kosten der Behandlung.

2Die Kassenärztlichen Vereinigungen übermitteln für die Durchführung der Programme nach § 137g die in den Richtlinien des Gemeinsamen Bundesausschusses nach § 137f festgelegten Angaben versichertenbezogen an die Krankenkassen, soweit sie an der Durchführung dieser Programme beteiligt sind. 4Die Kassenärztlichen Vereinigungen übermitteln den Krankenkassen die Angaben nach Satz 1 für Versicherte, die an den Programmen nach § 137f teilnehmen, versichertenbezogen. 5§ 137f Abs. 3 Satz 2 bleibt unberührt.

(2a) Die an der vertragsärztlichen Versorgung teilnehmenden Ärzte und Einrichtungen sowie Leistungserbringer, die ohne Beteiligung der Kassenärztlichen Vereinigungen mit den Krankenkassen oder ihren Verbänden Verträge zu besonderen Versorgungsformen (§ 140a) oder zur Versorgung nach § 73b abgeschlossen haben, sowie Leistungserbringer, die gemäß § 116b Abs. 2 an der ambulanten spezialfachärztlichen Versorgung teilnehmen, sind verpflichtet, die Angaben gemäß § 292 aufzuzeichnen und den Krankenkassen zu übermitteln; vertragsärztliche Leistungserbringer können in den Fällen des § 116b die Angaben über die Kassenärztliche Vereinigung übermitteln.

(3) Die Vertragsparteien der Verträge nach § 82 Abs. 1 und § 87 Abs. 1 vereinbaren als Bestandteil dieser Verträge das Nähere über

1. Form und Inhalt der Abrechnungsunterlagen für die vertragsärztlichen Leistungen,
2. Form und Inhalt der im Rahmen der vertragsärztlichen Versorgung erforderlichen Vordrucke,
3. die Erfüllung der Pflichten der Vertragsärzte nach Absatz 1,
4. die Erfüllung der Pflichten der Kassenärztlichen Vereinigung nach Absatz 2, insbesondere auch Form, Frist und Umfang der Weiterleitung der Abrechnungsunterlagen an die Krankenkassen oder deren Verbände,
5. Einzelheiten der Datenübermittlung einschließlich einer einheitlichen Datensatzstruktur und der Aufbereitung von Abrechnungsunterlagen nach den §§ 296 und 297.

(4) 1Die an der vertragsärztlichen Versorgung teilnehmenden Ärzte, Einrichtungen und medizinischen Versorgungszentren haben die für die Abrechnung der Leistungen notwendigen Angaben der Kassenärztlichen Vereinigung im Wege elektronischer Datenübertragung oder maschinell verwertbar auf Datenträgern zu übermitteln. 2Das Nähere regelt die Kassenärztliche Bundesvereinigung.

§ 295a Abrechnung der im Rahmen von Verträgen nach § 73b und § 140a sowie vom Krankenhaus im Notfall erbrachten Leistungen

(1) 1Für die Abrechnung der im Rahmen von Verträgen nach § 73b und § 140a erbrachten Leistungen sind die an diesen Versorgungsformen teilnehmenden Leistungserbringer befugt, die nach den Vorschriften dieses Kapitels erforderlichen Angaben an den Vertragspartner auf Leistungserbringerseite als verantwortliche Stelle zu übermitteln, indem diese Angaben entweder an ihn oder an eine nach Absatz 2 beauftragte andere Stelle weitergegeben werden; für den Vertragspartner auf Leistungserbringerseite gilt § 35 des Ersten Buches entsprechend. 2Voraussetzung ist, dass der Versicherte vor Abgabe der Teilnahmeerklärung an der Versorgungsform umfassend über die vorgesehene Datenübermittlung informiert worden ist und mit der Einwilligung in die Teilnahme zugleich in die damit verbundene Datenübermittlung schriftlich eingewilligt hat. 3Der Vertragspartner auf Leistungserbringerseite oder die beauftragte andere Stelle dürfen die übermittelten Daten nur zu Abrechnungszwecken verarbeiten und nutzen; sie übermitteln die Daten im Wege elektronischer Datenübertragung oder maschinell verwertbar auf Datenträgern an den jeweiligen Vertragspartner auf Krankenkassenseite.

(2) 1Der Vertragspartner auf Leistungserbringerseite darf eine andere Stelle mit der Erhebung, Verarbeitung und Nutzung der für die Abrechnung der in Absatz 1 genannten Leistungen erforderlichen personenbezogenen Daten beauftragen; § 291a bleibt unberührt. 2§ 80 des Zehnten Buches ist anzuwenden mit der weiteren Maßgabe, dass Unterauftragsverhältnisse ausgeschlossen sind und dass abweichend von dessen Absatz 5 die Beauftragung einer nichtöffentlichen Stelle auch zulässig ist, soweit die Speicherung der Daten den gesamten Datenbestand erfasst; Auftraggeber und Auftragnehmer unterliegen

der Aufsicht der nach § 38 des Bundesdatenschutzgesetzes zuständigen Aufsichtsbehörde. $_{3}$Für Auftraggeber und Auftragnehmer, die nicht zu den in § 35 des Ersten Buches genannten Stellen gehören, gilt diese Vorschrift entsprechend; sie haben insbesondere die technischen und organisatorischen Maßnahmen nach § 78a des Zehnten Buches zu treffen.

(3) $_{1}$Für die Abrechnung von im Notfall erbrachten ambulanten ärztlichen Leistungen darf das Krankenhaus eine andere Stelle mit der Erhebung, Verarbeitung und Nutzung der erforderlichen personenbezogenen Daten beauftragen, sofern der Versicherte schriftlich in die Datenweitergabe eingewilligt hat; § 291a bleibt unberührt. $_{2}$Der Auftragnehmer darf diese Daten nur zu Abrechnungszwecken verarbeiten und nutzen. $_{3}$Absatz 2 Satz 2 und 3 gilt entsprechend.

§ 296 Auffälligkeitsprüfungen

(1) $_{1}$Für die arztbezogenen Prüfungen nach § 106 übermitteln die Kassenärztlichen Vereinigungen im Wege elektronischer Datenübertragung oder maschinell verwertbar auf Datenträgern den Prüfungsstellen nach § 106 Abs. 4a aus den Abrechnungsunterlagen der Vertragsärzte für jedes Quartal folgende Daten:

1. Arztnummer, einschließlich von Angaben nach § 293 Abs. 4 Satz 1 Nr. 2, 3, 6, 7 und 9 bis 14 und Angaben zu Schwerpunkt- und Zusatzbezeichnungen sowie zusätzlichen Abrechnungsgenehmigungen,
2. Kassennummer,
3. die abgerechneten Behandlungsfälle sowie deren Anzahl, getrennt nach Mitgliedern und Rentnern sowie deren Angehörigen,
4. die Überweisungsfälle sowie die Notarzt- und Vertreterfälle sowie deren Anzahl, jeweils in der Aufschlüsselung nach Nummer 3,
5. durchschnittliche Anzahl der Fälle der vergleichbaren Fachgruppe in der Gliederung nach den Nummern 3 und 4,
6. Häufigkeit der abgerechneten Gebührenposition unter Angabe des entsprechenden Fachgruppendurchschnitts,
7. in Überweisungsfällen die Arztnummer des überweisenden Arztes.

$_{2}$Soweit zur Prüfung der Einhaltung der Richtlinien nach Maßgabe von § 106 Abs. 5b erforderlich, sind die Daten nach Satz 1 Nr. 3 jeweils unter Angabe der nach § 295 Abs. 1 Satz 2 verschlüsselten Diagnose zu übermitteln.

(2) $_{1}$Für die arztbezogenen Prüfungen nach § 106 übermitteln die Krankenkassen im Wege elektronischer Datenübertragung oder maschinell verwertbar auf Datenträgern den Prüfungsstellen nach § 106 Abs. 4a über die von allen Vertragsärzten verordneten Leistungen (Arznei-, Verband-, Heil- und Hilfsmittel sowie Krankenhausbehandlungen) für jedes Quartal folgende Daten:

1. Arztnummer des verordnenden Arztes,
2. Kassennummer,
3. Art, Menge und Kosten verordneter Arznei-, Verband-, Heil- und Hilfsmittel, getrennt nach Mitgliedern und Rentnern sowie deren Angehörigen, oder in der nach § 84 Abs. 6 Satz 2 bestimmten Gliederung, bei Arzneimitteln einschließlich des Kennzeichens nach § 300 Abs. 3 Nr. 1,
4. Häufigkeit von Krankenhauseinweisungen sowie Dauer der Krankenhausbehandlung.

$_{2}$Werden die Aufgreifkriterien nach § 106 Abs. 5a von einem Arzt überschritten, sind der Prüfungsstelle auch die Versichertennummern arztbezogen zu übermitteln.

(3) $_{1}$Die Kassenärztliche Bundesvereinigung und der Spitzenverband Bund der Krankenkassen bestimmen im Vertrag nach § 295 Abs. 3 Nr. 5 Näheres über die nach Absatz 2 Nr. 3 anzugebenden Arten und Gruppen von Arznei-, Verband- und Heilmitteln. $_{2}$Sie können auch vereinbaren, dass jedes einzelne Mittel oder dessen Kennzeichen angegeben wird. $_{3}$Zu vereinbaren ist ferner Näheres zu den Fristen der Datenübermittlungen nach den Absätzen 1 und 2 sowie zu den Folgen der Nichteinhaltung dieser Fristen.

(4) Für die Prüfung nach § 106 Abs. 5a sind die an der vertragsärztlichen Versorgung teilnehmenden Ärzte verpflichtet und befugt, auf Verlangen der Prüfungsstelle nach § 106 Abs. 4a die für die Prüfung erforderlichen Befunde vorzulegen.

§ 297 Zufälligkeitsprüfungen

(1) Die Kassenärztlichen Vereinigungen übermitteln den Prüfungsstellen nach § 106 Abs. 4a für jedes Quartal eine Liste der Ärzte, die gemäß § 106 Abs. 3 in die Prüfung nach § 106 Abs. 2 Satz 1 Nr. 2 einbezogen werden.

(2) $_{1}$Die Kassenärztlichen Vereinigungen übermitteln im Wege der elektronischen Datenübertragung oder maschinell verwertbar auf Datenträgern den Prüfungsstellen nach § 106 Abs. 4a aus den Abrechnungsunterlagen der in die Prüfung einbezogenen Vertragsärzte folgende Daten:

1. Arztnummer,
2. Kassennummer,
3. Krankenversichertennummer,
4. abgerechnete Gebührenpositionen je Behandlungsfall einschließlich des Tages der Behandlung, bei ärztlicher Behandlung mit der nach dem in § 295 Abs. 1 Satz 2 genannten Schlüssel verschlüsselten Diagnose, bei zahnärztlicher Behandlung mit Zahnbezug und Befunden, bei Überweisungen mit dem Auftrag des überweisenden Arztes.

$_{2}$Die Daten sind jeweils für den Zeitraum eines Jahres zu übermitteln.

(3) $_{1}$Die Krankenkassen übermitteln im Wege der elektronischen Datenübertragung oder maschinell verwertbar auf Datenträgern den Prüfungsstellen nach § 106 Abs. 4a die Daten über die von den in die Prüfung nach § 106 Abs. 2 Satz 1 Nr. 2 einbezogenen Vertragsärzten verordneten Leistungen sowie die Feststellungen der Arbeitsunfähigkeit jeweils unter Angabe der Arztnummer, der Kassennummer und der Krankenversichertennummer. $_{2}$Die Daten über die verordneten Arzneimittel enthalten zusätzlich jeweils das Kennzeichen nach § 300 Abs. 3 Nr. 1. $_{3}$Die Daten über die Verordnungen von Krankenhausbehandlung enthalten zusätzlich jeweils die gemäß § 301 übermittelten Angaben über den Tag und den Grund der Aufnahme, die Einweisungsdiagnose, die Aufnahmediagnose, die Art der durchgeführten Operationen und sonstigen Prozeduren sowie die Dauer der Krankenhausbehandlung. $_{4}$Die Daten über die Feststellungen der Arbeitsunfähigkeit enthalten zusätzlich die gemäß § 295 Abs. 1 übermittelte Diagnose sowie die Dauer der Arbeitsunfähigkeit. $_{5}$Die Daten sind jeweils für den Zeitraum eines Jahres zu übermitteln.

(4) Daten über kassen- und vertragsärztliche Leistungen und Daten über verordnete Leistungen dürfen, soweit sie versichertenbezogen sind, auf maschinell verwertbaren Datenträgern nur zusammengeführt werden, soweit dies zur Durchführung der Prüfungen nach § 106 Abs. 2 Satz 1 Nr. 2 erforderlich ist.

§ 298 Übermittlung versichertenbezogener Daten

Im Rahmen eines Prüfverfahrens ist die versichertenbezogene Übermittlung von Angaben über ärztliche oder ärztlich verordnete Leistungen zulässig, soweit die Wirtschaftlichkeit oder Qualität der ärztlichen Behandlungs- oder Verordnungsweise im Einzelfall zu beurteilen ist.

§ 299 Datenerhebung, -verarbeitung und -nutzung für Zwecke der Qualitätssicherung

(1) $_{1}$Die an der vertragsärztlichen Versorgung teilnehmenden Ärzte, zugelassenen Krankenhäuser und übrigen Leistungserbringer gemäß § 135a Absatz 2 sind befugt und verpflichtet, personen- oder einrichtungsbezogene Daten der Versicherten und der Leistungserbringer für Zwecke der Qualitätssicherung nach § 135a Absatz 2, § 136 Absatz 2 oder § 137a Absatz 3 zu erheben, verarbeiten oder nutzen, soweit dies erforderlich und in Richtlinien und Beschlüssen des Gemeinsamen Bundesausschusses nach § 136 Absatz 2 und § 137 Absatz 1 Satz 1 und Absatz 3 sowie in Vereinbarungen nach § 137d vorgesehen ist. $_{2}$In den Richtlinien, Beschlüssen und Vereinbarungen nach Satz 1 sind

diejenigen Daten, die von den Leistungserbringern zu erheben, zu verarbeiten oder zu nutzen sind, sowie deren Empfänger festzulegen und die Erforderlichkeit darzulegen. $_{3}$Der Gemeinsame Bundesausschuss hat bei der Festlegung der Daten nach Satz 2 in Abhängigkeit von der jeweiligen Maßnahme der Qualitätssicherung insbesondere diejenigen Daten zu bestimmen, die für die Ermittlung der Qualität von Diagnostik oder Behandlung mit Hilfe geeigneter Qualitätsindikatoren, für die Erfassung möglicher Begleiterkrankungen und Komplikationen, für die Feststellung der Sterblichkeit sowie für eine geeignete Validierung oder Risikoadjustierung bei der Auswertung der Daten medizinisch oder methodisch notwendig sind. $_{4}$Die Richtlinien und Beschlüsse sowie Vereinbarungen nach Satz 1 haben darüber hinaus sicherzustellen, dass

1. in der Regel die Datenerhebung auf eine Stichprobe der betroffenen Patienten begrenzt wird und die versichertenbezogenen Daten pseudonymisiert werden,
2. die Auswertung der Daten, soweit sie nicht im Rahmen der Qualitätsprüfungen durch die Kassenärztlichen Vereinigungen erfolgt, von einer unabhängigen Stelle vorgenommen wird und
3. eine qualifizierte Information der betroffenen Patienten in geeigneter Weise stattfindet.

$_{5}$Abweichend von Satz 4 Nummer 1 können die Richtlinien, Beschlüsse und Vereinbarungen

1. auch eine Vollerhebung der Daten aller betroffenen Patienten vorsehen, sofern dies aus gewichtigen medizinisch fachlichen oder gewichtigen methodischen Gründen, die als Bestandteil der Richtlinien, Beschlüsse und Vereinbarungen dargelegt werden müssen, erforderlich ist;
2. auch vorsehen, dass von einer Pseudonymisierung der versichertenbezogenen Daten abgesehen werden kann, wenn für die Qualitätssicherung die Überprüfung der ärztlichen Behandlungsdokumentation fachlich oder methodisch erforderlich ist und die technische Beschaffenheit des die versichertenbezogenen Daten speichernden Datenträgers eine Pseudonymisierung nicht zulässt und die Anfertigung einer Kopie des speichernden Datenträgers, um auf dieser die versichertenbezogenen Daten zu pseudonymisieren, mit für die Qualitätssicherung nicht hinnehmbaren Qualitätsverlusten verbunden wäre; die Gründe sind in den Richtlinien, Beschlüssen und Vereinbarungen darzulegen.

$_{6}$Auch Auswahl, Umfang und Verfahren der Stichprobe sind in den Richtlinien und Beschlüssen sowie den Vereinbarungen nach Satz 1 festzulegen und von den an der vertragsärztlichen Versorgung teilnehmenden Ärzten und den übrigen Leistungserbringern zu erheben und zu übermitteln. $_{7}$Es ist auszuschließen, dass die Krankenkassen, Kassenärztlichen Vereinigungen oder deren jeweilige Verbände Kenntnis von Daten erlangen, die über den Umfang der ihnen nach den §§ 295, 300, 301, 301a und 302 zu übermittelnden Daten hinausgeht; dies gilt nicht für die Kassenärztlichen Vereinigungen in Bezug auf die für die Durchführung der Qualitätsprüfung nach § 136 Absatz 2 erforderlichen Daten.

(1a) $_{1}$Die Krankenkassen sind befugt und verpflichtet, nach § 284 Absatz 1 erhobene und gespeicherte Sozialdaten für Zwecke der Qualitätssicherung nach § 135a Absatz 2, § 136 Absatz 2 oder § 137a Absatz 3 zu verarbeiten oder zu nutzen, soweit dies erforderlich und in Richtlinien und Beschlüssen des Gemeinsamen Bundesausschusses nach § 136 Absatz 2 und § 137 Absatz 1 Satz 1 und Absatz 3 sowie in Vereinbarungen nach § 137d vorgesehen ist. $_{2}$In den Richtlinien, Beschlüssen und Vereinbarungen nach Satz 1 sind diejenigen Daten, die von den Krankenkassen für Zwecke der Qualitätssicherung zu verarbeiten oder zu nutzen sind, sowie deren Empfänger festzulegen und die Erforderlichkeit darzulegen. $_{3}$Absatz 1 Satz 3 bis 7 gilt entsprechend.

(2) $_{1}$Das Verfahren zur Pseudonymisierung der Daten wird durch die an der vertragsärztlichen Versorgung teilnehmenden Ärzte

und übrigen Leistungserbringer gemäß § 135a Absatz 2 angewendet. $_{2}$Es ist in den Richtlinien und Beschlüssen sowie den Vereinbarungen nach Absatz 1 Satz 1 unter Berücksichtigung der Empfehlungen des Bundesamtes für Sicherheit in der Informationstechnik festzulegen. $_{3}$Das Verfahren zur Pseudonymisierung der Daten kann in den Richtlinien, Beschlüssen und Vereinbarungen auch auf eine von den Krankenkassen, Kassenärztlichen Vereinigungen oder deren jeweiligen Verbänden räumlich, organisatorisch und personell getrennte Stelle übertragen werden, wenn das Verfahren für die in Satz 1 genannten Leistungserbringer einen unverhältnismäßig hohen Aufwand bedeuten würde; für Verfahren zur Qualitätsprüfung nach § 136 Absatz 2 kann dies auch eine gesonderte Stelle bei den Kassenärztlichen Vereinigungen sein. $_{4}$Die Gründe für die Übertragung sind in den Richtlinien, Beschlüssen und Vereinbarungen darzulegen. $_{5}$Bei einer Vollerhebung nach Absatz 1 Satz 5 hat die Pseudonymisierung durch eine von den Krankenkassen, Kassenärztlichen Vereinigungen oder deren jeweiligen Verbänden räumlich, organisatorisch und personell getrennten Vertrauensstelle zu erfolgen.

(2a) $_{1}$Enthalten die für Zwecke des Absatz 1 Satz 1 erhobenen, verarbeiteten und genutzten Daten noch keine den Anforderungen des § 290 Absatz 1 Satz 2 entsprechende Krankenversichertennummer und ist in Richtlinien des Gemeinsamen Bundesausschusses vorgesehen, dass die Pseudonymisierung auf der Grundlage der Krankenversichertennummer nach § 290 Absatz 1 Satz 2 erfolgen soll, kann der Gemeinsame Bundesausschuss in den Richtlinien ein Übergangsverfahren regeln, das einen Abgleich der für einen Versicherten vorhandenen Krankenversichertennummern ermöglicht. $_{2}$In diesem Fall hat er in den Richtlinien eine von den Krankenkassen und ihren Verbänden räumlich, organisatorisch und personell getrennte eigenständige Vertrauensstelle zu bestimmen, die dem Sozialgeheimnis nach § 35 Absatz 1 des Ersten Buches unterliegt, an die die Krankenkassen für die in das Qualitätssicherungsverfahren einbezogenen Versicherten die vorhandenen Krankenversichertennummern übermitteln. $_{3}$Weitere Daten dürfen nicht übermittelt werden. $_{4}$Der Gemeinsame Bundesausschuss hat in den Richtlinien die Dauer der Übergangsregelung und den Zeitpunkt der Löschung der Daten bei der Stelle nach Satz 2 festzulegen.

(3) $_{1}$Zur Auswertung der für Zwecke der Qualitätssicherung nach § 135a Abs. 2 erhobenen Daten bestimmen in den Fällen des § 137 Abs. 1 Satz 1 und Abs. 3 der Gemeinsame Bundesausschuss und im Falle des § 137d die Vereinbarungspartner eine unabhängige Stelle. $_{2}$Diese darf Auswertungen nur für Qualitätssicherungsverfahren mit zuvor in den Richtlinien, Beschlüssen oder Vereinbarungen festgelegten Auswertungszielen durchführen. $_{3}$Daten, die für Zwecke der Qualitätssicherung nach § 135a Abs. 2 für ein Qualitätssicherungsverfahren verarbeitet werden, dürfen nicht mit für andere Zwecke als die Qualitätssicherung erhobenen Datenbeständen zusammengeführt und ausgewertet werden. $_{4}$Für die unabhängige Stelle gilt § 35 Absatz 1 des Ersten Buches entsprechend.

§ 300 Abrechnung der Apotheken und weiterer Stellen

(1) $_{1}$Die Apotheken und weitere Anbieter von Arzneimitteln sind verpflichtet, unabhängig von der Höhe der Zuzahlung (oder dem Eigenanteil),

1. bei Abgabe von Fertigarzneimitteln für Versicherte das nach Absatz 3 Nr. 1 zu verwendende Kennzeichen maschinenlesbar auf das für die vertragsärztliche Versorgung verbindliche Verordnungsblatt oder in den elektronischen Verordnungsdatensatz zu übertragen,
2. die Verordnungsblätter oder die elektronischen Verordnungsdatensätze an die Krankenkassen weiterzuleiten und diesen die nach Maßgabe der nach Absatz 3 Nr. 2 getroffenen Vereinbarungen erforderlichen Abrechnungsdaten zu übermitteln.

$_{2}$Satz 1 gilt auch für Apotheken und weitere Anbieter, die sonstige Leistungen nach § 31 sowie Impfstoffe nach § 20i Absatz 1 und 2 abrechnen, im Rahmen der jeweils vereinbarten Abrechnungsverfahren.

(2) 1Die Apotheken und weitere Anbieter von Leistungen nach § 31 können zur Erfüllung ihrer Verpflichtungen nach Absatz 1 Rechenzentren in Anspruch nehmen. 2Die Rechenzentren dürfen die Daten für im Sozialgesetzbuch bestimmte Zwecke und ab dem 1. Januar 2003 nur in einer auf diese Zwecke ausgerichteten Weise verarbeiten und nutzen, soweit sie dazu von einer berechtigten Stelle beauftragt worden sind; anonymisierte Daten dürfen auch für andere Zwecke verarbeitet und genutzt werden. 3Die Rechenzentren übermitteln die Daten nach Absatz 1 auf Anforderung den Kassenärztlichen Vereinigungen, soweit diese Daten zur Erfüllung ihrer Aufgaben nach § 73 Abs. 8, den §§ 84 und 305a erforderlich sind, sowie dem Bundesministerium für Gesundheit oder einer von ihm benannten Stelle im Wege elektronischer Datenübertragung oder maschinell verwertbar auf Datenträgern. 4Dem Bundesministerium für Gesundheit oder der von ihm benannten Stelle sind die Daten nicht arzt- und nicht versichertenbezogen zu übermitteln. 5Vor der Verarbeitung der Daten durch die Kassenärztlichen Vereinigungen ist der Versichertenbezug durch eine von der jeweiligen Kassenärztlichen Vereinigung räumlich, organisatorisch und personell getrennten Stelle zu pseudonymisieren.

(3) 1Der Spitzenverband Bund der Krankenkassen und die für die Wahrnehmung der wirtschaftlichen Interessen gebildete maßgebliche Spitzenorganisation der Apotheker regeln in einer Arzneimittelabrechnungsvereinbarung das Nähere insbesondere über

1. die Verwendung eines bundeseinheitlichen Kennzeichens für das verordnete Fertigarzneimittel als Schlüssel zu Handelsname, Hersteller, Darreichungsform, Wirkstoffstärke und Packungsgröße des Arzneimittels,
2. die Einzelheiten der Übertragung des Kennzeichens und der Abrechnung, die Voraussetzungen und Einzelheiten der Übermittlung der Abrechnungsdaten im Wege elektronischer Datenübertragung oder maschinell verwertbar auf Datenträgern sowie die Weiterleitung der Verordnungsblätter an die Krankenkassen, spätestens zum 1. Januar 2006 auch die Übermittlung des elektronischen Verordnungsdatensatzes,
3. die Übermittlung des Apothekenverzeichnisses nach § 293 Abs. 5.

2Bei der nach Absatz 1 Satz 1 Nummer 2 genannten Datenübermittlung sind das bundeseinheitliche Kennzeichen der Fertigarzneimittel in parenteralen Zubereitungen sowie die enthaltenen Mengeneinheiten von Fertigarzneimitteln zu übermitteln. 3Satz 2 gilt auch für Fertigarzneimittel, aus denen wirtschaftliche Einzelmengen nach § 129 Absatz 1 Satz 1 Nummer 3 abgegeben werden. 4Für Fertigarzneimittel in parenteralen Zubereitungen sind zusätzlich die mit dem pharmazeutischen Unternehmer vereinbarten Preise ohne Mehrwertsteuer zu übermitteln. 5Besteht eine parenterale Zubereitung aus mehr als drei Fertigarzneimitteln, können die Vertragsparteien nach Satz 1 vereinbaren, Angaben für Fertigarzneimittel von der Übermittlung nach den Sätzen 1 und 2 auszunehmen, wenn eine Übermittlung unverhältnismäßig aufwändig wäre.

(4) Kommt eine Vereinbarung nach Absatz 3 nicht oder nicht innerhalb einer vom Bundesministerium für Gesundheit gesetzten Frist zustande, wird ihr Inhalt durch die Schiedsstelle nach § 129 Abs. 8 festgesetzt.

§ 301 Krankenhäuser

(1) 1Die nach § 108 zugelassenen Krankenhäuser sind verpflichtet, den Krankenkassen bei Krankenhausbehandlung folgende Angaben im Wege elektronischer Datenübertragung oder maschinell verwertbar auf Datenträgern zu übermitteln:

1. die Angaben nach § 291 Abs. 2 Nr. 1 bis 10 sowie das krankenhausinterne Kennzeichen des Versicherten,
2. das Institutionskennzeichen des Krankenhauses und der Krankenkasse,
3. den Tag, die Uhrzeit und den Grund der Aufnahme sowie die Einweisungsdiagnose, die Aufnahmediagnose, bei einer Än-

V

derung der Aufnahmediagnose die nachfolgenden Diagnosen, die voraussichtliche Dauer der Krankenhausbehandlung sowie, falls diese überschritten wird, auf Verlangen der Krankenkasse die medizinische Begründung, bei Kleinkindern bis zu einem Jahr das Aufnahmegewicht,

4. bei ärztlicher Verordnung von Krankenhausbehandlung die Arztnummer des einweisenden Arztes, bei Verlegung das Institutionskennzeichen des veranlassenden Krankenhauses, bei Notfallaufnahme die die Aufnahme veranlassende Stelle,
5. die Bezeichnung der aufnehmenden Fachabteilung, bei Verlegung die der weiterbehandelnden Fachabteilungen,
6. Datum und Art der im jeweiligen Krankenhaus durchgeführten Operationen und sonstigen Prozeduren,
7. den Tag, die Uhrzeit und den Grund der Entlassung oder der Verlegung, bei externer Verlegung das Institutionskennzeichen der aufnehmenden Institution, bei Entlassung oder Verlegung die für die Krankenhausbehandlung maßgebliche Hauptdiagnose und die Nebendiagnosen,
8. Angaben über die im jeweiligen Krankenhaus durchgeführten Leistungen zur medizinischen Rehabilitation und ergänzende Leistungen sowie Aussagen zur Arbeitsfähigkeit und Vorschläge für die Art der weiteren Behandlung mit Angabe geeigneter Einrichtungen,
9. die nach den §§ 115a und 115b sowie nach dem Krankenhausentgeltgesetz und der Bundespflegesatzverordnung berechneten Entgelte.

$_2$Die Übermittlung der medizinischen Begründung von Verlängerungen der Verweildauer nach Satz 1 Nr. 3 sowie der Angaben nach Satz 1 Nr. 8 ist auch in nicht maschinenlesbarer Form zulässig.

(2) $_1$Die Diagnosen nach Absatz 1 Satz 1 Nr. 3 und 7 sind nach der Internationalen Klassifikation der Krankheiten in der jeweiligen vom Deutschen Institut für medizinische Dokumentation und Information im Auftrag des Bundesministeriums für Gesundheit herausgegebenen deutschen Fassung zu verschlüsseln. $_2$Die Operationen und sonstigen Prozeduren nach Absatz 1 Satz 1 Nr. 6 sind nach dem vom Deutschen Institut für medizinische Dokumentation und Information im Auftrag des Bundesministeriums für Gesundheit herausgegebenen Schlüssel zu verschlüsseln; der Schlüssel hat die sonstigen Prozeduren zu umfassen, die nach § 17b und § 17d des Krankenhausfinanzierungsgesetzes abgerechnet werden können. $_3$Das Bundesministerium für Gesundheit gibt den Zeitpunkt der Inkraftsetzung der jeweiligen Fassung des Diagnosenschlüssels nach Satz 1 sowie des Prozedurenschlüssels nach Satz 2 im Bundesanzeiger bekannt; es kann das Deutsche Institut für medizinische Dokumentation und Information beauftragen, den in Satz 1 genannten Schlüssel um Zusatzkennzeichen zur Gewährleistung der für die Erfüllung der Aufgaben der Krankenkassen notwendigen Aussagefähigkeit des Schlüssels zu ergänzen.

(3) Das Nähere über Form und Inhalt der erforderlichen Vordrucke, die Zeitabstände für die Übermittlung der Angaben nach Absatz 1 und das Verfahren der Abrechnung im Wege elektronischer Datenübertragung oder maschinell verwertbar auf Datenträgern vereinbart der Spitzenverband Bund der Krankenkassen mit der Deutschen Krankenhausgesellschaft oder den Bundesverbänden der Krankenhausträger gemeinsam.

(4) $_1$Vorsorge- oder Rehabilitationseinrichtungen, für die ein Versorgungsvertrag nach § 111 besteht, sind verpflichtet, den Krankenkassen bei stationärer Behandlung folgende Angaben im Wege elektronischer Datenübertragung oder maschinell verwertbar auf Datenträgern zu übermitteln:

1. die Angaben nach § 291 Abs. 2 Nr. 1 bis 10 sowie das interne Kennzeichen der Einrichtung für den Versicherten,
2. das Institutionskennzeichen der Vorsorge- oder Rehabilitationseinrichtung und der Krankenkasse,
3. den Tag der Aufnahme, die Einweisungsdiagnose, die Aufnahmediagnose, die voraussichtliche Dauer der Behandlung sowie, falls diese überschritten wird, auf

Verlangen der Krankenkasse die medizinische Begründung,

4. bei ärztlicher Verordnung von Vorsorge- oder Rehabilitationsmaßnahmen die Arztnummer des einweisenden Arztes,
5. den Tag, die Uhrzeit und den Grund der Entlassung oder der externen Verlegung sowie die Entlassungs- oder Verlegungsdiagnose; bei externer Verlegung das Institutionskennzeichen der aufnehmenden Institution,
6. Angaben über die durchgeführten Vorsorge- und Rehabilitationsmaßnahmen sowie Vorschläge für die Art der weiteren Behandlung mit Angabe geeigneter Einrichtungen,
7. die berechneten Entgelte.

$_2$Die Übermittlung der medizinischen Begründung von Verlängerungen der Verweildauer nach Satz 1 Nr. 3 sowie Angaben nach Satz 1 Nr. 6 ist auch in nicht maschinenlesbarer Form zulässig. $_3$Für die Angabe der Diagnosen nach Satz 1 Nr. 3 und 5 gilt Absatz 2 entsprechend. $_4$Absatz 3 gilt entsprechend.

(5) $_1$Die ermächtigten Krankenhausärzte sind verpflichtet, dem Krankenhausträger im Rahmen des Verfahrens nach § 120 Abs. 1 Satz 3 die für die Abrechnung der vertragsärztlichen Leistungen erforderlichen Unterlagen zu übermitteln; § 295 gilt entsprechend. $_2$Der Krankenhausträger hat den Kassenärztlichen Vereinigungen die Abrechnungsunterlagen zum Zweck der Abrechnung vorzulegen. $_3$Die Sätze 1 und 2 gelten für die Abrechnung wahlärztlicher Leistungen entsprechend.

§ 301a Abrechnung der Hebammen und der von ihnen geleiteten Einrichtungen

(1) $_1$Freiberuflich tätige Hebammen und von Hebammen geleitete Einrichtungen sind verpflichtet, den Krankenkassen folgende Angaben im Wege elektronischer Datenübertragung oder maschinell verwertbar auf Datenträgern zu übermitteln:

1. die Angaben nach § 291 Abs. 2 Satz 1 Nr. 1 bis 3, 5 und 6,
2. die erbrachten Leistungen mit dem Tag der Leistungserbringung,
3. die Zeit und die Dauer der erbrachten Leistungen, soweit dies für die Höhe der Vergütung von Bedeutung ist,
4. bei der Abrechnung von Wegegeld Datum, Zeit und Ort der Leistungserbringung sowie die zurückgelegte Entfernung,
5. bei der Abrechnung von Auslagen die Art der Auslage und, soweit Auslagen für Arzneimittel abgerechnet werden, eine Auflistung der einzelnen Arzneimittel,
6. das Kennzeichen nach § 293; rechnet die Hebamme ihre Leistungen über eine zentrale Stelle ab, so ist in der Abrechnung neben dem Kennzeichen der abrechnenden Stelle das Kennzeichen der Hebamme anzugeben.

$_2$Ist eine ärztliche Anordnung für die Abrechnung der Leistung vorgeschrieben, ist diese der Rechnung beizufügen. $_3$§ 134a Absatz 5 gilt entsprechend.

(2) § 302 Abs. 2 Satz 1 bis 3 und Abs. 3 gilt entsprechend.

§ 302 Abrechnung der sonstigen Leistungserbringer

(1) Die Leistungserbringer im Bereich der Heil- und Hilfsmittel und die weiteren Leistungserbringer sind verpflichtet, den Krankenkassen im Wege elektronischer Datenübertragung oder maschinell verwertbar auf Datenträgern die von ihnen erbrachten Leistungen nach Art, Menge und Preis zu bezeichnen und den Tag der Leistungserbringung sowie die Arztnummer des verordnenden Arztes, die Verordnung des Arztes mit der Diagnose und den erforderlichen Angaben über den Befund und die Angaben nach § 291 Abs. 2 Nr. 1 bis 10 anzugeben; bei der Abrechnung über die Abgabe von Hilfsmitteln sind dabei die Bezeichnungen des Hilfsmittelverzeichnisses nach § 139 zu verwenden.

(2) $_1$Das Nähere über Form und Inhalt des Abrechnungsverfahrens bestimmt der Spitzenverband Bund der Krankenkassen in Richtlinien, die in den Leistungs- oder Lieferverträgen zu beachten sind. $_2$Die Leistungser-

bringer nach Absatz 1 können zur Erfüllung ihrer Verpflichtungen Rechenzentren in Anspruch nehmen. $_{3}$Die Rechenzentren dürfen die Daten für im Sozialgesetzbuch bestimmte Zwecke und nur in einer auf diese Zwecke ausgerichteten Weise verarbeiten und nutzen, soweit sie dazu von einer berechtigten Stelle beauftragt worden sind; anonymisierte Daten dürfen auch für andere Zwecke verarbeitet und genutzt werden. $_{4}$Die Rechenzentren dürfen die Daten nach Absatz 1 den Kassenärztlichen Vereinigungen übermitteln, soweit diese Daten zur Erfüllung ihrer Aufgaben nach § 73 Abs. 8, § 84 und § 305a erforderlich sind.

(3) Die Richtlinien haben auch die Voraussetzungen und das Verfahren bei Teilnahme an einer Abrechnung im Wege elektronischer Datenübertragung oder maschinell verwertbar auf Datenträgern zu regeln.

(4) Soweit der Spitzenverband Bund der Krankenkassen und die für die Wahrnehmung der Interessen der Leistungserbringer maßgeblichen Spitzenorganisationen auf Bundesebene in Rahmenempfehlungen Regelungen zur Abrechnung der Leistungen getroffen haben, die von den Richtlinien nach den Absätzen 2 und 3 abweichen, sind die Rahmenempfehlungen maßgeblich.

§ 303 Ergänzende Regelungen

(1) Die Landesverbände der Krankenkassen und die Verbände der Ersatzkassen können mit den Leistungserbringern oder ihren Verbänden vereinbaren, daß

1. der Umfang der zu übermittelnden Abrechnungsbelege eingeschränkt,
2. bei der Abrechnung von Leistungen von einzelnen Angaben ganz oder teilweise abgesehen

wird, wenn dadurch eine ordnungsgemäße Abrechnung und die Erfüllung der gesetzlichen Aufgaben der Krankenkassen nicht gefährdet werden.

(2) $_{1}$Die Krankenkassen können zur Vorbereitung und Kontrolle der Umsetzung der Vereinbarungen nach § 84, zur Vorbereitung der Prüfungen nach den §§ 112 Abs. 2 Satz 1 Nr. 2 und § 113, zur Vorbereitung der Unterrichtung der Versicherten nach § 305 sowie zur Vorbereitung und Umsetzung der Beratung der Vertragsärzte nach § 305a Arbeitsgemeinschaften nach § 219 mit der Speicherung, Verarbeitung und Nutzung der dafür erforderlichen Daten beauftragen. $_{2}$Die den Arbeitsgemeinschaften übermittelten versichertenbezogenen Daten sind vor der Übermittlung zu anonymisieren. $_{3}$Die Identifikation des Versicherten durch die Krankenkasse ist dabei zu ermöglichen; sie ist zulässig, soweit sie für die in Satz 1 genannten Zwecke erforderlich ist. $_{4}$§ 286 gilt entsprechend.

(3) $_{1}$Werden die den Krankenkassen nach § 291 Abs. 2 Nr. 1 bis 10, § 295 Abs. 1 und 2, § 300 Abs. 1, § 301 Abs. 1, §§ 301a und 302 Abs. 1 zu übermittelnden Daten nicht im Wege elektronischer Datenübertragung oder maschinell verwertbar auf Datenträgern übermittelt, haben die Krankenkassen die Daten nachzuerfassen. $_{2}$Erfolgt die nicht maschinell verwertbare Datenübermittlung aus Gründen, die der Leistungserbringer zu vertreten hat, haben die Krankenkassen die mit der Nacherfassung verbundenen Kosten den betroffenen Leistungserbringern durch eine pauschale Rechnungskürzung in Höhe von bis zu 5 vom Hundert des Rechnungsbetrages in Rechnung zu stellen. $_{3}$Für die Angabe der Diagnosen nach § 295 Abs. 1 gilt Satz 1 ab dem Zeitpunkt der Inkraftsetzung der überarbeiteten Zehnten Fassung des Schlüssels gemäß § 295 Abs. 1 Satz 3.

Zweiter Titel
Datentransparenz

§ 303a Wahrnehmung der Aufgaben der Datentransparenz

(1) $_{1}$Die Aufgaben der Datentransparenz werden von öffentlichen Stellen des Bundes als Vertrauensstelle nach § 303c und Datenaufbereitungsstelle nach § 303d wahrgenommen. $_{2}$Das Bundesministerium für Gesundheit bestimmt durch Rechtsverordnung ohne Zustimmung des Bundesrates zur Wahrnehmung der Aufgaben der Datentransparenz eine öffentliche Stelle des Bundes als Vertrauensstelle nach § 303c und eine öf-

fentliche Stelle des Bundes als Datenaufbereitungsstelle nach § 303d.

(2) In der Rechtsverordnung nach Absatz 1 Satz 2 ist auch das Nähere zu regeln

1. zum Datenumfang,
2. zu den Verfahren der in den §§ 303a bis 303e vorgesehenen Datenübermittlungen,
3. zum Verfahren der Pseudonymisierung (§ 303c Absatz 2),
4. zu den Kriterien für die ausnahmsweise pseudonymisierte Bereitstellung von Daten (§ 303e Absatz 3 Satz 3).

(3) 1Die Kosten, die den öffentlichen Stellen nach Absatz 1 durch die Wahrnehmung der Aufgaben der Datentransparenz entstehen, tragen die Krankenkassen nach der Zahl ihrer Mitglieder. 2Das Nähere über die Erstattung der Kosten einschließlich der zu zahlenden Vorschüsse regelt das Bundesministerium für Gesundheit in der Rechtsverordnung nach Absatz 1 Satz 2.

§ 303b Datenübermittlung

(1) 1Das Bundesversicherungsamt übermittelt die nach § 268 Absatz 3 Satz 14 in Verbindung mit Satz 1 Nummer 1 bis 7 erhobenen Daten für die in § 303e Absatz 2 genannten Zwecke an die Datenaufbereitungsstelle nach § 303d sowie eine Liste mit den dazugehörigen Pseudonymen an die Vertrauensstelle nach § 303c. 2Die Daten sollen übermittelt werden, nachdem die Prüfung auf Vollständigkeit und Plausibilität durch das Bundesversicherungsamt abgeschlossen ist.

(2) 1Die Krankenkassen ermitteln aus den bei ihnen nach § 284 Absatz 1 gespeicherten Daten für die in § 303e Absatz 2 genannten Zwecke die Postleitzahl des Wohnortes des Versicherten (Regionalkennzeichen). 2Sie übermitteln die Regionalkennzeichen zusätzlich zu den Daten nach Absatz 1 Satz 1 jährlich an das Bundesversicherungsamt nach dem in § 268 Absatz 3 in Verbindung mit der Rechtsverordnung nach § 266 Absatz 7 geregelten Verfahren. 3Die Krankenkassen haben die Regionalkennzeichen so zu verschlüsseln, dass nur die Datenaufbereitungsstelle nach § 303d in der Lage ist, die Regionalkennzeichen zu entschlüsseln und mit den Daten nach Absatz 1 zusammenzuführen.

(3) 1Das Bundesversicherungsamt übermittelt die Regionalkennzeichen mit den Daten nach Absatz 1 an die Datenaufbereitungsstelle nach § 303d. 2Für die Jahre 2009 und 2010 übermittelt das Bundesversicherungsamt die bei ihm für Zwecke des § 272 gespeicherten Kennzeichen zum Wohnort der Versicherten an die Datenaufbereitungsstelle nach § 303d sowie eine Liste mit den dazugehörigen Pseudonymen an die Vertrauensstelle nach § 303c.

(4) Das Nähere zu den Datenübermittlungen nach den Absätzen 2 und 3 vereinbaren der Spitzenverband Bund der Krankenkassen, das Bundesversicherungsamt und die nach § 303a Absatz 1 Satz 2 bestimmten Stellen.

§ 303c Vertrauensstelle

(1) Die Vertrauensstelle überführt die ihr nach § 303b übermittelte Liste der Pseudonyme nach einem einheitlich anzuwendenden Verfahren, das im Einvernehmen mit dem Bundesamt für Sicherheit in der Informationstechnik zu bestimmen ist, in periodenübergreifende Pseudonyme.

(2) 1Es ist ein schlüsselabhängiges Verfahren vorzusehen und das periodenübergreifende Pseudonym ist so zu gestalten, dass für alle Leistungsbereiche ein bundesweit eindeutiger periodenübergreifender Bezug der Daten zu dem Versicherten, der Leistungen in Anspruch genommen hat, hergestellt werden kann. 2Es ist auszuschließen, dass Versicherte durch die Verarbeitung und Nutzung der Daten bei der Vertrauensstelle, der Datenaufbereitungsstelle oder den nutzungsberechtigten Stellen nach § 303e Absatz 1 wieder identifiziert werden können.

(3) 1Die Vertrauensstelle hat die Liste der periodenübergreifenden Pseudonyme der Datenaufbereitungsstelle zu übermitteln. 2Nach der Übermittlung dieser Liste an die Datenaufbereitungsstelle hat sie die Listen mit den temporären und den periodenübergreifenden Pseudonymen bei sich zu löschen.

V

(4) 1Die Vertrauensstelle ist räumlich, organisatorisch und personell eigenständig zu führen. 2Sie unterliegt dem Sozialgeheimnis nach § 35 des Ersten Buches und untersteht der Rechtsaufsicht des Bundesministeriums für Gesundheit.

§ 303d Datenaufbereitungsstelle

(1) 1Die Datenaufbereitungsstelle hat die ihr vom Bundesversicherungsamt und von der Vertrauensstelle übermittelten Daten zur Erstellung von Datengrundlagen für die in § 303e Absatz 2 genannten Zwecke aufzubereiten und den in § 303e Absatz 1 genannten Nutzungsberechtigten zur Verfügung zu stellen. 2Die Datenaufbereitungsstelle hat die Daten zu löschen, sobald diese für die Erfüllung ihrer Aufgaben nicht mehr erforderlich sind.

(2) 1Die Datenaufbereitungsstelle ist räumlich, organisatorisch und personell eigenständig zu führen. 2Sie unterliegt dem Sozialgeheimnis nach § 35 des Ersten Buches und untersteht der Rechtsaufsicht des Bundesministeriums für Gesundheit.

§ 303e Datenverarbeitung und -nutzung, Verordnungsermächtigung

(1) Die bei der Datenaufbereitungsstelle gespeicherten Daten können von folgenden Institutionen verarbeitet und genutzt werden, soweit sie für die Erfüllung ihrer Aufgaben erforderlich sind:

1. dem Spitzenverband Bund der Krankenkassen,
2. den Bundes- und Landesverbänden der Krankenkassen,
3. den Krankenkassen,
4. den Kassenärztlichen Bundesvereinigungen und den Kassenärztlichen Vereinigungen,
5. den für die Wahrnehmung der wirtschaftlichen Interessen gebildeten maßgeblichen Spitzenorganisationen der Leistungserbringer auf Bundesebene,
6. den Institutionen der Gesundheitsberichterstattung des Bundes und der Länder,
7. den Institutionen der Gesundheitsversorgungsforschung,
8. den Hochschulen und sonstigen Einrichtungen mit der Aufgabe unabhängiger wissenschaftlicher Forschung, sofern die Daten wissenschaftlichen Vorhaben dienen,
9. dem Gemeinsamen Bundesausschuss,
10. dem Institut für Qualität und Wirtschaftlichkeit im Gesundheitswesen,
11. dem Institut des Bewertungsausschusses,
12. der oder dem Beauftragten der Bundesregierung für die Belange der Patientinnen und Patienten,
13. den für die Wahrnehmung der Interessen der Patientinnen und Patienten und der Selbsthilfe chronisch kranker und behinderter Menschen maßgeblichen Organisationen auf Bundesebene,
14. der Institution nach § 137a Absatz 1 Satz 1,
15. dem Institut nach § 17b Absatz 5 des Krankenhausfinanzierungsgesetzes (DRG-Institut),
16. den für die gesetzliche Krankenversicherung zuständigen obersten Bundes- und Landesbehörden sowie deren jeweiligen nachgeordneten Bereichen und den übrigen obersten Bundesbehörden,
17. der Bundesärztekammer, der Bundeszahnärztekammer, der Bundespsychotherapeutenkammer sowie der Bundesapothekerkammer,
18. der Deutschen Krankenhausgesellschaft.

(2) 1Die nach Absatz 1 Berechtigten können die Daten insbesondere für folgende Zwecke verarbeiten und nutzen:

1. Wahrnehmung von Steuerungsaufgaben durch die Kollektivvertragspartner,
2. Verbesserung der Qualität der Versorgung,
3. Planung von Leistungsressourcen (zum Beispiel Krankenhausplanung),
4. Längsschnittanalysen über längere Zeiträume, Analysen von Behandlungsabläufen, Analysen des Versorgungsgeschehens zum Erkennen von Fehlentwicklungen und

von Ansatzpunkten für Reformen (Über-, Unter- und Fehlversorgung),

5. Unterstützung politischer Entscheidungsprozesse zur Weiterentwicklung der gesetzlichen Krankenversicherung,
6. Analyse und Entwicklung von sektorenübergreifenden Versorgungsformen sowie von Einzelverträgen der Krankenkassen.

$_{2}$Die nach § 303a Absatz 1 Satz 2 bestimmte Datenaufbereitungsstelle erhebt für individuell zurechenbare öffentliche Leistungen nach § 303d Absatz 1 in Verbindung mit § 303e Absatz 3 zur Deckung des Verwaltungsaufwandes Gebühren und Auslagen. $_{3}$Die Gebührensätze sind so zu bemessen, dass das geschätzte Gebührenaufkommen den auf die Leistungen entfallenden durchschnittlichen Personal- und Sachaufwand nicht übersteigt. $_{4}$Das Bundesministerium für Gesundheit wird ermächtigt, durch Rechtsverordnung ohne Zustimmung des Bundesrates die gebührenpflichtigen Tatbestände zu bestimmen und dabei feste Sätze oder Rahmensätze vorzusehen sowie Regelungen über die Gebührenentstehung, die Gebührenerhebung, die Erstattung von Auslagen, den Gebührenschuldner, Gebührenbefreiungen, die Fälligkeit, die Stundung, die Niederschlagung, den Erlass, Säumniszuschläge, die Verjährung und die Erstattung zu treffen.

(3) $_{1}$Die Datenaufbereitungsstelle hat bei Anfragen der nach Absatz 1 Berechtigten zu prüfen, ob der Zweck zur Verarbeitung und Nutzung der Daten dem Katalog nach Absatz 2 entspricht und ob der Umfang und die Struktur der Daten für diesen Zweck ausreichend und erforderlich sind. $_{2}$Die Daten werden anonymisiert zur Verfügung gestellt. $_{3}$Ausnahmsweise werden die Daten pseudonymisiert bereitgestellt, wenn dies für den angestrebten Zweck erforderlich ist. $_{4}$Das Ergebnis der Prüfung ist dem Antragsteller mitzuteilen und zu begründen.

Dritter Abschnitt
Datenlöschung, Auskunftspflicht

§ 304 Aufbewahrung von Daten bei Krankenkassen, Kassenärztlichen Vereinigungen und Geschäftsstellen der Prüfungsausschüsse

(1) $_{1}$Für das Löschen der für Aufgaben der gesetzlichen Krankenversicherung bei Krankenkassen, Kassenärztlichen Vereinigungen und Geschäftsstellen der Prüfungsausschüsse gespeicherten Sozialdaten gilt § 84 Abs. 2 des Zehnten Buches entsprechend mit der Maßgabe, daß

1. die Daten nach § 292 spätestens nach zehn Jahren,
2. Daten nach § 295 Abs. 1a, 1b und 2 sowie Daten, die für die Prüfungsausschüsse und ihre Geschäftsstellen für die Prüfungen nach § 106 erforderlich sind, spätestens nach vier Jahren und Daten, die auf Grund der nach § 266 Abs. 7 Satz 1 erlassenen Rechtsverordnung für die Durchführung des Risikostrukturausgleichs (§§ 266, 267) erforderlich sind, spätestens nach den in der Rechtsverordnung genannten Fristen

zu löschen sind. $_{2}$Die Aufbewahrungsfristen beginnen mit dem Ende des Geschäftsjahres, in dem die Leistungen gewährt oder abgerechnet wurden. $_{3}$Abweichend von Satz 1 Nummer 2 können Krankenkassen die rechtmäßig gespeicherten ärztlichen Abrechnungsdaten für Zwecke der Weiterentwicklung und Durchführung des Risikostrukturausgleichs länger aufbewahren; sie sind nach spätestens vier Jahren zu sperren und spätestens nach den in der Rechtsverordnung genannten Fristen zu löschen. $_{4}$Die Krankenkassen können für Zwecke der Krankenversicherung Leistungsdaten länger aufbewahren, wenn sichergestellt ist, daß ein Bezug zum Arzt und Versicherten nicht mehr herstellbar ist.

(2) Im Falle des Wechsels der Krankenkasse ist die bisher zuständige Krankenkasse verpflichtet, die für die Fortführung der Versicherung erforderlichen Angaben nach den §§ 288 und 292 auf Verlangen der neuen Krankenkasse mitzuteilen.

(3) Für die Aufbewahrung der Kranken- und sonstigen Berechtigungsscheine für die Inanspruchnahme von Leistungen einschließlich der Verordnungsblätter für Arznei-, Verband-, Heil- und Hilfsmittel gilt § 84 Abs. 2 und 6 des Zehnten Buches.

§ 305 Auskünfte an Versicherte

(1) $_{1}$Die Krankenkassen unterrichten die Versicherten auf deren Antrag über die in einem Zeitraum von mindestens 18 Monaten vor Antragstellung in Anspruch genommenen Leistungen und deren Kosten. $_{2}$Die Unterrichtung über die in Anspruch genommenen ärztlichen Leistungen erfolgt getrennt von der Unterrichtung über die ärztlich verordneten und veranlassten Leistungen. $_{3}$Die für die Unterrichtung nach Satz 1 erforderlichen Daten dürfen ausschließlich für diesen Zweck verarbeitet und genutzt werden; eine Gesamtaufstellung der von den Versicherten in Anspruch genommenen Leistungen darf von den Krankenkassen nicht erstellt werden. $_{4}$Eine Mitteilung an die Leistungserbringer über die Unterrichtung des Versicherten ist nicht zulässig. $_{5}$Die Krankenkassen können in ihrer Satzung das Nähere über das Verfahren der Unterrichtung regeln.

(2) $_{1}$Die an der vertragsärztlichen Versorgung teilnehmenden Ärzte, Einrichtungen und medizinischen Versorgungszentren haben die Versicherten auf Verlangen schriftlich in verständlicher Form, direkt im Anschluss an die Behandlung oder mindestens quartalsweise spätestens vier Wochen nach Ablauf des Quartals, in dem die Leistungen in Anspruch genommen worden sind, über die zu Lasten der Krankenkassen erbrachten Leistungen und deren vorläufige Kosten (Patientenquittung) zu unterrichten. $_{2}$Satz 1 gilt auch für die vertragszahnärztliche Versorgung. $_{3}$Der Versicherte erstattet für eine quartalsweise schriftliche Unterrichtung nach Satz 1 eine Aufwandspauschale in Höhe von 1 Euro zuzüglich Versandkosten. $_{4}$Das Nähere regelt die Kassenärztliche Bundesvereinigung. $_{5}$Die Krankenhäuser unterrichten die Versicherten auf Verlangen schriftlich in verständlicher Form innerhalb von vier Wochen nach Abschluss der Krankenhausbehandlung über die erbrachten Leistungen und die dafür von den Krankenkassen zu zahlenden Entgelte. $_{6}$Das Nähere regelt der Spitzenverband Bund der Krankenkassen und die Deutsche Krankenhausgesellschaft durch Vertrag.

(3) $_{1}$Die Krankenkassen informieren ihre Versicherten auf Verlangen umfassend über in der gesetzlichen Krankenversicherung zugelassene Leistungserbringer einschließlich medizinische Versorgungszentren und Leistungserbringer in der besonderen Versorgung sowie über die verordnungsfähigen Leistungen und Bezugsquellen, einschließlich der Informationen nach § 73 Abs. 8, § 127 Abs. 3. $_{2}$Die Krankenkasse hat Versicherte vor deren Entscheidung über die Teilnahme an besonderen Versorgungsformen in Wahltarifen nach § 53 Abs. 3 umfassend über darin erbrachte Leistungen und die beteiligten Leistungserbringer zu informieren. $_{3}$§ 69 Absatz 1 Satz 3 gilt entsprechend.

§ 305a Beratung der Vertragsärzte

$_{1}$Die Kassenärztlichen Vereinigungen und die Krankenkassen beraten in erforderlichen Fällen die Vertragsärzte auf der Grundlage von Übersichten über die von ihnen im Zeitraum eines Jahres oder in einem kürzeren Zeitraum erbrachten, verordneten oder veranlassten Leistungen über Fragen der Wirtschaftlichkeit. $_{2}$Ergänzend können die Vertragsärzte den Kassenärztlichen Vereinigungen die Daten über die von ihnen verordneten Leistungen nicht versichertenbezogen übermitteln, die Kassenärztlichen Vereinigungen können diese Daten für ihre Beratung des Vertragsarztes auswerten und auf der Grundlage dieser Daten erstellte vergleichende Übersichten den Vertragsärzten nicht arztbezogen zur Verfügung stellen. $_{3}$Die Vertragsärzte und die Kassenärztlichen Vereinigungen dürfen die Daten nach Satz 2 nur für im Sozialgesetzbuch bestimmte Zwecke verarbeiten und nutzen. $_{4}$Ist gesetzlich oder durch Vereinbarung nach § 130a Abs. 8 nichts anderes bestimmt, dürfen Vertragsärzte Daten über von ihnen verordnete Arzneimittel nur solchen Stellen übermitteln, die sich verpflichten, die

Daten ausschließlich als Nachweis für die in einer Kassenärztlichen Vereinigung oder einer Region mit mindestens jeweils 300 000 Einwohnern oder mit jeweils mindestens 1300 Ärzten insgesamt in Anspruch genommenen Leistungen zu verarbeiten; eine Verarbeitung dieser Daten mit regionaler Differenzierung innerhalb einer Kassenärztlichen Vereinigung, für einzelne Vertragsärzte oder Einrichtungen sowie für einzelne Apotheken ist unzulässig. 5Satz 4 gilt auch für die Übermittlung von Daten über die nach diesem Buch verordnungsfähigen Arzneimittel durch Apotheken, den Großhandel, Krankenkassen sowie deren Rechenzentren. 6Abweichend von Satz 4 dürfen Leistungserbringer und Krankenkassen Daten über verordnete Arzneimittel in vertraglichen Versorgungsformen nach den §§ 63, 73b, 137f oder 140a nutzen.

§ 305b Veröffentlichung der Jahresrechnungsergebnisse

1Die Krankenkassen, mit Ausnahme der landwirtschaftlichen Krankenkasse, veröffentlichen im elektronischen Bundesanzeiger sowie auf der eigenen Internetpräsenz zum 30. November des dem Berichtsjahr folgenden Jahres die wesentlichen Ergebnisse ihrer Rechnungslegung in einer für die Versicherten verständlichen Weise. 2Die Satzung hat weitere Arten der Veröffentlichung zu regeln, die sicherstellen, dass alle Versicherten der Krankenkasse davon Kenntnis erlangen können. 3Zu veröffentlichen sind insbesondere Angaben zur Entwicklung der Zahl der Mitglieder und Versicherten, zur Höhe und Struktur der Einnahmen, zur Höhe und Struktur der Ausgaben sowie zur Vermögenssituation. 4Ausgaben für Prävention und Gesundheitsförderung sowie Verwaltungsausgaben sind gesondert auszuweisen. 5Das Nähere zu den zu veröffentlichenden Angaben wird in der Allgemeinen Verwaltungsvorschrift über das Rechnungswesen in der Sozialversicherung geregelt.

Elftes Kapitel
Straf- und Bußgeldvorschriften

§ 306 Zusammenarbeit zur Verfolgung und Ahndung von Ordnungswidrigkeiten

1Zur Verfolgung und Ahndung von Ordnungswidrigkeiten arbeiten die Krankenkassen insbesondere mit der Bundesagentur für Arbeit, den Behörden der Zollverwaltung, den Rentenversicherungsträgern, den Trägern der Sozialhilfe, den in § 71 des Aufenthaltsgesetzes genannten Behörden, den Finanzbehörden, den nach Landesrecht für die Verfolgung und Ahndung von Ordnungswidrigkeiten nach dem Schwarzarbeitsbekämpfungsgesetz zuständigen Behörden, den Trägern der Unfallversicherung und den für den Arbeitsschutz zuständigen Landesbehörden zusammen, wenn sich im Einzelfall konkrete Anhaltspunkte ergeben für

1. Verstöße gegen das Schwarzarbeitsbekämpfungsgesetz,
2. eine Beschäftigung oder Tätigkeit von nichtdeutschen Arbeitnehmern ohne den erforderlichen Aufenthaltstitel nach § 4 Abs. 3 des Aufenthaltsgesetzes, eine Aufenthaltsgestattung oder eine Duldung, die zur Ausübung der Beschäftigung berechtigten, oder eine Genehmigung nach § 284 Abs. 1 des Dritten Buches,
3. Verstöße gegen die Mitwirkungspflicht nach § 60 Abs. 1 Satz 1 Nr. 2 des Ersten Buches gegenüber einer Dienststelle der Bundesagentur für Arbeit, einem Träger der gesetzlichen Unfall- oder Rentenversicherung oder einem Träger der Sozialhilfe oder gegen die Meldepflicht nach § 8a des Asylbewerberleistungsgesetzes,
4. Verstöße gegen das Arbeitnehmerüberlassungsgesetz,
5. Verstöße gegen die Vorschriften des Vierten und des Siebten Buches über die Verpflichtung zur Zahlung von Beiträgen, soweit sie im Zusammenhang mit den in den Nummern 1 bis 4 genannten Verstößen stehen,
6. Verstöße gegen Steuergesetze,
7. Verstöße gegen das Aufenthaltsgesetz.

V

2Sie unterrichten die für die Verfolgung und Ahndung zuständigen Behörden, die Träger der Sozialhilfe sowie die Behörden nach § 71 des Aufenthaltsgesetzes. 3Die Unterrichtung kann auch Angaben über die Tatsachen enthalten, die für die Einziehung der Beiträge zur Kranken- und Rentenversicherung erforderlich sind. 4Die Übermittlung von Sozialdaten, die nach den §§ 284 bis 302 von Versicherten erhoben werden, ist unzulässig.

§ 307 Bußgeldvorschriften

(1) Ordnungswidrig handelt, wer entgegen § 291a Abs. 8 Satz 1 eine dort genannte Gestattung verlangt oder mit dem Inhaber der Karte eine solche Gestattung vereinbart.

(2) Ordnungswidrig handelt, wer vorsätzlich oder leichtfertig

1. a) als Arbeitgeber entgegen § 204 Abs. 1 Satz 1, auch in Verbindung mit Absatz 2 Satz 1, oder
   b) entgegen § 204 Abs. 1 Satz 3, auch in Verbindung mit Absatz 2 Satz 1, oder § 205 Nr. 3 oder
   c) als für die Zahlstelle Verantwortlicher entgegen § 202 Satz 1

   eine Meldung nicht, nicht richtig, nicht vollständig oder nicht rechtzeitig erstattet,
2. entgegen § 206 Abs. 1 Satz 1 eine Auskunft oder eine Änderung nicht, nicht richtig, nicht vollständig oder nicht rechtzeitig erteilt oder mitteilt oder
3. entgegen § 206 Abs. 1 Satz 2 die erforderlichen Unterlagen nicht, nicht vollständig oder nicht rechtzeitig vorlegt.

(3) Die Ordnungswidrigkeit kann in den Fällen des Absatzes 1 mit einer Geldbuße bis zu fünfzigtausend Euro, in den übrigen Fällen mit einer Geldbuße bis zu zweitausendfünfhundert Euro geahndet werden.

§ 307a Strafvorschriften

(1) Mit Freiheitsstrafe bis zu drei Jahren oder mit Geldstrafe wird bestraft, wer entgegen § 171b Absatz 2 Satz 1 die Zahlungsunfähigkeit oder die Überschuldung nicht, nicht richtig oder nicht rechtzeitig anzeigt.

(2) Handelt der Täter fahrlässig, so ist die Strafe Freiheitsstrafe bis zu einem Jahr oder Geldstrafe.

§ 307b Strafvorschriften

(1) Mit Freiheitsstrafe bis zu einem Jahr oder mit Geldstrafe wird bestraft, wer entgegen § 291a Absatz 4 Satz 1 oder Absatz 5a Satz 1 erster Halbsatz oder Satz 2 auf dort genannte Daten zugreift.

(2) Handelt der Täter gegen Entgelt oder in der Absicht, sich oder einen Anderen zu bereichern oder einen Anderen zu schädigen, so ist die Strafe Freiheitsstrafe bis zu drei Jahren oder Geldstrafe.

(3) 1Die Tat wird nur auf Antrag verfolgt. 2Antragsberechtigt sind der Betroffene, der Bundesbeauftragte für den Datenschutz oder die zuständige Aufsichtsbehörde.

Zwölftes Kapitel Überleitungsregelungen aus Anlaß der Herstellung der Einheit Deutschlands

§ 308 (weggefallen)

§ 309 Versicherter Personenkreis

(1) Soweit Vorschriften dieses Buches

1. an die Bezugsgröße anknüpfen, gilt vom 1. Januar 2001 an die Bezugsgröße nach § 18 Abs. 1 des Vierten Buches auch in dem in Artikel 3 des Einigungsvertrages genannten Gebiet,
2. an die Beitragsbemessungsgrenze in der allgemeinen Rentenversicherung anknüpfen, gilt von dem nach Nummer 1 maßgeblichen Zeitpunkt an die Beitragsbemessungsgrenze nach § 159 des Sechsten Buches auch in dem in Artikel 3 des Einigungsvertrages genannten Gebiet.

(2) bis (4) (weggefallen)

(5) 1Zeiten der Versicherung, die in dem in Artikel 3 des Einigungsvertrages genannten Gebiet bis zum 31. Dezember 1990 in der Sozialversicherung oder in der Freiwilligen Krankheitskostenversicherung der Staatlichen ehemaligen Versicherung der Deut-

schen Demokratischen Republik oder in einem Sonderversorgungssystem (§ 1 Abs. 3 des Anspruchs- und Anwartschaftsüberführungsgesetzes) zurückgelegt wurden, gelten als Zeiten einer Pflichtversicherung bei einer Krankenkasse im Sinne dieses Buches. $_2$Für die Anwendung des § 5 Abs. 1 Nr. 11 gilt Satz 1 vom 1. Januar 1991 an entsprechend für Personen, die ihren Wohnsitz und ihre Versicherung im Gebiet der Bundesrepublik Deutschland nach dem Stand vom 2. Oktober 1990 hatten und in dem in Artikel 3 des Einigungsvertrages genannten Gebiet beschäftigt waren, wenn sie nur wegen Überschreitung der in diesem Gebiet geltenden Jahresarbeitsentgeltgrenze versicherungsfrei waren und die Jahresarbeitsentgeltgrenze nach § 6 Abs. 1 Nr. 1 nicht überschritten wurde.

§ 310 Leistungen

(1) und (2) (weggefallen)

(3) Die erforderlichen Untersuchungen gemäß § 30 Abs. 2 Satz 2 und Abs. 7 gelten für den Zeitraum der Jahre 1989 bis 1991 als in Anspruch genommen.

§ 311 Beziehungen der Krankenkassen zu den Leistungserbringern

(1) (weggefallen)

(2) $_1$Die im Beitrittsgebiet bestehenden ärztlich geleiteten kommunalen, staatlichen und freigemeinnützigen Gesundheitseinrichtungen einschließlich der Einrichtungen des Betriebsgesundheitswesens (Polikliniken, Ambulatorien, Arztpraxen) sowie diabetologische, nephrologische, onkologische und rheumatologische Fachambulanzen nehmen in dem Umfang, in dem sie am 31. Dezember 2003 zur vertragsärztlichen Versorgung zugelassen sind, weiterhin an der vertragsärztlichen Versorgung teil. $_2$Im Übrigen gelten für die Einrichtungen nach Satz 1 die Vorschriften dieses Buches, die sich auf medizinische Versorgungszentren beziehen, entsprechend.

(3) (weggefallen)

(4) (weggefallen)

(5) § 83 gilt mit der Maßgabe, daß die Verbände der Krankenkassen mit den ermächtigten Einrichtungen oder ihren Verbänden im Einvernehmen mit den kassenärztlichen Vereinigungen besondere Verträge schließen können.

(6) (weggefallen)

(7) Bei Anwendung des § 95 gilt das Erfordernis des Absatzes 2 Satz 3 dieser Vorschrift nicht

a) für Ärzte, die bei Inkrafttreten dieses Gesetzes in dem in Artikel 3 des Einigungsvertrages genannten Gebiet die Facharztanerkennung besitzen,
b) für Zahnärzte, die bereits zwei Jahre in dem in Artikel 3 des Einigungsvertrages genannten Gebiet zahnärztlich tätig sind.

(8) Die Absätze 5 und 7 gelten nicht in dem in Artikel 3 des Einigungsvertrages genannten Teil des Landes Berlin.

§ 312 (weggefallen)

§ 313 (weggefallen)

Dreizehntes Kapitel
Weitere Übergangsvorschriften

§ 314 Beitragszuschüsse für Beschäftigte

(1) Versicherungsverträge, die den Standardtarif nach § 257 Abs. 2a in der bis zum 31. Dezember 2008 geltenden Fassung zum Gegenstand haben, werden auf Antrag der Versicherten auf Versicherungsverträge nach dem Basistarif gemäß § 12 Abs. 1a des Versicherungsaufsichtsgesetzes umgestellt.

(2) $_1$Zur Gewährleistung der in § 257 Abs. 2a Satz 1 Nr. 2 und 2a bis 2c in der bis zum 31. Dezember 2008 geltenden Fassung genannten Begrenzung bleiben im Hinblick auf die ab 1. Januar 2009 weiterhin im Standardtarif Versicherten alle Versicherungsunternehmen, die die nach § 257 Abs. 2 zuschussberechtigte Krankenversicherung betreiben, verpflichtet, an einem finanziellen Spitzenausgleich teilzunehmen, dessen Ausgestaltung zusammen mit den Einzelheiten des Standardtarifs zwischen der Bundesanstalt für Finanzdienstleistungsaufsicht und dem Verband der privaten Krankenversiche-

rung mit Wirkung für die beteiligten Unternehmen zu vereinbaren ist und der eine gleichmäßige Belastung dieser Unternehmen bewirkt. 2Für in Absatz 2a Satz 1 Nr. 2c in der bis 31. Dezember 2008 geltenden Fassung genannte Personen, bei denen eine Behinderung nach § 4 Abs. 1 des Gesetzes zur Eingliederung Schwerbehinderter in Arbeit, Beruf und Gesellschaft festgestellt worden ist, wird ein fiktiver Zuschlag von 100 vom Hundert auf die Bruttoprämie angerechnet, der in den Ausgleich nach Satz 1 einbezogen wird.

§ 315 Standardtarif für Personen ohne Versicherungsschutz

(1) 1Personen, die weder

1. in der gesetzlichen Krankenversicherung versichert oder versicherungspflichtig sind,
2. über eine private Krankheitsvollversicherung verfügen,
3. einen Anspruch auf freie Heilfürsorge haben, beihilfeberechtigt sind oder vergleichbare Ansprüche haben,
4. Anspruch auf Leistungen nach dem Asylbewerberleistungsgesetz haben noch
5. Leistungen nach dem Dritten, Vierten, Sechsten und Siebten Kapitel des Zwölften Buches beziehen,

können bis zum 31. Dezember 2008 Versicherungsschutz im Standardtarif gemäß § 257 Abs. 2a verlangen; in den Fällen der Nummern 4 und 5 begründen Zeiten einer Unterbrechung des Leistungsbezugs von weniger als einem Monat keinen entsprechenden Anspruch. 2Der Antrag darf nicht abgelehnt werden. 3Die in § 257 Abs. 2a Nr. 2b genannten Voraussetzungen gelten für Personen nach Satz 1 nicht; Risikozuschläge dürfen für sie nicht verlangt werden. 4Abweichend von Satz 1 Nr. 3 können auch Personen mit Anspruch auf Beihilfe nach beamtenrechtlichen Grundsätzen, die bisher nicht über eine auf Ergänzung der Beihilfe beschränkte private Krankenversicherung verfügen und auch nicht freiwillig in der gesetzlichen Krankenversicherung versichert sind, eine die Beihilfe ergänzende Absicherung im Standardtarif gemäß § 257 Abs. 2a Nr. 2b verlangen.

(2) 1Der Beitrag von im Standardtarif nach Absatz 1 versicherten Personen darf den durchschnittlichen Höchstbeitrag der gesetzlichen Krankenversicherung gemäß § 257 Abs. 2a Satz 1 Nr. 2 nicht überschreiten; die dort für Ehegatten oder Lebenspartner vorgesehene besondere Beitragsbegrenzung gilt für nach Absatz 1 versicherte Personen nicht. 2§ 12 Abs. 1c Satz 4 bis 6 des Versicherungsaufsichtsgesetzes in der ab 1. Januar 2009 geltenden Fassung gilt für nach Absatz 1 im Standardtarif versicherte Personen entsprechend.

(3) 1Eine Risikoprüfung ist nur zulässig, soweit sie für Zwecke des finanziellen Spitzenausgleichs nach § 257 Abs. 2b oder für spätere Tarifwechsel erforderlich ist. 2Abweichend von § 257 Abs. 2b sind im finanziellen Spitzenausgleich des Standardtarifs für Versicherte nach Absatz 1 die Begrenzungen gemäß Absatz 2 sowie die durch das Verbot von Risikozuschlägen gemäß Absatz 1 Satz 3 auftretenden Mehraufwendungen zu berücksichtigen.

(4) Die gemäß Absatz 1 abgeschlossenen Versicherungsverträge im Standardtarif werden zum 1. Januar 2009 auf Verträge im Basistarif nach § 12 Abs. 1a des Versicherungsaufsichtsgesetzes umgestellt.

§ 316 Übergangsregelung zur enteralen Ernährung

Versicherte haben bis zur Veröffentlichung der Zusammenstellung nach § 31 Abs. 5 Satz 2 im Bundesanzeiger Anspruch auf enterale Ernährung nach Maßgabe des Kapitels E der Arzneimittel-Richtlinien in der Fassung vom 25. August 2005 (BAnz. S. 13 241).

§ 317 Psychotherapeuten

1Abweichend von § 95 Abs. 10 werden Psychotherapeuten zur vertragsärztlichen Versorgung zugelassen, wenn sie

1. eine Approbation nach dem Psychotherapeutengesetz und den Fachkundenachweis nach § 95c Satz 2 Nr. 3 haben,

2. in der Zeit vom 25. Juni 1994 bis zum 24. Juni 1997 an der ambulanten psychotherapeutischen Versorgung in einem anderen Mitgliedstaat der Europäischen Union oder in einem anderen Vertragsstaat des Abkommens über den Europäischen Wirtschaftsraum teilgenommen haben und diese Tätigkeit vergleichbar mit der in der gesetzlichen Krankenversicherung war und
3. bis zum 30. Juni 2009 die Approbationsurkunde vorlegen und den Antrag auf Erteilung der Zulassung gestellt haben.

$_2$Der Zulassungsausschuss hat über die Zulassungsanträge bis zum 30. September 2009 zu entscheiden.

§ 318 Übergangsregelung für die knappschaftliche Krankenversicherung

$_1$Die Regelung des § 37 Abs. 3 der Risikostruktur-Ausgleichsverordnung ist nicht anzuwenden, wenn die Deutsche Rentenversicherung Knappschaft-Bahn-See die Verwaltungsausgaben der knappschaftlichen Krankenversicherung abweichend von § 71 Abs. 1 Satz 2 des Vierten Buches getrennt im Haushaltsplan ausweist sowie die Rechnungslegung und den Jahresabschluss nach § 77 des Vierten Buches für die Verwaltungsausgaben der knappschaftlichen Krankenversicherung getrennt durchführt. $_2$Satz 1 gilt nur, wenn das Bundesversicherungsamt rechtzeitig vor der Bekanntmachung nach § 37 Abs. 5 der Risikostruktur-Ausgleichsverordnung für das folgende Ausgleichsjahr auf der Grundlage eines von der Deutschen Rentenversicherung Knappschaft-Bahn-See erbrachten ausreichenden Nachweises feststellt, dass die Verwaltungsausgaben der knappschaftlichen Krankenversicherung getrennt im Haushaltsplan ausgewiesen sind. $_3$Entsprechend gilt Satz 1 für den Jahresausgleich nach § 41 der Risikostruktur-Ausgleichsverordnung nur, wenn das Bundesversicherungsamt rechtzeitig vor der Durchführung des Jahresausgleichs auf der Grundlage eines von der Deutschen Rentenversicherung Knappschaft-Bahn-See erbrachten ausreichenden Nachweises feststellt, dass sie die Rechnungslegung und den Jahresabschluss nach § 77 des Vierten Buches für die Verwaltungsausgaben der knappschaftlichen Krankenversicherung getrennt durchgeführt hat.

§ 319 Übergangsregelung zum Krankengeldwahltarif

(1) Wahltarife, die Versicherte auf der Grundlage der bis zum 31. Juli 2009 geltenden Fassung des § 53 Absatz 6 abgeschlossen haben, enden zu diesem Zeitpunkt.

(2) $_1$Versicherte, die am 31. Juli 2009 Leistungen aus einem Wahltarif nach § 53 Absatz 6 bezogen haben, haben Anspruch auf Leistungen nach Maßgabe ihres Wahltarifs bis zum Ende der Arbeitsunfähigkeit, die den Leistungsanspruch ausgelöst hat. $_2$Aufwendungen nach Satz 1 bleiben bei der Anwendung des § 53 Absatz 9 Satz 1 unberücksichtigt.

(3) $_1$Die Wahlerklärung nach § 44 Absatz 2 Satz 1 Nummer 2 oder Nummer 3 kann bis zum 30. September 2009 mit Wirkung vom 1. August 2009 abgegeben werden. $_2$Wahltarife nach § 53 Absatz 6 können bis zum 30. September 2009 oder zu einem in der Satzung der Krankenkasse festgelegten späteren Zeitpunkt mit Wirkung vom 1. August 2009 neu abgeschlossen werden. $_3$Abweichend von den Sätzen 1 und 2 können Versicherte nach Absatz 2 innerhalb von acht Wochen nach dem Ende des Leistungsbezugs rückwirkend zu dem Tag, der auf den letzten Tag des Leistungsbezugs folgt, die Wahlerklärung nach § 44 Absatz 2 Satz 1 Nummer 2 oder Nummer 3 abgeben oder einen Wahltarif wählen.

§ 320 Übergangsregelung zur befristeten Weiteranwendung aufgehobener Vorschriften

§ 120 Absatz 6 und § 295 Absatz 1b Satz 5 bis 8 in der Fassung des Artikels 15 Nummer 6a Buchstabe c und Nummer 13a Buchstabe b des Gesetzes vom 17. Juli 2009 (BGBl. I S. 1990) sind bis zum 1. Juli 2011 weiter anzuwenden.

V

§ 321 Übergangsregelung für die Anforderungen an die strukturierten Behandlungsprogramme nach § 137g Absatz 1

[1]Die in § 28b Absatz 1, den §§ 28c, 28e sowie in den Anlagen der Risikostruktur-Ausgleichsverordnung in der bis zum 31. Dezember 2011 geltenden Fassung geregelten Anforderungen an die Zulassung von strukturierten Behandlungsprogrammen nach § 137g Absatz 1 für Diabetes mellitus Typ 2, Brustkrebs, koronare Herzkrankheit, Diabetes mellitus Typ 1 und chronisch obstruktive Atemwegserkrankungen gelten jeweils weiter bis zum Inkrafttreten der für die jeweilige Krankheit vom Gemeinsamen Bundesausschuss nach § 137f Absatz 2 zu erlassenden Richtlinien. [2]Dies gilt auch für die in den §§ 28d und 28f der Risikostruktur-Ausgleichsverordnung in der bis zum 31. Dezember 2011 geltenden Fassung geregelten Anforderungen, soweit sie auf die in Satz 1 genannten Anforderungen verweisen. [3]Die in § 28f Absatz 1 Nummer 3 und Absatz 1a und § 28g der Risikostruktur-Ausgleichsverordnung in der bis zum 31. Dezember 2011 geltenden Fassung geregelten Anforderungen an die Aufbewahrungsfristen gelten weiter bis zum Inkrafttreten der in den Richtlinien des Gemeinsamen Bundesausschusses nach § 137f Absatz 2 Satz 1 Nummer 5 zu regelnden Anforderungen an die Aufbewahrungsfristen. [4]Die in § 28g der Risikostruktur-Ausgleichsverordnung in der bis zum 31. Dezember 2011 geltenden Fassung geregelten Anforderungen an die Evaluation gelten weiter bis zum Inkrafttreten der in den Richtlinien des Gemeinsamen Bundesausschusses nach § 137f Absatz 2 Satz 1 Nummer 6 zu regelnden Anforderungen an die Evaluation.

§ 322 Übergangsregelung zur Beitragsbemessung aus Renten und aus Versorgungsbezügen

Für Versicherungspflichtige findet für die Bemessung der Beiträge aus Renten der gesetzlichen Rentenversicherung sowie aus Versorgungsbezügen nach § 229 Absatz 1 Satz 1 Nummer 1, 2, 3 und 5 für die Zeit vom 1. Januar 2015 bis 28. Februar 2015 übergangsweise ein Gesamtbeitragssatz in Höhe von 15,5 Prozent sowie für die Bemessung der Beiträge aus Versorgungsbezügen nach § 229 Absatz 1 Satz 1 Nummer 4 für die Zeit vom 1. Januar 2015 bis 28. Februar 2015 übergangsweise weiter ein Gesamtbeitragssatz in Höhe von 8,2 Prozent Anwendung; von diesen gelten jeweils 0,9 Prozentpunkte als Zusatzbeitrag gemäß § 242.

Verordnung zur Beteiligung von Patientinnen und Patienten in der Gesetzlichen Krankenversicherung (Patientenbeteiligungsverordnung – PatBeteiligungsV)

Vom 19. Dezember 2003 (BGBl. I S. 2753)

Zuletzt geändert durch
Gesetz zur Verbesserung der Rechte von Patientinnen und Patienten
vom 20. Februar 2013 (BGBl. I S. 277)

Auf Grund des § 140g in Verbindung mit § 140f Abs. 2 Satz 3 des Fünften Buches Sozialgesetzbuch – Gesetzliche Krankenversicherung – (Artikel 1 des Gesetzes vom 20. Dezember 1988, BGBl. I S. 2477, 2482), die durch Artikel 1 Nr. 118 des Gesetzes vom 14. November 2003 (BGBl. I S. 2190) eingefügt worden sind, verordnet das Bundesministerium für Gesundheit und Soziale Sicherung:

§ 1 Anforderungen an maßgebliche Organisationen auf Bundesebene

Maßgebliche Organisationen für die Wahrnehmung der Interessen der Patientinnen und Patienten und der Selbsthilfe chronisch kranker und behinderter Menschen auf Bundesebene im Sinne des § 140f des Fünften Buches Sozialgesetzbuch sind Organisationen, die

1. nach ihrer Satzung ideell und nicht nur vorübergehend die Belange von Patientinnen und Patienten oder der Selbsthilfe fördern,
2. in ihrer inneren Ordnung demokratischen Grundsätzen entsprechen,
3. gemäß ihrem Mitgliederkreis dazu berufen sind, die Interessen von Patientinnen und Patienten oder der Selbsthilfe chronisch kranker und behinderter Menschen auf Bundesebene zu vertreten,
4. zum Zeitpunkt der Anerkennung mindestens drei Jahre bestehen und in diesem Zeitraum im Sinne der Nummer 1 bundesweit tätig gewesen sind,
5. die Gewähr für eine sachgerechte Aufgabenerfüllung bieten; dabei sind Art und Umfang der bisherigen Tätigkeit, der Mitgliederkreis und die Leistungsfähigkeit zu berücksichtigen,
6. durch Offenlegung ihrer Finanzierung nachweisen können, dass sie neutral und unabhängig arbeiten, und
7. gemeinnützige Zwecke verfolgen.

§ 2 Anerkannte Organisationen

(1) Als maßgebliche Organisationen für die Wahrnehmung der Interessen der Patientinnen und Patienten und der Selbsthilfe chronisch kranker und behinderter Menschen auf Bundesebene gelten:

1. der Deutsche Behindertenrat,
2. die Bundesarbeitsgemeinschaft der PatientInnenstellen,
3. die Deutsche Arbeitsgemeinschaft Selbsthilfegruppen e. V. und
4. der Verbraucherzentrale Bundesverband e. V.

(2) Hat der Gemeinsame Bundesausschuss innerhalb von drei Monaten nach Inkrafttreten der Verordnung berechtigte Zweifel, dass eine der in Absatz 1 genannten Organisationen die in § 1 Nr. 1 bis 7 genannten Kriterien erfüllt, bittet er das Bundesministerium für Gesundheit, die betreffende Organisation zu überprüfen. Ergibt die Überprüfung, dass die Kriterien nicht erfüllt sind, stellt das Bundesministerium für Gesundheit durch Verwaltungsakt fest, dass die betreffende Organisation für die Wahrnehmung der Interessen der Patientinnen und Patienten und der Selbsthilfe chronisch kranker und behinderter Menschen keine maßgebliche Organisation auf Bundesebene im Sinne des § 140f des Fünften Buches Sozialgesetzbuch ist.

V

(3) Absatz 2 Satz 2 gilt entsprechend, wenn der Gemeinsame Bundesausschuss berechtigte Zweifel hat, dass eine der in Absatz 1 genannten oder nach § 3 anerkannten Organisationen die in § 1 Nr. 1 bis 7 genannten Kriterien noch erfüllt.

§ 3 Anerkennung weiterer Organisationen

Das Bundesministerium für Gesundheit kann auf Antrag weitere Organisationen, die nicht Mitglied der in § 2 Abs. 1 genannten Verbände sind, als maßgebliche Organisation auf Bundesebene anerkennen, wenn die antragstellende Organisation die in § 1 Nr. 1 bis 7 aufgeführten Kriterien erfüllt und diese nachweist. Die Anerkennung erfolgt durch Verwaltungsakt.

§ 4 Verfahren der Beteiligung

(1) Die in § 2 Abs. 1 genannten und die nach § 3 anerkannten Organisationen benennen zur Wahrnehmung der in § 140f Abs. 2 und 3 des Fünften Buches Sozialgesetzbuch genannten Mitberatungsrechte einvernehmlich zu spezifischen Themen sachkundige Personen, von denen mindestens die Hälfte selbst Betroffene sein sollen. Dabei ist das Einvernehmen kenntlich zu machen. Die sachkundigen Personen haben ein Mitberatungsrecht, aber kein Stimmrecht.

(2) Bei den in § 140f Absatz 2 Satz 5 des Fünften Buches Sozialgesetzbuch genannten Beschlüssen des Gemeinsamen Bundesausschusses bestimmt sich das Antragsrecht nach der in § 2 Abs. 1 genannten und der nach § 3 anerkannten Organisationen nach den Vorschriften, die für das Antragsrecht der nach § 135 Abs. 1 und § 137c Abs. 1 des Fünften Buches Sozialgesetzbuch antragsberechtigten Selbstverwaltungsträger gelten.

(3) Die Beteiligung nach § 140f Abs. 4 des Fünften Buches Sozialgesetzbuch muss frühzeitig erfolgen. Dazu werden den in § 2 Abs. 1 genannten und den nach § 3 anerkannten Organisationen die erforderlichen Unterlagen rechtzeitig und vollständig zur Verfügung gestellt und ihnen eine angemessene Frist zur Stellungnahme eingeräumt.

§ 5 Inkrafttreten

Diese Verordnung tritt am Tag nach der Verkündung in Kraft.

VI SGB VI: Gesetzliche Rentenversicherung

VI

Sozialgesetzbuch (SGB) Sechstes Buch (VI) – Gesetzliche Rentenversicherung – (SGB VI)

in der Fassung der Bekanntmachung vom 19. Februar 2002 (BGBl. I S. 754, S. 1404, S. 3384)

Zuletzt geändert durch
Präventionsgesetz
vom 17. Juli 2015 (BGBl. I S. 1368)[1]

Inhaltsübersicht

[1]) Die zum 1. Januar 2016 in Kraft tretenden Änderungen durch das Fünfte Gesetz zur Änderung des Vierten Buches Sozialgesetzbuch und anderer Gesetze vom 15.5.2015 (BGBl. I S. 583) sowie das Gesetz zur Steigerung der Attraktivität des Dienstes in der Bundeswehr vom 13. 5.2015 (BGBl. I S. 706) sind als Anmerkung beim jeweiligen Paragrafen eingearbeitet (siehe §§ 70, 76f, 113, 181, 182, 185, 192, 211, 277).

Dritter Unterabschnitt
Rentenhöhe und Rentenanpassung

Erster Titel
Grundsätze

Zweiter Titel
Berechnung und Anpassung der Renten

Dritter Titel
Ermittlung der persönlichen Entgeltpunkte

Vierter Titel
Knappschaftliche Besonderheiten

Fünfter Titel
Ermittlung des Monatsbetrags der Rente in Sonderfällen

Vierter Unterabschnitt
Zusammentreffen von Renten und von Einkommen

VI

VI

Fünfter Unterabschnitt
Berechnungsgrundsätze

Drittes Kapitel
Organisation, Datenschutz und Datensicherheit

Erster Abschnitt
Organisation

Erster Unterabschnitt
Deutsche Rentenversicherung

Zweiter Unterabschnitt
Zuständigkeit in der allgemeinen Rentenversicherung

Dritter Unterabschnitt
Zuständigkeit in der knappschaftlichen Rentenversicherung

Unterabschnitt 3a
Zuständigkeit der Deutschen Rentenversicherung Knappschaft-Bahn-See für die Seemannskasse

Vierter Unterabschnitt
Grundsatz- und Querschnittsaufgaben der Deutschen Rentenversicherung, Erweitertes Direktorium

VI

VI

VI

Zweiter Unterabschnitt
Versicherter Personenkreis

Dritter Unterabschnitt
Teilhabe

VI

Vierter Unterabschnitt
Anspruchsvoraussetzungen für einzelne Renten

Fünfter Unterabschnitt
Rentenhöhe und Rentenanpassung

VI

VI

VI

*) Die Anlagen wurden aus Umfanggründen nicht aufgenommen. Abonnenten der Halbjahresausgabe haben im für sie kostenlosen Online-Dienst Zugriff auf die Anlagen. Bei Bedarf senden wir Ihnen diese auch gerne zu.

Erstes Kapitel
Versicherter Personenkreis

Erster Abschnitt
Versicherung kraft Gesetzes

§ 1 Beschäftigte

$_{1}$Versicherungspflichtig sind

1. Personen, die gegen Arbeitsentgelt oder zu ihrer Berufsausbildung beschäftigt sind; während des Bezugs von Kurzarbeitergeld nach dem Dritten Buch besteht die Versicherungspflicht fort,
2. behinderte Menschen, die
   a) in anerkannten Werkstätten für behinderte Menschen oder in Blindenwerkstätten im Sinne des § 143 des Neunten Buches oder für diese Einrichtungen in Heimarbeit tätig sind,
   b) in Anstalten, Heimen oder gleichartigen Einrichtungen in gewisser Regelmäßigkeit eine Leistung erbringen, die einem Fünftel der Leistung eines voll erwerbsfähigen Beschäftigten in gleichartiger Beschäftigung entspricht; hierzu zählen auch Dienstleistungen für den Träger der Einrichtung,
3. Personen, die in Einrichtungen der Jugendhilfe oder in Berufsbildungswerken oder ähnlichen Einrichtungen für behinderte Menschen für eine Erwerbstätigkeit befähigt werden sollen; dies gilt auch für Personen während der individuellen betrieblichen Qualifizierung im Rahmen der Unterstützten Beschäftigung nach § 38a des Neunten Buches,

3a. Auszubildende, die in einer außerbetrieblichen Einrichtung im Rahmen eines Berufsausbildungsvertrages nach dem Berufsbildungsgesetz ausgebildet werden,

4. Mitglieder geistlicher Genossenschaften, Diakonissen und Angehörige ähnlicher Gemeinschaften während ihres Dienstes für die Gemeinschaft und während der Zeit ihrer außerschulischen Ausbildung.

$_{2}$Personen, die Wehrdienst leisten und nicht in einem Dienstverhältnis als Berufssoldat oder Soldat auf Zeit stehen, sind in dieser Beschäftigung nicht nach Satz 1 Nr. 1 versicherungspflichtig; sie gelten als Wehrdienstleistende im Sinne des § 3 Satz 1 Nr. 2 oder 2a und Satz 4. $_{3}$Mitglieder des Vorstandes einer Aktiengesellschaft sind in dem Unternehmen, dessen Vorstand sie angehören, nicht versicherungspflichtig beschäftigt, wobei Konzernunternehmen im Sinne des § 18 des Aktiengesetzes als ein Unternehmen gelten. $_{4}$Die in Satz 1 Nr. 2 bis 4 genannten Personen gelten als Beschäftigte im Sinne des Rechts der Rentenversicherung. $_{5}$Teilnehmer an dualen Studiengängen stehen den Beschäftigten zur Berufsausbildung im Sinne des Satzes 1 Nummer 1 gleich.

§ 2 Selbständig Tätige

$_{1}$Versicherungspflichtig sind selbständig tätige

1. Lehrer und Erzieher, die im Zusammenhang mit ihrer selbständigen Tätigkeit regelmäßig keinen versicherungspflichtigen Arbeitnehmer beschäftigen,
2. Pflegepersonen, die in der Kranken-, Wochen-, Säuglings- oder Kinderpflege tätig sind und im Zusammenhang mit ihrer selbständigen Tätigkeit regelmäßig keinen versicherungspflichtigen Arbeitnehmer beschäftigen,
3. Hebammen und Entbindungspfleger,
4. Seelotsen der Reviere im Sinne des Gesetzes über das Seelotswesen,
5. Künstler und Publizisten nach näherer Bestimmung des Künstlersozialversicherungsgesetzes,
6. Hausgewerbetreibende,
7. Küstenschiffer und Küstenfischer, die zur Besatzung ihres Fahrzeuges gehören oder als Küstenfischer ohne Fahrzeug fischen und regelmäßig nicht mehr als vier versicherungspflichtige Arbeitnehmer beschäftigen,
8. Gewerbetreibende, die in die Handwerksrolle eingetragen sind und in ihrer Person die für die Eintragung in die Handwerksrolle erforderlichen Voraussetzungen erfüllen, wobei Handwerksbetriebe im Sinne

der §§ 2 und 3 der Handwerksordnung sowie Betriebsfortführungen auf Grund von § 4 der Handwerksordnung außer Betracht bleiben; ist eine Personengesellschaft in die Handwerksrolle eingetragen, gilt als Gewerbetreibender, wer als Gesellschafter in seiner Person die Voraussetzungen für die Eintragung in die Handwerksrolle erfüllt,

9. Personen, die
   a) im Zusammenhang mit ihrer selbständigen Tätigkeit regelmäßig keinen versicherungspflichtigen Arbeitnehmer beschäftigen und
   b) auf Dauer und im Wesentlichen nur für einen Auftraggeber tätig sind; bei Gesellschaftern gelten als Auftraggeber die Auftraggeber der Gesellschaft.

2Als Arbeitnehmer im Sinne des Satzes 1 Nr. 1, 2, 7 und 9 gelten

1. auch Personen, die berufliche Kenntnisse, Fertigkeiten oder Erfahrungen im Rahmen beruflicher Bildung erwerben,
2. nicht Personen, die geringfügig beschäftigt sind,
3. für Gesellschafter auch die Arbeitnehmer der Gesellschaft.

§ 3 Sonstige Versicherte

1Versicherungspflichtig sind Personen in der Zeit,

1. für die ihnen Kindererziehungszeiten anzurechnen sind (§ 56),

1a. in der sie einen Pflegebedürftigen im Sinne des § 14 des Elften Buches nicht erwerbsmäßig wenigstens 14 Stunden wöchentlich in seiner häuslichen Umgebung pflegen (nicht erwerbsmäßig tätige Pflegepersonen), wenn der Pflegebedürftige Anspruch auf Leistungen aus der sozialen oder einer privaten Pflegeversicherung hat; dies gilt auch, wenn die Mindeststundenzahl nur durch die Pflege mehrerer Pflegebedürftiger erreicht wird,

2. in der sie aufgrund gesetzlicher Pflicht Wehrdienst oder Zivildienst leisten,

2a. in der sie sich in einem Wehrdienstverhältnis besonderer Art nach § 6 des Einsatz-Weiterverwendungsgesetzes befinden, wenn sich der Einsatzunfall während einer Zeit ereignet hat, in der sie nach Nummer 2 versicherungspflichtig waren,

3. für die sie von einem Leistungsträger Krankengeld, Verletztengeld, Versorgungskrankengeld, Übergangsgeld, Arbeitslosengeld oder von der sozialen oder einer privaten Pflegeversicherung Pflegeunterstützungsgeld beziehen, wenn sie im letzten Jahr vor Beginn der Leistung zuletzt versicherungspflichtig waren; der Zeitraum von einem Jahr verlängert sich um Anrechnungszeiten wegen des Bezugs von Arbeitslosengeld II,

3a. für die sie von einem privaten Krankenversicherungsunternehmen, von einem Beihilfeträger des Bundes, von einem sonstigen öffentlich-rechtlichen Träger von Kosten in Krankheitsfällen auf Bundesebene, von dem Träger der Heilfürsorge im Bereich des Bundes, von dem Träger der truppenärztlichen Versorgung oder von einem öffentlich-rechtlichen Träger von Kosten in Krankheitsfällen auf Landesebene, soweit das Landesrecht dies vorsieht, Leistungen für den Ausfall von Arbeitseinkünften im Zusammenhang mit einer nach den §§ 8 und 8a des Transplantationsgesetzes erfolgenden Spende von Organen oder Geweben oder im Zusammenhang mit einer im Sinne von § 9 des Transfusionsgesetzes erfolgenden Spende von Blut zur Separation von Blutstammzellen oder anderen Blutbestandteilen beziehen, wenn sie im letzten Jahr vor Beginn dieser Zahlung zuletzt versicherungspflichtig waren; der Zeitraum von einem Jahr verlängert sich um Anrechnungszeiten wegen des Bezugs von Arbeitslosengeld II,

4. für die sie Vorruhestandsgeld beziehen, wenn sie unmittelbar vor Beginn der Leistung versicherungspflichtig waren.

2Pflegepersonen, die für ihre Tätigkeit von dem oder den Pflegebedürftigen ein Arbeitsentgelt erhalten, das das dem Umfang der jeweiligen Pflegetätigkeit entsprechende

Pflegegeld im Sinne der §§ 37 und 123 des Elften Buches nicht übersteigt, gelten als nicht erwerbsmäßig tätig; sie sind insoweit nicht nach § 1 Satz 1 Nr. 1 versicherungspflichtig. 3Nicht erwerbsmäßig tätige Pflegepersonen, die daneben regelmäßig mehr als 30 Stunden wöchentlich beschäftigt oder selbständig tätig sind, sind nicht nach Satz 1 Nr. 1a versicherungspflichtig. 4Wehrdienstleistende oder Zivildienstleistende, die für die Zeit ihres Dienstes Arbeitsentgelt weiter erhalten oder Leistungen an Selbständige nach § 7 des Unterhaltssicherungsgesetzes erhalten, sind nicht nach Satz 1 Nr. 2 versicherungspflichtig; die Beschäftigung oder selbständige Tätigkeit gilt in diesen Fällen als nicht unterbrochen.

5Trifft eine Versicherungspflicht nach Satz 1 Nr. 3 im Rahmen von Leistungen zur Teilhabe am Arbeitsleben mit einer Versicherungspflicht nach § 1 Satz 1 Nr. 2 oder 3 zusammen, geht die Versicherungspflicht vor, nach der die höheren Beiträge zu zahlen sind. 6Die Versicherungspflicht nach Satz 1 Nr. 3 und 4 erstreckt sich auch auf Personen, die ihren gewöhnlichen Aufenthalt im Ausland haben.

§ 4 Versicherungspflicht auf Antrag

(1) 1Auf Antrag versicherungspflichtig sind folgende Personen, wenn die Versicherung von einer Stelle beantragt wird, die ihren Sitz im Inland hat:

1. Entwicklungshelfer im Sinne des Entwicklungshelfer-Gesetzes, die Entwicklungsdienst oder Vorbereitungsdienst leisten,
2. Angehörige eines Mitgliedstaates der Europäischen Union, Angehörige eines Vertragsstaates des Abkommens über den Europäischen Wirtschaftsraum oder Staatsangehörige der Schweiz, die für eine begrenzte Zeit im Ausland beschäftigt sind.

2Auf Antrag ihres Arbeitgebers versicherungspflichtig sind auch Angehörige eines Mitgliedstaates der Europäischen Union, Angehörige eines Vertragsstaates des Abkommens über den Europäischen Wirtschaftsraum oder Staatsangehörige der Schweiz, die im Ausland bei einer amtlichen Vertretung des Bundes oder der Länder oder bei einem Leiter, Mitglied oder Bediensteten einer amtlichen Vertretung des Bundes oder der Länder beschäftigt sind. 3Personen, denen für die Zeit des Dienstes oder der Beschäftigung im Ausland Versorgungsanwartschaften gewährleistet sind, gelten im Rahmen der Nachversicherung auch ohne Antrag als versicherungspflichtig.

(2) Auf Antrag versicherungspflichtig sind Personen, die nicht nur vorübergehend selbständig tätig sind, wenn sie die Versicherungspflicht innerhalb von fünf Jahren nach der Aufnahme der selbständigen Tätigkeit oder dem Ende einer Versicherungspflicht aufgrund dieser Tätigkeit beantragen.

(3) 1Auf Antrag versicherungspflichtig sind Personen, die

1. eine der in § 3 Satz 1 Nr. 3 genannten Sozialleistungen oder Leistungen für den Ausfall von Arbeitseinkünften nach § 3 Satz 1 Nummer 3a beziehen und nicht nach diesen Vorschriften versicherungspflichtig sind,
2. nur deshalb keinen Anspruch auf Krankengeld haben, weil sie nicht in der gesetzlichen Krankenversicherung versichert sind oder in der gesetzlichen Krankenversicherung ohne Anspruch auf Krankengeld versichert sind, für die Zeit der Arbeitsunfähigkeit oder der Ausführung von Leistungen zur medizinischen Rehabilitation oder zur Teilhabe am Arbeitsleben, wenn sie im letzten Jahr vor Beginn der Arbeitsunfähigkeit oder der Ausführung von Leistungen zur medizinischen Rehabilitation oder zur Teilhabe am Arbeitsleben zuletzt versicherungspflichtig waren, längstens jedoch für 18 Monate.

2Dies gilt auch für Personen, die ihren gewöhnlichen Aufenthalt im Ausland haben.

(3a) 1Die Vorschriften über die Versicherungsfreiheit und die Befreiung von der Versicherungspflicht gelten auch für die Versicherungspflicht auf Antrag nach Absatz 3. 2Bezieht sich die Versicherungsfreiheit oder die Befreiung von der Versicherungspflicht auf jede Beschäftigung oder selbständige Tä-

VI

tigkeit, kann ein Antrag nach Absatz 3 nicht gestellt werden. 3Bezieht sich die Versicherungsfreiheit oder die Befreiung von der Versicherungspflicht auf eine bestimmte Beschäftigung oder bestimmte selbständige Tätigkeit, kann ein Antrag nach Absatz 3 nicht gestellt werden, wenn die Versicherungsfreiheit oder die Befreiung von der Versicherungspflicht auf der Zugehörigkeit zu einem anderweitigen Alterssicherungssystem, insbesondere einem abgeschlossenen Lebensversicherungsvertrag oder der Mitgliedschaft in einer öffentlich-rechtlichen Versicherungseinrichtung oder Versorgungseinrichtung einer Berufsgruppe (§ 6 Abs. 1 Satz 1 Nr. 1), beruht und die Zeit des Bezugs der jeweiligen Sozialleistung in dem anderweitigen Alterssicherungssystem abgesichert ist oder abgesichert werden kann.

(4) 1Die Versicherungspflicht beginnt

1. in den Fällen der Absätze 1 und 2 mit dem Tag, an dem erstmals die Voraussetzungen nach den Absätzen 1 und 2 vorliegen, wenn sie innerhalb von drei Monaten danach beantragt wird, sonst mit dem Tag, der dem Eingang des Antrags folgt,
2. in den Fällen des Absatzes 3 Satz 1 Nr. 1 mit Beginn der Leistung und in den Fällen des Absatzes 3 Satz 1 Nr. 2 mit Beginn der Arbeitsunfähigkeit oder Rehabilitation, wenn der Antrag innerhalb von drei Monaten danach gestellt wird, andernfalls mit dem Tag, der dem Eingang des Antrags folgt, frühestens jedoch mit dem Ende der Versicherungspflicht aufgrund einer vorausgehenden versicherungspflichtigen Beschäftigung oder Tätigkeit.

2Sie endet mit Ablauf des Tages, an dem die Voraussetzungen weggefallen sind.

§ 5 Versicherungsfreiheit

(1) 1Versicherungsfrei sind

1. Beamte und Richter auf Lebenszeit, auf Zeit oder auf Probe, Berufssoldaten und Soldaten auf Zeit sowie Beamte auf Widerruf im Vorbereitungsdienst,
2. sonstige Beschäftigte von Körperschaften, Anstalten oder Stiftungen des öffentlichen Rechts, deren Verbänden einschließlich der Spitzenverbände oder ihrer Arbeitsgemeinschaften, wenn ihnen nach beamtenrechtlichen Vorschriften oder Grundsätzen Anwartschaft auf Versorgung bei verminderter Erwerbsfähigkeit und im Alter sowie auf Hinterbliebenenversorgung gewährleistet und die Erfüllung der Gewährleistung gesichert ist,
3. Beschäftigte im Sinne von Nummer 2, wenn ihnen nach kirchenrechtlichen Regelungen eine Anwartschaft im Sinne von Nummer 2 gewährleistet und die Erfüllung der Gewährleistung gesichert ist, sowie satzungsmäßige Mitglieder geistlicher Genossenschaften, Diakonissen und Angehörige ähnlicher Gemeinschaften, wenn ihnen nach den Regeln der Gemeinschaft Anwartschaft auf die in der Gemeinschaft übliche Versorgung bei verminderter Erwerbsfähigkeit und im Alter gewährleistet und die Erfüllung der Gewährleistung gesichert ist,

in dieser Beschäftigung und in weiteren Beschäftigungen, auf die die Gewährleistung einer Versorgungsanwartschaft erstreckt wird. 2Für Personen nach Satz 1 Nr. 2 gilt dies nur, wenn sie

1. nach beamtenrechtlichen Vorschriften oder Grundsätzen Anspruch auf Vergütung und bei Krankheit auf Fortzahlung der Bezüge haben oder
2. nach beamtenrechtlichen Vorschriften oder Grundsätzen bei Krankheit Anspruch auf Beihilfe oder Heilfürsorge haben oder
3. innerhalb von zwei Jahren nach Beginn des Beschäftigungsverhältnisses in ein Rechtsverhältnis nach Nummer 1 berufen werden sollen oder
4. in einem öffentlich-rechtlichen Ausbildungsverhältnis stehen.

3Über das Vorliegen der Voraussetzungen nach Satz 1 Nr. 2 und 3 sowie nach Satz 2 und die Erstreckung der Gewährleistung auf weitere Beschäftigungen entscheidet für Beschäftigte beim Bund und bei Dienstherren oder anderen Arbeitgebern, die der Aufsicht des Bundes unterstehen, das zuständige Bundesministerium, im Übrigen die oberste

Verwaltungsbehörde des Landes, in dem die Arbeitgeber, Genossenschaften oder Gemeinschaften ihren Sitz haben. $_4$Die Gewährleistung von Anwartschaften begründet die Versicherungsfreiheit von Beginn des Monats an, in dem die Zusicherung der Anwartschaften vertraglich erfolgt.

(2) $_1$Versicherungsfrei sind Personen, die eine

1. Beschäftigung nach § 8 Absatz 1 Nummer 2 oder § 8a in Verbindung mit § 8 Absatz 1 Nummer 2 des Vierten Buches,
2. geringfügige selbständige Tätigkeit nach § 8 Absatz 3 in Verbindung mit § 8 Absatz 1 oder nach § 8 Absatz 3 in Verbindung mit den §§ 8a und 8 Absatz 1 des Vierten Buches oder
3. geringfügige nicht erwerbsmäßige Pflegetätigkeit

ausüben, in dieser Beschäftigung, selbständigen Tätigkeit oder Pflegetätigkeit. $_2$§ 8 Absatz 2 des Vierten Buches ist mit der Maßgabe anzuwenden, dass eine Zusammenrechnung mit einer nicht geringfügigen selbständigen Tätigkeit nur erfolgt, wenn diese versicherungspflichtig ist. $_3$Eine nicht erwerbsmäßige Pflegetätigkeit ist geringfügig, wenn die Beitragsbemessungsgrundlage für die Pflegetätigkeit (§ 166 Absatz 2) auf den Monat bezogen 400 Euro nicht übersteigt; mehrere nicht erwerbsmäßige Pflegetätigkeiten sind zusammenzurechnen.

(3) Versicherungsfrei sind Personen, die während der Dauer eines Studiums als ordentliche Studierende einer Fachschule oder Hochschule ein Praktikum ableisten, das in ihrer Studienordnung oder Prüfungsordnung vorgeschrieben ist.

(4) Versicherungsfrei sind Personen, die

1. eine Vollrente wegen Alters beziehen,
2. nach beamtenrechtlichen Vorschriften oder Grundsätzen oder entsprechenden kirchenrechtlichen Regelungen oder nach den Regelungen einer berufsständischen Versorgungseinrichtung eine Versorgung nach Erreichen einer Altersgrenze beziehen oder die in der Gemeinschaft übliche Versorgung im Alter nach Absatz 1 Satz 1 Nr. 3 erhalten oder
3. bis zum Erreichen der Regelaltersgrenze nicht versichert waren oder nach Erreichen der Regelaltersgrenze eine Beitragserstattung aus ihrer Versicherung erhalten haben.

§ 6 Befreiung von der Versicherungspflicht

(1) $_1$Von der Versicherungspflicht werden befreit

1. Beschäftigte und selbständig Tätige für die Beschäftigung oder selbständige Tätigkeit, wegen der sie aufgrund einer durch Gesetz angeordneten oder auf Gesetz beruhenden Verpflichtung Mitglied einer öffentlich-rechtlichen Versicherungseinrichtung oder Versorgungseinrichtung ihrer Berufsgruppe (berufsständische Versorgungseinrichtung) und zugleich kraft gesetzlicher Verpflichtung Mitglied einer berufsständischen Kammer sind, wenn
   a) am jeweiligen Ort der Beschäftigung oder selbständigen Tätigkeit für ihre Berufsgruppe bereits vor dem 1. Januar 1995 eine gesetzliche Verpflichtung zur Mitgliedschaft in der berufsständischen Kammer bestanden hat,
   b) für sie nach näherer Maßgabe der Satzung einkommensbezogene Beiträge unter Berücksichtigung der Beitragsbemessungsgrenze zur berufsständischen Versorgungseinrichtung zu zahlen sind und
   c) aufgrund dieser Beiträge Leistungen für den Fall verminderter Erwerbsfähigkeit und des Alters sowie für Hinterbliebene erbracht und angepasst werden, wobei auch die finanzielle Lage der berufsständischen Versorgungseinrichtung zu berücksichtigen ist,
2. Lehrer oder Erzieher, die an nichtöffentlichen Schulen beschäftigt sind, wenn ihnen nach beamtenrechtlichen Grundsätzen oder entsprechenden kirchenrechtlichen Regelungen Anwartschaft auf Versorgung bei verminderter Erwerbsfähigkeit und im Alter sowie auf Hinterbliebenenversorgung gewährleistet und die Erfüllung der Gewährleistung gesichert ist und wenn

diese Personen die Voraussetzungen nach § 5 Abs. 1 Satz 2 Nr. 1 und 2 erfüllen,

3. nichtdeutsche Besatzungsmitglieder deutscher Seeschiffe, die ihren Wohnsitz oder gewöhnlichen Aufenthalt nicht in einem Mitgliedstaat der Europäischen Union, einem Vertragsstaat des Abkommens über den Europäischen Wirtschaftsraum oder der Schweiz haben,
4. Gewerbetreibende in Handwerksbetrieben, wenn für sie mindestens 18 Jahre lang Pflichtbeiträge gezahlt worden sind.

$_{2}$Die gesetzliche Verpflichtung für eine Berufsgruppe zur Mitgliedschaft in einer berufsständischen Kammer im Sinne des Satzes 1 Nr. 1 gilt mit dem Tag als entstanden, an dem das die jeweilige Kammerzugehörigkeit begründende Gesetz verkündet worden ist. $_{3}$Wird der Kreis der Pflichtmitglieder einer berufsständischen Kammer nach dem 31. Dezember 1994 erweitert, werden diejenigen Pflichtmitglieder des berufsständischen Versorgungswerks nicht nach Satz 1 Nr. 1 befreit, die nur wegen dieser Erweiterung Pflichtmitglieder ihrer Berufskammer geworden sind. $_{4}$Für die Bestimmung des Tages, an dem die Erweiterung des Kreises der Pflichtmitglieder erfolgt ist, ist Satz 2 entsprechend anzuwenden. $_{5}$Personen, die nach bereits am 1. Januar 1995 geltenden versorgungsrechtlichen Regelungen verpflichtet sind, für die Zeit der Ableistung eines gesetzlich vorgeschriebenen Vorbereitungs- oder Anwärterdienstes Mitglied einer berufsständischen Versorgungseinrichtung zu sein, werden auch dann nach Satz 1 Nr. 1 von der Versicherungspflicht befreit, wenn eine gesetzliche Verpflichtung zur Mitgliedschaft in einer berufsständischen Kammer für die Zeit der Ableistung des Vorbereitungs- oder Anwärterdienstes nicht besteht. $_{6}$Satz 1 Nr. 1 gilt nicht für die in Satz 1 Nr. 4 genannten Personen.

(1a) $_{1}$Personen, die nach § 2 Satz 1 Nr. 9 versicherungspflichtig sind, werden von der Versicherungspflicht befreit

1. für einen Zeitraum von drei Jahren nach erstmaliger Aufnahme einer selbständigen Tätigkeit, die die Merkmale des § 2 Satz 1 Nr. 9 erfüllt,
2. nach Vollendung des 58. Lebensjahres, wenn sie nach einer zuvor ausgeübten selbständigen Tätigkeit erstmals nach § 2 Satz 1 Nr. 9 versicherungspflichtig werden.

$_{2}$Satz 1 Nr. 1 gilt entsprechend für die Aufnahme einer zweiten selbständigen Tätigkeit, die die Merkmale des § 2 Satz 1 Nr. 9 erfüllt. $_{3}$Tritt nach Ende einer Versicherungspflicht nach § 2 Satz 1 Nr. 10 Versicherungspflicht nach § 2 Satz 1 Nr. 9 ein, wird die Zeit, in der die dort genannten Merkmale bereits vor dem Eintritt der Versicherungspflicht nach dieser Vorschrift vorgelegen haben, auf den in Satz 1 Nr. 1 genannten Zeitraum nicht angerechnet. $_{4}$Eine Aufnahme einer selbständigen Tätigkeit liegt nicht vor, wenn eine bestehende selbständige Existenz lediglich umbenannt oder deren Geschäftszweck gegenüber der vorangegangenen nicht wesentlich verändert worden ist.

(1b) $_{1}$Personen, die eine geringfügige Beschäftigung nach § 8 Absatz 1 Nummer 1 oder § 8a in Verbindung mit § 8 Absatz 1 Nummer 1 des Vierten Buches ausüben, werden auf Antrag von der Versicherungspflicht befreit. $_{2}$Der schriftliche Befreiungsantrag ist dem Arbeitgeber zu übergeben. $_{3}$§ 8 Absatz 2 des Vierten Buches ist mit der Maßgabe anzuwenden, dass eine Zusammenrechnung mit einer nicht geringfügigen Beschäftigung nur erfolgt, wenn diese versicherungspflichtig ist. $_{4}$Der Antrag kann bei mehreren geringfügigen Beschäftigungen nur einheitlich gestellt werden und ist für die Dauer der Beschäftigungen bindend. $_{5}$Satz 1 gilt nicht für Personen, die im Rahmen betrieblicher Berufsbildung, nach dem Jugendfreiwilligendienstegesetz, nach dem Bundesfreiwilligendienstgesetz oder nach § 1 Satz 1 Nummer 2 bis 4 beschäftigt sind oder von der Möglichkeit einer stufenweisen Wiederaufnahme einer nicht geringfügigen Tätigkeit (§ 74 des Fünften Buches) Gebrauch machen.

(2) Die Befreiung erfolgt auf Antrag des Versicherten, in den Fällen des Absatzes 1 Nr. 2 und 3 auf Antrag des Arbeitgebers.

(3) $_{1}$Über die Befreiung entscheidet der Träger der Rentenversicherung, nachdem in den Fällen

1. des Absatzes 1 Nr. 1 die für die berufsständische Versorgungseinrichtung zuständige oberste Verwaltungsbehörde,
2. des Absatzes 1 Nr. 2 die oberste Verwaltungsbehörde des Landes, in dem der Arbeitgeber seinen Sitz hat,

das Vorliegen der Voraussetzungen bestätigt hat. 2In den Fällen des Absatzes 1b gilt die Befreiung als erteilt, wenn die nach § 28i Satz 5 des Vierten Buches zuständige Einzugsstelle nicht innerhalb eines Monats nach Eingang der Meldung des Arbeitgebers nach § 28a des Vierten Buches dem Befreiungsantrag des Beschäftigten widerspricht. 3Die Vorschriften des Zehnten Buches über die Bestandskraft von Verwaltungsakten und über das Rechtsbehelfsverfahren gelten entsprechend.

(4) 1Die Befreiung wirkt vom Vorliegen der Befreiungsvoraussetzungen an, wenn sie innerhalb von drei Monaten beantragt wird, sonst vom Eingang des Antrags an. 2In den Fällen des Absatzes 1b wirkt die Befreiung bei Vorliegen der Befreiungsvoraussetzungen nach Eingang der Meldung des Arbeitgebers nach § 28a des Vierten Buches bei der zuständigen Einzugsstelle rückwirkend vom Beginn des Monats, in dem der Antrag des Beschäftigten dem Arbeitgeber zugegangen ist, wenn der Arbeitgeber den Befreiungsantrag der Einzugsstelle mit der ersten folgenden Entgeltabrechnung, spätestens aber innerhalb von sechs Wochen nach Zugang, gemeldet und die Einzugsstelle innerhalb eines Monats nach Eingang der Meldung des Arbeitgebers nicht widersprochen hat. 3Erfolgt die Meldung des Arbeitgebers später, wirkt die Befreiung vom Beginn des auf den Ablauf der Widerspruchsfrist nach Absatz 3 folgenden Monats. 4In den Fällen, in denen bei einer Mehrfachbeschäftigung die Befreiungsvoraussetzungen vorliegen, hat die Einzugsstelle die weiteren Arbeitgeber über den Zeitpunkt der Wirkung der Befreiung unverzüglich durch eine Meldung zu unterrichten.

(5) 1Die Befreiung ist auf die jeweilige Beschäftigung oder selbständige Tätigkeit beschränkt. 2Sie erstreckt sich in den Fällen des Absatzes 1 Nr. 1 und 2 auch auf eine andere versicherungspflichtige Tätigkeit, wenn diese infolge ihrer Eigenart oder vertraglich im Voraus zeitlich begrenzt ist und der Versorgungsträger für die Zeit der Tätigkeit den Erwerb einkommensbezogener Versorgungsanwartschaften gewährleistet.

Zweiter Abschnitt
Freiwillige Versicherung

§ 7 Freiwillige Versicherung

(1) 1Personen, die nicht versicherungspflichtig sind, können sich für Zeiten von der Vollendung des 16. Lebensjahres an freiwillig versichern. 2Dies gilt auch für Deutsche, die ihren gewöhnlichen Aufenthalt im Ausland haben.

(2) Nach bindender Bewilligung einer Vollrente wegen Alters oder für Zeiten des Bezugs einer solchen Rente ist eine freiwillige Versicherung nicht zulässig.

Dritter Abschnitt
Nachversicherung, Versorgungsausgleich und Rentensplitting

§ 8 Nachversicherung, Versorgungsausgleich und Rentensplitting

(1) 1Versichert sind auch Personen,

1. die nachversichert sind oder
2. für die aufgrund eines Versorgungsausgleichs oder eines Rentensplittings Rentenanwartschaften übertragen oder begründet sind.

2Nachversicherte stehen den Personen gleich, die versicherungspflichtig sind.

(2) 1Nachversichert werden Personen, die als

1. Beamte oder Richter auf Lebenszeit, auf Zeit oder auf Probe, Berufssoldaten und Soldaten auf Zeit sowie Beamte auf Widerruf im Vorbereitungsdienst,
2. sonstige Beschäftigte von Körperschaften, Anstalten oder Stiftungen des öffentlichen Rechts, deren Verbänden einschließlich der Spitzenverbände oder ihrer Arbeitsgemeinschaften,

3. satzungsmäßige Mitglieder geistlicher Genossenschaften, Diakonissen oder Angehörige ähnlicher Gemeinschaften oder
4. Lehrer oder Erzieher an nichtöffentlichen Schulen oder Anstalten

versicherungsfrei waren oder von der Versicherungspflicht befreit worden sind, wenn sie ohne Anspruch oder Anwartschaft auf Versorgung aus der Beschäftigung ausgeschieden sind oder ihren Anspruch auf Versorgung verloren haben und Gründe für einen Aufschub der Beitragszahlung (§ 184 Abs. 2) nicht gegeben sind. $_{2}$Die Nachversicherung erstreckt sich auf den Zeitraum, in dem die Versicherungsfreiheit oder die Befreiung von der Versicherungspflicht vorgelegen hat (Nachversicherungszeitraum). $_{3}$Bei einem Ausscheiden durch Tod erfolgt eine Nachversicherung nur, wenn ein Anspruch auf Hinterbliebenenrente geltend gemacht werden kann.

VI

Zweites Kapitel Leistungen

Erster Abschnitt Leistungen zur Teilhabe

Erster Unterabschnitt Voraussetzungen für die Leistungen

§ 9 Aufgabe der Leistungen zur Teilhabe

(1) $_{1}$Die Rentenversicherung erbringt Leistungen zur medizinischen Rehabilitation, Leistungen zur Teilhabe am Arbeitsleben sowie ergänzende Leistungen, um

1. den Auswirkungen einer Krankheit oder einer körperlichen, geistigen oder seelischen Behinderung auf die Erwerbsfähigkeit der Versicherten entgegenzuwirken oder sie zu überwinden und
2. dadurch Beeinträchtigungen der Erwerbsfähigkeit der Versicherten oder ihr vorzeitiges Ausscheiden aus dem Erwerbsleben zu verhindern oder sie möglichst dauerhaft in das Erwerbsleben wiedereinzugliedern.

$_{2}$Die Leistungen zur Teilhabe haben Vorrang vor Rentenleistungen, die bei erfolgreichen Leistungen zur Teilhabe nicht oder voraussichtlich erst zu einem späteren Zeitpunkt zu erbringen sind.

(2) Die Leistungen nach Absatz 1 können erbracht werden, wenn die persönlichen und versicherungsrechtlichen Voraussetzungen dafür erfüllt sind.

§ 10 Persönliche Voraussetzungen

(1) Für Leistungen zur Teilhabe haben Versicherte die persönlichen Voraussetzungen erfüllt,

1. deren Erwerbsfähigkeit wegen Krankheit oder körperlicher, geistiger oder seelischer Behinderung erheblich gefährdet oder gemindert ist und
2. bei denen voraussichtlich
   a) bei erheblicher Gefährdung der Erwerbsfähigkeit eine Minderung der Erwerbsfähigkeit durch Leistungen zur medizinischen Rehabilitation oder zur Teilhabe am Arbeitsleben abgewendet werden kann,
   b) bei geminderter Erwerbsfähigkeit diese durch Leistungen zur medizinischen Rehabilitation oder zur Teilhabe am Arbeitsleben wesentlich gebessert oder wiederhergestellt oder hierdurch deren wesentliche Verschlechterung abgewendet werden kann,
   c) bei teilweiser Erwerbsminderung ohne Aussicht auf eine wesentliche Besserung der Erwerbsfähigkeit der Arbeitsplatz durch Leistungen zur Teilhabe am Arbeitsleben erhalten werden kann.

(2) Für Leistungen zur Teilhabe haben auch Versicherte die persönlichen Voraussetzungen erfüllt,

1. die im Bergbau vermindert berufsfähig sind und bei denen voraussichtlich durch die Leistungen die Erwerbsfähigkeit wesentlich gebessert oder wiederhergestellt werden kann oder
2. bei denen der Eintritt von im Bergbau verminderter Berufsfähigkeit droht und bei denen voraussichtlich durch die Leistun-

gen der Eintritt der im Bergbau verminderten Berufsfähigkeit abgewendet werden kann.

§ 11 Versicherungsrechtliche Voraussetzungen

(1) Für Leistungen zur Teilhabe haben Versicherte die versicherungsrechtlichen Voraussetzungen erfüllt, die bei Antragstellung

1. die Wartezeit von 15 Jahren erfüllt haben oder
2. eine Rente wegen verminderter Erwerbsfähigkeit beziehen.

(2) [1]Für die Leistungen zur medizinischen Rehabilitation haben Versicherte die versicherungsrechtlichen Voraussetzungen auch erfüllt, die

1. in den letzten zwei Jahren vor der Antragstellung sechs Kalendermonate mit Pflichtbeiträgen für eine versicherte Beschäftigung oder Tätigkeit haben,
2. innerhalb von zwei Jahren nach Beendigung einer Ausbildung eine versicherte Beschäftigung oder selbständige Tätigkeit aufgenommen und bis zum Antrag ausgeübt haben oder nach einer solchen Beschäftigung oder Tätigkeit bis zum Antrag arbeitsunfähig oder arbeitslos gewesen sind oder
3. vermindert erwerbsfähig sind oder bei denen dies in absehbarer Zeit zu erwarten ist, wenn sie die allgemeine Wartezeit erfüllt haben.

[2]§ 55 Abs. 2 ist entsprechend anzuwenden. [3]Der Zeitraum von zwei Jahren nach Nummer 1 verlängert sich um Anrechnungszeiten wegen des Bezugs von Arbeitslosengeld II.

(2a) Leistungen zur Teilhabe am Arbeitsleben werden an Versicherte auch erbracht,

1. wenn ohne diese Leistungen Rente wegen verminderter Erwerbsfähigkeit zu leisten wäre oder
2. wenn sie für eine voraussichtlich erfolgreiche Rehabilitation unmittelbar im Anschluss an Leistungen zur medizinischen Rehabilitation der Träger der Rentenversicherung erforderlich sind.

(3) [1]Die versicherungsrechtlichen Voraussetzungen haben auch überlebende Ehegatten erfüllt, die Anspruch auf große Witwenrente oder große Witwerrente wegen verminderter Erwerbsfähigkeit haben. [2]Sie gelten für die Vorschriften dieses Abschnitts als Versicherte.

§ 12 Ausschluss von Leistungen

(1) Leistungen zur Teilhabe werden nicht für Versicherte erbracht, die

1. wegen eines Arbeitsunfalls, einer Berufskrankheit, einer Schädigung im Sinne des sozialen Entschädigungsrechts oder wegen eines Einsatzunfalls, der Ansprüche nach dem Einsatz-Weiterverwendungsgesetz begründet, gleichartige Leistungen eines anderen Rehabilitationsträgers oder Leistungen zur Eingliederung nach dem Einsatz-Weiterverwendungsgesetz erhalten können,
2. eine Rente wegen Alters von wenigstens zwei Dritteln der Vollrente beziehen oder beantragt haben,
3. eine Beschäftigung ausüben, aus der ihnen nach beamtenrechtlichen oder entsprechenden Vorschriften Anwartschaft auf Versorgung gewährleistet ist,
4. als Bezieher einer Versorgung wegen Erreichens einer Altersgrenze versicherungsfrei sind,

4a. eine Leistung beziehen, die regelmäßig bis zum Beginn einer Rente wegen Alters gezahlt wird, oder

5. sich in Untersuchungshaft oder im Vollzug einer Freiheitsstrafe oder freiheitsentziehenden Maßregel der Besserung und Sicherung befinden oder einstweilig nach § 126a Abs. 1 der Strafprozessordnung untergebracht sind. Dies gilt nicht für Versicherte im erleichterten Strafvollzug bei Leistungen zur Teilhabe am Arbeitsleben.

(2) [1]Leistungen zur medizinischen Rehabilitation werden nicht vor Ablauf von vier Jahren nach Durchführung solcher oder ähnlicher Leistungen zur Rehabilitation erbracht, deren Kosten aufgrund öffentlich-rechtlicher Vor-

schriften getragen oder bezuschusst worden sind. 2Dies gilt nicht, wenn vorzeitige Leistungen aus gesundheitlichen Gründen dringend erforderlich sind.

Zweiter Unterabschnitt Umfang der Leistungen

Erster Titel Allgemeines

§ 13 Leistungsumfang

(1) 1Der Träger der Rentenversicherung bestimmt im Einzelfall unter Beachtung der Grundsätze der Wirtschaftlichkeit und Sparsamkeit Art, Dauer, Umfang, Beginn und Durchführung dieser Leistungen sowie die Rehabilitationseinrichtung nach pflichtgemäßem Ermessen. 2Die Leistungen können auf Antrag auch als Teil eines trägerübergreifenden Persönlichen Budgets erbracht werden; § 17 Abs. 2 bis 4 des Neunten Buches in Verbindung mit der Budgetverordnung und § 159 des Neunten Buches finden Anwendung.

VI

(2) Der Träger der Rentenversicherung erbringt nicht

1. Leistungen zur medizinischen Rehabilitation in der Phase akuter Behandlungsbedürftigkeit einer Krankheit, es sei denn, die Behandlungsbedürftigkeit tritt während der Ausführung von Leistungen zur medizinischen Rehabilitation ein,
2. Leistungen zur medizinischen Rehabilitation anstelle einer sonst erforderlichen Krankenhausbehandlung,
3. Leistungen zur medizinischen Rehabilitation, die dem allgemein anerkannten Stand medizinischer Erkenntnisse nicht entsprechen.

(3) 1Der Träger der Rentenversicherung erbringt nach Absatz 2 Nr. 1 im Benehmen mit dem Träger der Krankenversicherung für diesen Krankenbehandlung und Leistungen bei Schwangerschaft und Mutterschaft. 2Der Träger der Rentenversicherung kann von dem Träger der Krankenversicherung Erstattung der hierauf entfallenden Aufwendungen verlangen.

(4) Die Träger der Rentenversicherung vereinbaren mit den Spitzenverbänden der Krankenkassen gemeinsam und einheitlich im Benehmen mit dem Bundesministerium für Arbeit und Soziales Näheres zur Durchführung von Absatz 2 Nr. 1 und 2.

§ 14 (weggefallen)

Zweiter Titel Leistungen zur medizinischen Rehabilitation und zur Teilhabe am Arbeitsleben

§ 15 Leistungen zur medizinischen Rehabilitation

(1) 1Die Träger der Rentenversicherung erbringen im Rahmen von Leistungen zur medizinischen Rehabilitation Leistungen nach den §§ 26 bis 31 des Neunten Buches, ausgenommen Leistungen nach § 26 Abs. 2 Nr. 2 und § 30 des Neunten Buches. 2Zahnärztliche Behandlung einschließlich der Versorgung mit Zahnersatz wird nur erbracht, wenn sie unmittelbar und gezielt zur wesentlichen Besserung oder Wiederherstellung der Erwerbsfähigkeit, insbesondere zur Ausübung des bisherigen Berufs, erforderlich und soweit sie nicht als Leistung der Krankenversicherung oder als Hilfe nach dem Fünften Kapitel des Zwölften Buches zu erbringen ist.

(2) 1Die stationären Leistungen zur medizinischen Rehabilitation werden einschließlich der erforderlichen Unterkunft und Verpflegung in Einrichtungen erbracht, die unter ständiger ärztlicher Verantwortung und unter Mitwirkung von besonders geschultem Personal entweder von dem Träger der Rentenversicherung selbst betrieben werden oder mit denen ein Vertrag nach § 21 des Neunten Buches besteht. 2Die Einrichtung braucht nicht unter ständiger ärztlicher Verantwortung zu stehen, wenn die Art der Behandlung dies nicht erfordert. 3Die Leistungen der Einrichtungen der medizinischen Rehabilitation müssen nach Art oder Schwere der Erkrankung erforderlich sein.

(3) 1Die stationären Leistungen zur medizinischen Rehabilitation sollen für längstens drei Wochen erbracht werden. 2Sie können für einen längeren Zeitraum erbracht werden, wenn dies erforderlich ist, um das Rehabilitationsziel zu erreichen.

§ 16 Leistungen zur Teilhabe am Arbeitsleben

Die Träger der Rentenversicherung erbringen die Leistungen zur Teilhabe am Arbeitsleben nach §§ 33 bis 38 des Neunten Buches sowie im Eingangsverfahren und im Berufsbildungsbereich der Werkstätten für behinderte Menschen nach § 40 des Neunten Buches.

§§ 17 bis 19 (weggefallen)

Dritter Titel Übergangsgeld

§ 20 Anspruch

Anspruch auf Übergangsgeld haben Versicherte, die

1. von einem Träger der Rentenversicherung Leistungen zur medizinischen Rehabilitation oder Leistungen zur Teilhabe am Arbeitsleben oder sonstige Leistungen zur Teilhabe erhalten,
2. (weggefallen)
3. bei Leistungen zur medizinischen Rehabilitation oder sonstigen Leistungen zur Teilhabe unmittelbar vor Beginn der Arbeitsunfähigkeit oder, wenn sie nicht arbeitsunfähig sind, unmittelbar vor Beginn der Leistungen
   a) Arbeitsentgelt oder Arbeitseinkommen erzielt und im Bemessungszeitraum Beiträge zur Rentenversicherung gezahlt haben oder
   b) Krankengeld, Verletztengeld, Versorgungskrankengeld, Übergangsgeld, Kurzarbeitergeld, Arbeitslosengeld, Arbeitslosengeld II oder Mutterschaftsgeld bezogen haben und für die von dem der Sozialleistung zugrundeliegenden Arbeitsentgelt oder Arbeitseinkommen oder im Falle des Bezugs von Arbeitslosengeld II zuvor aus Arbeitsentgelt oder Arbeitseinkommen Beiträge zur Rentenversicherung gezahlt worden sind.

§ 21 Höhe und Berechnung

(1) Höhe und Berechnung des Übergangsgeldes bestimmen sich nach Teil 1 Kapitel 6 des Neunten Buches, soweit die Absätze 2 bis 4 nichts Abweichendes bestimmen.

(2) Die Berechnungsgrundlage für das Übergangsgeld wird für Versicherte, die Arbeitseinkommen erzielt haben, und für freiwillig Versicherte, die Arbeitsentgelt erzielt haben, aus 80 vom Hundert des Einkommens ermittelt, das den vor Beginn der Leistungen für das letzte Kalenderjahr (Bemessungszeitraum) gezahlten Beiträgen zugrunde liegt.

(3) § 49 des Neunten Buches wird mit der Maßgabe angewendet, dass Versicherte unmittelbar vor dem Bezug der dort genannten Leistungen Pflichtbeiträge geleistet haben.

(4) 1Versicherte, die unmittelbar vor Beginn der Arbeitsunfähigkeit oder, wenn sie nicht arbeitsunfähig sind, unmittelbar vor Beginn der medizinischen Leistungen Arbeitslosengeld bezogen und die zuvor Pflichtbeiträge gezahlt haben, erhalten Übergangsgeld bei medizinischen Leistungen in Höhe des bei Krankheit zu erbringenden Krankengeldes (§ 47b des Fünften Buches); Versicherte, die unmittelbar vor Beginn der Arbeitsunfähigkeit oder, wenn sie nicht arbeitsunfähig sind, unmittelbar vor Beginn der medizinischen Leistungen Arbeitslosengeld II bezogen und die zuvor Pflichtbeiträge gezahlt haben, erhalten Übergangsgeld bei medizinischen Leistungen in Höhe des Betrages des Arbeitslosengeldes II. 2Dies gilt nicht für Empfänger der Leistung,

a) die Arbeitslosengeld II nur darlehensweise oder

b) die nur Leistungen nach § 24 Absatz 3 Satz 1 des Zweiten Buches beziehen, oder

c) die auf Grund von § 2 Abs. 1a des Bundesausbildungsförderungsgesetzes keinen Anspruch auf Ausbildungsförderung haben oder

VI

d) deren Bedarf sich nach § 12 Absatz 1 Nummer 1 des Bundesausbildungsförderungsgesetzes, nach § 62 Absatz 1 oder § 124 Absatz 1 Nummer 1 des Dritten Buches bemisst.

(5) Für Versicherte, die im Bemessungszeitraum eine Bergmannsprämie bezogen haben, wird die Berechnungsgrundlage um einen Betrag in Höhe der gezahlten Bergmannsprämie erhöht.

§§ 22 bis 27 (weggefallen)

Vierter Titel
Ergänzende Leistungen

§ 28 Ergänzende Leistungen

Die Leistungen zur Teilhabe werden außer durch das Übergangsgeld ergänzt durch die Leistungen nach § 44 Abs. 1 Nr. 2 bis 6 und Abs. 2 sowie nach den §§ 53 und 54 des Neunten Buches.

VI

§§ 29 und 30 (weggefallen)

Fünfter Titel
Sonstige Leistungen

§ 31 Sonstige Leistungen

(1) 1Als sonstige Leistungen zur Teilhabe können erbracht werden:

1. Leistungen zur Eingliederung von Versicherten in das Erwerbsleben, insbesondere nachgehende Leistungen zur Sicherung des Erfolges der Leistungen zur Teilhabe,
2. medizinische Leistungen zur Sicherung der Erwerbsfähigkeit für Versicherte, die eine besonders gesundheitsgefährdende, ihre Erwerbsfähigkeit ungünstig beeinflussende Beschäftigung ausüben,
3. Nach- und Festigungskuren wegen Geschwulsterkrankungen für Versicherte, Bezieher einer Rente sowie ihre Angehörigen,
4. stationäre Heilbehandlung für Kinder von Versicherten, Beziehern einer Rente wegen Alters, wegen verminderter Erwerbsfähigkeit oder für Bezieher einer Waisenrente, wenn hierdurch voraussichtlich eine erhebliche Gefährdung der Gesundheit beseitigt oder eine beeinträchtigte Gesundheit wesentlich gebessert oder wiederhergestellt werden kann,
5. Zuwendungen für Einrichtungen, die auf dem Gebiet der Rehabilitation forschen oder die Rehabilitation fördern.

2Für Kinderheilbehandlungen findet § 12 Abs. 2 Anwendung.

(2) 1Die Leistungen nach Absatz 1 Satz 1 Nr. 1 setzen voraus, dass die persönlichen und versicherungsrechtlichen Voraussetzungen, die Leistungen nach Absatz 1 Satz 1 Nr. 2 und die Leistungen für Versicherte nach Absatz 1 Satz 1 Nr. 3, dass die versicherungsrechtlichen Voraussetzungen erfüllt sind, die Leistungen nach Absatz 1 Satz 1 Nr. 4, dass der Versicherte die versicherungsrechtlichen Voraussetzungen für Leistungen zur medizinischen Rehabilitation erfüllt. 2Sie werden nur auf Grund von Richtlinien der Deutschen Rentenversicherung Bund erbracht, die im Benehmen mit dem Bundesministerium für Arbeit und Soziales erlassen werden. 3Die Träger der Rentenversicherung beteiligen sich an der nationalen Präventionsstrategie nach §§ 20d bis 20f des Fünften Buches mit den Leistungen nach Absatz 1 Satz 1 Nummer 2.

(3) Die Aufwendungen für nichtstationäre Leistungen nach Absatz 1 Satz 1 Nr. 1 sowie für sonstige Leistungen nach Absatz 1 Satz 1 Nr. 2, 4 und 5 dürfen im Kalenderjahr 7,5 vom Hundert der Haushaltsansätze für die Leistungen zur medizinischen Rehabilitation, die Leistungen zur Teilhabe am Arbeitsleben und die ergänzenden Leistungen nicht übersteigen.

Sechster Titel
Zuzahlung bei Leistungen zur medizinischen Rehabilitation und bei sonstigen Leistungen

§ 32 Zuzahlung bei Leistungen zur medizinischen Rehabilitation und bei sonstigen Leistungen

(1) 1Versicherte, die das 18. Lebensjahr vollendet haben und stationäre Leistungen zur

medizinischen Rehabilitation in Anspruch nehmen, zahlen für jeden Kalendertag dieser Leistungen den sich nach § 40 Abs. 5 des Fünften Buches ergebenden Betrag. ₂Die Zuzahlung ist für längstens 14 Tage und in Höhe des sich nach § 40 Abs. 6 des Fünften Buches ergebenden Betrags zu leisten, wenn der unmittelbare Anschluss der stationären Heilbehandlung an eine Krankenhausbehandlung medizinisch notwendig ist (Anschlussrehabilitation); als unmittelbar gilt auch, wenn die Maßnahme innerhalb von 14 Tagen beginnt, es sei denn, die Einhaltung dieser Frist ist aus zwingenden tatsächlichen oder medizinischen Gründen nicht möglich. ₃Hierbei ist eine innerhalb eines Kalenderjahres an einen Träger der gesetzlichen Krankenversicherung geleistete Zuzahlung anzurechnen.

(2) Absatz 1 gilt auch für Versicherte oder Bezieher einer Rente, die das 18. Lebensjahr vollendet haben und für sich, ihre Ehegatten oder Lebenspartner sonstige stationäre Leistungen in Anspruch nehmen.

(3) Bezieht ein Versicherter Übergangsgeld, das nach § 46 Abs. 1 des Neunten Buches begrenzt ist, hat er für die Zeit des Bezugs von Übergangsgeld eine Zuzahlung nicht zu leisten.

(4) Der Träger der Rentenversicherung bestimmt, unter welchen Voraussetzungen von der Zuzahlung nach Absatz 1 oder 2 abgesehen werden kann, wenn sie den Versicherten oder den Rentner unzumutbar belasten würde.

(5) Die Zuzahlung steht der Annahme einer vollen Übernahme der Aufwendungen für die Leistungen zur Teilhabe im Sinne arbeitsrechtlicher Vorschriften nicht entgegen.

Zweiter Abschnitt
Renten

Erster Unterabschnitt
Rentenarten und Voraussetzungen für einen Rentenanspruch

§ 33 Rentenarten

(1) Renten werden geleistet wegen Alters, wegen verminderter Erwerbsfähigkeit oder wegen Todes.

(2) Renten wegen Alters sind

1. Regelaltersrente,
2. Altersrente für langjährig Versicherte,
3. Altersrente für schwerbehinderte Menschen,

3a. Altersrente für besonders langjährig Versicherte,

4. Altersrente für langjährig unter Tage beschäftigte Bergleute

sowie nach den Vorschriften des Fünften Kapitels

5. Altersrente wegen Arbeitslosigkeit oder nach Altersteilzeitarbeit,
6. Altersrente für Frauen.

(3) Renten wegen verminderter Erwerbsfähigkeit sind

1. Rente wegen teilweiser Erwerbsminderung,
2. Rente wegen voller Erwerbsminderung,
3. Rente für Bergleute

sowie nach den Vorschriften des Fünften Kapitels

4. Rente wegen Berufsunfähigkeit,
5. Rente wegen Erwerbsunfähigkeit.

(4) Renten wegen Todes sind

1. kleine Witwenrente oder Witwerrente,
2. große Witwenrente oder Witwerrente,
3. Erziehungsrente,
4. Waisenrente.

(5) Renten nach den Vorschriften des Fünften Kapitels sind auch die Knappschaftsausgleichsleistung, Rente wegen teilweiser Erwerbsminderung bei Berufsunfähigkeit und Witwenrente und Witwerrente an vor dem 1. Juli 1977 geschiedene Ehegatten.

§ 34 Voraussetzungen für einen Rentenanspruch und Hinzuverdienstgrenze

(1) Versicherte und ihre Hinterbliebenen haben Anspruch auf Rente, wenn die für die jeweilige Rente erforderliche Mindestversicherungszeit (Wartezeit) erfüllt ist und die jeweiligen besonderen versicherungsrechtlichen und persönlichen Voraussetzungen vorliegen.

(2) $_1$Anspruch auf eine Rente wegen Alters besteht vor Erreichen der Regelaltersgrenze nur, wenn die Hinzuverdienstgrenze nicht überschritten wird. $_2$Sie wird nicht überschritten, wenn das Arbeitsentgelt oder Arbeitseinkommen aus einer Beschäftigung oder selbständigen Tätigkeit oder vergleichbares Einkommen im Monat die in Absatz 3 genannten Beträge nicht übersteigt, wobei ein zweimaliges Überschreiten um jeweils einen Betrag bis zur Höhe der Hinzuverdienstgrenze nach Absatz 3 im Laufe eines jeden Kalenderjahres außer Betracht bleibt. $_3$Die in Satz 2 genannten Einkünfte werden zusammengerechnet. $_4$Nicht als Arbeitsentgelt gilt das Entgelt, das

1. eine Pflegeperson von dem Pflegebedürftigen erhält, wenn es das dem Umfang der Pflegetätigkeit entsprechende Pflegegeld im Sinne des § 37 des Elften Buches nicht übersteigt, oder
2. ein behinderter Mensch von dem Träger einer in § 1 Satz 1 Nr. 2 genannten Einrichtung erhält.

(3) Die Hinzuverdienstgrenze beträgt

1. bei einer Rente wegen Alters als Vollrente 450 Euro,
2. bei einer Rente wegen Alters als Teilrente von
   a) einem Drittel der Vollrente das 0,25fache,
   b) der Hälfte der Vollrente das 0,19fache,
   c) zwei Dritteln der Vollrente das 0,13fache

   der monatlichen Bezugsgröße, vervielfältigt mit der Summe der Entgeltpunkte (§ 66 Abs. 1 Nr. 1 bis 3) der letzten drei Kalenderjahre vor Beginn der ersten Rente wegen Alters, mindestens jedoch mit 1,5 Entgeltpunkten.

(4) Nach bindender Bewilligung einer Rente wegen Alters oder für Zeiten des Bezugs einer solchen Rente ist der Wechsel in eine

1. Rente wegen verminderter Erwerbsfähigkeit,
2. Erziehungsrente oder
3. andere Rente wegen Alters

ausgeschlossen.

Zweiter Unterabschnitt Anspruchsvoraussetzungen für einzelne Renten

Erster Titel Renten wegen Alters

§ 35 Regelaltersrente

$_1$Versicherte haben Anspruch auf Regelaltersrente, wenn sie

1. die Regelaltersgrenze erreicht und
2. die allgemeine Wartezeit erfüllt

haben. $_2$Die Regelaltersgrenze wird mit Vollendung des 67. Lebensjahres erreicht.

§ 36 Altersrente für langjährig Versicherte

$_1$Versicherte haben Anspruch auf Altersrente für langjährig Versicherte, wenn sie

1. das 67. Lebensjahr vollendet und
2. die Wartezeit von 35 Jahren erfüllt

haben. $_2$Die vorzeitige Inanspruchnahme dieser Altersrente ist nach Vollendung des 63. Lebensjahres möglich.

§ 37 Altersrente für schwerbehinderte Menschen

$_1$Versicherte haben Anspruch auf Altersrente für schwerbehinderte Menschen, wenn sie

1. das 65. Lebensjahr vollendet haben,
2. bei Beginn der Altersrente als schwerbehinderte Menschen (§ 2 Abs. 2 Neuntes Buch) anerkannt sind und
3. die Wartezeit von 35 Jahren erfüllt haben.

[2]Die vorzeitige Inanspruchnahme dieser Altersrente ist nach Vollendung des 62. Lebensjahres möglich.

§ 38 Altersrente für besonders langjährig Versicherte

Versicherte haben Anspruch auf Altersrente für besonders langjährig Versicherte, wenn sie

1. das 65. Lebensjahr vollendet und
2. die Wartezeit von 45 Jahren erfüllt

haben.

§ 39 (weggefallen)

§ 40 Altersrente für langjährig unter Tage beschäftigte Bergleute

Versicherte haben Anspruch auf Altersrente für langjährig unter Tage beschäftigte Bergleute, wenn sie

1. das 62. Lebensjahr vollendet und
2. die Wartezeit von 25 Jahren erfüllt

haben.

§ 41 Altersrente und Kündigungsschutz

[1]Der Anspruch des Versicherten auf eine Rente wegen Alters ist nicht als ein Grund anzusehen, der die Kündigung eines Arbeitsverhältnisses durch den Arbeitgeber nach dem Kündigungsschutzgesetz bedingen kann. [2]Eine Vereinbarung, die die Beendigung des Arbeitsverhältnisses eines Arbeitnehmers ohne Kündigung zu einem Zeitpunkt vorsieht, zu dem der Arbeitnehmer vor Erreichen der Regelaltersgrenze eine Rente wegen Alters beantragen kann, gilt dem Arbeitnehmer gegenüber als auf das Erreichen der Regelaltersgrenze abgeschlossen, es sei denn, dass die Vereinbarung innerhalb der letzten drei Jahre vor diesem Zeitpunkt abgeschlossen oder von dem Arbeitnehmer innerhalb der letzten drei Jahre vor diesem Zeitpunkt bestätigt worden ist. [3]Sieht eine Vereinbarung die Beendigung des Arbeitsverhältnisses mit dem Erreichen der Regelaltersgrenze vor, können die Arbeitsvertragsparteien durch Vereinbarung während des Arbeitsverhältnisses den Beendigungszeitpunkt, gegebenenfalls auch mehrfach, hinausschieben.

§ 42 Vollrente und Teilrente

(1) Versicherte können eine Rente wegen Alters in voller Höhe (Vollrente) oder als Teilrente in Anspruch nehmen.

(2) Die Teilrente beträgt ein Drittel, die Hälfte oder zwei Drittel der erreichten Vollrente.

(3) [1]Versicherte, die wegen der beabsichtigten Inanspruchnahme einer Teilrente ihre Arbeitsleistung einschränken wollen, können von ihrem Arbeitgeber verlangen, dass er mit ihnen die Möglichkeiten einer solchen Einschränkung erörtert. [2]Macht der Versicherte hierzu für seinen Arbeitsbereich Vorschläge, hat der Arbeitgeber zu diesen Vorschlägen Stellung zu nehmen.

Zweiter Titel
Renten wegen verminderter Erwerbsfähigkeit

§ 43 Rente wegen Erwerbsminderung

(1) [1]Versicherte haben bis zum Erreichen der Regelaltersgrenze Anspruch auf Rente wegen teilweiser Erwerbsminderung, wenn sie

1. teilweise erwerbsgemindert sind,
2. in den letzten fünf Jahren vor Eintritt der Erwerbsminderung drei Jahre Pflichtbeiträge für eine versicherte Beschäftigung oder Tätigkeit haben und
3. vor Eintritt der Erwerbsminderung die allgemeine Wartezeit erfüllt haben.

[2]Teilweise erwerbsgemindert sind Versicherte, die wegen Krankheit oder Behinderung auf nicht absehbare Zeit außerstande sind, unter den üblichen Bedingungen des allgemeinen Arbeitsmarktes mindestens sechs Stunden täglich erwerbstätig zu sein.

(2) [1]Versicherte haben bis zum Erreichen der Regelaltersgrenze Anspruch auf Rente wegen voller Erwerbsminderung, wenn sie

1. voll erwerbsgemindert sind,
2. in den letzten fünf Jahren vor Eintritt der Erwerbsminderung drei Jahre Pflichtbeiträge für eine versicherte Beschäftigung oder Tätigkeit haben und

VI

3. vor Eintritt der Erwerbsminderung die allgemeine Wartezeit erfüllt haben.

[2]Voll erwerbsgemindert sind Versicherte, die wegen Krankheit oder Behinderung auf nicht absehbare Zeit außerstande sind, unter den üblichen Bedingungen des allgemeinen Arbeitsmarktes mindestens drei Stunden täglich erwerbstätig zu sein. [3]Voll erwerbsgemindert sind auch

1. Versicherte nach § 1 Satz 1 Nr. 2, die wegen Art oder Schwere der Behinderung nicht auf dem allgemeinen Arbeitsmarkt tätig sein können und
2. Versicherte, die bereits vor Erfüllung der allgemeinen Wartezeit voll erwerbsgemindert waren, in der Zeit einer nicht erfolgreichen Eingliederung in den allgemeinen Arbeitsmarkt.

(3) Erwerbsgemindert ist nicht, wer unter den üblichen Bedingungen des allgemeinen Arbeitsmarktes mindestens sechs Stunden täglich erwerbstätig sein kann; dabei ist die jeweilige Arbeitsmarktlage nicht zu berücksichtigen.

(4) Der Zeitraum von fünf Jahren vor Eintritt der Erwerbsminderung verlängert sich um folgende Zeiten, die nicht mit Pflichtbeiträgen für eine versicherte Beschäftigung oder Tätigkeit belegt sind:

1. Anrechnungszeiten und Zeiten des Bezugs einer Rente wegen verminderter Erwerbsfähigkeit,
2. Berücksichtigungszeiten,
3. Zeiten, die nur deshalb keine Anrechnungszeiten sind, weil durch sie eine versicherte Beschäftigung oder selbständige Tätigkeit nicht unterbrochen ist, wenn in den letzten sechs Kalendermonaten vor Beginn dieser Zeiten wenigstens ein Pflichtbeitrag für eine versicherte Beschäftigung oder Tätigkeit oder eine Zeit nach Nummer 1 oder 2 liegt,
4. Zeiten einer schulischen Ausbildung nach Vollendung des 17. Lebensjahres bis zu sieben Jahren, gemindert um Anrechnungszeiten wegen schulischer Ausbildung.

(5) Eine Pflichtbeitragszeit von drei Jahren für eine versicherte Beschäftigung oder Tätigkeit ist nicht erforderlich, wenn die Erwerbsminderung aufgrund eines Tatbestandes eingetreten ist, durch den die allgemeine Wartezeit vorzeitig erfüllt ist.

(6) Versicherte, die bereits vor Erfüllung der allgemeinen Wartezeit voll erwerbsgemindert waren und seitdem ununterbrochen voll erwerbsgemindert sind, haben Anspruch auf Rente wegen voller Erwerbsminderung, wenn sie die Wartezeit von 20 Jahren erfüllt haben.

§ 44 (weggefallen)

§ 45 Rente für Bergleute

(1) Versicherte haben bis zum Erreichen der Regelaltersgrenze Anspruch auf Rente für Bergleute, wenn sie

1. im Bergbau vermindert berufsfähig sind,
2. in den letzten fünf Jahren vor Eintritt der im Bergbau verminderten Berufsfähigkeit drei Jahre knappschaftliche Pflichtbeitragszeiten haben und
3. vor Eintritt der im Bergbau verminderten Berufsfähigkeit die allgemeine Wartezeit in der knappschaftlichen Rentenversicherung erfüllt haben.

(2) [1]Im Bergbau vermindert berufsfähig sind Versicherte, die wegen Krankheit oder Behinderung nicht imstande sind,

1. die von ihnen bisher ausgeübte knappschaftliche Beschäftigung und
2. eine andere wirtschaftlich im Wesentlichen gleichwertige knappschaftliche Beschäftigung, die von Personen mit ähnlicher Ausbildung sowie gleichwertigen Kenntnissen und Fähigkeiten ausgeübt wird,

auszuüben. [2]Die jeweilige Arbeitsmarktlage ist nicht zu berücksichtigen. [3]Nicht im Bergbau vermindert berufsfähig sind Versicherte, die eine im Sinne des Satzes 1 Nr. 2 wirtschaftlich und qualitativ gleichwertige Beschäftigung oder selbständige Tätigkeit außerhalb des Bergbaus ausüben.

(3) Versicherte haben bis zum Erreichen der Regelaltersgrenze auch Anspruch auf Rente für Bergleute, wenn sie

1. das 50. Lebensjahr vollendet haben,
2. im Vergleich zu der von ihnen bisher ausgeübten knappschaftlichen Beschäftigung eine wirtschaftlich gleichwertige Beschäftigung oder selbständige Tätigkeit nicht mehr ausüben und
3. die Wartezeit von 25 Jahren erfüllt haben.

(4) § 43 Abs. 4 und 5 ist anzuwenden.

Dritter Titel
Renten wegen Todes

§ 46 Witwenrente und Witwerrente

(1) $_{1}$Witwen oder Witwer, die nicht wieder geheiratet haben, haben nach dem Tod des versicherten Ehegatten Anspruch auf kleine Witwenrente oder kleine Witwerrente, wenn der versicherte Ehegatte die allgemeine Wartezeit erfüllt hat. $_{2}$Der Anspruch besteht längstens für 24 Kalendermonate nach Ablauf des Monats, in dem der Versicherte verstorben ist.

(2) $_{1}$Witwen oder Witwer, die nicht wieder geheiratet haben, haben nach dem Tode des versicherten Ehegatten, der die allgemeine Wartezeit erfüllt hat, Anspruch auf große Witwenrente oder große Witwerrente, wenn sie

1. ein eigenes Kind oder ein Kind des versicherten Ehegatten, das das 18. Lebensjahr noch nicht vollendet hat, erziehen,
2. das 47. Lebensjahr vollendet haben oder
3. erwerbsgemindert sind.

$_{2}$Als Kinder werden auch berücksichtigt

1. Stiefkinder und Pflegekinder (§ 56 Abs. 2 Nr. 1 und 2 Erstes Buch), die in den Haushalt der Witwe oder des Witwers aufgenommen sind,
2. Enkel und Geschwister, die in den Haushalt der Witwe oder des Witwers aufgenommen sind oder von diesen überwiegend unterhalten werden.

$_{3}$Der Erziehung steht die in häuslicher Gemeinschaft ausgeübte Sorge für ein eigenes Kind oder ein Kind des versicherten Ehegatten, das wegen körperlicher, geistiger oder seelischer Behinderung außerstande ist, sich selbst zu unterhalten, auch nach dessen vollendetem 18. Lebensjahr gleich.

(2a) Witwen oder Witwer haben keinen Anspruch auf Witwenrente oder Witwerrente, wenn die Ehe nicht mindestens ein Jahr gedauert hat, es sei denn, dass nach den besonderen Umständen des Falles die Annahme nicht gerechtfertigt ist, dass es der alleinige oder überwiegende Zweck der Heirat war, einen Anspruch auf Hinterbliebenenversorgung zu begründen.

(2b) $_{1}$Ein Anspruch auf Witwenrente oder Witwerrente besteht auch nicht von dem Kalendermonat an, zu dessen Beginn das Rentensplitting durchgeführt ist. $_{2}$Der Rentenbescheid über die Bewilligung der Witwenrente oder Witwerrente ist mit Wirkung von diesem Zeitpunkt an aufzuheben; die §§ 24 und 48 des Zehnten Buches sind nicht anzuwenden.

(3) Überlebende Ehegatten, die wieder geheiratet haben, haben unter den sonstigen Voraussetzungen der Absätze 1 bis 2b Anspruch auf kleine oder große Witwenrente oder Witwerrente, wenn die erneute Ehe aufgelöst oder für nichtig erklärt ist (Witwenrente oder Witwerrente nach dem vorletzten Ehegatten).

(4) $_{1}$Für einen Anspruch auf Witwenrente oder Witwerrente gelten als Heirat auch die Begründung einer Lebenspartnerschaft, als Ehe auch eine Lebenspartnerschaft, als Witwe und Witwer auch ein überlebender Lebenspartner und als Ehegatte auch ein Lebenspartner. $_{2}$Der Auflösung oder Nichtigkeit einer erneuten Ehe entspricht die Aufhebung oder Auflösung einer erneuten Lebenspartnerschaft.

§ 47 Erziehungsrente

(1) Versicherte haben bis zum Erreichen der Regelaltersgrenze Anspruch auf Erziehungsrente, wenn

1. ihre Ehe nach dem 30. Juni 1977 geschieden und ihr geschiedener Ehegatte gestorben ist,

2. sie ein eigenes Kind oder ein Kind des geschiedenen Ehegatten erziehen (§ 46 Abs. 2),
3. sie nicht wieder geheiratet haben und
4. sie bis zum Tode des geschiedenen Ehegatten die allgemeine Wartezeit erfüllt haben.

(2) Geschiedenen Ehegatten stehen Ehegatten gleich, deren Ehe für nichtig erklärt oder aufgehoben ist.

(3) Anspruch auf Erziehungsrente besteht bis zum Erreichen der Regelaltersgrenze auch für verwitwete Ehegatten, für die ein Rentensplitting durchgeführt wurde, wenn

1. sie ein eigenes Kind oder ein Kind des verstorbenen Ehegatten erziehen (§ 46 Abs. 2),
2. sie nicht wieder geheiratet haben und
3. sie bis zum Tod des Ehegatten die allgemeine Wartezeit erfüllt haben.

(4) Für einen Anspruch auf Erziehungsrente gelten als Scheidung einer Ehe auch die Aufhebung einer Lebenspartnerschaft, als geschiedener Ehegatte auch der frühere Lebenspartner, als Heirat auch die Begründung einer Lebenspartnerschaft, als verwitweter Ehegatte auch ein überlebender Lebenspartner und als Ehegatte auch der Lebenspartner.

§ 48 Waisenrente

(1) Kinder haben nach dem Tode eines Elternteils Anspruch auf Halbwaisenrente, wenn

1. sie noch einen Elternteil haben, der unbeschadet der wirtschaftlichen Verhältnisse unterhaltspflichtig ist, und
2. der verstorbene Elternteil die allgemeine Wartezeit erfüllt hat.

(2) Kinder haben nach dem Tode eines Elternteils Anspruch auf Vollwaisenrente, wenn

1. sie einen Elternteil nicht mehr haben, der unbeschadet der wirtschaftlichen Verhältnisse unterhaltspflichtig war, und
2. der verstorbene Elternteil die allgemeine Wartezeit erfüllt hat.

(3) Als Kinder werden auch berücksichtigt:

1. Stiefkinder und Pflegekinder (§ 56 Abs. 2 Nr. 1 und 2 Erstes Buch), die in den Haushalt des Verstorbenen aufgenommen waren,
2. Enkel und Geschwister, die in den Haushalt des Verstorbenen aufgenommen waren oder von ihm überwiegend unterhalten wurden.

(4) 1Der Anspruch auf Halb- oder Vollwaisenrente besteht längstens

1. bis zur Vollendung des 18. Lebensjahres oder
2. bis zur Vollendung des 27. Lebensjahres, wenn die Waise
   a) sich in Schulausbildung oder Berufsausbildung befindet oder
   b) sich in einer Übergangszeit von höchstens vier Kalendermonaten befindet, die zwischen zwei Ausbildungsabschnitten oder zwischen einem Ausbildungsabschnitt und der Ableistung des gesetzlichen Wehr- oder Zivildienstes oder der Ableistung eines freiwilligen Dienstes im Sinne des Buchstabens c liegt, oder
   c) einen freiwilligen Dienst im Sinne des § 32 Absatz 4 Satz 1 Nummer 2 Buchstabe d des Einkommensteuergesetzes leistet oder
   d) wegen körperlicher, geistiger oder seelischer Behinderung außerstande ist, sich selbst zu unterhalten.

2Eine Schulausbildung oder Berufsausbildung im Sinne des Satzes 1 liegt nur vor, wenn die Ausbildung einen tatsächlichen zeitlichen Aufwand von wöchentlich mehr als 20 Stunden erfordert. 3Der tatsächliche zeitliche Aufwand ist ohne Bedeutung für Zeiten, in denen das Ausbildungsverhältnis trotz einer Erkrankung fortbesteht und damit gerechnet werden kann, dass die Ausbildung fortgesetzt wird. 4Das gilt auch für die Dauer der Schutzfristen nach dem Mutterschutzgesetz.

(5) 1In den Fällen des Absatzes 4 Nr. 2 Buchstabe a erhöht sich die für den Anspruch auf Waisenrente maßgebende Altersbegrenzung bei Unterbrechung oder Verzögerung der Schulausbildung oder Berufsausbildung

durch den gesetzlichen Wehrdienst, Zivildienst oder einen gleichgestellten Dienst um die Zeit dieser Dienstleistung, höchstens um einen der Dauer des gesetzlichen Grundwehrdienstes oder Zivildienstes entsprechenden Zeitraum. 2Die Ableistung eines freiwilligen Dienstes im Sinne von Absatz 4 Nr. 2 Buchstabe c ist kein gleichgestellter Dienst im Sinne von Satz 1.

(6) Der Anspruch auf Waisenrente endet nicht dadurch, dass die Waise als Kind angenommen wird.

§ 49 Renten wegen Todes bei Verschollenheit

1Sind Ehegatten, geschiedene Ehegatten oder Elternteile verschollen, gelten sie als verstorben, wenn die Umstände ihren Tod wahrscheinlich machen und seit einem Jahr Nachrichten über ihr Leben nicht eingegangen sind. 2Der Träger der Rentenversicherung kann von den Berechtigten die Versicherung an Eides statt verlangen, dass ihnen weitere als die angezeigten Nachrichten über den Verschollenen nicht bekannt sind. 3Der Träger der Rentenversicherung ist berechtigt, für die Rentenleistung den nach den Umständen mutmaßlichen Todestag festzustellen. 4Dieser bleibt auch bei gerichtlicher Feststellung oder Beurkundung eines abweichenden Todesdatums maßgeblich.

Vierter Titel
Wartezeiterfüllung

§ 50 Wartezeiten

(1) 1Die Erfüllung der allgemeinen Wartezeit von fünf Jahren ist Voraussetzung für einen Anspruch auf

1. Regelaltersrente,
2. Rente wegen verminderter Erwerbsfähigkeit und
3. Rente wegen Todes.

2Die allgemeine Wartezeit gilt als erfüllt für einen Anspruch auf

1. Regelaltersrente, wenn der Versicherte bis zum Erreichen der Regelaltersgrenze eine Rente wegen verminderter Erwerbsfähigkeit oder eine Erziehungsrente bezogen hat,
2. Hinterbliebenenrente, wenn der verstorbene Versicherte bis zum Tod eine Rente bezogen hat.

(2) Die Erfüllung der Wartezeit von 20 Jahren ist Voraussetzung für einen Anspruch auf Rente wegen voller Erwerbsminderung an Versicherte, die die allgemeine Wartezeit vor Eintritt der vollen Erwerbsminderung nicht erfüllt haben.

(3) Die Erfüllung der Wartezeit von 25 Jahren ist Voraussetzung für einen Anspruch auf

1. Altersrente für langjährig unter Tage beschäftigte Bergleute und
2. Rente für Bergleute vom 50. Lebensjahr an.

(4) Die Erfüllung der Wartezeit von 35 Jahren ist Voraussetzung für einen Anspruch auf

1. Altersrente für langjährig Versicherte und
2. Altersrente für schwerbehinderte Menschen.

(5) Die Erfüllung der Wartezeit von 45 Jahren ist Voraussetzung für einen Anspruch auf Altersrente für besonders langjährig Versicherte.

§ 51 Anrechenbare Zeiten

(1) Auf die allgemeine Wartezeit und auf die Wartezeiten von 15 und 20 Jahren werden Kalendermonate mit Beitragszeiten angerechnet.

(2) Auf die Wartezeit von 25 Jahren werden Kalendermonate mit Beitragszeiten aufgrund einer Beschäftigung mit ständigen Arbeiten unter Tage angerechnet.

(3) Auf die Wartezeit von 35 Jahren werden alle Kalendermonate mit rentenrechtlichen Zeiten angerechnet.

(3a) 1Auf die Wartezeit von 45 Jahren werden Kalendermonate angerechnet mit

1. Pflichtbeiträgen für eine versicherte Beschäftigung oder Tätigkeit,
2. Berücksichtigungszeiten,
3. Zeiten des Bezugs von
   a) Entgeltersatzleistungen der Arbeitsförderung,

VI

b) Leistungen bei Krankheit und

c) Übergangsgeld,

soweit sie Pflichtbeitragszeiten oder Anrechnungszeiten sind; dabei werden Zeiten nach Buchstabe a in den letzten zwei Jahren vor Rentenbeginn nicht berücksichtigt, es sei denn, der Bezug von Entgeltersatzleistungen der Arbeitsförderung ist durch eine Insolvenz oder vollständige Geschäftsaufgabe des Arbeitgebers bedingt, und

4. freiwilligen Beiträgen, wenn mindestens 18 Jahre mit Zeiten nach Nummer 1 vorhanden sind; dabei werden Zeiten freiwilliger Beitragszahlung in den letzten zwei Jahren vor Rentenbeginn nicht berücksichtigt, wenn gleichzeitig Anrechnungszeiten wegen Arbeitslosigkeit vorliegen.

2Kalendermonate, die durch Versorgungsausgleich oder Rentensplitting ermittelt werden, werden nicht angerechnet.

(4) Auf die Wartezeiten werden auch Kalendermonate mit Ersatzzeiten (Fünftes Kapitel) angerechnet.

VI

§ 52 Wartezeiterfüllung durch Versorgungsausgleich, Rentensplitting und Zuschläge an Entgeltpunkten für Arbeitsentgelt aus geringfügiger Beschäftigung

(1) 1Ist ein Versorgungsausgleich in der gesetzlichen Rentenversicherung allein zugunsten von Versicherten durchgeführt, wird auf die Wartezeit die volle Anzahl an Monaten angerechnet, die sich ergibt, wenn die Entgeltpunkte für übertragene oder begründete Rentenanwartschaften durch die Zahl 0,0313 geteilt werden. 2Ist ein Versorgungsausgleich sowohl zugunsten als auch zu Lasten von Versicherten durchgeführt und ergibt sich hieraus nach Verrechnung ein Zuwachs an Entgeltpunkten, wird auf die Wartezeit die volle Anzahl an Monaten angerechnet, die sich ergibt, wenn die Entgeltpunkte aus dem Zuwachs durch die Zahl 0,0313 geteilt werden. 3Ein Versorgungsausgleich ist durchgeführt, wenn die Entscheidung des Familiengerichts wirksam ist. 4Ergeht eine Entscheidung zur Abänderung des Wertausgleichs nach der Scheidung, entfällt eine bereits von der ausgleichsberechtigten Person erfüllte Wartezeit nicht. 5Die Anrechnung erfolgt nur insoweit, als die in die Ehezeit oder Lebenspartnerschaftszeit fallenden Kalendermonate nicht bereits auf die Wartezeit anzurechnen sind.

(1a) 1Ist ein Rentensplitting durchgeführt, wird dem Ehegatten oder Lebenspartner, der einen Splittingzuwachs erhalten hat, auf die Wartezeit die volle Anzahl an Monaten angerechnet, die sich ergibt, wenn die Entgeltpunkte aus dem Splittingzuwachs durch die Zahl 0,0313 geteilt werden. 2Die Anrechnung erfolgt nur insoweit, als die in die Splittingzeit fallenden Kalendermonate nicht bereits auf die Wartezeit anzurechnen sind.

(2) 1Sind Zuschläge an Entgeltpunkten für Arbeitsentgelt aus geringfügiger Beschäftigung, für die Beschäftigte nach § 6 Absatz 1b von der Versicherungspflicht befreit sind, ermittelt, wird auf die Wartezeit die volle Anzahl an Monaten angerechnet, die sich ergibt, wenn die Zuschläge an Entgeltpunkten durch die Zahl 0,0313 geteilt wird. 2Zuschläge an Entgeltpunkten aus einer geringfügigen Beschäftigung, die in Kalendermonaten ausgeübt wurde, die bereits auf die Wartezeit anzurechnen sind, bleiben unberücksichtigt. 3Wartezeitmonate für in die Ehezeit, Lebenspartnerschaftszeit oder Splittingzeit fallende Kalendermonate einer geringfügigen Beschäftigung sind vor Anwendung von Absatz 1 oder 1a gesondert zu ermitteln.

§ 53 Vorzeitige Wartezeiterfüllung

(1) 1Die allgemeine Wartezeit ist vorzeitig erfüllt, wenn Versicherte

1. wegen eines Arbeitsunfalls oder einer Berufskrankheit,
2. wegen einer Wehrdienstbeschädigung nach dem Soldatenversorgungsgesetz als Wehrdienstleistende oder Soldaten auf Zeit,
3. wegen einer Zivildienstbeschädigung nach dem Zivildienstgesetz als Zivildienstleistende oder
4. wegen eines Gewahrsams (§ 1 Häftlingshilfegesetz)

vermindert erwerbsfähig geworden oder gestorben sind. 2Satz 1 Nr. 1 findet nur Anwendung für Versicherte, die bei Eintritt des Arbeitsunfalls oder der Berufskrankheit versicherungspflichtig waren oder in den letzten zwei Jahren davor mindestens ein Jahr Pflichtbeiträge für eine versicherte Beschäftigung oder Tätigkeit haben. 3Die Sätze 1 und 2 finden für die Rente für Bergleute nur Anwendung, wenn der Versicherte vor Eintritt der im Bergbau verminderten Berufsfähigkeit zuletzt in der knappschaftlichen Rentenversicherung versichert war.

(2) 1Die allgemeine Wartezeit ist auch vorzeitig erfüllt, wenn Versicherte vor Ablauf von sechs Jahren nach Beendigung einer Ausbildung voll erwerbsgemindert geworden oder gestorben sind und in den letzten zwei Jahren vorher mindestens ein Jahr Pflichtbeiträge für eine versicherte Beschäftigung oder Tätigkeit haben. 2Der Zeitraum von zwei Jahren vor Eintritt der vollen Erwerbsminderung oder des Todes verlängert sich um Zeiten einer schulischen Ausbildung nach Vollendung des 17. Lebensjahres bis zu sieben Jahren.

(3) Pflichtbeiträge für eine versicherte Beschäftigung oder Tätigkeit im Sinne der Absätze 1 und 2 liegen auch vor, wenn

1. freiwillige Beiträge gezahlt worden sind, die als Pflichtbeiträge gelten, oder
2. Pflichtbeiträge aus den in § 3 oder 4 genannten Gründen gezahlt worden sind oder als gezahlt gelten oder
3. für Anrechnungszeiten Beiträge gezahlt worden sind, die ein Leistungsträger mitgetragen hat.

Fünfter Titel
Rentenrechtliche Zeiten

§ 54 Begriffsbestimmungen

(1) Rentenrechtliche Zeiten sind

1. Beitragszeiten,
   a) als Zeiten mit vollwertigen Beiträgen,
   b) als beitragsgeminderte Zeiten,
2. beitragsfreie Zeiten und
3. Berücksichtigungszeiten.

(2) Zeiten mit vollwertigen Beiträgen sind Kalendermonate, die mit Beiträgen belegt und nicht beitragsgeminderte Zeiten sind.

(3) 1Beitragsgeminderte Zeiten sind Kalendermonate, die sowohl mit Beitragszeiten als auch Anrechnungszeiten, einer Zurechnungszeit oder Ersatzzeiten (Fünftes Kapitel) belegt sind. 2Als beitragsgeminderte Zeiten gelten Kalendermonate mit Pflichtbeiträgen für eine Berufsausbildung (Zeiten einer beruflichen Ausbildung).

(4) Beitragsfreie Zeiten sind Kalendermonate, die mit Anrechnungszeiten, mit einer Zurechnungszeit oder mit Ersatzzeiten belegt sind, wenn für sie nicht auch Beiträge gezahlt worden sind.

§ 55 Beitragszeiten

(1) 1Beitragszeiten sind Zeiten, für die nach Bundesrecht Pflichtbeiträge (Pflichtbeitragszeiten) oder freiwillige Beiträge gezahlt worden sind. 2Pflichtbeitragszeiten sind auch Zeiten, für die Pflichtbeiträge nach besonderen Vorschriften als gezahlt gelten. 3Als Beitragszeiten gelten auch Zeiten, für die Entgeltpunkte gutgeschrieben worden sind, weil gleichzeitig Berücksichtigungszeiten wegen Kindererziehung oder Zeiten der Pflege eines pflegebedürftigen Kindes für mehrere Kinder vorliegen.

(2) Soweit ein Anspruch auf Rente eine bestimmte Anzahl an Pflichtbeiträgen für eine versicherte Beschäftigung oder Tätigkeit voraussetzt, zählen hierzu auch

1. freiwillige Beiträge, die als Pflichtbeiträge gelten, oder
2. Pflichtbeiträge, für die aus den in § 3 oder § 4 genannten Gründen Beiträge gezahlt worden sind oder als gezahlt gelten, oder
3. Beiträge für Anrechnungszeiten, die ein Leistungsträger mitgetragen hat.

§ 56 Kindererziehungszeiten

(1) 1Kindererziehungszeiten sind Zeiten der Erziehung eines Kindes in dessen ersten drei Lebensjahren. 2Für einen Elternteil (§ 56 Abs. 1 Satz 1 Nr. 3 und Abs. 3 Nr. 2 und 3 Erstes Buch) wird eine Kindererziehungszeit angerechnet, wenn

VI

1. die Erziehungszeit diesem Elternteil zuzuordnen ist,
2. die Erziehung im Gebiet der Bundesrepublik Deutschland erfolgt ist oder einer solchen gleichsteht und
3. der Elternteil nicht von der Anrechnung ausgeschlossen ist.

(2) 1Eine Erziehungszeit ist dem Elternteil zuzuordnen, der sein Kind erzogen hat. 2Haben mehrere Elternteile das Kind gemeinsam erzogen, wird die Erziehungszeit einem Elternteil zugeordnet. 3Haben die Eltern ihr Kind gemeinsam erzogen, können sie durch eine übereinstimmende Erklärung bestimmen, welchem Elternteil sie zuzuordnen ist. 4Die Zuordnung kann auf einen Teil der Erziehungszeit beschränkt werden. 5Die übereinstimmende Erklärung der Eltern ist mit Wirkung für künftige Kalendermonate abzugeben. 6Die Zuordnung kann rückwirkend für bis zu zwei Kalendermonate vor Abgabe der Erklärung erfolgen, es sei denn, für einen Elternteil ist unter Berücksichtigung dieser Zeiten eine Leistung bindend festgestellt, ein Versorgungsausgleich oder ein Rentensplitting durchgeführt. 7Für die Abgabe der Erklärung gilt § 16 des Ersten Buches über die Antragstellung entsprechend. 8Haben die Eltern eine übereinstimmende Erklärung nicht abgegeben, ist die Erziehungszeit der Mutter zuzuordnen. 9Haben mehrere Elternteile das Kind erzogen, ist die Erziehungszeit demjenigen zuzuordnen, der das Kind überwiegend erzogen hat, soweit sich aus Satz 3 nicht etwas anderes ergibt.

(3) 1Eine Erziehung ist im Gebiet der Bundesrepublik Deutschland erfolgt, wenn der erziehende Elternteil sich mit dem Kind dort gewöhnlich aufgehalten hat. 2Einer Erziehung im Gebiet der Bundesrepublik Deutschland steht gleich, wenn der erziehende Elternteil sich mit seinem Kind im Ausland gewöhnlich aufgehalten hat und während der Erziehung oder unmittelbar vor der Geburt des Kindes wegen einer dort ausgeübten Beschäftigung oder selbständigen Tätigkeit Pflichtbeitragszeiten hat. 3Dies gilt bei einem gemeinsamen Aufenthalt von Ehegatten oder Lebenspartnern im Ausland auch, wenn der Ehegatte oder Lebenspartner des erziehenden Elternteils solche Pflichtbeitragszeiten hat oder nur deshalb nicht hat, weil er zu den in § 5 Abs. 1 und 4 genannten Personen gehörte oder von der Versicherungspflicht befreit war.

(4) Elternteile sind von der Anrechnung ausgeschlossen, wenn sie

1. während der Erziehungszeit oder unmittelbar vor der Geburt des Kindes eine Beschäftigung oder selbständige Tätigkeit im Gebiet der Bundesrepublik Deutschland ausgeübt haben, die aufgrund
   a) einer zeitlich begrenzten Entsendung in dieses Gebiet (§ 5 Viertes Buch) oder
   b) einer Regelung des zwischen- oder überstaatlichen Rechts oder einer für Bedienstete internationaler Organisationen getroffenen Regelung (§ 6 Viertes Buch)

   den Vorschriften über die Versicherungspflicht nicht unterliegt,
2. während der Erziehungszeit zu den in § 5 Absatz 4 genannten Personen gehören oder
3. während der Erziehungszeit Anwartschaften auf Versorgung im Alter aufgrund der Erziehung erworben haben, wenn diese nach den für sie geltenden besonderen Versorgungsregelungen systembezogen annähernd gleichwertig berücksichtigt wird wie die Kindererziehung nach diesem Buch; als in diesem Sinne systembezogen annähernd gleichwertig gilt eine Versorgung nach beamtenrechtlichen Vorschriften oder Grundsätzen oder entsprechenden kirchenrechtlichen Regelungen.

(5) 1Die Kindererziehungszeit beginnt nach Ablauf des Monats der Geburt und endet nach 36 Kalendermonaten. 2Wird während dieses Zeitraums vom erziehenden Elternteil ein weiteres Kind erzogen, für das ihm eine Kindererziehungszeit anzurechnen ist, wird die Kindererziehungszeit für dieses und jedes weitere Kind um die Anzahl an Kalendermonaten der gleichzeitigen Erziehung verlängert.

§ 57 Berücksichtigungszeiten

1Die Zeit der Erziehung eines Kindes bis zu dessen vollendetem zehnten Lebensjahr ist bei einem Elternteil eine Berücksichtigungszeit, soweit die Voraussetzungen für die Anrechnung einer Kindererziehungszeit auch in dieser Zeit vorliegen. 2Dies gilt für Zeiten einer mehr als geringfügig ausgeübten selbständigen Tätigkeit nur, soweit diese Zeiten auch Pflichtbeitragszeiten sind.

§ 58 Anrechnungszeiten

(1) 1Anrechnungszeiten sind Zeiten, in denen Versicherte

1. wegen Krankheit arbeitsunfähig gewesen sind oder Leistungen zur medizinischen Rehabilitation oder zur Teilhabe am Arbeitsleben erhalten haben,

1a. nach dem vollendeten 17. und vor dem vollendeten 25. Lebensjahr mindestens einen Kalendermonat krank gewesen sind, soweit die Zeiten nicht mit anderen rentenrechtlichen Zeiten belegt sind,

2. wegen Schwangerschaft oder Mutterschaft während der Schutzfristen nach dem Mutterschutzgesetz eine versicherte Beschäftigung oder selbständige Tätigkeit nicht ausgeübt haben,

3. wegen Arbeitslosigkeit bei einer deutschen Agentur für Arbeit als Arbeitsuchende gemeldet waren und eine öffentlich-rechtliche Leistung bezogen oder nur wegen des zu berücksichtigenden Einkommens oder Vermögens nicht bezogen haben,

3a. nach dem vollendeten 17. Lebensjahr mindestens einen Kalendermonat bei einer deutschen Agentur für Arbeit als Ausbildungsuchende gemeldet waren, soweit die Zeiten nicht mit anderen rentenrechtlichen Zeiten belegt sind,

4. nach dem vollendeten 17. Lebensjahr eine Schule, Fachschule oder Hochschule besucht oder an einer berufsvorbereitenden Bildungsmaßnahme teilgenommen haben (Zeiten einer schulischen Ausbildung), insgesamt jedoch höchstens bis zu acht Jahren, oder

5. eine Rente bezogen haben, soweit diese Zeiten auch als Zurechnungszeit in der Rente berücksichtigt waren, und die vor dem Beginn dieser Rente liegende Zurechnungszeit,

6. nach dem 31. Dezember 2010 Arbeitslosengeld II bezogen haben; dies gilt nicht für Empfänger der Leistung,
   a) die Arbeitslosengeld II nur darlehensweise oder
   b) nur Leistungen nach § 24 Absatz 3 Satz 1 des Zweiten Buches bezogen haben oder
   c) die auf Grund von § 2 Absatz 1a des Bundesausbildungsförderungsgesetzes keinen Anspruch auf Ausbildungsförderung gehabt haben oder
   d) deren Bedarf sich nach § 12 Absatz 1 Nummer 1 des Bundesausbildungsförderungsgesetzes, nach § 62 Absatz 1 oder § 124 Absatz 1 Nummer 1 des Dritten Buches bemessen hat.

2Berufsvorbereitende Bildungsmaßnahmen sind alle beruflichen Bildungsmaßnahmen, die auf die Aufnahme einer Berufsausbildung vorbereiten oder der beruflichen Eingliederung dienen, sowie Vorbereitungslehrgänge zum nachträglichen Erwerb des Hauptschulabschlusses und allgemein bildende Kurse zum Abbau von schwerwiegenden beruflichen Bildungsdefiziten. 3Zeiten, in denen Versicherte nach Vollendung des 25. Lebensjahres wegen des Bezugs von Sozialleistungen versicherungspflichtig waren, sind nicht Anrechnungszeiten. 4Nach Vollendung des 25. Lebensjahres schließen Anrechnungszeiten wegen des Bezugs von Arbeitslosengeld II Anrechnungszeiten wegen Arbeitslosigkeit aus.

(2) 1Anrechnungszeiten nach Absatz 1 Satz 1 Nr. 1 und 2 bis 3a liegen nur vor, wenn dadurch eine versicherte Beschäftigung oder selbständige Tätigkeit oder ein versicherter Wehrdienst oder Zivildienst oder ein versichertes Wehrdienstverhältnis besonderer Art nach § 6 des Einsatz-Weiterverwendungsgesetzes unterbrochen ist; dies gilt nicht für Zeiten nach Vollendung des 17. und vor

Vollendung des 25. Lebensjahres. 2Eine selbständige Tätigkeit ist nur dann unterbrochen, wenn sie ohne die Mitarbeit des Versicherten nicht weiter ausgeübt werden kann.

(3) Anrechnungszeiten wegen Arbeitsunfähigkeit oder der Ausführung der Leistungen zur medizinischen Rehabilitation oder zur Teilhabe am Arbeitsleben liegen bei Versicherten, die nach § 4 Abs. 3 Satz 1 Nr. 2 versicherungspflichtig werden konnten, erst nach Ablauf der auf Antrag begründeten Versicherungspflicht vor.

(4) Anrechnungszeiten liegen bei Beziehern von Arbeitslosengeld oder Übergangsgeld nicht vor, wenn die Bundesagentur für Arbeit für sie Beiträge an eine Versicherungseinrichtung oder Versorgungseinrichtung, an ein Versicherungsunternehmen oder an sie selbst gezahlt haben.

(4a) Zeiten der schulischen Ausbildung neben einer versicherten Beschäftigung oder Tätigkeit sind nur Anrechnungszeiten wegen schulischer Ausbildung, wenn der Zeitaufwand für die schulische Ausbildung unter Berücksichtigung des Zeitaufwands für die Beschäftigung oder Tätigkeit überwiegt.

(5) Anrechnungszeiten sind nicht für die Zeit der Leistung einer Rente wegen Alters zu berücksichtigen.

§ 59 Zurechnungszeit

(1) Zurechnungszeit ist die Zeit, die bei einer Rente wegen Erwerbsminderung oder einer Rente wegen Todes hinzugerechnet wird, wenn der Versicherte das 62. Lebensjahr noch nicht vollendet hat.

(2) 1Die Zurechnungszeit beginnt

1. bei einer Rente wegen Erwerbsminderung mit dem Eintritt der hierfür maßgebenden Erwerbsminderung,
2. bei einer Rente wegen voller Erwerbsminderung, auf die erst nach Erfüllung einer Wartezeit von 20 Jahren ein Anspruch besteht, mit Beginn dieser Rente,
3. bei einer Witwenrente, Witwerrente oder Waisenrente mit dem Tod des Versicherten und
4. bei einer Erziehungsrente mit Beginn dieser Rente.

2Die Zurechnungszeit endet mit Vollendung des 62. Lebensjahres.

§ 60 Zuordnung beitragsfreier Zeiten zur knappschaftlichen Rentenversicherung

(1) Anrechnungszeiten und eine Zurechnungszeit werden der knappschaftlichen Rentenversicherung zugeordnet, wenn vor dieser Zeit der letzte Pflichtbeitrag zur knappschaftlichen Rentenversicherung gezahlt worden ist.

(2) Anrechnungszeiten wegen einer schulischen Ausbildung werden der knappschaftlichen Rentenversicherung auch dann zugeordnet, wenn während oder nach dieser Zeit die Versicherung beginnt und der erste Pflichtbeitrag zur knappschaftlichen Rentenversicherung gezahlt worden ist.

§ 61 Ständige Arbeiten unter Tage

(1) Ständige Arbeiten unter Tage sind solche Arbeiten nach dem 31. Dezember 1967, die nach ihrer Natur ausschließlich unter Tage ausgeübt werden.

(2) Den ständigen Arbeiten unter Tage werden gleichgestellt:

1. Arbeiten, die nach dem Tätigkeitsbereich der Versicherten sowohl unter Tage als auch über Tage ausgeübt werden, wenn sie während eines Kalendermonats in mindestens 18 Schichten überwiegend unter Tage ausgeübt worden sind; Schichten, die in einem Kalendermonat wegen eines auf einen Arbeitstag fallenden Feiertags ausfallen, gelten als überwiegend unter Tage verfahrene Schichten,
2. Arbeiten als Mitglieder der für den Einsatz unter Tage bestimmten Grubenwehr, mit Ausnahme als Gerätewarte, für die Dauer der Zugehörigkeit,
3. Arbeiten als Mitglieder des Betriebsrats, wenn die Versicherten bisher ständige Arbeiten unter Tage oder nach Nummer 1 oder 2 gleichgestellte Arbeiten ausgeübt haben und im Anschluss daran wegen der

Betriebsratstätigkeit von diesen Arbeiten freigestellt worden sind.

(3) Als überwiegend unter Tage verfahren gelten auch Schichten, die in einem Kalendermonat wegen

1. krankheitsbedingter Arbeitsunfähigkeit,
2. bezahlten Urlaubs oder
3. Inanspruchnahme einer Leistung zur medizinischen Rehabilitation oder zur Teilhabe am Arbeitsleben oder einer Vorsorgekur

ausfallen, wenn in diesem Kalendermonat aufgrund von ständigen Arbeiten unter Tage oder gleichgestellten Arbeiten Beiträge gezahlt worden sind und die Versicherten in den drei vorausgegangenen Kalendermonaten mindestens einen Kalendermonat ständige Arbeiten unter Tage oder gleichgestellte Arbeiten ausgeübt haben.

§ 62 Schadenersatz bei rentenrechtlichen Zeiten

Durch die Berücksichtigung rentenrechtlicher Zeiten wird ein Anspruch auf Schadenersatz wegen verminderter Erwerbsfähigkeit nicht ausgeschlossen oder gemindert.

Dritter Unterabschnitt Rentenhöhe und Rentenanpassung

Erster Titel Grundsätze

§ 63 Grundsätze

(1) Die Höhe einer Rente richtet sich vor allem nach der Höhe der während des Versicherungslebens durch Beiträge versicherten Arbeitsentgelte und Arbeitseinkommen.

(2) $_1$Das in den einzelnen Kalenderjahren durch Beiträge versicherte Arbeitsentgelt und Arbeitseinkommen wird in Entgeltpunkte umgerechnet. $_2$Die Versicherung eines Arbeitsentgelts oder Arbeitseinkommens in Höhe des Durchschnittsentgelts eines Kalenderjahres (Anlage 1) ergibt einen vollen Entgeltpunkt.

(3) Für beitragsfreie Zeiten werden Entgeltpunkte angerechnet, deren Höhe von der Höhe der in der übrigen Zeit versicherten Arbeitsentgelte und Arbeitseinkommen abhängig ist.

(4) Das Sicherungsziel der jeweiligen Rentenart im Verhältnis zu einer Altersrente wird durch den Rentenartfaktor bestimmt.

(5) Vorteile und Nachteile einer unterschiedlichen Rentenbezugsdauer werden durch einen Zugangsfaktor vermieden.

(6) Der Monatsbetrag einer Rente ergibt sich, indem die unter Berücksichtigung des Zugangsfaktors ermittelten persönlichen Entgeltpunkte mit dem Rentenartfaktor und dem aktuellen Rentenwert vervielfältigt werden.

(7) Der aktuelle Rentenwert wird entsprechend der Entwicklung des Durchschnittsentgelts unter Berücksichtigung der Veränderung des Beitragssatzes zur allgemeinen Rentenversicherung jährlich angepasst.

Zweiter Titel Berechnung und Anpassung der Renten

§ 64 Rentenformel für Monatsbetrag der Rente

Der Monatsbetrag der Rente ergibt sich, wenn

1. die unter Berücksichtigung des Zugangsfaktors ermittelten persönlichen Entgeltpunkte,
2. der Rentenartfaktor und
3. der aktuelle Rentenwert

mit ihrem Wert bei Rentenbeginn miteinander vervielfältigt werden.

§ 65 Anpassung der Renten

Zum 1. Juli eines jeden Jahres werden die Renten angepasst, indem der bisherige aktuelle Rentenwert durch den neuen aktuellen Rentenwert ersetzt wird.

§ 66 Persönliche Entgeltpunkte

(1) Die persönlichen Entgeltpunkte für die Ermittlung des Monatsbetrags der Rente ergeben sich, indem die Summe aller Entgeltpunkte für

1. Beitragszeiten,
2. beitragsfreie Zeiten,

3. Zuschläge für beitragsgeminderte Zeiten,
4. Zuschläge oder Abschläge aus einem durchgeführten Versorgungsausgleich oder Rentensplitting,
5. Zuschläge aus Zahlung von Beiträgen bei vorzeitiger Inanspruchnahme einer Rente wegen Alters oder bei Abfindungen von Anwartschaften auf betriebliche Altersversorgung oder von Anrechten bei der Versorgungsausgleichskasse,
6. Zuschläge an Entgeltpunkten für Arbeitsentgelt aus geringfügiger Beschäftigung,
7. Arbeitsentgelt aus nach § 23b Abs. 2 Satz 1 bis 4 des Vierten Buches aufgelösten Wertguthaben,
8. Zuschläge an Entgeltpunkten aus Beiträgen nach Beginn einer Rente wegen Alters und
9. Zuschläge an Entgeltpunkten für Zeiten einer besonderen Auslandsverwendung

mit dem Zugangsfaktor vervielfältigt und bei Witwenrenten und Witwerrenten sowie bei Waisenrenten um einen Zuschlag erhöht wird.

(2) Grundlage für die Ermittlung der persönlichen Entgeltpunkte sind die Entgeltpunkte

1. des Versicherten bei einer Rente wegen Alters, wegen verminderter Erwerbsfähigkeit und bei einer Erziehungsrente,
2. des verstorbenen Versicherten bei einer Witwenrente, Witwerrente und Halbwaisenrente,
3. der zwei verstorbenen Versicherten mit den höchsten Renten bei einer Vollwaisenrente.

(3) $_1$Der Monatsbetrag einer Teilrente wird aus dem Teil der Summe aller Entgeltpunkte ermittelt, der dem Anteil der Teilrente an der Vollrente entspricht. $_2$Zuschläge an Entgeltpunkten aus Beiträgen nach Beginn einer Rente wegen Alters werden der Ermittlung der persönlichen Entgeltpunkte erst nach dem Ende der Teilrente zugrunde gelegt.

(4) Der Monatsbetrag einer nur teilweise zu leistenden Rente wegen verminderter Erwerbsfähigkeit wird aus dem Teil der Summe aller Entgeltpunkte ermittelt, der dem Anteil der teilweise zu leistenden Rente an der jeweiligen Rente in voller Höhe entspricht.

Durch das Gesetz zur Steigerung der Attraktivität des Dienstes in der Bundeswehr vom 13.5.2015 (BGBl. I S. 706) wird § 66 zum 1.1.2016 wie folgt geändert:

- In Nummer 8 wird das Wort "und" durch ein Komma ersetzt und in Nummer 9 nach dem Wort "Auslandsverwendung" das Wort "und" eingefügt.
- Folgende Nummer 10 wird eingefügt: "10. Zuschläge an Entgeltpunkten für nachversicherte Soldaten auf Zeit".

§ 67 Rentenartfaktor

Der Rentenartfaktor beträgt für persönliche Entgeltpunkte bei

1. Renten wegen Alters 1,0
2. Renten wegen teilweiser Erwerbsminderung 0,5
3. Renten wegen voller Erwerbsminderung 1,0
4. Erziehungsrenten 1,0
5. kleinen Witwenrenten und kleinen Witwerrenten bis zum Ende des dritten Kalendermonats nach Ablauf des Monats, in dem der Ehegatte verstorben ist, 1,0
   anschließend 0,25
6. großen Witwenrenten und großen Witwerrenten bis zum Ende des dritten Kalendermonats nach Ablauf des Monats, in dem der Ehegatte verstorben ist, 1,0
   anschließend 0,55
7. Halbwaisenrenten 0,1
8. Vollwaisenrenten 0,2.

§ 68 Aktueller Rentenwert

(1) $_1$Der aktuelle Rentenwert ist der Betrag, der einer monatlichen Rente wegen Alters der allgemeinen Rentenversicherung entspricht, wenn für ein Kalenderjahr Beiträge aufgrund des Durchschnittsentgelts gezahlt worden sind. $_2$Am 30. Juni 2005 beträgt der aktuelle Rentenwert 26,13 Euro. $_3$Er verändert sich zum 1. Juli eines jeden Jahres, indem der bisherige aktuelle Rentenwert mit den Faktoren für die Veränderung

1. der Bruttolöhne und -gehälter je Arbeitnehmer,
2. des Beitragssatzes zur allgemeinen Rentenversicherung und
3. dem Nachhaltigkeitsfaktor

vervielfältigt wird.

(2) $_{1}$Bruttolöhne und -gehälter je Arbeitnehmer sind die durch das Statistische Bundesamt ermittelten Bruttolöhne und -gehälter je Arbeitnehmer ohne Personen in Arbeitsgelegenheiten mit Entschädigungen für Mehraufwendungen jeweils nach der Systematik der Volkswirtschaftlichen Gesamtrechnungen. $_{2}$Der Faktor für die Veränderung der Bruttolöhne und -gehälter je Arbeitnehmer wird ermittelt, indem deren Wert für das vergangene Kalenderjahr durch den Wert für das vorvergangene Kalenderjahr geteilt wird. $_{3}$Dabei wird der Wert für das vorvergangene Kalenderjahr an die Entwicklung der Einnahmen der gesetzlichen Rentenversicherung angepasst, indem er mit dem Faktor vervielfältigt wird, der sich aus dem Verhältnis der Veränderung der Bruttolöhne und -gehälter je Arbeitnehmer im vorvergangenen Kalenderjahr gegenüber dem dritten zurückliegenden Kalenderjahr und der Veränderung der aus der Versichertenstatistik der Deutschen Rentenversicherung Bund ermittelten beitragspflichtigen Bruttolöhne und -gehälter je Arbeitnehmer ohne Beamte einschließlich der Bezieher von Arbeitslosengeld im vorvergangenen Kalenderjahr gegenüber dem dritten zurückliegenden Kalenderjahr ergibt.

(3) $_{1}$Der Faktor, der sich aus der Veränderung des Beitragssatzes zur allgemeinen Rentenversicherung ergibt, wird ermittelt, indem

1. der durchschnittliche Beitragssatz in der allgemeinen Rentenversicherung des vergangenen Kalenderjahres von der Differenz aus 100 vom Hundert und dem Altersvorsorgeanteil für das Jahr 2012 subtrahiert wird,
2. der durchschnittliche Beitragssatz in der allgemeinen Rentenversicherung für das vorvergangene Kalenderjahr von der Differenz aus 100 vom Hundert und dem Altersvorsorgeanteil für das Jahr 2012 subtrahiert wird,

und anschließend der nach Nummer 1 ermittelte Wert durch den nach Nummer 2 ermittelten Wert geteilt wird. $_{2}$Altersvorsorgeanteil für das Jahr 2012 ist der Wert, der im Fünften Kapitel für das Jahr 2012 als Altersvorsorgeanteil bestimmt worden ist.

(4) $_{1}$Der Nachhaltigkeitsfaktor wird ermittelt, indem der um die Veränderung des Rentnerquotienten im vergangenen Kalenderjahr gegenüber dem vorvergangenen Kalenderjahr verminderte Wert eins mit einem Parameter α vervielfältigt und um den Wert eins erhöht wird. $_{2}$Der Rentnerquotient wird ermittelt, indem die Anzahl der Äquivalenzrentner durch die Anzahl der Äquivalenzbeitragszahler dividiert wird. $_{3}$Die Anzahl der Äquivalenzrentner wird ermittelt, indem das aus den Rechnungsergebnissen auf 1000 Euro genau bestimmte Gesamtvolumen der Renten abzüglich erstatteter Aufwendungen für Renten und Rententeile eines Kalenderjahres durch eine Regelaltersrente desselben Kalenderjahres aus der allgemeinen Rentenversicherung mit 45 Entgeltpunkten dividiert wird. $_{4}$Die Anzahl der Äquivalenzbeitragszahler wird ermittelt, indem das aus den Rechnungsergebnissen auf 1000 Euro genau bestimmte Gesamtvolumen der Beiträge aller in der allgemeinen Rentenversicherung versicherungspflichtig Beschäftigten, der geringfügig Beschäftigten (§ 8 Viertes Buch) und der Bezieher von Arbeitslosengeld eines Kalenderjahres durch den auf das Durchschnittsentgelt nach Anlage 1 entfallenden Beitrag der allgemeinen Rentenversicherung desselben Kalenderjahres dividiert wird. $_{5}$Die jeweilige Anzahl der Äquivalenzrentner und der Äquivalenzbeitragszahler ist auf 1000 Personen genau zu berechnen. $_{6}$Der Parameter α beträgt 0,25.

(5) Der nach den Absätzen 1 bis 4 anstelle des bisherigen aktuellen Rentenwerts zu bestimmende neue aktuelle Rentenwert wird nach folgender Formel ermittelt:

$$AR_t = AR_{t-1} \times (BE_{t-1}/BE_{t-2}) \times ([100 - AVA_{2012} - RVB_{t-1}]/[100 - AVA_{2012} - RVB_{t-2}]) \times ([1 - [RQ_{t-1}/RQ_{t-2}]] \times \alpha + 1)$$

Dabei sind:

AR_t = zu bestimmender aktueller Rentenwert ab dem 1. Juli,

AR_{t-1} = bisheriger aktueller Rentenwert,

BE_{t-1} = Bruttolöhne und -gehälter je Arbeitnehmer im vergangenen Kalenderjahr,

BE_{t-2} = Bruttolöhne und -gehälter je Arbeitnehmer im vorvergangenen Kalenderjahr unter Berücksichtigung der Veränderung der beitragspflichtigen Bruttolöhne und -gehälter je Arbeitnehmer ohne Beamte einschließlich der Bezieher von Arbeitslosengeld,

AVA_{2012} = Altersvorsorgeanteil für das Jahr 2012 in Höhe von 4 vom Hundert,

RVB_{t-1} = durchschnittlicher Beitragssatz in der allgemeinen Rentenversicherung im vergangenen Kalenderjahr,

RVB_{t-2} = durchschnittlicher Beitragssatz in der allgemeinen Rentenversicherung im vorvergangenen Kalenderjahr,

RQ_{t-1} = Rentnerquotient im vergangenen Kalenderjahr,

RQ_{t-2} = Rentnerquotient im vorvergangenen Kalenderjahr.

(6) (weggefallen)

(7) $_1$Bei der Bestimmung des neuen aktuellen Rentenwerts sind für das vergangene Kalenderjahr die dem Statistischen Bundesamt zu Beginn des Kalenderjahres vorliegenden Daten zu den Bruttolöhnen und -gehältern je Arbeitnehmer und für das vorvergangene und das dritte zurückliegende Kalenderjahr die bei der Bestimmung des bisherigen aktuellen Rentenwerts verwendeten Daten zur Bruttolohn- und -gehaltssumme je durchschnittlich beschäftigten Arbeitnehmer zugrunde zu legen. $_2$Für die Bestimmung der beitragspflichtigen Bruttolöhne und -gehälter je Arbeitnehmer ohne Beamte einschließlich der Bezieher von Arbeitslosengeld nach Absatz 2 Satz 3 sind die der Deutschen Rentenversicherung Bund vorliegenden Daten aus der Versichertenstatistik zu verwenden. $_3$Dabei sind für das vorvergangene Kalenderjahr die zu Beginn des Kalenderjahres vorliegenden Daten zu den beitragspflichtigen Bruttolöhnen und -gehältern je Arbeitnehmer ohne Beamte einschließlich der Bezieher von Arbeitslosengeld und für das dritte zurückliegende Kalenderjahr die bei der Bestimmung des bisherigen aktuellen Rentenwerts verwendeten Daten zur beitragspflichtigen Bruttolohn- und -gehaltssumme je durchschnittlich beschäftigten Arbeitnehmer ohne Beamte einschließlich der Bezieher von Arbeitslosengeld zugrunde zu legen. $_4$Bei der Ermittlung des Rentnerquotienten für das vergangene Kalenderjahr sind die der Deutschen Rentenversicherung Bund im ersten Vierteljahr des Kalenderjahres vorliegenden Daten und für das vorvergangene Kalenderjahr die bei der Bestimmung des bisherigen aktuellen Rentenwerts verwendeten Daten zugrunde zu legen.

§ 68a Schutzklausel

(1) $_1$Abweichend von § 68 vermindert sich der bisherige aktuelle Rentenwert nicht, wenn der nach § 68 berechnete aktuelle Rentenwert geringer ist als der bisherige aktuelle Rentenwert. $_2$Die unterbliebene Minderungswirkung (Ausgleichsbedarf) wird mit Erhöhungen des aktuellen Rentenwerts verrechnet. $_3$Die Verrechnung darf nicht zu einer Minderung des bisherigen aktuellen Rentenwerts führen.

(2) $_1$In den Jahren, in denen Absatz 1 Satz 1 anzuwenden ist, wird der Ausgleichsbedarf ermittelt, indem der nach § 68 berechnete aktuelle Rentenwert durch den bisherigen aktuellen Rentenwert geteilt wird (Ausgleichsfaktor). $_2$Der Wert des Ausgleichsbedarfs verändert sich, indem der im Vorjahr bestimmte Wert mit dem Ausgleichsfaktor des laufenden Jahres vervielfältigt wird.

(3) $_1$Ist der nach § 68 berechnete aktuelle Rentenwert höher als der bisherige aktuelle Rentenwert und ist der im Vorjahr bestimmte Wert des Ausgleichsbedarfs kleiner als 1,0000, wird der neue aktuelle Rentenwert abweichend von § 68 ermittelt, indem der bisherige aktuelle Rentenwert mit dem hälftigen Anpassungsfaktor vervielfältigt wird. $_2$Der hälftige Anpassungsfaktor wird ermittelt, indem der nach § 68 berechnete aktuelle Rentenwert durch den bisherigen aktuellen Rentenwert geteilt wird (Anpassungsfaktor)

und dieser Anpassungsfaktor um 1 vermindert, durch 2 geteilt und um 1 erhöht wird. $_{3}$Der Wert des Ausgleichsbedarfs verändert sich, indem der im Vorjahr bestimmte Wert mit dem hälftigen Anpassungsfaktor vervielfältigt wird. $_{4}$Übersteigt der Ausgleichsbedarf nach Anwendung von Satz 3 den Wert 1,0000, wird der bisherige aktuelle Rentenwert abweichend von Satz 1 mit dem Faktor vervielfältigt, der sich ergibt, wenn der Anpassungsfaktor mit dem im Vorjahr bestimmten Wert des Ausgleichsbedarfs vervielfältigt wird; der Wert des Ausgleichsbedarfs beträgt dann 1,0000.

(4) Sind weder Absatz 1 noch Absatz 3 anzuwenden, bleibt der Wert des Ausgleichsbedarfs unverändert.

§ 69 Verordnungsermächtigung

(1) Die Bundesregierung hat durch Rechtsverordnung mit Zustimmung des Bundesrates den zum 1. Juli eines Jahres maßgebenden aktuellen Rentenwert und den Ausgleichsbedarf bis zum 30. Juni des jeweiligen Jahres zu bestimmen.

(2) $_{1}$Die Bundesregierung hat durch Rechtsverordnung mit Zustimmung des Bundesrates zum Ende eines jeden Jahres

1. für das vergangene Kalenderjahr das auf volle Euro gerundete Durchschnittsentgelt in Anlage 1 entsprechend der Entwicklung der Bruttolöhne und -gehälter je Arbeitnehmer (§ 68 Abs. 2 Satz 1),
2. für das folgende Kalenderjahr das auf volle Euro gerundete vorläufige Durchschnittsentgelt, das sich ergibt, wenn das Durchschnittsentgelt für das vergangene Kalenderjahr um das Doppelte des Vomhundertsatzes verändert wird, um den sich das Durchschnittsentgelt des vergangenen Kalenderjahres gegenüber dem Durchschnittsentgelt des vorvergangenen Kalenderjahres verändert hat,

zu bestimmen. $_{2}$Die Bestimmung soll bis zum 31. Dezember des jeweiligen Jahres erfolgen.

Dritter Titel
Ermittlung der persönlichen Entgeltpunkte

§ 70 Entgeltpunkte für Beitragszeiten

(1) $_{1}$Für Beitragszeiten werden Entgeltpunkte ermittelt, indem die Beitragsbemessungsgrundlage durch das Durchschnittsentgelt (Anlage 1) für dasselbe Kalenderjahr geteilt wird. $_{2}$Für das Kalenderjahr des Rentenbeginns und für das davor liegende Kalenderjahr wird als Durchschnittsentgelt der Betrag zugrunde gelegt, der für diese Kalenderjahre vorläufig bestimmt ist.

(2) $_{1}$Kindererziehungszeiten erhalten für jeden Kalendermonat 0,0833 Entgeltpunkte (Entgeltpunkte für Kindererziehungszeiten). $_{2}$Entgeltpunkte für Kindererziehungszeiten sind auch Entgeltpunkte, die für Kindererziehungszeiten mit sonstigen Beitragszeiten ermittelt werden, indem die Entgeltpunkte für sonstige Beitragszeiten um 0,0833 erhöht werden, höchstens um die Entgeltpunkte bis zum Erreichen der jeweiligen Höchstwerte nach Anlage 2b.

(3) $_{1}$Aus der Zahlung von Beiträgen für Arbeitsentgelt aus nach § 23b Abs. 2 Satz 1 bis 4 des Vierten Buches aufgelösten Wertguthaben werden zusätzliche Entgeltpunkte ermittelt, indem dieses Arbeitsentgelt durch das vorläufige Durchschnittsentgelt (Anlage 1) für das Kalenderjahr geteilt wird, dem das Arbeitsentgelt zugeordnet ist. $_{2}$Die so ermittelten Entgeltpunkte gelten als Entgeltpunkte für Zeiten mit vollwertigen Pflichtbeiträgen nach dem 31. Dezember 1991.

(3a) $_{1}$Sind mindestens 25 Jahre mit rentenrechtlichen Zeiten vorhanden, werden für nach dem Jahr 1991 liegende Kalendermonate mit Berücksichtigungszeiten wegen Kindererziehung oder mit Zeiten der nicht erwerbsmäßigen Pflege eines pflegebedürftigen Kindes bis zur Vollendung des 18. Lebensjahres Entgeltpunkte zusätzlich ermittelt oder gutgeschrieben. $_{2}$Diese betragen für jeden Kalendermonat

a) mit Pflichtbeiträgen die Hälfte der hierfür ermittelten Entgeltpunkte, höchstens 0,0278 an zusätzlichen Entgeltpunkten,

b) in dem für den Versicherten Berücksichtigungszeiten wegen Kindererziehung oder Zeiten der Pflege eines pflegebedürftigen Kindes für ein Kind mit entsprechenden Zeiten für ein anderes Kind zusammentreffen, 0,0278 an gutgeschriebenen Entgeltpunkten, abzüglich des Wertes der zusätzlichen Entgeltpunkte nach Buchstabe a.

3Die Summe der zusätzlich ermittelten und gutgeschriebenen Entgeltpunkte ist zusammen mit den für Beitragszeiten und Kindererziehungszeiten ermittelten Entgeltpunkten auf einen Wert von höchstens 0,0833 Entgeltpunkte begrenzt.

(4) 1Ist für eine Rente wegen Alters die voraussichtliche beitragspflichtige Einnahme für den verbleibenden Zeitraum bis zum Beginn der Rente wegen Alters vom Rentenversicherungsträger errechnet worden (§ 194 Abs. 1 Satz 3, Abs. 2 Satz 2), sind für diese Rente Entgeltpunkte daraus wie aus der Beitragsbemessungsgrundlage zu ermitteln. 2Weicht die tatsächlich erzielte beitragspflichtige Einnahme von der durch den Rentenversicherungsträger errechneten voraussichtlichen beitragspflichtigen Einnahme ab, bleibt sie für diese Rente außer Betracht.

VI

(5) Für Zeiten, für die Beiträge aufgrund der Vorschriften des Vierten Kapitels über die Nachzahlung gezahlt worden sind, werden Entgeltpunkte ermittelt, indem die Beitragsbemessungsgrundlage durch das Durchschnittsentgelt des Jahres geteilt wird, in dem die Beiträge gezahlt worden sind.

Durch das Fünfte Gesetz zur Änderung des Vierten Buches Sozialgesetzbuch und anderer Gesetze vom 15.5.2015 (BGBl. I S. 583) wird zum 1.1.2016 in Absatz 4 Satz 1 die Angabe "§ 194 Abs. 1 Satz 3" durch die Wörter "§ 194 Absatz 1 Satz 6" ersetzt.

§ 71 Entgeltpunkte für beitragsfreie und beitragsgeminderte Zeiten (Gesamtleistungsbewertung)

(1) 1Beitragsfreie Zeiten erhalten den Durchschnittswert an Entgeltpunkten, der sich aus der Gesamtleistung an Beiträgen im belegungsfähigen Zeitraum ergibt. 2Dabei erhalten sie den höheren Durchschnittswert aus der Grundbewertung aus allen Beiträgen oder der Vergleichsbewertung aus ausschließlich vollwertigen Beiträgen.

(2) 1Für beitragsgeminderte Zeiten ist die Summe der Entgeltpunkte um einen Zuschlag so zu erhöhen, dass mindestens der Wert erreicht wird, den diese Zeiten jeweils als beitragsfreie Anrechnungszeiten wegen Krankheit und Arbeitslosigkeit, wegen einer schulischen Ausbildung und als Zeiten wegen einer beruflichen Ausbildung oder als sonstige beitragsfreie Zeiten hätten. 2Die zusätzlichen Entgeltpunkte werden den jeweiligen Kalendermonaten mit beitragsgeminderten Zeiten zu gleichen Teilen zugeordnet.

(3) 1Für die Gesamtleistungsbewertung werden jedem Kalendermonat

1. an Berücksichtigungszeit die Entgeltpunkte zugeordnet, die sich ergeben würden, wenn diese Kalendermonate Kindererziehungszeiten wären,
2. mit Zeiten einer beruflichen Ausbildung mindestens 0,0833 Entgeltpunkte zugrunde gelegt und diese Kalendermonate insoweit nicht als beitragsgeminderte Zeiten berücksichtigt.

2Bei der Anwendung von Satz 1 Nr. 2 gelten die ersten 36 Kalendermonate mit Pflichtbeiträgen für Zeiten einer versicherten Beschäftigung oder selbständigen Tätigkeit bis zur Vollendung des 25. Lebensjahres stets als Zeiten einer beruflichen Ausbildung. 3Eine Zuordnung an Entgeltpunkten für Kalendermonate mit Berücksichtigungszeiten unterbleibt in dem Umfang, in dem bereits nach § 70 Abs. 3a Entgeltpunkte zusätzlich ermittelt oder gutgeschrieben worden sind. 4Satz 1 Nr. 2 gilt nicht für Kalendermonate mit Zeiten der beruflichen Ausbildung, für die bereits Entgeltpunkte nach Satz 1 Nr. 1 zugeordnet werden.

(4) Soweit beitragsfreie Zeiten mit Zeiten zusammentreffen, die bei einer Versorgung aus einem

1. öffentlich-rechtlichen Dienstverhältnis oder

2. Arbeitsverhältnis mit Anspruch auf Versorgung nach beamtenrechtlichen Vorschriften oder Grundsätzen oder entsprechenden kirchenrechtlichen Regelungen

ruhegehaltfähig sind oder bei Eintritt des Versorgungsfalls als ruhegehaltfähig anerkannt werden, bleiben sie bei der Gesamtleistungsbewertung unberücksichtigt.

§ 72 Grundbewertung

(1) Bei der Grundbewertung werden für jeden Kalendermonat Entgeltpunkte in der Höhe zugrunde gelegt, die sich ergibt, wenn die Summe der Entgeltpunkte für Beitragszeiten und Berücksichtigungszeiten durch die Anzahl der belegungsfähigen Monate geteilt wird.

(2) 1Der belegungsfähige Gesamtzeitraum umfasst die Zeit vom vollendeten 17. Lebensjahr bis zum

1. Kalendermonat vor Beginn der zu berechnenden Rente bei einer Rente wegen Alters, bei einer Rente wegen voller Erwerbsminderung, auf die erst nach Erfüllung einer Wartezeit von 20 Jahren ein Anspruch besteht, oder bei einer Erziehungsrente,
2. Eintritt der maßgebenden Minderung der Erwerbsfähigkeit bei einer Rente wegen verminderter Erwerbsfähigkeit,
3. Tod des Versicherten bei einer Hinterbliebenenrente.

2Der belegungsfähige Gesamtzeitraum verlängert sich um Kalendermonate mit rentenrechtlichen Zeiten vor Vollendung des 17. Lebensjahres.

(3) Nicht belegungsfähig sind Kalendermonate mit

1. beitragsfreien Zeiten, die nicht auch Berücksichtigungszeiten sind, und
2. Zeiten, in denen eine Rente aus eigener Versicherung bezogen worden ist, die nicht auch Beitragszeiten oder Berücksichtigungszeiten sind.

§ 73 Vergleichsbewertung

1Bei der Vergleichsbewertung werden für jeden Kalendermonat Entgeltpunkte in der Höhe zugrunde gelegt, die sich ergibt, wenn die Summe der Entgeltpunkte aus der Grundbewertung ohne Entgeltpunkte für

1. beitragsgeminderte Zeiten,
2. Berücksichtigungszeiten, die auch beitragsfreie Zeiten sind, und
3. Beitragszeiten oder Berücksichtigungszeiten, in denen eine Rente aus eigener Versicherung bezogen worden ist,

durch die Anzahl der belegungsfähigen Monate geteilt wird; bei Renten wegen verminderter Erwerbsfähigkeit werden außerdem Entgeltpunkte für die letzten vier Jahre bis zum Eintritt der hierfür maßgebenden Minderung der Erwerbsfähigkeit nicht berücksichtigt, wenn sich dadurch ein höherer Wert aus der Vergleichsbewertung ergibt. 2Dabei sind von den belegungsfähigen Monaten aus der Grundbewertung die bei der Vergleichsbewertung außer Betracht gebliebenen Kalendermonate mit Entgeltpunkten abzusetzen.

§ 74 Begrenzte Gesamtleistungsbewertung

1Der sich aus der Gesamtleistungsbewertung ergebende Wert wird für jeden Kalendermonat mit Zeiten einer beruflichen Ausbildung, Fachschulausbildung oder der Teilnahme an einer berufsvorbereitenden Bildungsmaßnahme auf 75 vom Hundert begrenzt. 2Der so begrenzte Gesamtleistungswert darf für einen Kalendermonat 0,0625 Entgeltpunkte nicht übersteigen. 3Zeiten einer beruflichen Ausbildung, Fachschulausbildung oder der Teilnahme an einer berufsvorbereitenden Bildungsmaßnahme werden insgesamt für höchstens drei Jahre bewertet, vorrangig die Zeiten der Fachschulausbildung und der Teilnahme an einer berufsvorbereitenden Bildungsmaßnahme. 4Zeiten einer Schul- oder Hochschulausbildung und Kalendermonate, die nur deshalb Anrechnungszeiten sind, weil

1. Arbeitslosigkeit nach dem 30. Juni 1978 vorgelegen hat, für die Arbeitslosengeld oder Arbeitslosengeld II nicht oder Arbeitslosengeld II nur darlehensweise gezahlt worden ist oder nur Leistungen

nach § 24 Absatz 3 Satz 1 des Zweiten Buches erbracht worden sind,

1a. Arbeitslosengeld II bezogen worden ist,

2. Krankheit nach dem 31. Dezember 1983 vorgelegen hat und nicht Beiträge gezahlt worden sind,

3. Ausbildungssuche vorgelegen hat,

werden nicht bewertet.

§ 75 Entgeltpunkte für Zeiten nach Rentenbeginn

(1) Für Zeiten nach Beginn der zu berechnenden Rente werden Entgeltpunkte nur für eine Zurechnungszeit und für Zuschläge an Entgeltpunkten aus Beiträgen nach Beginn einer Rente wegen Alters ermittelt.

(2) $_1$Bei Renten wegen verminderter Erwerbsfähigkeit werden für

1. Beitragszeiten und Anrechnungszeiten, die nach Eintritt der hierfür maßgebenden Minderung der Erwerbsfähigkeit liegen,
2. freiwillige Beiträge, die nach Eintritt der hierfür maßgebenden Minderung der Erwerbsfähigkeit gezahlt worden sind,

Entgeltpunkte nicht ermittelt. $_2$Dies gilt nicht für

1. eine Rente wegen voller Erwerbsminderung, auf die erst nach Erfüllung einer Wartezeit von 20 Jahren ein Anspruch besteht,
2. freiwillige Beiträge nach Satz 1 Nr. 2, wenn die Minderung der Erwerbsfähigkeit während eines Beitragsverfahrens oder eines Verfahrens über einen Rentenanspruch eingetreten ist.

(3) Für eine Rente wegen voller Erwerbsminderung werden auf Antrag Entgeltpunkte auch für Beitragszeiten und Anrechnungszeiten nach Eintritt der vollen Erwerbsminderung ermittelt, wenn diese Beitragszeiten 20 Jahre umfassen.

(4) Für eine Rente wegen Alters besteht Anspruch auf Ermittlung von Entgeltpunkten auch für Pflichtbeiträge nach § 119 des Zehnten Buches, wenn diese nach dem Beginn der Rente aufgrund eines Schadensereignisses vor Rentenbeginn gezahlt worden sind; § 34 Abs. 4 Nr. 3 gilt nicht.

§ 76 Zuschläge oder Abschläge beim Versorgungsausgleich

(1) Ein zugunsten oder zulasten von Versicherten durchgeführter Versorgungsausgleich wird durch einen Zuschlag oder Abschlag an Entgeltpunkten berücksichtigt.

(2) $_1$Die Übertragung oder Begründung von Rentenanwartschaften zugunsten von Versicherten führt zu einem Zuschlag an Entgeltpunkten. $_2$Der Begründung von Rentenanwartschaften stehen gleich

1. die Wiederauffüllung geminderter Rentenanwartschaften (§ 187 Abs. 1 Nr. 1),
2. die Abwendung einer Kürzung der Versorgungsbezüge, wenn später eine Nachversicherung durchgeführt worden ist (§ 183 Abs. 1).

(3) Die Übertragung von Rentenanwartschaften zu Lasten von Versicherten führt zu einem Abschlag an Entgeltpunkten.

(4) $_1$Die Entgeltpunkte werden in der Weise ermittelt, dass der Monatsbetrag der Rentenanwartschaften durch den aktuellen Rentenwert mit seinem Wert bei Ende der Ehezeit oder Lebenspartnerschaftszeit geteilt wird. $_2$Entgeltpunkte aus einer Begründung durch externe Teilung nach § 14 des Versorgungsausgleichsgesetzes werden ermittelt, indem der vom Familiengericht nach § 222 Abs. 3 des Gesetzes über das Verfahren in Familiensachen und in den Angelegenheiten der freiwilligen Gerichtsbarkeit festgesetzte Kapitalbetrag mit dem zum Ende der Ehezeit maßgebenden Umrechnungsfaktor für die Ermittlung von Entgeltpunkten im Rahmen des Versorgungsausgleichs vervielfältigt wird. $_3$An die Stelle des Endes der Ehezeit oder Lebenspartnerschaftszeit tritt in Fällen, in denen der Versorgungsausgleich nicht Folgesache im Sinne von § 137 Abs. 2 Satz 1 Nr. 1 des Gesetzes über das Verfahren in Familiensachen und in den Angelegenheiten der freiwilligen Gerichtsbarkeit ist oder im Abänderungsverfahren der Eingang des Antrags auf Durchführung oder Abänderung des Versorgungsausgleichs beim Familiengericht, in Fällen der Aussetzung des Verfahrens über den Versorgungsausgleich der Zeitpunkt der

Wiederaufnahme des Verfahrens über den Versorgungsausgleich. $_4$Ist nach der Entscheidung des Familiengerichts der Kapitalbetrag zu verzinsen, tritt an die Stelle der in den Sätzen 2 und 3 genannten Umrechnungszeitpunkte der Zeitpunkt, bis zu dem nach der Entscheidung des Familiengerichts Zinsen zu berechnen sind.

(5) Ein Zuschlag an Entgeltpunkten, die sich aus der Zahlung von Beiträgen zur Begründung einer Rentenanwartschaft oder zur Wiederauffüllung einer geminderten Rentenanwartschaft ergeben, erfolgt nur, wenn die Beiträge bis zu einem Zeitpunkt gezahlt worden sind, bis zu dem Entgeltpunkte für freiwillig gezahlte Beiträge zu ermitteln sind.

(6) Der Zuschlag an Entgeltpunkten entfällt zu gleichen Teilen auf die in der Ehezeit oder Lebenspartnerschaftszeit liegenden Kalendermonate, der Abschlag zu gleichen Teilen auf die in der Ehezeit oder Lebenspartnerschaftszeit liegenden Kalendermonate mit Beitragszeiten und beitragsfreien Zeiten.

(7) Ist eine Rente um einen Zuschlag oder Abschlag aus einem durchgeführten Versorgungsausgleich zu verändern, ist von der Summe der bisher der Rente zugrunde liegenden Entgeltpunkte auszugehen.

§ 76a Zuschläge an Entgeltpunkten aus Zahlung von Beiträgen bei vorzeitiger Inanspruchnahme einer Rente wegen Alters oder bei Abfindungen einer Anwartschaft auf betriebliche Altersversorgung oder von Anrechten bei der Versorgungsausgleichskasse

(1) Entgeltpunkte aus der Zahlung von Beiträgen bei vorzeitiger Inanspruchnahme einer Rente wegen Alters werden ermittelt, indem gezahlte Beiträge mit dem im Zeitpunkt der Zahlung maßgebenden Umrechnungsfaktor für die Ermittlung von Entgeltpunkten im Rahmen des Versorgungsausgleichs vervielfältigt werden.

(2) Entgeltpunkte aus der Zahlung von Beiträgen bei Abfindungen von Anwartschaften auf betriebliche Altersversorgung oder von Anrechten bei der Versorgungsausgleichskasse werden ermittelt, indem aus dem Abfindungsbetrag gezahlte Beiträge mit dem zum Zeitpunkt der Zahlung maßgebenden Umrechnungsfaktor für die Ermittlung von Entgeltpunkten im Rahmen des Versorgungsausgleichs vervielfältigt werden.

(3) Ein Zuschlag aus der Zahlung solcher Beiträge erfolgt nur, wenn sie bis zu einem Zeitpunkt gezahlt worden sind, bis zu dem Entgeltpunkte für freiwillig gezahlte Beiträge zu ermitteln sind.

§ 76b Zuschläge an Entgeltpunkten für Arbeitsentgelt aus geringfügiger Beschäftigung

(1) Für Arbeitsentgelt aus geringfügiger Beschäftigung, für die Beschäftigte nach § 6 Absatz 1b von der Versicherungspflicht befreit sind, und für das der Arbeitgeber einen Beitragsanteil getragen hat, werden Zuschläge an Entgeltpunkten ermittelt.

(2) $_1$Die Zuschläge an Entgeltpunkten werden ermittelt, indem das Arbeitsentgelt, das beitragspflichtig wäre, wenn die Beschäftigung versicherungspflichtig wäre, durch das Durchschnittsentgelt (Anlage 1) für dasselbe Kalenderjahr geteilt und mit dem Verhältnis vervielfältigt wird, das dem vom Arbeitgeber gezahlten Beitragsanteil und dem Beitrag entspricht, der zu zahlen wäre, wenn das Arbeitsentgelt beitragspflichtig wäre. $_2$Für das Kalenderjahr des Rentenbeginns und für das davor liegende Kalenderjahr wird als Durchschnittsentgelt der Betrag zugrunde gelegt, der für diese Kalenderjahre vorläufig bestimmt ist.

(3) Für den Zuschlag an Entgeltpunkten gelten die §§ 75 und 124 entsprechend.

(4) Absatz 1 gilt nicht für Beschäftigte, die

1. als Bezieher einer Vollrente wegen Alters,
2. als Versorgungsbezieher,
3. wegen des Erreichens der Regelaltersgrenze oder
4. wegen einer Beitragserstattung

versicherungsfrei sind.

§ 76c Zuschläge oder Abschläge bei Rentensplitting

(1) Ein durchgeführtes Rentensplitting wird beim Versicherten durch Zuschläge oder Abschläge an Entgeltpunkten berücksichtigt.

(2) Zuschläge an Entgeltpunkten aus einem durchgeführten Rentensplitting entfallen zu gleichen Teilen auf die in der Splittingzeit liegenden Kalendermonate, Abschläge zu gleichen Teilen auf die in der Splittingzeit liegenden Kalendermonate mit Beitragszeiten und beitragsfreien Zeiten.

(3) Ist eine Rente um Zuschläge oder Abschläge aus einem durchgeführten Rentensplitting zu verändern, ist von der Summe der bisher der Rente zugrunde liegenden Entgeltpunkte auszugehen.

§ 76d Zuschläge an Entgeltpunkten aus Beiträgen nach Beginn einer Rente wegen Alters

Für die Ermittlung von Zuschlägen an Entgeltpunkten aus Beiträgen nach Beginn einer Rente wegen Alters gelten die Regelungen zur Ermittlung von Entgeltpunkten für Beitragszeiten oder von Zuschlägen für Arbeitsentgelt aus geringfügiger Beschäftigung entsprechend.

VI

§ 76e Zuschläge an Entgeltpunkten für Zeiten einer besonderen Auslandsverwendung

(1) Für Zeiten einer besonderen Auslandsverwendung nach § 63c Absatz 1 des Soldatenversorgungsgesetzes oder § 31a Absatz 1 des Beamtenversorgungsgesetzes ab dem 13. Dezember 2011 werden Zuschläge an Entgeltpunkten ermittelt, wenn während dieser Zeiten Pflichtbeitragszeiten vorliegen und nach dem 30. November 2002 insgesamt mindestens 180 Tage an Zeiten einer besonderen Auslandsverwendung vorliegen, die jeweils ununterbrochen mindestens 30 Tage gedauert haben.

(2) Die Zuschläge an Entgeltpunkten betragen für jeden Kalendermonat der besonderen Auslandsverwendung 0,18 Entgeltpunkte, wenn diese Zeiten jeweils ununterbrochen mindestens 30 Tage gedauert haben; für jeden Teilzeitraum wird der entsprechende Anteil zugrunde gelegt.

Zum 1.1.2016 wird folgender § 76f angefügt (Gesetz zur Steigerung der Attraktivität des Dienstes in der Bundeswehr vom 13.5.2015, BGBl. I S. 706):

§ 76f Zuschläge an Entgeltpunkten für nachversicherte Soldaten auf Zeit

Für die Ermittlung von Zuschlägen an Entgeltpunkten aus Beiträgen für beitragspflichtige Einnahmen von nachversicherten Soldaten auf Zeit, die über dem Betrag der Beitragsbemessungsgrenze liegen, gelten die Regelungen zur Ermittlung von Entgeltpunkten für Beitragszeiten entsprechend.

§ 77 Zugangsfaktor

(1) Der Zugangsfaktor richtet sich nach dem Alter der Versicherten bei Rentenbeginn oder bei Tod und bestimmt, in welchem Umfang Entgeltpunkte bei der Ermittlung des Monatsbetrags der Rente als persönliche Entgeltpunkte zu berücksichtigen sind.

(2) $_1$Der Zugangsfaktor ist für Entgeltpunkte, die noch nicht Grundlage von persönlichen Entgeltpunkten einer Rente waren,

1. bei Renten wegen Alters, die mit Ablauf des Kalendermonats des Erreichens der Regelaltersgrenze oder eines für den Versicherten maßgebenden niedrigeren Rentenalters beginnen, 1,0,
2. bei Renten wegen Alters, die
   a) vorzeitig in Anspruch genommen werden, für jeden Kalendermonat um 0,003 niedriger als 1,0 und
   b) nach Erreichen der Regelaltersgrenze trotz erfüllter Wartezeit nicht in Anspruch genommen werden, für jeden Kalendermonat um 0,005 höher als 1,0,
3. bei Renten wegen verminderter Erwerbsfähigkeit und bei Erziehungsrenten für jeden Kalendermonat, für den eine Rente vor Ablauf des Kalendermonats der Vollendung des 65. Lebensjahres in Anspruch genommen wird, um 0,003 niedriger als 1,0,
4. bei Hinterbliebenenrenten für jeden Kalendermonat,

a) der sich vom Ablauf des Monats, in dem der Versicherte verstorben ist, bis zum Ablauf des Kalendermonats der Vollendung des 65. Lebensjahres des Versicherten ergibt, um 0,003 niedriger als 1,0 und
b) für den Versicherte trotz erfüllter Wartezeit eine Rente wegen Alters nach Erreichen der Regelaltersgrenze nicht in Anspruch genommen haben, um 0,005 höher als 1,0.

2Beginnt eine Rente wegen verminderter Erwerbsfähigkeit oder eine Erziehungsrente vor Vollendung des 62. Lebensjahres oder ist bei Hinterbliebenenrenten der Versicherte vor Vollendung des 62. Lebensjahres verstorben, ist die Vollendung des 62. Lebensjahres für die Bestimmung des Zugangsfaktors maßgebend. 3Die Zeit des Bezugs einer Rente vor Vollendung des 62. Lebensjahres des Versicherten gilt nicht als Zeit einer vorzeitigen Inanspruchnahme. 4Dem Beginn und der vorzeitigen oder späteren Inanspruchnahme einer Rente wegen Alters steht für die Ermittlung des Zugangsfaktors für Zuschläge an Entgeltpunkten aus Beiträgen nach Beginn einer Rente wegen Alters der Beginn einer Vollrente wegen Alters gleich.

(3) 1Für diejenigen Entgeltpunkte, die bereits Grundlage von persönlichen Entgeltpunkten einer früheren Rente waren, bleibt der frühere Zugangsfaktor maßgebend. 2Dies gilt nicht für die Hälfte der Entgeltpunkte, die Grundlage einer Rente wegen teilweiser Erwerbsminderung waren. 3Der Zugangsfaktor wird für Entgeltpunkte, die Versicherte bei

1. einer Rente wegen Alters nicht mehr vorzeitig in Anspruch genommen haben, um 0,003 oder
2. einer Rente wegen verminderter Erwerbsfähigkeit oder einer Erziehungsrente mit einem Zugangsfaktor kleiner als 1,0 nach Ablauf des Kalendermonats der Vollendung des 62. Lebensjahres bis zum Ende des Kalendermonats der Vollendung des 65. Lebensjahres nicht in Anspruch genommen haben, um 0,003,
3. einer Rente nach Erreichen der Regelaltersgrenze nicht in Anspruch genommen haben, um 0,005

je Kalendermonat erhöht.

(4) Bei Renten wegen verminderter Erwerbsfähigkeit und bei Hinterbliebenenrenten, deren Berechnung 40 Jahre mit den in § 51 Abs. 3a und 4 und mit den in § 52 Abs. 2 genannten Zeiten zugrunde liegen, sind die Absätze 2 und 3 mit der Maßgabe anzuwenden, dass an die Stelle der Vollendung des 65. Lebensjahres die Vollendung des 63. Lebensjahres und an die Stelle der Vollendung des 62. Lebensjahres die Vollendung des 60. Lebensjahres tritt.

§ 78 Zuschlag bei Waisenrenten

(1) 1Der Zuschlag an persönlichen Entgeltpunkten bei Waisenrenten richtet sich nach der Anzahl an Kalendermonaten mit rentenrechtlichen Zeiten und dem Zugangsfaktor des verstorbenen Versicherten. 2Dabei wird der Zuschlag für jeden Kalendermonat mit Beitragszeiten in vollem Umfang berücksichtigt. 3Für jeden Kalendermonat mit sonstigen rentenrechtlichen Zeiten wird der Zuschlag in dem Verhältnis berücksichtigt, in dem die Anzahl der Kalendermonate mit Beitragszeiten und Berücksichtigungszeiten zur Anzahl der für die Grundbewertung belegungsfähigen Monate steht.

(2) Bei einer Halbwaisenrente sind der Ermittlung des Zuschlags für jeden Kalendermonat 0,0833 Entgeltpunkte zugrunde zu legen.

(3) 1Bei einer Vollwaisenrente sind der Ermittlung des Zuschlags für jeden Kalendermonat des verstorbenen Versicherten mit der höchsten Rente 0,075 Entgeltpunkte zugrunde zu legen. 2Auf den Zuschlag werden die persönlichen Entgeltpunkte des verstorbenen Versicherten mit der zweithöchsten Rente angerechnet.

§ 78a Zuschlag bei Witwenrenten und Witwerrenten

(1) 1Der Zuschlag an persönlichen Entgeltpunkten bei Witwenrenten und Witwerrenten richtet sich nach der Dauer der Erziehung von

VI

Kindern bis zur Vollendung ihres dritten Lebensjahres. 2Die Dauer ergibt sich aus der Summe der Anzahl an Kalendermonaten mit Berücksichtigungszeiten wegen Kindererziehung, die der Witwe oder dem Witwer zugeordnet worden sind, beginnend nach Ablauf des Monats der Geburt, bei Geburten am Ersten eines Monats jedoch vom Monat der Geburt an. 3Für die ersten 36 Kalendermonate sind jeweils 0,1010 Entgeltpunkte, für jeden weiteren Kalendermonat 0,0505 Entgeltpunkte zugrunde zu legen. 4Witwenrenten und Witwerrenten werden nicht um einen Zuschlag erhöht, solange der Rentenartfaktor mindestens 1,0 beträgt.

(1a) Absatz 1 gilt entsprechend, soweit Berücksichtigungszeiten nur deshalb nicht angerechnet werden, weil

1. die Voraussetzungen des § 56 Absatz 4 vorliegen,
2. die Voraussetzung nach § 57 Satz 2 nicht erfüllt wird oder
3. sie auf Grund einer Beitragserstattung nach § 210 untergegangen sind.

(2) 1Sterben Versicherte vor der Vollendung des dritten Lebensjahres des Kindes, wird mindestens der Zeitraum zugrunde gelegt, der zum Zeitpunkt des Todes an der Vollendung des dritten Lebensjahres des Kindes fehlt. 2Sterben Versicherte vor der Geburt des Kindes, werden 36 Kalendermonate zugrunde gelegt, wenn das Kind innerhalb von 300 Tagen nach dem Tod geboren wird. 3Wird das Kind nach Ablauf dieser Frist geboren, erfolgt der Zuschlag mit Beginn des Monats, der auf den letzten Monat der zu berücksichtigenden Kindererziehung folgt.

(3) Absatz 1 gilt nicht, wenn eine Leistung, die dem Zuschlag gleichwertig ist, nach beamtenrechtlichen Vorschriften oder Grundsätzen oder nach entsprechenden kirchenrechtlichen Regelungen erbracht wird.

Vierter Titel
Knappschaftliche Besonderheiten

§ 79 Grundsatz

Für die Berechnung von Renten mit Zeiten in der knappschaftlichen Rentenversicherung sind die vorangehenden Vorschriften über die Rentenhöhe und die Rentenanpassung anzuwenden, soweit nicht im Folgenden etwas anderes bestimmt ist.

§ 80 Monatsbetrag der Rente

Liegen der Rente persönliche Entgeltpunkte sowohl der knappschaftlichen Rentenversicherung als auch der allgemeinen Rentenversicherung zugrunde, sind aus den persönlichen Entgeltpunkten der knappschaftlichen Rentenversicherung und denen der allgemeinen Rentenversicherung Monatsteilbeträge zu ermitteln, deren Summe den Monatsbetrag der Rente ergibt.

§ 81 Persönliche Entgeltpunkte

(1) Zur Summe aller Entgeltpunkte der knappschaftlichen Rentenversicherung gehören auch Entgeltpunkte aus dem Leistungszuschlag.

(2) Grundlage für die Ermittlung des Monatsbetrags einer Rente für Bergleute sind nur die persönlichen Entgeltpunkte, die auf die knappschaftliche Rentenversicherung entfallen.

§ 82 Rentenartfaktor

1Der Rentenartfaktor beträgt für persönliche Entgeltpunkte in der knappschaftlichen Rentenversicherung bei

1. Renten wegen Alters 1,3333
2. Renten wegen teilweiser Erwerbsminderung
   a) solange eine in der knappschaftlichen Rentenversicherung versicherte Beschäftigung ausgeübt wird 0,6
   b) in den übrigen Fällen 0,9
3. Renten wegen voller Erwerbsminderung 1,3333
4. Renten für Bergleute 0,5333
5. Erziehungsrenten 1,3333

6. kleinen Witwenrenten und kleinen Witwerrenten bis zum Ablauf des dritten Kalendermonats nach Ablauf des Monats, in dem der Ehegatte verstorben ist, 1,3333 anschließend 0,3333
7. großen Witwenrenten und großen Witwerrenten bis zum Ablauf des dritten Kalendermonats nach Ablauf des Monats, in dem der Ehegatte verstorben ist, 1,3333 anschließend 0,7333
8. Halbwaisenrenten 0,1333
9. Vollwaisenrenten 0,2667.

$_{2}$Der Rentenartfaktor beträgt abweichend von Satz 1 für persönliche Entgeltpunkte aus zusätzlichen Entgeltpunkten für ständige Arbeiten unter Tage bei

1. Renten wegen teilweiser Erwerbsminderung 1,3333
2. Renten für Bergleute 1,3333
3. kleinen Witwenrenten und kleinen Witwerrenten bis zum Ablauf des dritten Kalendermonats nach Ablauf des Monats, in dem der Ehegatte verstorben ist, 1,3333 anschließend 0,7333.

§ 83 Entgeltpunkte für Beitragszeiten

(1) $_{1}$Kindererziehungszeiten erhalten für jeden Kalendermonat 0,0625 Entgeltpunkte (Entgeltpunkte für Kindererziehungszeiten). $_{2}$Entgeltpunkte für Kindererziehungszeiten sind auch Entgeltpunkte, die für Kindererziehungszeiten mit sonstigen Beitragszeiten der knappschaftlichen Rentenversicherung ermittelt werden, indem die Entgeltpunkte für diese sonstigen Beitragszeiten um 0,0625 erhöht werden, höchstens aber um drei Viertel des Unterschiedsbetrags. $_{3}$Der Unterschiedsbetrag ergibt sich, indem die ermittelten Entgeltpunkte für sonstige Beitragszeiten um 0,0833, höchstens aber auf den jeweiligen Höchstbetrag nach Anlage 2b für die knappschaftliche Rentenversicherung erhöht und um die ermittelten Entgeltpunkte für sonstige Beitragszeiten gemindert werden. $_{4}$Kindererziehungszeiten in der knappschaftlichen Rentenversicherung werden bei Anwendung des § 70 Abs. 3a wie Kindererziehungszeiten in der allgemeinen Rentenversicherung bewertet.

(2) $_{1}$Für Zeiten nach dem 31. Dezember 1971, in denen Versicherte eine Bergmannsprämie bezogen haben, wird die Beitragsbemessungsgrundlage, aus der die Entgeltpunkte ermittelt werden, bis zur Beitragsbemessungsgrenze um einen Betrag in Höhe der gezahlten Bergmannsprämie erhöht. $_{2}$Dies gilt nicht für die Berechnung einer Rente für Bergleute.

§ 84 Entgeltpunkte für beitragsfreie und beitragsgeminderte Zeiten (Gesamtleistungsbewertung)

(1) Für die Gesamtleistungsbewertung werden jedem Kalendermonat mit Beitragszeiten der knappschaftlichen Rentenversicherung, der gleichzeitig Kindererziehungszeit ist, die um ein Drittel erhöhten Entgeltpunkte für Kindererziehungszeiten zugeordnet.

(2) Bei Kalendermonaten mit Beitragszeiten der allgemeinen Rentenversicherung, die beitragsgeminderte Zeiten sind, weil sie auch mit Anrechnungszeiten oder einer Zurechnungszeit belegt sind, die der knappschaftlichen Rentenversicherung zugeordnet sind, werden für die Ermittlung des Wertes für beitragsgeminderte Zeiten die Entgeltpunkte für diese Beitragszeiten zuvor mit 0,75 vervielfältigt.

(3) Bei Kalendermonaten mit Beitragszeiten der knappschaftlichen Rentenversicherung, die beitragsgeminderte Zeiten sind, weil sie auch mit Anrechnungszeiten oder einer Zurechnungszeit belegt sind, die der allgemeinen Rentenversicherung zugeordnet sind, werden für die Ermittlung des Wertes für beitragsgeminderte Zeiten die ohne Anwendung des Absatzes 1 ermittelten Entgeltpunkte für diese Beitragszeiten zuvor mit 1,3333 vervielfältigt.

§ 85 Entgeltpunkte für ständige Arbeiten unter Tage (Leistungszuschlag)

(1) $_{1}$Versicherte erhalten nach sechs Jahren ständiger Arbeiten unter Tage für jedes volle Jahr mit solchen Arbeiten

vom sechsten bis zum zehnten Jahr 0,125

vom elften bis zum zwanzigsten Jahr 0,25

für jedes weitere Jahr 0,375

zusätzliche Entgeltpunkte. 2Dies gilt nicht für Zeiten, in denen eine Rente wegen Erwerbsminderung bezogen worden ist.

(2) Die zusätzlichen Entgeltpunkte werden den Kalendermonaten mit ständigen Arbeiten unter Tage zu gleichen Teilen zugeordnet.

§ 86 (weggefallen)

§ 86a Zugangsfaktor

1Bei Renten für Bergleute ist als niedrigstes Lebensalter für die Bestimmung des Zugangsfaktors (§ 77) die Vollendung des 64. Lebensjahres zugrunde zu legen. 2§ 77 Abs. 3 Satz 2 ist bei Renten für Bergleute mit der Maßgabe anzuwenden, dass an die Stelle der Hälfte der Entgeltpunkte drei Fünftel der Entgeltpunkte treten. 3§ 77 Abs. 4 ist bei Renten für Bergleute mit der Maßgabe anzuwenden, dass als niedrigstes Lebensalter für die Bestimmung des Zugangsfaktors die Vollendung des 62. Lebensjahres zugrunde zu legen ist.

§ 87 Zuschlag bei Waisenrenten

(1) Bei der Ermittlung des Zuschlags bei Waisenrenten mit Entgeltpunkten der knappschaftlichen Rentenversicherung sind für jeden Kalendermonat mit Beitragszeiten des verstorbenen Versicherten

1. bei einer Halbwaisenrente 0,0625 Entgeltpunkte,
2. bei einer Vollwaisenrente 0,0563 Entgeltpunkte

zugrunde zu legen.

(2) Sind persönliche Entgeltpunkte der allgemeinen Rentenversicherung auf den Zuschlag für eine Vollwaisenrente mit Entgeltpunkten der knappschaftlichen Rentenversicherung anzurechnen, sind sie zuvor mit 0,75 zu vervielfältigen.

(3) Sind persönliche Entgeltpunkte der knappschaftlichen Rentenversicherung auf den Zuschlag für eine Vollwaisenrente mit Entgeltpunkten der allgemeinen Rentenversicherung anzurechnen, sind sie zuvor mit 1,3333 zu vervielfältigen.

Fünfter Titel
Ermittlung des Monatsbetrags der Rente in Sonderfällen

§ 88 Persönliche Entgeltpunkte bei Folgerenten

(1) 1Hat ein Versicherter eine Rente wegen Alters bezogen, werden ihm für eine spätere Rente mindestens die bisherigen persönlichen Entgeltpunkte zugrunde gelegt. 2Hat ein Versicherter eine Rente wegen verminderter Erwerbsfähigkeit oder eine Erziehungsrente bezogen und beginnt spätestens innerhalb von 24 Kalendermonaten nach Ende des Bezugs dieser Rente erneut eine Rente, werden ihm für diese Rente mindestens die bisherigen persönlichen Entgeltpunkte zugrunde gelegt. 3Satz 2 gilt bei Renten für Bergleute nur, wenn ihnen eine Rente für Bergleute vorausgegangen ist.

(2) 1Hat der verstorbene Versicherte eine Rente aus eigener Versicherung bezogen und beginnt spätestens innerhalb von 24 Kalendermonaten nach Ende des Bezugs dieser Rente eine Hinterbliebenenrente, werden ihr mindestens die bisherigen persönlichen Entgeltpunkte des verstorbenen Versicherten zugrunde gelegt. 2Haben eine Witwe, ein Witwer oder eine Waise eine Hinterbliebenenrente bezogen und beginnt spätestens innerhalb von 24 Kalendermonaten nach Ende des Bezugs dieser Rente erneut eine solche Rente, werden ihr mindestens die bisherigen persönlichen Entgeltpunkte zugrunde gelegt.

(3) Haben Beiträge nach Beginn einer Rente wegen Alters noch nicht zu Zuschlägen an Entgeltpunkten geführt, werden bei der Folgerente zusätzlich zu den bisherigen persönlichen Entgeltpunkten auch persönliche Entgeltpunkte aus Zuschlägen an Entgeltpunkten aus Beiträgen nach Beginn der Rente wegen Alters zugrunde gelegt.

§ 88a Höchstbetrag bei Witwenrenten und Witwerrenten

1Der Monatsbetrag einer Witwenrente oder Witwerrente darf den Monatsbetrag der Rente wegen voller Erwerbsminderung oder die Vollrente wegen Alters des Verstorbenen nicht überschreiten. 2Anderenfalls ist der Zuschlag an persönlichen Entgeltpunkten bei Witwenrenten und Witwerrenten entsprechend zu verringern.

Vierter Unterabschnitt Zusammentreffen von Renten und von Einkommen

§ 89 Mehrere Rentenansprüche

(1) 1Bestehen für denselben Zeitraum Ansprüche auf mehrere Renten aus eigener Versicherung, wird nur die höchste Rente geleistet. 2Bei gleich hohen Renten ist folgende Rangfolge maßgebend:

1. Regelaltersrente,
2. Altersrente für langjährig Versicherte,
3. Altersrente für schwerbehinderte Menschen,

3a. Altersrente für besonders langjährig Versicherte,

4. Altersrente wegen Arbeitslosigkeit oder nach Altersteilzeitarbeit (Fünftes Kapitel),
5. Altersrente für Frauen (Fünftes Kapitel),
6. Altersrente für langjährig unter Tage beschäftigte Bergleute,
7. Rente wegen voller Erwerbsminderung,
8. Rente wegen Erwerbsunfähigkeit (Fünftes Kapitel),
9. Erziehungsrente,
10. Rente wegen Berufsunfähigkeit (Fünftes Kapitel),
11. Rente wegen teilweiser Erwerbsminderung,
12. Rente für Bergleute.

(2) Für den Zeitraum, für den Anspruch auf große Witwenrente oder große Witwerrente besteht, wird eine kleine Witwenrente oder eine kleine Witwerrente nicht geleistet.

(3) 1Besteht für denselben Zeitraum Anspruch auf mehrere Waisenrenten, wird nur die höchste Waisenrente geleistet. 2Bei gleich hohen Waisenrenten wird nur die zuerst beantragte Rente geleistet.

§ 90 Witwenrente und Witwerrente nach dem vorletzten Ehegatten und Ansprüche infolge Auflösung der letzten Ehe

(1) Auf eine Witwenrente oder Witwerrente nach dem vorletzten Ehegatten werden für denselben Zeitraum bestehende Ansprüche auf Witwenrente oder Witwerrente, auf Versorgung, auf Unterhalt oder auf sonstige Renten nach dem letzten Ehegatten angerechnet; dabei werden die Vorschriften über die Einkommensanrechnung auf Renten wegen Todes nicht berücksichtigt.

(2) 1Wurde bei der Wiederheirat eine Rentenabfindung geleistet und besteht nach Auflösung oder Nichtigerklärung der erneuten Ehe Anspruch auf Witwenrente oder Witwerrente nach dem vorletzten Ehegatten, wird für jeden Kalendermonat, der auf die Zeit nach Auflösung oder Nichtigerklärung der erneuten Ehe bis zum Ablauf des 24. Kalendermonats nach Ablauf des Monats der Wiederheirat entfällt, von dieser Rente ein Vierundzwanzigstel der Rentenabfindung in angemessenen Teilbeträgen einbehalten. 2Wurde die Rentenabfindung nach kleiner Witwenrente oder kleiner Witwerrente in verminderter Höhe geleistet, vermindert sich der Zeitraum des Einbehalts um die Kalendermonate, für die eine kleine Witwenrente oder kleine Witwerrente geleistet wurde. 3Als Teiler zur Ermittlung der Höhe des Einbehalts ist dabei die Anzahl an Kalendermonaten maßgebend, für die die Abfindung geleistet wurde. 4Wird die Rente verspätet beantragt, mindert sich die einzubehaltende Rentenabfindung um den Betrag, der dem Berechtigten bei frühestmöglicher Antragstellung an Witwenrente oder Witwerrente nach dem vorletzten Ehegatten zugestanden hätte.

(3) Als Witwenrente oder Witwerrente nach dem vorletzten Ehegatten gelten auch eine Witwenrente oder Witwerrente nach dem

vorletzten Lebenspartner, als letzter Ehegatte auch der letzte Lebenspartner, als Wiederheirat auch die erstmalige oder erneute Begründung einer Lebenspartnerschaft und als erneute Ehe auch die erstmalige oder erneute Lebenspartnerschaft.

§ 91 Aufteilung von Witwenrenten und Witwerrenten auf mehrere Berechtigte

1Besteht für denselben Zeitraum aus den Rentenanwartschaften eines Versicherten Anspruch auf Witwenrente oder Witwerrente für mehrere Berechtigte, erhält jeder Berechtigte den Teil der Witwenrente oder Witwerrente, der dem Verhältnis der Dauer seiner Ehe mit dem Versicherten zu der Dauer der Ehen des Versicherten mit allen Berechtigten entspricht. 2Dies gilt nicht für Witwen oder Witwer, solange der Rentenartfaktor der Witwenrente oder Witwerrente mindestens 1,0 beträgt. 3Ergibt sich aus der Anwendung des Rechts eines anderen Staates, dass mehrere Berechtigte vorhanden sind, erfolgt die Aufteilung nach § 34 Abs. 2 des Ersten Buches.

VI

§ 92 Waisenrente und andere Leistungen an Waisen

1Besteht für denselben Zeitraum Anspruch auf Waisenrente aus der Rentenanwartschaft eines verstorbenen Elternteils und auf eine Leistung an Waisen, weil ein anderer verstorbener Elternteil oder bei einer Vollwaisenrente der Elternteil mit der zweithöchsten Rente zu den in § 5 Abs. 1 oder § 6 Abs. 1 Satz 1 Nr. 1 und 2 genannten Personen gehörte, wird der Zuschlag zur Waisenrente nur insoweit gezahlt, als er diese Leistung übersteigt. 2Änderungen der Höhe der anrechenbaren Leistung an Waisen aufgrund einer regelmäßigen Anpassung sind erst zum Zeitpunkt der Anpassung der Waisenrente zu berücksichtigen.

§ 93 Rente und Leistungen aus der Unfallversicherung

(1) Besteht für denselben Zeitraum Anspruch

1. auf eine Rente aus eigener Versicherung und auf eine Verletztenrente aus der Unfallversicherung oder
2. auf eine Hinterbliebenenrente und eine entsprechende Hinterbliebenenrente aus der Unfallversicherung,

wird die Rente insoweit nicht geleistet, als die Summe der zusammentreffenden Rentenbeträge vor Einkommensanrechnung den jeweiligen Grenzbetrag übersteigt.

(2) Bei der Ermittlung der Summe der zusammentreffenden Rentenbeträge bleiben unberücksichtigt

1. bei dem Monatsteilbetrag der Rente, der auf persönlichen Entgeltpunkten der knappschaftlichen Rentenversicherung beruht,
   a) der auf den Leistungszuschlag für ständige Arbeiten unter Tage entfallende Anteil und
   b) 15 vom Hundert des verbleibenden Anteils,
2. bei der Verletztenrente aus der Unfallversicherung
   a) ein der Grundrente nach dem Bundesversorgungsgesetz entsprechender Betrag, bei einer Minderung der Erwerbsfähigkeit um 20 vom Hundert zwei Drittel der Mindestgrundrente, bei einer Minderung der Erwerbsfähigkeit um 10 vom Hundert ein Drittel der Mindestgrundrente, und
   b) je 16,67 vom Hundert des aktuellen Rentenwerts für jeden Prozentpunkt der Minderung der Erwerbsfähigkeit, wenn diese mindestens 60 vom Hundert beträgt und die Rente aufgrund einer entschädigungspflichtigen Berufskrankheit nach den Nummern 4101, 4102 oder 4111 der Anlage zur Berufskrankheiten-Verordnung vom 31. Oktober 1997 geleistet wird.

(3) 1Der Grenzbetrag beträgt 70 vom Hundert eines Zwölftels des Jahresarbeitsverdienstes, der der Berechnung der Rente aus der Unfallversicherung zugrunde liegt, vervielfältigt mit dem jeweiligen Rentenartfaktor für persönliche Entgeltpunkte der allgemeinen Rentenversicherung; bei einer Rente für Bergleute beträgt der Faktor 0,4. 2Mindestgrenzbe-

trag ist der Monatsbetrag der Rente ohne die Beträge nach Absatz 2 Nr. 1.

(4) 1Die Absätze 1 bis 3 werden auch angewendet,

1. soweit an die Stelle der Rente aus der Unfallversicherung eine Abfindung getreten ist,
2. soweit die Rente aus der Unfallversicherung für die Dauer einer Heimpflege gekürzt worden ist,
3. wenn nach § 10 Abs. 1 des Entwicklungshelfer-Gesetzes eine Leistung erbracht wird, die einer Rente aus der Unfallversicherung vergleichbar ist,
4. wenn von einem Träger mit Sitz im Ausland eine Rente wegen eines Arbeitsunfalls oder einer Berufskrankheit geleistet wird, die einer Rente aus der Unfallversicherung nach diesem Gesetzbuch vergleichbar ist.

2Die Abfindung tritt für den Zeitraum, für den sie bestimmt ist, an die Stelle der Rente. 3Im Fall des Satzes 1 Nr. 4 wird als Jahresarbeitsverdienst der 18fache Monatsbetrag der Rente wegen Arbeitsunfalls oder Berufskrankheit zugrunde gelegt. 4Wird die Rente für eine Minderung der Erwerbsfähigkeit von weniger als 100 vom Hundert geleistet, ist von dem Rentenbetrag auszugehen, der sich für eine Minderung der Erwerbsfähigkeit von 100 vom Hundert ergeben würde.

(5) 1Die Absätze 1 bis 4 werden nicht angewendet, wenn die Rente aus der Unfallversicherung

1. für einen Versicherungsfall geleistet wird, der sich nach Rentenbeginn oder nach Eintritt der für die Rente maßgebenden Minderung der Erwerbsfähigkeit ereignet hat, oder
2. ausschließlich nach dem Arbeitseinkommen des Unternehmers oder seines Ehegatten oder Lebenspartners oder nach einem festen Betrag, der für den Unternehmer oder seinen Ehegatten oder Lebenspartner bestimmt ist, berechnet wird.

2Als Zeitpunkt des Versicherungsfalls gilt bei Berufskrankheit der letzte Tag, an dem der Versicherte versicherte Tätigkeiten verrichtet hat, die ihrer Art nach geeignet waren, die Berufskrankheit zu verursachen. 3Satz 1 Nr. 1 gilt nicht für Hinterbliebenenrenten.

§§ 94 und 95 (weggefallen)

§ 96 Nachversicherte Versorgungsbezieher

Nachversicherten, die ihren Anspruch auf Versorgung ganz und auf Dauer verloren haben, wird die Rente oder die höhere Rente für den Zeitraum nicht geleistet, für den Versorgungsbezüge zu leisten sind.

§ 96a Rente wegen verminderter Erwerbsfähigkeit und Hinzuverdienst

(1) 1Eine Rente wegen verminderter Erwerbsfähigkeit wird nur geleistet, wenn die Hinzuverdienstgrenze nicht überschritten wird. 2Sie wird nicht überschritten, wenn das Arbeitsentgelt oder Arbeitseinkommen aus einer Beschäftigung oder selbständigen Tätigkeit oder vergleichbares Einkommen im Monat die in Absatz 2 genannten Beträge nicht übersteigt, wobei ein zweimaliges Überschreiten um jeweils einen Betrag bis zur Höhe der Hinzuverdienstgrenze nach Absatz 2 im Laufe eines jeden Kalenderjahres außer Betracht bleibt. 3Die in Satz 2 genannten Einkünfte werden zusammengerechnet. 4Nicht als Arbeitsentgelt gilt das Entgelt, das

1. eine Pflegeperson von dem Pflegebedürftigen erhält, wenn es das dem Umfang der Pflegetätigkeit entsprechende Pflegegeld im Sinne des § 37 des Elften Buches nicht übersteigt, oder
2. ein behinderter Mensch von dem Träger einer in § 1 Satz 1 Nr. 2 genannten Einrichtung erhält.

(1a) Abhängig vom erzielten Hinzuverdienst wird

1. eine Rente wegen teilweiser Erwerbsminderung in voller Höhe oder in Höhe der Hälfte,
2. eine Rente wegen voller Erwerbsminderung in voller Höhe, in Höhe von drei Vierteln, in Höhe der Hälfte oder in Höhe eines Viertels,

VI

3. eine Rente für Bergleute in voller Höhe, in Höhe von zwei Dritteln oder in Höhe von einem Drittel

geleistet.

(2) Die Hinzuverdienstgrenze beträgt

1. bei einer Rente wegen teilweiser Erwerbsminderung
   a) in voller Höhe das 0,23 fache,
   b) in Höhe der Hälfte das 0,28 fache

   der monatlichen Bezugsgröße, vervielfältigt mit der Summe der Entgeltpunkte (§ 66 Abs. 1 Nr. 1 bis 3) der letzten drei Kalenderjahre vor Eintritt der teilweisen Erwerbsminderung, mindestens jedoch mit 1,5 Entgeltpunkten,
2. bei einer Rente wegen voller Erwerbsminderung in voller Höhe 450 Euro,
3. bei einer Rente wegen voller Erwerbsminderung
   a) in Höhe von drei Vierteln das 0,17 fache,
   b) in Höhe der Hälfte das 0,23 fache,
   c) in Höhe eines Viertels das 0,28 fache

   der monatlichen Bezugsgröße, vervielfältigt mit der Summe der Entgeltpunkte (§ 66 Abs. 1 Nr. 1 bis 3) der letzten drei Kalenderjahre vor Eintritt der vollen Erwerbsminderung, mindestens jedoch mit 1,5 Entgeltpunkten,
4. bei einer Rente für Bergleute
   a) in voller Höhe das 0,25 fache,
   b) in Höhe von zwei Dritteln das 0,34 fache,
   c) in Höhe von einem Drittel das 0,42 fache

   der monatlichen Bezugsgröße, vervielfältigt mit der Summe der Entgeltpunkte (§ 66 Abs. 1 Nr. 1 bis 3) der letzten drei Kalenderjahre vor Eintritt der im Bergbau verminderten Berufsfähigkeit oder der Erfüllung der Voraussetzungen nach § 45 Abs. 3, mindestens jedoch mit 1,5 Entgeltpunkten.

(3) 1Bei der Feststellung eines Hinzuverdienstes, der neben einer Rente wegen teilweiser Erwerbsminderung oder einer Rente für Bergleute erzielt wird, stehen dem Arbeitsentgelt oder Arbeitseinkommen gleich der Bezug von

1. Krankengeld,
   a) das aufgrund einer Arbeitsunfähigkeit geleistet wird, die nach dem Beginn der Rente eingetreten ist, oder
   b) das aufgrund einer stationären Behandlung geleistet wird, die nach dem Beginn der Rente begonnen worden ist,
2. Versorgungskrankengeld,
   a) das aufgrund einer Arbeitsunfähigkeit geleistet wird, die nach dem Beginn der Rente eingetreten ist, oder
   b) das während einer stationären Behandlungsmaßnahme geleistet wird, wenn diesem ein nach Beginn der Rente erzieltes Arbeitsentgelt oder Arbeitseinkommen zugrunde liegt,
3. Übergangsgeld,
   a) dem ein nach Beginn der Rente erzieltes Arbeitsentgelt oder Arbeitseinkommen zugrunde liegt oder
   b) das aus der gesetzlichen Unfallversicherung geleistet wird, und
4. den weiteren in § 18a Abs. 3 Satz 1 Nr. 1 des Vierten Buches genannten Sozialleistungen.

2Bei der Feststellung eines Hinzuverdienstes, der neben einer Rente wegen voller Erwerbsminderung erzielt wird, steht dem Arbeitsentgelt oder Arbeitseinkommen das für denselben Zeitraum geleistete

1. Verletztengeld und
2. Übergangsgeld aus der gesetzlichen Unfallversicherung

gleich. 3Als Hinzuverdienst ist das der Sozialleistung zugrunde liegende monatliche Arbeitsentgelt oder Arbeitseinkommen zu berücksichtigen. 4Die Sätze 1 und 2 sind auch für eine Sozialleistung anzuwenden, die aus Gründen ruht, die nicht im Rentenbezug liegen. 5Absatz 1 Satz 3 ist nicht für geringfügiges Arbeitsentgelt oder Arbeitseinkommen anzuwenden, soweit dieses auf die sonstige Sozialleistung angerechnet wird.

(4) Absatz 3 wird auch für vergleichbare Leistungen einer Stelle mit Sitz im Ausland angewendet.

§ 97 Einkommensanrechnung auf Renten wegen Todes

(1) $_{1}$Einkommen (§ 18a des Vierten Buches) von Berechtigten, das mit einer Witwenrente, Witwerrente oder Erziehungsrente zusammentrifft, wird hierauf angerechnet. $_{2}$Dies gilt nicht bei Witwenrenten oder Witwerrenten, solange deren Rentenartfaktor mindestens 1,0 beträgt.

(2) $_{1}$Anrechenbar ist das Einkommen, das monatlich das 26,4fache des aktuellen Rentenwerts übersteigt. $_{2}$Das nicht anrechenbare Einkommen erhöht sich um das 5,6fache des aktuellen Rentenwerts für jedes Kind des Berechtigten, das Anspruch auf Waisenrente hat oder nur deshalb nicht hat, weil es nicht ein Kind des Verstorbenen ist. $_{3}$Von dem danach verbleibenden anrechenbaren Einkommen werden 40 vom Hundert angerechnet. $_{4}$Führt das Einkommen auch zur Kürzung oder zum Wegfall einer vergleichbaren Rente in einem Mitgliedstaat der Europäischen Union, einem Vertragsstaat des Abkommens über den Europäischen Wirtschaftsraum oder der Schweiz, ist der anrechenbare Betrag mit dem Teil zu berücksichtigen, der dem Verhältnis entspricht, in dem die Entgeltpunkte für Zeiten im Inland zu den Entgeltpunkten für alle in einem Mitgliedstaat der Europäischen Union, einem Vertragsstaat des Abkommens über den Europäischen Wirtschaftsraum und der Schweiz zurückgelegten Zeiten stehen.

(3) $_{1}$Für die Einkommensanrechnung ist bei Anspruch auf mehrere Renten folgende Rangfolge maßgebend:

1. (weggefallen)
2. Witwenrente oder Witwerrente,
3. Witwenrente oder Witwerrente nach dem vorletzten Ehegatten.

$_{2}$Die Einkommensanrechnung auf eine Hinterbliebenenrente aus der Unfallversicherung hat Vorrang vor der Einkommensanrechnung auf eine entsprechende Rente wegen Todes. $_{3}$Das auf eine Hinterbliebenenrente anzurechnende Einkommen mindert sich um den Betrag, der bereits zu einer Einkommensanrechnung auf eine vorrangige Hinterbliebenenrente geführt hat.

(4) Trifft eine Erziehungsrente mit einer Hinterbliebenenrente zusammen, ist der Einkommensanrechnung auf die Hinterbliebenenrente das Einkommen zugrunde zu legen, das sich nach Durchführung der Einkommensanrechnung auf die Erziehungsrente ergibt.

§ 98 Reihenfolge bei der Anwendung von Berechnungsvorschriften

$_{1}$Für die Berechnung einer Rente, deren Leistung sich aufgrund eines Versorgungsausgleichs, eines Rentensplittings, eines Aufenthalts von Berechtigten im Ausland oder aufgrund eines Zusammentreffens mit Renten oder mit sonstigem Einkommen erhöht, mindert oder entfällt, sind, soweit nichts anderes bestimmt ist, die entsprechenden Vorschriften in folgender Reihenfolge anzuwenden:

1. Versorgungsausgleich und Rentensplitting,
2. Leistungen an Berechtigte im Ausland,
3. Aufteilung von Witwenrenten oder Witwerrenten auf mehrere Berechtigte,
4. Waisenrente und andere Leistungen an Waisen,
5. Rente und Leistungen aus der Unfallversicherung,
6. Witwenrente und Witwerrente nach dem vorletzten Ehegatten und Ansprüche infolge Auflösung der letzten Ehe,
7. (weggefallen)

7a. Renten wegen verminderter Erwerbsfähigkeit und Hinzuverdienst,

8. Einkommensanrechnung auf Renten wegen Todes,
9. mehrere Rentenansprüche.

$_{2}$Einkommen, das bei der Berechnung einer Rente aufgrund einer Regelung über das Zusammentreffen von Renten und Einkommen bereits berücksichtigt wurde, wird bei der Berechnung dieser Rente aufgrund einer weiteren solchen Regelung nicht nochmals berücksichtigt.

Fünfter Unterabschnitt
Beginn, Änderung und Ende von Renten

§ 99 Beginn

(1) $_{1}$Eine Rente aus eigener Versicherung wird von dem Kalendermonat an geleistet, zu dessen Beginn die Anspruchsvoraussetzungen für die Rente erfüllt sind, wenn die Rente bis zum Ende des dritten Kalendermonats nach Ablauf des Monats beantragt wird, in dem die Anspruchsvoraussetzungen erfüllt sind. $_{2}$Bei späterer Antragstellung wird eine Rente aus eigener Versicherung von dem Kalendermonat an geleistet, in dem die Rente beantragt wird.

(2) $_{1}$Eine Hinterbliebenenrente wird von dem Kalendermonat an geleistet, zu dessen Beginn die Anspruchsvoraussetzungen für die Rente erfüllt sind. $_{2}$Sie wird bereits vom Todestag an geleistet, wenn an den Versicherten eine Rente im Sterbemonat nicht zu leisten ist. $_{3}$Eine Hinterbliebenenrente wird nicht für mehr als zwölf Kalendermonate vor dem Monat, in dem die Rente beantragt wird, geleistet.

§ 100 Änderung und Ende

(1) $_{1}$Ändern sich aus tatsächlichen oder rechtlichen Gründen die Voraussetzungen für die Höhe einer Rente nach ihrem Beginn, wird die Rente in neuer Höhe von dem Kalendermonat an geleistet, zu dessen Beginn die Änderung wirksam ist. $_{2}$Satz 1 gilt nicht beim Zusammentreffen von Renten und Einkommen mit Ausnahme von § 96a.

(2) Eine höhere Rente als eine bisher bezogene Teilrente wird von dem Kalendermonat an geleistet, zu dessen Beginn die Anspruchsvoraussetzungen hierfür erfüllt sind, wenn sie bis zum Ende des dritten Kalendermonats nach Ablauf des Monats beantragt wird, in dem die Anspruchsvoraussetzungen erfüllt sind, bei späterer Antragstellung von dem Kalendermonat an, in dem sie beantragt wird.

(3) $_{1}$Fallen aus tatsächlichen oder rechtlichen Gründen die Anspruchsvoraussetzungen für eine Rente weg, endet die Rentenzahlung mit dem Beginn des Kalendermonats, zu dessen Beginn der Wegfall wirksam ist. $_{2}$Entfällt ein Anspruch auf Rente, weil sich die Erwerbsfähigkeit der Berechtigten nach einer Leistung zur medizinischen Rehabilitation oder zur Teilhabe am Arbeitsleben gebessert hat, endet die Rentenzahlung erst mit Beginn des vierten Kalendermonats nach der Besserung der Erwerbsfähigkeit. $_{3}$Die Rentenzahlung nach Satz 2 endet mit Beginn eines dem vierten Kalendermonat vorangehenden Monats, wenn zu dessen Beginn eine Beschäftigung oder selbständige Tätigkeit ausgeübt wird, die mehr als geringfügig ist.

(4) Liegen die in § 44 Abs. 1 Satz 1 des Zehnten Buches genannten Voraussetzungen für die Rücknahme eines rechtswidrigen nicht begünstigenden Verwaltungsaktes vor, weil er auf einer Rechtsnorm beruht, die nach Erlass des Verwaltungsaktes für nichtig oder für unvereinbar mit dem Grundgesetz erklärt oder in ständiger Rechtsprechung anders als durch den Rentenversicherungsträger ausgelegt worden ist, so ist der Verwaltungsakt, wenn er unanfechtbar geworden ist, nur mit Wirkung für die Zeit ab dem Beginn des Kalendermonats nach Wirksamwerden der Entscheidung des Bundesverfassungsgerichts oder dem Bestehen der ständigen Rechtsprechung zurückzunehmen.

§ 101 Beginn und Änderung in Sonderfällen

(1) Befristete Renten wegen verminderter Erwerbsfähigkeit werden nicht vor Beginn des siebten Kalendermonats nach dem Eintritt der Minderung der Erwerbsfähigkeit geleistet.

(2) Befristete große Witwenrenten oder befristete große Witwerrenten wegen Minderung der Erwerbsfähigkeit werden nicht vor Beginn des siebten Kalendermonats nach dem Eintritt der Minderung der Erwerbsfähigkeit geleistet.

(3) $_{1}$Ist nach Beginn der Rente ein Versorgungsausgleich durchgeführt, wird die Rente der leistungsberechtigten Person von dem Kalendermonat an um Zuschläge oder Abschläge an Entgeltpunkten verändert, zu dessen Beginn der Versorgungsausgleich

durchgeführt ist. 2Der Rentenbescheid ist mit Wirkung von diesem Zeitpunkt an aufzuheben; die §§ 24 und 48 des Zehnten Buches sind nicht anzuwenden. 3Bei einer rechtskräftigen Abänderung des Versorgungsausgleichs gelten die Sätze 1 und 2 mit der Maßgabe, dass auf den Zeitpunkt nach § 226 Abs. 4 des Gesetzes über das Verfahren in Familiensachen und in den Angelegenheiten der freiwilligen Gerichtsbarkeit abzustellen ist. 4§ 30 des Versorgungsausgleichsgesetzes bleibt unberührt.

(3a) 1Hat das Familiengericht über eine Abänderung der Anpassung nach § 33 des Versorgungsausgleichsgesetzes rechtskräftig entschieden und mindert sich der Anpassungsbetrag, ist dieser in der Rente der leistungsberechtigten Person von dem Zeitpunkt an zu berücksichtigen, der sich aus § 34 Abs. 3 des Versorgungsausgleichsgesetzes ergibt. 2Der Rentenbescheid ist mit Wirkung von diesem Zeitpunkt an aufzuheben; die §§ 24 und 48 des Zehnten Buches sind nicht anzuwenden.

(3b) 1Der Rentenbescheid der leistungsberechtigten Person ist aufzuheben

1. in den Fällen des § 33 Abs. 1 des Versorgungsausgleichsgesetzes mit Wirkung vom Zeitpunkt
   a) des Beginns einer Leistung an die ausgleichsberechtigte Person aus einem von ihr im Versorgungsausgleich erworbenen Anrecht (§ 33 Abs. 1 des Versorgungsausgleichsgesetzes),
   b) des Beginns einer Leistung an die ausgleichspflichtige Person aus einem von ihr im Versorgungsausgleich erworbenen Anrecht (§ 33 Abs. 3 des Versorgungsausgleichsgesetzes) oder
   c) der teilweisen oder vollständigen Einstellung der Unterhaltszahlungen der ausgleichspflichtigen Person (§ 34 Abs. 5 des Versorgungsausgleichsgesetzes),
2. in den Fällen des § 35 Abs. 1 des Versorgungsausgleichsgesetzes mit Wirkung vom Zeitpunkt des Beginns einer Leistung an die ausgleichspflichtige Person aus einem von ihr im Versorgungsausgleich erworbenen Anrecht (§ 36 Abs. 4 des Versorgungsausgleichsgesetzes) und
3. in den Fällen des § 37 Abs. 3 des Versorgungsausgleichsgesetzes mit Wirkung vom Zeitpunkt der Aufhebung der Kürzung des Anrechts (§ 37 Abs. 1 des Versorgungsausgleichsgesetzes).

2Die §§ 24 und 48 des Zehnten Buches sind nicht anzuwenden.

(4) 1Ist nach Beginn der Rente ein Rentensplitting durchgeführt, wird die Rente von dem Kalendermonat an um Zuschläge oder Abschläge an Entgeltpunkten verändert, zu dessen Beginn das Rentensplitting durchgeführt ist. 2Der Rentenbescheid ist mit Wirkung von diesem Zeitpunkt an aufzuheben; die §§ 24 und 48 des Zehnten Buches sind nicht anzuwenden. 3Entsprechendes gilt bei einer Abänderung des Rentensplittings.

(5) 1Ist nach Beginn einer Waisenrente ein Rentensplitting durchgeführt, durch das die Waise nicht begünstigt ist, wird die Rente erst zu dem Zeitpunkt um Abschläge oder Zuschläge an Entgeltpunkten verändert, zu dem eine Rente aus der Versicherung des überlebenden Elternteils, der durch das Rentensplitting begünstigt ist, beginnt. 2Der Rentenbescheid der Waise ist mit Wirkung von diesem Zeitpunkt an aufzuheben; die §§ 24 und 48 des Zehnten Buches sind nicht anzuwenden. 3Entsprechendes gilt bei einer Abänderung des Rentensplittings.

§ 102 Befristung und Tod

(1) 1Sind Renten befristet, enden sie mit Ablauf der Frist. 2Dies schließt eine vorherige Änderung oder ein Ende der Rente aus anderen Gründen nicht aus. 3Renten dürfen nur auf das Ende eines Kalendermonats befristet werden.

(2) 1Renten wegen verminderter Erwerbsfähigkeit und große Witwenrenten oder große Witwerrenten wegen Minderung der Erwerbsfähigkeit werden auf Zeit geleistet. 2Die Befristung erfolgt für längstens drei Jahre nach Rentenbeginn. 3Sie kann verlängert werden; dabei verbleibt es bei dem ursprünglichen Rentenbeginn. 4Verlängerun-

VI

gen erfolgen für längstens drei Jahre nach dem Ablauf der vorherigen Frist. [5]Renten, auf die ein Anspruch unabhängig von der jeweiligen Arbeitsmarktlage besteht, werden unbefristet geleistet, wenn unwahrscheinlich ist, dass die Minderung der Erwerbsfähigkeit behoben werden kann; hiervon ist nach einer Gesamtdauer der Befristung von neun Jahren auszugehen. [6]Wird unmittelbar im Anschluss an eine auf Zeit geleistete Rente diese Rente unbefristet geleistet, verbleibt es bei dem ursprünglichen Rentenbeginn.

(2a) Werden Leistungen zur medizinischen Rehabilitation oder zur Teilhabe am Arbeitsleben erbracht, ohne dass zum Zeitpunkt der Bewilligung feststeht, wann die Leistung enden wird, kann bestimmt werden, dass Renten wegen verminderter Erwerbsfähigkeit oder große Witwenrenten oder große Witwerrenten wegen Minderung der Erwerbsfähigkeit mit Ablauf des Kalendermonats enden, in dem die Leistung zur medizinischen Rehabilitation oder zur Teilhabe am Arbeitsleben beendet wird.

(3) [1]Große Witwenrenten oder große Witwerrenten wegen Kindererziehung und Erziehungsrenten werden auf das Ende des Kalendermonats befristet, in dem die Kindererziehung voraussichtlich endet. [2]Die Befristung kann verlängert werden; dabei verbleibt es bei dem ursprünglichen Rentenbeginn.

(4) [1]Waisenrenten werden auf das Ende des Kalendermonats befristet, in dem voraussichtlich der Anspruch auf die Waisenrente entfällt. [2]Die Befristung kann verlängert werden; dabei verbleibt es bei dem ursprünglichen Rentenbeginn.

(5) Renten werden bis zum Ende des Kalendermonats geleistet, in dem die Berechtigten gestorben sind.

(6) [1]Renten an Verschollene werden längstens bis zum Ende des Monats geleistet, in dem sie nach Feststellung des Rentenversicherungsträgers als verstorben gelten; § 49 gilt entsprechend. [2]Widerspruch und Anfechtungsklage gegen die Feststellung des Rentenversicherungsträgers haben keine aufschiebende Wirkung. [3]Kehren Verschollene zurück, lebt der Anspruch auf die Rente wieder auf; die für den Zeitraum des Wiederauflebens geleisteten Renten wegen Todes an Hinterbliebene sind auf die Nachzahlung anzurechnen.

Sechster Unterabschnitt
Ausschluss und Minderung von Renten

§ 103 Absichtliche Minderung der Erwerbsfähigkeit

Anspruch auf Rente wegen verminderter Erwerbsfähigkeit, Altersrente für schwerbehinderte Menschen oder große Witwenrente oder große Witwerrente besteht nicht für Personen, die die für die Rentenleistung erforderliche gesundheitliche Beeinträchtigung absichtlich herbeigeführt haben.

§ 104 Minderung der Erwerbsfähigkeit bei einer Straftat

(1) [1]Renten wegen verminderter Erwerbsfähigkeit, Altersrenten für schwerbehinderte Menschen oder große Witwenrenten oder große Witwerrenten können ganz oder teilweise versagt werden, wenn die Berechtigten sich die für die Rentenleistung erforderliche gesundheitliche Beeinträchtigung bei einer Handlung zugezogen haben, die nach strafgerichtlichem Urteil ein Verbrechen oder vorsätzliches Vergehen ist. [2]Dies gilt auch, wenn aus einem in der Person der Berechtigten liegenden Grunde ein strafgerichtliches Urteil nicht ergeht. [3]Zuwiderhandlungen gegen Bergverordnungen oder bergbehördliche Anordnungen gelten nicht als Vergehen im Sinne des Satzes 1.

(2) [1]Soweit die Rente versagt wird, kann sie an unterhaltsberechtigte Ehegatten, Lebenspartner und Kinder geleistet werden. [2]Die Vorschriften der §§ 48 und 49 des Ersten Buches über die Auszahlung der Rente an Dritte werden entsprechend angewendet.

§ 105 Tötung eines Angehörigen

Anspruch auf Rente wegen Todes und auf Versichertenrente, soweit der Anspruch auf dem Rentensplitting beruht, besteht nicht für die Personen, die den Tod vorsätzlich herbeigeführt haben.

§ 105a Witwenrente und Witwerrente in Sonderfällen

Anspruch auf eine Witwen- oder Witwerrente für einen überlebenden Lebenspartner besteht nicht, wenn

1. für denselben Zeitraum aus den Rentenanwartschaften eines Versicherten Anspruch auf eine Witwenrente oder Witwerrente für einen Ehegatten besteht oder
2. ein Rentensplitting durchgeführt wurde.

Dritter Abschnitt Zusatzleistungen

§ 106 Zuschuss zur Krankenversicherung

(1) 1Rentenbezieher, die freiwillig in der gesetzlichen Krankenversicherung oder bei einem Krankenversicherungsunternehmen, das der deutschen Aufsicht unterliegt, versichert sind, erhalten zu ihrer Rente einen Zuschuss zu den Aufwendungen für die Krankenversicherung. 2Dies gilt nicht, wenn sie gleichzeitig in einer in- oder ausländischen gesetzlichen Krankenversicherung pflichtversichert sind.

(2) Für Rentenbezieher, die freiwillig in der gesetzlichen Krankenversicherung versichert sind, wird der monatliche Zuschuss in Höhe des halben Betrages geleistet, der sich aus der Anwendung des allgemeinen Beitragssatzes der gesetzlichen Krankenversicherung auf den Zahlbetrag der Rente ergibt.

(3) 1Für Rentenbezieher, die bei einem Krankenversicherungsunternehmen versichert sind, das der deutschen Aufsicht unterliegt, wird der monatliche Zuschuss in Höhe des halben Betrages geleistet, der sich aus der Anwendung des allgemeinen Beitragssatzes der gesetzlichen Krankenversicherung auf den Zahlbetrag der Rente ergibt. 2Der monatliche Zuschuss wird auf die Hälfte der tatsächlichen Aufwendungen für die Krankenversicherung begrenzt. 3Beziehen Rentner mehrere Renten, wird ein begrenzter Zuschuss von den Rentenversicherungsträgern anteilig nach dem Verhältnis der Höhen der Renten geleistet. 4Er kann auch in einer Summe zu einer dieser Renten geleistet werden.

(4) Rentenbezieher, die freiwillig in der gesetzlichen Krankenversicherung und bei einem Krankenversicherungsunternehmen versichert sind, das der deutschen Aufsicht unterliegt, erhalten zu ihrer Rente ausschließlich einen Zuschuss nach Absatz 2.

§ 107 Rentenabfindung

(1) 1Witwenrenten oder Witwerrenten werden bei der ersten Wiederheirat der Berechtigten mit dem 24fachen Monatsbetrag abgefunden. 2Für die Ermittlung anderer Witwenrenten oder Witwerrenten aus derselben Rentenanwartschaft wird bis zum Ablauf des 24. Kalendermonats nach Ablauf des Kalendermonats der Wiederheirat unterstellt, dass ein Anspruch auf Witwenrente oder Witwerrente besteht. 3Bei kleinen Witwenrenten oder kleinen Witwerrenten vermindert sich das 24fache des abzufindenden Monatsbetrages um die Anzahl an Kalendermonaten, für die eine kleine Witwenrente oder kleine Witwerrente geleistet wurde. 4Entsprechend vermindert sich die Anzahl an Kalendermonaten nach Satz 2.

(2) 1Monatsbetrag ist der Durchschnitt der für die letzten zwölf Kalendermonate geleisteten Witwenrente oder Witwerrente. 2Bei Wiederheirat vor Ablauf des 15. Kalendermonats nach dem Tod des Versicherten ist Monatsbetrag der Durchschnittsbetrag der Witwenrente oder Witwerrente, die nach Ablauf des dritten auf den Sterbemonat folgenden Kalendermonats zu leisten war. 3Bei Wiederheirat vor Ablauf dieses Kalendermonats ist Monatsbetrag der Betrag der Witwenrente oder Witwerrente, der für den vierten auf den Sterbemonat folgenden Kalendermonat zu leisten wäre.

(3) Für eine Rentenabfindung gelten als erste Wiederheirat auch die erste Wiederbegründung einer Lebenspartnerschaft, die erste Heirat nach einer Lebenspartnerschaft sowie die erste Begründung einer Lebenspartnerschaft nach einer Ehe.

§ 108 Beginn, Änderung und Ende von Zusatzleistungen

Für laufende Zusatzleistungen sind die Vorschriften über Beginn, Änderung und Ende von Renten entsprechend anzuwenden.

Vierter Abschnitt Serviceleistungen

§ 109 Renteninformation und Rentenauskunft

(1) $_{1}$Versicherte, die das 27. Lebensjahr vollendet haben, erhalten jährlich eine schriftliche Renteninformation. $_{2}$Nach Vollendung des 55. Lebensjahres wird diese alle drei Jahre durch eine Rentenauskunft ersetzt. $_{3}$Besteht ein berechtigtes Interesse, kann die Rentenauskunft auch jüngeren Versicherten erteilt werden oder in kürzeren Abständen erfolgen.

(2) Die Renteninformation und die Rentenauskunft sind mit dem Hinweis zu versehen, dass sie auf der Grundlage des geltenden Rechts und der im Versicherungskonto gespeicherten rentenrechtlichen Zeiten erstellt sind und damit unter dem Vorbehalt künftiger Rechtsänderungen sowie der Richtigkeit und Vollständigkeit der im Versicherungskonto gespeicherten rentenrechtlichen Zeiten stehen.

(3) Die Renteninformation hat insbesondere zu enthalten:

1. Angaben über die Grundlage der Rentenberechnung,
2. Angaben über die Höhe einer Rente wegen verminderter Erwerbsfähigkeit, die zu zahlen wäre, würde der Leistungsfall der vollen Erwerbsminderung vorliegen,
3. eine Prognose über die Höhe der zu erwartenden Regelaltersrente,
4. Informationen über die Auswirkungen künftiger Rentenanpassungen,
5. eine Übersicht über die Höhe der Beiträge, die für Beitragszeiten vom Versicherten, dem Arbeitgeber oder von öffentlichen Kassen gezahlt worden sind.

(4) Die Rentenauskunft hat insbesondere zu enthalten:

1. eine Übersicht über die im Versicherungskonto gespeicherten rentenrechtlichen Zeiten,
2. eine Darstellung über die Ermittlung der persönlichen Entgeltpunkte mit der Angabe ihres derzeitigen Wertes und dem Hinweis, dass sich die Berechnung der Entgeltpunkte aus beitragsfreien und beitragsgeminderten Zeiten nach der weiteren Versicherungsbiografie richtet,
3. Angaben über die Höhe der Rente, die auf der Grundlage des geltenden Rechts und der im Versicherungskonto gespeicherten rentenrechtlichen Zeiten ohne den Erwerb weiterer Beitragszeiten
   a) bei verminderter Erwerbsfähigkeit als Rente wegen voller Erwerbsminderung,
   b) bei Tod als Witwen- oder Witwerrente,
   c) nach Erreichen der Regelaltersgrenze als Regelaltersrente

   zu zahlen wäre,
4. auf Antrag auch die Höhe der Beitragszahlung, die zum Ausgleich einer Rentenminderung bei vorzeitiger Inanspruchnahme einer Rente wegen Alters erforderlich ist, und die ihr zugrunde liegende Altersrente; diese Auskunft unterbleibt, wenn die Erfüllung der versicherungsrechtlichen Voraussetzungen für eine vorzeitige Rente wegen Alters offensichtlich ausgeschlossen ist,
5. allgemeine Hinweise zur Erfüllung der persönlichen und versicherungsrechtlichen Voraussetzungen für einen Rentenanspruch.

(5) $_{1}$Auf Antrag erhalten Versicherte Auskunft über die Höhe ihrer auf die Ehezeit oder Lebenspartnerschaftszeit entfallenden Rentenanwartschaft. $_{2}$Diese Auskunft erhält auf Antrag auch der Ehegatte oder geschiedene Ehegatte oder der Lebenspartner oder frühere Lebenspartner eines Versicherten, wenn der Träger der Rentenversicherung diese Auskunft nach § 74 Nr. 2 Buchstabe b des Zehnten Buches erteilen darf, weil der Versicherte seine Auskunftspflicht gegenüber dem Ehegatten oder Lebenspartner nicht oder nicht

vollständig erfüllt hat. 3Die nach Satz 2 erteilte Auskunft wird auch dem Versicherten mitgeteilt.

(6) Für die Auskunft an das Familiengericht nach § 220 Abs. 4 des Gesetzes über das Verfahren in Familiensachen und in den Angelegenheiten der freiwilligen Gerichtsbarkeit ergeben sich die nach § 39 des Versorgungsausgleichsgesetzes zu ermittelnden Entgeltpunkte aus der Berechnung einer Vollrente wegen Erreichens der Regelaltersgrenze.

§ 109a Hilfen in Angelegenheiten der Grundsicherung

(1) 1Die Träger der Rentenversicherung informieren und beraten Personen, die

1. die Regelaltersgrenze erreicht haben oder
2. das 18. Lebensjahr vollendet haben, unabhängig von der jeweiligen Arbeitsmarktlage voll erwerbsgemindert im Sinne des § 43 Abs. 2 sind und bei denen es unwahrscheinlich ist, dass die volle Erwerbsminderung behoben werden kann,

über die Leistungsvoraussetzungen nach dem Vierten Kapitel des Zwölften Buches, soweit die genannten Personen rentenberechtigt sind. 2Personen nach Satz 1, die nicht rentenberechtigt sind, werden auf Anfrage beraten und informiert. 3Liegt eine Rente unter dem 27fachen des aktuellen Rentenwertes, ist der Information zusätzlich ein Antragsformular beizufügen. 4Es ist darauf hinzuweisen, dass der Antrag auf Leistungen der Grundsicherung im Alter und bei Erwerbsminderung nach dem Vierten Kapitel des Zwölften Buches auch bei dem zuständigen Träger der Rentenversicherung gestellt werden kann, der den Antrag an den zuständigen Träger der Sozialhilfe weiterleitet. 5Darüber hinaus sind die Träger der Rentenversicherung verpflichtet, mit den zuständigen Trägern der Sozialhilfe zur Zielerreichung der Grundsicherung im Alter und bei Erwerbsminderung nach dem Vierten Kapitel des Zwölften Buches zusammenzuarbeiten. 6Eine Verpflichtung nach Satz 1 besteht nicht, wenn eine Inanspruchnahme von Leistungen der genannten Art wegen der Höhe der gezahlten Rente sowie der im Rentenverfahren zu ermittelnden weiteren Einkünfte nicht in Betracht kommt.

(2) 1Die Träger der Rentenversicherung prüfen und entscheiden auf ein Ersuchen nach § 45 des Zwölften Buches durch den zuständigen Träger der Sozialhilfe, ob Personen, die das 18. Lebensjahr vollendet haben, unabhängig von der jeweiligen Arbeitsmarktlage voll erwerbsgemindert im Sinne des § 43 Abs. 2 sind und es unwahrscheinlich ist, dass die volle Erwerbsminderung behoben werden kann. 2Ergibt die Prüfung, dass keine volle Erwerbsminderung vorliegt, ist ergänzend eine gutachterliche Stellungnahme abzugeben, ob hilfebedürftige Personen, die das 15. Lebensjahr vollendet haben, erwerbsfähig im Sinne des § 8 des Zweiten Buches sind.

(3) 1Die Träger der Rentenversicherung geben nach § 44a Absatz 1 Satz 5 des Zweiten Buches eine gutachterliche Stellungnahme ab, ob hilfebedürftige Personen, die das 15. Lebensjahr vollendet haben, erwerbsfähig im Sinne des § 8 des Zweiten Buches sind. 2Ergibt die gutachterliche Stellungnahme, dass Personen, die das 18. Lebensjahr vollendet haben, unabhängig von der jeweiligen Arbeitsmarktlage voll erwerbsgemindert im Sinne des § 43 Absatz 2 Satz 2 sind, ist ergänzend zu prüfen, ob es unwahrscheinlich ist, dass die volle Erwerbsminderung behoben werden kann.

(4) Zuständig für die Prüfung und Entscheidung nach Absatz 2 und die Erstellung der gutachterlichen Stellungnahme nach Absatz 3 ist

1. bei Versicherten der Träger der Rentenversicherung, der für die Erbringung von Leistungen an den Versicherten zuständig ist,
2. bei sonstigen Personen der Regionalträger, der für den Sitz des Trägers der Sozialhilfe oder der Agentur für Arbeit örtlich zuständig ist.

(5) Die kommunalen Spitzenverbände, die Bundesagentur für Arbeit und die Deutsche Rentenversicherung Bund können Vereinba-

VI

rungen über das Verfahren nach den Absätzen 2 und 3 schließen.

Fünfter Abschnitt
Leistungen an Berechtigte im Ausland

§ 110 Grundsatz

(1) Berechtigte, die sich nur vorübergehend im Ausland aufhalten, erhalten für diese Zeit Leistungen wie Berechtigte, die ihren gewöhnlichen Aufenthalt im Inland haben.

(2) Berechtigte, die ihren gewöhnlichen Aufenthalt im Ausland haben, erhalten diese Leistungen, soweit nicht die folgenden Vorschriften über Leistungen an Berechtigte im Ausland etwas anderes bestimmen.

(3) Die Vorschriften dieses Abschnitts sind nur anzuwenden, soweit nicht nach über- oder zwischenstaatlichem Recht etwas anderes bestimmt ist.

§ 111 Rehabilitationsleistungen und Krankenversicherungszuschuss

(1) Berechtigte erhalten die Leistungen zur medizinischen Rehabilitation oder zur Teilhabe am Arbeitsleben nur, wenn für sie für den Kalendermonat, in dem der Antrag gestellt ist, Pflichtbeiträge gezahlt oder nur deshalb nicht gezahlt worden sind, weil sie im Anschluss an eine versicherte Beschäftigung oder selbständige Tätigkeit arbeitsunfähig waren.

(2) Berechtigte erhalten keinen Zuschuss zu den Aufwendungen für die Krankenversicherung.

§ 112 Renten bei verminderter Erwerbsfähigkeit

1Berechtigte erhalten wegen verminderter Erwerbsfähigkeit eine Rente nur, wenn der Anspruch unabhängig von der jeweiligen Arbeitsmarktlage besteht. 2Für eine Rente für Bergleute ist zusätzlich erforderlich, dass die Berechtigten auf diese Rente bereits für die Zeit, in der sie ihren gewöhnlichen Aufenthalt noch im Inland gehabt haben, einen Anspruch hatten.

§ 113 Höhe der Rente

(1) 1Die persönlichen Entgeltpunkte von Berechtigten werden ermittelt aus

1. Entgeltpunkten für Bundesgebiets-Beitragszeiten,
2. dem Leistungszuschlag für Bundesgebiets-Beitragszeiten,
3. Zuschlägen an Entgeltpunkten aus einem durchgeführten Versorgungsausgleich oder Rentensplitting,
4. Abschlägen an Entgeltpunkten aus einem durchgeführten Versorgungsausgleich oder Rentensplitting, soweit sie auf Bundesgebiets-Beitragszeiten entfallen,
5. Zuschlägen aus Zahlung von Beiträgen bei vorzeitiger Inanspruchnahme einer Rente wegen Alters oder bei Abfindungen von Anwartschaften auf betriebliche Altersversorgung oder von Anrechten bei der Versorgungsausgleichskasse,
6. Zuschlägen an Entgeltpunkten für Arbeitsentgelt aus geringfügiger Beschäftigung,
7. zusätzlichen Entgeltpunkten für Arbeitsentgelt aus nach § 23b Abs. 2 Satz 1 bis 4 des Vierten Buches aufgelösten Wertguthaben,
8. Zuschlägen an Entgeltpunkten bei Witwenrenten und Witwerrenten,
9. Zuschlägen an Entgeltpunkten aus Beiträgen nach Beginn einer Rente wegen Alters und
10. Zuschlägen an Entgeltpunkten für Zeiten einer besonderen Auslandsverwendung.

2Bundesgebiets-Beitragszeiten sind Beitragszeiten, für die Beiträge nach Bundesrecht nach dem 8. Mai 1945 gezahlt worden sind, und die diesen im Fünften Kapitel gleichgestellten Beitragszeiten.

(2) Der Zuschlag an persönlichen Entgeltpunkten bei Waisenrenten von Berechtigten wird allein aus Bundesgebiets-Beitragszeiten ermittelt.

Durch das Gesetz zur Steigerung der Attraktivität des Dienstes in der Bundeswehr vom 13.5.2015

(BGBl. I S. 706) wird § 113 zum 1.1.2016 wie folgt geändert:
- In Nummer 9 wird das Wort "und" durch ein Komma ersetzt und in Nummer 10 wird der Punkt am Ende durch das Wort "und" ersetzt.
- Folgende Nummer 11 wird angefügt: "11. Zuschlägen an Entgeltpunkten für nachversicherte Soldaten auf Zeit."

§ 114 Besonderheiten

(1) 1Die persönlichen Entgeltpunkte von Berechtigten werden zusätzlich ermittelt aus
1. Entgeltpunkten für beitragsfreie Zeiten,
2. dem Zuschlag an Entgeltpunkten für beitragsgeminderte Zeiten und
3. Abschlägen an Entgeltpunkten aus einem durchgeführten Versorgungsausgleich oder Rentensplitting, soweit sie auf beitragsfreie Zeiten oder einen Zuschlag an Entgeltpunkten für beitragsgeminderte Zeiten entfallen.

2Die nach Satz 1 ermittelten Entgeltpunkte werden dabei in dem Verhältnis berücksichtigt, in dem die Entgeltpunkte für Bundesgebiets-Beitragszeiten und die nach § 272 Abs. 1 Nr. 1 sowie § 272 Abs. 3 Satz 1 ermittelten Entgeltpunkte zu allen Entgeltpunkten für Beitragszeiten einschließlich Beschäftigungszeiten nach dem Fremdrentengesetz stehen.

(2) Der Zuschlag an persönlichen Entgeltpunkten bei Waisenrenten von Berechtigten wird zusätzlich aus
1. beitragsfreien Zeiten in dem sich nach Absatz 1 Satz 2 ergebenden Verhältnis und
2. Berücksichtigungszeiten im Inland

ermittelt.

Sechster Abschnitt
Durchführung

Erster Unterabschnitt
Beginn und Abschluss des Verfahrens

§ 115 Beginn

(1) 1Das Verfahren beginnt mit dem Antrag, wenn nicht etwas anderes bestimmt ist. 2Eines Antrags bedarf es nicht, wenn eine Rente wegen der Änderung der tatsächlichen oder rechtlichen Verhältnisse in niedrigerer als der bisherigen Höhe zu leisten ist.

(2) Anträge von Witwen oder Witwern auf Zahlung eines Vorschusses auf der Grundlage der für den Sterbemonat an den verstorbenen Ehegatten geleisteten Rente gelten als Anträge auf Leistung einer Witwenrente oder Witwerrente.

(3) 1Haben Versicherte bis zum Erreichen der Regelaltersgrenze eine Rente wegen verminderter Erwerbsfähigkeit oder eine Erziehungsrente bezogen, ist anschließend eine Regelaltersrente zu leisten, wenn sie nicht etwas anderes bestimmen. 2Haben Witwen oder Witwer bis zum Erreichen der Altersgrenze für eine große Witwenrente oder große Witwerrente eine kleine Witwenrente oder kleine Witwerrente bezogen, ist anschließend eine große Witwenrente oder große Witwerrente zu leisten.

(4) 1Leistungen zur medizinischen Rehabilitation oder zur Teilhabe am Arbeitsleben können auch von Amts wegen erbracht werden, wenn die Versicherten zustimmen. 2Die Zustimmung gilt als Antrag auf Leistungen zur medizinischen Rehabilitation oder zur Teilhabe am Arbeitsleben.

(5) Rentenauskünfte werden auch von Amts wegen erteilt.

(6) 1Die Träger der Rentenversicherung sollen die Berechtigten in geeigneten Fällen darauf hinweisen, dass sie eine Leistung erhalten können, wenn sie diese beantragen. 2In Richtlinien der Deutschen Rentenversicherung Bund kann bestimmt werden, unter welchen Voraussetzungen solche Hinweise erfolgen sollen.

§ 116 Besonderheiten bei Leistungen zur Teilhabe

(1) (weggefallen)

(2) Der Antrag auf Leistungen zur medizinischen Rehabilitation oder zur Teilhabe am Arbeitsleben gilt als Antrag auf Rente, wenn Versicherte vermindert erwerbsfähig sind und
1. ein Erfolg von Leistungen zur medizinischen Rehabilitation oder zur Teilhabe am Arbeitsleben nicht zu erwarten ist oder

VI

2. Leistungen zur medizinischen Rehabilitation oder zur Teilhabe am Arbeitsleben nicht erfolgreich gewesen sind, weil sie die verminderte Erwerbsfähigkeit nicht verhindert haben.

(3) $_{1}$Ist Übergangsgeld gezahlt worden und wird nachträglich für denselben Zeitraum der Anspruch auf eine Rente wegen verminderter Erwerbsfähigkeit festgestellt, gilt dieser Anspruch bis zur Höhe des gezahlten Übergangsgeldes als erfüllt. $_{2}$Übersteigt das Übergangsgeld den Betrag der Rente, kann der übersteigende Betrag nicht zurückgefordert werden.

§ 117 Abschluss

Die Entscheidung über einen Anspruch auf Leistung bedarf der Schriftform.

Zweiter Unterabschnitt Auszahlung und Anpassung

§ 118 Fälligkeit und Auszahlung

(1) $_{1}$Laufende Geldleistungen mit Ausnahme des Übergangsgeldes werden am Ende des Monats fällig, zu dessen Beginn die Anspruchsvoraussetzungen erfüllt sind; sie werden am letzten Bankarbeitstag dieses Monats ausgezahlt. $_{2}$Bei Zahlung auf ein Konto im Inland ist die Gutschrift der laufenden Geldleistung, auch wenn sie nachträglich erfolgt, so vorzunehmen, dass die Wertstellung des eingehenden Überweisungsbetrages auf dem Empfängerkonto unter dem Datum des Tages erfolgt, an dem der Betrag dem Geldinstitut zur Verfügung gestellt worden ist. $_{3}$Für die rechtzeitige Auszahlung im Sinne von Satz 1 genügt es, wenn nach dem gewöhnlichen Verlauf die Wertstellung des Betrages der laufenden Geldleistung unter dem Datum des letzten Bankarbeitstages erfolgen kann.

(2) Laufende Geldleistungen, die bei Auszahlungen

1. im Inland den aktuellen Rentenwert,
2. im Ausland das Dreifache des aktuellen Rentenwerts

nicht übersteigen, können für einen angemessenen Zeitraum im Voraus ausgezahlt werden.

(2a) Nachzahlungsbeträge, die ein Zehntel des aktuellen Rentenwerts nicht übersteigen, sollen nicht ausgezahlt werden.

(3) $_{1}$Geldleistungen, die für die Zeit nach dem Tod des Berechtigten auf ein Konto bei einem Geldinstitut, für das die Verordnung (EU) Nr. 260/2012 des Europäischen Parlaments und des Rates vom 14. März 2012 zur Festlegung der technischen Vorschriften und der Geschäftsanforderungen für Überweisungen und Lastschriften in Euro und zur Änderung der Verordnung (EG) Nr. 924/2009 (ABl. L 94 vom 30. 3. 2012, S. 22) gilt, überwiesen wurden, gelten als unter Vorbehalt erbracht. $_{2}$Das Geldinstitut hat sie der überweisenden Stelle oder dem Träger der Rentenversicherung zurückzuüberweisen, wenn diese sie als zu Unrecht erbracht zurückfordern. $_{3}$Eine Verpflichtung zur Rücküberweisung besteht nicht, soweit über den entsprechenden Betrag bei Eingang der Rückforderung bereits anderweitig verfügt wurde, es sei denn, dass die Rücküberweisung aus einem Guthaben erfolgen kann. $_{4}$Das Geldinstitut darf den überwiesenen Betrag nicht zur Befriedigung eigener Forderungen verwenden.

(4) $_{1}$Soweit Geldleistungen für die Zeit nach dem Tod des Berechtigten zu Unrecht erbracht worden sind, sind sowohl die Personen, die die Geldleistungen unmittelbar in Empfang genommen haben oder an die der entsprechende Betrag durch Dauerauftrag, Lastschrifteinzug oder sonstiges bankübliches Zahlungsgeschäft auf ein Konto weitergeleitet wurde (Empfänger), als auch die Personen, die als Verfügungsberechtigte über den entsprechenden Betrag ein bankübliches Zahlungsgeschäft zu Lasten des Kontos vorgenommen oder zugelassen haben (Verfügende), dem Träger der Rentenversicherung zur Erstattung des entsprechenden Betrages verpflichtet. $_{2}$Der Träger der Rentenversicherung hat Erstattungsansprüche durch Verwaltungsakt geltend zu machen. $_{3}$Ein Geldinstitut, das eine Rücküberweisung mit dem Hinweis abgelehnt hat, dass über den entsprechenden Betrag bereits anderweitig verfügt wurde, hat der überweisenden Stelle oder dem Träger der Rentenversicherung auf

Verlangen Name und Anschrift des Empfängers oder Verfügenden und etwaiger neuer Kontoinhaber zu benennen. 4Ein Anspruch gegen die Erben nach § 50 des Zehnten Buches bleibt unberührt.

(4a) 1Die Ansprüche nach den Absätzen 3 und 4 verjähren in vier Jahren nach Ablauf des Kalenderjahres, in dem der Träger der Rentenversicherung Kenntnis von der Überzahlung und in den Fällen des Absatzes 4 zusätzlich Kenntnis von dem Erstattungspflichtigen erlangt hat. 2Für die Hemmung, die Ablaufhemmung, den Neubeginn und die Wirkung der Verjährung gelten die Vorschriften des Bürgerlichen Gesetzbuchs sinngemäß.

(5) Sind laufende Geldleistungen, die nach Absatz 1 auszuzahlen und in dem Monat fällig geworden sind, in dem der Berechtigte verstorben ist, auf das bisherige Empfängerkonto bei einem Geldinstitut überwiesen worden, ist der Anspruch der Erben gegenüber dem Träger der Rentenversicherung erfüllt.

§ 118a Anpassungsmitteilung

Rentenbezieher erhalten eine Anpassungsmitteilung, wenn sich die Höhe des aktuellen Rentenwerts verändert.

§ 119 Wahrnehmung von Aufgaben durch die Deutsche Post AG

(1) 1Die Träger der allgemeinen Rentenversicherung zahlen die laufenden Geldleistungen mit Ausnahme des Übergangsgeldes durch die Deutsche Post AG aus. 2Im Übrigen können die Träger der Rentenversicherung Geldleistungen durch die Deutsche Post AG auszahlen lassen.

(2) 1Soweit die Deutsche Post AG laufende Geldleistungen für die Träger der Rentenversicherung auszahlt, führt sie auch Arbeiten zur Anpassung der Leistungen durch. 2Die Anpassungsmitteilungen ergehen im Namen des Trägers der Rentenversicherung.

(3) Die Auszahlung und die Durchführung der Anpassung von Geldleistungen durch die Deutsche Post AG umfassen auch die Wahrnehmung der damit im Zusammenhang stehenden Aufgaben der Träger der Rentenversicherung, insbesondere

1. die Überwachung der Zahlungsvoraussetzungen durch die Auswertung der Sterbefallmitteilungen nach § 101a des Zehnten Buches und durch die Einholung von Lebensbescheinigungen im Rahmen des § 60 Abs. 1 und des § 65 Abs. 1 Nr. 3 des Ersten Buches sowie
2. die Erstellung statistischen Materials und dessen Übermittlung an das Bundesministerium für Arbeit und Soziales und an die Deutsche Rentenversicherung Bund.

(4) 1Die Träger der Rentenversicherung werden von ihrer Verantwortung gegenüber dem Leistungsberechtigten nicht entbunden. 2Der Leistungsberechtigte soll jedoch Änderungen in den tatsächlichen oder rechtlichen Verhältnissen, die für die Auszahlung oder die Durchführung der Anpassung der von der Deutschen Post AG gezahlten Geldleistungen erheblich sind, unmittelbar der Deutschen Post AG mitteilen.

(5) 1Zur Auszahlung der Geldleistungen erhält die Deutsche Post AG von den Trägern der Rentenversicherung monatlich rechtzeitig angemessene Vorschüsse. 2Die Deutsche Rentenversicherung Bund setzt für die Träger der allgemeinen Rentenversicherung die Vorschüsse fest.

(6) 1Die Deutsche Post AG erhält für ihre Tätigkeit von den Trägern der Rentenversicherung eine angemessene Vergütung und auf die Vergütung monatlich rechtzeitig angemessene Vorschüsse. 2Die Deutsche Rentenversicherung Bund setzt für die Träger der allgemeinen Rentenversicherung die Vorschüsse fest.

§ 120 Verordnungsermächtigung

Das Bundesministerium für Arbeit und Soziales wird ermächtigt, im Einvernehmen mit dem Bundesministerium der Finanzen durch Rechtsverordnung mit Zustimmung des Bundesrates

1. den Inhalt der von der Deutschen Post AG wahrzunehmenden Aufgaben der Träger der Rentenversicherung nach § 119 Abs. 1

VI

bis 3 näher zu bestimmen und die Rechte und Pflichten der Beteiligten festzulegen,

2. die Höhe und Fälligkeit der Vorschüsse, die die Deutsche Post AG von den Trägern der Rentenversicherung nach § 119 Abs. 5 erhält, näher zu bestimmen,
3. die Höhe und Fälligkeit der Vergütung und der Vorschüsse, die die Deutsche Post AG von den Trägern der Rentenversicherung nach § 119 Abs. 6 erhält, näher zu bestimmen.

Dritter Unterabschnitt
Rentensplitting

§ 120a Grundsätze für das Rentensplitting unter Ehegatten

(1) Ehegatten können gemeinsam bestimmen, dass die von ihnen in der Ehe erworbenen Ansprüche auf eine anpassungsfähige Rente zwischen ihnen aufgeteilt werden (Rentensplitting unter Ehegatten).

(2) Die Durchführung des Rentensplittings unter Ehegatten ist zulässig, wenn

1. die Ehe nach dem 31. Dezember 2001 geschlossen worden ist oder
2. die Ehe am 31. Dezember 2001 bestand und beide Ehegatten nach dem 1. Januar 1962 geboren sind.

(3) Anspruch auf Durchführung des Rentensplittings unter Ehegatten besteht, wenn

1. erstmalig beide Ehegatten Anspruch auf Leistung einer Vollrente wegen Alters aus der gesetzlichen Rentenversicherung haben oder
2. erstmalig ein Ehegatte Anspruch auf Leistung einer Vollrente wegen Alters aus der gesetzlichen Rentenversicherung und der andere Ehegatte die Regelaltersgrenze erreicht hat oder
3. ein Ehegatte verstirbt, bevor die Voraussetzungen der Nummern 1 und 2 vorliegen. In diesem Fall kann der überlebende Ehegatte das Rentensplitting unter Ehegatten allein herbeiführen.

(4) $_1$Anspruch auf Durchführung des Rentensplittings unter Ehegatten besteht nur, wenn am Ende der Splittingzeit

1. in den Fällen von Absatz 3 Nr. 1 und 2 bei beiden Ehegatten und
2. im Fall von Absatz 3 Nr. 3 beim überlebenden Ehegatten

25 Jahre an rentenrechtlichen Zeiten vorhanden sind. $_2$Im Fall von Satz 1 Nr. 2 gilt als rentenrechtliche Zeit auch die Zeit vom Zeitpunkt des Todes des verstorbenen Ehegatten bis zum Erreichen der Regelaltersgrenze des überlebenden Ehegatten in dem Verhältnis, in dem die Kalendermonate an rentenrechtlichen Zeiten des überlebenden Ehegatten in der Zeit von seinem vollendeten 17. Lebensjahr bis zum Tod des verstorbenen Ehegatten zu allen Kalendermonaten in dieser Zeit stehen.

(5) Anspruch auf Durchführung des Rentensplittings unter Ehegatten besteht nicht, wenn der überlebende Ehegatte eine Rentenabfindung erhalten hat.

(6) $_1$Der Anspruch auf Durchführung des Rentensplittings unter Ehegatten besteht für die Zeit vom Beginn des Monats, in dem die Ehe geschlossen worden ist, bis zum Ende des Monats, in dem der Anspruch entstanden ist (Splittingzeit). $_2$Entsteht der Anspruch auf Durchführung des Rentensplittings unter Ehegatten durch Leistung einer Vollrente wegen Alters, endet die Splittingzeit mit dem Ende des Monats vor Leistungsbeginn.

(7) $_1$Die Höhe der Ansprüche richtet sich nach den Entgeltpunkten der Ehegatten, getrennt nach

1. Entgeltpunkten der allgemeinen Rentenversicherung und
2. Entgeltpunkten der knappschaftlichen Rentenversicherung,

die mit demselben aktuellen Rentenwert für die Berechnung einer Rente zu vervielfältigen sind. $_2$Der Ehegatte mit der jeweils niedrigeren Summe solcher Entgeltpunkte hat Anspruch auf Übertragung der Hälfte des Unterschieds zwischen den gleichartigen Entgeltpunkten der Ehegatten (Einzelsplitting).

(8) Besteht zwischen den jeweiligen Summen aller Entgeltpunkte der Ehegatten in der Splittingzeit ein Unterschied, ergibt sich für den Ehegatten mit der niedrigeren Summe aller Entgeltpunkte ein Zuwachs an Entgeltpunkten in Höhe der Hälfte des Unterschieds zwischen der Summe aller Entgeltpunkte für den Ehegatten mit der höheren Summe an Entgeltpunkten und der Summe an Entgeltpunkten des anderen Ehegatten (Splittingzuwachs).

(9) Das Rentensplitting unter Ehegatten ist durchgeführt, wenn die Entscheidung des Rentenversicherungsträgers über das Rentensplitting

1. in den Fällen von Absatz 3 Nr. 1 und 2 für beide Ehegatten und
2. im Fall von Absatz 3 Nr. 3 für den überlebenden Ehegatten

unanfechtbar geworden ist.

§ 120b Tod eines Ehegatten vor Empfang angemessener Leistungen

(1) 1Ist ein Ehegatte verstorben und sind ihm aus dem Rentensplitting unter Ehegatten nicht länger als 36 Monate Rentenleistungen erbracht worden, wird die Rente des überlebenden Ehegatten auf Antrag nicht länger auf Grund des Rentensplittings gekürzt. 2Satz 1 gilt nicht, wenn ein Rentensplitting nach § 120a Absatz 3 Nummer 3 herbeigeführt wurde.

(2) Antragsberechtigt ist der überlebende Ehegatte.

(3) Die Anpassung wirkt ab dem ersten Tag des Monats, der auf den Monat der Antragstellung folgt.

§ 120c Abänderung des Rentensplittings unter Ehegatten

(1) Ehegatten haben Anspruch auf Abänderung des Rentensplittings, wenn sich für sie eine Abweichung des Wertunterschieds von dem bisher zugrunde liegenden Wertunterschied ergibt.

(2) 1Die Änderung der Anspruchshöhe kommt nur in Betracht, wenn durch sie Versicherte

1. eine Übertragung von Entgeltpunkten erhalten, deren Wert insgesamt vom Wert der bislang insgesamt übertragenen Entgeltpunkte wesentlich abweicht, oder
2. eine maßgebende Wartezeit erfüllen.

2Eine Abweichung ist wesentlich, wenn sie 10 vom Hundert der durch die abzuändernde Entscheidung insgesamt übertragenen Entgeltpunkte, mindestens jedoch 0,5 Entgeltpunkte übersteigt, wobei Entgeltpunkte der knappschaftlichen Rentenversicherung zuvor mit 1,3333 zu vervielfältigen sind.

(3) Für den Ehegatten, der einen Splittingzuwachs erhalten hat, entfällt durch die Abänderung eine bereits erfüllte Wartezeit nicht.

(4) 1Antragsberechtigt zur Abänderung des Rentensplittings unter Ehegatten sind neben den Ehegatten auch ihre Hinterbliebenen. 2Eine Abänderung von Amts wegen ist möglich.

(5) Das Verfahren endet mit dem Tod des antragstellenden Ehegatten oder des antragstellenden Hinterbliebenen, wenn nicht ein Antragsberechtigter binnen drei Monaten gegenüber dem Rentenversicherungsträger erklärt, das Verfahren fortsetzen zu wollen.

(6) 1Die Ehegatten oder ihre Hinterbliebenen sind verpflichtet, einander die Auskünfte zu erteilen, die zur Wahrnehmung ihrer Rechte nach den vorstehenden Vorschriften erforderlich sind. 2Sofern ein Ehegatte oder seine Hinterbliebenen die erforderlichen Auskünfte von dem anderen Ehegatten oder dessen Hinterbliebenen nicht erhalten, haben sie einen entsprechenden Auskunftsanspruch gegen die betroffenen Rentenversicherungsträger. 3§ 74 Satz 1 Nr. 2 Buchstabe b des Zehnten Buches findet entsprechende Anwendung. 4Die Ehegatten und ihre Hinterbliebenen haben den betroffenen Rentenversicherungsträgern die erforderlichen Auskünfte zu erteilen.

(7) Die Abänderung des Rentensplittings unter Ehegatten ist durchgeführt, wenn die Entscheidung des Rentenversicherungsträgers über die Abänderung für die Ehegatten und ihre Hinterbliebenen unanfechtbar geworden ist.

VI

§ 120d Verfahren und Zuständigkeit

(1) 1Die Erklärung der Ehegatten zum Rentensplitting kann frühestens sechs Monate vor der voraussichtlichen Erfüllung der Anspruchsvoraussetzungen abgegeben werden. 2In den Fällen des § 120a Abs. 3 Nr. 3 ist die Erklärung zum Rentensplitting von dem überlebenden Ehegatten spätestens bis zum Ablauf von zwölf Kalendermonaten nach Ablauf des Monats abzugeben (Ausschlussfrist), in dem der Ehegatte verstorben ist. 3Die Ausschlussfrist gilt nur für Todesfälle ab dem 1. Januar 2008. 4Die Frist des Satzes 2 wird durch ein Verfahren bei einem Rentenversicherungsträger unterbrochen; die Frist beginnt erneut nach Abschluss des Verfahrens. 5Eine Wiedereinsetzung in den vorigen Stand ist ausgeschlossen.

(2) 1Erklärungen zum Rentensplitting können von einem oder von beiden Ehegatten widerrufen werden, bis das Rentensplitting durchgeführt ist. 2Nach diesem Zeitpunkt sind die Erklärungen unwiderruflich.

(3) 1Für die Durchführung des Rentensplittings ist der Rentenversicherungsträger des jüngeren Ehegatten zuständig. 2Hat ein Ehegatte keine eigenen Anwartschaften in der gesetzlichen Rentenversicherung erworben, ist der Rentenversicherungsträger des anderen Ehegatten zuständig. 3In den Fällen des § 120a Abs. 3 Nr. 3 ist der Rentenversicherungsträger des verstorbenen Ehegatten zuständig. 4Ist für einen Ehegatten die Zuständigkeit der Deutschen Rentenversicherung Knappschaft-Bahn-See gegeben, ist dieser Rentenversicherungsträger für die Durchführung des Rentensplittings zuständig.

(4) Der am Verfahren über das Rentensplitting unter Ehegatten beteiligte, nicht zuständige Rentenversicherungsträger ist an die Entscheidung des zuständigen Rentenversicherungsträgers gebunden.

§ 120e Rentensplitting unter Lebenspartnern

(1) 1Lebenspartner können gemeinsam bestimmen, dass die von ihnen in der Lebenspartnerschaft erworbenen Ansprüche auf eine anpassungsfähige Rente zwischen ihnen aufgeteilt werden (Rentensplitting unter Lebenspartnern). 2Die Durchführung des Rentensplittings, der Anspruch auf eine nicht aufgrund des Rentensplittings gekürzte Rente, die Abänderung des Rentensplittings unter Lebenspartnern und das Verfahren sowie die Zuständigkeit richten sich nach den vorangegangenen Vorschriften dieses Unterabschnitts. 3Dabei gelten als Eheschließung die Begründung einer Lebenspartnerschaft, als Ehe eine Lebenspartnerschaft und als Ehegatte ein Lebenspartner.

(2) Ein Rentensplitting unter Lebenspartnern ist ausgeschlossen, wenn während der Lebenspartnerschaft eine Ehe geschlossen wurde.

Vierter Unterabschnitt
Besonderheiten beim Versorgungsausgleich

§ 120f Interne Teilung und Verrechnung von Anrechten

(1) Als erworbene Anrechte gleicher Art im Sinne des § 10 Abs. 2 des Versorgungsausgleichsgesetzes gelten die in der gesetzlichen Rentenversicherung erworbenen Anrechte.

(2) Als Anrechte gleicher Art im Sinne des § 10 Abs. 2 des Versorgungsausgleichsgesetzes gelten nicht

1. die im Beitrittsgebiet und im übrigen Bundesgebiet erworbenen Anrechte, soweit einheitliche Einkommensverhältnisse im Gebiet der Bundesrepublik Deutschland noch nicht hergestellt sind,
2. die in der allgemeinen Rentenversicherung und in der knappschaftlichen Rentenversicherung erworbenen Anrechte.

§ 120g Externe Teilung

Wählt die ausgleichsberechtigte Person bei der externen Teilung von Anrechten nach dem Versorgungsausgleichsgesetz keine Zielversorgung aus und erfolgt der Ausgleich nach § 15 Abs. 5 des Versorgungsausgleichsgesetzes in der gesetzlichen Rentenversicherung, werden Anrechte mit Zahlungseingang des Betrags erworben, der vom Familiengericht nach § 222 Abs. 3 des Gesetzes über das

Verfahren in Familiensachen und in den Angelegenheiten der freiwilligen Gerichtsbarkeit festgesetzt wurde.

§ 120h Abzuschmelzende Anrechte

Abzuschmelzende Anrechte im Sinne des § 19 Abs. 2 Nr. 2 des Versorgungsausgleichsgesetzes, die Ausgleichsansprüchen nach der Scheidung nach den §§ 20 bis 24 des Versorgungsausgleichsgesetzes unterliegen, sind

1. der Auffüllbetrag (§ 315a),
2. der Rentenzuschlag (§ 319a),
3. der Übergangszuschlag (§ 319b) und
4. der weiterzuzahlende Betrag oder der besitzgeschützte Zahlbetrag der nach dem Anspruchs- und Anwartschaftsüberführungsgesetz oder nach dem Zusatzversorgungssystem-Gleichstellungsgesetz überführten Rente des Beitrittsgebiets, soweit dieser den Monatsbetrag der Renten nach § 307b Abs. 1 Satz 3 übersteigt (§ 307b Abs. 6).

Fünfter Unterabschnitt Berechnungsgrundsätze

§ 121 Allgemeine Berechnungsgrundsätze

(1) Berechnungen werden auf vier Dezimalstellen durchgeführt, wenn nicht etwas anderes bestimmt ist.

(2) Bei einer auf Dezimalstellen vorzunehmenden Berechnung wird die letzte Dezimalstelle um 1 erhöht, wenn sich in der folgenden Dezimalstelle eine der Zahlen 5 bis 9 ergeben würde.

(3) Bei einer Berechnung, die auf volle Werte vorzunehmen ist, wird der Wert vor der ersten Dezimalstelle um 1 erhöht, wenn sich in den ersten vier Dezimalstellen eine der Zahlen 1 bis 9 ergeben würde.

(4) Bei einer Berechnung werden vor einer Division zunächst die anderen Rechengänge durchgeführt.

§ 122 Berechnung von Zeiten

(1) Ein Kalendermonat, der nur zum Teil mit rentenrechtlichen Zeiten belegt ist, zählt als voller Monat.

(2) $_1$Ein Zeitraum, der in Jahren bestimmt ist, umfasst für jedes zu berücksichtigende Jahr zwölf Monate. $_2$Ist für den Beginn oder das Ende eines Zeitraums ein bestimmtes Ereignis maßgebend, wird auch der Kalendermonat, in den das Ereignis fällt, berücksichtigt.

(3) Sind Zeiten bis zu einer Höchstdauer zu berücksichtigen, werden die am weitesten zurückliegenden Kalendermonate zunächst berücksichtigt.

§ 123 Berechnung von Geldbeträgen

(1) Berechnungen von Geldbeträgen werden auf zwei Dezimalstellen durchgeführt.

(2) Bei der Ermittlung von Geldbeträgen, für die ausdrücklich ein voller Betrag vorgegeben oder bestimmt ist, wird der Betrag nur dann um 1 erhöht, wenn sich in der ersten Dezimalstelle eine der Zahlen 5 bis 9 ergeben würde.

(3) $_1$Der auf einen Teilzeitraum entfallende Betrag ergibt sich, wenn der Gesamtbetrag mit dem Teilzeitraum vervielfältigt und durch den Gesamtzeitraum geteilt wird. $_2$Dabei werden das Kalenderjahr mit 360 Tagen, der Kalendermonat außer bei der anteiligen Ermittlung einer Monatsrente mit 30 Tagen und die Kalenderwoche mit sieben Tagen gerechnet.

§ 124 Berechnung von Durchschnittswerten und Rententeilen

(1) Durchschnittswerte werden aus der Summe der Einzelwerte und der für ihre Ermittlung zugrunde gelegten Summe der jeweiligen Zeiteinheiten ermittelt, soweit nicht eine andere Summe von Zeiteinheiten ausdrücklich bestimmt ist.

(2) Die Rente oder Rentenanwartschaft, die auf einen Zeitabschnitt entfällt, ergibt sich, wenn nach der Ermittlung der Entgeltpunkte für alle rentenrechtlichen Zeiten die Rente oder Rentenanwartschaft aus den Entgeltpunkten berechnet wird, die auf diesen Zeitabschnitt entfallen.

VI

Drittes Kapitel
Organisation, Datenschutz und Datensicherheit

Erster Abschnitt
Organisation

Erster Unterabschnitt
Deutsche Rentenversicherung

§ 125 Träger der gesetzlichen Rentenversicherung

(1) $_{1}$Die Aufgaben der gesetzlichen Rentenversicherung (allgemeine Rentenversicherung und knappschaftliche Rentenversicherung) werden von Regionalträgern und Bundesträgern wahrgenommen. $_{2}$Der Name der Regionalträger der gesetzlichen Rentenversicherung besteht aus der Bezeichnung „Deutsche Rentenversicherung" und einem Zusatz für ihre jeweilige Zuständigkeit.

(2) $_{1}$Bundesträger sind die Deutsche Rentenversicherung Bund und die Deutsche Rentenversicherung Knappschaft-Bahn-See. $_{2}$Die Deutsche Rentenversicherung Bund nimmt auch die Grundsatz- und Querschnittsaufgaben und die gemeinsamen Angelegenheiten der Träger der Rentenversicherung wahr.

Zweiter Unterabschnitt
Zuständigkeit in der allgemeinen Rentenversicherung

§ 126 Zuständigkeit der Träger der Rentenversicherung

$_{1}$Für die Erfüllung der Aufgaben der Rentenversicherung sind in der allgemeinen Rentenversicherung die Regionalträger, die Deutsche Rentenversicherung Bund und die Deutsche Rentenversicherung Knappschaft-Bahn-See zuständig. $_{2}$Dies gilt auch für die Anwendung des über- und zwischenstaatlichen Rechts.

§ 127 Zuständigkeit für Versicherte und Hinterbliebene

(1) $_{1}$Zuständig für Versicherte ist der Träger der Rentenversicherung, der durch die Datenstelle der Träger der Rentenversicherung bei der Vergabe der Versicherungsnummer festgelegt worden ist. $_{2}$Ist eine Versicherungsnummer noch nicht vergeben, ist bis zur Vergabe der Versicherungsnummer die Deutsche Rentenversicherung Bund zuständig.

(2) Das Erweiterte Direktorium der Deutschen Rentenversicherung Bund bestimmt die Zuordnung von Versicherten zu einem Träger der Rentenversicherung nach folgenden Grundsätzen:

1. Die Versicherten werden zu 55 vom Hundert den Regionalträgern, zu 40 vom Hundert der Deutschen Rentenversicherung Bund und zu 5 vom Hundert der Deutschen Rentenversicherung Knappschaft-Bahn-See zugeordnet.
2. Im ersten Schritt werden Versicherte gemäß § 129 oder § 133 der Deutschen Rentenversicherung Knappschaft-Bahn-See unter Anrechnung auf ihre Quote nach Nummer 1 zugeordnet.
3. Im zweiten Schritt werden den Regionalträgern so viele der verbleibenden Versicherten zugeordnet, dass, für jeden örtlichen Zuständigkeitsbereich eines Regionalträgers gesondert, jeweils die Quote nach Nummer 1 hergestellt wird.
4. Im dritten Schritt werden die übrigen Versicherten zur Herstellung der Quote nach Nummer 1 zwischen der Deutschen Rentenversicherung Bund und, unter Anrechnung der Vorwegzuordnung nach Nummer 2, der Deutschen Rentenversicherung Knappschaft-Bahn-See verteilt. Dabei werden der Deutschen Rentenversicherung Knappschaft-Bahn-See Versicherte in Brandenburg, Hamburg, Hessen, Nordrhein-Westfalen, Oberbayern, Sachsen und im Saarland gleichmäßig zugewiesen.

(3) $_{1}$Für Personen, die als Hinterbliebene eines verstorbenen Versicherten Ansprüche gegen die Rentenversicherung geltend machen, ist der Träger der Rentenversicherung zuständig, an den zuletzt Beiträge für den verstorbenen Versicherten gezahlt worden sind. $_{2}$Der so zuständige Träger bleibt auch zuständig, wenn nach dem Tod eines weiteren Versicherten ein anderer Träger zuständig wäre.

3Bei gleichzeitigem Tod mehrerer Versicherter ist der Träger der Rentenversicherung zuständig, an den der letzte Beitrag gezahlt worden ist. 4Sind zuletzt an mehrere Träger der Rentenversicherung Beiträge gezahlt worden, ergibt sich die Zuständigkeit nach folgender Reihenfolge:

1. Deutsche Rentenversicherung Knappschaft-Bahn-See,
2. Deutsche Rentenversicherung Bund,
3. Regionalträger.

§ 127a Verbindungsstelle für Leistungen bei Invalidität, bei Alter und an Hinterbliebene sowie für Vorruhestandsleistungen

(1) 1Die Zuständigkeit der Träger der gesetzlichen Rentenversicherung erstreckt sich auch auf die Wahrnehmung der Aufgaben einer Verbindungsstelle, die durch über- und zwischenstaatliches Recht festgelegt sind. 2Hierzu gehören insbesondere

1. die Prüfung und Entscheidung über die weitere Anwendbarkeit der deutschen Rechtsvorschriften für eine Person, die
   a) vorübergehend in einen anderen Mitgliedstaat der Europäischen Union, in einen anderen Vertragsstaat des Abkommens über den Europäischen Wirtschaftsraum oder in die Schweiz entsandt ist oder dort vorübergehend selbstständig tätig ist und
   b) die nicht Mitglied einer gesetzlichen Krankenkasse und nicht Mitglied einer berufsständischen Versorgungseinrichtung ist,
2. die Koordinierung der Verwaltungshilfe und des Datenaustauschs bei grenzüberschreitenden Sachverhalten,
3. Aufklärung, Beratung und Information.

(2) 1Im Anwendungsbereich der Verordnung (EG) Nr. 883/2004 des Europäischen Parlaments und des Rates vom 29. April 2004 zur Koordinierung der Systeme der sozialen Sicherheit (ABl. L 166 vom 30. 4. 2004, S. 1, L 200 vom 7. 6. 2004, S. 1), die zuletzt durch die Verordnung (EG) Nr. 988/2009 (ABl. L 284 vom 30. 10. 2009, S. 43) geändert worden ist, handelt die Deutsche Rentenversicherung Bund auch als Verbindungsstelle für den Bereich der Pensionen eines Sondersystems für Beamte. 2Sie arbeitet hierbei mit der Bundesfinanzdirektion West eng zusammen und unterstützt diese. 3Sie darf personenbezogene Daten erheben, verarbeiten und nutzen, soweit dies zur Erfüllung ihrer Aufgaben erforderlich ist.

(3) 1Im Anwendungsbereich der Verordnung (EG) Nr. 883/2004 handelt die Deutsche Rentenversicherung Knappschaft-Bahn-See auch als Verbindungsstelle für den Bereich der Vorruhestandsleistungen. 2Hierzu gehören insbesondere

1. das Anpassungsgeld für entlassene Arbeitnehmer des Bergbaus und
2. das Überbrückungsgeld der Seemannskasse.

§ 128 Örtliche Zuständigkeit der Regionalträger

(1) 1Die örtliche Zuständigkeit der Regionalträger richtet sich, soweit nicht nach Absatz 3 oder nach über- und zwischenstaatlichem Recht etwas anderes bestimmt ist, nach folgender Reihenfolge:

1. Wohnsitz,
2. gewöhnlicher Aufenthalt,
3. Beschäftigungsort,
4. Tätigkeitsort

der Versicherten oder der Hinterbliebenen im Inland. 2Bei Leistungsansprüchen ist für die örtliche Zuständigkeit der Zeitpunkt der Antragstellung maßgebend. 3Bei Halbwaisenrenten ist der für den überlebenden Ehegatten, bei Waisenrenten, bei denen ein überlebender Ehegatte nicht vorhanden ist, der für die jüngste Waise bestimmte Regionalträger zuständig. 4Wären bei Leistungsansprüchen von Hinterbliebenen mehrere Regionalträger zuständig, ist der Regionalträger zuständig, bei dem zuerst ein Antrag gestellt worden ist.

(2) Liegt der nach Absatz 1 maßgebende Ort nicht im Inland, ist der Regionalträger zuständig, der zuletzt nach Absatz 1 zuständig war.

VI

(3) Die örtliche Zuständigkeit der Regionalträger richtet sich für Berechtigte, die

1. in einem der in der nachfolgenden Tabelle genannten Staaten wohnen,
2. die Staatsangehörigkeit eines dieser Staaten besitzen und in einem Gebiet außerhalb der genannten Staaten wohnen oder
3. in Deutschland oder als Deutsche in einem Gebiet außerhalb der genannten Staaten wohnen und der letzte nach den Rechtsvorschriften eines Mitgliedstaates der Europäischen Union, eines Vertragsstaates des Abkommens über den Europäischen Wirtschaftsraum oder der Schweiz entrichtete ausländische Beitrag an einen Rentenversicherungsträger dieser Staaten gezahlt wurde,

nach der folgenden Tabelle:

Belgien	Deutsche Rentenversicherung Rheinland,
Bulgarien	Deutsche Rentenversicherung Mitteldeutschland,
Dänemark	Deutsche Rentenversicherung Nord,
Estland	Deutsche Rentenversicherung Nord,
Finnland	Deutsche Rentenversicherung Nord,
Frankreich	Deutsche Rentenversicherung Rheinland-Pfalz,
Griechenland	Deutsche Rentenversicherung Baden-Württemberg,
Großbritannien	Deutsche Rentenversicherung Nord,
Irland	Deutsche Rentenversicherung Nord,
Island	Deutsche Rentenversicherung Westfalen,
Italien	Deutsche Rentenversicherung Schwaben,
Lettland	Deutsche Rentenversicherung Nord,
Liechtenstein	Deutsche Rentenversicherung Baden-Württemberg,
Litauen	Deutsche Rentenversicherung Nord,
Luxemburg	Deutsche Rentenversicherung Rheinland-Pfalz,
Malta	Deutsche Rentenversicherung Schwaben,
Niederlande	Deutsche Rentenversicherung Westfalen,
Norwegen	Deutsche Rentenversicherung Nord,
Österreich	Deutsche Rentenversicherung Bayern Süd,
Polen	Deutsche Rentenversicherung Berlin-Brandenburg; in Fällen, in denen allein das Abkommen vom 9. Oktober 1975 über Renten- und Unfallversicherung anzuwenden ist, der nach § 128 Absatz 1 örtlich zuständige Regionalträger,
Portugal	Deutsche Rentenversicherung Nordbayern,
Rumänien	Deutsche Rentenversicherung Nordbayern,
Schweden	Deutsche Rentenversicherung Nord,
Schweiz	Deutsche Rentenversicherung Baden-Württemberg,
Slowakei	Deutsche Rentenversicherung Bayern Süd
Slowenien	Deutsche Rentenversicherung Bayern Süd,
Spanien	Deutsche Rentenversicherung Rheinland,
Tschechische Republik	Deutsche Rentenversicherung Bayern Süd,
Ungarn	Deutsche Rentenversicherung Mitteldeutschland,
Zypern	Deutsche Rentenversicherung Baden-Württemberg.

(4) Ist kein Rentenversicherungsträger nach den Absätzen 1 bis 3 zuständig, so ist die Deutsche Rentenversicherung Rheinland zuständig.

§ 128a Sonderzuständigkeit der Deutschen Rentenversicherung Saarland

(1) 1Die Deutsche Rentenversicherung Saarland ist örtlich zuständig, wenn

1. vor dem 1. Januar 2009 deutsche Beiträge gezahlt worden sind und der letzte deutsche Beitrag vor diesem Stichtag an die

Deutsche Rentenversicherung Saarland entrichtet worden ist oder

2. vor dem 1. Januar 2009 keine deutschen Beiträge gezahlt worden sind und die Deutsche Rentenversicherung Saarland zuletzt das Versicherungskonto geführt hat.

₂Satz 1 gilt unter der Voraussetzung, dass die Berechtigten

1. in Frankreich, Italien oder Luxemburg wohnen,
2. die Staatsangehörigkeit dieser Staaten besitzen und außerhalb eines Mitgliedstaates der Europäischen Union, eines Vertragsstaates des Abkommens über den Europäischen Wirtschaftsraum oder der Schweiz wohnen oder
3. als Deutsche außerhalb eines Mitgliedstaates der Europäischen Union, eines Vertragsstaates des Abkommens über den Europäischen Wirtschaftsraum oder der Schweiz wohnen und der letzte nach den Rechtsvorschriften eines nicht deutschen Mitgliedstaates der Europäischen Union, eines nicht deutschen Vertragsstaates des Abkommens über den Europäischen Wirtschaftsraum oder der Schweiz entrichtete Beitrag an einen französischen, italienischen oder luxemburgischen Rentenversicherungsträger entrichtet worden ist.

(2) Bei Wohnsitz im Saarland ist die Deutsche Rentenversicherung Saarland auch zuständig, wenn der letzte nach den Rechtsvorschriften eines anderen Mitgliedstaates der Europäischen Union, eines anderen Vertragsstaates des Abkommens über den Europäischen Wirtschaftsraum oder nach den Rechtsvorschriften der Schweiz entrichtete Beitrag an einen französischen, italienischen oder luxemburgischen Rentenversicherungsträger entrichtet worden ist.

(3) Die Deutsche Rentenversicherung Saarland nimmt die Funktion der Verbindungsstelle für die hüttenknappschaftliche Zusatzversicherung auf der Grundlage des über- und zwischenstaatlichen Rechts wahr.

§ 129 Zuständigkeit der Deutschen Rentenversicherung Knappschaft-Bahn-See für Versicherte

(1) Die Deutsche Rentenversicherung Knappschaft-Bahn-See ist zuständig, wenn die Versicherten

1. beim Bundeseisenbahnvermögen,
2. bei der Deutschen Bahn Aktiengesellschaft oder den gemäß § 2 Abs. 1 des Deutsche Bahn Gründungsgesetzes vom 27. Dezember 1993 (BGBl. I S. 2378, 2386) ausgegliederten Aktiengesellschaften,
3. bei Unternehmen, die gemäß § 3 Abs. 3 des genannten Gesetzes aus den Aktiengesellschaften ausgegliedert worden sind, von diesen überwiegend beherrscht werden und unmittelbar und überwiegend Eisenbahnverkehrsleistungen erbringen oder eine Eisenbahninfrastruktur betreiben,
4. bei den Bahn-Versicherungsträgern, der Krankenversorgung der Bundesbahnbeamten und dem Bahnsozialwerk,
5. in der Seefahrt (Seeschifffahrt und Seefischerei) oder
6. bei der Deutschen Rentenversicherung Knappschaft-Bahn-See

beschäftigt sind.

(2) Die Deutsche Rentenversicherung Knappschaft-Bahn-See ist auch zuständig für selbständig Tätige, die als Seelotse, Küstenschiffer oder Küstenfischer versicherungspflichtig sind.

§ 130 Sonderzuständigkeit der Deutschen Rentenversicherung Knappschaft-Bahn-See

₁Die Deutsche Rentenversicherung Knappschaft-Bahn-See ist für Leistungen zuständig, wenn ein Beitrag auf Grund einer Beschäftigung oder selbständigen Tätigkeit nach § 129 Abs. 1 oder Abs. 2 gezahlt worden ist. ₂In diesen Fällen führt die Deutsche Rentenversicherung Knappschaft-Bahn-See auch die Versicherung durch.

VI

§ 131 Auskunfts- und Beratungsstellen

Die Regionalträger unterhalten für den Bereich der Auskunft und Beratung ein Dienststellennetz für die Deutsche Rentenversicherung.

Dritter Unterabschnitt
Zuständigkeit in der knappschaftlichen Rentenversicherung

§ 132 Versicherungsträger

Träger der knappschaftlichen Rentenversicherung ist die Deutsche Rentenversicherung Knappschaft-Bahn-See.

§ 133 Zuständigkeit der Deutschen Rentenversicherung Knappschaft-Bahn-See für Beschäftigte

Die Deutsche Rentenversicherung Knappschaft-Bahn-See ist zuständig, wenn die Versicherten

1. in einem knappschaftlichen Betrieb beschäftigt sind,
2. ausschließlich oder überwiegend knappschaftliche Arbeiten verrichten oder
3. bei Arbeitnehmerorganisationen oder Arbeitgeberorganisationen, die berufsständische Interessen des Bergbaus wahrnehmen, oder bei den Bergämtern, Oberbergämtern oder bergmännischen Prüfstellen, Forschungsstellen oder Rettungsstellen beschäftigt sind und für sie vor Aufnahme dieser Beschäftigung fünf Jahre Beiträge zur knappschaftlichen Rentenversicherung gezahlt worden sind.

§ 134 Knappschaftliche Betriebe und Arbeiten

(1) Knappschaftliche Betriebe sind Betriebe, in denen Mineralien oder ähnliche Stoffe bergmännisch gewonnen werden, Betriebe der Industrie der Steine und Erden jedoch nur dann, wenn sie überwiegend unterirdisch betrieben werden.

(2) Als knappschaftliche Betriebe gelten auch Versuchsgruben des Bergbaus.

(3) Knappschaftliche Betriebe sind auch Betriebsanstalten oder Gewerbeanlagen, die als Nebenbetriebe eines knappschaftlichen Betriebs mit diesem räumlich und betrieblich zusammenhängen.

(4) Knappschaftliche Arbeiten sind nachstehende Arbeiten, wenn sie räumlich und betrieblich mit einem Bergwerksbetrieb zusammenhängen, aber von einem anderen Unternehmer ausgeführt werden:

1. alle Arbeiten unter Tage mit Ausnahme von vorübergehenden Montagearbeiten,
2. Abraumarbeiten zum Aufschließen der Lagerstätte,
3. die Gewinnung oder das Verladen von Versatzmaterial innerhalb des Zechengeländes in Betrieb befindlicher Werke mit Ausnahme der Arbeiten an Baggern,
4. das Umarbeiten (Aufbereiten) von Bergehalden (Erzgruben) innerhalb des Zechengeländes in Betrieb befindlicher Werke,
5. laufende Unterhaltungsarbeiten an Grubenbahnen sowie Grubenanschlussbahnen innerhalb des Zechengeländes,
6. das Rangieren der Wagen auf den Grubenanlagen,
7. Arbeiten in den zur Zeche gehörenden Reparaturwerkstätten,
8. Arbeiten auf den Zechenholzplätzen, die nur dem Betrieb von Zechen dienen, soweit das Holz in das Eigentum der Zeche übergegangen ist,
9. Arbeiten in den Lampenstuben,
10. das Stapeln des Geförderten, das Verladen von gestürzten Produkten, das Aufhalden und das Abhalden von Produkten, von Bergen und von sonstigen Abfällen innerhalb des Zechengeländes,
11. Sanierungsarbeiten wie beispielsweise Aufräumungsarbeiten und Ebnungsarbeiten sowie das Laden von Schutt und dergleichen, wenn diese Arbeiten regelmäßig innerhalb des Zechengeländes ausgeführt werden.

(5) Knappschaftliche Arbeiten stehen für die knappschaftliche Versicherung einem knappschaftlichen Betrieb gleich.

VI

(6) Montagearbeiten unter Tage sind knappschaftliche Arbeiten im Sinne von Absatz 4 Nr. 1, wenn sie die Dauer von drei Monaten überschreiten.

§ 135 Nachversicherung

1Für die Nachversicherung ist die Deutsche Rentenversicherung Knappschaft-Bahn-See als Träger der knappschaftlichen Rentenversicherung nur zuständig, soweit diese für die Zeit einer Beschäftigung bei dem Träger der knappschaftlichen Rentenversicherung durchgeführt wird. 2Sie ist auch zuständig für die Nachversicherung einer Beschäftigung bei einem Bergamt, Oberbergamt oder einer bergmännischen Prüfstelle, wenn vor Aufgabe dieser Beschäftigung für fünf Jahre Beiträge zur knappschaftlichen Rentenversicherung gezahlt worden sind.

§ 136 Sonderzuständigkeit der Deutschen Rentenversicherung Knappschaft-Bahn-See

1Die Deutsche Rentenversicherung Knappschaft-Bahn-See ist für Leistungen zuständig, wenn ein Beitrag auf Grund einer Beschäftigung zur knappschaftlichen Rentenversicherung gezahlt worden ist. 2In diesen Fällen führt die Deutsche Rentenversicherung Knappschaft-Bahn-See auch die Versicherung durch. 3Dies gilt auch bei Anwendung des über- und zwischenstaatlichen Rechts.

§ 136a Verbindungsstelle für Leistungen bei Invalidität, bei Alter und an Hinterbliebene der knappschaftlichen Rentenversicherung

1Die Zuständigkeit der Deutschen Rentenversicherung Knappschaft-Bahn-See erstreckt sich auch auf die Wahrnehmung der durch über- und zwischenstaatliches Recht festgelegten Aufgaben einer Verbindungsstelle. 2§ 127a Absatz 1 Satz 2 gilt entsprechend.

§ 137 Besonderheit bei der Durchführung der Versicherung und bei den Leistungen

Die Deutsche Rentenversicherung Knappschaft-Bahn-See führt die Versicherung für Personen, die wegen

1. einer Kindererziehung,
2. eines Wehrdienstes oder Zivildienstes,
3. eines Bezuges von Sozialleistungen oder von Vorruhestandsgeld

bei ihr versichert sind, in der knappschaftlichen Rentenversicherung durch, wenn diese im letzten Jahr vor Beginn dieser Zeiten zuletzt wegen einer Beschäftigung in der knappschaftlichen Rentenversicherung versichert waren.

Unterabschnitt 3a
Zuständigkeit der Deutschen Rentenversicherung Knappschaft-Bahn-See für die Seemannskasse

§ 137a Zuständigkeit der Deutschen Rentenversicherung Knappschaft-Bahn-See für die Seemannskasse

Die Seemannskasse, die von der See-Berufsgenossenschaft gemäß § 891a der Reichsversicherungsordnung in der Fassung des Artikels 1 § 4 Nr. 2 des Rentenreformgesetzes vom 16. Oktober 1972 (BGBl. I S. 1965) und den dieses ändernden oder ergänzenden Gesetzen errichtet wurde und durchgeführt wird, wird mit Wirkung vom 1. Januar 2009 unter ihrem Namen durch die Deutsche Rentenversicherung Knappschaft-Bahn-See als Träger der allgemeinen Rentenversicherung nach den §§ 137b bis 137e weitergeführt.

§ 137b Besonderheiten bei den Leistungen und bei der Durchführung der Versicherung

(1) 1Aufgabe der Seemannskasse ist die Gewährung eines Überbrückungsgeldes nach Vollendung des 55. Lebensjahres an die bei ihr versicherten Seeleute sowie an Küstenschiffer und Küstenfischer, die aus der Seefahrt ausgeschieden sind. 2Die Satzung kann ergänzende Leistungen für Versicherte nach Erreichen der Regelaltersgrenze vorsehen.

(2) Versicherungspflichtig sind in der Seemannskasse

1. Seeleute nach § 13 Absatz 1 des Vierten Buches, die an Bord von Kauffahrteischif-

fen oder Fischereifahrzeugen gegen Arbeitsentgelt oder zu ihrer Berufsausbildung beschäftigt und bei der Deutschen Rentenversicherung Knappschaft-Bahn-See rentenversichert sind, sofern diese Beschäftigung nicht geringfügig im Sinne von § 8 des Vierten Buches ausgeübt wird,

2. Küstenschiffer und Küstenfischer, die nach § 2 Satz 1 Nr. 7 oder nach § 229a Abs. 1 rentenversichert sind und ihre Tätigkeit nicht im Nebenerwerb ausüben.

(2a) Für deutsche Seeleute, für die vor dem 21. April 2015 nach § 2 Absatz 3 Satz 1 Nummer 1 des Vierten Buches Versicherungspflicht bestand und die nicht bei einer gewerblichen Berufsgenossenschaft unfallversichert sind, gilt Absatz 2 Nummer 1 nicht, es sei denn, der Arbeitgeber stellt für diese Personen einen Antrag auf Versicherungspflicht in der Seemannskasse.

(2b) Auf Antrag des öffentlichen Arbeitgebers werden alle von ihm beschäftigten Seeleute nach § 13 Absatz 1 des Vierten Buches, die bei der Deutschen Rentenversicherung Knappschaft-Bahn-See rentenversichert sind, in der Seemannskasse versichert.

(3) Die Meldungen zur Seemannskasse sind mit den Meldungen zur Sozialversicherung (§ 28a des Vierten Buches) zu verbinden.

§ 137c Vermögen, Haftung

(1) Das Vermögen der Seemannskasse geht zum 1. Januar 2009 mit allen Rechten und Pflichten auf die Deutsche Rentenversicherung Knappschaft-Bahn-See über.

(2) $_1$Das Vermögen der Seemannskasse ist als Sondervermögen getrennt von dem sonstigen Vermögen der Deutschen Rentenversicherung Knappschaft-Bahn-See zu verwalten. $_2$Der Überschuss der Einnahmen über die Ausgaben ist dem Vermögen zuzuführen; ein etwaiger Fehlbetrag ist aus diesem zu decken. $_3$Der Bewirtschaftungsplan über Einnahmen und Ausgaben einschließlich der Aufwendungen für Verwaltungskosten ist in einem Einzelplan des Haushaltsplans der Deutschen Rentenversicherung Knappschaft-Bahn-See zu führen.

(3) $_1$Die Mittel der Seemannskasse sind im Wege der Umlage durch die Unternehmer aufzubringen, die bei ihr versichert sind oder die bei ihr Versicherte beschäftigen. $_2$Das Nähere, insbesondere die Voraussetzungen und den Umfang der Leistungen sowie die Festsetzung und die Zahlung der Beiträge, bestimmt die Satzung der Seemannskasse. $_3$Sie kann auch eine Beteiligung der Seeleute an der Aufbringung der Mittel vorsehen.

(4) Die Haftung der Deutschen Rentenversicherung Knappschaft-Bahn-See für Verbindlichkeiten der Seemannskasse ist auf das Sondervermögen der Seemannskasse beschränkt; dieses haftet nicht für Verbindlichkeiten der übrigen Aufgabenbereiche der Deutschen Rentenversicherung Knappschaft-Bahn-See.

(5) Die Seemannskasse wird von der Aufsichtsbehörde geschlossen, wenn die Erfüllbarkeit der satzungsmäßigen Leistungspflichten nicht mehr auf Dauer gewährleistet ist.

§ 137d Organe

Die Selbstverwaltungsorgane und die Geschäftsführung der Deutschen Rentenversicherung Knappschaft-Bahn-See vertreten und verwalten die Seemannskasse nach dem für die Deutsche Rentenversicherung Knappschaft-Bahn-See als Rentenversicherungsträger geltenden Recht und nach Maßgabe der Satzung der Seemannskasse.

§ 137e Beirat

(1) $_1$Die Deutsche Rentenversicherung Knappschaft-Bahn-See bildet für die Angelegenheiten der Seemannskasse einen Beirat aus Vertretern der Unternehmer nach § 137c Abs. 3 sowie Vertretern der in der Seemannskasse versicherten Seeleute. $_2$Die Mitglieder des Beirats und ihre Stellvertreter werden auf Vorschlag der Tarifvertragsparteien der Seeschifffahrt durch den Vorstand der Deutschen Rentenversicherung Knappschaft-Bahn-See berufen. $_3$Für ihre Amtsdauer gilt § 58 Abs. 2 des Vierten Buches entsprechend. $_4$Ein Mitglied des Beirats kann aus wichtigem Grund vor Ablauf der Amtsdauer abberufen werden.

(2) Die §§ 40 bis 42 des Vierten Buches über Ehrenämter, Entschädigung der ehrenamtlich Tätigen und Haftung gelten entsprechend.

(3) 1Der Beirat berät die Selbstverwaltungsorgane der Deutschen Rentenversicherung Knappschaft-Bahn-See in den Angelegenheiten der Seemannskasse. 2Er behandelt die Entscheidungsvorlagen und legt eigene Beschlussvorschläge vor. 3Die Satzung der Seemannskasse kann bestimmen, dass insbesondere in Belangen der Satzung der Seemannskasse, der Versicherung, der Umlage und des Sondervermögens der Vorstand und die Vertreterversammlung der Deutschen Rentenversicherung Knappschaft-Bahn-See nicht abweichend von dem Beschlussvorschlag des Beirats entscheiden dürfen. 4Gelingt es in derartigen Fällen nicht, eine übereinstimmende Meinungsbildung der am Entscheidungsverfahren beteiligten Gremien herzustellen, entscheidet die Aufsichtsbehörde. 5Das Nähere regelt die Satzung der Seemannskasse.

Vierter Unterabschnitt Grundsatz- und Querschnittsaufgaben der Deutschen Rentenversicherung, Erweitertes Direktorium

§ 138 Grundsatz- und Querschnittsaufgaben der Deutschen Rentenversicherung

(1) 1Die Deutsche Rentenversicherung Bund nimmt die Grundsatz- und Querschnittsaufgaben der Deutschen Rentenversicherung wahr. 2Dazu gehören:

1. Vertretung der Rentenversicherung in ihrer Gesamtheit gegenüber Politik, Bundes-, Landes-, Europäischen und sonstigen nationalen und internationalen Institutionen sowie Sozialpartnern, Abstimmung mit dem verfahrensführenden Träger der Rentenversicherung in Verfahren vor dem Europäischen Gerichtshof, dem Bundesverfassungsgericht und dem Bundessozialgericht,
2. Öffentlichkeitsarbeit einschließlich der Herausgabe von regelmäßigen Informationen zur Alterssicherung für Arbeitgeber, Versicherte und Rentner und der Grundsätze für regionale Broschüren,
3. Statistik,
4. Klärung von grundsätzlichen Fach- und Rechtsfragen zur Sicherung der einheitlichen Rechtsanwendung aus den Bereichen
   a) Rehabilitation und Teilhabe,
   b) Sozialmedizin,
   c) Versicherung,
   d) Beitrag,
   e) Beitragsüberwachung,
   f) Rente,
   g) Auslandsrecht, Sozialversicherungsabkommen, Recht der Europäischen Union, soweit es die Rentenversicherung betrifft,
5. Organisation des Qualitäts- und Wirtschaftlichkeitswettbewerbs zwischen den Trägern, insbesondere Erlass von Rahmenrichtlinien für Aufbau und Durchführung eines zielorientierten Benchmarking der Leistungs- und Qualitätsdaten,
6. Grundsätze für die Aufbau- und Ablauforganisation, das Personalwesen und Investitionen unter Wahrung der Selbständigkeit der Träger,
7. Grundsätze und Steuerung der Finanzausstattung und -verwaltung im Rahmen der Finanzverfassung für das gesamte System,
8. Koordinierung der Planung von Rehabilitationsmaßnahmen, insbesondere der Bettenbedarfs- und Belegungsplanung,
9. Grundsätze und Koordinierung der Datenverarbeitung und Servicefunktionen,
10. Funktion zur Registrierung und Authentifizierung für die elektronischen Serviceangebote der Rentenversicherung,
11. Funktion als Signaturstelle,
12. Grundsätze für die Aus- und Fortbildung,
13. Grundsätze der Organisation und Aufgabenzuweisung der Auskunfts- und Beratungsstellen,

VI

14. Bereitstellung von Informationen für die Träger der Rentenversicherung,
15. Forschung im Bereich der Alterssicherung und der Rehabilitation und
16. Treuhänderschaft gemäß dem Gesetz zur Regelung der Rechtsverhältnisse der unter Artikel 131 des Grundgesetzes fallenden Personen.

(2) 1Die Entscheidungen der Deutschen Rentenversicherung Bund zu Grundsatz- und Querschnittsaufgaben der Deutschen Rentenversicherung sowie die notwendig werdende Festlegung weiterer Grundsatz- und Querschnittsaufgaben werden durch die Bundesvertreterversammlung der Deutschen Rentenversicherung Bund gemäß § 64 Abs. 4 des Vierten Buches getroffen; für die Träger der Rentenversicherung sind die Entscheidungen verbindlich. 2Die Bundesvertreterversammlung kann die Entscheidungsbefugnis gemäß § 64 Abs. 4 des Vierten Buches ganz oder teilweise auf den Bundesvorstand der Deutschen Rentenversicherung Bund übertragen, der gemäß § 64 Abs. 4 des Vierten Buches entscheidet. 3Entscheidungen über die Auslegung von Rechtsfragen werden von der Bundesvertreterversammlung und vom Bundesvorstand mit der einfachen Mehrheit aller gewichteten Stimmen der satzungsmäßigen Mitgliederzahl getroffen.

(3) 1Der Bundesvorstand kann die Entscheidungsbefugnis gemäß § 64 Abs. 4 des Vierten Buches ganz oder teilweise auf einen Ausschuss des Bundesvorstandes übertragen. 2Die Entscheidungen dieses Ausschusses müssen einstimmig ergehen. 3Der Ausschuss legt dem Bundesvorstand die Entscheidungen vor; der Bundesvorstand kann gemäß § 64 Abs. 4 des Vierten Buches abweichende Entscheidungen treffen.

(4) 1Soweit das Direktorium Vorlagen an die Bundesvertreterversammlung oder den Bundesvorstand unterbreitet, die verbindliche Entscheidungen oder notwendig werdende Festlegungen weiterer Grundsatz- und Querschnittsaufgaben betreffen, bedürfen diese der vorherigen Zustimmung durch das Erweiterte Direktorium. 2Beratungsergebnisse der Fachausschüsse, in denen alle Träger der Rentenversicherung vertreten sind, sind an die Bundesvertreterversammlung oder den Bundesvorstand weiterzuleiten. 3Das Nähere regelt die Satzung.

(5) Die verbindlichen Entscheidungen und die Festlegung weiterer Grundsatz- und Querschnittsaufgaben werden im Amtlichen Mitteilungsblatt der Deutschen Rentenversicherung Bund veröffentlicht.

§ 139 Erweitertes Direktorium

(1) 1Das Erweiterte Direktorium der Deutschen Rentenversicherung Bund besteht aus fünf Geschäftsführern aus dem Bereich der Regionalträger, den Mitgliedern des Direktoriums der Deutschen Rentenversicherung Bund und einem Mitglied der Geschäftsführung der Deutschen Rentenversicherung Knappschaft-Bahn-See. 2Das Erweiterte Direktorium wählt aus seiner Mitte mit der Mehrheit von mindestens zwei Dritteln aller gewichteten Stimmen einen Vorsitzenden. 3Die Geschäftsführer aus dem Bereich der Regionalträger werden durch die Vertreter der Regionalträger in der Bundesvertreterversammlung auf Vorschlag der Vertreter der Regionalträger im Bundesvorstand mit der Mehrheit der abgegebenen Stimmen gewählt. 4Das Nähere zur Beschlussfassung und zur Geschäftsordnung des Erweiterten Direktoriums bestimmt die Satzung der Deutschen Rentenversicherung Bund.

(2) 1Beschlüsse des Erweiterten Direktoriums werden mit der Mehrheit von mindestens zwei Dritteln aller gewichteten Stimmen getroffen. 2Die Stimmen der Regionalträger werden mit insgesamt 55 vom Hundert und die der Bundesträger mit insgesamt 45 vom Hundert gewichtet. 3Dabei werden die Stimmen der Bundesträger untereinander nach der Anzahl der Versicherten gewichtet. 4Das Nähere zur Stimmengewichtung nach Satz 2 regelt die Satzung.

VI

§ 140 Arbeitsgruppe Personalvertretung der Deutschen Rentenversicherung

(1) Vor verbindlichen Entscheidungen der Deutschen Rentenversicherung Bund nach § 138 Abs. 1 über

1. Grundsätze für die Aufbau- und Ablauforganisation und das Personalwesen,
2. Grundsätze und Koordinierung der Datenverarbeitung,
3. Grundsätze für die Aus- und Fortbildung,
4. Grundsätze der Organisation der Auskunfts- und Beratungsstellen sowie
5. Entscheidungen, deren Umsetzung in gleicher Weise wie die Umsetzung von Entscheidungen gemäß den Nummern 1 bis 4 Einfluss auf die Arbeitsbedingungen der Beschäftigten haben können,

ist die Arbeitsgruppe Personalvertretung der Deutschen Rentenversicherung anzuhören.

(2) 1Die Arbeitsgruppe Personalvertretung der Deutschen Rentenversicherung setzt sich wie folgt zusammen:

1. drei Mitglieder aus der Personalvertretung der Deutschen Rentenversicherung Bund und ein Mitglied aus der Personalvertretung der Deutschen Rentenversicherung Knappschaft-Bahn-See; Mitglieder sind jeweils der Vorsitzende des Gesamtpersonalrates oder, falls eine Stufenvertretung besteht, der Vorsitzende des Hauptpersonalrates, bei der Personalvertretung der Deutschen Rentenversicherung Bund auch die beiden weiteren Mitglieder des Vorstandes sowie
2. je ein Mitglied aus der Personalvertretung eines jeden landesunmittelbaren Trägers der Rentenversicherung; die Regelungen zur Auswahl dieser Mitglieder und das Verfahren der Entsendung werden durch Landesrecht bestimmt.

2Die Mitglieder der Arbeitsgruppe Personalvertretung beteiligen ihre jeweiligen Hauptpersonalvertretungen, sind diese nicht eingerichtet, ihre Gesamtpersonalvertretungen. 3Die Arbeitsgruppe Personalvertretung der Deutschen Rentenversicherung beschließt mit der Mehrheit der Stimmen ihrer Mitglieder eine Geschäftsordnung, die Regelungen über den Vorsitz, das Verfahren zur internen Willensbildung und zur Beschlussfassung enthalten muss. 4Ergänzend finden die Regelungen des Bundespersonalvertretungsgesetzes Anwendung. 5Kostentragende Dienststelle im Sinne des § 44 des Bundespersonalvertretungsgesetzes ist die Deutsche Rentenversicherung Bund.

Fünfter Unterabschnitt
Vereinigung von Regionalträgern

§ 141 Vereinigung von Regionalträgern auf Beschluss ihrer Vertreterversammlungen

(1) 1Regionalträger können sich zur Verbesserung der Wirtschaftlichkeit oder Leistungsfähigkeit auf Beschluss ihrer Vertreterversammlungen zu einem Regionalträger vereinigen, wenn sich durch die Vereinigung der Zuständigkeitsbereich des neuen Regionalträgers nicht über mehr als drei Länder erstreckt. 2Der Vereinigungsbeschluss bedarf der Genehmigung der für die Sozialversicherung zuständigen obersten Landesbehörden der betroffenen Länder.

(2) 1Im Vereinigungsbeschluss müssen insbesondere Festlegungen über Name und Sitz des neuen Regionalträgers getroffen werden. 2Auf Verlangen der für die Sozialversicherung zuständigen obersten Landesbehörde mindestens eines betroffenen Landes muss bei länderübergreifenden Vereinigungen zusätzlich eine Festlegung über die Arbeitsmengenverteilung auf die Gebiete der Länder getroffen werden, auf die sich die an der Vereinigung beteiligten Regionalträger erstrecken.

(3) 1Die beteiligten Regionalträger legen der nach der Vereinigung zuständigen Aufsichtsbehörde eine Satzung, einen Vorschlag zur Berufung der Mitglieder der Organe und eine Vereinbarung über die Rechtsbeziehungen zu Dritten vor. 2Die Aufsichtsbehörde genehmigt im Einvernehmen mit den Aufsichtsbehörden der übrigen Länder, auf deren Gebiete sich der Regionalträger erstreckt, die Satzung und die Vereinbarung, beruft die Mitglieder der Organe und bestimmt den Zeitpunkt, an dem

VI

die Vereinigung wirksam wird. 3Mit diesem Zeitpunkt tritt der neue Regionalträger in die Rechte und Pflichten des bisherigen Regionalträgers ein.

(4) Beschlüsse der Vertreterversammlung des neuen Regionalträgers, die von der im Vereinigungsbeschluss getroffenen Festlegung über den Namen, den Sitz oder die Arbeitsmengenverteilung wesentlich abweichen, bedürfen der Genehmigung der für die Sozialversicherung zuständigen obersten Landesbehörden der Länder, auf die sich der neue Regionalträger erstreckt.

§ 142 Vereinigung von Regionalträgern durch Rechtsverordnung

(1) 1Haben in einem Land mehrere Regionalträger ihren Sitz, kann die Landesregierung zur Verbesserung der Wirtschaftlichkeit oder der Leistungsfähigkeit zwei oder mehrere Regionalträger durch Rechtsverordnung vereinigen. 2Das Nähere regelt die Landesregierung nach Anhörung der beteiligten Regionalträger in der Rechtsverordnung nach Satz 1.

(2) 1Die Landesregierungen von höchstens drei Ländern können zu den in Absatz 1 genannten Zwecken durch gleichlautende Rechtsverordnungen sich auf ihre Gebiete erstreckende Regionalträger vereinigen. 2Absatz 1 Satz 2 gilt entsprechend.

Sechster Unterabschnitt Beschäftigte der Versicherungsträger

§ 143 Bundesunmittelbare Versicherungsträger

(1) Die Deutsche Rentenversicherung Bund, die Deutsche Rentenversicherung Knappschaft-Bahn-See und die bundesunmittelbaren Regionalträger besitzen Dienstherrnfähigkeit im Sinne des § 2 des Bundesbeamtengesetzes.

(2) 1Die Mitglieder des Direktoriums der Deutschen Rentenversicherung Bund werden von dem Bundespräsidenten auf Vorschlag der Bundesregierung für die Dauer von sechs Jahren zu Beamten auf Zeit ernannt. 2Die beamtenrechtlichen Vorschriften über die Laufbahnen und die Probezeit sind nicht anzuwenden.

(3) 1Ist ein Mitglied des Direktoriums der Deutschen Rentenversicherung Bund aus einem Beamten- oder Richterverhältnis auf Lebenszeit ernannt worden, ruhen für die Dauer der Amtszeit die Rechte und Pflichten aus dem zuletzt im Beamten- oder Richterverhältnis auf Lebenszeit übertragenen Amt mit Ausnahme der Pflicht zur Amtsverschwiegenheit und des Verbots der Annahme von Belohnungen und Geschenken. 2§ 15a des Beamtenversorgungsgesetzes ist entsprechend anzuwenden.

(4) 1Ist ein Mitglied des Direktoriums der Deutschen Rentenversicherung Bund nicht aus einem Beamten- oder Richterverhältnis auf Lebenszeit ernannt worden, ist § 66 Abs. 1 des Beamtenversorgungsgesetzes mit der Maßgabe anzuwenden, dass ein Anspruch auf Ruhegehalt aus dem Beamtenverhältnis auf Zeit mit Ablauf des Monats der Vollendung der für Bundesbeamte geltenden Regelaltersgrenze nach § 51 Abs. 1 und 2 des Bundesbeamtengesetzes entsteht. 2Die Höhe des Ruhegehalts ist entsprechend § 14 Abs. 1 und 3 des Beamtenversorgungsgesetzes zu berechnen.

(5) Wird ein Geschäftsführer der Deutschen Rentenversicherung Bund nach seiner Amtszeit zum Präsidenten der Deutschen Rentenversicherung Bund ernannt, gilt § 66 Abs. 4 Satz 2 des Beamtenversorgungsgesetzes entsprechend.

(6) Die Mitglieder der Geschäftsführungen der Deutschen Rentenversicherung Knappschaft-Bahn-See und der bundesunmittelbaren Regionalträger werden auf Vorschlag der Bundesregierung von dem Bundespräsidenten zu Beamten ernannt.

(7) 1Das Bundesministerium für Arbeit und Soziales ernennt die übrigen Beamten der Deutschen Rentenversicherung Bund, der Deutschen Rentenversicherung Knappschaft-Bahn-See und der bundesunmittelbaren Regionalträger auf Vorschlag des jeweiligen Vorstandes. 2Es kann seine Befugnisse auf den Vorstand übertragen, dieser für den einfachen, mittleren und gehobenen Dienst auf

das Direktorium oder die Geschäftsführung. $_{3}$Soweit die Ernennungsbefugnis auf den Vorstand oder auf das Direktorium oder die Geschäftsführung übertragen wird, bestimmt die Satzung, durch wen die Ernennungsurkunde zu vollziehen ist.

(8) $_{1}$Oberste Dienstbehörde für die Mitglieder des Direktoriums der Deutschen Rentenversicherung Bund und für die Mitglieder der Geschäftsführungen der Deutschen Rentenversicherung Knappschaft-Bahn-See und der bundesunmittelbaren Regionalträger ist das Bundesministerium für Arbeit und Soziales, für die übrigen Beamten der Vorstand. $_{2}$Dieser kann seine Befugnisse auf den Präsidenten, das Direktorium, den Geschäftsführer oder auf die Geschäftsführung übertragen. $_{3}$§ 144 Abs. 1 des Bundesbeamtengesetzes und § 83 Abs. 1 des Bundesdisziplinargesetzes bleiben unberührt.

§ 144 Landesunmittelbare Versicherungsträger

(1) Die landesunmittelbaren Regionalträger besitzen im Rahmen des Absatzes 2 Dienstherrnfähigkeit im Sinne des § 2 des Beamtenstatusgesetzes.

(2) Die Beamten der landesunmittelbaren Regionalträger sind Beamte des Landes, soweit nicht eine landesgesetzliche Regelung etwas anderes bestimmt.

(3) Die landesunmittelbaren Regionalträger tragen die Bezüge der Beamten und ihrer Hinterbliebenen.

Siebter Unterabschnitt Datenstelle der Träger der Rentenversicherung

§ 145 Datenstelle der Träger der Rentenversicherung

(1) $_{1}$Die Träger der Rentenversicherung unterhalten gemeinsam eine Datenstelle, die von der Deutschen Rentenversicherung Bund verwaltet wird. $_{2}$Dabei ist sicherzustellen, dass die Datenbestände, die die Deutsche Rentenversicherung Bund als Träger der Rentenversicherung führt, und die Datenbestände der Datenstelle der Träger der Rentenversicherung dauerhaft getrennt bleiben. $_{3}$Die Träger der Rentenversicherung können die Datenstelle als Vermittlungsstelle einschalten. $_{4}$Sie können durch die Datenstelle auch die Ausstellung von Sozialversicherungsausweisen veranlassen.

(2) Die Deutsche Rentenversicherung Bund darf eine Datei mit Sozialdaten, die nicht ausschließlich einer Versicherungsnummer der bei ihr Versicherten zugeordnet ist, nur bei der Datenstelle und nur dann führen, wenn die Einrichtung dieser Datei gesetzlich bestimmt ist.

(3) $_{1}$Die Deutsche Rentenversicherung Bund kann durch öffentlich-rechtlichen Vertrag die Verpflichtung eingehen, dass die Datenstelle in Versorgungsausgleichssachen die Aufgabe als Vermittlungsstelle zur Durchführung des elektronischen Rechtsverkehrs auch für andere öffentlich-rechtliche Versorgungsträger wahrnimmt. $_{2}$Diese sind verpflichtet, der Deutschen Rentenversicherung Bund den entstehenden Aufwand zu erstatten.

(4) $_{1}$Die Datenstelle untersteht der Aufsicht des Bundesministeriums für Arbeit und Soziales, soweit ihr durch Gesetz oder auf Grund eines Gesetzes Aufgaben zugewiesen worden sind. $_{2}$Für die Aufsicht gelten die §§ 87 bis 89 des Vierten Buches entsprechend. $_{3}$Das Bundesministerium für Arbeit und Soziales kann die Aufsicht ganz oder teilweise dem Bundesversicherungsamt übertragen.

§ 146 (weggefallen)

Zweiter Abschnitt Datenschutz und Datensicherheit

§ 147 Versicherungsnummer

(1) $_{1}$Die Datenstelle der Träger der Rentenversicherung kann für Personen eine Versicherungsnummer vergeben, wenn dies zur personenbezogenen Zuordnung der Daten für die Erfüllung einer gesetzlichen Aufgabe nach diesem Gesetzbuch erforderlich oder dies durch Gesetz oder aufgrund eines Gesetzes bestimmt ist. $_{2}$Für die nach diesem Buche versicherten Personen hat sie eine Versicherungsnummer zu vergeben.

(2) 1Die Versicherungsnummer einer Person setzt sich zusammen aus

1. der Bereichsnummer des zuständigen Trägers der Rentenversicherung,
2. dem Geburtsdatum,
3. dem Anfangsbuchstaben des Geburtsnamens,
4. der Seriennummer, die auch eine Aussage über das Geschlecht einer Person enthalten darf, und
5. der Prüfziffer.

2Weitere personenbezogene Merkmale darf die Versicherungsnummer nicht enthalten.

(3) Jede Person, an die eine Versicherungsnummer vergeben wird, und der für sie zuständige Träger der Rentenversicherung sind unverzüglich über die vergebene Versicherungsnummer sowie über die Zuordnung nach § 127 zu unterrichten.

§ 148 Datenerhebung, Datenverarbeitung und Datennutzung beim Rentenversicherungsträger

(1) 1Der Träger der Rentenversicherung darf Sozialdaten nur erheben, verarbeiten und nutzen, soweit dies zur Erfüllung seiner gesetzlich zugewiesenen oder zugelassenen Aufgaben erforderlich ist. 2Aufgaben nach diesem Buche sind

1. die Feststellung eines Versicherungsverhältnisses einschließlich einer Versicherungsfreiheit oder Versicherungsbefreiung,
2. der Nachweis von rentenrechtlichen Zeiten,
3. die Festsetzung und Durchführung von Leistungen zur Teilhabe,
4. die Festsetzung, Zahlung, Anpassung, Überwachung, Einstellung oder Abrechnung von Renten und anderen Geldleistungen,
5. die Erteilung von Auskünften sowie die Führung und Klärung der Versicherungskonten,
6. der Nachweis von Beiträgen und deren Erstattung.

3Der Rentenversicherungsträger darf die Versicherungsnummer, den Familiennamen, den Geburtsnamen, die Vornamen, den Geburtsort und die Anschrift, die ihm die zentrale Stelle im Rahmen der Datenanforderung nach § 91 Abs. 1 Satz 1 des Einkommensteuergesetzes übermittelt, zur Aktualisierung der im Versicherungskonto gespeicherten Namens- und Anschriftendaten verarbeiten und nutzen.

(2) Der Träger der Rentenversicherung darf Daten, aus denen die Art einer Erkrankung erkennbar ist, zusammen mit anderen Daten in einer gemeinsamen Datei nur speichern, wenn durch technische und organisatorische Maßnahmen sichergestellt ist, dass die Daten über eine Erkrankung nur den Personen zugänglich sind, die sie zur Erfüllung ihrer Aufgaben benötigen.

(3) 1Die Einrichtung eines automatisierten Verfahrens, das die Übermittlung von Sozialdaten aus Dateien der Träger der Rentenversicherung durch Abruf ermöglicht, ist nur zwischen den Trägern der Rentenversicherung sowie mit der gesetzlichen Krankenversicherung dem Bundesversicherungsamt als Verwalter des Gesundheitsfonds, der Bundesagentur für Arbeit oder in den Fällen des § 6a des Zweiten Buches den zugelassenen kommunalen Trägern, der Deutschen Rentenversicherung Knappschaft-Bahn-See, soweit sie bei geringfügig Beschäftigten Aufgaben nach dem Einkommensteuergesetz durchführt, der Deutschen Post AG, soweit sie mit der Berechnung oder Auszahlung von Sozialleistungen betraut ist, und den Versicherungsämtern und Gemeindebehörden, soweit sie mit der Aufnahme von Anträgen auf Leistungen aus der gesetzlichen Rentenversicherung betraut sind, zulässig; dabei dürfen auch Vermittlungsstellen eingeschaltet werden. 2Sie ist mit Leistungsträgern außerhalb des Geltungsbereichs dieses Gesetzbuchs zulässig, soweit diese Daten zur Feststellung von Leistungen nach über- und zwischenstaatlichem Recht erforderlich sind und nicht Grund zur Annahme besteht, dass dadurch schutzwürdige Belange der davon betroffenen Personen beeinträchtigt werden. 3Die

Übermittlung darf auch durch Abruf im automatisierten Verfahren erfolgen, ohne dass es einer Genehmigung nach § 79 Abs. 1 des Zehnten Buches bedarf.

(4) 1Die Träger der Rentenversicherung dürfen der Datenstelle oder der Deutschen Rentenversicherung Bund Sozialdaten nur übermitteln, soweit dies zur Führung einer Datei bei der Datenstelle oder zur Erfüllung einer anderen gesetzlich vorgeschriebenen oder zugelassenen Aufgabe erforderlich ist. 2Die Einschränkungen des Satzes 1 gelten nicht, wenn die Sozialdaten in einer anonymisierten Form übermittelt werden.

§ 149 Versicherungskonto

(1) 1Der Träger der Rentenversicherung führt für jeden Versicherten ein Versicherungskonto, das nach der Versicherungsnummer geordnet ist. 2In dem Versicherungskonto sind die Daten, die für die Durchführung der Versicherung sowie die Feststellung und Erbringung von Leistungen einschließlich der Rentenauskunft erforderlich sind, zu speichern. 3Ein Versicherungskonto darf auch für Personen geführt werden, die nicht nach den Vorschriften dieses Buches versichert sind, soweit es für die Feststellung der Versicherungs- oder Beitragspflicht und für Prüfungen bei Arbeitgebern (§ 28p Viertes Buch) erforderlich ist.

(2) 1Der Träger der Rentenversicherung hat darauf hinzuwirken, dass die im Versicherungskonto gespeicherten Daten vollständig und geklärt sind. 2Die Daten sollen so gespeichert werden, dass sie jederzeit abgerufen und auf maschinell verwertbaren Datenträgern oder durch Datenübertragung übermittelt werden können. 3Stellt der Träger der Rentenversicherung fest, dass für einen Beschäftigten mehrere Beschäftigungen nach § 8 Abs. 1 Nr. 1 oder § 8a des Vierten Buches gemeldet oder die Zeitgrenzen des § 8 Abs. 1 Nr. 2 des Vierten Buches überschritten sind, überprüft er unverzüglich diese Beschäftigungsverhältnisse. 4Stellen die Träger der Rentenversicherung fest, dass eine Beschäftigung infolge einer Zusammenrechnung versicherungspflichtig ist, sie jedoch nicht oder als versicherungsfrei gemeldet worden ist, teilen sie diese Beschäftigung mit den notwendigen Daten der Einzugsstelle mit. 5Satz 4 gilt entsprechend, wenn die Träger der Rentenversicherung feststellen, dass beim Zusammentreffen mehrerer Beschäftigungsverhältnisse die Voraussetzungen für die Anwendung der Vorschriften über die Gleitzone nicht oder nicht mehr vorliegen.

(3) Der Träger der Rentenversicherung unterrichtet die Versicherten regelmäßig über die in ihrem Versicherungskonto gespeicherten Sozialdaten, die für die Feststellung der Höhe einer Rentenanwartschaft erheblich sind (Versicherungsverlauf).

(4) Versicherte sind verpflichtet, bei der Klärung des Versicherungskontos mitzuwirken, insbesondere den Versicherungsverlauf auf Richtigkeit und Vollständigkeit zu überprüfen, alle für die Kontenklärung erheblichen Tatsachen anzugeben und die notwendigen Urkunden und sonstigen Beweismittel beizubringen.

(5) 1Hat der Versicherungsträger das Versicherungskonto geklärt oder hat der Versicherte innerhalb von sechs Kalendermonaten nach Versendung des Versicherungsverlaufs seinem Inhalt nicht widersprochen, stellt der Versicherungsträger die im Versicherungsverlauf enthaltenen und nicht bereits festgestellten Daten, die länger als sechs Kalenderjahre zurückliegen, durch Bescheid fest. 2Bei Änderung der dem Feststellungsbescheid zugrunde liegenden Vorschriften ist der Feststellungsbescheid durch einen neuen Feststellungsbescheid oder im Rentenbescheid mit Wirkung für die Vergangenheit aufzuheben; die §§ 24 und 48 des Zehnten Buches sind nicht anzuwenden. 3Über die Anrechnung und Bewertung der im Versicherungsverlauf enthaltenen Daten wird erst bei Feststellung einer Leistung entschieden.

§ 150 Dateien bei der Datenstelle

(1) 1Bei der Datenstelle darf eine Stammsatzdatei geführt werden, soweit dies erforderlich ist, um

1. sicherzustellen, dass eine Person nur eine Versicherungsnummer erhält und eine

vergebene Versicherungsnummer nicht noch einmal für eine andere Person verwendet wird,
2. für eine Person die vergebene Versicherungsnummer festzustellen,
3. zu erkennen, welcher Träger der Rentenversicherung für die Führung eines Versicherungskontos zuständig ist oder war,
4. Daten, die aufgrund eines Gesetzes oder nach über- und zwischenstaatlichem Recht entgegenzunehmen sind, an die zuständigen Stellen weiterleiten zu können,
5. zu erkennen, bei welchen Trägern der Rentenversicherung oder welchen Leistungsträgern im Ausland weitere Daten zu einer Person gespeichert sind,
6. Mütter über die Versicherungspflicht während der Kindererziehung zu unterrichten, wenn bei Geburtsmeldungen eine Versicherungsnummer der Mutter nicht eindeutig zugeordnet werden kann,
7. das Zusammentreffen von Renten aus eigener Versicherung und Hinterbliebenenrenten und Arbeitsentgelt festzustellen, um die ordnungsgemäße Berechnung und Zahlung von Beiträgen der Rentner zur gesetzlichen Krankenversicherung überprüfen zu können,
8. es den Trägern der Rentenversicherung zu ermöglichen, überlebende Ehegatten oder Lebenspartner auf das Bestehen eines Leistungsanspruchs hinzuweisen,
9. es den Trägern der Rentenversicherung zu ermöglichen, die unrechtmäßige Erbringung von Witwenrenten und Witwerrenten sowie Erziehungsrenten nach Eheschließung oder Begründung einer Lebenspartnerschaft zu vermeiden.

$_2$Weitere Sozialdaten dürfen in der Stammsatzdatei der Datenstelle nur gespeichert werden, soweit dies zur Erfüllung einer der Deutschen Rentenversicherung Bund zugewiesenen oder übertragenen Aufgabe erforderlich und dafür die Verarbeitung oder Nutzung von Sozialdaten in einer anonymisierten Form nicht ausreichend ist.

(2) Die Stammsatzdatei darf außer den personenbezogenen Daten über das Verhältnis einer Person zur Rentenversicherung nur folgende Daten enthalten:

1. Versicherungsnummer, bei Beziehern einer Rente wegen Todes auch die Versicherungsnummer des verstorbenen Versicherten,
2. Familienname und Vornamen einschließlich des Geburtsnamens,
3. Geburtsort einschließlich des Geburtslandes,
4. Staatsangehörigkeit,
5. Tod,
6. Anschrift,
7. Betriebsnummer des Arbeitgebers,
8. Tag der Beschäftigungsaufnahme.

(3) $_1$Für die Prüfung, ob eine Beschäftigung oder selbstständige Erwerbstätigkeit innerhalb des Geltungsbereichs dieses Buches die Voraussetzungen erfüllt, nach denen die deutschen Rechtsvorschriften über die soziale Sicherheit nach den Vorschriften des Titels II der Verordnung (EG) Nr. 883/2004 keine Anwendung finden, speichert die Datenstelle der Träger der Rentenversicherung folgende Daten:

1. die Daten, die in der von der Verwaltungskommission für die Koordinierung der Systeme der sozialen Sicherheit festgelegten Bescheinigung über das anzuwendende Recht oder in dem entsprechenden strukturierten Dokument des Trägers eines anderen Mitgliedstaates der Europäischen Union, eines anderen Vertragsstaates des Abkommens über den Europäischen Wirtschaftsraum oder der Schweiz enthalten sind,
2. ein Identifikationsmerkmal der Person, für die die Bescheinigung ausgestellt oder das entsprechende strukturierte Dokument erstellt wurde,
3. ein Identifikationsmerkmal des ausländischen Arbeitgebers,
4. ein Identifikationsmerkmal des inländischen Arbeitgebers,
5. die Mitteilung über eine Anfrage beim ausstellenden Träger, einer Bescheinigung

nach Nummer 1 oder eines entsprechenden strukturierten Dokuments,

6. das Ergebnis der Überprüfung der Bescheinigung nach Nummer 1 oder des entsprechenden strukturierten Dokuments.

$_{2}$Als Identifikationsmerkmal des Arbeitnehmers oder der Arbeitnehmerin wird die Versicherungsnummer verwendet. $_{3}$Ist eine Versicherungsnummer nicht vergeben, vergibt die Datenstelle ein neues Identifikationsmerkmal. $_{4}$Entsprechendes gilt für das Identifikationsmerkmal des Selbständigen. $_{5}$Für die Zusammensetzung dieses Identifikationsmerkmales gilt § 147 Abs. 2 entsprechend. $_{6}$Die Datenstelle vergibt ein Identifikationsmerkmal des ausländischen Arbeitgebers. $_{7}$Als Identifikationsmerkmal des Unternehmens im Inland wird die Betriebsnummer verwendet. $_{8}$Ist eine Betriebsnummer noch nicht vergeben, vergibt die Datenstelle ein eindeutiges Identifikationsmerkmal als vorläufige Betriebsnummer. $_{9}$Die Datenstelle erhebt, verarbeitet und nutzt die in Satz 1 genannten Daten, soweit dies für den darin genannten Prüfungszweck erforderlich ist. $_{10}$Die Datenstelle übermittelt der Urlaubs- und Lohnausgleichskasse der Bauwirtschaft die in Satz 1 genannten Daten, soweit dies für die Erfüllung einer sich aus einem Tarifvertrag ergebenden Aufgabe der Urlaubs- und Lohnausgleichskasse der Bauwirtschaft zum Zwecke der Einziehung von Beiträgen und der Gewährung von Leistungen erforderlich ist. $_{11}$Die Daten sind spätestens fünf Jahre nach dem Ablauf des in der Bescheinigung oder dem entsprechenden strukturierten Dokument genannten Geltungszeitraums oder, wenn dieser nicht genannt ist, nach Ablauf des Zeitraums, auf den sich der Sachverhalt bezieht, zu löschen. $_{12}$Das Nähere regeln die Deutsche Rentenversicherung Bund und die Spitzenverbände der gesetzlichen Unfallversicherung in gemeinsamen Grundsätzen. $_{13}$Die gemeinsamen Grundsätze werden vom Bundesministerium für Arbeit und Soziales im Einvernehmen mit dem Bundesministerium der Finanzen genehmigt.

(4) Bei der Datenstelle darf zu den gesetzlich bestimmten Dateien jeweils eine weitere Datei geführt werden, soweit dies erforderlich ist, um die Ausführung des Datenschutzes, insbesondere zur Feststellung der Benutzer der Dateien, zu gewährleisten.

(5) $_{1}$Die Einrichtung eines automatisierten Abrufverfahrens für eine Datei der Datenstelle ist nur gegenüber den in § 148 Abs. 3 genannten Stellen, der Deutschen Rentenversicherung Bund, soweit sie als zentrale Stelle Aufgaben nach dem Einkommensteuergesetz durchführt, den Trägern der gesetzlichen Unfallversicherung, soweit sie prüfen, ob eine Beschäftigung den Voraussetzungen entspricht, unter denen die deutschen Rechtsvorschriften über die soziale Sicherheit keine Anwendung finden oder für eine Beschäftigung die Meldungen nach § 110 Abs. 1a Satz 2 des Siebten Buches prüfen, ob die Meldungen nach § 28a des Vierten Buches erstattet wurden, und den Behörden der Zollverwaltung, soweit diese Aufgaben nach § 2 des Schwarzarbeitsbekämpfungsgesetzes durchführen, zulässig. $_{2}$Die dort enthaltenen besonderen Voraussetzungen für die Deutsche Post AG, für die Versicherungsämter und Gemeindebehörden und für Leistungsträger im Ausland müssen auch bei Satz 1 erfüllt sein. $_{3}$Die Einrichtung eines automatisierten Abrufverfahrens für eine Datei der Datenstelle ist ferner gegenüber dem Bundesamt für Güterverkehr, soweit dieses Aufgaben nach § 11 Absatz 2 Nummer 3 Buchstabe a des Güterkraftverkehrsgesetzes wahrnimmt, zulässig.

§ 151 Auskünfte der Deutschen Post AG

(1) Die Deutsche Post AG darf den für Sozialleistungen zuständigen Leistungsträgern und den diesen Gleichgestellten (§ 35 Erstes Buch sowie § 69 Abs. 2 Zehntes Buch) von den Sozialdaten, die ihr im Zusammenhang mit der Zahlung, Anpassung, Überwachung, Einstellung oder Abrechnung von Renten oder anderen Geldleistungen nach diesem Buche bekannt geworden sind und die sie nach den Vorschriften des Zweiten Kapitels des Zehn-

ten Buches übermitteln darf, nur folgende Daten übermitteln:

1. Familienname und Vornamen einschließlich des Geburtsnamens,
2. Geburtsdatum,
3. Versicherungsnummer,
4. Daten über den Familienstand,
5. Daten über den Tod einschließlich der Daten, die sich aus den Sterbefallmitteilungen der Meldebehörden nach § 101a des Zehnten Buches ergeben,
6. Daten über das Versicherungsverhältnis,
7. Daten über die Art und Höhe der Geldleistung einschließlich der diese Leistung unmittelbar bestimmenden Daten,
8. Daten über Beginn, Änderung und Ende der Geldleistung einschließlich der diese unmittelbar bestimmenden Daten,
9. Daten über die Zahlung einer Geldleistung,
10. Daten über Mitteilungsempfänger oder nicht nur vorübergehend Bevollmächtigte sowie über weitere Forderungsberechtigte.

(2) Die Deutsche Post AG darf dem Träger der Rentenversicherung von den Sozialdaten, die ihr im Zusammenhang mit der Zahlung, Anpassung, Überwachung, Einstellung oder Abrechnung von Sozialleistungen anderer Sozialleistungsträger sowie von anderen Geldleistungen der den Sozialleistungsträgern Gleichgestellten bekannt geworden sind, nur die Daten des Absatzes 1 übermitteln.

(3) Der Träger der Rentenversicherung darf der Deutschen Post AG die für die Anpassung von Renten oder anderen Geldleistungen erforderlichen Sozialdaten auch dann übermitteln, wenn diese die Anpassung der Renten oder anderen Geldleistungen der Rentenversicherung nicht selbst durchführt, diese Daten aber für Auskünfte nach Absatz 1 oder 2 von anderen Sozialleistungsträgern oder diesen Gleichgestellten benötigt werden.

§ 151a Antragstellung im automatisierten Verfahren beim Versicherungsamt

(1) Für die Aufnahme von Leistungsanträgen bei dem Versicherungsamt oder der Gemeindebehörde und die Übermittlung der Anträge an den Träger der Rentenversicherung kann ein automatisiertes Verfahren eingerichtet werden, das es dem Versicherungsamt oder der Gemeindebehörde ermöglicht, die für das automatisierte Verfahren erforderlichen Daten der Versicherten, die ihre alleinige Wohnung, ihre Hauptwohnung, ihren Beschäftigungsort oder ihre Tätigkeit im Bezirk des Versicherungsamtes oder in der Gemeinde haben, aus der Stammsatzdatei der Datenstelle der Rentenversicherung (§ 150 Abs. 2) und dem Versicherungskonto (§ 149 Abs. 1) abzurufen.

(2) $_1$Aus der Stammsatzdatei dürfen nur die in § 150 Abs. 2 Nr. 1 bis 4 genannten Daten übermittelt werden. $_2$Aus dem Versicherungskonto dürfen nur folgende Daten übermittelt werden:

1. Datum des letzten Zuzugs aus dem Ausland unter Angabe des Staates,
2. Datum der letzten Kontoklärung,
3. Anschrift.

(3) $_1$Die Deutsche Rentenversicherung Bund erstellt im Einvernehmen mit dem Bundesamt für Sicherheit in der Informationstechnik ein Sicherheitskonzept für die Einrichtung des automatisierten Verfahrens, das insbesondere die nach § 78a des Zehnten Buches erforderlichen technischen und organisatorischen Maßnahmen enthalten muss. $_2$Einrichtung und Änderungen des Verfahrens bedürfen der vorherigen Zustimmung der jeweiligen Aufsichtsbehörde. $_3$Die Aufsichtsbehörde kann eine Ausnahme von dem Zustimmungserfordernis zulassen, wenn die Prüfung bereits von einer anderen Aufsichtsbehörde durchgeführt worden ist. $_4$Das Sicherheitskonzept ist im Falle sicherheitserheblicher Änderungen, spätestens jedoch alle drei Jahre im Einvernehmen mit dem Bundesamt für Sicherheit in der Informationstechnik zu aktualisieren und der Aufsichtsbehörde vorzulegen. $_5$Die Auf-

sichtsbehörde kann die Fortführung des Verfahrens untersagen, wenn das Sicherheitskonzept nicht mehr dem Stand der Technik entspricht.

§ 152 Verordnungsermächtigung

Das Bundesministerium für Arbeit und Soziales wird ermächtigt, durch Rechtsverordnung mit Zustimmung des Bundesrates

1. Personen, an die eine Versicherungsnummer zu vergeben ist,
2. den Zeitpunkt der Vergabe einer Versicherungsnummer,
3. das Nähere über die Zusammensetzung der Versicherungsnummer sowie über ihre Änderung,
4. die für die Vergabe einer Versicherungsnummer zuständigen Versicherungsträger,
5. das Nähere über Voraussetzungen, Form und Inhalt sowie Verfahren der Versendung von Versicherungsverläufen,
6. die Art und den Umfang des Datenaustausches zwischen den Trägern der Rentenversicherung sowie mit der Deutschen Post AG sowie die Führung des Versicherungskontos und die Art der Daten, die darin gespeichert werden dürfen,
7. Fristen, mit deren Ablauf Sozialdaten spätestens zu löschen sind,
8. die Behandlung von Versicherungsunterlagen einschließlich der Voraussetzungen, unter denen sie vernichtet werden können, sowie die Art, den Umfang und den Zeitpunkt ihrer Vernichtung

zu bestimmen.

Viertes Kapitel
Finanzierung

Erster Abschnitt
Finanzierungsgrundsatz und Rentenversicherungsbericht

Erster Unterabschnitt
Umlageverfahren

§ 153 Umlageverfahren

(1) In der Rentenversicherung werden die Ausgaben eines Kalenderjahres durch die Einnahmen des gleichen Kalenderjahres und, soweit erforderlich, durch Entnahmen aus der Nachhaltigkeitsrücklage gedeckt.

(2) Einnahmen der allgemeinen Rentenversicherung sind insbesondere die Beiträge und die Zuschüsse des Bundes, Einnahmen der knappschaftlichen Rentenversicherung sind insbesondere die Beiträge und die Mittel des Bundes zum Ausgleich von Einnahmen und Ausgaben.

(3) $_1$Nach § 7f Abs. 1 Satz 1 Nr. 2 des Vierten Buches übertragene Wertguthaben sind nicht Teil des Umlageverfahrens. $_2$Insbesondere sind die aus der Übertragung und Verwendung von Wertguthaben fließenden und zu verwaltenden Mittel keine Einnahmen, Ausgaben oder Zahlungsverpflichtungen der allgemeinen Rentenversicherung.

Zweiter Unterabschnitt
Rentenversicherungsbericht und Sozialbeirat

§ 154 Rentenversicherungsbericht, Stabilisierung des Beitragssatzes und Sicherung des Rentenniveaus

(1) $_1$Die Bundesregierung erstellt jährlich einen Rentenversicherungsbericht. $_2$Der Bericht enthält

1. auf der Grundlage der letzten Ermittlungen der Zahl der Versicherten und Rentner sowie der Einnahmen, der Ausgaben und der Nachhaltigkeitsrücklage insbesondere Modellrechnungen zur Entwicklung von Einnahmen und Ausgaben, der Nachhaltigkeitsrücklage sowie des jeweils erfor-

derlichen Beitragssatzes in den künftigen 15 Kalenderjahren,

2. eine Übersicht über die voraussichtliche finanzielle Entwicklung der Rentenversicherung in den künftigen fünf Kalenderjahren auf der Grundlage der aktuellen Einschätzung der mittelfristigen Wirtschaftsentwicklung,
3. eine Darstellung, wie sich die Anhebung der Altersgrenzen voraussichtlich auf die Arbeitsmarktlage, die Finanzlage der Rentenversicherung und andere öffentliche Haushalte auswirkt,
4. bis zur Angleichung der Lohn- und Gehaltssituation im Beitrittsgebiet an die Lohn- und Gehaltssituation im Bundesgebiet ohne das Beitrittsgebiet eine gesonderte Darstellung über die Entwicklung der Renten im Beitrittsgebiet.

$_{3}$Die Entwicklung in der allgemeinen Rentenversicherung und in der knappschaftlichen Rentenversicherung ist getrennt darzustellen. $_{4}$Der Bericht ist bis zum 30. November eines jeden Jahres den gesetzgebenden Körperschaften zuzuleiten.

(2) $_{1}$Der Rentenversicherungsbericht ist einmal in jeder Wahlperiode des Deutschen Bundestages um einen Bericht zu ergänzen, der insbesondere darstellt:

1. die Leistungen der anderen ganz oder teilweise öffentlich finanzierten Alterssicherungssysteme sowie deren Finanzierung,
2. die Einkommenssituation der Leistungsbezieher der Alterssicherungssysteme,
3. das Zusammentreffen von Leistungen der Alterssicherungssysteme,
4. in welchem Umfang die steuerliche Förderung nach § 10a oder Abschnitt XI und § 3 Nr. 63 des Einkommensteuergesetzes in Anspruch genommen worden ist und welchen Grad der Verbreitung die betriebliche und private Altersvorsorge dadurch erreicht haben und
5. die Höhe des Gesamtversorgungsniveaus, das für typische Rentner einzelner Zugangsjahrgänge unter Berücksichtigung ergänzender Altersvorsorge in Form einer Rente aus einem geförderten Altersvorsorgevertrag sowie einer Rente aus der Anlage der Nettoeinkommenserhöhung aus den steuerfrei gestellten Beiträgen zur gesetzlichen Rentenversicherung und der steuerlichen Belastung ermittelt wird.

$_{2}$Die Darstellungen zu der Nummer 4 sind erstmals im Jahre 2005 vorzulegen.

(3) $_{1}$Die Bundesregierung hat den gesetzgebenden Körperschaften geeignete Maßnahmen vorzuschlagen, wenn

1. der Beitragssatz in der allgemeinen Rentenversicherung in der mittleren Variante der 15-jährigen Vorausberechnungen des Rentenversicherungsberichts bis zum Jahre 2020 20 vom Hundert oder bis zum Jahre 2030 22 vom Hundert überschreitet,
2. der Verhältniswert aus einer jahresdurchschnittlichen verfügbaren Standardrente und dem verfügbaren Durchschnittsentgelt in der mittleren Variante der 15-jährigen Vorausberechnungen des Rentenversicherungsberichts (Sicherungsniveau vor Steuern) bis zum Jahr 2020 46 vom Hundert oder bis zum Jahr 2030 43 vom Hundert unterschreitet; verfügbare Standardrente ist die Regelaltersrente aus der allgemeinen Rentenversicherung mit 45 Entgeltpunkten ohne Berücksichtigung der auf sie entfallenden Steuern, gemindert um den allgemeinen Beitragsanteil sowie den durchschnittlichen Zusatzbeitrag zur Krankenversicherung und den Beitrag zur Pflegeversicherung; verfügbares Durchschnittsentgelt ist das Durchschnittsentgelt ohne Berücksichtigung der darauf entfallenden Steuern, gemindert um den durchschnittlich zu entrichtenden Arbeitnehmersozialbeitrag einschließlich des durchschnittlichen Aufwands zur zusätzlichen Altersvorsorge.

$_{2}$Die Bundesregierung soll den gesetzgebenden Körperschaften geeignete Maßnahmen vorschlagen, wenn sich zeigt, dass durch die Förderung der freiwilligen zusätzlichen Altersvorsorge eine ausreichende Verbreitung nicht erreicht werden kann.

(4) 1Die Bundesregierung hat den gesetzgebenden Körperschaften vom Jahre 2010 an alle vier Jahre über die Entwicklung der Beschäftigung älterer Arbeitnehmer zu berichten und eine Einschätzung darüber abzugeben, ob die Anhebung der Regelaltersgrenze unter Berücksichtigung der Entwicklung der Arbeitsmarktlage sowie der wirtschaftlichen und sozialen Situation älterer Arbeitnehmer weiterhin vertretbar erscheint und die getroffenen gesetzlichen Regelungen bestehen bleiben können. 2In diesem Bericht sind zur Beibehaltung eines Sicherungsniveauziels vor Steuern von 46 vom Hundert über das Jahr 2020 hinaus von der Bundesregierung entsprechende Maßnahmen unter Wahrung der Beitragssatzstabilität vorzuschlagen. 3Die Bundesregierung berichtet zudem vom Jahre 2018 an über die Auswirkungen der Altersrente für besonders langjährig Versicherte in der Fassung des RV-Leistungsverbesserungsgesetzes, insbesondere über den Umfang der Inanspruchnahme und die Erfüllung der Zugangsvoraussetzungen vor dem Hintergrund der Berücksichtigung von Zeiten des Arbeitslosengeldbezugs und macht Vorschläge für eine Weiterentwicklung dieser Rentenart.

§ 155 Aufgabe des Sozialbeirats

(1) Der Sozialbeirat hat insbesondere die Aufgabe, in einem Gutachten zum Rentenversicherungsbericht der Bundesregierung Stellung zu nehmen.

(2) Das Gutachten des Sozialbeirats ist zusammen mit dem Rentenversicherungsbericht den gesetzgebenden Körperschaften zuzuleiten.

§ 156 Zusammensetzung des Sozialbeirats

(1) 1Der Sozialbeirat besteht aus

1. vier Vertretern der Versicherten,
2. vier Vertretern der Arbeitgeber,
3. einem Vertreter der Deutschen Bundesbank und
4. drei Vertretern der Wirtschafts- und Sozialwissenschaften.

2Seine Geschäfte führt das Bundesministerium für Arbeit und Soziales.

(2) 1Die Bundesregierung beruft die Mitglieder des Sozialbeirats für die Dauer von vier Jahren. 2Es werden

1. vom Bundesvorstand der Deutschen Rentenversicherung Bund gemäß § 64 Abs. 4 des Vierten Buches je drei Vertreter der allgemeinen Rentenversicherung und
2. vom Vorstand der Deutschen Rentenversicherung Knappschaft-Bahn-See als Träger der knappschaftlichen Rentenversicherung je ein Vertreter

der Versicherten und der Arbeitgeber vorgeschlagen; hierbei ist sicherzustellen, dass die Regionalträger und die Bundesträger gleichgewichtig im Sozialbeirat vertreten sind.

(3) 1Die vorgeschlagenen Personen müssen die Voraussetzungen für die Mitgliedschaft in einem Organ der Selbstverwaltung (§ 51 Viertes Buch) erfüllen. 2Vor der Berufung der Vertreter der Wirtschafts- und Sozialwissenschaften ist die Hochschulrektorenkonferenz anzuhören.

Zweiter Abschnitt
Beiträge und Verfahren

Erster Unterabschnitt
Beiträge

Erster Titel
Allgemeines

§ 157 Grundsatz

Die Beiträge werden nach einem Vomhundertsatz (Beitragssatz) von der Beitragsbemessungsgrundlage erhoben, die nur bis zur jeweiligen Beitragsbemessungsgrenze berücksichtigt wird.

§ 158 Beitragssätze

(1) 1Der Beitragssatz in der allgemeinen Rentenversicherung ist vom 1. Januar eines Jahres an zu verändern, wenn am 31. Dezember dieses Jahres bei Beibehaltung des bisherigen Beitragssatzes die Mittel der Nachhaltigkeitsrücklage

1. das 0,2fache der durchschnittlichen Ausgaben zu eigenen Lasten der Träger der

allgemeinen Rentenversicherung für einen Kalendermonat (Mindestrücklage) voraussichtlich unterschreiten oder

2. das 1,5fache der in Nummer 1 genannten Ausgaben für einen Kalendermonat (Höchstnachhaltigkeitsrücklage) voraussichtlich übersteigen.

₂Ausgaben zu eigenen Lasten sind alle Ausgaben nach Abzug des Bundeszuschusses nach § 213 Abs. 2, der Erstattungen und der empfangenen Ausgleichszahlungen.

(2) ₁Der Beitragssatz ist so neu festzusetzen, dass die voraussichtlichen Beitragseinnahmen unter Berücksichtigung der voraussichtlichen Entwicklung der Bruttolöhne und -gehälter je Arbeitnehmer (§ 68 Abs. 2 Satz 1) und der Zahl der Pflichtversicherten zusammen mit den Zuschüssen des Bundes und den sonstigen Einnahmen unter Berücksichtigung von Entnahmen aus der Nachhaltigkeitsrücklage ausreichen, um die voraussichtlichen Ausgaben in dem auf die Festsetzung folgenden Kalenderjahr zu decken und sicherzustellen, dass die Mittel der Nachhaltigkeitsrücklage am Ende dieses Kalenderjahres

1. im Falle von Absatz 1 Nr. 1 dem Betrag der Mindestrücklage oder
2. im Falle von Absatz 1 Nr. 2 dem Betrag der Höchstnachhaltigkeitsrücklage

voraussichtlich entsprechen. ₂Der Beitragssatz ist auf eine Dezimalstelle aufzurunden.

(3) Der Beitragssatz in der knappschaftlichen Rentenversicherung wird jeweils in dem Verhältnis verändert, in dem er sich in der allgemeinen Rentenversicherung ändert; der Beitragssatz ist nur für das jeweilige Kalenderjahr auf eine Dezimalstelle aufzurunden.

(4) Wird der Beitragssatz in der allgemeinen Rentenversicherung vom 1. Januar des Jahres an nicht verändert, macht das Bundesministerium für Arbeit und Soziales im Bundesgesetzblatt das Weitergelten der Beitragssätze bekannt.

§ 159 Beitragsbemessungsgrenzen

₁Die Beitragsbemessungsgrenzen in der allgemeinen Rentenversicherung sowie in der knappschaftlichen Rentenversicherung ändern sich zum 1. Januar eines jeden Jahres in dem Verhältnis, in dem die Bruttolöhne und -gehälter je Arbeitnehmer (§ 68 Abs. 2 Satz 1) im vergangenen zu den entsprechenden Bruttolöhnen und -gehältern im vorvergangenen Kalenderjahr stehen. ₂Die veränderten Beträge werden nur für das Kalenderjahr, für das die Beitragsbemessungsgrenze bestimmt wird, auf das nächsthöhere Vielfache von 600 aufgerundet.

§ 160 Verordnungsermächtigung

Die Bundesregierung hat durch Rechtsverordnung mit Zustimmung des Bundesrates

1. die Beitragssätze in der Rentenversicherung,
2. in Ergänzung der Anlage 2 die Beitragsbemessungsgrenzen

festzusetzen.

Zweiter Titel
Beitragsbemessungsgrundlagen

§ 161 Grundsatz

(1) Beitragsbemessungsgrundlage für Versicherungspflichtige sind die beitragspflichtigen Einnahmen.

(2) Beitragsbemessungsgrundlage für freiwillig Versicherte ist jeder Betrag zwischen der Mindestbeitragsbemessungsgrundlage (§ 167) und der Beitragsbemessungsgrenze.

§ 162 Beitragspflichtige Einnahmen Beschäftigter

₁Beitragspflichtige Einnahmen sind

1. bei Personen, die gegen Arbeitsentgelt beschäftigt werden, das Arbeitsentgelt aus der versicherungspflichtigen Beschäftigung, jedoch bei Personen, die zu ihrer Berufsausbildung beschäftigt werden, mindestens 1 vom Hundert der Bezugsgröße,
2. bei behinderten Menschen das Arbeitsentgelt, mindestens 80 vom Hundert der Bezugsgröße,

2a. bei behinderten Menschen, die im Anschluss an eine Beschäftigung in einer nach dem Neunten Buch anerkannten

Werkstatt für behinderte Menschen in einem Integrationsprojekt (§ 132 Neuntes Buch) beschäftigt sind, das Arbeitsentgelt, mindestens 80 vom Hundert der Bezugsgröße,

3. bei Personen, die für eine Erwerbstätigkeit befähigt werden sollen oder im Rahmen einer Unterstützten Beschäftigung nach § 38a des Neunten Buches individuell betrieblich qualifiziert werden, ein Arbeitsentgelt in Höhe von 20 vom Hundert der monatlichen Bezugsgröße,

3a. bei Auszubildenden, die in einer außerbetrieblichen Einrichtung im Rahmen eines Berufsausbildungsvertrages nach dem Berufsbildungsgesetz ausgebildet werden, ein Arbeitsentgelt in Höhe der Ausbildungsvergütung,

4. bei Mitgliedern geistlicher Genossenschaften, Diakonissen und Angehörigen ähnlicher Gemeinschaften die Geld- und Sachbezüge, die sie persönlich erhalten, jedoch bei Mitgliedern, denen nach Beendigung ihrer Ausbildung eine Anwartschaft auf die in der Gemeinschaft übliche Versorgung nicht gewährleistet oder für die die Gewährleistung nicht gesichert ist (§ 5 Abs. 1 Satz 1 Nr. 3), mindestens 40 vom Hundert der Bezugsgröße,

5. bei Personen, deren Beschäftigung nach dem Einkommensteuerrecht als selbständige Tätigkeit bewertet wird, ein Einkommen in Höhe der Bezugsgröße, bei Nachweis eines niedrigeren oder höheren Einkommens jedoch dieses Einkommen, mindestens jedoch monatlich 450 Euro. $_2$§ 165 Abs. 1 Satz 2 bis 10 gilt entsprechend.

§ 163 Sonderregelung für beitragspflichtige Einnahmen Beschäftigter

(1) $_1$Für unständig Beschäftigte ist als beitragspflichtige Einnahmen ohne Rücksicht auf die Beschäftigungsdauer das innerhalb eines Kalendermonats erzielte Arbeitsentgelt bis zur Höhe der monatlichen Beitragsbemessungsgrenze zugrunde zu legen. $_2$Unständig ist die Beschäftigung, die auf weniger als eine Woche entweder nach der Natur der Sache befristet zu sein pflegt oder im Voraus durch den Arbeitsvertrag befristet ist. $_3$Bestanden innerhalb eines Kalendermonats mehrere unständige Beschäftigungen und übersteigt das Arbeitsentgelt insgesamt die monatliche Beitragsbemessungsgrenze, sind bei der Berechnung der Beiträge die einzelnen Arbeitsentgelte anteilmäßig nur zu berücksichtigen, soweit der Gesamtbetrag die monatliche Beitragsbemessungsgrenze nicht übersteigt. $_4$Soweit Versicherte oder Arbeitgeber dies beantragen, verteilt die zuständige Einzugsstelle die Beiträge nach den zu berücksichtigenden Arbeitsentgelten aus unständigen Beschäftigungen.

(2) $_1$Für Seeleute gilt als beitragspflichtige Einnahme der Betrag, der nach dem Recht der gesetzlichen Unfallversicherung für die Beitragsberechnung maßgebend ist. $_2$§ 215 Abs. 4 des Siebten Buches gilt entsprechend.

(3) $_1$Bei Arbeitnehmern, die ehrenamtlich tätig sind und deren Arbeitsentgelt infolge der ehrenamtlichen Tätigkeit gemindert wird, gilt auch der Betrag zwischen dem tatsächlich erzielten Arbeitsentgelt und dem Arbeitsentgelt, das ohne die ehrenamtliche Tätigkeit erzielt worden wäre, höchstens bis zur Beitragsbemessungsgrenze als Arbeitsentgelt (Unterschiedsbetrag), wenn der Arbeitnehmer dies beim Arbeitgeber beantragt. $_2$Satz 1 gilt nur für ehrenamtliche Tätigkeiten für Körperschaften, Anstalten oder Stiftungen des öffentlichen Rechts, deren Verbände einschließlich der Spitzenverbände oder ihrer Arbeitsgemeinschaften, Parteien, Gewerkschaften sowie Körperschaften, Personenvereinigungen und Vermögensmassen, die wegen des ausschließlichen und unmittelbaren Dienstes für gemeinnützige, mildtätige oder kirchliche Zwecke von der Körperschaftsteuer befreit sind. $_3$Der Antrag kann nur für laufende und künftige Lohn- und Gehaltsabrechnungszeiträume gestellt werden.

(4) $_1$Bei Versicherten, die eine versicherungspflichtige ehrenamtliche Tätigkeit aufnehmen und für das vergangene Kalenderjahr freiwillige Beiträge gezahlt haben, gilt jeder

VI

Betrag zwischen dem Arbeitsentgelt und der Beitragsbemessungsgrenze als Arbeitsentgelt (Unterschiedsbetrag), wenn die Versicherten dies beim Arbeitgeber beantragen. ₂Satz 1 gilt nur für versicherungspflichtige ehrenamtliche Tätigkeiten für Körperschaften des öffentlichen Rechts. ₃Der Antrag kann nur für laufende und künftige Lohn- und Gehaltsabrechnungszeiträume gestellt werden.

(5) ₁Bei Arbeitnehmern, die nach dem Altersteilzeitgesetz Aufstockungsbeträge zum Arbeitsentgelt erhalten, gilt auch mindestens ein Betrag in Höhe von 80 vom Hundert des Regelarbeitsentgelts für die Altersteilzeitarbeit, begrenzt auf den Unterschiedsbetrag zwischen 90 vom Hundert der monatlichen Beitragsbemessungsgrenze und dem Regelarbeitsentgelt, höchstens jedoch bis zur Beitragsbemessungsgrenze, als beitragspflichtige Einnahme. ₂Für Personen, die nach § 3 Satz 1 Nr. 3 für die Zeit des Bezugs von Krankengeld, Versorgungskrankengeld, Verletztengeld oder Übergangsgeld versichert sind, und für Personen, die für die Zeit der Arbeitsunfähigkeit oder der Ausführung von Leistungen zur Teilhabe, in der sie Krankentagegeld von einem privaten Krankenversicherungsunternehmen erhalten, nach § 4 Abs. 3 Satz 1 Nr. 2 versichert sind, gilt Satz 1 entsprechend.

VI

(6) Soweit Kurzarbeitergeld geleistet wird, gilt als beitragspflichtige Einnahmen 80 vom Hundert des Unterschiedsbetrages zwischen dem Soll-Entgelt und dem Ist-Entgelt nach § 106 des Dritten Buches.

(7) (weggefallen)

(8) Bei Arbeitnehmern, die eine geringfügige Beschäftigung ausüben, ist beitragspflichtige Einnahme das Arbeitsentgelt, mindestens jedoch der Betrag in Höhe von 175 Euro.

(9) (weggefallen)

(10) ₁Bei Arbeitnehmern, die gegen ein monatliches Arbeitsentgelt bis zum oberen Grenzbetrag der Gleitzone (§ 20 Abs. 2 Viertes Buch) mehr als geringfügig beschäftigt sind, ist beitragspflichtige Einnahme der Betrag, der sich aus folgender Formel ergibt:

$$F \times 450 + \left(\left\{ \frac{850}{850 - 450} \right\} - \left\{ \frac{450}{850 - 450} \right\} \times F \right) \times \left(AE - 450 \right)$$

₂Dabei ist AE das Arbeitsentgelt und F der Faktor, der sich ergibt, wenn der Wert 30 vom Hundert durch den Gesamtsozialversicherungsbeitragssatz des Kalenderjahres, in dem der Anspruch auf das Arbeitsentgelt entstanden ist, geteilt wird. ₃Der Gesamtsozialversicherungsbeitragssatz eines Kalenderjahres ergibt sich aus der Summe der zum 1. Januar desselben Kalenderjahres geltenden Beitragssätze in der allgemeinen Rentenversicherung, in der gesetzlichen Pflegeversicherung sowie zur Arbeitsförderung und des um den durchschnittlichen Zusatzbeitragssatz erhöhten allgemeinen Beitragssatzes in der gesetzlichen Krankenversicherung. ₄Für die Zeit vom 1. Juli 2006 bis zum 31. Dezember 2006 beträgt der Faktor F 0,7160. ₅Der Gesamtsozialversicherungsbeitragssatz und der Faktor F sind vom Bundesministerium für Arbeit und Soziales bis zum 31. Dezember eines Jahres für das folgende Kalenderjahr im Bundesanzeiger bekannt zu geben. ₆Abweichend von Satz 1 ist beitragspflichtige Einnahme das Arbeitsentgelt aus der versicherungspflichtigen Beschäftigung, wenn der Arbeitnehmer dies schriftlich gegenüber dem Arbeitgeber erklärt. ₇Die Erklärung kann nur mit Wirkung für die Zukunft und bei mehreren Beschäftigungen nach Satz 1 nur einheitlich abgegeben werden und ist für die Dauer der Beschäftigungen bindend. ₈Satz 1 gilt nicht für Personen, die zu ihrer Berufsausbildung beschäftigt sind.

§ 164 (weggefallen)

§ 165 Beitragspflichtige Einnahmen selbständig Tätiger

(1) ₁Beitragspflichtige Einnahmen sind

1. bei selbständig Tätigen ein Arbeitseinkommen in Höhe der Bezugsgröße, bei Nachweis eines niedrigeren oder höheren Arbeitseinkommens jedoch dieses Arbeitseinkommen, mindestens jedoch monatlich 450 Euro,
2. bei Seelotsen das Arbeitseinkommen,

3. bei Künstlern und Publizisten das voraussichtliche Jahresarbeitseinkommen (§ 12 Künstlersozialversicherungsgesetz), mindestens jedoch 3900 Euro, wobei Arbeitseinkommen auch die Vergütung für die Verwertung und Nutzung urheberrechtlich geschützter Werke oder Leistungen sind,
4. bei Hausgewerbetreibenden das Arbeitseinkommen,
5. bei Küstenschiffern und Küstenfischern das in der Unfallversicherung maßgebende beitragspflichtige Arbeitseinkommen.

$_{2}$Beitragspflichtige Einnahmen sind bei selbständig Tätigen abweichend von Satz 1 Nr. 1 bis zum Ablauf von drei Kalenderjahren nach dem Jahr der Aufnahme der selbständigen Tätigkeit ein Arbeitseinkommen in Höhe von 50 vom Hundert der Bezugsgröße, auf Antrag des Versicherten jedoch ein Arbeitseinkommen in Höhe der Bezugsgröße. $_{3}$Für den Nachweis des von der Bezugsgröße abweichenden Arbeitseinkommens nach Satz 1 Nummer 1 sind die sich aus dem letzten Einkommensteuerbescheid für das zeitnaheste Kalenderjahr ergebenden Einkünfte aus der versicherungspflichtigen selbständigen Tätigkeit so lange maßgebend, bis ein neuer Einkommensteuerbescheid vorgelegt wird. $_{4}$Die Einkünfte sind mit dem Vomhundertsatz zu vervielfältigen, der sich aus dem Verhältnis des vorläufigen Durchschnittsentgelts (Anlage 1) für das Kalenderjahr, für das das Arbeitseinkommen nachzuweisen ist, zu dem Durchschnittsentgelt (Anlage 1) für das maßgebende Veranlagungsjahr des Einkommensteuerbescheides ergibt. $_{5}$Übersteigt das nach Satz 4 festgestellte Arbeitseinkommen die Beitragsbemessungsgrenze des nachzuweisenden Kalenderjahres, wird ein Arbeitseinkommen in Höhe der jeweiligen Beitragsbemessungsgrenze so lange zugrunde gelegt, bis sich aus einem neuen Einkommensteuerbescheid niedrigere Einkünfte ergeben. $_{6}$Der Einkommensteuerbescheid ist dem Träger der Rentenversicherung spätestens zwei Kalendermonate nach seiner Ausfertigung vorzulegen. $_{7}$Statt des Einkommensteuerbescheides kann auch eine Bescheinigung des Finanzamtes vorgelegt werden, die die für den Nachweis des Arbeitseinkommens erforderlichen Daten des Einkommensteuerbescheides enthält. $_{8}$Änderungen des Arbeitseinkommens werden vom Ersten des auf die Vorlage des Bescheides oder der Bescheinigung folgenden Kalendermonats, spätestens aber vom Beginn des dritten Kalendermonats nach Ausfertigung des Einkommensteuerbescheides, an berücksichtigt. $_{9}$Ist eine Veranlagung zur Einkommensteuer aufgrund der versicherungspflichtigen selbständigen Tätigkeit noch nicht erfolgt, sind für das Jahr des Beginns der Versicherungspflicht die Einkünfte zugrunde zu legen, die sich aus den vom Versicherten vorzulegenden Unterlagen ergeben. $_{10}$Für die Folgejahre ist Satz 4 sinngemäß anzuwenden.

(1a) $_{1}$Abweichend von Absatz 1 Satz 3 ist auf Antrag des Versicherten vom laufenden Arbeitseinkommen auszugehen, wenn dieses im Durchschnitt voraussichtlich um wenigstens 30 vom Hundert geringer ist als das Arbeitseinkommen aus dem letzten Einkommensteuerbescheid. $_{2}$Das laufende Arbeitseinkommen ist durch entsprechende Unterlagen nachzuweisen. $_{3}$Änderungen des Arbeitseinkommens werden vom Ersten des auf die Vorlage der Nachweise folgenden Kalendermonats an berücksichtigt. $_{4}$Das festgestellte laufende Arbeitseinkommen bleibt so lange maßgebend, bis der Einkommensteuerbescheid über dieses Veranlagungsjahr vorgelegt wird und zu berücksichtigen ist. $_{5}$Für die Folgejahre ist Absatz 1 Satz 4 sinngemäß anzuwenden. $_{6}$Die Sätze 1 bis 3 gelten entsprechend für Küstenschiffer und Küstenfischer, wenn das laufende Arbeitseinkommen im Durchschnitt voraussichtlich um wenigstens 30 vom Hundert geringer ist als das Arbeitseinkommen nach Absatz 1 Satz 1 Nummer 5. $_{7}$Das für Küstenschiffer und Küstenfischer festgestellte laufende Arbeitseinkommen bleibt für ein Jahr maßgebend. $_{8}$Für die Folgejahre sind die Sätze 6 und 7 erneut anzuwenden.

(1b) Bei Künstlern und Publizisten wird für die Dauer des Bezugs von Elterngeld oder Erziehungsgeld oder für die Zeit, in der Erziehungsgeld nur wegen des zu berücksichtigenden Einkommens nicht bezogen wird, auf Antrag des Versicherten das in diesen Zeiten voraussichtlich erzielte Arbeitseinkommen, wenn es im Durchschnitt monatlich 325 Euro übersteigt, zugrunde gelegt.

(2) Für Hausgewerbetreibende, die ehrenamtlich tätig sind, gelten die Regelungen für Arbeitnehmer, die ehrenamtlich tätig sind, entsprechend.

(3) Bei Selbständigen, die auf Antrag versicherungspflichtig sind, gelten als Arbeitseinkommen im Sinne von § 15 des Vierten Buches auch die Einnahmen, die steuerrechtlich als Einkommen aus abhängiger Beschäftigung behandelt werden.

§ 166 Beitragspflichtige Einnahmen sonstiger Versicherter

(1) Beitragspflichtige Einnahmen sind

1. bei Personen, die als Wehr- oder Zivildienstleistende versichert sind, 60 vom Hundert der Bezugsgröße, jedoch bei Personen, die Leistungen an Nichtselbständige nach § 6 des Unterhaltssicherungsgesetzes erhalten, das Arbeitsentgelt, das dieser Leistung vor Abzug von Steuern und Beitragsanteilen zugrunde liegt,

1a. bei Personen, die in einem Wehrdienstverhältnis besonderer Art nach § 6 des Einsatz-Weiterverwendungsgesetzes versichert sind, die daraus gewährten Dienstbezüge in dem Umfang, in dem sie bei Beschäftigten als Arbeitsentgelt zu berücksichtigen wären,

2. bei Personen, die Arbeitslosengeld, Übergangsgeld, Krankengeld, Verletztengeld oder Versorgungskrankengeld beziehen, 80 vom Hundert des der Leistung zugrunde liegenden Arbeitsentgelts oder Arbeitseinkommens, wobei 80 vom Hundert des beitragspflichtigen Arbeitsentgelts aus einem nicht geringfügigen Beschäftigungsverhältnis abzuziehen sind, und bei gleichzeitigem Bezug von Krankengeld neben einer anderen Leistung das dem Krankengeld zugrunde liegende Einkommen nicht zu berücksichtigen ist,

2a. bei Personen, die im Anschluss an den Bezug von Arbeitslosengeld II Übergangsgeld oder Verletztengeld beziehen, monatlich der Betrag von 205 Euro,

2b. bei Personen, die Krankengeld nach § 44a des Fünften Buches beziehen, das der Leistung zugrunde liegende Arbeitsentgelt oder Arbeitseinkommen; wird dieses Krankengeld nach § 47b des Fünften Buches gezahlt, gilt Nummer 2,

2c. bei Personen, die Teilarbeitslosengeld beziehen, 80 vom Hundert des dieser Leistung zugrunde liegenden Arbeitsentgelts,

2d. bei Personen, die von einem privaten Krankenversicherungsunternehmen, von einem Beihilfeträger des Bundes, von einem sonstigen öffentlich-rechtlichen Träger von Kosten in Krankheitsfällen auf Bundesebene, von dem Träger der Heilfürsorge im Bereich des Bundes, von dem Träger der truppenärztlichen Versorgung oder von einem öffentlich-rechtlichen Träger von Kosten in Krankheitsfällen auf Landesebene, soweit Landesrecht dies vorsieht, Leistungen für den Ausfall von Arbeitseinkünften im Zusammenhang mit einer nach den §§ 8 und 8a des Transplantationsgesetzes erfolgenden Spende von Organen oder Geweben oder im Zusammenhang mit einer im Sinne von § 9 des Transfusionsgesetzes erfolgenden Spende von Blut zur Separation von Blutstammzellen oder anderen Blutbestandteilen beziehen, das diesen Leistungen zugrunde liegende Arbeitsentgelt oder Arbeitseinkommen,

2e. bei Personen, die Krankengeld nach § 45 Absatz 1 des Fünften Buches oder Verletztengeld nach § 45 Absatz 4 des Siebten Buches in Verbindung mit § 45 Absatz 1 des Fünften Buches beziehen, 80 vom Hundert des während der Freistellung ausgefallenen, laufenden Arbeitsentgelts oder des der Leistung zugrunde liegenden Arbeitseinkommens,

2f. bei Personen, die Pflegeunterstützungsgeld beziehen, 80 vom Hundert des während der Freistellung ausgefallenen, laufenden Arbeitsentgelts,

3. bei Beziehern von Vorruhestandsgeld das Vorruhestandsgeld,
4. bei Entwicklungshelfern das Arbeitsentgelt oder, wenn dies günstiger ist, der Betrag, der sich ergibt, wenn die Beitragsbemessungsgrenze mit dem Verhältnis vervielfältigt wird, in dem die Summe der Arbeitsentgelte oder Arbeitseinkommen für die letzten drei vor Aufnahme der nach § 4 Abs. 1 versicherungspflichtigen Beschäftigung oder Tätigkeit voll mit Pflichtbeiträgen belegten Kalendermonate zur Summe der Beträge der Beitragsbemessungsgrenzen für diesen Zeitraum steht; der Verhältniswert beträgt mindestens 0,6667,

4a. bei Personen, die für eine begrenzte Zeit im Ausland beschäftigt sind, das Arbeitsentgelt oder der sich abweichend vom Arbeitsentgelt nach Nummer 4 ergebende Betrag, wenn dies mit der antragstellenden Stelle vereinbart wird; die Vereinbarung kann nur für laufende und künftige Lohn- und Gehaltsabrechnungszeiträume getroffen werden,

4b. bei sonstigen im Ausland beschäftigten Personen, die auf Antrag versicherungspflichtig sind, das Arbeitsentgelt,

5. bei Personen, die für Zeiten der Arbeitsunfähigkeit oder der Ausführung von Leistungen zur Teilhabe ohne Anspruch auf Krankengeld versichert sind, 80 vom Hundert des zuletzt für einen vollen Kalendermonat versicherten Arbeitsentgelts oder Arbeitseinkommens.

(2) 1Beitragspflichtige Einnahmen sind bei nicht erwerbsmäßig tätigen Pflegepersonen bei Pflege eines

1. Schwerstpflegebedürftigen (§ 15 Abs. 1 Nr. 3 Elftes Buch)
   a) 80 vom Hundert der Bezugsgröße, wenn er mindestens 28 Stunden in der Woche gepflegt wird,
   b) 60 vom Hundert der Bezugsgröße, wenn er mindestens 21 Stunden in der Woche gepflegt wird,
   c) 40 vom Hundert der Bezugsgröße, wenn er mindestens 14 Stunden in der Woche gepflegt wird,
2. Schwerpflegebedürftigen (§ 15 Abs. 1 Nr. 2 Elftes Buch)
   a) 53,3333 vom Hundert der Bezugsgröße, wenn er mindestens 21 Stunden in der Woche gepflegt wird,
   b) 35,5555 vom Hundert der Bezugsgröße, wenn er mindestens 14 Stunden in der Woche gepflegt wird,
3. erheblich Pflegebedürftigen (§ 15 Abs. 1 Nr. 1 Elftes Buch) 26,6667 vom Hundert der Bezugsgröße, wenn er mindestens 14 Stunden in der Woche gepflegt wird.

2Üben mehrere nicht erwerbsmäßig tätige Pflegepersonen die Pflege gemeinsam aus, sind beitragspflichtige Einnahmen bei jeder Pflegeperson der Teil des Höchstwerts der jeweiligen Pflegestufe, der dem Umfang ihrer Pflegetätigkeit im Verhältnis zum Umfang der Pflegetätigkeit insgesamt entspricht. 3Pflegetätigkeiten im Sinne des Absatzes 3 bleiben bei der Berechnung nach Satz 2 unberücksichtigt.

(3) 1Besteht Versicherungspflicht als Pflegeperson nur, weil mehrere Pflegebedürftige gepflegt werden, sind beitragspflichtige Einnahmen 26,6667 vom Hundert der Bezugsgröße. 2Die Aufteilung der beitragspflichtigen Einnahmen berechnet sich nach dem Umfang der jeweiligen Pflegetätigkeit im Verhältnis zum Umfang der Pflegetätigkeit der Pflegeperson insgesamt.

§ 167 Freiwillig Versicherte

Die Mindestbeitragsbemessungsgrundlage beträgt für freiwillig Versicherte monatlich 450 Euro.

Dritter Titel
Verteilung der Beitragslast

§ 168 Beitragstragung bei Beschäftigten

(1) Die Beiträge werden getragen

1. bei Personen, die gegen Arbeitsentgelt beschäftigt werden, von den Versicher-

VI

ten und von den Arbeitgebern je zur Hälfte,

1a. bei Arbeitnehmern, die Kurzarbeitergeld beziehen, vom Arbeitgeber,

1b. bei Personen, die gegen Arbeitsentgelt geringfügig versicherungspflichtig beschäftigt werden, von den Arbeitgebern in Höhe des Betrages, der 15 vom Hundert des der Beschäftigung zugrunde liegenden Arbeitsentgelts entspricht, im Übrigen vom Versicherten,

1c. bei Personen, die gegen Arbeitsentgelt in Privathaushalten geringfügig versicherungspflichtig beschäftigt werden, von den Arbeitgebern in Höhe des Betrages, der 5 vom Hundert des der Beschäftigung zugrunde liegenden Arbeitsentgelts entspricht, im Übrigen vom Versicherten,

1d. bei Arbeitnehmern, deren beitragspflichtige Einnahme sich nach § 163 Abs. 10 Satz 1 bestimmt, von den Arbeitgebern in Höhe der Hälfte des Betrages, der sich ergibt, wenn der Beitragssatz auf das der Beschäftigung zugrunde liegende Arbeitsentgelt angewendet wird, im Übrigen vom Versicherten,

2. bei behinderten Menschen von den Trägern der Einrichtung, wenn ein Arbeitsentgelt nicht bezogen wird oder das monatliche Arbeitsentgelt 20 vom Hundert der monatlichen Bezugsgröße nicht übersteigt, sowie für den Betrag zwischen dem monatlichen Arbeitsentgelt und 80 vom Hundert der monatlichen Bezugsgröße, wenn das monatliche Arbeitsentgelt 80 vom Hundert der monatlichen Bezugsgröße nicht übersteigt, im Übrigen von den Versicherten und den Trägern der Einrichtung je zur Hälfte,

2a. bei behinderten Menschen, die im Anschluss an eine Beschäftigung in einer nach dem Neunten Buch anerkannten Werkstatt für behinderte Menschen in einem Integrationsprojekt (§ 132 Neuntes Buch) beschäftigt sind, von den Trägern der Integrationsprojekte für den Betrag zwischen dem monatlichen Arbeitsentgelt und 80 vom Hundert der monatlichen Bezugsgröße, wenn das monatliche Arbeitsentgelt 80 vom Hundert der monatlichen Bezugsgröße nicht übersteigt, im Übrigen von den Versicherten und den Trägern der Integrationsprojekte je zur Hälfte,

3. bei Personen, die für eine Erwerbstätigkeit befähigt werden sollen, von den Trägern der Einrichtung,

3a. bei Auszubildenden, die in einer außerbetrieblichen Einrichtung im Rahmen eines Berufsausbildungsvertrages nach dem Berufsbildungsgesetz ausgebildet werden, von den Trägern der Einrichtung,

3b. bei behinderten Menschen während der individuellen betrieblichen Qualifizierung im Rahmen der Unterstützten Beschäftigung nach § 38a des Neunten Buches von dem zuständigen Rehabilitationsträger,

4. bei Mitgliedern geistlicher Genossenschaften, Diakonissen und Angehörigen ähnlicher Gemeinschaften von den Genossenschaften oder Gemeinschaften, wenn das monatliche Arbeitsentgelt 40 vom Hundert der monatlichen Bezugsgröße nicht übersteigt, im Übrigen von den Mitgliedern und den Genossenschaften oder Gemeinschaften je zur Hälfte,

5. bei Arbeitnehmern, die ehrenamtlich tätig sind, für den Unterschiedsbetrag von ihnen selbst,

6. bei Arbeitnehmern, die nach dem Altersteilzeitgesetz Aufstockungsbeträge zum Arbeitsentgelt erhalten, für die sich nach § 163 Abs. 5 Satz 1 ergebende beitragspflichtige Einnahme von den Arbeitgebern,

7. bei Arbeitnehmern, die nach dem Altersteilzeitgesetz Aufstockungsbeträge zum Krankengeld, Versorgungskrankengeld, Verletztengeld, Übergangsgeld oder Krankentagegeld erhalten, für die sich nach § 163 Abs. 5 Satz 2 ergebende beitragspflichtige Einnahme
   a) von der Bundesagentur oder, im Fall der Leistungserbringung nach § 10

Abs. 2 Satz 2 des Altersteilzeitgesetzes, von den Arbeitgebern, wenn die Voraussetzungen des § 4 des Altersteilzeitgesetzes vorliegen,

b) von den Arbeitgebern, wenn die Voraussetzungen des § 4 des Altersteilzeitgesetzes nicht vorliegen.

(2) Wird infolge einmalig gezahlten Arbeitsentgelts die in Absatz 1 Nr. 2 genannte Grenze von 20 vom Hundert der monatlichen Bezugsgröße überschritten, tragen die Versicherten und die Arbeitgeber die Beiträge von dem diese Grenze übersteigenden Teil des Arbeitsentgelts jeweils zur Hälfte; im Übrigen tragen die Arbeitgeber den Beitrag allein.

(3) Personen, die in der knappschaftlichen Rentenversicherung versichert sind, tragen die Beiträge in Höhe des Vomhundertsatzes, den sie zu tragen hätten, wenn sie in der allgemeinen Rentenversicherung versichert wären; im Übrigen tragen die Arbeitgeber die Beiträge.

§ 169 Beitragstragung bei selbständig Tätigen

Die Beiträge werden getragen

1. bei selbständig Tätigen von ihnen selbst,
2. bei Künstlern und Publizisten von der Künstlersozialkasse,
3. bei Hausgewerbetreibenden von den Versicherten und den Arbeitgebern je zur Hälfte,
4. bei Hausgewerbetreibenden, die ehrenamtlich tätig sind, für den Unterschiedsbetrag von ihnen selbst.

§ 170 Beitragstragung bei sonstigen Versicherten

(1) Die Beiträge werden getragen

1. bei Wehr- oder Zivildienstleistenden, Personen in einem Wehrdienstverhältnis besonderer Art nach § 6 des Einsatz-Weiterverwendungsgesetzes und für Kindererziehungszeiten vom Bund,
2. bei Personen, die
   a) Krankengeld oder Verletztengeld beziehen, von den Beziehern der Leistung und den Leistungsträgern je zur Hälfte, soweit sie auf die Leistung entfallen und diese Leistungen nicht in Höhe der Leistungen der Bundesagentur für Arbeit zu zahlen sind, im Übrigen vom Leistungsträger; die Beiträge werden auch dann von den Leistungsträgern getragen, wenn die Bezieher der Leistung zur Berufsausbildung beschäftigt sind und das der Leistung zugrunde liegende Arbeitsentgelt auf den Monat bezogen 450 Euro nicht übersteigt,
   b) Versorgungskrankengeld, Übergangsgeld oder Arbeitslosengeld beziehen, von den Leistungsträgern,
   c) Krankengeld nach § 44a des Fünften Buches beziehen, vom Leistungsträger,
   d) für Personen, die Leistungen für den Ausfall von Arbeitseinkünften im Zusammenhang mit einer nach den §§ 8 und 8a des Transplantationsgesetzes erfolgenden Spende von Organen oder Geweben oder im Zusammenhang mit einer im Sinne von § 9 des Transfusionsgesetzes erfolgenden Spende von Blut zur Separation von Blutstammzellen oder anderen Blutbestandteilen erhalten, von der Stelle, die die Leistung erbringt; wird die Leistung von mehreren Stellen erbracht, sind die Beiträge entsprechend anteilig zu tragen,
   e) Pflegeunterstützungsgeld beziehen, von den Beziehern der Leistung zur Hälfte, soweit sie auf die Leistung entfallen, im Übrigen
      aa) von der Pflegekasse, wenn der Pflegebedürftige in der sozialen Pflegeversicherung versichert ist,
      bb) von dem privaten Versicherungsunternehmen, wenn der Pflegebedürftige in der sozialen Pflegeversicherung versicherungsfrei ist,
      cc) von der Festsetzungsstelle für die Beihilfe oder dem Dienstherrn und der Pflegekasse oder dem privaten Versicherungsunternehmen anteilig, wenn der Pflegebedürftige Anspruch auf Beihilfe oder Heilfürsorge hat und in der sozialen Pflege-

VI

versicherung oder bei einem privaten Versicherungsunternehmen versichert ist; ist ein Träger der Rentenversicherung Festsetzungsstelle für die Beihilfe, gelten die Beiträge insoweit als gezahlt; dies gilt auch im Verhältnis der Rentenversicherungsträger untereinander;

die Beiträge werden von den Stellen, die die Leistung zu erbringen haben, allein getragen, wenn die Bezieher der Leistung zur Berufsausbildung beschäftigt sind und das der Leistung zugrunde liegende Arbeitsentgelt auf den Monat bezogen 450 Euro nicht übersteigt; Doppelbuchstabe cc gilt entsprechend,

3. bei Bezug von Vorruhestandsgeld von den Beziehern und den zur Zahlung des Vorruhestandsgeldes Verpflichteten je zur Hälfte,
4. bei Entwicklungshelfern, bei Personen, die für eine begrenzte Zeit im Ausland beschäftigt sind, oder bei sonstigen im Ausland beschäftigten Personen von den antragstellenden Stellen,
5. bei Zeiten der Arbeitsunfähigkeit oder der Ausführung von Leistungen zur Teilhabe ohne Anspruch auf Krankengeld von den Versicherten selbst,
6. bei nicht erwerbsmäßig tätigen Pflegepersonen, die einen
   a) in der sozialen Pflegeversicherung versicherten Pflegebedürftigen pflegen, von der Pflegekasse,
   b) in der sozialen Pflegeversicherung versicherungsfreien Pflegebedürftigen pflegen, von dem privaten Versicherungsunternehmen,
   c) Pflegebedürftigen pflegen, der wegen Pflegebedürftigkeit Beihilfeleistungen oder Leistungen der Heilfürsorge und Leistungen einer Pflegekasse oder eines privaten Versicherungsunternehmens erhält, von der Festsetzungsstelle für die Beihilfe oder vom Dienstherrn und der Pflegekasse oder dem privaten Versicherungsunternehmen anteilig; ist ein Träger der Rentenversicherung Festsetzungsstelle für die Beihilfe, gelten die Beiträge insoweit als gezahlt; dies gilt auch im Verhältnis der Rentenversicherungsträger untereinander.

(2) 1Bezieher von Krankengeld, Pflegeunterstützungsgeld oder Verletztengeld, die in der knappschaftlichen Rentenversicherung versichert sind, tragen die Beiträge in Höhe des Vomhundertsatzes, den sie zu tragen hätten, wenn sie in der allgemeinen Rentenversicherung versichert wären; im Übrigen tragen die Beiträge die Leistungsträger. 2Satz 1 gilt entsprechend für Bezieher von Vorruhestandsgeld, die in der knappschaftlichen Rentenversicherung versichert sind.

§ 171 Freiwillig Versicherte

Freiwillig Versicherte tragen ihre Beiträge selbst.

§ 172 Arbeitgeberanteil bei Versicherungsfreiheit und Befreiung von der Versicherungspflicht

(1) 1Für Beschäftigte, die

1. als Bezieher einer Vollrente wegen Alters,
2. als Versorgungsbezieher,
3. wegen des Erreichens der Regelaltersgrenze oder
4. wegen einer Beitragserstattung

versicherungsfrei sind, tragen die Arbeitgeber die Hälfte des Beitrags, der zu zahlen wäre, wenn die Beschäftigten versicherungspflichtig wären; in der knappschaftlichen Rentenversicherung ist statt der Hälfte des Beitrags der auf Arbeitgeber entfallende Beitragsanteil zu zahlen. 2Satz 1 findet keine Anwendung auf versicherungsfrei geringfügig Beschäftigte und Beschäftigte nach § 1 Satz 1 Nr. 2.

(2) (weggefallen)

(3) 1Für Beschäftigte nach § 8 Abs. 1 Nr. 1 des Vierten Buches, die in dieser Beschäftigung nach § 6 Absatz 1b oder nach anderen Vorschriften von der Versicherungspflicht befreit sind oder die nach § 5 Abs. 4 versicherungsfrei sind, tragen die Arbeitgeber einen Bei-

tragsanteil in Höhe von 15 vom Hundert des Arbeitsentgelts, das beitragspflichtig wäre, wenn die Beschäftigten versicherungspflichtig wären. 2Dies gilt nicht für Personen, die während der Dauer eines Studiums als ordentliche Studierende einer Fachschule oder Hochschule ein Praktikum ableisten, das nicht in ihrer Studienordnung oder Prüfungsordnung vorgeschrieben ist.

(3a) Für Beschäftigte in Privathaushalten nach § 8a Satz 1 des Vierten Buches, die in dieser Beschäftigung nach § 6 Absatz 1b oder nach anderen Vorschriften von der Versicherungspflicht befreit sind oder die nach § 5 Abs. 4 versicherungsfrei sind, tragen die Arbeitgeber einen Beitragsanteil in Höhe von 5 vom Hundert des Arbeitsentgelts, das beitragspflichtig wäre, wenn die Beschäftigten versicherungspflichtig wären.

(4) Für den Beitragsanteil des Arbeitgebers gelten die Vorschriften des Dritten Abschnitts des Vierten Buches sowie die Bußgeldvorschriften des § 111 Abs. 1 Nr. 2 bis 4, 8 und Abs. 2 und 4 des Vierten Buches entsprechend.

§ 172a Beitragszuschüsse des Arbeitgebers für Mitglieder berufsständischer Versorgungseinrichtungen

Für Beschäftigte, die nach § 6 Absatz 1 Satz 1 Nummer 1 von der Versicherungspflicht befreit sind, zahlen die Arbeitgeber einen Zuschuss in Höhe der Hälfte des Beitrags zu einer berufsständischen Versorgungseinrichtung, höchstens aber die Hälfte des Beitrags, der zu zahlen wäre, wenn die Beschäftigten nicht von der Versicherungspflicht in der gesetzlichen Rentenversicherung befreit worden wären.

Vierter Titel
Zahlung der Beiträge

§ 173 Grundsatz

Die Beiträge sind, soweit nicht etwas anderes bestimmt ist, von denjenigen, die sie zu tragen haben (Beitragsschuldner), unmittelbar an die Träger der Rentenversicherung zu zahlen.

§ 174 Beitragszahlung aus dem Arbeitsentgelt und Arbeitseinkommen

(1) Für die Zahlung der Beiträge von Versicherungspflichtigen aus Arbeitsentgelt und von Hausgewerbetreibenden gelten die Vorschriften über den Gesamtsozialversicherungsbeitrag (§§ 28d bis 28n und 28r Viertes Buch).

(2) Für die Beitragszahlung

1. aus dem Arbeitseinkommen von Seelotsen,
2. aus Vorruhestandsgeld,
3. aus dem für Entwicklungshelfer und für die sonstigen im Ausland beschäftigten Personen maßgebenden Betrag

gilt Absatz 1 entsprechend.

(3) Für die Beitragszahlung nach Absatz 2 gelten als Arbeitgeber

1. die Lotsenbrüderschaften,
2. die zur Zahlung des Vorruhestandsgeldes Verpflichteten,
3. die antragstellenden Stellen.

§ 175 Beitragszahlung bei Künstlern und Publizisten

(1) Die Künstlersozialkasse zahlt für nachgewiesene Zeiten des Bezugs von Krankengeld, Verletztengeld, Versorgungskrankengeld, Übergangsgeld oder Mutterschaftsgeld sowie für nachgewiesene Anrechnungszeiten von Künstlern und Publizisten keine Beiträge.

(2) Die Künstlersozialkasse ist zur Zahlung eines Beitrags für Künstler und Publizisten nur insoweit verpflichtet, als diese ihren Beitragsanteil zur Rentenversicherung nach dem Künstlersozialversicherungsgesetz an die Künstlersozialkasse gezahlt haben.

§ 176 Beitragszahlung und Abrechnung bei Bezug von Sozialleistungen, bei Leistungen im Eingangsverfahren und im Berufsbildungsbereich anerkannter Werkstätten für behinderte Menschen

(1) $_1$Soweit Personen, die Krankengeld, Pflegeunterstützungsgeld oder Verletztengeld beziehen, an den Beiträgen zur Rentenversicherung beteiligt sind, zahlen die Leistungsträger die Beiträge an die Träger der Rentenversicherung. $_2$Als Leistungsträger gelten bei Bezug von Pflegeunterstützungsgeld auch private Versicherungsunternehmen, Festsetzungsstellen für die Beihilfe und Dienstherren. $_3$Für den Beitragsabzug gilt § 28g Satz 1 des Vierten Buches entsprechend.

(2) $_1$Das Nähere über Zahlung und Abrechnung der Beiträge für Bezieher von Sozialleistungen können die Leistungsträger und die Deutsche Rentenversicherung Bund durch Vereinbarung regeln. $_2$Bei Bezug von Pflegeunterstützungsgeld gilt § 176a entsprechend.

(3) $_1$Ist ein Träger der Rentenversicherung Träger der Rehabilitation, gelten die Beiträge als gezahlt. $_2$Satz 1 gilt entsprechend bei Leistungen im Eingangsverfahren und im Berufsbildungsbereich anerkannter Werkstätten für behinderte Menschen.

§ 176a Beitragszahlung und Abrechnung bei Pflegepersonen

Das Nähere über Zahlung und Abrechnung der Beiträge für nicht erwerbsmäßig tätige Pflegepersonen können die Spitzenverbände der Pflegekassen, der Verband der privaten Krankenversicherung e. V., die Festsetzungsstellen für die Beihilfe und die Deutsche Rentenversicherung Bund durch Vereinbarung regeln.

§ 177 Beitragszahlung für Kindererziehungszeiten

(1) Die Beiträge für Kindererziehungszeiten werden vom Bund gezahlt.

(2) $_1$Der Bund zahlt zur pauschalen Abgeltung für die Beitragszahlung für Kindererziehungszeiten an die allgemeine Rentenversicherung für das Jahr 2000 einen Betrag in Höhe von 22,4 Milliarden Deutsche Mark. $_2$Dieser Betrag verändert sich im jeweils folgenden Kalenderjahr in dem Verhältnis, in dem

1. die Bruttolöhne und -gehälter je Arbeitnehmer (§ 68 Abs. 2 Satz 1) im vergangenen Kalenderjahr zu den entsprechenden Bruttolöhnen und -gehältern im vorvergangenen Kalenderjahr stehen,
2. bei Veränderungen des Beitragssatzes der Beitragssatz des Jahres, für das er bestimmt wird, zum Beitragssatz des laufenden Kalenderjahres steht,
3. die Anzahl der unter Dreijährigen im vorvergangenen Kalenderjahr zur entsprechenden Anzahl der unter Dreijährigen in dem dem vorvergangenen vorausgehenden Kalenderjahr steht.

(3) $_1$Bei der Bestimmung der Bruttolöhne und -gehälter je Arbeitnehmer sind für das vergangene Kalenderjahr die dem Statistischen Bundesamt zu Beginn eines Kalenderjahres vorliegenden Daten und für das vorvergangene Kalenderjahr die bei der Bestimmung der bisherigen Veränderungsrate verwendeten Daten zugrunde zu legen. $_2$Bei der Anzahl der unter Dreijährigen in einem Kalenderjahr sind die für das jeweilige Kalenderjahr zum Jahresende vorliegenden Daten des Statistischen Bundesamtes zugrunde zu legen.

(4) $_1$Die Beitragszahlung des Bundes erfolgt in zwölf gleichen Monatsraten. $_2$Die Festsetzung und Auszahlung der Monatsraten sowie die Abrechnung führt das Bundesversicherungsamt entsprechend den haushaltsrechtlichen Vorschriften durch.

§ 178 Verordnungsermächtigung

(1) Das Bundesministerium für Arbeit und Soziales wird ermächtigt, im Einvernehmen mit dem Bundesministerium der Verteidigung, dem Bundesministerium für Familie, Senioren, Frauen und Jugend und dem Bundesministerium der Finanzen durch Rechtsverordnung mit Zustimmung des Bundesrates

1. eine pauschale Berechnung der Beiträge für Wehrdienstleistende und Zivildienstleistende sowie die Berechnung der Beiträge für Personen in einem Wehrdienst-

verhältnis besonderer Art nach § 6 des Einsatz-Weiterverwendungsgesetzes,

2. die Verteilung des Gesamtbetrags auf die Träger der Rentenversicherung und
3. die Zahlungsweise sowie das Verfahren

zu bestimmen.

(2) Das Bundesministerium für Arbeit und Soziales wird ermächtigt, durch Rechtsverordnung mit Zustimmung des Bundesrates Berechnungs- und Zahlungsweise sowie das Verfahren für die Zahlung der Beiträge außerhalb der Vorschriften über den Einzug des Gesamtsozialversicherungsbeitrags und für die Zahlungsweise von Pflichtbeiträgen und von freiwilligen Beiträgen bei Aufenthalt im Ausland zu bestimmen.

(3) Das Bundesministerium für Arbeit und Soziales macht im Einvernehmen mit dem Bundesministerium der Finanzen den Betrag, der vom Bund für Kindererziehungszeiten an die allgemeine Rentenversicherung pauschal zu zahlen ist, im Bundesanzeiger bekannt.

Fünfter Titel
Erstattungen

§ 179 Erstattung von Aufwendungen

(1) ₁Für behinderte Menschen nach § 1 Satz 1 Nr. 2 Buchstabe a, die im Arbeitsbereich einer anerkannten Werkstatt für behinderte Menschen tätig sind, erstattet der Bund den Trägern der Einrichtung die Beiträge, die auf den Betrag zwischen dem tatsächlich erzielten monatlichen Arbeitsentgelt und 80 vom Hundert der monatlichen Bezugsgröße entfallen, wenn das tatsächlich erzielte monatliche Arbeitsentgelt 80 vom Hundert der monatlichen Bezugsgröße nicht übersteigt; der Bund erstattet den Trägern der Einrichtung ferner die Beiträge für behinderte Menschen im Eingangsverfahren und im Berufsbildungsbereich einer anerkannten Werkstatt für behinderte Menschen, soweit Satz 2 nichts anderes bestimmt. ₂Im Übrigen erstatten die Kostenträger den Trägern der Einrichtung die von diesen getragenen Beiträge für behinderte Menschen; das gilt auch, wenn sie im Eingangsverfahren oder im Berufsbildungsbereich anerkannter Werkstätten für behinderte Menschen tätig sind, soweit die Bundesagentur für Arbeit, die Träger der Unfallversicherung oder die Träger der Rentenversicherung zuständige Kostenträger sind. ₃Für behinderte Menschen, die im Anschluss an eine Beschäftigung in einer nach dem Neunten Buch anerkannten Werkstatt für behinderte Menschen in einem Integrationsprojekt (§ 132 Neuntes Buch) beschäftigt sind, gilt Satz 1 entsprechend. ₄Die zuständigen Stellen, die Erstattungen des Bundes nach Satz 1 oder 3 durchführen, können auch nach erfolgter Erstattung bei den davon umfassten Einrichtungen, Integrationsprojekten oder bei deren Trägern die Voraussetzungen der Erstattung prüfen. ₅Soweit es im Einzelfall erforderlich ist, haben die von der Erstattung umfassten Einrichtungen, Integrationsprojekte oder deren Träger den zuständigen Stellen auf Verlangen über alle Tatsachen Auskunft zu erteilen, die für die Prüfung der Voraussetzungen der Erstattung erforderlich sind. ₆Sie haben auf Verlangen die Geschäftsbücher, Listen oder andere Unterlagen, aus denen die Angaben über die der Erstattung zu Grunde liegende Beschäftigung hervorgehen, während der Betriebszeit nach ihrer Wahl entweder in ihren eigenen Geschäftsräumen oder denen der zuständigen Stelle zur Einsicht vorzulegen. ₇Das Wahlrecht nach Satz 6 entfällt, wenn besondere Gründe eine Prüfung in den Geschäftsräumen der Einrichtungen, Integrationsprojekte oder deren Trägern gerechtfertigt erscheinen lassen.

(1a) ₁Ein auf anderen gesetzlichen Vorschriften beruhender Anspruch auf Ersatz eines Schadens geht auf den Bund über, soweit dieser auf Grund des Schadensereignisses Erstattungsleistungen nach Absatz 1 Satz 1 und 3 erbracht hat. ₂Die nach Landesrecht für die Erstattung von Aufwendungen für die gesetzliche Rentenversicherung der in Werkstätten beschäftigten behinderten Menschen zuständige Stelle macht den nach Satz 1 übergegangenen Anspruch geltend. ₃§ 116 Abs. 2 bis 7, 9 und die §§ 117 und 118 des Zehnten Buches gelten entsprechend. ₄Werden Beiträge nach Absatz 1 Satz 2 erstattet, gelten die Sätze 1 und 3 entsprechend mit der Maßgabe, dass der Anspruch auf den Kostenträger übergeht. $_{5}$Der Kostenträger erfragt, ob ein Schadensereignis vorliegt und übermittelt diese Antwort an die Stelle, die den Anspruch auf Ersatz von Beiträgen zur Rentenversicherung geltend macht.

(2) $_{1}$Bei den nach § 4 Absatz 1 versicherten Personen sind unbeschadet der Regelung über die Beitragstragung Vereinbarungen zulässig, wonach Versicherte den antragstellenden Stellen die Beiträge ganz oder teilweise zu erstatten haben. $_{2}$Besteht eine Pflicht zur Antragstellung nach § 11 des Entwicklungshelfer-Gesetzes, so ist eine Vereinbarung zulässig, soweit die Entwicklungshelfer von einer Stelle im Sinne des § 5 Abs. 2 des Entwicklungshelfer-Gesetzes Zuwendungen erhalten, die zur Abdeckung von Risiken bestimmt sind, die von der Rentenversicherung abgesichert werden.

§ 180 Verordnungsermächtigung

Das Bundesministerium für Arbeit und Soziales wird ermächtigt, im Einvernehmen mit dem Bundesministerium der Finanzen durch Rechtsverordnung mit Zustimmung des Bundesrates das Nähere über die Erstattung von Beiträgen für behinderte Menschen, die Zahlung von Vorschüssen sowie die Prüfung der Voraussetzungen der Erstattungen bei den Einrichtungen, Integrationsprojekten und bei deren Trägern einschließlich deren Mitwirkung gemäß § 179 Abs. 1 zu regeln.

Sechster Titel
Nachversicherung

§ 181 Berechnung und Tragung der Beiträge

(1) $_{1}$Die Berechnung der Beiträge erfolgt nach den Vorschriften, die zum Zeitpunkt der Zahlung der Beiträge für versicherungspflichtige Beschäftigte gelten. $_{2}$Als Zeitpunkt der Zahlung gilt der Tag der Wertstellung des Gegenwerts der Beiträge auf dem Konto des Rentenversicherungsträgers.

(2) $_{1}$Beitragsbemessungsgrundlage sind die beitragspflichtigen Einnahmen aus der Beschäftigung im Nachversicherungszeitraum bis zur jeweiligen Beitragsbemessungsgrenze. $_{2}$Ist die Gewährleistung der Versorgungsanwartschaft auf eine weitere Beschäftigung erstreckt worden, werden für diesen Zeitraum auch die beitragspflichtigen Einnahmen aus der weiteren Beschäftigung, bei Entwicklungshelfern und Personen, die für eine begrenzte Zeit im Ausland beschäftigt sind, der sich aus § 166 Absatz 1 Nummer 4 und 4a ergebende Betrag bis zur jeweiligen Beitragsbemessungsgrenze zugrunde gelegt.

(3) $_{1}$Mindestbeitragsbemessungsgrundlage ist ein Betrag in Höhe von 40 vom Hundert der jeweiligen Bezugsgröße, für Ausbildungszeiten die Hälfte dieses Betrages und für Zeiten einer Teilzeitbeschäftigung der Teil dieses Betrages, der dem Verhältnis der ermäßigten zur regelmäßigen Arbeitszeit entspricht. $_{2}$Mindestbeitragsbemessungsgrundlage für die dem Grundwehrdienst entsprechenden Dienstzeiten von Zeit- oder Berufssoldaten ist der Betrag, der für die Berechnung der Beiträge für Grundwehrdienstleistende im jeweiligen Zeitraum maßgebend war.

(4) Die Beitragsbemessungsgrundlage und die Mindestbeitragsbemessungsgrundlage werden für die Berechnung der Beiträge um den Vomhundertsatz angepasst, um den das vorläufige Durchschnittsentgelt für das Kalenderjahr, in dem die Beiträge gezahlt werden, das Durchschnittsentgelt für das Kalenderjahr, für das die Beiträge gezahlt werden, übersteigt oder unterschreitet.

(5) $_{1}$Die Beiträge werden von den Arbeitgebern, Genossenschaften oder Gemeinschaften getragen. $_{2}$Ist die Gewährleistung der Versorgungsanwartschaft auf eine weitere Beschäftigung erstreckt worden, werden die Beiträge für diesen Zeitraum von den Arbeitgebern, Genossenschaften oder Gemeinschaften getragen, die die Gewährleistung erstreckt haben; Erstattungsvereinbarungen sind zulässig.

Durch das Gesetz zur Steigerung der Attraktivität des Dienstes in der Bundeswehr vom 13.5.2015 (BGBl. I S. 706) wird zum 1.1.2016 folgender Absatz 2a eingefügt:

"(2a) Bei nachzuversichernden Soldaten auf Zeit sind abweichend von Absatz 2 Satz 1 Beitragsbemessungsgrundlage die um 20 vom Hundert erhöhten beitragspflichtigen Einnahmen. Bei der Erhöhung der beitragspflichtigen Einnahmen sind abweichend von § 157 auch beitragspflichtige Einnahmen über der jeweiligen Beitragsbemessungsgrenze zu berücksichtigen, höchstens bis zu einem Betrag der um 20 vom Hundert erhöhten Beitragsbemessungsgrenze."

§ 182 Zusammentreffen mit vorhandenen Beiträgen

(1) Sind für den Nachversicherungszeitraum bereits Pflichtbeiträge gezahlt worden, haben die Arbeitgeber, Genossenschaften oder Gemeinschaften die Beiträge für die Nachversicherung nur insoweit zu zahlen, als dadurch die jeweilige Beitragsbemessungsgrenze nicht überschritten wird.

(2) 1Sind für den Nachversicherungszeitraum bereits freiwillige Beiträge gezahlt worden, werden sie erstattet. 2Freiwillige Beiträge, die von den Arbeitgebern, Genossenschaften oder Gemeinschaften getragen wurden, gelten als bereits gezahlte Beiträge für die Nachversicherung und werden von dem Gesamtbetrag der Beiträge abgesetzt; ihr Wert erhöht sich um den Vomhundertsatz, um den das vorläufige Durchschnittsentgelt für das Kalenderjahr, in dem die Beiträge für die Nachversicherung gezahlt werden, das Durchschnittsentgelt für das Kalenderjahr, für das die freiwilligen Beiträge gezahlt wurden, übersteigt.

Durch das Gesetz zur Steigerung der Attraktivität des Dienstes in der Bundeswehr vom 13.5.2015 (BGBl. I S. 706) wird zum 1.1.2016 dem Absatz 1 folgender Satz hinzugefügt: "Bei nachzuversichernden Soldaten auf Zeit ist eine Überschreitung der Beitragsbemessungsgrenze nach Maßgabe des § 181 Absatz 2a zulässig."

§ 183 Erhöhung und Minderung der Beiträge bei Versorgungsausgleich

(1) 1Die Beiträge erhöhen sich für Nachzuversichernde, zu deren Lasten ein Versorgungsausgleich durchgeführt worden ist, wenn diese eine Kürzung ihrer Versorgungsbezüge durch die Zahlung eines Kapitalbetrags an den Arbeitgeber oder Träger der Versorgungslast ganz oder teilweise abgewendet haben. 2Erhöhungsbetrag ist der Betrag, der zum Zeitpunkt der Zahlung der Beiträge für die Nachversicherung erforderlich ist, um Rentenanwartschaften in der gleichen Höhe zu begründen, in der die Minderung der Versorgungsanwartschaften abgewendet wurde.

(2) 1Die Beiträge mindern sich für Nachzuversichernde, zu deren Lasten ein Versorgungsausgleich durchgeführt worden ist, wenn der Träger der Versorgungslast

1. bereits Aufwendungen des Trägers der Rentenversicherung aus der Versicherung des Ausgleichsberechtigten erstattet hat (§ 225 Abs. 1),
2. zur Ablösung der Erstattungspflicht für die Begründung von Rentenanwartschaften zugunsten des Ausgleichsberechtigten Beiträge gezahlt hat (§ 225 Abs. 2).

2Minderungsbetrag ist

1. in den Fällen des Satzes 1 Nr. 1 ein Betrag von zwei Dritteln der erstatteten Aufwendungen,
2. in den Fällen des Satzes 1 Nr. 2 der Betrag der gezahlten Beiträge, erhöht um den Vomhundertsatz, um den das vorläufige Durchschnittsentgelt für das Kalenderjahr, in dem die Beiträge für die Nachversicherung gezahlt werden, das Durchschnittsentgelt übersteigt, das für die Berechnung der Beiträge zur Ablösung der Erstattungspflicht maßgebend war.

§ 184 Fälligkeit der Beiträge und Aufschub

(1) 1Die Beiträge sind zu zahlen, wenn die Voraussetzungen für die Nachversicherung eingetreten sind, insbesondere Gründe für einen Aufschub der Beitragszahlung nicht gegeben sind. 2§ 24 des Vierten Buches ist mit der Maßgabe anzuwenden, dass die Säumnis drei Monate nach Eintritt der Fälligkeit beginnt und für die Ermittlung des rückständigen Betrages die zu diesem Zeitpunkt geltenden Rechengrößen anzuwenden sind. 3Sind die Beiträge vor dem 1. Oktober 1994 fällig geworden, beginnt die Säumnis am

VI

1. Januar 1995; für die Berechnung des rückständigen Betrages sind die zu diesem Zeitpunkt geltenden Rechengrößen anzuwenden.

(2) 1Die Beitragszahlung wird aufgeschoben, wenn

1. die Beschäftigung nach einer Unterbrechung, die infolge ihrer Eigenart oder vertraglich im Voraus zeitlich begrenzt ist, voraussichtlich wieder aufgenommen wird,
2. eine andere Beschäftigung sofort oder voraussichtlich innerhalb von zwei Jahren nach dem Ausscheiden aufgenommen wird, in der wegen Gewährleistung einer Versorgungsanwartschaft Versicherungsfreiheit besteht oder eine Befreiung von der Versicherungspflicht erfolgt, sofern der Nachversicherungszeitraum bei der Versorgungsanwartschaft aus der anderen Beschäftigung berücksichtigt wird,
3. eine widerrufliche Versorgung gezahlt wird, die der aus einer Nachversicherung erwachsenden Rentenanwartschaft mindestens gleichwertig ist.

2Der Aufschub der Beitragszahlung erstreckt sich in den Fällen des Satzes 1 Nr. 1 und 2 auch auf die Zeit der wieder aufgenommenen oder anderen Beschäftigung und endet mit einem Eintritt der Nachversicherungsvoraussetzungen für diese Beschäftigungen.

(3) Über den Aufschub der Beitragszahlung entscheiden die Arbeitgeber, Genossenschaften oder Gemeinschaften.

(4) 1Wird die Beitragszahlung aufgeschoben, erteilen die Arbeitgeber, Genossenschaften oder Gemeinschaften den ausgeschiedenen Beschäftigten und dem Träger der Rentenversicherung eine Bescheinigung über den Nachversicherungszeitraum und die Gründe für einen Aufschub der Beitragszahlung (Aufschubbescheinigung). 2Die ausgeschiedenen Beschäftigten und der Träger der Rentenversicherung können verlangen, dass sich die Aufschubbescheinigung auch auf die beitragspflichtigen Einnahmen erstreckt, die einer Nachversicherung in den einzelnen Kalenderjahren zugrunde zu legen wären.

§ 185 Zahlung der Beiträge und Wirkung der Beitragszahlung

(1) 1Die Arbeitgeber, Genossenschaften oder Gemeinschaften zahlen die Beiträge unmittelbar an den Träger der Rentenversicherung. 2Sie haben dem Träger der Rentenversicherung mit der Beitragszahlung mitzuteilen, ob und in welcher Höhe ein Versorgungsausgleich zu Lasten der Nachversicherten durchgeführt und eine Kürzung der Versorgungsbezüge durch die Zahlung eines Kapitalbetrags abgewendet wurde. 3Satz 1 gilt nicht, wenn der Arbeitgeber ein Träger der Rentenversicherung ist; in diesen Fällen gelten die Beiträge als zu dem Zeitpunkt gezahlt, zu dem die Voraussetzungen für die Nachversicherung eingetreten sind.

(2) 1Die gezahlten Beiträge gelten als rechtzeitig gezahlte Pflichtbeiträge. 2Hat das Familiengericht vor Durchführung der Nachversicherung einen Versorgungsausgleich zu Lasten von Nachversicherten durchgeführt, gilt

1. eine Begründung von Rentenanwartschaften und
2. eine Übertragung von Anrechten aus einer Beamtenversorgung auf Grund einer internen Teilung in der Beamtenversorgung

mit der Zahlung der Beiträge an den Träger der Rentenversicherung oder in den Fällen des Absatzes 1 Satz 3 mit dem Eintritt der Voraussetzungen für die Nachversicherung als in der Rentenversicherung übertragen. 3In den Fällen des Satzes 2 Nr. 2 gelten für die Ermittlung des Abschlags an Entgeltpunkten § 76 Abs. 4 und § 264a Abs. 2 entsprechend; an die Stelle des Monatsbetrags der Rentenanwartschaft tritt der vom Familiengericht für die ausgleichsberechtigte Person durch interne Teilung festgesetzte monatliche Betrag.

(2a) 1Beiträge, die für frühere Soldaten auf Zeit während des Bezugs von Übergangsgebührnissen gezahlt worden sind, gelten bis zum Ablauf von 18 Monaten nach Wegfall der Übergangsgebührnisse als widerruflich gezahlt. 2Der Arbeitgeber ist bis dahin zum Widerruf der Zahlung berechtigt, wenn

1. die Nachversicherten bis zum Ablauf eines Jahres nach Wegfall der Übergangsgebührnisse eine Beschäftigung aufgenommen haben, in der wegen Gewährleistung einer Versorgungsanwartschaft Versicherungsfreiheit besteht oder eine Befreiung von der Versicherungspflicht erfolgt ist,
2. der Nachversicherungszeitraum bei der Versorgungsanwartschaft aus dieser Beschäftigung berücksichtigt wird,
3. bis zum Zeitpunkt des Widerrufs Leistungen der Rentenversicherung unter Berücksichtigung der Nachversicherung weder erbracht wurden noch aufgrund eines bis zum Zeitpunkt des Widerrufs gestellten Antrags zu erbringen sind und
4. bis zum Zeitpunkt des Widerrufs eine Entscheidung über einen Versorgungsausgleich zu Lasten des Nachversicherten unter Berücksichtigung der Nachversicherung nicht getroffen worden ist.

$_3$Wird die Zahlung widerrufen, werden die Beiträge zurückgezahlt. $_4$Der Anspruch auf Rückzahlung der Beiträge ist nach Ablauf von sechs Monaten fällig. $_5$Nach Rückzahlung der Beiträge ist die Nachversicherung als von Anfang an nicht erfolgt und nach § 184 Abs. 2 Satz 1 Nr. 2 aufgeschoben anzusehen.

(3) Die Arbeitgeber, Genossenschaften oder Gemeinschaften erteilen den Nachversicherten oder den Hinterbliebenen und dem Träger der Rentenversicherung eine Bescheinigung über den Nachversicherungszeitraum und die der Nachversicherung in den einzelnen Kalenderjahren zugrunde gelegten beitragspflichtigen Einnahmen (Nachversicherungsbescheinigung).

(4) Der Träger der Rentenversicherung teilt den Nachversicherten die aufgrund der Nachversicherung in ihrem Versicherungskonto gespeicherten Daten mit.

Durch das Gesetz zur Steigerung der Attraktivität des Dienstes in der Bundeswehr vom 13.5.2015 (BGBl. I S. 706) wird zum 1.1.2016 dem Absatz 3 folgender Satz hinzugefügt:

"Der Betrag der beitragspflichtigen Einnahmen, der sich aus der Erhöhung nach § 181 Absatz 2a ergibt, ist in der Nachversicherungsbescheinigung gesondert auszuweisen."

§ 186 Zahlung an eine berufsständische Versorgungseinrichtung

(1) Nachzuversichernde können beantragen, dass die Arbeitgeber, Genossenschaften oder Gemeinschaften die Beiträge an eine berufsständische Versorgungseinrichtung zahlen, wenn sie

1. im Nachversicherungszeitraum ohne die Versicherungsfreiheit die Voraussetzungen für eine Befreiung nach § 6 Abs. 1 Satz 1 Nr. 1 erfüllt hätten oder
2. innerhalb eines Jahres nach dem Eintritt der Voraussetzungen für die Nachversicherung aufgrund einer durch Gesetz angeordneten oder auf Gesetz beruhenden Verpflichtung Mitglied dieser Einrichtung werden.

(2) Nach dem Tod von Nachzuversichernden steht das Antragsrecht nacheinander zu

1. überlebenden Ehegatten oder Lebenspartner,
2. Waisen gemeinsam,
3. früheren Ehegatten oder Lebenspartner.

(3) Der Antrag kann nur innerhalb eines Jahres nach dem Eintritt der Voraussetzungen für die Nachversicherung gestellt werden.

§ 186a Zeiten einer besonderen Auslandsverwendung im Nachversicherungszeitraum

(1) Liegen Zeiten einer besonderen Auslandsverwendung nach § 76e in einem Nachversicherungszeitraum, gilt § 188 Absatz 1 mit der Maßgabe, dass die Beiträge für die Zuschläge an Entgeltpunkten erst zu zahlen sind, wenn die Voraussetzungen für die Nachversicherung eingetreten sind; § 184 gilt entsprechend.

(2) $_1$Der Bund teilt dem Träger der Rentenversicherung die im Nachversicherungszeitraum liegenden Zeiten einer besonderen Auslandsverwendung mit, für die Zuschläge an Entgeltpunkten nach § 76e zu ermitteln sind. $_2$Der Nachzuversichernde erhält eine entsprechende Bescheinigung. $_3$Der Träger der Rentenversicherung ergänzt die Mittei-

lung nach § 185 Absatz 4 an den Nachzuversichernden um die Zeiten nach Satz 1.

(3) Werden für Nachzuversichernde Beiträge an eine berufsständische Versorgungseinrichtung nach § 186 gezahlt, sind auch Beiträge nach § 188 Absatz 3 an die berufsständische Versorgungseinrichtung zu zahlen.

Siebter Titel
Zahlung von Beiträgen in besonderen Fällen

§ 187 Zahlung von Beiträgen und Ermittlung von Entgeltpunkten aus Beiträgen beim Versorgungsausgleich

(1) Im Rahmen des Versorgungsausgleichs können Beiträge gezahlt werden, um

1. Rentenanwartschaften, die um einen Abschlag an Entgeltpunkten gemindert worden sind, ganz oder teilweise wieder aufzufüllen,
2. auf Grund
   a) einer Entscheidung des Familiengerichts zum Ausgleich von Anrechten durch externe Teilung (§ 15 Abs. 1 des Versorgungsausgleichsgesetzes) oder
   b) einer wirksamen Vereinbarung nach § 6 des Versorgungsausgleichsgesetzes Rentenanwartschaften zu begründen,
3. die Erstattungspflicht für die Begründung von Rentenanwartschaften zugunsten des Ausgleichsberechtigten abzulösen (§ 225 Abs. 2).

(2) 1Für die Zahlung der Beiträge werden die Rentenanwartschaften in Entgeltpunkte umgerechnet. 2Die Entgeltpunkte werden in der Weise ermittelt, dass der Monatsbetrag der Rentenanwartschaften durch den aktuellen Rentenwert mit seinem Wert bei Ende der Ehezeit oder Lebenspartnerschaftszeit geteilt wird. 3Der Monatsbetrag der Rentenanwartschaften der knappschaftlichen Rentenversicherung wird durch das 1,3333fache des aktuellen Rentenwerts geteilt.

(3) 1Für je einen Entgeltpunkt ist der Betrag zu zahlen, der sich ergibt, wenn der zum Zeitpunkt der Beitragszahlung geltende Beitragssatz auf das für das Kalenderjahr der Beitragszahlung bestimmte vorläufige Durchschnittsentgelt angewendet wird. 2Der Zahlbetrag wird nach den Rechengrößen zur Durchführung des Versorgungsausgleichs ermittelt, die das Bundesministerium für Arbeit und Soziales im Bundesgesetzblatt bekannt macht. 3Die Rechengrößen enthalten Faktoren zur Umrechnung von Entgeltpunkten in Beiträge und umgekehrt sowie zur Umrechnung von Kapitalwerten in Entgeltpunkte; dabei können Rundungsvorschriften der Berechnungsgrundsätze unberücksichtigt bleiben, um genauere Ergebnisse zu erzielen.

(3a) Entgeltpunkte aus der Zahlung von Beiträgen nach Absatz 1 Nr. 1 oder Nr. 2 Buchstabe b werden ermittelt, indem die Beiträge mit dem zum Zeitpunkt der Zahlung maßgebenden Faktor nach Absatz 3 vervielfältigt werden.

(4) Nach bindender Bewilligung einer Vollrente wegen Alters ist eine Beitragszahlung zur Wiederauffüllung oder Begründung von Rentenanwartschaften nicht mehr zulässig.

(5) 1Die Beiträge nach Absatz 1 Nr. 1 gelten als zum Zeitpunkt des Endes der Ehezeit oder Lebenspartnerschaftszeit gezahlt, wenn sie von ausgleichspflichtigen Personen, die ihren gewöhnlichen Aufenthalt

1. im Inland haben, bis zum Ende des dritten Kalendermonats,
2. im Ausland haben, bis zum Ende des sechsten Kalendermonats

nach Zugang der Mitteilung über die Rechtskraft der Entscheidung des Familiengerichts gezahlt werden. 2Ist der Versorgungsausgleich nicht Folgesache im Sinne von § 137 Abs. 2 Nr. 1 des Gesetzes über das Verfahren in Familiensachen und in den Angelegenheiten der freiwilligen Gerichtsbarkeit, tritt an die Stelle des Zeitpunkts des Endes der Ehezeit oder Lebenspartnerschaftszeit der Eingang des Antrags auf Durchführung des Versorgungsausgleichs beim Familiengericht. 3Im Abänderungsverfahren tritt an die Stelle des Zeitpunkts des Endes der Ehezeit oder Lebenspartnerschaftszeit oder des in Satz 2 genannten Zeitpunkts der Eingang des Abänderungsantrags beim Familiengericht. $_4$Hat das Familiengericht das Verfahren über den Versorgungsausgleich ausgesetzt, tritt für die Beitragshöhe an die Stelle des Zeitpunkts des Endes der Ehezeit oder Lebenspartnerschaftszeit oder des in Satz 2 oder 3 genannten Zeitpunkts der Zeitpunkt der Wiederaufnahme des Verfahrens über den Versorgungsausgleich.

(6) $_1$Die Beiträge nach Absatz 1 Nr. 2 Buchstabe b gelten zu dem Zeitpunkt als gezahlt, zu dem die Vereinbarung nach § 6 des Versorgungsausgleichsgesetzes geschlossen worden ist, wenn sie bis zum Ende des dritten Kalendermonats nach Zugang der Mitteilung über die Rechtskraft der Entscheidung des Familiengerichts gezahlt werden. $_2$An die Stelle der Frist von drei Kalendermonaten tritt die Frist von sechs Kalendermonaten, wenn die ausgleichspflichtige Person ihren gewöhnlichen Aufenthalt im Ausland hat. $_3$Liegt der sich aus Satz 1 ergebende Zeitpunkt

1. vor dem Ende der Ehezeit oder der Lebenspartnerschaftszeit, tritt an die Stelle des Zeitpunkts nach Satz 1 das Ende der Ehezeit oder Lebenspartnerschaftszeit;
2. in den Fällen, in denen der Versorgungsausgleich nicht Folgesache im Sinne des § 137 Abs. 2 Satz 1 Nr. 1 des Gesetzes über das Verfahren in Familiensachen und in den Angelegenheiten der freiwilligen Gerichtsbarkeit ist, vor dem Eingang des Antrags auf Durchführung des Versorgungsausgleichs beim Familiengericht, tritt an die Stelle des Zeitpunkts nach Satz 1 der Eingang des Antrags auf Durchführung des Versorgungsausgleichs beim Familiengericht;
3. vor dem Eingang des Abänderungsantrags beim Familiengericht, tritt an die Stelle des Zeitpunkts nach Satz 1 der Eingang des Abänderungsantrags beim Familiengericht;
4. in den Fällen, in denen das Familiengericht den Versorgungsausgleich ausgesetzt hat, vor dem Zeitpunkt der Wiederaufnahme des Verfahrens über den Versorgungsausgleich, tritt für die Beitragshöhe an die Stelle des Zeitpunkts nach Satz 1 der Zeitpunkt der Wiederaufnahme des Verfahrens über den Versorgungsausgleich.

$_4$Ist eine Verzinsung der Beiträge vereinbart worden, tritt an die Stelle der in den Sätzen 1 bis 3 genannten Zeitpunkte der Zeitpunkt, bis zu dem Zinsen zu berechnen sind.

(7) Sind Beiträge nach Absatz 1 Nr. 1 gezahlt worden und ergeht eine Entscheidung zur Abänderung des Wertausgleichs nach der Scheidung, sind im Umfang der Abänderung zuviel gezahlte Beiträge unter Anrechnung der an die ausgleichsberechtigte Person gewährten Leistungen zurückzuzahlen.

§ 187a Zahlung von Beiträgen bei vorzeitiger Inanspruchnahme einer Rente wegen Alters

(1) $_1$Bis zum Erreichen der Regelaltersgrenze können Rentenminderungen durch die vorzeitige Inanspruchnahme einer Rente wegen Alters durch Zahlung von Beiträgen ausgeglichen werden. $_2$Die Berechtigung zur Zahlung setzt voraus, dass der Versicherte erklärt, eine solche Rente zu beanspruchen.

(2) $_1$Beiträge können bis zu der Höhe gezahlt werden, die sich nach der Auskunft über die Höhe der zum Ausgleich einer Rentenminderung bei vorzeitiger Inanspruchnahme einer Rente wegen Alters erforderlichen Beitragszahlung als höchstmögliche Minderung an persönlichen Entgeltpunkten durch eine vorzeitige Inanspruchnahme einer Rente wegen Alters ergibt. $_2$Diese Minderung wird auf der Grundlage der Summe aller Entgeltpunkte ermittelt, die mit einem Zugangsfaktor zu vervielfältigen ist und die sich bei Berechnung einer Altersrente unter Zugrundelegung des beabsichtigten Rentenbeginns ergeben würde. $_3$Dabei ist für jeden Kalendermonat an bisher nicht bescheinigten künftigen rentenrechtlichen Zeiten bis zum beabsichtigten Rentenbeginn von einer Beitragszahlung nach einem vom Arbeitgeber zu bescheinigenden Arbeitsentgelt auszugehen. $_4$Der Bescheinigung ist das gegenwärtige beitragspflichtige Arbeitsentgelt aufgrund der bishe-

rigen Beschäftigung und der bisherigen Arbeitszeit zugrunde zu legen. 5Soweit eine Vorausbescheinigung nicht vorliegt, ist von den durchschnittlichen monatlichen Entgeltpunkten der Beitragszeiten des Kalenderjahres auszugehen, für das zuletzt Entgeltpunkte ermittelt werden können.

(3) 1Für je einen geminderten persönlichen Entgeltpunkt ist der Betrag zu zahlen, der sich ergibt, wenn der zur Wiederauffüllung einer im Rahmen des Versorgungsausgleichs geminderten Rentenanwartschaft für einen Entgeltpunkt zu zahlende Betrag durch den jeweiligen Zugangsfaktor geteilt wird. 2Teilzahlungen sind zulässig. 3Eine Erstattung gezahlter Beiträge erfolgt nicht.

§ 187b Zahlung von Beiträgen bei Abfindungen von Anwartschaften auf betriebliche Altersversorgung oder von Anrechten bei der Versorgungsausgleichskasse

VI

(1) Versicherte, die bei Beendigung eines Arbeitsverhältnisses nach Maßgabe des Gesetzes zur Verbesserung der betrieblichen Altersversorgung eine Abfindung für eine unverfallbare Anwartschaft auf betriebliche Altersversorgung erhalten haben, können innerhalb eines Jahres nach Zahlung der Abfindung Beiträge zur allgemeinen Rentenversicherung bis zur Höhe der geleisteten Abfindung zahlen.

(1a) Absatz 1 gilt entsprechend für die Abfindung von Anrechten, die bei der Versorgungsausgleichskasse begründet wurden.

(2) Nach bindender Bewilligung einer Vollrente wegen Alters ist eine Beitragszahlung nicht mehr zulässig.

§ 188 Beitragszahlung für Zeiten einer besonderen Auslandsverwendung

(1) 1Für Zuschläge an Entgeltpunkten für Zeiten einer besonderen Auslandsverwendung nach § 76e zahlt der Bund Beiträge. 2Die Beiträge sind zu zahlen, wenn Versicherte die in § 76e genannten Voraussetzungen für den Zuschlag an Entgeltpunkten erfüllen, frühestens nach Beendigung der jeweiligen besonderen Auslandsverwendung. 3Für die Höhe der Beiträge gilt § 187 Absatz 3 entsprechend. 4§ 24 des Vierten Buches ist mit der Maßgabe anzuwenden, dass die Säumnis drei Monate nach Eintritt der Fälligkeit beginnt und für die Ermittlung des rückständigen Betrages die zu diesem Zeitpunkt geltenden Rechengrößen anzuwenden sind.

(2) 1Das Nähere über die Zahlung und Abrechnung der Beiträge für Zeiten einer besonderen Auslandsverwendung können das Bundesministerium der Verteidigung und die Deutsche Rentenversicherung Bund durch Vereinbarung regeln. 2Die Vereinbarung bedarf der Zustimmung des Bundesministeriums für Arbeit und Soziales.

(3) Für Mitglieder von berufsständischen Versorgungseinrichtungen zahlt der Bund für Zeiten einer besonderen Auslandsverwendung an die berufsständische Versorgungseinrichtung Beiträge in der Höhe, die für Zuschläge an Entgeltpunkten nach Absatz 1 zu entrichten gewesen wären.

Achter Titel
Berechnungsgrundsätze

§ 189 Berechnungsgrundsätze

Die Berechnungsgrundsätze des Zweiten Kapitels (§§ 121 bis 124) gelten entsprechend, soweit nicht etwas anderes bestimmt ist.

Zweiter Unterabschnitt
Verfahren

Erster Titel
Meldungen

§ 190 Meldepflichten bei Beschäftigten und Hausgewerbetreibenden

Versicherungspflichtig Beschäftigte und Hausgewerbetreibende sind nach den Vorschriften über die Meldepflichten der Arbeitgeber nach dem Dritten Abschnitt des Vierten Buches zu melden, soweit nicht etwas anderes bestimmt ist.

§ 190a Meldepflicht von versicherungspflichtigen selbständig Tätigen

(1) $_1$Selbständig Tätige nach § 2 Satz 1 Nr. 1 bis 3 und 9 sind verpflichtet, sich innerhalb von drei Monaten nach der Aufnahme der selbständigen Tätigkeit beim zuständigen Rentenversicherungsträger zu melden. $_2$Die Vordrucke des Rentenversicherungsträgers sind zu verwenden.

(2) Das Bundesministerium für Arbeit und Soziales wird ermächtigt, durch Rechtsverordnung mit Zustimmung des Bundesrates Vorschriften zur Erfassung der nach § 2 Satz 1 Nr. 1 bis 3 und 9 versicherten Selbständigen zu erlassen.

§ 191 Meldepflichten bei sonstigen versicherungspflichtigen Personen

$_1$Eine Meldung nach § 28a Abs. 1 bis 3 des Vierten Buches haben zu erstatten

1. für Seelotsen die Lotsenbrüderschaften,
2. für Personen, für die Beiträge aus Sozialleistungen zu zahlen sind, die Leistungsträger und für Bezieher von Pflegeunterstützungsgeld die soziale oder private Pflegeversicherung,
3. für Personen, die Vorruhestandsgeld beziehen, die zur Zahlung des Vorruhestandsgeldes Verpflichteten,
4. für Entwicklungshelfer oder sonstige im Ausland beschäftigte Personen die antragstellenden Stellen.

$_2$§ 28a Abs. 5 sowie die §§ 28b und 28c des Vierten Buches gelten entsprechend.

§ 192 Meldepflichten bei Einberufung zum Wehrdienst oder Zivildienst

(1) Bei Einberufung zu einem Wehrdienst hat das Bundesministerium der Verteidigung oder die von ihm bestimmte Stelle Beginn und Ende des Wehrdienstes zu melden.

(2) Bei Einberufung zu einem Zivildienst hat das Bundesamt für den Zivildienst Beginn und Ende des Zivildienstes zu melden.

(3) § 28a Abs. 5 und § 28c des Vierten Buches gelten entsprechend.

§ 192a Meldepflicht für Zeiten einer besonderen Auslandsverwendung

(1) Zeiten einer besonderen Auslandsverwendung, für die Zuschläge an Entgeltpunkten nach § 76e zu ermitteln sind, hat das Bundesministerium der Verteidigung oder die von ihm bestimmte Stelle zu melden.

(2) § 28a Absatz 5 und § 28c des Vierten Buches gelten entsprechend.

§ 193 Meldung von sonstigen rechtserheblichen Zeiten

Anrechnungszeiten sowie Zeiten, die für die Anerkennung von Anrechnungszeiten erheblich sein können, sind für Versicherte durch die zuständige Krankenkasse, die Deutsche Rentenversicherung Knappschaft-Bahn-See, den zugelassenen kommunalen Träger nach § 6a des Zweiten Buches oder durch die Bundesagentur für Arbeit zu melden.

§ 194 Gesonderte Meldung und Hochrechnung

(1) $_1$Arbeitgeber haben auf Verlangen des Rentenantragstellers die beitragspflichtigen Einnahmen für abgelaufene Zeiträume frühestens drei Monate vor Rentenbeginn gesondert zu melden. $_2$Dies gilt entsprechend bei einem Auskunftsersuchen des Familiengerichts im Versorgungsausgleichsverfahren. $_3$Erfolgt eine Meldung nach Satz 1, errechnet der Rentenversicherungsträger bei Anträgen auf Altersrente die voraussichtlichen beitragspflichtigen Einnahmen für den verbleibenden Beschäftigungszeitraum bis zum Rentenbeginn für bis zu drei Monaten nach den in den letzten zwölf Kalendermonaten gemeldeten beitragspflichtigen Einnahmen. $_4$Die weitere Meldepflicht nach § 28a des Vierten Buches bleibt unberührt.

(2) $_1$Eine gesonderte Meldung nach Absatz 1 Satz 1 haben auch die Leistungsträger über die beitragspflichtigen Einnahmen von Beziehern von Sozialleistungen und die Pflegekassen sowie die privaten Versicherungsunternehmen über die beitragspflichtigen Einnahmen nicht erwerbsmäßig tätiger Pflegepersonen zu erstatten. $_2$Absatz 1 Satz 3 gilt ent-

VI

sprechend. $_{3}$Die Meldepflicht nach § 191 Satz 1 Nr. 2 und nach § 44 Abs. 3 des Elften Buches bleibt unberührt.

(3) Die Beitragsberechnung erfolgt nach der tatsächlichen beitragspflichtigen Einnahme.

§ 195 Verordnungsermächtigung

Das Bundesministerium für Arbeit und Soziales wird ermächtigt, für Meldungen nach § 193 durch Rechtsverordnung mit Zustimmung des Bundesrates zu bestimmen

1. die zu meldenden Anrechnungszeiten und die zu meldenden Zeiten, die für die Anrechnung von Anrechnungszeiten erheblich sein können,
2. die Voraussetzungen und die Art und Weise der Meldungen sowie
3. das Nähere über die Bearbeitung, Sicherung und Weiterleitung der in den Meldungen enthaltenen Angaben.

Zweiter Titel
Auskunfts- und Mitteilungspflichten

§ 196 Auskunfts- und Mitteilungspflichten

(1) $_{1}$Versicherte oder Personen, für die eine Versicherung durchgeführt werden soll, haben, soweit sie nicht bereits nach § 28o des Vierten Buches auskunftspflichtig sind, dem Träger der Rentenversicherung

1. über alle Tatsachen, die für die Feststellung der Versicherungs- und Beitragspflicht und für die Durchführung der den Trägern der Rentenversicherung übertragenen Aufgaben erforderlich sind, auf Verlangen unverzüglich Auskunft zu erteilen,
2. Änderungen in den Verhältnissen, die für die Feststellung der Versicherungs- und Beitragspflicht erheblich sind und nicht durch Dritte gemeldet werden, unverzüglich mitzuteilen.

$_{2}$Sie haben dem Träger der Rentenversicherung auf dessen Verlangen unverzüglich die Unterlagen vorzulegen, aus denen die Tatsachen oder die Änderungen in den Verhältnissen hervorgehen.

(2) $_{1}$Die zuständigen Meldebehörden haben der Datenstelle der Träger der Rentenversicherung zur Durchführung ihrer Aufgaben nach § 150, zur Durchführung der Versicherung wegen Kindererziehung und zur Weiterleitung der Sterbefallmitteilung nach § 101a des Zehnten Buches die erstmalige Erfassung und jede Änderung des Vor- und des Familiennamens, des Geschlechts oder eines Doktorgrades, den Tag, den Monat, das Jahr und den Ort der Geburt und die Anschrift der alleinigen oder der Hauptwohnung eines Einwohners mitzuteilen. $_{2}$Bei einer Anschriftenänderung ist zusätzlich die bisherige Anschrift, im Falle einer Geburt sind zusätzlich die Daten der Mutter nach Satz 1, bei Mehrlingsgeburten zusätzlich die Zahl der geborenen Kinder und im Sterbefall zusätzlich der Sterbetag des Verstorbenen mitzuteilen. $_{3}$Die Datenstelle der Träger der Rentenversicherung übermittelt die Daten einer erstmaligen Erfassung oder Änderung taggleich an die zuständige Einzugsstelle nach § 28i des Vierten Buches, soweit diese bekannt ist. $_{4}$Sind der Datenstelle der Träger der Rentenversicherung Daten von Personen übermittelt worden, die sie nicht für die Erfüllung ihrer Aufgaben nach Satz 1 benötigt, sind diese Daten von ihr unverzüglich zu löschen.

(2a) $_{1}$Die zuständigen Meldebehörden haben der Datenstelle der Träger der Rentenversicherung zur Wahrnehmung ihrer Aufgaben

1. nach § 150 Absatz 1 Satz 1 Nummer 8 zusätzlich zur Sterbefallmitteilung den Familiennamen oder den Lebenspartnerschaftsnamen, den Vornamen, den Tag, den Monat und das Jahr der Geburt und die Anschrift der alleinigen oder der Hauptwohnung des überlebenden Ehegatten oder Lebenspartners des Verstorbenen,
2. nach § 150 Absatz 1 Satz 1 Nummer 9 bei einer Eheschließung oder einer Begründung einer Lebenspartnerschaft eines Einwohners unverzüglich das Datum dieser Eheschließung oder dieser Begründung einer Lebenspartnerschaft

mitzuteilen. $_{2}$Die Datenstelle der Träger der Rentenversicherung hat diese Daten an den zuständigen Träger der Rentenversicherung zu übermitteln und anschließend bei sich unverzüglich zu löschen. 3Stellt die Datenstelle der Träger der Rentenversicherung in den Fällen des Satzes 1 Nummer 2 fest, dass der Einwohner keine Witwenrente oder Witwerrente und keine Erziehungsrente bezieht, übermittelt sie die Daten nicht an den zuständigen Träger der Rentenversicherung.

(3) 1Die Handwerkskammern haben den Regionalträgern Anmeldungen, Änderungen und Löschungen in der Handwerksrolle mitzuteilen. 2Die Mitteilungen sind von den Regionalträgern an den zuständigen Träger der Rentenversicherung weiterzuleiten. 3Das Bundesministerium für Arbeit und Soziales wird ermächtigt, durch allgemeine Verwaltungsvorschrift mit Zustimmung des Bundesrates Art und Umfang der Mitteilungen der Handwerkskammern zu bestimmen.

Durch das Fünfte Gesetz zur Änderung des Vierten Buches Sozialgesetzbuch und anderer Gesetze vom 15.5.2015 (BGBl. I S. 583) wird zum 1.1.2016 § 196a neu eingefügt:

§ 196a Elektronische Bescheinigungen

Fordert der Träger der Rentenversicherung für Zwecke der gesetzlichen Rentenversicherung Bescheinigungen im Sinne der §§ 18c und 18e des Vierten Buches und im Sinne von § 98 des Zehnten Buches von dem Bescheinigungspflichtigen durch gesicherte und verschlüsselte Datenübertragung an, kann dieser diese Bescheinigungen elektronisch unter den Voraussetzungen des § 23c Absatz 2b des Vierten Buches an die Datenstelle der Träger der Rentenversicherung übermitteln. Satz 1 gilt nicht, wenn die Person, für die eine Bescheinigung auszustellen ist, der Übermittlung widerspricht. Die Person, für die die Bescheinigung auszustellen ist, ist von dem Bescheinigungspflichtigen in allgemeiner Form schriftlich auf das Widerspruchsrecht hinzuweisen. Der Träger der Rentenversicherung hat der Person, für die eine Bescheinigung nach Satz 1 elektronisch übermittelt worden ist, unverzüglich einen Ausdruck der Daten zuzuleiten.

Dritter Titel
Wirksamkeit der Beitragszahlung

§ 197 Wirksamkeit von Beiträgen

(1) Pflichtbeiträge sind wirksam, wenn sie gezahlt werden, solange der Anspruch auf ihre Zahlung noch nicht verjährt ist.

(2) Freiwillige Beiträge sind wirksam, wenn sie bis zum 31. März des Jahres, das dem Jahr folgt, für das sie gelten sollen, gezahlt werden.

(3) 1In Fällen besonderer Härte, insbesondere bei drohendem Verlust der Anwartschaft auf eine Rente, ist auf Antrag der Versicherten die Zahlung von Beiträgen auch nach Ablauf der in den Absätzen 1 und 2 genannten Fristen zuzulassen, wenn die Versicherten an der rechtzeitigen Beitragszahlung ohne Verschulden gehindert waren. 2Der Antrag kann nur innerhalb von drei Monaten nach Wegfall des Hinderungsgrundes gestellt werden. 3Die Beitragszahlung hat binnen einer vom Träger der Rentenversicherung zu bestimmenden angemessenen Frist zu erfolgen.

(4) Die Wiedereinsetzung in den vorigen Stand nach § 27 des Zehnten Buches ist ausgeschlossen.

§ 198 Neubeginn und Hemmung von Fristen

1Die Frist des § 197 Abs. 2 wird durch ein Beitragsverfahren oder ein Verfahren über einen Rentenanspruch unterbrochen; die Frist beginnt erneut nach Abschluss des Verfahrens. 2Diese Tatsachen hemmen auch die Verjährung des Anspruchs auf Zahlung von Beiträgen (§ 25 Abs. 1 Viertes Buch) und des Anspruchs auf Erstattung von zu Unrecht gezahlten Beiträgen (§ 27 Abs. 2 Viertes Buch); die Hemmung endet sechs Monate nach Abschluss eines der in Satz 1 genannten Verfahren.

§ 199 Vermutung der Beitragszahlung

1Bei Beschäftigungszeiten, die den Trägern der Rentenversicherung ordnungsgemäß gemeldet worden sind, wird vermutet, dass während dieser Zeiten ein versicherungspflichtiges Beschäftigungsverhältnis mit dem

VI

gemeldeten Arbeitsentgelt bestanden hat und der Beitrag dafür wirksam gezahlt worden ist. $_{2}$Die Versicherten können von den Trägern der Rentenversicherung die Feststellung verlangen, dass während einer ordnungsgemäß gemeldeten Beschäftigungszeit ein gültiges Versicherungsverhältnis bestanden hat. $_{3}$Die Sätze 1 und 2 sind für Zeiten einer nicht erwerbsmäßigen häuslichen Pflege entsprechend anzuwenden.

§ 200 Änderung der Beitragsberechnungsgrundlagen

$_{1}$Bei der Zahlung von freiwilligen Beiträgen für einen zurückliegenden Zeitraum sind

1. die Mindestbeitragsbemessungsgrundlage und der Beitragssatz, die zum Zeitpunkt der Zahlung gelten, und
2. die Beitragsbemessungsgrenze des Jahres, für das die Beiträge gezahlt werden,

maßgebend. $_{2}$Bei Senkung des Beitragssatzes gilt abweichend von Satz 1 der Beitragssatz, der in dem Monat maßgebend war, für den der Beitrag gezahlt wird.

§ 201 Beiträge an nicht zuständige Träger der Rentenversicherung

(1) $_{1}$Beiträge, die an einen nicht zuständigen Träger der Rentenversicherung gezahlt worden sind, gelten als an den zuständigen Träger der Rentenversicherung gezahlt. $_{2}$Eine Überweisung an den zuständigen Träger der Rentenversicherung findet nur in den Fällen des Absatzes 2 statt.

(2) $_{1}$Sind Beiträge an die Deutsche Rentenversicherung Knappschaft-Bahn-See als nicht zuständigen Träger der Rentenversicherung gezahlt, sind sie dem zuständigen Träger der Rentenversicherung zu überweisen. $_{2}$Beiträge sind vom nicht zuständigen Träger der Rentenversicherung an die Deutsche Rentenversicherung Knappschaft-Bahn-See zu überweisen, soweit sie für die Durchführung der Versicherung zuständig ist.

(3) Unterschiedsbeträge zwischen den Beiträgen zur knappschaftlichen Rentenversicherung und den Beiträgen zur allgemeinen Rentenversicherung sind vom Arbeitgeber nachzuzahlen oder ihm zu erstatten.

§ 202 Irrtümliche Pflichtbeitragszahlung

$_{1}$Beiträge, die in der irrtümlichen Annahme der Versicherungspflicht gezahlt und deshalb beanstandet worden sind, aber nicht zurückgefordert werden, gelten als freiwillige Beiträge. $_{2}$Werden die Beiträge zurückgefordert, dürfen für diese Zeiträume innerhalb von drei Monaten, nachdem die Beanstandung unanfechtbar geworden ist, freiwillige Beiträge gezahlt werden. $_{3}$Die Sätze 1 und 2 gelten nur, wenn die Berechtigung zur freiwilligen Versicherung in der Zeit bestand, in der die Beiträge als gezahlt gelten oder für die Beiträge gezahlt werden sollen. $_{4}$Fordern Arbeitgeber die von ihnen getragenen Beitragsanteile zurück, sind die Versicherten berechtigt, den an die Arbeitgeber zu erstattenden Betrag zu zahlen.

§ 203 Glaubhaftmachung der Beitragszahlung

(1) Machen Versicherte glaubhaft, dass sie eine versicherungspflichtige Beschäftigung gegen Arbeitsentgelt ausgeübt haben und für diese Beschäftigung entsprechende Beiträge gezahlt worden sind, ist die Beschäftigungszeit als Beitragszeit anzuerkennen.

(2) Machen Versicherte glaubhaft, dass der auf sie entfallende Beitragsanteil vom Arbeitsentgelt abgezogen worden ist, so gilt der Beitrag als gezahlt.

Vierter Titel
Nachzahlung

§ 204 Nachzahlung von Beiträgen bei Ausscheiden aus einer internationalen Organisation

(1) $_{1}$Deutsche, die aus den Diensten einer zwischenstaatlichen oder überstaatlichen Organisation ausscheiden, können auf Antrag für Zeiten dieses Dienstes freiwillige Beiträge nachzahlen, wenn

1. der Dienst auf Veranlassung oder im Interesse der Bundesrepublik Deutschland geleistet wurde und
2. ihnen für diese Zeiten eine lebenslange Versorgung oder Anwartschaft auf eine lebenslange Versorgung für den Fall des

Alters und auf Hinterbliebenenversorgung durch die Organisation oder eine andere öffentlich-rechtliche juristische Person nicht gewährleistet ist.

2Wird die Nachzahlung von freiwilligen Beiträgen für Zeiten beantragt, die bereits mit freiwilligen Beiträgen belegt sind, sind die bereits gezahlten Beiträge zu erstatten.

(2) 1Der Antrag kann nur innerhalb von sechs Monaten nach Ausscheiden aus den Diensten der Organisation gestellt werden. 2Ist die Nachzahlung innerhalb dieser Frist ausgeschlossen, weil eine lebenslange Versorgung oder Anwartschaft auf eine lebenslange Versorgung für den Fall des Alters und auf Hinterbliebenenversorgung durch eine andere öffentlich-rechtliche juristische Person gewährleistet ist, kann der Antrag im Fall einer Nachversicherung wegen Ausscheidens aus einer versicherungsfreien Beschäftigung innerhalb von sechs Monaten nach Durchführung der Nachversicherung gestellt werden; diese Antragsfrist läuft frühestens am 31. Dezember 1992 ab. 3Die Erfüllung der Voraussetzungen für den Bezug einer Rente innerhalb der Antragsfrist steht der Nachzahlung nicht entgegen. 4Die Beiträge sind spätestens sechs Monate nach Eintritt der Bindungswirkung des Nachzahlungsbescheides nachzuzahlen.

§ 205 Nachzahlung bei Strafverfolgungsmaßnahmen

(1) 1Versicherte, für die ein Anspruch auf Entschädigung für Zeiten von Strafverfolgungsmaßnahmen nach dem Gesetz über die Entschädigung für Strafverfolgungsmaßnahmen rechtskräftig festgestellt ist, können auf Antrag freiwillige Beiträge für diese Zeiten nachzahlen. 2Wird für Zeiten der Strafverfolgungsmaßnahme, die bereits mit Beiträgen belegt sind, eine Nachzahlung von freiwilligen Beiträgen beantragt, sind die bereits gezahlten Beiträge denjenigen zu erstatten, die sie getragen haben. 3Wurde durch die entschädigungspflichtige Strafverfolgungsmaßnahme eine versicherungspflichtige Beschäftigung oder Tätigkeit unterbrochen, gelten die nachgezahlten Beiträge als Pflichtbeiträge. 4Die Erfüllung der Voraussetzungen für den Bezug einer Rente steht der Nachzahlung nicht entgegen.

(2) 1Der Antrag kann nur innerhalb eines Jahres nach Ablauf des Kalendermonats des Eintritts der Rechtskraft der die Entschädigungspflicht der Staatskasse feststellenden Entscheidung gestellt werden. 2Die Beiträge sind innerhalb einer von dem Träger der Rentenversicherung zu bestimmenden angemessenen Frist zu zahlen.

§ 206 Nachzahlung für Geistliche und Ordensleute

(1) Geistliche und sonstige Beschäftigte der als öffentlich-rechtliche Körperschaften anerkannten Religionsgesellschaften, Mitglieder geistlicher Genossenschaften, Diakonissen und Angehörige vergleichbarer karitativer Gemeinschaften, die als Vertriebene anerkannt sind und vor ihrer Vertreibung eine Beschäftigung oder Tätigkeit im Sinne des § 5 Abs. 1 Satz 1 Nr. 2 oder Nr. 3 ausgeübt haben, können, sofern sie eine gleichartige Beschäftigung oder Tätigkeit im Inland nicht wieder aufgenommen haben, auf Antrag für die Zeiten der Versicherungsfreiheit, längstens jedoch bis zum 1. Januar 1943 zurück, freiwillige Beiträge nachzahlen, sofern diese Zeiten nicht bereits mit Beiträgen belegt sind.

(2) Absatz 1 ist nicht anzuwenden, soweit die Zeiten der Versicherungsfreiheit bei einer Versorgung aus einem

1. öffentlich-rechtlichen Dienstverhältnis oder
2. Arbeitsverhältnis mit Anspruch auf Versorgung nach beamtenrechtlichen Vorschriften oder Grundsätzen oder entsprechenden kirchenrechtlichen Regelungen

ruhegehaltfähig sind oder bei Eintritt des Versorgungsfalls als ruhegehaltfähig anerkannt werden.

(3) Die Nachzahlung ist nur zulässig, wenn die allgemeine Wartezeit erfüllt ist oder wenn nach Wohnsitznahme im Inland für mindestens 24 Kalendermonate Pflichtbeiträge gezahlt sind.

VI

§ 207 Nachzahlung für Ausbildungszeiten

(1) Für Zeiten einer schulischen Ausbildung nach dem vollendeten 16. Lebensjahr, die nicht als Anrechnungszeiten berücksichtigt werden, können Versicherte auf Antrag freiwillige Beiträge nachzahlen, sofern diese Zeiten nicht bereits mit Beiträgen belegt sind.

(2) $_{1}$Der Antrag kann nur bis zur Vollendung des 45. Lebensjahres gestellt werden. $_{2}$Bis zum 31. Dezember 2004 kann der Antrag auch nach Vollendung des 45. Lebensjahres gestellt werden. $_{3}$Personen, die aus einer Beschäftigung ausscheiden, in der sie versicherungsfrei waren und für sie nachversichert werden, sowie Personen, die aus einer Beschäftigung ausscheiden, in der sie von der Versicherungspflicht befreit waren, können den Antrag auch innerhalb von sechs Monaten nach Durchführung der Nachversicherung oder nach Wegfall der Befreiung stellen. $_{4}$Die Träger der Rentenversicherung können Teilzahlungen bis zu einem Zeitraum von fünf Jahren zulassen.

(3) $_{1}$Sind Zeiten einer schulischen Ausbildung, für die Beiträge nachgezahlt worden sind, als Anrechnungszeiten zu bewerten, kann sich der Versicherte die Beiträge erstatten lassen. $_{2}$§ 210 Abs. 5 gilt entsprechend.

§ 208 (weggefallen)

§ 209 Berechtigung und Beitragsberechnung zur Nachzahlung

(1) $_{1}$Zur Nachzahlung berechtigt sind Personen, die

1. versicherungspflichtig oder
2. zur freiwilligen Versicherung berechtigt

sind, sofern sich aus den einzelnen Vorschriften über die Nachzahlung nicht etwas anderes ergibt. $_{2}$Nachzahlungen sind nur für Zeiten von der Vollendung des 16. Lebensjahres an zulässig.

(2) Für die Berechnung der Beiträge sind

1. die Mindestbeitragsbemessungsgrundlage,
2. die Beitragsbemessungsgrenze und
3. der Beitragssatz

maßgebend, die zum Zeitpunkt der Nachzahlung gelten.

Fünfter Titel
Beitragserstattung und Beitragsüberwachung

§ 210 Beitragserstattung

(1) Beiträge werden auf Antrag erstattet

1. Versicherten, die nicht versicherungspflichtig sind und nicht das Recht zur freiwilligen Versicherung haben,
2. Versicherten, die die Regelaltersgrenze erreicht und die allgemeine Wartezeit nicht erfüllt haben,
3. Witwen, Witwern, überlebenden Lebenspartnern oder Waisen, wenn wegen nicht erfüllter allgemeiner Wartezeit ein Anspruch auf Rente wegen Todes nicht besteht, Halbwaisen aber nur, wenn eine Witwe, ein Witwer oder ein überlebender Lebenspartner nicht vorhanden ist. Mehreren Waisen steht der Erstattungsbetrag zu gleichen Teilen zu. Anspruch auf eine Beitragserstattung für einen überlebenden Lebenspartner besteht nicht, wenn ein Anspruch auf Beitragserstattung für eine Witwe oder einen Witwer besteht.

(1a) $_{1}$Beiträge werden auf Antrag auch Versicherten erstattet, die versicherungsfrei oder von der Versicherungspflicht befreit sind, wenn sie die allgemeine Wartezeit nicht erfüllt haben. $_{2}$Dies gilt nicht für Personen, die wegen Geringfügigkeit einer Beschäftigung oder selbständigen Tätigkeit versicherungsfrei oder von der Versicherungspflicht befreit sind. $_{3}$Beiträge werden nicht erstattet,

1. wenn während einer Versicherungsfreiheit oder Befreiung von der Versicherungspflicht von dem Recht der freiwilligen Versicherung nach § 7 Gebrauch gemacht wurde oder
2. solange Versicherte als Beamte oder Richter auf Zeit oder auf Probe, Soldaten auf Zeit, Beamte auf Widerruf im Vorbereitungsdienst versicherungsfrei oder nur befristet von der Versicherungspflicht befreit sind.

4Eine freiwillige Beitragszahlung während einer Versicherungsfreiheit oder Befreiung von der Versicherungspflicht im Sinne des Satzes 3 Nummer 2 ist für eine Beitragserstattung nach Satz 1 unbeachtlich.

(2) Beiträge werden nur erstattet, wenn seit dem Ausscheiden aus der Versicherungspflicht 24 Kalendermonate abgelaufen sind und nicht erneut Versicherungspflicht eingetreten ist.

(3) 1Beiträge werden in der Höhe erstattet, in der die Versicherten sie getragen haben. 2War mit den Versicherten ein Nettoarbeitsentgelt vereinbart, wird der von den Arbeitgebern getragene Beitragsanteil der Arbeitnehmer erstattet. 3Beiträge aufgrund einer Beschäftigung nach § 20 Abs. 2 des Vierten Buches, einer selbständigen Tätigkeit oder freiwillige Beiträge werden zur Hälfte erstattet. 4Beiträge der Höherversicherung werden in voller Höhe erstattet. 5Erstattet werden nur Beiträge, die im Bundesgebiet für Zeiten nach dem 20. Juli 1948, im Land Berlin für Zeiten nach dem 24. Juni 1948 und im Saarland für Zeiten nach dem 19. November 1947 gezahlt worden sind. 6Beiträge im Beitrittsgebiet werden nur erstattet, wenn sie für Zeiten nach dem 30. Juni 1990 gezahlt worden sind.

(4) 1Ist zugunsten oder zulasten der Versicherten ein Versorgungsausgleich durchgeführt, wird der zu erstattende Betrag um die Hälfte des Betrages erhöht oder gemindert, der bei Ende der Ehezeit oder Lebenspartnerschaftszeit als Beitrag für den Zuschlag oder den zum Zeitpunkt der Beitragserstattung noch bestehenden Abschlag zu zahlen gewesen wäre. 2Dies gilt beim Rentensplitting entsprechend.

(5) Haben Versicherte eine Sach- oder Geldleistung aus der Versicherung in Anspruch genommen, können sie nur die Erstattung der später gezahlten Beiträge verlangen.

(6) 1Der Antrag auf Erstattung nach Absatz 1 kann nicht auf einzelne Beitragszeiten oder Teile der Beiträge beschränkt werden. 2Mit der Erstattung wird das bisherige Versicherungsverhältnis aufgelöst. 3Ansprüche aus den bis zur Erstattung nach Absatz 1 zurückgelegten rentenrechtlichen Zeiten bestehen nicht mehr.

§ 211 Sonderregelung bei der Zuständigkeit zu Unrecht gezahlter Beiträge

1Die Erstattung zu Unrecht gezahlter Beiträge (§ 26 Abs. 2 und 3 Viertes Buch) erfolgt abweichend von den Regelungen des Dritten Kapitels durch

1. die zuständige Einzugsstelle, wenn der Erstattungsanspruch noch nicht verjährt ist und die Beiträge vom Träger der Rentenversicherung noch nicht beanstandet worden sind,
2. den Leistungsträger, wenn die Beitragszahlung auf Versicherungspflicht wegen des Bezugs einer Sozialleistung beruht,

wenn die Träger der Rentenversicherung dies mit den Einzugsstellen oder den Leistungsträgern vereinbart haben. 2Maßgebend für die Berechnung des Erstattungsbetrags ist die dem Beitrag zugrunde liegende bescheinigte Beitragsbemessungsgrundlage. 3Der zuständige Träger der Rentenversicherung ist über die Erstattung zu benachrichtigen.

Durch das Fünfte Gesetz zur Änderung des Vierten Buches Sozialgesetzbuch und anderer Gesetze vom 15.5.2015 (BGBl. I S. 583) wird zum 1.1.2016 in Satz 3 nach dem Wort "Erstattung" das Wort "elektronisch" eingefügt.

§ 212 Beitragsüberwachung

1Die Träger der Rentenversicherung überwachen die rechtzeitige und vollständige Zahlung der Pflichtbeiträge, soweit sie unmittelbar an sie zu zahlen sind. 2Die Träger der Rentenversicherung sind zur Prüfung der Beitragszahlung berechtigt.

§ 212a Prüfung der Beitragszahlungen und Meldungen für sonstige Versicherte, Nachversicherte und für Zeiten einer besonderen Auslandsverwendung

(1) 1Die Träger der Rentenversicherung prüfen bei den Stellen, die die Pflichtbeiträge für sonstige Versicherte sowie für nachversicherte Personen zu zahlen haben (Zahlungs-

pflichtige), ob diese ihre Meldepflichten und ihre sonstigen Pflichten nach diesem Gesetzbuch im Zusammenhang mit der Zahlung von Pflichtbeiträgen ordnungsgemäß erfüllen. $_{2}$Sie prüfen insbesondere die Richtigkeit der Beitragszahlungen und der Meldungen. $_{3}$Eine Prüfung erfolgt mindestens alle vier Jahre; die Prüfung soll in kürzeren Zeitabständen erfolgen, wenn der Zahlungspflichtige dies verlangt. $_{4}$Die Sätze 1 bis 3 gelten entsprechend für die Stellen, die die Beiträge für Zeiten einer besonderen Auslandsverwendung zu zahlen haben.

(2) $_{1}$Ein Zahlungspflichtiger ist jeweils nur von einem Träger der Rentenversicherung zu prüfen. $_{2}$Die Träger der Rentenversicherung stimmen sich darüber ab, welche Zahlungspflichtigen sie prüfen. $_{3}$Soweit die Prüfungen durch die Regionalträger durchgeführt werden, ist örtlich der Regionalträger zuständig, in dessen Bereich der Zahlungspflichtige seinen Sitz oder Wohnsitz hat. $_{4}$Eine Prüfung beim Arbeitgeber nach § 28p des Vierten Buches soll zusammen mit einer Prüfung bei den Zahlungspflichtigen durchgeführt werden; eine entsprechende Kennzeichnung des Arbeitgebers in der Datei nach § 28p Abs. 8 Satz 1 des Vierten Buches ist zulässig.

(3) $_{1}$Die Zahlungspflichtigen haben angemessene Prüfhilfen zu leisten. $_{2}$Automatisierte Abrechnungsverfahren sind in die Prüfung einzubeziehen. $_{3}$Die Zahlungspflichtigen und die Träger der Rentenversicherung treffen entsprechende Vereinbarungen.

(4) $_{1}$Zu prüfen sind auch Rechenzentren und vergleichbare Stellen, soweit sie im Auftrag der Zahlungspflichtigen oder einer von ihnen beauftragten Stelle die Pflichtbeiträge berechnen, zahlen oder Meldungen erstatten. $_{2}$Soweit die Prüfungen durch die Regionalträger durchgeführt werden, richtet sich die örtliche Zuständigkeit nach dem Sitz der Stelle. $_{3}$Absatz 3 gilt entsprechend.

(5) $_{1}$Die Deutsche Rentenversicherung Bund führt für die Prüfung bei den Zahlungspflichtigen eine Datei, in der folgende Daten gespeichert werden:

1. der Name,
2. die Anschrift,
3. die Betriebsnummer und, soweit erforderlich, ein weiteres Identifikationsmerkmal der Zahlungspflichtigen,
4. die für die Planung der Prüfung erforderlichen Daten der Zahlungspflichtigen und
5. die Ergebnisse der Prüfung.

$_{2}$Sie darf die in dieser Datei gespeicherten Daten nur für die Prüfung bei den Zahlungspflichtigen und bei den Arbeitgebern verwenden. $_{3}$Die Datenstelle der Träger der Rentenversicherung führt für die Prüfung der Zahlungspflichtigen eine Datei, in der

1. die Betriebsnummern und, soweit erforderlich, ein weiteres Identifikationsmerkmal der Zahlungspflichtigen,
2. die Versicherungsnummern der Versicherten, für welche die Zahlungspflichtigen Pflichtbeiträge zu zahlen haben, und
3. der Beginn und das Ende der Zahlungspflicht

gespeichert werden; im Falle des Satzes 4 darf die Datenstelle die Daten der Stammsatzdatei (§ 150) und der Dateien nach § 28p Abs. 8 Satz 1 und 3 des Vierten Buches für die Prüfung bei den Zahlungspflichtigen verwenden. $_{4}$Die Datenstelle der Träger der Rentenversicherung ist verpflichtet, auf Anforderung des prüfenden Trägers der Rentenversicherung

1. die in den Dateien nach den Sätzen 1 und 3 gespeicherten Daten,
2. die in den Versicherungskonten der Träger der Rentenversicherung gespeicherten, auf den Prüfungszeitraum entfallenden Daten der Versicherten, für die von den Zahlungspflichtigen Pflichtbeiträge zu zahlen waren oder zu zahlen sind, und
3. die bei den Trägern der Rentenversicherung gespeicherten Daten über die Nachweise der unmittelbar an sie zu zahlenden Pflichtbeiträge

zu erheben und zu verwenden, soweit dies für die Prüfung nach Absatz 1 erforderlich ist. $_{5}$Die dem prüfenden Träger der Rentenversicherung übermittelten Daten sind unverzüglich nach Abschluss der Prüfung bei der Datenstelle der Träger der Rentenversicherung und beim prüfenden Träger der Rentenversicherung zu löschen. 6Die Zahlungspflichtigen und die Träger der Rentenversicherung sind verpflichtet, der Deutschen Rentenversicherung Bund und der Datenstelle der Träger der Rentenversicherung die für die Prüfung nach Absatz 1 erforderlichen Daten zu übermitteln. 7Die Übermittlung darf auch durch Abruf im automatisierten Verfahren erfolgen, ohne dass es einer Genehmigung nach § 79 Abs. 1 des Zehnten Buches bedarf.

(6) Die Bundesregierung kann durch Rechtsverordnung mit Zustimmung des Bundesrates das Nähere über

1. die Pflichten der Zahlungspflichtigen und der in Absatz 4 genannten Stellen bei automatisierten Abrechnungsverfahren,
2. die Durchführung der Prüfung sowie die Behebung von Mängeln, die bei der Prüfung festgestellt worden sind, und
3. den Inhalt der Datei nach Absatz 5 Satz 1 hinsichtlich der für die Planung und für die Speicherung der Ergebnisse der Prüfungen bei Zahlungspflichtigen erforderlichen Daten sowie über den Aufbau und die Aktualisierung dieser Datei

bestimmen.

§ 212b Prüfung der Beitragszahlung bei versicherungspflichtigen Selbständigen

1Die Träger der Rentenversicherung sind berechtigt, Prüfungen bei den versicherungspflichtigen Selbständigen durchzuführen. 2§ 212a Abs. 2 Satz 1 bis 3, Abs. 3 Satz 1 und Abs. 6 Nr. 1 und 2 gilt entsprechend. 3§ 212a Abs. 4 gilt entsprechend mit der Maßgabe, dass die Prüfung auch bei von den versicherungspflichtigen Selbständigen beauftragten steuerberatenden Stellen durchgeführt werden darf. 4§ 98 Abs. 1 Satz 2 bis 4, Abs. 2, 4 und 5 Satz 1 Nr. 2 und Satz 2 des Zehnten Buches gilt entsprechend.

Dritter Abschnitt Beteiligung des Bundes, Finanzbeziehungen und Erstattungen

Erster Unterabschnitt Beteiligung des Bundes

§ 213 Zuschüsse des Bundes

(1) Der Bund leistet zu den Ausgaben der allgemeinen Rentenversicherung Zuschüsse.

(2) 1Der Bundeszuschuss zu den Ausgaben der allgemeinen Rentenversicherung ändert sich im jeweils folgenden Kalenderjahr in dem Verhältnis, in dem die Bruttolöhne und -gehälter je Arbeitnehmer (§ 68 Abs. 2 Satz 1) im vergangenen Kalenderjahr zu den entsprechenden Bruttolöhnen und -gehältern im vorvergangenen Kalenderjahr stehen. 2Bei Veränderungen des Beitragssatzes ändert sich der Bundeszuschuss zusätzlich in dem Verhältnis, in dem der Beitragssatz des Jahres, für das er bestimmt wird, zum Beitragssatz des Vorjahres steht. 3Bei Anwendung von Satz 2 ist jeweils der Beitragssatz zugrunde zu legen, der sich ohne Berücksichtigung des zusätzlichen Bundeszuschusses nach Absatz 3 und des Erhöhungsbetrags nach Absatz 4 ergeben würde. 4Der nach Satz 1 bis 3 ermittelte Bundeszuschuss verringert sich um zwei Milliarden Euro (Minderungsbetrag). 5Ausgangsbetrag für den nach Satz 1 bis 3 zu ändernden Bundeszuschuss ist jeweils der zuletzt festgesetzte Bundeszuschuss ohne den Minderungsbetrag. 6Der Bundeszuschuss wird in den Jahren 2019 bis 2022 um jeweils 400 Millionen Euro erhöht; diese Beträge sind jeweils bei den Änderungen des Bundeszuschusses in den darauf folgenden Kalenderjahren nach den Sätzen 1 bis 3 zu berücksichtigen.

(2a) 1Der allgemeine Bundeszuschuss wird für das Jahr 2006 um 170 Millionen Euro und ab dem Jahr 2007 um jeweils 340 Millionen Euro pauschal vermindert. 2Abweichungen des pauschalierten Minderungsbetrages von den tatsächlichen zusätzlichen Einnahmen eines Kalenderjahres durch Mehreinnahmen aus der Begrenzung der Sozialversicherungsfreiheit für Sonn-, Feiertags- und Nachtzuschläge auf einen Stundenlohn bis zu 25 Euro und aufgrund der Erhöhung der Pauschalabgaben für geringfügige Beschäftigung ohne Versicherungspflicht im gewerblichen Bereich von 12 vom Hundert auf 15 vom Hundert des Arbeitsentgelts in der gesetzlichen Rentenversicherung sind mit dem Bundeszuschuss nach Absatz 2 des auf die Abrechnung folgenden Haushaltsjahres zu verrechnen; Ausgangsbetrag für den Bundeszuschuss ist der jeweils zuletzt festgestellte Bundeszuschuss nach Absatz 2 ohne Minderungsbetrag. $_3$Abweichend von Satz 1 beträgt der pauschalierte Minderungsbetrag im Jahr 2013 1,34 Milliarden Euro und in den Jahren 2014 bis 2016 jeweils 1,59 Milliarden Euro.

(3) $_1$Der Bund zahlt zur pauschalen Abgeltung nicht beitragsgedeckter Leistungen an die allgemeine Rentenversicherung in jedem Kalenderjahr einen zusätzlichen Bundeszuschuss. $_2$Der zusätzliche Bundeszuschuss beträgt für die Monate April bis Dezember des Jahres 1998 9,6 Milliarden Deutsche Mark und für das Jahr 1999 15,6 Milliarden Deutsche Mark. $_3$Für die Kalenderjahre ab 2000 verändert sich der zusätzliche Bundeszuschuss jährlich entsprechend der Veränderungsrate der Steuern vom Umsatz; hierbei bleiben Änderungen der Steuersätze im Jahr ihres Wirksamwerdens unberücksichtigt. $_4$Der sich nach Satz 3 ergebende Betrag des zusätzlichen Bundeszuschusses wird für das Jahr 2000 um 1,1 Milliarden Deutsche Mark, für das Jahr 2001 um 1,1 Milliarden Deutsche Mark, für das Jahr 2002 um 664,679 Millionen Euro und für das Jahr 2003 um 102,258 Millionen Euro gekürzt. $_5$Auf den zusätzlichen Bundeszuschuss werden die Erstattungen nach § 291b angerechnet. $_6$Für die Zahlung, Aufteilung und Abrechnung des zusätzlichen Bundeszuschusses sind die Vorschriften über den Bundeszuschuss anzuwenden.

(4) $_1$Der zusätzliche Bundeszuschuss nach Absatz 3 wird um die Einnahmen des Bundes aus dem Gesetz zur Fortführung der ökologischen Steuerreform abzüglich eines Betrages von 2,5 Milliarden Deutsche Mark im Jahr 2000 sowie eines Betrages von 1,9 Milliarden Deutsche Mark ab dem Jahr 2001 erhöht (Erhöhungsbetrag). $_2$Als Erhöhungsbetrag nach Satz 1 werden für das Jahr 2000 2,6 Milliarden Deutsche Mark, für das Jahr 2001 8,14 Milliarden Deutsche Mark, für das Jahr 2002 6,81040 Milliarden Euro und für das Jahr 2003 9,51002 Milliarden Euro festgesetzt. $_3$Für die Kalenderjahre nach 2003 verändern sich die Erhöhungsbeträge in dem Verhältnis, in dem die Bruttolöhne und -gehälter im vergangenen Kalenderjahr zu den entsprechenden Bruttolöhnen und -gehältern im vorvergangenen Kalenderjahr stehen; § 68 Abs. 2 Satz 1 gilt entsprechend. $_4$Für die Zahlung, Aufteilung und Abrechnung des Erhöhungsbetrags sind die Vorschriften über den Bundeszuschuss anzuwenden.

(5) $_1$Ab dem Jahr 2003 verringert sich der Erhöhungsbetrag um 409 Millionen Euro. $_2$Bei der Feststellung der Veränderung der Erhöhungsbeträge nach Absatz 4 Satz 3 ist der Abzugsbetrag nach Satz 1 nicht zu berücksichtigen.

(6) Die Festsetzung und Auszahlung der Monatsraten sowie die Abrechnung führt das Bundesversicherungsamt durch.

§ 214 Liquiditätssicherung

(1) Reichen in der allgemeinen Rentenversicherung die liquiden Mittel der Nachhaltigkeitsrücklage nicht aus, die Zahlungsverpflichtungen zu erfüllen, leistet der Bund den Trägern der allgemeinen Rentenversicherung eine Liquiditätshilfe in Höhe der fehlenden Mittel (Bundesgarantie).

(2) Die vom Bund als Liquiditätshilfe zur Verfügung gestellten Mittel sind zurückzuzahlen, sobald und soweit sie im laufenden Kalenderjahr zur Erfüllung der Zahlungsverpflichtungen nicht mehr benötigt werden, spätestens bis zum 31. Dezember des auf die Vergabe folgenden Jahres; Zinsen sind nicht zu zahlen.

§ 214a Liquiditätserfassung

(1) $_1$Die Deutsche Rentenversicherung Bund erfasst arbeitstäglich die Liquiditätslage der allgemeinen Rentenversicherung. $_2$Die Träger der allgemeinen Rentenversicherung melden

die hierfür erforderlichen Daten an die Deutsche Rentenversicherung Bund. 3Das Erweiterte Direktorium bei der Deutschen Rentenversicherung Bund bestimmt die Einzelheiten des Verfahrens.

(2) 1Die Deutsche Rentenversicherung Bund legt dem Bundesministerium für Arbeit und Soziales und dem Bundesversicherungsamt monatlich oder auf Anforderung in einer Schnellmeldung Angaben über die Höhe der aktuellen Liquidität vor. 2Das Nähere zur Ausgestaltung dieses Meldeverfahrens wird durch eine Vereinbarung zwischen dem Bundesversicherungsamt und der Deutschen Rentenversicherung Bund geregelt.

§ 215 Beteiligung des Bundes in der knappschaftlichen Rentenversicherung

In der knappschaftlichen Rentenversicherung trägt der Bund den Unterschiedsbetrag zwischen den Einnahmen und den Ausgaben eines Kalenderjahres; er stellt hiermit zugleich deren dauernde Leistungsfähigkeit sicher.

Zweiter Unterabschnitt Nachhaltigkeitsrücklage und Finanzausgleich

§ 216 Nachhaltigkeitsrücklage

(1) 1Die Träger der allgemeinen Rentenversicherung halten eine gemeinsame Nachhaltigkeitsrücklage (Betriebsmittel und Rücklage), der die Überschüsse der Einnahmen über die Ausgaben zugeführt werden und aus der Defizite zu decken sind. 2Das Verwaltungsvermögen gehört nicht zu der Nachhaltigkeitsrücklage.

(2) 1Die gemeinsame Nachhaltigkeitsrücklage wird bis zum Umfang von 50 vom Hundert der durchschnittlichen Ausgaben zu eigenen Lasten aller Träger der allgemeinen Rentenversicherung für einen Kalendermonat dauerhaft von der Deutschen Rentenversicherung Bund verwaltet. 2Überschreitet die gemeinsame Nachhaltigkeitsrücklage über einen längeren Zeitraum diesen Umfang, ist sie insoweit von den Trägern der allgemeinen Rentenversicherung zu verwalten. 3Das Nähere hierzu regelt das Erweiterte Direktorium bei der Deutschen Rentenversicherung Bund.

§ 217 Anlage der Nachhaltigkeitsrücklage

(1) 1Die Nachhaltigkeitsrücklage ist liquide anzulegen. 2Als liquide gelten alle Vermögensanlagen mit einer Laufzeit, Kündigungsfrist oder Restlaufzeit bis zu zwölf Monaten, Vermögensanlagen mit einer Kündigungsfrist jedoch nur dann, wenn neben einer angemessenen Verzinsung ein Rückfluss mindestens in Höhe des angelegten Betrages gewährleistet ist. 3Soweit ein Rückfluss mindestens in Höhe des angelegten Betrages nicht gewährleistet ist, gelten Vermögensanlagen mit einer Kündigungsfrist bis zu zwölf Monaten auch dann als liquide, wenn der Unterschiedsbetrag durch eine entsprechende höhere Verzinsung mindestens ausgeglichen wird. 4Als liquide gelten auch Vermögensanlagen mit einer Laufzeit oder Restlaufzeit von mehr als zwölf Monaten, wenn neben einer angemessenen Verzinsung gewährleistet ist, dass die Vermögensanlagen innerhalb von zwölf Monaten mindestens zu einem Preis in Höhe der Anschaffungskosten veräußert werden können oder ein Unterschiedsbetrag zu den Anschaffungskosten durch eine höhere Verzinsung mindestens ausgeglichen wird.

(2) Vermögensanlagen in Anteilscheinen an Sondervermögen gelten als liquide, wenn das Sondervermögen nur aus Vermögensgegenständen besteht, die die Träger der Rentenversicherung auch unmittelbar nach Absatz 1 erwerben können.

(3) Abweichend von den Absätzen 1 und 2 darf die Nachhaltigkeitsrücklage ganz oder teilweise längstens bis zum nächsten gesetzlich vorgegebenen Zahlungstermin festgelegt werden, wenn gemäß der Liquiditätserfassung nach § 214a erkennbar ist, dass der allgemeinen Rentenversicherung die liquiden Mittel der Nachhaltigkeitsrücklage nicht ausreichen, die Zahlungsverpflichtungen zu erfüllen.

§ 218 (weggefallen)

VI

§ 219 Finanzverbund in der allgemeinen Rentenversicherung

(1) $_{1}$Die Ausgaben für Renten, Beitragserstattungen, die von der allgemeinen Rentenversicherung zu tragenden Beiträge zur Krankenversicherung und die sonstigen Geldleistungen, die nicht Leistungen zur Teilhabe oder Aufwendungen für Verwaltungs- und Verfahrenskosten sowie Investitionen sind, werden von den Trägern der allgemeinen Rentenversicherung nach dem Verhältnis ihrer Beitragseinnahmen jeweils für ein Kalenderjahr gemeinsam getragen. $_{2}$Die Zuschüsse des Bundes, die Beitragszahlung des Bundes für Kindererziehungszeiten und die Erstattungen des Bundes, mit Ausnahme der Erstattung für Kinderzuschüsse nach § 270 und der Erstattung durch den Träger der Versorgungslast im Beitrittsgebiet nach § 290a an die Träger der allgemeinen Rentenversicherung, werden nach dem Verhältnis ihrer Beitragseinnahmen zugeordnet. $_{3}$Die gemeinsame Nachhaltigkeitsrücklage einschließlich der Erträge hieraus wird den Trägern der allgemeinen Rentenversicherung nach dem Verhältnis ihrer Beitragseinnahmen zugeordnet.

(2) $_{1}$Die Regionalträger und die Deutsche Rentenversicherung Knappschaft-Bahn-See als Träger der allgemeinen Rentenversicherung überweisen monatlich vollständig die von ihnen verwalteten Mittel an den Renten Service der Deutschen Post AG oder an die Deutsche Rentenversicherung Bund, soweit sie nicht unmittelbar für Leistungen zur Teilhabe, Verwaltungs- und Verfahrenskosten, Ausgaben für die Schaffung oder Erhaltung nicht liquider Teile des Anlagevermögens benötigt werden oder von ihnen als Nachhaltigkeitsrücklage zu verwalten sind. $_{2}$Zu den monatlichen Zahlungsterminen zählen insbesondere die Termine für die Vorschüsse zur Auszahlung der Rentenleistungen in das Inland und die Termine für sonstige gemeinsam zu finanzierende Ausgaben einschließlich der Verpflichtungen der Deutschen Rentenversicherung Bund aus der Durchführung des Zahlungsverkehrs für den Risikostrukturausgleich gemäß § 266 des Fünften Buches. $_{3}$Das Nähere hierzu regelt das Erweiterte Direktorium bei der Deutschen Rentenversicherung Bund.

(3) $_{1}$Die Deutsche Rentenversicherung Bund füllt die für die jeweiligen Zahlungsverpflichtungen der allgemeinen Rentenversicherung fehlenden Mittel unter Berücksichtigung der Zahlungen Dritter auf. $_{2}$Reichen die verfügbaren Mittel aller Träger der allgemeinen Rentenversicherung nicht aus, die jeweiligen Zahlungsverpflichtungen zu erfüllen, beantragt sie zusätzliche finanzielle Hilfen des Bundes.

§ 220 Aufwendungen für Leistungen zur Teilhabe, Verwaltung und Verfahren

(1) $_{1}$Die jährlichen Ausgaben im Bereich der allgemeinen Rentenversicherung und der knappschaftlichen Rentenversicherung für Leistungen zur Teilhabe werden entsprechend der voraussichtlichen Entwicklung der Bruttolöhne und -gehälter je Arbeitnehmer (§ 68 Abs. 2 Satz 1) festgesetzt. $_{2}$Überschreiten die Ausgaben am Ende eines Kalenderjahres den für dieses Kalenderjahr jeweils bestimmten Betrag, wird der sich für den jeweiligen Bereich für das zweite Kalenderjahr nach dem Jahr der Überschreitung der Ausgaben nach Satz 1 ergebende Betrag entsprechend vermindert. $_{3}$Die Ausgaben für die Erstattung von Beiträgen nach § 179 Absatz 1 Satz 2, die auf Grund einer Leistung nach § 16 im Eingangsverfahren und im Berufsbildungsbereich der Werkstätten für behinderte Menschen erbracht werden, gelten nicht als Ausgaben im Sinne des Satzes 2.

(2) $_{1}$Die Träger der allgemeinen Rentenversicherung stimmen die auf sie entfallenden Anteile an dem Gesamtbetrag der Leistungen zur Teilhabe in der Deutschen Rentenversicherung Bund ab. $_{2}$Dabei ist darauf hinzuwirken, dass die Leistungen zur Teilhabe dem Umfang und den Kosten nach einheitlich erbracht werden. $_{3}$Das Nähere hierzu regelt das Erweiterte Direktorium bei der Deutschen Rentenversicherung Bund.

(3) $_{1}$Die Absätze 1 und 2 gelten für Verwaltungs- und Verfahrenskosten mit der Maßga-

be entsprechend, dass auch die Veränderungen der Zahl der Rentner und der Rentenzugänge sowie der Verwaltungsaufgaben zu berücksichtigen sind. $_{2}$Die Deutsche Rentenversicherung Bund wirkt darauf hin, dass die jährlichen Verwaltungs- und Verfahrenskosten bis zum Jahr 2010 um 10 vom Hundert der tatsächlichen Ausgaben für Verwaltungs- und Verfahrenskosten für das Kalenderjahr 2004 vermindert werden. $_{3}$Vom Jahr 2007 an hat die Deutsche Rentenversicherung Bund jedes Jahr dem Bundesministerium für Arbeit und Soziales über die Entwicklung der Verwaltungs- und Verfahrenskosten bei den einzelnen Trägern und in der gesetzlichen Rentenversicherung sowie über die umgesetzten und geplanten Maßnahmen zur Optimierung dieser Kosten zu berichten. $_{4}$Dabei ist gesondert auf die Schlussfolgerungen einzugehen, welche sich aus dem Benchmarking der Versicherungsträger ergeben.

§ 221 Ausgaben für das Anlagevermögen

$_{1}$Für die Schaffung oder Erhaltung nicht liquider Teile des Anlagevermögens dürfen Mittel nur aufgewendet werden, wenn dies erforderlich ist, um die ordnungsgemäße und wirtschaftliche Aufgabenerfüllung der Träger der Rentenversicherung zu ermöglichen oder zu sichern. $_{2}$Mittel für die Errichtung, die Erweiterung und den Umbau von Gebäuden der Eigenbetriebe der Träger der Rentenversicherung dürfen nur unter der zusätzlichen Voraussetzung aufgewendet werden, dass diese Vorhaben auch unter Berücksichtigung des Gesamtbedarfs aller Träger der Rentenversicherung erforderlich sind. $_{3}$Die Träger stellen gemeinsam in der Deutschen Rentenversicherung Bund sicher, dass die Notwendigkeit von Bauvorhaben nach Satz 2 nach einheitlichen Grundsätzen beurteilt wird.

§ 222 Ermächtigung

(1) $_{1}$Das Bundesministerium für Arbeit und Soziales wird ermächtigt, im Einvernehmen mit dem Bundesministerium der Finanzen durch Rechtsverordnung mit Zustimmung des Bundesrates das Nähere über den Umfang der gemäß § 221 Satz 1 zur Verfügung stehenden Mittel zu bestimmen. $_{2}$Dabei kann auch die Zulässigkeit entsprechender Ausgaben zeitlich begrenzt werden.

(2) Das Bundesministerium für Arbeit und Soziales wird ermächtigt, durch allgemeine Verwaltungsvorschrift mit Zustimmung des Bundesrates den Umfang des Verwaltungsvermögens abzugrenzen.

Dritter Unterabschnitt
Erstattungen

§ 223 Wanderversicherungsausgleich und Wanderungsausgleich

(1) $_{1}$Soweit im Leistungsfall die Deutsche Rentenversicherung Knappschaft-Bahn-See als Träger der knappschaftlichen Rentenversicherung zuständig ist, erstatten ihr die Träger der allgemeinen Rentenversicherung den von ihnen zu tragenden Anteil der Leistungen. $_{2}$Zu tragen ist der Anteil der Leistungen, der auf Zeiten in der allgemeinen Rentenversicherung entfällt.

(2) $_{1}$Soweit im Leistungsfall ein Träger der allgemeinen Rentenversicherung zuständig ist, erstattet ihm die Deutsche Rentenversicherung Knappschaft-Bahn-See als Träger der knappschaftlichen Rentenversicherung den von ihr zu tragenden Anteil der Leistungen. $_{2}$Zu tragen ist der Anteil der Leistungen, der auf Zeiten in der knappschaftlichen Rentenversicherung entfällt.

(3) $_{1}$Ausgaben für Leistungen zur Teilhabe werden im gleichen Verhältnis wie Rentenleistungen erstattet. $_{2}$Dabei werden nur rentenrechtliche Zeiten bis zum Ablauf des Kalenderjahres vor der Antragstellung berücksichtigt. $_{3}$Eine pauschale Erstattung kann vorgesehen werden.

(4) Die Absätze 1 und 2 gelten entsprechend für die von der Rentenversicherung zu tragenden Beiträge zur gesetzlichen Krankenversicherung sowie für die Zuschüsse zur Krankenversicherung.

(5) Bei der Anwendung der Anrechnungsvorschriften bestimmt sich der auf den jeweiligen Träger der Rentenversicherung entfallen-

de Teil des Anrechnungsbetrags nach dem Verhältnis der Höhe dieser Leistungsanteile.

(6) $_{1}$Die Träger der allgemeinen Rentenversicherung zahlen der Deutschen Rentenversicherung Knappschaft-Bahn-See als Träger der knappschaftlichen Rentenversicherung einen Wanderungsausgleich. $_{2}$Der auf die Träger der allgemeinen Rentenversicherung entfallende Anteil am Wanderungsausgleich bestimmt sich nach dem Verhältnis ihrer Beitragseinnahmen. $_{3}$Für die Berechnung des Wanderungsausgleichs werden miteinander vervielfältigt:

1. Die Differenz zwischen der durchschnittlichen Zahl der knappschaftlich Versicherten in dem Jahr, für das der Wanderungsausgleich gezahlt wird, und der Zahl der am 1. Januar 1991 in der knappschaftlichen Rentenversicherung Versicherten,
2. das Durchschnittsentgelt des Jahres, für das der Wanderungsausgleich gezahlt wird, wobei für das Beitrittsgebiet das Durchschnittsentgelt durch den Faktor der Anlage 10 für dieses Jahr geteilt wird,
3. der Beitragssatz in der allgemeinen Rentenversicherung des Jahres, für das der Wanderungsausgleich gezahlt wird.

$_{4}$Als Versicherte der knappschaftlichen Rentenversicherung gelten auch sonstige Versicherte (§ 166). $_{5}$Der Betrag des Wanderungsausgleichs ist mit einem Faktor zu bereinigen, der die längerfristigen Veränderungen der Rentnerzahl und des Rentenvolumens in der knappschaftlichen Rentenversicherung berücksichtigt.

§ 224 Erstattung durch die Bundesagentur für Arbeit

(1) $_{1}$Zum Ausgleich der Aufwendungen, die der Rentenversicherung für Renten wegen voller Erwerbsminderung entstehen, bei denen der Anspruch auch von der jeweiligen Arbeitsmarktlage abhängig ist, zahlt die Bundesagentur für Arbeit den Trägern der Rentenversicherung einen Ausgleichsbetrag. $_{2}$Dieser bemisst sich pauschal nach der Hälfte der Aufwendungen für die Renten wegen voller Erwerbsminderung einschließlich der darauf entfallenden Beteiligung der Rentenversicherung an den Beiträgen zur Krankenversicherung und der durchschnittlichen Dauer des Anspruchs auf Arbeitslosengeld, der anstelle der Rente wegen voller Erwerbsminderung bestanden hätte.

(2) $_{1}$Auf den Ausgleichsbetrag leistet die Bundesagentur für Arbeit Abschlagszahlungen, die in Teilbeträgen am Fälligkeitstag der Rentenvorschüsse in das Inland für den letzten Monat eines Kalendervierteljahres zu zahlen sind. $_{2}$Als Abschlagszahlung werden für das Jahr 2001 185 Millionen Deutsche Mark und für das Jahr 2002 192 Millionen Euro festgesetzt. $_{3}$In den Folgejahren werden die Abschlagszahlungen unter Berücksichtigung der Ergebnisse der Abrechnung für das jeweilige Vorjahr festgesetzt. $_{4}$Die Abrechnung der Erstattungsbeträge erfolgt bis zum 30. September des auf das Jahr der Abschlagszahlung folgenden Jahres.

(3) $_{1}$Das Bundesversicherungsamt führt die Abrechnung und den Zahlungsausgleich zwischen den Trägern der allgemeinen Rentenversicherung sowie der knappschaftlichen Rentenversicherung und die Verteilung auf die Träger der allgemeinen Rentenversicherung durch. $_{2}$Es bestimmt erstmals für das Jahr 2003 die Höhe der jährlichen Abschlagszahlungen.

(4) $_{1}$Für die Abrechnung und die Verteilung ist § 227 Abs. 1 entsprechend anzuwenden. $_{2}$Dabei erfolgt die Abrechnung mit dem Träger der knappschaftlichen Rentenversicherung entsprechend dem Verhältnis, in dem die Ausgaben dieses Trägers für Renten wegen voller Erwerbsminderung unter Einbeziehung der im Wanderversicherungsausgleich zu zahlenden und zu erstattenden Beträge zu den entsprechenden Aufwendungen der Träger der allgemeinen Rentenversicherung zusammenstehen.

§ 224a Tragung pauschalierter Beiträge für Renten wegen voller Erwerbsminderung

(1) $_{1}$Das Bundesversicherungsamt führt für den Gesamtbeitrag nach § 345a des Dritten Buches die Verteilung zwischen den Trägern der allgemeinen Rentenversicherung sowie

der knappschaftlichen Rentenversicherung durch. ₂Der Gesamtbeitrag ist mit dem Ausgleichsbetrag der Bundesagentur für Arbeit nach § 224 im Rahmen der Jahresabrechnung für diesen Ausgleichsbetrag zu verrechnen.

(2) ₁Für die Verteilung ist § 227 Abs. 1 entsprechend anzuwenden. ₂Dabei erfolgt die Abrechnung mit dem Träger der knappschaftlichen Rentenversicherung entsprechend dem Verhältnis, in dem die Ausgaben dieses Trägers für Renten wegen voller Erwerbsminderung unter Einbeziehung der im Wanderversicherungsausgleich zu zahlenden und zu erstattenden Beträge zu den entsprechenden Aufwendungen der Träger der allgemeinen Rentenversicherung zusammenstehen.

§ 224b Erstattung für Begutachtung in Angelegenheiten der Grundsicherung

(1) ₁Der Bund erstattet der Deutschen Rentenversicherung Bund zum 1. Mai eines Jahres, erstmals zum 1. Mai 2010, die Kosten und Auslagen, die den Trägern der Rentenversicherung durch die Wahrnehmung ihrer Aufgaben nach § 109a Absatz 2 für das vorangegangene Jahr entstanden sind. ₂Das Bundesministerium für Arbeit und Soziales, das Bundesministerium der Finanzen und die Deutsche Rentenversicherung Bund vereinbaren aufwandsgerechte Pauschalbeträge für die nach § 109a Absatz 2 je Fall entstehenden Kosten und Auslagen.

(2) Für Kosten und Auslagen durch die Wahrnehmung der Aufgaben nach § 109a Absatz 3 gilt Absatz 1 entsprechend.

(3) ₁Das Bundesversicherungsamt führt die Abrechnung nach den Absätzen 1 und 2 durch. ₂Die Deutsche Rentenversicherung Bund übermittelt dem Bundesversicherungsamt bis zum 1. März eines Jahres, erstmals zum 1. März 2010, die Zahl der Fälle des vorangegangenen Jahres. ₃Die Aufteilung des Erstattungsbetrages auf die Träger der Rentenversicherung erfolgt durch die Deutsche Rentenversicherung Bund. ₄Für die Träger der allgemeinen Rentenversicherung erfolgt sie buchhalterisch

§ 225 Erstattung durch den Träger der Versorgungslast

(1) ₁Die Aufwendungen des Trägers der Rentenversicherung aufgrund von Rentenanwartschaften, die durch Entscheidung des Familiengerichts begründet worden sind, werden von dem zuständigen Träger der Versorgungslast erstattet. ₂Ist der Ehegatte oder Lebenspartner, zu dessen Lasten der Versorgungsausgleich durchgeführt wurde, später nachversichert worden, sind nur die Aufwendungen zu erstatten, die bis zum Ende des Kalenderjahres entstanden sind, das der Zahlung der Beiträge für die Nachversicherung oder in Fällen des § 185 Abs. 1 Satz 3 dem Eintritt der Voraussetzungen für die Nachversicherung vorausging. ₃Ist die Nachversicherung durch eine Zahlung von Beiträgen an eine berufsständische Versorgungseinrichtung ersetzt worden (§ 186 Abs. 1), geht die Erstattungspflicht nach Satz 1 mit dem Ende des in Satz 2 genannten Kalenderjahres auf die berufsständische Versorgungseinrichtung als neuen Träger der Versorgungslast über.

(2) ₁Wird durch Entscheidung des Familiengerichts eine Rentenanwartschaft begründet, deren Monatsbetrag 1 vom Hundert der bei Ende der Ehezeit oder Lebenspartnerschaftszeit geltenden monatlichen Bezugsgröße nicht übersteigt, hat der Träger der Versorgungslast Beiträge zu zahlen. ₂Absatz 1 ist nicht anzuwenden. ₃Im Fall einer Abänderung einer Entscheidung des Familiengerichts gilt § 187 Abs. 7 entsprechend.

§ 226 Verordnungsermächtigung

(1) Die Bundesregierung wird ermächtigt, durch Rechtsverordnung mit Zustimmung des Bundesrates das Nähere über die Berechnung und Durchführung der Erstattung von Aufwendungen durch den Träger der Versorgungslast zu bestimmen.

(2) Das Bundesministerium für Arbeit und Soziales wird ermächtigt, im Einvernehmen mit dem Bundesministerium der Finanzen durch Rechtsverordnung mit Zustimmung des Bundesrates das Nähere über die Erstattung gemäß § 223 Abs. 3 zu bestimmen.

(3) Das Bundesministerium für Arbeit und Soziales wird ermächtigt, im Einvernehmen mit dem Bundesministerium der Finanzen durch Rechtsverordnung mit Zustimmung des Bundesrates das Nähere zur Ermittlung des Wanderungsausgleichs nach § 223 Absatz 6 zu bestimmen.

(4) Das Bundesministerium für Arbeits und Soziales wird ermächtigt, im Einvernehmen mit dem Bundesministerium der Finanzen durch Rechtsverordnung mit Zustimmung des Bundesrates das Nähere über die Pauschalierung des Ausgleichsbetrags gemäß § 224 zu bestimmen.

(5) Das Bundesministerium für Arbeit und Soziales wird ermächtigt, durch Rechtsverordnung mit Zustimmung des Bundesrates das Nähere über die Verteilung der pauschalierten Beiträge für Renten wegen voller Erwerbsminderung gemäß § 224a zu bestimmen.

Vierter Unterabschnitt Abrechnung der Aufwendungen

§ 227 Abrechnung der Aufwendungen

(1) $_1$Die Deutsche Rentenversicherung Bund verteilt die Beträge nach § 219 Abs. 1 und § 223 auf die Träger der allgemeinen Rentenversicherung und führt die Abrechnung der Träger der allgemeinen Rentenversicherung mit dem Träger der knappschaftlichen Rentenversicherung sowie mit der Deutschen Post AG durch. $_2$Die Ausgleiche der Zahlungsverpflichtungen zwischen den Trägern der allgemeinen Rentenversicherung erfolgen ausschließlich buchhalterisch. $_3$Die Zahlungsausgleiche der allgemeinen Rentenversicherung mit dem Träger der knappschaftlichen Rentenversicherung und mit der Deutschen Post AG werden von der Deutschen Rentenversicherung Bund innerhalb von vier Wochen nach Bekanntgabe der Abrechnung durchgeführt.

(1a) $_1$Das Bundesversicherungsamt führt die Abrechnung der Zahlungen des Bundes an die gesetzliche Rentenversicherung durch. $_2$Nachzahlungen des Bundes an die allgemeine Rentenversicherung werden zugunsten der Deutschen Rentenversicherung Bund und Nachzahlungen an die knappschaftliche Rentenversicherung werden an den Träger der knappschaftlichen Rentenversicherung innerhalb von vier Wochen nach Bekanntgabe der Abrechnung ausgeführt.

(2) Die Deutsche Post AG teilt der Deutschen Rentenversicherung Bund und dem Bundesversicherungsamt zum Ablauf eines Kalenderjahres die Beträge mit, die auf Anweisung der Träger der allgemeinen Rentenversicherung gezahlt worden sind.

(3) Im Übrigen obliegt dem Erweiterten Direktorium bei der Deutschen Rentenversicherung Bund die Aufstellung von Grundsätzen zur und die Steuerung der Finanzausstattung und der Finanzverwaltung im Rahmen des geltenden Rechts für das gesamte System der Deutschen Rentenversicherung.

Fünftes Kapitel Sonderregelungen

Erster Abschnitt Ergänzungen für Sonderfälle

Erster Unterabschnitt Grundsatz

§ 228 Grundsatz

Die Vorschriften dieses Abschnitts ergänzen die Vorschriften der vorangehenden Kapitel für Sachverhalte, die von dem Zeitpunkt des Inkrafttretens der Vorschriften der vorangehenden Kapitel an nicht mehr oder nur noch übergangsweise eintreten können.

§ 228a Besonderheiten für das Beitrittsgebiet

(1) $_1$Soweit Vorschriften dieses Buches bei Arbeitsentgelten, Arbeitseinkommen oder Beitragsbemessungsgrundlagen

1. an die Bezugsgröße anknüpfen, ist die Bezugsgröße für das Beitrittsgebiet (Bezugsgröße [Ost]),
2. an die Beitragsbemessungsgrenze anknüpfen, ist die Beitragsbemessungsgren-

ze für das Beitrittsgebiet (Beitragsbemessungsgrenze [Ost], Anlage 2a)

maßgebend, wenn die Einnahmen aus einer Beschäftigung oder Tätigkeit im Beitrittsgebiet erzielt werden. ₂Satz 1 gilt für die Ermittlung der Beitragsbemessungsgrundlagen bei sonstigen Versicherten entsprechend.

(2) ₁Soweit Vorschriften dieses Buches bei Hinzuverdienstgrenzen für Renten an die Bezugsgröße anknüpfen, ist die monatliche Bezugsgröße mit dem aktuellen Rentenwert (Ost) zu vervielfältigen und durch den aktuellen Rentenwert zu teilen, wenn das Arbeitsentgelt oder Arbeitseinkommen aus der Beschäftigung oder Tätigkeit im Beitrittsgebiet erzielt wird. ₂Dies gilt nicht, wenn in einem Kalendermonat Arbeitsentgelt oder Arbeitseinkommen auch im Gebiet der Bundesrepublik Deutschland ohne das Beitrittsgebiet erzielt wird.

(3) Soweit Vorschriften dieses Buches bei Einkommensanrechnung auf Renten wegen Todes an den aktuellen Rentenwert anknüpfen, ist der aktuelle Rentenwert (Ost) maßgebend, wenn der Berechtigte seinen gewöhnlichen Aufenthalt im Beitrittsgebiet hat.

§ 228b Maßgebende Werte in der Anpassungsphase

Bis zur Herstellung einheitlicher Einkommensverhältnisse im Gebiet der Bundesrepublik Deutschland sind, soweit Vorschriften dieses Buches auf die Veränderung der Bruttolöhne und -gehälter je Arbeitnehmer (§ 68 Abs. 2 Satz 1) oder auf das Durchschnittsentgelt abstellen, die für das Bundesgebiet ohne das Beitrittsgebiet ermittelten Werte maßgebend, sofern nicht in den nachstehenden Vorschriften etwas anderes bestimmt ist.

Zweiter Unterabschnitt
Versicherter Personenkreis

§ 229 Versicherungspflicht

(1) ₁Personen, die am 31. Dezember 1991 als

1. Mitglieder des Vorstandes einer Aktiengesellschaft,
2. selbständig tätige Lehrer, Erzieher oder Pflegepersonen im Zusammenhang mit ihrer selbständigen Tätigkeit keinen Angestellten, aber mindestens einen Arbeiter beschäftigt haben und

versicherungspflichtig waren, bleiben in dieser Tätigkeit versicherungspflichtig. ₂Sie werden jedoch auf Antrag von der Versicherungspflicht befreit. ₃Die Befreiung wirkt vom Eingang des Antrags an. ₄Sie ist auf die jeweilige Tätigkeit beschränkt.

(1a) ₁Mitglieder des Vorstandes einer Aktiengesellschaft, die am 6. November 2003 in einer weiteren Beschäftigung oder selbständigen Tätigkeit nicht versicherungspflichtig waren, bleiben in dieser Beschäftigung oder selbständigen Tätigkeit nicht versicherungspflichtig. ₂Sie können bis zum 31. Dezember 2004 die Versicherungspflicht mit Wirkung für die Zukunft beantragen.

(1b) ₁Personen, die am 28. Juni 2011 auf Grund einer Beschäftigung im Ausland bei einer amtlichen Vertretung des Bundes oder der Länder oder bei deren Leitern, deutschen Mitgliedern oder Bediensteten versicherungspflichtig waren, bleiben in dieser Beschäftigung versicherungspflichtig. ₂Die Versicherungspflicht endet, wenn dies von Arbeitgeber und Arbeitnehmer gemeinsam beantragt wird; der Antrag kann bis zum 30. Juni 2012 gestellt werden. ₃Die Versicherungspflicht endet von dem Kalendermonat an, der auf den Tag des Eingangs des Antrags folgt.

(2) Handwerker, die am 31. Dezember 1991 nicht versicherungspflichtig waren, bleiben in dieser Tätigkeit nicht versicherungspflichtig.

(2a) Handwerker, die am 31. Dezember 2003 versicherungspflichtig waren, bleiben in dieser Tätigkeit versicherungspflichtig; § 6 Abs. 1 Satz 1 Nr. 4 bleibt unberührt.

(3) ₁§ 2 Satz 1 Nr. 9 Buchstabe b zweiter Halbsatz und Satz 4 Nr. 3 ist auch anzuwenden, soweit die Tätigkeit in der Zeit vom 1. Januar 1999 bis zum 1. Juli 2006 ausgeübt worden ist. ₂§ 2 Satz 1 Nr. 1, 2 und 9 Buchstabe a in der ab 1. Mai 2007 geltenden Fassung ist auch anzuwenden, soweit Arbeit-

nehmer in der Zeit vom 1. Januar 1999 bis zum 30. April 2007 beschäftigt wurden.

(4) Bezieher von Sozialleistungen, die am 31. Dezember 1995 auf Antrag versicherungspflichtig waren und nach § 4 Abs. 3a die Voraussetzungen für die Versicherungspflicht nicht mehr erfüllen, bleiben für die Zeit des Bezugs der jeweiligen Sozialleistung versicherungspflichtig.

(5) Personen, die am 31. Dezember 2012 als Beschäftigte nach § 5 Absatz 2 in der bis zum 31. Dezember 2012 geltenden Fassung wegen Verzichts auf die Versicherungsfreiheit in einer geringfügigen Beschäftigung oder mehreren geringfügigen Beschäftigungen versicherungspflichtig waren, bleiben insoweit versicherungspflichtig; § 6 Absatz 1b in der ab dem 1. Januar 2013 geltenden Fassung gilt für diese Personen bezogen auf die am 31. Dezember 2012 ausgeübte Beschäftigung und weitere Beschäftigungen, auf die sich der Verzicht auf die Versicherungsfreiheit nach § 5 Absatz 2 in der bis zum 31. Dezember 2012 geltenden Fassung erstrecken würde, nicht.

(6) $_1$Personen, die am 31. März 2003 in einer Beschäftigung oder selbständigen Tätigkeit ohne einen Verzicht auf die Versicherungsfreiheit (§ 5 Absatz 2 Satz 2 in der bis zum 31. Dezember 2012 geltenden Fassung) versicherungspflichtig waren, die die Merkmale einer geringfügigen Beschäftigung oder selbständigen Tätigkeit in der ab 1. April 2003 geltenden Fassung von § 8 des Vierten Buches oder die Merkmale einer geringfügigen Beschäftigung oder selbständigen Tätigkeit im Privathaushalt (§ 8a Viertes Buch) erfüllt, bleiben in dieser Beschäftigung oder selbständigen Tätigkeit versicherungspflichtig. $_2$Sie werden auf ihren Antrag von der Versicherungspflicht befreit. $_3$Die Befreiung wirkt vom 1. April 2003 an, wenn sie bis zum 30. Juni 2003 beantragt wird, sonst vom Eingang des Antrags an. $_4$Sie ist auf die jeweilige Beschäftigung oder selbständige Tätigkeit beschränkt. $_5$Für Personen, die die Voraussetzungen für die Versicherungspflicht nach § 2 Satz 1 Nr. 10 erfüllen, endet die Befreiung nach Satz 2 am 31. Juli 2004.

(7) $_1$Selbständig Tätige, die am 31. Dezember 2012 nicht versicherungspflichtig waren, weil sie versicherungspflichtige Arbeitnehmer beschäftigt haben, bleiben in dieser Tätigkeit nicht versicherungspflichtig, wenn der beschäftigte Arbeitnehmer nicht geringfügig beschäftigt nach § 8 Absatz 1 Nummer 1 des Vierten Buches in der bis zum 31. Dezember 2012 geltenden Fassung ist. $_2$Personen, die am 31. Dezember 2012 in einer selbständigen Tätigkeit versicherungspflichtig waren, die die Merkmale einer geringfügigen Tätigkeit in der ab dem 1. Januar 2013 geltenden Fassung von § 8 Absatz 3 in Verbindung mit § 8 Absatz 1 Nummer 1 oder § 8 Absatz 3 in Verbindung mit den §§ 8a und 8 Absatz 1 Nummer 1 des Vierten Buches erfüllt, bleiben in dieser selbständigen Tätigkeit bis zum 31. Dezember 2014 versicherungspflichtig.

§ 229a Versicherungspflicht im Beitrittsgebiet

(1) Personen, die am 31. Dezember 1991 im Beitrittsgebiet versicherungspflichtig waren, nicht ab 1. Januar 1992 nach den §§ 1 bis 3 versicherungspflichtig geworden sind und nicht bis zum 31. Dezember 1994 beantragt haben, dass die Versicherungspflicht enden soll, bleiben in der jeweiligen Tätigkeit oder für die Zeit des jeweiligen Leistungsbezugs versicherungspflichtig.

(2) Im Beitrittsgebiet selbständig tätige Landwirte, die die Voraussetzungen des § 2 Abs. 1 Nr. 1 des Zweiten Gesetzes über die Krankenversicherung der Landwirte erfüllt haben, in der Krankenversicherung der Landwirte als Unternehmer versichert waren und am 1. Januar 1995 in dieser Tätigkeit versicherungspflichtig waren, bleiben in dieser Tätigkeit versicherungspflichtig.

§ 230 Versicherungsfreiheit

(1) $_1$Personen, die am 31. Dezember 1991 als

1. Polizeivollzugsbeamte auf Widerruf,
2. Handwerker oder
3. Mitglieder der Pensionskasse deutscher Eisenbahnen und Straßenbahnen

versicherungsfrei waren, bleiben in dieser Beschäftigung oder selbständigen Tätigkeit versicherungsfrei. $_{2}$Handwerker, die am 31. Dezember 1991 aufgrund eines Lebensversicherungsvertrages versicherungsfrei waren, und Personen, die am 31. Dezember 1991 als Versorgungsbezieher versicherungsfrei waren, bleiben in jeder Beschäftigung und jeder selbständigen Tätigkeit versicherungsfrei.

(2) $_{1}$Personen, die am 31. Dezember 1991 als versicherungspflichtige

1. Beschäftigte von Körperschaften, Anstalten oder Stiftungen des öffentlichen Rechts oder ihrer Verbände oder
2. satzungsmäßige Mitglieder geistlicher Genossenschaften, Diakonissen oder Angehörige ähnlicher Gemeinschaften,

nicht versicherungsfrei und nicht von der Versicherungspflicht befreit waren, bleiben in dieser Beschäftigung versicherungspflichtig. $_{2}$Sie werden jedoch auf Antrag unter den Voraussetzungen des § 5 Abs. 1 Satz 1 von der Versicherungspflicht befreit. $_{3}$Über die Befreiung entscheidet der Träger der Rentenversicherung, nachdem für Beschäftigte beim Bund und bei Arbeitgebern, die der Aufsicht des Bundes unterstehen, das zuständige Bundesministerium, im Übrigen die oberste Verwaltungsbehörde des Landes, in dem die Arbeitgeber, Genossenschaften oder Gemeinschaften ihren Sitz haben, das Vorliegen der Voraussetzungen bestätigt hat. $_{4}$Die Befreiung wirkt vom Eingang des Antrags an. $_{5}$Sie ist auf die jeweilige Beschäftigung beschränkt.

(3) $_{1}$Personen, die am 31. Dezember 1991 als Beschäftigte oder selbständig Tätige nicht versicherungsfrei und nicht von der Versicherungspflicht befreit waren, werden in dieser Beschäftigung oder selbständigen Tätigkeit nicht nach § 5 Abs. 4 Nr. 2 und 3 versicherungsfrei. $_{2}$Sie werden jedoch auf Antrag von der Versicherungspflicht befreit. $_{3}$Die Befreiung wirkt vom Eingang des Antrags an. $_{4}$Sie bezieht sich auf jede Beschäftigung oder selbständige Tätigkeit.

(4) $_{1}$Personen, die am 1. Oktober 1996 in einer Beschäftigung oder selbständigen Tätigkeit als ordentliche Studierende einer Fachschule oder Hochschule versicherungsfrei waren, bleiben in dieser Beschäftigung oder selbständigen Tätigkeit versicherungsfrei. $_{2}$Sie können jedoch beantragen, dass die Versicherungsfreiheit endet.

(5) § 5 Abs. 1 Satz 4 ist nicht anzuwenden, wenn vor dem 1. Februar 2002 aufgrund einer Entscheidung nach § 5 Abs. 1 Satz 3 bereits Versicherungsfreiheit nach § 5 Abs. 1 Satz 1 Nr. 2 oder 3 vorlag.

(6) Personen, die nach § 5 Abs. 1 Satz 1 Nr. 2 in der bis zum 31. Dezember 2008 geltenden Fassung versicherungsfrei waren, bleiben in dieser Beschäftigung versicherungsfrei.

(7) Personen, die eine Versorgung nach § 6 des Streitkräftepersonalstruktur-Anpassungsgesetzes beziehen, sind nicht nach § 5 Absatz 4 Nummer 2 versicherungsfrei.

(8) $_{1}$Personen, die am 31. Dezember 2012 als Beschäftigte nach § 5 Absatz 2 Satz 1 Nummer 1 in der bis zum 31. Dezember 2012 geltenden Fassung versicherungsfrei waren, bleiben in dieser Beschäftigung versicherungsfrei, solange die Voraussetzungen einer geringfügigen Beschäftigung nach § 8 Absatz 1 Nummer 1 oder § 8a in Verbindung mit § 8 Absatz 1 Nummer 1 des Vierten Buches in der bis zum 31. Dezember 2012 geltenden Fassung vorliegen. $_{2}$Sie können durch schriftliche Erklärung gegenüber dem Arbeitgeber auf die Versicherungsfreiheit verzichten; der Verzicht kann nur mit Wirkung für die Zukunft und bei mehreren Beschäftigungen nur einheitlich erklärt werden und ist für die Dauer der Beschäftigungen bindend.

§ 231 Befreiung von der Versicherungspflicht

(1) $_{1}$Personen, die am 31. Dezember 1991 von der Versicherungspflicht befreit waren, bleiben in derselben Beschäftigung oder selbständigen Tätigkeit von der Versicherungspflicht befreit. $_{2}$Personen, die am 31. Dezember 1991 als

1. Angestellte im Zusammenhang mit der Erhöhung oder dem Wegfall der Jahresarbeitsverdienstgrenze,
2. Handwerker oder

3. Empfänger von Versorgungsbezügen

von der Versicherungspflicht befreit waren, bleiben in jeder Beschäftigung oder selbständigen Tätigkeit und bei Wehrdienstleistungen von der Versicherungspflicht befreit.

(2) Personen, die aufgrund eines bis zum 31. Dezember 1995 gestellten Antrags spätestens mit Wirkung von diesem Zeitpunkt an nach § 6 Abs. 1 Nr. 1 in der zu diesem Zeitpunkt geltenden Fassung von der Versicherungspflicht befreit sind, bleiben in der jeweiligen Beschäftigung oder selbständigen Tätigkeit befreit.

(3) Mitglieder von berufsständischen Versorgungseinrichtungen, die nur deshalb Pflichtmitglied ihrer berufsständischen Kammer sind, weil die am 31. Dezember 1994 für bestimmte Angehörige ihrer Berufsgruppe bestehende Verpflichtung zur Mitgliedschaft in einer berufsständischen Kammer nach dem 31. Dezember 1994 auf weitere Angehörige der jeweiligen Berufsgruppe erstreckt worden ist, werden bei Vorliegen der übrigen Voraussetzungen nach § 6 Abs. 1 von der Versicherungspflicht befreit, wenn

1. die Verkündung des Gesetzes, mit dem die Verpflichtung zur Mitgliedschaft in einer berufsständischen Kammer auf weitere Angehörige der Berufsgruppe erstreckt worden ist, vor dem 1. Juli 1996 erfolgt und
2. mit der Erstreckung der Verpflichtung zur Mitgliedschaft in einer berufsständischen Kammer auf weitere Angehörige der Berufsgruppe hinsichtlich des Kreises der Personen, die der berufsständischen Kammer als Pflichtmitglieder angehören, eine Rechtslage geschaffen worden ist, die am 31. Dezember 1994 bereits in mindestens der Hälfte aller Bundesländer bestanden hat.

(4) Mitglieder von berufsständischen Versorgungseinrichtungen, die nur deshalb Pflichtmitglied einer berufsständischen Versorgungseinrichtung sind, weil eine für ihre Berufsgruppe am 31. Dezember 1994 bestehende Verpflichtung zur Mitgliedschaft in der berufsständischen Versorgungseinrichtung nach dem 31. Dezember 1994 auf diejenigen Angehörigen der Berufsgruppe erstreckt worden ist, die einen gesetzlich vorgeschriebenen Vorbereitungs- oder Anwärterdienst ableisten, werden bei Vorliegen der übrigen Voraussetzungen nach § 6 Abs. 1 von der Versicherungspflicht befreit, wenn

1. die Änderung der versorgungsrechtlichen Regelungen, mit der die Verpflichtung zur Mitgliedschaft in der berufsständischen Versorgungseinrichtung auf Personen erstreckt worden ist, die einen gesetzlich vorgeschriebenen Vorbereitungs- oder Anwärterdienst ableisten, vor dem 1. Juli 1996 erfolgt und
2. mit der Erstreckung der Verpflichtung zur Mitgliedschaft in der berufsständischen Versorgungseinrichtung auf Personen, die einen gesetzlich vorgeschriebenen Vorbereitungs- oder Anwärterdienst ableisten, hinsichtlich des Kreises der Personen, die der berufsständischen Versorgungseinrichtung als Pflichtmitglieder angehören, eine Rechtslage geschaffen worden ist, die für die jeweilige Berufsgruppe bereits am 31. Dezember 1994 in mindestens einem Bundesland bestanden hat.

(5) $_1$Personen, die am 31. Dezember 1998 eine selbständige Tätigkeit ausgeübt haben, in der sie nicht versicherungspflichtig waren, und danach gemäß § 2 Satz 1 Nr. 9 versicherungspflichtig werden, werden auf Antrag von dieser Versicherungspflicht befreit, wenn sie

1. vor dem 2. Januar 1949 geboren sind oder
2. vor dem 10. Dezember 1998 mit einem öffentlichen oder privaten Versicherungsunternehmen einen Lebens- oder Rentenversicherungsvertrag abgeschlossen haben, der so ausgestaltet ist oder bis zum 30. Juni 2000 oder binnen eines Jahres nach Eintritt der Versicherungspflicht so ausgestaltet wird, dass
   a) Leistungen für den Fall der Invalidität und des Erlebens des 60. oder eines höheren Lebensjahres sowie im Todesfall Leistungen an Hinterbliebene erbracht werden und

b) für die Versicherung mindestens ebenso viel Beiträge aufzuwenden sind, wie Beiträge zur Rentenversicherung zu zahlen wären, oder

3. vor dem 10. Dezember 1998 eine vergleichbare Form der Vorsorge betrieben haben oder nach diesem Zeitpunkt bis zum 30. Juni 2000 oder binnen eines Jahres nach Eintritt der Versicherungspflicht entsprechend ausgestalten; eine vergleichbare Vorsorge liegt vor, wenn
   a) vorhandenes Vermögen oder
   b) Vermögen, das aufgrund einer auf Dauer angelegten vertraglichen Verpflichtung angespart wird,

   insgesamt gewährleisten, dass eine Sicherung für den Fall der Invalidität und des Erlebens des 60. oder eines höheren Lebensjahres sowie im Todesfall für Hinterbliebene vorhanden ist, deren wirtschaftlicher Wert nicht hinter dem einer Lebens- oder Rentenversicherung nach Nummer 2 zurückbleibt.

$_2$Satz 1 Nr. 2 gilt entsprechend für eine Zusage auf eine betriebliche Altersversorgung, durch die die leistungsbezogenen und aufwandsbezogenen Voraussetzungen des Satzes 1 Nr. 2 erfüllt werden. $_3$Die Befreiung ist binnen eines Jahres nach Eintritt der Versicherungspflicht zu beantragen; die Frist läuft nicht vor dem 30. Juni 2000 ab. $_4$Die Befreiung wirkt vom Eintritt der Versicherungspflicht an.

(6) $_1$Personen, die am 31. Dezember 1998 eine nach § 2 Satz 1 Nr. 1 bis 3 oder § 229a Abs. 1 versicherungspflichtige selbständige Tätigkeit ausgeübt haben, werden auf Antrag von dieser Versicherungspflicht befreit, wenn sie

1. glaubhaft machen, dass sie bis zu diesem Zeitpunkt von der Versicherungspflicht keine Kenntnis hatten, und
2. vor dem 2. Januar 1949 geboren sind oder
3. vor dem 10. Dezember 1998 eine anderweitige Vorsorge im Sinne des Absatzes 5 Satz 1 Nr. 2 oder 3 oder Satz 2 für den Fall der Invalidität und des Erlebens des 60. oder eines höheren Lebensjahres sowie im Todesfall für Hinterbliebene getroffen haben; Absatz 5 Satz 1 Nr. 2 und 3 und Satz 2 sind mit der Maßgabe anzuwenden, dass an die Stelle des Datums 30. Juni 2000 jeweils das Datum 30. September 2001 tritt.

$_2$Die Befreiung ist bis zum 30. September 2001 zu beantragen; sie wirkt vom Eintritt der Versicherungspflicht an.

(7) Personen, die nach § 6 Abs. 1 Satz 1 Nr. 2 in der bis zum 31. Dezember 2008 geltenden Fassung von der Versicherungspflicht befreit waren, bleiben in dieser Beschäftigung von der Versicherungspflicht befreit.

(8) Personen, die die Voraussetzungen für eine Befreiung von der Versicherungspflicht nach § 6 Abs. 1 Satz 1 Nr. 2 in der bis zum 31. Dezember 2008 geltenden Fassung erfüllen, nicht aber die Voraussetzungen nach § 6 Abs. 1 Satz 1 Nr. 2 in der ab 1. Januar 2009 geltenden Fassung, werden von der Versicherungspflicht befreit, wenn ihnen nach beamtenrechtlichen Grundsätzen oder entsprechenden kirchenrechtlichen Regelungen Anwartschaft auf Versorgung bei verminderter Erwerbsfähigkeit und im Alter sowie auf Hinterbliebenenversorgung durch eine für einen bestimmten Personenkreis geschaffene Versorgungseinrichtung gewährleistet ist und sie an einer nichtöffentlichen Schule beschäftigt sind, die vor dem 13. November 2008 Mitglied der Versorgungseinrichtung geworden ist.

(9) § 6 Absatz 1b gilt bis zum 31. Dezember 2014 nicht für Personen, die am 31. Dezember 2012 in einer mehr als geringfügigen Beschäftigung nach § 8 Absatz 1 Nummer 1 oder § 8a in Verbindung mit § 8 Absatz 1 Nummer 1 des Vierten Buches versicherungspflichtig waren, die die Merkmale einer geringfügigen Beschäftigung nach diesen Vorschriften in der ab dem 1. Januar 2013 geltenden Fassung erfüllt, solange das Arbeitsentgelt aus dieser Beschäftigung 400 Euro monatlich übersteigt.

VI

§ 231a Befreiung von der Versicherungspflicht im Beitrittsgebiet

Selbständig Tätige, die am 31. Dezember 1991 im Beitrittsgebiet aufgrund eines Versicherungsvertrages von der Versicherungspflicht befreit waren und nicht bis zum 31. Dezember 1994 erklärt haben, dass die Befreiung von der Versicherungspflicht enden soll, bleiben in jeder Beschäftigung oder selbständigen Tätigkeit und bei Wehrdienstleistungen von der Versicherungspflicht befreit.

§ 232 Freiwillige Versicherung

(1) 1Personen, die nicht versicherungspflichtig sind und vor dem 1. Januar 1992 vom Recht der Selbstversicherung, der Weiterversicherung oder der freiwilligen Versicherung Gebrauch gemacht haben, können sich weiterhin freiwillig versichern. 2Dies gilt für Personen, die von dem Recht der Selbstversicherung oder Weiterversicherung Gebrauch gemacht haben, auch dann, wenn sie nicht Deutsche sind und ihren gewöhnlichen Aufenthalt im Ausland haben.

(2) Nach bindender Bewilligung einer Vollrente wegen Alters oder für Zeiten des Bezugs einer solchen Rente ist eine freiwillige Versicherung nicht zulässig.

§ 233 Nachversicherung

(1) 1Personen, die vor dem 1. Januar 1992 aus einer Beschäftigung ausgeschieden sind, in der sie nach dem jeweils geltenden, dem § 5 Abs. 1, § 6 Abs. 1 Satz 1 Nr. 2, § 230 Abs. 1 Nr. 1 und 3 oder § 231 Abs. 1 Satz 1 sinngemäß entsprechenden Recht nicht versicherungspflichtig, versicherungsfrei oder von der Versicherungspflicht befreit waren, werden weiterhin nach den bisherigen Vorschriften nachversichert, wenn sie ohne Anspruch oder Anwartschaft auf Versorgung aus der Beschäftigung ausgeschieden sind. 2Dies gilt für Personen, die ihren Anspruch auf Versorgung vor dem 1. Januar 1992 verloren haben, entsprechend. 3Wehrpflichtige, die während ihres Grundwehrdienstes vom 1. März 1957 bis zum 30. April 1961 nicht versicherungspflichtig waren, werden für die Zeit des Dienstes nachversichert, auch wenn die Voraussetzungen des Satzes 1 nicht vorliegen.

(2) 1Personen, die nach dem 31. Dezember 1991 aus einer Beschäftigung ausgeschieden sind, in der sie nach § 5 Abs. 1, § 6 Abs. 1 Satz 1 Nr. 2, § 230 Abs. 1 Nr. 1 und 3 oder § 231 Abs. 1 Satz 1 versicherungsfrei oder von der Versicherungspflicht befreit waren, werden nach den vom 1. Januar 1992 an geltenden Vorschriften auch für Zeiträume vorher nachversichert, in denen sie nach dem jeweils geltenden, diesen Vorschriften sinngemäß entsprechenden Recht nicht versicherungspflichtig, versicherungsfrei oder von der Versicherungspflicht befreit waren. 2Dies gilt für Personen, die ihren Anspruch auf Versorgung nach dem 31. Dezember 1991 verloren haben, entsprechend.

(3) Die Nachversicherung erstreckt sich auch auf Zeiträume, in denen die nachzuversichernden Personen mangels einer dem § 4 Abs. 1 Satz 2 entsprechenden Vorschrift oder in den Fällen des Absatzes 2 wegen Überschreitens der jeweiligen Jahresarbeitsverdienstgrenze nicht versicherungspflichtig oder versicherungsfrei waren.

§ 233a Nachversicherung im Beitrittsgebiet

(1) 1Personen, die vor dem 1. Januar 1992 aus einer Beschäftigung im Beitrittsgebiet ausgeschieden sind, in der sie nach dem jeweils geltenden, dem § 5 Abs. 1, § 6 Abs. 1 Satz 1 Nr. 2 und § 230 Abs. 1 Nr. 3 sinngemäß entsprechenden Recht nicht versicherungspflichtig, versicherungsfrei oder von der Versicherungspflicht befreit waren, werden nachversichert, wenn sie

1. ohne Anspruch oder Anwartschaft auf Versorgung aus der Beschäftigung ausgeschieden sind und
2. einen Anspruch auf eine nach den Vorschriften dieses Buches zu berechnende Rente haben oder aufgrund der Nachversicherung erwerben würden.

2Der Nachversicherung werden die bisherigen Vorschriften, die im Gebiet der Bundesrepublik Deutschland außerhalb des Beitrittsgebiets anzuwenden sind oder anzuwenden waren, fiktiv zugrunde gelegt; Regelungen, nach denen eine Nachversicherung nur erfolgt, wenn sie innerhalb einer bestimmten Frist oder bis zu einem bestimmten Zeitpunkt beantragt worden ist, finden keine Anwendung. $_{3}$Die Sätze 1 und 2 gelten entsprechend

1. für Personen, die aus einer Beschäftigung außerhalb des Beitrittsgebiets ausgeschieden sind, wenn sie aufgrund ihres gewöhnlichen Aufenthalts im Beitrittsgebiet nicht nachversichert werden konnten,
2. für Personen, die ihren Anspruch auf Versorgung vor dem 1. Januar 1992 verloren haben.

$_{4}$Für Personen, die aus einer Beschäftigung mit Anwartschaft auf Versorgung nach kirchenrechtlichen Regelungen oder mit Anwartschaft auf die in der Gemeinschaft übliche Versorgung im Sinne des § 5 Abs. 1 Satz 1 Nr. 3 ausgeschieden sind, erfolgt eine Nachversicherung nach Satz 1 oder 2 nur, wenn sie bis zum 31. Dezember 1994 beantragt wird.

(2) $_{1}$Personen, die nach dem 31. Dezember 1991 aus einer Beschäftigung im Beitrittsgebiet ausgeschieden sind, in der sie nach § 5 Abs. 1 versicherungsfrei waren, werden nach den vom 1. Januar 1992 an geltenden Vorschriften auch für Zeiten vorher nachversichert, in denen sie nach dieser Vorschrift oder dem jeweils geltenden, dieser Vorschrift sinngemäß entsprechenden Recht nicht versicherungspflichtig, versicherungsfrei oder von der Versicherungspflicht befreit waren, wenn sie einen Anspruch auf eine nach den Vorschriften dieses Buches zu berechnende Rente haben oder aufgrund der Nachversicherung erwerben würden. $_{2}$Dies gilt für Personen, die ihren Anspruch auf Versorgung nach dem 31. Dezember 1991 verloren haben, entsprechend.

(3) Pfarrer, Pastoren, Prediger, Vikare und andere Mitarbeiter von Religionsgesellschaften im Beitrittsgebiet, für die aufgrund von Vereinbarungen zwischen den Religionsgesellschaften und der Deutschen Demokratischen Republik Beiträge zur Sozialversicherung für Zeiten im Dienst der Religionsgesellschaften nachgezahlt wurden, gelten für die Zeiträume, für die Beiträge nachgezahlt worden sind, als nachversichert, wenn sie einen Anspruch auf eine nach den Vorschriften dieses Buches zu berechnende Rente haben oder aufgrund der Nachversicherung erwerben würden.

(4) $_{1}$Diakonissen, für die aufgrund von Vereinbarungen zwischen dem Bund der Evangelischen Kirchen im Beitrittsgebiet und der Deutschen Demokratischen Republik Zeiten einer Tätigkeit in den Evangelischen Diakonissenmutterhäusern und Diakoniewerken vor dem 1. Januar 1985 im Beitrittsgebiet bei der Gewährung und Berechnung von Renten aus der Sozialversicherung zu berücksichtigen waren, werden für diese Zeiträume nachversichert, wenn sie einen Anspruch auf eine nach den Vorschriften dieses Buches zu berechnende Rente haben oder aufgrund der Nachversicherung erwerben würden. $_{2}$Dies gilt entsprechend für Mitglieder geistlicher Genossenschaften, die vor dem 1. Januar 1985 im Beitrittsgebiet eine vergleichbare Tätigkeit ausgeübt haben. $_{3}$Für Personen, die nach dem 31. Dezember 1984 aus der Gemeinschaft ausgeschieden sind, geht die Nachversicherung nach Satz 1 oder 2 für Zeiträume vor dem 1. Januar 1985 der Nachversicherung nach Absatz 1 oder 2 vor.

(5) Die Absätze 1 und 2 gelten nicht für Zeiten, für die Ansprüche oder Anwartschaften aus einem Sonderversorgungssystem des Beitrittsgebiets im Sinne des Artikels 3 § 1 Abs. 3 des Renten-Überleitungsgesetzes erworben worden sind.

Dritter Unterabschnitt
Teilhabe

§ 234 Übergangsgeldanspruch und -berechnung bei Arbeitslosenhilfe

(1) Bei Leistungen zur medizinischen Rehabilitation oder sonstigen Leistungen zur Teilhabe haben Versicherte auch nach dem 31. Dezember 2004 Anspruch auf Übergangsgeld, die unmittelbar vor Beginn der Arbeitsunfähigkeit oder wenn sie nicht arbeitsunfähig waren, unmittelbar vor Beginn der Leistungen Arbeitslosenhilfe bezogen haben, und für

die von dem der Arbeitslosenhilfe zugrunde liegenden Arbeitsentgelt oder Arbeitseinkommen Beiträge zur Rentenversicherung gezahlt worden sind.

(2) Für Anspruchsberechtigte nach Absatz 1 ist für die Berechnung des Übergangsgeldes § 21 Abs. 4 in Verbindung mit § 47b des Fünften Buches jeweils in der am 31. Dezember 2004 geltenden Fassung anzuwenden.

§ 234a Übergangsgeldanspruch und -berechnung bei Unterhaltsgeldbezug

(1) Bei Leistungen zur medizinischen Rehabilitation oder sonstigen Leistungen zur Teilhabe haben Versicherte, die unmittelbar vor Beginn der Arbeitsunfähigkeit oder, wenn sie nicht arbeitsunfähig waren, unmittelbar vor Beginn der Leistungen Unterhaltsgeld bezogen haben, und für die von dem dem Unterhaltsgeld zugrunde liegenden Arbeitsentgelt oder Arbeitseinkommen Beiträge zur Rentenversicherung gezahlt worden sind, auch nach dem 31. Dezember 2004 Anspruch auf Übergangsgeld.

VI

(2) Für Anspruchsberechtigte nach Absatz 1 ist für die Berechnung des Übergangsgeldes § 21 Abs. 4 dieses Buches in Verbindung mit § 47b des Fünften Buches jeweils in der am 30. Juni 2004 geltenden Fassung anzuwenden.

Vierter Unterabschnitt Anspruchsvoraussetzungen für einzelne Renten

§ 235 Regelaltersrente

(1) 1Versicherte, die vor dem 1. Januar 1964 geboren sind, haben Anspruch auf Regelaltersrente, wenn sie

1. die Regelaltersgrenze erreicht und
2. die allgemeine Wartezeit erfüllt

haben. 2Die Regelaltersgrenze wird frühestens mit Vollendung des 65. Lebensjahres erreicht.

(2) 1Versicherte, die vor dem 1. Januar 1947 geboren sind, erreichen die Regelaltersgrenze mit Vollendung des 65. Lebensjahres. 2Für Versicherte, die nach dem 31. Dezember 1946 geboren sind, wird die Regelaltersgrenze wie folgt angehoben:

Versicherte Geburtsjahr	Anhebung um Monate	auf Alter Jahr	auf Alter Monat
1947	1	65	1
1948	2	65	2
1949	3	65	3
1950	4	65	4
1951	5	65	5
1952	6	65	6
1953	7	65	7
1954	8	65	8
1955	9	65	9
1956	10	65	10
1957	11	65	11
1958	12	66	0
1959	14	66	2
1960	16	66	4
1961	18	66	6
1962	20	66	8
1963	22	66	10.

3Für Versicherte, die

1. vor dem 1. Januar 1955 geboren sind und vor dem 1. Januar 2007 Altersteilzeitarbeit im Sinne der §§ 2 und 3 Abs. 1 Nr. 1 des Altersteilzeitgesetzes vereinbart haben oder
2. Anpassungsgeld für entlassene Arbeitnehmer des Bergbaus bezogen haben,

wird die Regelaltersgrenze nicht angehoben.

§ 236 Altersrente für langjährig Versicherte

(1) 1Versicherte, die vor dem 1. Januar 1964 geboren sind, haben frühestens Anspruch auf Altersrente für langjährig Versicherte, wenn sie

1. das 65. Lebensjahr vollendet und
2. die Wartezeit von 35 Jahren erfüllt

haben. 2Die vorzeitige Inanspruchnahme dieser Altersrente ist nach Vollendung des 63. Lebensjahres möglich.

(2) 1Versicherte, die vor dem 1. Januar 1949 geboren sind, haben Anspruch auf diese Altersrente nach Vollendung des 65. Lebensjahres. 2Für Versicherte, die nach dem 31. Dezember 1948 geboren sind, wird die Altersgrenze von 65 Jahren wie folgt angehoben:

Versicherte Geburtsjahr Geburtsmonat	Anhebung um Monate	auf Alter	
		Jahr	Monat
1949			
Januar	1	65	1
Februar	2	65	2
März – Dezember	3	65	3
1950	4	65	4
1951	5	65	5
1952	6	65	6
1953	7	65	7
1954	8	65	8
1955	9	65	9
1956	10	65	10
1957	11	65	11
1958	12	66	0
1959	14	66	2
1960	16	66	4
1961	18	66	6
1962	20	66	8
1963	22	66	10.

3Für Versicherte, die

1. vor dem 1. Januar 1955 geboren sind und vor dem 1. Januar 2007 Altersteilzeitarbeit im Sinne der §§ 2 und 3 Abs. 1 Nr. 1 des Altersteilzeitgesetzes vereinbart haben oder
2. Anpassungsgeld für entlassene Arbeitnehmer des Bergbaus bezogen haben,

wird die Altersgrenze von 65 Jahren nicht angehoben.

(3) Für Versicherte, die

1. nach dem 31. Dezember 1947 geboren sind und
2. entweder
   a) vor dem 1. Januar 1955 geboren sind und vor dem 1. Januar 2007 Altersteilzeitarbeit im Sinne der §§ 2 und 3 Abs. 1 Nr. 1 des Altersteilzeitgesetzes vereinbart haben

   oder

   b) Anpassungsgeld für entlassene Arbeitnehmer des Bergbaus bezogen haben,

bestimmt sich die Altersgrenze für die vorzeitige Inanspruchnahme wie folgt:

Versicherte Geburtsjahr Geburtsmonat	Vorzeitige Inanspruchnahme möglich ab Alter	
	Jahr	Monat
1948		
Januar – Februar	62	11
März – April	62	10
Mai – Juni	62	9
Juli – August	62	8
September – Oktober	62	7
November – Dezember	62	6
1949		
Januar – Februar	62	5
März – April	62	4
Mai – Juni	62	3
Juli – August	62	2
September – Oktober	62	1
November – Dezember	62	0
1950 – 1963	62	0.

§ 236a Altersrente für schwerbehinderte Menschen

(1) 1Versicherte, die vor dem 1. Januar 1964 geboren sind, haben frühestens Anspruch auf Altersrente für schwerbehinderte Menschen, wenn sie

1. das 63. Lebensjahr vollendet haben,
2. bei Beginn der Altersrente als schwerbehinderte Menschen (§ 2 Abs. 2 Neuntes Buch) anerkannt sind und
3. die Wartezeit von 35 Jahren erfüllt haben.

2Die vorzeitige Inanspruchnahme dieser Altersrente ist frühestens nach Vollendung des 60. Lebensjahres möglich.

(2) 1Versicherte, die vor dem 1. Januar 1952 geboren sind, haben Anspruch auf diese Altersrente nach Vollendung des 63. Lebensjah-

res; für sie ist die vorzeitige Inanspruchnahme nach Vollendung des 60. Lebensjahres möglich. 2Für Versicherte, die nach dem 31. Dezember 1951 geboren sind, werden die Altersgrenze von 63 Jahren und die Altersgrenze für die vorzeitige Inanspruchnahme wie folgt angehoben:

Versicherte Geburtsjahr Geburtsmonat	Anhebung um	auf Alter	plus	vorzeitige Inanspruchnahme möglich ab Alter	plus
1952	Monate	Jahr	Monat	Jahr	Monat
Januar	1	63	1	60	1
Februar	2	63	2	60	2
März	3	63	3	60	3
April	4	63	4	60	4
Mai	5	63	5	60	5
Juni – Dezember	6	63	6	60	6
1953	7	63	7	60	7
1954	8	63	8	60	8
1955	9	63	9	60	9
1956	10	63	10	60	10
1957	11	63	11	60	11
1958	12	64	0	61	0
1959	14	64	2	61	2
1960	16	64	4	61	4
1961	18	64	6	61	6
1962	20	64	8	61	8
1963	22	64	10	61	10.

3Für Versicherte, die

1. am 1. Januar 2007 als schwerbehinderte Menschen (§ 2 Abs. 2 Neuntes Buch) anerkannt waren und
2. entweder
   a) vor dem 1. Januar 1955 geboren sind und vor dem 1. Januar 2007 Altersteilzeitarbeit im Sinne der §§ 2 und 3 Abs. 1 Nr. 1 des Altersteilzeitgesetzes vereinbart haben

   oder

   b) Anpassungsgeld für entlassene Arbeitnehmer des Bergbaus bezogen haben,

werden die Altersgrenzen nicht angehoben.

(3) Versicherte, die vor dem 1. Januar 1951 geboren sind, haben unter den Voraussetzungen nach Absatz 1 Satz 1 Nr. 1 und 3 auch Anspruch auf diese Altersrente, wenn sie bei Beginn der Altersrente berufsunfähig oder erwerbsunfähig nach dem am 31. Dezember 2000 geltenden Recht sind.

(4) Versicherte, die vor dem 17. November 1950 geboren sind und am 16. November 2000 schwerbehindert (§ 2 Abs. 2 Neuntes Buch), berufsunfähig oder erwerbsunfähig nach dem am 31. Dezember 2000 geltenden Recht waren, haben Anspruch auf diese Altersrente, wenn sie

1. das 60. Lebensjahr vollendet haben,
2. bei Beginn der Altersrente
   a) als schwerbehinderte Menschen (§ 2 Abs. 2 Neuntes Buch) anerkannt oder
   b) berufsunfähig oder erwerbsunfähig nach dem am 31. Dezember 2000 geltenden Recht sind und
3. die Wartezeit von 35 Jahren erfüllt haben.

§ 236b Altersrente für besonders langjährig Versicherte

(1) Versicherte, die vor dem 1. Januar 1964 geboren sind, haben frühestens Anspruch auf Altersrente für besonders langjährig Versicherte, wenn sie

1. das 63. Lebensjahr vollendet und
2. die Wartezeit von 45 Jahren erfüllt

haben.

(2) 1Versicherte, die vor dem 1. Januar 1953 geboren sind, haben Anspruch auf diese Altersrente nach Vollendung des 63. Lebensjahres. 2Für Versicherte, die nach dem 31. Dezember 1952 geboren sind, wird die Altersgrenze von 63 Jahren wie folgt angehoben:

Versicherte Geburtsjahr	Anhebung um Monate	auf Alter	
		Jahr	Monat
1953	2	63	2
1954	4	63	4
1955	6	63	6
1956	8	63	8
1957	10	63	10
1958	12	64	0
1959	14	64	2
1960	16	64	4
1961	18	64	6
1962	20	64	8
1963	22	64	10

§ 237 Altersrente wegen Arbeitslosigkeit oder nach Altersteilzeitarbeit

(1) Versicherte haben Anspruch auf Altersrente, wenn sie

1. vor dem 1. Januar 1952 geboren sind,
2. das 60. Lebensjahr vollendet haben,
3. entweder
   a) bei Beginn der Rente arbeitslos sind und nach Vollendung eines Lebensalters von 58 Jahren und 6 Monaten insgesamt 52 Wochen arbeitslos waren oder Anpassungsgeld für entlassene Arbeitnehmer des Bergbaus bezogen haben oder
   b) die Arbeitszeit aufgrund von Altersteilzeitarbeit im Sinne der §§ 2 und 3 Abs. 1 Nr. 1 des Altersteilzeitgesetzes für mindestens 24 Kalendermonate vermindert haben,
4. in den letzten zehn Jahren vor Beginn der Rente acht Jahre Pflichtbeiträge für eine versicherte Beschäftigung oder Tätigkeit haben, wobei sich der Zeitraum von zehn Jahren um Anrechnungszeiten, Berücksichtigungszeiten und Zeiten des Bezugs einer Rente aus eigener Versicherung, die nicht auch Pflichtbeitragszeiten aufgrund einer versicherten Beschäftigung oder Tätigkeit sind, verlängert, und
5. die Wartezeit von 15 Jahren erfüllt haben.

(2) 1Anspruch auf diese Altersrente haben auch Versicherte, die

1. während der Arbeitslosigkeit von 52 Wochen nur deshalb der Arbeitsvermittlung nicht zur Verfügung standen, weil sie nicht arbeitsbereit waren und nicht alle Möglichkeiten nutzten und nutzen wollten, um ihre Beschäftigungslosigkeit zu beenden,
2. nur deswegen nicht 52 Wochen arbeitslos waren, weil sie im Rahmen einer Arbeitsgelegenheit mit Entschädigung für Mehraufwendungen nach dem Zweiten Buch eine Tätigkeit von 15 Stunden wöchentlich oder mehr ausgeübt haben, oder
3. während der 52 Wochen und zu Beginn der Rente nur deswegen nicht als Arbeitslose galten, weil sie erwerbsfähige Leistungsberechtigte waren, die nach Vollendung des 58. Lebensjahres mindestens für die Dauer von zwölf Monaten Leistungen der Grundsicherung für Arbeitsuchende bezogen haben, ohne dass ihnen eine sozialversicherungspflichtige Beschäftigung angeboten worden ist.

2Der Zeitraum von zehn Jahren, in dem acht Jahre Pflichtbeiträge für eine versicherte Beschäftigung oder Tätigkeit vorhanden sein müssen, verlängert sich auch um

1. Arbeitslosigkeitszeiten nach Satz 1,
2. Ersatzzeiten,

soweit diese Zeiten nicht auch Pflichtbeiträge für eine versicherte Beschäftigung oder Tätigkeit sind. 3Vom 1. Januar 2008 an werden Arbeitslosigkeitszeiten nach Satz 1 Nr. 1 nur berücksichtigt, wenn die Arbeitslosigkeit vor dem 1. Januar 2008 begonnen hat und der Versicherte vor dem 2. Januar 1950 geboren ist.

(3) 1Die Altersgrenze von 60 Jahren wird bei Altersrenten wegen Arbeitslosigkeit oder nach Altersteilzeitarbeit für Versicherte, die nach dem 31. Dezember 1936 geboren sind, angehoben. 2Die vorzeitige Inanspruchnahme einer solchen Altersrente ist möglich. 3Die Anhebung der Altersgrenzen und die Möglichkeit der vorzeitigen Inanspruchnahme der Altersrenten bestimmen sich nach Anlage 19.

(4) 1Die Altersgrenze von 60 Jahren bei der Altersrente wegen Arbeitslosigkeit oder nach Altersteilzeitarbeit wird für Versicherte, die

1. bis zum 14. Februar 1941 geboren sind und
   a) am 14. Februar 1996 arbeitslos waren oder Anpassungsgeld für entlassene Arbeitnehmer des Bergbaus bezogen haben oder
   b) deren Arbeitsverhältnis aufgrund einer Kündigung oder Vereinbarung, die vor dem 14. Februar 1996 erfolgt ist, nach dem 13. Februar 1996 beendet worden ist,
2. bis zum 14. Februar 1944 geboren sind und aufgrund einer Maßnahme nach Artikel 56 § 2 Buchstabe b des Vertrages über die Gründung der Europäischen Gemeinschaft für Kohle und Stahl (EGKS-V), die vor dem 14. Februar 1996 genehmigt worden ist, aus einem Betrieb der Montanindustrie ausgeschieden sind oder
3. vor dem 1. Januar 1942 geboren sind und 45 Jahre mit Pflichtbeiträgen für eine versicherte Beschäftigung oder Tätigkeit haben, wobei § 55 Abs. 2 nicht für Zeiten anzuwenden sind, in denen Versicherte wegen des Bezugs von Arbeitslosengeld, Arbeitslosenhilfe oder Arbeitslosengeld II versicherungspflichtig waren,

wie folgt angehoben:

Versicherte Geburtsjahr Geburtsmonat	Anhebung um	auf Alter	plus	vorzeitige Inanspruchnahme möglich ab Alter	plus
	Monate	Jahr	Monat	Jahr	Monat
vor **1941**	0	60	0	60	0
1941	Monate	Jahr	Monat	Jahr	Monat
Januar–April	1	60	1	60	0
Mai–August	2	60	2	60	0
September–Dezember	3	60	3	60	0
1942	Monate	Jahr	Monat	Jahr	Monat
Januar–April	4	60	4	60	0
Mai–August	5	60	5	60	0
September–Dezember	6	60	6	60	0
1943	Monate	Jahr	Monat	Jahr	Monat
Januar–April	7	60	7	60	0
Mai–August	8	60	8	60	0
September–Dezember	9	60	9	60	0
1944	Monate	Jahr	Monat	Jahr	Monat
Januar–Februar	10	60	10	60	0

2Einer vor dem 14. Februar 1996 abgeschlossenen Vereinbarung über die Beendigung des Arbeitsverhältnisses steht eine vor diesem Tag vereinbarte Befristung des Arbeitsverhältnisses oder Bewilligung einer befristeten arbeitsmarktpolitischen Maßnahme gleich. 3Ein bestehender Vertrauensschutz wird insbesondere durch die spätere Aufnahme eines Arbeitsverhältnisses oder den Eintritt in eine neue arbeitsmarktpolitische Maßnahme nicht berührt.

(5) 1Die Altersgrenze von 60 Jahren für die vorzeitige Inanspruchnahme wird für Versicherte,

1. die am 1. Januar 2004 arbeitslos waren,
2. deren Arbeitsverhältnis aufgrund einer Kündigung oder Vereinbarung, die vor dem 1. Januar 2004 erfolgt ist, nach dem 31. Dezember 2003 beendet worden ist,
3. deren letztes Arbeitsverhältnis vor dem 1. Januar 2004 beendet worden ist und die am 1. Januar 2004 beschäftigungslos im Sinne des § 138 Abs. 1 Nr. 1 des Dritten Buches waren,
4. die vor dem 1. Januar 2004 Altersteilzeitarbeit im Sinne der §§ 2 und 3 Abs. 1 Nr. 1 des Altersteilzeitgesetzes vereinbart haben oder
5. die Anpassungsgeld für entlassene Arbeitnehmer des Bergbaus bezogen haben,

nicht angehoben. 2Einer vor dem 1. Januar 2004 abgeschlossenen Vereinbarung über die Beendigung des Arbeitsverhältnisses steht eine vor diesem Tag vereinbarte Befristung des Arbeitsverhältnisses oder Bewilligung einer befristeten arbeitsmarktpolitischen Maßnahme gleich. 3Ein bestehender Vertrauensschutz wird insbesondere durch die spätere Aufnahme eines Arbeitsverhältnisses oder den Eintritt in eine neue arbeitsmarktpolitische Maßnahme nicht berührt.

Entscheidung des Bundesverfassungsgerichts (BGBl. I S. 2792)

Aus dem Beschluss des Bundesverfassungsgerichts vom 11. November 2008 – 1 BvL 3/05, 1 BvL 4/05, 1 BvL 5/05, 1 BvL 6/05, 1 BvL 7/05 – wird die Entscheidungsformel veröffentlicht:

1. § 237 Absatz 4 Satz 1 Nummer 3 des Sechsten Buches Sozialgesetzbuch in der Fassung des Artikel 1 Nummer 76 des Gesetzes zur Reform der gesetzlichen Rentenversicherung (Rentenreformgesetz 1999 – RRG 1999) vom 16. Dezember 1997 (Bundesgesetzblatt I Seite 2998), zuletzt geändert durch Artikel 1 Nummer 8 des Fünften Gesetzes zur Änderung des Sechsten Buches Sozialgesetzbuch vom 4. Dezember 2004 (Bundesgesetzblatt I Seite 3183), ist mit dem allgemeinen Gleichheitssatz (Artikel 3 Absatz 1 Grundgesetz) vereinbar.
2. § 237 Absatz 3 des Sechsten Buches Sozialgesetzbuch in der Fassung des Artikel 1 Nummer 76 des Gesetzes zur Reform der gesetzlichen Rentenversicherung (Rentenreformgesetz 1999 – RRG 1999) vom 16. Dezember 1997 (Bundesgesetzblatt I Seite 2998) in Verbindung mit § 77 Absatz 2 Satz 1 Nummer 2 Buchstabe a des Sechsten Buches Sozialgesetzbuch in der Fassung des Artikel 1 Nummer 22 des Gesetzes zur Reform der Renten wegen verminderter Erwerbsfähigkeit vom 20. Dezember 2000 (Bundesgesetzblatt I Seite 1827) ist mit dem Grundgesetz vereinbar.

Die vorstehende Entscheidungsformel hat gemäß § 31 Abs. 2 des Bundesverfassungsgerichtsgesetzes Gesetzeskraft.

§ 237a Altersrente für Frauen

(1) Versicherte Frauen haben Anspruch auf Altersrente, wenn sie

1. vor dem 1. Januar 1952 geboren sind,
2. das 60. Lebensjahr vollendet,
3. nach Vollendung des 40. Lebensjahres mehr als zehn Jahre Pflichtbeiträge für eine versicherte Beschäftigung oder Tätigkeit und
4. die Wartezeit von 15 Jahren erfüllt

haben.

(2) 1Die Altersgrenze von 60 Jahren wird bei Altersrenten für Frauen für Versicherte, die nach dem 31. Dezember 1939 geboren sind, angehoben. 2Die vorzeitige Inanspruchnahme einer solchen Altersrente ist möglich. 3Die Anhebung der Altersgrenzen und die Möglichkeit der vorzeitigen Inanspruchnahme bestimmen sich nach Anlage 20.

(3) 1Die Altersgrenze von 60 Jahren bei der Altersrente für Frauen wird für Frauen, die

1. bis zum 7. Mai 1941 geboren sind und
   a) am 7. Mai 1996 arbeitslos waren, Anpassungsgeld für entlassene Arbeitnehmer des Bergbaus, Vorruhestandsgeld oder Überbrückungsgeld der Seemannskasse bezogen haben oder
   b) deren Arbeitsverhältnis aufgrund einer Kündigung oder Vereinbarung, die vor dem 7. Mai 1996 erfolgt ist, nach dem 6. Mai 1996 beendet worden ist,
2. bis zum 7. Mai 1944 geboren sind und aufgrund einer Maßnahme nach Artikel 56 § 2 Buchstabe b des Vertrages über die Gründung der Europäischen Gemeinschaft für Kohle und Stahl (EGKS-V), die vor dem 7. Mai 1996 genehmigt worden ist, aus einem Betrieb der Montanindustrie ausgeschieden sind oder
3. vor dem 1. Januar 1942 geboren sind und 45 Jahre mit Pflichtbeiträgen für eine versicherte Beschäftigung oder Tätigkeit haben, wobei § 55 Abs. 2 nicht für Zeiten anzuwenden ist, in denen Versicherte wegen des Bezugs von Arbeitslosengeld oder Arbeitslosenhilfe versicherungspflichtig waren,

wie folgt angehoben:

Versicherte Geburtsjahr Geburtsmonat	Anhebung um	auf Alter	plus	vorzeitige Inanspruchnahme möglich ab Alter	plus
	Monate	Jahr	Monat	Jahr	Monat
vor **1941**	0	60	0	60	0
1941	Monate	Jahr	Monat	Jahr	Monat
Januar–April	1	60	1	60	0
Mai–August	2	60	2	60	0
September–Dezember	3	60	3	60	0
1942	Monate	Jahr	Monat	Jahr	Monat
Januar–April	4	60	4	60	0
Mai–August	5	60	5	60	0
September–Dezember	6	60	6	60	0
1943	Monate	Jahr	Monat	Jahr	Monat
Januar–April	7	60	7	60	0
Mai–August	8	60	8	60	0
September–Dezember	9	60	9	60	0
1944	Monate	Jahr	Monat	Jahr	Monat
Januar–April	10	60	10	60	0
Mai	11	60	11	60	0

2Einer vor dem 7. Mai 1996 abgeschlossenen Vereinbarung über die Beendigung des Arbeitsverhältnisses steht eine vor diesem Tag vereinbarte Befristung des Arbeitsverhältnisses oder Bewilligung einer befristeten arbeitsmarktpolitischen Maßnahme gleich. 3Ein bestehender Vertrauensschutz wird insbesondere durch die spätere Aufnahme eines Arbeitsverhältnisses oder den Eintritt in eine neue arbeitsmarktpolitische Maßnahme nicht berührt.

§ 238 Altersrente für langjährig unter Tage beschäftigte Bergleute

(1) Versicherte, die vor dem 1. Januar 1964 geboren sind, haben frühestens Anspruch auf Altersrente für langjährig unter Tage beschäftigte Bergleute, wenn sie

1. das 60. Lebensjahr vollendet und

2. die Wartezeit von 25 Jahren erfüllt

haben.

(2) 1Versicherte, die vor dem 1. Januar 1952 geboren sind, haben Anspruch auf diese Altersrente nach Vollendung des 60. Lebensjahres. 2Für Versicherte, die nach dem 31. Dezember 1951 geboren sind, wird die Altersgrenze von 60 Jahren wie folgt angehoben:

Versicherte Geburtsjahr Geburtsmonat	Anhebung um	auf Alter	plus
1952	Monate	Jahr	Monat
Januar	1	60	1
Februar	2	60	2
März	3	60	3
April	4	60	4
Mai	5	60	5
Juni – Dezember	6	60	6
1953	7	60	7
1954	8	60	8
1955	9	60	9
1956	10	60	10
1957	11	60	11
1958	12	61	0
1959	14	61	2
1960	16	61	4
1961	18	61	6
1962	20	61	8
1963	22	61	10.

3Für Versicherte, die Anpassungsgeld für entlassene Arbeitnehmer des Bergbaus oder Knappschaftsausgleichsleistung bezogen haben, wird die Altersgrenze von 60 Jahren nicht angehoben.

(3) Auf die Wartezeit für eine Rente für langjährig unter Tage beschäftigte Bergleute werden auch Anrechnungszeiten wegen Bezugs von Anpassungsgeld nach Vollendung des 50. Lebensjahres angerechnet, wenn zuletzt vor Beginn dieser Leistung eine Beschäftigung unter Tage ausgeübt worden ist.

(4) Die Wartezeit für die Altersrente für langjährig unter Tage beschäftigte Bergleute ist auch erfüllt, wenn die Versicherten

1. 25 Jahre mit Beitragszeiten aufgrund einer Beschäftigung mit ständigen Arbeiten unter Tage zusammen mit der knappschaftlichen Rentenversicherung zugeordneten Ersatzzeiten haben oder
2. 25 Jahre mit knappschaftlichen Beitragszeiten allein oder zusammen mit der knappschaftlichen Rentenversicherung zugeordneten Ersatzzeiten haben und
   a) 15 Jahre mit Hauerarbeiten (Anlage 9) beschäftigt waren oder
   b) die erforderlichen 25 Jahre mit Beitragszeiten aufgrund einer Beschäftigung mit ständigen Arbeiten unter Tage allein oder zusammen mit der knappschaftlichen Rentenversicherung zugeordneten Ersatzzeiten erfüllen, wenn darauf
      aa) für je zwei volle Kalendermonate mit Hauerarbeiten je drei Kalendermonate und
      bb) für je drei volle Kalendermonate, in denen die Versicherten vor dem 1. Januar 1968 unter Tage mit anderen als Hauerarbeiten beschäftigt waren, je zwei Kalendermonate oder
      cc) die vor dem 1. Januar 1968 verrichteten Arbeiten unter Tage bei Versicherten, die vor dem 1. Januar 1968 Hauerarbeiten verrichtet haben und diese wegen im Bergbau verminderter Berufsfähigkeit aufgeben mussten,

      angerechnet werden.

§ 239 Knappschaftsausgleichsleistung

(1) 1Versicherte haben Anspruch auf Knappschaftsausgleichsleistung, wenn sie

1. nach Vollendung des 55. Lebensjahres aus einem knappschaftlichen Betrieb ausscheiden, nach dem 31. Dezember 1971 ihre bisherige Beschäftigung unter Tage infolge im Bergbau verminderter Berufsfähigkeit wechseln mussten und die Wartezeit von 25 Jahren mit Beitragszeiten aufgrund einer Beschäftigung mit ständigen Arbeiten unter Tage erfüllt haben,

2. aus Gründen, die nicht in ihrer Person liegen, nach Vollendung des 55. Lebensjahres oder nach Vollendung des 50. Lebensjahres, wenn sie bis zur Vollendung des 55. Lebensjahres Anpassungsgeld für entlassene Arbeitnehmer des Bergbaus bezogen haben, aus einem knappschaftlichen Betrieb ausscheiden und die Wartezeit von 25 Jahren
   a) mit Beitragszeiten aufgrund einer Beschäftigung unter Tage erfüllt haben oder
   b) mit Beitragszeiten erfüllt haben, eine Beschäftigung unter Tage ausgeübt haben und diese Beschäftigung wegen Krankheit oder körperlicher, geistiger oder seelischer Behinderung aufgeben mussten oder
3. nach Vollendung des 55. Lebensjahres aus einem knappschaftlichen Betrieb ausscheiden und die Wartezeit von 25 Jahren mit knappschaftlichen Beitragszeiten erfüllt haben und
   a) vor dem 1. Januar 1972 15 Jahre mit Hauerarbeiten (Anlage 9) beschäftigt waren, wobei der knappschaftlichen Rentenversicherung zugeordnete Ersatzzeiten infolge einer Einschränkung oder Entziehung der Freiheit oder infolge Verfolgungsmaßnahmen angerechnet werden, oder
   b) vor dem 1. Januar 1972 Hauerarbeiten infolge im Bergbau verminderter Berufsfähigkeit aufgeben mussten und 25 Jahre mit ständigen Arbeiten unter Tage oder mit Arbeiten unter Tage vor dem 1. Januar 1968 beschäftigt waren oder
   c) mindestens fünf Jahre mit Hauerarbeiten beschäftigt waren und insgesamt 25 Jahre mit ständigen Arbeiten unter Tage oder mit Hauerarbeiten beschäftigt waren, wobei auf diese 25 Jahre für je zwei volle Kalendermonate mit Hauerarbeiten je drei Kalendermonate angerechnet werden.

[2]Dem Bezug von Anpassungsgeld für entlassene Arbeitnehmer des Bergbaus nach Nummer 2 steht der Bezug der Bergmannsvollrente für längstens fünf Jahre gleich.

(2) Auf die Wartezeit nach Absatz 1 werden angerechnet

1. Zeiten, in denen Versicherte vor dem 1. Januar 1968 unter Tage beschäftigt waren,
2. Anrechnungszeiten wegen Bezugs von Anpassungsgeld für entlassene Arbeitnehmer des Bergbaus auf die Wartezeit nach Absatz 1 Nr. 2 und 3, auf die Wartezeit nach Absatz 1 Nr. 2 Buchstabe a jedoch nur, wenn zuletzt eine Beschäftigung unter Tage ausgeübt worden ist,
3. Ersatzzeiten, die der knappschaftlichen Rentenversicherung zugeordnet sind, auf die Wartezeit nach Absatz 1 Nr. 2 Buchstabe b und Nr. 3 Buchstabe a.

(3) [1]Für die Feststellung und Zahlung der Knappschaftsausgleichsleistung werden die Vorschriften für die Rente wegen voller Erwerbsminderung mit Ausnahme von §§ 59 und 85 angewendet. [2]Der Zugangsfaktor beträgt 1,0. [3]Grundlage für die Ermittlung des Monatsbetrags der Knappschaftsausgleichsleistung sind nur die persönlichen Entgeltpunkte, die auf die knappschaftliche Rentenversicherung entfallen. [4]An die Stelle des Zeitpunkts von § 99 Abs. 1 tritt der Beginn des Kalendermonats, der dem Monat folgt, in dem die knappschaftliche Beschäftigung endete. [5]Neben der Knappschaftsausgleichsleistung wird eine Rente aus eigener Versicherung nicht geleistet. [6]Für den Hinzuverdienst gilt § 34 Abs. 3 Nr. 1 entsprechend.

§ 240 Rente wegen teilweiser Erwerbsminderung bei Berufsunfähigkeit

(1) Anspruch auf Rente wegen teilweiser Erwerbsminderung haben bei Erfüllung der sonstigen Voraussetzungen bis zum Erreichen der Regelaltersgrenze auch Versicherte, die

1. vor dem 2. Januar 1961 geboren und
2. berufsunfähig

sind.

(2) [1]Berufsunfähig sind Versicherte, deren Erwerbsfähigkeit wegen Krankheit oder Behinderung im Vergleich zur Erwerbsfähigkeit von

körperlich, geistig und seelisch gesunden Versicherten mit ähnlicher Ausbildung und gleichwertigen Kenntnissen und Fähigkeiten auf weniger als sechs Stunden gesunken ist. $_{2}$Der Kreis der Tätigkeiten, nach denen die Erwerbsfähigkeit von Versicherten zu beurteilen ist, umfasst alle Tätigkeiten, die ihren Kräften und Fähigkeiten entsprechen und ihnen unter Berücksichtigung der Dauer und des Umfangs ihrer Ausbildung sowie ihres bisherigen Berufs und der besonderen Anforderungen ihrer bisherigen Berufstätigkeit zugemutet werden können. $_{3}$Zumutbar ist stets eine Tätigkeit, für die die Versicherten durch Leistungen zur Teilhabe am Arbeitsleben mit Erfolg ausgebildet oder umgeschult worden sind. $_{4}$Berufsunfähig ist nicht, wer eine zumutbare Tätigkeit mindestens sechs Stunden täglich ausüben kann; dabei ist die jeweilige Arbeitsmarktlage nicht zu berücksichtigen.

§ 241 Rente wegen Erwerbsminderung

(1) Der Zeitraum von fünf Jahren vor Eintritt der Erwerbsminderung oder Berufsunfähigkeit (§ 240), in dem Versicherte für einen Anspruch auf Rente wegen Erwerbsminderung drei Jahre Pflichtbeiträge für eine versicherte Beschäftigung oder Tätigkeit haben müssen, verlängert sich auch um Ersatzzeiten und Zeiten des Bezugs einer Knappschaftsausgleichsleistung vor dem 1. Januar 1992.

(2) $_{1}$Pflichtbeiträge für eine versicherte Beschäftigung oder Tätigkeit vor Eintritt der Erwerbsminderung oder Berufsunfähigkeit (§ 240) sind für Versicherte nicht erforderlich, die vor dem 1. Januar 1984 die allgemeine Wartezeit erfüllt haben, wenn jeder Kalendermonat vom 1. Januar 1984 bis zum Kalendermonat vor Eintritt der Erwerbsminderung oder Berufsunfähigkeit (§ 240) mit

1. Beitragszeiten,
2. beitragsfreien Zeiten,
3. Zeiten, die nur deshalb nicht beitragsfreie Zeiten sind, weil durch sie eine versicherte Beschäftigung oder selbständige Tätigkeit nicht unterbrochen ist, wenn in den letzten sechs Kalendermonaten vor Beginn dieser Zeiten wenigstens ein Pflichtbeitrag, eine beitragsfreie Zeit oder eine Zeit nach Nummer 4, 5 oder 6 liegt,
4. Berücksichtigungszeiten,
5. Zeiten des Bezugs einer Rente wegen verminderter Erwerbsfähigkeit oder
6. Zeiten des gewöhnlichen Aufenthalts im Beitrittsgebiet vor dem 1. Januar 1992

(Anwartschaftserhaltungszeiten) belegt ist oder wenn die Erwerbsminderung oder Berufsunfähigkeit (§ 240) vor dem 1. Januar 1984 eingetreten ist. $_{2}$Für Kalendermonate, für die eine Beitragszahlung noch zulässig ist, ist eine Belegung mit Anwartschaftserhaltungszeiten nicht erforderlich.

§ 242 Rente für Bergleute

(1) Der Zeitraum von fünf Jahren vor Eintritt der im Bergbau verminderten Berufsfähigkeit, in dem Versicherte für einen Anspruch auf Rente wegen im Bergbau verminderter Berufsfähigkeit drei Jahre Pflichtbeiträge für eine knappschaftlich versicherte Beschäftigung oder Tätigkeit haben müssen, verlängert sich auch um Ersatzzeiten und Zeiten des Bezugs einer Knappschaftsausgleichsleistung vor dem 1. Januar 1992.

(2) $_{1}$Pflichtbeiträge für eine knappschaftlich versicherte Beschäftigung oder Tätigkeit vor Eintritt der im Bergbau verminderten Berufsfähigkeit sind für Versicherte nicht erforderlich, die vor dem 1. Januar 1984 die allgemeine Wartezeit erfüllt haben, wenn jeder Kalendermonat vom 1. Januar 1984 bis zum Kalendermonat vor Eintritt der im Bergbau verminderten Berufsfähigkeit mit Anwartschaftserhaltungszeiten belegt ist oder wenn die im Bergbau verminderte Berufsfähigkeit vor dem 1. Januar 1984 eingetreten ist. $_{2}$Für Kalendermonate, die für eine Beitragszahlung noch zulässig ist, ist eine Belegung mit Anwartschaftserhaltungszeiten nicht erforderlich.

(3) Die Wartezeit für die Rente für Bergleute wegen Vollendung des 50. Lebensjahres ist auch erfüllt, wenn die Versicherten

1. 25 Jahre mit Beitragszeiten aufgrund einer Beschäftigung mit ständigen Arbeiten unter Tage zusammen mit der knappschaftli-

chen Rentenversicherung zugeordneten Ersatzzeiten haben oder

2. 25 Jahre mit knappschaftlichen Beitragszeiten allein oder zusammen mit der knappschaftlichen Rentenversicherung zugeordneten Ersatzzeiten haben und
   a) 15 Jahre mit Hauerarbeiten (Anlage 9) beschäftigt waren oder
   b) die erforderlichen 25 Jahre mit Beitragszeiten aufgrund einer Beschäftigung mit ständigen Arbeiten unter Tage allein oder zusammen mit der knappschaftlichen Rentenversicherung zugeordneten Ersatzzeiten erfüllen, wenn darauf
      aa) für je zwei volle Kalendermonate mit Hauerarbeiten je drei Kalendermonate und
      bb) für je drei volle Kalendermonate, in denen Versicherte vor dem 1. Januar 1968 unter Tage mit anderen als Hauerarbeiten beschäftigt waren, je zwei Kalendermonate oder
      cc) die vor dem 1. Januar 1968 verrichteten Arbeiten unter Tage bei Versicherten, die vor dem 1. Januar 1968 Hauerarbeiten verrichtet haben und diese wegen im Bergbau verminderter Berufsfähigkeit aufgeben mussten,

      angerechnet werden.

§ 242a Witwenrente und Witwerrente

(1) [1]Anspruch auf kleine Witwenrente oder kleine Witwerrente besteht ohne Beschränkung auf 24 Kalendermonate, wenn der Ehegatte vor dem 1. Januar 2002 verstorben ist. [2]Dies gilt auch, wenn mindestens ein Ehegatte vor dem 2. Januar 1962 geboren ist und die Ehe vor dem 1. Januar 2002 geschlossen wurde.

(2) Anspruch auf große Witwenrente oder große Witwerrente haben bei Erfüllung der sonstigen Voraussetzungen auch Witwen oder Witwer, die

1. vor dem 2. Januar 1961 geboren und berufsunfähig (§ 240 Abs. 2) sind oder
2. am 31. Dezember 2000 bereits berufsunfähig oder erwerbsunfähig waren und dies ununterbrochen sind.

(3) Anspruch auf Witwenrente oder Witwerrente haben bei Erfüllung der sonstigen Voraussetzungen auch Witwen oder Witwer, die nicht mindestens ein Jahr verheiratet waren, wenn die Ehe vor dem 1. Januar 2002 geschlossen wurde.

(4) Anspruch auf große Witwenrente oder große Witwerrente besteht ab Vollendung des 45. Lebensjahres, wenn die sonstigen Voraussetzungen erfüllt sind und der Versicherte vor dem 1. Januar 2012 verstorben ist.

(5) Die Altersgrenze von 45 Jahren für die große Witwenrente oder große Witwerrente wird, wenn der Versicherte nach dem 31. Dezember 2011 verstorben ist, wie folgt angehoben:

Todesjahr des Versicherten	Anhebung um Monate	auf Alter	
		Jahr	Monat
2012	1	45	1
2013	2	45	2
2014	3	45	3
2015	4	45	4
2016	5	45	5
2017	6	45	6
2018	7	45	7
2019	8	45	8
2020	9	45	9
2021	10	45	10
2022	11	45	11
2023	12	46	0
2024	14	46	2
2025	16	46	4
2026	18	46	6
2027	20	46	8
2028	22	46	10
ab 2029	24	47	0.

§ 243 Witwenrente und Witwerrente an vor dem 1. Juli 1977 geschiedene Ehegatten

(1) Anspruch auf kleine Witwenrente oder kleine Witwerrente besteht ohne Beschrän-

kung auf 24 Kalendermonate auch für geschiedene Ehegatten,

1. deren Ehe vor dem 1. Juli 1977 geschieden ist,
2. die weder wieder geheiratet noch eine Lebenspartnerschaft begründet haben und
3. die im letzten Jahr vor dem Tod des geschiedenen Ehegatten (Versicherter) Unterhalt von diesem erhalten haben oder im letzten wirtschaftlichen Dauerzustand vor dessen Tod einen Anspruch hierauf hatten,

wenn der Versicherte die allgemeine Wartezeit erfüllt hat und nach dem 30. April 1942 gestorben ist.

(2) Anspruch auf große Witwenrente oder große Witwerrente besteht auch für geschiedene Ehegatten,

1. deren Ehe vor dem 1. Juli 1977 geschieden ist,
2. die weder wieder geheiratet noch eine Lebenspartnerschaft begründet haben und
3. die im letzten Jahr vor dem Tod des Versicherten Unterhalt von diesem erhalten haben oder im letzten wirtschaftlichen Dauerzustand vor dessen Tod einen Anspruch hierauf hatten und
4. die entweder
   a) ein eigenes Kind oder ein Kind des Versicherten erziehen (§ 46 Abs. 2),
   b) das 45. Lebensjahr vollendet haben,
   c) erwerbsgemindert sind,
   d) vor dem 2. Januar 1961 geboren und berufsunfähig (§ 240 Abs. 2) sind oder
   e) am 31. Dezember 2000 bereits berufsunfähig oder erwerbsunfähig waren und dies ununterbrochen sind,

wenn der Versicherte die allgemeine Wartezeit erfüllt hat und nach dem 30. April 1942 gestorben ist.

(3) 1Anspruch auf große Witwenrente oder große Witwerrente besteht auch ohne Vorliegen der in Absatz 2 Nr. 3 genannten Unterhaltsvoraussetzungen für geschiedene Ehegatten, die

1. einen Unterhaltsanspruch nach Absatz 2 Nr. 3 wegen eines Arbeitsentgelts oder Arbeitseinkommens aus eigener Beschäftigung oder selbständiger Tätigkeit oder entsprechender Ersatzleistungen oder wegen des Gesamteinkommens des Versicherten nicht hatten und
2. zum Zeitpunkt der Scheidung entweder
   a) ein eigenes Kind oder ein Kind des Versicherten erzogen haben (§ 46 Abs. 2) oder
   b) das 45. Lebensjahr vollendet hatten und
3. entweder
   a) ein eigenes Kind oder ein Kind des Versicherten erziehen (§ 46 Abs. 2),
   b) erwerbsgemindert sind,
   c) vor dem 2. Januar 1961 geboren und berufsunfähig (§ 240 Abs. 2) sind,
   d) am 31. Dezember 2000 bereits berufsunfähig oder erwerbsunfähig waren und dies ununterbrochen sind oder
   e) das 60. Lebensjahr vollendet haben,

wenn auch vor Anwendung der Vorschriften über die Einkommensanrechnung auf Renten wegen Todes weder ein Anspruch auf Hinterbliebenenrente für eine Witwe oder einen Witwer noch für einen überlebenden Lebenspartner des Versicherten aus dessen Rentenanwartschaften besteht. 2Wenn der Versicherte nach dem 31. Dezember 2011 verstorben ist, wird die Altersgrenze von 60 Jahren wie folgt angehoben:

Todesjahr des Versicherten	Anhebung um Monate	auf Alter	
		Jahr	Monat
2012	1	60	1
2013	2	60	2
2014	3	60	3
2015	4	60	4
2016	5	60	5
2017	6	60	6
2018	7	60	7
2019	8	60	8
2020	9	60	9
2021	10	60	10
2022	11	60	11

VI

Todesjahr des Versicherten	Anhebung um Monate	auf Alter	
		Jahr	Monat
2023	12	61	0
2024	14	61	2
2025	16	61	4
2026	18	61	6
2027	20	61	8
2028	22	61	10
ab 2029	24	62	0.

(4) Anspruch auf kleine oder große Witwenrente oder Witwerrente nach dem vorletzten Ehegatten besteht unter den sonstigen Voraussetzungen der Absätze 1 bis 3 auch für geschiedene Ehegatten, die wieder geheiratet haben, wenn die erneute Ehe aufgelöst oder für nichtig erklärt ist oder wenn eine Lebenspartnerschaft begründet und diese wieder aufgehoben oder aufgelöst ist.

(5) Geschiedenen Ehegatten stehen Ehegatten gleich, deren Ehe für nichtig erklärt oder aufgehoben ist.

VI

§ 243a Rente wegen Todes an vor dem 1. Juli 1977 geschiedene Ehegatten im Beitrittsgebiet

1Bestimmt sich der Unterhaltsanspruch des geschiedenen Ehegatten nach dem Recht, das im Beitrittsgebiet gegolten hat, ist § 243 nicht anzuwenden. 2In diesen Fällen besteht Anspruch auf Erziehungsrente bei Erfüllung der sonstigen Voraussetzungen auch, wenn die Ehe vor dem 1. Juli 1977 geschieden ist.

§ 243b Wartezeit

Die Erfüllung der Wartezeit von 15 Jahren ist Voraussetzung für einen Anspruch auf

1. Altersrente wegen Arbeitslosigkeit oder nach Altersteilzeitarbeit und
2. Altersrente für Frauen.

§ 244 Anrechenbare Zeiten

(1) Sind auf die Wartezeit von 35 Jahren eine pauschale Anrechnungszeit und Berücksichtigungszeiten wegen Kindererziehung anzurechnen, die vor dem Ende der Gesamtzeit für die Ermittlung der pauschalen Anrechnungszeit liegen, darf die Anzahl an Monaten mit solchen Zeiten nicht die Gesamtlücke für die Ermittlung der pauschalen Anrechnungszeit überschreiten.

(2) Auf die Wartezeit von 15 Jahren werden Kalendermonate mit Beitragszeiten und Ersatzzeiten angerechnet.

(3) 1Auf die Wartezeit von 45 Jahren werden Zeiten des Bezugs von Arbeitslosenhilfe und Arbeitslosengeld II nicht angerechnet. 2Zeiten vor dem 1. Januar 2001, für die der Bezug von Leistungen nach § 51 Absatz 3a Nummer 3 Buchstabe a mit Ausnahme der Arbeitslosenhilfe oder nach Buchstabe b glaubhaft gemacht ist, werden auf die Wartezeit von 45 Jahren angerechnet. 3Als Mittel der Glaubhaftmachung können auch Versicherungen an Eides statt zugelassen werden. 4Der Träger der Rentenversicherung ist für die Abnahme eidesstattlicher Versicherungen zuständig.

§ 244a Wartezeiterfüllung durch Zuschläge an Entgeltpunkten für Arbeitsentgelt aus geringfügiger versicherungsfreier Beschäftigung

1Sind Zuschläge an Entgeltpunkten für Arbeitsentgelt aus geringfügiger versicherungsfreier Beschäftigung nach § 264b ermittelt, wird auf die Wartezeit die volle Anzahl an Monaten angerechnet, die sich ergibt, wenn die Zuschläge an Entgeltpunkten durch die Zahl 0,0313 geteilt werden. 2Zuschläge an Entgeltpunkten aus einer geringfügigen versicherungsfreien Beschäftigung, die in Kalendermonaten ausgeübt wurde, die bereits auf die Wartezeit anzurechnen sind, bleiben unberücksichtigt. 3Wartezeitmonate für in die Ehezeit, Lebenspartnerschaftszeit oder Splittingzeit fallende Kalendermonate einer geringfügigen versicherungsfreien Beschäftigung sind vor Anwendung von § 52 Absatz 1 oder 1a gesondert zu ermitteln.

§ 245 Vorzeitige Wartezeiterfüllung

(1) Die Vorschrift über die vorzeitige Wartezeiterfüllung findet nur Anwendung, wenn Versicherte nach dem 31. Dezember 1972

vermindert erwerbsfähig geworden oder gestorben sind.

(2) Sind Versicherte vor dem 1. Januar 1992 vermindert erwerbsfähig geworden oder gestorben, ist die allgemeine Wartezeit auch vorzeitig erfüllt, wenn sie

1. nach dem 30. April 1942 wegen eines Arbeitsunfalls oder einer Berufskrankheit,
2. nach dem 31. Dezember 1956 wegen einer Wehrdienstbeschädigung nach dem Soldatenversorgungsgesetz als Wehrdienstleistender oder als Soldat auf Zeit oder wegen einer Zivildienstbeschädigung nach dem Zivildienstgesetz als Zivildienstleistender,
3. während eines aufgrund gesetzlicher Dienstpflicht oder Wehrpflicht oder während eines Krieges geleisteten militärischen oder militärähnlichen Dienstes (§§ 2 und 3 Bundesversorgungsgesetz),
4. nach dem 31. Dezember 1956 wegen eines Dienstes nach Nummer 3 oder während oder wegen einer anschließenden Kriegsgefangenschaft,
5. wegen unmittelbarer Kriegseinwirkung (§ 5 Bundesversorgungsgesetz),
6. nach dem 29. Januar 1933 wegen Verfolgungsmaßnahmen als Verfolgter des Nationalsozialismus (§§ 1 und 2 Bundesentschädigungsgesetz),
7. nach dem 31. Dezember 1956 während oder wegen eines Gewahrsams (§ 1 Häftlingshilfegesetz),
8. nach dem 31. Dezember 1956 während oder wegen Internierung oder Verschleppung (§ 250 Abs. 1 Nr. 2) oder
9. nach dem 30. Juni 1944 wegen Vertreibung oder Flucht als Vertriebener (§§ 1 bis 5 Bundesvertriebenengesetz),

vermindert erwerbsfähig geworden oder gestorben sind.

(3) Sind Versicherte vor dem 1. Januar 1992 und nach dem 31. Dezember 1972 erwerbsunfähig geworden oder gestorben, ist die allgemeine Wartezeit auch vorzeitig erfüllt, wenn sie

1. wegen eines Unfalls und vor Ablauf von sechs Jahren nach Beendigung einer Ausbildung erwerbsunfähig geworden oder gestorben sind und
2. in den zwei Jahren vor Eintritt der Erwerbsunfähigkeit oder des Todes mindestens sechs Kalendermonate mit Pflichtbeiträgen für eine versicherte Beschäftigung oder Tätigkeit haben.

§ 245a Wartezeiterfüllung bei früherem Anspruch auf Hinterbliebenenrente im Beitrittsgebiet

Die allgemeine Wartezeit gilt für einen Anspruch auf Hinterbliebenenrente als erfüllt, wenn der Berechtigte bereits vor dem 1. Januar 1992 einen Anspruch auf Hinterbliebenenrente nach den Vorschriften des Beitrittsgebiets gehabt hat.

§ 246 Beitragsgeminderte Zeiten

[1]Zeiten, für die für Arbeiter in der Zeit vom 1. Oktober 1921 und für Angestellte in der Zeit vom 1. August 1921 bis zum 31. Dezember 1923 Beiträge gezahlt worden sind, sind beitragsgeminderte Zeiten. [2]Bei Beginn einer Rente vor dem 1. Januar 2009 gelten die ersten 36 Kalendermonate mit Pflichtbeiträgen für Zeiten einer versicherten Beschäftigung oder selbständigen Tätigkeit bis zur Vollendung des 25. Lebensjahres stets als Zeiten einer beruflichen Ausbildung. [3]Auf die ersten 36 Kalendermonate werden Anrechnungszeiten wegen einer Lehre angerechnet.

§ 247 Beitragszeiten

(1) [1]Beitragszeiten sind auch Zeiten, für die in der Zeit vom 1. Januar 1984 bis zum 31. Dezember 1991 für Anrechnungszeiten Beiträge gezahlt worden sind, die der Versicherte ganz oder teilweise getragen hat. [2]Die Zeiten sind Pflichtbeitragszeiten, wenn ein Leistungsträger die Beiträge mitgetragen hat.

(2) Pflichtbeitragszeiten aufgrund einer versicherten Beschäftigung sind auch Zeiten, für die die Bundesagentur für Arbeit in der Zeit vom 1. Juli 1978 bis zum 31. Dezember 1982 oder ein anderer Leistungsträger in der Zeit vom 1. Oktober 1974 bis zum 31. Dezember

1983 wegen des Bezugs von Sozialleistungen Pflichtbeiträge gezahlt hat.

(2a) Pflichtbeitragszeiten aufgrund einer versicherten Beschäftigung sind auch Zeiten, in denen in der Zeit vom 1. Juni 1945 bis 30. Juni 1965 Personen als Lehrling oder sonst zu ihrer Berufsausbildung beschäftigt waren und grundsätzlich Versicherungspflicht bestand, eine Zahlung von Pflichtbeiträgen für diese Zeiten jedoch nicht erfolgte (Zeiten einer beruflichen Ausbildung).

(3) $_1$Beitragszeiten sind auch Zeiten, für die nach den Reichsversicherungsgesetzen Pflichtbeiträge (Pflichtbeitragszeiten) oder freiwillige Beiträge gezahlt worden sind. $_2$Zeiten vor dem 1. Januar 1924 sind jedoch nur Beitragszeiten, wenn

1. in der Zeit vom 1. Januar 1924 bis zum 30. November 1948 mindestens ein Beitrag für diese Zeit gezahlt worden ist,
2. nach dem 30. November 1948 bis zum Ablauf von drei Jahren nach dem Ende einer Ersatzzeit mindestens ein Beitrag gezahlt worden ist oder
3. mindestens die Wartezeit von 15 Jahren erfüllt ist.

§ 248 Beitragszeiten im Beitrittsgebiet und im Saarland

(1) Pflichtbeitragszeiten sind auch Zeiten, in denen Personen aufgrund gesetzlicher Pflicht nach dem 8. Mai 1945 mehr als drei Tage Wehrdienst oder Zivildienst im Beitrittsgebiet geleistet haben.

(2) Für Versicherte, die bereits vor Erfüllung der allgemeinen Wartezeit voll erwerbsgemindert waren und seitdem ununterbrochen voll erwerbsgemindert sind, gelten Zeiten des gewöhnlichen Aufenthalts im Beitrittsgebiet nach Vollendung des 16. Lebensjahres und nach Eintritt der vollen Erwerbsminderung in der Zeit vom 1. Juli 1975 bis zum 31. Dezember 1991 als Pflichtbeitragszeiten.

(3) $_1$Den Beitragszeiten nach Bundesrecht stehen Zeiten nach dem 8. Mai 1945 gleich, für die Beiträge zu einem System der gesetzlichen Rentenversicherung nach vor dem Inkrafttreten von Bundesrecht geltenden Rechtsvorschriften gezahlt worden sind; dies gilt entsprechend für Beitragszeiten im Saarland bis zum 31. Dezember 1956. $_2$Beitragszeiten im Beitrittsgebiet sind nicht

1. Zeiten der Schul-, Fach- oder Hochschulausbildung,
2. Zeiten einer Beschäftigung oder selbständigen Tätigkeit neben dem Bezug einer Altersrente oder einer Versorgung wegen Alters,
3. Zeiten der freiwilligen Versicherung vor dem 1. Januar 1991 nach der Verordnung über die freiwillige und zusätzliche Versicherung in der Sozialversicherung vom 28. Januar 1947, in denen Beiträge nicht mindestens in der in Anlage 11 genannten Höhe gezahlt worden sind.

(4) $_1$Die Beitragszeiten werden abweichend von den Vorschriften des Dritten Kapitels der knappschaftlichen Rentenversicherung zugeordnet, wenn für die versicherte Beschäftigung Beiträge nach einem Beitragssatz für bergbaulich Versicherte gezahlt worden sind. $_2$Zeiten der Versicherungspflicht von selbständig Tätigen im Beitrittsgebiet werden der allgemeinen Rentenversicherung zugeordnet.

§ 249 Beitragszeiten wegen Kindererziehung

(1) Die Kindererziehungszeit für ein vor dem 1. Januar 1992 geborenes Kind endet 24 Kalendermonate nach Ablauf des Monats der Geburt.

(2) $_1$Bei der Anrechnung einer Kindererziehungszeit steht der Erziehung im Inland die Erziehung im jeweiligen Geltungsbereich der Reichsversicherungsgesetze gleich. $_2$Dies gilt nicht, wenn Beitragszeiten während desselben Zeitraums aufgrund einer Versicherungslastregelung mit einem anderen Staat nicht in die Versicherungslast der Bundesrepublik Deutschland fallen würden.

(3) (weggefallen)

(4) Ein Elternteil ist von der Anrechnung einer Kindererziehungszeit ausgeschlossen, wenn er vor dem 1. Januar 1921 geboren ist.

(5) Für die Feststellung der Tatsachen, die für die Anrechnung von Kindererziehungszeiten vor dem 1. Januar 1986 erheblich sind, genügt es, wenn sie glaubhaft gemacht sind.

(6) Ist die Mutter vor dem 1. Januar 1986 gestorben, wird die Kindererziehungszeit insgesamt dem Vater zugeordnet.

(7) Bei Folgerenten, die die Voraussetzungen nach § 88 Absatz 1 oder 2 erfüllen und für die ein Zuschlag an persönlichen Entgeltpunkten nach § 307d zu berücksichtigen ist, endet die Kindererziehungszeit für ein vor dem 1. Januar 1992 geborenes Kind zwölf Kalendermonate nach Ablauf des Monats der Geburt.

(8) 1Die Anrechnung einer Kindererziehungszeit nach Absatz 1 ist ab dem 13. Kalendermonat nach Ablauf des Monats der Geburt ausgeschlossen, wenn für den Versicherten für dasselbe Kind ein Zuschlag an persönlichen Entgeltpunkten nach § 307d zu berücksichtigen ist. 2Satz 1 gilt entsprechend, wenn für einen anderen Versicherten oder Hinterbliebenen für dasselbe Kind ein Zuschlag an persönlichen Entgeltpunkten nach § 307d zu berücksichtigen ist oder zu berücksichtigen war.

§ 249a Beitragszeiten wegen Kindererziehung im Beitrittsgebiet

(1) Elternteile, die am 18. Mai 1990 ihren gewöhnlichen Aufenthalt im Beitrittsgebiet hatten, sind von der Anrechnung einer Kindererziehungszeit ausgeschlossen, wenn sie vor dem 1. Januar 1927 geboren sind.

(2) Ist ein Elternteil bis zum 31. Dezember 1996 gestorben, wird die Kindererziehungszeit im Beitrittsgebiet vor dem 1. Januar 1992 insgesamt der Mutter zugeordnet, es sei denn, es wurde eine wirksame Erklärung zugunsten des Vaters abgegeben.

§ 249b Berücksichtigungszeiten wegen Pflege

Berücksichtigungszeiten sind auf Antrag auch Zeiten der nicht erwerbsmäßigen Pflege eines Pflegebedürftigen in der Zeit vom 1. Januar 1992 bis zum 31. März 1995, solange die Pflegeperson

1. wegen der Pflege berechtigt war, Beiträge zu zahlen oder die Umwandlung von freiwilligen Beiträgen in Pflichtbeiträge zu beantragen, und
2. nicht zu den in § 56 Abs. 4 genannten Personen gehört, die von der Anrechnung einer Kindererziehungszeit ausgeschlossen sind.

Die Zeit der Pflegetätigkeit wird von der Aufnahme der Pflegetätigkeit an als Berücksichtigungszeit angerechnet, wenn der Antrag bis zum Ablauf von drei Kalendermonaten nach Aufnahme der Pflegetätigkeit gestellt wird.

§ 250 Ersatzzeiten

(1) Ersatzzeiten sind Zeiten vor dem 1. Januar 1992, in denen Versicherungspflicht nicht bestanden hat und Versicherte nach vollendetem 14. Lebensjahr

1. militärischen oder militärähnlichen Dienst im Sinne der §§ 2 und 3 des Bundesversorgungsgesetzes aufgrund gesetzlicher Dienstpflicht oder Wehrpflicht oder während eines Krieges geleistet haben oder aufgrund dieses Dienstes kriegsgefangen gewesen sind oder deutschen Minenräumdienst nach dem 8. Mai 1945 geleistet haben oder im Anschluss an solche Zeiten wegen Krankheit arbeitsunfähig oder unverschuldet arbeitslos gewesen sind,
2. interniert oder verschleppt oder im Anschluss an solche Zeiten wegen Krankheit arbeitsunfähig oder unverschuldet arbeitslos gewesen sind, wenn sie als Deutsche wegen ihrer Volks- oder Staatsangehörigkeit oder in ursächlichem Zusammenhang mit den Kriegsereignissen außerhalb des Gebietes der Bundesrepublik Deutschland interniert oder in ein ausländisches Staatsgebiet verschleppt waren, nach dem 8. Mai 1945 entlassen wurden und innerhalb von zwei Monaten nach der Entlassung im Gebiet der Bundesrepublik Deutschland ständigen Aufenthalt genommen haben, wobei in die Frist von zwei Monaten Zeiten einer unverschuldeten Ver-

zögerung der Rückkehr nicht eingerechnet werden,

3. während oder nach dem Ende eines Krieges, ohne Kriegsteilnehmer zu sein, durch feindliche Maßnahmen bis zum 30. Juni 1945 an der Rückkehr aus Gebieten außerhalb des jeweiligen Geltungsbereichs der Reichsversicherungsgesetze oder danach aus Gebieten außerhalb des Geltungsbereichs dieser Gesetze, soweit es sich nicht um das Beitrittsgebiet handelt, verhindert gewesen oder dort festgehalten worden sind,
4. in ihrer Freiheit eingeschränkt gewesen oder ihnen die Freiheit entzogen worden ist (§§ 43 und 47 Bundesentschädigungsgesetz) oder im Anschluss an solche Zeiten wegen Krankheit arbeitsunfähig oder unverschuldet arbeitslos gewesen sind oder infolge Verfolgungsmaßnahmen
   a) arbeitslos gewesen sind, auch wenn sie der Arbeitsvermittlung nicht zur Verfügung gestanden haben, längstens aber die Zeit bis zum 31. Dezember 1946, oder
   b) bis zum 30. Juni 1945 ihren Aufenthalt in Gebieten außerhalb des jeweiligen Geltungsbereichs der Reichsversicherungsgesetze oder danach in Gebieten außerhalb des Geltungsbereichs der Reichsversicherungsgesetze nach dem Stand vom 30. Juni 1945 genommen oder einen solchen beibehalten haben, längstens aber die Zeit bis zum 31. Dezember 1949,

   wenn sie zum Personenkreis des § 1 des Bundesentschädigungsgesetzes gehören (Verfolgungszeit),
5. in Gewahrsam genommen worden sind oder im Anschluss daran wegen Krankheit arbeitsunfähig oder unverschuldet arbeitslos gewesen sind, wenn sie zum Personenkreis des § 1 des Häftlingshilfegesetzes gehören oder nur deshalb nicht gehören, weil sie vor dem 3. Oktober 1990 ihren gewöhnlichen Aufenthalt im Beitrittsgebiet genommen haben, oder

5a. im Beitrittsgebiet in der Zeit vom 8. Mai 1945 bis zum 30. Juni 1990 einen Freiheitsentzug erlitten haben, soweit eine auf Rehabilitierung oder Kassation erkennende Entscheidung ergangen ist, oder im Anschluss an solche Zeiten wegen Krankheit arbeitsunfähig oder unverschuldet arbeitslos gewesen sind,

6. vertrieben, umgesiedelt oder ausgesiedelt worden oder auf der Flucht oder im Anschluss an solche Zeiten wegen Krankheit arbeitsunfähig oder unverschuldet arbeitslos gewesen sind, mindestens aber die Zeit vom 1. Januar 1945 bis zum 31. Dezember 1946, wenn sie zum Personenkreis der §§ 1 bis 4 des Bundesvertriebenengesetzes gehören.

(2) Ersatzzeiten sind nicht Zeiten,

1. für die eine Nachversicherung durchgeführt oder nur wegen eines fehlenden Antrags nicht durchgeführt worden ist,
2. in denen außerhalb des Gebietes der Bundesrepublik Deutschland ohne das Beitrittsgebiet eine Rente wegen Alters oder anstelle einer solchen eine andere Leistung bezogen worden ist,
3. in denen nach dem 31. Dezember 1956 die Voraussetzungen nach Absatz 1 Nr. 2, 3 und 5 vorliegen und Versicherte eine Beschäftigung oder selbständige Tätigkeit auch aus anderen als den dort genannten Gründen nicht ausgeübt haben.

§ 251 Ersatzzeiten bei Handwerkern

(1) Ersatzzeiten werden bei versicherungspflichtigen Handwerkern, die in diesen Zeiten in die Handwerksrolle eingetragen waren, berücksichtigt, wenn für diese Zeiten Beiträge nicht gezahlt worden sind.

(2) Zeiten, in denen in die Handwerksrolle eingetragene versicherungspflichtige Handwerker im Anschluss an eine Ersatzzeit arbeitsunfähig krank gewesen sind, sind nur dann Ersatzzeiten, wenn sie in ihrem Betrieb mit Ausnahme von Lehrlingen und des Ehegatten oder eines Verwandten ersten Grades, für Zeiten vor dem 1. Mai 1985 mit Ausnahme eines Lehrlings, des Ehegatten oder eines Verwandten ersten Grades, Personen nicht

beschäftigt haben, die wegen dieser Beschäftigung versicherungspflichtig waren.

(3) Eine auf eine Ersatzzeit folgende Zeit der unverschuldeten Arbeitslosigkeit vor dem 1. Juli 1969 ist bei Handwerkern nur dann eine Ersatzzeit, wenn und solange sie in der Handwerksrolle gelöscht waren.

§ 252 Anrechnungszeiten

(1) Anrechnungszeiten sind auch Zeiten, in denen Versicherte

1. Anpassungsgeld für entlassene Arbeitnehmer des Bergbaus bezogen haben,
2. nach dem 31. Dezember 1991 eine Knappschaftsausgleichsleistung bezogen haben,
3. nach dem vollendeten 17. Lebensjahr als Lehrling nicht versicherungspflichtig oder versicherungsfrei waren und die Lehrzeit abgeschlossen haben, längstens bis zum 28. Februar 1957, im Saarland bis zum 31. August 1957,
4. vor dem vollendeten 55. Lebensjahr eine Rente wegen Berufsunfähigkeit oder Erwerbsunfähigkeit oder eine Erziehungsrente bezogen haben, in der eine Zurechnungszeit nicht enthalten war,
5. vor dem vollendeten 55. Lebensjahr eine Invalidenrente, ein Ruhegeld oder eine Knappschaftsvollrente bezogen haben, wenn diese Leistung vor dem 1. Januar 1957 weggefallen ist,
6. Schlechtwettergeld bezogen haben, wenn dadurch eine versicherte Beschäftigung oder selbständige Tätigkeit unterbrochen worden ist, längstens bis zum 31. Dezember 1978.

(2) Anrechnungszeiten sind auch Zeiten, für die

1. die Bundesagentur für Arbeit in der Zeit vom 1. Januar 1983,
2. ein anderer Leistungsträger in der Zeit vom 1. Januar 1984

bis zum 31. Dezember 1997 wegen des Bezugs von Sozialleistungen Pflichtbeiträge oder Beiträge für Anrechnungszeiten gezahlt hat.

(3) Anrechnungszeiten wegen Arbeitsunfähigkeit oder Leistungen zur medizinischen Rehabilitation oder zur Teilhabe am Arbeitsleben liegen in der Zeit vom 1. Januar 1984 bis zum 31. Dezember 1997 bei Versicherten, die

1. nicht in der gesetzlichen Krankenversicherung versichert waren oder
2. in der gesetzlichen Krankenversicherung ohne Anspruch auf Krankengeld versichert waren,

nur vor, wenn für diese Zeiten, längstens jedoch für 18 Kalendermonate, Beiträge nach mindestens 70 vom Hundert, für die Zeit vom 1. Januar 1995 an 80 vom Hundert des zuletzt für einen vollen Kalendermonat versicherten Arbeitsentgelts oder Arbeitseinkommens gezahlt worden sind.

(4) (weggefallen)

(5) Zeiten einer Arbeitslosigkeit vor dem 1. Juli 1969 sind bei Handwerkern nur dann Anrechnungszeiten, wenn und solange sie in der Handwerksrolle gelöscht waren.

(6) $_1$Bei selbständig Tätigen, die auf Antrag versicherungspflichtig waren, und bei Handwerkern sind Zeiten vor dem 1. Januar 1992, in denen sie

1. wegen Krankheit arbeitsunfähig gewesen sind oder Leistungen zur medizinischen Rehabilitation oder zur Teilhabe am Arbeitsleben erhalten haben,
2. wegen Schwangerschaft oder Mutterschaft während der Schutzfristen nach dem Mutterschutzgesetz eine versicherte selbständige Tätigkeit nicht ausgeübt haben,

nur dann Anrechnungszeiten, wenn sie in ihrem Betrieb mit Ausnahme eines Lehrlings, des Ehegatten oder eines Verwandten ersten Grades Personen nicht beschäftigt haben, die wegen dieser Beschäftigung versicherungspflichtig waren. $_2$Anrechnungszeiten nach dem 30. April 1985 liegen auch vor, wenn die Versicherten mit Ausnahme von Lehrlingen und des Ehegatten oder eines Verwandten ersten Grades Personen nicht beschäftigt haben, die wegen dieser Beschäftigung versicherungspflichtig waren.

(7) [1]Zeiten, in denen Versicherte

1. vor dem 1. Januar 1984 arbeitsunfähig geworden sind oder Leistungen zur medizinischen Rehabilitation oder zur Teilhabe am Arbeitsleben erhalten haben,
2. vor dem 1. Januar 1979 Schlechtwettergeld bezogen haben,
3. wegen Arbeitslosigkeit bei einer deutschen Agentur für Arbeit als Arbeitsuchende gemeldet waren und
   a) vor dem 1. Juli 1978 eine öffentlich-rechtliche Leistung bezogen haben oder
   b) vor dem 1. Januar 1992 eine öffentlich-rechtliche Leistung nur wegen des zu berücksichtigenden Einkommens oder Vermögens nicht bezogen haben,

werden nur berücksichtigt, wenn sie mindestens einen Kalendermonat andauerten. [2]Folgen mehrere Zeiten unmittelbar aufeinander, werden sie zusammengerechnet.

(8) [1]Anrechnungszeiten sind auch Zeiten nach dem 30. April 2003, in denen Versicherte

1. nach Vollendung des 58. Lebensjahres wegen Arbeitslosigkeit bei einer deutschen Agentur für Arbeit gemeldet waren,
2. der Arbeitsvermittlung nur deshalb nicht zur Verfügung standen, weil sie nicht arbeitsbereit waren und nicht alle Möglichkeiten nutzten und nutzen wollten, um ihre Beschäftigungslosigkeit zu beenden, und
3. eine öffentlich-rechtliche Leistung nur wegen des zu berücksichtigenden Einkommens oder Vermögens nicht bezogen haben.

[2]Für Zeiten nach Satz 1 gelten die Vorschriften über Anrechnungszeiten wegen Arbeitslosigkeit. [3]Zeiten nach Satz 1 werden nach dem 31. Dezember 2007 nur dann als Anrechnungszeiten berücksichtigt, wenn die Arbeitslosigkeit vor dem 1. Januar 2008 begonnen hat und der Versicherte vor dem 2. Januar 1950 geboren ist.

(9) Anrechnungszeiten liegen bei Beziehern von Arbeitslosenhilfe, Unterhaltsgeld und Arbeitslosengeld II nicht vor, wenn die Bundesagentur für Arbeit oder in den Fällen des § 6a des Zweiten Buches die zugelassenen kommunalen Träger für sie Beiträge an eine Versicherungseinrichtung oder Versorgungseinrichtung, an ein Versicherungsunternehmen oder an sie selbst gezahlt haben.

(10) Anrechnungszeiten liegen nicht vor bei Beziehern von Arbeitslosengeld II, die in der Zeit vom 1. Januar 2011 bis zum 31. Dezember 2012 versicherungspflichtig beschäftigt oder versicherungspflichtig selbständig tätig gewesen sind oder eine Leistung bezogen haben, wegen der sie nach § 3 Satz 1 Nummer 3 versicherungspflichtig gewesen sind.

§ 252a Anrechnungszeiten im Beitrittsgebiet

(1) [1]Anrechnungszeiten im Beitrittsgebiet sind auch Zeiten nach dem 8. Mai 1945, in denen Versicherte

1. wegen Schwangerschaft oder Mutterschaft während der jeweiligen Schutzfristen eine versicherte Beschäftigung oder selbständige Tätigkeit nicht ausgeübt haben,
2. vor dem 1. Januar 1992
   a) Lohnersatzleistungen nach dem Recht der Arbeitsförderung,
   b) Vorruhestandsgeld, Übergangsrente, Invalidenrente bei Erreichen besonderer Altersgrenzen, befristete erweiterte Versorgung oder
   c) Unterstützung während der Zeit der Arbeitsvermittlung

   bezogen haben,
3. vor dem 1. März 1990 arbeitslos waren oder
4. vor dem vollendeten 55. Lebensjahr Invalidenrente, Bergmannsinvalidenrente, Versorgung wegen voller Berufsunfähigkeit oder Teilberufsunfähigkeit, Unfallrente aufgrund eines Körperschadens von 66 2/3 vom Hundert, Kriegsbeschädigtenrente aus dem Beitrittsgebiet, entsprechende Renten aus einem Sonderversorgungssystem oder eine berufsbezogene

Zuwendung an Ballettmitglieder in staatlichen Einrichtungen bezogen haben.

$_{2}$Anrechnungszeiten nach Satz 1 Nr. 1 liegen vor Vollendung des 17. und nach Vollendung des 25. Lebensjahres nur vor, wenn dadurch eine versicherte Beschäftigung oder selbständige Tätigkeit unterbrochen ist. $_{3}$Für Zeiten nach Satz 1 Nr. 2 und 3 gelten die Vorschriften über Anrechnungszeiten wegen Arbeitslosigkeit. $_{4}$Zeiten des Fernstudiums oder des Abendunterrichts in der Zeit vor dem 1. Juli 1990 sind nicht Anrechnungszeiten wegen schulischer Ausbildung, wenn das Fernstudium oder der Abendunterricht neben einer versicherungspflichtigen Beschäftigung oder Tätigkeit ausgeübt worden ist.

(2) $_{1}$Anstelle von Anrechnungszeiten wegen Krankheit, Schwangerschaft oder Mutterschaft vor dem 1. Juli 1990 werden pauschal Anrechnungszeiten für Ausfalltage ermittelt, wenn im Ausweis für Arbeit und Sozialversicherung Arbeitsausfalltage als Summe eingetragen sind. $_{2}$Dazu ist die im Ausweis eingetragene Anzahl der Arbeitsausfalltage mit der Zahl 7 zu vervielfältigen, durch die Zahl 5 zu teilen und dem Ende der für das jeweilige Kalenderjahr bescheinigten Beschäftigung oder selbständigen Tätigkeit als Anrechnungszeit lückenlos zuzuordnen, wobei Zeiten vor dem 1. Januar 1984 nur berücksichtigt werden, wenn nach der Zuordnung mindestens ein Kalendermonat belegt ist. $_{3}$Insoweit ersetzen sie die für diese Zeit bescheinigten Pflichtbeitragszeiten; dies gilt nicht für die Feststellung von Pflichtbeitragszeiten für einen Anspruch auf Rente.

§ 253 Pauschale Anrechnungszeit

(1) $_{1}$Anrechnungszeit für die Zeit vor dem 1. Januar 1957 ist mindestens die volle Anzahl an Monaten, die sich ergibt, wenn

1. der Zeitraum vom Kalendermonat, für den der erste Pflichtbeitrag gezahlt ist, spätestens vom Kalendermonat, in den der Tag nach der Vollendung des 17. Lebensjahres des Versicherten fällt, bis zum Kalendermonat, für den der letzte Pflichtbeitrag vor dem 1. Januar 1957 gezahlt worden ist, ermittelt wird (Gesamtzeit),
2. die Gesamtzeit um die auf sie entfallenden mit Beiträgen und Ersatzzeiten belegten Kalendermonate zur Ermittlung der verbleibenden Zeit gemindert wird (Gesamtlücke) und
3. die Gesamtlücke, höchstens jedoch ein nach unten gerundetes volles Viertel der auf die Gesamtzeit entfallenden Beitragszeiten und Ersatzzeiten, mit dem Verhältnis vervielfältigt wird, in dem die Summe der auf die Gesamtzeit entfallenden mit Beitragszeiten und Ersatzzeiten belegten Kalendermonate zu der Gesamtzeit steht.

$_{2}$Dabei werden Zeiten, für die eine Nachversicherung nur wegen eines fehlenden Antrags nicht durchgeführt worden ist, wie Beitragszeiten berücksichtigt.

(2) Der Anteil der pauschalen Anrechnungszeiten, der auf einen Zeitabschnitt entfällt, ist die volle Anzahl an Monaten, die sich ergibt, wenn die pauschale Anrechnungszeit mit der für ihre Ermittlung maßgebenden verbleibenden Zeit in diesem Zeitabschnitt (Teillücke) vervielfältigt und durch die Gesamtlücke geteilt wird.

§ 254 Zuordnung beitragsfreier Zeiten zur knappschaftlichen Rentenversicherung

(1) Ersatzzeiten werden der knappschaftlichen Rentenversicherung zugeordnet, wenn vor dieser Zeit der letzte Pflichtbeitrag zur knappschaftlichen Rentenversicherung gezahlt worden ist.

(2) Ersatzzeiten und Anrechnungszeiten wegen einer Lehre werden der knappschaftlichen Rentenversicherung auch dann zugeordnet, wenn nach dieser Zeit die Versicherung beginnt und der erste Pflichtbeitrag zur knappschaftlichen Rentenversicherung gezahlt worden ist.

(3) Anrechnungszeiten wegen des Bezugs von Anpassungsgeld und von Knappschaftsausgleichsleistung sind Zeiten der knappschaftlichen Rentenversicherung.

(4) Die pauschale Anrechnungszeit wird der knappschaftlichen Rentenversicherung in dem Verhältnis zugeordnet, in dem die knappschaftlichen Beitragszeiten und die der

knappschaftlichen Rentenversicherung zugeordneten Ersatzzeiten bis zur letzten Pflichtbeitragszeit vor dem 1. Januar 1957 zu allen diesen Beitragszeiten und Ersatzzeiten stehen.

§ 254a Ständige Arbeiten unter Tage im Beitrittsgebiet

Im Beitrittsgebiet vor dem 1. Januar 1992 überwiegend unter Tage ausgeübte Tätigkeiten sind ständige Arbeiten unter Tage.

Fünfter Unterabschnitt Rentenhöhe und Rentenanpassung

§ 254b Rentenformel für Monatsbetrag der Rente

(1) Bis zur Herstellung einheitlicher Einkommensverhältnisse im Gebiet der Bundesrepublik Deutschland werden persönliche Entgeltpunkte (Ost) und ein aktueller Rentenwert (Ost) für die Ermittlung des Monatsbetrags der Rente aus Zeiten außerhalb der Bundesrepublik Deutschland ohne das Beitrittsgebiet gebildet, die an die Stelle der persönlichen Entgeltpunkte und des aktuellen Rentenwerts treten.

(2) Liegen der Rente auch persönliche Entgeltpunkte zugrunde, die mit dem aktuellen Rentenwert zu vervielfältigen sind, sind Monatsteilbeträge zu ermitteln, deren Summe den Monatsbetrag der Rente ergibt.

§ 254c Anpassung der Renten

1Renten, denen ein aktueller Rentenwert (Ost) zugrunde liegt, werden angepasst, indem der bisherige aktuelle Rentenwert (Ost) durch den neuen aktuellen Rentenwert (Ost) ersetzt wird. 2Rentenbezieher erhalten eine Anpassungsmitteilung, wenn sich die Höhe des aktuellen Rentenwerts (Ost) verändert.

§ 254d Entgeltpunkte (Ost)

(1) An die Stelle der ermittelten Entgeltpunkte treten Entgeltpunkte (Ost) für

1. Zeiten mit Beiträgen für eine Beschäftigung oder selbständige Tätigkeit,
2. Pflichtbeitragszeiten aufgrund der gesetzlichen Pflicht zur Leistung von Wehrdienst oder Zivildienst oder aufgrund eines Wehrdienstverhältnisses besonderer Art nach § 6 des Einsatz-Weiterverwendungsgesetzes oder aufgrund Bezugs von Sozialleistungen, mit Ausnahme des Bezugs von Arbeitslosengeld II,
3. Zeiten der Erziehung eines Kindes,
4. Zeiten mit freiwilligen Beiträgen vor dem 1. Januar 1992 oder danach bis zum 31. März 1999 zur Aufrechterhaltung des Anspruchs auf Rente wegen verminderter Erwerbsfähigkeit (§ 279b) bei gewöhnlichem Aufenthalt,

4a. Zeiten der nicht erwerbsmäßigen Pflege,

4b. zusätzliche Entgeltpunkte für Arbeitsentgelt aus nach § 23b Abs. 2 Satz 1 bis 4 des Vierten Buches aufgelösten Wertguthaben auf Grund einer Arbeitsleistung

im Beitrittsgebiet und

5. Zeiten mit Beiträgen für eine Beschäftigung oder selbständige Tätigkeit,
6. Zeiten der Erziehung eines Kindes,
7. Zeiten mit freiwilligen Beiträgen bei gewöhnlichem Aufenthalt

im jeweiligen Geltungsbereich der Reichsversicherungsgesetze außerhalb der Bundesrepublik Deutschland (Reichsgebiets-Beitragszeiten).

(2) 1Absatz 1 findet keine Anwendung auf Zeiten vor dem 19. Mai 1990

1. von Versicherten, die ihren gewöhnlichen Aufenthalt am 18. Mai 1990 oder, falls sie verstorben sind, zuletzt vor dem 19. Mai 1990
   a) im Gebiet der Bundesrepublik Deutschland ohne das Beitrittsgebiet hatten, solange sich der Berechtigte im Inland gewöhnlich aufhält, oder
   b) im Ausland hatten und unmittelbar vor Beginn des Auslandsaufenthalts ihren gewöhnlichen Aufenthalt im Gebiet der Bundesrepublik Deutschland ohne das Beitrittsgebiet hatten,
2. mit Beiträgen aufgrund einer Beschäftigung bei einem Unternehmen im Beitrittsgebiet, für das Arbeitsentgelte in Deutsche Mark gezahlt worden sind.

$_{2}$Satz 1 gilt nicht für Zeiten, die von der Wirkung einer Beitragserstattung nach § 286d Abs. 2 nicht erfasst werden.

(3) Für Zeiten mit Beiträgen für eine Beschäftigung oder selbständige Tätigkeit und für Zeiten der Erziehung eines Kindes vor dem 1. Februar 1949 in Berlin gelten ermittelte Entgeltpunkte nicht als Entgeltpunkte (Ost).

§ 255 Rentenartfaktor

(1) Der Rentenartfaktor beträgt für persönliche Entgeltpunkte bei großen Witwenrenten und großen Witwerrenten nach dem Ende des dritten Kalendermonats nach Ablauf des Monats, in dem der Ehegatte verstorben ist, 0,6, wenn der Ehegatte vor dem 1. Januar 2002 verstorben ist oder die Ehe vor diesem Tag geschlossen wurde und mindestens ein Ehegatte vor dem 2. Januar 1962 geboren ist.

(2) Witwenrenten und Witwerrenten aus der Rentenanwartschaft eines vor dem 1. Juli 1977 geschiedenen Ehegatten werden von Beginn an mit dem Rentenartfaktor ermittelt, der für Witwenrenten und Witwerrenten nach dem Ende des dritten Kalendermonats nach Ablauf des Monats, in dem der Ehegatte verstorben ist, maßgebend ist.

§ 255a Aktueller Rentenwert (Ost)

(1) $_{1}$Der aktuelle Rentenwert (Ost) beträgt am 30. Juni 2005 22,97 Euro. $_{2}$Er verändert sich zum 1. Juli eines jeden Jahres nach dem für die Veränderung des aktuellen Rentenwerts geltenden Verfahren. $_{3}$Hierbei sind jeweils die für das Beitrittsgebiet ermittelten Bruttolöhne und -gehälter je Arbeitnehmer (§ 68 Abs. 2 Satz 1) maßgebend. $_{4}$§ 68 Abs. 2 Satz 3 ist mit der Maßgabe anzuwenden, dass die für das Beitrittsgebiet ermittelten beitragspflichtigen Bruttolöhne und -gehälter je Arbeitnehmer ohne Beamte einschließlich der Bezieher von Arbeitslosengeld zugrunde zu legen sind.

(2) Der aktuelle Rentenwert (Ost) ist mindestens um den Vomhundertsatz anzupassen, um den der aktuelle Rentenwert angepasst wird.

(3) $_{1}$Abweichend von § 68 Abs. 4 werden bis zur Herstellung einheitlicher Einkommensverhältnisse im Gebiet der Bundesrepublik Deutschland die Anzahl der Äquivalenzrentner und die Anzahl der Äquivalenzbeitragszahler für das Bundesgebiet ohne das Beitrittsgebiet und das Beitrittsgebiet getrennt berechnet. $_{2}$Für die weitere Berechnung nach § 68 Abs. 4 werden die jeweiligen Ergebnisse anschließend addiert. $_{3}$Für die Berechnung sind die Werte für das Gesamtvolumen der Beiträge aller in der allgemeinen Rentenversicherung versicherungspflichtig Beschäftigten, der geringfügig Beschäftigten (§ 8 Viertes Buch) und der Bezieher von Arbeitslosengeld eines Kalenderjahres, das Durchschnittsentgelt nach Anlage 1, das Gesamtvolumen der Renten abzüglich erstatteter Aufwendungen für Renten und Rententeile eines Kalenderjahres und eine Regelaltersrente mit 45 Entgeltpunkten für das Bundesgebiet ohne das Beitrittsgebiet und für das Beitrittsgebiet getrennt zu ermitteln und der Berechnung zugrunde zu legen. $_{4}$Im Beitrittsgebiet ist dabei als Durchschnittsentgelt für das jeweilige Kalenderjahr der Wert der Anlage 1 dividiert durch den Wert der Anlage 10 zu berücksichtigen und bei der Berechnung der Regelaltersrente mit 45 Entgeltpunkten der aktuelle Rentenwert (Ost) zugrunde zu legen.

(4) $_{1}$Abweichend von § 68a tritt bis zur Herstellung einheitlicher Einkommensverhältnisse im Gebiet der Bundesrepublik Deutschland jeweils an die Stelle des aktuellen Rentenwerts der aktuelle Rentenwert (Ost), des Ausgleichsbedarfs der Ausgleichsbedarf (Ost), des Ausgleichsfaktors der Ausgleichsfaktor (Ost) und des Anpassungsfaktors der Anpassungsfaktor (Ost). $_{2}$Absatz 2 ist auf der Grundlage des nach Satz 1 bestimmten aktuellen Rentenwerts (Ost) anzuwenden. $_{3}$Für den zu ermittelnden Ausgleichsfaktor (Ost) bleibt die Veränderung des aktuellen Rentenwerts (Ost) nach Maßgabe des Absatzes 2 außer Betracht. $_{4}$Der Ausgleichsbedarf (Ost) verändert sich bei Anwendung des Absatzes 2 nur dann nach § 68a Abs. 3, wenn der nach Absatz 1 errechnete aktuelle Rentenwert (Ost) den nach Satz 1 in Verbindung mit Absatz 2 errechneten aktuellen Rentenwert (Ost) übersteigt; der Wert des Ausgleichsbe-

darfs (Ost) verändert sich, indem der im Vorjahr bestimmte Wert mit dem Anpassungsfaktor (Ost) vervielfältigt wird, der sich ergibt, wenn der nach Absatz 1 errechnete aktuelle Rentenwert (Ost) durch den nach Satz 1 in Verbindung mit Absatz 2 errechneten aktuellen Rentenwert (Ost) geteilt wird.

§ 255b Verordnungsermächtigung

(1) Die Bundesregierung wird ermächtigt, durch Rechtsverordnung mit Zustimmung des Bundesrates den zum 1. Juli eines Jahres maßgebenden aktuellen Rentenwert (Ost) und den Ausgleichsbedarf (Ost) bis zum 30. Juni des jeweiligen Jahres zu bestimmen.

(2) Die Bundesregierung wird ermächtigt, durch Rechtsverordnung mit Zustimmung des Bundesrates zum Ende eines jeden Kalenderjahres

1. für das vergangene Kalenderjahr den Wert der Anlage 10,
2. für das folgende Kalenderjahr den vorläufigen Wert der Anlage 10

als das Vielfache des Durchschnittsentgelts der Anlage 1 zum Durchschnittsentgelt im Beitrittsgebiet zu bestimmen.

§ 255c Widerspruch und Klage gegen die Veränderung des Zahlbetrags der Rente

1Widerspruch und Klage von Rentenbeziehern gegen

1. die Veränderung des Zahlbetrags der Rente,
2. die Festsetzung des Beitragszuschusses nach § 106 für Rentenbezieher, die freiwillig in der gesetzlichen Krankenversicherung versichert sind oder
3. den Wegfall des Beitragszuschusses nach § 106a

zum 1. April 2004 aufgrund einer Veränderung des allgemeinen Beitragssatzes ihrer Krankenkasse oder der Neuregelung der Tragung der Beiträge zur Pflegeversicherung haben keine aufschiebende Wirkung. 2Widerspruch und Klage gegen die Festsetzung des Beitragszuschusses nach § 106 zum 1. Juli 2004 für Rentenbezieher, die bei einem Krankenversicherungsunternehmen versichert sind, aufgrund einer Veränderung des durchschnittlichen allgemeinen Beitragssatzes der Krankenkassen haben ebenfalls keine aufschiebende Wirkung.

§ 255d (weggefallen)

§ 255e Bestimmung des aktuellen Rentenwerts für die Zeit vom 1. Juli 2005 bis zum 1. Juli 2013

(1) Bei der Ermittlung des aktuellen Rentenwerts für die Zeit vom 1. Juli 2005 bis zum 1. Juli 2013 tritt an die Stelle des Faktors für die Veränderung des Beitragssatzes zur allgemeinen Rentenversicherung (§ 68 Abs. 3) der Faktor für die Veränderung des Beitragssatzes zur allgemeinen Rentenversicherung und des Altersvorsorgeanteils.

(2) Der Faktor, der sich aus der Veränderung des Altersvorsorgeanteils und des Beitragssatzes zur allgemeinen Rentenversicherung ergibt, wird ermittelt, indem

1. der Altersvorsorgeanteil und der durchschnittliche Beitragssatz in der allgemeinen Rentenversicherung des vergangenen Kalenderjahres von 100 vom Hundert subtrahiert werden,
2. der Altersvorsorgeanteil und der durchschnittliche Beitragssatz in der allgemeinen Rentenversicherung für das vorvergangene Kalenderjahr von 100 vom Hundert subtrahiert werden,

und anschließend der nach Nummer 1 ermittelte Wert durch den nach Nummer 2 ermittelten Wert geteilt wird.

(3) Der Altersvorsorgeanteil beträgt für die Jahre

vor 2002	0,0 vom Hundert,
2002	0,5 vom Hundert,
2003	0,5 vom Hundert,
2004	1,0 vom Hundert,
2005	1,5 vom Hundert,
2006	2,0 vom Hundert,
2007	2,0 vom Hundert,
2008	2,0 vom Hundert,
2009	2,5 vom Hundert,
2010	3,0 vom Hundert,
2011	3,5 vom Hundert,

2012 4,0 vom Hundert.

(4) 1Der nach § 68 sowie den Absätzen 1 bis 3 für die Zeit vom 1. Juli 2005 bis zum 1. Juli 2013 anstelle des bisherigen aktuellen Rentenwerts zu bestimmende aktuelle Rentenwert wird nach folgender Formel ermittelt:

$$AR_t = AR_{t-1} \times (BE_{t-1}/BE_{t-2}) \times ([100 - AVA_{t-1} - RVB_{t-1}]/[100 - AVA_{t-2} - RVB_{t-2}]) \times ([1 - [RQ_{t-1}/RQ_{t-2}]] \times \alpha + 1)$$

2Dabei sind:

AR_t = zu bestimmender aktueller Rentenwert ab dem 1. Juli,
AR_{t-1} = bisheriger aktueller Rentenwert,
BE_{t-1} = Bruttolöhne und -gehälter je Arbeitnehmer im vergangenen Kalenderjahr,
BE_{t-2} = Bruttolöhne und -gehälter je Arbeitnehmer im vorvergangenen Kalenderjahr unter Berücksichtigung der Veränderung der beitragspflichtigen Bruttolöhne und -gehälter je Arbeitnehmer ohne Beamte einschließlich der Bezieher von Arbeitslosengeld,
AVA_{t-1} = Altersvorsorgeanteil im vergangenen Kalenderjahr,
AVA_{t-2} = Altersvorsorgeanteil im vorvergangenen Kalenderjahr,
RVB_{t-1} = durchschnittlicher Beitragssatz in der allgemeinen Rentenversicherung im vergangenen Kalenderjahr,
RVB_{t-2} = durchschnittlicher Beitragssatz in der allgemeinen Rentenversicherung im vorvergangenen Kalenderjahr,
RQ_{t-1} = Rentnerquotient im vergangenen Kalenderjahr,
RQ_{t-2} = Rentnerquotient im vorvergangenen Kalenderjahr.

(5) Abweichend von § 68a Absatz 1 Satz 1 vermindert sich der bisherige aktuelle Rentenwert auch dann nicht, wenn sich durch die Veränderung des Altersvorsorgeanteils eine Minderung des bisherigen aktuellen Rentenwerts ergeben würde.

§ 256 Entgeltpunkte für Beitragszeiten

(1) Für Pflichtbeitragszeiten aufgrund einer Beschäftigung in der Zeit vom 1. Juni 1945 bis 30. Juni 1965 (§ 247 Abs. 2a) werden für jeden Kalendermonat 0,025 Entgeltpunkte zugrunde gelegt.

(2) Für Zeiten vor dem 1. Januar 1992, für die für Anrechnungszeiten Beiträge gezahlt worden sind, die Versicherte ganz oder teilweise getragen haben, ist Beitragsbemessungsgrundlage der Betrag, der sich ergibt, wenn das 100fache des gezahlten Beitrags durch den für die jeweilige Zeit maßgebenden Beitragssatz geteilt wird.

(3) 1Für Zeiten vom 1. Januar 1982 bis zum 31. Dezember 1991, für die Pflichtbeiträge gezahlt worden sind für Personen, die aufgrund gesetzlicher Pflicht mehr als drei Tage Wehrdienst oder Zivildienst geleistet haben, werden für jedes volle Kalenderjahr 0,75 Entgeltpunkte, für die Zeit vom 1. Mai 1961 bis zum 31. Dezember 1981 1,0 Entgeltpunkte, für jeden Teilzeitraum der entsprechende Anteil zugrunde gelegt. 2Satz 1 ist für Zeiten vom 1. Januar 1990 bis zum 31. Dezember 1991 nicht anzuwenden, wenn die Pflichtbeiträge bei einer Verdienstausfallentschädigung aus dem Arbeitsentgelt berechnet worden sind. 3Für Zeiten vor dem 1. Mai 1961 gilt Satz 1 mit der Maßgabe, dass auf Antrag 0,75 Entgeltpunkte zugrunde gelegt werden.

(4) Für Zeiten vor dem 1. Januar 1992, für die Pflichtbeiträge für behinderte Menschen in geschützten Einrichtungen gezahlt worden sind, werden auf Antrag für jedes volle Kalenderjahr mindestens 0,75 Entgeltpunkte, für jeden Teilzeitraum der entsprechende Anteil zugrunde gelegt.

(5) 1Für Zeiten, für die Beiträge nach Lohn-, Beitrags- oder Gehaltsklassen gezahlt worden sind, werden die Entgeltpunkte der Anlage 3 zugrunde gelegt, wenn die Beiträge nach dem vor dem 1. März 1957 geltenden Recht gezahlt worden sind. 2Sind die Beiträge nach dem in der Zeit vom 1. März 1957 bis zum 31. Dezember 1976 geltenden Recht gezahlt worden, werden für jeden Kalendermonat Entgeltpunkte aus der in Anlage 4 angegebenen Beitragsbemessungsgrundlage ermittelt.

VI

(6) $_{1}$Für Zeiten vor dem 1. Januar 1957, für die Beiträge aufgrund von Vorschriften außerhalb des Vierten Kapitels nachgezahlt worden sind, werden Entgeltpunkte ermittelt, indem die Beitragsbemessungsgrundlage durch das Durchschnittsentgelt des Jahres 1957 in Höhe von 5043 Deutsche Mark geteilt wird. $_{2}$Für Zeiten, für die Beiträge nachgezahlt worden sind, ausgenommen die Zeiten, für die Beiträge wegen Heiratserstattung nachgezahlt worden sind, werden Entgeltpunkte ermittelt, indem die Beitragsbemessungsgrundlage durch das Durchschnittsentgelt des Jahres geteilt wird, in dem die Beiträge gezahlt worden sind.

(7) Für Beiträge, die für Arbeiter in der Zeit vom 1. Oktober 1921 und für Angestellte in der Zeit vom 1. August 1921 bis zum 31. Dezember 1923 gezahlt worden sind, werden für jeden Kalendermonat 0,0625 Entgeltpunkte zugrunde gelegt.

§ 256a Entgeltpunkte für Beitragszeiten im Beitrittsgebiet

(1) $_{1}$Für Beitragszeiten im Beitrittsgebiet nach dem 8. Mai 1945 werden Entgeltpunkte ermittelt, indem der mit den Werten der Anlage 10 vervielfältigte Verdienst (Beitragsbemessungsgrundlage) durch das Durchschnittsentgelt für dasselbe Kalenderjahr geteilt wird. $_{2}$Für das Kalenderjahr des Rentenbeginns und für das davorliegende Kalenderjahr ist der Verdienst mit dem Wert der Anlage 10 zu vervielfältigen, der für diese Kalenderjahre vorläufig bestimmt ist. $_{3}$Die Sätze 1 und 2 sind nicht anzuwenden für Beitragszeiten auf Grund des Bezugs von Arbeitslosengeld II.

(1a) Arbeitsentgelt aus nach § 23b Abs. 2 Satz 1 bis 4 des Vierten Buches aufgelösten Wertguthaben, das durch Arbeitsleistung im Beitrittsgebiet erzielt wurde, wird mit dem vorläufigen Wert der Anlage 10 für das Kalenderjahr vervielfältigt, dem das Arbeitsentgelt zugeordnet ist.

(2) $_{1}$Als Verdienst zählen der tatsächlich erzielte Arbeitsverdienst und die tatsächlich erzielten Einkünfte, für die jeweils Pflichtbeiträge gezahlt worden sind, sowie der Verdienst, für den Beiträge zur Freiwilligen Zusatzrentenversicherung oder freiwillige Beiträge zur Rentenversicherung für Zeiten vor dem 1. Januar 1992 oder danach bis zum 31. März 1999 zur Aufrechterhaltung des Anspruchs auf Rente wegen verminderter Erwerbsfähigkeit (§ 279b) gezahlt worden sind. $_{2}$Für Zeiten der Beschäftigung bei der Deutschen Reichsbahn oder bei der Deutschen Post vor dem 1. Januar 1974 gelten für den oberhalb der im Beitrittsgebiet geltenden Beitragsbemessungsgrenzen nachgewiesenen Arbeitsverdienst Beiträge zur Freiwilligen Zusatzrentenversicherung als gezahlt. $_{3}$Für Zeiten der Beschäftigung bei der Deutschen Reichsbahn oder bei der Deutschen Post vom 1. Januar 1974 bis 30. Juni 1990 gelten für den oberhalb der im Beitrittsgebiet geltenden Beitragsbemessungsgrenzen nachgewiesenen Arbeitsverdienst, höchstens bis zu 650 Mark monatlich, Beiträge zur Freiwilligen Zusatzrentenversicherung als gezahlt, wenn ein Beschäftigungsverhältnis bei der Deutschen Reichsbahn oder bei der Deutschen Post am 1. Januar 1974 bereits zehn Jahre ununterbrochen bestanden hat. $_{4}$Für freiwillige Beiträge nach der Verordnung über die freiwillige und zusätzliche Versicherung in der Sozialversicherung vom 28. Januar 1947 gelten die in Anlage 11 genannten Beträge, für freiwillige Beiträge nach der Verordnung über die freiwillige Versicherung auf Zusatzrente bei der Sozialversicherung vom 15. März 1968 (GBl. II Nr. 29 S. 154) gilt das Zehnfache der gezahlten Beiträge als Verdienst.

(3) $_{1}$Als Verdienst zählen auch die nachgewiesenen beitragspflichtigen Arbeitsverdienste und Einkünfte vor dem 1. Juli 1990, für die wegen der im Beitrittsgebiet jeweils geltenden Beitragsbemessungsgrenzen oder wegen in einem Sonderversorgungssystem erworbener Anwartschaften Pflichtbeiträge oder Beiträge zur Freiwilligen Zusatzrentenversicherung nicht gezahlt werden konnten. $_{2}$Für Versicherte, die berechtigt waren, der Freiwilligen Zusatzrentenversicherung beizutreten, gilt dies für Beträge oberhalb der jeweiligen Beitragsbemessungsgrenzen zur

Freiwilligen Zusatzrentenversicherung nur, wenn die zulässigen Höchstbeiträge zur Freiwilligen Zusatzrentenversicherung gezahlt worden sind. $_{3}$Werden beitragspflichtige Arbeitsverdienste oder Einkünfte, für die nach den im Beitrittsgebiet jeweils geltenden Vorschriften Pflichtbeiträge oder Beiträge zur Freiwilligen Zusatzrentenversicherung nicht gezahlt werden konnten, glaubhaft gemacht, werden diese Arbeitsverdienste oder Einkünfte zu fünf Sechsteln berücksichtigt. $_{4}$Als Mittel der Glaubhaftmachung können auch Versicherungen an Eides statt zugelassen werden. $_{5}$Der Träger der Rentenversicherung ist für die Abnahme eidesstattlicher Versicherungen zuständig.

(3a) $_{1}$Als Verdienst zählen für Zeiten vor dem 1. Juli 1990, in denen Versicherte ihren gewöhnlichen Aufenthalt im Gebiet der Bundesrepublik Deutschland ohne das Beitrittsgebiet hatten und Beiträge zu einem System der gesetzlichen Rentenversicherung des Beitrittsgebiets gezahlt worden sind, die Werte der Anlagen 1 bis 16 zum Fremdrentengesetz. $_{2}$Für jeden Teilzeitraum wird der entsprechende Anteil zugrunde gelegt. $_{3}$Dabei zählen Kalendermonate, die zum Teil mit Anrechnungszeiten wegen Krankheit oder für Ausfalltage belegt sind, als Zeiten mit vollwertigen Beiträgen. $_{4}$Für eine Teilzeitbeschäftigung nach dem 31. Dezember 1949 werden zur Ermittlung der Entgeltpunkte die Beiträge berücksichtigt, die dem Verhältnis der Teilzeitbeschäftigung zu einer Vollzeitbeschäftigung entsprechen. $_{5}$Für Pflichtbeitragszeiten für eine Berufsausbildung werden für jeden Kalendermonat 0,025 Entgeltpunkte zugrunde gelegt. $_{6}$Für glaubhaft gemachte Beitragszeiten werden fünf Sechstel der Entgeltpunkte zugrunde gelegt.

(4) Für Zeiten vor dem 1. Januar 1992, in denen Personen aufgrund gesetzlicher Pflicht mehr als drei Tage Wehrdienst oder Zivildienst im Beitrittsgebiet geleistet haben, werden für jedes volle Kalenderjahr 0,75 Entgeltpunkte, für jeden Teilzeitraum der entsprechende Anteil zugrunde gelegt.

(5) Für Pflichtbeitragszeiten bei Erwerbsunfähigkeit vor dem 1. Januar 1992 werden für jedes volle Kalenderjahr mindestens 0,75 Entgeltpunkte, für jeden Teilzeitraum der entsprechende Anteil zugrunde gelegt.

§ 256b Entgeltpunkte für glaubhaft gemachte Beitragszeiten

(1) $_{1}$Für glaubhaft gemachte Pflichtbeitragszeiten nach dem 31. Dezember 1949 werden zur Ermittlung von Entgeltpunkten als Beitragsbemessungsgrundlage für ein Kalenderjahr einer Vollzeitbeschäftigung die Durchschnittsverdienste berücksichtigt, die sich

1. nach Einstufung der Beschäftigung in eine der in Anlage 13 genannten Qualifikationsgruppen und
2. nach Zuordnung der Beschäftigung zu einem der in Anlage 14 genannten Bereiche

für dieses Kalenderjahr ergeben, höchstens jedoch fünf Sechstel der jeweiligen Beitragsbemessungsgrenze; für jeden Teilzeitraum wird der entsprechende Anteil zugrunde gelegt. $_{2}$Für glaubhaft gemachte Pflichtbeitragszeiten nach Einführung des Euro werden als Beitragsbemessungsgrundlage Durchschnittsverdienste in Höhe des Betrages in Euro berücksichtigt, der zur selben Anzahl an Entgeltpunkten führt, wie er sich für das Kalenderjahr vor Einführung des Euro nach Satz 1 ergeben hätte. $_{3}$Für eine Teilzeitbeschäftigung werden die Beträge berücksichtigt, die dem Verhältnis der Teilzeitbeschäftigung zu einer Vollzeitbeschäftigung entsprechen. $_{4}$Die Bestimmung des maßgeblichen Bereichs richtet sich danach, welchem Bereich der Betrieb, in dem der Versicherte seine Beschäftigung ausgeübt hat, zuzuordnen ist. $_{5}$War der Betrieb Teil einer größeren Unternehmenseinheit, ist für die Bestimmung des Bereichs diese maßgeblich. $_{6}$Kommen nach dem Ergebnis der Ermittlungen mehrere Bereiche in Betracht, ist von ihnen der Bereich mit den niedrigsten Durchschnittsverdiensten des jeweiligen Jahres maßgeblich. $_{7}$Ist eine Zuordnung zu einem oder zu einem von mehreren Bereichen nicht möglich, erfolgt die Zuordnung zu dem Bereich mit den für das jeweilige Jahr niedrigsten Durchschnittsverdiensten. $_{8}$Die Sätze 6 und 7 gelten entsprechend für die Zuordnung zu einer Qualifikationsgruppe. 9Für Zeiten vor dem 1. Januar 1950 und für Zeiten im Gebiet der Bundesrepublik Deutschland ohne das Beitrittsgebiet vor dem 1. Januar 1991 werden Entgeltpunkte aus fünf Sechsteln der sich aufgrund der Anlagen 1 bis 16 zum Fremdrentengesetz ergebenden Werte ermittelt, es sei denn, die Höhe der Arbeitsentgelte ist bekannt oder kann auf sonstige Weise festgestellt werden.

(2) Für glaubhaft gemachte Pflichtbeitragszeiten für eine Berufsausbildung werden für jeden Kalendermonat 0,0208, mindestens jedoch die nach Absatz 1 ermittelten Entgeltpunkte zugrunde gelegt.

(3) Für glaubhaft gemachte Beitragszeiten mit freiwilligen Beiträgen werden für Zeiten bis zum 28. Februar 1957 die Entgeltpunkte der Anlage 15 zugrunde gelegt, für Zeiten danach für jeden Kalendermonat die Entgeltpunkte, die sich aus fünf Sechsteln der Mindestbeitragsbemessungsgrundlage für freiwillige Beiträge ergeben.

VI

(4) 1Für glaubhaft gemachte Pflichtbeitragszeiten im Beitrittsgebiet für die Zeit vom 1. März 1971 bis zum 30. Juni 1990 gilt Absatz 1 nur soweit, wie glaubhaft gemacht ist, dass Beiträge zur freiwilligen Zusatzrentenversicherung gezahlt worden sind. 2Kann eine solche Beitragszahlung nicht glaubhaft gemacht werden, ist als Beitragsbemessungsgrundlage für ein Kalenderjahr höchstens ein Verdienst nach Anlage 16 zu berücksichtigen.

(5) Die Absätze 1 bis 4 sind für selbständig Tätige entsprechend anzuwenden.

§ 256c Entgeltpunkte für nachgewiesene Beitragszeiten ohne Beitragsbemessungsgrundlage

(1) 1Für Zeiten vor dem 1. Januar 1991, für die eine Pflichtbeitragszahlung nachgewiesen ist, werden, wenn die Höhe der Beitragsbemessungsgrundlage nicht bekannt ist oder nicht auf sonstige Weise festgestellt werden kann, zur Ermittlung von Entgeltpunkten als Beitragsbemessungsgrundlage für ein Kalenderjahr einer Vollzeitbeschäftigung die sich nach den folgenden Absätzen ergebenden Beträge zugrunde gelegt. 2Für jeden Teilzeitraum wird der entsprechende Anteil zugrunde gelegt. 3Für eine Teilzeitbeschäftigung nach dem 31. Dezember 1949 werden die Werte berücksichtigt, die dem Verhältnis der Teilzeitbeschäftigung zu einer Vollzeitbeschäftigung entsprechen.

(2) Für Zeiten im Gebiet der Bundesrepublik Deutschland ohne das Beitrittsgebiet und für Zeiten im Beitrittsgebiet vor dem 1. Januar 1950 sind die Beträge maßgebend, die sich aufgrund der Anlagen 1 bis 16 zum Fremdrentengesetz für dieses Kalenderjahr ergeben.

(3) 1Für Zeiten im Beitrittsgebiet nach dem 31. Dezember 1949 sind die um ein Fünftel erhöhten Beträge maßgebend, die sich

a) nach Einstufung der Beschäftigung in eine der in Anlage 13 genannten Qualifikationsgruppen und

b) nach Zuordnung der Beschäftigung zu einem der in Anlage 14 genannten Bereiche

für dieses Kalenderjahr ergeben. 2§ 256b Abs. 1 Satz 4 bis 8 ist anzuwenden. 3Für Pflichtbeitragszeiten für die Zeit vom 1. März 1971 bis zum 30. Juni 1990 gilt dies nur so weit, wie glaubhaft gemacht ist, dass Beiträge zur Freiwilligen Zusatzrentenversicherung gezahlt worden sind. 4Kann eine solche Beitragszahlung nicht glaubhaft gemacht werden, ist als Beitragsbemessungsgrundlage für ein Kalenderjahr höchstens ein um ein Fünftel erhöhter Verdienst nach Anlage 16 zu berücksichtigen.

(4) Die Absätze 1 bis 3 sind nicht anzuwenden, wenn für Zeiten vor dem 1. Juli 1990 im Beitrittsgebiet beitragspflichtige Arbeitsverdienste und Einkünfte glaubhaft gemacht werden, für die wegen der im Beitrittsgebiet jeweils geltenden Beitragsbemessungsgrenzen oder wegen in einem Sonderversorgungssystem erworbener Anwartschaften Pflichtbeiträge oder Beiträge zur Freiwilligen Zusatzrentenversicherung nicht gezahlt werden konnten.

(5) Die Absätze 1 bis 4 sind für selbständig Tätige entsprechend anzuwenden.

§ 257 Entgeltpunkte für Berliner Beitragszeiten

(1) 1Für Zeiten, für die Beiträge zur

1. einheitlichen Sozialversicherung der Versicherungsanstalt Berlin in der Zeit vom 1. Juli 1945 bis zum 31. Januar 1949,
2. einheitlichen Sozial- oder Rentenversicherung der Versicherungsanstalt Berlin (West) in der Zeit vom 1. Februar 1949 bis zum 31. März 1952 oder
3. Rentenversicherung der Landesversicherungsanstalt Berlin vom 1. April 1952 bis zum 31. August 1952

gezahlt worden sind, werden Entgeltpunkte ermittelt, indem die Beitragsbemessungsgrundlage durch das Durchschnittsentgelt für dasselbe Kalenderjahr geteilt wird. 2Die Beitragsbemessungsgrundlage beträgt

1. für die Zeit vom 1. Juli 1945 bis zum 31. März 1946 das Fünffache der gezahlten Beiträge,
2. für die Zeit vom 1. April 1946 bis zum 31. Dezember 1950 das Fünffache der gezahlten Beiträge, höchstens jedoch 7200 Reichsmark oder Deutsche Mark für ein Kalenderjahr.

(2) Für Zeiten, für die freiwillige Beiträge oder Beiträge nach Beitragsklassen gezahlt worden sind, werden die Entgeltpunkte der Anlage 5 zugrunde gelegt.

§ 258 Entgeltpunkte für saarländische Beitragszeiten

(1) Für Zeiten vom 20. November 1947 bis zum 5. Juli 1959, für die Beiträge in Franken gezahlt worden sind, werden Entgeltpunkte ermittelt, indem das mit den Werten der Anlage 6 vervielfältigte Arbeitsentgelt (Beitragsbemessungsgrundlage) durch das Durchschnittsentgelt für dasselbe Kalenderjahr geteilt wird.

(2) 1Für die für Zeiten vom 31. Dezember 1923 bis zum 3. März 1935 zur Rentenversicherung der Arbeiter und für Zeiten vom 1. Januar 1924 bis zum 28. Februar 1935 zur Rentenversicherung der Angestellten nach Lohn-, Beitrags- oder Gehaltsklassen in Franken gezahlten und nach der Verordnung über die Überleitung der Sozialversicherung des Saarlandes in der im Bundesgesetzblatt Teil III, Gliederungsnummer 826-4, veröffentlichten bereinigten Fassung umgestellten Beiträge werden die Entgeltpunkte der danach maßgebenden Lohn-, Beitrags- oder Gehaltsklasse der Anlage 3 zugrunde gelegt. 2Für die für Zeiten vor dem 1. März 1935 zur knappschaftlichen Pensionsversicherung gezahlten Einheitsbeiträge werden die aufgrund des § 26 der Verordnung über die Überleitung der Sozialversicherung des Saarlandes ergangenen satzungsrechtlichen Bestimmungen angewendet und Entgeltpunkte der danach maßgebenden Lohn-, Beitrags- oder Gehaltsklasse der Anlage 3 zugrunde gelegt. 3Für Zeiten, für die Beiträge vom 20. November 1947 bis zum 31. August 1957 zur Rentenversicherung der Arbeiter und vom 1. Dezember 1947 bis zum 31. August 1957 zur Rentenversicherung der Angestellten nach Lohn-, Beitrags- oder Gehaltsklassen in Franken oder vom 1. Januar 1954 bis zum 31. März 1963 zur saarländischen Altersversorgung der Landwirte und mithelfenden Familienangehörigen gezahlt worden sind, werden die Entgeltpunkte der Anlage 7 zugrunde gelegt.

(3) Wird nachgewiesen, dass das Arbeitsentgelt in Franken in der Zeit vom 20. November 1947 bis zum 31. August 1957 höher war als der Betrag, nach dem Beiträge gezahlt worden sind, wird als Beitragsbemessungsgrundlage das tatsächliche Arbeitsentgelt zugrunde gelegt.

(4) Wird glaubhaft gemacht, dass das Arbeitsentgelt in Franken in der Zeit vom 1. Januar 1948 bis zum 31. August 1957 in der Rentenversicherung der Angestellten oder in der Zeit vom 1. Januar 1949 bis zum 31. August 1957 in der Rentenversicherung der Arbeiter höher war als der Betrag, nach dem Beiträge gezahlt worden sind, wird als Beitragsbemessungsgrundlage das um 10 vom Hundert erhöhte nachgewiesene Arbeitsentgelt zugrunde gelegt.

VI

§ 259 Entgeltpunkte für Beitragszeiten mit Sachbezug

1Wird glaubhaft gemacht, dass Versicherte vor dem 1. Januar 1957 während mindestens fünf Jahren, für die Pflichtbeiträge aufgrund einer versicherten Beschäftigung in der Rentenversicherung der Arbeiter und der Angestellten gezahlt worden sind, neben Barbezügen in wesentlichem Umfang Sachbezüge erhalten haben, werden für jeden Kalendermonat solcher Zeiten mindestens Entgeltpunkte aufgrund der Beitragsbemessungsgrundlage oder der Lohn-, Gehalts- oder Beitragsklassen der Anlage 8, für jeden Teilzeitraum der entsprechende Anteil zugrunde gelegt. 2Dies gilt nicht für Zeiten der Ausbildung als Lehrling oder Anlernling. 3Als Mittel der Glaubhaftmachung können auch Versicherungen an Eides statt zugelassen werden. 4Der Träger der Rentenversicherung ist für die Abnahme eidesstattlicher Versicherungen zuständig.

VI

§ 259a Besonderheiten für Versicherte der Geburtsjahrgänge vor 1937

(1) 1Für Versicherte, die vor dem 1. Januar 1937 geboren sind und die ihren gewöhnlichen Aufenthalt am 18. Mai 1990 oder, falls sie verstorben sind, zuletzt vor dem 19. Mai 1990

1. im Gebiet der Bundesrepublik Deutschland ohne das Beitrittsgebiet hatten oder
2. im Ausland hatten und unmittelbar vor Beginn des Auslandsaufenthalts ihren gewöhnlichen Aufenthalt im Gebiet der Bundesrepublik Deutschland ohne das Beitrittsgebiet hatten,

werden für Pflichtbeitragszeiten vor dem 19. Mai 1990 anstelle der nach den §§ 256a bis 256c zu ermittelnden Werte Entgeltpunkte aufgrund der Anlagen 1 bis 16 zum Fremdrentengesetz ermittelt; für jeden Teilzeitraum wird der entsprechende Anteil zugrunde gelegt. 2Dabei zählen Kalendermonate, die zum Teil mit Anrechnungszeiten wegen Krankheit oder für Ausfalltage belegt sind, als Zeiten mit vollwertigen Beiträgen. 3Für eine Teilzeitbeschäftigung nach dem 31. Dezember 1949 werden zur Ermittlung der Entgeltpunkte die Beträge berücksichtigt, die dem Verhältnis der Teilzeitbeschäftigung zu einer Vollzeitbeschäftigung entsprechen. 4Für Pflichtbeitragszeiten für eine Berufsausbildung werden für jeden Kalendermonat 0,025 Entgeltpunkte zugrunde gelegt. 5Für Zeiten, in denen Personen vor dem 19. Mai 1990 aufgrund gesetzlicher Pflicht mehr als drei Tage Wehrdienst oder Zivildienst im Beitrittsgebiet geleistet haben, werden die Entgeltpunkte nach § 256 Abs. 3 zugrunde gelegt. 6Für Zeiten mit freiwilligen Beiträgen bis zum 28. Februar 1957 werden Entgeltpunkte aus der jeweils niedrigsten Beitragsklasse für freiwillige Beiträge, für Zeiten danach aus einem Bruttoarbeitsentgelt ermittelt, das für einen Kalendermonat der Mindestbeitragsbemessungsgrundlage entspricht; dabei ist von den Werten im Gebiet der Bundesrepublik Deutschland ohne das Beitrittsgebiet auszugehen. 7Für glaubhaft gemachte Beitragszeiten werden fünf Sechstel der Entgeltpunkte zugrunde gelegt.

(2) Absatz 1 gilt nicht für Zeiten, die von der Wirkung einer Beitragserstattung nach § 286d Abs. 2 nicht erfasst werden.

§ 259b Besonderheiten bei Zugehörigkeit zu einem Zusatz- oder Sonderversorgungssystem

(1) 1Für Zeiten der Zugehörigkeit zu einem Zusatz- oder Sonderversorgungssystem im Sinne des Anspruchs- und Anwartschaftsüberführungsgesetzes (AAÜG) vom 25. Juli 1991 (BGBl. I S. 1677) wird bei der Ermittlung der Entgeltpunkte der Verdienst nach dem AAÜG zugrunde gelegt. 2§ 259a ist nicht anzuwenden.

(2) Als Zeiten der Zugehörigkeit zu einem Versorgungssystem gelten auch Zeiten, die vor Einführung eines Versorgungssystems in der Sozialpflichtversicherung oder in der freiwilligen Zusatzrentenversicherung zurückgelegt worden sind, wenn diese Zeiten, hätte das Versorgungssystem bereits bestanden, in dem Versorgungssystem zurückgelegt worden wären.

§ 260 Beitragsbemessungsgrenzen

[1]Für Zeiten, für die Beiträge aufgrund einer Beschäftigung oder selbständigen Tätigkeit in den dem Deutschen Reich eingegliederten Gebieten gezahlt worden sind, werden mindestens die im übrigen Deutschen Reich geltenden Beitragsbemessungsgrenzen angewendet. [2]Für Beitragszeiten im Beitrittsgebiet und im Saarland werden die im Bundesgebiet geltenden Beitragsbemessungsgrenzen angewendet. [3]Sind vor dem 1. Januar 1984 liegende Arbeitsausfalltage nicht als Anrechnungszeiten zu berücksichtigen, werden diese Arbeitsausfalltage bei der Bestimmung der Beitragsbemessungsgrenze als Beitragszeiten berücksichtigt.

§ 261 Beitragszeiten ohne Entgeltpunkte

Entgeltpunkte werden nicht ermittelt für

1. Pflichtbeiträge zur Rentenversicherung der Arbeiter für Zeiten vor dem 1. Januar 1957, soweit für dieselbe Zeit und Beschäftigung auch Pflichtbeiträge zur Rentenversicherung der Angestellten oder zur knappschaftlichen Rentenversicherung gezahlt worden sind,
2. Pflichtbeiträge zur Rentenversicherung der Arbeiter oder zur Rentenversicherung der Angestellten für Zeiten vor dem 1. Januar 1943, soweit für dieselbe Zeit und Beschäftigung auch Pflichtbeiträge zur knappschaftlichen Pensionsversicherung der Arbeiter oder der Angestellten gezahlt worden sind.

§ 262 Mindestentgeltpunkte bei geringem Arbeitsentgelt

(1) [1]Sind mindestens 35 Jahre mit rentenrechtlichen Zeiten vorhanden und ergibt sich aus den Kalendermonaten mit vollwertigen Pflichtbeiträgen ein Durchschnittswert von weniger als 0,0625 Entgeltpunkten, wird die Summe der Entgeltpunkte für Beitragszeiten erhöht. [2]Die zusätzlichen Entgeltpunkte sind so zu bemessen, dass sich für die Kalendermonate mit vollwertigen Pflichtbeiträgen vor dem 1. Januar 1992 ein Durchschnittswert in Höhe des 1,5fachen des tatsächlichen Durchschnittswerts, höchstens aber in Höhe von 0,0625 Entgeltpunkten ergibt.

(2) Die zusätzlichen Entgeltpunkte werden den Kalendermonaten mit vollwertigen Pflichtbeiträgen vor dem 1. Januar 1992 zu gleichen Teilen zugeordnet; dabei werden Kalendermonaten mit Entgeltpunkten (Ost) zusätzliche Entgeltpunkte (Ost) zugeordnet.

(3) Bei Anwendung der Absätze 1 und 2 gelten Pflichtbeiträge für Zeiten, in denen eine Rente aus eigener Versicherung bezogen worden ist, nicht als vollwertige Pflichtbeiträge.

§ 263 Gesamtleistungsbewertung für beitragsfreie und beitragsgeminderte Zeiten

(1) [1]Bei der Gesamtleistungsbewertung für beitragsfreie und beitragsgeminderte Zeiten werden Berücksichtigungszeiten wegen Kindererziehung, die in der Gesamtlücke für die Ermittlung der pauschalen Anrechnungszeit liegen, höchstens mit der Anzahl an Monaten berücksichtigt, die zusammen mit der Anzahl an Monaten mit pauschaler Anrechnungszeit die Anzahl an Monaten der Gesamtlücke ergibt. [2]Für die Gesamtleistungsbewertung werden jedem Kalendermonat an Berücksichtigungszeit wegen Pflege 0,0625 Entgeltpunkte zugeordnet, es sei denn, dass er als Beitragszeit bereits einen höheren Wert hat.

(2) (weggefallen)

(2a) [1]Der sich aus der Gesamtleistungsbewertung ergebende Wert wird für jeden Kalendermonat mit Anrechnungszeiten wegen Krankheit und Arbeitslosigkeit auf 80 vom Hundert begrenzt. [2]Kalendermonate, die nur deshalb Anrechnungszeiten sind, weil Arbeitslosigkeit vor dem 1. März 1990 im Beitrittsgebiet, jedoch nicht vor dem 1. Juli 1978, vorgelegen hat, werden nicht bewertet. [3]Kalendermonate, die nur deshalb Anrechnungszeiten sind, weil Arbeitslosigkeit nach dem 30. Juni 1978 vorgelegen hat, für die vor dem 1. Januar 2005 aber keine Arbeitslosenhilfe gezahlt worden ist, werden nicht bewertet.

(3) [1]Der sich aus der Gesamtleistungsbewertung ergebende Wert wird für jeden Kalendermonat mit Anrechnungszeiten wegen ei-

VI

ner Schul- oder Hochschulausbildung auf 75 vom Hundert begrenzt. 2Der so begrenzte Gesamtleistungswert darf für einen Kalendermonat 0,0625 Entgeltpunkte nicht übersteigen. 3Zeiten einer Schul- oder Hochschulausbildung werden insgesamt für höchstens drei Jahre bewertet; auf die drei Jahre werden Zeiten einer Fachschulausbildung oder der Teilnahme an einer berufsvorbereitenden Bildungsmaßnahme angerechnet. 4Bei der begrenzten Gesamtleistungsbewertung für die Zeiten der Schul- oder Hochschulausbildung treten an die Stelle

bei Beginn der Rente im		der Werte	
		75 vom Hundert	0,0625 Entgeltpunkte
Jahr	Monat	die Werte	
2005	Januar	75,00	0,0625
	Februar	73,44	0,0612
	März	71,88	0,0599
	April	70,31	0,0586
	Mai	68,75	0,0573
	Juni	67,19	0,0560
	Juli	65,63	0,0547
	August	64,06	0,0534
	September	62,50	0,0521
	Oktober	60,94	0,0508
	November	59,38	0,0495
	Dezember	57,81	0,0482
2006	Januar	56,25	0,0469
	Februar	54,69	0,0456
	März	53,13	0,0443
	April	51,56	0,0430
	Mai	50,00	0,0417
	Juni	48,44	0,0404
	Juli	46,88	0,0391
	August	45,31	0,0378
	September	43,75	0,0365
	Oktober	42,19	0,0352
	November	40,63	0,0339
	Dezember	39,06	0,0326
2007	Januar	37,50	0,0313
	Februar	35,94	0,0299
	März	34,38	0,0286
	April	32,81	0,0273
	Mai	31,25	0,0260
	Juni	29,69	0,0247
	Juli	28,13	0,0234
	August	26,56	0,0221
	September	25,00	0,0208
	Oktober	23,44	0,0195
	November	21,88	0,0182
	Dezember	20,31	0,0169
2008	Januar	18,75	0,0156
	Februar	17,19	0,0143
	März	15,63	0,0130
	April	14,06	0,0117
	Mai	12,50	0,0104
	Juni	10,94	0,0091
	Juli	9,38	0,0078
	August	7,81	0,0065
	September	6,25	0,0052
	Oktober	4,69	0,0039
	November	3,13	0,0026
	Dezember	1,56	0,0013
2009	Januar	0,00	0,0000

(4) 1Die Summe der Entgeltpunkte für Anrechnungszeiten, die vor dem 1. Januar 1957 liegen, muss mindestens den Wert erreichen, der sich für eine pauschale Anrechnungszeit ergeben würde. 2Die zusätzlichen Entgeltpunkte entfallen zu gleichen Teilen auf die begrenzt zu bewertenden Anrechnungszeiten vor dem 1. Januar 1957.

(5) Die Summe der Entgeltpunkte für Kalendermonate, die als Zeiten einer beruflichen Ausbildung gelten (§ 246 Satz 2), ist um einen Zuschlag so zu erhöhen, dass mindestens der Wert erreicht wird, den diese Zeiten als Zeiten einer Schul- oder Hochschulausbildung nach Absatz 3 hätten.

(6) Zeiten beruflicher Ausbildung, die für sich alleine oder bei Zusammenrechnung mit Anrechnungszeiten wegen einer schulischen Ausbildung bis zu drei Jahren, insgesamt drei Jahre überschreiten, sind um einen Zuschlag so zu erhöhen, dass mindestens der Wert erreicht wird, den diese Zeiten nach Absatz 3 hätten.

(7) $_1$Für glaubhaft gemachte Zeiten beruflicher Ausbildung sind höchstens fünf Sechstel der im Rahmen der Gesamtleistungsbewertung ermittelten Entgeltpunkte zu berücksichtigen. $_2$Dies gilt auch für die in den Absätzen 5 und 6 genannten Zeiten.

§ 263a Gesamtleistungsbewertung für beitragsfreie und beitragsgeminderte Zeiten mit Entgeltpunkten (Ost)

$_1$Nach der Gesamtleistungsbewertung ermittelte Entgeltpunkte für beitragsfreie Zeiten und der Zuschlag an Entgeltpunkten für beitragsgeminderte Zeiten werden in dem Verhältnis als Entgeltpunkte (Ost) berücksichtigt, in dem die für die Ermittlung des Gesamtleistungswerts zugrunde gelegten Entgeltpunkte (Ost) zu allen zugrunde gelegten Entgeltpunkten stehen. $_2$Dabei ist für Entgeltpunkte für Berücksichtigungszeiten § 254d entsprechend anzuwenden.

§ 264 Zuschläge oder Abschläge bei Versorgungsausgleich

$_1$Sind für Rentenanwartschaften Werteinheiten ermittelt worden, ergeben je 100 Werteinheiten einen Entgeltpunkt. $_2$Werteinheiten der knappschaftlichen Rentenversicherung sind zuvor mit der allgemeinen Bemessungsgrundlage der knappschaftlichen Rentenversicherung für das Jahr 1991 zu vervielfältigen und durch die allgemeine Bemessungsgrundlage der Rentenversicherung der Arbeiter und der Angestellten für dasselbe Jahr zu teilen.

§ 264a Zuschläge oder Abschläge bei Versorgungsausgleich im Beitrittsgebiet

(1) Ein zugunsten oder zulasten von Versicherten durchgeführter Versorgungsausgleich wird durch einen Zuschlag oder Abschlag an Entgeltpunkten (Ost) berücksichtigt, soweit Entgeltpunkte (Ost) übertragen wurden oder das Familiengericht die Umrechnung des Monatsbetrags der begründeten Rentenanwartschaften in Entgeltpunkte (Ost) nach § 16 Abs. 3 des Versorgungsausgleichsgesetzes angeordnet hat.

(2) Die Entgeltpunkte (Ost) werden in der Weise ermittelt, dass der Monatsbetrag der Rentenanwartschaften durch den aktuellen Rentenwert (Ost) mit seinem Wert bei Ende der Ehezeit oder Lebenspartnerschaftszeit geteilt wird.

(3) Die Entgeltpunkte (Ost) treten bei der Anwendung der Vorschriften über den Versorgungsausgleich an die Stelle von Entgeltpunkten.

§ 264b Zuschläge an Entgeltpunkten für Arbeitsentgelt aus geringfügiger versicherungsfreier Beschäftigung

$_1$Für Arbeitsentgelt aus geringfügiger Beschäftigung, in der Beschäftigte nach § 230 Absatz 8 versicherungsfrei sind und für das der Arbeitgeber einen Beitragsanteil getragen hat, werden Zuschläge an Entgeltpunkten ermittelt. $_2$Zuschläge an Entgeltpunkten sind auch zu ermitteln, wenn ein Arbeitgeber einen Beitragsanteil für Arbeitsentgelt aus einer vor dem 1. Januar 2013 ausgeübten geringfügigen versicherungsfreien Beschäftigung getragen hat. $_3$Für die Ermittlung der Zuschläge an Entgeltpunkten nach Satz 1 und 2 gilt § 76b Absatz 2 bis 4 entsprechend.

§ 264c Zuschlag bei Hinterbliebenenrenten

(1) $_1$Der Zuschlag bei Witwenrenten und Witwerrenten besteht aus persönlichen Entgeltpunkten (Ost), wenn den Zeiten der Kindererziehung ausschließlich Entgeltpunkte (Ost) zugrunde liegen. $_2$Der Zuschlag bei Waisenrenten besteht aus persönlichen Entgeltpunkten (Ost), wenn der Rente des verstorbenen Versicherten ausschließlich Entgeltpunkte (Ost) zugrunde liegen.

(2) Die Witwenrente oder Witwerrente erhöht sich nicht um einen Zuschlag an persönlichen Entgeltpunkten, wenn der Ehegatte vor dem 1. Januar 2002 verstorben ist oder die Ehe vor diesem Zeitpunkt geschlossen wurde und mindestens ein Ehegatte vor dem 2. Januar 1962 geboren ist.

§ 264d Zugangsfaktor

1Beginnt eine Rente wegen verminderter Erwerbsfähigkeit vor dem 1. Januar 2024 oder ist bei einer Rente wegen Todes der Versicherte vor dem 1. Januar 2024 verstorben, ist bei der Ermittlung des Zugangsfaktors anstelle der Vollendung des 65. Lebensjahres und des 62. Lebensjahres jeweils das in der nachfolgenden Tabelle aufgeführte Lebensalter maßgebend:

Bei Beginn der Rente oder bei Tod des Versicherten im		tritt an die Stelle des Lebensalters			
		65 Jahre		62 Jahre	
		das Lebensalter		das Lebensalter	
Jahr	Monat	Jahre	Monate	Jahre	Monate
vor 2012		63	0	60	0
2012	Januar	63	1	60	1
2012	Februar	63	2	60	2
2012	März	63	3	60	3
2012	April	63	4	60	4
2012	Mai	63	5	60	5
2012	Juni – Dezember	63	6	60	6
2013		63	7	60	7
2014		63	8	60	8
2015		63	9	60	9
2016		63	10	60	10
2017		63	11	60	11
2018		64	0	61	0
2019		64	2	61	2
2020		64	4	61	4
2021		64	6	61	6
2022		64	8	61	8
2023		64	10	61	10.

2§ 77 Abs. 4 ist mit der Maßgabe anzuwenden, dass an die Stelle von 40 Jahren 35 Jahre treten.

§ 265 Knappschaftliche Besonderheiten

(1) Für Beiträge zur knappschaftlichen Rentenversicherung, die für Arbeiter in der Zeit vom 1. Oktober 1921 und für Angestellte in der Zeit vom 1. August 1921 bis zum 31. Dezember 1923 gezahlt worden sind, werden für jeden Kalendermonat 0,0625 Entgeltpunkte zugrunde gelegt.

(2) Für Zeiten, in denen Versicherte eine Bergmannsprämie vor dem 1. Januar 1992 bezogen haben, wird die der Ermittlung von Entgeltpunkten zugrunde zu legende Beitragsbemessungsgrundlage für jedes volle Kalenderjahr des Bezugs der Bergmannsprämie um das 200fache der Bergmannsprämie und für jeden Kalendermonat um ein Zwölftel dieses Jahresbetrags erhöht.

(3) Bei Kalendermonaten mit Beitragszeiten der Rentenversicherung der Arbeiter und der Angestellten, die beitragsgeminderte Zeiten sind, weil sie auch mit Ersatzzeiten belegt sind, die der knappschaftlichen Rentenversicherung zugeordnet sind, werden für die Ermittlung des Wertes für beitragsgeminderte Zeiten die Entgeltpunkte für diese Beitragszeiten zuvor mit 0,75 vervielfältigt.

(4) Bei Kalendermonaten mit Beitragszeiten der knappschaftlichen Rentenversicherung, die beitragsgeminderte Zeiten sind, weil sie auch mit Ersatzzeiten belegt sind, die der Rentenversicherung der Arbeiter und der Angestellten zugeordnet sind, werden für die Ermittlung des Wertes für beitragsgeminderte Zeiten die ohne Anwendung des § 84 Abs. 1 ermittelten Entgeltpunkte für diese Beitragszeiten zuvor mit 1,3333 vervielfältigt.

(5) Für die Ermittlung der zusätzlichen Entgeltpunkte des Leistungszuschlags für ständige Arbeiten unter Tage werden auch Zeiten berücksichtigt, in denen Versicherte vor dem 1. Januar 1968 unter Tage beschäftigt waren, wobei für je drei volle Kalendermonate mit anderen als Hauerarbeiten je zwei Kalendermonate angerechnet werden.

(6) § 85 Abs. 1 Satz 1 gilt nicht für Zeiten, in denen eine Rente wegen Berufsunfähigkeit oder wegen Erwerbsunfähigkeit bezogen worden ist.

(7) Der Rentenartfaktor beträgt für persönliche Entgeltpunkte bei großen Witwenrenten und großen Witwerrenten in der knappschaftlichen Rentenversicherung nach dem Ende des dritten Kalendermonats nach Ab-

lauf des Monats, in dem der Ehegatte verstorben ist, 0,8, wenn der Ehegatte vor dem 1. Januar 2002 verstorben ist oder die Ehe vor diesem Tag geschlossen wurde und mindestens ein Ehegatte vor dem 2. Januar 1962 geboren ist.

(8) 1Beginnt eine Rente für Bergleute vor dem 1. Januar 2024 ist bei der Ermittlung des Zugangsfaktors abhängig vom Rentenbeginn anstelle der Vollendung des 64. Lebensjahres die Vollendung des nachstehend angegebenen Lebensalters maßgebend:

Bei Beginn der Rente im		tritt an die Stelle des Lebensalters 64 Jahre das Lebensalter	
Jahr	Monat	Jahre	Monate
2012	Januar	62	1
2012	Februar	62	2
2012	März	62	3
2012	April	62	4
2012	Mai	62	5
2012	Juni – Dezember	62	6
2013		62	7
2014		62	8
2015		62	9
2016		62	10
2017		62	11
2018		63	0
2019		63	2
2020		63	4
2021		63	6
2022		63	8
2023		63	10.

2§ 86a ist mit der Maßgabe anzuwenden, dass an die Stelle von 40 Jahren 35 Jahre treten.

§ 265a Knappschaftliche Besonderheiten bei rentenrechtlichen Zeiten im Beitrittsgebiet

Entgeltpunkte aus dem Leistungszuschlag werden in dem Verhältnis als Entgeltpunkte (Ost) berücksichtigt, in dem die Kalendermonate mit ständigen Arbeiten unter Tage, die gleichzeitig Beitragszeiten mit Entgeltpunkten (Ost) sind, zu allen Kalendermonaten mit ständigen Arbeiten unter Tage stehen.

Sechster Unterabschnitt Zusammentreffen von Renten und von Einkommen

§ 266 Erhöhung des Grenzbetrags

Bestand am 31. Dezember 1991 Anspruch auf eine Rente nach den Vorschriften im Gebiet der Bundesrepublik Deutschland ohne das Beitrittsgebiet und auf eine Rente aus der Unfallversicherung, ist Grenzbetrag für diese und eine sich unmittelbar anschließende Rente mindestens der sich nach den §§ 311 und 312 ergebende, um die Beträge nach § 93 Abs. 2 Nr. 1 Buchstabe b und Nr. 2 Buchstabe a geminderte Betrag.

§ 267 Rente und Leistungen aus der Unfallversicherung

Bei der Ermittlung der Summe der zusammentreffenden Rentenbeträge bleibt bei der Rente aus der Unfallversicherung auch die Kinderzulage unberücksichtigt.

Siebter Unterabschnitt Beginn von Witwenrenten und Witwerrenten an vor dem 1. Juli 1977 geschiedene Ehegatten und Änderung von Renten beim Versorgungsausgleich

§ 268 Beginn von Witwenrenten und Witwerrenten an vor dem 1. Juli 1977 geschiedene Ehegatten

Witwenrenten und Witwerrenten aus der Rentenanwartschaft eines vor dem 1. Juli 1977 geschiedenen Ehegatten werden vor Ablauf des Kalendermonats an geleistet, in dem die Rente beantragt wird.

§ 268a Änderung von Renten beim Versorgungsausgleich

(1) § 101 Abs. 3 Satz 4 in der am 31. August 2009 geltenden Fassung gilt nicht in den Fällen, in denen vor dem 30. März 2005 die

VI

zunächst nicht auf Grund des Versorgungsausgleichs gekürzte Rente begonnen hat und die Entscheidung des Familiengerichts über den Versorgungsausgleich wirksam geworden ist.

(2) § 101 Abs. 3 in der bis zum 31. August 2009 geltenden Fassung ist weiterhin anzuwenden, wenn vor dem 1. September 2009 das Verfahren über den Versorgungsausgleich eingeleitet worden ist und die auf Grund des Versorgungsausgleichs zu kürzende Rente begonnen hat.

Achter Unterabschnitt Zusatzleistungen

§ 269 Steigerungsbeträge

(1) 1Für Beiträge der Höherversicherung und für Beiträge nach § 248 Abs. 3 Satz 2 Nr. 3 werden zusätzlich zum Monatsbetrag einer Rente Steigerungsbeträge geleistet. 2Diese betragen bei einer Rente aus eigener Versicherung bei Zahlung des Beitrags im Alter

bis zu 30 Jahren 1,6667 vom Hundert,
von 31 bis 35 Jahren 1,5 vom Hundert,
von 36 bis 40 Jahren 1,3333 vom Hundert,
von 41 bis 45 Jahren 1,1667 vom Hundert,
von 46 bis 50 Jahren 1,0 vom Hundert,
von 51 bis 55 Jahren 0,9167 vom Hundert,
von 56 und mehr Jahren 0,8333 vom Hundert

des Nennwerts des Beitrags, bei einer Hinterbliebenenrente vervielfältigt mit dem für die Rente maßgebenden Rentenartfaktor der allgemeinen Rentenversicherung. 3Das Alter des Versicherten bestimmt sich nach dem Unterschied zwischen dem Kalenderjahr der Beitragszahlung und dem Geburtsjahr des Versicherten. 4Für Beiträge, die für Arbeiter in der Zeit vom 1. Oktober 1921 und für Angestellte in der Zeit vom 1. August 1921 bis zum 31. Dezember 1923 gezahlt worden sind, werden Steigerungsbeträge nicht geleistet.

(2) 1Werden auf eine Witwenrente oder Witwerrente nach dem vorletzten Ehegatten Ansprüche infolge Auflösung der letzten Ehe angerechnet, werden hierauf auch die zu einer Witwenrente oder Witwerrente nach dem letzten Ehegatten geleisteten Steigerungsbeträge aus Beiträgen der Höherversicherung angerechnet. 2Werden zu einer Witwenrente oder Witwerrente nach dem vorletzten Ehegatten Steigerungsbeträge aus Beiträgen der Höherversicherung gezahlt, werden hierauf auch Ansprüche infolge Auflösung der letzten Ehe angerechnet, soweit sie noch nicht auf die Witwenrente oder Witwerrente nach dem vorletzten Ehegatten angerechnet worden sind.

(3) Werden Witwenrenten oder Witwerrenten auf mehrere Berechtigte aufgeteilt, werden im gleichen Verhältnis auch hierzu gezahlte Steigerungsbeträge aus Beiträgen der Höherversicherung aufgeteilt.

(4) Werden Witwenrenten oder Witwerrenten bei Wiederheirat des Berechtigten abgefunden, werden auch die hierzu gezahlten Steigerungsbeträge aus Beiträgen der Höherversicherung abgefunden.

§ 269a Zuschuss zur Krankenversicherung

(1) § 106 Abs. 2 und 3 ist für das Jahr 2004 mit der Maßgabe anzuwenden, dass

1. für Rentenbezieher, die freiwillig in der gesetzlichen Krankenversicherung versichert sind, in der Zeit vom 1. Juli 2003 bis 31. März 2004 und
2. für Rentenbezieher, die bei einem Krankenversicherungsunternehmen versichert sind, in der Zeit vom 1. Juli 2003 bis 30. Juni 2004

der zum 1. Januar 2003 festgestellte durchschnittliche allgemeine Beitragssatz der Krankenkassen gilt.

(2) § 106 Abs. 3 ist vom 1. Juli 2005 bis 30. Juni 2006 mit der Maßgabe anzuwenden, dass der zum 1. März 2005 festgestellte durchschnittliche allgemeine Beitragssatz der Krankenkassen um 0,9 Beitragssatzpunkte zu vermindern ist.

§ 269b Rentenabfindung bei Wiederheirat von Witwen und Witwern

1Die Rentenabfindung bei Wiederheirat von Witwen und Witwern erfolgt ohne Anrechnung der bereits geleisteten kleinen Witwenrente oder kleinen Witwerrente, wenn der vorletzte Ehegatte vor dem 1. Januar 2002 verstorben ist. 2Dies gilt auch, wenn mindestens ein Ehegatte in der vorletzten Ehe vor dem 2. Januar 1962 geboren ist und diese Ehe vor dem 1. Januar 2002 geschlossen wurde.

§ 270 Kinderzuschuss

(1) 1Berechtigten, die vor dem 1. Januar 1992 für ein Kind Anspruch auf einen Kinderzuschuss hatten, wird zu einer Rente aus eigener Versicherung der Kinderzuschuss für dieses Kind in der zuletzt gezahlten Höhe geleistet. 2Dies gilt nicht, solange dem über 18 Jahre alten Kind

1. eine Ausbildungsvergütung von wenigstens 385 Euro monatlich zusteht oder
2. mit Rücksicht auf die Ausbildung Arbeitslosengeld oder Übergangsgeld von wenigstens 315 Euro monatlich zusteht oder nur deswegen nicht zusteht, weil es über anrechnungsfähiges Einkommen verfügt.

3Außer Ansatz bleiben Ehegatten- und Kinderzuschläge und einmalige Zuwendungen sowie vermögenswirksame Leistungen, die dem Auszubildenden über die geschuldete Ausbildungsvergütung hinaus zustehen, soweit sie den nach dem jeweils geltenden Vermögensbildungsgesetz begünstigten Höchstbetrag nicht übersteigen.

(2) Der Kinderzuschuss fällt weg, wenn

1. das Kind in seiner Person die Anspruchsvoraussetzungen für eine Waisenrente nicht mehr erfüllt,
2. für das Kind eine Kinderzulage aus der Unfallversicherung geleistet wird,
3. für das Kind Anspruch auf Waisenrente entsteht,
4. Berechtigte wegen der Gewährleistung einer Versorgungsanwartschaft versicherungsfrei werden und ihr Arbeitsentgelt Beträge mit Rücksicht auf das Kind enthält oder sie eine Versorgung mit entsprechenden Beträgen erhalten oder
5. Berechtigte Mitglied einer berufsständischen Versorgungseinrichtung werden und Leistungen hieraus erhalten, in denen Beträge mit Rücksicht auf das Kind enthalten sind.

(3) Bei mehreren Berechtigten wird der Kinderzuschuss für ein Kind nur dem geleistet, der das Kind überwiegend unterhält.

§ 270a (weggefallen)

Neunter Unterabschnitt
Leistungen an Berechtigte im Ausland und Auszahlung

§ 270b Rente wegen teilweiser Erwerbsminderung bei Berufsunfähigkeit

Berechtigte erhalten eine Rente wegen teilweiser Erwerbsminderung bei Berufsunfähigkeit (§ 240) nur, wenn sie auf diese Rente bereits für die Zeit, in der sie ihren gewöhnlichen Aufenthalt noch im Inland gehabt haben, einen Anspruch hatten.

§ 271 Höhe der Rente

1Bundesgebiets-Beitragszeiten sind auch Zeiten, für die nach den vor dem 9. Mai 1945 geltenden Reichsversicherungsgesetzen

1. Pflichtbeiträge für eine Beschäftigung oder selbständige Tätigkeit im Inland oder
2. freiwillige Beiträge für die Zeit des gewöhnlichen Aufenthalts im Inland oder außerhalb des jeweiligen Geltungsbereichs der Reichsversicherungsgesetze

gezahlt worden sind. 2Kindererziehungszeiten sind Bundesgebiets-Beitragszeiten, wenn die Erziehung des Kindes im Gebiet der Bundesrepublik Deutschland erfolgt ist.

§ 272 Besonderheiten

(1) Die persönlichen Entgeltpunkte von Berechtigten die vor dem 19. Mai 1950 geboren sind und vor dem 19. Mai 1990 ihren gewöhnlichen Aufenthalt im Ausland genommen haben, werden zusätzlich ermittelt aus

1. Entgeltpunkten für Beitragszeiten nach dem Fremdrentengesetz, begrenzt auf die Höhe der Entgeltpunkte für Bundesgebiets-Beitragszeiten,
2. dem Leistungszuschlag für Beitragszeiten nach dem Fremdrentengesetz, begrenzt

VI

auf die Höhe des Leistungszuschlags für Bundesgebiets-Beitragszeiten,

3. dem Abschlag an Entgeltpunkten aus einem durchgeführten Versorgungsausgleich oder Rentensplitting, der auf Beitragszeiten nach dem Fremdrentengesetz entfällt, in dem Verhältnis, in dem die nach Nummer 1 begrenzten Entgeltpunkte für Beitragszeiten nach dem Fremdrentengesetz zu allen Entgeltpunkten für diese Zeiten stehen und
4. dem Zuschlag an persönlichen Entgeltpunkten bei Waisenrenten aus Beitragszeiten nach dem Fremdrentengesetz in dem sich nach Nummer 3 ergebenden Verhältnis.

(2) Entgeltpunkte für Beitragszeiten nach dem Fremdrentengesetz, die nach Absatz 1 aufgrund von Entgeltpunkten (Ost) zusätzlich zu berücksichtigen sind, gelten als Entgeltpunkte (Ost).

(3) 1Zu den Entgeltpunkten von Berechtigten im Sinne von Absatz 1, die auf die Höhe der Entgeltpunkte für Bundesgebiets-Beitragszeiten begrenzt zu berücksichtigen sind, gehören auch Reichsgebiets-Beitragszeiten. 2Bei der Ermittlung von Entgeltpunkten aus einem Leistungszuschlag, aus einem Abschlag aus einem durchgeführten Versorgungsausgleich oder Rentensplitting und für den Zuschlag bei einer Waisenrente sind Reichsgebiets-Beitragszeiten wie Beitragszeiten nach dem Fremdrentengesetz zu berücksichtigen.

§ 272a Fälligkeit und Auszahlung laufender Geldleistungen bei Beginn vor dem 1. April 2004

(1) 1Bei Beginn laufender Geldleistungen mit Ausnahme des Übergangsgeldes vor dem 1. April 2004 werden diese zu Beginn des Monats fällig, zu dessen Beginn die Anspruchsvoraussetzungen erfüllt sind; sie werden am letzten Bankarbeitstag des Monats ausgezahlt, der dem Monat der Fälligkeit vorausgeht. 2§ 118 Abs. 1 Satz 2 und 3 gilt entsprechend.

(2) Absatz 1 gilt auch für aufgrund des § 89 zu zahlende Renten, für Regelaltersrenten, die im Anschluss an eine Erziehungsrente oder Rente wegen verminderter Erwerbsfähigkeit zu zahlen sind, und für Renten wegen Todes, die im Anschluss an eine Rente des verstorbenen Versicherten zu zahlen sind, wenn aus einem Versicherungskonto bei ununterbrochen anerkannten Rentenansprüchen der erstmalige Rentenbeginn vor dem 1. April 2004 liegt.

Zehnter Unterabschnitt Organisation, Datenverarbeitung und Datenschutz

Erster Titel Organisation

§ 273 Zuständigkeit der Deutschen Rentenversicherung Knappschaft-Bahn-See

(1) 1Für Beschäftigte ist die Deutsche Rentenversicherung Knappschaft-Bahn-See als Träger der knappschaftlichen Rentenversicherung auch zuständig, wenn die Versicherten auf Grund der Beschäftigung in einem nichtknappschaftlichen Betrieb bereits vor dem 1. Januar 1992 bei der Bundesknappschaft versichert waren, solange diese Beschäftigung andauert. 2Werden Beschäftigte in einem Betrieb oder Betriebsteil, für dessen Beschäftigte die Bundesknappschaft bereits vor dem 1. Januar 1992 zuständig war, infolge einer Verschmelzung, Umwandlung oder einer sonstigen Maßnahme innerhalb von 18 Kalendermonaten nach dieser Maßnahme in einem anderen Betrieb oder Betriebsteil des Unternehmens tätig, bleibt die Deutsche Rentenversicherung Knappschaft-Bahn-See als Träger der knappschaftlichen Rentenversicherung für die Dauer dieser Beschäftigung zuständig.

(2) Für Versicherte, die

1. bis zum 31. Dezember 1955 von dem Recht der Selbstversicherung oder
2. bis zum 31. Dezember 1967 von dem Recht der Weiterversicherung

in der knappschaftlichen Rentenversicherung Gebrauch gemacht haben, ist die Deutsche

Rentenversicherung Knappschaft-Bahn-See als Träger der knappschaftlichen Rentenversicherung für die freiwillige Versicherung zuständig.

(3) $_{1}$Für Personen, die zum Zeitpunkt des Zuständigkeitswechsels nach § 130 und § 136 bereits eine Rente beziehen, bleibt der bisher zuständige Träger der Rentenversicherung für die Dauer des Bezugs dieser Rente weiterhin zuständig. $_{2}$Bestand am 31. Dezember 2004 bei einem bisher zuständigen Träger der Rentenversicherung ein laufender Geschäftsvorfall, bleibt die Zuständigkeit bis zu dessen Abschluss erhalten.

(4) $_{1}$Beschäftigte, die bei der Bundesknappschaft beschäftigt sind, sind bis zum 30. September 2005 in der knappschaftlichen Rentenversicherung versichert. $_{2}$Für Versicherte, die am 30. September 2005 bei der Bundesknappschaft beschäftigt und in der knappschaftlichen Rentenversicherung versichert sind, bleibt die Deutsche Rentenversicherung Knappschaft-Bahn-See als Träger der knappschaftlichen Rentenversicherung für die Dauer dieser Beschäftigung zuständig. $_{3}$Dies gilt auch für Beschäftigte der Deutschen Rentenversicherung Knappschaft-Bahn-See, deren Beschäftigung unmittelbar an ein am 30. September 2005 bei der Bundesknappschaft bestehendes Ausbildungsverhältnis anschließt.

(5) Für Beschäftigte, die am 31. Dezember 1993 nach § 3 der Satzung der damaligen Bundesbahn-Versicherungsanstalt bei diesem Versicherungsträger versichert waren und nicht zu dem Personenkreis gehören, für den die Deutsche Rentenversicherung Knappschaft-Bahn-See nach § 129 Abs. 1 zuständig ist, bleibt die Deutsche Rentenversicherung Knappschaft-Bahn-See zuständig.

§ 273a Zuständigkeit in Zweifelsfällen

Ob im Beitrittsgebiet ein Betrieb knappschaftlich ist, einem knappschaftlichen Betrieb gleichgestellt ist oder die Zuständigkeit der Deutschen Rentenversicherung Knappschaft-Bahn-See als Träger der knappschaftlichen Rentenversicherung für Arbeitnehmer außerhalb von knappschaftlichen Betrieben, die denen in knappschaftlichen Betrieben gleichgestellt sind, gegeben ist, entscheidet in Zweifelsfällen das Bundesversicherungsamt.

Zweiter Titel
Datenverarbeitung und Datenschutz

§ 274 Dateien bei der Datenstelle hinsichtlich der Verordnung (EWG) Nr. 1408/71 des Rates vom 14. Juni 1971

(1) § 150 Absatz 3 Satz 1 ist nicht im Verhältnis zu Staaten und Personengruppen anzuwenden, auf welche die Verordnung (EWG) Nr. 1408/71 des Rates vom 14. Juni 1971 zur Anwendung der Systeme der sozialen Sicherheit auf Arbeitnehmer und Selbständige sowie deren Familienangehörige, die innerhalb der Gemeinschaft zu- und abwandern (ABl. L 149 vom 5. 7. 1971, S. 2), die zuletzt durch die Verordnung (EG) Nr. 592/2008 (ABl. L 177 vom 4. 7. 2008, S. 1) geändert worden ist, weiter Anwendung findet.

(2) Für die Prüfung, ob eine Beschäftigung den Voraussetzungen entspricht, nach denen eine Bescheinigung über weiterhin anzuwendende Rechtsvorschriften (Bescheinigung E 101) nach den Artikeln 11 und 11a der Verordnung (EWG) Nr. 574/72 des Rates vom 21. März 1972 über die Durchführung der Verordnung (EWG) Nr. 1408/71 über die Anwendung der Systeme der sozialen Sicherheit auf Arbeitnehmer und Selbständige sowie deren Familienangehörige, die innerhalb der Gemeinschaft zu- und abwandern (ABl. L 74 vom 27. 3. 1972, S. 1), die zuletzt durch die Verordnung (EG) Nr. 120/2009 (ABl. L 39 vom 10. 2. 2009, S. 29) geändert worden ist, ausgestellt werden kann, werden nach § 150 Absatz 3 vom Träger der Rentenversicherung folgende Daten gespeichert:

1. die in der Bescheinigung E 101 enthaltenen Daten,
2. ein Identifikationsmerkmal des Arbeitnehmers, der Arbeitnehmerin oder des Selbstständigen,

3. ein Identifikationsmerkmal des ausländischen Arbeitgebers,
4. ein Identifikationsmerkmal des inländischen Arbeitgebers,
5. die Mitteilung über eine Anfrage beim ausstellenden Träger einer Bescheinigung E 101 und
6. das Ergebnis der Überprüfung einer Bescheinigung E 101.

§ 274a (weggefallen)

§ 274b (weggefallen)

Dritter Titel
Übergangsvorschriften zur Zuständigkeit der Rentenversicherungsträger

§ 274c Ausgleichsverfahren

(1) 1Versicherte, die vor dem 1. Januar 2005 eine Versicherungsnummer erhalten haben (Bestandsversicherte), bleiben dem am 31. Dezember 2004 zuständigen Träger zugeordnet. 2Ausgenommen sind Zuständigkeitswechsel

1. zwischen den Regionalträgern,
2. in die Zuständigkeit der Deutschen Rentenversicherung Knappschaft-Bahn-See und
3. auf Grund des Ausgleichsverfahrens nach Absatz 2 bis 6.

(2) 1Das Erweiterte Direktorium der Deutschen Rentenversicherung Bund beschließt ein Ausgleichsverfahren, das die Zuständigkeit für Bestandsversicherte so festlegt, dass in einem Zeitraum von 15 Jahren eine Verteilung von 45 zu 55 vom Hundert zwischen den Bundesträgern und den Regionalträgern hergestellt wird. 2Für das Ausgleichsverfahren wird jährlich für jeden Versichertenjahrgang und jeden örtlichen Zuständigkeitsbereich eines Regionalträgers gesondert die Differenz zwischen der Ist-Verteilung und der Soll-Verteilung zwischen den Bundes- und den Regionalträgern ermittelt und jeweils ein der Restlaufzeit entsprechender Anteil der auszugleichenden Versichertenzahl neu zugeordnet. 3Erfasst werden erstmalig im Jahr 2005 Bestandsversicherte der Geburtsjahrgänge ab 1945 und jünger. 4In den Folgejahren ist der Geburtsjahrgang, ab dem Bestandsversicherte in das Ausgleichsverfahren einbezogen werden, jeweils um eins zu erhöhen.

(3) Ausgenommen von dem Ausgleichsverfahren sind Bestandsversicherte,

1. für die die Deutsche Rentenversicherung Knappschaft-Bahn-See zuständig ist,
2. die bereits einmal von einem Zuständigkeitswechsel nach Absatz 2 betroffen waren,
3. die bereits Leistungen beziehen oder bei denen ein Leistungsverfahren anhängig ist, oder
4. solange deren Anwartschaften oder Rentenansprüche ganz oder teilweise im Sinne der §§ 53 und 54 des Ersten Buches übertragen, verpfändet oder gepfändet sind.

(4) Bestandsversicherte, für die zwischen- oder überstaatliches Recht zur Anwendung kommt, sind ebenfalls entsprechend der Quote zwischen Bundes- und Landesebene unter Berücksichtigung der Aufgabenentwicklung der Verbindungsstellen auszugleichen.

(5) 1Die Ausführung des Ausgleichsverfahrens erfolgt durch die Datenstelle der Träger der Rentenversicherung; der zur Abwicklung verwendete Stammdatensatz ist entsprechend den Erfordernissen für die Dauer des Ausgleichsverfahrens zu erweitern. 2Über Zuständigkeitswechsel sind die betroffenen Versicherten und deren Rentenversicherungsträger unverzüglich zu unterrichten.

(6) 1Bis zum Abschluss des Ausgleichsverfahrens veröffentlicht die Deutsche Rentenversicherung Bund jährlich, erstmals im Jahr 2006, einen Bericht über die tatsächliche Arbeitsmengenverteilung zwischen den Bundes- und den Regionalträgern im Berichtsjahr sowie eine Prognose über die künftige Entwicklung auf beiden Ebenen. 2Auf dieser Grundlage entscheidet das Erweiterte Direktorium, ob weiterer Bedarf zur Stabilisierung der Arbeitsmengen zwischen den Trägern der Ren-

tenversicherung besteht und beschließt die erforderlichen Maßnahmen.

§ 274d Zuständigkeit der Träger der Rentenversicherung bis zur Errichtung der Deutschen Rentenversicherung Bund und der Deutschen Rentenversicherung Knappschaft-Bahn-See

(1) Bis zum 30. September 2005 tritt an die Stelle der Deutschen Rentenversicherung Bund in § 125 Abs. 1 und 2 Satz 1, §§ 126 sowie 127 Abs. 2 Nr. 1 und 4 und Abs. 3 Nr. 2 die Bundesversicherungsanstalt für Angestellte.

(2) Bis zum 30. September 2005 wird das Zuordnungsverfahren nach § 127 Abs. 2 vom Vorstand des Verbandes Deutscher Rentenversicherungsträger mit einer Mehrheit von mindestens zwei Dritteln aller Stimmen der satzungsmäßigen Mitgliederzahl festgelegt.

(3) Bis zum 30. September 2005 treten an die Stelle der Deutschen Rentenversicherung Knappschaft-Bahn-See

1. die Bundesknappschaft in § 127 Abs. 2 Nr. 4, § 129 Abs. 1 Nr. 6 und in den Vorschriften des Dritten Kapitels Erster Abschnitt Dritter Unterabschnitt,
2. die Bundesknappschaft, die Bahnversicherungsanstalt und die Seekasse in §§ 125, 126, 127 Abs. 2 Nr. 1 und 2 und, in der angegebenen Reihenfolge, in Absatz 3 Nr. 1 sowie in § 274c Abs. 1 Nr. 2 und Abs. 3 Nr. 1,
3. die Bahnversicherungsanstalt in § 129 Abs. 1 Nr. 1 bis 4 und 6 sowie in § 130,
4. die Seekasse in § 129 Abs. 1 Nr. 5 und 6, Abs. 2 sowie in § 130.

Elfter Unterabschnitt Finanzierung

Erster Titel (weggefallen)

§ 275 (weggefallen)

Zweiter Titel Beiträge

§ 275a Beitragsbemessungsgrenzen im Beitrittsgebiet

1Die Beitragsbemessungsgrenzen (Ost) in der allgemeinen Rentenversicherung sowie in der knappschaftlichen Rentenversicherung verändern sich zum 1. Januar eines jeden Kalenderjahres auf die Werte, die sich ergeben, wenn die für dieses Kalenderjahr jeweils geltenden Werte der Anlage 2 durch den für dieses Kalenderjahr bestimmten vorläufigen Wert der Anlage 10 geteilt werden. 2Dabei ist von den ungerundeten Beträgen auszugehen, aus denen die Beitragsbemessungsgrenzen errechnet wurden. 3Die Beitragsbemessungsgrenzen (Ost) sind für das Jahr, für das sie bestimmt werden, auf das nächsthöhere Vielfache von 600 aufzurunden.

§ 275b Verordnungsermächtigung

Die Bundesregierung wird ermächtigt, durch Rechtsverordnung mit Zustimmung des Bundesrates die Beitragsbemessungsgrenzen in Ergänzung der Anlage 2a festzusetzen.

§ 276 Beitragspflichtige Einnahmen sonstiger Versicherter

(1) Bei Versicherungspflicht wegen des Bezugs einer Sozialleistung sind in der Zeit vom 1. Januar 1992 bis zum 31. Dezember 1994 beitragspflichtige Einnahmen die gezahlten Sozialleistungen.

(2) Bei Versicherungspflicht für Zeiten der Arbeitsunfähigkeit oder der Ausführung von Leistungen zur Teilhabe ohne Anspruch auf Krankengeld sind in der Zeit vom 1. Januar 1992 bis zum 31. Dezember 1994 70 vom Hundert des zuletzt für einen vollen Kalendermonat versicherten Arbeitsentgelts oder Arbeitseinkommens als beitragspflichtige Einnahmen zugrunde zu legen.

§ 276a Arbeitgeberanteil bei Versicherungsfreiheit

(1) 1Für geringfügig Beschäftigte nach § 8 Absatz 1 Nummer 1 des Vierten Buches, die in dieser Beschäftigung nach § 230 Absatz 8 versicherungsfrei sind, tragen die Arbeitge-

VI

ber einen Beitragsanteil in Höhe von 15 Prozent des Arbeitsentgelts, das beitragspflichtig wäre, wenn die Beschäftigten versicherungspflichtig wären. 2Für geringfügig Beschäftigte in Privathaushalten nach § 8a Satz 1 des Vierten Buches, die in dieser Beschäftigung nach § 230 Absatz 8 versicherungsfrei sind, tragen die Arbeitgeber einen Beitragsanteil in Höhe von 5 Prozent des Arbeitsentgelts, das beitragspflichtig wäre, wenn die Beschäftigten versicherungspflichtig wären.

(2) Für den Beitragsanteil des Arbeitgebers gelten die Vorschriften des Dritten Abschnitts des Vierten Buches sowie die Bußgeldvorschriften des § 111 Absatz 1 Nummer 2 bis 4, 8 und Absatz 2 und 4 des Vierten Buches entsprechend.

§ 276b Gleitzone

(1) 1Für Arbeitnehmer, die am 31. Dezember 2012 in einer mehr als geringfügigen Beschäftigung nach § 8 Absatz 1 Nummer 1 oder § 8a in Verbindung mit § 8 Absatz 1 Nummer 1 des Vierten Buches versicherungspflichtig waren, die die Merkmale einer geringfügigen Beschäftigung nach diesen Vorschriften in der ab dem 1. Januar 2013 geltenden Fassung erfüllt, gilt für diese Beschäftigung weiterhin § 163 Absatz 10 mit Maßgabe folgender Formel:

$$F \times 400 + (2 - F) \times (AE - 400).$$

2Satz 1 gilt längstens bis zum 31. Dezember 2014. 3Die Beitragstragung nach § 168 Absatz 1 Nummer 1b und 1c findet keine Anwendung.

(2) 1Für Arbeitnehmer, die am 31. Dezember 2012 oberhalb des oberen Grenzbetrages der Gleitzone (§ 20 Absatz 2 des Vierten Buches in der bis zum 31. Dezember 2012 geltenden Fassung) beschäftigt waren und in derselben Beschäftigung ab dem 1. Januar 2013 in der Gleitzone versicherungspflichtig beschäftigt sind, ist § 163 Absatz 10 in der ab dem 1. Januar 2013 geltenden Fassung nur anzuwenden, wenn der Arbeitnehmer die Anwendung der Gleitzonenregelung schriftlich gegenüber dem Arbeitgeber erklärt. 2Eine Erklärung nach Satz 1 ist nur bis zum 31. Dezember 2014 und mit Wirkung für die Zukunft möglich.

§ 277 Beitragsrecht bei Nachversicherung

1Die Durchführung der Nachversicherung von Personen, die vor dem 1. Januar 1992 aus einer nachversicherungspflichtigen Beschäftigung ausgeschieden sind oder ihren Anspruch auf Versorgung verloren haben und bis zum 31. Dezember 1991 nicht nachversichert worden sind, richtet sich nach den vom 1. Januar 1992 an geltenden Vorschriften, soweit nicht nach Vorschriften außerhalb dieses Buches anstelle einer Zahlung von Beiträgen für die Nachversicherung eine Erstattung der Aufwendungen aus der Nachversicherung vorgesehen ist. 2Eine erteilte Aufschubbescheinigung bleibt wirksam, es sei denn, dass nach den vom 1. Januar 1992 an geltenden Vorschriften Gründe für einen Aufschub der Beitragszahlung nicht mehr gegeben sind.

Durch das Gesetz zur Steigerung der Attraktivität des Dienstes in der Bundeswehr vom 13.5.2015 (BGBl. I S. 706) wird zum 1.1.2016 folgender Absatz 2 angefügt: "(2) § 181 Absatz 2a ist nicht anzuwenden, wenn die Nachversicherungsbeiträge vor dem 1. Januar 2016 fällig geworden sind."

§ 277a Durchführung der Nachversicherung im Beitrittsgebiet

(1) 1Bei der Durchführung der Nachversicherung von Personen, die eine nachversicherungspflichtige Beschäftigung im Beitrittsgebiet ausgeübt haben, ist die Beitragsbemessungsgrundlage für die Berechnung der Beiträge für Zeiten im Beitrittsgebiet vor dem 1. Januar 1992 mit den entsprechenden Werten der Anlage 10 und mit dem Verhältniswert zu vervielfältigen, in dem zum Zeitpunkt der Zahlung die Bezugsgröße (Ost) zur Bezugsgröße steht; die Beitragsbemessungsgrundlage ist nur bis zu einem Betrag zu berücksichtigen, der dem durch die entsprechenden Werte der Anlage 10 geteilten Betrag der jeweiligen Beitragsbemessungsgrenze in der allgemeinen Rentenversicherung entspricht. 2§ 181 Abs. 4 bleibt unberührt.

VI

3Für Personen, die nach § 233a Abs. 1 Satz 2 als nachversichert gelten, erfolgt anstelle einer Zahlung von Beiträgen für die Nachversicherung eine Erstattung der Aufwendungen aus der Nachversicherung; der Durchführung der Nachversicherung und der Erstattung werden die bisherigen Vorschriften, die im Gebiet der Bundesrepublik Deutschland außerhalb des Beitrittsgebiets anzuwenden sind, fiktiv zugrunde gelegt.

(2) 1Für Pfarrer, Pastoren, Prediger, Vikare und andere Mitarbeiter von Religionsgesellschaften im Beitrittsgebiet, die nach § 233a Abs. 3 als nachversichert gelten, gilt die Nachversicherung mit den Entgelten als durchgeführt, für die Beiträge nachgezahlt worden sind. 2Die Religionsgesellschaften haben den Nachversicherten die jeweiligen Entgelte zu bescheinigen.

(3) 1Für Diakonissen und Mitglieder geistlicher Genossenschaften im Beitrittsgebiet, die nach § 233a Abs. 4 nachversichert werden, ist Beitragsbemessungsgrundlage für Zeiten

1. bis zum 31. Mai 1958 ein monatliches Arbeitsentgelt von 270 Deutsche Mark,
2. vom 1. Juni 1958 bis 30. Juni 1967 ein monatliches Arbeitsentgelt von 340 Deutsche Mark,
3. vom 1. Juli 1967 bis 28. Februar 1971 ein monatliches Arbeitsentgelt von 420 Deutsche Mark,
4. vom 1. März 1971 bis 30. September 1976 ein monatliches Arbeitsentgelt von 470 Deutsche Mark und
5. vom 1. Oktober 1976 bis 31. Dezember 1984 ein monatliches Arbeitsentgelt von 520 Deutsche Mark.

2Die Beitragsbemessungsgrundlage ist für die Berechnung der Beiträge mit den entsprechenden Werten der Anlage 10 und mit dem Verhältniswert zu vervielfältigen, in dem zum Zeitpunkt der Zahlung die Bezugsgröße (Ost) zur Bezugsgröße steht. 3§ 181 Abs. 4 bleibt unberührt.

§ 278 Mindestbeitragsbemessungsgrundlage für die Nachversicherung

(1) Mindestbeitragsbemessungsgrundlage ist für Zeiten

1. bis zum 31. Dezember 1956 ein monatliches Arbeitsentgelt von 150 Deutsche Mark,
2. vom 1. Januar 1957 bis zum 31. Dezember 1976 ein monatliches Arbeitsentgelt in Höhe von 20 vom Hundert der jeweiligen Beitragsbemessungsgrenze in der Rentenversicherung der Arbeiter und der Angestellten.

(2) Mindestbeitragsbemessungsgrundlage für Ausbildungszeiten ist

1. bis zum 31. Dezember 1967 ein monatliches Arbeitsentgelt von 150 Deutsche Mark,
2. vom 1. Januar 1968 bis zum 31. Dezember 1976 ein monatliches Arbeitsentgelt in Höhe von 10 vom Hundert der jeweiligen Beitragsbemessungsgrenze in der Rentenversicherung der Arbeiter und der Angestellten.

(3) Mindestbeitragsbemessungsgrundlage für Zeiten einer Teilzeitbeschäftigung ist der Teil des sich aus Absatz 1 ergebenden Betrages, der dem Verhältnis der ermäßigten zur regelmäßigen Arbeitszeit entspricht.

§ 278a Mindestbeitragsbemessungsgrundlage für die Nachversicherung im Beitrittsgebiet

(1) Mindestbeitragsbemessungsgrundlage ist für Zeiten im Beitrittsgebiet

1. bis zum 31. Dezember 1956 ein monatliches Arbeitsentgelt von 150 Deutsche Mark, das durch den jeweiligen Wert der Anlage 10 zu teilen ist,
2. vom 1. Januar 1957 bis zum 30. Juni 1990 ein monatliches Arbeitsentgelt in Höhe von 20 vom Hundert der durch den Wert der Anlage 10 geteilten jeweiligen Beitragsbemessungsgrenze in der Rentenversicherung der Arbeiter und der Angestellten,

VI

3. vom 1. Juli 1990 an ein monatliches Arbeitsentgelt in Höhe von 40 vom Hundert der jeweiligen Bezugsgröße (Ost).

(2) Mindestbeitragsbemessungsgrundlage für Ausbildungszeiten im Beitrittsgebiet ist

1. bis zum 31. Dezember 1967 ein monatliches Arbeitsentgelt von 150 Deutsche Mark, das durch den jeweiligen Wert der Anlage 10 zu teilen ist,
2. vom 1. Januar 1968 bis zum 30. Juni 1990 ein monatliches Arbeitsentgelt in Höhe von 10 vom Hundert der durch den Wert der Anlage 10 geteilten jeweiligen Beitragsbemessungsgrenze in der Rentenversicherung der Arbeiter und der Angestellten,
3. vom 1. Juli 1990 an ein monatliches Arbeitsentgelt in Höhe von 20 vom Hundert der jeweiligen Bezugsgröße (Ost).

(3) Mindestbeitragsbemessungsgrundlage für Zeiten einer Teilzeitbeschäftigung ist der Teil des sich aus Absatz 1 ergebenden Betrages, der dem Verhältnis der ermäßigten zur regelmäßigen Arbeitszeit entspricht.

VI

§ 279 Beitragspflichtige Einnahmen bei Hebammen und Handwerkern

(1) Beitragspflichtige Einnahmen bei selbständig tätigen Hebammen mit Niederlassungserlaubnis sind mindestens 40 vom Hundert der Bezugsgröße.

(2) $_1$Beitragspflichtige Einnahmen bei selbständig tätigen Handwerkern, die in ihrem Gewerbebetrieb mit Ausnahme von Lehrlingen und des Ehegatten oder eines Verwandten ersten Grades keine wegen dieser Beschäftigung versicherungspflichtigen Personen beschäftigen (Alleinhandwerker) und die im Jahr 1991 von der Möglichkeit Gebrauch gemacht haben, Pflichtbeiträge für weniger als zwölf Monate zu zahlen, sind für Zeiten, die sich ununterbrochen anschließen, mindestens 50 vom Hundert der Bezugsgröße. $_2$Für Alleinhandwerker, die im Jahr 1991 für jeden Monat Beiträge von einem niedrigeren Arbeitseinkommen als dem Durchschnittsentgelt gezahlt haben, sind beitragspflichtige Einnahmen für Zeiten, die sich ununterbrochen anschließen und in denen die im letzten Einkommensteuerbescheid ausgewiesenen Jahreseinkünfte aus Gewerbebetrieb vor Abzug der Sonderausgaben und Freibeträge weniger als 50 vom Hundert der Bezugsgröße betragen, mindestens 40 vom Hundert der Bezugsgröße. $_3$Abweichend von Satz 2 sind beitragspflichtige Einnahmen für Alleinhandwerker, die auch die Voraussetzungen von Satz 1 erfüllen, mindestens 20 vom Hundert der Bezugsgröße. $_4$Die Regelungen in den Sätzen 1 bis 3 sind nur anzuwenden, wenn dies bis zum 30. Juni 1992 beantragt wird.

§ 279a Beitragspflichtige Einnahmen mitarbeitender Ehegatten im Beitrittsgebiet

Beitragspflichtige Einnahmen bei im Beitrittsgebiet mitarbeitenden Ehegatten sind die Einnahmen aus der Tätigkeit.

§ 279b Beitragsbemessungsgrundlage für freiwillig Versicherte

$_1$Für freiwillig Versicherte, die ihren gewöhnlichen Aufenthalt im Beitrittsgebiet haben, ist Beitragsbemessungsgrundlage ein Betrag von der Mindestbemessungsgrundlage (§ 167) bis zur Beitragsbemessungsgrenze. $_2$§ 228a gilt nicht.

§ 279c Beitragstragung im Beitrittsgebiet

(1) Die Beiträge werden bei Bezug von Vorruhestandsgeld nach den Vorschriften für das Beitrittsgebiet von der zahlenden Stelle allein getragen.

(2) Die Beiträge werden bei mitarbeitenden Ehegatten von diesen und den selbständig Tätigen je zur Hälfte getragen.

§ 279d Beitragszahlung im Beitrittsgebiet

$_1$Für die Zahlung der Beiträge von mitarbeitenden Ehegatten gelten die Vorschriften über den Gesamtsozialversicherungsbeitrag. $_2$Für die Beitragszahlung gelten die selbständig Tätigen als Arbeitgeber.

§§ 279e und 279f (weggefallen)

§ 279g Sonderregelungen bei Altersteilzeitbeschäftigten

Bei Arbeitnehmern, für die die Vorschriften des Altersteilzeitgesetzes in der bis zum 30. Juni 2004 geltenden Fassung anzuwenden sind, weil mit der Altersteilzeitarbeit vor dem 1. Juli 2004 begonnen wurde (§ 15g des Altersteilzeitgesetzes), sind § 163 Abs. 5 und § 168 Abs. 1 Nr. 6 und 7 in der bis zum 30. Juni 2004 geltenden Fassung anzuwenden.

§ 280 Höherversicherung für Zeiten vor 1998

Beiträge für Zeiten vor 1998 sind zur Höherversicherung gezahlt, wenn sie als solche bezeichnet sind.

§ 281 Nachversicherung

(1) 1Sind für den Nachversicherungszeitraum bereits freiwillige Beiträge vor dem 1. Januar 1992 gezahlt worden, werden diese Beiträge nicht erstattet. 2Sie gelten als Beiträge zur Höherversicherung.

(2) Soweit nach dem vor dem 1. Januar 1992 geltenden Recht Beiträge im Rahmen der Nachversicherung nachzuentrichten waren und noch nicht nachentrichtet sind, gelten sie erst mit der Zahlung im Sinne des § 181 Abs. 1 Satz 2 als rechtzeitig entrichtete Pflichtbeiträge.

§ 281a Zahlung von Beiträgen im Rahmen des Versorgungsausgleichs im Beitrittsgebiet

(1) Im Rahmen des Versorgungsausgleichs können Beiträge gezahlt werden, um

1. Rentenanwartschaften, die durch einen Abschlag an Entgeltpunkten (Ost) gemindert worden sind, ganz oder teilweise wieder aufzufüllen,
2. die Erstattungspflicht für die Begründung von Rentenanwartschaften in Entgeltpunkten (Ost) zugunsten des Ausgleichsberechtigten abzulösen (§ 225 Abs. 2, § 264a).

(2) 1Für die Zahlung von Beiträgen werden die Rentenanwartschaften in Entgeltpunkte (Ost) umgerechnet, soweit das Familiengericht dies angeordnet hat (§ 264a Abs. 1). 2Die Entgeltpunkte (Ost) werden in der Weise ermittelt, daß der Monatsbetrag der Rentenanwartschaften durch den aktuellen Rentenwert (Ost) mit seinem Wert bei Ende der Ehezeit oder Lebenspartnerschaftszeit geteilt wird.

(3) 1Für je einen Entgeltpunkt (Ost) ist der Betrag zu zahlen, der sich ergibt, wenn der im Zeitpunkt der Beitragszahlung geltende Beitragssatz auf das für das Kalenderjahr der Beitragszahlung zugrunde zu legende Durchschnittsentgelt im Beitrittsgebiet angewendet wird. 2Als Durchschnittsentgelt im Beitrittsgebiet ist das durch den vorläufigen Wert der Anlage 10 geteilte vorläufige Durchschnittsentgelt im übrigen Bundesgebiet zugrunde zu legen. 3Der Zahlbetrag wird nach den Rechengrößen zur Durchführung des Versorgungsausgleichs ermittelt, die das Bundesministerium für Arbeit und Soziales im Bundesgesetzblatt bekannt macht. 4Die Rechengrößen enthalten Faktoren zur Umrechnung von Entgeltpunkten (Ost) in Beiträge und umgekehrt; dabei können Rundungsvorschriften der Berechnungsgrundsätze unberücksichtigt bleiben, um genauere Ergebnisse zu erzielen.

(4) § 187 Abs. 4,5 und 7 gilt auch für die Zahlung von Beiträgen im Rahmen des Versorgungsausgleichs im Beitrittsgebiet.

§ 281b Verordnungsermächtigung

Die Bundesregierung wird ermächtigt, durch Rechtsverordnung mit Zustimmung des Bundesrates für die Fälle, in denen nach Vorschriften außerhalb dieses Buches anstelle einer Zahlung von Beiträgen für die Nachversicherung eine Erstattung der Aufwendungen aus der Nachversicherung vorgesehen ist (§ 277), das Nähere über die Berechnung und Durchführung der Erstattung zu regeln.

Dritter Titel
Verfahren

§ 281c Meldepflichten im Beitrittsgebiet

1Eine Meldung nach § 28a Abs. 1 bis 3 des Vierten Buches haben für im Beitrittsgebiet mitarbeitende Ehegatten die selbständig Tätigen zu erstatten. 2§ 28a Abs. 5 sowie die §§ 28b und 28c des Vierten Buches gelten entsprechend.

§ 282 Nachzahlung nach Erreichen der Regelaltersgrenze

(1) 1Vor dem 1. Januar 1955 geborene Elternteile, denen Kindererziehungszeiten anzurechnen sind und die bis zum Erreichen der Regelaltersgrenze die allgemeine Wartezeit nicht erfüllt haben, können auf Antrag freiwillige Beiträge für so viele Monate nachzahlen, wie zur Erfüllung der allgemeinen Wartezeit noch erforderlich sind. 2Beiträge können nur für Zeiten nachgezahlt werden, die noch nicht mit Beiträgen belegt sind.

(2) 1Versicherte, die bis zum Erreichen der Regelaltersgrenze die allgemeine Wartezeit nicht erfüllt haben und am 10. August 2010 aufgrund des § 7 Absatz 2 und des § 232 Absatz 1 in der bis zum 10. August 2010 geltenden Fassung nicht das Recht zur freiwilligen Versicherung hatten, können auf Antrag freiwillige Beiträge für so viele Monate nachzahlen, wie zur Erfüllung der allgemeinen Wartezeit noch erforderlich sind. 2Beiträge können nur für Zeiten nachgezahlt werden, die noch nicht mit Beiträgen belegt sind. 3Der Antrag kann nur bis zum 31. Dezember 2015 gestellt werden.

(3) 1Versicherte, die

1. nach § 1 Absatz 4 des Streitkräftepersonalstruktur-Anpassungsgesetzes oder nach § 3 Absatz 2 des Bundeswehrbeamtinnen- und Bundeswehrbeamten-Ausgliederungsgesetzes beurlaubt worden sind und
2. bis zum Erreichen der Regelaltersgrenze die allgemeine Wartezeit nicht erfüllt haben,

können, wenn zwischen der Beurlaubung und der maßgebenden gesetzlichen oder besonderen Altersgrenze weniger als 60 Kalendermonate liegen, auf Antrag freiwillige Beiträge für so viele Monate nachzahlen, wie zur Erfüllung der allgemeinen Wartezeit noch erforderlich sind. 2Beiträge können nur für Zeiten nachgezahlt werden, die noch nicht mit Beiträgen belegt sind.

§ 283 (weggefallen)

§ 284 Nachzahlung für Vertriebene, Flüchtlinge und Evakuierte

1Personen im Sinne der §§ 1 bis 4 des Bundesvertriebenengesetzes und des § 1 des Bundesevakuiertengesetzes, die

1. vor der Vertreibung, der Flucht oder der Evakuierung selbständig tätig waren und
2. binnen drei Jahren nach der Vertreibung, der Flucht oder der Evakuierung oder nach Beendigung einer Ersatzzeit wegen Vertreibung, Umsiedlung, Aussiedlung oder Flucht einen Pflichtbeitrag gezahlt haben,

können auf Antrag freiwillige Beiträge für Zeiten vor Erreichen der Regelaltersgrenze bis zur Vollendung des 16. Lebensjahres, längstens aber bis zum 1. Januar 1924 zurück, nachzahlen, sofern diese Zeiten nicht bereits mit Beiträgen belegt sind. 2Nach bindender Bewilligung einer Vollrente wegen Alters ist eine Nachzahlung nicht zulässig.

§ 285 Nachzahlung bei Nachversicherung

1Personen, die nachversichert worden sind und die aufgrund der Nachversicherung die allgemeine Wartezeit vor dem 1. Januar 1984 erfüllen, können für Zeiten nach dem 31. Dezember 1983 auf Antrag freiwillige Beiträge nachzahlen, sofern diese Zeiten nicht bereits mit Beiträgen belegt sind. 2Der Antrag kann nur innerhalb von sechs Monaten nach Durchführung der Nachversicherung gestellt werden. 3Die Erfüllung der Voraussetzungen für den Bezug einer Rente innerhalb der Antragsfrist steht der Nachzahlung nicht entgegen. 4Die Beiträge sind spätestens sechs Monate nach Eintritt der Bindungswirkung des Nachzahlungsbescheides nachzuzahlen.

§ 286 Versicherungskarten

(1) Werden nach dem 31. Dezember 1991 Versicherungskarten, die nicht aufgerechnet sind, den Trägern der Rentenversicherung vorgelegt, haben die Träger der Rentenversicherung entsprechend den Regelungen über die Klärung des Versicherungskontos zu verfahren.

(2) Wenn auf einer vor dem 1. Januar 1992 rechtzeitig umgetauschten Versicherungskarte

1. Beschäftigungszeiten, die nicht länger als ein Jahr vor dem Ausstellungstag der Karte liegen, ordnungsgemäß bescheinigt oder
2. Beitragsmarken von Pflichtversicherten oder freiwillig Versicherten ordnungsgemäß verwendet sind,

so wird vermutet, dass während der in Nummer 1 genannten Zeiten ein die Versicherungspflicht begründendes Beschäftigungsverhältnis mit dem angegebenen Arbeitsentgelt bestanden hat und die dafür zu zahlenden Beiträge rechtzeitig gezahlt worden sind und während der mit Beitragsmarken belegten Zeiten ein gültiges Versicherungsverhältnis vorgelegen hat.

(3) $_1$Nach Ablauf von zehn Jahren nach Aufrechnung der Versicherungskarte können von den Trägern der Rentenversicherung

1. die Richtigkeit der Eintragung der Beschäftigungszeiten, der Arbeitsentgelte und der Beiträge und
2. die Rechtsgültigkeit der Verwendung der in der Aufrechnung der Versicherungskarte bescheinigten Beitragsmarken

nicht mehr angefochten werden. $_2$Dies gilt nicht, wenn Versicherte oder ihre Vertreter oder zur Fürsorge für sie Verpflichtete die Eintragung in die Entgeltbescheinigung oder die Verwendung der Marken in betrügerischer Absicht herbeigeführt haben. $_3$Die Sätze 1 und 2 gelten für die knappschaftliche Rentenversicherung entsprechend.

(4) $_1$Verlorene, unbrauchbare oder zerstörte Versicherungskarten werden durch die Träger der Rentenversicherung vorbehaltlich des § 286a Abs. 1 ersetzt. $_2$Nachgewiesene Beiträge und Arbeitsentgelte werden beglaubigt übertragen.

(5) Machen Versicherte für Zeiten vor dem 1. Januar 1973 glaubhaft, dass sie eine versicherungspflichtige Beschäftigung gegen Arbeitsentgelt ausgeübt haben, die vor dem Ausstellungstag der Versicherungskarte liegt oder nicht auf der Karte bescheinigt ist, und für diese Beschäftigung entsprechende Beiträge gezahlt worden sind, ist die Beschäftigungszeit als Beitragszeit anzuerkennen.

(6) § 203 Abs. 2 gilt für Zeiten vor dem 1. Januar 1973 mit der Maßgabe, dass es einer Eintragung in die Versicherungskarte nicht bedarf.

(7) Die Absätze 1 bis 3 gelten entsprechend für den Nachweis der Seefahrtzeiten und Durchschnittsheuern der Seeleute.

§ 286a Glaubhaftmachung der Beitragszahlung und Aufteilung von Beiträgen

(1) $_1$Fehlen für Zeiten vor dem 1. Januar 1950 die Versicherungsunterlagen, die von einem Träger der Rentenversicherung aufzubewahren gewesen sind, und wären diese in einem vernichteten oder nicht erreichbaren Teil des Karten- oder Kontenarchivs aufzubewahren gewesen oder ist glaubhaft gemacht, dass die Versicherungskarten bei dem Arbeitgeber oder Versicherten oder nach den Umständen des Falles auf dem Weg zum Träger der Rentenversicherung verloren gegangen, unbrauchbar geworden oder zerstört worden sind, sind die Zeiten der Beschäftigung oder Tätigkeit als Beitragszeit anzuerkennen, wenn glaubhaft gemacht wird, dass der Versicherte eine versicherungspflichtige Beschäftigung oder Tätigkeit ausgeübt hat und dass dafür Beiträge gezahlt worden sind. $_2$Satz 1 gilt auch für freiwillig Versicherte, soweit sie die für die Feststellung rechtserheblichen Zeiten glaubhaft machen. $_3$Als Mittel der Glaubhaftmachung können auch Versicherungen an Eides statt zugelassen werden. $_4$Der Träger der Rentenversicherung ist für die Abnahme eidesstattlicher Versicherungen zuständig.

(2) $_1$Sind in Unterlagen

1. Arbeitsentgelte in einem Gesamtbetrag für die über einen Lohn- oder Gehaltszahlungszeitraum hinausgehende Zeit,
2. Anzahl und Höhe von Beiträgen ohne eine bestimmbare zeitliche Zuordnung

bescheinigt, sind sie gleichmäßig auf die Beitragszahlungszeiträume zu verteilen. $_2$Bei der Zahlung von Beiträgen nach Lohn-, Beitrags- oder Gehaltsklassen sind die niedrigsten Beiträge an den Beginn und die höchsten Beiträge an das Ende des Beitragszahlungszeitraums zu legen. $_{3}$Ist der Beginn der Versicherung nicht bekannt, wird vermutet, dass die Versicherung mit der Vollendung des 14. Lebensjahres, frühestens am 1. Januar 1923, begonnen hat. $_{4}$Ist das Ende der Versicherung nicht bekannt, wird vermutet, dass die Versicherung mit dem

1. Kalendermonat vor Beginn der zu berechnenden Rente bei einer Rente wegen Alters, bei einer Rente wegen Erwerbsunfähigkeit, auf die erst nach Erfüllung einer Wartezeit von 20 Jahren ein Anspruch besteht, oder bei einer Erziehungsrente,
2. Eintritt der maßgebenden Minderung der Erwerbsfähigkeit bei einer Rente wegen verminderter Erwerbsfähigkeit,
3. Tod des Versicherten bei einer Hinterbliebenenrente

geendet hat. $_{5}$Für die knappschaftliche Rentenversicherung wird als Beginn der Versicherung die satzungsmäßige Mindestaltersgrenze vermutet.

§ 286b Glaubhaftmachung der Beitragszahlung im Beitrittsgebiet

$_{1}$Machen Versicherte glaubhaft, dass sie im Beitrittsgebiet in der Zeit vom 9. Mai 1945 bis 31. Dezember 1991 ein beitragspflichtiges Arbeitsentgelt oder Arbeitseinkommen erzielt haben und von diesem entsprechende Beiträge gezahlt worden sind, sind die dem Arbeitsentgelt oder Arbeitseinkommen zugrunde liegenden Zeiträume als Beitragszeit anzuerkennen. $_{2}$Satz 1 gilt auch für freiwillig Versicherte, soweit sie die für die Feststellung rechtserheblichen Zeiten glaubhaft machen. $_{3}$Als Mittel der Glaubhaftmachung können auch Versicherungen an Eides statt zugelassen werden. $_{4}$Der Träger der Rentenversicherung ist für die Abnahme eidesstattlicher Versicherungen zuständig.

§ 286c Vermutung der Beitragszahlung im Beitrittsgebiet

$_{1}$Sind in den Versicherungsunterlagen des Beitrittsgebiets für Zeiten vor dem 1. Januar 1992 Arbeitszeiten oder Zeiten der selbständigen Tätigkeit ordnungsgemäß bescheinigt, wird vermutet, dass während dieser Zeit Versicherungspflicht bestanden hat und für das angegebene Arbeitsentgelt oder Arbeitseinkommen die Beiträge gezahlt worden sind. $_{2}$Satz 1 gilt nicht für Zeiten, in denen eine Rente aus der Rentenversicherung oder eine Versorgung bezogen wurde, die nach den bis zum 31. Dezember 1991 im Beitrittsgebiet geltenden Vorschriften zur Versicherungs- oder Beitragsfreiheit führte.

§ 286d Beitragserstattung

(1) Sind Beitragszeiten im Beitrittsgebiet zurückgelegt, gilt § 210 Abs. 5 mit der Maßgabe, dass eine Sachleistung, die vor dem 1. Januar 1991 im Beitrittsgebiet in Anspruch genommen worden ist, eine Erstattung nicht ausschließt.

(2) $_{1}$Die Wirkung der Erstattung umfasst nicht Beitragszeiten, die nach dem 20. Juni 1948 und vor dem 19. Mai 1990 im Beitrittsgebiet oder nach dem 31. Januar 1949 und vor dem 19. Mai 1990 in Berlin (Ost) zurückgelegt worden sind, wenn die Erstattung bis zum 31. Dezember 1991 durchgeführt worden ist. $_{2}$Sind für diese Zeiten Beiträge nachgezahlt worden, werden auf Antrag anstelle der Beitragszeiten nach Satz 1 die gesamten nachgezahlten Beiträge berücksichtigt. $_{3}$Werden die nachgezahlten Beiträge nicht berücksichtigt, sind sie zu erstatten.

(3) Für die Verjährung von Ansprüchen, die am 31. Dezember 2001 bestanden haben, gilt Artikel 229 § 6 Abs. 4 des Einführungsgesetzes zum Bürgerlichen Gesetzbuche entsprechend.

(4) Ein Anspruch auf Beitragserstattung nach § 210 Absatz 1a besteht nicht, wenn am 10. August 2010 aufgrund des § 232 Absatz 1 Satz 2 Nummer 2 in der bis zum 10. August 2010 geltenden Fassung das Recht zur freiwilligen Versicherung bestand.

§ 286e Ausweis für Arbeit und Sozialversicherung

Versicherte, die für die Durchführung der Versicherung sowie für die Feststellung und Erbringung von Leistungen einschließlich der Rentenauskunft erforderliche Daten mit Eintragungen im Ausweis für Arbeit und Sozialversicherung nachweisen können, sind berechtigt,

1. in einer beglaubigten Abschrift des vollständigen Ausweises oder von Auszügen des Ausweises die Daten unkenntlich zu machen, die für den Träger der Rentenversicherung nicht erforderlich sind, und
2. diese Abschrift dem Träger der Rentenversicherung als Nachweis vorzulegen.

Satz 1 gilt entsprechend für Beweismittel im Sinne des § 29 Abs. 4 des Zehnten Buches.

Vierter Titel
Berechnungsgrundlagen

§ 287 (weggefallen)

§ 287a (weggefallen)

§ 287b Ausgaben für Leistungen zur Teilhabe

(1) Bei der Anwendung von § 220 Abs. 1 ist die Veränderung der Bruttolöhne und -gehälter für die Bundesrepublik Deutschland ohne das Beitrittsgebiet und für das Beitrittsgebiet jeweils getrennt festzustellen.

(2) $_1$Abweichend von der Regelung über die Veränderung der jährlichen Ausgaben für Leistungen zur Teilhabe (§ 220 Abs. 1) wird die Höhe dieser Ausgaben für das Kalenderjahr 1997 auf die Höhe der zuvor um 600 Millionen Deutsche Mark verminderten entsprechenden Ausgaben für das Kalenderjahr 1993 begrenzt. $_2$Der nach Satz 1 maßgebende Betrag wird für das Jahr 1998 um 450 Millionen Deutsche Mark und für das Jahr 1999 um 900 Millionen Deutsche Mark erhöht. $_3$Nach Inkrafttreten des Gesetzes zur Zuständigkeitsverlagerung der bisher von der Rentenversicherung erbrachten Leistung „Stationäre Heilbehandlung für Kinder" in die gesetzliche Krankenversicherung wird von den in Satz 2 genannten Erhöhungsbeträgen jährlich der Betrag von 210 Millionen Deutsche Mark abgesetzt. $_4$Bei der Festsetzung der Ausgaben für Leistungen zur Teilhabe (§ 220 Abs. 1) für das Jahr 2000 ist der nach den Sätzen 1 bis 3 für das Jahr 1999 maßgebende Betrag zugrunde zu legen.

(3) $_1$Die jährlichen Ausgaben für Leistungen zur Teilhabe werden in der Zeit vom 1. Januar 2014 bis zum 31. Dezember 2050 bedarfsgerecht unter Berücksichtigung einer Demografiekomponente fortgeschrieben. $_2$Die Demografiekomponente ist zusätzlich zur voraussichtlichen Entwicklung der Bruttolöhne und -gehälter je Arbeitnehmer bei der Festsetzung der jährlichen Ausgaben für Leistungen zur Teilhabe nach § 220 Absatz 1 Satz 1 als gesonderter Faktor zu berücksichtigen. $_3$Der Faktor wird wie folgt festgesetzt:

Jahr	Demografiekomponente
2014	1,0192
2015	1,0126
2016	1,0073
2017	1,0026
2018	0,9975
2019	0,9946
2020	0,9938
2021	0,9936
2022	0,9935
2023	0,9938
2024	0,9931
2025	0,9929
2026	0,9943
2027	0,9919
2028	0,9907
2029	0,9887
2030	0,9878
2031	0,9863
2032	0,9875
2033	0,9893
2034	0,9907
2035	0,9914
2036	0,9934
2037	0,9924
2038	0,9948

Jahr	Demografiekomponente
2039	0,9963
2040	0,9997
2041	1,0033
2042	1,0051
2043	1,0063
2044	1,0044
2045	1,0032
2046	1,0028
2047	1,0009
2048	0,9981
2049	0,9979
2050	0,9978

§ 287c (weggefallen)

§ 287d Erstattungen in besonderen Fällen

(1) Der Bund erstattet den Trägern der Rentenversicherung im Beitrittsgebiet die Aufwendungen für Kriegsbeschädigtenrenten und für die Auszahlung der weiteren Sonderleistungen.

(2) 1Das Bundesversicherungsamt verteilt die Beträge nach Absatz 1 auf die allgemeine und die knappschaftliche Rentenversicherung, setzt die Vorschüsse fest und führt die Abrechnung durch. 2Für die Träger der allgemeinen Rentenversicherung ist § 219 Abs. 1 entsprechend anzuwenden.

(3) § 179 Abs. 1a ist anzuwenden, wenn

1. das Erstattungsverfahren am 1. Januar 2001 noch nicht abschließend entschieden war und
2. das Schadensereignis nach dem 30. Juni 1983 eingetreten ist.

§ 287e Veränderung des Bundeszuschusses im Beitrittsgebiet

(1) § 213 Abs. 2 gilt für die Bundesrepublik Deutschland ohne das Beitrittsgebiet.

(2) 1Der Zuschuss des Bundes zu den Ausgaben der allgemeinen Rentenversicherung, soweit sie für das Beitrittsgebiet zuständig ist (Bundeszuschuss-Beitrittsgebiet), wird jeweils für ein Kalenderjahr in der Höhe geleistet, die sich ergibt, wenn die Rentenausgaben für dieses Kalenderjahr einschließlich der Aufwendungen für Kindererziehungsleistungen für Mütter der Geburtsjahrgänge vor 1927 und abzüglich erstatteter Aufwendungen für Renten und Rententeile mit dem Verhältnis vervielfältigt werden, in dem der Bundeszuschuss in der Bundesrepublik Deutschland ohne das Beitrittsgebiet zu den Rentenausgaben desselben Kalenderjahres einschließlich der Aufwendungen aus der Erbringung von Kindererziehungsleistungen für Mütter der Geburtsjahrgänge vor 1921 steht. 2Der Bundeszuschuss-Beitrittsgebiet ist auf die Träger der allgemeinen Rentenversicherung im Beitrittsgebiet entsprechend ihrem jeweiligen Verhältnis an den Beitragseinnahmen buchhalterisch aufzuteilen.

§ 287f Getrennte Abrechnung

Bis zur Herstellung einheitlicher Einkommensverhältnisse im Gebiet der Bundesrepublik Deutschland erfolgt die Abrechnung und die Verteilung nach § 227 Abs. 1 und 1a für die Bundesrepublik Deutschland ohne das Beitrittsgebiet und für das Beitrittsgebiet getrennt.

§ 288 (weggefallen)

Fünfter Titel
Erstattungen

§ 289 Wanderversicherungsausgleich

(1) Hat ein Träger der allgemeinen Rentenversicherung eine Gesamtleistung mit einem knappschaftlichen Leistungsanteil festgestellt, so erstattet die Deutsche Rentenversicherung Knappschaft-Bahn-See als Träger der knappschaftlichen Rentenversicherung den auf sie entfallenden Leistungsanteil ohne Kinderzuschuss an die Träger der allgemeinen Rentenversicherung.

(2) Hat die Deutsche Rentenversicherung Knappschaft-Bahn-See als Träger der knappschaftlichen Rentenversicherung eine Gesamtleistung mit einem Leistungsanteil der allgemeinen Rentenversicherung festgestellt, erstatten ihr die Träger der allgemeinen Ren-

tenversicherung den von ihnen zu tragenden Leistungsanteil und den Kinderzuschuss.

(3) Die Absätze 1 und 2 gelten entsprechend für die von der Rentenversicherung zu tragenden Beiträge zur gesetzlichen Krankenversicherung sowie für die Zuschüsse zur Krankenversicherung.

(4) Bei der Anwendung der Anrechnungsvorschriften gilt § 223 Abs. 5 entsprechend.

§ 289a Besonderheiten beim Wanderversicherungsausgleich

1Wurde der letzte Beitrag bis zum 31. Dezember 1991 im Beitrittsgebiet gezahlt, erstatten die Regionalträger im Beitrittsgebiet der Deutschen Rentenversicherung Knappschaft-Bahn-See als Träger der knappschaftlichen Rentenversicherung den Anteil der Leistungen, der nicht auf Zeiten in der knappschaftlichen Rentenversicherung entfällt. 2Dabei kann auch eine pauschale Erstattung vorgesehen werden. 3Die jährliche Abrechnung führt die Deutsche Rentenversicherung Bund entsprechend § 227 durch.

§ 290 Erstattung durch den Träger der Versorgungslast

1Die Aufwendungen des Trägers der Rentenversicherung aufgrund von Rentenanwartschaften, die durch Entscheidung des Familiengerichts vor dem 1. Januar 1992 begründet worden sind, werden von dem zuständigen Träger der Versorgungslast erstattet, wenn der Ehegatte, zu dessen Lasten der Versorgungsausgleich durchgeführt worden ist, vor dem 1. Januar 1992 nachversichert wurde. 2Dies gilt nicht, wenn der Träger der Versorgungslast

1. Beiträge zur Ablösung der Erstattungspflicht gezahlt hat,
2. ungekürzte Beiträge für die Nachversicherung gezahlt hat, weil die Begründung von Rentenanwartschaften durch eine Übertragung von Rentenanwartschaften ersetzt worden ist.

§ 290a Erstattung durch den Träger der Versorgungslast im Beitrittsgebiet

Bei Renten, die nach den Vorschriften des Beitrittsgebiets berechnet worden sind, werden die Aufwendungen der Träger der Rentenversicherung für die Berücksichtigung von Zeiten, für die bei Renten, die nach den Vorschriften dieses Buches berechnet werden, eine Nachversicherung als durchgeführt gilt, pauschal vom Bund und sonstigen Trägern der Versorgungslast erstattet.

§ 291 (weggefallen)

§ 291a Erstattung von Invalidenrenten und Aufwendungen für Pflichtbeitragszeiten bei Erwerbsunfähigkeit

(1) Der Bund erstattet den Trägern der Rentenversicherung die Aufwendungen für Rententeile aus der Anrechnung von Pflichtbeitragszeiten bei Erwerbsunfähigkeit im Beitrittsgebiet in der Zeit vom 1. Juli 1975 bis zum 31. Dezember 1991.

(2) Der Bund erstattet den Trägern der Rentenversicherung die Aufwendungen für die Zahlung von Invalidenrenten für behinderte Menschen.

§ 291b Erstattung nicht beitragsgedeckter Leistungen

Der Bund erstattet den Trägern der allgemeinen Rentenversicherung die Aufwendungen für Leistungen nach dem Fremdrentenrecht.

§ 292 Verordnungsermächtigung

(1) Das Bundesministerium für Arbeit und Soziales wird ermächtigt, im Einvernehmen mit dem Bundesministerium der Finanzen durch Rechtsverordnung mit Zustimmung des Bundesrates das Nähere über die Erstattungen gemäß § 287d zu bestimmen.

(2) Das Bundesministerium für Arbeit und Soziales wird ermächtigt, im Einvernehmen mit dem Bundesministerium der Finanzen durch Rechtsverordnung mit Zustimmung des Bundesrates das Nähere über die Erstattungen gemäß § 289a zu bestimmen.

(3) Das Bundesministerium für Arbeit und Soziales wird ermächtigt, im Einvernehmen mit dem Bundesministerium der Finanzen durch Rechtsverordnung mit Zustimmung des Bundesrates das Nähere über die Erstattungen gemäß § 291a zu bestimmen, wobei eine pauschale Erstattung vorgesehen werden kann.

§ 292a Verordnungsermächtigung für das Beitrittsgebiet

1Das Bundesministerium für Arbeit und Soziales wird ermächtigt, im Einvernehmen mit dem Bundesministerium des Innern und dem Bundesministerium der Finanzen durch Rechtsverordnung mit Zustimmung des Bundesrates das Nähere über die pauschale Erstattung nach § 290a unter Berücksichtigung der besonderen Verhältnisse im Beitrittsgebiet zu bestimmen. 2Das Bundesversicherungsamt führt die Abrechnung mit den Trägern der gesetzlichen Rentenversicherung durch.

Sechster Titel
Vermögensanlagen

§ 293 Vermögensanlagen

(1) 1Das am 1. Januar 1992 vorhandene Rücklagevermögen der Deutschen Rentenversicherung Knappschaft-Bahn-See als Träger der knappschaftlichen Rentenversicherung ist nicht vor Ablauf von Festlegungsfristen aufzulösen. 2Rückflüsse aus Vermögensanlagen der Deutschen Rentenversicherung Knappschaft-Bahn-See als Träger der knappschaftlichen Rentenversicherung sind Einnahmen der knappschaftlichen Rentenversicherung.

(2) Die am 31. Dezember 1991 vorhandenen Anteile eines Trägers der allgemeinen Rentenversicherung an Gesellschaften, Genossenschaften, Vereinen und anderen Einrichtungen, deren Zweck der Bau und die Bewirtschaftung von Wohnungen ist und die nicht zum Verwaltungsvermögen gehören, können in dem Umfang, in dem sie am 31. Dezember 1991 bestanden haben, gehalten werden.

(3) 1Das nicht liquide Anlagevermögen und das liquide Beteiligungsvermögen der Deutschen Rentenversicherung Bund ist unbeschadet von Absatz 2 aufzulösen, soweit es nicht in Eigenbetrieben, Verwaltungsgebäuden, Gesellschaftsanteilen an Rehabilitationseinrichtungen und Vereinsmitgliedschaften bei Rehabilitationseinrichtungen oder Darlehen nach § 221 Satz 1 besteht und soweit die Auflösung unter Beachtung des Grundsatzes der Wirtschaftlichkeit möglich ist. 2Dem Grundsatz der Wirtschaftlichkeit entspricht grundsätzlich eine Veräußerung zum Verkehrswert, jedoch nicht unter dem Anschaffungswert, bei liquidem Beteiligungsvermögen mindestens in Höhe des nach dem Ertragswertverfahren zu ermittelnden Wertes. 3Bei einer Veräußerung von Grundstücks- und Wohnungseigentum oder von Beteiligungen nach Absatz 2 sind die berechtigten Interessen der Mieter zu berücksichtigen. 4Bis zu einer Auflösung ist auf eine angemessene Verzinsung hinzuwirken, die auf den Verkehrswert, mindestens auf den Anschaffungswert der Vermögensanlage bezogen ist. 5Für die nicht liquiden Teile des Verwaltungsvermögens der Deutschen Rentenversicherung Knappschaft-Bahn-See als Träger der knappschaftlichen Rentenversicherung gelten die Sätze 1 bis 4 entsprechend.

(4) 1Die Deutsche Rentenversicherung Bund und die Deutsche Rentenversicherung Knappschaft-Bahn-See als Träger der knappschaftlichen Rentenversicherung sind verpflichtet, das Bundesministerium für Arbeit und Soziales über die Erfüllung der Verpflichtungen nach Absatz 3 umfassend in monatlichem Abstand zu unterrichten. 2Die Erfüllung der Verpflichtungen nach Absatz 3 ist vorrangig durch die vorgenannten Träger zu bewirken. 3Im Übrigen ist das Bundesministerium für Arbeit und Soziales berechtigt, die Deutsche Rentenversicherung Bund sowie die Deutsche Rentenversicherung Knappschaft-Bahn-See als Träger der knappschaftlichen Rentenversicherung im Benehmen mit diesen bei allen Rechtsgeschäften zu vertreten, die zur Erfüllung der Verpflichtungen

nach Absatz 3 vorzunehmen sind; insoweit tritt das Bundesministerium für Arbeit und Soziales an die Stelle des jeweiligen Vorstandes. 4Das Bundesministerium für Arbeit und Soziales kann sich dabei eines Dritten bedienen. 5Die Deutsche Rentenversicherung Bund und die Deutsche Rentenversicherung Knappschaft-Bahn-See als Träger der knappschaftlichen Rentenversicherung haben dem Bundesministerium für Arbeit und Soziales oder dem von diesem beauftragten Dritten die für die Vornahme dieser Rechtsgeschäfte erforderlichen Unterlagen zu übergeben und die hierfür benötigten Auskünfte zu erteilen. 6Rechtsgeschäfte über die nach Absatz 3 aufzulösenden Vermögensgegenstände, die von der Deutschen Rentenversicherung Bund oder von der Deutschen Rentenversicherung Knappschaft-Bahn-See als Träger der knappschaftlichen Rentenversicherung vorgenommen werden, bedürfen der Einwilligung des Bundesministeriums für Arbeit und Soziales.

Zwölfter Unterabschnitt Leistungen für Kindererziehung an Mütter der Geburtsjahrgänge vor 1921

§ 294 Anspruchsvoraussetzungen

(1) 1Eine Mutter, die vor dem 1. Januar 1921 geboren ist, erhält für jedes Kind, das sie im Gebiet der Bundesrepublik Deutschland lebend geboren hat, eine Leistung für Kindererziehung. 2Die Geburt im Gebiet der Bundesrepublik Deutschland steht die Geburt im jeweiligen Geltungsbereich der Reichsversicherungsgesetze gleich.

(2) Einer Geburt in den in Absatz 1 genannten Gebieten steht die Geburt außerhalb dieser Gebiete gleich, wenn die Mutter im Zeitpunkt der Geburt des Kindes ihren gewöhnlichen Aufenthalt

1. in diesen Gebieten hatte,
2. zwar außerhalb dieser Gebiete hatte, aber im Zeitpunkt der Geburt des Kindes oder unmittelbar vorher entweder sie selbst oder ihr Ehemann, mit dem sie sich zusammen dort aufgehalten hat, wegen einer dort ausgeübten Beschäftigung oder Tätigkeit Pflichtbeitragszeiten hat oder nur deshalb nicht hat, weil sie selbst oder ihr Ehemann versicherungsfrei oder von der Versicherung befreit war, oder
3. bei Geburten bis zum 31. Dezember 1949 zwar außerhalb dieser Gebiete hatte, aber der gewöhnliche Aufenthalt in den in Absatz 1 genannten Gebieten aus Verfolgungsgründen im Sinne des § 1 des Bundesentschädigungsgesetzes aufgegeben worden ist; dies gilt auch, wenn bei Ehegatten der gemeinsame gewöhnliche Aufenthalt in den in Absatz 1 genannten Gebieten aufgegeben worden ist und nur beim Ehemann Verfolgungsgründe vorgelegen haben.

(3) Absatz 1 Satz 2 gilt nicht, wenn Beitragszeiten zum Zeitpunkt der Geburt aufgrund einer Versicherungslastregelung mit einem anderen Staat nicht in die Versicherungslast der Bundesrepublik Deutschland fallen würden.

(4) Einer Geburt in den in Absatz 1 genannten Gebieten steht bei einer Mutter, die

1. zu den in § 1 des Fremdrentengesetzes genannten Personen gehört oder
2. ihren gewöhnlichen Aufenthalt vor dem 1. September 1939 aus einem Gebiet, in dem Beiträge an einen nichtdeutschen Träger der gesetzlichen Rentenversicherung bei Eintritt des Versicherungsfalls wie nach den Vorschriften der Reichsversicherungsgesetze entrichtete Beiträge zu behandeln waren, in eines der in Absatz 1 genannten Gebiete verlegt hat,

die Geburt in den jeweiligen Herkunftsgebieten gleich.

(5) Eine Mutter, die ihren gewöhnlichen Aufenthalt im Ausland hat, erhält eine Leistung für Kindererziehung nur, wenn sie zu den in den §§ 18 und 19 des Gesetzes zur Regelung der Wiedergutmachung nationalsozialistischen Unrechts in der Sozialversicherung genannten Personen gehört.

§ 294a Besonderheiten für das Beitrittsgebiet

1Hatte eine Mutter am 18. Mai 1990 ihren gewöhnlichen Aufenthalt im Beitrittsgebiet und bestand für sie am 31. Dezember 1991 ein Anspruch auf eine Altersrente oder Invalidenrente aufgrund des im Beitrittsgebiet geltenden Rechts, ist § 294 nicht anzuwenden. ₂Bestand ein Anspruch auf eine solche Rente nicht, besteht Anspruch auf die Leistung für Kindererziehung bei Erfüllung der sonstigen Voraussetzungen auch, wenn die Mutter vor dem 1. Januar 1927 geboren ist.

§ 295 Höhe der Leistung

Monatliche Höhe der Leistung für Kindererziehung ist das Zweifache des für die Berechnung von Renten jeweils maßgebenden aktuellen Rentenwerts.

§ 295a Höhe der Leistung im Beitrittsgebiet

[1]Monatliche Höhe der Leistung für Kindererziehung für Geburten im Beitrittsgebiet ist das Zweifache des für die Berechnung von Renten jeweils maßgebenden aktuellen Rentenwerts (Ost). [2]Dies gilt nicht für Mütter, die ihren gewöhnlichen Aufenthalt am 18. Mai 1990 entweder

1. im Gebiet der Bundesrepublik Deutschland ohne das Beitrittsgebiet oder
2. im Ausland hatten und unmittelbar vor Beginn des Auslandsaufenthalts ihren gewöhnlichen Aufenthalt im Gebiet der Bundesrepublik Deutschland ohne das Beitrittsgebiet

hatten.

VI

§ 296 Beginn und Ende

(1) Eine Leistung für Kindererziehung wird von dem Kalendermonat an gezahlt, zu dessen Beginn die Anspruchsvoraussetzungen erfüllt sind.

(2) Die Leistung wird monatlich im Voraus gezahlt.

(3) Fallen aus tatsächlichen oder rechtlichen Gründen die Anspruchsvoraussetzungen für die Leistung weg, endet sie mit dem Kalendermonat, zu dessen Beginn der Wegfall wirksam ist.

(4) Die Leistung wird bis zum Ende des Kalendermonats gezahlt, in dem die Berechtigte gestorben ist.

§ 297 Zuständigkeit

(1) [1]Zuständig für die Leistung für Kindererziehung ist der Versicherungsträger, der der Mutter eine Versichertenrente zahlt. [2]Bezieht eine Mutter nur Hinterbliebenenrente, ist der Versicherungsträger zuständig, der die Hinterbliebenenrente aus der Versicherung des zuletzt verstorbenen Versicherten zahlt. [3]In den übrigen Fällen ist die Deutsche Rentenversicherung Bund zuständig. [4]Wird für Dezember 1991 eine Leistung für Kindererziehung gezahlt, bleibt der zahlende Versicherungsträger zuständig.

(2) [1]Die Leistung für Kindererziehung wird als Zuschlag zur Rente gezahlt, wenn die Mutter eine Rente bezieht, es sei denn, dass die Rente in vollem Umfang übertragen, verpfändet oder gepfändet ist. [2]Bezieht die Mutter mehrere Renten, wird die Leistung für Kindererziehung als Zuschlag zu der Rente gezahlt, für die die Zuständigkeit nach Absatz 1 maßgebend ist.

(3) In den Fällen des § 104 Abs. 1 Satz 4 des Zehnten Buches ist der Zahlungsempfänger verpflichtet, die Leistung für Kindererziehung an die Mutter weiterzuleiten.

§ 298 Durchführung

(1) [1]Die Mutter hat das Jahr ihrer Geburt, ihren Familiennamen (jetziger und früherer Name mit Namensbestandteilen), ihren Vornamen sowie den Vornamen, das Geburtsdatum und den Geburtsort ihres Kindes nachzuweisen. [2]Für die übrigen anspruchsbegründenden Tatsachen genügt es, wenn sie glaubhaft gemacht werden.

(2) [1]Den Nachweis über den Vornamen, das Geburtsdatum und den Geburtsort ihres Kindes hat die Mutter durch Vorlage einer Personenstandsurkunde oder einer sonstigen öffentlichen Urkunde zu führen. [2]Eine Glaubhaftmachung dieser Tatsachen genügt, wenn die Mutter

1. erklärt, dass sie eine solche Urkunde nicht hat und auch in der Familie nicht beschaffen kann,
2. glaubhaft macht, dass die Anforderung einer Geburtsurkunde bei der für die Führung des Geburtseintrags zuständigen

deutschen Stelle erfolglos geblieben ist, wobei die Anforderung auch als erfolglos anzusehen ist, wenn die zuständige Stelle mitteilt, dass für die Erteilung einer Geburtsurkunde der Geburtseintrag erneuert werden müsste, und

3. eine von dem für ihren Wohnort zuständigen Standesamt auszustellende Bescheinigung vorlegt, aus der sich ergibt, dass er ein die Geburt ihres Kindes ausweisendes Personenstandsregister nicht führt und nach seiner Kenntnis bei dem Standesamt I in Berlin ein urkundlicher Nachweis über die Geburt ihres Kindes oder eine Mitteilung hierüber nicht vorliegt.

$_3$Als Mittel der Glaubhaftmachung können auch Versicherungen an Eides statt zugelassen werden.

§ 299 Anrechnungsfreiheit

$_1$Die Leistung für Kindererziehung bleibt als Einkommen unberücksichtigt, wenn bei Sozialleistungen aufgrund von Rechtsvorschriften der Anspruch auf diese Leistungen oder deren Höhe von anderem Einkommen abhängig ist. $_2$Bei Bezug einer Leistung für Kindererziehung findet § 38 des Zwölften Buches keine Anwendung. $_3$Auf Rechtsvorschriften beruhende Leistungen anderer, auf die ein Anspruch nicht besteht, dürfen nicht deshalb versagt werden, weil die Leistung für Kindererziehung bezogen wird.

Zweiter Abschnitt
Ausnahmen von der Anwendung neuen Rechts

Erster Unterabschnitt
Grundsatz

§ 300 Grundsatz

(1) Vorschriften dieses Gesetzbuchs sind von dem Zeitpunkt ihres Inkrafttretens an auf einen Sachverhalt oder Anspruch auch dann anzuwenden, wenn bereits vor diesem Zeitpunkt der Sachverhalt oder Anspruch bestanden hat.

(2) Aufgehobene Vorschriften dieses Gesetzbuchs und durch dieses Gesetzbuch ersetzte Vorschriften sind auch nach dem Zeitpunkt ihrer Aufhebung noch auf den bis dahin bestehenden Anspruch anzuwenden, wenn der Anspruch bis zum Ablauf von drei Kalendermonaten nach der Aufhebung geltend gemacht wird.

(3) Ist eine bereits vorher geleistete Rente neu festzustellen und sind dabei die persönlichen Entgeltpunkte neu zu ermitteln, sind die Vorschriften maßgebend, die bei erstmaliger Feststellung der Rente anzuwenden waren.

(3a) (weggefallen)

(3b) Ist eine nach den Vorschriften des Beitrittsgebiets berechnete Rente neu festgestellt worden, werden Leistungen für Zeiten vor dem 1. Januar 1992 nicht erbracht.

(4) $_1$Der Anspruch auf eine Leistung, der am 31. Dezember 1991 bestand, entfällt nicht allein deshalb, weil die Vorschriften, auf denen er beruht, durch Vorschriften dieses Gesetzbuchs ersetzt worden sind. $_2$Verwenden die ersetzenden Vorschriften für den gleichen Sachverhalt oder Anspruch andere Begriffe als die aufgehobenen Vorschriften, treten insoweit diese Begriffe an die Stelle der aufgehobenen Begriffe.

(5) Die Absätze 1 bis 4 gelten nicht, soweit in den folgenden Vorschriften etwas anderes bestimmt ist.

Zweiter Unterabschnitt
Leistungen zur Teilhabe

§ 301 Leistungen zur Teilhabe

(1) $_1$Für Leistungen zur Teilhabe sind bis zum Ende der Leistungen die Vorschriften anzuwenden, die im Zeitpunkt der Antragstellung oder, wenn den Leistungen ein Antrag nicht vorausging, der Inanspruchnahme galten. $_2$Werden Leistungen zur Teilhabe nach dem bis zum 31. Dezember 2000 geltenden Recht bewilligt und besteht deshalb ein Anspruch auf Rente wegen verminderter Erwerbsfähigkeit oder auf große Witwenrente oder große Witwerrente wegen Minderung der Erwerbsfähigkeit nicht, besteht der Anspruch auf Rente weiterhin nicht, solange Übergangs-

VI

geld, Verletztengeld oder Versorgungskrankengeld geleistet wird.

(2) Die Träger der Rentenversicherung können die am 31. Dezember 1991 bestehenden Fachkliniken zur Behandlung von Erkrankungen der Atmungsorgane, die nicht überwiegend der Behandlung von Tuberkulose dienen, zur Krankenhausbehandlung weiter betreiben.

(3) Für Leistungen zur Teilhabe haben auch Versicherte die persönlichen Voraussetzungen erfüllt, die erwerbsunfähig oder berufsunfähig sind und bei denen voraussichtlich durch die Leistungen die Erwerbsfähigkeit wesentlich gebessert oder wiederhergestellt werden kann.

§ 301a Einmalzahlungs-Neuregelungsgesetz

(1) 1Für die Ermittlung der Berechnungsgrundlage für Ansprüche auf Übergangsgeld, die vor dem 1. Januar 2001 entstanden sind, ist § 47 Abs. 1 und 2 des Fünften Buches in der vor dem 22. Juni 2000 jeweils geltenden Fassung für Zeiten nach dem 31. Dezember 1996 mit der Maßgabe entsprechend anzuwenden, dass sich das Regelentgelt um 10 vom Hundert, höchstens aber bis zur Höhe des Betrages der kalendertäglichen Beitragsbemessungsgrenze, erhöht. 2Das regelmäßige Nettoarbeitsentgelt ist um denselben Vomhundertsatz zu erhöhen.

(2) 1Die Erhöhung nach Absatz 1 gilt für Ansprüche, über die vor dem 22. Juni 2000 bereits unanfechtbar entschieden war, nur für Zeiten vom 22. Juni 2000 an bis zum Ende der Leistungsdauer. 2Entscheidungen über die Ansprüche auf Übergangsgeld, die vor dem 22. Juni 2000 unanfechtbar geworden sind, sind nicht nach § 44 Abs. 1 des Zehnten Buches zurückzunehmen.

Dritter Unterabschnitt Anspruchsvoraussetzungen für einzelne Renten

§ 302 Anspruch auf Altersrente in Sonderfällen

(1) Bestand am 31. Dezember 1991 Anspruch auf eine Rente aus eigener Versicherung und ist der Versicherte vor dem 2. Dezember 1926 geboren, wird die Rente vom 1. Januar 1992 an ausschließlich als Regelaltersrente geleistet.

(2) Bestand am 31. Dezember 1991 Anspruch auf eine nach den Vorschriften des Beitrittsgebiets berechnete Rente wegen Alters vor Vollendung des 65. Lebensjahres, gilt diese Rente vom 1. Januar 1992 an als Regelaltersrente; dies gilt nicht für eine Bergmannsvollrente.

(3) Bestand am 31. Dezember 1991 Anspruch auf eine Rente, die vom 1. Januar 1992 an als Regelaltersrente geleistet wird oder gilt, kann diese weiterhin nur in voller Höhe in Anspruch genommen werden.

(4) Bestand am 31. Dezember 2000 Anspruch auf eine Altersrente für schwerbehinderte Menschen, Berufsunfähige oder Erwerbsunfähige, besteht dieser als Anspruch auf Altersrente für schwerbehinderte Menschen weiter.

(5) (weggefallen)

(6) Bestand am 31. Dezember 2002 Anspruch auf eine Altersrente und dem Arbeitsentgelt oder Arbeitseinkommen aus einer Beschäftigung oder selbständigen Tätigkeit vergleichbares Einkommen mit Ausnahme von Vorruhestandsgeld, gilt für diese Rente dieses vergleichbare Einkommen nicht als Hinzuverdienst.

(7) Besteht Anspruch auf eine Rente wegen Alters und eine Aufwandsentschädigung für kommunale Ehrenbeamte, für ehrenamtlich in kommunalen Vertretungskörperschaften Tätige oder für Mitglieder der Selbstverwaltungsorgane, Versichertenälteste oder Vertrauenspersonen der Sozialversicherungsträger, gilt die Aufwandsentschädigung bis zum 30. September 2017 weiterhin nicht als Hin-

zuverdienst, soweit kein konkreter Verdienstausfall ersetzt wird.

§ 302a Renten wegen verminderter Erwerbsfähigkeit und Bergmannsvollrenten

(1) Bestand am 31. Dezember 1991 Anspruch auf eine nach den Vorschriften des Beitrittsgebiets berechnete Invalidenrente oder eine Bergmannsinvalidenrente, ist diese Rente vom 1. Januar 1992 an als Rente wegen Erwerbsunfähigkeit zu leisten, wenn die Hinzuverdienstgrenze nach Absatz 2 nicht überschritten wird, andernfalls wird sie als Rente wegen Berufsunfähigkeit geleistet.

(2) $_{1}$Die Hinzuverdienstgrenze wird nicht überschritten, wenn das Arbeitsentgelt oder Arbeitseinkommen aus einer Beschäftigung oder selbständigen Tätigkeit 450 Euro nicht übersteigt, wobei ein zweimaliges Überschreiten von jeweils einem Betrag bis zur Höhe dieses Betrags im Laufe eines jeden Kalenderjahres außer Betracht bleibt. $_{2}$Dem Arbeitsentgelt aus einer Beschäftigung steht der Bezug von Vorruhestandsgeld gleich. $_{3}$Arbeitsentgelt und Arbeitseinkommen aus mehreren Beschäftigungen und selbständigen Tätigkeiten werden zusammengerechnet.

(3) $_{1}$Eine als Rente wegen Berufsunfähigkeit oder wegen Erwerbsunfähigkeit geleistete Invalidenrente wird bis zum Erreichen der Regelaltersgrenze geleistet, solange der Versicherte berufsunfähig oder erwerbsunfähig ist oder die persönlichen Voraussetzungen für den Bezug von Blindengeld oder Sonderpflegegeld nach den am 31. Dezember 1991 geltenden Vorschriften des Beitrittsgebiets vorliegen. $_{2}$Bei einer nach § 4 des Anspruchs- und Anwartschaftsüberführungsgesetzes als Invalidenrente überführten Leistung gilt Satz 1 mit der Maßgabe, dass die Rente auch geleistet wird, solange die Erwerbsminderung vorliegt, die vor der Überführung für die Bewilligung der Leistung maßgebend war; war die Leistung befristet, gilt dies bis zum Ablauf der Frist. $_{3}$Die zur Anwendung von Satz 2 erforderlichen Feststellungen trifft der Versorgungsträger, der die Leistung vor der Überführung gezahlt hat.

(4) Bestand am 31. Dezember 1991 Anspruch auf eine Bergmannsrente oder eine Bergmannsvollrente aus dem Beitrittsgebiet, wird diese Rente vom 1. Januar 1992 an als Rente für Bergleute geleistet.

§ 302b Renten wegen verminderter Erwerbsfähigkeit

(1) $_{1}$Bestand am 31. Dezember 2000 Anspruch auf eine Rente wegen Berufsunfähigkeit oder Erwerbsunfähigkeit, besteht der jeweilige Anspruch bis zum Erreichen der Regelaltersgrenze weiter, solange die Voraussetzungen vorliegen, die für die Bewilligung der Leistung maßgebend waren. $_{2}$Bei befristeten Renten gilt dies auch für einen Anspruch nach Ablauf der Frist. $_{3}$Bestand am 31. Dezember 2000 Anspruch auf eine Rente wegen Erwerbsunfähigkeit, entsteht aus Anlass der Rechtsänderung kein Anspruch auf eine Rente wegen voller Erwerbsminderung.

(2) Eine als Rente wegen Erwerbsunfähigkeit geleistete Rente, die nach dem bis zum 31. Dezember 1956 geltenden Recht festgestellt und aufgrund des Arbeiterrentenversicherungs-Neuregelungsgesetzes oder Angestelltenversicherungs-Neuregelungsgesetzes ohne Neuberechnung nach diesen Gesetzen umgestellt ist (Umstellungsrente), gilt bis zum Erreichen der Regelaltersgrenze als Rente wegen Erwerbsunfähigkeit.

§ 303 Witwerrente

$_{1}$Ist eine Versicherte vor dem 1. Januar 1986 gestorben oder haben die Ehegatten bis zum 31. Dezember 1988 eine wirksame Erklärung über die weitere Anwendung des bis zum 31. Dezember 1985 geltenden Hinterbliebenenrentenrechts abgegeben, besteht Anspruch auf eine Witwerrente unter den sonstigen Voraussetzungen des geltenden Rechts nur, wenn die Verstorbene den Unterhalt ihrer Familie im letzten wirtschaftlichen Dauerzustand vor dem Tod überwiegend bestritten hat. $_{2}$Satz 1 findet auch auf vor dem 1. Juli 1977 geschiedene Ehegatten Anwendung, wenn die Verstorbene den Unterhalt des geschiedenen Ehemanns im letzten wirtschaftlichen Dauerzustand vor dem Tod überwiegend bestritten hat.

§ 303a Große Witwenrente und große Witwerrente wegen Berufsunfähigkeit oder Erwerbsunfähigkeit

$_1$Bestand am 31. Dezember 2000 Anspruch auf große Witwenrente oder große Witwerrente wegen Berufsunfähigkeit oder Erwerbsunfähigkeit, besteht der Anspruch weiter, solange die Voraussetzungen vorliegen, die für die Bewilligung der Leistung maßgebend waren. $_2$Bei befristeten Renten gilt dies auch für einen Anspruch nach Ablauf der Frist.

§ 304 Waisenrente

Bestand am 31. Dezember 1991 Anspruch auf Waisenrente für eine Person über deren 25. Lebensjahr hinaus, weil sie infolge körperlicher oder geistiger Gebrechen außerstande ist, sich selbst zu unterhalten, besteht der Anspruch weiter, solange dieser Zustand andauert.

§ 305 Wartezeit und sonstige zeitliche Voraussetzungen

War die Wartezeit oder eine sonstige zeitliche Voraussetzung für eine Rente erfüllt und bestand Anspruch auf diese Rente vor dem Zeitpunkt, von dem an geänderte Vorschriften über die Wartezeit oder eine sonstige zeitliche Voraussetzung in Kraft sind, gilt die Wartezeit oder die sonstige zeitliche Voraussetzung auch dann als erfüllt, wenn dies nach der Rechtsänderung nicht mehr der Fall ist.

Vierter Unterabschnitt Rentenhöhe

§ 306 Grundsatz

(1) Bestand Anspruch auf Leistung einer Rente vor dem Zeitpunkt einer Änderung rentenrechtlicher Vorschriften, werden aus Anlass der Rechtsänderung die einer Rente zugrunde gelegten persönlichen Entgeltpunkte nicht neu bestimmt, soweit nicht in den folgenden Vorschriften etwas anderes bestimmt ist.

(2) Wurde die Leistung einer Rente unterbrochen, so ist, wenn die Unterbrechung weniger als 24 Kalendermonate angedauert hat, die Summe der Entgeltpunkte für diese Rente nur neu zu bestimmen, wenn für die Zeit der Unterbrechung Entgeltpunkte für Beitragszeiten zu ermitteln sind.

(3) Bestand am 31. Dezember 1991 Anspruch auf eine Hinterbliebenenrente, die wegen der Ansprüche weiterer Hinterbliebener auf die Höhe der Versichertenrente gekürzt war, ist die Kürzung aufzuheben, wenn der Anspruch eines Hinterbliebenen wegfällt.

§ 307 Umwertung in persönliche Entgeltpunkte

(1) $_1$Besteht am 1. Januar 1992 Anspruch auf eine Rente, werden dafür persönliche Entgeltpunkte ermittelt (Umwertung), indem der Monatsbetrag der zu leistenden anpassungsfähigen Rente einschließlich des Erhöhungsbetrags in einer Halbwaisenrente durch den aktuellen Rentenwert und den für die Rente zu diesem Zeitpunkt maßgebenden Rentenartfaktor geteilt wird. $_2$Beruht der Monatsbetrag der Rente sowohl auf Zeiten der allgemeinen Rentenversicherung als auch der knappschaftlichen Rentenversicherung, erfolgt die Umwertung für die jeweiligen Rententeile getrennt. $_3$Über die Umwertung ist spätestens in der Mitteilung über die Rentenanpassung zum 1. Juli 1992 zu informieren. $_4$Ein besonderer Bescheid ist nicht erforderlich.

(2) Bei der Umwertung ist der Rentenbetrag zugrunde zu legen, der sich vor Anwendung von Vorschriften dieses Gesetzbuchs über die nur anteilige Leistung der Rente ergibt.

(3) Die Absätze 1 und 2 sind für die Ermittlung von persönlichen Entgeltpunkten aus einer vor dem 1. Januar 1992 geleisteten Rente entsprechend anzuwenden.

(4) $_1$Abweichend von Absatz 1 sind

1. Erziehungsrenten, auf die am 31. Dezember 1991 ein Anspruch bestand,

2. Renten, die nach Artikel 23 §§ 2 oder 3 des Gesetzes zu dem Vertrag vom 18. Mai 1990 über die Schaffung einer Währungs-, Wirtschafts- und Sozialunion zwischen der Bundesrepublik Deutschland und der Deutschen Demokratischen Republik vom 25. Juni 1990 (BGBl. 1990 II S. 518) berechnet worden sind und nicht mit einer nach den Vorschriften des Beitrittsgebiets berechneten Rente zusammentreffen,

für die Zeit vom 1. Januar 1992 an neu zu berechnen. 2Dabei sind mindestens die persönlichen Entgeltpunkte zugrunde zu legen, die sich bei einer Umwertung des bisherigen Rentenbetrags ergeben würden.

(5) Renten wegen verminderter Erwerbsfähigkeit, die vom 1. Januar 1992 an als Regelaltersrente geleistet werden, sind auf Antrag neu zu berechnen, wenn nach Eintritt der Minderung der Erwerbsfähigkeit Beitragszeiten zurückgelegt sind.

§ 307a Persönliche Entgeltpunkte aus Bestandsrenten des Beitrittsgebiets

(1) 1Bestand am 31. Dezember 1991 Anspruch auf eine nach den Vorschriften des Beitrittsgebiets berechnete Rente, werden für den Monatsbetrag der Rente persönliche Entgeltpunkte (Ost) ermittelt. 2Dafür werden die durchschnittlichen Entgeltpunkte je Arbeitsjahr, höchstens jedoch 1,8 Entgeltpunkte, mit der Anzahl an Arbeitsjahren vervielfältigt. 3Die Summe der persönlichen Entgeltpunkte erhöht sich für jedes bisher in der Rente berücksichtigte Kind um 0,75.

(2) 1Die durchschnittlichen Entgeltpunkte je Arbeitsjahr ergeben sich, wenn

1. die Summe aus dem
   a) für Renten der Sozialpflichtversicherung ermittelten 240fachen beitragspflichtigen Durchschnittseinkommen und
   b) für Renten aus der Freiwilligen Zusatzrentenversicherung ermittelten 600 Mark übersteigenden Durchschnittseinkommen, vervielfältigt mit der Anzahl der Monate der Zugehörigkeit zur freiwilligen Zusatzrentenversicherung,

   durch
2. das Gesamtdurchschnittseinkommen, das sich in Abhängigkeit vom Ende des der bisherigen Rentenberechnung zugrunde liegenden 20-Jahreszeitraums aus Anlage 12 ergibt,

geteilt wird. 2Als Zeiten der Zugehörigkeit zur Freiwilligen Zusatzrentenversicherung gelten auch Beschäftigungszeiten bei der Deutschen Reichsbahn oder bei der Deutschen Post vor dem 1. Januar 1974; für den oberhalb von 600 Mark nachgewiesenen Arbeitsverdienst gelten Beiträge zur Freiwilligen Zusatzrentenversicherung als gezahlt. 3Als Zeiten der Zugehörigkeit zur Freiwilligen Zusatzrentenversicherung gelten auch Beschäftigungszeiten bei der Deutschen Reichsbahn oder bei der Deutschen Post vom 1. Januar 1974 bis 30. Juni 1990, wenn ein Beschäftigungsverhältnis bei der Deutschen Reichsbahn oder der Deutschen Post am 1. Januar 1974 bereits zehn Jahre ununterbrochen bestanden hat; für den oberhalb von 600 Mark nachgewiesenen Arbeitsverdienst gelten Beiträge zur Freiwilligen Zusatzrentenversicherung höchstens bis zu 650 Mark monatlich als gezahlt. 4Sind mindestens 35 Arbeitsjahre zugrunde zu legen und ergeben sich durchschnittliche Entgeltpunkte je Arbeitsjahr von weniger als 0,75, wird dieser Wert auf das 1,5fache, höchstens aber auf 0,75 erhöht. 5Bei den 35 Arbeitsjahren nach Satz 4 ist zusätzlich zu den Arbeitsjahren nach Absatz 3 eine Kindererziehungspauschale zu berücksichtigen. 6Die Kindererziehungspauschale beträgt bei einem Kind zehn Jahre, bei zwei Kindern 15 Jahre und bei mehr als zwei Kindern 20 Jahre, wenn diese Kinder bisher in der Rente berücksichtigt worden sind.

(3) Als Arbeitsjahre sind zugrunde zu legen

1. die Jahre einer versicherungspflichtigen Tätigkeit und
2. die Zurechnungsjahre wegen Invalidität vom Rentenbeginn bis zur Vollendung des 55. Lebensjahres des Versicherten.

(4) Für die bisher in der Rente

1. als Arbeitsjahre im Bergbau berücksichtigten Zeiten werden Entgeltpunkte der

VI

knappschaftlichen Rentenversicherung zugrunde gelegt,

2. als volle Jahre der Untertagetätigkeit berücksichtigte Zeiten werden für jedes volle Jahr vom elften bis zum zwanzigsten Jahr 0,25 und für jedes weitere Jahr 0,375 zusätzliche Entgeltpunkte für einen Leistungszuschlag ermittelt; die zusätzlichen Entgeltpunkte werden den Kalendermonaten der Untertagetätigkeit zu gleichen Teilen zugeordnet.

(5) $_{1}$Der Zuschlag an persönlichen Entgeltpunkten bei Halbwaisenrenten beträgt 36,8967, derjenige bei Vollwaisenrenten 33,3374 Entgeltpunkte. $_{2}$Liegen der Rente Entgeltpunkte aus Arbeitsjahren im Bergbau zugrunde, beträgt der Zuschlag bei Halbwaisenrenten 27,6795 und bei Vollwaisenrenten 24,9999 Entgeltpunkte der knappschaftlichen Rentenversicherung.

(6) $_{1}$Sind für eine nach den Vorschriften des Beitrittsgebiets berechnete Rente, auf die am 31. Dezember 1991 Anspruch bestand, persönliche Entgeltpunkte nach den Absätzen 1 bis 4 ermittelt worden, sind diese persönlichen Entgeltpunkte einer aus der Rente abgeleiteten Hinterbliebenenrente zugrunde zu legen. $_{2}$Dies gilt nicht, wenn von dem Verstorbenen nach Rentenbeginn rentenrechtliche Zeiten zurückgelegt worden sind oder der Verstorbene eine Rente für Bergleute bezogen hat.

(7) Sind der im Dezember 1991 geleisteten Rente ein beitragspflichtiges Durchschnittseinkommen oder die Jahre der versicherungspflichtigen Tätigkeit nicht zugeordnet, sind sie auf der Grundlage des bis zum 31. Dezember 1991 im Beitrittsgebiet geltenden Rechts zu ermitteln.

(8) $_{1}$Die Träger der Rentenversicherung sind berechtigt, die persönlichen Entgeltpunkte in einem maschinellen Verfahren aus den vorhandenen Daten über den Rentenbeginn und das Durchschnittseinkommen zu ermitteln. $_{2}$Dabei sind Hinterbliebenenrenten mindestens 35 Arbeitsjahre mit jeweils 0,75 Entgeltpunkten zugrunde zu legen. $_{3}$Auf Antrag ist die Rente daraufhin zu überprüfen, ob die zugrunde gelegten Daten der Sach- und Rechtslage entsprechen. $_{4}$Die Anträge von Berechtigten, die Gründe dafür vortragen, dass dies nicht der Fall ist, sind vorrangig zu bearbeiten; dabei sollen zunächst die Anträge älterer Berechtigter bearbeitet werden. $_{5}$Ein Anspruch auf Überprüfung besteht für den Berechtigten nicht vor dem 1. Januar 1994. $_{6}$Eine Überprüfung kann auch von Amts wegen vorgenommen werden. $_{7}$Sie soll dann nach Geburtsjahrgängen gestaffelt erfolgen.

(9) Abweichend von Absatz 1 ist eine Rente nach den Vorschriften dieses Buches neu zu berechnen, wenn eine nach den am 31. Dezember 1991 geltenden Vorschriften des Beitrittsgebiets berechnete Rente

1. mit einer Zusatzrente aus Beiträgen an die Versicherungsanstalt Berlin (West), die Landesversicherungsanstalt Berlin oder die Bundesversicherungsanstalt für Angestellte in der Zeit vom 1. April 1949 bis zum 31. Dezember 1961,
2. mit einer nach Artikel 23 §§ 2 oder 3 des Gesetzes zu dem Vertrag vom 18. Mai 1990 über die Schaffung einer Währungs-, Wirtschafts- und Sozialunion zwischen der Bundesrepublik Deutschland und der Deutschen Demokratischen Republik vom 25. Juni 1990 (BGBl. 1991 II S. 518) berechneten Rente oder
3. mit einer nach den am 31. Dezember 1991 geltenden Vorschriften über die Erbringung von Leistungen an Berechtigte im Ausland berechneten Rente

zusammentrifft oder

4. geleistet wird und der Versicherte seinen gewöhnlichen Aufenthalt am 18. Mai 1990 oder, falls der Versicherte verstorben ist, zuletzt vor dem 19. Mai 1990
   a) im Gebiet der Bundesrepublik Deutschland ohne das Beitrittsgebiet hatte oder
   b) im Ausland hatte und unmittelbar vor Beginn des Auslandsaufenthalts seinen gewöhnlichen Aufenthalt im Gebiet der Bundesrepublik Deutschland ohne das Beitrittsgebiet hatte.

(10) $_{1}$Abweichend von Absatz 1 ist eine Rente nach den Vorschriften dieses Buches auch neu zu berechnen, wenn aus im Bundesge-

biet ohne das Beitrittsgebiet zurückgelegten rentenrechtlichen Zeiten eine Leistung noch nicht erbracht worden ist und die Voraussetzungen für einen Rentenanspruch nach den Vorschriften dieses Buches erfüllt sind. $_{2}$Eine Neuberechnung erfolgt nicht, wenn im Bundesgebiet ohne das Beitrittsgebiet zurückgelegte rentenrechtliche Zeiten bei der Ermittlung der persönlichen Entgeltpunkte (Ost) als Arbeitsjahre berücksichtigt worden sind.

(11) Abweichend von den Absätzen 1 bis 10 sind Übergangshinterbliebenenrenten, auf die am 31. Dezember 1991 ein Anspruch bestand, für die Zeit vom 1. Januar 1992 an neu zu berechnen.

(12) Bestand am 31. Dezember 1991 ein Bescheid nach den Vorschriften des Beitrittsgebiets und findet auf den neuen Rentenbescheid dieses Buch Anwendung, gilt das neue Recht vom Zeitpunkt des Inkrafttretens an ohne Rücksicht auf die Bestandskraft des alten Bescheides.

§ 307b Bestandsrenten aus überführten Renten des Beitrittsgebiets

(1) $_{1}$Bestand am 31. Dezember 1991 Anspruch auf eine nach dem Anspruchs- und Anwartschaftsüberführungsgesetz überführte Rente des Beitrittsgebiets, ist die Rente nach den Vorschriften dieses Buches neu zu berechnen. $_{2}$Für die Zeit vom 1. Januar 1992 an ist zusätzlich eine Vergleichsrente zu ermitteln. $_{3}$Die höhere der beiden Renten ist zu leisten. $_{4}$Eine Nachzahlung für die Zeit vor dem 1. Januar 1992 erfolgt nur, soweit der Monatsbetrag der neu berechneten Rente den Monatsbetrag der überführten Leistung einschließlich einer Rente aus der Sozialpflichtversicherung übersteigt.

(2) $_{1}$Die neue Rentenberechnung nach den Vorschriften dieses Buches erfolgt für Zeiten des Bezugs der als Rente überführten Leistung, frühestens für die Zeit ab 1. Juli 1990. $_{2}$Dabei tritt anstelle des aktuellen Rentenwerts (Ost) für die Zeit vom 1. Juli 1990 bis 31. Dezember 1990 der Wert 14,93 Deutsche Mark, für die Zeit vom 1. Januar 1991 bis 30. Juni 1991 der Wert 17,18 Deutsche Mark und für die Zeit vom 1. Juli 1991 bis 31. Dezember 1991 der Wert 19,76 Deutsche Mark. $_{3}$Satz 1 und Absatz 1 Satz 2 gelten auch bei Änderung des Bescheides über die Neuberechnung. $_{4}$§ 44 Abs. 4 Satz 1 des Zehnten Buches Sozialgesetzbuch ist nicht anzuwenden, wenn das Überprüfungsverfahren innerhalb von vier Jahren nach Ablauf des Jahres der erstmaligen Erteilung eines Rentenbescheides nach Absatz 1 begonnen hat.

(3) Für den Monatsbetrag der Vergleichsrente sind persönliche Entgeltpunkte (Ost) aufgrund der vorhandenen Daten des bereits geklärten oder noch zu klärenden Versicherungsverlaufs wie folgt zu ermitteln:

1. Die persönlichen Entgeltpunkte (Ost) ergeben sich, indem die Anzahl der bei der Rentenneuberechnung berücksichtigten Kalendermonate mit rentenrechtlichen Zeiten mit den durchschnittlichen Entgeltpunkten pro Monat, höchstens jedoch mit dem Wert 0,15 vervielfältigt wird. Grundlage der zu berücksichtigenden Kalendermonate einer Rente für Bergleute sind nur die Monate, die auf die knappschaftliche Rentenversicherung entfallen.
2. Bei der Anzahl der berücksichtigten Kalendermonate mit rentenrechtlichen Zeiten bleiben Kalendermonate, die ausschließlich Zeiten der Erziehung eines Kindes sind, außer Betracht.
3. Die durchschnittlichen Entgeltpunkte pro Monat ergeben sich, wenn auf der Grundlage der letzten 20 Kalenderjahre vor dem Ende der letzten versicherungspflichtigen Beschäftigung oder Tätigkeit die Summe der Arbeitsentgelte oder Arbeitseinkommen, vervielfältigt mit 240 und geteilt durch die Anzahl der dabei berücksichtigten Kalendermonate mit Pflichtbeiträgen für eine versicherte Beschäftigung oder Tätigkeit, durch das Gesamtdurchschnittseinkommen aus Anlage 12 und durch 12 geteilt wird. Arbeitsentgelte und Arbeitseinkommen sind für Zeiten vor dem 1. März 1971 bis zu höchstens 600 Mark für jeden belegten Kalendermonat zu berücksichtigen. Für Zeiten vor 1946 werden Arbeitsentgelte und Arbeitseinkommen für die Ermittlung der durchschnittlichen

Entgeltpunkte pro Monat nicht berücksichtigt.

4. Sind mindestens 35 Jahre mit rentenrechtlichen Zeiten einschließlich Zeiten der Erziehung von Kindern vorhanden und ergeben sich durchschnittliche Entgeltpunkte pro Monat von weniger als 0,0625, wird dieser Wert auf das 1,5fache, höchstens aber auf 0,0625 erhöht.
5. Die Summe der persönlichen Entgeltpunkte (Ost) erhöht sich für jedes Kind, für das Beitragszeiten wegen Kindererziehung anzuerkennen sind, für die Zeit bis zum 30. Juni 1998 um 0,75, für die Zeit vom 1. Juli 1998 bis 30. Juni 1999 um 0,85, für die Zeit vom 1. Juli 1999 bis 30. Juni 2000 um 0,9 und für die Zeit ab 1. Juli 2000 um 1,0.
6. Zuschlag an persönlichen Entgeltpunkten (Ost) bei Waisenrenten ist der bei der Rentenneuberechnung ermittelte Zuschlag.
7. Entgeltpunkte (Ost) für ständige Arbeiten unter Tage sind die bei der Rentenneuberechnung ermittelten zusätzlichen Entgeltpunkte.

(4) 1Die nach Absatz 1 Satz 3 maßgebende Rente ist mit dem um 6,84 vom Hundert erhöhten Monatsbetrag der am 31. Dezember 1991 überführten Leistung einschließlich einer Rente aus der Sozialpflichtversicherung (weiterzuzahlender Betrag) und dem nach dem Einigungsvertrag besitzgeschützten Zahlbetrag, der sich für den 1. Juli 1990 nach den Vorschriften des im Beitrittsgebiet geltenden Rentenrechts und den maßgebenden leistungsrechtlichen Regelungen des jeweiligen Versorgungssystems ergeben hätte, zu vergleichen. 2Die höchste Rente ist zu leisten. 3Bei der Ermittlung des Betrages der überführten Leistung einschließlich der Rente aus der Sozialpflichtversicherung ist das Rentenangleichungsgesetz vom 28. Juni 1990 (GBl. I Nr. 38 S. 495) mit der Maßgabe anzuwenden, dass eine vor Angleichung höhere Rente so lange geleistet wird, bis die anzugleichende Rente den bisherigen Betrag übersteigt.

(5) 1Der besitzgeschützte Zahlbetrag ist zum 1. Juli eines jeden Jahres mit dem aktuellen Rentenwert anzupassen. 2Die Anpassung erfolgt, indem aus dem besitzgeschützten Zahlbetrag persönliche Entgeltpunkte ermittelt werden. 3Hierzu wird der besitzgeschützte Zahlbetrag durch den aktuellen Rentenwert in Höhe von 41,44 Deutsche Mark und den für diese Rente maßgebenden Rentenartfaktor geteilt.

(6) 1Der weiterzuzahlende Betrag oder der besitzgeschützte Zahlbetrag wird nur so lange gezahlt, bis der Monatsbetrag die Rente nach Absatz 1 Satz 3 erreicht. 2Eine Aufhebung oder Änderung der bisherigen Bescheide ist nicht erforderlich.

(7) Für die Zeit ab 1. Januar 1992 erfolgt eine Nachzahlung nur, soweit die nach Absatz 4 maßgebende Leistung höher ist als die bereits bezogene Leistung.

(8) Die Absätze 1 bis 7 sind auch anzuwenden, wenn im Einzelfall festgestellt wird, dass in einer nach den Vorschriften des Beitrittsgebiets berechneten Bestandsrente Zeiten der Zugehörigkeit zu einem Zusatz- oder Sonderversorgungssystem berücksichtigt worden sind.

§ 307c Durchführung der Neuberechnung von Bestandsrenten nach § 307b

(1) 1Für die Neuberechnung von Bestandsrenten nach § 307b sind die erforderlichen Daten auch aus allen dem Berechtigten zur Verfügung stehenden Nachweisen über rentenrechtliche Zeiten und erzielte Arbeitsentgelte oder Arbeitseinkommen zu ermitteln. 2Der Berechtigte wird aufgefordert, die Nachweise zur Verfügung zu stellen und auch anzugeben, ob er oder die Person, von der sich die Berechtigung ableitet, Zeiten einer Beschäftigung oder Tätigkeit nach § 6 Abs. 2 oder 3 oder § 7 des Anspruchs- und Anwartschaftsüberführungsgesetzes hat. 3Dabei werden die älteren Berechtigten und die Personen zuerst aufgefordert, deren Leistungen nach § 10 des Anspruchs- und Anwartschaftsüberführungsgesetzes vorläufig begrenzt sind. 4Die von dem Berechtigten für

Zeiten im Sinne des § 259b übersandten Unterlagen werden dem nach § 8 Abs. 4 des Anspruchs- und Anwartschaftsüberführungsgesetzes jeweils zuständigen Versorgungsträger unverzüglich zur Verfügung gestellt, damit dieser die Mitteilung nach § 8 des Anspruchs- und Anwartschaftsüberführungsgesetzes erstellt. $_{5}$Kommt der Berechtigte der Aufforderung nicht nach, wird er nach sechs Monaten hieran erinnert. $_{6}$Gleichzeitig wird der Versorgungsträger aufgefordert, die ihm bekannten Daten mitzuteilen. $_{7}$Weitere Ermittlungen werden nicht durchgeführt.

(2) $_{1}$Stehen bei der Neuberechnung Unterlagen nicht zur Verfügung und erklärt der Berechtigte glaubhaft, dass auch er über Unterlagen nicht verfügt und diese auch nicht beschaffen kann, ist zur Feststellung von Art und Umfang der rentenrechtlichen Zeiten von seinem Vorbringen auszugehen, es sei denn, es liegen Anhaltspunkte vor, dass dieses nicht zutrifft. $_{2}$Lässt sich auch auf diese Weise der Verdienst für Beitragszeiten nicht feststellen, ist § 256c entsprechend anzuwenden. $_{3}$Lässt sich die Art der ausgeübten Beschäftigung oder Tätigkeit nicht feststellen, sind die Zeiten der Rentenversicherung der Angestellten zuzuordnen. $_{4}$Kommt der Berechtigte der Aufforderung nach Absatz 1 nicht nach, teilt jedoch der Versorgungsträger Daten mit, wird die Neuberechnung ohne weitere Ermittlungen aus den bekannten Daten vorgenommen.

(3) Unterschreitet der Monatsbetrag der nach Absatz 1 neu berechneten Rente den Monatsbetrag der zuletzt vor der Neuberechnung gezahlten Rente, wird dieser solange weitergezahlt, bis die neu berechnete Rente den weiterzuzahlenden Betrag erreicht.

§ 307d Zuschlag an persönlichen Entgeltpunkten für Kindererziehung

(1) Bestand am 30. Juni 2014 Anspruch auf eine Rente, wird ein Zuschlag an persönlichen Entgeltpunkten für Kindererziehung für ein vor dem 1. Januar 1992 geborenes Kind berücksichtigt, wenn

1. in der Rente eine Kindererziehungszeit für den zwölften Kalendermonat nach Ablauf des Monats der Geburt angerechnet wurde,
2. kein Anspruch nach den §§ 294 und 294a besteht.

(2) $_{1}$Der Zuschlag beträgt für jedes Kind einen persönlichen Entgeltpunkt. $_{2}$Sind für Kindererziehungszeiten ausschließlich Entgeltpunkte (Ost) zugeordnet worden, beträgt der Zuschlag für jedes Kind einen persönlichen Entgeltpunkt (Ost). $_{3}$Ist die Kindererziehungszeit nach Absatz 1 Nummer 1 in der knappschaftlichen Rentenversicherung berücksichtigt worden, wird der Zuschlag an persönlichen Entgeltpunkten und persönlichen Entgeltpunkten (Ost) mit 0,75 vervielfältigt.

(3) Folgt auf eine Rente mit einem Zuschlag nach Absatz 1 eine Rente, die die Voraussetzungen nach § 88 Absatz 1 oder 2 erfüllt, ist der Zuschlag an persönlichen Entgeltpunkten nach den Absätzen 1 und 2 weiter zu berücksichtigen.

(4) Der Zuschlag nach Absatz 1 ist nicht zu berücksichtigen, wenn die Anrechnung von Kindererziehungszeiten nach § 56 Absatz 4 in der Fassung ab dem 1. Juli 2014 ganz oder teilweise ausgeschlossen ist.

§ 308 Umstellungsrenten

(1) Der Rentenartfaktor beträgt für Umstellungsrenten, die als Renten wegen Erwerbsunfähigkeit gelten, 0,8667.

(2) $_{1}$Umstellungsrenten als Renten wegen Erwerbsunfähigkeit werden auf Antrag nach den vom 1. Januar 1992 an geltenden Vorschriften neu berechnet, wenn für Versicherte nach Vollendung des 55. Lebensjahres für zwölf Kalendermonate Beiträge gezahlt worden sind und sie erwerbsunfähig sind. $_{2}$Diese neu berechneten Renten werden nur geleistet, wenn sie um zwei Dreizehntel höher sind als die Umstellungsrenten.

(3) Entgeltpunkte für am 1. Januar 1992 laufende Umstellungsrenten werden zu gleichen Teilen lückenlos auf die Zeit vom Kalendermonat der Vollendung des 15. Lebensjahres bis zum Kalendermonat vor der Vollendung

des 55. Lebensjahres der Versicherten verteilt.

§ 309 Neufeststellung auf Antrag

(1) 1Eine nach den Vorschriften dieses Buches berechnete Rente ist auf Antrag vom Beginn an nach dem am 1. Januar 1996 geltenden Recht neu festzustellen und zu leisten, wenn sie vor diesem Zeitpunkt begonnen hat und

1. beitragsgeminderte Zeiten wegen des Besuchs einer Schule, Fachschule oder Hochschule enthält oder
2. Anrechnungszeiten im Beitrittsgebiet wegen des Bezugs einer Übergangsrente, einer Invalidenrente bei Erreichen besonderer Altersgrenzen, einer befristeten erweiterten Versorgung oder einer berufsbezogenen Zuwendung an Ballettmitglieder in staatlichen Einrichtungen zu berücksichtigen sind oder
3. Verfolgungszeiten nach dem Beruflichen Rehabilitierungsgesetz anerkannt sind.

2Bei einem Rentenbeginn nach dem 31. Dezember 1995 ist Satz 1 mit der Maßgabe anzuwenden, dass die Rente auf der Grundlage des Rechts festzustellen und zu leisten ist, das bei erstmaliger Feststellung der Rente anzuwenden war. 3In Fällen des Satzes 1 Nr. 3 ist bei der Feststellung der Rente nach Satz 1 und 2 der § 11 Satz 2 des Beruflichen Rehabilitierungsgesetzes in der Fassung des Zweiten Gesetzes zur Verbesserung rehabilitierungsrechtlicher Vorschriften für Opfer der politischen Verfolgung in der ehemaligen DDR vom 17. Dezember 1999 (BGBl. I S. 2662) anzuwenden.

(1a) Eine nach den Vorschriften dieses Buches berechnete Rente ist auf Antrag vom Beginn an neu festzustellen und zu leisten, wenn Zeiten nach dem Beruflichen Rehabilitierungsgesetz anerkannt sind oder wenn § 3 Abs. 1 Satz 2 des Beruflichen Rehabilitierungsgesetzes anzuwenden ist.

(2) Eine Rente ist auf Antrag neu festzustellen, wenn sie vor dem 1. Januar 2001 nach den Vorschriften dieses Gesetzbuches bereits neu festgestellt worden war.

§ 310 Erneute Neufeststellung von Renten

Ist eine Rente, die vor dem 1. Januar 2001 nach den Vorschriften dieses Gesetzbuchs neu festgestellt worden war, erneut neu festzustellen und sind dabei die persönlichen Entgeltpunkte neu zu ermitteln, sind der neu festzustellenden Rente mindestens die bisherigen persönlichen Entgeltpunkte zugrunde zu legen; dies gilt nicht, soweit die bisherigen persönlichen Entgeltpunkte auf einer rechtswidrigen Begünstigung beruhen oder eine wesentliche Änderung der tatsächlichen Verhältnisse zu Ungunsten des Rentenbeziehers eingetreten ist.

§ 310a Neufeststellung von Renten mit Zeiten der Beschäftigung bei der Deutschen Reichsbahn oder bei der Deutschen Post

(1) 1Eine nach den Vorschriften dieses Buches berechnete Rente mit Zeiten der Beschäftigung bei der Deutschen Reichsbahn oder bei der Deutschen Post und Arbeitsverdiensten oberhalb der im Beitrittsgebiet geltenden Beitragsbemessungsgrenzen ist auf Antrag neu festzustellen, wenn sie vor dem 3. August 2001 begonnen hat. 2Abweichend von § 300 Abs. 3 sind bei der Neufeststellung der Rente § 256a Abs. 2 und § 307a Abs. 2 in der am 1. Dezember 1998 geltenden Fassung anzuwenden.

(2) Die Neufeststellung erfolgt für die Zeit ab Rentenbeginn, frühestens für die Zeit ab 1. Dezember 1998.

§ 310b Neufeststellung von Renten mit überführten Zeiten nach dem Anspruchs- und Anwartschaftsüberführungsgesetz

1Eine nach den Vorschriften dieses Buches berechnete Rente, die Zeiten der Zugehörigkeit zu einem Versorgungssystem nach dem Anspruchs- und Anwartschaftsüberführungsgesetz enthält und für die die Arbeitsentgelte oder Arbeitseinkommen nach § 7 des Anspruchs- und Anwartschaftsüberführungsgesetzes in der Fassung des Renten-Überleitungsgesetzes vom 25. Juli 1991 (BGBl. I

S. 1606) begrenzt worden sind, oder die Zeiten enthält, die nach § 22a des Fremdrentengesetzes begrenzt worden sind, ist neu festzustellen. 2Bei der Neufeststellung der Rente sind § 6 Abs. 2 oder 3 und § 7 des Anspruchs- und Anwartschaftsüberführungsgesetzes, § 22a des Fremdrentengesetzes und § 307b in der am 1. Mai 1999 geltenden Fassung anzuwenden. 3Die Sätze 1 und 2 gelten auf Antrag entsprechend in den Fällen des § 4 Abs. 4 des Anspruchs- und Anwartschaftsüberführungsgesetzes.

§ 310c Neufeststellung von Renten wegen Beschäftigungszeiten während des Bezugs einer Invalidenrente

1Wurden während des Bezugs einer Invalidenrente oder einer Versorgung wegen Invalidität oder wegen des Bezugs von Blindengeld oder Sonderpflegegeld nach den Vorschriften des Beitrittsgebiets bis zum 31. Dezember 1991 Zeiten einer Beschäftigung zurückgelegt, besteht ab 1. September 2001 Anspruch auf Neufeststellung einer nach den Vorschriften dieses Buches berechneten Rente, wenn sie vor dem 1. Juli 2002 begonnen hat. 2Abweichend von § 300 Abs. 3 sind bei der Neufeststellung der Rente die Regelungen über die Berücksichtigung von Beitragszeiten aufgrund einer Beschäftigung oder selbständigen Tätigkeit während des Bezugs einer Leistung nach Satz 1 in der seit dem 1. Juli 2002 geltenden Fassung anzuwenden. 3Der neu festgestellten Rente sind mindestens die bisherigen persönlichen Entgeltpunkte zugrunde zu legen; dies gilt nicht, soweit die bisherigen persönlichen Entgeltpunkte auf einer rechtswidrigen Begünstigung beruhen oder eine wesentliche Änderung der tatsächlichen Verhältnisse zu Ungunsten des Rentenbeziehers eingetreten ist.

Fünfter Unterabschnitt Zusammentreffen von Renten und von Einkommen

§ 311 Rente und Leistungen aus der Unfallversicherung

(1) Bestand am 31. Dezember 1991 Anspruch auf eine Rente nach den Vorschriften im Gebiet der Bundesrepublik Deutschland ohne das Beitrittsgebiet und auf eine Rente aus der Unfallversicherung, die für die Leistung der Rente zu berücksichtigen war, wird die Rente insoweit nicht geleistet, als die Summe dieser Renten den Grenzbetrag übersteigt.

(2) Bei der Ermittlung der Summe der zusammentreffenden Renten bleiben unberücksichtigt

1. bei der Rente
   a) der Betrag, der den Grenzbetrag übersteigt,
   b) der auf den Leistungszuschlag für ständige Arbeiten unter Tage entfallende Anteil,
   c) der auf den Erhöhungsbetrag in Waisenrenten entfallende Anteil,
2. bei der Verletztenrente aus der Unfallversicherung je 16,67 vom Hundert des aktuellen Rentenwerts für jeden Prozentpunkt der Minderung der Erwerbsfähigkeit, wenn diese mindestens 60 vom Hundert beträgt und die Rente aufgrund einer entschädigungspflichtigen Silikose oder Siliko-Tuberkulose geleistet wird.

(3) Bestand am 31. Dezember 1991 Anspruch auf eine Rente nach den Vorschriften im Gebiet der Bundesrepublik Deutschland ohne das Beitrittsgebiet und auf eine Rente aus der Unfallversicherung, die für die Leistung der Rente nicht zu berücksichtigen war, verbleibt es für die Leistung dieser Rente dabei.

(4) Bestand am 31. Dezember 1991 Anspruch auf eine Rente nach den Vorschriften im Gebiet der Bundesrepublik Deutschland ohne das Beitrittsgebiet mit Zeiten sowohl der Rentenversicherung der Arbeiter oder der Angestellten als auch der knappschaftlichen Rentenversicherung und ruhte wegen einer Rente aus der Unfallversicherung die Rente

VI

mit den Zeiten der knappschaftlichen Rentenversicherung vorrangig, verbleibt es für die Leistung dieser Rente dabei.

(5) 1Der Grenzbetrag beträgt

1. bei Renten, für die die allgemeine Wartezeit in der knappschaftlichen Rentenversicherung nicht erfüllt ist,
   a) bei Renten aus eigener Versicherung 80 vom Hundert,
   b) bei Witwenrenten oder Witwerrenten 48 vom Hundert,
2. bei Renten, für die die allgemeine Wartezeit in der knappschaftlichen Rentenversicherung erfüllt ist,
   a) bei Renten aus eigener Versicherung 95 vom Hundert,
   b) bei Witwenrenten oder Witwerrenten 57 vom Hundert

eines Zwölftels des Jahresarbeitsverdienstes, der der Berechnung der Rente aus der Unfallversicherung zugrunde liegt, mindestens jedoch des Betrages, der sich ergibt, wenn der im Dezember 1991 zugrunde liegende persönliche Vomhundertsatz mit zwei Dritteln des aktuellen Rentenwerts vervielfältigt wird (Mindestgrenzbetrag). 2Beruht die Rente ausschließlich auf Zeiten der knappschaftlichen Rentenversicherung, ist der persönliche Vomhundertsatz mit 1,0106 zu vervielfältigen. 3Beruht sie auch auf Zeiten der Rentenversicherung der Arbeiter oder der Angestellten, ist ein durchschnittlicher persönlicher Vomhundertsatz zu ermitteln, indem der Vomhundertsatz nach Satz 2 und der persönliche Vomhundertsatz der Rentenversicherung der Arbeiter und der Angestellten mit der ihrer Ermittlung zugrunde liegenden jeweiligen Anzahl an Monaten vervielfältigt und die Summe beider Ergebnisse durch die Summe aller Monate geteilt wird. 4Liegt der Rente ein persönlicher Vomhundersatz nicht zugrunde, ist Mindestgrenzbetrag bei Renten aus eigener Versicherung das 50fache, bei Witwenrenten oder Witwerrenten das 30fache des aktuellen Rentenwerts. 5Für die ersten drei Monate nach Beginn der Witwenrente oder Witwerrente wird der Grenzbetrag mit dem für eine Rente aus eigener Versicherung geltenden Vomhundertsatz ermittelt.

(6) Der Grenzbetrag beträgt bei Halbwaisenrenten das 13,33fache, bei Vollwaisenrenten das 20fache des aktuellen Rentenwerts.

(7) 1Für die von einem Träger mit Sitz außerhalb des Geltungsbereichs dieses Gesetzbuchs geleistete Rente wegen eines Arbeitsunfalls oder einer Berufskrankheit ist ein Jahresarbeitsverdienst nicht festzustellen. 2Bei einer an eine Witwe oder einen Witwer geleisteten Rente gilt ihr um zwei Drittel erhöhter Betrag als Vollrente.

(8) Bestand vor Inkrafttreten von Vorschriften über das Zusammentreffen von Renten und Leistungen aus der Unfallversicherung Anspruch auf eine Rente und auf eine Rente aus der Unfallversicherung, die für die Leistung der Rente nicht zu berücksichtigen war, verbleibt es für die Leistung dieser Rente dabei.

§ 312 Mindestgrenzbetrag bei Versicherungsfällen vor dem 1. Januar 1979

(1) Bestand am 31. Dezember 1991 Anspruch auf eine Rente, die auf einem Versicherungsfall vor dem 1. Januar 1979 beruht, und ruhte diese wegen einer Rente aus der Unfallversicherung, beträgt der Mindestgrenzbetrag

1. bei einer Rente aus eigener Versicherung 85 vom Hundert,
2. bei einer Witwenrente oder Witwerrente 51 vom Hundert

des Betrages, der sich ergibt, wenn der im Dezember 1991 zugrunde liegende persönliche Vomhundertsatz mit zwei Dritteln des aktuellen Rentenwerts vervielfältigt wird.

(2) Bestand am 31. Dezember 1991 Anspruch auf eine Rente, für die die allgemeine Wartezeit in der knappschaftlichen Rentenversicherung erfüllt ist und die auf einem Versicherungsfall vor dem 1. Januar 1979 beruht, und ruhte diese Rente wegen einer Rente aus der Unfallversicherung, die auf einem Unfall oder Tod vor dem 1. Januar 1979 beruht, beträgt der Mindestgrenzbetrag

1. bei einer Rente aus eigener Versicherung 100 vom Hundert,

2. bei einer Witwenrente oder Witwerrente 60 vom Hundert

des Betrages, der sich ergibt, wenn der im Dezember 1991 zugrunde liegende persönliche Vomhundertsatz mit zwei Dritteln des aktuellen Rentenwerts vervielfältigt wird.

(3) § 311 Abs. 5 Satz 2 und 3, Abs. 7 ist anzuwenden.

§ 313 Hinzuverdienst bei Renten wegen verminderter Erwerbsfähigkeit

(1) Bestand am 31. Dezember 2000 Anspruch auf eine Rente wegen Berufsunfähigkeit, Erwerbsunfähigkeit oder für Bergleute ist § 96a unter Beachtung der Hinzuverdienstgrenzen des Absatzes 3 mit der Maßgabe anzuwenden, dass die Regelungen zur Rente wegen teilweiser Erwerbsminderung für die Rente wegen Berufsunfähigkeit und die Regelungen zur Rente wegen voller Erwerbsminderung für die Rente wegen Erwerbsunfähigkeit entsprechend gelten.

(2) Abhängig vom erzielten Hinzuverdienst wird

1. eine Rente wegen Berufsunfähigkeit in voller Höhe, in Höhe von zwei Dritteln oder in Höhe von einem Drittel,
2. eine Rente wegen Erwerbsunfähigkeit bei Überschreiten der Hinzuverdienstgrenze des Absatzes 3 Nr. 1 und weiterem Vorliegen von Erwerbsunfähigkeit in Höhe der Rente wegen Berufsunfähigkeit unter Beachtung der Hinzuverdienstgrenzen des Absatzes 3 Nr. 2,
3. eine Rente für Bergleute in voller Höhe, in Höhe von zwei Dritteln oder in Höhe von einem Drittel

geleistet.

(3) Die Hinzuverdienstgrenze beträgt

1. bei einer Rente wegen Erwerbsunfähigkeit 450 Euro,
2. bei einer Rente wegen Berufsunfähigkeit
   a) in voller Höhe das 0,57fache,
   b) in Höhe von zwei Dritteln das 0,76fache,
   c) in Höhe von einem Drittel das 0,94fache

   der monatlichen Bezugsgröße, vervielfältigt mit den Entgeltpunkten (§ 66 Abs. 1 Nr. 1 bis 3) des letzten Kalenderjahres vor Eintritt der Berufsunfähigkeit, mindestens jedoch mit 0,5 Entgeltpunkten,
3. bei einer Rente für Bergleute
   a) in voller Höhe das 0,76fache,
   b) in Höhe von zwei Dritteln das 1,01fache,
   c) in Höhe von einem Drittel das 1,26fache

   der monatlichen Bezugsgröße, vervielfältigt mit den Entgeltpunkten (§ 66 Abs. 1 Nr. 1 bis 3) des letzten Kalenderjahres vor Eintritt der im Bergbau verminderten Berufsfähigkeit oder der Erfüllung der Voraussetzungen entsprechend § 45 Abs. 3, mindestens jedoch mit 0,5 Entgeltpunkten.

(4) Bestand am 31. Dezember 2000 neben einer Rente wegen Erwerbsunfähigkeit Anspruch auf Arbeitslosengeld, das bei der Feststellung eines Hinzuverdienstes dem Arbeitsentgelt oder Arbeitseinkommen gleichstand, verbleibt es dabei, solange das Arbeitslosengeld geleistet wird.

(5) Bestand am 31. Dezember 1991 Anspruch auf eine nach den Vorschriften des Beitrittsgebiets berechnete Rente und ist diese Rente nicht nach den Vorschriften dieses Buches neu zu berechnen, werden als Entgeltpunkte im Sinne des Absatzes 3 die nach § 307a ermittelten durchschnittlichen Entgeltpunkte zugrunde gelegt.

(6) Für Versicherte, die am 31. Dezember 1991 Anspruch auf eine nach den Vorschriften des Beitrittsgebiets berechnete Invalidenrente oder Bergmannsinvalidenrente hatten und die die persönlichen Voraussetzungen für den Bezug von Blindengeld oder Sonderpflegegeld nach den am 31. Dezember 1991 geltenden Vorschriften des Beitrittsgebiets erfüllen, gilt für diese Rente eine Hinzuverdienstgrenze (Absätze 1 bis 3) nicht.

(7) Bestand am 31. Dezember 2002 Anspruch auf eine Rente wegen verminderter Erwerbsfähigkeit und dem Arbeitsentgelt oder Arbeitseinkommen aus einer Beschäftigung

VI

oder selbständigen Tätigkeit vergleichbares Einkommen mit Ausnahme von Vorruhestandsgeld, gilt für diese Rente dieses vergleichbare Einkommen bis zum 31. Dezember 2007 nicht als Hinzuverdienst.

(8) Besteht Anspruch auf eine Rente wegen verminderter Erwerbsfähigkeit und eine Aufwandsentschädigung für kommunale Ehrenbeamte, für ehrenamtlich in kommunalen Vertretungskörperschaften Tätige oder für Mitglieder der Selbstverwaltungsorgane, Versichertenälteste oder Vertrauenspersonen der Sozialversicherungsträger, gilt die Aufwandsentschädigung bis zum 30. September 2017 weiterhin nicht als Hinzuverdienst, soweit kein konkreter Verdienstausfall ersetzt wird.

§ 313a Renten wegen verminderter Erwerbsfähigkeit und Arbeitslosengeld

$_1$Bestand am 31. Dezember 1998 Anspruch auf eine Rente wegen verminderter Erwerbsfähigkeit, wird auf die Rente das für denselben Zeitraum geleistete Arbeitslosengeld angerechnet. $_2$Eine Anrechnung erfolgt nicht, wenn das Arbeitslosengeld

1. nur vorläufig bis zur Feststellung der verminderten Erwerbsfähigkeit geleistet wird oder
2. aufgrund einer Anwartschaftszeit geleistet wird, die insgesamt nach dem Beginn der Rente wegen Berufsunfähigkeit oder der Rente für Bergleute oder nach dem Ende einer Leistung zur Teilhabe, wegen der der Anspruch auf die Rente nicht bestanden hat, erfüllt worden ist.

$_3$Die Sätze 1 und 2 sind nicht auf Arbeitslosengeld anzuwenden, auf das erst nach dem 31. Dezember 2000 ein Anspruch entsteht.

§ 314 Einkommensanrechnung auf Renten wegen Todes

(1) Ist der Versicherte vor dem 1. Januar 1986 gestorben oder haben die Ehegatten bis zum 31. Dezember 1988 eine wirksame Erklärung über die weitere Anwendung des bis zum 31. Dezember 1985 geltenden Hinterbliebenenrentenrechts abgegeben, werden auf eine Witwenrente oder Witwerrente die Vorschriften über die Einkommensanrechnung auf Renten wegen Todes nicht angewendet.

(2) $_1$Ist der Versicherte vor dem 1. Januar 1986 gestorben und ist eine erneute Ehe der Witwe oder des Witwers aufgelöst oder für nichtig erklärt worden, werden auf eine Witwenrente oder Witwerrente nach dem vorletzten Ehegatten die Vorschriften über die Einkommensanrechnung auf Renten wegen Todes nicht angewendet. $_2$Besteht für denselben Zeitraum Anspruch auf Witwenrente oder Witwerrente oder auf eine solche Rente aus der Unfallversicherung, werden diese Ansprüche in der Höhe berücksichtigt, die sich nach Anwendung der Vorschriften über die Einkommensanrechnung auf Renten wegen Todes ergibt.

§ 314a Einkommensanrechnung auf Renten wegen Todes aus dem Beitrittsgebiet

(1) Bestand am 31. Dezember 1991 Anspruch auf Witwenrente oder Witwerrente aufgrund des im Beitrittsgebiet geltenden Rechts oder bestand ein solcher Anspruch nur deshalb nicht, weil die im Beitrittsgebiet geltenden besonderen Voraussetzungen nicht erfüllt waren, werden vom 1. Januar 1992 an auf die Witwenrente oder Witwerrente die Vorschriften über die Einkommensanrechnung auf Renten wegen Todes angewendet.

(2) Hatte der Versicherte oder die Witwe oder der Witwer am 18. Mai 1990 den gewöhnlichen Aufenthalt im Beitrittsgebiet, ist § 314 nicht anzuwenden.

§ 314b Befristung der Rente wegen Berufsunfähigkeit oder Erwerbsunfähigkeit

Bestand am 31. Dezember 2000 Anspruch auf eine befristete Rente wegen Berufsunfähigkeit oder Erwerbsunfähigkeit und ist der jeweilige Anspruch nach Ablauf der Frist von der jeweiligen Arbeitsmarktlage abhängig, ist die Befristung zu wiederholen, es sei denn, die Versicherten vollenden innerhalb von zwei Jahren nach Beginn der sich anschließenden Frist das 60. Lebensjahr.

Sechster Unterabschnitt
Zusatzleistungen

§ 315 Zuschuss zur Krankenversicherung

(1) Bestand am 31. Dezember 1991 Anspruch auf einen Zuschuss zu den Aufwendungen für die Krankenversicherung und war der Berechtigte bereits zu diesem Zeitpunkt nicht in der gesetzlichen Krankenversicherung oder bei einem der deutschen Aufsicht unterliegenden Krankenversicherungsunternehmen versichert, wird dieser Zuschuss in der bisherigen Höhe zur Rente und einer sich unmittelbar daran anschließenden Rente desselben Berechtigten weitergeleistet.

(2) Besteht am 1. Januar 1992 Anspruch auf einen Zuschuss zu den Aufwendungen für die Krankenversicherung, der nicht nur nach Anwendung der Vorschriften eines Rentenanpassungsgesetzes für Dezember 1991 höher als der Beitragsanteil war, den der Träger der Rentenversicherung als Krankenversicherungsbeitrag für pflichtversicherte Rentenbezieher zu tragen hat, wird der Zuschuss zu der Rente und einer sich unmittelbar daran anschließenden Rente desselben Berechtigten mindestens in der bisherigen Höhe, höchstens in Höhe der Hälfte der tatsächlichen Aufwendungen für die Krankenversicherung, weitergeleistet.

(3) $_{1}$Bestand am 31. Dezember 1991 nach einem Rentenanpassungsgesetz Anspruch auf einen Auffüllbetrag, der als Zuschuss zu den Aufwendungen für die Krankenversicherung gilt, wird dieser in der bisherigen Höhe weitergeleistet. $_{2}$Rentenerhöhungen, die sich aufgrund von Rentenanpassungen nach dem 31. Dezember 1991 ergeben, werden hierauf angerechnet.

(4) Bestand am 30. April 2007 Anspruch auf einen Zuschuss zu den Aufwendungen für die Krankenversicherung und war der Berechtigte bereits zu diesem Zeitpunkt in einer ausländischen gesetzlichen Krankenversicherung pflichtversichert, wird dieser Zuschuss zu der Rente und einer sich unmittelbar daran anschließenden Rente desselben Berechtigten weitergeleistet.

§ 315a Auffüllbetrag

$_{1}$Ist der für den Berechtigten nach Anwendung des § 307a ermittelte Monatsbetrag der Rente für Dezember 1991 niedriger als der für denselben Monat ausgezahlte und nach dem am 31. Dezember 1991 geltenden Recht oder nach § 302a Abs. 3 weiterhin zustehende Rentenbetrag einschließlich des Ehegattenzuschlags, wird ein Auffüllbetrag in Höhe der Differenz geleistet. $_{2}$Bei dem Vergleich werden die für Dezember 1991 nach den Vorschriften des Beitrittsgebiets geleisteten Rentenbeträge zuvor um 6,84 vom Hundert erhöht; Zusatzrenten nach § 307a Abs. 9 Nr. 1, Zusatzrenten nach der Verordnung über die freiwillige und zusätzliche Versicherung in der Sozialversicherung vom 28. Januar 1947 und Zusatzrenten nach der Verordnung über die freiwillige Versicherung auf Zusatzrente bei der Sozialversicherung vom 15. März 1968 bleiben außer Betracht. $_{3}$Bei der Ermittlung der für Dezember 1991 nach den Vorschriften des Beitrittsgebiets geleisteten Rentenbeträge ist das Rentenangleichungsgesetz vom 28. Juni 1990 (GBl. I Nr. 38 S. 495) mit der Maßgabe anzuwenden, dass eine vor Angleichung höherer Rente so lange geleistet wird, bis die anzugleichende Rente den bisherigen Betrag übersteigt. $_{4}$Der Auffüllbetrag wird vom 1. Januar 1996 an bei jeder Rentenanpassung um ein Fünftel des Auffüllbetrags, mindestens aber um 20 Deutsche Mark vermindert; durch die Verminderung darf der bisherige Zahlbetrag der Rente nicht unterschritten werden. $_{5}$Ein danach noch verbleibender Auffüllbetrag wird bei den folgenden Rentenanpassungen im Umfang dieser Rentenanpassungen abgeschmolzen.

§ 315b Renten aus freiwilligen Beiträgen des Beitrittsgebiets

Bestand am 31. Dezember 1991 Anspruch auf eine

1. Rente nach der Verordnung über die Neuregelung der freiwilligen Versicherungen in der Sozialversicherung vom 25. Juli 1953 (GBl. Nr. 80 S. 823),
2. Zusatzrente nach der Verordnung über die freiwillige und zusätzliche Versicherung in

der Sozialversicherung vom 28. Januar 1947,

3. Zusatzrente nach der Verordnung über die freiwillige Versicherung auf Zusatzrente bei der Sozialversicherung vom 15. März 1968,

wird diese in Höhe des um 6,84 vom Hundert erhöhten bisherigen Betrages weitergeleistet.

§ 316 (weggefallen)

Siebter Unterabschnitt
Leistungen an Berechtigte im Ausland

§ 317 Grundsatz

(1) 1Bestand Anspruch auf Leistung einer Rente vor dem Zeitpunkt, von dem an geänderte Vorschriften über Leistungen an Berechtigte im Ausland gelten, wird die Rente allein aus Anlass der Rechtsänderung nicht neu berechnet. 2Dies gilt nicht, wenn dem Berechtigten die Rente aus Beitragszeiten im Beitrittsgebiet nicht oder nicht in vollem Umfang gezahlt werden konnte. 3Die Rente ist mindestens aus den bisherigen persönlichen Entgeltpunkten weiterzuleisten.

(2) Eine Rente an einen Hinterbliebenen ist mindestens aus den persönlichen Entgeltpunkten des verstorbenen Versicherten zu leisten, aus denen seine Rente geleistet worden ist, wenn er am 31. Dezember 1991 Anspruch auf Leistung einer Rente ins Ausland hatte und diese Rente bis zu seinem Tode bezogen hat.

(2a) 1Bestand am 31. Dezember 1991 Anspruch auf eine Rente und ist diese Rente aufgrund einer nach dem 31. Dezember 1991 eingetretenen Änderung in den Verhältnissen, die für die Anwendung der Vorschriften über Leistungen an Berechtigte im Ausland von Bedeutung sind, neu festzustellen, ist bei der Neufeststellung das am 1. Januar 1992 geltende Recht anzuwenden. 2Hierbei sind für Berechtigte mindestens die nach § 307 ermittelten persönlichen Entgeltpunkte in dem in § 114 Abs. 1 Satz 2 genannten Verhältnis zugrunde zu legen.

(3) Bestand am 31. Dezember 1991 Anspruch auf eine Rente, bei der der Anspruch oder die Höhe von der Minderung der Erwerbsfähigkeit abhängig war, und wurde hierbei die jeweilige Arbeitsmarktlage berücksichtigt oder hätte sie berücksichtigt werden können, gilt dies auch weiterhin.

(4) Berechtigte erhalten eine Rente wegen Berufsunfähigkeit nur, wenn sie auf diese Rente bereits für die Zeit, in der sie ihren gewöhnlichen Aufenthalt noch im Inland gehabt haben, einen Anspruch hatten.

§ 317a Neufeststellung

(1) 1Eine nach den Vorschriften dieses Buches berechnete Rente, in der die persönlichen Entgeltpunkte zu 70 vom Hundert berücksichtigt wurden, wird ab dem 1. Oktober 2013 neu festgestellt. 2Bei der Neufeststellung sind die §§ 113, 114 und 272 in der am 1. Oktober 2013 geltenden Fassung anzuwenden.

(2) 1Bestand am 31. Dezember 1991 Anspruch auf eine Rente, in der der Rentenbetrag zu 70 vom Hundert berücksichtigt wurde, wird diese auf Antrag ab 1. Oktober 2013 neu festgestellt. 2Bei der Neufeststellung sind das am 1. Januar 1992 geltende Recht und die §§ 113, 114 und 272 in der am 1. Oktober 2013 geltenden Fassung anzuwenden.

§ 318 Ermessensleistungen an besondere Personengruppen

(1) Versicherte, die nicht Deutsche sind und sich gewöhnlich im Ausland aufhalten, können die Rente wie Deutsche bei einem entsprechenden Aufenthalt erhalten, wenn sie

1. zwischen dem 30. Januar 1933 und dem 8. Mai 1945 das Gebiet des Deutschen Reichs oder der Freien Stadt Danzig verlassen haben, um sich einer von ihnen nicht zu vertretenden und durch die politischen Verhältnisse bedingten besonderen Zwangslage zu entziehen, oder aus den gleichen Gründen in diese Gebiete nicht zurückkehren konnten,
2. Vertriebene (§ 1 Abs. 2 Nr. 1 Bundesvertriebenengesetz) aus den in den Jahren 1938 und 1939 in das Deutsche Reich

eingegliederten Gebieten sind und als solche im Inland anerkannt sind oder

3. früher deutsche Staatsangehörige waren und als Angehörige deutscher geistlicher Genossenschaften oder ähnlicher Gemeinschaften aus überwiegend religiösen oder sittlichen Beweggründen mit Krankenpflege, Unterricht, Seelsorge oder ähnlichen gemeinnützigen Tätigkeiten außerhalb des Gebiets der Bundesrepublik Deutschland nach dem Stand zum 3. Oktober 1990 beschäftigt waren und bis zum 31. Dezember 1984 Anspruch auf eine Rente entstanden ist.

(2) 1Absatz 1 gilt entsprechend für die Leistung von Renten an Hinterbliebene der in Absatz 1 genannten Versicherten, die selbst weder Deutsche sind noch zu den Berechtigten nach Absatz 1 gehören. 2Sie erhalten 70 vom Hundert der Rente an Hinterbliebene.

(3) Bestand am 31. Dezember 1991 Anspruch auf eine Rente als Ermessensleistung und könnte diese Leistung nach Absatz 1 oder 2 nicht mehr erbracht werden, gelten Versicherte und ihre Hinterbliebenen insoweit als Berechtigte.

(4) Die Leistungen nach dieser Vorschrift gelten nicht als Leistungen der sozialen Sicherheit.

§ 319 Zusatzleistungen

(1) Bestand am 31. Dezember 1991 bei gewöhnlichem Aufenthalt im Ausland Anspruch auf einen Zuschuss zu den Aufwendungen für die Krankenversicherung, wird dieser Zuschuss in der bisherigen Höhe der Rente und einer sich unmittelbar daran anschließenden Rente desselben Berechtigten weitergeleistet.

(2) Berechtigte erhalten für ein Kind einen Kinderzuschuss zu einer Rente nur, wenn sie bei gewöhnlichem Aufenthalt im Ausland hierauf am 31. Dezember 1991 einen Anspruch hatten.

Achter Unterabschnitt
Zusatzleistungen bei gleichzeitigem Anspruch auf Renten nach dem Übergangsrecht für Renten nach den Vorschriften des Beitrittsgebiets

§ 319a Rentenzuschlag bei Rentenbeginn in den Jahren 1992 und 1993

1Ist der für den Berechtigten nach Anwendung der Vorschriften dieses Buches ermittelte Monatsbetrag der Rente bei Rentenbeginn in der Zeit vom 1. Januar 1992 bis 31. Dezember 1993 niedriger als der für den Monat des Rentenbeginns nach dem Übergangsrecht für Renten nach den Vorschriften des Beitrittsgebiets einschließlich der darin enthaltenen Vorschriften über das Zusammentreffen von Renten ermittelte Betrag, wird ein Rentenzuschlag in Höhe der Differenz geleistet, solange die rentenrechtlichen Voraussetzungen dafür vorliegen. 2Der Rentenzuschlag wird vom 1. Januar 1996 an bei jeder Rentenanpassung um ein Fünftel des Rentenzuschlags, mindestens aber um 20 Deutsche Mark vermindert; durch die Verminderung darf der bisherige Zahlbetrag der Rente nicht unterschritten werden. 3Ein danach noch verbleibender Rentenzuschlag wird bei den folgenden Rentenanpassungen im Umfang dieser Rentenanpassungen abgeschmolzen.

Neunter Unterabschnitt
Leistungen bei gleichzeitigem Anspruch auf Renten nach dem Übergangsrecht für Renten nach den Vorschriften des Beitrittsgebiets

§ 319b Übergangszuschlag

1Besteht für denselben Zeitraum Anspruch auf Leistungen nach den Vorschriften dieses Buches und auf solche nach dem Übergangsrecht für Renten nach den Vorschriften des Beitrittsgebiets, werden die Leistungen nach den Vorschriften dieses Buches erbracht. 2Ist nach Anwendung der jeweiligen Vorschriften über das Zusammentreffen von Renten und von Einkommen die Gesamtleistung nach dem Übergangsrecht für Renten nach den Vorschriften des Beitrittsgebiets höher als die Gesamtleistung nach den Vorschriften dieses Buches, wird zusätzlich zu den Leistungen nach den Vorschriften dieses Buches ein Übergangszuschlag geleistet. $_{3}$Bestand am 31. Dezember 1991 Anspruch auf eine Rente nach den Vorschriften des Beitrittsgebiets und liegen die rentenrechtlichen Voraussetzungen danach noch vor, wird für die Feststellung der Gesamtleistung nach dem Übergangsrecht für Renten nach den Vorschriften des Beitrittsgebiets die am 31. Dezember 1991 gezahlte und um 6,84 vom Hundert erhöhte Rente berücksichtigt. $_{4}$Der Übergangszuschlag wird in Höhe der Differenz zwischen der Gesamtleistung nach dem Übergangsrecht für Renten nach den Vorschriften des Beitrittsgebiets und der Gesamtleistung nach den Vorschriften dieses Buches gezahlt.

Zehnter Unterabschnitt
Siebtes Gesetz zur Änderung des Dritten Buches Sozialgesetzbuch und anderer Gesetze

§ 319c Rente wegen Alters und Arbeitslosengeld

$_{1}$Anspruch auf eine Rente wegen Alters besteht nicht, wenn Anspruch auf Arbeitslosengeld besteht, dessen Anspruchsdauer sich nach § 439 des Dritten Buches erhöht hat. $_{2}$Wurde eine Rente bereits geleistet, auf die nach Satz 1 kein Anspruch besteht, ist der zur Zahlung des Arbeitslosengeldes verpflichtete Leistungsträger erstattungspflichtig. $_{3}$Der Umfang des Erstattungsanspruchs richtet sich nach den für den Träger der gesetzlichen Rentenversicherung geltenden Rechtsvorschriften. $_{4}$Der Rentenbescheid ist mit Wirkung vom Zeitpunkt des Beginns der Rente aufzuheben; die §§ 24 und 48 des Zehnten Buches sind nicht anzuwenden. $_{5}$Nach Ende des Arbeitslosengeldbezuges ist Rente zu leisten, wenn die Anspruchsvoraussetzungen beim ursprünglichen Rentenbeginn erfüllt waren; bei der Rentenberechnung werden mindestens die der weggefallenen Rente zugrunde liegenden persönlichen Entgeltpunkte berücksichtigt.

Sechstes Kapitel
Bußgeldvorschriften

§ 320 Bußgeldvorschriften

(1) Ordnungswidrig handelt, wer vorsätzlich oder leichtfertig

1. entgegen § 190a Abs. 1 Satz 1 eine Meldung nicht, nicht richtig oder nicht rechtzeitig erstattet,
2. entgegen § 196 Abs. 1 Satz 1 eine Auskunft oder eine Änderung nicht, nicht richtig, nicht vollständig oder nicht rechtzeitig erteilt oder mitteilt oder
3. entgegen § 196 Abs. 1 Satz 2 die erforderlichen Unterlagen nicht, nicht vollständig oder nicht rechtzeitig vorlegt.

(2) Die Ordnungswidrigkeit kann mit einer Geldbuße bis zu zweitausendfünfhundert Euro geahndet werden.

§ 321 Zusammenarbeit zur Verfolgung und Ahndung von Ordnungswidrigkeiten

$_{1}$Zur Verfolgung und Ahndung von Ordnungswidrigkeiten arbeiten die Rentenversicherungsträger im Rahmen der Prüfung bei den Arbeitgebern nach § 28p des Vierten Buches insbesondere mit der Bundesagentur für Arbeit, den Krankenkassen, den Behörden der Zollverwaltung, den in § 71 des Aufenthaltsgesetzes genannten Behörden, den Finanzbehörden, den nach Landesrecht für die Verfolgung und Ahndung von Ordnungswidrigkeiten nach dem Schwarzarbeitsbekämpfungsgesetz zuständigen Behörden, den Trägern der Sozialhilfe, den Unfallversicherungsträgern und den für den Arbeitsschutz zuständigen Landesbehörden zusammen, wenn sich im Einzelfall konkrete Anhaltspunkte für

1. Verstöße gegen das Schwarzarbeitsbekämpfungsgesetz,
2. eine Beschäftigung oder Tätigkeit von Ausländern ohne den erforderlichen Aufenthaltstitel nach § 4 Abs. 3 des Aufenthaltsgesetzes, eine Aufenthaltsgestattung

oder eine Duldung, die zur Ausübung der Beschäftigung berechtigen, oder eine Genehmigung nach § 284 Abs. 1 des Dritten Buches,

3. Verstöße gegen die Mitwirkungspflicht nach § 60 Abs. 1 Satz 1 Nr. 2 des Ersten Buches gegenüber einer Dienststelle der Bundesagentur für Arbeit, einem Träger der gesetzlichen Kranken-, Pflege- oder Unfallversicherung oder einem Träger der Sozialhilfe oder gegen die Meldepflicht nach § 8a des Asylbewerberleistungsgesetzes,
4. Verstöße gegen das Arbeitnehmerüberlassungsgesetz,
5. Verstöße gegen die Bestimmungen des Vierten, Fünften und Siebten Buches sowie dieses Buches über die Verpflichtung zur Zahlung von Sozialversicherungsbeiträgen, soweit sie im Zusammenhang mit den in den Nummern 1 bis 4 genannten Verstößen stehen,
6. Verstöße gegen die Steuergesetze,
7. Verstöße gegen das Aufenthaltsgesetz

ergeben. $_2$Sie unterrichten die für die Verfolgung und Ahndung zuständigen Behörden, die Träger der Sozialhilfe sowie die Behörden nach § 71 des Aufenthaltsgesetzes. $_3$Die Unterrichtung kann auch Angaben über die Tatsachen enthalten, die für die Abgabe der Meldungen des Arbeitgebers und die Einziehung der Beiträge zur Sozialversicherung erforderlich sind.

VII SGB VII: Gesetzliche Unfallversicherung

VII

Sozialgesetzbuch (SGB) Siebtes Buch (VII) – Gesetzliche Unfallversicherung – (SGB VII)

Vom 7. August 1996 (BGBl. I S. 1254)

Zuletzt geändert durch
Präventionsgesetz
vom 17. Juli 2015 (BGBl. I S. 1368)[1])

Inhaltsübersicht

VII

[1]) Änderung durch das Gesetz zur Neuorganisation der bundesunmittelbaren Unfallkassen, zur Änderung des Sozialgerichtsgesetzes und zur Änderung anderer Gesetze vom 19.10.2013 (BGBl. I S. 3836): Die Unfallkasse Post und Telekom und die Berufsgenossenschaft für Transport und Verkehrswirtschaft fusionieren zum 1. Januar 2016 zur Berufsgenossenschaft Verkehrswirtschaft Post-Logistik Telekommunikation. Soweit im Vorschriftentext auf die Unfallkasse Post und Telekom und die Berufsgenossenschaft für Transport und Verkehrswirtschaft Bezug genommen wird, sind diese zum Jahreswechsel durch die neue Berufsgenossenschaft Verkehrswirtschaft Post-Logistik Telekommunikation zu ersetzen; dies gilt bei den §§ 107, 154, 157, 162, 163, 194, 196, 197 sowie in der Anlage 1. Dies ist aus Umfanggründen am Paragrafenwortlaut nicht gesondert ausgewiesen.
Sonstige Änderungen zum 1. Januar 2016 sind angemerkt (siehe §§ 114, 121, 127, 149, 168, 183, 218f, 220).

VII

VII

VII

Erstes Kapitel
Aufgaben, versicherter Personenkreis, Versicherungsfall

Erster Abschnitt
Aufgaben der Unfallversicherung

§ 1 Prävention, Rehabilitation, Entschädigung

Aufgabe der Unfallversicherung ist es, nach Maßgabe der Vorschriften dieses Buches

1. mit allen geeigneten Mitteln Arbeitsunfälle und Berufskrankheiten sowie arbeitsbedingte Gesundheitsgefahren zu verhüten,
2. nach Eintritt von Arbeitsunfällen oder Berufskrankheiten die Gesundheit und die Leistungsfähigkeit der Versicherten mit allen geeigneten Mitteln wiederherzustellen und sie oder ihre Hinterbliebenen durch Geldleistungen zu entschädigen.

Zweiter Abschnitt
Versicherter Personenkreis

§ 2 Versicherung kraft Gesetzes

VII

(1) Kraft Gesetzes sind versichert

1. Beschäftigte,
2. Lernende während der beruflichen Aus- und Fortbildung in Betriebsstätten, Lehrwerkstätten, Schulungskursen und ähnlichen Einrichtungen,
3. Personen, die sich Untersuchungen, Prüfungen oder ähnlichen Maßnahmen unterziehen, die aufgrund von Rechtsvorschriften zur Aufnahme einer versicherten Tätigkeit oder infolge einer abgeschlossenen versicherten Tätigkeit erforderlich sind, soweit diese Maßnahmen vom Unternehmen oder einer Behörde veranlaßt worden sind,
4. behinderte Menschen, die in anerkannten Werkstätten für behinderte Menschen oder in Blindenwerkstätten im Sinne des § 143 des Neunten Buches oder für diese Einrichtungen in Heimarbeit tätig sind,
5. Personen, die
   a) Unternehmer eines landwirtschaftlichen Unternehmens sind und ihre im Unternehmen mitarbeitenden Ehegatten oder Lebenspartner,
   b) im landwirtschaftlichen Unternehmen nicht nur vorübergehend mitarbeitende Familienangehörige sind,
   c) in landwirtschaftlichen Unternehmen in der Rechtsform von Kapital- oder Personenhandelsgesellschaften regelmäßig wie Unternehmer selbständig tätig sind,
   d) ehrenamtlich in Unternehmen tätig sind, die unmittelbar der Sicherung, Überwachung oder Förderung der Landwirtschaft überwiegend dienen,
   e) ehrenamtlich in den Berufsverbänden der Landwirtschaft tätig sind, wenn für das Unternehmen die landwirtschaftliche Berufsgenossenschaft zuständig ist,
6. Hausgewerbetreibende und Zwischenmeister sowie ihre mitarbeitenden Ehegatten oder Lebenspartner,
7. selbständig tätige Küstenschiffer und Küstenfischer, die zur Besatzung ihres Fahrzeugs gehören oder als Küstenfischer ohne Fahrzeug fischen und regelmäßig nicht mehr als vier Arbeitnehmer beschäftigen, sowie ihre mitarbeitenden Ehegatten oder Lebenspartner,
8. a) Kinder während des Besuchs von Tageseinrichtungen, deren Träger für den Betrieb der Einrichtungen der Erlaubnis nach § 45 des Achten Buches oder einer Erlaubnis aufgrund einer entsprechenden landesrechtlichen Regelung bedürfen, während der Betreuung durch geeignete Tagespflegepersonen im Sinne von § 23 des Achten Buches sowie während der Teilnahme an vorschulischen Sprachförderungskursen, wenn die Teilnahme auf Grund landesrechtlicher Regelungen erfolgt,
   b) Schüler während des Besuchs von allgemein oder berufsbildenden Schulen und während der Teilnahme an un-

mittelbar vor oder nach dem Unterricht von der Schule oder im Zusammenwirken mit ihr durchgeführten Betreuungsmaßnahmen,
c) Studierende während der Aus- und Fortbildung an Hochschulen,
9. Personen, die selbständig oder unentgeltlich, insbesondere ehrenamtlich im Gesundheitswesen oder in der Wohlfahrtspflege tätig sind,
10. Personen, die
a) für Körperschaften, Anstalten oder Stiftungen des öffentlichen Rechts oder deren Verbände oder Arbeitsgemeinschaften, für die in den Nummern 2 und 8 genannten Einrichtungen oder für privatrechtliche Organisationen im Auftrag oder mit ausdrücklicher Einwilligung, in besonderen Fällen mit schriftlicher Genehmigung von Gebietskörperschaften ehrenamtlich tätig sind oder an Ausbildungsveranstaltungen für diese Tätigkeit teilnehmen,
b) für öffentlich-rechtliche Religionsgemeinschaften und deren Einrichtungen oder für privatrechtliche Organisationen im Auftrag oder mit ausdrücklicher Einwilligung, in besonderen Fällen mit schriftlicher Genehmigung von öffentlich-rechtlichen Religionsgemeinschaften ehrenamtlich tätig sind oder an Ausbildungsveranstaltungen für diese Tätigkeit teilnehmen,
11. Personen, die
a) von einer Körperschaft, Anstalt oder Stiftung des öffentlichen Rechts zur Unterstützung einer Diensthandlung herangezogen werden,
b) von einer dazu berechtigten öffentlichen Stelle als Zeugen zur Beweiserhebung herangezogen werden,
12. Personen, die in Unternehmen zur Hilfe bei Unglücksfällen oder im Zivilschutz unentgeltlich, insbesondere ehrenamtlich tätig sind oder an Ausbildungsveranstaltungen dieser Unternehmen einschließlich der satzungsmäßigen Veranstaltungen, die der Nachwuchsförderung dienen, teilnehmen,
13. Personen, die
a) bei Unglücksfällen oder gemeiner Gefahr oder Not Hilfe leisten oder einen anderen aus erheblicher gegenwärtiger Gefahr für seine Gesundheit retten,
b) Blut oder körpereigene Organe, Organteile oder Gewebe spenden oder bei denen Voruntersuchungen oder Nachsorgemaßnahmen anlässlich der Spende vorgenommen werden,
c) sich bei der Verfolgung oder Festnahme einer Person, die einer Straftat verdächtig ist oder zum Schutz eines widerrechtlich Angegriffenen persönlich einsetzen,
14. Personen, die
a) nach den Vorschriften des Zweiten oder des Dritten Buches der Meldepflicht unterliegen, wenn sie einer besonderen, an sie im Einzelfall gerichteten Aufforderung der Bundesagentur für Arbeit, des nach § 6 Absatz 1 Satz 1 Nummer 2 des Zweiten Buches zuständigen Trägers oder eines nach § 6a des Zweiten Buches zugelassenen kommunalen Trägers nachkommen, diese oder eine andere Stelle aufzusuchen,
b) an einer Maßnahme teilnehmen, wenn die Person selbst oder die Maßnahme über die Bundesagentur für Arbeit, einen nach § 6 Absatz 1 Satz 1 Nummer 2 des Zweiten Buches zuständigen Träger oder einen nach § 6a des Zweiten Buches zugelassenen kommunalen Träger gefördert wird,
15. Personen, die
a) auf Kosten einer Krankenkasse oder eines Trägers der gesetzlichen Rentenversicherung oder der landwirtschaftlichen Alterskasse stationäre oder teilstationäre Behandlung oder stationäre, teilstationäre oder ambu-

VII

lante Leistungen zur medizinischen Rehabilitation erhalten,

b) zur Vorbereitung von Leistungen zur Teilhabe am Arbeitsleben auf Aufforderung eines Trägers der gesetzlichen Rentenversicherung oder der Bundesagentur für Arbeit einen dieser Träger oder eine andere Stelle aufsuchen,

c) auf Kosten eines Unfallversicherungsträgers an vorbeugenden Maßnahmen nach § 3 der Berufskrankheiten-Verordnung teilnehmen,

16. Personen, die bei der Schaffung öffentlich geförderten Wohnraums im Sinne des Zweiten Wohnungsbaugesetzes oder im Rahmen der sozialen Wohnraumförderung bei der Schaffung von Wohnraum im Sinne des § 16 Abs. 1 Nr. 1 bis 3 des Wohnraumförderungsgesetzes oder entsprechender landesrechtlicher Regelungen im Rahmen der Selbsthilfe tätig sind,

17. Pflegepersonen im Sinne des § 19 des Elften Buches bei der Pflege eines Pflegebedürftigen im Sinne des § 14 des Elften Buches; die versicherte Tätigkeit umfaßt Pflegetätigkeiten im Bereich der Körperpflege und – soweit diese Tätigkeiten überwiegend Pflegebedürftigen zugute kommen – Pflegetätigkeiten in den Bereichen der Ernährung, der Mobilität sowie der hauswirtschaftlichen Versorgung (§ 14 Abs. 4 des Elften Buches).

VII

(1a) $_1$Versichert sind auch Personen, die nach Erfüllung der Schulpflicht auf der Grundlage einer schriftlichen Vereinbarung im Dienst eines geeigneten Trägers im Umfang von durchschnittlich mindestens acht Wochenstunden und für die Dauer von mindestens sechs Monaten als Freiwillige einen Freiwilligendienst aller Generationen unentgeltlich leisten. $_2$Als Träger des Freiwilligendienstes aller Generationen geeignet sind inländische juristische Personen des öffentlichen Rechts oder unter § 5 Abs. 1 Nr. 9 des Körperschaftsteuergesetzes fallende Einrichtungen zur Förderung gemeinnütziger, mildtätiger oder kirchlicher Zwecke (§§ 52 bis 54 der Abgabenordnung), wenn sie die Haftpflichtversicherung und eine kontinuierliche Begleitung der Freiwilligen und deren Fort- und Weiterbildung im Umfang von mindestens durchschnittlich 60 Stunden je Jahr sicherstellen. $_3$Die Träger haben fortlaufende Aufzeichnungen zu führen über die bei ihnen nach Satz 1 tätigen Personen, die Art und den Umfang der Tätigkeiten und die Einsatzorte. $_4$Die Aufzeichnungen sind mindestens fünf Jahre lang aufzubewahren.

(2) $_1$Ferner sind Personen versichert, die wie nach Absatz 1 Nr. 1 Versicherte tätig werden. $_2$Satz 1 gilt auch für Personen, die während einer aufgrund eines Gesetzes angeordneten Freiheitsentziehung oder aufgrund einer strafrichterlichen, staatsanwaltlichen oder jugendbehördlichen Anordnung wie Beschäftigte tätig werden.

(3) $_1$Absatz 1 Nr. 1 gilt auch für

1. Personen, die im Ausland bei einer amtlichen Vertretung des Bundes oder der Länder oder bei deren Leitern, Mitgliedern oder Bediensteten beschäftigt und in der gesetzlichen Rentenversicherung nach § 4 Absatz 1 Satz 2 des Sechsten Buches pflichtversichert sind,

2. Personen, die

a) im Sinne des Entwicklungshelfer-Gesetzes Entwicklungsdienst oder Vorbereitungsdienst leisten,

b) einen entwicklungspolitischen Freiwilligendienst „weltwärts" im Sinne der Richtlinie des Bundesministeriums für wirtschaftliche Zusammenarbeit und Entwicklung vom 1. August 2007 (BAnz. 2008 S. 1297) leisten,

c) einen Internationalen Jugendfreiwilligendienst im Sinne der Richtlinie Internationaler Jugendfreiwilligendienst des Bundesministeriums für Familie, Senioren, Frauen und Jugend vom 20. Dezember 2010 (GMBl S. 1778) leisten,

3. Personen, die

a) eine Tätigkeit bei einer zwischenstaatlichen oder überstaatlichen Organisation ausüben und deren Beschäftigungsverhältnis im öffentlichen Dienst während dieser Zeit ruht,

b) als Lehrkräfte vom Auswärtigen Amt durch das Bundesverwaltungsamt an Schulen im Ausland vermittelt worden sind oder
c) für ihre Tätigkeit bei internationalen Einsätzen zur zivilen Krisenprävention durch einen Sekundierungsvertrag nach dem Sekundierungsgesetz abgesichert werden.

$_2$Die Versicherung nach Satz 1 Nummer 3 Buchstabe a und c erstreckt sich auch auf Unfälle oder Krankheiten, die infolge einer Verschleppung oder einer Gefangenschaft eintreten oder darauf beruhen, dass der Versicherte aus sonstigen mit seiner Tätigkeit zusammenhängenden Gründen, die er nicht zu vertreten hat, dem Einflussbereich seines Arbeitgebers oder der für die Durchführung seines Einsatzes verantwortlichen Einrichtung entzogen ist. $_3$Gleiches gilt, wenn Unfälle oder Krankheiten auf gesundheitsschädigende oder sonst vom Inland wesentlich abweichende Verhältnisse bei der Tätigkeit oder dem Einsatz im Ausland zurückzuführen sind. $_4$Soweit die Absätze 1 bis 2 weder eine Beschäftigung noch eine selbständige Tätigkeit voraussetzen, gelten sie abweichend von § 3 Nr. 2 des Vierten Buches für alle Personen, die die in diesen Absätzen genannten Tätigkeiten im Inland ausüben; § 4 des Vierten Buches gilt entsprechend. $_5$Absatz 1 Nr. 13 gilt auch für Personen, die im Ausland tätig werden, wenn sie im Inland ihren Wohnsitz oder gewöhnlichen Aufenthalt haben.

(4) Familienangehörige im Sinne des Absatzes 1 Nr. 5 Buchstabe b sind

1. Verwandte bis zum dritten Grade,
2. Verschwägerte bis zum zweiten Grade,
3. Pflegekinder (§ 56 Abs. 2 Nr. 2 des Ersten Buches)

der Unternehmer, ihrer Ehegatten oder ihrer Lebenspartner.

§ 3 Versicherung kraft Satzung

(1) Die Satzung kann bestimmen, daß und unter welchen Voraussetzungen sich die Versicherung erstreckt auf

1. Unternehmer und ihre im Unternehmen mitarbeitenden Ehegatten oder Lebenspartner,
2. Personen, die sich auf der Unternehmensstätte aufhalten; § 2 Abs. 3 Satz 2 erster Halbsatz gilt entsprechend,
3. Personen, die
   a) im Ausland bei einer staatlichen deutschen Einrichtung beschäftigt werden,
   b) im Ausland von einer staatlichen deutschen Einrichtung anderen Staaten zur Arbeitsleistung zur Verfügung gestellt werden;

   Versicherungsschutz besteht nur, soweit die Personen nach dem Recht des Beschäftigungsstaates nicht unfallversichert sind,
4. ehrenamtlich Tätige und bürgerschaftlich Engagierte,
5. Kinder und Jugendliche während der Teilnahme an Sprachförderungskursen, wenn die Teilnahme auf Grund landesrechtlicher Regelungen erfolgt.

(2) Absatz 1 gilt nicht für

1. Haushaltsführende,
2. Unternehmer von nicht gewerbsmäßig betriebenen Binnenfischereien oder Imkereien und ihre im Unternehmen mitarbeitenden Ehegatten oder Lebenspartner,
3. Personen, die aufgrund einer vom Fischerei- oder Jagdausübungsberechtigten erteilten Erlaubnis als Fischerei- oder Jagdgast fischen oder jagen,
4. Reeder, die nicht zur Besatzung des Fahrzeugs gehören, und ihre im Unternehmen mitarbeitenden Ehegatten oder Lebenspartner.

§ 4 Versicherungsfreiheit

(1) Versicherungsfrei sind

1. Personen, soweit für sie beamtenrechtliche Unfallfürsorgevorschriften oder entsprechende Grundsätze gelten; ausgenommen sind Ehrenbeamte und ehrenamtliche Richter,
2. Personen, soweit für sie das Bundesversorgungsgesetz oder Gesetze, die eine

VII

entsprechende Anwendung des Bundesversorgungsgesetzes vorsehen, gelten, es sei denn, daß

a) der Versicherungsfall zugleich die Folge einer Schädigung im Sinne dieser Gesetze ist oder

b) es sich um eine Schädigung im Sinne des § 5 Abs. 1 Buchstabe e des Bundesversorgungsgesetzes handelt,

3. satzungsmäßige Mitglieder geistlicher Genossenschaften, Diakonissen und Angehörige ähnlicher Gemeinschaften, wenn ihnen nach den Regeln der Gemeinschaft Anwartschaft auf die in der Gemeinschaft übliche Versorgung gewährleistet und die Erfüllung der Gewährleistung gesichert ist.

(2) Von der Versicherung nach § 2 Abs. 1 Nr. 5 sind frei

1. Personen, die aufgrund einer vom Fischerei- oder Jagdausübungsberechtigten erteilten Erlaubnis als Fischerei- oder Jagdgast fischen oder jagen,

2. Unternehmer von Binnenfischereien, Imkereien und Unternehmen nach § 123 Abs. 1 Nr. 2, wenn diese Unternehmen nicht gewerbsmäßig betrieben werden und nicht Neben- oder Hilfsunternehmen eines anderen landwirtschaftlichen Unternehmens sind, sowie ihre im Unternehmen mitarbeitenden Ehegatten oder Lebenspartner; das gleiche gilt für Personen, die in diesen Unternehmen als Verwandte oder Verschwägerte bis zum zweiten Grad oder als Pflegekind der Unternehmer, ihrer Ehegatten oder Lebenspartner unentgeltlich tätig sind. Ein Unternehmen der Imkerei gilt als nicht gewerbsmäßig betrieben, wenn nicht mehr als 25 Bienenvölker gehalten werden.

(3) Von der Versicherung nach § 2 Abs. 1 Nr. 9 sind frei selbständig tätige Ärzte, Zahnärzte, Tierärzte, Psychologische Psychotherapeuten, Kinder- und Jugendlichenpsychotherapeuten, Heilpraktiker und Apotheker.

(4) Von der Versicherung nach § 2 Abs. 2 ist frei, wer in einem Haushalt als Verwandter oder Verschwägerter bis zum zweiten Grad oder als Pflegekind der Haushaltsführenden, der Ehegatten oder der Lebenspartner unentgeltlich tätig ist, es sei denn, er ist in einem in § 124 Nr. 1 genannten Haushalt tätig.

(5) Von der Versicherung nach § 2 Abs. 2 sind frei Personen, die als Familienangehörige (§ 2 Abs. 4) der Unternehmer, ihrer Ehegatten oder Lebenspartner in einem Unternehmen nach § 123 Abs. 1 Nr. 1 bis 5 unentgeltlich tätig sind, wenn sie die Voraussetzungen für den Anspruch auf eine Rente wegen Alters nach dem Recht der gesetzlichen Rentenversicherung einschließlich der Alterssicherung der Landwirte erfüllen und die Rente beantragt haben.

§ 5 Versicherungsbefreiung

$_1$Von der Versicherung nach § 2 Abs. 1 Nr. 5 werden auf Antrag Unternehmer landwirtschaftlicher Unternehmen im Sinne des § 123 Abs. 1 Nr. 1 bis zu einer Größe von 0,25 Hektar und ihre Ehegatten oder Lebenspartner unwiderruflich befreit; dies gilt nicht für Spezialkulturen. $_2$Das Nähere bestimmt die Satzung.

§ 6 Freiwillige Versicherung

(1) $_1$Auf schriftlichen Antrag können sich versichern

1. Unternehmer und ihre im Unternehmen mitarbeitenden Ehegatten oder Lebenspartner; ausgenommen sind Haushaltsführende, Unternehmer von nicht gewerbsmäßig betriebenen Binnenfischereien, von nicht gewerbsmäßig betriebenen Unternehmen nach § 123 Abs. 1 Nr. 2 und ihre Ehegatten oder Lebenspartner sowie Fischerei- und Jagdgäste,

2. Personen, die in Kapital- oder Personenhandelsgesellschaften regelmäßig wie Unternehmer selbstständig tätig sind,

3. gewählte oder beauftragte Ehrenamtsträger in gemeinnützigen Organisationen,

4. Personen, die in Verbandsgremien und Kommissionen für Arbeitgeberorganisationen und Gewerkschaften sowie anderen selbständigen Arbeitnehmervereinigungen mit sozial- oder berufspolitischer Zielsetzung (sonstige Arbeitnehmervereinigungen) ehrenamtlich tätig sind oder an

VII

Ausbildungsveranstaltungen für diese Tätigkeit teilnehmen,

5. Personen, die ehrenamtlich für Parteien im Sinne des Parteiengesetzes tätig sind oder an Ausbildungsveranstaltungen für diese Tätigkeit teilnehmen.

2In den Fällen des Satzes 1 Nummer 3 kann auch die Organisation, für die die Ehrenamtsträger tätig sind, oder ein Verband, in dem die Organisation Mitglied ist, den Antrag stellen; eine namentliche Bezeichnung der Versicherten ist in diesen Fällen nicht erforderlich. 3In den Fällen des Satzes 1 Nummer 4 und 5 gilt Satz 2 entsprechend.

(2) 1Die Versicherung beginnt mit dem Tag, der dem Eingang des Antrags folgt. 2Die Versicherung erlischt, wenn der Beitrag oder Beitragsvorschuß binnen zwei Monaten nach Fälligkeit nicht gezahlt worden ist. 3Eine Neuanmeldung bleibt so lange unwirksam, bis der rückständige Beitrag oder Beitragsvorschuß entrichtet worden ist.

Dritter Abschnitt
Versicherungsfall

§ 7 Begriff

(1) Versicherungsfälle sind Arbeitsunfälle und Berufskrankheiten.

(2) Verbotswidriges Handeln schließt einen Versicherungsfall nicht aus.

§ 8 Arbeitsunfall

(1) 1Arbeitsunfälle sind Unfälle von Versicherten infolge einer den Versicherungsschutz nach § 2, 3 oder 6 begründenden Tätigkeit (versicherte Tätigkeit). 2Unfälle sind zeitlich begrenzte, von außen auf den Körper einwirkende Ereignisse, die zu einem Gesundheitsschaden oder zum Tod führen.

(2) Versicherte Tätigkeiten sind auch

1. das Zurücklegen des mit der versicherten Tätigkeit zusammenhängenden unmittelbaren Weges nach und von dem Ort der Tätigkeit,
2. das Zurücklegen des von einem unmittelbaren Weg nach und von dem Ort der Tätigkeit abweichenden Weges, um
   a) Kinder von Versicherten (§ 56 des Ersten Buches), die mit ihnen in einem gemeinsamen Haushalt leben, wegen ihrer, ihrer Ehegatten oder ihrer Lebenspartner beruflichen Tätigkeit fremder Obhut anzuvertrauen oder
   b) mit anderen Berufstätigen oder Versicherten gemeinsam ein Fahrzeug zu benutzen,
3. das Zurücklegen des von einem unmittelbaren Weg nach und von dem Ort der Tätigkeit abweichenden Weges der Kinder von Personen (§ 56 des Ersten Buches), die mit ihnen in einem gemeinsamen Haushalt leben, wenn die Abweichung darauf beruht, daß die Kinder wegen der beruflichen Tätigkeit dieser Personen oder deren Ehegatten oder deren Lebenspartner fremder Obhut anvertraut werden,
4. das Zurücklegen des mit der versicherten Tätigkeit zusammenhängenden Weges von und nach der ständigen Familienwohnung, wenn die Versicherten wegen der Entfernung ihrer Familienwohnung von dem Ort der Tätigkeit an diesem oder in dessen Nähe eine Unterkunft haben,
5. das mit einer versicherten Tätigkeit zusammenhängende Verwahren, Befördern, Instandhalten und Erneuern eines Arbeitsgeräts oder einer Schutzausrüstung sowie deren Erstbeschaffung, wenn diese auf Veranlassung der Unternehmer erfolgt.

(3) Als Gesundheitsschaden gilt auch die Beschädigung oder der Verlust eines Hilfsmittels.

§ 9 Berufskrankheit

(1) 1Berufskrankheiten sind Krankheiten, die die Bundesregierung durch Rechtsverordnung mit Zustimmung des Bundesrates als Berufskrankheiten bezeichnet und die Versicherte infolge einer den Versicherungsschutz nach § 2, 3 oder 6 begründenden Tätigkeit erleiden. 2Die Bundesregierung wird ermächtigt, in der Rechtsverordnung solche Krankheiten als Berufskrankheiten zu bezeichnen, die nach den Erkenntnissen der medizinischen Wissenschaft durch besondere Einwirkungen verursacht sind, denen bestimmte

Personengruppen durch ihre versicherte Tätigkeit in erheblich höherem Grade als die übrige Bevölkerung ausgesetzt sind; sie kann dabei bestimmen, daß die Krankheiten nur dann Berufskrankheiten sind, wenn sie durch Tätigkeiten in bestimmten Gefährdungsbereichen verursacht worden sind oder wenn sie zur Unterlassung aller Tätigkeiten geführt haben, die für die Entstehung, die Verschlimmerung oder das Wiederaufleben der Krankheit ursächlich waren oder sein können. $_3$In der Rechtsverordnung kann ferner bestimmt werden, inwieweit Versicherte in Unternehmen der Seefahrt auch in der Zeit gegen Berufskrankheiten versichert sind, in der sie an Land beurlaubt sind.

(2) Die Unfallversicherungsträger haben eine Krankheit, die nicht in der Rechtsverordnung bezeichnet ist oder bei der die dort bestimmten Voraussetzungen nicht vorliegen, wie eine Berufskrankheit als Versicherungsfall anzuerkennen, sofern im Zeitpunkt der Entscheidung nach neuen Erkenntnissen der medizinischen Wissenschaft die Voraussetzungen für eine Bezeichnung nach Absatz 1 Satz 2 erfüllt sind.

(3) Erkranken Versicherte, die infolge der besonderen Bedingungen ihrer versicherten Tätigkeit in erhöhtem Maße der Gefahr der Erkrankung an einer in der Rechtsverordnung nach Absatz 1 genannten Berufskrankheit ausgesetzt waren, an einer solchen Krankheit und können Anhaltspunkte für eine Verursachung außerhalb der versicherten Tätigkeit nicht festgestellt werden, wird vermutet, daß diese infolge der versicherten Tätigkeit verursacht worden ist.

(4) Setzt die Anerkennung einer Krankheit als Berufskrankheit die Unterlassung aller Tätigkeiten voraus, die für die Entstehung, die Verschlimmerung oder das Wiederaufleben der Krankheit ursächlich waren oder sein können, haben die Unfallversicherungsträger vor Unterlassung einer noch verrichteten gefährdenden Tätigkeit darüber zu entscheiden, ob die übrigen Voraussetzungen für die Anerkennung einer Berufskrankheit erfüllt sind.

(5) Soweit Vorschriften über Leistungen auf den Zeitpunkt des Versicherungsfalls abstellen, ist bei Berufskrankheiten auf den Beginn der Arbeitsunfähigkeit oder der Behandlungsbedürftigkeit oder, wenn dies für den Versicherten günstiger ist, auf den Beginn der rentenberechtigenden Minderung der Erwerbsfähigkeit abzustellen.

(6) Die Bundesregierung regelt durch Rechtsverordnung mit Zustimmung des Bundesrates

1. Voraussetzungen, Art und Umfang von Leistungen zur Verhütung des Entstehens, der Verschlimmerung oder des Wiederauflebens von Berufskrankheiten,
2. die Mitwirkung der für den medizinischen Arbeitsschutz zuständigen Stellen bei der Feststellung von Berufskrankheiten sowie von Krankheiten, die nach Absatz 2 wie Berufskrankheiten zu entschädigen sind; dabei kann bestimmt werden, daß die für den medizinischen Arbeitsschutz zuständigen Stellen berechtigt sind, Zusammenhangsgutachten zu erstellen sowie zur Vorbereitung ihrer Gutachten Versicherte zu untersuchen oder auf Kosten der Unfallversicherungsträger andere Ärzte mit der Vornahme der Untersuchungen zu beauftragen,
3. die von den Unfallversicherungsträgern für die Tätigkeit der Stellen nach Nummer 2 zu entrichtenden Gebühren; diese Gebühren richten sich nach dem für die Begutachtung erforderlichen Aufwand und den dadurch entstehenden Kosten.

(7) Die Unfallversicherungsträger haben die für den medizinischen Arbeitsschutz zuständige Stelle über den Ausgang des Berufskrankheitenverfahrens zu unterrichten, soweit ihre Entscheidung von der gutachterlichen Stellungnahme der zuständigen Stelle abweicht.

(8) Die Unfallversicherungsträger wirken bei der Gewinnung neuer medizinisch-wissenschaftlicher Erkenntnisse insbesondere zur Fortentwicklung des Berufskrankheitenrechts mit; sie sollen durch eigene Forschung oder durch Beteiligung an fremden Forschungsvorhaben dazu beitragen, den Ursachenzusammenhang zwischen Erkrankungshäufigkeiten in einer bestimmten Personengruppe

VII

und gesundheitsschädlichen Einwirkungen im Zusammenhang mit der versicherten Tätigkeit aufzuklären.

(9) $_1$Die für den medizinischen Arbeitsschutz zuständigen Stellen dürfen zur Feststellung von Berufskrankheiten sowie von Krankheiten, die nach Absatz 2 wie Berufskrankheiten zu entschädigen sind, Daten erheben, verarbeiten oder nutzen sowie zur Vorbereitung von Gutachten Versicherte untersuchen, soweit dies im Rahmen ihrer Mitwirkung nach Absatz 6 Nr. 2 erforderlich ist; sie dürfen diese Daten insbesondere an den zuständigen Unfallversicherungsträger übermitteln. $_2$Die erhobenen Daten dürfen auch zur Verhütung von Arbeitsunfällen, Berufskrankheiten und arbeitsbedingten Gesundheitsgefahren verarbeitet oder genutzt werden. $_3$Soweit die in Satz 1 genannten Stellen andere Ärzte mit der Vornahme von Untersuchungen beauftragen, ist die Übermittlung von Daten zwischen diesen Stellen und den beauftragten Ärzten zulässig, soweit dies im Rahmen des Untersuchungsauftrages erforderlich ist.

§ 10 Erweiterung in der See- und Binnenschifffahrt

(1) In der See- und Binnenschifffahrt sind Versicherungsfälle auch Unfälle infolge

1. von Elementarereignissen,
2. der einem Hafen oder dem Liegeplatz eines Fahrzeugs eigentümlichen Gefahren,
3. der Beförderung von Land zum Fahrzeug oder vom Fahrzeug zum Land.

(2) In Unternehmen der Seefahrt gilt als versicherte Tätigkeit auch die freie Rückbeförderung nach dem Seearbeitsgesetz oder tariflichen Vorschriften.

§ 11 Mittelbare Folgen eines Versicherungsfalls

(1) Folgen eines Versicherungsfalls sind auch Gesundheitsschäden oder der Tod von Versicherten infolge

1. der Durchführung einer Heilbehandlung, von Leistungen zur Teilhabe am Arbeitsleben oder einer Maßnahme nach § 3 der Berufskrankheiten-Verordnung,
2. der Wiederherstellung oder Erneuerung eines Hilfsmittels,
3. der zur Aufklärung des Sachverhalts eines Versicherungsfalls angeordneten Untersuchung

einschließlich der dazu notwendigen Wege.

(2) $_1$Absatz 1 gilt entsprechend, wenn die Versicherten auf Aufforderung des Unfallversicherungsträgers diesen oder eine von ihm bezeichnete Stelle zur Vorbereitung von Maßnahmen der Heilbehandlung, der Leistungen zur Teilhabe am Arbeitsleben oder von Maßnahmen nach § 3 der Berufskrankheiten-Verordnung aufsuchen. $_2$Der Aufforderung durch den Unfallversicherungsträger nach Satz 1 steht eine Aufforderung durch eine mit der Durchführung der genannten Maßnahmen beauftragte Stelle gleich.

§ 12 Versicherungsfall einer Leibesfrucht

$_1$Versicherungsfall ist auch der Gesundheitsschaden einer Leibesfrucht infolge eines Versicherungsfalls der Mutter während der Schwangerschaft; die Leibesfrucht steht insoweit einem Versicherten gleich. $_2$Bei einer Berufskrankheit als Versicherungsfall genügt, daß der Gesundheitsschaden der Leibesfrucht durch besondere Einwirkungen verursacht worden ist, die generell geeignet sind, eine Berufskrankheit der Mutter zu verursachen.

§ 12a Gesundheitsschaden im Zusammenhang mit der Spende von Blut oder körpereigenen Organen, Organteilen oder Gewebe

(1) $_1$Als Versicherungsfall im Sinne des § 7 Absatz 1 gilt bei Versicherten nach § 2 Absatz 1 Nummer 13 Buchstabe b auch der Gesundheitsschaden, der über die durch die Blut-, Organ-, Organteil- oder Gewebeentnahme regelmäßig entstehenden Beeinträchtigungen hinausgeht und in ursächlichem Zusammenhang mit der Spende steht. $_2$Werden dadurch Nachbehandlungen erforderlich oder treten Spätschäden auf, die als Aus- oder Nachwirkungen der Spende oder des

aus der Spende resultierenden erhöhten Gesundheitsrisikos anzusehen sind, wird vermutet, dass diese hierdurch verursacht worden sind. 3Dies gilt nicht, wenn offenkundig ist, dass der Gesundheitsschaden nicht im ursächlichen Zusammenhang mit der Spende steht; eine Obduktion zum Zwecke einer solchen Feststellung darf nicht gefordert werden.

(2) 1Absatz 1 gilt auch bei Gesundheitsschäden im Zusammenhang mit den für die Spende von Blut oder körpereigenen Organen, Organteilen oder Gewebe erforderlichen Voruntersuchungen sowie Nachsorgemaßnahmen. 2Satz 1 findet auch Anwendung, wenn es nach der Voruntersuchung nicht zur Spende kommt.

§ 13 Sachschäden bei Hilfeleistungen

1Den nach § 2 Abs. 1 Nr. 11 Buchstabe a, Nr. 12 und Nr. 13 Buchstabe a und c Versicherten sind auf Antrag Schäden, die infolge einer der dort genannten Tätigkeiten an in ihrem Besitz befindlichen Sachen entstanden sind, sowie die Aufwendungen zu ersetzen, die sie den Umständen nach für erforderlich halten durften, soweit kein anderweitiger öffentlich-rechtlicher Ersatzanspruch besteht. 2Versicherten nach § 2 Abs. 1 Nr. 12 steht ein Ersatz von Sachschäden nur dann zu, wenn der Einsatz der infolge der versicherten Tätigkeit beschädigten Sache im Interesse des Hilfsunternehmens erfolgte, für das die Tätigkeit erbracht wurde. 3Die Sätze 1 und 2 finden keine Anwendung bei Teilnahme an Ausbildungsveranstaltungen nach § 2 Abs. 1 Nr. 12 sowie bei Versicherungsfällen nach § 8 Abs. 2. 4§ 116 des Zehnten Buches gilt entsprechend.

Redaktionelle Anmerkung:
Aufgrund des Fünften Gesetzes zur Änderung des Vierten Buches Sozialgesetzbuch und anderer Gesetze vom 15. April 2015 (BGBl. I S. 583) wurde in § 13 Satz 3 rückwirkend zum 1. Januar 1997 auf „satzungsgemäße Veranstaltungen, die der Nachwuchsförderung dienen" Bezug genommen. Da § 13 Satz 3 jedoch erst zum 1. Januar 2005 angefügt wurde, läuft diese Änderung für die Zeit davor ins Leere.

Zweites Kapitel Prävention

§ 14 Grundsatz

(1) 1Die Unfallversicherungsträger haben mit allen geeigneten Mitteln für die Verhütung von Arbeitsunfällen, Berufskrankheiten und arbeitsbedingten Gesundheitsgefahren und für eine wirksame Erste Hilfe zu sorgen. 2Sie sollen dabei auch den Ursachen von arbeitsbedingten Gefahren für Leben und Gesundheit nachgehen.

(2) Bei der Verhütung arbeitsbedingter Gesundheitsgefahren arbeiten die Unfallversicherungsträger mit den Krankenkassen zusammen.

(3) Die Unfallversicherungsträger nehmen an der Entwicklung, Umsetzung und Fortschreibung der gemeinsamen deutschen Arbeitsschutzstrategie gemäß den Bestimmungen des Fünften Abschnitts des Arbeitsschutzgesetzes und der nationalen Präventionsstrategie nach §§ 20d bis 20f des Fünften Buches teil.

(4) 1Die Deutsche Gesetzliche Unfallversicherung e. V. unterstützt die Unfallversicherungsträger bei der Erfüllung ihrer Präventionsaufgaben nach Absatz 1. 2Sie nimmt insbesondere folgende Aufgaben wahr:

1. Koordinierung, Durchführung und Förderung gemeinsamer Maßnahmen sowie der Forschung auf dem Gebiet der Prävention von Arbeitsunfällen, Berufskrankheiten und arbeitsbedingten Gesundheitsgefahren,
2. Klärung von grundsätzlichen Fach- und Rechtsfragen zur Sicherung der einheitlichen Rechtsanwendung in der Prävention.

§ 15 Unfallverhütungsvorschriften

(1) 1Die Unfallversicherungsträger können unter Mitwirkung der Deutschen Gesetzlichen Unfallversicherung e. V. als autonomes Recht Unfallverhütungsvorschriften über Maßnahmen zur Verhütung von Arbeitsunfällen, Berufskrankheiten und arbeitsbedingten Gesundheitsgefahren oder für eine wirksame Erste Hilfe erlassen, soweit dies zur Prävention geeignet und erforderlich ist und

VII

staatliche Arbeitsschutzvorschriften hierüber keine Regelung treffen; in diesem Rahmen können Unfallverhütungsvorschriften erlassen werden über

1. Einrichtungen, Anordnungen und Maßnahmen, welche die Unternehmer zur Verhütung von Arbeitsunfällen, Berufskrankheiten und arbeitsbedingten Gesundheitsgefahren zu treffen haben, sowie die Form der Übertragung dieser Aufgaben auf andere Personen,
2. das Verhalten der Versicherten zur Verhütung von Arbeitsunfällen, Berufskrankheiten und arbeitsbedingten Gesundheitsgefahren,
3. vom Unternehmer zu veranlassende arbeitsmedizinische Untersuchungen und sonstige arbeitsmedizinische Maßnahmen vor, während und nach der Verrichtung von Arbeiten, die für Versicherte oder für Dritte mit arbeitsbedingten Gefahren für Leben und Gesundheit verbunden sind,
4. Voraussetzungen, die der Arzt, der mit Untersuchungen oder Maßnahmen nach Nummer 3 beauftragt ist, zu erfüllen hat, sofern die ärztliche Untersuchung nicht durch eine staatliche Rechtsvorschrift vorgesehen ist,
5. die Sicherstellung einer wirksamen Ersten Hilfe durch den Unternehmer,
6. die Maßnahmen, die der Unternehmer zur Erfüllung der sich aus dem Gesetz über Betriebsärzte, Sicherheitsingenieure und andere Fachkräfte für Arbeitssicherheit ergebenden Pflichten zu treffen hat,
7. die Zahl der Sicherheitsbeauftragten, die nach § 22 unter Berücksichtigung der in den Unternehmen für Leben und Gesundheit der Versicherten bestehenden arbeitsbedingten Gefahren und der Zahl der Beschäftigten zu bestellen sind.

$_2$In der Unfallverhütungsvorschrift nach Satz 1 Nr. 3 kann bestimmt werden, daß arbeitsmedizinische Vorsorgeuntersuchungen auch durch den Unfallversicherungsträger veranlaßt werden können. $_3$Die Deutsche Gesetzliche Unfallversicherung e. V. wirkt beim Erlass von Unfallverhütungsvorschriften auf Rechtseinheitlichkeit hin.

(1a) In der landwirtschaftlichen Unfallversicherung ist Absatz 1 mit der Maßgabe anzuwenden, dass Unfallverhütungsvorschriften von der landwirtschaftlichen Berufsgenossenschaft erlassen werden.

(2) $_1$Soweit die Unfallversicherungsträger Vorschriften nach Absatz 1 Satz 1 Nr. 3 erlassen, können sie zu den dort genannten Zwecken auch die Erhebung, Verarbeitung und Nutzung von folgenden Daten über die untersuchten Personen durch den Unternehmer vorsehen:

1. Vor- und Familienname, Geburtsdatum sowie Geschlecht,
2. Wohnanschrift,
3. Tag der Einstellung und des Ausscheidens,
4. Ordnungsnummer,
5. zuständige Krankenkasse,
6. Art der vom Arbeitsplatz ausgehenden Gefährdungen,
7. Art der Tätigkeit mit Angabe des Beginns und des Endes der Tätigkeit,
8. Angaben über Art und Zeiten früherer Tätigkeiten, bei denen eine Gefährdung bestand, soweit dies bekannt ist,
9. Datum und Ergebnis der ärztlichen Vorsorgeuntersuchungen; die Übermittlung von Diagnosedaten an den Unternehmer ist nicht zulässig,
10. Datum der nächsten regelmäßigen Nachuntersuchung,
11. Name und Anschrift des untersuchenden Arztes.

$_2$Soweit die Unfallversicherungsträger Vorschriften nach Absatz 1 Satz 2 erlassen, gelten Satz 1 sowie § 24 Abs. 1 Satz 3 und 4 entsprechend.

(3) Absatz 1 Satz 1 Nr. 1 bis 5 gilt nicht für die unter bergbehördlicher Aufsicht stehenden Unternehmen.

(4) $_1$Die Vorschriften nach Absatz 1 bedürfen der Genehmigung durch das Bundesministerium für Arbeit und Soziales. $_2$Die Entscheidung hierüber wird im Benehmen mit den

VII

zuständigen obersten Verwaltungsbehörden der Länder getroffen. 3Soweit die Vorschriften von einem Unfallversicherungsträger erlassen werden, welcher der Aufsicht eines Landes untersteht, entscheidet die zuständige oberste Landesbehörde über die Genehmigung im Benehmen mit dem Bundesministerium für Arbeit und Soziales. 4Die Genehmigung ist zu erteilen, wenn die Vorschriften sich im Rahmen der Ermächtigung nach Absatz 1 halten und ordnungsgemäß von der Vertreterversammlung beschlossen worden sind. 5Die Erfüllung der Genehmigungsvoraussetzungen nach Satz 4 ist im Antrag auf Erteilung der Genehmigung darzulegen. 6Dabei hat der Unfallversicherungsträger insbesondere anzugeben, dass

1. eine Regelung der in den Vorschriften vorgesehenen Maßnahmen in staatlichen Arbeitsschutzvorschriften nicht zweckmäßig ist,
2. das mit den Vorschriften angestrebte Präventionsziel ausnahmsweise nicht durch Regeln erreicht wird, die von einem gemäß § 18 Abs. 2 Nr. 5 des Arbeitsschutzgesetzes eingerichteten Ausschuss ermittelt werden, und
3. die nach Nummer 1 und 2 erforderlichen Feststellungen in einem besonderen Verfahren unter Beteiligung von Arbeitsschutzbehörden des Bundes und der Länder getroffen worden sind.

7Für die Angabe nach Satz 6 reicht bei Unfallverhütungsvorschriften nach Absatz 1 Satz 1 Nr. 6 ein Hinweis darauf aus, dass das Bundesministerium für Arbeit und Soziales von der Ermächtigung zum Erlass einer Rechtsverordnung nach § 14 des Gesetzes über Betriebsärzte, Sicherheitsingenieure und andere Fachkräfte für Arbeitssicherheit keinen Gebrauch macht.

(5) Die Unternehmer sind über die Vorschriften nach Absatz 1 zu unterrichten und zur Unterrichtung der Versicherten verpflichtet.

VII

§ 16 Geltung bei Zuständigkeit anderer Unfallversicherungsträger und für ausländische Unternehmen

(1) Die Unfallverhütungsvorschriften eines Unfallversicherungsträgers gelten auch, soweit in dem oder für das Unternehmen Versicherte tätig werden, für die ein anderer Unfallversicherungsträger zuständig ist.

(2) Die Unfallverhütungsvorschriften eines Unfallversicherungsträgers gelten auch für Unternehmer und Beschäftigte von ausländischen Unternehmen, die eine Tätigkeit im Inland ausüben, ohne einem Unfallversicherungsträger anzugehören.

§ 17 Überwachung und Beratung

(1) Die Unfallversicherungsträger haben die Durchführung der Maßnahmen zur Verhütung von Arbeitsunfällen, Berufskrankheiten, arbeitsbedingten Gesundheitsgefahren und für eine wirksame Erste Hilfe in den Unternehmen zu überwachen sowie die Unternehmer und die Versicherten zu beraten.

(2) 1Soweit in einem Unternehmen Versicherte tätig sind, für die ein anderer Unfallversicherungsträger zuständig ist, kann auch dieser die Durchführung der Maßnahmen zur Verhütung von Arbeitsunfällen, Berufskrankheiten, arbeitsbedingten Gesundheitsgefahren und für eine wirksame Erste Hilfe überwachen. 2Beide Unfallversicherungsträger sollen, wenn nicht sachliche Gründe entgegenstehen, die Überwachung und Beratung abstimmen und sich mit deren Wahrnehmung auf einen Unfallversicherungsträger verständigen.

(3) Erwachsen dem Unfallversicherungsträger durch Pflichtversäumnis eines Unternehmers bare Auslagen für die Überwachung seines Unternehmens, so kann der Vorstand dem Unternehmer diese Kosten auferlegen.

§ 18 Aufsichtspersonen

(1) Die Unfallversicherungsträger sind verpflichtet, Aufsichtspersonen in der für eine wirksame Überwachung und Beratung gemäß § 17 erforderlichen Zahl zu beschäftigen.

(2) 1Als Aufsichtsperson darf nur beschäftigt werden, wer seine Befähigung für diese Tä-

tigkeit durch eine Prüfung nachgewiesen hat. 2Die Unfallversicherungsträger erlassen Prüfungsordnungen. 3Die Prüfungsordnungen bedürfen der Genehmigung durch die Aufsichtsbehörde.

§ 19 Befugnisse der Aufsichtspersonen

(1) 1Die Aufsichtspersonen können im Einzelfall anordnen, welche Maßnahmen Unternehmerinnen und Unternehmer oder Versicherte zu treffen haben

1. zur Erfüllung ihrer Pflichten aufgrund der Unfallverhütungsvorschriften nach § 15,
2. zur Abwendung besonderer Unfall- und Gesundheitsgefahren.

2Die Aufsichtspersonen sind berechtigt, bei Gefahr im Verzug sofort vollziehbare Anordnungen zur Abwendung von arbeitsbedingten Gefahren für Leben und Gesundheit zu treffen. 3Anordnungen nach den Sätzen 1 und 2 können auch gegenüber Unternehmerinnen und Unternehmern sowie gegenüber Beschäftigten von ausländischen Unternehmen getroffen werden, die eine Tätigkeit im Inland ausüben, ohne einem Unfallversicherungsträger anzugehören.

(2) 1Zur Überwachung der Maßnahmen zur Verhütung von Arbeitsunfällen, Berufskrankheiten, arbeitsbedingten Gesundheitsgefahren und für eine wirksame Erste Hilfe sind die Aufsichtspersonen insbesondere befugt,

1. zu den Betriebs- und Geschäftszeiten Grundstücke und Betriebsstätten zu betreten, zu besichtigen und zu prüfen,
2. von dem Unternehmer die zur Durchführung ihrer Überwachungsaufgabe erforderlichen Auskünfte zu verlangen,
3. geschäftliche und betriebliche Unterlagen des Unternehmers einzusehen, soweit es die Durchführung ihrer Überwachungsaufgabe erfordert,
4. Arbeitsmittel und persönliche Schutzausrüstungen sowie ihre bestimmungsgemäße Verwendung zu prüfen,
5. Arbeitsverfahren und Arbeitsabläufe zu untersuchen und insbesondere das Vorhandensein und die Konzentration gefährlicher Stoffe und Zubereitungen zu ermitteln oder, soweit die Aufsichtspersonen und der Unternehmer die erforderlichen Feststellungen nicht treffen können, auf Kosten des Unternehmers ermitteln zulassen,
6. gegen Empfangsbescheinigung Proben nach ihrer Wahl zu fordern oder zu entnehmen; soweit der Unternehmer nicht ausdrücklich darauf verzichtet, ist ein Teil der Proben amtlich verschlossen oder versiegelt zurückzulassen,
7. zu untersuchen, ob und auf welche betriebliche Ursachen ein Unfall, eine Erkrankung oder ein Schadensfall zurückzuführen ist,
8. die Begleitung durch den Unternehmer oder eine von ihm beauftragte Person zu verlangen.

2Der Unternehmer hat die Maßnahmen nach Satz 1 Nr. 1 und 3 bis 7 zu dulden. 3Zur Verhütung dringender Gefahren können die Maßnahmen nach Satz 1 auch in Wohnräumen und zu jeder Tages- und Nachtzeit getroffen werden. 4Das Grundrecht der Unverletzlichkeit der Wohnung (Artikel 13 des Grundgesetzes) wird insoweit eingeschränkt. 5Die Eigentümer und Besitzer der Grundstücke, auf denen der Unternehmer tätig ist, haben das Betreten der Grundstücke zu gestatten.

(3) 1Der Unternehmer hat die Aufsichtsperson zu unterstützen, soweit dies zur Erfüllung ihrer Aufgaben erforderlich ist. 2Auskünfte auf Fragen, deren Beantwortung den Unternehmer selbst oder einen seiner in § 383 Abs. 1 Nr. 1 bis 3 der Zivilprozeßordnung bezeichneten Angehörigen der Gefahr der Verfolgung wegen einer Straftat oder Ordnungswidrigkeit aussetzen würde, können verweigert werden.

§ 20 Zusammenarbeit mit Dritten

(1) 1Die Unfallversicherungsträger und die für den Arbeitsschutz zuständigen Behörden wirken bei der Beratung und Überwachung der Unternehmen auf der Grundlage einer gemeinsamen Beratungs- und Überwachungsstrategie gemäß § 20a Abs. 2 Nr. 4 des Arbeitsschutzgesetzes eng zusammen und

VII

stellen den Erfahrungsaustausch sicher. $_2$Die gemeinsame Beratungs- und Überwachungsstrategie umfasst die Abstimmung allgemeiner Grundsätze zur methodischen Vorgehensweise bei

1. der Beratung und Überwachung der Betriebe,
2. der Festlegung inhaltlicher Beratungs- und Überwachungsschwerpunkte, aufeinander abgestimmter oder gemeinsamer Schwerpunktaktionen und Arbeitsprogramme und
3. der Förderung eines Daten- und sonstigen Informationsaustausches, insbesondere über Betriebsbesichtigungen und deren wesentliche Ergebnisse.

(2) $_1$Zur Förderung der Zusammenarbeit nach Absatz 1 wird für den Bereich eines oder mehrerer Länder eine gemeinsame landesbezogene Stelle bei einem Unfallversicherungsträger oder einem Landesverband mit Sitz im jeweiligen örtlichen Zuständigkeitsbereich eingerichtet. $_2$Die Deutsche Gesetzliche Unfallversicherung e. V. koordiniert die organisatorisch und verfahrensmäßig notwendigen Festlegungen für die Bildung, Mandatierung und Tätigkeit der gemeinsamen landesbezogenen Stellen. $_3$Die gemeinsame landesbezogene Stelle hat die Aufgabe, mit Wirkung für die von ihr vertretenen Unfallversicherungsträger mit den für den Arbeitsschutz zuständigen Behörden Vereinbarungen über

1. die zur Umsetzung der gemeinsamen Beratungs- und Überwachungsstrategie notwendigen Maßnahmen,
2. gemeinsame Arbeitsprogramme, insbesondere zur Umsetzung der Eckpunkte im Sinne des § 20a Abs. 2 Nr. 2 des Arbeitsschutzgesetzes,

abzuschließen und deren Zielerreichung mit den von der Nationalen Arbeitsschutzkonferenz nach § 20a Abs. 2 Nr. 3 des Arbeitsschutzgesetzes bestimmten Kennziffern zu evaluieren. $_4$Die landwirtschaftliche Berufsgenossenschaft wirkt an der Tätigkeit der gemeinsamen landesbezogenen Stelle mit.

(3) $_1$Durch allgemeine Verwaltungsvorschriften, die der Zustimmung des Bundesrates bedürfen, wird geregelt das Zusammenwirken

1. der Unfallversicherungsträger mit den Betriebsräten oder Personalräten,
2. der Unfallversicherungsträger einschließlich der gemeinsamen landesbezogenen Stellen nach Absatz 2 mit den für den Arbeitsschutz zuständigen Landesbehörden,
3. der Unfallversicherungsträger mit den für die Bergaufsicht zuständigen Behörden.

$_2$Die Verwaltungsvorschriften nach Satz 1 Nr. 1 werden vom Bundesministerium für Arbeit und Soziales im Einvernehmen mit dem Bundesministerium des Innern, die Verwaltungsvorschriften nach Satz 1 Nr. 2 und 3 werden von der Bundesregierung erlassen. $_3$Die Verwaltungsvorschriften nach Satz 1 Nr. 2 werden erst erlassen, wenn innerhalb einer vom Bundesministerium für Arbeit und Soziales gesetzten angemessenen Frist nicht für jedes Land eine Vereinbarung nach Absatz 2 Satz 3 abgeschlossen oder eine unzureichend gewordene Vereinbarung nicht geändert worden ist.

§ 21 Verantwortung des Unternehmers, Mitwirkung der Versicherten

(1) Der Unternehmer ist für die Durchführung der Maßnahmen zur Verhütung von Arbeitsunfällen und Berufskrankheiten, für die Verhütung von arbeitsbedingten Gesundheitsgefahren sowie für eine wirksame Erste Hilfe verantwortlich.

(2) $_1$Ist bei einer Schule der Unternehmer nicht Schulhoheitsträger, ist auch der Schulhoheitsträger in seinem Zuständigkeitsbereich für die Durchführung der in Absatz 1 genannten Maßnahmen verantwortlich. $_2$Der Schulhoheitsträger ist verpflichtet, im Benehmen mit dem für die Versicherten nach § 2 Abs. 1 Nr. 8 Buchstabe b zuständigen Unfallversicherungsträger Regelungen über die Durchführung der in Absatz 1 genannten Maßnahmen im inneren Schulbereich zu treffen.

(3) Die Versicherten haben nach ihren Möglichkeiten alle Maßnahmen zur Verhütung von Arbeitsunfällen, Berufskrankheiten und arbeitsbedingten Gesundheitsgefahren so-

wie für eine wirksame Erste Hilfe zu unterstützen und die entsprechenden Anweisungen des Unternehmers zu befolgen.

§ 22 Sicherheitsbeauftragte

(1) 1In Unternehmen mit regelmäßig mehr als 20 Beschäftigten hat der Unternehmer unter Beteiligung des Betriebsrates oder Personalrates Sicherheitsbeauftragte unter Berücksichtigung der im Unternehmen für die Beschäftigten bestehenden Unfall- und Gesundheitsgefahren und der Zahl der Beschäftigten zu bestellen. 2Als Beschäftigte gelten auch die nach § 2 Abs. 1 Nr. 2, 8 und 12 Versicherten. 3In Unternehmen mit besonderen Gefahren für Leben und Gesundheit kann der Unfallversicherungsträger anordnen, daß Sicherheitsbeauftragte auch dann zu bestellen sind, wenn die Mindestbeschäftigtenzahl nach Satz 1 nicht erreicht wird. 4Für Unternehmen mit geringen Gefahren für Leben und Gesundheit kann der Unfallversicherungsträger die Zahl 20 in seiner Unfallverhütungsvorschrift erhöhen.

(2) Die Sicherheitsbeauftragten haben den Unternehmer bei der Durchführung der Maßnahmen zur Verhütung von Arbeitsunfällen und Berufskrankheiten zu unterstützen, insbesondere sich von dem Vorhandensein und der ordnungsgemäßen Benutzung der vorgeschriebenen Schutzeinrichtungen und persönlichen Schutzausrüstungen zu überzeugen und auf Unfall- und Gesundheitsgefahren für die Versicherten aufmerksam zu machen.

(3) Die Sicherheitsbeauftragten dürfen wegen der Erfüllung der ihnen übertragenen Aufgaben nicht benachteiligt werden.

§ 23 Aus- und Fortbildung

(1) 1Die Unfallversicherungsträger haben für die erforderliche Aus- und Fortbildung der Personen in den Unternehmen zu sorgen, die mit der Durchführung der Maßnahmen zur Verhütung von Arbeitsunfällen, Berufskrankheiten und arbeitsbedingten Gesundheitsgefahren sowie mit der Ersten Hilfe betraut sind. 2Für nach dem Gesetz über Betriebsärzte, Sicherheitsingenieure und andere Fachkräfte für Arbeitssicherheit zu verpflichtende Betriebsärzte und Fachkräfte für Arbeitssicherheit, die nicht dem Unternehmen angehören, können die Unfallversicherungsträger entsprechende Maßnahmen durchführen. 3Die Unfallversicherungsträger haben Unternehmer und Versicherte zur Teilnahme an Aus- und Fortbildungslehrgängen anzuhalten.

(2) 1Die Unfallversicherungsträger haben die unmittelbaren Kosten ihrer Aus- und Fortbildungsmaßnahmen sowie die erforderlichen Fahr-, Verpflegungs- und Unterbringungskosten zu tragen. 2Bei Aus- und Fortbildungsmaßnahmen für Ersthelfer, die von Dritten durchgeführt werden, haben die Unfallversicherungsträger nur die Lehrgangsgebühren zu tragen.

(3) Für die Arbeitszeit, die wegen der Teilnahme an einem Lehrgang ausgefallen ist, besteht gegen den Unternehmer ein Anspruch auf Fortzahlung des Arbeitsentgelts.

(4) Bei der Ausbildung von Sicherheitsbeauftragten und Fachkräften für Arbeitssicherheit sind die für den Arbeitsschutz zuständigen Landesbehörden zu beteiligen.

§ 24 Überbetrieblicher arbeitsmedizinischer und sicherheitstechnischer Dienst

(1) 1Unfallversicherungsträger können überbetriebliche arbeitsmedizinische und sicherheitstechnische Dienste einrichten; das Nähere bestimmt die Satzung. 2Die von den Diensten gespeicherten Daten dürfen nur mit Einwilligung des Betroffenen an die Unfallversicherungsträger übermittelt werden; § 203 bleibt unberührt. 3Die Dienste sind organisatorisch, räumlich und personell von den übrigen Organisationseinheiten der Unfallversicherungsträger zu trennen. 4Zugang zu den Daten dürfen nur Beschäftigte der Dienste haben.

(2) 1In der Satzung nach Absatz 1 kann auch bestimmt werden, daß die Unternehmer verpflichtet sind, sich einem überbetrieblichen arbeitsmedizinischen und sicherheitstechnischen Dienst anzuschließen, wenn sie innerhalb einer vom Unfallversicherungsträger gesetzten angemessenen Frist keine oder nicht

in ausreichendem Umfang Betriebsärzte und Fachkräfte für Arbeitssicherheit bestellen. $_{2}$Unternehmer sind von der Anschlußpflicht zu befreien, wenn sie nachweisen, daß sie ihre Pflicht nach dem Gesetz über Betriebsärzte, Sicherheitsingenieure und andere Fachkräfte für Arbeitssicherheit erfüllt haben.

§ 25 Bericht gegenüber dem Bundestag

(1) $_{1}$Die Bundesregierung hat dem Deutschen Bundestag und dem Bundesrat alljährlich bis zum 31. Dezember des auf das Berichtsjahr folgenden Jahres einen statistischen Bericht über den Stand von Sicherheit und Gesundheit bei der Arbeit und über das Unfall- und Berufskrankheitengeschehen in der Bundesrepublik Deutschland zu erstatten, der die Berichte der Unfallversicherungsträger und die Jahresberichte der für den Arbeitsschutz zuständigen Landesbehörden zusammenfaßt. $_{2}$Alle vier Jahre hat der Bericht einen umfassenden Überblick über die Entwicklung der Arbeitsunfälle und Berufskrankheiten, ihre Kosten und die Maßnahmen zur Sicherheit und Gesundheit bei der Arbeit zu enthalten.

(2) $_{1}$Die Unfallversicherungsträger haben dem Bundesministerium für Arbeit und Soziales alljährlich bis zum 31. Juli des auf das Berichtsjahr folgenden Jahres über die Durchführung der Maßnahmen zur Sicherheit und Gesundheit bei der Arbeit sowie über das Unfall- und Berufskrankheitengeschehen zu berichten. $_{2}$Landesunmittelbare Versicherungsträger reichen die Berichte über die für sie zuständigen obersten Verwaltungsbehörden der Länder ein.

Drittes Kapitel
Leistungen nach Eintritt eines Versicherungsfalls

Erster Abschnitt
Heilbehandlung, Leistungen zur Teilhabe am Arbeitsleben, Leistungen zur Teilhabe am Leben in der Gemeinschaft und ergänzende Leistungen, Pflege, Geldleistungen

Erster Unterabschnitt
Anspruch und Leistungsarten

§ 26 Grundsatz

(1) $_{1}$Versicherte haben nach Maßgabe der folgenden Vorschriften und unter Beachtung des Neunten Buches Anspruch auf Heilbehandlung einschließlich Leistungen zur medizinischen Rehabilitation, auf Leistungen zur Teilhabe am Arbeitsleben und am Leben in der Gemeinschaft, auf ergänzende Leistungen, auf Leistungen bei Pflegebedürftigkeit sowie auf Geldleistungen. $_{2}$Sie können einen Anspruch auf Ausführung der Leistungen durch ein Persönliches Budget nach § 17 Abs. 2 bis 4 des Neunten Buches in Verbindung mit der Budgetverordnung und § 159 des Neunten Buches haben; dies gilt im Rahmen des Anspruches auf Heilbehandlung nur für die Leistungen zur medizinischen Rehabilitation.

(2) Der Unfallversicherungsträger hat mit allen geeigneten Mitteln möglichst frühzeitig

1. den durch den Versicherungsfall verursachten Gesundheitsschaden zu beseitigen oder zu bessern, seine Verschlimmerung zu verhüten und seine Folgen zu mildern,
2. den Versicherten einen ihren Neigungen und Fähigkeiten entsprechenden Platz im Arbeitsleben zu sichern,
3. Hilfen zur Bewältigung der Anforderungen des täglichen Lebens und zur Teilhabe am Leben in der Gemeinschaft sowie zur Führung eines möglichst selbständigen Lebens unter Berücksichtigung von Art und Schwere des Gesundheitsschadens bereitzustellen,

4. ergänzende Leistungen zur Heilbehandlung und zu Leistungen zur Teilhabe am Arbeitsleben und am Leben in der Gemeinschaft zu erbringen,
5. Leistungen bei Pflegebedürftigkeit zu erbringen.

(3) Die Leistungen zur Heilbehandlung und zur Rehabilitation haben Vorrang vor Rentenleistungen.

(4) 1Qualität und Wirksamkeit der Leistungen zur Heilbehandlung und Teilhabe haben dem allgemein anerkannten Stand der medizinischen Erkenntnisse zu entsprechen und den medizinischen Fortschritt zu berücksichtigen. 2Sie werden als Dienst- und Sachleistungen zur Verfügung gestellt, soweit dieses oder das Neunte Buch keine Abweichungen vorsehen.

(5) 1Die Unfallversicherungsträger bestimmen im Einzelfall Art, Umfang und Durchführung der Heilbehandlung und der Leistungen zur Teilhabe sowie die Einrichtungen, die diese Leistungen erbringen, nach pflichtgemäßem Ermessen. 2Dabei prüfen sie auch, welche Leistungen geeignet und zumutbar sind, Pflegebedürftigkeit zu vermeiden, zu überwinden, zu mindern oder ihre Verschlimmerung zu verhüten.

Zweiter Unterabschnitt
Heilbehandlung

§ 27 Umfang der Heilbehandlung

(1) Die Heilbehandlung umfaßt insbesondere

1. Erstversorgung,
2. ärztliche Behandlung,
3. zahnärztliche Behandlung einschließlich der Versorgung mit Zahnersatz,
4. Versorgung mit Arznei-, Verband-, Heil- und Hilfsmitteln,
5. häusliche Krankenpflege,
6. Behandlung in Krankenhäusern und Rehabilitationseinrichtungen,
7. Leistungen zur medizinischen Rehabilitation nach § 26 Abs. 2 Nr. 1 und 3 bis 7 und Abs. 3 des Neunten Buches.

(2) In den Fällen des § 8 Abs. 3 wird ein beschädigtes oder verlorengegangenes Hilfsmittel wiederhergestellt oder erneuert.

(3) Während einer aufgrund eines Gesetzes angeordneten Freiheitsentziehung wird Heilbehandlung erbracht, soweit Belange des Vollzugs nicht entgegenstehen.

§ 28 Ärztliche und zahnärztliche Behandlung

(1) 1Die ärztliche und zahnärztliche Behandlung wird von Ärzten oder Zahnärzten erbracht. 2Sind Hilfeleistungen anderer Personen erforderlich, dürfen sie nur erbracht werden, wenn sie vom Arzt oder Zahnarzt angeordnet und von ihm verantwortet werden.

(2) Die ärztliche Behandlung umfaßt die Tätigkeit der Ärzte, die nach den Regeln der ärztlichen Kunst erforderlich und zweckmäßig ist.

(3) Die zahnärztliche Behandlung umfaßt die Tätigkeit der Zahnärzte, die nach den Regeln der zahnärztlichen Kunst erforderlich und zweckmäßig ist.

(4) 1Bei Versicherungsfällen, für die wegen ihrer Art oder Schwere besondere unfallmedizinische Behandlung angezeigt ist, wird diese erbracht. 2Die freie Arztwahl kann insoweit eingeschränkt werden.

§ 29 Arznei- und Verbandmittel

(1) 1Arznei- und Verbandmittel sind alle ärztlich verordneten, zur ärztlichen und zahnärztlichen Behandlung erforderlichen Mittel. 2Ist das Ziel der Heilbehandlung mit Arznei- und Verbandmitteln zu erreichen, für die Festbeträge im Sinne des § 35 oder § 35a des Fünften Buches festgesetzt sind, trägt der Unfallversicherungsträger die Kosten bis zur Höhe dieser Beträge. 3Verordnet der Arzt in diesen Fällen ein Arznei- oder Verbandmittel, dessen Preis den Festbetrag überschreitet, hat der Arzt die Versicherten auf die sich aus seiner Verordnung ergebende Übernahme der Mehrkosten hinzuweisen.

(2) 1Die Rabattregelungen der §§ 130 und 130a des Fünften Buches gelten entsprechend. 2Die Erstattungsbeträge nach § 130b des Fünften Buches gelten auch für

VII

die Abrechnung mit den Trägern der gesetzlichen Unfallversicherung.

§ 30 Heilmittel

1Heilmittel sind alle ärztlich verordneten Dienstleistungen, die einem Heilzweck dienen oder einen Heilerfolg sichern und nur von entsprechend ausgebildeten Personen erbracht werden dürfen. 2Hierzu gehören insbesondere Maßnahmen der physikalischen Therapie sowie der Sprach- und Beschäftigungstherapie.

§ 31 Hilfsmittel

(1) 1Hilfsmittel sind alle ärztlich verordneten Sachen, die den Erfolg der Heilbehandlung sichern oder die Folgen von Gesundheitsschäden mildern oder ausgleichen. 2Dazu gehören insbesondere Körperersatzstücke, orthopädische und andere Hilfsmittel einschließlich der notwendigen Änderung, Instandsetzung und Ersatzbeschaffung sowie der Ausbildung im Gebrauch der Hilfsmittel. 3Soweit für Hilfsmittel Festbeträge im Sinne des § 36 des Fünften Buches festgesetzt sind, gilt § 29 Abs. 1 Satz 2 und 3 entsprechend.

(2) 1Die Bundesregierung wird ermächtigt, durch Rechtsverordnung mit Zustimmung des Bundesrates die Ausstattung mit Körperersatzstücken, orthopädischen und anderen Hilfsmitteln zu regeln sowie bei bestimmten Gesundheitsschäden eine Entschädigung für Kleider- und Wäscheverschleiß vorzuschreiben. 2Das Nähere regeln die Verbände der Unfallversicherungsträger durch gemeinsame Richtlinien.

§ 32 Häusliche Krankenpflege

(1) Versicherte erhalten in ihrem Haushalt oder ihrer Familie neben der ärztlichen Behandlung häusliche Krankenpflege durch geeignete Pflegekräfte, wenn Krankenhausbehandlung geboten, aber nicht ausführbar ist oder wenn sie durch die häusliche Krankenpflege vermieden oder verkürzt werden kann und das Ziel der Heilbehandlung nicht gefährdet wird.

(2) Die häusliche Krankenpflege umfaßt die im Einzelfall aufgrund ärztlicher Verordnung erforderliche Grund- und Behandlungspflege sowie hauswirtschaftliche Versorgung.

(3) 1Ein Anspruch auf häusliche Krankenpflege besteht nur, soweit es einer im Haushalt des Versicherten lebenden Person nicht zuzumuten ist, Krankenpflege zu erbringen. 2Kann eine Pflegekraft nicht gestellt werden oder besteht Grund, von einer Gestellung abzusehen, sind die Kosten für eine selbstbeschaffte Pflegekraft in angemessener Höhe zu erstatten.

(4) Das Nähere regeln die Verbände der Unfallversicherungsträger durch gemeinsame Richtlinien.

§ 33 Behandlung in Krankenhäusern und Rehabilitationseinrichtungen

(1) 1Stationäre Behandlung in einem Krankenhaus oder in einer Rehabilitationseinrichtung wird erbracht, wenn die Aufnahme erforderlich ist, weil das Behandlungsziel anders nicht erreicht werden kann. 2Sie wird voll- oder teilstationär erbracht. 3Sie umfaßt im Rahmen des Versorgungsauftrags des Krankenhauses oder der Rehabilitationseinrichtung alle Leistungen, die im Einzelfall für die medizinische Versorgung der Versicherten notwendig sind, insbesondere ärztliche Behandlung, Krankenpflege, Versorgung mit Arznei-, Verband-, Heil- und Hilfsmitteln, Unterkunft und Verpflegung.

(2) Krankenhäuser und Rehabilitationseinrichtungen im Sinne des Absatzes 1 sind die Einrichtungen nach § 107 des Fünften Buches.

(3) Bei Gesundheitsschäden, für die wegen ihrer Art oder Schwere besondere unfallmedizinische stationäre Behandlung angezeigt ist, wird diese in besonderen Einrichtungen erbracht.

§ 34 Durchführung der Heilbehandlung

(1) 1Die Unfallversicherungsträger haben alle Maßnahmen zu treffen, durch die eine möglichst frühzeitig nach dem Versicherungsfall einsetzende und sachgemäße Heilbehandlung und, soweit erforderlich, besondere unfallmedizinische oder Berufskrankheiten-Behandlung gewährleistet wird. 2Sie können zu

diesem Zweck die von den Ärzten und Krankenhäusern zu erfüllenden Voraussetzungen im Hinblick auf die fachliche Befähigung, die sachliche und personelle Ausstattung sowie die zu übernehmenden Pflichten festlegen. $_{3}$Sie können daneben nach Art und Schwere des Gesundheitsschadens besondere Verfahren für die Heilbehandlung vorsehen.

(2) Die Unfallversicherungsträger haben an der Durchführung der besonderen unfallmedizinischen Behandlung die Ärzte und Krankenhäuser zu beteiligen, die den nach Absatz 1 Satz 2 festgelegten Anforderungen entsprechen.

(3) $_{1}$Die Verbände der Unfallversicherungsträger sowie die Kassenärztliche Bundesvereinigung und die Kassenzahnärztliche Bundesvereinigung (Kassenärztliche Bundesvereinigungen) schließen unter Berücksichtigung der von den Unfallversicherungsträgern gemäß Absatz 1 Satz 2 und 3 getroffenen Festlegungen mit Wirkung für ihre Mitglieder Verträge über die Durchführung der Heilbehandlung, die Vergütung der Ärzte und Zahnärzte sowie die Art und Weise der Abrechnung. $_{2}$Dem Bundesbeauftragten für den Datenschutz ist rechtzeitig vor Abschluß Gelegenheit zur Stellungnahme zu geben, sofern in den Verträgen die Erhebung, Verarbeitung oder Nutzung von personenbezogenen Daten geregelt werden sollen.

(4) Die Kassenärztlichen Bundesvereinigungen haben gegenüber den Unfallversicherungsträgern und deren Verbänden die Gewähr dafür zu übernehmen, daß die Durchführung der Heilbehandlung den gesetzlichen und vertraglichen Erfordernissen entspricht.

(5) $_{1}$Kommt ein Vertrag nach Absatz 3 ganz oder teilweise nicht zustande, setzt ein Schiedsamt mit der Mehrheit seiner Mitglieder innerhalb von drei Monaten den Vertragsinhalt fest. $_{2}$Wird ein Vertrag gekündigt, ist dies dem zuständigen Schiedsamt schriftlich mitzuteilen. $_{3}$Kommt bis zum Ablauf eines Vertrags ein neuer Vertrag nicht zustande, setzt ein Schiedsamt mit der Mehrheit seiner Mitglieder innerhalb von drei Monaten nach Vertragsablauf den neuen Inhalt fest. $_{4}$In diesem Fall gelten die Bestimmungen des bisherigen Vertrags bis zur Entscheidung des Schiedsamts vorläufig weiter.

(6) $_{1}$Die Verbände der Unfallversicherungsträger und die Kassenärztlichen Bundesvereinigungen bilden je ein Schiedsamt für die medizinische und zahnmedizinische Versorgung. $_{2}$Das Schiedsamt besteht aus drei Vertretern der Kassenärztlichen Bundesvereinigungen und drei Vertretern der Verbände der Unfallversicherungsträger sowie einem unparteiischen Vorsitzenden und zwei weiteren unparteiischen Mitgliedern. $_{3}$§ 89 Abs. 3 des Fünften Buches sowie die aufgrund des § 89 Abs. 6 des Fünften Buches erlassenen Rechtsverordnungen gelten entsprechend.

(7) Die Aufsicht über die Geschäftsführung der Schiedsämter nach Absatz 6 führt das Bundesministerium für Arbeit und Soziales.

(8) $_{1}$Die Beziehungen zwischen den Unfallversicherungsträgern und anderen als den in Absatz 3 genannten Stellen, die Heilbehandlung durchführen oder an ihrer Durchführung beteiligt sind, werden durch Verträge geregelt. $_{2}$Soweit die Stellen Leistungen zur medizinischen Rehabilitation ausführen oder an ihrer Ausführung beteiligt sind, werden die Beziehungen durch Verträge nach § 21 des Neunten Buches geregelt.

Dritter Unterabschnitt
Leistungen zur Teilhabe am Arbeitsleben

§ 35 Leistungen zur Teilhabe am Arbeitsleben

(1) Die Unfallversicherungsträger erbringen die Leistungen zur Teilhabe am Arbeitsleben nach den §§ 33 bis 38a des Neunten Buches sowie in Werkstätten für behinderte Menschen nach den §§ 40 und 41 des Neunten Buches, soweit in den folgenden Absätzen nichts Abweichendes bestimmt ist.

(2) Die Leistungen zur Teilhabe am Arbeitsleben umfassen auch Hilfen zu einer angemessenen Schulbildung einschließlich der Vorbereitung hierzu oder zur Entwicklung der geistigen und körperlichen Fähigkeiten vor Beginn der Schulpflicht.

(3) Ist eine von Versicherten angestrebte höherwertige Tätigkeit nach ihrer Leistungsfähigkeit und unter Berücksichtigung ihrer Eignung, Neigung und bisherigen Tätigkeit nicht angemessen, kann eine Maßnahme zur Teilhabe am Arbeitsleben bis zur Höhe des Aufwandes gefördert werden, der bei einer angemessenen Maßnahme entstehen würde.

(4) Während einer auf Grund eines Gesetzes angeordneten Freiheitsentziehung werden Leistungen zur Teilhabe am Arbeitsleben erbracht, soweit Belange des Vollzugs nicht entgegenstehen.

§ 36 (weggefallen)

§ 37 (weggefallen)

§ 38 (weggefallen)

Vierter Unterabschnitt Leistungen zur Teilhabe am Leben in der Gemeinschaft und ergänzende Leistungen

§ 39 Leistungen zur Teilhabe am Leben in der Gemeinschaft und ergänzende Leistungen

(1) Neben den in den § 44 Abs. 1 Nr. 2 bis 6 und Abs. 2 sowie in den §§ 53 und 54 des Neunten Buches genannten Leistungen umfassen die Leistungen zur Teilhabe am Leben in der Gemeinschaft und die ergänzenden Leistungen

1. Kraftfahrzeughilfe,
2. sonstige Leistungen zur Erreichung und zur Sicherstellung des Erfolges der Leistungen zur medizinischen Rehabilitation und zur Teilhabe.

(2) Zum Ausgleich besonderer Härten kann den Versicherten oder deren Angehörigen eine besondere Unterstützung gewährt werden.

§ 40 Kraftfahrzeughilfe

(1) Kraftfahrzeughilfe wird erbracht, wenn die Versicherten infolge Art oder Schwere des Gesundheitsschadens nicht nur vorübergehend auf die Benutzung eines Kraftfahrzeugs angewiesen sind, um die Teilhabe am Arbeitsleben oder am Leben in der Gemeinschaft zu ermöglichen.

(2) Die Kraftfahrzeughilfe umfaßt Leistungen zur Beschaffung eines Kraftfahrzeugs, für eine behinderungsbedingte Zusatzausstattung und zur Erlangung einer Fahrerlaubnis.

(3) $_1$Für die Kraftfahrzeughilfe gilt die Verordnung über Kraftfahrzeughilfe zur beruflichen Rehabilitation vom 28. September 1987 (BGBl. I S. 2251), geändert durch Verordnung vom 30. September 1991 (BGBl. I S. 1950), in der jeweils geltenden Fassung. $_2$Diese Verordnung ist bei der Kraftfahrzeughilfe zur Teilhabe am Leben in der Gemeinschaft entsprechend anzuwenden.

(4) Der Unfallversicherungsträger kann im Einzelfall zur Vermeidung einer wirtschaftlichen Notlage auch einen Zuschuß zahlen, der über demjenigen liegt, der in den §§ 6 und 8 der Verordnung nach Absatz 3 vorgesehen ist.

(5) Das Nähere regeln die Verbände der Unfallversicherungsträger durch gemeinsame Richtlinien.

§ 41 Wohnungshilfe

(1) Wohnungshilfe wird erbracht, wenn infolge Art oder Schwere des Gesundheitsschadens nicht nur vorübergehend die behindertengerechte Anpassung vorhandenen oder die Bereitstellung behindertengerechten Wohnraums erforderlich ist.

(2) Wohnungshilfe wird ferner erbracht, wenn sie zur Sicherung der beruflichen Eingliederung erforderlich ist.

(3) Die Wohnungshilfe umfaßt auch Umzugskosten sowie Kosten für die Bereitstellung von Wohnraum für eine Pflegekraft.

(4) Das Nähere regeln die Verbände der Unfallversicherungsträger durch gemeinsame Richtlinien.

§ 42 Haushaltshilfe und Kinderbetreuungskosten

Haushaltshilfe und Leistungen zur Kinderbetreuung nach § 54 Abs. 1 bis 3 des Neunten Buches werden auch bei Leistungen zur Teilhabe am Leben in der Gemeinschaft erbracht.

§ 43 Reisekosten

(1) $_1$Die im Zusammenhang mit der Ausführung von Leistungen zur medizinischen Rehabilitation oder zur Teilhabe am Arbeitsleben erforderlichen Reisekosten werden nach § 53 des Neunten Buches übernommen. $_2$Im Übrigen werden Reisekosten zur Ausführung der Heilbehandlung nach den Absätzen 2 bis 5 übernommen.

(2) Zu den Reisekosten gehören

1. Fahr- und Transportkosten,
2. Verpflegungs- und Übernachtungskosten,
3. Kosten des Gepäcktransports,
4. Wegstreckenentschädigung

für die Versicherten und für eine wegen des Gesundheitsschadens erforderliche Begleitperson.

(3) Reisekosten werden im Regelfall für zwei Familienheimfahrten im Monat oder anstelle von Familienheimfahrten für zwei Fahrten eines Angehörigen zum Aufenthaltsort des Versicherten übernommen.

(4) Entgangener Arbeitsverdienst einer Begleitperson wird ersetzt, wenn der Ersatz in einem angemessenen Verhältnis zu den sonst für eine Pflegekraft entstehenden Kosten steht.

(5) Das Nähere regeln die Verbände der Unfallversicherungsträger durch gemeinsame Richtlinien.

Fünfter Unterabschnitt
Leistungen bei Pflegebedürftigkeit

§ 44 Pflege

(1) Solange Versicherte infolge des Versicherungsfalls so hilflos sind, daß sie für die gewöhnlichen und regelmäßig wiederkehrenden Verrichtungen im Ablauf des täglichen Lebens in erheblichem Umfang der Hilfe bedürfen, wird Pflegegeld gezahlt, eine Pflegekraft gestellt oder Heimpflege gewährt.

(2) $_1$Das Pflegegeld ist unter Berücksichtigung der Art oder Schwere des Gesundheitsschadens sowie des Umfangs der erforderlichen Hilfe auf einen Monatsbetrag zwischen 300 Euro und 1199 Euro (Beträge am 1. Juli 2008) festzusetzen. $_2$Diese Beträge werden jeweils zum gleichen Zeitpunkt, zu dem die Renten der gesetzlichen Rentenversicherung angepasst werden, entsprechend dem Faktor angepasst, der für die Anpassung der vom Jahresarbeitsverdienst abhängigen Geldleistungen maßgebend ist. $_3$Übersteigen die Aufwendungen für eine Pflegekraft das Pflegegeld, kann es angemessen erhöht werden.

(3) $_1$Während einer stationären Behandlung oder der Unterbringung der Versicherten in einer Einrichtung der Teilhabe am Arbeitsleben oder einer Werkstatt für behinderte Menschen wird das Pflegegeld bis zum Ende des ersten auf die Aufnahme folgenden Kalendermonats weitergezahlt und mit dem ersten Tag des Entlassungsmonats wieder aufgenommen. $_2$Das Pflegegeld kann in den Fällen des Satzes 1 ganz oder teilweise weitergezahlt werden, wenn das Ruhen eine weitere Versorgung der Versicherten gefährden würde.

(4) Mit der Anpassung der Renten wird das Pflegegeld entsprechend dem Faktor angepaßt, der für die Anpassung der vom Jahresarbeitsverdienst abhängigen Geldleistungen maßgeblich ist.

(5) $_1$Auf Antrag der Versicherten kann statt des Pflegegeldes eine Pflegekraft gestellt (Hauspflege) oder die erforderliche Hilfe mit Unterkunft und Verpflegung in einer geeigneten Einrichtung (Heimpflege) erbracht werden. $_2$Absatz 3 Satz 2 gilt entsprechend.

(6) Die Bundesregierung setzt mit Zustimmung des Bundesrates die neuen Mindest- und Höchstbeträge nach Absatz 2 und den Anpassungsfaktor nach Absatz 4 in der Rechtsverordnung über die Bestimmung des für die Rentenanpassung in der gesetzlichen Rentenversicherung maßgebenden aktuellen Rentenwertes fest.

Sechster Unterabschnitt Geldleistungen während der Heilbehandlung und der Leistungen zur Teilhabe am Arbeitsleben

§ 45 Voraussetzungen für das Verletztengeld

(1) Verletztengeld wird erbracht, wenn Versicherte

1. infolge des Versicherungsfalls arbeitsunfähig sind oder wegen einer Maßnahme der Heilbehandlung eine ganztägige Erwerbstätigkeit nicht ausüben können und
2. unmittelbar vor Beginn der Arbeitsunfähigkeit oder der Heilbehandlung Anspruch auf Arbeitsentgelt, Arbeitseinkommen, Krankengeld, Pflegeunterstützungsgeld, Verletztengeld, Versorgungskrankengeld, Übergangsgeld, Unterhaltsgeld, Kurzarbeitergeld, Arbeitslosengeld, nicht nur darlehensweise gewährtes Arbeitslosengeld II oder nicht nur Leistungen für Erstausstattungen für Bekleidung bei Schwangerschaft und Geburt nach dem Zweiten Buch oder Mutterschaftsgeld hatten.

VII

(2) 1Verletztengeld wird auch erbracht, wenn

1. Leistungen zur Teilhabe am Arbeitsleben erforderlich sind,
2. diese Maßnahmen sich aus Gründen, die die Versicherten nicht zu vertreten haben, nicht unmittelbar an die Heilbehandlung anschließen,
3. die Versicherten ihre bisherige berufliche Tätigkeit nicht wieder aufnehmen können oder ihnen eine andere zumutbare Tätigkeit nicht vermittelt werden kann oder sie diese aus wichtigem Grund nicht ausüben können und
4. die Voraussetzungen des Absatzes 1 Nr. 2 erfüllt sind.

2Das Verletztengeld wird bis zum Beginn der Leistungen zur Teilhabe am Arbeitsleben erbracht. 3Die Sätze 1 und 2 gelten entsprechend für die Zeit bis zum Beginn und während der Durchführung einer Maßnahme der Berufsfindung und Arbeitserprobung.

(3) Werden in einer Einrichtung Maßnahmen der Heilbehandlung und gleichzeitig Leistungen zur Teilhabe am Arbeitsleben für Versicherte erbracht, erhalten Versicherte Verletztengeld, wenn sie arbeitsunfähig sind oder wegen der Maßnahmen eine ganztägige Erwerbstätigkeit nicht ausüben können und die Voraussetzungen des Absatzes 1 Nr. 2 erfüllt sind.

(4) 1Im Fall der Beaufsichtigung, Betreuung oder Pflege eines durch einen Versicherungsfall verletzten Kindes gilt § 45 des Fünften Buches entsprechend mit der Maßgabe, dass

1. das Verletztengeld 100 Prozent des ausgefallenen Nettoarbeitsentgelts beträgt und
2. das Arbeitsentgelt bis zu einem Betrag in Höhe des 450. Teils des Höchstjahresarbeitsverdienstes zu berücksichtigen ist.

2Erfolgt die Berechnung des Verletztengeldes aus Arbeitseinkommen, beträgt dies 80 Prozent des erzielten regelmäßigen Arbeitseinkommens bis zu einem Betrag in Höhe des 450. Teils des Höchstjahresarbeitsverdienstes.

§ 46 Beginn und Ende des Verletztengeldes

(1) Verletztengeld wird von dem Tag an gezahlt, ab dem die Arbeitsunfähigkeit ärztlich festgestellt wird, oder mit dem Tag des Beginns einer Heilbehandlungsmaßnahme, die den Versicherten an der Ausübung einer ganztägigen Erwerbstätigkeit hindert.

(2) 1Die Satzung kann bestimmen, daß für Unternehmer, ihre Ehegatten oder ihre Lebenspartner und für den Unternehmern nach § 6 Abs. 1 Nr. 2 Gleichgestellte Verletztengeld längstens für die Dauer der ersten 13 Wochen nach dem sich aus Absatz 1 ergebenden Zeitpunkt ganz oder teilweise nicht gezahlt wird. 2Satz 1 gilt nicht für Versicherte, die bei einer Krankenkasse mit Anspruch auf Krankengeld versichert sind.

(3) 1Das Verletztengeld endet

1. mit dem letzten Tag der Arbeitsunfähigkeit oder der Hinderung an einer ganztägigen

Erwerbstätigkeit durch eine Heilbehandlungsmaßnahme,

2. mit dem Tag, der dem Tag vorausgeht, an dem ein Anspruch auf Übergangsgeld entsteht.

2Wenn mit dem Wiedereintritt der Arbeitsfähigkeit nicht zu rechnen ist und Leistungen zur Teilhabe am Arbeitsleben nicht zu erbringen sind, endet das Verletztengeld

1. mit dem Tag, an dem die Heilbehandlung so weit abgeschlossen ist, daß die Versicherten eine zumutbare, zur Verfügung stehende Berufs- oder Erwerbstätigkeit aufnehmen können,
2. mit Beginn der in § 50 Abs. 1 Satz 1 des Fünften Buches genannten Leistungen, es sei denn, daß diese Leistungen mit dem Versicherungsfall im Zusammenhang stehen,
3. im übrigen mit Ablauf der 78. Woche, gerechnet vom Tag des Beginns der Arbeitsunfähigkeit an, jedoch nicht vor dem Ende der stationären Behandlung.

§ 47 Höhe des Verletztengeldes

(1) 1Versicherte, die Arbeitsentgelt oder Arbeitseinkommen erzielt haben, erhalten Verletztengeld entsprechend § 47 Abs. 1 und 2 des Fünften Buches mit der Maßgabe, daß

1. das Regelentgelt aus dem Gesamtbetrag des regelmäßigen Arbeitsentgelts und des Arbeitseinkommens zu berechnen und bis zu einem Betrag in Höhe des 360. Teils des Höchstjahresarbeitsverdienstes zu berücksichtigen ist,
2. das Verletztengeld 80 vom Hundert des Regelentgelts beträgt und das bei Anwendung des § 47 Abs. 1 und 2 des Fünften Buches berechnete Nettoarbeitsentgelt nicht übersteigt.

2Arbeitseinkommen ist bei der Ermittlung des Regelentgelts mit dem 360. Teil des im Kalenderjahr vor Beginn der Arbeitsunfähigkeit oder der Maßnahmen der Heilbehandlung erzielten Arbeitseinkommens zugrunde zu legen. 3Die Satzung hat bei nicht kontinuierlicher Arbeitsverrichtung und -vergütung abweichende Bestimmungen zur Zahlung und Berechnung des Verletztengeldes vorzusehen, die sicherstellen, daß das Verletztengeld seine Entgeltersatzfunktion erfüllt.

(1a) 1Für Ansprüche auf Verletztengeld, die vor dem 1. Januar 2001 entstanden sind, ist § 47 Abs. 1 und 2 des Fünften Buches in der vor dem 22. Juni 2000 jeweils geltenden Fassung für Zeiten nach dem 31. Dezember 1996 mit der Maßgabe entsprechend anzuwenden, dass sich das Regelentgelt um 10 vom Hundert, höchstens aber bis zu einem Betrag in Höhe des dreihundertsechzigsten Teils des Höchstjahresarbeitsverdienstes erhöht. 2Das regelmäßige Nettoarbeitsentgelt ist um denselben Vomhundertsatz zu erhöhen. 3Satz 1 und 2 gilt für Ansprüche, über die vor dem 22. Juni 2000 bereits unanfechtbar entschieden war, nur für Zeiten vom 22. Juni 2000 an bis zum Ende der Leistungsdauer. 4Entscheidungen über die Ansprüche, die vor dem 22. Juni 2000 unanfechtbar geworden sind, sind nicht nach § 44 Abs. 1 des Zehnten Buches zurückzunehmen.

(2) 1Versicherte, die Arbeitslosengeld, Unterhaltsgeld oder Kurzarbeitergeld bezogen haben, erhalten Verletztengeld in Höhe des Krankengeldes nach § 47b des Fünften Buches. 2Versicherte, die nicht nur darlehensweise gewährtes Arbeitslosengeld II oder nicht nur Leistungen für Erstausstattungen für Bekleidung bei Schwangerschaft und Geburt nach dem Zweiten Buch bezogen haben, erhalten Verletztengeld in Höhe des Betrages des Arbeitslosengeldes II.

(3) Versicherte, die als Entwicklungshelfer Unterhaltsleistungen nach § 4 Abs. 1 Nr. 1 des Entwicklungshelfer-Gesetzes bezogen haben, erhalten Verletztengeld in Höhe dieses Betrages.

(4) Bei Versicherten, die unmittelbar vor dem Versicherungsfall Krankengeld, Pflegeunterstützungsgeld, Verletztengeld, Versorgungskrankengeld oder Übergangsgeld bezogen haben, wird bei der Berechnung des Verletztengeldes von dem bisher zugrunde gelegten Regelentgelt ausgegangen.

(5) 1Abweichend von Absatz 1 erhalten Versicherte, die den Versicherungsfall infolge einer Tätigkeit als Unternehmer, mitarbeitende

VII

Ehegatten oder Lebenspartner oder den Unternehmern nach § 6 Abs. 1 Nr. 2 Gleichgestellte erlitten haben, Verletztengeld je Kalendertag in Höhe des 450. Teils des Jahresarbeitsverdienstes. 2Ist das Verletztengeld für einen ganzen Kalendermonat zu zahlen, ist dieser mit 30 Tagen anzusetzen.

(6) Hat sich der Versicherungsfall während einer aufgrund eines Gesetzes angeordneten Freiheitsentziehung ereignet, gilt für die Berechnung des Verletztengeldes Absatz 1 entsprechend; nach der Entlassung erhalten die Versicherten Verletztengeld je Kalendertag in Höhe des 450. Teils des Jahresarbeitsverdienstes, wenn dies für die Versicherten günstiger ist.

(7) (weggefallen)

(8) Die Regelung des § 90 Abs. 1 und 3 über die Neufestsetzung des Jahresarbeitsverdienstes nach voraussichtlicher Beendigung einer Schul- oder Berufsausbildung oder nach tariflichen Berufs- oder Altersstufen gilt für das Verletztengeld entsprechend.

VII

§ 48 Verletztengeld bei Wiedererkrankung

Im Fall der Wiedererkrankung an den Folgen des Versicherungsfalls gelten die §§ 45 bis 47 mit der Maßgabe entsprechend, daß anstelle des Zeitpunkts der ersten Arbeitsunfähigkeit auf den der Wiedererkrankung abgestellt wird.

§ 49 Übergangsgeld

Übergangsgeld wird erbracht, wenn Versicherte infolge des Versicherungsfalls Leistungen zur Teilhabe am Arbeitsleben erhalten.

§ 50 Höhe und Berechnung des Übergangsgeldes

Höhe und Berechnung des Übergangsgeldes bestimmen sich nach den §§ 46 bis 51 des Neunten Buches, soweit dieses Buch nichts Abweichendes bestimmt; im Übrigen gelten die Vorschriften für das Verletztengeld entsprechend.

§ 51 (weggefallen)

§ 52 Anrechnung von Einkommen auf Verletzten- und Übergangsgeld

Auf das Verletzten- und Übergangsgeld werden von dem gleichzeitig erzielten Einkommen angerechnet

1. beitragspflichtiges Arbeitsentgelt oder Arbeitseinkommen, das bei Arbeitnehmern um die gesetzlichen Abzüge und bei sonstigen Versicherten um 20 vom Hundert vermindert ist; dies gilt nicht für einmalig gezahltes Arbeitsentgelt,
2. Mutterschaftsgeld, Versorgungskrankengeld, Unterhaltsgeld, Kurzarbeitergeld, Arbeitslosengeld, nicht nur darlehensweise gewährtes Arbeitslosengeld II; dies gilt auch, wenn Ansprüche auf Leistungen nach dem Dritten Buch wegen einer Sperrzeit ruhen oder das Arbeitslosengeld II nach § 31 des Zweiten Buches abgesenkt worden ist.

Siebter Unterabschnitt Besondere Vorschriften für die Versicherten in der Seefahrt

§ 53 Vorrang der medizinischen Betreuung durch die Reeder

(1) 1Der Anspruch von Versicherten in der Seefahrt auf Leistungen nach diesem Abschnitt ruht, soweit und solange die Reeder ihre Verpflichtung zur medizinischen Betreuung nach dem Seearbeitsgesetz erfüllen. 2Kommen die Reeder der Verpflichtung nicht nach, kann der Unfallversicherungsträger von den Reedern die Erstattung in Höhe der von ihm erbrachten Leistungen verlangen.

(2) Endet die Verpflichtung der Reeder zur medizinischen Betreuung, haben sie hinsichtlich der Folgen des Versicherungsfalls die medizinische Betreuung auf Kosten des Unfallversicherungsträgers fortzusetzen, soweit dieser sie dazu beauftragt.

Achter Unterabschnitt
Besondere Vorschriften für die Versicherten der landwirtschaftlichen Unfallversicherung

§ 54 Betriebs- und Haushaltshilfe

(1) 1Betriebshilfe erhalten landwirtschaftliche Unternehmer mit einem Unternehmen im Sinne des § 1 Abs. 2 des Gesetzes über die Alterssicherung der Landwirte während einer stationären Behandlung, wenn ihnen wegen dieser Behandlung die Weiterführung des Unternehmens nicht möglich ist und in dem Unternehmen Arbeitnehmer und mitarbeitende Familienangehörige nicht ständig beschäftigt werden. 2Betriebshilfe wird für längstens drei Monate erbracht.

(2) 1Haushaltshilfe erhalten landwirtschaftliche Unternehmer mit einem Unternehmen im Sinne des § 1 Abs. 2 des Gesetzes über die Alterssicherung der Landwirte, ihre im Unternehmen mitarbeitenden Ehegatten oder mitarbeitenden Lebenspartner während einer stationären Behandlung, wenn den Unternehmern, ihren Ehegatten oder Lebenspartnern wegen dieser Behandlung die Weiterführung des Haushalts nicht möglich und diese auf andere Weise nicht sicherzustellen ist. 2Absatz 1 Satz 2 gilt entsprechend.

(3) Die Satzung kann bestimmen,

1. daß die Betriebshilfe auch an den mitarbeitenden Ehegatten oder Lebenspartner eines landwirtschaftlichen Unternehmers erbracht wird,
2. unter welchen Voraussetzungen und für wie lange Betriebs- und Haushaltshilfe den landwirtschaftlichen Unternehmern und ihren Ehegatten oder Lebenspartnern auch während einer nicht stationären Heilbehandlung erbracht wird,
3. unter welchen Voraussetzungen Betriebs- und Haushaltshilfe auch an landwirtschaftliche Unternehmer, deren Unternehmen nicht die Voraussetzungen des § 1 Absatz 5 das Gesetzes über die Alterssicherung der Landwirte erfüllen, und an ihre Ehegatten oder Lebenspartner erbracht wird,
4. daß die Betriebs- und Haushaltshilfe auch erbracht wird, wenn in dem Unternehmen Arbeitnehmer oder mitarbeitende Familienangehörige ständig beschäftigt werden,
5. unter welchen Voraussetzungen die Betriebs- und Haushaltshilfe länger als drei Monate erbracht wird,
6. von welchem Tag der Heilbehandlung an die Betriebs- oder Haushaltshilfe erbracht wird.

(4) 1Leistungen nach den Absätzen 1 bis 3 müssen wirksam und wirtschaftlich sein; sie dürfen das Maß des Notwendigen nicht übersteigen. 2Leistungen, die diese Voraussetzungen nicht erfüllen, können nicht beansprucht und dürfen von der landwirtschaftlichen Berufsgenossenschaft nicht bewilligt werden.

§ 55 Art und Form der Betriebs- und Haushaltshilfe

(1) 1Bei Vorliegen der Voraussetzungen des § 54 wird Betriebs- und Haushaltshilfe in Form der Gestellung einer Ersatzkraft oder durch Erstattung der Kosten für eine selbst beschaffte betriebsfremde Ersatzkraft in angemessener Höhe gewährt. 2Die Satzung kann die Erstattungsfähigkeit der Kosten für selbst beschaffte Ersatzkräfte begrenzen. 3Für Verwandte und Verschwägerte bis zum zweiten Grad werden Kosten nicht erstattet; die Berufsgenossenschaft kann jedoch die erforderlichen Fahrkosten und den Verdienstausfall erstatten, wenn die Erstattung in einem angemessenen Verhältnis zu den sonst für eine Ersatzkraft entstehenden Kosten steht.

(2) 1Die Versicherten haben sich angemessen an den entstehenden Aufwendungen für die Betriebs- und Haushaltshilfe zu beteiligen (Selbstbeteiligung); die Selbstbeteiligung beträgt für jeden Tag der Leistungsgewährung mindestens 10 Euro. 2Das Nähere zur Selbstbeteiligung bestimmt die Satzung.

§ 55a Sonstige Ansprüche, Verletztengeld

(1) Für regelmäßig wie landwirtschaftliche Unternehmer selbständig Tätige, die kraft

Gesetzes versichert sind, gelten die §§ 54 und 55 entsprechend.

(2) Versicherte, die die Voraussetzungen nach § 54 Abs. 1 bis 3 erfüllen, ohne eine Leistung nach § 55 in Anspruch zu nehmen, erhalten auf Antrag Verletztengeld, wenn dies im Einzelfall unter Berücksichtigung der Besonderheiten landwirtschaftlicher Betriebe und Haushalte sachgerecht ist.

(3) 1Für die Höhe des Verletztengeldes gilt in den Fällen des Absatzes 2 sowie bei den im Unternehmen mitarbeitenden Familienangehörigen, soweit diese nicht nach § 2 Abs. 1 Nr. 1 versichert sind, § 13 Abs. 1 des Zweiten Gesetzes über die Krankenversicherung der Landwirte entsprechend. 2Die Satzung bestimmt, unter welchen Voraussetzungen die in Satz 1 genannten Personen auf Antrag mit einem zusätzlichen Verletztengeld versichert werden. 3Abweichend von § 46 Abs. 3 Satz 2 Nr. 3 endet das Verletztengeld vor Ablauf der 78. Woche mit dem Tage, an dem abzusehen ist, dass mit dem Wiedereintritt der Arbeitsfähigkeit nicht zu rechnen ist und Leistungen zur Teilhabe am Arbeitsleben nicht zu erbringen sind, jedoch nicht vor Ende der stationären Behandlung.

Zweiter Abschnitt
Renten, Beihilfen, Abfindungen

Erster Unterabschnitt
Renten an Versicherte

§ 56 Voraussetzungen und Höhe des Rentenanspruchs

(1) 1Versicherte, deren Erwerbsfähigkeit infolge eines Versicherungsfalls über die 26. Woche nach dem Versicherungsfall hinaus um wenigstens 20 vom Hundert gemindert ist, haben Anspruch auf eine Rente. 2Ist die Erwerbsfähigkeit infolge mehrerer Versicherungsfälle gemindert und erreichen die Vomhundertsätze zusammen wenigstens die Zahl 20, besteht für jeden, auch für einen früheren Versicherungsfall, Anspruch auf Rente. 3Die Folgen eines Versicherungsfalls sind nur zu berücksichtigen, wenn sie die Erwerbsfähigkeit um wenigstens 10 vom Hundert mindern. 4Den Versicherungsfällen stehen gleich Unfälle oder Entschädigungsfälle nach den Beamtengesetzen, dem Bundesversorgungsgesetz, dem Soldatenversorgungsgesetz, dem Gesetz über den zivilen Ersatzdienst, dem Gesetz über die Abgeltung von Besatzungsschäden, dem Häftlingshilfegesetz und den entsprechenden Gesetzen, die Entschädigung für Unfälle oder Beschädigungen gewähren.

(2) 1Die Minderung der Erwerbsfähigkeit richtet sich nach dem Umfang der sich aus der Beeinträchtigung des körperlichen und geistigen Leistungsvermögens ergebenden verminderten Arbeitsmöglichkeiten auf dem gesamten Gebiet des Erwerbslebens. 2Bei jugendlichen Versicherten wird die Minderung der Erwerbsfähigkeit nach den Auswirkungen bemessen, die sich bei Erwachsenen mit gleichem Gesundheitsschaden ergeben würden. 3Bei der Bemessung der Minderung der Erwerbsfähigkeit werden Nachteile berücksichtigt, die die Versicherten dadurch erleiden, daß sie bestimmte von ihnen erworbene besondere berufliche Kenntnisse und Erfahrungen infolge des Versicherungsfalls nicht mehr oder nur noch in vermindertem Umfang nutzen können, soweit solche Nachteile nicht durch sonstige Fähigkeiten, deren Nutzung ihnen zugemutet werden kann, ausgeglichen werden.

(3) 1Bei Verlust der Erwerbsfähigkeit wird Vollrente geleistet; sie beträgt zwei Drittel des Jahresarbeitsverdienstes. 2Bei einer Minderung der Erwerbsfähigkeit wird Teilrente geleistet; sie wird in der Höhe des Vomhundertsatzes der Vollrente festgesetzt, der dem Grad der Minderung der Erwerbsfähigkeit entspricht.

§ 57 Erhöhung der Rente bei Schwerverletzten

Können Versicherte mit Anspruch auf eine Rente nach einer Minderung der Erwerbsfähigkeit von 50 vom Hundert oder mehr oder auf mehrere Renten, deren Vomhundertsätze zusammen wenigstens die Zahl 50 erreichen (Schwerverletzte), infolge des Versicherungsfalls einer Erwerbstätigkeit nicht mehr nachgehen und haben sie keinen Anspruch auf Rente aus der gesetzlichen Rentenversicherung, erhöht sich die Rente um 10 vom Hundert.

§ 58 Erhöhung der Rente bei Arbeitslosigkeit

1Solange Versicherte infolge des Versicherungsfalls ohne Anspruch auf Arbeitsentgelt oder Arbeitseinkommen sind und die Rente zusammen mit dem Arbeitslosengeld oder dem Arbeitslosengeld II nicht den sich aus § 46 Abs. 1 des Neunten Buches ergebenden Betrag des Übergangsgeldes erreicht, wird die Rente längstens für zwei Jahre nach ihrem Beginn um den Unterschiedsbetrag erhöht. 2Der Unterschiedsbetrag wird bei dem Arbeitslosengeld II nicht als Einkommen berücksichtigt. 3Satz 1 gilt nicht, solange Versicherte Anspruch auf weiteres Erwerbsersatzeinkommen (§ 18a Abs. 3 des Vierten Buches) haben, das zusammen mit der Rente das Übergangsgeld erreicht. 4Wird Arbeitslosengeld II nur darlehensweise gewährt oder erhält der Versicherte nur Leistungen nach § 24 Absatz 3 Satz 1 des Zweiten Buches, finden die Sätze 1 und 2 keine Anwendung.

§ 59 Höchstbetrag bei mehreren Renten

(1) 1Beziehen Versicherte mehrere Renten, so dürfen diese ohne die Erhöhung für Schwerverletzte zusammen zwei Drittel des höchsten der Jahresarbeitsverdienste nicht übersteigen, die diesen Renten zugrunde liegen. 2Soweit die Renten den Höchstbetrag übersteigen, werden sie verhältnismäßig gekürzt.

(2) Haben Versicherte eine Rentenabfindung erhalten, wird bei der Feststellung des Höchstbetrages nach Absatz 1 die der Abfindung zugrunde gelegte Rente so berücksichtigt, wie sie ohne die Abfindung noch zu zahlen wäre.

§ 60 Minderung bei Heimpflege

Für die Dauer einer Heimpflege von mehr als einem Kalendermonat kann der Unfallversicherungsträger die Rente um höchstens die Hälfte mindern, soweit dies nach den persönlichen Bedürfnissen und Verhältnissen der Versicherten angemessen ist.

§ 61 Renten für Beamte und Berufssoldaten

(1) 1Die Renten von Beamten, die nach § 82 Abs. 4 berechnet werden, werden nur insoweit gezahlt, als sie die Dienst- oder Versorgungsbezüge übersteigen; den Beamten verbleibt die Rente jedoch mindestens in Höhe des Betrages, der bei Vorliegen eines Dienstunfalls als Unfallausgleich zu gewähren wäre. 2Endet das Dienstverhältnis wegen Dienstunfähigkeit infolge des Versicherungsfalls, wird Vollrente insoweit gezahlt, als sie zusammen mit den Versorgungsbezügen aus dem Dienstverhältnis die Versorgungsbezüge, auf die der Beamte bei Vorliegen eines Dienstunfalls Anspruch hätte, nicht übersteigt. 3Die Höhe dieser Versorgungsbezüge stellt die Dienstbehörde fest. 4Für die Hinterbliebenen gilt dies entsprechend.

(2) 1Absatz 1 gilt für die Berufssoldaten entsprechend. 2Anstelle des Unfallausgleichs wird der Ausgleich nach § 85 des Soldatenversorgungsgesetzes gezahlt.

§ 62 Rente als vorläufige Entschädigung

(1) 1Während der ersten drei Jahre nach dem Versicherungsfall soll der Unfallversicherungsträger die Rente als vorläufige Entschädigung festsetzen, wenn der Umfang der Minderung der Erwerbsfähigkeit noch nicht abschließend festgestellt werden kann. 2Innerhalb dieses Zeitraums kann der Vomhundertsatz der Minderung der Erwerbsfähigkeit jederzeit ohne Rücksicht auf die Dauer der Veränderung neu festgestellt werden.

(2) 1Spätestens mit Ablauf von drei Jahren nach dem Versicherungsfall wird die vorläufige Entschädigung als Rente auf unbestimmte Zeit geleistet. 2Bei der erstmaligen Feststellung der Rente nach der vorläufigen Entschädigung kann der Vomhundertsatz der Minderung der Erwerbsfähigkeit abweichend von der vorläufigen Entschädigung festgestellt werden, auch wenn sich die Verhältnisse nicht geändert haben.

Zweiter Unterabschnitt Leistungen an Hinterbliebene

§ 63 Leistungen bei Tod

(1) 1Hinterbliebene haben Anspruch auf

1. Sterbegeld,
2. Erstattung der Kosten der Überführung an den Ort der Bestattung,
3. Hinterbliebenenrenten,
4. Beihilfe.

2Der Anspruch auf Leistungen nach Satz 1 Nr. 1 bis 3 besteht nur, wenn der Tod infolge eines Versicherungsfalls eingetreten ist.

(1a) Die Vorschriften dieses Unterabschnitts über Hinterbliebenenleistungen an Witwen und Witwer gelten auch für Hinterbliebenenleistungen an Lebenspartner.

(2) 1Dem Tod infolge eines Versicherungsfalls steht der Tod von Versicherten gleich, deren Erwerbsfähigkeit durch die Folgen einer Berufskrankheit nach den Nummern 4101 bis 4104 der Anlage 1 der Berufskrankheiten-Verordnung vom 20. Juni 1968 (BGBl. I S. 721) in der Fassung der Zweiten Verordnung zur Änderung der Berufskrankheiten-Verordnung vom 18. Dezember 1992 (BGBl. I S. 2343) um 50 vom Hundert oder mehr gemindert war. 2Dies gilt nicht, wenn offenkundig ist, daß der Tod mit der Berufskrankheit nicht in ursächlichem Zusammenhang steht; eine Obduktion zum Zwecke einer solchen Feststellung darf nicht gefordert werden.

(3) Ist ein Versicherter getötet worden, so kann der Unfallversicherungsträger die Entnahme einer Blutprobe zur Feststellung von Tatsachen anordnen, die für die Entschädigungspflicht von Bedeutung sind.

(4) 1Sind Versicherte im Zusammenhang mit der versicherten Tätigkeit verschollen, gelten sie als infolge eines Versicherungsfalls verstorben, wenn die Umstände ihren Tod wahrscheinlich machen und seit einem Jahr Nachrichten über ihr Leben nicht eingegangen sind. 2Der Unfallversicherungsträger kann von den Hinterbliebenen die Versicherung an Eides Statt verlangen, daß ihnen weitere als die angezeigten Nachrichten über die Verschollenen nicht bekannt sind. 3Der Unfallversicherungsträger ist berechtigt, für die Leistungen den nach den Umständen mutmaßlichen Todestag festzustellen. 4Bei Versicherten in der Seeschifffahrt wird spätestens der dem Ablauf des Heuerverhältnisses folgende Tag als Todestag festgesetzt.

§ 64 Sterbegeld und Erstattung von Überführungskosten

(1) Witwen, Witwer, Kinder, Stiefkinder, Pflegekinder, Enkel, Geschwister, frühere Ehegatten und Verwandte der aufsteigenden Linie der Versicherten erhalten Sterbegeld in Höhe eines Siebtels der im Zeitpunkt des Todes geltenden Bezugsgröße.

(2) Kosten der Überführung an den Ort der Bestattung werden erstattet, wenn der Tod nicht am Ort der ständigen Familienwohnung der Versicherten eingetreten ist und die Versicherten sich dort aus Gründen aufgehalten haben, die im Zusammenhang mit der versicherten Tätigkeit oder mit den Folgen des Versicherungsfalls stehen.

(3) Das Sterbegeld und die Überführungskosten werden an denjenigen Berechtigten gezahlt, der die Bestattungs- und Überführungskosten trägt.

(4) Ist ein Anspruchsberechtigter nach Absatz 1 nicht vorhanden, werden die Bestattungskosten bis zur Höhe des Sterbegeldes nach Absatz 1 an denjenigen gezahlt, der diese Kosten trägt.

§ 65 Witwen- und Witwerrente

(1) 1Witwen oder Witwer von Versicherten erhalten eine Witwen- oder Witwerrente, solange sie nicht wieder geheiratet haben. 2Der Anspruch auf eine Rente nach Absatz 2 Nr. 2 besteht längstens für 24 Kalendermonate nach Ablauf des Monats, in dem der Ehegatte verstorben ist.

(2) Die Rente beträgt

1. zwei Drittel des Jahresarbeitsverdienstes bis zum Ablauf des dritten Kalendermonats nach Ablauf des Monats, in dem der Ehegatte verstorben ist,
2. 30 vom Hundert des Jahresarbeitsverdienstes nach Ablauf des dritten Kalendermonats,

VII

3. 40 vom Hundert des Jahresarbeitsverdienstes nach Ablauf des dritten Kalendermonats,
   a) solange Witwen oder Witwer ein waisenrentenberechtigtes Kind erziehen oder für ein Kind sorgen, das wegen körperlicher, geistiger oder seelischer Behinderung Anspruch auf Waisenrente hat oder nur deswegen nicht hat, weil das 27. Lebensjahr vollendet wurde,
   b) wenn Witwen oder Witwer das 47. Lebensjahr vollendet haben oder
   c) solange Witwen oder Witwer erwerbsgemindert berufs- oder erwerbsunfähig im Sinne des Sechsten Buches sind; Entscheidungen des Trägers der Rentenversicherung über Erwerbsminderung, Berufs- oder Erwerbsunfähigkeit sind für den Unfallversicherungsträger bindend.

(3) 1Einkommen (§§ 18a bis 18e des Vierten Buches) von Witwen oder Witwern, das mit einer Witwenrente oder Witwerrente nach Absatz 2 Nr. 2 und 3 zusammentrifft, wird hierauf angerechnet. 2Anrechenbar ist das Einkommen, das monatlich das 26,4fache des aktuellen Rentenwerts der gesetzlichen Rentenversicherung übersteigt. 3Das nicht anrechenbare Einkommen erhöht sich um das 5,6fache des aktuellen Rentenwerts für jedes waisenrentenberechtigte Kind von Witwen oder Witwern. 4Von dem danach verbleibenden anrechenbaren Einkommen werden 40 vom Hundert angerechnet.

(4) 1Für die Einkommensanrechnung ist bei Anspruch auf mehrere Renten folgende Rangfolge maßgebend:

1. (weggefallen)
2. Witwenrente oder Witwerrente,
3. Witwenrente oder Witwerrente nach dem vorletzten Ehegatten.

2Das auf eine Rente anrechenbare Einkommen mindert sich um den Betrag, der bereits zu einer Einkommensanrechnung auf eine vorrangige Rente geführt hat.

(5) 1Witwenrente oder Witwerrente wird auf Antrag auch an überlebende Ehegatten gezahlt, die wieder geheiratet haben, wenn die erneute Ehe aufgelöst oder für nichtig erklärt ist und sie im Zeitpunkt der Wiederheirat Anspruch auf eine solche Rente hatten. 2Auf eine solche Witwenrente oder Witwerrente nach dem vorletzten Ehegatten werden für denselben Zeitraum bestehende Ansprüche auf Witwenrente oder Witwerrente, auf Versorgung, auf Unterhalt oder auf sonstige Rente nach dem letzten Ehegatten angerechnet, es sei denn, daß die Ansprüche nicht zu verwirklichen sind; dabei werden die Vorschriften über die Einkommensanrechnung auf Renten wegen Todes nicht berücksichtigt.

(6) Witwen oder Witwer haben keinen Anspruch, wenn die Ehe erst nach dem Versicherungsfall geschlossen worden ist und der Tod innerhalb des ersten Jahres dieser Ehe eingetreten ist, es sei denn, daß nach den besonderen Umständen des Einzelfalls die Annahme nicht gerechtfertigt ist, daß es der alleinige oder überwiegende Zweck der Heirat war, einen Anspruch auf Hinterbliebenenversorgung zu begründen.

(7) Lebenspartner haben keinen Anspruch, wenn Witwen oder Witwer, die im Zeitpunkt des Todes mit dem Versicherten verheiratet waren, Anspruch auf eine Witwen- oder Witwerrente haben.

§ 66 Witwen- und Witwerrente an frühere Ehegatten; mehrere Berechtigte

(1) 1Frühere Ehegatten von Versicherten, deren Ehe mit ihnen geschieden, für nichtig erklärt oder aufgehoben ist, erhalten auf Antrag eine Rente entsprechend § 65, wenn die Versicherten ihnen während des letzten Jahres vor ihrem Tod Unterhalt geleistet haben oder den früheren Ehegatten im letzten wirtschaftlichen Dauerzustand vor dem Tod der Versicherten ein Anspruch auf Unterhalt zustand; § 65 Abs. 2 Nr. 1 findet keine Anwendung. 2Beruhte der Unterhaltsanspruch auf § 1572, 1573, 1575 oder 1576 des Bürgerlichen Gesetzbuchs, wird die Rente gezahlt, solange der frühere Ehegatte ohne den Versicherungsfall unterhaltsberechtigt gewesen wäre.

(2) Sind mehrere Berechtigte nach Absatz 1 oder nach Absatz 1 und § 65 vorhanden, erhält jeder von ihnen den Teil der für ihn nach § 65 Abs. 2 zu berechnenden Rente, der im Verhältnis zu den anderen Berechtigten der Dauer seiner Ehe mit dem Verletzten entspricht; anschließend ist § 65 Abs. 3 entsprechend anzuwenden.

(3) Renten nach Absatz 1 und § 65 sind gemäß Absatz 2 zu mindern, wenn nach Feststellung der Rente einem weiteren früheren Ehegatten Rente zu zahlen ist.

§ 67 Voraussetzungen der Waisenrente

(1) Kinder von verstorbenen Versicherten erhalten eine

1. Halbwaisenrente, wenn sie noch einen Elternteil haben,
2. Vollwaisenrente, wenn sie keine Eltern mehr haben.

(2) Als Kinder werden auch berücksichtigt

1. Stiefkinder und Pflegekinder (§ 56 Abs. 2 Nr. 1 und 2 des Ersten Buches), die in den Haushalt der Versicherten aufgenommen waren,
2. Enkel und Geschwister, die in den Haushalt der Versicherten aufgenommen waren oder von ihnen überwiegend unterhalten wurden.

(3) 1Halb- oder Vollwaisenrente wird gezahlt

1. bis zur Vollendung des 18. Lebensjahres,
2. bis zur Vollendung des 27. Lebensjahres, wenn die Waise
   a) sich in Schulausbildung oder Berufsausbildung befindet oder
   b) sich in einer Übergangszeit von höchstens vier Kalendermonaten befindet, die zwischen zwei Ausbildungsabschnitten oder zwischen einem Ausbildungsabschnitt und der Ableistung des gesetzlichen Wehr- oder Zivildienstes oder der Ableistung eines freiwilligen Dienstes im Sinne des Buchstabens c liegt, oder
   c) einen freiwilligen Dienst im Sinne des § 32 Absatz 4 Satz 1 Nummer 2 Buchstabe d des Einkommensteuergesetzes leistet oder
   d) wegen körperlicher, geistiger oder seelischer Behinderung außerstande ist, sich selbst zu unterhalten.

2Eine Schulausbildung oder Berufsausbildung im Sinne des Satzes 1 liegt nur vor, wenn die Ausbildung einen tatsächlichen zeitlichen Aufwand von wöchentlich mehr als 20 Stunden erfordert. 3Der tatsächliche zeitliche Aufwand ist ohne Bedeutung für Zeiten, in denen das Ausbildungsverhältnis trotz einer Erkrankung fortbesteht und damit gerechnet werden kann, dass die Ausbildung fortgesetzt wird. 4Das gilt auch für die Dauer der Schutzfristen nach dem Mutterschutzgesetz.

(4) 1In den Fällen des Absatzes 3 Nr. 2 Buchstabe a erhöht sich die maßgebende Altersgrenze bei Unterbrechung oder Verzögerung der Schulausbildung oder Berufsausbildung durch den gesetzlichen Wehrdienst, Zivildienst oder einen gleichgestellten Dienst um die Zeit dieser Dienstleistung, höchstens um einen der Dauer des gesetzlichen Grundwehrdienstes oder Zivildienstes entsprechenden Zeitraum. 2Die Ableistung eines Dienstes im Sinne von Absatz 3 Nr. 2 Buchstabe c ist kein gleichgestellter Dienst im Sinne von Satz 1.

(5) Der Anspruch auf Waisenrente endet nicht dadurch, daß die Waise als Kind angenommen wird.

§ 68 Höhe der Waisenrente

(1) Die Rente beträgt

1. 20 vom Hundert des Jahresarbeitsverdienstes für eine Halbwaise,
2. 30 vom Hundert des Jahresarbeitsverdienstes für eine Vollwaise

(2) (weggefallen)

(3) Liegen bei einem Kind die Voraussetzungen für mehrere Waisenrenten aus der Unfallversicherung vor, wird nur die höchste Rente gezahlt und bei Renten gleicher Höhe diejenige, die wegen des frühesten Versicherungsfalls zu zahlen ist.

§ 69 Rente an Verwandte der aufsteigenden Linie

(1) Verwandte der aufsteigenden Linie, Stief- oder Pflegeeltern der Verstorbenen, die von

den Verstorbenen zur Zeit des Todes aus deren Arbeitsentgelt oder Arbeitseinkommen wesentlich unterhalten worden sind oder ohne den Versicherungsfall wesentlich unterhalten worden wären, erhalten eine Rente, solange sie ohne den Versicherungsfall gegen die Verstorbenen einen Anspruch auf Unterhalt wegen Unterhaltsbedürftigkeit hätten geltend machen können.

(2) 1Sind aus der aufsteigenden Linie Verwandte verschiedenen Grades vorhanden, gehen die näheren den entfernteren vor. 2Den Eltern stehen Stief- oder Pflegeeltern gleich.

(3) Liegen bei einem Elternteil oder bei einem Elternpaar die Voraussetzungen für mehrere Elternrenten aus der Unfallversicherung vor, wird nur die höchste Rente gezahlt und bei Renten gleicher Höhe diejenige, die wegen des frühesten Versicherungsfalls zu zahlen ist.

(4) Die Rente beträgt

1. 20 vom Hundert des Jahresarbeitsverdienstes für einen Elternteil,
2. 30 vom Hundert des Jahresarbeitsverdienstes für ein Elternpaar.

(5) Stirbt bei Empfängern einer Rente für ein Elternpaar ein Ehegatte, wird dem überlebenden Ehegatten anstelle der Rente für einen Elternteil die für den Sterbemonat zustehende Elternrente für ein Elternpaar für die folgenden drei Kalendermonate weitergezahlt.

§ 70 Höchstbetrag der Hinterbliebenenrenten

(1) 1Die Renten der Hinterbliebenen dürfen zusammen 80 vom Hundert des Jahresarbeitsverdienstes nicht übersteigen, sonst werden sie gekürzt, und zwar bei Witwen und Witwern, früheren Ehegatten und Waisen nach dem Verhältnis ihrer Höhe. 2Bei Anwendung von Satz 1 wird von der nach § 65 Abs. 2 Nr. 2 und 3 oder § 68 Abs. 1 berechneten Rente ausgegangen; anschließend wird § 65 Abs. 3 angewendet. 3§ 65 Abs. 2 Nr. 1 bleibt unberührt. 4Verwandte der aufsteigenden Linie, Stief- oder Pflegeeltern sowie Pflegekinder haben nur Anspruch, soweit Witwen und Witwer, frühere Ehegatten oder Waisen den Höchstbetrag nicht ausschöpfen.

(2) Sind für die Hinterbliebenen 80 vom Hundert des Jahresarbeitsverdienstes festgestellt und tritt später ein neuer Berechtigter hinzu, werden die Hinterbliebenenrenten nach Absatz 1 neu berechnet.

(3) Beim Wegfall einer Hinterbliebenenrente erhöhen sich die Renten der übrigen bis zum zulässigen Höchstbetrag.

§ 71 Witwen-, Witwer- und Waisenbeihilfe

(1) 1Witwen oder Witwer von Versicherten erhalten eine einmalige Beihilfe von 40 vom Hundert des Jahresarbeitsverdienstes, wenn

1. ein Anspruch auf Hinterbliebenenrente nicht besteht, weil der Tod der Versicherten nicht Folge eines Versicherungsfalls war, und
2. die Versicherten zur Zeit ihres Todes Anspruch auf eine Rente nach einer Minderung der Erwerbsfähigkeit von 50 vom Hundert oder mehr oder auf mehrere Renten hatten, deren Vomhundertsätze zusammen mindestens die Zahl 50 erreichen; soweit Renten abgefunden wurden, wird von dem Vomhundertsatz der abgefundenen Rente ausgegangen.

2§ 65 Abs. 6 gilt entsprechend.

(2) 1Beim Zusammentreffen mehrerer Renten oder Abfindungen wird die Beihilfe nach dem höchsten Jahresarbeitsverdienst berechnet, der den Renten oder Abfindungen zugrunde lag. 2Die Beihilfe zahlt der Unfallversicherungsträger, der die danach berechnete Leistung erbracht hat, bei gleich hohen Jahresarbeitsverdiensten derjenige, der für den frühesten Versicherungsfall zuständig ist.

(3) 1Für Vollwaisen, die bei Tod der Versicherten infolge eines Versicherungsfalls Anspruch auf Waisenrente hätten, gelten die Absätze 1 und 2 entsprechend, wenn sie zur Zeit des Todes der Versicherten mit ihnen in häuslicher Gemeinschaft gelebt haben und von ihnen überwiegend unterhalten worden sind. 2Sind mehrere Waisen vorhanden, wird die Waisenbeihilfe gleichmäßig verteilt.

(4) 1Haben Versicherte länger als zehn Jahre eine Rente nach einer Minderung der Erwerbsfähigkeit von 80 vom Hundert oder mehr bezogen und sind sie nicht an den Folgen eines Versicherungsfalls gestorben, kann anstelle der Beihilfe nach Absatz 1 oder 3 den Berechtigten eine laufende Beihilfe bis zur Höhe einer Hinterbliebenenrente gezahlt werden, wenn die Versicherten infolge des Versicherungsfalls gehindert waren, eine entsprechende Erwerbstätigkeit auszuüben, und wenn dadurch die Versorgung der Hinterbliebenen um mindestens 10 vom Hundert gemindert ist. 2Auf die laufende Beihilfe finden im übrigen die Vorschriften für Hinterbliebenenrenten Anwendung.

Dritter Unterabschnitt
Beginn, Änderung und Ende von Renten

§ 72 Beginn von Renten

(1) Renten an Versicherte werden von dem Tag an gezahlt, der auf den Tag folgt, an dem

1. der Anspruch auf Verletztengeld endet,
2. der Versicherungsfall eingetreten ist, wenn kein Anspruch auf Verletztengeld entstanden ist.

(2) 1Renten an Hinterbliebene werden vom Todestag an gezahlt. 2Hinterbliebenenrenten, die auf Antrag geleistet werden, werden vom Beginn des Monats an gezahlt, der der Antragstellung folgt.

(3) 1Die Satzung kann bestimmen, daß für Unternehmer, ihre im Unternehmen mitarbeitenden Ehegatten oder mitarbeitenden Lebenspartner und für den Unternehmern im Versicherungsschutz Gleichgestellte Rente für die ersten 13 Wochen nach dem sich aus § 46 Abs. 1 ergebenden Zeitpunkt ganz oder teilweise nicht gezahlt wird. 2Die Rente beginnt spätestens am Tag nach Ablauf der 13. Woche, sofern Verletztengeld nicht zu zahlen ist.

§ 73 Änderungen und Ende von Renten

(1) Ändern sich aus tatsächlichen oder rechtlichen Gründen die Voraussetzungen für die Höhe einer Rente nach ihrer Feststellung, wird die Rente in neuer Höhe nach Ablauf des Monats geleistet, in dem die Änderung wirksam geworden ist.

(2) 1Fallen aus tatsächlichen oder rechtlichen Gründen die Anspruchsvoraussetzungen für eine Rente weg, wird die Rente bis zum Ende des Monats geleistet, in dem der Wegfall wirksam geworden ist. 2Satz 1 gilt entsprechend, wenn festgestellt wird, daß Versicherte, die als verschollen gelten, noch leben.

(3) Bei der Feststellung der Minderung der Erwerbsfähigkeit ist eine Änderung im Sinne des § 48 Abs. 1 des Zehnten Buches nur wesentlich, wenn sie mehr als 5 vom Hundert beträgt; bei Renten auf unbestimmte Zeit muß die Veränderung der Minderung der Erwerbsfähigkeit länger als drei Monate andauern.

(4) 1Sind Renten befristet, enden sie mit Ablauf der Frist. 2Das schließt eine vorherige Änderung oder ein Ende der Rente aus anderen Gründen nicht aus. 3Renten dürfen nur auf das Ende eines Kalendermonats befristet werden.

(5) 1Witwen- und Witwerrenten nach § 65 Abs. 2 Nr. 3 Buchstabe a wegen Kindererziehung werden auf das Ende des Kalendermonats befristet, in dem die Kindererziehung voraussichtlich endet. 2Waisenrenten werden auf das Ende des Kalendermonats befristet, in dem voraussichtlich der Anspruch auf die Waisenrente entfällt. 3Die Befristung kann wiederholt werden.

(6) Renten werden bis zum Ende des Kalendermonats geleistet, in dem die Berechtigten gestorben sind.

§ 74 Ausnahmeregelungen für die Änderung von Renten

(1) 1Der Anspruch auf eine Rente, die auf unbestimmte Zeit geleistet wird, kann aufgrund einer Änderung der Minderung der Erwerbsfähigkeit zuungunsten der Versicherten nur in Abständen von mindestens einem Jahr geändert werden. 2Das Jahr beginnt mit dem Zeitpunkt, von dem an die vorläufige Entschädigung Rente auf unbestimmte Zeit geworden oder die letzte Rentenfeststellung bekanntgegeben worden ist.

(2) Renten dürfen nicht für die Zeit neu festgestellt werden, in der Verletztengeld zu zahlen ist oder ein Anspruch auf Verletztengeld wegen des Bezugs von Einkommen oder des Erhalts von Betriebs- und Haushaltshilfe oder wegen der Erfüllung der Voraussetzungen für den Erhalt von Betriebs- und Haushaltshilfe nicht besteht.

Vierter Unterabschnitt Abfindung

§ 75 Abfindung mit einer Gesamtvergütung

1Ist nach allgemeinen Erfahrungen unter Berücksichtigung der besonderen Verhältnisse des Einzelfalles zu erwarten, daß nur eine Rente in Form der vorläufigen Entschädigung zu zahlen ist, kann der Unfallversicherungsträger die Versicherten nach Abschluß der Heilbehandlung mit einer Gesamtvergütung in Höhe des voraussichtlichen Rentenaufwandes abfinden. 2Nach Ablauf des Zeitraumes, für den die Gesamtvergütung bestimmt war, wird auf Antrag Rente als vorläufige Entschädigung oder Rente auf unbestimmte Zeit gezahlt, wenn die Voraussetzungen hierfür vorliegen.

§ 76 Abfindung bei Minderung der Erwerbsfähigkeit unter 40 vom Hundert

(1) 1Versicherte, die Anspruch auf eine Rente wegen einer Minderung der Erwerbsfähigkeit von weniger als 40 vom Hundert haben, können auf ihren Antrag mit einem dem Kapitalwert der Rente entsprechenden Betrag abgefunden werden. 2Versicherte, die Anspruch auf mehrere Renten aus der Unfallversicherung haben, deren Vomhundertsätze zusammen die Zahl 40 nicht erreichen, können auf ihren Antrag mit einem Betrag abgefunden werden, der dem Kapitalwert einer oder mehrerer dieser Renten entspricht. 3Die Bundesregierung bestimmt durch Rechtsverordnung mit Zustimmung des Bundesrates die Berechnung des Kapitalwertes.

(2) Eine Abfindung darf nur bewilligt werden, wenn nicht zu erwarten ist, daß die Minderung der Erwerbsfähigkeit wesentlich sinkt.

(3) Tritt nach der Abfindung eine wesentliche Verschlimmerung der Folgen des Versicherungsfalls (§ 73 Abs. 3) ein, wird insoweit Rente gezahlt.

§ 77 Wiederaufleben der abgefundenen Rente

(1) Werden Versicherte nach einer Abfindung Schwerverletzte, lebt auf Antrag der Anspruch auf Rente in vollem Umfang wieder auf.

(2) 1Die Abfindungssumme wird auf die Rente angerechnet, soweit sie die Summe der Rentenbeträge übersteigt, die den Versicherten während des Abfindungszeitraumes zugestanden hätten. 2Die Anrechnung hat so zu erfolgen, daß den Versicherten monatlich mindestens die halbe Rente verbleibt.

§ 78 Abfindung bei Minderung der Erwerbsfähigkeit ab 40 vom Hundert

(1) 1Versicherte, die Anspruch auf eine Rente wegen einer Minderung der Erwerbsfähigkeit von 40 vom Hundert oder mehr haben, können auf ihren Antrag durch einen Geldbetrag abgefunden werden. 2Das gleiche gilt für Versicherte, die Anspruch auf mehrere Renten haben, deren Vomhundertsätze zusammen die Zahl 40 erreichen oder übersteigen.

(2) Eine Abfindung kann nur bewilligt werden, wenn

1. die Versicherten das 18. Lebensjahr vollendet haben und
2. nicht zu erwarten ist, daß innerhalb des Abfindungszeitraumes die Minderung der Erwerbsfähigkeit wesentlich sinkt.

§ 79 Umfang der Abfindung

1Eine Rente kann in den Fällen einer Abfindung bei einer Minderung der Erwerbsfähigkeit ab 40 vom Hundert bis zur Hälfte für einen Zeitraum von zehn Jahren abgefunden werden. 2Als Abfindungssumme wird das Neunfache des der Abfindung zugrundeliegenden Jahresbetrages der Rente gezahlt.

VII

$_{3}$Der Anspruch auf den Teil der Rente, an dessen Stelle die Abfindung tritt, erlischt mit Ablauf des Monats der Auszahlung für zehn Jahre.

§ 80 Abfindung bei Wiederheirat

(1) $_{1}$Eine Witwenrente oder Witwerrente wird bei der ersten Wiederheirat der Berechtigten mit dem 24fachen Monatsbetrag abgefunden. $_{2}$In diesem Fall werden Witwenrenten und Witwerrenten an frühere Ehegatten, die auf demselben Versicherungsfall beruhen, erst nach Ablauf von 24 Monaten neu festgesetzt. $_{3}$Bei einer Rente nach § 65 Abs. 2 Nr. 2 vermindert sich das 24fache des abzufindenden Monatsbetrages um die Anzahl an Kalendermonaten, für die die Rente geleistet wurde. $_{4}$Entsprechend vermindert sich die Anzahl an Kalendermonaten nach Satz 2.

(2) $_{1}$Monatsbetrag ist der Durchschnitt der für die letzten zwölf Kalendermonate geleisteten Witwenrente oder Witwerrente. $_{2}$Bei Wiederheirat vor Ablauf des 15. Kalendermonats nach dem Tode des Versicherten ist Monatsbetrag der Durchschnittsbetrag der Witwenrente oder Witwerrente, die nach Ablauf des dritten auf den Sterbemonat folgenden Kalendermonats zu leisten war. $_{3}$Bei Wiederheirat vor Ablauf dieses Kalendermonats ist Monatsbetrag der Betrag der Witwenrente oder Witwerrente, der für den vierten auf den Sterbemonat folgenden Kalendermonat zu leisten wäre.

(3) $_{1}$Wurde bei der Wiederheirat eine Rentenabfindung gezahlt und besteht nach Auflösung oder Nichtigerklärung der erneuten Ehe Anspruch auf Witwenrente oder Witwerrente nach dem vorletzten Ehegatten, wird für jeden Kalendermonat, der auf die Zeit nach Auflösung oder Nichtigerklärung der erneuten Ehe bis zum Ablauf des 24. Kalendermonats nach Ablauf des Monats der Wiederheirat entfällt, von dieser Rente ein Vierundzwanzigstel der Rentenabfindung in angemessenen Teilbeträgen einbehalten. $_{2}$Bei verspäteter Antragstellung mindert sich die einzubehaltende Rentenabfindung um den Betrag, der den Berechtigten bei frühestmöglicher Antragstellung an Witwenrente oder Witwerrente nach dem vorletzten Ehegatten zugestanden hätte.

(4) Die Absätze 1 bis 3 gelten entsprechend für die Bezieher einer Witwen- und Witwerrente an frühere Ehegatten.

(5) Die Absätze 1 bis 4 gelten entsprechend für die Bezieher einer Witwen- oder Witwerrente an Lebenspartner.

Fünfter Unterabschnitt
Vorschriften für die Versicherten der landwirtschaftlichen Unfallversicherung

§ 80a Voraussetzungen für den Rentenanspruch, Wartezeit

(1) $_{1}$Versicherte im Sinne des § 2 Abs. 1 Nr. 5 Buchstabe a und b haben abweichend von § 56 Abs. 1 Satz 1 Anspruch auf eine Rente, wenn ihre Erwerbsfähigkeit infolge eines Versicherungsfalls über die 26. Woche nach dem Versicherungsfall hinaus um wenigstens 30 vom Hundert gemindert ist. $_{2}$§ 56 Abs. 1 Satz 2 gilt mit der Maßgabe, dass die Vomhundertsätze zusammen wenigstens die Zahl 30 erreichen müssen.

(2) Für Versicherte im Sinne des § 2 Abs. 1 Nr. 5 Buchstabe a wird eine Rente für die ersten 26 Wochen nach dem sich aus § 46 Abs. 1 ergebenden Zeitpunkt oder, wenn kein Anspruch auf Verletztengeld entstanden ist, für die ersten 26 Wochen nach Eintritt des Versicherungsfalls, nicht gezahlt.

Dritter Abschnitt
Jahresarbeitsverdienst

Erster Unterabschnitt
Allgemeines

§ 81 Jahresarbeitsverdienst als Berechnungsgrundlage

Die Vorschriften dieses Abschnitts gelten für Leistungen in Geld, die nach dem Jahresarbeitsverdienst berechnet werden.

Zweiter Unterabschnitt Erstmalige Festsetzung

§ 82 Regelberechnung

(1) 1Der Jahresarbeitsverdienst ist der Gesamtbetrag der Arbeitsentgelte (§ 14 des Vierten Buches) und Arbeitseinkommen (§ 15 des Vierten Buches) des Versicherten in den zwölf Kalendermonaten vor dem Monat, in dem der Versicherungsfall eingetreten ist. 2Zum Arbeitsentgelt nach Satz 1 gehört auch das Arbeitsentgelt, auf das ein nach den zwölf Kalendermonaten abgeschlossener Tarifvertrag dem Versicherten rückwirkend einen Anspruch einräumt.

(2) 1Für Zeiten, in denen der Versicherte in dem in Absatz 1 Satz 1 genannten Zeitraum kein Arbeitsentgelt oder Arbeitseinkommen bezogen hat, wird das Arbeitsentgelt oder Arbeitseinkommen zugrunde gelegt, das seinem durchschnittlichen Arbeitsentgelt oder Arbeitseinkommen in den mit Arbeitsentgelt oder Arbeitseinkommen belegten Zeiten dieses Zeitraums entspricht. 2Erleidet jemand, der als Soldat auf Zeit, als Wehr- oder Zivildienstleistender oder als Entwicklungshelfer, beim besonderen Einsatz des Zivilschutzes oder bei einem Dienst nach dem Jugendfreiwilligendienstegesetz oder dem Bundesfreiwilligendienstgesetz tätig wird, einen Versicherungsfall, wird als Jahresarbeitsverdienst das Arbeitsentgelt oder Arbeitseinkommen zugrunde gelegt, das er durch eine Tätigkeit erzielt hätte, die der letzten Tätigkeit vor den genannten Zeiten entspricht, wenn es für ihn günstiger ist. 3Ereignet sich der Versicherungsfall innerhalb eines Jahres seit Beendigung einer Berufsausbildung, bleibt das während der Berufsausbildung erzielte Arbeitsentgelt außer Betracht, wenn es für den Versicherten günstiger ist.

(3) Arbeitsentgelt und Ausbildungsbeihilfe nach den §§ 43 und 44 des Strafvollzugsgesetzes gelten nicht als Arbeitsentgelt im Sinne der Absätze 1 und 2.

(4) 1Erleidet jemand, dem sonst Unfallfürsorge nach beamtenrechtlichen Vorschriften oder Grundsätzen gewährleistet ist, einen Versicherungsfall, für den ihm Unfallfürsorge nicht zusteht, gilt als Jahresarbeitsverdienst der Jahresbetrag der ruhegehaltsfähigen Dienstbezüge, die der Berechnung eines Unfallruhegehalts zugrunde zu legen wären. 2Für Berufssoldaten gilt dies entsprechend.

§ 83 Jahresarbeitsverdienst kraft Satzung

1Für kraft Gesetzes versicherte selbständig Tätige, für kraft Satzung versicherte Unternehmer und Ehegatten oder Lebenspartner und für freiwillig Versicherte hat die Satzung des Unfallversicherungsträgers die Höhe des Jahresarbeitsverdienstes zu bestimmen. 2Sie hat ferner zu bestimmen, daß und unter welchen Voraussetzungen die kraft Gesetzes versicherten selbständig Tätigen und die kraft Satzung versicherten Unternehmer und Ehegatten oder Lebenspartner auf ihren Antrag mit einem höheren Jahresarbeitsverdienst versichert werden.

§ 84 Jahresarbeitsverdienst bei Berufskrankheiten

1Bei Berufskrankheiten gilt für die Berechnung das Jahresarbeitsverdienstes als Zeitpunkt des Versicherungsfalls der letzte Tag, an dem die Versicherten versicherte Tätigkeiten verrichtet haben, die ihrer Art nach geeignet waren, die Berufskrankheit zu verursachen, wenn diese Berechnung für die Versicherten günstiger ist als eine Berechnung auf der Grundlage des in § 9 Abs. 5 genannten Zeitpunktes. 2Dies gilt ohne Rücksicht darauf, aus welchen Gründen die schädigende versicherte Tätigkeit aufgegeben worden ist.

§ 85 Mindest- und Höchstjahresarbeitsverdienst

(1) 1Der Jahresarbeitsverdienst beträgt mindestens

1. für Versicherte, die im Zeitpunkt des Versicherungsfalls das 15., aber noch nicht das 18. Lebensjahr vollendet haben, 40 vom Hundert,
2. für Versicherte, die im Zeitpunkt des Versicherungsfalls das 18. Lebensjahr vollendet haben, 60 vom Hundert

der im Zeitpunkt des Versicherungsfalls maßgebenden Bezugsgröße. $_{2}$Satz 1 findet keine Anwendung auf Versicherte nach § 3 Abs. 1 Nr. 3.

(2) $_{1}$Der Jahresarbeitsverdienst beträgt höchstens das Zweifache der im Zeitpunkt des Versicherungsfalls maßgebenden Bezugsgröße. $_{2}$Die Satzung kann eine höhere Obergrenze bestimmen.

§ 86 Jahresarbeitsverdienst für Kinder

Der Jahresarbeitsverdienst beträgt

1. für Versicherte, die im Zeitpunkt des Versicherungsfalls das sechste Lebensjahr nicht vollendet haben, 25 vom Hundert,
2. für Versicherte, die im Zeitpunkt des Versicherungsfalls das sechste, aber nicht das 15. Lebensjahr vollendet haben, 33 1/3 vom Hundert

der im Zeitpunkt des Versicherungsfalls maßgebenden Bezugsgröße.

§ 87 Jahresarbeitsverdienst nach billigem Ermessen

$_{1}$Ist ein nach der Regelberechnung, nach den Vorschriften bei Berufskrankheiten, den Vorschriften für Kinder oder nach der Regelung über den Mindestjahresarbeitsverdienst festgesetzter Jahresarbeitsverdienst in erheblichem Maße unbillig, wird er nach billigem Ermessen im Rahmen von Mindest- und Höchstjahresverdienst festgesetzt. $_{2}$Hierbei werden insbesondere die Fähigkeiten, die Ausbildung, die Lebensstellung und die Tätigkeit der Versicherten im Zeitpunkt des Versicherungsfalls berücksichtigt.

§ 88 Erhöhung des Jahresarbeitsverdienstes für Hinterbliebene

Ist der für die Berechnung von Geldleistungen an Hinterbliebene maßgebende Jahresarbeitsverdienst eines durch einen Versicherungsfall Verstorbenen infolge eines früheren Versicherungsfalls geringer als der für den früheren Versicherungsfall festgesetzte Jahresarbeitsverdienst, wird für den neuen Versicherungsfall dem Arbeitsentgelt und Arbeitseinkommen die an den Versicherten im Zeitpunkt des Todes zu zahlende Rente hinzugerechnet; dabei darf der Betrag nicht überschritten werden, der der Rente infolge des früheren Versicherungsfalls als Jahresarbeitsverdienst zugrunde lag.

§ 89 Berücksichtigung von Anpassungen

Beginnt die vom Jahresarbeitsverdienst abhängige Geldleistung nach dem 30. Juni eines Jahres und ist der Versicherungsfall im vergangenen Kalenderjahr oder früher eingetreten, wird der Jahresarbeitsverdienst entsprechend den für diese Geldleistungen geltenden Regelungen angepaßt.

Dritter Unterabschnitt
Neufestsetzung

§ 90 Neufestsetzung nach voraussichtlicher Schul- oder Berufsausbildung oder Altersstufen

(1) $_{1}$Tritt der Versicherungsfall vor Beginn der Schulausbildung oder während einer Schul- oder Berufsausbildung der Versicherten ein, wird, wenn es für die Versicherten günstiger ist, der Jahresarbeitsverdienst von dem Zeitpunkt an neu festgesetzt, in dem die Ausbildung ohne den Versicherungsfall voraussichtlich beendet worden wäre oder bei einem regelmäßigen Verlauf der Ausbildung tatsächlich beendet worden ist. $_{2}$Der Neufestsetzung wird das Arbeitsentgelt zugrunde gelegt, das in diesem Zeitpunkt für Personen gleicher Ausbildung und gleichen Alters durch Tarifvertrag vorgesehen ist; besteht keine tarifliche Regelung, ist das Arbeitsentgelt maßgebend, das für derartige Tätigkeiten am Beschäftigungsort der Versicherten gilt.

(2) $_{1}$Haben die Versicherten zur Zeit des Versicherungsfalls das 30. Lebensjahr noch nicht vollendet, wird, wenn es für sie günstiger ist, der Jahresarbeitsverdienst jeweils nach dem Arbeitsentgelt neu festgesetzt, das zur Zeit des Versicherungsfalls für Personen mit gleichartiger Tätigkeit bei Erreichung eines bestimmten Berufsjahres oder bei Vollendung eines bestimmten Lebensjahres durch Tarifvertrag vorgesehen ist; besteht keine tarifliche Regelung, ist das Arbeitsentgelt maß-

gebend, das für derartige Tätigkeiten am Beschäftigungsort der Versicherten gilt. ₂Es werden nur Erhöhungen berücksichtigt, die bis zur Vollendung des 30. Lebensjahres vorgesehen sind.

(3) Können die Versicherten in den Fällen des Absatzes 1 oder 2 infolge des Versicherungsfalls einer Erwerbstätigkeit nicht nachgehen, wird, wenn es für sie günstiger ist, der Jahresarbeitsverdienst nach den Erhöhungen des Arbeitsentgelts neu festgesetzt, die zur Zeit des Versicherungsfalls von der Vollendung eines bestimmten Lebensjahres, der Erreichung eines bestimmten Berufsjahres oder von dem Ablauf bestimmter Bewährungszeiten durch Tarif festgesetzt sind; besteht keine tarifliche Regelung, ist das Arbeitsentgelt maßgebend, das für derartige Tätigkeiten am Beschäftigungsort der Versicherten gilt.

(4) Ist der Versicherungsfall vor Beginn der Berufsausbildung eingetreten und läßt sich auch unter Berücksichtigung der weiteren Schul- oder Berufsausbildung nicht feststellen, welches Ausbildungsziel die Versicherten ohne den Versicherungsfall voraussichtlich erreicht hätten, wird der Jahresarbeitsverdienst mit Vollendung des 21. Lebensjahres auf 75 vom Hundert und mit Vollendung des 25. Lebensjahres auf 100 vom Hundert der zu diesen Zeitpunkten maßgebenden Bezugsgröße neu festgesetzt.

(5) Wurde der Jahresarbeitsverdienst nach den Vorschriften über den Mindestjahresarbeitsverdienst oder über den Jahresarbeitsverdienst für Kinder festgesetzt, wird er, vorbehaltlich der Regelungen in den Absätzen 1 bis 4, mit Vollendung der in diesen Vorschriften genannten weiteren Lebensjahre entsprechend dem Vomhundertsatz der zu diesen Zeitpunkten maßgebenden Bezugsgröße neu festgesetzt.

(6) In den Fällen des § 82 Abs. 2 Satz 2 sind die Absätze 1 bis 3 entsprechend anzuwenden.

§ 91 Mindest- und Höchstjahresarbeitsverdienst, Jahresarbeitsverdienst nach billigem Ermessen bei Neufestsetzung

Bei Neufestsetzungen des Jahresarbeitsverdienstes nach voraussichtlicher Schul- oder Berufsausbildung oder Altersstufen sind die Vorschriften über den Mindest- und Höchstjahresarbeitsverdienst und über den Jahresarbeitsverdienst nach billigem Ermessen entsprechend anzuwenden.

Vierter Unterabschnitt
Besondere Vorschriften für die bei der Berufsgenossenschaft für Transport und Verkehrswirtschaft versicherten Seeleute und ihre Hinterbliebenen

§ 92 Jahresarbeitsverdienst für Seeleute

(1) ₁Als Jahresarbeitsverdienst für Versicherte, die an Bord eines Seeschiffs beschäftigt sind, gilt das Zwölffache des nach Absatz 2 oder 4 festgesetzten monatlichen Durchschnitts des baren Entgelts einschließlich des Durchschnittssatzes des Werts der auf Seeschiffen gewährten Beköstigung oder Verpflegungsvergütung (Durchschnittsentgelt) zur Zeit des Versicherungsfalls. ₂Für Versicherte, die als ausländische Seeleute ohne Wohnsitz oder ständigen Aufenthalt im Inland auf Schiffen beschäftigt werden, die nach § 12 des Flaggenrechtsgesetzes in der Fassung der Bekanntmachung vom 26. Oktober 1994 (BGBl. I S. 3140) in das Internationale Seeschifffahrtsregister eingetragen sind, und denen keine deutschen Tarifheuern gezahlt werden, gelten für die Berechnung des Jahresarbeitsverdienstes die allgemeinen Vorschriften über den Jahresarbeitsverdienst mit Ausnahme der Vorschrift über den Mindestjahresarbeitsverdienst.

(2) Die Satzung kann bestimmen, daß für Versicherte mit stark schwankendem Arbeitsentgelt besondere Durchschnittsentgelte entsprechend dem üblicherweise erzielten Jahresarbeitsentgelt festgesetzt werden.

(3) Als Jahresarbeitsverdienst für die kraft Gesetzes versicherten selbständig tätigen Küstenschiffer und Küstenfischer und ihre

VII

mitarbeitenden Ehegatten oder mitarbeitenden Lebenspartner gilt der nach Absatz 4 festgesetzte Durchschnitt des Jahreseinkommens; dabei wird das gesamte Jahreseinkommen berücksichtigt.

(4) Das monatliche Durchschnittsentgelt für die in Absatz 1 Satz 1 und Absatz 2 genannten Versicherten sowie der Durchschnitt des Jahreseinkommens für die in Absatz 3 genannten Versicherten werden von Ausschüssen festgesetzt, die die Vertreterversammlung bildet.

(5) 1Die Festsetzung erfolgt im Bereich gleicher Tätigkeiten einheitlich für den Geltungsbereich dieses Gesetzes. 2Bei der Festsetzung werden die zwischen Reedern und Vereinigungen seemännischer Arbeitnehmer abgeschlossenen Tarifverträge berücksichtigt; ausgenommen bleiben die Entgelte für Versicherte, für deren Jahresarbeitsverdienst Absatz 1 Satz 2 gilt. 3Für die in Absatz 1 genannten Versicherten, die neben dem baren Entgelt, der Beköstigung oder Verpflegungsvergütung regelmäßige Nebeneinnahmen haben, wird auch deren durchschnittlicher Geldwert bei der Festsetzung des Durchschnitts eingerechnet.

(6) 1Die Festsetzung bedarf der Genehmigung des Bundesversicherungsamts. 2Das Bundesversicherungsamt kann für die Festsetzung eine Frist bestimmen; nach Ablauf der Frist kann es die Durchschnittssätze selbst festsetzen.

(7) 1Die Festsetzung wird in jedem Jahr einmal nachgeprüft. 2Das Bundesversicherungsamt kann auch in der Zwischenzeit Nachprüfungen anordnen.

(8) Die Satzung hat zu bestimmen, daß und unter welchen Voraussetzungen die in Absatz 3 genannten Versicherten auf ihren Antrag mit einem höheren Jahresarbeitsverdienst versichert werden.

Fünfter Unterabschnitt Besondere Vorschriften für die Versicherten der landwirtschaftlichen Unfallversicherung und ihre Hinterbliebenen

§ 93 Jahresarbeitsverdienst für landwirtschaftliche Unternehmer, ihre Ehegatten und Familienangehörigen

(1) 1Der Jahresarbeitsverdienst der kraft Gesetzes versicherten

1. landwirtschaftlichen Unternehmer,
2. im Unternehmen mitarbeitenden Ehegatten und Lebenspartner der landwirtschaftlichen Unternehmer,
3. regelmäßig wie landwirtschaftliche Unternehmer selbständig Tätigen,

beträgt für Versicherungsfälle, die im Jahre 1996 oder früher eingetreten sind, 19 115 Deutsche Mark. 2Für Versicherungsfälle, die im Jahre 1997 oder später eintreten, wird der in Satz 1 genannte Betrag, erstmalig zum 1. Juli 1997, entsprechend § 95 angepaßt; § 215 Abs. 5 findet keine Anwendung. 3Die landwirtschaftliche Berufsgenossenschaft unterrichtet die landwirtschaftlichen Unternehmer über den jeweils geltenden Jahresarbeitsverdienst.

(2) 1Solange die in Absatz 1 genannten Personen Anspruch auf eine Rente auf unbestimmte Zeit nach einer Minderung der Erwerbsfähigkeit von 50 vom Hundert oder mehr haben, erhöhen sich die in Absatz 1 genannten Beträge um

1. 25 vom Hundert bei einer Minderung der Erwerbsfähigkeit von weniger als 75 vom Hundert,
2. 50 vom Hundert bei einer Minderung der Erwerbsfähigkeit von 75 vom Hundert und mehr.

2Haben Versicherte Anspruch auf mehrere Renten auf unbestimmte Zeit, deren Vomhundertsätze zusammen wenigstens die Zahl 50 erreichen und für die ein Jahresarbeitsverdienst nach dieser Vorschrift festzusetzen ist, bestimmt sich der Jahresarbeitsverdienst nach dem Betrag, der sich aus Satz 1 für die

Summe der Vomhundertsätze der Minderung der Erwerbsfähigkeit ergibt.

(3) 1Für die im landwirtschaftlichen Unternehmen nicht nur vorübergehend mitarbeitenden Familienangehörigen im Sinne des § 2 Abs. 1 Nr. 5 Buchstabe b gilt der Mindestjahresarbeitsverdienst als Jahresarbeitsverdienst. 2Hatte der mitarbeitende Familienangehörige im Zeitpunkt des Versicherungsfalls das 15. Lebensjahr noch nicht vollendet, gilt die Vorschrift über den Jahresarbeitsverdienst für Kinder entsprechend. 3Der Jahresarbeitsverdienst wird mit Vollendung des 15. und 18. Lebensjahres entsprechend der Regelung über den Mindestjahresarbeitsverdienst neu festgesetzt.

(4) Ist ein vorübergehend unentgeltlich in einem landwirtschaftlichen Unternehmen Beschäftigter in seinem Hauptberuf auch in einem landwirtschaftlichen Unternehmen tätig, gilt als Jahresarbeitsverdienst für diese Beschäftigung der für den Hauptberuf maßgebende Jahresarbeitsverdienst.

(5) 1Die Satzung hat zu bestimmen, daß und unter welchen Voraussetzungen die in Absatz 1, 2 oder 3 genannten Versicherten auf ihren Antrag mit einem höheren Jahresarbeitsverdienst versichert werden. 2Die Satzung kann bestimmen, dass die in Absätzen 1 und 2 genannten Beträge um bis zur Hälfte erhöht werden.

(6) 1Für Versicherte im Sinne der Absätze 1 und 3, die im Zeitpunkt des Versicherungsfalls das 65. Lebensjahr vollendet haben, wird der sich aus Absatz 1, 2 oder 3 ergebende Jahresarbeitsverdienst verringert. 2Die Verringerung nach Satz 1 beträgt

1. 65 vom Hundert für Versicherte, die im Zeitpunkt des Versicherungsfalls das 75. Lebensjahr vollendet haben,
2. 50 vom Hundert für Versicherte, die im Zeitpunkt des Versicherungsfalls das 70. Lebensjahr und noch nicht das 75. Lebensjahr vollendet haben
3. 35 vom Hundert für die übrigen Versicherten.

3Für Versicherte, die im Zeitpunkt des Versicherungsfalls das 65. Lebensjahr noch nicht vollendet haben und die Anspruch auf

1. vorzeitige Altersrente oder Rente wegen voller Erwerbsminderung aus der Alterssicherung der Landwirte,
2. Witwen- oder Witwerrente aus der Alterssicherung der Landwirte wegen Erwerbsminderung,
3. Überbrückungsgeld aus der Alterssicherung der Landwirte oder
4. Produktionsaufgaberente nach dem Gesetz zur Förderung der Einstellung der landwirtschaftlichen Erwerbstätigkeit

haben, ist Satz 1 entsprechend anzuwenden; die Verringerung beträgt 35 vom Hundert.

(7) 1Soweit Geldleistungen nach dem Jahresarbeitsverdienst im Sinne des Absatzes 1 berechnet werden, ist der nach Absatz 1 Satz 1 und 2 am 31. Dezember 2001 geltende, in Euro umzurechnende Jahresarbeitsverdienst auf zwei Dezimalstellen aufzurunden. 2Absatz 1 Satz 2 gilt entsprechend.

Vierter Abschnitt
Mehrleistungen

§ 94 Mehrleistungen

(1) 1Die Satzung kann Mehrleistungen bestimmen für

1. Personen, die für ein in § 2 Abs. 1 Nr. 9 oder 12 genanntes Unternehmen unentgeltlich, insbesondere ehrenamtlich tätig sind,
2. Personen, die nach § 2 Abs. 1 Nr. 10, 11 oder 13 oder Abs. 3 Nr. 2 versichert sind,
3. Personen, die nach § 2 Abs. 1 Nr. 1 oder § 2 Absatz 3 Satz 1 Nummer 3 Buchstabe a versichert sind, wenn diese an einer besonderen Auslandsverwendung im Sinne des § 31a des Beamtenversorgungsgesetzes oder des § 63c des Soldatenversorgungsgesetzes, die nach § 2 Absatz 3 Satz 1 Nummer 3 Buchstabe c versichert sind teilnehmen.

2Dabei können die Art der versicherten Tätigkeit, insbesondere ihre Gefährlichkeit, sowie

Art und Schwere des Gesundheitsschadens berücksichtigt werden.

(2) Die Mehrleistungen zu Renten dürfen zusammen mit

1. Renten an Versicherte ohne die Zulage für Schwerverletzte 85 vom Hundert,
2. Renten an Hinterbliebene 80 vom Hundert

des Höchstjahresarbeitsverdienstes nicht überschreiten.

(2a) 1Für die in Absatz 1 Satz 1 Nummer 3 genannten Personen kann die Satzung die Höhe des Jahresarbeitsverdienstes bis zur Höhe des Eineinhalbfachen des Jahresarbeitsverdienstes bestimmen, der nach dem Dritten Abschnitt des Dritten Kapitels maßgebend ist. 2Absatz 2 ist in diesen Fällen nicht anzuwenden.

(3) Die Mehrleistungen werden auf Geldleistungen, deren Höhe vom Einkommen abhängt, nicht angerechnet.

Fünfter Abschnitt Gemeinsame Vorschriften für Leistungen

§ 95 Anpassung von Geldleistungen

(1) 1Jeweils zum gleichen Zeitpunkt, zu dem die Renten der gesetzlichen Rentenversicherung angepasst werden, werden die vom Jahresarbeitsverdienst abhängigen Geldleistungen, mit Ausnahme des Verletzten- und Übergangsgeldes, für Versicherungsfälle, die im vergangenen Kalenderjahr oder früher eingetreten sind, entsprechend dem Vomhundertsatz angepaßt, um den sich die Renten aus der gesetzlichen Rentenversicherung verändern. 2Die Bundesregierung hat mit Zustimmung des Bundesrates in der Rechtsverordnung über die Bestimmung des für die Rentenanpassung in der gesetzlichen Rentenversicherung maßgebenden aktuellen Rentenwerts den Anpassungsfaktor entsprechend dem Vomhundertsatz nach Satz 1 zu bestimmen.

(2) 1Die Geldleistungen werden in der Weise angepaßt, daß sie nach einem mit dem Anpassungsfaktor vervielfältigten Jahresarbeitsverdienst berechnet werden. 2Die Vorschrift über den Höchstjahresarbeitsverdienst gilt mit der Maßgabe, daß an die Stelle des Zeitpunkts des Versicherungsfalls der Zeitpunkt der Anpassung tritt. 3Wird bei einer Neufestsetzung des Jahresarbeitsverdienstes nach voraussichtlicher Schul- oder Berufsausbildung oder nach bestimmten Altersstufen auf eine für diese Zeitpunkte maßgebende Berechnungsgrundlage abgestellt, gilt als Eintritt des Versicherungsfalls im Sinne des Absatzes 1 Satz 1 der Tag, an dem die Voraussetzungen für die Neufestsetzung eingetreten sind.

§ 96 Fälligkeit, Auszahlung und Berechnungsgrundsätze

(1) 1Laufende Geldleistungen mit Ausnahme des Verletzten- und Übergangsgeldes werden am Ende des Monats fällig, zu dessen Beginn die Anspruchsvoraussetzungen erfüllt sind; sie werden am letzten Bankarbeitstag dieses Monats ausgezahlt. 2Bei Zahlung auf ein Konto ist die Gutschrift der laufenden Geldleistung, auch wenn sie nachträglich erfolgt, so vorzunehmen, dass die Wertstellung des eingehenden Überweisungsbetrages auf dem Empfängerkonto unter dem Datum des Tages erfolgt, an dem der Betrag dem Geldinstitut zur Verfügung gestellt worden ist. 3Für die rechtzeitige Auszahlung im Sinne von Satz 1 genügt es, wenn nach dem gewöhnlichen Verlauf die Wertstellung des Betrages der laufenden Geldleistung unter dem Datum des letzten Bankarbeitstages erfolgen kann.

(2) Laufende Geldleistungen können mit Zustimmung der Berechtigten für einen angemessenen Zeitraum im voraus ausgezahlt werden.

(3) 1Geldleistungen, die für die Zeit nach dem Tod des Berechtigten auf ein Konto bei einem Geldinstitut, für das die Verordnung (EU) Nr. 260/2012 des Europäischen Parlaments und des Rates vom 14. März 2012 zur Festlegung der technischen Vorschriften und der Geschäftsanforderungen für Überweisungen und Lastschriften in Euro und zur Änderung der Verordnung (EG) Nr. 924/2009 (ABl. L 94 vom 30. 3. 2012, S. 22) gilt, überwiesen wurden, gelten als unter Vorbehalt erbracht. 2Das Geldinstitut hat sie der überweisenden

Stelle oder dem Unfallversicherungsträger zurückzuüberweisen, wenn diese sie als zu Unrecht erbracht zurückfordern. 3Eine Verpflichtung zur Rücküberweisung besteht nicht, soweit über den entsprechenden Betrag bei Eingang der Rückforderung bereits anderweitig verfügt wurde, es sei denn, daß die Rücküberweisung aus einem Guthaben erfolgen kann. 4Das Geldinstitut darf den überwiesenen Betrag nicht zur Befriedigung eigener Forderungen verwenden.

(4) 1Soweit Geldleistungen für die Zeit nach dem Tod des Berechtigten zu Unrecht erbracht worden sind, sind sowohl die Personen, die die Geldleistungen unmittelbar in Empfang genommen haben oder an die der entsprechende Betrag durch Dauerauftrag, Lastschrifteinzug oder sonstiges bankübliches Zahlungsgeschäft auf ein Konto weitergeleitet wurde (Empfänger), als auch die Personen, die als Verfügungsberechtigte über den entsprechenden Betrag ein bankübliches Zahlungsgeschäft zu Lasten des Kontos vorgenommen oder zugelassen haben (Verfügende), dem Träger der Unfallversicherung zur Erstattung des entsprechenden Betrages verpflichtet. 2Der Träger der Unfallversicherung hat Erstattungsansprüche durch Verwaltungsakt geltend zu machen. 3Ein Geldinstitut, das eine Rücküberweisung mit dem Hinweis abgelehnt hat, dass über den entsprechenden Betrag bereits anderweitig verfügt wurde, hat der überweisenden Stelle oder dem Träger der Unfallversicherung auf Verlangen Name und Anschrift des Empfängers oder Verfügenden und etwaiger neuer Kontoinhaber zu benennen. 4Ein Anspruch gegen die Erben nach § 50 des Zehnten Buches bleibt unberührt.

(4a) 1Die Ansprüche nach den Absätzen 3 und 4 verjähren in vier Jahren nach Ablauf des Kalenderjahres, in dem der erstattungsberechtigte Träger der Unfallversicherung Kenntnis von der Überzahlung und in den Fällen des Absatzes 4 zusätzlich von dem Erstattungspflichtigen erlangt hat. 2Für die Hemmung, die Ablaufhemmung, den Neubeginn und die Wirkung der Verjährung gelten die Vorschriften des Bürgerlichen Gesetzbuchs sinngemäß.

(5) Die Berechnungsgrundsätze des § 187 gelten mit der Maßgabe, daß bei der anteiligen Ermittlung einer Monatsrente der Kalendermonat mit der Zahl seiner tatsächlichen Tage anzusetzen ist.

(6) Sind laufende Geldleistungen, die nach Absatz 1 auszuzahlen und in dem Monat fällig geworden sind, in dem der Berechtigte verstorben ist, auf das bisherige Empfängerkonto bei einem Geldinstitut überwiesen worden, ist der Anspruch der Erben gegenüber dem Träger der Unfallversicherung erfüllt.

§ 97 Leistungen ins Ausland

Berechtigte, die ihren gewöhnlichen Aufenthalt im Ausland haben, erhalten nach diesem Buch

1. Geldleistungen,
2. für alle sonstigen zu erbringenden Leistungen eine angemessene Erstattung entstandener Kosten einschließlich der Kosten für eine Pflegekraft oder für Heimpflege.

§ 98 Anrechnung anderer Leistungen

(1) Auf Geldleistungen nach diesem Buch werden Geldleistungen eines ausländischen Trägers der Sozialversicherung oder einer ausländischen staatlichen Stelle, die ihrer Art nach den Leistungen nach diesem Buch vergleichbar sind, angerechnet.

(2) Entsteht der Anspruch auf eine Geldleistung nach diesem Buch wegen eines Anspruchs auf eine Leistung nach den Vorschriften des Sechsten Buches ganz oder teilweise nicht, gilt dies auch hinsichtlich vergleichbarer Leistungen, die von einem ausländischen Träger gezahlt werden.

(3) 1Auf Geldleistungen, die nach § 2 Abs. 3 Satz 1 Nr. 3 und § 3 Abs. 1 Nr. 3 versicherten Personen wegen eines Körper-, Sach- oder Vermögensschadens nach diesem Buch erbracht werden, sind gleichartige Geldleistungen anzurechnen, die wegen desselben Schadens von Dritten gezahlt werden. 2Geldleistungen auf Grund privater Versicherungs-

VII

verhältnisse, die allein auf Beiträgen von Versicherten beruhen, werden nicht angerechnet.

§ 99 Wahrnehmung von Aufgaben durch die Deutsche Post AG

(1) $_{1}$Die Unfallversicherungsträger zahlen die laufenden Geldleistungen mit Ausnahme des Verletzten- und Übergangsgeldes in der Regel durch die Deutsche Post AG aus. $_{2}$Die Unfallversicherungsträger können die laufenden Geldleistungen auch an das vom Berechtigten angegebene Geldinstitut überweisen. $_{3}$Im übrigen können die Unfallversicherungsträger Geldleistungen durch die Deutsche Post AG auszahlen lassen.

(2) $_{1}$Soweit die Deutsche Post AG laufende Geldleistungen für die Unfallversicherungsträger auszahlt, führt sie auch Arbeiten zur Anpassung der Leistungen durch. $_{2}$Die Anpassungsmitteilungen ergehen im Namen des Unfallversicherungsträgers.

(3) $_{1}$Die Auszahlung und die Durchführung der Anpassung von Geldleistungen durch die Deutsche Post AG umfassen auch die Wahrnehmung der damit im Zusammenhang stehenden Aufgaben der Unfallversicherungsträger, insbesondere die Erstellung statistischen Materials und dessen Übermittlung an das Bundesministerium für Arbeit und Soziales und die Verbände der Unfallversicherungsträger. $_{2}$Die Deutsche Post AG kann entsprechende Aufgaben auch zugunsten der Unfallversicherungsträger wahrnehmen, die die laufenden Geldleistungen nicht durch sie auszahlen.

(4) $_{1}$Die Unfallversicherungsträger werden von ihrer Verantwortung gegenüber den Berechtigten nicht entbunden. $_{2}$Die Berechtigten sollen Änderungen in den tatsächlichen oder rechtlichen Verhältnissen, die für die Auszahlung oder die Durchführung der Anpassung der von der Deutschen Post AG gezahlten Geldleistungen erheblich sind, unmittelbar der Deutschen Post AG mitteilen.

(5) Zur Auszahlung der Geldleistungen erhält die Deutsche Post AG von den Unfallversicherungsträgern monatlich rechtzeitig angemessene Vorschüsse.

(6) Die Deutsche Post AG erhält für ihre Tätigkeit von den Unfallversicherungsträgern eine angemessene Vergütung und auf die Vergütung monatlich rechtzeitig angemessene Vorschüsse.

§ 100 Verordnungsermächtigung

Das Bundesministerium für Arbeit und Soziales wird ermächtigt, im Einvernehmen mit dem Bundesministerium der Finanzen durch Rechtsverordnung mit Zustimmung des Bundesrates

1. den Inhalt der von der Deutschen Post AG wahrzunehmenden Aufgaben der Unfallversicherungsträger näher zu bestimmen und die Rechte und Pflichten der Beteiligten festzulegen, insbesondere die Überwachung der Zahlungsvoraussetzungen durch die Auswertung der Sterbefallmitteilungen der Meldebehörden nach § 101a des Zehnten Buches und durch die Einholung von Lebensbescheinigungen im Rahmen des § 60 Abs. 1 und des § 65 Abs. 1 Nr. 3 des Ersten Buches,
2. die Höhe und Fälligkeit der Vorschüsse, die die Deutsche Post AG von den Unfallversicherungsträgern erhält, näher zu bestimmen,
3. die Höhe und Fälligkeit der Vergütung und der Vorschüsse, die die Deutsche Post AG von den Unfallversicherungsträgern erhält, näher zu bestimmen.

§ 101 Ausschluß oder Minderung von Leistungen

(1) Personen, die den Tod von Versicherten vorsätzlich herbeigeführt haben, haben keinen Anspruch auf Leistungen.

(2) $_{1}$Leistungen können ganz oder teilweise versagt oder entzogen werden, wenn der Versicherungsfall bei einer von Versicherten begangenen Handlung eingetreten ist, die nach rechtskräftigem strafgerichtlichen Urteil ein Verbrechen oder vorsätzliches Vergehen ist. $_{2}$Zuwiderhandlungen gegen Bergverordnungen oder bergbehördliche Anordnungen gelten nicht als Vergehen im Sinne des Satzes 1. $_{3}$Soweit die Leistung versagt wird, kann

sie an unterhaltsberechtigte Ehegatten oder Lebenspartner und Kinder geleistet werden.

§ 102 Schriftform

In den Fällen des § 36a Abs. 1 Satz 1 Nr. 2 des Vierten Buches wird die Entscheidung über einen Anspruch auf eine Leistung schriftlich erlassen.

§ 103 Zwischennachricht, Unfalluntersuchung

(1) Kann der Unfallversicherungsträger in den Fällen des § 36a Abs. 1 Satz 1 des Vierten Buches innerhalb von sechs Monaten ein Verfahren nicht abschließen, hat er den Versicherten nach Ablauf dieser Zeit und danach in Abständen von sechs Monaten über den Stand des Verfahrens schriftlich zu unterrichten.

(2) $_{1}$Der Versicherte ist berechtigt, an der Untersuchung eines Versicherungsfalls, die am Arbeitsplatz oder am Unfallort durchgeführt wird, teilzunehmen. $_{2}$Hinterbliebene, die aufgrund des Versicherungsfalls Ansprüche haben können, können an der Untersuchung teilnehmen, wenn sie dies verlangen.

Viertes Kapitel
Haftung von Unternehmern, Unternehmensangehörigen und anderen Personen

Erster Abschnitt
Beschränkung der Haftung gegenüber Versicherten, ihren Angehörigen und Hinterbliebenen

§ 104 Beschränkung der Haftung der Unternehmer

(1) $_{1}$Unternehmer sind den Versicherten, die für ihre Unternehmen tätig sind oder zu ihren Unternehmen in einer sonstigen die Versicherung begründenden Beziehung stehen, sowie deren Angehörigen und Hinterbliebenen nach anderen gesetzlichen Vorschriften zum Ersatz des Personenschadens, den ein Versicherungsfall verursacht hat, nur verpflichtet, wenn sie den Versicherungsfall vorsätzlich oder auf einem nach § 8 Abs. 2 Nr. 1 bis 4 versicherten Weg herbeigeführt haben. $_{2}$Ein Forderungsübergang nach § 116 des Zehnten Buches findet nicht statt.

(2) Absatz 1 gilt entsprechend für Personen, die als Leibesfrucht durch einen Versicherungsfall im Sinne des § 12 geschädigt worden sind.

(3) Die nach Absatz 1 oder 2 verbleibenden Ersatzansprüche vermindern sich um die Leistungen, die Berechtigte nach Gesetz oder Satzung infolge des Versicherungsfalls erhalten.

§ 105 Beschränkung der Haftung anderer im Betrieb tätiger Personen

(1) $_{1}$Personen, die durch eine betriebliche Tätigkeit einen Versicherungsfall von Versicherten desselben Betriebs verursachen, sind diesen sowie deren Angehörigen und Hinterbliebenen nach anderen gesetzlichen Vorschriften zum Ersatz des Personenschadens nur verpflichtet, wenn sie den Versicherungsfall vorsätzlich oder auf einem nach § 8 Abs. 2 Nr. 1 bis 4 versicherten Weg herbeigeführt haben. $_{2}$Satz 1 gilt entsprechend bei der Schädigung von Personen, die für denselben Betrieb tätig und nach § 4 Abs. 1 Nr. 1 versicherungsfrei sind. $_{3}$§ 104 Abs. 1 Satz 2, Abs. 2 und 3 gilt entsprechend.

(2) $_{1}$Absatz 1 gilt entsprechend, wenn nicht versicherte Unternehmer geschädigt worden sind. $_{2}$Soweit nach Satz 1 eine Haftung ausgeschlossen ist, werden die Unternehmer wie Versicherte, die einen Versicherungsfall erlitten haben, behandelt, es sei denn, eine Ersatzpflicht des Schädigers gegenüber dem Unternehmer ist zivilrechtlich ausgeschlossen. $_{3}$Für die Berechnung von Geldleistungen gilt der Mindestjahresarbeitsverdienst als Jahresarbeitsverdienst. $_{4}$Geldleistungen werden jedoch nur bis zur Höhe eines zivilrechtlichen Schadenersatzanspruchs erbracht.

§ 106 Beschränkung der Haftung anderer Personen

(1) In den in § 2 Abs. 1 Nr. 2, 3 und 8 genannten Unternehmen gelten die §§ 104 und 105 entsprechend für die Ersatzpflicht

1. der in § 2 Abs. 1 Nr. 2, 3 und 8 genannten Versicherten untereinander,
2. der in § 2 Abs. 1 Nr. 2, 3 und 8 genannten Versicherten gegenüber den Betriebsangehörigen desselben Unternehmens,
3. der Betriebsangehörigen desselben Unternehmens gegenüber den in § 2 Abs. 1 Nr. 2, 3 und 8 genannten Versicherten.

(2) Im Fall des § 2 Abs. 1 Nr. 17 gelten die §§ 104 und 105 entsprechend für die Ersatzpflicht

1. Pflegebedürftigen gegenüber den Pflegepersonen,
2. der Pflegepersonen gegenüber den Pflegebedürftigen,
3. der Pflegepersonen desselben Pflegebedürftigen untereinander.

(3) Wirken Unternehmen zur Hilfe bei Unglücksfällen oder Unternehmen des Zivilschutzes zusammen oder verrichten Versicherte mehrerer Unternehmen vorübergehend betriebliche Tätigkeiten auf einer gemeinsamen Betriebsstätte, gelten die §§ 104 und 105 für die Ersatzpflicht der für die beteiligten Unternehmen Tätigen untereinander.

(4) Die §§ 104 und 105 gelten ferner für die Ersatzpflicht von Betriebsangehörigen gegenüber den nach § 3 Abs. 1 Nr. 2 Versicherten.

§ 107 Besonderheiten in der Seefahrt

(1) 1Bei Unternehmen der Seefahrt gilt § 104 auch für die Ersatzpflicht anderer das Arbeitsentgelt schuldender Personen entsprechend. 2§ 105 gilt für den Lotsen entsprechend.

(2) Beim Zusammenstoß mehrerer Seeschiffe von Unternehmen, für die die Berufsgenossenschaft für Transport und Verkehrswirtschaft zuständig ist, gelten die §§ 104 und 105 entsprechend für die Ersatzpflicht, auch untereinander, der Reeder der dabei beteiligten Fahrzeuge, sonstiger das Arbeitsentgelt schuldender Personen, der Lotsen und der auf den beteiligten Fahrzeugen tätigen Versicherten.

§ 108 Bindung der Gerichte

(1) Hat ein Gericht über Ersatzansprüche der in den §§ 104 bis 107 genannten Art zu entscheiden, ist es an eine unanfechtbare Entscheidung nach diesem Buch oder nach dem Sozialgerichtsgesetz in der jeweils geltenden Fassung gebunden, ob ein Versicherungsfall vorliegt, in welchem Umfang Leistungen zu erbringen sind und ob der Unfallversicherungsträger zuständig ist.

(2) 1Das Gericht hat sein Verfahren auszusetzen, bis eine Entscheidung nach Absatz 1 ergangen ist. 2Falls ein solches Verfahren noch nicht eingeleitet ist, bestimmt das Gericht dafür eine Frist, nach deren Ablauf die Aufnahme des ausgesetzten Verfahrens zulässig ist.

§ 109 Feststellungsberechtigung von in der Haftung beschränkten Personen

1Personen, deren Haftung nach den §§ 104 bis 107 beschränkt ist und gegen die Versicherte, ihre Angehörigen und Hinterbliebene Schadenersatzforderungen erheben, können statt der Berechtigten die Feststellungen nach § 108 beantragen oder das entsprechende Verfahren nach dem Sozialgerichtsgesetz betreiben. 2Der Ablauf von Fristen, die ohne ihr Verschulden verstrichen sind, wirkt nicht gegen sie; dies gilt nicht, soweit diese Personen das Verfahren selbst betreiben.

Zweiter Abschnitt
Haftung gegenüber den Sozialversicherungsträgern

§ 110 Haftung gegenüber den Sozialversicherungsträgern

(1) 1Haben Personen, deren Haftung nach den §§ 104 bis 107 beschränkt ist, den Versicherungsfall vorsätzlich oder grob fahrlässig herbeigeführt, haften sie den Sozialversicherungsträgern für die infolge des Versicherungsfalls entstandenen Aufwendungen, jedoch nur bis zur Höhe des zivilrechtlichen Schadenersatzanspruchs. 2Statt der Rente kann der Kapitalwert gefordert werden. 3Das Verschulden braucht sich nur auf das den

Versicherungsfall verursachende Handeln oder Unterlassen zu beziehen.

(1a) $_{1}$Unternehmer, die Schwarzarbeit nach § 1 des Schwarzarbeitsbekämpfungsgesetzes erbringen und dadurch bewirken, dass Beiträge nach dem Sechsten Kapitel nicht, nicht in der richtigen Höhe oder nicht rechtzeitig entrichtet werden, erstatten den Unfallversicherungsträgern die Aufwendungen, die diesen infolge von Versicherungsfällen bei Ausführung der Schwarzarbeit entstanden sind. $_{2}$Eine nicht ordnungsgemäße Beitragsentrichtung wird vermutet, wenn die Unternehmer die Personen, bei denen die Versicherungsfälle eingetreten sind, nicht nach § 28a des Vierten Buches bei der Einzugsstelle oder der Datenstelle der Träger der Rentenversicherung angemeldet hatten.

(2) Die Sozialversicherungsträger können nach billigem Ermessen, insbesondere unter Berücksichtigung der wirtschaftlichen Verhältnisse des Schuldners, auf den Ersatzanspruch ganz oder teilweise verzichten.

§ 111 Haftung des Unternehmens

$_{1}$Haben ein Mitglied eines vertretungsberechtigten Organs, Abwickler oder Liquidatoren juristischer Personen, vertretungsberechtigte Gesellschafter oder Liquidatoren einer Personengesellschaft des Handelsrechts oder gesetzliche Vertreter der Unternehmer in Ausführung ihnen zustehender Verrichtungen den Versicherungsfall vorsätzlich oder grob fahrlässig verursacht, haften nach Maßgabe des § 110 auch die Vertretenen. $_{2}$Eine nach § 110 bestehende Haftung derjenigen, die den Versicherungsfall verursacht haben, bleibt unberührt. $_{3}$Das gleiche gilt für Mitglieder des Vorstandes eines nicht rechtsfähigen Vereins oder für vertretungsberechtigte Gesellschafter einer Personengesellschaft des bürgerlichen Rechts mit der Maßgabe, daß sich die Haftung auf das Vereins- oder das Gesellschaftsvermögen beschränkt.

§ 112 Bindung der Gerichte

§ 108 über die Bindung der Gerichte gilt auch für die Ansprüche nach den §§ 110 und 111.

§ 113 Verjährung

$_{1}$Für die Verjährung der Ansprüche nach den §§ 110 und 111 gelten die §§ 195, 199 Abs. 1 und 2 und § 203 des Bürgerlichen Gesetzbuchs entsprechend mit der Maßgabe, daß die Frist von dem Tag an gerechnet wird, an dem die Leistungspflicht für den Unfallversicherungsträger bindend festgestellt oder ein entsprechendes Urteil rechtskräftig geworden ist. $_{2}$Artikel 229 § 6 Abs. 1 des Einführungsgesetzes zum Bürgerlichen Gesetzbuche gilt entsprechend.

Fünftes Kapitel
Organisation

Erster Abschnitt
Unfallversicherungsträger

§ 114 Unfallversicherungsträger

(1) $_{1}$Träger der gesetzlichen Unfallversicherung (Unfallversicherungsträger) sind

1. die in der Anlage 1 aufgeführten gewerblichen Berufsgenossenschaften,
2. die Sozialversicherung für Landwirtschaft, Forsten und Gartenbau; bei Durchführung der Aufgaben nach diesem Gesetz und in sonstigen Angelegenheiten der landwirtschaftlichen Unfallversicherung führt sie die Bezeichnung landwirtschaftliche Berufsgenossenschaft,
3. die Unfallversicherung Bund und Bahn,
4. (weggefallen)
5. die Unfallkasse Post und Telekom,
6. die Unfallkassen der Länder,
7. die Gemeindeunfallversicherungsverbände und Unfallkassen der Gemeinden,
8. die Feuerwehr-Unfallkassen,
9. die gemeinsamen Unfallkassen für den Landes- und den kommunalen Bereich.

$_{2}$Die landwirtschaftliche Berufsgenossenschaft nimmt in der landwirtschaftlichen Unfallversicherung Verbandsaufgaben wahr.

(2) $_{1}$Soweit dieses Gesetz die Unfallversicherungsträger ermächtigt, Satzungen zu erlassen, bedürfen diese der Genehmigung der Aufsichtsbehörde. $_{2}$Ergibt sich nachträglich,

daß eine Satzung nicht hätte genehmigt werden dürfen, kann die Aufsichtsbehörde anordnen, daß der Unfallversicherungsträger innerhalb einer bestimmten Frist die erforderliche Änderung vornimmt. 3Kommt der Unfallversicherungsträger der Anordnung nicht innerhalb dieser Frist nach, kann die Aufsichtsbehörde die erforderliche Änderung anstelle des Unfallversicherungsträgers selbst vornehmen.

(3) Für die Unfallversicherung Bund und Bahn gilt Absatz 2 mit der Maßgabe, dass bei der Genehmigung folgender Satzungen das Einvernehmen mit dem Bundesministerium für Arbeit und Soziales und dem Bundesministerium der Finanzen erforderlich ist:

1. Satzungen über die Erstreckung des Versicherungsschutzes auf Personen nach § 3 Abs. 1 Nr. 2 und 3,
2. Satzungen über die Obergrenze des Jahresarbeitsverdienstes (§ 85 Abs. 2),
3. Satzungen über Mehrleistungen (§ 94) und
4. Satzungen über die Aufwendungen der Unfallversicherung Bund und Bahn (§ 186).

Die Unfallkasse Post und Telekom entfällt zum 1.1.2016 (BUK-Neuorganisationsgesetz vom 19.10.2013, BGBl. I S. 3836).

§ 115 Prävention bei der Unfallversicherung Bund und Bahn

(1) 1Für die Unternehmen, für die die Unfallversicherung Bund und Bahn nach § 125 Absatz 1 Nummer 1 zuständig ist, erlässt das Bundesministerium des Innern im Einvernehmen mit dem Bundesministerium für Arbeit und Soziales nach Anhörung der Vertreterversammlung der Unfallversicherung Bund und Bahn durch allgemeine Verwaltungsvorschriften Regelungen über Maßnahmen im Sinne des § 15 Absatz 1; die Vertreterversammlung kann Vorschläge für diese Vorschriften machen. 2Die Unfallverhütungsvorschriften der Unfallversicherungsträger sollen dabei berücksichtigt werden. 3Die Sorge der Beachtung der nach Satz 1 erlassenen Vorschriften gehört auch zu den Aufgaben des Vorstands. 4Betrifft eine allgemeine Verwaltungsvorschrift nach Satz 1 nur die Zuständigkeitsbereiche des Bundesministeriums der Verteidigung oder des Bundesministeriums der Finanzen, kann jedes dieser Bundesministerien für seinen Geschäftsbereich eine allgemeine Verwaltungsvorschrift erlassen; die Verwaltungsvorschrift bedarf in diesen Fällen des Einvernehmens mit den Bundesministerien des Innern sowie für Arbeit und Soziales.

(2) 1Abweichend von § 15 Absatz 4 Satz 1 bedürfen die Unfallverhütungsvorschriften der Unfallversicherung Bund und Bahn der Genehmigung des Bundesministeriums des Innern. 2Die Entscheidung hierüber wird im Benehmen mit dem Bundesministerium für Arbeit und Soziales getroffen.

(3) 1Die Aufgabe der Prävention wird in den Geschäftsbereichen des Bundesministeriums der Verteidigung und des Auswärtigen Amts hinsichtlich seiner Auslandsvertretungen von dem jeweiligen Bundesministerium oder der von ihm bestimmten Stelle wahrgenommen. 2Die genannten Bundesministerien stellen sicher, dass die für die Überwachung und Beratung der Unternehmen eingesetzten Aufsichtspersonen eine für diese Tätigkeit ausreichende Befähigung besitzen.

§ 116 Unfallversicherungsträger im Landesbereich

(1) 1Für die Unfallversicherung im Landesbereich errichten die Landesregierungen durch Rechtsverordnung eine oder mehrere Unfallkassen. 2Die Landesregierungen können auch gemeinsame Unfallkassen für die Unfallversicherung im Landesbereich und für die Unfallversicherung einer oder mehrerer Gemeinden von zusammen wenigstens 500 000 Einwohnern errichten.

(2) Die Landesregierungen von höchstens drei Ländern können durch gleichlautende Rechtsverordnungen auch eine gemeinsame Unfallkasse entsprechend Absatz 1 errichten, wenn das aufsichtführende Land durch die beteiligten Länder in diesen Rechtsverordnungen oder durch Staatsvertrag der Länder bestimmt ist.

(3) ₁Die Landesregierungen regeln in den Rechtsverordnungen auch das Nähere über die Eingliederung bestehender Unfallversicherungsträger in die gemeinsame Unfallkasse. ₂§ 118 Absatz 1 Satz 5 gilt entsprechend. ₃Bis zu den nächsten allgemeinen Wahlen in der Sozialversicherung richtet sich die Zahl der Mitglieder der Selbstverwaltungsorgane der vereinigten oder neu gebildeten Unfallversicherungsträger nach der Summe der Zahl der Mitglieder, die in den Satzungen der aufgelösten Unfallversicherungsträger bestimmt worden ist; § 43 Absatz 1 Satz 2 des Vierten Buches ist nicht anzuwenden. ₄Die Mitglieder der Selbstverwaltungsorgane der aufgelösten Unfallversicherungsträger und ihre Stellvertreter werden Mitglieder und Stellvertreter der Selbstverwaltungsorgane der aus ihnen gebildeten Unfallversicherungsträger. ₅Beschlüsse in den Selbstverwaltungsorganen der neu gebildeten Unfallversicherungsträger werden mit der Mehrheit der nach der Größe der aufgelösten Unfallversicherungsträger gewichteten Stimmen getroffen; für die Gewichtung wird ein angemessener Maßstab in der Satzung bestimmt. ₆Die an einer Vereinigung beteiligten Unfallversicherungsträger der öffentlichen Hand haben rechtzeitig vor dem Wirksamwerden der Vereinigung eine neue Dienstordnung zur Regelung der Rechtsverhältnisse der dienstordnungsmäßig Angestellten aufzustellen, die in Ergänzung der bestehenden Dienstordnungen einen sozialverträglichen Personalübergang gewährleistet; dabei sind die entsprechenden Regelungen für Tarifangestellte zu berücksichtigen. ₇Die neue Dienstordnung ist der nach der Vereinigung zuständigen Aufsichtsbehörde vorzulegen. ₈Die Vereinigungen sind sozialverträglich umzusetzen.

§ 117 Unfallversicherungsträger im kommunalen Bereich

(1) Soweit die Unfallversicherung im kommunalen Bereich nicht von einer gemeinsamen Unfallkasse für den Landes- und den kommunalen Bereich durchgeführt wird, errichten die Landesregierungen durch Rechtsverordnung für mehrere Gemeinden von zusammen wenigstens 500 000 Einwohnern einen Gemeindeunfallversicherungsverband.

(2) ₁Die Landesregierungen von höchstens drei Ländern können durch gleichlautende Rechtsverordnungen auch einen gemeinsamen Gemeindeunfallversicherungsverband entsprechend Absatz 1 errichten, wenn das aufsichtführende Land durch die beteiligten Länder in diesen Rechtsverordnungen oder durch Staatsvertrag der Länder bestimmt ist. ₂§ 116 Abs. 3 gilt entsprechend.

(3) ₁Die Landesregierungen können durch Rechtsverordnung mehrere Feuerwehr-Unfallkassen oder die Feuerwehr-Unfallkassen mit den Unfallversicherungsträgern im Landesbereich und im kommunalen Bereich vereinigen. ₂Für die Feuerwehr-Unfallkassen sind die für die Gemeindeunfallversicherungsverbände geltenden Vorschriften entsprechend anzuwenden. ₃Die beteiligten Gemeinden und Gemeindeverbände gelten als Unternehmer. ₄Die Landesregierungen von höchstens drei Ländern können durch gleichlautende Rechtsverordnungen mehrere Feuerwehr-Unfallkassen zu einer Feuerwehr-Unfallkasse vereinigen, wenn das aufsichtführende Land in diesen Rechtsverordnungen oder durch Staatsvertrag der Länder bestimmt ist. ₅§ 118 Abs. 1 Satz 3, 5 bis 7 gilt entsprechend.

(4) Die Landesregierungen können durch Rechtsverordnung die Unfallkassen der Gemeinden mit den Unfallversicherungsträgern im kommunalen Bereich vereinigen.

(5) Bei Vereinigungen nach den Absätzen 3 und 4 gilt § 116 Absatz 3 Satz 6 bis 8 entsprechend.

§ 118 Vereinigung von Berufsgenossenschaften

(1) ₁Berufsgenossenschaften können sich auf Beschluß ihrer Vertreterversammlungen zu einer Berufsgenossenschaft vereinigen. ₂Der Beschluß bedarf der Genehmigung der vor der Vereinigung zuständigen Aufsichtsbehörden. ₃Die beteiligten Berufsgenossenschaften legen der nach der Vereinigung zuständigen Aufsichtsbehörde eine Satzung, einen Vorschlag zur Berufung der Mitglieder der Orga-

ne und eine Vereinbarung über die Rechtsbeziehungen zu Dritten und eine Vereinbarung über die Gefahrtarif- und Beitragsgestaltung vor. 4Diese Vereinbarung kann für eine Übergangszeit von höchstens zwölf Jahren unterschiedliche Berechnungsgrundlagen für die Beiträge oder unterschiedliche Beiträge und getrennte Umlagen für die bisherigen Zuständigkeitsbereiche der vereinigten Berufsgenossenschaften vorsehen; für Entschädigungslasten, die auf Versicherungsfällen vor der Vereinigung beruhen, kann die Vereinbarung Regelungen über den Zeitraum von zwölf Jahren hinaus vorsehen. 5Die beteiligten Berufsgenossenschaften können außerdem für eine Übergangszeit von bis zu zehn Jahren abweichend von § 36 Abs. 2 erster Halbsatz und Abs. 4 des Vierten Buches eine besondere Regelung über die weitere Tätigkeit der bisherigen Geschäftsführer und ihrer Stellvertreter als Geschäftsführer und Stellvertreter der neuen Berufsgenossenschaft sowie über die jeweilige Zuständigkeit vereinbaren; dabei kann die Zahl der stellvertretenden Geschäftsführer bis zu vier Personen betragen oder eine aus bis zu fünf Personen bestehende Geschäftsführung gebildet werden. 6Die Aufsichtsbehörde genehmigt die Satzung und die Vereinbarungen, beruft die Mitglieder der Organe und bestimmt den Zeitpunkt, an dem die Vereinigung wirksam wird. 7Mit diesem Zeitpunkt tritt die neue Berufsgenossenschaft in die Rechte und Pflichten der bisherigen Berufsgenossenschaften ein.

(2) Die Vereinigung nach Absatz 1 kann für abgrenzbare Unternehmensarten der aufzulösenden Berufsgenossenschaft mit mehreren Berufsgenossenschaften erfolgen.

(3) 1Die Einzelheiten hinsichtlich der Aufteilung des Vermögens und der Übernahme der Bediensteten werden durch die beteiligten Berufsgenossenschaften entsprechend der für das Kalenderjahr vor der Vereinigung auf die Unternehmensarten entfallenden Entschädigungslast in der Vereinbarung geregelt. 2Die an einer Vereinigung beteiligten Berufsgenossenschaften haben rechtzeitig vor dem Wirksamwerden der Vereinigung eine neue Dienstordnung zur Regelung der Rechtsverhältnisse der dienstordnungsmäßig Angestellten aufzustellen, die in Ergänzung der bestehenden Dienstordnungen einen sozialverträglichen Personalübergang gewährleistet; dabei sind die entsprechenden Regelungen für Tarifangestellte zu berücksichtigen. 3Die neue Dienstordnung ist zusammen mit den in Absatz 1 Satz 3 genannten Unterlagen der nach der Vereinigung zuständigen Aufsichtsbehörde vorzulegen. 4Vereinigungen sind sozialverträglich umzusetzen.

(4) 1In der Vereinbarung nach Absatz 1 über die Gefahrtarif- und Beitragsgestaltung oder in der Satzung der neuen Berufsgenossenschaft kann geregelt werden, dass die Rentenlasten und die Rehabilitationslasten sowie die anteiligen Verwaltungs- und Verfahrenskosten, die nach § 178 Abs. 1 bis 3 von der neuen Berufsgenossenschaft zu tragen sind, auf die bisherigen Zuständigkeitsbereiche der vereinigten Berufsgenossenschaften in dem Verhältnis der Lasten verteilt werden, als ob eine Vereinigung nicht stattgefunden hätte. 2Die Vertreterversammlung der neuen Berufsgenossenschaft kann mit Genehmigung des Bundesversicherungsamtes im letzten Jahr der Geltungsdauer der Regelung nach Satz 1 beschließen, die Geltung abweichend von Absatz 1 Satz 4 über den Zeitraum von zwölf Jahren hinaus für jeweils höchstens sechs weitere Jahre zu verlängern, wenn

1. eine der vereinigten Berufsgenossenschaften im Umlagejahr 2007 ausgleichsberechtigt nach § 176 Abs. 1 Nr. 1 oder Nr. 3 in der am 31. Dezember 2007 geltenden Fassung war und
2. ohne die Fortgeltung bei mindestens einem der bisherigen Zuständigkeitsbereiche der vereinigten Berufsgenossenschaften im Umlagejahr vor dem Beschluss die auf diesen Bereich entfallende anteilige Gesamtbelastung um mehr als 5 Prozent ansteigen würde.

(5) Bis zum Ende des Jahres, in dem eine Vereinigung wirksam wird, werden die sich vereinigenden Berufsgenossenschaften bezüglich der Rechte und Pflichten im Rahmen

der Lastenverteilung nach den §§ 176 bis 181 als selbständige Körperschaften behandelt.

§§ 119 und 119a (weggefallen)

§ 120 Bundes- und Landesgarantie

Soweit durch Rechtsvorschriften des Bundes oder der Länder nicht etwas anderes bestimmt worden ist, gehen mit der Auflösung eines bundesunmittelbaren Unfallversicherungsträgers dessen Rechte und Pflichten auf den Bund und mit der Auflösung eines landesunmittelbaren Unfallversicherungsträgers dessen Rechte und Pflichten auf das aufsichtführende Land über.

Zweiter Abschnitt Zuständigkeit

Erster Unterabschnitt Zuständigkeit der gewerblichen Berufsgenossenschaften

§ 121 Zuständigkeit der gewerblichen Berufsgenossenschaften

(1) Die gewerblichen Berufsgenossenschaften sind für alle Unternehmen (Betriebe, Verwaltungen, Einrichtungen, Tätigkeiten) zuständig, soweit sich nicht aus dem Zweiten und Dritten Unterabschnitt eine Zuständigkeit der landwirtschaftlichen Berufsgenossenschaft oder der Unfallversicherungsträger der öffentlichen Hand ergibt.

(2) Die Berufsgenossenschaft für Transport und Verkehrswirtschaft als gewerbliche Berufsgenossenschaft ist zuständig für Unternehmen der Seefahrt, soweit sich nicht aus dem Dritten Unterabschnitt eine Zuständigkeit der Unfallversicherungsträger der öffentlichen Hand ergibt.

(3) 1Seefahrt im Sinne dieses Buches ist

1. die Fahrt außerhalb der
   a) Festland- und Inselküstenlinie bei mittlerem Hochwasser,
   b) seewärtigen Begrenzung der Binnenwasserstraßen,
   c) Verbindungslinie der Molenköpfe bei an der Küste gelegenen Häfen,
   d) Verbindungslinie der äußeren Uferausläufe bei Mündungen von Flüssen, die keine Binnenwasserstraßen sind,
2. die Fahrt auf Buchten, Haffen und Watten der See,
3. für die Fischerei auch die Fahrt auf anderen Gewässern, die mit der See verbunden sind, bis zu der durch die Seeschiffahrtstraßen-Ordnung in der Fassung der Bekanntmachung vom 15. April 1987 (BGBl. I S. 1266), zuletzt geändert durch Artikel 3 der Verordnung vom 7. Dezember 1994 (BGBl. I S. 3744), bestimmten inneren Grenze,
4. das Fischen ohne Fahrzeug auf den in den Nummern 1 bis 3 genannten Gewässern.

2Die Fahrt von Binnenschiffen mit einer technischen Zulassung für die Zone 1 oder 2 der Binnenschiffs-Untersuchungsordnung vom 17. März 1988 (BGBl. I S. 238), zuletzt geändert durch Artikel 10 Abs. 1 der Verordnung vom 19. Dezember 1994 (BGBl. II S. 3822), binnenwärts der Grenzen nach Anlage 8 zu § 1 Abs. 1 der Schiffssicherheitsverordnung in der Fassung der Bekanntmachung vom 21. Oktober 1994 (BGBl. I S. 3281) gilt nicht als Seefahrt im Sinne des Satzes 1. 3Bei Inkrafttreten dieses Gesetzes bestehende Zuständigkeiten für Unternehmen der gewerblichen Schiffahrt bleiben unberührt.

Absatz 2 wird ab 1.1.2016 durch das BUK-Neuorganisationsgesetz vom 19.10.2013 (BGBl. I S. 3836) neu gefasst:

(2) Die Berufsgenossenschaft Verkehrswirtschaft Post-Logistik Telekommunikation ist über § 122 hinaus zuständig

1. für die Unternehmensarten, für die die Berufsgenossenschaft für Transport und Verkehrswirtschaft bis zum 31. Dezember 2015 zuständig war,
2. für Unternehmen der Seefahrt, soweit sich nicht aus dem Dritten Unterabschnitt eine Zuständigkeit der Unfallversicherungsträger der öffentlichen Hand ergibt,
3. für die Bundesanstalt für Post und Telekommunikation Deutsche Bundespost,
4. für die aus dem Sondervermögen der Deutschen Bundespost hervorgegangenen Aktiengesellschaften,

5. für die Unternehmen, die
   a) aus den Unternehmen im Sinne der Nummer 4 ausgegliedert worden sind und von diesen überwiegend beherrscht werden oder
   b) aus den Unternehmen im Sinne des Buchstabens a ausgegliedert worden sind und von diesen überwiegend beherrscht werden

   und unmittelbar und überwiegend Post-, Postbank- oder Telekommunikationsaufgaben erfüllen oder diesen Zwecken wie Hilfsunternehmen dienen,
6. für die betrieblichen Sozialeinrichtungen und in den durch Satzung anerkannten Selbsthilfeeinrichtungen der Bundesanstalt für Post und Telekommunikation Deutsche Bundespost,
7. für die Bundesdruckerei GmbH und für die aus ihr ausgegliederten Unternehmen, sofern diese von der Bundesdruckerei GmbH überwiegend beherrscht werden und ihren Zwecken als Neben- oder Hilfsunternehmen überwiegend dienen,

   für die Museumsstiftung Post und Telekommunikation.

§ 125 Absatz 4 gilt entsprechend. Über die Übernahme von Unternehmen nach Satz 1 Nummer 3 bis 8 und den Widerruf entscheidet das Bundesministerium der Finanzen.

VII

§ 122 Sachliche und örtliche Zuständigkeit

(1) 1Das Bundesministerium für Arbeit und Soziales kann durch Rechtsverordnung mit Zustimmung des Bundesrates die sachliche Zuständigkeit der gewerblichen Berufsgenossenschaften nach Art und Gegenstand der Unternehmen unter Berücksichtigung der Prävention und der Leistungsfähigkeit der Berufsgenossenschaften und die örtliche Zuständigkeit bestimmen. 2Werden dabei bestehende Zuständigkeiten verändert, ist in der Rechtsverordnung zu regeln, inwieweit die bisher zuständige Berufsgenossenschaft Betriebsmittel und Mittel aus der Rücklage an die nunmehr zuständige Berufsgenossenschaft zu übertragen hat.

(2) Soweit nichts anderes bestimmt ist, bleibt jede Berufsgenossenschaft für die Unternehmensarten sachlich zuständig, für die sie bisher zuständig war, solange eine nach Absatz 1 erlassene Rechtsverordnung die Zuständigkeit nicht anders regelt.

Zweiter Unterabschnitt
Zuständigkeit der landwirtschaftlichen Berufsgenossenschaft

§ 123 Zuständigkeit der landwirtschaftlichen Berufsgenossenschaft

(1) Die landwirtschaftliche Berufsgenossenschaft ist für folgende Unternehmen (landwirtschaftliche Unternehmen) zuständig, soweit sich nicht aus dem Dritten Unterabschnitt eine Zuständigkeit der Unfallversicherungsträger der öffentlichen Hand ergibt:

1. Unternehmen der Land- und Forstwirtschaft einschließlich des Garten- und Weinbaues, der Fischzucht, Teichwirtschaft, Seen-, Bach- und Flußfischerei (Binnenfischerei), der Imkerei sowie der den Zielen des Natur- und Umweltschutzes dienenden Landschaftspflege,
2. Unternehmen, in denen ohne Bodenbewirtschaftung Nutz- oder Zuchttiere zum Zwecke der Aufzucht, der Mast oder der Gewinnung tierischer Produkte gehalten werden,
3. land- und forstwirtschaftliche Lohnunternehmen,
4. Park- und Gartenpflege sowie Friedhöfe,
5. Jagden,
6. die Landwirtschaftskammern und die Berufsverbände der Landwirtschaft,
7. Unternehmen, die unmittelbar der Sicherung, Überwachung oder Förderung der Landwirtschaft überwiegend dienen,
8. die Sozialversicherung für Landwirtschaft, Forsten und Gartenbau, deren Verbände und deren weitere Einrichtungen sowie die Zusatzversorgungskasse und das Zusatzversorgungswerk für Arbeitnehmer in der Land- und Forstwirtschaft.

(2) Landwirtschaftliche Unternehmen im Sinne des Absatzes 1 sind nicht

1. Haus- und Ziergärten,
2. andere Kleingärten im Sinne des Bundeskleingartengesetzes vom 28. Februar 1983

(BGBl. I S. 210), zuletzt geändert durch Artikel 5 des Gesetzes vom 21. September 1994 (BGBl. I S. 2538),

es sei denn, sie werden regelmäßig oder in erheblichem Umfang mit besonderen Arbeitskräften bewirtschaftet oder ihre Erzeugnisse dienen nicht hauptsächlich dem eigenen Haushalt.

(3) Das Bundesministerium für Arbeit und Soziales kann im Einvernehmen mit dem Bundesministerium für Ernährung, Landwirtschaft und Verbraucherschutz durch Rechtsverordnung mit Zustimmung des Bundesrates bestimmen, daß auch andere als die in Absatz 1 genannten Unternehmen als landwirtschaftliche Unternehmen gelten, wenn diese überwiegend der Land- und Forstwirtschaft dienen.

(4) 1Unternehmen, die aufgrund von Allgemeinen Entscheidungen des Reichsversicherungsamtes beim Inkrafttreten dieses Buches einer landwirtschaftlichen Berufsgenossenschaft angehören, gelten als landwirtschaftliche Unternehmen. 2Das Bundesministerium für Arbeit und Soziales kann im Einvernehmen mit dem Bundesministerium für Ernährung, Landwirtschaft und Verbraucherschutz diese Unternehmen in einer Rechtsverordnung mit Zustimmung des Bundesrates zusammenfassen. 3Dabei können die Zuständigkeiten auch abweichend von den Entscheidungen des Reichsversicherungsamtes bestimmt werden, soweit dies erforderlich ist, um zusammengehörige Untemehmensarten einheitlich der landwirtschaftlichen Berufsgenossenschaft oder den gewerblichen Berufsgenossenschaften zuzuweisen.

§ 124 Bestandteile des landwirtschaftlichen Unternehmens

Zum landwirtschaftlichen Unternehmen gehören

1. die Haushalte der Unternehmer und der im Unternehmen Beschäftigten, wenn die Haushalte dem Unternehmen wesentlich dienen,
2. Bauarbeiten des Landwirts für den Wirtschaftsbetrieb,
3. Arbeiten, die Unternehmer aufgrund einer öffentlich-rechtlichen Verpflichtung als landwirtschaftliche Unternehmer zu leisten haben.

Dritter Unterabschnitt Zuständigkeit der Unfallversicherungsträger der öffentlichen Hand

§ 125 Zuständigkeit der Unfallversicherung Bund und Bahn

(1) Die Unfallversicherung Bund und Bahn ist zuständig

1. für die Unternehmen des Bundes,
2. für die Bundesagentur für Arbeit und für Personen, die nach § 2 Absatz 1 Nummer 14 Buchstabe a versichert sind,
3. für die Betriebskrankenkassen der Dienstbetriebe des Bundes,
4. für Personen, die im Zivilschutz tätig sind oder an Ausbildungsveranstaltungen einschließlich der satzungsmäßigen Veranstaltungen, die der Nachwuchsförderung dienen, im Zivilschutz teilnehmen, es sei denn, es ergibt sich eine Zuständigkeit nach den Vorschriften für die Unfallversicherungsträger im Landes- und im kommunalen Bereich,
5. für die in den Gemeinschaften des Deutschen Roten Kreuzes ehrenamtlich Tätigen sowie für sonstige beim Deutschen Roten Kreuz mit Ausnahme der Unternehmen des Gesundheitswesens und der Wohlfahrtspflege Tätige,
6. für Personen, die
   a) nach § 2 Absatz 3 Satz 1 Nummer 2 Buchstabe a versichert sind,
   b) nach § 2 Absatz 3 Satz 1 Nummer 2 Buchstabe b versichert sind,
7. für Personen, die nach § 2 Absatz 3 Satz 1 Nummer 1 versichert sind, wenn es sich um eine Vertretung des Bundes handelt,
8. für Personen, die nach § 2 Abs. 3 Satz 1 Nr. 3 versichert sind,
9. für Personen, die nach § 3 Abs. 1 Nr. 3 versichert sind.

VII

(2) Die Unfallversicherung Bund und Bahn ist auch zuständig

1. für das Bundeseisenbahnvermögen,
2. für die Deutsche Bahn AG und für die aus der Gesellschaft gemäß § 2 Absatz 1 des Deutsche Bahn Gründungsgesetzes vom 27. Dezember 1993 (BGBl. I S. 2378, 2386) ausgegliederten Aktiengesellschaften,
3. für die Unternehmen,
   a) die gemäß § 3 Absatz 3 des Deutsche Bahn Gründungsgesetzes aus den Unternehmen im Sinne der Nummer 2 ausgegliedert worden sind,
   b) die von den in Nummer 2 genannten Unternehmen überwiegend beherrscht werden und
   c) die unmittelbar und überwiegend Eisenbahnverkehrsleistungen erbringen oder Eisenbahninfrastruktur betreiben oder diesen Zwecken wie Hilfsunternehmen dienen,
4. für die Bahnversicherungsträger und die in der Anlage zu § 15 Absatz 2 des Bundeseisenbahnneugliederungsgesetzes vom 27. Dezember 1993 (BGBl. I S. 2378; 1994 I S. 2439) aufgeführten betrieblichen Sozialeinrichtungen und der Selbsthilfeeinrichtungen mit Ausnahme der in der Anlage unter B Nummer 6 genannten Einrichtungen sowie für die der Krankenversorgung der Bundesbahnbeamten dienenden Einrichtungen,
5. für Magnetschwebebahnunternehmen des öffentlichen Verkehrs.

(3) $_{1}$Der Bund kann für einzelne Unternehmen der sonst zuständigen Berufsgenossenschaft beitreten. $_{2}$Er kann zum Ende eines Kalenderjahres aus der Berufsgenossenschaft austreten. $_{3}$Über den Eintritt und den Austritt entscheidet das zuständige Bundesministerium im Einvernehmen mit dem Bundesministerium für Arbeit und Soziales und dem Bundesministerium der Finanzen.

(4) $_{1}$Der Bund kann ein Unternehmen, das in selbständiger Rechtsform betrieben wird, aus der Zuständigkeit der Berufsgenossenschaft in die Zuständigkeit der Unfallversicherung Bund und Bahn übernehmen, wenn er an dem Unternehmen überwiegend beteiligt ist oder auf seine Organe einen ausschlaggebenden Einfluß hat. $_{2}$Unternehmen, die erwerbswirtschaftlich betrieben werden, sollen nicht übernommen werden. $_{3}$Die Übernahme kann widerrufen werden; die Übernahme ist zu widerrufen, wenn die Voraussetzungen des Satzes 1 nicht mehr vorliegen. $_{4}$Für die Übernahme und den Widerruf gilt Absatz 2 Satz 3 entsprechend. $_{5}$Die Übernahme wird mit Beginn des folgenden, der Widerruf zum Ende des laufenden Kalenderjahres wirksam. $_{6}$Abweichend von Satz 5 wird die Übernahme, die im Kalenderjahr der Gründung eines Unternehmens erklärt wird, mit Beginn des Unternehmens wirksam.

§ 126 (weggefallen)

§ 127 Zuständigkeit der Unfallkasse Post und Telekom

Die Unfallkasse Post und Telekom ist zuständig

1. für die Bundesanstalt für Post und Telekommunikation Deutsche Bundespost,
2. für die aus dem Sondervermögen der Deutschen Bundespost hervorgegangenen Aktiengesellschaften,
3. für die Unternehmen, die
   a) aus den Unternehmen im Sinne der Nummer 2 ausgegliedert worden sind und von diesen überwiegend beherrscht werden oder
   b) aus den Unternehmen im Sinne des Buchstabens a ausgegliedert worden sind und von diesen überwiegend beherrscht werden

   und unmittelbar und überwiegend Post-, Postbank oder Telekommunikationsaufgaben erfüllen oder diesen Zwecken wie Hilfsunternehmen dienen,
4. für die betrieblichen Sozialeinrichtungen und in den durch Satzung anerkannten Selbsthilfeeinrichtungen der Bundesanstalt für Post und Telekommunikation Deutsche Bundespost,
5. für die Bundesdruckerei GmbH und für die aus ihr ausgegliederten Unternehmen, sofern diese von der Bundesdruckerei GmbH

überwiegend beherrscht werden und ihren Zwecken als Neben- oder Hilfsunternehmen überwiegend dienen,

6. (weggefallen)
7. für die Museumsstiftung Post und Telekommunikation,
8. die Bundespost-Betriebskrankenkasse nach § 7 des Postsozialversicherungsorganisationsgesetzes (DIE BKK POST).

---

§ 127 entfällt zum 1.1.2016 (BUK-Neuorganisationsgesetz vom 19.10.2013, BGBl. I S. 3836).

§ 128 Zuständigkeit der Unfallversicherungsträger im Landesbereich

(1) Die Unfallversicherungsträger im Landesbereich sind zuständig

1. für die Unternehmen des Landes,

1a. für Unternehmen, die in selbständiger Rechtsform betrieben werden und an denen das Land
   a) bei Kapitalgesellschaften unmittelbar oder mittelbar die Mehrheit der Kapitalanteile auf sich vereint oder
   b) bei sonstigen Unternehmen die Stimmenmehrheit in dem Organ, dem die Verwaltung und Führung des Unternehmens obliegt, auf sich vereint,

2. für Kinder in Tageseinrichtungen von Trägern der freien Jugendhilfe und in anderen privaten, als gemeinnützig im Sinne des Steuerrechts anerkannten Tageseinrichtungen, sowie für Kinder, die durch geeignete Tagespflegepersonen im Sinne von § 23 des Achten Buches betreut werden,

2a. für Kinder während der Teilnahme an vorschulischen Sprachförderungskursen nach § 2 Absatz 1 Nummer 8 Buchstabe a, die nicht in Tageseinrichtungen durchgeführt werden,

3. für Schüler an privaten allgemeinbildenden und berufsbildenden Schulen,

4. für Studierende an privaten Hochschulen,

5. für Personen, die nach § 2 Abs. 1 Nr. 3 versichert sind, soweit die Maßnahme von einer Landesbehörde veranlaßt worden ist,

6. für Personen, die in Einrichtungen zur Hilfe bei Unglücksfällen tätig sind oder an Ausbildungsveranstaltungen dieser Einrichtungen einschließlich der satzungsmäßigen Veranstaltungen, die der Nachwuchsförderung dienen, teilnehmen,

7. für Personen, die nach § 2 Abs. 1 Nr. 13 Buchstabe a und c versichert sind,

8. für Personen, die nach § 2 Abs. 2 Satz 2 versichert sind,

9. für Personen, die wie Beschäftigte für nicht gewerbsmäßige Halter von Fahrzeugen oder Reittieren tätig werden,

10. für Personen, die nach § 2 Absatz 3 Satz 1 Nummer 1 versichert sind, wenn es sich um eine Vertretung eines Landes handelt,

11. für Versicherte nach § 3 Absatz 1 Nummer 4 und 5.

(2) Die Landesregierungen können durch Rechtsverordnung die Zuständigkeit der Unfallversicherungsträger im kommunalen Bereich für die Versicherten nach Absatz 1 Nr. 6, 7, 9 und 11 bestimmen.

(3) und (4) (weggefallen)

(5) Übt ein Land die Gemeindeverwaltung aus, gilt die Vorschrift über die Zuständigkeit der Unfallversicherungsträger im kommunalen Bereich entsprechend.

§ 129 Zuständigkeit der Unfallversicherungsträger im kommunalen Bereich

(1) Die Unfallversicherungsträger im kommunalen Bereich sind zuständig

1. für die Unternehmen der Gemeinden und Gemeindeverbände,

1a. für Unternehmen, die in selbständiger Rechtsform betrieben werden und an denen Gemeinden oder Gemeindeverbände
   a) bei Kapitalgesellschaften unmittelbar oder mittelbar die Mehrheit der Kapitalanteile auf sich vereinen oder

b) bei sonstigen Unternehmen die Stimmenmehrheit in dem Organ, dem die Verwaltung und Führung des Unternehmens obliegt, auf sich vereinen,
2. für Haushalte,
3. für in Eigenarbeit nicht gewerbsmäßig ausgeführte Bauarbeiten (nicht gewerbsmäßige Bauarbeiten), wenn für die einzelne geplante Bauarbeit nicht mehr als die im Bauhauptgewerbe geltende tarifliche Wochenarbeitszeit tatsächlich verwendet wird; mehrere nicht gewerbsmäßige Bauarbeiten werden dabei zusammengerechnet, wenn sie einem einheitlichen Bauvorhaben zuzuordnen sind; Nummer 1 und die §§ 125, 128 und 131 bleiben unberührt,
4. für Personen, die nach § 2 Abs. 1 Nr. 3 versichert sind, soweit die Maßnahme von einer Gemeinde veranlaßt worden ist,
5. für Personen, die Leistungen der Träger der Sozialhilfe zur Unterstützung und Aktivierung nach § 11 Absatz 3 des Zwölften Buches erhalten,
6. für Personen, die nach § 2 Abs. 1 Nr. 16 versichert sind,
7. für Pflegepersonen, die nach § 2 Abs. 1 Nr. 17 versichert sind.

(2) und (3) (weggefallen)

(4) 1Absatz 1 Nummer 1a gilt nicht für
1. Verkehrsunternehmen einschließlich Hafen- und Umschlagbetriebe,
2. Elektrizitäts-, Gas- und Wasserwerke sowie
3. Unternehmen, die Seefahrt betreiben.

2Absatz 1 Nummer 1 und 1a gilt nicht für landwirtschaftliche Unternehmen der in § 123 Absatz 1 Nummer 1, 4 und 5 genannten Art.

§ 129a Zuständigkeit bei gemeinsamer Beteiligung von Bund, Ländern, Gemeinden oder Gemeindeverbänden an Unternehmen

(1) Zur Feststellung der Voraussetzungen für die Zuständigkeit von Unfallversicherungsträgern im Landesbereich oder im kommunalen Bereich sind bei Kapitalgesellschaften Kapitalbeteiligungen von Bund, Ländern, Gemeinden und Gemeindeverbänden an Unternehmen, die in selbständiger Rechtsform betrieben werden, zusammenzurechnen.

(2) Bei einer gemeinsamen Kapitalbeteiligung von Bund, Ländern, Gemeinden oder Gemeindeverbänden an Kapitalgesellschaften richtet sich die Zuständigkeit nach der mehrheitlichen Kapitalbeteiligung.

(3) 1Bei gleicher Kapitalbeteiligung von Bund und Ländern sowie bei gleicher Kapitalbeteiligung von Bund und Gemeinden oder Gemeindeverbänden an Kapitalgesellschaften erfolgt die Festlegung der Zuständigkeit im gegenseitigen Einvernehmen. 2Das Einvernehmen ist herzustellen zwischen der jeweils nach Landesrecht zuständigen Stelle und dem Bund; § 125 Absatz 3 Satz 3 gilt entsprechend. 3Kann ein Einvernehmen nicht hergestellt werden, ist der Unfallversicherungsträger im Landesbereich oder im kommunalen Bereich zuständig.

(4) Bei gleicher Kapitalbeteiligung von Ländern an Kapitalgesellschaften erfolgt die Festlegung der Zuständigkeit im gegenseitigen Einvernehmen der nach Landesrecht zuständigen Stellen.

(5) Bei gleicher Kapitalbeteiligung von Ländern und Gemeinden oder Gemeindeverbänden an Kapitalgesellschaften erfolgt die Festlegung der Zuständigkeit im gegenseitigen Einvernehmen durch die jeweils nach Landesrecht zuständige Stelle.

(6) Die Absätze 1 bis 5 gelten bei sonstigen Unternehmen in selbständiger Rechtsform hinsichtlich der gemeinsamen Stimmenmehrheit von Bund, Ländern, Gemeinden oder Gemeindeverbänden in dem Organ, dem die Verwaltung und Führung des Unternehmens obliegt, entsprechend.

Vierter Unterabschnitt
Gemeinsame Vorschriften über die Zuständigkeit

§ 130 Örtliche Zuständigkeit

(1) 1Die örtliche Zuständigkeit des Unfallversicherungsträgers für ein Unternehmen richtet sich nach dem Sitz des Unternehmens. 2Ist ein solcher nicht vorhanden, gilt als Sitz der Wohnsitz oder gewöhnliche Aufenthaltsort des Unternehmers. 3Bei Arbeitsgemeinschaften gilt als Sitz des Unternehmens der Ort der Tätigkeit.

(2) 1Hat ein Unternehmen keinen Sitz im Inland, hat der Unternehmer einen Bevollmächtigten mit Sitz im Inland, beim Betrieb eines Seeschiffs mit Sitz in einem inländischen Seehafen zu bestellen. 2Dieser hat die Pflichten des Unternehmers. 3Als Sitz des Unternehmens gilt der Ort der Betriebsstätte im Inland, in Ermangelung eines solchen der Wohnsitz oder gewöhnliche Aufenthalt des Bevollmächtigten. 4Ist kein Bevollmächtigter bestellt, gilt als Sitz des Unternehmens Berlin.

(2a) Sind auf eine Beschäftigung im Ausland für ein Unternehmen ohne Sitz im Inland nach über- oder zwischenstaatlichem Recht die Vorschriften dieses Buches anzuwenden, richtet sich die örtliche Zuständigkeit nach dem Wohnsitz oder gewöhnlichen Aufenthalt des Versicherten im Inland.

(3) 1Betreiben mehrere Personen ein Seeschiff, haben sie einen gemeinsamen Bevollmächtigten mit Sitz in einem inländischen Seehafen zu bestellen. 2Dieser hat die Pflichten des Unternehmers.

(4) 1Für Personen, die nach § 2 Abs. 1 Nr. 13 Buchstabe a und c versichert sind, richtet sich die örtliche Zuständigkeit nach dem Ort der versicherten Tätigkeit. 2Wird diese im Ausland ausgeübt, richtet sich die örtliche Zuständigkeit nach dem letzten Wohnsitz oder gewöhnlichen Aufenthalt der Versicherten im Inland. 3Ist ein solcher nicht vorhanden, gilt Berlin als Ort der versicherten Tätigkeit.

(5) 1Erstreckt sich ein landwirtschaftliches Unternehmen im Sinne des § 123 Abs. 1 Nr. 1 auf die Bezirke mehrerer Gemeinden, hat es seinen Sitz dort, wo die gemeinsamen oder die seinen Hauptzwecken dienenden Wirtschaftsgebäude liegen, oder bei einem Unternehmen der Forstwirtschaft, wo der größte Teil der Forstgrundstücke liegt. 2Forstwirtschaftliche Grundstücke verschiedener Unternehmer gelten als Einzelunternehmen, auch wenn sie derselben Betriebsleitung unterstehen.

§ 131 Zuständigkeit für Hilfs- und Nebenunternehmen

(1) 1Umfaßt ein Unternehmen verschiedenartige Bestandteile (Hauptunternehmen, Nebenunternehmen, Hilfsunternehmen), die demselben Rechtsträger angehören, ist der Unfallversicherungsträger zuständig, dem das Hauptunternehmen angehört. 2§ 129 Absatz 4 bleibt unberührt.

(2) 1Das Hauptunternehmen bildet den Schwerpunkt des Unternehmens. 2Hilfsunternehmen dienen überwiegend den Zwecken anderer Untemehmensbestandteile. 3Nebenunternehmen verfolgen überwiegend eigene Zwecke.

(3) Absatz 1 gilt nicht für

1. Neben- und Hilfsunternehmen, die Seefahrt betreiben, welche über den örtlichen Verkehr hinausreicht,
2. landwirtschaftliche Nebenunternehmen mit einer Größe von mehr als fünf Hektar, Friedhöfe sowie Nebenunternehmen des Wein-, Garten- und Tabakbaus und anderer Spezialkulturen in einer Größe von mehr als 0,25 Hektar. Die Unfallversicherungsträger können eine abweichende Vereinbarung für bestimmte Arten von Nebenunternehmen oder für bestimmte in ihnen beschäftigte Versichertengruppen treffen.

§ 132 Zuständigkeit für Unfallversicherungsträger

Die Unfallversicherungsträger sind für sich und ihre eigenen Unternehmen zuständig.

§ 133 Zuständigkeit für Versicherte

(1) Sofern in diesem Abschnitt keine abweichenden Regelungen getroffen sind, bestimmt sich die Zuständigkeit für Versicherte

nach der Zuständigkeit für das Unternehmen, für das die Versicherten tätig sind oder zu dem sie in einer besonderen, die Versicherung begründenden Beziehung stehen.

(2) Werden Versicherte einem Unternehmen von einem anderen Unternehmen überlassen, bestimmt sich die Zuständigkeit für die Versicherten nach der Zuständigkeit für das überlassende Unternehmen, sofern dieses zur Zahlung des Arbeitsentgelts verpflichtet ist.

§ 134 Zuständigkeit bei Berufskrankheiten

(1) $_1$Wurde im Fall einer Berufskrankheit die gefährdende Tätigkeit für mehrere Unternehmen ausgeübt, für die verschiedene Unfallversicherungsträger zuständig sind, richtet sich die Zuständigkeit nach dem Unternehmen, in dem die gefährdende Tätigkeit zuletzt ausgeübt wurde; die Unfallversicherungsträger können Näheres, auch Abweichendes, durch Vereinbarung regeln. $_2$Satz 1 gilt in den Fällen des § 3 der Berufskrankheiten-Verordnung entsprechend.

VII

(2) Für die Feststellung einer Berufskrankheit sind auch Tätigkeiten zu berücksichtigen, die Versicherte im Rahmen einer Beschäftigung ausgeübt haben, für die nach § 4 Absatz 1 Versicherungsfreiheit bestand, wenn die Tätigkeiten ihrer Art nach geeignet waren, die Krankheit zu verursachen und die schädigende Einwirkung überwiegend durch die nach diesem Buch versicherten gefährdenden Tätigkeiten verursacht wurde.

§ 135 Versicherung nach mehreren Vorschriften

(1) Die Versicherung nach § 2 Abs. 1 Nr. 1 geht einer Versicherung vor

1. nach § 2 Abs. 1 Nr. 2, wenn die Versicherten an der Aus- und Fortbildung auf Veranlassung des Unternehmers, bei dem sie beschäftigt sind, teilnehmen,
2. nach § 2 Abs. 1 Nr. 3, wenn die Maßnahmen auf Veranlassung des Unternehmers durchgeführt werden, bei dem die Versicherten beschäftigt sind,
3. nach § 2 Abs. 1 Nr. 8, es sei denn, es handelt sich um Schüler beim Besuch berufsbildender Schulen,
4. nach § 2 Abs. 1 Nr. 12, wenn die Versicherten an der Ausbildungsveranstaltung einschließlich der satzungsmäßigen Veranstaltung, die der Nachwuchsförderung dient, auf Veranlassung des Unternehmers, bei dem sie beschäftigt sind, teilnehmen,
5. nach § 2 Abs. 1 Nr. 13 Buchstabe a oder c, wenn die Hilfeleistung im Rahmen von Verpflichtungen aus dem Beschäftigungsverhältnis erfolgt,

5a. nach § 2 Absatz 1 Nummer 14 Buchstabe b, wenn die Versicherten an einer Maßnahme teilnehmen, die von dem Unternehmer durchgeführt wird, bei dem sie beschäftigt sind,

6. nach § 2 Abs. 1 Nr. 17,
7. nach § 2 Abs. 2.

(2) Die Versicherung als selbständig Tätige nach § 2 Abs. 1 Nr. 5, 6, 7 und 9 geht der Versicherung nach § 2 Abs. 1 Nr. 13 Buchstabe a oder c vor, es sei denn, die Hilfeleistung geht über eine dem eigenen Unternehmen dienende Tätigkeit hinaus.

(3) $_1$Die Versicherung nach § 2 Abs. 1 Nr. 5, 9 und 10 geht der Versicherung nach § 2 Abs. 1 Nr. 17 vor. $_2$Die Versicherung nach § 2 Abs. 1 Nr. 9 geht der Versicherung nach § 2 Abs. 1 Nr. 10 vor.

(4) Die Versicherung des im landwirtschaftlichen Unternehmen mitarbeitenden Ehegatten oder Lebenspartners nach § 2 Abs. 1 Nr. 5 Buchstabe a geht der Versicherung nach § 2 Abs. 1 Nr. 1 vor.

(5) Die Versicherung nach § 2 Abs. 1 Nr. 16 geht der Versicherung nach § 2 Abs. 1 Nr. 1 vor.

(5a) $_1$Die Versicherung nach einer Vorschrift des § 2 Abs. 1 geht der Versicherung nach § 2 Abs. 1a vor. $_2$Die Versicherung nach § 2 Abs. 1a geht der Versicherung nach § 2 Abs. 2 Satz 1 vor.

(6) Kann über die Absätze 1 bis 5 hinaus eine Tätigkeit zugleich nach mehreren Vorschriften des § 2 versichert sein, geht die Versi-

cherung vor, der die Tätigkeit vorrangig zuzurechnen ist.

(7) 1Absatz 6 gilt entsprechend bei versicherten Tätigkeiten nach § 2 und zugleich nach den §§ 3 und 6. 2Die Versicherung nach § 2 Abs. 1 Nr. 9 geht der Versicherung nach § 6 Abs. 1 Nr. 3 vor.

§ 136 Bescheid über die Zuständigkeit, Begriff des Unternehmers

(1) 1Der Unfallversicherungsträger stellt Beginn und Ende seiner Zuständigkeit für ein Unternehmen durch schriftlichen Bescheid gegenüber dem Unternehmer fest. 2Ein Unternehmen beginnt bereits mit den vorbereitenden Arbeiten für das Unternehmen. 3Bei in Eigenarbeit nicht gewerbsmäßig ausgeführten Bauarbeiten kann der Unfallversicherungsträger von der Feststellung seiner Zuständigkeit durch schriftlichen Bescheid absehen. 4War die Feststellung der Zuständigkeit für ein Unternehmen von Anfang an unrichtig oder ändert sich die Zuständigkeit für ein Unternehmen, überweist der Unfallversicherungsträger dieses dem zuständigen Unfallversicherungsträger. 5Die Überweisung erfolgt im Einvernehmen mit dem zuständigen Unfallversicherungsträger; sie ist dem Unternehmer von dem überweisenden Unfallversicherungsträger bekanntzugeben.

(2) 1Die Feststellung der Zuständigkeit war von Anfang an unrichtig, wenn sie den Zuständigkeitsregelungen eindeutig widerspricht oder das Festhalten an dem Bescheid zu schwerwiegenden Unzuträglichkeiten führen würde. 2Eine wesentliche Änderung der tatsächlichen Verhältnisse im Sinne des § 48 Abs. 1 des Zehnten Buches, die zu einer Änderung der Zuständigkeit führt, liegt vor, wenn das Unternehmen grundlegend und auf Dauer umgestaltet worden ist. 3Dies ist insbesondere dann der Fall, wenn der Zeitpunkt der Änderung der tatsächlichen Verhältnisse mehr als ein Jahr zurückliegt und seitdem keine der geänderten Zuständigkeit widersprechenden Veränderungen eingetreten sind oder wenn die Änderung der Zuständigkeit durch Zusammenführung, Aus- oder Eingliederung von abgrenzbaren Unternehmensbestandteilen bedingt ist. 4Eine Änderung gilt nicht als wesentlich, wenn ein Hilfsunternehmen im Sinne von § 131 Abs. 2 Satz 2 in eigener Rechtsform ausgegliedert wird, aber ausschließlich dem Unternehmen, dessen Bestandteil es ursprünglich war, dient. 5Satz 3 gilt nicht, wenn feststeht, dass die tatsächlichen Umstände, welche die Veränderung der Zuständigkeit begründen, innerhalb eines Zeitraums von zwei Jahren nach deren Eintritt entfallen. 6Stellt sich innerhalb eines Jahres nach Bestandskraft des Bescheides, mit dem erstmalig die Zuständigkeit für ein Unternehmen festgestellt wurde, heraus, dass die Zuständigkeit eines anderen Unfallversicherungsträgers gegeben ist, erfolgt eine Überweisung auch dann, wenn die weiteren Voraussetzungen in den Sätzen 1 bis 3 nicht erfüllt sind und kein Fall im Sinne des Satzes 5 vorliegt.

(3) Unternehmer ist

1. derjenige, dem das Ergebnis des Unternehmens unmittelbar zum Vor- oder Nachteil gereicht,
2. bei nach § 2 Abs. 1 Nr. 2 oder 15 versicherten Rehabilitanden der Rehabilitationsträger,
3. bei Versicherten nach § 2 Absatz 1 Nummer 2, 8 und 14 Buchstabe b der Sachkostenträger,
4. beim Betrieb eines Seeschiffs der Reeder,
5. bei nach § 2 Abs. 1 Nr. 10 Buchstabe a oder b Versicherten, die für eine privatrechtliche Organisation ehrenamtlich tätig werden oder an Ausbildungsveranstaltungen für diese Tätigkeit teilnehmen, die Gebietskörperschaft oder öffentlich-rechtliche Religionsgemeinschaft, in deren Auftrag oder mit deren Zustimmung die Tätigkeit erbracht wird,
6. bei einem freiwilligen Dienst nach dem Jugendfreiwilligendienstegesetz oder einem Internationalen Jugendfreiwilligendienst nach § 2 Absatz 3 Satz 1 Nummer 2 Buchstabe c der zugelassene Träger oder, sofern eine Vereinbarung nach § 11 Abs. 2 des Jugendfreiwilligendienstegesetzes getroffen ist, die Einsatzstelle,

VII

7. bei einem Dienst nach dem Bundesfreiwilligendienstgesetz die Einsatzstelle.

(4) Absatz 1 Satz 1 gilt nicht für Unfallversicherungsträger der öffentlichen Hand.

§ 137 Wirkung von Zuständigkeitsänderungen

(1) 1Geht die Zuständigkeit für Unternehmen nach § 136 Abs. 1 Satz 4 von einem Unfallversicherungsträger auf einen anderen über, bleibt bis zum Ablauf des Kalenderjahres, in dem die Entscheidung über das Ende der Zuständigkeit des bisherigen Unfallversicherungsträgers gegenüber dem Unternehmen bindend wird, dieser Unfallversicherungsträger für das Unternehmen zuständig. 2Die Unfallversicherungsträger können Abweichendes vereinbaren.

(2) 1Geht die Zuständigkeit für ein Unternehmen oder einen Unternehmensbestandteil von einem Unfallversicherungsträger auf einen anderen über, ist dieser auch hinsichtlich der Versicherungsfälle zuständig, die vor dem Zuständigkeitswechsel eingetreten sind; die Unfallversicherungsträger können Abweichendes vereinbaren. 2Satz 1 gilt nicht, wenn die Zuständigkeit für ein Unternehmen von der Zuständigkeit der Unfallversicherung Bund und Bahn nach § 125 Absatz 1 auf einen anderen Unfallversicherungsträger übergeht.

VII

§ 138 Unterrichtung der Versicherten

Die Unternehmer haben die in ihren Unternehmen tätigen Versicherten darüber zu unterrichten, welcher Unfallversicherungsträger für das Unternehmen zuständig ist und an welchem Ort sich seine für Entschädigungen zuständige Geschäftsstelle befindet.

§ 139 Vorläufige Zuständigkeit

(1) Ist ein Unfallversicherungsträger der Ansicht, daß ein entschädigungspflichtiger Versicherungsfall vorliegt, für den ein anderer Unfallversicherungsträger zuständig ist, hat er vorläufige Leistungen nach § 43 des Ersten Buches zu erbringen, wenn der andere Unfallversicherungsträger sich nicht für zuständig hält oder die Prüfung der Zuständigkeit nicht innerhalb von 21 Tagen abgeschlossen werden kann.

(2) 1Wird einem Unfallversicherungsträger ein Versicherungsfall angezeigt, für den nach seiner Ansicht ein anderer Unfallversicherungsträger zuständig ist, hat er die Anzeige mit etwaigen weiteren Feststellungen an den anderen Unfallversicherungsträger unverzüglich abzugeben. 2Hält der andere Unfallversicherungsträger sich nicht für zuständig oder kann die Zuständigkeit nicht innerhalb von 21 Tagen abschließend geklärt werden, hat der erstangegangene Unfallversicherungsträger die weiteren Feststellungen zu treffen und erforderliche Leistungen nach § 43 des Ersten Buches zu erbringen.

(3) Der von dem erstangegangenen Unfallversicherungsträger angegangene Unfallversicherungsträger hat diesem unverzüglich seine Entscheidung nach den Absätzen 1 und 2 mitzuteilen.

(4) Die Unfallversicherungsträger sind berechtigt, eine abweichende Vereinbarung über die Zuständigkeit zur Erbringung vorläufiger Leistungen nach Absatz 1 und zur Durchführung der weiteren Feststellungen nach Absatz 2 zu treffen.

§ 139a Deutsche Verbindungsstelle Unfallversicherung – Ausland

(1) Die Deutsche Gesetzliche Unfallversicherung e. V. nimmt die Aufgaben

1. der Deutschen Verbindungsstelle Unfallversicherung – Ausland (Verbindungsstelle) auf der Grundlage des über- und zwischenstaatlichen Rechts sowie
2. des Trägers des Wohn- und Aufenthaltsorts aufgrund überstaatlichen Rechts für den Bereich der Unfallversicherung

wahr.

(2) Zu den Aufgaben nach Absatz 1 gehören insbesondere

1. der Abschluss von Vereinbarungen mit ausländischen Verbindungsstellen,
2. die Kostenabrechnungen mit in- und ausländischen Stellen,
3. die Koordinierung der Verwaltungshilfe bei grenzüberschreitenden Sachverhalten,
4. die Information, Beratung und Aufklärung sowie

5. die Umlagerechnung.

(3) 1Die Verbindungsstelle legt die ihr durch die Erfüllung ihrer Aufgaben entstandenen Sach- und Personalkosten nach Ablauf eines Kalenderjahres auf alle deutschen Träger der gesetzlichen Unfallversicherung um. 2Auf die Umlage kann sie Vorschüsse einfordern.

Dritter Abschnitt
Weitere Versicherungseinrichtungen

§ 140 Haftpflicht- und Auslandsversicherung

(1) Die landwirtschaftliche Berufsgenossenschaft kann für diejenigen Unternehmer und die ihnen in der Haftpflicht Gleichstehenden, deren Betriebssitz sich im örtlichen und sachlichen Zuständigkeitsbereich einer am 31. Dezember 2012 bestehenden landwirtschaftlichen Berufsgenossenschaft befindet, die bis zu diesem Zeitpunkt eine Versicherung gegen Haftpflicht nach den an diesem Tag geltenden Vorschriften betrieben hat, diese Versicherung weiter betreiben.

(2) Die Unfallversicherungsträger können durch Beschluß der Vertreterversammlung eine Versicherung gegen Unfälle einrichten, die Personen im Zusammenhang mit einer Beschäftigung bei einem inländischen Unternehmen im Ausland erleiden, wenn diese Personen nicht bereits Versicherte im Sinne dieses Buches sind.

(3) 1Die Teilnahme an der Versicherung erfolgt auf Antrag der Unternehmer. 2Die Mittel der Versicherung werden von den Unternehmern aufgebracht, die der Versicherung angeschlossen sind. 3Die Beschlüsse der Vertreterversammlung, die sich auf die Einrichtungen beziehen, bedürfen der Genehmigung der Aufsichtsbehörde.

§ 141 Träger der Versicherungseinrichtungen, Aufsicht

(1) 1Träger der Haftpflicht- und Auslandsversicherung ist der Unfallversicherungsträger. 2Die Aufsicht mit Ausnahme der Fachaufsicht führt die für den Unfallversicherungsträger zuständige Aufsichtsbehörde.

(2) 1Der Unfallversicherungsträger kann die Haftpflicht- und Auslandsversicherung auch in Form einer rechtsfähigen Anstalt des öffentlichen Rechts betreiben. 2Er kann seine Rechtsträgerschaft auf eine andere öffentlich-rechtliche Einrichtung übertragen.

§ 142 Gemeinsame Einrichtungen

(1) Unfallversicherungsträger, die dieselbe Aufsichtsbehörde haben, können vereinbaren, gemeinsame Einrichtungen der Auslandsversicherung zu errichten.

(2) 1Die Vereinbarung wird mit Beginn eines Kalenderjahres wirksam. 2Die Beschlüsse der Vertreterversammlungen über die Vereinbarung bedürfen der Genehmigung der Aufsichtsbehörde.

§ 143 (weggefallen)

Vierter Abschnitt
Dienstrecht

§ 144 Dienstordnung

1Die Vertreterversammlung des Unfallversicherungsträgers hat die Ein- und Anstellungsbedingungen und die Rechtsverhältnisse der Angestellten unter Berücksichtigung des Grundsatzes der funktionsgerechten Stellenbewertung durch eine Dienstordnung angemessen zu regeln, soweit nicht die Angestellten nach Tarifvertrag oder außertariflich angestellt werden. 2Dies gilt nicht für Unfallversicherungsträger mit Dienstherrnfähigkeit im Sinne des § 2 des Bundesbeamtengesetzes oder des § 2 des Beamtenstatusgesetzes.

§ 145 Regelungen in der Dienstordnung

1Die Dienstordnung hat die Folgen der Nichterfüllung von Pflichten und die Zuständigkeit für deren Festsetzung zu regeln. 2Weitergehende Rechtsnachteile, als sie das Disziplinarrecht für Beamte zuläßt, dürfen nicht vorgesehen werden.

§ 146 Verletzung der Dienstordnung

1Widerspricht ein Dienstvertrag der Dienstordnung, ist er insoweit nichtig. 2Dies gilt nicht, wenn der Widerspruch zwischen

VII

Dienstvertrag und Dienstordnung auf einer nach Abschluß des Vertrages in Kraft getretenen Änderung der Dienstordnung zum Nachteil des Angestellten beruht.

§ 147 Aufstellung und Änderung der Dienstordnung

(1) Vor Aufstellung der Dienstordnung hat der Vorstand des Unfallversicherungsträgers die Personalvertretung zu hören.

(2) Die Dienstordnung bedarf der Genehmigung der Aufsichtsbehörde.

(3) Wird die Genehmigung versagt und wird in der festgesetzten Frist eine andere Dienstordnung nicht aufgestellt oder wird sie nicht genehmigt, erläßt die Aufsichtsbehörde die Dienstordnung.

(4) Die Absätze 1 bis 3 gelten für Änderungen der Dienstordnung entsprechend.

§ 147a Dienstbezüge der Geschäftsführer der gewerblichen Berufsgenossenschaften und der Sozialversicherung für Landwirtschaft, Forsten und Gartenbau

(1) Die Dienstbezüge im Dienstordnungsverhältnis oder die vertraglich zu vereinbarende Vergütung der Geschäftsführerinnen oder der Geschäftsführer oder der Vorsitzenden der Geschäftsführung der gewerblichen Berufsgenossenschaften dürfen die Dienstbezüge der folgenden Besoldungsgruppen nicht übersteigen:

Gewerbliche Berufsgenossenschaft	Höchstgrenze
1. Berufsgenossenschaft für Transport und Verkehrswirtschaft	Besoldungsgruppe B 6
2. Berufsgenossenschaft Energie Textil Elektro Medienerzeugnisse	Besoldungsgruppe B 7
3. Berufsgenossenschaft Handel und Warendistribution	Besoldungsgruppe B 7
4. Berufsgenossenschaft Nahrungsmittel und Gastgewerbe	Besoldungsgruppe B 7
5. Berufsgenossenschaft Rohstoffe und chemische Industrie	Besoldungsgruppe B 7
6. Berufsgenossenschaft für Gesundheitsdienst und Wohlfahrtspflege	Besoldungsgruppe B 8
7. Berufsgenossenschaft der Bauwirtschaft	Besoldungsgruppe B 8
8. Berufsgenossenschaft Holz und Metall	Besoldungsgruppe B 8
9. Verwaltungs-Berufsgenossenschaft	Besoldungsgruppe B 8

(2) Für die Geschäftsführerin oder den Geschäftsführer oder die Vorsitzende oder den Vorsitzenden der Geschäftsführung der Sozialversicherung für Landwirtschaft, Forsten und Gartenbau ist die Besoldungsgruppe B 7 die Besoldungshöchstgrenze.

(3) Die stellvertretende Geschäftsführerin oder der stellvertretende Geschäftsführer, die Mitglieder einer Geschäftsführung sowie die leitende technische Aufsichtsperson sind jeweils mindestens eine Besoldungsgruppe niedriger einzustufen als die Geschäftsführerin oder der Geschäftsführer oder die Vorsitzende oder der Vorsitzende einer Geschäftsführung.

(4) Für vertraglich zu vereinbarende Vergütungen im Sinne des Absatzes 1 ist die Obergrenze das jeweilige Grundgehalt zuzüglich des Familienzuschlags der Stufe 2.

§ 148 Dienstrechtliche Vorschriften der Unfallversicherung Bund und Bahn

(1) $_1$Die Unfallversicherung Bund und Bahn besitzt Dienstherrnfähigkeit im Sinne des § 2 des Bundesbeamtengesetzes. $_2$Die Beamten sind Bundesbeamte. $_3$Für die Arbeitnehmer und Auszubildenden gelten die Bestimmungen für Arbeitnehmer und Auszubildende des Bundes.

(2) $_1$Das Bundesministerium für Arbeit und Soziales ernennt und entlässt auf Vorschlag des Vorstandes der Unfallversicherung Bund und Bahn die Beamten. $_2$Es kann seine Befugnis auf den Vorstand übertragen mit dem Recht, diese Befugnis ganz oder teilweise auf den Geschäftsführer weiter zu übertragen.

(3) Oberste Dienstbehörde für den Geschäftsführer und seinen Stellvertreter ist das Bundesministerium für Arbeit und Soziales, für die übrigen Beamten der Vorstand der Unfallversicherung Bund und Bahn, der seine Befugnisse ganz oder teilweise auf den Geschäftsführer übertragen kann.

§ 149 Dienstrechtliche Vorschriften für die Unfallkasse Post und Telekom

(1) $_1$Die Unfallkasse Post und Telekom besitzt Dienstherrnfähigkeit im Sinne des § 2 des Bundesbeamtengesetzes. $_2$Die Beamten sind

Bundesbeamte. 3Bei der Unfallkasse können die nach § 26 Abs. 1 des Bundesbesoldungsgesetzes zulässigen Obergrenzen für Beförderungsämter überschritten werden, soweit dies wegen der mit den Funktionen verbundenen Anforderungen erforderlich ist. 4Für die Angestellten und Arbeiter gelten die Bestimmungen für Arbeitnehmer des Bundes mit besonderen Ergänzungen, soweit dies wegen der mit den Funktionen verbundenen Anforderungen erforderlich ist.

(2) 1Das Bundesministerium der Finanzen ernennt und entläßt auf Vorschlag des Vorstandes der Unfallkasse die Beamten. 2Es kann seine Befugnis auf den Vorstand übertragen mit dem Recht, diese Befugnis ganz oder teilweise auf den Geschäftsführer weiter zu übertragen.

(3) Oberste Dienstbehörde für den Geschäftsführer und seinen Stellvertreter ist das Bundesministerium der Finanzen, für die übrigen Beamten der Vorstand der Unfallkasse Post und Telekom, der seine Befugnisse ganz oder teilweise auf den Geschäftsführer übertragen kann.

(4) 1Unbeschadet der Absätze 1 und 2 können das Bundesministerium der Finanzen und die Unternehmen, für deren Versicherte die Unfallkasse Post und Telekom Träger der Unfallversicherung ist, für die Aufgabenerfüllung der Unfallkasse Post und Telekom erforderliches Personal gegen Kostenerstattung zur Verfügung stellen. 2Dies gilt insbesondere für Beamte und Arbeitnehmer, die bei der Errichtung der Unfallkasse Post und Telekom Aufgaben der Unfallversicherung einschließlich Überwachung und Prävention bei der Bundespost-Ausführungsbehörde für Unfallversicherung oder der Zentralstelle Arbeitsschutz im Bundesamt für Post und Telekommunikation wahrgenommen haben. 3Das Arbeitnehmerüberlassungsgesetz findet keine Anwendung.

---

§ 149 entfällt zum 1.1.2016 (BUK-Neuorganisationsgesetz vom 19.10.2013, BGBl. I S. 3836).

Sechstes Kapitel
Aufbringung der Mittel

Erster Abschnitt
Allgemeine Vorschriften

Erster Unterabschnitt
Beitragspflicht

§ 150 Beitragspflichtige

(1) 1Beitragspflichtig sind die Unternehmer, für deren Unternehmen Versicherte tätig sind oder zu denen Versicherte in einer besonderen, die Versicherung begründenden Beziehung stehen. 2Die nach § 2 versicherten Unternehmer sowie die nach § 3 Abs. 1 Nr. 1 und § 6 Abs. 1 Versicherten sind selbst beitragspflichtig. 3Für Versicherte nach § 6 Absatz 1 Satz 2 ist die jeweilige Organisation oder der jeweilige Verband beitragspflichtig. 4Entsprechendes gilt in den Fällen des § 6 Absatz 1 Satz 3.

(2) 1Neben den Unternehmern sind beitragspflichtig

1. die Auftraggeber, soweit sie Zwischenmeistern und Hausgewerbetreibenden zur Zahlung von Entgelt verpflichtet sind,
2. die Reeder, soweit beim Betrieb von Seeschiffen andere Unternehmer sind oder auf Seeschiffen durch andere ein Unternehmen betrieben wird.

2Die in Satz 1 Nr. 1 und 2 Genannten sowie die in § 130 Abs. 2 Satz 1 und Abs. 3 genannten Bevollmächtigten haften mit den Unternehmern als Gesamtschuldner.

(3) 1Für die Beitragshaftung bei der Arbeitnehmerüberlassung gilt § 28e Abs. 2 und 4 des Vierten Buches und für die Beitragshaftung bei der Ausführung eines Dienst- oder Werkvertrages im Baugewerbe gelten § 28e Absatz 3a bis 3f sowie § 116a des Vierten Buches entsprechend. 2Der Nachunternehmer oder der von diesem beauftragte Verleiher hat für den Nachweis nach § 28e Absatz 3f des Vierten Buches eine qualifizierte Unbedenklichkeitsbescheinigung des zuständigen Unfallversicherungsträgers vorzulegen; diese enthält insbesondere Angaben über die bei dem Unfallversicherungsträger

VII

eingetragenen Unternehmensteile und diesen zugehörigen Lohnsummen des Nachunternehmers oder des von diesem beauftragten Verleihers sowie die ordnungsgemäße Zahlung der Beiträge.

(4) Bei einem Wechsel der Person des Unternehmers sind der bisherige Unternehmer und sein Nachfolger bis zum Ablauf des Kalenderjahres, in dem der Wechsel angezeigt wurde, zur Zahlung der Beiträge und damit zusammenhängender Leistungen als Gesamtschuldner verpflichtet.

§ 151 Beitragserhebung bei überbetrieblichen arbeitsmedizinischen und sicherheitstechnischen Diensten

1Die Mittel für die Einrichtungen nach § 24 werden von den Unternehmern aufgebracht, die diesen Einrichtungen angeschlossen sind. 2Die Satzung bestimmt das Nähere über den Maßstab, nach dem die Mittel aufzubringen sind, und über die Fälligkeit.

Zweiter Unterabschnitt Beitragshöhe

§ 152 Umlage

(1) 1Die Beiträge werden nach Ablauf des Kalenderjahres, in dem die Beitragsansprüche dem Grunde nach entstanden sind, im Wege der Umlage festgesetzt. 2Die Umlage muß den Bedarf des abgelaufenen Kalenderjahres einschließlich der zur Ansammlung der Rücklage sowie des Verwaltungsvermögens nötigen Beträge decken. 3Darüber hinaus dürfen Beiträge nur zur Zuführung zu den Betriebsmitteln erhoben werden.

(2) Abweichend von Absatz 1 werden die Beiträge für in Eigenarbeit nicht gewerbsmäßig ausgeführte Bauarbeiten (nicht gewerbsmäßige Bauarbeiten) außerhalb der Umlage erhoben.

(3) Die Satzung kann bestimmen, dass die Aufwendungen für Versicherte, die im Sinne des § 2 Absatz 1 Nummer 9 zweite Alternative unentgeltlich, insbesondere ehrenamtlich in der Wohlfahrtspflege tätig sind, außerhalb der Umlage nach Absatz 1 auf die Unternehmen und Einrichtungen der Wohlfahrtspflege umgelegt werden.

§ 153 Berechnungsgrundlagen

(1) Berechnungsgrundlagen für die Beiträge sind, soweit sich aus den nachfolgenden Vorschriften nicht etwas anderes ergibt, der Finanzbedarf (Umlagesoll), die Arbeitsentgelte der Versicherten und die Gefahrklassen.

(2) Das Arbeitsentgelt der Versicherten wird bis zur Höhe des Höchstjahresarbeitsverdienstes zugrunde gelegt.

(3) 1Die Satzung kann bestimmen, daß der Beitragsberechnung mindestens das Arbeitsentgelt in Höhe des Mindestjahresarbeitsverdienstes für Versicherte, die das 18. Lebensjahr vollendet haben, zugrunde gelegt wird. 2Waren die Versicherten nicht während des ganzen Kalenderjahres oder nicht ganztägig beschäftigt, wird ein entsprechender Teil dieses Betrages zugrunde gelegt.

(4) 1Soweit Rentenlasten nach § 178 Abs. 2 und 3 gemeinsam getragen werden, bleiben bei der Beitragsberechnung Unternehmen nach § 180 Abs. 2 außer Betracht. 2Soweit Rentenlasten nach § 178 Abs. 2 Nr. 2 und Abs. 3 Nr. 2 gemeinsam getragen werden, werden sie auf die Unternehmen ausschließlich nach den Arbeitsentgelten der Versicherten in den Unternehmen unter Berücksichtigung des Freibetrages nach § 180 Abs. 1 umgelegt.

§ 154 Berechnungsgrundlagen in besonderen Fällen

(1) 1Berechnungsgrundlage für die Beiträge der kraft Gesetzes versicherten selbständig Tätigen, der kraft Satzung versicherten Unternehmer, Ehegatten und Lebenspartner und der freiwillig Versicherten nach § 6 Abs. 1 Nr. 1 und 2 ist anstelle der Arbeitsentgelte der kraft Satzung bestimmte Jahresarbeitsverdienst (Versicherungssumme). 2Beginnt oder endet die Versicherung im Laufe eines Kalenderjahres, wird der Beitragsberechnung nur ein entsprechender Teil des Jahresarbeitsverdienstes zugrunde gelegt. 3Für die Berechnung der Beiträge der freiwillig Versicherten nach § 6 Abs. 1 Nr. 3 und 4 gilt § 155 ent-

sprechend. 4Die Beiträge werden für volle Monate erhoben.

(2) 1Soweit bei der Berufsgenossenschaft für Transport und Verkehrswirtschaft für das Arbeitsentgelt oder das Arbeitseinkommen Durchschnittssätze gelten, sind diese maßgebend. 2Die Satzung der Berufsgenossenschaft für Transport und Verkehrswirtschaft kann bestimmen, daß der Beitragsberechnung der Jahresarbeitsverdienst von Versicherten, die nicht als Besatzungsmitglied tätig sind, nur zum Teil zugrunde gelegt wird.

(3) Berechnungsgrundlagen für die Beiträge sind in den Fällen des § 152 Absatz 3 der für diesen Personenkreis erforderliche Finanzbedarf und das Arbeitsentgelt der Versicherten der Unternehmen und Einrichtungen der Wohlfahrtspflege.

§ 155 Beiträge nach der Zahl der Versicherten

1Die Satzung kann bestimmen, daß die Beiträge nicht nach Arbeitsentgelten, sondern nach der Zahl der Versicherten unter Berücksichtigung der Gefährdungsrisiken berechnet werden. 2Grundlage für die Ermittlung der Gefährdungsrisiken sind die Leistungsaufwendungen. 3§ 157 Abs. 5 und § 158 Abs. 2 gelten entsprechend.

§ 156 Beiträge nach einem auf Arbeitsstunden aufgeteilten Arbeitsentgelt

Die Satzung kann bestimmen, daß das für die Berechnung der Beiträge maßgebende Arbeitsentgelt nach der Zahl der geleisteten Arbeitsstunden oder den für die jeweiligen Arbeiten nach allgemeinen Erfahrungswerten durchschnittlich aufzuwendenden Arbeitsstunden berechnet wird; als Entgelt für die Arbeitsstunde kann höchstens der 2100. Teil der Bezugsgröße bestimmt werden.

§ 157 Gefahrtarif

(1) 1Der Unfallversicherungsträger setzt als autonomes Recht einen Gefahrtarif fest. 2In dem Gefahrtarif sind zur Abstufung der Beiträge Gefahrklassen festzustellen. 3Für die in § 121 Abs. 2 genannten Unternehmen der Seefahrt kann die Berufsgenossenschaft für Transport und Verkehrswirtschaft Gefahrklassen feststellen.

(2) 1Der Gefahrtarif wird nach Tarifstellen gegliedert, in denen Gefahrengemeinschaften nach Gefährdungsrisiken unter Berücksichtigung eines versicherungsmäßigen Risikoausgleichs gebildet werden. 2Für nicht gewerbsmäßige Bauarbeiten kann eine Tarifstelle mit einer Gefahrklasse vorgesehen werden.

(3) Die Gefahrklassen werden aus dem Verhältnis der gezahlten Leistungen zu den Arbeitsentgelten berechnet.

(4) 1Der Gefahrtarif hat eine Bestimmung über die Festsetzung der Gefahrklassen oder die Berechnung der Beiträge für fremdartige Nebenunternehmen vorzusehen. 2Die Berechnungsgrundlagen des Unfallversicherungsträgers, dem die Nebenunternehmen als Hauptunternehmen angehören würden, sind dabei zu beachten.

(5) Der Gefahrtarif hat eine Geltungsdauer von höchstens sechs Kalenderjahren.

§ 158 Genehmigung

(1) Der Gefahrtarif und jede Änderung bedürfen der Genehmigung der Aufsichtsbehörde.

(2) 1Der Unfallversicherungsträger hat spätestens drei Monate vor Ablauf der Geltungsdauer des Gefahrtarifs der Aufsichtsbehörde beabsichtigte Änderungen mitzuteilen. 2Wird der Gefahrtarif in einer von der Aufsichtsbehörde gesetzten Frist nicht aufgestellt oder wird er nicht genehmigt, stellt ihn die Aufsichtsbehörde auf. 3§ 89 des Vierten Buches gilt.

§ 159 Veranlagung der Unternehmen zu den Gefahrklassen

(1) 1Der Unfallversicherungsträger veranlagt die Unternehmen für die Tarifzeit nach dem Gefahrtarif zu den Gefahrenklassen. 2Satz 1 gilt nicht für nicht gewerbsmäßige Bauarbeiten.

(2) 1Für die Auskunftspflicht der Unternehmer gilt § 98 des Zehnten Buches entsprechend mit der Maßgabe, dass sich die Auskunfts- und Vorlagepflicht der Unternehmer auch auf

Angaben und Unterlagen über die betrieblichen Verhältnisse erstreckt, die für die Veranlagung der Unternehmen zu den Gefahrklassen erforderlich sind. [2]Soweit die Unternehmer ihrer Auskunftspflicht nicht nachkommen, nimmt der Unfallversicherungsträger die Veranlagung nach eigener Einschätzung der betrieblichen Verhältnisse vor.

§ 160 Änderung der Veranlagung

(1) Treten in den Unternehmen Änderungen ein, hebt der Unfallversicherungsträger den Veranlagungsbescheid mit Beginn des Monats auf, der der Änderungsmitteilung durch die Unternehmer folgt.

(2) Ein Veranlagungsbescheid wird mit Wirkung für die Vergangenheit aufgehoben, soweit

1. die Veranlagung zu einer zu niedrigen Gefahrklasse geführt hat oder eine zu niedrige Gefahrklasse beibehalten worden ist, weil die Unternehmer ihren Mitteilungspflichten nicht oder nicht rechtzeitig nachgekommen sind oder ihre Angaben in wesentlicher Hinsicht unrichtig oder unvollständig waren,
2. die Veranlagung zu einer zu hohen Gefahrklasse von den Unternehmern nicht zu vertreten ist.

(3) In allen übrigen Fällen wird ein Veranlagungsbescheid mit Beginn des Monats, der der Bekanntgabe des Änderungsbescheides folgt, aufgehoben.

§ 161 Mindestbeitrag

Die Satzung kann bestimmen, daß ein einheitlicher Mindestbeitrag erhoben wird.

§ 162 Zuschläge, Nachlässe, Prämien

(1) [1]Die gewerblichen Berufsgenossenschaften haben unter Berücksichtigung der anzuzeigenden Versicherungsfälle Zuschläge aufzuerlegen oder Nachlässe zu bewilligen. [2]Versicherungsfälle nach § 8 Abs. 2 Nr. 1 bis 4 bleiben dabei außer Ansatz. [3]Das Nähere bestimmt die Satzung; dabei kann sie Versicherungsfälle, die durch höhere Gewalt oder durch alleiniges Verschulden nicht zum Unternehmen gehörender Personen eintreten, und Versicherungsfälle auf Betriebswegen sowie Berufskrankheiten ausnehmen. [4]Die Höhe der Zuschläge und Nachlässe richtet sich nach der Zahl, der Schwere oder den Aufwendungen für die Versicherungsfälle oder nach mehreren dieser Merkmale. [5]Die Satzung kann bestimmen, dass auch die nicht anzeigepflichtigen Versicherungsfälle für die Berechnung von Zuschlägen oder Nachlässen berücksichtigt werden. [6]Die Sätze 1 bis 5 gelten auch für den Zuständigkeitsbereich der Unfallversicherung Bund und Bahn nach § 125 Absatz 2 und für die Unfallkasse Post und Telekom. [7]Die landwirtschaftliche Berufsgenossenschaft kann durch Satzung bestimmen, daß entsprechend den Sätzen 1 bis 5 Zuschläge auferlegt oder Nachlässe bewilligt werden.

(2) [1]Die Unfallversicherungsträger können unter Berücksichtigung der Wirksamkeit der von den Unternehmern getroffenen Maßnahmen zur Verhütung von Arbeitsunfällen und Berufskrankheiten und für die Verhütung von arbeitsbedingten Gesundheitsgefahren Prämien gewähren. [2]Dabei sollen sie auch die in Integrationsvereinbarungen (§ 83 des Neunten Buches) getroffenen Maßnahmen der betrieblichen Prävention (§ 84 des Neunten Buches) berücksichtigen.

(3) Die Absätze 1 und 2 gelten nicht für nicht gewerbsmäßige Bauarbeiten.

§ 163 Beitragszuschüsse für Küstenfischer

(1) [1]Für die Unternehmen der Küstenfischerei, deren Unternehmer nach § 2 Abs. 1 Nr. 7 versichert sind, haben die Länder mit Küstenbezirken im voraus bemessene Zuschüsse zu den Beiträgen zu leisten; die Höhe der Zuschüsse stellt das Bundesversicherungsamt im Benehmen mit den obersten Verwaltungsbehörden der Länder mit Küstenbezirken jährlich fest. [2]Die Zuschüsse sind für jedes Land entsprechend der Höhe des Jahresarbeitsverdienstes der in diesen Unternehmen tätigen Versicherten unter Heranziehung des Haushaltsvoranschlages der Berufsgenossenschaft für Transport und Verkehrswirtschaft festzustellen.

(2) Die Länder können die Beitragszuschüsse auf die Gemeinden oder Gemeindeverbände entsprechend der Höhe des Jahresarbeitsverdienstes der Versicherten in Unternehmen der Küstenfischerei, die in ihrem Bezirk tätig sind, verteilen.

(3) Küstenfischerei im Sinne des Absatzes 1 ist

1. der Betrieb mit Hochseekuttern bis zu 250 Kubikmetern Rauminhalt, Küstenkuttern, Fischerbooten und ähnlichen Fahrzeugen,
2. die Fischerei ohne Fahrzeug auf den in § 121 Abs. 3 Nr. 1 bis 3 genannten Gewässern.

Dritter Unterabschnitt Vorschüsse und Sicherheitsleistungen

§ 164 Beitragsvorschüsse und Sicherheitsleistungen

(1) Zur Sicherung des Beitragsaufkommens können die Unfallversicherungsträger Vorschüsse bis zur Höhe des voraussichtlichen Jahresbedarfs erheben.

(2) $_{1}$Die Unfallversicherungsträger können bei einem Wechsel der Person des Unternehmers oder bei Einstellung des Unternehmens eine Beitragsabfindung oder auf Antrag eine Sicherheitsleistung festsetzen. $_{2}$Das Nähere bestimmt die Satzung.

Vierter Unterabschnitt Umlageverfahren

§ 165 Nachweise

(1) $_{1}$Die Unternehmer haben zur Berechnung der Umlage innerhalb von sechs Wochen nach Ablauf eines Kalenderjahres die Arbeitsentgelte der Versicherten und die geleisteten Arbeitsstunden in der vom Unfallversicherungsträger geforderten Aufteilung zu melden (Lohnnachweis). $_{2}$Die Satzung kann die Frist nach Satz 1 verlängern. $_{3}$Sie kann auch bestimmen, daß die Unternehmer weitere zur Berechnung der Umlage notwendige Angaben zu machen haben.

(2) $_{1}$Die Unternehmer nicht gewerbsmäßiger Bauarbeiten haben zur Berechnung der Beiträge einen Nachweis über die sich aus der Satzung ergebenden Berechnungsgrundlagen in der vom Unfallversicherungsträger geforderten Frist einzureichen. $_{2}$Der Unfallversicherungsträger kann für den Nachweis nach Satz 1 eine bestimmte Form vorschreiben. $_{3}$Absatz 1 Satz 3 gilt entsprechend.

(3) Soweit die Unternehmer die Angaben nicht, nicht rechtzeitig, falsch oder unvollständig machen, kann der Unfallversicherungsträger eine Schätzung vornehmen.

(4) $_{1}$Die Unternehmer haben über die den Angaben nach den Absätzen 1 und 2 zugrunde liegenden Tatsachen Aufzeichnungen zu führen; bei der Ausführung eines Dienst- oder Werkvertrages im Baugewerbe hat der Unternehmer jeweils gesonderte Aufzeichnungen so zu führen, dass eine Zuordnung der Arbeitnehmer, der Arbeitsentgelte und der geleisteten Arbeitsstunden der Versicherten zu dem jeweiligen Dienst- oder Werkvertrag gewährleistet ist. $_{2}$Die Aufzeichnungen sind mindestens fünf Jahre lang aufzubewahren.

§ 166 Auskunftspflicht der Unternehmer und Beitragsüberwachung

(1) Für die Auskunftspflicht der Unternehmer und die Beitragsüberwachung gelten § 98 des Zehnten Buches, § 28p des Vierten Buches und die Beitragsverfahrensverordnung entsprechend mit der Maßgabe, daß sich die Auskunfts- und Vorlagepflicht der Unternehmer und die Prüfungs- und Überwachungsbefugnis der Unfallversicherungsträger auch auf Angaben und Unterlagen über die betrieblichen Verhältnisse erstreckt, die für die Veranlagung der Unternehmen und für die Zuordnung der Entgelte der Versicherten zu den Gefahrklassen erforderlich sind.

(2) $_{1}$Die Prüfung nach Absatz 1 bei den Arbeitgebern wird von den Trägern der Rentenversicherung im Auftrag der Unfallversicherung im Rahmen ihrer Prüfung nach § 28p des Vierten Buches durchgeführt. $_{2}$Unternehmen, bei denen der für das vorvergangene Jahr vor der Prüfung nach § 168 Absatz 1 festgestellte Beitrag einen Betrag in Höhe von 1,5 Prozent der Bezugsgröße nicht überstiegen hat, sind

dabei bis auf eine durch den Unfallversicherungsträger festzulegende Stichprobe von der Prüfung ausgenommen. $_{3}$Satz 1 gilt nicht,

1. soweit sich die Höhe des Beitrages nach den §§ 155, 156, 185 Absatz 2 oder Absatz 4 nicht nach den Arbeitsentgelten richtet,
2. wenn der Unfallversicherungsträger das Ende seiner Zuständigkeit für das Unternehmen durch einen Bescheid nach § 136 Absatz 1 festgestellt hat.

$_{4}$Unternehmer, bei denen keine Prüfung nach § 28p des Vierten Buches durchzuführen ist, prüfen die Unfallversicherungsträger; hierfür bestimmen sie die Prüfungsabstände. $_{5}$Die Unfallversicherungsträger können die Prüfung nach Absatz 1 selbst durchführen, wenn Anhaltspunkte vorliegen, dass der Unternehmer Arbeitsentgelte nicht oder nicht zur richtigen Gefahrklasse gemeldet hat. $_{6}$Der für die Prüfung zuständige Rentenversicherungsträger ist über den Beginn und über das Ergebnis der Prüfung zu informieren.

(3) $_{1}$Das Nähere über die Größe der Stichprobe nach Absatz 2 Satz 2 sowie über Art, Umfang und Zeitpunkt der Übermittlung der Angaben über die von der Prüfung ausgenommenen Unternehmen regeln die Deutsche Gesetzliche Unfallversicherung e. V. und die Deutsche Rentenversicherung Bund in einer Vereinbarung. $_{2}$Die Träger der Rentenversicherung erhalten für die Beitragsüberwachung von den Trägern der Unfallversicherung eine pauschale Vergütung, mit der alle dadurch entstehenden Kosten abgegolten werden. $_{3}$Die Höhe wird regelmäßig durch Vereinbarung zwischen der Deutschen Gesetzlichen Unfallversicherung e. V. und der Deutschen Rentenversicherung Bund festgesetzt. $_{4}$Die Deutsche Gesetzliche Unfallversicherung e. V. prüft bei den Trägern der Rentenversicherung deren Aufgabenerfüllung nach Absatz 2 Satz 1.

§ 167 Beitragsberechnung

(1) Der Beitrag ergibt sich aus den zu berücksichtigenden Arbeitsentgelten, den Gefahrklassen und dem Beitragsfuß.

(2) $_{1}$Der Beitragsfuß wird durch Division des Umlagesolls durch die Beitragseinheiten (Arbeitsentgelte × Gefahrklassen) berechnet. $_{2}$Beitragseinheiten der Unternehmen nicht gewerbsmäßiger Bauarbeiten werden nicht berücksichtigt; für diese Unternehmen wird der Beitrag nach dem Beitragsfuß des letzten Umlagejahres berechnet.

(3) Die Einzelheiten der Beitragsberechnung bestimmt die Satzung.

§ 168 Beitragsbescheid

(1) Der Unfallversicherungsträger teilt den Beitragspflichtigen den von ihnen zu zahlenden Beitrag schriftlich mit.

(2) $_{1}$Der Beitragsbescheid ist mit Wirkung für die Vergangenheit zuungunsten der Beitragspflichtigen nur dann aufzuheben, wenn

1. die Veranlagung des Unternehmens zu den Gefahrklassen nachträglich geändert wird,
2. der Lohnnachweis unrichtige Angaben enthält oder sich die Schätzung als unrichtig erweist,
3. die Anmeldung nach § 157 Abs. 6 unrichtige oder unvollständige Angaben enthält oder unterblieben ist.

$_{2}$Wird der Beitragsbescheid aufgrund der Feststellungen einer Prüfung nach § 166 Abs. 2 aufgehoben, bedarf es nicht einer Anhörung durch den Unfallversicherungsträger nach § 24 des Zehnten Buches, soweit die für die Aufhebung erheblichen Tatsachen in der Prüfung festgestellt worden sind und der Arbeitgeber Gelegenheit hatte, gegenüber dem Rentenversicherungsträger hierzu Stellung zu nehmen.

(3) Die Satzung kann bestimmen, daß die Unternehmer ihren Beitrag selbst zu errechnen haben; sie regelt das Verfahren sowie die Fälligkeit des Beitrages.

(4) Für Unternehmen nicht gewerbsmäßiger Bauarbeiten wird der Beitrag festgestellt, sobald der Anspruch entstanden und der Höhe nach bekannt ist.

Zum 1.1.2016 wird Absatz 1 Nummer 3 gestrichen (Änderung durch Fünftes Gesetz zur Änderung des Vierten Buches Sozialgesetzbuch und anderer Gesetze vom 15.4.2015, BGBl. I S. 583).

§ 169 (weggefallen)

§ 170 Beitragszahlung an einen anderen Unfallversicherungsträger

1Soweit das Arbeitsentgelt bereits in dem Lohnnachweis für einen anderen Unfallversicherungsträger enthalten ist und die Beiträge, die auf dieses Arbeitsentgelt entfallen, an diesen Unfallversicherungsträger gezahlt sind, besteht bis zur Höhe der gezahlten Beiträge ein Anspruch auf Zahlung von Beiträgen nicht. 2Die Unfallversicherungsträger stellen untereinander fest, wem der gezahlte Beitrag zusteht.

Fünfter Unterabschnitt Betriebsmittel, Rücklage und Verwaltungsvermögen

§ 171 Mittel der Unfallversicherungsträger

Die Mittel der Unfallversicherungsträger umfassen die Betriebsmittel, die Rücklage und das Verwaltungsvermögen.

§ 172 Betriebsmittel

(1) Betriebsmittel dürfen nur verwendet werden

1. für Aufgaben, die gesetzlich oder durch die Satzung vorgesehen sind, sowie für die Verwaltungskosten,
2. zur Auffüllung der Rücklage und zur Bildung von Verwaltungsvermögen.

(2) 1Die Betriebsmittel sind im erforderlichen Umfang bereitzuhalten und im Übrigen so liquide anzulegen, dass sie für die in Absatz 1 genannten Zwecke verfügbar sind. 2Sie dürfen die Ausgaben des abgelaufenen Kalenderjahres am 31. Dezember des laufenden Kalenderjahres nicht übersteigen.

§ 172a Rücklage

(1) 1Der Unfallversicherungsträger hat zur Sicherstellung seiner Leistungsfähigkeit, vorrangig für den Fall, dass Einnahme- und Ausgabeschwankungen durch Einsatz der Betriebsmittel nicht mehr ausgeglichen werden können, sowie zur Beitragsstabilisierung eine Rücklage zu bilden. 2Sie ist so anzulegen, dass sie für die in Satz 1 genannten Zwecke verfügbar ist.

(2) Die Rücklage wird mindestens in zweifacher Höhe der durchschnittlichen monatlichen Ausgaben des abgelaufenen Kalenderjahres und höchstens bis zur vierfachen Höhe der durchschnittlichen monatlichen Ausgaben des abgelaufenen Kalenderjahres gebildet; Stichtag für die Bemessung ist der 31. Dezember des laufenden Kalenderjahres.

(3) Bis die Rücklage die in Absatz 2 vorgesehene Mindesthöhe erreicht hat, wird ihr jährlich ein Betrag in Höhe von 1,5 Prozent der Ausgaben des abgelaufenen Kalenderjahres zugeführt.

(4) Die Aufsichtsbehörde kann auf Antrag des Unfallversicherungsträgers genehmigen, dass die Rücklage bis zu einer geringeren Höhe angesammelt wird oder ihr höhere, geringere oder keine Beträge zugeführt werden.

(5) Die Zinsen aus der Rücklage fließen dieser zu, bis sie die Mindesthöhe erreicht hat, die sich aus Absatz 2 ergibt.

§ 172b Verwaltungsvermögen

(1) 1Das Verwaltungsvermögen des Unfallversicherungsträgers umfasst

1. alle Vermögensanlagen, die der Verwaltung des Unfallversicherungsträgers zu dienen bestimmt sind, einschließlich der Mittel, die zur Anschaffung und Erneuerung dieser Vermögensteile bereitgehalten werden,
2. betriebliche Einrichtungen, Eigenbetriebe, gemeinnützige Beteiligungen und gemeinnützige Darlehen,
3. die Mittel, die für künftig zu zahlende Versorgungsbezüge und Beihilfen der Bediensteten und ihrer Hinterbliebenen bereitgehalten werden,
4. die zur Finanzierung zukünftiger Verbindlichkeiten oder Investitionen gebildeten Sondervermögen,

soweit sie für die Erfüllung der Aufgaben des Unfallversicherungsträgers erforderlich sind. 2Mittel für den Erwerb, die Errichtung, die Er-

VII

weiterung und den Umbau von Immobilien der Eigenbetriebe sowie der durch Beteiligungen oder Darlehen geförderten gemeinnützigen Einrichtungen der Unfallversicherungsträger oder anderer gemeinnütziger Träger dürfen nur unter der zusätzlichen Voraussetzung aufgewendet werden, dass diese Vorhaben auch unter Berücksichtigung des Gesamtbedarfs aller Unfallversicherungsträger erforderlich sind.

(2) Als Verwaltungsvermögen gelten auch sonstige Vermögensanlagen aufgrund rechtlicher Verpflichtung oder Ermächtigung, soweit sie nicht den Betriebsmitteln oder der Rücklage zuzuordnen sind.

§ 172c Altersrückstellungen

(1) 1Die Unfallversicherungsträger sind verpflichtet, Altersrückstellungen für die bei ihnen beschäftigten Arbeitnehmerinnen und Arbeitnehmer, denen eine Anwartschaft auf Versorgung nach beamtenrechtlichen Vorschriften oder Grundsätzen gewährleistet wird, zu bilden. 2Die Altersrückstellungen umfassen Versorgungsausgaben für Versorgungsbezüge und Beihilfen. 3Die Verpflichtung besteht auch, wenn die Unfallversicherungsträger gegenüber ihren Tarifbeschäftigten Leistungen der betrieblichen Altersvorsorge unmittelbar zugesagt haben.

VII

(2) Die Rückstellungen dürfen nur zweckentsprechend verwendet werden.

(3) 1Das Bundesministerium für Arbeit und Soziales wird ermächtigt, im Einvernehmen mit dem Bundesministerium für Ernährung, Landwirtschaft und Verbraucherschutz das Nähere zur Höhe der für die Altersrückstellungen erforderlichen Zuweisungssätze, zum Zahlverfahren der Zuweisungen, zur Überprüfung der Höhe der Zuweisungssätze sowie zur Anlage des Deckungskapitals durch Rechtsverordnung mit Zustimmung des Bundesrates zu regeln. 2Das Bundesministerium für Arbeit und Soziales kann die Befugnis nach Satz 1 mit Zustimmung des Bundesrates durch Rechtsverordnung auf das Bundesversicherungsamt übertragen. 3Rechtsverordnungen, die nach Satz 2 erlassen werden, bedürfen einer Anhörung der Deutschen Gesetzlichen Unfallversicherung e. V. sowie der landwirtschaftlichen Berufsgenossenschaft und ergehen im Einvernehmen mit dem Bundesministerium für Arbeit und Soziales sowie dem Bundesministerium für Ernährung, Landwirtschaft und Verbraucherschutz.

Sechster Unterabschnitt
Zusammenlegung und Teilung der Last, Teilung der Entschädigungslast bei Berufskrankheiten, Erstattungsansprüche der landwirtschaftlichen Berufsgenossenschaft

§ 173 Zusammenlegung und Teilung der Last

(1) 1Die gewerblichen Berufsgenossenschaften können vereinbaren, ihre Entschädigungslast ganz oder zum Teil gemeinsam zu tragen. 2Dabei wird vereinbart, wie die gemeinsame Last auf die beteiligten Berufsgenossenschaften zu verteilen ist. 3Die Vereinbarung bedarf der Zustimmung der Vertreterversammlungen und der Genehmigung der Aufsichtsbehörden der beteiligten Berufsgenossenschaften. 4Sie darf nur mit dem Beginn eines Kalenderjahres wirksam werden.

(2) Kommt eine Vereinbarung nach Absatz 1 nicht zustande und erscheint es zur Abwendung der Gefährdung der Leistungsfähigkeit einer Berufsgenossenschaft erforderlich, so kann das Bundesministerium für Arbeit und Soziales durch Rechtsverordnung mit Zustimmung des Bundesrates bestimmen, daß Berufsgenossenschaften ihre Entschädigungslast für ein Kalenderjahr ganz oder zum Teil gemeinsam tragen oder eine vorübergehend nicht leistungsfähige Berufsgenossenschaft unterstützen, und das Nähere über die Verteilung der Last und die Höhe der Unterstützung regeln.

(3) Der Anteil der Berufsgenossenschaft an der gemeinsamen Last wird wie die Entschädigungsbeträge, die die Berufsgenossenschaft nach diesem Gesetz zu leisten hat, auf die Unternehmer verteilt, sofern die Vertreterversammlung nicht etwas anderes beschließt.

(4) 1Gilt nach § 130 Abs. 2 Satz 4 als Sitz des Unternehmens Berlin, kann der für die Entschädigung zuständige Unfallversicherungsträger von den anderen sachlich, aber nicht örtlich zuständigen Unfallversicherungsträgern einen Ausgleich verlangen. 2Die Unfallversicherungsträger regeln das Nähere durch Vereinbarung.

§ 174 Teilung der Entschädigungslast bei Berufskrankheiten

(1) In den Fällen des § 134 kann der für die Entschädigung zuständige Unfallversicherungsträger von den anderen einen Ausgleich verlangen.

(2) Die Höhe des Ausgleichs nach Absatz 1 richtet sich nach dem Verhältnis der Dauer der gefährdenden Tätigkeit in dem jeweiligen Unternehmen zur Dauer aller gefährdenden Tätigkeiten.

(3) Die Unfallversicherungsträger regeln das Nähere durch Vereinbarung; sie können dabei einen von Absatz 2 abweichenden Verteilungsmaßstab wählen, einen pauschalierten Ausgleich vorsehen oder von einem Ausgleich absehen.

§ 175 Erstattungsansprüche der landwirtschaftlichen Berufsgenossenschaft

Erleiden vorübergehend für ein landwirtschaftliches Unternehmen Tätige einen Versicherungsfall und ist für ihre hauptberufliche Tätigkeit ein anderer Unfallversicherungsträger als die landwirtschaftliche Berufsgenossenschaft zuständig, erstattet dieser der landwirtschaftlichen Berufsgenossenschaft die Leistungen, die über das hinausgehen, was mit gleichen Arbeiten dauernd in der Landwirtschaft Beschäftigte zu beanspruchen haben.

Siebter Unterabschnitt Lastenverteilung zwischen den gewerblichen Berufsgenossenschaften

§ 176 Grundsatz

Die gewerblichen Berufsgenossenschaften tragen ihre Rentenlasten nach Maßgabe der folgenden Vorschriften gemeinsam.

§ 177 Begriffsbestimmungen

(1) Rentenlasten sind die Aufwendungen der Berufsgenossenschaften für Renten, Sterbegeld und Abfindungen.

(2) Ausgleichsjahr ist das Kalenderjahr, für das die Rentenlasten gemeinsam getragen werden.

(3) 1Neurenten eines Jahres sind die Rentenlasten des Ausgleichsjahres aus Versicherungsfällen, für die im Ausgleichsjahr oder in einem der vier vorangegangenen Jahre erstmals Rente, Sterbegeld oder Abfindung festgestellt wurde. 2Abfindungen sind dabei auf den Gesamtbetrag zu reduzieren, der bei laufender Rentenzahlung bis zum Ende des vierten Jahres nach dem Jahr der erstmaligen Feststellung der Rente geleistet worden wäre; Abfindungen nach § 75 werden in Höhe der Abfindungssumme berücksichtigt.

(4) Rentenwert einer Berufsgenossenschaft sind die nach versicherungsmathematischen Grundsätzen bis zum Ende ihrer Laufzeit ohne Abzinsung und ohne Berücksichtigung von Rentenanpassungen zu erwartenden Aufwendungen für solche Versicherungsfälle, für die im Ausgleichsjahr erstmals Rente, Sterbegeld oder Abfindung festgestellt wurde.

(5) Entgeltsumme einer Berufsgenossenschaft sind die beitragspflichtigen Arbeitsentgelte und Versicherungssummen.

(6) Entgeltanteil einer Berufsgenossenschaft ist das Verhältnis ihrer Entgeltsumme zu der Entgeltsumme aller Berufsgenossenschaften.

(7) Latenzfaktor einer Berufsgenossenschaft ist das Verhältnis des Entgeltanteils im Ausgleichsjahr zum Entgeltanteil im 25. Jahr, das dem Ausgleichsjahr vorausgegangen ist.

(8) Freistellungsfaktor einer Berufsgenossenschaft ist das Verhältnis ihrer nach § 180

VII

Abs. 2 reduzierten Entgeltsumme zu ihrer Entgeltsumme.

(9) Berufskrankheiten-Neurenten-Lastsatz einer in einer Tarifstelle gebildeten Gefahrgemeinschaft ist das Verhältnis der Berufskrankheiten-Neurenten der Gefahrgemeinschaft zu ihrer Entgeltsumme.

§ 178 Gemeinsame Tragung der Rentenlasten

(1) 1Jede Berufsgenossenschaft trägt jährlich Rentenlasten in Höhe des 5,5fachen ihrer Neurenten für Arbeitsunfälle und des 3,4fachen ihrer mit dem Latenzfaktor gewichteten Neurenten für Berufskrankheiten. 2Die in Satz 1 genannten Werte sind neu festzusetzen, wenn die Summe der Rentenwerte von dem 5,5fachen aller Neurenten für Arbeitsunfälle oder dem 3,4fachen aller Neurenten für Berufskrankheiten um mehr als 0,2 abweicht. 3Die Festsetzung gilt für höchstens sechs Kalenderjahre. 4Die Werte sind erstmals für das Ausgleichsjahr 2014 neu festzusetzen.

(2) Soweit die Rentenlasten für Arbeitsunfälle die nach Absatz 1 zu tragenden Lasten übersteigen, tragen die Berufsgenossenschaften den übersteigenden Betrag nach folgender Maßgabe gemeinsam:

1. 30 Prozent nach dem Verhältnis ihrer mit dem Freistellungsfaktor gewichteten Neurenten für Arbeitsunfälle und
2. 70 Prozent nach dem Verhältnis der Arbeitsentgelte ihrer Versicherten.

(3) Soweit die Rentenlasten für Berufskrankheiten die nach Absatz 1 zu tragenden Lasten übersteigen, tragen die Berufsgenossenschaften den übersteigenden Betrag nach folgender Maßgabe gemeinsam:

1. 30 Prozent nach dem Verhältnis ihrer mit dem Produkt aus Freistellungs- und Latenzfaktor gewichteten Neurenten für Berufskrankheiten und
2. 70 Prozent nach dem Verhältnis der Arbeitsentgelte ihrer Versicherten.

§ 179 Sonderregelung bei außergewöhnlicher Belastung

(1) 1Neurenten für Berufskrankheiten einer Tarifstelle gelten nicht als Neurenten im Sinne von § 177 Abs. 3, soweit

1. der Berufskrankheiten-Neurenten-Lastsatz der Tarifstelle einen Wert von 0,04 übersteigt,
2. die Berufskrankheiten-Neurenten der Tarifstelle an den Berufskrankheiten-Neurenten aller Berufsgenossenschaften mindestens 2 Prozent betragen und
3. die Tarifstelle mindestens zwölf Kalenderjahre unverändert bestanden hat.

2Wird die Tarifstelle aufgelöst, findet Satz 1 weiterhin Anwendung, wenn die Voraussetzungen der Nummern 1 und 2 im Übrigen vorliegen.

(2) 1Der von den Berufsgenossenschaften nach § 178 Abs. 2 und 3 gemeinsam zu tragende Betrag umfasst über die Rentenlasten hinaus auch die einer Tarifstelle zuzuordnenden Rehabilitationslasten für Arbeitsunfälle und Berufskrankheiten, wenn

1. die Gesamtrentenlast der Tarifstelle mindestens 2 Prozent der Gesamtrentenlast aller Berufsgenossenschaften beträgt,
2. die Entschädigungslast der Tarifstelle mindestens 75 Prozent der ihr zuzuordnenden Entgeltsumme beträgt und
3. die Tarifstelle mindestens zwölf Kalenderjahre unverändert bestanden hat;

dies gilt bis zum Ausgleichsjahr 2031 auch für die der Tarifstelle zuzuordnenden anteiligen Verwaltungs- und Verfahrenskosten. 2Wird die Tarifstelle aufgelöst, findet Satz 1 weiterhin Anwendung, wenn die Voraussetzungen der Nummern 1 und 2 im Übrigen vorliegen. 3Rehabilitationslasten nach Satz 1 sind die Aufwendungen der Berufsgenossenschaft für Leistungen nach dem Ersten Abschnitt des Dritten Kapitels einschließlich der Leistungen nach dem Neunten Buch. 4Entschädigungslast nach Satz 1 Nr. 2 sind die Aufwendungen für Rehabilitation nach Satz 3 und für Renten, Sterbegeld, Beihilfen und Abfindungen. 5Die anteiligen Verwaltungs- und Verfahrenskosten nach Satz 1 sind entsprechend dem Verhältnis der Entschädigungslast der Tarifstelle zur Entschädigungslast aller Tarifstellen der Berufsgenossenschaft zu ermitteln. 6Ergibt sich aus dem Verhältnis der Entschädigungslast der Tarifstelle zur Entschädigungslast aller gewerblichen Berufsgenossenschaften ein geringerer Verwaltungskostenbetrag, ist stattdessen dieser zugrunde zu legen. 7Er wird den jeweils nach § 178 Abs. 2 und 3 zu verteilenden Lasten im Verhältnis der Entschädigungslasten der Tarifstelle für Unfälle und Berufskrankheiten zugeordnet.

§ 180 Freibeträge, Unternehmen ohne Gewinnerzielungsabsicht

(1) 1Bei der Anwendung des § 178 Abs. 2 Nr. 2 und Abs. 3 Nr. 2 bleibt für jedes Unternehmen eine Jahresentgeltsumme außer Betracht, die dem Sechsfachen der Bezugsgröße des Kalenderjahres entspricht, für das der Ausgleich durchgeführt wird. 2Der Freibetrag wird auf volle 500 Euro aufgerundet.

(2) Außer Betracht bleiben ferner die Entgeltsummen von Unternehmen nicht gewerbsmäßiger Bauarbeiten sowie von gemeinnützigen, mildtätigen und kirchlichen Einrichtungen.

§ 181 Durchführung des Ausgleichs

(1) 1Das Bundesversicherungsamt führt nach Ablauf des Ausgleichsjahres die Lastenverteilung nach § 178 durch. 2Zu diesem Zweck ermittelt es die auszugleichenden Beträge und berechnet den Ausgleichsanteil, der auf die einzelne Berufsgenossenschaft entfällt. 3Der Zahlungsausgleich aufgrund der auszugleichenden Beträge erfolgt durch unmittelbare Zahlungen der ausgleichspflichtigen an die ausgleichsberechtigten Berufsgenossenschaften nach Zugang des Bescheides.

(2) 1Die Berufsgenossenschaften haben dem Bundesversicherungsamt bis zum 20. März des auf das Ausgleichsjahr folgenden Kalenderjahres die Angaben zu machen, die für die Berechnung des Ausgleichs erforderlich sind. 2Das Bundesversicherungsamt stellt gegenüber den Berufsgenossenschaften bis zum 31. März diesen Jahres den jeweiligen Ausgleichsanteil fest. 3Die ausgleichspflichtigen Berufsgenossenschaften zahlen den auf sie entfallenden Ausgleichsbetrag nach Absatz 1 bis zum 25. Juni diesen Jahres an die ausgleichsberechtigten Berufsgenossenschaften.

(3) 1Die Werte nach § 178 Abs. 1 Satz 1 sind vom Bundesversicherungsamt unter Berücksichtigung der Rentenwerte zu überprüfen. 2Das Bundesministerium für Arbeit und Soziales wird ermächtigt, durch Rechtsverordnung ohne Zustimmung des Bundesrates die Werte nach § 178 Abs. 1 Satz 1 neu festzusetzen. 3Es kann die Befugnis nach Satz 2 durch Rechtsverordnung ohne Zustimmung des Bundesrates auf das Bundesversicherungsamt übertragen. 4Rechtsverordnungen, die nach Satz 3 erlassen werden, bedürfen einer Anhörung der Deutschen Gesetzlichen Unfallversicherung e. V. und ergehen im Einvernehmen mit dem Bundesministerium für Arbeit und Soziales.

(4) Die Bundesregierung hat dem Deutschen Bundestag und dem Bundesrat alle vier Jahre bis zum 31. Dezember des auf das Ausgleichsjahr folgenden Jahres, erstmals bis zum 31. Dezember 2012, über die Wirkungen der gemeinsamen Tragung der Rentenlasten nach § 178 zu berichten.

(5) 1Die Berufsgenossenschaften erstatten dem Bundesversicherungsamt die Verwaltungskosten, die bei der Durchführung des Ausgleichs entstehen. 2Das Bundesversicherungsamt weist die für die Durchführung der Abrechnung erforderlichen Verwaltungskosten pauschal nach Stellenanteilen nach. 3Der Ermittlung der Verwaltungskosten sind die Personalkostenansätze des Bundes einschließlich der Sachkostenpauschale zugrunde zu legen. 4Zusätzliche Verwaltungsausgaben können in ihrer tatsächlichen Höhe hinzugerechnet werden. 5Die Aufteilung des Erstattungsbetrages auf die gewerblichen Berufsgenossenschaften erfolgt entsprechend ihrem Anteil an dem Zahlungsvolumen für Rentenlasten im Ausgleichsjahr vor Durchführung des Ausgleichs.

(6) Klagen gegen Feststellungsbescheide nach Absatz 2 einschließlich der hierauf ent-

fallenden Verwaltungskosten nach Absatz 5 haben keine aufschiebende Wirkung.

Zweiter Abschnitt Besondere Vorschriften für die landwirtschaftliche Unfallversicherung

§ 182 Berechnungsgrundlagen

(1) Auf die landwirtschaftliche Berufsgenossenschaft finden anstelle der Vorschriften über die Berechnungsgrundlagen aus dem Zweiten Unterabschnitt des Ersten Abschnitts die folgenden Absätze Anwendung.

(2) $_{1}$Berechnungsgrundlagen für die Beiträge der landwirtschaftlichen Berufsgenossenschaft sind das Umlagesoll, der Flächenwert, der Arbeitsbedarf, der Arbeitswert oder ein anderer vergleichbarer Maßstab. $_{2}$Die Satzung hat bei der Festlegung der Berechnungsgrundlagen die Unfallrisiken in den Unternehmen insbesondere durch die Bildung von Risikogruppen zu berücksichtigen; sie kann hierzu einen Gefahrtarif aufstellen. $_{3}$Ein angemessener solidarischer Ausgleich ist sicherzustellen. $_{4}$Die Satzung kann zusätzlich zu den Berechnungsgrundlagen nach den Sätzen 1 und 2 Mindestbeiträge und Berechnungsgrundlagen für Grundbeiträge festlegen.

(3) Für Unternehmen ohne Bodenbewirtschaftung und Nebenunternehmen eines landwirtschaftlichen Unternehmens kann die Satzung angemessene Berechnungsgrundlagen bestimmen; Absatz 2 Satz 2 und 3 gilt entsprechend.

(4) $_{1}$Der Flächenwert der landwirtschaftlichen Nutzung wird durch Vervielfältigung des durchschnittlichen Hektarwertes dieser Nutzung in der Gemeinde oder in dem Gemeindeteil, in dem die Flächen gelegen sind oder der Betrieb seinen Sitz hat, mit der Größe der im Unternehmen genutzten Flächen (Eigentums- und Pachtflächen) gebildet, wobei die Satzung eine Höchstgrenze für den Hektarwert vorsehen kann. $_{2}$Die Satzung bestimmt das Nähere zum Verfahren; sie hat außerdem erforderliche Bestimmungen zu treffen über die Ermittlung des Flächenwertes für

1. die forstwirtschaftliche Nutzung,
2. das Geringstland,
3. die landwirtschaftlichen Nutzungsteile Hopfen und Spargel,
4. die weinbauliche und gärtnerische Nutzung,
5. die Teichwirtschaft und Fischzucht,
6. sonstige landwirtschaftliche Nutzung.

(5) $_{1}$Der Arbeitsbedarf wird nach dem Durchschnittsmaß der für die Unternehmen erforderlichen menschlichen Arbeit unter Berücksichtigung der Kulturarten geschätzt und das einzelne Unternehmen hiernach veranlagt. $_{2}$Das Nähere über die Abschätzung und die Veranlagung bestimmt die Satzung. $_{3}$Der Abschätzungstarif hat eine Geltungsdauer von höchstens sechs Kalenderjahren; die §§ 158 und 159 gelten entsprechend.

(6) $_{1}$Arbeitswert ist der Wert der Arbeit, die von den im Unternehmen tätigen Versicherten im Kalenderjahr geleistet wird. $_{2}$Die Satzung bestimmt unter Berücksichtigung von Art und Umfang der Tätigkeit, für welche Versicherten sich der Arbeitswert nach dem Arbeitsentgelt, nach dem Jahresarbeitsverdienst, nach dem Mindestjahresarbeitsverdienst oder nach in der Satzung festgelegten Beträgen bemißt. $_{3}$Soweit sich der Arbeitswert nach den in der Satzung festgelegten Beträgen bemißt, gelten § 157 Abs. 5 und die §§ 158 bis 160 entsprechend.

§ 183 Umlageverfahren

(1) Auf die landwirtschaftliche Berufsgenossenschaft finden anstelle der Vorschriften über das Umlageverfahren aus dem Vierten Unterabschnitt des Ersten Abschnitts die folgenden Absätze Anwendung.

(2) Die Einzelheiten der Beitragsberechnung bestimmt die Satzung.

(3) $_{1}$Landwirtschaftlichen Unternehmern, für die versicherungsfreie Personen oder Personen tätig sind die infolge dieser Tätigkeit bei einem anderen Unfallversicherungsträger als der landwirtschaftlichen Berufsgenossenschaft versichert sind, wird auf Antrag eine Beitragsermäßigung bewilligt. $_{2}$Das Nähere bestimmt die Satzung.

(4) Die Satzung kann bestimmen, daß und unter welchen Voraussetzungen landwirtschaftliche Unternehmer kleiner Unternehmen mit geringer Unfallgefahr ganz oder teilweise von Beiträgen befreit werden.

(5) 1Die landwirtschaftliche Berufsgenossenschaft teilt den Unternehmern den von ihnen zu zahlenden Beitrag schriftlich mit. 2Der Beitragsbescheid ist mit Wirkung für die Vergangenheit zuungunsten der Unternehmer nur dann aufzuheben, wenn

1. die Veranlagung des Unternehmens nachträglich geändert wird,
2. eine im Laufe des Kalenderjahres eingetretene Änderung des Unternehmens nachträglich bekannt wird,
3. die Feststellung der Beiträge auf unrichtigen Angaben des Unternehmers oder wegen unterlassener Angaben des Unternehmens auf einer Schätzung beruht.

(5a) 1Zur Sicherung des Beitragsaufkommens soll die landwirtschaftliche Berufsgenossenschaft Vorschüsse bis zur Höhe des voraussichtlichen Jahresbedarfs erheben. 2Für die Zahlung der Vorschüsse sollen mindestens drei Fälligkeitstermine festgelegt werden. 3Die Satzung regelt das Nähere zur Fälligkeit der Beiträge und Vorschüsse sowie zum Verfahren der Zahlung.

(5b) Der Beitrag und die Vorschüsse sollen im Wege des Lastschriftverfahrens eingezogen werden.

(6) 1Die Unternehmer haben der landwirtschaftlichen Berufsgenossenschaft über die Unternehmens-, Arbeits- und Lohnverhältnisse Auskunft zu geben, soweit dies für die Beitragsberechnung von Bedeutung ist; die Einzelheiten bestimmt die Satzung. 2§ 166 Absatz 1 gilt entsprechend; die Prüfungsabstände bestimmt die landwirtschaftliche Berufsgenossenschaft. 3Soweit die Unternehmer die Angaben nicht, nicht rechtzeitig, nicht richtig oder nicht vollständig machen, kann die landwirtschaftliche Berufsgenossenschaft eine Schätzung vornehmen. 4Die Unternehmer sollen der landwirtschaftlichen Berufsgenossenschaft eine Ermächtigung zum Einzug des Beitrags und der Vorschüsse erteilen.

Zum 1.1.2016 wird Absatz 5b wie folgt gefasst (Änderung durch Fünftes Gesetz zur Änderung des Vierten Buches Sozialgesetzbuch und anderer Gesetze vom 15.4.2015, BGBl. I S. 583): "(5b) Der Beitrag und die Vorschüsse sollen auf der Grundlage eines Lastschriftmandats eingezogen werden."

§ 183a Rechenschaft über die Verwendung der Mittel

Die landwirtschaftliche Berufsgenossenschaft hat in ihrer Mitgliederzeitschrift und vergleichbaren elektronischen Medien in hervorgehobener Weise und gebotener Ausführlichkeit jährlich über die Verwendung ihrer Mittel im Vorjahr Rechenschaft abzulegen und dort zugleich ihre Verwaltungsausgaben gesondert auch als Anteil des Hebesatzes oder des Beitrages auszuweisen.

§ 184 Rücklage

1Abweichend von § 172a Abs. 2 wird die Rücklage mindestens in einfacher Höhe der durchschnittlichen monatlichen Ausgaben des abgelaufenen Kalenderjahres und höchstens bis zur zweifachen Höhe der durchschnittlichen monatlichen Ausgaben des abgelaufenen Kalenderjahres gebildet. 2Bis sie diese Höhe erreicht hat, wird ihr jährlich ein Betrag von 0,5 Prozent der Ausgaben des abgelaufenen Kalenderjahres zugeführt. 3Es gilt § 172a Abs. 4.

Dritter Abschnitt
Besondere Vorschriften für die Unfallversicherungsträger der öffentlichen Hand

§ 185 Gemeindeunfallversicherungsverbände, Unfallkassen der Länder und Gemeinden, gemeinsame Unfallkassen, Feuerwehr-Unfallkassen

(1) 1Von den Vorschriften des Ersten Abschnitts finden auf die Gemeindeunfallversicherungsverbände, die Unfallkassen der Länder und Gemeinden, die gemeinsamen Un-

VII

fallkassen und die Feuerwehr-Unfallkassen die §§ 150, 151, 164 bis 166, 168, 172, 172b und 172c über die Beitragspflicht, die Vorschüsse und Sicherheitsleistungen, das Umlageverfahren sowie über Betriebsmittel, Verwaltungsvermögen und Altersrückstellungen nach Maßgabe der folgenden Absätze Anwendung. 2Soweit die Beitragserhebung für das laufende Jahr erfolgt, kann die Satzung bestimmen, dass die Beitragslast in Teilbeträgen angefordert wird.

(2) 1Für Versicherte nach § 128 Abs. 1 Nr. 2 bis 9 und 11 und § 129 Abs. 1 Nr. 3 bis 7 werden Beiträge nicht erhoben. 2Die Aufwendungen für diese Versicherten werden entsprechend der in diesen Vorschriften festgelegten Zuständigkeiten auf das Land, die Gemeinden oder die Gemeindeverbände umgelegt; dabei bestimmen bei den nach § 116 Abs. 1 Satz 2 errichteten gemeinsamen Unfallkassen die Landesregierungen durch Rechtsverordnung, wer die Aufwendungen für Versicherte nach § 128 Abs. 1 Nr. 6, 7, 9 und 11 trägt. 3Bei gemeinsamen Unfallkassen sind nach Maßgabe der in den §§ 128 und 129 festgelegten Zuständigkeiten getrennte Umlagegruppen für den Landesbereich und den kommunalen Bereich zu bilden. 4Für Unternehmen nach § 128 Abs. 1 Nr. 1a und § 129 Abs. 1 Nr. 1a können gemeinsame Umlagegruppen gebildet werden. 5Bei der Vereinigung von Unfallversicherungsträgern nach den §§ 116 und 117 können die gleichlautenden Rechtsverordnungen für eine Übergangszeit von höchstens zwölf Jahren jeweils getrennte Umlagegruppen für die bisherigen Zuständigkeitsbereiche der vereinigten Unfallversicherungsträger vorsehen.

(3) 1Die Satzung kann bestimmen, daß Aufwendungen für bestimmte Arten von Unternehmen nur auf die beteiligten Unternehmer umgelegt werden. 2Für die Gemeinden als Unternehmer können auch nach der Einwohnerzahl gestaffelte Gruppen gebildet werden.

(4) 1Die Höhe der Beiträge richtet sich nach der Einwohnerzahl, der Zahl der Versicherten oder den Arbeitsentgelten. 2Die Satzung bestimmt den Beitragsmaßstab und regelt das Nähere über seine Anwendung; sie kann einen einheitlichen Mindestbeitrag bestimmen. 3Der Beitragssatz für geringfügig Beschäftigte in Privathaushalten, die nach § 28a Abs. 7 des Vierten Buches der Einzugsstelle gemeldet worden sind, beträgt für das Jahr 2006 1,6 vom Hundert des jeweiligen Arbeitsentgelts. 4Das Bundesministerium für Arbeit und Soziales wird ermächtigt, den Beitragssatz durch Rechtsverordnung mit Zustimmung des Bundesrates gemäß den nachfolgenden Bestimmungen zu regeln. 5Der Beitragssatz des Jahres 2006 gilt so lange, bis er nach Maßgabe der Regelung über die Festsetzung der Beitragssätze nach § 21 des Vierten Buches neu festzusetzen ist. 6Die Deutsche Gesetzliche Unfallversicherung e. V. stellt einen gemeinsamen Beitragseinzug sicher.

(5) 1Die Satzung kann bestimmen, daß die Beiträge nach dem Grad des Gefährdungsrisikos unter Berücksichtigung der Leistungsaufwendungen abgestuft werden; § 157 Abs. 5 und § 158 gelten entsprechend. 2Die Satzung kann ferner bestimmen, daß den Unternehmen unter Berücksichtigung der Versicherungsfälle, die die nach § 2 Abs. 1 Nr. 1 und 8 Versicherten erlitten haben, entsprechend den Grundsätzen des § 162 Zuschläge auferlegt, Nachlässe bewilligt oder Prämien gewährt werden.

§ 186 Aufwendungen der Unfallversicherung Bund und Bahn

(1) 1Im Zuständigkeitsbereich des § 125 Absatz 1 finden von den Vorschriften des Ersten Abschnitts die §§ 150, 152, 155, 164 bis 166, 168, 172, 172b und 172c Anwendung, soweit nicht in den folgenden Absätzen Abweichendes geregelt ist. 2Das Nähere bestimmt die Satzung.

(2) 1Die Aufwendungen für Unternehmen nach § 125 Absatz 1 Nummer 3 und Absatz 4 werden auf die beteiligten Unternehmer umgelegt. 2§ 185 Abs. 5 gilt entsprechend.

(3) 1Die Aufwendungen der Unfallversicherung Bund und Bahn für die Versicherung nach § 125 Abs. 1 Nr. 1, 4, 6 Buchstabe a, 7 und 8 werden auf die Dienststellen des Bundes umgelegt. 2Die Satzung bestimmt, in welchem Umfang diese Aufwendungen nach

der Zahl der Versicherten oder den Arbeitsentgelten und in welchem Umfang nach dem Grad des Gefährdungsrisikos unter Berücksichtigung der Leistungsaufwendungen umgelegt werden. $_{3}$Die Aufwendungen für die Versicherung nach § 125 Abs. 1 Nr. 2 erstattet die Bundesagentur für Arbeit, die Aufwendungen für die Versicherung nach § 125 Abs. 1 Nr. 5 das Bundesministerium für Arbeit und Soziales, die Aufwendungen für die Versicherung nach § 125 Absatz 1 Nummer 6 Buchstabe b das Bundesministerium für wirtschaftliche Zusammenarbeit und Entwicklung und die Aufwendungen für die Versicherung nach § 125 Abs. 1 Nr. 9 die jeweils zuständige Dienststelle des Bundes. $_{4}$Die Aufwendungen für Versicherte der alliierten Streitkräfte erstatten diese nach dem NATO-Truppenstatut und den Zusatzabkommen jeweils für ihren Bereich. $_{5}$Im Übrigen werden die Aufwendungen der Unfallversicherung Bund und Bahn im Zuständigkeitsbereich des § 125 Absatz 1 vom Bundesministerium für Arbeit und Soziales getragen.

(4) $_{1}$Die Dienststellen des Bundes und die Bundesagentur für Arbeit entrichten vierteljährlich im Voraus die Abschläge auf die zu erwartenden Aufwendungen. $_{2}$Die Unfallversicherung Bund und Bahn hat der Bundesagentur für Arbeit und den Dienststellen des Bundes die für die Erstattung erforderlichen Angaben zu machen und auf Verlangen Auskunft zu erteilen. $_{3}$Das Nähere über die Durchführung der Erstattung regelt die Satzung; bei den Verwaltungskosten kann auch eine pauschalierte Erstattung vorgesehen werden.

Vierter Abschnitt
Gemeinsame Vorschriften

Erster Unterabschnitt
Gemeinsame Vorschriften

§ 187 Berechnungsgrundsätze

(1) $_{1}$Berechnungen werden auf vier Dezimalstellen durchgeführt. $_{2}$Geldbeträge werden auf zwei Dezimalstellen berechnet. $_{3}$Dabei wird die letzte Dezimalstelle um 1 erhöht, wenn sich in der folgenden Dezimalstelle eine der Zahlen 5 bis 9 ergeben würde.

(2) Bei einer Berechnung, die auf volle Werte vorzunehmen ist, wird der Wert um 1 erhöht, wenn sich in den ersten vier Dezimalstellen eine der Zahlen 1 bis 9 ergeben würde.

(3) Bei einer Berechnung von Geldbeträgen, für die ausdrücklich ein Betrag in vollem Euro vorgegeben oder bestimmt ist, wird der Betrag nur dann um 1 erhöht, wenn sich in der ersten Dezimalstelle eine der Zahlen 5 bis 9 ergeben würde.

(4) $_{1}$Der auf einen Teilzeitraum entfallende Betrag ergibt sich, wenn der Gesamtbetrag mit dem Teilzeitraum vervielfältigt und durch den Gesamtzeitraum geteilt wird. $_{2}$Dabei werden das Kalenderjahr mit 360 Tagen, der Kalendermonat mit 30 Tagen und die Kalenderwoche mit sieben Tagen gerechnet.

(5) Vor einer Division werden zunächst die anderen Rechengänge durchgeführt.

Zweiter Unterabschnitt
Reduzierung der Kosten für Verwaltung und Verfahren

§ 187a Reduzierung der Kosten für Verwaltung und Verfahren in der landwirtschaftlichen Unfallversicherung

(1) $_{1}$Die landwirtschaftliche Berufsgenossenschaft ergreift Maßnahmen, damit die jährlichen Verwaltungs- und Verfahrenskosten für die landwirtschaftliche Unfallversicherung spätestens im Jahr 2016 nicht mehr als 95 Millionen Euro betragen. $_{2}$Die Sozialversicherung für Landwirtschaft, Forsten und Gartenbau legt dem Bundesministerium für Arbeit und Soziales und dem Bundesministerium für Ernährung, Landwirtschaft und Verbraucherschutz bis zum 31. Dezember 2017 einen Bericht über die Entwicklung der Verwaltungs- und Verfahrenskosten in der landwirtschaftlichen Unfallversicherung vor. $_{3}$Das Bundesministerium für Arbeit und Soziales und das Bundesministerium für Ernährung, Landwirtschaft und Verbraucherschutz leiten den Bericht an den Deutschen Bundestag und

an den Bundesrat weiter und fügen eine Stellungnahme bei.

(2) Bei der Ermittlung der Verwaltungs- und Verfahrenskosten nach Absatz 1 Satz 1 bleiben Versorgungsaufwendungen und Zuführungen zum Altersrückstellungsvermögen unberücksichtigt.

Siebtes Kapitel Zusammenarbeit der Unfallversicherungsträger mit anderen Leistungsträgern und ihre Beziehungen zu Dritten

Erster Abschnitt Zusammenarbeit der Unfallversicherungsträger mit anderen Leistungsträgern

§ 188 Auskunftspflicht der Krankenkassen

1Die Unfallversicherungsträger können von den Krankenkassen Auskunft über die Behandlung, den Zustand sowie über Erkrankungen und frühere Erkrankungen des Versicherten verlangen, soweit dies für die Feststellung des Versicherungsfalls erforderlich ist. 2Sie sollen dabei ihr Auskunftsverlangen auf solche Erkrankungen oder auf solche Bereiche von Erkrankungen beschränken, die mit dem Versicherungsfall in einem ursächlichen Zusammenhang stehen können. 3Der Versicherte kann vom Unfallversicherungsträger verlangen, über die von den Krankenkassen übermittelten Daten unterrichtet zu werden; § 25 Abs. 2 des Zehnten Buches gilt entsprechend. 4Der Unfallversicherungsträger hat den Versicherten auf das Recht, auf Verlangen über die von den Krankenkassen übermittelten Daten unterrichtet zu werden, hinzuweisen.

§ 189 Beauftragung einer Krankenkasse

Unfallversicherungsträger können Krankenkassen beauftragen, die ihnen obliegenden Geldleistungen zu erbringen; die Einzelheiten werden durch Vereinbarung geregelt.

§ 190 Pflicht der Unfallversicherungsträger zur Benachrichtigung der Rentenversicherungsträger beim Zusammentreffen von Renten

Erbringt ein Unfallversicherungsträger für einen Versicherten oder einen Hinterbliebenen, der eine Rente aus der gesetzlichen Rentenversicherung bezieht, Rente oder Heimpflege oder ergeben sich Änderungen bei diesen Leistungen, hat der Unfallversicherungsträger den Rentenversicherungsträger unverzüglich zu benachrichtigen; bei Zahlung einer Rente ist das Maß der Minderung der Erwerbsfähigkeit anzugeben.

Zweiter Abschnitt Beziehungen der Unfallversicherungsträger zu Dritten

§ 191 Unterstützungspflicht der Unternehmer

Die Unternehmer haben die für ihre Unternehmen zuständigen Unfallversicherungsträger bei der Durchführung der Unfallversicherung zu unterstützen; das Nähere regelt die Satzung.

§ 192 Mitteilungs- und Auskunftspflichten von Unternehmern und Bauherren

(1) Die Unternehmer haben binnen einer Woche nach Beginn des Unternehmens dem zuständigen Unfallversicherungsträger

1. die Art und den Gegenstand des Unternehmens,
2. die Zahl der Versicherten,
3. den Eröffnungstag oder den Tag der Aufnahme der vorbereitenden Arbeiten für das Unternehmen und
4. in den Fällen des § 130 Abs. 2 und 3 den Namen und den Wohnsitz oder gewöhnlichen Aufenthalt des Bevollmächtigten

mitzuteilen.

(2) Die Unternehmer haben Änderungen von

1. Art und Gegenstand ihrer Unternehmen, die für die Prüfung der Zuständigkeit der Unfallversicherungsträger von Bedeutung sein können,

2. Voraussetzungen für die Zuordnung zu den Gefahrklassen,
3. sonstigen Grundlagen für die Berechnung der Beiträge

innerhalb von vier Wochen dem Unfallversicherungsträger mitzuteilen.

(3) Die Unternehmer haben ferner auf Verlangen des zuständigen Unfallversicherungsträgers die Auskünfte zu geben und die Beweisurkunden vorzulegen, die zur Erfüllung der gesetzlichen Aufgaben des Unfallversicherungsträgers (§ 199) erforderlich sind, Ist bei einer Schule der Schulhoheitsträger nicht Unternehmer, hat auch der Schulhoheitsträger die Verpflichtung zur Auskunft nach Satz 1.

(4) $_1$Den Wechsel von Personen der Unternehmer haben die bisherigen Unternehmer und ihre Nachfolger innerhalb von vier Wochen nach dem Wechsel dem Unfallversicherungsträger mitzuteilen. $_2$Den Wechsel von Personen der Bevollmächtigten haben die Unternehmer innerhalb von vier Wochen nach dem Wechsel mitzuteilen.

(5) $_1$Bauherren sind verpflichtet, auf Verlangen des zuständigen Unfallversicherungsträgers die Auskünfte zu geben, die zur Erfüllung der gesetzlichen Aufgaben des Unfallversicherungsträgers (§ 199) erforderlich sind. $_2$Dazu gehören

1. die Auskunft darüber, ob und welche nicht gewerbsmäßigen Bauarbeiten ausgeführt werden,
2. die Auskunft darüber, welche Unternehmer mit der Ausführung der gewerbsmäßigen Bauarbeiten beauftragt sind.

§ 193 Pflicht zur Anzeige eines Versicherungsfalls durch die Unternehmer

(1) $_1$Die Unternehmer haben Unfälle von Versicherten in ihren Unternehmen dem Unfallversicherungsträger anzuzeigen, wenn Versicherte getötet oder so verletzt sind, daß sie mehr als drei Tage arbeitsunfähig werden. $_2$Satz 1 gilt entsprechend für Unfälle von Versicherten, deren Versicherung weder eine Beschäftigung noch eine selbständige Tätigkeit voraussetzt.

(2) Haben Unternehmer im Einzelfall Anhaltspunkte, daß bei Versicherten ihrer Unternehmen eine Berufskrankheit vorliegen könnte, haben sie diese dem Unfallversicherungsträger anzuzeigen.

(3) $_1$Bei Unfällen der nach § 2 Abs. 1 Nr. 8 Buchstabe b Versicherten hat der Schulhoheitsträger die Unfälle auch dann anzuzeigen, wenn er nicht Unternehmer ist. $_2$Bei Unfällen der nach § 2 Abs. 1 Nr. 15 Buchstabe a Versicherten hat der Träger der Einrichtung, in der die stationäre oder teilstationäre Behandlung oder die stationären, teilstationären oder ambulanten Leistungen zur medizinischen Rehabilitation erbracht werden, die Unfälle anzuzeigen.

(4) $_1$Die Anzeige ist binnen drei Tagen zu erstatten, nachdem die Unternehmer von dem Unfall oder von den Anhaltspunkten für eine Berufskrankheit Kenntnis erlangt haben. $_2$Der Versicherte kann vom Unternehmer verlangen, daß ihm eine Kopie der Anzeige überlassen wird.

(5) $_1$Die Anzeige ist vom Betriebs- oder Personalrat mit zu unterzeichnen. $_2$Der Unternehmer hat die Sicherheitsfachkraft und den Betriebsarzt über jede Unfall- oder Berufskrankheitenanzeige in Kenntnis zu setzen. $_3$Verlangt der Unfallversicherungsträger zur Feststellung, ob eine Berufskrankheit vorliegt, Auskünfte über gefährdende Tätigkeiten von Versicherten, haben die Unternehmer den Betriebs- oder Personalrat über dieses Auskunftsersuchen unverzüglich zu unterrichten.

(6) (weggefallen)

(7) $_1$Bei Unfällen in Unternehmen, die der allgemeinen Arbeitsschutzaufsicht unterstehen, hat der Unternehmer eine Durchschrift der Anzeige der für den Arbeitsschutz zuständigen Behörde zu übersenden. $_2$Bei Unfällen in Unternehmen, die der bergbehördlichen Aufsicht unterstehen, ist die Durchschrift an die zuständige untere Bergbehörde zu übersenden. $_3$Wird eine Berufskrankheit angezeigt, übersendet der Unfallversiche-

rungsträger eine Durchschrift der Anzeige unverzüglich der für den medizinischen Arbeitsschutz zuständigen Landesbehörde. 4Wird der für den medizinischen Arbeitsschutz zuständigen Landesbehörde eine Berufskrankheit angezeigt, übersendet sie dem Unfallversicherungsträger unverzüglich eine Durchschrift der Anzeige.

(8) Das Bundesministerium für Arbeit und Soziales bestimmt durch Rechtsverordnung mit Zustimmung des Bundesrates den für Aufgaben der Prävention und der Einleitung eines Feststellungsverfahrens erforderlichen Inhalt der Anzeige, ihre Form und die Art und Weise ihrer Übermittlung sowie die Empfänger, die Anzahl und den Inhalt der Durchschriften.

(9) 1Unfälle nach Absatz 1, die während der Fahrt auf einem Seeschiff eingetreten sind, sind ferner in das Schiffstagebuch einzutragen und dort oder in einem Anhang kurz darzustellen. 2Ist ein Schiffstagebuch nicht zu führen, haben die Schiffsführer Unfälle nach Satz 1 in einer besonderen Niederschrift nachzuweisen.

VII

§ 194 Meldepflicht der Eigentümer von Seeschiffen

Die Seeschiffe, die unter der Bundesflagge in Dienst gestellt werden sollen, haben die Eigentümer bereits nach ihrem Erwerb oder bei Beginn ihres Baus der Berufsgenossenschaft für Transport und Verkehrswirtschaft zu melden.

§ 195 Unterstützungs- und Mitteilungspflichten von Kammern und der für die Erteilung einer Gewerbe- oder Bauerlaubnis zuständigen Behörden

(1) Kammern und andere Zusammenschlüsse von Unternehmern, die als Körperschaften des öffentlichen Rechts errichtet sind, ferner Verbände und andere Zusammenschlüsse, denen Unternehmer kraft Gesetzes angehören oder anzugehören haben, haben die Unfallversicherungsträger bei der Ermittlung der ihnen zugehörenden Unternehmen zu unterstützen und ihnen hierzu Auskunft über Namen und Gegenstand dieser Unternehmen zu geben.

(2) 1Behörden, denen die Erteilung einer gewerberechtlichen Erlaubnis oder eines gewerberechtlichen Berechtigungsscheins obliegt, haben den Berufsgenossenschaften über die Deutsche Gesetzliche Unfallversicherung e. V. nach Eingang einer Anzeige nach der Gewerbeordnung, soweit ihnen bekannt, Namen, Geburtsdatum und Anschrift der Unternehmer, Namen, Gegenstand sowie Tag der Eröffnung und der Einstellung der Unternehmen mitzuteilen. 2Entsprechendes gilt bei Erteilung einer Reisegewerbekarte. 3Im übrigen gilt Absatz 1 entsprechend.

(3) 1Die für die Erteilung von Bauerlaubnissen zuständigen Behörden haben dem zuständigen Unfallversicherungsträger nach Erteilung einer Bauerlaubnis den Namen und die Anschrift des Bauherrn, den Ort und die Art der Bauarbeiten, den Baubeginn sowie die Höhe der im baubehördlichen Verfahren angegebenen oder festgestellten Baukosten mitzuteilen. 2Bei nicht bauerlaubnispflichtigen Bauvorhaben trifft dieselbe Verpflichtung die für die Entgegennahme der Bauanzeige oder der Bauunterlagen zuständigen Behörden.

§ 196 Mitteilungspflichten der Schiffsvermessungs- und -registerbehörden

1Das Bundesamt für Seeschifffahrt und Hydrographie teilt jede Vermessung eines Seeschiffs, die für die Führung von Schiffsregistern und des Internationalen Seeschifffahrtsregisters zuständigen Gerichte und Behörden teilen den Eingang jedes Antrags auf Eintragung eines Seeschiffs sowie jede Eintragung eines Seeschiffs der Berufsgenossenschaft für Transport und Verkehrswirtschaft unverzüglich mit. 2Entsprechendes gilt für alte Veränderungen und Löschungen im Schiffsregister. 3Bei Fahrzeugen, die nicht in das Schiffsregister eingetragen werden, haben die Verwaltungsbehörden und die Fischereiämter, die den Seeschiffen Unterscheidungssignale erteilen, die gleichen Pflichten.

§ 197 Übermittlungspflicht weiterer Behörden

(1) Die Gemeinden übermitteln abweichend von § 30 der Abgabenordnung zum Zweck der Beitragserhebung auf Anforderung Daten über Eigentums- und Besitzverhältnisse an Flächen an die landwirtschaftliche Berufsgenossenschaft, soweit die Ermittlungen von der landwirtschaftlichen Berufsgenossenschaft nur mit wesentlich größerem Aufwand vorgenommen werden können als von den Gemeinden.

(2) $_1$Die Finanzbehörden übermitteln in einem automatisierten Verfahren jährlich der landwirtschaftlichen Berufsgenossenschaft die maschinell vorhandenen Feststellungen zu

1. der nutzungsartbezogenen Vergleichszahl einschließlich Einzelflächen mit Flurstückkennzeichen,
2. den Vergleichswerten sonstiger Nutzung,
3. den Zu- und Abschlägen an den Vergleichswerten,
4. dem Bestand an Vieheinheiten,
5. den Einzelertragswerten für Nebenbetriebe,
6. dem Ersatzwirtschaftswert oder zu den bei dessen Ermittlung anfallenden Berechnungsgrundlagen sowie
7. den Ertragswerten für Abbauland und Geringstland.

$_2$Die landwirtschaftliche Berufsgenossenschaft, die landwirtschaftliche Krankenkasse und die landwirtschaftliche Alterskasse dürfen diese Daten nur zur Feststellung der Versicherungspflicht, der Beitragserhebung oder zur Überprüfung von Rentenansprüchen nach dem Gesetz über die Alterssicherung der Landwirte nutzen. $_3$Sind übermittelte Daten für die Überprüfung nach Satz 2 nicht mehr erforderlich, sind sie unverzüglich zu löschen.

(3) $_1$Das Bundesministerium für Arbeit und Soziales wird ermächtigt, das Nähere über das Verfahren der automatisierten Datenübermittlung durch Rechtsverordnung im Einvernehmen mit dem Bundesministerium der Finanzen und dem Bundesministerium für Ernährung, Landwirtschaft und Verbraucherschutz und mit Zustimmung des Bundesrates zu regeln. $_2$Die Einrichtung eines automatisierten Abrufverfahrens ist ausgeschlossen.

(4) $_1$Die Flurbereinigungsverwaltung und die Vermessungsverwaltung übermitteln der landwirtschaftlichen Berufsgenossenschaft und den Finanzbehörden durch ein automatisiertes Abrufverfahren die jeweils bei ihnen maschinell vorhandenen Betriebs-, Flächen-, Nutzungs-, Produktions- und Tierdaten sowie die sonstigen hierzu gespeicherten Angaben. $_2$Die übermittelten Daten dürfen durch die landwirtschaftliche Berufsgenossenschaft, landwirtschaftliche Krankenkasse und landwirtschaftliche Alterskasse nur zur Feststellung der Versicherungspflicht, der Beitragserhebung oder zur Überprüfung von Rentenansprüchen nach dem Gesetz über die Alterssicherung der Landwirte und durch die Finanzbehörden zur Feststellung der Steuerpflicht oder zur Steuererhebung genutzt werden. $_3$Sind übermittelte Daten für dieÜberprüfung nach Satz 2 nicht mehr erforderlich, sind sie unverzüglich zu löschen. $_4$Die Sätze 1 und 2 gelten auch für die Ämter für Landwirtschaft und Landentwicklung, für die Veterinärverwaltung sowie sonstige nach Landesrecht zuständige Stellen, soweit diese Aufgaben wahrnehmen, die denen der Ämter für Landwirtschaft und Landentwicklung oder der Veterinärverwaltung entsprechen.

§ 198 Auskunftspflicht der Grundstückseigentümer

Eigentümer von Grundstücken, die von Unternehmern land- oder forstwirtschaftlich bewirtschaftet werden, haben der landwirtschaftlichen Berufsgenossenschaft auf Verlangen Auskunft über Größe und Lage der Grundstücke sowie Namen und Anschriften der Unternehmer zu erteilen, soweit dies für die Beitragserhebung erforderlich ist.

Achtes Kapitel
Datenschutz

Erster Abschnitt
Grundsätze

§ 199 Erhebung, Verarbeitung und Nutzung von Daten durch die Unfallversicherungsträger

(1) 1Die Unfallversicherungsträger dürfen Sozialdaten nur erheben und speichern, soweit dies zur Erfüllung ihrer gesetzlich vorgeschriebenen oder zugelassenen Aufgaben erforderlich ist. 2Ihre Aufgaben sind

1. die Feststellung der Zuständigkeit und des Versicherungsstatus,
2. die Erbringung der Leistungen nach dem Dritten Kapitel einschließlich Überprüfung der Leistungsvoraussetzungen und Abrechnung der Leistungen,
3. die Berechnung, Festsetzung und Erhebung von Beitragsberechnungsgrundlagen und Beiträgen nach dem Sechsten Kapitel,
4. die Durchführung von Erstattungs- und Ersatzansprüchen,
5. die Verhütung von Versicherungsfällen, die Abwendung von arbeitsbedingten Gesundheitsgefahren sowie die Vorsorge für eine wirksame Erste Hilfe nach dem Zweiten Kapitel,
6. die Erforschung von Risiken und Gesundheitsgefahren für die Versicherten.

(2) 1Die Sozialdaten dürfen nur für Aufgaben nach Absatz 1 in dem jeweils erforderlichen Umfang verarbeitet oder genutzt werden. 2Eine Verwendung für andere Zwecke ist nur zulässig, soweit dies durch Rechtsvorschriften des Sozialgesetzbuches angeordnet oder erlaubt ist.

(3) Bei der Feststellung des Versicherungsfalls soll der Unfallversicherungsträger Auskünfte über Erkrankungen und frühere Erkrankungen des Betroffenen von anderen Stellen oder Personen erst einholen, wenn hinreichende Anhaltspunkte für den ursächlichen Zusammenhang zwischen der versicherten Tätigkeit und dem schädigenden Ereignis oder der schädigenden Einwirkung vorliegen.

§ 200 Einschränkung der Übermittlungsbefugnis

(1) § 76 Abs. 2 Nr. 1 des Zehnten Buches gilt mit der Maßgabe, daß der Unfallversicherungsträger auch auf ein gegenüber einem anderen Sozialleistungsträger bestehendes Widerspruchsrecht hinzuweisen hat, wenn dieser nicht selbst zu einem Hinweis nach § 76 Abs. 2 Nr. 1 des Zehnten Buches verpflichtet ist.

(2) Vor Erteilung eines Gutachtenauftrages soll der Unfallversicherungsträger dem Versicherten mehrere Gutachter zur Auswahl benennen; der Betroffene ist außerdem auf sein Widerspruchsrecht nach § 76 Abs. 2 des Zehnten Buches hinzuweisen und über den Zweck des Gutachtens zu informieren.

Zweiter Abschnitt
Datenerhebung und -verarbeitung durch Ärzte

§ 201 Datenerhebung und Datenverarbeitung durch Ärzte

(1) 1Ärzte und Zahnärzte, die nach einem Versicherungsfall an einer Heilbehandlung nach § 34 beteiligt sind, erheben, speichern und übermitteln an die Unfallversicherungsträger Daten über die Behandlung und den Zustand des Versicherten sowie andere personenbezogene Daten, soweit dies für Zwecke der Heilbehandlung und die Erbringung sonstiger Leistungen einschließlich Überprüfung der Leistungsvoraussetzungen und Abrechnung der Leistungen erforderlich ist. 2Ferner erheben, speichern und übermitteln sie die Daten, die für ihre Entscheidung, eine Heilbehandlung nach § 34 durchzufahren, maßgeblich waren. 3Der Versicherte kann vom Unfallversicherungsträger verlangen, über die von den Ärzten übermittelten Daten unterrichtet zu werden. 4§ 25 Abs. 2 des Zehnten Buches gilt entsprechend. 5Der Versicherte ist von den Ärzten über den Erhebungszweck, ihre Auskunftspflicht nach den

Sätzen 1 und 2 sowie über sein Recht nach Satz 3 zu unterrichten.

(2) Soweit die für den medizinischen Arbeitsschutz zuständigen Stellen und die Krankenkassen Daten nach Absatz 1 zur Erfüllung ihrer Aufgaben benötigen, dürfen die Daten auch an sie übermittelt werden.

§ 202 Anzeigepflicht von Ärzten bei Berufskrankheiten

1Haben Ärzte oder Zahnärzte den begründeten Verdacht, daß bei Versicherten eine Berufskrankheit besteht, haben sie dies dem Unfallversicherungsträger oder der für den medizinischen Arbeitsschutz zuständigen Stelle in der für die Anzeige von Berufskrankheiten vorgeschriebenen Form (§ 193 Abs. 8) unverzüglich anzuzeigen. 2Die Ärzte oder Zahnärzte haben die Versicherten über den Inhalt der Anzeige zu unterrichten und ihnen den Unfallversicherungsträger und die Stelle zu nennen, denen sie die Anzeige übersenden. 3§ 193 Abs. 7 Satz 3 und 4 gilt entsprechend.

§ 203 Auskunftspflicht von Ärzten

(1) 1Ärzte und Zahnärzte, die nicht an einer Heilbehandlung nach § 34 beteiligt sind, sind verpflichtet, dem Unfallversicherungsträger auf Verlangen Auskunft über die Behandlung, den Zustand sowie über Erkrankungen und frühere Erkrankungen des Versicherten zu erteilen, soweit dies für die Heilbehandlung und die Erbringung sonstiger Leistungen erforderlich ist. 2Der Unfallversicherungsträger soll Auskunftsverlangen zur Feststellung des Versicherungsfalls auf solche Erkrankungen oder auf solche Bereiche von Erkrankungen beschränken, die mit dem Versicherungsfall in einem ursächlichen Zusammenhang stehen können. 3§ 98 Abs. 2 Satz 2 des Zehnten Buches gilt entsprechend.

(2) 1Die Unfallversicherungsträger haben den Versicherten auf ein Auskunftsverlangen nach Absatz 1 sowie auf das Recht, auf Verlangen über die von den Ärzten übermittelten Daten unterrichtet zu werden, rechtzeitig hinzuweisen. 2§ 25 Abs. 2 des Zehnten Buches gilt entsprechend.

Dritter Abschnitt
Dateien

§ 204 Errichtung einer Datei für mehrere Unfallversicherungsträger

(1) 1Die Errichtung einer Datei für mehrere Unfallversicherungsträger bei einem Unfallversicherungsträger oder bei einem Verband der Unfallversicherungsträger ist zulässig,

1. um Daten über Verwaltungsverfahren und Entscheidungen nach § 9 Abs. 2 zu verarbeiten, zu nutzen und dadurch eine einheitliche Beurteilung vergleichbarer Versicherungsfälle durch die Unfallversicherungsträger zu erreichen, gezielte Maßnahmen der Prävention zu ergreifen sowie neue medizinisch-wissenschaftliche Erkenntnisse zur Fortentwicklung des Berufskrankheitenrechts, insbesondere durch eigene Forschung oder durch Mitwirkung an fremden Forschungsvorhaben, zu gewinnen,
2. um Daten in Vorsorgedateien zu erheben, zu verarbeiten oder zu nutzen, damit Versicherten, die bestimmten arbeitsbedingten Gesundheitsgefahren ausgesetzt sind oder waren, Maßnahmen der Prävention oder zur Teilhabe angeboten sowie Erkenntnisse über arbeitsbedingte Gesundheitsgefahren und geeignete Maßnahmen der Prävention und zur Teilhabe gewonnen werden können,
3. um Daten über Arbeits- und Wegeunfälle in einer Unfall-Dokumentation zu verarbeiten, zu nutzen und dadurch Größenordnungen, Schwerpunkte und Entwicklungen der Unfallbelastung in einzelnen Bereichen darzustellen, damit Erkenntnisse zur Verbesserung der Prävention und der Maßnahmen zur Teilhabe gewonnen werden können,
4. um Anzeigen, Daten über Verwaltungsverfahren und Entscheidungen über Berufskrankheiten in einer Berufskrankheiten-Dokumentation zu verarbeiten, zu nutzen und dadurch Häufigkeiten und Entwicklungen im Berufskrankheitengeschehen sowie wesentliche Einwirkungen und Erkrankungsfolgen darzustellen, da-

mit Erkenntnisse zur Verbesserung der Prävention und der Maßnahmen zur Teilhabe gewonnen werden können,

5. um Daten über Entschädigungsfälle, in denen Leistungen zur Teilhabe erbracht werden, in einer Rehabilitations- und Teilhabe-Dokumentation zu verarbeiten, zu nutzen und dadurch Schwerpunkte der Rehabilitation darzustellen, damit Erkenntnisse zur Verbesserung der Prävention und der Maßnahmen zur Teilhabe gewonnen werden können,
6. um Daten über Entschädigungsfälle, in denen Rentenleistungen oder Leistungen bei Tod erbracht werden, in einer Renten-Dokumentation zu verarbeiten, zu nutzen und dadurch Erkenntnisse über den Rentenverlauf und zur Verbesserung der Prävention und der Maßnahmen zur Teilhabe zu gewinnen.

$_2$In den Fällen des Satzes 1 Nr. 1 und 3 bis 6 findet § 76 des Zehnten Buches keine Anwendung.

(2) $_1$In den Dateien nach Absatz 1 dürfen nach Maßgabe der Sätze 2 und 3 nur folgende Daten von Versicherten erhoben, verarbeitet oder genutzt werden:

1. der zuständige Unfallversicherungsträger und die zuständige staatliche Arbeitsschutzbehörde,
2. das Aktenzeichen des Unfallversicherungsträgers,
3. Art und Hergang, Datum und Uhrzeit sowie Anzeige des Versicherungsfalls,
4. Staatsangehörigkeit und Angaben zur regionalen Zuordnung der Versicherten sowie Geburtsjahr und Geschlecht der Versicherten und der Hinterbliebenen,
5. Familienstand und Versichertenstatus der Versicherten,
6. Beruf der Versicherten, ihre Stellung im Erwerbsleben und die Art ihrer Tätigkeit,
7. Angaben zum Unternehmen einschließlich der Mitgliedsnummer,
8. die Arbeitsanamnese und die als Ursache für eine Schädigung vermuteten Einwirkungen am Arbeitsplatz,
9. die geäußerten Beschwerden und die Diagnose,
10. Entscheidungen über Anerkennung oder Ablehnung von Versicherungsfällen und Leistungen,
11. Kosten und Verlauf von Leistungen,
12. Art, Ort, Verlauf und Ergebnis von Vorsorgemaßnahmen oder Leistungen zur Teilhabe,
13. die Rentenversicherungsnummer, Vor- und Familienname, Geburtsname, Geburtsdatum, Sterbedatum und Wohnanschrift der Versicherten sowie wesentliche Untersuchungsbefunde und die Planung zukünftiger Vorsorgemaßnahmen,
14. Entscheidungen (Nummer 10) mit ihrer Begründung einschließlich im Verwaltungs- oder Sozialgerichtsverfahren erstatteter Gutachten mit Angabe der Gutachter.

$_2$In Dateien nach Absatz 1 Satz 1 Nr. 1 dürfen nur Daten nach Satz 1 Nr. 1 bis 4, 6 bis 10 und 14 verarbeitet oder genutzt werden. $_3$In Dateien nach Absatz 1 Satz 1 Nr. 3 bis 6 dürfen nur Daten nach Satz 1 Nr. 1 bis 12 verarbeitet oder genutzt werden.

(3) Die Errichtung einer Datei für mehrere Unfallversicherungsträger bei einem Unfallversicherungsträger oder bei einem Verband der Unfallversicherungsträger ist auch zulässig, um die von den Pflegekassen und den privaten Versicherungsunternehmen nach § 44 Abs. 2 des Elften Buches zu übermittelnden Daten zu verarbeiten.

(4) $_1$Die Errichtung einer Datei für mehrere Unfallversicherungsträger bei einem Unfallversicherungsträger oder bei einem Verband der Unfallversicherungsträger ist auch zulässig, soweit dies erforderlich ist, um neue Erkenntnisse zur Verhütung von Versicherungsfällen oder zur Abwendung von arbeitsbedingten Gesundheitsgefahren zu gewinnen, und dieser Zweck nur durch eine gemeinsame Datei für mehrere oder alle Unfallversicherungsträger erreicht werden kann. $_2$In der Datei nach Satz 1 dürfen personenbezogene Daten nur verarbeitet werden, soweit der Zweck der Datei ohne sie nicht erreicht wer-

VII

den kann. $_{3}$Das Bundesministerium für Arbeit und Soziales bestimmt in einer Rechtsverordnung, die der Zustimmung des Bundesrates bedarf, die Art der zu verhütenden Versicherungsfälle und der abzuwendenden arbeitsbedingten Gesundheitsgefahren sowie die Art der Daten, die in der Datei nach Satz 1 verarbeitet oder genutzt werden dürfen. $_{4}$In der Datei nach Satz 1 dürfen Daten nach Absatz 2 Satz 1 Nr. 13 nicht gespeichert werden.

(5) $_{1}$Die Unfallversicherungsträger dürfen Daten nach Absatz 2 an den Unfallversicherungsträger oder den Verband, der die Datei führt, übermitteln. $_{2}$Die in der Datei nach Absatz 1 Satz 1 Nr. 1 oder 2 gespeicherten Daten dürfen von der dateiführenden Stelle an andere Unfallversicherungsträger übermittelt werden, soweit es zur Erfüllung ihrer gesetzlichen Aufgaben erforderlich ist.

(6) Der Unfallversicherungsträger oder der Verband, der die Datei errichtet, hat dem Bundesbeauftragten für den Datenschutz oder der nach Landesrecht für die Kontrolle des Datenschutzes zuständigen Stelle rechtzeitig die Errichtung einer Datei nach Absatz 1 oder 4 vorher schriftlich anzuzeigen.

(7) $_{1}$Der Versicherte ist vor der erstmaligen Speicherung seiner Sozialdaten in Dateien nach Absatz 1 Satz 1 Nr. 1 und 2 über die Art der gespeicherten Daten, die speichernde Stelle und den Zweck der Datei durch den Unfallversicherungsträger schriftlich zu unterrichten. $_{2}$Dabei ist er auf sein Auskunftsrecht nach § 83 des Zehnten Buches hinzuweisen.

§ 205 (weggefallen)

Vierter Abschnitt
Sonstige Vorschriften

§ 206 Übermittlung von Daten für die Forschung zur Bekämpfung von Berufskrankheiten

(1) $_{1}$Ein Arzt oder Angehöriger eines anderen Heilberufes ist befugt, für ein bestimmtes Forschungsvorhaben personenbezogene Daten den Unfallversicherungsträgern und deren Verbänden zu übermitteln, wenn die nachfolgenden Voraussetzungen erfüllt sind und die Genehmigung des Forschungsvorhabens öffentlich bekanntgegeben worden ist. $_{2}$Die Unfallversicherungsträger oder die Verbände haben den Versicherten oder den früheren Versicherten schriftlich über die übermittelten Daten und über den Zweck der Übermittlung zu unterrichten.

(2) $_{1}$Die Unfallversicherungsträger und ihre Verbände dürfen Sozialdaten von Versicherten und früheren Versicherten erheben, verarbeiten und nutzen, soweit dies

1. zur Durchführung eines bestimmten Forschungsvorhabens, das die Erkennung neuer Berufskrankheiten oder die Verbesserung der Prävention oder der Maßnahmen zur Teilhabe bei Berufskrankheiten zum Ziele hat, erforderlich ist und
2. der Zweck dieses Forschungsvorhabens nicht auf andere Weise, insbesondere nicht durch Erhebung, Verarbeitung und Nutzung anonymisierter Daten, erreicht werden kann.

$_{2}$Voraussetzung ist, daß die zuständige oberste Bundes- oder Landesbehörde die Erhebung, Verarbeitung und Nutzung der Daten für das Forschungsvorhaben genehmigt hat. $_{3}$Erteilt die zuständige oberste Bundesbehörde die Genehmigung, sind die Bundesärztekammer und der Bundesbeauftragte für den Datenschutz anzuhören, in den übrigen Fällen der Landesbeauftragte für den Datenschutz und die Ärztekammer des Landes.

(3) Das Forschungsvorhaben darf nur durchgeführt werden, wenn sichergestellt ist, daß keinem Beschäftigten, der an Entscheidungen über Sozialleistungen oder deren Vorbereitung beteiligt ist, die Daten, die für das Forschungsvorhaben erhoben, verarbeitet oder genutzt werden, zugänglich sind oder von Zugriffsberechtigten weitergegeben werden.

(4) $_{1}$Die Durchführung der Forschung ist organisatorisch und räumlich von anderen Aufgaben zu trennen. $_{2}$Die übermittelten Einzelangaben dürfen nicht mit anderen personenbezogenen Daten zusammengeführt werden.

3§ 67c Abs. 5 Satz 2 und 3 des Zehnten Buches bleibt unberührt.

(5) 1Führen die Unfallversicherungsträger oder ihre Verbände das Forschungsvorhaben nicht selbst durch, dürfen die Daten nur anonymisiert an den für das Forschungsvorhaben Verantwortlichen übermittelt werden. 2Ist nach dem Zweck des Forschungsvorhabens zu erwarten, daß Rückfragen für einen Teil der Betroffenen erforderlich werden, sind sie an die Person zu richten, welche die Daten gemäß Absatz 1 übermittelt hat. 3Absatz 2 gilt für den für das Forschungsvorhaben Verantwortlichen entsprechend. 4Die Absätze 3 und 4 gelten entsprechend.

§ 207 Erhebung, Verarbeitung und Nutzung von Daten zur Verhütung von Versicherungsfällen und arbeitsbedingten Gesundheitsgefahren

(1) Die Unfallversicherungsträger und ihre Verbände dürfen

1. Daten zu Stoffen, Zubereitungen und Erzeugnissen,
2. Betriebs- und Expositionsdaten zur Gefährdungsanalyse

erheben, speichern, verändern, löschen, nutzen und untereinander übermitteln, soweit dies zur Verhütung von Versicherungsfällen und arbeitsbedingten Gesundheitsgefahren erforderlich ist.

(2) Daten nach Absatz 1 dürfen an die für den Arbeitsschutz zuständigen Landesbehörden und an die für den Vollzug des Chemikaliengesetzes sowie des Rechts der Bio- und Gentechnologie zuständigen Behörden übermittelt werden.

(3) Daten nach Absatz 1 dürfen nicht an Stellen oder Personen außerhalb der Unfallversicherungsträger und ihrer Verbände sowie der zuständigen Landesbehörden übermittelt werden, wenn der Unternehmer begründet nachweist, daß ihre Verbreitung ihm betrieblich oder geschäftlich schaden könnte, und die Daten auf Antrag des Unternehmers als vertraulich gekennzeichnet sind.

§ 208 Auskünfte der Deutschen Post AG

Soweit die Deutsche Post AG Aufgaben der Unfallversicherung wahrnimmt, gilt § 151 des Sechsten Buches entsprechend.

Neuntes Kapitel
Bußgeldvorschriften

§ 209 Bußgeldvorschriften

(1) 1Ordnungswidrig handelt, wer vorsätzlich oder fahrlässig

1. einer Unfallverhütungsvorschrift nach § 15 Abs. 1 oder 2 zuwiderhandelt, soweit sie für einen bestimmten Tatbestand auf diese Bußgeldvorschrift verweist,
2. einer vollziehbaren Anordnung nach § 19 Abs. 1 zuwiderhandelt
3. entgegen § 19 Abs. 2 Satz 2 eine Maßnahme nicht duldet,
4. entgegen § 138 die Versicherten nicht unterrichtet,
5. entgegen § 165 Abs. 1 Satz 1, entgegen § 165 Abs. 1 Satz 1 in Verbindung mit einer Satzung nach Satz 2 oder 3 oder entgegen § 194 eine Meldung nicht, nicht richtig, nicht vollständig, nicht in der vorgeschriebenen Weise oder nicht rechtzeitig macht,
6. entgegen § 165 Absatz 2 Satz 1 in Verbindung mit einer Satzung nach § 34 Absatz 1 Satz 1 des Vierten Buches einen dort genannten Nachweis nicht, nicht richtig, nicht vollständig oder nicht rechtzeitig einreicht,
7. entgegen § 165 Abs. 4 eine Aufzeichnung nicht führt oder nicht oder nicht mindestens fünf Jahre aufbewahrt,

7a. entgegen § 183 Absatz 6 Satz 1 in Verbindung mit einer Satzung nach § 34 Absatz 1 Satz 1 des Vierten Buches eine Auskunft nicht, nicht richtig, nicht vollständig oder nicht rechtzeitig gibt,

8. entgegen § 192 Abs. 1 Nr. 1 bis 3 oder Abs. 4 Satz 1 eine Mitteilung nicht, nicht richtig, nicht vollständig oder nicht rechtzeitig macht,

9. entgegen § 193 Abs. 1 Satz 1, auch in Verbindung mit Satz 2, Abs. 2, 3 Satz 2, Abs. 4 oder 6 eine Anzeige nicht, nicht richtig oder nicht rechtzeitig erstattet,
10. entgegen § 193 Abs. 9 einen Unfall nicht in das Schiffstagebuch einträgt, nicht darstellt oder nicht in einer besonderen Niederschrift nachweist oder
11. entgegen § 198 oder 203 Abs. 1 Satz 1 eine Auskunft nicht, nicht richtig, nicht vollständig oder nicht rechtzeitig erteilt.

2In den Fällen der Nummer 5, die sich auf geringfügige Beschäftigungen in Privathaushalten im Sinne von § 8a des Vierten Buches beziehen, findet § 266a Abs. 2 des Strafgesetzbuches keine Anwendung.

(2) Ordnungswidrig handelt, wer als Unternehmer Versicherten Beiträge ganz oder zum Teil auf das Arbeitsentgelt anrechnet.

(3) Die Ordnungswidrigkeit kann in den Fällen des Absatzes 1 Nr. 1 bis 3 mit einer Geldbuße bis zu zehntausend Euro, in den Fällen des Absatzes 2 mit einer Geldbuße bis zu fünftausend Euro, in den übrigen Fällen mit einer Geldbuße bis zu zweitausendfünfhundert Euro geahndet werden.

§ 210 Zuständige Verwaltungsbehörde

Verwaltungsbehörde im Sinne des § 36 Abs. 1 Nr. 1 des Gesetzes über Ordnungswidrigkeiten ist der Unfallversicherungsträger.

§ 211 Zusammenarbeit bei der Verfolgung und Ahndung von Ordnungswidrigkeiten

1Zur Verfolgung und Ahndung von Ordnungswidrigkeiten arbeiten die Unfallversicherungsträger insbesondere mit den Behörden der Zollverwaltung, der Bundesagentur für Arbeit, den nach § 6 Abs. 1 Satz 1 Nr. 2 des Zweiten Buches zuständigen Trägern oder den nach § 6a des Zweiten Buches zugelassenen kommunalen Trägern, den Krankenkassen als Einzugsstellen für die Sozialversicherungsbeiträge, den in § 71 des Aufenthaltsgesetzes genannten Behörden, den Finanzbehörden, den nach Landesrecht für die Verfolgung und Ahndung von Ordnungswidrigkeiten nach dem Schwarzarbeitsbekämpfungsgesetz zuständigen Behörden, den Trägern der Sozialhilfe und den für den Arbeitsschutz zuständigen Landesbehörden zusammen, wenn sich im Einzelfall konkrete Anhaltspunkte für

1. Verstöße gegen das Schwarzarbeitsbekämpfungsgesetz,
2. eine Beschäftigung oder Tätigkeit von Ausländern ohne erforderlichen Aufenthaltstitel nach § 4 Abs. 3 des Aufenthaltsgesetzes, eine Aufenthaltsgestattung oder eine Duldung, die zur Ausübung der Beschäftigung berechtigen, oder eine Genehmigung nach § 284 Abs. 1 des Dritten Buches,
3. Verstöße gegen die Mitwirkungspflicht nach § 60 Abs. 1 Satz 1 Nr. 2 des Ersten Buches gegenüber einer Dienststelle der Bundesagentur für Arbeit, einem Träger der gesetzlichen Kranken-, Pflege- oder Rentenversicherung, einem nach § 6 Abs. 1 Satz 1 Nr. 2 des Zweiten Buches zuständigen Träger oder einem nach § 6a des Zweiten Buches zugelassenen kommunalen Träger oder einem Träger der Sozialhilfe oder gegen die Meldepflicht nach § 8a des Asylbewerberleistungsgesetzes,
4. Verstöße gegen das Arbeitnehmerüberlassungsgesetz,
5. Verstöße gegen die Bestimmungen des Vierten und Fünften Buches sowie dieses Buches über die Verpflichtung zur Zahlung von Sozialversicherungsbeiträgen, soweit sie im Zusammenhang mit den in den Nummern 1 bis 4 genannten Verstößen stehen,
6. Verstöße gegen die Steuergesetze,
7. Verstöße gegen das Aufenthaltsgesetz

ergeben. 2Sie unterrichten die für die Verfolgung und Ahndung zuständigen Behörden, die Träger der Sozialhilfe sowie die Behörden nach § 71 des Aufenthaltsgesetzes. 3Die Unterrichtung kann auch Angaben über die Tatsachen, die für die Einziehung der Beiträge zur Unfallversicherung erforderlich sind, enthalten. 4Medizinische und psychologische Daten, die über einen Versicherten erhoben

VII

worden sind, dürfen die Unfallversicherungsträger nicht übermitteln.

Zehntes Kapitel Übergangsrecht

§ 212 Grundsatz

Die Vorschriften des Ersten bis Neunten Kapitels gelten für Versicherungsfälle, die nach dem Inkrafttreten dieses Gesetzes eintreten, soweit in den folgenden Vorschriften nicht etwas anderes bestimmt ist.

§ 213 Versicherungsschutz

(1) 1Unternehmer und ihre Ehegatten, die am Tag vor dem Inkrafttreten dieses Gesetzes nach § 539 Abs. 1 Nr. 3 oder 7 der Reichsversicherungsordnung in der zu diesem Zeitpunkt geltenden Fassung pflichtversichert waren und die nach § 2 nicht pflichtversichert sind, bleiben versichert, ohne daß es eines Antrags auf freiwillige Versicherung bedarf. 2Die Versicherung wird als freiwillige Versicherung weitergeführt. 3Sie erlischt mit Ablauf des Monats, in dem ein schriftlicher Antrag auf Beendigung dieser Versicherung beim Unfallversicherungsträger eingegangen ist; § 6 Abs. 2 Satz 2 bleibt unberührt.

(2) Die §§ 555a und 636 Abs. 3 der Reichsversicherungsordnung in der Fassung des Artikels II § 4 Nr. 12 und 15 des Gesetzes vom 18. August 1980 (BGBl. I S. 1469, 2218) gelten auch für Versicherungsfälle, die in der Zeit vom 24. Mai 1949 bis zum 31. Oktober 1977 eingetreten sind.

(3) § 2 Abs. 1 Nr. 16 in der Fassung des Artikels 1 Nr. 2 Buchstabe b des Unfallversicherungsmodernisierungsgesetzes vom 30. Oktober 2008 (BGBl. I S. 2130) gilt auch für Versicherungsfälle, die in der Zeit vom 1. Mai 2007 bis zum 4. November 2008 eingetreten sind.

(4) 1§ 12a gilt auch für Gesundheitsschäden, die in der Zeit vom 1. Dezember 1997 bis zum 31. Juli 2012 eingetreten sind. 2Ansprüche auf Leistungen bestehen in diesen Fällen ab dem 1. August 2012.

(5) Vom 1. November 2014 bis zum 31. Dezember 2015 gilt § 2 Absatz 1 Nummer 1 und 12 sowie Absatz 3 Satz 2 und 3 auch für Personen, die von Unternehmen zur Hilfe bei Unglücksfällen oder des Zivilschutzes in der Zuständigkeit der Unfallversicherung Bund und Bahn in das Ausland delegiert werden, wenn sie im Inland ihren Wohnsitz oder gewöhnlichen Aufenthalt haben oder die Tätigkeit im Inland beginnt oder beendet werden soll.

§ 214 Geltung auch für frühere Versicherungsfälle

(1) 1Die Vorschriften des Ersten und Fünften Abschnitts des Dritten Kapitels gelten auch für Versicherungsfälle, die vor dem Tag des Inkrafttretens dieses Gesetzes eingetreten sind; dies gilt nicht für die Vorschrift über Leistungen an Berechtigte im Ausland. 2Für Leistungen der Heilbehandlung und zur Teilhabe am Arbeitsleben, die vor dem Tag des Inkrafttretens dieses Gesetzes bereits in Anspruch genommen worden sind, sind bis zum Ende dieser Leistungen die Vorschriften weiter anzuwenden, die im Zeitpunkt der Inanspruchnahme galten.

(2) 1Die Vorschriften über den Jahresarbeitsverdienst gelten auch für Versicherungsfälle, die vor dem Tag des Inkrafttretens dieses Gesetzes eingetreten sind, wenn der Jahresarbeitsverdienst nach dem Inkrafttreten dieses Gesetzes erstmals oder aufgrund des § 90 neu festgesetzt wird. 2Die Vorschrift des § 93 über den Jahresarbeitsverdienst für die Versicherten der landwirtschaftlichen Berufsgenossenschaften und ihre Hinterbliebenen gilt auch für Versicherungsfälle, die vor dem Inkrafttreten dieses Gesetzes eingetreten sind; die Geldleistungen sind von dem auf das Inkrafttreten dieses Gesetzes folgenden 1. Juli an neu festzustellen; die generelle Bestandsschutzregelung bleibt unberührt.

(3) 1Die Vorschriften über Renten, Beihilfen, Abfindungen und Mehrleistungen gelten auch für Versicherungsfälle, die vor dem Tag des Inkrafttretens dieses Gesetzes eingetreten sind, wenn diese Leistungen nach dem Inkrafttreten dieses Gesetzes erstmals fest-

zusetzen sind. 2§ 73 gilt auch für Versicherungsfälle, die vor dem Tag des Inkrafttretens dieses Gesetzes eingetreten sind.

(4) Soweit sich die Vorschriften über das Verfahren, den Datenschutz sowie die Beziehungen der Versicherungsträger zueinander und zu Dritten auf bestimmte Versicherungsfälle beziehen, gelten sie auch hinsichtlich der Versicherungsfälle, die vor dem Tag des Inkrafttretens dieses Gesetzes eingetreten sind.

§ 215 Sondervorschriften für Versicherungsfälle in dem in Artikel 3 des Einigungsvertrages genannten Gebiet

(1) 1Für die Übernahme der vor dem 1. Januar 1992 eingetretenen Unfälle und Krankheiten als Arbeitsunfälle und Berufskrankheiten nach dem Recht der gesetzlichen Unfallversicherung ist § 1150 Abs. 2 und 3 der Reichsversicherungsordnung in der am Tag vor Inkrafttreten dieses Gesetzes geltenden Fassung weiter anzuwenden. 2§ 1150 Abs. 2 Satz 2 Nr. 1 der Reichsversicherungsordnung gilt nicht für Versicherungsfälle aus dem Wehrdienst ehemaliger Wehrdienstpflichtiger der Nationalen Volksarmee der Deutschen Demokratischen Republik. 3Tritt bei diesen Personen nach dem 31. Dezember 1991 eine Berufskrankheit auf, die infolge des Wehrdienstes entstanden ist, gelten die Vorschriften dieses Buches.

(2) Die Vorschriften über den Jahresarbeitsverdienst gelten nicht für Versicherungsfälle in dem in Artikel 3 des Einigungsvertrags genannten Gebiet, die vor dem 1. Januar 1992 eingetreten sind; für diese Versicherungsfälle ist § 1152 Abs. 2 der Reichsversicherungsordnung in der am Tag vor Inkrafttreten dieses Gesetzes geltenden Fassung weiter anzuwenden mit der Maßgabe, dass der zuletzt am 1. Juli 2001 angepasste Betrag aus § 1152 Abs. 2 der Reichsversicherungsordnung ab 1. Januar 2002 in Euro umgerechnet und auf volle Euro-Beträge aufgerundet wird.

(3) Für Versicherungsfälle im Zuständigkeitsbereich der Unfallversicherung Bund und Bahn nach § 125 Absatz 1, die nach dem 31. Dezember 1991 eingetreten sind, gilt § 85 Abs. 2 Satz 1 mit der Maßgabe, daß der Jahresarbeitsverdienst höchstens das Zweifache der im Zeitpunkt des Versicherungsfalls geltenden Bezugsgröße (West) beträgt.

(4) Für Versicherte an Bord von Seeschiffen und für nach § 2 Abs. 1 Nr. 7 versicherte Küstenschiffer und Küstenfischer ist § 1152 Abs. 6 der Reichsversicherungsordnung in der am Tag vor Inkrafttreten dieses Gesetzes geltenden Fassung weiter anzuwenden mit der Maßgabe, daß an die Stelle der dort genannten Vorschriften der Reichsversicherungsordnung § 92 dieses Buches tritt.

(5) 1Die Vorschriften über die Anpassung der vom Jahresarbeitsverdienst abhängigen Geldleistungen und über die Höhe und die Anpassung des Pflegegeldes gelten nicht für Versicherungsfälle in dem in Artikel 3 des Einigungsvertrags genannten Gebiet; für diese Versicherungsfälle sind § 1151 Abs. 1 und § 1153 der Reichsversicherungsordnung in der am Tag vor Inkrafttreten dieses Gesetzes geltenden Fassung weiter anzuwenden mit der Maßgabe, daß an die Stelle der dort genannten Vorschriften der Reichsversicherungsordnung § 44 Abs. 2 und 4 sowie § 95 dieses Buches treten. 2Abweichend von Satz 1 ist bei den Anpassungen ab dem 1. Juli 2001 der Vomhundertsatz maßgebend, um den sich die Renten aus der gesetzlichen Rentenversicherung in dem in Artikel 3 des Einigungsvertrages genannten Gebiet verändern. 3§ 1151 Abs. 1 der Reichsversicherungsordnung gilt mit der Maßgabe, dass ab 1. Januar 2002 an die Stelle des Pflegegeldrahmens in Deutscher Mark der Pflegegeldrahmen in Euro tritt, indem die zuletzt am 1. Juli 2001 angepassten Beträge in Euro umgerechnet und auf volle Euro-Beträge aufgerundet werden.

(6) Für die Feststellung und Zahlung von Renten bei Versicherungsfällen, die vor dem 1. Januar 1992 eingetreten sind, ist § 1154 der Reichsversicherungsordnung in der am Tag vor Inkrafttreten dieses Gesetzes geltenden Fassung weiter anzuwenden mit der Maßgabe, daß an die Stelle der dort genannten Vorschriften der Reichsversicherungsord-

nung die §§ 56 und 81 bis 91 dieses Buches treten.

(7) 1Für die Feststellung und Zahlung von Leistungen im Todesfall ist § 1155 Abs. 1 Satz 2 und 3 sowie Abs. 2 und 3 der Reichsversicherungsordnung in der am Tag vor Inkrafttreten dieses Gesetzes geltenden Fassung weiter anzuwenden mit der Maßgabe, daß an die Stelle der dort genannten Vorschriften der Reichsversicherungsordnung § 65 Abs. 3 und § 66 dieses Buches treten. 2Bestand am 31. Dezember 1991 nach dem in dem in Artikel 3 des Einigungsvertrags genannten Gebiet geltenden Recht ein Anspruch auf Witwenrente, Witwerrente oder Waisenrente, wird der Zahlbetrag dieser Rente so lange unverändert weitergezahlt, wie er den Zahlbetrag der Rente, die sich aus den §§ 63 bis 71 und aus Satz 1 ergeben würde, übersteigt.

(8) Die Vorschrift des § 1156 der Reichsversicherungsordnung in der am Tag vor Inkrafttreten dieses Gesetzes geltenden Fassung ist weiter anzuwenden.

VII

§ 216 Bezugsgröße (Ost) und aktueller Rentenwert (Ost)

(1) Soweit Vorschriften dieses Buches beim Jahresarbeitsverdienst oder beim Sterbegeld an die Bezugsgröße anknüpfen, ist die Bezugsgröße für das in Artikel 3 des Einigungsvertrags genannte Gebiet (Bezugsgröße [Ost]) maßgebend, wenn es sich um einen Versicherungsfall in diesem Gebiet handelt.

(2) Soweit Vorschriften dieses Buches bei Einkommensanrechnungen auf Leistungen an Hinterbliebene an den aktuellen Rentenwert anknüpfen, ist der aktuelle Rentenwert (Ost) maßgebend, wenn der Berechtigte seinen gewöhnlichen Aufenthalt in dem in Artikel 3 des Einigungsvertrags genannten Gebiet hat.

§ 217 Bestandsschutz

(1) 1Ist eine Geldleistung, die aufgrund des bis zum Inkrafttreten dieses Gesetzes geltenden Rechts festgestellt worden ist oder hätte festgestellt werden müssen, höher, als sie nach diesem Buch sein würde, wird dem Berechtigten die höhere Leistung gezahlt. 2Satz 1 gilt entsprechend für die Dauer einer Geldleistung. 3Bei den nach § 2 Abs. 1 Nr. 5 Buchstabe b versicherten mitarbeitenden Familienangehörigen sind dabei auch die bisher gezahlten Zulagen an Schwerverletzte zu berücksichtigen.

(2) 1Die §§ 590 bis 593, 598 und 600 Abs. 3 in Verbindung mit den §§ 602 und 614 der Reichsversicherungsordnung in der am 31. Dezember 1985 geltenden Fassung sind weiter anzuwenden, wenn der Tod des Versicherten vor dem 1. Januar 1986 eingetreten ist. 2§ 80 Abs. 1 ist auch anzuwenden, wenn der Tod des Versicherten vor dem 1. Januar 1986 eingetreten ist und die neue Ehe nach dem Inkrafttreten dieses Gesetzes geschlossen wird. 3Bei der Anwendung des § 65 Abs. 3 und des § 80 Abs. 3 gilt § 617 Abs. 2 und 6 der Reichsversicherungsordnung in der am Tag vor dem Inkrafttreten dieses Gesetzes geltenden Fassung.

(3) Berechtigten, die vor dem Inkrafttreten dieses Gesetzes für ein Kind Anspruch auf eine Kinderzulage hatten, wird die Kinderzulage nach Maßgabe des § 583 unter Berücksichtigung des § 584 Abs. 1 Satz 2, des § 585, des § 579 Abs. 1 Satz 2 und des § 609 Abs. 3 der Reichsversicherungsordnung in der am Tag vor dem Inkrafttreten dieses Gesetzes geltenden Fassung weiter geleistet.

(4) Artikel 1 § 9 Abs. 3 und § 10 Abs. 1 Satz 2 des Einundzwanzigsten Rentenanpassungsgesetzes sind für die Anpassung der dort genannten Geldleistungen nach § 95 weiter anzuwenden.

§ 218 Länder und Gemeinden als Unfallversicherungsträger

(1) 1Sind nach dem am Tag vor dem Inkrafttreten dieses Gesetzes geltenden Recht die Länder oder Gemeinden Unfallversicherungsträger, sind Ihre Ausführungsbehörden für Unfallversicherung bis zum 31. Dezember 1997 in rechtlich selbständige Unfallversicherungsträger zu überführen. 2Bis zur Überführung sind die für die Ausführungsbehörden gehenden Vorschriften der Reichsversicherungsordnung und des Vierten Buches in

der am Tag vor dem Inkrafttreten dieses Gesetzes geltenden Fassung weiter anzuwenden; die §§ 128 und 129 gelten ab Inkrafttreten dieses Gesetzes. 3Insoweit gelten die Länder und Gemeinden weiter als Unfallversicherungsträger.

(2) 1Bei der Überführung einer Ausführungsbehörde eines Landes oder einer Gemeinde in eine Unfallkasse nehmen die Vertreterversammlung, der Vorstand und der Geschäftsführer der Ausführungsbehörden die Aufgaben der Vertreterversammlung, des Vorstandes und des Geschäftsführers der Unfallkasse bis zum Ablauf der laufenden Wahlperiode wahr. 2Bei der Überführung von Ausführungsbehörden eines Landes oder einer Gemeinde in gemeinsame Unfallkassen nach § 116 Abs. 1 Satz 2 oder in Gemeindeunfallversicherungsverbände können die Landesregierungen durch Rechtsverordnung bestimmen, daß die Aufsichtsbehörde die Mitglieder der Vertreterversammlung der Unfallkasse oder des Gemeindeunfallversicherungsverbandes unbeschadet der Regelung des § 44 Abs. 2a Satz 2 Nr. 3 des Vierten Buches beruft. 3Satz 2 gilt entsprechend, wenn gleichzeitig mit der Überführung eine gemeinsame Unfallkasse oder ein gemeinsamer Gemeindeunfallversicherungsverband mehrerer Länder nach § 116 Abs. 2 oder § 117 Abs. 2 gebildet wird.

(3) 1Die Rechte und Pflichten der Länder oder Gemeinden, die bisher nach § 766 der Reichsversicherungsordnung von den Ausführungsbehörden für Unfallversicherung wahrgenommen worden sind, gehen auf die Unfallversicherungsträger im Sinne von Absatz 1 Satz 1 über. 2Die Landesregierungen regeln das Nähere durch Rechtsverordnungen.

§ 218a Leistungen an Hinterbliebene

(1) Ist der Ehegatte vor dem 1. Januar 2002 verstorben oder wurde die Ehe vor diesem Tag geschlossen und ist mindestens ein Ehegatte vor dem 2. Januar 1962 geboren, gelten die Vorschriften über Renten an Witwen oder Witwer und Abfindungen mit der Maßgabe, dass

1. der Anspruch auf eine Rente nach § 65 Abs. 2 Nr. 2 ohne Beschränkung auf 24 Kalendermonate besteht,
2. auf eine Abfindung nach § 80 Abs. 1 eine Rente nach § 65 Abs. 2 Nr. 2 nicht angerechnet wird.

(2) 1Ist der Ehegatte vor dem 1. Januar 2012 verstorben, gelten die Vorschriften über Renten an Witwen oder Witwer mit der Maßgabe, dass der Anspruch auf eine Rente nach § 65 Abs. 2 Nr. 3 Buchstabe b ab Vollendung des 45. Lebensjahres besteht. 2Ist der Ehegatte nach dem 31. Dezember 2011 verstorben, gilt für die Altersgrenze des § 65 Abs. 2 Nr. 3 Buchstabe b der § 242a Abs. 5 des Sechsten Buches entsprechend.

§ 218b (weggefallen)

§ 218c Auszahlung laufender Geldleistungen bei Beginn vor dem 1. April 2004

(1) 1Bei Beginn laufender Geldleistungen mit Ausnahme des Verletzten- und Übergangsgeldes vor dem 1. April 2004 werden diese zu Beginn des Monats fällig, zu dessen Beginn die Anspruchsvoraussetzungen erfüllt sind; sie werden am letzten Bankarbeitstag des Monats ausgezahlt, der dem Monat der Fälligkeit vorausgeht. 2§ 96 Abs. 1 Satz 2 und 3 gilt entsprechend.

(2) Absatz 1 gilt auch für Renten an Hinterbliebene, die im Anschluss an eine Rente für Versicherte zu zahlen sind, wenn der erstmalige Rentenbeginn dieser Rente vor dem 1. April 2004 liegt.

§ 218d Besondere Zuständigkeiten

(1) Verändert sich aufgrund des § 128 Absatz 1 Nummer 1a, des § 129 Absatz 1 Nummer 1a und Absatz 4 oder des § 129a die Zuständigkeit für ein am 1. Januar 2013 bestehendes Unternehmen, ist dieses nach § 136 Absatz 1 Satz 4 zweite Alternative an den zuständigen Unfallversicherungsträger zu überweisen; die am 1. Januar 2013 in Kraft getretene Fassung des § 128 Absatz 1 Nummer 1a, des § 129 Absatz 1 Nummer 1a und Absatz 4 sowie des § 129a gilt insoweit als wesentliche Änderung.

VII

(2) 1Absatz 1 gilt nicht für Unternehmen im Sinne des § 128 Absatz 1 Nummer 1a und des § 129 Absatz 1 Nummer 1a, die am 31. Dezember 1996 bestanden haben und bei denen seitdem keine wesentliche Änderung im Sinne des § 136 Absatz 1 Satz 4 zweite Alternative eingetreten ist. 2Dabei sind auch solche Änderungen wesentlich, die nach dem 31. Dezember 1996 eingetreten sind und nach dem § 128 Absatz 1 Nummer 1a, dem § 129 Absatz 1 Nummer 1a oder dem § 129a eine andere Zuständigkeit begründen.

(3) Absatz 1 gilt nicht für Unternehmen im Sinne des § 129 Absatz 1 Nummer 1, wenn deren Schwerpunkt im Ausnahmebereich des § 129 Absatz 4 Satz 1 liegt.

(4) Ab dem 1. Januar 2013 eintretende wesentliche Änderungen sind zu berücksichtigen.

(5) 1Die Deutsche Gesetzliche Unfallversicherung e. V. prüft die Auswirkungen der Zuständigkeit der Unfallversicherungsträger der Länder und Kommunen nach § 128 Absatz 1 Nummer 1a und § 129 Absatz 1 Nummer 1a auf die Belastung der betroffenen Unternehmen durch Unfallversicherungsbeiträge im Verhältnis zu gleichartigen Unternehmen, für die die gewerblichen Berufsgenossenschaften zuständig sind, und legt dem Bundesministerium für Arbeit und Soziales bis zum 31. Dezember 2013 einen Bericht über das Ergebnis der Prüfung vor. 2Bestehen hiernach wettbewerbsrelevante Unterschiede, die durch die Regelungen des Sechsten Kapitels begründet sind, enthält der Bericht auch Vorschläge zur Herstellung gleicher Wettbewerbsbedingungen der Unternehmen der betroffenen Gewerbezweige.

VII

§ 218e Übergangsregelungen aus Anlass des Übergangs der Beitragsüberwachung auf die Träger der Deutschen Rentenversicherung

(1) 1Soweit der Übergang der Prüfung nach § 166 Abs. 2 auf die Träger der Rentenversicherung bei diesen Personalbedarf auslöst, können die Träger der Rentenversicherung in entsprechendem Umfang Beschäftigte der Unfallversicherungsträger übernehmen, die am 31. Dezember 2009 ganz oder überwiegend die Prüfung der Arbeitgeber vornehmen. 2Die Übernahme erfolgt im Zeitraum vom 1. Januar 2010 bis zum 31. Dezember 2011.

(2) 1Der jeweilige Träger der Rentenversicherung tritt in den Fällen der nach Absatz 1 übergetretenen Beschäftigten in die Rechte und Pflichten aus den Arbeits- und Dienstverhältnissen ein. 2Mit dem Zeitpunkt des Übertritts sind die bei dem neuen Arbeitgeber geltenden tarifvertraglichen Regelungen, Dienstvereinbarungen, Dienstordnungen oder sonstigen Vereinbarungen maßgebend. 3Bei Beamten erfolgt die Übernahme im Wege der Versetzung; entsprechende beamtenrechtliche Vorschriften bleiben unberührt. 4Die in einem Beschäftigungsverhältnis bei einem Träger der gesetzlichen Unfallversicherung verbrachten Zeiten gelten bei der Anwendung beamtenrechtlicher einschließlich besoldungs- und versorgungsrechtlicher Vorschriften und tarifvertraglicher Regelungen als bei der Deutschen Rentenversicherung verbrachte Zeiten. 5Haben Beschäftigte aufgrund einer bisherigen tarifvertraglichen Regelung Anspruch auf ein höheres Arbeitsentgelt, erhalten sie, solange die Tätigkeit der Arbeitgeberprüfung weiterhin ausgeübt wird, eine Ausgleichszulage in Höhe der Differenz zwischen dem bisherigen Entgelt und dem Entgelt, das nach den Regelungen des Satzes 2 zusteht. 6Der Anspruch auf Ausgleichszulage entfällt, sobald dazu eine neue tarifvertragliche Regelung vereinbart wird.

(3) 1Handelt es sich bei übernommenen Beschäftigten um Dienstordnungsangestellte, tragen der aufnehmende Träger der Rentenversicherung und der abgebende Unfallversicherungsträger die Versorgungsbezüge anteilig, wenn der Versorgungsfall eintritt. 2§ 107b des Beamtenversorgungsgesetzes gilt sinngemäß. 3Die übergetretenen Dienstordnungsangestellten sind innerhalb eines Jahres nach dem Übertritt in das Beamtenverhältnis zu berufen, wenn sie die erforderlichen beamtenrechtlichen Voraussetzungen erfüllen. 4Sie sind unmittelbar in das Beam-

tenverhältnis auf Lebenszeit unter Verleihung des Amtes zu berufen, das ihrer besoldungsrechtlichen Stellung nach dem Dienstvertrag am Tag vor der Berufung in das Beamtenverhältnis entspricht, sofern sie die erforderlichen beamtenrechtlichen Voraussetzungen erfüllen.

(4) Die Prüfung der Unternehmen nach § 166 für die Jahre 2005 bis 2008 wird in den Jahren 2010 und 2011 weiter von den Unfallversicherungsträgern durchgeführt.

---

§ 218f wird zum 1.1.2016 durch das Fünfte Gesetz zur Änderung des Vierten Buches Sozialgesetzbuch und anderer Gesetze vom 15.4.2015 (BGBl. I S. 583) neu eingefügt:

§ 218f Weitergeltung des Lohnnachweisverfahrens in der Fassung vom 31. Dezember 2005

Grundlage für den Beitragsbescheid für den Zeitraum vom 1. Januar 2015 bis zum 31. Dezember 2017 ist der Lohnnachweis nach § 165 Absatz 1 in der bis zum 31. Dezember 2016 gültigen Fassung.

§ 219 Beitragsberechnung

§ 153 Abs. 4 in der am 31. Dezember 2007 geltenden Fassung findet bis zum Umlagejahr 2013 weiter Anwendung.

§ 219a Betriebsmittel, Rücklage, Altersrückstellungen

(1) 1Soweit die Rücklage eines Unfallversicherungsträgers am 1. Januar 2010 die für ihn maßgebende Höchstgrenze nach § 172a Abs. 2 oder nach § 184 überschreitet, sollen diese Mittel in die Altersrückstellungen überführt werden. 2Für die Kalenderjahre 2010 bis 2012 kann die Aufsichtsbehörde auf Antrag des Unfallversicherungsträgers genehmigen, dass Betriebsmittel über die in § 172 genannte Höchstgrenze hinaus bereitgehalten bleiben und dass eine Rücklage über die in Satz 1 genannten Höchstgrenzen hinaus angesammelt bleibt. 3Dabei ist insbesondere zu berücksichtigen, ob die die Höchstgrenzen übersteigenden Mittel für beitragsstabilisierende Maßnahmen im Zusammenhang mit Fusionen von Berufsgenossenschaften verwendet werden sollen.

(2) 1Die Deutsche Gesetzliche Unfallversicherung e. V. erstellt gemeinsam mit dem Spitzenverband der landwirtschaftlichen Sozialversicherung ein Konzept zur Einführung von Altersrückstellungen und legt es der Bundesregierung über das Bundesversicherungsamt bis zum 30. April 2009 vor. 2Das Konzept enthält eine umfassende Prüfung zur Höhe der Zuweisungssätze sowie zur Ausgestaltung des Verfahrens. 3Für Personen nach § 172c Abs. 1 Satz 1, deren Beschäftigungsverhältnis zu einem Unfallversicherungsträger erstmals nach dem 31. Dezember 2009 begründet worden ist, gelten die Zuweisungssätze, die in der Rechtsverordnung nach § 16 Abs. 1 Satz 4 des Versorgungsrücklagegesetzes festgesetzt sind, entsprechend. 4Das Konzept trifft Empfehlungen insbesondere zur Höhe der Zuführungen und des zulässigen Anlagespektrums.

(3) Versorgungsausgaben für die in § 172c genannten Personenkreise, die ab dem Jahr 2030 entstehen, sowie Ausgaben, die anstelle von Versorgungsausgaben für diese Personenkreise geleistet werden, sind aus dem Altersrückstellungsvermögen zu leisten; die Aufsichtsbehörde kann eine frühere oder spätere Entnahme genehmigen.

(4) 1Soweit Unfallversicherungsträger vor dem 31. Dezember 2009 für einen in § 172c genannten Personenkreis Mitglied einer öffentlich-rechtlichen Versorgungseinrichtung geworden sind, werden die zu erwartenden Versorgungsleistungen im Rahmen der Verpflichtungen nach § 172c entsprechend berücksichtigt. 2Wurde für die in § 172c genannten Personenkreise vor dem 31. Dezember 2009 Deckungskapital bei aufsichtspflichtigen Unternehmen im Sinne des § 1 Abs. 1 Nr. 1 und 2 des Versicherungsaufsichtsgesetzes gebildet, wird dieses anteilig im Rahmen der Verpflichtungen nach § 172c berücksichtigt.

§ 220 Ausgleich unter den gewerblichen Berufsgenossenschaften

(1) Die §§ 176 bis 181 gelten für die Ausgleichsjahre 2008 bis 2013 mit der Maßgabe, dass die Rentenlasten im Jahr 2008 in Höhe von 15 Prozent, im Jahr 2009 in Höhe von 30 Prozent, im Jahr 2010 in Höhe von 45 Pro-

VII

zent, im Jahr 2011 in Höhe von 60 Prozent, im Jahr 2012 in Höhe von 75 Prozent und im Jahr 2013 in Höhe von 90 Prozent nach § 178 gemeinsam getragen werden.

(2) 1Die §§ 176 bis 181 in der am 31. Dezember 2007 geltenden Fassung sind für die Ausgleichsjahre 2008 bis 2013 mit folgenden Maßgaben anzuwenden:

1. Bei der Ermittlung der Ausgleichsberechtigung und deren Höhe sind die zugrunde zu legenden Rechengrößen für das Ausgleichsjahr 2008 in Höhe von 85 Prozent, für das Ausgleichsjahr 2009 in Höhe von 70 Prozent, für das Ausgleichsjahr 2010 in Höhe von 55 Prozent, für das Ausgleichsjahr 2011 in Höhe von 40 Prozent, für das Ausgleichsjahr 2012 in Höhe von 25 Prozent und für das Ausgleichsjahr 2013 in Höhe von 10 Prozent anzusetzen.
2. § 176 Abs. 2 Satz 1 gilt mit der Maßgabe, dass anstelle des Wertes 1,25 für das Ausgleichsjahr 2008 der Wert 1,35, für die Ausgleichsjahre 2009 und 2010 der Wert 1,3 und für das Ausgleichsjahr 2011 der Wert 1,275 anzuwenden ist.
3. § 178 Abs. 1 gilt mit den Maßgaben, dass
   a) für die Berechnung des Rentenlastsatzes anstelle des Wertes 2,5 für das Ausgleichsjahr 2008 der Wert 3,3, für das Ausgleichsjahr 2009 der Wert 3,0 und für das Ausgleichsjahr 2010 der Wert 2,7 und
   b) für die Berechnung des Entschädigungslastsatzes anstelle des Wertes 3 für das Ausgleichsjahr 2008 der Wert 3,8, für das Ausgleichsjahr 2009 der Wert 3,4 und für das Ausgleichsjahr 2010 der Wert 3,2 anzuwenden ist.

2Die Nummern 2 und 3 gelten nicht für die Lastenausgleichspflicht und -berechtigung von Berufsgenossenschaften vom Beginn des Ausgleichsjahres an, in dem sie sich mit einer oder mehreren anderen Berufsgenossenschaften nach § 118 in der am 31. Dezember 2007 geltenden Fassung vereinigt haben.

(3) § 118 Abs. 4 in der am 31. Dezember 2007 geltenden Fassung findet bis zum Umlagejahr 2013 auf gewerbliche Berufsgenossenschaften weiter Anwendung, die die Voraussetzungen des § 176 Abs. 5 in der am 31. Dezember 2007 geltenden Fassung erfüllen, wenn die sich vereinigenden Berufsgenossenschaften bis zum 31. Dezember 2013 eine Vereinbarung nach § 176 Abs. 5 in der am 31. Dezember 2007 geltenden Fassung abgeschlossen haben.

Durch das BUK-Neuorganisationsgesetz vom 19.10.2013 (BGBl. I S. 3836) wird ab 1.1.2016 folgender Absatz 4 angefügt:

(4) Die §§ 176 bis 181 gelten für die Berufsgenossenschaft Verkehrswirtschaft Post-Logistik Telekommunikation mit der Maßgabe, dass für den Zuständigkeitsbereich nach § 121 Absatz 2 Nummer 3 bis 8

1. bei der Ermittlung der gemeinsamen Tragung der Rentenlasten die zugrunde zu legenden Rechengrößen für das Ausgleichsjahr 2016 in Höhe von 15 Prozent, für das Ausgleichsjahr 2017 in Höhe von 30 Prozent, für das Ausgleichsjahr 2018 in Höhe von 45 Prozent, für das Ausgleichsjahr 2019 in Höhe von 60 Prozent, für das Ausgleichsjahr 2020 in Höhe von 75 Prozent und für das Ausgleichsjahr 2021 in Höhe von 90 Prozent anzusetzen sind,
2. bis zum Jahr 2021 als Latenzfaktor nach § 177 Absatz 7 der für das jeweilige Ausgleichsjahr für den Bereich der in § 121 Absatz 2 Nummer 1 und 2 genannten Unternehmensarten zu berechnende Wert anzuwenden ist.

§ 221 Besondere Vorschriften für die landwirtschaftliche Unfallversicherung

(1) Für Leistungen nach § 54 Abs. 1 und 2 sind die §§ 54 und 55 in der bis zum 31. Dezember 2007 geltenden Fassung anzuwenden, wenn die Antragstellung oder, wenn den Leistungen kein Antrag vorausging, die Inanspruchnahme vor dem 1. Januar 2008 erfolgt ist.

(2) § 80a ist nur auf Versicherungsfälle anwendbar, die nach dem 31. Dezember 2007 eingetreten sind.

(3) 1Das Umlageverfahren nach § 183 für das Umlagejahr 2012 wird von der landwirtschaftlichen Berufsgenossenschaft auf der Grundlage des am 31. Dezember 2012 geltenden Rechts und der örtlichen und sachlichen Zuständigkeit der bis zum 31. Dezember

VII

2012 bestehenden landwirtschaftlichen Berufsgenossenschaften durchgeführt. 2Dabei sind für das Ausgleichsjahr 2012 die §§ 184a bis 184d in der am 31. Dezember 2012 geltenden Fassung mit der Maßgabe anzuwenden, dass die landwirtschaftliche Berufsgenossenschaft den Ausgleich im Rahmen des Verfahrens nach Satz 1 durchführt. 3Die landwirtschaftliche Berufsgenossenschaft hat die Beitragsbescheide so rechtzeitig zu erteilen, dass geschuldete Beiträge am 15. März 2013 fällig sind.

(4) Die Vertreterversammlung hat bis zum 31. Oktober 2013 die ab der Umlage 2013 anzuwendenden Berechnungsgrundlagen nach § 182 Absatz 2 bis 6 festzulegen.

(5) Betriebsmittel dürfen im Jahr 2012 nicht zur freiwilligen Auffüllung der Rücklage und nicht zur Senkung der Umlage auf einen Betrag verwendet werden, der geringer ist als die Umlage des Vorjahres.

§ 221a Besondere Abfindungen in der landwirtschaftlichen Unfallversicherung

(1) 1Versicherte, die gegen eine landwirtschaftliche Berufsgenossenschaft Anspruch auf eine Rente wegen einer Minderung der Erwerbsfähigkeit von weniger als 50 vom Hundert haben, sollen in den Jahren 2008 und 2009 auf ihren Antrag im Wege besonderer Abfindungen im Rahmen der nach den Absätzen 2 und 3 zur Verfügung stehenden Mittel mit einem dem Kapitalwert der Rente nach Absatz 4 entsprechenden Betrag abgefunden werden. 2Für Versicherte, die Anspruch auf mehrere Renten haben, gilt Satz 1, wenn die Summe der festgestellten Vomhundertsätze der Minderung der Erwerbsfähigkeit die Zahl 50 nicht erreicht. 3Im Übrigen sind § 76 Abs. 2 und 3 und § 77 entsprechend anzuwenden. 4Liegen die Voraussetzungen für die Bewilligung einer besonderen Abfindung nach Satz 1 vor, ist eine Bewilligung von Abfindungen nach den §§ 76 und 78 ausgeschlossen.

(2) 1Für die Bewilligung der besonderen Abfindungen leistet der Bund in den Jahren 2008 und 2009 nach Maßgabe der verfügbaren Haushaltsmittel einen zweckgebundenen Zuschuss bis zu einer Höhe von jährlich 200 Millionen Euro; soweit die bewilligten Mittel im Jahr 2008 nicht in Anspruch genommen wurden, erhöht sich der Betrag für das Jahr 2009 entsprechend. 2Diese Mittel des Bundes werden an den Spitzenverband der landwirtschaftlichen Sozialversicherung ausgezahlt, der sie nach besonderer Anforderung an die einzelnen landwirtschaftlichen Berufsgenossenschaften weiterleitet. 3Das Nähere zur Auszahlung und Verwendung der Bundesmittel wird durch das Bundesministerium für Ernährung, Landwirtschaft und Verbraucherschutz im Benehmen mit dem Bundesministerium der Finanzen geregelt.

(3) Die landwirtschaftlichen Berufsgenossenschaften können Bundeszuschüsse nach Absatz 2 nur in Anspruch nehmen, wenn sie für die besonderen Abfindungen aus eigenen Mitteln einen weiteren Betrag in Höhe von 62,5 vom Hundert der auf sie entfallenden Bundeszuschüsse bereitstellen.

(4) Der Kapitalwert für die Berechnung der besonderen Abfindungen richtet sich nach folgender Tabelle:

Alter der Versicherten zum Zeitpunkt der Abfindung	Kapitalwert
unter 25	20,5
25 bis unter 30	19,7
30 bis unter 35	18,8
35 bis unter 40	17,7
40 bis unter 45	16,5
45 bis unter 50	15,1
50 bis unter 55	13,5
55 bis unter 60	11,8
60 bis unter 65	10,0
65 bis unter 70	8,2
70 bis unter 75	6,5
75 bis unter 80	5,0
80 bis unter 85	3,8
85 bis unter 90	2,9
90 bis unter 95	2,2
95 und mehr	1,6

§ 221b Übergangszeit und Beitragsangleichung in der landwirtschaftlichen Unfallversicherung

(1) Der Beitrag, den die Unternehmer auf die Umlagen für die Jahre 2013 bis 2017 (Übergangszeit) zu zahlen haben, ergibt sich, wenn der nach den §§ 182 und 183 berechnete Beitrag mit dem Angleichungssatz multipliziert wird.

(2) 1Der Angleichungssatz wird nach folgenden Rechengrößen bestimmt

1. Ausgangsbeitrag ist der auf die Umlage für das Jahr 2012 nach § 221 Absatz 3 zu zahlende Beitrag;
2. Zielbeitrag ist der Beitrag, der sich bei gleichen betrieblichen Verhältnissen und gleicher Umlage für das Jahr 2012 bei Anwendung der Berechnungsgrundlagen nach § 221 Absatz 4 ergeben würde;
3. Ausgangssatz ist der Prozentsatz des Ausgangsbeitrags im Verhältnis zum Zielbeitrag;
4. der jährliche Veränderungssatz ist ein Fünftel der Differenz zwischen dem Prozentsatz des Zielbeitrags und dem Ausgangssatz.

2Der Angleichungssatz im ersten Jahr ergibt sich aus der Summe des Ausgangssatzes und des jährlichen Veränderungssatzes. 3Die Angleichungssätze in den Folgejahren ergeben sich aus der Summe des Angleichungssatzes des Vorjahres und des jährlichen Veränderungssatzes. 4Bei der Berechnung der Angleichungssätze ist § 187 Absatz 1 anzuwenden. 5Die Angleichungssätze für die Übergangszeit sind dem Unternehmer zusammen mit dem Bescheid über die Umlage für das Jahr 2013 mitzuteilen.

(3) 1Ändern sich in der Übergangszeit die betrieblichen Verhältnisse gegenüber den für den Ausgangsbeitrag maßgebenden Verhältnissen, bleiben die Angleichungssätze nach Absatz 2 unverändert. 2Für während der Übergangszeit neu aufzunehmende Unternehmer sind die für vorherige Unternehmer nach Absatz 2 festgestellten Angleichungssätze anzuwenden.

(4) Zur Vermeidung unzumutbarer Beitragserhöhungen in der Übergangszeit kann die Satzung Härtefallregelungen vorsehen.

(5) 1Aus den Sondervermögen können Mittel entnommen werden, um die während der Übergangszeit erfolgende Angleichung der Beiträge nach Absatz 1 zu gestalten. 2Eine sich hierdurch ergebende Verringerung der Beiträge ist in den Beitragsbescheiden gesondert auszuweisen.

(6) In der Übergangszeit ist § 184 Satz 2 nicht anzuwenden.

Elftes Kapitel Übergangsvorschriften zur Neuorganisation der gesetzlichen Unfallversicherung

§ 222 Neuorganisation der gewerblichen Berufsgenossenschaften

(1) 1Die Zahl der gewerblichen Berufsgenossenschaften ist bis zum 31. Dezember 2009 auf neun zu reduzieren. 2Die Deutsche Gesetzliche Unfallversicherung e. V. legt der Bundesregierung bis zum 31. Dezember 2008 einen Bericht zum Sachstand über die Reduzierung der Trägerzahl vor. 3Die Bundesregierung leitet den Bericht an den Deutschen Bundestag und den Bundesrat weiter und fügt eine Stellungnahme bei.

(2) Der Bericht enthält

1. die am 31. Dezember 2008 vollzogenen Fusionen,
2. die Beschlüsse über weitere Fusionen und die Zeitpunkte der Umsetzung.

(3) Bei den Fusionen ist eine angemessene Vertretung der Interessen der in den bisherigen gewerblichen Berufsgenossenschaften vertretenen Branchen sowie eine ortsnahe Betreuung der Versicherten und Unternehmen sicherzustellen.

(3a) 1Vereinigen sich gewerbliche Berufsgenossenschaften zu einer neuen gewerblichen Berufsgenossenschaft, so ist dort ein neuer Personalrat zu wählen. 2Die bis zum Zeitpunkt des Wirksamwerdens der Vereinigung bestehenden Personalräte bestellen gemeinsam unverzüglich einen Wahlvorstand für die Neuwahl. 3Die bisherigen Personalräte nehmen die Aufgaben des Personalrats wahr, bis sich der neue Personalrat konstituiert hat, längstens jedoch für die Dauer von drei Monaten ab dem Tag der Vereinigung. 4Für die Jugend- und Auszubildendenvertretungen, die Schwerbehindertenvertretungen sowie die Gleichstellungsbeauftragten gelten die Sätze 1 bis 3 entsprechend.

(4) 1Die Deutsche Gesetzliche Unfallversicherung e. V. wirkt darauf hin, dass die Verwaltungs- und Verfahrenskosten vermindert werden. 2Vom Jahr 2009 an hat die Deutsche Gesetzliche Unfallversicherung e. V. jedes Jahr dem Bundesministerium für Arbeit und Soziales über die Entwicklung der Verwaltungs- und Verfahrenskosten bei den gewerblichen Berufsgenossenschaften sowie über die umgesetzten und geplanten Maßnahmen zur Optimierung dieser Kosten zu berichten. 3Dabei ist gesondert auf die Schlussfolgerungen einzugehen, welche sich aus dem Benchmarking der Versicherungsträger ergeben.

§ 223 Neuorganisation der landesunmittelbaren Unfallversicherungsträger der öffentlichen Hand

(1) 1Die Selbstverwaltungen der landesunmittelbaren Unfallversicherungsträger der öffentlichen Hand erstellen Konzepte zur Neuorganisation und legen sie den jeweiligen Landesregierungen bis zum 31. Dezember 2008 vor. 2Die Konzepte enthalten eine umfassende Prüfung der Möglichkeiten, die Zahl der landesunmittelbaren Unfallversicherungsträger der öffentlichen Hand auf einen pro Land zu reduzieren.

(2) 1Die Länder setzen die Konzepte nach Absatz 1 bis zum 31. Dezember 2009 um. 2Dabei ist eine angemessene Vertretung der Interessen von Ländern, Kommunen und Feuerwehrverbänden in den Selbstverwaltungsgremien sowie eine ortsnahe Betreuung der Versicherten und Unternehmen sicherzustellen.

Anlage 1
(zu § 114)

Gewerbliche Berufsgenossenschaften

1. Berufsgenossenschaft Rohstoffe und chemische Industrie,
2. Berufsgenossenschaft Holz und Metall,
3. Berufsgenossenschaft Energie Textil Elektro Medienerzeugnisse,
4. Berufsgenossenschaft Nahrungsmittel und Gastgewerbe,
5. Berufsgenossenschaft der Bauwirtschaft,
6. Berufsgenossenschaft Handel und Warenlogistik,
7. Verwaltungs-Berufsgenossenschaft,
8. Berufsgenossenschaft für Transport und Verkehrswirtschaft,
9. Berufsgenossenschaft für Gesundheitsdienst und Wohlfahrtspflege.

Anlage 2
(zu § 114)

(weggefallen)

Berufskrankheiten-Verordnung (BKV)

Vom 31. Oktober 1997 (BGBl. I S. 2623)

Zuletzt geändert durch
Dritte Verordnung zur Änderung der Berufskrankheiten-Verordnung
vom 22. Dezember 2014 (BGBl. I S. 2397)

Auf Grund des § 9 Abs. 1 und 6 und des § 193 Abs. 8 des Siebten Buches Sozialgesetzbuch – Gesetzliche Unfallversicherung – (Artikel 1 des Gesetzes vom 7. August 1996, BGBl. I S. 1254) verordnet die Bundesregierung:

§ 1 Berufskrankheiten

Berufskrankheiten sind die in der Anlage 1 bezeichneten Krankheiten, die Versicherte infolge einer den Versicherungsschutz nach § 2, 3 oder 6 des Siebten Buches Sozialgesetzbuch begründenden Tätigkeit erleiden.

§ 2 Erweiterter Versicherungsschutz in Unternehmen der Seefahrt

Für Versicherte in Unternehmen der Seefahrt erstreckt sich die Versicherung gegen Tropenkrankheiten und Fleckfieber auch auf die Zeit, in der sie an Land beurlaubt sind.

§ 3 Maßnahmen gegen Berufskrankheiten, Übergangsleistung

(1) Besteht für Versicherte die Gefahr, daß eine Berufskrankheit entsteht, wiederauflebt oder sich verschlimmert, haben die Unfallversicherungsträger dieser Gefahr mit allen geeigneten Mitteln entgegenzuwirken. Ist die Gefahr gleichwohl nicht zu beseitigen, haben die Unfallversicherungsträger darauf hinzuwirken, daß die Versicherten die gefährdende Tätigkeit unterlassen. Den für den medizinischen Arbeitsschutz zuständigen Stellen ist Gelegenheit zur Äußerung zu geben.

(2) Versicherte, die die gefährdende Tätigkeit unterlassen, weil die Gefahr fortbesteht, haben zum Ausgleich hierdurch verursachter Minderungen des Verdienstes oder sonstiger wirtschaftlicher Nachteile gegen den Unfallversicherungsträger Anspruch auf Übergangsleistungen. Als Übergangsleistung wird

1. ein einmaliger Betrag bis zur Höhe der Vollrente oder
2. eine monatlich wiederkehrende Zahlung bis zur Höhe eines Zwölftels der Vollrente längstens für die Dauer von fünf Jahren

gezahlt. Renten wegen Minderung der Erwerbsfähigkeit sind nicht zu berücksichtigen.

§ 4 Mitwirkung der für den medizinischen Arbeitsschutz zuständigen Stellen

(1) Die für den medizinischen Arbeitsschutz zuständigen Stellen wirken bei der Feststellung von Berufskrankheiten und von Krankheiten, die nach § 9 Abs. 2 des Siebten Buches Sozialgesetzbuch wie Berufskrankheiten anzuerkennen sind, nach Maßgabe der Absätze 2 bis 4 mit.

(2) Die Unfallversicherungsträger haben die für den medizinischen Arbeitsschutz zuständigen Stellen über die Einleitung eines Feststellungsverfahrens unverzüglich schriftlich zu unterrichten; als Unterrichtung gilt auch die Übersendung der Anzeige nach § 193 Abs. 2 und 7 oder § 202 des Siebten Buches Sozialgesetzbuch. Die Unfallversicherungsträger beteiligen die für den medizinischen Arbeitsschutz zuständigen Stellen an dem weiteren Feststellungsverfahren; das nähere Verfahren können die Unfallversicherungsträger mit den für den medizinischen Ar-

beitsschutz zuständigen Stellen durch Vereinbarung regeln.

(3) In den Fällen der weiteren Beteiligung nach Absatz 2 Satz 2 haben die Unfallversicherungsträger vor der abschließenden Entscheidung die für den medizinischen Arbeitsschutz zuständigen Stellen über die Ergebnisse ihrer Ermittlungen zu unterrichten. Soweit die Ermittlungsergebnisse aus Sicht der für den medizinischen Arbeitsschutz zuständigen Stellen nicht vollständig sind, können sie den Unfallversicherungsträgern ergänzende Beweiserhebungen vorschlagen; diesen Vorschlägen haben die Unfallversicherungsträger zu folgen.

(4) Nach Vorliegen aller Ermittlungsergebnisse können die für den medizinischen Arbeitsschutz zuständigen Stellen ein Zusammenhangsgutachten erstellen. Zur Vorbereitung dieser Gutachten können sie die Versicherten untersuchen oder andere Ärzte auf Kosten der Unfallversicherungsträger mit Untersuchungen beauftragen.

§ 5 Gebühren

(1) Erstellen die für den medizinischen Arbeitsschutz zuständigen Stellen ein Zusammenhangsgutachten nach § 4 Abs. 4, erhalten sie von den Unfallversicherungsträgern jeweils eine Gebühr in Höhe von 200 Euro. Mit dieser Gebühr sind alle Personal- und Sachkosten, die bei der Erstellung des Gutachtens entstehen, einschließlich der Kosten für die ärztliche Untersuchung von Versicherten durch die für den medizinischen Arbeitsschutz zuständigen Stellen abgegolten.

(2) Ein Gutachten im Sinne des Absatzes 1 setzt voraus, daß der Gutachter unter Würdigung

1. der Arbeitsanamnese des Versicherten und der festgestellten Einwirkungen am Arbeitsplatz,
2. der Beschwerden, der vorliegenden Befunde und der Diagnose

eine eigenständig begründete schriftliche Bewertung des Ursachenzusammenhangs zwischen der Erkrankung und den tätigkeitsbezogenen Gefährdungen unter Berücksichtigung der besonderen für die gesetzliche Unfallversicherung geltenden Bestimmungen vornimmt.

§ 6 Rückwirkung

(1) Leiden Versicherte am 1. Januar 2015 an einer Krankheit nach Nummer 1319, 2113, 2114 oder 5103 der Anlage 1, ist die Krankheit auf Antrag als Berufskrankheit anzuerkennen, wenn sie vor diesem Tag eingetreten ist.

(2) Leiden Versicherte am 1. Juli 2009 an einer Krankheit nach Nummer 2112, 4114 oder 4115 der Anlage 1, ist diese auf Antrag als Berufskrankheit anzuerkennen, wenn der Versicherungsfall nach dem 30. September 2002 eingetreten ist. Leiden Versicherte am 1. Juli 2009 an einer Krankheit nach Nummer 4113 der Anlage 1, ist diese auf Antrag als Berufskrankheit anzuerkennen, wenn der Versicherungsfall nach dem 30. November 1997 eingetreten ist. Leiden Versicherte am 1. Juli 2009 an einer Krankheit nach Nummer 1318 der Anlage 1, ist die Krankheit auf Antrag als Berufskrankheit anzuerkennen, wenn der Versicherungsfall vor diesem Tag eingetreten ist.

(3) Leidet ein Versicherter am 1. Oktober 2002 an einer Krankheit nach Nummer 4112 der Anlage 1, ist diese auf Antrag als Berufskrankheit anzuerkennen, wenn der Versicherungsfall nach dem 30. November 1997 eingetreten ist. Satz 1 gilt auch für eine Krankheit nach Nummer 2106 der Anlage 1, wenn diese nicht bereits nach der Nummer 2106 der Anlage 1 in der am 1. Dezember 1997 in Kraft getretenen Fassung als Berufskrankheit anerkannt werden kann.

(4) Leidet ein Versicherter am 1. Dezember 1997 an einer Krankheit nach Nummer 1316, 1317, 4104 (Kehlkopfkrebs) oder 4111 der Anlage 1, ist diese auf Antrag als Berufskrankheit anzuerkennen, wenn der Versicherungsfall nach dem 31. Dezember 1992 eingetreten ist. Abweichend von Satz 1 ist eine Erkrankung nach Nummer 4111 der Anlage 1 auch dann als Berufskrankheit anzuerkennen, wenn die Erkrankung bereits vor dem 1. Januar 1993 eingetreten und einem Un-

VII

fallversicherungsträger bis zum 31. Dezember 2009 bekannt geworden ist.

(5) Hat ein Versicherter am 1. Januar 1993 an einer Krankheit gelitten, die erst auf Grund der Zweiten Verordnung zur Änderung der Berufskrankheiten-Verordnung vom 18. Dezember 1992 (BGBl. I S. 2343) als Berufskrankheit anerkannt werden kann, ist die Krankheit auf Antrag als Berufskrankheit anzuerkennen, wenn der Versicherungsfall nach dem 31. März 1988 eingetreten ist.

(6) Hat ein Versicherter am 1. April 1988 an einer Krankheit gelitten, die erst auf Grund der Verordnung zur Änderung der Berufskrankheiten-Verordnung vom 22. März 1988 (BGBl. I S. 400) als Berufskrankheit anerkannt werden kann, ist die Krankheit auf Antrag als Berufskrankheit anzuerkennen, wenn der Versicherungsfall nach dem 31. Dezember 1976 eingetreten ist.

(7) Bindende Bescheide und rechtskräftige Entscheidungen stehen der Anerkennung als Berufskrankheit nach den Absätzen 1 bis 6 nicht entgegen. Leistungen werden rückwirkend längstens für einen Zeitraum bis zu vier Jahren erbracht; der Zeitraum ist vom Beginn des Jahres an zu rechnen, in dem der Antrag gestellt worden ist.

§ 7 (weggefallen)

§ 8 Inkrafttreten, Außerkrafttreten

(1) Diese Verordnung tritt am 1. Dezember 1997 in Kraft.

(2) Gleichzeitig treten außer Kraft:

1. die Berufskrankheiten-Verordnung vom 20. Juni 1968 (BGBl. I S. 721), zuletzt geändert durch Artikel 1 der Verordnung vom 18. Dezember 1992 (BGBl. I S. 2343);
2. Artikel 3 Abs. 2 der Verordnung zur Änderung der Berufskrankheiten-Verordnung vom 22. März 1988 (BGBl. I S. 400);
3. Artikel 2 Abs. 2 der Zweiten Verordnung zur Änderung der Berufskrankheiten-Verordnung vom 18. Dezember 1992 (BGBl. I S. 2343).

VII

Anlage 1

Nr.	Krankheiten
1	**Durch chemische Einwirkungen verursachte Krankheiten**
11	**Metalle und Metalloide**
1101	Erkrankungen durch Blei oder seine Verbindungen
1102	Erkrankungen durch Quecksilber oder seine Verbindungen
1103	Erkrankungen durch Chrom oder seine Verbindungen
1104	Erkrankungen durch Cadmium oder seine Verbindungen
1105	Erkrankungen durch Mangan oder seine Verbindungen
1106	Erkrankungen durch Thallium oder seine Verbindungen
1107	Erkrankungen durch Vanadium oder seine Verbindungen
1108	Erkrankungen durch Arsen oder seine Verbindungen
1109	Erkrankungen durch Phosphor oder seine anorganischen Verbindungen
1110	Erkrankungen durch Beryllium oder seine Verbindungen
12	**Erstickungsgase**
1201	Erkrankungen durch Kohlenmonoxid
1202	Erkrankungen durch Schwefelwasserstoff
13	**Lösemittel, Schädlingsbekämpfungsmittel (Pestizide) und sonstige chemische Stoffe**
1301	Schleimhautveränderungen, Krebs oder andere Neubildungen der Harnwege durch aromatische Amine
1302	Erkrankungen durch Halogenkohlenwasserstoffe
1303	Erkrankungen durch Benzol, seine Homologe oder durch Styrol
1304	Erkrankungen durch Nitro- oder Aminoverbindungen des Benzols oder seiner Homologe oder ihrer Abkömmlinge
1305	Erkrankungen durch Schwefelkohlenstoff
1306	Erkrankungen durch Methylalkohol (Methanol)
1307	Erkrankungen durch organische Phosphorverbindungen
1308	Erkrankungen durch Fluor oder seine Verbindungen
1309	Erkrankungen durch Salpetersäureester
1310	Erkrankungen durch halogenierte Alkyl-, Aryl- oder Alkylaryloxide
1311	Erkrankungen durch halogenierte Alkyl-, Aryl- oder Alkylarylsulfide
1312	Erkrankungen der Zähne durch Säuren
1313	Hornhautschädigungen des Auges durch Benzochinon
1314	Erkrankungen durch para-tertiär-Butylphenol
1315	Erkrankungen durch Isocyanate, die zur Unterlassung aller Tätigkeiten gezwungen haben, die für die Entstehung, die Verschlimmerung oder das Wiederaufleben der Krankheit ursächlich waren oder sein können
1316	Erkrankungen der Leber durch Dimethylformamid

VII

Nr.	Krankheiten
1317	Polyneuropathie oder Enzephalopathie durch organische Lösungsmittel oder deren Gemische Zu den Nummern 11 01 bis 11 10, 12 01 und 12 02, 13 03 bis 13 09 und 13 15: Ausgenommen sind Hauterkrankungen. Diese gelten als Krankheiten im Sinne dieser Anlage nur insoweit, als sie Erscheinungen einer Allgemeinerkrankung sind, die durch Aufnahme der schädigenden Stoffe in den Körper verursacht werden, oder gemäß Nummer 51 01 zu entschädigen sind.
1318	Erkrankungen des Blutes, des blutbildenden und des lymphatischen Systems durch Benzol
1319	Larynxkarzinom durch intensive und mehrjährige Exposition gegenüber schwefelsäurehaltigen Aerosolen
2	**Durch physikalische Einwirkungen verursachte Krankheiten**
21	**Mechanische Einwirkungen**
2101	Erkrankungen der Sehnenscheiden oder des Sehnengleitgewebes sowie der Sehnen- oder Muskelansätze, die zur Unterlassung aller Tätigkeiten gezwungen haben, die für die Entstehung, die Verschlimmerung oder das Wiederaufleben der Krankheit ursächlich waren oder sein können
2102	Meniskusschäden nach mehrjährigen andauernden oder häufig wiederkehrenden, die Kniegelenke überdurchschnittlich belastenden Tätigkeiten
2103	Erkrankungen durch Erschütterung bei Arbeit mit Druckluftwerkzeugen oder gleichartig wirkenden Werkzeugen oder Maschinen
2104	Vibrationsbedingte Durchblutungsstörungen an den Händen, die zur Unterlassung aller Tätigkeiten gezwungen haben, die für die Entstehung, die Verschlimmerung oder das Wiederaufleben der Krankheit ursächlich waren oder sein können
2105	Chronische Erkrankungen der Schleimbeutel durch ständigen Druck
2106	Druckschädigung der Nerven
2107	Abrißbrüche der Wirbelfortsätze
2108	Bandscheibenbedingte Erkrankungen der Lendenwirbelsäule durch langjähriges Heben oder Tragen schwerer Lasten oder durch langjährige Tätigkeiten in extremer Rumpfbeugehaltung, die zur Unterlassung aller Tätigkeiten gezwungen haben, die für die Entstehung, die Verschlimmerung oder das Wiederaufleben der Krankheit ursächlich waren oder sein können
2109	Bandscheibenbedingte Erkrankungen der Halswirbelsäule durch langjähriges Tragen schwerer Lasten auf der Schulter, die zur Unterlassung aller Tätigkeiten gezwungen haben, die für die Entstehung, die Verschlimmerung oder das Wiederaufleben der Krankheit ursächlich waren oder sein können
2110	Bandscheibenbedingte Erkrankungen der Lendenwirbelsäule durch langjährige, vorwiegend vertikale Einwirkung von Ganzkörperschwingungen im Sitzen, die zur Unterlassung aller Tätigkeiten gezwungen haben, die für die Entstehung, die Verschlimmerung oder das Wiederaufleben der Krankheit ursächlich waren oder sein können
2111	Erhöhte Zahnabrasionen durch mehrjährige quarzstaubbelastende Tätigkeit

Nr.	Krankheiten
2112	Gonarthrose durch eine Tätigkeit im Knien oder vergleichbare Kniebelastung mit einer kumulativen Einwirkungsdauer während des Arbeitslebens von mindestens 13 000 Stunden und einer Mindesteinwirkungsdauer von insgesamt einer Stunde pro Schicht
2113	Druckschädigung des Nervus medianus im Carpaltunnel (Carpaltunnel-Syndrom) durch repetitive manuelle Tätigkeiten mit Beugung und Streckung der Handgelenke, durch erhöhten Kraftaufwand der Hände oder durch Hand-Arm-Schwingungen
2114	Gefäßschädigung der Hand durch stoßartige Krafteinwirkung (Hypothenar-Hammer-Syndrom und Thenar-Hammer-Syndrom)
22	**Druckluft**
2201	Erkrankungen durch Arbeit in Druckluft
23	**Lärm**
2301	Lärmschwerhörigkeit
24	**Strahlen**
2401	Grauer Star durch Wärmestrahlung
2402	Erkrankungen durch ionisierende Strahlen
3	**Durch Infektionserreger oder Parasiten verursachte Krankheiten sowie Tropenkrankheiten**
3101	Infektionskrankheiten, wenn der Versicherte im Gesundheitsdienst, in der Wohlfahrtspflege oder in einem Laboratorium tätig oder durch eine andere Tätigkeit der Infektionsgefahr in ähnlichem Maße besonders ausgesetzt war
3102	Von Tieren auf Menschen übertragbare Krankheiten
3103	Wurmkrankheiten der Bergleute, verursacht durch Ankylostoma duodenale oder Strongyloides stercoralis
3104	Tropenkrankheiten, Fleckfieber
4	**Erkrankungen der Atemwege und der Lungen, des Rippenfells und Bauchfells**
41	**Erkrankungen durch anorganische Stäube**
4101	Quarzstaublungenerkrankung (Silikose)
4102	Quarzstaublungenerkrankung in Verbindung mit aktiver Lungentuberkulose (Siliko-Tuberkulose)
4103	Asbeststaublungenerkrankung (Asbestose) oder durch Asbeststaub verursachte Erkrankung der Pleura
4104	Lungenkrebs oder Kehlkopfkrebs – in Verbindung mit Asbeststaublungenerkrankung (Asbestose) – in Verbindung mit durch Asbeststaub verursachter Erkrankung der Pleura oder – bei Nachweis der Einwirkung einer kumulativen Asbestfaserstaub-Dosis am Arbeitsplatz von mindestens 25 Faserjahren [25 × 10^6 [(Fasern/m^3) × Jahre]
4105	Durch Asbest verursachtes Mesotheliom des Rippenfells, des Bauchfells oder des Perikards
4106	Erkrankungen der tieferen Atemwege und der Lungen durch Aluminium oder seine Verbindungen
4107	Erkrankungen an Lungenfibrose durch Metallstäube bei der Herstellung oder Verarbeitung von Hartmetallen
4108	Erkrankungen der tieferen Atemwege und der Lungen durch Thomasmehl (Thomasphosphat)
4109	Bösartige Neubildungen der Atemwege und der Lungen durch Nickel oder seine Verbindungen
4110	Bösartige Neubildungen der Atemwege und der Lungen durch Kokereirohgase

Nr.	Krankheiten
4111	Chronische obstruktive Bronchitis oder Emphysem von Bergleuten unter Tage im Steinkohlebergbau bei Nachweis der Einwirkung einer kumulativen Dosis von in der Regel 100 Feinstaubjahren [(mg/m^3) × Jahre]
4112	Lungenkrebs durch die Einwirkung von kristallinem Siliziumdioxid (SiO_2) bei nachgewiesener Quarzstaublungenerkrankung (Silikose oder Siliko-Tuberkulose)
4113	Lungenkrebs durch polyzyklische aromatische Kohlenwasserstoffe bei Nachweis der Einwirkung einer kumulativen Dosis von mindestens 100 Benzo[a]pyren-Jahren [(µg/m^3) × Jahre]
4114	Lungenkrebs durch das Zusammenwirken von Asbestfaserstaub und polyzyklischen aromatischen Kohlenwasserstoffen bei Nachweis der Einwirkung einer kumulativen Dosis, die einer Verursachungswahrscheinlichkeit von mindestens 50 Prozent nach der Anlage 2 entspricht
4115	Lungenfibrose durch extreme und langjährige Einwirkung von Schweißrauchen und Schweißgasen – (Siderofibrose)
42	**Erkrankungen durch organische Stäube**
4201	Exogen-allergische Alveolitis
4202	Erkrankungen der tieferen Atemwege und der Lungen durch Rohbaumwoll-, Rohflachs- oder Rohhanfstaub (Byssinose)
4203	Adenokarzinome der Nasenhaupt- und Nasennebenhöhlen durch Stäube von Eichen- oder Buchenholz
43	**Obstruktive Atemwegserkrankungen**
4301	Durch allergisierende Stoffe verursachte obstruktive Atemwegserkrankungen (einschließlich Rhinopathie), die zur Unterlassung aller Tätigkeiten gezwungen haben, die für die Entstehung, die Verschlimmerung oder das Wiederaufleben der Krankheit ursächlich waren oder sein können
4302	Durch chemisch-irritativ oder toxisch wirkende Stoffe verursachte obstruktive Atemwegserkrankungen, die zur Unterlassung aller Tätigkeiten gezwungen haben, die für die Entstehung, die Verschlimmerung oder das Wiederaufleben der Krankheit ursächlich waren oder sein können
5	**Hautkrankheiten**
5101	Schwere oder wiederholt rückfällige Hauterkrankungen, die zur Unterlassung aller Tätigkeiten gezwungen haben, die für die Entstehung, die Verschlimmerung oder das Wiederaufleben der Krankheit ursächlich waren oder sein können
5102	Hautkrebs oder zur Krebsbildung neigende Hautveränderungen durch Ruß, Rohparaffin, Teer, Anthrazen, Pech oder ähnliche Stoffe
5103	Plattenepithelkarzinome oder multiple aktinische Keratosen der Haut durch natürliche UV-Strahlung
6	**Krankheiten sonstiger Ursache**
6101	Augenzittern der Bergleute

VII

Anlage 2

Berufskrankheit Nummer 4114 Verursachungswahrscheinlichkeit in Prozent

BaP	Asbestfaserjahre																									
Jahre	0	1	2	3	4	5	6	7	8	9	10	11	12	13	14	15	16	17	18	19	20	21	22	23	24	25
0	0	4	7	11	14	17	19	22	24	26	29	31	32	34	36	38	39	40	42	43	44	46	47	48	49	**50**
1	1	5	8	12	15	17	20	22	25	27	29	31	33	35	36	38	39	41	42	44	45	46	47	48	49	**50**
2	2	6	9	12	15	18	21	23	25	28	30	32	33	35	37	38	40	41	43	44	45	46	47	48	49	**50**
3	3	7	10	13	16	19	21	24	26	28	30	32	34	35	37	39	40	42	43	44	45	47	48	49	**50**	51
4	4	7	11	14	17	19	22	24	26	29	31	32	34	36	38	39	40	42	43	44	46	47	48	49	**50**	51
5	5	8	12	15	17	20	22	25	27	29	31	33	35	36	38	39	41	42	44	45	46	47	48	49	**50**	51
6	6	9	12	15	18	21	23	25	28	30	32	33	35	37	38	40	41	43	44	45	46	47	48	49	**50**	51
7	7	10	13	16	19	21	24	26	28	30	32	34	35	37	39	40	42	43	44	45	47	48	49	**50**	51	52
8	7	11	14	17	19	22	24	26	29	31	32	34	36	38	39	40	42	43	44	46	47	48	49	**50**	51	52
9	8	12	15	17	20	22	25	27	29	31	33	35	36	38	39	41	42	44	45	46	47	48	49	**50**	51	52
10	9	12	15	18	21	23	25	28	30	32	33	35	37	38	40	41	43	44	45	46	47	48	49	**50**	51	52
11	10	13	16	19	21	24	26	28	30	32	34	35	37	39	40	42	43	44	45	47	48	49	**50**	51	52	53
12	11	14	17	19	22	24	26	29	31	32	34	36	38	39	40	42	43	44	46	47	48	49	**50**	51	52	53
13	12	15	17	20	22	25	27	29	31	33	35	36	38	39	41	42	44	45	46	47	48	49	**50**	51	52	53
14	12	15	18	21	23	25	28	30	32	33	35	37	38	40	41	43	44	45	46	47	48	49	**50**	51	52	53
15	13	16	19	21	24	26	28	30	32	34	35	37	39	40	42	43	44	45	47	48	49	**50**	51	52	53	53
16	14	17	19	22	24	26	29	31	32	34	36	37	39	40	42	43	44	46	47	48	49	**50**	51	52	53	54
17	15	17	20	22	25	27	29	31	33	35	36	38	39	41	42	44	45	46	47	48	49	**50**	51	52	53	54
18	15	18	21	23	25	28	30	32	33	35	37	38	40	41	43	44	45	46	47	48	49	**50**	51	52	53	54
19	16	19	21	24	26	28	30	32	34	35	37	39	40	42	43	44	45	47	48	49	**50**	51	52	53	53	54
20	17	19	22	24	26	29	31	32	34	36	37	39	40	42	43	44	46	47	48	49	**50**	51	52	53	54	55
21	17	20	22	25	27	29	31	33	35	36	38	39	41	42	44	45	46	47	48	49	**50**	51	52	53	54	55
22	18	21	23	25	28	30	32	33	35	37	38	40	41	43	44	45	46	47	48	49	**50**	51	52	53	54	55
23	19	21	24	26	28	30	32	34	35	37	39	40	42	43	44	45	47	48	49	**50**	51	52	53	53	54	55
24	19	22	24	26	29	31	32	34	36	37	39	40	42	43	44	46	47	48	49	**50**	51	52	53	54	55	55
25	20	22	25	27	29	31	33	35	36	38	39	41	42	44	45	46	47	48	49	**50**	51	52	53	54	55	56
26	21	23	25	28	30	32	33	35	37	38	40	41	43	44	45	46	47	48	49	**50**	51	52	53	54	55	56
27	21	24	26	28	30	32	34	35	37	39	40	42	43	44	45	47	48	49	**50**	51	52	53	53	54	55	56
28	22	24	26	29	31	32	34	36	38	39	40	42	43	44	46	47	48	49	**50**	51	52	53	54	55	55	56
29	22	25	27	29	31	33	35	36	38	39	41	42	44	45	46	47	48	49	**50**	51	52	53	54	55	56	56
30	23	25	28	30	32	33	35	37	38	40	41	43	44	45	46	47	48	49	**50**	51	52	53	54	55	56	57
31	24	26	28	30	32	34	35	37	39	40	42	43	44	45	47	48	49	**50**	51	52	53	53	54	55	56	57
32	24	26	29	31	32	34	36	38	39	40	42	43	44	46	47	48	49	**50**	51	52	53	54	55	55	56	57
33	25	27	29	31	33	35	36	38	39	41	42	44	45	46	47	48	49	**50**	51	52	53	54	55	56	56	57
34	25	28	30	32	33	35	37	38	40	41	43	44	45	46	47	48	49	**50**	51	52	53	54	55	56	57	57
35	26	28	30	32	34	35	37	39	40	42	43	44	45	47	48	49	**50**	51	52	53	53	54	55	56	57	57
36	26	29	31	32	34	36	37	39	40	42	43	44	46	47	48	49	**50**	51	52	53	54	55	55	56	57	58
37	27	29	31	33	35	36	38	39	41	42	44	45	46	47	48	49	**50**	51	52	53	54	55	56	56	57	58
38	28	30	32	33	35	37	38	40	41	43	44	45	46	47	48	49	**50**	51	52	53	54	55	56	57	57	58
39	28	30	32	34	35	37	39	40	42	43	44	45	47	48	49	**50**	51	52	53	53	54	55	56	57	57	58
40	29	31	32	34	36	37	39	40	42	43	44	46	47	48	49	**50**	51	52	53	54	55	55	56	57	58	58

VII

BaP Jahre	Asbestfaserjahre																									
	0	1	2	3	4	5	6	7	8	9	10	11	12	13	14	15	16	17	18	19	20	21	22	23	24	25
41	29	31	33	35	36	38	39	41	42	44	45	46	47	48	49	**50**	51	52	53	54	55	56	56	57	58	59
42	30	32	33	35	37	38	40	41	43	44	45	46	47	48	49	**50**	51	52	53	54	55	56	57	57	58	59
43	30	32	34	35	37	39	40	42	43	44	45	47	48	49	**50**	51	52	53	53	54	55	56	57	57	58	59
44	31	32	34	36	37	39	40	42	43	44	46	47	48	49	**50**	51	52	53	54	55	55	56	57	58	58	59
45	31	33	35	36	38	39	41	42	44	45	46	47	48	49	**50**	51	52	53	54	55	56	56	57	58	59	59
46	32	33	35	37	38	40	41	43	44	45	46	47	48	49	**50**	51	52	53	54	55	56	57	57	58	59	59
47	32	34	35	37	39	40	42	43	44	45	47	48	49	**50**	51	52	53	53	54	55	56	57	57	58	59	60
48	32	34	36	38	39	40	42	43	44	46	47	48	49	**50**	51	52	53	54	55	55	56	57	58	58	59	60
49	33	35	36	38	39	41	42	44	45	46	47	48	49	**50**	51	52	53	54	55	56	56	57	58	59	59	60
50	33	35	37	38	40	41	43	44	45	46	47	48	49	**50**	51	52	53	54	55	56	57	57	58	59	59	60
51	34	35	37	39	40	42	43	44	45	47	48	49	**50**	51	52	53	53	54	55	56	57	57	58	59	60	60
52	34	36	38	39	40	42	43	44	46	47	48	49	**50**	51	52	53	54	55	55	56	57	58	58	59	60	60
53	35	36	38	39	41	42	44	45	46	47	48	49	**50**	51	52	53	54	55	56	56	57	58	59	59	60	60
54	35	37	38	40	41	43	44	45	46	47	48	49	**50**	51	52	53	54	55	56	57	57	58	59	59	60	61
55	35	37	39	40	42	43	44	45	47	48	49	**50**	51	52	53	53	54	55	56	57	57	58	59	60	60	61
56	36	38	39	40	42	43	44	46	47	48	49	**50**	51	52	53	54	55	55	56	57	58	58	59	60	60	61
57	36	38	39	41	42	44	45	46	47	48	49	**50**	51	52	53	54	55	56	56	57	58	59	59	60	60	61
58	37	38	40	41	43	44	45	46	47	48	49	**50**	51	52	53	54	55	56	57	57	58	59	59	60	61	61
59	37	39	40	42	43	44	45	47	48	49	**50**	51	52	53	53	54	55	56	57	57	58	59	60	60	61	61
60	38	39	40	42	43	44	46	47	48	49	**50**	51	52	53	54	55	55	56	57	58	58	59	60	60	61	62
61	38	39	41	42	44	45	46	47	48	49	**50**	51	52	53	54	55	56	56	57	58	59	59	60	60	61	62
62	38	40	41	43	44	45	46	47	48	49	**50**	51	52	53	54	55	56	57	57	58	59	59	60	61	61	62
63	39	40	42	43	44	45	47	48	49	**50**	51	52	53	53	54	55	56	57	57	58	59	60	60	61	61	62
64	39	40	42	43	44	46	47	48	49	**50**	51	52	53	54	55	55	56	57	58	58	59	60	60	61	62	62
65	39	41	42	44	45	46	47	48	49	**50**	51	52	53	54	55	56	56	57	58	59	59	60	60	61	62	62
66	40	41	43	44	45	46	47	48	49	**50**	51	52	53	54	55	56	57	57	58	59	59	60	61	61	62	62
67	40	42	43	44	45	47	48	49	**50**	51	52	53	53	54	55	56	57	57	58	59	60	60	61	61	62	63
68	40	42	43	44	46	47	48	49	**50**	51	52	53	54	55	55	56	57	58	58	59	60	60	61	62	62	63
69	41	42	44	45	46	47	48	49	**50**	51	52	53	54	55	56	56	57	58	59	59	60	60	61	62	62	63
70	41	43	44	45	46	47	48	49	**50**	51	52	53	54	55	56	57	57	58	59	59	60	61	61	62	62	63
71	42	43	44	45	47	48	49	**50**	51	52	53	53	54	55	56	57	57	58	59	60	60	61	61	62	63	63
72	42	43	44	46	47	48	49	**50**	51	52	53	54	55	55	56	57	58	58	59	60	60	61	62	62	63	63
73	42	44	45	46	47	48	49	**50**	51	52	53	54	55	56	56	57	58	59	59	60	60	61	62	62	63	63
74	43	44	45	46	47	48	49	**50**	51	52	53	54	55	56	57	57	58	59	59	60	61	61	62	62	63	64
75	43	44	45	47	48	49	**50**	51	52	53	53	54	55	56	57	57	58	59	60	60	61	61	62	63	63	64
76	43	44	46	47	48	49	**50**	51	52	53	54	55	55	56	57	58	58	59	60	60	61	62	62	63	63	64
77	44	45	46	47	48	49	**50**	51	52	53	54	55	56	56	57	58	59	59	60	60	61	62	62	63	63	64
78	44	45	46	47	48	49	**50**	51	52	53	54	55	56	57	57	58	59	59	60	61	61	62	62	63	64	64
79	44	45	47	48	49	**50**	51	52	53	53	54	55	56	57	57	58	59	60	60	61	61	62	63	63	64	64
80	44	46	47	48	49	**50**	51	52	53	54	55	55	56	57	58	58	59	60	60	61	62	62	63	63	64	64
81	45	46	47	48	49	**50**	51	52	53	54	55	56	56	57	58	59	59	60	60	61	62	62	63	63	64	64
82	45	46	47	48	49	**50**	51	52	53	54	55	56	57	57	58	59	59	60	61	61	62	62	63	64	64	65
83	45	47	48	49	**50**	51	52	53	53	54	55	56	57	57	58	59	60	60	61	61	62	63	63	64	64	65
84	46	47	48	49	**50**	51	52	53	54	55	55	56	57	58	58	59	60	60	61	62	62	63	63	64	64	65
85	46	47	48	49	**50**	51	52	53	54	55	56	56	57	58	59	59	60	60	61	62	62	63	63	64	64	65

BaP Jahre	Asbestfaserjahre																									
	0	1	2	3	4	5	6	7	8	9	10	11	12	13	14	15	16	17	18	19	20	21	22	23	24	25
86	46	47	48	49	**50**	51	52	53	54	55	56	57	57	58	59	59	60	61	61	62	62	63	64	64	65	65
87	47	48	49	**50**	51	52	53	53	54	55	56	57	57	58	59	60	60	61	61	62	63	63	64	64	65	65
88	47	48	49	**50**	51	52	53	54	55	55	56	57	58	58	59	60	60	61	62	62	63	63	64	64	65	65
89	47	48	49	**50**	51	52	53	54	55	56	56	57	58	59	59	60	60	61	62	62	63	63	64	64	65	65
90	47	48	49	**50**	51	52	53	54	55	56	57	57	58	59	59	60	61	61	62	62	63	64	64	65	65	66
91	48	49	**50**	51	52	53	53	54	55	56	57	57	58	59	60	60	61	61	62	63	63	64	64	65	65	66
92	48	49	**50**	51	52	53	54	55	55	56	57	58	58	59	60	60	61	62	62	63	63	64	64	65	65	66
93	48	49	**50**	51	52	53	54	55	56	56	57	58	59	59	60	60	61	62	62	63	63	64	64	65	65	66
94	48	49	**50**	51	52	53	54	55	56	57	57	58	59	59	60	61	61	62	62	63	64	64	65	65	66	66
95	49	**50**	51	52	53	53	54	55	56	57	57	58	59	60	60	61	61	62	63	63	64	64	65	65	66	66
96	49	**50**	51	52	53	54	55	55	56	57	58	58	59	60	60	61	62	62	63	63	64	64	65	65	66	66
97	49	**50**	51	52	53	54	55	56	56	57	58	59	59	60	60	61	62	62	63	63	64	64	65	65	66	66
98	49	**50**	51	52	53	54	55	56	57	57	58	59	59	60	61	61	62	62	63	64	64	65	65	66	66	66
99	**50**	51	52	53	53	54	55	56	57	57	58	59	60	60	61	61	62	63	63	64	64	65	65	66	66	67
100	**50**	51	52	53	54	55	55	56	57	58	58	59	60	60	61	62	62	63	63	64	64	65	65	66	66	67

Verordnung über die Anzeige von Versicherungsfällen in der gesetzlichen Unfallversicherung (Unfallversicherungs-Anzeigeverordnung – UVAV)

Vom 23. Januar 2002 (BGBl. I S. 554)

Zuletzt geändert durch
Neunte Zuständigkeitsanpassungsverordnung
vom 31. Oktober 2006 (BGBl. I S. 2407)

Auf Grund des § 193 Abs. 8 und des § 202 Satz 1 des Siebten Buches Sozialgesetzbuch – Gesetzliche Unfallversicherung – (Artikel 1 des Gesetzes vom 7. August 1996, BGBl. I S. 1254), von denen § 193 Abs. 8 durch Artikel 1 Nr. 7 des Gesetzes vom 17. Juli 2001 (BGBl. I S. 1600) geändert worden ist, verordnet das Bundesministerium für Arbeit und Sozialordnung:

§ 1 Anwendungsbereich

Die Anzeige von Unfällen und Berufskrankheiten, die nach den §§ 193 und 202 des Siebten Buches Sozialgesetzbuch zu erstatten ist, richtet sich nach den Bestimmungen dieser Verordnung.

§ 2 Anzeige von Unfällen

(1) Die Anzeige eines Unfalls nach § 193 Abs. 1 des Siebten Buches Sozialgesetzbuch ist von den Unternehmern und für Versicherte nach § 2 Abs. 1 Nr. 15 Buchstabe a des Siebten Buches Sozialgesetzbuch von den Trägern der Einrichtungen auf Vordrucken nach dem Muster der Anlage 1 zu erstatten.

(2) Die Anzeige eines Unfalls für Kinder in Tageseinrichtungen, Schüler und Studierende nach § 2 Abs. 1 Nr. 8 des Siebten Buches Sozialgesetzbuch ist von den Unternehmern oder, wenn der Schulhoheitsträger nicht Unternehmer ist, von den Schulhoheitsträgern (§ 193 Abs. 3 Satz 1 des Siebten Buches Sozialgesetzbuch) auf Vordrucken nach dem Muster der Anlage 2 zu erstatten.

§ 3 Anzeige von Berufskrankheiten

(1) Die Ärzte und Zahnärzte haben bei begründetem Verdacht auf das Vorliegen einer Berufskrankheit die Anzeige nach § 202 Satz 1 des Siebten Buches Sozialgesetzbuch auf Vordrucken nach dem Muster der Anlage 3 zu erstatten.

(2) Die Unternehmer haben bei Anhaltspunkten für das Vorliegen einer Berufskrankheit die Anzeige nach § 193 Abs. 2 des Siebten Buches Sozialgesetzbuch auf Vordrucken nach dem Muster der Anlage 4 zu erstatten.

§ 4 Gestaltung der Vordrucke, Erläuterungen, Hinweise

(1) Die Größe der Vordrucke beträgt 297 × 210 mm (Format DIN A4).

(2) Die Spitzenverbände der Unfallversicherungsträger können im Benehmen mit dem Bundesministerium für Arbeit und Soziales für jeden Vordruck nach dem Muster der Anlagen 1 bis 4 bundeseinheitliche Erläuterungen erstellen.

(3) Die anzeigepflichtigen Unternehmer haben die Versicherten auf ihr Recht hinzuweisen, eine Kopie der Anzeige zu verlangen.

§ 5 Anzeige durch Datenübertragung

(1) Die Anzeigen nach den §§ 2 und 3 und die Durchschriften können im Einvernehmen mit dem Anzeigeempfänger auch im Wege der Datenübertragung übermittelt werden, soweit die Darstellung der Anzeige nach Form und Inhalt dieselben Felder und Texte wie das für die entsprechende Anzeige vorgesehene Formular enthält.

(2) Wird die Anzeige durch Datenübertragung erstattet, ist in ihr anzugeben, welches Mitglied des Betriebs- oder Personalrats vor der Absendung von ihr Kenntnis genommen hat.

VII

(3) Bei der Datenübertragung sind geeignete Maßnahmen zur Sicherstellung von Datenschutz und Datensicherheit nach dem jeweiligen Stand der Technik vorzusehen; bei der Nutzung allgemein zugänglicher Netze sind Verschlüsselungsverfahren anzuwenden.

§ 6 Inkrafttreten, Außerkrafttreten

(1) Diese Verordnung tritt am 1. August 2002 in Kraft.

(2) Gleichzeitig treten § 7 der Berufskrankheiten-Verordnung vom 31. Oktober 1997 (BGBl. I S. 2623), geändert durch Artikel 62 des Gesetzes vom 21. Dezember 2000 (BGBl. I S. 1983), und die Allgemeine Verwaltungsvorschrift über die Neufassung des Musters für Unfallanzeigen vom 31. Juli 1973 (BAnz. Nr. 143 vom 3. August 1973) außer Kraft.

VIII SGB VIII: Kinder- und Jugendhilfe

VIII

Sozialgesetzbuch (SGB) Achtes Buch (VIII) – Kinder- und Jugendhilfe – (SGB VIII)

in der Fassung der Bekanntmachung vom 11. September 2012 (BGBl. I S. 2022)

Zuletzt geändert durch Präventionsgesetz vom 17. Juli 2015 (BGBl. I S. 1368)

Inhaltsübersicht

VIII

VIII

VIII

Erstes Kapitel
Allgemeine Vorschriften

§ 1 Recht auf Erziehung, Elternverantwortung, Jugendhilfe

(1) Jeder junge Mensch hat ein Recht auf Förderung seiner Entwicklung und auf Erziehung zu einer eigenverantwortlichen und gemeinschaftsfähigen Persönlichkeit.

(2) 1Pflege und Erziehung der Kinder sind das natürliche Recht der Eltern und die zuvörderst ihnen obliegende Pflicht. 2Über ihre Betätigung wacht die staatliche Gemeinschaft.

(3) Jugendhilfe soll zur Verwirklichung des Rechts nach Absatz 1 insbesondere

1. junge Menschen in ihrer individuellen und sozialen Entwicklung fördern und dazu beitragen, Benachteiligungen zu vermeiden oder abzubauen,
2. Eltern und andere Erziehungsberechtigte bei der Erziehung beraten und unterstützen,
3. Kinder und Jugendliche vor Gefahren für ihr Wohl schützen,
4. dazu beitragen, positive Lebensbedingungen für junge Menschen und ihre Familien sowie eine kinder- und familienfreundliche Umwelt zu erhalten oder zu schaffen.

§ 2 Aufgaben der Jugendhilfe

(1) Die Jugendhilfe umfasst Leistungen und andere Aufgaben zugunsten junger Menschen und Familien.

(2) Leistungen der Jugendhilfe sind:

1. Angebote der Jugendarbeit, der Jugendsozialarbeit und des erzieherischen Kinder- und Jugendschutzes (§§ 11 bis 14),
2. Angebote zur Förderung der Erziehung in der Familie (§§ 16 bis 21),
3. Angebote zur Förderung von Kindern in Tageseinrichtungen und in Tagespflege (§§ 22 bis 25),
4. Hilfe zur Erziehung und ergänzende Leistungen (§§ 27 bis 35, 36, 37, 39, 40),
5. Hilfe für seelisch behinderte Kinder und Jugendliche und ergänzende Leistungen (§§ 35a bis 37, 39, 40),
6. Hilfe für junge Volljährige und Nachbetreuung (§ 41).

(3) Andere Aufgaben der Jugendhilfe sind

1. die Inobhutnahme von Kindern und Jugendlichen (§ 42),
2. (weggefallen)
3. die Erteilung, der Widerruf und die Zurücknahme der Pflegeerlaubnis (§§ 43, 44),
4. die Erteilung, der Widerruf und die Zurücknahme der Erlaubnis für den Betrieb einer Einrichtung sowie die Erteilung nachträglicher Auflagen und die damit verbundenen Aufgaben (§§ 45 bis 47, 48a),
5. die Tätigkeitsuntersagung (§§ 48, 48a),
6. die Mitwirkung in Verfahren vor den Familiengerichten (§ 50),
7. die Beratung und Belehrung in Verfahren zur Annahme als Kind (§ 51),
8. die Mitwirkung in Verfahren nach dem Jugendgerichtsgesetz (§ 52),
9. die Beratung und Unterstützung von Müttern bei Vaterschaftsfeststellung und Geltendmachung von Unterhaltsansprüchen sowie von Pflegern und Vormündern (§§ 52a, 53),
10. die Erteilung, der Widerruf und die Zurücknahme der Erlaubnis zur Übernahme von Vereinsvormundschaften (§ 54),
11. Beistandschaft, Amtspflegschaft, Amtsvormundschaft und Gegenvormundschaft des Jugendamts (§§ 55 bis 58),
12. Beurkundung (§ 59),
13. die Aufnahme von vollstreckbaren Urkunden (§ 60).

§ 3 Freie und öffentliche Jugendhilfe

(1) Die Jugendhilfe ist gekennzeichnet durch die Vielfalt von Trägern unterschiedlicher Wertorientierungen und die Vielfalt von Inhalten, Methoden und Arbeitsformen.

(2) 1Leistungen der Jugendhilfe werden von Trägern der freien Jugendhilfe und von Trägern der öffentlichen Jugendhilfe erbracht. 2Leistungsverpflichtungen, die durch dieses

Buch begründet werden, richten sich an die Träger der öffentlichen Jugendhilfe.

(3) $_{1}$Andere Aufgaben der Jugendhilfe werden von Trägern der öffentlichen Jugendhilfe wahrgenommen. $_{2}$Soweit dies ausdrücklich bestimmt ist, können Träger der freien Jugendhilfe diese Aufgaben wahrnehmen oder mit ihrer Ausführung betraut werden.

§ 4 Zusammenarbeit der öffentlichen Jugendhilfe mit der freien Jugendhilfe

(1) $_{1}$Die öffentliche Jugendhilfe soll mit der freien Jugendhilfe zum Wohl junger Menschen und ihrer Familien partnerschaftlich zusammenarbeiten. $_{2}$Sie hat dabei die Selbständigkeit der freien Jugendhilfe in Zielsetzung und Durchführung ihrer Aufgaben sowie in der Gestaltung ihrer Organisationsstruktur zu achten.

(2) Soweit geeignete Einrichtungen, Dienste und Veranstaltungen von anerkannten Trägern der freien Jugendhilfe betrieben werden oder rechtzeitig geschaffen werden können, soll die öffentliche Jugendhilfe von eigenen Maßnahmen absehen.

(3) Die öffentliche Jugendhilfe soll die freie Jugendhilfe nach Maßgabe dieses Buches fördern und dabei die verschiedenen Formen der Selbsthilfe stärken.

§ 5 Wunsch- und Wahlrecht

(1) $_{1}$Die Leistungsberechtigten haben das Recht, zwischen Einrichtungen und Diensten verschiedener Träger zu wählen und Wünsche hinsichtlich der Gestaltung der Hilfe zu äußern. $_{2}$Sie sind auf dieses Recht hinzuweisen.

(2) $_{1}$Der Wahl und den Wünschen soll entsprochen werden, sofern dies nicht mit unverhältnismäßigen Mehrkosten verbunden ist. $_{2}$Wünscht der Leistungsberechtigte die Erbringung einer in § 78a genannten Leistung in einer Einrichtung, mit deren Träger keine Vereinbarungen nach § 78b bestehen, so soll der Wahl nur entsprochen werden, wenn die Erbringung der Leistung in dieser Einrichtung im Einzelfall oder nach Maßgabe des Hilfeplans (§ 36) geboten ist.

§ 6 Geltungsbereich

(1) $_{1}$Leistungen nach diesem Buch werden jungen Menschen, Müttern, Vätern und Personensorgeberechtigten von Kindern und Jugendlichen gewährt, die ihren tatsächlichen Aufenthalt im Inland haben. $_{2}$Für die Erfüllung anderer Aufgaben gilt Satz 1 entsprechend. $_{3}$Umgangsberechtigte haben unabhängig von ihrem tatsächlichen Aufenthalt Anspruch auf Beratung und Unterstützung bei der Ausübung des Umgangsrechts, wenn das Kind oder der Jugendliche seinen gewöhnlichen Aufenthalt im Inland hat.

(2) $_{1}$Ausländer können Leistungen nach diesem Buch nur beanspruchen, wenn sie rechtmäßig oder aufgrund einer ausländerrechtlichen Duldung ihren gewöhnlichen Aufenthalt im Inland haben. $_{2}$Absatz 1 Satz 2 bleibt unberührt.

(3) Deutschen können Leistungen nach diesem Buch auch gewährt werden, wenn sie ihren Aufenthalt im Ausland haben und soweit sie nicht Hilfe vom Aufenthaltsland erhalten.

(4) Regelungen des über- und zwischenstaatlichen Rechts bleiben unberührt.

§ 7 Begriffsbestimmungen

(1) Im Sinne dieses Buches ist

1. Kind, wer noch nicht 14 Jahre alt ist, soweit nicht die Absätze 2 bis 4 etwas anderes bestimmen,
2. Jugendlicher, wer 14, aber noch nicht 18 Jahre alt ist,
3. junger Volljähriger, wer 18, aber noch nicht 27 Jahre alt ist,
4. junger Mensch, wer noch nicht 27 Jahre alt ist,
5. Personensorgeberechtigter, wem allein oder gemeinsam mit einer anderen Person nach den Vorschriften des Bürgerlichen Gesetzbuchs die Personensorge zusteht,
6. Erziehungsberechtigter, der Personensorgeberechtigte und jede sonstige Person über 18 Jahre, soweit sie aufgrund einer Vereinbarung mit dem Personensorgeberechtigten nicht nur vorübergehend und

nicht nur für einzelne Verrichtungen Aufgaben der Personensorge wahrnimmt.

(2) Kind im Sinne des § 1 Absatz 2 ist, wer noch nicht 18 Jahre alt ist.

(3) (weggefallen)

(4) Die Bestimmungen dieses Buches, die sich auf die Annahme als Kind beziehen, gelten nur für Personen, die das 18. Lebensjahr noch nicht vollendet haben.

§ 8 Beteiligung von Kindern und Jugendlichen

(1) $_{1}$Kinder und Jugendliche sind entsprechend ihrem Entwicklungsstand an allen sie betreffenden Entscheidungen der öffentlichen Jugendhilfe zu beteiligen. $_{2}$Sie sind in geeigneter Weise auf ihre Rechte im Verwaltungsverfahren sowie im Verfahren vor dem Familiengericht und dem Verwaltungsgericht hinzuweisen.

(2) Kinder und Jugendliche haben das Recht, sich in allen Angelegenheiten der Erziehung und Entwicklung an das Jugendamt zu wenden.

(3) $_{1}$Kinder und Jugendliche haben Anspruch auf Beratung ohne Kenntnis des Personensorgeberechtigten, wenn die Beratung auf Grund einer Not- und Konfliktlage erforderlich ist und solange durch die Mitteilung an den Personensorgeberechtigten der Beratungszweck vereitelt würde. $_{2}$§ 36 des Ersten Buches bleibt unberührt.

§ 8a Schutzauftrag bei Kindeswohlgefährdung

(1) $_{1}$Werden dem Jugendamt gewichtige Anhaltspunkte für die Gefährdung des Wohls eines Kindes oder Jugendlichen bekannt, so hat es das Gefährdungsrisiko im Zusammenwirken mehrerer Fachkräfte einzuschätzen. $_{2}$Soweit der wirksame Schutz dieses Kindes oder dieses Jugendlichen nicht in Frage gestellt wird, hat das Jugendamt die Erziehungsberechtigten sowie das Kind oder den Jugendlichen in die Gefährdungseinschätzung einzubeziehen und, sofern dies nach fachlicher Einschätzung erforderlich ist, sich dabei einen unmittelbaren Eindruck von dem Kind und von seiner persönlichen Umgebung zu verschaffen. $_{3}$Hält das Jugendamt zur Abwendung der Gefährdung die Gewährung von Hilfen für geeignet und notwendig, so hat es diese den Erziehungsberechtigten anzubieten.

(2) $_{1}$Hält das Jugendamt das Tätigwerden des Familiengerichts für erforderlich, so hat es das Gericht anzurufen; dies gilt auch, wenn die Erziehungsberechtigten nicht bereit oder in der Lage sind, bei der Abschätzung des Gefährdungsrisikos mitzuwirken. $_{2}$Besteht eine dringende Gefahr und kann die Entscheidung des Gerichts nicht abgewartet werden, so ist das Jugendamt verpflichtet, das Kind oder den Jugendlichen in Obhut zu nehmen.

(3) $_{1}$Soweit zur Abwendung der Gefährdung das Tätigwerden anderer Leistungsträger, der Einrichtungen der Gesundheitshilfe oder der Polizei notwendig ist, hat das Jugendamt auf die Inanspruchnahme durch die Erziehungsberechtigten hinzuwirken. $_{2}$Ist ein sofortiges Tätigwerden erforderlich und wirken die Personensorgeberechtigten oder die Erziehungsberechtigten nicht mit, so schaltet das Jugendamt die anderen zur Abwendung der Gefährdung zuständigen Stellen selbst ein.

(4) $_{1}$In Vereinbarungen mit den Trägern von Einrichtungen und Diensten, die Leistungen nach diesem Buch erbringen, ist sicherzustellen, dass

1. deren Fachkräfte bei Bekanntwerden gewichtiger Anhaltspunkte für die Gefährdung eines von ihnen betreuten Kindes oder Jugendlichen eine Gefährdungseinschätzung vornehmen,
2. bei der Gefährdungseinschätzung eine insoweit erfahrene Fachkraft beratend hinzugezogen wird sowie
3. die Erziehungsberechtigten sowie das Kind oder der Jugendliche in die Gefährdungseinschätzung einbezogen werden, soweit hierdurch der wirksame Schutz des Kindes oder Jugendlichen nicht in Frage gestellt wird.

$_{2}$In die Vereinbarung ist neben den Kriterien für die Qualifikation der beratend hinzuzuziehenden insoweit erfahrenen Fachkraft insbesondere die Verpflichtung aufzunehmen, dass die Fachkräfte der Träger bei den Erziehungsberechtigten auf die Inanspruchnahme von Hilfen hinwirken, wenn sie diese für erforderlich halten, und das Jugendamt informieren, falls die Gefährdung nicht anders abgewendet werden kann.

(5) 1Werden einem örtlichen Träger gewichtige Anhaltspunkte für die Gefährdung des Wohls eines Kindes oder eines Jugendlichen bekannt, so sind dem für die Gewährung von Leistungen zuständigen örtlichen Träger die Daten mitzuteilen, deren Kenntnis zur Wahrnehmung des Schutzauftrags bei Kindeswohlgefährdung nach § 8a erforderlich ist. 2Die Mitteilung soll im Rahmen eines Gespräches zwischen den Fachkräften der beiden örtlichen Träger erfolgen, an dem die Personensorgeberechtigten sowie das Kind oder der Jugendliche beteiligt werden sollen, soweit hierdurch der wirksame Schutz des Kindes oder des Jugendlichen nicht in Frage gestellt wird.

§ 8b Fachliche Beratung und Begleitung zum Schutz von Kindern und Jugendlichen

(1) Personen, die beruflich in Kontakt mit Kindern oder Jugendlichen stehen, haben bei der Einschätzung einer Kindeswohlgefährdung im Einzelfall gegenüber dem örtlichen Träger der Jugendhilfe Anspruch auf Beratung durch eine insoweit erfahrene Fachkraft.

(2) Träger von Einrichtungen, in denen sich Kinder oder Jugendliche ganztägig oder für einen Teil des Tages aufhalten oder in denen sie Unterkunft erhalten, und die zuständigen Leistungsträger haben gegenüber dem überörtlichen Träger der Jugendhilfe Anspruch auf Beratung bei der Entwicklung und Anwendung fachlicher Handlungsleitlinien

1. zur Sicherung des Kindeswohls und zum Schutz vor Gewalt sowie
2. zu Verfahren der Beteiligung von Kindern und Jugendlichen an strukturellen Entscheidungen in der Einrichtung sowie zu Beschwerdeverfahren in persönlichen Angelegenheiten.

§ 9 Grundrichtung der Erziehung, Gleichberechtigung von Mädchen und Jungen

Bei der Ausgestaltung der Leistungen und der Erfüllung der Aufgaben sind

1. die von den Personensorgeberechtigten bestimmte Grundrichtung der Erziehung sowie die Rechte der Personensorgeberechtigten und des Kindes oder des Jugendlichen bei der Bestimmung der religiösen Erziehung zu beachten,
2. die wachsende Fähigkeit und das wachsende Bedürfnis des Kindes oder des Jugendlichen zu selbständigem, verantwortungsbewusstem Handeln sowie die jeweiligen besonderen sozialen und kulturellen Bedürfnisse und Eigenarten junger Menschen und ihrer Familien zu berücksichtigen,
3. die unterschiedlichen Lebenslagen von Mädchen und Jungen zu berücksichtigen, Benachteiligungen abzubauen und die Gleichberechtigung von Mädchen und Jungen zu fördern.

§ 10 Verhältnis zu anderen Leistungen und Verpflichtungen

(1) 1Verpflichtungen anderer, insbesondere der Träger anderer Sozialleistungen und der Schulen, werden durch dieses Buch nicht berührt. 2Auf Rechtsvorschriften beruhende Leistungen anderer dürfen nicht deshalb versagt werden, weil nach diesem Buch entsprechende Leistungen vorgesehen sind.

(2) 1Unterhaltspflichtige Personen werden nach Maßgabe der §§ 90 bis 97b an den Kosten für Leistungen und vorläufige Maßnahmen nach diesem Buch beteiligt. 2Soweit die Zahlung des Kostenbeitrags die Leistungsfähigkeit des Unterhaltspflichtigen mindert oder der Bedarf des jungen Menschen durch Leistungen und vorläufige Maßnahmen nach diesem Buch gedeckt ist, ist dies bei der Berechnung des Unterhalts zu berücksichtigen.

(3) 1Die Leistungen nach diesem Buch gehen Leistungen nach dem Zweiten Buch vor. 2Abweichend von Satz 1 gehen Leistungen nach § 3 Absatz 2, den §§ 14 bis 16g, § 19 Absatz 2

VIII

in Verbindung mit § 28 Absatz 6 des Zweiten Buches sowie Leistungen nach § 6b Absatz 2 des Bundeskindergeldgesetzes in Verbindung mit § 28 Absatz 6 des Zweiten Buches den Leistungen nach diesem Buch vor.

(4) 1Die Leistungen nach diesem Buch gehen Leistungen nach dem Zwölften Buch vor. 2Abweichend von Satz 1 gehen Leistungen nach § 27a Absatz 1 in Verbindung mit § 34 Absatz 6 des Zwölften Buches und Leistungen der Eingliederungshilfe nach dem Zwölften Buch für junge Menschen, die körperlich oder geistig behindert oder von einer solchen Behinderung bedroht sind, den Leistungen nach diesem Buch vor. 3Landesrecht kann regeln, dass Leistungen der Frühförderung für Kinder unabhängig von der Art der Behinderung vorrangig von anderen Leistungsträgern gewährt werden.

Zweites Kapitel
Leistungen der Jugendhilfe

Erster Abschnitt
Jugendarbeit, Jugendsozialarbeit, erzieherischer Kinder- und Jugendschutz

§ 11 Jugendarbeit

(1) 1Jungen Menschen sind die zur Förderung ihrer Entwicklung erforderlichen Angebote der Jugendarbeit zur Verfügung zu stellen. 2Sie sollen an den Interessen junger Menschen anknüpfen und von ihnen mitbestimmt und mitgestaltet werden, sie zur Selbstbestimmung befähigen und zu gesellschaftlicher Mitverantwortung und zu sozialem Engagement anregen und hinführen.

(2) 1Jugendarbeit wird angeboten von Verbänden, Gruppen und Initiativen der Jugend, von anderen Trägern der Jugendarbeit und den Trägern der öffentlichen Jugendhilfe. 2Sie umfasst für Mitglieder bestimmte Angebote, die offene Jugendarbeit und gemeinwesenorientierte Angebote.

(3) Zu den Schwerpunkten der Jugendarbeit gehören:

1. außerschulische Jugendbildung mit allgemeiner, politischer, sozialer, gesundheitlicher, kultureller, naturkundlicher und technischer Bildung,
2. Jugendarbeit in Sport, Spiel und Geselligkeit,
3. arbeitswelt-, schul- und familienbezogene Jugendarbeit,
4. internationale Jugendarbeit,
5. Kinder- und Jugenderholung,
6. Jugendberatung.

(4) Angebote der Jugendarbeit können auch Personen, die das 27. Lebensjahr vollendet haben, in angemessenem Umfang einbeziehen.

§ 12 Förderung der Jugendverbände

(1) Die eigenverantwortliche Tätigkeit der Jugendverbände und Jugendgruppen ist unter Wahrung ihres satzungsgemäßen Eigenlebens nach Maßgabe des § 74 zu fördern.

(2) 1In Jugendverbänden und Jugendgruppen wird Jugendarbeit von jungen Menschen selbst organisiert, gemeinschaftlich gestaltet und mitverantwortet. 2Ihre Arbeit ist auf Dauer angelegt und in der Regel auf die eigenen Mitglieder ausgerichtet, sie kann sich aber auch an junge Menschen wenden, die nicht Mitglieder sind. 3Durch Jugendverbände und ihre Zusammenschlüsse werden Anliegen und Interessen junger Menschen zum Ausdruck gebracht und vertreten.

§ 13 Jugendsozialarbeit

(1) Jungen Menschen, die zum Ausgleich sozialer Benachteiligungen oder zur Überwindung individueller Beeinträchtigungen in erhöhtem Maße auf Unterstützung angewiesen sind, sollen im Rahmen der Jugendhilfe sozialpädagogische Hilfen angeboten werden, die ihre schulische und berufliche Ausbildung, Eingliederung in die Arbeitswelt und ihre soziale Integration fördern.

(2) Soweit die Ausbildung dieser jungen Menschen nicht durch Maßnahmen und Programme anderer Träger und Organisationen sichergestellt wird, können geeignete sozialpädagogisch begleitete Ausbildungs- und Beschäftigungsmaßnahmen angeboten werden, die den Fähigkeiten und dem Entwick-

VIII

lungsstand dieser jungen Menschen Rechnung tragen.

(3) 1Jungen Menschen kann während der Teilnahme an schulischen oder beruflichen Bildungsmaßnahmen oder bei der beruflichen Eingliederung Unterkunft in sozialpädagogisch begleiteten Wohnformen angeboten werden. 2In diesen Fällen sollen auch der notwendige Unterhalt des jungen Menschen sichergestellt und Krankenhilfe nach Maßgabe des § 40 geleistet werden.

(4) Die Angebote sollen mit den Maßnahmen der Schulverwaltung, der Bundesagentur für Arbeit, der Träger betrieblicher und außerbetrieblicher Ausbildung sowie der Träger von Beschäftigungsangeboten abgestimmt werden.

§ 14 Erzieherischer Kinder- und Jugendschutz

(1) Jungen Menschen und Erziehungsberechtigten sollen Angebote des erzieherischen Kinder- und Jugendschutzes gemacht werden.

(2) Die Maßnahmen sollen

1. junge Menschen befähigen, sich vor gefährdenden Einflüssen zu schützen und sie zu Kritikfähigkeit, Entscheidungsfähigkeit und Eigenverantwortlichkeit sowie zur Verantwortung gegenüber ihren Mitmenschen führen,
2. Eltern und andere Erziehungsberechtigte besser befähigen, Kinder und Jugendliche vor gefährdenden Einflüssen zu schützen.

§ 15 Landesrechtsvorbehalt

Das Nähere über Inhalt und Umfang der in diesem Abschnitt geregelten Aufgaben und Leistungen regelt das Landesrecht.

Zweiter Abschnitt
Förderung der Erziehung in der Familie

§ 16 Allgemeine Förderung der Erziehung in der Familie

(1) 1Müttern, Vätern, anderen Erziehungsberechtigten und jungen Menschen sollen Leistungen der allgemeinen Förderung der Erziehung in der Familie angeboten werden. 2Sie sollen dazu beitragen, dass Mütter, Väter und andere Erziehungsberechtigte ihre Erziehungsverantwortung besser wahrnehmen können. 3Sie sollen auch Wege aufzeigen, wie Konfliktsituationen in der Familie gewaltfrei gelöst werden können.

(2) Leistungen zur Förderung der Erziehung in der Familie sind insbesondere

1. Angebote der Familienbildung, die auf Bedürfnisse und Interessen sowie auf Erfahrungen von Familien in unterschiedlichen Lebenslagen und Erziehungssituationen eingehen, die Familien in ihrer Gesundheitskompetenz stärken, die Familie zur Mitarbeit in Erziehungseinrichtungen und in Formen der Selbst- und Nachbarschaftshilfe besser befähigen sowie junge Menschen auf Ehe, Partnerschaft und das Zusammenleben mit Kindern vorbereiten,
2. Angebote der Beratung in allgemeinen Fragen der Erziehung und Entwicklung junger Menschen,
3. Angebote der Familienfreizeit und der Familienerholung, insbesondere in belastenden Familiensituationen, die bei Bedarf die erzieherische Betreuung der Kinder einschließen.

(3) Müttern und Vätern sowie schwangeren Frauen und werdenden Vätern sollen Beratung und Hilfe in Fragen der Partnerschaft und des Aufbaus elterlicher Erziehungs- und Beziehungskompetenzen angeboten werden.

(4) Das Nähere über Inhalt und Umfang der Aufgaben regelt das Landesrecht.

§ 17 Beratung in Fragen der Partnerschaft, Trennung und Scheidung

(1) 1Mütter und Väter haben im Rahmen der Jugendhilfe Anspruch auf Beratung in Fragen der Partnerschaft, wenn sie für ein Kind oder einen Jugendlichen zu sorgen haben oder tatsächlich sorgen. 2Die Beratung soll helfen,

1. ein partnerschaftliches Zusammenleben in der Familie aufzubauen,
2. Konflikte und Krisen in der Familie zu bewältigen,

3. im Falle der Trennung oder Scheidung die Bedingungen für eine dem Wohl des Kindes oder des Jugendlichen förderliche Wahrnehmung der Elternverantwortung zu schaffen.

(2) Im Fall der Trennung und Scheidung sind Eltern unter angemessener Beteiligung des betroffenen Kindes oder Jugendlichen bei der Entwicklung eines einvernehmlichen Konzepts für die Wahrnehmung der elterlichen Sorge und der elterlichen Verantwortung zu unterstützen; dieses Konzept kann auch als Grundlage für einen Vergleich oder eine gerichtliche Entscheidung im familiengerichtlichen Verfahren dienen.

(3) Die Gerichte teilen die Rechtshängigkeit von Scheidungssachen, wenn gemeinschaftliche minderjährige Kinder vorhanden sind, sowie Namen und Anschriften der beteiligten Eheleute und Kinder dem Jugendamt mit, damit dieses die Eltern über das Leistungsangebot der Jugendhilfe nach Absatz 2 unterrichtet.

§ 18 Beratung und Unterstützung bei der Ausübung der Personensorge und des Umgangsrechts

(1) Mütter und Väter, die allein für ein Kind oder einen Jugendlichen zu sorgen haben oder tatsächlich sorgen, haben Anspruch auf Beratung und Unterstützung

1. bei der Ausübung der Personensorge einschließlich der Geltendmachung von Unterhalts- oder Unterhaltsersatzansprüchen des Kindes oder Jugendlichen,
2. bei der Geltendmachung ihrer Unterhaltsansprüche nach § 1615l des Bürgerlichen Gesetzbuchs.

(2) Mütter und Väter, die mit dem anderen Elternteil nicht verheiratet sind, haben Anspruch auf Beratung über die Abgabe einer Sorgeerklärung und die Möglichkeit der gerichtlichen Übertragung der gemeinsamen elterlichen Sorge.

(3) $_1$Kinder und Jugendliche haben Anspruch auf Beratung und Unterstützung bei der Ausübung des Umgangsrechts nach § 1684 Absatz 1 des Bürgerlichen Gesetzbuchs. $_2$Sie sollen darin unterstützt werden, dass die Personen, die nach Maßgabe der §§ 1684, 1685 und 1686a des Bürgerlichen Gesetzbuchs zum Umgang mit ihnen berechtigt sind, von diesem Recht zu ihrem Wohl Gebrauch machen. $_3$Eltern, andere Umgangsberechtigte sowie Personen, in deren Obhut sich das Kind befindet, haben Anspruch auf Beratung und Unterstützung bei der Ausübung des Umgangsrechts. $_4$Bei der Befugnis, Auskunft über die persönlichen Verhältnisse des Kindes zu verlangen, bei der Herstellung von Umgangskontakten und bei der Ausführung gerichtlicher oder vereinbarter Umgangsregelungen soll vermittelt und in geeigneten Fällen Hilfestellung geleistet werden.

(4) Ein junger Volljähriger hat bis zur Vollendung des 21. Lebensjahres Anspruch auf Beratung und Unterstützung bei der Geltendmachung von Unterhalts- oder Unterhaltsersatzansprüchen.

§ 19 Gemeinsame Wohnformen für Mütter/Väter und Kinder

(1) $_1$Mütter oder Väter, die allein für ein Kind unter sechs Jahren zu sorgen haben oder tatsächlich sorgen, sollen gemeinsam mit dem Kind in einer geeigneten Wohnform betreut werden, wenn und solange sie auf Grund ihrer Persönlichkeitsentwicklung dieser Form der Unterstützung bei der Pflege und Erziehung des Kindes bedürfen. $_2$Die Betreuung schließt auch ältere Geschwister ein, sofern die Mutter oder der Vater für sie allein zu sorgen hat. $_3$Eine schwangere Frau kann auch vor der Geburt des Kindes in der Wohnform betreut werden.

(2) Während dieser Zeit soll darauf hingewirkt werden, dass die Mutter oder der Vater eine schulische oder berufliche Ausbildung beginnt oder fortführt oder eine Berufstätigkeit aufnimmt.

(3) Die Leistung soll auch den notwendigen Unterhalt der betreuten Personen sowie die Krankenhilfe nach Maßgabe des § 40 umfassen.

VIII

§ 20 Betreuung und Versorgung des Kindes in Notsituationen

(1) Fällt der Elternteil, der die überwiegende Betreuung des Kindes übernommen hat, für die Wahrnehmung dieser Aufgabe aus gesundheitlichen oder anderen zwingenden Gründen aus, so soll der andere Elternteil bei der Betreuung und Versorgung des im Haushalt lebenden Kindes unterstützt werden, wenn

1. er wegen berufsbedingter Abwesenheit nicht in der Lage ist, die Aufgabe wahrzunehmen,
2. die Hilfe erforderlich ist, um das Wohl des Kindes zu gewährleisten,
3. Angebote der Förderung des Kindes in Tageseinrichtungen oder in Kindertagespflege nicht ausreichen.

(2) Fällt ein allein erziehender Elternteil oder fallen beide Elternteile aus gesundheitlichen oder anderen zwingenden Gründen aus, so soll unter der Voraussetzung des Absatzes 1 Nummer 3 das Kind im elterlichen Haushalt versorgt und betreut werden, wenn und solange es für sein Wohl erforderlich ist.

§ 21 Unterstützung bei notwendiger Unterbringung zur Erfüllung der Schulpflicht

1Können Personensorgeberechtigte wegen des mit ihrer beruflichen Tätigkeit verbundenen ständigen Ortswechsels die Erfüllung der Schulpflicht ihres Kindes oder Jugendlichen nicht sicherstellen und ist deshalb eine anderweitige Unterbringung des Kindes oder des Jugendlichen notwendig, so haben sie Anspruch auf Beratung und Unterstützung. 2In geeigneten Fällen können die Kosten der Unterbringung in einer für das Kind oder den Jugendlichen geeigneten Wohnform einschließlich des notwendigen Unterhalts sowie die Krankenhilfe übernommen werden. 3Die Leistung kann über das schulpflichtige Alter hinaus gewährt werden, sofern eine begonnene Schulausbildung noch nicht abgeschlossen ist, längstens aber bis zur Vollendung des 21. Lebensjahres.

Dritter Abschnitt
Förderung von Kindern in Tageseinrichtungen und in Kindertagespflege

§ 22 Grundsätze der Förderung

(1) 1Tageseinrichtungen sind Einrichtungen, in denen sich Kinder für einen Teil des Tages oder ganztägig aufhalten und in Gruppen gefördert werden. 2Kindertagespflege wird von einer geeigneten Tagespflegeperson in ihrem Haushalt oder im Haushalt des Personensorgeberechtigten geleistet. 3Das Nähere über die Abgrenzung von Tageseinrichtungen und Kindertagespflege regelt das Landesrecht. 4Es kann auch regeln, dass Kindertagespflege in anderen geeigneten Räumen geleistet wird.

(2) Tageseinrichtungen für Kinder und Kindertagespflege sollen

1. die Entwicklung des Kindes zu einer eigenverantwortlichen und gemeinschaftsfähigen Persönlichkeit fördern,
2. die Erziehung und Bildung in der Familie unterstützen und ergänzen,
3. den Eltern dabei helfen, Erwerbstätigkeit und Kindererziehung besser miteinander vereinbaren zu können.

(3) 1Der Förderungsauftrag umfasst Erziehung, Bildung und Betreuung des Kindes und bezieht sich auf die soziale, emotionale, körperliche und geistige Entwicklung des Kindes. 2Er schließt die Vermittlung orientierender Werte und Regeln ein. 3Die Förderung soll sich am Alter und Entwicklungsstand, den sprachlichen und sonstigen Fähigkeiten, der Lebenssituation sowie den Interessen und Bedürfnissen des einzelnen Kindes orientieren und seine ethnische Herkunft berücksichtigen.

§ 22a Förderung in Tageseinrichtungen

(1) 1Die Träger der öffentlichen Jugendhilfe sollen die Qualität der Förderung in ihren Einrichtungen durch geeignete Maßnahmen sicherstellen und weiterentwickeln. 2Dazu gehören die Entwicklung und der Einsatz einer pädagogischen Konzeption als Grundlage für die Erfüllung des Förderungsauftrags sowie der Einsatz von Instrumenten und Ver-

fahren zur Evaluation der Arbeit in den Einrichtungen.

(2) 1Die Träger der öffentlichen Jugendhilfe sollen sicherstellen, dass die Fachkräfte in ihren Einrichtungen zusammenarbeiten

1. mit den Erziehungsberechtigten und Tagespflegepersonen zum Wohl der Kinder und zur Sicherung der Kontinuität des Erziehungsprozesses,
2. mit anderen kinder- und familienbezogenen Institutionen und Initiativen im Gemeinwesen, insbesondere solchen der Familienbildung und -beratung,
3. mit den Schulen, um den Kindern einen guten Übergang in die Schule zu sichern und um die Arbeit mit Schulkindern in Horten und altersgemischten Gruppen zu unterstützen.

2Die Erziehungsberechtigten sind an den Entscheidungen in wesentlichen Angelegenheiten der Erziehung, Bildung und Betreuung zu beteiligen.

(3) 1Das Angebot soll sich pädagogisch und organisatorisch an den Bedürfnissen der Kinder und ihrer Familien orientieren. 2Werden Einrichtungen in den Ferienzeiten geschlossen, so hat der Träger der öffentlichen Jugendhilfe für die Kinder, die nicht von den Erziehungsberechtigten betreut werden können, eine anderweitige Betreuungsmöglichkeit sicherzustellen.

(4) 1Kinder mit und ohne Behinderung sollen, sofern der Hilfebedarf dies zulässt, in Gruppen gemeinsam gefördert werden. 2Zu diesem Zweck sollen die Träger der öffentlichen Jugendhilfe mit den Trägern der Sozialhilfe bei der Planung, konzeptionellen Ausgestaltung und Finanzierung des Angebots zusammenarbeiten.

(5) Die Träger der öffentlichen Jugendhilfe sollen die Realisierung des Förderungsauftrages nach Maßgabe der Absätze 1 bis 4 in den Einrichtungen anderer Träger durch geeignete Maßnahmen sicherstellen.

§ 23 Förderung in Kindertagespflege

(1) Die Förderung in Kindertagespflege nach Maßgabe von § 24 umfasst die Vermittlung des Kindes zu einer geeigneten Tagespflegeperson, soweit diese nicht von der erziehungsberechtigten Person nachgewiesen wird, deren fachliche Beratung, Begleitung und weitere Qualifizierung sowie die Gewährung einer laufenden Geldleistung an die Tagespflegeperson.

(2) Die laufende Geldleistung nach Absatz 1 umfasst

1. die Erstattung angemessener Kosten, die der Tagespflegeperson für den Sachaufwand entstehen,
2. einen Betrag zur Anerkennung ihrer Förderungsleistung nach Maßgabe von Absatz 2a,
3. die Erstattung nachgewiesener Aufwendungen für Beiträge zu einer Unfallversicherung sowie die hälftige Erstattung nachgewiesener Aufwendungen zu einer angemessenen Alterssicherung der Tagespflegeperson und
4. die hälftige Erstattung nachgewiesener Aufwendungen zu einer angemessenen Krankenversicherung und Pflegeversicherung.

(2a) 1Die Höhe der laufenden Geldleistung wird von den Trägern der öffentlichen Jugendhilfe festgelegt, soweit Landesrecht nicht etwas anderes bestimmt. 2Der Betrag zur Anerkennung der Förderungsleistung der Tagespflegeperson ist leistungsgerecht auszugestalten. 3Dabei sind der zeitliche Umfang der Leistung und die Anzahl sowie der Förderbedarf der betreuten Kinder zu berücksichtigen.

(3) 1Geeignet im Sinne von Absatz 1 sind Personen, die sich durch ihre Persönlichkeit, Sachkompetenz und Kooperationsbereitschaft mit Erziehungsberechtigten und anderen Tagespflegepersonen auszeichnen und über kindgerechte Räumlichkeiten verfügen. 2Sie sollen über vertiefte Kenntnisse hinsichtlich der Anforderungen der Kindertagespflege verfügen, die sie in qualifizierten Lehrgängen erworben oder in anderer Weise nachgewiesen haben.

(4) 1Erziehungsberechtigte und Tagespflegepersonen haben Anspruch auf Beratung in

allen Fragen der Kindertagespflege. 2Für Ausfallzeiten einer Tagespflegeperson ist rechtzeitig eine andere Betreuungsmöglichkeit für das Kind sicherzustellen. 3Zusammenschlüsse von Tagespflegepersonen sollen beraten, unterstützt und gefördert werden.

§ 24 Anspruch auf Förderung in Tageseinrichtungen und in Kindertagespflege

(1) 1Ein Kind, das das erste Lebensjahr noch nicht vollendet hat, ist in einer Einrichtung oder in Kindertagespflege zu fördern, wenn

1. diese Leistung für seine Entwicklung zu einer eigenverantwortlichen und gemeinschaftsfähigen Persönlichkeit geboten ist oder
2. die Erziehungsberechtigten
   a) einer Erwerbstätigkeit nachgehen, eine Erwerbstätigkeit aufnehmen oder Arbeit suchend sind,
   b) sich in einer beruflichen Bildungsmaßnahme, in der Schulausbildung oder Hochschulausbildung befinden oder
   c) Leistungen zur Eingliederung in Arbeit im Sinne des Zweiten Buches erhalten.

2Lebt das Kind nur mit einem Erziehungsberechtigten zusammen, so tritt diese Person an die Stelle der Erziehungsberechtigten. 3Der Umfang der täglichen Förderung richtet sich nach dem individuellen Bedarf.

(2) 1Ein Kind, das das erste Lebensjahr vollendet hat, hat bis zur Vollendung des dritten Lebensjahres Anspruch auf frühkindliche Förderung in einer Tageseinrichtung oder in Kindertagespflege. 2Absatz 1 Satz 3 gilt entsprechend.

(3) 1Ein Kind, das das dritte Lebensjahr vollendet hat, hat bis zum Schuleintritt Anspruch auf Förderung in einer Tageseinrichtung. 2Die Träger der öffentlichen Jugendhilfe haben darauf hinzuwirken, dass für diese Altersgruppe ein bedarfsgerechtes Angebot an Ganztagsplätzen zur Verfügung steht. 3Das Kind kann bei besonderem Bedarf oder ergänzend auch in Kindertagespflege gefördert werden.

(4) 1Für Kinder im schulpflichtigen Alter ist ein bedarfsgerechtes Angebot in Tageseinrichtungen vorzuhalten. 2Absatz 1 Satz 3 und Absatz 3 Satz 3 gelten entsprechend.

(5) 1Die Träger der öffentlichen Jugendhilfe oder die von ihnen beauftragten Stellen sind verpflichtet, Eltern oder Elternteile, die Leistungen nach den Absätzen 1 bis 4 in Anspruch nehmen wollen, über das Platzangebot im örtlichen Einzugsbereich und die pädagogische Konzeption der Einrichtungen zu informieren und sie bei der Auswahl zu beraten. 2Landesrecht kann bestimmen, dass die erziehungsberechtigten Personen den zuständigen Träger der öffentlichen Jugendhilfe oder die beauftragte Stelle innerhalb einer bestimmten Frist vor der beabsichtigten Inanspruchnahme der Leistung in Kenntnis setzen.

(6) Weitergehendes Landesrecht bleibt unberührt.

§ 24a (weggefallen)

§ 25 Unterstützung selbst organisierter Förderung von Kindern

Mütter, Väter und andere Erziehungsberechtigte, die die Förderung von Kindern selbst organisieren wollen, sollen beraten und unterstützt werden.

§ 26 Landesrechtsvorbehalt

1Das Nähere über Inhalt und Umfang der in diesem Abschnitt geregelten Aufgaben und Leistungen regelt das Landesrecht. 2Am 31. Dezember 1990 geltende landesrechtliche Regelungen, die das Kindergartenwesen dem Bildungsbereich zuweisen, bleiben unberührt.

Vierter Abschnitt
Hilfe zur Erziehung, Eingliederungshilfe für seelisch behinderte Kinder und Jugendliche, Hilfe für junge Volljährige

Erster Unterabschnitt
Hilfe zur Erziehung

§ 27 Hilfe zur Erziehung

(1) Ein Personensorgeberechtigter hat bei der Erziehung eines Kindes oder eines Jugendlichen Anspruch auf Hilfe (Hilfe zur Erziehung), wenn eine dem Wohl des Kindes oder des Jugendlichen entsprechende Erziehung nicht gewährleistet ist und die Hilfe für seine Entwicklung geeignet und notwendig ist.

(2) $_1$Hilfe zur Erziehung wird insbesondere nach Maßgabe der §§ 28 bis 35 gewährt. $_2$Art und Umfang der Hilfe richten sich nach dem erzieherischen Bedarf im Einzelfall; dabei soll das engere soziale Umfeld des Kindes oder des Jugendlichen einbezogen werden. $_3$Die Hilfe ist in der Regel im Inland zu erbringen; sie darf nur dann im Ausland erbracht werden, wenn dies nach Maßgabe der Hilfeplanung zur Erreichung des Hilfezieles im Einzelfall erforderlich ist.

(2a) Ist eine Erziehung des Kindes oder Jugendlichen außerhalb des Elternhauses erforderlich, so entfällt der Anspruch auf Hilfe zur Erziehung nicht dadurch, dass eine andere unterhaltspflichtige Person bereit ist, diese Aufgabe zu übernehmen; die Gewährung von Hilfe zur Erziehung setzt in diesem Fall voraus, dass diese Person bereit und geeignet ist, den Hilfebedarf in Zusammenarbeit mit dem Träger der öffentlichen Jugendhilfe nach Maßgabe der §§ 36 und 37 zu decken.

(3) $_1$Hilfe zur Erziehung umfasst insbesondere die Gewährung pädagogischer und damit verbundener therapeutischer Leistungen. $_2$Sie soll bei Bedarf Ausbildungs- und Beschäftigungsmaßnahmen im Sinne des § 13 Absatz 2 einschließen.

(4) Wird ein Kind oder eine Jugendliche während ihres Aufenthalts in einer Einrichtung oder einer Pflegefamilie selbst Mutter eines Kindes, so umfasst die Hilfe zur Erziehung auch die Unterstützung bei der Pflege und Erziehung dieses Kindes.

§ 28 Erziehungsberatung

$_1$Erziehungsberatungsstellen und andere Beratungsdienste und -einrichtungen sollen Kinder, Jugendliche, Eltern und andere Erziehungsberechtigte bei der Klärung und Bewältigung individueller und familienbezogener Probleme und der zugrunde liegenden Faktoren, bei der Lösung von Erziehungsfragen sowie bei Trennung und Scheidung unterstützen. $_2$Dabei sollen Fachkräfte verschiedener Fachrichtungen zusammenwirken, die mit unterschiedlichen methodischen Ansätzen vertraut sind.

§ 29 Soziale Gruppenarbeit

$_1$Die Teilnahme an sozialer Gruppenarbeit soll älteren Kindern und Jugendlichen bei der Überwindung von Entwicklungsschwierigkeiten und Verhaltensproblemen helfen. $_2$Soziale Gruppenarbeit soll auf der Grundlage eines gruppenpädagogischen Konzepts die Entwicklung älterer Kinder und Jugendlicher durch soziales Lernen in der Gruppe fördern.

§ 30 Erziehungsbeistand, Betreuungshelfer

Der Erziehungsbeistand und der Betreuungshelfer sollen das Kind oder den Jugendlichen bei der Bewältigung von Entwicklungsproblemen möglichst unter Einbeziehung des sozialen Umfelds unterstützen und unter Erhaltung des Lebensbezugs zur Familie seine Verselbständigung fördern.

§ 31 Sozialpädagogische Familienhilfe

$_1$Sozialpädagogische Familienhilfe soll durch intensive Betreuung und Begleitung Familien in ihren Erziehungsaufgaben, bei der Bewältigung von Alltagsproblemen, der Lösung von Konflikten und Krisen sowie im Kontakt mit Ämtern und Institutionen unterstützen und Hilfe zur Selbsthilfe geben. $_2$Sie ist in der Regel auf längere Dauer angelegt und erfordert die Mitarbeit der Familie.

§ 32 Erziehung in einer Tagesgruppe

$_1$Hilfe zur Erziehung in einer Tagesgruppe soll die Entwicklung des Kindes oder des Jugendlichen durch soziales Lernen in der Gruppe, Begleitung der schulischen Förderung und Elternarbeit unterstützen und dadurch den Verbleib des Kindes oder des Jugendlichen in seiner Familie sichern. $_2$Die Hilfe kann auch in geeigneten Formen der Familienpflege geleistet werden.

§ 33 Vollzeitpflege

$_1$Hilfe zur Erziehung in Vollzeitpflege soll entsprechend dem Alter und Entwicklungsstand des Kindes oder des Jugendlichen und seinen persönlichen Bindungen sowie den Möglichkeiten der Verbesserung der Erziehungsbedingungen in der Herkunftsfamilie Kindern und Jugendlichen in einer anderen Familie eine zeitlich befristete Erziehungshilfe oder eine auf Dauer angelegte Lebensform bieten. $_2$Für besonders entwicklungsbeeinträchtigte Kinder und Jugendliche sind geeignete Formen der Familienpflege zu schaffen und auszubauen.

§ 34 Heimerziehung, sonstige betreute Wohnform

$_1$Hilfe zur Erziehung in einer Einrichtung über Tag und Nacht (Heimerziehung) oder in einer sonstigen betreuten Wohnform soll Kinder und Jugendliche durch eine Verbindung von Alltagserleben mit pädagogischen und therapeutischen Angeboten in ihrer Entwicklung fördern. $_2$Sie soll entsprechend dem Alter und Entwicklungsstand des Kindes oder des Jugendlichen sowie den Möglichkeiten der Verbesserung der Erziehungsbedingungen in der Herkunftsfamilie

1. eine Rückkehr in die Familie zu erreichen versuchen oder
2. die Erziehung in einer anderen Familie vorbereiten oder
3. eine auf längere Zeit angelegte Lebensform bieten und auf ein selbständiges Leben vorbereiten.

$_3$Jugendliche sollen in Fragen der Ausbildung und Beschäftigung sowie der allgemeinen Lebensführung beraten und unterstützt werden.

§ 35 Intensive sozialpädagogische Einzelbetreuung

$_1$Intensive sozialpädagogische Einzelbetreuung soll Jugendlichen gewährt werden, die einer intensiven Unterstützung zur sozialen Integration und zu einer eigenverantwortlichen Lebensführung bedürfen. $_2$Die Hilfe ist in der Regel auf längere Zeit angelegt und soll den individuellen Bedürfnissen des Jugendlichen Rechnung tragen.

Zweiter Unterabschnitt
Eingliederungshilfe für seelisch behinderte Kinder und Jugendliche

§ 35a Eingliederungshilfe für seelisch behinderte Kinder und Jugendliche

(1) $_1$Kinder oder Jugendliche haben Anspruch auf Eingliederungshilfe, wenn

1. ihre seelische Gesundheit mit hoher Wahrscheinlichkeit länger als sechs Monate von dem für ihr Lebensalter typischen Zustand abweicht, und
2. daher ihre Teilhabe am Leben in der Gesellschaft beeinträchtigt ist oder eine solche Beeinträchtigung zu erwarten ist.

$_2$Von einer seelischen Behinderung bedroht im Sinne dieses Buches sind Kinder oder Jugendliche, bei denen eine Beeinträchtigung ihrer Teilhabe am Leben in der Gesellschaft nach fachlicher Erkenntnis mit hoher Wahrscheinlichkeit zu erwarten ist. $_3$§ 27 Absatz 4 gilt entsprechend.

(1a) $_1$Hinsichtlich der Abweichung der seelischen Gesundheit nach Absatz 1 Satz 1 Nummer 1 hat der Träger der öffentlichen Jugendhilfe die Stellungnahme

1. eines Arztes für Kinder- und Jugendpsychiatrie und -psychotherapie,
2. eines Kinder- und Jugendpsychotherapeuten oder
3. eines Arztes oder eines psychologischen Psychotherapeuten, der über besondere Erfahrungen auf dem Gebiet seelischer

Störungen bei Kindern und Jugendlichen verfügt,

einzuholen. 2Die Stellungnahme ist auf der Grundlage der Internationalen Klassifikation der Krankheiten in der vom Deutschen Institut für medizinische Dokumentation und Information herausgegebenen deutschen Fassung zu erstellen. 3Dabei ist auch darzulegen, ob die Abweichung Krankheitswert hat oder auf einer Krankheit beruht. 4Die Hilfe soll nicht von der Person oder dem Dienst oder der Einrichtung, der die Person angehört, die die Stellungnahme abgibt, erbracht werden.

(2) Die Hilfe wird nach dem Bedarf im Einzelfall

1. in ambulanter Form,
2. in Tageseinrichtungen für Kinder oder in anderen teilstationären Einrichtungen,
3. durch geeignete Pflegepersonen und
4. in Einrichtungen über Tag und Nacht sowie sonstigen Wohnformen geleistet.

(3) Aufgabe und Ziel der Hilfe, die Bestimmung des Personenkreises sowie die Art der Leistungen richten sich nach § 53 Absatz 3 und 4 Satz 1, den §§ 54, 56 und 57 des Zwölften Buches, soweit diese Bestimmungen auch auf seelisch behinderte oder von einer solchen Behinderung bedrohte Personen Anwendung finden.

(4) 1Ist gleichzeitig Hilfe zur Erziehung zu leisten, so sollen Einrichtungen, Dienste und Personen in Anspruch genommen werden, die geeignet sind, sowohl die Aufgaben der Eingliederungshilfe zu erfüllen als auch den erzieherischen Bedarf zu decken. 2Sind heilpädagogische Maßnahmen für Kinder, die noch nicht im schulpflichtigen Alter sind, in Tageseinrichtungen für Kinder zu gewähren und lässt der Hilfebedarf es zu, so sollen Einrichtungen in Anspruch genommen werden, in denen behinderte und nicht behinderte Kinder gemeinsam betreut werden.

Dritter Unterabschnitt Gemeinsame Vorschriften für die Hilfe zur Erziehung und die Eingliederungshilfe für seelisch behinderte Kinder und Jugendliche

§ 36 Mitwirkung, Hilfeplan

(1) 1Der Personensorgeberechtigte und das Kind oder der Jugendliche sind vor der Entscheidung über die Inanspruchnahme einer Hilfe und vor einer notwendigen Änderung von Art und Umfang der Hilfe zu beraten und auf die möglichen Folgen für die Entwicklung des Kindes oder des Jugendlichen hinzuweisen. 2Vor und während einer langfristig zu leistenden Hilfe außerhalb der eigenen Familie ist zu prüfen, ob die Annahme als Kind in Betracht kommt. 3Ist Hilfe außerhalb der eigenen Familie erforderlich, so sind die in Satz 1 genannten Personen bei der Auswahl der Einrichtung oder der Pflegestelle zu beteiligen. 4Der Wahl und den Wünschen ist zu entsprechen, sofern sie nicht mit unverhältnismäßigen Mehrkosten verbunden sind. 5Wünschen die in Satz 1 genannten Personen die Erbringung einer in § 78a genannten Leistung in einer Einrichtung, mit deren Träger keine Vereinbarungen nach § 78b bestehen, so soll der Wahl nur entsprochen werden, wenn die Erbringung der Leistung in dieser Einrichtung nach Maßgabe des Hilfeplans nach Absatz 2 geboten ist.

(2) 1Die Entscheidung über die im Einzelfall angezeigte Hilfeart soll, wenn Hilfe voraussichtlich für längere Zeit zu leisten ist, im Zusammenwirken mehrerer Fachkräfte getroffen werden. 2Als Grundlage für die Ausgestaltung der Hilfe sollen sie zusammen mit dem Personensorgeberechtigten und dem Kind oder dem Jugendlichen einen Hilfeplan aufstellen, der Feststellungen über den Bedarf, die zu gewährende Art der Hilfe sowie die notwendigen Leistungen enthält; sie sollen regelmäßig prüfen, ob die gewählte Hilfeart weiterhin geeignet oder notwendig ist. 3Werden bei der Durchführung der Hilfe andere Personen, Dienste oder Einrichtungen tätig, so sind sie oder deren Mitarbeiter an der Aufstellung des Hilfeplans und seiner

Überprüfung zu beteiligen. 4Erscheinen Maßnahmen der beruflichen Eingliederung erforderlich, so sollen auch die für die Eingliederung zuständigen Stellen beteiligt werden.

(3) Erscheinen Hilfen nach § 35a erforderlich, so soll bei der Aufstellung und Änderung des Hilfeplans sowie bei der Durchführung der Hilfe die Person, die eine Stellungnahme nach § 35a Abs. 1a abgegeben hat, beteiligt werden.

(4) Vor einer Entscheidung über die Gewährung einer Hilfe, die ganz oder teilweise im Ausland erbracht wird, soll zur Feststellung einer seelischen Störung mit Krankheitswert die Stellungnahme einer in § 35a Absatz 1a Satz 1 genannten Person eingeholt werden.

§ 36a Steuerungsverantwortung, Selbstbeschaffung

(1) 1Der Träger der öffentlichen Jugendhilfe trägt die Kosten der Hilfe grundsätzlich nur dann, wenn sie auf der Grundlage seiner Entscheidung nach Maßgabe des Hilfeplans unter Beachtung des Wunsch- und Wahlrechts erbracht wird; dies gilt auch in den Fällen, in denen Eltern durch das Familiengericht oder Jugendliche und junge Volljährige durch den Jugendrichter zur Inanspruchnahme von Hilfen verpflichtet werden. 2Die Vorschriften über die Heranziehung zu den Kosten der Hilfe bleiben unberührt.

(2) 1Abweichend von Absatz 1 soll der Träger der öffentlichen Jugendhilfe die niedrigschwellige unmittelbare Inanspruchnahme von ambulanten Hilfen, insbesondere der Erziehungsberatung, zulassen. 2Dazu soll er mit den Leistungserbringern Vereinbarungen schließen, in denen die Voraussetzungen und die Ausgestaltung der Leistungserbringung sowie die Übernahme der Kosten geregelt werden.

(3) 1Werden Hilfen abweichend von den Absätzen 1 und 2 vom Leistungsberechtigten selbst beschafft, so ist der Träger der öffentlichen Jugendhilfe zur Übernahme der erforderlichen Aufwendungen nur verpflichtet, wenn

1. der Leistungsberechtigte den Träger der öffentlichen Jugendhilfe vor der Selbstbeschaffung über den Hilfebedarf in Kenntnis gesetzt hat,
2. die Voraussetzungen für die Gewährung der Hilfe vorlagen und
3. die Deckung des Bedarfs
   a) bis zu einer Entscheidung des Trägers der öffentlichen Jugendhilfe über die Gewährung der Leistung oder
   b) bis zu einer Entscheidung über ein Rechtsmittel nach einer zu Unrecht abgelehnten Leistung

keinen zeitlichen Aufschub geduldet hat.

2War es dem Leistungsberechtigten unmöglich, den Träger der öffentlichen Jugendhilfe rechtzeitig über den Hilfebedarf in Kenntnis zu setzen, so hat er dies unverzüglich nach Wegfall des Hinderungsgrundes nachzuholen.

§ 37 Zusammenarbeit bei Hilfen außerhalb der eigenen Familie

(1) 1Bei Hilfen nach §§ 32 bis 34 und § 35a Absatz 2 Nummer 3 und 4 soll darauf hingewirkt werden, dass die Pflegeperson oder die in der Einrichtung für die Erziehung verantwortlichen Personen und die Eltern zum Wohl des Kindes oder des Jugendlichen zusammenarbeiten. 2Durch Beratung und Unterstützung sollen die Erziehungsbedingungen in der Herkunftsfamilie innerhalb eines im Hinblick auf die Entwicklung des Kindes oder Jugendlichen vertretbaren Zeitraums so weit verbessert werden, dass sie das Kind oder den Jugendlichen wieder selbst erziehen kann. 3Während dieser Zeit soll durch begleitende Beratung und Unterstützung der Familien darauf hingewirkt werden, dass die Beziehung des Kindes oder Jugendlichen zur Herkunftsfamilie gefördert wird. 4Ist eine nachhaltige Verbesserung der Erziehungsbedingungen in der Herkunftsfamilie innerhalb dieses Zeitraums nicht erreichbar, so soll mit den beteiligten Personen eine andere, dem Wohl des Kindes oder des Jugendlichen förderliche und auf Dauer angelegte Lebensperspektive erarbeitet werden.

(2) 1Die Pflegeperson hat vor der Aufnahme des Kindes oder Jugendlichen und während

der Dauer des Pflegeverhältnisses Anspruch auf Beratung und Unterstützung; dies gilt auch in den Fällen, in denen für das Kind oder den Jugendlichen weder Hilfe zur Erziehung noch Eingliederungshilfe gewährt wird oder die Pflegeperson nicht der Erlaubnis zur Vollzeitpflege nach § 44 bedarf. $_{2}$Lebt das Kind oder der Jugendliche bei einer Pflegeperson außerhalb des Bereichs des zuständigen Trägers der öffentlichen Jugendhilfe, so sind ortsnahe Beratung und Unterstützung sicherzustellen. $_{3}$Der zuständige Träger der öffentlichen Jugendhilfe hat die aufgewendeten Kosten einschließlich der Verwaltungskosten auch in den Fällen zu erstatten, in denen die Beratung und Unterstützung im Wege der Amtshilfe geleistet wird. $_{4}$§ 23 Absatz 4 Satz 3 gilt entsprechend.

(2a) $_{1}$Die Art und Weise der Zusammenarbeit sowie die damit im Einzelfall verbundenen Ziele sind im Hilfeplan zu dokumentieren. $_{2}$Bei Hilfen nach den §§ 33, 35a Absatz 2 Nummer 3 und § 41 zählen dazu auch der vereinbarte Umfang der Beratung der Pflegeperson sowie die Höhe der laufenden Leistungen zum Unterhalt des Kindes oder Jugendlichen. $_{3}$Eine Abweichung von den dort getroffenen Feststellungen ist nur bei einer Änderung des Hilfebedarfs und entsprechender Änderung des Hilfeplans zulässig.

(3) $_{1}$Das Jugendamt soll den Erfordernissen des Einzelfalls entsprechend an Ort und Stelle überprüfen, ob die Pflegeperson eine dem Wohl des Kindes oder des Jugendlichen förderliche Erziehung gewährleistet. $_{2}$Die Pflegeperson hat das Jugendamt über wichtige Ereignisse zu unterrichten, die das Wohl des Kindes oder des Jugendlichen betreffen.

§ 38 Vermittlung bei der Ausübung der Personensorge

Sofern der Inhaber der Personensorge durch eine Erklärung nach § 1688 Absatz 3 Satz 1 des Bürgerlichen Gesetzbuchs die Vertretungsmacht der Pflegeperson soweit eingeschränkt, dass dies eine dem Wohl des Kindes oder des Jugendlichen förderliche Erziehung nicht mehr ermöglicht, sowie bei sonstigen Meinungsverschiedenheiten sollen die Beteiligten das Jugendamt einschalten.

§ 39 Leistungen zum Unterhalt des Kindes oder des Jugendlichen

(1) $_{1}$Wird Hilfe nach den §§ 32 bis 35 oder nach § 35a Absatz 2 Nummer 2 bis 4 gewährt, so ist auch der notwendige Unterhalt des Kindes oder Jugendlichen außerhalb des Elternhauses sicherzustellen. $_{2}$Er umfasst die Kosten für den Sachaufwand sowie für die Pflege und Erziehung des Kindes oder Jugendlichen.

(2) $_{1}$Der gesamte regelmäßig wiederkehrende Bedarf soll durch laufende Leistungen gedeckt werden. $_{2}$Sie umfassen außer im Fall des § 32 und des § 35a Absatz 2 Nummer 2 auch einen angemessenen Barbetrag zur persönlichen Verfügung des Kindes oder des Jugendlichen. $_{3}$Die Höhe des Betrages wird in den Fällen der §§ 34, 35, 35a Absatz 2 Nummer 4 von der nach Landesrecht zuständigen Behörde festgesetzt; die Beträge sollen nach Altersgruppen gestaffelt sein. $_{4}$Die laufenden Leistungen im Rahmen der Hilfe in Vollzeitpflege (§ 33) oder bei einer geeigneten Pflegeperson (§ 35a Absatz 2 Nummer 3) sind nach den Absätzen 4 bis 6 zu bemessen.

(3) Einmalige Beihilfen oder Zuschüsse können insbesondere zur Erstausstattung einer Pflegestelle, bei wichtigen persönlichen Anlässen sowie für Urlaubs- und Ferienreisen des Kindes oder des Jugendlichen gewährt werden.

(4) $_{1}$Die laufenden Leistungen sollen auf der Grundlage der tatsächlichen Kosten gewährt werden, sofern sie einen angemessenen Umfang nicht übersteigen. $_{2}$Die laufenden Leistungen umfassen auch die Erstattung nachgewiesener Aufwendungen für Beiträge zu einer Unfallversicherung sowie die hälftige Erstattung nachgewiesener Aufwendungen zu einer angemessenen Alterssicherung der Pflegeperson. $_{3}$Sie sollen in einem monatlichen Pauschalbetrag gewährt werden, soweit nicht nach der Besonderheit des Einzelfalls abweichende Leistungen geboten sind. $_{4}$Ist die Pflegeperson in gerader Linie mit dem Kind oder Jugendlichen verwandt und kann

sie diesem unter Berücksichtigung ihrer sonstigen Verpflichtungen und ohne Gefährdung ihres angemessenen Unterhalts Unterhalt gewähren, so kann der Teil des monatlichen Pauschalbetrags, der die Kosten für den Sachaufwand des Kindes oder Jugendlichen betrifft, angemessen gekürzt werden. $_{5}$Wird ein Kind oder ein Jugendlicher im Bereich eines anderen Jugendamts untergebracht, so soll sich die Höhe des zu gewährenden Pauschalbetrages nach den Verhältnissen richten, die am Ort der Pflegestelle gelten.

(5) $_{1}$Die Pauschalbeträge für laufende Leistungen zum Unterhalt sollen von den nach Landesrecht zuständigen Behörden festgesetzt werden. $_{2}$Dabei ist dem altersbedingt unterschiedlichen Unterhaltsbedarf von Kindern und Jugendlichen durch eine Staffelung der Beträge nach Altersgruppen Rechnung zu tragen. $_{3}$Das Nähere regelt Landesrecht.

(6) $_{1}$Wird das Kind oder der Jugendliche im Rahmen des Familienleistungsausgleichs nach § 31 des Einkommensteuergesetzes bei der Pflegeperson berücksichtigt, so ist ein Betrag in Höhe der Hälfte des Betrages, der nach § 66 des Einkommensteuergesetzes für ein erstes Kind zu zahlen ist, auf die laufenden Leistungen anzurechnen. $_{2}$Ist das Kind oder der Jugendliche nicht das älteste Kind in der Pflegefamilie, so ermäßigt sich der Anrechnungsbetrag für dieses Kind oder diesen Jugendlichen auf ein Viertel des Betrages, der für ein erstes Kind zu zahlen ist.

(7) Wird ein Kind oder eine Jugendliche während ihres Aufenthalts in einer Einrichtung oder einer Pflegefamilie selbst Mutter eines Kindes, so ist auch der notwendige Unterhalt dieses Kindes sicherzustellen.

§ 40 Krankenhilfe

$_{1}$Wird Hilfe nach den §§ 33 bis 35 oder nach § 35a Absatz 2 Nummer 3 oder 4 gewährt, so ist auch Krankenhilfe zu leisten; für den Umfang der Hilfe gelten die §§ 47 bis 52 des Zwölften Buches entsprechend. $_{2}$Krankenhilfe muss den im Einzelfall notwendigen Bedarf in voller Höhe befriedigen. $_{3}$Zuzahlungen und Eigenbeteiligungen sind zu übernehmen. $_{4}$Das Jugendamt kann in geeigneten Fällen die Beiträge für eine freiwillige Krankenversicherung übernehmen, soweit sie angemessen sind.

Vierter Unterabschnitt
Hilfe für junge Volljährige

§ 41 Hilfe für junge Volljährige, Nachbetreuung

(1) $_{1}$Einem jungen Volljährigen soll Hilfe für die Persönlichkeitsentwicklung und zu einer eigenverantwortlichen Lebensführung gewährt werden, wenn und solange die Hilfe auf Grund der individuellen Situation des jungen Menschen notwendig ist. $_{2}$Die Hilfe wird in der Regel nur bis zur Vollendung des 21. Lebensjahres gewährt; in begründeten Einzelfällen soll sie für einen begrenzten Zeitraum darüber hinaus fortgesetzt werden.

(2) Für die Ausgestaltung der Hilfe gelten § 27 Absatz 3 und 4 sowie die §§ 28 bis 30, 33 bis 36, 39 und 40 entsprechend mit der Maßgabe, dass an die Stelle des Personensorgeberechtigten oder des Kindes oder des Jugendlichen der junge Volljährige tritt.

(3) Der junge Volljährige soll auch nach Beendigung der Hilfe bei der Verselbständigung im notwendigen Umfang beraten und unterstützt werden.

Drittes Kapitel
Andere Aufgaben der Jugendhilfe

Erster Abschnitt
Vorläufige Maßnahmen zum Schutz von Kindern und Jugendlichen

§ 42 Inobhutnahme von Kindern und Jugendlichen

(1) $_{1}$Das Jugendamt ist berechtigt und verpflichtet, ein Kind oder einen Jugendlichen in seine Obhut zu nehmen, wenn

1. das Kind oder der Jugendliche um Obhut bittet oder
2. eine dringende Gefahr für das Wohl des Kindes oder des Jugendlichen die Inobhutnahme erfordert und

a) die Personensorgeberechtigten nicht widersprechen oder
b) eine familiengerichtliche Entscheidung nicht rechtzeitig eingeholt werden kann oder

3. ein ausländisches Kind oder ein ausländischer Jugendlicher unbegleitet nach Deutschland kommt und sich weder Personensorge- noch Erziehungsberechtigte im Inland aufhalten.

2Die Inobhutnahme umfasst die Befugnis, ein Kind oder einen Jugendlichen bei einer geeigneten Person, in einer geeigneten Einrichtung oder in einer sonstigen Wohnform vorläufig unterzubringen; im Fall von Satz 1 Nummer 2 auch ein Kind oder einen Jugendlichen von einer anderen Person wegzunehmen.

(2) 1Das Jugendamt hat während der Inobhutnahme die Situation, die zur Inobhutnahme geführt hat, zusammen mit dem Kind oder dem Jugendlichen zu klären und Möglichkeiten der Hilfe und Unterstützung aufzuzeigen. 2Dem Kind oder dem Jugendlichen ist unverzüglich Gelegenheit zu geben, eine Person seines Vertrauens zu benachrichtigen. 3Das Jugendamt hat während der Inobhutnahme für das Wohl des Kindes oder des Jugendlichen zu sorgen und dabei den notwendigen Unterhalt und die Krankenhilfe sicherzustellen; § 39 Absatz 4 Satz 2 gilt entsprechend. 4Das Jugendamt ist während der Inobhutnahme berechtigt, alle Rechtshandlungen vorzunehmen, die zum Wohl des Kindes oder Jugendlichen notwendig sind; der mutmaßliche Wille der Personensorge- oder der Erziehungsberechtigten ist dabei angemessen zu berücksichtigen.

(3) 1Das Jugendamt hat im Fall des Absatzes 1 Satz 1 Nummer 1 und 2 die Personensorge- oder Erziehungsberechtigten unverzüglich von der Inobhutnahme zu unterrichten und mit ihnen das Gefährdungsrisiko abzuschätzen. 2Widersprechen die Personensorge- oder Erziehungsberechtigten der Inobhutnahme, so hat das Jugendamt unverzüglich

1. das Kind oder den Jugendlichen den Personensorge- oder Erziehungsberechtigten zu übergeben, sofern nach der Einschätzung des Jugendamts eine Gefährdung des Kindeswohls nicht besteht oder die Personensorge- oder Erziehungsberechtigten bereit und in der Lage sind, die Gefährdung abzuwenden oder
2. eine Entscheidung des Familiengerichts über die erforderlichen Maßnahmen zum Wohl des Kindes oder des Jugendlichen herbeizuführen.

3Sind die Personensorge- oder Erziehungsberechtigten nicht erreichbar, so gilt Satz 2 Nummer 2 entsprechend. 4Im Fall des Absatzes 1 Satz 1 Nummer 3 ist unverzüglich die Bestellung eines Vormunds oder Pflegers zu veranlassen. 5Widersprechen die Personensorgeberechtigten der Inobhutnahme nicht, so ist unverzüglich ein Hilfeplanverfahren zur Gewährung einer Hilfe einzuleiten.

(4) Die Inobhutnahme endet mit

1. der Übergabe des Kindes oder Jugendlichen an die Personensorge- oder Erziehungsberechtigten,
2. der Entscheidung über die Gewährung von Hilfen nach dem Sozialgesetzbuch.

(5) 1Freiheitsentziehende Maßnahmen im Rahmen der Inobhutnahme sind nur zulässig, wenn und soweit sie erforderlich sind, um eine Gefahr für Leib oder Leben des Kindes oder des Jugendlichen oder eine Gefahr für Leib oder Leben Dritter abzuwenden. 2Die Freiheitsentziehung ist ohne gerichtliche Entscheidung spätestens mit Ablauf des Tages nach ihrem Beginn zu beenden.

(6) Ist bei der Inobhutnahme die Anwendung unmittelbaren Zwangs erforderlich, so sind die dazu befugten Stellen hinzuzuziehen.

Zweiter Abschnitt
Schutz von Kindern und Jugendlichen in Familienpflege und in Einrichtungen

§ 43 Erlaubnis zur Kindertagespflege

(1) Eine Person, die ein Kind oder mehrere Kinder außerhalb des Haushalts des Erziehungsberechtigten während eines Teils des Tages und mehr als 15 Stunden wöchentlich

gegen Entgelt länger als drei Monate betreuen will, bedarf der Erlaubnis.

(2) 1Die Erlaubnis ist zu erteilen, wenn die Person für die Kindertagespflege geeignet ist. 2Geeignet im Sinne des Satzes 1 sind Personen, die

1. sich durch ihre Persönlichkeit, Sachkompetenz und Kooperationsbereitschaft mit Erziehungsberechtigten und anderen Tagespflegepersonen auszeichnen und
2. über kindgerechte Räumlichkeiten verfügen.

3Sie sollen über vertiefte Kenntnisse hinsichtlich der Anforderungen der Kindertagespflege verfügen, die sie in qualifizierten Lehrgängen erworben oder in anderer Weise nachgewiesen haben. 4§ 72a Absatz 1 und 5 gilt entsprechend.

(3) 1Die Erlaubnis befugt zur Betreuung von bis zu fünf gleichzeitig anwesenden, fremden Kindern. 2Im Einzelfall kann die Erlaubnis für eine geringere Zahl von Kindern erteilt werden. 3Landesrecht kann bestimmen, dass die Erlaubnis zur Betreuung von mehr als fünf gleichzeitig anwesenden, fremden Kindern erteilt werden kann, wenn die Person über eine pädagogische Ausbildung verfügt; in der Pflegestelle dürfen nicht mehr Kinder betreut werden als in einer vergleichbaren Gruppe einer Tageseinrichtung. 4Die Erlaubnis ist auf fünf Jahre befristet. 5Sie kann mit einer Nebenbestimmung versehen werden. 6Die Tagespflegeperson hat den Träger der öffentlichen Jugendhilfe über wichtige Ereignisse zu unterrichten, die für die Betreuung des oder der Kinder bedeutsam sind.

(4) Erziehungsberechtigte und Tagespflegepersonen haben Anspruch auf Beratung in allen Fragen der Kindertagespflege.

(5) Das Nähere regelt das Landesrecht.

§ 44 Erlaubnis zur Vollzeitpflege

(1) 1Wer ein Kind oder einen Jugendlichen über Tag und Nacht in seinem Haushalt aufnehmen will (Pflegeperson), bedarf der Erlaubnis. 2Einer Erlaubnis bedarf nicht, wer ein Kind oder einen Jugendlichen

1. im Rahmen von Hilfe zur Erziehung oder von Eingliederungshilfe für seelisch behinderte Kinder und Jugendliche auf Grund einer Vermittlung durch das Jugendamt,
2. als Vormund oder Pfleger im Rahmen seines Wirkungskreises,
3. als Verwandter oder Verschwägerter bis zum dritten Grad,
4. bis zur Dauer von acht Wochen,
5. im Rahmen eines Schüler- oder Jugendaustausches,
6. in Adoptionspflege (§ 1744 des Bürgerlichen Gesetzbuchs)

über Tag und Nacht aufnimmt.

(2) 1Die Erlaubnis ist zu versagen, wenn das Wohl des Kindes oder des Jugendlichen in der Pflegestelle nicht gewährleistet ist. 2§ 72a Absatz 1 und 5 gilt entsprechend.

(3) 1Das Jugendamt soll den Erfordernissen des Einzelfalls entsprechend an Ort und Stelle überprüfen, ob die Voraussetzungen für die Erteilung der Erlaubnis weiter bestehen. 2Ist das Wohl des Kindes oder des Jugendlichen in der Pflegestelle gefährdet und ist die Pflegeperson nicht bereit oder in der Lage, die Gefährdung abzuwenden, so ist die Erlaubnis zurückzunehmen oder zu widerrufen.

(4) Wer ein Kind oder einen Jugendlichen in erlaubnispflichtige Familienpflege aufgenommen hat, hat das Jugendamt über wichtige Ereignisse zu unterrichten, die das Wohl des Kindes oder des Jugendlichen betreffen.

§ 45 Erlaubnis für den Betrieb einer Einrichtung

(1) 1Der Träger einer Einrichtung, in der Kinder oder Jugendliche ganztägig oder für einen Teil des Tages betreut werden oder Unterkunft erhalten, bedarf für den Betrieb der Einrichtung der Erlaubnis. 2Einer Erlaubnis bedarf nicht, wer

1. eine Jugendfreizeiteinrichtung, eine Jugendbildungseinrichtung, eine Jugendherberge oder ein Schullandheim betreibt,
2. ein Schülerheim betreibt, das landesgesetzlich der Schulaufsicht untersteht,
3. eine Einrichtung betreibt, die außerhalb der Jugendhilfe liegende Aufgaben für

Kinder oder Jugendliche wahrnimmt, wenn für sie eine entsprechende gesetzliche Aufsicht besteht oder im Rahmen des Hotel- und Gaststättengewerbes der Aufnahme von Kindern oder Jugendlichen dient.

(2) 1Die Erlaubnis ist zu erteilen, wenn das Wohl der Kinder und Jugendlichen in der Einrichtung gewährleistet ist. 2Dies ist in der Regel anzunehmen, wenn

1. die dem Zweck und der Konzeption der Einrichtung entsprechenden räumlichen, fachlichen, wirtschaftlichen und personellen Voraussetzungen für den Betrieb erfüllt sind,
2. die gesellschaftliche und sprachliche Integration und ein gesundheitsförderliches Lebensumfeld in der Einrichtung unterstützt werden sowie die gesundheitliche Vorsorge und die medizinische Betreuung der Kinder und Jugendlichen nicht erschwert werden sowie
3. zur Sicherung der Rechte von Kindern und Jugendlichen in der Einrichtung geeignete Verfahren der Beteiligung sowie der Möglichkeit der Beschwerde in persönlichen Angelegenheiten Anwendung finden.

(3) Zur Prüfung der Voraussetzungen hat der Träger der Einrichtung mit dem Antrag

1. die Konzeption der Einrichtung vorzulegen, die auch Auskunft über Maßnahmen zur Qualitätsentwicklung und -sicherung gibt, sowie
2. im Hinblick auf die Eignung des Personals nachzuweisen, dass die Vorlage und Prüfung von aufgabenspezifischen Ausbildungsnachweisen sowie von Führungszeugnissen nach § 30 Absatz 5 und § 30a Absatz 1 des Bundeszentralregistergesetzes sichergestellt sind; Führungszeugnisse sind von dem Träger der Einrichtung in regelmäßigen Abständen erneut anzufordern und zu prüfen.

(4) 1Die Erlaubnis kann mit Nebenbestimmungen versehen werden. 2Zur Sicherung des Wohls der Kinder und der Jugendlichen können auch nachträgliche Auflagen erteilt werden.

(5) 1Besteht für eine erlaubnispflichtige Einrichtung eine Aufsicht nach anderen Rechtsvorschriften, so hat die zuständige Behörde ihr Tätigwerden zuvor mit der anderen Behörde abzustimmen. 2Sie hat den Träger der Einrichtung rechtzeitig auf weitergehende Anforderungen nach anderen Rechtsvorschriften hinzuweisen.

(6) 1Sind in einer Einrichtung Mängel festgestellt worden, so soll die zuständige Behörde zunächst den Träger der Einrichtung über die Möglichkeiten zur Beseitigung der Mängel beraten. 2Wenn sich die Beseitigung der Mängel auf Entgelte oder Vergütungen nach § 75 des Zwölften Buches auswirken kann, so ist der Träger der Sozialhilfe an der Beratung zu beteiligen, mit dem Vereinbarungen nach dieser Vorschrift bestehen. 3Werden festgestellte Mängel nicht behoben, so können dem Träger der Einrichtung Auflagen erteilt werden, die zur Beseitigung einer eingetretenen oder Abwendung einer drohenden Beeinträchtigung oder Gefährdung des Wohls der Kinder oder Jugendlichen erforderlich sind. 4Wenn sich eine Auflage auf Entgelte oder Vergütungen nach § 75 des Zwölften Buches auswirkt, so entscheidet die zuständige Behörde nach Anhörung des Trägers der Sozialhilfe, mit dem Vereinbarungen nach dieser Vorschrift bestehen, über die Erteilung der Auflage. 5Die Auflage ist nach Möglichkeit in Übereinstimmung mit Vereinbarungen nach den §§ 75 bis 80 des Zwölften Buches auszugestalten.

(7) 1Die Erlaubnis ist zurückzunehmen oder zu widerrufen, wenn das Wohl der Kinder oder der Jugendlichen in der Einrichtung gefährdet und der Träger der Einrichtung nicht bereit oder nicht in der Lage ist, die Gefährdung abzuwenden. 2Widerspruch und Anfechtungsklage gegen die Rücknahme oder den Widerruf der Erlaubnis haben keine aufschiebende Wirkung.

§ 46 Örtliche Prüfung

(1) 1Die zuständige Behörde soll nach den Erfordernissen des Einzelfalls an Ort und Stelle überprüfen, ob die Voraussetzungen für die Erteilung der Erlaubnis weiter beste-

hen. 2Der Träger der Einrichtung soll bei der örtlichen Prüfung mitwirken. 3Sie soll das Jugendamt und einen zentralen Träger der freien Jugendhilfe, wenn diesem der Träger der Einrichtung angehört, an der Überprüfung beteiligen.

(2) 1Die von der zuständigen Behörde mit der Überprüfung der Einrichtung beauftragten Personen sind berechtigt, die für die Einrichtung benutzten Grundstücke und Räume, soweit diese nicht einem Hausrecht der Bewohner unterliegen, während der Tageszeit zu betreten, dort Prüfungen und Besichtigungen vorzunehmen, sich mit den Kindern und Jugendlichen in Verbindung zu setzen und die Beschäftigten zu befragen. 2Zur Abwehr von Gefahren für das Wohl der Kinder und der Jugendlichen können die Grundstücke und Räume auch außerhalb der in Satz 1 genannten Zeit und auch, wenn sie zugleich einem Hausrecht der Bewohner unterliegen, betreten werden. 3Der Träger der Einrichtung hat die Maßnahmen nach den Sätzen 1 und 2 zu dulden.

§ 47 Meldepflichten

1Der Träger einer erlaubnispflichtigen Einrichtung hat der zuständigen Behörde unverzüglich

1. die Betriebsaufnahme unter Angabe von Name und Anschrift des Trägers, Art und Standort der Einrichtung, der Zahl der verfügbaren Plätze sowie der Namen und der beruflichen Ausbildung des Leiters und der Betreuungskräfte,
2. Ereignisse oder Entwicklungen, die geeignet sind, das Wohl der Kinder und Jugendlichen zu beeinträchtigen, sowie
3. die bevorstehende Schließung der Einrichtung

anzuzeigen. 2Änderungen der in Nummer 1 bezeichneten Angaben sowie der Konzeption sind der zuständigen Behörde unverzüglich, die Zahl der belegten Plätze ist jährlich einmal zu melden.

§ 48 Tätigkeitsuntersagung

Die zuständige Behörde kann dem Träger einer erlaubnispflichtigen Einrichtung die weitere Beschäftigung des Leiters, eines Beschäftigten oder sonstigen Mitarbeiters ganz oder für bestimmte Funktionen oder Tätigkeiten untersagen, wenn Tatsachen die Annahme rechtfertigen, dass er die für seine Tätigkeit erforderliche Eignung nicht besitzt.

§ 48a Sonstige betreute Wohnform

(1) Für den Betrieb einer sonstigen Wohnform, in der Kinder oder Jugendliche betreut werden oder Unterkunft erhalten, gelten die §§ 45 bis 48 entsprechend.

(2) Ist die sonstige Wohnform organisatorisch mit einer Einrichtung verbunden, so gilt sie als Teil der Einrichtung.

§ 49 Landesrechtsvorbehalt

Das Nähere über die in diesem Abschnitt geregelten Aufgaben regelt das Landesrecht.

Dritter Abschnitt
Mitwirkung in gerichtlichen Verfahren

§ 50 Mitwirkung in Verfahren vor den Familiengerichten

(1) 1Das Jugendamt unterstützt das Familiengericht bei allen Maßnahmen, die die Sorge für die Person von Kindern und Jugendlichen betreffen. 2Es hat in folgenden Verfahren nach dem Gesetz über das Verfahren in Familiensachen und in den Angelegenheiten der freiwilligen Gerichtsbarkeit mitzuwirken:

1. Kindschaftssachen (§ 162 des Gesetzes über das Verfahren in Familiensachen und in den Angelegenheiten der freiwilligen Gerichtsbarkeit),
2. Abstammungssachen (§ 176 des Gesetzes über das Verfahren in Familiensachen und in den Angelegenheiten der freiwilligen Gerichtsbarkeit),
3. Adoptionssachen (§ 188 Absatz 2, §§ 189, 194, 195 des Gesetzes über das Verfahren in Familiensachen und in den Angelegenheiten der freiwilligen Gerichtsbarkeit),
4. Ehewohnungssachen (§ 204 Absatz 2, § 205 des Gesetzes über das Verfahren in Familiensachen und in den Angelegenheiten der freiwilligen Gerichtsbarkeit) und

5. Gewaltschutzsachen (§§ 212, 213 des Gesetzes über das Verfahren in Familiensachen und in den Angelegenheiten der freiwilligen Gerichtsbarkeit).

(2) $_1$Das Jugendamt unterrichtet insbesondere über angebotene und erbrachte Leistungen, bringt erzieherische und soziale Gesichtspunkte zur Entwicklung des Kindes oder des Jugendlichen ein und weist auf weitere Möglichkeiten der Hilfe hin. $_2$In Kindschaftssachen informiert das Jugendamt das Familiengericht in dem Termin nach § 155 Absatz 2 des Gesetzes über das Verfahren in Familiensachen und in den Angelegenheiten der freiwilligen Gerichtsbarkeit über den Stand des Beratungsprozesses.

(3) $_1$Das Jugendamt, das in Verfahren zur Übertragung der gemeinsamen Sorge nach § 155a Absatz 4 Satz 1 und § 162 des Gesetzes über das Verfahren in Familiensachen und in den Angelegenheiten der freiwilligen Gerichtsbarkeit angehört wird oder sich am Verfahren beteiligt, teilt gerichtliche Entscheidungen, aufgrund derer die Sorge gemäß § 1626a Absatz 2 Satz 1 des Bürgerlichen Gesetzbuchs den Eltern ganz oder zum Teil gemeinsam übertragen wird, dem nach § 87c Absatz 6 Satz 2 zuständigen Jugendamt zu den in § 58a genannten Zwecken unverzüglich mit. $_2$Mitzuteilen sind auch das Geburtsdatum und der Geburtsort des Kindes oder des Jugendlichen sowie der Name, den das Kind oder der Jugendliche zur Zeit der Beurkundung seiner Geburt geführt hat.

§ 51 Beratung und Belehrung in Verfahren zur Annahme als Kind

(1) $_1$Das Jugendamt hat im Verfahren zur Ersetzung der Einwilligung eines Elternteils in die Annahme nach § 1748 Absatz 2 Satz 1 des Bürgerlichen Gesetzbuchs den Elternteil über die Möglichkeit der Ersetzung der Einwilligung zu belehren. $_2$Es hat ihn darauf hinzuweisen, dass das Familiengericht die Einwilligung erst nach Ablauf von drei Monaten nach der Belehrung ersetzen darf. $_3$Der Belehrung bedarf es nicht, wenn der Elternteil seinen Aufenthaltsort ohne Hinterlassung seiner neuen Anschrift gewechselt hat und der Aufenthaltsort vom Jugendamt während eines Zeitraums von drei Monaten trotz angemessener Nachforschungen nicht ermittelt werden konnte; in diesem Fall beginnt die Frist mit der ersten auf die Belehrung oder auf die Ermittlung des Aufenthaltsorts gerichteten Handlung des Jugendamts. $_4$Die Fristen laufen frühestens fünf Monate nach der Geburt des Kindes ab.

(2) $_1$Das Jugendamt soll den Elternteil mit der Belehrung nach Absatz 1 über Hilfen beraten, die die Erziehung des Kindes in der eigenen Familie ermöglichen könnten. $_2$Einer Beratung bedarf es insbesondere nicht, wenn das Kind seit längerer Zeit bei den Annehmenden in Familienpflege lebt und bei seiner Herausgabe an den Elternteil eine schwere und nachhaltige Schädigung des körperlichen und seelischen Wohlbefindens des Kindes zu erwarten ist. $_3$Das Jugendamt hat dem Familiengericht im Verfahren mitzuteilen, welche Leistungen erbracht oder angeboten worden sind oder aus welchem Grund davon abgesehen wurde.

(3) Steht nicht miteinander verheirateten Eltern die elterliche Sorge nicht gemeinsam zu, so hat das Jugendamt den Vater bei der Wahrnehmung seiner Rechte nach § 1747 Absatz 1 und 3 des Bürgerlichen Gesetzbuchs zu beraten.

§ 52 Mitwirkung in Verfahren nach dem Jugendgerichtsgesetz

(1) Das Jugendamt hat nach Maßgabe der §§ 38 und 50 Absatz 3 Satz 2 des Jugendgerichtsgesetzes im Verfahren nach dem Jugendgerichtsgesetz mitzuwirken.

(2) $_1$Das Jugendamt hat frühzeitig zu prüfen, ob für den Jugendlichen oder den jungen Volljährigen Leistungen der Jugendhilfe in Betracht kommen. $_2$Ist dies der Fall oder ist eine geeignete Leistung bereits eingeleitet oder gewährt worden, so hat das Jugendamt den Staatsanwalt oder den Richter umgehend davon zu unterrichten, damit geprüft werden kann, ob diese Leistung ein Absehen von der Verfolgung (§ 45 JGG) oder eine Einstellung des Verfahrens (§ 47 JGG) ermöglicht.

(3) Der Mitarbeiter des Jugendamts oder des anerkannten Trägers der freien Jugendhilfe, der nach § 38 Absatz 2 Satz 2 des Jugendgerichtsgesetzes tätig wird, soll den Jugendlichen oder den jungen Volljährigen während des gesamten Verfahrens betreuen.

Vierter Abschnitt Beistandschaft, Pflegschaft und Vormundschaft für Kinder und Jugendliche, Auskunft über Nichtabgabe von Sorgeerklärungen

§ 52a Beratung und Unterstützung bei Vaterschaftsfeststellung und Geltendmachung von Unterhaltsansprüchen

(1) $_1$Das Jugendamt hat unverzüglich nach der Geburt eines Kindes, dessen Eltern nicht miteinander verheiratet sind, der Mutter Beratung und Unterstützung insbesondere bei der Vaterschaftsfeststellung und der Geltendmachung von Unterhaltsansprüchen des Kindes anzubieten. $_2$Hierbei hat es hinzuweisen auf

1. die Bedeutung der Vaterschaftsfeststellung,
2. die Möglichkeiten, wie die Vaterschaft festgestellt werden kann, insbesondere bei welchen Stellen die Vaterschaft anerkannt werden kann,
3. die Möglichkeit, die Verpflichtung zur Erfüllung von Unterhaltsansprüchen nach § 59 Absatz 1 Satz 1 Nummer 3 beurkunden zu lassen,
4. die Möglichkeit, eine Beistandschaft zu beantragen, sowie auf die Rechtsfolgen einer solchen Beistandschaft,
5. die Möglichkeit der gemeinsamen elterlichen Sorge.

$_3$Das Jugendamt hat der Mutter ein persönliches Gespräch anzubieten. $_4$Das Gespräch soll in der Regel in der persönlichen Umgebung der Mutter stattfinden, wenn diese es wünscht.

(2) Das Angebot nach Absatz 1 kann vor der Geburt des Kindes erfolgen, wenn anzunehmen ist, dass seine Eltern bei der Geburt nicht miteinander verheiratet sein werden.

(3) $_1$Wurde eine nach § 1592 Nummer 1 oder 2 des Bürgerlichen Gesetzbuchs bestehende Vaterschaft zu einem Kind oder Jugendlichen durch eine gerichtliche Entscheidung beseitigt, so hat das Gericht dem Jugendamt Mitteilung zu machen. $_2$Absatz 1 gilt entsprechend.

(4) Das Standesamt hat die Geburt eines Kindes, dessen Eltern nicht miteinander verheiratet sind, unverzüglich dem Jugendamt anzuzeigen.

§ 53 Beratung und Unterstützung von Pflegern und Vormündern

(1) Das Jugendamt hat dem Familiengericht Personen und Vereine vorzuschlagen, die sich im Einzelfall zum Pfleger oder Vormund eignen.

(2) Pfleger und Vormünder haben Anspruch auf regelmäßige und dem jeweiligen erzieherischen Bedarf des Mündels entsprechende Beratung und Unterstützung.

(3) $_1$Das Jugendamt hat darauf zu achten, dass die Vormünder und Pfleger für die Person der Mündel, insbesondere ihre Erziehung und Pflege, Sorge tragen. $_2$Es hat beratend darauf hinzuwirken, dass festgestellte Mängel im Einvernehmen mit dem Vormund oder dem Pfleger behoben werden. $_3$Soweit eine Behebung der Mängel nicht erfolgt, hat es dies dem Familiengericht mitzuteilen. $_4$Es hat dem Familiengericht über das persönliche Ergehen und die Entwicklung eines Mündels Auskunft zu erteilen. $_5$Erlangt das Jugendamt Kenntnis von der Gefährdung des Vermögens eines Mündels, so hat es dies dem Familiengericht anzuzeigen.

(4) $_1$Für die Gegenvormundschaft gelten die Absätze 1 und 2 entsprechend. $_2$Ist ein Verein Vormund, so findet Absatz 3 keine Anwendung.

§ 54 Erlaubnis zur Übernahme von Vereinsvormundschaften

(1) $_1$Ein rechtsfähiger Verein kann Pflegschaften oder Vormundschaften übernehmen, wenn ihm das Landesjugendamt dazu

eine Erlaubnis erteilt hat. 2Er kann eine Beistandschaft übernehmen, soweit Landesrecht dies vorsieht.

(2) Die Erlaubnis ist zu erteilen, wenn der Verein gewährleistet, dass er

1. eine ausreichende Zahl geeigneter Mitarbeiter hat und diese beaufsichtigen, weiterbilden und gegen Schäden, die diese anderen im Rahmen ihrer Tätigkeit zufügen können, angemessen versichern wird,
2. sich planmäßig um die Gewinnung von Einzelvormündern und Einzelpflegern bemüht und sie in ihre Aufgaben einführt, fortbildet und berät,
3. einen Erfahrungsaustausch zwischen den Mitarbeitern ermöglicht.

(3) 1Die Erlaubnis gilt für das jeweilige Bundesland, in dem der Verein seinen Sitz hat. 2Sie kann auf den Bereich eines Landesjugendamts beschränkt werden.

(4) 1Das Nähere regelt das Landesrecht. 2Es kann auch weitere Voraussetzungen für die Erteilung der Erlaubnis vorsehen.

§ 55 Beistandschaft, Amtspflegschaft und Amtsvormundschaft

(1) Das Jugendamt wird Beistand, Pfleger oder Vormund in den durch das Bürgerliche Gesetzbuch vorgesehenen Fällen (Beistandschaft, Amtspflegschaft, Amtsvormundschaft).

(2) 1Das Jugendamt überträgt die Ausübung der Aufgaben des Beistands, des Amtspflegers oder des Amtsvormunds einzelnen seiner Beamten oder Angestellten. 2Vor der Übertragung der Aufgaben des Amtspflegers oder des Amtsvormunds soll das Jugendamt das Kind oder den Jugendlichen zur Auswahl des Beamten oder Angestellten mündlich anhören, soweit dies nach Alter und Entwicklungsstand des Kindes oder Jugendlichen möglich ist. 3Eine ausnahmsweise vor der Übertragung unterbliebene Anhörung ist unverzüglich nachzuholen. 4Ein vollzeitbeschäftigter Beamter oder Angestellter, der nur mit der Führung von Vormundschaften oder Pflegschaften betraut ist, soll höchstens 50 und bei gleichzeitiger Wahrnehmung anderer Aufgaben entsprechend weniger Vormundschaften oder Pflegschaften führen.

(3) 1Die Übertragung gehört zu den Angelegenheiten der laufenden Verwaltung. 2In dem durch die Übertragung umschriebenen Rahmen ist der Beamte oder Angestellte gesetzlicher Vertreter des Kindes oder Jugendlichen. 3Amtspfleger und Amtsvormund haben den persönlichen Kontakt zu diesem zu halten sowie dessen Pflege und Erziehung nach Maßgabe des § 1793 Absatz 1a und § 1800 des Bürgerlichen Gesetzbuchs persönlich zu fördern und zu gewährleisten.

§ 56 Führung der Beistandschaft, der Amtspflegschaft und der Amtsvormundschaft

(1) Auf die Führung der Beistandschaft, der Amtspflegschaft und der Amtsvormundschaft sind die Bestimmungen des Bürgerlichen Gesetzbuchs anzuwenden, soweit dieses Gesetz nicht etwas anderes bestimmt.

(2) 1Gegenüber dem Jugendamt als Amtsvormund und Amtspfleger werden die Vorschriften des § 1802 Absatz 3 und des § 1818 des Bürgerlichen Gesetzbuchs nicht angewandt. 2In den Fällen des § 1803 Absatz 2, des § 1811 und des § 1822 Nummer 6 und 7 des Bürgerlichen Gesetzbuchs ist eine Genehmigung des Familiengerichts nicht erforderlich. 3Landesrecht kann für das Jugendamt als Amtspfleger oder als Amtsvormund weitergehende Ausnahmen von der Anwendung der Bestimmungen des Bürgerlichen Gesetzbuchs über die Vormundschaft über Minderjährige (§§ 1773 bis 1895) vorsehen, die die Aufsicht des Familiengerichts in vermögensrechtlicher Hinsicht sowie beim Abschluss von Lehr- und Arbeitsverträgen betreffen.

(3) 1Mündelgeld kann mit Genehmigung des Familiengerichts auf Sammelkonten des Jugendamts bereitgehalten und angelegt werden, wenn es den Interessen des Mündels dient und sofern die sichere Verwaltung, Trennbarkeit und Rechnungslegung des Geldes einschließlich der Zinsen jederzeit gewährleistet ist; Landesrecht kann bestimmen, dass eine Genehmigung des Familiengerichts nicht erforderlich ist. 2Die Anlegung von

VIII

Mündelgeld gemäß § 1807 des Bürgerlichen Gesetzbuchs ist auch bei der Körperschaft zulässig, die das Jugendamt errichtet hat.

(4) Das Jugendamt hat in der Regel jährlich zu prüfen, ob im Interesse des Kindes oder des Jugendlichen seine Entlassung als Amtspfleger oder Amtsvormund und die Bestellung einer Einzelperson oder eines Vereins angezeigt ist, und dies dem Familiengericht mitzuteilen.

§ 57 Mitteilungspflicht des Jugendamts

Das Jugendamt hat dem Familiengericht unverzüglich den Eintritt einer Vormundschaft mitzuteilen.

§ 58 Gegenvormundschaft des Jugendamts

Für die Tätigkeit des Jugendamts als Gegenvormund gelten die §§ 55 und 56 entsprechend.

§ 58a Sorgeregister; Bescheinigung über Nichtvorliegen von Eintragungen im Sorgeregister

(1) $_1$Zum Zwecke der Erteilung der Bescheinigung nach Absatz 2 wird für Kinder nicht miteinander verheirateter Eltern bei dem nach § 87c Absatz 6 Satz 2 zuständigen Jugendamt ein Sorgeregister geführt. $_2$In das Sorgeregister erfolgt jeweils eine Eintragung, wenn

1. Sorgeerklärungen nach § 1626a Absatz 1 Nummer 1 des Bürgerlichen Gesetzbuchs abgegeben werden oder
2. aufgrund einer gerichtlichen Entscheidung die elterliche Sorge den Eltern ganz oder zum Teil gemeinsam übertragen wird.

$_3$Das Sorgeregister enthält auch Eintragungen, wenn Sorgeerklärungen nach Artikel 224 § 2 Absatz 3 des Einführungsgesetzes zum Bürgerlichen Gesetzbuche in der bis zum 19. Mai 2013 geltenden Fassung ersetzt wurden.

(2) $_1$Liegen keine Eintragungen im Sorgeregister vor, so erhält die mit dem Vater des Kindes nicht verheiratete Mutter auf Antrag hierüber eine Bescheinigung von dem nach § 87c Absatz 6 Satz 1 zuständigen Jugendamt. $_2$Die Mutter hat dafür Geburtsdatum und Geburtsort des Kindes oder des Jugendlichen anzugeben sowie den Namen, den das Kind oder der Jugendliche zur Zeit der Beurkundung seiner Geburt geführt hat.

Fünfter Abschnitt
Beurkundung, vollstreckbare Urkunden

§ 59 Beurkundung

(1) $_1$Die Urkundsperson beim Jugendamt ist befugt,

1. die Erklärung, durch die die Vaterschaft anerkannt oder die Anerkennung widerrufen wird, die Zustimmungserklärung der Mutter sowie die etwa erforderliche Zustimmung des Mannes, der im Zeitpunkt der Geburt mit der Mutter verheiratet ist, des Kindes, des Jugendlichen oder eines gesetzlichen Vertreters zu einer solchen Erklärung (Erklärungen über die Anerkennung der Vaterschaft) zu beurkunden,
2. die Erklärung, durch die die Mutterschaft anerkannt wird, sowie die etwa erforderliche Zustimmung des gesetzlichen Vertreters der Mutter zu beurkunden (§ 44 Absatz 2 des Personenstandsgesetzes),
3. die Verpflichtung zur Erfüllung von Unterhaltsansprüchen eines Abkömmlings oder seines gesetzlichen Rechtsnachfolgers zu beurkunden, sofern der Abkömmling zum Zeitpunkt der Beurkundung das 21. Lebensjahr noch nicht vollendet hat,
4. die Verpflichtung zur Erfüllung von Ansprüchen auf Unterhalt (§ 1615l des Bürgerlichen Gesetzbuchs), auch des gesetzlichen Rechtsnachfolgers, zu beurkunden,
5. die Bereiterklärung der Adoptionsbewerber zur Annahme eines ihnen zur internationalen Adoption vorgeschlagenen Kindes (§ 7 Absatz 1 des Adoptionsübereinkommens-Ausführungsgesetzes) zu beurkunden,
6. den Widerruf der Einwilligung des Kindes in die Annahme als Kind (§ 1746 Absatz 2 des Bürgerlichen Gesetzbuchs) zu beurkunden,

7. die Erklärung, durch die der Vater auf die Übertragung der Sorge verzichtet (§ 1747 Absatz 3 Nummer 2 des Bürgerlichen Gesetzbuchs), zu beurkunden,
8. die Sorgeerklärungen (§ 1626a Absatz 1 Nummer 1 des Bürgerlichen Gesetzbuchs) sowie die etwa erforderliche Zustimmung des gesetzlichen Vertreters eines beschränkt geschäftsfähigen Elternteils (§ 1626c Absatz 2 des Bürgerlichen Gesetzbuchs) zu beurkunden,
9. eine Erklärung des auf Unterhalt in Anspruch genommenen Elternteils nach § 252 des Gesetzes über das Verfahren in Familiensachen und in den Angelegenheiten der freiwilligen Gerichtsbarkeit aufzunehmen; § 129a der Zivilprozessordnung gilt entsprechend.

₂Die Zuständigkeit der Notare, anderer Urkundspersonen oder sonstiger Stellen für öffentliche Beurkundungen bleibt unberührt.

(2) Die Urkundsperson soll eine Beurkundung nicht vornehmen, wenn ihr in der betreffenden Angelegenheit die Vertretung eines Beteiligten obliegt.

(3) ₁Das Jugendamt hat geeignete Beamte und Angestellte zur Wahrnehmung der Aufgaben nach Absatz 1 zu ermächtigen. ₂Die Länder können Näheres hinsichtlich der fachlichen Anforderungen an diese Personen regeln.

§ 60 Vollstreckbare Urkunden

₁Aus Urkunden, die eine Verpflichtung nach § 59 Absatz 1 Satz 1 Nummer 3 oder 4 zum Gegenstand haben und die von einem Beamten oder Angestellten des Jugendamts innerhalb der Grenzen seiner Amtsbefugnisse in der vorgeschriebenen Form aufgenommen worden sind, findet die Zwangsvollstreckung statt, wenn die Erklärung die Zahlung einer bestimmten Geldsumme betrifft und der Schuldner sich in der Urkunde der sofortigen Zwangsvollstreckung unterworfen hat. ₂Die Zustellung kann auch dadurch vollzogen werden, dass der Beamte oder Angestellte dem Schuldner eine beglaubigte Abschrift der Urkunde aushändigt; § 173 Satz 2 und 3 der Zivilprozessordnung gilt entsprechend. ₃Auf die Zwangsvollstreckung sind die Vorschriften, die für die Zwangsvollstreckung aus gerichtlichen Urkunden nach § 794 Absatz 1 Nummer 5 der Zivilprozessordnung gelten, mit folgenden Maßgaben entsprechend anzuwenden:

1. Die vollstreckbare Ausfertigung sowie die Bestätigungen nach § 1079 der Zivilprozessordnung werden von den Beamten oder Angestellten des Jugendamts erteilt, denen die Beurkundung der Verpflichtungserklärung übertragen ist. Das Gleiche gilt für die Bezifferung einer Verpflichtungserklärung nach § 790 der Zivilprozessordnung.
2. Über Einwendungen, die die Zulässigkeit der Vollstreckungsklausel oder die Zulässigkeit der Bezifferung nach § 790 der Zivilprozessordnung betreffen, über die Erteilung einer weiteren vollstreckbaren Ausfertigung sowie über Anträge nach § 1081 der Zivilprozessordnung entscheidet das für das Jugendamt zuständige Amtsgericht.

Viertes Kapitel
Schutz von Sozialdaten

§ 61 Anwendungsbereich

(1) ₁Für den Schutz von Sozialdaten bei ihrer Erhebung und Verwendung in der Jugendhilfe gelten § 35 des Ersten Buches, §§ 67 bis 85a des Zehnten Buches sowie die nachfolgenden Vorschriften. ₂Sie gelten für alle Stellen des Trägers der öffentlichen Jugendhilfe, soweit sie Aufgaben nach diesem Buch wahrnehmen. ₃Für die Wahrnehmung von Aufgaben nach diesem Buch durch kreisangehörige Gemeinden und Gemeindeverbände, die nicht örtliche Träger sind, gelten die Sätze 1 und 2 entsprechend.

(2) Für den Schutz von Sozialdaten bei ihrer Erhebung und Verwendung im Rahmen der Tätigkeit des Jugendamts als Amtspfleger, Amtsvormund, Beistand und Gegenvormund gilt nur § 68.

(3) Werden Einrichtungen und Dienste der Träger der freien Jugendhilfe in Anspruch ge-

VIII

nommen, so ist sicherzustellen, dass der Schutz der personenbezogenen Daten bei der Erhebung und Verwendung in entsprechender Weise gewährleistet ist.

§ 62 Datenerhebung

(1) Sozialdaten dürfen nur erhoben werden, soweit ihre Kenntnis zur Erfüllung der jeweiligen Aufgabe erforderlich ist.

(2) $_1$Sozialdaten sind beim Betroffenen zu erheben. $_2$Er ist über die Rechtsgrundlage der Erhebung sowie die Zweckbestimmungen der Erhebung und Verwendung aufzuklären, soweit diese nicht offenkundig sind.

(3) Ohne Mitwirkung des Betroffenen dürfen Sozialdaten nur erhoben werden, wenn

1. eine gesetzliche Bestimmung dies vorschreibt oder erlaubt oder
2. ihre Erhebung beim Betroffenen nicht möglich ist oder die jeweilige Aufgabe ihrer Art nach eine Erhebung bei anderen erfordert, die Kenntnis der Daten aber erforderlich ist für
   a) die Feststellung der Voraussetzungen oder für die Erfüllung einer Leistung nach diesem Buch oder
   b) die Feststellung der Voraussetzungen für die Erstattung einer Leistung nach § 50 des Zehnten Buches oder
   c) die Wahrnehmung einer Aufgabe nach den §§ 42 bis 48a und nach § 52 oder
   d) die Erfüllung des Schutzauftrags bei Kindeswohlgefährdung nach § 8a oder
3. die Erhebung beim Betroffenen einen unverhältnismäßigen Aufwand erfordern würde und keine Anhaltspunkte dafür bestehen, daß schutzwürdige Interessen des Betroffenen beeinträchtigt werden oder
4. die Erhebung bei dem Betroffenen den Zugang zur Hilfe ernsthaft gefährden würde.

(4) $_1$Ist der Betroffene nicht zugleich Leistungsberechtigter oder sonst an der Leistung beteiligt, so dürfen die Daten auch beim Leistungsberechtigten oder einer anderen Person, die sonst an der Leistung beteiligt ist, erhoben werden, wenn die Kenntnis der Daten für die Gewährung einer Leistung nach diesem Buch notwendig ist. $_2$Satz 1 gilt bei der Erfüllung anderer Aufgaben im Sinne des § 2 Absatz 3 entsprechend.

§ 63 Datenspeicherung

(1) Sozialdaten dürfen gespeichert werden, soweit dies für die Erfüllung der jeweiligen Aufgabe erforderlich ist.

(2) $_1$Daten, die zur Erfüllung unterschiedlicher Aufgaben der öffentlichen Jugendhilfe erhoben worden sind, dürfen nur zusammengeführt werden, wenn und solange dies wegen eines unmittelbaren Sachzusammenhangs erforderlich ist. $_2$Daten, die zu Leistungszwecken im Sinne des § 2 Absatz 2 und Daten, die für andere Aufgaben im Sinne des § 2 Absatz 3 erhoben worden sind, dürfen nur zusammengeführt werden, soweit dies zur Erfüllung der jeweiligen Aufgabe erforderlich ist.

§ 64 Datenübermittlung und -nutzung

(1) Sozialdaten dürfen zu dem Zweck übermittelt oder genutzt werden, zu dem sie erhoben worden sind.

(2) Eine Übermittlung für die Erfüllung von Aufgaben nach § 69 des Zehnten Buches ist abweichend von Absatz 1 nur zulässig, soweit dadurch der Erfolg einer zu gewährenden Leistung nicht in Frage gestellt wird.

(2a) Vor einer Übermittlung an eine Fachkraft, die der verantwortlichen Stelle nicht angehört, sind die Sozialdaten zu anonymisieren oder zu pseudonymisieren, soweit die Aufgabenerfüllung dies zulässt.

(3) Sozialdaten dürfen beim Träger der öffentlichen Jugendhilfe zum Zwecke der Planung im Sinne des § 80 gespeichert oder genutzt werden; sie sind unverzüglich zu anonymisieren.

§ 65 Besonderer Vertrauensschutz in der persönlichen und erzieherischen Hilfe

(1) $_1$Sozialdaten, die dem Mitarbeiter eines Trägers der öffentlichen Jugendhilfe zum Zwecke persönlicher und erzieherischer Hilfe anvertraut worden sind, dürfen von diesem nur weitergegeben werden

VIII

1. mit der Einwilligung dessen, der die Daten anvertraut hat, oder
2. dem Familiengericht zur Erfüllung der Aufgaben nach § 8a Absatz 2, wenn angesichts einer Gefährdung des Wohls eines Kindes oder eines Jugendlichen ohne diese Mitteilung eine für die Gewährung von Leistungen notwendige gerichtliche Entscheidung nicht ermöglicht werden könnte, oder
3. dem Mitarbeiter, der auf Grund eines Wechsels der Fallzuständigkeit im Jugendamt oder eines Wechsels der örtlichen Zuständigkeit für die Gewährung oder Erbringung der Leistung verantwortlich ist, wenn Anhaltspunkte für eine Gefährdung des Kindeswohls gegeben sind und die Daten für eine Abschätzung des Gefährdungsrisikos notwendig sind, oder
4. an die Fachkräfte, die zum Zwecke der Abschätzung des Gefährdungsrisikos nach § 8a hinzugezogen werden; § 64 Absatz 2a bleibt unberührt, oder
5. unter den Voraussetzungen, unter denen eine der in § 203 Absatz 1 oder 3 des Strafgesetzbuches genannten Personen dazu befugt wäre.

$_{2}$Gibt der Mitarbeiter anvertraute Sozialdaten weiter, so dürfen sie vom Empfänger nur zu dem Zweck weitergegeben werden, zu dem er diese befugt erhalten hat.

(2) § 35 Absatz 3 des Ersten Buches gilt auch, soweit ein behördeninternes Weitergabeverbot nach Absatz 1 besteht.

§ 66 (weggefallen)

§ 67 (weggefallen)

§ 68 Sozialdaten im Bereich der Beistandschaft, Amtspflegschaft und der Amtsvormundschaft

(1) $_{1}$Der Beamte oder Angestellte, dem die Ausübung der Beistandschaft, Amtspflegschaft oder Amtsvormundschaft übertragen ist, darf Sozialdaten nur erheben und verwenden, soweit dies zur Erfüllung seiner Aufgaben erforderlich ist. $_{2}$Die Nutzung dieser Sozialdaten zum Zwecke der Aufsicht, Kontrolle oder Rechnungsprüfung durch die dafür zuständigen Stellen sowie die Übermittlung an diese ist im Hinblick auf den Einzelfall zulässig.

(2) Für die Löschung und Sperrung der Daten gilt § 84 Absatz 2, 3 und 6 des Zehnten Buches entsprechend.

(3) $_{1}$Wer unter Beistandschaft, Amtspflegschaft oder Amtsvormundschaft gestanden hat, hat nach Vollendung des 18. Lebensjahres ein Recht auf Kenntnis der zu seiner Person gespeicherten Informationen, soweit nicht berechtigte Interessen Dritter entgegenstehen. $_{2}$Vor Vollendung des 18. Lebensjahres können ihm die gespeicherten Informationen bekannt gegeben werden, soweit er die erforderliche Einsichts- und Urteilsfähigkeit besitzt und keine berechtigten Interessen Dritter entgegenstehen. $_{3}$Nach Beendigung einer Beistandschaft hat darüber hinaus der Elternteil, der die Beistandschaft beantragt hat, einen Anspruch auf Kenntnis der gespeicherten Daten, solange der junge Mensch minderjährig ist und der Elternteil antragsberechtigt ist.

(4) Personen oder Stellen, an die Sozialdaten übermittelt worden sind, dürfen diese nur zu dem Zweck verwenden, zu dem sie ihnen nach Absatz 1 befugt weitergegeben worden sind.

(5) Für die Tätigkeit des Jugendamts als Gegenvormund gelten die Absätze 1 bis 4 entsprechend.

Fünftes Kapitel
Träger der Jugendhilfe, Zusammenarbeit, Gesamtverantwortung

Erster Abschnitt
Träger der öffentlichen Jugendhilfe

§ 69 Träger der öffentlichen Jugendhilfe, Jugendämter, Landesjugendämter

(1) Die Träger der öffentlichen Jugendhilfe werden durch Landesrecht bestimmt.

(2) (weggefallen)

(3) Für die Wahrnehmung der Aufgaben nach diesem Buch errichtet jeder örtliche Träger ein Jugendamt, jeder überörtliche Träger ein Landesjugendamt.

(4) Mehrere örtliche Träger und mehrere überörtliche Träger können, auch wenn sie verschiedenen Ländern angehören, zur Durchführung einzelner Aufgaben gemeinsame Einrichtungen und Dienste errichten.

§ 70 Organisation des Jugendamts und des Landesjugendamts

(1) Die Aufgaben des Jugendamts werden durch den Jugendhilfeausschuss und durch die Verwaltung des Jugendamts wahrgenommen.

(2) Die Geschäfte der laufenden Verwaltung im Bereich der öffentlichen Jugendhilfe werden vom Leiter der Verwaltung der Gebietskörperschaft oder in seinem Auftrag vom Leiter der Verwaltung des Jugendamts im Rahmen der Satzung und der Beschlüsse der Vertretungskörperschaft und des Jugendhilfeausschusses geführt.

(3) 1Die Aufgaben des Landesjugendamts werden durch den Landesjugendhilfeausschuss und durch die Verwaltung des Landesjugendamts im Rahmen der Satzung und der dem Landesjugendamt zur Verfügung gestellten Mittel wahrgenommen. 2Die Geschäfte der laufenden Verwaltung werden von dem Leiter der Verwaltung des Landesjugendamts im Rahmen der Satzung und der Beschlüsse des Landesjugendhilfeausschusses geführt.

VIII

§ 71 Jugendhilfeausschuss, Landesjugendhilfeausschuss

(1) Dem Jugendhilfeausschuss gehören als stimmberechtigte Mitglieder an

1. mit drei Fünfteln des Anteils der Stimmen Mitglieder der Vertretungskörperschaft des Trägers der öffentlichen Jugendhilfe oder von ihr gewählte Frauen und Männer, die in der Jugendhilfe erfahren sind,
2. mit zwei Fünfteln des Anteils der Stimmen Frauen und Männer, die auf Vorschlag der im Bereich des öffentlichen Trägers wirkenden und anerkannten Träger der freien Jugendhilfe von der Vertretungskörperschaft gewählt werden; Vorschläge der Jugendverbände und der Wohlfahrtsverbände sind angemessen zu berücksichtigen.

(2) Der Jugendhilfeausschuss befasst sich mit allen Angelegenheiten der Jugendhilfe, insbesondere mit

1. der Erörterung aktueller Problemlagen junger Menschen und ihrer Familien sowie mit Anregungen und Vorschlägen für die Weiterentwicklung der Jugendhilfe,
2. der Jugendhilfeplanung und
3. der Förderung der freien Jugendhilfe.

(3) 1Er hat Beschlussrecht in Angelegenheiten der Jugendhilfe im Rahmen der von der Vertretungskörperschaft bereitgestellten Mittel, der von ihr erlassenen Satzung und der von ihr gefassten Beschlüsse. 2Er soll vor jeder Beschlussfassung der Vertretungskörperschaft in Fragen der Jugendhilfe und vor der Berufung eines Leiters des Jugendamts gehört werden und hat das Recht, an die Vertretungskörperschaft Anträge zu stellen. 3Er tritt nach Bedarf zusammen und ist auf Antrag von mindestens einem Fünftel der Stimmberechtigten einzuberufen. 4Seine Sitzungen sind öffentlich, soweit nicht das Wohl der Allgemeinheit, berechtigte Interessen einzelner Personen oder schutzbedürftiger Gruppen entgegenstehen.

(4) 1Dem Landesjugendhilfeausschuss gehören mit zwei Fünfteln des Anteils der Stimmen Frauen und Männer an, die auf Vorschlag der im Bereich des Landesjugendamts wirkenden und anerkannten Träger der freien Jugendhilfe von der obersten Landesjugendbehörde zu berufen sind. 2Die übrigen Mitglieder werden durch Landesrecht bestimmt. 3Absatz 2 gilt entsprechend.

(5) 1Das Nähere regelt das Landesrecht. 2Es regelt die Zugehörigkeit beratender Mitglieder zum Jugendhilfeausschuss. 3Es kann bestimmen, dass der Leiter der Verwaltung der Gebietskörperschaft oder der Leiter der Verwaltung des Jugendamts nach Absatz 1 Nummer 1 stimmberechtigt ist.

§ 72 Mitarbeiter, Fortbildung

(1) 1Die Träger der öffentlichen Jugendhilfe sollen bei den Jugendämtern und Landesjugendämtern hauptberuflich nur Personen beschäftigen, die sich für die jeweilige Aufgabe nach ihrer Persönlichkeit eignen und eine dieser Aufgabe entsprechende Ausbildung erhalten haben (Fachkräfte) oder auf Grund besonderer Erfahrungen in der sozialen Arbeit in der Lage sind, die Aufgabe zu erfüllen. 2Soweit die jeweilige Aufgabe dies erfordert, sind mit ihrer Wahrnehmung nur Fachkräfte oder Fachkräfte mit entsprechender Zusatzausbildung zu betrauen. 3Fachkräfte verschiedener Fachrichtungen sollen zusammenwirken, soweit die jeweilige Aufgabe dies erfordert.

(2) Leitende Funktionen des Jugendamts oder des Landesjugendamts sollen in der Regel nur Fachkräften übertragen werden.

(3) Die Träger der öffentlichen Jugendhilfe haben Fortbildung und Praxisberatung der Mitarbeiter des Jugendamts und des Landesjugendamts sicherzustellen.

§ 72a Tätigkeitsausschluss einschlägig vorbestrafter Personen

(1) 1Die Träger der öffentlichen Jugendhilfe dürfen für die Wahrnehmung der Aufgaben in der Kinder- und Jugendhilfe keine Person beschäftigen oder vermitteln, die rechtskräftig wegen einer Straftat nach den §§ 171, 174 bis 174c, 176 bis 180a, 181a, 182 bis 184g, 225, 232 bis 233a, 234, 235 oder 236 des Strafgesetzbuchs verurteilt worden ist. 2Zu diesem Zweck sollen sie sich bei der Einstellung oder Vermittlung und in regelmäßigen Abständen von den betroffenen Personen ein Führungszeugnis nach § 30 Absatz 5 und § 30a Absatz 1 des Bundeszentralregistergesetzes vorlegen lassen.

(2) Die Träger der öffentlichen Jugendhilfe sollen durch Vereinbarungen mit den Trägern der freien Jugendhilfe sicherstellen, dass diese keine Person, die wegen einer Straftat nach Absatz 1 Satz 1 rechtskräftig verurteilt worden ist, beschäftigen.

(3) 1Die Träger der öffentlichen Jugendhilfe sollen sicherstellen, dass unter ihrer Verantwortung keine neben- oder ehrenamtlich tätige Person, die wegen einer Straftat nach Absatz 1 Satz 1 rechtskräftig verurteilt worden ist, in Wahrnehmung von Aufgaben der Kinder- und Jugendhilfe Kinder oder Jugendliche beaufsichtigt, betreut, erzieht oder ausbildet oder einen vergleichbaren Kontakt hat. 2Hierzu sollen die Träger der öffentlichen Jugendhilfe über die Tätigkeiten entscheiden, die von den in Satz 1 genannten Personen auf Grund von Art, Intensität und Dauer des Kontakts dieser Personen mit Kindern und Jugendlichen nur nach Einsichtnahme in das Führungszeugnis nach Absatz 1 Satz 2 wahrgenommen werden dürfen.

(4) 1Die Träger der öffentlichen Jugendhilfe sollen durch Vereinbarungen mit den Trägern der freien Jugendhilfe sowie mit Vereinen im Sinne des § 54 sicherstellen, dass unter deren Verantwortung keine neben- oder ehrenamtlich tätige Person, die wegen einer Straftat nach Absatz 1 Satz 1 rechtskräftig verurteilt worden ist, in Wahrnehmung von Aufgaben der Kinder- und Jugendhilfe Kinder oder Jugendliche beaufsichtigt, betreut, erzieht oder ausbildet oder einen vergleichbaren Kontakt hat. 2Hierzu sollen die Träger der öffentlichen Jugendhilfe mit den Trägern der freien Jugendhilfe Vereinbarungen über die Tätigkeiten schließen, die von den in Satz 1 genannten Personen auf Grund von Art, Intensität und Dauer des Kontakts dieser Personen mit Kindern und Jugendlichen nur nach Einsichtnahme in das Führungszeugnis nach Absatz 1 Satz 2 wahrgenommen werden dürfen.

(5) 1Träger der öffentlichen und freien Jugendhilfe dürfen von den nach den Absätzen 3 und 4 eingesehenen Daten nur den Umstand, dass Einsicht in ein Führungszeugnis genommen wurde, das Datum des Führungszeugnisses und die Information erheben, ob die das Führungszeugnis betreffende Person wegen einer Straftat nach Absatz 1 Satz 1 rechtskräftig verurteilt worden ist. 2Die Träger der öffentlichen und freien Jugendhilfe dürfen diese erhobenen Daten nur speichern, verändern und nutzen, soweit dies zum Ausschluss der Personen von der Tätigkeit, die Anlass zu der Einsichtnahme in das Füh-

VIII

rungszeugnis gewesen ist, erforderlich ist. 3Die Daten sind vor dem Zugriff Unbefugter zu schützen. 4Sie sind unverzüglich zu löschen, wenn im Anschluss an die Einsichtnahme keine Tätigkeit nach Absatz 3 Satz 2 oder Absatz 4 Satz 2 wahrgenommen wird. 5Andernfalls sind die Daten spätestens drei Monate nach der Beendigung einer solchen Tätigkeit zu löschen.

Zweiter Abschnitt
Zusammenarbeit mit der freien Jugendhilfe, ehrenamtliche Tätigkeit

§ 73 Ehrenamtliche Tätigkeit

In der Jugendhilfe ehrenamtlich tätige Personen sollen bei ihrer Tätigkeit angeleitet, beraten und unterstützt werden.

§ 74 Förderung der freien Jugendhilfe

(1) 1Die Träger der öffentlichen Jugendhilfe sollen die freiwillige Tätigkeit auf dem Gebiet der Jugendhilfe anregen; sie sollen sie fördern, wenn der jeweilige Träger

1. die fachlichen Voraussetzungen für die geplante Maßnahme erfüllt und die Beachtung der Grundsätze und Maßstäbe der Qualitätsentwicklung und Qualitätssicherung nach § 79a gewährleistet,
2. die Gewähr für eine zweckentsprechende und wirtschaftliche Verwendung der Mittel bietet,
3. gemeinnützige Ziele verfolgt,
4. eine angemessene Eigenleistung erbringt und
5. die Gewähr für eine den Zielen des Grundgesetzes förderliche Arbeit bietet.

2Eine auf Dauer angelegte Förderung setzt in der Regel die Anerkennung als Träger der freien Jugendhilfe nach § 75 voraus.

(2) 1Soweit von der freien Jugendhilfe Einrichtungen, Dienste und Veranstaltungen geschaffen werden, um die Gewährung von Leistungen nach diesem Buch zu ermöglichen, kann die Förderung von der Bereitschaft abhängig gemacht werden, diese Einrichtungen, Dienste und Veranstaltungen nach Maßgabe der Jugendhilfeplanung und unter Beachtung der in § 9 genannten Grundsätze anzubieten. 2§ 4 Absatz 1 bleibt unberührt.

(3) 1Über die Art und Höhe der Förderung entscheidet der Träger der öffentlichen Jugendhilfe im Rahmen der verfügbaren Haushaltsmittel nach pflichtgemäßem Ermessen. 2Entsprechendes gilt, wenn mehrere Antragsteller die Förderungsvoraussetzungen erfüllen und die von ihnen vorgesehenen Maßnahmen gleich geeignet sind, zur Befriedigung des Bedarfs jedoch nur eine Maßnahme notwendig ist. 3Bei der Bemessung der Eigenleistung sind die unterschiedliche Finanzkraft und die sonstigen Verhältnisse zu berücksichtigen.

(4) Bei sonst gleich geeigneten Maßnahmen soll solchen der Vorzug gegeben werden, die stärker an den Interessen der Betroffenen orientiert sind und ihre Einflussnahme auf die Ausgestaltung der Maßnahme gewährleisten.

(5) 1Bei der Förderung gleichartiger Maßnahmen mehrerer Träger sind unter Berücksichtigung ihrer Eigenleistungen gleiche Grundsätze und Maßstäbe anzulegen. 2Werden gleichartige Maßnahmen von der freien und der öffentlichen Jugendhilfe durchgeführt, so sind bei der Förderung die Grundsätze und Maßstäbe anzuwenden, die für die Finanzierung der Maßnahmen der öffentlichen Jugendhilfe gelten.

(6) Die Förderung von anerkannten Trägern der Jugendhilfe soll auch Mittel für die Fortbildung der haupt-, neben- und ehrenamtlichen Mitarbeiter sowie im Bereich der Jugendarbeit Mittel für die Errichtung und Unterhaltung von Jugendfreizeit- und Jugendbildungsstätten einschließen.

§ 74a Finanzierung von Tageseinrichtungen für Kinder

1Die Finanzierung von Tageseinrichtungen regelt das Landesrecht. 2Dabei können alle Träger von Einrichtungen, die die rechtlichen und fachlichen Voraussetzungen für den Betrieb der Einrichtung erfüllen, gefördert werden. 3Die Erhebung von Teilnahmebeiträgen nach § 90 bleibt unberührt.

§ 75 Anerkennung als Träger der freien Jugendhilfe

(1) Als Träger der freien Jugendhilfe können juristische Personen und Personenvereinigungen anerkannt werden, wenn sie

1. auf dem Gebiet der Jugendhilfe im Sinne des § 1 tätig sind,
2. gemeinnützige Ziele verfolgen,
3. auf Grund der fachlichen und personellen Voraussetzungen erwarten lassen, dass sie einen nicht unwesentlichen Beitrag zur Erfüllung der Aufgaben der Jugendhilfe zu leisten imstande sind, und
4. die Gewähr für eine den Zielen des Grundgesetzes förderliche Arbeit bieten.

(2) Einen Anspruch auf Anerkennung als Träger der freien Jugendhilfe hat unter den Voraussetzungen des Absatzes 1, wer auf dem Gebiet der Jugendhilfe mindestens drei Jahre tätig gewesen ist.

(3) Die Kirchen und Religionsgemeinschaften des öffentlichen Rechts sowie die auf Bundesebene zusammengeschlossenen Verbände der freien Wohlfahrtspflege sind anerkannte Träger der freien Jugendhilfe.

§ 76 Beteiligung anerkannter Träger der freien Jugendhilfe an der Wahrnehmung anderer Aufgaben

(1) Die Träger der öffentlichen Jugendhilfe können anerkannte Träger der freien Jugendhilfe an der Durchführung ihrer Aufgaben nach den §§ 42, 43, 50 bis 52a und 53 Absatz 2 bis 4 beteiligen oder ihnen diese Aufgaben zur Ausführung übertragen.

(2) Die Träger der öffentlichen Jugendhilfe bleiben für die Erfüllung der Aufgaben verantwortlich.

§ 77 Vereinbarungen über die Höhe der Kosten

1Werden Einrichtungen und Dienste der Träger der freien Jugendhilfe in Anspruch genommen, so sind Vereinbarungen über die Höhe der Kosten der Inanspruchnahme zwischen der öffentlichen und der freien Jugendhilfe anzustreben. 2Das Nähere regelt das Landesrecht. 3Die §§ 78a bis 78g bleiben unberührt.

§ 78 Arbeitsgemeinschaften

1Die Träger der öffentlichen Jugendhilfe sollen die Bildung von Arbeitsgemeinschaften anstreben, in denen neben ihnen die anerkannten Träger der freien Jugendhilfe sowie die Träger geförderter Maßnahmen vertreten sind. 2In den Arbeitsgemeinschaften soll darauf hingewirkt werden, dass die geplanten Maßnahmen aufeinander abgestimmt werden und sich gegenseitig ergänzen.

Dritter Abschnitt
Vereinbarungen über Leistungsangebote, Entgelte und Qualitätsentwicklung

§ 78a Anwendungsbereich

(1) Die Regelungen der §§ 78b bis 78g gelten für die Erbringung von

1. Leistungen für Betreuung und Unterkunft in einer sozialpädagogisch begleiteten Wohnform (§ 13 Absatz 3),
2. Leistungen in gemeinsamen Wohnformen für Mütter/Väter und Kinder (§ 19),
3. Leistungen zur Unterstützung bei notwendiger Unterbringung des Kindes oder Jugendlichen zur Erfüllung der Schulpflicht (§ 21 Satz 2),
4. Hilfe zur Erziehung
   a) in einer Tagesgruppe (§ 32),
   b) in einem Heim oder einer sonstigen betreuten Wohnform (§ 34) sowie
   c) in intensiver sozialpädagogischer Einzelbetreuung (§ 35), sofern sie außerhalb der eigenen Familie erfolgt,
   d) in sonstiger teilstationärer oder stationärer Form (§ 27),
5. Eingliederungshilfe für seelisch behinderte Kinder und Jugendliche in
   a) anderen teilstationären Einrichtungen (§ 35a Absatz 2 Nummer 2 Alternative 2),

VIII

b) Einrichtungen über Tag und Nacht sowie sonstigen Wohnformen (§ 35a Absatz 2 Nummer 4),

6. Hilfe für junge Volljährige (§ 41), sofern diese den in den Nummern 4 und 5 genannten Leistungen entspricht, sowie
7. Leistungen zum Unterhalt (§ 39), sofern diese im Zusammenhang mit Leistungen nach den Nummern 4 bis 6 gewährt werden; § 39 Absatz 2 Satz 3 bleibt unberührt.

(2) Landesrecht kann bestimmen, daß die §§ 78b bis 78g auch für andere Leistungen nach diesem Buch sowie für vorläufige Maßnahmen zum Schutz von Kindern und Jugendlichen (§ 42) gelten.

§ 78b Voraussetzungen für die Übernahme des Leistungsentgelts

(1) Wird die Leistung ganz oder teilweise in einer Einrichtung erbracht, so ist der Träger der öffentlichen Jugendhilfe zur Übernahme des Entgelts gegenüber dem Leistungsberechtigten verpflichtet, wenn mit dem Träger der Einrichtung oder seinem Verband Vereinbarungen über

1. Inhalt, Umfang und Qualität der Leistungsangebote (Leistungsvereinbarung),
2. differenzierte Entgelte für die Leistungsangebote und die betriebsnotwendigen Investitionen (Entgeltvereinbarung) und
3. Grundsätze und Maßstäbe für die Bewertung der Qualität der Leistungsangebote sowie über geeignete Maßnahmen zu ihrer Gewährleistung (Qualitätsentwicklungsvereinbarung)

abgeschlossen worden sind.

(2) 1Die Vereinbarungen sind mit den Trägern abzuschließen, die unter Berücksichtigung der Grundsätze der Leistungsfähigkeit, Wirtschaftlichkeit und Sparsamkeit zur Erbringung der Leistung geeignet sind. 2Vereinbarungen über die Erbringung von Hilfe zur Erziehung im Ausland dürfen nur mit solchen Trägern abgeschlossen werden, die

1. anerkannte Träger der Jugendhilfe oder Träger einer erlaubnispflichtigen Einrichtung im Inland sind, in der Hilfe zur Erziehung erbracht wird,
2. mit der Erbringung solcher Hilfen nur Fachkräfte im Sinne des § 72 Absatz 1 betrauen und
3. die Gewähr dafür bieten, dass sie die Rechtsvorschriften des Aufenthaltslandes einhalten und mit den Behörden des Aufenthaltslandes sowie den deutschen Vertretungen im Ausland zusammenarbeiten.

(3) Ist eine der Vereinbarungen nach Absatz 1 nicht abgeschlossen, so ist der Träger der öffentlichen Jugendhilfe zur Übernahme des Leistungsentgelts nur verpflichtet, wenn dies insbesondere nach Maßgabe der Hilfeplanung (§ 36) im Einzelfall geboten ist.

§ 78c Inhalt der Leistungs- und Entgeltvereinbarungen

(1) 1Die Leistungsvereinbarung muss die wesentlichen Leistungsmerkmale, insbesondere

1. Art, Ziel und Qualität des Leistungsangebots,
2. den in der Einrichtung zu betreuenden Personenkreis,
3. die erforderliche sächliche und personelle Ausstattung,
4. die Qualifikation des Personals sowie
5. die betriebsnotwendigen Anlagen der Einrichtung

festlegen. 2In die Vereinbarung ist aufzunehmen, unter welchen Voraussetzungen der Träger der Einrichtung sich zur Erbringung von Leistungen verpflichtet. 3Der Träger muss gewährleisten, dass die Leistungsangebote zur Erbringung von Leistungen nach § 78a Absatz 1 geeignet sowie ausreichend, zweckmäßig und wirtschaftlich sind.

(2) 1Die Entgelte müssen leistungsgerecht sein. 2Grundlage der Entgeltvereinbarung sind die in der Leistungs- und der Qualitätsentwicklungsvereinbarung festgelegten Leistungs- und Qualitätsmerkmale. 3Eine Erhöhung der Vergütung für Investitionen kann nur dann verlangt werden, wenn der zuständige Träger der öffentlichen Jugendhilfe der Investitionsmaßnahme vorher zugestimmt hat. 4Förderungen aus öffentlichen Mitteln sind anzurechnen.

§ 78d Vereinbarungszeitraum

(1) ₁Die Vereinbarungen nach § 78b Absatz 1 sind für einen zukünftigen Zeitraum (Vereinbarungszeitraum) abzuschließen. ₂Nachträgliche Ausgleiche sind nicht zulässig.

(2) ₁Die Vereinbarungen treten zu dem darin bestimmten Zeitpunkt in Kraft. ₂Wird ein Zeitpunkt nicht bestimmt, so werden die Vereinbarungen mit dem Tage ihres Abschlusses wirksam. ₃Eine Vereinbarung, die vor diesen Zeitpunkt zurückwirkt, ist nicht zulässig; dies gilt nicht für Vereinbarungen vor der Schiedsstelle für die Zeit ab Eingang des Antrags bei der Schiedsstelle. ₄Nach Ablauf des Vereinbarungszeitraums gelten die vereinbarten Vergütungen bis zum Inkrafttreten neuer Vereinbarungen weiter.

(3) ₁Bei unvorhersehbaren wesentlichen Veränderungen der Annahmen, die der Entgeltvereinbarung zugrunde lagen, sind die Entgelte auf Verlangen einer Vertragspartei für den laufenden Vereinbarungszeitraum neu zu verhandeln. ₂Die Absätze 1 und 2 gelten entsprechend.

(4) Vereinbarungen über die Erbringung von Leistungen nach § 78a Absatz 1, die vor dem 1. Januar 1999 abgeschlossen worden sind, gelten bis zum Inkrafttreten neuer Vereinbarungen weiter.

§ 78e Örtliche Zuständigkeit für den Abschluss von Vereinbarungen

(1) ₁Soweit Landesrecht nicht etwas anderes bestimmt, ist für den Abschluss von Vereinbarungen nach § 78b Absatz 1 der örtliche Träger der Jugendhilfe zuständig, in dessen Bereich die Einrichtung gelegen ist. ₂Die von diesem Träger abgeschlossenen Vereinbarungen sind für alle örtlichen Träger bindend.

(2) Werden in der Einrichtung Leistungen erbracht, für deren Gewährung überwiegend ein anderer örtlicher Träger zuständig ist, so hat der nach Absatz 1 zuständige Träger diesen Träger zu hören.

(3) ₁Die kommunalen Spitzenverbände auf Landesebene und die Verbände der Träger der freien Jugendhilfe sowie die Vereinigungen sonstiger Leistungserbringer im jeweiligen Land können regionale oder landesweite Kommissionen bilden. ₂Die Kommissionen können im Auftrag der Mitglieder der in Satz 1 genannten Verbände und Vereinigungen Vereinbarungen nach § 78b Absatz 1 schließen. ₃Landesrecht kann die Beteiligung der für die Wahrnehmung der Aufgaben nach § 85 Absatz 2 Nummer 5 und 6 zuständigen Behörde vorsehen.

§ 78f Rahmenverträge

₁Die kommunalen Spitzenverbände auf Landesebene schließen mit den Verbänden der Träger der freien Jugendhilfe und den Vereinigungen sonstiger Leistungserbringer auf Landesebene Rahmenverträge über den Inhalt der Vereinbarungen nach § 78b Absatz 1. ₂Die für die Wahrnehmung der Aufgaben nach § 85 Absatz 2 Nummer 5 und 6 zuständigen Behörden sind zu beteiligen.

§ 78g Schiedsstelle

(1) ₁In den Ländern sind Schiedsstellen für Streit- und Konfliktfälle einzurichten. ₂Sie sind mit einem unparteiischen Vorsitzenden und mit einer gleichen Zahl von Vertretern der Träger der öffentlichen Jugendhilfe sowie von Vertretern der Träger der Einrichtungen zu besetzen. ₃Der Zeitaufwand der Mitglieder ist zu entschädigen, bare Auslagen sind zu erstatten. ₄Für die Inanspruchnahme der Schiedsstellen können Gebühren erhoben werden.

(2) ₁Kommt eine Vereinbarung nach § 78b Absatz 1 innerhalb von sechs Wochen nicht zustande, nachdem eine Partei schriftlich zu Verhandlungen aufgefordert hat, so entscheidet die Schiedsstelle auf Antrag einer Partei unverzüglich über die Gegenstände, über die keine Einigung erreicht werden konnte. ₂Gegen die Entscheidung ist der Rechtsweg zu den Verwaltungsgerichten gegeben. ₃Die Klage richtet sich gegen eine der beiden Vertragsparteien, nicht gegen die Schiedsstelle. ₄Einer Nachprüfung der Entscheidung in einem Vorverfahren bedarf es nicht.

(3) ₁Entscheidungen der Schiedsstelle treten zu dem darin bestimmten Zeitpunkt in Kraft. ₂Wird ein Zeitpunkt für das Inkrafttreten nicht

bestimmt, so werden die Festsetzungen der Schiedsstelle mit dem Tag wirksam, an dem der Antrag bei der Schiedsstelle eingegangen ist. 3Die Festsetzung einer Vergütung, die vor diesen Zeitpunkt zurückwirkt, ist nicht zulässig. 4Im Übrigen gilt § 78d Absatz 2 Satz 4 und Absatz 3 entsprechend.

(4) Die Landesregierungen werden ermächtigt, durch Rechtsverordnung das Nähere zu bestimmen über

1. die Errichtung der Schiedsstellen,
2. die Zahl, die Bestellung, die Amtsdauer und die Amtsführung ihrer Mitglieder,
3. die Erstattung der baren Auslagen und die Entschädigung für ihren Zeitaufwand,
4. die Geschäftsführung, das Verfahren, die Erhebung und die Höhe der Gebühren sowie die Verteilung der Kosten und
5. die Rechtsaufsicht.

Vierter Abschnitt Gesamtverantwortung, Jugendhilfeplanung

§ 79 Gesamtverantwortung, Grundausstattung

(1) Die Träger der öffentlichen Jugendhilfe haben für die Erfüllung der Aufgaben nach diesem Buch die Gesamtverantwortung einschließlich der Planungsverantwortung.

(2) 1Die Träger der öffentlichen Jugendhilfe sollen gewährleisten, dass zur Erfüllung der Aufgaben nach diesem Buch

1. die erforderlichen und geeigneten Einrichtungen, Dienste und Veranstaltungen den verschiedenen Grundrichtungen der Erziehung entsprechend rechtzeitig und ausreichend zur Verfügung stehen; hierzu zählen insbesondere auch Pfleger, Vormünder und Pflegepersonen;
2. eine kontinuierliche Qualitätsentwicklung nach Maßgabe von § 79a erfolgt.

2Von den für die Jugendhilfe bereitgestellten Mitteln haben sie einen angemessenen Anteil für die Jugendarbeit zu verwenden.

(3) Die Träger der öffentlichen Jugendhilfe haben für eine ausreichende Ausstattung der Jugendämter und der Landesjugendämter zu sorgen; hierzu gehört auch eine dem Bedarf entsprechende Zahl von Fachkräften.

§ 79a Qualitätsentwicklung in der Kinder- und Jugendhilfe

1Um die Aufgaben der Kinder- und Jugendhilfe nach § 2 zu erfüllen, haben die Träger der öffentlichen Jugendhilfe Grundsätze und Maßstäbe für die Bewertung der Qualität sowie geeignete Maßnahmen zu ihrer Gewährleistung für

1. die Gewährung und Erbringung von Leistungen,
2. die Erfüllung anderer Aufgaben,
3. den Prozess der Gefährdungseinschätzung nach § 8a,
4. die Zusammenarbeit mit anderen Institutionen

weiterzuentwickeln, anzuwenden und regelmäßig zu überprüfen. 2Dazu zählen auch Qualitätsmerkmale für die Sicherung der Rechte von Kindern und Jugendlichen in Einrichtungen und ihren Schutz vor Gewalt. 3Die Träger der öffentlichen Jugendhilfe orientieren sich dabei an den fachlichen Empfehlungen der nach § 85 Absatz 2 zuständigen Behörden und an bereits angewandten Grundsätzen und Maßstäben für die Bewertung der Qualität sowie Maßnahmen zu ihrer Gewährleistung.

§ 80 Jugendhilfeplanung

(1) Die Träger der öffentlichen Jugendhilfe haben im Rahmen ihrer Planungsverantwortung

1. den Bestand an Einrichtungen und Diensten festzustellen,
2. den Bedarf unter Berücksichtigung der Wünsche, Bedürfnisse und Interessen der jungen Menschen und der Personensorgeberechtigten für einen mittelfristigen Zeitraum zu ermitteln und
3. die zur Befriedigung des Bedarfs notwendigen Vorhaben rechtzeitig und ausreichend zu planen; dabei ist Vorsorge zu treffen, dass auch ein unvorhergesehener Bedarf befriedigt werden kann.

VIII

(2) Einrichtungen und Dienste sollen so geplant werden, dass insbesondere

1. Kontakte in der Familie und im sozialen Umfeld erhalten und gepflegt werden können,
2. ein möglichst wirksames, vielfältiges und aufeinander abgestimmtes Angebot von Jugendhilfeleistungen gewährleistet ist,
3. junge Menschen und Familien in gefährdeten Lebens- und Wohnbereichen besonders gefördert werden,
4. Mütter und Väter Aufgaben in der Familie und Erwerbstätigkeit besser miteinander vereinbaren können.

(3) 1Die Träger der öffentlichen Jugendhilfe haben die anerkannten Träger der freien Jugendhilfe in allen Phasen ihrer Planung frühzeitig zu beteiligen. 2Zu diesem Zwecke sind sie vom Jugendhilfeausschuss, soweit sie überörtlich tätig sind, im Rahmen der Jugendhilfeplanung des überörtlichen Trägers vom Landesjugendhilfeausschuss zu hören. 3Das Nähere regelt das Landesrecht.

(4) Die Träger der öffentlichen Jugendhilfe sollen darauf hinwirken, dass die Jugendhilfeplanung und andere örtliche und überörtliche Planungen aufeinander abgestimmt werden und die Planungen insgesamt den Bedürfnissen und Interessen der jungen Menschen und ihrer Familien Rechnung tragen.

§ 81 Strukturelle Zusammenarbeit mit anderen Stellen und öffentlichen Einrichtungen

Die Träger der öffentlichen Jugendhilfe haben mit anderen Stellen und öffentlichen Einrichtungen, deren Tätigkeit sich auf die Lebenssituation junger Menschen und ihrer Familien auswirkt, insbesondere mit

1. den Trägern von Sozialleistungen nach dem Zweiten, Dritten, Vierten, Fünften, Sechsten und dem Zwölften Buch sowie Trägern von Leistungen nach dem Bundesversorgungsgesetz,
2. den Familien- und Jugendgerichten, den Staatsanwaltschaften sowie den Justizvollzugsbehörden,
3. Schulen und Stellen der Schulverwaltung,
4. Einrichtungen und Stellen des öffentlichen Gesundheitsdienstes und sonstigen Einrichtungen und Diensten des Gesundheitswesens,
5. den Beratungsstellen nach den §§ 3 und 8 des Schwangerschaftskonfliktgesetzes und Suchtberatungsstellen,
6. Einrichtungen und Diensten zum Schutz gegen Gewalt in engen sozialen Beziehungen,
7. den Stellen der Bundesagentur für Arbeit,
8. Einrichtungen und Stellen der beruflichen Aus- und Weiterbildung,
9. den Polizei- und Ordnungsbehörden,
10. der Gewerbeaufsicht und
11. Einrichtungen der Ausbildung für Fachkräfte, der Weiterbildung und der Forschung

im Rahmen ihrer Aufgaben und Befugnisse zusammenzuarbeiten.

Sechstes Kapitel
Zentrale Aufgaben

§ 82 Aufgaben der Länder

(1) Die oberste Landesjugendbehörde hat die Tätigkeit der Träger der öffentlichen und der freien Jugendhilfe und die Weiterentwicklung der Jugendhilfe anzuregen und zu fördern.

(2) Die Länder haben auf einen gleichmäßigen Ausbau der Einrichtungen und Angebote hinzuwirken und die Jugendämter und Landesjugendämter bei der Wahrnehmung ihrer Aufgaben zu unterstützen.

§ 83 Aufgaben des Bundes, Bundesjugendkuratorium

(1) 1Die fachlich zuständige oberste Bundesbehörde soll die Tätigkeit der Jugendhilfe anregen und fördern, soweit sie von überregionaler Bedeutung ist und ihrer Art nach nicht durch ein Land allein wirksam gefördert werden kann. 2Hierzu gehören auch die überregionalen Tätigkeiten der Jugendorganisatio-

nen der politischen Parteien auf dem Gebiet der Jugendarbeit.

(2) 1Die Bundesregierung wird in grundsätzlichen Fragen der Jugendhilfe von einem Sachverständigengremium (Bundesjugendkuratorium) beraten. 2Das Nähere regelt die Bundesregierung durch Verwaltungsvorschriften.

§ 84 Jugendbericht

(1) 1Die Bundesregierung legt dem Deutschen Bundestag und dem Bundesrat in jeder Legislaturperiode einen Bericht über die Lage junger Menschen und die Bestrebungen und Leistungen der Jugendhilfe vor. 2Neben der Bestandsaufnahme und Analyse sollen die Berichte Vorschläge zur Weiterentwicklung der Jugendhilfe enthalten; jeder dritte Bericht soll einen Überblick über die Gesamtsituation der Jugendhilfe vermitteln.

(2) 1Die Bundesregierung beauftragt mit der Ausarbeitung der Berichte jeweils eine Kommission, der mindestens sieben Sachverständige (Jugendberichtskommission) angehören. 2Die Bundesregierung fügt eine Stellungnahme mit den von ihr für notwendig gehaltenen Folgerungen bei.

VIII

Siebtes Kapitel
Zuständigkeit, Kostenerstattung

Erster Abschnitt
Sachliche Zuständigkeit

§ 85 Sachliche Zuständigkeit

(1) Für die Gewährung von Leistungen und die Erfüllung anderer Aufgaben nach diesem Buch ist der örtliche Träger sachlich zuständig, soweit nicht der überörtliche Träger sachlich zuständig ist.

(2) Der überörtliche Träger ist sachlich zuständig für

1. die Beratung der örtlichen Träger und die Entwicklung von Empfehlungen zur Erfüllung der Aufgaben nach diesem Buch,
2. die Förderung der Zusammenarbeit zwischen den örtlichen Trägern und den anerkannten Trägern der freien Jugendhilfe, insbesondere bei der Planung und Sicherstellung eines bedarfsgerechten Angebots an Hilfen zur Erziehung, Eingliederungshilfen für seelisch behinderte Kinder und Jugendliche und Hilfen für junge Volljährige,
3. die Anregung und Förderung von Einrichtungen, Diensten und Veranstaltungen sowie deren Schaffung und Betrieb, soweit sie den örtlichen Bedarf übersteigen; dazu gehören insbesondere Einrichtungen, die eine Schul- oder Berufsausbildung anbieten, sowie Jugendbildungsstätten,
4. die Planung, Anregung, Förderung und Durchführung von Modellvorhaben zur Weiterentwicklung der Jugendhilfe,
5. die Beratung der örtlichen Träger bei der Gewährung von Hilfe nach den §§ 32 bis 35a, insbesondere bei der Auswahl einer Einrichtung oder der Vermittlung einer Pflegeperson in schwierigen Einzelfällen,
6. die Wahrnehmung der Aufgaben zum Schutz von Kindern und Jugendlichen in Einrichtungen (§§ 45 bis 48a),
7. die Beratung der Träger von Einrichtungen während der Planung und Betriebsführung,
8. die Fortbildung von Mitarbeitern in der Jugendhilfe,
9. die Gewährung von Leistungen an Deutsche im Ausland (§ 6 Absatz 3), soweit es sich nicht um die Fortsetzung einer bereits im Inland gewährten Leistung handelt,
10. die Erteilung der Erlaubnis zur Übernahme von Pflegschaften oder Vormundschaften durch einen rechtsfähigen Verein (§ 54).

(3) Für den örtlichen Bereich können die Aufgaben nach Absatz 2 Nummer 3, 4, 7 und 8 auch vom örtlichen Träger wahrgenommen werden.

(4) Unberührt bleiben die am Tage des Inkrafttretens dieses Gesetzes geltenden landesrechtlichen Regelungen, die die in den §§ 45 bis 48a bestimmten Aufgaben ein-

schließlich der damit verbundenen Aufgaben nach Absatz 2 Nummer 2 bis 5 und 7 mittleren Landesbehörden oder, soweit sie sich auf Kindergärten und andere Tageseinrichtungen für Kinder beziehen, unteren Landesbehörden zuweisen.

(5) Ist das Land überörtlicher Träger, so können durch Landesrecht bis zum 30. Juni 1993 einzelne seiner Aufgaben auf andere Körperschaften des öffentlichen Rechts, die nicht Träger der öffentlichen Jugendhilfe sind, übertragen werden.

Zweiter Abschnitt Örtliche Zuständigkeit

Erster Unterabschnitt Örtliche Zuständigkeit für Leistungen

§ 86 Örtliche Zuständigkeit für Leistungen an Kinder, Jugendliche und ihre Eltern

(1) 1Für die Gewährung von Leistungen nach diesem Buch ist der örtliche Träger zuständig, in dessen Bereich die Eltern ihren gewöhnlichen Aufenthalt haben. 2An die Stelle der Eltern tritt die Mutter, wenn und solange die Vaterschaft nicht anerkannt oder gerichtlich festgestellt ist. 3Lebt nur ein Elternteil, so ist dessen gewöhnlicher Aufenthalt maßgebend.

(2) 1Haben die Elternteile verschiedene gewöhnliche Aufenthalte, so ist der örtliche Träger zuständig, in dessen Bereich der personensorgeberechtigte Elternteil seinen gewöhnlichen Aufenthalt hat; dies gilt auch dann, wenn ihm einzelne Angelegenheiten der Personensorge entzogen sind. 2Steht die Personensorge im Fall des Satzes 1 den Eltern gemeinsam zu, so richtet sich die Zuständigkeit nach dem gewöhnlichen Aufenthalt des Elternteils, bei dem das Kind oder der Jugendliche vor Beginn der Leistung zuletzt seinen gewöhnlichen Aufenthalt hatte. 3Hatte das Kind oder der Jugendliche im Fall des Satzes 2 zuletzt bei beiden Elternteilen seinen gewöhnlichen Aufenthalt, so richtet sich die Zuständigkeit nach dem gewöhnlichen Aufenthalt des Elternteils, bei dem das Kind oder der Jugendliche vor Beginn der Leistung zuletzt seinen tatsächlichen Aufenthalt hatte. 4Hatte das Kind oder der Jugendliche im Fall des Satzes 2 während der letzten sechs Monate vor Beginn der Leistung bei keinem Elternteil einen gewöhnlichen Aufenthalt, so ist der örtliche Träger zuständig, in dessen Bereich das Kind oder der Jugendliche vor Beginn der Leistung zuletzt seinen gewöhnlichen Aufenthalt hatte; hatte das Kind oder der Jugendliche während der letzten sechs Monate keinen gewöhnlichen Aufenthalt, so richtet sich die Zuständigkeit nach dem tatsächlichen Aufenthalt des Kindes oder des Jugendlichen vor Beginn der Leistung.

(3) Haben die Elternteile verschiedene gewöhnliche Aufenthalte und steht die Personensorge keinem Elternteil zu, so gilt Absatz 2 Satz 2 und 4 entsprechend.

(4) 1Haben die Eltern oder der nach den Absätzen 1 bis 3 maßgebliche Elternteil im Inland keinen gewöhnlichen Aufenthalt, oder ist ein gewöhnlicher Aufenthalt nicht feststellbar, oder sind sie verstorben, so richtet sich die Zuständigkeit nach dem gewöhnlichen Aufenthalt des Kindes oder des Jugendlichen vor Beginn der Leistung. 2Hatte das Kind oder der Jugendliche während der letzten sechs Monate vor Beginn der Leistung keinen gewöhnlichen Aufenthalt, so ist der örtliche Träger zuständig, in dessen Bereich sich das Kind oder der Jugendliche vor Beginn der Leistung tatsächlich aufhält.

(5) 1Begründen die Elternteile nach Beginn der Leistung verschiedene gewöhnliche Aufenthalte, so wird der örtliche Träger zuständig, in dessen Bereich der personensorgeberechtigte Elternteil seinen gewöhnlichen Aufenthalt hat; dies gilt auch dann, wenn ihm einzelne Angelegenheiten der Personensorge entzogen sind. 2Solange in diesen Fällen die Personensorge beiden Elternteilen gemeinsam oder keinem Elternteil zusteht, bleibt die bisherige Zuständigkeit bestehen. 3Absatz 4 gilt entsprechend.

(6) 1Lebt ein Kind oder ein Jugendlicher zwei Jahre bei einer Pflegeperson und ist sein Verbleib bei dieser Pflegeperson auf Dauer zu erwarten, so ist oder wird abweichend von

den Absätzen 1 bis 5 der örtliche Träger zuständig, in dessen Bereich die Pflegeperson ihren gewöhnlichen Aufenthalt hat. 2Er hat die Eltern und, falls den Eltern die Personensorge nicht oder nur teilweise zusteht, den Personensorgeberechtigten über den Wechsel der Zuständigkeit zu unterrichten. 3Endet der Aufenthalt bei der Pflegeperson, so endet die Zuständigkeit nach Satz 1.

(7) 1Für Leistungen an Kinder oder Jugendliche, die um Asyl nachsuchen oder einen Asylantrag gestellt haben, ist der örtliche Träger zuständig, in dessen Bereich sich die Person vor Beginn der Leistung tatsächlich aufhält; geht der Leistungsgewährung eine Inobhutnahme voraus, so bleibt die nach § 87 begründete Zuständigkeit bestehen. 2Unterliegt die Person einem Verteilungsverfahren, so richtet sich die örtliche Zuständigkeit nach der Zuweisungsentscheidung der zuständigen Landesbehörde; bis zur Zuweisungsentscheidung gilt Satz 1 entsprechend. 3Die nach Satz 1 oder 2 begründete örtliche Zuständigkeit bleibt auch nach Abschluss des Asylverfahrens so lange bestehen, bis die für die Bestimmung der örtlichen Zuständigkeit maßgebliche Person einen gewöhnlichen Aufenthalt im Bereich eines anderen Trägers der öffentlichen Jugendhilfe begründet. 4Eine Unterbrechung der Leistung von bis zu drei Monaten bleibt außer Betracht.

VIII

§ 86a Örtliche Zuständigkeit für Leistungen an junge Volljährige

(1) Für Leistungen an junge Volljährige ist der örtliche Träger zuständig, in dessen Bereich der junge Volljährige vor Beginn der Leistung seinen gewöhnlichen Aufenthalt hat.

(2) Hält sich der junge Volljährige in einer Einrichtung oder sonstigen Wohnform auf, die der Erziehung, Pflege, Betreuung, Behandlung oder dem Strafvollzug dient, so richtet sich die örtliche Zuständigkeit nach dem gewöhnlichen Aufenthalt vor der Aufnahme in eine Einrichtung oder sonstige Wohnform.

(3) Hat der junge Volljährige keinen gewöhnlichen Aufenthalt, so richtet sich die Zuständigkeit nach seinem tatsächlichen Aufenthalt zu dem in Absatz 1 genannten Zeitpunkt; Absatz 2 bleibt unberührt.

(4) 1Wird eine Leistung nach § 13 Absatz 3 oder nach § 21 über die Vollendung des 18. Lebensjahres hinaus weitergeführt oder geht der Hilfe für junge Volljährige nach § 41 eine dieser Leistungen, eine Leistung nach § 19 oder eine Hilfe nach den §§ 27 bis 35a voraus, so bleibt der örtliche Träger zuständig, der bis zu diesem Zeitpunkt zuständig war. 2Eine Unterbrechung der Hilfeleistung von bis zu drei Monaten bleibt dabei außer Betracht. 3Die Sätze 1 und 2 gelten entsprechend, wenn eine Hilfe für junge Volljährige nach § 41 beendet war und innerhalb von drei Monaten erneut Hilfe für junge Volljährige nach § 41 erforderlich wird.

§ 86b Örtliche Zuständigkeit für Leistungen in gemeinsamen Wohnformen für Mütter/Väter und Kinder

(1) 1Für Leistungen in gemeinsamen Wohnformen für Mütter oder Väter und Kinder ist der örtliche Träger zuständig, in dessen Bereich der nach § 19 Leistungsberechtigte vor Beginn der Leistung seinen gewöhnlichen Aufenthalt hat. 2§ 86a Absatz 2 gilt entsprechend.

(2) Hat der Leistungsberechtigte keinen gewöhnlichen Aufenthalt, so richtet sich die Zuständigkeit nach seinem tatsächlichen Aufenthalt zu dem in Absatz 1 genannten Zeitpunkt.

(3) 1Geht der Leistung Hilfe nach den §§ 27 bis 35a oder eine Leistung nach § 13 Absatz 3, § 21 oder § 41 voraus, so bleibt der örtliche Träger zuständig, der bisher zuständig war. 2Eine Unterbrechung der Hilfeleistung von bis zu drei Monaten bleibt dabei außer Betracht.

§ 86c Fortdauernde Leistungsverpflichtung und Fallübergabe bei Zuständigkeitswechsel

(1) 1Wechselt die örtliche Zuständigkeit für eine Leistung, so bleibt der bisher zuständige örtliche Träger so lange zur Gewährung der Leistung verpflichtet, bis der nunmehr zu-

ständige örtliche Träger die Leistung fortsetzt. 2Dieser hat dafür Sorge zu tragen, dass der Hilfeprozess und die im Rahmen der Hilfeplanung vereinbarten Hilfeziele durch den Zuständigkeitswechsel nicht gefährdet werden.

(2) 1Der örtliche Träger, der von den Umständen Kenntnis erhält, die den Wechsel der Zuständigkeit begründen, hat den anderen davon unverzüglich zu unterrichten. 2Der bisher zuständige örtliche Träger hat dem nunmehr zuständigen örtlichen Träger unverzüglich die für die Hilfegewährung sowie den Zuständigkeitswechsel maßgeblichen Sozialdaten zu übermitteln. 3Bei der Fortsetzung von Leistungen, die der Hilfeplanung nach § 36 Absatz 2 unterliegen, ist die Fallverantwortung im Rahmen eines Gespräches zu übergeben. 4Die Personensorgeberechtigten und das Kind oder der Jugendliche sowie der junge Volljährige oder der Leistungsberechtigte nach § 19 sind an der Übergabe angemessen zu beteiligen.

§ 86d Verpflichtung zum vorläufigen Tätigwerden

Steht die örtliche Zuständigkeit nicht fest oder wird der zuständige örtliche Träger nicht tätig, so ist der örtliche Träger vorläufig zum Tätigwerden verpflichtet, in dessen Bereich sich das Kind oder der Jugendliche, der junge Volljährige oder bei Leistungen nach § 19 der Leistungsberechtigte vor Beginn der Leistung tatsächlich aufhält.

Zweiter Unterabschnitt
Örtliche Zuständigkeit für andere Aufgaben

§ 87 Örtliche Zuständigkeit für vorläufige Maßnahmen zum Schutz von Kindern und Jugendlichen

Für die Inobhutnahme eines Kindes oder eines Jugendlichen (§ 42) ist der örtliche Träger zuständig, in dessen Bereich sich das Kind oder der Jugendliche vor Beginn der Maßnahme tatsächlich aufhält.

§ 87a Örtliche Zuständigkeit für Erlaubnis, Meldepflichten und Untersagung

(1) Für die Erteilung der Pflegeerlaubnis sowie deren Rücknahme oder Widerruf (§§ 43, 44) ist der örtliche Träger zuständig, in dessen Bereich die Pflegeperson ihren gewöhnlichen Aufenthalt hat.

(2) Für die Erteilung der Erlaubnis zum Betrieb einer Einrichtung oder einer selbständigen sonstigen Wohnform sowie für die Rücknahme oder den Widerruf dieser Erlaubnis (§ 45 Absatz 1 und 2, § 48a), die örtliche Prüfung (§§ 46, 48a), die Entgegennahme von Meldungen (§ 47 Absatz 1 und 2, § 48a) und die Ausnahme von der Meldepflicht (§ 47 Absatz 3, § 48a) sowie die Untersagung der weiteren Beschäftigung des Leiters oder eines Mitarbeiters (§§ 48, 48a) ist der überörtliche Träger oder die nach Landesrecht bestimmte Behörde zuständig, in dessen oder deren Bereich die Einrichtung oder die sonstige Wohnform gelegen ist.

(3) Für die Mitwirkung an der örtlichen Prüfung (§§ 46, 48a) ist der örtliche Träger zuständig, in dessen Bereich die Einrichtung oder die selbständige sonstige Wohnform gelegen ist.

§ 87b Örtliche Zuständigkeit für die Mitwirkung in gerichtlichen Verfahren

(1) 1Für die Zuständigkeit des Jugendamts zur Mitwirkung in gerichtlichen Verfahren (§§ 50 bis 52) gilt § 86 Absatz 1 bis 4 entsprechend. 2Für die Mitwirkung im Verfahren nach dem Jugendgerichtsgesetz gegen einen jungen Menschen, der zu Beginn des Verfahrens das 18. Lebensjahr vollendet hat, gilt § 86a Absatz 1 und 3 entsprechend.

(2) 1Die nach Absatz 1 begründete Zuständigkeit bleibt bis zum Abschluss des Verfahrens bestehen. 2Hat ein Jugendlicher oder ein junger Volljähriger in einem Verfahren nach dem Jugendgerichtsgesetz die letzten sechs Monate vor Abschluss des Verfahrens in einer Justizvollzugsanstalt verbracht, so dauert die Zuständigkeit auch nach der Entlassung aus der Anstalt so lange fort, bis der Jugendliche

VIII

oder junge Volljährige einen neuen gewöhnlichen Aufenthalt begründet hat, längstens aber bis zum Ablauf von sechs Monaten nach dem Entlassungszeitpunkt.

(3) Steht die örtliche Zuständigkeit nicht fest oder wird der zuständige örtliche Träger nicht tätig, so gilt § 86d entsprechend.

§ 87c Örtliche Zuständigkeit für die Beistandschaft, die Amtspflegschaft, die Amtsvormundschaft und die Bescheinigung nach § 58a

(1) 1Für die Vormundschaft nach § 1791c des Bürgerlichen Gesetzbuchs ist das Jugendamt zuständig, in dessen Bereich die Mutter ihren gewöhnlichen Aufenthalt hat. 2Wurde die Vaterschaft nach § 1592 Nummer 1 oder 2 des Bürgerlichen Gesetzbuchs durch Anfechtung beseitigt, so ist der gewöhnliche Aufenthalt der Mutter zu dem Zeitpunkt maßgeblich, zu dem die Entscheidung rechtskräftig wird. 3Ist ein gewöhnlicher Aufenthalt der Mutter nicht festzustellen, so richtet sich die örtliche Zuständigkeit nach ihrem tatsächlichen Aufenthalt.

(2) 1Sobald die Mutter ihren gewöhnlichen Aufenthalt im Bereich eines anderen Jugendamts nimmt, hat das die Amtsvormundschaft führende Jugendamt bei dem Jugendamt des anderen Bereichs die Weiterführung der Amtsvormundschaft zu beantragen; der Antrag kann auch von dem anderen Jugendamt, von jedem Elternteil und von jedem, der ein berechtigtes Interesse des Kindes oder des Jugendlichen geltend macht, bei dem die Amtsvormundschaft führenden Jugendamt gestellt werden. 2Die Vormundschaft geht mit der Erklärung des anderen Jugendamts auf dieses über. 3Das abgebende Jugendamt hat den Übergang dem Familiengericht und jedem Elternteil unverzüglich mitzuteilen. 4Gegen die Ablehnung des Antrags kann das Familiengericht angerufen werden.

(3) 1Für die Pflegschaft oder Vormundschaft, die durch Bestellung des Familiengerichts eintritt, ist das Jugendamt zuständig, in dessen Bereich das Kind oder der Jugendliche seinen gewöhnlichen Aufenthalt hat. 2Hat das Kind oder der Jugendliche keinen gewöhnlichen Aufenthalt, so richtet sich die Zuständigkeit nach seinem tatsächlichen Aufenthalt zum Zeitpunkt der Bestellung. 3Sobald das Kind oder der Jugendliche seinen gewöhnlichen Aufenthalt wechselt oder im Fall des Satzes 2 das Wohl des Kindes oder Jugendlichen es erfordert, hat das Jugendamt beim Familiengericht einen Antrag auf Entlassung zu stellen. 4Die Sätze 1 bis 3 gelten für die Gegenvormundschaft des Jugendamts entsprechend.

(4) Für die Vormundschaft, die im Rahmen des Verfahrens zur Annahme als Kind eintritt, ist das Jugendamt zuständig, in dessen Bereich die annehmende Person ihren gewöhnlichen Aufenthalt hat.

(5) 1Für die Beratung und Unterstützung nach § 52a sowie für die Beistandschaft gilt Absatz 1 Satz 1 und 3 entsprechend. 2Sobald der allein sorgeberechtigte Elternteil seinen gewöhnlichen Aufenthalt im Bereich eines anderen Jugendamts nimmt, hat das die Beistandschaft führende Jugendamt bei dem Jugendamt des anderen Bereichs die Weiterführung der Beistandschaft zu beantragen; Absatz 2 Satz 2 und § 86c gelten entsprechend.

(6) 1Für die Erteilung der Bescheinigung nach § 58a Absatz 2 gilt Absatz 1 entsprechend. 2Die Mitteilungen nach § 1626d Absatz 2 des Bürgerlichen Gesetzbuchs, die Mitteilungen nach § 155a Absatz 3 Satz 3 und Absatz 5 Satz 2 des Gesetzes über das Verfahren in Familiensachen und in den Angelegenheiten der freiwilligen Gerichtsbarkeit sowie die Mitteilungen nach § 50 Absatz 3 sind an das für den Geburtsort des Kindes oder des Jugendlichen zuständige Jugendamt zu richten; § 88 Absatz 1 Satz 2 gilt entsprechend. 3Das nach Satz 2 zuständige Jugendamt teilt auf Ersuchen dem nach Satz 1 zuständigen Jugendamt mit, ob Eintragungen im Sorgeregister vorliegen.

VIII

§ 87d Örtliche Zuständigkeit für weitere Aufgaben im Vormundschaftswesen

(1) Für die Wahrnehmung der Aufgaben nach § 53 ist der örtliche Träger zuständig, in dessen Bereich der Pfleger oder Vormund seinen gewöhnlichen Aufenthalt hat.

(2) Für die Erteilung der Erlaubnis zur Übernahme von Pflegschaften oder Vormundschaften durch einen rechtsfähigen Verein (§ 54) ist der überörtliche Träger zuständig, in dessen Bereich der Verein seinen Sitz hat.

§ 87e Örtliche Zuständigkeit für Beurkundung und Beglaubigung

Für Beurkundungen und Beglaubigungen nach § 59 ist die Urkundsperson bei jedem Jugendamt zuständig.

Dritter Unterabschnitt
Örtliche Zuständigkeit bei Aufenthalt im Ausland

§ 88 Örtliche Zuständigkeit bei Aufenthalt im Ausland

(1) 1Für die Gewährung von Leistungen der Jugendhilfe im Ausland ist der überörtliche Träger zuständig, in dessen Bereich der junge Mensch geboren ist. 2Liegt der Geburtsort im Ausland oder ist er nicht zu ermitteln, so ist das Land Berlin zuständig.

(2) Wurden bereits vor der Ausreise Leistungen der Jugendhilfe gewährt, so bleibt der örtliche Träger zuständig, der bisher tätig geworden ist; eine Unterbrechung der Hilfeleistung von bis zu drei Monaten bleibt dabei außer Betracht.

Dritter Abschnitt
Kostenerstattung

§ 89 Kostenerstattung bei fehlendem gewöhnlichen Aufenthalt

Ist für die örtliche Zuständigkeit nach den §§ 86, 86a oder 86b der tatsächliche Aufenthalt maßgeblich, so sind die Kosten, die ein örtlicher Träger aufgewendet hat, von dem überörtlichen Träger zu erstatten, zu dessen Bereich der örtliche Träger gehört.

§ 89a Kostenerstattung bei fortdauernder Vollzeitpflege

(1) 1Kosten, die ein örtlicher Träger aufgrund einer Zuständigkeit nach § 86 Absatz 6 aufgewendet hat, sind von dem örtlichen Träger zu erstatten, der zuvor zuständig war oder gewesen wäre. 2Die Kostenerstattungspflicht bleibt bestehen, wenn die Pflegeperson ihren gewöhnlichen Aufenthalt ändert oder wenn die Leistung über die Volljährigkeit hinaus nach § 41 fortgesetzt wird.

(2) Hat oder hätte der nach Absatz 1 kostenerstattungspflichtig werdende örtliche Träger während der Gewährung einer Leistung selbst einen Kostenerstattungsanspruch gegen einen anderen örtlichen oder den überörtlichen Träger, so bleibt oder wird abweichend von Absatz 1 dieser Träger dem nunmehr nach § 86 Absatz 6 zuständig gewordenen örtlichen Träger kostenerstattungspflichtig.

(3) Ändert sich während der Gewährung der Leistung nach Absatz 1 der für die örtliche Zuständigkeit nach § 86 Absatz 1 bis 5 maßgebliche gewöhnliche Aufenthalt, so wird der örtliche Träger kostenerstattungspflichtig, der ohne Anwendung des § 86 Absatz 6 örtlich zuständig geworden wäre.

§ 89b Kostenerstattung bei vorläufigen Maßnahmen zum Schutz von Kindern und Jugendlichen

(1) Kosten, die ein örtlicher Träger im Rahmen der Inobhutnahme von Kindern und Jugendlichen (§ 42) aufgewendet hat, sind von dem örtlichen Träger zu erstatten, dessen Zuständigkeit durch den gewöhnlichen Aufenthalt nach § 86 begründet wird.

(2) Ist ein kostenerstattungspflichtiger örtlicher Träger nicht vorhanden, so sind die Kosten von dem überörtlichen Träger zu erstatten, zu dessen Bereich der örtliche Träger gehört.

(3) Eine nach Absatz 1 oder 2 begründete Pflicht zur Kostenerstattung bleibt bestehen, wenn und solange nach der Inobhutnahme

Leistungen auf Grund einer Zuständigkeit nach § 86 Absatz 7 Satz 1 Halbsatz 2 gewährt werden.

§ 89c Kostenerstattung bei fortdauernder oder vorläufiger Leistungsverpflichtung

(1) 1Kosten, die ein örtlicher Träger im Rahmen seiner Verpflichtung nach § 86c aufgewendet hat, sind von dem örtlichen Träger zu erstatten, der nach dem Wechsel der örtlichen Zuständigkeit zuständig geworden ist. 2Kosten, die ein örtlicher Träger im Rahmen seiner Verpflichtung nach § 86d aufgewendet hat, sind von dem örtlichen Träger zu erstatten, dessen Zuständigkeit durch den gewöhnlichen Aufenthalt nach §§ 86, 86a und 86b begründet wird.

(2) Hat der örtliche Träger die Kosten deshalb aufgewendet, weil der zuständige örtliche Träger pflichtwidrig gehandelt hat, so hat dieser zusätzlich einen Betrag in Höhe eines Drittels der Kosten, mindestens jedoch 50 Euro, zu erstatten.

(3) Ist ein kostenerstattungspflichtiger örtlicher Träger nicht vorhanden, so sind die Kosten vom überörtlichen Träger zu erstatten, zu dessen Bereich der örtliche Träger gehört, der nach Absatz 1 tätig geworden ist.

VIII

§ 89d Kostenerstattung bei Gewährung von Jugendhilfe nach der Einreise

(1) 1Kosten, die ein örtlicher Träger aufwendet, sind vom Land zu erstatten, wenn

1. innerhalb eines Monats nach der Einreise eines jungen Menschen oder eines Leistungsberechtigten nach § 19 Jugendhilfe gewährt wird und
2. sich die örtliche Zuständigkeit nach dem tatsächlichen Aufenthalt dieser Person oder nach der Zuweisungsentscheidung der zuständigen Landesbehörde richtet.

2Als Tag der Einreise gilt der Tag des Grenzübertritts, sofern dieser amtlich festgestellt wurde, oder der Tag, an dem der Aufenthalt im Inland erstmals festgestellt wurde, andernfalls der Tag der ersten Vorsprache bei einem Jugendamt. 3Die Erstattungspflicht nach Satz 1 bleibt unberührt, wenn die Person um Asyl nachsucht oder einen Asylantrag stellt.

(2) Ist die Person im Inland geboren, so ist das Land erstattungspflichtig, in dessen Bereich die Person geboren ist.

(3) 1Ist die Person im Ausland geboren, so wird das erstattungspflichtige Land auf der Grundlage eines Belastungsvergleichs vom Bundesverwaltungsamt bestimmt. 2Maßgeblich ist die Belastung, die sich pro Einwohner im vergangenen Haushaltsjahr

1. durch die Erstattung von Kosten nach dieser Vorschrift und
2. die Gewährung von Leistungen für Deutsche im Ausland durch die überörtlichen Träger im Bereich des jeweiligen Landes nach Maßgabe von § 6 Absatz 3, § 85 Absatz 2 Nummer 9

ergeben hat.

(4) Die Verpflichtung zur Erstattung der aufgewendeten Kosten entfällt, wenn inzwischen für einen zusammenhängenden Zeitraum von drei Monaten Jugendhilfe nicht zu gewähren war.

(5) Kostenerstattungsansprüche nach den Absätzen 1 bis 3 gehen Ansprüchen nach den §§ 89 bis 89c und § 89e vor.

§ 89e Schutz der Einrichtungsorte

(1) 1Richtet sich die Zuständigkeit nach dem gewöhnlichen Aufenthalt der Eltern, eines Elternteils, des Kindes oder des Jugendlichen und ist dieser in einer Einrichtung, einer anderen Familie oder sonstigen Wohnform begründet worden, die der Erziehung, Pflege, Betreuung, Behandlung oder dem Strafvollzug dient, so ist der örtliche Träger zur Erstattung der Kosten verpflichtet, in dessen Bereich die Person vor der Aufnahme in eine Einrichtung, eine andere Familie oder sonstige Wohnform den gewöhnlichen Aufenthalt hatte. 2Eine nach Satz 1 begründete Erstattungspflicht bleibt bestehen, wenn und solange sich die örtliche Zuständigkeit nach § 86a Absatz 4 und § 86b Absatz 3 richtet.

(2) Ist ein kostenerstattungspflichtiger örtlicher Träger nicht vorhanden, so sind die Kosten von dem überörtlichen Träger zu erstat-

ten, zu dessen Bereich der erstattungsberechtigte örtliche Träger gehört.

§ 89f Umfang der Kostenerstattung

(1) 1Die aufgewendeten Kosten sind zu erstatten, soweit die Erfüllung der Aufgaben den Vorschriften dieses Buches entspricht. 2Dabei gelten die Grundsätze, die im Bereich des tätig gewordenen örtlichen Trägers zur Zeit des Tätigwerdens angewandt werden.

(2) 1Kosten unter 1000 Euro werden nur bei vorläufigen Maßnahmen zum Schutz von Kindern und Jugendlichen (§ 89b), bei fortdauernder oder vorläufiger Leistungsverpflichtung (§ 89c) und bei Gewährung von Jugendhilfe nach der Einreise (§ 89d) erstattet. 2Verzugszinsen können nicht verlangt werden.

§ 89g Landesrechtsvorbehalt

Durch Landesrecht können die Aufgaben des Landes und des überörtlichen Trägers nach diesem Abschnitt auf andere Körperschaften des öffentlichen Rechts übertragen werden.

§ 89h Übergangsvorschrift

(1) Für die Erstattung von Kosten für Maßnahmen der Jugendhilfe nach der Einreise gemäß § 89d, die vor dem 1. Juli 1998 begonnen haben, gilt die nachfolgende Übergangsvorschrift.

(2) 1Kosten, für deren Erstattung das Bundesverwaltungsamt vor dem 1. Juli 1998 einen erstattungspflichtigen überörtlichen Träger bestimmt hat, sind nach den bis zu diesem Zeitpunkt geltenden Vorschriften zu erstatten. 2Erfolgt die Bestimmung nach dem 30. Juni 1998, so sind § 86 Absatz 7, § 89b Absatz 3, die §§ 89d und 89g in der ab dem 1. Juli 1998 geltenden Fassung anzuwenden.

Achtes Kapitel
Kostenbeteiligung

Erster Abschnitt
Pauschalierte Kostenbeteiligung

§ 90 Pauschalierte Kostenbeteiligung

(1) 1Für die Inanspruchnahme von Angeboten

1. der Jugendarbeit nach § 11,
2. der allgemeinen Förderung der Erziehung in der Familie nach § 16 Absatz 1, Absatz 2 Nummer 1 und 3 und
3. der Förderung von Kindern in Tageseinrichtungen und Kindertagespflege nach den §§ 22 bis 24

können Kostenbeiträge festgesetzt werden. 2Soweit Landesrecht nichts anderes bestimmt, sind Kostenbeiträge, die für die Inanspruchnahme von Tageseinrichtungen und von Kindertagespflege zu entrichten sind, zu staffeln. 3Als Kriterien können insbesondere das Einkommen, die Anzahl der kindergeldberechtigten Kinder in der Familie und die tägliche Betreuungszeit berücksichtigt werden. 4Werden die Kostenbeiträge nach dem Einkommen berechnet, bleibt die Eigenheimzulage nach dem Eigenheimzulagengesetz außer Betracht.

(2) 1In den Fällen des Absatzes 1 Nummer 1 und 2 kann der Kostenbeitrag auf Antrag ganz oder teilweise erlassen oder ein Teilnahmebeitrag auf Antrag ganz oder teilweise vom Träger der öffentlichen Jugendhilfe übernommen werden, wenn

1. die Belastung
   a) dem Kind oder dem Jugendlichen und seinen Eltern oder
   b) dem jungen Volljährigen

   nicht zuzumuten ist und
2. die Förderung für die Entwicklung des jungen Menschen erforderlich ist.

2Lebt das Kind oder der Jugendliche nur mit einem Elternteil zusammen, so tritt dieser an die Stelle der Eltern.

(3) 1Im Fall des Absatzes 1 Nummer 3 soll der Kostenbeitrag auf Antrag ganz oder teilweise erlassen oder ein Teilnahmebeitrag auf An-

VIII

trag ganz oder teilweise vom Träger der öffentlichen Jugendhilfe übernommen werden, wenn die Belastung den Eltern und dem Kind nicht zuzumuten ist. 2Absatz 2 Satz 2 gilt entsprechend.

(4) 1Für die Feststellung der zumutbaren Belastung gelten die §§ 82 bis 85, 87, 88 und 92a des Zwölften Buches entsprechend, soweit nicht Landesrecht eine andere Regelung trifft. 2Bei der Einkommensberechnung bleibt die Eigenheimzulage nach dem Eigenheimzulagengesetz außer Betracht.

Zweiter Abschnitt
Kostenbeiträge für stationäre und teilstationäre Leistungen sowie vorläufige Maßnahmen

§ 91 Anwendungsbereich

(1) Zu folgenden vollstationären Leistungen und vorläufigen Maßnahmen werden Kostenbeiträge erhoben:

1. der Unterkunft junger Menschen in einer sozialpädagogisch begleiteten Wohnform (§ 13 Absatz 3),
2. der Betreuung von Müttern oder Vätern und Kindern in gemeinsamen Wohnformen (§ 19),
3. der Betreuung und Versorgung von Kindern in Notsituationen (§ 20),
4. der Unterstützung bei notwendiger Unterbringung junger Menschen zur Erfüllung der Schulpflicht und zum Abschluss der Schulausbildung (§ 21),
5. der Hilfe zur Erziehung
   a) in Vollzeitpflege (§ 33),
   b) in einem Heim oder einer sonstigen betreuten Wohnform (§ 34),
   c) in intensiver sozialpädagogischer Einzelbetreuung (§ 35), sofern sie außerhalb des Elternhauses erfolgt,
   d) auf der Grundlage von § 27 in stationärer Form,
6. der Eingliederungshilfe für seelisch behinderte Kinder und Jugendliche durch geeignete Pflegepersonen sowie in Einrichtungen über Tag und Nacht und in sonstigen Wohnformen (§ 35a Absatz 2 Nummer 3 und 4),
7. der Inobhutnahme von Kindern und Jugendlichen (§ 42),
8. der Hilfe für junge Volljährige, soweit sie den in den Nummern 5 und 6 genannten Leistungen entspricht (§ 41).

(2) Zu folgenden teilstationären Leistungen werden Kostenbeiträge erhoben:

1. der Betreuung und Versorgung von Kindern in Notsituationen nach § 20,
2. Hilfe zur Erziehung in einer Tagesgruppe nach § 32 und anderen teilstationären Leistungen nach § 27,
3. Eingliederungshilfe für seelisch behinderte Kinder und Jugendliche in Tageseinrichtungen und anderen teilstationären Einrichtungen nach § 35a Absatz 2 Nummer 2 und
4. Hilfe für junge Volljährige, soweit sie den in den Nummern 2 und 3 genannten Leistungen entspricht (§ 41).

(3) Die Kosten umfassen auch die Aufwendungen für den notwendigen Unterhalt und die Krankenhilfe.

(4) Verwaltungskosten bleiben außer Betracht.

(5) Die Träger der öffentlichen Jugendhilfe tragen die Kosten der in den Absätzen 1 und 2 genannten Leistungen unabhängig von der Erhebung eines Kostenbeitrags.

§ 92 Ausgestaltung der Heranziehung

(1) Aus ihrem Einkommen nach Maßgabe der §§ 93 und 94 heranzuziehen sind:

1. Kinder und Jugendliche zu den Kosten der in § 91 Absatz 1 Nummer 1 bis 7 genannten Leistungen und vorläufigen Maßnahmen,
2. junge Volljährige zu den Kosten der in § 91 Absatz 1 Nummer 1, 4 und 8 genannten Leistungen,
3. Leistungsberechtigte nach § 19 zu den Kosten der in § 91 Absatz 1 Nummer 2 genannten Leistungen,
4. Ehegatten und Lebenspartner junger Menschen und Leistungsberechtigter nach

VIII

§ 19 zu den Kosten der in § 91 Absatz 1 und 2 genannten Leistungen und vorläufigen Maßnahmen,

5. Elternteile zu den Kosten der in § 91 Absatz 1 genannten Leistungen und vorläufigen Maßnahmen; leben sie mit dem jungen Menschen zusammen, so werden sie auch zu den Kosten der in § 91 Absatz 2 genannten Leistungen herangezogen.

(1a) Zu den Kosten vollstationärer Leistungen sind junge Volljährige und volljährige Leistungsberechtigte nach § 19 zusätzlich aus ihrem Vermögen nach Maßgabe der §§ 90 und 91 des Zwölften Buches heranzuziehen.

(2) Die Heranziehung erfolgt durch Erhebung eines Kostenbeitrags, der durch Leistungsbescheid festgesetzt wird; Elternteile werden getrennt herangezogen.

(3) 1Ein Kostenbeitrag kann bei Eltern, Ehegatten und Lebenspartnern ab dem Zeitpunkt erhoben werden, ab welchem dem Pflichtigen die Gewährung der Leistung mitgeteilt und er über die Folgen für seine Unterhaltspflicht gegenüber dem jungen Menschen aufgeklärt wurde. 2Ohne vorherige Mitteilung kann ein Kostenbeitrag für den Zeitraum erhoben werden, in welchem der Träger der öffentlichen Jugendhilfe aus rechtlichen oder tatsächlichen Gründen, die in den Verantwortungsbereich des Pflichtigen fallen, an der Geltendmachung gehindert war. 3Entfallen diese Gründe, ist der Pflichtige unverzüglich zu unterrichten.

(4) 1Ein Kostenbeitrag kann nur erhoben werden, soweit Unterhaltsansprüche vorrangig oder gleichrangig Berechtigter nicht geschmälert werden. 2Von der Heranziehung der Eltern ist abzusehen, wenn das Kind, die Jugendliche, die junge Volljährige oder die Leistungsberechtigte nach § 19 schwanger ist oder der junge Mensch oder die nach § 19 leistungsberechtigte Person ein leibliches Kind bis zur Vollendung des sechsten Lebensjahres betreut.

(5) 1Von der Heranziehung soll im Einzelfall ganz oder teilweise abgesehen werden, wenn sonst Ziel und Zweck der Leistung gefährdet würden oder sich aus der Heranziehung eine besondere Härte ergäbe. 2Von der Heranziehung kann abgesehen werden, wenn anzunehmen ist, dass der damit verbundene Verwaltungsaufwand in keinem angemessenen Verhältnis zu dem Kostenbeitrag stehen wird.

§ 93 Berechnung des Einkommens

(1) 1Zum Einkommen gehören alle Einkünfte in Geld oder Geldeswert mit Ausnahme der Grundrente nach oder entsprechend dem Bundesversorgungsgesetz sowie der Renten und Beihilfen, die nach dem Bundesentschädigungsgesetz für einen Schaden an Leben sowie an Körper und Gesundheit gewährt werden bis zur Höhe der vergleichbaren Grundrente nach dem Bundesversorgungsgesetz. 2Eine Entschädigung, die nach § 253 Absatz 2 des Bürgerlichen Gesetzbuchs wegen eines Schadens, der nicht Vermögensschaden ist, geleistet wird, ist nicht als Einkommen zu berücksichtigen. 3Geldleistungen, die dem gleichen Zweck wie die jeweilige Leistung der Jugendhilfe dienen, zählen nicht zum Einkommen und sind unabhängig von einem Kostenbeitrag einzusetzen. 4Kindergeld und Leistungen, die auf Grund öffentlich-rechtlicher Vorschriften zu einem ausdrücklich genannten Zweck erbracht werden, sind nicht als Einkommen zu berücksichtigen.

(2) Von dem Einkommen sind abzusetzen

1. auf das Einkommen gezahlte Steuern und
2. Pflichtbeiträge zur Sozialversicherung einschließlich der Beiträge zur Arbeitsförderung sowie
3. nach Grund und Höhe angemessene Beiträge zu öffentlichen oder privaten Versicherungen oder ähnlichen Einrichtungen zur Absicherung der Risiken Alter, Krankheit, Pflegebedürftigkeit und Arbeitslosigkeit.

(3) 1Von dem nach den Absätzen 1 und 2 errechneten Betrag sind Belastungen der kostenbeitragspflichtigen Person abzuziehen. 2Der Abzug erfolgt durch eine Kürzung des nach den Absätzen 1 und 2 errechneten Betrages um pauschal 25 vom Hundert. 3Sind die Belastungen höher als der pauschale Ab-

zug, so können sie abgezogen werden, soweit sie nach Grund und Höhe angemessen sind und die Grundsätze einer wirtschaftlichen Lebensführung nicht verletzen. $_4$In Betracht kommen insbesondere

1. Beiträge zu öffentlichen oder privaten Versicherungen oder ähnlichen Einrichtungen,
2. die mit der Erzielung des Einkommens verbundenen notwendigen Ausgaben,
3. Schuldverpflichtungen.

$_5$Die kostenbeitragspflichtige Person muss die Belastungen nachweisen.

(4) $_1$Maßgeblich ist das durchschnittliche Monatseinkommen, das die kostenbeitragspflichtige Person in dem Kalenderjahr erzielt hat, welches dem jeweiligen Kalenderjahr der Leistung oder Maßnahme vorangeht. $_2$Auf Antrag der kostenbeitragspflichtigen Person wird dieses Einkommen nachträglich durch das durchschnittliche Monatseinkommen ersetzt, welches die Person in dem jeweiligen Kalenderjahr der Leistung oder Maßnahme erzielt hat. $_3$Der Antrag kann innerhalb eines Jahres nach Ablauf dieses Kalenderjahres gestellt werden. $_4$Macht die kostenbeitragspflichtige Person glaubhaft, dass die Heranziehung zu den Kosten aus dem Einkommen nach Satz 1 in einem bestimmten Zeitraum eine besondere Härte für sie ergäbe, wird vorläufig von den glaubhaft gemachten, dem Zeitraum entsprechenden Monatseinkommen ausgegangen; endgültig ist in diesem Fall das nach Ablauf des Kalenderjahres zu ermittelnde durchschnittliche Monatseinkommen dieses Jahres maßgeblich.

§ 94 Umfang der Heranziehung

(1) $_1$Die Kostenbeitragspflichtigen sind aus ihrem Einkommen in angemessenem Umfang zu den Kosten heranzuziehen. $_2$Die Kostenbeiträge dürfen die tatsächlichen Aufwendungen nicht überschreiten. $_3$Eltern sollen nachrangig zu den jungen Menschen herangezogen werden. $_4$Ehegatten und Lebenspartner sollen nachrangig zu den jungen Menschen, aber vorrangig vor deren Eltern herangezogen werden.

(2) Für die Bestimmung des Umfangs sind bei jedem Elternteil, Ehegatten oder Lebenspartner die Höhe des nach § 93 ermittelten Einkommens und die Anzahl der Personen, die mindestens im gleichen Range wie der untergebrachte junge Mensch oder Leistungsberechtigte nach § 19 unterhaltsberechtigt sind, angemessen zu berücksichtigen.

(3) $_1$Werden Leistungen über Tag und Nacht außerhalb des Elternhauses erbracht und bezieht einer der Elternteile Kindergeld für den jungen Menschen, so hat dieser unabhängig von einer Heranziehung nach Absatz 1 Satz 1 und 2 und nach Maßgabe des Absatzes 1 Satz 3 und 4 einen Kostenbeitrag in Höhe des Kindergeldes zu zahlen. $_2$Zahlt der Elternteil den Kostenbeitrag nach Satz 1 nicht, so sind die Träger der öffentlichen Jugendhilfe insoweit berechtigt, das auf dieses Kind entfallende Kindergeld durch Geltendmachung eines Erstattungsanspruchs nach § 74 Absatz 2 des Einkommensteuergesetzes in Anspruch zu nehmen.

(4) Werden Leistungen über Tag und Nacht erbracht und hält sich der junge Mensch nicht nur im Rahmen von Umgangskontakten bei einem Kostenbeitragspflichtigen auf, so ist die tatsächliche Betreuungsleistung über Tag und Nacht auf den Kostenbeitrag anzurechnen.

(5) Für die Festsetzung der Kostenbeiträge von Eltern, Ehegatten und Lebenspartnern junger Menschen und Leistungsberechtigter nach § 19 werden nach Einkommensgruppen gestaffelte Pauschalbeträge durch Rechtsverordnung des zuständigen Bundesministeriums mit Zustimmung des Bundesrates bestimmt.

(6) $_1$Bei vollstationären Leistungen haben junge Menschen und Leistungsberechtigte nach § 19 nach Abzug der in § 93 Absatz 2 genannten Beträge 75 Prozent ihres Einkommens als Kostenbeitrag einzusetzen. $_2$Es kann ein geringerer Kostenbeitrag erhoben oder gänzlich von der Erhebung des Kostenbeitrags abgesehen werden, wenn das Einkommen aus einer Tätigkeit stammt, die dem Zweck der Leistung dient. $_3$Dies gilt insbesondere, wenn es sich um eine Tätigkeit im

sozialen oder kulturellen Bereich handelt, bei der nicht die Erwerbstätigkeit, sondern das soziale oder kulturelle Engagement im Vordergrund stehen.

Dritter Abschnitt
Überleitung von Ansprüchen

§ 95 Überleitung von Ansprüchen

(1) Hat eine der in § 92 Absatz 1 genannten Personen für die Zeit, für die Jugendhilfe gewährt wird, einen Anspruch gegen einen anderen, der weder Leistungsträger im Sinne des § 12 des Ersten Buches noch Kostenbeitragspflichtiger ist, so kann der Träger der öffentlichen Jugendhilfe durch schriftliche Anzeige an den anderen bewirken, dass dieser Anspruch bis zur Höhe seiner Aufwendungen auf ihn übergeht.

(2) 1Der Übergang darf nur insoweit bewirkt werden, als bei rechtzeitiger Leistung des anderen entweder Jugendhilfe nicht gewährt worden oder ein Kostenbeitrag zu leisten wäre. 2Der Übergang ist nicht dadurch ausgeschlossen, dass der Anspruch nicht übertragen, verpfändet oder gepfändet werden kann.

(3) Die schriftliche Anzeige bewirkt den Übergang des Anspruchs für die Zeit, für die die Hilfe ohne Unterbrechung gewährt wird; als Unterbrechung gilt ein Zeitraum von mehr als zwei Monaten.

(4) Widerspruch und Anfechtungsklage gegen den Verwaltungsakt, der den Übergang des Anspruchs bewirkt, haben keine aufschiebende Wirkung.

§ 96 (weggefallen)

Vierter Abschnitt
Ergänzende Vorschriften

§ 97 Feststellung der Sozialleistungen

1Der erstattungsberechtigte Träger der öffentlichen Jugendhilfe kann die Feststellung einer Sozialleistung betreiben sowie Rechtsmittel einlegen. 2Der Ablauf der Fristen, die ohne sein Verschulden verstrichen sind, wirkt nicht gegen ihn. 3Dies gilt nicht für die Verfahrensfristen, soweit der Träger der öffentlichen Jugendhilfe das Verfahren selbst betreibt.

§ 97a Pflicht zur Auskunft

(1) 1Soweit dies für die Berechnung oder den Erlass eines Kostenbeitrags oder die Übernahme eines Teilnahmebeitrags nach § 90 oder die Ermittlung eines Kostenbeitrags nach den §§ 92 bis 94 erforderlich ist, sind Eltern, Ehegatten und Lebenspartner junger Menschen sowie Leistungsberechtigter nach § 19 verpflichtet, dem örtlichen Träger über ihre Einkommensverhältnisse Auskunft zu geben. 2Junge Volljährige und volljährige Leistungsberechtigte nach § 19 sind verpflichtet, dem örtlichen Träger über ihre Einkommens- und Vermögensverhältnisse Auskunft zu geben. 3Eltern, denen die Sorge für das Vermögen des Kindes oder des Jugendlichen zusteht, sind auch zur Auskunft über dessen Einkommen verpflichtet. 4Ist die Sorge über das Vermögen des Kindes oder des Jugendlichen anderen Personen übertragen, so treten diese an die Stelle der Eltern.

(2) 1Soweit dies für die Berechnung der laufenden Leistung nach § 39 Absatz 6 erforderlich ist, sind Pflegepersonen verpflichtet, dem örtlichen Träger darüber Auskunft zu geben, ob der junge Mensch im Rahmen des Familienleistungsausgleichs nach § 31 des Einkommensteuergesetzes berücksichtigt wird oder berücksichtigt werden könnte und ob er ältestes Kind in der Pflegefamilie ist. 2Pflegepersonen, die mit dem jungen Menschen in gerader Linie verwandt sind, sind verpflichtet, dem örtlichen Träger über ihre Einkommens- und Vermögensverhältnisse Auskunft zu geben.

(3) 1Die Pflicht zur Auskunft nach den Absätzen 1 und 2 umfasst auch die Verpflichtung, Name und Anschrift des Arbeitgebers zu nennen, über die Art des Beschäftigungsverhältnisses Auskunft zu geben sowie auf Verlangen Beweisurkunden vorzulegen oder ihrer Vorlage zuzustimmen. 2Sofern landesrechtliche Regelungen nach § 90 Absatz 1 Satz 2 bestehen, in denen nach Einkommensgruppen gestaffelte Pauschalbeträge

vorgeschrieben oder festgesetzt sind, ist hinsichtlich der Höhe des Einkommens die Auskunftspflicht und die Pflicht zur Vorlage von Beweisurkunden für die Berechnung des Kostenbeitrags nach § 90 Absatz 1 Nummer 3 auf die Angabe der Zugehörigkeit zu einer bestimmten Einkommensgruppe beschränkt.

(4) $_1$Kommt eine der nach den Absätzen 1 und 2 zur Auskunft verpflichteten Personen ihrer Pflicht nicht nach oder bestehen tatsächliche Anhaltspunkte für die Unrichtigkeit ihrer Auskunft, so ist der Arbeitgeber dieser Person verpflichtet, dem örtlichen Träger über die Art des Beschäftigungsverhältnisses und den Arbeitsverdienst dieser Person Auskunft zu geben; Absatz 3 Satz 2 gilt entsprechend. $_2$Der zur Auskunft verpflichteten Person ist vor einer Nachfrage beim Arbeitgeber eine angemessene Frist zur Erteilung der Auskunft zu setzen. $_3$Sie ist darauf hinzuweisen, dass nach Fristablauf die erforderlichen Auskünfte beim Arbeitgeber eingeholt werden.

(5) $_1$Die nach den Absätzen 1 und 2 zur Erteilung einer Auskunft Verpflichteten können die Auskunft verweigern, soweit sie sich selbst oder einen der in § 383 Absatz 1 Nummer 1 bis 3 der Zivilprozessordnung bezeichneten Angehörigen der Gefahr aussetzen würden, wegen einer Straftat oder einer Ordnungswidrigkeit verfolgt zu werden. $_2$Die Auskunftspflichtigen sind auf ihr Auskunftsverweigerungsrecht hinzuweisen.

§ 97b (weggefallen)

§ 97c Erhebung von Gebühren und Auslagen

Landesrecht kann abweichend von § 64 des Zehnten Buches die Erhebung von Gebühren und Auslagen regeln.

Neuntes Kapitel
Kinder- und Jugendhilfestatistik

§ 98 Zweck und Umfang der Erhebung

(1) Zur Beurteilung der Auswirkungen der Bestimmungen dieses Buches und zu seiner Fortentwicklung sind laufende Erhebungen über

1. Kinder und tätige Personen in Tageseinrichtungen,
2. Kinder und tätige Personen in öffentlich geförderter Kindertagespflege,
3. Personen, die mit öffentlichen Mitteln geförderte Kindertagespflege gemeinsam oder auf Grund einer Erlaubnis nach § 43 Absatz 3 Satz 3 in Pflegestellen durchführen, und die von diesen betreuten Kinder,
4. die Empfänger
   a) der Hilfe zur Erziehung,
   b) der Hilfe für junge Volljährige und
   c) der Eingliederungshilfe für seelisch behinderte Kinder und Jugendliche,
5. Kinder und Jugendliche, zu deren Schutz vorläufige Maßnahmen getroffen worden sind,
6. Kinder und Jugendliche, die als Kind angenommen worden sind,
7. Kinder und Jugendliche, die unter Amtspflegschaft, Amtsvormundschaft oder Beistandschaft des Jugendamts stehen,
8. Kinder und Jugendliche, für die eine Pflegeerlaubnis erteilt worden ist,
9. Maßnahmen des Familiengerichts,
10. Angebote der Jugendarbeit nach § 11 sowie Fortbildungsmaßnahmen für ehrenamtliche Mitarbeiter anerkannter Träger der Jugendhilfe nach § 74 Absatz 6,
11. die Einrichtungen mit Ausnahme der Tageseinrichtungen, Behörden und Geschäftsstellen in der Jugendhilfe und die dort tätigen Personen,
12. die Ausgaben und Einnahmen der öffentlichen Jugendhilfe sowie
13. Gefährdungseinschätzungen nach § 8a

als Bundesstatistik durchzuführen.

(2) Zur Verfolgung der gesellschaftlichen Entwicklung im Bereich der elterlichen Sorge sind im Rahmen der Kinder- und Jugendhilfestatistik auch laufende Erhebungen über Sorgeerklärungen durchzuführen.

§ 99 Erhebungsmerkmale

(1) Erhebungsmerkmale bei den Erhebungen über Hilfe zur Erziehung nach den §§ 27

bis 35, Eingliederungshilfe für seelisch behinderte Kinder und Jugendliche nach § 35a und Hilfe für junge Volljährige nach § 41 sind

1. im Hinblick auf die Hilfe
   a) Art des Trägers des Hilfe durchführenden Dienstes oder der Hilfe durchführenden Einrichtung,
   b) Art der Hilfe,
   c) Ort der Durchführung der Hilfe,
   d) Monat und Jahr des Beginns und Endes sowie Fortdauer der Hilfe,
   e) familienrichterliche Entscheidungen zu Beginn der Hilfe,
   f) Intensität der Hilfe,
   g) Hilfe anregende Institutionen oder Personen,
   h) Gründe für die Hilfegewährung,
   i) Grund für die Beendigung der Hilfe,
   j) vorangegangene Gefährdungseinschätzung nach § 8a Absatz 1 sowie
2. im Hinblick auf junge Menschen
   a) Geschlecht,
   b) Geburtsmonat und Geburtsjahr,
   c) Lebenssituation bei Beginn der Hilfe,
   d) anschließender Aufenthalt,
   e) nachfolgende Hilfe;
3. bei sozialpädagogischer Familienhilfe nach § 31 und anderen familienorientierten Hilfen nach § 27 zusätzlich zu den unter den Nummern 1 und 2 genannten Merkmalen
   a) Geschlecht, Geburtsmonat und Geburtsjahr der in der Familie lebenden jungen Menschen sowie
   b) Zahl der außerhalb der Familie lebenden Kinder und Jugendlichen.

(2) Erhebungsmerkmale bei den Erhebungen über vorläufige Maßnahmen zum Schutz von Kindern und Jugendlichen sind Kinder und Jugendliche, zu deren Schutz Maßnahmen nach § 42 getroffen worden sind, gegliedert nach

1. Art des Trägers der Maßnahme, Form der Unterbringung während der Maßnahme, Institution oder Personenkreis, die oder der die Maßnahme angeregt hat, Zeitpunkt des Beginns und Dauer der Maßnahme, Durchführung auf Grund einer vorangegangenen Gefährdungseinschätzung nach § 8a Absatz 1, Maßnahmeanlass, Art der anschließenden Hilfe,
2. bei Kindern und Jugendlichen zusätzlich zu den unter Nummer 1 genannten Merkmalen nach Geschlecht, Altersgruppe, Migrationshintergrund, Art des Aufenthalts vor Beginn der Maßnahme.

(3) Erhebungsmerkmale bei den Erhebungen über die Annahme als Kind sind

1. angenommene Kinder und Jugendliche, gegliedert
   a) nach nationaler Adoption und internationaler Adoption nach § 2a des Adoptionsvermittlungsgesetzes,
   b) nach Geschlecht, Geburtsjahr, Staatsangehörigkeit und Art des Trägers des Adoptionsvermittlungsdienstes,
   c) nach Herkunft des angenommenen Kindes, Art der Unterbringung vor der Adoptionspflege, Familienstand der Eltern oder des sorgeberechtigten Elternteils oder Tod der Eltern zu Beginn der Adoptionspflege sowie Ersetzung der Einwilligung zur Annahme als Kind,
   d) zusätzlich bei der internationalen Adoption (§ 2a des Adoptionsvermittlungsgesetzes) nach Staatsangehörigkeit vor Ausspruch der Adoption und nach Herkunftsland,
   e) nach Staatsangehörigkeit der oder des Annehmenden und Verwandtschaftsverhältnis zu dem Kind,
2. die Zahl der
   a) ausgesprochenen und aufgehobenen Annahmen sowie der abgebrochenen Adoptionspflegen, gegliedert nach Art des Trägers des Adoptionsvermittlungsdienstes,
   b) vorgemerkten Adoptionsbewerber, die zur Annahme als Kind vorgemerkten und in Adoptionspflege untergebrachten Kinder und Jugendlichen zusätzlich nach ihrem Geschlecht, gegliedert nach Art des Trägers des Adoptionsvermittlungsdienstes.

(4) Erhebungsmerkmal bei den Erhebungen über die Amtspflegschaft und die Amtsvormundschaft sowie die Beistandschaft ist die Zahl der Kinder und Jugendlichen unter

1. gesetzlicher Amtsvormundschaft,
2. bestellter Amtsvormundschaft,
3. bestellter Amtspflegschaft sowie
4. Beistandschaft,

gegliedert nach Geschlecht, Art des Tätigwerdens des Jugendamts sowie nach deutscher und ausländischer Staatsangehörigkeit (Deutsche/Ausländer).

(5) Erhebungsmerkmal bei den Erhebungen über

1. die Pflegeerlaubnis nach § 43 ist die Zahl der Tagespflegepersonen,
2. die Pflegeerlaubnis nach § 44 ist die Zahl der Kinder und Jugendlichen, gegliedert nach Geschlecht und Art der Pflege.

(6) Erhebungsmerkmale bei der Erhebung zum Schutzauftrag bei Kindeswohlgefährdung nach § 8a sind Kinder und Jugendliche, bei denen eine Gefährdungseinschätzung nach Absatz 1 vorgenommen worden ist, gegliedert

1. nach der die Gefährdungseinschätzung anregenden Institution oder Person, der Art der Kindeswohlgefährdung sowie dem Ergebnis der Gefährdungseinschätzung,
2. bei Kindern und Jugendlichen zusätzlich zu den in Nummer 1 genannten Merkmalen nach Geschlecht, Alter und Aufenthaltsort des Kindes oder Jugendlichen zum Zeitpunkt der Meldung sowie dem Alter der Eltern und der Inanspruchnahme einer Leistung gemäß den §§ 16 bis 19 sowie 27 bis 35a und der Durchführung einer Maßnahme nach § 42.

(6a) Erhebungsmerkmal bei den Erhebungen über Sorgeerklärungen und die gerichtliche Übertragung der gemeinsamen elterlichen Sorge nach § 1626a Absatz 1 Nummer 3 des Bürgerlichen Gesetzbuchs ist die gemeinsame elterliche Sorge nicht miteinander verheirateter Eltern, gegliedert danach, ob Sorgeerklärungen beider Eltern vorliegen oder den Eltern die elterliche Sorge aufgrund einer gerichtlichen Entscheidung ganz oder zum Teil gemeinsam übertragen worden ist.

(6b) Erhebungsmerkmal bei den Erhebungen über Maßnahmen des Familiengerichts ist die Zahl der Kinder und Jugendlichen, bei denen wegen einer Gefährdung ihres Wohls das familiengerichtliche Verfahren auf Grund einer Anrufung durch das Jugendamt nach § 8a Absatz 2 Satz 1 oder § 42 Absatz 3 Satz 2 Nummer 2 oder auf andere Weise eingeleitet worden ist und

1. den Personensorgeberechtigten auferlegt worden ist, Leistungen nach diesem Buch in Anspruch zu nehmen,
2. andere Gebote oder Verbote gegenüber den Personensorgeberechtigten oder Dritten ausgesprochen worden sind,
3. Erklärungen der Personensorgeberechtigten ersetzt worden sind,
4. die elterliche Sorge ganz oder teilweise entzogen und auf das Jugendamt oder einen Dritten als Vormund oder Pfleger übertragen worden ist,

gegliedert nach Geschlecht, Alter und zusätzlich bei Nummer 4 nach dem Umfang der übertragenen Angelegenheit.

(7) Erhebungsmerkmale bei den Erhebungen über Kinder und tätige Personen in Tageseinrichtungen sind

1. die Einrichtungen, gegliedert nach
   a) der Art des Trägers und der Rechtsform sowie besonderen Merkmalen,
   b) der Zahl der genehmigten Plätze sowie
   c) der Art und Anzahl der Gruppen,
2. für jede dort haupt- und nebenberuflich tätige Person
   a) Geschlecht und Beschäftigungsumfang,
   b) für das pädagogisch und in der Verwaltung tätige Personal zusätzlich Geburtsmonat und Geburtsjahr, die Art des Berufsausbildungsabschlusses, Stellung im Beruf, Art der Beschäftigung und Arbeitsbereich,
3. für die dort geförderten Kinder
   a) Geschlecht, Geburtsmonat und Geburtsjahr sowie Schulbesuch,

VIII

b) Migrationshintergrund,
c) Betreuungszeit und Mittagsverpflegung,
d) erhöhter Förderbedarf,
e) Gruppenzugehörigkeit,
f) Monat und Jahr der Aufnahme in der Tageseinrichtung.

(7a) Erhebungsmerkmale bei den Erhebungen über Kinder in mit öffentlichen Mitteln geförderter Kindertagespflege sowie die die Kindertagespflege durchführenden Personen sind:

1. für jede tätige Person
   a) Geschlecht, Geburtsmonat und Geburtsjahr,
   b) Art und Umfang der Qualifikation, Anzahl der betreuten Kinder (Betreuungsverhältnisse am Stichtag) insgesamt und nach dem Ort der Betreuung,
2. für die dort geförderten Kinder
   a) Geschlecht, Geburtsmonat und Geburtsjahr sowie Schulbesuch,
   b) Migrationshintergrund,
   c) Betreuungszeit und Mittagsverpflegung,
   d) Art und Umfang der öffentlichen Finanzierung und Förderung,
   e) erhöhter Förderbedarf,
   f) Verwandtschaftsverhältnis zur Pflegeperson,
   g) gleichzeitig bestehende andere Betreuungsarrangements,
   h) Monat und Jahr der Aufnahme in Kindertagespflege.

(7b) Erhebungsmerkmale bei den Erhebungen über Personen, die mit öffentlichen Mitteln geförderte Kindertagespflege gemeinsam oder auf Grund einer Erlaubnis nach § 43 Absatz 3 Satz 3 durchführen und die von diesen betreuten Kinder sind die Zahl der Tagespflegepersonen und die Zahl der von diesen betreuten Kinder jeweils gegliedert nach Pflegestellen.

(8) Erhebungsmerkmale bei den Erhebungen über die Angebote der Jugendarbeit nach § 11 sowie bei den Erhebungen über Fortbildungsmaßnahmen für ehrenamtliche Mitarbeiter anerkannter Träger der Jugendhilfe nach § 74 Absatz 6 sind offene und Gruppenangebote sowie Veranstaltungen und Projekte der Jugendarbeit, soweit diese mit öffentlichen Mitteln pauschal oder maßnahmenbezogen gefördert werden oder der Träger eine öffentliche Förderung erhält, gegliedert nach

1. Art und Rechtsform des Trägers,
2. Dauer, Häufigkeit, Durchführungsort und Art des Angebots; zusätzlich bei schulbezogenen Angeboten die Art der kooperierenden Schule,
3. Alter, Geschlecht sowie Art der Beschäftigung und Tätigkeit der bei der Durchführung des Angebots tätigen Personen,
4. Zahl, Geschlecht und Alter der Teilnehmenden sowie der Besucher,
5. Partnerländer und Veranstaltungen im In- oder Ausland bei Veranstaltungen und Projekten der internationalen Jugendarbeit.

(9) Erhebungsmerkmale bei den Erhebungen über die Einrichtungen, soweit sie nicht in Absatz 7 erfasst werden, sowie die Behörden und Geschäftsstellen in der Jugendhilfe und die dort tätigen Personen sind

1. die Einrichtungen, gegliedert nach der Art der Einrichtung, der Art des Trägers, der Rechtsform sowie der Art und Zahl der verfügbaren Plätze,
2. die Behörden der öffentlichen Jugendhilfe sowie die Geschäftsstellen der Träger der freien Jugendhilfe, gegliedert nach der Art des Trägers und der Rechtsform,
3. für jede haupt- und nebenberuflich tätige Person
   a) und b) (weggefallen)
   c) Geschlecht und Beschäftigungsumfang,
   d) für das pädagogische und in der Verwaltung tätige Personal zusätzlich Geburtsmonat und Geburtsjahr, Art des Berufsausbildungsabschlusses, Stellung im Beruf, Art der Beschäftigung und Arbeitsbereich.

(10) Erhebungsmerkmale bei der Erhebung der Ausgaben und Einnahmen der öffentlichen Jugendhilfe sind

1. die Art des Trägers,
2. die Ausgaben für Einzel- und Gruppenhilfen, gegliedert nach Ausgabe- und Hilfeart sowie die Einnahmen nach Einnahmeart,
3. die Ausgaben und Einnahmen für Einrichtungen nach Arten gegliedert nach der Einrichtungsart,
4. die Ausgaben für das Personal, das bei den örtlichen und den überörtlichen Trägern sowie den kreisangehörigen Gemeinden und Gemeindeverbänden, die nicht örtliche Träger sind, Aufgaben der Jugendhilfe wahrnimmt.

§ 100 Hilfsmerkmale

Hilfsmerkmale sind

1. Name und Anschrift des Auskunftspflichtigen,
2. für die Erhebungen nach § 99 die Kenn-Nummer der hilfeleistenden Stelle oder der auskunftsgebenden Einrichtung; soweit eine Hilfe nach § 28 gebietsübergreifend erbracht wird, die Kenn-Nummer des Wohnsitzes des Hilfeempfängers,
3. für die Erhebungen nach § 99 Absatz 1, 2, 3 und 6 die Kenn-Nummer der betreffenden Person,
4. Name und Telefonnummer sowie Faxnummer oder E-Mail-Adresse der für eventuelle Rückfragen zur Verfügung stehenden Person.

§ 101 Periodizität und Berichtszeitraum

(1) [1]Die Erhebungen nach § 99 Absatz 1 bis 5 sowie nach Absatz 6a bis 7b und 10 sind jährlich durchzuführen, die Erhebungen nach § 99 Absatz 1, soweit sie die Eingliederungshilfe für seelisch behinderte Kinder und Jugendliche betreffen, beginnend 2007. [2]Die Erhebung nach § 99 Absatz 6 erfolgt laufend. [3]Die übrigen Erhebungen nach § 99 sind alle zwei Jahre durchzuführen, die Erhebungen nach § 99 Absatz 8 erstmalig für das Jahr 2015 und die Erhebungen nach § 99 Absatz 9 erstmalig für das Jahr 2014.

(2) Die Angaben für die Erhebung nach

1. § 99 Absatz 1 sind zu dem Zeitpunkt, zu dem die Hilfe endet, bei fortdauernder Hilfe zum 31. Dezember,
2. bis 5. (weggefallen)
6. § 99 Absatz 2 sind zum Zeitpunkt des Endes einer vorläufigen Maßnahme,
7. § 99 Absatz 3 Nummer 1 sind zum Zeitpunkt der rechtskräftigen gerichtlichen Entscheidung über die Annahme als Kind,
8. § 99 Absatz 3 Nummer 2 Buchstabe a und Absatz 6a, 6b und 10 sind für das abgelaufene Kalenderjahr,
9. § 99 Absatz 3 Nummer 2 Buchstabe b und Absatz 4, 5 und 9 zum 31. Dezember,
10. § 99 Absatz 7, 7a und 7b sind zum 1. März,
11. § 99 Absatz 6 sind zum Zeitpunkt des Abschlusses der Gefährdungseinschätzung,
12. § 99 Absatz 8 sind für das abgelaufene Kalenderjahr

zu erteilen.

§ 102 Auskunftspflicht

(1) [1]Für die Erhebungen besteht Auskunftspflicht. [2]Die Angaben zu § 100 Nummer 4 sind freiwillig.

(2) Auskunftspflichtig sind

1. die örtlichen Träger der Jugendhilfe für die Erhebungen nach § 99 Absatz 1 bis 10, nach Absatz 8 nur, soweit eigene Angebote gemacht wurden,
2. die überörtlichen Träger der Jugendhilfe für die Erhebungen nach § 99 Absatz 3 und 7 und 8 bis 10, nach Absatz 8 nur, soweit eigene Angebote gemacht wurden,
3. die obersten Landesjugendbehörden für die Erhebungen nach § 99 Absatz 7 und 8 bis 10,
4. die fachlich zuständige oberste Bundesbehörde für die Erhebung nach § 99 Absatz 10,
5. die kreisangehörigen Gemeinden und die Gemeindeverbände, soweit sie Aufgaben

der Jugendhilfe wahrnehmen, für die Erhebungen nach § 99 Absatz 7 bis 10,

6. die Träger der freien Jugendhilfe für Erhebungen nach § 99 Absatz 1, soweit sie eine Beratung nach § 28 oder § 41 betreffen, nach § 99 Absatz 8, soweit sie anerkannte Träger der freien Jugendhilfe nach § 75 Absatz 1 oder Absatz 3 sind, und nach § 99 Absatz 2, 3, 7 und 9,
7. Adoptionsvermittlungsstellen nach § 2 Absatz 2 des Adoptionsvermittlungsgesetzes aufgrund ihrer Tätigkeit nach § 1 des Adoptionsvermittlungsgesetzes sowie anerkannte Auslandsvermittlungsstellen nach § 4 Absatz 2 Satz 2 des Adoptionsvermittlungsgesetzes aufgrund ihrer Tätigkeit nach § 2a Absatz 3 Nummer 3 des Adoptionsvermittlungsgesetzes gemäß § 99 Absatz 3 Nummer 1 sowie gemäß § 99 Absatz 3 Nummer 2a für die Zahl der ausgesprochenen Annahmen und gemäß § 99 Absatz 3 Nummer 2b für die Zahl der vorgemerkten Adoptionsbewerber,
8. die Leiter der Einrichtungen, Behörden und Geschäftsstellen in der Jugendhilfe für die Erhebungen nach § 99 Absatz 7 und 9.

(3) Zur Durchführung der Erhebungen nach § 99 Absatz 1, 2, 3, 7, 8 und 9 übermitteln die Träger der öffentlichen Jugendhilfe den statistischen Ämtern der Länder auf Anforderung die erforderlichen Anschriften der übrigen Auskunftspflichtigen.

§ 103 Übermittlung

(1) $_1$An die fachlich zuständigen obersten Bundes- oder Landesbehörden dürfen für die Verwendung gegenüber den gesetzgebenden Körperschaften und für Zwecke der Planung, jedoch nicht für die Regelung von Einzelfällen, vom Statistischen Bundesamt und den statistischen Ämtern der Länder Tabellen mit statistischen Ergebnissen übermittelt werden, auch soweit Tabellenfelder nur einen einzigen Fall ausweisen. $_2$Tabellen, deren Tabellenfelder nur einen einzigen Fall ausweisen, dürfen nur dann übermittelt werden, wenn sie nicht differenzierter als auf Regierungsbezirksebene, im Fall der Stadtstaaten auf Bezirksebene, aufbereitet sind.

(2) Für ausschließlich statistische Zwecke dürfen den zur Durchführung statistischer Aufgaben zuständigen Stellen der Gemeinden und Gemeindeverbände für ihren Zuständigkeitsbereich Einzelangaben aus der Erhebung nach § 99 mit Ausnahme der Hilfsmerkmale übermittelt werden, soweit die Voraussetzungen nach § 16 Absatz 5 des Bundesstatistikgesetzes gegeben sind.

(3) Die Ergebnisse der Kinder- und Jugendhilfestatistiken gemäß den §§ 98 und 99 dürfen auf der Ebene der einzelnen Gemeinde oder des einzelnen Jugendamtsbezirkes veröffentlicht werden.

Zehntes Kapitel Straf- und Bußgeldvorschriften

§ 104 Bußgeldvorschriften

(1) Ordnungswidrig handelt, wer

1. ohne Erlaubnis nach § 43 Absatz 1 oder § 44 Absatz 1 Satz 1 ein Kind oder einen Jugendlichen betreut oder ihm Unterkunft gewährt,
2. entgegen § 45 Absatz 1 Satz 1, auch in Verbindung mit § 48a Absatz 1, ohne Erlaubnis eine Einrichtung oder eine sonstige Wohnform betreibt oder
3. entgegen § 47 eine Anzeige nicht, nicht richtig, nicht vollständig oder nicht rechtzeitig erstattet oder eine Meldung nicht, nicht richtig, nicht vollständig oder nicht rechtzeitig macht oder
4. entgegen § 97a Absatz 4 vorsätzlich oder fahrlässig als Arbeitgeber eine Auskunft nicht, nicht richtig oder nicht vollständig erteilt.

(2) Die Ordnungswidrigkeiten nach Absatz 1 Nummer 1, 3 und 4 können mit einer Geldbuße bis zu fünfhundert Euro, die Ordnungswidrigkeit nach Absatz 1 Nummer 2 kann mit einer Geldbuße bis zu fünfzehntausend Euro geahndet werden.

§ 105 Strafvorschriften

Mit Freiheitsstrafe bis zu einem Jahr oder mit Geldstrafe wird bestraft, wer

1. eine in § 104 Absatz 1 Nummer 1 oder 2 bezeichnete Handlung begeht und dadurch leichtfertig ein Kind oder einen Jugendlichen in seiner körperlichen, geistigen oder sittlichen Entwicklung schwer gefährdet oder
2. eine in § 104 Absatz 1 Nummer 1 oder 2 bezeichnete vorsätzliche Handlung beharrlich wiederholt.

Verordnung zur Festsetzung der Kostenbeiträge für Leistungen und vorläufige Maßnahmen in der Kinder- und Jugendhilfe (Kostenbeitragsverordnung – KostenbeitragsV)

Vom 1. Oktober 2005 (BGBl. I S. 2907)

Zuletzt geändert durch
Erste Verordnung zur Änderung der Kostenbeitragsverordnung
vom 5. Dezember 2013 (BGBl. I S. 4040)

Auf Grund des § 94 Abs. 5 Satz 1 des Achten Buches Sozialgesetzbuch – Kinder- und Jugendhilfe – in der Fassung der Bekanntmachung vom 8. Dezember 1998 (BGBl. I S. 3546), der durch Artikel 1 Nr. 49 des Gesetzes vom 8. September 2005 (BGBl. I S. 2729) eingefügt worden ist, verordnet das Bundesministerium für Familie, Senioren, Frauen und Jugend:

§ 1 Festsetzung des Kostenbeitrags

(1) Die Höhe des Kostenbeitrags, den Elternteile, Ehegatten oder Lebenspartner junger Menschen zu entrichten haben, richtet sich nach

a) der Einkommensgruppe in Spalte 1 der Anlage, der das nach § 93 des Achten Buches Sozialgesetzbuch zu ermittelnde Einkommen zuzuordnen ist, und

b) der Beitragsstufe in den Spalten 2 bis 5 der Anlage, die nach Maßgabe dieser Verordnung zu ermitteln ist.

(2) Für jede kostenbeitragspflichtige Person wird der jeweilige Kostenbeitrag getrennt ermittelt und erhoben.

§ 2 Wahl der Beitragsstufe bei vollstationären Leistungen

(1) Die Höhe des Beitrags zu den Kosten einer vollstationären Leistung nach § 91 Abs. 1 des Achten Buches Sozialgesetzbuch ergibt sich aus den Beitragsstufen zur jeweiligen Einkommensgruppe in den Spalten 2 bis 4 der Anlage.

(2) Wird die kostenbeitragspflichtige Person zu den Kosten vollstationärer Leistungen für eine Person nach dem Achten Buch Sozialgesetzbuch herangezogen, so ergibt sich die Höhe des Kostenbeitrags aus Spalte 2. Wird sie für mehrere Personen zu den Kosten herangezogen, so ergibt sich die Höhe des Kostenbeitrags für die zweite Person aus Spalte 3, für die dritte Person aus Spalte 4. Ab der vierten vollstationär untergebrachten Person wird nur noch ein Kostenbeitrag nach Maßgabe von § 7 erhoben.

§ 3 Wahl der Beitragsstufe bei teilstationären Leistungen

Die Höhe des Kostenbeitrags für teilstationäre Leistungen nach § 91 Absatz 2 des Achten Buches Sozialgesetzbuch ergibt sich aus der Beitragsstufe zur jeweiligen Einkommensgruppe in der Spalte fünf der Anlage.

§ 4 Berücksichtigung weiterer Unterhaltspflichten

(1) Ist die kostenbeitragspflichtige Person gegenüber anderen Personen nach § 1609 des Bürgerlichen Gesetzbuchs im mindestens gleichen Rang wie dem untergebrachten jungen Menschen oder Leistungsberechtigten nach § 19 des Achten Buches Sozialgesetzbuch zum Unterhalt verpflichtet und lebt sie mit ihnen in einem gemeinsamen Haushalt oder weist sie nach, dass sie ihren Unterhaltspflichten regelmäßig nachkommt, so ist sie

1. bei einer Zuordnung des maßgeblichen Einkommens zu einer der Einkommensgruppen 2 bis 6 je Unterhaltspflicht einer um zwei Stufen niedrigeren Einkommensgruppe zuzuordnen,
2. bei einer Zuordnung des maßgeblichen Einkommens zu einer der Einkommensgruppen 7 bis 18 je Unterhaltspflicht einer um eine Stufe niedrigeren Einkommensgruppe zuzuordnen

und zu einem entsprechend niedrigeren Kostenbeitrag heranzuziehen.

(2) Würden die Unterhaltsansprüche vorrangig oder gleichrangig Berechtigter trotz einer niedrigeren Einstufung nach Absatz 1 auf Grund der Höhe des Kostenbeitrags geschmälert, so ist der Kostenbeitrag entsprechend zu reduzieren. Lebt die kostenbeitragspflichtige Person nicht in einem Haushalt mit der Person, gegenüber der sie mindestens im gleichen Rang zum Unterhalt verpflichtet ist, findet eine Reduzierung nur statt, wenn die kostenbeitragspflichtige Person nachweist, dass sie ihren Unterhaltspflichten regelmäßig nachkommt.

§ 5 Behandlung hoher Einkommen

(1) Liegt das nach § 93 des Achten Buches Sozialgesetzbuch maßgebliche Einkommen eines Elternteils, Ehegatten oder Lebenspartners oberhalb der Einkommensgruppe 27 der Anlage, so ist der Kostenbeitrag nach den folgenden Grundsätzen zu errechnen.

(2) Die Höhe des Kostenbeitrags für vollstationäre Leistungen beträgt

1. 25 Prozent des maßgeblichen Einkommens, wenn der Kostenpflichtige zu den Kosten für eine Person herangezogen wird,
2. zusätzlich 15 Prozent des maßgeblichen Einkommens, wenn der Kostenpflichtige zu den Kosten für eine zweite Person herangezogen wird,
3. zusätzlich 10 Prozent des maßgeblichen Einkommens, wenn der Kostenpflichtige für eine dritte Person herangezogen wird.

Ab der vierten vollstationär untergebrachten Person wird nur noch ein Kostenbeitrag nach Maßgabe von § 7 erhoben. Liegt das nach § 93 des Achten Buches Sozialgesetzbuch maßgebende Einkommen eines Elternteils, Ehegatten oder Lebenspartners oberhalb der Einkommensgruppe 27 der Anlage, so kann eine Heranziehung bis zur vollen Höhe der Kosten für stationäre Leistungen erfolgen.

(3) Die Höhe des Kostenbeitrags für teilstationäre Leistungen beträgt 5 Prozent des maßgeblichen Einkommens.

(4) Die Kostenbeiträge dürfen die Höhe der tatsächlichen Aufwendungen nicht überschreiten.

§ 6 Heranziehung der Eltern bei Leistungen für junge Volljährige

Bei Leistungen für junge Volljährige ist ein kostenbeitragspflichtiger Elternteil höchstens zu einem Kostenbeitrag auf Grund der Einkommensgruppe 13 heranzuziehen. Der kostenbeitragspflichtige Elternteil ist bei einer Zuordnung des maßgeblichen Einkommens zu der Einkommensgruppe 2 oder 3 der Einkommensgruppe 1 zuzuordnen. Bei einer Zuordnung des maßgeblichen Einkommens zu der Einkommensgruppe 4 ist der kostenpflichtige Elternteil der Einkommensgruppe 2 zuzuordnen. Die Zuordnung nach den Sätzen 1 und 2 erfolgt nach Berücksichtigung der Zuordnung nach § 4 Absatz 1.

§ 7 Einsatz des Kindergelds

Ein Elternteil hat unabhängig von einer einkommensabhängigen Heranziehung nach den §§ 1 bis 6 einen Kostenbeitrag in Höhe des Kindergeldes zu zahlen, wenn

1. vollstationäre Leistungen erbracht werden,
2. er Kindergeld für den jungen Menschen bezieht und
3. seine Heranziehung nicht nachrangig nach § 94 Absatz 1 Satz 3 und 4 des Achten Buches Sozialgesetzbuch ist.

VIII

Anlage

Maßgebliches Einkommen nach § 93 des Achten Buches Sozialgesetzbuch		Beitragsstufe 1	Beitragsstufe 2	Beitragsstufe 3	Beitragsstufe 4
		vollstationär erste Person	vollstationär zweite Person	vollstationär dritte Person	teilstationär
Spalte 1	Spalte 2	Spalte 3	Spalte 4	Spalte 5	Spalte 6
Einkommensgruppe	Euro	Euro	Euro	Euro	Euro
1	bis 1100,99	0	0	0	0
2	1101,00 bis 1200,99	50	0	0	40
3	1201,00 bis 1300,99	130	0	0	50
4	1301,00 bis 1450,99	210	30	0	60
5	1451,00 bis 1600,99	259	60	30	70
6	1601,00 bis 1800,99	289	85	40	85
7	1801,00 bis 2000,99	342	105	50	95
8	2001,00 bis 2200,99	378	140	60	105
9	2201,00 bis 2400,99	437	175	80	115
10	2401,00 bis 2700,99	510	220	120	130
11	2701,00 bis 3000,99	570	275	165	145
12	3001,00 bis 3300,99	630	335	210	160
13	3301,00 bis 3600,99	725	410	260	175
14	3601,00 bis 3900,99	825	485	320	190
15	3901,00 bis 4200,99	932	560	380	205
16	4201,00 bis 4600,99	1056	635	440	220
17	4601,00 bis 5000,99	1152	715	500	240
18	5001,00 bis 5500,99	1313	790	555	265
19	5501,00 bis 6000,99	1438	865	605	290
20	6001,00 bis 6500,99	1563	940	658	315
21	6501,00 bis 7000,99	1688	1015	710	340
22	7001,00 bis 7500,99	1813	1090	763	365
23	7501,00 bis 8000,99	1938	1165	815	390

VIII

Maßgebliches Einkommen nach § 93 des Achten Buches Sozialgesetzbuch		Beitragsstufe 1 vollstationär erste Person	Beitragsstufe 2 vollstationär zweite Person	Beitragsstufe 3 vollstationär dritte Person	Beitragsstufe 4 teilstationär
Spalte 1	Spalte 2	Spalte 3	Spalte 4	Spalte 5	Spalte 6
Einkommensgruppe	Euro	Euro	Euro	Euro	Euro
24	8001,00 bis 8500,99	2063	1240	868	415
25	8501,00 bis 9000,99	2188	1315	920	440
26	9001,00 bis 9500,99	2313	1390	973	465
27	9501,00 bis 10 000,99	2438	1465	1025	490

IX SGB IX: Rehabilitation und Teilhabe behinderter Menschen

Sozialgesetzbuch (SGB) Neuntes Buch (IX) – Rehabilitation und Teilhabe behinderter Menschen – (SGB IX)

Vom 19. Juni 2001 (BGBl. I S. 1046)

Zuletzt geändert durch
Gesetz zum Vorschlag für einen Beschluss des Rates über einen Dreigliedrigen Sozialgipfel für Wachstum und Beschäftigung und zur Aufhebung des Beschlusses 2003/174/EG
vom 7. Januar 2015 (BGBl. II S. 15)

Inhaltsübersicht

Teil 1
Regelungen für behinderte und von Behinderung bedrohte Menschen

Kapitel 1
Allgemeine Regelungen

§ 1 Selbstbestimmung und Teilhabe am Leben in der Gesellschaft

1Behinderte oder von Behinderung bedrohte Menschen erhalten Leistungen nach diesem Buch und den für die Rehabilitationsträger geltenden Leistungsgesetzen, um ihre Selbstbestimmung und gleichberechtigte Teilhabe am Leben in der Gesellschaft zu fördern, Benachteiligungen zu vermeiden oder ihnen entgegenzuwirken. 2Dabei wird den besonderen Bedürfnissen behinderter und von Behinderung bedrohter Frauen und Kinder Rechnung getragen.

§ 2 Behinderung

(1) 1Menschen sind behindert, wenn ihre körperliche Funktion, geistige Fähigkeit oder seelische Gesundheit mit hoher Wahrscheinlichkeit länger als sechs Monate von dem für das Lebensalter typischen Zustand abweichen und daher ihre Teilhabe am Leben in der Gesellschaft beeinträchtigt ist. 2Sie sind von Behinderung bedroht, wenn die Beeinträchtigung zu erwarten ist.

(2) Menschen sind im Sinne des Teils 2 schwerbehindert, wenn bei ihnen ein Grad der Behinderung von wenigstens 50 vorliegt und sie ihren Wohnsitz, ihren gewöhnlichen Aufenthalt oder ihre Beschäftigung auf einem Arbeitsplatz im Sinne des § 73 rechtmäßig im Geltungsbereich dieses Gesetzbuches haben.

IX

(3) Schwerbehinderten Menschen gleichgestellt werden sollen behinderte Menschen mit einem Grad der Behinderung von weniger als 50, aber wenigstens 30, bei denen die übrigen Voraussetzungen des Absatzes 2 vorliegen, wenn sie infolge ihrer Behinderung ohne die Gleichstellung einen geeigneten Arbeitsplatz im Sinne des § 73 nicht erlangen oder nicht behalten können (gleichgestellte behinderte Menschen).

§ 3 Vorrang von Prävention

Die Rehabilitationsträger wirken darauf hin, dass der Eintritt einer Behinderung einschließlich einer chronischen Krankheit vermieden wird.

§ 4 Leistungen zur Teilhabe

(1) Die Leistungen zur Teilhabe umfassen die notwendigen Sozialleistungen, um unabhängig von der Ursache der Behinderung

1. die Behinderung abzuwenden, zu beseitigen, zu mindern, ihre Verschlimmerung zu verhüten oder ihre Folgen zu mildern,
2. Einschränkungen der Erwerbsfähigkeit oder Pflegebedürftigkeit zu vermeiden, zu überwinden, zu mindern oder eine Verschlimmerung zu verhüten sowie den vorzeitigen Bezug anderer Sozialleistungen zu vermeiden oder laufende Sozialleistungen zu mindern,
3. die Teilhabe am Arbeitsleben entsprechend den Neigungen und Fähigkeiten dauerhaft zu sichern oder
4. die persönliche Entwicklung ganzheitlich zu fördern und die Teilhabe am Leben in der Gesellschaft sowie eine möglichst selbständige oder selbstbestimmte Lebensführung zu ermöglichen oder zu erleichtern.

(2) 1Die Leistungen zur Teilhabe werden zur Erreichung der in Absatz 1 genannten Ziele nach Maßgabe dieses Buches und der für die zuständigen Leistungsträger geltenden besonderen Vorschriften neben anderen Sozialleistungen erbracht. 2Die Leistungsträger erbringen die Leistungen im Rahmen der für sie geltenden Rechtsvorschriften nach Lage des Einzelfalls so vollständig, umfassend und in gleicher Qualität, dass Leistungen eines anderen Trägers möglichst nicht erforderlich werden.

(3) 1Leistungen für behinderte oder von Behinderung bedrohte Kinder werden so geplant und gestaltet, dass nach Möglichkeit Kinder nicht von ihrem sozialen Umfeld getrennt und gemeinsam mit nicht behinderten Kindern betreut werden können. 2Dabei werden behinderte Kinder alters- und entwick-

lungsentsprechend an der Planung und Ausgestaltung der einzelnen Hilfen beteiligt und ihre Sorgeberechtigten intensiv in Planung und Gestaltung der Hilfen einbezogen.

§ 5 Leistungsgruppen

Zur Teilhabe werden erbracht

1. Leistungen zur medizinischen Rehabilitation,
2. Leistungen zur Teilhabe am Arbeitsleben,
3. unterhaltssichernde und andere ergänzende Leistungen,
4. Leistungen zur Teilhabe am Leben in der Gemeinschaft.

§ 6 Rehabilitationsträger

(1) Träger der Leistungen zur Teilhabe (Rehabilitationsträger) können sein

1. die gesetzlichen Krankenkassen für Leistungen nach § 5 Nr. 1 und 3,
2. die Bundesagentur für Arbeit für Leistungen nach § 5 Nr. 2 und 3,
3. die Träger der gesetzlichen Unfallversicherung für Leistungen nach § 5 Nr. 1 bis 4,
4. die Träger der gesetzlichen Rentenversicherung für Leistungen nach § 5 Nr. 1 bis 3, der Träger der Alterssicherung der Landwirte für Leistungen nach § 5 Nr. 1 und 3,
5. die Träger der Kriegsopferversorgung und die Träger der Kriegsopferfürsorge im Rahmen des Rechts der sozialen Entschädigung bei Gesundheitsschäden für Leistungen nach § 5 Nr. 1 bis 4,
6. die Träger der öffentlichen Jugendhilfe für Leistungen nach § 5 Nr. 1, 2 und 4,
7. die Träger der Sozialhilfe für Leistungen nach § 5 Nr. 1, 2 und 4.

(2) Die Rehabilitationsträger nehmen ihre Aufgaben selbständig und eigenverantwortlich wahr.

§ 6a Rehabilitationsträger für Leistungen zur Teilhabe am Arbeitsleben nach dem Zweiten Buch

$_1$Die Bundesagentur für Arbeit ist auch Rehabilitationsträger für die Leistungen zur Teilhabe am Arbeitsleben für behinderte erwerbsfähige Leistungsberechtigte im Sinne des Zweiten Buches, sofern nicht ein anderer Rehabilitationsträger zuständig ist. $_2$Die Zuständigkeit der gemeinsamen Einrichtung oder des zugelassenen kommunalen Trägers für die Leistungen zur beruflichen Teilhabe behinderter Menschen nach § 16 Abs. 1 des Zweiten Buches bleibt unberührt. $_3$Die Bundesagentur für Arbeit unterrichtet die zuständige gemeinsame Einrichtung oder den zugelassenen kommunalen Träger und die Leistungsberechtigten schriftlich über den festgestellten Rehabilitationsbedarf und ihren Eingliederungsvorschlag. $_4$Die gemeinsame Einrichtung oder der zuständige kommunale Träger entscheidet unter Berücksichtigung des Eingliederungsvorschlages innerhalb von drei Wochen über die Leistungen zur beruflichen Teilhabe.

§ 7 Vorbehalt abweichender Regelungen

$_1$Die Vorschriften dieses Buches gelten für die Leistungen zur Teilhabe, soweit sich aus den für den jeweiligen Rehabilitationsträger geltenden Leistungsgesetzen nichts Abweichendes ergibt. $_2$Die Zuständigkeit und die Voraussetzungen für die Leistungen zur Teilhabe richten sich nach den für den jeweiligen Rehabilitationsträger geltenden Leistungsgesetzen.

§ 8 Vorrang von Leistungen zur Teilhabe

(1) Werden bei einem Rehabilitationsträger Sozialleistungen wegen oder unter Berücksichtigung einer Behinderung oder einer drohenden Behinderung beantragt oder erbracht, prüft dieser unabhängig von der Entscheidung über diese Leistungen, ob Leistungen zur Teilhabe voraussichtlich erfolgreich sind.

(2) $_1$Leistungen zur Teilhabe haben Vorrang vor Rentenleistungen, die bei erfolgreichen Leistungen zur Teilhabe nicht oder voraussichtlich erst zu einem späteren Zeitpunkt zu erbringen wären. $_2$Dies gilt während des Bezuges einer Rente entsprechend.

(3) Absatz 1 ist auch anzuwenden, um durch Leistungen zur Teilhabe Pflegebedürftigkeit

zu vermeiden, zu überwinden, zu mindern oder eine Verschlimmerung zu verhüten.

§ 9 Wunsch- und Wahlrecht der Leistungsberechtigten

(1) 1Bei der Entscheidung über die Leistungen und bei der Ausführung der Leistungen zur Teilhabe wird berechtigten Wünschen der Leistungsberechtigten entsprochen. 2Dabei wird auch auf die persönliche Lebenssituation, das Alter, das Geschlecht, die Familie sowie die religiösen und weltanschaulichen Bedürfnisse der Leistungsberechtigten Rücksicht genommen; im Übrigen gilt § 33 des Ersten Buches. 3Den besonderen Bedürfnissen behinderter Mütter und Väter bei der Erfüllung ihres Erziehungsauftrages sowie den besonderen Bedürfnissen behinderter Kinder wird Rechnung getragen.

(2) 1Sachleistungen zur Teilhabe, die nicht in Rehabilitationseinrichtungen auszuführen sind, können auf Antrag der Leistungsberechtigten als Geldleistungen erbracht werden, wenn die Leistungen hierdurch voraussichtlich bei gleicher Wirksamkeit wirtschaftlich zumindest gleichwertig ausgeführt werden können. 2Für die Beurteilung der Wirksamkeit stellen die Leistungsberechtigten dem Rehabilitationsträger geeignete Unterlagen zur Verfügung. 3Der Rehabilitationsträger begründet durch Bescheid, wenn er den Wünschen des Leistungsberechtigten nach den Absätzen 1 und 2 nicht entspricht.

(3) Leistungen, Dienste und Einrichtungen lassen den Leistungsberechtigten möglichst viel Raum zu eigenverantwortlicher Gestaltung ihrer Lebensumstände und fördern ihre Selbstbestimmung.

(4) Die Leistungen zur Teilhabe bedürfen der Zustimmung der Leistungsberechtigten.

§ 10 Koordinierung der Leistungen

(1) 1Soweit Leistungen verschiedener Leistungsgruppen oder mehrerer Rehabilitationsträger erforderlich sind, ist der nach § 14 leistende Rehabilitationsträger dafür verantwortlich, dass die beteiligten Rehabilitationsträger im Benehmen miteinander und in Abstimmung mit den Leistungsberechtigten die nach dem individuellen Bedarf voraussichtlich erforderlichen Leistungen funktionsbezogen feststellen und schriftlich so zusammenstellen, dass sie nahtlos ineinander greifen. 2Die Leistungen werden entsprechend dem Verlauf der Rehabilitation angepasst und darauf ausgerichtet, den Leistungsberechtigten unter Berücksichtigung der Besonderheiten des Einzelfalls die den Zielen der §§ 1 und 4 Abs. 1 entsprechende umfassende Teilhabe am Leben in der Gesellschaft zügig, wirksam, wirtschaftlich und auf Dauer zu ermöglichen. 3Dabei sichern die Rehabilitationsträger durchgehend das Verfahren entsprechend dem jeweiligen Bedarf und gewährleisten, dass die wirksame und wirtschaftliche Ausführung der Leistungen nach gleichen Maßstäben und Grundsätzen erfolgt.

(2) Absatz 1 gilt entsprechend auch für die Integrationsämter in Bezug auf Leistungen und sonstige Hilfen für schwerbehinderte Menschen nach Teil 2.

(3) Den besonderen Bedürfnissen seelisch behinderter oder von einer solchen Behinderung bedrohter Menschen wird Rechnung getragen.

(4) Die datenschutzrechtlichen Regelungen dieses Gesetzbuchs bleiben unberührt.

§ 11 Zusammenwirken der Leistungen

(1) 1Soweit es im Einzelfall geboten ist, prüft der zuständige Rehabilitationsträger gleichzeitig mit der Einleitung einer Leistung zur medizinischen Rehabilitation, während ihrer Ausführung und nach ihrem Abschluss, ob durch geeignete Leistungen zur Teilhabe am Arbeitsleben die Erwerbsfähigkeit des behinderten oder von Behinderung bedrohten Menschen erhalten, gebessert oder wiederhergestellt werden kann. 2Er beteiligt die Bundesagentur für Arbeit nach § 38.

(2) Wird während einer Leistung zur medizinischen Rehabilitation erkennbar, dass der bisherige Arbeitsplatz gefährdet ist, wird mit den Betroffenen sowie dem zuständigen Rehabilitationsträger unverzüglich geklärt, ob Leistungen zur Teilhabe am Arbeitsleben erforderlich sind.

IX

(3) Bei der Prüfung nach den Absätzen 1 und 2 wird zur Erklärung eines Hilfebedarfs nach Teil 2 auch das Integrationsamt beteiligt.

§ 12 Zusammenarbeit der Rehabilitationsträger

(1) Im Rahmen der durch Gesetz, Rechtsverordnung oder allgemeine Verwaltungsvorschrift getroffenen Regelungen sind die Rehabilitationsträger verantwortlich, dass

1. die im Einzelfall erforderlichen Leistungen zur Teilhabe nahtlos, zügig sowie nach Gegenstand, Umfang und Ausführung einheitlich erbracht werden,
2. Abgrenzungsfragen einvernehmlich geklärt werden,
3. Beratung entsprechend den in §§ 1 und 4 genannten Zielen geleistet wird,
4. Begutachtungen möglichst nach einheitlichen Grundsätzen durchgeführt werden sowie
5. Prävention entsprechend dem in § 3 genannten Ziel geleistet wird.

(2) 1Die Rehabilitationsträger und ihre Verbände sollen zur gemeinsamen Wahrnehmung von Aufgaben zur Teilhabe behinderter Menschen insbesondere regionale Arbeitsgemeinschaften bilden. 2§ 88 Abs. 1 Satz 1 und Abs. 2 des Zehnten Buches gilt entsprechend.

§ 13 Gemeinsame Empfehlungen

(1) Die Rehabilitationsträger nach § 6 Abs. 1 Nr. 1 bis 5 vereinbaren zur Sicherung der Zusammenarbeit nach § 12 Abs. 1 gemeinsame Empfehlungen.

(2) Die Rehabilitationsträger nach § 6 Abs. 1 Nr. 1 bis 5 vereinbaren darüber hinaus gemeinsame Empfehlungen,

1. welche Maßnahmen nach § 3 geeignet sind, um den Eintritt einer Behinderung zu vermeiden, sowie über die statistische Erfassung der Anzahl, des Umfangs und der Wirkungen dieser Maßnahmen,
2. in welchen Fällen und in welcher Weise rehabilitationsbedürftigen Menschen notwendige Leistungen zur Teilhabe angeboten werden, insbesondere um eine durch eine Chronifizierung von Erkrankungen bedingte Behinderung zu verhindern,
3. in welchen Fällen und in welcher Weise die Klärung der im Einzelfall anzustrebenden Ziele und des Bedarfs an Leistungen schriftlich festzuhalten ist sowie über die Ausgestaltung des in § 14 bestimmten Verfahrens,
4. in welcher Weise die Bundesagentur für Arbeit von den übrigen Rehabilitationsträgern nach § 38 zu beteiligen ist,
5. wie Leistungen zur Teilhabe zwischen verschiedenen Trägern koordiniert werden,
6. in welcher Weise und in welchem Umfang Selbsthilfegruppen, -organisationen und -kontaktstellen, die sich die Prävention, Rehabilitation, Früherkennung und Bewältigung von Krankheiten und Behinderungen zum Ziel gesetzt haben, gefördert werden,
7. (weggefallen)
8. in welchen Fällen und in welcher Weise der behandelnde Hausarzt oder Facharzt und der Betriebs- oder Werksarzt in die Einleitung und Ausführung von Leistungen zur Teilhabe einzubinden sind,
9. zu einem Informationsaustausch mit behinderten Beschäftigten, Arbeitgebern und den in § 83 genannten Vertretungen zur möglichst frühzeitigen Erkennung des individuellen Bedarfs voraussichtlich erforderlicher Leistungen zur Teilhabe sowie
10. über ihre Zusammenarbeit mit Sozialdiensten und vergleichbaren Stellen.

(3) Bestehen für einen Rehabilitationsträger Rahmenempfehlungen auf Grund gesetzlicher Vorschriften und soll bei den gemeinsamen Empfehlungen von diesen abgewichen werden oder sollen die gemeinsamen Empfehlungen Gegenstände betreffen, die nach den gesetzlichen Vorschriften Gegenstand solcher Rahmenempfehlungen werden sollen, stellt der Rehabilitationsträger das Einvernehmen mit den jeweiligen Partnern der Rahmenempfehlungen sicher.

(4) Die Träger der Renten-, Kranken- und Unfallversicherung können sich bei der Vereinbarung der gemeinsamen Empfehlungen durch ihre Spitzenverbände vertreten lassen.

(5) $_{1}$An der Vorbereitung der gemeinsamen Empfehlungen werden die Träger der Sozialhilfe und der öffentlichen Jugendhilfe über die Bundesvereinigung der Kommunalen Spitzenverbände, die Bundesarbeitsgemeinschaft der überörtlichen Träger der Sozialhilfe, die Bundesarbeitsgemeinschaft der Landesjugendämter sowie die Integrationsämter in Bezug auf Leistungen und sonstige Hilfen für schwerbehinderte Menschen nach dem Teil 2 über die Bundesarbeitsgemeinschaft der Integrationsämter und Hauptfürsorgestellen beteiligt. $_{2}$Die Träger der Sozialhilfe und der öffentlichen Jugendhilfe orientieren sich bei der Wahrnehmung ihrer Aufgaben nach diesem Buch an den vereinbarten Empfehlungen oder können diesen beitreten.

(6) $_{1}$Die Verbände behinderter Menschen einschließlich der Verbände der Freien Wohlfahrtspflege, der Selbsthilfegruppen und der Interessenvertretungen behinderter Frauen sowie die für die Wahrnehmung der Interessen der ambulanten und stationären Rehabilitationseinrichtungen auf Bundesebene maßgeblichen Spitzenverbände werden an der Vorbereitung der gemeinsamen Empfehlungen beteiligt. $_{2}$Ihren Anliegen wird bei der Ausgestaltung der Empfehlungen nach Möglichkeit Rechnung getragen. $_{3}$Die Empfehlungen berücksichtigen auch die besonderen Bedürfnisse behinderter oder von Behinderung bedrohter Frauen und Kinder.

(7) $_{1}$Die beteiligten Rehabilitationsträger vereinbaren die gemeinsamen Empfehlungen im Rahmen der Bundesarbeitsgemeinschaft für Rehabilitation im Benehmen mit dem Bundesministerium für Arbeit und Soziales und den Ländern auf der Grundlage eines von ihnen innerhalb der Bundesarbeitsgemeinschaft vorbereiteten Vorschlags. $_{2}$Der Bundesbeauftragte für den Datenschutz wird beteiligt. $_{3}$Hat das Bundesministerium für Arbeit und Soziales zu einem Vorschlag aufgefordert, legt die Bundesarbeitsgemeinschaft für Rehabilitation den Vorschlag innerhalb von sechs Monaten vor. $_{4}$Dem Vorschlag wird gefolgt, wenn ihm berechtigte Interessen eines Rehabilitationsträgers nicht entgegenstehen. $_{5}$Einwände nach Satz 4 sind innerhalb von vier Wochen nach Vorlage des Vorschlags auszuräumen.

(8) $_{1}$Die Rehabilitationsträger teilen der Bundesarbeitsgemeinschaft für Rehabilitation alle zwei Jahre ihre Erfahrungen mit den gemeinsamen Empfehlungen mit, die Träger der Renten-, Kranken- und Unfallversicherung über ihre Spitzenverbände. $_{2}$Die Bundesarbeitsgemeinschaft für Rehabilitation stellt dem Bundesministerium für Arbeit und Soziales und den Ländern eine Zusammenfassung zur Verfügung.

(9) Die gemeinsamen Empfehlungen können durch die regional zuständigen Rehabilitationsträger konkretisiert werden.

§ 14 Zuständigkeitsklärung

(1) $_{1}$Werden Leistungen zur Teilhabe beantragt, stellt der Rehabilitationsträger innerhalb von zwei Wochen nach Eingang des Antrages bei ihm fest, ob er nach dem für ihn geltenden Leistungsgesetz für die Leistung zuständig ist; bei den Krankenkassen umfasst die Prüfung auch die Leistungspflicht nach § 40 Abs. 4 des Fünften Buches. $_{2}$Stellt er bei der Prüfung fest, dass er für die Leistung nicht zuständig ist, leitet er den Antrag unverzüglich dem nach seiner Auffassung zuständigen Rehabilitationsträger zu. $_{3}$Muss für eine solche Feststellung die Ursache der Behinderung geklärt werden und ist diese Klärung in der Frist nach Satz 1 nicht möglich, wird der Antrag unverzüglich dem Rehabilitationsträger zugeleitet, der die Leistung ohne Rücksicht auf die Ursache erbringt. $_{4}$Wird der Antrag bei der Bundesagentur für Arbeit gestellt, werden bei der Prüfung nach den Sätzen 1 und 2 Feststellungen nach § 11 Abs. 2a Nr. 1 des Sechsten Buches und § 22 Abs. 2 des Dritten Buches nicht getroffen.

(2) $_{1}$Wird der Antrag nicht weitergeleitet, stellt der Rehabilitationsträger den Rehabilitationsbedarf unverzüglich fest. $_{2}$Muss für diese Feststellung ein Gutachten nicht eingeholt werden, entscheidet der Rehabilitations-

träger innerhalb von drei Wochen nach Antragseingang. $_{3}$Wird der Antrag weitergeleitet, gelten die Sätze 1 und 2 für den Rehabilitationsträger, an den der Antrag weitergeleitet worden ist, entsprechend; die in Satz 2 genannte Frist beginnt mit dem Eingang bei diesem Rehabilitationsträger. $_{4}$Ist für die Feststellung des Rehabilitationsbedarfs ein Gutachten erforderlich, wird die Entscheidung innerhalb von zwei Wochen nach Vorliegen des Gutachtens getroffen. $_{5}$Kann der Rehabilitationsträger, an den der Antrag weitergeleitet worden ist, für die beantragte Leistung nicht Rehabilitationsträger nach § 6 Abs. 1 sein, klärt er unverzüglich mit dem nach seiner Auffassung zuständigen Rehabilitationsträger, von wem und in welcher Weise über den Antrag innerhalb der Fristen nach den Sätzen 2 und 4 entschieden wird und unterrichtet hierüber den Antragsteller.

(3) $_{1}$Die Absätze 1 und 2 gelten sinngemäß, wenn der Rehabilitationsträger Leistungen von Amts wegen erbringt. $_{2}$Dabei tritt an die Stelle des Tages der Antragstellung der Tag der Kenntnis des voraussichtlichen Rehabilitationsbedarfs.

(4) $_{1}$Wird nach Bewilligung der Leistung durch einen Rehabilitationsträger nach Absatz 1 Satz 2 bis 4 festgestellt, dass ein anderer Rehabilitationsträger für die Leistung zuständig ist, erstattet dieser dem Rehabilitationsträger, der die Leistung erbracht hat, dessen Aufwendungen nach den für diesen geltenden Rechtsvorschriften. $_{2}$Die Bundesagentur für Arbeit leitet für die Klärung nach Satz 1 Anträge auf Leistungen zur Teilhabe am Arbeitsleben zur Feststellung nach § 11 Abs. 2a Nr. 1 des Sechsten Buches an die Träger der Rentenversicherung nur weiter, wenn sie konkrete Anhaltspunkte dafür hat, dass der Träger der Rentenversicherung zur Leistung einer Rente unabhängig von der jeweiligen Arbeitsmarktlage verpflichtet sein könnte. $_{3}$Für unzuständige Rehabilitationsträger, die eine Leistung nach Absatz 2 Satz 1 und 2 erbracht haben, ist § 105 des Zehnten Buches nicht anzuwenden, es sei denn, die Rehabilitationsträger vereinbaren Abweichendes.

(5) $_{1}$Der Rehabilitationsträger stellt sicher, dass er Sachverständige beauftragen kann, bei denen Zugangs- und Kommunikationsbarrieren nicht bestehen. $_{2}$Ist für die Feststellung des Rehabilitationsbedarfs ein Gutachten erforderlich, beauftragt der Rehabilitationsträger unverzüglich einen geeigneten Sachverständigen. $_{3}$Er benennt den Leistungsberechtigten in der Regel drei möglichst wohnortnahe Sachverständige unter Berücksichtigung bestehender sozialmedizinischer Dienste. $_{4}$Haben sich Leistungsberechtigte für einen benannten Sachverständigen entschieden, wird dem Wunsch Rechnung getragen. $_{5}$Der Sachverständige nimmt eine umfassende sozialmedizinische, bei Bedarf auch psychologische Begutachtung vor und erstellt das Gutachten innerhalb von zwei Wochen nach Auftragserteilung. $_{6}$Die in dem Gutachten getroffenen Feststellungen zum Rehabilitationsbedarf werden den Entscheidungen der Rehabilitationsträger zugrunde gelegt. $_{7}$Die gesetzlichen Aufgaben der Gesundheitsämter bleiben unberührt.

(6) $_{1}$Hält der leistende Rehabilitationsträger weitere Leistungen zur Teilhabe für erforderlich und kann er für diese Leistungen nicht Rehabilitationsträger nach § 6 Abs. 1 sein, wird Absatz 1 Satz 2 entsprechend angewendet. $_{2}$Die Leistungsberechtigten werden hierüber unterrichtet.

§ 15 Erstattung selbstbeschaffter Leistungen

(1) $_{1}$Kann über den Antrag auf Leistungen zur Teilhabe nicht innerhalb der in § 14 Abs. 2 genannten Fristen entschieden werden, teilt der Rehabilitationsträger dies den Leistungsberechtigten unter Darlegung der Gründe rechtzeitig mit. $_{2}$Erfolgt die Mitteilung nicht oder liegt ein zureichender Grund nicht vor, können Leistungsberechtigte dem Rehabilitationsträger eine angemessene Frist setzen und dabei erklären, dass sie sich nach Ablauf der Frist die erforderliche Leistung selbst beschaffen. $_{3}$Beschaffen sich Leistungsberechtigte nach Ablauf der Frist eine erforderliche Leistung selbst, ist der zuständige Rehabilitationsträger unter Beachtung der Grundsätze

der Wirtschaftlichkeit und Sparsamkeit zur Erstattung der Aufwendungen verpflichtet. 4Die Erstattungspflicht besteht auch, wenn der Rehabilitationsträger eine unaufschiebbare Leistung nicht rechtzeitig erbringen kann oder er eine Leistung zu Unrecht abgelehnt hat. 5Die Sätze 1 bis 3 gelten nicht für die Träger der Sozialhilfe, der öffentlichen Jugendhilfe und der Kriegsopferfürsorge.

(2) Die Rehabilitationsträger erfassen,

1. in wie vielen Fällen die Fristen nach § 14 nicht eingehalten wurden,
2. in welchem Umfang sich die Verfahrensdauer vom Eingang der Anträge bis zur Entscheidung über die Anträge verringert hat,
3. in wie vielen Fällen eine Kostenerstattung nach Absatz 1 Satz 3 und 4 erfolgt ist.

§ 16 Verordnungsermächtigung

Vereinbaren die Rehabilitationsträger nicht innerhalb von sechs Monaten, nachdem das Bundesministerium für Arbeit und Soziales sie dazu aufgefordert hat, gemeinsame Empfehlungen nach § 13 oder ändern sie unzureichend gewordene Empfehlungen nicht innerhalb dieser Frist, kann das Bundesministerium für Arbeit und Soziales Regelungen durch Rechtsverordnung mit Zustimmung des Bundesrates erlassen.

Kapitel 2
Ausführung von Leistungen zur Teilhabe

§ 17 Ausführung von Leistungen, Persönliches Budget

(1) 1Der zuständige Rehabilitationsträger kann Leistungen zur Teilhabe

1. allein oder gemeinsam mit anderen Leistungsträgern,
2. durch andere Leistungsträger oder
3. unter Inanspruchnahme von geeigneten, insbesondere auch freien und gemeinnützigen oder privaten Rehabilitationsdiensten und -einrichtungen (§ 19)

ausführen. 2Er bleibt für die Ausführung der Leistungen verantwortlich. 3Satz 1 gilt insbesondere dann, wenn der Rehabilitationsträger die Leistung dadurch wirksamer oder wirtschaftlicher erbringen kann.

(2) 1Auf Antrag können Leistungen zur Teilhabe auch durch ein Persönliches Budget ausgeführt werden, um den Leistungsberechtigten in eigener Verantwortung ein möglichst selbstbestimmtes Leben zu ermöglichen. 2Bei der Ausführung des Persönlichen Budgets sind nach Maßgabe des individuell festgestellten Bedarfs die Rehabilitationsträger, die Pflegekassen und die Integrationsämter beteiligt. 3Das Persönliche Budget wird von den beteiligten Leistungsträgern trägerübergreifend als Komplexleistung erbracht. 4Budgetfähig sind auch die neben den Leistungen nach Satz 1 erforderlichen Leistungen der Krankenkassen und der Pflegekassen, Leistungen der Träger der Unfallversicherung bei Pflegebedürftigkeit sowie Hilfe zur Pflege der Sozialhilfe, die sich auf alltägliche und regelmäßig wiederkehrende Bedarfe beziehen und als Geldleistungen oder durch Gutscheine erbracht werden können. 5An die Entscheidung ist der Antragsteller für die Dauer von sechs Monaten gebunden.

(3) 1Persönliche Budgets werden in der Regel als Geldleistung ausgeführt, bei laufenden Leistungen monatlich. 2In begründeten Fällen sind Gutscheine auszugeben. 3Persönliche Budgets werden auf der Grundlage der nach § 10 Abs. 1 getroffenen Feststellungen so bemessen, dass der individuell festgestellte Bedarf gedeckt wird und die erforderliche Beratung und Unterstützung erfolgen kann. 4Dabei soll die Höhe des Persönlichen Budgets die Kosten aller bisher individuell festgestellten, ohne das Persönliche Budget zu erbringenden Leistungen nicht überschreiten.

(4) 1Enthält das Persönliche Budget Leistungen mehrerer Leistungsträger, erlässt der nach § 14 zuständige der beteiligten Leistungsträger im Auftrag und im Namen der anderen beteiligten Leistungsträger den Verwaltungsakt und führt das weitere Verfahren durch. 2Ein anderer der beteiligten Leistungsträger kann mit den Aufgaben nach Satz 1 beauftragt werden, wenn die beteiligten Leistungsträger dies in Abstimmung mit den Leistungsberechtigten vereinbaren; in diesem

Fall gilt § 93 des Zehnten Buches entsprechend. 3Die für den handelnden Leistungsträger zuständige Widerspruchsstelle erlässt auch den Widerspruchsbescheid.

(5) § 17 Abs. 3 in der am 30. Juni 2004 geltenden Fassung findet auf Modellvorhaben zur Erprobung der Einführung Persönlicher Budgets weiter Anwendung, die vor Inkrafttreten dieses Gesetzes begonnen haben.

(6) 1In der Zeit vom 1. Juli 2004 bis zum 31. Dezember 2007 werden Persönliche Budgets erprobt. 2Dabei sollen insbesondere modellhaft Verfahren zur Bemessung von budgetfähigen Leistungen in Geld und die Weiterentwicklung von Versorgungsstrukturen unter wissenschaftlicher Begleitung und Auswertung erprobt werden.

§ 18 Leistungsort

1Sachleistungen können auch im Ausland erbracht werden, wenn sie dort bei zumindest gleicher Qualität und Wirksamkeit wirtschaftlicher ausgeführt werden können. 2Leistungen zur Teilhabe am Arbeitsleben können im grenznahen Ausland auch ausgeführt werden, wenn sie für die Aufnahme oder Ausübung einer Beschäftigung oder selbständigen Tätigkeit erforderlich sind.

§ 19 Rehabilitationsdienste und -einrichtungen

(1) 1Die Rehabilitationsträger wirken gemeinsam unter Beteiligung der Bundesregierung und der Landesregierungen darauf hin, dass die fachlich und regional erforderlichen Rehabilitationsdienste und -einrichtungen in ausreichender Zahl und Qualität zur Verfügung stehen. 2Dabei achten sie darauf, dass für eine ausreichende Zahl solcher Rehabilitationsdienste und -einrichtungen Zugangs- und Kommunikationsbarrieren nicht bestehen. 3Die Verbände behinderter Menschen einschließlich der Verbände der Freien Wohlfahrtspflege, der Selbsthilfegruppen und der Interessenvertretungen behinderter Frauen sowie die für die Wahrnehmung der Interessen der ambulanten und stationären Rehabilitationseinrichtungen auf Bundesebene maßgeblichen Spitzenverbände werden beteiligt.

(2) Soweit die Ziele nach Prüfung des Einzelfalls mit vergleichbarer Wirksamkeit erreichbar sind, werden Leistungen unter Berücksichtigung der persönlichen Umstände in ambulanter, teilstationärer oder betrieblicher Form und gegebenenfalls unter Einbeziehung familienentlastender und -unterstützender Dienste erbracht.

(3) Bei Leistungen an behinderte oder von einer Behinderung bedrohte Kinder wird eine gemeinsame Betreuung behinderter und nichtbehinderter Kinder angestrebt.

(4) 1Nehmen Rehabilitationsträger zur Ausführung von Leistungen besondere Dienste (Rehabilitationsdienste) oder Einrichtungen (Rehabilitationseinrichtungen) in Anspruch, erfolgt die Auswahl danach, welcher Dienst oder welche Einrichtung die Leistung in der am besten geeigneten Form ausführt; dabei werden Dienste und Einrichtungen freier oder gemeinnütziger Träger entsprechend ihrer Bedeutung für die Rehabilitation und Teilhabe behinderter Menschen berücksichtigt und die Vielfalt der Träger von Rehabilitationsdiensten oder -einrichtungen gewahrt sowie deren Selbständigkeit, Selbstverständnis und Unabhängigkeit beachtet. 2§ 35 Abs. 1 Satz 2 Nr. 4 ist anzuwenden.

(5) Rehabilitationsträger können nach den für sie geltenden Rechtsvorschriften Rehabilitationsdienste oder -einrichtungen fördern, wenn dies zweckmäßig ist und die Arbeit dieser Dienste oder Einrichtungen in anderer Weise nicht sichergestellt werden kann.

(6) Rehabilitationsdienste und -einrichtungen mit gleicher Aufgabenstellung sollen Arbeitsgemeinschaften bilden.

§ 20 Qualitätssicherung

(1) 1Die Rehabilitationsträger nach § 6 Abs. 1 Nr. 1 bis 5 vereinbaren gemeinsame Empfehlungen zur Sicherung und Weiterentwicklung der Qualität der Leistungen, insbesondere zur barrierefreien Leistungserbringung, sowie für die Durchführung vergleichender Qualitätsanalysen als Grundlage für ein effektives Qualitätsmanagement der Leistungserbrin-

ger. $_{2}$§ 13 Abs. 4 ist entsprechend anzuwenden. $_{3}$Die Rehabilitationsträger nach § 6 Abs. 1 Nr. 6 und 7 können den Empfehlungen beitreten.

(2) $_{1}$Die Erbringer von Leistungen stellen ein Qualitätsmanagement sicher, das durch zielgerichtete und systematische Verfahren und Maßnahmen die Qualität der Versorgung gewährleistet und kontinuierlich verbessert. $_{2}$Stationäre Rehabilitationseinrichtungen haben sich an dem Zertifizierungsverfahren nach Absatz 2a zu beteiligen.

(2a) $_{1}$Die Spitzenverbände der Rehabilitationsträger nach § 6 Abs. 1 Nr. 1 und 3 bis 5 vereinbaren im Rahmen der Bundesarbeitsgemeinschaft für Rehabilitation grundsätzliche Anforderungen an ein einrichtungsinternes Qualitätsmanagement nach Absatz 2 Satz 1 sowie ein einheitliches, unabhängiges Zertifizierungsverfahren, mit dem die erfolgreiche Umsetzung des Qualitätsmanagements in regelmäßigen Abständen nachgewiesen wird. $_{2}$Den für die Wahrnehmung der Interessen der stationären Rehabilitationseinrichtungen auf Bundesebene maßgeblichen Spitzenverbänden sowie den Verbänden behinderter Menschen einschließlich der Verbände der Freien Wohlfahrtspflege, der Selbsthilfegruppen und der Interessenvertretungen behinderter Frauen ist Gelegenheit zur Stellungnahme zu geben.

(3) $_{1}$Die Bundesarbeitsgemeinschaft für Rehabilitation bereitet die Empfehlungen nach Absatz 1 vor. $_{2}$Sie beteiligt die Verbände behinderter Menschen einschließlich der Verbände der Freien Wohlfahrtspflege, der Selbsthilfegruppen und der Interessenvertretungen behinderter Frauen sowie die nach § 19 Abs. 6 gebildeten Arbeitsgemeinschaften und die für die Wahrnehmung der Interessen der ambulanten und stationären Rehabilitationseinrichtungen auf Bundesebene maßgeblichen Spitzenverbände. $_{3}$Deren Anliegen wird bei der Ausgestaltung der Empfehlungen nach Möglichkeit Rechnung getragen.

(4) § 13 Abs. 3 ist entsprechend anzuwenden für Vereinbarungen auf Grund gesetzlicher Vorschriften für die Rehabilitationsträger.

§ 21 Verträge mit Leistungserbringern

(1) Die Verträge über die Ausführung von Leistungen durch Rehabilitationsdienste und -einrichtungen, die nicht in der Trägerschaft eines Rehabilitationsträgers stehen, enthalten insbesondere Regelungen über

1. Qualitätsanforderungen an die Ausführung der Leistungen, das beteiligte Personal und die begleitenden Fachdienste,
2. Übernahme von Grundsätzen der Rehabilitationsträger zur Vereinbarung von Vergütungen,
3. Rechte und Pflichten der Teilnehmer, soweit sich diese nicht bereits aus dem Rechtsverhältnis ergeben, das zwischen ihnen und dem Rehabilitationsträger besteht,
4. angemessene Mitwirkungsmöglichkeiten der Teilnehmer an der Ausführung der Leistungen,
5. Geheimhaltung personenbezogener Daten,
6. die Beschäftigung eines angemessenen Anteils behinderter, insbesondere schwerbehinderter Frauen sowie
7. das Angebot, Beratung durch den Träger der öffentlichen Jugendhilfe bei gewichtigen Anhaltspunkten für eine Kindeswohlgefährdung in Anspruch zu nehmen.

(2) $_{1}$Die Rehabilitationsträger wirken darauf hin, dass die Verträge nach einheitlichen Grundsätzen abgeschlossen werden; sie können über den Inhalt der Verträge gemeinsame Empfehlungen nach § 13 sowie Rahmenverträge mit den Arbeitsgemeinschaften der Rehabilitationsdienste und -einrichtungen vereinbaren. $_{2}$Der Bundesbeauftragte für den Datenschutz wird beteiligt.

(3) $_{1}$Verträge mit fachlich nicht geeigneten Diensten oder Einrichtungen werden gekündigt. $_{2}$Stationäre Rehabilitationseinrichtungen sind nur dann als geeignet anzusehen, wenn sie nach § 20 Abs. 2 Satz 2 zertifiziert sind.

(4) Absatz 1 Nr. 1 und 3 bis 6 wird für eigene Einrichtungen der Rehabilitationsträger entsprechend angewendet.

§ 21a Verordnungsermächtigung

Das Bundesministerium für Arbeit und Soziales wird ermächtigt, durch Rechtsverordnung mit Zustimmung des Bundesrates Näheres zum Inhalt und Ausführung des Persönlichen Budgets, zum Verfahren sowie zur Zuständigkeit bei Beteiligung mehrerer Leistungsträger zu regeln.

Kapitel 3
Gemeinsame Servicestellen

§ 22 Aufgaben

(1) 1Gemeinsame örtliche Servicestellen der Rehabilitationsträger bieten behinderten und von Behinderung bedrohten Menschen, ihren Vertrauenspersonen und Personensorgeberechtigten nach § 60 Beratung und Unterstützung an. 2Die Beratung und Unterstützung umfasst insbesondere,

1. über Leistungsvoraussetzungen, Leistungen der Rehabilitationsträger, besondere Hilfen im Arbeitsleben sowie über die Verwaltungsabläufe zu informieren,
2. bei der Klärung des Rehabilitationsbedarfs, bei der Inanspruchnahme von Leistungen zur Teilhabe bei der Inanspruchnahme eines Persönlichen Budgets und der besonderen Hilfen im Arbeitsleben sowie bei der Erfüllung von Mitwirkungspflichten zu helfen,
3. zu klären, welcher Rehabilitationsträger zuständig ist, auf klare und sachdienliche Anträge hinzuwirken und sie an den zuständigen Rehabilitationsträger weiterzuleiten,
4. bei einem Rehabilitationsbedarf, der voraussichtlich ein Gutachten erfordert, den zuständigen Rehabilitationsträger darüber zu informieren,
5. die Entscheidung des zuständigen Rehabilitationsträgers in Fällen, in denen die Notwendigkeit von Leistungen zur Teilhabe offenkundig ist, so umfassend vorzubereiten, dass dieser unverzüglich entscheiden kann,
6. bis zur Entscheidung oder Leistung des Rehabilitationsträgers den behinderten oder von Behinderung bedrohten Menschen unterstützend zu begleiten,
7. bei den Rehabilitationsträgern auf zeitnahe Entscheidungen und Leistungen hinzuwirken und
8. zwischen mehreren Rehabilitationsträgern und Beteiligten auch während der Leistungserbringung zu koordinieren und zu vermitteln.

3Die Beratung umfasst unter Beteiligung der Integrationsämter auch die Klärung eines Hilfebedarfs nach Teil 2 dieses Buches. 4Die Pflegekassen werden bei drohender oder bestehender Pflegebedürftigkeit an der Beratung und Unterstützung durch die gemeinsamen Servicestellen beteiligt. 5Verbände behinderter Menschen einschließlich der Verbände der Freien Wohlfahrtspflege, der Selbsthilfegruppen und der Interessenvertretungen behinderter Frauen werden mit Einverständnis der behinderten Menschen an der Beratung beteiligt.

(2) 1§ 14 des Ersten Buches und § 10 Abs. 2 und § 11 Abs. 1 bis 3 und 5 des Zwölften Buches bleiben unberührt. 2Auskünfte nach § 15 des Ersten Buches über Leistungen zur Teilhabe erteilen alle Rehabilitationsträger.

§ 23 Servicestellen

(1) 1Die Rehabilitationsträger stellen unter Nutzung bestehender Strukturen sicher, dass in allen Landkreisen und kreisfreien Städten gemeinsame Servicestellen bestehen. 2Gemeinsame Servicestellen können für mehrere kleine Landkreise oder kreisfreie Städte eingerichtet werden, wenn eine ortsnahe Beratung und Unterstützung behinderter und von Behinderung bedrohter Menschen gewährleistet ist. 3In den Ländern Berlin, Bremen und Hamburg werden die Servicestellen entsprechend dem besonderen Verwaltungsaufbau dieser Länder eingerichtet.

(2) Die zuständigen obersten Landessozialbehörden wirken mit Unterstützung der Spitzenverbände der Rehabilitationsträger darauf hin, dass die gemeinsamen Servicestellen unverzüglich eingerichtet werden.

(3) 1Die gemeinsamen Servicestellen werden so ausgestattet, dass sie ihre Aufgaben um-

fassend und qualifiziert erfüllen können, Zugangs- und Kommunikationsbarrieren nicht bestehen und Wartezeiten in der Regel vermieden werden. 2Hierfür wird besonders qualifiziertes Personal mit breiten Fachkenntnissen insbesondere des Rehabilitationsrechts und der Praxis eingesetzt. 3§ 112 Abs. 3 ist sinngemäß anzuwenden.

(4) In den Servicestellen dürfen Sozialdaten nur erhoben, verarbeitet und genutzt werden, soweit dies zur Erfüllung der Aufgaben nach § 22 Abs. 1 erforderlich ist.

§ 24 Bericht

(1) 1Die Rehabilitationsträger, die Träger der Renten-, Kranken- und Unfallversicherung über ihre Spitzenverbände, teilen der Bundesarbeitsgemeinschaft für Rehabilitation im Abstand von drei Jahren, erstmals im Jahre 2004, ihre Erfahrungen über die Einrichtung der gemeinsamen Servicestellen, die Durchführung und Erfüllung ihrer Aufgaben, die Einhaltung des Datenschutzes und mögliche Verbesserungen mit. 2Personenbezogene Daten werden anonymisiert.

(2) Die Bundesarbeitsgemeinschaft für Rehabilitation bereitet die Mitteilungen der Rehabilitationsträger auf, beteiligt hierbei die zuständigen obersten Landessozialbehörden, erörtert die Mitteilungen auf Landesebene mit den Verbänden behinderter Menschen einschließlich der Verbände der Freien Wohlfahrtspflege, der Selbsthilfegruppen und der Interessenvertretungen behinderter Frauen und berichtet unverzüglich dem Bundesministerium für Arbeit und Soziales und den Ländern.

§ 25 Verordnungsermächtigung

Sind gemeinsame Servicestellen nach § 23 Abs. 1 nicht bis zum 31. Dezember 2002 in allen Landkreisen und kreisfreien Städten eingerichtet, bestimmt das Bundesministerium für Arbeit und Soziales durch Rechtsverordnung mit Zustimmung des Bundesrates das Nähere über den Ort der Einrichtung, den Rehabilitationsträger, bei dem die gemeinsame Servicestelle eingerichtet wird und der für die Einrichtung verantwortlich ist, den Zeitpunkt, zu dem die Einrichtung abgeschlossen sein muss, sowie über die Organisation, insbesondere entsprechend ihrem Anteil an den Leistungen zur Teilhabe über Art und Umfang der Beteiligung der Rehabilitationsträger in den gemeinsamen Servicestellen.

Kapitel 4
Leistungen zur medizinischen Rehabilitation

§ 26 Leistungen zur medizinischen Rehabilitation

(1) Zur medizinischen Rehabilitation behinderter und von Behinderung bedrohter Menschen werden die erforderlichen Leistungen erbracht, um

1. Behinderungen einschließlich chronischer Krankheiten abzuwenden, zu beseitigen, zu mindern, auszugleichen, eine Verschlimmerung zu verhüten oder
2. Einschränkungen der Erwerbsfähigkeit und Pflegebedürftigkeit zu vermeiden, zu überwinden, zu mindern, eine Verschlimmerung zu verhüten sowie den vorzeitigen Bezug von laufenden Sozialleistungen zu vermeiden oder laufende Sozialleistungen zu mindern.

(2) Leistungen zur medizinischen Rehabilitation umfassen insbesondere

1. Behandlung durch Ärzte, Zahnärzte und Angehörige anderer Heilberufe, soweit deren Leistungen unter ärztlicher Aufsicht oder auf ärztliche Anordnung ausgeführt werden, einschließlich der Anleitung, eigene Heilungskräfte zu entwickeln,
2. Früherkennung und Frühförderung behinderter und von Behinderung bedrohter Kinder,
3. Arznei- und Verbandmittel,
4. Heilmittel einschließlich physikalischer, Sprach- und Beschäftigungstherapie,
5. Psychotherapie als ärztliche und psychotherapeutische Behandlung,
6. Hilfsmittel,
7. Belastungserprobung und Arbeitstherapie.

(3) Bestandteil der Leistungen nach Absatz 1 sind auch medizinische, psychologische und pädagogische Hilfen, soweit diese Leistungen im Einzelfall erforderlich sind, um die in Absatz 1 genannten Ziele zu erreichen oder zu sichern und Krankheitsfolgen zu vermeiden, zu überwinden, zu mindern oder ihre Verschlimmerung zu verhüten, insbesondere

1. Hilfen zur Unterstützung bei der Krankheits- und Behinderungsverarbeitung,
2. Aktivierung von Selbsthilfepotentialen,
3. mit Zustimmung der Leistungsberechtigten Information und Beratung von Partnern und Angehörigen sowie von Vorgesetzten und Kollegen,
4. Vermittlung von Kontakten zu örtlichen Selbsthilfe- und Beratungsmöglichkeiten,
5. Hilfen zur seelischen Stabilisierung und zur Förderung der sozialen Kompetenz, unter anderem durch Training sozialer und kommunikativer Fähigkeiten und im Umgang mit Krisensituationen,
6. Training lebenspraktischer Fähigkeiten,
7. Anleitung und Motivation zur Inanspruchnahme von Leistungen der medizinischen Rehabilitation.

§ 27 Krankenbehandlung und Rehabilitation

Die in § 26 Abs. 1 genannten Ziele sowie § 10 gelten auch bei Leistungen der Krankenbehandlung.

§ 28 Stufenweise Wiedereingliederung

Können arbeitsunfähige Leistungsberechtigte nach ärztlicher Feststellung ihre bisherige Tätigkeit teilweise verrichten und können sie durch eine stufenweise Wiederaufnahme ihrer Tätigkeit voraussichtlich besser wieder in das Erwerbsleben eingegliedert werden, sollen die medizinischen und die sie ergänzenden Leistungen entsprechend dieser Zielsetzung erbracht werden.

§ 29 Förderung der Selbsthilfe

Selbsthilfegruppen, -organisationen und -kontaktstellen, die sich die Prävention, Rehabilitation, Früherkennung, Behandlung und Bewältigung von Krankheiten und Behinderungen zum Ziel gesetzt haben, sollen nach einheitlichen Grundsätzen gefördert werden.

§ 30 Früherkennung und Frühförderung

(1) [1]Die medizinischen Leistungen zur Früherkennung und Frühförderung behinderter und von Behinderung bedrohter Kinder nach § 26 Abs. 2 Nr. 2 umfassen auch

1. die medizinischen Leistungen der mit dieser Zielsetzung fachübergreifend arbeitenden Dienste und Einrichtungen,
2. nichtärztliche sozialpädiatrische, psychologische, heilpädagogische, psychosoziale Leistungen und die Beratung der Erziehungsberechtigten, auch in fachübergreifend arbeitenden Diensten und Einrichtungen, wenn sie unter ärztlicher Verantwortung erbracht werden und erforderlich sind, um eine drohende oder bereits eingetretene Behinderung zum frühestmöglichen Zeitpunkt zu erkennen und einen individuellen Behandlungsplan aufzustellen.

[2]Leistungen nach Satz 1 werden als Komplexleistung in Verbindung mit heilpädagogischen Leistungen (§ 56) erbracht.

(2) Leistungen zur Früherkennung und Frühförderung behinderter und von Behinderung bedrohter Kinder umfassen des Weiteren nichtärztliche therapeutische, psychologische, heilpädagogische, sonderpädagogische, psychosoziale Leistungen und die Beratung der Erziehungsberechtigten durch interdisziplinäre Frühförderstellen, wenn sie erforderlich sind, um eine drohende oder bereits eingetretene Behinderung zum frühestmöglichen Zeitpunkt zu erkennen oder die Behinderung durch gezielte Förder- und Behandlungsmaßnahmen auszugleichen oder zu mildern.

(3) [1]Zur Abgrenzung der in den Absätzen 1 und 2 genannten Leistungen und der sonstigen Leistungen dieser Dienste und Einrichtungen, zur Übernahme oder Teilung der Kosten zwischen den beteiligten Rehabilitationsträgern, zur Vereinbarung und Abrechnung der Entgelte sowie zur Finanzierung werden gemeinsame Empfehlungen vereinbart; § 13 Abs. 3, 4 und 6 gilt entsprechend. [2]Landes-

IX

recht kann vorsehen, dass an der Komplexleistung weitere Stellen, insbesondere die Kultusverwaltung, zu beteiligen sind. 3In diesem Fall ist eine Erweiterung der gemeinsamen Empfehlungen anzustreben.

§ 31 Hilfsmittel

(1) Hilfsmittel (Körperersatzstücke sowie orthopädische und andere Hilfsmittel) nach § 26 Abs. 2 Nr. 6 umfassen die Hilfen, die von den Leistungsempfängern getragen oder mitgeführt oder bei einem Wohnungswechsel mitgenommen werden können und unter Berücksichtigung der Umstände des Einzelfalles erforderlich sind, um

1. einer drohenden Behinderung vorzubeugen,
2. den Erfolg einer Heilbehandlung zu sichern oder
3. eine Behinderung bei der Befriedigung von Grundbedürfnissen des täglichen Lebens auszugleichen, soweit sie nicht allgemeine Gebrauchsgegenstände des täglichen Lebens sind.

(2) 1Der Anspruch umfasst auch die notwendige Änderung, Instandhaltung, Ersatzbeschaffung sowie die Ausbildung im Gebrauch der Hilfsmittel. 2Der Rehabilitationsträger soll

1. vor einer Ersatzbeschaffung prüfen, ob eine Änderung oder Instandsetzung von bisher benutzten Hilfsmitteln wirtschaftlicher und gleich wirksam ist,
2. die Bewilligung der Hilfsmittel davon abhängig machen, dass die behinderten Menschen sie sich anpassen oder sich in ihrem Gebrauch ausbilden lassen.

(3) Wählen Leistungsempfänger ein geeignetes Hilfsmittel in einer aufwendigeren Ausführung als notwendig, tragen sie die Mehrkosten selbst.

(4) 1Hilfsmittel können auch leihweise überlassen werden. 2In diesem Fall gelten die Absätze 2 und 3 entsprechend.

§ 32 Verordnungsermächtigungen

Das Bundesministerium für Arbeit und Soziales wird ermächtigt, durch Rechtsverordnung mit Zustimmung des Bundesrates

1. Näheres zur Abgrenzung der in § 30 Abs. 1 und 2 genannten Leistungen und der sonstigen Leistungen dieser Dienste und Einrichtungen, zur Übernahme oder Teilung der Kosten zwischen den beteiligten Rehabilitationsträgern, zur Vereinbarung und Abrechnung der Entgelte sowie zur Finanzierung zu regeln, wenn gemeinsame Empfehlungen nach § 30 Abs. 3 nicht innerhalb von sechs Monaten, nachdem das Bundesministerium für Arbeit und Soziales dazu aufgefordert hat, vereinbart oder unzureichend gewordene Empfehlungen nicht innerhalb dieser Frist geändert worden sind,
2. Näheres zur Auswahl der im Einzelfall geeigneten Hilfsmittel, insbesondere zum Verfahren, zur Eignungsprüfung, Dokumentation und leihweisen Überlassung der Hilfsmittel sowie zur Zusammenarbeit der anderen Rehabilitationsträger mit den orthopädischen Versorgungsstellen zu regeln.

Kapitel 5
Leistungen zur Teilhabe am Arbeitsleben

§ 33 Leistungen zur Teilhabe am Arbeitsleben

(1) Zur Teilhabe am Arbeitsleben werden die erforderlichen Leistungen erbracht, um die Erwerbsfähigkeit behinderter oder von Behinderung bedrohter Menschen entsprechend ihrer Leistungsfähigkeit zu erhalten, zu verbessern, herzustellen oder wiederherzustellen und ihre Teilhabe am Arbeitsleben möglichst auf Dauer zu sichern.

(2) Behinderten Frauen werden gleiche Chancen im Erwerbsleben gesichert, insbesondere durch in der beruflichen Zielsetzung geeignete, wohnortnahe und auch in Teilzeit nutzbare Angebote.

(3) Die Leistungen umfassen insbesondere

1. Hilfen zur Erhaltung oder Erlangung eines Arbeitsplatzes einschließlich Leistungen zur Aktivierung und beruflichen Eingliederung,

2. Berufsvorbereitung einschließlich einer wegen der Behinderung erforderlichen Grundausbildung,
2a. individuelle betriebliche Qualifizierung im Rahmen Unterstützter Beschäftigung,
3. berufliche Anpassung und Weiterbildung, auch soweit die Leistungen einen zur Teilnahme erforderlichen schulischen Abschluss einschließen,
4. berufliche Ausbildung, auch soweit die Leistungen in einem zeitlich nicht überwiegenden Abschnitt schulisch durchgeführt werden,
5. Gründungszuschuss entsprechend § 93 des Dritten Buches durch die Rehabilitationsträger nach § 6 Abs. 1 Nr. 2 bis 5,
6. sonstige Hilfen zur Förderung der Teilhabe am Arbeitsleben, um behinderten Menschen eine angemessene und geeignete Beschäftigung oder eine selbständige Tätigkeit zu ermöglichen und zu erhalten.

(4) 1Bei der Auswahl der Leistungen werden Eignung, Neigung, bisherige Tätigkeit sowie Lage und Entwicklung auf dem Arbeitsmarkt angemessen berücksichtigt. 2Soweit erforderlich, wird dabei die berufliche Eignung abgeklärt oder eine Arbeitserprobung durchgeführt; in diesem Fall werden die Kosten nach Absatz 7, Reisekosten nach § 53 sowie Haushaltshilfe und Kinderbetreuungskosten nach § 54 übernommen.

(5) Die Leistungen werden auch für Zeiten notwendiger Praktika erbracht.

(6) Die Leistungen umfassen auch medizinische, psychologische und pädagogische Hilfen, soweit diese Leistungen im Einzelfall erforderlich sind, um die in Absatz 1 genannten Ziele zu erreichen oder zu sichern und Krankheitsfolgen zu vermeiden, zu überwinden, zu mindern oder ihre Verschlimmerung zu verhüten, insbesondere

1. Hilfen zur Unterstützung bei der Krankheits- und Behinderungsverarbeitung,
2. Aktivierung von Selbsthilfepotentialen,
3. mit Zustimmung der Leistungsberechtigten Information und Beratung von Partnern und Angehörigen sowie von Vorgesetzten und Kollegen,
4. Vermittlung von Kontakten zu örtlichen Selbsthilfe- und Beratungsmöglichkeiten,
5. Hilfen zur seelischen Stabilisierung und zur Förderung der sozialen Kompetenz, unter anderem durch Training sozialer und kommunikativer Fähigkeiten und im Umgang mit Krisensituationen,
6. Training lebenspraktischer Fähigkeiten,
7. Anleitung und Motivation zur Inanspruchnahme von Leistungen zur Teilhabe am Arbeitsleben,
8. Beteiligung von Integrationsfachdiensten im Rahmen ihrer Aufgabenstellung (§ 110).

(7) Zu den Leistungen gehört auch die Übernahme

1. der erforderlichen Kosten für Unterkunft und Verpflegung, wenn für die Ausführung einer Leistung eine Unterbringung außerhalb des eigenen oder des elterlichen Haushalts wegen Art oder Schwere der Behinderung oder zur Sicherung des Erfolges der Teilhabe notwendig ist,
2. der erforderlichen Kosten, die mit der Ausführung einer Leistung in unmittelbarem Zusammenhang stehen, insbesondere für Lehrgangskosten, Prüfungsgebühren, Lernmittel, Leistungen zur Aktivierung und beruflichen Eingliederung.

(8) 1Leistungen nach Absatz 3 Nr. 1 und 6 umfassen auch

1. Kraftfahrzeughilfe nach der Kraftfahrzeughilfe-Verordnung,
2. den Ausgleich unvermeidbaren Verdienstausfalls des behinderten Menschen oder einer erforderlichen Begleitperson wegen Fahrten der An- und Abreise zu einer Bildungsmaßnahme und zur Vorstellung bei einem Arbeitgeber, einem Träger oder einer Einrichtung für behinderte Menschen durch die Rehabilitationsträger nach § 6 Abs. 1 Nr. 2 bis 5,
3. die Kosten einer notwendigen Arbeitsassistenz für schwerbehinderte Menschen

als Hilfe zur Erlangung eines Arbeitsplatzes,

4. Kosten für Hilfsmittel, die wegen Art oder Schwere der Behinderung zur Berufsausübung, zur Teilnahme an einer Leistung zur Teilhabe am Arbeitsleben oder zur Erhöhung der Sicherheit auf dem Weg vom und zum Arbeitsplatz und am Arbeitsplatz erforderlich sind, es sei denn, dass eine Verpflichtung des Arbeitgebers besteht oder solche Leistungen als medizinische Leistung erbracht werden können,
5. Kosten technischer Arbeitshilfen, die wegen Art oder Schwere der Behinderung zur Berufsausübung erforderlich sind und
6. Kosten der Beschaffung, der Ausstattung und der Erhaltung einer behinderungsgerechten Wohnung in angemessenem Umfang.

$_2$Die Leistung nach Satz 1 Nr. 3 wird für die Dauer von bis zu drei Jahren erbracht und in Abstimmung mit dem Rehabilitationsträger nach § 6 Abs. 1 Nr. 1 bis 5 durch das Integrationsamt nach § 102 Abs. 4 ausgeführt. $_3$Der Rehabilitationsträger erstattet dem Integrationsamt seine Aufwendungen. $_4$Der Anspruch nach § 102 Abs. 4 bleibt unberührt.

§ 34 Leistungen an Arbeitgeber

(1) $_1$Die Rehabilitationsträger nach § 6 Abs. 1 Nr. 2 bis 5 können Leistungen zur Teilhabe am Arbeitsleben auch an Arbeitgeber erbringen, insbesondere als

1. Ausbildungszuschüsse zur betrieblichen Ausführung von Bildungsleistungen,
2. Eingliederungszuschüsse,
3. Zuschüsse für Arbeitshilfen im Betrieb,
4. teilweise oder volle Kostenerstattung für eine befristete Probebeschäftigung.

$_2$Die Leistungen können unter Bedingungen und Auflagen erbracht werden.

(2) Ausbildungszuschüsse nach Absatz 1 Satz 1 Nr. 1 können für die gesamte Dauer der Maßnahme geleistet werden und sollen bei Ausbildungsmaßnahmen die von den Arbeitgebern im letzten Ausbildungsjahr zu zahlenden monatlichen Ausbildungsvergütungen nicht übersteigen.

(3) $_1$Eingliederungszuschüsse nach Absatz 1 Satz 1 Nr. 2 betragen höchstens 50 vom Hundert der vom Arbeitgeber regelmäßig gezahlten Entgelte, soweit sie die tariflichen Arbeitsentgelte oder, wenn eine tarifliche Regelung nicht besteht, die für vergleichbare Tätigkeiten ortsüblichen Arbeitsentgelte im Rahmen der Beitragsbemessungsgrenze in der Arbeitsförderung nicht übersteigen; die Leistungen sollen im Regelfall für nicht mehr als ein Jahr geleistet werden. $_2$Soweit es für die Teilhabe am Arbeitsleben erforderlich ist, können die Leistungen um bis zu 20 Prozentpunkte höher festgelegt und bis zu einer Förderungshöchstdauer von zwei Jahren erbracht werden. $_3$Werden sie für mehr als ein Jahr geleistet, sind sie entsprechend der zu erwartenden Zunahme der Leistungsfähigkeit der Leistungsberechtigten und den abnehmenden Eingliederungserfordernissen gegenüber der bisherigen Förderungshöhe, mindestens um zehn Prozentpunkte, zu vermindern. $_4$Bei der Berechnung nach Satz 1 wird auch der Anteil des Arbeitgebers am Gesamtsozialversicherungsbeitrag berücksichtigt. $_5$Eingliederungszuschüsse werden zurückgezahlt, wenn die Arbeitsverhältnisse während des Förderungszeitraums oder innerhalb eines Zeitraums, der der Förderungsdauer entspricht, längstens jedoch von einem Jahr, nach dem Ende der Leistungen beendet werden; dies gilt nicht, wenn

1. die Leistungsberechtigten die Arbeitsverhältnisse durch Kündigung beenden oder das Mindestalter für den Bezug der gesetzlichen Altersrente erreicht haben oder
2. die Arbeitgeber berechtigt waren, aus wichtigem Grund ohne Einhaltung einer Kündigungsfrist oder aus Gründen, die in der Person oder dem Verhalten des Arbeitnehmers liegen, oder aus dringenden betrieblichen Erfordernissen, die einer Weiterbeschäftigung in diesem Betrieb entgegenstehen, zu kündigen.

$_6$Die Rückzahlung ist auf die Hälfte des Förderungsbetrages, höchstens aber den im letzten Jahr vor der Beendigung des Beschäftigungsverhältnisses gewährten Förderungsbe-

IX

trag begrenzt; ungeförderte Nachbeschäftigungszeiten werden anteilig berücksichtigt.

§ 35 Einrichtungen der beruflichen Rehabilitation

(1) 1Leistungen werden durch Berufsbildungswerke, Berufsförderungswerke und vergleichbare Einrichtungen der beruflichen Rehabilitation ausgeführt, soweit Art oder Schwere der Behinderung oder die Sicherung des Erfolges die besonderen Hilfen dieser Einrichtungen erforderlich machen. 2Die Einrichtung muss

1. nach Dauer, Inhalt und Gestaltung der Leistungen, Unterrichtsmethode, Ausbildung und Berufserfahrung der Leitung und der Lehrkräfte sowie der Ausgestaltung der Fachdienste eine erfolgreiche Ausführung der Leistung erwarten lassen,
2. angemessene Teilnahmebedingungen bieten und behinderungsgerecht sein, insbesondere auch die Beachtung der Erfordernisse des Arbeitsschutzes und der Unfallverhütung gewährleisten,
3. den Teilnehmenden und den von ihnen zu wählenden Vertretungen angemessene Mitwirkungsmöglichkeiten an der Ausführung der Leistungen bieten sowie
4. die Leistung nach den Grundsätzen der Wirtschaftlichkeit und Sparsamkeit, insbesondere zu angemessenen Vergütungssätzen, ausführen.

3Die zuständigen Rehabilitationsträger vereinbaren hierüber gemeinsame Empfehlungen nach den §§ 13 und 20.

(2) 1Werden Leistungen zur beruflichen Ausbildung in Einrichtungen der beruflichen Rehabilitation ausgeführt, sollen die Einrichtungen bei Eignung der behinderten Menschen darauf hinwirken, dass Teile dieser Ausbildung auch in Betrieben und Dienststellen durchgeführt werden. 2Die Einrichtungen der beruflichen Rehabilitation unterstützen die Arbeitgeber bei der betrieblichen Ausbildung und bei der Betreuung der auszubildenden behinderten Jugendlichen.

§ 36 Rechtsstellung der Teilnehmenden

1Werden Leistungen in Einrichtungen der beruflichen Rehabilitation ausgeführt, werden die Teilnehmenden nicht in den Betrieb der Einrichtungen eingegliedert. 2Sie sind keine Arbeitnehmer im Sinne des Betriebsverfassungsgesetzes und wählen zu ihrer Mitwirkung besondere Vertreter. 3Bei der Ausführung werden die arbeitsrechtlichen Grundsätze über den Persönlichkeitsschutz, die Haftungsbeschränkung sowie die gesetzlichen Vorschriften über den Arbeitsschutz, den Schutz vor Diskriminierungen in Beschäftigung und Beruf, den Erholungsurlaub und die Gleichberechtigung von Männern und Frauen entsprechend angewendet.

§ 37 Dauer von Leistungen

(1) Leistungen werden für die Zeit erbracht, die vorgeschrieben oder allgemein üblich ist, um das angestrebte Teilhabeziel zu erreichen; eine Förderung kann darüber hinaus erfolgen, wenn besondere Umstände dies rechtfertigen.

(2) Leistungen zur beruflichen Weiterbildung sollen in der Regel bei ganztägigem Unterricht nicht länger als zwei Jahre dauern, es sei denn, dass das Teilhabeziel nur über eine länger dauernde Leistung erreicht werden kann oder die Eingliederungsaussichten nur durch eine länger dauernde Leistung wesentlich verbessert werden.

§ 38 Beteiligung der Bundesagentur für Arbeit

1Die Bundesagentur für Arbeit nimmt auf Anforderung eines anderen Rehabilitationsträgers zu Notwendigkeit, Art und Umfang von Leistungen unter Berücksichtigung arbeitsmarktlicher Zweckmäßigkeit gutachterlich Stellung. 2Dies gilt auch, wenn sich die Leistungsberechtigten in einem Krankenhaus oder einer Einrichtung der medizinischen oder der medizinisch-beruflichen Rehabilitation aufhalten.

§ 38a Unterstützte Beschäftigung

(1) 1Ziel der Unterstützten Beschäftigung ist, behinderten Menschen mit besonderem Unterstützungsbedarf eine angemessene, geeig-

nete und sozialversicherungspflichtige Beschäftigung zu ermöglichen und zu erhalten. 2Unterstützte Beschäftigung umfasst eine individuelle betriebliche Qualifizierung und bei Bedarf Berufsbegleitung.

(2) 1Leistungen zur individuellen betrieblichen Qualifizierung erhalten behinderte Menschen insbesondere, um sie für geeignete betriebliche Tätigkeiten zu erproben, auf ein sozialversicherungspflichtiges Beschäftigungsverhältnis vorzubereiten und bei der Einarbeitung und Qualifizierung auf einem betrieblichen Arbeitsplatz zu unterstützen. 2Die Leistungen umfassen auch die Vermittlung von berufsübergreifenden Lerninhalten und Schlüsselqualifikationen sowie die Weiterentwicklung der Persönlichkeit der behinderten Menschen. 3Die Leistungen werden vom zuständigen Rehabilitationsträger nach § 6 Abs. 1 Nr. 2 bis 5 für bis zu zwei Jahre erbracht, soweit sie wegen Art oder Schwere der Behinderung erforderlich sind. 4Sie können bis zu einer Dauer von weiteren zwölf Monaten verlängert werden, wenn auf Grund der Art oder Schwere der Behinderung der gewünschte nachhaltige Qualifizierungserfolg im Einzelfall nicht anders erreicht werden kann und hinreichend gewährleistet ist, dass eine weitere Qualifizierung zur Aufnahme einer sozialversicherungspflichtigen Beschäftigung führt.

(3) 1Leistungen der Berufsbegleitung erhalten behinderte Menschen insbesondere, um nach Begründung eines sozialversicherungspflichtigen Beschäftigungsverhältnisses die zu dessen Stabilisierung erforderliche Unterstützung und Krisenintervention zu gewährleisten. 2Die Leistungen werden bei Zuständigkeit eines Rehabilitationsträgers nach § 6 Abs. 1 Nr. 3 oder 5 von diesem, im Übrigen von dem Integrationsamt im Rahmen seiner Zuständigkeit erbracht, solange und soweit sie wegen Art oder Schwere der Behinderung zur Sicherung des Beschäftigungsverhältnisses erforderlich sind.

(4) Stellt der Rehabilitationsträger während der individuellen betrieblichen Qualifizierung fest, dass voraussichtlich eine anschließende Berufsbegleitung erforderlich ist, für die ein anderer Leistungsträger zuständig ist, beteiligt er diesen frühzeitig.

(5) 1Die Unterstützte Beschäftigung kann von Integrationsfachdiensten oder anderen Trägern durchgeführt werden. 2Mit der Durchführung kann nur beauftragt werden, wer über die erforderliche Leistungsfähigkeit verfügt, um seine Aufgaben entsprechend den individuellen Bedürfnissen der behinderten Menschen erfüllen zu können. 3Insbesondere müssen die Beauftragten

1. über Fachkräfte verfügen, die eine geeignete Berufsqualifikation, eine psychosoziale oder arbeitspädagogische Zusatzqualifikation und ausreichend Berufserfahrung besitzen,
2. in der Lage sein, den Teilnehmern geeignete individuelle betriebliche Qualifizierungsplätze zur Verfügung zu stellen und ihre berufliche Eingliederung zu unterstützen,
3. über die erforderliche räumliche und sächliche Ausstattung verfügen und
4. ein System des Qualitätsmanagements im Sinne des § 20 Abs. 2 Satz 1 anwenden.

(6) 1Zur Konkretisierung und Weiterentwicklung der in Absatz 5 genannten Qualitätsanforderungen vereinbaren die Rehabilitationsträger nach § 6 Abs. 1 Nr. 2 bis 5 sowie die Bundesarbeitsgemeinschaft der Integrationsämter und Hauptfürsorgestellen im Rahmen der Bundesarbeitsgemeinschaft für Rehabilitation eine gemeinsame Empfehlung. 2Die gemeinsame Empfehlung kann auch Ausführungen zu möglichen Leistungsinhalten und zur Zusammenarbeit enthalten. 3§ 13 Abs. 4, 6 und 7 und § 16 gelten entsprechend.

§ 39 Leistungen in Werkstätten für behinderte Menschen

Leistungen in anerkannten Werkstätten für behinderte Menschen (§ 136) werden erbracht, um die Leistungs- oder Erwerbsfähigkeit der behinderten Menschen zu erhalten, zu entwickeln, zu verbessern oder wiederherzustellen, die Persönlichkeit dieser Menschen weiterzuentwickeln und ihre Beschäftigung zu ermöglichen oder zu sichern.

§ 40 Leistungen im Eingangsverfahren und im Berufsbildungsbereich

(1) Leistungen im Eingangsverfahren und im Berufsbildungsbereich einer anerkannten Werkstatt für behinderte Menschen erhalten behinderte Menschen

1. im Eingangsverfahren zur Feststellung, ob die Werkstatt die geeignete Einrichtung für die Teilhabe des behinderten Menschen am Arbeitsleben ist sowie welche Bereiche der Werkstatt und welche Leistungen zur Teilhabe am Arbeitsleben für den behinderten Menschen in Betracht kommen, und um einen Eingliederungsplan zu erstellen,
2. im Berufsbildungsbereich, wenn die Leistungen erforderlich sind, um die Leistungs- oder Erwerbsfähigkeit des behinderten Menschen so weit wie möglich zu entwickeln, zu verbessern oder wiederherzustellen und erwartet werden kann, dass der behinderte Mensch nach Teilnahme an diesen Leistungen in der Lage ist, wenigstens ein Mindestmaß wirtschaftlich verwertbarer Arbeitsleistung im Sinne des § 136 zu erbringen.

(2) $_1$Die Leistungen im Eingangsverfahren werden für drei Monate erbracht. $_2$Die Leistungsdauer kann auf bis zu vier Wochen verkürzt werden, wenn während des Eingangsverfahrens im Einzelfall festgestellt wird, dass eine kürzere Leistungsdauer ausreichend ist.

(3) $_1$Die Leistungen im Berufsbildungsbereich werden für zwei Jahre erbracht. $_2$Sie werden in der Regel für ein Jahr bewilligt. $_3$Sie werden für ein weiteres Jahr bewilligt, wenn auf Grund einer rechtzeitig vor Ablauf des Förderzeitraums nach Satz 2 abzugebenden fachlichen Stellungnahme die Leistungsfähigkeit des behinderten Menschen weiterentwickelt oder wiedergewonnen werden kann.

(4) $_1$Zeiten der individuellen betrieblichen Qualifizierung im Rahmen einer Unterstützten Beschäftigung nach § 38a werden zur Hälfte auf die Dauer des Berufsbildungsbereichs angerechnet. $_2$Allerdings dürfen die Zeiten individueller betrieblicher Qualifizierung und des Berufsbildungsbereichs insgesamt nicht mehr als 36 Monate betragen.

§ 41 Leistungen im Arbeitsbereich

(1) Leistungen im Arbeitsbereich einer anerkannten Werkstatt für behinderte Menschen erhalten behinderte Menschen, bei denen

1. eine Beschäftigung auf dem allgemeinen Arbeitsmarkt oder
2. Berufsvorbereitung, berufliche Anpassung und Weiterbildung oder berufliche Ausbildung (§ 33 Abs. 3 Nr. 2 bis 4)

wegen Art oder Schwere der Behinderung nicht, noch nicht oder noch nicht wieder in Betracht kommen und die in der Lage sind, wenigstens ein Mindestmaß an wirtschaftlich verwertbarer Arbeitsleistung zu erbringen.

(2) Die Leistungen sind gerichtet auf

1. Aufnahme, Ausübung und Sicherung einer der Eignung und Neigung des behinderten Menschen entsprechenden Beschäftigung,
2. Teilnahme an arbeitsbegleitenden Maßnahmen zur Erhaltung und Verbesserung der im Berufsbildungsbereich erworbenen Leistungsfähigkeit und zur Weiterentwicklung der Persönlichkeit sowie
3. Förderung des Übergangs geeigneter behinderter Menschen auf den allgemeinen Arbeitsmarkt durch geeignete Maßnahmen.

(3) $_1$Die Werkstätten erhalten für die Leistungen nach Absatz 2 vom zuständigen Rehabilitationsträger angemessene Vergütungen, die den Grundsätzen der Wirtschaftlichkeit, Sparsamkeit und Leistungsfähigkeit entsprechen. $_2$Ist der Träger der Sozialhilfe zuständig, sind die Vorschriften nach dem Zehnten Kapitel des Zwölften Buches anzuwenden. $_3$Die Vergütungen, in den Fällen des Satzes 2 die Pauschalen und Beträge nach § 76 Abs. 2 des Zwölften Buches, berücksichtigen

1. alle für die Erfüllung der Aufgaben und der fachlichen Anforderungen der Werkstatt notwendigen Kosten sowie
2. die mit der wirtschaftlichen Betätigung der Werkstatt in Zusammenhang stehenden Kosten, soweit diese unter Berücksichti-

IX

gung der besonderen Verhältnisse in der Werkstatt und der dort beschäftigten behinderten Menschen nach Art und Umfang über die in einem Wirtschaftsunternehmen üblicherweise entstehenden Kosten hinausgehen.

$_4$Können die Kosten der Werkstatt nach Satz 3 Nr. 2 im Einzelfall nicht ermittelt werden, kann eine Vergütungspauschale für diese werkstattspezifischen Kosten der wirtschaftlichen Betätigung der Werkstatt vereinbart werden.

(4) $_1$Bei der Ermittlung des Arbeitsergebnisses der Werkstatt nach § 12 Abs. 4 der Werkstättenverordnung werden die Auswirkungen der Vergütungen auf die Höhe des Arbeitsergebnisses dargestellt. $_2$Dabei wird getrennt ausgewiesen, ob sich durch die Vergütung Verluste oder Gewinne ergeben. $_3$Das Arbeitsergebnis der Werkstatt darf nicht zur Minderung der Vergütungen nach Absatz 3 verwendet werden.

§ 42 Zuständigkeit für Leistungen in Werkstätten für behinderte Menschen

(1) Die Leistungen im Eingangsverfahren und im Berufsbildungsbereich erbringen

1. die Bundesagentur für Arbeit, soweit nicht einer der in den Nummern 2 bis 4 genannten Träger zuständig ist,
2. die Träger der Unfallversicherung im Rahmen ihrer Zuständigkeit für durch Arbeitsunfälle Verletzte und von Berufskrankheiten Betroffene,
3. die Träger der Rentenversicherung unter den Voraussetzungen der §§ 11 bis 13 des Sechsten Buches,
4. die Träger der Kriegsopferfürsorge unter den Voraussetzungen der §§ 26 und 26a des Bundesversorgungsgesetzes.

(2) Die Leistungen im Arbeitsbereich erbringen

1. die Träger der Unfallversicherung im Rahmen ihrer Zuständigkeit für durch Arbeitsunfälle Verletzte und von Berufskrankheiten Betroffene,
2. die Träger der Kriegsopferfürsorge unter den Voraussetzungen des § 27d Abs. 1 Nr. 3 des Bundesversorgungsgesetzes,
3. die Träger der öffentlichen Jugendhilfe unter den Voraussetzungen des § 35a des Achten Buches,
4. im Übrigen die Träger der Sozialhilfe unter den Voraussetzungen des Zwölften Buches.

§ 43 Arbeitsförderungsgeld

$_1$Die Werkstätten für behinderte Menschen erhalten von dem zuständigen Rehabilitationsträger zur Auszahlung an die im Arbeitsbereich beschäftigten behinderten Menschen zusätzlich zu den Vergütungen nach § 41 Abs. 3 ein Arbeitsförderungsgeld. $_2$Das Arbeitsförderungsgeld beträgt monatlich 26 Euro für jeden im Arbeitsbereich beschäftigten behinderten Menschen, dessen Arbeitsentgelt zusammen mit dem Arbeitsförderungsgeld den Betrag von 325 Euro nicht übersteigt. $_3$Ist das Arbeitsentgelt höher als 299 Euro, beträgt das Arbeitsförderungsgeld monatlich den Unterschiedsbetrag zwischen dem Arbeitsentgelt und 325 Euro. $_4$Erhöhungen der Arbeitsentgelte auf Grund der Zuordnung der Kosten im Arbeitsbereich der Werkstatt gemäß § 41 Abs. 3 des Bundessozialhilfegesetzes in der ab 1. August 1996 geltenden Fassung oder gemäß § 41 Abs. 3 können auf die Zahlung des Arbeitsförderungsgeldes angerechnet werden.

Kapitel 6
Unterhaltssichernde und andere ergänzende Leistungen

§ 44 Ergänzende Leistungen

(1) Die Leistungen zur medizinischen Rehabilitation und zur Teilhabe am Arbeitsleben der in § 6 Abs. 1 Nr. 1 bis 5 genannten Rehabilitationsträger werden ergänzt durch

1. Krankengeld, Versorgungskrankengeld, Verletztengeld, Übergangsgeld, Ausbildungsgeld oder Unterhaltsbeihilfe,

2. Beiträge und Beitragszuschüsse
   a) zur Krankenversicherung nach Maßgabe des Fünften Buches, des Zweiten Gesetzes über die Krankenversicherung der Landwirte sowie des Künstlersozialversicherungsgesetzes,
   b) zur Unfallversicherung nach Maßgabe des Siebten Buches,
   c) zur Rentenversicherung nach Maßgabe des Sechsten Buches sowie des Künstlersozialversicherungsgesetzes,
   d) zur Bundesagentur für Arbeit nach Maßgabe des Dritten Buches,
   e) zur Pflegeversicherung nach Maßgabe des Elften Buches,
3. ärztlich verordneten Rehabilitationssport in Gruppen unter ärztlicher Betreuung und Überwachung, einschließlich Übungen für behinderte oder von Behinderung bedrohte Frauen und Mädchen, die der Stärkung des Selbstbewusstseins dienen,
4. ärztlich verordnetes Funktionstraining in Gruppen unter fachkundiger Anleitung und Überwachung,
5. Reisekosten,
6. Betriebs- oder Haushaltshilfe und Kinderbetreuungskosten.

(2) 1Ist der Schutz behinderter Menschen bei Krankheit oder Pflege während der Teilnahme an Leistungen zur Teilhabe am Arbeitsleben nicht anderweitig sichergestellt, können die Beiträge für eine freiwillige Krankenversicherung ohne Anspruch auf Krankengeld und zur Pflegeversicherung bei einem Träger der gesetzlichen Kranken- oder Pflegeversicherung oder, wenn dort im Einzelfall ein Schutz nicht gewährleistet ist, die Beiträge zu einem privaten Krankenversicherungsunternehmen erbracht werden. 2Arbeitslose Teilnehmer an Leistungen zur medizinischen Rehabilitation können für die Dauer des Bezuges von Verletztengeld, Versorgungskrankengeld oder Übergangsgeld einen Zuschuss zu ihrem Beitrag für eine private Versicherung gegen Krankheit oder für die Pflegeversicherung erhalten. 3Der Zuschuss wird nach § 174 Absatz 2 des Dritten Buches berechnet.

§ 45 Leistungen zum Lebensunterhalt

(1) Im Zusammenhang mit Leistungen zur medizinischen Rehabilitation leisten

1. die gesetzlichen Krankenkassen Krankengeld nach Maßgabe der §§ 44 und 46 bis 51 des Fünften Buches und des § 8 Abs. 2 in Verbindung mit den §§ 12 und 13 des Zweiten Gesetzes über die Krankenversicherung der Landwirte,
2. die Träger der Unfallversicherung Verletztengeld nach Maßgabe der §§ 45 bis 48, 52 und 55 des Siebten Buches,
3. die Träger der Rentenversicherung Übergangsgeld nach Maßgabe dieses Buches und der §§ 20 und 21 des Sechsten Buches,
4. die Träger der Kriegsopferversorgung Versorgungskrankengeld nach Maßgabe der §§ 16 bis 16h und 18a des Bundesversorgungsgesetzes.

(2) Im Zusammenhang mit Leistungen zur Teilhabe am Arbeitsleben leisten Übergangsgeld

1. die Träger der Unfallversicherung nach Maßgabe dieses Buches und der §§ 49 bis 52 des Siebten Buches,
2. die Träger der Rentenversicherung nach Maßgabe dieses Buches und der §§ 20 und 21 des Sechsten Buches,
3. die Bundesagentur für Arbeit nach Maßgabe dieses Buches und der §§ 119 bis 121 des Dritten Buches,
4. die Träger der Kriegsopferfürsorge nach Maßgabe dieses Buches und des § 26a des Bundesversorgungsgesetzes.

(3) Behinderte oder von Behinderung bedrohte Menschen haben Anspruch auf Übergangsgeld wie bei Leistungen zur Teilhabe am Arbeitsleben für den Zeitraum, in dem die berufliche Eignung abgeklärt oder eine Arbeitserprobung durchgeführt wird (§ 33 Abs. 4 Satz 2) und sie wegen der Teilnahme kein oder ein geringeres Arbeitsentgelt oder Arbeitseinkommen erzielen.

(4) Der Anspruch auf Übergangsgeld ruht, solange die Leistungsempfängerin einen An-

spruch auf Mutterschaftsgeld hat; § 52 Nr. 2 des Siebten Buches bleibt unberührt.

(5) Während der Ausführung von Leistungen zur erstmaligen beruflichen Ausbildung behinderter Menschen, berufsvorbereitenden Bildungsmaßnahmen und Leistungen zur individuellen betrieblichen Qualifizierung im Rahmen Unterstützter Beschäftigung sowie im Eingangsverfahren und im Berufsbildungsbereich von Werkstätten für behinderte Menschen leisten

1. die Bundesagentur für Arbeit Ausbildungsgeld nach Maßgabe der §§ 122 bis 126 des Dritten Buches,
2. die Träger der Kriegsopferfürsorge Unterhaltsbeihilfe unter den Voraussetzungen der §§ 26 und 26a des Bundesversorgungsgesetzes.

(6) Die Träger der Kriegsopferfürsorge leisten in den Fällen des § 27d Abs. 1 Nr. 3 des Bundesversorgungsgesetzes ergänzende Hilfe zum Lebensunterhalt nach § 27a des Bundesversorgungsgesetzes.

(7) (weggefallen)

(8) Das Krankengeld, das Versorgungskrankengeld, das Verletztengeld und das Übergangsgeld werden für Kalendertage gezahlt; wird die Leistung für einen ganzen Kalendermonat gezahlt, so wird dieser mit 30 Tagen angesetzt.

§ 46 Höhe und Berechnung des Übergangsgelds

IX

(1) 1Der Berechnung des Übergangsgelds werden 80 vom Hundert des erzielten regelmäßigen Arbeitsentgelts und Arbeitseinkommens, soweit es der Beitragsberechnung unterliegt (Regelentgelt) zugrunde gelegt, höchstens jedoch das in entsprechender Anwendung des § 47 berechnete Nettoarbeitsentgelt; hierbei gilt die für den Rehabilitationsträger jeweils geltende Beitragsbemessungsgrenze. 2Bei der Berechnung des Regelentgelts und des Nettoarbeitsentgelts werden die für die jeweilige Beitragsbemessung und Beitragstragung geltenden Besonderheiten der Gleitzone nach § 20 Abs. 2 des Vierten Buches nicht berücksichtigt. 3Das Übergangsgeld beträgt

1. für Leistungsempfänger, die mindestens ein Kind im Sinne des § 32 Abs. 1, 3 bis 5 des Einkommensteuergesetzes haben, oder deren Ehegatten oder Lebenspartner, mit denen sie in häuslicher Gemeinschaft leben, eine Erwerbstätigkeit nicht ausüben können, weil sie die Leistungsempfänger pflegen oder selbst der Pflege bedürfen und keinen Anspruch auf Leistungen aus der Pflegeversicherung haben, 75 vom Hundert; Gleiches gilt für Leistungsempfänger, die ein Stiefkind (§ 56 Absatz 2 Nummer 1 des Ersten Buches) in ihren Haushalt aufgenommen haben,
2. für die übrigen Leistungsempfänger 68 vom Hundert des nach Satz 1 oder § 48 maßgebenden Betrages. Bei Übergangsgeld der Träger der Kriegsopferfürsorge wird unter den Voraussetzungen von Satz 2 Nr. 1 ein Vomhundertsatz von 80, im Übrigen ein Vomhundertsatz von 70 zugrunde gelegt.

(2) 1Für die Berechnung des Nettoarbeitsentgelts nach Absatz 1 Satz 1 wird der sich aus dem kalendertäglichen Hinzurechnungsbetrag nach § 47 Abs. 1 Satz 6 ergebende Anteil am Nettoarbeitsentgelt mit dem Vomhundertsatz angesetzt, der sich aus dem Verhältnis des kalendertäglichen Regelentgeltbetrages nach § 47 Abs. 1 Satz 1 bis 5 zu dem sich aus diesem Regelentgeltbetrag ergebenden Nettoarbeitsentgelt ergibt. 2Das kalendertägliche Übergangsgeld darf das sich aus dem Arbeitsentgelt nach § 47 Abs. 1 Satz 1 bis 5 ergebende kalendertägliche Nettoarbeitsentgelt nicht übersteigen.

§ 47 Berechnung des Regelentgelts

(1) 1Für die Berechnung des Regelentgelts wird das von den Leistungsempfängern im letzten vor Beginn der Leistung oder einer vorangegangenen Arbeitsunfähigkeit abgerechneten Entgeltabrechnungszeitraum, mindestens das während der letzten abgerechneten vier Wochen (Bemessungszeitraum) erzielte und um einmalig gezahltes Arbeitsentgelt verminderte Arbeitsentgelt durch die Zahl der Stunden geteilt, für die es gezahlt wurde. 2Das Ergebnis wird mit der Zahl der

sich aus dem Inhalt des Arbeitsverhältnisses ergebenden regelmäßigen wöchentlichen Arbeitsstunden vervielfacht und durch sieben geteilt. $_{3}$Ist das Arbeitsentgelt nach Monaten bemessen oder ist eine Berechnung des Regelentgelts nach den Sätzen 1 und 2 nicht möglich, gilt der 30. Teil des in dem letzten vor Beginn der Leistung abgerechneten Kalendermonat erzielten und um einmalig gezahltes Arbeitsentgelt verminderten Arbeitsentgelts als Regelentgelt. $_{4}$Wird mit einer Arbeitsleistung Arbeitsentgelt erzielt, das für Zeiten einer Freistellung vor oder nach dieser Arbeitsleistung fällig wird (Wertguthaben nach § 7b des Vierten Buches), ist für die Berechnung des Regelentgelts das im Bemessungszeitraum der Beitragsberechnung zugrunde liegende und um einmalig gezahltes Arbeitsentgelt verminderte Arbeitsentgelt maßgebend; Wertguthaben, die nicht gemäß einer Vereinbarung über flexible Arbeitszeitregelungen verwendet werden (§ 23b Abs. 2 des Vierten Buches) bleiben außer Betracht. $_{5}$Bei der Anwendung des Satzes 1 gilt als regelmäßige wöchentliche Arbeitszeit die Arbeitszeit, die dem gezahlten Arbeitsentgelt entspricht. $_{6}$Für die Berechnung des Regelentgelts wird der 360. Teil des einmalig gezahlten Arbeitsentgelts, das in den letzten zwölf Kalendermonaten vor Beginn der Leistung nach § 23a des Vierten Buches der Beitragsberechnung zugrunde gelegen hat, dem nach den Sätzen 1 bis 5 berechneten Arbeitsentgelt hinzugerechnet.

(2) Bei Teilarbeitslosigkeit ist für die Berechnung das Arbeitsentgelt maßgebend, das in der infolge der Teilarbeitslosigkeit nicht mehr ausgeübten Beschäftigung erzielt wurde.

(3) Für Leistungsempfänger, die Kurzarbeitergeld bezogen haben, wird das regelmäßige Arbeitsentgelt zugrunde gelegt, das zuletzt vor dem Arbeitsausfall erzielt wurde.

(4) Das Regelentgelt wird bis zur Höhe der für den Rehabilitationsträger jeweils geltenden Leistungs- oder Beitragsbemessungsgrenze berücksichtigt, in der Rentenversicherung bis zur Höhe des der Beitragsbemessung zugrunde liegenden Entgelts.

(5) Für Leistungsempfänger, die im Inland nicht einkommensteuerpflichtig sind, werden für die Feststellung des entgangenen Nettoarbeitsentgelts die Steuern berücksichtigt, die bei einer Steuerpflicht im Inland durch Abzug vom Arbeitsentgelt erhoben würden.

§ 48 Berechnungsgrundlage in Sonderfällen

$_{1}$Die Berechnungsgrundlage für das Übergangsgeld während Leistungen zur Teilhabe am Arbeitsleben wird aus 65 vom Hundert des auf ein Jahr bezogenen tariflichen oder, wenn es an einer tariflichen Regelung fehlt, des ortsüblichen Arbeitsentgelts ermittelt, das für den Wohnsitz oder gewöhnlichen Aufenthaltsort der Leistungsempfänger gilt, wenn

1. die Berechnung nach den §§ 46 und 47 zu einem geringeren Betrag führt,
2. Arbeitsentgelt oder Arbeitseinkommen nicht erzielt worden ist oder
3. der letzte Tag des Bemessungszeitraums bei Beginn der Leistungen länger als drei Jahre zurückliegt.

$_{2}$Maßgebend ist das Arbeitsentgelt in dem letzten Kalendermonat vor dem Beginn der Leistungen bis zur jeweiligen Beitragsbemessungsgrenze für diejenige Beschäftigung, für die Leistungsempfänger ohne die Behinderung nach ihren beruflichen Fähigkeiten, ihrer bisherigen beruflichen Tätigkeit und nach ihrem Lebensalter in Betracht kämen. $_{3}$Für den Kalendertag wird der 360. Teil dieses Betrages angesetzt.

§ 49 Kontinuität der Bemessungsgrundlage

Haben Leistungsempfänger Krankengeld, Verletztengeld, Versorgungskrankengeld oder Übergangsgeld bezogen und wird im Anschluss daran eine Leistung zur medizinischen Rehabilitation oder zur Teilhabe am Arbeitsleben ausgeführt, so wird bei der Berechnung der diese Leistungen ergänzenden Leistung zum Lebensunterhalt von dem bisher zugrunde gelegten Arbeitsentgelt ausgegangen; es gilt die für den Rehabilitationsträger jeweils geltende Beitragsbemessungsgrenze.

§ 50 Anpassung der Entgeltersatzleistungen

(1) Die dem Krankengeld, Versorgungskrankengeld, Verletztengeld und Übergangsgeld zugrunde liegende Berechnungsgrundlage wird jeweils nach Ablauf eines Jahres seit dem Ende des Bemessungszeitraums entsprechend der Veränderung der Bruttolöhne und -gehälter je Arbeitnehmer (§ 68 Abs. 2 Satz 1 des Sechsten Buches) vom vorvergangenen zum vergangenen Kalenderjahr an die Entwicklung der Bruttoarbeitsentgelte angepasst.

(2) Der Anpassungsfaktor errechnet sich, indem die Bruttolöhne und -gehälter je Arbeitnehmer für das vergangene Kalenderjahr durch die entsprechenden Bruttolöhne und -gehälter für das vorvergangene Kalenderjahr geteilt werden; § 68 Abs. 7 und § 121 Abs. 1 des Sechsten Buches gelten entsprechend.

(3) Eine Anpassung nach Absatz 1 erfolgt, wenn der nach Absatz 2 berechnete Anpassungsfaktor den Wert 1,0000 überschreitet.

(4) Das Bundesministerium für Arbeit und Soziales gibt jeweils zum 30. Juni eines Kalenderjahres den Anpassungsfaktor, der für die folgenden zwölf Monate maßgebend ist, im Bundesanzeiger bekannt.

§ 51 Weiterzahlung der Leistungen

(1) Sind nach Abschluss von Leistungen zur medizinischen Rehabilitation oder von Leistungen zur Teilhabe am Arbeitsleben weitere Leistungen zur Teilhabe am Arbeitsleben erforderlich, während derer dem Grunde nach Anspruch auf Übergangsgeld besteht, und können diese aus Gründen, die die Leistungsempfänger nicht zu vertreten haben, nicht unmittelbar anschließend durchgeführt werden, werden das Verletztengeld, das Versorgungskrankengeld oder das Übergangsgeld für diese Zeit weitergezahlt, wenn

1. die Leistungsempfänger arbeitsunfähig sind und keinen Anspruch auf Krankengeld mehr haben oder
2. ihnen eine zumutbare Beschäftigung aus Gründen, die sie nicht zu vertreten haben, nicht vermittelt werden kann.

(2) 1Leistungsempfänger haben die Verzögerung insbesondere zu vertreten, wenn sie zumutbare Angebote von Leistungen zur Teilhabe am Arbeitsleben in größerer Entfernung zu ihren Wohnorten ablehnen. 2Für die Beurteilung der Zumutbarkeit ist § 140 Absatz 4 des Dritten Buches entsprechend anzuwenden.

(3) Können Leistungsempfänger Leistungen zur Teilhabe am Arbeitsleben allein aus gesundheitlichen Gründen nicht mehr, aber voraussichtlich wieder in Anspruch nehmen, werden Übergangsgeld und Unterhaltsbeihilfe bis zum Ende dieser Leistungen, längstens bis zu sechs Wochen weitergezahlt.

(4) 1Sind die Leistungsempfänger im Anschluss an eine abgeschlossene Leistung zur Teilhabe am Arbeitsleben arbeitslos, werden Übergangsgeld und Unterhaltsbeihilfe während der Arbeitslosigkeit bis zu drei Monate weitergezahlt, wenn sie sich bei der Agentur für Arbeit arbeitslos gemeldet haben und einen Anspruch auf Arbeitslosengeld von mindestens drei Monaten nicht geltend machen können; die Dauer von drei Monaten vermindert sich um die Anzahl von Tagen, für die Leistungsempfänger im Anschluss an eine abgeschlossene Leistung zur Teilhabe am Arbeitsleben einen Anspruch auf Arbeitslosengeld geltend machen können. 2In diesem Fall beträgt das Übergangsgeld

1. bei Leistungsempfängern, bei denen die Voraussetzungen des erhöhten Bemessungssatzes nach § 46 Abs. 1 Satz 2 Nr. 1 vorliegen, 67 vom Hundert,
2. bei den übrigen Leistungsempfängern 60 vom Hundert

des sich aus § 46 Abs. 1 Satz 1 oder § 48 ergebenden Betrages.

(5) Ist im unmittelbaren Anschluss an Leistungen zur medizinischen Rehabilitation eine stufenweise Wiedereingliederung (§ 28) erforderlich, wird das Übergangsgeld bis zu deren Ende weitergezahlt.

§ 52 Einkommensanrechnung

(1) Auf das Übergangsgeld der Rehabilitationsträger nach § 6 Abs. 1 Nr. 2, 4 und 5 werden angerechnet

1. Erwerbseinkommen aus einer Beschäftigung oder einer während des Anspruchs auf Übergangsgeld ausgeübten Tätigkeit, das bei Beschäftigten um die gesetzlichen Abzüge und um einmalig gezahltes Arbeitsentgelt und bei sonstigen Leistungsempfängern um 20 vom Hundert zu vermindern ist,
2. Leistungen des Arbeitgebers zum Übergangsgeld, soweit sie zusammen mit dem Übergangsgeld das vor Beginn der Leistung erzielte, um die gesetzlichen Abzüge verminderte Arbeitsentgelt übersteigen,
3. Geldleistungen, die eine öffentlich-rechtliche Stelle im Zusammenhang mit einer Leistung zur medizinischen Rehabilitation oder einer Leistung zur Teilhabe am Arbeitsleben erbringt,
4. Renten wegen verminderter Erwerbsfähigkeit oder Verletztenrenten in Höhe des sich aus § 18a Abs. 3 Satz 1 Nr. 4 des Vierten Buches ergebenden Betrages, wenn sich die Minderung der Erwerbsfähigkeit auf die Höhe der Berechnungsgrundlage für das Übergangsgeld nicht ausgewirkt hat,
5. Renten wegen verminderter Erwerbsfähigkeit, die aus demselben Anlass wie die Leistungen zur Teilhabe erbracht werden, wenn durch die Anrechnung eine unbillige Doppelleistung vermieden wird,
6. Renten wegen Alters, die bei Berechnung des Übergangsgelds aus einem Teilarbeitsentgelt nicht berücksichtigt wurden,
7. Verletztengeld nach den Vorschriften des Siebten Buches,
8. den Nummern 1 bis 7 vergleichbare Leistungen, die von einer Stelle außerhalb des Geltungsbereichs dieses Gesetzbuchs erbracht werden.

(2) Bei der Anrechnung von Verletztenrenten mit Kinderzulage und von Renten wegen verminderter Erwerbsfähigkeit mit Kinderzuschuss auf das Übergangsgeld bleibt ein Betrag in Höhe des Kindergeldes nach § 66 des Einkommensteuergesetzes oder § 6 des Bundeskindergeldgesetzes außer Ansatz.

(3) Wird ein Anspruch auf Leistungen, um die das Übergangsgeld nach Absatz 1 Nr. 3 zu kürzen wäre, nicht erfüllt, geht der Anspruch insoweit mit Zahlung des Übergangsgelds auf den Rehabilitationsträger über; die §§ 104 und 115 des Zehnten Buches bleiben unberührt.

§ 53 Reisekosten

(1) Als Reisekosten werden die im Zusammenhang mit der Ausführung einer Leistung zur medizinischen Rehabilitation oder zur Teilhabe am Arbeitsleben erforderlichen Fahr-, Verpflegungs- und Übernachtungskosten übernommen; hierzu gehören auch die Kosten für besondere Beförderungsmittel, deren Inanspruchnahme wegen Art oder Schwere der Behinderung erforderlich ist, für eine wegen der Behinderung erforderliche Begleitperson einschließlich des für die Zeit der Begleitung entstehenden Verdienstausfalls, für Kinder, deren Mitnahme an den Rehabilitationsort erforderlich ist, weil ihre anderweitige Betreuung nicht sichergestellt ist, sowie für den erforderlichen Gepäcktransport.

(2) [1]Während der Ausführung von Leistungen zur Teilhabe am Arbeitsleben werden Reisekosten auch für im Regelfall zwei Familienheimfahrten je Monat übernommen. [2]Anstelle der Kosten für die Familienheimfahrten können für Fahrten von Angehörigen vom Wohnort zum Aufenthaltsort der Leistungsempfänger und zurück Reisekosten übernommen werden.

(3) Reisekosten nach Absatz 2 werden auch im Zusammenhang mit Leistungen zur medizinischen Rehabilitation übernommen, wenn die Leistungen länger als acht Wochen erbracht werden.

(4) [1]Fahrkosten werden in Höhe des Betrages zugrunde gelegt, der bei Benutzung eines regelmäßig verkehrenden öffentlichen Verkehrsmittels der niedrigsten Klasse des zweckmäßigsten öffentlichen Verkehrsmittels zu zahlen ist, bei Benutzung sonstiger Verkehrsmittel in Höhe der Wegstreckenentschädigung nach § 5 Absatz 1 des Bundesreisekostengesetzes. [2]Bei nicht geringfügigen

Fahrpreiserhöhungen hat auf Antrag eine Anpassung zu erfolgen, wenn die Maßnahme noch mindestens zwei weitere Monate andauert. 3Kosten für Pendelfahrten können nur bis zur Höhe des Betrages übernommen werden, der bei unter Berücksichtigung von Art und Schwere der Behinderung zumutbarer auswärtiger Unterbringung für Unterbringung und Verpflegung zu leisten wäre.

§ 54 Haushalts- oder Betriebshilfe und Kinderbetreuungskosten

(1) 1Haushaltshilfe wird geleistet, wenn

1. den Leistungsempfängern wegen der Ausführung einer Leistung zur medizinischen Rehabilitation oder einer Leistung zur Teilhabe am Arbeitsleben die Weiterführung des Haushalts nicht möglich ist,
2. eine andere im Haushalt lebende Person den Haushalt nicht weiterführen kann und
3. im Haushalt ein Kind lebt, das bei Beginn der Haushaltshilfe das zwölfte Lebensjahr noch nicht vollendet hat oder das behindert und auf Hilfe angewiesen ist.

2§ 38 Abs. 4 des Fünften Buches ist sinngemäß anzuwenden.

(2) Anstelle der Haushaltshilfe werden auf Antrag die Kosten für die Mitnahme oder anderweitige Unterbringung des Kindes bis zur Höhe der Kosten der sonst zu erbringenden Haushaltshilfe übernommen, wenn die Unterbringung und Betreuung des Kindes in dieser Weise sichergestellt ist.

(3) 1Kosten für die Betreuung der Kinder des Leistungsempfängers können bis zu einem Betrag von 130 Euro je Kind und Monat übernommen werden, wenn sie durch die Ausführung einer Leistung zur medizinischen Rehabilitation oder zur Teilhabe am Arbeitsleben unvermeidbar entstehen. 2Leistungen zur Kinderbetreuung werden nicht neben Leistungen nach den Absätzen 1 und 2 erbracht. 3Der in Satz 1 genannte Betrag erhöht sich entsprechend der Veränderung der Bezugsgröße nach § 18 Abs. 1 des Vierten Buches; § 77 Abs. 3 Satz 2 bis 5 gilt entsprechend.

(4) Abweichend von den Absätzen 1 bis 3 erbringen die landwirtschaftliche Alterskasse und die landwirtschaftliche Krankenkasse Betriebs- und Haushaltshilfe nach den §§ 10 und 36 des Gesetzes über die Alterssicherung der Landwirte und nach den §§ 9 und 10 des Zweiten Gesetzes über die Krankenversicherung der Landwirte, die landwirtschaftliche Berufsgenossenschaft für die bei ihr versicherten landwirtschaftlichen Unternehmer und im Unternehmen mitarbeitenden Ehegatten nach den §§ 54 und 55 des Siebten Buches.

Kapitel 7
Leistungen zur Teilhabe am Leben in der Gemeinschaft

§ 55 Leistungen zur Teilhabe am Leben in der Gemeinschaft

(1) Als Leistungen zur Teilhabe am Leben in der Gemeinschaft werden die Leistungen erbracht, die den behinderten Menschen die Teilhabe am Leben in der Gesellschaft ermöglichen oder sichern oder sie so weit wie möglich unabhängig von Pflege machen und nach den Kapiteln 4 bis 6 nicht erbracht werden.

(2) Leistungen nach Absatz 1 sind insbesondere

1. Versorgung mit anderen als den in § 31 genannten Hilfsmitteln oder den in § 33 genannten Hilfen,
2. heilpädagogische Leistungen für Kinder, die noch nicht eingeschult sind,
3. Hilfen zum Erwerb praktischer Kenntnisse und Fähigkeiten, die erforderlich und geeignet sind, behinderten Menschen die für sie erreichbare Teilnahme am Leben in der Gemeinschaft zu ermöglichen,
4. Hilfen zur Förderung der Verständigung mit der Umwelt,
5. Hilfen bei der Beschaffung, dem Umbau, der Ausstattung und der Erhaltung einer Wohnung, die den besonderen Bedürfnissen der behinderten Menschen entspricht,
6. Hilfen zu selbstbestimmtem Leben in betreuten Wohnmöglichkeiten,

IX

7. Hilfen zur Teilhabe am gemeinschaftlichen und kulturellen Leben.

§ 56 Heilpädagogische Leistungen

(1) $_1$Heilpädagogische Leistungen nach § 55 Abs. 2 Nr. 2 werden erbracht, wenn nach fachlicher Erkenntnis zu erwarten ist, dass hierdurch

1. eine drohende Behinderung abgewendet oder der fortschreitende Verlauf einer Behinderung verlangsamt oder
2. die Folgen einer Behinderung beseitigt oder gemildert

werden können. $_2$Sie werden immer an schwerstbehinderte und schwerstmehrfachbehinderte Kinder, die noch nicht eingeschult sind, erbracht.

(2) In Verbindung mit Leistungen zur Früherkennung und Frühförderung (§ 30) und schulvorbereitenden Maßnahmen der Schulträger werden heilpädagogische Leistungen als Komplexleistung erbracht.

§ 57 Förderung der Verständigung

Bedürfen hörbehinderte Menschen oder behinderte Menschen mit besonders starker Beeinträchtigung der Sprachfähigkeit auf Grund ihrer Behinderung zur Verständigung mit der Umwelt aus besonderem Anlass der Hilfe anderer, werden ihnen die erforderlichen Hilfen zur Verfügung gestellt oder angemessene Aufwendungen hierfür erstattet.

§ 58 Hilfen zur Teilhabe am gemeinschaftlichen und kulturellen Leben

Die Hilfen zur Teilhabe am gemeinschaftlichen und kulturellen Leben (§ 55 Abs. 2 Nr. 7) umfassen vor allem

1. Hilfen zur Förderung der Begegnung und des Umgangs mit nichtbehinderten Menschen,
2. Hilfen zum Besuch von Veranstaltungen oder Einrichtungen, die der Geselligkeit, der Unterhaltung oder kulturellen Zwecken dienen,
3. die Bereitstellung von Hilfsmitteln, die der Unterrichtung über das Zeitgeschehen oder über kulturelle Ereignisse dienen, wenn wegen Art oder Schwere der Behinderung anders eine Teilhabe am Leben in der Gemeinschaft nicht oder nur unzureichend möglich ist.

§ 59 Verordnungsermächtigung

Die Bundesregierung kann durch Rechtsverordnung mit Zustimmung des Bundesrates Näheres über Voraussetzungen, Gegenstand und Umfang der Leistungen zur Teilhabe am Leben in der Gemeinschaft sowie über das Zusammenwirken dieser Leistungen mit anderen Leistungen zur Rehabilitation und Teilhabe behinderter Menschen regeln.

Kapitel 8
Sicherung und Koordinierung der Teilhabe

Titel 1
Sicherung von Beratung und Auskunft

§ 60 Pflichten Personensorgeberechtigter

Eltern, Vormünder, Pfleger und Betreuer, die bei ihrer Personensorge anvertrauten Menschen Behinderungen (§ 2 Abs. 1) wahrnehmen oder durch die in § 61 genannten Personen hierauf hingewiesen werden, sollen im Rahmen ihres Erziehungs- oder Betreuungsauftrags die behinderten Menschen einer gemeinsamen Servicestelle oder einer sonstigen Beratungsstelle für Rehabilitation oder einem Arzt zur Beratung über die geeigneten Leistungen zur Teilhabe vorstellen.

§ 61 Sicherung der Beratung behinderter Menschen

(1) $_1$Die Beratung der Ärzte, denen eine Person nach § 60 vorgestellt wird, erstreckt sich auf die geeigneten Leistungen zur Teilhabe. $_2$Dabei weisen sie auf die Möglichkeit der Beratung durch eine gemeinsame Servicestelle oder eine sonstige Beratungsstelle für Rehabilitation hin. $_3$Bei Menschen, bei denen der Eintritt der Behinderung nach allgemeiner ärztlicher Erkenntnis zu erwarten ist, wird entsprechend verfahren. $_4$Werdende Eltern werden auf den Beratungsanspruch bei den

Schwangerschaftsberatungsstellen hingewiesen.

(2) Hebammen, Entbindungspfleger, Medizinalpersonen außer Ärzten, Lehrer, Sozialarbeiter, Jugendleiter und Erzieher, die bei Ausübung ihres Berufs Behinderungen (§ 2 Abs. 1) wahrnehmen, weisen die Personensorgeberechtigten auf die Behinderung und auf die Beratungsangebote nach § 60 hin.

(3) Nehmen Medizinalpersonen außer Ärzten und Sozialarbeiter bei Ausübung ihres Berufs Behinderungen (§ 2 Abs. 1) bei volljährigen Menschen wahr, empfehlen sie diesen Menschen oder den für sie bestellten Betreuern, eine Beratungsstelle für Rehabilitation oder einen Arzt zur Beratung über die geeigneten Leistungen zur Teilhabe aufzusuchen.

§ 62 Landesärzte

(1) In den Ländern können Landesärzte bestellt werden, die über besondere Erfahrungen in der Hilfe für behinderte und von Behinderung bedrohte Menschen verfügen.

(2) Die Landesärzte haben vor allem die Aufgabe,

1. Gutachten für die Landesbehörden, die für das Gesundheitswesen und die Sozialhilfe zuständig sind, sowie für die zuständigen Träger der Sozialhilfe in besonders schwierig gelagerten Einzelfällen oder in Fällen von grundsätzlicher Bedeutung zu erstatten,
2. die für das Gesundheitswesen zuständigen obersten Landesbehörden beim Erstellen von Konzeptionen, Situations- und Bedarfsanalysen und bei der Landesplanung zur Teilhabe behinderter und von Behinderung bedrohter Menschen zu beraten und zu unterstützen sowie selbst entsprechende Initiativen zu ergreifen,
3. die für das Gesundheitswesen zuständigen Landesbehörden über Art und Ursachen von Behinderungen und notwendige Hilfen sowie über den Erfolg von Leistungen zur Teilhabe behinderter und von Behinderung bedrohter Menschen regelmäßig zu unterrichten.

Titel 2
Klagerecht der Verbände

§ 63 Klagerecht der Verbände

[1]Werden behinderte Menschen in ihren Rechten nach diesem Buch verletzt, können an ihrer Stelle und mit ihrem Einverständnis Verbände klagen, die nach ihrer Satzung behinderte Menschen auf Bundes- oder Landesebene vertreten und nicht selbst am Prozess beteiligt sind. [2]In diesem Fall müssen alle Verfahrensvoraussetzungen wie bei einem Rechtsschutzersuchen durch den behinderten Menschen selbst vorliegen.

Titel 3
Koordinierung der Teilhabe behinderter Menschen

§ 64 Beirat für die Teilhabe behinderter Menschen

(1) [1]Beim Bundesministerium für Arbeit und Soziales wird ein Beirat für die Teilhabe behinderter Menschen gebildet, der es in Fragen der Teilhabe behinderter Menschen berät und bei Aufgaben der Koordinierung unterstützt. [2]Zu den Aufgaben des Beirats gehören insbesondere auch

1. die Unterstützung bei der Förderung von Rehabilitationseinrichtungen und die Mitwirkung bei der Vergabe der Mittel des Ausgleichsfonds,
2. die Anregung und Koordinierung von Maßnahmen zur Evaluierung der in diesem Buch getroffenen Regelungen im Rahmen der Rehabilitationsforschung und als forschungsbegleitender Ausschuss die Unterstützung des Ministeriums bei der Festlegung von Fragestellungen und Kriterien.

[3]Das Bundesministerium für Arbeit und Soziales trifft Entscheidungen über die Vergabe der Mittel des Ausgleichsfonds nur auf Grund von Vorschlägen des Beirats.

(2) [1]Der Beirat besteht aus 48 Mitgliedern. [2]Von diesen beruft das Bundesministerium für Arbeit und Soziales

- zwei Mitglieder auf Vorschlag der Gruppenvertreter der Arbeitnehmer im Verwaltungsrat der Bundesagentur für Arbeit,
- zwei Mitglieder auf Vorschlag der Gruppenvertreter der Arbeitgeber im Verwaltungsrat der Bundesagentur für Arbeit,
- sechs Mitglieder auf Vorschlag der Behindertenverbände, die nach der Zusammensetzung ihrer Mitglieder dazu berufen sind, behinderte Menschen auf Bundesebene zu vertreten,
- 16 Mitglieder auf Vorschlag der Länder,
- drei Mitglieder auf Vorschlag der Bundesvereinigung der kommunalen Spitzenverbände,
- ein Mitglied auf Vorschlag der Bundesarbeitsgemeinschaft der Integrationsämter und Hauptfürsorgestellen,
- ein Mitglied auf Vorschlag des Vorstands der Bundesagentur für Arbeit,
- zwei Mitglieder auf Vorschlag der Spitzenverbände der Krankenkassen,
- ein Mitglied auf Vorschlag der Spitzenvereinigungen der Träger der gesetzlichen Unfallversicherung,
- drei Mitglieder auf Vorschlag der Deutschen Rentenversicherung Bund,
- ein Mitglied auf Vorschlag der Bundesarbeitsgemeinschaft der überörtlichen Träger der Sozialhilfe,
- ein Mitglied auf Vorschlag der Bundesarbeitsgemeinschaft der Freien Wohlfahrtspflege,
- ein Mitglied auf Vorschlag der Bundesarbeitsgemeinschaft für Unterstützte Beschäftigung,
- fünf Mitglieder auf Vorschlag der Arbeitsgemeinschaften der Einrichtungen der medizinischen Rehabilitation, der Berufsförderungswerke, der Berufsbildungswerke, der Werkstätten für behinderte Menschen und der Integrationsfirmen,
- ein Mitglied auf Vorschlag der für die Wahrnehmung der Interessen der ambulanten und stationären Rehabilitationseinrichtungen auf Bundesebene maßgeblichen Spitzenverbände,
- zwei Mitglieder auf Vorschlag der Kassenärztlichen Bundesvereinigung und der Bundesärztekammer.

$_3$Für jedes Mitglied ist ein stellvertretendes Mitglied zu berufen.

§ 65 Verfahren des Beirats

$_1$Der Beirat für die Teilhabe behinderter Menschen wählt aus den ihm angehörenden Mitgliedern von Seiten der Arbeitnehmer, Arbeitgeber und Organisationen behinderter Menschen jeweils für die Dauer eines Jahres einen Vorsitzenden oder eine Vorsitzende und einen Stellvertreter oder eine Stellvertreterin. $_2$Im Übrigen gilt § 106 entsprechend.

§ 66 Berichte über die Lage behinderter Menschen und die Entwicklung ihrer Teilhabe

(1) $_1$Die Bundesregierung unterrichtet die gesetzgebenden Körperschaften des Bundes bis zum 31. Dezember 2004 über die Lage behinderter Frauen und Männer sowie die Entwicklung ihrer Teilhabe, gibt damit eine zusammenfassende Darstellung und Bewertung der Aufwendungen zu Prävention, Rehabilitation und Teilhabe behinderter Menschen im Hinblick auf Wirtschaftlichkeit und Wirksamkeit ab und schlägt unter Berücksichtigung und Bewertung der mit diesem Buch getroffenen Regelungen die zu treffenden Maßnahmen vor. $_2$In dem Bericht wird die Entwicklung der Teilhabe am Leben in der Gesellschaft gesondert dargestellt. $_3$Schlägt die Bundesregierung weitere Regelungen vor, erstattet sie auch über deren Wirkungen einen weiteren Bericht. $_4$Die Träger von Leistungen und Einrichtungen erteilen die erforderlichen Auskünfte. $_5$Die obersten Landesbehörden werden beteiligt. $_6$Ein gesonderter Bericht über die Lage behinderter Menschen ist vor diesem Zeitpunkt nicht zu erstellen.

(2) $_1$Bei der Erfüllung der Berichtspflicht nach Absatz 1 unterrichtet die Bundesregierung die gesetzgebenden Körperschaften des Bundes auch über die nach dem Behindertengleichstellungsgesetz getroffenen Maßnahmen, über Zielvereinbarungen im Sinne von § 5 des Behindertengleichstellungsgesetzes sowie

über die Gleichstellung behinderter Menschen und gibt eine zusammenfassende, nach Geschlecht und Alter differenzierte Darstellung und Bewertung ab. $_{2}$Der Bericht nimmt zu möglichen weiteren Maßnahmen zur Gleichstellung behinderter Menschen Stellung. $_{3}$Die zuständigen obersten Landesbehörden werden beteiligt.

(3) $_{1}$Die Bundesregierung unterrichtet die gesetzgebenden Körperschaften des Bundes bis zum 31. Dezember 2006 über die Ausführung der Leistungen des Persönlichen Budgets nach § 17. $_{2}$Auf der Grundlage des Berichts ist zu prüfen, ob weiterer Handlungsbedarf besteht; die obersten Landessozialbehörden werden beteiligt.

§ 67 Verordnungsermächtigung

Das Bundesministerium für Arbeit und Soziales kann durch Rechtsverordnung mit Zustimmung des Bundesrates weitere Vorschriften über die Geschäftsführung und das Verfahren des Beirats nach § 65 erlassen.

Teil 2
Besondere Regelungen zur Teilhabe schwerbehinderter Menschen (Schwerbehindertenrecht)

Kapitel 1
Geschützter Personenkreis

§ 68 Geltungsbereich

(1) Die Regelungen dieses Teils gelten für schwerbehinderte und diesen gleichgestellte behinderte Menschen.

(2) $_{1}$Die Gleichstellung behinderter Menschen mit schwerbehinderten Menschen (§ 2 Abs. 3) erfolgt auf Grund einer Feststellung nach § 69 auf Antrag des behinderten Menschen durch die Bundesagentur für Arbeit. $_{2}$Die Gleichstellung wird mit dem Tag des Eingangs des Antrags wirksam. $_{3}$Sie kann befristet werden.

(3) Auf gleichgestellte behinderte Menschen werden die besonderen Regelungen für schwerbehinderte Menschen mit Ausnahme des § 125 und des Kapitels 13 angewendet.

(4) $_{1}$Schwerbehinderten Menschen gleichgestellt sind auch behinderte Jugendliche und junge Erwachsene (§ 2 Abs. 1) während der Zeit einer Berufsausbildung in Betrieben und Dienststellen, auch wenn der Grad der Behinderung weniger als 30 beträgt oder ein Grad der Behinderung nicht festgestellt ist. $_{2}$Der Nachweis der Behinderung wird durch eine Stellungnahme der Agentur für Arbeit oder durch einen Bescheid über Leistungen zur Teilhabe am Arbeitsleben erbracht. $_{3}$Die besonderen Regelungen für schwerbehinderte Menschen, mit Ausnahme des § 102 Abs. 3 Nr. 2 Buchstabe c, werden nicht angewendet.

§ 69 Feststellung der Behinderung, Ausweise

(1) $_{1}$Auf Antrag des behinderten Menschen stellen die für die Durchführung des Bundesversorgungsgesetzes zuständigen Behörden das Vorliegen einer Behinderung und den Grad der Behinderung fest. $_{2}$Beantragt eine erwerbstätige Person die Feststellung der Eigenschaft als schwerbehinderter Mensch (§ 2 Abs. 2), gelten die in § 14 Abs. 2 Satz 2 und 4 sowie Abs. 5 Satz 2 und 5 genannten Fristen sowie § 60 Abs. 1 des Ersten Buches entsprechend. $_{3}$Das Gesetz über das Verwaltungsverfahren der Kriegsopferversorgung ist entsprechend anzuwenden, soweit nicht das Zehnte Buch Anwendung findet. $_{4}$Die Auswirkungen auf die Teilhabe am Leben in der Gesellschaft werden als Grad der Behinderung nach Zehnergraden abgestuft festgestellt. $_{5}$Eine Feststellung ist nur zu treffen, wenn ein Grad der Behinderung von wenigstens 20 vorliegt. $_{6}$Durch Landesrecht kann die Zuständigkeit abweichend von Satz 1 geregelt werden.

(2) $_{1}$Feststellungen nach Absatz 1 sind nicht zu treffen, wenn eine Feststellung über das Vorliegen einer Behinderung und den Grad einer auf ihr beruhenden Erwerbsminderung schon in einem Rentenbescheid, einer entsprechenden Verwaltungs- oder Gerichtsentscheidung oder einer vorläufigen Bescheinigung der für diese Entscheidungen zuständigen Dienststellen getroffen worden ist, es sei denn, dass der behinderte Mensch ein Inte-

resse an anderweitiger Feststellung nach Absatz 1 glaubhaft macht. $_2$Eine Feststellung nach Satz 1 gilt zugleich als Feststellung des Grades der Behinderung.

(3) $_1$Liegen mehrere Beeinträchtigungen der Teilhabe am Leben in der Gesellschaft vor, so wird der Grad der Behinderung nach den Auswirkungen der Beeinträchtigungen in ihrer Gesamtheit unter Berücksichtigung ihrer wechselseitigen Beziehungen festgestellt. $_2$Für diese Entscheidung gilt Absatz 1, es sei denn, dass in einer Entscheidung nach Absatz 2 eine Gesamtbeurteilung bereits getroffen worden ist.

(4) Sind neben dem Vorliegen der Behinderung weitere gesundheitliche Merkmale Voraussetzung für die Inanspruchnahme von Nachteilsausgleichen, so treffen die zuständigen Behörden die erforderlichen Feststellungen im Verfahren nach Absatz 1.

(5) $_1$Auf Antrag des behinderten Menschen stellen die zuständigen Behörden auf Grund einer Feststellung der Behinderung einen Ausweis über die Eigenschaft als schwerbehinderter Mensch, den Grad der Behinderung sowie im Falle des Absatzes 4 über weitere gesundheitliche Merkmale aus. $_2$Der Ausweis dient dem Nachweis für die Inanspruchnahme von Leistungen und sonstigen Hilfen, die schwerbehinderten Menschen nach Teil 2 oder nach anderen Vorschriften zustehen. $_3$Die Gültigkeitsdauer des Ausweises soll befristet werden. $_4$Er wird eingezogen, sobald der gesetzliche Schutz schwerbehinderter Menschen erloschen ist. $_5$Der Ausweis wird berichtigt, sobald eine Neufeststellung unanfechtbar geworden ist.

§ 70 Verordnungsermächtigung

(1) Die Bundesregierung wird ermächtigt, durch Rechtsverordnung mit Zustimmung des Bundesrates nähere Vorschriften über die Gestaltung der Ausweise, ihre Gültigkeit und das Verwaltungsverfahren zu erlassen.

(2) Das Bundesministerium für Arbeit und Soziales wird ermächtigt, durch Rechtsverordnung mit Zustimmung des Bundesrates die Grundsätze aufzustellen, die für die medizinische Bewertung des Grades der Behinderung und die medizinischen Voraussetzungen für die Vergabe von Merkzeichen maßgebend sind, die nach Bundesrecht im Schwerbehindertenausweis einzutragen sind.

Kapitel 2
Beschäftigungspflicht der Arbeitgeber

§ 71 Pflicht der Arbeitgeber zur Beschäftigung schwerbehinderter Menschen

(1) $_1$Private und öffentliche Arbeitgeber (Arbeitgeber) mit jahresdurchschnittlich monatlich mindestens 20 Arbeitsplätzen im Sinne des § 73 haben auf wenigstens 5 Prozent der Arbeitsplätze schwerbehinderte Menschen zu beschäftigen. $_2$Dabei sind schwerbehinderte Frauen besonders zu berücksichtigen. $_3$Abweichend von Satz 1 haben Arbeitgeber mit jahresdurchschnittlich monatlich weniger als 40 Arbeitsplätzen jahresdurchschnittlich je Monat einen schwerbehinderten Menschen, Arbeitgeber mit jahresdurchschnittlich monatlich weniger als 60 Arbeitsplätzen jahresdurchschnittlich je Monat zwei schwerbehinderte Menschen zu beschäftigen.

(2) (weggefallen)

(3) Als öffentliche Arbeitgeber im Sinne des Teils 2 gelten

1. jede oberste Bundesbehörde mit ihren nachgeordneten Dienststellen, das Bundespräsidialamt, die Verwaltungen des Deutschen Bundestages und Bundesrates, das Bundesverfassungsgericht, die obersten Gerichtshöfe des Bundes, der Bundesgerichtshof jedoch zusammengefasst mit dem Generalbundesanwalt, sowie das Bundeseisenbahnvermögen,
2. jede oberste Landesbehörde und die Staats- und Präsidialkanzleien mit ihren nachgeordneten Dienststellen, die Verwaltungen der Landtage, die Rechnungshöfe (Rechnungskammern), die Organe der Verfassungsgerichtsbarkeit der Länder und jede sonstige Landesbehörde, zusammengefasst jedoch diejenigen Behörden, die eine gemeinsame Personalverwaltung haben,

IX

3. jede sonstige Gebietskörperschaft und jeder Verband von Gebietskörperschaften,
4. jede sonstige Körperschaft, Anstalt oder Stiftung des öffentlichen Rechts.

§ 72 Beschäftigung besonderer Gruppen schwerbehinderter Menschen

(1) Im Rahmen der Erfüllung der Beschäftigungspflicht sind in angemessenem Umfang zu beschäftigen

1. schwerbehinderte Menschen, die nach Art oder Schwere ihrer Behinderung im Arbeitsleben besonders betroffen sind, insbesondere solche,
   a) die zur Ausübung der Beschäftigung wegen ihrer Behinderung nicht nur vorübergehend einer besonderen Hilfskraft bedürfen oder
   b) deren Beschäftigung infolge ihrer Behinderung nicht nur vorübergehend mit außergewöhnlichen Aufwendungen für den Arbeitgeber verbunden ist oder
   c) die infolge ihrer Behinderung nicht nur vorübergehend offensichtlich nur eine wesentlich verminderte Arbeitsleistung erbringen können oder
   d) bei denen ein Grad der Behinderung von wenigstens 50 allein infolge geistiger oder seelischer Behinderung oder eines Anfallsleidens vorliegt oder
   e) die wegen Art oder Schwere der Behinderung keine abgeschlossene Berufsbildung im Sinne des Berufsbildungsgesetzes haben,
2. schwerbehinderte Menschen, die das 50. Lebensjahr vollendet haben.

IX

(2) 1Arbeitgeber mit Stellen zur beruflichen Bildung, insbesondere für Auszubildende, haben im Rahmen der Erfüllung der Beschäftigungspflicht einen angemessenen Anteil dieser Stellen mit schwerbehinderten Menschen zu besetzen. 2Hierüber ist mit der zuständigen Interessenvertretung im Sinne des § 93 und der Schwerbehindertenvertretung zu beraten.

§ 73 Begriff des Arbeitsplatzes

(1) Arbeitsplätze im Sinne des Teils 2 sind alle Stellen, auf denen Arbeitnehmer und Arbeitnehmerinnen, Beamte und Beamtinnen, Richter und Richterinnen sowie Auszubildende und andere zu ihrer beruflichen Bildung Eingestellte beschäftigt werden.

(2) Als Arbeitsplätze gelten nicht die Stellen, auf denen beschäftigt werden

1. behinderte Menschen, die an Leistungen zur Teilhabe am Arbeitsleben nach § 33 Abs. 3 Nr. 3 in Betrieben oder Dienststellen teilnehmen,
2. Personen, deren Beschäftigung nicht in erster Linie ihrem Erwerb dient, sondern vorwiegend durch Beweggründe karitativer oder religiöser Art bestimmt ist, und Geistliche öffentlich-rechtlicher Religionsgemeinschaften,
3. Personen, deren Beschäftigung nicht in erster Linie ihrem Erwerb dient und die vorwiegend zu ihrer Heilung, Wiedereingewöhnung oder Erziehung erfolgt,
4. Personen, die an Arbeitsbeschaffungsmaßnahmen nach dem Dritten Buch teilnehmen,
5. Personen, die nach ständiger Übung in ihre Stellen gewählt werden,
6. (weggefallen)
7. Personen, deren Arbeits-, Dienst- oder sonstiges Beschäftigungsverhältnis wegen Wehr- oder Zivildienst, Elternzeit, unbezahltem Urlaub, wegen Bezuges einer Rente auf Zeit oder bei Altersteilzeitarbeit in der Freistellungsphase (Verblockungsmodell) ruht, solange für sie eine Vertretung eingestellt ist.

(3) Als Arbeitsplätze gelten ferner nicht Stellen, die nach der Natur der Arbeit oder nach den zwischen den Parteien getroffenen Vereinbarungen nur auf die Dauer von höchstens acht Wochen besetzt sind, sowie Stellen, auf denen Beschäftigte weniger als 18 Stunden wöchentlich beschäftigt werden.

§ 74 Berechnung der Mindestzahl von Arbeitsplätzen und der Pflichtarbeitsplatzzahl

(1) 1Bei der Berechnung der Mindestzahl von Arbeitsplätzen und der Zahl der Arbeitsplätze, auf denen schwerbehinderte Menschen zu

beschäftigen sind (§ 71), zählen Stellen, auf denen Auszubildende beschäftigt werden, nicht mit. $_{2}$Das Gleiche gilt für Stellen, auf denen Rechts- oder Studienreferendare und -referendarinnen beschäftigt werden, die einen Rechtsanspruch auf Einstellung haben.

(2) Bei der Berechnung sich ergebende Bruchteile von 0,5 und mehr sind aufzurunden, bei Arbeitgebern mit jahresdurchschnittlich weniger als 60 Arbeitsplätzen abzurunden.

§ 75 Anrechnung Beschäftigter auf die Zahl der Pflichtarbeitsplätze für schwerbehinderte Menschen

(1) Ein schwerbehinderter Mensch, der auf einem Arbeitsplatz im Sinne des § 73 Abs. 1 oder Abs. 2 Nr. 1 oder 4 beschäftigt wird, wird auf einen Pflichtarbeitsplatz für schwerbehinderte Menschen angerechnet.

(2) $_{1}$Ein schwerbehinderter Mensch, der in Teilzeitbeschäftigung kürzer als betriebsüblich, aber nicht weniger als 18 Stunden wöchentlich beschäftigt wird, wird auf einen Pflichtarbeitsplatz für schwerbehinderte Menschen angerechnet. $_{2}$Bei Herabsetzung der wöchentlichen Arbeitszeit auf weniger als 18 Stunden infolge von Altersteilzeit gilt Satz 1 entsprechend. $_{3}$Wird ein schwerbehinderter Mensch weniger als 18 Stunden wöchentlich beschäftigt, lässt die Bundesagentur für Arbeit die Anrechnung auf einen dieser Pflichtarbeitsplätze zu, wenn die Teilzeitbeschäftigung wegen Art oder Schwere der Behinderung notwendig ist.

(2a) Ein schwerbehinderter Mensch, der im Rahmen einer Maßnahme zur Förderung des Übergangs aus der Werkstatt für behinderte Menschen auf den allgemeinen Arbeitsmarkt (§ 5 Abs. 4 Satz 1 der Werkstättenverordnung) beschäftigt wird, wird auch für diese Zeit auf die Zahl der Pflichtarbeitsplätze angerechnet.

(3) Ein schwerbehinderter Arbeitgeber wird auf einen Pflichtarbeitsplatz für schwerbehinderte Menschen angerechnet.

(4) Der Inhaber eines Bergmannsversorgungsscheins wird, auch wenn er kein schwerbehinderter oder gleichgestellter behinderter Mensch im Sinne des § 2 Abs. 2 oder 3 ist, auf einen Pflichtarbeitsplatz angerechnet.

§ 76 Mehrfachanrechnung

(1) $_{1}$Die Bundesagentur für Arbeit kann die Anrechnung eines schwerbehinderten Menschen, besonders eines schwerbehinderten Menschen im Sinne des § 72 Abs. 1 auf mehr als einen Pflichtarbeitsplatz, höchstens drei Pflichtarbeitsplätze für schwerbehinderte Menschen im Anschluss an eine Beschäftigung in einer Werkstatt für behinderte Menschen und für schwerbehinderte Menschen zulassen, wenn dessen Teilhabe am Arbeitsleben auf besondere Schwierigkeiten stößt. $_{2}$Satz 1 gilt auch für teilzeitbeschäftigte schwerbehinderte Menschen im Sinne des § 75 Abs. 2.

(2) $_{1}$Ein schwerbehinderter Mensch, der beruflich ausgebildet wird, wird auf zwei Pflichtarbeitsplätze für schwerbehinderte Menschen angerechnet. $_{2}$Satz 1 gilt auch während der Zeit einer Ausbildung im Sinne des § 35 Abs. 2, die in einem Betrieb oder einer Dienststelle durchgeführt wird. $_{3}$Die Bundesagentur für Arbeit kann die Anrechnung auf drei Pflichtarbeitsplätze für schwerbehinderte Menschen zulassen, wenn die Vermittlung in eine berufliche Ausbildungsstelle wegen Art oder Schwere der Behinderung auf besondere Schwierigkeiten stößt. $_{4}$Bei Übernahme in ein Arbeits- oder Beschäftigungsverhältnis durch den ausbildenden oder einen anderen Arbeitgeber im Anschluss an eine abgeschlossene Ausbildung wird der schwerbehinderte Mensch im ersten Jahr der Beschäftigung auf zwei Pflichtarbeitsplätze angerechnet; Absatz 1 bleibt unberührt.

(3) Bescheide über die Anrechnung eines schwerbehinderten Menschen auf mehr als drei Pflichtarbeitsplätze für schwerbehinderte Menschen, die vor dem 1. August 1986 erlassen worden sind, gelten fort.

§ 77 Ausgleichsabgabe

(1) $_{1}$Solange Arbeitgeber die vorgeschriebene Zahl schwerbehinderter Menschen nicht beschäftigen, entrichten sie für jeden unbesetz-

ten Pflichtarbeitsplatz für schwerbehinderte Menschen eine Ausgleichsabgabe. 2Die Zahlung der Ausgleichsabgabe hebt die Pflicht zur Beschäftigung schwerbehinderter Menschen nicht auf. 3Die Ausgleichsabgabe wird auf der Grundlage einer jahresdurchschnittlichen Beschäftigungsquote ermittelt.

(2) 1Die Ausgleichsabgabe beträgt je unbesetzten Pflichtarbeitsplatz

1. 105 Euro bei einer jahresdurchschnittlichen Beschäftigungsquote von 3 Prozent bis weniger als dem geltenden Pflichtsatz,
2. 180 Euro bei einer jahresdurchschnittlichen Beschäftigungsquote von 2 Prozent bis weniger als 3 Prozent,
3. 260 Euro bei einer jahresdurchschnittlichen Beschäftigungsquote von weniger als 2 Prozent.

2Abweichend von Satz 1 beträgt die Ausgleichsabgabe je unbesetzten Pflichtarbeitsplatz für schwerbehinderte Menschen

1. für Arbeitgeber mit jahresdurchschnittlich weniger als 40 zu berücksichtigenden Arbeitsplätzen bei einer jahresdurchschnittlichen Beschäftigung von weniger als einem schwerbehinderten Menschen 105 Euro und
2. für Arbeitgeber mit jahresdurchschnittlich weniger als 60 zu berücksichtigenden Arbeitsplätzen bei einer jahresdurchschnittlichen Beschäftigung von weniger als zwei schwerbehinderten Menschen 105 Euro und bei einer jahresdurchschnittlichen Beschäftigung von weniger als einem schwerbehinderten Menschen 180 Euro.

(3) 1Die Ausgleichsabgabe erhöht sich entsprechend der Veränderung der Bezugsgröße nach § 18 Abs. 1 des Vierten Buches. 2Sie erhöht sich zum 1. Januar eines Kalenderjahres, wenn sich die Bezugsgröße seit der letzten Neubestimmung der Beträge der Ausgleichsabgabe um wenigstens 10 Prozent erhöht hat. 3Die Erhöhung der Ausgleichsabgabe erfolgt, indem der Faktor für die Veränderung der Bezugsgröße mit dem jeweiligen Betrag der Ausgleichsabgabe vervielfältigt wird. 4Die sich ergebenden Beträge sind auf den nächsten durch fünf teilbaren Betrag abzurunden. 5Das Bundesministerium für Arbeit und Soziales gibt den Erhöhungsbetrag und die sich nach Satz 3 ergebenden Beträge der Ausgleichsabgabe im Bundesanzeiger bekannt.

(4) 1Die Ausgleichsabgabe zahlt der Arbeitgeber jährlich zugleich mit der Erstattung der Anzeige nach § 80 Abs. 2 an das für seinen Sitz zuständige Integrationsamt. 2Ist ein Arbeitgeber mehr als drei Monate im Rückstand, erlässt das Integrationsamt einen Feststellungsbescheid über die rückständigen Beträge und zieht diese ein. 3Für rückständige Beträge der Ausgleichsabgabe erhebt das Integrationsamt nach dem 31. März Säumniszuschläge nach Maßgabe des § 24 Abs. 1 des Vierten Buches; für ihre Verwendung gilt Absatz 5 entsprechend. 4Das Integrationsamt kann in begründeten Ausnahmefällen von der Erhebung von Säumniszuschlägen absehen. 5Widerspruch und Anfechtungsklage gegen den Feststellungsbescheid haben keine aufschiebende Wirkung. 6Gegenüber privaten Arbeitgebern wird die Zwangsvollstreckung nach den Vorschriften über das Verwaltungszwangsverfahren durchgeführt. 7Bei öffentlichen Arbeitgebern wendet sich das Integrationsamt an die Aufsichtsbehörde, gegen deren Entscheidung es die Entscheidung der obersten Bundes- oder Landesbehörde anrufen kann. 8Die Ausgleichsabgabe wird nach Ablauf des Kalenderjahres, das auf den Eingang der Anzeige bei der Bundesagentur für Arbeit folgt, weder nachgefordert noch erstattet.

(5) 1Die Ausgleichsabgabe darf nur für besondere Leistungen zur Förderung der Teilhabe schwerbehinderter Menschen am Arbeitsleben einschließlich begleitender Hilfe im Arbeitsleben (§ 102 Abs. 1 Nr. 3) verwendet werden, soweit Mittel für denselben Zweck nicht von anderer Seite zu leisten sind oder geleistet werden. 2Aus dem Aufkommen an Ausgleichsabgabe dürfen persönliche und sächliche Kosten der Verwaltung und Kosten des Verfahrens nicht bestritten werden. 3Das Integrationsamt gibt dem Beratenden Ausschuss für behinderte Menschen bei dem Integrationsamt (§ 103) auf dessen Verlangen

eine Übersicht über die Verwendung der Ausgleichsabgabe.

(6) $_{1}$Die Integrationsämter leiten den in der Rechtsverordnung nach § 79 bestimmten Prozentsatz des Aufkommens an Ausgleichsabgabe an den Ausgleichsfonds (§ 78) weiter. $_{2}$Zwischen den Integrationsämtern wird ein Ausgleich herbeigeführt. $_{3}$Der auf das einzelne Integrationsamt entfallende Anteil am Aufkommen an Ausgleichsabgabe bemisst sich nach dem Mittelwert aus dem Verhältnis der Wohnbevölkerung im Zuständigkeitsbereich des Integrationsamtes zur Wohnbevölkerung im Geltungsbereich dieses Gesetzbuches und dem Verhältnis der Zahl der im Zuständigkeitsbereich des Integrationsamtes in den Betrieben und Dienststellen beschäftigungspflichtiger Arbeitgeber auf Arbeitsplätzen im Sinne des § 73 beschäftigen und der bei den Agenturen für Arbeit arbeitslos gemeldeten schwerbehinderten und diesen gleichgestellten behinderten Menschen zur entsprechenden Zahl der schwerbehinderten und diesen gleichgestellten behinderten Menschen im Geltungsbereich dieses Gesetzbuchs.

(7) $_{1}$Die bei den Integrationsämtern verbleibenden Mittel der Ausgleichsabgabe werden von diesen gesondert verwaltet. $_{2}$Die Rechnungslegung und die formelle Einrichtung der Rechnungen und Belege regeln sich nach den Bestimmungen, die für diese Stellen allgemein maßgebend sind.

(8) Für die Verpflichtung zur Entrichtung einer Ausgleichsabgabe (Absatz 1) gelten hinsichtlich der in § 71 Abs. 3 Nr. 1 genannten Stellen der Bund und hinsichtlich der in § 71 Abs. 3 Nr. 2 genannten Stellen das Land als ein Arbeitgeber.

§ 78 Ausgleichsfonds

$_{1}$Zur besonderen Förderung der Einstellung und Beschäftigung schwerbehinderter Menschen auf Arbeitsplätzen und zur Förderung von Einrichtungen und Maßnahmen, die den Interessen mehrerer Länder auf dem Gebiet der Förderung der Teilhabe schwerbehinderter Menschen am Arbeitsleben dienen, ist beim Bundesministerium für Arbeit und Soziales als zweckgebundene Vermögensmasse ein Ausgleichsfonds für überregionale Vorhaben zur Teilhabe schwerbehinderter Menschen am Arbeitsleben gebildet. $_{2}$Das Bundesministerium für Arbeit und Soziales verwaltet den Ausgleichsfonds.

§ 79 Verordnungsermächtigungen

Die Bundesregierung wird ermächtigt, durch Rechtsverordnung mit Zustimmung des Bundesrates

1. die Pflichtquote nach § 71 Abs. 1 nach dem jeweiligen Bedarf an Arbeitsplätzen für schwerbehinderte Menschen zu ändern, jedoch auf höchstens 10 Prozent zu erhöhen oder bis auf 4 Prozent herabzusetzen; dabei kann die Pflichtquote für öffentliche Arbeitgeber höher festgesetzt werden als für private Arbeitgeber,
2. nähere Vorschriften über die Verwendung der Ausgleichsabgabe nach § 77 Abs. 5 und die Gestaltung des Ausgleichsfonds nach § 78, die Verwendung der Mittel durch ihn für die Förderung der Teilhabe schwerbehinderter Menschen am Arbeitsleben und das Vergabe- und Verwaltungsverfahren des Ausgleichsfonds zu erlassen,
3. in der Rechtsverordnung nach Nummer 2
   a) den Anteil des an den Ausgleichsfonds weiterzuleitenden Aufkommens an Ausgleichsabgabe entsprechend den erforderlichen Aufwendungen zur Erfüllung der Aufgaben des Ausgleichsfonds und der Integrationsämter,
   b) den Ausgleich zwischen den Integrationsämtern auf Vorschlag der Länder oder einer Mehrheit der Länder abweichend von § 77 Abs. 6 Satz 3 sowie
   c) die Zuständigkeit für die Förderung von Einrichtungen nach § 30 der Schwerbehinderten-Ausgleichsabgabeverordnung abweichend von § 41 Abs. 2 Nr. 1 dieser Verordnung und von Integrationsbetrieben und -abteilungen abweichend von § 41 Abs. 1 Nr. 3 dieser Verordnung

   zu regeln,

4. die Ausgleichsabgabe bei Arbeitgebern, die über weniger als 30 Arbeitsplätze verfügen, für einen bestimmten Zeitraum allgemein oder für einzelne Bundesländer herabzusetzen oder zu erlassen, wenn die Zahl der unbesetzten Pflichtarbeitsplätze für schwerbehinderte Menschen die Zahl der zu beschäftigenden schwerbehinderten Menschen so erheblich übersteigt, dass die Pflichtarbeitsplätze für schwerbehinderte Menschen dieser Arbeitgeber nicht in Anspruch genommen zu werden brauchen.

Kapitel 3
Sonstige Pflichten der Arbeitgeber; Rechte der schwerbehinderten Menschen

§ 80 Zusammenwirken der Arbeitgeber mit der Bundesagentur für Arbeit und den Integrationsämtern

(1) Die Arbeitgeber haben, gesondert für jeden Betrieb und jede Dienststelle, ein Verzeichnis der bei ihnen beschäftigten schwerbehinderten, ihnen gleichgestellten behinderten Menschen und sonstigen anrechnungsfähigen Personen laufend zu führen und dieses den Vertretern oder Vertreterinnen der Bundesagentur für Arbeit und des Integrationsamtes, die für den Sitz des Betriebes oder der Dienststelle zuständig sind, auf Verlangen vorzulegen.

(2) $_1$Die Arbeitgeber haben der für ihren Sitz zuständigen Agentur für Arbeit einmal jährlich bis spätestens zum 31. März für das vorangegangene Kalenderjahr, aufgegliedert nach Monaten, die Daten anzuzeigen, die zur Berechnung des Umfangs der Beschäftigungspflicht, zur Überwachung ihrer Erfüllung und der Ausgleichsabgabe notwendig sind. $_2$Der Anzeige sind das nach Absatz 1 geführte Verzeichnis sowie eine Kopie der Anzeige und des Verzeichnisses zur Weiterleitung an das für ihren Sitz zuständige Integrationsamt beizufügen. $_3$Dem Betriebs-, Personal-, Richter-, Staatsanwalts- und Präsidialrat, der Schwerbehindertenvertretung und dem Beauftragten des Arbeitgebers ist je eine Kopie der Anzeige und des Verzeichnisses zu übermitteln.

(3) Zeigt ein Arbeitgeber die Daten bis zum 30. Juni nicht, nicht richtig oder nicht vollständig an, erlässt die Bundesagentur für Arbeit nach Prüfung in tatsächlicher sowie in rechtlicher Hinsicht einen Feststellungsbescheid über die zur Berechnung der Zahl der Pflichtarbeitsplätze für schwerbehinderte Menschen und der besetzten Arbeitsplätze notwendigen Daten.

(4) Die Arbeitgeber, die Arbeitsplätze für schwerbehinderte Menschen nicht zur Verfügung zu stellen haben, haben die Anzeige nur nach Aufforderung durch die Bundesagentur für Arbeit im Rahmen einer repräsentativen Teilerhebung zu erstatten, die mit dem Ziel der Erfassung der in Absatz 1 genannten Personengruppen, aufgegliedert nach Bundesländern, alle fünf Jahre durchgeführt wird.

(5) Die Arbeitgeber haben der Bundesagentur für Arbeit und dem Integrationsamt auf Verlangen die Auskünfte zu erteilen, die zur Durchführung der besonderen Regelungen zur Teilhabe schwerbehinderter und ihnen gleichgestellter behinderter Menschen am Arbeitsleben notwendig sind.

(6) $_1$Für das Verzeichnis und die Anzeige des Arbeitgebers sind die mit der Bundesarbeitsgemeinschaft der Integrationsämter und Hauptfürsorgestellen abgestimmten Vordrucke der Bundesagentur für Arbeit zu verwenden. $_2$Die Bundesagentur für Arbeit soll zur Durchführung des Anzeigeverfahrens in Abstimmung mit der Bundesarbeitsgemeinschaft ein elektronisches Übermittlungsverfahren zulassen.

(7) Die Arbeitgeber haben den Beauftragten der Bundesagentur für Arbeit und des Integrationsamtes auf Verlangen Einblick in ihren Betrieb oder ihre Dienststelle zu geben, soweit es im Interesse der schwerbehinderten Menschen erforderlich ist und Betriebs- oder Dienstgeheimnisse nicht gefährdet werden.

(8) Die Arbeitgeber haben die Vertrauenspersonen der schwerbehinderten Menschen (§ 94 Abs. 1 Satz 1 bis 3 und § 97 Abs. 1 bis 5) unverzüglich nach der Wahl und ihren Beauf-

IX

tragten für die Angelegenheiten der schwerbehinderten Menschen (§ 98 Satz 1) unverzüglich nach der Bestellung der für den Sitz des Betriebes oder der Dienststelle zuständigen Agentur für Arbeit und dem Integrationsamt zu benennen.

§ 81 Pflichten des Arbeitgebers und Rechte schwerbehinderter Menschen

(1) $_{1}$Die Arbeitgeber sind verpflichtet zu prüfen, ob freie Arbeitsplätze mit schwerbehinderten Menschen, insbesondere mit bei der Agentur für Arbeit arbeitslos oder arbeitssuchend gemeldeten schwerbehinderten Menschen, besetzt werden können. $_{2}$Sie nehmen frühzeitig Verbindung mit der Agentur für Arbeit auf. $_{3}$Die Bundesagentur für Arbeit oder ein Integrationsfachdienst schlägt den Arbeitgebern geeignete schwerbehinderte Menschen vor. $_{4}$Über die Vermittlungsvorschläge und vorliegende Bewerbungen von schwerbehinderten Menschen haben die Arbeitgeber die Schwerbehindertenvertretung und die in § 93 genannten Vertretungen unmittelbar nach Eingang zu unterrichten. $_{5}$Bei Bewerbungen schwerbehinderter Richter und Richterinnen wird der Präsidialrat unterrichtet und gehört, soweit dieser an der Ernennung zu beteiligen ist. $_{6}$Bei der Prüfung nach Satz 1 beteiligen die Arbeitgeber die Schwerbehindertenvertretung nach § 95 Abs. 2 und hören die in § 93 genannten Vertretungen an. $_{7}$Erfüllt der Arbeitgeber seine Beschäftigungspflicht nicht und ist die Schwerbehindertenvertretung oder eine in § 93 genannte Vertretung mit der beabsichtigten Entscheidung des Arbeitgebers nicht einverstanden, ist diese unter Darlegung der Gründe mit ihnen zu erörtern. $_{8}$Dabei wird der betroffene schwerbehinderte Mensch angehört. $_{9}$Alle Beteiligten sind vom Arbeitgeber über die getroffene Entscheidung unter Darlegung der Gründe unverzüglich zu unterrichten. $_{10}$Bei Bewerbungen schwerbehinderter Menschen ist die Schwerbehindertenvertretung nicht zu beteiligen, wenn der schwerbehinderte Mensch die Beteiligung der Schwerbehindertenvertretung ausdrücklich ablehnt.

(2) $_{1}$Arbeitgeber dürfen schwerbehinderte Beschäftigte nicht wegen ihrer Behinderung benachteiligen. $_{2}$Im Einzelnen gelten hierzu die Regelungen des Allgemeinen Gleichbehandlungsgesetzes.

(3) $_{1}$Die Arbeitgeber stellen durch geeignete Maßnahmen sicher, dass in ihren Betrieben und Dienststellen wenigstens die vorgeschriebene Zahl schwerbehinderter Menschen eine möglichst dauerhafte behinderungsgerechte Beschäftigung finden kann. $_{2}$Absatz 4 Satz 2 und 3 gilt entsprechend.

(4) $_{1}$Die schwerbehinderten Menschen haben gegenüber ihren Arbeitgebern Anspruch auf

1. Beschäftigung, bei der sie ihre Fähigkeiten und Kenntnisse möglichst voll verwerten und weiterentwickeln können,
2. bevorzugte Berücksichtigung bei innerbetrieblichen Maßnahmen der beruflichen Bildung zur Förderung ihres beruflichen Fortkommens,
3. Erleichterungen im zumutbaren Umfang zur Teilnahme an außerbetrieblichen Maßnahmen der beruflichen Bildung,
4. behinderungsgerechte Einrichtung und Unterhaltung der Arbeitsstätten einschließlich der Betriebsanlagen, Maschinen und Geräte sowie der Gestaltung der Arbeitsplätze, des Arbeitsumfeldes, der Arbeitsorganisation und der Arbeitszeit, unter besonderer Berücksichtigung der Unfallgefahr,
5. Ausstattung ihres Arbeitsplatzes mit den erforderlichen technischen Arbeitshilfen

unter Berücksichtigung der Behinderung und ihrer Auswirkungen auf die Beschäftigung. $_{2}$Bei der Durchführung der Maßnahmen nach den Nummern 1, 4 und 5 unterstützen die Bundesagentur für Arbeit und die Integrationsämter die Arbeitgeber unter Berücksichtigung der für die Beschäftigung wesentlichen Eigenschaften der schwerbehinderten Menschen. $_{3}$Ein Anspruch nach Satz 1 besteht nicht, soweit seine Erfüllung für den Arbeitgeber nicht zumutbar oder mit unverhältnismäßigen Aufwendungen verbunden wäre oder soweit die staatlichen oder berufsgenossenschaftlichen Arbeitsschutzvorschriften oder beamtenrechtliche Vorschriften entgegenstehen.

(5) $_{1}$Die Arbeitgeber fördern die Einrichtung von Teilzeitarbeitsplätzen. $_{2}$Sie werden dabei von den Integrationsämtern unterstützt. $_{3}$Schwerbehinderte Menschen haben einen Anspruch auf Teilzeitbeschäftigung, wenn die kürzere Arbeitszeit wegen Art oder Schwere der Behinderung notwendig ist; Absatz 4 Satz 3 gilt entsprechend.

§ 82 Besondere Pflichten der öffentlichen Arbeitgeber

$_{1}$Die Dienststellen der öffentlichen Arbeitgeber melden den Agenturen für Arbeit frühzeitig frei werdende und neu zu besetzende sowie neue Arbeitsplätze (§ 73). $_{2}$Haben schwerbehinderte Menschen sich um einen solchen Arbeitsplatz beworben oder sind sie von der Bundesagentur für Arbeit oder einem von dieser beauftragten Integrationsfachdienst vorgeschlagen worden, werden sie zu einem Vorstellungsgespräch eingeladen. $_{3}$Eine Einladung ist entbehrlich, wenn die fachliche Eignung offensichtlich fehlt. $_{4}$Einer Integrationsvereinbarung nach § 83 bedarf es nicht, wenn für die Dienststellen dem § 83 entsprechende Regelungen bereits bestehen und durchgeführt werden.

§ 83 Integrationsvereinbarung

(1) $_{1}$Die Arbeitgeber treffen mit der Schwerbehindertenvertretung und den in § 93 genannten Vertretungen in Zusammenarbeit mit dem Beauftragten des Arbeitgebers (§ 98) eine verbindliche Integrationsvereinbarung. $_{2}$Auf Antrag der Schwerbehindertenvertretung wird unter Beteiligung der in § 93 genannten Vertretungen hierüber verhandelt. $_{3}$Ist eine Schwerbehindertenvertretung nicht vorhanden, steht das Antragsrecht den in § 93 genannten Vertretungen zu. $_{4}$Der Arbeitgeber oder die Schwerbehindertenvertretung können das Integrationsamt einladen, sich an den Verhandlungen über die Integrationsvereinbarung zu beteiligen. $_{5}$Der Agentur für Arbeit und dem Integrationsamt, die für den Sitz des Arbeitgebers zuständig sind, wird die Vereinbarung übermittelt.

(2) $_{1}$Die Vereinbarung enthält Regelungen im Zusammenhang mit der Eingliederung schwerbehinderter Menschen, insbesondere zur Personalplanung, Arbeitsplatzgestaltung, Gestaltung des Arbeitsumfelds, Arbeitsorganisation, Arbeitszeit sowie Regelungen über die Durchführung in den Betrieben und Dienststellen. $_{2}$Bei der Personalplanung werden besondere Regelungen zur Beschäftigung eines angemessenen Anteils von schwerbehinderten Frauen vorgesehen.

(2a) In der Vereinbarung können insbesondere auch Regelungen getroffen werden

1. zur angemessenen Berücksichtigung schwerbehinderter Menschen bei der Besetzung freier, frei werdender oder neuer Stellen,
2. zu einer anzustrebenden Beschäftigungsquote, einschließlich eines angemessenen Anteils schwerbehinderter Frauen,
3. zu Teilzeitarbeit,
4. zur Ausbildung behinderter Jugendlicher,
5. zur Durchführung der betrieblichen Prävention (betriebliches Eingliederungsmanagement) und zur Gesundheitsförderung,
6. über die Hinzuziehung des Werks- oder Betriebsarztes auch für Beratungen über Leistungen zur Teilhabe sowie über besondere Hilfen im Arbeitsleben.

(3) In den Versammlungen schwerbehinderter Menschen berichtet der Arbeitgeber über alle Angelegenheiten im Zusammenhang mit der Eingliederung schwerbehinderter Menschen.

§ 84 Prävention

(1) Der Arbeitgeber schaltet bei Eintreten von personen-, verhaltens- oder betriebsbedingten Schwierigkeiten im Arbeits- oder sonstigen Beschäftigungsverhältnis, die zur Gefährdung dieses Verhältnisses führen können, möglichst frühzeitig die Schwerbehindertenvertretung und die in § 93 genannten Vertretungen sowie das Integrationsamt ein, um mit ihnen alle Möglichkeiten und alle zur Verfügung stehenden Hilfen zur Beratung und mögliche finanzielle Leistungen zu erörtern, mit denen die Schwierigkeiten beseitigt wer-

den können und das Arbeits- oder sonstige Beschäftigungsverhältnis möglichst dauerhaft fortgesetzt werden kann.

(2) 1Sind Beschäftigte innerhalb eines Jahres länger als sechs Wochen ununterbrochen oder wiederholt arbeitsunfähig, klärt der Arbeitgeber mit der zuständigen Interessenvertretung im Sinne des § 93,bei schwerbehinderten Menschen außerdem mit der Schwerbehindertenvertretung, mit Zustimmung und Beteiligung der betroffenen Person die Möglichkeiten, wie die Arbeitsunfähigkeit möglichst überwunden werden und mit welchen Leistungen oder Hilfen erneuter Arbeitsunfähigkeit vorgebeugt und der Arbeitsplatz erhalten werden kann (betriebliches Eingliederungsmanagement). 2Soweit erforderlich wird der Werks- oder Betriebsarzt hinzugezogen. 3Die betroffene Person oder ihr gesetzlicher Vertreter ist zuvor auf die Ziele des betrieblichen Eingliederungsmanagements sowie auf Art und Umfang der hierfür erhobenen und verwendeten Daten hinzuweisen. 4Kommen Leistungen zur Teilhabe oder begleitende Hilfen im Arbeitsleben in Betracht, werden vom Arbeitgeber die örtlichen gemeinsamen Servicestellen oder bei schwerbehinderten Beschäftigten das Integrationsamt hinzugezogen. 5Diese wirken darauf hin, dass die erforderlichen Leistungen oder Hilfen unverzüglich beantragt und innerhalb der Frist des § 14 Abs. 2 Satz 2 erbracht werden. 6Die zuständige Interessenvertretung im Sinne des § 93, bei schwerbehinderten Menschen außerdem die Schwerbehindertenvertretung, können die Klärung verlangen. 7Sie wachen darüber, dass der Arbeitgeber die ihm nach dieser Vorschrift obliegenden Verpflichtungen erfüllt.

(3) Die Rehabilitationsträger und die Integrationsämter können Arbeitgeber, die ein betriebliches Eingliederungsmanagement einführen, durch Prämien oder einen Bonus fördern.

Kapitel 4
Kündigungsschutz

§ 85 Erfordernis der Zustimmung

Die Kündigung des Arbeitsverhältnisses eines schwerbehinderten Menschen durch den Arbeitgeber bedarf der vorherigen Zustimmung des Integrationsamtes.

§ 86 Kündigungsfrist

Die Kündigungsfrist beträgt mindestens vier Wochen.

§ 87 Antragsverfahren

(1) 1Die Zustimmung der Kündigung beantragt der Arbeitgeber bei dem für den Sitz des Betriebes oder der Dienststelle zuständigen Integrationsamt schriftlich. 2Der Begriff des Betriebes und der Begriff der Dienststelle im Sinne des Teils 2 bestimmen sich nach dem Betriebsverfassungsgesetz und dem Personalvertretungsrecht.

(2) Das Integrationsamt holt eine Stellungnahme des Betriebsrates oder Personalrates und der Schwerbehindertenvertretung ein und hört den schwerbehinderten Menschen an.

(3) Das Integrationsamt wirkt in jeder Lage des Verfahrens auf eine gütliche Einigung hin.

§ 88 Entscheidung des Integrationsamtes

(1) Das Integrationsamt soll die Entscheidung, falls erforderlich auf Grund mündlicher Verhandlung, innerhalb eines Monats vom Tage des Eingangs des Antrages an treffen.

(2) 1Die Entscheidung wird dem Arbeitgeber und dem schwerbehinderten Menschen zugestellt. 2Der Bundesagentur für Arbeit wird eine Abschrift der Entscheidung übersandt.

(3) Erteilt das Integrationsamt die Zustimmung zur Kündigung, kann der Arbeitgeber die Kündigung nur innerhalb eines Monats nach Zustellung erklären.

(4) Widerspruch und Anfechtungsklage gegen die Zustimmung des Integrationsamtes zur Kündigung haben keine aufschiebende Wirkung.

(5) $_1$In den Fällen des § 89 Abs. 1 Satz 1 und Abs. 3 gilt Absatz 1 mit der Maßgabe, dass die Entscheidung innerhalb eines Monats vom Tage des Eingangs des Antrages an zu treffen ist. $_2$Wird innerhalb dieser Frist eine Entscheidung nicht getroffen, gilt die Zustimmung als erteilt. $_3$Die Absätze 3 und 4 gelten entsprechend.

§ 89 Einschränkungen der Ermessensentscheidung

(1) $_1$Das Integrationsamt erteilt die Zustimmung bei Kündigungen in Betrieben und Dienststellen, die nicht nur vorübergehend eingestellt oder aufgelöst werden, wenn zwischen dem Tage der Kündigung und dem Tage, bis zu dem Gehalt oder Lohn gezahlt wird, mindestens drei Monate liegen. $_2$Unter der gleichen Voraussetzung soll es die Zustimmung auch bei Kündigungen in Betrieben und Dienststellen erteilen, die nicht nur vorübergehend wesentlich eingeschränkt werden, wenn die Gesamtzahl der weiterhin beschäftigten schwerbehinderten Menschen zur Erfüllung der Beschäftigungspflicht nach § 71 ausreicht. $_3$Die Sätze 1 und 2 gelten nicht, wenn eine Weiterbeschäftigung auf einem anderen Arbeitsplatz desselben Betriebes oder derselben Dienststelle oder auf einem freien Arbeitsplatz in einem anderen Betrieb oder einer anderen Dienststelle desselben Arbeitgebers mit Einverständnis des schwerbehinderten Menschen möglich und für den Arbeitgeber zumutbar ist.

(2) Das Integrationsamt soll die Zustimmung erteilen, wenn dem schwerbehinderten Menschen ein anderer angemessener und zumutbarer Arbeitsplatz gesichert ist.

(3) Ist das Insolvenzverfahren über das Vermögen des Arbeitgebers eröffnet, soll das Integrationsamt die Zustimmung erteilen, wenn

1. der schwerbehinderte Mensch in einem Interessenausgleich namentlich als einer der zu entlassenden Arbeitnehmer bezeichnet ist (§ 125 der Insolvenzordnung),
2. die Schwerbehindertenvertretung beim Zustandekommen des Interessenausgleichs gemäß § 95 Abs. 2 beteiligt worden ist,
3. der Anteil der nach dem Interessenausgleich zu entlassenden schwerbehinderten Menschen an der Zahl der beschäftigten schwerbehinderten Menschen nicht größer ist als der Anteil der zu entlassenden übrigen Arbeitnehmer an der Zahl der beschäftigten übrigen Arbeitnehmer und
4. die Gesamtzahl der schwerbehinderten Menschen, die nach dem Interessenausgleich bei dem Arbeitgeber verbleiben sollen, zur Erfüllung der Beschäftigungspflicht nach § 71 ausreicht.

§ 90 Ausnahmen

(1) Die Vorschriften dieses Kapitels gelten nicht für schwerbehinderte Menschen,

1. deren Arbeitsverhältnis zum Zeitpunkt des Zugangs der Kündigungserklärung ohne Unterbrechung noch nicht länger als sechs Monate besteht oder
2. die auf Stellen im Sinne des § 73 Abs. 2 Nr. 2 bis 5 beschäftigt werden oder
3. deren Arbeitsverhältnis durch Kündigung beendet wird, sofern sie
   a) das 58. Lebensjahr vollendet haben und Anspruch auf eine Abfindung, Entschädigung oder ähnliche Leistung auf Grund eines Sozialplanes haben oder
   b) Anspruch auf Knappschaftsausgleichsleistung nach dem Sechsten Buch oder auf Anpassungsgeld für entlassene Arbeitnehmer des Bergbaus haben,

   wenn der Arbeitgeber ihnen die Kündigungsabsicht rechtzeitig mitgeteilt hat und sie der beabsichtigten Kündigung bis zu deren Ausspruch nicht widersprechen.

(2) Die Vorschriften dieses Kapitels finden ferner bei Entlassungen, die aus Witterungsgründen vorgenommen werden, keine Anwendung, sofern die Wiedereinstellung der schwerbehinderten Menschen bei Wiederaufnahme der Arbeit gewährleistet ist.

(2a) Die Vorschriften dieses Kapitels finden ferner keine Anwendung, wenn zum Zeitpunkt der Kündigung die Eigenschaft als schwerbehinderter Mensch nicht nachgewiesen ist oder das Versorgungsamt nach Ablauf der Frist des § 69 Abs. 1 Satz 2 eine Feststellung wegen fehlender Mitwirkung nicht treffen konnte.

(3) Der Arbeitgeber zeigt Einstellungen auf Probe und die Beendigung von Arbeitsverhältnissen schwerbehinderter Menschen in den Fällen des Absatzes 1 Nr. 1 unabhängig von der Anzeigepflicht nach anderen Gesetzen dem Integrationsamt innerhalb von vier Tagen an.

§ 91 Außerordentliche Kündigung

(1) Die Vorschriften dieses Kapitels gelten mit Ausnahme von § 86 auch bei außerordentlicher Kündigung, soweit sich aus den folgenden Bestimmungen nichts Abweichendes ergibt.

(2) $_{1}$Die Zustimmung zur Kündigung kann nur innerhalb von zwei Wochen beantragt werden; maßgebend ist der Eingang des Antrages bei dem Integrationsamt. $_{2}$Die Frist beginnt mit dem Zeitpunkt, in dem der Arbeitgeber von den für die Kündigung maßgebenden Tatsachen Kenntnis erlangt.

(3) $_{1}$Das Integrationsamt trifft die Entscheidung innerhalb von zwei Wochen vom Tage des Eingangs des Antrages an. $_{2}$Wird innerhalb dieser Frist eine Entscheidung nicht getroffen, gilt die Zustimmung als erteilt.

(4) Das Integrationsamt soll die Zustimmung erteilen, wenn die Kündigung aus einem Grunde erfolgt, der nicht im Zusammenhang mit der Behinderung steht.

(5) Die Kündigung kann auch nach Ablauf der Frist des § 626 Abs. 2 Satz 1 des Bürgerlichen Gesetzbuchs erfolgen, wenn sie unverzüglich nach Erteilung der Zustimmung erklärt wird.

(6) Schwerbehinderte Menschen, denen lediglich aus Anlass eines Streiks oder einer Aussperrung fristlos gekündigt worden ist, werden nach Beendigung des Streiks oder der Aussperrung wieder eingestellt.

§ 92 Erweiterter Beendigungsschutz

$_{1}$Die Beendigung des Arbeitsverhältnisses eines schwerbehinderten Menschen bedarf auch dann der vorherigen Zustimmung des Integrationsamtes, wenn sie im Falle des Eintritts einer teilweisen Erwerbsminderung, der Erwerbsminderung auf Zeit, der Berufsunfähigkeit oder der Erwerbsunfähigkeit auf Zeit ohne Kündigung erfolgt. $_{2}$Die Vorschriften dieses Kapitels über die Zustimmung zur ordentlichen Kündigung gelten entsprechend.

Kapitel 5
Betriebs-, Personal-, Richter-, Staatsanwalts- und Präsidialrat, Schwerbehindertenvertretung, Beauftragter des Arbeitgebers

§ 93 Aufgaben des Betriebs-, Personal-, Richter-, Staatsanwalts- und Präsidialrates

$_{1}$Betriebs-, Personal-, Richter-, Staatsanwalts- und Präsidialrat fördern die Eingliederung schwerbehinderter Menschen. $_{2}$Sie achten insbesondere darauf, dass die dem Arbeitgeber nach den §§ 71, 72 und 81 bis 84 obliegenden Verpflichtungen erfüllt werden; sie wirken auf die Wahl der Schwerbehindertenvertretung hin.

§ 94 Wahl und Amtszeit der Schwerbehindertenvertretung

(1) $_{1}$In Betrieben und Dienststellen, in denen wenigstens fünf schwerbehinderte Menschen nicht nur vorübergehend beschäftigt sind, werden eine Vertrauensperson und wenigstens ein stellvertretendes Mitglied gewählt, das die Vertrauensperson im Falle der Verhinderung durch Abwesenheit oder Wahrnehmung anderer Aufgaben vertritt. $_{2}$Ferner wählen bei Gerichten, denen mindestens fünf schwerbehinderte Richter oder Richterinnen angehören, diese einen Richter oder eine Richterin zu ihrer Schwerbehindertenvertretung. $_{3}$Satz 2 gilt entsprechend für Staatsanwälte oder Staatsanwältinnen, soweit für sie eine besondere Personalvertretung gebildet wird. $_{4}$Betriebe oder Dienststellen, die die Voraussetzungen des Satzes 1 nicht erfüllen, können für die Wahl mit räumlich nahe liegenden Betrieben des Arbeitgebers oder gleichstufigen Dienststellen derselben Verwaltung zusammengefasst werden; soweit erforderlich, können Gerichte unterschiedli-

cher Gerichtszweige und Stufen zusammengefasst werden. $_{5}$Über die Zusammenfassung entscheidet der Arbeitgeber im Benehmen mit dem für den Sitz der Betriebe oder Dienststellen einschließlich Gerichten zuständigen Integrationsamt.

(2) Wahlberechtigt sind alle in dem Betrieb oder der Dienststelle beschäftigten schwerbehinderten Menschen.

(3) $_{1}$Wählbar sind alle in dem Betrieb oder der Dienststelle nicht nur vorübergehend Beschäftigten, die am Wahltage das 18. Lebensjahr vollendet haben und dem Betrieb oder der Dienststelle seit sechs Monaten angehören; besteht der Betrieb oder die Dienststelle weniger als ein Jahr, so bedarf es für die Wählbarkeit nicht der sechsmonatigen Zugehörigkeit. $_{2}$Nicht wählbar ist, wer kraft Gesetzes dem Betriebs-, Personal-, Richter-, Staatsanwalts- oder Präsidialrat nicht angehören kann.

(4) Bei Dienststellen der Bundeswehr, bei denen eine Vertretung der Soldaten nach dem Bundespersonalvertretungsgesetz zu wählen ist, sind auch schwerbehinderte Soldaten und Soldatinnen wahlberechtigt und auch Soldaten und Soldatinnen wählbar.

(5) $_{1}$Die regelmäßigen Wahlen finden alle vier Jahre in der Zeit vom 1. Oktober bis 30. November statt. $_{2}$Außerhalb dieser Zeit finden Wahlen statt, wenn

1. das Amt der Schwerbehindertenvertretung vorzeitig erlischt und ein stellvertretendes Mitglied nicht nachrückt,
2. die Wahl mit Erfolg angefochten worden ist oder
3. eine Schwerbehindertenvertretung noch nicht gewählt ist.

$_{3}$Hat außerhalb des für die regelmäßigen Wahlen festgelegten Zeitraumes eine Wahl der Schwerbehindertenvertretung stattgefunden, wird die Schwerbehindertenvertretung in dem auf die Wahl folgenden nächsten Zeitraum der regelmäßigen Wahlen neu gewählt. $_{4}$Hat die Amtszeit der Schwerbehindertenvertretung zum Beginn des für die regelmäßigen Wahlen festgelegten Zeitraums noch nicht ein Jahr betragen, wird die Schwerbehindertenvertretung im übernächsten Zeitraum für regelmäßige Wahlen neu gewählt.

(6) $_{1}$Die Vertrauensperson und das stellvertretende Mitglied werden in geheimer und unmittelbarer Wahl nach den Grundsätzen der Mehrheitswahl gewählt. $_{2}$Im Übrigen sind die Vorschriften über die Wahlanfechtung, den Wahlschutz und die Wahlkosten bei der Wahl des Betriebs-, Personal-, Richter-, Staatsanwalts- oder Präsidialrates sinngemäß anzuwenden. $_{3}$In Betrieben und Dienststellen mit weniger als 50 wahlberechtigten schwerbehinderten Menschen wird die Vertrauensperson und das stellvertretende Mitglied im vereinfachten Wahlverfahren gewählt, sofern der Betrieb oder die Dienststelle nicht aus räumlich weit auseinander liegenden Teilen besteht. $_{4}$Ist in einem Betrieb oder einer Dienststelle eine Schwerbehindertenvertretung nicht gewählt, so kann das für den Betrieb oder die Dienststelle zuständige Integrationsamt zu einer Versammlung schwerbehinderter Menschen zum Zwecke der Wahl eines Wahlvorstandes einladen.

(7) $_{1}$Die Amtszeit der Schwerbehindertenvertretung beträgt vier Jahre. $_{2}$Sie beginnt mit der Bekanntgabe des Wahlergebnisses oder, wenn die Amtszeit der bisherigen Schwerbehindertenvertretung noch nicht beendet ist, mit deren Ablauf. $_{3}$Das Amt erlischt vorzeitig, wenn die Vertrauensperson es niederlegt, aus dem Arbeits-, Dienst- oder Richterverhältnis ausscheidet oder die Wählbarkeit verliert. $_{4}$Scheidet die Vertrauensperson vorzeitig aus dem Amt aus, rückt das mit der höchsten Stimmenzahl gewählte stellvertretende Mitglied für den Rest der Amtszeit nach; dies gilt für das stellvertretende Mitglied entsprechend. $_{5}$Auf Antrag eines Viertels der wahlberechtigten schwerbehinderten Menschen kann der Widerspruchsausschuss bei dem Integrationsamt (§ 119) das Erlöschen des Amtes einer Vertrauensperson wegen grober Verletzung ihrer Pflichten beschließen.

§ 95 Aufgaben der Schwerbehindertenvertretung

(1) $_{1}$Die Schwerbehindertenvertretung fördert die Eingliederung schwerbehinderter Menschen in den Betrieb oder die Dienststelle, vertritt ihre Interessen in dem Betrieb oder der Dienststelle und steht ihnen beratend und helfend zur Seite. $_{2}$Sie erfüllt ihre Aufgaben insbesondere dadurch, dass sie

1. darüber wacht, dass die zugunsten schwerbehinderter Menschen geltenden Gesetze, Verordnungen, Tarifverträge, Betriebs- oder Dienstvereinbarungen und Verwaltungsanordnungen durchgeführt, insbesondere auch die dem Arbeitgeber nach den §§ 71, 72 und 81 bis 84 obliegenden Verpflichtungen erfüllt werden,
2. Maßnahmen, die den schwerbehinderten Menschen dienen, insbesondere auch präventive Maßnahmen bei den zuständigen Stellen beantragt,
3. Anregungen und Beschwerden von schwerbehinderten Menschen entgegennimmt und, falls sie berechtigt erscheinen, durch Verhandlung mit dem Arbeitgeber auf eine Erledigung hinwirkt; sie unterrichtet die schwerbehinderten Menschen über den Stand und das Ergebnis der Verhandlungen.

$_{3}$Die Schwerbehindertenvertretung unterstützt Beschäftigte auch bei Anträgen an die nach § 69 Abs. 1 zuständigen Behörden auf Feststellung einer Behinderung, ihres Grades und einer Schwerbehinderung sowie bei Anträgen auf Gleichstellung an die Agentur für Arbeit. $_{4}$In Betrieben und Dienststellen mit in der Regel mehr als 100 schwerbehinderten Menschen kann sie nach Unterrichtung des Arbeitgebers das mit der höchsten Stimmenzahl gewählte stellvertretende Mitglied zu bestimmten Aufgaben heranziehen, in Betrieben und Dienststellen mit mehr als 200 schwerbehinderten Menschen, das mit der nächsthöchsten Stimmzahl gewählte weitere stellvertretende Mitglied. $_{5}$Die Heranziehung zu bestimmten Aufgaben schließt die Abstimmung untereinander ein.

(2) $_{1}$Der Arbeitgeber hat die Schwerbehindertenvertretung in allen Angelegenheiten, die einen einzelnen oder die schwerbehinderten Menschen als Gruppe berühren, unverzüglich und umfassend zu unterrichten und vor einer Entscheidung anzuhören; er hat ihr die getroffene Entscheidung unverzüglich mitzuteilen. $_{2}$Die Durchführung oder Vollziehung einer ohne Beteiligung nach Satz 1 getroffenen Entscheidung ist auszusetzen, die Beteiligung ist innerhalb von sieben Tagen nachzuholen; sodann ist endgültig zu entscheiden. $_{3}$Die Schwerbehindertenvertretung hat das Recht auf Beteiligung am Verfahren nach § 81 Abs. 1 und beim Vorliegen von Vermittlungsvorschlägen der Bundesagentur für Arbeit nach § 81 Abs. 1 oder von Bewerbungen schwerbehinderter Menschen das Recht auf Einsicht in die entscheidungsrelevanten Teile der Bewerbungsunterlagen und Teilnahme an Vorstellungsgesprächen.

(3) $_{1}$Der schwerbehinderte Mensch hat das Recht, bei Einsicht in die über ihn geführte Personalakte oder ihn betreffende Daten des Arbeitgebers die Schwerbehindertenvertretung hinzuzuziehen. $_{2}$Die Schwerbehindertenvertretung bewahrt über den Inhalt der Daten Stillschweigen, soweit sie der schwerbehinderte Mensch nicht von dieser Verpflichtung entbunden hat.

(4) $_{1}$Die Schwerbehindertenvertretung hat das Recht, an allen Sitzungen des Betriebs-, Personal-, Richter-, Staatsanwalts- oder Präsidialrates und deren Ausschüssen sowie des Arbeitsschutzausschusses beratend teilzunehmen; sie kann beantragen, Angelegenheiten, die einzelne oder die schwerbehinderten Menschen als Gruppe besonders betreffen, auf die Tagesordnung der nächsten Sitzung zu setzen. $_{2}$Erachtet sie einen Beschluss des Betriebs-, Personal-, Richter-, Staatsanwalts- oder Präsidialrates als eine erhebliche Beeinträchtigung wichtiger Interessen schwerbehinderter Menschen oder ist sie entgegen Absatz 2 Satz 1 nicht beteiligt worden, wird auf ihren Antrag der Beschluss für die Dauer von einer Woche vom Zeitpunkt der Beschlussfassung an ausgesetzt; die Vorschriften des Betriebsverfassungsgesetzes und des

Personalvertretungsrechtes über die Aussetzung von Beschlüssen gelten entsprechend. 3Durch die Aussetzung wird eine Frist nicht verlängert. 4In den Fällen des § 21e Abs. 1 und 3 des Gerichtsverfassungsgesetzes ist die Schwerbehindertenvertretung, außer in Eilfällen, auf Antrag eines betroffenen schwerbehinderten Richters oder einer schwerbehinderten Richterin vor dem Präsidium des Gerichtes zu hören.

(5) Die Schwerbehindertenvertretung wird zu Besprechungen nach § 74 Abs. 1 des Betriebsverfassungsgesetzes, § 66 Abs. 1 des Bundespersonalvertretungsgesetzes sowie den entsprechenden Vorschriften des sonstigen Personalvertretungsrechtes zwischen dem Arbeitgeber und den in Absatz 4 genannten Vertretungen hinzugezogen.

(6) 1Die Schwerbehindertenvertretung hat das Recht, mindestens einmal im Kalenderjahr eine Versammlung schwerbehinderter Menschen im Betrieb oder in der Dienststelle durchzuführen. 2Die für Betriebs- und Personalversammlungen geltenden Vorschriften finden entsprechende Anwendung.

(7) Sind in einer Angelegenheit sowohl die Schwerbehindertenvertretung der Richter und Richterinnen als auch die Schwerbehindertenvertretung der übrigen Bediensteten beteiligt, so handeln sie gemeinsam.

(8) Die Schwerbehindertenvertretung kann an Betriebs- und Personalversammlungen in Betrieben und Dienststellen teilnehmen, für die sie als Schwerbehindertenvertretung zuständig ist, und hat dort ein Rederecht, auch wenn die Mitglieder der Schwerbehindertenvertretung nicht Angehörige des Betriebes oder der Dienststelle sind.

§ 96 Persönliche Rechte und Pflichten der Vertrauenspersonen der schwerbehinderten Menschen

(1) Die Vertrauenspersonen führen ihr Amt unentgeltlich als Ehrenamt.

(2) Die Vertrauenspersonen dürfen in der Ausübung ihres Amtes nicht behindert oder wegen ihres Amtes nicht benachteiligt oder begünstigt werden; dies gilt auch für ihre berufliche Entwicklung.

(3) 1Die Vertrauenspersonen besitzen gegenüber dem Arbeitgeber die gleiche persönliche Rechtsstellung, insbesondere den gleichen Kündigungs-, Versetzungs- und Abordnungsschutz wie ein Mitglied des Betriebs-, Personal-, Staatsanwalts- oder Richterrates. 2Das stellvertretende Mitglied besitzt während der Dauer der Vertretung und der Heranziehung nach § 95 Abs. 1 Satz 4 die gleiche persönliche Rechtsstellung wie die Vertrauensperson, im Übrigen die gleiche Rechtsstellung wie Ersatzmitglieder der in Satz 1 genannten Vertretungen.

(4) 1Die Vertrauenspersonen werden von ihrer beruflichen Tätigkeit ohne Minderung des Arbeitsentgelts oder der Dienstbezüge befreit, wenn und soweit es zur Durchführung ihrer Aufgaben erforderlich ist. 2Sind in den Betrieben und Dienststellen in der Regel wenigstens 200 schwerbehinderte Menschen beschäftigt, wird die Vertrauensperson auf ihren Wunsch freigestellt; weiter gehende Vereinbarungen sind zulässig. 3Satz 1 gilt entsprechend für die Teilnahme an Schulungs- und Bildungsveranstaltungen, soweit diese Kenntnisse vermitteln, die für die Arbeit der Schwerbehindertenvertretung erforderlich sind. 4Satz 3 gilt auch für das mit der höchsten Stimmenzahl gewählte stellvertretende Mitglied, wenn wegen

1. ständiger Heranziehung nach § 95,
2. häufiger Vertretung der Vertrauensperson für längere Zeit,
3. absehbaren Nachrückens in das Amt der Schwerbehindertenvertretung in kurzer Frist

die Teilnahme an Bildungs- und Schulungsveranstaltungen erforderlich ist.

(5) 1Freigestellte Vertrauenspersonen dürfen von inner- oder außerbetrieblichen Maßnahmen der Berufsförderung nicht ausgeschlossen werden. 2Innerhalb eines Jahres nach Beendigung ihrer Freistellung ist ihnen im Rahmen der Möglichkeiten des Betriebes oder der Dienststelle Gelegenheit zu geben, eine wegen der Freistellung unterbliebene berufliche Entwicklung in dem Betrieb oder der Dienststelle nachzuholen. 3Für Vertrauenspersonen,

die drei volle, aufeinander folgende Amtszeiten freigestellt waren, erhöht sich der genannte Zeitraum auf zwei Jahre.

(6) Zum Ausgleich für ihre Tätigkeit, die aus betriebsbedingten oder dienstlichen Gründen außerhalb der Arbeitszeit durchzuführen ist, haben die Vertrauenspersonen Anspruch auf entsprechende Arbeits- oder Dienstbefreiung unter Fortzahlung des Arbeitsentgelts oder der Dienstbezüge.

(7) ₁Die Vertrauenspersonen sind verpflichtet,

1. über ihnen wegen ihres Amtes bekannt gewordene persönliche Verhältnisse und Angelegenheiten von Beschäftigten im Sinne des § 73, die ihrer Bedeutung oder ihrem Inhalt nach einer vertraulichen Behandlung bedürfen, Stillschweigen zu bewahren und
2. ihnen wegen ihres Amtes bekannt gewordene und vom Arbeitgeber ausdrücklich als geheimhaltungsbedürftig bezeichnete Betriebs- oder Geschäftsgeheimnisse nicht zu offenbaren und nicht zu verwerten.

₂Diese Pflichten gelten auch nach dem Ausscheiden aus dem Amt. ₃Sie gelten nicht gegenüber der Bundesagentur für Arbeit, den Integrationsämtern und den Rehabilitationsträgern, soweit deren Aufgaben den schwerbehinderten Menschen gegenüber es erfordern, gegenüber den Vertrauenspersonen in den Stufenvertretungen (§ 97) sowie gegenüber den in § 79 Abs. 1 des Betriebsverfassungsgesetzes und den in den entsprechenden Vorschriften des Personalvertretungsrechtes genannten Vertretungen, Personen und Stellen.

(8) ₁Die durch die Tätigkeit der Schwerbehindertenvertretung entstehenden Kosten trägt der Arbeitgeber. ₂Das Gleiche gilt für die durch die Teilnahme des mit der höchsten Stimmenzahl gewählten stellvertretenden Mitglieds an Schulungs- und Bildungsveranstaltungen nach Absatz 4 Satz 3 entstehenden Kosten.

(9) Die Räume und der Geschäftsbedarf, die der Arbeitgeber dem Betriebs-, Personal-, Richter-, Staatsanwalts- oder Präsidialrat für dessen Sitzungen, Sprechstunden und laufende Geschäftsführung zur Verfügung stellt, stehen für die gleichen Zwecke auch der Schwerbehindertenvertretung zur Verfügung, soweit ihr hierfür nicht eigene Räume und sächliche Mittel zur Verfügung gestellt werden.

§ 97 Konzern-, Gesamt-, Bezirks- und Hauptschwerbehindertenvertretung

(1) ₁Ist für mehrere Betriebe eines Arbeitgebers ein Gesamtbetriebsrat oder für den Geschäftsbereich mehrerer Dienststellen ein Gesamtpersonalrat errichtet, wählen die Schwerbehindertenvertretungen der einzelnen Betriebe oder Dienststellen eine Gesamtschwerbehindertenvertretung. ₂Ist eine Schwerbehindertenvertretung nur in einem der Betriebe oder in einer der Dienststellen gewählt, nimmt sie die Rechte und Pflichten der Gesamtschwerbehindertenvertretung wahr.

(2) ₁Ist für mehrere Unternehmen ein Konzernbetriebsrat errichtet, wählen die Gesamtschwerbehindertenvertretungen eine Konzernschwerbehindertenvertretung. ₂Besteht ein Konzernunternehmen nur aus einem Betrieb, für den eine Schwerbehindertenvertretung gewählt ist, hat sie das Wahlrecht wie eine Gesamtschwerbehindertenvertretung.

(3) ₁Für den Geschäftsbereich mehrstufiger Verwaltungen, bei denen ein Bezirks- oder Hauptpersonalrat gebildet ist, gilt Absatz 1 sinngemäß mit der Maßgabe, dass bei den Mittelbehörden von deren Schwerbehindertenvertretung und den Schwerbehindertenvertretungen der nachgeordneten Dienststellen eine Bezirksschwerbehindertenvertretung zu wählen ist. ₂Bei den obersten Dienstbehörden ist von deren Schwerbehindertenvertretung und den Bezirksschwerbehindertenvertretungen des Geschäftsbereichs eine Hauptschwerbehindertenvertretung zu wählen; ist die Zahl der Bezirksschwerbehindertenvertretungen niedriger als zehn, sind auch die Schwerbehindertenvertretungen der nachgeordneten Dienststellen wahlberechtigt.

(4) $_{1}$Für Gerichte eines Zweiges der Gerichtsbarkeit, für die ein Bezirks- oder Hauptrichterrat gebildet ist, gilt Absatz 3 entsprechend. $_{2}$Sind in einem Zweig der Gerichtsbarkeit bei den Gerichten der Länder mehrere Schwerbehindertenvertretungen nach § 94 zu wählen und ist in diesem Zweig kein Hauptrichterrat gebildet, ist in entsprechender Anwendung von Absatz 3 eine Hauptschwerbehindertenvertretung zu wählen. $_{3}$Die Hauptschwerbehindertenvertretung nimmt die Aufgabe der Schwerbehindertenvertretung gegenüber dem Präsidialrat wahr.

(5) Für jede Vertrauensperson, die nach den Absätzen 1 bis 4 neu zu wählen ist, wird wenigstens ein stellvertretendes Mitglied gewählt.

(6) $_{1}$Die Gesamtschwerbehindertenvertretung vertritt die Interessen der schwerbehinderten Menschen in Angelegenheiten, die das Gesamtunternehmen oder mehrere Betriebe oder Dienststellen des Arbeitgebers betreffen und von den Schwerbehindertenvertretungen der einzelnen Betriebe oder Dienststellen nicht geregelt werden können, sowie die Interessen der schwerbehinderten Menschen, die in einem Betrieb oder einer Dienststelle tätig sind, für die eine Schwerbehindertenvertretung nicht gewählt ist; dies umfasst auch Verhandlungen und den Abschluss entsprechender Integrationsvereinbarungen. $_{2}$Satz 1 gilt entsprechend für die Konzern-, Bezirks- und Hauptschwerbehindertenvertretung sowie für die Schwerbehindertenvertretung der obersten Dienstbehörde, wenn bei einer mehrstufigen Verwaltung Stufenvertretungen nicht gewählt sind. $_{3}$Die nach Satz 2 zuständige Schwerbehindertenvertretung ist auch in persönlichen Angelegenheiten schwerbehinderter Menschen, über die eine übergeordnete Dienststelle entscheidet, zuständig; sie gibt der Schwerbehindertenvertretung der Dienststelle, die den schwerbehinderten Menschen beschäftigt, Gelegenheit zur Äußerung. $_{4}$Satz 3 gilt nicht in den Fällen, in denen der Personalrat der Beschäftigungsbehörde zu beteiligen ist.

(7) $_{1}$§ 94 Abs. 3 bis 7, § 95 Abs. 1 Satz 4, Abs. 2, 4, 5 und 7 und § 96 gelten entsprechend. $_{2}$§ 94 Abs. 5 mit der Maßgabe, dass die Wahl der Gesamt- und Bezirksschwerbehindertenvertretungen in der Zeit vom 1. Dezember bis 31. Januar, die der Konzern- und Hauptschwerbehindertenvertretungen in der Zeit vom 1. Februar bis 31. März stattfindet.

(8) § 95 Abs. 6 gilt für die Durchführung von Versammlungen der Vertrauens- und der Bezirksvertrauenspersonen durch die Gesamt-, Bezirks- oder Hauptschwerbehindertenvertretung entsprechend.

§ 98 Beauftragter des Arbeitgebers

$_{1}$Der Arbeitgeber bestellt einen Beauftragten, der ihn in Angelegenheiten schwerbehinderter Menschen verantwortlich vertritt; falls erforderlich, können mehrere Beauftragte bestellt werden. $_{2}$Der Beauftragte soll nach Möglichkeit selbst ein schwerbehinderter Mensch sein. $_{3}$Der Beauftragte achtet vor allem darauf, dass dem Arbeitgeber obliegende Verpflichtungen erfüllt werden.

§ 99 Zusammenarbeit

(1) Arbeitgeber, Beauftragter des Arbeitgebers, Schwerbehindertenvertretung und Betriebs-, Personal-, Richter-, Staatsanwalts- oder Präsidialrat arbeiten zur Teilhabe schwerbehinderter Menschen am Arbeitsleben in dem Betrieb oder der Dienststelle eng zusammen.

(2) $_{1}$Die in Absatz 1 genannten Personen und Vertretungen, die mit der Durchführung des Teils 2 beauftragten Stellen und die Rehabilitationsträger unterstützen sich gegenseitig bei der Erfüllung ihrer Aufgaben. $_{2}$Vertrauensperson und Beauftragter des Arbeitgebers sind Verbindungspersonen zur Bundesagentur für Arbeit und zu dem Integrationsamt.

§ 100 Verordnungsermächtigung

Die Bundesregierung wird ermächtigt, durch Rechtsverordnung mit Zustimmung des Bundesrates nähere Vorschriften über die Vorbereitung und Durchführung der Wahl der Schwerbehindertenvertretung und ihrer Stufenvertretungen zu erlassen.

Kapitel 6
Durchführung der besonderen Regelungen zur Teilhabe schwerbehinderter Menschen

§ 101 Zusammenarbeit der Integrationsämter und der Bundesagentur für Arbeit

(1) Soweit die besonderen Regelungen zur Teilhabe schwerbehinderter Menschen am Arbeitsleben nicht durch freie Entschließung der Arbeitgeber erfüllt werden, werden sie

1. in den Ländern von dem Amt für die Sicherung der Integration schwerbehinderter Menschen im Arbeitsleben (Integrationsamt) und
2. von der Bundesagentur für Arbeit

in enger Zusammenarbeit durchgeführt.

(2) Die den Rehabilitationsträgern nach den geltenden Vorschriften obliegenden Aufgaben bleiben unberührt.

§ 102 Aufgaben des Integrationsamtes

(1) $_{1}$Das Integrationsamt hat folgende Aufgaben

1. die Erhebung und Verwendung der Ausgleichsabgabe,
2. den Kündigungsschutz,
3. die begleitende Hilfe im Arbeitsleben,
4. die zeitweilige Entziehung der besonderen Hilfen für schwerbehinderte Menschen (§ 117).

$_{2}$Die Integrationsämter werden so ausgestattet, dass sie ihre Aufgaben umfassend und qualifiziert erfüllen können. $_{3}$Hierfür wird besonders geschultes Personal mit Fachkenntnissen des Schwerbehindertenrechts eingesetzt.

(2) $_{1}$Die begleitende Hilfe im Arbeitsleben wird in enger Zusammenarbeit mit der Bundesagentur für Arbeit und den übrigen Rehabilitationsträgern durchgeführt. $_{2}$Sie soll dahin wirken, dass die schwerbehinderten Menschen in ihrer sozialen Stellung nicht absinken, auf Arbeitsplätzen beschäftigt werden, auf denen sie ihre Fähigkeiten und Kenntnisse voll verwerten und weiterentwickeln können sowie durch Leistungen der Rehabilitationsträger und Maßnahmen der Arbeitgeber befähigt werden, sich am Arbeitsplatz und im Wettbewerb mit nichtbehinderten Menschen zu behaupten. $_{3}$Dabei gelten als Arbeitsplätze auch Stellen, auf denen Beschäftigte befristet oder als Teilzeitbeschäftigte in einem Umfang von mindestens 15 Stunden wöchentlich beschäftigt werden. $_{4}$Die begleitende Hilfe im Arbeitsleben umfasst auch die nach den Umständen des Einzelfalls notwendige psychosoziale Betreuung schwerbehinderter Menschen. $_{5}$Das Integrationsamt kann bei der Durchführung der begleitenden Hilfen im Arbeitsleben Integrationsfachdienste einschließlich psychosozialer Dienste freier gemeinnütziger Einrichtungen und Organisationen beteiligen. $_{6}$Das Integrationsamt soll außerdem darauf Einfluss nehmen, dass Schwierigkeiten im Arbeitsleben verhindert oder beseitigt werden; es führt hierzu auch Schulungs- und Bildungsmaßnahmen für Vertrauenspersonen, Beauftragte der Arbeitgeber, Betriebs-, Personal-, Richter-, Staatsanwalts- und Präsidialräte durch. $_{7}$Das Integrationsamt benennt in enger Abstimmung mit den Beteiligten des örtlichen Arbeitsmarktes Ansprechpartner, die in Handwerks- sowie in Industrie- und Handelskammern für die Arbeitgeber zur Verfügung stehen, um sie über Funktion und Aufgaben der Integrationsfachdienste aufzuklären, über Möglichkeiten der begleitenden Hilfe im Arbeitsleben zu informieren und Kontakt zum Integrationsfachdienst herzustellen.

(3) $_{1}$Das Integrationsamt kann im Rahmen seiner Zuständigkeit für die begleitende Hilfe im Arbeitsleben aus den ihm zur Verfügung stehenden Mitteln auch Geldleistungen erbringen, insbesondere

1. an schwerbehinderte Menschen
   a) für technische Arbeitshilfen,
   b) zum Erreichen des Arbeitsplatzes,
   c) zur Gründung und Erhaltung einer selbständigen beruflichen Existenz,
   d) zur Beschaffung, Ausstattung und Erhaltung einer behinderungsgerechten Wohnung,

   e) zur Teilnahme an Maßnahmen zur Erhaltung und Erweiterung beruflicher Kenntnisse und Fertigkeiten und
   f) in besonderen Lebenslagen,
2. an Arbeitgeber
   a) zur behinderungsgerechten Einrichtung von Arbeits- und Ausbildungsplätzen für schwerbehinderte Menschen,
   b) für Zuschüsse zu Gebühren, insbesondere Prüfungsgebühren, bei der Berufsausbildung besonders betroffener schwerbehinderter Jugendlicher und junger Erwachsener,
   c) für Prämien und Zuschüsse zu den Kosten der Berufsausbildung behinderter Jugendlicher und junger Erwachsener, die für die Zeit der Berufsausbildung schwerbehinderten Menschen nach § 68 Abs. 4 gleichgestellt worden sind,
   d) für Prämien zur Einführung eines betrieblichen Eingliederungsmanagements und
   e) für außergewöhnliche Belastungen, die mit der Beschäftigung schwerbehinderter Menschen im Sinne des § 72 Abs. 1 Nr. 1 Buchstabe a bis d, von schwerbehinderten Menschen im Anschluss an eine Beschäftigung in einer anerkannten Werkstatt für behinderte Menschen oder im Sinne des § 75 Abs. 2 verbunden sind, vor allem, wenn ohne diese Leistungen das Beschäftigungsverhältnis gefährdet würde,

3. an Träger von Integrationsfachdiensten einschließlich psychosozialer Dienste freier gemeinnütziger Einrichtungen und Organisationen sowie an Träger von Integrationsprojekten.

$_{2}$Es kann ferner Leistungen zur Durchführung von Aufklärungs-, Schulungs- und Bildungsmaßnahmen erbringen.

(3a) Schwerbehinderte Menschen haben im Rahmen der Zuständigkeit des Integrationsamtes aus den ihm aus der Ausgleichsabgabe zur Verfügung stehenden Mitteln Anspruch auf Übernahme der Kosten einer Berufsbegleitung nach § 38a Abs. 3.

(4) Schwerbehinderte Menschen haben im Rahmen der Zuständigkeit des Integrationsamtes für die begleitende Hilfe im Arbeitsleben aus den ihm aus der Ausgleichsabgabe zur Verfügung stehenden Mitteln Anspruch auf Übernahme der Kosten einer notwendigen Arbeitsassistenz.

(5) $_{1}$Verpflichtungen anderer werden durch die Absätze 3 und 4 nicht berührt. $_{2}$Leistungen der Rehabilitationsträger nach § 6 Abs. 1 Nr. 1 bis 5 dürfen, auch wenn auf sie ein Rechtsanspruch nicht besteht, nicht deshalb versagt werden, weil nach den besonderen Regelungen für schwerbehinderte Menschen entsprechende Leistungen vorgesehen sind; eine Aufstockung durch Leistungen des Integrationsamtes findet nicht statt.

(6) $_{1}$§ 14 gilt sinngemäß, wenn bei dem Integrationsamt eine Leistung zur Teilhabe am Arbeitsleben beantragt wird. $_{2}$Das Gleiche gilt, wenn ein Antrag bei einem Rehabilitationsträger gestellt und der Antrag von diesem nach § 16 Abs. 2 des Ersten Buches an das Integrationsamt weitergeleitet worden ist. $_{3}$Ist die unverzügliche Erbringung einer Leistung zur Teilhabe am Arbeitsleben erforderlich, so kann das Integrationsamt die Leistung vorläufig erbringen. $_{4}$Hat das Integrationsamt eine Leistung erbracht, für die ein anderer Träger zuständig ist, so erstattet dieser die auf die Leistung entfallenden Aufwendungen.

(7) $_{1}$Das Integrationsamt kann seine Leistungen zur begleitenden Hilfe im Arbeitsleben auch als persönliches Budget ausführen. $_{2}$§ 17 gilt entsprechend.

§ 103 Beratender Ausschuss für behinderte Menschen bei dem Integrationsamt

(1) $_{1}$Bei jedem Integrationsamt wird ein Beratender Ausschuss für behinderte Menschen gebildet, der die Teilhabe der behinderten Menschen am Arbeitsleben fördert, das Integrationsamt bei der Durchführung der besonderen Regelungen für schwerbehinderte Menschen zur Teilhabe am Arbeitsleben unterstützt und bei der Vergabe der Mittel der Ausgleichsabgabe mitwirkt. $_{2}$Soweit die Mittel der Ausgleichsabgabe zur institutionellen

Förderung verwendet werden, macht der Beratende Ausschuss Vorschläge für die Entscheidungen des Integrationsamtes.

(2) Der Ausschuss besteht aus zehn Mitgliedern, und zwar aus

- zwei Mitgliedern, die die Arbeitnehmer und Arbeitnehmerinnen vertreten,
- zwei Mitgliedern, die die privaten und öffentlichen Arbeitgeber vertreten,
- vier Mitgliedern, die die Organisationen behinderter Menschen vertreten,
- einem Mitglied, das das jeweilige Land vertritt,
- einem Mitglied, das die Bundesagentur für Arbeit vertritt.

(3) 1Für jedes Mitglied ist ein Stellvertreter oder eine Stellvertreterin zu berufen. 2Mitglieder und Stellvertreter oder Stellvertreterinnen sollen im Bezirk des Integrationsamtes ihren Wohnsitz haben.

(4) 1Das Integrationsamt beruft auf Vorschlag

- der Gewerkschaften des jeweiligen Landes zwei Mitglieder,
- der Arbeitgeberverbände des jeweiligen Landes ein Mitglied,
- der zuständigen obersten Landesbehörde oder der von ihr bestimmten Behörde ein Mitglied,
- der Organisationen behinderter Menschen des jeweiligen Landes, die nach der Zusammensetzung ihrer Mitglieder dazu berufen sind, die behinderten Menschen in ihrer Gesamtheit zu vertreten, vier Mitglieder.

2Die zuständige oberste Landesbehörde oder die von ihr bestimmte Behörde und die Bundesagentur für Arbeit berufen je ein Mitglied.

§ 104 Aufgaben der Bundesagentur für Arbeit

(1) Die Bundesagentur für Arbeit hat folgende Aufgaben:

1. die Berufsberatung, Ausbildungsvermittlung und Arbeitsvermittlung schwerbehinderter Menschen einschließlich der Vermittlung von in Werkstätten für behinderte Menschen Beschäftigten auf den allgemeinen Arbeitsmarkt,
2. die Beratung der Arbeitgeber bei der Besetzung von Ausbildungs- und Arbeitsplätzen mit schwerbehinderten Menschen,
3. die Förderung der Teilhabe schwerbehinderter Menschen am Arbeitsleben auf dem allgemeinen Arbeitsmarkt, insbesondere von schwerbehinderten Menschen,
   a) die wegen Art oder Schwere ihrer Behinderung oder sonstiger Umstände im Arbeitsleben besonders betroffen sind (§ 72 Abs. 1),
   b) die langzeitarbeitslos im Sinne des § 18 des Dritten Buches sind,
   c) die im Anschluss an eine Beschäftigung in einer anerkannten Werkstatt für behinderte Menschen oder einem Integrationsprojekt eingestellt werden,
   d) die als Teilzeitbeschäftigte eingestellt werden oder
   e) die zur Aus- oder Weiterbildung eingestellt werden,
4. im Rahmen von Arbeitsbeschaffungsmaßnahmen die besondere Förderung schwerbehinderter Menschen,
5. die Gleichstellung, deren Widerruf und Rücknahme,
6. die Durchführung des Anzeigeverfahrens (§ 80 Abs. 2 und 4),
7. die Überwachung der Erfüllung der Beschäftigungspflicht,
8. die Zulassung der Anrechnung und der Mehrfachanrechnung (§ 75 Abs. 2, § 76 Abs. 1 und 2),
9. die Erfassung der Werkstätten für behinderte Menschen, ihre Anerkennung und die Aufhebung der Anerkennung.

(2) 1Die Bundesagentur für Arbeit übermittelt dem Bundesministerium für Arbeit und Soziales jährlich die Ergebnisse ihrer Förderung der Teilhabe schwerbehinderter Menschen am Arbeitsleben auf dem allgemeinen Arbeitsmarkt nach dessen näherer Bestimmung und fachlicher Weisung. 2Zu den Ergebnissen gehören Angaben über die Zahl der geförderten

Arbeitgeber und schwerbehinderten Menschen, die insgesamt aufgewandten Mittel und die durchschnittlichen Förderungsbeträge. $_{3}$Die Bundesagentur für Arbeit veröffentlicht diese Ergebnisse.

(3) $_{1}$Die Bundesagentur für Arbeit führt befristete überregionale und regionale Arbeitsmarktprogramme zum Abbau der Arbeitslosigkeit schwerbehinderter Menschen, besonderer Gruppen schwerbehinderter Menschen, insbesondere schwerbehinderter Frauen, sowie zur Förderung des Ausbildungsplatzangebots für schwerbehinderte Menschen durch, die ihr durch Verwaltungsvereinbarung gemäß § 368 Absatz 3 Satz 2 und Absatz 4 des Dritten Buches unter Zuweisung der entsprechenden Mittel übertragen werden. $_{2}$Über den Abschluss von Verwaltungsvereinbarungen mit den Ländern ist das Bundesministerium für Arbeit und Soziales zu unterrichten.

(4) Die Bundesagentur für Arbeit richtet zur Durchführung der ihr in Teil 2 und der ihr im Dritten Buch zur Teilhabe behinderter und schwerbehinderter Menschen am Arbeitsleben übertragenen Aufgaben in allen Agenturen für Arbeit besondere Stellen ein; bei der personellen Ausstattung dieser Stellen trägt sie dem besonderen Aufwand bei der Beratung und Vermittlung des zu betreuenden Personenkreises sowie bei der Durchführung der sonstigen Aufgaben nach Absatz 1 Rechnung.

(5) Im Rahmen der Beratung der Arbeitgeber nach Absatz 1 Nr. 2 hat die Bundesagentur für Arbeit

1. dem Arbeitgeber zur Besetzung von Arbeitsplätzen geeignete arbeitslose oder arbeitssuchende schwerbehinderte Menschen unter Darlegung der Leistungsfähigkeit und der Auswirkungen der jeweiligen Behinderung auf die angebotene Stelle vorzuschlagen,
2. ihre Fördermöglichkeiten aufzuzeigen, so weit wie möglich und erforderlich auch die entsprechenden Hilfen der Rehabilitationsträger und der begleitenden Hilfe im Arbeitsleben durch die Integrationsämter.

§ 105 Beratender Ausschuss für behinderte Menschen bei der Bundesagentur für Arbeit

(1) Bei der Zentrale der Bundesagentur für Arbeit wird ein Beratender Ausschuss für behinderte Menschen gebildet, der die Teilhabe der behinderten Menschen am Arbeitsleben durch Vorschläge fördert und die Bundesagentur für Arbeit bei der Durchführung der in Teil 2 und im Dritten Buch zur Teilhabe behinderter und schwerbehinderter Menschen am Arbeitsleben übertragenen Aufgaben unterstützt.

(2) Der Ausschuss besteht aus elf Mitgliedern, und zwar aus

– zwei Mitgliedern, die die Arbeitnehmer und Arbeitnehmerinnen vertreten,
– zwei Mitgliedern, die die privaten und öffentlichen Arbeitgeber vertreten,
– fünf Mitgliedern, die die Organisationen behinderter Menschen vertreten,
– einem Mitglied, das die Integrationsämter vertritt,
– einem Mitglied, das das Bundesministerium für Arbeit und Soziales vertritt.

(3) Für jedes Mitglied ist ein Stellvertreter oder eine Stellvertreterin zu berufen.

(4) $_{1}$Der Vorstand der Bundesagentur für Arbeit beruft die Mitglieder, die Arbeitnehmer und Arbeitgeber vertreten, auf Vorschlag ihrer Gruppenvertreter im Verwaltungsrat der Bundesagentur für Arbeit. $_{2}$Er beruft auf Vorschlag der Organisationen behinderter Menschen, die nach der Zusammensetzung ihrer Mitglieder dazu berufen sind, die behinderten Menschen in ihrer Gesamtheit auf Bundesebene zu vertreten, die Mitglieder, die Organisationen der behinderten Menschen vertreten. $_{3}$Auf Vorschlag der Bundesarbeitsgemeinschaft der Integrationsämter und Hauptfürsorgestellen beruft er das Mitglied, das die Integrationsämter vertritt, und auf Vorschlag des Bundesministeriums für Arbeit und Soziales das Mitglied, das dieses vertritt.

§ 106 Gemeinsame Vorschriften

(1) $_{1}$Die Beratenden Ausschüsse für behinderte Menschen (§§ 103, 105) wählen aus den

ihnen angehörenden Mitgliedern von Seiten der Arbeitnehmer, Arbeitgeber oder Organisationen behinderter Menschen jeweils für die Dauer eines Jahres einen Vorsitzenden oder eine Vorsitzende und einen Stellvertreter oder eine Stellvertreterin. $_{2}$Die Gewählten dürfen nicht derselben Gruppe angehören. $_{3}$Die Gruppen stellen in regelmäßig jährlich wechselnder Reihenfolge den Vorsitzenden oder die Vorsitzende und den Stellvertreter oder die Stellvertreterin. $_{4}$Die Reihenfolge wird durch die Beendigung der Amtszeit der Mitglieder nicht unterbrochen. $_{5}$Scheidet der Vorsitzende oder die Vorsitzende oder der Stellvertreter oder die Stellvertreterin aus, wird er oder sie neu gewählt.

(2) $_{1}$Die Beratenden Ausschüsse für behinderte Menschen sind beschlussfähig, wenn wenigstens die Hälfte der Mitglieder anwesend ist. $_{2}$Die Beschlüsse und Entscheidungen werden mit einfacher Stimmenmehrheit getroffen.

(3) $_{1}$Die Mitglieder der Beratenden Ausschüsse für behinderte Menschen üben ihre Tätigkeit ehrenamtlich aus. $_{2}$Ihre Amtszeit beträgt vier Jahre.

§ 107 Übertragung von Aufgaben

(1) $_{1}$Die Landesregierung oder die von ihr bestimmte Stelle kann die Verlängerung der Gültigkeitsdauer der Ausweise nach § 69 Abs. 5, für die eine Feststellung nach § 69 Abs. 1 nicht zu treffen ist, auf andere Behörden übertragen. $_{2}$Im Übrigen kann sie andere Behörden zur Aushändigung der Ausweise heranziehen.

(2) Die Landesregierung oder die von ihr bestimmte Stelle kann Aufgaben und Befugnisse des Integrationsamtes nach Teil 2 auf örtliche Fürsorgestellen übertragen oder die Heranziehung örtlicher Fürsorgestellen zur Durchführung der den Integrationsämtern obliegenden Aufgaben bestimmen.

§ 108 Verordnungsermächtigung

Die Bundesregierung wird ermächtigt, durch Rechtsverordnung mit Zustimmung des Bundesrates das Nähere über die Voraussetzungen des Anspruchs nach § 33 Abs. 8 Nr. 3 und § 102 Abs. 4 sowie über die Höhe, Dauer und Ausführung der Leistungen zu regeln.

Kapitel 7
Integrationsfachdienste

§ 109 Begriff und Personenkreis

(1) Integrationsfachdienste sind Dienste Dritter, die bei der Durchführung der Maßnahmen zur Teilhabe schwerbehinderter Menschen am Arbeitsleben beteiligt werden.

(2) Schwerbehinderte Menschen im Sinne des Absatzes 1 sind insbesondere

1. schwerbehinderte Menschen mit einem besonderen Bedarf an arbeitsbegleitender Betreuung,
2. schwerbehinderte Menschen, die nach zielgerichteter Vorbereitung durch die Werkstatt für behinderte Menschen am Arbeitsleben auf dem allgemeinen Arbeitsmarkt teilhaben sollen und dabei auf aufwendige, personalintensive, individuelle arbeitsbegleitende Hilfen angewiesen sind sowie
3. schwerbehinderte Schulabgänger, die für die Aufnahme einer Beschäftigung auf dem allgemeinen Arbeitsmarkt auf die Unterstützung eines Integrationsfachdienstes angewiesen sind.

(3) Ein besonderer Bedarf an arbeits- und berufsbegleitender Betreuung ist insbesondere gegeben bei schwerbehinderten Menschen mit geistiger oder seelischer Behinderung oder mit einer schweren Körper-, Sinnes- oder Mehrfachbehinderung, die sich im Arbeitsleben besonders nachteilig auswirkt und allein oder zusammen mit weiteren vermittlungshemmenden Umständen (Alter, Langzeitarbeitslosigkeit, unzureichende Qualifikation, Leistungsminderung) die Teilhabe am Arbeitsleben auf dem allgemeinen Arbeitsmarkt erschwert.

(4) $_{1}$Der Integrationsfachdienst kann im Rahmen der Aufgabenstellung nach Absatz 1 auch zur beruflichen Eingliederung von behinderten Menschen, die nicht schwerbehindert sind, tätig werden. $_{2}$Hierbei wird den besonderen Bedürfnissen seelisch behinderter

oder von einer seelischen Behinderung bedrohter Menschen Rechnung getragen.

§ 110 Aufgaben

(1) Die Integrationsfachdienste können zur Teilhabe schwerbehinderter Menschen am Arbeitsleben (Aufnahme, Ausübung und Sicherung einer möglichst dauerhaften Beschäftigung) beteiligt werden, indem sie

1. die schwerbehinderten Menschen beraten, unterstützen und auf geeignete Arbeitsplätze vermitteln,
2. die Arbeitgeber informieren, beraten und ihnen Hilfe leisten.

(2) Zu den Aufgaben des Integrationsfachdienstes gehört es,

1. die Fähigkeiten der zugewiesenen schwerbehinderten Menschen zu bewerten und einzuschätzen und dabei ein individuelles Fähigkeits-, Leistungs- und Interessenprofil zur Vorbereitung auf den allgemeinen Arbeitsmarkt in enger Kooperation mit den schwerbehinderten Menschen, dem Auftraggeber und der abgebenden Einrichtung der schulischen oder beruflichen Bildung oder Rehabilitation zu erarbeiten,

1a. die Bundesagentur für Arbeit auf deren Anforderung bei der Berufsorientierung und Berufsberatung in den Schulen einschließlich der auf jeden einzelnen Jugendlichen bezogenen Dokumentation der Ergebnisse zu unterstützen,

1b. die betriebliche Ausbildung schwerbehinderter, insbesondere seelisch und lernbehinderter Jugendlicher zu begleiten,

2. geeignete Arbeitsplätze (§ 73) auf dem allgemeinen Arbeitsmarkt zu erschließen,
3. die schwerbehinderten Menschen auf die vorgesehenen Arbeitsplätze vorzubereiten,
4. die schwerbehinderten Menschen, solange erforderlich, am Arbeitsplatz oder beim Training der berufspraktischen Fähigkeiten am konkreten Arbeitsplatz zu begleiten,
5. mit Zustimmung des schwerbehinderten Menschen die Mitarbeiter im Betrieb oder in der Dienststelle über Art und Auswirkungen der Behinderung und über entsprechende Verhaltensregeln zu informieren und zu beraten,
6. eine Nachbetreuung, Krisenintervention oder psychosoziale Betreuung durchzuführen sowie
7. als Ansprechpartner für die Arbeitgeber zur Verfügung zu stehen, über die Leistungen für die Arbeitgeber zu informieren und für die Arbeitgeber diese Leistungen abzuklären,
8. in Zusammenarbeit mit den Rehabilitationsträgern und den Integrationsämtern die für den schwerbehinderten Menschen benötigten Leistungen zu klären und bei der Beantragung zu unterstützen.

§ 111 Beauftragung und Verantwortlichkeit

(1) 1Die Integrationsfachdienste werden im Auftrag der Integrationsämter oder der Rehabilitationsträger tätig. 2Diese bleiben für die Ausführung der Leistung verantwortlich.

(2) Im Auftrag legt der Auftraggeber in Abstimmung mit dem Integrationsfachdienst Art, Umfang und Dauer des im Einzelfall notwendigen Einsatzes des Integrationsfachdienstes sowie das Entgelt fest.

(3) Der Integrationsfachdienst arbeitet insbesondere mit

1. den zuständigen Stellen der Bundesagentur für Arbeit,
2. dem Integrationsamt,
3. dem zuständigen Rehabilitationsträger, insbesondere den Berufshelfern der gesetzlichen Unfallversicherung,
4. dem Arbeitgeber, der Schwerbehindertenvertretung und den anderen betrieblichen Interessenvertretungen,
5. der abgebenden Einrichtung der schulischen oder beruflichen Bildung oder Rehabilitation mit ihren begleitenden Diensten und internen Integrationsfachkräften oder -diensten zur Unterstützung

von Teilnehmenden an Leistungen zur Teilhabe am Arbeitsleben,

5a. den Handwerks-, den Industrie- und Handelskammern sowie den berufsständigen Organisationen,

6. wenn notwendig auch mit anderen Stellen und Personen,

eng zusammen.

(4) 1Näheres zur Beauftragung, Zusammenarbeit, fachlichen Leitung, Aufsicht sowie zur Qualitätssicherung und Ergebnisbeobachtung wird zwischen dem Auftraggeber und dem Träger des Integrationsfachdienstes vertraglich geregelt. 2Die Vereinbarungen sollen im Interesse finanzieller Planungssicherheit auf eine Dauer von mindestens drei Jahren abgeschlossen werden.

(5) Die Integrationsämter wirken darauf hin, dass die berufsbegleitenden und psychosozialen Dienste bei den von ihnen beauftragten Integrationsfachdiensten konzentriert werden.

§ 112 Fachliche Anforderungen

(1) Die Integrationsfachdienste müssen

1. nach der personellen, räumlichen und sächlichen Ausstattung in der Lage sein, ihre gesetzlichen Aufgaben wahrzunehmen,
2. über Erfahrungen mit dem zu unterstützenden Personenkreis (§ 109 Abs. 2) verfügen,
3. mit Fachkräften ausgestattet sein, die über eine geeignete Berufsqualifikation, eine psychosoziale oder arbeitspädagogische Zusatzqualifikation und ausreichende Berufserfahrung verfügen, sowie
4. rechtlich oder organisatorisch und wirtschaftlich eigenständig sein.

(2) 1Der Personalbedarf eines Integrationsfachdienstes richtet sich nach den konkreten Bedürfnissen unter Berücksichtigung der Zahl der Betreuungs- und Beratungsfälle, des durchschnittlichen Betreuungs- und Beratungsaufwands, der Größe des regionalen Einzugsbereichs und der Zahl der zu beratenden Arbeitgeber. 2Den besonderen Bedürfnissen besonderer Gruppen schwerbehinderter Menschen, insbesondere schwerbehinderter Frauen, und der Notwendigkeit einer psychosozialen Betreuung soll durch eine Differenzierung innerhalb des Integrationsfachdienstes Rechnung getragen werden.

(3) 1Bei der Stellenbesetzung des Integrationsfachdienstes werden schwerbehinderte Menschen bevorzugt berücksichtigt. 2Dabei wird ein angemessener Anteil der Stellen mit schwerbehinderten Frauen besetzt.

§ 113 Finanzielle Leistungen

(1) 1Die Inanspruchnahme von Integrationsfachdiensten wird vom Auftraggeber vergütet. 2Die Vergütung für die Inanspruchnahme von Integrationsfachdiensten kann bei Beauftragung durch das Integrationsamt aus Mitteln der Ausgleichsabgabe erbracht werden.

(2) 1Die Bundesarbeitsgemeinschaft der Integrationsämter und Hauptfürsorgestellen vereinbart mit den Rehabilitationsträgern nach § 6 Abs. 1 Nr. 2 bis 5 unter Beteiligung der maßgeblichen Verbände, darunter der Bundesarbeitsgemeinschaft, in der sich die Integrationsfachdienste zusammengeschlossen haben, eine gemeinsame Empfehlung zur Inanspruchnahme der Integrationsfachdienste durch die Rehabilitationsträger, zur Zusammenarbeit und zur Finanzierung der Kosten, die dem Integrationsfachdienst bei der Wahrnehmung der Aufgaben der Rehabilitationsträger entstehen. 2§ 13 Abs. 7 und 8 gilt entsprechend.

§ 114 Ergebnisbeobachtung

(1) 1Der Integrationsfachdienst dokumentiert Verlauf und Ergebnis der jeweiligen Bemühungen um die Förderung der Teilhabe am Arbeitsleben. 2Er erstellt jährlich eine zusammenfassende Darstellung der Ergebnisse und legt diese den Auftraggebern nach deren näherer gemeinsamer Maßgabe vor. 3Diese Zusammenstellung soll insbesondere geschlechtsdifferenzierte Angaben enthalten zu

1. den Zu- und Abgängen an Betreuungsfällen im Kalenderjahr,
2. dem Bestand an Betreuungsfällen,

3. der Zahl der abgeschlossenen Fälle, differenziert nach Aufnahme einer Ausbildung, einer befristeten oder unbefristeten Beschäftigung, einer Beschäftigung in einem Integrationsprojekt oder in einer Werkstatt für behinderte Menschen.

(2) 1Der Integrationsfachdienst dokumentiert auch die Ergebnisse seiner Bemühungen zur Unterstützung der Bundesagentur für Arbeit und die Begleitung der betrieblichen Ausbildung nach § 110 Abs. 2 Nr. 1a und 1b unter Einbeziehung geschlechtsdifferenzierter Daten und Besonderheiten sowie der Art der Behinderung. 2Er erstellt zum 30. September 2006 eine zusammenfassende Darstellung der Ergebnisse und legt diese dem zuständigen Integrationsamt vor. 3Die Bundesarbeitsgemeinschaft der Integrationsämter und Hauptfürsorgestellen bereitet die Ergebnisse auf und stellt sie dem Bundesministerium für Arbeit und Soziales zur Vorbereitung des Berichtes nach § 160 Abs. 2 bis zum 31. Dezember 2006 zur Verfügung.

§ 115 Verordnungsermächtigung

(1) Das Bundesministerium für Arbeit und Soziales wird ermächtigt, durch Rechtsverordnung mit Zustimmung des Bundesrates das Nähere über den Begriff und die Aufgaben des Integrationsfachdienstes, die für sie geltenden fachlichen Anforderungen und die finanziellen Leistungen zu regeln.

(2) Vereinbaren die Bundesarbeitsgemeinschaft der Integrationsämter und Hauptfürsorgestellen und die Rehabilitationsträger nicht innerhalb von sechs Monaten, nachdem das Bundesministerium für Arbeit und Soziales sie dazu aufgefordert hat, eine gemeinsame Empfehlung nach § 113 Abs. 2 oder ändern sie die unzureichend gewordene Empfehlung nicht innerhalb dieser Frist, kann das Bundesministerium für Arbeit und Soziales Regelungen durch Rechtsverordnung mit Zustimmung des Bundesrates erlassen.

Kapitel 8
Beendigung der Anwendung der besonderen Regelungen zur Teilhabe schwerbehinderter und gleichgestellter behinderter Menschen

§ 116 Beendigung der Anwendung der besonderen Regelungen zur Teilhabe schwerbehinderter Menschen

(1) Die besonderen Regelungen für schwerbehinderte Menschen werden nicht angewendet nach dem Wegfall der Voraussetzungen nach § 2 Abs. 2; wenn sich der Grad der Behinderung auf weniger als 50 verringert, jedoch erst am Ende des dritten Kalendermonats nach Eintritt der Unanfechtbarkeit des die Verringerung feststellenden Bescheides.

(2) 1Die besonderen Regelungen für gleichgestellte behinderte Menschen werden nach dem Widerruf oder der Rücknahme der Gleichstellung nicht mehr angewendet. 2Der Widerruf der Gleichstellung ist zulässig, wenn die Voraussetzungen nach § 2 Abs. 3 in Verbindung mit § 68 Abs. 2 weggefallen sind. 3Er wird erst am Ende des dritten Kalendermonats nach Eintritt seiner Unanfechtbarkeit wirksam.

(3) Bis zur Beendigung der Anwendung der besonderen Regelungen für schwerbehinderte Menschen und ihnen gleichgestellte behinderte Menschen werden die behinderten Menschen dem Arbeitgeber auf die Zahl der Pflichtarbeitsplätze für schwerbehinderte Menschen angerechnet.

§ 117 Entziehung der besonderen Hilfen für schwerbehinderte Menschen

(1) 1Einem schwerbehinderten Menschen, der einen zumutbaren Arbeitsplatz ohne berechtigten Grund zurückweist oder aufgibt oder sich ohne berechtigten Grund weigert, an einer Maßnahme zur Teilhabe am Arbeitsleben teilzunehmen, oder sonst durch sein Verhalten seine Teilhabe am Arbeitsleben schuldhaft vereitelt, kann das Integrationsamt im Benehmen mit der Bundesagentur für Arbeit die besonderen Hilfen für schwerbehinderte Menschen zeitweilig entziehen. 2Dies gilt

IX

auch für gleichgestellte behinderte Menschen.

(2) $_{1}$Vor der Entscheidung über die Entziehung wird der schwerbehinderte Mensch gehört. $_{2}$In der Entscheidung wird die Frist bestimmt, für die sie gilt. $_{3}$Die Frist läuft vom Tage der Entscheidung an und beträgt nicht mehr als sechs Monate. $_{4}$Die Entscheidung wird dem schwerbehinderten Menschen bekannt gegeben.

Kapitel 9 Widerspruchsverfahren

§ 118 Widerspruch

(1) $_{1}$Den Widerspruchsbescheid nach § 73 der Verwaltungsgerichtsordnung erlässt bei Verwaltungsakten der Integrationsämter und bei Verwaltungsakten der örtlichen Fürsorgestellen (§ 107 Abs. 2) der Widerspruchsausschuss bei dem Integrationsamt (§ 119). $_{2}$Des Vorverfahrens bedarf es auch, wenn den Verwaltungsakt ein Integrationsamt erlassen hat, das bei einer obersten Landesbehörde besteht.

(2) Den Widerspruchsbescheid nach § 85 des Sozialgerichtsgesetzes erlässt bei Verwaltungsakten, welche die Bundesagentur für Arbeit auf Grund des Teils 2 erlässt, der Widerspruchsausschuss der Bundesagentur für Arbeit.

§ 119 Widerspruchsausschuss bei dem Integrationsamt

(1) Bei jedem Integrationsamt besteht ein Widerspruchsausschuss aus sieben Mitgliedern, und zwar aus

- zwei Mitgliedern, die schwerbehinderte Arbeitnehmer oder Arbeitnehmerinnen sind,
- zwei Mitgliedern, die Arbeitgeber sind,
- einem Mitglied, das das Integrationsamt vertritt,
- einem Mitglied, das die Bundesagentur für Arbeit vertritt,
- einer Vertrauensperson schwerbehinderter Menschen.

(2) Für jedes Mitglied wird ein Stellvertreter oder eine Stellvertreterin berufen.

(3) $_{1}$Das Integrationsamt beruft

- auf Vorschlag der Organisationen behinderter Menschen des jeweiligen Landes die Mitglieder, die Arbeitnehmer sind,
- auf Vorschlag der jeweils für das Land zuständigen Arbeitgeberverbände die Mitglieder, die Arbeitgeber sind, sowie
- die Vertrauensperson.

$_{2}$Die zuständige oberste Landesbehörde oder die von ihr bestimmte Behörde beruft das Mitglied, das das Integrationsamt vertritt. $_{3}$Die Bundesagentur für Arbeit beruft das Mitglied, das sie vertritt.

$_{4}$Entsprechendes gilt für die Berufung des Stellvertreters oder der Stellvertreterin des jeweiligen Mitglieds.

(4) $_{1}$In Kündigungsangelegenheiten schwerbehinderter Menschen, die bei einer Dienststelle oder in einem Betrieb beschäftigt sind, der zum Geschäftsbereich des Bundesministeriums der Verteidigung gehört, treten an die Stelle der Mitglieder, die Arbeitgeber sind, Angehörige des öffentlichen Dienstes. $_{2}$Dem Integrationsamt werden ein Mitglied und sein Stellvertreter oder seine Stellvertreterin von den von der Bundesregierung bestimmten Bundesbehörden benannt. $_{3}$Eines der Mitglieder, die schwerbehinderte Arbeitnehmer oder Arbeitnehmerinnen sind, muss dem öffentlichen Dienst angehören.

(5) $_{1}$Die Amtszeit der Mitglieder der Widerspruchsausschüsse beträgt vier Jahre. $_{2}$Die Mitglieder der Ausschüsse üben ihre Tätigkeit unentgeltlich aus.

§ 120 Widerspruchsausschüsse der Bundesagentur für Arbeit

(1) Die Bundesagentur für Arbeit richtet Widerspruchsausschüsse ein, die aus sieben Mitgliedern bestehen, und zwar aus

- zwei Mitgliedern, die schwerbehinderte Arbeitnehmer oder Arbeitnehmerinnen sind,
- zwei Mitgliedern, die Arbeitgeber sind,
- einem Mitglied, das das Integrationsamt vertritt,

– einem Mitglied, das die Bundesagentur für Arbeit vertritt,
– einer Vertrauensperson schwerbehinderter Menschen.

(2) Für jedes Mitglied wird ein Stellvertreter oder eine Stellvertreterin berufen.

(3) 1Die Bundesagentur für Arbeit beruft
– die Mitglieder, die Arbeitnehmer oder Arbeitnehmerinnen sind, auf Vorschlag der jeweils zuständigen Organisationen behinderter Menschen, der im Benehmen mit den jeweils zuständigen Gewerkschaften, die für die Vertretung der Arbeitnehmerinteressen wesentliche Bedeutung haben, gemacht wird,
– die Mitglieder, die Arbeitgeber sind, auf Vorschlag der jeweils zuständigen Arbeitgeberverbände, soweit sie für die Vertretung von Arbeitgeberinteressen wesentliche Bedeutung haben, sowie
– das Mitglied, das die Bundesagentur für Arbeit vertritt und
– die Vertrauensperson.

2Die zuständige oberste Landesbehörde oder die von ihr bestimmte Behörde beruft das Mitglied, das das Integrationsamt vertritt.

3Entsprechendes gilt für die Berufung des Stellvertreters oder der Stellvertreterin des jeweiligen Mitglieds.

(4) § 119 Abs. 5 gilt entsprechend.

§ 121 Verfahrensvorschriften

(1) Für den Widerspruchsausschuss bei dem Integrationsamt (§ 119) und die Widerspruchsausschüsse bei der Bundesagentur für Arbeit (§ 120) gilt § 106 Abs. 1 und 2 entsprechend.

(2) Im Widerspruchsverfahren nach Teil 2 Kapitel 4 werden der Arbeitgeber und der schwerbehinderte Mensch vor der Entscheidung gehört; in den übrigen Fällen verbleibt es bei der Anhörung des Widerspruchsführers.

(3) 1Die Mitglieder der Ausschüsse können wegen Besorgnis der Befangenheit abgelehnt werden. 2Über die Ablehnung entscheidet der Ausschuss, dem das Mitglied angehört.

Kapitel 10
Sonstige Vorschriften

§ 122 Vorrang der schwerbehinderten Menschen

Verpflichtungen zur bevorzugten Einstellung und Beschäftigung bestimmter Personenkreise nach anderen Gesetzen entbinden den Arbeitgeber nicht von der Verpflichtung zur Beschäftigung schwerbehinderter Menschen nach den besonderen Regelungen für schwerbehinderte Menschen.

§ 123 Arbeitsentgelt und Dienstbezüge

(1) 1Bei der Bemessung des Arbeitsentgelts und der Dienstbezüge aus einem bestehenden Beschäftigungsverhältnis werden Renten und vergleichbare Leistungen, die wegen der Behinderung bezogen werden, nicht berücksichtigt. 2Die völlige oder teilweise Anrechnung dieser Leistungen auf das Arbeitsentgelt oder die Dienstbezüge ist unzulässig.

(2) Absatz 1 gilt nicht für Zeiträume, in denen die Beschäftigung tatsächlich nicht ausgeübt wird und die Vorschriften über die Zahlung der Rente oder der vergleichbaren Leistung eine Anrechnung oder ein Ruhen vorsehen, wenn Arbeitsentgelt oder Dienstbezüge gezahlt werden.

§ 124 Mehrarbeit

Schwerbehinderte Menschen werden auf ihr Verlangen von Mehrarbeit freigestellt.

§ 125 Zusatzurlaub

(1) 1Schwerbehinderte Menschen haben Anspruch auf einen bezahlten zusätzlichen Urlaub von fünf Arbeitstagen im Urlaubsjahr; verteilt sich die regelmäßige Arbeitszeit des schwerbehinderten Menschen auf mehr oder weniger als fünf Arbeitstage in der Kalenderwoche, erhöht oder vermindert sich der Zusatzurlaub entsprechend. 2Soweit tarifliche, betriebliche oder sonstige Urlaubsregelungen für schwerbehinderte Menschen einen längeren Zusatzurlaub vorsehen, bleiben sie unberührt.

(2) 1Besteht die Schwerbehinderteneigenschaft nicht während des gesamten Kalenderjahres, so hat der schwerbehinderte

Mensch für jeden vollen Monat der im Beschäftigungsverhältnis vorliegenden Schwerbehinderteneigenschaft einen Anspruch auf ein Zwölftel des Zusatzurlaubs nach Absatz 1 Satz 1. $_{2}$Bruchteile von Urlaubstagen, die mindestens einen halben Tag ergeben, sind auf volle Urlaubstage aufzurunden. $_{3}$Der so ermittelte Zusatzurlaub ist dem Erholungsurlaub hinzuzurechnen und kann bei einem nicht im ganzen Kalenderjahr bestehenden Beschäftigungsverhältnis nicht erneut gemindert werden.

(3) Wird die Eigenschaft als schwerbehinderter Mensch nach § 69 Abs. 1 und 2 rückwirkend festgestellt, finden auch für die Übertragbarkeit des Zusatzurlaubs in das nächste Kalenderjahr die dem Beschäftigungsverhältnis zugrunde liegenden urlaubsrechtlichen Regelungen Anwendung.

§ 126 Nachteilsausgleich

(1) Die Vorschriften über Hilfen für behinderte Menschen zum Ausgleich behinderungsbedingter Nachteile oder Mehraufwendungen (Nachteilsausgleich) werden so gestaltet, dass sie unabhängig von der Ursache der Behinderung der Art oder Schwere der Behinderung Rechnung tragen.

(2) Nachteilsausgleiche, die auf Grund bisher geltender Rechtsvorschriften erfolgen, bleiben unberührt.

§ 127 Beschäftigung schwerbehinderter Menschen in Heimarbeit

(1) Schwerbehinderte Menschen, die in Heimarbeit beschäftigt oder diesen gleichgestellt sind (§ 1 Abs. 1 und 2 des Heimarbeitsgesetzes) und in der Hauptsache für den gleichen Auftraggeber arbeiten, werden auf die Arbeitsplätze für schwerbehinderte Menschen dieses Auftraggebers angerechnet.

(2) $_{1}$Für in Heimarbeit beschäftigte und diesen gleichgestellte schwerbehinderte Menschen wird die in § 29 Abs. 2 des Heimarbeitsgesetzes festgelegte Kündigungsfrist von zwei Wochen auf vier Wochen erhöht; die Vorschrift des § 29 Abs. 7 des Heimarbeitsgesetzes ist sinngemäß anzuwenden. $_{2}$Der besondere Kündigungsschutz schwerbehinderter Menschen im Sinne des Kapitels 4 gilt auch für die in Satz 1 genannten Personen.

(3) $_{1}$Die Bezahlung des zusätzlichen Urlaubs der in Heimarbeit beschäftigten oder diesen gleichgestellten schwerbehinderten Menschen erfolgt nach den für die Bezahlung ihres sonstigen Urlaubs geltenden Berechnungsgrundsätzen. $_{2}$Sofern eine besondere Regelung nicht besteht, erhalten die schwerbehinderten Menschen als zusätzliches Urlaubsgeld 2 Prozent des in der Zeit vom 1. Mai des vergangenen bis zum 30. April des laufenden Jahres verdienten Arbeitsentgelts ausschließlich der Unkostenzuschläge.

(4) $_{1}$Schwerbehinderte Menschen, die als fremde Hilfskräfte eines Hausgewerbetreibenden oder eines Gleichgestellten beschäftigt werden (§ 2 Abs. 6 des Heimarbeitsgesetzes) können auf Antrag eines Auftraggebers auch auf dessen Pflichtarbeitsplätze für schwerbehinderte Menschen angerechnet werden, wenn der Arbeitgeber in der Hauptsache für diesen Auftraggeber arbeitet. $_{2}$Wird einem schwerbehinderten Menschen im Sinne des Satzes 1, dessen Anrechnung die Bundesagentur für Arbeit zugelassen hat, durch seinen Arbeitgeber gekündigt, weil der Auftraggeber die Zuteilung von Arbeit eingestellt oder die regelmäßige Arbeitsmenge erheblich herabgesetzt hat, erstattet der Auftraggeber dem Arbeitgeber die Aufwendungen für die Zahlung des regelmäßigen Arbeitsverdienstes an den schwerbehinderten Menschen bis zur rechtmäßigen Beendigung seines Arbeitsverhältnisses.

(5) Werden fremde Hilfskräfte eines Hausgewerbetreibenden oder eines Gleichgestellten (§ 2 Abs. 6 des Heimarbeitsgesetzes) einem Auftraggeber gemäß Absatz 4 auf seine Arbeitsplätze für schwerbehinderte Menschen angerechnet, erstattet der Auftraggeber die dem Arbeitgeber nach Absatz 3 entstehenden Aufwendungen.

(6) Die den Arbeitgeber nach § 80 Abs. 1 und 5 treffenden Verpflichtungen gelten auch für Personen, die Heimarbeit ausgeben.

§ 128 Schwerbehinderte Beamte und Beamtinnen, Richter und Richterinnen, Soldaten und Soldatinnen

(1) Die besonderen Vorschriften und Grundsätze für die Besetzung der Beamtenstellen sind unbeschadet der Geltung des Teils 2 auch für schwerbehinderte Beamte und Beamtinnen so zu gestalten, dass die Einstellung und Beschäftigung schwerbehinderter Menschen gefördert und ein angemessener Anteil schwerbehinderter Menschen unter den Beamten und Beamtinnen erreicht wird.

(2) (weggefallen)

(3) Die Vorschriften des Absatzes 1 finden auf Richter und Richterinnen entsprechende Anwendung.

(4) 1Für die persönliche Rechtsstellung schwerbehinderter Soldaten und Soldatinnen gelten § 2 Abs. 1 und 2, §§ 69, 93 bis 99, 116 Abs. 1 sowie §§ 123, 125, 126 und 145 bis 147. 2Im Übrigen gelten für Soldaten und Soldatinnen die Vorschriften über die persönliche Rechtsstellung der schwerbehinderten Menschen, soweit sie mit den Besonderheiten des Dienstverhältnisses vereinbar sind.

§ 129 Unabhängige Tätigkeit

Soweit zur Ausübung einer unabhängigen Tätigkeit eine Zulassung erforderlich ist, soll schwerbehinderten Menschen, die eine Zulassung beantragen, bei fachlicher Eignung und Erfüllung der sonstigen gesetzlichen Voraussetzungen die Zulassung bevorzugt erteilt werden.

§ 130 Geheimhaltungspflicht

(1) Die Beschäftigten der Integrationsämter, der Bundesagentur für Arbeit, der Rehabilitationsträger einschließlich ihrer Beschäftigten in gemeinsamen Servicestellen sowie der von diesen Stellen beauftragten Integrationsfachdienste und die Mitglieder der Ausschüsse und des Beirates für die Teilhabe behinderter Menschen (§ 64) und ihre Stellvertreter oder Stellvertreterinnen sowie zur Durchführung ihrer Aufgaben hinzugezogene Sachverständige sind verpflichtet,

1. über ihnen wegen ihres Amtes oder Auftrages bekannt gewordene persönliche Verhältnisse und Angelegenheiten von Beschäftigten auf Arbeitsplätzen für schwerbehinderte Menschen, die ihrer Bedeutung oder ihrem Inhalt nach einer vertraulichen Behandlung bedürfen, Stillschweigen zu bewahren, und
2. ihnen wegen ihres Amtes oder Auftrages bekannt gewordene und vom Auftraggeber ausdrücklich als geheimhaltungsbedürftig bezeichnete Betriebs- oder Geschäftsgeheimnisse nicht zu offenbaren und nicht zu verwerten.

(2) 1Diese Pflichten gelten auch nach dem Ausscheiden aus dem Amt oder nach Beendigung des Auftrages. 2Sie gelten nicht gegenüber der Bundesagentur für Arbeit, den Integrationsämtern und den Rehabilitationsträgern, soweit deren Aufgaben gegenüber schwerbehinderten Menschen es erfordern, gegenüber der Schwerbehindertenvertretung sowie gegenüber den in § 79 Abs. 1 des Betriebsverfassungsgesetzes und den in den entsprechenden Vorschriften des Personalvertretungsrechts genannten Vertretungen, Personen und Stellen.

§ 131 Statistik

(1) 1Über schwerbehinderte Menschen wird alle zwei Jahre eine Bundesstatistik durchgeführt. 2Sie umfasst folgende Tatbestände:

1. die Zahl der schwerbehinderten Menschen mit gültigem Ausweis,
2. persönliche Merkmale schwerbehinderter Menschen wie Alter, Geschlecht, Staatsangehörigkeit, Wohnort,
3. Art, Ursache und Grad der Behinderung.

(2) 1Für die Erhebung besteht Auskunftspflicht. 2Auskunftspflichtig sind die nach § 69 Abs. 1 und 5 zuständigen Behörden.

Kapitel 11
Integrationsprojekte

§ 132 Begriff und Personenkreis

(1) Integrationsprojekte sind rechtlich und wirtschaftlich selbständige Unternehmen (In-

tegrationsunternehmen) oder unternehmensinterne oder von öffentlichen Arbeitgebern im Sinne des § 71 Abs. 3 geführte Betriebe (Integrationsbetriebe) oder Abteilungen (Integrationsabteilungen) zur Beschäftigung schwerbehinderter Menschen auf dem allgemeinen Arbeitsmarkt, deren Teilhabe an einer sonstigen Beschäftigung auf dem allgemeinen Arbeitsmarkt auf Grund von Art oder Schwere der Behinderung oder wegen sonstiger Umstände voraussichtlich trotz Ausschöpfens aller Fördermöglichkeiten und des Einsatzes von Integrationsfachdiensten auf besondere Schwierigkeiten stößt.

(2) Schwerbehinderte Menschen nach Absatz 1 sind insbesondere

1. schwerbehinderte Menschen mit geistiger oder seelischer Behinderung oder mit einer schweren Körper-, Sinnes- oder Mehrfachbehinderung, die sich im Arbeitsleben besonders nachteilig auswirkt und allein oder zusammen mit weiteren vermittlungshemmenden Umständen die Teilhabe am allgemeinen Arbeitsmarkt außerhalb eines Integrationsprojekts erschwert oder verhindert,
2. schwerbehinderte Menschen, die nach zielgerichteter Vorbereitung in einer Werkstatt für behinderte Menschen oder in einer psychiatrischen Einrichtung für den Übergang in einen Betrieb oder eine Dienststelle auf dem allgemeinen Arbeitsmarkt in Betracht kommen und auf diesen Übergang vorbereitet werden sollen, sowie
3. schwerbehinderte Menschen nach Beendigung einer schulischen Bildung, die nur dann Aussicht auf eine Beschäftigung auf dem allgemeinen Arbeitsmarkt haben, wenn sie zuvor in einem Integrationsprojekt an berufsvorbereitenden Bildungsmaßnahmen teilnehmen und dort beschäftigt und weiterqualifiziert werden.

(3) ₁Integrationsunternehmen beschäftigen mindestens 25 Prozent schwerbehinderte Menschen im Sinne von Absatz 1. ₂Der Anteil der schwerbehinderten Menschen soll in der Regel 50 Prozent nicht übersteigen.

§ 133 Aufgaben

Die Integrationsprojekte bieten den schwerbehinderten Menschen Beschäftigung und arbeitsbegleitende Betreuung an, soweit erforderlich auch Maßnahmen der beruflichen Weiterbildung oder Gelegenheit zur Teilnahme an entsprechenden außerbetrieblichen Maßnahmen und Unterstützung bei der Vermittlung in eine sonstige Beschäftigung in einem Betrieb oder einer Dienststelle auf dem allgemeinen Arbeitsmarkt sowie geeignete Maßnahmen zur Vorbereitung auf eine Beschäftigung in einem Integrationsprojekt.

§ 134 Finanzielle Leistungen

Integrationsprojekte können aus Mitteln der Ausgleichsabgabe Leistungen für Aufbau, Erweiterung, Modernisierung und Ausstattung einschließlich einer betriebswirtschaftlichen Beratung und für besonderen Aufwand erhalten.

§ 135 Verordnungsermächtigung

Das Bundesministerium für Arbeit und Soziales wird ermächtigt, durch Rechtsverordnung mit Zustimmung des Bundesrates das Nähere über den Begriff und die Aufgaben der Integrationsprojekte, die für sie geltenden fachlichen Anforderungen, die Aufnahmevoraussetzungen und die finanziellen Leistungen zu regeln.

Kapitel 12
Werkstätten für behinderte Menschen

§ 136 Begriff und Aufgaben der Werkstatt für behinderte Menschen

(1) ₁Die Werkstatt für behinderte Menschen ist eine Einrichtung zur Teilhabe behinderter Menschen am Arbeitsleben im Sinne des Kapitels 5 des Teils 1 und zur Eingliederung in das Arbeitsleben. ₂Sie hat denjenigen behinderten Menschen, die wegen Art oder Schwere der Behinderung nicht, noch nicht oder noch nicht wieder auf dem allgemeinen Arbeitsmarkt beschäftigt werden können,

1. eine angemessene berufliche Bildung und eine Beschäftigung zu einem ihrer Leis-

tung angemessenen Arbeitsentgelt aus dem Arbeitsergebnis anzubieten und

2. zu ermöglichen, ihre Leistungs- oder Erwerbsfähigkeit zu erhalten, zu entwickeln, zu erhöhen oder wiederzugewinnen und dabei ihre Persönlichkeit weiterzuentwickeln.

3Sie fördert den Übergang geeigneter Personen auf den allgemeinen Arbeitsmarkt durch geeignete Maßnahmen. 4Sie verfügt über ein möglichst breites Angebot an Berufsbildungs- und Arbeitsplätzen sowie über qualifiziertes Personal und einen begleitenden Dienst. 5Zum Angebot an Berufsbildungs- und Arbeitsplätzen gehören ausgelagerte Plätze auf dem allgemeinen Arbeitsmarkt. 6Die ausgelagerten Arbeitsplätze werden zum Zwecke des Übergangs und als dauerhaft ausgelagerte Plätze angeboten.

(2) 1Die Werkstatt steht allen behinderten Menschen im Sinne des Absatzes 1 unabhängig von Art oder Schwere der Behinderung offen, sofern erwartet werden kann, dass sie spätestens nach Teilnahme an Maßnahmen im Berufsbildungsbereich wenigstens ein Mindestmaß wirtschaftlich verwertbarer Arbeitsleistung erbringen werden. 2Dies ist nicht der Fall bei behinderten Menschen, bei denen trotz einer der Behinderung angemessenen Betreuung eine erhebliche Selbst- oder Fremdgefährdung zu erwarten ist oder das Ausmaß der erforderlichen Betreuung und Pflege die Teilnahme an Maßnahmen im Berufsbildungsbereich oder sonstige Umstände ein Mindestmaß wirtschaftlich verwertbarer Arbeitsleistung im Arbeitsbereich dauerhaft nicht zulassen.

(3) Behinderte Menschen, die die Voraussetzungen für eine Beschäftigung in einer Werkstatt nicht erfüllen, sollen in Einrichtungen oder Gruppen betreut und gefördert werden, die der Werkstatt angegliedert sind.

§ 137 Aufnahme in die Werkstätten für behinderte Menschen

(1) 1Anerkannte Werkstätten nehmen diejenigen behinderten Menschen aus ihrem Einzugsgebiet auf, die die Aufnahmevoraussetzungen gemäß § 136 Abs. 2 erfüllen, wenn Leistungen durch die Rehabilitationsträger gewährleistet sind; die Möglichkeit zur Aufnahme in eine andere anerkannte Werkstatt nach Maßgabe des § 9 des Zwölften Buches oder entsprechender Regelungen bleibt unberührt. 2Die Aufnahme erfolgt unabhängig von

1. der Ursache der Behinderung,
2. der Art der Behinderung, wenn in dem Einzugsgebiet keine besondere Werkstatt für behinderte Menschen für diese Behinderungsart vorhanden ist, und
3. der Schwere der Behinderung, der Minderung der Leistungsfähigkeit und einem besonderen Bedarf an Förderung, begleitender Betreuung oder Pflege.

(2) Behinderte Menschen werden in der Werkstatt beschäftigt, solange die Aufnahmevoraussetzungen nach Absatz 1 vorliegen.

§ 138 Rechtsstellung und Arbeitsentgelt behinderter Menschen

(1) Behinderte Menschen im Arbeitsbereich anerkannter Werkstätten stehen, wenn sie nicht Arbeitnehmer sind, zu den Werkstätten in einem arbeitnehmerähnlichen Rechtsverhältnis, soweit sich aus dem zugrunde liegenden Sozialleistungsverhältnis nichts anderes ergibt.

(2) 1Die Werkstätten zahlen aus ihrem Arbeitsergebnis an die im Arbeitsbereich beschäftigten behinderten Menschen ein Arbeitsentgelt, das sich aus einem Grundbetrag in Höhe des Ausbildungsgeldes, das die Bundesagentur für Arbeit nach den für sie geltenden Vorschriften behinderten Menschen im Berufsbildungsbereich zuletzt leistet, und einem leistungsangemessenen Steigerungsbetrag zusammensetzt. 2Der Steigerungsbetrag bemisst sich nach der individuellen Arbeitsleistung der behinderten Menschen, insbesondere unter Berücksichtigung von Arbeitsmenge und Arbeitsgüte.

(3) Der Inhalt des arbeitnehmerähnlichen Rechtsverhältnisses wird unter Berücksichtigung des zwischen den behinderten Menschen und dem Rehabilitationsträger bestehenden Sozialleistungsverhältnisses durch Werkstattverträge zwischen den behinderten

Menschen und dem Träger der Werkstatt näher geregelt.

(4) Hinsichtlich der Rechtsstellung der Teilnehmer an Maßnahmen im Eingangsverfahren und im Berufsbildungsbereich gilt § 36 entsprechend.

(5) Ist ein volljähriger behinderter Mensch gemäß Absatz 1 in den Arbeitsbereich einer anerkannten Werkstatt für behinderte Menschen im Sinne des § 136 aufgenommen worden und war er zu diesem Zeitpunkt geschäftsunfähig, so gilt der von ihm geschlossene Werkstattvertrag in Ansehung einer bereits bewirkten Leistung und deren Gegenleistung, soweit diese in einem angemessenen Verhältnis zueinander stehen, als wirksam.

(6) War der volljährige behinderte Mensch bei Abschluss eines Werkstattvertrages geschäftsunfähig, so kann der Träger einer Werkstatt das Werkstattverhältnis nur unter den Voraussetzungen für gelöst erklären, unter denen ein wirksamer Vertrag seitens des Trägers einer Werkstatt gekündigt werden kann.

(7) Die Lösungserklärung durch den Träger einer Werkstatt bedarf der schriftlichen Form und ist zu begründen.

§ 139 Mitwirkung

(1) 1Die in § 138 Abs. 1 genannten behinderten Menschen wirken unabhängig von ihrer Geschäftsfähigkeit durch Werkstatträte in den ihre Interessen berührenden Angelegenheiten der Werkstatt mit. 2Die Werkstatträte berücksichtigen die Interessen der im Eingangsverfahren und im Berufsbildungsbereich der Werkstätten tätigen behinderten Menschen in angemessener und geeigneter Weise, solange für diese eine Vertretung nach § 36 nicht besteht.

(2) Ein Werkstattrat wird in Werkstätten gewählt; er setzt sich aus mindestens drei Mitgliedern zusammen.

(3) Wahlberechtigt zum Werkstattrat sind alle in § 138 Abs. 1 genannten behinderten Menschen; von ihnen sind die behinderten Menschen wählbar, die am Wahltag seit mindestens sechs Monaten in der Werkstatt beschäftigt sind.

(4) 1Die Werkstätten für behinderte Menschen unterrichten die Personen, die behinderte Menschen gesetzlich vertreten oder mit ihrer Betreuung beauftragt sind, einmal im Kalenderjahr in einer Eltern- und Betreuerversammlung in angemessener Weise über die Angelegenheiten der Werkstatt, auf die sich die Mitwirkung erstreckt, und hören sie dazu an. 2In den Werkstätten kann im Einvernehmen mit dem Träger der Werkstatt ein Eltern- und Betreuerbeirat errichtet werden, der die Werkstatt und den Werkstattrat bei ihrer Arbeit berät und durch Vorschläge und Stellungnahmen unterstützt.

§ 140 Anrechnung von Aufträgen auf die Ausgleichsabgabe

(1) 1Arbeitgeber, die durch Aufträge an anerkannte Werkstätten für behinderte Menschen zur Beschäftigung behinderter Menschen beitragen, können 50 vom Hundert des auf die Arbeitsleistung der Werkstatt entfallenden Rechnungsbetrages solcher Aufträge (Gesamtrechnungsbetrag abzüglich Materialkosten) auf die Ausgleichsabgabe anrechnen. 2Dabei wird die Arbeitsleistung des Fachpersonals zur Arbeits- und Berufsförderung berücksichtigt, nicht hingegen die Arbeitsleistung sonstiger nichtbehinderter Arbeitnehmerinnen und Arbeitnehmer. 3Bei Weiterveräußerung von Erzeugnissen anderer anerkannter Werkstätten für behinderte Menschen wird die von diesen erbrachte Arbeitsleistung berücksichtigt. 4Die Werkstätten bestätigen das Vorliegen der Anrechnungsvoraussetzungen in der Rechnung.

(2) Voraussetzung für die Anrechnung ist, dass

1. die Aufträge innerhalb des Jahres, in dem die Verpflichtung zur Zahlung der Ausgleichsabgabe entsteht, von der Werkstatt für behinderte Menschen ausgeführt und vom Arbeitgeber bis spätestens 31. März des Folgejahres vergütet werden und
2. es sich nicht um Aufträge handelt, die Träger einer Gesamteinrichtung an Werk-

stätten für behinderte Menschen vergeben, die rechtlich unselbständige Teile dieser Einrichtung sind.

(3) Bei der Vergabe von Aufträgen an Zusammenschlüsse anerkannter Werkstätten für behinderte Menschen gilt Absatz 2 entsprechend.

§ 141 Vergabe von Aufträgen durch die öffentliche Hand

1Aufträge der öffentlichen Hand, die von anerkannten Werkstätten für behinderte Menschen ausgeführt werden können, werden bevorzugt diesen Werkstätten angeboten. 2Die Bundesregierung erlässt mit Zustimmung des Bundesrates hierzu allgemeine Verwaltungsvorschriften.

§ 142 Anerkennungsverfahren

1Werkstätten für behinderte Menschen, die eine Vergünstigung im Sinne dieses Kapitels in Anspruch nehmen wollen, bedürfen der Anerkennung. 2Die Entscheidung über die Anerkennung trifft auf Antrag die Bundesagentur für Arbeit im Einvernehmen mit dem überörtlichen Träger der Sozialhilfe. 3Die Bundesagentur für Arbeit führt ein Verzeichnis der anerkannten Werkstätten für behinderte Menschen. 4In dieses Verzeichnis werden auch Zusammenschlüsse anerkannter Werkstätten für behinderte Menschen aufgenommen.

§ 143 Blindenwerkstätten

Die §§ 140 und 141 sind auch zugunsten von auf Grund des Blindenwarenvertriebsgesetzes anerkannten Blindenwerkstätten anzuwenden.

§ 144 Verordnungsermächtigungen

(1) Die Bundesregierung bestimmt durch Rechtsverordnung mit Zustimmung des Bundesrates das Nähere über den Begriff und die Aufgaben der Werkstatt für behinderte Menschen, die Aufnahmevoraussetzungen, die fachlichen Anforderungen, insbesondere hinsichtlich der Wirtschaftsführung sowie des Begriffs und der Verwendung des Arbeitsergebnisses sowie das Verfahren zur Anerkennung als Werkstatt für behinderte Menschen.

(2) 1Das Bundesministerium für Arbeit und Soziales bestimmt durch Rechtsverordnung mit Zustimmung des Bundesrates im Einzelnen die Errichtung, Zusammensetzung und Aufgaben des Werkstattrats, die Fragen, auf die sich die Mitwirkung erstreckt, einschließlich Art und Umfang der Mitwirkung, die Vorbereitung und Durchführung der Wahl, einschließlich der Wahlberechtigung und der Wählbarkeit, die Amtszeit sowie die Geschäftsführung des Werkstattrats einschließlich des Erlasses einer Geschäftsordnung und der persönlichen Rechte und Pflichten der Mitglieder des Werkstattrats und der Kostentragung. 2Die Rechtsverordnung kann darüber hinaus bestimmen, dass die in ihr getroffenen Regelungen keine Anwendung auf Religionsgemeinschaften und ihre Einrichtungen finden, soweit sie eigene gleichwertige Regelungen getroffen haben.

Kapitel 13
Unentgeltliche Beförderung schwerbehinderter Menschen im öffentlichen Personenverkehr

§ 145 Unentgeltliche Beförderung, Anspruch auf Erstattung der Fahrgeldausfälle

(1) 1Schwerbehinderte Menschen, die infolge ihrer Behinderung in ihrer Bewegungsfähigkeit im Straßenverkehr erheblich beeinträchtigt oder hilflos oder gehörlos sind, werden von Unternehmern, die öffentlichen Personenverkehr betreiben, gegen Vorzeigen eines entsprechend gekennzeichneten Ausweises nach § 69 Abs. 5 im Nahverkehr im Sinne des § 147 Abs. 1 unentgeltlich befördert; die unentgeltliche Beförderung verpflichtet zur Zahlung eines tarifmäßigen Zuschlages bei der Benutzung zuschlagpflichtiger Züge des Nahverkehrs. 2Voraussetzung ist, dass der Ausweis mit einer gültigen Wertmarke versehen ist. 3Sie wird gegen Entrichtung eines Betrages von 72 Euro für ein Jahr oder 36 Euro für ein halbes Jahr ausgegeben. 4Der Betrag erhöht sich in entsprechender Anwendung des § 77 Absatz 3 erstmals zu dem Zeitpunkt, zu dem die nächste Neubestimmung der Beträge

der Ausgleichsabgabe erfolgt. $_{5}$Liegt dieser Zeitpunkt innerhalb der Gültigkeitsdauer einer bereits ausgegebenen Wertmarke, ist der höhere Betrag erst im Zusammenhang mit der Ausgabe der darauffolgenden Wertmarke zu entrichten. $_{6}$Abweichend von § 77 Absatz 3 Satz 4 sind die sich ergebenden Beträge auf den nächsten vollen Eurobetrag aufzurunden. $_{7}$Das Bundesministerium für Arbeit und Soziales gibt den Erhöhungsbetrag und die sich nach entsprechender Anwendung des § 77 Absatz 3 Satz 3 ergebenden Beträge im Bundesanzeiger bekannt. $_{8}$Wird die für ein Jahr ausgegebene Wertmarke vor Ablauf eines halben Jahres ihrer Gültigkeitsdauer zurückgegeben, wird auf Antrag die Hälfte der Gebühr erstattet. Entsprechendes gilt für den Fall, dass der schwerbehinderte Mensch vor Ablauf eines halben Jahres der Gültigkeitsdauer der für ein Jahr ausgegebenen Wertmarke verstirbt. $_{9}$Auf Antrag wird eine für ein Jahr gültige Wertmarke, ohne dass der Betrag nach Satz 3 in seiner jeweiligen Höhe zu entrichten ist, an schwerbehinderte Menschen ausgegeben,

1. die blind im Sinne des § 72 Abs. 5 des Zwölften Buches oder entsprechender Vorschriften oder hilflos im Sinne des § 33b des Einkommensteuergesetzes oder entsprechender Vorschriften sind oder
2. Leistungen zur Sicherung des Lebensunterhalts nach dem Zweiten Buch oder für den Lebensunterhalt laufende Leistungen nach dem Dritten und Vierten Kapitel des Zwölften Buches, dem Achten Buch oder den §§ 27a und 27d des Bundesversorgungsgesetzes erhalten oder
3. die am 1. Oktober 1979 die Voraussetzungen nach § 2 Abs. 1 Nr. 1 bis 4 und Abs. 3 des Gesetzes über die unentgeltliche Beförderung von Kriegs- und Wehrdienstbeschädigten sowie von anderen Behinderten im Nahverkehr vom 27. August 1965 (BGBl. I S. 978), das zuletzt durch Artikel 41 des Zuständigkeitsanpassungs-Gesetzes vom 18. März 1975 (BGBl. I S. 705) geändert worden ist, erfüllten, solange ein Grad der Schädigungsfolgen von mindestens 70 festgestellt ist oder von mindestens 50 festgestellt ist und sie infolge der Schädigung erheblich gehbehindert sind; das Gleiche gilt für schwerbehinderte Menschen, die diese Voraussetzungen am 1. Oktober 1979 nur deshalb nicht erfüllt haben, weil sie ihren Wohnsitz oder ihren gewöhnlichen Aufenthalt zu diesem Zeitpunkt in dem in Artikel 3 des Einigungsvertrages genannten Gebiet hatten.

$_{10}$Die Wertmarke wird nicht ausgegeben, solange der Ausweis einen gültigen Vermerk über die Inanspruchnahme von Kraftfahrzeugsteuerermäßigung trägt. $_{11}$Die Ausgabe der Wertmarken erfolgt auf Antrag durch die nach § 69 Abs. 5 zuständigen Behörden. $_{12}$Die Landesregierung oder die von ihr bestimmte Stelle kann die Aufgaben nach Absatz 1 Satz 3 bis 5 ganz oder teilweise auf andere Behörden übertragen. $_{13}$Für Streitigkeiten in Zusammenhang mit der Ausgabe der Wertmarke gilt § 51 Abs. 1 Nr. 7 des Sozialgerichtsgesetzes entsprechend.

(2) Das Gleiche gilt im Nah- und Fernverkehr im Sinne des § 147, ohne dass die Voraussetzung des Absatzes 1 Satz 2 erfüllt sein muss, für die Beförderung

1. einer Begleitperson eines schwerbehinderten Menschen im Sinne des Absatzes 1, wenn die Berechtigung zur Mitnahme einer Begleitperson nachgewiesen und dies im Ausweis des schwerbehinderten Menschen eingetragen ist, und
2. des Handgepäcks, eines mitgeführten Krankenfahrstuhles, soweit die Beschaffenheit des Verkehrsmittels dies zulässt, sonstiger orthopädischer Hilfsmittel und eines Führhundes; das Gleiche gilt für einen Hund, den ein schwerbehinderter Mensch mitführt, in dessen Ausweis die Berechtigung zur Mitnahme einer Begleitperson nachgewiesen ist.

(3) $_{1}$Die durch die unentgeltliche Beförderung nach den Absätzen 1 und 2 entstehenden Fahrgeldausfälle werden nach Maßgabe der §§ 148 bis 150 erstattet. $_{2}$Die Erstattungen sind aus dem Anwendungsbereich der Verordnung (EG) Nr. 1370/2007 des Europäischen Parlaments und des Rates vom 23. Ok-

tober 2007 über öffentliche Personenverkehrsdienste auf Schiene und Straße und zur Aufhebung der Verordnungen (EWG) Nr. 1191/69 und (EWG) Nr. 1107/70 des Rates (ABl. L 315 vom 3. 12. 2007, S. 1) ausgenommen.

§ 146 Persönliche Voraussetzungen

(1) 1In seiner Bewegungsfähigkeit im Straßenverkehr erheblich beeinträchtigt ist, wer infolge einer Einschränkung des Gehvermögens (auch durch innere Leiden oder infolge von Anfällen oder von Störungen der Orientierungsfähigkeit) nicht ohne erhebliche Schwierigkeiten oder nicht ohne Gefahren für sich oder andere Wegstrecken im Ortsverkehr zurückzulegen vermag, die üblicherweise noch zu Fuß zurückgelegt werden. 2Der Nachweis der erheblichen Beeinträchtigung in der Bewegungsfähigkeit im Straßenverkehr kann bei schwerbehinderten Menschen mit einem Grad der Behinderung von wenigstens 80 nur mit einem Ausweis mit halbseitigem orangefarbenem Flächenaufdruck und eingetragenem Merkzeichen G geführt werden, dessen Gültigkeit frühestens mit dem 1. April 1984 beginnt, oder auf dem ein entsprechender Änderungsvermerk eingetragen ist.

(2) 1Zur Mitnahme einer Begleitperson sind schwerbehinderte Menschen berechtigt, die bei der Benutzung von öffentlichen Verkehrsmitteln infolge ihrer Behinderung regelmäßig auf Hilfe angewiesen sind. 2Die Feststellung bedeutet nicht, dass die schwerbehinderte Person, wenn sie nicht in Begleitung ist, eine Gefahr für sich oder für andere darstellt.

IX

§ 147 Nah- und Fernverkehr

(1) Nahverkehr im Sinne dieses Gesetzes ist der öffentliche Personenverkehr mit

1. Straßenbahnen und Obussen im Sinne des Personenbeförderungsgesetzes,
2. Kraftfahrzeugen im Linienverkehr nach den §§ 42 und 43 des Personenbeförderungsgesetzes auf Linien, bei denen die Mehrzahl der Beförderungen eine Strecke von 50 Kilometer nicht übersteigt, es sei denn, dass bei den Verkehrsformen nach § 43 des Personenbeförderungsgesetzes die Genehmigungsbehörde auf die Einhaltung der Vorschriften über die Beförderungsentgelte gemäß § 45 Abs. 3 des Personenbeförderungsgesetzes ganz oder teilweise verzichtet hat,
3. S-Bahnen in der 2. Wagenklasse,
4. Eisenbahnen in der 2. Wagenklasse in Zügen und auf Strecken und Streckenabschnitten, die in ein von mehreren Unternehmern gebildetes, mit den unter Nummer 1, 2 oder 7 genannten Verkehrsmitteln zusammenhängendes Liniennetz mit einheitlichen oder verbundenen Beförderungsentgelten einbezogen sind,
5. Eisenbahnen des Bundes in der 2. Wagenklasse in Zügen, die überwiegend dazu bestimmt sind, die Verkehrsnachfrage im Nahverkehr zu befriedigen (Züge des Nahverkehrs),
6. sonstigen Eisenbahnen des öffentlichen Verkehrs im Sinne des § 2 Abs. 1 und § 3 Abs. 1 des Allgemeinen Eisenbahngesetzes in der 2. Wagenklasse auf Strecken, bei denen die Mehrzahl der Beförderungen eine Strecke von 50 Kilometer nicht überschreiten,
7. Wasserfahrzeugen im Linien-, Fähr- und Übersetzverkehr, wenn dieser der Beförderung von Personen im Orts- und Nachbarschaftsbereich dient und Ausgangs- und Endpunkt innerhalb dieses Bereiches liegen; Nachbarschaftsbereich ist der Raum zwischen benachbarten Gemeinden, die, ohne unmittelbar aneinander grenzen zu müssen, durch einen stetigen, mehr als einmal am Tag durchgeführten Verkehr wirtschaftlich und verkehrsmäßig verbunden sind.

(2) Fernverkehr im Sinne dieses Gesetzes ist der öffentliche Personenverkehr mit

1. Kraftfahrzeugen im Linienverkehr nach § 42 des Personenbeförderungsgesetzes,
2. Eisenbahnen, ausgenommen den Sonderzugverkehr,
3. Wasserfahrzeugen im Fähr- und Übersetzverkehr, sofern keine Häfen außerhalb des Geltungsbereiches dieses Gesetzbuchs angelaufen werden, soweit der Verkehr

nicht Nahverkehr im Sinne des Absatzes 1 ist.

(3) Die Unternehmer, die öffentlichen Personenverkehr betreiben, weisen im öffentlichen Personenverkehr nach Absatz 1 Nr. 2, 5, 6 und 7 im Fahrplan besonders darauf hin, inwieweit eine Pflicht zur unentgeltlichen Beförderung nach § 145 Abs. 1 nicht besteht.

§ 148 Erstattung der Fahrgeldausfälle im Nahverkehr

(1) Die Fahrgeldausfälle im Nahverkehr werden nach einem Prozentsatz der von den Unternehmern oder den Nahverkehrsorganisationen im Sinne des § 150 Absatz 2 nachgewiesenen Fahrgeldeinnahmen im Nahverkehr erstattet.

(2) Fahrgeldeinnahmen im Sinne dieses Kapitels sind alle Erträge aus dem Fahrkartenverkauf zum genehmigten Beförderungsentgelt; sie umfassen auch Erträge aus der Beförderung von Handgepäck, Krankenfahrstühlen, sonstigen orthopädischen Hilfsmitteln, Tieren sowie aus erhöhten Beförderungsentgelten.

(3) Werden in einem von mehreren Unternehmern gebildeten zusammenhängenden Liniennetz mit einheitlichen oder verbundenen Beförderungsentgelten die Erträge aus dem Fahrkartenverkauf zusammengefasst und dem einzelnen Unternehmer anteilmäßig nach einem vereinbarten Verteilungsschlüssel zugewiesen, so ist der zugewiesene Anteil Ertrag im Sinne des Absatzes 2.

(4) $_1$Der Prozentsatz im Sinne des Absatzes 1 wird für jedes Land von der Landesregierung oder der von ihr bestimmten Behörde für jeweils ein Jahr bekannt gemacht. $_2$Bei der Berechnung des Prozentsatzes ist von folgenden Zahlen auszugehen:

1. der Zahl der in dem Land in dem betreffenden Kalenderjahr ausgegebenen Wertmarken und der Hälfte der in dem Land am Jahresende in Umlauf befindlichen gültigen Ausweise im Sinne des § 145 Abs. 1 Satz 1 von schwerbehinderten Menschen, die das sechste Lebensjahr vollendet haben und bei denen die Berechtigung zur Mitnahme einer Begleitperson im Ausweis eingetragen ist; Wertmarken mit einer Gültigkeitsdauer von einem halben Jahr werden zur Hälfte, zurückgegebene Wertmarken für jeden vollen Kalendermonat vor Rückgabe zu einem Zwölftel gezählt,
2. der in den jährlichen Veröffentlichungen des Statistischen Bundesamtes zum Ende des Vorjahres nachgewiesenen Zahl der Wohnbevölkerung in dem Land abzüglich der Zahl der Kinder, die das sechste Lebensjahr noch nicht vollendet haben, und der Zahlen nach Nummer 1.

$_3$Der Prozentsatz ist nach folgender Formel zu berechnen:

$$\frac{\text{Nach Nummer 1 errechnete Zahl}}{\text{Nach Nummer 2 errechnete Zahl}} \times 100.$$

$_4$Bei der Festsetzung des Prozentsatzes sich ergebende Bruchteile von 0,005 und mehr werden auf ganze Hundertstel aufgerundet, im Übrigen abgerundet.

(5) $_1$Weist ein Unternehmen durch Verkehrszählung nach, dass das Verhältnis zwischen den nach diesem Kapitel unentgeltlich beförderten Fahrgästen und den sonstigen Fahrgästen den nach Absatz 4 festgesetzten Prozentsatz um mindestens ein Drittel übersteigt, wird neben dem sich aus der Berechnung nach Absatz 4 ergebenden Erstattungsbetrag auf Antrag der nachgewiesene, über dem Drittel liegende Anteil erstattet. $_2$Die Länder können durch Rechtsverordnung bestimmen, dass die Verkehrszählung durch Dritte auf Kosten des Unternehmens zu erfolgen hat.

(6) Absatz 5 gilt nicht in Fällen des § 150 Absatz 1a.

§ 149 Erstattung der Fahrgeldausfälle im Fernverkehr

(1) Die Fahrgeldausfälle im Fernverkehr werden nach einem Prozentsatz der von den Unternehmern nachgewiesenen Fahrgeldeinnahmen im Fernverkehr erstattet.

(2) $_1$Der maßgebende Prozentsatz wird vom Bundesministerium für Arbeit und Soziales im Einvernehmen mit dem Bundesministerium der Finanzen und dem Bundesministerium für Verkehr, Bau und Stadtentwicklung für jeweils zwei Jahre bekannt gemacht. $_2$Bei der

Berechnung des Prozentsatzes ist von folgenden, für das letzte Jahr vor Beginn des Zweijahreszeitraumes vorliegenden Zahlen auszugehen:

1. der Zahl der im Geltungsbereich dieses Gesetzes am Jahresende in Umlauf befindlichen gültigen Ausweise nach § 145 Abs. 1 Satz 1, auf denen die Berechtigung zur Mitnahme einer Begleitperson eingetragen ist, abzüglich 25 Prozent,
2. der in den jährlichen Veröffentlichungen des Statistischen Bundesamtes zum Jahresende nachgewiesenen Zahl der Wohnbevölkerung im Geltungsbereich dieses Gesetzes abzüglich der Zahl der Kinder, die das vierte Lebensjahr noch nicht vollendet haben, und der nach Nummer 1 ermittelten Zahl.

$_{3}$Der Prozentsatz ist nach folgender Formel zu errechnen:

$$\frac{\text{Nach Nummer 1 errechnete Zahl}}{\text{Nach Nummer 2 errechnete Zahl}} \times 100.$$

$_{4}$§ 148 Abs. 4 letzter Satz gilt entsprechend.

§ 150 Erstattungsverfahren

(1) $_{1}$Die Fahrgeldausfälle werden auf Antrag des Unternehmers erstattet. $_{2}$Bei einem von mehreren Unternehmern gebildeten zusammenhängenden Liniennetz mit einheitlichen oder verbundenen Beförderungsentgelten können die Anträge auch von einer Gemeinschaftseinrichtung dieser Unternehmer für ihre Mitglieder gestellt werden. $_{3}$Der Antrag ist bis zum 31. Dezember für das vorangegangene Kalenderjahr zu stellen, und zwar für den Nahverkehr nach § 151 Abs. 1 Satz 1 Nr. 1 und für den Fernverkehr an das Bundesverwaltungsamt, für den übrigen Nahverkehr bei den in Absatz 3 bestimmten Behörden.

(1a) Haben sich in einem Bundesland mehrere Aufgabenträger des öffentlichen Personennahverkehrs auf lokaler oder regionaler Ebene zu Verkehrsverbünden zusammengeschlossen und erhalten die im Zuständigkeitsbereich dieser Aufgabenträger öffentlichen Personennahverkehr betreibenden Verkehrsunternehmen für ihre Leistungen ein mit diesen Aufgabenträgern vereinbartes Entgelt (Bruttoprinzip), können anstelle der antrags- und erstattungsberechtigten Verkehrsunternehmen auch die Nahverkehrsorganisationen Antrag auf Erstattung der in ihrem jeweiligen Gebiet entstandenen Fahrgeldausfälle stellen, sofern die Verkehrsunternehmen hierzu ihr Einvernehmen erteilt haben.

(2) $_{1}$Die Unternehmer oder die Nahverkehrsorganisationen im Sinne des Absatzes 1a erhalten auf Antrag Vorauszahlungen für das laufende Kalenderjahr in Höhe von insgesamt 80 Prozent des zuletzt für ein Jahr festgesetzten Erstattungsbetrages. $_{2}$Die Vorauszahlungen werden je zur Hälfte am 15. Juli und am 15. November gezahlt. $_{3}$Der Antrag auf Vorauszahlungen gilt zugleich als Antrag im Sinne des Absatzes 1. $_{4}$Die Vorauszahlungen sind zurückzuzahlen, wenn Unterlagen, die für die Berechnung der Erstattung erforderlich sind, nicht bis zum 31. Dezember des auf die Vorauszahlung folgenden Kalenderjahres vorgelegt sind.

(3) $_{1}$Die Landesregierung oder die von ihr bestimmte Stelle legt die Behörden fest, die über die Anträge auf Erstattung und Vorauszahlung entscheiden und die auf den Bund und das Land entfallenden Beträge auszahlen. $_{2}$§ 11 Abs. 2 bis 4 des Personenbeförderungsgesetzes gilt entsprechend.

(4) Erstreckt sich der Nahverkehr auf das Gebiet mehrerer Länder, entscheiden die nach Landesrecht zuständigen Landesbehörden dieser Länder darüber, welcher Teil der Fahrgeldeinnahmen jeweils auf den Bereich ihres Landes entfällt.

(5) Die Unternehmen im Sinne des § 151 Abs. 1 Satz 1 Nr. 1 legen ihren Anträgen an das Bundesverwaltungsamt den Anteil der nachgewiesenen Fahrgeldeinnahmen im Nahverkehr zugrunde, der auf den Bereich des jeweiligen Landes entfällt; für den Nahverkehr von Eisenbahnen des Bundes im Sinne des § 147 Abs. 1 Satz 1 Nr. 5 bestimmt sich dieser Teil nach dem Anteil der Zugkilometer, die von einer Eisenbahn des Bundes mit Zügen des Nahverkehrs im jeweiligen Land erbracht werden.

(6) 1Hinsichtlich der Erstattungen gemäß § 148 für den Nahverkehr nach § 151 Abs. 1 Satz 1 Nr. 1 und gemäß § 149 sowie der entsprechenden Vorauszahlungen nach Absatz 2 wird dieses Kapitel in bundeseigener Verwaltung ausgeführt. 2Die Verwaltungsaufgaben des Bundes erledigt das Bundesverwaltungsamt nach fachlichen Weisungen des Bundesministeriums für Arbeit und Soziales in eigener Zuständigkeit.

(7) 1Für das Erstattungsverfahren gelten das Verwaltungsverfahrensgesetz und die entsprechenden Gesetze der Länder. 2Bei Streitigkeiten über die Erstattungen und die Vorauszahlungen ist der Verwaltungsrechtsweg gegeben.

§ 151 Kostentragung

1Der Bund trägt die Aufwendungen für die unentgeltliche Beförderung

1. im Nahverkehr, soweit Unternehmen, die sich überwiegend in der Hand des Bundes oder eines mehrheitlich dem Bund gehörenden Unternehmens befinden (auch in Verkehrsverbünden), erstattungsberechtigte Unternehmer sind sowie
2. im Fernverkehr für die Begleitperson und die mitgeführten Gegenstände im Sinne des § 145 Abs. 2.

2Die Länder tragen die Aufwendungen für die unentgeltliche Beförderung im übrigen Nahverkehr.

§ 152 Einnahmen aus Wertmarken

1Von den durch die Ausgabe der Wertmarke erzielten jährlichen Einnahmen erhält der Bund einen Anteil von 27 Prozent. 2Dieser ist unter Berücksichtigung der in der Zeit vom 1. Januar bis 30. Juni eines Kalenderjahres eingegangenen Einnahmen zum 15. Juli und unter Berücksichtigung der vom 1. Juli bis 31. Dezember eines Kalenderjahres eingegangenen Einnahmen zum 15. Januar des darauffolgenden Kalenderjahres an den Bund abzuführen.

§ 153 Erfassung der Ausweise

1Die für die Ausstellung der Ausweise nach § 69 Absatz 5 zuständigen Behörden erfassen

1. die am Jahresende im Umlauf befindlichen gültigen Ausweise, getrennt nach Art und besonderen Eintragungen,
2. die im Kalenderjahr ausgegebenen Wertmarken, unterteilt nach der jeweiligen Gültigkeitsdauer und die daraus erzielten Einnahmen,

als Grundlage für die nach § 148 Absatz 4 Nummer 1 und § 149 Absatz 2 Nummer 1 zu ermittelnde Zahl der Ausweise und Wertmarken. 2Die zuständigen obersten Landesbehörden teilen dem Bundesministerium für Arbeit und Soziales das Ergebnis der Erfassung nach Satz 1 spätestens bis zum 31. März des Jahres mit, in dem die Prozentsätze festzusetzen sind.

§ 154 Verordnungsermächtigungen

(1) Die Bundesregierung wird ermächtigt, in der Rechtsverordnung auf Grund des § 70 nähere Vorschriften über die Gestaltung der Wertmarken, ihre Verbindung mit dem Ausweis und Vermerke über ihre Gültigkeitsdauer zu erlassen.

(2) Das Bundesministerium für Arbeit und Soziales und das Bundesministerium für Verkehr, Bau und Stadtentwicklung werden ermächtigt, durch Rechtsverordnung festzulegen, welche Zuggattungen von Eisenbahnen des Bundes zu den Zügen des Nahverkehrs im Sinne des § 147 Abs. 1 Nr. 5 und zu den zuschlagpflichtigen Zügen des Nahverkehrs im Sinne des § 145 Abs. 1 Satz 1 zweiter Halbsatz zählen.

Kapitel 14
Straf-, Bußgeld- und Schlussvorschriften

§ 155 Strafvorschriften

(1) Wer unbefugt ein fremdes Geheimnis, namentlich ein zum persönlichen Lebensbereich gehörendes Geheimnis oder ein Betriebs- oder Geschäftsgeheimnis, offenbart, das ihm als Vertrauensperson schwerbehinderter Menschen anvertraut worden oder sonst bekannt geworden ist, wird mit Freiheitsstrafe bis zu einem Jahr oder mit Geldstrafe bestraft.

(2) 1Handelt der Täter gegen Entgelt oder in der Absicht, sich oder einen anderen zu be-

reichern oder einen anderen zu schädigen, so ist die Strafe Freiheitsstrafe bis zu zwei Jahren oder Geldstrafe. 2Ebenso wird bestraft, wer unbefugt ein fremdes Geheimnis, namentlich ein Betriebs- oder Geschäftsgeheimnis, zu dessen Geheimhaltung er nach Absatz 1 verpflichtet ist, verwertet.

(3) Die Tat wird nur auf Antrag verfolgt.

§ 156 Bußgeldvorschriften

(1) Ordnungswidrig handelt, wer vorsätzlich oder fahrlässig

1. entgegen § 71 Abs. 1 Satz 1, auch in Verbindung mit einer Rechtsverordnung nach § 79 Nr. 1, oder § 71 Abs. 1 Satz 3 schwerbehinderte Menschen nicht beschäftigt,
2. entgegen § 80 Abs. 1 ein Verzeichnis nicht, nicht richtig, nicht vollständig oder nicht in der vorgeschriebenen Weise führt oder nicht oder nicht rechtzeitig vorlegt,
3. entgegen § 80 Abs. 2 Satz 1 oder Abs. 4 eine Anzeige nicht, nicht richtig, nicht vollständig, nicht in der vorgeschriebenen Weise oder nicht rechtzeitig erstattet,
4. entgegen § 80 Abs. 5 eine Auskunft nicht, nicht richtig, nicht vollständig oder nicht rechtzeitig erteilt,
5. entgegen § 80 Abs. 7 Einblick in den Betrieb oder die Dienststelle nicht oder nicht rechtzeitig gibt,
6. entgegen § 80 Abs. 8 eine dort bezeichnete Person nicht oder nicht rechtzeitig benennt,
7. entgegen § 81 Abs. 1 Satz 4 oder 9 eine dort bezeichnete Vertretung oder einen Beteiligten nicht, nicht richtig, nicht vollständig oder nicht rechtzeitig unterrichtet,
8. entgegen § 81 Abs. 1 Satz 7 eine Entscheidung nicht erörtert, oder
9. entgegen § 95 Abs. 2 Satz 1 die Schwerbehindertenvertretung nicht, nicht richtig, nicht vollständig oder nicht rechtzeitig unterrichtet oder nicht oder nicht rechtzeitig hört.

(2) Die Ordnungswidrigkeit kann mit einer Geldbuße bis zu 10 000 Euro geahndet werden.

(3) Verwaltungsbehörde im Sinne des § 36 Abs. 1 Nr. 1 des Gesetzes über Ordnungswidrigkeiten ist die Bundesagentur für Arbeit.

(4) § 66 des Zehnten Buches gilt entsprechend.

(5) 1Die Geldbuße ist an das Integrationsamt abzuführen. 2Für ihre Verwendung gilt § 77 Abs. 5.

§ 157 Stadtstaatenklausel

(1) 1Der Senat der Freien und Hansestadt Hamburg wird ermächtigt, die Schwerbehindertenvertretung für Angelegenheiten, die mehrere oder alle Dienststellen betreffen, in der Weise zu regeln, dass die Schwerbehindertenvertretung aller Dienststellen eine Gesamtschwerbehindertenvertretung wählen. 2Für die Wahl gilt § 94 Abs. 2, 3, 6 und 7 entsprechend.

(2) § 97 Abs. 6 Satz 1 gilt entsprechend.

§ 158 Sonderregelung für den Bundesnachrichtendienst

Für den Bundesnachrichtendienst gilt dieses Gesetz mit folgenden Abweichungen:

1. Der Bundesnachrichtendienst gilt vorbehaltlich der Nummer 3 als einheitliche Dienststelle.
2. Für den Bundesnachrichtendienst gelten die Pflichten zur Vorlage des nach § 80 Abs. 1 zu führenden Verzeichnisses, zur Anzeige nach § 80 Abs. 2 und zur Gewährung von Einblick nach § 80 Abs. 7 nicht. Die Anzeigepflicht nach § 90 Abs. 3 gilt nur für die Beendigung von Probearbeitsverhältnissen.
3. Als Dienststelle im Sinne des Kapitels 5 gelten auch Teile und Stellen des Bundesnachrichtendienstes, die nicht zu seiner Zentrale gehören. § 94 Abs. 1 Satz 4 und 5 sowie § 97 sind nicht anzuwenden. In den Fällen des § 97 Abs. 6 ist die Schwerbehindertenvertretung der Zentrale des Bundesnachrichtendienstes zuständig. Im Falle des § 94 Abs. 6 Satz 4 lädt der Leiter oder die Leiterin der Dienststelle ein. Die Schwerbehindertenvertretung ist in den Fällen nicht zu beteiligen, in denen die Beteiligung der Personalvertretung nach

dem Bundespersonalvertretungsgesetz ausgeschlossen ist. Der Leiter oder die Leiterin des Bundesnachrichtendienstes kann anordnen, dass die Schwerbehindertenvertretung nicht zu beteiligen ist, Unterlagen nicht vorgelegt oder Auskünfte nicht erteilt werden dürfen, wenn und soweit dies aus besonderen nachrichtendienstlichen Gründen geboten ist. Die Rechte und Pflichten der Schwerbehindertenvertretung ruhen, wenn die Rechte und Pflichten der Personalvertretung ruhen. § 96 Abs. 7 Satz 3 ist nach Maßgabe der Sicherheitsbestimmungen des Bundesnachrichtendienstes anzuwenden. § 99 Abs. 2 gilt nur für die in § 99 Abs. 1 genannten Personen und Vertretungen der Zentrale des Bundesnachrichtendienstes.

4. Im Widerspruchsausschuss bei dem Integrationsamt (§ 119) und die Widerspruchsausschüsse bei der Bundesagentur für Arbeit (§ 120) treten in Angelegenheiten schwerbehinderter Menschen, die beim Bundesnachrichtendienst beschäftigt sind, an die Stelle der Mitglieder, die Arbeitnehmer oder Arbeitnehmerinnen und Arbeitgeber sind (§ 119 Abs. 1 und § 120 Abs. 1), Angehörige des Bundesnachrichtendienstes, an die Stelle der Schwerbehindertenvertretung die Schwerbehindertenvertretung der Zentrale des Bundesnachrichtendienstes. Sie werden dem Integrationsamt und der Bundesagentur für Arbeit vom Leiter oder der Leiterin des Bundesnachrichtendienstes benannt. Die Mitglieder der Ausschüsse müssen nach den dafür geltenden Bestimmungen ermächtigt sein, Kenntnis von Verschlusssachen des in Betracht kommenden Geheimhaltungsgrades zu erhalten.
5. Über Rechtsstreitigkeiten, die auf Grund dieses Buches im Geschäftsbereich des Bundesnachrichtendienstes entstehen, entscheidet im ersten und letzten Rechtszug der oberste Gerichtshof des zuständigen Gerichtszweiges.

§ 159 Übergangsregelung

(1) Abweichend von § 71 Abs. 1 beträgt die Pflichtquote für die in § 71 Abs. 3 Nr. 1 und 4 genannten öffentlichen Arbeitgeber des Bundes weiterhin 6 Prozent, wenn sie am 31. Oktober 1999 auf mindestens 6 Prozent der Arbeitsplätze schwerbehinderte Menschen beschäftigt hatten.

(2) Auf Leistungen nach § 33 Abs. 2 des Schwerbehindertengesetzes in Verbindung mit dem Ersten Abschnitt der Schwerbehinderten-Ausgleichsabgabeverordnung jeweils in der bis zum 30. September 2000 geltenden Fassung sind die zu diesem Zeitpunkt geltenden Rechtsvorschriften weiter anzuwenden, wenn die Entscheidung über die beantragten Leistungen vor dem 1. Oktober 2000 getroffen worden ist.

(3) Eine auf Grund des Schwerbehindertengesetzes getroffene bindende Feststellung über das Vorliegen einer Behinderung, eines Grades der Behinderung und das Vorliegen weiterer gesundheitlicher Merkmale gelten als Feststellungen nach diesem Buch.

(4) Die nach § 56 Abs. 2 des Schwerbehindertengesetzes erlassenen allgemeinen Richtlinien sind bis zum Erlass von allgemeinen Verwaltungsvorschriften nach § 141 weiter anzuwenden.

(5) § 17 Abs. 2 Satz 1 ist vom 1. Januar 2008 an mit der Maßgabe anzuwenden, dass auf Antrag Leistungen durch ein Persönliches Budget ausgeführt werden.

(6) Auf Erstattungen nach Teil 2 Kapitel 13 ist § 148 für bis zum 31. Dezember 2004 entstandene Fahrgeldausfälle in der bis zu diesem Zeitpunkt geltenden Fassung anzuwenden.

(7) Soweit noch keine Verordnung nach § 70 Absatz 2 erlassen ist, gelten die Maßstäbe des § 30 Absatz 1 des Bundesversorgungsgesetzes und der auf Grund des § 30 Absatz 16 des Bundesversorgungsgesetzes erlassenen Rechtsverordnungen entsprechend.

§ 160 Überprüfungsregelung

(1) Die Bundesregierung berichtet den gesetzgebenden Körperschaften des Bundes bis

zum 30. Juni 2005 über die Situation behinderter und schwerbehinderter Frauen und Männer auf dem Ausbildungsstellenmarkt und schlägt die danach zu treffenden Maßnahmen vor.

(2) 1Sie berichtet den gesetzgebenden Körperschaften des Bundes bis zum 30. Juni 2007 über die Wirkungen der Instrumente zur Sicherung von Beschäftigung und zur betrieblichen Prävention. 2Dabei wird auch die Höhe der Beschäftigungspflichtquote überprüft.

Verordnung zur Durchführung des § 17 Abs. 2 bis 4 des Neunten Buches Sozialgesetzbuch (Budgetverordnung – BudgetV)

Vom 27. Mai 2004 (BGBl. I S. 1055)

Auf Grund des § 21a des Neunten Buches Sozialgesetzbuch – Rehabilitation und Teilhabe behinderter Menschen – (Artikel 1 des Gesetzes vom 19. Juni 2001, BGBl. I S. 1046, 1047), der durch Artikel 8 Nr. 4 des Gesetzes vom 27. Dezember 2003 (BGBl. I S. 3022) eingefügt worden ist, verordnet das Bundesministerium für Gesundheit und Soziale Sicherung:

§ 1 Anwendungsbereich

Die Ausführung von Leistungen in Form Persönlicher Budgets nach § 17 Abs. 2 bis 4 des Neunten Buches Sozialgesetzbuch, der Inhalt Persönlicher Budgets sowie das Verfahren und die Zuständigkeit der beteiligten Leistungsträger richten sich nach den folgenden Vorschriften.

§ 2 Beteiligte Leistungsträger

$_{1}$Leistungen in Form Persönlicher Budgets werden von den Rehabilitationsträgern, den Pflegekassen und den Integrationsämtern erbracht, von den Krankenkassen auch Leistungen, die nicht Leistungen zur Teilhabe nach dem Neunten Buch Sozialgesetzbuch sind, von den Trägern der Sozialhilfe auch Leistungen der Hilfe zur Pflege. $_{2}$Sind an einem Persönlichen Budget mehrere Leistungsträger beteiligt, wird es als trägerübergreifende Komplexleistung erbracht.

§ 3 Verfahren

(1) $_{1}$Der nach § 17 Abs. 4 den Neunten Buches Sozialgesetzbuch zuständige Leistungsträger (Beauftragter) unterrichtet unverzüglich die an der Komplexleistung beteiligten Leistungsträger und holt von diesen Stellungnahmen ein, insbesondere zu

1. dem Bedarf, der durch budgetfähige Leistungen gedeckt werden kann, unter Berücksichtigung des Wunsch- und Wahlrechts nach § 9 Abs. 1 des Neunten Buches Sozialgesetzbuch,
2. der Höhe des Persönlichen Budgets als Geldleistung oder durch Gutscheine,
3. dem Inhalt der Zielvereinbarung nach § 4,
4. einem Beratungs- und Unterstützungsbedarf.

$_{2}$Die beteiligten Leistungsträger sollen ihre Stellungnahmen innerhalb von zwei Wochen abgeben.

(2) Wird ein Antrag auf Leistungen in Form eines Persönlichen Budgets bei einer gemeinsamen Servicestelle gestellt, ist Beauftragter im Sinne des Absatzes 1 der Rehabilitationsträger, dem die gemeinsame Servicestelle zugeordnet ist.

(3) $_{1}$Der Beauftragte und, soweit erforderlich, die beteiligten Leistungsträger beraten gemeinsam mit der Antrag stellenden Person in einem trägerübergreifenden Bedarfsfeststellungsverfahren die Ergebnisse der von ihnen getroffenen Feststellungen sowie die gemäß § 4 abzuschließende Zielvereinbarung. $_{2}$An dem Verfahren wird auf Verlangen der Antrag stellenden Person eine Person ihrer Wahl beteiligt.

(4) Die beteiligten Leistungsträger stellen nach dem für sie geltenden Leistungsgesetz auf der Grundlage der Ergebnisse des Bedarfsfeststellungsverfahrens das auf sie entfallende Teilbudget innerhalb einer Woche nach Abschluss des Verfahrens fest.

(5) $_{1}$Der Beauftragte erlässt den Verwaltungsakt, wenn eine Zielvereinbarung nach § 4 abgeschlossen ist, und erbringt die Leistung. $_{2}$Widerspruch und Klage richten sich gegen den Beauftragten. $_{3}$Laufende Geldleistungen werden monatlich im Voraus ausgezahlt; die beteiligten Leistungsträger stellen dem Beauftragten das auf sie entfallende Teilbudget rechtzeitig zur Verfügung. $_{4}$Mit der Auszahlung oder der Ausgabe von Gutschei-

nen an die Antrag stellende Person gilt deren Anspruch gegen die beteiligten Leistungsträger insoweit als erfüllt.

(6) ₁Das Bedarfsfeststellungsverfahren für laufende Leistungen wird in der Regel im Abstand von zwei Jahren wiederholt. ₂In begründeten Fällen kann davon abgewichen werden.

§ 4 Zielvereinbarung

(1) ₁Die Zielvereinbarung wird zwischen der Antrag stellenden Person und dem Beauftragten abgeschlossen. ₂Sie enthält mindestens Regelungen über

1. die Ausrichtung der individuellen Förder- und Leistungsziele,
2. die Erforderlichkeit eines Nachweises für die Deckung des festgestellten individuellen Bedarfs sowie
3. die Qualitätssicherung.

(2) ₁Die Antrag stellende Person und der Beauftragte können die Zielvereinbarung aus wichtigem Grund mit sofortiger Wirkung schriftlich kündigen, wenn ihnen die Fortsetzung nicht zumutbar ist. ₂Ein wichtiger Grund kann für die Antrag stellende Person insbesondere in der persönlichen Lebenssituation liegen. ₃Für den Beauftragten kann ein wichtiger Grund dann vorliegen, wenn die Antrag stellende Person die Vereinbarung, insbesondere hinsichtlich des Nachweises zur Bedarfsdeckung und der Qualitätssicherung nicht einhält. ₄Im Falle der Kündigung wird der Verwaltungsakt aufgehoben.

(3) Die Zielvereinbarung wird im Rahmen des Bedarfsfeststellungsverfahrens für die Dauer des Bewilligungszeitraumes der Leistungen des Persönlichen Budgets abgeschlossen, soweit sich aus ihr nichts Abweichendes ergibt.

§ 5 Inkrafttreten

Diese Verordnung tritt am 1. Juli 2004 in Kraft.

Verordnung zur Früherkennung und Frühförderung behinderter und von Behinderung bedrohter Kinder (Frühförderungsverordnung – FrühV)

Vom 24. Juni 2003 (BGBl. I S. 998)

Auf Grund des § 32 Nr. 1 des Neunten Buches Sozialgesetzbuch – Rehabilitation und Teilhabe behinderter Menschen – (Artikel 1 des Gesetzes vom 19. Juni 2001, BGBl. I S. 1046, 1047), der zuletzt durch Artikel 1 Nr. 3 des Gesetzes vom 3. April 2003 (BGBl. I S. 462) geändert worden ist, verordnet das Bundesministerium für Gesundheit und Soziale Sicherung:

§ 1 Anwendungsbereich

Die Abgrenzung der durch interdisziplinäre Frühförderstellen und sozialpädiatrische Zentren ausgeführten Leistungen nach § 30 Abs. 1 und 2 des Neunten Buches Sozialgesetzbuch zur Früherkennung und Frühförderung noch nicht eingeschulter behinderter und von Behinderung bedrohter Kinder, die Übernahme und die Teilung der Kosten zwischen den beteiligten Rehabilitationsträgern sowie die Vereinbarung der Entgelte richtet sich nach den folgenden Vorschriften.

§ 2 Früherkennung und Frühförderung

Leistungen nach § 1 umfassen

1. Leistungen zur medizinischen Rehabilitation (§ 5) und
2. heilpädagogische Leistungen (§ 6).

Die erforderlichen Leistungen werden unter Inanspruchnahme von fachlich geeigneten interdisziplinären Frühförderstellen und sozialpädiatrischen Zentren unter Einbeziehung des sozialen Umfelds der Kinder ausgeführt. Näheres zu den Anforderungen an interdisziplinäre Frühförderstellen und sozialpädiatrische Zentren kann durch Landesrahmenempfehlungen geregelt werden.

§ 3 Interdisziplinäre Frühförderstellen

Interdisziplinäre Frühförderstellen im Sinne dieser Verordnung sind familien- und wohnortnahe Dienste und Einrichtungen, die der Früherkennung, Behandlung und Förderung von Kindern dienen, um in interdisziplinärer Zusammenarbeit von qualifizierten medizinisch-therapeutischen und pädagogischen Fachkräften eine drohende oder bereits eingetretene Behinderung zum frühestmöglichen Zeitpunkt zu erkennen und die Behinderung durch gezielte Förder- und Behandlungsmaßnahmen auszugleichen oder zu mildern. Leistungen durch interdisziplinäre Frühförderstellen werden in der Regel in ambulanter, einschließlich mobiler Form erbracht.

§ 4 Sozialpädiatrische Zentren

Sozialpädiatrische Zentren im Sinne dieser Verordnung sind die nach § 119 Abs. 1 des Fünften Buches Sozialgesetzbuch zur ambulanten sozialpädiatrischen Behandlung von Kindern ermächtigten Einrichtungen. Die frühzeitige Erkennung, Diagnostik und Behandlung durch sozialpädiatrische Zentren ist auf Kinder ausgerichtet, die wegen Art, Schwere oder Dauer ihrer Behinderung oder einer drohenden Behinderung nicht von geeigneten Ärzten oder geeigneten interdisziplinären Frühförderstellen (§ 3) behandelt werden können.

§ 5 Leistungen zur medizinischen Rehabilitation

(1) Die im Rahmen von Leistungen zur medizinischen Rehabilitation nach § 30 des Neunten Buches Sozialgesetzbuch zur Früherkennung und Frühförderung zu erbringenden medizinischen Leistungen umfassen insbesondere

1. ärztliche Behandlung einschließlich der zur Früherkennung und Diagnostik erforderlichen ärztlichen Tätigkeiten,
2. nichtärztliche sozialpädiatrische Leistungen, psychologische, heilpädagogische und psychosoziale Leistungen, soweit und solange sie unter ärztlicher Verantwortung

IX

erbracht werden und erforderlich sind, um eine drohende oder bereits eingetretene Behinderung zum frühestmöglichen Zeitpunkt zu erkennen und einen individuellen Förder- und Behandlungsplan aufzustellen,

3. Heilmittel, insbesondere physikalische Therapie, Physiotherapie, Stimm-, Sprech- und Sprachtherapie sowie Beschäftigungstherapie, soweit sie auf Grund des Förder- und Behandlungsplans nach § 7 Abs. 1 erforderlich sind.

(2) Die Leistungen nach Absatz 1 umfassen auch die Beratung der Erziehungsberechtigten, insbesondere

1. das Erstgespräch,
2. anamnestische Gespräche mit Eltern und anderen Bezugspersonen,
3. die Vermittlung der Diagnose,
4. Erörterung und Beratung des Förder- und Behandlungsplans,
5. Austausch über den Entwicklungs- und Förderprozess des Kindes einschließlich Verhaltens- und Beziehungsfragen,
6. Anleitung und Hilfe bei der Gestaltung des Alltags,
7. Anleitung zur Einbeziehung in Förderung und Behandlung,
8. Hilfen zur Unterstützung der Bezugspersonen bei der Krankheits- und Behinderungsverarbeitung,
9. Vermittlung von weiteren Hilfs- und Beratungsangeboten.

(3) Weiter gehende Vereinbarungen auf Landesebene bleiben unberührt.

§ 6 Heilpädagogische Leistungen

Heilpädagogische Leistungen nach § 56 des Neunten Buches Sozialgesetzbuch umfassen alle Maßnahmen, die die Entwicklung des Kindes und die Entfaltung seiner Persönlichkeit mit pädagogischen Mitteln anregen, einschließlich der jeweils erforderlichen sozial- und sonderpädagogischen, psychologischen und psychosozialen Hilfen sowie die Beratung der Erziehungsberechtigten; § 5 Abs. 2 und 3 gilt entsprechend.

§ 7 Förder- und Behandlungsplan

(1) Die interdisziplinären Frühförderstellen und die sozialpädiatrischen Zentren stellen die nach dem individuellen Bedarf zur Förderung und Behandlung voraussichtlich erforderlichen Leistungen nach §§ 5 und 6 in Zusammenarbeit mit den Erziehungsberechtigten in einem interdisziplinär entwickelten Förder- und Behandlungsplan schriftlich zusammen und legen diesen den beteiligten Rehabilitationsträgern nach Maßgabe des § 14 des Neunten Buches Sozialgesetzbuch zur Entscheidung vor. Der Förder- und Behandlungsplan wird entsprechend dem Verlauf der Förderung und Behandlung angepasst, spätestens nach Ablauf von zwölf Monaten. Dabei sichern die Rehabilitationsträger durchgehend das Verfahren entsprechend dem jeweiligen Bedarf. Der Förder- und Behandlungsplan wird von dem für die Durchführung der diagnostischen Leistungen nach § 5 Abs. 1 Nr. 1 verantwortlichen Arzt und der verantwortlichen pädagogischen Fachkraft unterzeichnet. Die Erziehungsberechtigten erhalten eine Ausfertigung des Förder- und Behandlungsplans.

(2) Der Förder- und Behandlungsplan kann auch die Förderung und Behandlung in einer anderen Einrichtung, durch einen Kinderarzt oder die Erbringung von Heilmitteln empfehlen.

§ 8 Erbringung der Komplexleistung

(1) Die zur Förderung und Behandlung nach §§ 5 und 6 erforderlichen Leistungen werden von den beteiligten Rehabilitationsträgern auf der Grundlage des Förder- und Behandlungsplans zuständigkeitsübergreifend als ganzheitliche Komplexleistung erbracht. Ein Antrag auf die erforderlichen Leistungen kann bei allen beteiligten Rehabilitationsträgern gestellt werden. Der Rehabilitationsträger, bei dem der Antrag gestellt wird, unterrichtet unverzüglich die an der Komplexleistung beteiligten Rehabilitationsträger. Die beteiligten Rehabilitationsträger stimmen sich untereinander ab und entscheiden innerhalb von zwei Wochen nach Vorliegen des

Förder- und Behandlungsplans über die Leistung.

(2) Sofern die beteiligten Rehabilitationsträger nichts anderes vereinbaren, entscheidet der für die Leistungen nach § 6 jeweils zuständige Rehabilitationsträger über Komplexleistungen interdisziplinärer Frühförderstellen und der für die Leistungen nach § 5 jeweils zuständige Rehabilitationsträger über Komplexleistungen sozialpädiatrischer Zentren.

(3) Erbringt ein Rehabilitationsträger im Rahmen der Komplexleistung Leistungen, für die ein anderer Rehabilitationsträger zuständig ist, ist der zuständige Rehabilitationsträger erstattungspflichtig. Vereinbarungen über pauschalierte Erstattungen sind zulässig.

(4) Interdisziplinäre Frühförderstellen und sozialpädiatrische Zentren arbeiten zusammen. Darüber hinaus arbeiten sie mit Ärzten, Leistungserbringern von Heilmitteln und anderen an der Früherkennung und Frühförderung beteiligten Stellen wie dem Öffentlichen Gesundheitsdienst zusammen. Soweit nach Landesrecht an der Komplexleistung weitere Stellen einzubeziehen sind, sollen diese an Arbeitsgemeinschaften der an der Früherkennung und Frühförderung beteiligten Stellen beteiligt werden.

§ 9 Teilung der Kosten der Komplexleistung

(1) Die an den Leistungen der interdisziplinären Frühförderstelle oder des sozialpädiatrischen Zentrums jeweils beteiligten Rehabilitationsträger vereinbaren gemeinsam mit diesen die Entgelte für die zur Förderung und Behandlung nach §§ 5 und 6 zu erbringenden Leistungen. Dabei werden Zuwendungen Dritter, insbesondere der Länder, für Leistungen nach dieser Verordnung berücksichtigt.

(2) Über die Aufteilung der Entgelte für Komplexleistungen schließen die Rehabilitationsträger auf der Grundlage der Leistungszuständigkeit nach Spezialisierung und Leistungsprofil des Dienstes oder der Einrichtung, insbesondere den vertretenen Fachdisziplinen und dem Diagnosespektrum der leistungsberechtigten Kinder, Vereinbarungen; regionale Gegebenheiten werden berücksichtigt.

(3) Die Aufteilung der Entgelte kann pauschaliert werden. Der auf die für die Leistungen nach § 6 jeweils zuständige Träger entfallende Anteil der Entgelte darf für Leistungen in interdisziplinären Frühförderstellen 80 vom Hundert und in sozialpädiatrischen Zentren 20 vom Hundert nicht übersteigen.

§ 10 Inkrafttreten

Diese Verordnung tritt am ersten Tage des auf die Verkündung folgenden Kalendermonats in Kraft.

Verordnung über Kraftfahrzeughilfe zur beruflichen Rehabilitation (Kraftfahrzeughilfe-Verordnung – KfzHV)

Vom 28. September 1987 (BGBl. I S. 2251)

Zuletzt geändert durch
Drittes Gesetz für moderne Dienstleistungen am Arbeitsmarkt
vom 23. Dezember 2003 (BGBl. I S. 2848)

Auf Grund des § 9 Abs. 2 des Gesetzes über die Angleichung der Leistungen zur Rehabilitation vom 7. August 1974 (BGBl. I S. 1881), der durch Artikel 16 des Gesetzes vom 1. Dezember 1981 (BGBl. I S. 1205) geändert worden ist, auf Grund des § 27f in Verbindung mit § 26 Abs. 6 Satz 1 des Bundesversorgungsgesetzes in der Fassung der Bekanntmachung vom 22. Januar 1982 (BGBl. I S. 21) und auf Grund des § 11 Abs. 3 Satz 3 des Schwerbehindertengesetzes in der Fassung der Bekanntmachung vom 26. August 1986 (BGBl. I S. 1421) verordnet die Bundesregierung mit Zustimmung des Bundesrates:

§ 1 Grundsatz

Kraftfahrzeughilfe zur Teilhabe behinderter Menschen am Arbeitsleben richtet sich bei den Trägern der gesetzlichen Unfallversicherung, der gesetzlichen Rentenversicherung, der Kriegsopferfürsorge und der Bundesagentur für Arbeit sowie den Trägern der begleitenden Hilfe im Arbeits- und Berufsleben nach dieser Verordnung.

IX

§ 2 Leistungen

(1) Die Kraftfahrzeughilfe umfaßt Leistungen

1. zur Beschaffung eines Kraftfahrzeugs,
2. für eine behinderungsbedingte Zusatzausstattung,
3. zur Erlangung einer Fahrerlaubnis.

(2) Die Leistungen werden als Zuschüsse und nach Maßgabe des § 9 als Darlehen erbracht.

§ 3 Persönliche Voraussetzungen

(1) Die Leistungen setzen voraus, daß

1. der behinderte Mensch infolge seiner Behinderung nicht nur vorübergehend auf die Benutzung eines Kraftfahrzeugs angewiesen ist, um seinen Arbeits- oder Ausbildungsort oder den Ort einer sonstigen Leistung der beruflichen Bildung zu erreichen, und
2. der behinderte Mensch ein Kraftfahrzeug führen kann oder gewährleistet ist, daß ein Dritter das Kraftfahrzeug für ihn führt.

(2) Absatz 1 gilt auch für in Heimarbeit Beschäftigte im Sinne des § 12 Abs. 2 des Vierten Buches Sozialgesetzbuch, wenn das Kraftfahrzeug wegen Art oder Schwere der Behinderung notwendig ist, um beim Auftraggeber die Ware abzuholen oder die Arbeitsergebnisse abzuliefern.

(3) Ist der behinderte Mensch zur Berufsausübung im Rahmen eines Arbeitsverhältnisses nicht nur vorübergehend auf ein Kraftfahrzeug angewiesen, wird Kraftfahrzeughilfe geleistet, wenn infolge seiner Behinderung nur auf diese Weise die Teilhabe am Arbeitsleben dauerhaft gesichert werden kann und die Übernahme der Kosten durch den Arbeitgeber nicht üblich oder nicht zumutbar ist.

(4) Sofern nach den für den Träger geltenden besonderen Vorschriften Kraftfahrzeughilfe für behinderte Menschen, die nicht Arbeitnehmer sind, in Betracht kommt, sind die Absätze 1 und 3 entsprechend anzuwenden.

§ 4 Hilfe zur Beschaffung eines Kraftfahrzeugs

(1) Hilfe zur Beschaffung eines Kraftfahrzeugs setzt voraus, daß der behinderte Mensch nicht über ein Kraftfahrzeug verfügt, das die Voraussetzungen nach Absatz 2 erfüllt und dessen weitere Benutzung ihm zumutbar ist.

(2) Das Kraftfahrzeug muß nach Größe und Ausstattung den Anforderungen entsprechen, die sich im Einzelfall aus der Behinderung ergeben und, soweit erforderlich, eine behinderungsbedingte Zusatzausstattung ohne unverhältnismäßigen Mehraufwand ermöglichen.

(3) Die Beschaffung eines Gebrauchtwagens kann gefördert werden, wenn er die Voraussetzungen nach Absatz 2 erfüllt und sein Verkehrswert mindestens 50 vom Hundert des seinerzeitigen Neuwagenpreises beträgt.

§ 5 Bemessungsbetrag

(1) 1Die Beschaffung eines Kraftfahrzeugs wird bis zu einem Betrag in Höhe des Kaufpreises, höchstens jedoch bis zu einem Betrag von 9500 Euro gefördert. 2Die Kosten einer behinderungsbedingten Zusatzausstattung bleiben bei der Ermittlung unberücksichtigt.

(2) Abweichend von Absatz 1 Satz 1 wird im Einzelfall ein höherer Betrag zugrundegelegt, wenn Art oder Schwere der Behinderung ein Kraftfahrzeug mit höherem Kaufpreis zwingend erfordert.

(3) Zuschüsse öffentlich-rechtlicher Stellen zu dem Kraftfahrzeug, auf die ein vorrangiger Anspruch besteht oder die vorrangig nach pflichtgemäßem Ermessen zu leisten sind, und der Verkehrswert eines Altwagens sind von dem Betrag nach Absatz 1 oder 2 abzusetzen.

§ 6 Art und Höhe der Förderung

(1) 1Hilfe zur Beschaffung eines Kraftfahrzeugs wird in der Regel als Zuschuß geleistet. 2Der Zuschuß richtet sich nach dem Einkommen des behinderten Menschen nach Maßgabe der folgenden Tabelle:

Einkommen bis zu v. H. der monatlichen Bezugsgröße nach § 18 Abs. 1 des Vierten Buches Sozialgesetzbuch	Zuschuß in v. H. des Bemessungsbetrags nach § 5
40	100
45	88
50	76
55	64
60	52
65	40
70	28
75	16

3Die Beträge nach Satz 2 sind jeweils auf volle 5 Euro aufzurunden.

(2) Von dem Einkommen des behinderten Menschen ist für jeden von ihm unterhaltenen Familienangehörigen ein Betrag von 12 vom Hundert der monatlichen Bezugsgröße nach § 18 Abs. 1 des Vierten Buches Sozialgesetzbuch abzusetzen; Absatz 1 Satz 3 gilt entsprechend.

(3) 1Einkommen im Sinne der Absätze 1 und 2 sind das monatliche Netto-Arbeitsentgelt, Netto-Arbeitseinkommen und vergleichbare Lohnersatzleistungen des behinderten Menschen. 2Die Ermittlung des Einkommens richtet sich nach den für den zuständigen Träger maßgeblichen Regelungen.

(4) 1Die Absätze 1 bis 3 gelten auch für die Hilfe zur erneuten Beschaffung eines Kraftfahrzeugs. 2Die Hilfe soll nicht vor Ablauf von fünf Jahren seit der Beschaffung des zuletzt geförderten Fahrzeugs geleistet werden.

§ 7 Behinderungsbedingte Zusatzausstattung

1Für eine Zusatzausstattung, die wegen der Behinderung erforderlich ist, ihren Einbau, ihre technische Überprüfung und die Wiederherstellung ihrer technischen Funktionsfähigkeit werden die Kosten in vollem Umfang übernommen. 2Dies gilt auch für eine Zusatzausstattung, die wegen der Behinderung eines Dritten erforderlich ist, der für den behinderten Menschen das Kraftfahrzeug führt (§ 3 Abs. 1 Nr. 2). $_3$Zuschüsse öffentlich-rechtlicher Stellen, auf die ein vorrangiger Anspruch besteht oder die vorrangig nach pflichtgemäßem Ermessen zu leisten sind, sind anzurechnen.

§ 8 Fahrerlaubnis

(1) $_1$Zu den Kosten, die für die Erlangung einer Fahrerlaubnis notwendig sind, wird ein Zuschuß geleistet. $_2$Er beläuft sich bei behinderten Menschen mit einem Einkommen (§ 6 Abs. 3)

1. bis 40 vom Hundert der monatlichen Bezugsgröße nach § 18 Abs. 1 des Vierten Buches Sozialgesetzbuch (monatliche Bezugsgröße) auf die volle Höhe,
2. bis zu 55 vom Hundert der monatlichen Bezugsgröße auf zwei Drittel,
3. bis zu 75 vom Hundert der monatlichen Bezugsgröße auf ein Drittel

der entstehenden notwendigen Kosten; § 6 Abs. 1 Satz 3 und Abs. 2 gilt entsprechend. $_3$Zuschüsse öffentlich-rechtlicher Stellen für den Erwerb der Fahrerlaubnis, auf die ein vorrangiger Anspruch besteht oder die vorrangig nach pflichtgemäßem Ermessen zu leisten sind, sind anzurechnen.

(2) Kosten für behinderungsbedingte Untersuchungen, Ergänzungsprüfungen und Eintragungen in vorhandene Führerscheine werden in vollem Umfang übernommen.

§ 9 Leistungen in besonderen Härtefällen

(1) $_1$Zur Vermeidung besonderer Härten können Leistungen auch abweichend von § 2 Abs. 1, §§ 6 und 8 Abs. 1 erbracht werden, soweit dies

1. notwendig ist, um Leistungen der Kraftfahrzeughilfe von seiten eines anderen Leistungsträgers nicht erforderlich werden zu lassen, oder
2. unter den Voraussetzungen des § 3 zur Aufnahme oder Fortsetzung einer beruflichen Tätigkeit unumgänglich ist.

$_2$Im Rahmen von Satz 1 Nr. 2 kann auch ein Zuschuß für die Beförderung des behinderten Menschen, insbesondere durch Beförderungsdienste, geleistet werden, wenn

1. der behinderte Mensch ein Kraftfahrzeug nicht selbst führen kann und auch nicht gewährleistet ist, daß ein Dritter das Kraftfahrzeug für ihn führt (§ 3 Abs. 1 Nr. 2), oder
2. die Übernahme der Beförderungskosten anstelle von Kraftfahrzeughilfen wirtschaftlicher und für den behinderten Menschen zumutbar ist;

dabei ist zu berücksichtigen, was der behinderte Mensch als Kraftfahrzeughalter bei Anwendung des § 6 für die Anschaffung und die berufliche Nutzung des Kraftfahrzeugs aus eigenen Mitteln aufzubringen hätte.

(2) $_1$Leistungen nach Absatz 1 Satz 1 können als Darlehen erbracht werden, wenn die dort genannten Ziele auch durch ein Darlehen erreicht werden können; das Darlehen darf zusammen mit einem Zuschuß nach § 6 den nach § 5 maßgebenden Bemessungsbetrag nicht übersteigen. $_2$Das Darlehen ist unverzinslich und spätestens innerhalb von fünf Jahren zu tilgen; es können bis zu zwei tilgungsfreie Jahre eingeräumt werden. $_3$Auf die Rückzahlung des Darlehens kann unter den in Absatz 1 Satz 1 genannten Voraussetzungen verzichtet werden.

§ 10 Antragstellung

$_1$Leistungen sollen vor dem Abschluß eines Kaufvertrages über das Kraftfahrzeug und die behinderungsbedingte Zusatzausstattung sowie vor Beginn einer nach § 8 zu fördernden Leistung beantragt werden. $_2$Leistungen zur technischen Überprüfung und Wiederherstellung der technischen Funktionsfähigkeit einer behinderungsbedingten Zusatzausstattung sind spätestens innerhalb eines Monats nach Rechnungstellung zu beantragen.

§§ 11 und 12 (Änderungen anderer Vorschriften)

(hier nicht aufgenommen)

§ 13 Übergangsvorschriften

(1) Auf Beschädigte im Sinne des Bundesversorgungsgesetzes und der Gesetze, die das Bundesversorgungsgesetz für entsprechend anwendbar erklären, die vor Inkrafttreten dieser Verordnung Hilfe zur Beschaffung eines Kraftfahrzeugs im Rahmen der Teilhabe am Arbeitsleben erhalten haben, sind die bisher geltenden Bestimmungen weiterhin anzuwenden, wenn sie günstiger sind und der Beschädigte es beantragt.

(2) Über Leistungen, die bei Inkrafttreten dieser Verordnung bereits beantragt sind, ist nach den bisher geltenden Bestimmungen zu entscheiden, wenn sie für den behinderten Menschen günstiger sind.

§ 14 Inkrafttreten

Diese Verordnung tritt am 1. Oktober 1987 in Kraft.

IX

Schwerbehinderten-Ausgleichsabgabeverordnung (SchwbAV)

Vom 28. März 1988 (BGBl. I S. 484)

Zuletzt geändert durch
Gesetz zur Einführung Unterstützter Beschäftigung
vom 22. Dezember 2008 (BGBl. I S. 2959)

Auf Grund des § 11 Abs. 3 Satz 3, § 12 Abs. 2 und § 33 Abs. 2 Satz 5 des Schwerbehindertengesetzes in der Fassung der Bekanntmachung vom 26. August 1986 (BGBl. I S. 1421) sowie des Artikels 12 Abs. 2 des Gesetzes zur Erleichterung des Übergangs vom Arbeitsleben in den Ruhestand vom 13. April 1984 (BGBl. I S. 601) verordnet die Bundesregierung mit Zustimmung des Bundesrates:

Erster Abschnitt
(weggefallen)

§§ 1 bis 13 (weggefallen)

Zweiter Abschnitt Förderung der Teilhabe schwerbehinderter Menschen am Arbeitsleben aus Mitteln der Ausgleichsabgabe durch die Integrationsämter

§ 14 Verwendungszwecke

(1) Die Integrationsämter haben die ihnen zur Verfügung stehenden Mittel der Ausgleichsabgabe einschließlich der Zinsen, der Tilgungsbeträge aus Darlehen, der zurückgezahlten Zuschüsse sowie der unverbrauchten Mittel des Vorjahres zu verwenden für folgende Leistungen:

1. Leistungen zur Förderung des Arbeits- und Ausbildungsplatzangebots für schwerbehinderte Menschen,
2. Leistungen zur begleitenden Hilfe im Arbeitsleben, einschließlich der Durchführung von Aufklärungs-, Schulungs- und Bildungsmaßnahmen,
3. Leistungen für Einrichtungen zur Teilhabe schwerbehinderter Menschen am Arbeitsleben und
4. Leistungen zur Durchführung von Forschungs- und Modellvorhaben auf dem Gebiet der Teilhabe schwerbehinderter Menschen am Arbeitsleben, sofern ihnen ausschließlich oder überwiegend regionale Bedeutung zukommt oder beim Bundesministerium für Arbeit und Soziales beantragte Mittel aus dem Ausgleichsfonds nicht erbracht werden konnten.

(2) Die Mittel der Ausgleichsabgabe sind vorrangig für die Förderung nach Absatz 1 Nr. 1 und 2 zu verwenden.

(3) Die Integrationsämter können sich an der Förderung von Vorhaben nach § 41 Abs. 1 Nr. 3 bis 6 durch den Ausgleichsfonds beteiligen.

1. Unterabschnitt Leistungen zur Förderung des Arbeits- und Ausbildungsplatzangebots für schwerbehinderte Menschen

§ 15 Leistungen an Arbeitgeber zur Schaffung von Arbeits- und Ausbildungsplätzen für schwerbehinderte Menschen

(1) [1]Arbeitgeber können Darlehen oder Zuschüsse bis zur vollen Höhe der entstehenden notwendigen Kosten zu den Aufwendungen für folgende Maßnahmen erhalten:

1. die Schaffung neuer geeigneter, erforderlichenfalls behinderungsgerecht ausgestatteter Arbeitsplätze in Betrieben oder Dienststellen für schwerbehinderte Menschen,
   a) die ohne Beschäftigungspflicht oder über die Beschäftigungspflicht hinaus

(§ 71 des Neunten Buches Sozialgesetzbuch) eingestellt werden sollen,

b) die im Rahmen der Erfüllung der besonderen Beschäftigungspflicht gegenüber im Arbeits- und Berufsleben besonders betroffenen schwerbehinderten Menschen (§ 71 Abs. 1 Satz 2 und § 72 des Neunten Buches Sozialgesetzbuch) eingestellt werden sollen,

c) die nach einer längerfristigen Arbeitslosigkeit von mehr als 12 Monaten eingestellt werden sollen,

d) die im Anschluß an eine Beschäftigung in einer anerkannten Werkstatt für behinderte Menschen eingestellt werden sollen oder

e) die zur Durchführung von Maßnahmen der besonderen Fürsorge und Förderung nach § 81 Abs. 3 Satz 1, Abs. 4 Satz 1 Nr. 1, 4 und 5 und Abs. 5 Satz 1 des Neunten Buches Sozialgesetzbuch auf einen neu zu schaffenden Arbeitsplatz umgesetzt werden sollen oder deren Beschäftigungsverhältnis ohne Umsetzung auf einen neu zu schaffenden Arbeitsplatz enden würde,

2. die Schaffung neuer geeigneter, erforderlichenfalls behinderungsgerecht ausgestatteter Ausbildungsplätze und Plätze zur sonstigen beruflichen Bildung für schwerbehinderte Menschen, insbesondere zur Teilnahme an Leistungen zur Teilhabe am Arbeitsleben nach § 33 Abs. 3 Nr. 3 des Neunten Buches Sozialgesetzbuch, in Betrieben oder Dienststellen,

wenn gewährleistet wird, daß die geförderten Plätze für einen nach Lage des Einzelfalles zu bestimmenden langfristigen Zeitraum schwerbehinderten Menschen vorbehalten bleiben.

$_2$Leistungen können auch zu den Aufwendungen erbracht werden, die durch die Ausbildung schwerbehinderter Menschen im Gebrauch der nach Satz 1 geförderten Gegenstände entstehen.

(2) $_1$Leistungen sollen nur erbracht werden, wenn sich der Arbeitgeber in einem angemessenen Verhältnis an den Gesamtkosten beteiligt. $_2$Sie können nur erbracht werden, soweit Mittel für denselben Zweck nicht von anderer Seite zu erbringen sind oder erbracht werden. $_3$Art und Höhe der Leistung bestimmen sich nach den Umständen des Einzelfalles. $_4$Darlehen sollen mit jährlich 10 vom Hundert getilgt werden; von der Tilgung kann im Jahr der Auszahlung und dem darauf folgenden Kalenderjahr abgesehen werden. $_5$Auch von der Verzinsung kann abgesehen werden.

(3) Die behinderungsgerechte Ausstattung von Arbeits- und Ausbildungsplätzen und die Einrichtung von Teilzeitarbeitsplätzen können, wenn Leistungen nach Absatz 1 nicht erbracht werden, nach den Vorschriften über die begleitende Hilfe im Arbeitsleben (§ 26) gefördert werden.

§ 16 Arbeitsmarktprogramme für schwerbehinderte Menschen

Die Integrationsämter können der Bundesagentur für Arbeit Mittel der Ausgleichsabgabe zur Durchführung befristeter regionaler Arbeitsmarktprogramme gemäß § 104 Abs. 3 des Neunten Buches Sozialgesetzbuch zuweisen.

2. Unterabschnitt Leistungen zur begleitenden Hilfe im Arbeitsleben

§ 17 Leistungsarten

(1) $_1$Leistungen zur begleitenden Hilfe im Arbeitsleben können erbracht werden

1. an schwerbehinderte Menschen
   a) für technische Arbeitshilfen (§ 19),
   b) zum Erreichen des Arbeitsplatzes (§ 20),
   c) zur Gründung und Erhaltung einer selbständigen beruflichen Existenz (§ 21),
   d) zur Beschaffung, Ausstattung und Erhaltung einer behinderungsgerechten Wohnung (§ 22),
   e) (weggefallen)

f) zur Teilnahme an Maßnahmen zur Erhaltung und Erweiterung beruflicher Kenntnisse und Fertigkeiten (§ 24) und
g) in besonderen Lebenslagen (§ 25),

2. an Arbeitgeber
a) zur behinderungsgerechten Einrichtung von Arbeits- und Ausbildungsplätzen für schwerbehinderte Menschen (§ 26),
b) für Zuschüsse zu den Gebühren bei der Berufsausbildung besonders betroffener schwerbehinderter Jugendlicher und junger Erwachsener (§ 26a),
c) für Prämien und Zuschüsse zu den Kosten der Berufsausbildung behinderter Jugendlicher und junger Erwachsener (§ 26b),
d) für Prämien zur Einführung eines betrieblichen Eingliederungsmanagements (§ 26c) und
e) bei außergewöhnlichen Belastungen (§ 27),
3. an Träger von Integrationsfachdiensten zu den Kosten ihrer Inanspruchnahme (§ 27a) einschließlich freier gemeinnütziger Einrichtungen und Organisationen zu den Kosten einer psychosozialen Betreuung schwerbehinderter Menschen (§ 28) sowie an Träger von Integrationsprojekten (§ 28a),
4. zur Durchführung von Aufklärungs-, Schulungs- und Bildungsmaßnahmen (§ 29).

$_2$Daneben können solche Leistungen unter besonderen Umständen an Träger sonstiger Maßnahmen erbracht werden, die dazu dienen und geeignet sind, die Teilhabe schwerbehinderter Menschen am Arbeitsleben auf dem allgemeinen Arbeitsmarkt (Aufnahme, Ausübung oder Sicherung einer möglichst dauerhaften Beschäftigung) zu ermöglichen, zu erleichtern oder zu sichern.

(1a) Schwerbehinderte Menschen haben im Rahmen der Zuständigkeit des Integrationsamtes für die begleitende Hilfe im Arbeitsleben aus den ihm aus der Ausgleichsabgabe zur Verfügung stehenden Mitteln Anspruch auf Übernahme der Kosten einer notwendigen Arbeitsassistenz.

(1b) Schwerbehinderte Menschen haben im Rahmen der Zuständigkeit des Integrationsamtes aus den ihm aus der Ausgleichsabgabe zur Verfügung stehenden Mitteln Anspruch auf Übernahme der Kosten einer Berufsbegleitung nach § 38a Abs. 3 des Neunten Buches Sozialgesetzbuch.

(2) $_1$Andere als die in Absatz 1 bis 1b genannten Leistungen, die der Teilhabe schwerbehinderter Menschen am Arbeitsleben nicht oder nur unmittelbar dienen, können nicht erbracht werden. $_2$Insbesondere können medizinische Maßnahmen sowie Urlaubs- und Freizeitmaßnahmen nicht gefördert werden.

§ 18 Leistungsvoraussetzungen

(1) $_1$Leistungen nach § 17 Abs. 1 bis 1b dürfen nur erbracht werden, soweit Leistungen für denselben Zweck nicht von einem Rehabilitationsträger, vom Arbeitgeber oder von anderer Seite zu erbringen sind oder, auch wenn auf sie ein Rechtsanspruch nicht besteht, erbracht werden. $_2$Der Nachrang der Träger der Sozialhilfe gemäß § 2 des Zwölften Buches Sozialgesetzbuch und das Verbot der Aufstockung von Leistungen der Rehabilitationsträger durch Leistungen der Integrationsämter (§ 102 Abs. 5 Satz 2 letzter Halbsatz des Neunten Buches Sozialgesetzbuch) und die Möglichkeit der Integrationsämter, Leistungen der begleitenden Hilfe im Arbeitsleben vorläufig zu erbringen (§ 102 Abs. 6 Satz 3 des Neunten Buches Sozialgesetzbuch), bleiben unberührt.

(2) Leistungen an schwerbehinderte Menschen zur begleitenden Hilfe im Arbeitsleben können erbracht werden,

1. wenn die Teilhabe am Arbeitsleben auf dem allgemeinen Arbeitsmarkt unter Berücksichtigung von Art oder Schwere der Behinderung auf besondere Schwierigkeiten stößt und durch die Leistungen ermöglicht, erleichtert oder gesichert werden kann und
2. wenn es dem schwerbehinderten Menschen wegen des behinderungsbedingten Bedarfs nicht zuzumuten ist, die erforderlichen Mittel selbst aufzubringen. In den

übrigen Fällen sind seine Einkommensverhältnisse zu berücksichtigen.

(3) 1Die Leistungen können als einmalige oder laufende Leistungen erbracht werden. 2Laufende Leistungen können in der Regel nur befristet erbracht werden. 3Leistungen können wiederholt erbracht werden.

I. Leistungen an schwerbehinderte Menschen

§ 19 Technische Arbeitshilfen

1Für die Beschaffung technischer Arbeitshilfen, ihre Wartung, Instandsetzung und die Ausbildung des schwerbehinderten Menschen im Gebrauch können die Kosten bis zur vollen Höhe übernommen werden. 2Gleiches gilt für die Ersatzbeschaffung und die Beschaffung zur Anpassung an die technische Weiterentwicklung.

§ 20 Hilfen zum Erreichen des Arbeitsplatzes

Schwerbehinderte Menschen können Leistungen zum Erreichen des Arbeitsplatzes nach Maßgabe der Kraftfahrzeughilfe-Verordnung vom 28. September 1987 (BGBl. I S. 2251) erhalten.

§ 21 Hilfen zur Gründung und Erhaltung einer selbständigen beruflichen Existenz

(1) Schwerbehinderte Menschen können Darlehen oder Zinszuschüsse zur Gründung und zur Erhaltung einer selbständigen beruflichen Existenz erhalten, wenn

1. sie die erforderlichen persönlichen und fachlichen Voraussetzungen für die Ausübung der Tätigkeit erfüllen,
2. sie ihren Lebensunterhalt durch die Tätigkeit voraussichtlich auf Dauer im wesentlichen sicherstellen können und
3. die Tätigkeit unter Berücksichtigung von Lage und Entwicklung des Arbeitsmarkts zweckmäßig ist.

(2) 1Darlehen sollen mit jährlich 10 vom Hundert getilgt werden. 2Von der Tilgung kann im Jahr der Auszahlung und dem darauffolgenden Kalenderjahr abgesehen werden. 3Satz 2 gilt, wenn Darlehen verzinslich gegeben werden, für die Verzinsung.

(3) Sonstige Leistungen zur Deckung von Kosten des laufenden Betriebs können nicht erbracht werden.

(4) Die §§ 17 bis 20 und die §§ 22 bis 27 sind zugunsten von schwerbehinderten Menschen, die eine selbständige Tätigkeit ausüben oder aufzunehmen beabsichtigen, entsprechend anzuwenden.

§ 22 Hilfen zur Beschaffung, Ausstattung und Erhaltung einer behinderungsgerechten Wohnung

(1) Schwerbehinderte Menschen können Leistungen erhalten

1. zur Beschaffung von behinderungsgerechtem Wohnraum im Sinne des § 16 des Wohnraumförderungsgesetzes,
2. zur Anpassung von Wohnraum und seiner Ausstattung an die besonderen behinderungsbedingten Bedürfnisse und
3. zum Umzug in eine behinderungsgerechte oder erheblich verkehrsgünstiger zum Arbeitsplatz gelegene Wohnung.

(2) 1Leistungen können als Zuschüsse, Zinszuschüsse oder Darlehen erbracht werden. 2Höhe, Tilgung und Verzinsung bestimmen sich nach den Umständen des Einzelfalls.

(3) Leistungen von anderer Seite sind nur insoweit anzurechnen, als sie schwerbehinderten Menschen für denselben Zweck wegen der Behinderung zu erbringen sind oder erbracht werden.

§ 23 (weggefallen)

§ 24 Hilfen zur Teilnahme an Maßnahmen zur Erhaltung und Erweiterung beruflicher Kenntnisse und Fertigkeiten

1Schwerbehinderte Menschen, die an inner- oder außerbetrieblichen Maßnahmen der beruflichen Bildung zur Erhaltung und Erweiterung ihrer beruflichen Kenntnisse und Fertigkeiten oder zur Anpassung an die technische Entwicklung teilnehmen, vor allem an besonderen Fortbildungs- und Anpassungsmaßnahmen, die nach Art, Umfang und Dauer den Bedürfnissen dieser schwerbehinderten Menschen entsprechen, können Zuschüsse bis zur Höhe der ihnen durch die Teilnahme an diesen Maßnahmen entstehenden Aufwendungen erhalten. 2Hilfen können auch zum beruflichen Aufstieg erbracht werden.

§ 25 Hilfen in besonderen Lebenslagen

Andere Leistungen zur begleitenden Hilfe im Arbeitsleben als die in den §§ 19 bis 24 geregelten Leistungen können an schwerbehinderte Menschen erbracht werden, wenn und soweit sie unter Berücksichtigung von Art oder Schwere der Behinderung erforderlich sind, um die Teilhabe am Arbeitsleben auf dem allgemeinen Arbeitsmarkt zu ermöglichen, zu erleichtern oder zu sichern.

II. Leistungen an Arbeitgeber

§ 26 Leistungen zur behinderungsgerechten Einrichtung von Arbeits- und Ausbildungsplätzen für schwerbehinderte Menschen

(1) 1Arbeitgeber können Darlehen oder Zuschüsse bis zur vollen Höhe der entstehenden notwendigen Kosten für folgende Maßnahmen erhalten:

1. die behinderungsgerechte Einrichtung und Unterhaltung der Arbeitsstätten einschließlich der Betriebsanlagen, Maschinen und Geräte,
2. die Einrichtung von Teilzeitarbeitsplätzen für schwerbehinderte Menschen, insbesondere wenn eine Teilzeitbeschäftigung mit einer Dauer auch von weniger als 18 Stunden, wenigstens aber 15 Stunden, wöchentlich wegen Art oder Schwere der Behinderung notwendig ist,
3. die Ausstattung von Arbeits- oder Ausbildungsplätzen mit notwendigen technischen Arbeitshilfen, deren Wartung und Instandsetzung sowie die Ausbildung des schwerbehinderten Menschen im Gebrauch der nach den Nummern 1 bis 3 geförderten Gegenstände,
4. sonstige Maßnahmen, durch die eine möglichst dauerhafte behinderungsgerechte Beschäftigung schwerbehinderter Menschen in Betrieben oder Dienststellen ermöglicht, erleichtert oder gesichert werden kann.

2Gleiches gilt für Ersatzbeschaffungen oder Beschaffungen zur Anpassung an die technische Weiterentwicklung.

(2) Art und Höhe der Leistung bestimmen sich nach den Umständen des Einzelfalls, insbesondere unter Berücksichtigung, ob eine Verpflichtung des Arbeitgebers zur Durchführung von Maßnahmen nach Absatz 1 gemäß § 81 Abs. 3 Satz 1, Abs. 4 Satz 1 Nr. 4 und 5 und Abs. 5 Satz 1 des Neunten Buches Sozialgesetzbuch besteht und erfüllt wird sowie ob schwerbehinderte Menschen ohne Beschäftigungspflicht oder über die Beschäftigungspflicht hinaus (§ 71 des Neunten Buches Sozialgesetzbuch) oder im Rahmen der Erfüllung der besonderen Beschäftigungspflicht gegenüber bei der Teilhabe am Arbeitsleben besonders betroffenen schwerbehinderten Menschen (§ 71 Abs. 1 Satz 2 und § 72 des Neunten Buches Sozialgesetzbuch) beschäftigt werden.

(3) § 15 Abs. 2 Satz 1 und 2 gilt entsprechend.

§ 26a Zuschüsse zu den Gebühren bei der Berufsausbildung besonders betroffener schwerbehinderter Jugendlicher und junger Erwachsener

Arbeitgeber, die ohne Beschäftigungspflicht (§ 71 Abs. 1 des Neunten Buches Sozialgesetzbuch) besonders betroffene schwerbehinderte Menschen zur Berufsausbildung einstellen, können Zuschüsse zu den Gebühren, insbesondere Prüfungsgebühren bei der Berufsausbildung, erhalten.

§ 26b Prämien und Zuschüsse zu den Kosten der Berufsausbildung behinderter Jugendlicher und junger Erwachsener

Arbeitgeber können Prämien und Zuschüsse zu den Kosten der Berufsausbildung behinderter Jugendlicher und junger Erwachsener erhalten, die für die Zeit der Berufsausbildung schwerbehinderten Menschen nach § 68 Abs. 4 gleichgestellt sind.

§ 26c Prämien zur Einführung eines betrieblichen Eingliederungsmanagements

Arbeitgeber können zur Einführung eines betrieblichen Eingliederungsmanagements Prämien erhalten.

§ 27 Leistungen bei außergewöhnlichen Belastungen

(1) 1Arbeitgeber können Zuschüsse zur Abgeltung außergewöhnlicher Belastungen erhalten, die mit der Beschäftigung eines schwerbehinderten Menschen verbunden sind, der nach Art oder Schwere seiner Behinderung im Arbeits- und Berufsleben besonders betroffen ist (§ 72 Abs. 1 Nr. 1 Buchstabe a bis d des Neunten Buches Sozialgesetzbuch) oder im Anschluss an eine Beschäftigung in einer anerkannten Werkstatt für behinderte Menschen oder in Teilzeit (§ 75 Abs. 2 des Neunten Buches Sozialgesetzbuch) beschäftigt wird, vor allem, wenn ohne diese Leistungen das Beschäftigungsverhältnis gefährdet würde. 2Leistungen nach Satz 1 können auch in Probebeschäftigungen und Praktika erbracht werden, die ein in einer Werkstatt für behinderte Menschen beschäftigter schwerbehinderter Mensch im Rahmen von Maßnahmen zur Förderung des Übergangs auf den allgemeinen Arbeitsmarkt (§ 5 Abs. 4 der Werkstättenverordnung) absolviert, wenn die dem Arbeitgeber entstehenden außergewöhnlichen Belastungen nicht durch die in dieser Zeit erbrachten Leistungen der Rehabilitationsträger abgedeckt werden.

(2) Außergewöhnliche Belastungen sind überdurchschnittlich hohe finanzielle Aufwendungen oder sonstige Belastungen, die einem Arbeitgeber bei der Beschäftigung eines schwerbehinderten Menschen auch nach Ausschöpfung aller Möglichkeiten entstehen und für die die Kosten zu tragen für den Arbeitgeber nach Art oder Höhe unzumutbar ist.

(3) Für die Zuschüsse zu notwendigen Kosten nach Absatz 2 gilt § 26 Abs. 2 entsprechend.

(4) Die Dauer des Zuschusses bestimmt sich nach den Umständen des Einzelfalls.

III. Sonstige Leistungen

§ 27a Leistungen an Integrationsfachdienste

Träger von Integrationsfachdiensten im Sinne des Kapitels 7 des Teils 2 des Neunten Buches Sozialgesetzbuch können Leistungen nach § 113 des Neunten Buches Sozialgesetzbuch zu den durch ihre Inanspruchnahme entstehenden notwendigen Kosten erhalten.

§ 28 Leistungen zur Durchführung der psychosozialen Betreuung schwerbehinderter Menschen

(1) Freie gemeinnützige Träger psychosozialer Dienste, die das Integrationsamt an der Durchführung der ihr obliegenden Aufgabe der im Einzelfall erforderlichen psychosozialen Betreuung schwerbehinderter Menschen unter Fortbestand ihrer Verantwortlichkeit beteiligt, können Leistungen zu den daraus entstehenden notwendigen Kosten erhalten.

(2) 1Leistungen nach Absatz 1 setzen voraus, daß

1. der psychosoziale Dienst nach seiner personellen, räumlichen und sächlichen Ausstattung zur Durchführung von Maßnahmen der psychosozialen Betreuung geeignet ist, insbesondere mit Fachkräften ausgestattet ist, die über eine geeignete Berufsqualifikation, eine psychosoziale Zusatzqualifikation und ausreichende Berufserfahrung verfügen, und
2. die Maßnahmen
   a) nach Art, Umfang und Dauer auf die Aufnahme, Ausübung oder Sicherung einer möglichst dauerhaften Beschäftigung schwerbehinderter Menschen auf dem allgemeinen Arbeitsmarkt ausgerichtet und dafür geeignet sind,
   b) nach den Grundsätzen der Wirtschaftlichkeit und Sparsamkeit durchgeführt werden, insbesondere die Kosten angemessen sind, und
   c) aufgrund einer Vereinbarung zwischen dem Integrationsamt und dem Träger des psychosozialen Dienstes durchgeführt werden.

IX

$_{2}$Leistungen können gleichermaßen für Maßnahmen für schwerbehinderte Menschen erbracht werden, die diesen Dienst unter bestimmten, in der Vereinbarung näher zu regelnden Voraussetzungen im Einvernehmen mit dem Integrationsamt unmittelbar in Anspruch nehmen.

(3) $_{1}$Leistungen sollen in der Regel bis zur vollen Höhe der notwendigen Kosten erbracht werden, die aus der Beteiligung an den im Einzelfall erforderlichen Maßnahmen entstehen. $_{2}$Das Nähere über die Höhe der zu übernehmenden Kosten, ihre Erfassung, Darstellung und Abrechnung bestimmt sich nach der Vereinbarung zwischen dem Integrationsamt und dem Träger des psychosozialen Dienstes gemäß Absatz 2 Satz 1 Nr. 2 Buchstabe c.

§ 28a Leistungen an Integrationsprojekte

Integrationsprojekte im Sinne des Kapitels 11 des Teils 2 des Neunten Buches Sozialgesetzbuch können Leistungen für Aufbau, Erweiterung, Modernisierung und Ausstattung einschließlich einer betriebswirtschaftlichen Beratung und besonderen Aufwand erhalten.

§ 29 Leistungen zur Durchführung von Aufklärungs-, Schulungs- und Bildungsmaßnahmen

(1) $_{1}$Die Durchführung von Schulungs- und Bildungsmaßnahmen für Vertrauenspersonen schwerbehinderter Menschen, Beauftragte der Arbeitgeber, Betriebs-, Personal-, Richter-, Staatsanwalts- und Präsidialräte sowie die Mitglieder der Stufenvertretungen wird gefördert, wenn es sich um Veranstaltungen der Integrationsämter im Sinne des § 102 Abs. 2 Satz 6 des Neunten Buches Sozialgesetzbuch handelt. $_{2}$Die Durchführung von Maßnahmen im Sinne des Satzes 1 durch andere Träger kann gefördert werden, wenn die Maßnahmen erforderlich und die Integrationsämter an ihrer inhaltlichen Gestaltung maßgeblich beteiligt sind.

(2) $_{1}$Aufklärungsmaßnahmen sowie Schulungs- und Bildungsmaßnahmen für andere als in Absatz 1 genannte Personen, die die Teilhabe schwerbehinderter Menschen am Arbeitsleben zum Gegenstand haben, können gefördert werden. $_{2}$Dies gilt auch für die Qualifizierung des nach § 102 Abs. 1 des Neunten Buches Sozialgesetzbuch einzusetzenden Personals sowie für notwendige Informationsschriften und -veranstaltungen über Rechte, Pflichten, Leistungen und sonstige Eingliederungshilfen sowie Nachteilsausgleiche nach dem Neunten Buch Sozialgesetzbuch und anderen Vorschriften.

3. Unterabschnitt
Leistungen für Einrichtungen zur Teilhabe schwerbehinderter Menschen am Arbeitsleben

§ 30 Förderungsfähige Einrichtungen

(1) $_{1}$Leistungen können für die Schaffung, Erweiterung, Ausstattung und Modernisierung folgender Einrichtungen erbracht werden:

1. betriebliche, überbetriebliche und außerbetriebliche Einrichtungen zur Vorbereitung von behinderten Menschen auf eine berufliche Bildung oder die Teilhabe am Arbeitsleben,
2. betriebliche, überbetriebliche und außerbetriebliche Einrichtungen zur beruflichen Bildung behinderter Menschen,
3. Einrichtungen, soweit sie während der Durchführung von Leistungen zur medizinischen Rehabilitation behinderte Menschen auf eine berufliche Bildung oder die Teilhabe am Arbeitsleben vorbereiten,
4. Werkstätten für behinderte Menschen im Sinne des § 136 des Neunten Buches Sozialgesetzbuch,
5. Blindenwerkstätten mit einer Anerkennung auf Grund des Blindenwarenvertriebsgesetzes vom 9. April 1965 (BGBl. I S. 311) in der bis zum 13. September 2007 geltenden Fassung,
6. Wohnstätten für behinderte Menschen, die auf dem allgemeinen Arbeitsmarkt, in Werkstätten für behinderte Menschen oder in Blindenwerkstätten tätig sind.

$_{2}$Zur länderübergreifenden Bedarfsbeurteilung wird das Bundesministerium für Arbeit und Soziales bei der Planung neuer oder Erweiterung bestehender Einrichtungen nach Satz 1 Nr. 4 bis 6 beteiligt.

(2) ₁Öffentliche oder gemeinnützige Träger eines besonderen Beförderungsdienstes für behinderte Menschen können Leistungen zur Beschaffung und behinderungsgerechten Ausstattung von Kraftfahrzeugen erhalten. ₂Die Höhe der Leistung bestimmt sich nach dem Umfang, in dem der besondere Beförderungsdienst für Fahrten schwerbehinderter Menschen von und zur Arbeitsstätte benutzt wird.

(3) ₁Leistungen zur Deckung von Kosten des laufenden Betriebs dürfen nur ausnahmsweise erbracht werden, wenn hierdurch der Verlust bestehender Beschäftigungsmöglichkeiten für behinderte Menschen abgewendet werden kann. ₂Für Einrichtungen nach Absatz 1 Nr. 4 bis 6 sind auch Leistungen zur Deckung eines Miet- oder Pachtzinses zulässig.

§ 31 Förderungsvoraussetzungen

(1) Die Einrichtungen im Sinne des § 30 Abs. 1 können gefördert werden, wenn sie

1. ausschließlich oder überwiegend behinderte Menschen aufnehmen, die Leistungen eines Rehabilitationsträgers in Anspruch nehmen,
2. behinderten Menschen unabhängig von der Ursache der Behinderung und unabhängig von der Mitgliedschaft in der Organisation des Trägers der Einrichtung offenstehen und
3. nach ihrer personellen, räumlichen und sächlichen Ausstattung die Gewähr dafür bieten, daß die Rehabilitationsmaßnahmen nach zeitgemäßen Erkenntnissen durchgeführt werden und einer dauerhaften Teilhabe am Arbeitsleben dienen.

(2) Darüber hinaus setzt die Förderung voraus bei

1. Einrichtungen im Sinne des § 30 Abs. 1 Nr. 1:
   Die in diesen Einrichtungen durchzuführenden Maßnahmen sollen den individuellen Belangen der behinderten Menschen Rechnung tragen und sowohl eine werkspraktische wie fachtheoretische Unterweisung umfassen. Eine begleitende Betreuung entsprechend den Bedürfnissen der behinderten Menschen muß sichergestellt sein. Maßnahmen zur Vorbereitung auf eine berufliche Bildung sollen sich auf mehrere Berufsfelder erstrecken und Aufschluß über Neigung und Eignung der behinderten Menschen geben.
2. Einrichtungen im Sinne des § 30 Abs. 1 Nr. 2:
   a) Die Eignungsvoraussetzungen nach den §§ 27 bis 30 des Berufsbildungsgesetzes oder nach den §§ 21 bis 22b der Handwerksordnung zur Ausbildung in anerkannten Ausbildungsberufen müssen erfüllt sein. Dies gilt auch für Ausbildungsgänge, die nach § 66 des Berufsbildungsgesetzes oder nach § 42m der Handwerksordnung durchgeführt werden.
   b) Außer- oder überbetriebliche Einrichtungen sollen unter Einbeziehung von Plätzen für berufsvorbereitende Maßnahmen über in der Regel mindestens 200 Plätze für die berufliche Bildung in mehreren Berufsfeldern verfügen. Sie müssen in der Lage sein, behinderte Menschen mit besonderer Art oder Schwere der Behinderung beruflich zu bilden. Sie müssen über die erforderliche Zahl von Ausbildern und die personellen und sächlichen Voraussetzungen für eine begleitende ärztliche, psychologische und soziale Betreuung entsprechend den Bedürfnissen der behinderten Menschen verfügen. Bei Unterbringung im Internat muß die behinderungsgerechte Betreuung sichergestellt sein. Die Einrichtungen sind zur vertrauensvollen Zusammenarbeit insbesondere untereinander und mit den für die Rehabilitation zuständigen Behörden verpflichtet.
3. Einrichtungen im Sinne des § 30 Abs. 1 Nr. 3:
   Die in diesen Einrichtungen in einem ineinandergreifenden Verfahren durchzuführenden Leistungen zur medizinischen Rehabilitation und zur Teilhabe am Ar-

beitsleben müssen entsprechend den individuellen Gegebenheiten so ausgerichtet sein, daß nach Abschluß dieser Maßnahmen ein möglichst nahtloser Übergang in eine berufliche Bildungsmaßnahme oder in das Arbeitsleben gewährleistet ist. Für die Durchführung der Maßnahmen müssen besondere Fachdienste zur Verfügung stehen.

4. Werkstätten für behinderte Menschen im Sinne des § 30 Abs. 1 Nr. 4:

   Sie müssen gemäß § 142 des Neunten Buches Sozialgesetzbuch anerkannt sein oder voraussichtlich anerkannt werden.

5. Blindenwerkstätten im Sinne des § 30 Abs. 1 Nr. 5:

   Sie müssen auf Grund des Blindenwarenvertriebsgesetzes anerkannt sein.

6. Wohnstätten im Sinne des § 30 Abs. 1 Nr. 6:

   Sie müssen hinsichtlich ihrer baulichen Gestaltung, Wohnflächenbemessung und Ausstattung den besonderen Bedürfnissen der behinderten Menschen entsprechen. Die Aufnahme auch von behinderten Menschen, die nicht im Arbeitsleben stehen, schließt eine Förderung entsprechend dem Anteil der im Arbeitsleben stehenden schwerbehinderten Menschen nicht aus. Der Verbleib von schwerbehinderten Menschen, die nicht mehr im Arbeitsleben stehen, insbesondere von schwerbehinderten Menschen nach dem Ausscheiden aus einer Werkstatt für behinderte Menschen, beeinträchtigt nicht die zweckentsprechende Verwendung der eingesetzten Mittel.

IX

§ 32 Förderungsgrundsätze

(1) Leistungen sollen nur erbracht werden, wenn sich der Träger der Einrichtung in einem angemessenen Verhältnis an den Gesamtkosten beteiligt und alle anderen Finanzierungsmöglichkeiten aus Mitteln der öffentlichen Hände und aus privaten Mitteln in zumutbarer Weise in Anspruch genommen worden sind.

(2) 1Leistungen dürfen nur erbracht werden, soweit Leistungen für denselben Zweck nicht von anderer Seite zu erbringen sind oder erbracht werden. 2Werden Einrichtungen aus Haushaltsmitteln des Bundes oder anderer öffentlicher Hände gefördert, ist eine Förderung aus Mitteln der Ausgleichsabgabe nur zulässig, wenn der Förderungszweck sonst nicht erreicht werden kann.

(3) Leistungen können nur erbracht werden, wenn ein Bedarf an entsprechenden Einrichtungen festgestellt und die Deckung der Kosten des laufenden Betriebs gesichert ist.

(4) Eine Nachfinanzierung aus Mitteln der Ausgleichsabgabe ist nur zulässig, wenn eine Förderung durch die gleiche Stelle vorangegangen ist.

§ 33 Art und Höhe der Leistungen

(1) 1Leistungen können als Zuschüsse oder Darlehen erbracht werden. 2Zuschüsse sind auch Zinszuschüsse zur Verbilligung von Fremdmitteln.

(2) Art und Höhe der Leistung bestimmen sich nach den Umständen des Einzelfalls, insbesondere nach dem Anteil der schwerbehinderten Menschen an der Gesamtzahl des aufzunehmenden Personenkreises, nach der wirtschaftlichen Situation der Einrichtung und ihres Trägers sowie nach Bedeutung und Dringlichkeit der beabsichtigten Rehabilitationsmaßnahmen.

§ 34 Tilgung und Verzinsung von Darlehen

(1) 1Darlehen nach § 33 sollen jährlich mit 2 vom Hundert getilgt und mit 2 vom Hundert verzinst werden; bei Ausstattungsinvestitionen beträgt die Tilgung 10 vom Hundert. 2Die durch die fortschreitende Tilgung ersparten Zinsen wachsen den Tilgungsbeträgen zu.

(2) Von der Tilgung und Verzinsung von Darlehen kann bis zum Ablauf von zwei Jahren nach Inbetriebnahme abgesehen werden.

Dritter Abschnitt Ausgleichsfonds

1. Unterabschnitt Gestaltung des Ausgleichsfonds

§ 35 Rechtsform

1Der Ausgleichsfonds für überregionale Vorhaben zur Teilhabe schwerbehinderter Menschen am Arbeitsleben (Ausgleichsfonds) ist ein nicht rechtsfähiges Sondervermögen des Bundes mit eigener Wirtschafts- und Rechnungsführung. 2Er ist von den übrigen Vermögen des Bundes, seinen Rechten und Verbindlichkeiten getrennt zu halten. 3Für Verbindlichkeiten, die das Bundesministerium für Arbeit und Soziales als Verwalter des Ausgleichsfonds eingeht, haftet nur der Ausgleichsfonds; der Ausgleichsfonds haftet nicht für die sonstigen Verbindlichkeiten des Bundes.

§ 36 Weiterleitung der Mittel an den Ausgleichsfonds

1Die Integrationsämter leiten zum 30. Juni eines jeden Jahres 20 vom Hundert des im Zeitraum vom 1. Juni des vorangegangenen Jahres bis zum 31. Mai des Jahres eingegangenen Aufkommens an Ausgleichsabgabe an den Ausgleichsfonds weiter. 2Sie teilen dem Bundesministerium für Arbeit und Soziales zum 30. Juni eines jeden Jahres das Aufkommen an Ausgleichsabgabe für das vorangegangene Kalenderjahr auf der Grundlage des bis zum 31. Mai des Jahres tatsächlich an die Integrationsämter gezahlten Aufkommens mit. 3Sie teilen zum 31. Januar eines jeden Jahres das Aufkommen an Ausgleichsabgabe für das vorvergangene Kalenderjahr dem Bundesministerium für Arbeit und Soziales mit.

§ 37 Anwendung der Vorschriften der Bundeshaushaltsordnung

Für den Ausgleichsfonds gelten die Bundeshaushaltsordnung sowie die zu ihrer Ergänzung und Durchführung erlassenen Vorschriften entsprechend, soweit die Vorschriften dieser Verordnung nichts anderes bestimmen.

§ 38 Aufstellung eines Wirtschaftsplans

(1) Für jedes Kalenderjahr (Wirtschaftsjahr) ist ein Wirtschaftsplan aufzustellen.

(2) 1Der Wirtschaftsplan enthält alle im Wirtschaftsjahr

1. zu erwartenden Einnahmen,
2. voraussichtlich zu leistenden Ausgaben und
3. voraussichtlich benötigten Verpflichtungsermächtigungen.

2Zinsen, Tilgungsbeträge aus Darlehen, zurückgezahlte Zuschüsse sowie unverbrauchte Mittel des Vorjahres fließen dem Ausgleichsfonds als Einnahmen zu.

(3) Der Wirtschaftsplan ist in Einnahmen und Ausgaben auszugleichen.

(4) Die Ausgaben sind gegenseitig deckungsfähig.

(5) Die Ausgaben sind übertragbar.

§ 39 Feststellung des Wirtschaftsplans

1Das Bundesministerium für Arbeit und Soziales stellt im Benehmen mit dem Bundesministerium der Finanzen und im Einvernehmen mit dem Beirat für die Teilhabe behinderter Menschen (Beirat) den Wirtschaftsplan fest. 2§ 1 der Bundeshaushaltsordnung findet keine Anwendung.

§ 40 Ausführung des Wirtschaftsplans

(1) 1Bei der Vergabe der Mittel des Ausgleichsfonds sind die jeweils gültigen Allgemeinen Nebenbestimmungen für Zuwendungen des Bundes zugrunde zu legen. 2Von ihnen kann im Einvernehmen mit dem Bundesministerium der Finanzen abgewichen werden.

(2) Verpflichtungen, die in Folgejahren zu Ausgaben führen, dürfen nur eingegangen werden, wenn die Finanzierung der Ausgaben durch das Aufkommen an Ausgleichsabgabe gesichert ist.

(3) 1Überschreitungen der Ausgabeansätze sind nur zulässig, wenn

1. hierfür ein unvorhergesehenes und unabweisbares Bedürfnis besteht und
2. entsprechende Einnahmeerhöhungen vorliegen.

IX

2Außerplanmäßige Ausgaben sind nur zulässig, wenn

1. hierfür ein unvorhergesehenes und unabweisbares Bedürfnis besteht und
2. Beträge in gleicher Höhe bei anderen Ausgabeansätzen eingespart werden oder entsprechende Einnahmeerhöhungen vorliegen.

3Die Entscheidung hierüber trifft das Bundesministerium für Arbeit und Soziales im Benehmen mit dem Bundesministerium der Finanzen und im Einvernehmen mit dem Beirat.

(4) Bis zur bestimmungsmäßigen Verwendung sind die Ausgabemittel verzinslich anzulegen.

2. Unterabschnitt Förderung der Teilhabe schwerbehinderter Menschen am Arbeitsleben aus Mitteln des Ausgleichsfonds

§ 41 Verwendungszwecke

(1) Die Mittel aus dem Ausgleichsfonds sind zu verwenden für

1. Zuweisungen an die Bundesagentur für Arbeit zur besonderen Förderung der Teilhabe schwerbehinderter Menschen am Arbeitsleben, insbesondere durch Eingliederungszuschüsse und Zuschüsse zur Ausbildungsvergütung nach dem Dritten Buch Sozialgesetzbuch, und zwar ab 2009 jährlich in Höhe von 16 vom Hundert des Aufkommens an Ausgleichsabgabe,
2. befristete überregionale Programme zum Abbau der Arbeitslosigkeit schwerbehinderter Menschen, besonderer Gruppen von schwerbehinderten Menschen (§ 72 des Neunten Buches Sozialgesetzbuch) oder schwerbehinderter Frauen sowie zur Förderung des Ausbildungsplatzangebots für schwerbehinderte Menschen,
3. Einrichtungen nach § 30 Abs. 1 Nr. 1 bis 3, soweit sie den Interessen mehrerer Länder dienen; Einrichtungen dienen den Interessen mehrerer Länder auch dann, wenn sie Bestandteil eines abgestimmten Plans sind, der ein länderübergreifendes Netz derartiger Einrichtungen zum Gegenstand hat,
4. überregionale Modellvorhaben zur Weiterentwicklung der Förderung der Teilhabe schwerbehinderter Menschen am Arbeitsleben, insbesondere durch betriebliches Eingliederungsmanagement, und der Förderung der Ausbildung schwerbehinderter Jugendlicher,
5. die Entwicklung technischer Arbeitshilfen und
6. Aufklärungs-, Fortbildungs- und Forschungsmaßnahmen auf dem Gebiet der Teilhabe schwerbehinderter Menschen am Arbeitsleben, sofern diesen Maßnahmen überregionale Bedeutung zukommt.

(2) Die Mittel des Ausgleichsfonds sind vorrangig für die Eingliederung schwerbehinderter Menschen in den allgemeinen Arbeitsmarkt zu verwenden.

(3) Der Ausgleichsfonds kann sich an der Förderung von Forschungs- und Modellvorhaben durch die Integrationsämter nach § 14 Abs. 1 Nr. 4 beteiligen, sofern diese Vorhaben auch für andere Länder oder den Bund von Bedeutung sein können.

(4) Die §§ 31 bis 34 gelten entsprechend.

3. Unterabschnitt Verfahren zur Vergabe der Mittel des Ausgleichsfonds

§ 42 Anmeldeverfahren und Anträge

1Leistungen aus dem Ausgleichsfonds sind vom Träger der Maßnahme schriftlich beim Bundesministerium für Arbeit und Soziales zu beantragen, in den Fällen des § 41 Abs. 1 Nr. 3 nach vorheriger Abstimmung mit dem Land, in dem der Integrationsbetrieb oder die Integrationsabteilung oder die Einrichtung ihren Sitz hat oder haben soll. 2Das Bundesministerium für Arbeit und Soziales leitet die Anträge mit seiner Stellungnahme dem Beirat zu.

§ 43 Vorschlagsrecht des Beirats

(1) 1Der Beirat nimmt zu den Anträgen Stellung. 2Die Stellungnahme hat einen Vorschlag zu enthalten, ob, in welcher Art und Höhe sowie unter welchen Bedingungen und Auf-

lagen Mittel des Ausgleichsfonds vergeben werden sollen.

(2) Der Beirat kann unabhängig vom Vorliegen oder in Abwandlung eines schriftlichen Antrags Vorhaben zur Förderung vorschlagen.

§ 44 Entscheidung

(1) Das Bundesministerium für Arbeit und Soziales entscheidet über die Anträge aufgrund der Vorschläge des Beirats durch schriftlichen Bescheid.

(2) Der Beirat ist über die getroffene Entscheidung zu unterrichten.

§ 45 Vorhaben des Bundesministeriums für Arbeit und Soziales

Für Vorhaben des Bundesministeriums für Arbeit und Soziales, die dem Beirat zur Stellungnahme zuzuleiten sind, gelten die §§ 43 und 44 entsprechend.

Vierter Abschnitt
Schlußvorschriften

§ 46 Übergangsregelungen

(1) Abweichend von § 36 leiten die Integrationsämter

1. zum 30. Juni 2005 30 vom Hundert des im Zeitraum vom 1. Januar 2005 bis zum 31. Mai 2005 eingegangenen Ausgleichsabgabeaufkommens und 45 vom Hundert des Ausgleichsabgabeaufkommens für das Kalenderjahr 2003 an den Ausgleichsfonds weiter; dabei werden die nach § 36 Abs. 2 in der bis zum 31. Dezember 2004 geltenden Fassung geleisteten Abschlagszahlungen berücksichtigt,
2. bis zum Ablauf des Jahres, in dem die Förderung durch Investitionskostenzuschüsse der vom Beirat für die Teilhabe behinderter Menschen vorgeschlagenen und von den Ländern bis zum 30. Juni 2006 bewilligten Projekte für Werk- und Wohnstätten für behinderte Menschen sowie Blindenwerkstätten durch den Ausgleichfonds endet, im Jahr 2005 zusätzlich zu Nummer 1 und ab dem Jahr 2006 zusätzlich bis zu 4 vom Hundert des Ausgleichsabgabeaufkommens an den Ausgleichsfonds weiter, verringert um den Betrag, den die Träger der Integrationsämter in Abstimmung mit dem Bundesministerium für Arbeit und Soziales für die Förderung der genannten Projekte bewilligen.

(2) Abweichend von § 41 werden

1. im Jahr 2004 Zuweisungen an die Bundesagentur für Arbeit für die Förderung von Integrationsfachdiensten vorgenommen und
2. mindestens die nach Absatz 1 Nr. 2 an den Ausgleichsfonds weitergeleiteten Mittel für die Förderung von Einrichtungen nach § 30 Abs. 1 Satz 1 Nr. 4 bis 6 verwendet.

(3) Abweichend von § 41 können Mittel des Ausgleichsfonds verwendet werden zur Förderung von Integrationsbetrieben und -abteilungen nach dem Kapitel 11 des Teils 2 des Neunten Buches Sozialgesetzbuch, die nicht von öffentlichen Arbeitgebern im Sinne des § 71 Abs. 3 des Neunten Buches Sozialgesetzbuch geführt werden, soweit die Förderung bis zum 31. Dezember 2003 bewilligt worden ist, sowie für die Förderung von Einrichtungen nach § 30 Abs. 1 Satz 1 Nr. 4 bis 6, soweit Leistungen als Zinszuschüsse oder Zuschüsse zur Deckung eines Miet- oder Pachtzinses für bis zum 31. Dezember 2004 bewilligte Projekte erbracht werden.

§ 47 Inkrafttreten, Außerkrafttreten

1Diese Verordnung tritt am Tage nach der Verkündung in Kraft. 2Gleichzeitig tritt die Ausgleichsabgabeverordnung Schwerbehindertengesetz vom 8. August 1978 (BGBl. I S. 1228), zuletzt geändert durch § 12 der Kraftfahrzeughilfe-Verordnung vom 28. September 1987 (BGBl. I S. 2251), außer Kraft.

Werkstättenverordnung (WVO)

Vom 13. August 1980 (BGBl. I S. 1365)

Zuletzt geändert durch
Gesetz zur Einführung Unterstützter Beschäftigung
vom 22. Dezember 2008 (BGBl. I S. 2959)

Auf Grund des § 55 Abs. 3 des Schwerbehindertengesetzes in der Fassung der Bekanntmachung vom 8. Oktober 1979 (BGBl. I S. 1649) verordnet die Bundesregierung mit Zustimmung des Bundesrates:

Erster Abschnitt
Fachliche Anforderungen an die Werkstatt für behinderte Menschen

§ 1 Grundsatz der einheitlichen Werkstatt

(1) Die Werkstatt für behinderte Menschen (Werkstatt) hat zur Erfüllung ihrer gesetzlichen Aufgaben die Voraussetzungen dafür zu schaffen, daß sie die behinderten Menschen im Sinne des § 136 Abs. 2 des Neunten Buches Sozialgesetzbuch aus ihrem Einzugsgebiet aufnehmen kann.

(2) Der unterschiedlichen Art der Behinderung und ihren Auswirkungen soll innerhalb der Werkstatt durch geeignete Maßnahmen, insbesondere durch Bildung besonderer Gruppen im Berufsbildungs- und Arbeitsbereich, Rechnung getragen werden.

§ 2 Fachausschuß

(1) 1Bei jeder Werkstatt ist ein Fachausschuß zu bilden. 2Ihm gehören in gleicher Zahl an

1. Vertreter der Werkstatt,
2. Vertreter der Bundesagentur für Arbeit,
3. Vertreter des überörtlichen Trägers der Sozialhilfe oder des nach Landesrecht bestimmten örtlichen Trägers der Sozialhilfe.

2Kommt die Zuständigkeit eines anderen Rehabilitationsträgers zur Erbringung von Leistungen zur Teilhabe am Arbeitsleben und ergänzende Leistungen in Betracht, soll der Fachausschuß zur Mitwirkung an der Stellungnahme auch Vertreter dieses Trägers hinzuziehen. 3Er kann auch andere Personen zur Beratung hinzuziehen und soll, soweit erforderlich, Sachverständige hören.

(2) Der Fachausschuss gibt vor der Aufnahme des behinderten Menschen in die Werkstatt gegenüber dem im Falle einer Aufnahme zuständigen Rehabilitationsträger eine Stellungnahme ab, ob der behinderte Mensch für seine Teilhabe am Arbeitsleben und zu seiner Eingliederung in das Arbeitsleben Leistungen einer Werkstatt für behinderte Menschen benötigt oder ob andere Leistungen zur Teilhabe am Arbeitsleben in Betracht kommen, insbesondere Leistungen der Unterstützten Beschäftigung nach § 38a des Neunten Buches Sozialgesetzbuch.

§ 3 Eingangsverfahren

(1) 1Die Werkstatt führt im Benehmen mit dem zuständigen Rehabilitationsträger Eingangsverfahren durch. 2Aufgabe des Eingangsverfahrens ist es festzustellen, ob die Werkstatt die geeignete Einrichtung zur Teilhabe behinderter Menschen am Arbeitsleben und zur Eingliederung in das Arbeitsleben im Sinne des § 136 des Neunten Buches Sozialgesetzbuch ist, sowie welche Bereiche der Werkstatt und welche Leistungen zur Teilhabe am Arbeitsleben und ergänzende Leistungen oder Leistungen zur Eingliederung in das Arbeitsleben in Betracht kommen und einen Eingliederungsplan zu erstellen.

(2) 1Das Eingangsverfahren dauert drei Monate. 2Es kann auf eine Dauer von bis zu vier Wochen verkürzt werden, wenn während des Eingangsverfahrens im Einzelfall festgestellt wird, dass eine kürzere Dauer ausreichend ist.

(3) Zum Abschluß des Eingangsverfahrens gibt der Fachausschuß auf Vorschlag des Trä-

IX

gers der Werkstatt und nach Anhörung des behinderten Menschen, gegebenenfalls auch seines gesetzlichen Vertreters, unter Würdigung aller Umstände des Einzelfalles, insbesondere der Persönlichkeit des behinderten Menschen und seines Verhaltens während des Eingangsverfahrens, eine Stellungnahme gemäß Absatz 1 gegenüber dem zuständigen Rehabilitationsträger ab.

(4) 1Kommt der Fachausschuß zu dem Ergebnis, daß die Werkstatt für behinderte Menschen nicht geeignet ist, soll er zugleich eine Empfehlung aussprechen, welche andere Einrichtung oder sonstige Maßnahmen für den behinderten Menschen in Betracht kommen. 2Er soll sich auch dazu äußern, nach welcher Zeit eine Wiederholung des Eingangsverfahrens zweckmäßig ist und welche Maßnahmen und welche anderen Leistungen zur Teilhabe in der Zwischenzeit durchgeführt werden sollen.

§ 4 Berufsbildungsbereich

(1) 1Die Werkstatt führt im Benehmen mit dem im Berufsbildungsbereich und dem im Arbeitsbereich zuständigen Rehabilitationsträger Maßnahmen im Berufsbildungsbereich (Einzelmaßnahmen und Lehrgänge) zur Verbesserung der Teilhabe am Arbeitsleben unter Einschluss angemessener Maßnahmen zur Weiterentwicklung der Persönlichkeit des behinderten Menschen durch. 2Sie fördert die behinderten Menschen so, dass sie spätestens nach Teilnahme an Maßnahmen des Berufsbildungsbereichs in der Lage sind, wenigstens ein Mindestmaß wirtschaftlich verwertbarer Arbeitsleistung im Sinne des § 136 Abs. 2 des Neunten Buches Sozialgesetzbuch zu erbringen.

(2) Das Angebot an Leistungen zur Teilhabe am Arbeitsleben soll möglichst breit sein, um Art und Schwere der Behinderung, der unterschiedlichen Leistungsfähigkeit, Entwicklungsmöglichkeit sowie Eignung und Neigung der behinderten Menschen soweit wie möglich Rechnung zu tragen.

(3) Die Lehrgänge sind in einen Grund- und einen Aufbaukurs von in der Regel je zwölfmonatiger Dauer zu gliedern.

(4) 1Im Grundkurs sollen Fertigkeiten und Grundkenntnisse verschiedener Arbeitsabläufe vermittelt werden, darunter manuelle Fertigkeiten im Umgang mit verschiedenen Werkstoffen und Werkzeugen und Grundkenntnisse über Werkstoffe und Werkzeuge. 2Zugleich sollen das Selbstwertgefühl des behinderten Menschen und die Entwicklung des Sozial- und Arbeitsverhaltens gefördert sowie Schwerpunkte der Eignung und Neigung festgestellt werden.

(5) Im Aufbaukurs sollen Fertigkeiten mit höherem Schwierigkeitsgrad, insbesondere im Umgang mit Maschinen, und vertiefte Kenntnisse über Werkstoffe und Werkzeuge vermittelt sowie die Fähigkeit zu größerer Ausdauer und Belastung und zur Umstellung auf unterschiedliche Beschäftigungen im Arbeitsbereich geübt werden.

(6) 1Rechtzeitig vor Beendigung einer Maßnahme im Sinne des Absatzes 1 Satz 1 hat der Fachausschuss gegenüber dem zuständigen Rehabilitationsträger eine Stellungnahme dazu abzugeben, ob

1. die Teilnahme an einer anderen oder weiterführenden beruflichen Bildungsmaßnahme oder
2. eine Wiederholung der Maßnahme im Berufsbildungsbereich oder
3. eine Beschäftigung im Arbeitsbereich der Werkstatt oder auf dem allgemeinen Arbeitsmarkt einschließlich einem Integrationsprojekt (§ 132 des Neunten Buches Sozialgesetzbuch)

zweckmäßig erscheint. 2Das Gleiche gilt im Falle des vorzeitigen Abbruchs oder Wechsels der Maßnahme im Berufsbildungsbereich sowie des Ausscheidens aus der Werkstatt. 3Hat der zuständige Rehabilitationsträger die Leistungen für ein Jahr bewilligt (§ 40 Abs. 3 Satz 2 des Neunten Buches Sozialgesetzbuch), gibt der Fachausschuss ihm gegenüber rechtzeitig vor Ablauf dieses Jahres auch eine fachliche Stellungnahme dazu ab, ob die Leistungen für ein weiteres Jahr bewilligt werden sollen (§ 40 Abs. 3 Satz 3 des Neunten Buches Sozialgesetzbuch). 4Im übrigen gilt § 3 Abs. 3 entsprechend.

IX

§ 5 Arbeitsbereich

(1) Die Werkstatt soll über ein möglichst breites Angebot an Arbeitsplätzen verfügen, um Art und Schwere der Behinderung, der unterschiedlichen Leistungsfähigkeit, Entwicklungsmöglichkeit sowie Eignung und Neigung der behinderten Menschen soweit wie möglich Rechnung zu tragen.

(2) $_{1}$Die Arbeitsplätze sollen in ihrer Ausstattung soweit wie möglich denjenigen auf dem allgemeinen Arbeitsmarkt entsprechen. $_{2}$Bei der Gestaltung der Plätze und der Arbeitsabläufe sind die besonderen Bedürfnisse der behinderten Menschen soweit wie möglich zu berücksichtigen, um sie in die Lage zu versetzen, wirtschaftlich verwertbare Arbeitsleistungen zu erbringen. $_{3}$Die Erfordernisse zur Vorbereitung für eine Vermittlung auf dem allgemeinen Arbeitsmarkt sind zu beachten.

(3) Zur Erhaltung und Erhöhung der im Berufsbildungsbereich erworbenen Leistungsfähigkeit und zur Weiterentwicklung der Persönlichkeit des behinderten Menschen sind arbeitsbegleitend geeignete Maßnahmen durchzuführen.

(4) $_{1}$Der Übergang von behinderten Menschen auf den allgemeinen Arbeitsmarkt ist durch geeignete Maßnahmen zu fördern, insbesondere auch durch die Einrichtung einer Übergangsgruppe mit besonderen Förderangeboten, Entwicklung individueller Förderpläne sowie Ermöglichung von Trainingsmaßnahmen, Betriebspraktika und durch eine zeitweise Beschäftigung auf ausgelagerten Arbeitsplätzen. $_{2}$Dabei hat die Werkstatt die notwendige arbeitsbegleitende Betreuung in der Übergangsphase sicherzustellen und darauf hinzuwirken, daß der zuständige Rehabilitationsträger seine Leistungen und nach dem Ausscheiden des behinderten Menschen aus der Werkstatt das Integrationsamt, gegebenenfalls unter Beteiligung eines Integrationsfachdienstes, die begleitende Hilfe im Arbeits- und Berufsleben erbringen. $_{3}$Die Werkstatt hat die Bundesagentur für Arbeit bei der Durchführung der vorbereitenden Maßnahmen in die Bemühungen zur Vermittlung auf den allgemeinen Arbeitsmarkt einzubeziehen.

(5) $_{1}$Der Fachausschuss wird bei der Planung und Durchführung von Maßnahmen nach den Absätzen 3 und 4 beteiligt. $_{2}$Er gibt auf Vorschlag des Trägers der Werkstatt oder des zuständigen Rehabilitationsträgers in regelmäßigen Abständen, wenigstens einmal jährlich, gegenüber dem zuständigen Rehabilitationsträger eine Stellungnahme dazu ab, welche behinderten Menschen für einen Übergang auf den allgemeinen Arbeitsmarkt in Betracht kommen und welche übergangsfördernden Maßnahmen dazu erforderlich sind. $_{3}$Im Übrigen gilt § 3 Abs. 3 entsprechend.

§ 6 Beschäftigungszeit

(1) $_{1}$Die Werkstatt hat sicherzustellen, daß die behinderten Menschen im Berufsbildungs- und Arbeitsbereich wenigstens 35 und höchstens 40 Stunden wöchentlich beschäftigt werden können. $_{2}$Die Stundenzahlen umfassen Erholungspausen und Zeiten der Teilnahme an Maßnahmen im Sinne des § 5 Abs. 3.

(2) Einzelnen behinderten Menschen ist eine kürzere Beschäftigungszeit zu ermöglichen, wenn es wegen Art oder Schwere der Behinderung oder zur Erfüllung des Erziehungsauftrages notwendig erscheint.

§ 7 Größe der Werkstatt

(1) Die Werkstatt soll in der Regel über mindestens 120 Plätze verfügen.

(2) Die Mindestzahl nach Absatz 1 gilt als erfüllt, wenn der Werkstattverbund im Sinne des § 15, dem die Werkstatt angehört, über diese Zahl von Plätzen verfügt.

§ 8 Bauliche Gestaltung, Ausstattung, Standort

(1) $_{1}$Die bauliche Gestaltung und die Ausstattung der Werkstatt müssen der Aufgabenstellung der Werkstatt als einer Einrichtung zur Teilhabe behinderter Menschen am Arbeitsleben und zur Eingliederung in das Arbeitsleben und den in § 136 des Neunten Buches Sozialgesetzbuch und im Ersten Ab-

schnitt dieser Verordnung gestellten Anforderungen Rechnung tragen. $_{2}$Die Erfordernisse des Arbeitsschutzes und der Unfallverhütung sowie zur Vermeidung baulicher und technischer Hindernisse sind zu beachten.

(2) Bei der Wahl des Standorts ist auf die Einbindung in die regionale Wirtschafts- und Beschäftigungsstruktur Rücksicht zu nehmen.

(3) Das Einzugsgebiet muß so bemessen sein, daß die Werkstatt für die behinderten Menschen mit öffentlichen oder sonstigen Verkehrsmitteln in zumutbarer Zeit erreichbar ist.

(4) Die Werkstatt hat im Benehmen mit den zuständigen Rehabilitationsträgern, soweit erforderlich, einen Fahrdienst zu organisieren.

§ 9 Werkstattleiter, Fachpersonal zur Arbeits- und Berufsförderung

(1) Die Werkstatt muß über die Fachkräfte verfügen, die erforderlich sind, um ihre Aufgaben entsprechend den jeweiligen Bedürfnissen der behinderten Menschen, insbesondere unter Berücksichtigung der Notwendigkeit einer individuellen Förderung von behinderten Menschen, erfüllen zu können.

(2) $_{1}$Der Werkstattleiter soll in der Regel über einen Fachhochschulabschluß im kaufmännischen oder technischen Bereich oder einen gleichwertigen Bildungsstand, über ausreichende Berufserfahrung und eine sonderpädagogische Zusatzqualifikation verfügen. $_{2}$Entsprechende Berufsqualifikationen aus dem sozialen Bereich reichen aus, wenn die zur Leitung einer Werkstatt erforderlichen Kenntnisse und Fähigkeiten im kaufmännischen und technischen Bereich anderweitig erworben worden sind. $_{3}$Die sonderpädagogische Zusatzqualifikation kann in angemessener Zeit durch Teilnahme an geeigneten Fortbildungsmaßnahmen nachgeholt werden.

(3) $_{1}$Die Zahl der Fachkräfte zur Arbeits- und Berufsförderung im Berufsbildungs- und Arbeitsbereich richtet sich nach der Zahl und der Zusammensetzung der behinderten Menschen sowie der Art der Beschäftigung und der technischen Ausstattung des Arbeitsbereichs. $_{2}$Das Zahlenverhältnis von Fachkräften zu behinderten Menschen soll im Berufsbildungsbereich 1 : 6, im Arbeitsbereich 1 : 12 betragen. $_{3}$Die Fachkräfte sollen in der Regel Facharbeiter, Gesellen oder Meister mit einer mindestens zweijährigen Berufserfahrung in Industrie oder Handwerk sein; sie müssen pädagogisch geeignet sein und über eine sonderpädagogische Zusatzqualifikation verfügen. $_{4}$Entsprechende Berufsqualifikationen aus dem pädagogischen oder sozialen Bereich reichen aus, wenn die für eine Tätigkeit als Fachkraft erforderlichen sonstigen Kenntnisse und Fähigkeiten für den Berufsbildungs- und Berufsbildungsbereich anderweitig erworben worden sind. $_{5}$Absatz 2 Satz 3 gilt entsprechend.

(4) Zur Durchführung des Eingangsverfahrens sollen Fachkräfte des Berufsbildungsbereichs und der begleitenden Dienste eingesetzt werden, sofern der zuständige Rehabilitationsträger keine höheren Anforderungen stellt.

§ 10 Begleitende Dienste

(1) $_{1}$Die Werkstatt muß zur pädagogischen, sozialen und medizinischen Betreuung der behinderten Menschen über begleitende Dienste verfügen, die den Bedürfnissen der behinderten Menschen gerecht werden. $_{2}$Eine erforderliche psychologische Betreuung ist sicherzustellen. $_{3}$§ 9 Abs. 1 gilt entsprechend.

(2) Für je 120 behinderte Menschen sollen in der Regel ein Sozialpädagoge oder ein Sozialarbeiter zur Verfügung stehen, darüber hinaus im Einvernehmen mit den zuständigen Rehabilitationsträgern pflegerische, therapeutische und nach Art und Schwere der Behinderung sonst erforderliche Fachkräfte.

(3) Die besondere ärztliche Betreuung der behinderten Menschen in der Werkstatt und die medizinische Beratung des Fachpersonals der Werkstatt durch einen Arzt, der möglichst auch die an einen Betriebsarzt zu stellenden Anforderungen erfüllen soll, müssen vertraglich sichergestellt sein.

§ 11 Fortbildung

Die Werkstatt hat dem Fachpersonal nach den §§ 9 und 10 Gelegenheit zur Teilnahme an Fortbildungsmaßnahmen zu geben.

§ 12 Wirtschaftsführung

(1) 1Die Werkstatt muß nach betriebswirtschaftlichen Grundsätzen organisiert sein. 2Sie hat nach kaufmännischen Grundsätzen Bücher zu führen und eine Betriebsabrechnung in Form einer Kostenstellenrechnung zu erstellen. 3Sie soll einen Jahresabschluß erstellen. 4Zusätzlich sind das Arbeitsergebnis, seine Zusammensetzung im Einzelnen gemäß Absatz 4 und seine Verwendung auszuweisen. 5Die Buchführung, die Betriebsabrechnung und der Jahresabschluß sind in angemessenen Zeitabständen in der Regel von einer Person zu prüfen, die als Prüfer bei durch Bundesgesetz vorgeschriebenen Prüfungen des Jahresabschlusses einschließlich der Ermittlung des Arbeitsergebnisses, seine Zusammensetzung im Einzelnen gemäß Absatz 4 und seiner Verwendung (Abschlußprüfer) juristischer Personen zugelassen ist. 6Weitergehende handelsrechtliche und abweichende haushaltsrechtliche Vorschriften über Rechnungs-, Buchführungs- und Aufzeichnungspflichten sowie Prüfungspflichten bleiben unberührt. 7Über den zu verwendenden Kontenrahmen, die Gliederung des Jahresabschlusses, die Kostenstellenrechnung und die Zeitabstände zwischen den Prüfungen der Rechnungslegung ist mit den zuständigen Rehabilitationsträgern Einvernehmen herzustellen.

(2) Die Werkstatt muß über einen Organisations- und Stellenplan mit einer Funktionsbeschreibung des Personals verfügen.

(3) Die Werkstatt muß wirtschaftliche Arbeitsergebnisse anstreben, um an die im Arbeitsbereich beschäftigten behinderten Menschen ein ihrer Leistung angemessenes Arbeitsentgelt im Sinne des § 136 Abs. 1 Satz 2 und § 138 des Neunten Buches Sozialgesetzbuch zahlen zu können.

(4) 1Arbeitsergebnis im Sinne des § 138 des Neunten Buches und der Vorschriften dieser Verordnung ist die Differenz aus den Erträgen und den notwendigen Kosten des laufenden Betriebs im Arbeitsbereich der Werkstatt. 2Die Erträge setzen sich zusammen aus den Umsatzerlösen, Zins- und sonstigen Erträgen aus der wirtschaftlichen Tätigkeit und den von den Rehabilitationsträgern erbrachten Kostensätzen. 3Notwendige Kosten des laufenden Betriebs sind die Kosten nach § 41 Abs. 3 Satz 3 und 4 des Neunten Buches Sozialgesetzbuch im Rahmen der getroffenen Vereinbarungen sowie die mit der wirtschaftlichen Betätigung der Werkstatt in Zusammenhang stehenden notwendigen Kosten, die auch in einem Wirtschaftsunternehmen üblicherweise entstehen und infolgedessen nach § 41 Abs. 3 des Neunten Buches Sozialgesetzbuch von den Rehabilitationsträgern nicht übernommen werden, nicht hingegen die Kosten für die Arbeitsentgelte nach § 138 Abs. 2 des Neunten Buches Sozialgesetzbuch und das Arbeitsförderungsgeld nach § 43 des Neunten Buches Sozialgesetzbuch.

(5) 1Das Arbeitsergebnis darf nur für Zwecke der Werkstatt verwendet werden, und zwar für

1. die Zahlung der Arbeitsentgelte nach § 138 Abs. 2 des Neunten Buches Sozialgesetzbuch, in der Regel im Umfang von mindestens 70 vom Hundert des Arbeitsergebnisses,

2. die Bildung einer zum Ausgleich von Ertragsschwankungen notwendigen Rücklage, höchstens eines Betrages, der zur Zahlung der Arbeitsentgelte nach § 138 des Neunten Buches Sozialgesetzbuch für sechs Monate erforderlich ist,

3. Ersatz- und Modernisierungsinvestitionen in der Werkstatt, soweit diese Kosten nicht aus den Rücklagen auf Grund von Abschreibung des Anlagevermögens für solche Investitionen, aus Leistungen der Rehabilitationsträger oder aus sonstigen Einnahmen zu decken sind oder gedeckt werden. Kosten für die Schaffung und Ausstattung neuer Werk- und Wohnstättenplätze dürfen aus dem Arbeitsergebnis nicht bestritten werden.

Abweichende handelsrechtliche Vorschriften über die Bildung von Rücklagen bleiben unberührt.

(6) 1Die Werkstatt legt die Ermittlung des Arbeitsergebnisses nach Absatz 4 und dessen Verwendung nach Absatz 5 gegenüber den beiden Anerkennungsbehörden nach § 142 Satz 2 des Neunten Buches Sozialgesetzbuch auf deren Verlangen offen. 2Diese sind berechtigt, die Angaben durch Einsicht in die nach Absatz 1 zu führenden Unterlagen zu überprüfen.

§ 13 Abschluß von schriftlichen Verträgen

(1) 1Die Werkstätten haben mit den im Arbeitsbereich beschäftigten behinderten Menschen, soweit auf sie die für einen Arbeitsvertrag geltenden Rechtsvorschriften oder Rechtsgrundsätze nicht anwendbar sind, Werkstattverträge in schriftlicher Form abzuschließen, in denen das arbeitnehmerähnliche Rechtsverhältnis zwischen der Werkstatt und dem Behinderten näher geregelt wird. 2Über die Vereinbarungen sind die zuständigen Rehabilitationsträger zu unterrichten.

(2) In den Verträgen nach Absatz 1 ist auch die Zahlung des Arbeitsentgelts im Sinne des § 136 Abs. 1 Satz 2 und § 138 des Neunten Buches Sozialgesetzbuch an die im Arbeitsbereich beschäftigten behinderten Menschen aus dem Arbeitsergebnis näher zu regeln.

§ 14 Mitwirkung

Die Werkstatt hat den behinderten Menschen im Sinne des § 13 Abs. 1 Satz 1 eine angemessene Mitwirkung in den ihre Interessen berührenden Angelegenheiten der Werkstatt nach § 139 des Neunten Buches Sozialgesetzbuch zu ermöglichen.

§ 15 Werkstattverbund

(1) Mehrere Werkstätten desselben Trägers oder verschiedener Träger innerhalb eines Einzugsgebietes im Sinne des § 8 Abs. 3 oder mit räumlich zusammenhängenden Einzugsgebieten können zur Erfüllung der Aufgaben einer Werkstatt und der an sie gestellten Anforderungen eine Zusammenarbeit vertraglich vereinbaren (Werkstattverbund).

(2) Ein Werkstattverbund ist anzustreben, wenn im Einzugsgebiet einer Werkstatt zusätzlich eine besondere Werkstatt im Sinne des § 137 Abs. 1 Satz 2 Nr. 2 des Neunten Buches Sozialgesetzbuch für behinderte Menschen mit einer bestimmten Art der Behinderung vorhanden ist.

§ 16 Formen der Werkstatt

Die Werkstatt kann eine teilstationäre Einrichtung oder ein organisatorisch selbständiger Teil einer stationären Einrichtung (Anstalt, Heim oder gleichartige Einrichtung) oder eines Unternehmens sein.

Zweiter Abschnitt
Verfahren zur Anerkennung als Werkstatt für behinderte Menschen

§ 17 Anerkennungsfähige Einrichtungen

(1) 1Als Werkstätten können nur solche Einrichtungen anerkannt werden, die die im § 136 des Neunten Buches Sozialgesetzbuch und im Ersten Abschnitt dieser Verordnung gestellten Anforderungen erfüllen. 2Von Anforderungen, die nicht zwingend vorgeschrieben sind, sind Ausnahmen zuzulassen, wenn ein besonderer sachlicher Grund im Einzelfall eine Abweichung rechtfertigt.

(2) Als Werkstätten können auch solche Einrichtungen anerkannt werden, die Teil eines Werkstattverbundes sind und die Anforderungen nach Absatz 1 nicht voll erfüllen, wenn der Werkstattverbund die Anforderungen erfüllt.

(3) 1Werkstätten im Aufbau, die die Anforderungen nach Absatz 1 noch nicht voll erfüllen, aber bereit und in der Lage sind, die Anforderungen in einer vertretbaren Anlaufzeit zu erfüllen, können unter Auflagen befristet anerkannt werden. 2Abweichend von § 7 genügt es, wenn im Zeitpunkt der Entscheidung über den Antrag auf Anerkennung wenigstens 60 Plätze vorhanden sind, sofern gewährleistet ist, daß die Werkstatt im Endausbau, spätestens nach 5 Jahren, die Voraussetzungen des § 7 erfüllt.

§ 18 Antrag

(1) 1Die Anerkennung ist vom Träger der Werkstatt schriftlich zu beantragen. 2Der Antragsteller hat nachzuweisen, daß die Voraussetzungen für die Anerkennung vorliegen.

(2) 1Die Entscheidung über den Antrag bedarf der Schriftform. 2Eine Entscheidung soll innerhalb von 3 Monaten seit Antragstellung getroffen werden.

(3) Die Anerkennung erfolgt mit der Auflage, im Geschäftsverkehr auf die Anerkennung als Werkstatt für behinderte Menschen hinzuweisen.

Dritter Abschnitt
Schlußvorschriften

§ 19 Vorläufige Anerkennung

Vorläufige Anerkennungen, die vor Inkrafttreten dieser Verordnung von der Bundesanstalt für Arbeit ausgesprochen worden sind, behalten ihre Wirkung bis zur Unanfechtbarkeit der Entscheidung über den neuen Antrag auf Anerkennung, wenn dieser Antrag innerhalb von 3 Monaten nach Inkrafttreten dieser Verordnung gestellt wird.

§ 20 Abweichende Regelungen für Werkstätten im Beitrittsgebiet

Für Werkstätten in dem in Artikel 3 des Einigungsvertrages genannten Gebiet gilt diese Verordnung mit folgenden Abweichungen:

1. Die Vorschriften des § 9 Abs. 2 Satz 3 und Abs. 3 Satz 5 gelten für die von dem Bundesland für die Aufgabenerfüllung in dem betreffenden Einzugsgebiet vorgesehene anerkannte Werkstatt (Werkstatt des Einzugsgebietes) mit der Maßgabe, daß der Werkstattleiter und wenigstens ein Drittel der Fachkräfte zur Arbeits- und Berufsförderung bis zum 31. Dezember 1995, ein weiteres Drittel bis zum 31. Dezember 1998 und das letzte Drittel spätestens bis zum 31. Dezember 2001 über die sonderpädagogische Zusatzqualifikation verfügen müssen.
2. Die sonderpädagogische Zusatzqualifikation nach § 9 Abs. 2 und 3 braucht nicht nachgeholt zu werden von Personen, die vor dem 1. Januar 1993
   a) das 50. Lebensjahr vollendet haben und
   b) zehn Jahre in einer Werkstatt für behinderte Menschen oder einer anderen Einrichtung für behinderte Menschen in entsprechender Funktion tätig waren.
3. § 17 ist mit folgenden Maßgaben anzuwenden:
   a) Werkstätten, die in der Zeit vom 1. Juli 1990 bis 31. Dezember 1992 unter Auflagen befristet bis zum 31. Dezember 1992 anerkannt worden sind, bleiben bis zum 30. Juni 1993 vorläufig anerkannt, wenn der Antrag auf Verlängerung der Anerkennung unter Darlegung, inwieweit die Anforderungen und erteilten Auflagen inzwischen erfüllt werden, spätestens bis zum 31. Dezember 1992 gestellt wird und über diesen Antrag vor dem 30. Juni 1993 nicht unanfechtbar entschieden worden ist.
   b) Werkstätten im Sinne des Buchstabens a können, auch wenn die Voraussetzungen nach Absatz 3 nicht erfüllt werden, über den 30. Juni 1993 hinaus vorübergehend unter Auflagen befristet anerkannt werden, bis die von dem Bundesland für die Aufgabenerfüllung in dem betreffenden Einzugsgebiet vorgesehene anerkannte Werkstatt (Werkstatt des Einzugsgebietes) die behinderten Menschen der vorübergehend anerkannten Werkstatt voraussichtlich aufnehmen kann, längstens aber bis zum 30. Juni 1995. Durch die Auflagen ist sicherzustellen, daß die in § 136 des Neunten Buches Sozialgesetzbuch und im Ersten Abschnitt dieser Verordnung gestellten Anforderungen soweit wie in der Übergangszeit möglich und wirtschaftlich vertretbar erfüllt werden.

c) Werkstätten im Sinne des Buchstabens a, die nach Buchstabe b vorübergehend anerkannt worden sind, können über den 30. Juni 1995 hinaus um jeweils ein weiteres Jahr vorläufig anerkannt werden, wenn die Werkstatt des Einzugsgebietes die behinderten Menschen der vorübergehend anerkannten Werkstatt zu diesem Zeitpunkt noch nicht aufnehmen kann.

d) Bei der Verlängerung der Anerkennung von Werkstätten im Sinne des Buchstabens a nach § 17 Abs. 3 rechnet die in dem dortigen Satz 2 bestimmte Fünfjahresfrist vom Erlaß der Entscheidung über den Verlängerungsantrag an.

§ 21 Inkrafttreten

Diese Verordnung tritt am Tage nach der Verkündung in Kraft.

X SGB X: Sozialverwaltungsverfahren und Sozialdatenschutz

Zehntes Buch Sozialgesetzbuch – Sozialverwaltungsverfahren und Sozialdatenschutz – (SGB X)

in der Fassung der Bekanntmachung vom 18. Januar 2001 (BGBl. I S. 130)

Zuletzt geändert durch
Tarifautonomiestärkungsgesetz
vom 11. August 2014 (BGBl. I S. 1348)

Inhaltsübersicht

X

X

X

X

Erstes Kapitel
Verwaltungsverfahren

Erster Abschnitt
Anwendungsbereich, Zuständigkeit, Amtshilfe

§ 1 Anwendungsbereich

(1) 1Die Vorschriften dieses Kapitels gelten für die öffentlich-rechtliche Verwaltungstätigkeit der Behörden, die nach diesem Gesetzbuch ausgeübt wird. 2Für die öffentlich-rechtliche Verwaltungstätigkeit der Behörden der Länder, der Gemeinden und Gemeindeverbände, der sonstigen der Aufsicht des Landes unterstehenden juristischen Personen des öffentlichen Rechts zur Ausführung von besonderen Teilen dieses Gesetzbuches, die nach Inkrafttreten der Vorschriften dieses Kapitels Bestandteil des Sozialgesetzbuches werden, gilt dies nur, soweit diese besonderen Teile mit Zustimmung des Bundesrates die Vorschriften dieses Kapitels für anwendbar erklären. 3Die Vorschriften gelten nicht für die Verfolgung und Ahndung von Ordnungswidrigkeiten.

(2) Behörde im Sinne dieses Gesetzbuches ist jede Stelle, die Aufgaben der öffentlichen Verwaltung wahrnimmt.

§ 2 Örtliche Zuständigkeit

(1) 1Sind mehrere Behörden örtlich zuständig, entscheidet die Behörde, die zuerst mit der Sache befasst worden ist, es sei denn, die gemeinsame Aufsichtsbehörde bestimmt, dass eine andere örtlich zuständige Behörde zu entscheiden hat. 2Diese Aufsichtsbehörde entscheidet ferner über die örtliche Zuständigkeit, wenn sich mehrere Behörden für zuständig oder für unzuständig halten oder wenn die Zuständigkeit aus anderen Gründen zweifelhaft ist. 3Fehlt eine gemeinsame Aufsichtsbehörde, treffen die Aufsichtsbehörden die Entscheidung gemeinsam.

X

(2) Ändern sich im Lauf des Verwaltungsverfahrens die die Zuständigkeit begründenden Umstände, kann die bisher zuständige Behörde das Verwaltungsverfahren fortführen, wenn dies unter Wahrung der Interessen der Beteiligten der einfachen und zweckmäßigen Durchführung des Verfahrens dient und die nunmehr zuständige Behörde zustimmt.

(3) 1Hat die örtliche Zuständigkeit gewechselt, muss die bisher zuständige Behörde die Leistungen noch solange erbringen, bis sie von der nunmehr zuständigen Behörde fortgesetzt werden. 2Diese hat der bisher zuständigen Behörde die nach dem Zuständigkeitswechsel noch erbrachten Leistungen auf Anforderung zu erstatten. 3§ 102 Abs. 2 gilt entsprechend.

(4) 1Bei Gefahr im Verzug ist für unaufschiebbare Maßnahmen jede Behörde örtlich zuständig, in deren Bezirk der Anlass für die Amtshandlung hervortritt. 2Die nach den besonderen Teilen dieses Gesetzbuches örtlich zuständige Behörde ist unverzüglich zu unterrichten.

§ 3 Amtshilfepflicht

(1) Jede Behörde leistet anderen Behörden auf Ersuchen ergänzende Hilfe (Amtshilfe).

(2) Amtshilfe liegt nicht vor, wenn

1. Behörden einander innerhalb eines bestehenden Weisungsverhältnisses Hilfe leisten,
2. die Hilfeleistung in Handlungen besteht, die der ersuchten Behörde als eigene Aufgabe obliegen.

§ 4 Voraussetzungen und Grenzen der Amtshilfe

(1) Eine Behörde kann um Amtshilfe insbesondere dann ersuchen, wenn sie

1. aus rechtlichen Gründen die Amtshandlung nicht selbst vornehmen kann,
2. aus tatsächlichen Gründen, besonders weil die zur Vornahme der Amtshandlung erforderlichen Dienstkräfte oder Einrichtungen fehlen, die Amtshandlung nicht selbst vornehmen kann,
3. zur Durchführung ihrer Aufgaben auf die Kenntnis von Tatsachen angewiesen ist, die ihr unbekannt sind und die sie selbst nicht ermitteln kann,
4. zur Durchführung ihrer Aufgaben Urkunden oder sonstige Beweismittel benötigt,

die sich im Besitz der ersuchten Behörde befinden,

5. die Amtshandlung nur mit wesentlich größerem Aufwand vornehmen könnte als die ersuchte Behörde.

(2) 1Die ersuchte Behörde darf Hilfe nicht leisten, wenn

1. sie hierzu aus rechtlichen Gründen nicht in der Lage ist,
2. durch die Hilfeleistung dem Wohl des Bundes oder eines Landes erhebliche Nachteile bereitet würden.

2Die ersuchte Behörde ist insbesondere zur Vorlage von Urkunden oder Akten sowie zur Erteilung von Auskünften nicht verpflichtet, wenn die Vorgänge nach einem Gesetz oder ihrem Wesen nach geheim gehalten werden müssen.

(3) Die ersuchte Behörde braucht Hilfe nicht zu leisten, wenn

1. eine andere Behörde die Hilfe wesentlich einfacher oder mit wesentlich geringerem Aufwand leisten kann,
2. sie die Hilfe nur mit unverhältnismäßig großem Aufwand leisten könnte,
3. sie unter Berücksichtigung der Aufgaben der ersuchenden Behörde durch die Hilfeleistung die Erfüllung ihrer eigenen Aufgaben ernstlich gefährden würde.

(4) Die ersuchte Behörde darf die Hilfe nicht deshalb verweigern, weil sie das Ersuchen aus anderen als den in Absatz 3 genannten Gründen oder weil sie die mit der Amtshilfe zu verwirklichende Maßnahme für unzweckmäßig hält.

(5) 1Hält die ersuchte Behörde sich zur Hilfe nicht für verpflichtet, teilt sie der ersuchenden Behörde ihre Auffassung mit. 2Besteht diese auf der Amtshilfe, entscheidet über die Verpflichtung zur Amtshilfe die gemeinsame Aufsichtsbehörde oder, sofern eine solche nicht besteht, die für die ersuchte Behörde zuständige Aufsichtsbehörde.

§ 5 Auswahl der Behörde

Kommen für die Amtshilfe mehrere Behörden in Betracht, soll nach Möglichkeit eine Behörde der untersten Verwaltungsstufe des Verwaltungszweiges ersucht werden, dem die ersuchende Behörde angehört.

§ 6 Durchführung der Amtshilfe

(1) Die Zulässigkeit der Maßnahme, die durch die Amtshilfe verwirklicht werden soll, richtet sich nach dem für die ersuchende Behörde, die Durchführung der Amtshilfe nach dem für die ersuchte Behörde geltenden Recht.

(2) 1Die ersuchende Behörde trägt gegenüber der ersuchten Behörde die Verantwortung für die Rechtmäßigkeit der zu treffenden Maßnahme. 2Die ersuchte Behörde ist für die Durchführung der Amtshilfe verantwortlich.

§ 7 Kosten der Amtshilfe

(1) 1Die ersuchende Behörde hat der ersuchten Behörde für die Amtshilfe keine Verwaltungsgebühr zu entrichten. 2Auslagen hat sie der ersuchten Behörde auf Anforderung zu erstatten, wenn sie im Einzelfall 35 Euro, bei Amtshilfe zwischen Versicherungsträgern 100 Euro übersteigen. 3Abweichende Vereinbarungen werden dadurch nicht berührt. 4Leisten Behörden desselben Rechtsträgers einander Amtshilfe, werden die Auslagen nicht erstattet.

(2) Nimmt die ersuchte Behörde zur Durchführung der Amtshilfe eine kostenpflichtige Amtshandlung vor, stehen ihr die von einem Dritten hierfür geschuldeten Kosten (Verwaltungsgebühren, Benutzungsgebühren und Auslagen) zu.

Zweiter Abschnitt
Allgemeine Vorschriften über das Verwaltungsverfahren

Erster Titel
Verfahrensgrundsätze

§ 8 Begriff des Verwaltungsverfahrens

Das Verwaltungsverfahren im Sinne dieses Gesetzbuches ist die nach außen wirkende Tätigkeit der Behörden, die auf die Prüfung der Voraussetzungen, die Vorbereitung und den Erlass eines Verwaltungsaktes oder auf den Abschluss eines öffentlich-rechtlichen Vertrages gerichtet ist; es schließt den Erlass des Verwaltungsaktes oder den Abschluss des öffentlich-rechtlichen Vertrages ein.

§ 9 Nichtförmlichkeit des Verwaltungsverfahrens

1Das Verwaltungsverfahren ist an bestimmte Formen nicht gebunden, soweit keine besonderen Rechtsvorschriften für die Form des Verfahrens bestehen. 2Es ist einfach, zweckmäßig und zügig durchzuführen.

§ 10 Beteiligungsfähigkeit

Fähig, am Verfahren beteiligt zu sein, sind

1. natürliche und juristische Personen,
2. Vereinigungen, soweit ihnen ein Recht zustehen kann,
3. Behörden.

§ 11 Vornahme von Verfahrenshandlungen

(1) Fähig zur Vornahme von Verfahrenshandlungen sind

1. natürliche Personen, die nach bürgerlichem Recht geschäftsfähig sind,
2. natürliche Personen, die nach bürgerlichem Recht in der Geschäftsfähigkeit beschränkt sind, soweit sie für den Gegenstand des Verfahrens durch Vorschriften des bürgerlichen Rechts als geschäftsfähig oder durch Vorschriften des öffentlichen Rechts als handlungsfähig anerkannt sind,
3. juristische Personen und Vereinigungen (§ 10 Nr. 2) durch ihre gesetzlichen Vertreter oder durch besonders Beauftragte,
4. Behörden durch ihre Leiter, deren Vertreter oder Beauftragte.

X

(2) Betrifft ein Einwilligungsvorbehalt nach § 1903 des Bürgerlichen Gesetzbuches den Gegenstand des Verfahrens, so ist ein geschäftsfähiger Betreuter nur insoweit zur Vornahme von Verfahrenshandlungen fähig, als er nach den Vorschriften des bürgerlichen Rechts ohne Einwilligung des Betreuers handeln kann oder durch Vorschriften des öffentlichen Rechts als handlungsfähig anerkannt ist.

(3) Die §§ 53 und 55 der Zivilprozessordnung gelten entsprechend.

§ 12 Beteiligte

(1) Beteiligte sind

1. Antragsteller und Antragsgegner,
2. diejenigen, an die die Behörde den Verwaltungsakt richten will oder gerichtet hat,
3. diejenigen, mit denen die Behörde einen öffentlich-rechtlichen Vertrag schließen will oder geschlossen hat,
4. diejenigen, die nach Absatz 2 von der Behörde zu dem Verfahren hinzugezogen worden sind.

(2) 1Die Behörde kann von Amts wegen oder auf Antrag diejenigen, deren rechtliche Interessen durch den Ausgang des Verfahrens berührt werden können, als Beteiligte hinzuziehen. 2Hat der Ausgang des Verfahrens rechtsgestaltende Wirkung für einen Dritten, ist dieser auf Antrag als Beteiligter zu dem Verfahren hinzuzuziehen; soweit er der Behörde bekannt ist, hat diese ihn von der Einleitung des Verfahrens zu benachrichtigen.

(3) Wer anzuhören ist, ohne dass die Voraussetzungen des Absatzes 1 vorliegen, wird dadurch nicht Beteiligter.

§ 13 Bevollmächtigte und Beistände

(1) 1Ein Beteiligter kann sich durch einen Bevollmächtigten vertreten lassen. 2Die Vollmacht ermächtigt zu allen das Verwaltungsverfahren betreffenden Verfahrenshandlungen, sofern sich aus ihrem Inhalt nicht etwas anderes ergibt. 3Der Bevollmächtigte hat auf Verlangen seine Vollmacht schriftlich nachzuweisen. 4Ein Widerruf der Vollmacht wird der Behörde gegenüber erst wirksam, wenn er ihr zugeht.

(2) Die Vollmacht wird weder durch den Tod des Vollmachtgebers noch durch eine Veränderung in seiner Handlungsfähigkeit oder seiner gesetzlichen Vertretung aufgehoben; der Bevollmächtigte hat jedoch, wenn er für den Rechtsnachfolger im Verwaltungsverfahren auftritt, dessen Vollmacht auf Verlangen schriftlich beizubringen.

(3) 1Ist für das Verfahren ein Bevollmächtigter bestellt, muss sich die Behörde an ihn wenden. 2Sie kann sich an den Beteiligten selbst

wenden, soweit er zur Mitwirkung verpflichtet ist. $_{3}$Wendet sich die Behörde an den Beteiligten, muss der Bevollmächtigte verständigt werden. $_{4}$Vorschriften über die Zustellung an Bevollmächtigte bleiben unberührt.

(4) $_{1}$Ein Beteiligter kann zu Verhandlungen und Besprechungen mit einem Beistand erscheinen. $_{2}$Das von dem Beistand Vorgetragene gilt als von dem Beteiligten vorgebracht, soweit dieser nicht unverzüglich widerspricht.

(5) Bevollmächtigte und Beistände sind zurückzuweisen, wenn sie entgegen § 3 des Rechtsdienstleistungsgesetzes Rechtsdienstleistungen erbringen.

(6) $_{1}$Bevollmächtigte und Beistände können vom Vortrag zurückgewiesen werden, wenn sie hierzu ungeeignet sind; vom mündlichen Vortrag können sie nur zurückgewiesen werden, wenn sie zum sachgemäßen Vortrag nicht fähig sind. $_{2}$Nicht zurückgewiesen werden können Personen, die nach § 73 Abs. 2 Satz 1 und 2 Nr. 3 bis 9 des Sozialgerichtsgesetzes zur Vertretung im sozialgerichtlichen Verfahren befugt sind.

(7) $_{1}$Die Zurückweisung nach den Absätzen 5 und 6 ist auch dem Beteiligten, dessen Bevollmächtigter oder Beistand zurückgewiesen wird, schriftlich mitzuteilen. $_{2}$Verfahrenshandlungen des zurückgewiesenen Bevollmächtigten oder Beistandes, die dieser nach der Zurückweisung vornimmt, sind unwirksam.

§ 14 Bestellung eines Empfangsbevollmächtigten

$_{1}$Ein Beteiligter ohne Wohnsitz oder gewöhnlichen Aufenthalt, Sitz oder Geschäftsleitung im Inland hat der Behörde auf Verlangen innerhalb einer angemessenen Frist einen Empfangsbevollmächtigten im Inland zu benennen. $_{2}$Unterlässt er dies, gilt ein an ihn gerichtetes Schriftstück am siebenten Tage nach der Aufgabe zur Post und ein elektronisch übermitteltes Dokument am dritten Tage nach der Absendung als zugegangen. $_{3}$Dies gilt nicht, wenn feststeht, dass das Dokument den Empfänger nicht oder zu einem späteren Zeitpunkt erreicht hat. $_{4}$Auf die Rechtsfolgen der Unterlassung ist der Beteiligte hinzuweisen.

§ 15 Bestellung eines Vertreters von Amts wegen

(1) Ist ein Vertreter nicht vorhanden, hat das Gericht auf Ersuchen der Behörde einen geeigneten Vertreter zu bestellen

1. für einen Beteiligten, dessen Person unbekannt ist,
2. für einen abwesenden Beteiligten, dessen Aufenthalt unbekannt ist oder der an der Besorgung seiner Angelegenheiten verhindert ist,
3. für einen Beteiligten ohne Aufenthalt im Inland, wenn er der Aufforderung der Behörde, einen Vertreter zu bestellen, innerhalb der ihm gesetzten Frist nicht nachgekommen ist,
4. für einen Beteiligten, der infolge einer psychischen Krankheit oder körperlichen, geistigen oder seelischen Behinderung nicht in der Lage ist, in dem Verwaltungsverfahren selbst tätig zu werden.

(2) $_{1}$Für die Bestellung des Vertreters ist in den Fällen des Absatzes 1 Nr. 4 das Betreuungsgericht zuständig, in dessen Bezirk der Beteiligte seinen gewöhnlichen Aufenthalt hat; im Übrigen ist das Betreuungsgericht zuständig, in dessen Bezirk die ersuchende Behörde ihren Sitz hat. $_{2}$Ist der Beteiligte minderjährig, tritt an die Stelle des Betreuungsgerichts das Familiengericht.

(3) $_{1}$Der Vertreter hat gegen den Rechtsträger der Behörde, die um seine Bestellung ersucht hat, Anspruch auf eine angemessene Vergütung und auf die Erstattung seiner baren Auslagen. $_{2}$Die Behörde kann von dem Vertretenen Ersatz ihrer Aufwendungen verlangen. $_{3}$Sie bestimmt die Vergütung und stellt die Auslagen und Aufwendungen fest.

(4) Im Übrigen gelten für die Bestellung und für das Amt des Vertreters in den Fällen des Absatzes 1 Nr. 4 die Vorschriften über die Betreuung, in den übrigen Fällen die Vorschriften über die Pflegschaft entsprechend.

§ 16 Ausgeschlossene Personen

(1) 1In einem Verwaltungsverfahren darf für eine Behörde nicht tätig werden,

1. wer selbst Beteiligter ist,
2. wer Angehöriger eines Beteiligten ist,
3. wer einen Beteiligten kraft Gesetzes oder Vollmacht allgemein oder in diesem Verwaltungsverfahren vertritt oder als Beistand zugezogen ist,
4. wer Angehöriger einer Person ist, die einen Beteiligten in diesem Verfahren vertritt,
5. wer bei einem Beteiligten gegen Entgelt beschäftigt ist oder bei ihm als Mitglied des Vorstandes, des Aufsichtsrates oder eines gleichartigen Organs tätig ist; dies gilt nicht für den, dessen Anstellungskörperschaft Beteiligte ist, und nicht für Beschäftigte bei Betriebskrankenkassen,
6. wer außerhalb seiner amtlichen Eigenschaft in der Angelegenheit ein Gutachten abgegeben hat oder sonst tätig geworden ist.

2Dem Beteiligten steht gleich, wer durch die Tätigkeit oder durch die Entscheidung einen unmittelbaren Vorteil oder Nachteil erlangen kann. 3Dies gilt nicht, wenn der Vor- oder Nachteil nur darauf beruht, dass jemand einer Berufs- oder Bevölkerungsgruppe angehört, deren gemeinsame Interessen durch die Angelegenheit berührt werden.

(2) 1Absatz 1 gilt nicht für Wahlen zu einer ehrenamtlichen Tätigkeit und für die Abberufung von ehrenamtlich Tätigen. 2Absatz 1 Nr. 3 und 5 gilt auch nicht für das Verwaltungsverfahren auf Grund der Beziehungen zwischen Ärzten, Zahnärzten und Krankenkassen.

X

(3) Wer nach Absatz 1 ausgeschlossen ist, darf bei Gefahr im Verzug unaufschiebbare Maßnahmen treffen.

(4) 1Hält sich ein Mitglied eines Ausschusses oder Beirats für ausgeschlossen oder bestehen Zweifel, ob die Voraussetzungen des Absatzes 1 gegeben sind, ist dies dem Ausschuss oder Beirat mitzuteilen. 2Der Ausschuss oder Beirat entscheidet über den Ausschluss. 3Der Betroffene darf an dieser Entscheidung nicht mitwirken. 4Das ausgeschlossene Mitglied darf bei der weiteren Beratung und Beschlussfassung nicht zugegen sein.

(5) 1Angehörige im Sinne des Absatzes 1 Nr. 2 und 4 sind

1. der Verlobte,
2. der Ehegatte,
3. Verwandte und Verschwägerte gerader Linie,
4. Geschwister,
5. Kinder der Geschwister,
6. Ehegatten der Geschwister und Geschwister der Ehegatten,
7. Geschwister der Eltern,
8. Personen, die durch ein auf längere Dauer angelegtes Pflegeverhältnis mit häuslicher Gemeinschaft wie Eltern und Kind miteinander verbunden sind (Pflegeeltern und Pflegekinder).

2Angehörige sind die in Satz 1 aufgeführten Personen auch dann, wenn

1. in den Fällen der Nummern 2, 3 und 6 die die Beziehung begründende Ehe nicht mehr besteht,
2. in den Fällen der Nummern 3 bis 7 die Verwandtschaft oder Schwägerschaft durch Annahme als Kind erloschen ist,
3. im Falle der Nummer 8 die häusliche Gemeinschaft nicht mehr besteht, sofern die Personen weiterhin wie Eltern und Kind miteinander verbunden sind.

§ 17 Besorgnis der Befangenheit

(1) 1Liegt ein Grund vor, der geeignet ist, Misstrauen gegen eine unparteiische Amtsausübung zu rechtfertigen, oder wird von einem Beteiligten das Vorliegen eines solchen Grundes behauptet, hat, wer in einem Verwaltungsverfahren für eine Behörde tätig werden soll, den Leiter der Behörde oder den von diesem Beauftragten zu unterrichten und sich auf dessen Anordnung der Mitwirkung zu enthalten. 2Betrifft die Besorgnis der Befangenheit den Leiter der Behörde, trifft diese Anordnung die Aufsichtsbehörde, sofern sich der Behördenleiter nicht selbst einer Mitwir-

kung enthält. 3Bei den Geschäftsführern der Versicherungsträger tritt an die Stelle der Aufsichtsbehörde der Vorstand.

(2) Für Mitglieder eines Ausschusses oder Beirats gilt § 16 Abs. 4 entsprechend.

§ 18 Beginn des Verfahrens

1Die Behörde entscheidet nach pflichtgemäßem Ermessen, ob und wann sie ein Verwaltungsverfahren durchführt. 2Dies gilt nicht, wenn die Behörde auf Grund von Rechtsvorschriften

1. von Amts wegen oder auf Antrag tätig werden muss,
2. nur auf Antrag tätig werden darf und ein Antrag nicht vorliegt.

§ 19 Amtssprache

(1) 1Die Amtssprache ist deutsch. 2Hörbehinderte Menschen haben das Recht, zur Verständigung in der Amtssprache Gebärdensprache zu verwenden; Aufwendungen für Dolmetscher sind von der Behörde oder dem für die Sozialleistung zuständigen Leistungsträger zu tragen.

(2) 1Werden bei einer Behörde in einer fremden Sprache Anträge gestellt oder Eingaben, Belege, Urkunden oder sonstige Dokumente vorgelegt, soll die Behörde unverzüglich die Vorlage einer Übersetzung innerhalb einer von ihr zu setzenden angemessenen Frist verlangen, sofern sie nicht in der Lage ist, die Anträge oder Schriftstücke zu verstehen. 2In begründeten Fällen kann die Vorlage einer beglaubigten oder von einem öffentlich bestellten oder beeidigten Dolmetscher oder Übersetzer angefertigten Übersetzung verlangt werden. 3Wird die verlangte Übersetzung nicht innerhalb der gesetzten Frist vorgelegt, kann die Behörde eine Übersetzung beschaffen und hierfür Ersatz ihrer Aufwendungen in angemessenem Umfang verlangen. 4Falls die Behörde Dolmetscher oder Übersetzer herangezogen hat, erhalten sie auf Antrag in entsprechender Anwendung des Justizvergütungs- und -entschädigungsgesetzes eine Vergütung; mit Dolmetschern oder Übersetzern kann die Behörde eine Vergütung vereinbaren.

(3) Soll durch eine Anzeige, einen Antrag oder die Abgabe einer Willenserklärung eine Frist in Lauf gesetzt werden, innerhalb deren die Behörde in einer bestimmten Weise tätig werden muss, und gehen diese in einer fremden Sprache ein, beginnt der Lauf der Frist erst mit dem Zeitpunkt, in dem der Behörde eine Übersetzung vorliegt.

(4) 1Soll durch eine Anzeige, einen Antrag oder eine Willenserklärung, die in fremder Sprache eingehen, zugunsten eines Beteiligten eine Frist gegenüber der Behörde gewahrt, ein öffentlich-rechtlicher Anspruch geltend gemacht oder eine Sozialleistung begehrt werden, gelten die Anzeige, der Antrag oder die Willenserklärung als zum Zeitpunkt des Eingangs bei der Behörde abgegeben, wenn die Behörde in der Lage ist, die Anzeige, den Antrag oder die Willenserklärung zu verstehen, oder wenn innerhalb der gesetzten Frist eine Übersetzung vorgelegt wird. 2Anderenfalls ist der Zeitpunkt des Eingangs der Übersetzung maßgebend. 3Auf diese Rechtsfolge ist bei der Fristsetzung hinzuweisen.

§ 20 Untersuchungsgrundsatz

(1) 1Die Behörde ermittelt den Sachverhalt von Amts wegen. 2Sie bestimmt Art und Umfang der Ermittlungen; an das Vorbringen und an die Beweisanträge der Beteiligten ist sie nicht gebunden.

(2) Die Behörde hat alle für den Einzelfall bedeutsamen, auch die für die Beteiligten günstigen Umstände zu berücksichtigen.

(3) Die Behörde darf die Entgegennahme von Erklärungen oder Anträgen, die in ihren Zuständigkeitsbereich fallen, nicht deshalb verweigern, weil sie die Erklärung oder den Antrag in der Sache für unzulässig oder unbegründet hält.

§ 21 Beweismittel

(1) 1Die Behörde bedient sich der Beweismittel, die sie nach pflichtgemäßem Ermessen zur Ermittlung des Sachverhalts für erforderlich hält. 2Sie kann insbesondere

1. Auskünfte jeder Art, auch elektronisch und als elektronisches Dokument, einholen,

2. Beteiligte anhören, Zeugen und Sachverständige vernehmen oder die schriftliche oder elektronische Äußerung von Beteiligten, Sachverständigen und Zeugen einholen,
3. Urkunden und Akten beiziehen,
4. den Augenschein einnehmen.

$_{3}$Urkunden und Akten können auch in elektronischer Form beigezogen werden, es sei denn, durch Rechtsvorschrift ist etwas anderes bestimmt.

(2) $_{1}$Die Beteiligten sollen bei der Ermittlung des Sachverhalts mitwirken. $_{2}$Sie sollen insbesondere ihnen bekannte Tatsachen und Beweismittel angeben. $_{3}$Eine weitergehende Pflicht, bei der Ermittlung des Sachverhalts mitzuwirken, insbesondere eine Pflicht zum persönlichen Erscheinen oder zur Aussage, besteht nur, soweit sie durch Rechtsvorschrift besonders vorgesehen ist.

(3) $_{1}$Für Zeugen und Sachverständige besteht eine Pflicht zur Aussage oder zur Erstattung von Gutachten, wenn sie durch Rechtsvorschrift vorgesehen ist. $_{2}$Eine solche Pflicht besteht auch dann, wenn die Aussage oder die Erstattung von Gutachten im Rahmen von § 407 der Zivilprozessordnung zur Entscheidung über die Entstehung, Erbringung, Fortsetzung, das Ruhen, die Entziehung oder den Wegfall einer Sozialleistung sowie deren Höhe unabweisbar ist. $_{3}$Die Vorschriften der Zivilprozessordnung über das Recht, ein Zeugnis oder ein Gutachten zu verweigern, über die Ablehnung von Sachverständigen sowie über die Vernehmung von Angehörigen des öffentlichen Dienstes als Zeugen oder Sachverständige gelten entsprechend. $_{4}$Falls die Behörde Zeugen, Sachverständige und Dritte herangezogen hat, erhalten sie auf Antrag in entsprechender Anwendung des Justizvergütungs- und -entschädigungsgesetzes eine Entschädigung oder Vergütung; mit Sachverständigen kann die Behörde eine Vergütung vereinbaren.

(4) Die Finanzbehörden haben, soweit es im Verfahren nach diesem Gesetzbuch erforderlich ist, Auskunft über die ihnen bekannten Einkommens- oder Vermögensverhältnisse des Antragstellers, Leistungsempfängers, Erstattungspflichtigen, Unterhaltsverpflichteten, Unterhaltsberechtigten oder der zum Haushalt rechnenden Familienmitglieder zu erteilen.

§ 22 Vernehmung durch das Sozial- oder Verwaltungsgericht

(1) $_{1}$Verweigern Zeugen oder Sachverständige in den Fällen des § 21 Abs. 3 ohne Vorliegen eines der in den §§ 376, 383 bis 385 und 408 der Zivilprozessordnung bezeichneten Gründe die Aussage oder die Erstattung des Gutachtens, kann die Behörde je nach dem gegebenen Rechtsweg das für den Wohnsitz oder den Aufenthaltsort des Zeugen oder des Sachverständigen zuständige Sozial- oder Verwaltungsgericht um die Vernehmung ersuchen. $_{2}$Befindet sich der Wohnsitz oder der Aufenthaltsort des Zeugen oder des Sachverständigen nicht am Sitz eines Sozial- oder Verwaltungsgerichts oder einer Zweigstelle eines Sozialgerichts oder einer besonders errichteten Kammer eines Verwaltungsgerichts, kann auch das zuständige Amtsgericht um die Vernehmung ersucht werden. $_{3}$In dem Ersuchen hat die Behörde den Gegenstand der Vernehmung darzulegen sowie die Namen und Anschriften der Beteiligten anzugeben. $_{4}$Das Gericht hat die Beteiligten von den Beweisterminen zu benachrichtigen.

(2) Hält die Behörde mit Rücksicht auf die Bedeutung der Aussage eines Zeugen oder des Gutachtens eines Sachverständigen oder zur Herbeiführung einer wahrheitsgemäßen Aussage die Beeidigung für geboten, kann sie das nach Absatz 1 zuständige Gericht um die eidliche Vernehmung ersuchen.

(3) Das Gericht entscheidet über die Rechtmäßigkeit einer Verweigerung des Zeugnisses, des Gutachtens oder der Eidesleistung.

(4) Ein Ersuchen nach Absatz 1 oder 2 an das Gericht darf nur von dem Behördenleiter, seinem allgemeinen Vertreter oder einem Angehörigen des öffentlichen Dienstes gestellt werden, der die Befähigung zum Richteramt hat oder die Voraussetzungen des

§ 110 Satz 1 des Deutschen Richtergesetzes erfüllt.

§ 23 Glaubhaftmachung, Versicherung an Eides statt

(1) 1Sieht eine Rechtsvorschrift vor, dass für die Feststellung der erheblichen Tatsachen deren Glaubhaftmachung genügt, kann auch die Versicherung an Eides statt zugelassen werden. 2Eine Tatsache ist dann als glaubhaft anzusehen, wenn ihr Vorliegen nach dem Ergebnis der Ermittlungen, die sich auf sämtliche erreichbaren Beweismittel erstrecken sollen, überwiegend wahrscheinlich ist.

(2) 1Die Behörde darf bei der Ermittlung des Sachverhalts eine Versicherung an Eides statt nur verlangen und abnehmen, wenn die Abnahme der Versicherung über den betreffenden Gegenstand und in dem betreffenden Verfahren durch Gesetz oder Rechtsverordnung vorgesehen und die Behörde durch Rechtsvorschrift für zuständig erklärt worden ist. 2Eine Versicherung an Eides statt soll nur gefordert werden, wenn andere Mittel zur Erforschung der Wahrheit nicht vorhanden sind, zu keinem Ergebnis geführt haben oder einen unverhältnismäßigen Aufwand erfordern. 3Von eidesunfähigen Personen im Sinne des § 393 der Zivilprozessordnung darf eine eidesstattliche Versicherung nicht verlangt werden.

(3) 1Wird die Versicherung an Eides statt von einer Behörde zur Niederschrift aufgenommen, sind zur Aufnahme nur der Behördenleiter, sein allgemeiner Vertreter sowie Angehörige des öffentlichen Dienstes befugt, welche die Befähigung zum Richteramt haben oder die Voraussetzungen des § 110 Satz 1 des Deutschen Richtergesetzes erfüllen. 2Andere Angehörige des öffentlichen Dienstes kann der Behördenleiter oder sein allgemeiner Vertreter hierzu allgemein oder im Einzelfall schriftlich ermächtigen.

(4) 1Die Versicherung besteht darin, dass der Versichernde die Richtigkeit seiner Erklärung über den betreffenden Gegenstand bestätigt und erklärt: „Ich versichere an Eides statt, dass ich nach bestem Wissen die reine Wahrheit gesagt und nichts verschwiegen habe." 2Bevollmächtigte und Beistände sind berechtigt, an der Aufnahme der Versicherung an Eides statt teilzunehmen.

(5) 1Vor der Aufnahme der Versicherung an Eides statt ist der Versichernde über die Bedeutung der eidesstattlichen Versicherung und die strafrechtlichen Folgen einer unrichtigen oder unvollständigen eidesstattlichen Versicherung zu belehren. 2Die Belehrung ist in der Niederschrift zu vermerken.

(6) 1Die Niederschrift hat ferner die Namen der anwesenden Personen sowie den Ort und den Tag der Niederschrift zu enthalten. 2Die Niederschrift ist demjenigen, der die eidesstattliche Versicherung abgibt, zur Genehmigung vorzulesen oder auf Verlangen zur Durchsicht vorzulegen. 3Die erteilte Genehmigung ist zu vermerken und von dem Versichernden zu unterschreiben. 4Die Niederschrift ist sodann von demjenigen, der die Versicherung an Eides statt aufgenommen hat, sowie von dem Schriftführer zu unterschreiben.

§ 24 Anhörung Beteiligter

(1) Bevor ein Verwaltungsakt erlassen wird, der in Rechte eines Beteiligten eingreift, ist diesem Gelegenheit zu geben, sich zu den für die Entscheidung erheblichen Tatsachen zu äußern.

(2) Von der Anhörung kann abgesehen werden, wenn

1. eine sofortige Entscheidung wegen Gefahr im Verzug oder im öffentlichen Interesse notwendig erscheint,
2. durch die Anhörung die Einhaltung einer für die Entscheidung maßgeblichen Frist in Frage gestellt würde,
3. von den tatsächlichen Angaben eines Beteiligten, die dieser in einem Antrag oder einer Erklärung gemacht hat, nicht zu seinen Ungunsten abgewichen werden soll,
4. Allgemeinverfügungen oder gleichartige Verwaltungsakte in größerer Zahl erlassen werden sollen,
5. einkommensabhängige Leistungen den geänderten Verhältnissen angepasst werden sollen,

6. Maßnahmen in der Verwaltungsvollstreckung getroffen werden sollen oder
7. gegen Ansprüche oder mit Ansprüchen von weniger als 70 Euro aufgerechnet oder verrechnet werden soll; Nummer 5 bleibt unberührt.

§ 25 Akteneinsicht durch Beteiligte

(1) 1Die Behörde hat den Beteiligten Einsicht in die das Verfahren betreffenden Akten zu gestatten, soweit deren Kenntnis zur Geltendmachung oder Verteidigung ihrer rechtlichen Interessen erforderlich ist. 2Satz 1 gilt bis zum Abschluss des Verwaltungsverfahrens nicht für Entwürfe zu Entscheidungen sowie die Arbeiten zu ihrer unmittelbaren Vorbereitung.

(2) 1Soweit die Akten Angaben über gesundheitliche Verhältnisse eines Beteiligten enthalten, kann die Behörde statt dessen den Inhalt der Akten dem Beteiligten durch einen Arzt vermitteln lassen. 2Sie soll den Inhalt der Akten durch einen Arzt vermitteln lassen, soweit zu befürchten ist, dass die Akteneinsicht dem Beteiligten einen unverhältnismäßigen Nachteil, insbesondere an der Gesundheit, zufügen würde. 3Soweit die Akten Angaben enthalten, die die Entwicklung und Entfaltung der Persönlichkeit des Beteiligten beeinträchtigen können, gelten die Sätze 1 und 2 mit der Maßgabe entsprechend, dass der Inhalt der Akten auch durch einen Bediensteten der Behörde vermittelt werden kann, der durch Vorbildung sowie Lebens- und Berufserfahrung dazu geeignet und befähigt ist. 4Das Recht nach Absatz 1 wird nicht beschränkt.

(3) Die Behörde ist zur Gestattung der Akteneinsicht nicht verpflichtet, soweit die Vorgänge wegen der berechtigten Interessen der Beteiligten oder dritter Personen geheim gehalten werden müssen.

(4) 1Die Akteneinsicht erfolgt bei der Behörde, die die Akten führt. 2Im Einzelfall kann die Einsicht auch bei einer anderen Behörde oder bei einer diplomatischen oder berufskonsularischen Vertretung der Bundesrepublik Deutschland im Ausland erfolgen; weitere Ausnahmen kann die Behörde, die die Akten führt, gestatten.

(5) 1Soweit die Akteneinsicht zu gestatten ist, können die Beteiligten Auszüge oder Abschriften selbst fertigen oder sich Ablichtungen durch die Behörde erteilen lassen. 2Soweit die Akteneinsicht in eine elektronische Akte zu gestatten ist, kann die Behörde Akteneinsicht gewähren, indem sie Unterlagen ganz oder teilweise ausdruckt, elektronische Dokumente auf einem Bildschirm wiedergibt, elektronische Dokumente zur Verfügung stellt oder den elektronischen Zugriff auf den Inhalt der Akte gestattet. 3Die Behörde kann Ersatz ihrer Aufwendungen in angemessenem Umfang verlangen.

Zweiter Titel
Fristen, Termine, Wiedereinsetzung

§ 26 Fristen und Termine

(1) Für die Berechnung von Fristen und für die Bestimmung von Terminen gelten die §§ 187 bis 193 des Bürgerlichen Gesetzbuches entsprechend, soweit nicht durch die Absätze 2 bis 5 etwas anderes bestimmt ist.

(2) Der Lauf einer Frist, die von einer Behörde gesetzt wird, beginnt mit dem Tag, der auf die Bekanntgabe der Frist folgt, außer wenn dem Betroffenen etwas anderes mitgeteilt wird.

(3) 1Fällt das Ende einer Frist auf einen Sonntag, einen gesetzlichen Feiertag oder einen Sonnabend, endet die Frist mit dem Ablauf des nächstfolgenden Werktages. 2Dies gilt nicht, wenn dem Betroffenen unter Hinweis auf diese Vorschrift ein bestimmter Tag als Ende der Frist mitgeteilt worden ist.

(4) Hat eine Behörde Leistungen nur für einen bestimmten Zeitraum zu erbringen, endet dieser Zeitraum auch dann mit dem Ablauf seines letzten Tages, wenn dieser auf einen Sonntag, einen gesetzlichen Feiertag oder einen Sonnabend fällt.

(5) Der von einer Behörde gesetzte Termin ist auch dann einzuhalten, wenn er auf einen Sonntag, gesetzlichen Feiertag oder Sonnabend fällt.

(6) Ist eine Frist nach Stunden bestimmt, werden Sonntage, gesetzliche Feiertage oder Sonnabende mitgerechnet.

(7) $_1$Fristen, die von einer Behörde gesetzt sind, können verlängert werden. $_2$Sind solche Fristen bereits abgelaufen, können sie rückwirkend verlängert werden, insbesondere wenn es unbillig wäre, die durch den Fristablauf eingetretenen Rechtsfolgen bestehen zu lassen. $_3$Die Behörde kann die Verlängerung der Frist nach § 32 mit einer Nebenbestimmung verbinden.

§ 27 Wiedereinsetzung in den vorigen Stand

(1) $_1$War jemand ohne Verschulden verhindert, eine gesetzliche Frist einzuhalten, ist ihm auf Antrag Wiedereinsetzung in den vorigen Stand zu gewähren. $_2$Das Verschulden eines Vertreters ist dem Vertretenen zuzurechnen.

(2) $_1$Der Antrag ist innerhalb von zwei Wochen nach Wegfall des Hindernisses zu stellen. $_2$Die Tatsachen zur Begründung des Antrages sind bei der Antragstellung oder im Verfahren über den Antrag glaubhaft zu machen. $_3$Innerhalb der Antragsfrist ist die versäumte Handlung nachzuholen. $_4$Ist dies geschehen, kann Wiedereinsetzung auch ohne Antrag gewährt werden.

(3) Nach einem Jahr seit dem Ende der versäumten Frist kann die Wiedereinsetzung nicht mehr beantragt oder die versäumte Handlung nicht mehr nachgeholt werden, außer wenn dies vor Ablauf der Jahresfrist infolge höherer Gewalt unmöglich war.

(4) Über den Antrag auf Wiedereinsetzung entscheidet die Behörde, die über die versäumte Handlung zu befinden hat.

(5) Die Wiedereinsetzung ist unzulässig, wenn sich aus einer Rechtsvorschrift ergibt, dass sie ausgeschlossen ist.

§ 28 Wiederholte Antragstellung

$_1$Hat ein Leistungsberechtigter von der Stellung eines Antrages auf eine Sozialleistung abgesehen, weil ein Anspruch auf eine andere Sozialleistung geltend gemacht worden ist, und wird diese Leistung versagt oder ist sie zu erstatten, wirkt der nunmehr nachgeholte Antrag bis zu einem Jahr zurück, wenn er innerhalb von sechs Monaten nach Ablauf des Monats gestellt ist, in dem die Ablehnung oder Erstattung der anderen Leistung bindend geworden ist. $_2$Satz 1 gilt auch dann, wenn der rechtzeitige Antrag auf eine andere Leistung aus Unkenntnis über deren Anspruchsvoraussetzung unterlassen wurde und die zweite Leistung gegenüber der ersten Leistung, wenn diese erbracht worden wäre, nachrangig gewesen wäre.

Dritter Titel
Amtliche Beglaubigung

§ 29 Beglaubigung von Dokumenten

(1) $_1$Jede Behörde ist befugt, Abschriften von Urkunden, die sie selbst ausgestellt hat, zu beglaubigen. $_2$Darüber hinaus sind die von der Bundesregierung durch Rechtsverordnung bestimmten Behörden des Bundes, der bundesunmittelbaren Körperschaften, Anstalten und Stiftungen des öffentlichen Rechts und die nach Landesrecht zuständigen Behörden befugt, Abschriften zu beglaubigen, wenn die Urschrift von einer Behörde ausgestellt ist oder die Abschrift zur Vorlage bei einer Behörde benötigt wird, sofern nicht durch Rechtsvorschrift die Erteilung beglaubigter Abschriften aus amtlichen Registern und Archiven anderen Behörden ausschließlich vorbehalten ist; die Rechtsverordnung bedarf nicht der Zustimmung des Bundesrates.

(2) Abschriften dürfen nicht beglaubigt werden, wenn Umstände zu der Annahme berechtigen, dass der ursprüngliche Inhalt des Schriftstückes, dessen Abschrift beglaubigt werden soll, geändert worden ist, insbesondere wenn dieses Schriftstück Lücken, Durchstreichungen, Einschaltungen, Änderungen, unleserliche Wörter, Zahlen oder Zeichen, Spuren der Beseitigung von Wörtern, Zahlen und Zeichen enthält oder wenn der Zusammenhang eines aus mehreren Blättern bestehenden Schriftstückes aufgehoben ist.

(3) $_1$Eine Abschrift wird beglaubigt durch einen Beglaubigungsvermerk, der unter die

Abschrift zu setzen ist. ₂Der Vermerk muss enthalten

1. die genaue Bezeichnung des Schriftstückes, dessen Abschrift beglaubigt wird,
2. die Feststellung, dass die beglaubigte Abschrift mit dem vorgelegten Schriftstück übereinstimmt,
3. den Hinweis, dass die beglaubigte Abschrift nur zur Vorlage bei der angegebenen Behörde erteilt wird, wenn die Urschrift nicht von einer Behörde ausgestellt worden ist,
4. den Ort und den Tag der Beglaubigung, die Unterschrift des für die Beglaubigung zuständigen Bediensteten und das Dienstsiegel.

(4) Die Absätze 1 bis 3 gelten entsprechend für die Beglaubigung von

1. Ablichtungen, Lichtdrucken und ähnlichen in technischen Verfahren hergestellten Vervielfältigungen,
2. auf fototechnischem Wege von Schriftstücken hergestellten Negativen, die bei einer Behörde aufbewahrt werden,
3. Ausdrucken elektronischer Dokumente,
4. elektronischen Dokumenten,
   a) die zur Abbildung eines Schriftstücks hergestellt wurden,
   b) die ein anderes technisches Format als das mit einer qualifizierten elektronischen Signatur verbundene Ausgangsdokument erhalten haben.

(5) ₁Der Beglaubigungsvermerk muss zusätzlich zu den Angaben nach Absatz 3 Satz 2 bei der Beglaubigung

1. des Ausdrucks eines elektronischen Dokuments, das mit einer qualifizierten elektronischen Signatur verbunden ist, die Feststellungen enthalten,
   a) wen die Signaturprüfung als Inhaber der Signatur ausweist,
   b) welchen Zeitpunkt die Signaturprüfung für die Anbringung der Signatur ausweist und
   c) welche Zertifikate mit welchen Daten dieser Signatur zugrunde lagen;
2. eines elektronischen Dokuments den Namen des für die Beglaubigung zuständigen Bediensteten und die Bezeichnung der Behörde, die die Beglaubigung vornimmt, enthalten; die Unterschrift des für die Beglaubigung zuständigen Bediensteten und das Dienstsiegel nach Absatz 3 Satz 2 Nr. 4 werden durch eine dauerhaft überprüfbare qualifizierte elektronische Signatur ersetzt.

₂Wird ein elektronisches Dokument, das ein anderes technisches Format als das mit einer qualifizierten elektronischen Signatur verbundene Ausgangsdokument erhalten hat, nach Satz 1 Nr. 2 beglaubigt, muss der Beglaubigungsvermerk zusätzlich die Feststellungen nach Satz 1 Nr. 1 für das Ausgangsdokument enthalten.

(6) Die nach Absatz 4 hergestellten Dokumente stehen, sofern sie beglaubigt sind, beglaubigten Abschriften gleich.

(7) Soweit eine Behörde über die technischen Möglichkeiten verfügt, kann sie von Urkunden, die sie selbst ausgestellt hat, auf Verlangen ein elektronisches Dokument nach Absatz 4 Nummer 4 Buchstabe a oder eine elektronische Abschrift fertigen und beglaubigen.

§ 30 Beglaubigung von Unterschriften

(1) ₁Die von der Bundesregierung durch Rechtsverordnung bestimmten Behörden des Bundes, der bundesunmittelbaren Körperschaften, Anstalten und Stiftungen des öffentlichen Rechts und die nach Landesrecht zuständigen Behörden sind befugt, Unterschriften zu beglaubigen, wenn das unterzeichnete Schriftstück zur Vorlage bei einer Behörde oder bei einer sonstigen Stelle, der auf Grund einer Rechtsvorschrift das unterzeichnete Schriftstück vorzulegen ist, benötigt wird. ₂Dies gilt nicht für

1. Unterschriften ohne zugehörigen Text,
2. Unterschriften, die der öffentlichen Beglaubigung (§ 129 des Bürgerlichen Gesetzbuches) bedürfen.

(2) Eine Unterschrift soll nur beglaubigt werden, wenn sie in Gegenwart des beglaubi-

genden Bediensteten vollzogen oder anerkannt wird.

(3) 1Der Beglaubigungsvermerk ist unmittelbar bei der Unterschrift, die beglaubigt werden soll, anzubringen. 2Er muss enthalten

1. die Bestätigung, dass die Unterschrift echt ist,
2. die genaue Bezeichnung desjenigen, dessen Unterschrift beglaubigt wird, sowie die Angabe, ob sich der für die Beglaubigung zuständige Bedienstete Gewissheit über diese Person verschafft hat und ob die Unterschrift in seiner Gegenwart vollzogen oder anerkannt worden ist,
3. den Hinweis, dass die Beglaubigung nur zur Vorlage bei der angegebenen Behörde oder Stelle bestimmt ist,
4. den Ort und den Tag der Beglaubigung, die Unterschrift des für die Beglaubigung zuständigen Bediensteten und das Dienstsiegel.

(4) Die Absätze 1 bis 3 gelten für die Beglaubigung von Handzeichen entsprechend.

(5) Die Rechtsverordnungen nach den Absätzen 1 und 4 bedürfen nicht der Zustimmung des Bundesrates.

Dritter Abschnitt Verwaltungsakt

Erster Titel Zustandekommen des Verwaltungsaktes

§ 31 Begriff des Verwaltungsaktes

1Verwaltungsakt ist jede Verfügung, Entscheidung oder andere hoheitliche Maßnahme, die eine Behörde zur Regelung eines Einzelfalles auf dem Gebiet des öffentlichen Rechts trifft und die auf unmittelbare Rechtswirkung nach außen gerichtet ist. 2Allgemeinverfügung ist ein Verwaltungsakt, der sich an einen nach allgemeinen Merkmalen bestimmten oder bestimmbaren Personenkreis richtet oder die öffentlich-rechtliche Eigenschaft einer Sache oder ihre Benutzung durch die Allgemeinheit betrifft.

§ 32 Nebenbestimmungen zum Verwaltungsakt

(1) Ein Verwaltungsakt, auf den ein Anspruch besteht, darf mit einer Nebenbestimmung nur versehen werden, wenn sie durch Rechtsvorschrift zugelassen ist oder wenn sie sicherstellen soll, dass die gesetzlichen Voraussetzungen des Verwaltungsaktes erfüllt werden.

(2) Unbeschadet des Absatzes 1 darf ein Verwaltungsakt nach pflichtgemäßem Ermessen erlassen werden mit

1. einer Bestimmung, nach der eine Vergünstigung oder Belastung zu einem bestimmten Zeitpunkt beginnt, endet oder für einen bestimmten Zeitraum gilt (Befristung),
2. einer Bestimmung, nach der der Eintritt oder der Wegfall einer Vergünstigung oder eine Belastung von dem ungewissen Eintritt eines zukünftigen Ereignisses abhängt (Bedingung),
3. einem Vorbehalt des Widerrufs

oder verbunden werden mit

4. einer Bestimmung, durch die dem Begünstigten ein Tun, Dulden oder Unterlassen vorgeschrieben wird (Auflage),
5. einem Vorbehalt der nachträglichen Aufnahme, Änderung oder Ergänzung einer Auflage.

(3) Eine Nebenbestimmung darf dem Zweck des Verwaltungsaktes nicht zuwiderlaufen.

§ 33 Bestimmtheit und Form des Verwaltungsaktes

(1) Ein Verwaltungsakt muss inhaltlich hinreichend bestimmt sein.

(2) 1Ein Verwaltungsakt kann schriftlich, elektronisch, mündlich oder in anderer Weise erlassen werden. 2Ein mündlicher Verwaltungsakt ist schriftlich oder elektronisch zu bestätigen, wenn hieran ein berechtigtes Interesse besteht und der Betroffene dies unverzüglich verlangt. 3Ein elektronischer Verwaltungsakt ist unter denselben Voraussetzungen schriftlich zu bestätigen; § 36a Abs. 2 des Ersten Buches findet insoweit keine Anwendung.

(3) 1Ein schriftlicher oder elektronischer Verwaltungsakt muss die erlassende Behörde erkennen lassen und die Unterschrift oder die Namenswiedergabe des Behördenleiters, seines Vertreters oder seines Beauftragten enthalten. 2Wird für einen Verwaltungsakt, für den durch Rechtsvorschrift die Schriftform angeordnet ist, die elektronische Form verwendet, muss auch das der Signatur zugrunde liegende qualifizierte Zertifikat oder ein zugehöriges qualifiziertes Attributzertifikat die erlassende Behörde erkennen lassen. 3Im Fall des § 36a Absatz 2 Satz 4 Nummer 3 des Ersten Buches muss die Bestätigung nach § 5 Absatz 5 des De-Mail-Gesetzes die erlassende Behörde als Nutzer des De-Mail-Kontos erkennen lassen.

(4) Für einen Verwaltungsakt kann für die nach § 36a Abs. 2 des Ersten Buches erforderliche Signatur durch Rechtsvorschrift die dauerhafte Überprüfbarkeit vorgeschrieben werden.

(5) 1Bei einem Verwaltungsakt, der mit Hilfe automatischer Einrichtungen erlassen wird, können abweichend von Absatz 3 Satz 1 Unterschrift und Namenswiedergabe fehlen; bei einem elektronischen Verwaltungsakt muss auch das der Signatur zugrunde liegende Zertifikat nur die erlassende Behörde erkennen lassen. 2Zur Inhaltsangabe können Schlüsselzeichen verwendet werden, wenn derjenige, für den der Verwaltungsakt bestimmt ist oder der von ihm betroffen wird, auf Grund der dazu gegebenen Erläuterungen den Inhalt des Verwaltungsaktes eindeutig erkennen kann.

§ 34 Zusicherung

X

(1) 1Eine von der zuständigen Behörde erteilte Zusage, einen bestimmten Verwaltungsakt später zu erlassen oder zu unterlassen (Zusicherung), bedarf zu ihrer Wirksamkeit der schriftlichen Form. 2Ist vor dem Erlass des zugesicherten Verwaltungsaktes die Anhörung Beteiligter oder die Mitwirkung einer anderen Behörde oder eines Ausschusses auf Grund einer Rechtsvorschrift erforderlich, darf die Zusicherung erst nach Anhörung der Beteiligten oder nach Mitwirkung dieser Behörde oder des Ausschusses gegeben werden.

(2) Auf die Unwirksamkeit der Zusicherung finden, unbeschadet des Absatzes 1 Satz 1, § 40, auf die Heilung von Mängeln bei der Anhörung Beteiligter und der Mitwirkung anderer Behörden oder Ausschüsse § 41 Abs. 1 Nr. 3 bis 6 sowie Abs. 2, auf die Rücknahme §§ 44 und 45, auf den Widerruf, unbeschadet des Absatzes 3, §§ 46 und 47 entsprechende Anwendung.

(3) Ändert sich nach Abgabe der Zusicherung die Sach- oder Rechtslage derart, dass die Behörde bei Kenntnis der nachträglich eingetretenen Änderung die Zusicherung nicht gegeben hätte oder aus rechtlichen Gründen nicht hätte geben dürfen, ist die Behörde an die Zusicherung nicht mehr gebunden.

§ 35 Begründung des Verwaltungsaktes

(1) 1Ein schriftlicher oder elektronischer sowie ein schriftlich oder elektronisch bestätigter Verwaltungsakt ist mit einer Begründung zu versehen. 2In der Begründung sind die wesentlichen tatsächlichen und rechtlichen Gründe mitzuteilen, die die Behörde zu ihrer Entscheidung bewogen haben. 3Die Begründung von Ermessensentscheidungen muss auch die Gesichtspunkte erkennen lassen, von denen die Behörde bei der Ausübung ihres Ermessens ausgegangen ist.

(2) Einer Begründung bedarf es nicht,

1. soweit die Behörde einem Antrag entspricht oder einer Erklärung folgt und der Verwaltungsakt nicht in Rechte eines anderen eingreift,
2. soweit demjenigen, für den der Verwaltungsakt bestimmt ist oder der von ihm betroffen wird, die Auffassung der Behörde über die Sach- und Rechtslage bereits bekannt oder auch ohne Begründung für ihn ohne weiteres erkennbar ist,
3. wenn die Behörde gleichartige Verwaltungsakte in größerer Zahl oder Verwaltungsakte mit Hilfe automatischer Einrichtungen erlässt und die Begründung nach den Umständen des Einzelfalles nicht geboten ist,

4. wenn sich dies aus einer Rechtsvorschrift ergibt,
5. wenn eine Allgemeinverfügung öffentlich bekannt gegeben wird.

(3) In den Fällen des Absatzes 2 Nr. 1 bis 3 ist der Verwaltungsakt schriftlich oder elektronisch zu begründen, wenn der Beteiligte, dem der Verwaltungsakt bekannt gegeben ist, es innerhalb eines Jahres seit Bekanntgabe verlangt.

§ 36 Rechtsbehelfsbelehrung

Erlässt die Behörde einen schriftlichen Verwaltungsakt oder bestätigt sie schriftlich einen Verwaltungsakt, ist der durch ihn beschwerte Beteiligte über den Rechtsbehelf und die Behörde oder das Gericht, bei denen der Rechtsbehelf anzubringen ist, deren Sitz, die einzuhaltende Frist und die Form schriftlich zu belehren.

§ 37 Bekanntgabe des Verwaltungsaktes

(1) $_{1}$Ein Verwaltungsakt ist demjenigen Beteiligten bekannt zu geben, für den er bestimmt ist oder der von ihm betroffen wird. $_{2}$Ist ein Bevollmächtigter bestellt, kann die Bekanntgabe ihm gegenüber vorgenommen werden.

(2) $_{1}$Ein schriftlicher Verwaltungsakt, der im Inland durch die Post übermittelt wird, gilt am dritten Tag nach der Aufgabe zur Post als bekannt gegeben. $_{2}$Ein Verwaltungsakt, der im Inland oder Ausland elektronisch übermittelt wird, gilt am dritten Tag nach der Absendung als bekannt gegeben. $_{3}$Dies gilt nicht, wenn der Verwaltungsakt nicht oder zu einem späteren Zeitpunkt zugegangen ist; im Zweifel hat die Behörde den Zugang des Verwaltungsaktes und den Zeitpunkt des Zugangs nachzuweisen.

(3) $_{1}$Ein Verwaltungsakt darf öffentlich bekannt gegeben werden, wenn dies durch Rechtsvorschrift zugelassen ist. $_{2}$Eine Allgemeinverfügung darf auch dann öffentlich bekannt gegeben werden, wenn eine Bekanntgabe an die Beteiligten untunlich ist.

(4) $_{1}$Die öffentliche Bekanntgabe eines schriftlichen oder elektronischen Verwaltungsaktes wird dadurch bewirkt, dass sein verfügender Teil in der jeweils vorgeschriebenen Weise entweder ortsüblich oder in der sonst für amtliche Veröffentlichungen vorgeschriebenen Art bekannt gemacht wird. $_{2}$In der Bekanntmachung ist anzugeben, wo der Verwaltungsakt und seine Begründung eingesehen werden können. $_{3}$Der Verwaltungsakt gilt zwei Wochen nach der Bekanntmachung als bekannt gegeben. $_{4}$In einer Allgemeinverfügung kann ein hiervon abweichender Tag, jedoch frühestens der auf die Bekanntmachung folgende Tag bestimmt werden.

(5) Vorschriften über die Bekanntgabe eines Verwaltungsaktes mittels Zustellung bleiben unberührt.

§ 38 Offenbare Unrichtigkeit im Verwaltungsakt

$_{1}$Die Behörde kann Schreibfehler, Rechenfehler und ähnliche offenbare Unrichtigkeiten in einem Verwaltungsakt jederzeit berichtigen. $_{2}$Bei berechtigtem Interesse des Beteiligten ist zu berichtigen. $_{3}$Die Behörde ist berechtigt, die Vorlage des Dokumentes zu verlangen, das berichtigt werden soll.

Zweiter Titel
Bestandskraft des Verwaltungsaktes

§ 39 Wirksamkeit des Verwaltungsaktes

(1) $_{1}$Ein Verwaltungsakt wird gegenüber demjenigen, für den er bestimmt ist oder der von ihm betroffen wird, in dem Zeitpunkt wirksam, in dem er ihm bekannt gegeben wird. $_{2}$Der Verwaltungsakt wird mit dem Inhalt wirksam, mit dem er bekannt gegeben wird.

(2) Ein Verwaltungsakt bleibt wirksam, solange und soweit er nicht zurückgenommen, widerrufen, anderweitig aufgehoben oder durch Zeitablauf oder auf andere Weise erledigt ist.

(3) Ein nichtiger Verwaltungsakt ist unwirksam.

§ 40 Nichtigkeit des Verwaltungsaktes

(1) Ein Verwaltungsakt ist nichtig, soweit er an einem besonders schwerwiegenden Fehler leidet und dies bei verständiger Würdigung aller in Betracht kommenden Umstände offensichtlich ist.

(2) Ohne Rücksicht auf das Vorliegen der Voraussetzungen des Absatzes 1 ist ein Verwaltungsakt nichtig,

1. der schriftlich oder elektronisch erlassen worden ist, die erlassende Behörde aber nicht erkennen lässt,
2. der nach einer Rechtsvorschrift nur durch die Aushändigung einer Urkunde erlassen werden kann, aber dieser Form nicht genügt,
3. den aus tatsächlichen Gründen niemand ausführen kann,
4. der die Begehung einer rechtswidrigen Tat verlangt, die einen Straf- oder Bußgeldtatbestand verwirklicht,
5. der gegen die guten Sitten verstößt.

(3) Ein Verwaltungsakt ist nicht schon deshalb nichtig, weil

1. Vorschriften über die örtliche Zuständigkeit nicht eingehalten worden sind,
2. eine nach § 16 Abs. 1 Satz 1 Nr. 2 bis 6 ausgeschlossene Person mitgewirkt hat,
3. ein durch Rechtsvorschrift zur Mitwirkung berufener Ausschuss den für den Erlass des Verwaltungsaktes vorgeschriebenen Beschluss nicht gefasst hat oder nicht beschlussfähig war,
4. die nach einer Rechtsvorschrift erforderliche Mitwirkung einer anderen Behörde unterblieben ist.

(4) Betrifft die Nichtigkeit nur einen Teil des Verwaltungsaktes, ist er im Ganzen nichtig, wenn der nichtige Teil so wesentlich ist, dass die Behörde den Verwaltungsakt ohne den nichtigen Teil nicht erlassen hätte.

(5) Die Behörde kann die Nichtigkeit jederzeit von Amts wegen feststellen; auf Antrag ist sie festzustellen, wenn der Antragsteller hieran ein berechtigtes Interesse hat.

§ 41 Heilung von Verfahrens- und Formfehlern

(1) Eine Verletzung von Verfahrens- oder Formvorschriften, die nicht den Verwaltungsakt nach § 40 nichtig macht, ist unbeachtlich, wenn

1. der für den Erlass des Verwaltungsaktes erforderliche Antrag nachträglich gestellt wird,
2. die erforderliche Begründung nachträglich gegeben wird,
3. die erforderliche Anhörung eines Beteiligten nachgeholt wird,
4. der Beschluss eines Ausschusses, dessen Mitwirkung für den Erlass des Verwaltungsaktes erforderlich ist, nachträglich gefasst wird,
5. die erforderliche Mitwirkung einer anderen Behörde nachgeholt wird,
6. die erforderliche Hinzuziehung eines Beteiligten nachgeholt wird.

(2) Handlungen nach Absatz 1 Nr. 2 bis 6 können bis zur letzten Tatsacheninstanz eines sozial- oder verwaltungsgerichtlichen Verfahrens nachgeholt werden.

(3) $_1$Fehlt einem Verwaltungsakt die erforderliche Begründung oder ist die erforderliche Anhörung eines Beteiligten vor Erlass des Verwaltungsaktes unterblieben und ist dadurch die rechtzeitige Anfechtung des Verwaltungsaktes versäumt worden, gilt die Versäumung der Rechtsbehelfsfrist als nicht verschuldet. $_2$Das für die Wiedereinsetzungsfrist maßgebende Ereignis tritt im Zeitpunkt der Nachholung der unterlassenen Verfahrenshandlung ein.

§ 42 Folgen von Verfahrens- und Formfehlern

$_1$Die Aufhebung eines Verwaltungsaktes, der nicht nach § 40 nichtig ist, kann nicht allein deshalb beansprucht werden, weil er unter Verletzung von Vorschriften über das Verfahren, die Form oder die örtliche Zuständigkeit zustande gekommen ist, wenn offensichtlich ist, dass die Verletzung die Entscheidung in der Sache nicht beeinflusst hat. $_2$Satz 1 gilt nicht, wenn die erforderliche Anhörung unterblieben oder nicht wirksam nachgeholt ist.

§ 43 Umdeutung eines fehlerhaften Verwaltungsaktes

(1) Ein fehlerhafter Verwaltungsakt kann in einen anderen Verwaltungsakt umgedeutet werden, wenn er auf das gleiche Ziel gerichtet ist, von der erlassenden Behörde in der geschehenen Verfahrensweise und Form rechtmäßig hätte erlassen werden können und wenn die Voraussetzungen für dessen Erlass erfüllt sind.

(2) $_1$Absatz 1 gilt nicht, wenn der Verwaltungsakt, in den der fehlerhafte Verwaltungsakt umzudeuten wäre, der erkennbaren Absicht der erlassenden Behörde widerspräche oder seine Rechtsfolgen für den Betroffenen ungünstiger wären als die des fehlerhaften Verwaltungsaktes. $_2$Eine Umdeutung ist ferner unzulässig, wenn der fehlerhafte Verwaltungsakt nicht zurückgenommen werden dürfte.

(3) Eine Entscheidung, die nur als gesetzlich gebundene Entscheidung ergehen kann, kann nicht in eine Ermessensentscheidung umgedeutet werden.

(4) § 24 ist entsprechend anzuwenden.

§ 44 Rücknahme eines rechtswidrigen nicht begünstigenden Verwaltungsaktes

(1) $_1$Soweit sich im Einzelfall ergibt, dass bei Erlass eines Verwaltungsaktes das Recht unrichtig angewandt oder von einem Sachverhalt ausgegangen worden ist, der sich als unrichtig erweist, und soweit deshalb Sozialleistungen zu Unrecht nicht erbracht oder Beiträge zu Unrecht erhoben worden sind, ist der Verwaltungsakt, auch nachdem er unanfechtbar geworden ist, mit Wirkung für die Vergangenheit zurückzunehmen. $_2$Dies gilt nicht, wenn der Verwaltungsakt auf Angaben beruht, die der Betroffene vorsätzlich in wesentlicher Beziehung unrichtig oder unvollständig gemacht hat.

(2) $_1$Im Übrigen ist ein rechtswidriger nicht begünstigender Verwaltungsakt, auch nachdem er unanfechtbar geworden ist, ganz oder teilweise mit Wirkung für die Zukunft zurückzunehmen. $_2$Er kann auch für die Vergangenheit zurückgenommen werden.

(3) Über die Rücknahme entscheidet nach Unanfechtbarkeit des Verwaltungsaktes die zuständige Behörde; dies gilt auch dann, wenn der zurückzunehmende Verwaltungsakt von einer anderen Behörde erlassen worden ist.

(4) $_1$Ist ein Verwaltungsakt mit Wirkung für die Vergangenheit zurückgenommen worden, werden Sozialleistungen nach den Vorschriften der besonderen Teile dieses Gesetzbuches längstens für einen Zeitraum bis zu vier Jahren vor der Rücknahme erbracht. $_2$Dabei wird der Zeitpunkt der Rücknahme von Beginn des Jahres an gerechnet, in dem der Verwaltungsakt zurückgenommen wird. $_3$Erfolgt die Rücknahme auf Antrag, tritt bei der Berechnung des Zeitraums, für den rückwirkend Leistungen zu erbringen sind, anstelle der Rücknahme der Antrag.

§ 45 Rücknahme eines rechtswidrigen begünstigenden Verwaltungsaktes

(1) Soweit ein Verwaltungsakt, der ein Recht oder einen rechtlich erheblichen Vorteil begründet oder bestätigt hat (begünstigender Verwaltungsakt), rechtswidrig ist, darf er, auch nachdem er unanfechtbar geworden ist, nur unter den Einschränkungen der Absätze 2 bis 4 ganz oder teilweise mit Wirkung für die Zukunft oder für die Vergangenheit zurückgenommen werden.

(2) $_1$Ein rechtswidriger begünstigender Verwaltungsakt darf nicht zurückgenommen werden, soweit der Begünstigte auf den Bestand des Verwaltungsaktes vertraut hat und sein Vertrauen unter Abwägung mit dem öffentlichen Interesse an einer Rücknahme schutzwürdig ist. $_2$Das Vertrauen ist in der Regel schutzwürdig, wenn der Begünstigte erbrachte Leistungen verbraucht oder eine Vermögensdisposition getroffen hat, die er nicht mehr oder nur unter unzumutbaren Nachteilen rückgängig machen kann. $_3$Auf Vertrauen kann sich der Begünstigte nicht berufen, soweit

1. er den Verwaltungsakt durch arglistige Täuschung, Drohung oder Bestechung erwirkt hat,
2. der Verwaltungsakt auf Angaben beruht, die der Begünstigte vorsätzlich oder grob fahrlässig in wesentlicher Beziehung unrichtig oder unvollständig gemacht hat, oder
3. er die Rechtswidrigkeit des Verwaltungsaktes kannte oder infolge grober Fahrlässigkeit nicht kannte; grobe Fahrlässigkeit liegt vor, wenn der Begünstigte die erforderliche Sorgfalt in besonders schwerem Maße verletzt hat.

(3) $_1$Ein rechtswidriger begünstigender Verwaltungsakt mit Dauerwirkung kann nach Absatz 2 nur bis zum Ablauf von zwei Jahren nach seiner Bekanntgabe zurückgenommen werden. $_2$Satz 1 gilt nicht, wenn Wiederaufnahmegründe entsprechend § 580 der Zivilprozessordnung vorliegen. $_3$Bis zum Ablauf von zehn Jahren nach seiner Bekanntgabe kann ein rechtswidriger begünstigender Verwaltungsakt mit Dauerwirkung nach Absatz 2 zurückgenommen werden, wenn

1. die Voraussetzungen des Absatzes 2 Satz 3 Nr. 2 oder 3 gegeben sind oder
2. der Verwaltungsakt mit einem zulässigen Vorbehalt des Widerrufs erlassen wurde.

$_4$In den Fällen des Satzes 3 kann ein Verwaltungsakt über eine laufende Geldleistung auch nach Ablauf der Frist von zehn Jahren zurückgenommen werden, wenn diese Geldleistung mindestens bis zum Beginn des Verwaltungsverfahrens über die Rücknahme gezahlt wurde. $_5$War die Frist von zehn Jahren am 15. April 1998 bereits abgelaufen, gilt Satz 4 mit der Maßgabe, dass der Verwaltungsakt nur mit Wirkung für die Zukunft aufgehoben wird.

(4) $_1$Nur in den Fällen von Absatz 2 Satz 3 und Absatz 3 Satz 2 wird der Verwaltungsakt mit Wirkung für die Vergangenheit zurückgenommen. $_2$Die Behörde muss dies innerhalb eines Jahres seit Kenntnis der Tatsachen tun, welche die Rücknahme eines rechtswidrigen begünstigenden Verwaltungsaktes für die Vergangenheit rechtfertigen.

(5) § 44 Abs. 3 gilt entsprechend.

§ 46 Widerruf eines rechtmäßigen nicht begünstigenden Verwaltungsaktes

(1) Ein rechtmäßiger nicht begünstigender Verwaltungsakt kann, auch nachdem er unanfechtbar geworden ist, ganz oder teilweise mit Wirkung für die Zukunft widerrufen werden, außer wenn ein Verwaltungsakt gleichen Inhalts erneut erlassen werden müsste oder aus anderen Gründen ein Widerruf unzulässig ist.

(2) § 44 Abs. 3 gilt entsprechend.

§ 47 Widerruf eines rechtmäßigen begünstigenden Verwaltungsaktes

(1) Ein rechtmäßiger begünstigender Verwaltungsakt darf, auch nachdem er unanfechtbar geworden ist, ganz oder teilweise mit Wirkung für die Zukunft nur widerrufen werden, soweit

1. der Widerruf durch Rechtsvorschrift zugelassen oder im Verwaltungsakt vorbehalten ist,
2. mit dem Verwaltungsakt eine Auflage verbunden ist und der Begünstigte diese nicht oder nicht innerhalb einer ihm gesetzten Frist erfüllt hat.

(2) $_1$Ein rechtmäßiger begünstigender Verwaltungsakt, der eine Geld- oder Sachleistung zur Erfüllung eines bestimmten Zweckes zuerkennt oder hierfür Voraussetzung ist, kann, auch nachdem er unanfechtbar geworden ist, ganz oder teilweise auch mit Wirkung für die Vergangenheit widerrufen werden, wenn

1. die Leistung nicht, nicht alsbald nach der Erbringung oder nicht mehr für den in dem Verwaltungsakt bestimmten Zweck verwendet wird,
2. mit dem Verwaltungsakt eine Auflage verbunden ist und der Begünstigte diese nicht oder nicht innerhalb einer ihm gesetzten Frist erfüllt hat.

$_2$Der Verwaltungsakt darf mit Wirkung für die Vergangenheit nicht widerrufen werden, soweit der Begünstigte auf den Bestand des Verwaltungsaktes vertraut hat und sein Vertrauen unter Abwägung mit dem öffentlichen Interesse an einem Widerruf schutzwürdig ist. $_3$Das Vertrauen ist in der Regel schutzwürdig, wenn der Begünstigte erbrachte Leistungen verbraucht oder eine Vermögensdisposition getroffen hat, die er nicht mehr oder nur unter unzumutbaren Nachteilen rückgängig machen kann. $_4$Auf Vertrauen kann sich der Begünstigte nicht berufen, soweit er die Umstände kannte oder infolge grober Fahrlässigkeit nicht kannte, die zum Widerruf des Verwaltungsaktes geführt haben. $_5$§ 45 Abs. 4 Satz 2 gilt entsprechend.

(3) § 44 Abs. 3 gilt entsprechend.

§ 48 Aufhebung eines Verwaltungsaktes mit Dauerwirkung bei Änderung der Verhältnisse

(1) $_1$Soweit in den tatsächlichen oder rechtlichen Verhältnissen, die beim Erlass eines Verwaltungsaktes mit Dauerwirkung vorgelegen haben, eine wesentliche Änderung eintritt, ist der Verwaltungsakt mit Wirkung für die Zukunft aufzuheben. $_2$Der Verwaltungsakt soll mit Wirkung vom Zeitpunkt der Änderung der Verhältnisse aufgehoben werden, soweit

1. die Änderung zugunsten des Betroffenen erfolgt,
2. der Betroffene einer durch Rechtsvorschrift vorgeschriebenen Pflicht zur Mitteilung wesentlicher für ihn nachteiliger Änderungen der Verhältnisse vorsätzlich oder grob fahrlässig nicht nachgekommen ist,
3. nach Antragstellung oder Erlass des Verwaltungsaktes Einkommen oder Vermögen erzielt worden ist, das zum Wegfall oder zur Minderung des Anspruchs geführt haben würde, oder
4. der Betroffene wusste oder nicht wusste, weil er die erforderliche Sorgfalt in besonders schwerem Maße verletzt hat, dass der sich aus dem Verwaltungsakt ergebende Anspruch kraft Gesetzes zum Ruhen gekommen oder ganz oder teilweise weggefallen ist.

$_3$Als Zeitpunkt der Änderung der Verhältnisse gilt in Fällen, in denen Einkommen oder Vermögen auf einen zurückliegenden Zeitraum auf Grund der besonderen Teile dieses Gesetzbuches anzurechnen ist, der Beginn des Anrechnungszeitraumes.

(2) Der Verwaltungsakt ist im Einzelfall mit Wirkung für die Zukunft auch dann aufzuheben, wenn der zuständige oberste Gerichtshof des Bundes in ständiger Rechtsprechung nachträglich das Recht anders auslegt als die Behörde bei Erlass des Verwaltungsaktes und sich dieses zugunsten des Berechtigten auswirkt; § 44 bleibt unberührt.

(3) $_1$Kann ein rechtswidriger begünstigender Verwaltungsakt nach § 45 nicht zurückgenommen werden und ist eine Änderung nach Absatz 1 oder 2 zugunsten des Betroffenen eingetreten, darf die neu festzustellende Leistung nicht über den Betrag hinausgehen, wie er sich der Höhe nach ohne Berücksichtigung der Bestandskraft ergibt. $_2$Satz 1 gilt entsprechend, soweit einem rechtmäßigen begünstigenden Verwaltungsakt ein rechtswidriger begünstigender Verwaltungsakt zugrunde liegt, der nach § 45 nicht zurückgenommen werden kann.

(4) $_1$§ 44 Abs. 3 und 4, § 45 Abs. 3 Satz 3 bis 5 und Abs. 4 Satz 2 gelten entsprechend. $_2$§ 45 Abs. 4 Satz 2 gilt nicht im Fall des Absatzes 1 Satz 2 Nr. 1.

§ 49 Rücknahme und Widerruf im Rechtsbehelfsverfahren

§ 45 Abs. 1 bis 4, §§ 47 und 48 gelten nicht, wenn ein begünstigender Verwaltungsakt, der von einem Dritten angefochten worden ist, während des Vorverfahrens oder während des sozial- oder verwaltungsgerichtlichen Verfahrens aufgehoben wird, soweit dadurch dem Widerspruch abgeholfen oder der Klage stattgegeben wird.

§ 50 Erstattung zu Unrecht erbrachter Leistungen

(1) $_1$Soweit ein Verwaltungsakt aufgehoben worden ist, sind bereits erbrachte Leistungen zu erstatten. $_2$Sach- und Dienstleistungen sind in Geld zu erstatten.

(2) $_{1}$Soweit Leistungen ohne Verwaltungsakt zu Unrecht erbracht worden sind, sind sie zu erstatten. $_{2}$§§ 45 und 48 gelten entsprechend.

(2a) $_{1}$Der zu erstattende Betrag ist vom Eintritt der Unwirksamkeit eines Verwaltungsaktes, auf Grund dessen Leistungen zur Förderung von Einrichtungen oder ähnliche Leistungen erbracht worden sind, mit fünf Prozentpunkten über dem Basiszinssatz jährlich zu verzinsen. $_{2}$Von der Geltendmachung des Zinsanspruchs kann insbesondere dann abgesehen werden, wenn der Begünstigte die Umstände, die zur Rücknahme, zum Widerruf oder zur Unwirksamkeit des Verwaltungsaktes geführt haben, nicht zu vertreten hat und den zu erstattenden Betrag innerhalb der von der Behörde festgesetzten Frist leistet. $_{3}$Wird eine Leistung nicht alsbald nach der Auszahlung für den bestimmten Zweck verwendet, können für die Zeit bis zur zweckentsprechenden Verwendung Zinsen nach Satz 1 verlangt werden; Entsprechendes gilt, soweit eine Leistung in Anspruch genommen wird, obwohl andere Mittel anteilig oder vorrangig einzusetzen sind; § 47 Abs. 2 Satz 1 Nr. 1 bleibt unberührt.

(3) $_{1}$Die zu erstattende Leistung ist durch schriftlichen Verwaltungsakt festzusetzen. $_{2}$Die Festsetzung soll, sofern die Leistung auf Grund eines Verwaltungsaktes erbracht worden ist, mit der Aufhebung des Verwaltungsaktes verbunden werden.

(4) $_{1}$Der Erstattungsanspruch verjährt in vier Jahren nach Ablauf des Kalenderjahres, in dem der Verwaltungsakt nach Absatz 3 unanfechtbar geworden ist. $_{2}$Für die Hemmung, die Ablaufhemmung, den Neubeginn und die Wirkung der Verjährung gelten die Vorschriften des Bürgerlichen Gesetzbuchs sinngemäß. $_{3}$§ 52 bleibt unberührt.

(5) Die Absätze 1 bis 4 gelten bei Berichtigungen nach § 38 entsprechend.

§ 51 Rückgabe von Urkunden und Sachen

$_{1}$Ist ein Verwaltungsakt unanfechtbar widerrufen oder zurückgenommen oder ist seine Wirksamkeit aus einem anderen Grund nicht oder nicht mehr gegeben, kann die Behörde die auf Grund dieses Verwaltungsaktes erteilten Urkunden oder Sachen, die zum Nachweis der Rechte aus dem Verwaltungsakt oder zu deren Ausübung bestimmt sind, zurückfordern. $_{2}$Der Inhaber und, sofern er nicht Besitzer ist, auch der Besitzer dieser Urkunden oder Sachen sind zu ihrer Herausgabe verpflichtet. $_{3}$Der Inhaber oder der Besitzer kann jedoch verlangen, dass ihm die Urkunden oder Sachen wieder ausgehändigt werden, nachdem sie von der Behörde als ungültig gekennzeichnet sind; dies gilt nicht bei Sachen, bei denen eine solche Kennzeichnung nicht oder nicht mit der erforderlichen Offensichtlichkeit oder Dauerhaftigkeit möglich ist.

Dritter Titel
Verjährungsrechtliche Wirkungen des Verwaltungsaktes

§ 52 Hemmung der Verjährung durch Verwaltungsakt

(1) $_{1}$Ein Verwaltungsakt, der zur Feststellung oder Durchsetzung des Anspruchs eines öffentlich-rechtlichen Rechtsträgers erlassen wird, hemmt die Verjährung dieses Anspruchs. $_{2}$Die Hemmung endet mit Eintritt der Unanfechtbarkeit des Verwaltungsakts oder sechs Monate nach seiner anderweitigen Erledigung.

(2) Ist ein Verwaltungsakt im Sinne des Absatzes 1 unanfechtbar geworden, beträgt die Verjährungsfrist 30 Jahre.

Vierter Abschnitt
Öffentlich-rechtlicher Vertrag

§ 53 Zulässigkeit des öffentlich-rechtlichen Vertrages

(1) $_{1}$Ein Rechtsverhältnis auf dem Gebiet des öffentlichen Rechts kann durch Vertrag begründet, geändert oder aufgehoben werden (öffentlich-rechtlicher Vertrag), soweit Rechtsvorschriften nicht entgegenstehen. $_{2}$Insbesondere kann die Behörde, anstatt einen Verwaltungsakt zu erlassen, einen öffentlich-rechtlichen Vertrag mit demjenigen

schließen, an den sie sonst den Verwaltungsakt richten würde.

(2) Ein öffentlich-rechtlicher Vertrag über Sozialleistungen kann nur geschlossen werden, soweit die Erbringung der Leistungen im Ermessen des Leistungsträgers steht.

§ 54 Vergleichsvertrag

(1) Ein öffentlich-rechtlicher Vertrag im Sinne des § 53 Abs. 1 Satz 2, durch den eine bei verständiger Würdigung des Sachverhalts oder der Rechtslage bestehende Ungewißheit durch gegenseitiges Nachgeben beseitigt wird (Vergleich), kann geschlossen werden, wenn die Behörde den Abschluss des Vergleichs zur Beseitigung der Ungewissheit nach pflichtgemäßem Ermessen für zweckmäßig hält.

(2) § 53 Abs. 2 gilt im Fall des Absatzes 1 nicht.

§ 55 Austauschvertrag

(1) $_1$Ein öffentlich-rechtlicher Vertrag im Sinne des § 53 Abs. 1 Satz 2, in dem sich der Vertragspartner der Behörde zu einer Gegenleistung verpflichtet, kann geschlossen werden, wenn die Gegenleistung für einen bestimmten Zweck im Vertrag vereinbart wird und der Behörde zur Erfüllung ihrer öffentlichen Aufgaben dient. $_2$Die Gegenleistung muss den gesamten Umständen nach angemessen sein und im sachlichen Zusammenhang mit der vertraglichen Leistung der Behörde stehen.

(2) Besteht auf die Leistung der Behörde ein Anspruch, kann nur eine solche Gegenleistung vereinbart werden, die bei Erlass eines Verwaltungsaktes Inhalt einer Nebenbestimmung nach § 32 sein könnte.

(3) § 53 Abs. 2 gilt in den Fällen der Absätze 1 und 2 nicht.

§ 56 Schriftform

Ein öffentlich-rechtlicher Vertrag ist schriftlich zu schließen, soweit nicht durch Rechtsvorschrift eine andere Form vorgeschrieben ist.

§ 57 Zustimmung von Dritten und Behörden

(1) Ein öffentlich-rechtlicher Vertrag, der in Rechte eines Dritten eingreift, wird erst wirksam, wenn der Dritte schriftlich zustimmt.

(2) Wird anstatt eines Verwaltungsaktes, bei dessen Erlass nach einer Rechtsvorschrift die Genehmigung, die Zustimmung oder das Einvernehmen einer anderen Behörde erforderlich ist, ein Vertrag geschlossen, so wird dieser erst wirksam, nachdem die andere Behörde in der vorgeschriebenen Form mitgewirkt hat.

§ 58 Nichtigkeit des öffentlich-rechtlichen Vertrages

(1) Ein öffentlich-rechtlicher Vertrag ist nichtig, wenn sich die Nichtigkeit aus der entsprechenden Anwendung von Vorschriften des Bürgerlichen Gesetzbuches ergibt.

(2) Ein Vertrag im Sinne des § 53 Abs. 1 Satz 2 ist ferner nichtig, wenn

1. ein Verwaltungsakt mit entsprechendem Inhalt nichtig wäre,
2. ein Verwaltungsakt mit entsprechendem Inhalt nicht nur wegen eines Verfahrens- oder Formfehlers im Sinne des § 42 rechtswidrig wäre und dies den Vertragschließenden bekannt war,
3. die Voraussetzungen zum Abschluss eines Vergleichsvertrags nicht vorlagen und ein Verwaltungsakt mit entsprechendem Inhalt nicht nur wegen eines Verfahrens- oder Formfehlers im Sinne des § 42 rechtswidrig wäre,
4. sich die Behörde eine nach § 55 unzulässige Gegenleistung versprechen lässt.

(3) Betrifft die Nichtigkeit nur einen Teil des Vertrages, so ist er im Ganzen nichtig, wenn nicht anzunehmen ist, dass er auch ohne den nichtigen Teil geschlossen worden wäre.

§ 59 Anpassung und Kündigung in besonderen Fällen

(1) $_1$Haben die Verhältnisse, die für die Festsetzung des Vertragsinhalts maßgebend gewesen sind, sich seit Abschluss des Vertrages so wesentlich geändert, dass einer Vertrags-

partei das Festhalten an der ursprünglichen vertraglichen Regelung nicht zuzumuten ist, so kann diese Vertragspartei eine Anpassung des Vertragsinhalts an die geänderten Verhältnisse verlangen oder, sofern eine Anpassung nicht möglich oder einer Vertragspartei nicht zuzumuten ist, den Vertrag kündigen. $_2$Die Behörde kann den Vertrag auch kündigen, um schwere Nachteile für das Gemeinwohl zu verhüten oder zu beseitigen.

(2) $_1$Die Kündigung bedarf der Schriftform, soweit nicht durch Rechtsvorschrift eine andere Form vorgeschrieben ist. $_2$Sie soll begründet werden.

§ 60 Unterwerfung unter die sofortige Vollstreckung

(1) $_1$Jeder Vertragschließende kann sich der sofortigen Vollstreckung aus einem öffentlich-rechtlichen Vertrag im Sinne des § 53 Abs. 1 Satz 2 unterwerfen. $_2$Die Behörde muss hierbei von dem Behördenleiter, seinem allgemeinen Vertreter oder einem Angehörigen des öffentlichen Dienstes, der die Befähigung zum Richteramt hat oder die Voraussetzungen des § 110 Satz 1 des Deutschen Richtergesetzes erfüllt, vertreten werden.

(2) $_1$Auf öffentlich-rechtliche Verträge im Sinne des Absatzes 1 Satz 1 ist § 66 entsprechend anzuwenden. $_2$Will eine natürliche oder juristische Person des Privatrechts oder eine nichtrechtsfähige Vereinigung die Vollstreckung wegen einer Geldforderung betreiben, so ist § 170 Abs. 1 bis 3 der Verwaltungsgerichtsordnung entsprechend anzuwenden. $_3$Richtet sich die Vollstreckung wegen der Erzwingung einer Handlung, Duldung oder Unterlassung gegen eine Behörde, ist § 172 der Verwaltungsgerichtsordnung entsprechend anzuwenden.

§ 61 Ergänzende Anwendung von Vorschriften

$_1$Soweit sich aus den §§ 53 bis 60 nichts Abweichendes ergibt, gelten die übrigen Vorschriften dieses Gesetzbuches. $_2$Ergänzend gelten die Vorschriften des Bürgerlichen Gesetzbuches entsprechend.

Fünfter Abschnitt Rechtsbehelfsverfahren

§ 62 Rechtsbehelfe gegen Verwaltungsakte

Für förmliche Rechtsbehelfe gegen Verwaltungsakte gelten, wenn der Sozialrechtsweg gegeben ist, das Sozialgerichtsgesetz, wenn der Verwaltungsrechtsweg gegeben ist, die Verwaltungsgerichtsordnung und die zu ihrer Ausführung ergangenen Rechtsvorschriften, soweit nicht durch Gesetz etwas anderes bestimmt ist; im Übrigen gelten die Vorschriften dieses Gesetzbuches.

§ 63 Erstattung von Kosten im Vorverfahren

(1) $_1$Soweit der Widerspruch erfolgreich ist, hat der Rechtsträger, dessen Behörde den angefochtenen Verwaltungsakt erlassen hat, demjenigen, der Widerspruch erhoben hat, die zur zweckentsprechenden Rechtsverfolgung oder Rechtsverteidigung notwendigen Aufwendungen zu erstatten. $_2$Dies gilt auch, wenn der Widerspruch nur deshalb keinen Erfolg hat, weil die Verletzung einer Verfahrens- oder Formvorschrift nach § 41 unbeachtlich ist. $_3$Aufwendungen, die durch das Verschulden eines Erstattungsberechtigten entstanden sind, hat dieser selbst zu tragen; das Verschulden eines Vertreters ist dem Vertretenen zuzurechnen.

(2) Die Gebühren und Auslagen eines Rechtsanwalts oder eines sonstigen Bevollmächtigten im Vorverfahren sind erstattungsfähig, wenn die Zuziehung eines Bevollmächtigten notwendig war.

(3) $_1$Die Behörde, die die Kostenentscheidung getroffen hat, setzt auf Antrag den Betrag der zu erstattenden Aufwendungen fest; hat ein Ausschuss oder Beirat die Kostenentscheidung getroffen, obliegt die Kostenfestsetzung der Behörde, bei der der Ausschuss oder Beirat gebildet ist. $_2$Die Kostenentscheidung bestimmt auch, ob die Zuziehung eines Rechtsanwalts oder eines sonstigen Bevollmächtigten notwendig war.

Sechster Abschnitt Kosten, Zustellung und Vollstreckung

§ 64 Kostenfreiheit

(1) 1Für das Verfahren bei den Behörden nach diesem Gesetzbuch werden keine Gebühren und Auslagen erhoben. 2Abweichend von Satz 1 erhalten die Träger der gesetzlichen Rentenversicherung für jede auf der Grundlage des § 74a Abs. 2 Satz 1 erteilte Auskunft eine Gebühr von 10,20 Euro.

(2) 1Geschäfte und Verhandlungen, die aus Anlass der Beantragung, Erbringung oder der Erstattung einer Sozialleistung nötig werden, sind kostenfrei. 2Dies gilt auch für die im Gerichts- und Notarkostengesetz bestimmten Gerichtskosten. 3Von Beurkundungs- und Beglaubigungskosten sind befreit Urkunden, die

1. in der Sozialversicherung bei den Versicherungsträgern und Versicherungsbehörden erforderlich werden, um die Rechtsverhältnisse zwischen den Versicherungsträgern einerseits und den Arbeitgebern, Versicherten oder ihren Hinterbliebenen andererseits abzuwickeln,
2. im Sozialhilferecht, im Recht der Grundsicherung für Arbeitsuchende, im Recht der Grundsicherung im Alter und bei Erwerbsminderung, im Kinder- und Jugendhilferecht sowie im Recht der Kriegsopferfürsorge aus Anlass der Beantragung, Erbringung oder Erstattung einer nach dem Zwölften Buch, dem Zweiten und dem Achten Buch oder dem Bundesversorgungsgesetz vorgesehenen Leistung benötigt werden,
3. im Schwerbehindertengesetz von der zuständigen Stelle im Zusammenhang mit der Verwendung der Ausgleichsabgabe für erforderlich gehalten werden,
4. im Recht der sozialen Entschädigung bei Gesundheitsschäden für erforderlich gehalten werden,
5. im Kindergeldrecht für erforderlich gehalten werden.

(3) 1Absatz 2 Satz 1 gilt auch für gerichtliche Verfahren, auf die das Gesetz über das Verfahren in Familiensachen und in den Angelegenheiten der freiwilligen Gerichtsbarkeit anzuwenden ist. 2Im Verfahren nach der Zivilprozessordnung, dem Gesetz über das Verfahren in Familiensachen und in den Angelegenheiten der freiwilligen Gerichtsbarkeit sowie im Verfahren vor Gerichten der Sozial- und Finanzgerichtsbarkeit sind die Träger der Sozialhilfe, der Grundsicherung für Arbeitsuchende, der Leistungen nach dem Asylbewerberleistungsgesetz, der Jugendhilfe und der Kriegsopferfürsorge von den Gerichtskosten befreit; § 197a des Sozialgerichtsgesetzes bleibt unberührt.

§ 65 Zustellung

(1) 1Soweit Zustellungen durch Behörden des Bundes, der bundesunmittelbaren Körperschaften, Anstalten und Stiftungen des öffentlichen Rechts vorgeschrieben sind, gelten die §§ 2 bis 10 des Verwaltungszustellungsgesetzes. 2§ 5 Abs. 4 des Verwaltungszustellungsgesetzes und § 178 Abs. 1 Nr. 2 der Zivilprozessordnung sind auf die nach § 73 Abs. 6 Satz 3 und 4 des Sozialgerichtsgesetzes als Bevollmächtigte zugelassenen Personen entsprechend anzuwenden. 3Diese Vorschriften gelten auch, soweit Zustellungen durch Verwaltungsbehörden der Kriegsopferversorgung vorgeschrieben sind.

(2) Für die übrigen Behörden gelten die jeweiligen landesrechtlichen Vorschriften über das Zustellungsverfahren.

§ 66 Vollstreckung

(1) 1Für die Vollstreckung zugunsten der Behörden des Bundes, der bundesunmittelbaren Körperschaften, Anstalten und Stiftungen des öffentlichen Rechts gilt das Verwaltungs-Vollstreckungsgesetz. 2In Angelegenheiten des § 51 des Sozialgerichtsgesetzes ist für die Anordnung der Ersatzzwangshaft das Sozialgericht zuständig. 3Die oberste Verwaltungsbehörde kann bestimmen, dass die Aufsichtsbehörde nach Anhörung der in Satz 1 genannten Behörden für die Vollstreckung fachlich geeignete Bedienstete als Vollstreckungsbeamte und sonstige hierfür fachlich geeignete Bedienstete dieser Behörde als Vollziehungsbeamte bestellen darf; die fach-

X

liche Eignung ist durch einen qualifizierten beruflichen Abschluss, die Teilnahme an einem Lehrgang einschließlich berufspraktischer Tätigkeit oder entsprechende mehrjährige Berufserfahrung nachzuweisen. 4Die oberste Verwaltungsbehörde kann auch bestimmen, dass die Aufsichtsbehörde nach Anhörung der in Satz 1 genannten Behörden für die Vollstreckung von Ansprüchen auf Gesamtsozialversicherungsbeiträge fachlich geeignete Bedienstete

1. der Verbände der Krankenkassen oder
2. einer bestimmten Krankenkasse

als Vollstreckungsbeamte und sonstige hierfür fachlich geeignete Bedienstete der genannten Verbände und Krankenkassen als Vollziehungsbeamte bestellen darf. 5Der nach Satz 4 beauftragte Verband der Krankenkassen ist berechtigt, Verwaltungsakte zur Erfüllung der mit der Vollstreckung verbundenen Aufgabe zu erlassen.

(2) Absatz 1 Satz 1 bis 3 gilt auch für die Vollstreckung durch Verwaltungsbehörden der Kriegsopferversorgung; das Land bestimmt die Vollstreckungsbehörde.

(3) 1Für die Vollstreckung zugunsten der übrigen Behörden gelten die jeweiligen landesrechtlichen Vorschriften über das Verwaltungsvollstreckungsverfahren. 2Für die landesunmittelbaren Körperschaften, Anstalten und Stiftungen des öffentlichen Rechts gilt Absatz 1 Satz 2 bis 5 entsprechend. 3Abweichend von Satz 1 vollstrecken die nach Landesrecht zuständigen Vollstreckungsbehörden zugunsten der landesunmittelbaren Krankenkassen, die sich über mehr als ein Bundesland erstrecken, nach den Vorschriften des Verwaltungs-Vollstreckungsgesetzes.

(4) 1Aus einem Verwaltungsakt kann auch die Zwangsvollstreckung in entsprechender Anwendung der Zivilprozessordnung stattfinden. 2Der Vollstreckungsschuldner soll vor Beginn der Vollstreckung mit einer Zahlungsfrist von einer Woche gemahnt werden. 3Die vollstreckbare Ausfertigung erteilt der Behördenleiter, sein allgemeiner Vertreter oder ein anderer auf Antrag eines Leistungsträgers von der Aufsichtsbehörde ermächtigter Angehöriger des öffentlichen Dienstes. 4Bei den Versicherungsträgern und der Bundesagentur für Arbeit tritt in Satz 3 an die Stelle der Aufsichtsbehörden der Vorstand.

X

Zweites Kapitel
Schutz der Sozialdaten

Erster Abschnitt
Begriffsbestimmungen

§ 67 Begriffsbestimmungen

(1) 1Sozialdaten sind Einzelangaben über persönliche oder sachliche Verhältnisse einer bestimmten oder bestimmbaren natürlichen Person (Betroffener), die von einer in § 35 des Ersten Buches genannten Stelle im Hinblick auf ihre Aufgaben nach diesem Gesetzbuch erhoben, verarbeitet oder genutzt werden. 2Betriebs- und Geschäftsgeheimnisse sind alle betriebs- oder geschäftsbezogenen Daten, auch von juristischen Personen, die Geheimnischarakter haben.

(2) Aufgaben nach diesem Gesetzbuch sind, soweit dieses Kapitel angewandt wird, auch

1. Aufgaben auf Grund von Verordnungen, deren Ermächtigungsgrundlage sich im Sozialgesetzbuch befindet,
2. Aufgaben auf Grund von über- und zwischenstaatlichem Recht im Bereich der sozialen Sicherheit,
3. Aufgaben auf Grund von Rechtsvorschriften, die das Erste und Zehnte Buch des Sozialgesetzbuches für entsprechend anwendbar erklären, und
4. Aufgaben auf Grund des Arbeitssicherheitsgesetzes und Aufgaben, soweit sie den in § 35 des Ersten Buches genannten Stellen durch Gesetz zugewiesen sind. § 8 Abs. 1 Satz 3 des Arbeitssicherheitsgesetzes bleibt unberührt.

(3) 1Automatisiert im Sinne dieses Gesetzbuches ist die Erhebung, Verarbeitung oder Nutzung von Sozialdaten, wenn sie unter Einsatz von Datenverarbeitungsanlagen durchgeführt wird (automatisierte Verarbeitung). 2Eine nicht automatisierte Datei ist jede nicht automatisierte Sammlung von So-

zialdaten, die gleichartig aufgebaut ist und nach bestimmten Merkmalen zugänglich ist und ausgewertet werden kann.

(4) (weggefallen)

(5) Erheben ist das Beschaffen von Daten über den Betroffenen.

(6) 1Verarbeiten ist das Speichern, Verändern, Übermitteln, Sperren und Löschen von Sozialdaten. 2Im Einzelnen ist, ungeachtet der dabei angewendeten Verfahren,

1. Speichern das Erfassen, Aufnehmen oder Aufbewahren von Sozialdaten auf einem Datenträger zum Zwecke ihrer weiteren Verarbeitung oder Nutzung,
2. Verändern das inhaltliche Umgestalten gespeicherter Sozialdaten,
3. Übermitteln das Bekanntgeben gespeicherter oder durch Datenverarbeitung gewonnener Sozialdaten an einen Dritten in der Weise, dass
   a) die Daten an den Dritten weitergegeben werden oder
   b) der Dritte zur Einsicht oder zum Abruf bereitgehaltene Daten einsieht oder abruft;

   Übermitteln im Sinne dieses Gesetzbuches ist auch das Bekanntgeben nicht gespeicherter Sozialdaten; das Senden von Sozialdaten durch eine De-Mail-Nachricht an die jeweiligen akkreditierten Diensteanbieter – zur kurzfristigen automatisierten Entschlüsselung zum Zweck der Überprüfung auf Schadsoftware und zum Zweck der Weiterleitung an den Adressaten der De-Mail-Nachricht – ist kein Übermitteln,
4. Sperren das vollständige oder teilweise Untersagen der weiteren Verarbeitung oder Nutzung von Sozialdaten durch entsprechende Kennzeichnung,
5. Löschen das Unkenntlichmachen gespeicherter Sozialdaten.

(7) Nutzen ist jede Verwendung von Sozialdaten, soweit es sich nicht um Verarbeitung handelt, auch die Weitergabe innerhalb der verantwortlichen Stelle.

(8) Anonymisieren ist das Verändern von Sozialdaten derart, dass die Einzelangaben über persönliche oder sachliche Verhältnisse nicht mehr oder nur mit einem unverhältnismäßig großen Aufwand an Zeit, Kosten und Arbeitskraft einer bestimmten oder bestimmbaren natürlichen Person zugeordnet werden können.

(8a) Pseudonymisieren ist das Ersetzen des Namens und anderer Identifikationsmerkmale durch ein Kennzeichen zu dem Zweck, die Bestimmung des Betroffenen auszuschließen oder wesentlich zu erschweren.

(9) 1Verantwortliche Stelle ist jede Person oder Stelle, die Sozialdaten für sich selbst erhebt, verarbeitet oder nutzt oder dies durch andere im Auftrag vornehmen lässt. 2Werden Sozialdaten von einem Leistungsträger im Sinne von § 12 des Ersten Buches erhoben, verarbeitet oder genutzt, ist verantwortliche Stelle der Leistungsträger. 3Ist der Leistungsträger eine Gebietskörperschaft, so sind eine verantwortliche Stelle die Organisationseinheiten, die eine Aufgabe nach einem der besonderen Teile dieses Gesetzbuches funktional durchführen.

(10) 1Empfänger ist jede Person oder Stelle, die Sozialdaten erhält. 2Dritter ist jede Person oder Stelle außerhalb der verantwortlichen Stelle. 3Dritte sind nicht der Betroffene sowie diejenigen Personen und Stellen, die im Inland, in einem anderen Mitgliedstaat der Europäischen Union oder in einem anderen Vertragsstaat des Abkommens über den Europäischen Wirtschaftsraum Sozialdaten im Auftrag erheben, verarbeiten oder nutzen.

(11) Nicht-öffentliche Stellen sind natürliche und juristische Personen, Gesellschaften und andere Personenvereinigungen des privaten Rechts, soweit sie nicht unter § 81 Abs. 3 fallen.

(12) Besondere Arten personenbezogener Daten sind Angaben über die rassische und ethnische Herkunft, politische Meinungen, religiöse oder philosophische Überzeugungen, Gewerkschaftszugehörigkeit, Gesundheit oder Sexualleben.

X

Zweiter Abschnitt
Datenerhebung, -verarbeitung und -nutzung

§ 67a Datenerhebung

(1) 1Das Erheben von Sozialdaten durch in § 35 des Ersten Buches genannte Stellen ist zulässig, wenn ihre Kenntnis zur Erfüllung einer Aufgabe der erhebenden Stelle nach diesem Gesetzbuch erforderlich ist. 2Dies gilt auch für besondere Arten personenbezogener Daten (§ 67 Abs. 12). 3Angaben über die rassische Herkunft dürfen ohne Einwilligung des Betroffenen, die sich ausdrücklich auf diese Daten beziehen muss, nicht erhoben werden. 4Ist die Einwilligung des Betroffenen durch Gesetz vorgesehen, hat sie sich ausdrücklich auf besondere Arten personenbezogener Daten (§ 67 Abs. 12) zu beziehen.

(2) 1Sozialdaten sind beim Betroffenen zu erheben. 2Ohne seine Mitwirkung dürfen sie nur erhoben werden

1. bei den in § 35 des Ersten Buches oder in § 69 Abs. 2 genannten Stellen, wenn
   a) diese zur Übermittlung der Daten an die erhebende Stelle befugt sind,
   b) die Erhebung beim Betroffenen einen unverhältnismäßigen Aufwand erfordern würde und
   c) keine Anhaltspunkte dafür bestehen, daß überwiegende schutzwürdige Interessen des Betroffenen beeinträchtigt werden,
2. bei anderen Personen oder Stellen, wenn
   a) eine Rechtsvorschrift die Erhebung bei ihnen zulässt oder die Übermittlung an die erhebende Stelle ausdrücklich vorschreibt oder
   b) aa) die Aufgaben nach diesem Gesetzbuch ihrer Art nach eine Erhebung bei anderen Personen oder Stellen erforderlich machen oder
      bb) die Erhebung beim Betroffenen einen unverhältnismäßigen Aufwand erfordern würde und keine Anhaltspunkte dafür bestehen, dass überwiegende schutzwürdige Interessen des Betroffenen beeinträchtigt werden.

(3) 1Werden Sozialdaten beim Betroffenen erhoben, ist er, sofern er nicht bereits auf andere Weise Kenntnis erlangt hat, über die Zweckbestimmungen der Erhebung, Verarbeitung oder Nutzung und die Identität der verantwortlichen Stelle zu unterrichten. 2Über Kategorien von Empfängern ist der Betroffene nur zu unterrichten, soweit

1. er nach den Umständen des Einzelfalles nicht mit der Nutzung oder der Übermittlung an diese rechnen muss,
2. es sich nicht um eine Verarbeitung oder Nutzung innerhalb einer in § 35 des Ersten Buches genannten Stelle oder einer Organisationseinheit im Sinne von § 67 Abs. 9 Satz 3 handelt oder
3. es sich nicht um eine Kategorie von in § 35 des Ersten Buches genannten Stellen oder von Organisationseinheiten im Sinne von § 67 Abs. 9 Satz 3 handelt, die auf Grund eines Gesetzes zur engen Zusammenarbeit verpflichtet sind.

3Werden Sozialdaten beim Betroffenen auf Grund einer Rechtsvorschrift erhoben, die zur Auskunft verpflichtet, oder ist die Erteilung der Auskunft Voraussetzung für die Gewährung von Rechtsvorteilen, ist der Betroffene hierauf sowie auf die Rechtsvorschrift, die zur Auskunft verpflichtet, und die Folgen der Verweigerung von Angaben, sonst auf die Freiwilligkeit seiner Angaben hinzuweisen.

(4) Werden Sozialdaten statt beim Betroffenen bei einer nicht-öffentlichen Stelle erhoben, so ist die Stelle auf die Rechtsvorschrift, die zur Auskunft verpflichtet, sonst auf die Freiwilligkeit ihrer Angaben hinzuweisen.

(5) 1Werden Sozialdaten weder beim Betroffenen noch bei einer in § 35 des Ersten Buches genannten Stelle erhoben und hat der Betroffene davon keine Kenntnis, ist er von der Speicherung, der Identität der verantwortlichen Stelle sowie über die Zweckbestimmungen der Erhebung, Verarbeitung oder Nutzung zu unterrichten. 2Eine Pflicht zur Unterrichtung besteht nicht, wenn

1. der Betroffene bereits auf andere Weise Kenntnis von der Speicherung oder der Übermittlung erlangt hat,
2. die Unterrichtung des Betroffenen einen unverhältnismäßigen Aufwand erfordert oder
3. die Speicherung oder Übermittlung der Sozialdaten auf Grund eines Gesetzes ausdrücklich vorgesehen ist.

3Über Kategorien von Empfängern ist der Betroffene nur zu unterrichten, soweit

1. er nach den Umständen des Einzelfalles nicht mit der Nutzung oder der Übermittlung an diese rechnen muss,
2. es sich nicht um eine Verarbeitung oder Nutzung innerhalb einer in § 35 des Ersten Buches genannten Stelle oder einer Organisationseinheit im Sinne von § 67 Abs. 9 Satz 3 handelt oder
3. es sich nicht um eine Kategorie von in § 35 des Ersten Buches genannten Stellen oder von Organisationseinheiten im Sinne von § 67 Abs. 9 Satz 3 handelt, die auf Grund eines Gesetzes zur engen Zusammenarbeit verpflichtet sind.

4Sofern eine Übermittlung vorgesehen ist, hat die Unterrichtung spätestens bei der ersten Übermittlung zu erfolgen. 5Die verantwortliche Stelle legt schriftlich fest, unter welchen Voraussetzungen von einer Unterrichtung nach Satz 2 Nr. 2 und 3 abgesehen wird. 6§ 83 Abs. 2 bis 4 gilt entsprechend.

§ 67b Zulässigkeit der Datenverarbeitung und -nutzung

(1) 1Die Verarbeitung von Sozialdaten und deren Nutzung sind nur zulässig, soweit die nachfolgenden Vorschriften oder eine andere Rechtsvorschrift in diesem Gesetzbuch es erlauben oder anordnen oder soweit der Betroffene eingewilligt hat. 2 67a Abs. 1 Satz 2 bis 4 gilt entsprechend mit der Maßgabe, dass die Übermittlung ohne Einwilligung des Betroffenen nur insoweit zulässig ist, als es sich um Daten über die Gesundheit oder das Sexualleben handelt oder die Übermittlung zwischen Trägern der gesetzlichen Rentenversicherung oder zwischen Trägern der gesetzlichen Rentenversicherung und deren Arbeitsgemeinschaften zur Erfüllung einer gesetzlichen Aufgabe erforderlich ist.

(2) 1Wird die Einwilligung bei dem Betroffenen eingeholt, ist er auf den Zweck der vorgesehenen Verarbeitung oder Nutzung sowie auf die Folgen der Verweigerung der Einwilligung hinzuweisen. 2Die Einwilligung des Betroffenen ist nur wirksam, wenn sie auf dessen freier Entscheidung beruht. 3Die Einwilligung und der Hinweis bedürfen der Schriftform, soweit nicht wegen besonderer Umstände eine andere Form angemessen ist. 4Soll die Einwilligung zusammen mit anderen Erklärungen schriftlich erteilt werden, ist die Einwilligungserklärung im äußeren Erscheinungsbild der Erklärung hervorzuheben.

(3) 1Im Bereich der wissenschaftlichen Forschung liegt ein besonderer Umstand im Sinne des Absatzes 2 Satz 3 auch dann vor, wenn durch die Schriftform der bestimmte Forschungszweck erheblich beeinträchtigt würde. 2In diesem Fall sind der Hinweis nach Absatz 2 Satz 1 und die Gründe, aus denen sich die erhebliche Beeinträchtigung des bestimmten Forschungszweckes ergibt, schriftlich festzuhalten.

(4) Entscheidungen, die für den Betroffenen eine rechtliche Folge nach sich ziehen oder ihn erheblich beeinträchtigen, dürfen nicht ausschließlich auf eine automatisierte Verarbeitung von Sozialdaten gestützt werden, die der Bewertung einzelner Persönlichkeitsmerkmale dient.

§ 67c Datenspeicherung, -veränderung und -nutzung

(1) 1Das Speichern, Verändern oder Nutzen von Sozialdaten durch die in § 35 des Ersten Buches genannten Stellen ist zulässig, wenn es zur Erfüllung der in der Zuständigkeit der verantwortlichen Stelle liegenden gesetzlichen Aufgaben nach diesem Gesetzbuch erforderlich ist und es für die Zwecke erfolgt, für die die Daten erhoben worden sind. 2Ist keine Erhebung vorausgegangen, dürfen die Daten nur für die Zwecke geändert oder genutzt werden, für die sie gespeichert worden sind.

(2) Die nach Absatz 1 gespeicherten Daten dürfen von derselben Stelle für andere Zwecke nur gespeichert, verändert oder genutzt werden, wenn

1. die Daten für die Erfüllung von Aufgaben nach anderen Rechtsvorschriften dieses Gesetzbuches als diejenigen, für die sie erhoben wurden, erforderlich sind,
2. der Betroffene im Einzelfall eingewilligt hat oder
3. es zur Durchführung eines bestimmten Vorhabens der wissenschaftlichen Forschung oder Planung im Sozialleistungsbereich erforderlich ist und die Voraussetzungen des § 75 Abs. 1 vorliegen.

(3) 1Eine Speicherung, Veränderung oder Nutzung für andere Zwecke liegt nicht vor, wenn sie für die Wahrnehmung von Aufsichts-, Kontroll- und Disziplinarbefugnissen, der Rechnungsprüfung oder der Durchführung von Organisationsuntersuchungen für die verantwortliche Stelle erforderlich ist. 2Das gilt auch für die Veränderung oder Nutzung zu Ausbildungs- und Prüfungszwecken durch die verantwortliche Stelle, soweit nicht überwiegende schutzwürdige Interessen des Betroffenen entgegenstehen.

(4) Sozialdaten, die ausschließlich zu Zwecken der Datenschutzkontrolle, der Datensicherung oder zur Sicherstellung eines ordnungsgemäßen Betriebes einer Datenverarbeitungsanlage gespeichert werden, dürfen nur für diese Zwecke verwendet werden.

(5) 1Für Zwecke der wissenschaftlichen Forschung oder Planung im Sozialleistungsbereich erhobene oder gespeicherte Sozialdaten dürfen von den in § 35 des Ersten Buches genannten Stellen nur für ein bestimmtes Vorhaben der wissenschaftlichen Forschung im Sozialleistungsbereich oder der Planung im Sozialleistungsbereich verändert oder genutzt werden. 2Die Sozialdaten sind zu anonymisieren, sobald dies nach dem Forschungs- oder Planungszweck möglich ist. 3Bis dahin sind die Merkmale gesondert zu speichern, mit denen Einzelangaben über persönliche oder sachliche Verhältnisse einer bestimmten oder bestimmbaren Person zugeordnet werden können. 4Sie dürfen mit den Einzelangaben nur zusammengeführt werden, soweit der Forschungs- oder Planungszweck dies erfordert.

§ 67d Übermittlungsgrundsätze

(1) Eine Übermittlung von Sozialdaten ist nur zulässig, soweit eine gesetzliche Übermittlungsbefugnis nach den §§ 68 bis 77 oder nach einer anderen Rechtsvorschrift in diesem Gesetzbuch vorliegt.

(2) 1Die Verantwortung für die Zulässigkeit der Übermittlung trägt die übermittelnde Stelle. 2Erfolgt die Übermittlung auf Ersuchen des Dritten, an den die Daten übermittelt werden, trägt dieser die Verantwortung für die Richtigkeit der Angaben in seinem Ersuchen.

(3) Sind mit Sozialdaten, die nach Absatz 1 übermittelt werden dürfen, weitere personenbezogene Daten des Betroffenen oder eines Dritten so verbunden, dass eine Trennung nicht oder nur mit unvertretbarem Aufwand möglich ist, so ist die Übermittlung auch dieser Daten nur zulässig, wenn schutzwürdige Interessen des Betroffenen oder eines Dritten an deren Geheimhaltung nicht überwiegen; eine Veränderung oder Nutzung dieser Daten ist unzulässig.

(4) 1Die Übermittlung von Sozialdaten auf maschinell verwertbaren Datenträgern oder im Wege der Datenübertragung ist auch über Vermittlungsstellen zulässig. 2Für die Auftragserteilung an die Vermittlungsstelle gilt § 80 Abs. 2 Satz 1, für deren Anzeigepflicht § 80 Abs. 3 und für die Verarbeitung und Nutzung durch die Vermittlungsstelle § 80 Abs. 4 entsprechend.

§ 67e Erhebung und Übermittlung zur Bekämpfung von Leistungsmissbrauch und illegaler Ausländerbeschäftigung

1Bei der Prüfung nach § 2 des Schwarzarbeitsbekämpfungsgesetzes oder nach § 28p des Vierten Buches darf bei der überprüften Person zusätzlich erfragt werden,

1. ob und welcher Art von Sozialleistungen nach diesem Gesetzbuch oder Leistungen

nach dem Asylbewerberleistungsgesetz sie bezieht und von welcher Stelle sie diese Leistungen bezieht,

2. bei welcher Krankenkasse sie versichert oder ob sie als Selbständige tätig ist,
3. ob und welche Art von Beiträgen nach diesem Gesetzbuch sie abführt und
4. ob und welche ausländischen Arbeitnehmer sie mit einer für ihre Tätigkeit erforderlichen Genehmigung und nicht zu ungünstigeren Arbeitsbedingungen als vergleichbare deutsche Arbeitnehmer beschäftigt.

$_2$Zu Prüfzwecken dürfen die Antworten auf Fragen nach Satz 1 Nr. 1 an den jeweils zuständigen Leistungsträger und nach Satz 1 Nr. 2 bis 4 an die jeweils zuständige Einzugsstelle und die Bundesagentur für Arbeit übermittelt werden. $_3$Der Empfänger hat die Prüfung unverzüglich durchzuführen.

§ 68 Übermittlung für Aufgaben der Polizeibehörden, der Staatsanwaltschaften, Gerichte und der Behörden der Gefahrenabwehr

(1) $_1$Zur Erfüllung von Aufgaben der Polizeibehörden, der Staatsanwaltschaften und Gerichte, der Behörden der Gefahrenabwehr und der Justizvollzugsanstalten dürfen im Einzelfall auf Ersuchen Name, Vorname, Geburtsdatum, Geburtsort, derzeitige Anschrift des Betroffenen, sein derzeitiger oder zukünftiger Aufenthaltsort sowie Namen, Vornamen oder Firma und Anschriften seiner derzeitigen Arbeitgeber übermittelt werden, soweit kein Grund zu der Annahme besteht, dass dadurch schutzwürdige Interessen des Betroffenen beeinträchtigt werden, und wenn das Ersuchen nicht länger als sechs Monate zurückliegt. $_2$Die ersuchte Stelle ist über § 4 Abs. 3 hinaus zur Übermittlung auch dann nicht verpflichtet, wenn sich die ersuchende Stelle die Angaben auf andere Weise beschaffen kann. $_3$Satz 2 findet keine Anwendung, wenn das Amtshilfeersuchen zur Durchführung einer Vollstreckung nach § 66 erforderlich ist.

(1a) Zu dem in § 7 Abs. 2 des Internationalen Familienrechtsverfahrensgesetzes bezeichneten Zweck ist es zulässig, der in dieser Vorschrift bezeichneten Zentralen Behörde auf Ersuchen im Einzelfall den derzeitigen Aufenthalt des Betroffenen zu übermitteln, soweit kein Grund zur Annahme besteht, dass dadurch schutzwürdige Interessen des Betroffenen beeinträchtigt werden.

(2) Über das Übermittlungsersuchen entscheidet der Leiter der ersuchten Stelle, sein allgemeiner Stellvertreter oder ein besonders bevollmächtigter Bediensteter.

(3) $_1$Eine Übermittlung der in Absatz 1 Satz 1 genannten Sozialdaten, von Angaben zur Staats- und Religionsangehörigkeit, früherer Anschriften der Betroffenen, von Namen und Anschriften früherer Arbeitgeber der Betroffenen sowie von Angaben über an Betroffene erbrachte oder demnächst zu erbringende Geldleistungen ist zulässig, soweit sie zur Durchführung einer nach Bundes- oder Landesrecht zulässigen Rasterfahndung erforderlich ist. $_2$§ 67d Abs. 2 Satz 1 findet keine Anwendung; § 15 Abs. 2 Satz 2 und 3 des Bundesdatenschutzgesetzes gilt entsprechend.

§ 69 Übermittlung für die Erfüllung sozialer Aufgaben

(1) Eine Übermittlung von Sozialdaten ist zulässig, soweit sie erforderlich ist

1. für die Erfüllung der Zwecke, für die sie erhoben worden sind oder für die Erfüllung einer gesetzlichen Aufgabe der übermittelnden Stelle nach diesem Gesetzbuch oder einer solchen Aufgabe des Dritten, an den die Daten übermittelt werden, wenn er eine in § 35 des Ersten Buches genannte Stelle ist,
2. für die Durchführung eines mit der Erfüllung einer Aufgabe nach Nummer 1 zusammenhängenden gerichtlichen Verfahrens einschließlich eines Strafverfahrens oder
3. für die Richtigstellung unwahrer Tatsachenbehauptungen des Betroffenen im Zusammenhang mit einem Verfahren über die Erbringung von Sozialleistungen; die Übermittlung bedarf der vorherigen Ge-

nehmigung durch die zuständige oberste Bundes- oder Landesbehörde.

(2) Für die Erfüllung einer gesetzlichen oder sich aus einem Tarifvertrag ergebenden Aufgabe sind den in § 35 des Ersten Buches genannten Stellen gleichgestellt

1. die Stellen, die Leistungen nach dem Lastenausgleichsgesetz, dem Bundesentschädigungsgesetz, dem Strafrechtlichen Rehabilitierungsgesetz, dem Beruflichen Rehabilitierungsgesetz, dem Gesetz über die Entschädigung für Strafverfolgungsmaßnahmen, dem Unterhaltssicherungsgesetz, dem Beamtenversorgungsgesetz und den Vorschriften, die auf das Beamtenversorgungsgesetz verweisen, dem Soldatenversorgungsgesetz, dem Anspruchs- und Anwartschaftsüberführungsgesetz und den Vorschriften der Länder über die Gewährung von Blinden- und Pflegegeldleistungen zu erbringen haben,
2. die gemeinsamen Einrichtungen der Tarifvertragsparteien im Sinne des § 4 Abs. 2 des Tarifvertragsgesetzes, die Zusatzversorgungseinrichtungen des öffentlichen Dienstes und die öffentlich-rechtlichen Zusatzversorgungseinrichtungen,
3. die Bezügestellen des öffentlichen Dienstes, soweit sie kindergeldabhängige Leistungen des Besoldungs-, Versorgungs- und Tarifrechts unter Verwendung von personenbezogenen Kindergelddaten festzusetzen haben.

(3) Die Übermittlung von Sozialdaten durch die Bundesagentur für Arbeit an die Krankenkassen ist zulässig, soweit sie erforderlich ist, den Krankenkassen die Feststellung der Arbeitgeber zu ermöglichen, die am Ausgleich der Arbeitgeberaufwendungen nach dem Aufwendungsausgleichsgesetz teilnehmen.

(4) Die Krankenkassen sind befugt, einem Arbeitgeber mitzuteilen, ob die Fortdauer einer Arbeitsunfähigkeit oder eine erneute Arbeitsunfähigkeit eines Arbeitnehmers auf derselben Krankheit beruht; die Übermittlung von Diagnosedaten an den Arbeitgeber ist nicht zulässig.

(5) Die Übermittlung von Sozialdaten ist zulässig für die Erfüllung der gesetzlichen Aufgaben der Rechnungshöfe und der anderen Stellen, auf die § 67c Abs. 3 Satz 1 Anwendung findet.

§ 70 Übermittlung für die Durchführung des Arbeitsschutzes

Eine Übermittlung von Sozialdaten ist zulässig, soweit sie zur Erfüllung der gesetzlichen Aufgaben der für den Arbeitsschutz zuständigen staatlichen Behörden oder der Bergbehörden bei der Durchführung des Arbeitsschutzes erforderlich ist und schutzwürdige Interessen des Betroffenen nicht beeinträchtigt werden oder das öffentliche Interesse an der Durchführung des Arbeitsschutzes das Geheimhaltungsinteresse des Betroffenen erheblich überwiegt.

§ 71 Übermittlung für die Erfüllung besonderer gesetzlicher Pflichten und Mitteilungsbefugnisse

(1) $_1$Eine Übermittlung von Sozialdaten ist zulässig, soweit sie erforderlich ist für die Erfüllung der gesetzlichen Mitteilungspflichten

1. zur Abwendung geplanter Straftaten nach § 138 des Strafgesetzbuches,
2. zum Schutz der öffentlichen Gesundheit nach § 8 des Infektionsschutzgesetzes vom 20. Juli 2000 (BGBl. I S. 1045),
3. zur Sicherung des Steueraufkommens nach § 22a Abs. 4 des Einkommensteuergesetzes und den §§ 93, 97, 105, 111 Abs. 1 und 5, § 116 der Abgabenordnung und § 32b Abs. 3 des Einkommensteuergesetzes, soweit diese Vorschriften unmittelbar anwendbar sind, und zur Mitteilung von Daten der ausländischen Unternehmen, die auf Grund bilateraler Regierungsvereinbarungen über die Beschäftigung von Arbeitnehmern zur Ausführung von Werkverträgen tätig werden, nach § 93a der Abgabenordnung,
4. zur Gewährung und Prüfung des Sonderausgabenabzugs nach § 10 des Einkommensteuergesetzes,

5. zur Überprüfung der Voraussetzungen für die Einziehung der Ausgleichszahlungen und für die Leistung von Wohngeld nach § 33 des Wohngeldgesetzes,
6. zur Bekämpfung von Schwarzarbeit und illegaler Beschäftigung nach dem Schwarzarbeitsbekämpfungsgesetz,
7. zur Mitteilung in das Gewerbezentralregister einzutragender Tatsachen an die Registerbehörde,
8. zur Erfüllung der Aufgaben der statistischen Ämter der Länder und des Statistischen Bundesamtes gemäß § 3 Abs. 1 des Statistikregistergesetzes zum Aufbau und zur Führung des Statistikregisters,
9. zur Aktualisierung des Betriebsregisters nach § 97 Abs. 5 des Agrarstatistikgesetzes,
10. zur Erfüllung der Aufgaben der Deutschen Rentenversicherung Bund als zentraler Stelle nach § 22a und § 91 Abs. 1 Satz 1 des Einkommensteuergesetzes oder
11. zur Erfüllung der Aufgaben der Deutschen Rentenversicherung Knappschaft-Bahn-See, soweit sie bei geringfügig Beschäftigten Aufgaben nach dem Einkommensteuergesetz durchführt.

$_{2}$Erklärungspflichten als Drittschuldner, welche das Vollstreckungsrecht vorsieht, werden durch Bestimmungen dieses Gesetzbuches nicht berührt. $_{3}$Eine Übermittlung von Sozialdaten ist zulässig, soweit sie erforderlich ist für die Erfüllung der gesetzlichen Pflichten zur Sicherung und Nutzung von Archivgut nach den §§ 2 und 5 des Bundesarchivgesetzes oder entsprechenden gesetzlichen Vorschriften der Länder, die die Schutzfristen dieses Gesetzes nicht unterschreiten. $_{4}$Eine Übermittlung von Sozialdaten ist auch zulässig, soweit sie erforderlich ist, Meldebehörden nach § 6 Absatz 2 des Bundesmeldegesetzes über konkrete Anhaltspunkte für die Unrichtigkeit oder Unvollständigkeit von diesen auf Grund Melderechts übermittelter Daten zu unterrichten.

(2) $_{1}$Eine Übermittlung von Sozialdaten eines Ausländers ist auch zulässig, soweit sie erforderlich ist

1. im Einzelfall auf Ersuchen der mit der Ausführung des Aufenthaltsgesetzes betrauten Behörden nach § 87 Abs. 1 des Aufenthaltsgesetzes mit der Maßgabe, dass über die Angaben nach § 68 hinaus nur mitgeteilt werden können
   a) für die Entscheidung über den Aufenthalt des Ausländers oder eines Familienangehörigen des Ausländers Daten über die Gewährung oder Nichtgewährung von Leistungen, Daten über frühere und bestehende Versicherungen und das Nichtbestehen einer Versicherung,
   b) für die Entscheidung über den Aufenthalt oder über die ausländerrechtliche Zulassung oder Beschränkung einer Erwerbstätigkeit des Ausländers Daten über die Zustimmung nach § 4 Abs. 2 Satz 3, § 17 Satz 1, § 18 Absatz 2 Satz 1, § 18a Absatz 1, § 19 Absatz 1 Satz 1 und § 19a Absatz 1 des Aufenthaltsgesetzes,
   c) für eine Entscheidung über den Aufenthalt des Ausländers Angaben darüber, ob die in § 55 Abs. 2 Nr. 4 des Aufenthaltsgesetzes bezeichneten Voraussetzungen vorliegen, und
   d) durch die Jugendämter für die Entscheidung über den weiteren Aufenthalt oder die Beendigung des Aufenthaltes eines Ausländers, bei dem ein Ausweisungsgrund nach den §§ 53 bis 56 des Aufenthaltsgesetzes vorliegt, Angaben über das zu erwartende soziale Verhalten,
2. für die Erfüllung der in § 87 Abs. 2 des Aufenthaltsgesetzes bezeichneten Mitteilungspflichten oder
3. für die Erfüllung der in § 99 Absatz 1 Nummer 14 Buchstabe d, f und j des Aufenthaltsgesetzes bezeichneten Mitteilungspflichten, wenn die Mitteilung die Erteilung, den Widerruf oder Beschränkungen der Zustimmung nach § 4 Abs. 2

Satz 3, § 17 Satz 1, § 18 Absatz 2 Satz 1, § 18a Absatz 1, § 19 Absatz 1 Satz 1 und § 19a Absatz 1 des Aufenthaltsgesetzes oder eines Versicherungsschutzes oder die Gewährung von Leistungen zur Sicherung des Lebensunterhalts nach dem Zweiten Buch betrifft.

2Daten über die Gesundheit eines Ausländers dürfen nur übermittelt werden,

1. wenn der Ausländer die öffentliche Gesundheit gefährdet und besondere Schutzmaßnahmen zum Ausschluss der Gefährdung nicht möglich sind oder von dem Ausländer nicht eingehalten werden oder
2. soweit sie für die Feststellung erforderlich sind, ob die Voraussetzungen des § 55 Abs. 2 Nr. 4 des Aufenthaltsgesetzes vorliegen.

(2a) Eine Übermittlung personenbezogener Daten eines Leistungsberechtigten nach § 1 des Asylbewerberleistungsgesetzes ist zulässig, soweit sie für die Durchführung des Asylbewerberleistungsgesetzes erforderlich ist.

(3) 1Eine Übermittlung von Sozialdaten ist auch zulässig, soweit es nach pflichtgemäßem Ermessen eines Leistungsträgers erforderlich ist, dem Betreuungsgericht die Bestellung eines Betreuers oder eine andere Maßnahme in Betreuungssachen zu ermöglichen. 2§ 7 des Betreuungsbehördengesetzes gilt entsprechend.

§ 72 Übermittlung für den Schutz der inneren und äußeren Sicherheit

(1) 1Eine Übermittlung von Sozialdaten ist zulässig, soweit sie im Einzelfall für die rechtmäßige Erfüllung der in der Zuständigkeit der Behörden für Verfassungsschutz, des Bundesnachrichtendienstes, des Militärischen Abschirmdienstes und des Bundeskriminalamtes liegenden Aufgaben erforderlich ist. 2Die Übermittlung ist auf Angaben über Name und Vorname sowie früher geführte Namen, Geburtsdatum, Geburtsort, derzeitige und frühere Anschriften des Betroffenen sowie Namen und Anschriften seiner derzeitigen und früheren Arbeitgeber beschränkt.

(2) 1Über die Erforderlichkeit des Übermittlungsersuchens entscheidet ein vom Leiter der ersuchenden Stelle bestimmter Beauftragter, der die Befähigung zum Richteramt haben oder die Voraussetzungen des § 110 des Deutschen Richtergesetzes erfüllen soll. 2Wenn eine oberste Bundes- oder Landesbehörde für die Aufsicht über die ersuchende Stelle zuständig ist, ist sie über die gestellten Übermittlungsersuchen zu unterrichten. 3Bei der ersuchten Stelle entscheidet über das Übermittlungsersuchen der Behördenleiter oder sein allgemeiner Stellvertreter.

§ 73 Übermittlung für die Durchführung eines Strafverfahrens

(1) Eine Übermittlung von Sozialdaten ist zulässig, soweit sie zur Durchführung eines Strafverfahrens wegen eines Verbrechens oder wegen einer sonstigen Straftat von erheblicher Bedeutung erforderlich ist.

(2) Eine Übermittlung von Sozialdaten zur Durchführung eines Strafverfahrens wegen einer anderen Straftat ist zulässig, soweit die Übermittlung auf die in § 72 Abs. 1 Satz 2 genannten Angaben und die Angaben über erbrachte oder demnächst zu erbringende Geldleistungen beschränkt ist.

(3) Die Übermittlung nach den Absätzen 1 und 2 ordnet der Richter an.

§ 74 Übermittlung bei Verletzung der Unterhaltspflicht und beim Versorgungsausgleich

(1) 1Eine Übermittlung von Sozialdaten ist zulässig, soweit sie erforderlich ist

1. für die Durchführung
   a) eines gerichtlichen Verfahrens oder eines Vollstreckungsverfahrens wegen eines gesetzlichen oder vertraglichen Unterhaltsanspruchs oder eines an seine Stelle getretenen Ersatzanspruchs oder
   b) eines Verfahrens über den Versorgungsausgleich nach § 220 des Gesetzes über das Verfahren in Familiensachen und in den Angelegenheiten der freiwilligen Gerichtsbarkeit oder
2. für die Geltendmachung

a) eines gesetzlichen oder vertraglichen Unterhaltsanspruchs außerhalb eines Verfahrens nach Nummer 1 Buchstabe a, soweit der Betroffene nach den Vorschriften des bürgerlichen Rechts, insbesondere nach § 1605 oder nach § 1361 Absatz 4 Satz 4, § 1580 Satz 2, § 1615a oder § 1615l Absatz 3 Satz 1 in Verbindung mit § 1605 des Bürgerlichen Gesetzbuchs, zur Auskunft verpflichtet ist, oder
b) eines Ausgleichsanspruchs im Rahmen des Versorgungsausgleichs außerhalb eines Verfahrens nach Nummer 1 Buchstabe b, soweit der Betroffene nach § 4 Absatz 1 Satz 1 des Versorgungsausgleichsgesetzes zur Auskunft verpflichtet ist, oder

3. für die Anwendung der Öffnungsklausel des § 22 Nummer 1 Satz 3 Buchstabe a Doppelbuchstabe bb Satz 2 des Einkommensteuergesetzes auf eine im Versorgungsausgleich auf die ausgleichsberechtigte Person übertragene Rentenanwartschaft, soweit die ausgleichspflichtige Person nach § 22 Nummer 1 Satz 3 Buchstabe a Doppelbuchstabe bb Satz 2 des Einkommensteuergesetzes in Verbindung mit § 4 Absatz 1 des Versorgungsausgleichsgesetzes zur Auskunft verpflichtet ist.

$_2$In den Fällen der Nummern 2 und 3 ist eine Übermittlung nur zulässig, wenn der Auskunftspflichtige seine Pflicht, nachdem er unter Hinweis auf die in diesem Buch enthaltene Übermittlungsbefugnis der in § 35 des Ersten Buches genannten Stellen gemahnt wurde, innerhalb angemessener Frist, nicht oder nicht vollständig erfüllt hat. $_3$Diese Stellen dürfen die Anschrift des Auskunftspflichtigen zum Zwecke der Mahnung übermitteln.

(2) Eine Übermittlung von Sozialdaten durch die Träger der gesetzlichen Rentenversicherung und durch die Träger der Grundsicherung für Arbeitsuchende ist auch zulässig, soweit sie für die Erfüllung der nach § 5 des Auslandsunterhaltsgesetzes der zentralen Behörde (§ 4 des Auslandsunterhaltsgesetzes) obliegenden Aufgaben und zur Erreichung der in den §§ 16 und 17 des Auslandsunterhaltsgesetzes bezeichneten Zwecke erforderlich ist.

§ 74a Übermittlung zur Durchsetzung öffentlich-rechtlicher Ansprüche und im Vollstreckungsverfahren

(1) $_1$Zur Durchsetzung von öffentlich-rechtlichen Ansprüchen in Höhe von mindestens 500 Euro dürfen im Einzelfall auf Ersuchen Name, Vorname, Geburtsdatum, Geburtsort, derzeitige Anschrift des Betroffenen, sein derzeitiger oder zukünftiger Aufenthaltsort sowie Namen, Vornamen oder Firma und Anschriften seiner derzeitigen Arbeitgeber übermittelt werden, soweit kein Grund zu der Annahme besteht, dass dadurch schutzwürdige Interessen des Betroffenen beeinträchtigt werden, und wenn das Ersuchen nicht länger als sechs Monate zurückliegt. $_2$Die ersuchte Stelle ist über § 4 Abs. 3 hinaus zur Übermittlung auch dann nicht verpflichtet, wenn sich die ersuchende Stelle die Angaben auf andere Weise beschaffen kann. $_3$Satz 2 findet keine Anwendung, wenn das Amtshilfeersuchen zur Durchführung einer Vollstreckung nach § 66 erforderlich ist.

(2) $_1$Zur Durchführung eines Vollstreckungsverfahrens, dem zu vollstreckende Ansprüche von mindestens 500 Euro zugrunde liegen, dürfen die Träger der gesetzlichen Rentenversicherung im Einzelfall auf Ersuchen des Gerichtsvollziehers die derzeitige Anschrift des Betroffenen, seinen derzeitigen oder zukünftigen Aufenthaltsort sowie Namen, Vornamen oder Firma und Anschriften seiner derzeitigen Arbeitgeber übermitteln, soweit kein Grund zu der Annahme besteht, dass dadurch schutzwürdige Interessen des Betroffenen beeinträchtigt werden und das Ersuchen nicht länger als sechs Monate zurückliegt. $_2$Die Träger der gesetzlichen Rentenversicherung sind über § 4 Abs. 3 hinaus zur Übermittlung auch dann nicht verpflichtet, wenn sich die ersuchende Stelle die Angaben auf andere Weise beschaffen kann. $_3$Die Übermittlung ist nur zulässig, wenn

X

1. der Schuldner seiner Pflicht zur Abgabe der Vermögensauskunft nach § 802c der Zivilprozessordnung nicht nachkommt,
2. bei einer Vollstreckung in die in der Vermögensauskunft aufgeführten Vermögensgegenstände eine vollständige Befriedigung des Gläubigers voraussichtlich nicht zu erwarten wäre oder
3. die Anschrift oder der derzeitige oder zukünftige Aufenthaltsort des Schuldners trotz Anfrage bei der Meldebehörde nicht bekannt ist.

$_{4}$Der Gerichtsvollzieher hat in seinem Ersuchen zu bestätigen, dass diese Voraussetzungen vorliegen.

§ 75 Übermittlung von Sozialdaten für die Forschung und Planung

(1) $_{1}$Eine Übermittlung von Sozialdaten ist zulässig, soweit sie erforderlich ist für ein bestimmtes Vorhaben

1. der wissenschaftlichen Forschung im Sozialleistungsbereich oder der wissenschaftlichen Arbeitsmarkt- und Berufsforschung oder
2. der Planung im Sozialleistungsbereich durch eine öffentliche Stelle im Rahmen ihrer Aufgaben

und schutzwürdige Interessen des Betroffenen nicht beeinträchtigt werden oder das öffentliche Interesse an der Forschung oder Planung das Geheimhaltungsinteresse des Betroffenen erheblich überwiegt. $_{2}$Eine Übermittlung ohne Einwilligung des Betroffenen ist nicht zulässig, soweit es zumutbar ist, die Einwilligung des Betroffenen nach § 67b einzuholen. $_{3}$Angaben über den Familien- und Vornamen, die Anschrift, die Telefonnummer sowie die für die Einleitung eines Vorhabens nach Satz 1 zwingend erforderlichen Strukturmerkmale des Betroffenen können für Befragungen auch ohne Einwilligungen übermittelt werden.

(2) $_{1}$Die Übermittlung bedarf der vorherigen Genehmigung durch die oberste Bundes- oder Landesbehörde, die für den Bereich, aus dem die Daten herrühren, zuständig ist. $_{2}$Die oberste Bundesbehörde kann das Genehmigungsverfahren bei Anträgen von Versicherungsträgern nach § 1 Absatz 1 Satz 1 des Vierten Buches auf das Bundesversicherungsamt übertragen. $_{3}$Die Genehmigung darf im Hinblick auf die Wahrung des Sozialgeheimnisses nur versagt werden, wenn die Voraussetzungen des Absatzes 1 nicht vorliegen. $_{4}$Sie muss

1. den Dritten, an den die Daten übermittelt werden,
2. die Art der zu übermittelnden Sozialdaten und den Kreis der Betroffenen,
3. die wissenschaftliche Forschung oder die Planung, zu der die übermittelten Sozialdaten verwendet werden dürfen, und
4. den Tag, bis zu dem die übermittelten Sozialdaten aufbewahrt werden dürfen,

genau bezeichnen und steht auch ohne besonderen Hinweis unter dem Vorbehalt der nachträglichen Aufnahme, Änderung oder Ergänzung einer Auflage.

(3) Wird die Übermittlung von Daten an nichtöffentliche Stellen genehmigt, hat die genehmigende Stelle durch Auflagen sicherzustellen, dass die der Genehmigung durch Absatz 1 gesetzten Grenzen beachtet und die Daten nur für den Übermittlungszweck gespeichert, verändert oder genutzt werden.

(4) Ist der Dritte, an den Daten übermittelt werden, eine nicht öffentliche Stelle, gilt § 38 des Bundesdatenschutzgesetzes mit der Maßgabe, dass die Kontrolle auch erfolgen kann, wenn die Daten nicht automatisiert oder nicht in nicht automatisierten Dateien verarbeitet oder genutzt werden.

§ 76 Einschränkung der Übermittlungsbefugnis bei besonders schutzwürdigen Sozialdaten

(1) Die Übermittlung von Sozialdaten, die einer in § 35 des Ersten Buches genannten Stelle von einem Arzt oder einer anderen in § 203 Abs. 1 und 3 des Strafgesetzbuches genannten Person zugänglich gemacht worden sind, ist nur unter den Voraussetzungen zulässig, unter denen diese Person selbst übermittlungsbefugt wäre.

(2) Absatz 1 gilt nicht

1. im Rahmen des § 69 Abs. 1 Nr. 1 und 2 für Sozialdaten, die im Zusammenhang mit einer Begutachtung wegen der Erbringung von Sozialleistungen oder wegen der Ausstellung einer Bescheinigung übermittelt worden sind, es sei denn, dass der Betroffene der Übermittlung widerspricht; der Betroffene ist von der verantwortlichen Stelle zu Beginn des Verwaltungsverfahrens in allgemeiner Form schriftlich auf das Widerspruchsrecht hinzuweisen,
2. im Rahmen des § 69 Abs. 4 und 5 und des § 71 Abs. 1 Satz 3,
3. im Rahmen des § 94 Abs. 2 Satz 2 des Elften Buches Sozialgesetzbuch.

(3) Ein Widerspruchsrecht besteht nicht in den Fällen des § 279 Abs. 5 in Verbindung mit § 275 Abs. 1 bis 3 des Fünften Buches.

§ 77 Übermittlung ins Ausland und an über- oder zwischenstaatliche Stellen

(1) 1Die Übermittlung von Sozialdaten an Personen oder Stellen in anderen Mitgliedstaaten der Europäischen Union oder in anderen Vertragsstaaten des Abkommens über den Europäischen Wirtschaftsraum oder an Stellen der Organe und Einrichtungen der Europäischen Gemeinschaften ist zulässig, soweit

1. dies für die Erfüllung einer gesetzlichen Aufgabe der in § 35 des Ersten Buches genannten übermittelnden Stelle nach diesem Gesetzbuch oder zur Erfüllung einer solchen Aufgabe von ausländischen Stellen erforderlich ist, soweit diese Aufgaben wahrnehmen, die denen der in § 35 des Ersten Buches genannten Stellen entsprechen,
2. die Voraussetzungen des § 69 Abs. 1 Nr. 3 oder des § 70 oder einer Übermittlungsvorschrift nach dem Dritten Buch oder dem Arbeitnehmerüberlassungsgesetz vorliegen und die Aufgaben der ausländischen Stelle den in diesen Vorschriften genannten entsprechen oder
3. die Voraussetzungen des § 74 vorliegen und die gerichtlich geltend gemachten Ansprüche oder die Rechte des Empfängers den in dieser Vorschrift genannten entsprechen.

2Die Übermittlung von Sozialdaten unterbleibt, soweit sie zu den in Artikel 6 des Vertrages über die Europäische Union enthaltenen Grundsätzen in Widerspruch stünde.

(2) 1Absatz 1 gilt entsprechend für die Übermittlung an Personen oder Stellen in einem Drittstaat sowie an über- oder zwischenstaatliche Stellen, wenn der Drittstaat oder die über- oder zwischenstaatliche Stelle ein angemessenes Datenschutzniveau gewährleistet. 2Die Angemessenheit des Datenschutzniveaus wird unter Berücksichtigung aller Umstände beurteilt, die bei einer Datenübermittlung oder einer Kategorie von Datenübermittlungen von Bedeutung sind; insbesondere können die Art der Sozialdaten, die Zweckbestimmung, die Dauer der geplanten Verarbeitung, das Herkunfts- und das Endbestimmungsland, die für den betreffenden Empfänger geltenden Standesregeln und Sicherheitsmaßnahmen herangezogen werden. 3Bis zur Feststellung der Kommission der Europäischen Gemeinschaften entscheidet das Bundesversicherungsamt, ob ein angemessenes Datenschutzniveau gewährleistet ist.

(3) Eine Übermittlung von Sozialdaten an Personen oder Stellen im Ausland oder an über- oder zwischenstaatliche Stellen ist auch zulässig, wenn

1. der Betroffene seine Einwilligung gegeben hat,
2. die Übermittlung in Anwendung zwischenstaatlicher Übereinkommen auf dem Gebiet der sozialen Sicherheit erfolgt oder
3. die Voraussetzungen des § 69 Abs. 1 Nr. 2 oder des § 73 vorliegen, die Aufgaben der ausländischen Stelle den in diesen Vorschriften genannten entsprechen und der ausländische Staat oder die über- oder zwischenstaatliche Stelle ein angemessenes Datenschutzniveau (Absatz 2) gewährleistet; für die Anordnung einer Übermittlung nach § 73 ist ein Gericht im Inland zuständig.

Die Übermittlung ist nur zulässig, soweit der Betroffene kein schutzwürdiges Interesse an dem Ausschluss der Übermittlung hat.

(4) Gewährleistet der Drittstaat oder die über- oder zwischenstaatliche Stelle ein angemessenes Datenschutzniveau (Absatz 2) nicht, ist die Übermittlung von Sozialdaten an die Stelle im Drittstaat oder die über- oder zwischenstaatliche Stelle auch zulässig, soweit die Voraussetzungen des § 69 Abs. 1 Nr. 1 und 2, des § 70 oder einer Übermittlungsvorschrift nach dem Dritten Buch oder dem Arbeitnehmerüberlassungsgesetz vorliegen und der Betroffene kein schutzwürdiges Interesse an dem Ausschluss der Übermittlung hat.

(5) Die Stelle, an die die Sozialdaten übermittelt werden, ist auf den Zweck hinzuweisen, zu dessen Erfüllung die Sozialdaten übermittelt werden.

(6) Das Bundesversicherungsamt unterrichtet das Bundesministerium des Innern über Drittstaaten und über- oder zwischenstaatliche Stellen, die kein angemessenes Datenschutzniveau gewährleisten.

§ 78 Zweckbindung und Geheimhaltungspflicht eines Dritten, an den Daten übermittelt werden

(1) 1Personen oder Stellen, die nicht in § 35 des Ersten Buches genannt und denen Sozialdaten übermittelt worden sind, dürfen diese nur zu dem Zweck verarbeiten oder nutzen, zu dem sie ihnen befugt übermittelt worden sind. 2Die Dritten haben die Daten in demselben Umfang geheim zu halten wie die in § 35 des Ersten Buches genannten Stellen. 3Sind Sozialdaten an Gerichte oder Staatsanwaltschaften übermittelt worden, dürfen diese gerichtliche Entscheidungen, die Sozialdaten enthalten, weiter übermitteln, wenn eine in § 35 des Ersten Buches genannte Stelle zur Übermittlung an den weiteren Dritten befugt wäre. 4Abweichend von Satz 3 ist eine Übermittlung nach § 115 des Bundesbeamtengesetzes und nach Vorschriften, die auf diese Vorschrift verweisen, zulässig. 5Sind Sozialdaten an Polizeibehörden, Staatsanwaltschaften, Gerichte oder Behörden der Gefahrenabwehr übermittelt worden, dürfen diese die Daten unabhängig vom Zweck der Übermittlung sowohl für Zwecke der Gefahrenabwehr als auch für Zwecke der Strafverfolgung und der Strafvollstreckung verarbeiten und nutzen.

(2) Werden Daten an eine nicht-öffentliche Stelle übermittelt, so sind die dort beschäftigten Personen, welche diese Daten verarbeiten oder nutzen, von dieser Stelle vor, spätestens bei der Übermittlung auf die Einhaltung der Pflichten nach Absatz 1 hinzuweisen.

(3) 1Ergibt sich im Rahmen eines Vollstreckungsverfahrens nach § 66 die Notwendigkeit, dass eine Strafanzeige zum Schutz des Vollstreckungsbeamten erforderlich ist, so dürfen die zum Zwecke der Vollstreckung übermittelten Sozialdaten auch zum Zweck der Strafverfolgung verarbeitet oder genutzt werden, soweit dies erforderlich ist. 2Das Gleiche gilt auch für die Klärung von Fragen im Rahmen eines Disziplinarverfahrens.

(4) Sind Sozialdaten an Gerichte oder Staatsanwaltschaften für die Durchführung eines Straf- oder Bußgeldverfahrens übermittelt worden, so dürfen sie nach Maßgabe der §§ 476, 487 Abs. 4 der Strafprozessordnung und der §§ 49b und 49c Abs. 1 des Gesetzes über Ordnungswidrigkeiten für Zwecke der wissenschaftlichen Forschung verarbeitet oder genutzt werden.

Dritter Abschnitt
Organisatorische Vorkehrungen zum Schutz der Sozialdaten, besondere Datenverarbeitungsarten

§ 78a Technische und organisatorische Maßnahmen

1Die in § 35 des Ersten Buches genannten Stellen, die selbst oder im Auftrag Sozialdaten erheben, verarbeiten oder nutzen, haben die technischen und organisatorischen Maßnahmen einschließlich der Dienstanweisungen zu treffen, die erforderlich sind, um die Ausführung der Vorschriften dieses Gesetzbuches, insbesondere die in der Anlage zu dieser Vorschrift genannten Anforderungen, zu gewährleisten. $_{2}$Maßnahmen sind nicht erforderlich, wenn ihr Aufwand in keinem angemessenen Verhältnis zu dem angestrebten Schutzzweck steht.

§ 78b Datenvermeidung und Datensparsamkeit

$_{1}$Gestaltung und Auswahl von Datenverarbeitungssystemen haben sich an dem Ziel auszurichten, keine oder so wenig Sozialdaten wie möglich zu erheben, zu verarbeiten oder zu nutzen. $_{2}$Insbesondere ist von den Möglichkeiten der Anonymisierung und Pseudonymisierung Gebrauch zu machen, soweit dies möglich ist und der Aufwand in einem angemessenen Verhältnis zu dem angestrebten Schutzzweck steht.

§ 78c Datenschutzaudit

$_{1}$Zur Verbesserung des Datenschutzes und der Datensicherheit können Anbieter von Datenverarbeitungssystemen und -programmen und datenverarbeitende Stellen ihr Datenschutzkonzept sowie ihre technischen Einrichtungen durch unabhängige und zugelassene Gutachter prüfen und bewerten lassen sowie das Ergebnis der Prüfung veröffentlichen. $_{2}$Die näheren Anforderungen an die Prüfung und Bewertung, das Verfahren sowie die Auswahl und Zulassung der Gutachter werden durch besonderes Gesetz geregelt. $_{3}$Die Sätze 1 und 2 gelten nicht für öffentliche Stellen der Länder mit Ausnahme der Sozialversicherungsträger und ihrer Verbände.

§ 79 Einrichtung automatisierter Abrufverfahren

(1) $_{1}$Die Einrichtung eines automatisierten Verfahrens, das die Übermittlung von Sozialdaten durch Abruf ermöglicht, ist zwischen den in § 35 des Ersten Buches genannten Stellen sowie mit der Deutschen Rentenversicherung Bund als zentraler Stelle zur Erfüllung ihrer Aufgaben nach § 91 Abs. 1 Satz 1 des Einkommensteuergesetzes und der Deutschen Rentenversicherung Knappschaft-Bahn-See, soweit sie bei geringfügig Beschäftigten Aufgaben nach dem Einkommensteuergesetz durchführt, zulässig, soweit dieses Verfahren unter Berücksichtigung der schutzwürdigen Interessen der Betroffenen wegen der Vielzahl der Übermittlungen oder wegen ihrer besonderen Eilbedürftigkeit angemessen ist und wenn die jeweiligen Aufsichtsbehörden die Teilnahme der unter ihrer Aufsicht stehenden Stellen genehmigt haben. $_{2}$Das Gleiche gilt gegenüber den in § 69 Abs. 2 und 3 genannten Stellen.

(1a) Die Einrichtung eines automatisierten Abrufverfahrens für eine Datei der Sozialversicherung für Landwirtschaft, Forsten und Gartenbau ist nur gegenüber den Trägern der gesetzlichen Rentenversicherung, der Deutschen Rentenversicherung Bund als zentraler Stelle zur Erfüllung ihrer Aufgaben nach § 91 Absatz 1 Satz 1 des Einkommensteuergesetzes, den Krankenkassen, der Bundesagentur für Arbeit und der Deutschen Post AG, soweit sie mit der Berechnung oder Auszahlung von Sozialleistungen betraut ist, zulässig; dabei dürfen auch Vermittlungsstellen eingeschaltet werden.

(2) $_{1}$Die beteiligten Stellen haben zu gewährleisten, dass die Zulässigkeit des Abrufverfahrens kontrolliert werden kann. $_{2}$Hierzu haben sie schriftlich festzulegen:

1. Anlass und Zweck des Abrufverfahrens,
2. Dritte, an die übermittelt wird,
3. Art der zu übermittelnden Daten,
4. nach § 78a erforderliche technische und organisatorische Maßnahmen.

(3) Über die Einrichtung von Abrufverfahren ist in Fällen, in denen die in § 35 des Ersten Buches genannten Stellen beteiligt sind, die der Kontrolle des Bundesbeauftragten für den Datenschutz unterliegen, dieser, sonst die nach Landesrecht für die Kontrolle des Datenschutzes zuständige Stelle rechtzeitig vorher unter Mitteilung der Festlegungen nach Absatz 2 zu unterrichten.

(4) $_{1}$Die Verantwortung für die Zulässigkeit des einzelnen Abrufs trägt der Dritte, an den übermittelt wird. $_{2}$Die speichernde Stelle prüft die Zulässigkeit der Abrufe nur, wenn dazu Anlass besteht. $_{3}$Sie hat mindestens bei jedem zehnten Abruf den Zeitpunkt, die abge-

rufenen Daten sowie Angaben zur Feststellung des Verfahrens und der für den Abruf verantwortlichen Personen zu protokollieren; die protokollierten Daten sind spätestens nach sechs Monaten zu löschen. $_4$Wird ein Gesamtbestand von Sozialdaten abgerufen oder übermittelt (Stapelverarbeitung), so bezieht sich die Gewährleistung der Feststellung und Überprüfung nur auf die Zulässigkeit des Abrufes oder der Übermittlung des Gesamtbestandes.

(5) Die Absätze 1 bis 4 gelten nicht für den Abruf aus Datenbeständen, die mit Einwilligung der Betroffenen angelegt werden und die jedermann, sei es ohne oder nach besonderer Zulassung, zur Benutzung offen stehen.

§ 80 Erhebung, Verarbeitung oder Nutzung von Sozialdaten im Auftrag

(1) $_1$Werden Sozialdaten im Auftrag durch andere Stellen erhoben, verarbeitet oder genutzt, ist der Auftraggeber für die Einhaltung der Vorschriften dieses Gesetzbuches und anderer Vorschriften über den Datenschutz verantwortlich. $_2$Die in den §§ 82 bis 84 genannten Rechte sind ihm gegenüber geltend zu machen.

(2) $_1$Eine Auftragserteilung für die Erhebung, Verarbeitung oder Nutzung von Sozialdaten ist nur zulässig, wenn der Datenschutz beim Auftragnehmer nach der Art der zu erhebenden, zu verarbeitenden oder zu nutzenden Daten den Anforderungen genügt, die für den Auftraggeber gelten. $_2$Der Auftrag ist schriftlich zu erteilen, wobei insbesondere im Einzelnen festzulegen sind:

1. der Gegenstand und die Dauer des Auftrags,
2. der Umfang, die Art und der Zweck der vorgesehenen Erhebung, Verarbeitung oder Nutzung von Daten, die Art der Daten und der Kreis der Betroffenen,
3. die nach § 78a zu treffenden technischen und organisatorischen Maßnahmen,
4. die Berichtigung, Löschung und Sperrung von Daten,
5. die bestehenden Pflichten des Auftragnehmers, insbesondere die von ihm vorzunehmenden Kontrollen,
6. die etwaige Berechtigung zur Begründung von Unterauftragsverhältnissen,
7. die Kontrollrechte des Auftraggebers und die entsprechenden Duldungs- und Mitwirkungspflichten des Auftragnehmers,
8. mitzuteilende Verstöße des Auftragnehmers oder der bei ihm beschäftigten Personen gegen Vorschriften zum Schutz von Sozialdaten oder gegen die im Auftrag getroffenen Festlegungen,
9. der Umfang der Weisungsbefugnisse, die sich der Auftraggeber gegenüber dem Auftragnehmer vorbehält,
10. die Rückgabe überlassener Datenträger und die Löschung beim Auftragnehmer gespeicherter Daten nach Beendigung des Auftrags.

$_3$Der Auftraggeber ist verpflichtet, erforderlichenfalls Weisungen zur Ergänzung der beim Auftragnehmer vorhandenen technischen und organisatorischen Maßnahmen zu erteilen. $_4$Der Auftraggeber hat sich vor Beginn der Datenverarbeitung und sodann regelmäßig von der Einhaltung der beim Auftragnehmer getroffenen technischen und organisatorischen Maßnahmen zu überzeugen. $_5$Das Ergebnis ist zu dokumentieren. $_6$Die Auftragserteilung an eine nicht-öffentliche Stelle setzt außerdem voraus, dass der Auftragnehmer dem Auftraggeber schriftlich das Recht eingeräumt hat,

1. Auskünfte bei ihm einzuholen,
2. während der Betriebs- oder Geschäftszeiten seine Grundstücke oder Geschäftsräume zu betreten und dort Besichtigungen und Prüfungen vorzunehmen und
3. geschäftliche Unterlagen sowie die gespeicherten Sozialdaten und Datenverarbeitungsprogramme einzusehen,

soweit es im Rahmen des Auftrags für die Überwachung des Datenschutzes erforderlich ist.

(3) $_1$Der Auftraggeber hat seiner Aufsichtsbehörde rechtzeitig vor der Auftragserteilung

1. den Auftragnehmer, die bei diesem vorhandenen technischen und organisatorischen Maßnahmen und ergänzenden Weisungen nach Absatz 2 Satz 2 und 3,
2. die Art der Daten, die im Auftrag erhoben, verarbeitet oder genutzt werden sollen, und den Kreis der Betroffenen,
3. die Aufgabe, zu deren Erfüllung die Erhebung, Verarbeitung oder Nutzung der Daten im Auftrag erfolgen soll, sowie
4. den Abschluss von etwaigen Unterauftragsverhältnissen

schriftlich anzuzeigen. 2Wenn der Auftragnehmer eine öffentliche Stelle ist, hat er auch schriftliche Anzeige an seine Aufsichtsbehörde zu richten.

(4) Der Auftragnehmer darf die zur Datenverarbeitung überlassenen Sozialdaten nicht für andere Zwecke verarbeiten oder nutzen und nicht länger speichern, als der Auftraggeber schriftlich bestimmt.

(5) 1Die Erhebung, Verarbeitung oder Nutzung von Sozialdaten im Auftrag durch nicht-öffentliche Stellen ist nur zulässig, wenn

1. beim Auftraggeber sonst Störungen im Betriebsablauf auftreten können oder
2. die übertragenen Arbeiten beim Auftragnehmer erheblich kostengünstiger besorgt werden können und der Auftrag nicht die Speicherung des gesamten Datenbestandes des Auftraggebers umfasst. Der überwiegende Teil der Speicherung des gesamten Datenbestandes muss beim Auftraggeber oder beim Auftragnehmer, der eine öffentliche Stelle ist, und die Daten zur weiteren Datenverarbeitung im Auftrag an nicht-öffentliche Auftragnehmer weitergibt, verbleiben.

(6) 1Ist der Auftragnehmer eine in § 35 des Ersten Buches genannte Stelle, gelten neben den §§ 85 und 85a nur § 4g Abs. 2, § 18 Abs. 2 und die §§ 24 bis 26 des Bundesdatenschutzgesetzes. 2Bei den in § 35 des Ersten Buches genannten Stellen, die nicht solche des Bundes sind, treten anstelle des Bundesbeauftragten für den Datenschutz insoweit die Landesbeauftragten für den Datenschutz. 3Ihre Aufgaben und Befugnisse richten sich nach dem jeweiligen Landesrecht. 4Ist der Auftragnehmer eine nicht-öffentliche Stelle, kontrolliert die Einhaltung der Absätze 1 bis 5 die nach Landesrecht zuständige Aufsichtsbehörde. 5Bei öffentlichen Stellen der Länder, die nicht Sozialversicherungsträger oder deren Verbände sind, gelten die landesrechtlichen Vorschriften über Verzeichnisse der eingesetzten Datenverarbeitungsanlagen und Dateien.

(7) 1Die Absätze 1, 2, 4 und 6 gelten entsprechend, wenn die Prüfung oder Wartung automatisierter Verfahren oder von Datenverarbeitungsanlagen durch andere Stellen im Auftrag vorgenommen wird und dabei ein Zugriff auf Sozialdaten nicht ausgeschlossen werden kann. 2Verträge über Wartungsarbeiten sind in diesem Falle rechtzeitig vor der Auftragserteilung der Aufsichtsbehörde mitzuteilen; sind Störungen im Betriebsablauf zu erwarten oder bereits eingetreten, ist der Vertrag unverzüglich mitzuteilen.

Vierter Abschnitt
Rechte des Betroffenen, Datenschutzbeauftragte und Schlussvorschriften

§ 81 Rechte des Einzelnen, Datenschutzbeauftragte

(1) Ist jemand der Ansicht, bei der Erhebung, Verarbeitung oder Nutzung seiner personenbezogenen Sozialdaten in seinen Rechten verletzt worden zu sein, kann er sich

1. an den Bundesbeauftragten für den Datenschutz wenden, wenn er eine Verletzung seiner Rechte durch eine in § 35 des Ersten Buches genannten Stelle des Bundes bei der Wahrnehmung von Aufgaben nach diesem Gesetzbuch behauptet,
2. an die nach Landesrecht für die Kontrolle des Datenschutzes zuständigen Stellen wenden, wenn er die Verletzung seiner Rechte durch eine andere in § 35 des Ersten Buches genannte Stelle bei der Wahrnehmung von Aufgaben nach diesem Gesetzbuch behauptet.

(2) 1Bei der Wahrnehmung von Aufgaben nach diesem Gesetzbuch gelten für die in § 35

des Ersten Buches genannten Stellen die §§ 24 bis 26 des Bundesdatenschutzgesetzes. $_{2}$Bei öffentlichen Stellen der Länder, die unter § 35 des Ersten Buches fallen, treten an die Stelle des Bundesbeauftragten für den Datenschutz die Landesbeauftragten für den Datenschutz. $_{3}$Ihre Aufgaben und Befugnisse richten sich nach dem jeweiligen Landesrecht.

(3) $_{1}$Verbände und Arbeitsgemeinschaften der in § 35 des Ersten Buches genannten Stellen oder ihrer Verbände gelten, soweit sie Aufgaben nach diesem Gesetzbuch wahrnehmen und an ihnen Stellen des Bundes beteiligt sind, unbeschadet ihrer Rechtsform als öffentliche Stellen des Bundes, wenn sie über den Bereich eines Landes hinaus tätig werden, anderenfalls als öffentliche Stellen der Länder. $_{2}$Sonstige Einrichtungen der in § 35 des Ersten Buches genannten Stellen oder ihrer Verbände gelten als öffentliche Stellen des Bundes, wenn die absolute Mehrheit der Anteile oder der Stimmen einer oder mehrerer öffentlicher Stellen dem Bund zusteht, anderenfalls als öffentliche Stellen der Länder. $_{3}$Die Datenstelle der Träger der Rentenversicherung nach § 145 Abs. 1 des Sechsten Buches gilt als öffentliche Stelle des Bundes.

(4) $_{1}$Auf die in § 35 des Ersten Buches genannten Stellen und die Vermittlungsstellen nach § 67d Abs. 4 sind die §§ 4f, 4g mit Ausnahme des Absatzes 3 sowie § 18 Abs. 2 des Bundesdatenschutzgesetzes entsprechend anzuwenden. $_{2}$In räumlich getrennten Organisationseinheiten ist sicherzustellen, dass der Beauftragte für den Datenschutz bei der Erfüllung seiner Aufgaben unterstützt wird. $_{3}$Die Sätze 1 und 2 gelten nicht für öffentliche Stellen der Länder mit Ausnahme der Sozialversicherungsträger und ihrer Verbände. $_{4}$Absatz 2 Satz 2 und 3 gilt entsprechend.

§ 82 Schadensersatz

$_{1}$Fügt eine in § 35 des Ersten Buches genannte Stelle dem Betroffenen durch eine nach diesem Gesetzbuch oder nach anderen Vorschriften über den Datenschutz unzulässige oder unrichtige Erhebung, Verarbeitung oder Nutzung seiner personenbezogenen Sozialdaten einen Schaden zu, ist § 7 des Bundesdatenschutzgesetzes entsprechend anzuwenden. $_{2}$Für den Ersatz des Schadens bei unzulässiger oder unrichtiger automatisierter Erhebung, Verarbeitung oder Nutzung von personenbezogenen Sozialdaten gilt auch § 8 des Bundesdatenschutzgesetzes entsprechend.

§ 83 Auskunft an den Betroffenen

(1) $_{1}$Dem Betroffenen ist auf Antrag Auskunft zu erteilen über

1. die zu seiner Person gespeicherten Sozialdaten, auch soweit sie sich auf die Herkunft dieser Daten beziehen,
2. die Empfänger oder Kategorien von Empfängern, an die Daten weitergegeben werden, und
3. den Zweck der Speicherung.

$_{2}$In dem Antrag soll die Art der Sozialdaten, über die Auskunft erteilt werden soll, näher bezeichnet werden. $_{3}$Sind die Sozialdaten nicht automatisiert oder nicht in nicht automatisierten Dateien gespeichert, wird die Auskunft nur erteilt, soweit der Betroffene Angaben macht, die das Auffinden der Daten ermöglichen, und der für die Erteilung der Auskunft erforderliche Aufwand nicht außer Verhältnis zu dem vom Betroffenen geltend gemachten Informationsinteresse steht. $_{4}$Die verantwortliche Stelle bestimmt das Verfahren, insbesondere die Form der Auskunftserteilung, nach pflichtgemäßem Ermessen. $_{5}$§ 25 Abs. 2 gilt entsprechend.

(2) Für Sozialdaten, die nur deshalb gespeichert sind, weil sie auf Grund gesetzlicher, satzungsmäßiger oder vertraglicher Aufbewahrungsvorschriften nicht gelöscht werden dürfen, oder die ausschließlich Zwecken der Datensicherung oder der Datenschutzkontrolle dienen, gilt Absatz 1 nicht, wenn eine Auskunftserteilung einen unverhältnismäßigen Aufwand erfordern würde.

(3) Bezieht sich die Auskunftserteilung auf die Übermittlung von Sozialdaten an Staatsanwaltschaften und Gerichte im Bereich der Strafverfolgung, an Polizeibehörden, Verfas-

sungsschutzbehörden, den Bundesnachrichtendienst und den Militärischen Abschirmdienst, ist sie nur mit Zustimmung dieser Stellen zulässig.

(4) Die Auskunftserteilung unterbleibt, soweit

1. die Auskunft die ordnungsgemäße Erfüllung der in der Zuständigkeit der verantwortlichen Stelle liegenden Aufgaben gefährden würde,
2. die Auskunft die öffentliche Sicherheit gefährden oder sonst dem Wohle des Bundes oder eines Landes Nachteile bereiten würde oder
3. die Daten oder die Tatsache ihrer Speicherung nach einer Rechtsvorschrift oder ihrem Wesen nach, insbesondere wegen der überwiegenden berechtigten Interessen eines Dritten, geheim gehalten werden müssen,

und deswegen das Interesse des Betroffenen an der Auskunftserteilung zurücktreten muss.

(5) 1Die Ablehnung der Auskunftserteilung bedarf keiner Begründung, soweit durch die Mitteilung der tatsächlichen und rechtlichen Gründe, auf die die Entscheidung gestützt wird, der mit der Auskunftsverweigerung verfolgte Zweck gefährdet würde. 2In diesem Fall ist der Betroffene darauf hinzuweisen, dass er sich, wenn die in § 35 des Ersten Buches genannten Stellen der Kontrolle des Bundesbeauftragten für den Datenschutz unterliegen, an diesen, sonst an die nach Landesrecht für die Kontrolle des Datenschutzes zuständige Stelle wenden kann.

(6) Wird einem Auskunftsberechtigten keine Auskunft erteilt, so kann, soweit es sich um in § 35 des Ersten Buches genannte Stellen handelt, die der Kontrolle des Bundesbeauftragten für den Datenschutz unterliegen, dieser, sonst die nach Landesrecht für die Kontrolle des Datenschutzes zuständige Stelle auf Verlangen der Auskunftsberechtigten prüfen, ob die Ablehnung der Auskunftserteilung rechtmäßig war.

(7) Die Auskunft ist unentgeltlich.

§ 83a Informationspflicht bei unrechtmäßiger Kenntniserlangung von Sozialdaten

1Stellt eine in § 35 des Ersten Buches genannte Stelle fest, dass bei ihr gespeicherte besondere Arten personenbezogener Daten (§ 67 Absatz 12) unrechtmäßig übermittelt oder auf sonstige Weise Dritten unrechtmäßig zur Kenntnis gelangt sind und drohen schwerwiegende Beeinträchtigungen für die Rechte oder schutzwürdigen Interessen der Betroffenen, hat sie dies unverzüglich der nach § 90 des Vierten Buches zuständigen Aufsichtsbehörde, der zuständigen Datenschutzaufsichtsbehörde sowie den Betroffenen mitzuteilen. 2§ 42a Satz 2 bis 6 des Bundesdatenschutzgesetzes gilt entsprechend.

§ 84 Berichtigung, Löschung und Sperrung von Daten; Widerspruchsrecht

(1) 1Sozialdaten sind zu berichtigen, wenn sie unrichtig sind. 2Wird die Richtigkeit von Sozialdaten von dem Betroffenen bestritten und lässt sich weder die Richtigkeit noch die Unrichtigkeit der Daten feststellen, bewirkt dies keine Sperrung, soweit es um die Erfüllung sozialer Aufgaben geht; die ungeklärte Sachlage ist in geeigneter Weise festzuhalten. 3Die bestrittenen Daten dürfen nur mit einem Hinweis hierauf genutzt und übermittelt werden.

(1a) § 20 Abs. 5 des Bundesdatenschutzgesetzes gilt entsprechend.

(2) 1Sozialdaten sind zu löschen, wenn ihre Speicherung unzulässig ist. 2Sie sind auch zu löschen, wenn ihre Kenntnis für die verantwortliche Stelle zur rechtmäßigen Erfüllung der in ihrer Zuständigkeit liegenden Aufgaben nicht mehr erforderlich ist und kein Grund zu der Annahme besteht, dass durch die Löschung schutzwürdige Interessen des Betroffenen beeinträchtigt werden.

(3) An die Stelle einer Löschung tritt eine Sperrung, soweit

1. einer Löschung gesetzliche, satzungsmäßige oder vertragliche Aufbewahrungsfristen entgegenstehen,

2. Grund zu der Annahme besteht, dass durch eine Löschung schutzwürdige Interessen des Betroffenen beeinträchtigt würden, oder
3. eine Löschung wegen der besonderen Art der Speicherung nicht oder nicht mit angemessenem Aufwand möglich ist.

(4) Gesperrte Sozialdaten dürfen ohne Einwilligung des Betroffenen nur übermittelt oder genutzt werden, wenn
1. es zu wissenschaftlichen Zwecken, zur Behebung einer bestehenden Beweisnot oder aus sonstigen im überwiegenden Interesse der verantwortlichen Stelle oder eines Dritten liegenden Gründen unerlässlich ist und
2. die Sozialdaten hierfür übermittelt oder genutzt werden dürften, wenn sie nicht gesperrt wären.

(5) Von der Tatsache, dass Sozialdaten bestritten oder nicht mehr bestritten sind, von der Berichtigung unrichtiger Daten sowie der Löschung oder Sperrung wegen Unzulässigkeit der Speicherung sind die Stellen zu verständigen, denen im Rahmen einer Datenübermittlung diese Daten zur Speicherung weitergegeben worden sind, wenn dies keinen unverhältnismäßigen Aufwand erfordert und schutzwürdige Interessen des Betroffenen nicht entgegenstehen.

(6) § 71 Abs. 1 Satz 3 bleibt unberührt.

§ 84a Unabdingbare Rechte des Betroffenen

(1) Die Rechte des Betroffenen nach diesem Kapitel können nicht durch Rechtsgeschäft ausgeschlossen oder beschränkt werden.

X

(2) 1Sind die Daten des Betroffenen automatisiert oder in einer nicht automatisierten Datei gespeichert und sind mehrere Stellen speicherungsberechtigt, kann der Betroffene sich an jede dieser Stellen wenden, wenn er nicht in der Lage ist festzustellen, welche Stelle die Daten gespeichert hat. 2Diese ist verpflichtet, das Vorbringen des Betroffenen an die Stelle, die die Daten gespeichert hat, weiterzuleiten. 3Der Betroffene ist über die Weiterleitung und jene Stelle zu unterrichten.

§ 85 Bußgeldvorschriften

(1) Ordnungswidrig handelt, wer vorsätzlich oder fahrlässig
1. entgegen § 78 Abs. 1 Satz 1 Sozialdaten verarbeitet oder nutzt, wenn die Handlung nicht nach Absatz 2 Nr. 5 geahndet werden kann,

1a. entgegen § 80 Absatz 2 Satz 2 einen Auftrag nicht richtig, nicht vollständig oder nicht in der vorgeschriebenen Weise erteilt,

1b. entgegen § 80 Absatz 2 Satz 4 sich nicht vor Beginn der Datenverarbeitung von der Einhaltung der beim Auftragnehmer getroffenen technischen und organisatorischen Maßnahmen überzeugt,

2. entgegen § 80 Abs. 4, auch in Verbindung mit § 67d Abs. 4 Satz 2, Sozialdaten anderweitig verarbeitet, nutzt oder länger speichert oder
3. entgegen § 81 Abs. 4 Satz 1 dieses Gesetzes in Verbindung mit § 4f Abs. 1 Satz 1 oder 2 des Bundesdatenschutzgesetzes, diese jeweils auch in Verbindung mit § 4f Abs. 1 Satz 3 und 6 des Bundesdatenschutzgesetzes, einen Beauftragten für den Datenschutz nicht oder nicht rechtzeitig bestellt.

(2) Ordnungswidrig handelt, wer vorsätzlich oder fahrlässig
1. unbefugt Sozialdaten, die nicht allgemein zugänglich sind, erhebt oder verarbeitet,
2. unbefugt Sozialdaten, die nicht allgemein zugänglich sind, zum Abruf mittels automatisierten Verfahrens bereithält,
3. unbefugt Sozialdaten, die nicht allgemein zugänglich sind, abruft oder sich oder einem anderen aus automatisierten Verarbeitungen oder nicht automatisierten Dateien verschafft,
4. die Übermittlung von Sozialdaten, die nicht allgemein zugänglich sind, durch unrichtige Angaben erschleicht,
5. entgegen § 67c Abs. 5 Satz 1 oder § 78 Abs. 1 Satz 1 Sozialdaten für andere Zwecke nutzt, indem er sie an Dritte weitergibt oder

6. entgegen § 83a Satz 1 eine Mitteilung nicht, nicht richtig, nicht vollständig oder nicht rechtzeitig macht.

(3) 1Die Ordnungswidrigkeit kann im Falle des Absatzes 1 mit einer Geldbuße bis zu fünfzigtausend Euro, in den Fällen des Absatzes 2 mit einer Geldbuße bis zu dreihunderttausend Euro geahndet werden. 2Die Geldbuße soll den wirtschaftlichen Vorteil, den der Täter aus den Ordnungswidrigkeiten gezogen hat, übersteigen. 3Reichen die in Satz 1 genannten Beträge hierfür nicht aus, so können sie überschritten werden.

§ 85a Strafvorschriften

(1) Wer eine in § 85 Abs. 2 bezeichnete vorsätzliche Handlung gegen Entgelt oder in der Absicht, sich oder einen anderen zu bereichern oder einen anderen zu schädigen, begeht, wird mit Freiheitsstrafe bis zu zwei Jahren oder mit Geldstrafe bestraft.

(2) 1Die Tat wird nur auf Antrag verfolgt. 2Antragsberechtigt sind der Betroffene, die verantwortliche Stelle, der Bundesbeauftragte für den Datenschutz oder der zuständige Landesbeauftragte für den Datenschutz.

Drittes Kapitel Zusammenarbeit der Leistungsträger und ihre Beziehungen zu Dritten

Erster Abschnitt Zusammenarbeit der Leistungsträger untereinander und mit Dritten

Erster Titel Allgemeine Vorschriften

§ 86 Zusammenarbeit

Die Leistungsträger, ihre Verbände und die in diesem Gesetzbuch genannten öffentlich-rechtlichen Vereinigungen sind verpflichtet, bei der Erfüllung ihrer Aufgaben nach diesem Gesetzbuch eng zusammenzuarbeiten.

Zweiter Titel Zusammenarbeit der Leistungsträger untereinander

§ 87 Beschleunigung der Zusammenarbeit

(1) 1Ersucht ein Leistungsträger einen anderen Leistungsträger um Verrechnung mit einer Nachzahlung und kann er die Höhe des zu verrechnenden Anspruchs noch nicht bestimmen, ist der ersuchte Leistungsträger dagegen bereits in der Lage, die Nachzahlung zu erbringen, ist die Nachzahlung spätestens innerhalb von zwei Monaten nach Zugang des Verrechnungsersuchens zu leisten. 2Soweit die Nachzahlung nach Auffassung der beteiligten Leistungsträger die Ansprüche der ersuchenden Leistungsträger übersteigt, ist sie unverzüglich auszuzahlen.

(2) 1Ist ein Anspruch auf eine Geldleistung auf einen anderen Leistungsträger übergegangen und ist der Anspruchsübergang sowohl diesem als auch dem verpflichteten Leistungsträger bekannt, hat der verpflichtete Leistungsträger die Geldleistung nach Ablauf von zwei Monaten seit dem Zeitpunkt, in dem die Auszahlung frühestens möglich ist, an den Berechtigten auszuzahlen, soweit ihm bis zu diesem Zeitpunkt nicht bekannt ist, in welcher Höhe der Anspruch dem anderen Leistungsträger zusteht. 2Die Auszahlung hat gegenüber dem anderen Leistungsträger befreiende Wirkung. 3Absatz 1 Satz 2 gilt entsprechend.

§ 88 Auftrag

(1) 1Ein Leistungsträger (Auftraggeber) kann ihm obliegende Aufgaben durch einen anderen Leistungsträger oder seinen Verband (Beauftragter) mit dessen Zustimmung wahrnehmen lassen, wenn dies

1. wegen des sachlichen Zusammenhangs der Aufgaben vom Auftraggeber und Beauftragten,
2. zur Durchführung der Aufgaben und
3. im wohlverstandenen Interesse der Betroffenen

zweckmäßig ist. 2Satz 1 gilt nicht im Recht der Ausbildungsförderung, der Kriegsopferfürsor-

X

ge, des Kindergelds, der Unterhaltsvorschüsse und Unterhaltsausfallleistungen, im Wohngeldrecht sowie im Recht der Jugendhilfe und der Sozialhilfe.

(2) $_{1}$Der Auftrag kann für Einzelfälle sowie für gleichartige Fälle erteilt werden. $_{2}$Ein wesentlicher Teil des gesamten Aufgabenbereichs muss beim Auftraggeber verbleiben.

(3) $_{1}$Verbände dürfen Verwaltungsakte nur erlassen, soweit sie hierzu durch Gesetz oder auf Grund eines Gesetzes berechtigt sind. $_{2}$Darf der Verband Verwaltungsakte erlassen, ist die Berechtigung in der für die amtlichen Veröffentlichungen des Verbands sowie der Mitglieder vorgeschriebenen Weise bekannt zu machen.

(4) Der Auftraggeber hat einen Auftrag für gleichartige Fälle in der für seine amtlichen Veröffentlichungen vorgeschriebenen Weise bekannt zu machen.

§ 89 Ausführung des Auftrags

(1) Verwaltungsakte, die der Beauftragte zur Ausführung des Auftrags erlässt, ergehen im Namen des Auftraggebers.

(2) Durch den Auftrag wird der Auftraggeber nicht von seiner Verantwortung gegenüber dem Betroffenen entbunden.

(3) Der Beauftragte hat dem Auftraggeber die erforderlichen Mitteilungen zu machen, auf Verlangen über die Ausführung des Auftrags Auskunft zu erteilen und nach der Ausführung des Auftrags Rechenschaft abzulegen.

(4) Der Auftraggeber ist berechtigt, die Ausführung des Auftrags jederzeit zu prüfen.

(5) Der Auftraggeber ist berechtigt, den Beauftragten an seine Auffassung zu binden.

§ 90 Anträge und Widerspruch beim Auftrag

$_{1}$Der Beteiligte kann auch beim Beauftragten Anträge stellen. $_{2}$Erhebt der Beteiligte gegen eine Entscheidung des Beauftragten Widerspruch und hilft der Beauftragte diesem nicht ab, erlässt den Widerspruchsbescheid die für den Auftraggeber zuständige Widerspruchsstelle.

§ 91 Erstattung von Aufwendungen

(1) $_{1}$Erbringt ein Beauftragter Sozialleistungen für einen Auftraggeber, ist dieser zur Erstattung verpflichtet. $_{2}$Sach- und Dienstleistungen sind in Geld zu erstatten. $_{3}$Eine Erstattungspflicht besteht nicht, soweit Sozialleistungen zu Unrecht erbracht worden sind und den Beauftragten hierfür ein Verschulden trifft.

(2) $_{1}$Die bei der Ausführung des Auftrags entstehenden Kosten sind zu erstatten. $_{2}$Absatz 1 Satz 3 gilt entsprechend.

(3) Für die zur Ausführung des Auftrags erforderlichen Aufwendungen hat der Auftraggeber dem Beauftragten auf Verlangen einen angemessenen Vorschuss zu zahlen.

(4) Abweichende Vereinbarungen, insbesondere über pauschalierte Erstattungen, sind zulässig.

§ 92 Kündigung des Auftrags

$_{1}$Der Auftraggeber oder der Beauftragte kann den Auftrag kündigen. $_{2}$Die Kündigung darf nur zu einem Zeitpunkt erfolgen, der es ermöglicht, dass der Auftraggeber für die Erledigung der Aufgabe auf andere Weise rechtzeitig Vorsorge treffen und der Beauftragte sich auf den Wegfall des Auftrags in angemessener Zeit einstellen kann. $_{3}$Liegt ein wichtiger Grund vor, kann mit sofortiger Wirkung gekündigt werden. $_{4}$§ 88 Abs. 4 gilt entsprechend.

§ 93 Gesetzlicher Auftrag

Handelt ein Leistungsträger auf Grund gesetzlichen Auftrags für einen anderen, gelten § 89 Abs. 3 und 5 sowie § 91 Abs. 1 und 3 entsprechend.

§ 94 Arbeitsgemeinschaften

(1) Die Arbeitsgemeinschaft für Krebsbekämpfung der Träger der gesetzlichen Kranken- und Rentenversicherung im Lande Nordrhein-Westfalen, die Rheinische Arbeitsgemeinschaft zur Rehabilitation Suchtkranker, die Westfälische Arbeitsgemeinschaft zur Rehabilitation Suchtkranker, die Arbeitsgemeinschaft zur Rehabilitation Suchtkranker im Lande Hessen sowie die Arbeitsgemein-

schaft für Heimdialyse im Lande Hessen sind berechtigt, Verwaltungsakte zu erlassen zur Erfüllung der Aufgaben, die ihnen am 1. Juli 1981 übertragen waren.

(1a) 1Träger der Sozialversicherung, Verbände von Trägern der Sozialversicherung und die Bundesagentur für Arbeit einschließlich der in § 19a Abs. 2 des Ersten Buches genannten anderen Leistungsträger können insbesondere zur gegenseitigen Unterrichtung, Abstimmung, Koordinierung und Förderung der engen Zusammenarbeit im Rahmen der ihnen gesetzlich übertragenen Aufgaben Arbeitsgemeinschaften bilden. 2Die Aufsichtsbehörde ist vor der Bildung von Arbeitsgemeinschaften und dem Beitritt zu ihnen so rechtzeitig und umfassend zu unterrichten, dass ihr ausreichend Zeit zur Prüfung bleibt. 3Die Aufsichtsbehörde kann auf eine Unterrichtung verzichten.

(2) 1Können nach diesem Gesetzbuch Arbeitsgemeinschaften gebildet werden, unterliegen diese staatlicher Aufsicht, die sich auf die Beachtung von Gesetz und sonstigem Recht erstreckt, das für die Arbeitsgemeinschaften, die Leistungsträger und ihre Verbände maßgebend ist; die §§ 85, 88, 90 und 90a des Vierten Buches gelten entsprechend; ist ein Spitzenverband der gesetzlichen Krankenkassen oder die Bundesagentur für Arbeit Mitglied einer Arbeitsgemeinschaft, führt das zuständige Bundesministerium in Abstimmung mit den für die übrigen Mitglieder zuständigen Aufsichtsbehörden die Aufsicht. 2Fehlt ein Zuständigkeitsbereich im Sinne von § 90 des Vierten Buches, führen die Aufsicht die für die Sozialversicherung zuständigen obersten Verwaltungsbehörden oder die von der Landesregierung durch Rechtsverordnung bestimmten Behörden des Landes, in dem die Arbeitsgemeinschaften ihren Sitz haben; die Landesregierungen können diese Ermächtigung durch Rechtsverordnung auf die obersten Landesbehörden weiter übertragen.

(3) Soweit erforderlich, stellt eine Arbeitsgemeinschaft unter entsprechender Anwendung von § 67 des Vierten Buches einen Haushaltsplan auf.

(4) § 88 Abs. 1 Satz 1 und Abs. 2 gilt entsprechend.

§ 95 Zusammenarbeit bei Planung und Forschung

(1) 1Die in § 86 genannten Stellen sollen

1. Planungen, die auch für die Willensbildung und Durchführung von Aufgaben der anderen von Bedeutung sind, im Benehmen miteinander abstimmen sowie
2. gemeinsame örtliche und überörtliche Pläne in ihrem Aufgabenbereich über soziale Dienste und Einrichtungen, insbesondere deren Bereitstellung und Inanspruchnahme, anstreben.

2Die jeweiligen Gebietskörperschaften sowie die gemeinnützigen und freien Einrichtungen und Organisationen sollen insbesondere hinsichtlich der Bedarfsermittlung beteiligt werden.

(2) Die in § 86 genannten Stellen sollen Forschungsvorhaben über den gleichen Gegenstand aufeinander abstimmen.

§ 96 Ärztliche Untersuchungen, psychologische Eignungsuntersuchungen

(1) 1Veranlasst ein Leistungsträger eine ärztliche Untersuchungsmaßnahme oder eine psychologische Eignungsuntersuchungsmaßnahme, um festzustellen, ob die Voraussetzungen für eine Sozialleistung vorliegen, sollen die Untersuchungen in der Art und Weise vorgenommen und deren Ergebnisse so festgehalten werden, dass sie auch bei der Prüfung der Voraussetzungen anderer Sozialleistungen verwendet werden können. 2Der Umfang der Untersuchungsmaßnahme richtet sich nach der Aufgabe, die der Leistungsträger, der die Untersuchung veranlasst hat, zu erfüllen hat. 3Die Untersuchungsbefunde sollen bei der Feststellung, ob die Voraussetzungen einer anderen Sozialleistung vorliegen, verwertet werden.

(2) 1Durch Vereinbarungen haben die Leistungsträger sicherzustellen, dass Untersuchungen unterbleiben, soweit bereits verwertbare Untersuchungsergebnisse vorliegen. 2Für den Einzelfall sowie nach Möglich-

keit für eine Vielzahl von Fällen haben die Leistungsträger zu vereinbaren, dass bei der Begutachtung der Voraussetzungen von Sozialleistungen die Untersuchungen nach einheitlichen und vergleichbaren Grundlagen, Maßstäben und Verfahren vorgenommen und die Ergebnisse der Untersuchungen festgehalten werden. $_{3}$Sie können darüber hinaus vereinbaren, dass sich der Umfang der Untersuchungsmaßnahme nach den Aufgaben der beteiligten Leistungsträger richtet; soweit die Untersuchungsmaßnahme hierdurch erweitert ist, ist die Zustimmung des Betroffenen erforderlich.

(3) Die Bildung einer Zentraldatei mehrerer Leistungsträger für Daten der ärztlich untersuchten Leistungsempfänger ist nicht zulässig.

Dritter Titel
Zusammenarbeit der Leistungsträger mit Dritten

§ 97 Durchführung von Aufgaben durch Dritte

(1) $_{1}$Kann ein Leistungsträger, ein Verband von Leistungsträgern oder eine Arbeitsgemeinschaft von einem Dritten Aufgaben wahrnehmen lassen, muss sichergestellt sein, dass der Dritte die Gewähr für eine sachgerechte, die Rechte und Interessen des Betroffenen wahrende Erfüllung der Aufgaben bietet. $_{2}$Soweit Aufgaben aus dem Bereich der Sozialversicherung von einem Dritten, an dem ein Leistungsträger, ein Verband oder eine Arbeitsgemeinschaft unmittelbar oder mittelbar beteiligt ist, wahrgenommen werden sollen, hat der Leistungsträger, der Verband oder die Arbeitsgemeinschaft den Dritten zu verpflichten, dem Auftraggeber auf Verlangen alle Unterlagen vorzulegen und über alle Tatsachen Auskunft zu erteilen, die zur Ausübung des Aufsichtsrechts über die Auftraggeber auf Grund pflichtgemäßer Prüfung der Aufsichtsbehörde des Auftraggebers erforderlich sind. $_{3}$Die Aufsichtsbehörde ist durch den Leistungsträger, den Verband oder die Arbeitsgemeinschaft so rechtzeitig und umfassend zu unterrichten, dass ihr vor der Aufgabenübertragung oder einer Änderung ausreichend Zeit zur Prüfung bleibt. $_{4}$Die Aufsichtsbehörde kann auf eine Unterrichtung verzichten. $_{5}$Die Sätze 3 und 4 gelten nicht für die Bundesagentur für Arbeit.

(2) § 89 Abs. 3 bis 5, § 91 Abs. 1 bis 3 sowie § 92 gelten entsprechend.

§ 98 Auskunftspflicht des Arbeitgebers

(1) $_{1}$Soweit es in der Sozialversicherung einschließlich der Arbeitslosenversicherung im Einzelfall für die Erbringung von Sozialleistungen erforderlich ist, hat der Arbeitgeber auf Verlangen dem Leistungsträger oder der zuständigen Einzugsstelle Auskunft über die Art und Dauer der Beschäftigung, den Beschäftigungsort und das Arbeitsentgelt zu erteilen. $_{2}$Wegen der Entrichtung von Beiträgen hat der Arbeitgeber auf Verlangen über alle Tatsachen Auskunft zu erteilen, die für die Erhebung der Beiträge notwendig sind. $_{3}$Der Arbeitgeber hat auf Verlangen die Geschäftsbücher, Listen oder andere Unterlagen, aus denen die Angaben über die Beschäftigung hervorgehen, während der Betriebszeit nach seiner Wahl den in Satz 1 bezeichneten Stellen entweder in deren oder in seinen eigenen Geschäftsräumen zur Einsicht vorzulegen. $_{4}$Das Wahlrecht nach Satz 3 entfällt, wenn besondere Gründe eine Prüfung in den Geschäftsräumen des Arbeitgebers gerechtfertigt erscheinen lassen. $_{5}$Satz 4 gilt nicht gegenüber Arbeitgebern des öffentlichen Dienstes. $_{6}$Die Sätze 2 bis 5 gelten auch für Stellen im Sinne des § 28p Abs. 6 des Vierten Buches.

(1a) Soweit die Träger der Rentenversicherung nach § 28p des Vierten Buches prüfberechtigt sind, bestehen die Verpflichtungen nach Absatz 1 Satz 3 bis 6 gegenüber den Einzugsstellen wegen der Entrichtung des Gesamtsozialversicherungsbeitrags nicht; die Verpflichtung nach Absatz 1 Satz 2 besteht gegenüber den Einzugsstellen nur im Einzelfall.

(2) $_{1}$Wird die Auskunft wegen der Erbringung von Sozialleistungen verlangt, gilt § 65 Abs. 1 des Ersten Buches entsprechend. $_{2}$Auskünfte auf Fragen, deren Beantwortung dem Arbeit-

geber selbst oder einer ihm nahe stehenden Person (§ 383 Abs. 1 Nr. 1 bis 3 der Zivilprozessordnung) die Gefahr zuziehen würde, wegen einer Straftat oder einer Ordnungswidrigkeit verfolgt zu werden, können verweigert werden; dem Arbeitgeber stehen die in Absatz 1 Satz 6 genannten Stellen gleich.

(3) Hinsichtlich des Absatzes 1 Satz 2 und 3 sowie des Absatzes 2 stehen einem Arbeitgeber die Personen gleich, die wie ein Arbeitgeber Beiträge für eine kraft Gesetzes versicherte Person zu entrichten haben.

(4) Das Bundesministerium für Arbeit und Soziales kann durch Rechtsverordnung mit Zustimmung des Bundesrates das Nähere über die Durchführung der in Absatz 1 genannten Mitwirkung bestimmen.

(5) 1Ordnungswidrig handelt, wer vorsätzlich oder leichtfertig

1. entgegen Absatz 1 Satz 1 oder
2. entgegen Absatz 1 Satz 2 oder Satz 3, jeweils auch in Verbindung mit Absatz 1 Satz 6 oder Absatz 3,

eine Auskunft nicht, nicht richtig, nicht vollständig oder nicht rechtzeitig erteilt oder eine Unterlage nicht, nicht richtig, nicht vollständig oder nicht rechtzeitig vorlegt. 2Die Ordnungswidrigkeit kann mit einer Geldbuße bis zu fünftausend Euro geahndet werden. 3Die Sätze 1 und 2 gelten nicht für die Leistungsträger, wenn sie wie ein Arbeitgeber Beiträge für eine kraft Gesetzes versicherte Person zu entrichten haben.

§ 99 Auskunftspflicht von Angehörigen, Unterhaltspflichtigen oder sonstigen Personen

1Ist nach dem Recht der Sozialversicherung einschließlich der Arbeitslosenversicherung oder dem sozialen Entschädigungsrecht

1. das Einkommen oder das Vermögen von Angehörigen des Leistungsempfängers oder sonstiger Personen bei einer Sozialleistung oder ihrer Erstattung zu berücksichtigen oder
2. die Sozialleistung oder ihre Erstattung von der Höhe eines Unterhaltsanspruchs abhängig, der dem Leistungsempfänger gegen einen Unterhaltspflichtigen zusteht,

gelten für diese Personen § 60 Abs. 1 Nr. 1 und 3 sowie § 65 Abs. 1 des Ersten Buches entsprechend. 2Das Gleiche gilt für den in Satz 1 genannten Anwendungsbereich in den Fällen, in denen Unterhaltspflichtige, Angehörige, der frühere Ehegatte oder Erben zum Ersatz der Aufwendungen des Leistungsträgers herangezogen werden. 3Auskünfte auf Fragen, deren Beantwortung einem nach Satz 1 oder Satz 2 Auskunftspflichtigen oder einer ihm nahe stehenden Person (§ 383 Abs. 1 Nr. 1 bis 3 der Zivilprozessordnung) die Gefahr zuziehen würde, wegen einer Straftat oder einer Ordnungswidrigkeit verfolgt zu werden, können verweigert werden.

§ 100 Auskunftspflicht des Arztes oder Angehörigen eines anderen Heilberufs

(1) 1Der Arzt oder Angehörige eines anderen Heilberufs ist verpflichtet, dem Leistungsträger im Einzelfall auf Verlangen Auskunft zu erteilen, soweit es für die Durchführung von dessen Aufgaben nach diesem Gesetzbuch erforderlich und

1. es gesetzlich zugelassen ist oder
2. der Betroffene im Einzelfall eingewilligt hat.

2Die Einwilligung bedarf der Schriftform, soweit nicht wegen besonderer Umstände eine andere Form angemessen ist. 3Die Sätze 1 und 2 gelten entsprechend für Krankenhäuser sowie für Vorsorge- oder Rehabilitationseinrichtungen.

(2) Auskünfte auf Fragen, deren Beantwortung dem Arzt, dem Angehörigen eines anderen Heilberufs oder ihnen nahe stehenden Personen (§ 383 Abs. 1 Nr. 1 bis 3 der Zivilprozessordnung) die Gefahr zuziehen würde, wegen einer Straftat oder einer Ordnungswidrigkeit verfolgt zu werden, können verweigert werden.

§ 101 Auskunftspflicht der Leistungsträger

1Die Leistungsträger haben auf Verlangen eines behandelnden Arztes Untersuchungsbefunde, die für die Behandlung von Bedeutung sein können, mitzuteilen, sofern der Betroffene im Einzelfall in die Mitteilung eingewilligt hat. 2§ 100 Abs. 1 Satz 2 gilt entsprechend.

§ 101a Mitteilungen der Meldebehörden

(1) Die Datenstelle der Träger der Rentenversicherung übermittelt die Mitteilungen aller Sterbefälle und Anschriftenänderungen (§ 196 Abs. 2 des Sechsten Buches) unverzüglich an die Deutsche Post AG.

(2) Die Mitteilungen, die von der Datenstelle der Träger der Rentenversicherung an die Deutsche Post AG übermittelt werden, dürfen von der Deutschen Post AG

1. nur dazu verwendet werden, um laufende Geldleistungen der Leistungsträger, der in § 69 Abs. 2 genannten Stellen sowie ausländischer Leistungsträger mit laufenden Geldleistungen in die Bundesrepublik Deutschland einzustellen oder deren Einstellung zu veranlassen sowie um Anschriften von Empfängern laufender Geldleistungen der Leistungsträger und der in § 69 Abs. 2 genannten Stellen zu berichtigen oder deren Berichtigung zu veranlassen, und darüber hinaus
2. nur weiter übermittelt werden, um den Trägern der Unfallversicherung, der Sozialversicherung für Landwirtschaft, Forsten und Gartenbau und den in § 69 Abs. 2 genannten Zusatzversorgungseinrichtungen eine Aktualisierung ihrer Versichertenbestände oder Mitgliederbestände zu ermöglichen.

(3) Die Verwendung und Übermittlung der Mitteilungen erfolgt

1. in der allgemeinen Rentenversicherung im Rahmen des gesetzlichen Auftrags der Deutschen Post AG nach § 119 Abs. 1 Satz 1 des Sechsten Buches,
2. im Übrigen im Rahmen eines öffentlich-rechtlichen oder privatrechtlichen Vertrages der Deutschen Post AG mit den Leistungsträgern oder den in § 69 Abs. 2 genannten Stellen.

Zweiter Abschnitt Erstattungsansprüche der Leistungsträger untereinander

§ 102 Anspruch des vorläufig leistenden Leistungsträgers

(1) Hat ein Leistungsträger auf Grund gesetzlicher Vorschriften vorläufig Sozialleistungen erbracht, ist der zur Leistung verpflichtete Leistungsträger erstattungspflichtig.

(2) Der Umfang des Erstattungsanspruchs richtet sich nach den für den vorleistenden Leistungsträger geltenden Rechtsvorschriften.

§ 103 Anspruch des Leistungsträgers, dessen Leistungsverpflichtung nachträglich entfallen ist

(1) Hat ein Leistungsträger Sozialleistungen erbracht und ist der Anspruch auf diese nachträglich ganz oder teilweise entfallen, ist der für die entsprechende Leistung zuständige Leistungsträger erstattungspflichtig, soweit dieser nicht bereits selbst geleistet hat, bevor er von der Leistung des anderen Leistungsträgers Kenntnis erlangt hat.

(2) Der Umfang des Erstattungsanspruchs richtet sich nach den für den zuständigen Leistungsträger geltenden Rechtsvorschriften.

(3) Die Absätze 1 und 2 gelten gegenüber den Trägern der Sozialhilfe, der Kriegsopferfürsorge und der Jugendhilfe nur von dem Zeitpunkt ab, von dem ihnen bekannt war, dass die Voraussetzungen für ihre Leistungspflicht vorlagen.

§ 104 Anspruch des nachrangig verpflichteten Leistungsträgers

(1) 1Hat ein nachrangig verpflichteter Leistungsträger Sozialleistungen erbracht, ohne dass die Voraussetzungen von § 103 Abs. 1 vorliegen, ist der Leistungsträger erstattungspflichtig, gegen den der Berechtigte vorrangig einen Anspruch hat oder hatte, soweit der Leistungsträger nicht bereits selbst geleistet hat, bevor er von der Leistung des anderen Leistungsträgers Kenntnis erlangt

hat. 2Nachrangig verpflichtet ist ein Leistungsträger, soweit dieser bei rechtzeitiger Erfüllung der Leistungsverpflichtung eines anderen Leistungsträgers selbst nicht zur Leistung verpflichtet gewesen wäre. 3Ein Erstattungsanspruch besteht nicht, soweit der nachrangige Leistungsträger seine Leistungen auch bei Leistung des vorrangig verpflichteten Leistungsträgers hätte erbringen müssen. 4Satz 1 gilt entsprechend, wenn von den Trägern der Sozialhilfe, der Kriegsopferfürsorge und der Jugendhilfe Aufwendungsersatz geltend gemacht oder ein Kostenbeitrag erhoben werden kann; Satz 3 gilt in diesen Fällen nicht.

(2) Absatz 1 gilt auch dann, wenn von einem nachrangig verpflichteten Leistungsträger für einen Angehörigen Sozialleistungen erbracht worden sind und ein anderer mit Rücksicht auf diesen Angehörigen einen Anspruch auf Sozialleistungen, auch auf besonders bezeichnete Leistungsteile, gegenüber einem vorrangig verpflichteten Leistungsträger hat oder hatte.

(3) Der Umfang des Erstattungsanspruchs richtet sich nach den für den vorrangig verpflichteten Leistungsträger geltenden Rechtsvorschriften.

(4) Sind mehrere Leistungsträger vorrangig verpflichtet, kann der Leistungsträger, der die Sozialleistung erbracht hat, Erstattung nur von dem Leistungsträger verlangen, für den er nach § 107 Abs. 2 mit befreiender Wirkung geleistet hat.

§ 105 Anspruch des unzuständigen Leistungsträgers

(1) 1Hat ein unzuständiger Leistungsträger Sozialleistungen erbracht, ohne dass die Voraussetzungen von § 102 Abs. 1 vorliegen, ist der zuständige oder zuständig gewesene Leistungsträger erstattungspflichtig, soweit dieser nicht bereits selbst geleistet hat, bevor er von der Leistung des anderen Leistungsträgers Kenntnis erlangt hat. 2§ 104 Abs. 2 gilt entsprechend.

(2) Der Umfang des Erstattungsanspruchs richtet sich nach den für den zuständigen Leistungsträger geltenden Rechtsvorschriften.

(3) Die Absätze 1 und 2 gelten gegenüber den Trägern der Sozialhilfe, der Kriegsopferfürsorge und der Jugendhilfe nur von dem Zeitpunkt ab, von dem ihnen bekannt war, dass die Voraussetzungen für ihre Leistungspflicht vorlagen.

§ 106 Rangfolge bei mehreren Erstattungsberechtigten

(1) Ist ein Leistungsträger mehreren Leistungsträgern zur Erstattung verpflichtet, sind die Ansprüche in folgender Rangfolge zu befriedigen:

1. (weggefallen)
2. der Anspruch des vorläufig leistenden Leistungsträgers nach § 102,
3. der Anspruch des Leistungsträgers, dessen Leistungsverpflichtung nachträglich entfallen ist, nach § 103,
4. der Anspruch des nachrangig verpflichteten Leistungsträgers nach § 104,
5. der Anspruch des unzuständigen Leistungsträgers nach § 105.

(2) 1Treffen ranggleiche Ansprüche von Leistungsträgern zusammen, sind diese anteilsmäßig zu befriedigen. 2Machen mehrere Leistungsträger Ansprüche nach § 104 geltend, ist zuerst derjenige zu befriedigen, der im Verhältnis der nachrangigen Leistungsträger untereinander einen Erstattungsanspruch nach § 104 hätte.

(3) Der Erstattungspflichtige muss insgesamt nicht mehr erstatten, als er nach den für ihn geltenden Erstattungsvorschriften einzeln zu erbringen hätte.

§ 107 Erfüllung

(1) Soweit ein Erstattungsanspruch besteht, gilt der Anspruch des Berechtigten gegen den zur Leistung verpflichteten Leistungsträger als erfüllt.

(2) 1Hat der Berechtigte Ansprüche gegen mehrere Leistungsträger, gilt der Anspruch als erfüllt, den der Träger, der die Sozialleistung erbracht hat, bestimmt. 2Die Bestimmung ist dem Berechtigten gegenüber un-

X

verzüglich vorzunehmen und den übrigen Leistungsträgern mitzuteilen.

§ 108 Erstattung in Geld, Verzinsung

(1) Sach- und Dienstleistungen sind in Geld zu erstatten.

(2) 1Ein Erstattungsanspruch der Träger der Sozialhilfe, der Kriegsopferfürsorge und der Jugendhilfe ist von anderen Leistungsträgern

1. für die Dauer des Erstattungszeitraumes und
2. für den Zeitraum nach Ablauf eines Kalendermonats nach Eingang des vollständigen, den gesamten Erstattungszeitraum umfassenden Erstattungsantrages beim zuständigen Erstattungsverpflichteten bis zum Ablauf des Kalendermonats vor der Zahlung

auf Antrag mit 4 vom Hundert zu verzinsen. 2Die Verzinsung beginnt frühestens nach Ablauf von sechs Kalendermonaten nach Eingang des vollständigen Leistungsantrages des Leistungsberechtigten beim zuständigen Leistungsträger, beim Fehlen eines Antrages nach Ablauf eines Kalendermonats nach Bekanntgabe der Entscheidung über die Leistung. 3§ 44 Abs. 3 des Ersten Buches findet Anwendung; § 16 des Ersten Buches gilt nicht.

§ 109 Verwaltungskosten und Auslagen

1Verwaltungskosten sind nicht zu erstatten. 2Auslagen sind auf Anforderung zu erstatten, wenn sie im Einzelfall 200 Euro übersteigen. 3Die Bundesregierung kann durch Rechtsverordnung mit Zustimmung des Bundesrates den in Satz 2 genannten Betrag entsprechend der jährlichen Steigerung der monatlichen Bezugsgröße nach § 18 des Vierten Buches anheben und dabei auf zehn Euro nach unten oder oben runden.

§ 110 Pauschalierung

1Die Leistungsträger haben ihre Erstattungsansprüche pauschal abzugelten, soweit dies zweckmäßig ist. 2Beträgt im Einzelfall ein Erstattungsanspruch voraussichtlich weniger als 50 Euro, erfolgt keine Erstattung. 3Die Leistungsträger können abweichend von Satz 2 höhere Beträge vereinbaren. 4Die Bundesregierung kann durch Rechtsverordnung mit Zustimmung des Bundesrates den in Satz 2 genannten Betrag entsprechend der jährlichen Steigerung der monatlichen Bezugsgröße nach § 18 des Vierten Buches anheben und dabei auf zehn Euro nach unten oder oben runden.

§ 111 Ausschlussfrist

1Der Anspruch auf Erstattung ist ausgeschlossen, wenn der Erstattungsberechtigte ihn nicht spätestens zwölf Monate nach Ablauf des letzten Tages, für den die Leistung erbracht wurde, geltend macht. 2Der Lauf der Frist beginnt frühestens mit dem Zeitpunkt, zu dem der erstattungsberechtigte Leistungsträger von der Entscheidung des erstattungspflichtigen Leistungsträgers über seine Leistungspflicht Kenntnis erlangt hat.

§ 112 Rückerstattung

Soweit eine Erstattung zu Unrecht erfolgt ist, sind die gezahlten Beträge zurückzuerstatten.

§ 113 Verjährung

(1) 1Erstattungsansprüche verjähren in vier Jahren nach Ablauf des Kalenderjahres, in dem der erstattungsberechtigte Leistungsträger von der Entscheidung des erstattungspflichtigen Leistungsträgers über dessen Leistungspflicht Kenntnis erlangt hat. 2Rückerstattungsansprüche verjähren in vier Jahren nach Ablauf des Kalenderjahres, in dem die Erstattung zu Unrecht erfolgt ist.

(2) Für die Hemmung, die Ablaufhemmung, den Neubeginn und die Wirkung der Verjährung gelten die Vorschriften des Bürgerlichen Gesetzbuchs sinngemäß.

§ 114 Rechtsweg

1Für den Erstattungsanspruch ist derselbe Rechtsweg wie für den Anspruch auf die Sozialleistung gegeben. 2Maßgebend ist im Falle des § 102 der Anspruch gegen den vorleistenden Leistungsträger und im Fall der §§ 103 bis 105 der Anspruch gegen den erstattungspflichtigen Leistungsträger.

X

Dritter Abschnitt
Erstattungs- und Ersatzansprüche der Leistungsträger gegen Dritte

§ 115 Ansprüche gegen den Arbeitgeber

(1) Soweit der Arbeitgeber den Anspruch des Arbeitnehmers auf Arbeitsentgelt nicht erfüllt und deshalb ein Leistungsträger Sozialleistungen erbracht hat, geht der Anspruch des Arbeitnehmers gegen den Arbeitgeber auf den Leistungsträger bis zur Höhe der erbrachten Sozialleistungen über.

(2) Der Übergang wird nicht dadurch ausgeschlossen, dass der Anspruch nicht übertragen, verpfändet oder gepfändet werden kann.

(3) An Stelle der Ansprüche des Arbeitnehmers auf Sachbezüge tritt im Fall des Absatzes 1 der Anspruch auf Geld; die Höhe bestimmt sich nach den nach § 17 Satz 1 Nr. 3 des Vierten Buches festgelegten Werten der Sachbezüge.

§ 116 Ansprüche gegen Schadenersatzpflichtige

(1) $_1$Ein auf anderen gesetzlichen Vorschriften beruhender Anspruch auf Ersatz eines Schadens geht auf den Versicherungsträger oder Träger der Sozialhilfe über, soweit dieser auf Grund des Schadensereignisses Sozialleistungen zu erbringen hat, die der Behebung eines Schadens der gleichen Art dienen und sich auf denselben Zeitraum wie der vom Schädiger zu leistende Schadenersatz beziehen. $_2$Dazu gehören auch

1. die Beiträge, die von Sozialleistungen zu zahlen sind, und
2. die Beiträge zur Krankenversicherung, die für die Dauer des Anspruchs auf Krankengeld unbeschadet des § 224 Abs. 1 des Fünften Buches zu zahlen wären.

(2) Ist der Anspruch auf Ersatz eines Schadens durch Gesetz der Höhe nach begrenzt, geht er auf den Versicherungsträger oder Träger der Sozialhilfe über, soweit er nicht zum Ausgleich des Schadens des Geschädigten oder seiner Hinterbliebenen erforderlich ist.

(3) $_1$Ist der Anspruch auf Ersatz eines Schadens durch ein mitwirkendes Verschulden oder eine mitwirkende Verantwortlichkeit des Geschädigten begrenzt, geht auf den Versicherungsträger oder Träger der Sozialhilfe von dem nach Absatz 1 bei unbegrenzter Haftung übergehenden Ersatzanspruch der Anteil über, welcher dem Vomhundertsatz entspricht, für den der Schädiger ersatzpflichtig ist. $_2$Dies gilt auch, wenn der Ersatzanspruch durch Gesetz der Höhe nach begrenzt ist. $_3$Der Anspruchsübergang ist ausgeschlossen, soweit der Geschädigte oder seine Hinterbliebenen dadurch hilfebedürftig im Sinne der Vorschriften des Zwölften Buches werden.

(4) Stehen der Durchsetzung der Ansprüche auf Ersatz eines Schadens tatsächliche Hindernisse entgegen, hat die Durchsetzung der Ansprüche des Geschädigten und seiner Hinterbliebenen Vorrang vor den übergegangenen Ansprüchen nach Absatz 1.

(5) Hat ein Versicherungsträger oder Träger der Sozialhilfe auf Grund des Schadensereignisses dem Geschädigten oder seinen Hinterbliebenen keine höheren Sozialleistungen zu erbringen als vor diesem Ereignis, geht in den Fällen des Absatzes 3 Satz 1 und 2 der Schadenersatzanspruch nur insoweit über, als der geschuldete Schadenersatz nicht zur vollen Deckung des eigenen Schadens des Geschädigten oder seiner Hinterbliebenen erforderlich ist.

(6) $_1$Ein Übergang nach Absatz 1 ist bei nicht vorsätzlichen Schädigungen durch Familienangehörige, die im Zeitpunkt des Schadensereignisses mit dem Geschädigten oder seinen Hinterbliebenen in häuslicher Gemeinschaft leben, ausgeschlossen. $_2$Ein Ersatzanspruch nach Absatz 1 kann dann nicht geltend gemacht werden, wenn der Schädiger mit dem Geschädigten oder einem Hinterbliebenen nach Eintritt des Schadensereignisses die Ehe geschlossen hat und in häuslicher Gemeinschaft lebt.

(7) $_1$Haben der Geschädigte oder seine Hinterbliebenen von dem zum Schadenersatz Verpflichteten auf einen übergegangenen Anspruch mit befreiender Wirkung gegenüber dem Versicherungsträger oder Träger der Sozialhilfe Leistungen erhalten, haben sie

insoweit dem Versicherungsträger oder Träger der Sozialhilfe die erbrachten Leistungen zu erstatten. 2Haben die Leistungen gegenüber dem Versicherungsträger oder Träger der Sozialhilfe keine befreiende Wirkung, haften der zum Schadenersatz Verpflichtete und der Geschädigte oder dessen Hinterbliebene dem Versicherungsträger oder Träger der Sozialhilfe als Gesamtschuldner.

(8) Weist der Versicherungsträger oder Träger der Sozialhilfe nicht höhere Leistungen nach, sind vorbehaltlich der Absätze 2 und 3 je Schadensfall für nicht stationäre ärztliche Behandlung und Versorgung mit Arznei- und Verbandmitteln 5 vom Hundert der monatlichen Bezugsgröße nach § 18 des Vierten Buches zu ersetzen.

(9) Die Vereinbarung einer Pauschalierung der Ersatzansprüche ist zulässig.

(10) Die Bundesagentur für Arbeit und die Träger der Grundsicherung für Arbeitsuchende nach dem Zweiten Buch gelten als Versicherungsträger im Sinne dieser Vorschrift.

Entscheidung des Bundesverfassungsgerichts vom 12. Oktober 2010 (BGBl. I S. 1718)

Aus dem Beschluss des Bundesverfassungsgerichts vom 12. Oktober 2010 – 1 BvL 14/09 – wird die Entscheidungsformel veröffentlicht:

1. § 116 Absatz 6 Satz 1 des Zehnten Buches Sozialgesetzbuch in der Fassung der Bekanntmachung des Zehnten Buches Sozialgesetzbuch vom 18. Januar 2001 (Bundesgesetzblatt Teil I Seite 130) ist mit dem Grundgesetz auch insoweit vereinbar, als nach dieser Vorschrift nicht ausgeschlossen ist, dass bei nicht vorsätzlicher Schädigung durch einen zum Unterhalt verpflichteten Elternteil, der im Zeitpunkt des Schadensereignisses mit seinem geschädigten Kind nicht in häuslicher Gemeinschaft lebt, Ansprüche nach Absatz 1 auf den Sozialhilfeträger übergehen.
2. § 116 Absatz 6 Satz 1 des Zehnten Buches Sozialgesetzbuch ist im Lichte von Artikel 6 Absatz 1 und Absatz 2 des Grundgesetzes dahingehend auszulegen, dass auch derjenige Elternteil die Tatbestandsvoraussetzung eines Lebens in häuslicher Gemeinschaft erfüllt, der zwar getrennt von seinem Kind lebt, jedoch seiner Verantwortung für das Kind in dem ihm rechtlich möglichen Maße nachkommt und regelmäßigen wie längeren Umgang mit dem Kind pflegt, sodass dieses zeitweise auch in seinen Haushalt integriert ist.

Die vorstehende Entscheidungsformel hat gemäß § 31 Absatz 2 des Bundesverfassungsgerichtsgesetzes Gesetzeskraft.

§ 117 Schadenersatzansprüche mehrerer Leistungsträger

1Haben im Einzelfall mehrere Leistungsträger Sozialleistungen erbracht und ist in den Fällen des § 116 Abs. 2 und 3 der übergegangene Anspruch auf Ersatz des Schadens begrenzt, sind die Leistungsträger Gesamtgläubiger. 2Untereinander sind sie im Verhältnis der von ihnen erbrachten Sozialleistungen zum Ausgleich verpflichtet. 3Soweit jedoch eine Sozialleistung allein von einem Leistungsträger erbracht ist, steht der Ersatzanspruch im Innenverhältnis nur diesem zu. 4Die Leistungsträger können ein anderes Ausgleichsverhältnis vereinbaren.

§ 118 Bindung der Gerichte

Hat ein Gericht über einen nach § 116 übergegangenen Anspruch zu entscheiden, ist es an eine unanfechtbare Entscheidung gebunden, dass und in welchem Umfang der Leistungsträger zur Leistung verpflichtet ist.

§ 119 Übergang von Beitragsansprüchen

(1) 1Soweit der Schadenersatzanspruch eines Versicherten den Anspruch auf Ersatz von Beiträgen zur Rentenversicherung umfasst, geht dieser auf den Versicherungsträger über, wenn der Geschädigte im Zeitpunkt des Schadensereignisses bereits Pflichtbeitragszeiten nachweist oder danach pflichtversichert wird; dies gilt nicht, soweit

1. der Arbeitgeber das Arbeitsentgelt fortzahlt oder sonstige der Beitragspflicht unterliegende Leistungen erbringt oder
2. der Anspruch auf Ersatz von Beiträgen nach § 116 übergegangen ist.

2Für den Anspruch auf Ersatz von Beiträgen zur Rentenversicherung gilt § 116 Abs. 3 Satz 1 und 2 entsprechend, soweit die Beiträge auf den Unterschiedsbetrag zwischen dem bei unbegrenzter Haftung zu ersetzenden Arbeitsentgelt oder Arbeitseinkommen und der bei Bezug von Sozialleistungen beitragspflichtigen Einnahme entfallen.

(2) $_{1}$Der Versicherungsträger, auf den ein Teil des Anspruchs auf Ersatz von Beiträgen zur Rentenversicherung nach § 116 übergeht, übermittelt den von ihm festgestellten Sachverhalt dem Träger der Rentenversicherung auf einem einheitlichen Meldevordruck. $_{2}$Das Nähere über den Inhalt des Meldevordrucks und das Mitteilungsverfahren bestimmen die Spitzenverbände der Sozialversicherungsträger.

(3) $_{1}$Die eingegangenen Beiträge oder Beitragsanteile gelten in der Rentenversicherung als Pflichtbeiträge. $_{2}$Durch den Übergang des Anspruchs auf Ersatz von Beiträgen darf der Versicherte nicht schlechter gestellt werden, als er ohne den Schadenersatzanspruch gestanden hätte.

(4) $_{1}$Die Vereinbarung der Abfindung von Ansprüchen auf Ersatz von Beiträgen zur Rentenversicherung mit einem ihrem Kapitalwert entsprechenden Betrag ist im Einzelfall zulässig. $_{2}$Im Fall des Absatzes 1 Satz 1 Nr. 1 gelten für die Mitwirkungspflichten des Geschädigten die §§ 60, 61, 65 Abs. 1 und 3 sowie § 65a des Ersten Buches entsprechend.

Viertes Kapitel
Übergangs- und Schlussvorschriften

§ 120 Übergangsregelung

(1) $_{1}$Die §§ 116 bis 119 sind nur auf Schadensereignisse nach dem 30. Juni 1983 anzuwenden; für frühere Schadensereignisse gilt das bis zum 30. Juni 1983 geltende Recht weiter. $_{2}$Ist das Schadensereignis nach dem 30. Juni 1983 eingetreten, sind § 116 Abs. 1 Satz 2 und § 119 Abs. 1, 3 und 4 in der ab 1. Januar 2001 geltenden Fassung auf einen Sachverhalt auch dann anzuwenden, wenn der Sachverhalt bereits vor diesem Zeitpunkt bestanden hat und darüber noch nicht abschließend entschieden ist.

(2) § 111 Satz 2 und § 113 Abs. 1 Satz 1 sind in der vom 1. Januar 2001 an geltenden Fassung auf die Erstattungsverfahren anzuwenden, die am 1. Juni 2000 noch nicht abschließend entschieden waren.

(3) Eine Rückerstattung ist in den am 1. Januar 2001 bereits abschließend entschiedenen Fällen ausgeschlossen, wenn die Erstattung nach § 111 Satz 2 in der ab 1. Januar 2001 geltenden Fassung zu Recht erfolgt ist.

(4) Erhebungen, Verarbeitungen oder Nutzungen von Sozialdaten, die am 23. Mai 2001 bereits begonnen haben, sind binnen drei Jahren nach diesem Zeitpunkt mit den Vorschriften dieses Gesetzes in Übereinstimmung zu bringen.

(5) Artikel 229 § 6 Abs. 1 bis 4 des Einführungsgesetzes zum Bürgerlichen Gesetzbuche gilt entsprechend bei der Anwendung des § 50 Abs. 4 Satz 2 und der §§ 52 und 113 Abs. 2 in der seit dem 1. Januar 2002 geltenden Fassung.

(6) § 66 Abs. 1 Satz 3 bis 5, Abs. 2 und 3 Satz 2 in der ab dem 30. März 2005 geltenden Fassung gilt nur für Bestellungen zu Vollstreckungs- und Vollziehungsbeamten ab dem 30. März 2005.

Anlage
(zu § 78a)

1Werden Sozialdaten automatisiert verarbeitet oder genutzt, ist die innerbehördliche oder innerbetriebliche Organisation so zu gestalten, dass sie den besonderen Anforderungen des Datenschutzes gerecht wird. 2Dabei sind insbesondere Maßnahmen zu treffen, die je nach der Art der zu schützenden Sozialdaten oder Kategorien von Sozialdaten geeignet sind,

1. Unbefugten den Zutritt zu Datenverarbeitungsanlagen, mit denen Sozialdaten verarbeitet oder genutzt werden, zu verwehren (Zutrittskontrolle),
2. zu verhindern, dass Datenverarbeitungssysteme von Unbefugten genutzt werden können (Zugangskontrolle),
3. zu gewährleisten, dass die zur Benutzung eines Datenverarbeitungssystems Berechtigten ausschließlich auf die ihrer Zugriffsberechtigung unterliegenden Daten zugreifen können, und dass Sozialdaten bei der Verarbeitung, Nutzung und nach der Speicherung nicht unbefugt gelesen, kopiert, verändert oder entfernt werden können (Zugriffskontrolle),
4. zu gewährleisten, dass Sozialdaten bei der elektronischen Übertragung oder während ihres Transports oder ihrer Speicherung auf Datenträger nicht unbefugt gelesen, kopiert, verändert oder entfernt werden können, und dass überprüft und festgestellt werden kann, an welchen Stellen eine Übermittlung von Sozialdaten durch Einrichtungen zur Datenübertragung vorgesehen ist (Weitergabekontrolle),
5. zu gewährleisten, dass nachträglich überprüft und festgestellt werden kann, ob und von wem Sozialdaten in Datenverarbeitungssysteme eingegeben, verändert oder entfernt worden sind (Eingabekontrolle),
6. zu gewährleisten, dass Sozialdaten, die im Auftrag erhoben, verarbeitet oder genutzt werden, nur entsprechend den Weisungen des Auftraggebers erhoben, verarbeitet oder genutzt werden können (Auftragskontrolle),
7. zu gewährleisten, dass Sozialdaten gegen zufällige Zerstörung oder Verlust geschützt sind (Verfügbarkeitskontrolle),
8. zu gewährleisten, dass zu unterschiedlichen Zwecken erhobene Sozialdaten getrennt verarbeitet werden können.

3Eine Maßnahme nach Satz 2 Nummer 2 bis 4 ist insbesondere die Verwendung von dem Stand der Technik entsprechenden Verschlüsselungsverfahren.

X

XI SGB XI: Soziale Pflegeversicherung

Sozialgesetzbuch (SGB) Elftes Buch (XI) – Soziale Pflegeversicherung – (SGB XI)

Vom 26. Mai 1994 (BGBl. I S. 1014)

Zuletzt geändert durch[1])
Präventionsgesetz
vom 17. Juli 2015 (BGBl. I S. 1368)
und
GKV-Versorgungsstärkungsgesetz
vom 16. Juli 2015 (BGBl. I S. 1211)

Inhaltsübersicht

XI

[1]) Änderungen zum 1. Januar 2016 sind bereits als Anmerkung eingearbeitet (siehe §§ 5, 20, 55, 57, 60, 110, 127).

XI

Erstes Kapitel
Allgemeine Vorschriften

§ 1 Soziale Pflegeversicherung

(1) Zur sozialen Absicherung des Risikos der Pflegebedürftigkeit wird als neuer eigenständiger Zweig der Sozialversicherung eine soziale Pflegeversicherung geschaffen.

(2) 1In den Schutz der sozialen Pflegeversicherung sind kraft Gesetzes alle einbezogen, die in der gesetzlichen Krankenversicherung versichert sind. 2Wer gegen Krankheit bei einem privaten Krankenversicherungsunternehmen versichert ist, muß eine private Pflegeversicherung abschließen.

(3) Träger der sozialen Pflegeversicherung sind die Pflegekassen; ihre Aufgaben werden von den Krankenkassen (§ 4 des Fünften Buches) wahrgenommen.

(4) Die Pflegeversicherung hat die Aufgabe, Pflegebedürftigen Hilfe zu leisten, die wegen der Schwere der Pflegebedürftigkeit auf solidarische Unterstützung angewiesen sind.

(4a) In der Pflegeversicherung sollen geschlechtsspezifische Unterschiede bezüglich der Pflegebedürftigkeit von Männern und Frauen und ihrer Bedarfe an Leistungen berücksichtigt und den Bedürfnissen nach einer kultursensiblen Pflege nach Möglichkeit Rechnung getragen werden.

(5) Die Leistungen der Pflegeversicherung werden in Stufen eingeführt: die Leistungen bei häuslicher Pflege vom 1. April 1995, die Leistungen bei stationärer Pflege vom 1. Juli 1996 an.

(6) 1Die Ausgaben der Pflegeversicherung werden durch Beiträge der Mitglieder und der Arbeitgeber finanziert. 2Die Beiträge richten sich nach den beitragspflichtigen Einnahmen der Mitglieder. 3Für versicherte Familienangehörige und eingetragene Lebenspartner (Lebenspartner) werden Beiträge nicht erhoben.

§ 2 Selbstbestimmung

(1) 1Die Leistungen der Pflegeversicherung sollen den Pflegebedürftigen helfen, trotz ihres Hilfebedarfs ein möglichst selbständiges und selbstbestimmtes Leben zu führen, das der Würde des Menschen entspricht. 2Die Hilfen sind darauf auszurichten, die körperlichen, geistigen und seelischen Kräfte der Pflegebedürftigen wiederzugewinnen oder zu erhalten.

(2) 1Die Pflegebedürftigen können zwischen Einrichtungen und Diensten verschiedener Träger wählen. 2Ihren Wünschen zur Gestaltung der Hilfe soll, soweit sie angemessen sind, im Rahmen des Leistungsrechts entsprochen werden. 3Wünsche der Pflegebedürftigen nach gleichgeschlechtlicher Pflege haben nach Möglichkeit Berücksichtigung zu finden.

(3) 1Auf die religiösen Bedürfnisse der Pflegebedürftigen ist Rücksicht zu nehmen. 2Auf ihren Wunsch hin sollen sie stationäre Leistungen in einer Einrichtung erhalten, in der sie durch Geistliche ihres Bekenntnisses betreut werden können.

(4) Die Pflegebedürftigen sind auf die Rechte nach den Absätzen 2 und 3 hinzuweisen.

§ 3 Vorrang der häuslichen Pflege

1Die Pflegeversicherung soll mit ihren Leistungen vorrangig die häusliche Pflege und die Pflegebereitschaft der Angehörigen und Nachbarn unterstützen, damit die Pflegebedürftigen möglichst lange in ihrer häuslichen Umgebung bleiben können. 2Leistungen der teilstationären Pflege und der Kurzzeitpflege gehen den Leistungen der vollstationären Pflege vor.

§ 4 Art und Umfang der Leistungen

(1) 1Die Leistungen der Pflegeversicherung sind Dienst-, Sach- und Geldleistungen für den Bedarf an Grundpflege und hauswirtschaftlicher Versorgung sowie Kostenerstattung, soweit es dieses Buch vorsieht. 2Art und Umfang der Leistungen richten sich nach der Schwere der Pflegebedürftigkeit und danach, ob häusliche, teilstationäre oder vollstationäre Pflege in Anspruch genommen wird.

(2) 1Bei häuslicher und teilstationärer Pflege ergänzen die Leistungen der Pflegeversicherung die familiäre, nachbarschaftliche oder sonstige ehrenamtliche Pflege und Betreuung. 2Bei teil- und vollstationärer Pflege wer-

den die Pflegebedürftigen von Aufwendungen entlastet, die für ihre Versorgung nach Art und Schwere der Pflegebedürftigkeit erforderlich sind (pflegebedingte Aufwendungen), die Aufwendungen für Unterkunft und Verpflegung tragen die Pflegebedürftigen selbst.

(3) Pflegekassen, Pflegeeinrichtungen und Pflegebedürftige haben darauf hinzuwirken, daß die Leistungen wirksam und wirtschaftlich erbracht und nur im notwendigen Umfang in Anspruch genommen werden.

§ 5 Prävention in Pflegeeinrichtungen, Vorrang von Prävention und medizinischer Rehabilitation

(1) 1Die Pflegekassen sollen Leistungen zur Prävention in stationären Pflegeeinrichtungen nach § 71 Absatz 2 für in der sozialen Pflegeversicherung Versicherte erbringen, indem sie unter Beteiligung der versicherten Pflegebedürftigen und der Pflegeeinrichtung Vorschläge zur Verbesserung der gesundheitlichen Situation und zur Stärkung der gesundheitlichen Ressourcen und Fähigkeiten entwickeln sowie deren Umsetzung unterstützen. 2Die Pflichten der Pflegeeinrichtungen nach § 11 Absatz 1 bleiben unberührt. 3Der Spitzenverband Bund der Pflegekassen legt unter Einbeziehung unabhängigen Sachverstandes die Kriterien für die Leistungen nach Satz 1 fest, insbesondere hinsichtlich Inhalt, Methodik, Qualität, wissenschaftlicher Evaluation und der Messung der Erreichung der mit den Leistungen verfolgten Ziele.

(2) 1Die Ausgaben der Pflegekassen für die Wahrnehmung ihrer Aufgaben nach Absatz 1 sollen insgesamt im Jahr 2016 für jeden ihrer Versicherten einen Betrag von 0,30 Euro umfassen. 2Die Ausgaben sind in den Folgejahren entsprechend der prozentualen Veränderung der monatlichen Bezugsgröße nach § 18 Absatz 1 des Vierten Buches anzupassen. 3Sind in einem Jahr die Ausgaben rundungsbedingt nicht anzupassen, ist die unterbliebene Anpassung bei der Berechnung der Anpassung der Ausgaben im Folgejahr zu berücksichtigen.

(3) Bei der Wahrnehmung ihrer Aufgaben nach Absatz 1 sollen die Pflegekassen zusammenarbeiten und kassenübergreifende Leistungen zur Prävention erbringen.

(4) Die Pflegekassen wirken unbeschadet ihrer Aufgaben nach Absatz 1 bei den zuständigen Leistungsträgern darauf hin, dass frühzeitig alle geeigneten Leistungen zur Prävention, zur Krankenbehandlung und zur medizinischen Rehabilitation eingeleitet werden, um den Eintritt von Pflegebedürftigkeit zu vermeiden.

(5) Die Pflegekassen beteiligen sich an der nationalen Präventionsstrategie nach den §§ 20d bis 20f des Fünften Buches mit den Aufgaben nach den Absätzen 1 und 2.

(6) Die Leistungsträger haben im Rahmen ihres Leistungsrechts auch nach Eintritt der Pflegebedürftigkeit ihre Leistungen zur medizinischen Rehabilitation und ergänzenden Leistungen in vollem Umfang einzusetzen und darauf hinzuwirken, die Pflegebedürftigkeit zu überwinden, zu mindern sowie eine Verschlimmerung zu verhindern.

Durch das Präventionsgesetz vom 17.7.2015 (BGBl. I S. 1368) werden ab 1.1.2016 bei Absatz 3 folgende Sätze angefügt:

Erreicht eine Pflegekasse den in Absatz 2 festgelegten Betrag in einem Jahr nicht, stellt sie die nicht verausgabten Mittel im Folgejahr dem Spitzenverband Bund der Pflegekassen zur Verfügung, der die Mittel nach einem von ihm festzulegenden Schlüssel auf die Pflegekassen zur Wahrnehmung der Aufgaben nach Absatz 1 verteilt, die Kooperationsvereinbarungen zur Durchführung kassenübergreifender Leistungen geschlossen haben. Auf die zum Zwecke der Vorbereitung und Umsetzung der Kooperationsvereinbarungen nach Satz 2 gebildeten Arbeitsgemeinschaften findet § 94 Absatz 1a Satz 2 und 3 des Zehnten Buches keine Anwendung.

§ 6 Eigenverantwortung

(1) Die Versicherten sollen durch gesundheitsbewußte Lebensführung, durch frühzeitige Beteiligung an Vorsorgemaßnahmen und durch aktive Mitwirkung an Krankenbehandlung und Leistungen zur medizinischen Rehabilitation dazu beitragen, Pflegebedürftigkeit zu vermeiden.

(2) Nach Eintritt der Pflegebedürftigkeit haben die Pflegebedürftigen an Leistungen zur medizinischen Rehabilitation und der aktivierenden Pflege mitzuwirken, um die Pflegebedürftigkeit zu überwinden, zu mindern oder eine Verschlimmerung zu verhindern.

§ 7 Aufklärung, Beratung

(1) Die Pflegekassen haben die Eigenverantwortung der Versicherten durch Aufklärung und Beratung über eine gesunde, der Pflegebedürftigkeit vorbeugende Lebensführung zu unterstützen und auf die Teilnahme an gesundheitsfördernden Maßnahmen hinzuwirken.

(2) $_{1}$Die Pflegekassen haben die Versicherten und ihre Angehörigen und Lebenspartner in den mit der Pflegebedürftigkeit zusammenhängenden Fragen, insbesondere über die Leistungen der Pflegekassen sowie über die Leistungen und Hilfen anderer Träger, in für sie verständlicher Weise zu unterrichten, zu beraten und darüber aufzuklären, dass ein Anspruch besteht auf die Übermittlung

1. des Gutachtens des Medizinischen Dienstes der Krankenversicherung oder eines anderen von der Pflegekasse beauftragten Gutachters sowie
2. der gesonderten Rehabilitationsempfehlung gemäß § 18a Absatz 1.

$_{2}$Mit Einwilligung des Versicherten haben der behandelnde Arzt, das Krankenhaus, die Rehabilitations- und Vorsorgeeinrichtungen sowie die Sozialleistungsträger unverzüglich die zuständige Pflegekasse zu benachrichtigen, wenn sich der Eintritt von Pflegebedürftigkeit abzeichnet oder wenn Pflegebedürftigkeit festgestellt wird. $_{3}$Für die Beratung erforderliche personenbezogene Daten dürfen nur mit Einwilligung des Versicherten erhoben, verarbeitet und genutzt werden.

(3) $_{1}$Zur Unterstützung des Pflegebedürftigen bei der Ausübung seines Wahlrechts nach § 2 Abs. 2 sowie zur Förderung des Wettbewerbs und der Überschaubarkeit des vorhandenen Angebots hat die zuständige Pflegekasse dem Pflegebedürftigen unverzüglich nach Eingang seines Antrags auf Leistungen nach diesem Buch eine Vergleichsliste über die Leistungen und Vergütungen der zugelassenen Pflegeeinrichtungen zu übermitteln, in deren Einzugsbereich die pflegerische Versorgung gewährleistet werden soll (Leistungs- und Preisvergleichsliste). $_{2}$Gleichzeitig ist der Pflegebedürftige über den nächstgelegenen Pflegestützpunkt (§ 92c), die Pflegeberatung (§ 7a) und darüber zu unterrichten, dass die Beratung und Unterstützung durch den Pflegestützpunkt sowie die Pflegeberatung unentgeltlich sind. $_{3}$Die Leistungs- und Preisvergleichsliste ist der Pflegekasse vom Landesverband der Pflegekassen zur Verfügung zu stellen und zeitnah fortzuschreiben; sie hat zumindest die für die Pflegeeinrichtungen jeweils geltenden Festlegungen der Vergütungsvereinbarungen nach dem Achten Kapitel und zur wohnortnahen Versorgung nach § 92c zu enthalten und ist von der Pflegekasse um die Festlegungen in den Verträgen zur integrierten Versorgung nach § 92b, an denen sie beteiligt ist, zu ergänzen. $_{4}$Zugleich ist dem Pflegebedürftigen eine Beratung darüber anzubieten, welche Pflegeleistungen für ihn in seiner persönlichen Situation in Betracht kommen. $_{5}$Ferner ist der Pflegebedürftige auf die Veröffentlichung der Ergebnisse von Qualitätsprüfungen hinzuweisen. $_{6}$Versicherte mit erheblichem allgemeinem Betreuungsbedarf und Pflegebedürftige sind in gleicher Weise, insbesondere über anerkannte niedrigschwellige Betreuungs- und Entlastungsangebote, zu unterrichten und zu beraten.

(4) Die Pflegekassen können sich zur Wahrnehmung ihrer Beratungsaufgaben nach diesem Buch aus ihren Verwaltungsmitteln an der Finanzierung und arbeitsteiligen Organisation von Beratungsangeboten anderer Träger beteiligen; die Neutralität und Unabhängigkeit der Beratung ist zu gewährleisten.

§ 7a Pflegeberatung

(1) $_{1}$Personen, die Leistungen nach diesem Buch erhalten, haben ab dem 1. Januar 2009 Anspruch auf individuelle Beratung und Hilfestellung durch einen Pflegeberater oder eine Pflegeberaterin bei der Auswahl und Inanspruchnahme von bundes- oder landes-

rechtlich vorgesehenen Sozialleistungen sowie sonstigen Hilfsangeboten, die auf die Unterstützung von Menschen mit Pflege-, Versorgungs- oder Betreuungsbedarf ausgerichtet sind (Pflegeberatung). $_{2}$Aufgabe der Pflegeberatung ist es insbesondere,

1. den Hilfebedarf unter Berücksichtigung der Feststellungen der Begutachtung durch den Medizinischen Dienst der Krankenversicherung systematisch zu erfassen und zu analysieren,
2. einen individuellen Versorgungsplan mit den im Einzelfall erforderlichen Sozialleistungen und gesundheitsfördernden, präventiven, kurativen, rehabilitativen oder sonstigen medizinischen sowie pflegerischen und sozialen Hilfen zu erstellen,
3. auf die für die Durchführung des Versorgungsplans erforderlichen Maßnahmen einschließlich deren Genehmigung durch den jeweiligen Leistungsträger hinzuwirken,
4. die Durchführung des Versorgungsplans zu überwachen und erforderlichenfalls einer veränderten Bedarfslage anzupassen sowie
5. bei besonders komplexen Fallgestaltungen den Hilfeprozess auszuwerten und zu dokumentieren.

$_{3}$Der Versorgungsplan beinhaltet insbesondere Empfehlungen zu den im Einzelfall erforderlichen Maßnahmen nach Satz 2 Nr. 3, Hinweise zu dem dazu vorhandenen örtlichen Leistungsangebot sowie zur Überprüfung und Anpassung der empfohlenen Maßnahmen. $_{4}$Bei Erstellung und Umsetzung des Versorgungsplans ist Einvernehmen mit dem Hilfesuchenden und allen an der Pflege, Versorgung und Betreuung Beteiligten anzustreben. $_{5}$Soweit Leistungen nach sonstigen bundes- oder landesrechtlichen Vorschriften erforderlich sind, sind die zuständigen Leistungsträger frühzeitig mit dem Ziel der Abstimmung einzubeziehen. $_{6}$Eine enge Zusammenarbeit mit anderen Koordinierungsstellen, insbesondere den gemeinsamen Servicestellen nach § 23 des Neunten Buches, ist sicherzustellen. $_{7}$Ihnen obliegende Aufgaben der Pflegeberatung können die Pflegekassen ganz oder teilweise auf Dritte übertragen; § 80 des Zehnten Buches bleibt unberührt. $_{8}$Ein Anspruch auf Pflegeberatung besteht auch dann, wenn ein Antrag auf Leistungen nach diesem Buch gestellt wurde und erkennbar ein Hilfe- und Beratungsbedarf besteht. $_{9}$Vor dem 1. Januar 2009 kann Pflegeberatung gewährt werden, wenn und soweit eine Pflegekasse eine entsprechende Struktur aufgebaut hat. $_{10}$Es ist sicherzustellen, dass im jeweiligen Pflegestützpunkt nach § 92c Pflegeberatung im Sinne dieser Vorschrift in Anspruch genommen werden kann und die Unabhängigkeit der Beratung gewährleistet ist.

(2) $_{1}$Auf Wunsch erfolgt die Pflegeberatung unter Einbeziehung von Dritten, insbesondere Angehörigen und Lebenspartnern, und in der häuslichen Umgebung oder in der Einrichtung, in der der Anspruchsberechtigte lebt. $_{2}$Ein Versicherter kann einen Leistungsantrag nach diesem oder dem Fünften Buch auch gegenüber dem Pflegeberater oder der Pflegeberaterin stellen. $_{3}$Der Antrag ist unverzüglich der zuständigen Pflege- oder Krankenkasse zu übermitteln, die den Leistungsbescheid unverzüglich dem Antragsteller und zeitgleich dem Pflegeberater oder der Pflegeberaterin zuleitet.

(3) $_{1}$Die Anzahl von Pflegeberatern und Pflegeberaterinnen ist so zu bemessen, dass die Aufgaben nach Absatz 1 im Interesse der Hilfesuchenden zeitnah und umfassend wahrgenommen werden können. $_{2}$Die Pflegekassen setzen für die persönliche Beratung und Betreuung durch Pflegeberater und Pflegeberaterinnen entsprechend qualifiziertes Personal ein, insbesondere Pflegefachkräfte, Sozialversicherungsfachangestellte oder Sozialarbeiter mit der jeweils erforderlichen Zusatzqualifikation. $_{3}$Zur erforderlichen Anzahl und Qualifikation von Pflegeberatern und Pflegeberaterinnen gibt der Spitzenverband Bund der Pflegekassen bis zum 31. August 2008 Empfehlungen ab. $_{4}$Die Qualifikationsanforderungen nach Satz 2 müssen spätestens zum 30. Juni 2011 erfüllt sein.

(4) $_{1}$Die Pflegekassen im Land haben Pflegeberater und Pflegeberaterinnen zur Sicherstellung einer wirtschaftlichen Aufgaben-

wahrnehmung in den Pflegestützpunkten nach Anzahl und örtlicher Zuständigkeit aufeinander abgestimmt bereitzustellen und hierüber einheitlich und gemeinsam Vereinbarungen bis zum 31. Oktober 2008 zu treffen. 2Die Pflegekassen können diese Aufgabe auf die Landesverbände der Pflegekassen übertragen. 3Kommt eine Einigung bis zu dem in Satz 1 genannten Zeitpunkt ganz oder teilweise nicht zustande, haben die Landesverbände der Pflegekassen innerhalb eines Monats zu entscheiden; § 81 Abs. 1 Satz 2 gilt entsprechend. 4Die Pflegekassen und die gesetzlichen Krankenkassen können zur Aufgabenwahrnehmung durch Pflegeberater und Pflegeberaterinnen von der Möglichkeit der Beauftragung nach Maßgabe der §§ 88 bis 92 des Zehnten Buches Gebrauch machen. 5Die durch die Tätigkeit von Pflegeberatern und Pflegeberaterinnen entstehenden Aufwendungen werden von den Pflegekassen getragen und zur Hälfte auf die Verwaltungskostenpauschale nach § 46 Abs. 3 Satz 1 angerechnet.

(5) 1Zur Durchführung der Pflegeberatung können die privaten Versicherungsunternehmen, die die private Pflege-Pflichtversicherung durchführen, Pflegeberater und Pflegeberaterinnen der Pflegekassen für die bei ihnen versicherten Personen nutzen. 2Dies setzt eine vertragliche Vereinbarung mit den Pflegekassen über Art, Inhalt und Umfang der Inanspruchnahme sowie über die Vergütung der hierfür je Fall entstehenden Aufwendungen voraus. 3Soweit Vereinbarungen mit den Pflegekassen nicht zustande kommen, können die privaten Versicherungsunternehmen, die die private Pflege-Pflichtversicherung durchführen, untereinander Vereinbarungen über eine abgestimmte Bereitstellung von Pflegeberatern und Pflegeberaterinnen treffen.

(6) Pflegeberater und Pflegeberaterinnen sowie sonstige mit der Wahrnehmung von Aufgaben nach Absatz 1 befasste Stellen, insbesondere

1. nach Landesrecht für die wohnortnahe Betreuung im Rahmen der örtlichen Altenhilfe und für die Gewährung der Hilfe zur Pflege nach dem Zwölften Buch zu bestimmende Stellen,
2. Unternehmen der privaten Kranken- und Pflegeversicherung,
3. Pflegeeinrichtungen und Einzelpersonen nach § 77,
4. Mitglieder von Selbsthilfegruppen, ehrenamtliche und sonstige zum bürgerschaftlichen Engagement bereite Personen und Organisationen sowie
5. Agenturen für Arbeit und Träger der Grundsicherung für Arbeitsuchende,

dürfen Sozialdaten für Zwecke der Pflegeberatung nur erheben, verarbeiten und nutzen, soweit dies zur Erfüllung der Aufgaben nach diesem Buch erforderlich oder durch Rechtsvorschriften des Sozialgesetzbuches oder Regelungen des Versicherungsvertrags- oder des Versicherungsaufsichtsgesetzes angeordnet oder erlaubt ist.

(7) 1Über die Erfahrungen mit der Pflegeberatung legt der Spitzenverband Bund der Pflegekassen dem Bundesministerium für Gesundheit bis zum 30. Juni 2011 einen unter wissenschaftlicher Begleitung zu erstellenden Bericht vor. 2Er kann hierzu Mittel nach § 8 Abs. 3 einsetzen.

§ 7b Beratungsgutscheine

(1) 1Die Pflegekasse hat dem Antragsteller unmittelbar nach Eingang eines erstmaligen Antrags auf Leistungen nach diesem Buch entweder

1. unter Angabe einer Kontaktperson einen konkreten Beratungstermin anzubieten, der spätestens innerhalb von zwei Wochen nach Antragseingang durchzuführen ist, oder
2. einen Beratungsgutschein auszustellen, in dem Beratungsstellen benannt sind, bei denen er zu Lasten der Pflegekasse innerhalb von zwei Wochen nach Antragseingang eingelöst werden kann; § 7a Absatz 4 Satz 5 ist entsprechend anzuwenden.

2Die Beratung richtet sich nach den §§ 7 und 7a. 3Auf Wunsch des Versicherten hat die Beratung in der häuslichen Umgebung stattzufinden und kann auch nach Ablauf der in

XI

Satz 1 genannten Frist durchgeführt werden; über diese Möglichkeiten hat ihn die Pflegekasse aufzuklären.

(2) $_{1}$Die Pflegekasse hat sicherzustellen, dass die Beratungsstellen die Anforderungen an die Beratung nach den §§ 7 und 7a einhalten. $_{2}$Die Pflegekasse schließt hierzu allein oder gemeinsam mit anderen Pflegekassen vertragliche Vereinbarungen mit unabhängigen und neutralen Beratungsstellen, die insbesondere Regelungen treffen für

1. die Anforderungen an die Beratungsleistung und die Beratungspersonen,
2. die Haftung für Schäden, die der Pflegekasse durch fehlerhafte Beratung entstehen, und
3. die Vergütung.

(3) $_{1}$Stellen nach Absatz 1 Satz 1 Nummer 2 dürfen personenbezogene Daten nur erheben, verarbeiten und nutzen, soweit dies für Zwecke der Beratung nach den §§ 7 und 7a erforderlich ist und der Versicherte oder sein gesetzlicher Vertreter eingewilligt hat. $_{2}$Zudem ist der Versicherte oder sein gesetzlicher Vertreter zu Beginn der Beratung darauf hinzuweisen, dass die Einwilligung jederzeit widerrufen werden kann.

(4) Die Absätze 1 bis 3 gelten für private Versicherungsunternehmen, die die private Pflege-Pflichtversicherung durchführen, entsprechend.

§ 8 Gemeinsame Verantwortung

(1) Die pflegerische Versorgung der Bevölkerung ist eine gesamtgesellschaftliche Aufgabe.

(2) $_{1}$Die Länder, die Kommunen, die Pflegeeinrichtungen und die Pflegekassen wirken unter Beteiligung des Medizinischen Dienstes eng zusammen, um eine leistungsfähige, regional gegliederte, ortsnahe und aufeinander abgestimmte ambulante und stationäre pflegerische Versorgung der Bevölkerung zu gewährleisten. $_{2}$Sie tragen zum Ausbau und zur Weiterentwicklung der notwendigen pflegerischen Versorgungsstrukturen bei; das gilt insbesondere für die Ergänzung des Angebots an häuslicher und stationärer Pflege durch neue Formen der teilstationären Pflege und Kurzzeitpflege sowie für die Vorhaltung eines Angebots von die Pflege ergänzenden Leistungen zur medizinischen Rehabilitation. $_{3}$Sie unterstützen und fördern darüber hinaus die Bereitschaft zu einer humanen Pflege und Betreuung durch hauptberufliche und ehrenamtliche Pflegekräfte sowie durch Angehörige, Nachbarn und Selbsthilfegruppen und wirken so auf eine neue Kultur des Helfens und der mitmenschlichen Zuwendung hin.

(3) $_{1}$Der Spitzenverband Bund der Pflegekassen kann aus Mitteln des Ausgleichsfonds der Pflegeversicherung mit 5 Millionen Euro im Kalenderjahr Maßnahmen wie Modellvorhaben, Studien, wissenschaftliche Expertisen und Fachtagungen zur Weiterentwicklung der Pflegeversicherung, insbesondere zur Entwicklung neuer qualitätsgesicherter Versorgungsformen für Pflegebedürftige, durchführen und mit Leistungserbringern vereinbaren. $_{2}$Dabei sind vorrangig modellhaft in einer Region Möglichkeiten eines personenbezogenen Budgets sowie neue Wohnkonzepte für Pflegebedürftige zu erproben. $_{3}$Bei der Vereinbarung und Durchführung von Modellvorhaben kann im Einzelfall von den Regelungen des Siebten Kapitels sowie von § 36 und zur Entwicklung besonders pauschalierter Pflegesätze von § 84 Abs. 2 Satz 2 abgewichen werden. $_{4}$Mehrbelastungen der Pflegeversicherung, die dadurch entstehen, dass Pflegebedürftige, die Pflegegeld beziehen, durch Einbeziehung in ein Modellvorhaben höhere Leistungen als das Pflegegeld erhalten, sind in das nach Satz 1 vorgesehene Fördervolumen einzubeziehen. $_{5}$Soweit die in Satz 1 genannten Mittel im jeweiligen Haushaltsjahr nicht verbraucht wurden, können sie in das Folgejahr übertragen werden. $_{6}$Die Modellvorhaben sind auf längstens fünf Jahre zu befristen. $_{7}$Der Spitzenverband Bund der Pflegekassen bestimmt Ziele, Dauer, Inhalte und Durchführung der Maßnahmen; dabei sind auch regionale Modellvorhaben einzelner Länder zu berücksichtigen. $_{8}$Die Maßnahmen sind mit dem Bundesministerium für Gesundheit abzustimmen. $_{9}$Soweit finanzielle Interessen einzelner Länder berührt werden,

sind diese zu beteiligen. $_{10}$Näheres über das Verfahren zur Auszahlung der aus dem Ausgleichsfonds zu finanzierenden Fördermittel regeln der Spitzenverband Bund der Pflegekassen und das Bundesversicherungsamt durch Vereinbarung. $_{11}$Für die Modellvorhaben ist eine wissenschaftliche Begleitung und Auswertung vorzusehen. $_{12}$§ 45c Abs. 4 Satz 6 gilt entsprechend.

§ 9 Aufgaben der Länder

$_{1}$Die Länder sind verantwortlich für die Vorhaltung einer leistungsfähigen, zahlenmäßig ausreichenden und wirtschaftlichen pflegerischen Versorgungsstruktur. $_{2}$Das Nähere zur Planung und zur Förderung der Pflegeeinrichtungen wird durch Landesrecht bestimmt; durch Landesrecht kann auch bestimmt werden, ob und in welchem Umfang eine im Landesrecht vorgesehene und an der wirtschaftlichen Leistungsfähigkeit der Pflegebedürftigen orientierte finanzielle Unterstützung

1. der Pflegebedürftigen bei der Tragung der ihnen von den Pflegeeinrichtungen berechneten betriebsnotwendigen Investitionsaufwendungen oder
2. der Pflegeeinrichtungen bei der Tragung ihrer betriebsnotwendigen Investitionsaufwendungen

als Förderung der Pflegeeinrichtungen gilt.

$_{3}$Zur finanziellen Förderung der Investitionskosten der Pflegeeinrichtungen sollen Einsparungen eingesetzt werden, die den Trägern der Sozialhilfe durch die Einführung der Pflegeversicherung entstehen.

§ 10 Pflegebericht der Bundesregierung

Die Bundesregierung berichtet den gesetzgebenden Körperschaften des Bundes ab 2016 im Abstand von vier Jahren über die Entwicklung der Pflegeversicherung und den Stand der pflegerischen Versorgung in der Bundesrepublik Deutschland.

§ 11 Rechte und Pflichten der Pflegeeinrichtungen

(1) $_{1}$Die Pflegeeinrichtungen pflegen, versorgen und betreuen die Pflegebedürftigen, die ihre Leistungen in Anspruch nehmen, entsprechend dem allgemein anerkannten Stand medizinisch-pflegerischer Erkenntnisse. $_{2}$Inhalt und Organisation der Leistungen haben eine humane und aktivierende Pflege unter Achtung der Menschenwürde zu gewährleisten.

(2) $_{1}$Bei der Durchführung dieses Buches sind die Vielfalt der Träger von Pflegeeinrichtungen zu wahren sowie deren Selbständigkeit, Selbstverständnis und Unabhängigkeit zu achten. $_{2}$Dem Auftrag kirchlicher und sonstiger Träger der freien Wohlfahrtspflege, kranke, gebrechliche und pflegebedürftige Menschen zu pflegen, zu betreuen, zu trösten und sie im Sterben zu begleiten, ist Rechnung zu tragen. $_{3}$Freigemeinnützige und private Träger haben Vorrang gegenüber öffentlichen Trägern.

(3) Die Bestimmungen des Wohn- und Betreuungsvertragsgesetzes bleiben unberührt.

§ 12 Aufgaben der Pflegekassen

(1) $_{1}$Die Pflegekassen sind für die Sicherstellung der pflegerischen Versorgung ihrer Versicherten verantwortlich. $_{2}$Sie arbeiten dabei mit allen an der pflegerischen, gesundheitlichen und sozialen Versorgung Beteiligten eng zusammen und wirken, insbesondere durch Pflegestützpunkte nach § 92c, auf eine Vernetzung der regionalen und kommunalen Versorgungsstrukturen hin, um eine Verbesserung der wohnortnahen Versorgung pflege- und betreuungsbedürftiger Menschen zu ermöglichen. $_{3}$Die Pflegekassen sollen zur Durchführung der ihnen gesetzlich übertragenen Aufgaben örtliche und regionale Arbeitsgemeinschaften bilden. $_{4}$§ 94 Abs. 2 bis 4 des Zehnten Buches gilt entsprechend.

(2) $_{1}$Die Pflegekassen wirken mit den Trägern der ambulanten und der stationären gesundheitlichen und sozialen Versorgung partnerschaftlich zusammen, um die für den Pflegebedürftigen zur Verfügung stehenden Hilfen zu koordinieren. $_{2}$Sie stellen insbesondere über die Pflegeberatung nach § 7a sicher, dass im Einzelfall Grundpflege, Behandlungspflege, ärztliche Behandlung, spezialisierte

Palliativversorgung, Leistungen zur Prävention, zur medizinischen Rehabilitation und zur Teilhabe sowie hauswirtschaftliche Versorgung nahtlos und störungsfrei ineinandergreifen. ₃Die Pflegekassen nutzen darüber hinaus das Instrument der integrierten Versorgung nach § 92b und wirken zur Sicherstellung der haus-, fach- und zahnärztlichen Versorgung der Pflegebedürftigen darauf hin, dass die stationären Pflegeeinrichtungen Kooperationen mit niedergelassenen Ärzten eingehen oder § 119b des Fünften Buches anwenden.

§ 13 Verhältnis der Leistungen der Pflegeversicherung zu anderen Sozialleistungen

(1) Den Leistungen der Pflegeversicherung gehen die Entschädigungsleistungen wegen Pflegebedürftigkeit

1. nach dem Bundesversorgungsgesetz und nach den Gesetzen, die eine entsprechende Anwendung des Bundesversorgungsgesetzes vorsehen,
2. aus der gesetzlichen Unfallversicherung und
3. aus öffentlichen Kassen auf Grund gesetzlich geregelter Unfallversorgung oder Unfallfürsorge

vor.

(2) Die Leistungen der häuslichen Krankenpflege nach § 37 des Fünften Buches bleiben unberührt.

(3) $_1$Die Leistungen der Pflegeversicherung gehen den Fürsorgeleistungen zur Pflege

1. nach dem Zwölften Buch,
2. nach dem Lastenausgleichsgesetz, dem Reparationsschädengesetz und dem Flüchtlingshilfegesetz,
3. nach dem Bundesversorgungsgesetz (Kriegsopferfürsorge) und nach den Gesetzen, die eine entsprechende Anwendung des Bundesversorgungsgesetzes vorsehen,

vor. $_2$Leistungen zur Pflege nach diesen Gesetzen sind zu gewähren, wenn und soweit Leistungen der Pflegeversicherung nicht erbracht werden oder diese Gesetze dem Grunde oder der Höhe nach weitergehende Leistungen als die Pflegeversicherung vorsehen. $_3$Die Leistungen der Eingliederungshilfe für behinderte Menschen nach dem Zwölften Buch, dem Bundesversorgungsgesetz und dem Achten Buch bleiben unberührt, sie sind im Verhältnis zur Pflegeversicherung nicht nachrangig; die notwendige Hilfe in den Einrichtungen nach § 71 Abs. 4 ist einschließlich der Pflegeleistungen zu gewähren.

(3a) Die Leistungen nach § 45b finden bei den Fürsorgeleistungen zur Pflege nach Absatz 3 Satz 1 keine Berücksichtigung.

(4) Treffen Pflegeleistungen mit Leistungen der Eingliederungshilfe oder mit weitergehenden Pflegeleistungen nach dem Zwölften Buch zusammen, sollen die Pflegekassen und der Träger der Sozialhilfe vereinbaren, daß im Verhältnis zum Pflegebedürftigen nur eine Stelle die Leistungen übernimmt und die andere Stelle die Kosten der von ihr zu tragenden Leistungen erstattet.

(5) $_1$Die Leistungen der Pflegeversicherung bleiben als Einkommen bei Sozialleistungen und bei Leistungen nach dem Asylbewerberleistungsgesetz, deren Gewährung von anderen Einkommen abhängig ist, unberücksichtigt. $_2$Satz 1 gilt entsprechend bei Vertragsleistungen aus privaten Pflegeversicherungen, die der Art und dem Umfang nach den Leistungen der sozialen Pflegeversicherung gleichwertig sind. $_3$Rechtsvorschriften, die weitergehende oder ergänzende Leistungen aus einer privaten Pflegeversicherung von der Einkommensermittlung ausschließen, bleiben unberührt.

(6) $_1$Wird Pflegegeld nach § 37 oder eine vergleichbare Geldleistung an eine Pflegeperson (§ 19) weitergeleitet, bleibt dies bei der Ermittlung von Unterhaltsansprüchen und Unterhaltsverpflichtungen der Pflegeperson unberücksichtigt. $_2$Dies gilt nicht

1. in den Fällen des § 1361 Abs. 3, der §§ 1579, 1603 Abs. 2 und des § 1611 Abs. 1 des Bürgerlichen Gesetzbuchs,
2. für Unterhaltsansprüche der Pflegeperson, wenn von dieser erwartet werden kann, ihren Unterhaltsbedarf ganz oder teilwei-

se durch eigene Einkünfte zu decken und der Pflegebedürftige mit dem Unterhaltspflichtigen nicht in gerader Linie verwandt ist.

Zweites Kapitel Leistungsberechtigter Personenkreis

§ 14 Begriff der Pflegebedürftigkeit

(1) Pflegebedürftig im Sinne dieses Buches sind Personen, die wegen einer körperlichen, geistigen oder seelischen Krankheit oder Behinderung für die gewöhnlichen und regelmäßig wiederkehrenden Verrichtungen im Ablauf des täglichen Lebens auf Dauer, voraussichtlich für mindestens sechs Monate, in erheblichem oder höherem Maße (§ 15) der Hilfe bedürfen.

(2) Krankheiten oder Behinderungen im Sinne des Absatzes 1 sind:

1. Verluste, Lähmungen oder andere Funktionsstörungen am Stütz- und Bewegungsapparat,
2. Funktionsstörungen der inneren Organe oder der Sinnesorgane,
3. Störungen des Zentralnervensystems wie Antriebs-, Gedächtnis- oder Orientierungsstörungen sowie endogene Psychosen, Neurosen oder geistige Behinderungen.

(3) Die Hilfe im Sinne des Absatzes 1 besteht in der Unterstützung, in der teilweisen oder vollständigen Übernahme der Verrichtungen im Ablauf des täglichen Lebens oder in Beaufsichtigung oder Anleitung mit dem Ziel der eigenständigen Übernahme dieser Verrichtungen.

(4) Gewöhnliche und regelmäßig wiederkehrende Verrichtungen im Sinne des Absatzes 1 sind:

1. im Bereich der Körperpflege das Waschen, Duschen, Baden, die Zahnpflege, das Kämmen, Rasieren, die Darm- oder Blasenentleerung,
2. im Bereich der Ernährung das mundgerechte Zubereiten oder die Aufnahme der Nahrung,
3. im Bereich der Mobilität das selbständige Aufstehen und Zu-Bett-Gehen, An- und Auskleiden, Gehen, Stehen, Treppensteigen oder das Verlassen und Wiederaufsuchen der Wohnung,
4. im Bereich der hauswirtschaftlichen Versorgung das Einkaufen, Kochen, Reinigen der Wohnung, Spülen, Wechseln und Waschen der Wäsche und Kleidung oder das Beheizen.

§ 15 Stufen der Pflegebedürftigkeit

(1) $_1$Für die Gewährung von Leistungen nach diesem Gesetz sind pflegebedürftige Personen (§ 41) einer der folgenden drei Pflegestufen zuzuordnen:

1. Pflegebedürftige der Pflegestufe I (erheblich Pflegebedürftige) sind Personen, die bei der Körperpflege, der Ernährung oder der Mobilität für wenigstens zwei Verrichtungen aus einem oder mehreren Bereichen mindestens einmal täglich der Hilfe bedürfen und zusätzlich mehrfach in der Woche Hilfen bei der hauswirtschaftlichen Versorgung benötigen.
2. Pflegebedürftige der Pflegestufe II (Schwerpflegebedürftige) sind Personen, die bei der Körperpflege, der Ernährung oder der Mobilität mindestens dreimal täglich zu verschiedenen Tageszeiten der Hilfe bedürfen und zusätzlich mehrfach in der Woche Hilfen bei der hauswirtschaftlichen Versorgung benötigen.
3. Pflegebedürftige der Pflegestufe III (Schwerstpflegebedürftige) sind Personen, die bei der Körperpflege, der Ernährung oder der Mobilität täglich rund um die Uhr, auch nachts, der Hilfe bedürfen und zusätzlich mehrfach in der Woche Hilfen bei der hauswirtschaftlichen Versorgung benötigen.

$_2$Für die Gewährung von Leistungen nach § 43a reicht die Feststellung, daß die Voraussetzungen der Pflegestufe I erfüllt sind.

(2) Bei Kindern ist für die Zuordnung der zusätzliche Hilfebedarf gegenüber einem gesunden gleichaltrigen Kind maßgebend.

(3) 1Der Zeitaufwand, den ein Familienangehöriger oder eine andere nicht als Pflegekraft ausgebildete Pflegeperson für die erforderlichen Leistungen der Grundpflege und hauswirtschaftlichen Versorgung benötigt, muß wöchentlich im Tagesdurchschnitt

1. in der Pflegestufe I mindestens 90 Minuten betragen; hierbei müssen auf die Grundpflege mehr als 45 Minuten entfallen,
2. in der Pflegestufe II mindestens drei Stunden betragen; hierbei müssen auf die Grundpflege mindestens zwei Stunden entfallen,
3. in der Pflegestufe III mindestens fünf Stunden betragen; hierbei müssen auf die Grundpflege mindestens vier Stunden entfallen.

2Bei der Feststellung des Zeitaufwandes ist ein Zeitaufwand für erforderliche verrichtungsbezogene krankheitsspezifische Pflegemaßnahmen zu berücksichtigen; dies gilt auch dann, wenn der Hilfebedarf zu Leistungen nach dem Fünften Buch führt. 3Verrichtungsbezogene krankheitsspezifische Pflegemaßnahmen sind Maßnahmen der Behandlungspflege, bei denen der behandlungspflegerische Hilfebedarf untrennbarer Bestandteil einer Verrichtung nach § 14 Abs. 4 ist oder mit einer solchen Verrichtung notwendig in einem unmittelbaren zeitlichen und sachlichen Zusammenhang steht.

§ 16 Verordnungsermächtigung

Das Bundesministerium für Gesundheit wird ermächtigt, im Einvernehmen mit dem Bundesministerium für Familie, Senioren, Frauen und Jugend und dem Bundesministerium für Arbeit und Soziales durch Rechtsverordnung mit Zustimmung des Bundesrates Vorschriften zur näheren Abgrenzung der in § 14 genannten Merkmale der Pflegebedürftigkeit, der Pflegestufen nach § 15 sowie zur Anwendung der Härtefallregelung des § 36 Abs. 4 und des § 43 Abs. 3 zu erlassen.

§ 17 Richtlinien der Pflegekassen

(1) 1Der Spitzenverband Bund der Pflegekassen erlässt mit dem Ziel, eine einheitliche Rechtsanwendung zu fördern, unter Beteiligung des Medizinischen Dienstes des Spitzenverbandes Bund der Krankenkassen Richtlinien zur näheren Abgrenzung der in § 14 genannten Merkmale der Pflegebedürftigkeit, der Pflegestufen nach § 15 und zum Verfahren der Feststellung der Pflegebedürftigkeit. 2Er hat die Kassenärztliche Bundesvereinigung, die Bundesverbände der Pflegeberufe und der behinderten Menschen, die Bundesarbeitsgemeinschaft der Freien Wohlfahrtspflege, die Bundesarbeitsgemeinschaft der überörtlichen Träger der Sozialhilfe, die kommunalen Spitzenverbände auf Bundesebene, die Bundesverbände privater Alten- und Pflegeheime sowie die Verbände der privaten ambulanten Dienste zu beteiligen. 3Der Spitzenverband Bund der Pflegekassen erlässt unter Beteiligung des Medizinischen Dienstes des Spitzenverbandes Bund der Krankenkassen Richtlinien zur Anwendung der Härtefallregelungen des § 36 Abs. 4 und des § 43 Abs. 3.

(2) 1Die Richtlinien nach Absatz 1 werden erst wirksam, wenn das Bundesministerium für Gesundheit sie genehmigt. 2Die Genehmigung gilt als erteilt, wenn die Richtlinien nicht innerhalb eines Monats, nachdem sie dem Bundesministerium für Gesundheit vorgelegt worden sind, beanstandet werden. 3Beanstandungen des Bundesministeriums für Gesundheit sind innerhalb der von ihm gesetzten Frist zu beheben.

§ 17a Vorbereitung der Einführung eines neuen Pflegebedürftigkeitsbegriffs

(1) 1Um die Einführung eines neuen Pflegebedürftigkeitsbegriffs sicherzustellen, hat der Spitzenverband Bund der Pflegekassen unter Beteiligung des Medizinischen Dienstes des Spitzenverbandes Bund der Krankenkassen die Richtlinien zum Verfahren der Feststellung der Pflegebedürftigkeit (Begutachtungsverfahren) nach § 17 in Verbindung mit § 53a Satz 1 Nummer 2 entsprechend den Maßgaben des Absatzes 2 zu ändern. 2Er hat die

XI

Kassenärztliche Bundesvereinigung, die Bundesverbände der Pflegeberufe, die Bundesarbeitsgemeinschaft der Freien Wohlfahrtspflege, die Bundesarbeitsgemeinschaft der überörtlichen Träger der Sozialhilfe, die kommunalen Spitzenverbände auf Bundesebene, die Bundesverbände privater Alten- und Pflegeheime sowie die Verbände der privaten ambulanten Dienste zu beteiligen. ₃Die auf Bundesebene maßgeblichen Organisationen für die Wahrnehmung der Interessen und der Selbsthilfe der pflegebedürftigen und behinderten Menschen wirken nach Maßgabe der nach § 118 Absatz 2 erlassenen Verordnung beratend mit. ₄§ 118 Absatz 1 Satz 2 und 3 gilt entsprechend. ₅Die geänderten Richtlinien sind dem Bundesministerium für Gesundheit innerhalb von neun Monaten ab dem 25. Juli 2015 zur Genehmigung vorzulegen.

(2) ₁Mit dem Begutachtungsverfahren ist festzustellen, ob die Voraussetzungen der Pflegebedürftigkeit nach dem neuen Pflegebedürftigkeitsbegriff erfüllt sind und welcher Pflegegrad vorliegt. ₂Bei der Abstufung der Pflegegrade sind Beeinträchtigungen und Fähigkeitsstörungen in den Bereichen Mobilität, kognitive und kommunikative Fähigkeiten, Verhaltensweisen und psychische Problemlagen, Selbstversorgung, Umgang mit krankheits- und therapiebedingten Anforderungen und Belastungen, Gestaltung des Alltagslebens und sozialer Kontakte zu berücksichtigen. ₃Das Begutachtungsverfahren muss die Zuordnung der Pflegebedürftigen zu einem der folgenden fünf Pflegegrade ermöglichen:

1. geringe Beeinträchtigung der Selbständigkeit,
2. erhebliche Beeinträchtigung der Selbständigkeit,
3. schwere Beeinträchtigung der Selbständigkeit,
4. schwerste Beeinträchtigung der Selbständigkeit oder
5. schwerste Beeinträchtigung der Selbständigkeit mit besonderen Anforderungen an die pflegerische Versorgung.

₄Im Begutachtungsverfahren sind darüber hinaus die Beeinträchtigungen der Selbständigkeit in den Bereichen außerhäusliche Aktivitäten und Haushaltsführung festzustellen, um eine umfassende Beratung und Pflege- und Hilfeplanung zu ermöglichen.

(3) ₁Das Bundesministerium für Gesundheit legt im Einvernehmen mit dem Bundesministerium für Arbeit und Soziales und dem Bundesministerium für Familie, Senioren, Frauen und Jugend unter Beteiligung des Spitzenverbandes Bund der Pflegekassen unverzüglich in einem Zeitplan Zielvorgaben für die Änderung der Richtlinien zum Begutachtungsverfahren fest. ₂Der Zeitplan kann vom Bundesministerium für Gesundheit nur im Einvernehmen mit dem Bundesministerium für Arbeit und Soziales und dem Bundesministerium für Familie, Senioren, Frauen und Jugend unter Beteiligung des Spitzenverbandes Bund der Pflegekassen geändert werden. ₃Der Spitzenverband Bund der Pflegekassen ist verpflichtet, dem Bundesministerium für Gesundheit auf Verlangen unverzüglich Auskunft insbesondere über den Bearbeitungsstand der Richtlinien zum Begutachtungsverfahren sowie über Problembereiche und mögliche Lösungen zu erteilen.

(4) ₁Die Richtlinien nach Absatz 1 werden erst wirksam, wenn das Bundesministerium für Gesundheit sie genehmigt. ₂Das Bundesministerium für Gesundheit darf die Genehmigung erst nach Inkrafttreten eines Gesetzes, das einen neuen Pflegebedürftigkeitsbegriff einführt, erteilen. ₃Die Genehmigung gilt als erteilt, wenn nach Einführung des neuen Pflegebedürftigkeitsbegriffs die Richtlinien nicht innerhalb von zwei Monaten, nachdem sie dem Bundesministerium für Gesundheit vorgelegt worden sind, beanstandet werden. ₄§ 17 Absatz 2 Satz 3 gilt entsprechend. ₅Die Nichtbeanstandung der Richtlinien zum Begutachtungsverfahren kann vom Bundesministerium für Gesundheit mit Auflagen verbunden werden. ₆Das Bundesministerium für Gesundheit kann zur Erfüllung dieser Auflagen eine angemessene Frist setzen.

(5) ₁Wird eine Zielvorgabe des Zeitplanes nach Absatz 3 Satz 1 nicht fristgerecht er-

reicht und ist deshalb die fristgerechte Änderung der Richtlinien zum Begutachtungsverfahren gefährdet oder werden Beanstandungen des Bundesministeriums für Gesundheit nicht innerhalb der von ihm gesetzten Frist behoben, kann das Bundesministerium für Gesundheit die Richtlinien zum Begutachtungsverfahren selbst erlassen. [2]Das Bundesministerium für Gesundheit kann sich bei der Erarbeitung der Richtlinien zum Begutachtungsverfahren von unabhängigen Sachverständigen beraten lassen. [3]Die vom Bundesministerium für Gesundheit erlassenen Richtlinien zum Begutachtungsverfahren sind im Bundesanzeiger und die tragenden Gründe im Internet bekanntzumachen. [4]Die Bekanntmachung der Richtlinien muss auch einen Hinweis auf die Fundstelle der Veröffentlichung der tragenden Gründe im Internet enthalten.

(6) Die Richtlinien zum Begutachtungsverfahren sind für die Medizinischen Dienste der Krankenversicherung verbindlich.

§ 18 Verfahren zur Feststellung der Pflegebedürftigkeit

(1) [1]Die Pflegekassen beauftragen den Medizinischen Dienst der Krankenversicherung oder andere unabhängige Gutachter mit der Prüfung, ob die Voraussetzungen der Pflegebedürftigkeit erfüllt sind und welche Stufe der Pflegebedürftigkeit vorliegt. [2]Im Rahmen dieser Prüfungen haben der Medizinische Dienst oder die von der Pflegekasse beauftragten Gutachter durch eine Untersuchung des Antragstellers die Einschränkungen bei den Verrichtungen im Sinne des § 14 Abs. 4 festzustellen sowie Art, Umfang und voraussichtliche Dauer der Hilfebedürftigkeit und das Vorliegen einer erheblich eingeschränkten Alltagskompetenz nach § 45a zu ermitteln. [3]Darüber hinaus sind auch Feststellungen darüber zu treffen, ob und in welchem Umfang Maßnahmen zur Beseitigung, Minderung oder Verhütung einer Verschlimmerung der Pflegebedürftigkeit einschließlich der Leistungen zur medizinischen Rehabilitation geeignet, notwendig und zumutbar sind; insoweit haben Versicherte einen Anspruch gegen den zuständigen Träger auf Leistungen zur medizinischen Rehabilitation. [4]Jede Feststellung hat zudem eine Aussage darüber zu treffen, ob Beratungsbedarf insbesondere in der häuslichen Umgebung oder in der Einrichtung, in der der Anspruchsberechtigte lebt, hinsichtlich Leistungen zur verhaltensbezogenen Prävention nach § 20 Absatz 5 des Fünften Buches besteht.

(2) [1]Der Medizinische Dienst oder die von der Pflegekasse beauftragten Gutachter haben den Versicherten in seinem Wohnbereich zu untersuchen. [2]Erteilt der Versicherte dazu nicht sein Einverständnis, kann die Pflegekasse die beantragten Leistungen verweigern. [3]Die §§ 65, 66 des Ersten Buches bleiben unberührt. [4]Die Untersuchung im Wohnbereich des Pflegebedürftigen kann ausnahmsweise unterbleiben, wenn auf Grund einer eindeutigen Aktenlage das Ergebnis der medizinischen Untersuchung bereits feststeht. [5]Die Untersuchung ist in angemessenen Zeitabständen zu wiederholen.

(3) [1]Die Pflegekasse leitet die Anträge zur Feststellung von Pflegebedürftigkeit unverzüglich an den Medizinischen Dienst der Krankenversicherung oder die von der Pflegekasse beauftragten Gutachter weiter. [2]Dem Antragsteller ist spätestens fünf Wochen nach Eingang des Antrags bei der zuständigen Pflegekasse die Entscheidung der Pflegekasse schriftlich mitzuteilen. [3]Befindet sich der Antragsteller im Krankenhaus oder in einer stationären Rehabilitationseinrichtung und

1. liegen Hinweise vor, dass zur Sicherstellung der ambulanten oder stationären Weiterversorgung und Betreuung eine Begutachtung in der Einrichtung erforderlich ist, oder
2. wurde die Inanspruchnahme von Pflegezeit nach dem Pflegezeitgesetz gegenüber dem Arbeitgeber der pflegenden Person angekündigt oder
3. wurde mit dem Arbeitgeber der pflegenden Person eine Familienpflegezeit nach § 2 Absatz 1 des Familienpflegezeitgesetzes vereinbart,

ist die Begutachtung dort unverzüglich, spätestens innerhalb einer Woche nach Eingang des Antrags bei der zuständigen Pflegekasse durchzuführen; die Frist kann durch regionale Vereinbarungen verkürzt werden. $_{4}$Die verkürzte Begutachtungsfrist gilt auch dann, wenn der Antragsteller sich in einem Hospiz befindet oder ambulant palliativ versorgt wird. $_{5}$Befindet sich der Antragsteller in häuslicher Umgebung, ohne palliativ versorgt zu werden, und wurde die Inanspruchnahme von Pflegezeit nach dem Pflegezeitgesetz gegenüber dem Arbeitgeber der pflegenden Person angekündigt oder mit dem Arbeitgeber der pflegenden Person eine Familienpflegezeit nach § 2 Absatz 1 des Familienpflegezeitgesetzes vereinbart, ist eine Begutachtung durch den Medizinischen Dienst der Krankenversicherung oder die von der Pflegekasse beauftragten Gutachter spätestens innerhalb von zwei Wochen nach Eingang des Antrags bei der zuständigen Pflegekasse durchzuführen und der Antragsteller seitens des Medizinischen Dienstes oder der von der Pflegekasse beauftragten Gutachter unverzüglich schriftlich darüber zu informieren, welche Empfehlung der Medizinische Dienst oder die von der Pflegekasse beauftragten Gutachter an die Pflegekasse weiterleiten. $_{6}$In den Fällen der Sätze 3 bis 5 muss die Empfehlung nur die Feststellung beinhalten, ob Pflegebedürftigkeit im Sinne der §§ 14 und 15 vorliegt. $_{7}$Die Entscheidung der Pflegekasse ist dem Antragsteller unverzüglich nach Eingang der Empfehlung des Medizinischen Dienstes oder der beauftragten Gutachter bei der Pflegekasse schriftlich mitzuteilen. $_{8}$Der Antragsteller hat ein Recht darauf, dass mit dem Bescheid das Gutachten übermittelt wird. $_{9}$Bei der Begutachtung ist zu erfassen, ob der Antragsteller von diesem Recht Gebrauch machen will. $_{10}$Der Antragsteller kann die Übermittlung des Gutachtens auch zu einem späteren Zeitpunkt verlangen.

(3a) $_{1}$Die Pflegekasse ist verpflichtet, dem Antragsteller mindestens drei unabhängige Gutachter zur Auswahl zu benennen,

1. soweit nach Absatz 1 unabhängige Gutachter mit der Prüfung beauftragt werden sollen oder
2. wenn innerhalb von vier Wochen ab Antragstellung keine Begutachtung erfolgt ist.

$_{2}$Auf die Qualifikation und Unabhängigkeit des Gutachters ist der Versicherte hinzuweisen. $_{3}$Hat sich der Antragsteller für einen benannten Gutachter entschieden, wird dem Wunsch Rechnung getragen. $_{4}$Der Antragsteller hat der Pflegekasse seine Entscheidung innerhalb einer Woche ab Kenntnis der Namen der Gutachter mitzuteilen, ansonsten kann die Pflegekasse einen Gutachter aus der übersandten Liste beauftragen. $_{5}$Die Gutachter sind bei der Wahrnehmung ihrer Aufgaben nur ihrem Gewissen unterworfen. $_{6}$Satz 1 Nummer 2 gilt nicht, wenn die Pflegekasse die Verzögerung nicht zu vertreten hat.

(3b) $_{1}$Erteilt die Pflegekasse den schriftlichen Bescheid über den Antrag nicht innerhalb von fünf Wochen nach Eingang des Antrags oder wird eine der in Absatz 3 genannten verkürzten Begutachtungsfristen nicht eingehalten, hat die Pflegekasse nach Fristablauf für jede begonnene Woche der Fristüberschreitung unverzüglich 70 Euro an den Antragsteller zu zahlen. $_{2}$Dies gilt nicht, wenn die Pflegekasse die Verzögerung nicht zu vertreten hat oder wenn sich der Antragsteller in stationärer Pflege befindet und bereits als mindestens erheblich pflegebedürftig (mindestens Pflegestufe I) anerkannt ist. $_{3}$Entsprechendes gilt für die privaten Versicherungsunternehmen, die die private Pflege-Pflichtversicherung durchführen. $_{4}$Die Träger der Pflegeversicherung und die privaten Versicherungsunternehmen veröffentlichen jährlich jeweils bis zum 31. März des dem Berichtsjahr folgenden Jahres eine Statistik über die Einhaltung der Fristen nach Absatz 3.

(4) $_{1}$Der Medizinische Dienst oder die von der Pflegekasse beauftragten Gutachter sollen, soweit der Versicherte einwilligt, die behandelnden Ärzte des Versicherten, insbesondere die Hausärzte, in die Begutachtung einbeziehen und ärztliche Auskünfte und Unterlagen über die für die Begutachtung der Pfle-

gebedürftigkeit wichtigen Vorerkrankungen sowie Art, Umfang und Dauer der Hilfebedürftigkeit einholen. $_{2}$Mit Einverständnis des Versicherten sollen auch pflegende Angehörige oder sonstige Personen oder Dienste, die an der Pflege des Versicherten beteiligt sind, befragt werden.

(5) $_{1}$Die Pflege- und Krankenkassen sowie die Leistungserbringer sind verpflichtet, dem Medizinischen Dienst oder den von der Pflegekasse beauftragten Gutachtern die für die Begutachtung erforderlichen Unterlagen vorzulegen und Auskünfte zu erteilen. $_{2}$§ 276 Abs. 1 Satz 2 und 3 des Fünften Buches gilt entsprechend.

(6) $_{1}$Der Medizinische Dienst der Krankenversicherung oder die von der Pflegekasse beauftragten Gutachter haben der Pflegekasse das Ergebnis seiner oder ihrer Prüfung zur Feststellung der Pflegebedürftigkeit unverzüglich zu übermitteln. $_{2}$In seiner oder ihrer Stellungnahme haben der Medizinische Dienst oder die von der Pflegekasse beauftragten Gutachter auch das Ergebnis der Prüfung, ob und gegebenenfalls welche Maßnahmen der Prävention und der medizinischen Rehabilitation geeignet, notwendig und zumutbar sind, mitzuteilen und Art und Umfang von Pflegeleistungen sowie einen individuellen Pflegeplan zu empfehlen. $_{3}$Die Feststellungen zur Prävention und zur medizinischen Rehabilitation sind durch den Medizinischen Dienst oder die von der Pflegekasse beauftragten Gutachter in einer gesonderten Präventions- und Rehabilitationsempfehlung zu dokumentieren. $_{4}$Beantragt der Pflegebedürftige Pflegegeld, hat sich die Stellungnahme auch darauf zu erstrecken, ob die häusliche Pflege in geeigneter Weise sichergestellt ist.

(7) $_{1}$Die Aufgaben des Medizinischen Dienstes werden durch Ärzte in enger Zusammenarbeit mit Pflegefachkräften und anderen geeigneten Fachkräften wahrgenommen. $_{2}$Die Prüfung der Pflegebedürftigkeit von Kindern ist in der Regel durch besonders geschulte Gutachter mit einer Qualifikation als Gesundheits- und Kinderkrankenpflegerin oder Gesundheits- und Kinderkrankenpfleger oder als Kinderärztin oder Kinderarzt vorzunehmen. $_{3}$Der Medizinische Dienst ist befugt, den Pflegefachkräften oder sonstigen geeigneten Fachkräften, die nicht dem Medizinischen Dienst angehören, die für deren jeweilige Beteiligung erforderlichen personenbezogenen Daten zu übermitteln. $_{4}$Für andere unabhängige Gutachter gelten die Sätze 1 bis 3 entsprechend.

§ 18a Weiterleitung der Rehabilitationsempfehlung, Berichtspflichten

(1) $_{1}$Spätestens mit der Mitteilung der Entscheidung über die Pflegebedürftigkeit leitet die Pflegekasse dem Antragsteller die gesonderte Präventions- und Rehabilitationsempfehlung des Medizinischen Dienstes oder der von der Pflegekasse beauftragten Gutachter zu und nimmt umfassend und begründet dazu Stellung, inwieweit auf der Grundlage der Empfehlung die Durchführung einer Maßnahme zur Prävention oder zur medizinischen Rehabilitation angezeigt ist. $_{2}$Die Pflegekasse hat den Antragsteller zusätzlich darüber zu informieren, dass mit der Zuleitung einer Mitteilung über den Rehabilitationsbedarf an den zuständigen Rehabilitationsträger ein Antragsverfahren auf Leistungen zur medizinischen Rehabilitation entsprechend den Vorschriften des Neunten Buches ausgelöst wird, sofern der Antragsteller in dieses Verfahren einwilligt.

(2) $_{1}$Die Pflegekassen berichten für die Geschäftsjahre 2013 bis 2015 jährlich über die Erfahrungen mit der Umsetzung der Empfehlungen der Medizinischen Dienste der Krankenversicherung oder der beauftragten Gutachter zur medizinischen Rehabilitation. $_{2}$Hierzu wird insbesondere Folgendes gemeldet:

1. die Anzahl der Empfehlungen der Medizinischen Dienste der Krankenversicherung und der beauftragten Gutachter für Leistungen der medizinischen Rehabilitation im Rahmen der Begutachtung zur Feststellung der Pflegebedürftigkeit,
2. die Anzahl der Anträge an den zuständigen Rehabilitationsträger gemäß § 31 Ab-

satz 3 in Verbindung mit § 14 des Neunten Buches,
3. die Anzahl der genehmigten und die Anzahl der abgelehnten Leistungsentscheidungen der zuständigen Rehabilitationsträger einschließlich der Gründe für Ablehnungen sowie die Anzahl der Widersprüche und
4. die Anzahl der durchgeführten medizinischen Rehabilitationsmaßnahmen.

3Die Meldung durch die Pflegekassen erfolgt bis zum 31. März des dem Berichtsjahr folgenden Jahres an den Spitzenverband Bund der Pflegekassen. 4Näheres über das Meldeverfahren und die Inhalte entwickelt der Spitzenverband Bund der Pflegekassen im Einvernehmen mit dem Bundesministerium für Gesundheit.

(3) 1Der Spitzenverband Bund der Pflegekassen bereitet die Daten auf und leitet die aufbereiteten und auf Plausibilität geprüften Daten bis zum 30. Juni des dem Berichtsjahr folgenden Jahres dem Bundesministerium für Gesundheit zu. 2Der Verband hat die aufbereiteten Daten der landesunmittelbaren Versicherungsträger auch den für die Sozialversicherung zuständigen obersten Verwaltungsbehörden der Länder oder den von diesen bestimmten Stellen auf Verlangen zuzuleiten. 3Der Spitzenverband Bund der Pflegekassen veröffentlicht auf Basis der gemeldeten Daten sowie sonstiger Erkenntnisse jährlich einen Bericht bis zum 1. September des dem Berichtsjahr folgenden Jahres.

§ 18b Dienstleistungsorientierung im Begutachtungsverfahren

(1) 1Der Spitzenverband Bund der Pflegekassen erlässt mit dem Ziel, die Dienstleistungsorientierung für die Versicherten im Begutachtungsverfahren zu stärken, bis zum 31. März 2013 für alle Medizinischen Dienste verbindliche Richtlinien. 2Der Medizinische Dienst des Spitzenverbandes Bund der Krankenkassen und die für die Wahrnehmung der Interessen und der Selbsthilfe der pflegebedürftigen und behinderten Menschen auf Bundesebene maßgeblichen Organisationen sind zu beteiligen.

(2) Die Richtlinien regeln insbesondere
1. allgemeine Verhaltensgrundsätze für alle unter der Verantwortung der Medizinischen Dienste am Begutachtungsverfahren Beteiligten,
2. die Pflicht der Medizinischen Dienste zur individuellen und umfassenden Information des Versicherten über das Begutachtungsverfahren, insbesondere über den Ablauf, die Rechtsgrundlagen und Beschwerdemöglichkeiten,
3. die regelhafte Durchführung von Versichertenbefragungen und
4. ein einheitliches Verfahren zum Umgang mit Beschwerden, die das Verhalten der Mitarbeiter der Medizinischen Dienste oder das Verfahren bei der Begutachtung betreffen.

(3) 1Die Richtlinien werden erst wirksam, wenn das Bundesministerium für Gesundheit sie genehmigt. 2Die Genehmigung gilt als erteilt, wenn die Richtlinien nicht innerhalb eines Monats, nachdem sie dem Bundesministerium für Gesundheit vorgelegt worden sind, beanstandet werden. 3Beanstandungen des Bundesministeriums für Gesundheit sind innerhalb der von ihm gesetzten Frist zu beheben.

§ 19 Begriff der Pflegepersonen

1Pflegepersonen im Sinne dieses Buches sind Personen, die nicht erwerbsmäßig einen Pflegebedürftigen im Sinne des § 14 in seiner häuslichen Umgebung pflegen. 2Leistungen zur sozialen Sicherung nach § 44 erhält eine Pflegeperson nur dann, wenn sie eine oder mehrere pflegebedürftige Personen wenigstens 14 Stunden wöchentlich pflegt.

XI

Drittes Kapitel Versicherungspflichtiger Personenkreis

§ 20 Versicherungspflicht in der sozialen Pflegeversicherung für Mitglieder der gesetzlichen Krankenversicherung

(1) 1Versicherungspflichtig in der sozialen Pflegeversicherung sind die versicherungspflichtigen Mitglieder der gesetzlichen Krankenversicherung. 2Dies sind:

1. Arbeiter, Angestellte und zu ihrer Berufsausbildung Beschäftigte, die gegen Arbeitsentgelt beschäftigt sind; für die Zeit des Bezugs von Kurzarbeitergeld nach dem Dritten Buch bleibt die Versicherungspflicht unberührt,
2. Personen in der Zeit, für die sie Arbeitslosengeld nach dem Dritten Buch beziehen, auch wenn die Entscheidung, die zum Bezug der Leistung geführt hat, rückwirkend aufgehoben oder die Leistung zurückgefordert oder zurückgezahlt worden ist; ab Beginn des zweiten Monats bis zur zwölften Woche einer Sperrzeit (§ 159 des Dritten Buches) oder ab Beginn des zweiten Monats der Ruhenszeit wegen einer Urlaubsabgeltung (§ 157 Absatz 2 des Dritten Buches) gelten die Leistungen als bezogen,

2a. Personen in der Zeit, für die sie Arbeitslosengeld II nach dem Zweiten Buch beziehen, soweit sie in der gesetzlichen Krankenversicherung nicht familienversichert sind, es sei denn, dass diese Leistung nur darlehensweise gewährt wird oder nur Leistungen nach § 24 Abs. 3 Satz 1 des Zweiten Buches bezogen werden,

3. Landwirte, ihre mitarbeitenden Familienangehörigen und Altenteiler, die nach § 2 des Zweiten Gesetzes über die Krankenversicherung der Landwirte versicherungspflichtig sind,
4. selbständige Künstler und Publizisten nach näherer Bestimmung des Künstlersozialversicherungsgesetzes,
5. Personen, die in Einrichtungen der Jugendhilfe, in Berufsbildungswerken oder in ähnlichen Einrichtungen für behinderte Menschen für eine Erwerbstätigkeit befähigt werden sollen,
6. Teilnehmer an Leistungen zur Teilhabe am Arbeitsleben sowie an Berufsfindung oder Arbeitserprobung, es sei denn, die Leistungen werden nach den Vorschriften des Bundesversorgungsgesetzes erbracht,
7. behinderte Menschen, die in anerkannten Werkstätten für behinderte Menschen oder in Blindenwerkstätten im Sinne des § 143 des Neunten Buches oder für diese Einrichtungen in Heimarbeit tätig sind,
8. behinderte Menschen, die in Anstalten, Heimen oder gleichartigen Einrichtungen in gewisser Regelmäßigkeit eine Leistung erbringen, die einem Fünftel der Leistung eines voll erwerbsfähigen Beschäftigten in gleichartiger Beschäftigung entspricht; hierzu zählen auch Dienstleistungen für den Träger der Einrichtung,
9. Studenten, die an staatlichen oder staatlich anerkannten Hochschulen eingeschrieben sind, soweit sie nach § 5 Abs. 1 Nr. 9 des Fünften Buches der Krankenversicherungspflicht unterliegen,
10. Personen, die zu ihrer Berufsausbildung ohne Arbeitsentgelt beschäftigt sind oder die eine Fachschule oder Berufsfachschule besuchen oder eine in Studien- oder Prüfungsordnungen vorgeschriebene berufspraktische Tätigkeit ohne Arbeitsentgelt verrichten (Praktikanten); Auszubildende des Zweiten Bildungsweges, die sich in einem nach dem Bundesausbildungsförderungsgesetz förderungsfähigen Teil eines Ausbildungsabschnittes befinden, sind Praktikanten gleichgestellt,
11. Personen, die die Voraussetzungen für den Anspruch auf eine Rente aus der gesetzlichen Rentenversicherung erfüllen und diese Rente beantragt haben, soweit

XI

sie nach § 5 Abs. 1 Nr. 11, 11a oder 12 des Fünften Buches der Krankenversicherungspflicht unterliegen,

12. Personen, die, weil sie bisher keinen Anspruch auf Absicherung im Krankheitsfall hatten, nach § 5 Abs. 1 Nr. 13 des Fünften Buches oder nach § 2 Abs. 1 Nr. 7 des Zweiten Gesetzes über die Krankenversicherung der Landwirte der Krankenversicherungspflicht unterliegen.

(2) ₁Als gegen Arbeitsentgelt beschäftigte Arbeiter und Angestellte im Sinne des Absatzes 1 Nr. 1 gelten Bezieher von Vorruhestandsgeld, wenn sie unmittelbar vor Bezug des Vorruhestandsgeldes versicherungspflichtig waren und das Vorruhestandsgeld mindestens in Höhe von 65 vom Hundert des Bruttoarbeitsentgelts im Sinne des § 3 Abs. 2 des Vorruhestandsgesetzes gezahlt wird. ₂Satz 1 gilt nicht für Personen, die im Ausland ihren Wohnsitz oder gewöhnlichen Aufenthalt in einem Staat haben, mit dem für Arbeitnehmer mit Wohnsitz oder gewöhnlichem Aufenthalt in diesem Staat keine über- oder zwischenstaatlichen Regelungen über Sachleistungen bei Krankheit bestehen.

(2a) Als zu ihrer Berufsausbildung Beschäftigte im Sinne des Absatzes 1 Satz 2 Nr. 1 gelten Personen, die als nicht satzungsmäßige Mitglieder geistlicher Genossenschaften oder ähnlicher religiöser Gemeinschaften für den Dienst in einer solchen Genossenschaft oder ähnlichen religiösen Gemeinschaft außerschulisch ausgebildet werden.

(3) Freiwillige Mitglieder der gesetzlichen Krankenversicherung sind versicherungspflichtig in der sozialen Pflegeversicherung.

(4) ₁Nehmen Personen, die mindestens zehn Jahre nicht in der sozialen Pflegeversicherung oder der gesetzlichen Krankenversicherung versicherungspflichtig waren, eine dem äußeren Anschein nach versicherungspflichtige Beschäftigung oder selbständige Tätigkeit von untergeordneter wirtschaftlicher Bedeutung auf, besteht die widerlegbare Vermutung, daß eine die Versicherungspflicht begründende Beschäftigung nach Absatz 1 Nr. 1 oder eine versicherungspflichtige selbständige Tätigkeit nach Absatz 1 Nr. 3 oder 4 tatsächlich nicht ausgeübt wird. ₂Dies gilt insbesondere für eine Beschäftigung bei Familienangehörigen oder Lebenspartnern.

Durch das Gesetz zur Weiterentwicklung der Finanzstruktur und der Qualität in der gesetzlichen Krankenversicherung vom 21.7.2014 (BGBl. I S. 1133) wird Absatz 1 Nummer 2a zum 1.1.2016 wie folgt gefasst: "2a. Personen in der Zeit, für die sie Arbeitslosengeld II nach dem Zweiten Buch beziehen, auch wenn die Entscheidung, die zum Bezug der Leistung geführt hat, rückwirkend aufgehoben oder die Leistung zurückgefordert oder zurückgezahlt worden ist, es sei denn, dass diese Leistung nur darlehensweise gewährt wird oder nur Leistungen nach § 24 Abs. 3 Satz 1 des Zweiten Buches bezogen werden,"

§ 21 Versicherungspflicht in der sozialen Pflegeversicherung für sonstige Personen

Versicherungspflicht in der sozialen Pflegeversicherung besteht auch für Personen mit Wohnsitz oder gewöhnlichem Aufenthalt im Inland, die

1. nach dem Bundesversorgungsgesetz oder nach Gesetzen, die eine entsprechende Anwendung des Bundesversorgungsgesetzes vorsehen, einen Anspruch auf Heilbehandlung oder Krankenbehandlung haben,
2. Kriegsschadenrente oder vergleichbare Leistungen nach dem Lastenausgleichsgesetz oder dem Reparationsschädengesetz oder laufende Beihilfe nach dem Flüchtlingshilfegesetz beziehen,
3. ergänzende Hilfe zum Lebensunterhalt im Rahmen der Kriegsopferfürsorge nach dem Bundesversorgungsgesetz oder nach Gesetzen beziehen, die eine entsprechende Anwendung des Bundesversorgungsgesetzes vorsehen,
4. laufende Leistungen zum Unterhalt und Leistungen der Krankenhilfe nach dem Achten Buch beziehen,
5. krankenversorgungsberechtigt nach dem Bundesentschädigungsgesetz sind,
6. in das Dienstverhältnis eines Soldaten auf Zeit berufen worden sind,

XI

wenn sie gegen das Risiko Krankheit weder in der gesetzlichen Krankenversicherung noch bei einem privaten Krankenversicherungsunternehmen versichert sind.

§ 22 Befreiung von der Versicherungspflicht

(1) 1Personen, die nach § 20 Abs. 3 in der sozialen Pflegeversicherung versicherungspflichtig sind, können auf Antrag von der Versicherungspflicht befreit werden, wenn sie nachweisen, daß sie bei einem privaten Versicherungsunternehmen gegen Pflegebedürftigkeit versichert sind und für sich und ihre Angehörigen oder Lebenspartner, die bei Versicherungspflicht nach § 25 versichert wären, Leistungen beanspruchen können, die nach Art und Umfang den Leistungen des Vierten Kapitels gleichwertig sind. 2Die befreiten Personen sind verpflichtet, den Versicherungsvertrag aufrechtzuerhalten, solange sie krankenversichert sind. 3Personen, die bei Pflegebedürftigkeit Beihilfeleistungen erhalten, sind zum Abschluß einer entsprechenden anteiligen Versicherung im Sinne des Satzes 1 verpflichtet.

(2) 1Der Antrag kann nur innerhalb von drei Monaten nach Beginn der Versicherungspflicht bei der Pflegekasse gestellt werden. 2Die Befreiung wirkt vom Beginn der Versicherungspflicht an, wenn seit diesem Zeitpunkt noch keine Leistungen in Anspruch genommen wurden, sonst vom Beginn des Kalendermonats an, der auf die Antragstellung folgt. 3Die Befreiung kann nicht widerrufen werden.

§ 23 Versicherungspflicht für Versicherte der privaten Krankenversicherungsunternehmen

(1) 1Personen, die gegen das Risiko Krankheit bei einem privaten Krankenversicherungsunternehmen mit Anspruch auf allgemeine Krankenhausleistungen oder im Rahmen von Versicherungsverträgen, die der Versicherungspflicht nach § 193 Abs. 3 des Versicherungsvertragsgesetzes genügen, versichert sind, sind vorbehaltlich des Absatzes 2 verpflichtet, bei diesem Unternehmen zur Absicherung des Risikos der Pflegebedürftigkeit einen Versicherungsvertrag abzuschließen und aufrechtzuerhalten. 2Der Vertrag muß ab dem Zeitpunkt des Eintritts der Versicherungspflicht für sie selbst und ihre Angehörigen oder Lebenspartner, für die in der sozialen Pflegeversicherung nach § 25 eine Familienversicherung bestünde, Vertragsleistungen vorsehen, die nach Art und Umfang den Leistungen des Vierten Kapitels gleichwertig sind. 3Dabei tritt an die Stelle der Sachleistungen eine der Höhe nach gleiche Kostenerstattung.

(2) 1Der Vertrag nach Absatz 1 kann auch bei einem anderen privaten Versicherungsunternehmen abgeschlossen werden. 2Das Wahlrecht ist innerhalb von sechs Monaten auszuüben. 3Die Frist beginnt mit dem Eintritt der individuellen Versicherungspflicht. 4Das Recht zur Kündigung des Vertrages wird durch den Ablauf der Frist nicht berührt; bei fortbestehender Versicherungspflicht nach Absatz 1 wird eine Kündigung des Vertrages jedoch erst wirksam, wenn der Versicherungsnehmer nachweist, dass die versicherte Person bei einem neuen Versicherer ohne Unterbrechung versichert ist.

(3) 1Personen, die nach beamtenrechtlichen Vorschriften oder Grundsätzen bei Pflegebedürftigkeit Anspruch auf Beihilfe haben, sind zum Abschluß einer entsprechenden anteiligen beihilfekonformen Versicherung im Sinne des Absatzes 1 verpflichtet, sofern sie nicht nach § 20 Abs. 3 versicherungspflichtig sind. 2Die beihilfekonforme Versicherung ist so auszugestalten, daß ihre Vertragsleistungen zusammen mit den Beihilfeleistungen, die sich bei Anwendung der in § 46 Absatz 2 und 3 der Bundesbeihilfeverordnung festgelegten Bemessungssätze ergeben, den in Absatz 1 Satz 2 vorgeschriebenen Versicherungsschutz gewährleisten.

(4) Die Absätze 1 bis 3 gelten entsprechend für

1. Heilfürsorgeberechtigte, die nicht in der sozialen Pflegeversicherung versicherungspflichtig sind,
2. Mitglieder der Postbeamtenkrankenkasse und

3. Mitglieder der Krankenversorgung der Bundesbahnbeamten.

(5) Die Absätze 1, 3 und 4 gelten nicht für Personen, die sich auf nicht absehbare Dauer in stationärer Pflege befinden und bereits Pflegeleistungen nach § 35 Abs. 6 des Bundesversorgungsgesetzes, nach § 44 des Siebten Buches, nach § 34 des Beamtenversorgungsgesetzes oder nach den Gesetzen erhalten, die eine entsprechende Anwendung des Bundesversorgungsgesetzes vorsehen, sofern sie keine Familienangehörigen oder Lebenspartner haben, für die in der sozialen Pflegeversicherung nach § 25 eine Familienversicherung bestünde.

(6) Das private Krankenversicherungsunternehmen oder ein anderes die Pflegeversicherung betreibendes Versicherungsunternehmen sind verpflichtet,

1. für die Feststellung der Pflegebedürftigkeit sowie für die Zuordnung zu einer Pflegestufe dieselben Maßstäbe wie in der sozialen Pflegeversicherung anzulegen und
2. die in der sozialen Pflegeversicherung zurückgelegte Versicherungszeit des Mitglieds und seiner nach § 25 familienversicherten Angehörigen oder Lebenspartner auf die Wartezeit anzurechnen.

§ 24 Versicherungspflicht der Abgeordneten

1Mitglieder des Bundestages, des Europäischen Parlaments und der Parlamente der Länder (Abgeordnete) sind unbeschadet einer bereits nach § 20 Abs. 3 oder § 23 Abs. 1 bestehenden Versicherungspflicht verpflichtet, gegenüber dem jeweiligen Parlamentspräsidenten nachzuweisen, daß sie sich gegen das Risiko der Pflegebedürftigkeit versichert haben. 2Das gleiche gilt für die Bezieher von Versorgungsleistungen nach den jeweiligen Abgeordnetengesetzen des Bundes und der Länder.

§ 25 Familienversicherung

(1) 1Versichert sind der Ehegatte, der Lebenspartner und die Kinder von Mitgliedern sowie die Kinder von familienversicherten Kindern, wenn diese Familienangehörigen

1. ihren Wohnsitz oder gewöhnlichen Aufenthalt im Inland haben,
2. nicht nach § 20 Abs. 1 Nr. 1 bis 8 oder 11 oder nach § 20 Abs. 3 versicherungspflichtig sind,
3. nicht nach § 22 von der Versicherungspflicht befreit oder nach § 23 in der privaten Pflegeversicherung pflichtversichert sind,
4. nicht hauptberuflich selbständig erwerbstätig sind und
5. kein Gesamteinkommen haben, das regelmäßig im Monat ein Siebtel der monatlichen Bezugsgröße nach § 18 des Vierten Buches, überschreitet; bei Renten wird der Zahlbetrag ohne den auf Entgeltpunkte für Kindererziehungszeiten entfallenden Teil berücksichtigt; für geringfügig Beschäftigte nach § 8 Abs. 1 Nr. 1, § 8a des Vierten Buches beträgt das zulässige Gesamteinkommen 450 Euro.

2§ 7 Abs. 1 Satz 3 und 4 und Abs. 2 des Zweiten Gesetzes über die Krankenversicherung der Landwirte sowie § 10 Abs. 1 Satz 2 bis 4 des Fünften Buches gelten entsprechend.

(2) 1Kinder sind versichert:

1. bis zur Vollendung des 18. Lebensjahres,
2. bis zur Vollendung des 23. Lebensjahres, wenn sie nicht erwerbstätig sind,
3. bis zur Vollendung des 25. Lebensjahres, wenn sie sich in Schul- oder Berufsausbildung befinden oder ein freiwilliges soziales Jahr oder ein freiwilliges ökologisches Jahr im Sinne des Jugendfreiwilligendienstegesetzes oder Bundesfreiwilligendienst leisten; wird die Schul- oder Berufsausbildung durch Erfüllung einer gesetzlichen Dienstpflicht des Kindes unterbrochen oder verzögert, besteht die Versicherung auch für einen der Dauer dieses Dienstes entsprechenden Zeitraum über das 25. Lebensjahr hinaus; dies gilt ab dem 1. Juli 2011 auch bei einer Unterbrechung durch den freiwilligen Wehrdienst nach § 58b des Soldatengesetzes, einen

XI

Freiwilligendienst nach dem Bundesfreiwilligendienstgesetz, dem Jugendfreiwilligendienstegesetz oder einen vergleichbaren anerkannten Freiwilligendienst oder durch eine Tätigkeit als Entwicklungshelfer im Sinne des § 1 Absatz 1 des Entwicklungshelfer-Gesetzes für die Dauer von höchstens zwölf Monaten,

4. ohne Altersgrenze, wenn sie wegen körperlicher, geistiger oder seelischer Behinderung (§ 2 Abs. 1 des Neunten Buches) außerstande sind, sich selbst zu unterhalten; Voraussetzung ist, daß die Behinderung zu einem Zeitpunkt vorlag, in dem das Kind nach Nummer 1, 2 oder 3 versichert war.

$_{2}$§ 10 Abs. 4 und 5 des Fünften Buches Sozialgesetzbuch gilt entsprechend.

(3) Kinder sind nicht versichert, wenn der mit den Kindern verwandte Ehegatte oder Lebenspartner des Mitglieds nach § 22 von der Versicherungspflicht befreit oder nach § 23 in der privaten Pflegeversicherung pflichtversichert ist und sein Gesamteinkommen regelmäßig im Monat ein Zwölftel der Jahresarbeitsentgeltgrenze nach dem Fünften Buch übersteigt und regelmäßig höher als das Gesamteinkommen des Mitglieds ist; bei Renten wird der Zahlbetrag berücksichtigt.

(4) $_{1}$Die Versicherung nach Absatz 2 Nr. 1, 2 und 3 bleibt bei Personen, die auf Grund gesetzlicher Pflicht Wehrdienst oder Zivildienst oder die Dienstleistungen oder Übungen nach dem Vierten Abschnitt des Soldatengesetzes leisten, für die Dauer des Dienstes bestehen. $_{2}$Dies gilt auch für Personen in einem Wehrdienstverhältnis besonderer Art nach § 6 des Einsatz-Weiterverwendungsgesetzes.

§ 26 Weiterversicherung

(1) $_{1}$Personen, die aus der Versicherungspflicht nach § 20 oder § 21 ausgeschieden sind und in den letzten fünf Jahren vor dem Ausscheiden mindestens 24 Monate oder unmittelbar vor dem Ausscheiden mindestens zwölf Monate versichert waren, können sich auf Antrag in der sozialen Pflegeversicherung weiterversichern, sofern für sie keine Versicherungspflicht nach § 23 Abs. 1 eintritt. $_{2}$Dies gilt auch für Personen, deren Familienversicherung nach § 25 erlischt oder nur deswegen nicht besteht, weil die Voraussetzungen des § 25 Abs. 3 vorliegen. $_{3}$Der Antrag ist in den Fällen des Satzes 1 innerhalb von drei Monaten nach Beendigung der Mitgliedschaft, in den Fällen des Satzes 2 nach Beendigung der Familienversicherung oder nach Geburt des Kindes bei der zuständigen Pflegekasse zu stellen.

(2) $_{1}$Personen, die wegen der Verlegung ihres Wohnsitzes oder gewöhnlichen Aufenthaltes ins Ausland aus der Versicherungspflicht ausscheiden, können sich auf Antrag weiterversichern. $_{2}$Der Antrag ist bis spätestens einen Monat nach Ausscheiden aus der Versicherungspflicht bei der Pflegekasse zu stellen, bei der die Versicherung zuletzt bestand. $_{3}$Die Weiterversicherung erstreckt sich auch auf die nach § 25 versicherten Familienangehörigen oder Lebenspartner, die gemeinsam mit dem Mitglied ihren Wohnsitz oder gewöhnlichen Aufenthalt in das Ausland verlegen. $_{4}$Für Familienangehörige oder Lebenspartner, die im Inland verbleiben, endet die Familienversicherung nach § 25 mit dem Tag, an dem das Mitglied seinen Wohnsitz oder gewöhnlichen Aufenthalt ins Ausland verlegt.

§ 26a Beitrittsrecht

(1) $_{1}$Personen mit Wohnsitz im Inland, die nicht pflegeversichert sind, weil sie zum Zeitpunkt der Einführung der Pflegeversicherung am 1. Januar 1995 trotz Wohnsitz im Inland keinen Tatbestand der Versicherungspflicht oder der Mitversicherung in der sozialen oder privaten Pflegeversicherung erfüllten, sind berechtigt, die freiwillige Mitgliedschaft bei einer der nach § 48 Abs. 2 wählbaren sozialen Pflegekassen zu beantragen oder einen Pflegeversicherungsvertrag mit einem privaten Versicherungsunternehmen abzuschließen. $_{2}$Ausgenommen sind Personen, die laufende Hilfe zum Lebensunterhalt nach dem Zwölften Buch beziehen sowie Personen, die nicht selbst in der Lage sind, einen Beitrag zu zahlen. $_{3}$Der Beitritt ist gegenüber der gewählten

Pflegekasse oder dem gewählten privaten Versicherungsunternehmen bis zum 30. Juni 2002 schriftlich zu erklären; er bewirkt einen Versicherungsbeginn rückwirkend zum 1. April 2001. 4Die Vorversicherungszeiten nach § 33 Abs. 2 gelten als erfüllt. 5Auf den privaten Versicherungsvertrag findet § 110 Abs. 1 Anwendung.

(2) 1Personen mit Wohnsitz im Inland, die erst ab einem Zeitpunkt nach dem 1. Januar 1995 bis zum Inkrafttreten dieses Gesetzes nicht pflegeversichert sind und keinen Tatbestand der Versicherungspflicht nach diesem Buch erfüllen, sind berechtigt, die freiwillige Mitgliedschaft bei einer der nach § 48 Abs. 2 wählbaren sozialen Pflegekassen zu beantragen oder einen Pflegeversicherungsvertrag mit einem privaten Versicherungsunternehmen abzuschließen. 2Vom Beitrittsrecht ausgenommen sind die in Absatz 1 Satz 2 genannten Personen sowie Personen, die nur deswegen nicht pflegeversichert sind, weil sie nach dem 1. Januar 1995 ohne zwingenden Grund eine private Kranken- und Pflegeversicherung aufgegeben oder von einer möglichen Weiterversicherung in der gesetzlichen Krankenversicherung oder in der sozialen Pflegeversicherung keinen Gebrauch gemacht haben. 3Der Beitritt ist gegenüber der gewählten Pflegekasse oder dem gewählten privaten Versicherungsunternehmen bis zum 30. Juni 2002 schriftlich zu erklären. 4Er bewirkt einen Versicherungsbeginn zum 1. Januar 2002. 5Auf den privaten Versicherungsvertrag findet § 110 Abs. 3 Anwendung.

(3) 1Ab dem 1. Juli 2002 besteht ein Beitrittsrecht zur sozialen oder privaten Pflegeversicherung nur für nicht pflegeversicherte Personen, die als Zuwanderer oder Auslandsrückkehrer bei Wohnsitznahme im Inland keinen Tatbestand der Versicherungspflicht nach diesem Buch erfüllen und das 65. Lebensjahr noch nicht vollendet haben, sowie für nicht versicherungspflichtige Personen mit Wohnsitz im Inland, bei denen die Ausschlussgründe nach Absatz 1 Satz 2 entfallen sind. 2Der Beitritt ist gegenüber der nach § 48 Abs. 2 gewählten Pflegekasse oder dem gewählten privaten Versicherungsunternehmen schriftlich innerhalb von drei Monaten nach Wohnsitznahme im Inland oder nach Wegfall der Ausschlussgründe nach Absatz 1 Satz 2 mit Wirkung vom 1. des Monats zu erklären, der auf die Beitrittserklärung folgt. 3Auf den privaten Versicherungsvertrag findet § 110 Abs. 3 Anwendung. 4Das Beitrittsrecht nach Satz 1 ist nicht gegeben in Fällen, in denen ohne zwingenden Grund von den in den Absätzen 1 und 2 geregelten Beitrittsrechten kein Gebrauch gemacht worden ist oder in denen die in Absatz 2 Satz 2 aufgeführten Ausschlussgründe vorliegen.

§ 27 Kündigung eines privaten Pflegeversicherungsvertrages

1Personen, die nach den §§ 20 oder 21 versicherungspflichtig werden und bei einem privaten Krankenversicherungsunternehmen gegen Pflegebedürftigkeit versichert sind, können ihren Versicherungsvertrag mit Wirkung vom Eintritt der Versicherungspflicht an kündigen. 2Das Kündigungsrecht gilt auch für Familienangehörige oder Lebenspartner, wenn für sie eine Familienversicherung nach § 25 eintritt. 3§ 5 Absatz 9 des Fünften Buches gilt entsprechend.

Viertes Kapitel
Leistungen der Pflegeversicherung

Erster Abschnitt
Übersicht über die Leistungen

§ 28 Leistungsarten, Grundsätze

(1) Die Pflegeversicherung gewährt folgende Leistungen:

1. Pflegesachleistung (§ 36),
2. Pflegegeld für selbst beschaffte Pflegehilfen (§ 37),
3. Kombination von Geldleistung und Sachleistung (§ 38),
4. häusliche Pflege bei Verhinderung der Pflegeperson (§ 39),
5. Pflegehilfsmittel und wohnumfeldverbessernde Maßnahmen (§ 40),
6. Tagespflege und Nachtpflege (§ 41),
7. Kurzzeitpflege (§ 42),

8. vollstationäre Pflege (§ 43),
9. Pflege in vollstationären Einrichtungen der Hilfe für behinderte Menschen (§ 43a),
10. Leistungen zur sozialen Sicherung der Pflegepersonen (§ 44),
11. zusätzliche Leistungen bei Pflegezeit und kurzzeitiger Arbeitsverhinderung (§ 44a),
12. Pflegekurse für Angehörige und ehrenamtliche Pflegepersonen (§ 45),
13. zusätzliche Betreuungs- und Entlastungsleistungen (§ 45b),
14. Leistungen des Persönlichen Budgets nach § 17 Abs. 2 bis 4 des Neunten Buches,
15. zusätzliche Leistungen für Pflegebedürftige in ambulant betreuten Wohngruppen (§ 38a).

(1a) Versicherte haben gegenüber ihrer Pflegekasse oder ihrem Versicherungsunternehmen Anspruch auf Pflegeberatung (§ 7a).

(1b) $_{1}$Bis zum Erreichen des in § 45e Absatz 2 Satz 2 genannten Zeitpunkts haben Pflegebedürftige unter den Voraussetzungen des § 45e Absatz 1 Anspruch auf Anschubfinanzierung bei Gründung von ambulant betreuten Wohngruppen. $_{2}$Versicherte mit erheblich eingeschränkter Alltagskompetenz haben bis zum Inkrafttreten eines Gesetzes, das die Leistungsgewährung aufgrund eines neuen Pflegebedürftigkeitsbegriffs und eines entsprechenden Begutachtungsverfahrens regelt, Anspruch auf verbesserte Pflegeleistungen (§ 123).

(2) Personen, die nach beamtenrechtlichen Vorschriften oder Grundsätzen bei Krankheit und Pflege Anspruch auf Beihilfe oder Heilfürsorge haben, erhalten die jeweils zustehenden Leistungen zur Hälfte; dies gilt auch für den Wert von Sachleistungen.

(3) Die Pflegekassen und die Leistungserbringer haben sicherzustellen, daß die Leistungen nach Absatz 1 nach allgemein anerkanntem Stand medizinisch-pflegerischer Erkenntnisse erbracht werden.

(4) $_{1}$Die Pflege soll auch die Aktivierung des Pflegebedürftigen zum Ziel haben, um vorhandene Fähigkeiten zu erhalten und, soweit dies möglich ist, verlorene Fähigkeiten zurückzugewinnen. $_{2}$Um der Gefahr einer Vereinsamung des Pflegebedürftigen entgegenzuwirken, sollen bei der Leistungserbringung auch die Bedürfnisse des Pflegebedürftigen nach Kommunikation berücksichtigt werden.

Zweiter Abschnitt
Gemeinsame Vorschriften

§ 29 Wirtschaftlichkeitsgebot

(1) $_{1}$Die Leistungen müssen wirksam und wirtschaftlich sein; sie dürfen das Maß des Notwendigen nicht übersteigen. $_{2}$Leistungen, die diese Voraussetzungen nicht erfüllen, können Pflegebedürftige nicht beanspruchen, dürfen die Pflegekassen nicht bewilligen und dürfen die Leistungserbringer nicht zu Lasten der sozialen Pflegeversicherung bewirken.

(2) Leistungen dürfen nur bei Leistungserbringern in Anspruch genommen werden, mit denen die Pflegekassen oder die für sie tätigen Verbände Verträge abgeschlossen haben.

§ 30 Dynamisierung, Verordnungsermächtigung

(1) $_{1}$Die Bundesregierung prüft alle drei Jahre, erneut im Jahre 2017, Notwendigkeit und Höhe einer Anpassung der Leistungen der Pflegeversicherung. $_{2}$Als ein Orientierungswert für die Anpassungsnotwendigkeit dient die kumulierte Preisentwicklung in den letzten drei abgeschlossenen Kalenderjahren; dabei ist sicherzustellen, dass der Anstieg der Leistungsbeträge nicht höher ausfällt als die Bruttolohnentwicklung im gleichen Zeitraum. $_{3}$Bei der Prüfung können die gesamtwirtschaftlichen Rahmenbedingungen mit berücksichtigt werden. $_{4}$Die Bundesregierung legt den gesetzgebenden Körperschaften des Bundes einen Bericht über das Ergebnis der Prüfung und die tragenden Gründe vor.

(2) $_{1}$Die Bundesregierung wird ermächtigt, nach Vorlage des Berichts unter Berücksichtigung etwaiger Stellungnahmen der gesetzgebenden Körperschaften des Bundes die

Höhe der Leistungen der Pflegeversicherung sowie die in § 37 Abs. 3 festgelegten Vergütungen durch Rechtsverordnung mit Zustimmung des Bundesrates zum 1. Januar des Folgejahres anzupassen. 2Die Rechtsverordnung soll frühestens zwei Monate nach Vorlage des Berichts erlassen werden, um den gesetzgebenden Körperschaften des Bundes Gelegenheit zur Stellungnahme zu geben.

§ 31 Vorrang der Rehabilitation vor Pflege

(1) 1Die Pflegekassen prüfen im Einzelfall, welche Leistungen zur medizinischen Rehabilitation und ergänzenden Leistungen geeignet und zumutbar sind, Pflegebedürftigkeit zu überwinden, zu mindern oder ihre Verschlimmerung zu verhüten. 2Werden Leistungen nach diesem Buch gewährt, ist bei Nachuntersuchungen die Frage geeigneter und zumutbarer Leistungen zur medizinischen Rehabilitation mit zu prüfen.

(2) Die Pflegekassen haben bei der Einleitung und Ausführung der Leistungen zur Pflege sowie bei Beratung, Auskunft und Aufklärung mit den Trägern der Rehabilitation eng zusammenzuarbeiten, um Pflegebedürftigkeit zu vermeiden, zu überwinden, zu mindern oder ihre Verschlimmerung zu verhüten.

(3) 1Wenn eine Pflegekasse durch die gutachterlichen Feststellungen des Medizinischen Dienstes der Krankenversicherung (§ 18 Abs. 6) oder auf sonstige Weise feststellt, dass im Einzelfall Leistungen zur medizinischen Rehabilitation angezeigt sind, informiert sie unverzüglich den Versicherten sowie mit dessen Einwilligung den behandelnden Arzt und leitet mit Einwilligung des Versicherten eine entsprechende Mitteilung dem zuständigen Rehabilitationsträger zu. 2Die Pflegekasse weist den Versicherten gleichzeitig auf seine Eigenverantwortung und Mitwirkungspflicht hin. 3Soweit der Versicherte eingewilligt hat, gilt die Mitteilung an den Rehabilitationsträger als Antragstellung für das Verfahren nach § 14 des Neunten Buches. 4Die Pflegekasse ist über die Leistungsentscheidung des zuständigen Rehabilitationsträgers unverzüglich zu informieren. 5Sie prüft in einem angemessenen zeitlichen Abstand, ob entsprechende Maßnahmen durchgeführt worden sind; soweit erforderlich, hat sie vorläufige Leistungen zur medizinischen Rehabilitation nach § 32 Abs. 1 zu erbringen.

§ 32 Vorläufige Leistungen zur medizinischen Rehabilitation

(1) Die Pflegekasse erbringt vorläufige Leistungen zur medizinischen Rehabilitation, wenn eine sofortige Leistungserbringung erforderlich ist, um eine unmittelbar drohende Pflegebedürftigkeit zu vermeiden, eine bestehende Pflegebedürftigkeit zu überwinden, zu mindern oder eine Verschlimmerung der Pflegebedürftigkeit zu verhüten, und sonst die sofortige Einleitung der Leistungen gefährdet wäre.

(2) Die Pflegekasse hat zuvor den zuständigen Träger zu unterrichten und auf die Eilbedürftigkeit der Leistungsgewährung hinzuweisen; wird dieser nicht rechtzeitig, spätestens jedoch vier Wochen nach Antragstellung, tätig, erbringt die Pflegekasse die Leistungen vorläufig.

§ 33 Leistungsvoraussetzungen

(1) 1Versicherte erhalten die Leistungen der Pflegeversicherung auf Antrag. 2Die Leistungen werden ab Antragstellung gewährt, frühestens jedoch von dem Zeitpunkt an, in dem die Anspruchsvoraussetzungen vorliegen. 3Wird der Antrag später als einen Monat nach Eintritt der Pflegebedürftigkeit gestellt, werden die Leistungen vom Beginn des Monats der Antragstellung an gewährt. 4Die Zuordnung zu einer Pflegestufe, die Anerkennung als Härtefall sowie die Bewilligung von Leistungen können befristet werden und enden mit Ablauf der Frist. 5Die Befristung erfolgt, wenn und soweit eine Verringerung des Hilfebedarfs nach der Einschätzung des Medizinischen Dienstes der Krankenversicherung zu erwarten ist. 6Die Befristung kann wiederholt werden und schließt Änderungen bei der Zuordnung zu einer Pflegestufe, bei der Anerkennung als Härtefall sowie bei bewilligten Leistungen im Befristungszeitraum nicht aus, soweit dies durch Rechtsvorschriften des So-

zialgesetzbuches angeordnet oder erlaubt ist. 7Der Befristungszeitraum darf insgesamt die Dauer von drei Jahren nicht überschreiten. 8Um eine nahtlose Leistungsgewährung sicherzustellen, hat die Pflegekasse vor Ablauf einer Befristung rechtzeitig zu prüfen und dem Pflegebedürftigen sowie der ihn betreuenden Pflegeeinrichtung mitzuteilen, ob Pflegeleistungen weiterhin bewilligt werden und welcher Pflegestufe der Pflegebedürftige zuzuordnen ist.

(2) 1Anspruch auf Leistungen besteht:

1. in der Zeit vom 1. Januar 1996 bis 31. Dezember 1996, wenn der Versicherte vor der Antragstellung mindestens ein Jahr,
2. in der Zeit vom 1. Januar 1997 bis 31. Dezember 1997, wenn der Versicherte vor der Antragstellung mindestens zwei Jahre,
3. in der Zeit vom 1. Januar 1998 bis 31. Dezember 1998, wenn der Versicherte vor der Antragstellung mindestens drei Jahre,
4. in der Zeit vom 1. Januar 1999 bis 31. Dezember 1999, wenn der Versicherte vor der Antragstellung mindestens vier Jahre,
5. in der Zeit vom 1. Januar 2000 bis 30. Juni 2008, wenn der Versicherte in den letzten zehn Jahren vor der Antragstellung mindestens fünf Jahre,
6. in der Zeit ab 1. Juli 2008, wenn der Versicherte in den letzten zehn Jahren vor der Antragstellung mindestens zwei Jahre

als Mitglied versichert oder nach § 25 familienversichert war. 2Zeiten der Weiterversicherung nach § 26 Abs. 2 werden bei der Ermittlung der nach Satz 1 erforderlichen Vorversicherungszeit mitberücksichtigt. 3Für versicherte Kinder gilt die Vorversicherungszeit nach Satz 1 als erfüllt, wenn ein Elternteil sie erfüllt.

(3) Personen, die wegen des Eintritts von Versicherungspflicht in der sozialen Pflegeversicherung aus der privaten Pflegeversicherung ausscheiden, ist die dort ununterbrochen zurückgelegte Versicherungszeit auf die Vorversicherungszeit nach Absatz 2 anzurechnen.

§ 33a Leistungsausschluss

1Auf Leistungen besteht kein Anspruch, wenn sich Personen in den Geltungsbereich dieses Gesetzbuchs begeben, um in einer Versicherung nach § 20 Abs. 1 Satz 2 Nr. 12 oder auf Grund dieser Versicherung in einer Versicherung nach § 25 missbräuchlich Leistungen in Anspruch zu nehmen. 2Das Nähere zur Durchführung regelt die Pflegekasse in ihrer Satzung.

§ 34 Ruhen der Leistungsansprüche

(1) Der Anspruch auf Leistungen ruht:

1. solange sich der Versicherte im Ausland aufhält. Bei vorübergehendem Auslandsaufenthalt von bis zu sechs Wochen im Kalenderjahr ist das Pflegegeld nach § 37 oder anteiliges Pflegegeld nach § 38 weiter zu gewähren. Für die Pflegesachleistung gilt dies nur, soweit die Pflegekraft, die ansonsten die Pflegesachleistung erbringt, den Pflegebedürftigen während des Auslandsaufenthaltes begleitet,
2. soweit Versicherte Entschädigungsleistungen wegen Pflegebedürftigkeit unmittelbar nach § 35 des Bundesversorgungsgesetzes oder nach den Gesetzen, die eine entsprechende Anwendung des Bundesversorgungsgesetzes vorsehen, aus der gesetzlichen Unfallversicherung oder aus öffentlichen Kassen auf Grund gesetzlich geregelter Unfallversorgung oder Unfallfürsorge erhalten. Dies gilt auch, wenn vergleichbare Leistungen aus dem Ausland oder von einer zwischenstaatlichen oder überstaatlichen Einrichtung bezogen werden.

(1a) Der Anspruch auf Pflegegeld nach § 37 oder anteiliges Pflegegeld nach § 38 ruht nicht bei pflegebedürftigen Versicherten, die sich in einem Mitgliedstaat der Europäischen Union, einem Vertragsstaat des Abkommens über den Europäischen Wirtschaftsraum oder der Schweiz aufhalten.

(2) 1Der Anspruch auf Leistungen bei häuslicher Pflege ruht darüber hinaus, soweit im Rahmen des Anspruchs auf häusliche Krankenpflege (§ 37 des Fünften Buches) auch Anspruch auf Grundpflege und hauswirt-

schaftliche Versorgung besteht, sowie für die Dauer des stationären Aufenthalts in einer Einrichtung im Sinne des § 71 Abs. 4, soweit § 39 nichts Abweichendes bestimmt. 2Pflegegeld nach § 37 oder anteiliges Pflegegeld nach § 38 ist in den ersten vier Wochen einer vollstationären Krankenhausbehandlung, einer häuslichen Krankenpflege mit Anspruch auf Grundpflege und hauswirtschaftliche Versorgung oder einer Aufnahme in Vorsorge- oder Rehabilitationseinrichtungen nach § 107 Absatz 2 des Fünften Buches weiter zu zahlen; bei Pflegebedürftigen, die ihre Pflege durch von ihnen beschäftigte besondere Pflegekräfte sicherstellen und bei denen § 66 Absatz 4 Satz 2 des Zwölften Buches Anwendung findet, wird das Pflegegeld nach § 37 oder anteiliges Pflegegeld nach § 38 auch über die ersten vier Wochen hinaus weiter gezahlt.

(3) Die Leistungen zur sozialen Sicherung nach den §§ 44 und 44a ruhen nicht für die Dauer der häuslichen Krankenpflege, bei vorübergehendem Auslandsaufenthalt des Versicherten oder Erholungsurlaub der Pflegeperson von bis zu sechs Wochen im Kalenderjahr sowie in den ersten vier Wochen einer vollstationären Krankenhausbehandlung oder einer stationären Leistung zur medizinischen Rehabilitation.

§ 35 Erlöschen der Leistungsansprüche

1Der Anspruch auf Leistungen erlischt mit dem Ende der Mitgliedschaft, soweit in diesem Buch nichts Abweichendes bestimmt ist. 2§ 19 Absatz 1a des Fünften Buches gilt entsprechend.

§ 35a Teilnahme an einem trägerübergreifenden Persönlichen Budget nach § 17 Abs. 2 bis 4 des Neunten Buches

1Pflegebedürftige können auf Antrag die Leistungen nach den §§ 36, 37 Abs. 1, §§ 38, 40 Abs. 2 und § 41 auch als Teil eines trägerübergreifenden Budgets nach § 17 Abs. 2 bis 4 des Neunten Buches in Verbindung mit der Budgetverordnung und § 159 des Neunten Buches erhalten; bei der Kombinationsleistung nach § 38 ist nur das anteilige und im Voraus bestimmte Pflegegeld als Geldleistung budgetfähig, die Sachleistungen nach den §§ 36, 38 und 41 dürfen nur in Form von Gutscheinen zur Verfügung gestellt werden, die zur Inanspruchnahme von zugelassenen Pflegeeinrichtungen nach diesem Buch berechtigen. 2Der beauftragte Leistungsträger nach § 17 Abs. 4 des Neunten Buches hat sicherzustellen, dass eine den Vorschriften dieses Buches entsprechende Leistungsbewilligung und Verwendung der Leistungen durch den Pflegebedürftigen gewährleistet ist. 3Andere als die in Satz 1 genannten Leistungsansprüche bleiben ebenso wie die sonstigen Vorschriften dieses Buches unberührt.

Dritter Abschnitt
Leistungen

Erster Titel
Leistungen bei häuslicher Pflege

§ 36 Pflegesachleistung

(1) 1Pflegebedürftige haben bei häuslicher Pflege Anspruch auf Grundpflege und hauswirtschaftliche Versorgung als Sachleistung (häusliche Pflegehilfe). 2Leistungen der häuslichen Pflege sind auch zulässig, wenn Pflegebedürftige nicht in ihrem eigenen Haushalt gepflegt werden; sie sind nicht zulässig, wenn Pflegebedürftige in einer stationären Pflegeeinrichtung oder in einer Einrichtung im Sinne des § 71 Abs. 4 gepflegt werden. 3Häusliche Pflegehilfe wird durch geeignete Pflegekräfte erbracht, die entweder von der Pflegekasse oder bei ambulanten Pflegeeinrichtungen, mit denen die Pflegekasse einen Versorgungsvertrag abgeschlossen hat, angestellt sind. 4Auch durch Einzelpersonen, mit denen die Pflegekasse einen Vertrag nach § 77 Abs. 1 abgeschlossen hat, kann häusliche Pflegehilfe als Sachleistung erbracht werden. 5Mehrere Pflegebedürftige können Pflege- und Betreuungsleistungen sowie hauswirtschaftliche Versorgung gemeinsam als Sachleistung in Anspruch nehmen. 6Der Anspruch auf Betreuungsleistungen als Sachleistung setzt voraus, dass die Grundpflege

und die hauswirtschaftliche Versorgung im Einzelfall sichergestellt sind. 7Betreuungsleistungen als Sachleistungen nach Satz 5 dürfen nicht zulasten der Pflegekassen in Anspruch genommen werden, wenn diese Leistungen im Rahmen der Eingliederungshilfe für behinderte Menschen nach dem Zwölften Buch, durch den zuständigen Träger der Eingliederungshilfe nach dem Achten Buch oder nach dem Bundesversorgungsgesetz finanziert werden.

(2) Grundpflege und hauswirtschaftliche Versorgung umfassen Hilfeleistungen bei den in § 14 genannten Verrichtungen; die verrichtungsbezogenen krankheitsspezifischen Pflegemaßnahmen gehören nicht dazu, soweit diese im Rahmen der häuslichen Krankenpflege nach § 37 des Fünften Buches zu leisten sind.

(3) Der Anspruch auf häusliche Pflegehilfe umfasst je Kalendermonat

1. für Pflegebedürftige der Pflegestufe I Pflegeeinsätze bis zu einem Gesamtwert von
   a) 420 Euro ab 1. Juli 2008,
   b) 440 Euro ab 1. Januar 2010,
   c) 450 Euro ab 1. Januar 2012,
   d) 468 Euro ab 1. Januar 2015,
2. für Pflegebedürftige der Pflegestufe II Pflegeeinsätze bis zu einem Gesamtwert von
   a) 980 Euro ab 1. Juli 2008,
   b) 1040 Euro ab 1. Januar 2010,
   c) 1100 Euro ab 1. Januar 2012,
   d) 1144 Euro ab 1. Januar 2015,
3. für Pflegebedürftige der Pflegestufe III Pflegeeinsätze bis zu einem Gesamtwert von
   a) 1470 Euro ab 1. Juli 2008,
   b) 1510 Euro ab 1. Januar 2010,
   c) 1550 Euro ab 1. Januar 2012,
   d) 1612 Euro ab 1. Januar 2015.

(4) 1Die Pflegekassen können in besonders gelagerten Einzelfällen zur Vermeidung von Härten Pflegebedürftigen der Pflegestufe III weitere Pflegeeinsätze bis zu einem Gesamtwert von 1995 Euro monatlich gewähren, wenn ein außergewöhnlich hoher Pflegeaufwand vorliegt, der das übliche Maß der Pflegestufe III weit übersteigt, beispielsweise wenn im Endstadium von Krebserkrankungen regelmäßig mehrfach auch in der Nacht Hilfe geleistet werden muß. 2Die Ausnahmeregelung des Satzes 1 darf für nicht mehr als 3 vom Hundert aller versicherten Pflegebedürftigen der Pflegestufe III, die häuslich gepflegt werden, Anwendung finden. 3Der Spitzenverband Bund der Pflegekassen überwacht die Einhaltung dieses Höchstsatzes und hat erforderlichenfalls geeignete Maßnahmen zur Einhaltung zu ergreifen.

§ 37 Pflegegeld für selbst beschaffte Pflegehilfen

(1) 1Pflegebedürftige können anstelle der häuslichen Pflegehilfe ein Pflegegeld beantragen. 2Der Anspruch setzt voraus, daß der Pflegebedürftige mit dem Pflegegeld dessen Umfang entsprechend die erforderliche Grundpflege und hauswirtschaftliche Versorgung in geeigneter Weise selbst sicherstellt. 3Das Pflegegeld beträgt je Kalendermonat

1. für Pflegebedürftige der Pflegestufe I
   a) 215 Euro ab 1. Juli 2008,
   b) 225 Euro ab 1. Januar 2010,
   c) 235 Euro ab 1. Januar 2012,
   d) 244 Euro ab 1. Januar 2015,
2. für Pflegebedürftige der Pflegestufe II
   a) 420 Euro ab 1. Juli 2008,
   b) 430 Euro ab 1. Januar 2010,
   c) 440 Euro ab 1. Januar 2012,
   d) 458 Euro ab 1. Januar 2015,
3. für Pflegebedürftige der Pflegestufe III
   a) 675 Euro ab 1. Juli 2008,
   b) 685 Euro ab 1. Januar 2010,
   c) 700 Euro ab 1. Januar 2012,
   d) 728 Euro ab 1. Januar 2015.

(2) 1Besteht der Anspruch nach Absatz 1 nicht für den vollen Kalendermonat, ist der Geldbetrag entsprechend zu kürzen; dabei ist der Kalendermonat mit 30 Tagen anzusetzen. 2Die Hälfte des bisher bezogenen Pflegegeldes wird während einer Kurzzeitpflege nach § 42 und einer Verhinderungspflege nach

§ 39 jeweils für bis zu vier Wochen je Kalenderjahr fortgewährt. $_{3}$Das Pflegegeld wird bis zum Ende des Kalendermonats geleistet, in dem der Pflegebedürftige gestorben ist. $_{4}$§ 118 Abs. 3 und 4 des Sechsten Buches gilt entsprechend, wenn für die Zeit nach dem Monat, in dem der Pflegebedürftige verstorben ist, Pflegegeld überwiesen wurde.

(3) $_{1}$Pflegebedürftige, die Pflegegeld nach Absatz 1 beziehen, haben

1. bei Pflegestufe I und II halbjährlich einmal,
2. bei Pflegestufe III vierteljährlich einmal

eine Beratung in der eigenen Häuslichkeit durch eine zugelassene Pflegeeinrichtung, durch eine von den Landesverbänden der Pflegekassen nach Absatz 7 anerkannte Beratungsstelle mit nachgewiesener pflegefachlicher Kompetenz oder, sofern dies durch eine zugelassene Pflegeeinrichtung vor Ort oder eine von den Landesverbänden der Pflegekassen anerkannte Beratungsstelle mit nachgewiesener pflegefachlicher Kompetenz nicht gewährleistet werden kann, durch eine von der Pflegekasse beauftragte, jedoch von ihr nicht beschäftigte Pflegefachkraft abzurufen. $_{2}$Die Beratung dient der Sicherung der Qualität der häuslichen Pflege und der regelmäßigen Hilfestellung und praktischen pflegefachlichen Unterstützung der häuslich Pflegenden. $_{3}$Die Vergütung für die Beratung ist von der zuständigen Pflegekasse, bei privat Pflegeversicherten von dem zuständigen privaten Versicherungsunternehmen zu tragen, im Fall der Beihilfeberechtigung anteilig von den Beihilfefestsetzungsstellen. $_{4}$Sie beträgt in den Pflegestufen I und II bis zu 22 Euro und in der Pflegestufe III bis zu 32 Euro. $_{5}$Pflegebedürftige, bei denen ein erheblicher Bedarf an allgemeiner Beaufsichtigung und Betreuung nach § 45a festgestellt ist, sind berechtigt, den Beratungseinsatz innerhalb der in Satz 1 genannten Zeiträume zweimal in Anspruch zu nehmen. $_{6}$Personen, bei denen ein erheblicher Bedarf an allgemeiner Beaufsichtigung und Betreuung nach § 45a festgestellt ist und die noch nicht die Voraussetzungen der Pflegestufe I erfüllen, können halbjährlich einmal einen Beratungsbesuch in Anspruch nehmen; die Vergütung für die Beratung entspricht der für die Pflegestufen I und II nach Satz 4. $_{7}$In diesen Fällen kann die Beratung auch durch von den Landesverbänden der Pflegekassen anerkannte Beratungsstellen wahrgenommen werden, ohne dass für die Anerkennung eine pflegefachliche Kompetenz nachgewiesen werden muss.

(4) $_{1}$Die Pflegedienste und die anerkannten Beratungsstellen sowie die beauftragten Pflegefachkräfte haben die Durchführung der Beratungseinsätze gegenüber der Pflegekasse oder dem privaten Versicherungsunternehmen zu bestätigen sowie die bei dem Beratungsbesuch gewonnenen Erkenntnisse über die Möglichkeiten der Verbesserung der häuslichen Pflegesituation dem Pflegebedürftigen und mit dessen Einwilligung der Pflegekasse oder dem privaten Versicherungsunternehmen mitzuteilen, im Fall der Beihilfeberechtigung auch der zuständigen Beihilfefestsetzungsstelle. $_{2}$Der Spitzenverband Bund der Pflegekassen und die privaten Versicherungsunternehmen stellen ihnen für diese Mitteilung ein einheitliches Formular zur Verfügung. $_{3}$Der beauftragte Pflegedienst und die anerkannte Beratungsstelle haben dafür Sorge zu tragen, dass für einen Beratungsbesuch im häuslichen Bereich Pflegekräfte eingesetzt werden, die spezifisches Wissen zu dem Krankheits- und Behinderungsbild sowie des sich daraus ergebenden Hilfebedarfs des Pflegebedürftigen mitbringen und über besondere Beratungskompetenz verfügen. $_{4}$Zudem soll bei der Planung für die Beratungsbesuche weitestgehend sichergestellt werden, dass der Beratungsbesuch bei einem Pflegebedürftigen möglichst auf Dauer von derselben Pflegekraft durchgeführt wird.

(5) $_{1}$Der Spitzenverband Bund der Pflegekassen und der Verband der privaten Krankenversicherung e. V. beschließen gemeinsam mit den Vereinigungen der Träger der ambulanten Pflegeeinrichtungen auf Bundesebene unter Beteiligung des Medizinischen Dienstes des Spitzenverbandes Bund der Krankenkassen Empfehlungen zur Qualitätssicherung der Beratungsbesuche nach Absatz 3. $_{2}$Die Emp-

fehlungen gelten für die anerkannten Beratungsstellen entsprechend.

(6) Rufen Pflegebedürftige die Beratung nach Absatz 3 Satz 1 nicht ab, hat die Pflegekasse oder das private Versicherungsunternehmen das Pflegegeld angemessen zu kürzen und im Wiederholungsfall zu entziehen.

(7) 1Die Landesverbände der Pflegekassen haben neutrale und unabhängige Beratungsstellen zur Durchführung der Beratung nach den Absätzen 3 und 4 anzuerkennen. 2Dem Antrag auf Anerkennung ist ein Nachweis über die erforderliche pflegefachliche Kompetenz der Beratungsstelle und ein Konzept zur Qualitätssicherung des Beratungsangebotes beizufügen. 3Die Landesverbände der Pflegekassen regeln das Nähere zur Anerkennung der Beratungsstellen. 4Für die Durchführung von Beratungen nach Absatz 3 Satz 6 können die Landesverbände der Pflegekassen geeignete Beratungsstellen anerkennen, ohne dass ein Nachweis über die pflegefachliche Kompetenz erforderlich ist.

(8) Der Pflegeberater oder die Pflegeberaterin (§ 7a) kann die vorgeschriebenen Beratungseinsätze durchführen und diese bescheinigen.

§ 38 Kombination von Geldleistung und Sachleistung (Kombinationsleistung)

1Nimmt der Pflegebedürftige die ihm nach § 36 Abs. 3 und 4 zustehende Sachleistung nur teilweise in Anspruch, erhält er daneben ein anteiliges Pflegegeld im Sinne des § 37. 2Das Pflegegeld wird um den Vomhundertsatz vermindert, in dem der Pflegebedürftige Sachleistungen in Anspruch genommen hat. 3An die Entscheidung, in welchem Verhältnis er Geld- und Sachleistung in Anspruch nehmen will, ist der Pflegebedürftige für die Dauer von sechs Monaten gebunden. 4Anteiliges Pflegegeld wird während einer Kurzzeitpflege nach § 42 und einer Verhinderungspflege nach § 39 jeweils für bis zu vier Wochen je Kalenderjahr in Höhe der Hälfte der vor Beginn der Kurzzeit- oder Verhinderungspflege geleisteten Höhe fortgewährt. 5Pflegebedürftige in vollstationären Einrichtungen der Hilfe für behinderte Menschen (§ 43a) haben Anspruch auf ungekürztes Pflegegeld anteilig für die Tage, an denen sie sich in häuslicher Pflege befinden.

§ 38a Zusätzliche Leistungen für Pflegebedürftige in ambulant betreuten Wohngruppen

(1) Pflegebedürftige haben Anspruch auf einen pauschalen Zuschlag in Höhe von 205 Euro monatlich, wenn

1. sie mit mindestens zwei und höchstens elf weiteren Personen in einer ambulant betreuten Wohngruppe in einer gemeinsamen Wohnung zum Zweck der gemeinschaftlich organisierten pflegerischen Versorgung leben und davon mindestens zwei weitere Personen pflegebedürftig im Sinne der §§ 14, 15 sind oder eine erhebliche Einschränkung der Alltagskompetenz nach § 45a bei ihnen festgestellt wurde,
2. sie Leistungen nach den §§ 36, 37, 38, 45b oder § 123 beziehen,
3. eine Person von den Mitgliedern der Wohngruppe gemeinschaftlich beauftragt ist, unabhängig von der individuellen pflegerischen Versorgung allgemeine organisatorische, verwaltende, betreuende oder das Gemeinschaftsleben fördernde Tätigkeiten zu verrichten oder hauswirtschaftliche Unterstützung zu leisten, und
4. keine Versorgungsform vorliegt, in der der Anbieter der Wohngruppe oder ein Dritter den Pflegebedürftigen Leistungen anbietet oder gewährleistet, die dem im jeweiligen Rahmenvertrag nach § 75 Absatz 1 für vollstationäre Pflege vereinbarten Leistungsumfang weitgehend entsprechen; der Anbieter einer ambulant betreuten Wohngruppe hat die Pflegebedürftigen vor deren Einzug in die Wohngruppe in geeigneter Weise darauf hinzuweisen, dass dieser Leistungsumfang von ihm oder einem Dritten in der Wohngruppe nicht erbracht wird, sondern die Versorgung auch durch die aktive Einbindung ihrer eigenen Ressourcen und ihres sozialen Umfeldes sichergestellt werden kann.

(2) Die Pflegekassen sind berechtigt, zur Feststellung der Anspruchsvoraussetzungen bei dem Antragsteller folgende Daten zu erheben, zu verarbeiten und zu nutzen und folgende Unterlagen anzufordern:

1. eine formlose Bestätigung des Antragstellers, dass die Voraussetzungen nach Absatz 1 Nummer 1 erfüllt sind,
2. die Adresse und das Gründungsdatum der Wohngruppe,
3. den Mietvertrag einschließlich eines Grundrisses der Wohnung und den Pflegevertrag nach § 120,
4. Vorname, Name, Anschrift und Telefonnummer sowie Unterschrift der Person nach Absatz 1 Nummer 3 und
5. die vereinbarten Aufgaben der Person nach Absatz 1 Nummer 3.

§ 39 Häusliche Pflege bei Verhinderung der Pflegeperson

(1) 1Ist eine Pflegeperson wegen Erholungsurlaubs, Krankheit oder aus anderen Gründen an der Pflege gehindert, übernimmt die Pflegekasse die nachgewiesenen Kosten einer notwendigen Ersatzpflege für längstens sechs Wochen je Kalenderjahr; § 34 Absatz 2 Satz 1 gilt nicht. 2Voraussetzung ist, dass die Pflegeperson den Pflegebedürftigen vor der erstmaligen Verhinderung mindestens sechs Monate in seiner häuslichen Umgebung gepflegt hat. 3Die Aufwendungen der Pflegekassen können sich im Kalenderjahr auf bis zu 1470 Euro ab 1. Juli 2008, auf bis zu 1510 Euro ab 1. Januar 2010, auf bis zu 1550 Euro ab 1. Januar 2012 und auf bis zu 1612 Euro ab 1. Januar 2015 belaufen, wenn die Ersatzpflege durch Pflegepersonen sichergestellt wird, die mit dem Pflegebedürftigen nicht bis zum zweiten Grade verwandt oder verschwägert sind und nicht mit ihm in häuslicher Gemeinschaft leben.

(2) 1Bei einer Ersatzpflege durch Pflegepersonen, die mit dem Pflegebedürftigen bis zum zweiten Grade verwandt oder verschwägert sind oder mit ihm in häuslicher Gemeinschaft leben, dürfen die Aufwendungen der Pflegekasse regelmäßig den Betrag des Pflegegeldes nach § 37 Absatz 1 Satz 3 für bis zu sechs Wochen nicht überschreiten, es sei denn, die Ersatzpflege wird erwerbsmäßig ausgeübt; in diesen Fällen findet der Leistungsbetrag nach Absatz 1 Satz 3 Anwendung. 2Bei Bezug der Leistung in Höhe des Pflegegeldes für eine Ersatzpflege durch Pflegepersonen, die mit dem Pflegebedürftigen bis zum zweiten Grade verwandt oder verschwägert sind oder mit ihm in häuslicher Gemeinschaft leben, können von der Pflegekasse auf Nachweis notwendige Aufwendungen, die der Pflegeperson im Zusammenhang mit der Ersatzpflege entstanden sind, übernommen werden. 3Die Aufwendungen der Pflegekasse nach den Sätzen 1 und 2 dürfen zusammen den in Absatz 1 Satz 3 genannten Betrag nicht übersteigen.

(3) 1Bei einer Ersatzpflege nach Absatz 1 kann der Leistungsbetrag um bis zu 806 Euro aus noch nicht in Anspruch genommenen Mitteln der Kurzzeitpflege nach § 42 Absatz 2 Satz 2 auf insgesamt bis zu 2418 Euro im Kalenderjahr erhöht werden. 2Der für die Verhinderungspflege in Anspruch genommene Erhöhungsbetrag wird auf den Leistungsbetrag für eine Kurzzeitpflege nach § 42 Absatz 2 Satz 2 angerechnet.

§ 40 Pflegehilfsmittel und wohnumfeldverbessernde Maßnahmen

(1) 1Pflegebedürftige haben Anspruch auf Versorgung mit Pflegehilfsmitteln, die zur Erleichterung der Pflege oder zur Linderung der Beschwerden des Pflegebedürftigen beitragen oder ihm eine selbständigere Lebensführung ermöglichen, soweit die Hilfsmittel nicht wegen Krankheit oder Behinderung von der Krankenversicherung oder anderen zuständigen Leistungsträgern zu leisten sind. 2Die Pflegekasse überprüft die Notwendigkeit der Versorgung mit den beantragten Pflegehilfsmitteln unter Beteiligung einer Pflegekraft oder des Medizinischen Dienstes. 3Entscheiden sich Versicherte für eine Ausstattung des Pflegehilfsmittels, die über das Maß des Notwendigen hinausgeht, haben sie die Mehrkosten und die dadurch bedingten Folgekosten selbst zu tragen. 4§ 33 Abs. 6 und 7 des Fünften Buches gilt entsprechend.

(2) 1Die Aufwendungen der Pflegekassen für zum Verbrauch bestimmte Pflegehilfsmittel dürfen monatlich den Betrag von 40 Euro nicht übersteigen. 2Die Leistung kann auch in Form einer Kostenerstattung erbracht werden.

(3) 1Die Pflegekassen sollen technische Pflegehilfsmittel in allen geeigneten Fällen vorrangig leihweise überlassen. 2Sie können die Bewilligung davon abhängig machen, daß die Pflegebedürftigen sich das Pflegehilfsmittel anpassen oder sich selbst oder die Pflegeperson in seinem Gebrauch ausbilden lassen. 3Der Anspruch umfaßt auch die notwendige Änderung, Instandsetzung und Ersatzbeschaffung von Pflegehilfsmitteln sowie die Ausbildung in ihrem Gebrauch. 4Versicherte, die das 18. Lebensjahr vollendet haben, haben zu den Kosten der Pflegehilfsmittel mit Ausnahme der Pflegehilfsmittel nach Absatz 2 eine Zuzahlung von zehn vom Hundert, höchstens jedoch 25 Euro je Pflegehilfsmittel an die abgebende Stelle zu leisten. 5Zur Vermeidung von Härten kann die Pflegekasse den Versicherten in entsprechender Anwendung des § 62 Abs. 1 Satz 1, 2 und 6 sowie Abs. 2 und 3 des Fünften Buches ganz oder teilweise von der Zuzahlung befreien. 6Versicherte, die die für sie geltende Belastungsgrenze nach § 62 des Fünften Buches erreicht haben oder unter Berücksichtigung der Zuzahlung nach Satz 4 erreichen, sind hinsichtlich des die Belastungsgrenze überschreitenden Betrags von der Zuzahlung nach diesem Buch befreit. 7Lehnen Versicherte die teilweise Überlassung eines Pflegehilfsmittels ohne zwingenden Grund ab, haben sie die Kosten des Pflegehilfsmittels in vollem Umfang selbst zu tragen.

(4) 1Die Pflegekassen können subsidiär finanzielle Zuschüsse für Maßnahmen zur Verbesserung des individuellen Wohnumfeldes des Pflegebedürftigen gewähren, beispielsweise für technische Hilfen im Haushalt, wenn dadurch im Einzelfall die häusliche Pflege ermöglicht oder erheblich erleichtert oder eine möglichst selbständige Lebensführung des Pflegebedürftigen wiederhergestellt wird. 2Die Zuschüsse dürfen einen Betrag in Höhe von 4000 Euro je Maßnahme nicht übersteigen. 3Leben mehrere Pflegebedürftige in einer gemeinsamen Wohnung, dürfen die Zuschüsse für Maßnahmen zur Verbesserung des gemeinsamen Wohnumfeldes einen Betrag in Höhe von 4000 Euro je Pflegebedürftigem nicht übersteigen. 4Der Gesamtbetrag je Maßnahme nach Satz 3 ist auf 16 000 Euro begrenzt und wird bei mehr als vier Anspruchsberechtigten anteilig auf die Versicherungsträger der Anspruchsberechtigten aufgeteilt.

(5) 1Für Hilfsmittel und Pflegehilfsmittel, die sowohl den in § 23 und § 33 des Fünften Buches als auch den in Absatz 1 genannten Zwecken dienen können, prüft der Leistungsträger, bei dem die Leistung beantragt wird, ob ein Anspruch gegenüber der Krankenkasse oder der Pflegekasse besteht und entscheidet über die Bewilligung der Hilfsmittel und Pflegehilfsmittel. 2Zur Gewährleistung einer Absatz 1 Satz 1 entsprechenden Abgrenzung der Leistungsverpflichtungen der gesetzlichen Krankenversicherung und der sozialen Pflegeversicherung werden die Ausgaben für Hilfsmittel und Pflegehilfsmittel zwischen der jeweiligen Krankenkasse und der bei ihr errichteten Pflegekasse in einem bestimmten Verhältnis pauschal aufgeteilt. 3Der Spitzenverband Bund der Krankenkassen bestimmt in Richtlinien, die erstmals bis zum 30. April 2012 zu beschließen sind, die Hilfsmittel und Pflegehilfsmittel nach Satz 1, das Verhältnis, in dem die Ausgaben aufzuteilen sind, sowie die Einzelheiten zur Umsetzung der Pauschalierung. 4Er berücksichtigt dabei die bisherigen Ausgaben der Kranken- und Pflegekassen und stellt sicher, dass bei der Aufteilung die Zielsetzung der Vorschriften des Fünften Buches und dieses Buches zur Hilfsmittelversorgung sowie die Belange der Versicherten gewahrt bleiben. 5Die Richtlinien bedürfen der Genehmigung des Bundesministeriums für Gesundheit und treten am ersten Tag des auf die Genehmigung folgenden Monats in Kraft; die Genehmigung kann mit Auflagen verbunden werden. 6Die Richtlinien sind für die Kranken- und Pflegekassen verbindlich. 7Für die nach Satz 3 be-

stimmten Hilfsmittel und Pflegehilfsmittel richtet sich die Zuzahlung nach den §§ 33, 61 und 62 des Fünften Buches; für die Prüfung des Leistungsanspruchs gilt § 275 Absatz 3 des Fünften Buches. 8Die Regelungen dieses Absatzes gelten nicht für Ansprüche auf Hilfsmittel oder Pflegehilfsmittel von Pflegebedürftigen, die sich in vollstationärer Pflege befinden, sowie von Pflegebedürftigen nach § 28 Absatz 2.

Zweiter Titel
Teilstationäre Pflege und Kurzzeitpflege

§ 41 Tagespflege und Nachtpflege

(1) 1Pflegebedürftige haben Anspruch auf teilstationäre Pflege in Einrichtungen der Tages- oder Nachtpflege, wenn häusliche Pflege nicht in ausreichendem Umfang sichergestellt werden kann oder wenn dies zur Ergänzung oder Stärkung der häuslichen Pflege erforderlich ist. 2Die teilstationäre Pflege umfaßt auch die notwendige Beförderung des Pflegebedürftigen von der Wohnung zur Einrichtung der Tagespflege oder der Nachtpflege und zurück.

(2) 1Die Pflegekasse übernimmt im Rahmen der Leistungsbeträge nach Satz 2 die pflegebedingten Aufwendungen der teilstationären Pflege, die Aufwendungen der sozialen Betreuung und die Aufwendungen für die in der Einrichtung notwendigen Leistungen der medizinischen Behandlungspflege. 2Der Anspruch auf teilstationäre Pflege umfasst je Kalendermonat

1. für Pflegebedürftige der Pflegestufe I einen Gesamtwert bis zu
   a) 420 Euro ab 1. Juli 2008,
   b) 440 Euro ab 1. Januar 2010,
   c) 450 Euro ab 1. Januar 2012,
   d) 468 Euro ab 1. Januar 2015,
2. für Pflegebedürftige der Pflegestufe II einen Gesamtwert bis zu
   a) 980 Euro ab 1. Juli 2008,
   b) 1040 Euro ab 1. Januar 2010,
   c) 1100 Euro ab 1. Januar 2012,
   d) 1144 Euro ab 1. Januar 2015,
3. für Pflegebedürftige der Pflegestufe III einen Gesamtwert bis zu
   a) 1470 Euro ab 1. Juli 2008,
   b) 1510 Euro ab 1. Januar 2010,
   c) 1550 Euro ab 1. Januar 2012,
   d) 1612 Euro ab 1. Januar 2015.

(3) Pflegebedürftige können teilstationäre Tages- und Nachtpflege zusätzlich zu ambulanten Pflegesachleistungen, Pflegegeld oder der Kombinationsleistung nach § 38 in Anspruch nehmen, ohne dass eine Anrechnung auf diese Ansprüche erfolgt.

§ 42 Kurzzeitpflege

(1) 1Kann die häusliche Pflege zeitweise nicht, noch nicht oder nicht im erforderlichen Umfang erbracht werden und reicht auch teilstationäre Pflege nicht aus, besteht Anspruch auf Pflege in einer vollstationären Einrichtung. 2Dies gilt:

1. für eine Übergangszeit im Anschluß an eine stationäre Behandlung des Pflegebedürftigen oder
2. in sonstigen Krisensituationen, in denen vorübergehend häusliche oder teilstationäre Pflege nicht möglich oder nicht ausreichend ist.

(2) 1Der Anspruch auf Kurzzeitpflege ist auf vier Wochen pro Kalenderjahr beschränkt. 2Die Pflegekasse übernimmt die pflegebedingten Aufwendungen, die Aufwendungen der sozialen Betreuung sowie die Aufwendungen für Leistungen der medizinischen Behandlungspflege bis zu dem Gesamtbetrag von 1470 Euro ab 1. Juli 2008, 1510 Euro ab 1. Januar 2010, 1550 Euro ab 1. Januar 2012 und 1612 Euro ab 1. Januar 2015 im Kalenderjahr. 3Der Leistungsbetrag nach Satz 2 kann um bis zu 1612 Euro aus noch nicht in Anspruch genommenen Mitteln der Verhinderungspflege nach § 39 Absatz 1 Satz 3 auf insgesamt bis zu 3224 Euro im Kalenderjahr erhöht werden. 4Abweichend von Satz 1 ist der Anspruch auf Kurzzeitpflege in diesem Fall auf längstens acht Wochen pro Kalenderjahr beschränkt. 5Der für die Kurzzeitpflege in Anspruch genommene Erhöhungsbetrag wird auf den Leistungsbetrag für eine

Verhinderungspflege nach § 39 Absatz 1 Satz 3 angerechnet.

(3) 1Abweichend von den Absätzen 1 und 2 besteht der Anspruch auf Kurzzeitpflege in begründeten Einzelfällen bei zu Hause gepflegten Pflegebedürftigen auch in geeigneten Einrichtungen der Hilfe für behinderte Menschen und anderen geeigneten Einrichtungen, wenn die Pflege in einer von den Pflegekassen zur Kurzzeitpflege zugelassenen Pflegeeinrichtung nicht möglich ist oder nicht zumutbar erscheint. 2§ 34 Abs. 2 Satz 1 findet keine Anwendung. 3Sind in dem Entgelt für die Einrichtung Kosten für Unterkunft und Verpflegung sowie Aufwendungen für Investitionen enthalten, ohne gesondert ausgewiesen zu sein, so sind 60 vom Hundert des Entgelts zuschussfähig. 4In begründeten Einzelfällen kann die Pflegekasse in Ansehung der Kosten für Unterkunft und Verpflegung sowie der Aufwendungen für Investitionen davon abweichende pauschale Abschläge vornehmen.

(4) Abweichend von den Absätzen 1 und 2 besteht der Anspruch auf Kurzzeitpflege auch in Einrichtungen, die stationäre Leistungen zur medizinischen Vorsorge oder Rehabilitation erbringen, wenn während einer Maßnahme der medizinischen Vorsorge oder Rehabilitation für eine Pflegeperson eine gleichzeitige Unterbringung und Pflege des Pflegebedürftigen erforderlich ist.

Dritter Titel
Vollstationäre Pflege

§ 43 Inhalt der Leistung

(1) Pflegebedürftige haben Anspruch auf Pflege in vollstationären Einrichtungen, wenn häusliche oder teilstationäre Pflege nicht möglich ist oder wegen der Besonderheit des einzelnen Falles nicht in Betracht kommt.

(2) 1Für Pflegebedürftige in vollstationären Einrichtungen übernimmt die Pflegekasse im Rahmen der pauschalen Leistungsbeträge nach Satz 2 die pflegebedingten Aufwendungen, die Aufwendungen der sozialen Betreuung und die Aufwendungen für Leistungen der medizinischen Behandlungspflege. 2Der Anspruch beträgt je Kalendermonat

1. für Pflegebedürftige der Pflegestufe I 1064 Euro,
2. für Pflegebedürftige der Pflegestufe II 1330 Euro,
3. für Pflegebedürftige der Pflegestufe III
   a) 1470 Euro ab 1. Juli 2008,
   b) 1510 Euro ab 1. Januar 2010,
   c) 1550 Euro ab 1. Januar 2012,
   d) 1612 Euro ab 1. Januar 2015,
4. für Pflegebedürftige, die nach Absatz 3 als Härtefall anerkannt sind,
   a) 1750 Euro ab 1. Juli 2008,
   b) 1825 Euro ab 1. Januar 2010,
   c) 1918 Euro ab 1. Januar 2012,
   d) 1995 Euro ab 1. Januar 2015.

3Der von der Pflegekasse einschließlich einer Dynamisierung nach § 30 zu übernehmende Betrag darf 75 vom Hundert des Gesamtbetrages aus Pflegesatz, Entgelt für Unterkunft und Verpflegung und gesondert berechenbaren Investitionskosten nach § 82 Abs. 3 und 4 nicht übersteigen.

(3) 1Die Pflegekassen können in besonderen Ausnahmefällen zur Vermeidung von Härten die pflegebedingten Aufwendungen, die Aufwendungen der sozialen Betreuung und die Aufwendungen für Leistungen der medizinischen Behandlungspflege pauschal in Höhe des nach Absatz 2 Satz 2 Nr. 4 geltenden Betrages übernehmen, wenn ein außergewöhnlich hoher und intensiver Pflegeaufwand erforderlich ist, der das übliche Maß der Pflegestufe III weit übersteigt, beispielsweise bei Apallikern, schwerer Demenz oder im Endstadium von Krebserkrankungen. 2Die Ausnahmeregelung des Satzes 1 darf für nicht mehr als 5 vom Hundert aller versicherten Pflegebedürftigen der Pflegestufe III, die stationäre Pflegeleistungen erhalten, Anwendung finden. 3Der Spitzenverband Bund der Pflegekassen überwacht die Einhaltung dieses Höchstsatzes und hat erforderlichenfalls geeignete Maßnahmen zur Einhaltung zu ergreifen.

(4) Wählen Pflegebedürftige vollstationäre Pflege, obwohl diese nach Feststellung der Pflegekasse nicht erforderlich ist, erhalten sie zu den pflegebedingten Aufwendungen einen Zuschuß in Höhe des in § 36 Abs. 3 für die jeweilige Pflegestufe vorgesehenen Gesamtwertes.

(5) Bei vorübergehender Abwesenheit von Pflegebedürftigen aus dem Pflegeheim werden die Leistungen für vollstationäre Pflege erbracht, solange die Voraussetzungen des § 87a Abs. 1 Satz 5 und 6 vorliegen.

Vierter Titel
Pflege in vollstationären Einrichtungen der Hilfe für behinderte Menschen

§ 43a Inhalt der Leistung

1Für Pflegebedürftige in einer vollstationären Einrichtung der Hilfe für behinderte Menschen, in der die Teilhabe am Arbeitsleben und am Leben in der Gemeinschaft, die schulische Ausbildung oder die Erziehung behinderter Menschen im Vordergrund des Einrichtungszwecks stehen (§ 71 Abs. 4), übernimmt die Pflegekasse zur Abgeltung der in § 43 Abs. 2 genannten Aufwendungen zehn vom Hundert des nach § 75 Abs. 3 des Zwölften Buches vereinbarten Heimentgelts. 2Die Aufwendungen der Pflegekasse dürfen im Einzelfall je Kalendermonat 266 Euro nicht überschreiten. 3Wird für die Tage, an denen die pflegebedürftigen Behinderten zu Hause gepflegt und betreut werden, anteiliges Pflegegeld beansprucht, gelten die Tage der An- und Abreise als volle Tage der häuslichen Pflege.

Vierter Abschnitt
Leistungen für Pflegepersonen

§ 44 Leistungen zur sozialen Sicherung der Pflegepersonen

(1) 1Zur Verbesserung der sozialen Sicherung der Pflegepersonen im Sinne des § 19 entrichten die Pflegekassen und die privaten Versicherungsunternehmen, bei denen eine private Pflege-Pflichtversicherung durchgeführt wird, sowie die sonstigen in § 170 Abs. 1 Nr. 6 des Sechsten Buches genannten Stellen Beiträge an den zuständigen Träger der gesetzlichen Rentenversicherung, wenn die Pflegeperson regelmäßig nicht mehr als dreißig Stunden wöchentlich erwerbstätig ist. 2Näheres regeln die §§ 3, 137, 166 und 170 des Sechsten Buches. 3Der Medizinische Dienst der Krankenversicherung stellt im Einzelfall fest, ob und in welchem zeitlichen Umfang häusliche Pflege durch eine Pflegeperson erforderlich ist, und erfragt in den Fällen, in denen die Pflege des Pflegebedürftigen die Dauer von 14 Stunden unterschreitet, ob die Pflegeperson weitere Pflegebedürftige pflegt. 4Der Pflegebedürftige oder die Pflegeperson haben darzulegen und auf Verlangen glaubhaft zu machen, daß Pflegeleistungen in diesem zeitlichen Umfang auch tatsächlich erbracht werden. 5Dies gilt insbesondere, wenn Pflegesachleistungen (§ 36) in Anspruch genommen werden. 6Während der pflegerischen Tätigkeit sind die Pflegepersonen nach Maßgabe der §§ 2, 4, 105, 106, 129, 185 des Siebten Buches in den Versicherungsschutz der gesetzlichen Unfallversicherung einbezogen. 7Pflegepersonen, die nach der Pflegetätigkeit in das Erwerbsleben zurückkehren wollen, können bei beruflicher Weiterbildung nach Maßgabe des Dritten Buches bei Vorliegen der dort genannten Voraussetzungen gefördert werden.

(2) Für Pflegepersonen, die wegen einer Pflichtmitgliedschaft in einer berufsständischen Versorgungseinrichtung auch in ihrer Pflegetätigkeit von der Versicherungspflicht in der gesetzlichen Rentenversicherung befreit sind oder befreit wären, wenn sie in der gesetzlichen Rentenversicherung versicherungspflichtig wären und einen Befreiungsantrag gestellt hätten, werden die nach Absatz 1 Satz 1 und 2 zu entrichtenden Beiträge auf Antrag an die berufsständische Versorgungseinrichtung gezahlt.

(3) 1Die Pflegekasse und das private Versicherungsunternehmen haben die in der Renten- und Unfallversicherung zu versichernde Pflegeperson den zuständigen Renten- und Unfallversicherungsträgern zu melden. 2Die Meldung für die Pflegeperson enthält:

1. ihre Versicherungsnummer, soweit bekannt,
2. ihren Familien- und Vornamen,
3. ihr Geburtsdatum,
4. ihre Staatsangehörigkeit,
5. ihre Anschrift,
6. Beginn und Ende der Pflegetätigkeit,
7. die Pflegestufe des Pflegebedürftigen und
8. die unter Berücksichtigung des Umfangs der Pflegetätigkeit nach § 166 des Sechsten Buches maßgeblichen beitragspflichtigen Einnahmen.

$_{3}$Der Spitzenverband Bund der Pflegekassen sowie der Verband der privaten Krankenversicherung e. V. können mit der Deutschen Rentenversicherung Bund und mit den Trägern der Unfallversicherung Näheres über das Meldeverfahren vereinbaren.

(4) Der Inhalt der Meldung nach Absatz 3 Satz 2 Nr. 1 bis 6 und 8 ist der Pflegeperson, der Inhalt der Meldung nach Absatz 3 Satz 2 Nr. 7 dem Pflegebedürftigen schriftlich mitzuteilen.

(5) $_{1}$Die Pflegekasse und das private Versicherungsunternehmen haben in den Fällen, in denen eine nicht erwerbsmäßig tätige Pflegeperson einen Pflegebedürftigen pflegt, der Anspruch auf Beihilfeleistungen oder Leistungen der Heilfürsorge hat und für die die Beiträge an die gesetzliche Rentenversicherung nach § 170 Abs. 1 Nr. 6 Buchstabe c des Sechsten Buches anteilig getragen werden, im Antragsverfahren auf Leistungen der Pflegeversicherung von dem Pflegebedürftigen ab dem 1. Juni 2005 die zuständige Festsetzungsstelle für die Beihilfe oder den Dienstherrn unter Hinweis auf die beabsichtigte Weiterleitung der in Satz 2 genannten Angaben an diese Stelle zu erfragen. $_{2}$Der angegebenen Festsetzungsstelle für die Beihilfe oder dem Dienstherrn sind bei Feststellung der Beitragspflicht die in Absatz 3 Satz 2 Nr. 1 bis 5 und 8 genannten Angaben sowie der Beginn der Beitragspflicht mitzuteilen. $_{3}$Absatz 4 findet auf Satz 2 entsprechende Anwendung.

(6) $_{1}$Für die Fälle, in denen die Mindeststundenzahl von 14 Stunden wöchentlicher Pflege für die Rentenversicherungspflicht einer Pflegeperson nur durch die Pflege mehrerer Pflegebedürftiger erreicht wird, haben der Spitzenverband Bund der Pflegekassen, der Verband der privaten Krankenversicherung e. V. und die Deutsche Rentenversicherung Bund das Verfahren und die Mitteilungspflichten zwischen den an einer Addition von Pflegezeiten beteiligten Pflegekassen und Versicherungsunternehmen durch Vereinbarung zu regeln. $_{2}$Die Pflegekassen und Versicherungsunternehmen dürfen die in Absatz 3 Satz 2 Nummer 1 bis 3 und 6 und, soweit dies für eine sichere Identifikation der Pflegeperson erforderlich ist, die in den Nummern 4 und 5 genannten Daten sowie die Angabe des zeitlichen Umfangs der Pflegetätigkeit der Pflegeperson an andere Pflegekassen und Versicherungsunternehmen, die an einer Addition von Pflegezeiten beteiligt sind, zur Überprüfung der Voraussetzungen der Rentenversicherungspflicht der Pflegeperson übermitteln und ihnen übermittelte Daten verarbeiten und nutzen.

§44a Zusätzliche Leistungen bei Pflegezeit und kurzzeitiger Arbeitsverhinderung

(1) $_{1}$Beschäftigte, die nach § 3 des Pflegezeitgesetzes von der Arbeitsleistung vollständig freigestellt wurden oder deren Beschäftigung durch Reduzierung der Arbeitszeit zu einer geringfügigen Beschäftigung im Sinne des § 8 Abs. 1 Nr. 1 des Vierten Buches wird, erhalten auf Antrag Zuschüsse zur Kranken- und Pflegeversicherung. $_{2}$Zuschüsse werden gewährt für eine freiwillige Versicherung in der gesetzlichen Krankenversicherung, eine Pflichtversicherung nach § 5 Abs. 1 Nr. 13 des Fünften Buches oder nach § 2 Abs. 1 Nr. 7 des Zweiten Gesetzes über die Krankenversicherung der Landwirte, eine Versicherung bei einem privaten Krankenversicherungsunternehmen, eine Versicherung bei der Postbeamtenkrankenkasse oder der Krankenversorgung der Bundesbahnbeamten, soweit im Einzelfall keine beitragsfreie Familienversicherung möglich ist, sowie für eine damit in Zusammenhang stehende Pflege-Pflichtversicherung. $_{3}$Die Zuschüsse belaufen sich auf die

Höhe der Mindestbeiträge, die von freiwillig in der gesetzlichen Krankenversicherung versicherten Personen zur gesetzlichen Krankenversicherung (§ 240 Abs. 4 Satz 1 des Fünften Buches) und zur sozialen Pflegeversicherung (§ 57 Abs. 4) zu entrichten sind und dürfen die tatsächliche Höhe der Beiträge nicht übersteigen. 4Für die Berechnung der Mindestbeiträge zur gesetzlichen Krankenversicherung werden bei Mitgliedern der gesetzlichen Krankenversicherung der allgemeine Beitragssatz nach § 241 des Fünften Buches sowie der kassenindividuelle Zusatzbeitragssatz nach § 242 Absatz 1 des Fünften Buches zugrunde gelegt. 5Bei Mitgliedern der landwirtschaftlichen Krankenversicherung sowie bei Personen, die nicht in der gesetzlichen Krankenversicherung versichert sind, werden der allgemeine Beitragssatz nach § 241 des Fünften Buches sowie der durchschnittliche Zusatzbeitragssatz nach § 242a des Fünften Buches zugrunde gelegt. 6Beschäftigte haben Änderungen in den Verhältnissen, die sich auf die Zuschussgewährung auswirken können, unverzüglich der Pflegekasse oder dem privaten Versicherungsunternehmen, bei dem der Pflegebedürftige versichert ist, mitzuteilen.

(2) Pflegende Personen sind während der Inanspruchnahme einer Pflegezeit im Sinne des Pflegezeitgesetzes nach Maßgabe des Dritten Buches nach dem Recht der Arbeitsförderung versichert.

(3) 1Für kurzzeitige Arbeitsverhinderung nach § 2 des Pflegezeitgesetzes hat eine Beschäftigte oder ein Beschäftigter im Sinne des § 7 Absatz 1 des Pflegezeitgesetzes, die oder der für diesen Zeitraum keine Entgeltfortzahlung vom Arbeitgeber und kein Kranken- oder Verletztengeld bei Erkrankung oder Unfall eines Kindes nach § 45 des Fünften Buches oder nach § 45 Absatz 4 des Siebten Buches beanspruchen kann, Anspruch auf einen Ausgleich für entgangenes Arbeitsentgelt (Pflegeunterstützungsgeld) für bis zu insgesamt zehn Arbeitstage. 2Wenn mehrere Beschäftigte den Anspruch nach § 2 Absatz 1 des Pflegezeitgesetzes für einen pflegebedürftigen nahen Angehörigen geltend machen, ist deren Anspruch auf Pflegeunterstützungsgeld auf insgesamt bis zu zehn Arbeitstage begrenzt. 3Das Pflegeunterstützungsgeld wird auf Antrag, der unverzüglich zu stellen ist, unter Vorlage der ärztlichen Bescheinigung nach § 2 Absatz 2 Satz 2 des Pflegezeitgesetzes von der Pflegekasse oder dem Versicherungsunternehmen des pflegebedürftigen nahen Angehörigen gewährt. 4Für die Höhe des Pflegeunterstützungsgeldes gilt § 45 Absatz 2 Satz 3 bis 5 des Fünften Buches entsprechend.

(4) 1Beschäftigte, die Pflegeunterstützungsgeld nach Absatz 3 beziehen, erhalten für die Dauer des Leistungsbezuges von den in Absatz 3 bezeichneten Organisationen auf Antrag Zuschüsse zur Krankenversicherung. 2Zuschüsse werden gewährt für eine Versicherung bei einem privaten Krankenversicherungsunternehmen, eine Versicherung bei der Postbeamtenkrankenkasse oder der Krankenversorgung der Bundesbahnbeamten. 3Die Zuschüsse belaufen sich auf den Betrag, der bei Versicherungspflicht in der gesetzlichen Krankenversicherung als Leistungsträgeranteil nach § 249c des Fünften Buches aufzubringen wäre, und dürfen die tatsächliche Höhe der Beiträge nicht übersteigen. 4Für die Berechnung nach Satz 3 werden der allgemeine Beitragssatz nach § 241 des Fünften Buches sowie der durchschnittliche Zusatzbeitragssatz nach § 242a Absatz 2 des Fünften Buches zugrunde gelegt. 5Für Beschäftigte, die Pflegeunterstützungsgeld nach Absatz 3 beziehen und wegen einer Pflichtmitgliedschaft in einer berufsständischen Versorgungseinrichtung von der Versicherungspflicht in der gesetzlichen Rentenversicherung befreit sind, zahlen die in § 170 Absatz 1 Nummer 2 Buchstabe e des Sechsten Buches genannten Stellen auf Antrag Beiträge an die zuständige berufsständische Versorgungseinrichtung in der Höhe, wie sie bei Eintritt von Versicherungspflicht nach § 3 Satz 1 Nummer 3 des Sechsten Buches an die gesetzliche Rentenversicherung zu entrichten wären.

(5) 1Die Pflegekasse oder das private Pflegeversicherungsunternehmen des pflegebedürf-

tigen nahen Angehörigen stellt dem Leistungsbezieher nach Absatz 3 mit der Leistungsbewilligung eine Bescheinigung über den Zeitraum des Bezugs und die Höhe des gewährten Pflegeunterstützungsgeldes aus. 2Der Leistungsbezieher hat diese Bescheinigung unverzüglich seinem Arbeitgeber vorzulegen. 3In den Fällen des § 170 Absatz 1 Nummer 2 Buchstabe e Doppelbuchstabe cc des Sechsten Buches bescheinigt die Pflegekasse oder das private Versicherungsunternehmen die gesamte Höhe der Leistung.

(6) 1Landwirtschaftlichen Unternehmern im Sinne des § 2 Absatz 1 Nummer 1 und 2 des Zweiten Gesetzes über die Krankenversicherung der Landwirte, die an der Führung des Unternehmens gehindert sind, weil sie für einen pflegebedürftigen nahen Angehörigen in einer akut aufgetretenen Pflegesituation eine bedarfsgerechte Pflege organisieren oder eine pflegerische Versorgung in dieser Zeit sicherstellen müssen, wird anstelle des Pflegeunterstützungsgeldes für bis zu zehn Arbeitstage Betriebshilfe entsprechend § 9 des Zweiten Gesetzes über die Krankenversicherung der Landwirte gewährt. 2Diese Kosten der Leistungen für die Betriebshilfe werden der landwirtschaftlichen Pflegekasse von der Pflegeversicherung des pflegebedürftigen nahen Angehörigen erstattet; innerhalb der sozialen Pflegeversicherung wird von einer Erstattung abgesehen. 3Privat pflegeversicherte landwirtschaftliche Unternehmer, die an der Führung des Unternehmens gehindert sind, weil dies erforderlich ist, um für einen pflegebedürftigen nahen Angehörigen in einer akut aufgetretenen Pflegesituation eine bedarfsgerechte Pflege zu organisieren oder eine pflegerische Versorgung in dieser Zeit sicherzustellen, erhalten von der Pflegekasse des Pflegebedürftigen oder in Höhe des tariflichen Erstattungssatzes von dem privaten Versicherungsunternehmen des Pflegebedürftigen eine Kostenerstattung für bis zu zehn Arbeitstage Betriebshilfe; dabei werden nicht die tatsächlichen Kosten, sondern ein pauschaler Betrag in Höhe von 200 Euro je Tag Betriebshilfe zugrunde gelegt.

(7) 1Die Pflegekasse und das private Versicherungsunternehmen haben in den Fällen, in denen ein Leistungsbezieher nach Absatz 3 einen pflegebedürftigen nahen Angehörigen pflegt, der Anspruch auf Beihilfeleistungen oder Leistungen der Heilfürsorge hat, und für den Beiträge anteilig getragen werden, im Antragsverfahren auf Pflegeunterstützungsgeld von dem Pflegebedürftigen die zuständige Festsetzungsstelle für die Beihilfe oder den Dienstherrn unter Hinweis auf die beabsichtigte Information dieser Stelle über den beitragspflichtigen Bezug von Pflegeunterstützungsgeld zu erfragen. 2Der angegebenen Festsetzungsstelle für die Beihilfe oder dem angegebenen Dienstherrn sind bei Feststellung der Beitragspflicht folgende Angaben zum Leistungsbezieher mitzuteilen:

1. die Versicherungsnummer, soweit bekannt,
2. der Familien- und der Vorname,
3. das Geburtsdatum,
4. die Staatsangehörigkeit,
5. die Anschrift,
6. der Beginn des Bezugs von Pflegeunterstützungsgeld und
7. die Höhe des dem Pflegeunterstützungsgeld zugrunde liegenden ausgefallenen Arbeitsentgelts.

§ 45 Pflegekurse für Angehörige und ehrenamtliche Pflegepersonen

(1) 1Die Pflegekassen sollen für Angehörige und sonstige an einer ehrenamtlichen Pflegetätigkeit interessierte Personen Schulungskurse unentgeltlich anbieten, um soziales Engagement im Bereich der Pflege zu fördern und zu stärken, Pflege und Betreuung zu erleichtern und zu verbessern sowie pflegebedingte körperliche und seelische Belastungen zu mindern und ihrer Entstehung vorzubeugen. 2Die Kurse sollen Fertigkeiten für eine eigenständige Durchführung der Pflege vermitteln. 3Die Schulung soll auch in der häuslichen Umgebung des Pflegebedürftigen stattfinden.

(2) Die Pflegekasse kann die Kurse entweder selbst oder gemeinsam mit anderen Pflege-

XI

kassen durchführen oder geeignete andere Einrichtungen mit der Durchführung beauftragen.

(3) Über die einheitliche Durchführung sowie über die inhaltliche Ausgestaltung der Kurse können die Landesverbände der Pflegekassen Rahmenvereinbarungen mit den Trägern der Einrichtungen schließen, die die Pflegekurse durchführen.

Fünfter Abschnitt Leistungen für Versicherte mit erheblichem allgemeinem Betreuungsbedarf, zusätzliche Betreuungs- und Entlastungsleistungen und Weiterentwicklung der Versorgungsstrukturen

§ 45a Berechtigter Personenkreis

(1) 1Soweit nichts anderes bestimmt ist, betreffen die Leistungen in diesem Abschnitt Pflegebedürftige in häuslicher Pflege, bei denen neben dem Hilfebedarf im Bereich der Grundpflege und der hauswirtschaftlichen Versorgung (§§ 14 und 15) ein erheblicher Bedarf an allgemeiner Beaufsichtigung und Betreuung gegeben ist. 2Dies sind

1. Pflegebedürftige der Pflegestufen I, II und III sowie
2. Personen, die einen Hilfebedarf im Bereich der Grundpflege und hauswirtschaftlichen Versorgung haben, der nicht das Ausmaß der Pflegestufe I erreicht,

mit demenzbedingten Fähigkeitsstörungen, geistigen Behinderungen oder psychischen Erkrankungen, bei denen der Medizinische Dienst der Krankenversicherung oder die von der Pflegekasse beauftragten Gutachter im Rahmen der Begutachtung nach § 18 als Folge der Krankheit oder Behinderung Auswirkungen auf die Aktivitäten des täglichen Lebens festgestellt haben, die dauerhaft zu einer erheblichen Einschränkung der Alltagskompetenz geführt haben.

(2) 1Für die Bewertung, ob die Einschränkung der Alltagskompetenz auf Dauer erheblich ist, sind folgende Schädigungen und Fähigkeitsstörungen maßgebend:

1. unkontrolliertes Verlassen des Wohnbereiches (Weglauftendenz);
2. Verkennen oder Verursachen gefährdender Situationen;
3. unsachgemäßer Umgang mit gefährlichen Gegenständen oder potenziell gefährdenden Substanzen;
4. tätlich oder verbal aggressives Verhalten in Verkennung der Situation;
5. im situativen Kontext inadäquates Verhalten;
6. Unfähigkeit, die eigenen körperlichen und seelischen Gefühle oder Bedürfnisse wahrzunehmen;
7. Unfähigkeit zu einer erforderlichen Kooperation bei therapeutischen oder schützenden Maßnahmen als Folge einer therapieresistenten Depression oder Angststörung;
8. Störungen der höheren Hirnfunktionen (Beeinträchtigungen des Gedächtnisses, herabgesetztes Urteilsvermögen), die zu Problemen bei der Bewältigung von sozialen Alltagsleistungen geführt haben;
9. Störung des Tag-/Nacht-Rhythmus;
10. Unfähigkeit, eigenständig den Tagesablauf zu planen und zu strukturieren;
11. Verkennen von Alltagssituationen und inadäquates Reagieren in Alltagssituationen;
12. ausgeprägtes labiles oder unkontrolliert emotionales Verhalten;
13. zeitlich überwiegend Niedergeschlagenheit, Verzagtheit, Hilflosigkeit oder Hoffnungslosigkeit aufgrund einer therapieresistenten Depression.

2Die Alltagskompetenz ist erheblich eingeschränkt, wenn der Gutachter des Medizinischen Dienstes oder die von der Pflegekasse beauftragten Gutachter bei dem Pflegebedürftigen wenigstens in zwei Bereichen, davon mindestens einmal aus einem der Bereiche 1 bis 9, dauerhafte und regelmäßige Schädigungen oder Fähigkeitsstörungen feststellen. 3Der Spitzenverband Bund der Pflegekassen beschließt mit dem Verband der privaten Krankenversicherung e. V. unter Be-

XI

teiligung der kommunalen Spitzenverbände auf Bundesebene, der maßgeblichen Organisationen für die Wahrnehmung der Interessen und der Selbsthilfe der pflegebedürftigen und behinderten Menschen auf Bundesebene und des Medizinischen Dienstes des Spitzenverbandes Bund der Krankenkassen in Ergänzung der Richtlinien nach § 17 das Nähere zur einheitlichen Begutachtung und Feststellung des erheblichen und dauerhaften Bedarfs an allgemeiner Beaufsichtigung und Betreuung.

§ 45b Zusätzliche Betreuungs- und Entlastungsleistungen, Verordnungsermächtigung

(1) $_1$Versicherte, die die Voraussetzungen des § 45a erfüllen, können je nach Umfang des erheblichen allgemeinen Betreuungsbedarfs zusätzliche Betreuungs- und Entlastungsleistungen in Anspruch nehmen. $_2$Die Kosten hierfür werden ersetzt, höchstens jedoch 104 Euro monatlich (Grundbetrag) oder 208 Euro monatlich (erhöhter Betrag). $_3$Die Höhe des jeweiligen Anspruchs nach Satz 2 wird von der Pflegekasse auf Empfehlung des Medizinischen Dienstes der Krankenversicherung im Einzelfall festgelegt und dem Versicherten mitgeteilt. $_4$Der Spitzenverband Bund der Pflegekassen beschließt unter Beteiligung des Medizinischen Dienstes des Spitzenverbandes Bund der Krankenkassen, des Verbandes der privaten Krankenversicherung e. V., der kommunalen Spitzenverbände auf Bundesebene und der maßgeblichen Organisationen für die Wahrnehmung der Interessen und der Selbsthilfe der pflegebedürftigen und behinderten Menschen auf Bundesebene Richtlinien über einheitliche Maßstäbe zur Bewertung des Hilfebedarfs auf Grund der Schädigungen und Fähigkeitsstörungen in den in § 45a Abs. 2 Nr. 1 bis 13 aufgeführten Bereichen für die Empfehlung des Medizinischen Dienstes der Krankenversicherung zur Bemessung der jeweiligen Höhe des Betreuungs- und Entlastungsbetrages; § 17 Abs. 2 gilt entsprechend. $_5$Der Betrag ist zweckgebunden einzusetzen für qualitätsgesicherte Leistungen der Betreuung oder Entlastung. $_6$Er dient der Erstattung von Aufwendungen, die den Versicherten entstehen im Zusammenhang mit der Inanspruchnahme von Leistungen

1. der Tages- oder Nachtpflege,
2. der Kurzzeitpflege,
3. der zugelassenen Pflegedienste, sofern es sich um besondere Angebote der allgemeinen Anleitung und Betreuung oder Angebote der hauswirtschaftlichen Versorgung und nicht um Leistungen der Grundpflege handelt, oder
4. der nach Landesrecht anerkannten niedrigschwelligen Betreuungs- und Entlastungsangebote, die nach § 45c gefördert oder förderungsfähig sind.

$_7$Die Erstattung der Aufwendungen erfolgt auch, wenn für die Finanzierung der in Satz 6 genannten Betreuungs- und Entlastungsleistungen Mittel der Verhinderungspflege gemäß § 39 eingesetzt werden.

(1a) $_1$Pflegebedürftige, die nicht die Voraussetzungen des § 45a erfüllen, können ebenfalls zusätzliche Betreuungs- und Entlastungsleistungen nach Absatz 1 in Anspruch nehmen. $_2$Die Kosten hierfür werden bis zu einem Betrag in Höhe von 104 Euro monatlich ersetzt.

(2) $_1$Die Anspruchsberechtigten erhalten die zusätzlichen finanziellen Mittel auf Antrag von der zuständigen Pflegekasse oder dem zuständigen privaten Versicherungsunternehmen sowie im Fall der Beihilfeberechtigung anteilig von der Beihilfefestsetzungsstelle gegen Vorlage entsprechender Belege über entstandene Eigenbelastungen im Zusammenhang mit der Inanspruchnahme der in Absatz 1 genannten Leistungen. $_2$Die Leistung nach den Absätzen 1 und 1a kann innerhalb des jeweiligen Kalenderjahres in Anspruch genommen werden; wird die Leistung in einem Kalenderjahr nicht ausgeschöpft, kann der nicht verbrauchte Betrag in das folgende Kalenderhalbjahr übertragen werden. $_3$Ist der Betrag für zusätzliche Betreuungsleistungen nach dem bis zum 30. Juni 2008 geltenden Recht nicht ausgeschöpft worden, kann der nicht verbrauchte kalenderjährliche

Betrag in das zweite Halbjahr 2008 und in das Jahr 2009 übertragen werden.

(3) 1Soweit für die entsprechenden Leistungsbeträge nach den §§ 36 und 123 in dem jeweiligen Kalendermonat keine ambulanten Pflegesachleistungen bezogen wurden, können die nach Absatz 1 oder Absatz 1a anspruchsberechtigten Versicherten unter Anrechnung auf ihren Anspruch auf ambulante Pflegesachleistungen Leistungen niedrigschwelliger Betreuungs- und Entlastungsangebote zusätzlich zu den in den Absätzen 1 und 1a genannten Beträgen in Anspruch nehmen. 2Der nach Satz 1 für niedrigschwellige Betreuungs- und Entlastungsleistungen verwendete Betrag darf je Kalendermonat 40 Prozent des für die jeweilige Pflegestufe vorgesehenen Höchstbetrags für ambulante Pflegesachleistungen nicht überschreiten. 3Die Grundpflege und die hauswirtschaftliche Versorgung im Einzelfall sind sicherzustellen. 4Die Aufwendungen, die den Anspruchsberechtigten im Zusammenhang mit der Inanspruchnahme der niedrigschwelligen Betreuungs- und Entlastungsleistungen nach Satz 1 entstehen, werden erstattet; Absatz 2 Satz 1 gilt entsprechend. 5Die Vergütungen für ambulante Pflegesachleistungen sind vorrangig abzurechnen. 6Im Rahmen der Kombinationsleistung nach § 38 gilt die Erstattung der Aufwendungen als Inanspruchnahme der dem Anspruchsberechtigten nach § 36 Absatz 3 und 4 sowie § 123 zustehenden Sachleistung. 7Beziehen Anspruchsberechtigte die Leistung nach Satz 1, findet § 37 Absatz 3 bis 5, 7 und 8 Anwendung; § 37 Absatz 6 findet mit der Maßgabe entsprechende Anwendung, dass eine Kürzung oder Entziehung in Bezug auf die Kostenerstattung nach Satz 4 erfolgt. 8§ 13 Absatz 3a findet auf die Inanspruchnahme der Leistung nach Satz 1 keine Anwendung. 9Das Bundesministerium für Gesundheit evaluiert die Möglichkeit zur anteiligen Verwendung der in den §§ 36 und 123 für den Bezug ambulanter Pflegesachleistungen vorgesehenen Leistungsbeträge auch für Leistungen niedrigschwelliger Betreuungs- und Entlastungsangebote nach den Sätzen 1 bis 8 spätestens innerhalb von vier Jahren nach Inkrafttreten.

(4) 1Die Landesregierungen werden ermächtigt, durch Rechtsverordnung das Nähere über die Anerkennung der niedrigschwelligen Betreuungs- und Entlastungsangebote einschließlich der Vorgaben zur regelmäßigen Qualitätssicherung der Angebote zu bestimmen. 2Niedrigschwellige Angebote, die sowohl die Voraussetzungen des § 45c Absatz 3 als auch des § 45c Absatz 3a erfüllen, können unter Beachtung der jeweiligen Anerkennungsbedingungen eine gemeinsame Anerkennung als Betreuungs- und Entlastungsangebot erhalten.

§ 45c Weiterentwicklung der Versorgungsstrukturen, Verordnungsermächtigung

(1) 1Zur Weiterentwicklung der Versorgungsstrukturen und Versorgungskonzepte insbesondere für demenzkranke Pflegebedürftige fördert der Spitzenverband Bund der Pflegekassen im Wege der Anteilsfinanzierung aus Mitteln des Ausgleichsfonds mit 25 Millionen Euro je Kalenderjahr den Auf- und Ausbau von niedrigschwelligen Betreuungsangeboten sowie Modellvorhaben zur Erprobung neuer Versorgungskonzepte und Versorgungsstrukturen insbesondere für demenzkranke Pflegebedürftige. 2Ebenso gefördert werden können aus den in Satz 1 genannten Mitteln niedrigschwellige Entlastungsangebote für Pflegebedürftige mit mindestens Pflegestufe I sowie für Versicherte ohne Pflegestufe, die wegen erheblich eingeschränkter Alltagskompetenz die Voraussetzungen des § 45a erfüllen. 3Die privaten Versicherungsunternehmen, die die private Pflegepflichtversicherung durchführen, beteiligen sich an dieser Förderung mit insgesamt 10 vom Hundert des in Satz 1 genannten Fördervolumens.

(2)1Der Zuschuss aus Mitteln der sozialen und privaten Pflegeversicherung ergänzt eine Förderung der niedrigschwelligen Betreuungs- und Entlastungsangebote und der Modellvorhaben zur Weiterentwicklung der Versorgungsstrukturen für Pflegebedürftige mit mindestens Pflegestufe I sowie für Versicherte ohne Pflegestufe, die wegen erheblich eingeschränkter Alltagskompetenz die Voraussetzungen des § 45a erfüllen, durch das jeweilige Land oder die jeweilige kommunale Gebietskörperschaft. 2Der Zuschuss wird jeweils in gleicher Höhe gewährt wie der Zuschuss, der vom Land oder von der kommunalen Gebietskörperschaft für die einzelne Fördermaßnahme geleistet wird, so dass insgesamt ein Fördervolumen von 50 Millionen Euro im Kalenderjahr erreicht wird. 3Soweit Mittel der Arbeitsförderung bei einem Projekt eingesetzt werden, sind diese einem vom Land oder von der Kommune geleisteten Zuschuss gleichgestellt.

(3) 1Niedrigschwellige Betreuungsangebote im Sinne des Absatzes 1 Satz 1 sind Betreuungsangebote, in denen Helfer und Helferinnen unter pflegefachlicher Anleitung die Betreuung von Pflegebedürftigen mit mindestens Pflegestufe I sowie von Versicherten ohne Pflegestufe, die wegen erheblich eingeschränkter Alltagskompetenz die Voraussetzungen des § 45a erfüllen, in Gruppen oder im häuslichen Bereich übernehmen sowie pflegende Angehörige und vergleichbar nahestehende Pflegepersonen entlasten und beratend unterstützen. 2Die Förderung dieser niedrigschwelligen Betreuungsangebote erfolgt als Projektförderung und dient insbesondere dazu, Aufwandsentschädigungen für die ehrenamtlichen Betreuungspersonen zu finanzieren, sowie notwendige Personal- und Sachkosten, die mit der Koordination und Organisation der Hilfen und der fachlichen Anleitung und Schulung der Betreuenden durch Fachkräfte verbunden sind. 3Dem Antrag auf Förderung ist ein Konzept zur Qualitätssicherung des Betreuungsangebotes beizufügen. 4Aus dem Konzept muss sich ergeben, dass eine angemessene Schulung und Fortbildung der Helfenden sowie eine kontinuierliche fachliche Begleitung und Unterstützung der ehrenamtlich Helfenden in ihrer Arbeit gesichert ist. 5Als grundsätzlich förderungsfähige niedrigschwellige Betreuungsangebote kommen insbesondere in Betracht Betreuungsgruppen für Demenzkranke, Helferinnenkreise zur stundenweisen Entlastung pflegender Angehöriger im häuslichen Bereich, die Tagesbetreuung in Kleingruppen oder Einzelbetreuung durch anerkannte Helfer, Agenturen zur Vermittlung von Betreuungsleistungen für Pflegebedürftige mit mindestens Pflegestufe I sowie für Versicherte ohne Pflegestufe, die wegen erheblich eingeschränkter Alltagskompetenz die Voraussetzungen des § 45a erfüllen, sowie Familien entlastende Dienste.

(3a) 1Niedrigschwellige Entlastungsangebote im Sinne des Absatzes 1 Satz 2 sind Angebote für Pflegebedürftige mit mindestens Pflegestufe I sowie für Versicherte ohne Pflegestufe, die wegen erheblich eingeschränkter Alltagskompetenz die Voraussetzungen des § 45a erfüllen, die der Deckung des Bedarfs der Anspruchsberechtigten an Unterstützung im Haushalt, insbesondere bei der hauswirtschaftlichen Versorgung, bei der Bewältigung von allgemeinen oder pflegebedingten Anforderungen des Alltags oder bei der eigenverantwortlichen Organisation individuell benötigter Hilfeleistungen dienen oder die dazu beitragen, Angehörige oder vergleichbar Nahestehende in ihrer Eigenschaft als Pflegende zu entlasten. 2Niedrigschwellige Entlastungsangebote beinhalten die Erbringung von Dienstleistungen, eine die vorhandenen Ressourcen und Fähigkeiten stärkende oder stabilisierende Alltagsbegleitung, organisatorische Hilfestellungen, Unterstützungsleistungen für Angehörige und vergleichbar Nahestehende in ihrer Eigenschaft als Pflegende zur Bewältigung des Pflegealltags oder andere geeignete Maßnahmen. Absatz 3 Satz 2 bis 4 gilt entsprechend. 3Als grundsätzlich förderungsfähige niedrigschwellige Entlastungsangebote kommen insbesondere in Betracht Serviceangebote für haushaltsnahe Dienstleistungen, Alltagsbegleiter sowie Pflegebegleiter.

(4) 1Im Rahmen der Modellförderung nach Absatz 1 Satz 1 sollen insbesondere modellhaft Möglichkeiten einer wirksamen Vernetzung der erforderlichen Hilfen für demenzkranke Pflegebedürftige und die Voraussetzungen des § 45a erfüllende Versicherte ohne Pflegestufe in einzelnen Regionen erprobt

werden. ₂Dabei können auch stationäre Versorgungsangebote berücksichtigt werden. ₃Die Modellvorhaben sind auf längstens fünf Jahre zu befristen. ₄Bei der Vereinbarung und Durchführung von Modellvorhaben kann im Einzelfall von den Regelungen des Siebten Kapitels abgewichen werden. ₅Für die Modellvorhaben ist eine wissenschaftliche Begleitung und Auswertung vorzusehen. ₆Soweit im Rahmen der Modellvorhaben personenbezogene Daten benötigt werden, können diese nur mit Einwilligung des Pflegebedürftigen oder die Voraussetzungen des § 45a erfüllenden Versicherten ohne Pflegestufe erhoben, verarbeitet und genutzt werden.

(5) ₁Um eine gerechte Verteilung der Fördermittel der Pflegeversicherung auf die Länder zu gewährleisten, werden die Fördermittel der sozialen und privaten Pflegeversicherung nach dem Königsteiner Schlüssel aufgeteilt. ₂Mittel, die in einem Land im jeweiligen Haushaltsjahr nicht in Anspruch genommen werden, können in das Folgejahr übertragen werden.

(6) ₁Der Spitzenverband Bund der Pflegekassen beschließt mit dem Verband der privaten Krankenversicherung e. V. nach Anhörung der Verbände der Behinderten und Pflegebedürftigen auf Bundesebene Empfehlungen über die Voraussetzungen, Ziele, Dauer, Inhalte und Durchführung der Förderung sowie zu dem Verfahren zur Vergabe der Fördermittel für die niedrigschwelligen Betreuungs- und Entlastungsangebote und die Modellprojekte. ₂In den Empfehlungen ist unter anderem auch festzulegen, dass jeweils im Einzelfall zu prüfen ist, ob im Rahmen der neuen Betreuungs- und Entlastungsangebote und Versorgungskonzepte Mittel und Möglichkeiten der Arbeitsförderung genutzt werden können. ₃Die Empfehlungen bedürfen der Zustimmung des Bundesministeriums für Gesundheit und der Länder. ₄Die Landesregierungen werden ermächtigt, durch Rechtsverordnung das Nähere über die Umsetzung der Empfehlungen zu bestimmen.

(7) ₁Der Finanzierungsanteil, der auf die privaten Versicherungsunternehmen entfällt, kann von dem Verband der privaten Krankenversicherung e. V. unmittelbar an das Bundesversicherungsamt zugunsten des Ausgleichsfonds der Pflegeversicherung (§ 65) überwiesen werden. ₂Näheres über das Verfahren der Auszahlung der Fördermittel, die aus dem Ausgleichsfonds zu finanzieren sind, sowie über die Zahlung und Abrechnung des Finanzierungsanteils der privaten Versicherungsunternehmen regeln das Bundesversicherungsamt, der Spitzenverband Bund der Pflegekassen und der Verband der privaten Krankenversicherung e. V. durch Vereinbarung.

§ 45d Förderung ehrenamtlicher Strukturen sowie der Selbsthilfe

(1) In entsprechender Anwendung des § 45c können die dort vorgesehenen Mittel des Ausgleichsfonds, die dem Spitzenverband Bund der Pflegekassen zur Förderung der Weiterentwicklung der Versorgungsstrukturen und Versorgungskonzepte insbesondere für demenziell Erkrankte zur Verfügung stehen, auch verwendet werden zur Förderung und zum Auf- und Ausbau von Gruppen ehrenamtlich tätiger sowie sonstiger zum bürgerschaftlichen Engagement bereiter Personen, die sich die Unterstützung, allgemeine Betreuung und Entlastung von Pflegebedürftigen, von Personen mit erheblichem allgemeinem Betreuungsbedarf sowie deren Angehörigen zum Ziel gesetzt haben.

(2) ₁Je Versicherten werden 0,10 Euro je Kalenderjahr verwendet zur Förderung und zum Auf- und Ausbau von Selbsthilfegruppen, -organisationen und -kontaktstellen, die sich die Unterstützung von Pflegebedürftigen, von Personen mit erheblichem allgemeinem Betreuungsbedarf sowie deren Angehörigen zum Ziel gesetzt haben. ₂Dabei werden die Vorgaben des § 45c und das dortige Verfahren entsprechend angewendet. ₃Selbsthilfegruppen sind freiwillige, neutrale, unabhängige und nicht gewinnorientierte Zusammenschlüsse von Personen, die entweder auf Grund eigener Betroffenheit oder als Angehörige das Ziel verfolgen, durch persönliche, wechselseitige Unterstützung, auch unter

XI

Zuhilfenahme von Angeboten ehrenamtlicher und sonstiger zum bürgerschaftlichen Engagement bereiter Personen, die Lebenssituation von Pflegebedürftigen, von Personen mit erheblichem allgemeinem Betreuungsbedarf sowie deren Angehörigen zu verbessern. 4Selbsthilfeorganisationen sind die Zusammenschlüsse von Selbsthilfegruppen in Verbänden. 5Selbsthilfekontaktstellen sind örtlich oder regional arbeitende professionelle Beratungseinrichtungen mit hauptamtlichem Personal, die das Ziel verfolgen, die Lebenssituation von Pflegebedürftigen, von Personen mit erheblichem allgemeinem Betreuungsbedarf sowie deren Angehörigen zu verbessern. 6Eine Förderung der Selbsthilfe nach dieser Vorschrift ist ausgeschlossen, soweit für dieselbe Zweckbestimmung eine Förderung nach § 20h des Fünften Buches erfolgt.

(3) § 45c Abs. 6 Satz 4 gilt entsprechend.

Sechster Abschnitt Initiativprogramm zur Förderung neuer Wohnformen

§ 45e Anschubfinanzierung zur Gründung von ambulant betreuten Wohngruppen

(1) 1Zur Förderung der Gründung von ambulant betreuten Wohngruppen wird Pflegebedürftigen, die Anspruch auf Leistungen nach § 38a haben und die an der gemeinsamen Gründung beteiligt sind, für die altersgerechte oder barrierearme Umgestaltung der gemeinsamen Wohnung zusätzlich zu dem Betrag nach § 40 Absatz 4 einmalig ein Betrag von bis zu 2500 Euro gewährt. 2Der Gesamtbetrag ist je Wohngruppe auf 10 000 Euro begrenzt und wird bei mehr als vier Anspruchsberechtigten anteilig auf die Versicherungsträger der Anspruchsberechtigten aufgeteilt. 3Der Antrag ist innerhalb eines Jahres nach Vorliegen der Anspruchsvoraussetzungen zu stellen. 4Dabei kann die Umgestaltungsmaßnahme auch vor der Gründung und dem Einzug erfolgen. 5Die Sätze 1 bis 4 gelten für die Versicherten der privaten Pflege-Pflichtversicherung entsprechend.

(2) 1Die Pflegekassen zahlen den Förderbetrag aus, wenn die Gründung einer ambulant betreuten Wohngruppe nachgewiesen wird. 2Der Anspruch endet mit Ablauf des Monats, in dem das Bundesversicherungsamt den Pflegekassen und dem Verband der privaten Krankenversicherung e. V. mitteilt, dass mit der Förderung eine Gesamthöhe von 30 Millionen Euro erreicht worden ist. Einzelheiten zu den Voraussetzungen und dem Verfahren der Förderung regelt der Spitzenverband Bund der Pflegekassen im Einvernehmen mit dem Verband der privaten Krankenversicherung e. V.

§ 45f Weiterentwicklung neuer Wohnformen

(1) 1Zur wissenschaftlich gestützten Weiterentwicklung und Förderung neuer Wohnformen werden zusätzlich 10 Millionen Euro zur Verfügung gestellt. 2Dabei sind insbesondere solche Konzepte einzubeziehen, die es alternativ zu stationären Einrichtungen ermöglichen, außerhalb der vollstationären Betreuung bewohnerorientiert individuelle Versorgung anzubieten.

(2) 1Einrichtungen, die aus diesem Grund bereits eine Modellförderung, insbesondere nach § 8 Absatz 3, erfahren haben, sind von der Förderung nach Absatz 1 Satz 1 ausgenommen. 2Für die Förderung gilt § 8 Absatz 3 entsprechend.

Fünftes Kapitel Organisation

Erster Abschnitt Träger der Pflegeversicherung

§ 46 Pflegekassen

(1) 1Träger der Pflegeversicherung sind die Pflegekassen. 2Bei jeder Krankenkasse (§ 4 Abs. 2 des Fünften Buches) wird eine Pflegekasse errichtet. 3Die Deutsche Rentenversicherung Knappschaft-Bahn-See als Träger der Krankenversicherung führt die Pflegeversicherung für die Versicherten durch.

(2) 1Die Pflegekassen sind rechtsfähige Körperschaften des öffentlichen Rechts mit

XI

Selbstverwaltung. $_2$Organe der Pflegekassen sind die Organe der Krankenkassen, bei denen sie errichtet sind. $_3$Arbeitgeber (Dienstherr) der für die Pflegekasse tätigen Beschäftigten ist die Krankenkasse, bei der die Pflegekasse errichtet ist. $_4$Krankenkassen und Pflegekassen können für Mitglieder, die ihre Kranken- und Pflegeversicherungsbeiträge selbst zu zahlen haben, die Höhe der Beiträge zur Kranken- und Pflegeversicherung in einem gemeinsamen Beitragsbescheid festsetzen. $_5$Das Mitglied ist darauf hinzuweisen, dass der Bescheid über den Beitrag zur Pflegeversicherung im Namen der Pflegekasse ergeht. $_6$Bei der Ausführung dieses Buches ist das Erste Kapitel des Zehnten Buches anzuwenden.

(3) $_1$Die Verwaltungskosten einschließlich der Personalkosten, die den Krankenkassen auf Grund dieses Buches entstehen, werden von den Pflegekassen in Höhe von 3,5 vom Hundert des Mittelwertes von Leistungsaufwendungen und Beitragseinnahmen erstattet; dabei ist der Erstattungsbetrag für die einzelne Krankenkasse um die Hälfte der Aufwendungen der jeweiligen Pflegekasse für Pflegeberatung nach § 7a Abs. 4 Satz 5 und um die Aufwendungen für Zahlungen nach § 18 Absatz 3b zu vermindern. $_2$Bei der Berechnung der Erstattung sind die Beitragseinnahmen um die Beitragseinnahmen zu vermindern, die dazu bestimmt sind, nach § 135 dem Vorsorgefonds der sozialen Pflegeversicherung zugeführt zu werden. $_3$Der Gesamtbetrag der nach Satz 1 zu erstattenden Verwaltungskosten aller Krankenkassen ist nach dem tatsächlich entstehenden Aufwand (Beitragseinzug/Leistungsgewährung) auf die Krankenkassen zu verteilen. $_4$Der Spitzenverband Bund der Pflegekassen bestimmt das Nähere über die Verteilung. $_5$Außerdem übernehmen die Pflegekassen 50 vom Hundert der umlagefinanzierten Kosten des Medizinischen Dienstes der Krankenversicherung. $_6$Personelle Verwaltungskosten, die einer Betriebskrankenkasse von der Pflegekasse erstattet werden, sind an den Arbeitgeber weiterzuleiten, wenn er die Personalkosten der Betriebskrankenkasse nach § 147 Abs. 2 des Fünften Buches trägt. $_7$Der Verwaltungsaufwand in der sozialen Pflegeversicherung ist nach Ablauf von einem Jahr nach Inkrafttreten dieses Gesetzes zu überprüfen.

(4) Das Bundesministerium für Gesundheit wird ermächtigt, durch Rechtsverordnung mit Zustimmung des Bundesrates Näheres über die Erstattung der Verwaltungskosten zu regeln sowie die Höhe der Verwaltungskostenerstattung neu festzusetzen, wenn die Überprüfung des Verwaltungsaufwandes nach Absatz 3 Satz 6 dies rechtfertigt.

(5) Bei Vereinigung, Auflösung und Schließung einer Krankenkasse gelten die §§ 143 bis 172 des Fünften Buches für die bei ihr errichtete Pflegekasse entsprechend.

(6) $_1$Die Aufsicht über die Pflegekassen führen die für die Aufsicht über die Krankenkassen zuständigen Stellen. $_2$Das Bundesversicherungsamt und die für die Sozialversicherung zuständigen obersten Verwaltungsbehörden der Länder haben mindestens alle fünf Jahre die Geschäfts-, Rechnungs- und Betriebsführung der ihrer Aufsicht unterstehenden Pflegekassen und deren Arbeitsgemeinschaften zu prüfen. $_3$Das Bundesministerium für Gesundheit kann die Prüfung der bundesunmittelbaren Pflegekassen und deren Arbeitsgemeinschaften, die für die Sozialversicherung zuständigen obersten Verwaltungsbehörden der Länder können die Prüfung der landesunmittelbaren Pflegekassen und deren Arbeitsgemeinschaften auf eine öffentlich-rechtliche Prüfungseinrichtung übertragen, die bei der Durchführung der Prüfung unabhängig ist. $_4$Die Prüfung hat sich auf den gesamten Geschäftsbetrieb zu erstrecken; sie umfaßt die Prüfung seiner Gesetzmäßigkeit und Wirtschaftlichkeit. $_5$Die Pflegekassen und deren Arbeitsgemeinschaften haben auf Verlangen alle Unterlagen vorzulegen und alle Auskünfte zu erteilen, die zur Durchführung der Prüfung erforderlich sind. $_6$§ 274 Abs. 2 und 3 des Fünften Buches gilt entsprechend.

§ 47 Satzung

(1) Die Satzung muß Bestimmungen enthalten über:

1. Name und Sitz der Pflegekasse,
2. Bezirk der Pflegekasse und Kreis der Mitglieder,
3. Rechte und Pflichten der Organe,
4. Art der Beschlußfassung der Vertreterversammlung,
5. Bemessung der Entschädigungen für Organmitglieder, soweit sie Aufgaben der Pflegeversicherung wahrnehmen,
6. jährliche Prüfung der Betriebs- und Rechnungsführung und Abnahme der Jahresrechnung,
7. Zusammensetzung und Sitz der Widerspruchsstelle und
8. Art der Bekanntmachungen.

(2) Die Satzung kann eine Bestimmung enthalten, nach der die Pflegekasse den Abschluss privater Pflege-Zusatzversicherungen zwischen ihren Versicherten und privaten Krankenversicherungsunternehmen vermitteln kann.

(3) Die Satzung und ihre Änderungen bedürfen der Genehmigung der Behörde, die für die Genehmigung der Satzung der Krankenkasse, bei der die Pflegekasse errichtet ist, zuständig ist.

§ 47a Stellen zur Bekämpfung von Fehlverhalten im Gesundheitswesen

(1) 1§ 197a des Fünften Buches gilt entsprechend; § 197a Absatz 3 des Fünften Buches gilt mit der Maßgabe, auch mit den nach Landesrecht bestimmten Trägern der Sozialhilfe, die für die Hilfe zur Pflege im Sinne des Siebten Kapitels des Zwölften Buches zuständig sind, zusammenzuarbeiten. 2Die organisatorischen Einheiten nach § 197a Abs. 1 des Fünften Buches sind die Stellen zur Bekämpfung von Fehlverhalten im Gesundheitswesen bei den Pflegekassen, ihren Landesverbänden und dem Spitzenverband Bund der Pflegekassen.

(2) 1Die Einrichtungen nach Absatz 1 Satz 2 dürfen personenbezogene Daten, die von ihnen zur Erfüllung ihrer Aufgaben nach Absatz 1 erhoben oder an sie weitergegeben oder übermittelt wurden, untereinander übermitteln, soweit dies für die Feststellung und Bekämpfung von Fehlverhalten im Gesundheitswesen beim Empfänger erforderlich ist. 2An die nach Landesrecht bestimmten Träger der Sozialhilfe, die für die Hilfe zur Pflege im Sinne des Siebten Kapitels des Zwölften Buches zuständig sind, dürfen die Einrichtungen nach Absatz 1 Satz 2 personenbezogene Daten nur übermitteln, soweit dies für die Feststellung und Bekämpfung von Fehlverhalten im Zusammenhang mit den Regelungen des Siebten Kapitels des Zwölften Buches erforderlich ist und im Einzelfall konkrete Anhaltspunkte dafür vorliegen. 3Der Empfänger darf diese Daten nur zu dem Zweck verarbeiten und nutzen, zu dem sie ihm übermittelt worden sind. 4Ebenso dürfen die nach Landesrecht bestimmten Träger der Sozialhilfe, die für die Hilfe zur Pflege im Sinne des Siebten Kapitels des Zwölften Buches zuständig sind, personenbezogene Daten, die von ihnen zur Erfüllung ihrer Aufgaben erhoben oder an sie weitergegeben oder übermittelt wurden, an die in Absatz 1 Satz 2 genannten Einrichtungen übermitteln, soweit dies für die Feststellung und Bekämpfung von Fehlverhalten im Gesundheitswesen beim Empfänger erforderlich ist. 5Die in Absatz 1 Satz 2 genannten Einrichtungen dürfen diese nur zu dem Zweck verarbeiten und nutzen, zu dem sie ihnen übermittelt worden sind. 6Die Einrichtungen nach Absatz 1 Satz 2 sowie die nach Landesrecht bestimmten Träger der Sozialhilfe, die für die Hilfe zur Pflege im Sinne des Siebten Kapitels des Zwölften Buches zuständig sind, haben sicherzustellen, dass die personenbezogenen Daten nur Befugten zugänglich sind oder nur an diese weitergegeben werden.

Zweiter Abschnitt Zuständigkeit, Mitgliedschaft

§ 48 Zuständigkeit für Versicherte einer Krankenkasse und sonstige Versicherte

(1) 1Für die Durchführung der Pflegeversicherung ist jeweils die Pflegekasse zuständig, die bei der Krankenkasse errichtet ist, bei der

eine Pflichtmitgliedschaft oder freiwillige Mitgliedschaft besteht. 2Für Familienversicherte nach § 25 ist die Pflegekasse des Mitglieds zuständig.

(2) 1Für Personen, die nach § 21 Nr. 1 bis 5 versichert sind, ist die Pflegekasse zuständig, die bei der Krankenkasse errichtet ist, die mit der Leistungserbringung im Krankheitsfalle beauftragt ist. 2Ist keine Krankenkasse mit der Leistungserbringung im Krankheitsfall beauftragt, kann der Versicherte die Pflegekasse nach Maßgabe des Absatzes 3 wählen.

(3) 1Personen, die nach § 21 Nr. 6 versichert sind, können die Mitgliedschaft wählen bei der Pflegekasse, die bei

1. der Krankenkasse errichtet ist, der sie angehören würden, wenn sie in der gesetzlichen Krankenversicherung versicherungspflichtig wären,
2. der Allgemeinen Ortskrankenkasse ihres Wohnsitzes oder gewöhnlichen Aufenthaltes errichtet ist,
3. einer Ersatzkasse errichtet ist, wenn sie zu dem Mitgliederkreis gehören, den die gewählte Ersatzkasse aufnehmen darf.

2Ab 1. Januar 1996 können sie die Mitgliedschaft bei der Pflegekasse wählen, die bei der Krankenkasse errichtet ist, die sie nach § 173 Abs. 2 des Fünften Buches wählen könnten, wenn sie in der gesetzlichen Krankenversicherung versicherungspflichtig wären.

§ 49 Mitgliedschaft

(1) 1Die Mitgliedschaft bei einer Pflegekasse beginnt mit dem Tag, an dem die Voraussetzungen des § 20 oder des § 21 vorliegen. 2Sie endet mit dem Tod des Mitglieds oder mit Ablauf des Tages, an dem die Voraussetzungen des § 20 oder des § 21 entfallen, sofern nicht das Recht zur Weiterversicherung nach § 26 ausgeübt wird. 3Für die nach § 20 Abs. 1 Satz 2 Nr. 12 Versicherten gelten § 186 Abs. 11 und § 190 Abs. 13 des Fünften Buches entsprechend.

(2) Für das Fortbestehen der Mitgliedschaft gelten die §§ 189, 192 des Fünften Buches sowie § 25 des Zweiten Gesetzes über die Krankenversicherung der Landwirte entsprechend.

(3) Die Mitgliedschaft freiwillig Versicherter nach den §§ 26 und 26a endet:

1. mit dem Tod des Mitglieds oder
2. mit Ablauf des übernächsten Kalendermonats, gerechnet von dem Monat, in dem das Mitglied den Austritt erklärt, wenn die Satzung nicht einen früheren Zeitpunkt bestimmt.

Dritter Abschnitt
Meldungen

§ 50 Melde- und Auskunftspflichten bei Mitgliedern der sozialen Pflegeversicherung

(1) 1Alle nach § 20 versicherungspflichtigen Mitglieder haben sich selbst unverzüglich bei der für sie zuständigen Pflegekasse anzumelden. 2Dies gilt nicht, wenn ein Dritter bereits eine Meldung nach den §§ 28a bis 28c des Vierten Buches, §§ 199 bis 205 des Fünften Buches oder §§ 27 bis 29 des Zweiten Gesetzes über die Krankenversicherung der Landwirte zur gesetzlichen Krankenversicherung abgegeben hat; die Meldung zur gesetzlichen Krankenversicherung schließt die Meldung zur sozialen Pflegeversicherung ein. 3Bei freiwillig versicherten Mitgliedern der gesetzlichen Krankenversicherung gilt die Beitrittserklärung zur gesetzlichen Krankenversicherung als Meldung zur sozialen Pflegeversicherung.

(2) Für die nach § 21 versicherungspflichtigen Mitglieder haben eine Meldung an die zuständige Pflegekasse zu erstatten:

1. das Versorgungsamt für Leistungsempfänger nach dem Bundesversorgungsgesetz oder nach den Gesetzen, die eine entsprechende Anwendung des Bundesversorgungsgesetzes vorsehen,
2. das Ausgleichsamt für Leistungsempfänger von Kriegsschadenrente oder vergleichbaren Leistungen nach dem Lastenausgleichsgesetz oder dem Reparationsschädengesetz oder von laufender Beihilfe nach dem Flüchtlingshilfegesetz,

3. der Träger der Kriegsopferfürsorge für Empfänger von laufenden Leistungen der ergänzenden Hilfe zum Lebensunterhalt nach dem Bundesversorgungsgesetz oder nach den Gesetzen, die eine entsprechende Anwendung des Bundesversorgungsgesetzes vorsehen,
4. der Leistungsträger der Jugendhilfe für Empfänger von laufenden Leistungen zum Unterhalt nach dem Achten Buch,
5. der Leistungsträger für Krankenversorgungsberechtigte nach dem Bundesentschädigungsgesetz,
6. der Dienstherr für Soldaten auf Zeit.

(3) $_{1}$Personen, die versichert sind oder als Versicherte in Betracht kommen, haben der Pflegekasse, soweit sie nicht nach § 28o des Vierten Buches auskunftspflichtig sind,

1. auf Verlangen über alle für die Feststellung der Versicherungs- und Beitragspflicht und für die Durchführung der der Pflegekasse übertragenen Aufgaben erforderlichen Tatsachen unverzüglich Auskunft zu erteilen,
2. Änderungen in den Verhältnissen, die für die Feststellung der Versicherungs- und Beitragspflicht erheblich sind und nicht durch Dritte gemeldet werden, unverzüglich mitzuteilen.

$_{2}$Sie haben auf Verlangen die Unterlagen, aus denen die Tatsachen oder die Änderung der Verhältnisse hervorgehen, der Pflegekasse in deren Geschäftsräumen unverzüglich vorzulegen.

(4) Entstehen der Pflegekasse durch eine Verletzung der Pflichten nach Absatz 3 zusätzliche Aufwendungen, kann sie von dem Verpflichteten die Erstattung verlangen.

(5) Die Krankenkassen übermitteln den Pflegekassen die zur Erfüllung ihrer Aufgaben erforderlichen personenbezogenen Daten.

(6) Für die Meldungen der Pflegekassen an die Rentenversicherungsträger gilt § 201 des Fünften Buches entsprechend.

XI

§ 51 Meldungen bei Mitgliedern der privaten Pflegeversicherung

(1) $_{1}$Das private Versicherungsunternehmen hat Personen, die bei ihm gegen Krankheit versichert sind und trotz Aufforderung innerhalb von sechs Monaten nach Inkrafttreten des Pflege-Versicherungsgesetzes, bei Neuabschlüssen von Krankenversicherungsverträgen innerhalb von drei Monaten nach Abschluß des Vertrages, keinen privaten Pflegeversicherungsvertrag abgeschlossen haben, unverzüglich dem Bundesversicherungsamt zu melden. $_{2}$Das Versicherungsunternehmen hat auch Versicherungsnehmer zu melden, die mit der Entrichtung von sechs Monatsprämien in Verzug geraten sind. $_{3}$Das Bundesversicherungsamt kann mit dem Verband der privaten Krankenversicherung e. V. Näheres über das Meldeverfahren vereinbaren.

(2) $_{1}$Der Dienstherr hat für Heilfürsorgeberechtigte, die weder privat krankenversichert noch Mitglied in der gesetzlichen Krankenversicherung sind, eine Meldung an das Bundesversicherungsamt zu erstatten. $_{2}$Die Postbeamtenkrankenkasse und die Krankenversorgung der Bundesbahnbeamten melden die im Zeitpunkt des Inkrafttretens des Gesetzes bei diesen Einrichtungen versicherten Mitglieder und mitversicherten Familienangehörigen an das Bundesversicherungsamt.

(3) Die Meldepflichten bestehen auch für die Fälle, in denen eine bestehende private Pflegeversicherung gekündigt und der Abschluß eines neuen Vertrages bei einem anderen Versicherungsunternehmen nicht nachgewiesen wird.

Vierter Abschnitt
Wahrnehmung der Verbandsaufgaben

§ 52 Aufgaben auf Landesebene

(1) $_{1}$Die Landesverbände der Ortskrankenkassen, der Betriebskrankenkassen und der Innungskrankenkassen, die Deutsche Rentenversicherung Knappschaft-Bahn-See, die nach § 36 des Zweiten Gesetzes über die Krankenversicherung der Landwirte als Landesverband tätige landwirtschaftliche Krankenkasse sowie die Ersatzkassen nehmen die

Aufgaben der Landesverbände der Pflegekassen wahr. 2§ 211a und § 212 Abs. 5 Satz 4 bis 10 des Fünften Buches gelten entsprechend.

(2) 1Für die Aufgaben der Landesverbände nach Absatz 1 gilt § 211 des Fünften Buches entsprechend. 2Die Landesverbände haben insbesondere den Spitzenverband Bund der Pflegekassen bei der Erfüllung seiner Aufgaben zu unterstützen.

(3) Für die Aufsicht über die Landesverbände im Bereich der Aufgaben nach Absatz 1 gilt § 208 des Fünften Buches entsprechend.

(4) Soweit in diesem Buch die Landesverbände der Pflegekassen Aufgaben wahrnehmen, handeln die in Absatz 1 aufgeführten Stellen.

§ 53 Aufgaben auf Bundesebene

1Der Spitzenverband Bund der Krankenkassen nimmt die Aufgaben des Spitzenverbandes Bund der Pflegekassen wahr. 2Die §§ 217b, 217d und 217f des Fünften Buches gelten entsprechend.

§ 53a Zusammenarbeit der Medizinischen Dienste

1Der Spitzenverband Bund der Pflegekassen erlässt für den Bereich der sozialen Pflegeversicherung Richtlinien

1. über die Zusammenarbeit der Pflegekassen mit den Medizinischen Diensten,
2. zur Durchführung und Sicherstellung einer einheitlichen Begutachtung,
3. über die von den Medizinischen Diensten zu übermittelnden Berichte und Statistiken,
4. zur Qualitätssicherung der Begutachtung und Beratung sowie über das Verfahren zur Durchführung von Qualitätsprüfungen und zur Qualitätssicherung der Qualitätsprüfungen,
5. über Grundsätze zur Fort- und Weiterbildung.

2Die Richtlinien bedürfen der Zustimmung des Bundesministeriums für Gesundheit. 3Sie sind für die Medizinischen Dienste verbindlich.

§ 53b Beauftragung von anderen unabhängigen Gutachtern durch die Pflegekassen im Verfahren zur Feststellung der Pflegebedürftigkeit

(1) 1Der Spitzenverband Bund der Pflegekassen erlässt bis zum 31. März 2013 mit dem Ziel einer einheitlichen Rechtsanwendung Richtlinien zur Zusammenarbeit der Pflegekassen mit anderen unabhängigen Gutachtern im Verfahren zur Feststellung der Pflegebedürftigkeit. 2Die Richtlinien sind für die Pflegekassen verbindlich.

(2) Die Richtlinien regeln insbesondere Folgendes:

1. die Anforderungen an die Qualifikation und die Unabhängigkeit der Gutachter,
2. das Verfahren, mit dem sichergestellt wird, dass die von den Pflegekassen beauftragten unabhängigen Gutachter bei der Feststellung der Pflegebedürftigkeit und bei der Zuordnung zu einer Pflegestufe dieselben Maßstäbe wie der Medizinische Dienst der Krankenversicherung anlegen,
3. die Sicherstellung der Dienstleistungsorientierung im Begutachtungsverfahren und
4. die Einbeziehung der Gutachten der von den Pflegekassen beauftragten Gutachter in das Qualitätssicherungsverfahren der Medizinischen Dienste.

(3) Die Richtlinien bedürfen der Zustimmung des Bundesministeriums für Gesundheit.

Sechstes Kapitel
Finanzierung

Erster Abschnitt
Beiträge

§ 54 Grundsatz

(1) Die Mittel für die Pflegeversicherung werden durch Beiträge sowie sonstige Einnahmen gedeckt.

(2) 1Die Beiträge werden nach einem Vomhundertsatz (Beitragssatz) von den beitragspflichtigen Einnahmen der Mitglieder bis zur

Beitragsbemessungsgrenze (§ 55) erhoben. $_{2}$Die Beiträge sind für jeden Kalendertag der Mitgliedschaft zu zahlen, soweit dieses Buch nichts Abweichendes bestimmt. $_{3}$Für die Berechnung der Beiträge ist die Woche zu sieben, der Monat zu 30 und das Jahr zu 360 Tagen anzusetzen.

(3) Die Vorschriften des Zwölften Kapitels des Fünften Buches gelten entsprechend.

§ 55 Beitragssatz, Beitragsbemessungsgrenze

(1) $_{1}$Der Beitragssatz beträgt bundeseinheitlich 2,35 Prozent der beitragspflichtigen Einnahmen der Mitglieder; er wird durch Gesetz festgesetzt. $_{2}$Für Personen, bei denen § 28 Abs. 2 Anwendung findet, beträgt der Beitragssatz die Hälfte des Beitragssatzes nach Satz 1.

(2) Beitragspflichtige Einnahmen sind bis zu einem Betrag von 1/360 der in § 6 Abs. 7 des Fünften Buches festgelegten Jahresarbeitsentgeltgrenze für den Kalendertag zu berücksichtigen (Beitragsbemessungsgrenze).

(3) $_{1}$Der Beitragssatz nach Absatz 1 Satz 1 und 2 erhöht sich für Mitglieder nach Ablauf des Monats, in dem sie das 23. Lebensjahr vollendet haben, um einen Beitragszuschlag in Höhe von 0,25 Beitragssatzpunkten (Beitragszuschlag für Kinderlose). $_{2}$Satz 1 gilt nicht für Eltern im Sinne des § 56 Abs. 1 Satz 1 Nr. 3 und Abs. 3 Nr. 2 und 3 des Ersten Buches. $_{3}$Die Elterneigenschaft ist in geeigneter Form gegenüber der beitragsabführenden Stelle, von Selbstzahlern gegenüber der Pflegekasse, nachzuweisen, sofern diesen die Elterneigenschaft nicht bereits aus anderen Gründen bekannt ist. $_{4}$Der Spitzenverband Bund der Pflegekassen gibt Empfehlungen darüber, welche Nachweise geeignet sind. $_{5}$Erfolgt die Vorlage des Nachweises innerhalb von drei Monaten nach der Geburt des Kindes, gilt der Nachweis mit Beginn des Monats der Geburt als erbracht, ansonsten wirkt der Nachweis ab Beginn des Monats, der dem Monat folgt, in dem der Nachweis erbracht wird. $_{6}$Nachweise für vor dem 1. Januar 2005 geborene Kinder, die bis zum 30. Juni 2005 erbracht werden, wirken vom 1. Januar 2005 an. $_{7}$Satz 1 gilt nicht für Mitglieder, die vor dem 1. Januar 1940 geboren wurden, für Wehr- und Zivildienstleistende sowie für Bezieher von Arbeitslosengeld II.

(3a) Zu den Eltern im Sinne des Absatzes 3 Satz 2 gehören nicht

1. Adoptiveltern, wenn das Kind zum Zeitpunkt des Wirksamwerdens der Adoption bereits die in § 25 Abs. 2 vorgesehenen Altersgrenzen erreicht hat,
2. Stiefeltern, wenn das Kind zum Zeitpunkt der Eheschließung mit dem Elternteil des Kindes bereits die in § 25 Abs. 2 vorgesehenen Altersgrenzen erreicht hat oder wenn das Kind vor Erreichen dieser Altersgrenzen nicht in den gemeinsamen Haushalt mit dem Mitglied aufgenommen worden ist.

(4) $_{1}$Der Beitragszuschlag für die Monate Januar bis März 2005 auf Renten der gesetzlichen Rentenversicherung wird für Rentenbezieher, die nach dem 31. Dezember 1939 geboren wurden, in der Weise abgegolten, dass der Beitragszuschlag im Monat April 2005 1 vom Hundert der im April 2005 beitragspflichtigen Rente beträgt. $_{2}$Für die Rentenbezieher, die in den Monaten Januar bis April 2005 zeitweise nicht beitrags- oder zuschlagspflichtig sind, wird der Beitragszuschlag des Monats April 2005 entsprechend der Dauer dieser Zeit reduziert.

(5) $_{1}$Bei landwirtschaftlichen Unternehmern sowie bei mitarbeitenden Familienangehörigen, die Mitglied der landwirtschaftlichen Krankenkasse sind, wird der Beitrag abweichend von den Absätzen 1 bis 3 in Form eines Zuschlags auf den Krankenversicherungsbeitrag, der nach den Vorschriften des Zweiten Gesetzes über die Krankenversicherung der Landwirte aus dem Arbeitseinkommen aus Land- und Forstwirtschaft zu zahlen ist, erhoben. $_{2}$Die Höhe des Zuschlags ergibt sich aus dem Verhältnis des Beitragssatzes nach Absatz 1 Satz 1 zu dem um den durchschnittlichen Zusatzbeitragssatz erhöhten allgemeinen Beitragssatz nach § 241 des Fünften Buches. $_{3}$Sind die Voraussetzungen für einen Beitragszuschlag für Kinderlose nach Absatz 3 erfüllt, erhöht sich der Zuschlag nach

Satz 2 um das Verhältnis des Beitragszuschlags für Kinderlose nach Absatz 3 Satz 1 zu dem Beitragssatz nach Absatz 1 Satz 1.

Durch das GKV-Versorgungsstärkungsgesetz vom 16.7.2015 (BGBl. I S. 1211) wird Absatz 5 Satz 1 zum 1.1.2016 wie folgt gefasst: "Sind landwirtschaftliche Unternehmer, die nicht zugleich Arbeitslosengeld II beziehen, sowie mitarbeitende Familienangehörige Mitglied der landwirtschaftlichen Krankenkasse, wird der Beitrag abweichend von den Absätzen 1 bis 3 in Form eines Zuschlags auf den Krankenversicherungsbeitrag, den sie nach den Vorschriften des Zweiten Gesetzes über die Krankenversicherung der Landwirte aus dem Arbeitseinkommen aus Land- und Forstwirtschaft zu zahlen haben, erhoben."

§ 56 Beitragsfreiheit

(1) Familienangehörige und Lebenspartner sind für die Dauer der Familienversicherung nach § 25 beitragsfrei.

(2) 1Beitragsfreiheit besteht vom Zeitpunkt der Rentenantragstellung bis zum Beginn der Rente einschließlich einer Rente nach dem Gesetz über die Alterssicherung der Landwirte für:

1. den hinterbliebenen Ehegatten eines Rentners, der bereits Rente bezogen hat, wenn Hinterbliebenenrente beantragt wird,
2. die Waise eines Rentners, der bereits Rente bezogen hat, vor Vollendung des 18. Lebensjahres; dies gilt auch für Waisen, deren verstorbener Elternteil eine Rente nach dem Gesetz über die Alterssicherung der Landwirte bezogen hat,
3. den hinterbliebenen Ehegatten eines Beziehers einer Rente nach dem Gesetz über die Alterssicherung der Landwirte, wenn die Ehe vor Vollendung des 65. Lebensjahres des Verstorbenen geschlossen wurde,
4. den hinterbliebenen Ehegatten eines Beziehers von Landabgaberente.

2Satz 1 gilt nicht, wenn der Rentenantragsteller eine eigene Rente, Arbeitsentgelt, Arbeitseinkommen oder Versorgungsbezüge erhält.

(3) 1Beitragsfrei sind Mitglieder für die Dauer des Bezuges von Mutterschafts-, Eltern- oder Betreuungsgeld. 2Die Beitragsfreiheit erstreckt sich nur auf die in Satz 1 genannten Leistungen.

(4) Beitragsfrei sind auf Antrag Mitglieder, die sich auf nicht absehbare Dauer in stationärer Pflege befinden und bereits Leistungen nach § 35 Abs. 6 des Bundesversorgungsgesetzes, nach § 44 des Siebten Buches, nach § 34 des Beamtenversorgungsgesetzes oder nach den Gesetzen erhalten, die eine entsprechende Anwendung des Bundesversorgungsgesetzes vorsehen, wenn sie keine Familienangehörigen haben, für die eine Versicherung nach § 25 besteht.

(5) 1Beitragsfrei sind Mitglieder für die Dauer des Bezuges von Pflegeunterstützungsgeld. 2Die Beitragsfreiheit erstreckt sich nur auf die in Satz 1 genannten Leistungen.

§ 57 Beitragspflichtige Einnahmen

(1) 1Bei Mitgliedern der Pflegekasse, die in der gesetzlichen Krankenversicherung pflichtversichert sind, gelten für die Beitragsbemessung die §§ 226 bis 232a, 233 bis 238 und § 244 des Fünften Buches sowie die §§ 23a und 23b Abs. 2 bis 4 des Vierten Buches. 2Bei Personen, die Arbeitslosengeld II beziehen, ist abweichend von § 232a Abs. 1 Satz 1 Nr. 2 des Fünften Buches der 30. Teil des 0,3620fachen der monatlichen Bezugsgröße zugrunde zu legen.

(2) 1Bei Beziehern von Krankengeld gilt als beitragspflichtige Einnahme 80 vom Hundert des Arbeitsentgelts, das der Bemessung des Krankengeldes zugrundeliegt. 2Dies gilt auch für den Krankengeldbezug eines rentenversicherungspflichtigen mitarbeitenden Familienangehörigen eines landwirtschaftlichen Unternehmers. 3Beim Krankengeldbezug eines nicht rentenversicherungspflichtigen mitarbeitenden Familienangehörigen ist der Zahlbetrag der Leistung der Beitragsbemessung zugrunde zu legen. 4Bei Personen, die Krankengeld nach § 44a des Fünften Buches beziehen, wird das der Leistung zugrunde liegende Arbeitsentgelt oder Arbeitseinkommen zugrunde gelegt; wird dieses Krankengeld nach § 47b des Fünften Buches gezahlt, gelten die Sätze 1 bis 3. 5Bei Personen, die

XI

Leistungen für den Ausfall von Arbeitseinkünften von einem privaten Krankenversicherungsunternehmen, von einem Beihilfeträger des Bundes, von einem sonstigen öffentlich-rechtlichen Träger von Kosten in Krankheitsfällen auf Bundesebene, von dem Träger der Heilfürsorge im Bereich des Bundes, von dem Träger der truppenärztlichen Versorgung oder von einem öffentlich-rechtlichen Träger von Kosten in Krankheitsfällen auf Landesebene, soweit Landesrecht dies vorsieht, im Zusammenhang mit einer nach den §§ 8 und 8a des Transplantationsgesetzes erfolgenden Spende von Organen oder Geweben oder im Zusammenhang mit einer im Sinne von § 9 des Transfusionsgesetzes erfolgenden Spende von Blut zur Separation von Blutstammzellen oder anderen Blutbestandteilen erhalten, wird das diesen Leistungen zugrunde liegende Arbeitsentgelt oder Arbeitseinkommen zugrunde gelegt. $_6$Bei Personen, die Krankengeld nach § 45 Absatz 1 des Fünften Buches beziehen, gelten als beitragspflichtige Einnahmen 80 Prozent des während der Freistellung ausgefallenen, laufenden Arbeitsentgelts oder des der Leistung zugrunde liegenden Arbeitseinkommens.

(3) Für die Beitragsbemessung der in § 20 Absatz 1 Satz 2 Nummer 3 genannten Altenteiler gilt § 45 des Zweiten Gesetzes über die Krankenversicherung der Landwirte.

(4) $_1$Bei freiwilligen Mitgliedern der gesetzlichen Krankenversicherung und bei Mitgliedern der sozialen Pflegeversicherung, die nicht in der gesetzlichen Krankenversicherung versichert sind, ist für die Beitragsbemessung § 240 des Fünften Buches entsprechend anzuwenden. $_2$Für die Beitragsbemessung der in der gesetzlichen Krankenversicherung versicherten Rentenantragsteller und freiwillig versicherten Rentner finden darüber hinaus die §§ 238a und 239 des Fünften Buches entsprechende Anwendung. $_3$Abweichend von Satz 1 ist bei Mitgliedern nach § 20 Abs. 1 Nr. 10, die in der gesetzlichen Krankenversicherung freiwillig versichert sind, § 236 des Fünften Buches entsprechend anzuwenden; als beitragspflichtige Einnahmen der satzungsmäßigen Mitglieder geistlicher Genossenschaften, Diakonissen und ähnlicher Personen, die freiwillig in der gesetzlichen Krankenversicherung versichert sind, sind der Wert für gewährte Sachbezüge oder das ihnen zur Beschaffung der unmittelbaren Lebensbedürfnisse an Wohnung, Verpflegung, Kleidung und dergleichen gezahlte Entgelt zugrunde zu legen. $_4$Bei freiwilligen Mitgliedern der gesetzlichen Krankenversicherung, die von einem Rehabilitationsträger Verletztengeld, Versorgungskrankengeld oder Übergangsgeld erhalten, gilt für die Beitragsbemessung § 235 Abs. 2 des Fünften Buches entsprechend; für die in der landwirtschaftlichen Krankenversicherung freiwillig Versicherten gilt § 46 des Zweiten Gesetzes über die Krankenversicherung der Landwirte.

(5) Der Beitragsberechnung von Personen, die nach § 26 Abs. 2 weiterversichert sind, werden für den Kalendertag der 180. Teil der monatlichen Bezugsgröße nach § 18 des Vierten Buches zugrunde gelegt.

Durch das Gesetz zur Weiterentwicklung der Finanzstruktur und der Qualität in der gesetzlichen Krankenversicherung vom 21.7.2014 (BGBl. I S. 1133) wird Absatz 1 Satz 2 zum 1.1.2016 wie folgt gefasst: "Bei Personen, die Arbeitslosengeld II beziehen, ist abweichend von § 232a Abs. 1 Satz 1 Nr. 2 des Fünften Buches das 0,2172fache der monatlichen Bezugsgröße zugrunde zu legen und sind abweichend von § 54 Absatz 2 Satz 2 die Beiträge für jeden Kalendermonat, in dem mindestens für einen Tag eine Mitgliedschaft besteht, zu zahlen; § 232a Absatz 1a des Fünften Buches gilt entsprechend."

§ 58 Tragung der Beiträge bei versicherungspflichtig Beschäftigten

(1) $_1$Die nach § 20 Abs. 1 Satz 2 Nr. 1 und 12 versicherungspflichtig Beschäftigten, die in der gesetzlichen Krankenversicherung pflichtversichert sind, und ihre Arbeitgeber tragen die nach dem Arbeitsentgelt zu bemessenden Beiträge jeweils zur Hälfte. $_2$Soweit für Beschäftigte Beiträge für Kurzarbeitergeld zu zahlen sind, trägt der Arbeitgeber den Beitrag allein. $_3$Den Beitragszuschlag für

XI

Kinderlose nach § 55 Abs. 3 tragen die Beschäftigten.

(2) Zum Ausgleich der mit den Arbeitgeberbeiträgen verbundenen Belastungen der Wirtschaft werden die Länder einen gesetzlichen landesweiten Feiertag, der stets auf einen Werktag fällt, aufheben.

(3) 1Die in Absatz 1 genannten Beschäftigten tragen die Beiträge in Höhe von 1 vom Hundert allein, wenn der Beschäftigungsort in einem Land liegt, in dem die am 31. Dezember 1993 bestehende Anzahl der gesetzlichen landesweiten Feiertage nicht um einen Feiertag, der stets auf einen Werktag fiel, vermindert worden ist. 2In Fällen des § 55 Abs. 1 Satz 2 werden die Beiträge in Höhe von 0,5 vom Hundert allein getragen. 3Im Übrigen findet Absatz 1 Anwendung, soweit es sich nicht um eine versicherungspflichtige Beschäftigung mit einem monatlichen Arbeitsentgelt innerhalb der Gleitzone nach § 20 Abs. 2 des Vierten Buches handelt, für die Absatz 5 Satz 2 Anwendung findet. 4Die Beiträge der Beschäftigten erhöhen sich nicht, wenn Länder im Jahr 2017 den Reformationstag einmalig zu einem gesetzlichen Feiertag erheben.

(4) 1Die Aufhebung eines Feiertages wirkt für das gesamte Kalenderjahr. 2Handelt es sich um einen Feiertag, der im laufenden Kalenderjahr vor dem Zeitpunkt des Inkrafttretens der Regelung über die Streichung liegt, wirkt die Aufhebung erst im folgenden Kalenderjahr.

(5) 1§ 249 Abs. 2 des Fünften Buches gilt entsprechend. 2§ 249 Abs. 4 des Fünften Buches gilt mit der Maßgabe, dass statt des Beitragssatzes der Krankenkasse der Beitragssatz der Pflegeversicherung und bei den in Absatz 3 Satz 1 genannten Beschäftigten für die Berechnung des Beitragsanteils des Arbeitgebers ein Beitragssatz in Höhe von 0,7 vom Hundert Anwendung findet.

§ 59 Beitragstragung bei anderen Mitgliedern

(1) 1Für die nach § 20 Abs. 1 Satz 2 Nr. 2 bis 12 versicherten Mitglieder der sozialen Pflegeversicherung, die in der gesetzlichen Krankenversicherung pflichtversichert sind, gelten für die Tragung der Beiträge § 250 Abs. 1 und 3 und § 251 des Fünften Buches sowie § 48 des Zweiten Gesetzes über die Krankenversicherung der Landwirte entsprechend; die Beiträge aus der Rente der gesetzlichen Rentenversicherung sind von dem Mitglied allein zu tragen. 2Bei Beziehern einer Rente nach dem Gesetz über die Alterssicherung der Landwirte, die nach § 20 Abs. 1 Satz 2 Nr. 3 versichert sind, und bei Beziehern von Produktionsaufgabenrente oder Ausgleichsgeld, die nach § 14 Abs. 4 des Gesetzes zur Förderung der Einstellung der landwirtschaftlichen Erwerbstätigkeit versichert sind, werden die Beiträge aus diesen Leistungen von den Beziehern der Leistung allein getragen.

(2) 1Die Beiträge für Bezieher von Krankengeld werden von den Leistungsbeziehern und den Krankenkassen je zur Hälfte getragen, soweit sie auf das Krankengeld entfallen und dieses nicht in Höhe der Leistungen der Bundesagentur für Arbeit zu zahlen ist, im übrigen von den Krankenkassen; die Beiträge werden auch dann von den Krankenkassen getragen, wenn das dem Krankengeld zugrunde liegende monatliche Arbeitsentgelt 450 Euro nicht übersteigt. 2Die Beträge für Bezieher von Krankengeld nach § 44a des Fünften Buches oder für den Ausfall von Arbeitseinkünften im Zusammenhang mit einer nach den §§ 8 und 8a des Transplantationsgesetzes erfolgenden Spende von Organen oder Geweben oder im Zusammenhang mit einer im Sinne von § 9 des Transfusionsgesetzes erfolgenden Spende von Blut zur Separation von Blutstammzellen oder anderen Blutbestandteilen sind von der Stelle zu tragen, die die Leistung erbringt; wird die Leistung von mehreren Stellen erbracht, sind die Beiträge entsprechend anteilig zu tragen.

(3) 1Die Beiträge für die nach § 21 Nr. 1 bis 5 versicherten Leistungsempfänger werden vom jeweiligen Leistungsträger getragen. 2Beiträge auf Grund des Leistungsbezugs im Rahmen der Kriegsopferfürsorge gelten als Aufwendungen für die Kriegsopferfürsorge.

(4) 1Mitglieder der sozialen Pflegeversicherung, die in der gesetzlichen Krankenversicherung freiwillig versichert sind, sowie Mitglieder, deren Mitgliedschaft nach § 49 Abs. 2 Satz 1 erhalten bleibt oder nach den §§ 26 und 26a freiwillig versichert sind, und die nach § 21 Nr. 6 versicherten Soldaten auf Zeit tragen den Beitrag allein.

2Abweichend von Satz 1 werden

1. die auf Grund des Bezuges von Verletztengeld, Versorgungskrankengeld oder Übergangsgeld zu zahlenden Beiträge von dem zuständigen Rehabilitationsträger,
2. die Beiträge für satzungsmäßige Mitglieder geistlicher Genossenschaften, Diakonissen und ähnliche Personen einschließlich der Beiträge bei einer Weiterversicherung nach § 26 von der Gemeinschaft

allein getragen.

(5) Den Beitragszuschlag für Kinderlose nach § 55 Abs. 3 trägt das Mitglied.

§ 60 Beitragszahlung

(1) 1Soweit gesetzlich nichts Abweichendes bestimmt ist, sind die Beiträge von demjenigen zu zahlen, der sie zu tragen hat. 2§ 252 Abs. 1 Satz 2, die §§ 253 bis 256a des Fünften Buches und die §§ 50, 50a des Zweiten Gesetzes über die Krankenversicherung der Landwirte gelten entsprechend. 3Die aus einer Rente nach dem Gesetz über die Alterssicherung der Landwirte und einer laufenden Geldleistung nach dem Gesetz zur Förderung der Einstellung der landwirtschaftlichen Erwerbstätigkeit zu entrichtenden Beiträge werden von der Alterskasse gezahlt; § 28g Satz 1 des Vierten Buches gilt entsprechend.

(2) 1Für Bezieher von Krankengeld zahlen die Krankenkassen die Beiträge; für den Beitragsabzug gilt § 28g Satz 1 des Vierten Buches entsprechend. 2Die zur Tragung der Beiträge für die in § 21 Nr. 1 bis 5 genannten Mitglieder Verpflichteten können einen Dritten mit der Zahlung der Beiträge beauftragen und mit den Pflegekassen Näheres über die Zahlung und Abrechnung der Beiträge vereinbaren.

(3) 1Die Beiträge sind an die Krankenkassen zu zahlen; in den in § 252 Abs. 2 Satz 1 des Fünften Buches geregelten Fällen sind sie an den Gesundheitsfonds zu zahlen, der sie unverzüglich an den Ausgleichsfonds weiterzuleiten hat. 2Die nach Satz 1 eingegangenen Beiträge zur Pflegeversicherung sind von der Krankenkasse unverzüglich an die Pflegekasse weiterzuleiten. 3In den Fällen des § 252 Absatz 2 Satz 1 des Fünften Buches ist das Bundesversicherungsamt als Verwalter des Gesundheitsfonds, im Übrigen sind die Pflegekassen zur Prüfung der ordnungsgemäßen Beitragszahlung berechtigt; § 251 Absatz 5 Satz 3 bis 7 des Fünften Buches gilt entsprechend. 4§ 24 Abs. 1 des Vierten Buches gilt. 5§ 252 Abs. 3 des Fünften Buches gilt mit der Maßgabe, dass die Beiträge zur Pflegeversicherung den Beiträgen zur Krankenversicherung gleichstehen.

(4) 1Die Deutsche Rentenversicherung Bund leitet alle Pflegeversicherungsbeiträge aus Rentenleistungen der allgemeinen Rentenversicherung am fünften Arbeitstag des Monats, der dem Monat folgt, in dem die Rente fällig war, an den Ausgleichsfonds der Pflegeversicherung (§ 65) weiter. 2Werden Rentenleistungen am letzten Bankarbeitstag des Monats ausgezahlt, der dem Monat vorausgeht, in dem sie fällig werden (§ 272a des Sechsten Buches), leitet die Deutsche Rentenversicherung Bund die darauf entfallenden Pflegeversicherungsbeiträge am fünften Arbeitstag des laufenden Monats an den Ausgleichsfonds der Pflegeversicherung weiter.

(5) 1Der Beitragszuschlag nach § 55 Abs. 3 ist von demjenigen zu zahlen, der die Beiträge zu zahlen hat. 2Wird der Pflegeversicherungsbeitrag von einem Dritten gezahlt, hat dieser einen Anspruch gegen das Mitglied auf den von dem Mitglied zu tragenden Beitragszuschlag. 3Dieser Anspruch kann von dem Dritten durch Abzug von der an das Mitglied zu erbringenden Geldleistung geltend gemacht werden.

(6) Wenn kein Abzug nach Absatz 5 möglich ist, weil der Dritte keine laufende Geldleistung an das Mitglied erbringen muss, hat das

XI

Mitglied den sich aus dem Beitragszuschlag ergebenden Betrag an die Pflegekasse zu zahlen.

(7) 1Die Beitragszuschläge für die Bezieher von Arbeitslosengeld, Unterhaltsgeld, Kurzarbeitergeld, Ausbildungsgeld, Übergangsgeld und, soweit die Bundesagentur beitragszahlungspflichtig ist, für Bezieher von Berufsausbildungsbeihilfe nach dem Dritten Buch werden von der Bundesagentur für Arbeit pauschal in Höhe von 20 Millionen Euro pro Jahr an den Ausgleichsfonds der Pflegeversicherung (§ 66) überwiesen. 2Die Bundesagentur für Arbeit kann mit Zustimmung des Bundesministeriums für Arbeit und Soziales hinsichtlich der übernommenen Beträge Rückgriff bei den genannten Leistungsbeziehern nach dem Dritten Buch nehmen. 3Die Bundesagentur für Arbeit kann mit dem Bundesversicherungsamt Näheres zur Zahlung der Pauschale vereinbaren.

Durch das GKV-Versorgungsstärkungsgesetz vom 16.7.2015 (BGBl. I S. 1211) werden Absatz 1 Satz 1 und Satz 2 zum 1.1.2016 wie folgt gefasst: "Soweit gesetzlich nichts Abweichendes bestimmt ist, sind die Beiträge von demjenigen zu zahlen, der sie zu tragen hat. 2§ 252 Abs. 1 Satz 2, die §§ 253 bis 256a des Fünften Buches und § 49 Satz 2, die §§ 50 und 50a des Zweiten Gesetzes über die Krankenversicherung der Landwirte gelten entsprechend."

Zweiter Abschnitt
Beitragszuschüsse

§ 61 Beitragszuschüsse für freiwillige Mitglieder der gesetzlichen Krankenversicherung und Privatversicherte

(1) 1Beschäftigte, die in der gesetzlichen Krankenversicherung freiwillig versichert sind, erhalten unter den Voraussetzungen des § 58 von ihrem Arbeitgeber einen Beitragszuschuß, der in der Höhe begrenzt ist, auf den Betrag, der als Arbeitgeberanteil nach § 58 zu zahlen wäre. 2Bestehen innerhalb desselben Zeitraums mehrere Beschäftigungsverhältnisse, sind die beteiligten Arbeitgeber anteilmäßig nach dem Verhältnis der Höhe der jeweiligen Arbeitsentgelte zur Zahlung des Beitragszuschusses verpflichtet. 3Für Beschäftigte, die Kurzarbeitergeld nach dem Dritten Buch beziehen, ist zusätzlich zu dem Zuschuß nach Satz 1 die Hälfte des Betrages zu zahlen, den der Arbeitgeber bei Versicherungspflicht des Beschäftigten nach § 58 Abs. 1 Satz 2 als Beitrag zu tragen hätte.

(2) 1Beschäftigte, die in Erfüllung ihrer Versicherungspflicht nach den §§ 22 und 23 bei einem privaten Krankenversicherungsunternehmen versichert sind und für sich und ihre Angehörigen oder Lebenspartner, die bei Versicherungspflicht des Beschäftigten in der sozialen Pflegeversicherung nach § 25 versichert wären, Vertragsleistungen beanspruchen können, die nach Art und Umfang den Leistungen dieses Buches gleichwertig sind, erhalten unter den Voraussetzungen des § 58 von ihrem Arbeitgeber einen Beitragszuschuß. 2Der Zuschuß ist in der Höhe begrenzt auf den Betrag, der als Arbeitgeberanteil bei Versicherungspflicht in der sozialen Pflegeversicherung als Beitragsanteil zu zahlen wäre, höchstens jedoch auf die Hälfte des Betrages, den der Beschäftigte für seine private Pflegeversicherung zu zahlen hat. 3Für Beschäftigte, die Kurzarbeitergeld nach dem Dritten Buch beziehen, gilt Absatz 1 Satz 3 mit der Maßgabe, daß sie höchstens den Betrag erhalten, den sie tatsächlich zu zahlen haben. 4Bestehen innerhalb desselben Zeitraumes mehrere Beschäftigungsverhältnisse, sind die beteiligten Arbeitgeber anteilig nach dem Verhältnis der Höhe der jeweiligen Arbeitsentgelte zur Zahlung des Beitragszuschusses verpflichtet.

(3) 1Für Bezieher von Vorruhestandsgeld, die als Beschäftigte bis unmittelbar vor Beginn der Vorruhestandsleistungen Anspruch auf den vollen oder anteiligen Beitragszuschuß nach Absatz 1 oder 2 hatten, sowie für Bezieher von Leistungen nach § 9 Abs. 1 Nr. 1 und 2 des Anspruchs- und Anwartschaftsüberführungsgesetzes und Bezieher einer Übergangsversorgung nach § 7 des Tarifvertrages über einen sozialverträglichen Personalabbau im Bereich des Bundesministeriums der Verteidigung vom 30. November 1991

bleibt der Anspruch für die Dauer der Vorruhestandsleistungen gegen den zur Zahlung des Vorruhestandsgeldes Verpflichteten erhalten. 2Der Zuschuss beträgt die Hälfte des Beitrages, den Bezieher von Vorruhestandsgeld als versicherungspflichtig Beschäftigte ohne den Beitragszuschlag nach § 55 Abs. 3 zu zahlen hätten, höchstens jedoch die Hälfte des Betrages, den sie ohne den Beitragszuschlag nach § 55 Abs. 3 zu zahlen haben. 3Absatz 1 Satz 2 gilt entsprechend.

(4) 1Die in § 20 Abs. 1 Satz 2 Nr. 6, 7 oder 8 genannten Personen, für die nach § 23 Versicherungspflicht in der privaten Pflegeversicherung besteht, erhalten vom zuständigen Leistungsträger einen Zuschuß zu ihrem privaten Pflegeversicherungsbeitrag. 2Als Zuschuß ist der Betrag zu zahlen, der von dem Leistungsträger als Beitrag bei Versicherungspflicht in der sozialen Pflegeversicherung zu zahlen wäre, höchstens jedoch der Betrag, der an das private Versicherungsunternehmen zu zahlen ist.

(5) Der Zuschuß nach den Absätzen 2, 3 und 4 wird für eine private Pflegeversicherung nur gezahlt, wenn das Versicherungsunternehmen:

1. die Pflegeversicherung nach Art der Lebensversicherung betreibt,
2. sich verpflichtet, den überwiegenden Teil der Überschüsse, die sich aus dem selbst abgeschlossenen Versicherungsgeschäft ergeben, zugunsten der Versicherten zu verwenden,
3. die Pflegeversicherung nur zusammen mit der Krankenversicherung, nicht zusammen mit anderen Versicherungssparten betreibt oder, wenn das Versicherungsunternehmen seinen Sitz in einem anderen Mitgliedstaat der Europäischen Union hat, den Teil der Prämien, für den Berechtigte den Zuschuss erhalten, nur für die Kranken- und Pflegeversicherung verwendet.

(6) 1Das Krankenversicherungsunternehmen hat dem Versicherungsnehmer eine Bescheinigung darüber auszuhändigen, daß ihm die Aufsichtsbehörde bestätigt hat, daß es die Versicherung, die Grundlage des Versicherungsvertrages ist, nach den in Absatz 5 genannten Voraussetzungen betreibt. 2Der Versicherungsnehmer hat diese Bescheinigung dem zur Zahlung des Beitragszuschusses Verpflichteten jeweils nach Ablauf von drei Jahren vorzulegen.

(7) Personen, die nach beamtenrechtlichen Vorschriften oder Grundsätzen bei Krankheit und Pflege Anspruch auf Beihilfe oder Heilfürsorge haben und bei einem privaten Versicherungsunternehmen pflegeversichert sind, sowie Personen, für die der halbe Beitragssatz nach § 55 Abs. 1 Satz 2 gilt, haben gegenüber dem Arbeitgeber oder Dienstherrn, der die Beihilfe und Heilfürsorge zu Aufwendungen aus Anlaß der Pflege gewährt, keinen Anspruch auf einen Beitragszuschuß.

Dritter Abschnitt
Verwendung und Verwaltung der Mittel

§ 62 Mittel der Pflegekasse

Die Mittel der Pflegekasse umfassen die Betriebsmittel und die Rücklage.

§ 63 Betriebsmittel

(1) Die Betriebsmittel dürfen nur verwendet werden:

1. für die gesetzlich oder durch die Satzung vorgesehenen Aufgaben sowie für die Verwaltungskosten,
2. zur Auffüllung der Rücklage und zur Finanzierung des Ausgleichsfonds.

(2) 1Die Betriebsmittel dürfen im Durchschnitt des Haushaltsjahres monatlich das Einfache des nach dem Haushaltsplan der Pflegekasse auf einen Monat entfallenden Betrages der in Absatz 1 Nr. 1 genannten Aufwendungen nicht übersteigen. 2Bei der Feststellung der vorhandenen Betriebsmittel sind die Forderungen und Verpflichtungen der Pflegekasse zu berücksichtigen, soweit sie nicht der Rücklage zuzuordnen sind. 3Durchlaufende Gelder bleiben außer Betracht.

(3) Die Betriebsmittel sind im erforderlichen Umfang bereitzuhalten und im übrigen so

XI

anzulegen, daß sie für den in Absatz 1 bestimmten Zweck verfügbar sind.

§ 64 Rücklage

(1) Die Pflegekasse hat zur Sicherstellung ihrer Leistungsfähigkeit eine Rücklage zu bilden.

(2) Die Rücklage beträgt 50 vom Hundert des nach dem Haushaltsplan durchschnittlich auf den Monat entfallenden Betrages der Ausgaben (Rücklagesoll).

(3) Die Pflegekasse hat Mittel aus der Rücklage den Betriebsmitteln zuzuführen, wenn Einnahme- und Ausgabeschwankungen innerhalb eines Haushaltsjahres nicht durch die Betriebsmittel ausgeglichen werden können.

(4) $_1$Übersteigt die Rücklage das Rücklagesoll, so ist der übersteigende Betrag den Betriebsmitteln bis zu der in § 63 Abs. 2 genannten Höhe zuzuführen. $_2$Darüber hinaus verbleibende Überschüsse sind bis zum 15. des Monats an den Ausgleichsfonds nach § 65 zu überweisen.

(5) $_1$Die Rücklage ist getrennt von den sonstigen Mitteln so anzulegen, daß sie für den nach Absatz 1 bestimmten Zweck verfügbar ist. $_2$Sie wird von der Pflegekasse verwaltet.

Vierter Abschnitt
Ausgleichsfonds, Finanzausgleich

§ 65 Ausgleichsfonds

(1) Das Bundesversicherungsamt verwaltet als Sondervermögen (Ausgleichsfonds) die eingehenden Beträge aus:

1. den Beiträgen aus den Rentenzahlungen,
2. den von den Pflegekassen überwiesenen Überschüssen aus Betriebsmitteln und Rücklage (§ 64 Abs. 4),
3. den vom Gesundheitsfonds überwiesenen Beiträgen der Versicherten.

(2) Die im Laufe eines Jahres entstehenden Kapitalerträge werden dem Sondervermögen gutgeschrieben.

(3) Die Mittel des Ausgleichsfonds sind so anzulegen, daß sie für den in den §§ 67, 68 genannten Zweck verfügbar sind.

§ 66 Finanzausgleich

(1) $_1$Die Leistungsaufwendungen sowie die Verwaltungskosten der Pflegekassen werden von allen Pflegekassen nach dem Verhältnis ihrer Beitragseinnahmen gemeinsam getragen. $_2$Zu diesem Zweck findet zwischen allen Pflegekassen ein Finanzausgleich statt. $_3$Das Bundesversicherungsamt führt den Finanzausgleich zwischen den Pflegekassen durch. $_4$Es hat Näheres zur Durchführung des Finanzausgleichs mit dem Spitzenverband Bund der Pflegekassen zu vereinbaren. $_5$Die Vereinbarung ist für die Pflegekasse verbindlich.

(2) Das Bundesversicherungsamt kann zur Durchführung des Zahlungsverkehrs nähere Regelungen mit der Deutsche Rentenversicherung Bund treffen.

§ 67 Monatlicher Ausgleich

(1) Jede Pflegekasse ermittelt bis zum 10. des Monats

1. die bis zum Ende des Vormonats gebuchten Ausgaben,
2. die bis zum Ende des Vormonats gebuchten Einnahmen (Beitragsist),
3. das Betriebsmittel- und Rücklagesoll,
4. den am Ersten des laufenden Monats vorhandenen Betriebsmittelbestand (Betriebsmittelist) und die Höhe der Rücklage.

(2) $_1$Sind die Ausgaben zuzüglich des Betriebsmittel- und Rücklagesolls höher als die Einnahmen zuzüglich des vorhandenen Betriebsmittelbestands und der Rücklage am Ersten des laufenden Monats, erhält die Pflegekasse bis zum Monatsende den Unterschiedsbetrag aus dem Ausgleichsfonds. $_2$Sind die Einnahmen zuzüglich des am Ersten des laufenden Monats vorhandenen Betriebsmittelbestands und der Rücklage höher als die Ausgaben zuzüglich des Betriebsmittel- und Rücklagesolls, überweist die Pflegekasse den Unterschiedsbetrag an den Ausgleichsfonds.

(3) Die Pflegekasse hat dem Bundesversicherungsamt die notwendigen Berechnungsgrundlagen mitzuteilen.

XI

§ 68 Jahresausgleich

(1) 1Nach Ablauf des Kalenderjahres wird zwischen den Pflegekassen ein Jahresausgleich durchgeführt. 2Nach Vorliegen der Geschäfts- und Rechnungsergebnisse aller Pflegekassen und der Jahresrechnung der Deutschen Rentenversicherung Knappschaft-Bahn-See als Träger der knappschaftlichen Pflegeversicherung für das abgelaufene Kalenderjahr werden die Ergebnisse nach § 67 bereinigt.

(2) Werden nach Abschluß des Jahresausgleichs sachliche oder rechnerische Fehler in den Berechnungsgrundlagen festgestellt, hat das Bundesversicherungsamt diese bei der Ermittlung des nächsten Jahresausgleichs nach den zu diesem Zeitpunkt geltenden Vorschriften zu berücksichtigen.

(3) Das Bundesministerium für Gesundheit kann durch Rechtsverordnung mit Zustimmung des Bundesrates das Nähere über:

1. die inhaltliche und zeitliche Abgrenzung und Ermittlung der Beträge nach den §§ 66 bis 68,
2. die Fälligkeit der Beträge und Verzinsung bei Verzug,
3. das Verfahren bei der Durchführung des Finanzausgleichs sowie die hierfür von den Pflegekassen mitzuteilenden Angaben

regeln.

Siebtes Kapitel Beziehungen der Pflegekassen zu den Leistungserbringern

Erster Abschnitt Allgemeine Grundsätze

§ 69 Sicherstellungsauftrag

1Die Pflegekassen haben im Rahmen ihrer Leistungsverpflichtung eine bedarfsgerechte und gleichmäßige, dem allgemein anerkannten Stand medizinisch-pflegerischer Erkenntnisse entsprechende pflegerische Versorgung der Versicherten zu gewährleisten (Sicherstellungsauftrag). 2Sie schließen hierzu Versorgungsverträge sowie Vergütungsvereinbarungen mit den Trägern von Pflegeeinrichtungen (§ 71) und sonstigen Leistungserbringern. 3Dabei sind die Vielfalt, die Unabhängigkeit und Selbständigkeit sowie das Selbstverständnis der Träger von Pflegeeinrichtungen in Zielsetzung und Durchführung ihrer Aufgaben zu achten.

§ 70 Beitragssatzstabilität

(1) Die Pflegekassen stellen in den Verträgen mit den Leistungserbringern über Art, Umfang und Vergütung der Leistungen sicher, daß ihre Leistungsausgaben die Beitragseinnahmen nicht überschreiten (Grundsatz der Beitragssatzstabilität).

(2) Vereinbarungen über die Höhe der Vergütungen, die dem Grundsatz der Beitragssatzstabilität widersprechen, sind unwirksam.

Zweiter Abschnitt Beziehungen zu den Pflegeeinrichtungen

§ 71 Pflegeeinrichtungen

(1) Ambulante Pflegeeinrichtungen (Pflegedienste) im Sinne dieses Buches sind selbständig wirtschaftende Einrichtungen, die unter ständiger Verantwortung einer ausgebildeten Pflegefachkraft Pflegebedürftige in ihrer Wohnung pflegen und hauswirtschaftlich versorgen.

(2) Stationäre Pflegeeinrichtungen (Pflegeheime) im Sinne dieses Buches sind selbständig wirtschaftende Einrichtungen, in denen Pflegebedürftige:

1. unter ständiger Verantwortung einer ausgebildeten Pflegefachkraft gepflegt werden,
2. ganztägig (vollstationär) oder tagsüber oder nachts (teilstationär) untergebracht und verpflegt werden können.

(3) 1Für die Anerkennung als verantwortliche Pflegefachkraft im Sinne von Absatz 1 und 2 ist neben dem Abschluss einer Ausbildung als

1. Gesundheits- und Krankenpflegerin oder Gesundheits- und Krankenpfleger,

2. Gesundheits- und Kinderkrankenpflegerin oder Gesundheits- und Kinderkrankenpfleger oder
3. Altenpflegerin oder Altenpfleger

eine praktische Berufserfahrung in dem erlernten Ausbildungsberuf von zwei Jahren innerhalb der letzten acht Jahre erforderlich. $_{2}$Bei ambulanten Pflegeeinrichtungen, die überwiegend behinderte Menschen pflegen und betreuen, gelten auch nach Landesrecht ausgebildete Heilerziehungspflegerinnen und Heilerziehungspfleger sowie Heilerzieherinnen und Heilerzieher mit einer praktischen Berufserfahrung von zwei Jahren innerhalb der letzten acht Jahre als ausgebildete Pflegefachkraft. $_{3}$Die Rahmenfrist nach Satz 1 oder 2 beginnt acht Jahre vor dem Tag, zu dem die verantwortliche Pflegefachkraft im Sinne des Absatzes 1 oder 2 bestellt werden soll. $_{4}$Für die Anerkennung als verantwortliche Pflegefachkraft ist ferner Voraussetzung, dass eine Weiterbildungsmaßnahme für leitende Funktionen mit einer Mindeststundenzahl, die 460 Stunden nicht unterschreiten soll, erfolgreich durchgeführt wurde.

(4) Stationäre Einrichtungen, in denen die Leistungen zur medizinischen Vorsorge, zur medizinischen Rehabilitation, zur Teilhabe am Arbeitsleben oder am Leben in der Gemeinschaft, die schulische Ausbildung oder die Erziehung kranker oder behinderter Menschen im Vordergrund des Zweckes der Einrichtung stehen, sowie Krankenhäuser sind keine Pflegeeinrichtungen im Sinne des Absatzes 2.

§ 72 Zulassung zur Pflege durch Versorgungsvertrag

(1) $_{1}$Die Pflegekassen dürfen ambulante und stationäre Pflege nur durch Pflegeeinrichtungen gewähren, mit denen ein Versorgungsvertrag besteht (zugelassene Pflegeeinrichtungen). $_{2}$In dem Versorgungsvertrag sind Art, Inhalt und Umfang der allgemeinen Pflegeleistungen (§ 84 Abs. 4) festzulegen, die von der Pflegeeinrichtung während der Dauer des Vertrages für die Versicherten zu erbringen sind (Versorgungsauftrag).

(2) $_{1}$Der Versorgungsvertrag wird zwischen dem Träger der Pflegeeinrichtung oder einer vertretungsberechtigten Vereinigung gleicher Träger und den Landesverbänden der Pflegekassen im Einvernehmen mit den überörtlichen Trägern der Sozialhilfe im Land abgeschlossen, soweit nicht nach Landesrecht der örtliche Träger für die Pflegeeinrichtung zuständig ist; für mehrere oder alle selbständig wirtschaftenden Einrichtungen (§ 71 Abs. 1 und 2) eines Pflegeeinrichtungsträgers, die vor Ort organisatorisch miteinander verbunden sind, kann ein einheitlicher Versorgungsvertrag (Gesamtversorgungsvertrag) geschlossen werden. $_{2}$Er ist für die Pflegeeinrichtung und für alle Pflegekassen im Inland unmittelbar verbindlich.

(3) $_{1}$Versorgungsverträge dürfen nur mit Pflegeeinrichtungen abgeschlossen werden, die

1. den Anforderungen des § 71 genügen,
2. die Gewähr für eine leistungsfähige und wirtschaftliche pflegerische Versorgung bieten sowie eine in Pflegeeinrichtungen ortsübliche Arbeitsvergütung an ihre Beschäftigten zahlen, soweit diese nicht von einer Verordnung über Mindestentgeltsätze aufgrund des Gesetzes über zwingende Arbeitsbedingungen für grenzüberschreitend entsandte und für regelmäßig im Inland beschäftigte Arbeitnehmer und Arbeitnehmerinnen(Arbeitnehmer-Entsendegesetz) erfasst sind,
3. sich verpflichten, nach Maßgabe der Vereinbarungen nach § 113 einrichtungsintern ein Qualitätsmanagement einzuführen und weiterzuentwickeln,
4. sich verpflichten, alle Expertenstandards nach § 113a anzuwenden;

ein Anspruch auf Abschluß eines Versorgungsvertrages besteht, soweit und solange die Pflegeeinrichtung diese Voraussetzungen erfüllt. $_{2}$Bei notwendiger Auswahl zwischen mehreren geeigneten Pflegeeinrichtungen sollen die Versorgungsverträge vorrangig mit freigemeinnützigen und privaten Trägern abgeschlossen werden. $_{3}$Bei ambulanten Pflegediensten ist in den Versorgungsverträgen der Einzugsbereich festzulegen, in dem die Leistungen zu erbringen sind.

(4) $_{1}$Mit Abschluß des Versorgungsvertrages wird die Pflegeeinrichtung für die Dauer des Vertrages zur pflegerischen Versorgung der Versicherten zugelassen. $_{2}$Die zugelassene Pflegeeinrichtung ist im Rahmen ihres Versorgungsauftrages zur pflegerischen Versorgung der Versicherten verpflichtet; dazu gehört bei ambulanten Pflegediensten auch die Durchführung von Pflegeeinsätzen nach § 37 Abs. 3 auf Anforderung des Pflegebedürftigen. $_{3}$Die Pflegekassen sind verpflichtet, die Leistungen der Pflegeeinrichtung nach Maßgabe des Achten Kapitels zu vergüten.

§ 73 Abschluß von Versorgungsverträgen

(1) Der Versorgungsvertrag ist schriftlich abzuschließen.

(2) $_{1}$Gegen die Ablehnung eines Versorgungsvertrages durch die Landesverbände der Pflegekassen ist der Rechtsweg zu den Sozialgerichten gegeben. $_{2}$Ein Vorverfahren findet nicht statt; die Klage hat keine aufschiebende Wirkung.

(3) $_{1}$Mit Pflegeeinrichtungen, die vor dem 1. Januar 1995 ambulante Pflege, teilstationäre Pflege oder Kurzzeitpflege auf Grund von Vereinbarungen mit Sozialleistungsträgern erbracht haben, gilt ein Versorgungsvertrag als abgeschlossen. $_{2}$Satz 1 gilt nicht, wenn die Pflegeeinrichtung die Anforderungen nach § 72 Abs. 3 Satz 1 nicht erfüllt und die zuständigen Landesverbände der Pflegekassen dies im Einvernehmen mit dem zuständigen Träger der Sozialhilfe (§ 72 Abs. 2 Satz 1) bis zum 30. Juni 1995 gegenüber dem Träger der Einrichtung schriftlich geltend machen. $_{3}$Satz 1 gilt auch dann nicht, wenn die Pflegeeinrichtung die Anforderungen nach § 72 Abs. 3 Satz 1 offensichtlich nicht erfüllt. $_{4}$Die Pflegeeinrichtung hat bis spätestens zum 31. März 1995 die Voraussetzungen für den Bestandschutz nach den Sätzen 1 und 2 durch Vorlage von Vereinbarungen mit Sozialleistungsträgern sowie geeigneter Unterlagen zur Prüfung und Beurteilung der Leistungsfähigkeit und Wirtschaftlichkeit gegenüber einem Landesverband der Pflegekassen nachzuweisen. $_{5}$Der Versorgungsvertrag bleibt wirksam, bis er durch einen neuen Versorgungsvertrag abgelöst oder gemäß § 74 gekündigt wird.

(4) Für vollstationäre Pflegeeinrichtungen gilt Absatz 3 entsprechend mit der Maßgabe, daß der für die Vorlage der Unterlagen nach Satz 3 maßgebliche Zeitpunkt der 30. September 1995 und der Stichtag nach Satz 2 der 30. Juni 1996 ist.

§ 74 Kündigung von Versorgungsverträgen

(1) $_{1}$Der Versorgungsvertrag kann von jeder Vertragspartei mit einer Frist von einem Jahr ganz oder teilweise gekündigt werden, von den Landesverbänden der Pflegekassen jedoch nur, wenn die zugelassene Pflegeeinrichtung nicht nur vorübergehend eine der Voraussetzungen des § 72 Abs. 3 Satz 1 nicht oder nicht mehr erfüllt; dies gilt auch, wenn die Pflegeeinrichtung ihre Pflicht wiederholt gröblich verletzt, Pflegebedürftigen ein möglichst selbständiges und selbstbestimmtes Leben zu bieten, die Hilfen darauf auszurichten, die körperlichen, geistigen und seelischen Kräfte der Pflegebedürftigen wiederzugewinnen oder zu erhalten und angemessenen Wünschen der Pflegebedürftigen zur Gestaltung der Hilfe zu entsprechen. $_{2}$Vor Kündigung durch die Landesverbände der Pflegekassen ist das Einvernehmen mit dem zuständigen Träger der Sozialhilfe (§ 72 Abs. 2 Satz 1) herzustellen. $_{3}$Die Landesverbände der Pflegekassen können im Einvernehmen mit den zuständigen Trägern der Sozialhilfe zur Vermeidung der Kündigung des Versorgungsvertrages mit dem Träger der Pflegeeinrichtung insbesondere vereinbaren, dass

1. die verantwortliche Pflegefachkraft sowie weitere Leitungskräfte zeitnah erfolgreich geeignete Fort- und Weiterbildungsmaßnahmen absolvieren,
2. die Pflege, Versorgung und Betreuung weiterer Pflegebedürftiger bis zur Beseitigung der Kündigungsgründe ganz oder teilweise vorläufig ausgeschlossen ist.

(2) $_{1}$Der Versorgungsvertrag kann von den Landesverbänden der Pflegekassen auch ohne Einhaltung einer Kündigungsfrist gekündigt werden, wenn die Einrichtung ihre gesetzlichen oder vertraglichen Verpflichtungen gegenüber den Pflegebedürftigen oder deren Kostenträgern derart gröblich verletzt, daß ein Festhalten an dem Vertrag nicht zumutbar ist. $_{2}$Das gilt insbesondere dann, wenn Pflegebedürftige infolge der Pflichtverletzung zu Schaden kommen oder die Einrichtung nicht erbrachte Leistungen gegenüber den Kostenträgern abrechnet. $_{3}$Das gleiche gilt, wenn dem Träger eines Pflegeheimes nach den heimrechtlichen Vorschriften die Betriebserlaubnis entzogen oder der Betrieb des Heimes untersagt wird. $_{4}$Absatz 1 Satz 2 gilt entsprechend.

(3) $_{1}$Die Kündigung bedarf der Schriftform. $_{2}$Für Klagen gegen die Kündigung gilt § 73 Abs. 2 entsprechend.

§ 75 Rahmenverträge, Bundesempfehlungen und -vereinbarungen über die pflegerische Versorgung

(1) $_{1}$Die Landesverbände der Pflegekassen schließen unter Beteiligung des Medizinischen Dienstes der Krankenversicherung sowie des Verbandes der privaten Krankenversicherung e. V. im Land mit den Vereinigungen der Träger der ambulanten oder stationären Pflegeeinrichtungen im Land gemeinsam und einheitlich Rahmenverträge mit dem Ziel, eine wirksame und wirtschaftliche pflegerische Versorgung der Versicherten sicherzustellen. $_{2}$Für Pflegeeinrichtungen, die einer Kirche oder Religionsgemeinschaft des öffentlichen Rechts oder einem sonstigen freigemeinnützigen Träger zuzuordnen sind, können die Rahmenverträge auch von der Kirche oder Religionsgemeinschaft oder von dem Wohlfahrtsverband abgeschlossen werden, dem die Pflegeeinrichtung angehört. $_{3}$Bei Rahmenverträgen über ambulante Pflege sind die Arbeitsgemeinschaften der örtlichen Träger der Sozialhilfe, bei Rahmenverträgen über stationäre Pflege die überörtlichen Träger der Sozialhilfe und die Arbeitsgemeinschaften der örtlichen Träger der Sozialhilfe als Vertragspartei am Vertragsschluß zu beteiligen. $_{4}$Die Rahmenverträge sind für die Pflegekassen und die zugelassenen Pflegeeinrichtungen im Inland unmittelbar verbindlich.

(2) $_{1}$Die Verträge regeln insbesondere:

1. den Inhalt der Pflegeleistungen sowie bei stationärer Pflege die Abgrenzung zwischen den allgemeinen Pflegeleistungen, den Leistungen bei Unterkunft und Verpflegung und den Zusatzleistungen,
2. die allgemeinen Bedingungen der Pflege einschließlich der Kostenübernahme, der Abrechnung der Entgelte und der hierzu erforderlichen Bescheinigungen und Berichte,
3. Maßstäbe und Grundsätze für eine wirtschaftliche und leistungsbezogene, am Versorgungsauftrag orientierte personelle und sächliche Ausstattung der Pflegeeinrichtungen,
4. die Überprüfung der Notwendigkeit und Dauer der Pflege,
5. Abschläge von der Pflegevergütung bei vorübergehender Abwesenheit (Krankenhausaufenthalt, Beurlaubung) des Pflegebedürftigen aus dem Pflegeheim,
6. den Zugang des Medizinischen Dienstes und sonstiger von den Pflegekassen beauftragter Prüfer zu den Pflegeeinrichtungen,
7. die Verfahrens- und Prüfungsgrundsätze für Wirtschaftlichkeitsprüfungen,
8. die Grundsätze zur Festlegung der örtlichen oder regionalen Einzugsbereiche der Pflegeeinrichtungen, um Pflegeleistungen ohne lange Wege möglichst orts- und bürgernah anzubieten,
9. die Möglichkeiten, unter denen sich Mitglieder von Selbsthilfegruppen, ehrenamtliche Pflegepersonen und sonstige zum bürgerschaftlichen Engagement bereite Personen und Organisationen in der häuslichen Pflege sowie in ambulanten und stationären Pflegeeinrichtungen an der Betreuung Pflegebedürftiger beteiligen können.

$_2$Durch die Regelung der sächlichen Ausstattung in Satz 1 Nr. 3 werden Ansprüche der Pflegeheimbewohner nach § 33 des Fünften Buches auf Versorgung mit Hilfsmitteln weder aufgehoben noch eingeschränkt.

(3) $_1$Als Teil der Verträge nach Absatz 2 Nr. 3 sind entweder

1. landesweite Verfahren zur Ermittlung des Personalbedarfs oder zur Bemessung der Pflegezeiten oder
2. landesweite Personalrichtwerte

zu vereinbaren. $_2$Dabei ist jeweils der besondere Pflege- und Betreuungsbedarf Pflegebedürftiger mit geistigen Behinderungen, psychischen Erkrankungen, demenzbedingten Fähigkeitsstörungen und anderen Leiden des Nervensystems zu beachten. $_3$Bei der Vereinbarung der Verfahren nach Satz 1 Nr. 1 sind auch in Deutschland erprobte und bewährte internationale Erfahrungen zu berücksichtigen. $_4$Die Personalrichtwerte nach Satz 1 Nr. 2 können als Bandbreiten vereinbart werden und umfassen bei teil- oder vollstationärer Pflege wenigstens

1. das Verhältnis zwischen der Zahl der Heimbewohner und der Zahl der Pflege- und Betreuungskräfte (in Vollzeitkräfte umgerechnet), unterteilt nach Pflegestufen (Personalanhaltszahlen), sowie
2. im Bereich der Pflege, der sozialen Betreuung und der medizinischen Behandlungspflege zusätzlich den Anteil der ausgebildeten Fachkräfte am Pflege- und Betreuungspersonal.

$_5$Die Heimpersonalverordnung bleibt in allen Fällen unberührt.

(4) $_1$Kommt ein Vertrag nach Absatz 1 innerhalb von sechs Monaten ganz oder teilweise nicht zustande, nachdem eine Vertragspartei schriftlich zu Vertragsverhandlungen aufgefordert hat, wird sein Inhalt auf Antrag einer Vertragspartei durch die Schiedsstelle nach § 76 festgesetzt. $_2$Satz 1 gilt auch für Verträge, mit denen bestehende Rahmenverträge geändert oder durch neue Verträge abgelöst werden sollen.

(5) $_1$Die Verträge nach Absatz 1 können von jeder Vertragspartei mit einer Frist von einem Jahr ganz oder teilweise gekündigt werden. $_2$Satz 1 gilt entsprechend für die von der Schiedsstelle nach Absatz 4 getroffenen Regelungen. $_3$Diese können auch ohne Kündigung jederzeit durch einen Vertrag nach Absatz 1 ersetzt werden.

(6) $_1$Der Spitzenverband Bund der Pflegekassen und die Vereinigungen der Träger der Pflegeeinrichtungen auf Bundesebene sollen unter Beteiligung des Medizinischen Dienstes des Spitzenverbandes Bund der Krankenkassen, des Verbandes der privaten Krankenversicherung e. V. sowie unabhängiger Sachverständiger gemeinsam mit der Bundesvereinigung der kommunalen Spitzenverbände und der Bundesarbeitsgemeinschaft der überörtlichen Träger der Sozialhilfe Empfehlungen zum Inhalt der Verträge nach Absatz 1 abgeben. $_2$Sie arbeiten dabei mit den Verbänden der Pflegeberufe sowie den Verbänden der Behinderten und der Pflegebedürftigen eng zusammen.

(7) $_1$Der Spitzenverband Bund der Pflegekassen, die Bundesarbeitsgemeinschaft der überörtlichen Träger der Sozialhilfe, die Bundesvereinigung der kommunalen Spitzenverbände und die Vereinigungen der Träger der Pflegeeinrichtungen auf Bundesebene vereinbaren gemeinsam und einheitlich Grundsätze ordnungsgemäßer Pflegebuchführung für die ambulanten und stationären Pflegeeinrichtungen. $_2$Die Vereinbarung nach Satz 1 tritt unmittelbar nach Aufhebung der gemäß § 83 Abs. 1 Satz 1 Nr. 3 erlassenen Rechtsverordnung in Kraft und ist den im Land tätigen zugelassenen Pflegeeinrichtungen von den Landesverbänden der Pflegekassen unverzüglich bekannt zu geben. $_3$Sie ist für alle Pflegekassen und deren Verbände sowie für die zugelassenen Pflegeeinrichtungen unmittelbar verbindlich.

§ 76 Schiedsstelle

(1) $_1$Die Landesverbände der Pflegekassen und die Vereinigungen der Träger der Pflegeeinrichtungen im Land bilden gemeinsam für jedes Land eine Schiedsstelle. $_2$Diese entscheidet in den ihr nach diesem Buch zugewiesenen Angelegenheiten.

(2) $_{1}$Die Schiedsstelle besteht aus Vertretern der Pflegekassen und Pflegeeinrichtungen in gleicher Zahl sowie einem unparteiischen Vorsitzenden und zwei weiteren unparteiischen Mitgliedern; für den Vorsitzenden und die unparteiischen Mitglieder können Stellvertreter bestellt werden. $_{2}$Der Schiedsstelle gehört auch ein Vertreter des Verbandes der privaten Krankenversicherung e. V. sowie der überörtlichen oder, sofern Landesrecht dies bestimmt, ein örtlicher Träger der Sozialhilfe im Land an, die auf die Zahl der Vertreter der Pflegekassen angerechnet werden. $_{3}$Die Vertreter der Pflegekassen und deren Stellvertreter werden von den Landesverbänden der Pflegekassen, die Vertreter der Pflegeeinrichtungen und deren Stellvertreter von den Vereinigungen der Träger der Pflegedienste und Pflegeheime im Land bestellt; bei der Bestellung der Vertreter der Pflegeeinrichtungen ist die Trägervielfalt zu beachten. $_{4}$Der Vorsitzende und die weiteren unparteiischen Mitglieder werden von den beteiligten Organisationen gemeinsam bestellt. $_{5}$Kommt eine Einigung nicht zustande, werden sie durch Los bestimmt. $_{6}$Soweit beteiligte Organisationen keinen Vertreter bestellen oder im Verfahren nach Satz 4 keine Kandidaten für das Amt des Vorsitzenden oder der weiteren unparteiischen Mitglieder benennen, bestellt die zuständige Landesbehörde auf Antrag einer der beteiligten Organisationen die Vertreter und benennt die Kandidaten.

(3) $_{1}$Die Mitglieder der Schiedsstelle führen ihr Amt als Ehrenamt. $_{2}$Sie sind an Weisungen nicht gebunden. $_{3}$Jedes Mitglied hat eine Stimme. $_{4}$Die Entscheidungen werden mit der Mehrheit der Mitglieder getroffen. $_{5}$Ergibt sich keine Mehrheit, gibt die Stimme des Vorsitzenden den Ausschlag.

(4) Die Rechtsaufsicht über die Schiedsstelle führt die zuständige Landesbehörde.

(5) Die Landesregierungen werden ermächtigt, durch Rechtsverordnung das Nähere über die Zahl, die Bestellung, die Amtsdauer und die Amtsführung, die Erstattung der baren Auslagen und die Entschädigung für Zeitaufwand der Mitglieder der Schiedsstelle, die Geschäftsführung, das Verfahren, die Erhebung und die Höhe der Gebühren sowie über die Verteilung der Kosten zu bestimmen.

(6) $_{1}$Abweichend von § 85 Abs. 5 können die Parteien der Pflegesatzvereinbarung (§ 85 Abs. 2) gemeinsam eine unabhängige Schiedsperson bestellen. $_{2}$Diese setzt spätestens bis zum Ablauf von 28 Kalendertagen nach ihrer Bestellung die Pflegesätze und den Zeitpunkt ihres Inkrafttretens fest. $_{3}$Gegen die Festsetzungsentscheidung kann ein Antrag auf gerichtliche Aufhebung nur gestellt werden, wenn die Festsetzung der öffentlichen Ordnung widerspricht. $_{4}$Die Kosten des Schiedsverfahrens tragen die Vertragspartner zu gleichen Teilen. $_{5}$§ 85 Abs. 6 gilt entsprechend.

Dritter Abschnitt
Beziehungen zu sonstigen Leistungserbringern

§ 77 Häusliche Pflege durch Einzelpersonen

(1) $_{1}$Zur Sicherstellung der häuslichen Pflege und Betreuung sowie der hauswirtschaftlichen Versorgung soll die Pflegekasse Verträge mit einzelnen geeigneten Pflegekräften schließen, um dem Pflegebedürftigen zu helfen, ein möglichst selbständiges und selbstbestimmtes Leben zu führen oder dem besonderen Wunsch des Pflegebedürftigen zur Gestaltung der Hilfe zu entsprechen; Verträge mit Verwandten oder Verschwägerten des Pflegebedürftigen bis zum dritten Grad sowie mit Personen, die mit dem Pflegebedürftigen in häuslicher Gemeinschaft leben, sind unzulässig. $_{2}$In dem Vertrag sind Inhalt, Umfang, Qualität, Qualitätssicherung, Vergütung sowie Prüfung der Qualität und Wirtschaftlichkeit der vereinbarten Leistungen zu regeln; § 112 ist entsprechend anzuwenden. $_{3}$Die Vergütungen sind für Leistungen der Grundpflege und der hauswirtschaftlichen Versorgung sowie für Betreuungsleistungen nach § 36 Absatz 1 zu vereinbaren. $_{4}$In dem Vertrag ist weiter zu regeln, dass die Pflegekräfte mit dem Pflegebedürftigen, dem sie Leistungen der häuslichen Pflege und der hauswirtschaftlichen Versorgung erbringen, kein Be-

schäftigungsverhältnis eingehen dürfen. $_{5}$Soweit davon abweichend Verträge geschlossen sind, sind sie zu kündigen. $_{6}$Die Sätze 4 und 5 gelten nicht, wenn

1. das Beschäftigungsverhältnis vor dem 1. Mai 1996 bestanden hat und
2. die vor dem 1. Mai 1996 erbrachten Pflegeleistungen von der zuständigen Pflegekasse aufgrund eines von ihr mit der Pflegekraft abgeschlossenen Vertrages vergütet worden sind.

$_{7}$In den Pflegeverträgen zwischen den Pflegebedürftigen und den Pflegekräften sind mindestens Art, Inhalt und Umfang der Leistungen einschließlich der dafür mit den Kostenträgern vereinbarten Vergütungen zu beschreiben. $_{8}$§ 120 Absatz 1 Satz 2 gilt entsprechend.

(2) Die Pflegekassen können bei Bedarf einzelne Pflegekräfte zur Sicherstellung der häuslichen Pflege anstellen, für die hinsichtlich der Wirtschaftlichkeit und Qualität ihrer Leistungen die gleichen Anforderungen wie für die zugelassenen Pflegedienste nach diesem Buch gelten.

§ 78 Verträge über Pflegehilfsmittel

(1) $_{1}$Der Spitzenverband Bund der Pflegekassen schließt mit den Leistungserbringern oder deren Verbänden Verträge über die Versorgung der Versicherten mit Pflegehilfsmitteln, soweit diese nicht nach den Vorschriften des Fünften Buches über die Hilfsmittel zu vergüten sind. $_{2}$Abweichend von Satz 1 können die Pflegekassen Verträge über die Versorgung der Versicherten mit Pflegehilfsmitteln schließen, um dem Wirtschaftlichkeitsgebot verstärkt Rechnung zu tragen. $_{3}$Die §§ 36, 126 und 127 des Fünften Buches gelten entsprechend.

(2) $_{1}$Der Spitzenverband Bund der Pflegekassen erstellt als Anlage zu dem Hilfsmittelverzeichnis nach § 139 des Fünften Buches ein systematisch strukturiertes Pflegehilfsmittelverzeichnis. $_{2}$Darin sind die von der Leistungspflicht der Pflegeversicherung umfassten Pflegehilfsmittel aufzuführen, soweit diese nicht bereits im Hilfsmittelverzeichnis enthalten sind. $_{3}$Pflegehilfsmittel, die für eine leihweise Überlassung an die Versicherten geeignet sind, sind gesondert auszuweisen. $_{4}$Im Übrigen gilt § 139 des Fünften Buches entsprechend mit der Maßgabe, dass die Verbände der Pflegeberufe und der behinderten Menschen vor Erstellung und Fortschreibung des Pflegehilfsmittelverzeichnisses ebenfalls anzuhören sind.

(3) $_{1}$Die Landesverbände der Pflegekassen vereinbaren untereinander oder mit geeigneten Pflegeeinrichtungen das Nähere zur Ausleihe der hierfür nach Absatz 2 Satz 4 geeigneten Pflegehilfsmittel einschließlich ihrer Beschaffung, Lagerung, Wartung und Kontrolle. $_{2}$Die Pflegebedürftigen und die zugelassenen Pflegeeinrichtungen sind von den Pflegekassen oder deren Verbänden in geeigneter Form über die Möglichkeit der Ausleihe zu unterrichten.

(4) Das Bundesministerium für Gesundheit wird ermächtigt, das Pflegehilfsmittelverzeichnis nach Absatz 2 und die Festbeträge nach Absatz 3 durch Rechtsverordnung im Einvernehmen mit dem Bundesministerium für Arbeit und Soziales und dem Bundesministerium für Familie, Senioren, Frauen und Jugend und mit Zustimmung des Bundesrates zu bestimmen; § 40 Abs. 5 bleibt unberührt.

Vierter Abschnitt Wirtschaftlichkeitsprüfungen

§ 79 Wirtschaftlichkeitsprüfungen

(1) $_{1}$Die Landesverbände der Pflegekassen können die Wirtschaftlichkeit und Wirksamkeit der ambulanten, teilstationären und vollstationären Pflegeleistungen durch von ihnen bestellte Sachverständige prüfen lassen; vor Bestellung der Sachverständigen ist der Träger der Pflegeeinrichtung zu hören. $_{2}$Eine Prüfung ist nur zulässig, wenn tatsächliche Anhaltspunkte dafür bestehen, dass die Pflegeeinrichtung die Anforderungen des § 72 Abs. 3 Satz 1 ganz oder teilweise nicht oder nicht mehr erfüllt. $_{3}$Die Anhaltspunkte sind der Pflegeeinrichtung rechtzeitig vor der Anhörung mitzuteilen. $_{4}$Personenbezogene Daten sind zu anonymisieren.

(2) Die Träger der Pflegeeinrichtungen sind verpflichtet, dem Sachverständigen auf Verlangen die für die Wahrnehmung seiner Aufgaben notwendigen Unterlagen vorzulegen und Auskünfte zu erteilen.

(3) Das Prüfungsergebnis ist, unabhängig von den sich daraus ergebenden Folgerungen für eine Kündigung des Versorgungsvertrags nach § 74, in der nächstmöglichen Vergütungsvereinbarung, mit Wirkung für die Zukunft zu berücksichtigen.

§ 80 (weggefallen)

§ 81 Verfahrensregelungen

(1) 1Die Landesverbände der Pflegekassen (§ 52) erfüllen die ihnen nach dem Siebten und Achten Kapitel zugewiesenen Aufgaben gemeinsam. 2Kommt eine Einigung ganz oder teilweise nicht zustande, erfolgt die Beschlussfassung durch die Mehrheit der in § 52 Abs. 1 Satz 1 genannten Stellen mit der Maßgabe, dass die Beschlüsse durch drei Vertreter der Ortskrankenkassen und durch zwei Vertreter der Ersatzkassen sowie durch je einen Vertreter der weiteren Stellen gefasst werden.

(2) 1Bei Entscheidungen, die von den Landesverbänden der Pflegekassen mit den Arbeitsgemeinschaften der örtlichen Träger der Sozialhilfe oder den überörtlichen Trägern der Sozialhilfe gemeinsam zu treffen sind, werden die Arbeitsgemeinschaften oder die überörtlichen Träger mit zwei Vertretern an der Beschlussfassung nach Absatz 1 Satz 2 beteiligt. 2Kommt bei zwei Beschlussfassungen nacheinander eine Einigung mit den Vertretern der Träger der Sozialhilfe nicht zustande, kann jeder Beteiligte nach Satz 1 die Entscheidung des Vorsitzenden und der weiteren unparteiischen Mitglieder der Schiedsstelle nach § 76 verlangen. 3Sie entscheiden für alle Beteiligten verbindlich über die streitbefangenen Punkte unter Ausschluss des Rechtswegs. 4Die Kosten des Verfahrens nach Satz 2 und das Honorar des Vorsitzenden sind von allen Beteiligten anteilig zu tragen.

(3) 1Bei Entscheidungen nach dem Siebten Kapitel, die der Spitzenverband Bund der Pflegekassen mit den Vertretern der Träger der Sozialhilfe gemeinsam zu treffen hat, stehen dem Spitzenverband Bund der Pflegekassen in entsprechender Anwendung von Absatz 2 Satz 1 in Verbindung mit Absatz 1 Satz 2 neun und den Vertretern der Träger der Sozialhilfe zwei Stimmen zu. 2Absatz 2 Satz 2 bis 4 gilt mit der Maßgabe entsprechend, dass bei Nichteinigung ein Schiedsstellenvorsitzender zur Entscheidung von den Beteiligten einvernehmlich auszuwählen ist.

Achtes Kapitel
Pflegevergütung

Erster Abschnitt
Allgemeine Vorschriften

§ 82 Finanzierung der Pflegeeinrichtungen

(1) 1Zugelassene Pflegeheime und Pflegedienste erhalten nach Maßgabe dieses Kapitels

1. eine leistungsgerechte Vergütung für die allgemeinen Pflegeleistungen (Pflegevergütung) sowie
2. bei stationärer Pflege ein angemessenes Entgelt für Unterkunft und Verpflegung.

2Die Pflegevergütung ist von den Pflegebedürftigen oder deren Kostenträgern zu tragen. 3Sie umfasst bei stationärer Pflege auch die soziale Betreuung und, soweit kein Anspruch auf Krankenpflege nach § 37 des Fünften Buches besteht, die medizinische Behandlungspflege. 4Für Unterkunft und Verpflegung bei stationärer Pflege hat der Pflegebedürftige selbst aufzukommen.

(2) In der Pflegevergütung und in den Entgelten für Unterkunft und Verpflegung dürfen keine Aufwendungen berücksichtigt werden für

1. Maßnahmen einschließlich Kapitalkosten, die dazu bestimmt sind, die für den Betrieb der Pflegeeinrichtung notwendigen Gebäude und sonstigen abschreibungsfähigen Anlagegüter herzustellen, anzuschaf-

fen, wiederzubeschaffen, zu ergänzen, instandzuhalten oder instandzusetzen; ausgenommen sind die zum Verbrauch bestimmten Güter (Verbrauchsgüter), die der Pflegevergütung nach Absatz 1 Satz 1 Nr. 1 zuzuordnen sind,

2. den Erwerb und die Erschließung von Grundstücken,
3. Miete, Pacht, Erbbauzins, Nutzung oder Mitbenutzung von Grundstücken, Gebäuden oder sonstigen Anlagegütern,
4. den Anlauf oder die innerbetriebliche Umstellung von Pflegeeinrichtungen,
5. die Schließung von Pflegeeinrichtungen oder ihre Umstellung auf andere Aufgaben.

(3) $_1$Soweit betriebsnotwendige Investitionsaufwendungen nach Absatz 2 Nr. 1 oder Aufwendungen für Miete, Pacht, Erbbauzins, Nutzung oder Mitbenutzung von Gebäuden oder sonstige abschreibungsfähige Anlagegüter nach Absatz 2 Nr. 3 durch öffentliche Förderung gemäß § 9 nicht vollständig gedeckt sind, kann die Pflegeeinrichtung diesen Teil der Aufwendungen den Pflegebedürftigen gesondert berechnen. $_2$Gleiches gilt, soweit die Aufwendungen nach Satz 1 vom Land durch Darlehen oder sonstige rückzahlbare Zuschüsse gefördert werden. $_3$Die gesonderte Berechnung bedarf der Zustimmung der zuständigen Landesbehörde; das Nähere hierzu, insbesondere auch zu Art, Höhe und Laufzeit sowie die Verteilung der gesondert berechenbaren Aufwendungen auf die Pflegebedürftigen einschließlich der Berücksichtigung pauschalierter Instandhaltungs- und Instandsetzungsaufwendungen sowie der zugrunde zu legenden Belegungsquote, wird durch Landesrecht bestimmt. $_4$Die Pauschalen müssen in einem angemessenen Verhältnis zur tatsächlichen Höhe der Instandhaltungs- und Instandsetzungsaufwendungen stehen.

(4) $_1$Pflegeeinrichtungen, die nicht nach Landesrecht gefördert werden, können ihre betriebsnotwendigen Investitionsaufwendungen den Pflegebedürftigen ohne Zustimmung der zuständigen Landesbehörde gesondert berechnen. $_2$Die gesonderte Berechnung ist der zuständigen Landesbehörde mitzuteilen.

(5) Öffentliche Zuschüsse zu den laufenden Aufwendungen einer Pflegeeinrichtung (Betriebskostenzuschüsse) sind von der Pflegevergütung abzuziehen.

§ 82a Ausbildungsvergütung

(1) Die Ausbildungsvergütung im Sinne dieser Vorschrift umfasst die Vergütung, die aufgrund von Rechtsvorschriften, Tarifverträgen, entsprechenden allgemeinen Vergütungsregelungen oder aufgrund vertraglicher Vereinbarungen an Personen, die nach Bundesrecht in der Altenpflege oder nach Landesrecht in der Altenpflegehilfe ausgebildet werden, während der Dauer ihrer praktischen oder theoretischen Ausbildung zu zahlen ist, sowie nach § 17 Abs. 1a des Altenpflegegesetzes zu erstattenden Weiterbildungskosten.

(2) $_1$Soweit eine nach diesem Gesetz zugelassene Pflegeeinrichtung nach Bundesrecht zur Ausbildung in der Altenpflege oder nach Landesrecht zur Ausbildung in der Altenpflegehilfe berechtigt oder verpflichtet ist, ist die Ausbildungsvergütung der Personen, die aufgrund eines entsprechenden Ausbildungsvertrages mit der Einrichtung oder ihrem Träger zum Zwecke der Ausbildung in der Einrichtung tätig sind, während der Dauer des Ausbildungsverhältnisses in der Vergütung der allgemeinen Pflegeleistungen (§ 84 Abs. 1, § 89) berücksichtigungsfähig. $_2$Betreut die Einrichtung auch Personen, die nicht pflegebedürftig im Sinne dieses Buches sind, so ist in der Pflegevergütung nach Satz 1 nur der Anteil an der Gesamtsumme der Ausbildungsvergütungen berücksichtigungsfähig, der bei einer gleichmäßigen Verteilung der Gesamtsumme auf alle betreuten Personen auf die Pflegebedürftigen im Sinne dieses Buches entfällt. $_3$Soweit die Ausbildungsvergütung im Pflegesatz eines zugelassenen Pflegeheimes zu berücksichtigen ist, ist der Anteil, der auf die Pflegebedürftigen im Sinne dieses Buches entfällt, gleichmäßig auf alle pflegebedürftigen Heimbewohner zu verteilen. $_4$Satz 1 gilt nicht, soweit

1. die Ausbildungsvergütung oder eine entsprechende Vergütung nach anderen Vorschriften aufgebracht wird oder
2. die Ausbildungsvergütung durch ein landesrechtliches Umlageverfahren nach Absatz 3 finanziert wird.

5Die Ausbildungsvergütung ist in der Vergütungsvereinbarung über die allgemeinen Pflegeleistungen gesondert auszuweisen; die §§ 84 bis 86 und 89 gelten entsprechend.

(3) Wird die Ausbildungsvergütung ganz oder teilweise durch ein landesrechtliches Umlageverfahren finanziert, so ist die Umlage in der Vergütung der allgemeinen Pflegeleistungen nur insoweit berücksichtigungsfähig, als sie auf der Grundlage nachfolgender Berechnungsgrundsätze ermittelt wird:

1. Die Kosten der Ausbildungsvergütung werden nach einheitlichen Grundsätzen gleichmäßig auf alle zugelassenen ambulanten, teilstationären und stationären Pflegeeinrichtungen und die Altenheime im Land verteilt. Bei der Bemessung und Verteilung der Umlage ist sicherzustellen, daß der Verteilungsmaßstab nicht einseitig zu Lasten der zugelassenen Pflegeeinrichtungen gewichtet ist. Im übrigen gilt Absatz 2 Satz 2 und 3 entsprechend.
2. Die Gesamthöhe der Umlage darf den voraussichtlichen Mittelbedarf zur Finanzierung eines angemessenen Angebots an Ausbildungsplätzen nicht überschreiten.
3. Aufwendungen für die Vorhaltung, Instandsetzung oder Instandhaltung von Ausbildungsstätten (§§ 9, 82 Abs. 2 bis 4), für deren laufende Betriebskosten (Personal- und Sachkosten) sowie für die Verwaltungskosten der nach Landesrecht für das Umlageverfahren zuständigen Stelle bleiben unberücksichtigt.

(4) 1Die Höhe der Umlage nach Absatz 3 sowie ihre Berechnungsfaktoren sind von der dafür nach Landesrecht zuständigen Stelle den Landesverbänden der Pflegekassen rechtzeitig vor Beginn der Pflegesatzverhandlungen mitzuteilen. 2Es genügt die Mitteilung an einen Landesverband; dieser leitet die Mitteilung unverzüglich an die übrigen Landesverbände und an die zuständigen Träger der Sozialhilfe weiter. 3Bei Meinungsverschiedenheiten zwischen den nach Satz 1 Beteiligten über die ordnungsgemäße Bemessung und die Höhe des von den zugelassenen Pflegeeinrichtungen zu zahlenden Anteils an der Umlage entscheidet die Schiedsstelle nach § 76 unter Ausschluß des Rechtsweges. 4Die Entscheidung ist für alle Beteiligten nach Satz 1 sowie für die Parteien der Vergütungsvereinbarungen nach dem Achten Kapitel verbindlich; § 85 Abs. 5 Satz 1 und 2, erster Halbsatz, sowie Abs. 6 gilt entsprechend.

§ 82b Ehrenamtliche Unterstützung

(1) 1Soweit und solange einer nach diesem Gesetz zugelassenen Pflegeeinrichtung, insbesondere

1. für die vorbereitende und begleitende Schulung,
2. für die Planung und Organisation des Einsatzes oder
3. für den Ersatz des angemessenen Aufwands

der Mitglieder von Selbsthilfegruppen sowie der ehrenamtlichen und sonstigen zum bürgerschaftlichen Engagement bereiten Personen und Organisationen, für von der Pflegeversicherung versorgte Leistungsempfänger nicht anderweitig gedeckte Aufwendungen entstehen, sind diese bei stationären Pflegeeinrichtungen in den Pflegesätzen (§ 84 Abs. 1) und bei ambulanten Pflegeeinrichtungen in den Vergütungen (§ 89) berücksichtigungsfähig. 2Die Aufwendungen können in der Vergütungsvereinbarung über die allgemeinen Pflegeleistungen gesondert ausgewiesen werden.

(2) 1Stationäre Pflegeeinrichtungen können für ehrenamtliche Unterstützung als ergänzendes Engagement bei allgemeinen Pflegeleistungen Aufwandsentschädigungen zahlen. 2Absatz 1 gilt entsprechend.

§ 83 Verordnung zur Regelung der Pflegevergütung

(1) Die Bundesregierung wird ermächtigt, durch Rechtsverordnung mit Zustimmung des Bundesrates Vorschriften zu erlassen über

1. die Pflegevergütung der Pflegeeinrichtungen einschließlich der Verfahrensregelungen zu ihrer Vereinbarung nach diesem Kapitel,
2. den Inhalt der Pflegeleistungen sowie bei stationärer Pflege die Abgrenzung zwischen den allgemeinen Pflegeleistungen (§ 84 Abs. 4), den Leistungen bei Unterkunft und Verpflegung (§ 87) und den Zusatzleistungen (§ 88),
3. die Rechnungs- und Buchführungsvorschriften der Pflegeeinrichtungen einschließlich einer Kosten- und Leistungsrechnung; bei zugelassenen Pflegeeinrichtungen, die neben den Leistungen nach diesem Buch auch andere Sozialleistungen im Sinne des Ersten Buches (gemischte Einrichtung) erbringen, kann der Anwendungsbereich der Verordnung auf den Gesamtbetrieb erstreckt werden,
4. Maßstäbe und Grundsätze für eine wirtschaftliche und leistungsbezogene, am Versorgungsauftrag (§ 72 Abs. 1) orientierte personelle Ausstattung der Pflegeeinrichtungen,
5. die nähere Abgrenzung der Leistungsaufwendungen nach Nummer 2 von den Investitionsaufwendungen und sonstigen Aufwendungen nach § 82 Abs. 2,

§ 90 bleibt unberührt.

(2) Nach Erlass der Rechtsverordnung sind Rahmenverträge und Schiedsstellenregelungen nach § 75 zu den von der Verordnung erfassten Regelungsbereichen nicht mehr zulässig.

Zweiter Abschnitt
Vergütung der stationären Pflegeleistungen

§ 84 Bemessungsgrundsätze

(1) 1Pflegesätze sind die Entgelte der Heimbewohner oder ihrer Kostenträger für die teil- oder vollstationären Pflegeleistungen des Pflegeheims sowie für die soziale Betreuung und, soweit kein Anspruch auf Krankenpflege nach § 37 des Fünften Buches besteht, für die medizinische Behandlungspflege. 2In den Pflegesätzen dürfen keine Aufwendungen berücksichtigt werden, die nicht der Finanzierungszuständigkeit der sozialen Pflegeversicherung unterliegen.

(2) 1Die Pflegesätze müssen leistungsgerecht sein. 2Sie sind nach dem Versorgungsaufwand, den der Pflegebedürftige nach Art und Schwere seiner Pflegebedürftigkeit benötigt, in drei Pflegeklassen einzuteilen; für Pflegebedürftige, die als Härtefall anerkannt sind, können Zuschläge zum Pflegesatz der Pflegeklasse 3 bis zur Höhe des kalendertäglichen Unterschiedsbetrages vereinbart werden, der sich aus § 43 Abs. 2 Satz 2 Nr. 3 und 4 ergibt. 3Bei der Zuordnung der Pflegebedürftigen zu den Pflegeklassen sind die Pflegestufen gemäß § 15 zugrunde zu legen, soweit nicht nach der gemeinsamen Beurteilung des Medizinischen Dienstes und der Pflegeleitung des Pflegeheimes die Zuordnung zu einer anderen Pflegeklasse notwendig oder ausreichend ist. 4Die Pflegesätze müssen einem Pflegeheim bei wirtschaftlicher Betriebsführung ermöglichen, seine Aufwendungen zu finanzieren und seinen Versorgungsauftrag zu erfüllen. 5Die Bezahlung tarifvertraglich vereinbarter Vergütungen sowie entsprechender Vergütungen nach kirchlichen Arbeitsrechtsregelungen kann dabei nicht als unwirtschaftlich abgelehnt werden. 6Überschüsse verbleiben dem Pflegeheim; Verluste sind von ihm zu tragen. 7Der Grundsatz der Beitragssatzstabilität ist zu beachten. 8Bei der Bemessung der Pflegesätze einer Pflegeeinrichtung können die Pflegesätze derjenigen Pflegeeinrichtungen, die nach Art und Größe sowie hinsichtlich der in Absatz 5 genannten Leistungs- und Qualitätsmerkmale im Wesentlichen gleichartig sind, angemessen berücksichtigt werden.

(3) Die Pflegesätze sind für alle Heimbewohner des Pflegeheimes nach einheitlichen Grundsätzen zu bemessen; eine Differenzierung nach Kostenträgern ist unzulässig.

(4) $_{1}$Mit den Pflegesätzen sind alle für die Versorgung der Pflegebedürftigen nach Art und Schwere ihrer Pflegebedürftigkeit erforderlichen Pflegeleistungen der Pflegeeinrichtung (allgemeine Pflegeleistungen) abgegolten. $_{2}$Für die allgemeinen Pflegeleistungen dürfen, soweit nichts anderes bestimmt ist, ausschließlich die nach § 85 oder § 86 vereinbarten oder nach § 85 Abs. 5 festgesetzten Pflegesätze berechnet werden, ohne Rücksicht darauf, wer zu ihrer Zahlung verpflichtet ist.

(5) $_{1}$In der Pflegesatzvereinbarung sind die wesentlichen Leistungs- und Qualitätsmerkmale der Einrichtung festzulegen. $_{2}$Hierzu gehören insbesondere

1. die Zuordnung des voraussichtlich zu versorgenden Personenkreises sowie Art, Inhalt und Umfang der Leistungen, die von der Einrichtung während des nächsten Pflegesatzzeitraums erwartet werden,
2. die von der Einrichtung für den voraussichtlich zu versorgenden Personenkreis individuell vorzuhaltende personelle Ausstattung, gegliedert nach Berufsgruppen, sowie
3. Art und Umfang der Ausstattung der Einrichtung mit Verbrauchsgütern (§ 82 Abs. 2 Nr. 1).

(6) $_{1}$Der Träger der Einrichtung ist verpflichtet, mit der vereinbarten personellen Ausstattung die Versorgung der Pflegebedürftigen jederzeit sicherzustellen. $_{2}$Er hat bei Personalengpässen oder -ausfällen durch geeignete Maßnahmen sicherzustellen, dass die Versorgung der Pflegebedürftigen nicht beeinträchtigt wird. $_{3}$Auf Verlangen einer Vertragspartei hat der Träger der Einrichtung in einem Personalabgleich nachzuweisen, dass die vereinbarte Personalausstattung tatsächlich bereitgestellt und bestimmungsgemäß eingesetzt wird. $_{4}$Das Nähere zur Durchführung des Personalabgleichs wird in den Verträgen nach § 75 Abs. 1 und 2 geregelt.

(7) $_{1}$Der Träger der Einrichtung ist verpflichtet, im Falle einer Vereinbarung der Pflegesätze auf Grundlage der Bezahlung der Beschäftigten nach tarifvertraglich vereinbarten Vergütungen sowie entsprechenden Vergütungen nach kirchlichen Arbeitsrechtsregelungen, die entsprechende Bezahlung der Beschäftigten jederzeit einzuhalten. $_{2}$Auf Verlangen einer Vertragspartei hat der Träger der Einrichtung dieses nachzuweisen. $_{3}$Personenbezogene Daten sind zu anonymisieren. $_{4}$Das Nähere zur Durchführung des Nachweises wird in den Verträgen nach § 75 Absatz 1 und 2 geregelt.

§ 85 Pflegesatzverfahren

(1) Art, Höhe und Laufzeit der Pflegesätze werden zwischen dem Träger des Pflegeheimes und den Leistungsträgern nach Absatz 2 vereinbart.

(2) $_{1}$Parteien der Pflegesatzvereinbarung (Vertragsparteien) sind der Träger des einzelnen zugelassenen Pflegeheimes sowie

1. die Pflegekassen oder sonstige Sozialversicherungsträger,
2. die für die Bewohner des Pflegeheimes zuständigen Träger der Sozialhilfe sowie
3. die Arbeitsgemeinschaften der unter Nummer 1 und 2 genannten Träger,

soweit auf den jeweiligen Kostenträger oder die Arbeitsgemeinschaft im Jahr vor Beginn der Pflegesatzverhandlungen jeweils mehr als fünf vom Hundert der Berechnungstage des Pflegeheimes entfallen. $_{2}$Die Pflegesatzvereinbarung ist für jedes zugelassene Pflegeheim gesondert abzuschließen; § 86 Abs. 2 bleibt unberührt. $_{3}$Die Vereinigungen der Pflegeheime im Land, die Landesverbände der Pflegekassen sowie der Verband der privaten Krankenversicherung e. V. im Land können sich am Pflegesatzverfahren beteiligen.

(3) $_{1}$Die Pflegesatzvereinbarung ist im voraus, vor Beginn der jeweiligen Wirtschaftsperiode des Pflegeheimes, für einen zukünftigen Zeitraum (Pflegesatzzeitraum) zu treffen. $_{2}$Das Pflegeheim hat Art, Inhalt, Umfang und Kosten der Leistungen, für die es eine Vergütung beansprucht, durch Pflegedokumentationen und andere geeignete Nachweise rechtzeitig vor Beginn der Pflegesatzverhandlungen darzulegen; es hat außerdem die schriftliche Stellungnahme der nach heimrechtlichen

Vorschriften vorgesehenen Interessenvertretung der Bewohnerinnen und Bewohner beizufügen. 3Soweit dies zur Beurteilung seiner Wirtschaftlichkeit und Leistungsfähigkeit im Einzelfall erforderlich ist, hat das Pflegeheim auf Verlangen einer Vertragspartei zusätzliche Unterlagen vorzulegen und Auskünfte zu erteilen. 4Hierzu gehören auch pflegesatzerhebliche Angaben zum Jahresabschluß entsprechend den Grundsätzen ordnungsgemäßer Pflegebuchführung, zur personellen und sachlichen Ausstattung des Pflegeheims einschließlich der Kosten sowie zur tatsächlichen Stellenbesetzung und Eingruppierung. 5Personenbezogene Daten sind zu anonymisieren.

(4) 1Die Pflegesatzvereinbarung kommt durch Einigung zwischen dem Träger des Pflegeheimes und der Mehrheit der Kostenträger nach Absatz 2 Satz 1 zustande, die an der Pflegesatzverhandlung teilgenommen haben. 2Sie ist schriftlich abzuschließen. 3Soweit Vertragsparteien sich bei den Pflegesatzverhandlungen durch Dritte vertreten lassen, haben diese vor Verhandlungsbeginn den übrigen Vertragsparteien eine schriftliche Verhandlungs- und Abschlußvollmacht vorzulegen.

(5) 1Kommt eine Pflegesatzvereinbarung innerhalb von sechs Wochen nicht zustande, nachdem eine Vertragspartei schriftlich zu Pflegesatzverhandlungen aufgefordert hat, setzt die Schiedsstelle nach § 76 auf Antrag einer Vertragspartei die Pflegesätze unverzüglich fest. 2Satz 1 gilt auch, soweit der nach Absatz 2 Satz 1 Nr. 2 zuständige Träger der Sozialhilfe der Pflegesatzvereinbarung innerhalb von zwei Wochen nach Vertragsschluß widerspricht; der Träger der Sozialhilfe kann im voraus verlangen, daß an Stelle der gesamten Schiedsstelle nur der Vorsitzende und die beiden weiteren unparteiischen Mitglieder oder nur der Vorsitzende allein entscheiden. 3Gegen die Festsetzung ist der Rechtsweg zu den Sozialgerichten gegeben. 4Ein Vorverfahren findet nicht statt; die Klage hat keine aufschiebende Wirkung.

(6) 1Pflegesatzvereinbarungen sowie Schiedsstellenentscheidungen nach Absatz 5 Satz 1 oder 2 treten zu dem darin unter angemessener Berücksichtigung der Interessen der Pflegeheimbewohner bestimmten Zeitpunkt in Kraft; sie sind für das Pflegeheim sowie für die in dem Heim versorgten Pflegebedürftigen und deren Kostenträger unmittelbar verbindlich. 2Ein rückwirkendes Inkrafttreten von Pflegesätzen ist nicht zulässig. 3Nach Ablauf des Pflegesatzzeitraums gelten die vereinbarten oder festgesetzten Pflegesätze bis zum Inkrafttreten neuer Pflegesätze weiter.

(7) Bei unvorhersehbaren wesentlichen Veränderungen der Annahmen, die der Vereinbarung oder Festsetzung der Pflegesätze zugrunde lagen, sind die Pflegesätze auf Verlangen einer Vertragspartei für den laufenden Pflegesatzzeitraum neu zu verhandeln; die Absätze 3 bis 6 gelten entsprechend.

§ 86 Pflegesatzkommission

(1) 1Die Landesverbände der Pflegekassen, der Verband der privaten Krankenversicherung e. V., die überörtlichen oder ein nach Landesrecht bestimmter Träger der Sozialhilfe und die Vereinigungen der Pflegeheimträger im Land bilden regional oder landesweit tätige Pflegesatzkommissionen, die anstelle der Vertragsparteien nach § 85 Abs. 2 die Pflegesätze mit Zustimmung der betroffenen Pflegeheimträger vereinbaren können. 2§ 85 Abs. 3 bis 7 gilt entsprechend.

(2) 1Für Pflegeheime, die in derselben kreisfreien Gemeinde oder in demselben Landkreis liegen, kann die Pflegesatzkommission mit Zustimmung der betroffenen Pflegeheimträger für die gleichen Leistungen einheitliche Pflegesätze vereinbaren. 2Die beteiligten Pflegeheime sind befugt, ihre Leistungen unterhalb der nach Satz 1 vereinbarten Pflegesätze anzubieten.

(3) 1Die Pflegesatzkommission oder die Vertragsparteien nach § 85 Abs. 2 können auch Rahmenvereinbarungen abschließen, die insbesondere ihre Rechte und Pflichten, die Vorbereitung, den Beginn und das Verfahren der Pflegesatzverhandlungen sowie Art, Umfang und Zeitpunkt der vom Pflegeheim vorzulegenden Leistungsnachweise und sonsti-

gen Verhandlungsunterlagen näher bestimmen. $_{2}$Satz 1 gilt nicht, soweit für das Pflegeheim verbindliche Regelungen nach § 75 getroffen worden sind.

§ 87 Unterkunft und Verpflegung

$_{1}$Die als Pflegesatzparteien betroffenen Leistungsträger (§ 85 Abs. 2) vereinbaren mit dem Träger des Pflegeheimes die von den Pflegebedürftigen zu tragenden Entgelte für die Unterkunft und für die Verpflegung jeweils getrennt. $_{2}$Die Entgelte müssen in einem angemessenen Verhältnis zu den Leistungen stehen. $_{3}$§ 84 Abs. 3 und 4 und die §§ 85 und 86 gelten entsprechend; § 88 bleibt unberührt.

§ 87a Berechnung und Zahlung des Heimentgelts

(1) $_{1}$Die Pflegesätze, die Entgelte für Unterkunft und Verpflegung sowie die gesondert berechenbaren Investitionskosten (Gesamtheimentgelt) werden für den Tag der Aufnahme des Pflegebedürftigen in das Pflegeheim sowie für jeden weiteren Tag des Heimaufenthalts berechnet (Berechnungstag). $_{2}$Die Zahlungspflicht der Heimbewohner oder ihrer Kostenträger endet mit dem Tag, an dem der Heimbewohner aus dem Heim entlassen wird oder verstirbt. $_{3}$Zieht ein Pflegebedürftiger in ein anderes Heim um, darf nur das aufnehmende Pflegeheim ein Gesamtheimentgelt für den Verlegungstag berechnen. $_{4}$Von den Sätzen 1 bis 3 abweichende Vereinbarungen zwischen dem Pflegeheim und dem Heimbewohner oder dessen Kostenträger sind nichtig. $_{5}$Der Pflegeplatz ist im Fall vorübergehender Abwesenheit vom Pflegeheim für einen Abwesenheitszeitraum von bis zu 42 Tagen im Kalenderjahr für den Pflegebedürftigen freizuhalten. $_{6}$Abweichend hiervon verlängert sich der Abwesenheitszeitraum bei Krankenhausaufenthalten und bei Aufenthalten in Rehabilitationseinrichtungen für die Dauer dieser Aufenthalte. $_{7}$In den Rahmenverträgen nach § 75 sind für die nach den Sätzen 5 und 6 bestimmten Abwesenheitszeiträume, soweit drei Kalendertage überschritten werden, Abschläge von mindestens 25 vom Hundert der Pflegevergütung, der Entgelte für Unterkunft und Verpflegung und der Zuschläge nach § 92b vorzusehen.

(2) $_{1}$Bestehen Anhaltspunkte dafür, dass der pflegebedürftige Heimbewohner auf Grund der Entwicklung seines Zustands einer höheren Pflegestufe zuzuordnen ist, so ist er auf schriftliche Aufforderung des Heimträgers verpflichtet, bei seiner Pflegekasse die Zuordnung zu einer höheren Pflegestufe zu beantragen. $_{2}$Die Aufforderung ist zu begründen und auch der Pflegekasse sowie bei Sozialhilfeempfängern dem zuständigen Träger der Sozialhilfe zuzuleiten. $_{3}$Weigert sich der Heimbewohner, den Antrag zu stellen, kann der Heimträger ihm oder seinem Kostenträger ab dem ersten Tag des zweiten Monats nach der Aufforderung vorläufig den Pflegesatz nach der nächsthöheren Pflegeklasse berechnen. $_{4}$Werden die Voraussetzungen für eine höhere Pflegestufe vom Medizinischen Dienst nicht bestätigt und lehnt die Pflegekasse eine Höherstufung deswegen ab, hat das Pflegeheim dem Pflegebedürftigen den überzahlten Betrag unverzüglich zurückzuzahlen; der Rückzahlungsbetrag ist rückwirkend ab dem in Satz 3 genannten Zeitpunkt mit wenigstens 5 vom Hundert zu verzinsen.

(3) $_{1}$Die dem pflegebedürftigen Heimbewohner nach den §§ 41 bis 43 zustehenden Leistungsbeträge sind von seiner Pflegekasse mit befreiender Wirkung unmittelbar an das Pflegeheim zu zahlen. $_{2}$Maßgebend für die Höhe des zu zahlenden Leistungsbetrags ist der Leistungsbescheid der Pflegekasse, unabhängig davon, ob der Bescheid bestandskräftig ist oder nicht. $_{3}$Die von den Pflegekassen zu zahlenden Leistungsbeträge werden bei vollstationärer Pflege (§ 43) zum 15. eines jeden Monats fällig.

(4) $_{1}$Pflegeeinrichtungen, die Leistungen im Sinne des § 43 erbringen, erhalten von der Pflegekasse zusätzlich den Betrag von 1597 Euro, wenn der Pflegebedürftige nach der Durchführung aktivierender oder rehabilitativer Maßnahmen in eine niedrigere Pflegestufe oder von erheblicher zu nicht erheblicher Pflegebedürftigkeit zurückgestuft wurde. $_{2}$Der Betrag wird entsprechend § 30 an-

gepasst. 3Der von der Pflegekasse gezahlte Betrag ist von der Pflegeeinrichtung zurückzuzahlen, wenn der Pflegebedürftige innerhalb von sechs Monaten in eine höhere Pflegestufe oder von nicht erheblicher zu erheblicher Pflegebedürftigkeit eingestuft wird.

§ 87b Vergütungszuschläge für zusätzliche Betreuung und Aktivierung in stationären Pflegeeinrichtungen

(1) 1Stationäre Pflegeeinrichtungen haben abweichend von § 84 Abs. 2 Satz 2 und Abs. 4 Satz 1 sowie unter entsprechender Anwendung der §§ 45a, 85 und 87a für die zusätzliche Betreuung und Aktivierung der pflegebedürftigen Heimbewohner sowie der Versicherten, die einen Hilfebedarf im Bereich der Grundpflege und hauswirtschaftlichen Versorgung haben, der nicht das Ausmaß der Pflegestufe I erreicht, (anspruchsberechtigten Personen) Anspruch auf Vereinbarung leistungsgerechter Zuschläge zur Pflegevergütung. 2Die Vereinbarung der Vergütungszuschläge setzt voraus, dass

1. die anspruchsberechtigten Personen über die nach Art und Schwere der Pflegebedürftigkeit notwendige Versorgung hinaus zusätzlich betreut und aktiviert werden,
2. die stationäre Pflegeeinrichtung für die zusätzliche Betreuung und Aktivierung der anspruchsberechtigten Personen über zusätzliches Betreuungspersonal, in vollstationären Pflegeeinrichtungen in sozialversicherungspflichtiger Beschäftigung verfügt und die Aufwendungen für dieses Personal weder bei der Bemessung der Pflegesätze noch bei den Zusatzleistungen nach § 88 berücksichtigt werden,
3. die Vergütungszuschläge auf der Grundlage vereinbart werden, dass in der Regel für jede anspruchsberechtigte Person der zwanzigste Teil der Personalaufwendungen für eine zusätzliche Vollzeitkraft finanziert wird und
4. die Vertragsparteien Einvernehmen erzielt haben, dass der vereinbarte Vergütungszuschlag nicht berechnet werden darf, soweit die zusätzliche Betreuung und Aktivierung für anspruchsberechtigte Personen nicht erbracht wird.

3Eine Vereinbarung darf darüber hinaus nur mit stationären Pflegeeinrichtungen getroffen werden, die anspruchsberechtigte Personen und ihre Angehörigen im Rahmen der Verhandlung und des Abschlusses des Heimvertrages nachprüfbar und deutlich darauf hinweisen, dass ein zusätzliches Betreuungsangebot, für das ein Vergütungszuschlag nach Absatz 1 gezahlt wird, besteht. 4Die Leistungs- und Preisvergleichsliste nach § 7 Abs. 3 ist entsprechend zu ergänzen.

(2) 1Der Vergütungszuschlag ist von der Pflegekasse zu tragen und von dem privaten Versicherungsunternehmen im Rahmen des vereinbarten Versicherungsschutzes zu erstatten; § 28 Absatz 2 ist entsprechend anzuwenden. 2Mit den Vergütungszuschlägen sind alle zusätzlichen Leistungen der Betreuung und Aktivierung für anspruchsberechtigte Personen im Sinne von Absatz 1 abgegolten. 3Die anspruchsberechtigten Personen und die Träger der Sozialhilfe dürfen mit den Vergütungszuschlägen weder ganz noch teilweise belastet werden. 4Mit der Zahlung des Vergütungszuschlags von der Pflegekasse an die Pflegeeinrichtung hat die anspruchsberechtigte Person Anspruch auf Erbringung der zusätzlichen Betreuung und Aktivierung gegenüber der Pflegeeinrichtung.

(3) 1Der Spitzenverband Bund der Pflegekassen hat für die zusätzlich einzusetzenden Betreuungskräfte auf der Grundlage des § 45c Abs. 3 Richtlinien zur Qualifikation und zu den Aufgaben in stationären Pflegeeinrichtungen zu beschließen; er hat hierzu die Bundesvereinigungen der Träger stationärer Pflegeeinrichtungen anzuhören und den allgemein anerkannten Stand medizinischpflegerischer Erkenntnisse zu beachten. 2Die Richtlinien werden für alle Pflegekassen und deren Verbände sowie für die stationären Pflegeeinrichtungen erst nach Genehmigung durch das Bundesministerium für Gesundheit wirksam; § 17 Abs. 2 gilt entsprechend.

§ 88 Zusatzleistungen

(1) $_{1}$Neben den Pflegesätzen nach § 85 und den Entgelten nach § 87 darf das Pflegeheim mit den Pflegebedürftigen über die im Versorgungsvertrag vereinbarten notwendigen Leistungen hinaus (§ 72 Abs. 1 Satz 2) gesondert ausgewiesene Zuschläge für

1. besondere Komfortleistungen bei Unterkunft und Verpflegung sowie
2. zusätzliche pflegerisch-betreuende Leistungen

vereinbaren (Zusatzleistungen). $_{2}$Der Inhalt der notwendigen Leistungen und deren Abgrenzung von den Zusatzleistungen werden in den Rahmenverträgen nach § 75 festgelegt.

(2) Die Gewährung und Berechnung von Zusatzleistungen ist nur zulässig, wenn:

1. dadurch die notwendigen stationären oder teilstationären Leistungen des Pflegeheimes (§ 84 Abs. 4 und § 87) nicht beeinträchtigt werden,
2. die angebotenen Zusatzleistungen nach Art, Umfang, Dauer und Zeitabfolge sowie die Höhe der Zuschläge und die Zahlungsbedingungen vorher schriftlich zwischen dem Pflegeheim und dem Pflegebedürftigen vereinbart worden sind,
3. das Leistungsangebot und die Leistungsbedingungen den Landesverbänden der Pflegekassen und den überörtlichen Trägern der Sozialhilfe im Land vor Leistungsbeginn schriftlich mitgeteilt worden sind.

Dritter Abschnitt Vergütung der ambulanten Pflegeleistungen

§ 89 Grundsätze für die Vergütungsregelung

(1) $_{1}$Die Vergütung der ambulanten Pflegeleistungen und der hauswirtschaftlichen Versorgung wird, soweit nicht die Gebührenordnung nach § 90 Anwendung findet, zwischen dem Träger des Pflegedienstes und den Leistungsträgern nach Absatz 2 für alle Pflegebedürftigen nach einheitlichen Grundsätzen vereinbart. $_{2}$Sie muß leistungsgerecht sein. $_{3}$Die Vergütung muss einem Pflegedienst bei wirtschaftlicher Betriebsführung ermöglichen, seine Aufwendungen zu finanzieren und seinen Versorgungsauftrag zu erfüllen. $_{4}$Die Bezahlung tarifvertraglich vereinbarter Vergütungen sowie entsprechender Vergütungen nach kirchlichen Arbeitsrechtsregelungen kann dabei nicht als unwirtschaftlich abgelehnt werden. $_{5}$Eine Differenzierung in der Vergütung nach Kostenträgern ist unzulässig.

(2) $_{1}$Vertragsparteien der Vergütungsvereinbarung sind die Träger des Pflegedienstes sowie

1. die Pflegekassen oder sonstige Sozialversicherungsträger,
2. die Träger der Sozialhilfe, die für die durch den Pflegedienst versorgten Pflegebedürftigen zuständig sind, sowie
3. die Arbeitsgemeinschaften der unter Nummer 1 und 2 genannten Träger,

soweit auf den jeweiligen Kostenträger oder die Arbeitsgemeinschaft im Jahr vor Beginn der Vergütungsverhandlungen jeweils mehr als 5 vom Hundert der vom Pflegedienst betreuten Pflegebedürftigen entfallen. $_{2}$Die Vergütungsvereinbarung ist für jeden Pflegedienst gesondert abzuschließen und gilt für den nach § 72 Abs. 3 Satz 3 vereinbarten Einzugsbereich, soweit nicht ausdrücklich etwas Abweichendes vereinbart wird.

(3) $_{1}$Die Vergütungen können, je nach Art und Umfang der Pflegeleistung, nach dem dafür erforderlichen Zeitaufwand oder unabhängig vom Zeitaufwand nach dem Leistungsinhalt des jeweiligen Pflegeeinsatzes, nach Komplexleistungen oder in Ausnahmefällen auch nach Einzelleistungen bemessen werden; sonstige Leistungen wie hauswirtschaftliche Versorgung, Behördengänge oder Fahrkosten können auch mit Pauschalen vergütet werden. $_{2}$Die Vergütungen haben zu berücksichtigen, dass Leistungen von mehreren Pflegebedürftigen gemeinsam abgerufen und in Anspruch genommen werden können; die sich aus einer gemeinsamen Leistungsinanspruchnahme ergebenden Zeit- und Kosten-

ersparnisse kommen den Pflegebedürftigen zugute. 3Darüber hinaus sind auch Vergütungen für Betreuungsleistungen nach § 36 Abs. 1 zu vereinbaren. 4§ 84 Absatz 4 Satz 2 und Absatz 7, § 85 Absatz 3 bis 7 und § 86 gelten entsprechend.

§ 90 Gebührenordnung für ambulante Pflegeleistungen

(1) 1Das Bundesministerium für Gesundheit wird ermächtigt, im Einvernehmen mit dem Bundesministerium für Familie, Senioren, Frauen und Jugend und dem Bundesministerium für Arbeit und Soziales durch Rechtsverordnung mit Zustimmung des Bundesrates eine Gebührenordnung für die Vergütung der ambulanten Pflegeleistungen und der hauswirtschaftlichen Versorgung der Pflegebedürftigen zu erlassen, soweit die Versorgung von der Leistungspflicht der Pflegeversicherung umfaßt ist. 2Die Vergütung muß leistungsgerecht sein, den Bemessungsgrundsätzen nach § 89 entsprechen und hinsichtlich ihrer Höhe regionale Unterschiede berücksichtigen. 3§ 82 Abs. 2 gilt entsprechend. 4In der Verordnung ist auch das Nähere zur Abrechnung der Vergütung zwischen den Pflegekassen und den Pflegediensten zu regeln.

(2) 1Die Gebührenordnung gilt nicht für die Vergütung von ambulanten Pflegeleistungen und der hauswirtschaftlichen Versorgung durch Familienangehörige und sonstige Personen, die mit dem Pflegebedürftigen in häuslicher Gemeinschaft leben. 2Soweit die Gebührenordnung Anwendung findet, sind die davon betroffenen Pflegeeinrichtungen und Pflegepersonen nicht berechtigt, über die Berechnung der Gebühren hinaus weitergehende Ansprüche an die Pflegebedürftigen oder deren Kostenträger zu stellen.

XI

Vierter Abschnitt
Kostenerstattung, Landespflegeausschüsse, Pflegeheimvergleich

§ 91 Kostenerstattung

(1) Zugelassene Pflegeeinrichtungen, die auf eine vertragliche Regelung der Pflegevergütung nach den §§ 85 und 89 verzichten oder mit denen eine solche Regelung nicht zustande kommt, können den Preis für ihre ambulanten oder stationären Leistungen unmittelbar mit den Pflegebedürftigen vereinbaren.

(2) 1Den Pflegebedürftigen werden die ihnen von den Einrichtungen nach Absatz 1 berechneten Kosten für die pflegebedingten Aufwendungen erstattet. 2Die Erstattung darf jedoch 80 vom Hundert des Betrages nicht überschreiten, den die Pflegekasse für den einzelnen Pflegebedürftigen nach Art und Schwere seiner Pflegebedürftigkeit nach dem Dritten Abschnitt des Vierten Kapitels zu leisten hat. 3Eine weitergehende Kostenerstattung durch einen Träger der Sozialhilfe ist unzulässig.

(3) Die Absätze 1 und 2 gelten entsprechend für Pflegebedürftige, die nach Maßgabe dieses Buches bei einem privaten Versicherungsunternehmen versichert sind.

(4) Die Pflegebedürftigen und ihre Angehörigen sind von der Pflegekasse und der Pflegeeinrichtung rechtzeitig auf die Rechtsfolgen der Absätze 2 und 3 hinzuweisen.

§ 92 Landespflegeausschüsse

1Für jedes Land oder für Teile des Landes wird zur Beratung über Fragen der Pflegeversicherung ein Landespflegeausschuss gebildet. 2Der Ausschuss kann zur Umsetzung der Pflegeversicherung einvernehmlich Empfehlungen abgeben. 3Die Landesregierungen werden ermächtigt, durch Rechtsverordnung das Nähere zu den Landespflegeausschüssen zu bestimmen; insbesondere können sie die den Landespflegeausschüssen angehörenden Organisationen unter Berücksichtigung der Interessen aller an der Pflege im Land Beteiligten berufen.

§ 92a Pflegeheimvergleich

(1) 1Die Bundesregierung wird ermächtigt, durch Rechtsverordnung mit Zustimmung des Bundesrates einen Pflegeheimvergleich anzuordnen, insbesondere mit dem Ziel,

1. die Landesverbände der Pflegekassen bei der Durchführung von Wirtschaftlichkeits-

und Qualitätsprüfungen (§ 79, Elftes Kapitel),
2. die Vertragsparteien nach § 85 Abs. 2 bei der Bemessung der Vergütungen und Entgelte sowie
3. die Pflegekassen bei der Erstellung der Leistungs- und Preisvergleichslisten (§ 7 Abs. 3)

zu unterstützen. 2Die Pflegeheime sind länderbezogen, Einrichtung für Einrichtung, insbesondere hinsichtlich ihrer Leistungs- und Belegungsstrukturen, ihrer Pflegesätze und Entgelte sowie ihrer gesondert berechenbaren Investitionskosten miteinander zu vergleichen.

(2) In der Verordnung nach Absatz 1 sind insbesondere zu regeln:
1. die Organisation und Durchführung des Pflegeheimvergleichs durch eine oder mehrere von dem Spitzenverband Bund der Pflegekassen oder den Landesverbänden der Pflegekassen gemeinsam beauftragte Stellen,
2. die Finanzierung des Pflegeheimvergleichs aus Verwaltungsmitteln der Pflegekassen,
3. die Erhebung der vergleichsnotwendigen Daten einschließlich ihrer Verarbeitung.

(3) 1Zur Ermittlung der Vergleichsdaten ist vorrangig auf die verfügbaren Daten aus den Versorgungsverträgen, sowie den Pflegesatz- und Entgeltvereinbarungen über
1. die Versorgungsstrukturen einschließlich der personellen und sächlichen Ausstattung,
2. die Leistungen, Pflegesätze und sonstigen Entgelte der Pflegeheime

und auf die Daten aus den Vereinbarungen über Zusatzleistungen zurückzugreifen. 2Soweit dies für die Zwecke des Pflegeheimvergleichs erforderlich ist, haben die Pflegeheime der mit der Durchführung des Pflegeheimvergleichs beauftragten Stelle auf Verlangen zusätzliche Unterlagen vorzulegen und Auskünfte zu erteilen, insbesondere auch über die von ihnen gesondert berechneten Investitionskosten (§ 82 Abs. 3 und 4).

(4) 1Durch die Verordnung nach Absatz 1 ist sicherzustellen, dass die Vergleichsdaten
1. den zuständigen Landesbehörden,
2. den Vereinigungen der Pflegeheimträger im Land,
3. den Landesverbänden der Pflegekassen,
4. dem Medizinischen Dienst der Krankenversicherung,
5. dem Verband der privaten Krankenversicherung e. V. im Land sowie
6. den nach Landesrecht zuständigen Trägern der Sozialhilfe

zugänglich gemacht werden. 2Die Beteiligten nach Satz 1 sind befugt, die Vergleichsdaten ihren Verbänden oder Vereinigungen auf Bundesebene zu übermitteln; die Landesverbände der Pflegekassen sind verpflichtet, die für Prüfzwecke erforderlichen Vergleichsdaten den von ihnen zur Durchführung von Wirtschaftlichkeits- und Qualitätsprüfungen bestellten Sachverständigen zugänglich zu machen.

(5) 1Vor Erlass der Rechtsverordnung nach Absatz 1 sind der Spitzenverband Bund der Pflegekassen, der Verband der privaten Krankenversicherung e. V., die Bundesarbeitsgemeinschaft der überörtlichen Träger der Sozialhilfe, die Bundesvereinigung der kommunalen Spitzenverbände und die Vereinigungen der Träger der Pflegeheime auf Bundesebene anzuhören. 2Im Rahmen der Anhörung können diese auch Vorschläge für eine Rechtsverordnung nach Absatz 1 oder für einzelne Regelungen einer solchen Rechtsverordnung vorlegen.

(6) Der Spitzenverband Bund der Pflegekassen oder die Landesverbände der Pflegekassen sind berechtigt, jährlich Verzeichnisse der Pflegeheime mit den im Pflegeheimvergleich ermittelten Leistungs-, Belegungs- und Vergütungsdaten zu veröffentlichen.

(7) Personenbezogene Daten sind vor der Datenübermittlung oder der Erteilung von Auskünften zu anonymisieren.

(8) Die Bundesregierung wird ermächtigt, durch Rechtsverordnung mit Zustimmung des Bundesrates einen länderbezogenen Vergleich über die zugelassenen Pflegedienste

(Pflegedienstvergleich) in entsprechender Anwendung der vorstehenden Absätze anzuordnen.

Fünfter Abschnitt
Integrierte Versorgung und Pflegestützpunkte

§ 92b Integrierte Versorgung

(1) Die Pflegekassen können mit zugelassenen Pflegeeinrichtungen und den weiteren Vertragspartnern nach § 140a Absatz 3 Satz 1 des Fünften Buches Verträge zur integrierten Versorgung schließen oder derartigen Verträgen mit Zustimmung der Vertragspartner beitreten.

(2) $_{1}$In den Verträgen nach Absatz 1 ist das Nähere über Art, Inhalt und Umfang der zu erbringenden Leistungen der integrierten Versorgung sowie deren Vergütung zu regeln. $_{2}$Diese Verträge können von den Vorschriften der §§ 75, 85 und 89 abweichende Regelungen treffen, wenn sie dem Sinn und der Eigenart der integrierten Versorgung entsprechen, die Qualität, die Wirksamkeit und die Wirtschaftlichkeit der Versorgung durch die Pflegeeinrichtungen verbessern oder aus sonstigen Gründen zur Durchführung der integrierten Versorgung erforderlich sind. $_{3}$In den Pflegevergütungen dürfen keine Aufwendungen berücksichtigt werden, die nicht der Finanzierungszuständigkeit der sozialen Pflegeversicherung unterliegen. $_{4}$Soweit Pflegeeinrichtungen durch die integrierte Versorgung Mehraufwendungen für Pflegeleistungen entstehen, vereinbaren die Beteiligten leistungsgerechte Zuschläge zu den Pflegevergütungen (§§ 85 und 89). $_{5}$§ 140a Absatz 2 Satz 1 bis 3 des Fünften Buches gilt für Leistungsansprüche der Pflegeversicherten gegenüber ihrer Pflegekasse entsprechend.

(3) § 140a Absatz 4 des Fünften Buches gilt für die Teilnahme der Pflegeversicherten an den integrierten Versorgungsformen entsprechend.

XI

§ 92c Pflegestützpunkte

(1) $_{1}$Zur wohnortnahen Beratung, Versorgung und Betreuung der Versicherten richten die Pflegekassen und Krankenkassen Pflegestützpunkte ein, sofern die zuständige oberste Landesbehörde dies bestimmt. $_{2}$Die Einrichtung muss innerhalb von sechs Monaten nach der Bestimmung durch die oberste Landesbehörde erfolgen. $_{3}$Kommen die hierfür erforderlichen Verträge nicht innerhalb von drei Monaten nach der Bestimmung durch die oberste Landesbehörde zustande, haben die Landesverbände der Pflegekassen innerhalb eines weiteren Monats den Inhalt der Verträge festzulegen; hierbei haben sie auch die Interessen der Ersatzkassen und der Landesverbände der Krankenkassen wahrzunehmen. $_{4}$Hinsichtlich der Mehrheitsverhältnisse bei der Beschlussfassung ist § 81 Abs. 1 Satz 2 entsprechend anzuwenden. $_{5}$Widerspruch und Anfechtungsklage gegen Maßnahmen der Aufsichtsbehörden zur Einrichtung von Pflegestützpunkten haben keine aufschiebende Wirkung.

(2) $_{1}$Aufgaben der Pflegestützpunkte sind

1. umfassende sowie unabhängige Auskunft und Beratung zu den Rechten und Pflichten nach dem Sozialgesetzbuch und zur Auswahl und Inanspruchnahme der bundes- oder landesrechtlich vorgesehenen Sozialleistungen und sonstigen Hilfsangebote,
2. Koordinierung aller für die wohnortnahe Versorgung und Betreuung in Betracht kommenden gesundheitsfördernden, präventiven, kurativen, rehabilitativen und sonstigen medizinischen sowie pflegerischen und sozialen Hilfs- und Unterstützungsangebote einschließlich der Hilfestellung bei der Inanspruchnahme der Leistungen,
3. Vernetzung aufeinander abgestimmter pflegerischer und sozialer Versorgungs- und Betreuungsangebote.

$_{2}$Auf vorhandene vernetzte Beratungsstrukturen ist zurückzugreifen. $_{3}$Die Pflegekassen haben jederzeit darauf hinzuwirken, dass sich insbesondere die

1. nach Landesrecht zu bestimmenden Stellen für die wohnortnahe Betreuung im Rahmen der örtlichen Altenhilfe und für

die Gewährung der Hilfe zur Pflege nach dem Zwölften Buch,
2. im Land zugelassenen und tätigen Pflegeeinrichtungen,
3. im Land tätigen Unternehmen der privaten Kranken- und Pflegeversicherung

an den Pflegestützpunkten beteiligen. 4Die Krankenkassen haben sich an den Pflegestützpunkten zu beteiligen. 5Träger der Pflegestützpunkte sind die beteiligten Kosten- und Leistungsträger. 6Die Träger

1. sollen Pflegefachkräfte in die Tätigkeit der Pflegestützpunkte einbinden,
2. haben nach Möglichkeit Mitglieder von Selbsthilfegruppen sowie ehrenamtliche und sonstige zum bürgerschaftlichen Engagement bereite Personen und Organisationen in die Tätigkeit der Pflegestützpunkte einzubinden,
3. sollen interessierten kirchlichen sowie sonstigen religiösen und gesellschaftlichen Trägern und Organisationen die Beteiligung an den Pflegestützpunkten ermöglichen,
4. können sich zur Erfüllung ihrer Aufgaben dritter Stellen bedienen,
5. sollen im Hinblick auf die Vermittlung und Qualifizierung von für die Pflege und Betreuung geeigneten Kräften eng mit dem Träger der Arbeitsförderung nach dem Dritten Buch und den Trägern der Grundsicherung für Arbeitsuchende nach dem Zweiten Buch zusammenarbeiten.

(3) Die an den Pflegestützpunkten beteiligten Kostenträger und Leistungserbringer können für das Einzugsgebiet der Pflegestützpunkte Verträge zur wohnortnahen integrierten Versorgung schließen; insoweit ist § 92b mit der Maßgabe entsprechend anzuwenden, dass die Pflege- und Krankenkassen gemeinsam und einheitlich handeln.

(4) 1Der Pflegestützpunkt kann bei einer im Land zugelassenen und tätigen Pflegeeinrichtung errichtet werden, wenn dies nicht zu einer unzulässigen Beeinträchtigung des Wettbewerbs zwischen den Pflegeeinrichtungen führt. 2Die für den Betrieb des Pflegestützpunktes erforderlichen Aufwendungen werden von den Trägern der Pflegestützpunkte unter Berücksichtigung der anrechnungsfähigen Aufwendungen für das eingesetzte Personal auf der Grundlage einer vertraglichen Vereinbarung anteilig getragen. 3Die Verteilung der für den Betrieb des Pflegestützpunktes erforderlichen Aufwendungen wird mit der Maßgabe vereinbart, dass der auf eine einzelne Pflegekasse entfallende Anteil nicht höher sein darf, als der von der Krankenkasse, bei der sie errichtet ist, zu tragende Anteil. 4Soweit sich private Versicherungsunternehmen, die die private Pflege-Pflichtversicherung durchführen, nicht an der Finanzierung der Pflegestützpunkte beteiligen, haben sie mit den Trägern der Pflegestützpunkte über Art, Inhalt und Umfang der Inanspruchnahme der Pflegestützpunkte durch privat Pflege-Pflichtversicherte sowie über die Vergütung der hierfür je Fall entstehenden Aufwendungen Vereinbarungen zu treffen; dies gilt für private Versicherungsunternehmen, die die private Krankenversicherung durchführen, entsprechend.

(5) 1Der Aufbau der in der gemeinsamen Trägerschaft von Pflege- und Krankenkassen sowie den nach Landesrecht zu bestimmenden Stellen stehenden Pflegestützpunkte ist im Rahmen der verfügbaren Mittel bis zum 30. Juni 2011 entsprechend dem jeweiligen Bedarf mit einem Zuschuss bis zu 45 000 Euro je Pflegestützpunkt zu fördern; der Bedarf umfasst auch die Anlaufkosten des Pflegestützpunktes. 2Die Förderung ist dem Bedarf entsprechend um bis zu 5000 Euro zu erhöhen, wenn Mitglieder von Selbsthilfegruppen, ehrenamtliche und sonstige zum bürgerschaftlichen Engagement bereite Personen und Organisationen nachhaltig in die Tätigkeit des Stützpunktes einbezogen werden. 3Der Bedarf, die Höhe des beantragten Zuschusses, der Auszahlungsplan und der Zahlungsempfänger werden dem Spitzenverband Bund der Pflegekassen von den in Satz 1 genannten Trägern des Pflegestützpunktes im Rahmen ihres Förderantrags mitgeteilt. 4Das Bundesversicherungsamt zahlt die Fördermittel nach Eingang der Prüfungsmitteilung des Spitzenverbandes Bund der Pflege-

kassen über die Erfüllung der Auszahlungsvoraussetzungen an den Zahlungsempfänger aus. 5Die Antragsteller haben dem Spitzenverband Bund der Pflegekassen spätestens ein Jahr nach der letzten Auszahlung einen Nachweis über die zweckentsprechende Verwendung der Fördermittel vorzulegen.

(6) 1Das Bundesversicherungsamt entnimmt die Fördermittel aus dem Ausgleichsfonds der Pflegeversicherung bis zu einer Gesamthöhe von 60 Millionen Euro, für das jeweilige Land jedoch höchstens bis zu der Höhe, die sich durch die Aufteilung nach dem Königsteiner Schlüssel ergibt. 2Die Auszahlung der einzelnen Förderbeträge erfolgt entsprechend dem Zeitpunkt des Eingangs der Anträge beim Spitzenverband Bund der Pflegekassen. 3Näheres über das Verfahren der Auszahlung und die Verwendung der Fördermittel regelt das Bundesversicherungsamt mit dem Spitzenverband Bund der Pflegekassen durch Vereinbarung.

(7) Im Pflegestützpunkt tätige Personen sowie sonstige mit der Wahrnehmung von Aufgaben nach Absatz 1 befasste Stellen, insbesondere

1. nach Landesrecht für die wohnortnahe Betreuung im Rahmen der örtlichen Altenhilfe und für die Gewährung der Hilfe zur Pflege nach dem Zwölften Buch zu bestimmende Stellen,
2. Unternehmen der privaten Kranken- und Pflegeversicherung,
3. Pflegeeinrichtungen und Einzelpersonen nach § 77,
4. Mitglieder von Selbsthilfegruppen, ehrenamtliche und sonstige zum bürgerschaftlichen Engagement bereite Personen und Organisationen sowie
5. Agenturen für Arbeit und Träger der Grundsicherung für Arbeitsuchende

dürfen Sozialdaten nur erheben, verarbeiten und nutzen, soweit dies zur Erfüllung der Aufgaben nach diesem Buch erforderlich oder durch Rechtsvorschriften des Sozialgesetzbuches oder Regelungen des Versicherungsvertrags- oder des Versicherungsaufsichtsgesetzes angeordnet oder erlaubt ist.

(8) 1Die Landesverbände der Pflegekassen können mit den Landesverbänden der Krankenkassen sowie den Ersatzkassen und den nach Landesrecht zu bestimmenden Stellen der Altenhilfe und der Hilfe zur Pflege nach dem Zwölften Buch Rahmenverträge zur Arbeit und zur Finanzierung der Pflegestützpunkte vereinbaren. 2Die von der zuständigen obersten Landesbehörde getroffene Bestimmung zur Einrichtung von Pflegestützpunkten sowie die Empfehlungen nach Absatz 9 sind hierbei zu berücksichtigen. 3Die Rahmenverträge sind bei der Arbeit und der Finanzierung von Pflegestützpunkten in der gemeinsamen Trägerschaft der gesetzlichen Kranken- und Pflegekassen und der nach Landesrecht zu bestimmenden Stellen für die Altenhilfe und für die Hilfe zur Pflege nach dem Zwölften Buch zu beachten.

(9) Der Spitzenverband Bund der Pflegekassen, der Spitzenverband Bund der Krankenkassen, die Bundesarbeitsgemeinschaft der überörtlichen Träger der Sozialhilfe und die Bundesvereinigung der kommunalen Spitzenverbände können gemeinsam und einheitlich Empfehlungen zur Arbeit und zur Finanzierung von Pflegestützpunkten in der gemeinsamen Trägerschaft der gesetzlichen Kranken- und Pflegekassen sowie der nach Landesrecht zu bestimmenden Stellen der Alten- und Sozialhilfe vereinbaren.

Neuntes Kapitel Datenschutz und Statistik

Erster Abschnitt Informationsgrundlagen

Erster Titel Grundsätze der Datenverwendung

§ 93 Anzuwendende Vorschriften

Für den Schutz personenbezogener Daten bei der Erhebung, Verarbeitung und Nutzung in der Pflegeversicherung gelten der § 35 des Ersten Buches, die §§ 67 bis 85 des Zehnten Buches sowie die Vorschriften dieses Buches.

XI

§ 94 Personenbezogene Daten bei den Pflegekassen

(1) Die Pflegekassen dürfen personenbezogene Daten für Zwecke der Pflegeversicherung nur erheben, verarbeiten und nutzen, soweit dies für:

1. die Feststellung des Versicherungsverhältnisses (§§ 20 bis 26) und der Mitgliedschaft (§ 49),
2. die Feststellung der Beitragspflicht und der Beiträge, deren Tragung und Zahlung (§§ 54 bis 61),
3. die Prüfung der Leistungspflicht und die Gewährung von Leistungen an Versicherte (§§ 4 und 28) sowie die Durchführung von Erstattungs- und Ersatzansprüchen,
4. die Beteiligung des Medizinischen Dienstes (§§ 18 und 40),
5. die Abrechnung mit den Leistungserbringern und die Kostenerstattung (§§ 84 bis 91 und 105),
6. die Überwachung der Wirtschaftlichkeit und der Qualität der Leistungserbringung (§§ 79, 112, 113, 114, 114a, 115 und 117),

6a. den Abschluss und die Durchführung von Pflegesatzvereinbarungen (§§ 85, 86), Vergütungsvereinbarungen (§ 89), sowie Verträgen zur integrierten Versorgung (§ 92b),

7. die Beratung über Leistungen der Prävention und Teilhabe sowie über die Leistungen und Hilfen zur Pflege (§ 7),
8. die Koordinierung pflegerischer Hilfen (§ 12), die Pflegeberatung (§ 7a), das Ausstellen von Beratungsgutscheinen (§ 7b) sowie die Wahrnehmung der Aufgaben in den Pflegestützpunkten (§ 92c),
9. die Abrechnung mit anderen Leistungsträgern,
10. statistische Zwecke (§ 109),
11. die Unterstützung der Versicherten bei der Verfolgung von Schadensersatzansprüchen (§ 115 Abs. 3 Satz 7)

erforderlich ist.

(2) 1Die nach Absatz 1 erhobenen und gespeicherten personenbezogenen Daten dürfen für andere Zwecke nur verarbeitet oder genutzt werden, soweit dies durch Rechtsvorschriften des Sozialgesetzbuches angeordnet oder erlaubt ist. 2Auf Ersuchen des Betreuungsgerichts hat die Pflegekasse diesem zu dem in § 282 Abs. 1 des Gesetzes über das Verfahren in Familiensachen und in den Angelegenheiten der freiwilligen Gerichtsbarkeit genannten Zweck das nach § 18 zur Feststellung der Pflegebedürftigkeit erstellte Gutachten einschließlich der Befunde des Medizinischen Dienstes der Krankenversicherung zu übermitteln.

(3) Versicherungs- und Leistungsdaten der für Aufgaben der Pflegekasse eingesetzten Beschäftigten einschließlich der Daten ihrer mitversicherten Angehörigen dürfen Personen, die kasseninterne Personalentscheidungen treffen oder daran mitwirken können, weder zugänglich sein noch diesen Personen von Zugriffsberechtigten offenbart werden.

§ 95 Personenbezogene Daten bei den Verbänden der Pflegekassen

(1) Die Verbände der Pflegekassen dürfen personenbezogene Daten für Zwecke der Pflegeversicherung nur erheben, verarbeiten und nutzen, soweit diese für:

1. die Überwachung der Wirtschaftlichkeit und der Qualitätssicherung der Leistungserbringung (§§ 79, 112, 113, 114, 114a, 115 und 117),
2. den Abschluss und die Durchführung von Versorgungsverträgen (§§ 72 bis 74), Pflegesatzvereinbarungen (§§ 85, 86), Vergütungsvereinbarungen (§ 89) sowie Verträgen zur integrierten Versorgung (§ 92b),
3. die Wahrnehmung der ihnen nach §§ 52 und 53 zugewiesenen Aufgaben,
4. die Unterstützung der Versicherten bei der Verfolgung von Schadensersatzansprüchen (§ 115 Abs. 3 Satz 7)

erforderlich sind.

(2) § 94 Abs. 2 und 3 gilt entsprechend.

XI

§ 96 Gemeinsame Verarbeitung und Nutzung personenbezogener Daten

(1) 1Die Pflegekassen und die Krankenkassen dürfen personenbezogene Daten, die zur Erfüllung gesetzlicher Aufgaben jeder Stelle erforderlich sind, gemeinsam verarbeiten und nutzen. 2Insoweit findet § 76 des Zehnten Buches im Verhältnis zwischen der Pflegekasse und der Krankenkasse, bei der sie errichtet ist (§ 46), keine Anwendung.

(2) § 286 des Fünften Buches gilt für die Pflegekassen entsprechend.

(3) Die Absätze 1 und 2 gelten entsprechend für die Verbände der Pflege- und Krankenkassen.

§ 97 Personenbezogene Daten beim Medizinischen Dienst

(1) 1Der Medizinische Dienst darf personenbezogene Daten für Zwecke der Pflegeversicherung nur erheben, verarbeiten und nutzen, soweit dies für die Prüfungen, Beratungen und gutachtlichen Stellungnahmen nach den §§ 18, 40, 112, 113, 114, 114a, 115 und 117 erforderlich ist. 2Die Daten dürfen für andere Zwecke nur verarbeitet und genutzt werden, soweit dies durch Rechtsvorschriften des Sozialgesetzbuches angeordnet oder erlaubt ist.

(2) Der Medizinische Dienst darf personenbezogene Daten, die er für die Aufgabenerfüllung nach dem Fünften oder Elften Buch erhebt, verarbeitet oder nutzt, auch für die Aufgaben des jeweils anderen Buches verarbeiten oder nutzen, wenn ohne die vorhandenen Daten diese Aufgaben nicht ordnungsgemäß erfüllt werden können.

(3) 1Die personenbezogenen Daten sind nach fünf Jahren zu löschen. 2§ 96 Abs. 2, § 98 und § 107 Abs. 1 Satz 2 und 3 und Abs. 2 gelten für den Medizinischen Dienst entsprechend. 3Der Medizinische Dienst hat Sozialdaten zur Identifikation des Versicherten getrennt von den medizinischen Sozialdaten des Versicherten zu speichern. 4Durch technische und organisatorische Maßnahmen ist sicherzustellen, dass die Sozialdaten nur den Personen zugänglich sind, die sie zur Erfüllung ihrer Aufgaben benötigen. 5Der Schlüssel für die Zusammenführung der Daten ist vom Beauftragten für den Datenschutz des Medizinischen Dienstes aufzubewahren und darf anderen Personen nicht zugänglich gemacht werden. 6Jede Zusammenführung ist zu protokollieren.

(4) Für das Akteneinsichtsrecht des Versicherten gilt § 25 des Zehnten Buches entsprechend.

§ 97a Qualitätssicherung durch Sachverständige und Prüfstellen

(1) 1Von den Landesverbänden der Pflegekassen bestellte sonstige Sachverständige (§ 114 Abs. 1 Satz 1) sowie Sachverständige und Prüfinstitutionen im Sinne des § 114 Abs. 4 Satz 2 sind berechtigt, für Zwecke der Qualitätssicherung und -prüfung Daten nach den §§ 112, 113, 114, 114a, 115 und 117 zu erheben, zu verarbeiten und zu nutzen; sie dürfen die Daten an die Pflegekassen und deren Verbände sowie an die in den §§ 112, 114, 114a, 115 und 117 genannten Stellen übermitteln, soweit dies zur Erfüllung der gesetzlichen Aufgaben auf dem Gebiet der Qualitätssicherung und Qualitätsprüfung dieser Stellen erforderlich ist. 2Die Daten sind vertraulich zu behandeln.

(2) § 107 gilt entsprechend.

§ 97b Personenbezogene Daten bei den nach heimrechtlichen Vorschriften zuständigen Aufsichtsbehörden und den Trägern der Sozialhilfe

Die nach heimrechtlichen Vorschriften zuständigen Aufsichtsbehörden und die zuständigen Träger der Sozialhilfe sind berechtigt, die für Zwecke der Pflegeversicherung nach den §§ 112, 113, 114, 114a, 115 und 117 erhobenen personenbezogenen Daten zu verarbeiten und zu nutzen, soweit dies zur Erfüllung ihrer gesetzlichen Aufgaben erforderlich ist; § 107 findet entsprechende Anwendung.

§ 97c Qualitätssicherung durch den Prüfdienst des Verbandes der privaten Krankenversicherung e. V.

1Bei Wahrnehmung der Aufgaben auf dem Gebiet der Qualitätssicherung und Qualitätsprüfung im Sinne dieses Buches durch den Prüfdienst des Verbandes der privaten Krankenversicherung e. V. gilt der Prüfdienst als Stelle im Sinne des § 35 Absatz 1 Satz 1 des Ersten Buches. 2Die §§ 97 und 97a gelten entsprechend.

§ 97d Begutachtung durch unabhängige Gutachter

(1) 1Von den Pflegekassen gemäß § 18 Absatz 1 Satz 1 beauftragte unabhängige Gutachter sind berechtigt, personenbezogene Daten des Antragstellers zu erheben, zu verarbeiten und zu nutzen, soweit dies für die Zwecke der Begutachtung gemäß § 18 erforderlich ist. 2Die Daten sind vertraulich zu behandeln. 3Durch technische und organisatorische Maßnahmen ist sicherzustellen, dass die Daten nur den Personen zugänglich sind, die sie zur Erfüllung des dem Gutachter von den Pflegekassen nach § 18 Absatz 1 Satz 1 erteilten Auftrags benötigen.

(2) 1Die unabhängigen Gutachter dürfen das Ergebnis der Prüfung zur Feststellung der Pflegebedürftigkeit sowie die Rehabilitationsempfehlung gemäß § 18 an die sie beauftragende Pflegekasse übermitteln, soweit dies zur Erfüllung der gesetzlichen Aufgaben der Pflegekasse erforderlich ist; § 35 des Ersten Buches gilt entsprechend. 2Dabei ist sicherzustellen, dass das Ergebnis der Prüfung zur Feststellung der Pflegebedürftigkeit sowie die Rehabilitationsempfehlung nur den Personen zugänglich gemacht werden, die sie zur Erfüllung ihrer Aufgaben benötigen.

(3) 1Die personenbezogenen Daten sind nach fünf Jahren zu löschen. 2§ 107 Absatz 1 Satz 2 gilt entsprechend.

§ 98 Forschungsvorhaben

(1) Die Pflegekassen dürfen mit der Erlaubnis der Aufsichtsbehörde die Datenbestände leistungserbringer- und fallbeziehbar für zeitlich befristete und im Umfang begrenzte Forschungsvorhaben selbst auswerten und zur Durchführung eines Forschungsvorhabens über die sich aus § 107 ergebenden Fristen hinaus aufbewahren.

(2) Personenbezogene Daten sind zu anonymisieren.

Zweiter Titel
Informationsgrundlagen der Pflegekassen

§ 99 Versichertenverzeichnis

1Die Pflegekasse hat ein Versichertenverzeichnis zu führen. 2Sie hat in das Versichertenverzeichnis alle Angaben einzutragen, die zur Feststellung der Versicherungspflicht oder -berechtigung und des Anspruchs auf Familienversicherung, zur Bemessung und Einziehung der Beiträge sowie zur Feststellung des Leistungsanspruchs erforderlich sind.

§ 100 Nachweispflicht bei Familienversicherung

Die Pflegekasse kann die für den Nachweis einer Familienversicherung (§ 25) erforderlichen Daten vom Angehörigen oder mit dessen Zustimmung vom Mitglied erheben.

§ 101 Pflegeversichertennummer

1Die Pflegekasse verwendet für jeden Versicherten eine Versichertennummer, die mit der Krankenversichertennummer ganz oder teilweise übereinstimmen darf. 2Bei der Vergabe der Nummer für Versicherte nach § 25 ist sicherzustellen, daß der Bezug zu dem Angehörigen, der Mitglied ist, hergestellt werden kann.

§ 102 Angaben über Leistungsvoraussetzungen

1Die Pflegekasse hat Angaben über Leistungen, die zur Prüfung der Voraussetzungen späterer Leistungsgewährung erforderlich sind, aufzuzeichnen. 2Hierzu gehören insbesondere Angaben zur Feststellung der Voraussetzungen von Leistungsansprüchen und zur Leistung von Zuschüssen.

§ 103 Kennzeichen für Leistungsträger und Leistungserbringer

(1) Die Pflegekassen, die anderen Träger der Sozialversicherung und die Vertragspartner der Pflegekassen einschließlich deren Mitglieder verwenden im Schriftverkehr und für Abrechnungszwecke untereinander bundeseinheitliche Kennzeichen.

(2) § 293 Abs. 2 und 3 des Fünften Buches gilt entsprechend.

Zweiter Abschnitt
Übermittlung von Leistungsdaten

§ 104 Pflichten der Leistungserbringer

(1) Die Leistungserbringer sind berechtigt und verpflichtet:

1. im Falle der Überprüfung der Notwendigkeit von Pflegehilfsmitteln (§ 40 Abs. 1),
2. im Falle eines Prüfverfahrens, soweit die Wirtschaftlichkeit oder die Qualität der Leistungen im Einzelfall zu beurteilen sind (§§ 79, 112, 113, 114, 114a, 115 und 117),

2a. im Falle des Abschlusses und der Durchführung von Versorgungsverträgen (§§ 72 bis 74), Pflegesatzvereinbarungen (§§ 85, 86), Vergütungsvereinbarungen (§ 89), sowie Verträgen zur integrierten Versorgung (§ 92b),

3. im Falle der Abrechnung pflegerischer Leistungen (§ 105)

die für die Erfüllung der Aufgaben der Pflegekassen und ihrer Verbände erforderlichen Angaben aufzuzeichnen und den Pflegekassen sowie den Verbänden oder den mit der Datenverarbeitung beauftragten Stellen zu übermitteln.

(2) Soweit dies für die in Absatz 1 Nr. 2 und 2a genannten Zwecke erforderlich ist, sind die Leistungserbringer berechtigt, die personenbezogenen Daten auch an die Medizinischen Dienste und die in den §§ 112, 113, 114, 114a, 115 und 117 genannten Stellen zu übermitteln.

(3) Trägervereinigungen dürfen personenbezogene Daten verarbeiten und nutzen, soweit dies für ihre Beteiligung an Qualitätsprüfungen oder Maßnahmen der Qualitätssicherung nach diesem Buch erforderlich ist.

§ 105 Abrechnung pflegerischer Leistungen

(1) [1]Die an der Pflegeversorgung teilnehmenden Leistungserbringer sind verpflichtet,

1. in den Abrechnungsunterlagen die von ihnen erbrachten Leistungen nach Art, Menge und Preis einschließlich des Tages und der Zeit der Leistungserbringung aufzuzeichnen,
2. in den Abrechnungsunterlagen ihr Kennzeichen (§ 103) sowie die Versichertennummer des Pflegebedürftigen anzugeben,
3. bei der Abrechnung über die Abgabe von Hilfsmitteln die Bezeichnungen des Hilfsmittelverzeichnisses nach § 78 zu verwenden.

[2]Vom 1. Januar 1996 an sind maschinenlesbare Abrechnungsunterlagen zu verwenden.

(2) [1]Das Nähere über Form und Inhalt der Abrechnungsunterlagen sowie Einzelheiten des Datenträgeraustausches werden vom Spitzenverband Bund der Pflegekassen im Einvernehmen mit den Verbänden der Leistungserbringer festgelegt. [2]§ 302 Absatz 2 Satz 2 und 3 des Fünften Buches gilt entsprechend.

§ 106 Abweichende Vereinbarungen

Die Landesverbände der Pflegekassen (§ 52) können mit den Leistungserbringern oder ihren Verbänden vereinbaren, daß

1. der Umfang der zu übermittelnden Abrechnungsbelege eingeschränkt,
2. bei der Abrechnung von Leistungen von einzelnen Angaben ganz oder teilweise abgesehen

wird, wenn dadurch eine ordnungsgemäße Abrechnung und die Erfüllung der gesetzlichen Aufgaben der Pflegekassen nicht gefährdet werden.

§ 106a Mitteilungspflichten

[1]Zugelassene Pflegeeinrichtungen, anerkannte Beratungsstellen sowie beauftragte Pfle-

gefachkräfte, die Pflegeeinsätze nach § 37 Abs. 3 durchführen, sind mit Einverständnis des Versicherten berechtigt und verpflichtet, die für die Erfüllung der Aufgaben der Pflegekassen und der privaten Versicherungsunternehmen erforderlichen Angaben zur Qualität der Pflegesituation und zur Notwendigkeit einer Verbesserung den Pflegekassen und den privaten Versicherungsunternehmen zu übermitteln. 2Das Formular nach § 37 Abs. 4 Satz 2 wird unter Beteiligung des Bundesbeauftragten für den Datenschutz und die Informationsfreiheit und des Bundesministeriums für Gesundheit erstellt.

Dritter Abschnitt
Datenlöschung, Auskunftspflicht

§ 107 Löschen von Daten

(1) 1Für das Löschen der für Aufgaben der Pflegekassen und ihrer Verbände gespeicherten personenbezogenen Daten gilt § 84 des Zehnten Buches entsprechend mit der Maßgabe, daß

1. die Daten nach § 102 spätestens nach Ablauf von zehn Jahren,
2. sonstige Daten aus der Abrechnung pflegerischer Leistungen (§ 105), aus Wirtschaftlichkeitsprüfungen (§ 79), aus Prüfungen zur Qualitätssicherung (§§ 112, 113, 114, 114a, 115 und 117) und aus dem Abschluss oder der Durchführung von Verträgen (§§ 72 bis 74, 85, 86 oder 89) spätestens nach zwei Jahren

zu löschen sind. 2Die Fristen beginnen mit dem Ende des Geschäftsjahres, in dem die Leistungen gewährt oder abgerechnet wurden. 3Die Pflegekassen können für Zwecke der Pflegeversicherung Leistungsdaten länger aufbewahren, wenn sichergestellt ist, daß ein Bezug zu natürlichen Personen nicht mehr herstellbar ist.

(2) Im Falle des Wechsels der Pflegekasse ist die bisher zuständige Pflegekasse verpflichtet, auf Verlangen die für die Fortführung der Versicherung erforderlichen Angaben nach den §§ 99 und 102 der neuen Pflegekasse mitzuteilen.

§ 108 Auskünfte an Versicherte

1Die Pflegekassen unterrichten die Versicherten auf deren Antrag über die im jeweils letzten Geschäftsjahr in Anspruch genommenen Leistungen und deren Kosten. 2Eine Mitteilung an die Leistungserbringer über die Unterrichtung des Versicherten ist nicht zulässig. 3Die Pflegekassen können in ihren Satzungen das Nähere über das Verfahren der Unterrichtung regeln.

Vierter Abschnitt
Statistik

§ 109 Pflegestatistiken

(1) 1Die Bundesregierung wird ermächtigt, für Zwecke dieses Buches durch Rechtsverordnung mit Zustimmung des Bundesrates jährliche Erhebungen über ambulante und stationäre Pflegeeinrichtungen sowie über die häusliche Pflege als Bundesstatistik anzuordnen. 2Die Bundesstatistik kann folgende Sachverhalte umfassen:

1. Art der Pflegeeinrichtung und der Trägerschaft,
2. Art des Leistungsträgers und des privaten Versicherungsunternehmens,
3. in der ambulanten und stationären Pflege tätige Personen nach Geschlecht, Geburtsjahr, Beschäftigungsverhältnis, Tätigkeitsbereich, Dienststellung, Berufsabschluß auf Grund einer Ausbildung, Weiterbildung oder Umschulung, zusätzlich bei Auszubildenden und Umschülern Art der Ausbildung und Ausbildungsjahr, Beginn und Ende der Pflegetätigkeit,
4. sachliche Ausstattung und organisatorische Einheiten der Pflegeeinrichtung, Ausbildungsstätten an Pflegeeinrichtungen,
5. betreute Pflegebedürftige und Personen mit erheblich eingeschränkter Alltagskompetenz nach Geschlecht, Geburtsjahr, Wohnort, Art, Ursache, Grad und Dauer der Pflegebedürftigkeit, Art des Versicherungsverhältnisses,
6. in Anspruch genommene Pflegeleistungen nach Art, Dauer und Häufigkeit sowie nach Art des Kostenträgers,

7. Kosten der Pflegeeinrichtungen nach Kostenarten sowie Erlöse nach Art, Höhe und Kostenträgern.

$_3$Auskunftspflichtig sind die Träger der Pflegeeinrichtungen, die Träger der Pflegeversicherung sowie die privaten Versicherungsunternehmen gegenüber den statistischen Ämtern der Länder; die Rechtsverordnung kann Ausnahmen von der Auskunftspflicht vorsehen.

(2) $_1$Die Bundesregierung wird ermächtigt, für Zwecke dieses Buches durch Rechtsverordnung mit Zustimmung des Bundesrates jährliche Erhebungen über die Situation Pflegebedürftiger und ehrenamtlich Pflegender als Bundesstatistik anzuordnen. $_2$Die Bundesstatistik kann folgende Sachverhalte umfassen:

1. Ursachen von Pflegebedürftigkeit,
2. Pflege- und Betreuungsbedarf der Pflegebedürftigen,
3. Pflege- und Betreuungsleistungen durch Pflegefachkräfte, Angehörige und ehrenamtliche Helfer,
4. Leistungen zur Prävention und Teilhabe,
5. Maßnahmen zur Erhaltung und Verbesserung der Pflegequalität,
6. Bedarf an Pflegehilfsmitteln und technischen Hilfen,
7. Maßnahmen zur Verbesserung des Wohnumfeldes.

$_3$Auskunftspflichtig ist der Medizinische Dienst gegenüber den statistischen Ämtern der Länder; Absatz 1 Satz 3 zweiter Halbsatz gilt entsprechend.

(3) $_1$Die nach Absatz 1 Satz 3 und Absatz 2 Satz 3 Auskunftspflichtigen teilen die von der jeweiligen Statistik umfaßten Sachverhalte gleichzeitig den für die Planung und Investitionsfinanzierung der Pflegeeinrichtungen zuständigen Landesbehörden mit. $_2$Die Befugnis der Länder, zusätzliche, von den Absätzen 1 und 2 nicht erfaßte Erhebungen über Sachverhalte des Pflegewesens als Landesstatistik anzuordnen, bleibt unberührt.

(4) Daten der Pflegebedürftigen, der in der Pflege tätigen Personen, der Angehörigen und ehrenamtlichen Helfer dürfen für Zwecke der Bundesstatistik nur in anonymisierter Form an die statistischen Ämter der Länder übermittelt werden.

(5) Die Statistiken nach den Absätzen 1 und 2 sind für die Bereiche der ambulanten Pflege und der Kurzzeitpflege erstmals im Jahr 1996 für das Jahr 1995 vorzulegen, für den Bereich der stationären Pflege im Jahr 1998 für das Jahr 1997.

Zehntes Kapitel
Private Pflegeversicherung

§ 110 Regelungen für die private Pflegeversicherung

(1) Um sicherzustellen, daß die Belange der Personen, die nach § 23 zum Abschluß eines Pflegeversicherungsvertrages bei einem privaten Krankenversicherungsunternehmen verpflichtet sind, ausreichend gewahrt werden und daß die Verträge auf Dauer erfüllbar bleiben, ohne die Interessen der Versicherten anderer Tarife zu vernachlässigen, werden die im Geltungsbereich dieses Gesetzes zum Betrieb der Pflegeversicherung befugten privaten Krankenversicherungsunternehmen verpflichtet,

1. mit allen in § 22 und § 23 Abs. 1, 3 und 4 genannten versicherungspflichtigen Personen auf Antrag einen Versicherungsvertrag abzuschließen, der einen Versicherungsschutz in dem in § 23 Abs. 1 und 3 festgelegten Umfang vorsieht (Kontrahierungszwang); dies gilt auch für das nach § 23 Abs. 2 gewählte Versicherungsunternehmen,
2. in den Verträgen, die Versicherungspflichtige in dem nach § 23 Abs. 1 und 3 vorgeschriebenen Umfang abschließen,
   a) keinen Ausschluß von Vorerkrankungen der Versicherten,
   b) keinen Ausschluß bereits pflegebedürftiger Personen,
   c) keine längeren Wartezeiten als in der sozialen Pflegeversicherung (§ 33 Abs. 2),

d) keine Staffelung der Prämien nach Geschlecht und Gesundheitszustand der Versicherten,

e) keine Prämienhöhe, die den Höchstbeitrag der sozialen Pflegeversicherung übersteigt, bei Personen, die nach § 23 Abs. 3 einen Teilkostentarif abgeschlossen haben, keine Prämienhöhe, die 50 vom Hundert des Höchstbeitrages der sozialen Pflegeversicherung übersteigt,

f) die beitragsfreie Mitversicherung der Kinder des Versicherungsnehmers unter denselben Voraussetzungen, wie in § 25 festgelegt,

g) für Ehegatten oder Lebenspartner ab dem Zeitpunkt des Nachweises der zur Inanspruchnahme der Beitragsermäßigung berechtigenden Umstände keine Prämie in Höhe von mehr als 150 vom Hundert des Höchstbeitrages der sozialen Pflegeversicherung, wenn ein Ehegatte oder ein Lebenspartner kein Gesamteinkommen hat, das die in § 25 Abs. 1 Satz 1 Nr. 5 genannten Einkommensgrenzen überschreitet,

vorzusehen.

(2) $_1$Die in Absatz 1 genannten Bedingungen gelten für Versicherungsverträge, die mit Personen abgeschlossen werden, die zum Zeitpunkt des Inkrafttretens dieses Gesetzes Mitglied bei einem privaten Krankenversicherungsunternehmen mit Anspruch auf allgemeine Krankenhausleistungen sind oder sich nach Artikel 41 des Pflege-Versicherungsgesetzes innerhalb von sechs Monaten nach Inkrafttreten dieses Gesetzes von der Versicherungspflicht in der sozialen Pflegeversicherung befreien lassen. $_2$Die in Absatz 1 Nr. 1 und 2 Buchstabe a bis f genannten Bedingungen gelten auch für Verträge mit Personen, die im Basistarif nach § 12 des Versicherungsaufsichtsgesetzes versichert sind. $_3$Für Personen, die im Basistarif nach § 12 des Versicherungsaufsichtsgesetzes versichert sind und deren Beitrag zur Krankenversicherung sich nach § 12 Abs. 1c Satz 4 oder 6 des Versicherungsaufsichtsgesetzes vermindert, darf der Beitrag 50 vom Hundert des sich nach Absatz 1 Nr. 2 Buchstabe e ergebenden Beitrags nicht übersteigen; die Beitragsbegrenzung für Ehegatten oder Lebenspartner nach Absatz 1 Nr. 2 Buchstabe g gilt für diese Versicherten nicht. $_4$Für die Aufbringung der nach Satz 3 verminderten Beiträge gilt § 12 Abs. 1c Satz 5 oder 6 des Versicherungsaufsichtsgesetzes entsprechend; dabei gilt Satz 6 mit der Maßgabe, dass der zuständige Träger den Betrag zahlt, der auch für einen Bezieher von Arbeitslosengeld II in der sozialen Pflegeversicherung zu tragen ist. $_5$Entsteht allein durch die Zahlung des Beitrags zur Pflegeversicherung nach Satz 2 Hilfebedürftigkeit im Sinne des Zweiten oder Zwölften Buches, gelten die Sätze 3 und 4 entsprechend; die Hilfebedürftigkeit ist vom zuständigen Träger nach dem Zweiten oder Zwölften Buch auf Antrag des Versicherten zu prüfen und zu bescheinigen.

(3) Für Versicherungsverträge, die mit Personen abgeschlossen werden, die erst nach Inkrafttreten dieses Gesetzes Mitglied eines privaten Krankenversicherungsunternehmens mit Anspruch auf allgemeine Krankenhausleistungen werden oder die der Versicherungspflicht nach § 193 Abs. 3 des Versicherungsvertragsgesetzes genügen, gelten, sofern sie in Erfüllung der Vorsorgepflicht nach § 22 Abs. 1 und § 23 Abs. 1, 3 und 4 geschlossen werden und Vertragsleistungen in dem in § 23 Abs. 1 und 3 festgelegten Umfang vorsehen, folgende Bedingungen:

1. Kontrahierungszwang,
2. kein Ausschluß von Vorerkrankungen der Versicherten,
3. keine Staffelung der Prämien nach Geschlecht,
4. keine längeren Wartezeiten als in der sozialen Pflegeversicherung,
5. für Versicherungsnehmer, die über eine Vorversicherungszeit von mindestens fünf Jahren in ihrer privaten Pflegeversicherung oder privaten Krankenversicherung verfügen, keine Prämienhöhe, die den Höchstbeitrag der sozialen Pflegeversicherung übersteigt; Absatz 1 Nr. 2 Buchstabe e gilt,

6. beitragsfreie Mitversicherung der Kinder des Versicherungsnehmers unter denselben Voraussetzungen, wie in § 25 festgelegt.

(4) Rücktritts- und Kündigungsrechte der Versicherungsunternehmen sind ausgeschlossen, solange der Kontrahierungszwang besteht.

(5) 1Die Versicherungsunternehmen haben den Versicherten Akteneinsicht zu gewähren. 2Sie haben die Berechtigten über das Recht auf Akteneinsicht zu informieren, wenn sie das Ergebnis einer Prüfung auf Pflegebedürftigkeit mitteilen. 3§ 25 des Zehnten Buches gilt entsprechend.

Durch das Gesetz zur Modernisierung der Finanzaufsicht über Versicherungen vom 1.4.2015 (BGBl. I S. 434) wird Absatz 2 zum 1.1.2016 wie folgt geändert:

– In den Sätzen 2 und 3 werden jeweils die Wörter "im Basistarif nach § 12 des Versicherungsaufsichtsgesetzes" durch die Wörter "im Basistarif nach § 152 des Versicherungsaufsichtsgesetzes" ersetzt.
– In Satz 3 werden die Wörter "§ 12 Abs. 1c Satz 4 oder 6 des Versicherungsaufsichtsgesetzes" durch die Wörter "§ 152 Absatz 4 Satz 1 oder 3 des Versicherungsaufsichtsgesetzes" ersetzt.
– In Satz 4 werden die Wörter "§ 12 Abs. 1c Satz 5 oder 6 des Versicherungsaufsichtsgesetzes" durch die Wörter "§ 152 Absatz 4 Satz 2 oder 3 des Versicherungsaufsichtsgesetzes" und die Wörter "dabei gilt Satz 6" durch die Wörter "dabei gilt Satz 3" ersetzt.

§ 111 Risikoausgleich

(1) 1Die Versicherungsunternehmen, die eine private Pflegeversicherung im Sinne dieses Buches betreiben, müssen sich zur dauerhaften Gewährleistung der Regelungen für die private Pflegeversicherung nach § 110 sowie zur Aufbringung der Fördermittel nach § 45c am Ausgleich der Versicherungsrisiken beteiligen und dazu ein Ausgleichssystem schaffen und erhalten, dem sie angehören. 2Das Ausgleichssystem muß einen dauerhaften, wirksamen Ausgleich der unterschiedlichen Belastungen gewährleisten; es darf den Marktzugang neuer Anbieter der privaten Pflegeversicherung nicht erschweren und muß diesen eine Beteiligung an dem Ausgleichssystem zu gleichen Bedingungen ermöglichen. 3In diesem System werden die Beiträge ohne die Kosten auf der Basis gemeinsamer Kalkulationsgrundlagen einheitlich für alle Unternehmen, die eine private Pflegeversicherung betreiben, ermittelt.

(2) Die Errichtung, die Ausgestaltung, die Änderung und die Durchführung des Ausgleichs unterliegen der Aufsicht der Bundesanstalt für Finanzdienstleistungsaufsicht.

Elftes Kapitel Qualitätssicherung, Sonstige Regelungen zum Schutz der Pflegebedürftigen

§ 112 Qualitätsverantwortung

(1) 1Die Träger der Pflegeeinrichtungen bleiben, unbeschadet des Sicherstellungsauftrags der Pflegekassen (§ 69), für die Qualität der Leistungen ihrer Einrichtungen einschließlich der Sicherung und Weiterentwicklung der Pflegequalität verantwortlich. 2Maßstäbe für die Beurteilung der Leistungsfähigkeit einer Pflegeeinrichtung und die Qualität ihrer Leistungen sind die für sie verbindlichen Anforderungen in den Vereinbarungen nach § 113 sowie die vereinbarten Leistungs- und Qualitätsmerkmale (§ 84 Abs. 5).

(2) 1Die zugelassenen Pflegeeinrichtungen sind verpflichtet, Maßnahmen der Qualitätssicherung sowie ein Qualitätsmanagement nach Maßgabe der Vereinbarungen nach § 113 durchzuführen, Expertenstandards nach § 113a anzuwenden sowie bei Qualitätsprüfungen nach § 114 mitzuwirken. 2Bei stationärer Pflege erstreckt sich die Qualitätssicherung neben den allgemeinen Pflegeleistungen auch auf die medizinische Behandlungspflege, die soziale Betreuung, die Leistungen bei Unterkunft und Verpflegung (§ 87) sowie auf die Zusatzleistungen (§ 88).

(3) Der Medizinische Dienst der Krankenversicherung und der Prüfdienst des Verbandes der privaten Krankenversicherung e. V. beraten die Pflegeeinrichtungen in Fragen der Qualitätssicherung mit dem Ziel, Qualitäts-

mängeln rechtzeitig vorzubeugen und die Eigenverantwortung der Pflegeeinrichtungen und ihrer Träger für die Sicherung und Weiterentwicklung der Pflegequalität zu stärken.

§ 113 Maßstäbe und Grundsätze zur Sicherung und Weiterentwicklung der Pflegequalität

(1) $_1$Der Spitzenverband Bund der Pflegekassen, die Bundesarbeitsgemeinschaft der überörtlichen Träger der Sozialhilfe, die Bundesvereinigung der kommunalen Spitzenverbände und die Vereinigungen der Träger der Pflegeeinrichtungen auf Bundesebene vereinbaren bis zum 31. März 2009 gemeinsam und einheitlich unter Beteiligung des Medizinischen Dienstes des Spitzenverbandes Bund der Krankenkassen, des Verbandes der privaten Krankenversicherung e. V., der Verbände der Pflegeberufe auf Bundesebene, der maßgeblichen Organisationen für die Wahrnehmung der Interessen und der Selbsthilfe der pflegebedürftigen und behinderten Menschen sowie unabhängiger Sachverständiger Maßstäbe und Grundsätze für die Qualität und die Qualitätssicherung in der ambulanten und stationären Pflege sowie für die Entwicklung eines einrichtungsinternen Qualitätsmanagements, das auf eine stetige Sicherung und Weiterentwicklung der Pflegequalität ausgerichtet ist. $_2$Die Vereinbarungen sind im Bundesanzeiger zu veröffentlichen und gelten vom ersten Tag des auf die Veröffentlichung folgenden Monats. $_3$Sie sind für alle Pflegekassen und deren Verbände sowie für die zugelassenen Pflegeeinrichtungen unmittelbar verbindlich. $_4$In den Vereinbarungen nach Satz 1 sind insbesondere auch Anforderungen zu regeln

1. an eine praxistaugliche, den Pflegeprozess unterstützende und die Pflegequalität fördernde Pflegedokumentation, die über ein für die Pflegeeinrichtungen vertretbares und wirtschaftliches Maß nicht hinausgehen dürfen,
2. an Sachverständige und Prüfinstitutionen nach § 114 Abs. 4 im Hinblick auf ihre Zuverlässigkeit, Unabhängigkeit und Qualifikation,
3. an die methodische Verlässlichkeit von Zertifizierungs- und Prüfverfahren nach § 114 Abs. 4, die den jeweils geltenden Richtlinien des Spitzenverbandes Bund der Pflegekassen über die Prüfung der in Pflegeeinrichtungen erbrachten Leistungen und deren Qualität entsprechen müssen sowie
4. an ein indikatorengestütztes Verfahren zur vergleichenden Messung und Darstellung von Ergebnisqualität im stationären Bereich, das auf der Grundlage einer strukturierten Datenerhebung im Rahmen des internen Qualitätsmanagements eine Qualitätsberichterstattung und die externe Qualitätsprüfung ermöglicht.

(2) $_1$Die Vereinbarungen nach Absatz 1 können von jeder Partei mit einer Frist von einem Jahr ganz oder teilweise gekündigt werden. $_2$Nach Ablauf des Vereinbarungszeitraums oder der Kündigungsfrist gilt die Vereinbarung bis zum Abschluss einer neuen Vereinbarung weiter.

(3) $_1$Kommen Vereinbarungen nach Absatz 1 innerhalb von sechs Monaten, nachdem eine Vertragspartei schriftlich zu Verhandlungen aufgefordert hat, ganz oder teilweise nicht zustande, kann jede Vertragspartei oder das Bundesministerium für Gesundheit die Schiedsstelle nach § 113b anrufen. $_2$Die Schiedsstelle setzt mit der Mehrheit ihrer Mitglieder innerhalb von drei Monaten den Inhalt der Vereinbarungen fest.

§ 113a Expertenstandards zur Sicherung und Weiterentwicklung der Qualität in der Pflege

(1) $_1$Die Vertragsparteien nach § 113 stellen die Entwicklung und Aktualisierung wissenschaftlich fundierter und fachlich abgestimmter Expertenstandards zur Sicherung und Weiterentwicklung der Qualität in der Pflege sicher. $_2$Expertenstandards tragen für ihren Themenbereich zur Konkretisierung des allgemein anerkannten Standes der medizinisch-pflegerischen Erkenntnisse bei. $_3$Dabei ist das Ziel, auch nach Eintritt der Pflegebedürftigkeit Leistungen zur Prävention und zur medizinischen Rehabilitation einzusetzen, zu berücksichtigen. $_4$Der Medizinische Dienst

XI

des Spitzenverbandes Bund der Krankenkassen, der Verband der privaten Krankenversicherung e. V., die Verbände der Pflegeberufe auf Bundesebene, die maßgeblichen Organisationen für die Wahrnehmung der Interessen und der Selbsthilfe der pflegebedürftigen und behinderten Menschen auf Bundesebene sowie unabhängige Sachverständige sind zu beteiligen. $_5$Sie können vorschlagen, zu welchen Themen Expertenstandards entwickelt werden sollen. $_6$Der Auftrag zur Entwicklung oder Aktualisierung und die Einführung von Expertenstandards erfolgen jeweils durch einen Beschluss der Vertragsparteien. $_7$Kommen solche Beschlüsse nicht zustande, kann jede Vertragspartei sowie das Bundesministerium für Gesundheit im Einvernehmen mit dem Bundesministerium für Familie, Senioren, Frauen und Jugend die Schiedsstelle nach § 113b anrufen. $_8$Ein Beschluss der Schiedsstelle, dass ein Expertenstandard gemäß der Verfahrensordnung nach Absatz 2 zustande gekommen ist, ersetzt den Einführungsbeschluss der Vertragsparteien.

(2) $_1$Die Vertragsparteien stellen die methodische und pflegefachliche Qualität des Verfahrens der Entwicklung und Aktualisierung von Expertenstandards und die Transparenz des Verfahrens sicher. $_2$Die Anforderungen an die Entwicklung von Expertenstandards sind in einer Verfahrensordnung zu regeln. $_3$In der Verfahrensordnung ist das Vorgehen auf anerkannter methodischer Grundlage, insbesondere die wissenschaftliche Fundierung und Unabhängigkeit, die Schrittfolge der Entwicklung, der fachlichen Abstimmung, der Praxiserprobung und der modellhaften Umsetzung eines Expertenstandards sowie die Transparenz des Verfahrens festzulegen. $_4$Die Verfahrensordnung ist durch das Bundesministerium für Gesundheit im Benehmen mit dem Bundesministerium für Familie, Senioren, Frauen und Jugend zu genehmigen. $_5$Kommt eine Einigung über eine Verfahrensordnung bis zum 30. September 2008 nicht zustande, wird sie durch das Bundesministerium für Gesundheit im Benehmen mit dem Bundesministerium für Familie, Senioren, Frauen und Jugend festgelegt.

(3) $_1$Die Expertenstandards sind im Bundesanzeiger zu veröffentlichen. $_2$Sie sind für alle Pflegekassen und deren Verbände sowie für die zugelassenen Pflegeeinrichtungen unmittelbar verbindlich. $_3$Die Vertragsparteien unterstützen die Einführung der Expertenstandards in die Praxis.

(4) $_1$Die Kosten für die Entwicklung und Aktualisierung von Expertenstandards sind Verwaltungskosten, die vom Spitzenverband Bund der Pflegekassen getragen werden. $_2$Die privaten Versicherungsunternehmen, die die private Pflege-Pflichtversicherung durchführen, beteiligen sich mit einem Anteil von 10 vom Hundert an den Aufwendungen nach Satz 1. $_3$Der Finanzierungsanteil, der auf die privaten Versicherungsunternehmen entfällt, kann von dem Verband der privaten Krankenversicherung e. V. unmittelbar an den Spitzenverband Bund der Pflegekassen geleistet werden.

§ 113b Schiedsstelle Qualitätssicherung

(1) $_1$Die Vertragsparteien nach § 113 richten gemeinsam bis zum 30. September 2008 eine Schiedsstelle Qualitätssicherung ein. $_2$Diese entscheidet in den ihr nach diesem Gesetz zugewiesenen Fällen. $_3$Gegen die Entscheidung der Schiedsstelle ist der Rechtsweg zu den Sozialgerichten gegeben. $_4$Ein Vorverfahren findet nicht statt; die Klage gegen die Entscheidung der Schiedsstelle hat keine aufschiebende Wirkung.

(2) $_1$Die Schiedsstelle besteht aus Vertretern des Spitzenverbandes Bund der Pflegekassen und der Vereinigungen der Träger der Pflegeeinrichtungen auf Bundesebene in gleicher Zahl sowie einem unparteiischen Vorsitzenden und zwei weiteren unparteiischen Mitgliedern. $_2$Die unparteiischen Mitglieder sowie deren Stellvertreter werden von den Vertragsparteien gemeinsam bestellt. $_3$Kommt eine Einigung nicht zustande, werden die unparteiischen Mitglieder und ihre Vertreter bis zum 31. Oktober 2008 durch den Präsidenten des Bundessozialgerichts berufen. $_4$Der Schiedsstelle gehört auch ein Vertreter der Arbeitsgemeinschaft der überörtlichen Träger der Sozialhilfe und ein Vertreter der kommu-

nalen Spitzenverbände an; sie werden auf die Zahl der Vertreter des Spitzenverbandes Bund der Pflegekassen angerechnet. $_5$Der Schiedsstelle kann auch ein Vertreter des Verbandes der privaten Krankenversicherung e. V. angehören, dieser wird auch auf die Zahl der Vertreter des Spitzenverbandes Bund der Pflegekassen angerechnet. $_6$Ein Vertreter der Verbände der Pflegeberufe kann der Schiedsstelle unter Anrechnung auf die Zahl der Vertreter der Vereinigungen der Träger der Pflegeeinrichtungen angehören. $_7$Soweit die beteiligten Organisationen bis zum 30. September 2008 keine Mitglieder bestellen, wird die Schiedsstelle durch die drei vom Präsidenten des Bundessozialgerichts berufenen unparteiischen Mitglieder gebildet.

(3) $_1$Die Vertragsparteien nach § 113 vereinbaren in einer Geschäftsordnung das Nähere über die Zahl, die Bestellung, die Amtsdauer, die Amtsführung, die Erstattung der baren Auslagen und die Entschädigung für den Zeitaufwand der Mitglieder der Schiedsstelle sowie die Geschäftsführung, das Verfahren, die Erhebung und die Höhe der Gebühren und die Verteilung der Kosten. $_2$Kommt die Geschäftsordnung bis zum 30. September 2008 nicht zustande, wird ihr Inhalt durch das Bundesministerium für Gesundheit bestimmt. $_3$Entscheidungen der Schiedsstelle sind mit der Mehrheit ihrer Mitglieder innerhalb von drei Monaten zu treffen; im Übrigen gilt § 76 Abs. 3 entsprechend.

(4) $_1$Die Rechtsaufsicht über die Schiedsstelle führt das Bundesministerium für Gesundheit. $_2$Es kann die Rechtsaufsicht ganz oder teilweise sowie dauerhaft oder vorübergehend auf das Bundesversicherungsamt übertragen.

§ 114 Qualitätsprüfungen

(1) $_1$Zur Durchführung einer Qualitätsprüfung erteilen die Landesverbände der Pflegekassen dem Medizinischen Dienst der Krankenversicherung, dem Prüfdienst des Verbandes der privaten Krankenversicherung e. V. im Umfang von 10 Prozent der in einem Jahr anfallenden Prüfaufträge oder den von ihnen bestellten Sachverständigen einen Prüfauftrag. $_2$Der Prüfauftrag enthält Angaben zur Prüfart, zum Prüfgegenstand und zum Prüfumfang. $_3$Die Prüfung erfolgt als Regelprüfung, Anlassprüfung oder Wiederholungsprüfung. $_4$Die Pflegeeinrichtungen haben die ordnungsgemäße Durchführung der Prüfungen zu ermöglichen. $_5$Vollstationäre Pflegeeinrichtungen sind ab dem 1. Januar 2014 verpflichtet, die Landesverbände der Pflegekassen unmittelbar nach einer Regelprüfung darüber zu informieren, wie die ärztliche, fachärztliche und zahnärztliche Versorgung sowie die Arzneimittelversorgung in den Einrichtungen geregelt sind. $_6$Sie sollen insbesondere hinweisen auf

1. den Abschluss und den Inhalt von Kooperationsverträgen oder die Einbindung der Einrichtung in Ärztenetze sowie
2. den Abschluss von Vereinbarungen mit Apotheken.

$_7$Wesentliche Änderungen hinsichtlich der ärztlichen, fachärztlichen und zahnärztlichen Versorgung sowie der Arzneimittelversorgung sind den Landesverbänden der Pflegekassen innerhalb von vier Wochen zu melden.

(2) $_1$Die Landesverbände der Pflegekassen veranlassen in zugelassenen Pflegeeinrichtungen bis zum 31. Dezember 2010 mindestens einmal und ab dem Jahre 2011 regelmäßig im Abstand von höchstens einem Jahr eine Prüfung durch den Medizinischen Dienst der Krankenversicherung, den Prüfdienst des Verbandes der privaten Krankenversicherung e. V. oder durch von ihnen bestellte Sachverständige (Regelprüfung). $_2$Zu prüfen ist, ob die Qualitätsanforderungen nach diesem Buch und nach den auf dieser Grundlage abgeschlossenen vertraglichen Vereinbarungen erfüllt sind. $_3$Die Regelprüfung erfasst insbesondere wesentliche Aspekte des Pflegezustandes und die Wirksamkeit der Pflege- und Betreuungsmaßnahmen (Ergebnisqualität). $_4$Sie kann auch auf den Ablauf, die Durchführung und die Evaluation der Leistungserbringung (Prozessqualität) sowie die unmittelbaren Rahmenbedingungen der Leistungserbringung (Strukturqualität) erstreckt werden. $_5$Die Regelprüfung bezieht sich auf die Qualität der allgemeinen Pflegeleistungen, der medizinischen Behandlungspflege, der

sozialen Betreuung einschließlich der zusätzlichen Betreuung und Aktivierung im Sinne des § 87b, der Leistungen bei Unterkunft und Verpflegung (§ 87), der Zusatzleistungen (§ 88) und der nach § 37 des Fünften Buches erbrachten Leistungen der häuslichen Krankenpflege. $_{6}$Sie kann sich auch auf die Abrechnung der genannten Leistungen erstrecken. $_{7}$Zu prüfen ist auch, ob die Versorgung der Pflegebedürftigen den Empfehlungen der Kommission für Krankenhaushygiene und Infektionsprävention nach § 23 Absatz 1 des Infektionsschutzgesetzes entspricht.

(3) $_{1}$Die Landesverbände der Pflegekassen haben im Rahmen der Zusammenarbeit mit den nach heimrechtlichen Vorschriften zuständigen Aufsichtsbehörden (§ 117) vor einer Regelprüfung insbesondere zu erfragen, ob Qualitätsanforderungen nach diesem Buch und den auf seiner Grundlage abgeschlossenen vertraglichen Vereinbarungen in einer Prüfung der nach heimrechtlichen Vorschriften zuständigen Aufsichtsbehörde oder in einem nach Landesrecht durchgeführten Prüfverfahren berücksichtigt worden sind. $_{2}$Hierzu können auch Vereinbarungen auf Landesebene zwischen den Landesverbänden der Pflegekassen und den nach heimrechtlichen Vorschriften zuständigen Aufsichtsbehörden sowie den für weitere Prüfverfahren zuständigen Aufsichtsbehörden getroffen werden. $_{3}$Um Doppelprüfungen zu vermeiden, haben die Landesverbände der Pflegekassen den Prüfumfang der Regelprüfung in angemessener Weise zu verringern, wenn

1. die Prüfungen nicht länger als neun Monate zurückliegen,
2. die Prüfergebnisse nach pflegefachlichen Kriterien den Ergebnissen einer Regelprüfung gleichwertig sind und
3. die Veröffentlichung der von den Pflegeeinrichtungen erbrachten Leistungen und deren Qualität, insbesondere hinsichtlich der Ergebnis- und Lebensqualität, gemäß § 115 Absatz 1a gewährleistet ist.

$_{4}$Die Pflegeeinrichtung kann verlangen, dass von einer Verringerung der Prüfpflicht abgesehen wird.

(4) $_{1}$Liegen den Landesverbänden der Pflegekassen Ergebnisse zur Prozess- und Strukturqualität aus einer Prüfung vor, die von der Pflegeeinrichtung oder dem Einrichtungsträger veranlasst wurde, so haben sie den Umfang der Regelprüfung in angemessener Weise zu verringern. $_{2}$Voraussetzung ist, dass die vorgelegten Prüfergebnisse nach einem durch die Landesverbände der Pflegekassen anerkannten Verfahren zur Messung und Bewertung der Pflegequalität durch unabhängige Sachverständige oder Prüfinstitutionen entsprechend den von den Vertragsparteien nach § 113 Abs. 1 Satz 4 Nr. 2 und 3 festgelegten Anforderungen durchgeführt wurde, die Prüfung nicht länger als ein Jahr zurückliegt und die Prüfungsergebnisse gemäß § 115 Abs. 1a veröffentlicht werden. $_{3}$Eine Prüfung der Ergebnisqualität durch den Medizinischen Dienst der Krankenversicherung oder den Prüfdienst des Verbandes der privaten Krankenversicherung e. V. ist stets durchzuführen.

(5) $_{1}$Bei Anlassprüfungen geht der Prüfauftrag in der Regel über den jeweiligen Prüfanlass hinaus; er umfasst eine vollständige Prüfung mit dem Schwerpunkt der Ergebnisqualität. $_{2}$Gibt es im Rahmen einer Anlass-, Regel- oder Wiederholungsprüfung sachlich begründete Hinweise auf eine nicht fachgerechte Pflege bei Pflegebedürftigen, auf die sich die Prüfung nicht erstreckt, sind die betroffenen Pflegebedürftigen unter Beachtung der datenschutzrechtlichen Bestimmungen in die Prüfung einzubeziehen. $_{3}$Die Prüfung ist insgesamt als Anlassprüfung durchzuführen. $_{4}$Im Zusammenhang mit einer zuvor durchgeführten Regel- oder Anlassprüfung kann von den Landesverbänden der Pflegekassen auf Kosten der Pflegeeinrichtung eine Wiederholungsprüfung veranlasst werden, um zu überprüfen, ob die festgestellten Qualitätsmängel durch die nach § 115 Abs. 2 angeordneten Maßnahmen beseitigt worden sind. $_{5}$Auf Antrag und auf Kosten der Pflegeeinrichtung ist eine Wiederholungsprüfung von den Landesverbänden der Pflegekassen zu veranlassen, wenn wesentliche Aspekte der Pflegequalität betroffen sind und ohne zeit-

nahe Nachprüfung der Pflegeeinrichtung unzumutbare Nachteile drohen. 6Kosten im Sinne der Sätze 4 und 5 sind nur zusätzliche, tatsächlich bei der Wiederholungsprüfung angefallene Aufwendungen, nicht aber Verwaltungs- oder Vorhaltekosten, die auch ohne Wiederholungsprüfung angefallen wären. 7Pauschalen oder Durchschnittswerte können nicht angesetzt werden.

§ 114a Durchführung der Qualitätsprüfungen

(1) 1Der Medizinische Dienst der Krankenversicherung, der Prüfdienst des Verbandes der privaten Krankenversicherung e. V. und die von den Landesverbänden der Pflegekassen bestellten Sachverständigen sind im Rahmen ihres Prüfauftrags nach § 114 jeweils berechtigt und verpflichtet, an Ort und Stelle zu überprüfen, ob die zugelassenen Pflegeeinrichtungen die Leistungs- und Qualitätsanforderungen nach diesem Buch erfüllen. 2Prüfungen in stationären Pflegeeinrichtungen sind grundsätzlich unangemeldet durchzuführen. 3Qualitätsprüfungen in ambulanten Pflegeeinrichtungen sind am Tag zuvor anzukündigen. 4Der Medizinische Dienst der Krankenversicherung, der Prüfdienst des Verbandes der privaten Krankenversicherung e. V. und die von den Landesverbänden der Pflegekassen bestellten Sachverständigen beraten im Rahmen der Qualitätsprüfungen die Pflegeeinrichtungen in Fragen der Qualitätssicherung. 5§ 112 Abs. 3 gilt entsprechend.

(2) 1Sowohl bei teil- als auch bei vollstationärer Pflege sind der Medizinische Dienst der Krankenversicherung, der Prüfdienst des Verbandes der privaten Krankenversicherung e. V. und die von den Landesverbänden der Pflegekassen bestellten Sachverständigen jeweils berechtigt, zum Zwecke der Qualitätssicherung die für das Pflegeheim benutzten Grundstücke und Räume jederzeit zu betreten, dort Prüfungen und Besichtigungen vorzunehmen, sich mit den Pflegebedürftigen, ihren Angehörigen, vertretungsberechtigten Personen und Betreuern in Verbindung zu setzen sowie die Beschäftigten und die Interessenvertretung der Bewohnerinnen und Bewohner zu befragen. 2Prüfungen und Besichtigungen zur Nachtzeit sind nur zulässig, wenn und soweit das Ziel der Qualitätssicherung zu anderen Tageszeiten nicht erreicht werden kann. 3Soweit Räume einem Wohnrecht der Heimbewohner unterliegen, dürfen sie ohne deren Einwilligung nur betreten werden, soweit dies zur Verhütung drohender Gefahren für die öffentliche Sicherheit und Ordnung erforderlich ist; das Grundrecht der Unverletzlichkeit der Wohnung (Artikel 13 Abs. 1 des Grundgesetzes) wird insoweit eingeschränkt. 4Bei der ambulanten Pflege sind der Medizinische Dienst der Krankenversicherung, der Prüfdienst des Verbandes der privaten Krankenversicherung e. V. und die von den Landesverbänden der Pflegekassen bestellten Sachverständigen berechtigt, die Qualität der Leistungen des Pflegedienstes mit Einwilligung des Pflegebedürftigen auch in dessen Wohnung zu überprüfen. 5Der Medizinische Dienst der Krankenversicherung und der Prüfdienst des Verbandes der privaten Krankenversicherung e. V. sollen die nach heimrechtlichen Vorschriften zuständige Aufsichtsbehörde an Prüfungen beteiligen, soweit dadurch die Prüfung nicht verzögert wird.

(3) 1Die Prüfungen beinhalten auch Inaugenscheinnahmen des gesundheitlichen und pflegerischen Zustands von Pflegebedürftigen. 2Sowohl Pflegebedürftige als auch Beschäftigte der Pflegeeinrichtungen, Betreuer und Angehörige sowie Mitglieder der heimrechtlichen Interessenvertretungen der Bewohnerinnen und Bewohner können dazu befragt werden. 3Bei der Beurteilung der Pflegequalität sind die Pflegedokumentation, die Inaugenscheinnahme der Pflegebedürftigen und Befragungen der Beschäftigten der Pflegeeinrichtungen sowie der Pflegebedürftigen, ihrer Angehörigen und der vertretungsberechtigten Personen angemessen zu berücksichtigen. 4Die Teilnahme an Inaugenscheinnahmen und Befragungen ist freiwillig; durch die Ablehnung dürfen keine Nachteile entstehen. 5Einsichtnahmen in Pflegedokumentationen, Inaugenscheinnahmen von

Pflegebedürftigen und Befragungen von Personen nach Satz 2 sowie die damit jeweils zusammenhängende Erhebung, Verarbeitung und Nutzung personenbezogener Daten von Pflegebedürftigen zum Zwecke der Erstellung eines Prüfberichts bedürfen der Einwilligung der betroffenen Pflegebedürftigen.

(3a) 1Die Einwilligung nach Absatz 2 oder 3 muss in einer Urkunde oder auf andere zur dauerhaften Wiedergabe in Schriftzeichen geeignete Weise abgegeben werden, die Person des Erklärenden benennen und den Abschluss der Erklärung durch Nachbildung der Namensunterschrift oder anders erkennbar machen (Textform). 2Ist der Pflegebedürftige einwilligungsunfähig, ist die Einwilligung eines hierzu Berechtigten einzuholen.

(4) 1Auf Verlangen sind Vertreter der betroffenen Pflegekassen oder ihrer Verbände, des zuständigen Sozialhilfeträgers sowie des Verbandes der privaten Krankenversicherung e. V. an den Prüfungen nach den Absätzen 1 bis 3 zu beteiligen. 2Der Träger der Pflegeeinrichtung kann verlangen, dass eine Vereinigung, deren Mitglied er ist (Trägervereinigung), an der Prüfung nach den Absätzen 1 bis 3 beteiligt wird. 3Ausgenommen ist eine Beteiligung nach Satz 1 oder nach Satz 2, soweit dadurch die Durchführung einer Prüfung voraussichtlich verzögert wird. 4Unabhängig von ihren eigenen Prüfungsbefugnissen nach den Absätzen 1 bis 3 sind der Medizinische Dienst der Krankenversicherung, der Prüfdienst des Verbandes der privaten Krankenversicherung e. V. und die von den Landesverbänden der Pflegekassen bestellten Sachverständigen jeweils befugt, sich an Überprüfungen von zugelassenen Pflegeeinrichtungen zu beteiligen, soweit sie von der nach heimrechtlichen Vorschriften zuständigen Aufsichtsbehörde nach Maßgabe heimrechtlicher Vorschriften durchgeführt werden. 5Sie haben in diesem Fall ihre Mitwirkung an der Überprüfung der Pflegeeinrichtung auf den Bereich der Qualitätssicherung nach diesem Buch zu beschränken.

(5) 1Unterschreitet der Prüfdienst des Verbandes der privaten Krankenversicherung e. V. die in § 114 Absatz 1 Satz 1 genannte, auf das Bundesgebiet bezogene Prüfquote, beteiligen sich die privaten Versicherungsunternehmen, die die private Pflege-Pflichtversicherung durchführen, anteilig bis zu einem Betrag von 10 Prozent an den Kosten der Qualitätsprüfungen der ambulanten und stationären Pflegeeinrichtungen. 2Das Bundesversicherungsamt stellt jeweils am Ende eines Jahres die Einhaltung der Prüfquote oder die Höhe der Unter- oder Überschreitung sowie die Höhe der durchschnittlichen Kosten von Prüfungen im Wege einer Schätzung nach Anhörung des Verbandes der privaten Krankenversicherung e. V. und des Spitzenverbandes Bund der Pflegekassen fest und teilt diesen jährlich die Anzahl der durchgeführten Prüfungen und bei Unterschreitung der Prüfquote den Finanzierungsanteil der privaten Versicherungsunternehmen mit; der Finanzierungsanteil ergibt sich aus der Multiplikation der Durchschnittskosten mit der Differenz zwischen der Anzahl der vom Prüfdienst des Verbandes der privaten Krankenversicherung e. V. durchgeführten Prüfungen und der in § 114 Absatz 1 Satz 1 genannten Prüfquote. 3Der Finanzierungsanteil, der auf die privaten Versicherungsunternehmen entfällt, ist vom Verband der privaten Krankenversicherung e. V. jährlich unmittelbar an das Bundesversicherungsamt zugunsten des Ausgleichsfonds der Pflegeversicherung (§ 65) zu überweisen. 4Der Verband der privaten Krankenversicherung e. V. muss der Zahlungsaufforderung durch das Bundesversicherungsamt keine Folge leisten, wenn er innerhalb von vier Wochen nach der Zahlungsaufforderung nachweist, dass die Unterschreitung der Prüfquote nicht von ihm oder seinem Prüfdienst zu vertreten ist.

(5a) Der Spitzenverband Bund der Pflegekassen vereinbart bis zum 31. Oktober 2011 mit dem Verband der privaten Krankenversicherung e. V. das Nähere über die Zusammenarbeit bei der Durchführung von Qualitätsprüfungen durch den Prüfdienst des Verbandes der privaten Krankenversicherung e. V., insbesondere über Maßgaben zur Prüfquote, Auswahlverfahren der zu prüfenden Pflegeeinrichtungen und Maßnahmen der Qualitätssicherung, sowie zur einheitlichen Veröffentlichung von Ergebnissen der Qualitätsprüfungen durch den Verband der privaten Krankenversicherung e. V.

(6) 1Die Medizinischen Dienste der Krankenversicherung und der Prüfdienst des Verbandes der privaten Krankenversicherung e. V. berichten dem Medizinischen Dienst des Spitzenverbandes Bund der Krankenkassen zum 30. Juni 2011, danach in Abständen von drei Jahren, über ihre Erfahrungen mit der Anwendung der Beratungs- und Prüfvorschriften nach diesem Buch, über die Ergebnisse ihrer Qualitätsprüfungen sowie über ihre Erkenntnisse zum Stand und zur Entwicklung der Pflegequalität und der Qualitätssicherung. 2Sie stellen unter Beteiligung des Medizinischen Dienstes des Spitzenverbandes Bund der Krankenkassen die Vergleichbarkeit der gewonnenen Daten sicher. 3Der Medizinische Dienst des Spitzenverbandes Bund der Krankenkassen führt die Berichte der Medizinischen Dienste der Krankenversicherung, des Prüfdienstes des Verbandes der privaten Krankenversicherung e. V. und seine eigenen Erkenntnisse und Erfahrungen zur Entwicklung der Pflegequalität und der Qualitätssicherung zu einem Bericht zusammen und legt diesen innerhalb eines halben Jahres dem Spitzenverband Bund der Pflegekassen, dem Bundesministerium für Gesundheit, dem Bundesministerium für Familie, Senioren, Frauen und Jugend sowie dem Bundesministerium für Arbeit und Soziales und den zuständigen Länderministerien vor.

(7) 1Der Spitzenverband Bund der Pflegekassen beschließt unter Beteiligung des Medizinischen Dienstes des Spitzenverbandes Bund der Krankenkassen und des Prüfdienstes des Verbandes der privaten Krankenversicherung e. V. Richtlinien über die Prüfung der in Pflegeeinrichtungen erbrachten Leistungen und deren Qualität nach § 114. 2Er hat die Bundesarbeitsgemeinschaft der Freien Wohlfahrtspflege, die Bundesverbände privater Alten- und Pflegeheime, die Verbände der privaten ambulanten Dienste, die Bundesverbände der Pflegeberufe, die Kassenärztliche Bundesvereinigung, den Verband der privaten Krankenversicherung e. V., die Bundesarbeitsgemeinschaft der überörtlichen Träger der Sozialhilfe, die kommunalen Spitzenverbände auf Bundesebene sowie die maßgeblichen Organisationen für die Wahrnehmung der Interessen und der Selbsthilfe der pflegebedürftigen und behinderten Menschen zu beteiligen. 3Ihnen ist unter Übermittlung der hierfür erforderlichen Informationen innerhalb einer angemessenen Frist vor der Entscheidung Gelegenheit zur Stellungnahme zu geben; die Stellungnahmen sind in die Entscheidung einzubeziehen. 4Die Richtlinien sind regelmäßig an den medizinisch-pflegefachlichen Fortschritt anzupassen. 5Sie bedürfen der Genehmigung des Bundesministeriums für Gesundheit. 6Beanstandungen des Bundesministeriums für Gesundheit sind innerhalb der von ihm gesetzten Frist zu beheben. 7Die Qualitätsprüfungs-Richtlinien sind für den Medizinischen Dienst der Krankenversicherung und den Prüfdienst des Verbandes der privaten Krankenversicherung e. V. verbindlich.

§ 115 Ergebnisse von Qualitätsprüfungen

(1) 1Die Medizinischen Dienste der Krankenversicherung, der Prüfdienst des Verbandes der privaten Krankenversicherung e. V. sowie die von den Landesverbänden der Pflegekassen für Qualitätsprüfungen bestellten Sachverständigen haben das Ergebnis einer jeden Qualitätsprüfung sowie die dabei gewonnenen Daten und Informationen den Landesverbänden der Pflegekassen und den zuständigen Trägern der Sozialhilfe sowie den nach heimrechtlichen Vorschriften zuständigen Aufsichtsbehörden im Rahmen ihrer Zuständigkeit und bei häuslicher Pflege den zuständigen Pflegekassen zum Zwecke der Erfüllung ihrer gesetzlichen Aufgaben sowie der betroffenen Pflegeeinrichtung mitzuteilen. 2Das Gleiche gilt für die Ergebnisse von Qualitätsprüfungen, die durch unabhängige Sachverständige oder Prüfinstitutionen gemäß § 114 Abs. 4 durchgeführt werden und eine Regelprüfung durch den Medizinischen Dienst der Krankenversicherung teilweise er-

setzen. $_{3}$Die Landesverbände der Pflegekassen sind befugt und auf Anforderung verpflichtet, die ihnen nach Satz 1 oder 2 bekannt gewordenen Daten und Informationen mit Zustimmung des Trägers der Pflegeeinrichtung auch seiner Trägervereinigung zu übermitteln, soweit deren Kenntnis für die Anhörung oder eine Stellungnahme der Pflegeeinrichtung zu einem Bescheid nach Absatz 2 erforderlich ist. $_{4}$Gegenüber Dritten sind die Prüfer und die Empfänger der Daten zur Verschwiegenheit verpflichtet; dies gilt nicht für die zur Veröffentlichung der Ergebnisse von Qualitätsprüfungen nach Absatz 1a erforderlichen Daten und Informationen.

(1a) $_{1}$Die Landesverbände der Pflegekassen stellen sicher, dass die von Pflegeeinrichtungen erbrachten Leistungen und deren Qualität, insbesondere hinsichtlich der Ergebnis- und Lebensqualität, für die Pflegebedürftigen und ihre Angehörigen verständlich, übersichtlich und vergleichbar sowohl im Internet als auch in anderer geeigneter Form kostenfrei veröffentlicht werden. $_{2}$Hierbei sind die Ergebnisse der Qualitätsprüfungen des Medizinischen Dienstes der Krankenversicherung und des Prüfdienstes des Verbandes der privaten Krankenversicherung e. V. sowie gleichwertige Prüfergebnisse nach § 114 Abs. 3 und 4 zugrunde zu legen; sie können durch in anderen Prüfverfahren gewonnene Informationen, die die von Pflegeeinrichtungen erbrachten Leistungen und deren Qualität, insbesondere hinsichtlich der Ergebnis- und Lebensqualität, darstellen, ergänzt werden. $_{3}$Bei Anlassprüfungen nach § 114 Absatz 5 bilden die Prüfergebnisse aller in die Prüfung einbezogenen Pflegebedürftigen die Grundlage für die Bewertung und Darstellung der Qualität. $_{4}$Personenbezogene und personenbeziehbare Daten sind zu anonymisieren. $_{5}$Ergebnisse von Wiederholungsprüfungen sind zeitnah zu berücksichtigen. $_{6}$Bei der Darstellung der Qualität ist auf die Art der Prüfung als Anlass-, Regel- oder Wiederholungsprüfung hinzuweisen. $_{7}$Das Datum der letzten Prüfung durch den Medizinischen Dienst der Krankenversicherung oder durch den Prüfdienst des Verbandes der privaten Krankenversicherung e. V., eine Einordnung des Prüfergebnisses nach einer Bewertungssystematik sowie eine Zusammenfassung der Prüfergebnisse sind an gut sichtbarer Stelle in jeder Pflegeeinrichtung auszuhängen. $_{8}$Die Kriterien der Veröffentlichung einschließlich der Bewertungssystematik sind durch den Spitzenverband Bund der Pflegekassen, die Vereinigungen der Träger der Pflegeeinrichtungen auf Bundesebene, die Bundesarbeitsgemeinschaft der überörtlichen Träger der Sozialhilfe und die Bundesvereinigung der kommunalen Spitzenverbände bis zum 30. September 2008 unter Beteiligung des Medizinischen Dienstes des Spitzenverbandes Bund der Krankenkassen zu vereinbaren. $_{9}$Die maßgeblichen Organisationen für die Wahrnehmung der Interessen und der Selbsthilfe der pflegebedürftigen und behinderten Menschen, unabhängige Verbraucherorganisationen auf Bundesebene sowie der Verband der privaten Krankenversicherung e. V. und die Verbände der Pflegeberufe auf Bundesebene sind frühzeitig zu beteiligen. $_{10}$Ihnen ist unter Übermittlung der hierfür erforderlichen Informationen innerhalb einer angemessenen Frist vor der Entscheidung Gelegenheit zur Stellungnahme zu geben; die Stellungnahmen sind in die Entscheidung einzubeziehen. $_{11}$Die Vereinbarungen über die Kriterien der Veröffentlichung einschließlich der Bewertungssystematik sind an den medizinischpflegefachlichen Fortschritt anzupassen. $_{12}$Kommt innerhalb von sechs Monaten ab schriftlicher Aufforderung eines Vereinbarungspartners zu Verhandlungen eine einvernehmliche Einigung nicht zustande, kann jeder Vereinbarungspartner die Schiedsstelle nach § 113b anrufen. $_{13}$Die Frist entfällt, wenn der Spitzenverband Bund der Pflegekassen und die Mehrheit der Vereinigungen der Träger der Pflegeeinrichtungen auf Bundesebene nach einer Beratung aller Vereinbarungspartner die Schiedsstelle einvernehmlich anrufen.$_{14}$Die Schiedsstelle soll eine Entscheidung innerhalb von drei Monaten treffen. $_{15}$Bestehende Vereinbarungen gelten bis zum Abschluss einer neuen Vereinbarung fort.

(1b) 1Die Landesverbände der Pflegekassen stellen sicher, dass ab dem 1. Januar 2014 die Informationen gemäß § 114 Absatz 1 über die Regelungen zur ärztlichen, fachärztlichen und zahnärztlichen Versorgung sowie zur Arzneimittelversorgung in vollstationären Einrichtungen für die Pflegebedürftigen und ihre Angehörigen verständlich, übersichtlich und vergleichbar sowohl im Internet als auch in anderer geeigneter Form kostenfrei zur Verfügung gestellt werden. 2Die Pflegeeinrichtungen sind verpflichtet, die Informationen nach Satz 1 an gut sichtbarer Stelle in der Pflegeeinrichtung auszuhängen.

(2) 1Soweit bei einer Prüfung nach diesem Buch Qualitätsmängel festgestellt werden, entscheiden die Landesverbände der Pflegekassen nach Anhörung des Trägers der Pflegeeinrichtung und der beteiligten Trägervereinigung unter Beteiligung des zuständigen Trägers der Sozialhilfe, welche Maßnahmen zu treffen sind, erteilen dem Träger der Einrichtung hierüber einen Bescheid und setzen ihm darin zugleich eine angemessene Frist zur Beseitigung der festgestellten Mängel. 2Werden nach Satz 1 festgestellte Mängel nicht fristgerecht beseitigt, können die Landesverbände der Pflegekassen gemeinsam den Versorgungsvertrag gemäß § 74 Abs. 1, in schwerwiegenden Fällen nach § 74 Abs. 2, kündigen. 3§ 73 Abs. 2 gilt entsprechend.

(3) 1Hält die Pflegeeinrichtung ihre gesetzlichen oder vertraglichen Verpflichtungen, insbesondere ihre Verpflichtungen zu einer qualitätsgerechten Leistungserbringung aus dem Versorgungsvertrag (§ 72) ganz oder teilweise nicht ein, sind die nach dem Achten Kapitel vereinbarten Pflegevergütungen für die Dauer der Pflichtverletzung entsprechend zu kürzen. 2Über die Höhe des Kürzungsbetrags ist zwischen den Vertragsparteien nach § 85 Abs. 2 Einvernehmen anzustreben. 3Kommt eine Einigung nicht zustande, entscheidet auf Antrag einer Vertragspartei die Schiedsstelle nach § 76 in der Besetzung des Vorsitzenden und der beiden weiteren unparteiischen Mitglieder. 4Gegen die Entscheidung nach Satz 3 ist der Rechtsweg zu den Sozialgerichten gegeben; ein Vorverfahren findet nicht statt, die Klage hat aufschiebende Wirkung. 5Der vereinbarte oder festgesetzte Kürzungsbetrag ist von der Pflegeeinrichtung bis zur Höhe ihres Eigenanteils an die betroffenen Pflegebedürftigen und im Weiteren an die Pflegekassen zurückzuzahlen; soweit die Pflegevergütung als nachrangige Sachleistung von einem anderen Leistungsträger übernommen wurde, ist der Kürzungsbetrag an diesen zurückzuzahlen. 6Der Kürzungsbetrag kann nicht über die Vergütungen oder Entgelte nach dem Achten Kapitel refinanziert werden. 7Schadensersatzansprüche der betroffenen Pflegebedürftigen nach anderen Vorschriften bleiben unberührt; § 66 des Fünften Buches gilt entsprechend.

(4) 1Bei Feststellung schwerwiegender, kurzfristig nicht behebbarer Mängel in der stationären Pflege sind die Pflegekassen verpflichtet, den betroffenen Heimbewohnern auf deren Antrag eine andere geeignete Pflegeeinrichtung zu vermitteln, welche die Pflege, Versorgung und Betreuung nahtlos übernimmt. 2Bei Sozialhilfeempfängern ist der zuständige Träger der Sozialhilfe zu beteiligen.

(5) 1Stellen der Medizinische Dienst der Krankenversicherung oder der Prüfdienst des Verbandes der privaten Krankenversicherung e. V. schwerwiegende Mängel in der ambulanten Pflege fest, kann die zuständige Pflegekasse dem Pflegedienst auf Empfehlung des Medizinischen Dienstes der Krankenversicherung oder des Prüfdienstes des Verbandes der privaten Krankenversicherung e. V. die weitere Betreuung des Pflegebedürftigen vorläufig untersagen; § 73 Absatz 2 gilt entsprechend. 2Die Pflegekasse hat dem Pflegebedürftigen in diesem Fall einen anderen geeigneten Pflegedienst zu vermitteln, der die Pflege nahtlos übernimmt; dabei ist so weit wie möglich das Wahlrecht des Pflegebedürftigen nach § 2 Abs. 2 zu beachten. 3Absatz 4 Satz 2 gilt entsprechend.

(6) 1In den Fällen der Absätze 4 und 5 haftet der Träger der Pflegeeinrichtung gegenüber den betroffenen Pflegebedürftigen und deren Kostenträgern für die Kosten der Vermittlung einer anderen ambulanten oder stationären Pflegeeinrichtung, soweit er die Mängel in

entsprechender Anwendung des § 276 des Bürgerlichen Gesetzbuches zu vertreten hat. 2Absatz 3 Satz 7 bleibt unberührt.

§ 116 Kostenregelungen

(1) Die Prüfkosten bei Wirksamkeits- und Wirtschaftlichkeitsprüfungen nach § 79 sind als Aufwand in der nächstmöglichen Vergütungsvereinbarung nach dem Achten Kapitel zu berücksichtigen; sie können auch auf mehrere Vergütungszeiträume verteilt werden.

(2) 1Die Kosten der Schiedsstellenentscheidung nach § 115 Abs. 3 Satz 3 trägt der Träger der Pflegeeinrichtung, soweit die Schiedsstelle eine Vergütungskürzung anordnet; andernfalls sind sie von den als Kostenträgern betroffenen Vertragsparteien gemeinsam zu tragen. 2Setzt die Schiedsstelle einen niedrigeren Kürzungsbetrag fest als von den Kostenträgern gefordert, haben die Beteiligten die Verfahrenskosten anteilig zu zahlen.

(3) 1Die Bundesregierung wird ermächtigt, durch Rechtsverordnung mit Zustimmung des Bundesrates die Entgelte für die Durchführung von Wirtschaftlichkeitsprüfungen zu regeln. 2In der Rechtsverordnung können auch Mindest- und Höchstsätze festgelegt werden; dabei ist den berechtigten Interessen der Wirtschaftlichkeitsprüfer (§ 79) sowie der zur Zahlung der Entgelte verpflichteten Pflegeeinrichtungen Rechnung zu tragen.

§ 117 Zusammenarbeit mit den nach heimrechtlichen Vorschriften zuständigen Aufsichtsbehörden

(1) 1Die Landesverbände der Pflegekassen sowie der Medizinische Dienst der Krankenversicherung und der Prüfdienst des Verbandes der privaten Krankenversicherung e. V. arbeiten mit den nach heimrechtlichen Vorschriften zuständigen Aufsichtsbehörden bei der Zulassung und der Überprüfung der Pflegeeinrichtungen eng zusammen, um ihre wechselseitigen Aufgaben nach diesem Buch und nach den heimrechtlichen Vorschriften insbesondere durch

1. regelmäßige gegenseitige Information und Beratung,
2. Terminabsprachen für eine gemeinsame oder arbeitsteilige Überprüfung von Pflegeeinrichtungen und
3. Verständigung über die im Einzelfall notwendigen Maßnahmen

wirksam aufeinander abzustimmen. 2Dabei ist sicherzustellen, dass Doppelprüfungen nach Möglichkeit vermieden werden. 3Zur Erfüllung dieser Aufgaben sind die Landesverbände der Pflegekassen sowie der Medizinische Dienst und der Prüfdienst des Verbandes der privaten Krankenversicherung e. V. verpflichtet, in den Arbeitsgemeinschaften nach den heimrechtlichen Vorschriften mitzuwirken und sich an entsprechenden Vereinbarungen zu beteiligen.

(2) 1Die Landesverbände der Pflegekassen sowie der Medizinische Dienst und der Prüfdienst des Verbandes der privaten Krankenversicherung e. V. können mit den nach heimrechtlichen Vorschriften zuständigen Aufsichtsbehörden oder den obersten Landesbehörden ein Modellvorhaben vereinbaren, das darauf zielt, eine abgestimmte Vorgehensweise bei der Prüfung der Qualität von Pflegeeinrichtungen nach diesem Buch und nach heimrechtlichen Vorschriften zu erarbeiten. 2Von den Richtlinien nach § 114a Absatz 7 und den nach § 115 Absatz 1a Satz 6 bundesweit getroffenen Vereinbarungen kann dabei für die Zwecke und die Dauer des Modellvorhabens abgewichen werden. 3Die Verantwortung der Pflegekassen und ihrer Verbände für die inhaltliche Bestimmung, Sicherung und Prüfung der Pflege-, Versorgungs- und Betreuungsqualität nach diesem Buch kann durch eine Zusammenarbeit mit den nach heimrechtlichen Vorschriften zuständigen Aufsichtsbehörden oder den obersten Landesbehörden weder eingeschränkt noch erweitert werden.

(3) 1Zur Verwirklichung der engen Zusammenarbeit sind die Landesverbände der Pflegekassen sowie der Medizinische Dienst der Krankenversicherung und der Prüfdienst des Verbandes der privaten Krankenversicherung e. V. berechtigt und auf Anforderung verpflichtet, der nach heimrechtlichen Vorschriften zuständigen Aufsichtsbehörde die ihnen

nach diesem Buch zugänglichen Daten über die Pflegeeinrichtungen, insbesondere über die Zahl und Art der Pflegeplätze und der betreuten Personen (Belegung), über die personelle und sächliche Ausstattung sowie über die Leistungen und Vergütungen der Pflegeeinrichtungen, mitzuteilen. $_2$Personenbezogene Daten sind vor der Datenübermittlung zu anonymisieren.

(4) $_1$Erkenntnisse aus der Prüfung von Pflegeeinrichtungen sind vom Medizinischen Dienst der Krankenversicherung, dem Prüfdienst des Verbandes der privaten Krankenversicherung e. V. oder von den sonstigen Sachverständigen oder Stellen, die Qualitätsprüfungen nach diesem Buch durchführen, unverzüglich der nach heimrechtlichen Vorschriften zuständigen Aufsichtsbehörde mitzuteilen, soweit sie zur Vorbereitung und Durchführung von aufsichtsrechtlichen Maßnahmen nach den heimrechtlichen Vorschriften erforderlich sind. $_2$§ 115 Abs. 1 Satz 1 und 2 bleibt hiervon unberührt.

(5) $_1$Die Pflegekassen und ihre Verbände sowie der Medizinische Dienst der Krankenversicherung und der Prüfdienst des Verbandes der privaten Krankenversicherung e. V. tragen die ihnen durch die Zusammenarbeit mit den nach heimrechtlichen Vorschriften zuständigen Aufsichtsbehörden entstehenden Kosten. $_2$Eine Beteiligung an den Kosten nach heimrechtlichen Vorschriften zuständigen Aufsichtsbehörden oder anderer von der nach heimrechtlichen Vorschriften zuständigen Aufsichtsbehörde beteiligter Stellen oder Gremien ist unzulässig.

(6) $_1$Durch Anordnungen der nach heimrechtlichen Vorschriften zuständigen Aufsichtsbehörde bedingte Mehr- oder Minderkosten sind, soweit sie dem Grunde nach vergütungsfähig im Sinne des § 82 Abs. 1 sind, in der nächstmöglichen Pflegesatzvereinbarung zu berücksichtigen. $_2$Der Widerspruch oder die Klage einer Vertragspartei oder eines Beteiligten nach § 85 Abs. 2 gegen die Anordnung hat keine aufschiebende Wirkung.

§ 118 Beteiligung von Interessenvertretungen, Verordnungsermächtigung

(1) $_1$Bei Erarbeitung oder Änderung

1. der in § 17 Absatz 1, den §§ 18b, 45a Absatz 2 Satz 3, § 45b Absatz 1 Satz 4 und § 114a Absatz 7 vorgesehenen Richtlinien des Spitzenverbandes Bund der Pflegekassen sowie
2. der Vereinbarungen der Selbstverwaltungspartner nach § 113 Absatz 1, § 113a Absatz 1 und § 115 Absatz 1a

wirken die auf Bundesebene maßgeblichen Organisationen für die Wahrnehmung der Interessen und der Selbsthilfe pflegebedürftiger und behinderter Menschen nach Maßgabe der Verordnung nach Absatz 2 beratend mit. $_2$Das Mitberatungsrecht beinhaltet auch das Recht zur Anwesenheit bei Beschlussfassungen. $_3$Wird den schriftlichen Anliegen dieser Organisationen nicht gefolgt, sind ihnen auf Verlangen die Gründe dafür schriftlich mitzuteilen.

(2) Das Bundesministerium für Gesundheit wird ermächtigt, durch Rechtsverordnung mit Zustimmung des Bundesrates Einzelheiten festzulegen für

1. die Voraussetzungen der Anerkennung der für die Wahrnehmung der Interessen und der Selbsthilfe der pflegebedürftigen und behinderten Menschen maßgeblichen Organisationen auf Bundesebene, insbesondere zu den Erfordernissen an die Organisationsform und die Offenlegung der Finanzierung, sowie
2. das Verfahren der Beteiligung.

§ 119 Verträge mit Pflegeheimen außerhalb des Anwendungsbereichs des Wohn- und Betreuungsvertragsgesetzes

Für den Vertrag zwischen dem Träger einer zugelassenen stationären Pflegeeinrichtung, auf die das Wohn- und Betreuungsvertragsgesetz keine Anwendung findet, und dem pflegebedürftigen Bewohner gelten die Vorschriften über die Verträge nach dem Wohn- und Betreuungsvertragsgesetz entsprechend.

§ 120 Pflegevertrag bei häuslicher Pflege

(1) $_{1}$Bei häuslicher Pflege übernimmt der zugelassene Pflegedienst spätestens mit Beginn des ersten Pflegeeinsatzes auch gegenüber dem Pflegebedürftigen die Verpflichtung, diesen nach Art und Schwere seiner Pflegebedürftigkeit, entsprechend den von ihm in Anspruch genommenen Leistungen, zu pflegen und hauswirtschaftlich zu versorgen (Pflegevertrag). $_{2}$Bei jeder wesentlichen Veränderung des Zustandes des Pflegebedürftigen hat der Pflegedienst dies der zuständigen Pflegekasse unverzüglich mitzuteilen.

(2) $_{1}$Der Pflegedienst hat nach Aufforderung der zuständigen Pflegekasse unverzüglich eine Ausfertigung des Pflegevertrages auszuhändigen. $_{2}$Der Pflegevertrag kann von dem Pflegebedürftigen jederzeit ohne Einhaltung einer Frist gekündigt werden.

(3) $_{1}$In dem Pflegevertrag sind mindestens Art, Inhalt und Umfang der Leistungen einschließlich der dafür mit den Kostenträgern nach § 89 vereinbarten Vergütungen für jede Leistung oder jeden Leistungskomplex gesondert zu beschreiben. $_{2}$Der Pflegedienst hat den Pflegebedürftigen vor Vertragsschluss und bei jeder wesentlichen Veränderung in der Regel schriftlich über die voraussichtlichen Kosten zu unterrichten.

(4) $_{1}$Der Anspruch des Pflegedienstes auf Vergütung seiner pflegerischen und hauswirtschaftlichen Leistungen ist unmittelbar gegen die zuständige Pflegekasse zu richten. $_{2}$Soweit die von dem Pflegebedürftigen abgerufenen Leistungen nach Satz 1 den von der Pflegekasse mit Bescheid festgelegten und von ihr zu zahlenden leistungsrechtlichen Höchstbetrag überschreiten, darf der Pflegedienst dem Pflegebedürftigen für die zusätzlich abgerufenen Leistungen keine höhere als die nach § 89 vereinbarte Vergütung berechnen.

Zwölftes Kapitel
Bußgeldvorschrift

§ 121 Bußgeldvorschrift

(1) Ordnungswidrig handelt, wer vorsätzlich oder leichtfertig

1. der Verpflichtung zum Abschluß oder zur Aufrechterhaltung des privaten Pflegeversicherungsvertrages nach § 23 Abs. 1 Satz 1 und 2 oder § 23 Abs. 4 oder der Verpflichtung zur Aufrechterhaltung des privaten Pflegeversicherungsvertrages nach § 22 Abs. 1 Satz 2 nicht nachkommt,
2. entgegen § 50 Abs. 1 Satz 1, § 51 Abs. 1 Satz 1 und 2, § 51 Abs. 3 oder entgegen Artikel 42 Abs. 4 Satz 1 oder 2 des Pflege-Versicherungsgesetzes eine Meldung nicht, nicht richtig, nicht vollständig oder nicht rechtzeitig erstattet,
3. entgegen § 50 Abs. 3 Satz 1 Nr. 1 eine Auskunft nicht, nicht richtig, nicht vollständig oder nicht rechtzeitig erteilt oder entgegen § 50 Abs. 3 Satz 1 Nr. 2 eine Änderung nicht, nicht richtig, nicht vollständig oder nicht rechtzeitig mitteilt,
4. entgegen § 50 Abs. 3 Satz 2 die erforderlichen Unterlagen nicht, nicht vollständig oder nicht rechtzeitig vorlegt,
5. entgegen Artikel 42 Abs. 1 Satz 3 des Pflege-Versicherungsgesetzes den Leistungsumfang seines privaten Versicherungsvertrages nicht oder nicht rechtzeitig anpaßt,
6. mit der Entrichtung von sechs Monatsprämien zur privaten Pflegeversicherung in Verzug gerät,
7. entgegen § 128 Absatz 1 Satz 4 die dort genannten Daten nicht, nicht richtig, nicht vollständig oder nicht rechtzeitig übermittelt.

(2) Die Ordnungswidrigkeit kann mit einer Geldbuße bis zu 2500 Euro geahndet werden.

(3) Für die von privaten Versicherungsunternehmen begangenen Ordnungswidrigkeiten nach Absatz 1 Nummer 2 und 7 ist das Bundesversicherungsamt die Verwaltungsbehörde im Sinne des § 36 Abs. 1 Nr. 1 des Gesetzes über Ordnungswidrigkeiten.

§ 122 Übergangsregelung

(1) § 45b ist mit Ausnahme des Absatzes 2 Satz 3 erst ab 1. April 2002 anzuwenden; Absatz 2 Satz 3 ist ab 1. Januar 2003 anzuwenden.

(2) 1Die Spitzenverbände der Pflegekassen haben die nach § 45b Abs. 1 Satz 4 in der ab dem 1. Juli 2008 geltenden Fassung vorgesehenen Richtlinien unter Beteiligung des Medizinischen Dienstes der Spitzenverbände der Krankenkassen, des Verbandes der privaten Krankenversicherung e. V., der kommunalen Spitzenverbände auf Bundesebene und der maßgeblichen Organisationen für die Wahrnehmung der Interessen und der Selbsthilfe der pflegebedürftigen und behinderten Menschen auf Bundesebene zu beschließen und dem Bundesministerium für Gesundheit bis zum 31. Mai 2008 zur Genehmigung vorzulegen. 2§ 17 Abs. 2 gilt entsprechend.

(3) Für Personen, die am 31. Dezember 2014 einen Anspruch auf einen Wohngruppenzuschlag nach § 38a in der bis zum 31. Dezember 2014 geltenden Fassung haben, wird diese Leistung weiter erbracht, wenn sich an den tatsächlichen Verhältnissen nichts geändert hat.

§ 123 Übergangsregelung: Verbesserte Pflegeleistungen für Personen mit erheblich eingeschränkter Alltagskompetenz

(1) Versicherte, die wegen erheblich eingeschränkter Alltagskompetenz die Voraussetzungen des § 45a erfüllen, haben neben den Leistungen nach § 45b bis zum Inkrafttreten eines Gesetzes, das die Leistungsgewährung aufgrund eines neuen Pflegebedürftigkeitsbegriffs und eines entsprechenden Begutachtungsverfahrens regelt, Ansprüche auf Pflegeleistungen nach Maßgabe der folgenden Absätze.

(2) 1Versicherte ohne Pflegestufe haben je Kalendermonat Anspruch auf

1. Pflegegeld nach § 37 in Höhe von 123 Euro oder
2. Pflegesachleistungen nach § 36 in Höhe von bis zu 231 Euro oder
3. Kombinationsleistungen aus den Nummern 1 und 2 (§ 38)

sowie Ansprüche nach den §§ 38a, 39, 40, 41, 42 und 45e. 2Der Anspruch auf teilstationäre Pflege für Versicherte ohne Pflegestufe umfasst einen Gesamtwert von bis zu 231 Euro je Kalendermonat.

(3) Für Pflegebedürftige der Pflegestufe I erhöhen sich das Pflegegeld nach § 37 um 72 Euro auf 316 Euro und die Pflegesachleistungen nach § 36 sowie § 41 um 221 Euro auf bis zu 689 Euro.

(4) Für Pflegebedürftige der Pflegestufe II erhöhen sich das Pflegegeld nach § 37 um 87 Euro auf 545 Euro und die Pflegesachleistungen nach § 36 sowie § 41 um 154 Euro auf bis zu 1298 Euro.

§ 124 Übergangsregelung: Häusliche Betreuung

(1) Pflegebedürftige der Pflegestufen I bis III sowie Versicherte, die wegen erheblich eingeschränkter Alltagskompetenz die Voraussetzungen des § 45a erfüllen, haben bis zum Inkrafttreten eines Gesetzes, das die Leistungsgewährung aufgrund eines neuen Pflegebedürftigkeitsbegriffs und eines entsprechenden Begutachtungsverfahrens regelt, nach den §§ 36 und 123 einen Anspruch auf häusliche Betreuung.

(2) 1Leistungen der häuslichen Betreuung werden neben Grundpflege und hauswirtschaftlicher Versorgung als pflegerische Betreuungsmaßnahmen erbracht. 2Sie umfassen Unterstützung und sonstige Hilfen im häuslichen Umfeld des Pflegebedürftigen oder seiner Familie und schließen insbesondere das Folgende mit ein:

1. Unterstützung von Aktivitäten im häuslichen Umfeld, die dem Zweck der Kommunikation und der Aufrechterhaltung sozialer Kontakte dienen,
2. Unterstützung bei der Gestaltung des häuslichen Alltags, insbesondere Hilfen zur Entwicklung und Aufrechterhaltung einer Tagesstruktur, zur Durchführung bedürfnisgerechter Beschäftigungen und zur Einhaltung eines bedürfnisgerechten Tag-/Nacht-Rhythmus.

3Häusliche Betreuung kann von mehreren Pflegebedürftigen oder Versicherten mit erheblich eingeschränkter Alltagskompetenz auch als gemeinschaftliche häusliche Betreuung im häuslichen Umfeld einer oder eines Beteiligten oder seiner Familie als Sachleistung in Anspruch genommen werden.

(3) Der Anspruch auf häusliche Betreuung setzt voraus, dass die Grundpflege und die hauswirtschaftliche Versorgung im Einzelfall sichergestellt sind.

(4) Das Siebte, das Achte und das Elfte Kapitel sind entsprechend anzuwenden.

§ 125 Modellvorhaben zur Erprobung von Leistungen der häuslichen Betreuung durch Betreuungsdienste

(1) 1Der Spitzenverband Bund der Pflegekassen kann in den Jahren 2013 und 2014 aus Mitteln des Ausgleichsfonds der Pflegeversicherung mit bis zu 5 Millionen Euro Modellvorhaben zur Erprobung von Leistungen der häuslichen Betreuung nach § 124 durch Betreuungsdienste vereinbaren. 2Dienste können als Betreuungsdienste Vereinbarungspartner werden, die insbesondere für demenziell erkrankte Pflegebedürftige dauerhaft häusliche Betreuung und hauswirtschaftliche Versorgung erbringen.

(2) 1Die Modellvorhaben sind darauf auszurichten, die Wirkungen des Einsatzes von Betreuungsdiensten auf die pflegerische Versorgung umfassend bezüglich Qualität, Wirtschaftlichkeit, Inhalt der erbrachten Leistungen und Akzeptanz bei den Pflegebedürftigen zu untersuchen und sind auf längstens drei Jahre zu befristen. 2Für die Modellvorhaben ist eine wissenschaftliche Begleitung und Auswertung vorzusehen. 3Soweit im Rahmen der Modellvorhaben personenbezogene Daten benötigt werden, können diese mit Einwilligung des Pflegebedürftigen erhoben, verarbeitet und genutzt werden. 4Der Spitzenverband Bund der Pflegekassen bestimmt Ziele, Dauer, Inhalte und Durchführung der Modellvorhaben. 5Die Modellvorhaben sind mit dem Bundesministerium für Gesundheit abzustimmen.

(3) 1Auf die am Modell teilnehmenden Dienste sind die Vorschriften dieses Buches für Pflegedienste entsprechend anzuwenden. 2Anstelle der verantwortlichen Pflegefachkraft können sie eine entsprechend qualifizierte, fachlich geeignete und zuverlässige Kraft mit praktischer Berufserfahrung im erlernten Beruf von zwei Jahren innerhalb der letzten acht Jahre als verantwortliche Kraft einsetzen; § 71 Absatz 3 Satz 4 ist entsprechend anzuwenden. 3Die Zulassung der teilnehmenden Betreuungsdienste zur Versorgung bleibt bis zu zwei Jahre nach dem Ende des Modellprogramms gültig.

Dreizehntes Kapitel Zulagenförderung der privaten Pflegevorsorge

§ 126 Zulageberechtigte

1Personen, die nach dem Dritten Kapitel in der sozialen oder privaten Pflegeversicherung versichert sind (zulageberechtigte Personen), haben bei Vorliegen einer auf ihren Namen lautenden privaten Pflege-Zusatzversicherung unter den in § 127 Absatz 2 genannten Voraussetzungen Anspruch auf eine Pflegevorsorgezulage. 2Davon ausgenommen sind Personen, die das 18. Lebensjahr noch nicht vollendet haben, sowie Personen, die vor Abschluss der privaten Pflege-Zusatzversicherung bereits Leistungen nach § 123 oder als Pflegebedürftige Leistungen nach dem Vierten Kapitel oder gleichwertige Vertragsleistungen der privaten Pflege-Pflichtversicherung beziehen oder bezogen haben.

§ 127 Pflegevorsorgezulage; Fördervoraussetzungen

(1) 1Leistet die zulageberechtigte Person mindestens einen Beitrag von monatlich 10 Euro im jeweiligen Beitragsjahr zugunsten einer auf ihren Namen lautenden, gemäß Absatz 2 förderfähigen privaten Pflege-Zusatzversicherung, hat sie Anspruch auf eine Zulage in Höhe von monatlich 5 Euro. 2Die Zulage wird bei dem Mindestbeitrag nach Satz 1 nicht berücksichtigt. 3Die Zulage wird je zulageberechtigter Person für jeden Monat

XI

nur für einen Versicherungsvertrag gewährt. ₄Der Mindestbeitrag und die Zulage sind für den förderfähigen Tarif zu verwenden.

(2) ₁Eine nach diesem Kapitel förderfähige private Pflege-Zusatzversicherung liegt vor, wenn das Versicherungsunternehmen hierfür

1. die Kalkulation nach Art der Lebensversicherung gemäß § 12 Absatz 1 Nummer 1 und 2 des Versicherungsaufsichtsgesetzes vorsieht,
2. allen in § 126 genannten Personen einen Anspruch auf Versicherung gewährt,
3. auf das ordentliche Kündigungsrecht sowie auf eine Risikoprüfung und die Vereinbarung von Risikozuschlägen und Leistungsausschlüssen verzichtet,
4. bei Vorliegen von Pflegebedürftigkeit im Sinne des § 14 einen vertraglichen Anspruch auf Auszahlung von Geldleistungen für jede der in § 15 aufgeführten Pflegestufen, dabei in Höhe von mindestens 600 Euro für die in § 15 Absatz 1 Satz 1 Nummer 3 aufgeführte Pflegestufe III, sowie bei Vorliegen von erheblich eingeschränkter Alltagskompetenz im Sinne des § 45a einen Anspruch auf Auszahlung von Geldleistungen vorsieht; die tariflich vorgesehenen Geldleistungen dürfen dabei die zum Zeitpunkt des Vertragsabschlusses jeweils geltende Höhe der Leistungen dieses Buches nicht überschreiten, eine Dynamisierung bis zur Höhe der allgemeinen Inflationsrate ist jedoch zulässig; weitere Leistungen darf der förderfähige Tarif nicht vorsehen,
5. bei der Feststellung des Versicherungsfalles sowie der Festsetzung der Pflegestufe dem Ergebnis des Verfahrens zur Feststellung der Pflegebedürftigkeit gemäß § 18 sowie den Feststellungen über das Vorliegen von erheblich eingeschränkter Alltagskompetenz nach § 45a folgt; bei Versicherten der privaten Pflege-Pflichtversicherung sind die entsprechenden Feststellungen des privaten Versicherungsunternehmens zugrunde zu legen,
6. die Wartezeit auf höchstens fünf Jahre beschränkt,
7. einem Versicherungsnehmer, der hilfebedürftig im Sinne des Zweiten oder Zwölften Buches ist oder allein durch Zahlung des Beitrags hilfebedürftig würde, einen Anspruch gewährt, den Vertrag ohne Aufrechterhaltung des Versicherungsschutzes für eine Dauer von mindestens drei Jahren ruhen zu lassen oder den Vertrag binnen einer Frist von drei Monaten nach Eintritt der Hilfebedürftigkeit rückwirkend zum Zeitpunkt des Eintritts zu kündigen; für den Fall der Ruhendstellung beginnt diese Frist mit dem Ende der Ruhendstellung, wenn Hilfebedürftigkeit weiterhin vorliegt,
8. die Höhe der in Ansatz gebrachten Verwaltungs- und Abschlusskosten begrenzt; das Nähere dazu wird in der Rechtsverordnung nach § 130 geregelt.

₂Der Verband der privaten Krankenversicherung e. V. wird damit beliehen, hierfür brancheneinheitliche Vertragsmuster festzulegen, die von den Versicherungsunternehmen als Teil der Allgemeinen Versicherungsbedingungen förderfähiger Pflege-Zusatzversicherungen zu verwenden sind. ₃Die Beleihung nach Satz 2 umfasst die Befugnis, für Versicherungsunternehmen, die förderfähige private Pflege-Zusatzversicherungen anbieten, einen Ausgleich für Überschäden einzurichten; § 111 Absatz 1 Satz 1 und 2 und Absatz 2 gilt entsprechend. ₄Die Fachaufsicht über den Verband der privaten Krankenversicherung e. V. zu den in den Sätzen 2 und 3 genannten Aufgaben übt das Bundesministerium für Gesundheit aus.

(3) Der Anspruch auf die Zulage entsteht mit Ablauf des Kalenderjahres, für das die Beiträge zu einer privaten Pflege-Zusatzversicherung gemäß § 127 Absatz 1 geleistet worden sind (Beitragsjahr).

Durch das Gesetz zur Modernisierung der Finanzaufsicht über Versicherungen vom 1.4.2015 (BGBl. I S. 434) wird Absatz 2 Nummer 1 wie folgt gefasst: "1. die Kalkulation nach Art der Lebensversicherung gemäß § 146 Absatz 1 Nummer 1 und 2 des Versicherungsaufsichtsgesetzes vorsieht,".

§ 128 Verfahren; Haftung des Versicherungsunternehmens

(1) $_{1}$Die Zulage gemäß § 127 Absatz 1 wird auf Antrag gewährt. $_{2}$Die zulageberechtigte Person bevollmächtigt das Versicherungsunternehmen mit dem Abschluss des Vertrags über eine förderfähige private Pflege-Zusatzversicherung, die Zulage für jedes Beitragsjahr zu beantragen. $_{3}$Sofern eine Zulagenummer oder eine Versicherungsnummer nach § 147 des Sechsten Buches für die zulageberechtigte Person noch nicht vergeben ist, bevollmächtigt sie zugleich ihr Versicherungsunternehmen, eine Zulagenummer bei der zentralen Stelle zu beantragen. $_{4}$Das Versicherungsunternehmen ist verpflichtet, der zentralen Stelle nach amtlich vorgeschriebenem Datensatz durch amtlich bestimmte Datenfernübertragung zur Feststellung der Anspruchsberechtigung auf Auszahlung der Zulage zugleich mit dem Antrag in dem Zeitraum vom 1. Januar bis zum 31. März des Kalenderjahres, das auf das Beitragsjahr folgt, Folgendes zu übermitteln:

1. die Antragsdaten,
2. die Höhe der für die zulagefähige private Pflege-Zusatzversicherung geleisteten Beiträge,
3. die Vertragsdaten,
4. die Versicherungsnummer nach § 147 des Sechsten Buches, die Zulagenummer der zulageberechtigten Person oder einen Antrag auf Vergabe einer Zulagenummer,
5. weitere zur Auszahlung der Zulage erforderliche Angaben,
6. die Bestätigung, dass der Antragsteller eine zulageberechtigte Person im Sinne des § 126 ist, sowie
7. die Bestätigung, dass der jeweilige Versicherungsvertrag die Voraussetzungen des § 127 Absatz 2 erfüllt.

$_{5}$Die zulageberechtigte Person ist verpflichtet, dem Versicherungsunternehmen unverzüglich eine Änderung der Verhältnisse mitzuteilen, die zu einem Wegfall des Zulageanspruchs führt. $_{6}$Hat für das Beitragsjahr, für das das Versicherungsunternehmen bereits eine Zulage beantragt hat, kein Zulageanspruch bestanden, hat das Versicherungsunternehmen diesen Antragsdatensatz zu stornieren.

(2) $_{1}$Die Auszahlung der Zulage erfolgt durch eine zentrale Stelle bei der Deutschen Rentenversicherung Bund; das Nähere, insbesondere die Höhe der Verwaltungskostenerstattung, wird durch Verwaltungsvereinbarung zwischen dem Bundesministerium für Gesundheit und der Deutschen Rentenversicherung Bund geregelt. $_{2}$Die Zulage wird bei Vorliegen der Voraussetzungen an das Versicherungsunternehmen gezahlt, bei dem der Vertrag über die private Pflege-Zusatzversicherung besteht, für den die Zulage beantragt wurde. $_{3}$Wird für eine zulageberechtigte Person die Zulage für mehr als einen privaten Pflege-Zusatzversicherungsvertrag beantragt, so wird die Zulage für den jeweiligen Monat nur für den Vertrag gewährt, für den der Antrag zuerst bei der zentralen Stelle eingegangen ist. $_{4}$Soweit der zuständige Träger der Rentenversicherung keine Versicherungsnummer vergeben hat, vergibt die zentrale Stelle zur Erfüllung der ihr zugewiesenen Aufgaben eine Zulagenummer. $_{5}$Im Fall eines Antrags nach Absatz 1 Satz 3 teilt die zentrale Stelle dem Versicherungsunternehmen die Zulagenummer mit; von dort wird sie an den Antragsteller weitergeleitet. $_{6}$Die zentrale Stelle stellt aufgrund der ihr vorliegenden Informationen fest, ob ein Anspruch auf Zulage besteht, und veranlasst die Auszahlung an das Versicherungsunternehmen zugunsten der zulageberechtigten Person. $_{7}$Ein gesonderter Zulagebescheid ergeht vorbehaltlich des Satzes 9 nicht. $_{8}$Das Versicherungsunternehmen hat die erhaltenen Zulagen unverzüglich dem begünstigten Vertrag gutzuschreiben. $_{9}$Eine Festsetzung der Zulage erfolgt nur auf besonderen Antrag der zulageberechtigten Person. $_{10}$Der Antrag ist schriftlich innerhalb eines Jahres nach Übersendung der Information nach Absatz 3 durch das Versicherungsunternehmen vom Antragsteller an das Versicherungsunternehmen zu richten. $_{11}$Das Versicherungsunternehmen leitet den Antrag der zentralen Stelle zur Festsetzung zu. $_{12}$Es hat dem Antrag eine

Stellungnahme und die zur Festsetzung erforderlichen Unterlagen beizufügen. 13Die zentrale Stelle teilt die Festsetzung auch dem Versicherungsunternehmen mit. 14Erkennt die zentrale Stelle nachträglich, dass der Zulageanspruch nicht bestanden hat oder weggefallen ist, so hat sie zu Unrecht gutgeschriebene oder ausgezahlte Zulagen zurückzufordern und dies dem Versicherungsunternehmen durch Datensatz mitzuteilen.

(3) 1Kommt die zentrale Stelle zu dem Ergebnis, dass kein Anspruch auf Zulage besteht oder bestanden hat, teilt sie dies dem Versicherungsunternehmen mit. 2Dieses hat die versicherte Person innerhalb eines Monats nach Eingang des entsprechenden Datensatzes darüber zu informieren.

(4) Das Versicherungsunternehmen haftet im Fall der Auszahlung einer Zulage gegenüber dem Zulageempfänger dafür, dass die in § 127 Absatz 2 genannten Voraussetzungen erfüllt sind.

(5) 1Die von der zentralen Stelle veranlassten Auszahlungen von Pflegevorsorgezulagen sowie die entstehenden Verwaltungskosten werden vom Bundesministerium für Gesundheit getragen. 2Zu den Verwaltungskosten gehören auch die entsprechenden Kosten für den Aufbau der technischen und organisatorischen Infrastruktur. 3Die gesamten Verwaltungskosten werden nach Ablauf eines jeden Beitragsjahres erstattet; dabei sind die Personal- und Sachkostensätze des Bundes entsprechend anzuwenden. 4Ab dem Jahr 2014 werden monatliche Abschläge gezahlt. 5Soweit das Bundesversicherungsamt die Aufsicht über die zentrale Stelle ausübt, untersteht es abweichend von § 94 Absatz 2 Satz 2 des Vierten Buches dem Bundesministerium für Gesundheit.

§ 129 Wartezeit bei förderfähigen Pflege-Zusatzversicherungen

Soweit im Vertrag über eine gemäß § 127 Absatz 2 förderfähige private Pflege-Zusatzversicherung eine Wartezeit vereinbart wird, darf diese abweichend von § 197 Absatz 1 des Versicherungsvertragsgesetzes fünf Jahre nicht überschreiten.

§ 130 Verordnungsermächtigung

Das Bundesministerium für Gesundheit wird ermächtigt, im Einvernehmen mit dem Bundesministerium der Finanzen und dem Bundesministerium für Arbeit und Soziales durch Rechtsverordnung ohne Zustimmung des Bundesrates Vorschriften zu erlassen, die Näheres regeln über

1. die zentrale Stelle gemäß § 128 Absatz 2 und ihre Aufgaben,
2. das Verfahren für die Ermittlung, Festsetzung, Auszahlung, Rückzahlung und Rückforderung der Zulage,
3. den Datenaustausch zwischen Versicherungsunternehmen und zentraler Stelle nach § 128 Absatz 1 und 2,
4. die Begrenzung der Höhe der bei förderfähigen Pflege-Zusatzversicherungen in Ansatz gebrachten Verwaltungs- und Abschlusskosten.

Vierzehntes Kapitel
Bildung eines Pflegevorsorgefonds

§ 131 Pflegevorsorgefonds

In der sozialen Pflegeversicherung wird ein Sondervermögen unter dem Namen „Vorsorgefonds der sozialen Pflegeversicherung" errichtet.

§ 132 Zweck des Vorsorgefonds

1Das Sondervermögen dient der langfristigen Stabilisierung der Beitragsentwicklung in der sozialen Pflegeversicherung. 2Es darf nach Maßgabe des § 136 nur zur Finanzierung der Leistungsaufwendungen der sozialen Pflegeversicherung verwendet werden.

§ 133 Rechtsform

1Das Sondervermögen ist nicht rechtsfähig. 2Es kann unter seinem Namen im rechtsgeschäftlichen Verkehr handeln, klagen und verklagt werden. 3Der allgemeine Gerichtsstand des Sondervermögens ist Frankfurt am Main.

§ 134 Verwaltung und Anlage der Mittel

(1) 1Die Verwaltung und die Anlage der Mittel des Sondervermögens werden der Deutschen Bundesbank übertragen. 2Für die Verwaltung des Sondervermögens und seiner Mittel werden der Bundesbank entsprechend § 20 Satz 2 des Gesetzes über die Deutsche Bundesbank keine Kosten erstattet.

(2) 1Die dem Sondervermögen zufließenden Mittel einschließlich der Erträge sind unter sinngemäßer Anwendung der Anlagerichtlinien des Versorgungsfonds des Bundes zu marktüblichen Bedingungen anzulegen. 2Dabei ist der in Aktien oder Aktienfonds angelegte Anteil des Sondervermögens ab dem Jahr 2035 über einen Zeitraum von höchstens zehn Jahren abzubauen. 3Das Bundesministerium für Gesundheit ist im Anlageausschuss nach § 4a der Anlagerichtlinien des Versorgungsfonds des Bundes vertreten.

§ 135 Zuführung der Mittel

(1) Das Bundesversicherungsamt führt dem Sondervermögen monatlich zum 20. des Monats zu Lasten des Ausgleichsfonds einen Betrag zu, der einem Zwölftel von 0,1 Prozent der beitragspflichtigen Einnahmen der sozialen Pflegeversicherung des Vorjahres entspricht.

(2) Die Zuführung nach Absatz 1 erfolgt erstmals zum 20. Februar 2015 und endet mit der Zahlung für Dezember 2033.

§ 136 Verwendung des Sondervermögens

1Ab dem Jahr 2035 kann das Sondervermögen zur Sicherung der Beitragssatzstabilität der sozialen Pflegeversicherung verwendet werden, wenn ohne eine Zuführung von Mitteln an den Ausgleichsfonds eine Beitragssatzanhebung erforderlich würde, die nicht auf über eine allgemeine Dynamisierung der Leistungen hinausgehenden Leistungsverbesserungen beruht. 2Die Obergrenze der jährlich auf Anforderung des Bundesversicherungsamtes an den Ausgleichsfonds abführbaren Mittel ist der 20. Teil des Realwertes des zum 31. Dezember 2034 vorhandenen Mittelbestandes des Sondervermögens. 3Erfolgt in einem Jahr kein Abruf, so können die für dieses Jahr vorgesehenen Mittel in den Folgejahren mit abgerufen werden, wenn ohne eine entsprechende Zuführung von Mitteln an den Ausgleichsfonds eine Beitragssatzanhebung erforderlich würde, die nicht auf über eine allgemeine Dynamisierung der Leistungen hinausgehenden Leistungsverbesserungen beruht.

§ 137 Vermögenstrennung

Das Vermögen ist von dem übrigen Vermögen der sozialen Pflegeversicherung sowie von seinen Rechten und Verbindlichkeiten getrennt zu halten.

§ 138 Jahresrechnung

1Die Deutsche Bundesbank legt dem Bundesministerium für Gesundheit jährlich einen Bericht über die Verwaltung der Mittel des Sondervermögens vor. 2Darin sind der Bestand des Sondervermögens einschließlich der Forderungen und Verbindlichkeiten sowie die Einnahmen und Ausgaben auszuweisen.

§ 139 Auflösung

Das Sondervermögen gilt nach Auszahlung seines Vermögens als aufgelöst.

XII SGB XII: Sozialhilfe

Sozialgesetzbuch (SGB) Zwölftes Buch (XII) – Sozialhilfe – (SGB XII)

Vom 27. Dezember 2003 (BGBl. I S. 3022, 2004 S. 3305)

Zuletzt geändert durch
Regelbedarfsstufen-Fortschreibungsverordnung 2015
vom 14. Oktober 2014 (BGBl. I S. 1618)

Inhaltsübersicht

Erstes Kapitel Allgemeine Vorschriften

§ 1 Aufgabe der Sozialhilfe

1Aufgabe der Sozialhilfe ist es, den Leistungsberechtigten die Führung eines Lebens zu ermöglichen, das der Würde des Menschen entspricht. 2Die Leistung soll sie so weit wie möglich befähigen, unabhängig von ihr zu leben; darauf haben auch die Leistungsberechtigten nach ihren Kräften hinzuarbeiten. 3Zur Erreichung dieser Ziele haben die Leistungsberechtigten und die Träger der Sozialhilfe im Rahmen ihrer Rechte und Pflichten zusammenzuwirken.

§ 2 Nachrang der Sozialhilfe

(1) Sozialhilfe erhält nicht, wer sich vor allem durch Einsatz seiner Arbeitskraft, seines Einkommens und seines Vermögens selbst helfen kann oder wer die erforderliche Leistung von anderen, insbesondere von Angehörigen oder von Trägern anderer Sozialleistungen, erhält.

(2) 1Verpflichtungen anderer, insbesondere Unterhaltspflichtiger oder der Träger anderer Sozialleistungen, bleiben unberührt. 2Auf Rechtsvorschriften beruhende Leistungen anderer dürfen nicht deshalb versagt werden, weil nach dem Recht der Sozialhilfe entsprechende Leistungen vorgesehen sind.

§ 3 Träger der Sozialhilfe

(1) Die Sozialhilfe wird von örtlichen und überörtlichen Trägern geleistet.

(2) 1Örtliche Träger der Sozialhilfe sind die kreisfreien Städte und die Kreise, soweit nicht nach Landesrecht etwas anderes bestimmt wird. 2Bei der Bestimmung durch Landesrecht ist zu gewährleisten, dass die zukünftigen örtlichen Träger mit der Übertragung dieser Aufgaben einverstanden sind, nach ihrer Leistungsfähigkeit zur Erfüllung der Aufgaben nach diesem Buch geeignet sind und dass die Erfüllung dieser Aufgaben in dem gesamten Kreisgebiet sichergestellt ist.

(3) Die Länder bestimmen die überörtlichen Träger der Sozialhilfe.

§ 4 Zusammenarbeit

(1) 1Die Träger der Sozialhilfe arbeiten mit anderen Stellen, deren gesetzliche Aufgaben dem gleichen Ziel dienen oder die an Leistungen beteiligt sind oder beteiligt werden sollen, zusammen, insbesondere mit den Trägern von Leistungen nach dem Zweiten, dem Achten, dem Neunten und dem Elften Buch, sowie mit anderen Trägern von Sozialleistungen, mit den gemeinsamen Servicestellen der Rehabilitationsträger und mit Verbänden. 2Darüber hinaus sollen die Träger der Sozialhilfe gemeinsam mit den Beteiligten der Pflegestützpunkte nach § 92c des Elften Buches alle für die wohnortnahe Versorgung und Betreuung in Betracht kommenden Hilfe- und Unterstützungsangebote koordinieren.

(2) Ist die Beratung und Sicherung der gleichmäßigen, gemeinsamen oder ergänzenden Erbringung von Leistungen geboten, sollen zu diesem Zweck Arbeitsgemeinschaften gebildet werden.

(3) Soweit eine Erhebung, Verarbeitung und Nutzung personenbezogener Daten erfolgt, ist das Nähere in einer Vereinbarung zu regeln.

§ 5 Verhältnis zur freien Wohlfahrtspflege

(1) Die Stellung der Kirchen und Religionsgesellschaften des öffentlichen Rechts sowie der Verbände der freien Wohlfahrtspflege als Träger eigener sozialer Aufgaben und ihre Tätigkeit zur Erfüllung dieser Aufgaben werden durch dieses Buch nicht berührt.

(2) 1Die Träger der Sozialhilfe sollen bei der Durchführung dieses Buches mit den Kirchen und Religionsgesellschaften des öffentlichen Rechts sowie den Verbänden der freien Wohlfahrtspflege zusammenarbeiten. 2Sie achten dabei deren Selbständigkeit in Zielsetzung und Durchführung ihrer Aufgaben.

(3) 1Die Zusammenarbeit soll darauf gerichtet sein, dass sich die Sozialhilfe und die Tätigkeit der freien Wohlfahrtspflege zum Wohle der Leistungsberechtigten wirksam ergänzen. 2Die Träger der Sozialhilfe sollen die Verbände der freien Wohlfahrtspflege in ihrer Tätigkeit auf dem Gebiet der Sozialhilfe angemessen unterstützen.

(4) 1Wird die Leistung im Einzelfall durch die freie Wohlfahrtspflege erbracht, sollen die

Träger der Sozialhilfe von der Durchführung eigener Maßnahmen absehen. $_{2}$Dies gilt nicht für die Erbringung von Geldleistungen.

(5) $_{1}$Die Träger der Sozialhilfe können allgemein an der Durchführung ihrer Aufgaben nach diesem Buch die Verbände der freien Wohlfahrtspflege beteiligen oder ihnen die Durchführung solcher Aufgaben übertragen, wenn die Verbände mit der Beteiligung oder Übertragung einverstanden sind. $_{2}$Die Träger der Sozialhilfe bleiben den Leistungsberechtigten gegenüber verantwortlich.

(6) § 4 Abs. 3 findet entsprechende Anwendung.

§ 6 Fachkräfte

(1) Bei der Durchführung der Aufgaben dieses Buches werden Personen beschäftigt, die sich hierfür nach ihrer Persönlichkeit eignen und in der Regel entweder eine ihren Aufgaben entsprechende Ausbildung erhalten haben oder über vergleichbare Erfahrungen verfügen.

(2) $_{1}$Die Träger der Sozialhilfe gewährleisten für die Erfüllung ihrer Aufgaben eine angemessene fachliche Fortbildung ihrer Fachkräfte. $_{2}$Diese umfasst auch die Durchführung von Dienstleistungen, insbesondere von Beratung und Unterstützung.

§ 7 Aufgabe der Länder

$_{1}$Die obersten Landesbehörden unterstützten die Träger der Sozialhilfe bei der Durchführung ihrer Aufgaben nach diesem Buch. $_{2}$Dabei sollen sie insbesondere den Erfahrungsaustausch zwischen den Trägern der Sozialhilfe sowie die Entwicklung und Durchführung von Instrumenten der Dienstleistungen, der zielgerichteten Erbringung und Überprüfung von Leistungen und der Qualitätssicherung fördern.

Zweites Kapitel
Leistungen der Sozialhilfe

Erster Abschnitt
Grundsätze der Leistungen

§ 8 Leistungen

Die Sozialhilfe umfasst:

1. Hilfe zum Lebensunterhalt (§§ 27 bis 40),
2. Grundsicherung im Alter und bei Erwerbsminderung (§§ 41 bis 46a),
3. Hilfen zur Gesundheit (§§ 47 bis 52),
4. Eingliederungshilfe für behinderte Menschen (§§ 53 bis 60),
5. Hilfe zur Pflege (§§ 61 bis 66),
6. Hilfe zur Überwindung besonderer sozialer Schwierigkeiten (§§ 67 bis 69),
7. Hilfe in anderen Lebenslagen (§§ 70 bis 74)

sowie die jeweils gebotene Beratung und Unterstützung.

§ 9 Sozialhilfe nach der Besonderheit des Einzelfalles

(1) Die Leistungen richten sich nach der Besonderheit des Einzelfalles, insbesondere nach der Art des Bedarfs, den örtlichen Verhältnissen, den eigenen Kräften und Mitteln der Person oder des Haushalts bei der Hilfe zum Lebensunterhalt.

(2) $_{1}$Wünschen der Leistungsberechtigten, die sich auf die Gestaltung der Leistung richten, soll entsprochen werden, soweit sie angemessen sind. $_{2}$Wünschen der Leistungsberechtigten, den Bedarf stationär oder teilstationär zu decken, soll nur entsprochen werden, wenn dies nach der Besonderheit des Einzelfalles erforderlich ist, weil anders der Bedarf nicht oder nicht ausreichend gedeckt werden kann und wenn mit der Einrichtung Vereinbarungen nach den Vorschriften des Zehnten Kapitels dieses Buches bestehen. $_{3}$Der Träger der Sozialhilfe soll in der Regel Wünschen nicht entsprechen, deren Erfüllung mit unverhältnismäßigen Mehrkosten verbunden wäre.

(3) Auf Wunsch der Leistungsberechtigten sollen sie in einer Einrichtung untergebracht werden, in der sie durch Geistliche ihres Bekenntnisses betreut werden können.

§ 10 Leistungsformen

(1) Die Leistungen werden erbracht in Form von

1. Dienstleistungen,
2. Geldleistungen und
3. Sachleistungen.

(2) Zur Dienstleistung gehören insbesondere die Beratung in Fragen der Sozialhilfe und die Beratung und Unterstützung in sonstigen sozialen Angelegenheiten.

(3) Geldleistungen haben Vorrang vor Gutscheinen oder Sachleistungen, soweit dieses Buch nicht etwas anderes bestimmt oder mit Gutscheinen oder Sachleistungen das Ziel der Sozialhilfe erheblich besser oder wirtschaftlicher erreicht werden kann oder die Leistungsberechtigten es wünschen.

§ 11 Beratung und Unterstützung, Aktivierung

(1) Zur Erfüllung der Aufgaben dieses Buches werden die Leistungsberechtigten beraten und, soweit erforderlich, unterstützt.

(2) $_1$Die Beratung betrifft die persönliche Situation, den Bedarf sowie die eigenen Kräfte und Mittel sowie die mögliche Stärkung der Selbsthilfe zur aktiven Teilnahme am Leben in der Gemeinschaft und zur Überwindung der Notlage. $_2$Die aktive Teilnahme am Leben in der Gemeinschaft umfasst auch ein gesellschaftliches Engagement. $_3$Zur Überwindung der Notlage gehört auch, die Leistungsberechtigten für den Erhalt von Sozialleistungen zu befähigen. $_4$Die Beratung umfasst auch eine gebotene Budgetberatung.

(3) $_1$Die Unterstützung umfasst Hinweise und, soweit erforderlich, die Vorbereitung von Kontakten und die Begleitung zu sozialen Diensten sowie zu Möglichkeiten der aktiven Teilnahme am Leben in der Gemeinschaft unter Einschluss des gesellschaftlichen Engagements. $_2$Soweit Leistungsberechtigte zumutbar einer Tätigkeit nachgehen können, umfasst die Unterstützung auch das Angebot einer Tätigkeit sowie die Vorbereitung und Begleitung der Leistungsberechtigten. $_3$Auf die Wahrnehmung von Unterstützungsangeboten ist hinzuwirken. $_4$Können Leistungsberechtigte durch Aufnahme einer zumutbaren Tätigkeit Einkommen erzielen, sind sie hierzu sowie zur Teilnahme an einer erforderlichen Vorbereitung verpflichtet. $_5$Leistungsberechtigte nach dem Dritten und Vierten Kapitel erhalten die gebotene Beratung für den Umgang mit dem durch den Regelsatz zur Verfügung gestellten monatlichen Pauschalbetrag (§ 27a Absatz 3 Satz 2).

(4) $_1$Den Leistungsberechtigten darf eine Tätigkeit nicht zugemutet werden, wenn

1. sie wegen Erwerbsminderung, Krankheit, Behinderung oder Pflegebedürftigkeit hierzu nicht in der Lage sind oder
2. sie ein der Regelaltersgrenze der gesetzlichen Rentenversicherung (§ 35 des Sechsten Buches) entsprechendes Lebensalter erreicht oder überschritten haben oder
3. der Tätigkeit ein sonstiger wichtiger Grund entgegensteht.

$_2$Ihnen darf eine Tätigkeit insbesondere nicht zugemutet werden, soweit dadurch die geordnete Erziehung eines Kindes gefährdet würde. $_3$Die geordnete Erziehung eines Kindes, das das dritte Lebensjahr vollendet hat, ist in der Regel nicht gefährdet, soweit unter Berücksichtigung der besonderen Verhältnisse in der Familie der Leistungsberechtigten die Betreuung des Kindes in einer Tageseinrichtung oder in Tagespflege im Sinne der Vorschriften des Achten Buches sichergestellt ist; die Träger der Sozialhilfe sollen darauf hinwirken, dass Alleinerziehenden vorrangig ein Platz zur Tagesbetreuung des Kindes angeboten wird. $_4$Auch sonst sind die Pflichten zu berücksichtigen, die den Leistungsberechtigten durch die Führung eines Haushalts oder die Pflege eines Angehörigen entstehen.

(5) $_1$Auf die Beratung und Unterstützung von Verbänden der freien Wohlfahrtspflege, von Angehörigen der rechtsberatenden Berufe und von sonstigen Stellen ist zunächst hinzuweisen. $_2$Ist die weitere Beratung durch eine Schuldnerberatungsstelle oder andere Fachberatungsstellen geboten, ist auf ihre Inanspruchnahme hinzuwirken. $_3$Angemessene Kosten einer Beratung nach Satz 2 sollen übernommen werden, wenn eine Lebenslage, die Leistungen der Hilfe zum Lebensunterhalt erforderlich macht oder erwarten lässt, sonst nicht überwunden werden kann; in anderen Fällen können Kosten übernommen werden. $_4$Die Kostenübernahme kann auch in Form einer pauschalierten Abgeltung der Leistung der Schuldnerberatungsstelle oder anderer Fachberatungsstellen erfolgen.

§ 12 Leistungsabsprache

$_1$Vor oder spätestens bis zu vier Wochen nach Beginn fortlaufender Leistungen sollen in einer schriftlichen Leistungsabsprache die Situation der leistungsberechtigten Personen sowie gegebenenfalls Wege zur Überwindung der Notlage und zu gebotenen Möglichkeiten der aktiven Teilnahme in der Gemeinschaft gemeinsam festgelegt und die Leistungsabsprache unterzeichnet werden. $_{2}$Soweit es auf Grund bestimmbarer Bedarfe erforderlich ist, ist ein Förderplan zu erstellen und in die Leistungsabsprache einzubeziehen. $_{3}$Sind Leistungen im Hinblick auf die sie tragenden Ziele zu überprüfen, kann dies in der Leistungsabsprache näher festgelegt werden. $_{4}$Die Leistungsabsprache soll regelmäßig gemeinsam überprüft und fortgeschrieben werden. $_{5}$Abweichende Regelungen in diesem Buch gehen vor.

§ 13 Leistungen für Einrichtungen, Vorrang anderer Leistungen

(1) $_{1}$Die Leistungen können entsprechend den Erfordernissen des Einzelfalles für die Deckung des Bedarfs außerhalb von Einrichtungen (ambulante Leistungen), für teilstationäre oder stationäre Einrichtungen (teilstationäre oder stationäre Leistungen) erbracht werden. $_{2}$Vorrang haben ambulante Leistungen vor teilstationären und stationären Leistungen sowie teilstationäre vor stationären Leistungen. $_{3}$Der Vorrang der ambulanten Leistung gilt nicht, wenn eine Leistung für eine geeignete stationäre Einrichtung zumutbar und eine ambulante Leistung mit unverhältnismäßigen Mehrkosten verbunden ist. $_{4}$Bei der Entscheidung ist zunächst die Zumutbarkeit zu prüfen. $_{5}$Dabei sind die persönlichen, familiären und örtlichen Umstände angemessen zu berücksichtigen. $_{6}$Bei Unzumutbarkeit ist ein Kostenvergleich nicht vorzunehmen.

(2) Einrichtungen im Sinne des Absatzes 1 sind alle Einrichtungen, die der Pflege, der Behandlung oder sonstigen nach diesem Buch zu deckenden Bedarfe oder der Erziehung dienen.

§ 14 Vorrang von Prävention und Rehabilitation

(1) Leistungen zur Prävention und Rehabilitation sind zum Erreichen der nach dem Neunten Buch mit diesen Leistungen verbundenen Ziele vorrangig zu erbringen.

(2) Die Träger der Sozialhilfe unterrichten die zuständigen Rehabilitationsträger und die Integrationsämter, wenn Leistungen zur Prävention oder Rehabilitation geboten erscheinen.

§ 15 Vorbeugende und nachgehende Leistungen

(1) $_{1}$Die Sozialhilfe soll vorbeugend geleistet werden, wenn dadurch eine drohende Notlage ganz oder teilweise abgewendet werden kann. $_{2}$§ 47 ist vorrangig anzuwenden.

(2) $_{1}$Die Sozialhilfe soll auch nach Beseitigung einer Notlage geleistet werden, wenn dies geboten ist, um die Wirksamkeit der zuvor erbrachten Leistung zu sichern. $_{2}$§ 54 ist vorrangig anzuwenden.

§ 16 Familiengerechte Leistungen

$_{1}$Bei Leistungen der Sozialhilfe sollen die besonderen Verhältnisse in der Familie der Leistungsberechtigten berücksichtigt werden. $_{2}$Die Sozialhilfe soll die Kräfte der Familie zur Selbsthilfe anregen und den Zusammenhalt der Familie festigen.

Zweiter Abschnitt
Anspruch auf Leistungen

§ 17 Anspruch

(1) $_{1}$Auf Sozialhilfe besteht ein Anspruch, soweit bestimmt wird, dass die Leistung zu erbringen ist. $_{2}$Der Anspruch kann nicht übertragen, verpfändet oder gepfändet werden.

(2) $_{1}$Über Art und Maß der Leistungserbringung ist nach pflichtgemäßem Ermessen zu entscheiden, soweit das Ermessen nicht ausgeschlossen wird. $_{2}$Werden Leistungen auf Grund von Ermessensentscheidungen erbracht, sind die Entscheidungen im Hinblick auf die sie tragenden Gründe und Ziele zu überprüfen und im Einzelfall gegebenenfalls abzuändern.

§ 18 Einsetzen der Sozialhilfe

(1) Die Sozialhilfe, mit Ausnahme der Leistungen der Grundsicherung im Alter und bei Erwerbsminderung, setzt ein, sobald dem Träger der Sozialhilfe oder den von ihm beauftragten Stellen bekannt wird, dass die Voraussetzungen für die Leistung vorliegen.

(2) $_{1}$Wird einem nicht zuständigen Träger der Sozialhilfe oder einer nicht zuständigen Ge-

meinde im Einzelfall bekannt, dass Sozialhilfe beansprucht wird, so sind die darüber bekannten Umstände dem zuständigen Träger der Sozialhilfe oder der von ihm beauftragten Stelle unverzüglich mitzuteilen und vorhandene Unterlagen zu übersenden. 2Ergeben sich daraus die Voraussetzungen für die Leistung, setzt die Sozialhilfe zu dem nach Satz 1 maßgebenden Zeitpunkt ein.

§ 19 Leistungsberechtigte

(1) Hilfe zum Lebensunterhalt nach dem Dritten Kapitel ist Personen zu leisten, die ihren notwendigen Lebensunterhalt nicht oder nicht ausreichend aus eigenen Kräften und Mitteln, insbesondere aus ihrem Einkommen und Vermögen, bestreiten können.

(2) 1Grundsicherung im Alter und bei Erwerbsminderung nach dem Vierten Kapitel dieses Buches ist Personen zu leisten, die die Altersgrenze nach § 41 Absatz 2 erreicht haben oder das 18. Lebensjahr vollendet haben und dauerhaft voll erwerbsgemindert sind, sofern sie ihren notwendigen Lebensunterhalt nicht oder nicht ausreichend aus eigenen Kräften und Mitteln, insbesondere aus ihrem Einkommen und Vermögen, bestreiten können. 2Die Leistungen der Grundsicherung im Alter und bei Erwerbsminderung gehen der Hilfe zum Lebensunterhalt nach dem Dritten Kapitel vor.

(3) Hilfen zur Gesundheit, Eingliederungshilfe für behinderte Menschen, Hilfe zur Pflege, Hilfe zur Überwindung besonderer sozialer Schwierigkeiten und Hilfen in anderen Lebenslagen werden nach dem Fünften bis Neunten Kapitel dieses Buches geleistet, soweit den Leistungsberechtigten, ihren nicht getrennt lebenden Ehegatten oder Lebenspartnern und, wenn sie minderjährig und unverheiratet sind, auch ihren Eltern oder einem Elternteil die Aufbringung der Mittel aus dem Einkommen und Vermögen nach den Vorschriften des Elften Kapitels dieses Buches nicht zuzumuten ist.

(4) Lebt eine Person bei ihren Eltern oder einem Elternteil und ist sie schwanger oder betreut ihr leibliches Kind bis zur Vollendung des sechsten Lebensjahres, werden Einkommen und Vermögen der Eltern oder des Elternteils nicht berücksichtigt.

(5) 1Ist den in den Absätzen 1 bis 3 genannten Personen die Aufbringung der Mittel aus dem Einkommen und Vermögen im Sinne der Absätze 1 und 2 möglich oder im Sinne des Absatzes 3 zuzumuten und sind Leistungen erbracht worden, haben sie dem Träger der Sozialhilfe die Aufwendungen in diesem Umfang zu ersetzen. 2Mehrere Verpflichtete haften als Gesamtschuldner.

(6) Der Anspruch der Berechtigten auf Leistungen für Einrichtungen oder auf Pflegegeld steht, soweit die Leistung den Berechtigten erbracht worden wäre, nach ihrem Tode demjenigen zu, der die Leistung erbracht oder die Pflege geleistet hat.

§ 20 Eheähnliche Gemeinschaft

1Personen, die in eheähnlicher oder lebenspartnerschaftsähnlicher Gemeinschaft leben, dürfen hinsichtlich der Voraussetzungen sowie des Umfangs der Sozialhilfe nicht besser gestellt werden als Ehegatten. 2§ 39 gilt entsprechend.

§ 21 Sonderregelung für Leistungsberechtigte nach dem Zweiten Buch

1Personen, die nach dem Zweiten Buch als Erwerbsfähige oder als Angehörige dem Grunde nach leistungsberechtigt sind, erhalten keine Leistungen für den Lebensunterhalt. 2Abweichend von Satz 1 können Personen, die nicht hilfebedürftig nach § 9 des Zweiten Buches sind, Leistungen nach § 36 erhalten. 3Bestehen über die Zuständigkeit zwischen den beteiligten Leistungsträgern unterschiedliche Auffassungen, so ist der zuständige Träger der Sozialhilfe für die Leistungsberechtigung nach dem Dritten oder Vierten Kapitel an die Feststellung einer vollen Erwerbsminderung im Sinne des § 43 Absatz 2 Satz 2 des Sechsten Buches und nach Abschluss des Widerspruchsverfahrens an die Entscheidung der Agentur für Arbeit zur Erwerbsfähigkeit nach § 44a Absatz 1 des Zweiten Buches gebunden.

§ 22 Sonderregelungen für Auszubildende

(1) 1Auszubildende, deren Ausbildung im Rahmen des Bundesausbildungsförderungsgesetzes oder der §§ 51, 57 und 58 des Dritten Buches dem Grunde nach förderungsfähig

ist, haben keinen Anspruch auf Leistungen nach dem Dritten und Vierten Kapitel. 2In besonderen Härtefällen können Leistungen nach dem Dritten oder Vierten Kapitel als Beihilfe oder Darlehen gewährt werden.

(2) Absatz 1 findet keine Anwendung auf Auszubildende,

1. die auf Grund von § 2 Abs. 1a des Bundesausbildungsförderungsgesetzes keinen Anspruch auf Ausbildungsförderung oder auf Grund von § 60 des Dritten Buches keinen Anspruch auf Berufsausbildungsbeihilfe haben,
2. deren Bedarf sich nach § 12 Abs. 1 Nr. 1 des Bundesausbildungsförderungsgesetzes oder nach § 62 Absatz 1 des Dritten Buches bemisst oder
3. die eine Abendhauptschule, eine Abendrealschule oder ein Abendgymnasium besuchen, sofern sie aufgrund von § 10 Abs. 3 des Bundesausbildungsförderungsgesetzes keinen Anspruch auf Ausbildungsförderung haben.

§ 23 Sozialhilfe für Ausländerinnen und Ausländer

(1) 1Ausländern, die sich im Inland tatsächlich aufhalten, ist Hilfe zum Lebensunterhalt, Hilfe bei Krankheit, Hilfe bei Schwangerschaft und Mutterschaft sowie Hilfe zur Pflege nach diesem Buch zu leisten. 2Die Vorschriften des Vierten Kapitels bleiben unberührt. 3Im Übrigen kann Sozialhilfe geleistet werden, soweit dies im Einzelfall gerechtfertigt ist. 4Die Einschränkungen nach Satz 1 gelten nicht für Ausländer, die im Besitz einer Niederlassungserlaubnis oder eines befristeten Aufenthaltstitels sind und sich voraussichtlich dauerhaft im Bundesgebiet aufhalten. 5Rechtsvorschriften, nach denen außer den in Satz 1 genannten Leistungen auch sonstige Sozialhilfe zu leisten ist oder geleistet werden soll, bleiben unberührt.

(2) Leistungsberechtigte nach § 1 des Asylbewerberleistungsgesetzes erhalten keine Leistungen der Sozialhilfe.

(3) 1Ausländer, die eingereist sind, um Sozialhilfe zu erlangen oder deren Aufenthaltsrecht sich allein aus dem Zweck der Arbeitssuche ergibt, sowie ihre Familienangehörigen, haben keinen Anspruch auf Sozialhilfe. 2Sind sie zum Zweck einer Behandlung oder Linderung einer Krankheit eingereist, soll Hilfe bei Krankheit insoweit nur zur Behebung eines akut lebensbedrohlichen Zustandes oder für eine unaufschiebbare und unabweisbar gebotene Behandlung einer schweren oder ansteckenden Erkrankung geleistet werden.

(4) Ausländer, denen Sozialhilfe geleistet wird, sind auf für sie zutreffende Rückführungs- und Weiterwanderungsprogramme hinzuweisen; in geeigneten Fällen ist auf eine Inanspruchnahme solcher Programme hinzuwirken.

(5) 1In den Teilen des Bundesgebiets, in denen sich Ausländer einer ausländerrechtlichen räumlichen Beschränkung zuwider aufhalten, darf der für den tatsächlichen Aufenthaltsort zuständige Träger der Sozialhilfe nur die nach den Umständen unabweisbar gebotene Leistung erbringen. 2Das Gleiche gilt für Ausländer, die einen räumlich nicht beschränkten Aufenthaltstitel nach den §§ 23, 23a, 24 Abs. 1 oder § 25 Abs. 3 bis 5 des Aufenthaltsgesetzes besitzen, wenn sie sich außerhalb des Landes aufhalten, in dem der Aufenthaltstitel erstmals erteilt worden ist. 3Satz 2 findet keine Anwendung, wenn der Ausländer im Bundesgebiet die Rechtsstellung eines ausländischen Flüchtlings genießt oder der Wechsel in ein anderes Land zur Wahrnehmung der Rechte zum Schutz der Ehe und Familie nach Artikel 6 des Grundgesetzes oder aus vergleichbar wichtigen Gründen gerechtfertigt ist.

§ 24 Sozialhilfe für Deutsche im Ausland

(1) 1Deutsche, die ihren gewöhnlichen Aufenthalt im Ausland haben, erhalten keine Leistungen. 2Hiervon kann im Einzelfall nur abgewichen werden, soweit dies wegen einer außergewöhnlichen Notlage unabweisbar ist und zugleich nachgewiesen wird, dass eine Rückkehr in das Inland aus folgenden Gründen nicht möglich ist:

1. Pflege und Erziehung eines Kindes, das aus rechtlichen Gründen im Ausland bleiben muss,
2. längerfristige stationäre Betreuung in einer Einrichtung oder Schwere der Pflegebedürftigkeit oder

3. hoheitliche Gewalt.

(2) Leistungen werden nicht erbracht, soweit sie von dem hierzu verpflichteten Aufenthaltsland oder von anderen erbracht werden oder zu erwarten sind.

(3) Art und Maß der Leistungserbringung sowie der Einsatz des Einkommens und des Vermögens richten sich nach den besonderen Verhältnissen im Aufenthaltsland.

(4) 1Die Leistungen sind abweichend von § 18 zu beantragen. 2Für die Leistungen zuständig ist der überörtliche Träger der Sozialhilfe, in dessen Bereich die antragstellende Person geboren ist. 3Liegt der Geburtsort im Ausland oder ist er nicht zu ermitteln, wird der örtlich zuständige Träger von einer Schiedsstelle bestimmt. 4§ 108 Abs. 1 Satz 2 gilt entsprechend.

(5) 1Leben Ehegatten oder Lebenspartner, Verwandte und Verschwägerte bei Einsetzen der Sozialhilfe zusammen, richtet sich die örtliche Zuständigkeit nach der ältesten Person von ihnen, die im Inland geboren ist. 2Ist keine dieser Personen im Inland geboren, ist ein gemeinsamer örtlich zuständiger Träger nach Absatz 4 zu bestimmen. 3Die Zuständigkeit bleibt bestehen, solange eine der Personen nach Satz 1 der Sozialhilfe bedarf.

(6) Die Träger der Sozialhilfe arbeiten mit den deutschen Dienststellen im Ausland zusammen.

§ 25 Erstattung von Aufwendungen anderer

1Hat jemand in einem Eilfall einem anderen Leistungen erbracht, die bei rechtzeitigem Einsetzen von Sozialhilfe nicht zu erbringen gewesen wären, sind ihm die Aufwendungen in gebotenem Umfang zu erstatten, wenn er sie nicht auf Grund rechtlicher oder sittlicher Pflicht selbst zu tragen hat. 2Dies gilt nur, wenn die Erstattung innerhalb angemessener Frist beim zuständigen Träger der Sozialhilfe beantragt wird.

§ 26 Einschränkung, Aufrechnung

(1) 1Die Leistung soll bis auf das zum Lebensunterhalt Unerlässliche eingeschränkt werden

1. bei Leistungsberechtigten, die nach Vollendung des 18. Lebensjahres ihr Einkommen oder Vermögen vermindert haben in der Absicht, die Voraussetzungen für die Gewährung oder Erhöhung der Leistung herbeizuführen,
2. bei Leistungsberechtigten, die trotz Belehrung ihr unwirtschaftliches Verhalten fortsetzen.

2So weit wie möglich ist zu verhüten, dass die unterhaltsberechtigten Angehörigen oder andere mit ihnen in Haushaltsgemeinschaft lebende Leistungsberechtigte durch die Einschränkung der Leistung mitbetroffen werden.

(2) 1Die Leistung kann bis auf das jeweils Unerlässliche mit Ansprüchen des Trägers der Sozialhilfe gegen eine leistungsberechtigte Person aufgerechnet werden, wenn es sich um Ansprüche auf Erstattung zu Unrecht erbrachter Leistungen der Sozialhilfe handelt, die die leistungsberechtigte Person oder ihr Vertreter durch vorsätzlich oder grob fahrlässig unrichtige oder unvollständige Angaben oder durch pflichtwidriges Unterlassen veranlasst hat, oder wenn es sich um Ansprüche auf Kostenersatz nach den §§ 103 und 104 handelt. 2Die Aufrechnungsmöglichkeit wegen eines Anspruchs ist auf drei Jahre beschränkt; ein neuer Anspruch des Trägers der Sozialhilfe auf Erstattung oder auf Kostenersatz kann erneut aufgerechnet werden.

(3) Eine Aufrechnung nach Absatz 2 kann auch erfolgen, wenn Leistungen für einen Bedarf übernommen werden, der durch vorangegangene Leistungen der Sozialhilfe an die leistungsberechtigte Person bereits gedeckt worden war.

(4) Eine Aufrechnung erfolgt nicht, soweit dadurch der Gesundheit dienende Leistungen gefährdet werden.

Drittes Kapitel
Hilfe zum Lebensunterhalt

Erster Abschnitt
Leistungsberechtigte, notwendiger Lebensunterhalt, Regelbedarfe und Regelsätze

§ 27 Leistungsberechtigte

(1) Hilfe zum Lebensunterhalt ist Personen zu leisten, die ihren notwendigen Lebensunter-

halt nicht oder nicht ausreichend aus eigenen Kräften und Mitteln bestreiten können.

(2) $_{1}$Eigene Mittel sind insbesondere das eigene Einkommen und Vermögen. $_{2}$Bei nicht getrennt lebenden Ehegatten oder Lebenspartnern sind das Einkommen und Vermögen beider Ehegatten oder Lebenspartner gemeinsam zu berücksichtigen. $_{3}$Gehören minderjährige unverheiratete Kinder dem Haushalt ihrer Eltern oder eines Elternteils an und können sie den notwendigen Lebensunterhalt aus ihrem Einkommen und Vermögen nicht bestreiten, sind vorbehaltlich des § 39 Satz 3 Nummer 1 auch das Einkommen und das Vermögen der Eltern oder des Elternteils gemeinsam zu berücksichtigen.

(3) $_{1}$Hilfe zum Lebensunterhalt kann auch Personen geleistet werden, die ihren notwendigen Lebensunterhalt aus eigenen Mitteln und Kräften bestreiten können, jedoch einzelne erforderliche Tätigkeiten nicht verrichten können. $_{2}$Von den Leistungsberechtigten kann ein angemessener Kostenbeitrag verlangt werden.

§ 27a Notwendiger Lebensunterhalt, Regelbedarfe und Regelsätze

(1) $_{1}$Der für die Gewährleistung des Existenzminimums notwendige Lebensunterhalt umfasst insbesondere Ernährung, Kleidung, Körperpflege, Hausrat, Haushaltsenergie ohne die auf Heizung und Erzeugung von Warmwasser entfallenden Anteile, persönliche Bedürfnisse des täglichen Lebens sowie Unterkunft und Heizung. $_{2}$Zu den persönlichen Bedürfnissen des täglichen Lebens gehört in vertretbarem Umfang eine Teilhabe am sozialen und kulturellen Leben in der Gemeinschaft; dies gilt in besonderem Maß für Kinder und Jugendliche. $_{3}$Für Schülerinnen und Schüler umfasst der notwendige Lebensunterhalt auch die erforderlichen Hilfen für den Schulbesuch.

(2) $_{1}$Der gesamte notwendige Lebensunterhalt nach Absatz 1 mit Ausnahme der Bedarfe nach dem Zweiten bis Vierten Abschnitt ergibt den monatlichen Regelbedarf. $_{2}$Dieser ist in Regelbedarfsstufen unterteilt, die bei Kindern und Jugendlichen altersbedingte Unterschiede und bei erwachsenen Personen deren Anzahl im Haushalt sowie die Führung eines Haushalts berücksichtigen.

(3) $_{1}$Zur Deckung der Regelbedarfe, die sich nach den Regelbedarfsstufen der Anlage zu § 28 ergeben, sind monatliche Regelsätze zu gewähren. $_{2}$Der Regelsatz stellt einen monatlichen Pauschalbetrag zur Bestreitung des Regelbedarfs dar, über dessen Verwendung die Leistungsberechtigten eigenverantwortlich entscheiden; dabei haben sie das Eintreten unregelmäßig anfallender Bedarfe zu berücksichtigen.

(4) $_{1}$Im Einzelfall wird der individuelle Bedarf abweichend vom Regelsatz festgelegt, wenn ein Bedarf ganz oder teilweise anderweitig gedeckt ist oder unabweisbar seiner Höhe nach erheblich von einem durchschnittlichen Bedarf abweicht. $_{2}$Besteht die Leistungsberechtigung für weniger als einen Monat, ist der Regelsatz anteilig zu zahlen. $_{3}$Sind Leistungsberechtigte in einer anderen Familie, insbesondere in einer Pflegefamilie, oder bei anderen Personen als bei ihren Eltern oder einem Elternteil untergebracht, so wird in der Regel der individuelle Bedarf abweichend von den Regelsätzen in Höhe der tatsächlichen Kosten der Unterbringung bemessen, sofern die Kosten einen angemessenen Umfang nicht übersteigen.

§ 27b Notwendiger Lebensunterhalt in Einrichtungen

(1) $_{1}$Der notwendige Lebensunterhalt in Einrichtungen umfasst den darin erbrachten sowie in stationären Einrichtungen zusätzlich den weiteren notwendigen Lebensunterhalt. $_{2}$Der notwendige Lebensunterhalt in stationären Einrichtungen entspricht dem Umfang der Leistungen der Grundsicherung nach § 42 Nummer 1, 2 und 4.

(2) $_{1}$Der weitere notwendige Lebensunterhalt umfasst insbesondere Kleidung und einen angemessenen Barbetrag zur persönlichen Verfügung; § 31 Absatz 2 Satz 2 ist nicht anzuwenden. $_{2}$Leistungsberechtigte, die das 18. Lebensjahr vollendet haben, erhalten einen Barbetrag in Höhe von mindestens 27 vom Hundert der Regelbedarfsstufe 1 nach der Anlage zu § 28. $_{3}$Für Leistungsberechtigte, die das 18. Lebensjahr noch nicht vollendet haben, setzen die zuständigen Landesbehörden oder die von ihnen bestimmten Stellen für die in ihrem Bereich bestehenden Einrichtungen die

Höhe des Barbetrages fest. 4Der Barbetrag wird gemindert, soweit dessen bestimmungsgemäße Verwendung durch oder für die Leistungsberechtigten nicht möglich ist.

§ 28 Ermittlung der Regelbedarfe

(1) Liegen die Ergebnisse einer bundesweiten neuen Einkommens- und Verbrauchsstichprobe vor, wird die Höhe der Regelbedarfe in einem Bundesgesetz neu ermittelt.

(2) 1Bei der Ermittlung der bundesdurchschnittlichen Regelbedarfsstufen nach § 27a Absatz 2 sind Stand und Entwicklung von Nettoeinkommen, Verbraucherverhalten und Lebenshaltungskosten zu berücksichtigen. 2Grundlage hierfür sind die durch die Einkommens- und Verbrauchsstichprobe nachgewiesenen tatsächlichen Verbrauchsausgaben unterer Einkommensgruppen.

(3) 1Für die Ermittlung der Regelbedarfsstufen beauftragt das Bundesministerium für Arbeit und Soziales das Statistische Bundesamt mit Sonderauswertungen, die auf der Grundlage einer neuen Einkommens- und Verbrauchsstichprobe vorzunehmen sind. 2Sonderauswertungen zu den Verbrauchsausgaben von Haushalten unterer Einkommensgruppen sind zumindest für Haushalte (Referenzhaushalte) vorzunehmen, in denen nur eine erwachsene Person lebt (Einpersonenhaushalte), sowie für Haushalte, in denen Paare mit einem Kind leben (Familienhaushalte). 3Dabei ist festzulegen, welche Haushalte, die Leistungen nach diesem Buch und dem Zweiten Buch beziehen, nicht als Referenzhaushalte zu berücksichtigen sind. 4Für die Bestimmung des Anteils der Referenzhaushalte an den jeweiligen Haushalten der Sonderauswertungen ist ein für statistische Zwecke hinreichend großer Stichprobenumfang zu gewährleisten.

(4) 1Die in Sonderauswertungen nach Absatz 3 ausgewiesenen Verbrauchsausgaben der Referenzhaushalte sind für die Ermittlung der Regelbedarfsstufen als regelbedarfsrelevant zu berücksichtigen, soweit sie zur Sicherung des Existenzminimums notwendig sind und eine einfache Lebensweise ermöglichen, wie sie einkommensschwache Haushalte aufweisen, die ihren Lebensunterhalt nicht ausschließlich aus Leistungen nach diesem oder dem Zweiten Buch bestreiten. 2Nicht als regelbedarfsrelevant zu berücksichtigen sind Verbrauchsausgaben der Referenzhaushalte, wenn sie bei Leistungsberechtigten nach diesem Buch oder dem Zweiten Buch

1. durch bundes- oder landesgesetzliche Leistungsansprüche, die der Finanzierung einzelner Verbrauchspositionen der Sonderauswertungen dienen, abgedeckt sind und diese Leistungsansprüche kein anrechenbares Einkommen nach § 82 oder § 11 des Zweiten Buches darstellen oder
2. nicht anfallen, weil bundesweit in einheitlicher Höhe Vergünstigungen gelten.

3Die Summen der sich nach den Sätzen 1 und 2 ergebenden regelbedarfsrelevanten Verbrauchsausgaben der Referenzhaushalte sind Grundlage für die Prüfung der Regelbedarfsstufen, insbesondere für die Altersabgrenzungen bei Kindern und Jugendlichen. 4Die für die Ermittlung der Regelbedarfsstufen zugrunde zu legenden Summen regelbedarfsrelevanter Verbrauchsausgaben sind mit der sich nach § 28a Absatz 2 ergebenden Veränderungsrate entsprechend fortzuschreiben. 5Die Höhe der nach Satz 3 fortgeschriebenen Summen der regelbedarfsrelevanten Verbrauchsausgaben sind jeweils bis unter 0,50 Euro abzurunden sowie von 0,50 Euro an aufzurunden und ergeben die Regelbedarfsstufen (Anlage).

§ 28a Fortschreibung der Regelbedarfsstufen

(1) 1In Jahren, in denen keine Neuermittlung nach § 28 erfolgt, werden die Regelbedarfsstufen jeweils zum 1. Januar mit der sich nach Absatz 2 ergebenden Veränderungsrate fortgeschrieben. 2§ 28 Absatz 4 Satz 5 gilt entsprechend.

(2) 1Die Fortschreibung der Regelbedarfsstufen erfolgt aufgrund der bundesdurchschnittlichen Entwicklung der Preise für regelbedarfsrelevante Güter und Dienstleistungen sowie der bundesdurchschnittlichen Entwicklung der Nettolöhne und -gehälter je beschäftigten Arbeitnehmer nach der Volkswirtschaftlichen Gesamtrechnung (Mischindex). 2Maßgeblich ist jeweils die Veränderungsrate, die sich aus der Veränderung in dem Zwölfmonatszeit-

XII

raum, der mit dem 1. Juli des Vorvorjahres beginnt und mit dem 30. Juni des Vorjahres endet, gegenüber dem davorliegenden Zwölfmonatszeitraum ergibt. 3Für die Ermittlung der jährlichen Veränderungsrate des Mischindexes wird die sich aus der Entwicklung der Preise aller regelbedarfsrelevanten Güter und Dienstleistungen ergebende Veränderungsrate mit einem Anteil von 70 vom Hundert und die sich aus der Entwicklung der Nettolöhne und -gehälter je beschäftigten Arbeitnehmer ergebende Veränderungsrate mit einem Anteil von 30 vom Hundert berücksichtigt.

(3) Das Bundesministerium für Arbeit und Soziales beauftragt das Statistische Bundesamt mit der Ermittlung der jährlichen Veränderungsrate für den Zeitraum nach Absatz 2 Satz 2 für

1. die Preise aller regelbedarfsrelevanten Güter und Dienstleistungen und
2. die durchschnittliche Nettolohn- und -gehaltssumme je durchschnittlich beschäftigten Arbeitnehmer.

Entscheidung des Bundesverfassungsgerichts
vom 23. Juli 2014 (BGBl. I S. 1581)
§ 28a ist nach Maßgabe der Gründe mit Artikel 1 Absatz 1 des Grundgesetzes in Verbindung mit dem Sozialstaatsprinzip des Artikels 20 Absatz 1 des Grundgesetzes vereinbar.

§ 29 Festsetzung und Fortschreibung der Regelsätze

(1) 1Werden die Regelbedarfsstufen nach § 28 neu ermittelt, gelten diese als neu festgesetzte Regelsätze (Neufestsetzung), solange die Länder keine abweichende Neufestsetzung vornehmen. 2Satz 1 gilt entsprechend, wenn die Regelbedarfe nach § 28a fortgeschrieben werden.

(2) 1Nehmen die Länder eine abweichende Neufestsetzung vor, haben sie die Höhe der monatlichen Regelsätze entsprechend der Abstufung der Regelbedarfe nach der Anlage zu § 28 durch Rechtsverordnung neu festzusetzen. 2Sie können die Ermächtigung für die Neufestsetzung nach Satz 1 auf die zuständigen Landesministerien übertragen. 3Für die abweichende Neufestsetzung sind anstelle der bundesdurchschnittlichen Regelbedarfsstufen, die sich nach § 28 aus der bundesweiten Auswertung der Einkommens- und Verbrauchsstichprobe ergeben, entsprechend aus regionalen Auswertungen der Einkommens- und Verbrauchsstichprobe ermittelte Regelbedarfsstufen zugrunde zu legen. 4Die Länder können bei der Neufestsetzung der Regelsätze auch auf ihr Land bezogene besondere Umstände, die die Deckung des Regelbedarfs betreffen, berücksichtigen. Regelsätze, die nach Absatz 1 oder nach den Sätzen 1 bis 4 festgesetzt worden sind, können von den Ländern als Mindestregelsätze festgesetzt werden. 5§ 28 Absatz 4 Satz 4 und 5 gilt für die Festsetzung der Regelsätze nach den Sätzen 1 bis 4 entsprechend.

(3) 1Die Länder können die Träger der Sozialhilfe ermächtigen, auf der Grundlage von nach Absatz 2 Satz 5 bestimmten Mindestregelsätzen regionale Regelsätze festzusetzen; bei der Festsetzung können die Träger der Sozialhilfe regionale Besonderheiten sowie statistisch nachweisbare Abweichungen in den Verbrauchsausgaben berücksichtigen. 2§ 28 Absatz 4 Satz 4 und 5 gilt für die Festsetzung der Regelsätze nach Satz 1 entsprechend.

(4) Werden die Regelsätze nach den Absätzen 2 und 3 abweichend von den Regelbedarfsstufen nach § 28 festgesetzt, sind diese in den Jahren, in denen keine Neuermittlung der Regelbedarfe nach § 28 erfolgt, jeweils zum 1. Januar durch Rechtsverordnung der Länder mit der Veränderungsrate der Regelbedarfe fortzuschreiben, die sich nach der Rechtsverordnung nach § 40 ergibt.

(5) Die nach den Absätzen 2 und 3 festgesetzten und nach Absatz 4 fortgeschriebenen Regelsätze gelten als Regelbedarfsstufen nach der Anlage zu § 28.

Zweiter Abschnitt
Zusätzliche Bedarfe

§ 30 Mehrbedarf

(1) Für Personen, die

1. die Altersgrenze nach § 41 Abs. 2 erreicht haben oder
2. die Altersgrenze nach § 41 Abs. 2 noch nicht erreicht haben und voll erwerbsgemindert nach dem Sechsten Buch sind,

und durch einen Bescheid der nach § 69 Abs. 4 des Neunten Buches zuständigen Behörde oder einen Ausweis nach § 69 Abs. 5 des Neunten Buches die Feststellung des Merkzeichens G nachweisen, wird ein Mehrbedarf von 17 vom Hundert der maßgebenden Regelbedarfsstufe anerkannt, soweit nicht im Einzelfall ein abweichender Bedarf besteht.

(2) Für werdende Mütter nach der 12. Schwangerschaftswoche wird ein Mehrbedarf von 17 vom Hundert der maßgebenden Regelbedarfsstufe anerkannt, soweit nicht im Einzelfall ein abweichender Bedarf besteht.

(3) Für Personen, die mit einem oder mehreren minderjährigen Kindern zusammenleben und allein für deren Pflege und Erziehung sorgen, ist, soweit kein abweichender Bedarf besteht, ein Mehrbedarf anzuerkennen

1. in Höhe von 36 vom Hundert der Regelbedarfsstufe 1 nach der Anlage zu § 28 für ein Kind unter sieben Jahren oder für zwei oder drei Kinder unter sechzehn Jahren, oder
2. in Höhe von 12 vom Hundert der Regelbedarfsstufe 1 nach der Anlage zu § 28 für jedes Kind, wenn die Voraussetzungen nach Nummer 1 nicht vorliegen, höchstens jedoch in Höhe von 60 vom Hundert der Regelbedarfsstufe 1 nach der Anlage zu § 28.

(4) $_1$Für behinderte Menschen, die das 15. Lebensjahr vollendet haben und denen Eingliederungshilfe nach § 54 Abs. 1 Satz 1 Nr. 1 bis 3 geleistet wird, wird ein Mehrbedarf von 35 vom Hundert der maßgebenden Regelbedarfsstufe anerkannt, soweit nicht im Einzelfall ein abweichender Bedarf besteht. $_2$Satz 1 kann auch nach Beendigung der in § 54 Abs. 1 Satz 1 Nr. 1 bis 3 genannten Leistungen während einer angemessenen Übergangszeit, insbesondere einer Einarbeitungszeit, angewendet werden. $_3$Absatz 1 Nr. 2 ist daneben nicht anzuwenden.

(5) Für Kranke, Genesende, behinderte Menschen oder von einer Krankheit oder von einer Behinderung bedrohte Menschen, die einer kostenaufwändigen Ernährung bedürfen, wird ein Mehrbedarf in angemessener Höhe anerkannt.

(6) Die Summe des nach den Absätzen 1 bis 5 insgesamt anzuerkennenden Mehrbedarfs darf die Höhe der maßgebenden Regelbedarfsstufe nicht übersteigen.

(7) $_1$Für Leistungsberechtigte wird ein Mehrbedarf anerkannt, soweit Warmwasser durch in der Unterkunft installierte Vorrichtungen erzeugt wird (dezentrale Warmwassererzeugung) und denen deshalb keine Leistungen für Warmwasser nach § 35 Absatz 4 erbracht werden. $_2$Der Mehrbedarf beträgt für jede im Haushalt lebende leistungsberechtigte Person entsprechend ihrer Regelbedarfsstufe nach der Anlage zu § 28 jeweils

1. 2,3 vom Hundert der Regelbedarfsstufen 1 bis 3,
2. 1,4 vom Hundert der Regelbedarfsstufe 4,
3. 1,2 vom Hundert der Regelbedarfsstufe 5 oder
4. 0,8 vom Hundert der Regelbedarfsstufe 6,

soweit nicht im Einzelfall ein abweichender Bedarf besteht oder ein Teil des angemessenen Warmwasserbedarfs durch Leistungen nach § 35 Absatz 4 gedeckt wird.

§ 31 Einmalige Bedarfe

(1) Leistungen für

1. Erstausstattungen für die Wohnung einschließlich Haushaltsgeräten,
2. Erstausstattungen für Bekleidung und Erstausstattungen bei Schwangerschaft und Geburt sowie
3. Anschaffung und Reparaturen von orthopädischen Schuhen, Reparaturen von therapeutischen Geräten und Ausrüstungen sowie die Miete von therapeutischen Geräten

werden gesondert erbracht.

(2) $_1$Einer Person, die Sozialhilfe beansprucht (nachfragende Person), werden, auch wenn keine Regelsätze zu gewähren sind, für einmalige Bedarfe nach Absatz 1 Leistungen erbracht, wenn sie diese nicht aus eigenen Kräften und Mitteln vollständig decken kann. $_2$In diesem Falle kann das Einkommen berücksichtigt werden, das sie innerhalb eines Zeitraums von bis zu sechs Monaten nach Ablauf des Monats erwerben, in dem über die Leistung entschieden worden ist.

(3) $_1$Die Leistungen nach Absatz 1 Nr. 1 und 2 können als Pauschalbeträge erbracht werden. $_2$Bei der Bemessung der Pauschalbeträge sind geeignete Angaben über die erforderlichen Aufwendungen und nachvollziehbare Erfahrungswerte zu berücksichtigen.

§ 32 Beiträge für die Kranken- und Pflegeversicherung

(1) $_1$Für Pflichtversicherte im Sinne des § 5 Abs. 1 Nr. 13 des Fünften Buches, des § 2 Abs. 1 Nr. 7 des Zweiten Gesetzes über die Krankenversicherung der Landwirte, für Weiterversicherte im Sinne des § 9 Abs. 1 Nr. 1 des Fünften Buches und des § 6 Abs. 1 Nr. 1 des Zweiten Gesetzes über die Krankenversicherung der Landwirte sowie für Rentenantragsteller, die nach § 189 des Fünften Buches als Mitglied einer Krankenkasse gelten, werden die Krankenversicherungsbeiträge übernommen, soweit die genannten Personen die Voraussetzungen des § 27 Absatz 1 und 2 erfüllen. $_2$§ 82 Abs. 2 Nr. 2 und 3 ist insoweit nicht anzuwenden. $_3$Bei Pflichtversicherten im Sinne des § 5 Abs. 1 Nr. 13 des Fünften Buches und des § 2 Abs. 1 Nr. 7 des Zweiten Gesetzes über die Krankenversicherung der Landwirte, die die Voraussetzungen des § 27 Absatz 1 und 2 nur wegen der Zahlung der Beiträge erfüllen, sind die Beiträge auf Anforderung der zuständigen Krankenkasse unmittelbar und in voller Höhe an diese zu zahlen; die Leistungsberechtigten sind hiervon sowie von einer Verpflichtung nach § 19 Abs. 5 schriftlich zu unterrichten. $_4$Die Anforderung der Krankenkasse nach Satz 4 hat einen Nachweis darüber zu enthalten, dass eine zweckentsprechende Verwendung der Leistungen für Beiträge durch den Leistungsberechtigten nicht gesichert ist.

(2) $_1$Für freiwillig Versicherte im Sinne des § 9 Abs. 1 Nr. 2 bis 8 des Fünften Buches oder des § 6 Abs. 1 Nr. 2 des Zweiten Gesetzes über die Krankenversicherung der Landwirte können Krankenversicherungsbeiträge übernommen werden, soweit die Voraussetzungen des § 27 Absatz 1 und 2 erfüllt sind. $_2$Zur Aufrechterhaltung einer freiwilligen Krankenversicherung werden solche Beiträge übernommen, wenn Hilfe zum Lebensunterhalt voraussichtlich nur für kurze Dauer zu leisten ist. $_3$§ 82 Abs. 2 Nr. 2 und 3 ist insoweit nicht anzuwenden.

(3) Soweit nach den Absätzen 1 und 2 Beiträge für die Krankenversicherung übernommen werden, werden auch die damit zusammenhängenden Beiträge zur Pflegeversicherung übernommen.

(4) Die Übernahme der Beiträge nach den Absätzen 1 und 2 umfasst bei Versicherten nach dem Fünften Buch auch den Zusatzbeitragssatz nach § 242 Absatz 1 des Fünften Buches.

(5) $_1$Besteht eine Krankenversicherung bei einem Versicherungsunternehmen, werden die Aufwendungen übernommen, soweit sie angemessen und die Voraussetzungen des § 19 Abs. 1 erfüllt sind. $_2$Besteht die Leistungsberechtigung voraussichtlich nur für kurze Dauer, können zur Aufrechterhaltung einer Krankenversicherung bei einem Versicherungsunternehmen auch höhere Aufwendungen übernommen werden. $_3$§ 82 Abs. 2 Nr. 2 und 3 ist insoweit nicht anzuwenden. $_4$Soweit nach den Sätzen 1 und 2 Aufwendungen für die Krankenversicherung übernommen werden, werden auch die Aufwendungen für eine Pflegeversicherung übernommen. $_5$Die zu übernehmenden Aufwendungen für eine Krankenversicherung nach Satz 1 und die entsprechenden Aufwendungen für eine Pflegeversicherung nach Satz 4 sind an das Versicherungsunternehmen zu zahlen, bei dem die leistungsberechtigte Person versichert ist.

§ 33 Beiträge für die Vorsorge

(1) Um die Voraussetzungen eines Anspruchs auf eine angemessene Alterssicherung zu erfüllen, können die erforderlichen Aufwendungen übernommen werden, insbesondere

1. Beiträge zur gesetzlichen Rentenversicherung,
2. Beiträge zur landwirtschaftlichen Alterskasse,
3. Beiträge zu berufsständischen Versorgungseinrichtungen, die den gesetzlichen Rentenversicherungen vergleichbare Leistungen erbringen,
4. Beiträge für eine eigene kapitalgedeckte Altersvorsorge in Form einer lebenslangen Leibrente, wenn der Vertrag nur die Zah-

lung einer monatlichen auf das Leben des Steuerpflichtigen bezogenen lebenslangen Leibrente nicht vor Vollendung des 60. Lebensjahres vorsieht, sowie

5. geförderte Altersvorsorgebeträge nach § 82 des Einkommensteuergesetzes, soweit sie den Mindesteigenbeitrag nach § 86 des Einkommensteuergesetzes nicht überschreiten.

(2) Um die Voraussetzungen eines Anspruchs auf ein angemessenes Sterbegeld zu erfüllen, können die erforderlichen Aufwendungen übernommen werden.

Dritter Abschnitt
Bildung und Teilhabe

§ 34 Bedarfe für Bildung und Teilhabe

(1) $_{1}$Bedarfe für Bildung nach den Absätzen 2 bis 7 von Schülerinnen und Schülern, die eine allgemein- oder berufsbildende Schule besuchen, sowie Bedarfe von Kindern und Jugendlichen für Teilhabe am sozialen und kulturellen Leben in der Gemeinschaft nach Absatz 6 werden neben den maßgebenden Regelbedarfsstufen gesondert berücksichtigt. $_{2}$Leistungen hierfür werden nach den Maßgaben des § 34a gesondert erbracht.

(2) $_{1}$Bedarfe werden bei Schülerinnen und Schülern in Höhe der tatsächlichen Aufwendungen anerkannt für

1. Schulausflüge und
2. mehrtägige Klassenfahrten im Rahmen der schulrechtlichen Bestimmungen.

$_{2}$Für Kinder, die eine Kindertageseinrichtung besuchen, gilt Satz 1 entsprechend.

(3) Bedarfe für die Ausstattung mit persönlichem Schulbedarf werden bei Schülerinnen und Schülern für den Monat, in dem der erste Schultag liegt, in Höhe von 70 Euro und für den Monat, in dem das zweite Schulhalbjahr beginnt, in Höhe von 30 Euro anerkannt.

(4) $_{1}$Für Schülerinnen und Schüler, die für den Besuch der nächstgelegenen Schule des gewählten Bildungsgangs auf Schülerbeförderung angewiesen sind, werden die dafür erforderlichen tatsächlichen Aufwendungen berücksichtigt, soweit sie nicht von Dritten übernommen werden und es der leistungsberechtigten Person nicht zugemutet werden kann, sie aus dem Regelbedarf zu bestreiten. $_{2}$Als zumutbare Eigenleistung gilt in der Regel ein Betrag in Höhe von 5 Euro monatlich.

(5) Für Schülerinnen und Schüler wird eine schulische Angebote ergänzende angemessene Lernförderung berücksichtigt, soweit diese geeignet und zusätzlich erforderlich ist, um die nach den schulrechtlichen Bestimmungen festgelegten wesentlichen Lernziele zu erreichen.

(6) $_{1}$Bei Teilnahme an einer gemeinschaftlichen Mittagsverpflegung werden die entstehenden Mehraufwendungen berücksichtigt für

1. Schülerinnen und Schüler und
2. Kinder, die eine Tageseinrichtung besuchen oder für die Kindertagespflege geleistet wird.

$_{2}$Für Schülerinnen und Schüler gilt dies unter der Voraussetzung, dass die Mittagsverpflegung in schulischer Verantwortung angeboten wird. $_{3}$In den Fällen des Satzes 2 ist für die Ermittlung des monatlichen Bedarfs die Anzahl der Schultage in dem Land zugrunde zu legen, in dem der Schulbesuch stattfindet.

(7) $_{1}$Für Leistungsberechtigte bis zur Vollendung des 18. Lebensjahres wird ein Bedarf zur Teilhabe am sozialen und kulturellen Leben in der Gemeinschaft in Höhe von insgesamt 10 Euro monatlich berücksichtigt für

1. Mitgliedsbeiträge in den Bereichen Sport, Spiel, Kultur und Geselligkeit,
2. Unterricht in künstlerischen Fächern (zum Beispiel Musikunterricht) und vergleichbare angeleitete Aktivitäten der kulturellen Bildung und
3. die Teilnahme an Freizeiten.

$_{2}$Neben der Berücksichtigung von Bedarfen nach Satz 1 können auch weitere tatsächliche Aufwendungen berücksichtigt werden, wenn sie im Zusammenhang mit der Teilnahme an Aktivitäten nach Satz 1 Nummer 1 bis 3 entstehen und es den Leistungsberechtigten im begründeten Ausnahmefall nicht zugemutet werden kann, diese aus dem Regelbedarf zu bestreiten.

§ 34a Erbringung der Leistungen für Bildung und Teilhabe

(1) $_{1}$Leistungen zur Deckung der Bedarfe nach § 34 Absatz 2 und 4 bis 7 werden auf Antrag erbracht. $_{2}$Einer nachfragenden Person werden, auch wenn keine Regelsätze zu gewähren sind, für Bedarfe nach § 34 Leistungen erbracht, wenn sie diese nicht aus eigenen Kräften und Mitteln vollständig decken kann. $_{3}$Die Leistungen zur Deckung der Bedarfe nach § 34 Absatz 7 bleiben bei der Erbringung von Leistungen nach dem Sechsten Kapitel unberücksichtigt.

(2) $_{1}$Leistungen zur Deckung der Bedarfe nach § 34 Absatz 2 und 5 bis 7 werden erbracht durch Sach- und Dienstleistungen, insbesondere in Form von personalisierten Gutscheinen oder Direktzahlungen an Anbieter von Leistungen zur Deckung dieser Bedarfe (Anbieter); die zuständigen Träger der Sozialhilfe bestimmen, in welcher Form sie die Leistungen erbringen. $_{2}$Sie können auch bestimmen, dass die Leistungen nach § 34 Absatz 2 durch Geldleistungen gedeckt werden. $_{3}$Die Bedarfe nach § 34 Absatz 3 und 4 werden jeweils durch Geldleistungen gedeckt. $_{4}$Die zuständigen Träger der Sozialhilfe können mit Anbietern pauschal abrechnen.

(3) $_{1}$Werden die Bedarfe durch Gutscheine gedeckt, gelten die Leistungen mit Ausgabe des jeweiligen Gutscheins als erbracht. $_{2}$Die zuständigen Träger der Sozialhilfe gewährleisten, dass Gutscheine bei geeigneten vorhandenen Anbietern oder zur Wahrnehmung ihrer eigenen Angebote eingelöst werden können. $_{3}$Gutscheine können für den gesamten Bewilligungszeitraum im Voraus ausgegeben werden. $_{4}$Die Gültigkeit von Gutscheinen ist angemessen zu befristen. $_{5}$Im Fall des Verlustes soll ein Gutschein erneut in dem Umfang ausgestellt werden, in dem er noch nicht in Anspruch genommen wurde.

(4) $_{1}$Werden die Bedarfe durch Direktzahlungen an Anbieter gedeckt, gelten die Leistungen mit der Zahlung als erbracht. $_{2}$Eine Direktzahlung ist für den gesamten Bewilligungszeitraum im Voraus möglich.

(5) $_{1}$Im begründeten Einzelfall kann der zuständige Träger der Sozialhilfe einen Nachweis über eine zweckentsprechende Verwendung der Leistung verlangen. $_{2}$Soweit der Nachweis nicht geführt wird, soll die Bewilligungsentscheidung widerrufen werden.

§ 34b Berechtigte Selbsthilfe

$_{1}$Geht die leistungsberechtigte Person durch Zahlung an Anbieter in Vorleistung, ist der Träger der Sozialhilfe zur Übernahme der berücksichtigungsfähigen Aufwendungen verpflichtet, soweit

1. unbeschadet des Satzes 2 die Voraussetzungen einer Leistungsgewährung zur Deckung der Bedarfe im Zeitpunkt der Selbsthilfe nach § 34 Absatz 2 und 5 bis 7 vorlagen und
2. zum Zeitpunkt der Selbsthilfe der Zweck der Leistung durch Erbringung als Sach- oder Dienstleistung ohne eigenes Verschulden nicht oder nicht rechtzeitig zu erreichen war.

$_{2}$War es dem Leistungsberechtigten nicht möglich, rechtzeitig einen Antrag zu stellen, gilt dieser als zum Zeitpunkt der Selbstvornahme gestellt.

Vierter Abschnitt
Unterkunft und Heizung

§ 35 Unterkunft und Heizung

(1) $_{1}$Leistungen für die Unterkunft werden in Höhe der tatsächlichen Aufwendungen erbracht. $_{2}$Leistungen für die Unterkunft sind auf Antrag der leistungsberechtigten Person an den Vermieter oder andere Empfangsberechtigte zu zahlen. $_{3}$Sie sollen an den Vermieter oder andere Empfangsberechtigte gezahlt werden, wenn die zweckentsprechende Verwendung durch die leistungsberechtigte Person nicht sichergestellt ist. $_{4}$Das ist insbesondere der Fall, wenn

1. Mietrückstände bestehen, die zu einer außerordentlichen Kündigung des Mietverhältnisses berechtigen,
2. Energiekostenrückstände bestehen, die zu einer Unterbrechung der Energieversorgung berechtigen,
3. konkrete Anhaltspunkte für ein krankheits- oder suchtbedingtes Unvermögen der leistungsberechtigten Person bestehen, die Mittel zweckentsprechend zu verwenden, oder

4. konkrete Anhaltspunkte dafür bestehen, dass die im Schuldnerverzeichnis eingetragene leistungsberechtigte Person die Mittel nicht zweckentsprechend verwendet.

$_{5}$Werden die Leistungen für die Unterkunft und Heizung an den Vermieter oder andere Empfangsberechtigte gezahlt, hat der Träger der Sozialhilfe die leistungsberechtigte Person darüber schriftlich zu unterrichten.

(2) $_{1}$Übersteigen die Aufwendungen für die Unterkunft den der Besonderheit des Einzelfalles angemessenen Umfang, sind sie insoweit als Bedarf der Personen, deren Einkommen und Vermögen nach § 27 Absatz 2 zu berücksichtigen sind, anzuerkennen. $_{2}$Satz 1 gilt so lange, als es diesen Personen nicht möglich oder nicht zuzumuten ist, durch einen Wohnungswechsel, durch Vermieten oder auf andere Weise die Aufwendungen zu senken, in der Regel jedoch längstens für sechs Monate. $_{3}$Vor Abschluss eines Vertrages über eine neue Unterkunft haben Leistungsberechtigte den dort zuständigen Träger der Sozialhilfe über die nach den Sätzen 1 und 2 maßgeblichen Umstände in Kenntnis zu setzen. $_{4}$Sind die Aufwendungen für die neue Unterkunft unangemessen hoch, ist der Träger der Sozialhilfe nur zur Übernahme angemessener Aufwendungen verpflichtet, es sei denn, er hat den darüber hinausgehenden Aufwendungen vorher zugestimmt. $_{5}$Wohnungsbeschaffungskosten, Mietkautionen und Umzugskosten können bei vorheriger Zustimmung übernommen werden; Mietkautionen sollen als Darlehen erbracht werden. $_{6}$Eine Zustimmung soll erteilt werden, wenn der Umzug durch den Träger der Sozialhilfe veranlasst wird oder aus anderen Gründen notwendig ist und wenn ohne die Zustimmung eine Unterkunft in einem angemessenen Zeitraum nicht gefunden werden kann.

(3) $_{1}$Der Träger der Sozialhilfe kann für seinen Bereich die Leistungen für die Unterkunft durch eine monatliche Pauschale abgelten, wenn auf dem örtlichen Wohnungsmarkt hinreichend angemessener freier Wohnraum verfügbar und in Einzelfällen die Pauschalierung nicht unzumutbar ist. $_{2}$Bei der Bemessung der Pauschale sind die tatsächlichen Gegebenheiten des örtlichen Wohnungsmarkts, der örtliche Mietspiegel sowie die familiären Verhältnisse der Leistungsberechtigten zu berücksichtigen. $_{3}$Absatz 2 Satz 1 gilt entsprechend.

(4) $_{1}$Leistungen für Heizung und zentrale Warmwasserversorgung werden in tatsächlicher Höhe erbracht, soweit sie angemessen sind. $_{2}$Die Leistungen können durch eine monatliche Pauschale abgegolten werden. $_{3}$Bei der Bemessung der Pauschale sind die persönlichen und familiären Verhältnisse, die Größe und Beschaffenheit der Wohnung, die vorhandenen Heizmöglichkeiten und die örtlichen Gegebenheiten zu berücksichtigen.

§ 35a Satzung

$_{1}$Hat ein Kreis oder eine kreisfreie Stadt eine Satzung nach den §§ 22a bis 22c des Zweiten Buches erlassen, so gilt sie für Leistungen für die Unterkunft nach § 35 Absatz 1 und 2 des zuständigen Trägers der Sozialhilfe entsprechend, sofern darin nach § 22b Absatz 3 des Zweiten Buches Sonderregelungen für Personen mit einem besonderen Bedarf für Unterkunft und Heizung getroffen werden und dabei zusätzlich auch die Bedarfe älterer Menschen berücksichtigt werden. $_{2}$Dies gilt auch für Leistungen für Heizung nach § 35 Absatz 4, soweit die Satzung Bestimmungen nach § 22b Absatz 1 Satz 2 und 3 des Zweiten Buches enthält. $_{3}$In Fällen der Sätze 1 und 2 ist § 35 Absatz 3 und 4 Satz 2 und 3 nicht anzuwenden.

§ 36 Sonstige Hilfen zur Sicherung der Unterkunft

(1) $_{1}$Schulden können nur übernommen werden, wenn dies zur Sicherung der Unterkunft oder zur Behebung einer vergleichbaren Notlage gerechtfertigt ist. $_{2}$Sie sollen übernommen werden, wenn dies gerechtfertigt und notwendig ist und sonst Wohnungslosigkeit einzutreten droht. $_{3}$Geldleistungen können als Beihilfe oder als Darlehen erbracht werden.

(2) $_{1}$Geht bei einem Gericht eine Klage auf Räumung von Wohnraum im Falle der Kündigung des Mietverhältnisses nach § 543 Absatz 1, 2 Satz 1 Nummer 3 in Verbindung mit § 569 Absatz 3 des Bürgerlichen Gesetzbuchs ein, teilt das Gericht dem zuständigen örtlichen Träger der Sozialhilfe oder der Stelle, die

von ihm zur Wahrnehmung der in Absatz 1 bestimmten Aufgaben beauftragt wurde, unverzüglich Folgendes mit:

1. den Tag des Eingangs der Klage,
2. die Namen und die Anschriften der Parteien,
3. die Höhe der monatlich zu entrichtenden Miete,
4. die Höhe des geltend gemachten Mietrückstandes und der geltend gemachten Entschädigung sowie
5. den Termin zur mündlichen Verhandlung, sofern dieser bereits bestimmt ist.

2Außerdem kann der Tag der Rechtshängigkeit mitgeteilt werden. 3Die Übermittlung unterbleibt, wenn die Nichtzahlung der Miete nach dem Inhalt der Klageschrift offensichtlich nicht auf Zahlungsunfähigkeit des Mieters beruht. 4Die übermittelten Daten dürfen auch für entsprechende Zwecke der Kriegsopferfürsorge nach dem Bundesversorgungsgesetz verwendet werden.

Fünfter Abschnitt Gewährung von Darlehen

§ 37 Ergänzende Darlehen

(1) Kann im Einzelfall ein von den Regelbedarfen umfasster und nach den Umständen unabweisbar gebotener Bedarf auf keine andere Weise gedeckt werden, sollen auf Antrag hierfür notwendige Leistungen als Darlehen erbracht werden.

(2) 1Der Träger der Sozialhilfe übernimmt für Leistungsberechtigte nach § 27b Absatz 2 Satz 2 die jeweils von ihnen bis zur Belastungsgrenze (§ 62 des Fünften Buches) zu leistenden Zuzahlungen in Form eines ergänzenden Darlehens, sofern der Leistungsberechtigte nicht widerspricht. 2Die Auszahlung der für das gesamte Kalenderjahr zu leistenden Zuzahlungen erfolgt unmittelbar an die zuständige Krankenkasse zum 1. Januar oder bei Aufnahme in eine stationäre Einrichtung. 3Der Träger der Sozialhilfe teilt der zuständigen Krankenkasse spätestens bis zum 1. November des Vorjahres die Leistungsberechtigten nach § 27b Absatz 2 Satz 2 mit, soweit diese der Darlehensgewährung nach Satz 1 für das laufende oder ein vorangegangenes Kalenderjahr nicht widersprochen haben.

(3) In den Fällen des Absatzes 2 Satz 3 erteilt die Krankenkasse über den Träger der Sozialhilfe die in § 62 Absatz 1 Satz 1 des Fünften Buches genannte Bescheinigung jeweils bis zum 1. Januar oder bei Aufnahme in eine stationäre Einrichtung und teilt dem Träger der Sozialhilfe die Höhe der der leistungsberechtigten Person zu leistenden Zuzahlungen mit; Veränderungen im Laufe eines Kalenderjahres sind unverzüglich mitzuteilen.

(4) 1Für die Rückzahlung von Darlehen nach Absatz 1 können von den monatlichen Regelsätzen Teilbeträge bis zur Höhe von jeweils 5 vom Hundert der Regelbedarfsstufe 1 nach der Anlage zu § 28 einbehalten werden. 2Die Rückzahlung von Darlehen nach Absatz 2 erfolgt in gleichen Teilbeträgen über das ganze Kalenderjahr.

§ 38 Darlehen bei vorübergehender Notlage

(1) 1Sind Leistungen nach § 27a Absatz 3 und 4, der Barbetrag nach § 27b Absatz 2 sowie nach den §§ 30, 32, 33 und 35 voraussichtlich nur für kurze Dauer zu erbringen, können Geldleistungen als Darlehen gewährt werden. 2Darlehen an Mitglieder von Haushaltsgemeinschaften im Sinne des § 19 Abs. 1 Satz 2 können an einzelne Mitglieder oder an mehrere gemeinsam vergeben werden.

(2) Die Regelung des § 105 Abs. 2 findet entsprechende Anwendung.

Sechster Abschnitt Einschränkung von Leistungsberechtigung und -umfang

§ 39 Vermutung der Bedarfsdeckung

1Lebt eine nachfragende Person gemeinsam mit anderen Personen in einer Wohnung oder in einer entsprechenden anderen Unterkunft, so wird vermutet, dass sie gemeinsam wirtschaften (Haushaltsgemeinschaft) und dass die nachfragende Person von den anderen Personen Leistungen zum Lebensunterhalt erhält, soweit dies nach deren Einkommen und Vermögen erwartet werden kann. 2Soweit nicht gemeinsam gewirtschaftet wird oder die nachfragende Person von den Mitgliedern der Haushaltsgemeinschaft keine ausreichenden

Leistungen zum Lebensunterhalt erhält, ist ihr Hilfe zum Lebensunterhalt zu gewähren. $_{3}$Satz 1 gilt nicht

1. für Schwangere oder Personen, die ihr leibliches Kind bis zur Vollendung seines sechsten Lebensjahres betreuen und mit ihren Eltern oder einem Elternteil zusammenleben, oder
2. für Personen, die im Sinne des § 53 behindert oder im Sinne des § 61 pflegebedürftig sind und von in Satz 1 genannten Personen betreut werden; dies gilt auch, wenn die genannten Voraussetzungen einzutreten drohen und das gemeinsame Wohnen im Wesentlichen zum Zweck der Sicherstellung der Hilfe und Versorgung erfolgt.

§ 39a Einschränkung der Leistung

(1) $_{1}$Lehnen Leistungsberechtigte entgegen ihrer Verpflichtung die Aufnahme einer Tätigkeit oder die Teilnahme an einer erforderlichen Vorbereitung ab, vermindert sich die maßgebende Regelbedarfsstufe in einer ersten Stufe um bis zu 25 vom Hundert, bei wiederholter Ablehnung in weiteren Stufen um jeweils bis zu 25 vom Hundert. $_{2}$Die Leistungsberechtigten sind vorher entsprechend zu belehren.

(2) § 26 Abs. 1 Satz 2 findet Anwendung.

Siebter Abschnitt
Verordnungsermächtigung

§ 40 Verordnungsermächtigung

$_{1}$Das Bundesministerium für Arbeit und Soziales hat im Einvernehmen mit dem Bundesministerium der Finanzen durch Rechtsverordnung mit Zustimmung des Bundesrates

1. den für die Fortschreibung der Regelbedarfsstufen nach § 28a maßgeblichen Vomhundertsatz zu bestimmen und
2. die Anlage zu § 28 um die sich durch die Fortschreibung nach Nummer 1 zum 1. Januar eines Jahres ergebenden Regelbedarfsstufen zu ergänzen.

$_{2}$Der Vomhundertsatz nach Satz 1 Nummer 1 ist auf zwei Dezimalstellen zu berechnen; die zweite Dezimalstelle ist um eins zu erhöhen, wenn sich in der dritten Dezimalstelle eine der Ziffern von 5 bis 9 ergibt. $_{3}$Die Bestimmungen nach Satz 1 sollen bis zum 31. Oktober des jeweiligen Jahres erfolgen.

Viertes Kapitel
Grundsicherung im Alter und bei Erwerbsminderung

Erster Abschnitt
Grundsätze

§ 41 Leistungsberechtigte

(1) $_{1}$Älteren und dauerhaft voll erwerbsgeminderten Personen mit gewöhnlichem Aufenthalt im Inland, die ihren notwendigen Lebensunterhalt nicht aus Einkommen und Vermögen nach den §§ 82 bis 84 und 90 bestreiten können, ist auf Antrag Grundsicherung im Alter und bei Erwerbsminderung zu leisten. $_{2}$§ 91 ist anzuwenden.

(2) $_{1}$Leistungsberechtigt wegen Alters nach Absatz 1 ist, wer die Altersgrenze erreicht hat. $_{2}$Personen, die vor dem 1. Januar 1947 geboren sind, erreichen die Altersgrenze mit Vollendung des 65. Lebensjahres. $_{3}$Für Personen, die nach dem 31. Dezember 1946 geboren sind, wird die Altersgrenze wie folgt angehoben:

für den Geburtsjahrgang	erfolgt eine Anhebung um Monate	auf Vollendung eines Lebensalters von
1947	1	65 Jahren und 1 Monat
1948	2	65 Jahren und 2 Monaten
1949	3	65 Jahren und 3 Monaten
1950	4	65 Jahren und 4 Monaten
1951	5	65 Jahren und 5 Monaten
1952	6	65 Jahren und 6 Monaten
1953	7	65 Jahren und 7 Monaten
1954	8	65 Jahren und 8 Monaten
1955	9	65 Jahren und 9 Monaten

für den Geburtsjahrgang	erfolgt eine Anhebung um Monate	auf Vollendung eines Lebensalters von
1956	10	65 Jahren und 10 Monaten
1957	11	65 Jahren und 11 Monaten
1958	12	66 Jahren
1959	14	66 Jahren und 2 Monaten
1960	16	66 Jahren und 4 Monaten
1961	18	66 Jahren und 6 Monaten
1962	20	66 Jahren und 8 Monaten
1963	22	66 Jahren und 10 Monaten
ab 1964	24	67 Jahren.

(3) Leistungsberechtigt wegen einer dauerhaften vollen Erwerbsminderung nach Absatz 1 ist, wer das 18. Lebensjahr vollendet hat, unabhängig von der jeweiligen Arbeitsmarktlage voll erwerbsgemindert im Sinne des § 43 Abs. 2 des Sechsten Buches ist und bei dem unwahrscheinlich ist, dass die volle Erwerbsminderung behoben werden kann.

(4) Keinen Anspruch auf Leistungen nach diesem Kapitel hat, wer in den letzten zehn Jahren die Bedürftigkeit vorsätzlich oder grob fahrlässig herbeigeführt hat.

§ 42 Umfang der Leistungen

Die Leistungen der Grundsicherung im Alter und bei Erwerbsminderung umfassen:

1. die Regelsätze nach den Regelbedarfsstufen der Anlage zu § 28; § 27a Absatz 3 und Absatz 4 Satz 1 und 2 ist anzuwenden; § 29 Absatz 1 Satz 1 letzter Halbsatz und Absatz 2 bis 5 ist nicht anzuwenden,
2. die zusätzlichen Bedarfe nach dem Zweiten Abschnitt des Dritten Kapitels,
3. die Bedarfe für Bildung und Teilhabe nach dem Dritten Abschnitt des Dritten Kapitels, ausgenommen die Bedarfe nach § 34 Absatz 7,
4. die Aufwendungen für Unterkunft und Heizung nach dem Vierten Abschnitt des Dritten Kapitels; bei Leistungen in einer stationären Einrichtung sind als Kosten für Unterkunft und Heizung Beträge in Höhe der durchschnittlichen angemessenen tatsächlichen Aufwendungen für die Warmmiete eines Einpersonenhaushaltes im Bereich des nach § 98 zuständigen Trägers der Sozialhilfe zugrunde zu legen,
5. ergänzende Darlehen nach § 37 Absatz 1.

§ 43 Einsatz von Einkommen und Vermögen, Berücksichtigung von Unterhaltsansprüchen

(1) Einkommen und Vermögen des nicht getrennt lebenden Ehegatten oder Lebenspartners sowie des Partners einer eheähnlichen oder lebenspartnerschaftsähnlichen Gemeinschaft, die dessen notwendigen Lebensunterhalt nach § 27a übersteigen, sind zu berücksichtigen; § 39 Satz 1 ist nicht anzuwenden.

(2) Erhalten Leistungsberechtigte nach dem Dritten Kapitel in einem Land nach § 29 Absatz 1 letzter Halbsatz und Absatz 2 bis 5 festgesetzte und fortgeschriebene Regelsätze und sieht das Landesrecht in diesem Land für Leistungsberechtigte nach diesem Kapitel eine aufstockende Leistung vor, dann ist diese Leistung nicht als Einkommen nach § 82 Absatz 1 zu berücksichtigen.

(3) $_1$Unterhaltsansprüche der Leistungsberechtigten gegenüber ihren Kindern und Eltern bleiben unberücksichtigt, sofern deren jährliches Gesamteinkommen im Sinne des § 16 des Vierten Buches unter einem Betrag von 100 000 Euro liegt. $_2$Es wird vermutet, dass das Einkommen der Unterhaltspflichtigen nach Satz 1 die dort genannte Grenze nicht überschreitet. $_3$Zur Widerlegung der Vermutung nach Satz 2 kann der jeweils für die Ausführung des Gesetzes nach diesem Kapitel zuständige Träger von den Leistungsberechtigten Angaben verlangen, die Rückschlüsse auf die Einkommensverhältnisse der Unterhaltspflichtigen nach Satz 1 zulassen. $_4$Liegen im Einzelfall hinreichende Anhaltspunkte für ein Überschreiten der in Satz 1 genannten Einkommensgrenze vor, sind die Kinder oder El-

tern der Leistungsberechtigten gegenüber den jeweils für die Ausführung des Gesetzes nach diesem Kapitel zuständigen Träger verpflichtet, über ihre Einkommensverhältnisse Auskunft zu geben, soweit die Durchführung dieses Buches es erfordert. 5Die Pflicht zur Auskunft umfasst die Verpflichtung, auf Verlangen des für die Ausführung des Gesetzes nach diesem Kapitel zuständigen Trägers Beweisurkunden vorzulegen oder ihrer Vorlage zuzustimmen. 6Leistungsberechtigte haben keinen Anspruch auf Leistungen nach diesem Kapitel, wenn die nach Satz 2 geltende Vermutung nach Satz 4 und 5 widerlegt ist.

Zweiter Abschnitt Verfahrensbestimmungen

§ 44 Besondere Regelungen für Verfahren und Erstattungszahlungen

(1) 1Die Leistung wird in der Regel für zwölf Kalendermonate bewilligt. 2Bei der Erstbewilligung oder bei einer Änderung der Leistung beginnt der Bewilligungszeitraum am Ersten des Monats, in dem der Antrag gestellt worden ist oder die Voraussetzungen für die Änderung eingetreten und mitgeteilt worden sind. 3Bei einer Erstbewilligung nach dem Bezug von Arbeitslosengeld II oder Sozialgeld nach dem Zweiten Buch, der mit Erreichen der Altersgrenze nach § 7a des Zweiten Buches endet, beginnt der Bewilligungszeitraum mit dem Ersten des Monats, der auf den sich nach § 7a des Zweiten Buches ergebenden Monat folgt. 4Führt eine Änderung nicht zu einer Begünstigung des Berechtigten, so beginnt der neue Bewilligungszeitraum am Ersten des Folgemonats.

(2) Eine Leistungsabsprache nach § 12 kann im Einzelfall stattfinden.

(3) Die Vorschriften über die Erstattung zwischen den Trägern der Sozialhilfe nach dem Zweiten Abschnitt des Dreizehnten Kapitels sind für Geldleistungen nach diesem Kapitel nicht anzuwenden.

§ 45 Feststellung der dauerhaften vollen Erwerbsminderung

1Der jeweils für die Ausführung des Gesetzes nach diesem Kapitel zuständige Träger ersucht den nach § 109a Absatz 2 des Sechsten Buches zuständigen Träger der Rentenversicherung, die medizinischen Voraussetzungen des § 41 Absatz 3 zu prüfen, wenn es auf Grund der Angaben und Nachweise des Leistungsberechtigten als wahrscheinlich erscheint, dass diese erfüllt sind und das zu berücksichtigende Einkommen und Vermögen nicht ausreicht, um den Lebensunterhalt vollständig zu decken. 2Die Entscheidung des Trägers der Rentenversicherung ist bindend für den ersuchenden Träger, der für die Ausführung des Gesetzes nach diesem Kapitel zuständig ist; dies gilt auch für eine Entscheidung des Trägers der Rentenversicherung nach § 109a Absatz 3 des Sechsten Buches. 3Eines Ersuchens nach Satz 1 bedarf es nicht, wenn

1. ein Träger der Rentenversicherung bereits die Voraussetzungen des § 41 Absatz 3 im Rahmen eines Antrags auf eine Rente wegen Erwerbsminderung festgestellt hat oder
2. ein Träger der Rentenversicherung bereits nach § 109a Absatz 2 und 3 des Sechsten Buches eine gutachterliche Stellungnahme abgeben hat oder
3. der Fachausschuss einer Werkstatt für behinderte Menschen über die Aufnahme in eine Werkstatt oder Einrichtung eine Stellungnahme nach Maßgabe der §§ 2 und 3 der Werkstättenverordnung abgegeben hat und der Leistungsberechtigte kraft Gesetzes nach § 43 Absatz 2 Satz 3 Nummer 1 des Sechsten Buches als voll erwerbsgemindert gilt.

4Die kommunalen Spitzenverbände und die Deutsche Rentenversicherung Bund können Vereinbarungen über das Verfahren schließen.

§ 46 Zusammenarbeit mit den Trägern der Rentenversicherung

1Der zuständige Träger der Rentenversicherung informiert und berät leistungsberechtigte Personen nach § 41, die rentenberechtigt sind, über die Leistungsvoraussetzungen und über das Verfahren nach diesem Kapitel. 2Personen, die nicht rentenberechtigt sind, werden auf Anfrage beraten und informiert. 3Liegt die Rente unter dem 27-fachen Betrag des geltenden aktuellen Rentenwertes in der gesetzlichen Rentenversicherung (§§ 68, 68a, 255e des Sechsten Buches), ist der Information zusätzlich ein Antragsformular beizufügen. $_{4}$Der Träger der Rentenversicherung übersendet einen eingegangenen Antrag mit einer Mitteilung über die Höhe der monatlichen Rente und über das Vorliegen der Voraussetzungen der Leistungsberechtigung an den jeweils für die Ausführung des Gesetzes nach diesem Kapitel zuständigen Träger. $_{5}$Eine Verpflichtung des Trägers der Rentenversicherung nach Satz 1 besteht nicht, wenn eine Inanspruchnahme von Leistungen nach diesem Kapitel wegen der Höhe der gezahlten Rente sowie der im Rentenverfahren zu ermittelnden weiteren Einkommen nicht in Betracht kommt.

Dritter Abschnitt
Erstattung und Zuständigkeit

§ 46a Erstattung durch den Bund

(1) Der Bund erstattet den Ländern

1. im Jahr 2013 einen Anteil von 75 Prozent und
2. ab dem Jahr 2014 jeweils einen Anteil von 100 Prozent

der im jeweiligen Kalenderjahr den für die Ausführung des Gesetzes nach diesem Kapitel zuständigen Trägern entstandenen Nettoausgaben für Geldleistungen nach diesem Kapitel.

(2) $_{1}$Die Höhe der Nettoausgaben für Geldleistungen nach Absatz 1 ergibt sich aus den Bruttoausgaben der für die Ausführung des Gesetzes nach diesem Kapitel zuständigen Träger, abzüglich der auf diese Geldleistungen entfallenden Einnahmen. $_{2}$Einnahmen nach Satz 1 sind insbesondere Einnahmen aus Aufwendungen, Kostenersatz und Ersatzansprüchen nach dem Dreizehnten Kapitel, soweit diese auf Geldleistungen nach diesem Kapitel entfallen, aus dem Übergang von Ansprüchen nach § 93 sowie aus Erstattungen anderer Sozialleistungsträger nach dem Zehnten Buch.

(3) $_{1}$Der Abruf der Erstattungen durch die Länder ist jeweils zum 15. März, 15. Juni, 15. September und 15. Dezember des jeweiligen Jahres zulässig. $_{2}$Soweit die Erstattung für Zahlungen geltend gemacht wird, die wegen des fristgerechten Eingangs beim Empfänger bereits am Ende eines Haushaltsjahres geleistet wurden, aber erst im nächsten Haushaltsjahr fällig werden, ist die für das folgende Haushaltsjahr geltende Erstattung maßgeblich.

(4) $_{1}$Die Länder gewährleisten die Prüfung, dass die Ausgaben für Geldleistungen der für die Ausführung des Gesetzes nach diesem Kapitel zuständigen Träger begründet und belegt sind und den Grundsätzen für Wirtschaftlichkeit und Sparsamkeit entsprechen. $_{2}$Sie haben dies dem Bundesministerium für Arbeit und Soziales durch Nachweis der Bruttoausgaben jeweils für das Land sowie für die nach § 46b zuständigen Träger insgesamt und darunter für

1. Regelsatzleistungen nach § 42 Nummer 1,
2. zusätzliche Bedarfe nach § 42 Nummer 2,
3. Bedarfe nach § 42 Nummer 3, soweit sie auf Bedarfe nach § 34 Absatz 3 und 4 entfallen,
4. Unterkunftskosten nach § 42 Nummer 4,
5. Darlehen nach § 42 Nummer 5

sowie für die Einnahmen nach Absatz 2 Satz 2 in tabellarischer Form zu belegen. $_{3}$Die Nachweise sind jeweils zum Fünfzehnten der Monate Februar, Mai, August und November für das jeweils abgeschlossene Quartal einzureichen; jedoch erstmals für das erste Quartal 2015 zum 15. Mai 2015.

(5) $_{1}$Die Länder haben erstmals für das Jahr 2015 die Nettoausgaben des jeweiligen Vorjahres bis zum 31. Mai des Folgejahres nachzuweisen. $_{2}$Dabei sind die Ausgaben für Geldleistungen entsprechend der Untergliederung der Erhebungen nach § 128c Nummer 1 bis 5, Nummer 6 Buchstabe c und d und Nummer 7 nachzuweisen. $_{3}$Die Einnahmen sind nach Absatz 2 Satz 2 nachzuweisen. $_{4}$Die Nachweise sind jeweils in tabellarischer Form zu erbringen.

§ 46b Zuständigkeit

(1) Die für die Ausführung des Gesetzes nach diesem Kapitel zuständigen Träger werden nach Landesrecht bestimmt, sofern sich nach Absatz 3 nichts Abweichendes ergibt.

(2) Die §§ 3, 6 und 7 sind nicht anzuwenden.

(3) $_{1}$Das Zwölfte Kapitel ist nicht anzuwenden, sofern sich aus den Sätzen 2 und 3 nichts Ab-

weichendes ergibt. 2Bei Leistungsberechtigten nach diesem Kapitel gilt der Aufenthalt in einer stationären Einrichtung und in Einrichtungen zum Vollzug richterlich angeordneter Freiheitsentziehung nicht als gewöhnlicher Aufenthalt; § 98 Absatz 2 Satz 1 bis 3 ist entsprechend anzuwenden. 3Für die Leistungen nach diesem Kapitel an Personen, die Leistungen nach dem Sechsten bis Achten Kapitel in Formen ambulanter betreuter Wohnmöglichkeiten erhalten, ist § 98 Absatz 5 entsprechend anzuwenden.

Fünftes Kapitel Hilfen zur Gesundheit

§ 47 Vorbeugende Gesundheitshilfe

1Zur Verhütung und Früherkennung von Krankheiten werden die medizinischen Vorsorgeleistungen und Untersuchungen erbracht. 2Andere Leistungen werden nur erbracht, wenn ohne diese nach ärztlichem Urteil eine Erkrankung oder ein sonstiger Gesundheitsschaden einzutreten droht.

§ 48 Hilfe bei Krankheit

1Um eine Krankheit zu erkennen, zu heilen, ihre Verschlimmerung zu verhüten oder Krankheitsbeschwerden zu lindern, werden Leistungen zur Krankenbehandlung entsprechend dem Dritten Kapitel Fünften Abschnitt Ersten Titel des Fünften Buches erbracht. 2Die Regelungen zur Krankenbehandlung nach § 264 des Fünften Buches gehen den Leistungen der Hilfe bei Krankheit nach Satz 1 vor.

§ 49 Hilfe zur Familienplanung

1Zur Familienplanung werden die ärztliche Beratung, die erforderliche Untersuchung und die Verordnung der empfängnisregelnden Mittel geleistet. 2Die Kosten für empfängnisverhütende Mittel werden übernommen, wenn diese ärztlich verordnet worden sind.

§ 50 Hilfe bei Schwangerschaft und Mutterschaft

Bei Schwangerschaft und Mutterschaft werden

1. ärztliche Behandlung und Betreuung sowie Hebammenhilfe,
2. Versorgung mit Arznei-, Verband- und Heilmitteln,
3. Pflege in einer stationären Einrichtung und
4. häusliche Pflegeleistungen nach § 65 Abs. 1

geleistet.

§ 51 Hilfe bei Sterilisation

Bei einer durch Krankheit erforderlichen Sterilisation werden die ärztliche Untersuchung, Beratung und Begutachtung, die ärztliche Behandlung, die Versorgung mit Arznei-, Verband- und Heilmitteln sowie die Krankenhauspflege geleistet.

§ 52 Leistungserbringung, Vergütung

(1) 1Die Hilfen nach den §§ 47 bis 51 entsprechen den Leistungen der gesetzlichen Krankenversicherung. 2Soweit Krankenkassen in ihrer Satzung Umfang und Inhalt der Leistungen bestimmen können, entscheidet der Träger der Sozialhilfe über Umfang und Inhalt der Hilfen nach pflichtgemäßem Ermessen.

(2) 1Leistungsberechtigte haben die freie Wahl unter den Ärzten und Zahnärzten sowie den Krankenhäusern entsprechend den Bestimmungen der gesetzlichen Krankenversicherung. 2Hilfen werden nur in dem durch Anwendung des § 65a des Fünften Buches erzielbaren geringsten Umfang geleistet.

(3) 1Bei Erbringung von Leistungen nach den §§ 47 bis 51 sind die für die gesetzlichen Krankenkassen nach dem Vierten Kapitel des Fünften Buches geltenden Regelungen mit Ausnahme des Dritten Titels des Zweiten Abschnitts anzuwenden. 2Ärzte, Psychotherapeuten im Sinne des § 28 Abs. 3 Satz 1 des Fünften Buches und Zahnärzte haben für ihre Leistungen Anspruch auf die Vergütung, welche die Ortskrankenkasse, in deren Bereich der Arzt, Psychotherapeut oder der Zahnarzt niedergelassen ist, für ihre Mitglieder zahlt. 3Die sich aus den §§ 294, 295, 300 bis 302 des Fünften Buches für die Leistungserbringer ergebenden Verpflichtungen gelten auch für die Abrechnung von Leistungen nach diesem Kapitel mit dem Träger der Sozialhilfe. 4Die Vereinbarungen nach § 303 Abs. 1 sowie § 304 des Fünften Buches gelten für den Träger der Sozialhilfe entsprechend.

(4) Leistungsberechtigten, die nicht in der gesetzlichen Krankenversicherung versichert sind, wird unter den Voraussetzungen von § 39a Satz 1 des Fünften Buches zu stationärer und teilstationärer Versorgung in Hospizen der von den gesetzlichen Krankenkassen entsprechend § 39a Satz 3 des Fünften Buches zu zahlende Zuschuss geleistet.

(5) Für Leistungen zur medizinischen Rehabilitation nach § 54 Abs. 1 Satz 1 gelten die Absätze 2 und 3 entsprechend.

Sechstes Kapitel Eingliederungshilfe für behinderte Menschen

§ 53 Leistungsberechtigte und Aufgabe

(1) 1Personen, die durch eine Behinderung im Sinne von § 2 Abs. 1 Satz 1 des Neunten Buches wesentlich in ihrer Fähigkeit, an der Gesellschaft teilzuhaben, eingeschränkt oder von einer solchen wesentlichen Behinderung bedroht sind, erhalten Leistungen der Eingliederungshilfe, wenn und solange nach der Besonderheit des Einzelfalles, insbesondere nach Art oder Schwere der Behinderung, Aussicht besteht, dass die Aufgabe der Eingliederungshilfe erfüllt werden kann. 2Personen mit einer anderen körperlichen, geistigen oder seelischen Behinderung können Leistungen der Eingliederungshilfe erhalten.

(2) 1Von einer Behinderung bedroht sind Personen, bei denen der Eintritt der Behinderung nach fachlicher Erkenntnis mit hoher Wahrscheinlichkeit zu erwarten ist. 2Dies gilt für Personen, für die vorbeugende Gesundheitshilfe und Hilfe bei Krankheit nach den §§ 47 und 48 erforderlich ist, nur, wenn auch bei Durchführung dieser Leistungen eine Behinderung einzutreten droht.

(3) 1Besondere Aufgabe der Eingliederungshilfe ist es, eine drohende Behinderung zu verhüten oder eine Behinderung oder deren Folgen zu beseitigen oder zu mildern und die behinderten Menschen in die Gesellschaft einzugliedern. 2Hierzu gehört insbesondere, den behinderten Menschen die Teilnahme am Leben in der Gemeinschaft zu ermöglichen oder zu erleichtern, ihnen die Ausübung eines angemessenen Berufs oder einer sonstigen angemessenen Tätigkeit zu ermöglichen oder sie so weit wie möglich unabhängig von Pflege zu machen.

(4) 1Für die Leistungen zur Teilhabe gelten die Vorschriften des Neunten Buches, soweit sich aus diesem Buch und den auf Grund dieses Buches erlassenen Rechtsverordnungen nichts Abweichendes ergibt. 2Die Zuständigkeit und die Voraussetzungen für die Leistungen zur Teilhabe richten sich nach diesem Buch.

§ 54 Leistungen der Eingliederungshilfe

(1) 1Leistungen der Eingliederungshilfe sind neben den Leistungen nach den §§ 26, 33, 41 und 55 des Neunten Buches insbesondere

1. Hilfen zu einer angemessenen Schulbildung, insbesondere im Rahmen der allgemeinen Schulpflicht und zum Besuch weiterführender Schulen einschließlich der Vorbereitung hierzu; die Bestimmungen über die Ermöglichung der Schulbildung im Rahmen der allgemeinen Schulpflicht bleiben unberührt,
2. Hilfe zur schulischen Ausbildung für einen angemessenen Beruf einschließlich des Besuchs einer Hochschule,
3. Hilfe zur Ausbildung für eine sonstige angemessene Tätigkeit,
4. Hilfe in vergleichbaren sonstigen Beschäftigungsstätten nach § 56,
5. nachgehende Hilfe zur Sicherung der Wirksamkeit der ärztlichen und ärztlich verordneten Leistungen und zur Sicherung der Teilhabe der behinderten Menschen am Arbeitsleben.

2Die Leistungen zur medizinischen Rehabilitation und zur Teilhabe am Arbeitsleben entsprechen jeweils den Rehabilitationsleistungen der gesetzlichen Krankenversicherung oder der Bundesagentur für Arbeit.

(2) Erhalten behinderte oder von einer Behinderung bedrohte Menschen in einer stationären Einrichtung Leistungen der Eingliederungshilfe, können ihnen oder ihren Angehörigen zum gegenseitigen Besuch Beihilfen geleistet werden, soweit es im Einzelfall erforderlich ist.

(3) 1Eine Leistung der Eingliederungshilfe ist auch die Hilfe für die Betreuung in einer Pflegefamilie, soweit eine geeignete Pflegeperson Kinder und Jugendliche über Tag und Nacht in ihrem Haushalt versorgt und dadurch der Aufenthalt in einer vollstationären Einrichtung der Behindertenhilfe vermieden oder beendet werden kann. 2Die Pflegeperson bedarf einer Erlaubnis nach § 44 des Achten Buches. 3Diese Regelung tritt am 31. Dezember 2018 außer Kraft.

§ 55 Sonderregelung für behinderte Menschen in Einrichtungen

1Werden Leistungen der Eingliederungshilfe für behinderte Menschen in einer vollstationären Einrichtung der Hilfe für behinderte Menschen im Sinne des § 43a des Elften Buches erbracht, umfasst die Leistung auch die Pflegeleistungen in der Einrichtung. 2Stellt der Träger der Einrichtung fest, dass der behinderte Mensch so pflegebedürftig ist, dass die Pflege in der Einrichtung nicht sichergestellt werden kann, vereinbaren der Träger der Sozialhilfe und die zuständige Pflegekasse mit dem Einrichtungsträger, dass die Leistung in einer anderen Einrichtung erbracht wird; dabei ist angemessenen Wünschen des behinderten Menschen Rechnung zu tragen.

§ 56 Hilfe in einer sonstigen Beschäftigungsstätte

Hilfe in einer den anerkannten Werkstätten für behinderte Menschen nach § 41 des Neunten Buches vergleichbaren sonstigen Beschäftigungsstätte kann geleistet werden.

§ 57 Trägerübergreifendes Persönliches Budget

1Leistungsberechtigte nach § 53 können auf Antrag Leistungen der Eingliederungshilfe auch als Teil eines trägerübergreifenden Persönlichen Budgets erhalten. 2§ 17 Abs. 2 bis 4 des Neunten Buches in Verbindung mit der Budgetverordnung und § 159 des Neunten Buches sind insoweit anzuwenden.

§ 58 Gesamtplan

(1) Der Träger der Sozialhilfe stellt so frühzeitig wie möglich einen Gesamtplan zur Durchführung der einzelnen Leistungen auf.

(2) Bei der Aufstellung des Gesamtplans und der Durchführung der Leistungen wirkt der Träger der Sozialhilfe mit dem behinderten Menschen und den sonst im Einzelfall Beteiligten, insbesondere mit dem behandelnden Arzt, dem Gesundheitsamt, dem Landesarzt, dem Jugendamt und den Dienststellen der Bundesagentur für Arbeit, zusammen.

§ 59 Aufgaben des Gesundheitsamtes

Das Gesundheitsamt oder die durch Landesrecht bestimmte Stelle hat die Aufgabe,

1. behinderte Menschen oder Personensorgeberechtigte über die nach Art und Schwere der Behinderung geeigneten ärztlichen und sonstigen Leistungen der Eingliederungshilfe im Benehmen mit dem behandelnden Arzt auch während und nach der Durchführung von Heilmaßnahmen und Leistungen der Eingliederungshilfe zu beraten; die Beratung ist mit Zustimmung des behinderten Menschen oder des Personensorgeberechtigten im Benehmen mit den an der Durchführung der Leistungen der Eingliederungshilfe beteiligten Stellen oder Personen vorzunehmen. Steht der behinderte Mensch schon in ärztlicher Behandlung, setzt sich das Gesundheitsamt mit dem behandelnden Arzt in Verbindung. Bei der Beratung ist ein amtliches Merkblatt auszuhändigen. Für die Beratung sind im Benehmen mit den Landesärzten die erforderlichen Sprechtage durchzuführen,
2. mit Zustimmung des behinderten Menschen oder des Personensorgeberechtigten mit der gemeinsamen Servicestelle nach den §§ 22 und 23 des Neunten Buches den Rehabilitationsbedarf abzuklären und die für die Leistungen der Eingliederungshilfe notwendige Vorbereitung abzustimmen und
3. die Unterlagen auszuwerten und sie zur Planung der erforderlichen Einrichtungen und zur weiteren wissenschaftlichen Auswertung nach näherer Bestimmung der zuständigen obersten Landesbehörde weiterzuleiten. Bei der Weiterleitung der Unterlagen sind die Namen der behinderten Menschen und der Personensorgeberechtigten nicht anzugeben.

§ 60 Verordnungsermächtigung

Die Bundesregierung kann durch Rechtsverordnung mit Zustimmung des Bundesrates Bestimmungen über die Abgrenzung des leistungsberechtigten Personenkreises der behinderten Menschen, über Art und Umfang der Leistungen der Eingliederungshilfe sowie über das Zusammenwirken mit anderen Stellen, die den Leistungen der Eingliederungshilfe entsprechende Leistungen durchführen, erlassen.

Siebtes Kapitel Hilfe zur Pflege

§ 61 Leistungsberechtigte und Leistungen

(1) 1Personen, die wegen einer körperlichen, geistigen oder seelischen Krankheit oder Behinderung für die gewöhnlichen und regelmäßig wiederkehrenden Verrichtungen im Ablauf des täglichen Lebens auf Dauer, voraussichtlich für mindestens sechs Monate, in erheblichem oder höherem Maße der Hilfe bedürfen, ist Hilfe zur Pflege zu leisten. 2Hilfe zur Pflege ist auch Kranken und behinderten Menschen zu leisten, die voraussichtlich für weniger als sechs Monate der Pflege bedürfen oder einen geringeren Bedarf als nach Satz 1 haben oder die der Hilfe für andere Verrichtungen als nach Absatz 5 bedürfen; für Leistungen für eine stationäre oder teilstationäre Einrichtung gilt dies nur, wenn es nach der Besonderheit des Einzelfalles erforderlich ist, insbesondere ambulante oder teilstationäre Leistungen nicht zumutbar sind oder nicht ausreichen.

(2) 1Die Hilfe zur Pflege umfasst häusliche Pflege, Hilfsmittel, teilstationäre Pflege, Kurzzeitpflege und stationäre Pflege. 2Der Inhalt der Leistungen nach Satz 1 bestimmt sich nach den Regelungen der Pflegeversicherung für die in § 28 Abs. 1 Nr. 1, 5 bis 8 des Elften Buches aufgeführten Leistungen; § 28 Abs. 4 des Elften Buches gilt entsprechend. 3Die Hilfe zur Pflege kann auf Antrag auch als Teil eines trägerübergreifenden Persönlichen Budgets erbracht werden. 4§ 17 Abs. 2 bis 4 des Neunten Buches in Verbindung mit der Budgetverordnung und § 159 des Neunten Buches sind insoweit anzuwenden.

(3) Krankheiten oder Behinderungen im Sinne des Absatzes 1 sind:

1. Verluste, Lähmungen oder andere Funktionsstörungen am Stütz- und Bewegungsapparat,
2. Funktionsstörungen der inneren Organe oder der Sinnesorgane,
3. Störungen des Zentralnervensystems wie Antriebs-, Gedächtnis- oder Orientierungsstörungen sowie endogene Psychosen, Neurosen oder geistige Behinderungen,
4. andere Krankheiten oder Behinderungen, infolge deren Personen pflegebedürftig im Sinne des Absatzes 1 sind.

(4) Der Bedarf des Absatzes 1 besteht in der Unterstützung, in der teilweisen oder vollständigen Übernahme der Verrichtungen im Ablauf des täglichen Lebens oder in Beaufsichtigung oder Anleitung mit dem Ziel der eigenständigen Übernahme dieser Verrichtungen.

(5) Gewöhnliche und regelmäßig wiederkehrende Verrichtungen im Sinne des Absatzes 1 sind:

1. im Bereich der Körperpflege das Waschen, Duschen, Baden, die Zahnpflege, das Kämmen, Rasieren, die Darm- und Blasenentleerung,
2. im Bereich der Ernährung das mundgerechte Zubereiten oder die Aufnahme der Nahrung,
3. im Bereich der Mobilität das selbstständige Aufstehen und Zu-Bett-Gehen, An- und Auskleiden, Gehen, Stehen, Treppensteigen oder das Verlassen und Wiederaufsuchen der Wohnung,
4. im Bereich der hauswirtschaftlichen Versorgung das Einkaufen, Kochen, Reinigen der Wohnung, Spülen, Wechseln und Waschen der Wäsche und Kleidung und das Beheizen.

(6) Die Verordnung nach § 16 des Elften Buches, die Richtlinien der Pflegekassen nach § 17 des Elften Buches, die Verordnung nach § 30 des Elften Buches, die Rahmenverträge und Bundesempfehlungen über die pflegerische Versorgung nach § 75 des Elften Buches und die Vereinbarungen über die Qualitätssicherung nach § 113 des Elften Buches finden zur näheren Bestimmung des Begriffs der Pflegebedürftig-

keit, des Inhalts der Pflegeleistung, der Unterkunft und Verpflegung und zur Abgrenzung, Höhe und Anpassung der Pflegegelder nach § 64 entsprechende Anwendung.

§ 62 Bindung an die Entscheidung der Pflegekasse

Die Entscheidung der Pflegekasse über das Ausmaß der Pflegebedürftigkeit nach dem Elften Buch ist auch der Entscheidung im Rahmen der Hilfe zur Pflege zu Grunde zu legen, soweit sie auf Tatsachen beruht, die bei beiden Entscheidungen zu berücksichtigen sind.

§ 63 Häusliche Pflege

$_{1}$Reicht im Fall des § 61 Abs. 1 häusliche Pflege aus, soll der Träger der Sozialhilfe darauf hinwirken, dass die Pflege einschließlich der hauswirtschaftlichen Versorgung durch Personen, die dem Pflegebedürftigen nahe stehen, oder als Nachbarschaftshilfe übernommen wird. $_{2}$Das Nähere regeln die §§ 64 bis 66. $_{3}$In einer stationären oder teilstationären Einrichtung erhalten Pflegebedürftige keine Leistungen zur häuslichen Pflege. $_{4}$Satz 3 gilt nicht für vorübergehende Aufenthalte in einem Krankenhaus nach § 108 des Fünften Buches oder einer Vorsorge- oder Rehabilitationseinrichtung nach § 107 Absatz 2 des Fünften Buches, soweit Pflegebedürftige nach § 66 Absatz 4 Satz 2 ihre Pflege durch von ihnen beschäftigte besondere Pflegekräfte sicherstellen. $_{5}$Die vorrangigen Leistungen des Pflegegeldes für selbst beschaffte Pflegehilfen nach den §§ 37 und 38 des Elften Buches sind anzurechnen. $_{6}$§ 39 des Fünften Buches bleibt unberührt.

§ 64 Pflegegeld

(1) Pflegebedürftige, die bei der Körperpflege, der Ernährung oder der Mobilität für wenigstens zwei Verrichtungen aus einem oder mehreren Bereichen mindestens einmal täglich der Hilfe bedürfen und zusätzlich mehrfach in der Woche Hilfe bei der hauswirtschaftlichen Versorgung benötigen (erheblich Pflegebedürftige), erhalten ein Pflegegeld in Höhe des Betrages nach § 37 Abs. 1 Satz 3 Nr. 1 des Elften Buches.

(2) Pflegebedürftige, die bei der Körperpflege, der Ernährung oder der Mobilität für mehrere Verrichtungen mindestens dreimal täglich zu verschiedenen Tageszeiten der Hilfe bedürfen und zusätzlich mehrfach in der Woche Hilfe bei der hauswirtschaftlichen Versorgung benötigen (Schwerpflegebedürftige), erhalten ein Pflegegeld in Höhe des Betrages nach § 37 Abs. 1 Satz 3 Nr. 2 des Elften Buches.

(3) Pflegebedürftige, die bei der Körperpflege, der Ernährung oder der Mobilität für mehrere Verrichtungen täglich rund um die Uhr, auch nachts, der Hilfe bedürfen und zusätzlich mehrfach in der Woche Hilfe bei der hauswirtschaftlichen Versorgung benötigen (Schwerstpflegebedürftige), erhalten ein Pflegegeld in Höhe des Betrages nach § 37 Abs. 1 Satz 3 Nr. 3 des Elften Buches.

(4) Bei pflegebedürftigen Kindern ist der infolge Krankheit oder Behinderung gegenüber einem gesunden gleichaltrigen Kind zusätzliche Pflegebedarf maßgebend.

(5) $_{1}$Der Anspruch auf das Pflegegeld setzt voraus, dass der Pflegebedürftige und die Sorgeberechtigten bei pflegebedürftigen Kindern mit dem Pflegegeld dessen Umfang entsprechend die erforderliche Pflege in geeigneter Weise selbst sicherstellen. $_{2}$Besteht der Anspruch nicht für den vollen Kalendermonat, ist der Geldbetrag entsprechend zu kürzen. $_{3}$Bei der Kürzung ist der Kalendermonat mit 30 Tagen anzusetzen. $_{4}$Das Pflegegeld wird bis zum Ende des Kalendermonats geleistet, in dem der Pflegebedürftige gestorben ist. $_{5}$Stellt die Pflegekasse ihre Leistungen nach § 37 Abs. 6 des Elften Buches ganz oder teilweise ein, entfällt die Leistungspflicht nach den Absätzen 1 bis 4.

§ 65 Andere Leistungen

(1) $_{1}$Pflegebedürftigen im Sinne des § 61 Abs. 1 sind die angemessenen Aufwendungen der Pflegeperson zu erstatten; auch können angemessene Beihilfen geleistet sowie Beiträge der Pflegeperson für eine angemessene Alterssicherung übernommen werden, wenn diese nicht anderweitig sichergestellt ist. $_{2}$Ist neben oder anstelle der Pflege nach § 63 Satz 1 die Heranziehung einer besonderen Pflegekraft erforderlich oder eine Beratung oder zeitweilige Entlastung der Pflegeperson geboten, sind die angemessenen Kosten zu übernehmen.

(2) Pflegebedürftigen, die Pflegegeld nach § 64 erhalten, sind zusätzlich die Aufwendungen für die Beiträge einer Pflegeperson oder einer besonderen Pflegekraft für eine angemessene Alterssicherung zu erstatten, wenn diese nicht anderweitig sichergestellt ist.

§ 66 Leistungskonkurrenz

(1) 1Leistungen nach § 64 und § 65 Abs. 2 werden nicht erbracht, soweit Pflegebedürftige gleichartige Leistungen nach anderen Rechtsvorschriften erhalten. 2Auf das Pflegegeld sind Leistungen nach § 72 oder gleichartige Leistungen nach anderen Rechtsvorschriften mit 70 vom Hundert, Pflegegelder nach dem Elften Buch jedoch in dem Umfang, in dem sie geleistet werden, anzurechnen.

(2) 1Die Leistungen nach § 65 werden neben den Leistungen nach § 64 erbracht. 2Werden Leistungen nach § 65 Abs. 1 oder gleichartige Leistungen nach anderen Rechtsvorschriften erbracht, kann das Pflegegeld um bis zu zwei Drittel gekürzt werden.

(3) Bei teilstationärer Betreuung von Pflegebedürftigen oder einer vergleichbaren nicht nach diesem Buch durchgeführten Maßnahme kann das Pflegegeld nach § 64 angemessen gekürzt werden.

(4) 1Leistungen nach § 65 Abs. 1 werden insoweit nicht erbracht, als Pflegebedürftige in der Lage sind, zweckentsprechende Leistungen nach anderen Rechtsvorschriften in Anspruch zu nehmen. 2Stellen die Pflegebedürftigen ihre Pflege durch von ihnen beschäftigte besondere Pflegekräfte sicher, können sie nicht auf die Inanspruchnahme von Sachleistungen nach dem Elften Buch verwiesen werden. 3In diesen Fällen ist ein nach dem Elften Buch geleistetes Pflegegeld vorrangig auf die Leistung nach § 65 Abs. 1 anzurechnen.

Achtes Kapitel
Hilfe zur Überwindung besonderer sozialer Schwierigkeiten

§ 67 Leistungsberechtigte

1Personen, bei denen besondere Lebensverhältnisse mit sozialen Schwierigkeiten verbunden sind, sind Leistungen zur Überwindung dieser Schwierigkeiten zu erbringen, wenn sie aus eigener Kraft hierzu nicht fähig sind. 2Soweit der Bedarf durch Leistungen nach anderen Vorschriften dieses Buches oder des Achten Buches gedeckt wird, gehen diese der Leistung nach Satz 1 vor.

§ 68 Umfang der Leistungen

(1) 1Die Leistungen umfassen alle Maßnahmen, die notwendig sind, um die Schwierigkeiten abzuwenden, zu beseitigen, zu mildern oder ihre Verschlimmerung zu verhüten, insbesondere Beratung und persönliche Betreuung für die Leistungsberechtigten und ihre Angehörigen, Hilfen zur Ausbildung, Erlangung und Sicherung eines Arbeitsplatzes sowie Maßnahmen bei der Erhaltung und Beschaffung einer Wohnung. 2Zur Durchführung der erforderlichen Maßnahmen ist in geeigneten Fällen ein Gesamtplan zu erstellen.

(2) 1Die Leistung wird ohne Rücksicht auf Einkommen und Vermögen erbracht, soweit im Einzelfall Dienstleistungen erforderlich sind. 2Einkommen und Vermögen der in § 19 Abs. 3 genannten Personen ist nicht zu berücksichtigen und von der Inanspruchnahme nach bürgerlichem Recht Unterhaltspflichtiger abzusehen, soweit dies den Erfolg der Hilfe gefährden würde.

(3) Die Träger der Sozialhilfe sollen mit den Vereinigungen, die sich die gleichen Aufgaben zum Ziel gesetzt haben, und mit den sonst beteiligten Stellen zusammenarbeiten und darauf hinwirken, dass sich die Sozialhilfe und die Tätigkeit dieser Vereinigungen und Stellen wirksam ergänzen.

§ 69 Verordnungsermächtigung

Das Bundesministerium für Arbeit und Soziales kann durch Rechtsverordnung mit Zustimmung des Bundesrates Bestimmungen über die Abgrenzung des Personenkreises nach § 67 sowie über Art und Umfang der Maßnahmen nach § 68 Abs. 1 erlassen.

Neuntes Kapitel
Hilfe in anderen Lebenslagen

§ 70 Hilfe zur Weiterführung des Haushalts

(1) 1Personen mit eigenem Haushalt sollen Leistungen zur Weiterführung des Haushalts erhalten, wenn keiner der Haushaltsangehörigen den Haushalt führen kann und die Weiterführung des Haushalts geboten ist. 2Die Leistungen sollen in der Regel nur vorübergehend erbracht werden. 3Satz 2 gilt nicht, wenn durch die Leistungen die Unterbringung in einer stationären Einrichtung vermieden oder aufgeschoben werden kann.

(2) Die Leistungen umfassen die persönliche Betreuung von Haushaltsangehörigen sowie die sonstige zur Weiterführung des Haushalts erforderliche Tätigkeit.

(3) § 65 Abs. 1 findet entsprechende Anwendung.

(4) Die Leistungen können auch durch Übernahme der angemessenen Kosten für eine vorübergehende anderweitige Unterbringung von Haushaltsangehörigen erbracht werden, wenn diese Unterbringung in besonderen Fällen neben oder statt der Weiterführung des Haushalts geboten ist.

§ 71 Altenhilfe

(1) 1Alten Menschen soll außer den Leistungen nach den übrigen Bestimmungen dieses Buches Altenhilfe gewährt werden. 2Die Altenhilfe soll dazu beitragen, Schwierigkeiten, die durch das Alter entstehen, zu verhüten, zu überwinden oder zu mildern und alten Menschen die Möglichkeit zu erhalten, am Leben in der Gemeinschaft teilzunehmen.

(2) Als Leistungen der Altenhilfe kommen insbesondere in Betracht:

1. Leistungen zu einer Betätigung und zum gesellschaftlichen Engagement, wenn sie vom alten Menschen gewünscht wird,
2. Leistungen bei der Beschaffung und zur Erhaltung einer Wohnung, die den Bedürfnissen des alten Menschen entspricht,
3. Beratung und Unterstützung in allen Fragen der Aufnahme in eine Einrichtung, die der Betreuung alter Menschen dient, insbesondere bei der Beschaffung eines geeigneten Heimplatzes,
4. Beratung und Unterstützung in allen Fragen der Inanspruchnahme altersgerechter Dienste,
5. Leistungen zum Besuch von Veranstaltungen oder Einrichtungen, die der Geselligkeit, der Unterhaltung, der Bildung oder den kulturellen Bedürfnissen alter Menschen dienen,
6. Leistungen, die alten Menschen die Verbindung mit nahe stehenden Personen ermöglichen.

(3) Leistungen nach Absatz 1 sollen auch erbracht werden, wenn sie der Vorbereitung auf das Alter dienen.

(4) Altenhilfe soll ohne Rücksicht auf vorhandenes Einkommen oder Vermögen geleistet werden, soweit im Einzelfall Beratung und Unterstützung erforderlich sind.

§ 72 Blindenhilfe

(1) 1Blinden Menschen wird zum Ausgleich der durch die Blindheit bedingten Mehraufwendungen Blindenhilfe gewährt, soweit sie keine gleichartigen Leistungen nach anderen Rechtsvorschriften erhalten. 2Auf die Blindenhilfe sind Leistungen bei häuslicher Pflege nach dem Elften Buch, auch soweit es sich um Sachleistungen handelt, mit 70 vom Hundert des Pflegegeldes der Pflegestufe I und bei Pflegebedürftigen der Pflegestufen II und III mit 50 vom Hundert des Pflegegeldes der Pflegestufe II, höchstens jedoch mit 50 vom Hundert des Betrages nach Absatz 2, anzurechnen. 3Satz 2 gilt sinngemäß für Leistungen nach dem Elften Buch aus einer privaten Pflegeversicherung und nach beamtenrechtlichen Vorschriften. 4§ 39a ist entsprechend anzuwenden.

(2) 1Die Blindenhilfe beträgt bis 30. Juni 2004 für blinde Menschen nach Vollendung des 18. Lebensjahres 585 Euro monatlich, für blinde Menschen, die das 18. Lebensjahr noch nicht vollendet haben, beträgt sie 293 Euro monatlich. 2Sie verändert sich jeweils zu dem Zeitpunkt und in dem Umfang, wie sich der aktuelle Rentenwert in der gesetzlichen Rentenversicherung verändert.

(3) 1Lebt der blinde Mensch in einer stationären Einrichtung und werden die Kosten des Aufenthalts ganz oder teilweise aus Mitteln öffentlich-rechtlicher Leistungsträger getragen, so verringert sich die Blindenhilfe nach Absatz 2 um die aus diesen Mitteln getragenen Kosten, höchstens jedoch um 50 vom Hundert der Beträge nach Absatz 2. 2Satz 1 gilt vom ersten Tage des zweiten Monats an, der auf den Eintritt in die Einrichtung folgt, für jeden vollen Kalendermonat des Aufenthalts in der Einrichtung. 3Für jeden vollen Tag vorübergehender Abwesenheit von der Einrichtung wird die Blindenhilfe in Höhe von je einem Dreißigstel des Betrages nach Absatz 2 gewährt, wenn die vorübergehende Abwesenheit länger als sechs volle zusammenhängende Tage dauert; der Betrag nach Satz 1 wird im gleichen Verhältnis gekürzt.

(4) 1Neben der Blindenhilfe wird Hilfe zur Pflege wegen Blindheit (§§ 61 und 63) außerhalb von stationären Einrichtungen sowie ein Barbetrag (§ 27b Absatz 2) nicht gewährt. 2Neben Absatz 1 ist § 30 Abs. 1 Nr. 2 nur anzuwenden, wenn der blinde Mensch nicht allein wegen Blindheit voll erwerbsgemindert ist. 3Die Sätze 1 und 2 gelten entsprechend für blinde Menschen, die nicht Blindenhilfe, sondern gleichartige Leistungen nach anderen Rechtsvorschriften erhalten.

(5) Blinden Menschen stehen Personen gleich, deren beidäugige Gesamtsehschärfe nicht mehr als ein Fünfzigstel beträgt oder bei denen dem Schweregrad dieser Sehschärfe gleichzuachtende, nicht nur vorübergehende Störungen des Sehvermögens vorliegen.

§ 73 Hilfe in sonstigen Lebenslagen

1Leistungen können auch in sonstigen Lebenslagen erbracht werden, wenn sie den Einsatz öffentlicher Mittel rechtfertigen. 2Geldleistungen können als Beihilfe oder als Darlehen erbracht werden.

§ 74 Bestattungskosten

Die erforderlichen Kosten einer Bestattung werden übernommen, soweit den hierzu Verpflichteten nicht zugemutet werden kann, die Kosten zu tragen.

Zehntes Kapitel
Einrichtungen

§ 75 Einrichtungen und Dienste

(1) 1Einrichtungen sind stationäre und teilstationäre Einrichtungen im Sinne von § 13. 2Die §§ 75 bis 80 finden auch für Dienste Anwendung, soweit nichts Abweichendes bestimmt ist.

(2) 1Zur Erfüllung der Aufgaben der Sozialhilfe sollen die Träger der Sozialhilfe eigene Einrichtungen nicht neu schaffen, soweit geeignete Einrichtungen anderer Träger vorhanden sind, ausgebaut oder geschaffen werden können. 2Vereinbarungen nach Absatz 3 sind nur mit Trägern von Einrichtungen abzuschließen, die insbesondere unter Berücksichtigung ihrer Leistungsfähigkeit und der Sicherstellung der Grundsätze des § 9 Abs. 1 zur Erbringung der Leistungen geeignet sind. 3Sind Einrichtungen vorhanden, die in gleichem Maße geeignet sind, hat der Träger der Sozialhilfe Vereinbarungen vorrangig mit Trägern abzuschließen, deren Vergütung bei vergleichbarem Inhalt, Umfang und Qualität der Leistung nicht höher ist als die anderen Träger.

(3) 1Wird die Leistung von einer Einrichtung erbracht, ist der Träger der Sozialhilfe zur Übernahme der Vergütung für die Leistung nur verpflichtet, wenn mit dem Träger der Einrichtung oder seinem Verband eine Vereinbarung über

1. Inhalt, Umfang und Qualität der Leistungen (Leistungsvereinbarung),
2. die Vergütung, die sich aus Pauschalen und Beträgen für einzelne Leistungsbereiche zusammensetzt (Vergütungsvereinbarung) und
3. die Prüfung der Wirtschaftlichkeit und Qualität der Leistungen (Prüfungsvereinbarung)

besteht. 2Die Vereinbarungen müssen den Grundsätzen der Wirtschaftlichkeit, Sparsamkeit und Leistungsfähigkeit entsprechen. 3Der Träger der Sozialhilfe kann die Wirtschaftlichkeit und Qualität der Leistung prüfen.

(4) 1Ist eine der in Absatz 3 genannten Vereinbarungen nicht abgeschlossen, darf der Träger der Sozialhilfe Leistungen durch diese Einrichtung nur erbringen, wenn dies nach der Besonderheit des Einzelfalls geboten ist. 2Hierzu hat der Träger der Einrichtung ein

XII

Leistungsangebot vorzulegen, das die Voraussetzung des § 76 erfüllt, und sich schriftlich zu verpflichten, Leistungen entsprechend diesem Angebot zu erbringen. $_{3}$Vergütungen dürfen nur bis zu der Höhe übernommen werden, wie sie der Träger der Sozialhilfe am Ort der Unterbringung oder in seiner nächsten Umgebung für vergleichbare Leistungen nach den nach Absatz 3 abgeschlossenen Vereinbarungen mit anderen Einrichtungen trägt. $_{4}$Für die Prüfung der Wirtschaftlichkeit und Qualität der Leistungen gelten die Vereinbarungsinhalte des Trägers der Sozialhilfe mit vergleichbaren Einrichtungen entsprechend. $_{5}$Der Träger der Sozialhilfe hat die Einrichtung über Inhalt und Umfang dieser Prüfung zu unterrichten. Absatz 5 gilt entsprechend.

(5) $_{1}$Bei zugelassenen Pflegeeinrichtungen im Sinne des § 72 des Elften Buches richten sich Art, Inhalt, Umfang und Vergütung der ambulanten und teilstationären Pflegeleistungen sowie der Leistungen der Kurzzeitpflege und der vollstationären Pflegeleistungen sowie der Leistungen bei Unterkunft und Verpflegung und der Zusatzleistungen in Pflegeheimen nach den Vorschriften des Achten Kapitels des Elften Buches, soweit nicht nach § 61 weitergehende Leistungen zu erbringen sind. $_{2}$Satz 1 gilt nicht, soweit Vereinbarungen nach dem Achten Kapitel des Elften Buches nicht im Einvernehmen mit dem Träger der Sozialhilfe getroffen worden sind. $_{3}$Der Träger der Sozialhilfe ist zur Übernahme gesondert berechneter Investitionskosten nach § 82 Abs. 4 des Elften Buches nur verpflichtet, wenn hierüber entsprechende Vereinbarungen nach dem Zehnten Kapitel getroffen worden sind.

§ 76 Inhalt der Vereinbarungen

(1) $_{1}$Die Vereinbarung über die Leistung muss die wesentlichen Leistungsmerkmale festlegen, mindestens jedoch die betriebsnotwendigen Anlagen der Einrichtung, den von ihr zu betreuenden Personenkreis, Art, Ziel und Qualität der Leistung, Qualifikation des Personals sowie die erforderliche sächliche und personelle Ausstattung. $_{2}$In die Vereinbarung ist die Verpflichtung der Einrichtung aufzunehmen, im Rahmen des vereinbarten Leistungsangebotes Leistungsberechtigte aufzunehmen und zu betreuen. $_{3}$Die Leistungen müssen ausreichend, zweckmäßig und wirtschaftlich sein und dürfen das Maß des Notwendigen nicht überschreiten.

(2) $_{1}$Vergütungen für die Leistungen nach Absatz 1 bestehen mindestens aus den Pauschalen für Unterkunft und Verpflegung (Grundpauschale) und für die Maßnahmen (Maßnahmepauschale) sowie aus einem Betrag für betriebsnotwendige Anlagen einschließlich ihrer Ausstattung (Investitionsbetrag). $_{2}$Förderungen aus öffentlichen Mitteln sind anzurechnen. $_{3}$Die Maßnahmepauschale kann nach Gruppen für Leistungsberechtigte mit vergleichbarem Bedarf kalkuliert werden. $_{4}$Einer verlangten Erhöhung der Vergütung auf Grund von Investitionsmaßnahmen braucht der Träger der Sozialhilfe nur zuzustimmen, wenn er der Maßnahme zuvor zugestimmt hat.

(3) $_{1}$Die Träger der Sozialhilfe vereinbaren mit dem Träger der Einrichtung Grundsätze und Maßstäbe für die Wirtschaftlichkeit und die Qualitätssicherung der Leistungen sowie für den Inhalt und das Verfahren zur Durchführung von Wirtschaftlichkeits- und Qualitätsprüfungen. $_{2}$Das Ergebnis der Prüfung ist festzuhalten und in geeigneter Form auch den Leistungsberechtigten der Einrichtung zugänglich zu machen. $_{3}$Die Träger der Sozialhilfe haben mit den nach heimrechtlichen Vorschriften zuständigen Aufsichtsbehörden und dem Medizinischen Dienst der Krankenversicherung zusammenzuarbeiten, um Doppelprüfungen möglichst zu vermeiden.

§ 77 Abschluss von Vereinbarungen

(1) $_{1}$Die Vereinbarungen nach § 75 Abs. 3 sind vor Beginn der jeweiligen Wirtschaftsperiode für einen zukünftigen Zeitraum (Vereinbarungszeitraum) abzuschließen; nachträgliche Ausgleiche sind nicht zulässig. $_{2}$Vertragspartei der Vereinbarungen sind der Träger der Einrichtung und der für den Sitz der Einrichtung zuständige Träger der Sozialhilfe; die Vereinbarungen sind für alle übrigen Träger der Sozialhilfe bindend. $_{3}$Kommt eine Vereinbarung nach § 76 Abs. 2 innerhalb von sechs Wochen nicht zustande, nachdem eine Partei schriftlich

zu Verhandlungen aufgefordert hat, entscheidet die Schiedsstelle nach § 80 auf Antrag einer Partei unverzüglich über die Gegenstände, über die keine Einigung erreicht werden konnte. 4Gegen die Entscheidung ist der Rechtsweg zu den Sozialgerichten gegeben. 5Die Klage richtet sich gegen eine der beiden Vertragsparteien, nicht gegen die Schiedsstelle. 6Einer Nachprüfung der Entscheidung in einem Vorverfahren bedarf es nicht.

(2) 1Vereinbarungen und Schiedsstellenentscheidungen treten zu dem darin bestimmten Zeitpunkt in Kraft. 2Wird ein Zeitpunkt nicht bestimmt, werden Vereinbarungen mit dem Tag ihres Abschlusses, Festsetzungen der Schiedsstelle mit dem Tag wirksam, an dem der Antrag bei der Schiedsstelle eingegangen ist. 3Ein jeweils vor diesen Zeitpunkt zurückwirkendes Vereinbaren oder Festsetzen von Vergütungen ist nicht zulässig. 4Nach Ablauf des Vereinbarungszeitraums gelten die vereinbarten oder festgesetzten Vergütungen bis zum Inkrafttreten neuer Vergütungen weiter.

(3) 1Bei unvorhersehbaren wesentlichen Veränderungen der Annahmen, die der Vereinbarung oder Entscheidung über die Vergütung zu Grunde lagen, sind die Vergütungen auf Verlangen einer Vertragspartei für den laufenden Vereinbarungszeitraum neu zu verhandeln. 2Die Absätze 1 und 2 gelten entsprechend.

§ 78 Außerordentliche Kündigung der Vereinbarungen

1Ist wegen einer groben Verletzung der gesetzlichen oder vertraglichen Verpflichtungen gegenüber den Leistungsberechtigten und deren Kostenträgern durch die Einrichtung ein Festhalten an den Vereinbarungen nicht zumutbar, kann der Träger der Sozialhilfe die Vereinbarungen nach § 75 Abs. 3 ohne Einhaltung einer Kündigungsfrist kündigen. 2Das gilt insbesondere dann, wenn in der Prüfung nach § 76 Abs. 3 oder auf andere Weise festgestellt wird, dass Leistungsberechtigte infolge der Pflichtverletzung zu Schaden kommen, gravierende Mängel bei der Leistungserbringung vorhanden sind, dem Träger der Einrichtung nach heimrechtlichen Vorschriften die Betriebserlaubnis entzogen oder der Betrieb der Einrichtung untersagt wird oder die Einrichtung nicht erbrachte Leistungen gegenüber den Kostenträgern abrechnet. 3Die Kündigung bedarf der Schriftform. 4§ 59 des Zehnten Buches bleibt unberührt.

§ 79 Rahmenverträge

(1) 1Die überörtlichen Träger der Sozialhilfe und die kommunalen Spitzenverbände auf Landesebene schließen mit den Vereinigungen der Träger der Einrichtungen auf Landesebene gemeinsam und einheitlich Rahmenverträge zu den Vereinbarungen nach § 75 Abs. 3 und § 76 Abs. 2 über

1. die nähere Abgrenzung der den Vergütungspauschalen und -beträgen nach § 75 Abs. 3 zu Grunde zu legenden Kostenarten und -bestandteile sowie die Zusammensetzung der Investitionsbeträge nach § 76 Abs. 2,
2. den Inhalt und die Kriterien für die Ermittlung und Zusammensetzung der Maßnahmepauschalen, die Merkmale für die Bildung von Gruppen mit vergleichbarem Bedarf nach § 76 Abs. 2 sowie die Zahl dieser zu bildenden Gruppen,
3. die Zuordnung der Kostenarten und -bestandteile nach § 41 des Neunten Buches und
4. den Inhalt und das Verfahren zur Durchführung von Wirtschaftlichkeits- und Qualitätsprüfung nach § 75 Abs. 3

ab. 2Für Einrichtungen, die einer Kirche oder Religionsgemeinschaft des öffentlichen Rechts oder einem sonstigen freigemeinnützigen Träger zuzuordnen sind, können die Rahmenverträge auch von der Kirche oder Religionsgemeinschaft oder von dem Wohlfahrtsverband abgeschlossen werden, dem die Einrichtung angehört. 3In den Rahmenverträgen sollen die Merkmale und Besonderheiten der jeweiligen Leistungen nach dem Fünften bis Neunten Kapitel berücksichtigt werden.

(2) Die Bundesarbeitsgemeinschaft der überörtlichen Träger der Sozialhilfe, die Bundesvereinigung der kommunalen Spitzenverbände und die Vereinigungen der Träger der Einrichtungen auf Bundesebene vereinbaren gemeinsam und einheitlich Empfehlungen zum Inhalt der Verträge nach Absatz 1.

§ 80 Schiedsstelle

(1) Für jedes Land oder für Teile eines Landes wird eine Schiedsstelle gebildet.

(2) 1Die Schiedsstelle besteht aus Vertretern der Träger der Einrichtungen und Vertretern der örtlichen und überörtlichen Träger der Sozialhilfe in gleicher Zahl sowie einem unparteiischen Vorsitzenden. 2Die Vertreter der Einrichtungen und deren Stellvertreter werden von den Vereinigungen der Träger der Einrichtungen, die Vertreter der Träger der Sozialhilfe und deren Stellvertreter werden von diesen bestellt. 3Bei der Bestellung der Vertreter der Einrichtungen ist die Trägervielfalt zu beachten. 4Der Vorsitzende und sein Stellvertreter werden von den beteiligten Organisationen gemeinsam bestellt. 5Kommt eine Einigung nicht zustande, werden sie durch Los bestimmt. 6Soweit beteiligte Organisationen keinen Vertreter bestellen oder im Verfahren nach Satz 3 keine Kandidaten für das Amt des Vorsitzenden und des Stellvertreters benennen, bestellt die zuständige Landesbehörde auf Antrag einer der beteiligten Organisationen die Vertreter und benennt die Kandidaten.

(3) 1Die Mitglieder der Schiedsstelle führen ihr Amt als Ehrenamt. 2Sie sind an Weisungen nicht gebunden. 3Jedes Mitglied hat eine Stimme. 4Die Entscheidungen werden mit der Mehrheit der Mitglieder getroffen. 5Ergibt sich keine Mehrheit, gibt die Stimme des Vorsitzenden den Ausschlag.

§ 81 Verordnungsermächtigungen

(1) Kommen die Verträge nach § 79 Abs. 1 innerhalb von sechs Monaten nicht zustande, nachdem die Landesregierung schriftlich dazu aufgefordert hat, können die Landesregierungen durch Rechtsverordnung Vorschriften stattdessen erlassen.

(2) Die Landesregierungen werden ermächtigt, durch Rechtsverordnung das Nähere über die Zahl, die Bestellung, die Amtsdauer und Amtsführung, die Erstattung der baren Auslagen und die Entschädigung für Zeitaufwand der Mitglieder der Schiedsstelle nach § 80, die Rechtsaufsicht, die Geschäftsführung, das Verfahren, die Erhebung und die Höhe der Gebühren sowie über die Verteilung der Kosten zu bestimmen.

Elftes Kapitel
Einsatz des Einkommens und des Vermögens

Erster Abschnitt
Einkommen

§ 82 Begriff des Einkommens

(1) 1Zum Einkommen gehören alle Einkünfte in Geld oder Geldeswert mit Ausnahme der Leistungen nach diesem Buch, der Grundrente nach dem Bundesversorgungsgesetz und nach den Gesetzen, die eine entsprechende Anwendung des Bundesversorgungsgesetzes vorsehen und der Renten oder Beihilfen nach dem Bundesentschädigungsgesetz für Schaden an Leben sowie an Körper oder Gesundheit, bis zur Höhe der vergleichbaren Grundrente nach dem Bundesversorgungsgesetz. 2Einkünfte aus Rückerstattungen, die auf Vorauszahlungen beruhen, die Leistungsberechtigte aus dem Regelsatz erbracht haben, sind kein Einkommen.

3Bei Minderjährigen ist das Kindergeld dem jeweiligen Kind als Einkommen zuzurechnen, soweit es bei diesem zur Deckung des notwendigen Lebensunterhaltes, mit Ausnahme der Bedarfe nach § 34, benötigt wird.

(2) Von dem Einkommen sind abzusetzen

1. auf das Einkommen entrichtete Steuern,
2. Pflichtbeiträge zur Sozialversicherung einschließlich der Beiträge zur Arbeitsförderung,
3. Beiträge zu öffentlichen oder privaten Versicherungen oder ähnlichen Einrichtungen, soweit diese Beiträge gesetzlich vorgeschrieben oder nach Grund und Höhe angemessen sind, sowie geförderte Altersvorsorgebeiträge nach § 82 des Einkommensteuergesetzes, soweit sie den Mindesteigenbetrag nach § 86 des Einkommensteuergesetzes nicht überschreiten,
4. die mit der Erzielung des Einkommens verbundenen notwendigen Ausgaben,
5. das Arbeitsförderungsgeld und Erhöhungsbeiträge des Arbeitsentgelts im Sinne von § 43 Satz 4 des Neunten Buches.

(3) 1Bei der Hilfe zum Lebensunterhalt und Grundsicherung im Alter und bei Erwerbsmin-

derung ist ferner ein Betrag in Höhe von 30 vom Hundert des Einkommens aus selbständiger und nichtselbständiger Tätigkeit der Leistungsberechtigten abzusetzen, höchstens jedoch 50 vom Hundert der Regelbedarfsstufe 1 nach der Anlage zu § 28. 2Abweichend von Satz 1 ist bei einer Beschäftigung in einer Werkstatt für behinderte Menschen von dem Entgelt ein Achtel der Regelbedarfsstufe 1 nach der Anlage zu § 28 zuzüglich 25 vom Hundert des diesen Betrag übersteigenden Entgelts abzusetzen. 3Im Übrigen kann in begründeten Fällen ein anderer als in Satz 1 festgelegter Betrag vom Einkommen abgesetzt werden. 4Erhält eine leistungsberechtigte Person mindestens aus einer Tätigkeit Bezüge oder Einnahmen, die nach § 3 Nummer 12, 26, 26a oder 26b des Einkommensteuergesetzes steuerfrei sind, ist abweichend von den Sätzen 1 und 2 ein Betrag von bis zu 200 Euro monatlich nicht als Einkommen zu berücksichtigen.

§ 83 Nach Zweck und Inhalt bestimmte Leistungen

(1) Leistungen, die auf Grund öffentlich-rechtlicher Vorschriften zu einem ausdrücklich genannten Zweck erbracht werden, sind nur so weit als Einkommen zu berücksichtigen, als die Sozialhilfe im Einzelfall demselben Zweck dient.

(2) Eine Entschädigung, die wegen eines Schadens, der nicht Vermögensschaden ist, nach § 253 Abs. 2 des Bürgerlichen Gesetzbuches geleistet wird, ist nicht als Einkommen zu berücksichtigen.

§ 84 Zuwendungen

(1) 1Zuwendungen der freien Wohlfahrtspflege bleiben als Einkommen außer Betracht. 2Dies gilt nicht, soweit die Zuwendung die Lage der Leistungsberechtigten so günstig beeinflusst, dass daneben Sozialhilfe ungerechtfertigt wäre.

(2) Zuwendungen, die ein anderer erbringt, ohne hierzu eine rechtliche oder sittliche Pflicht zu haben, sollen als Einkommen außer Betracht bleiben, soweit ihre Berücksichtigung für die Leistungsberechtigten eine besondere Härte bedeuten würde.

Zweiter Abschnitt Einkommensgrenzen für die Leistungen nach dem Fünften bis Neunten Kapitel

§ 85 Einkommensgrenze

(1) Bei der Hilfe nach dem Fünften bis Neunten Kapitel ist der nachfragenden Person und ihrem nicht getrennt lebenden Ehegatten oder Lebenspartner die Aufbringung der Mittel nicht zuzumuten, wenn während der Dauer des Bedarfs ihr monatliches Einkommen zusammen eine Einkommensgrenze nicht übersteigt, die sich ergibt aus

1. einem Grundbetrag in Höhe des Zweifachen der Regelbedarfsstufe 1 nach der Anlage zu § 28,
2. den Kosten der Unterkunft, soweit die Aufwendungen hierfür den der Besonderheit des Einzelfalles angemessenen Umfang nicht übersteigen und
3. einem Familienzuschlag in Höhe des auf volle Euro aufgerundeten Betrages von 70 vom Hundert der Regelbedarfsstufe 1 nach der Anlage zu § 28 für den nicht getrennt lebenden Ehegatten oder Lebenspartner und für jede Person, die von der nachfragenden Person, ihrem nicht getrennt lebenden Ehegatten oder Lebenspartner überwiegend unterhalten worden ist oder für die sie nach der Entscheidung über die Erbringung der Sozialhilfe unterhaltspflichtig werden.

(2) 1Ist die nachfragende Person minderjährig und unverheiratet, so ist ihr und ihren Eltern die Aufbringung der Mittel nicht zuzumuten, wenn während der Dauer des Bedarfs das monatliche Einkommen der nachfragenden Person und ihrer Eltern zusammen eine Einkommensgrenze nicht übersteigt, die sich ergibt aus

1. einem Grundbetrag in Höhe des Zweifachen der Regelbedarfsstufe 1 nach der Anlage zu § 28,
2. den Kosten der Unterkunft, soweit die Aufwendungen hierfür den der Besonderheit des Einzelfalles angemessenen Umfang nicht übersteigen und
3. einem Familienzuschlag in Höhe des auf volle Euro aufgerundeten Betrages von

XII

70 vom Hundert der Regelbedarfsstufe 1 nach der Anlage zu § 28 für einen Elternteil, wenn die Eltern zusammenleben, sowie für die nachfragende Person und für jede Person, die von den Eltern oder der nachfragenden Person überwiegend unterhalten worden ist oder für die sie nach der Entscheidung über die Erbringung der Sozialhilfe unterhaltspflichtig werden.

2Leben die Eltern nicht zusammen, richtet sich die Einkommensgrenze nach dem Elternteil, bei dem die nachfragende Person lebt. 3Lebt sie bei keinem Elternteil, bestimmt sich die Einkommensgrenze nach Absatz 1.

(3) 1Die maßgebende Regelbedarfsstufe 1 nach der Anlage zu § 28 bestimmt sich nach dem Ort, an dem der Leistungsberechtigte die Leistung erhält. 2Bei der Leistung in einer Einrichtung sowie bei Unterbringung in einer anderen Familie oder bei den in § 107 genannten anderen Personen bestimmt er sich nach dem gewöhnlichen Aufenthalt des Leistungsberechtigten oder, wenn im Falle des Absatzes 2 auch das Einkommen seiner Eltern oder eines Elternteils maßgebend ist, nach deren gewöhnlichen Aufenthalt. 3Ist ein gewöhnlicher Aufenthalt im Inland nicht vorhanden oder nicht zu ermitteln, ist Satz 1 anzuwenden.

§ 86 Abweichender Grundbetrag

Die Länder und, soweit landesrechtliche Vorschriften nicht entgegenstehen, auch die Träger der Sozialhilfe können für bestimmte Arten der Hilfe nach dem Fünften bis Neunten Kapitel der Einkommensgrenze einen höheren Grundbetrag zu Grunde legen.

§ 87 Einsatz des Einkommens über der Einkommensgrenze

(1) 1Soweit das zu berücksichtigende Einkommen die Einkommensgrenze übersteigt, ist die Aufbringung der Mittel in angemessenem Umfang zuzumuten. 2Bei der Prüfung, welcher Umfang angemessen ist, sind insbesondere die Art des Bedarfs, die Art oder Schwere der Behinderung oder der Pflegebedürftigkeit, die Dauer und Höhe der erforderlichen Aufwendungen sowie besondere Belastungen der nachfragenden Person und ihrer unterhaltsberechtigten Angehörigen zu berücksichtigen. 3Bei schwerstpflegebedürftigen Menschen nach § 64 Abs. 3 und blinden Menschen nach § 72 ist ein Einsatz des Einkommens über der Einkommensgrenze in Höhe von mindestens 60 vom Hundert nicht zuzumuten.

(2) Verliert die nachfragende Person durch den Eintritt eines Bedarfsfalles ihr Einkommen ganz oder teilweise und ist ihr Bedarf nur von kurzer Dauer, so kann die Aufbringung der Mittel auch aus dem Einkommen verlangt werden, das sie innerhalb eines angemessenen Zeitraumes nach dem Wegfall des Bedarfs erwirbt und das die Einkommensgrenze übersteigt, jedoch nur insoweit, als ihr ohne den Verlust des Einkommens die Aufbringung der Mittel zuzumuten gewesen wäre.

(3) Bei einmaligen Leistungen zur Beschaffung von Bedarfsgegenständen, deren Gebrauch für mindestens ein Jahr bestimmt ist, kann die Aufbringung der Mittel nach Maßgabe des Absatzes 1 auch aus dem Einkommen verlangt werden, das die in § 19 Abs. 3 genannten Personen innerhalb eines Zeitraumes von bis zu drei Monaten nach Ablauf des Monats, in dem über die Leistung entschieden worden ist, erwerben.

§ 88 Einsatz des Einkommens unter der Einkommensgrenze

(1) 1Die Aufbringung der Mittel kann, auch soweit das Einkommen unter der Einkommensgrenze liegt, verlangt werden,

1. soweit von einem anderen Leistungen für einen besonderen Zweck erbracht werden, für den sonst Sozialhilfe zu leisten wäre,
2. wenn zur Deckung des Bedarfs nur geringfügige Mittel erforderlich sind.

2Darüber hinaus soll in angemessenem Umfang die Aufbringung der Mittel verlangt werden, wenn eine Person für voraussichtlich längere Zeit Leistungen in einer stationären Einrichtung bedarf.

(2) 1Bei einer stationären Leistung in einer stationären Einrichtung wird von dem Einkommen, das der Leistungsberechtigte aus einer entgeltlichen Beschäftigung erzielt, die Aufbringung der Mittel in Höhe von einem Achtel der Regelbedarfsstufe 1 nach der Anlage zu § 28 zuzüglich 25 vom Hundert des

diesen Betrag übersteigenden Einkommens aus der Beschäftigung nicht verlangt. 2§ 82 Abs. 3 ist nicht anzuwenden.

§ 89 Einsatz des Einkommens bei mehrfachem Bedarf

(1) Wird im Einzelfall der Einsatz eines Teils des Einkommens zur Deckung eines bestimmten Bedarfs zugemutet oder verlangt, darf dieser Teil des Einkommens bei der Prüfung, inwieweit der Einsatz des Einkommens für einen anderen gleichzeitig bestehenden Bedarf zuzumuten ist oder verlangt werden kann, nicht berücksichtigt werden.

(2) 1Sind im Fall des Absatzes 1 für die Bedarfsfälle verschiedene Träger der Sozialhilfe zuständig, hat die Entscheidung über die Leistung für den zuerst eingetretenen Bedarf den Vorrang. 2Treten die Bedarfsfälle gleichzeitig ein, ist das über der Einkommensgrenze liegende Einkommen zu gleichen Teilen bei den Bedarfsfällen zu berücksichtigen.

Dritter Abschnitt
Vermögen

§ 90 Einzusetzendes Vermögen

(1) Einzusetzen ist das gesamte verwertbare Vermögen.

(2) Die Sozialhilfe darf nicht abhängig gemacht werden vom Einsatz oder von der Verwertung

1. eines Vermögens, das aus öffentlichen Mitteln zum Aufbau oder zur Sicherung einer Lebensgrundlage oder zur Gründung eines Hausstandes erbracht wird,
2. eines Kapitals einschließlich seiner Erträge, das der zusätzlichen Altersvorsorge im Sinne des § 10a oder des Abschnitts XI des Einkommensteuergesetzes dient und dessen Ansammlung staatlich gefördert wurde,
3. eines sonstigen Vermögens, solange es nachweislich zur baldigen Beschaffung oder Erhaltung eines Hausgrundstücks im Sinne der Nummer 8 bestimmt ist, soweit dieses Wohnzwecken behinderter (§ 53 Abs. 1 Satz 1 und § 72) oder pflegebedürftiger Menschen (§ 61) dient oder dienen soll und dieser Zweck durch den Einsatz oder die Verwertung des Vermögens gefährdet würde,
4. eines angemessenen Hausrats; dabei sind die bisherigen Lebensverhältnisse der nachfragenden Person zu berücksichtigen,
5. von Gegenständen, die zur Aufnahme oder Fortsetzung der Berufsausbildung oder der Erwerbstätigkeit unentbehrlich sind,
6. von Familien- und Erbstücken, deren Veräußerung für die nachfragende Person oder ihre Familie eine besondere Härte bedeuten würde,
7. von Gegenständen, die zur Befriedigung geistiger, insbesondere wissenschaftlicher oder künstlerischer Bedürfnisse dienen und deren Besitz nicht Luxus ist,
8. eines angemessenen Hausgrundstücks, das von der nachfragenden Person oder einer anderen in den § 19 Abs. 1 bis 3 genannten Person allein oder zusammen mit Angehörigen ganz oder teilweise bewohnt wird und nach ihrem Tod von ihren Angehörigen bewohnt werden soll. Die Angemessenheit bestimmt sich nach der Zahl der Bewohner, dem Wohnbedarf (zum Beispiel behinderter, blinder oder pflegebedürftiger Menschen), der Grundstücksgröße, der Hausgröße, dem Zuschnitt und der Ausstattung des Wohngebäudes sowie dem Wert des Grundstücks einschließlich des Wohngebäudes,
9. kleinerer Barbeträge oder sonstiger Geldwerte; dabei ist eine besondere Notlage der nachfragenden Person zu berücksichtigen.

(3) 1Die Sozialhilfe darf ferner nicht vom Einsatz oder von der Verwertung eines Vermögens abhängig gemacht werden, soweit dies für den, der das Vermögen einzusetzen hat, und für seine unterhaltsberechtigten Angehörigen eine Härte bedeuten würde. 2Dies ist bei der Leistung nach dem Fünften bis Neunten Kapitel insbesondere der Fall, soweit eine angemessene Lebensführung oder die Aufrechterhaltung einer angemessenen Alterssicherung wesentlich erschwert würde.

§ 91 Darlehen

1Soweit nach § 90 für den Bedarf der nachfragenden Person Vermögen einzusetzen ist, jedoch der sofortige Verbrauch oder die sofortige Verwertung des Vermögens nicht möglich ist oder für die, die es einzusetzen hat, eine Härte bedeuten würde, soll die Sozialhilfe als Darlehen geleistet werden. 2Die Leistungserbringung kann davon abhängig gemacht werden, dass der Anspruch auf Rückzahlung dinglich oder in anderer Weise gesichert wird.

Vierter Abschnitt Einschränkung der Anrechnung

§ 92 Anrechnung bei behinderten Menschen

(1) 1Erfordert die Behinderung Leistungen für eine stationäre Einrichtung, für eine Tageseinrichtung für behinderte Menschen oder für ärztliche oder ärztlich verordnete Maßnahmen, sind die Leistungen hierfür auch dann in vollem Umfang zu erbringen, wenn den in § 19 Abs. 3 genannten Personen die Aufbringung der Mittel zu einem Teil zuzumuten ist. 2In Höhe dieses Teils haben sie zu den Kosten der erbrachten Leistungen beizutragen; mehrere Verpflichtete haften als Gesamtschuldner.

(2) 1Den in § 19 Abs. 3 genannten Personen ist die Aufbringung der Mittel nur für die Kosten des Lebensunterhalts zuzumuten

1. bei heilpädagogischen Maßnahmen für Kinder, die noch nicht eingeschult sind,
2. bei der Hilfe zu einer angemessenen Schulbildung einschließlich der Vorbereitung hierzu,
3. bei der Hilfe, die dem behinderten noch nicht eingeschulten Menschen die für ihn erreichbare Teilnahme am Leben in der Gemeinschaft ermöglichen soll,
4. bei der Hilfe zur schulischen Ausbildung für einen angemessenen Beruf oder zur Ausbildung für eine sonstige angemessene Tätigkeit, wenn die hierzu erforderlichen Leistungen in besonderen Einrichtungen für behinderte Menschen erbracht werden,
5. bei Leistungen zur medizinischen Rehabilitation (§ 26 des Neunten Buches),
6. bei Leistungen zur Teilhabe am Arbeitsleben (§ 33 des Neunten Buches),
7. bei Leistungen in anerkannten Werkstätten für behinderte Menschen nach § 41 des Neunten Buches und in vergleichbaren sonstigen Beschäftigungsstätten (§ 56),
8. bei Hilfen zum Erwerb praktischer Kenntnisse und Fähigkeiten, die erforderlich und geeignet sind, behinderten Menschen die für sie erreichbare Teilhabe am Arbeitsleben zu ermöglichen, soweit diese Hilfen in besonderen teilstationären Einrichtungen für behinderte Menschen erbracht werden.

2Die in Satz 1 genannten Leistungen sind ohne Berücksichtigung von vorhandenem Vermögen zu erbringen. 3Die Kosten des in einer Einrichtung erbrachten Lebensunterhalts sind in den Fällen der Nummern 1 bis 6 nur in Höhe der für den häuslichen Lebensunterhalt ersparten Aufwendungen anzusetzen; dies gilt nicht für den Zeitraum, in dem gleichzeitig mit den Leistungen nach Satz 1 in der Einrichtung durchgeführte andere Leistungen überwiegen. 4Die Aufbringung der Mittel nach Satz 1 Nr. 7 und 8 ist aus dem Einkommen nicht zumutbar, wenn das Einkommen des behinderten Menschen insgesamt einen Betrag in Höhe des Zweifachen der Regelbedarfsstufe 1 nach der Anlage zu § 28 nicht übersteigt. 5Die zuständigen Landesbehörden können Näheres über die Bemessung der für den häuslichen Lebensbedarf ersparten Aufwendungen und des Kostenbeitrags für das Mittagessen bestimmen. 6Zum Ersatz der Kosten nach den §§ 103 und 104 ist insbesondere verpflichtet, wer sich in den Fällen der Nummern 5 und 6 vorsätzlich oder grob fahrlässig nicht oder nicht ausreichend versichert hat.

(3) 1Hat ein anderer als ein nach bürgerlichem Recht Unterhaltspflichtiger nach sonstigen Vorschriften Leistungen für denselben Zweck zu erbringen, dem die in Absatz 2 genannten Leistungen dienen, wird seine Verpflichtung durch Absatz 2 nicht berührt. 2Soweit er solche Leistungen erbringt, kann abweichend von Absatz 2 von den in § 19 Abs. 3 genannten Personen die Aufbringung der Mittel verlangt werden.

§ 92a Einkommenseinsatz bei Leistungen für Einrichtungen

(1) Erhält eine Person in einer teilstationären oder stationären Einrichtung Leistungen, kann

die Aufbringung der Mittel für die Leistungen in der Einrichtung nach dem Dritten und Vierten Kapitel von ihr und ihrem nicht getrennt lebenden Ehegatten oder Lebenspartner aus dem gemeinsamen Einkommen verlangt werden, soweit Aufwendungen für den häuslichen Lebensunterhalt erspart werden.

(2) Darüber hinaus soll in angemessenem Umfang die Aufbringung der Mittel verlangt werden, wenn eine Person auf voraussichtlich längere Zeit Leistungen in einer stationären Einrichtung bedarf.

(3) Bei der Prüfung, welcher Umfang angemessen ist, ist auch der bisherigen Lebenssituation des im Haushalt verbliebenen, nicht getrennt lebenden Ehegatten oder Lebenspartners sowie der im Haushalt lebenden minderjährigen unverheirateten Kinder Rechnung zu tragen.

(4) § 92 Abs. 2 bleibt unberührt.

Fünfter Abschnitt
Verpflichtungen anderer

§ 93 Übergang von Ansprüchen

(1) 1Hat eine leistungsberechtigte Person oder haben bei Gewährung von Hilfen nach dem Fünften bis Neunten Kapitel auch ihre Eltern, ihr nicht getrennt lebender Ehegatte oder ihr Lebenspartner für die Zeit, für die Leistungen erbracht werden, einen Anspruch gegen einen anderen, der kein Leistungsträger im Sinne des § 12 des Ersten Buches ist, kann der Träger der Sozialhilfe durch schriftliche Anzeige an den anderen bewirken, dass dieser Anspruch bis zur Höhe seiner Aufwendungen auf ihn übergeht. 2Er kann den Übergang dieses Anspruchs auch wegen seiner Aufwendungen für diejenigen Leistungen des Dritten und Vierten Kapitels bewirken, die er gleichzeitig mit den Leistungen für die in Satz 1 genannte leistungsberechtigte Person, deren nicht getrennt lebenden Ehegatten oder Lebenspartner und deren minderjährigen unverheirateten Kindern erbringt. 3Der Übergang des Anspruchs darf nur insoweit bewirkt werden, als bei rechtzeitiger Leistung des anderen entweder die Leistung nicht erbracht worden wäre oder in den Fällen des § 19 Abs. 5 und des § 92 Abs. 1 Aufwendungsersatz oder ein Kostenbeitrag zu leisten wäre. 4Der Übergang ist nicht dadurch ausgeschlossen, dass der Anspruch nicht übertragen, verpfändet oder gepfändet werden kann.

(2) 1Die schriftliche Anzeige bewirkt den Übergang des Anspruchs für die Zeit, für die der leistungsberechtigten Person die Leistung ohne Unterbrechung erbracht wird. 2Als Unterbrechung gilt ein Zeitraum von mehr als zwei Monaten.

(3) Widerspruch und Anfechtungsklage gegen den Verwaltungsakt, der den Übergang des Anspruchs bewirkt, haben keine aufschiebende Wirkung.

(4) Die §§ 115 und 116 des Zehnten Buches gehen der Regelung des Absatzes 1 vor.

§ 94 Übergang von Ansprüchen gegen einen nach bürgerlichem Recht Unterhaltspflichtigen

(1) 1Hat die leistungsberechtigte Person für die Zeit, für die Leistungen erbracht werden, nach bürgerlichem Recht einen Unterhaltsanspruch, geht dieser bis zur Höhe der geleisteten Aufwendungen zusammen mit dem unterhaltsrechtlichen Auskunftsanspruch auf den Träger der Sozialhilfe über. 2Der Übergang des Anspruchs ist ausgeschlossen, soweit der Unterhaltsanspruch durch laufende Zahlung erfüllt wird. 3Der Übergang des Anspruchs ist auch ausgeschlossen, wenn die unterhaltspflichtige Person zum Personenkreis des § 19 gehört oder die unterhaltspflichtige Person mit der leistungsberechtigten Person vom zweiten Grad an verwandt ist; der Übergang des Anspruchs des Leistungsberechtigten nach dem Vierten Kapitel gegenüber Eltern und Kindern ist ausgeschlossen. 4Gleiches gilt für Unterhaltsansprüche gegen Verwandte ersten Grades einer Person, die schwanger ist oder ihr leibliches Kind bis zur Vollendung seines sechsten Lebensjahres betreut. 5§ 93 Abs. 4 gilt entsprechend. 6Für Leistungsempfänger nach dem Dritten und Vierten Kapitel gilt für den Übergang des Anspruchs § 105 Abs. 2 entsprechend.

(2) 1Der Anspruch einer volljährigen unterhaltsberechtigten Person, die behindert im Sinne von § 53 oder pflegebedürftig im Sinne von § 61 ist,

gegenüber ihren Eltern wegen Leistungen nach dem Sechsten und Siebten Kapitel geht nur in Höhe von bis zu 26 Euro, wegen Leistungen nach dem Dritten Kapitel nur in Höhe von bis zu 20 Euro monatlich über. $_{2}$Es wird vermutet, dass der Anspruch in Höhe der genannten Beträge übergeht und mehrere Unterhaltspflichtige zu gleichen Teilen haften; die Vermutung kann widerlegt werden. $_{3}$Die in Satz 1 genannten Beträge verändern sich zum gleichen Zeitpunkt und um denselben Vomhundertsatz, um den sich das Kindergeld verändert.

(3) $_{1}$Ansprüche nach Absatz 1 und 2 gehen nicht über, soweit

1. die unterhaltspflichtige Person Leistungsberechtigte nach dem Dritten und Vierten Kapitel ist oder bei Erfüllung des Anspruchs würde oder
2. der Übergang des Anspruchs eine unbillige Härte bedeuten würde.

$_{2}$Der Träger der Sozialhilfe hat die Einschränkung des Übergangs nach Satz 1 zu berücksichtigen, wenn er von ihren Voraussetzungen durch vorgelegte Nachweise oder auf andere Weise Kenntnis hat.

(4) $_{1}$Für die Vergangenheit kann der Träger der Sozialhilfe den übergegangenen Unterhalt außer unter den Voraussetzungen des bürgerlichen Rechts nur von der Zeit an fordern, zu welcher er dem Unterhaltspflichtigen die Erbringung der Leistung schriftlich mitgeteilt hat. $_{2}$Wenn die Leistung voraussichtlich auf längere Zeit erbracht werden muss, kann der Träger der Sozialhilfe bis zur Höhe der bisherigen monatlichen Aufwendungen auch auf künftige Leistungen klagen.

(5) $_{1}$Der Träger der Sozialhilfe kann den auf ihn übergegangenen Unterhaltsanspruch im Einvernehmen mit der leistungsberechtigten Person auf diesen zur gerichtlichen Geltendmachung rückübertragen und sich den geltend gemachten Unterhaltsanspruch abtreten lassen. $_{2}$Kosten, mit denen die leistungsberechtigte Person dadurch selbst belastet wird, sind zu übernehmen. $_{3}$Über die Ansprüche nach den Absätzen 1 bis 4 ist im Zivilrechtsweg zu entscheiden.

§ 95 Feststellung der Sozialleistungen

$_{1}$Der erstattungsberechtigte Träger der Sozialhilfe kann die Feststellung einer Sozialleistung betreiben sowie Rechtsmittel einlegen. $_{2}$Der Ablauf der Fristen, die ohne sein Verschulden verstrichen sind, wirkt nicht gegen ihn. $_{3}$Satz 2 gilt nicht für die Verfahrensfristen, soweit der Träger der Sozialhilfe das Verfahren selbst betreibt.

Sechster Abschnitt
Verordnungsermächtigungen

§ 96 Verordnungsermächtigungen

(1) Die Bundesregierung kann durch Rechtsverordnung mit Zustimmung des Bundesrates Näheres über die Berechnung des Einkommens nach § 82, insbesondere der Einkünfte aus Land- und Forstwirtschaft, aus Gewerbebetrieb und aus selbständiger Arbeit bestimmen.

(2) Das Bundesministerium für Arbeit und Soziales kann durch Rechtsverordnung mit Zustimmung des Bundesrates die Höhe der Barbeträge oder sonstigen Geldwerte im Sinne des § 90 Abs. 2 Nr. 9 bestimmen.

Zwölftes Kapitel
Zuständigkeit der Träger der Sozialhilfe

Erster Abschnitt
Sachliche und örtliche Zuständigkeit

§ 97 Sachliche Zuständigkeit

(1) Für die Sozialhilfe sachlich zuständig ist der örtliche Träger der Sozialhilfe, soweit nicht der überörtliche Träger sachlich zuständig ist.

(2) $_{1}$Die sachliche Zuständigkeit des überörtlichen Trägers der Sozialhilfe wird nach Landesrecht bestimmt. $_{2}$Dabei soll berücksichtigt werden, dass so weit wie möglich für Leistungen im Sinne von § 8 Nr. 1 bis 6 jeweils eine einheitliche sachliche Zuständigkeit gegeben ist.

(3) Soweit Landesrecht keine Bestimmung nach Absatz 2 Satz 1 enthält, ist der überörtliche Träger der Sozialhilfe für

1. Leistungen der Eingliederungshilfe für behinderte Menschen nach den §§ 53 bis 60,

2. Leistungen der Hilfe zur Pflege nach den §§ 61 bis 66,
3. Leistungen der Hilfe zur Überwindung besonderer sozialer Schwierigkeiten nach den §§ 67 bis 69,
4. Leistungen der Blindenhilfe nach § 72

sachlich zuständig.

(4) Die sachliche Zuständigkeit für eine stationäre Leistung umfasst auch die sachliche Zuständigkeit für Leistungen, die gleichzeitig nach anderen Kapiteln zu erbringen sind, sowie für eine Leistung nach § 74.

(5) 1Die überörtlichen Träger sollen, insbesondere bei verbreiteten Krankheiten, zur Weiterentwicklung von Leistungen der Sozialhilfe beitragen. 2Hierfür können sie die erforderlichen Einrichtungen schaffen oder fördern.

§ 98 Örtliche Zuständigkeit

(1) 1Für die Sozialhilfe örtlich zuständig ist der Träger der Sozialhilfe, in dessen Bereich sich die Leistungsberechtigten tatsächlich aufhalten. 2Diese Zuständigkeit bleibt bis zur Beendigung der Leistung auch dann bestehen, wenn die Leistung außerhalb seines Bereichs erbracht wird.

(2) 1Für die stationäre Leistung ist der Träger der Sozialhilfe örtlich zuständig, in dessen Bereich die Leistungsberechtigten ihren gewöhnlichen Aufenthalt im Zeitpunkt der Aufnahme in die Einrichtung haben oder in den zwei Monaten vor der Aufnahme zuletzt gehabt hatten. 2Waren bei Einsetzen der Sozialhilfe die Leistungsberechtigten aus einer Einrichtung im Sinne des Satzes 1 in eine andere Einrichtung oder von dort in weitere Einrichtungen übergetreten oder tritt nach dem Einsetzen der Leistung ein solcher Fall ein, ist der gewöhnliche Aufenthalt, der für die erste Einrichtung maßgebend war, entscheidend. 3Steht innerhalb von vier Wochen nicht fest, ob und wo der gewöhnliche Aufenthalt nach Satz 1 oder 2 begründet worden ist oder ist ein gewöhnlicher Aufenthaltsort nicht vorhanden oder nicht zu ermitteln oder liegt ein Eilfall vor, hat der nach Absatz 1 zuständige Träger der Sozialhilfe über die Leistung unverzüglich zu entscheiden und sie vorläufig zu erbringen. 4Wird ein Kind in einer Einrichtung im Sinne des Satzes 1 geboren, tritt an die Stelle seines gewöhnlichen Aufenthalts der gewöhnliche Aufenthalt der Mutter.

(3) In den Fällen des § 74 ist der Träger der Sozialhilfe örtlich zuständig, der bis zum Tod der leistungsberechtigten Person Sozialhilfe leistete, in den anderen Fällen der Träger der Sozialhilfe, in dessen Bereich der Sterbeort liegt.

(4) Für Hilfen an Personen, die sich in Einrichtungen zum Vollzug richterlich angeordneter Freiheitsentziehung aufhalten oder aufgehalten haben, gelten die Absätze 1 und 2 sowie die §§ 106 und 109 entsprechend.

(5) 1Für die Leistungen nach diesem Buch an Personen, die Leistungen nach dem Sechsten bis Achten Kapitel in Formen ambulanter betreuter Wohnmöglichkeiten erhalten, ist der Träger der Sozialhilfe örtlich zuständig, der vor Eintritt in diese Wohnform zuletzt zuständig war oder gewesen wäre. 2Vor Inkrafttreten dieses Buches begründete Zuständigkeiten bleiben hiervon unberührt.

§ 99 Vorbehalt abweichender Durchführung

(1) Die Länder können bestimmen, dass und inwieweit die Kreise ihnen zugehörige Gemeinden oder Gemeindeverbände zur Durchführung von Aufgaben nach diesem Buch heranziehen und ihnen dabei Weisungen erteilen können; in diesen Fällen erlassen die Kreise den Widerspruchsbescheid nach dem Sozialgerichtsgesetz.

(2) Die Länder können bestimmen, dass und inwieweit die überörtlichen Träger der Sozialhilfe örtliche Träger der Sozialhilfe sowie diesen zugehörige Gemeinden und Gemeindeverbände zur Durchführung von Aufgaben nach diesem Buch heranziehen und ihnen dabei Weisungen erteilen können; in diesen Fällen erlassen die überörtlichen Träger den Widerspruchsbescheid nach dem Sozialgerichtsgesetz, soweit nicht nach Landesrecht etwas anderes bestimmt wird.

Zweiter Abschnitt
Sonderbestimmungen

§ 100 (weggefallen)

§ 101 Behördenbestimmung und Stadtstaaten-Klausel

(1) Welche Stellen zuständige Behörden sind, bestimmt die Landesregierung, soweit eine landesrechtliche Regelung nicht besteht.

(2) Die Senate der Länder Berlin, Bremen und Hamburg werden ermächtigt, die Vorschriften dieses Buches über die Zuständigkeit von Behörden dem besonderen Verwaltungsaufbau ihrer Länder anzupassen.

Dreizehntes Kapitel
Kosten

Erster Abschnitt
Kostenersatz

§ 102 Kostenersatz durch Erben

(1) 1Der Erbe der leistungsberechtigten Person oder ihres Ehegatten oder ihres Lebenspartners, falls diese vor der leistungsberechtigten Person sterben, ist vorbehaltlich des Absatzes 5 zum Ersatz der Kosten der Sozialhilfe verpflichtet. 2Die Ersatzpflicht besteht nur für die Kosten der Sozialhilfe, die innerhalb eines Zeitraumes von zehn Jahren vor dem Erbfall aufgewendet worden sind und die das Dreifache des Grundbetrages nach § 85 Abs. 1 übersteigen. 3Die Ersatzpflicht des Erben des Ehegatten oder Lebenspartners besteht nicht für die Kosten der Sozialhilfe, die während des Getrenntlebens der Ehegatten oder Lebenspartner geleistet worden sind. 4Ist die leistungsberechtigte Person der Erbe ihres Ehegatten oder Lebenspartners, ist sie zum Ersatz der Kosten nach Satz 1 nicht verpflichtet.

(2) 1Die Ersatzpflicht des Erben gehört zu den Nachlassverbindlichkeiten. 2Der Erbe haftet mit dem Wert des im Zeitpunkt des Erbfalles vorhandenen Nachlasses.

(3) Der Anspruch auf Kostenersatz ist nicht geltend zu machen,

1. soweit der Wert des Nachlasses unter dem Dreifachen des Grundbetrages nach § 85 Abs. 1 liegt,
2. soweit der Wert des Nachlasses unter dem Betrag von 15 340 Euro liegt, wenn der Erbe der Ehegatte oder Lebenspartner der leistungsberechtigten Person oder mit dieser verwandt ist und nicht nur vorübergehend bis zum Tod der leistungsberechtigten Person mit dieser in häuslicher Gemeinschaft gelebt und sie gepflegt hat,
3. soweit die Inanspruchnahme des Erben nach der Besonderheit des Einzelfalles eine besondere Härte bedeuten würde.

(4) 1Der Anspruch auf Kostenersatz erlischt in drei Jahren nach dem Tod der leistungsberechtigten Person, ihres Ehegatten oder ihres Lebenspartners. 2§ 103 Abs. 3 Satz 2 und 3 gilt entsprechend.

(5) Der Ersatz der Kosten durch die Erben gilt nicht für Leistungen nach dem Vierten Kapitel und für die vor dem 1. Januar 1987 entstandenen Kosten der Tuberkulosehilfe.

§ 103 Kostenersatz bei schuldhaftem Verhalten

(1) 1Zum Ersatz der Kosten der Sozialhilfe ist verpflichtet, wer nach Vollendung des 18. Lebensjahres für sich oder andere durch vorsätzliches oder grob fahrlässiges Verhalten die Voraussetzungen für die Leistungen der Sozialhilfe herbeigeführt hat. 2Zum Kostenersatz ist auch verpflichtet, wer als leistungsberechtigte Person oder als deren Vertreter die Rechtswidrigkeit des der Leistung zu Grunde liegenden Verwaltungsaktes kannte oder infolge grober Fahrlässigkeit nicht kannte. 3Von der Heranziehung zum Kostenersatz kann abgesehen werden, soweit sie eine Härte bedeuten würde.

(2) 1Eine nach Absatz 1 eingetretene Verpflichtung zum Ersatz der Kosten geht auf den Erben über. 2§ 102 Abs. 2 Satz 2 findet Anwendung.

(3) 1Der Anspruch auf Kostenersatz erlischt in drei Jahren vom Ablauf des Jahres an, in dem die Leistung erbracht worden ist. 2Für die Hemmung, die Ablaufhemmung, den Neubeginn und die Wirkung der Verjährung gelten die Vorschriften des Bürgerlichen Gesetzbuchs sinngemäß. 3Der Erhebung der Klage steht der Erlass eines Leistungsbescheides gleich.

(4) 1Die §§ 44 bis 50 des Zehnten Buches bleiben unberührt. 2Zum Kostenersatz nach Absatz 1 und zur Erstattung derselben Kosten nach § 50 des Zehnten Buches Verpflichtete haften als Gesamtschuldner.

§ 104 Kostenersatz für zu Unrecht erbrachte Leistungen

$_1$Zum Ersatz der Kosten für zu Unrecht erbrachte Leistungen der Sozialhilfe ist in entsprechender Anwendung des § 103 verpflichtet, wer die Leistungen durch vorsätzliches oder grob fahrlässiges Verhalten herbeigeführt hat. $_2$Zum Kostenersatz nach Satz 1 und zur Erstattung derselben Kosten nach § 50 des Zehnten Buches Verpflichtete haften als Gesamtschuldner.

§ 105 Kostenersatz bei Doppelleistungen, nicht erstattungsfähige Unterkunftskosten

(1) Hat ein vorrangig verpflichteter Leistungsträger in Unkenntnis der Leistung des Trägers der Sozialhilfe an die leistungsberechtigte Person geleistet, ist diese zur Herausgabe des Erlangten an den Träger der Sozialhilfe verpflichtet.

(2) $_1$Von den bei den Leistungen nach § 27a oder § 42 berücksichtigten Kosten der Unterkunft, mit Ausnahme der Kosten für Heizungs- und Warmwasserversorgung, unterliegen 56 vom Hundert nicht der Rückforderung. $_2$Satz 1 gilt nicht im Fall des § 45 Abs. 2 Satz 3 des Zehnten Buches oder wenn neben Leistungen nach dem Dritten und Vierten Kapitel gleichzeitig Wohngeld nach dem Wohngeldgesetz geleistet worden ist.

Zweiter Abschnitt Kostenerstattung zwischen den Trägern der Sozialhilfe

§ 106 Kostenerstattung bei Aufenthalt in einer Einrichtung

(1) $_1$Der nach § 98 Abs. 2 Satz 1 zuständige Träger der Sozialhilfe hat dem nach § 98 Abs. 2 Satz 3 vorläufig leistenden Träger die aufgewendeten Kosten zu erstatten. $_2$Ist in den Fällen des § 98 Abs. 2 Satz 3 oder 4 ein gewöhnlicher Aufenthalt nicht vorhanden oder nicht zu ermitteln und war für die Leistungserbringung ein örtlicher Träger der Sozialhilfe sachlich zuständig, sind diesem die aufgewendeten Kosten von dem überörtlichen Träger der Sozialhilfe zu erstatten, zu dessen Bereich der örtliche Träger gehört.

(2) Als Aufenthalt in einer stationären Einrichtung gilt auch, wenn jemand außerhalb der Einrichtung untergebracht wird, aber in ihrer Betreuung bleibt, oder aus der Einrichtung beurlaubt wird.

(3) $_1$Verlässt in den Fällen des § 98 Abs. 2 die leistungsberechtigte Person die Einrichtung und erhält sie im Bereich des örtlichen Trägers, in dem die Einrichtung liegt, innerhalb von einem Monat danach Leistungen der Sozialhilfe, sind dem örtlichen Träger der Sozialhilfe die aufgewendeten Kosten von dem Träger der Sozialhilfe zu erstatten, in dessen Bereich die leistungsberechtigte Person ihren gewöhnlichen Aufenthalt im Sinne des § 98 Abs. 2 Satz 1 hatte. $_2$Absatz 1 Satz 2 gilt entsprechend. $_3$Die Erstattungspflicht wird nicht durch einen Aufenthalt außerhalb dieses Bereichs oder in einer Einrichtung im Sinne des § 98 Abs. 2 Satz 1 unterbrochen, wenn dieser zwei Monate nicht übersteigt; sie endet, wenn für einen zusammenhängenden Zeitraum von zwei Monaten Leistungen nicht zu erbringen waren, spätestens nach Ablauf von zwei Jahren seit dem Verlassen der Einrichtung.

§ 107 Kostenerstattung bei Unterbringung in einer anderen Familie

§ 98 Abs. 2 und § 106 gelten entsprechend, wenn ein Kind oder ein Jugendlicher in einer anderen Familie oder bei anderen Personen als bei seinen Eltern oder bei einem Elternteil untergebracht ist.

§ 108 Kostenerstattung bei Einreise aus dem Ausland

(1) $_1$Reist eine Person, die weder im Ausland noch im Inland einen gewöhnlichen Aufenthalt hat, aus dem Ausland ein und setzten innerhalb eines Monats nach ihrer Einreise Leistungen der Sozialhilfe ein, sind die aufgewendeten Kosten von dem von einer Schiedsstelle bestimmten überörtlichen Träger der Sozialhilfe zu erstatten. $_2$Bei ihrer Entscheidung hat die Schiedsstelle die Einwohnerzahl und die Belastungen, die sich im vorangegangenen Haushaltsjahr für die Träger der Sozialhilfe nach dieser Vorschrift sowie nach den §§ 24 und 115 ergeben haben, zu berücksichtigen.

$_{3}$Satz 1 gilt nicht für Personen, die im Inland geboren sind oder bei Einsetzen der Leistung mit ihnen als Ehegatte, Lebenspartner, Verwandte oder Verschwägerte zusammenleben. $_{4}$Leben Ehegatten, Lebenspartner, Verwandte oder Verschwägerte bei Einsetzen der Leistung zusammen, ist ein gemeinsamer erstattungspflichtiger Träger der Sozialhilfe zu bestimmen.

(2) $_{1}$Schiedsstelle im Sinne des Absatzes 1 ist das Bundesverwaltungsamt. $_{2}$Die Länder können durch Verwaltungsvereinbarung eine andere Schiedsstelle bestimmen.

(3) Ist ein Träger der Sozialhilfe nach Absatz 1 zur Erstattung der für eine leistungsberechtigte Person aufgewendeten Kosten verpflichtet, hat er auch die für den Ehegatten, den Lebenspartner oder die minderjährigen Kinder der leistungsberechtigten Personen aufgewendeten Kosten zu erstatten, wenn diese Personen später einreisen und Sozialhilfe innerhalb eines Monats einsetzt.

(4) Die Verpflichtung zur Erstattung der für Leistungsberechtigten aufgewendeten Kosten entfällt, wenn für einen zusammenhängenden Zeitraum von drei Monaten Sozialhilfe nicht zu leisten war.

(5) Die Absätze 1 bis 4 sind nicht anzuwenden für Personen, deren Unterbringung nach der Einreise in das Inland bundesrechtlich oder durch Vereinbarung zwischen Bund und Ländern geregelt ist.

§ 109 Ausschluss des gewöhnlichen Aufenthalts

Als gewöhnlicher Aufenthalt im Sinne des Zwölften Kapitels und des Dreizehnten Kapitels, Zweiter Abschnitt, gelten nicht der Aufenthalt in einer Einrichtung im Sinne von § 98 Abs. 2 und der auf richterlich angeordneter Freiheitsentziehung beruhende Aufenthalt in einer Vollzugsanstalt.

§ 110 Umfang der Kostenerstattung

(1) $_{1}$Die aufgewendeten Kosten sind zu erstatten, soweit die Leistung diesem Buch entspricht. $_{2}$Dabei gelten die am Aufenthaltsort der Leistungsberechtigten zur Zeit der Leistungserbringung bestehenden Grundsätze für die Leistung von Sozialhilfe.

(2) $_{1}$Kosten unter 2560 Euro, bezogen auf einen Zeitraum der Leistungserbringung von bis zu zwölf Monaten, sind außer in den Fällen einer vorläufigen Leistungserbringung nach § 98 Abs. 2 Satz 3 nicht zu erstatten. $_{2}$Die Begrenzung auf 2560 Euro gilt, wenn die Kosten für die Mitglieder eines Haushalts im Sinne von § 27 Absatz 2 Satz 2 und 3 zu erstatten sind, abweichend von Satz 1 für die Mitglieder des Haushalts zusammen.

§ 111 Verjährung

(1) Der Anspruch auf Erstattung der aufgewendeten Kosten verjährt in vier Jahren, beginnend nach Ablauf des Kalenderjahres, in dem er entstanden ist.

(2) Für die Hemmung, die Ablaufhemmung, den Neubeginn und die Wirkung der Verjährung gelten die Vorschriften des Bürgerlichen Gesetzbuchs sinngemäß.

§ 112 Kostenerstattung auf Landesebene

Die Länder können Abweichendes über die Kostenerstattung zwischen den Trägern der Sozialhilfe ihres Bereichs regeln.

Dritter Abschnitt Sonstige Regelungen

§ 113 Vorrang der Erstattungsansprüche

Erstattungsansprüche der Träger der Sozialhilfe gegen andere Leistungsträger nach § 104 des Zehnten Buches gehen einer Übertragung, Pfändung oder Verpfändung des Anspruchs vor, auch wenn sie vor Entstehen des Erstattungsanspruchs erfolgt sind.

§ 114 Ersatzansprüche der Träger der Sozialhilfe nach sonstigen Vorschriften

Bestimmt sich das Recht des Trägers der Sozialhilfe, Ersatz seiner Aufwendungen von einem anderen zu verlangen, gegen den die Leistungsberechtigten einen Anspruch haben, nach sonstigen gesetzlichen Vorschriften, die dem § 93 vorgehen, gelten als Aufwendungen

1. die Kosten der Leistung für diejenige Person, die den Anspruch gegen den anderen hat, und
2. die Kosten für Leistungen nach dem Dritten und Vierten Kapitel, die gleichzeitig mit der Leistung nach Nummer 1 für den nicht getrennt lebenden Ehegatten oder Lebenspartner und die minderjährigen unverheirateten Kinder geleistet wurden.

§ 115 Übergangsregelung für die Kostenerstattung bei Einreise aus dem Ausland

Die Pflicht eines Trägers der Sozialhilfe zur Kostenerstattung, die nach der vor dem 1. Januar 1994 geltenden Fassung des § 108 des Bundessozialhilfegesetzes entstanden oder von der Schiedsstelle bestimmt worden ist, bleibt bestehen.

Vierzehntes Kapitel Verfahrensbestimmungen

§ 116 Beteiligung sozial erfahrener Dritter

(1) Soweit Landesrecht nichts Abweichendes bestimmt, sind vor dem Erlass allgemeiner Verwaltungsvorschriften sozial erfahrene Dritte zu hören, insbesondere aus Vereinigungen, die Bedürftige betreuen, oder aus Vereinigungen von Sozialleistungsempfängern.

(2) Soweit Landesrecht nichts Abweichendes bestimmt, sind vor dem Erlass des Verwaltungsaktes über einen Widerspruch gegen die Ablehnung der Sozialhilfe oder gegen die Festsetzung ihrer Art und Höhe Dritte, wie sie in Absatz 1 bezeichnet sind, beratend zu beteiligen.

§ 116a Rücknahme von Verwaltungsakten

Für die Rücknahme eines rechtswidrigen nicht begünstigenden Verwaltungsakts gilt § 44 Absatz 4 Satz 1 des Zehnten Buches mit der Maßgabe, dass anstelle des Zeitraums von vier Jahren ein Zeitraum von einem Jahr tritt.

§ 117 Pflicht zur Auskunft

(1) $_1$Die Unterhaltspflichtigen, ihre nicht getrennt lebenden Ehegatten oder Lebenspartner und die Kostenersatzpflichtigen haben dem Träger der Sozialhilfe über ihre Einkommens- und Vermögensverhältnisse Auskunft zu geben, soweit die Durchführung dieses Buches es erfordert. $_2$Dabei haben sie die Verpflichtung, auf Verlangen des Trägers der Sozialhilfe Beweisurkunden vorzulegen oder ihrer Vorlage zuzustimmen. $_3$Auskunftspflichtig nach Satz 1 und 2 sind auch Personen, von denen nach § 39 trotz Aufforderung unwiderlegt vermutet wird, dass sie Leistungen zum Lebensunterhalt an andere Mitglieder der Haushaltsgemeinschaft erbringen. $_4$Die Auskunftspflicht der Finanzbehörden nach § 21 Abs. 4 des Zehnten Buches erstreckt sich auch auf diese Personen.

(2) Wer jemandem, der Leistung nach diesem Buch beantragt hat oder bezieht, Leistungen erbringt oder erbracht hat, die geeignet sind oder waren, diese Leistungen auszuschließen oder zu mindern, hat dem Träger der Sozialhilfe auf Verlangen hierüber Auskunft zu geben, soweit es zur Durchführung der Aufgaben nach diesem Buch im Einzelfall erforderlich ist.

(3) $_1$Wer jemandem, der Leistungen nach diesem Buch beantragt hat oder bezieht, zu Leistungen verpflichtet ist oder war, die geeignet sind oder waren, Leistungen auszuschließen oder zu mindern, oder für ihn Guthaben führt oder Vermögensgegenstände verwahrt, hat dem Träger der Sozialhilfe auf Verlangen hierüber sowie über damit im Zusammenhang stehendes Einkommen oder Vermögen Auskunft zu erteilen, soweit es zur Durchführung der Leistungen nach diesem Buch im Einzelfall erforderlich ist. $_2$§ 21 Abs. 3 Satz 4 des Zehnten Buches gilt entsprechend.

(4) Der Arbeitgeber ist verpflichtet, dem Träger der Sozialhilfe über die Art und Dauer der Beschäftigung, die Arbeitsstätte und das Arbeitsentgelt der bei ihm beschäftigten Leistungsberechtigten, Unterhaltspflichtigen und deren nicht getrennt lebenden Ehegatten oder Lebenspartner sowie Kostenersatzpflichtigen Auskunft zu geben, soweit die Durchführung dieses Buches es erfordert.

(5) Die nach den Absätzen 1 bis 4 zur Erteilung einer Auskunft Verpflichteten können Angaben verweigern, die ihnen oder ihnen nahe stehenden Personen (§ 383 Abs. 1 Nr. 1 bis 3

der Zivilprozessordnung) die Gefahr zuziehen würden, wegen einer Straftat oder einer Ordnungswidrigkeit verfolgt zu werden.

(6) 1Ordnungswidrig handelt, wer vorsätzlich oder fahrlässig die Auskünfte nach den Absätzen 2, 3 Satz 1 und Absatz 4 nicht, nicht richtig, nicht vollständig oder nicht rechtzeitig erteilt. 2Die Ordnungswidrigkeit kann mit einer Geldbuße geahndet werden.

§ 118 Überprüfung, Verwaltungshilfe

(1) 1Die Träger der Sozialhilfe können Personen, die Leistungen nach diesem Buch mit Ausnahme des Vierten Kapitels beziehen, auch regelmäßig im Wege des automatisierten Datenabgleichs daraufhin überprüfen,

1. ob und in welcher Höhe und für welche Zeiträume von ihnen Leistungen der Bundesagentur für Arbeit (Auskunftsstelle) oder der Träger der gesetzlichen Unfall- oder Rentenversicherung (Auskunftsstellen) bezogen werden oder wurden,
2. ob und in welchem Umfang Zeiten des Leistungsbezuges nach diesem Buch mit Zeiten einer Versicherungspflicht oder Zeiten einer geringfügigen Beschäftigung zusammentreffen,
3. ob und welche Daten nach § 45d Abs. 1 und § 45e des Einkommensteuergesetzes dem Bundeszentralamt für Steuern (Auskunftsstelle) übermittelt worden sind und
4. ob und in welcher Höhe ein Kapital nach § 90 Abs. 2 Nr. 2 nicht mehr dem Zweck einer geförderten zusätzlichen Altersvorsorge im Sinne des § 10a oder des Abschnitts XI des Einkommensteuergesetzes dient.

2Sie dürfen für die Überprüfung nach Satz 1 Name, Vorname (Rufname), Geburtsdatum, Geburtsort, Nationalität, Geschlecht, Anschrift und Versicherungsnummer der Personen, die Leistungen nach diesem Buch beziehen, den Auskunftsstellen übermitteln. 3Die Auskunftsstellen führen den Abgleich mit den nach Satz 2 übermittelten Daten durch und übermitteln die Daten über Feststellungen im Sinne des Satzes 1 an die Träger der Sozialhilfe. 4Die ihnen überlassenen Daten und Datenträger sind nach Durchführung des Abgleichs unverzüglich zurückzugeben, zu löschen oder zu vernichten. 5Die Träger der Sozialhilfe dürfen die ihnen übermittelten Daten nur zur Überprüfung nach Satz 1 nutzen. 6Die übermittelten Daten der Personen, bei denen die Überprüfung zu keinen abweichenden Feststellungen führt, sind unverzüglich zu löschen.

(2) 1Die Träger der Sozialhilfe sind befugt, Personen, die Leistungen nach diesem Buch beziehen, auch regelmäßig im Wege des automatisierten Datenabgleichs daraufhin zu überprüfen, ob und in welcher Höhe und für welche Zeiträume von ihnen Leistungen nach diesem Buch durch andere Träger der Sozialhilfe bezogen werden oder wurden. 2Hierzu dürfen die erforderlichen Daten nach Absatz 1 Satz 2 anderen Trägern der Sozialhilfe oder einer zentralen Vermittlungsstelle im Sinne des § 120 Nr. 1 übermittelt werden. 3Diese führen den Abgleich der ihnen übermittelten Daten durch und leiten Feststellungen im Sinne des Satzes 1 an die übermittelnden Träger der Sozialhilfe zurück. 4Sind die ihnen übermittelten Daten oder Datenträger für die Überprüfung nach Satz 1 nicht mehr erforderlich, sind diese unverzüglich zurückzugeben, zu löschen oder zu vernichten. 5Überprüfungsverfahren nach diesem Absatz können zusammengefasst und mit Überprüfungsverfahren nach Absatz 1 verbunden werden.

(3) 1Die Datenstelle der Rentenversicherungsträger darf als Vermittlungsstelle für das Bundesgebiet die nach den Absätzen 1 und 2 übermittelten Daten speichern und nutzen, soweit dies für die Datenabgleiche nach den Absätzen 1 und 2 erforderlich ist. 2Sie darf die Daten der Stammsatzdatei (§ 150 des Sechsten Buches) und der bei ihr für die Prüfung bei den Arbeitgebern geführten Datei (§ 28p Abs. 8 Satz 2 des Vierten Buches) nutzen, soweit die Daten für die Datenabgleiche erforderlich sind. 3Die nach Satz 1 bei der Datenstelle der Rentenversicherungsträger gespeicherten Daten sind unverzüglich nach Abschluss der Datenabgleiche zu löschen.

(4) 1Die Träger der Sozialhilfe sind befugt, zur Vermeidung rechtswidriger Inanspruchnahme von Sozialhilfe Daten von Personen, die Leistungen nach diesem Buch beziehen, bei anderen Stellen ihrer Verwaltung, bei ihren wirtschaftlichen Unternehmen und bei den Krei-

XII

sen, Kreisverwaltungsbehörden und Gemeinden zu überprüfen, soweit diese für die Erfüllung dieser Aufgaben erforderlich sind. 2Sie dürfen für die Überprüfung die in Absatz 1 Satz 2 genannten Daten übermitteln. 3Die Überprüfung kann auch regelmäßig im Wege des automatisierten Datenabgleichs mit den Stellen durchgeführt werden, bei denen die in Satz 4 jeweils genannten Daten zuständigkeitshalber vorliegen. 4Nach Satz 1 ist die Überprüfung folgender Daten zulässig:

1. Geburtsdatum und -ort,
2. Personen- und Familienstand,
3. Wohnsitz,
4. Dauer und Kosten von Miet- oder Überlassungsverhältnissen von Wohnraum,
5. Dauer und Kosten von bezogenen Leistungen über Elektrizität, Gas, Wasser, Fernwärme oder Abfallentsorgung und
6. Eigenschaft als Kraftfahrzeughalter.

5Die in Satz 1 genannten Stellen sind verpflichtet, die in Satz 4 genannten Daten zu übermitteln. 6Sie haben die ihnen im Rahmen der Überprüfung übermittelten Daten nach Vorlage der Mitteilung unverzüglich zu löschen. 7Eine Übermittlung durch diese Stellen unterbleibt, soweit ihr besondere gesetzliche Verwendungsregelungen entgegenstehen.

§ 119 Wissenschaftliche Forschung im Auftrag des Bundes

1Der Träger der Sozialhilfe darf einer wissenschaftlichen Einrichtung, die im Auftrag des Bundesministeriums für Arbeit und Soziales ein Forschungsvorhaben durchführt, das dem Zweck dient, die Erreichung der Ziele von Gesetzen über soziale Leistungen zu überprüfen oder zu verbessern, Sozialdaten übermitteln, soweit

1. dies zur Durchführung des Forschungsvorhabens erforderlich ist, insbesondere das Verfahren mit anonymisierten oder pseudoanonymisierten Daten nicht durchgeführt werden kann, und
2. das öffentliche Interesse an dem Forschungsvorhaben das schutzwürdige Interesse der Betroffenen an einem Ausschluss der Übermittlung erheblich überwiegt.

2Vor der Übermittlung sind die Betroffenen über die beabsichtigte Übermittlung, den Zweck des Forschungsvorhabens sowie ihr Widerspruchsrecht nach Satz 3 schriftlich zu unterrichten. 3Sie können der Übermittlung innerhalb eines Monats nach der Unterrichtung widersprechen. 4Im Übrigen bleibt das Zweite Kapitel des Zehnten Buches unberührt.

§ 120 Verordnungsermächtigung

Das Bundesministerium für Arbeit und Soziales wird ermächtigt, durch Rechtsverordnung mit Zustimmung des Bundesrates

1. das Nähere über das Verfahren des automatisierten Datenabgleichs nach § 118 Abs. 1 und die Kosten des Verfahrens zu regeln; dabei ist vorzusehen, dass die Zuleitung an die Auskunftsstellen durch eine zentrale Vermittlungsstelle (Kopfstelle) zu erfolgen hat, deren Zuständigkeitsbereich zumindest das Gebiet eines Bundeslandes umfasst, und
2. das Nähere über das Verfahren nach § 118 Abs. 2 zu regeln.

Fünfzehntes Kapitel Statistik

Erster Abschnitt Bundesstatistik für das Dritte und Fünfte bis Neunte Kapitel

§ 121 Bundesstatistik für das Dritte und Fünfte bis Neunte Kapitel

Zur Beurteilung der Auswirkungen des Dritten und Fünften bis Neunten Kapitels und zu deren Fortentwicklung werden Erhebungen über

1. die Leistungsberechtigten, denen
   a) Hilfe zum Lebensunterhalt nach dem Dritten Kapitel (§§ 27 bis 40),
   b) Hilfen zur Gesundheit nach dem Fünften Kapitel (§§ 47 bis 52),
   c) Eingliederungshilfe für behinderte Menschen nach dem Sechsten Kapitel (§§ 53 bis 60),
   d) Hilfe zur Pflege nach dem Siebten Kapitel (§§ 61 bis 66),

XII

e) Hilfe zur Überwindung besonderer sozialer Schwierigkeiten nach dem Achten Kapitel (§§ 67 bis 69) und
f) Hilfe in anderen Lebenslagen nach dem Neunten Kapitel (§§ 70 bis 74),

geleistet wird,

2. die Einnahmen und Ausgaben der Träger der Sozialhilfe nach dem Dritten und Fünften bis Neunten Kapitel

als Bundesstatistik durchgeführt.

§ 122 Erhebungsmerkmale

(1) Erhebungsmerkmale bei der Erhebung nach § 121 Nummer 1 Buchstabe a sind:

1. für Leistungsberechtigte, denen Leistungen nach dem Dritten Kapitel für mindestens einen Monat erbracht werden:
   a) Geschlecht, Geburtsmonat und -jahr, Staatsangehörigkeit, Migrationshintergrund, bei Ausländern auch aufenthaltsrechtlicher Status, Stellung zum Haushaltsvorstand, Art der geleisteten Mehrbedarfszuschläge,
   b) für Leistungsberechtigte, die das 15. Lebensjahr vollendet, die Altersgrenze nach § 41 Abs. 2 aber noch nicht erreicht haben, zusätzlich zu den unter Buchstabe a genannten Merkmalen: Beschäftigung, Einschränkung der Leistung,
   c) für Leistungsberechtigte in Personengemeinschaften, für die eine gemeinsame Bedarfsberechnung erfolgt, und für einzelne Leistungsberechtigte: Wohngemeinde und Gemeindeteil, Art des Trägers, Leistungen in und außerhalb von Einrichtungen, Beginn der Leistung nach Monat und Jahr, Beginn der ununterbrochenen Leistungserbringung für mindestens ein Mitglied der Personengemeinschaft nach Monat und Jahr, die in den § 27a Absatz 3, §§ 27b, 30 bis 33, 34 Absatz 2 bis 7, §§ 35 bis 38 und 133a genannten Bedarfe je Monat, Nettobedarf je Monat, Art und jeweilige Höhe der angerechneten oder in Anspruch genommenen Einkommen und übergegangenen Ansprüche, Zahl aller Haushaltsmitglieder, Zahl aller Leistungsberechtigten im Haushalt,
   d) bei Änderung der Zusammensetzung der Personengemeinschaft und bei Beendigung der Leistungserbringung zusätzlich zu den unter den Buchstaben a bis c genannten Merkmalen: Monat und Jahr der Änderung der Zusammensetzung oder der Beendigung der Leistung, bei Ende der Leistung auch Grund der Einstellung der Leistungen und
2. für Leistungsberechtigte, die nicht zu dem Personenkreis der Nummer 1 zählen: Geschlecht, Altersgruppe, Staatsangehörigkeit, Vorhandensein eigenen Wohnraums, Art des Trägers.

(2) (weggefallen)

(3) Erhebungsmerkmale bei den Erhebungen nach § 121 Nummer 1 Buchstabe b bis f sind für jeden Leistungsberechtigten:

1. Geschlecht, Geburtsmonat und -jahr, Wohngemeinde und Gemeindeteil, Staatsangehörigkeit, bei Ausländern auch aufenthaltsrechtlicher Status, Art des Trägers, erbrachte Leistung im Laufe und am Ende des Berichtsjahres sowie in und außerhalb von Einrichtungen nach Art der Leistung nach § 8, am Jahresende erbrachte Leistungen nach dem Dritten und Vierten Kapitel jeweils getrennt nach in und außerhalb von Einrichtungen,
2. bei Leistungsberechtigten nach dem Sechsten und Siebten Kapitel auch die einzelne Art der Leistungen und die Ausgaben je Fall, Beginn und Ende der Leistungserbringung nach Monat und Jahr sowie Art der Unterbringung, Leistung durch ein Persönliches Budget,
3. bei Leistungsberechtigten nach dem Sechsten Kapitel zusätzlich die Beschäftigten, denen der Übergang auf den allgemeinen Arbeitsmarkt gelingt,
4. bei Leistungsberechtigten nach dem Siebten Kapitel zusätzlich Erbringung von Pflegeleistungen von Sozialversicherungsträgern.

(4) Erhebungsmerkmale bei der Erhebung nach § 121 Nummer 2 sind: Art des Trägers, Ausgaben für Leistungen in und außerhalb von Einrichtungen nach § 8, Einnahmen in und

außerhalb von Einrichtungen nach Einnahmearten und Leistungen nach § 8.

§ 123 Hilfsmerkmale

(1) Hilfsmerkmale für Erhebungen nach § 121 sind

1. Name und Anschrift des Auskunftspflichtigen,
2. für die Erhebung nach § 122 Absatz 1 Nummer 1 die Kennnummern der Leistungsberechtigten,
3. Name und Telefonnummer der für eventuelle Rückfragen zur Verfügung stehenden Person.

(2) 1Die Kennnummern nach Absatz 1 Nummer 2 dienen der Prüfung der Richtigkeit der Statistik und der Fortschreibung der jeweils letzten Bestandserhebung. 2Sie enthalten keine Angaben über persönliche und sachliche Verhältnisse der Leistungsberechtigten und sind zum frühestmöglichen Zeitpunkt spätestens nach Abschluss der wiederkehrenden Bestandserhebung zu löschen.

§ 124 Periodizität, Berichtszeitraum und Berichtszeitpunkte

(1) 1Die Erhebungen nach § 122 Absatz 1 Nummer 1 Buchstabe a bis c werden als Bestandserhebungen jährlich zum 31. Dezember durchgeführt. 2Die Angaben sind darüber hinaus bei Beginn und Ende der Leistungserbringung sowie bei Änderung der Zusammensetzung der Personengemeinschaft nach § 122 Absatz 1 Nummer 1 Buchstabe c zu erteilen. 3Die Angaben zu § 122 Absatz 1 Nummer 1 Buchstabe d sind ebenfalls zum Zeitpunkt der Beendigung der Leistungserbringung und der Änderung der Zusammensetzung der Personengemeinschaft zu erteilen.

(2) Die Erhebung nach § 122 Absatz 1 Nummer 2 wird als Bestandserhebung vierteljährlich zum Quartalsende durchgeführt.

(3) Die Erhebungen nach § 122 Absatz 3 und 4 erfolgen jährlich für das abgelaufene Kalenderjahr.

§ 125 Auskunftspflicht

(1) 1Für die Erhebungen nach § 121 besteht Auskunftspflicht. 2Die Angaben nach § 123 Absatz 1 Nummer 3 sowie die Angaben zum Gemeindeteil nach § 122 Absatz 1 Nummer 1 Buchstabe c und Absatz 3 Nummer 1 sind freiwillig.

(2) Auskunftspflichtig sind die zuständigen örtlichen und überörtlichen Träger der Sozialhilfe sowie die kreisangehörigen Gemeinden und Gemeindeverbände, soweit sie Aufgaben dieses Buches wahrnehmen.

§ 126 Übermittlung, Veröffentlichung

(1) 1An die fachlich zuständigen obersten Bundes- oder Landesbehörden dürfen für die Verwendung gegenüber den gesetzgebenden Körperschaften und für Zwecke der Planung, jedoch nicht für die Regelung von Einzelfällen, vom Statistischen Bundesamt und den statistischen Ämtern der Länder Tabellen mit statistischen Ergebnissen nach § 121 übermittelt werden, auch soweit Tabellenfelder nur einen einzigen Fall ausweisen. 2Tabellen, deren Tabellenfelder nur einen einzigen Fall ausweisen, dürfen nur dann übermittelt werden, wenn sie nicht differenzierter als auf Regierungsbezirksebene, bei Stadtstaaten auf Bezirksebene, aufbereitet sind.

(2) Die statistischen Ämter der Länder stellen dem Statistischen Bundesamt zu den Erhebungen nach § 121 für Zusatzaufbereitungen des Bundes jährlich unverzüglich nach Aufbereitung der Bestandserhebung und der Erhebung im Laufe des Berichtsjahres Einzelangaben aus einer Zufallsstichprobe mit einem Auswahlsatz von 25 vom Hundert der Leistungsempfänger zur Verfügung.

(3) Die Ergebnisse der Sozialhilfestatistik dürfen auf die einzelne Gemeinde bezogen veröffentlicht werden.

§ 127 Übermittlung an Kommunen

(1) Für ausschließlich statistische Zwecke dürfen den zur Durchführung statistischer Aufgaben zuständigen Stellen der Gemeinden und Gemeindeverbände für ihren Zuständigkeitsbereich Einzelangaben aus der Erhebung nach § 122 mit Ausnahme der Hilfsmerkmale übermittelt werden, soweit die Voraussetzungen nach § 16 Abs. 5 des Bundesstatistikgesetzes gegeben sind.

(2) Die Daten können auch für interkommunale Vergleichszwecke übermittelt werden, wenn die betreffenden Träger der Sozialhilfe zustimmen und sichergestellt ist, dass die Datenerhebung der Berichtsstellen nach standardisierten Erfassungs- und Melderegelungen sowie vereinheitlichter Auswertungsroutine erfolgt.

§ 128 Zusatzerhebungen

Über Leistungen und Maßnahmen nach dem Dritten und Fünften bis Neunten Kapitel, die nicht durch die Erhebungen nach § 121 Nummer 1 erfasst sind, können bei Bedarf Zusatzerhebungen als Bundesstatistiken durchgeführt werden.

Zweiter Abschnitt Bundesstatistik für das Vierte Kapitel

§ 128a Bundesstatistik für das Vierte Kapitel

(1) 1Zur Beurteilung der Auswirkungen des Vierten Kapitels sowie zu seiner Fortentwicklung sind Erhebungen über die Leistungsberechtigten als Bundesstatistik durchzuführen. 2Die Erhebungen erfolgen zentral durch das Statistische Bundesamt.

(2) Die Statistik nach Absatz 1 umfasst folgende Merkmalkategorien:

1. Persönliche Merkmale,
2. Art und Höhe der Bedarfe,
3. Art und Höhe der angerechneten Einkommen.

§ 128b Persönliche Merkmale

Erhebungsmerkmale nach § 128a Absatz 2 Nummer 1 sind

1. Geschlecht, Geburtsjahr, Staatsangehörigkeit und Bundesland,
2. Geburtsmonat, Wohngemeinde und Gemeindeteil, bei Ausländern auch aufenthaltsrechtlicher Status,
3. Leistungsbezug in und außerhalb von Einrichtungen, bei Leistungsberechtigten außerhalb von Einrichtungen zusätzlich die Anzahl der im Haushalt lebenden Personen, bei Leistungsberechtigten in Einrichtungen die Art der Unterbringung,
4. Träger der Leistung,
5. Beginn der Leistungsgewährung nach Monat und Jahr sowie Ursache der Leistungsgewährung, Ende des Leistungsbezugs nach Monat und Jahr sowie Grund für die Einstellung der Leistung,
6. Dauer des Leistungsbezugs in Monaten,
7. gleichzeitiger Bezug von Leistungen nach dem Dritten und Fünften bis Neunten Kapitel.

§ 128c Art und Höhe der Bedarfe

Erhebungsmerkmale nach § 128a Absatz 2 Nummer 2 sind

1. Regelbedarfsstufe, gezahlter Regelsatz in den Regelbedarfsstufen und abweichende Regelsatzfestsetzung,
2. Mehrbedarfe nach Art und Höhe,
3. einmalige Bedarfe nach Art und Höhe,
4. Beiträge zur Kranken- und Pflegeversicherung, getrennt nach
   a) Beiträgen für eine Pflichtversicherung in der gesetzlichen Krankenversicherung,
   b) Beiträgen für eine freiwillige Versicherung in der gesetzlichen Krankenversicherung,
   c) Zusatzbeiträgen nach dem Fünften Buch,
   d) Beiträgen für eine private Krankenversicherung,
   e) Beiträgen für eine soziale Pflegeversicherung,
   f) Beiträgen für eine private Pflegeversicherung,
5. Beiträge für die Vorsorge, getrennt nach
   a) Beiträgen für die Altersvorsorge,
   b) Aufwendungen für Sterbegeldversicherungen,
6. Bedarfe für Bildung und Teilhabe, getrennt nach
   a) Schulausflügen,
   b) mehrtägigen Klassenfahrten,
   c) Ausstattung mit persönlichem Schulbedarf,
   d) Schulbeförderung,
   e) Lernförderung,

f) Teilnahme an einer gemeinschaftlichen Mittagsverpflegung,
7. Aufwendungen für Unterkunft und Heizung sowie sonstige Hilfen zur Sicherung der Unterkunft,
8. Brutto- und Nettobedarf,
9. Darlehen.

§ 128d Art und Höhe der angerechneten Einkommen

Erhebungsmerkmale nach § 128a Absatz 2 Nummer 3 sind die jeweilige Höhe der Einkommensart, getrennt nach
1. Altersrente aus der gesetzlichen Rentenversicherung,
2. Hinterbliebenenrente aus der gesetzlichen Rentenversicherung,
3. Renten wegen Erwerbsminderung,
4. Versorgungsbezüge,
5. Renten aus betrieblicher Altersvorsorge,
6. Renten aus privater Vorsorge,
7. Vermögenseinkünfte,
8. Einkünfte nach dem Bundesversorgungsgesetz,
9. Erwerbseinkommen,
10. übersteigendes Einkommen eines im gemeinsamen Haushalt lebenden Partners,
11. öffentlich-rechtliche Leistungen für Kinder,
12. sonstige Einkünfte.

§ 128e Hilfsmerkmale

(1) Hilfsmerkmale für die Bundesstatistik nach § 128a sind
1. Name und Anschrift der nach § 128g Auskunftspflichtigen,
2. die Kennnummern des Leistungsberechtigten,
3. Name und Telefonnummer sowie Adresse für elektronische Post der für eventuelle Rückfragen zur Verfügung stehenden Person.

(2) 1Die Kennnummern nach Absatz 1 Nummer 2 dienen der Prüfung der Richtigkeit der Statistik und der Fortschreibung der jeweils letzten Bestandserhebung. 2Sie enthalten keine Angaben über persönliche und sachliche Verhältnisse des Leistungsberechtigten und sind zum frühestmöglichen Zeitpunkt, spätestens nach Abschluss der wiederkehrenden Bestandserhebung, zu löschen.

§ 128f Periodizität, Berichtszeitraum und Berichtszeitpunkte

(1) Die Bundesstatistik nach § 128a wird quartalsweise durchgeführt.

(2) Die Merkmale nach den §§ 128b bis 128d, ausgenommen das Merkmal nach § 128b Nummer 5, sind als Bestandserhebung zum Quartalsende zu erheben, wobei sich die Angaben zu den Bedarfen und Einkommen nach § 128c Nummer 1 bis 8 und § 128d jeweils auf den gesamten letzten Monat des Berichtsquartals beziehen.

(3) 1Die Merkmale nach § 128b Nummer 5 sind für den gesamten Quartalszeitraum zu erheben, wobei gleichzeitig die Merkmale nach § 128b Nummer 1 und 2 zu erheben sind. 2Bei den beendeten Leistungen ist zudem die bisherige Dauer der Leistungsgewährung nach § 128b Nummer 6 zu erheben.

(4) Die Merkmale nach § 128c Nummer 6 sind für jeden Monat eines Quartals zu erheben, wobei gleichzeitig die Merkmale nach § 128b Nummer 1 und 2 zu erheben sind.

§ 128g Auskunftspflicht

(1) 1Für die Bundesstatistik nach § 128a besteht Auskunftspflicht. 2Die Auskunftserteilung für die Angaben nach § 128e Nummer 3 und zum Gemeindeteil nach § 128b Nummer 2 sind freiwillig.

(2) Auskunftspflichtig sind die für die Ausführung des Gesetzes nach dem Vierten Kapitel zuständigen Träger.

§ 128h Datenübermittlung, Veröffentlichung

(1) 1Die in sich schlüssigen und nach einheitlichen Standards formatierten Einzeldatensätze sind von den Auskunftspflichtigen elektronisch bis zum Ablauf von 30 Arbeitstagen nach Ende des jeweiligen Berichtsquartals nach § 128f an das Statistische Bundesamt zu übermitteln. 2Soweit die Übermittlung zwischen informationstechnischen Netzen von Bund und Ländern stattfindet, ist dafür nach

§ 3 des Gesetzes über die Verbindung der informationstechnischen Netze des Bundes und der Länder – Gesetz zur Ausführung von Artikel 91c Absatz 4 des Grundgesetzes – vom 10. August 2009 (BGBl. I S. 2702, 2706) das Verbindungsnetz zu nutzen. $_3$Die zu übermittelnden Daten sind nach dem Stand der Technik fortgeschritten zu signieren und zu verschlüsseln.

(2) Das Statistische Bundesamt übermittelt dem Bundesministerium für Arbeit und Soziales für Zwecke der Planung, jedoch nicht für die Regelung von Einzelfällen, Tabellen mit den Ergebnissen der Bundesstatistik nach § 128a, auch soweit Tabellenfelder nur einen einzigen Fall ausweisen.

(3) $_1$Zur Weiterentwicklung des Systems der Grundsicherung im Alter und bei Erwerbsminderung übermittelt das Statistische Bundesamt auf Anforderung des Bundesministeriums für Arbeit und Soziales Einzelangaben aus einer Stichprobe, die vom Statistischen Bundesamt gezogen wird und nicht mehr als 10 Prozent der Grundgesamtheit der Leistungsberechtigten umfasst. $_2$Die zu übermittelnden Einzelangaben dienen der Entwicklung und dem Betrieb von Mikrosimulationsmodellen durch das Bundesministerium für Arbeit und Soziales und dürfen nur im hierfür erforderlichen Umfang und mittels eines sicheren Datentransfers ausschließlich an das Bundesministerium für Arbeit und Soziales übermittelt werden. $_3$Angaben zu den Erhebungsmerkmalen nach § 128b Nummer 2 und 4 und den Hilfsmerkmalen nach § 128e dürfen nicht übermittelt werden; Angaben zu monatlichen Durchschnittsbeträgen in den Einzelangaben werden vom Statistischen Bundesamt auf volle Euro gerundet.

(4) $_1$Bei der Verarbeitung und Nutzung der Daten nach Absatz 3 ist das Statistikgeheimnis nach § 16 des Bundesstatistikgesetzes zu wahren. $_2$Dafür ist die Trennung von statistischen und nichtstatistischen Aufgaben durch Organisation und Verfahren zu gewährleisten. $_3$Die nach Absatz 3 übermittelten Daten dürfen nur für die Zwecke verwendet werden, für die sie übermittelt wurden. $_4$Eine Weitergabe von Einzelangaben aus einer Stichprobe nach Absatz 3 Satz 1 durch das Bundesministerium für Arbeit und Soziales an Dritte ist nicht zulässig. $_5$Die übermittelten Einzeldaten sind nach dem Erreichen des Zweckes zu löschen, zu dem sie übermittelt wurden.

(5) $_1$Das Statistische Bundesamt übermittelt den statistischen Ämtern der Länder Tabellen mit den Ergebnissen der Bundesstatistik für die jeweiligen Länder und für die für die Ausführung des Gesetzes nach dem Vierten Kapitel zuständigen Träger. $_2$Das Bundesministerium für Arbeit und Soziales erhält diese Tabellen ebenfalls. $_3$Die statistischen Ämter der Länder erhalten zudem für ihr Land die jeweiligen Einzeldatensätze für Sonderaufbereitungen auf regionaler Ebene.

(6) Die Ergebnisse der Bundesstatistik nach diesem Abschnitt dürfen auf die einzelnen Gemeinden bezogen veröffentlicht werden.

Dritter Abschnitt
Verordnungsermächtigung

§ 129 Verordnungsermächtigung

Das Bundesministerium für Arbeit und Soziales kann für Zusatzerhebungen nach § 128 im Einvernehmen mit dem Bundesministerium des Innern durch Rechtsverordnung mit Zustimmung des Bundesrates das Nähere regeln über

a) den Kreis der Auskunftspflichtigen nach § 125 Abs. 2,

b) die Gruppen von Leistungsberechtigten, denen Hilfen nach dem Dritten und Fünften bis Neunten Kapitel geleistet werden,

c) die Leistungsberechtigten, denen bestimmte einzelne Leistungen der Hilfen nach dem Dritten und Fünften bis Neunten Kapitel geleistet werden,

d) den Zeitpunkt der Erhebungen,

e) die erforderlichen Erhebungs- und Hilfsmerkmale im Sinne der §§ 122 und 123 und

f) die Art der Erhebung (Vollerhebung oder Zufallsstichprobe).

Sechzehntes Kapitel Übergangs- und Schlussbestimmungen

§ 130 Übergangsregelung für ambulant Betreute

Für Personen, die Leistungen der Eingliederungshilfe für behinderte Menschen oder der Hilfe zur Pflege empfangen, deren Betreuung am 26. Juni 1996 durch von ihnen beschäftigte Personen oder ambulante Dienste sichergestellt wurde, gilt § 3a des Bundessozialhilfegesetzes in der am 26. Juli 1996 geltenden Fassung.

§ 131 Übergangsregelung für die Statistik über Einnahmen und Ausgaben nach dem Vierten Kapitel

1Die Erhebungen nach § 121 Nummer 2 in Verbindung mit § 122 Absatz 4 in der am 31. Dezember 2014 geltenden Fassung über die Ausgaben und Einnahmen der nach Landesrecht für die Ausführung von Geldleistungen nach dem Vierten Kapitel zuständigen Träger sind dabei auch in den Berichtsjahren 2015 und 2016 durchzuführen. 2Die §§ 124 bis 127 sind in der am 31. Dezember 2014 geltenden Fassung anzuwenden.

§ 132 Übergangsregelung zur Sozialhilfegewährung für Deutsche im Ausland

(1) Deutsche, die am 31. Dezember 2003 Leistungen nach § 147b des Bundessozialhilfegesetzes in der zu diesem Zeitpunkt geltenden Fassung bezogen haben, erhalten diese Leistungen bei fortdauernder Bedürftigkeit weiter.

(2) 1Deutsche,

1. die in den dem 1. Januar 2004 vorangegangenen 24 Kalendermonaten ohne Unterbrechung Leistungen nach § 119 des Bundessozialhilfegesetzes in der am 31. Dezember 2003 geltenden Fassung bezogen haben und
2. in dem Aufenthaltsstaat über eine dauerhafte Aufenthaltsgenehmigung verfügen,

erhalten diese Leistungen bei fortdauernder Bedürftigkeit weiter. 2Für Deutsche, die am 31. Dezember 2003 Leistungen nach § 119 des Bundessozialhilfegesetzes in der am 31. Dezember 2003 geltenden Fassung bezogen haben und weder die Voraussetzungen nach Satz 1 noch die Voraussetzungen des § 24 Abs. 1 erfüllen, enden die Leistungen bei fortdauernder Bedürftigkeit mit Ablauf des 31. März 2004.

(3) Deutsche, die die Voraussetzungen des § 1 Abs. 1 des Bundesentschädigungsgesetzes erfüllen und

1. zwischen dem 30. Januar 1933 und dem 8. Mai 1945 das Gebiet des Deutschen Reiches oder der Freien Stadt Danzig verlassen haben, um sich einer von ihnen nicht zu vertretenden und durch die politischen Verhältnisse bedingten besonderen Zwangslage zu entziehen oder aus den gleichen Gründen nicht in das Gebiet des Deutschen Reiches oder der Freien Stadt Danzig zurückkehren konnten oder
2. nach dem 8. Mai 1945 und vor dem 1. Januar 1950 das Gebiet des Deutschen Reiches nach dem Stande vom 31. Dezember 1937 oder das Gebiet der Freien Stadt Danzig verlassen haben,

können, sofern sie in dem Aufenthaltsstaat über ein dauerhaftes Aufenthaltsrecht verfügen, in außergewöhnlichen Notlagen Leistungen erhalten, auch wenn sie nicht die Voraussetzungen nach den Absätzen 1 und 2 oder nach § 24 Abs. 1 erfüllen; § 24 Abs. 2 gilt.

§ 133 Übergangsregelung für besondere Hilfen an Deutsche nach Artikel 116 Abs. 1 des Grundgesetzes

(1) 1Deutsche, die außerhalb des Geltungsbereiches dieses Gesetzes, aber innerhalb des in Artikel 116 Abs. 1 des Grundgesetzes genannten Gebiets geboren sind und dort ihren gewöhnlichen Aufenthalt haben, können in außergewöhnlichen Notlagen besondere Hilfen erhalten, auch wenn sie nicht die Voraussetzungen des § 24 Abs. 1 erfüllen. 2§ 24 Abs. 2 gilt. 3Die Höhe dieser Leistungen bemisst sich nach den im Aufenthaltsstaat in vergleichbaren Lebensumständen üblichen Leistungen. 4Die besonderen Hilfen werden unter Übernahme der Kosten durch den Bund durch Träger der freien Wohlfahrtspflege mit Sitz im Inland geleistet.

(2) Die Bundesregierung wird ermächtigt, durch Rechtsverordnung mit Zustimmung des Bundesrates die persönlichen Bezugsvoraussetzungen, die Bemessung der Leistungen sowie die Trägerschaft und das Verfahren zu bestimmen.

§ 133a Übergangsregelung für Hilfeempfänger in Einrichtungen

Für Personen, die am 31. Dezember 2004 einen Anspruch auf einen zusätzlichen Barbetrag nach § 21 Abs. 3 Satz 4 des Bundessozialhilfegesetzes haben, wird diese Leistung in der für den vollen Kalendermonat Dezember 2004 festgestellten Höhe weiter erbracht.

§ 134 Übergangsregelung für die Fortschreibung der Regelbedarfsstufen 4 bis 6

Abweichend von § 28a sind die Regelbedarfsstufen 4 bis 6 der Anlage zu § 28 nicht mit dem sich nach der Verordnung nach § 40 ergebenden Vomhundertsatz fortzuschreiben, solange sich durch die entsprechende Fortschreibung der Beträge nach § 8 Absatz 1 Nummer 4 bis 6 des Regelbedarfs-Ermittlungsgesetzes keine höheren Beträge ergeben würden.

§ 135 Übergangsregelung aus Anlass des Zweiten Rechtsbereinigungsgesetzes

(1) $_1$Erhielten am 31. Dezember 1986 Tuberkulosekranke, von Tuberkulose Bedrohte oder von Tuberkulose Genesene laufende Leistungen nach Vorschriften, die durch das Zweite Rechtsbereinigungsgesetz außer Kraft treten, sind diese Leistungen nach den bisher maßgebenden Vorschriften weiterzugewähren, längstens jedoch bis zum 31. Dezember 1987. $_2$Sachlich zuständig bleibt der überörtliche Träger der Sozialhilfe, soweit nicht nach Landesrecht der örtliche Träger zuständig ist.

(2) Die Länder können für die Verwaltung der im Rahmen der bisherigen Tuberkulosehilfe gewährten Darlehen andere Behörden bestimmen.

§ 136 Übergangsregelung für Nachweise in den Jahren 2013 und 2014

(1) Die Länder haben dem Bundesministerium für Arbeit und Soziales in den Jahren 2013 und 2014 jeweils zum Fünfzehnten der Monate Mai, August, November und Februar für das jeweils abgeschlossene Quartal in tabellarischer Form zu belegen:

1. die Bruttoausgaben für Geldleistungen nach § 46a Absatz 2 sowie die darauf entfallenden Einnahmen,
2. die Bruttoausgaben und Einnahmen nach Nummer 1, differenziert nach Leistungen für Leistungsberechtigte außerhalb und in Einrichtungen.

(2) Die Länder haben dem Bundesministerium für Arbeit und Soziales die Angaben nach Absatz 1 entsprechend für das Kalenderjahr 2013 bis zum 31. Mai 2014 und für das Kalenderjahr 2014 bis zum 31. Mai 2015 in tabellarischer Form zu belegen.

§ 137 Übergangsregelung aus Anlass des Gesetzes zur Ermittlung von Regelbedarfen und zur Änderung des Zweiten und Zwölften Buches Sozialgesetzbuch

$_1$Kommt es durch das Inkrafttreten des Gesetzes zur Ermittlung von Regelbedarfen und zur Änderung des Zweiten und Zwölften Buches Sozialgesetzbuch zu einer Verminderung des Regelbedarfs nach § 27a Absatz 3 Satz 1 oder § 42 Nummer 1, sind für den Zeitraum vom 1. Januar bis 31. März 2011 bereits erbrachte Regelsätze nicht zu erstatten. $_2$Eine Aufrechnung ist unzulässig.

§ 138 Fortschreibung der Regelbedarfsstufen zum 1. Januar 2012

Die Regelbedarfsstufen werden in zwei Stufen zum 1. Januar 2012 wie folgt fortgeschrieben:

1. Abweichend von § 28a Absatz 2 und § 40 werden die Regelbedarfsstufen mit der Veränderungsrate des Mischindexes fortgeschrieben, die sich ergibt aus der Veränderung in dem Zwölfmonatszeitraum, der mit dem 1. Juli 2009 beginnt und mit dem 30. Juni 2010 endet, gegenüber dem Jahresdurchschnittswert 2009; die Veränderungsrate beträgt 0,75 vom Hundert;
2. die sich durch die Fortschreibung nach Nummer 1 nach Anwendung der Rundungsregelung nach § 28 Absatz 4 Satz 5 für jede Regelbedarfsstufe ergebenden Beträge werden nach § 28a fortgeschrieben.

Anlage
(zu § 28)

Regelbedarfsstufen nach § 28

gültig ab 1. Januar 2015

Regelbedarfsstufe 1	399 Euro
Regelbedarfsstufe 2	360 Euro
Regelbedarfsstufe 3	320 Euro
Regelbedarfsstufe 4	302 Euro
Regelbedarfsstufe 5	267 Euro
Regelbedarfsstufe 6	234 Euro

gültig ab 1. Januar 2014

Regelbedarfsstufe 1	391 Euro
Regelbedarfsstufe 2	353 Euro
Regelbedarfsstufe 3	313 Euro
Regelbedarfsstufe 4	296 Euro
Regelbedarfsstufe 5	261 Euro
Regelbedarfsstufe 6	229 Euro

gültig ab 1. Januar 2013

Regelbedarfsstufe 1	382 Euro
Regelbedarfsstufe 2	345 Euro
Regelbedarfsstufe 3	306 Euro
Regelbedarfsstufe 4	289 Euro
Regelbedarfsstufe 5	255 Euro
Regelbedarfsstufe 6	224 Euro

gültig ab 1. Januar 2012

Regelbedarfsstufe 1	374 Euro
Regelbedarfsstufe 2	337 Euro
Regelbedarfsstufe 3	299 Euro
Regelbedarfsstufe 4	287 Euro
Regelbedarfsstufe 5	251 Euro
Regelbedarfsstufe 6	219 Euro

gültig ab 1. Januar 2011

Regelbedarfsstufe 1	364 Euro
Regelbedarfsstufe 2	328 Euro
Regelbedarfsstufe 3	291 Euro
Regelbedarfsstufe 4	287 Euro
Regelbedarfsstufe 5	251 Euro
Regelbedarfsstufe 6	215 Euro

Regelbedarfsstufe 1:

Für eine erwachsene leistungsberechtigte Person, die als alleinstehende oder alleinerziehende Person einen eigenen Haushalt führt; dies gilt auch dann, wenn in diesem Haushalt eine oder mehrere weitere erwachsene Personen leben, die der Regelbedarfsstufe 3 zuzuordnen sind.

Regelbedarfsstufe 2:

Für jeweils zwei erwachsene Leistungsberechtigte, die als Ehegatten, Lebenspartner oder in eheähnlicher oder lebenspartnerschaftsähnlicher Gemeinschaft einen gemeinsamen Haushalt führen.

Regelbedarfsstufe 3:

Für eine erwachsene leistungsberechtigte Person, die weder einen eigenen Haushalt führt, noch als Ehegatte, Lebenspartner oder in eheähnlicher oder lebenspartnerschaftsähnlicher Gemeinschaft einen gemeinsamen Haushalt führt.

Regelbedarfsstufe 4:

Für eine leistungsberechtigte Jugendliche oder einen leistungsberechtigten Jugendlichen vom Beginn des 15. bis zur Vollendung des 18. Lebensjahres.

Regelbedarfsstufe 5:

Für ein leistungsberechtigtes Kind vom Beginn des siebten bis zur Vollendung des 14. Lebensjahres.

Regelbedarfsstufe 6:

Für ein leistungsberechtigtes Kind bis zur Vollendung des sechsten Lebensjahres.

Gesetz zur Ermittlung der Regelbedarfe nach § 28 des Zwölften Buches Sozialgesetzbuch (Regelbedarfs-Ermittlungsgesetz – RBEG)

Vom 24. März 2011 (BGBl. I S. 453)

Zuletzt geändert durch
Entscheidung des Bundesverfassungsgerichts
(Verfassungsmäßigkeit der Regelbedarfe, § 8)
vom 23. Juli 2014 (BGBl. I S. 1581)

§ 1 Grundsatz

Auf der Grundlage von Sonderauswertungen zur Einkommens- und Verbrauchsstichprobe 2008 nach § 28 des Zwölften Buches Sozialgesetzbuch werden die Regelbedarfsstufen nach den §§ 2 bis 8 dieses Gesetzes ermittelt.

§ 2 Bestimmung der Referenzhaushalte

Der Ermittlung der Regelbedarfsstufen nach der Anlage zu § 28 des Zwölften Buches Sozialgesetzbuch liegen die Verbrauchsausgaben zugrunde von

1. Haushalten, in denen eine erwachsene Person allein lebt (Einpersonenhaushalte), und
2. Haushalten, in denen Paare mit einem Kind leben (Familienhaushalte).

§ 3 Abgrenzung der Referenzhaushalte

(1) Von den Haushalten nach § 2 sind diejenigen Haushalte nicht als Referenzhaushalte zu berücksichtigen, in denen Leistungsberechtigte leben, die im Erhebungszeitraum folgende Leistungen bezogen haben:

1. Hilfe zum Lebensunterhalt nach dem Dritten Kapitel des Zwölften Buches Sozialgesetzbuch,
2. Grundsicherung im Alter und bei Erwerbsminderung nach dem Vierten Kapitel des Zwölften Buches Sozialgesetzbuch,
3. Arbeitslosengeld II oder Sozialgeld nach dem Zweiten Buch Sozialgesetzbuch.

(2) Nicht auszuschließen von den Haushalten nach Absatz 1 sind Leistungsberechtigte nach Absatz 1 Nummer 1 bis 3, wenn sie im Erhebungszeitraum

1. zusätzlich Erwerbseinkommen bezogen haben, das nicht als Einkommen berücksichtigt wurde,
2. einen Zuschlag nach § 24 des Zweiten Buches Sozialgesetzbuch in der bis zum 31. Dezember 2010 geltenden Fassung bezogen haben,
3. Elterngeld nach dem Bundeselterngeld- und Elternzeitgesetz bezogen haben oder
4. Anspruch auf eine Eigenheimzulage nach dem Eigenheimzulagengesetz gehabt haben.

§ 4 Abgrenzung untere Einkommensschichten

Der Abgrenzung der Referenzhaushalte nach § 2 liegen die nach ihrem Nettoeinkommen geschichteten Einpersonen- und Familienhaushalte der Einkommens- und Verbrauchsstichprobe 2008 zugrunde. Nach Herausnahme der nach § 3 Absatz 1 nicht zu berücksichtigenden Haushalte werden als Referenzhaushalte für die Ermittlung der Regelbedarfe berücksichtigt:

1. von den Einpersonenhaushalten nach § 2 Nummer 1 die unteren 15 Prozent der Haushalte und
2. von den Familienhaushalten nach § 2 Nummer 2 die unteren 20 Prozent der Haushalte.

§ 5 Regelbedarfsrelevante Verbrauchsausgaben der Einpersonenhaushalte

(1) Von den Verbrauchsausgaben der Einpersonenhaushalte nach § 4 Satz 2 Nummer 1 werden für die Ermittlung des Regelbedarfs folgende Verbrauchsausgaben der einzelnen Abteilungen der Sonderauswertung für den Regelbedarf berücksichtigt (regelbedarfsrelevant):

Abteilung 1	(Nahrungsmittel, alkoholfreie Getränke)	128,46 Euro
Abteilung 3	(Bekleidung und Schuhe)	30,40 Euro
Abteilung 4	(Wohnen, Energie und Wohnungsinstandhaltung)	30,24 Euro
Abteilung 5	(Innenausstattung, Haushaltsgeräte und -gegenstände)	27,41 Euro
Abteilung 6	(Gesundheitspflege)	15,55 Euro
Abteilung 7	(Verkehr)	22,78 Euro
Abteilung 8	(Nachrichtenübermittlung)	31,96 Euro
Abteilung 9	(Freizeit, Unterhaltung, Kultur)	39,96 Euro
Abteilung 10	(Bildung)	1,39 Euro
Abteilung 11	(Beherbergungs- und Gaststättendienstleistungen)	7,16 Euro
Abteilung 12	(Andere Waren und Dienstleistungen)	26,50 Euro

(2) Die Summe der regelbedarfsrelevanten Verbrauchsausgaben der Einpersonenhaushalte nach Absatz 1 beträgt 361,81 Euro.

§ 6 Regelbedarfsrelevante Verbrauchsausgaben der Familienhaushalte

(1) Von den Verbrauchsausgaben der Familienhaushalte nach § 4 Satz 2 Nummer 2 werden bei Kindern und Jugendlichen folgende Verbrauchsausgaben als regelbedarfsrelevant berücksichtigt:

1. Kinder bis zur Vollendung des sechsten Lebensjahres:

Abteilung 1	(Nahrungsmittel, alkoholfreie Getränke)	78,67 Euro
Abteilung 3	(Bekleidung und Schuhe)	31,18 Euro
Abteilung 4	(Wohnen, Energie und Wohnungsinstandhaltung)	7,04 Euro
Abteilung 5	(Innenausstattung, Haushaltsgeräte und -gegenstände)	13,64 Euro
Abteilung 6	(Gesundheitspflege)	6,09 Euro
Abteilung 7	(Verkehr)	11,79 Euro
Abteilung 8	(Nachrichtenübermittlung)	15,75 Euro
Abteilung 9	(Freizeit, Unterhaltung, Kultur)	35,93 Euro
Abteilung 10	(Bildung)	0,98 Euro
Abteilung 11	(Beherbergungs- und Gaststättendienstleistungen)	1,44 Euro
Abteilung 12	(Andere Waren und Dienstleistungen)	9,18 Euro

2. Kinder vom Beginn des siebten bis zur Vollendung des 14. Lebensjahres:

Abteilung 1	(Nahrungsmittel, alkoholfreie Getränke)	96,55 Euro
Abteilung 3	(Bekleidung und Schuhe)	33,32 Euro
Abteilung 4	(Wohnen, Energie und Wohnungsinstandhaltung)	11,07 Euro
Abteilung 5	(Innenausstattung, Haushaltsgeräte und -gegenstände)	11,77 Euro
Abteilung 6	(Gesundheitspflege)	4,95 Euro
Abteilung 7	(Verkehr)	14,00 Euro
Abteilung 8	(Nachrichtenübermittlung)	15,35 Euro
Abteilung 9	(Freizeit, Unterhaltung, Kultur)	41,33 Euro
Abteilung 10	(Bildung)	1,16 Euro
Abteilung 11	(Beherbergungs- und Gaststättendienstleistungen)	3,51 Euro
Abteilung 12	(Andere Waren und Dienstleistungen)	7,31 Euro

3. Jugendliche vom Beginn des 15. bis zur Vollendung des 18. Lebensjahres:

Abteilung 1	(Nahrungsmittel, alkoholfreie Getränke)	124,02 Euro
Abteilung 3	(Bekleidung und Schuhe)	37,21 Euro
Abteilung 4	(Wohnen, Energie und Wohnungsinstandhaltung)	15,34 Euro
Abteilung 5	(Innenausstattung, Haushaltsgeräte und -gegenstände)	14,72 Euro
Abteilung 6	(Gesundheitspflege)	6,56 Euro
Abteilung 7	(Verkehr)	12,62 Euro
Abteilung 8	(Nachrichtenübermittlung)	15,79 Euro
Abteilung 9	(Freizeit, Unterhaltung, Kultur)	31,41 Euro
Abteilung 10	(Bildung)	0,29 Euro
Abteilung 11	(Beherbergungs- und Gaststättendienstleistungen)	4,78 Euro
Abteilung 12	(Andere Waren und Dienstleistungen)	10,88 Euro

(2) Die Summe der regelbedarfsrelevanten Verbrauchsausgaben, die im Familienhaushalt Kindern und Jugendlichen zugerechnet werden, beträgt

1. nach Absatz 1 Nummer 1 für Kinder bis zur Vollendung des sechsten Lebensjahres 211,69 Euro,
2. nach Absatz 1 Nummer 2 für Kinder vom Beginn des siebten bis zur Vollendung des 14. Lebensjahres 240,32 Euro und
3. nach Absatz 1 Nummer 3 für Jugendliche vom Beginn des 15. bis zur Vollendung des 18. Lebensjahres 273,62 Euro.

§ 7 Fortschreibung der regelbedarfsrelevanten Verbrauchsausgaben

(1) Die Summen der für das Jahr 2008 ermittelten regelbedarfsrelevanten Verbrauchsausgaben nach § 5 Absatz 2 und § 6 Absatz 2 werden entsprechend der Fortschreibung der Regelbedarfsstufen nach § 28a des Zwölften Buches Sozialgesetzbuch fortgeschrieben.

(2) Abweichend von § 28a Absatz 2 des Zwölften Buches Sozialgesetzbuch bestimmt sich die Veränderung des Mischindexes für die Anpassung zum 1. Januar 2011 aus den Jahresdurchschnittswerten des Jahres 2009 gegenüber dem Jahr 2008. Die Veränderungsrate beträgt 0,55 Prozent.

(3) Aufgrund der Fortschreibung nach Absatz 2 und in Anwendung der Rundungsregelung nach § 28 Absatz 4 Satz 5 des Zwölften Buches Sozialgesetzbuch beläuft sich die Summe der regelbedarfsrelevanten Verbrauchsausgaben für Erwachsene nach § 5 Absatz 2 auf 364 Euro.

(4) Aufgrund der Fortschreibung nach Absatz 2 und in Anwendung der Rundungsregelung nach § 28 Absatz 4 Satz 5 des Zwölften Buches Sozialgesetzbuch beläuft sich die Summe der regelbedarfsrelevanten Verbrauchsausgaben für Kinder und Jugendliche nach

1. § 6 Absatz 2 Nummer 1 auf 213 Euro,
2. § 6 Absatz 2 Nummer 2 auf 242 Euro und
3. § 6 Absatz 2 Nummer 3 auf 275 Euro.

§ 8 Regelbedarfsstufen

(1) Die Regelbedarfsstufen nach der Anlage zu § 28 des Zwölften Buches Sozialgesetzbuch belaufen sich

1. in der Regelbedarfsstufe 1 auf 364 Euro für eine erwachsene leistungsberechtigte Person, die als alleinstehende oder alleinerziehende Person einen eigenen Haushalt führt; dies gilt auch dann, wenn in diesem Haushalt eine oder mehrere weitere erwachsene Personen leben, die der Regelbedarfsstufe 3 zuzuordnen sind,
2. in der Regelbedarfsstufe 2 jeweils auf 328 Euro für zwei erwachsene Leistungsberechtigte, die als Ehegatten, Lebenspartner, in eheähnlicher oder lebenspartnerschaftsähnlicher Gemeinschaft einen gemeinsamen Haushalt führen,
3. in der Regelbedarfsstufe 3 auf 291 Euro für eine erwachsene leistungsberechtigte Person, die weder einen eigenen Haushalt führt, noch als Ehegatte, Lebenspartner oder in eheähnlicher oder lebenspartnerschaftsähnlicher Gemeinschaft einen gemeinsamen Haushalt führt,
4. in der Regelbedarfsstufe 4 auf 275 Euro für eine leistungsberechtigte Jugendliche oder einen leistungsberechtigten Jugendlichen vom Beginn des 15. bis zur Vollendung des 18. Lebensjahres,
5. in der Regelbedarfsstufe 5 auf 242 Euro für ein leistungsberechtigtes Kind vom Beginn des siebten bis zur Vollendung des 14. Lebensjahres und
6. in der Regelbedarfsstufe 6 auf 213 Euro für ein leistungsberechtigtes Kind bis zur Vollendung des sechsten Lebensjahres.

(2) Für die Regelbedarfsstufen 4 bis 6 tritt zum 1. Januar 2011 in der Anlage zu § 28 des Zwölften Buches Sozialgesetzbuch an die Stelle der Beträge nach Absatz 1 Nummer 4 bis 6

1. für die Regelbedarfsstufe 4 der Betrag von 287 Euro,
2. für die Regelbedarfsstufe 5 der Betrag von 251 Euro,
3. für die Regelbedarfsstufe 6 der Betrag von 215 Euro.

Entscheidung des Bundesverfassungsgerichts

vom 23. Juli 2014 (BGBl. I S. 1581)

§ 8 Absatz 1 Nummer 1, 2, 4 und 6, Absatz 2 Nummer 1 und 3 ist nach Maßgabe der Gründe mit Artikel 1 Absatz 1 des Grundgesetzes in Verbindung mit dem Sozialstaatsprinzip des Artikels 20 Absatz 1 des Grundgesetzes vereinbar.

Die Regelbedarfe werden jährlich per Verordnung fortgeschrieben. Die für 2015 geltenden Beträge finden Sie in der Regelbedarfsstufen-Fortschreibungsverordnung 2015 (Lz. XII.28.2).

§ 9 Eigenanteil für die gemeinschaftliche Mittagsverpflegung

Für die gemeinschaftliche Mittagsverpflegung für Schülerinnen und Schüler nach § 34 Absatz 6 des Zwölften Buches Sozialgesetzbuch wird zur Ermittlung der Mehraufwendungen je Schultag für die ersparten häuslichen Verbrauchsausgaben für ein Mittagessen (Eigenanteil) ein Betrag von einem Euro berücksichtigt. Für Kinder, die eine Kindertageseinrichtung besuchen, gilt Satz 1 entsprechend.

§ 10 Weiterentwicklung der Regelbedarfs-Ermittlung

(1) Für die nach § 28 des Zwölften Buches Sozialgesetzbuch vorzunehmenden Sonderauswertungen auf der Grundlage der Einkommens- und Verbrauchsstichprobe 2013 hat das Bundesministerium für Arbeit und Soziales dem Deutschen Bundestag bis zum 1. Juli 2013 einen unter Mitwirkung des Statistischen Bundesamtes sowie von Sachverständigen zu erstellenden Bericht über die Weiterentwicklung der für die Ermittlung von Regelbedarfen anzuwendenden Methodik vorzulegen.

(2) Das Bundesministerium für Arbeit und Soziales hat in dem Bericht Vorschläge für Weiterentwicklungen in folgenden Teilbereichen der Ermittlung von Regelbedarfen zu unterbreiten:

1. für die Abgrenzung der Referenzhaushalte nach § 3 Absatz 1 hinsichtlich der Bestimmung von Haushalten der Einkommens- und Verbrauchsstichprobe, die nicht als Referenzhaushalte zu berücksichtigen sind, weil deren eigene Mittel nicht zur Deckung des jeweils zu unterstellenden Bedarfs nach dem Zweiten oder Zwölften Buch Sozialgesetzbuch ausreichen;
2. für die Überprüfung und Weiterentwicklung der Verteilungsschlüssel hinsichtlich der Verteilung der Verbrauchsausgaben von Familienhaushalten nach § 2 Nummer 2 auf Kinder und Jugendliche als Grundlage für die Ermittlung von regelbedarfsrelevanten Verbrauchsausgaben nach § 6 und die danach vorzunehmende Bestimmung von Regelbedarfsstufen für Kinder und Jugendliche;
3. für die Ermittlung von regelbedarfsrelevanten Verbrauchsausgaben von Erwachsenen, die in einem Mehrpersonenhaushalt leben, als Grundlage für die Ermittlung von Regelbedarfen und die danach vorzunehmende Bestimmung von Regelbedarfsstufen für Erwachsene, die nicht in einem Einpersonenhaushalt leben.

Verordnung zur Bestimmung des für die Fortschreibung der Regelbedarfsstufen nach § 28a des Zwölften Buches Sozialgesetzbuch maßgeblichen Prozentsatzes sowie zur Ergänzung der Anlage zu § 28 des Zwölften Buches Sozialgesetzbuch für das Jahr 2015 (Regelbedarfsstufen-Fortschreibungsverordnung 2015 – RBSFV 2015)

Vom 14. Oktober 2014 (BGBl. I S. 1618)

Auf Grund des § 40 des Zwölften Buches Sozialgesetzbuch – Sozialhilfe –, der durch Artikel 3 Nummer 21 des Gesetzes vom 24. März 2011 (BGBl. I S. 453) neu gefasst worden ist, verordnet das Bundesministerium für Arbeit und Soziales im Einvernehmen mit dem Bundesministerium der Finanzen:

§ 1 Fortschreibung der Regelbedarfe für das Jahr 2015

Die Regelbedarfsstufen nach § 8 Absatz 1 des Regelbedarfs-Ermittlungsgesetzes werden zum 1. Januar 2015 um 2,12 Prozent erhöht und die Ergebnisse nach § 28 Absatz 4 des Zwölften Buches Sozialgesetzbuch auf volle Euro gerundet.

§ 2 Ergänzung der Anlage zu § 28 des Zwölften Buches Sozialgesetzbuch

Regelbedarfsstufen nach § 28 in Euro

gültig ab	Regelbedarfsstufe 1	Regelbedarfsstufe 2	Regelbedarfsstufe 3	Regelbedarfsstufe 4	Regelbedarfsstufe 5	Regelbedarfsstufe 6
1. Januar 2015	399	360	320	302	267	234

§ 3 Übergangsregelung aus Anlass dieser Verordnung

Für noch nicht rechtskräftig abgeschlossene Verfahren, denen Leistungszeiträume zwischen 1. Januar 2014 und 31. Dezember 2014 zugrunde liegen, ist die Regelbedarfsstufen-Fortschreibungsverordnung 2014 vom 15. Oktober 2013 (BGBl. I S. 3856) in ihrer bis zum 31. Dezember 2014 geltenden Fassung weiter anzuwenden.

§ 4 Inkrafttreten, Außerkrafttreten

Diese Verordnung tritt am 1. Januar 2015 in Kraft. Gleichzeitig tritt die Regelbedarfsstufen-Fortschreibungsverordnung 2014 vom 15. Oktober 2013 (BGBl. I S. 3856) außer Kraft.

Verordnung nach § 60 des Zwölften Buches Sozialgesetzbuch (Eingliederungshilfe-Verordnung)

in der Fassung der Bekanntmachung vom 1. Februar 1975 (BGBl. I S. 433)

Zuletzt geändert durch
Gesetz zur Einordnung des Sozialhilferechts in das Sozialgesetzbuch
vom 27. Dezember 2003 (BGBl. I S. 3022)

Abschnitt I
Personenkreis

§ 1 Körperlich wesentlich behinderte Menschen

Durch körperliche Gebrechen wesentlich in ihrer Teilhabefähigkeit eingeschränkt im Sinne des § 53 Abs. 1 Satz 1 des Zwölften Buches Sozialgesetzbuch sind

1. Personen, deren Bewegungsfähigkeit durch eine Beeinträchtigung des Stütz- oder Bewegungssystems in erheblichem Umfange eingeschränkt ist,
2. Personen mit erheblichen Spaltbildungen des Gesichts oder des Rumpfes oder mit abstoßend wirkenden Entstellungen vor allem des Gesichts,
3. Personen, deren körperlichen Leistungsvermögen infolge Erkrankung, Schädigung oder Fehlfunktion eines inneren Organs oder der Haut in erheblichem Umfange eingeschränkt ist,
4. Blinden oder solchen Sehbehinderten, bei denen mit Gläserkorrektion ohne besondere optische Hilfsmittel
   a) auf dem besseren Auge oder beidäugig im Nahbereich bei einem Abstand von mindestens 30 cm oder im Fernbereich eine Sehschärfe von nicht mehr als 0,3 besteht oder
   b) durch Buchstabe a nicht erfaßte Störungen der Sehfunktion von entsprechendem Schweregrad vorliegen,
5. Personen, die gehörlos sind oder denen eine sprachliche Verständigung über das Gehör nur mit Hörhilfen möglich ist,
6. Personen, die nicht sprechen können, Seelentauben und Hörstummen, Personen mit erheblichen Stimmstörungen sowie Personen, die stark stammeln, stark stottern oder deren Sprache stark unartikuliert ist.

§ 2 Geistig wesentlich behinderte Menschen

Geistig wesentlich behindert im Sinne des § 53 Abs. 1 Satz 1 des Zwölften Buches Sozialgesetzbuch sind Personen, die infolge einer Schwäche ihrer geistigen Kräfte in erheblichem Umfange in ihrer Fähigkeit zur Teilhabe am Leben in der Gesellschaft eingeschränkt sind.

§ 3 Seelisch wesentlich behinderte Menschen

Seelische Störungen, die eine wesentliche Einschränkung der Teilhabefähigkeit im Sinne des § 53 Abs. 1 Satz 1 des Zwölften Buches Sozialgesetzbuch zur Folge haben können, sind

1. körperlich nicht begründbare Psychosen,
2. seelische Störungen als Folge von Krankheiten oder Verletzungen des Gehirns, von Anfallsleiden oder von anderen Krankheiten oder körperlichen Beeinträchtigungen,
3. Suchtkrankheiten,
4. Neurosen und Persönlichkeitsstörungen.

§ 4 (weggefallen)

§ 5 (weggefallen)

Abschnitt II
Leistungen der Eingliederungshilfe

§ 6 Rehabilitationssport

Zu den Leistungen der medizinischen Rehabilitation im Sinne des § 54 Abs. 1 Satz 1 des Zwölften Buches Sozialgesetzbuch in Verbindung mit § 26 des Neunten Buches Sozialgesetzbuch gehört auch ärztlich verordneter Rehabilitationssport in Gruppen unter ärztlicher Betreuung und Überwachung.

§ 7 (weggefallen)

§ 8 Hilfe zur Beschaffung eines Kraftfahrzeuges

(1) Die Hilfe zur Beschaffung eines Kraftfahrzeuges gilt als Leistung zur Teilhabe am Arbeitsleben und zur Teilhabe am Leben in der Gemeinschaft im Sinne des § 54 Abs. 1 Satz 1 des Zwölften Buches Sozialgesetzbuch in Verbindung mit den §§ 33 und 55 des Neunten Buches Sozialgesetzbuch. Sie wird in angemessenem Umfang gewährt, wenn der behinderte Mensch wegen Art oder Schwere seiner Behinderung insbesondere zur Teilhabe am Arbeitsleben auf die Benutzung eines Kraftfahrzeuges angewiesen ist; bei Teilhabe am Arbeitsleben findet die Kraftfahrzeughilfe-Verordnung Anwendung.

(2) Die Hilfe nach Absatz 1 kann auch als Darlehen gewährt werden.

(3) Die Hilfe nach Absatz 1 ist in der Regel davon abhängig, daß der Behinderte das Kraftfahrzeug selbst bedienen kann.

(4) Eine erneute Hilfe zur Beschaffung eines Kraftfahrzeuges soll in der Regel nicht vor Ablauf von 5 Jahren nach Gewährung der letzten Hilfe gewährt werden.

§ 9 Andere Hilfsmittel

(1) Andere Hilfsmittel im Sinne des § 54 Abs. 1 Satz 1 des Zwölften Buches Sozialgesetzbuch in Verbindung mit den §§ 26, 33 und 55 des Neunten Buches Sozialgesetzbuch sind nur solche Hilfsmittel, die dazu bestimmt sind, zum Ausgleich der durch die Behinderung bedingten Mängel beizutragen.

(2) Zu den anderen Hilfsmitteln im Sinne des Absatzes 1 gehören auch

1. Schreibmaschinen für Blinde, Ohnhänder und solche behinderte Menschen, die wegen Art und Schwere ihrer Behinderung auf eine Schreibmaschine angewiesen sind,
2. Verständigungsgeräte für Taubblinde,
3. Blindenschrift-Bogenmaschinen,
4. Blindenuhren mit Zubehör, Blindenweckuhren,
5. Tonbandgeräte mit Zubehör für Blinde,
6. Blindenführhunde mit Zubehör,
7. besondere optische Hilfsmittel, vor allem Fernrohrlupenbrillen,
8. Hörgeräte, Hörtrainer,
9. Weckuhren für hörbehinderte Menschen,
10. Sprachübungsgeräte für sprachbehinderte Menschen,
11. besondere Bedienungseinrichtungen und Zusatzgeräte für Kraftfahrzeuge, wenn der behinderte Mensch wegen Art und Schwere seiner Behinderung auf ein Kraftfahrzeug angewiesen ist,
12. Gebrauchsgegenstände des täglichen Lebens und zur nichtberuflichen Verwendung bestimmte Hilfsgeräte für behinderte Menschen, wenn der behinderte Mensch wegen Art und Schwere seiner Behinderung auf diese Gegenstände angewiesen ist.

(3) Die Versorgung mit einem anderen Hilfsmittel im Sinne des § 54 Abs. 1 Satz 1 des Zwölften Buches Sozialgesetzbuch in Verbindung mit den §§ 26, 33 und 55 des Neunten Buches Sozialgesetzbuch wird nur gewährt, wenn das Hilfsmittel im Einzelfall erforderlich und geeignet ist, zu dem in Absatz 1 genannten Ausgleich beizutragen, und wenn der behinderte Mensch das Hilfsmittel bedienen kann.

§ 10 Umfang der Versorgung mit Körperersatzstücken, orthopädischen oder anderen Hilfsmitteln

(1) Zu der Versorgung mit Körperersatzstücken sowie mit orthopädischen oder anderen Hilfsmitteln im Sinne des § 54 Abs. 1 Satz 1 des Zwölften Buches Sozialgesetzbuch in Verbindung mit den §§ 26, 33 und 55 des Neunten Buches Sozialgesetzbuch gehört auch eine notwendige Unterweisung in ihrem Gebrauch.

(2) Soweit im Einzelfall erforderlich, wird eine Doppelausstattung mit Körperersatzstücken, orthopädischen oder anderen Hilfsmitteln gewährt.

(3) Zu der Versorgung mit Körperersatzstücken sowie mit orthopädischen oder anderen Hilfsmitteln gehört auch deren notwendige Instandhaltung oder Änderung. Die Versorgung mit einem anderen Hilfsmittel umfaßt auch ein Futtergeld für einen Blindenführhund in Höhe des Betrages, den blinde Beschädigte nach dem Bundesversorgungsgesetz zum Unterhalt eines Führhundes erhalten, sowie die Kosten für die notwendige tierärztliche Behandlung des Führhundes und für eine angemessene Haftpflichtversicherung, soweit die Beiträge hierfür nicht nach § 82 Abs. 2 Nr. 3 des Zwölften Buches Sozialgesetzbuch vom Einkommen abzusetzen sind.

(4) Eine erneute Versorgung wird gewährt, wenn sie infolge der körperlichen Entwicklung des Behinderten notwendig oder wenn aus anderen Gründen das Körperersatzstück oder Hilfsmittel ungeeignet oder unbrauchbar geworden ist.

(5) (weggefallen)

(6) Als Versorgung kann Hilfe in angemessenem Umfange auch zur Erlangung der Fahrerlaubnis, zur Instandhaltung sowie durch Übernahme von Betriebskosten eines Kraftfahrzeuges gewährt werden, wenn der behinderte Mensch wegen seiner Behinderung auf die regelmäßige Benutzung eines Kraftfahrzeuges angewiesen ist oder angewiesen sein wird.

§ 11 (weggefallen)

§ 12 Schulbildung

Die Hilfe zu einer angemessenen Schulbildung im Sinne des § 54 Abs. 1 Satz 1 Nr. 1 des Zwölften Buches Sozialgesetzbuch umfaßt auch

1. heilpädagogische sowie sonstige Maßnahmen zugunsten körperlich und geistig behinderter Kinder und Jugendlicher, wenn die Maßnahmen erforderlich und geeignet sind, dem behinderten Menschen den Schulbesuch im Rahmen der allgemeinen Schulpflicht zu ermöglichen oder zu erleichtern,
2. Maßnahmen der Schulbildung zugunsten körperlich und geistig behinderter Kinder und Jugendlicher, wenn die Maßnahmen erforderlich und geeignet sind, dem behinderten Menschen eine im Rahmen der allgemeinen Schulpflicht üblicherweise erreichbare Bildung zu ermöglichen,
3. Hilfe zum Besuch einer Realschule, eines Gymnasiums, einer Fachoberschule oder einer Ausbildungsstätte, deren Ausbildungsabschluß dem einer der oben genannten Schulen gleichgestellt ist, oder, soweit im Einzelfalle der Besuch einer solchen Schule oder Ausbildungsstätte nicht zumutbar ist, sonstige Hilfe zur Vermittlung einer entsprechenden Schulbildung; die Hilfe wird nur gewährt, wenn nach den Fähigkeiten und den Leistungen des behinderten Menschen zu erwarten ist, daß er das Bildungsziel erreichen wird.

§ 13 Schulische Ausbildung für einen Beruf

(1) Die Hilfe zur schulischen Ausbildung für einen angemessenen Beruf im Sinne des § 54 Abs. 1 Satz 1 Nr. 2 des Zwölften Buches Sozialgesetzbuch umfaßt vor allem Hilfe

1. (weggefallen)
2. zur Ausbildung an einer Berufsfachschule,
3. zur Ausbildung an einer Berufsaufbauschule,
4. zur Ausbildung an einer Fachschule oder höheren Fachschule,

5. zur Ausbildung an einer Hochschule oder einer Akademie,
6. zum Besuch sonstiger öffentlicher, staatlich anerkannter oder staatlich genehmigter schulischer Ausbildungsstätten,
7. zur Ableistung eines Praktikums, das Voraussetzung für den Besuch einer Fachschule oder einer Hochschule oder für die Berufszulassung ist,
8. zur Teilnahme am Fernunterricht; § 86 des Dritten Buches Sozialgesetzbuch gilt entsprechend,
9. zur Teilnahme an Maßnahmen, die geboten sind, um die schulische Ausbildung für einen angemessenen Beruf vorzubereiten.

(2) Die Hilfe nach Absatz 1 wird gewährt, wenn

1. zu erwarten ist, dass das Ziel der Ausbildung oder der Vorbereitungsmaßnahmen erreicht wird,
2. der beabsichtigte Ausbildungsweg erforderlich ist,
3. der Beruf oder die Tätigkeit voraussichtlich eine ausreichende Lebensgrundlage bieten oder, falls dies wegen Art oder Schwere der Behinderung nicht möglich ist, zur Lebensgrundlage in angemessenem Umfang beitragen wird.

§ 13a Ausbildung für eine sonstige angemessene Tätigkeit

Hilfe zur Ausbildung für eine sonstige angemessene Tätigkeit im Sinne des § 54 Abs. 1 Satz 1 des Zwölften Buches Sozialgesetzbuch in Verbindung mit den §§ 33 und 41 des Neunten Buches Sozialgesetzbuch sowie der Hilfe im Sinne des § 54 Abs. 1 Satz 1 Nr. 3 des Zwölften Buches Sozialgesetzbuch wird insbesondere gewährt, wenn die Ausbildung für einen Beruf aus besonderen Gründen, vor allem wegen Art und Schwere der Behinderung, unterbleibt. § 13 Abs. 2 gilt entsprechend.

§ 14 (weggefallen)

§ 15 (weggefallen)

§ 16 Allgemeine Ausbildung

Zu den Maßnahmen der Eingliederungshilfe für behinderte Menschen gehören auch

1. die blindentechnische Grundausbildung,
2. Kurse und ähnliche Maßnahmen zugunsten der in § 1 Nr. 5 und 6 genannten Personen, wenn die Maßnahmen erforderlich und geeignet sind, die Verständigung mit anderen Personen zu ermöglichen oder zu erleichtern,
3. hauswirtschaftliche Lehrgänge, die erforderlich und geeignet sind, dem behinderten Menschen die Besorgung des Haushalts ganz oder teilweise zu ermöglichen,
4. Lehrgänge und ähnliche Maßnahmen, die erforderlich und geeignet sind, den behinderten Menschen zu befähigen, sich ohne fremde Hilfe sicher im Verkehr zu bewegen.

§ 17 Eingliederung in das Arbeitsleben

(1) Zu der Hilfe im Sinne des § 54 Abs. 1 Satz 1 des Zwölften Buches Sozialgesetzbuch in Verbindung mit den §§ 33 und 41 des Neunten Buches Sozialgesetzbuch sowie der Hilfe im Sinne des § 54 Abs. 1 Satz 1 Nr. 5 des Zwölften Buches Sozialgesetzbuch gehören auch die Hilfe zur Beschaffung von Gegenständen sowie andere Leistungen, wenn sie wegen der Behinderung zur Aufnahme oder Fortsetzung einer angemessenen Beschäftigung im Arbeitsleben erforderlich sind; für die Hilfe zur Beschaffung eines Kraftfahrzeuges ist § 8, für die Hilfe zur Beschaffung von Gegenständen, die zugleich Gegenstände im Sinne des § 9 Abs. 2 Nr. 12 sind, ist § 9 maßgebend. Die Hilfe nach Satz 1 kann auch als Darlehen gewährt werden.

(2) Hilfe in einer sonstigen Beschäftigungsstätte nach § 56 des Zwölften Buches Sozialgesetzbuch können behinderte Menschen erhalten, die mindestens die Voraussetzungen zur Aufnahme in einer Werkstatt für behinderte Menschen (§ 137 des Neunten Buches Sozialgesetzbuch) erfüllen.

§ 18 (weggefallen)

§ 19 (weggefallen)

§ 20 Anleitung von Betreuungspersonen

Bedarf ein Behinderter wegen der Schwere der Behinderung in erheblichem Umfange der Betreuung, so gehört zu den Maßnahmen der Eingliederungshilfe auch, Personen, denen die Betreuung obliegt, mit den durch Art und Schwere der Behinderung bedingten Besonderheiten der Betreuung vertraut zu machen.

§ 21 (weggefallen)

§ 22 Kosten der Begleitpersonen

Erfordern die Maßnahmen der Eingliederungshilfe die Begleitung des behinderten Menschen, so gehören zu seinem Bedarf auch

1. die notwendigen Fahrtkosten und die sonstigen mit der Fahrt verbundenen notwendigen Auslagen der Begleitperson,
2. weitere Kosten der Begleitperson, soweit sie nach den Besonderheiten des Einzelfalles notwendig sind.

§ 23 Eingliederungsmaßnahmen im Ausland

Maßnahmen der Eingliederungshilfe für behinderte Menschen können auch im Ausland durchgeführt werden, wenn dies im Interesse der Eingliederung des behinderten Menschen geboten ist, die Dauer der Eingliederungsmaßnahmen durch den Auslandsaufenthalt nicht wesentlich verlängert wird und keine unvertretbaren Mehrkosten entstehen.

§ 24 Anhörung von Sachverständigen

Bei der Prüfung von Art und Umfang der in Betracht kommenden Maßnahmen der Eingliederungshilfe sollen, soweit nach den Besonderheiten des Einzelfalles geboten, ein Arzt, ein Pädagoge, jeweils der entsprechenden Fachrichtung, ein Psychologe oder sonstige sachverständige Personen gehört werden.

Verordnung zur Durchführung der Hilfe zur Überwindung besonderer sozialer Schwierigkeiten

in der Fassung der Bekanntmachung vom 24. Januar 2001 (BGBl. I S. 179)

Zuletzt geändert durch
Gesetz zur Einordnung des Sozialhilferechts in das Sozialgesetzbuch
vom 27. Dezember 2003 (BGBl. I S. 3022)

Auf Grund des § 72 Abs. 5 des Bundessozialhilfegesetzes in der Fassung der Bekanntmachung vom 23. März 1994 (BGBl. I S. 646, 2975), der zuletzt geändert wurde durch Artikel 1 Nr. 4 des Gesetzes vom 25. Juni 1999 (BGBl. I S. 1442), in Verbindung mit Artikel 6 Abs. 1 des Gesetzes vom 16. Februar 1993 (BGBl. I S. 239), verordnet das Bundesministerium für Arbeit und Sozialordnung:

§ 1 Persönliche Voraussetzungen

(1) Personen leben in besonderen sozialen Schwierigkeiten, wenn besondere Lebensverhältnisse derart mit sozialen Schwierigkeiten verbunden sind, dass die Überwindung der besonderen Lebensverhältnisse auch die Überwindung der sozialen Schwierigkeiten erfordert. Nachgehende Hilfe ist Personen zu gewähren, soweit bei ihnen nur durch Hilfe nach dieser Verordnung der drohende Wiedereintritt besonderer sozialer Schwierigkeiten abgewendet werden kann.

(2) Besondere Lebensverhältnisse bestehen bei fehlender oder nicht ausreichender Wohnung, bei ungesicherter wirtschaftlicher Lebensgrundlage, bei gewaltgeprägten Lebensumständen, bei Entlassung aus einer geschlossenen Einrichtung oder bei vergleichbaren nachteiligen Umständen. Besondere Lebensverhältnisse können ihre Ursachen in äußeren Umständen oder in der Person der Hilfesuchenden haben.

(3) Soziale Schwierigkeiten liegen vor, wenn ein Leben in der Gemeinschaft durch ausgrenzendes Verhalten des Hilfesuchenden oder eines Dritten wesentlich eingeschränkt ist, insbesondere im Zusammenhang mit der Erhaltung oder Beschaffung einer Wohnung, mit der Erlangung oder Sicherung eines Arbeitsplatzes, mit familiären oder anderen sozialen Beziehungen oder mit Straffälligkeit.

§ 2 Art und Umfang der Maßnahmen

(1) Art und Umfang der Maßnahmen richten sich nach dem Ziel, die Hilfesuchenden zur Selbsthilfe zu befähigen, die Teilnahme am Leben in der Gemeinschaft zu ermöglichen und die Führung eines menschenwürdigen Lebens zu sichern. Durch Unterstützung der Hilfesuchenden zur selbständigen Bewältigung ihrer besonderen sozialen Schwierigkeiten sollen sie in die Lage versetzt werden, ihr Leben entsprechend ihren Bedürfnissen, Wünschen und Fähigkeiten zu organisieren und selbstverantwortlich zu gestalten. Dabei ist auch zu berücksichtigen, dass Hilfesuchende verpflichtet sind, nach eigenen Kräften an der Überwindung der besonderen sozialen Schwierigkeiten mitzuwirken. Auf Leistungen anderer Stellen oder nach anderen Vorschriften des Zwölften Buches Sozialgesetzbuch, die im Sinne dieser Verordnung geeignet sind, ist hinzuwirken; die Regelungen über Erstattungsansprüche der Leistungsträger untereinander gemäß §§ 102 bis 114 des Zehnten Buches Sozialgesetzbuch finden insoweit auch zwischen Trägern der Sozialhilfe Anwendung.

(2) Maßnahmen sind die Dienst-, Geld- und Sachleistungen, die notwendig sind, um die besonderen sozialen Schwierigkeiten nachhaltig abzuwenden, zu beseitigen, zu mildern oder ihre Verschlimmerung zu verhüten. Vorrangig sind als Hilfe zur Selbsthilfe Dienstleistungen der Beratung und persönlichen Unterstützung für die Hilfesuchenden und für ihre Angehörigen, bei der Erhaltung und Beschaffung einer Wohnung, bei der Vermitt-

lung in Ausbildung, bei der Erlangung und Sicherung eines Arbeitsplatzes sowie bei Aufbau und Aufrechterhaltung sozialer Beziehungen und der Gestaltung des Alltags. Bei der Hilfe sind geschlechts- und altersbedingte Besonderheiten sowie besondere Fähigkeiten und Neigungen zu berücksichtigen.

(3) Bei der Ermittlung und Feststellung des Hilfebedarfs sowie bei der Erstellung und Fortschreibung eines Gesamtplanes sollen die Hilfesuchenden unter Berücksichtigung der vorhandenen Kräfte und Fähigkeiten beteiligt werden. Wird ein Gesamtplan erstellt, sind der ermittelte Bedarf und die dem Bedarf entsprechenden Maßnahmen der Hilfe zu benennen und anzugeben, in welchem Verhältnis zueinander sie verwirklicht werden sollen. Dabei ist der verbundene Einsatz der unterschiedlichen Hilfen nach dem Zwölften Buch Sozialgesetzbuch und nach anderen Leistungsgesetzen anzustreben. Soweit es erforderlich ist, wirkt der Träger der Sozialhilfe mit anderen am Einzelfall Beteiligten zusammen; bei Personen vor Vollendung des 21. Lebensjahres ist ein Zusammenwirken mit dem Träger der öffentlichen Jugendhilfe erforderlich.

(4) Gesamtplan und Maßnahmen sind zu überprüfen, sobald Umstände die Annahme rechtfertigen, dass die Hilfe nicht oder nicht mehr zielgerecht ausgestaltet ist oder Hilfesuchende nicht nach ihren Kräften mitwirken.

(5) In stationären Einrichtungen soll die Hilfe nur befristet und nur dann gewährt werden, wenn eine verfügbare ambulante oder teilstationäre Hilfe nicht geeignet und die stationäre Hilfe Teil eines Gesamtplanes ist, an dessen Erstellung der für die stationäre Hilfe zuständige Träger der Sozialhilfe beteiligt war. Ist die Erstellung eines Gesamtplanes vor Beginn der Hilfe nicht möglich, hat sie unverzüglich danach zu erfolgen. Die Hilfe ist spätestens nach jeweils sechs Monaten zu überprüfen. Frauenhäuser sind keine Einrichtungen im Sinne von Satz 1; ambulante Maßnahmen nach den §§ 3 bis 6 werden durch den Aufenthalt in einem Frauenhaus nicht ausgeschlossen.

§ 3 Beratung und persönliche Unterstützung

(1) Zur Beratung und persönlichen Unterstützung gehört es vor allem, den Hilfebedarf zu ermitteln, die Ursachen der besonderen Lebensumstände sowie der sozialen Schwierigkeiten festzustellen, sie bewusst zu machen, über die zur Überwindung der besonderen Lebensverhältnisse und sozialen Schwierigkeiten in Betracht kommenden Maßnahmen und geeigneten Hilfeangebote und -organisationen zu unterrichten, diese soweit erforderlich zu vermitteln und ihre Inanspruchnahme und Wirksamkeit zu fördern.

(2) Beratung und persönliche Unterstützung müssen darauf ausgerichtet sein, die Bereitschaft und Fähigkeit zu erhalten und zu entwickeln, bei der Überwindung der besonderen sozialen Schwierigkeiten nach Kräften mitzuwirken und so weit wie möglich unabhängig von Sozialhilfe zu leben. Sie sollen auch erforderliche Hilfestellungen bei der Inanspruchnahme in Betracht kommender Sozialleistungen, bei der Inanspruchnahme von Schuldnerberatung oder bei der Erledigung von Angelegenheiten mit Behörden und Gerichten umfassen.

(3) Soweit es im Einzelfall erforderlich ist, erstreckt sich die persönliche Unterstützung auch darauf, in der Umgebung des Hilfesuchenden

1. Verständnis für die Art der besonderen Lebensverhältnisse und die damit verbundenen sozialen Schwierigkeiten zu wecken und Vorurteilen entgegenzuwirken,
2. Einflüssen zu begegnen, welche die Bemühungen und Fähigkeiten zur Überwindung besonderer sozialer Schwierigkeiten beeinträchtigen.

(4) Beratung und persönliche Unterstützung kann auch in Gruppen gewährt werden, wenn diese Art der Hilfegewährung geeignet ist, den Erfolg der Maßnahmen herbeizuführen.

§ 4 Erhaltung und Beschaffung einer Wohnung

(1) Maßnahmen zur Erhaltung und Beschaffung einer Wohnung sind vor allem die erfor-

XII

derliche Beratung und persönliche Unterstützung.

(2) Soweit es Maßnahmen nach Absatz 1 erfordern, umfasst die Hilfe auch sonstige Leistungen zur Erhaltung und Beschaffung einer Wohnung nach dem Dritten Kapitel des Zwölften Buches Sozialgesetzbuch, insbesondere nach § 34.

(3) Maßnahmen der Gefahrenabwehr lassen den Anspruch auf Hilfe zur Überwindung besonderer sozialer Schwierigkeiten bei der Erhaltung und Beschaffung einer Wohnung unberührt.

§ 5 Ausbildung, Erlangung und Sicherung eines Arbeitsplatzes

(1) Die Hilfe zur Ausbildung sowie zur Erlangung und Sicherung eines Arbeitsplatzes umfasst, wenn andere arbeits- und beschäftigungswirksame Maßnahmen im Einzelfall nicht in Betracht kommen, vor allem Maßnahmen, die darauf gerichtet sind, die Fähigkeiten und Fertigkeiten sowie die Bereitschaft zu erhalten und zu entwickeln, einer regelmäßigen Erwerbstätigkeit nachzugehen und den Lebensunterhalt für sich und Angehörige aus Erwerbseinkommen zu bestreiten.

(2) Zu den Maßnahmen können vor allem solche gehören, die

1. dem drohenden Verlust eines Ausbildungs- oder Arbeitsplatzes entgegenwirken,
2. es ermöglichen, den Ausbildungsabschluss allgemeinbildender Schulen nachzuholen und die für die Ausübung einer Erwerbstätigkeit auf dem allgemeinen Arbeitsmarkt notwendigen Fähigkeiten und Fertigkeiten zu erwerben,
3. eine Ausbildung für einen angemessenen Beruf ermöglichen,
4. der Erlangung und Sicherung eines geeigneten Arbeitsplatzes oder einer sonstigen angemessenen Tätigkeit dienen,
5. den Abschluss sozialversicherungspflichtiger Beschäftigungsverhältnisse ermöglichen oder den Aufbau einer Lebensgrundlage durch selbständige Tätigkeit zu fördern.

§ 6 Hilfe zum Aufbau und zur Aufrechterhaltung sozialer Beziehungen und zur Gestaltung des Alltags

Zu den Maßnahmen im Sinne des § 68 Abs. 1 des Zwölften Buches Sozialgesetzbuch gehört auch Hilfe zum Aufbau und zur Aufrechterhaltung sozialer Beziehungen und zur Gestaltung des Alltags. Sie umfasst vor allem Maßnahmen der persönlichen Hilfe, die

1. die Begegnung und dem Umgang mit anderen Personen,
2. eine aktive Gestaltung, Strukturierung und Bewältigung des Alltags,
3. eine wirtschaftliche und gesundheitsbewusste Lebensweise,
4. den Besuch von Einrichtungen oder Veranstaltungen, die der Geselligkeit, der Unterhaltung oder kulturellen Zwecken dienen,
5. eine gesellige, sportliche oder kulturelle Betätigung

fördern oder ermöglichen.

§ 7 Inkrafttreten, Außerkrafttreten

Diese Verordnung tritt am ersten Tag des auf die Verkündung folgenden sechsten Kalendermonats in Kraft. Gleichzeitig tritt die Verordnung zur Durchführung des § 72 des Bundessozialhilfegesetzes vom 9. Juni 1976 (BGBl. I S. 1469), geändert durch Artikel 4 Abs. 5 des Gesetzes vom 16. Februar 1993 (BGBl. I S. 239), außer Kraft.

Verordnung zur Durchführung des § 82 des Zwölften Buches Sozialgesetzbuch

Vom 28. November 1962 (BGBl. I S. 692)

Zuletzt geändert durch
Verwaltungsvereinfachungsgesetz
vom 21. März 2005 (BGBl. I S. 818)

Auf Grund des § 76 Abs. 3 des Bundessozialhilfegesetzes vom 30. Juni 1961 (Bundesgesetzbl. I S. 815) verordnet die Bundesregierung mit Zustimmung des Bundesrates:

§ 1 Einkommen

Bei der Berechnung der Einkünfte in Geld oder Geldeswert, die nach § 82 Abs. 1 des Zwölften Buches Sozialgesetzbuch zum Einkommen gehören, sind alle Einnahmen ohne Rücksicht auf ihre Herkunft und Rechtsnatur sowie ohne Rücksicht darauf, ob sie zu den Einkunftsarten im Sinne des Einkommensteuergesetzes gehören und ob sie der Steuerpflicht unterliegen, zugrunde zu legen.

§ 2 Bewertung von Sachbezügen

(1) Für die Bewertung von Einnahmen, die nicht in Geld bestehen (Kost, Wohnung und sonstige Sachbezüge), sind die auf Grund des § 17 Abs. 2 des Vierten Buches Sozialgesetzbuch für die Sozialversicherung zuletzt festgesetzten Werte der Sachbezüge maßgebend; soweit der Wert der Sachbezüge nicht festgesetzt ist, sind der Bewertung die üblichen Mittelpreise des Verbrauchsortes zu Grunde zu legen. Die Verpflichtung, den notwendigen Lebensunterhalt im Einzelfall nach dem Dritten Kapitel des Zwölften Buches Sozialgesetzbuch sicherzustellen, bleibt unberührt.

(2) Absatz 1 gilt auch dann, wenn in einem Tarifvertrag, einer Tarifordnung, einer Betriebs- oder Dienstordnung, einer Betriebsvereinbarung, einem Arbeitsvertrag oder einem sonstigen Vertrag andere Werte festgesetzt worden sind.

§ 3 Einkünfte aus nichtselbständiger Arbeit

(1) Welche Einkünfte zu den Einkünften aus nichtselbständiger Arbeit gehören, bestimmt sich nach § 19 Abs. 1 Ziff. 1 des Einkommensteuergesetzes.

(2) Als nichtselbständige Arbeit gilt auch die Arbeit, die in einer Familiengemeinschaft von einem Familienangehörigen des Betriebsinhabers gegen eine Vergütung geleistet wird. Wird die Arbeit nicht nur vorübergehend geleistet, so ist in Zweifelsfällen anzunehmen, daß der Familienangehörige eine Vergütung erhält, wie sie einem Gleichaltrigen für eine gleichartige Arbeit gleichen Umfangs in einem fremden Betrieb ortsüblich gewährt wird.

(3) Bei der Berechnung der Einkünfte ist von den monatlichen Bruttoeinnahmen auszugehen. Einmalige Einnahmen sind von dem Monat an zu berücksichtigen, in dem sie anfallen; sie sind, soweit nicht im Einzelfall eine andere Regelung angezeigt ist, auf einen angemessenen Zeitraum aufzuteilen und monatlich mit einem entsprechenden Teilbetrag anzusetzen. Satz 2 gilt auch für Sonderzuwendungen, Gratifikationen und gleichartige Bezüge und Vorteile, die in größeren als monatlichen Zeitabständen gewährt werden.

(4) Zu den mit der Erzielung der Einkünfte aus nichtselbständiger Arbeit verbundenen Ausgaben im Sinne des § 82 Abs. 2 Nr. 4 des Zwölften Buches Sozialgesetzbuch gehören vor allem

1. notwendige Aufwendungen für Arbeitsmittel,
2. notwendige Aufwendungen für Fahrten zwischen Wohnung und Arbeitsstätte,
3. notwendige Beiträge für Berufsverbände,
4. notwendige Mehraufwendungen infolge Führung eines doppelten Haushalts nach näherer Bestimmung des Absatzes 7.

Ausgaben im Sinne des Satzes 1 sind nur insoweit zu berücksichtigen, als sie von dem

XII

Bezieher des Einkommens selbst getragen werden.

(5) Als Aufwendungen für Arbeitsmittel (Absatz 4 Nr. 1) kann ein monatlicher Pauschbetrag von 5,20 Euro berücksichtigt werden, wenn nicht im Einzelfall höhere Aufwendungen nachgewiesen werden.

(6) Wird für die Fahrt zwischen Wohnung und Arbeitsstätte (Absatz 4 Nr. 2) ein eigenes Kraftfahrzeug benutzt, gilt folgendes:

1. Wäre bei Nichtvorhandensein eines Kraftfahrzeuges die Benutzung eines öffentlichen Verkehrsmittels notwendig, so ist ein Betrag in Höhe der Kosten der tariflich günstigsten Zeitkarte abzusetzen.
2. Ist ein öffentliches Verkehrsmittel nicht vorhanden oder dessen Benutzung im Einzelfall nicht zumutbar und deshalb die Benutzung eines Kraftfahrzeuges notwendig, so sind folgende monatliche Pauschbeträge abzusetzen:
   a) bei Benutzung eines Kraftwagens 5,20 Euro,
   b) bei Benutzung eines Kleinstkraftwagens (drei- oder vierrädriges Kraftfahrzeug, dessen Motor einen Hubraum von nicht mehr als 500 ccm hat) 3,70 Euro,
   c) bei Benutzung eines Motorrades oder eines Motorrollers 2,30 Euro,
   d) bei Benutzung eines Fahrrades mit Motor 1,30 Euro

   für jeden vollen Kilometer, den die Wohnung von der Arbeitsstätte entfernt liegt, jedoch für nicht mehr als 40 Kilometer. Bei einer Beschäftigungsdauer von weniger als einem Monat sind die Beträge anteilmäßig zu kürzen.

(7) Ist der Bezieher des Einkommens außerhalb des Ortes beschäftigt, an dem er einen eigenen Hausstand unterhält, und kann ihm weder der Umzug noch die tägliche Rückkehr an den Ort des eigenen Hausstandes zugemutet werden, so sind die durch Führung des doppelten Haushalts ihm nachweislich entstehenden Mehraufwendungen, höchstens ein Betrag von 130 Euro monatlich, sowie die unter Ausnutzung bestehender Tarifvergünstigungen entstehenden Aufwendungen für Fahrtkosten der zweiten Wagenklasse für eine Familienheimfahrt im Kalendermonat abzusetzen. Ein eigener Hausstand ist dann anzunehmen, wenn der Bezieher des Einkommens eine Wohnung mit eigener oder selbstbeschaffter Möbelausstattung besitzt. Eine doppelte Haushaltsführung kann auch dann anerkannt werden, wenn der Bezieher des Einkommens nachweislich ganz oder überwiegend die Kosten für einen Haushalt trägt, den er gemeinsam mit nächsten Angehörigen führt.

§ 4 Einkünfte aus Land- und Forstwirtschaft, Gewerbebetrieb und selbständiger Arbeit

(1) Welche Einkünfte zu den Einkünften aus Land- und Forstwirtschaft, Gewerbebetrieb und selbständiger Arbeit gehören, bestimmt sich nach § 13 Abs. 1 und 2, § 15 Abs. 1 und § 18 Abs. 1 des Einkommensteuergesetzes; der Nutzungswert der Wohnung im eigenen Haus bleibt unberücksichtigt.

(2) Die Einkünfte sind für das Jahr zu berechnen, in dem der Bedarfszeitraum liegt (Berechnungsjahr).

(3) Als Einkünfte ist bei den einzelnen Einkunftsarten ein Betrag anzusetzen, der auf der Grundlage früherer Betriebsergebnisse aus der Gegenüberstellung der im Rahmen des Betriebes im Berechnungsjahr bereits erzielten Einnahmen und geleisteten notwendigen Ausgaben sowie der im Rahmen des Betriebes im Berechnungsjahr noch zu erwartenden Einnahmen und notwendigen Ausgaben zu errechnen ist. Bei der Ermittlung früherer Betriebsergebnisse (Satz 1) kann ein durch das Finanzamt festgestellter Gewinn berücksichtigt werden.

(4) Soweit im Einzelfall geboten, kann abweichend von der Regelung des Absatzes 3 als Einkünfte ein Betrag angesetzt werden, der nach Ablauf des Berechnungsjahres aus der Gegenüberstellung der im Rahmen des Betriebes im Berechnungsjahr erzielten Einnahmen und geleisteten notwendigen Ausgaben zu errechnen ist. Als Einkünfte im Sinne des Satzes 1 kann auch der vom Finanzamt

XII

für das Berechnungsjahr festgestellte Gewinn angesetzt werden.

(5) Wird der vom Finanzamt festgestellte Gewinn nach Absatz 3 Satz 2 berücksichtigt oder nach Absatz 4 Satz 2 als Einkünfte angesetzt, so sind Absetzungen, die bei Gebäuden und sonstigen Wirtschaftsgütern durch das Finanzamt nach

1. den §§ 7, 7b und 7e des Einkommensteuergesetzes,
2. den Vorschriften des Berlinförderungsgesetzes,
3. den §§ 76, 77 und 78 Abs. 1 der Einkommensteuer-Durchführungsverordnung,
4. der Verordnung über Steuervergünstigungen zur Förderung des Baues von Landarbeiterwohnungen in der Fassung der Bekanntmachung vom 6. August 1974 (Bundesgesetzbl. I S. 1869)

vorgenommen worden sind, dem durch das Finanzamt festgestellten Gewinn wieder hinzuzurechnen. Soweit jedoch in diesen Fällen notwendige Ausgaben für die Anschaffung oder Herstellung der in Satz 1 genannten Wirtschaftsgüter im Feststellungszeitraum geleistet worden sind, sind sie vom Gewinn abzusetzen.

§ 5 Sondervorschrift für die Einkünfte aus Land- und Forstwirtschaft

(1) Die Träger der Sozialhilfe können mit Zustimmung der zuständigen Landesbehörde die Einkünfte aus Land- und Forstwirtschaft abweichend von § 4 nach § 7 der Dritten Verordnung über Ausgleichsleistungen nach dem Lastenausgleichsgesetz (3. Leistungs-DV-LA) berechnen; der Nutzungswert der Wohnung im eigenen Haus bleibt jedoch unberücksichtigt.

(2) Von der Berechnung der Einkünfte nach Absatz 1 ist abzusehen,

1. wenn sie im Einzelfall offenbar nicht den besonderen persönlichen oder wirtschaftlichen Verhältnissen entspricht oder
2. wenn der Bezieher der Einkünfte zur Einkommensteuer veranlagt wird, es sei denn, daß der Gewinn auf Grund von Durchschnittssätzen ermittelt wird.

§ 6 Einkünfte aus Kapitalvermögen

(1) Welche Einkünfte zu den Einkünften aus Kapitalvermögen gehören, bestimmt sich nach § 20 Abs. 1 bis 3 des Einkommensteuergesetzes.

(2) Als Einkünfte aus Kapitalvermögen sind die Jahresroheinnahmen anzusetzen, vermindert um die Kapitalertragsteuer sowie um die mit der Erzielung der Einkünfte verbundenen notwendigen Ausgaben (§ 82 Abs. 2 Nr. 4 des Zwölften Buches Sozialgesetzbuch).

(3) Die Einkünfte sind auf der Grundlage der vor dem Berechnungsjahr erzielten Einkünfte unter Berücksichtigung der im Berechnungsjahr bereits eingetretenen und noch zu erwartenden Veränderungen zu errechnen. Soweit im Einzelfall geboten, können hiervon abweichend die Einkünfte für das Berechnungsjahr auch nachträglich errechnet werden.

§ 7 Einkünfte aus Vermietung und Verpachtung

(1) Welche Einkünfte zu den Einkünften aus Vermietung und Verpachtung gehören, bestimmt sich nach § 21 Abs. 1 und 3 des Einkommensteuergesetzes.

(2) Als Einkünfte aus Vermietung und Verpachtung ist der Überschuß der Einnahmen über die mit ihrer Erzielung verbundenen notwendigen Ausgaben (§ 82 Abs. 2 Nr. 4 des Zwölften Buches Sozialgesetzbuch) anzusetzen; zu den Ausgaben gehören

1. Schuldzinsen und dauernde Lasten,
2. Steuern vom Grundbesitz, sonstige öffentliche Abgaben und Versicherungsbeiträge,
3. Leistungen auf die Hypothekengewinnabgabe und die Kreditgewinnabgabe, soweit es sich um Zinsen nach § 211 Abs. 1 Nr. 2 des Lastenausgleichsgesetzes handelt,
4. der Erhaltungsaufwand,
5. sonstige Aufwendungen zur Bewirtschaftung des Haus- und Grundbesitzes, ohne besonderen Nachweis Aufwendungen in Höhe von 1 vom Hundert der Jahresroheinnahmen.

Zum Erhaltungsaufwand im Sinne des Satzes 1 Nr. 4 gehören die Ausgaben für Instandsetzung und Instandhaltung, nicht jedoch die Ausgaben für Verbesserungen; ohne Nachweis können bei Wohnungsgrundstücken, die vor dem 1. Januar 1925 bezugsfähig geworden sind, 15 vom Hundert, bei Wohnungsgrundstücken, die nach dem 31. Dezember 1924 bezugsfähig geworden sind, 10 vom Hundert der Jahresroheinnahmen als Erhaltungsaufwand berücksichtigt werden.

(3) Die in Absatz 2 genannten Ausgaben sind von den Einnahmen insoweit nicht abzusetzen, als sie auf den vom Vermieter oder Verpächter selbst genutzten Teil des vermieteten oder verpachteten Gegenstandes entfallen.

(4) Als Einkünfte aus der Vermietung von möblierten Wohnungen und von Zimmern sind anzusetzen

bei möblierten Wohnungen 80 vom Hundert,

bei möblierten Zimmern 70 vom Hundert,

bei Leerzimmern 90 vom Hundert

der Roheinnahmen. Dies gilt nicht, wenn geringe Einkünfte nachgewiesen werden.

(5) Die Einkünfte sind als Jahreseinkünfte, bei der Vermietung von möblierten Wohnungen und von Zimmern jedoch als Monatseinkünfte zu berechnen. Sind sie als Jahreseinkünfte zu berechnen, gilt § 6 Abs. 3 entsprechend.

§ 8 Andere Einkünfte

(1) Andere als die in den §§ 3, 4, 6 und 7 genannten Einkünfte sind, wenn sie nicht monatlich oder wenn sie monatlich in unterschiedlicher Höhe erzielt werden, als Jahreseinkünfte zu berechnen. Zu den anderen Einkünften im Sinne des Satzes 1 gehören auch die in § 19 Abs. 1 Ziff. 2 des Einkommensteuergesetzes genannten Bezüge sowie Renten und sonstige wiederkehrende Bezüge. § 3 Abs. 3 Satz 2 und 3 gilt entsprechend.

(2) Sind die Einkünfte als Jahreseinkünfte zu berechnen, gilt § 6 Abs. 3 entsprechend.

§ 9 Einkommensberechnung in besonderen Fällen

Ist der Bedarf an Sozialhilfe einmalig oder nur von kurzer Dauer und duldet die Entscheidung über die Hilfe keinen Aufschub, so kann der Träger der Sozialhilfe nach Anhörung des Beziehers des Einkommens die Einkünfte schätzen.

§ 10 Verlustausgleich

Ein Verlustausgleich zwischen einzelnen Einkunftsarten ist nicht vorzunehmen. In Härtefällen kann jedoch die gesamtwirtschaftliche Lage des Beziehers des Einkommens berücksichtigt werden.

§ 11 Maßgebender Zeitraum

(1) Soweit die Einkünfte als Jahreseinkünfte berechnet werden, gilt der zwölfte Teil dieser Einkünfte zusammen mit den monatlich berechneten Einkünften als monatliches Einkommen im Sinne des Zwölften Buches Sozialgesetzbuch. § 8 Abs. 1 Satz 3 geht der Regelung des Satzes 1 vor.

(2) Ist der Betrieb oder die sonstige Grundlage der als Jahreseinkünfte zu berechnenden Einkünfte nur während eines Teils vorhanden oder zur Einkommenserzielung genutzt, so sind die Einkünfte aus der betreffenden Einkunftsart nur für diesen Zeitraum zu berechnen; für ihn gilt als monatliches Einkommen im Sinne des Zwölften Buches Sozialgesetzbuch derjenige Teil der Einkünfte, der der Anzahl der in den genannten Zeitraum fallenden Monate entspricht. Satz 1 gilt nicht für Einkünfte aus Saisonbetrieben und andere ihrer Natur nach auf einen Teil des Jahres beschränkte Einkünfte, wenn die Einkünfte den Hauptbestandteil des Einkommens bilden.

§ 12 Ausgaben nach § 82 Abs. 2 Nr. 1 bis 3 des Zwölften Buches Sozialgesetzbuch

Die in § 82 Abs. 2 Nr. 1 bis 3 des Zwölften Buches Sozialgesetzbuch bezeichneten Ausgaben sind von der Summe der Einkünfte abzusetzen, soweit sie nicht bereits nach den Bestimmungen dieser Verordnung bei den einzelnen Einkunftsarten abzuziehen sind.

§ 13 (weggefallen)

§ 14 Inkrafttreten

Diese Verordnung tritt am 1. Januar 1963 in Kraft.

Verordnung zur Durchführung des § 90 Abs. 2 Nr. 9 des Zwölften Buches Sozialgesetzbuch

Vom 11. Februar 1988 (BGBl. I S. 150)

Zuletzt geändert durch
Gesetz zur Einordnung des Sozialhilferechts in das Sozialgesetzbuch
vom 27. Dezember 2003 (BGBl. I S. 3022)

Auf Grund des § 88 Abs. 4 des Bundessozialhilfegesetzes in der Fassung der Bekanntmachung vom 20. Januar 1987 (BGBl. I S. 401) wird mit Zustimmung des Bundesrates verordnet:

§ 1 (Freigrenzen)

(1) Kleinere Barbeträge oder sonstige Geldwerte im Sinne des § 90 Abs. 2 Nr. 9 des Zwölften Buches Sozialgesetzbuch sind,

1. wenn die Sozialhilfe vom Vermögen der nachfragenden Person abhängig ist,
   a) bei der Hilfe zum Lebensunterhalt nach dem Dritten Kapitel des Zwölften Buches Sozialgesetzbuch 1600 Euro, jedoch 2600 Euro bei nachfragenden Personen, die das 60. Lebensjahr vollendet haben, sowie bei voll Erwerbsgeminderten im Sinne der gesetzlichen Rentenversicherung und den diesem Personenkreis vergleichbaren Invalidenrentnern,
   b) bei den Leistungen nach dem Fünften bis Neunten Kapitel des Zwölften Buches Sozialgesetzbuch 2600 Euro, zuzüglich eines Betrages von 256 Euro für jede Person, die von der nachfragenden Person überwiegend unterhalten wird,
2. wenn die Sozialhilfe vom Vermögen der nachfragenden Person und ihres nicht getrennt lebenden Ehegatten oder Lebenspartners abhängig ist, der nach Nummer 1 Buchstabe a oder b maßgebende Betrag zuzüglich eines Betrages von 614 Euro für den Ehegatten oder Lebenspartner und eines Betrages von 256 Euro für jede Person, die von der nachfragenden Person, ihrem Ehegatten oder Lebenspartner überwiegend unterhalten wird,
3. wenn die Sozialhilfe vom Vermögen einer minderjährigen unverheirateten nachfragenden Person und ihrer Eltern abhängig ist, der nach Nummer 1 Buchstabe a oder b maßgebende Betrag zuzüglich eines Betrages von 614 Euro für einen Elternteil und eines Betrages von 256 Euro für die nachfragende Person und für jede Person, die von den Eltern oder von der nachfragenden Person überwiegend unterhalten wird.

Im Falle des § 64 Abs. 3 und des § 72 des Zwölften Buches Sozialgesetzbuch tritt an die Stelle des in Satz 1 genannten Betrages von 614 Euro ein Betrag von 1534 Euro, wenn beide Eheleute oder beide Lebenspartner (Nummer 2) oder beide Elternteile (Nummer 3) die Voraussetzungen des § 72 Abs. 5 des Zwölften Buches Sozialgesetzbuch erfüllen oder so schwer behindert sind, dass sie als Beschädigte die Pflegezulage nach den Stufen III bis VI nach § 35 Abs. 1 Satz 2 des Bundesversorgungsgesetzes erhielten.

(2) Ist im Falle des Absatzes 1 Satz 1 Nr. 3 das Vermögen nur eines Elternteils zu berücksichtigen, so ist der Betrag von 614 Euro, im Falle des § 64 Abs. 3 und des § 72 des Zwölften Buches Sozialgesetzbuch von 1534 Euro, nicht anzusetzen. Leben im Falle von Leistungen nach dem Fünften bis Neunten Kapitel des Zwölften Buches Sozialgesetzbuch die Eltern nicht zusammen, so ist das Vermögen des Elternteils zu berücksichtigen, bei dem die nachfragende Person lebt; lebt sie bei keinem Elternteil, so ist Absatz 1 Satz 1 Nr. 1 anzuwenden.

§ 2 (Erhöhung im Einzelfall)

(1) Der nach § 1 Abs. 1 Satz 1 Nr. 1 Buchstabe a oder b maßgebende Betrag ist ange-

messen zu erhöhen, wenn im Einzelfall eine besondere Notlage der nachfragenden Person besteht. Bei der Prüfung, ob eine besondere Notlage besteht, sowie bei der Entscheidung über den Umfang der Erhöhung sind vor allem Art und Dauer des Bedarfs sowie besondere Belastungen zu berücksichtigen.

(2) Der nach § 1 Abs. 1 Satz 1 Nr. 1 Buchstabe a oder b maßgebende Betrag kann angemessen herabgesetzt werden, wenn die Voraussetzungen der §§ 103 oder 94 des Gesetzes vorliegen.

§ 3 (Überleitungsvorschrift)

Diese Verordnung gilt nach § 14 des Dritten Überleitungsgesetzes in Verbindung mit § 136 des Zwölften Buches Sozialgesetzbuch auch im Land Berlin.

§ 4 (Inkrafttreten)

Diese Verordnung tritt am 1. April 1988 in Kraft. Gleichzeitig tritt die Verordnung zur Durchführung des § 88 Abs. 2 Nr. 8 des Bundessozialhilfegesetzes vom 9. November 1970 (BGBl. I S. 1529), zuletzt geändert durch die Verordnung vom 6. Dezember 1979 (BGBl. I S. 2004) außer Kraft.

XIII Besondere Teile des Sozialgesetzbuches nach § 68 SGB I

Neben den hier veröffentlichten Vorschriften werden in § 68 SGB I auch folgende Gesetze als zum Sozialgesetzbuch gehörig genannt:

- das Bundesausbildungsförderungsgesetz
- das Bundesversorgungsgesetz
- das Gesetz über die Alterssicherung der Landwirte
- das Gesetz über das Verwaltungsverfahren der Kriegsopferversorgung
- das Adoptionsvermittlungsgesetz
- das Altersteilzeitgesetz
- das Schwangerschaftskonfliktgesetz
- das Unterhaltsvorschussgesetz
- der Erste, Zweite und Dritte Abschnitt des Bundeselterngeld- und Elternzeitgesetzes

Aus Umfanggründen konnten diese Vorschriften nicht aufgenommen werden. Abonnenten der Halbjahresbände „Das gesamte Sozialgesetzbuch" haben im für sie kostenlosen Onlinedienst Zugriff auf diese Vorschriften.

XIII

Bundeskindergeldgesetz (BKGG)

in der Fassung der Bekanntmachung vom 28. Januar 2009 (BGBl. I S. 142, S. 3177)

Zuletzt geändert durch
Gesetz zur Anhebung des Grundfreibetrags, des Kinderfreibetrags, des Kindergeldes und des Kinderzuschlags vom 16. Juli 2015 (BGBl. I S. 1202)

Inhaltsübersicht

Erster Abschnitt
Leistungen

§ 1 Anspruchsberechtigte

(1) Kindergeld nach diesem Gesetz für seine Kinder erhält, wer nach § 1 Absatz 1 und 2 des Einkommensteuergesetzes nicht unbeschränkt steuerpflichtig ist und auch nicht nach § 1 Abs. 3 des Einkommensteuergesetzes als unbeschränkt steuerpflichtig behandelt wird und

1. in einem Versicherungspflichtverhältnis zur Bundesagentur für Arbeit nach dem Dritten Buch Sozialgesetzbuch steht oder versicherungsfrei nach § 28 Absatz 1 Nummer 1 des Dritten Buches Sozialgesetzbuch ist oder
2. als Entwicklungshelfer Unterhaltsleistungen im Sinne des § 4 Absatz 1 Nummer 1 des Entwicklungshelfer-Gesetzes erhält oder als Missionar der Missionswerke und -gesellschaften, die Mitglieder oder Vereinbarungspartner des Evangelischen Missionswerkes Hamburg, der Arbeitsgemeinschaft Evangelikaler Missionen e. V., des Deutschen katholischen Missionsrates oder der Arbeitsgemeinschaft pfingstlich-charismatischer Missionen sind, tätig ist oder
3. eine nach § 123a des Beamtenrechtsrahmengesetzes oder § 29 des Bundesbeamtengesetzes oder § 20 des Beamtenstatusgesetzes bei einer Einrichtung außerhalb Deutschlands zugewiesene Tätigkeit ausübt oder
4. als Ehegatte oder Lebenspartner eines Mitglieds der Truppe oder des zivilen Gefolges eines NATO-Mitgliedstaates die Staatsangehörigkeit eines EU/EWR-Mitgliedstaates besitzt und in Deutschland seinen Wohnsitz oder gewöhnlichen Aufenthalt hat.

(2) $_1$Kindergeld für sich selbst erhält, wer

1. in Deutschland einen Wohnsitz oder seinen gewöhnlichen Aufenthalt hat,
2. Vollwaise ist oder den Aufenthalt seiner Eltern nicht kennt und
3. nicht bei einer anderen Person als Kind zu berücksichtigen ist.

$_2$§ 2 Absatz 2 und 3 sowie die §§ 4 und 5 sind entsprechend anzuwenden. $_3$Im Fall des § 2 Absatz 2 Satz 1 Nummer 3 wird Kindergeld längstens bis zur Vollendung des 25. Lebensjahres gewährt.

(3) Ein nicht freizügigkeitsberechtigter Ausländer erhält Kindergeld nur, wenn er

1. eine Niederlassungserlaubnis besitzt,
2. eine Aufenthaltserlaubnis besitzt, die zur Ausübung einer Erwerbstätigkeit berechtigt oder berechtigt hat, es sei denn, die Aufenthaltserlaubnis wurde
   a) nach § 16 oder § 17 des Aufenthaltsgesetzes erteilt,
   b) nach § 18 Absatz 2 des Aufenthaltsgesetzes erteilt und die Zustimmung der Bundesagentur für Arbeit darf nach der Beschäftigungsverordnung nur für einen bestimmten Höchstzeitraum erteilt werden,
   c) nach § 23 Absatz 1 des Aufenthaltsgesetzes wegen eines Krieges in seinem Heimatland oder nach den §§ 23a, 24, 25 Absatz 3 bis 5 des Aufenthaltsgesetzes erteilt

   oder
3. eine in Nummer 2 Buchstabe c genannte Aufenthaltserlaubnis besitzt und
   a) sich seit mindestens drei Jahren rechtmäßig, gestattet oder geduldet im Bundesgebiet aufhält und
   b) im Bundesgebiet berechtigt erwerbstätig ist, laufende Geldleistungen nach dem Dritten Buch Sozialgesetzbuch bezieht oder Elternzeit in Anspruch nimmt.

§ 2 Kinder

(1) Als Kinder werden auch berücksichtigt

1. vom Berechtigten in seinen Haushalt aufgenommene Kinder seines Ehegatten oder Lebenspartners,
2. Pflegekinder (Personen, mit denen der Berechtigte durch ein familienähnliches, auf Dauer berechnetes Band verbunden ist, sofern er sie nicht zu Erwerbszwecken in seinen Haushalt aufgenommen hat und das Obhuts- und Pflegeverhältnis zu den Eltern nicht mehr besteht),

3. vom Berechtigten in seinen Haushalt aufgenommene Enkel.

(2) $_1$Ein Kind, das das 18. Lebensjahr vollendet hat, wird berücksichtigt, wenn es

1. noch nicht das 21. Lebensjahr vollendet hat, nicht in einem Beschäftigungsverhältnis steht und bei einer Agentur für Arbeit im Inland als Arbeitsuchender gemeldet ist oder
2. noch nicht das 25. Lebensjahr vollendet hat und
   a) für einen Beruf ausgebildet wird oder
   b) sich in einer Übergangszeit von höchstens vier Monaten befindet, die zwischen zwei Ausbildungsabschnitten oder zwischen einem Ausbildungsabschnitt und der Ableistung des gesetzlichen Wehr- oder Zivildienstes, einer vom Wehr- oder Zivildienst befreienden Tätigkeit als Entwicklungshelfer oder als Dienstleistender im Ausland nach § 14b des Zivildienstgesetzes oder der Ableistung des freiwilligen Wehrdienstes nach § 58b des Soldatengesetzes oder der Ableistung eines freiwilligen Dienstes im Sinne des Buchstaben d liegt, oder
   c) eine Berufsausbildung mangels Ausbildungsplatzes nicht beginnen oder fortsetzen kann oder
   d) ein freiwilliges soziales Jahr oder ein freiwilliges ökologisches Jahr im Sinne des Jugendfreiwilligendienstegesetzes oder einen Freiwilligendienst im Sinne der Verordnung (EU) Nr. 1288/2013 des Europäischen Parlaments und des Rates vom 11. Dezember 2013 zur Einrichtung von „Erasmus+", dem Programm der Union für allgemeine und berufliche Bildung, Jugend und Sport, und zur Aufhebung der Beschlüsse Nr. 1719/2006/EG, Nr. 1720/2006/EG und Nr. 1298/2008/EG (ABl. L 347 vom 20. 12. 2013, S. 50) oder einen anderen Dienst im Ausland im Sinne von § 5 des Bundesfreiwilligendienstgesetzes oder einen entwicklungspolitischen Freiwilligendienst „weltwärts" im Sinne der Richtlinie des Bundesministeriums für wirtschaftliche Zusammenarbeit und Entwicklung vom 1. August 2007 (BAnz. 2008 S. 1297) oder einen Freiwilligendienst aller Generationen im Sinne von § 2 Absatz 1a des Siebten Buches Sozialgesetzbuch oder einen Internationalen Jugendfreiwilligendienst im Sinne der Richtlinie des Bundesministeriums für Familie, Senioren, Frauen und Jugend vom 20. Dezember 2010 (GMBl. S. 1778) oder einen Bundesfreiwilligendienst im Sinne des Bundesfreiwilligendienstgesetzes leistet oder
3. wegen körperlicher, geistiger oder seelischer Behinderung außerstande ist, sich selbst zu unterhalten; Voraussetzung ist, dass die Behinderung vor Vollendung des 25. Lebensjahres eingetreten ist.

$_2$Nach Abschluss einer erstmaligen Berufsausbildung oder eines Erststudiums wird ein Kind in den Fällen des Satzes 1 Nummer 2 nur berücksichtigt, wenn das Kind keiner Erwerbstätigkeit nachgeht. $_3$Eine Erwerbstätigkeit mit bis zu 20 Stunden regelmäßiger wöchentlicher Arbeitszeit, ein Ausbildungsdienstverhältnis oder ein geringfügiges Beschäftigungsverhältnis im Sinne der §§ 8 und 8a des Vierten Buches Sozialgesetzbuch sind unschädlich.

(3) $_1$In den Fällen des Absatzes 2 Satz 1 Nummer 1 oder Nummer 2 Buchstabe a und b wird ein Kind, das

1. den gesetzlichen Grundwehrdienst oder Zivildienst geleistet hat oder
2. sich an Stelle des gesetzlichen Grundwehrdienstes freiwillig für die Dauer von nicht mehr als drei Jahren zum Wehrdienst verpflichtet hat oder
3. eine vom gesetzlichen Grundwehrdienst oder Zivildienst befreiende Tätigkeit als Entwicklungshelfer im Sinne des § 1 Absatz 1 des Entwicklungshelfer-Gesetzes ausgeübt hat,

für einen der Dauer dieser Dienste oder der Tätigkeit entsprechenden Zeitraum, höchstens für die Dauer des inländischen gesetzlichen Grundwehrdienstes, bei anerkannten Kriegsdienstverweigerern für die Dauer des inländischen gesetzlichen Zivildienstes über das 21.

oder 25. Lebensjahr hinaus berücksichtigt. $_{2}$Wird der gesetzliche Grundwehrdienst oder Zivildienst in einem Mitgliedstaat der Europäischen Union oder einem Staat, auf den das Abkommen über den Europäischen Wirtschaftsraum Anwendung findet, geleistet, so ist die Dauer dieses Dienstes maßgebend. $_{3}$Absatz 2 Satz 2 und 3 gilt entsprechend.

(4) $_{1}$Kinder, für die einer anderen Person nach dem Einkommensteuergesetz Kindergeld oder ein Kinderfreibetrag zusteht, werden nicht berücksichtigt. $_{2}$Dies gilt nicht für Kinder, die in den Haushalt des Anspruchsberechtigten nach § 1 aufgenommen worden sind oder für die dieser die höhere Unterhaltsrente zahlt, wenn sie weder in seinen Haushalt noch in den Haushalt eines nach § 62 des Einkommensteuergesetzes Anspruchsberechtigten aufgenommen sind.

(5) $_{1}$Kinder, die weder einen Wohnsitz noch ihren gewöhnlichen Aufenthalt in Deutschland haben, werden nicht berücksichtigt. $_{2}$Dies gilt nicht gegenüber Berechtigten nach § 1 Absatz 1 Nummer 2 und 3, wenn sie die Kinder in ihren Haushalt aufgenommen haben.

(6) Die Bundesregierung wird ermächtigt, durch Rechtsverordnung, die nicht der Zustimmung des Bundesrates bedarf, zu bestimmen, dass einem Berechtigten, der in Deutschland erwerbstätig ist oder sonst seine hauptsächlichen Einkünfte erzielt, für seine in Absatz 5 Satz 1 bezeichneten Kinder Kindergeld ganz oder teilweise zu leisten ist, soweit dies mit Rücksicht auf die durchschnittlichen Lebenshaltungskosten für Kinder in deren Wohnland und auf die dort gewährten dem Kindergeld vergleichbaren Leistungen geboten ist.

§ 3 Zusammentreffen mehrerer Ansprüche

(1) Für jedes Kind werden nur einer Person Kindergeld, Kinderzuschlag und Leistungen für Bildung und Teilhabe gewährt.

(2) $_{1}$Erfüllen für ein Kind mehrere Personen die Anspruchsvoraussetzungen, so werden das Kindergeld, der Kinderzuschlag und die Leistungen für Bildung und Teilhabe derjenigen Person gewährt, die das Kind in ihren Haushalt aufgenommen hat. $_{2}$Ist ein Kind in den gemeinsamen Haushalt von Eltern, von einem Elternteil und dessen Ehegatten oder Lebenspartner, von Pflegeeltern oder Großeltern aufgenommen worden, bestimmen diese untereinander den Berechtigten. $_{3}$Wird eine Bestimmung nicht getroffen, bestimmt das Familiengericht auf Antrag den Berechtigten. $_{4}$Antragsberechtigt ist, wer ein berechtigtes Interesse an der Leistung des Kindergeldes hat. $_{5}$Lebt ein Kind im gemeinsamen Haushalt von Eltern und Großeltern, werden das Kindergeld, der Kinderzuschlag und die Leistungen für Bildung und Teilhabe vorrangig einem Elternteil gewährt; sie werden an einen Großelternteil gewährt, wenn der Elternteil gegenüber der zuständigen Stelle auf seinen Vorrang schriftlich verzichtet hat.

(3) $_{1}$Ist das Kind nicht in den Haushalt einer der Personen aufgenommen, die die Anspruchsvoraussetzungen erfüllen, wird das Kindergeld derjenigen Person gewährt, die dem Kind eine Unterhaltsrente zahlt. $_{2}$Zahlen mehrere anspruchsberechtigte Personen dem Kind Unterhaltsrenten, wird das Kindergeld derjenigen Person gewährt, die dem Kind laufend die höchste Unterhaltsrente zahlt. $_{3}$Werden gleich hohe Unterhaltsrenten gezahlt oder zahlt keiner der Berechtigten dem Kind Unterhalt, so bestimmen die Berechtigten untereinander, wer das Kindergeld erhalten soll. $_{4}$Wird eine Bestimmung nicht getroffen, so gilt Absatz 2 Satz 3 und 4 entsprechend.

§ 4 Andere Leistungen für Kinder

(1) $_{1}$Kindergeld wird nicht für ein Kind gewährt, für das eine der folgenden Leistungen zu zahlen ist oder bei entsprechender Antragstellung zu zahlen wäre:

1. Kinderzulagen aus der gesetzlichen Unfallversicherung oder Kinderzuschüsse aus den gesetzlichen Rentenversicherungen,
2. Leistungen für Kinder, die außerhalb Deutschlands gewährt werden und dem Kindergeld oder einer der unter Nummer 1 genannten Leistungen vergleichbar sind,
3. Leistungen für Kinder, die von einer zwischen- oder überstaatlichen Einrichtung

gewährt werden und dem Kindergeld vergleichbar sind.

₂Steht ein Berechtigter in einem Versicherungspflichtverhältnis zur Bundesagentur für Arbeit nach dem Dritten Buch Sozialgesetzbuch oder ist er versicherungsfrei nach § 28 Absatz 1 Nummer 1 des Dritten Buches Sozialgesetzbuch oder steht er in Deutschland in einem öffentlich-rechtlichen Dienst- oder Amtsverhältnis, so wird sein Anspruch auf Kindergeld für ein Kind nicht nach Satz 1 Nummer 3 mit Rücksicht darauf ausgeschlossen, dass sein Ehegatte oder Lebenspartner als Beamter, Ruhestandsbeamter oder sonstiger Bediensteter der Europäischen Gemeinschaften für das Kind Anspruch auf Kinderzulage hat.

(2) ₁Ist in den Fällen des Absatzes 1 Satz 1 Nummer 1 der Bruttobetrag der anderen Leistung niedriger als das Kindergeld nach § 6, wird Kindergeld in Höhe des Unterschiedsbetrages gezahlt. ₂Ein Unterschiedsbetrag unter 5 Euro wird nicht geleistet.

§ 5 Beginn und Ende des Anspruchs

(1) Das Kindergeld, der Kinderzuschlag und die Leistungen für Bildung und Teilhabe werden vom Beginn des Monats an gewährt, in dem die Anspruchsvoraussetzungen erfüllt sind; sie werden bis zum Ende des Monats gewährt, in dem die Anspruchsvoraussetzungen wegfallen.

(2) Abweichend von Absatz 1 wird in den Fällen des § 6a Absatz 1 Nummer 4 Satz 3 Kinderzuschlag erst ab dem Monat, der auf den Monat der Antragstellung folgt, gewährt, wenn Leistungen nach dem Zweiten Buch Sozialgesetzbuch für den Monat, in dem der Antrag auf Kinderzuschlag gestellt worden ist, bereits erbracht worden sind.

§ 6 Höhe des Kindergeldes

(1) Das Kindergeld beträgt monatlich für erste und zweite Kinder jeweils 188 Euro, für dritte Kinder 194 Euro und für das vierte und jedes weitere Kind jeweils 219 Euro.

(2) In den Fällen des § 1 Absatz 2 beträgt das Kindergeld 188 Euro monatlich.

(3) Für jedes Kind, für das im Kalenderjahr 2009 mindestens für einen Kalendermonat ein Anspruch auf Kindergeld besteht, wird für das Kalenderjahr 2009 ein Einmalbetrag in Höhe von 100 Euro gezahlt.

Die Kindergelderhöhung erfolgt in zwei Stufen: 2015 erhalten Eltern pro Kind 4 Euro mehr im Monat und ab 2016 weitere 2 Euro. Mit der erneuten Erhöhung ab Januar 2016 werden für die ersten beiden Kinder also 190 Euro, für das dritte Kind 196 Euro und für jedes weitere Kind 221 Euro gezahlt.

Aus Verwaltungsvereinfachungsgründen wird mit dem „Gesetz zur Nichtanrechnung rückwirkender Erhöhungen des Kindergeldes" (Artikel 8 des Gesetzes zur Anhebung des Grundfreibetrags, des Kinderfreibetrags, des Kindergeldes und des Kinderzuschlags) das erhöhte Kindergeld Beziehern von Sozialleistungen nicht angerechnet; zur Kindesunterhaltsberechnung wird klargestellt, dass bis zum 31. Dezember 2015 Kindergeld nur in der Höhe der Beträge nach alter Rechtslage (184 Euro monatlich bzw. 190 Euro für dritte und jeweils 215 Euro für weitere Kinder) den Barbedarf des Kindes mindert.

Das „Gesetz zur Nichtanrechnung rückwirkender Erhöhungen des Kindergeldes" lautet wie folgt:
(1) Wird das Kindergeld rückwirkend erhöht, ist der Unterschiedsbetrag zwischen dem nach bisheriger Rechtslage zustehenden Kindergeld und dem erhöhten Kindergeld, der für die Zeit bis zum Ablauf des Kalendermonats gewährt wird, der auf den Monat der Verkündung desjenigen Gesetzes folgt, mit dem das Kindergeld erhöht wird, bei Sozialleistungen, deren Zahlung von anderen Einkommen abhängig ist, nicht als Einkommen zu berücksichtigen. Dies gilt unabhängig vom Zeitpunkt des Zuflusses des Unterschiedsbetrags.
(2) Absatz 1 gilt für das durch Artikel 1 und 5 des Gesetzes vom 16. Juli 2015 (BGBl. I S. 1202) rückwirkend erhöhte Kindergeld mit der Maßgabe, dass der Unterschiedsbetrag für die Zeit bis zum 31. Dezember 2015 zwischen dem nach bisheriger Rechtslage zustehenden Kindergeld und dem erhöhten Kindergeld bei Sozialleistungen, deren Zahlung von anderen Einkommen abhängig ist, nicht als Einkommen zu berücksichtigen ist. Dies gilt unabhängig vom Zeitpunkt des Zuflusses des Unterschiedsbetrags
(3) Bei der Anwendung des §1612b Absatz 1 des Bürgerlichen Gesetzbuchs ist für die Zeit bis zum 31. Dezember 2015 Kindergeld von monatlich 184 Euro für erste und zweite Kinder, 190 Euro für dritte

Kinder und 215 Euro für das vierte und jedes weitere Kind maßgeblich.

§ 6a Kinderzuschlag

(1) Personen erhalten nach diesem Gesetz für in ihrem Haushalt lebende unverheiratete oder nicht verpartnerte Kinder, die noch nicht das 25. Lebensjahr vollendet haben, einen Kinderzuschlag, wenn

1. sie für diese Kinder nach diesem Gesetz oder nach dem X. Abschnitt des Einkommensteuergesetzes Anspruch auf Kindergeld oder Anspruch auf andere Leistungen im Sinne von § 4 haben,
2. sie mit Ausnahme des Wohngeldes und des Kindergeldes über Einkommen im Sinne des § 11 Absatz 1 Satz 1 des Zweiten Buches Sozialgesetzbuch in Höhe von 900 Euro oder, wenn sie alleinerziehend sind, in Höhe von 600 Euro verfügen, wobei Beträge nach § 11b des Zweiten Buches Sozialgesetzbuch nicht abzusetzen sind,
3. sie mit Ausnahme des Wohngeldes über Einkommen oder Vermögen im Sinne der §§ 11 bis 12 des Zweiten Buches Sozialgesetzbuch verfügen, das höchstens dem nach Absatz 4 Satz 1 für sie maßgebenden Betrag zuzüglich dem Gesamtkinderzuschlag nach Absatz 2 entspricht, und
4. durch den Kinderzuschlag Hilfebedürftigkeit nach § 9 des Zweiten Buches Sozialgesetzbuch vermieden wird. Bei der Prüfung, ob Hilfebedürftigkeit vermieden wird, bleiben die Bedarfe nach § 28 des Zweiten Buches Sozialgesetzbuch außer Betracht. Das Gleiche gilt für Mehrbedarfe nach den §§ 21 und 23 Nummer 2 bis 4 des Zweiten Buches Sozialgesetzbuch, wenn kein Mitglied der Bedarfsgemeinschaft Leistungen nach dem Zweiten oder Zwölften Buch Sozialgesetzbuch beantragt hat oder erhält oder alle Mitglieder der Bedarfsgemeinschaft für den Zeitraum, für den Kinderzuschlag beantragt wird, auf die Inanspruchnahme von Leistungen nach dem Zweiten oder Zwölften Buch Sozialgesetzbuch verzichten. In diesem Fall ist § 46 Absatz 2 des Ersten Buches Sozialgesetzbuch nicht anzuwenden. Der Verzicht kann auch gegenüber der Familienkasse erklärt werden; diese unterrichtet den für den Wohnort des Berechtigten zuständigen Träger der Grundsicherung für Arbeitsuchende über den Verzicht.

(2) $_{1}$Der Kinderzuschlag beträgt für jedes zu berücksichtigende Kind jeweils bis zu 140 Euro monatlich. $_{2}$Die Summe der Kinderzuschläge bildet den Gesamtkinderzuschlag. $_{3}$Er soll jeweils für sechs Monate bewilligt werden. $_{4}$Kinderzuschlag wird nicht für Zeiten vor der Antragstellung erbracht. $_{5}$§ 28 des Zehnten Buches Sozialgesetzbuch gilt mit der Maßgabe, dass der Antrag unverzüglich nach Ablauf des Monats, in dem die Ablehnung oder Erstattung der anderen Leistungen bindend geworden ist, nachzuholen ist.

(3) $_{1}$Der Kinderzuschlag mindert sich um das nach den §§ 11 bis 12 des Zweiten Buches Sozialgesetzbuch mit Ausnahme des Wohngeldes zu berücksichtigende Einkommen und Vermögen des Kindes. $_{2}$Hierbei bleibt das Kindergeld außer Betracht. $_{3}$Ein Anspruch auf Zahlung des Kinderzuschlags für ein Kind besteht nicht für Zeiträume, in denen zumutbare Anstrengungen unterlassen wurden, Einkommen des Kindes zu erzielen.

(4) $_{1}$Der Kinderzuschlag wird, soweit die Voraussetzungen des Absatzes 3 nicht vorliegen, in voller Höhe gewährt, wenn das nach den §§ 11 bis 12 des Zweiten Buches Sozialgesetzbuch mit Ausnahme des Wohngeldes zu berücksichtigende elterliche Einkommen oder Vermögen einen Betrag in Höhe der bei der Berechnung des Arbeitslosengeldes II oder des Sozialgeldes zu berücksichtigenden elterlichen Bedarfe nicht übersteigt. $_{2}$Dazu sind die Bedarfe für Unterkunft und Heizung in dem Verhältnis aufzuteilen, das sich aus den im jeweils letzten Bericht der Bundesregierung über die Höhe des Existenzminimums von Erwachsenen und Kindern festgestellten entsprechenden Bedarfen für Alleinstehende, Ehepaare, Lebenspartnerschaften und Kinder ergibt. $_{3}$Der Kinderzuschlag wird außer in den in Absatz 3 genannten Fällen auch dann stufenweise gemindert, wenn das nach den §§ 11 bis 12 des Zweiten Buches Sozialgesetzbuch mit Ausnahme des Wohngeldes zu berücksichtigende

elterliche Einkommen oder Vermögen den in Satz 1 genannten jeweils maßgebenden Betrag übersteigt. $_{4}$Als elterliches Einkommen oder Vermögen gilt dabei dasjenige der Mitglieder der Bedarfsgemeinschaft mit Ausnahme des Einkommens und Vermögens der in dem Haushalt lebenden Kinder. $_{5}$Soweit das zu berücksichtigende elterliche Einkommen nicht nur aus Erwerbseinkünften besteht, ist davon auszugehen, dass die Überschreitung des in Satz 1 genannten jeweils maßgebenden Betrages durch die Erwerbseinkünfte verursacht wird, wenn nicht die Summe der anderen Einkommensteile oder des Vermögens für sich genommen diesen maßgebenden Betrag übersteigt. $_{6}$Für je 10 Euro, um die die monatlichen Erwerbseinkünfte den maßgebenden Betrag übersteigen, wird der Kinderzuschlag um 5 Euro monatlich gemindert. $_{7}$Anderes Einkommen sowie Vermögen mindern den Kinderzuschlag in voller Höhe. $_{8}$Kommt die Minderung des für mehrere Kinder zu zahlenden Kinderzuschlags in Betracht, wird sie beim Gesamtkinderzuschlag vorgenommen.

(5) $_{1}$Ein Anspruch auf Kinderzuschlag entfällt, wenn der Berechtigte erklärt, ihn für einen bestimmten Zeitraum wegen eines damit verbundenen Verlustes von anderen höheren Ansprüchen nicht geltend machen zu wollen. $_{2}$In diesen Fällen unterrichtet die Familienkasse den für den Wohnort des Berechtigten zuständigen Träger der Grundsicherung für Arbeitsuchende über die Erklärung. $_{3}$Die Erklärung nach Satz 1 kann mit Wirkung für die Zukunft widerrufen werden.

Ab 1.7.2016 wird der Kinderzuschlag für jedes zu berücksichtigende Kind jeweils um 20 Euro pro Monat auf dann 160 Euro erhöht (Gesetz zur Anhebung des Grundfreibetrags, des Kinderfreibetrags, des Kindergeldes und des Kinderzuschlags vom 16.7.2015, BGBl. I S. 1202).

§ 6b Leistungen für Bildung und Teilhabe

(1) $_{1}$Personen erhalten Leistungen für Bildung und Teilhabe für ein Kind, wenn sie für dieses Kind nach diesem Gesetz oder nach dem X. Abschnitt des Einkommensteuergesetzes Anspruch auf Kindergeld oder Anspruch auf andere Leistungen im Sinne von § 4 haben und wenn

1. das Kind mit ihnen in einem Haushalt lebt und sie für ein Kind Kinderzuschlag nach § 6a beziehen oder
2. im Falle der Bewilligung von Wohngeld sie und das Kind, für das sie Kindergeld beziehen, zu berücksichtigende Haushaltsmitglieder sind.

$_{2}$Satz 1 gilt entsprechend, wenn das Kind, nicht jedoch die berechtigte Person zu berücksichtigendes Haushaltsmitglied im Sinne von Satz 1 Nummer 2 ist und die berechtigte Person Leistungen nach dem Zweiten oder Zwölften Buch Sozialgesetzbuch bezieht. $_{3}$Wird das Kindergeld nach § 74 Absatz 1 des Einkommensteuergesetzes oder nach § 48 Absatz 1 des Ersten Buches Sozialgesetzbuch ausgezahlt, stehen die Leistungen für Bildung und Teilhabe dem Kind oder der Person zu, die dem Kind Unterhalt gewährt.

(2) $_{1}$Die Leistungen für Bildung und Teilhabe entsprechen den Leistungen zur Deckung der Bedarfe nach § 28 Absatz 2 bis 7 des Zweiten Buches Sozialgesetzbuch. $_{2}$§ 28 Absatz 1 Satz 2 des Zweiten Buches Sozialgesetzbuch gilt entsprechend. $_{3}$Für die Bemessung der Leistungen für die Schülerbeförderung nach § 28 Absatz 4 des Zweiten Buches Sozialgesetzbuch sind die erforderlichen tatsächlichen Aufwendungen zu berücksichtigen, soweit sie nicht von Dritten übernommen werden und den Leistungsberechtigten nicht zugemutet werden kann, die Aufwendungen aus eigenen Mitteln zu bestreiten. $_{4}$Als zumutbare Eigenleistung gilt in der Regel ein Betrag in Höhe von 5 Euro monatlich. $_{5}$Für die gemeinschaftliche Mittagsverpflegung nach § 28 Absatz 6 des Zweiten Buches Sozialgesetzbuch wird zur Ermittlung der Mehraufwendungen für jedes Mittagessen ein Betrag in Höhe des in § 9 des Regelbedarfsermittlungsgesetzes festgelegten Eigenanteils berücksichtigt. $_{6}$Die Leistungen nach Satz 1 gelten nicht als Einkommen oder Vermögen im Sinne dieses Gesetzes. $_{7}$§ 19 Absatz 3 des Zweiten Buches Sozialgesetzbuch findet keine Anwendung.

(2a) Ansprüche auf Leistungen für Bildung und Teilhabe verjähren in zwölf Monaten nach

Ablauf des Kalendermonats, in dem sie entstanden sind.

(3) Für die Erbringung der Leistungen für Bildung und Teilhabe gelten die §§ 29, 30 und 40 Absatz 3 des Zweiten Buches Sozialgesetzbuch entsprechend.

Zweiter Abschnitt Organisation und Verfahren

§ 7 Zuständigkeit

(1) Die Bundesagentur für Arbeit (Bundesagentur) führt dieses Gesetz nach fachlichen Weisungen des Bundesministeriums für Familie, Senioren, Frauen und Jugend durch.

(2) Die Bundesagentur führt bei der Durchführung dieses Gesetzes die Bezeichnung „Familienkasse".

(3) Abweichend von Absatz 1 führen die Länder § 6b als eigene Angelegenheit aus.

§ 7a Datenübermittlung

Die Träger der Leistungen nach § 6b und die Träger der Grundsicherung für Arbeitsuchende teilen sich alle Tatsachen mit, die für die Erbringung und Abrechnung der Leistungen nach § 6b dieses Gesetzes und § 28 des Zweiten Buches Sozialgesetzbuch erforderlich sind.

§ 8 Aufbringung der Mittel

(1) Die Aufwendungen der Bundesagentur für die Durchführung dieses Gesetzes trägt der Bund.

(2) Der Bund stellt der Bundesagentur nach Bedarf die Mittel bereit, die sie für die Zahlung des Kindergeldes benötigt.

(3) Der Bund erstattet die Verwaltungskosten, die der Bundesagentur aus der Durchführung dieses Gesetzes entstehen, in einem Pauschbetrag, der zwischen der Bundesregierung und der Bundesagentur vereinbart wird.

(4) Abweichend von den Absätzen 1 bis 3 tragen die Länder die Ausgaben für die Leistungen nach § 6b und ihre Durchführung.

§ 9 Antrag

(1) $_1$Das Kindergeld und der Kinderzuschlag sind schriftlich zu beantragen. $_2$Der Antrag soll bei der nach § 13 zuständigen Familienkasse gestellt werden. $_3$Den Antrag kann außer dem Berechtigten auch stellen, wer ein berechtigtes Interesse an der Leistung des Kindergeldes hat.

(2) $_1$Vollendet ein Kind das 18. Lebensjahr, so wird es für den Anspruch auf Kindergeld nur dann weiterhin berücksichtigt, wenn der oder die Berechtigte anzeigt, dass die Voraussetzungen des § 2 Absatz 2 vorliegen. $_2$Absatz 1 gilt entsprechend.

(3) $_1$Die Leistungen für Bildung und Teilhabe sind bei der zuständigen Stelle schriftlich zu beantragen. $_2$Absatz 1 Satz 3 gilt entsprechend.

§ 10 Auskunftspflicht

(1) $_1$§ 60 Absatz 1 des Ersten Buches Sozialgesetzbuch gilt auch für die bei dem Antragsteller oder Berechtigten berücksichtigten Kinder, für den nicht dauernd getrennt lebenden Ehegatten des Antragstellers oder Berechtigten und für die sonstigen Personen, bei denen die bezeichneten Kinder berücksichtigt werden. $_2$§ 60 Absatz 4 des Zweiten Buches Sozialgesetzbuch gilt entsprechend.

(2) Soweit es zur Durchführung der §§ 2 und 6a erforderlich ist, hat der jeweilige Arbeitgeber der in diesen Vorschriften bezeichneten Personen auf Verlangen der zuständigen Stelle eine Bescheinigung über den Arbeitslohn, die einbehaltenen Steuern und Sozialabgaben auszustellen.

(3) Die Familienkassen können den nach Absatz 2 Verpflichteten eine angemessene Frist zur Erfüllung der Pflicht setzen.

§ 11 Gewährung des Kindergeldes und des Kinderzuschlags

(1) Das Kindergeld und der Kinderzuschlag werden monatlich gewährt.

(2) Auszuzahlende Beträge sind auf Euro abzurunden, und zwar unter 50 Cent nach unten, sonst nach oben.

(3) § 45 Absatz 3 des Zehnten Buches Sozialgesetzbuch findet keine Anwendung.

(4) Ein rechtswidriger nicht begünstigender Verwaltungsakt ist abweichend von § 44 Absatz 1 des Zehnten Buches Sozialgesetzbuch für die Zukunft zurückzunehmen; er kann ganz oder teilweise auch für die Vergangenheit zurückgenommen werden.

§ 12 Aufrechnung

§ 51 des Ersten Buches Sozialgesetzbuch gilt für die Aufrechnung eines Anspruchs auf Erstattung von Kindergeld und Kinderzuschlag gegen einen späteren Anspruch auf Kindergeld und Kinderzuschlag eines oder einer mit dem Erstattungspflichtigen in Haushaltsgemeinschaft lebenden Berechtigten entsprechend, soweit es sich um laufendes Kindergeld oder laufenden Kinderzuschlag für ein Kind handelt, das bei beiden berücksichtigt werden konnte.

§ 13 Zuständige Stelle

(1) $_1$Für die Entgegennahme des Antrages und die Entscheidungen über den Anspruch ist die Familienkasse (§ 7 Absatz 2) zuständig, in deren Bezirk der Berechtigte seinen Wohnsitz hat. $_2$Hat der Berechtigte keinen Wohnsitz im Geltungsbereich dieses Gesetzes, ist die Familienkasse zuständig, in deren Bezirk er seinen gewöhnlichen Aufenthalt hat. $_3$Hat der Berechtigte im Geltungsbereich dieses Gesetzes weder einen Wohnsitz noch einen gewöhnlichen Aufenthalt, ist die Familienkasse zuständig, in deren Bezirk er erwerbstätig ist. $_4$In den übrigen Fällen ist die Familienkasse Nürnberg zuständig.

(2) Die Entscheidungen über den Anspruch trifft die Leitung der Familienkasse.

(3) Der Vorstand der Bundesagentur kann für bestimmte Bezirke oder Gruppen von Berechtigten die Entscheidungen über den Anspruch auf Kindergeld einer anderen Familienkasse übertragen.

(4) Für die Leistungen nach § 6b bestimmen abweichend von den Absätzen 1 und 2 die Landesregierungen oder die von ihnen beauftragten Stellen die für die Durchführung zuständigen Behörden.

§ 14 Bescheid

$_1$Wird der Antrag auf Kindergeld, Kinderzuschlag oder Leistungen für Bildung und Teilhabe abgelehnt, ist ein schriftlicher Bescheid zu erteilen. $_2$Das Gleiche gilt, wenn das Kindergeld, Kinderzuschlag oder Leistungen für Bildung und Teilhabe entzogen werden.

§ 15 Rechtsweg

Für Streitigkeiten nach diesem Gesetz sind die Gerichte der Sozialgerichtsbarkeit zuständig.

Dritter Abschnitt
Bußgeldvorschriften

§ 16 Ordnungswidrigkeiten

(1) Ordnungswidrig handelt, wer vorsätzlich oder leichtfertig

1. entgegen § 60 Absatz 1 Satz 1 Nummer 1 oder Nummer 3 des Ersten Buches Sozialgesetzbuch in Verbindung mit § 10 Absatz 1 auf Verlangen nicht die leistungserheblichen Tatsachen angibt oder Beweisurkunden vorlegt,
2. entgegen § 60 Absatz 1 Satz 1 Nummer 2 des Ersten Buches Sozialgesetzbuch eine Änderung in den Verhältnissen, die für einen Anspruch auf Kindergeld, Kinderzuschlag oder Leistungen für Bildung und Teilhabe erheblich ist, nicht, nicht richtig, nicht vollständig oder nicht rechtzeitig mitteilt oder
3. entgegen § 10 Absatz 2 oder Absatz 3 auf Verlangen eine Bescheinigung nicht, nicht richtig, nicht vollständig oder nicht rechtzeitig ausstellt.

(2) Die Ordnungswidrigkeit kann mit einer Geldbuße geahndet werden.

(3) § 66 des Zehnten Buches Sozialgesetzbuch gilt entsprechend.

(4) Verwaltungsbehörden im Sinne des § 36 Absatz 1 Nummer 1 des Gesetzes über Ordnungswidrigkeiten sind die nach § 409 der Abgabenordnung bei Steuerordnungswidrigkeiten wegen des Kindergeldes nach dem X. Abschnitt des Einkommensteuergesetzes zuständigen Verwaltungsbehörden.

Vierter Abschnitt
Übergangs- und Schlussvorschriften

§ 17 Recht der Europäischen Gemeinschaft

1Soweit in diesem Gesetz Ansprüche Deutschen vorbehalten sind, haben Angehörige der anderen Mitgliedstaaten der Europäischen Union, Flüchtlinge und Staatenlose nach Maßgabe des Vertrages zur Gründung der Europäischen Gemeinschaft und der auf seiner Grundlage erlassenen Verordnungen die gleichen Rechte. 2Auch im Übrigen bleiben die Bestimmungen der genannten Verordnungen unberührt.

§ 18 Anwendung des Sozialgesetzbuches

Soweit dieses Gesetz keine ausdrückliche Regelung trifft, ist bei der Ausführung das Sozialgesetzbuch anzuwenden.

§ 19 Übergangsvorschriften

(1) Ist für die Nachzahlung und Rückforderung von Kindergeld und Zuschlag zum Kindergeld für Berechtigte mit geringem Einkommen der Anspruch eines Jahres vor 1996 maßgeblich, finden die §§ 10, 11 und 11a in der bis zum 31. Dezember 1995 geltenden Fassung Anwendung.

(2) Verfahren, die am 1. Januar 1996 anhängig sind, werden nach den Vorschriften des Sozialgesetzbuches und des Bundeskindergeldgesetzes in der bis zum 31. Dezember 1995 geltenden Fassung zu Ende geführt, soweit in § 78 des Einkommensteuergesetzes nichts anderes bestimmt ist.

§ 20 Anwendungsvorschrift

(1) 1§ 1 Absatz 3 in der am 19. Dezember 2006 geltenden Fassung ist in Fällen, in denen eine Entscheidung über den Anspruch auf Kindergeld für Monate in dem Zeitraum zwischen dem 1. Januar 1994 und dem 18. Dezember 2006 noch nicht bestandskräftig geworden ist, anzuwenden, wenn dies für den Antragsteller günstiger ist. 2In diesem Fall werden die Aufenthaltsgenehmigungen nach dem Ausländergesetz den Aufenthaltstiteln nach dem Aufenthaltsgesetz entsprechend den Fortgeltungsregelungen in § 101 des Aufenthaltsgesetzes gleichgestellt.

(2) § 5 Absatz 2 des Bundeskindergeldgesetzes in der Fassung der Bekanntmachung vom 23. Januar 1997 (BGBl. I S. 46) ist letztmals für das Kalenderjahr 1997 anzuwenden, so dass Kindergeld auf einen nach dem 31. Dezember 1997 gestellten Antrag rückwirkend längstens bis einschließlich Juli 1997 gezahlt werden kann.

(3) In Fällen, in denen die Entscheidung über die Höhe des Kindergeldanspruchs für Monate in dem Zeitraum zwischen dem 1. Januar 1994 und dem 31. Dezember 1995 noch nicht bestandskräftig geworden ist, ist statt des § 3 Absatz 3 Satz 1 dieses Gesetzes in der Fassung des Ersten Gesetzes zur Umsetzung des Spar-, Konsolidierungs- und Wachstumsprogramms vom 21. Dezember 1993 (BGBl. I S. 2353) § 3 Absatz 2 Satz 1 und 2 dieses Gesetzes in der am 23. Dezember 2003 geltenden Fassung anzuwenden.

(4) 1§ 1 Absatz 2 Satz 3 und § 2 Absatz 2 und 3 in der Fassung des Artikels 3 des Gesetzes vom 19. Juli 2006 (BGBl. I S. 1652) ist für Kinder, die im Kalenderjahr 2006 das 24. Lebensjahr vollendeten, mit der Maßgabe anzuwenden, dass jeweils an die Stelle der Angabe „25. Lebensjahres" die Angabe „26. Lebensjahres" und an die Stelle der Angabe „25. Lebensjahr" die Angabe „26. Lebensjahr" tritt; für Kinder, die im Kalenderjahr 2006 das 25. oder 26. Lebensjahr vollendeten, sind § 1 Absatz 2 Satz 3 und § 2 Absatz 2 und 3 weiterhin in der bis zum 31. Dezember 2006 geltenden Fassung anzuwenden. 2§ 1 Absatz 2 Satz 3 und § 2 Absatz 2 und 3 in der Fassung des Artikels 3 des Gesetzes vom 19. Juli 2006 (BGBl. I S. 1652) sind erstmals für Kinder anzuwenden, die im Kalenderjahr 2007 wegen einer vor Vollendung des 25. Lebensjahres eingetretenen körperlichen, geistigen oder seelischen Behinderung außerstande sind, sich selbst zu unterhalten; für Kinder, die wegen einer vor dem 1. Januar 2007 in der Zeit ab der Vollendung des 25. Lebensjahres und vor Vollendung des 27. Lebensjahres eingetretenen körperlichen, geistigen oder seelischen Behinderung außerstande sind, sich selbst zu unterhalten,

ist § 2 Absatz 2 Satz 1 Nummer 3 weiterhin in der bis zum 31. Dezember 2006 geltenden Fassung anzuwenden. 3§ 2 Absatz 3 Satz 1 in der Fassung des Artikels 3 des Gesetzes vom 19. Juli 2006 (BGBl. I S. 1652) ist für Kinder, die im Kalenderjahr 2006 das 24. Lebensjahr vollendeten, mit der Maßgabe anzuwenden, dass an die Stelle der Angabe „über das 21. oder 25. Lebensjahr hinaus" die Angabe „über das 21. oder 26. Lebensjahr hinaus" tritt; für Kinder, die im Kalenderjahr 2006 das 25., 26. oder 27. Lebensjahr vollendeten, ist § 2 Absatz 3 Satz 1 weiterhin in der bis zum 31. Dezember 2006 geltenden Fassung anzuwenden.

(5) 1§ 2 Absatz 2 Satz 1 Nummer 2 Buchstabe d in der Fassung des Artikels 2 Absatz 8 Buchstabe a Doppelbuchstabe aa des Gesetzes vom 16. Mai 2008 (BGBl. I S. 842) ist auf Freiwilligendienste im Sinne des Beschlusses Nummer 1719/2006/EG des Europäischen Parlaments und des Rates vom 15. November 2006 zur Einführung des Programms „Jugend in Aktion" (ABl. EU Nr. L 327 S. 30), die vor dem 1. Januar 2014 begonnen wurden, in der Zeit vom 1. Januar 2007 bis zum 31. Dezember 2013 und auf Freiwilligendienste „weltwärts" im Sinne der Richtlinie des Bundesministeriums für wirtschaftliche Zusammenarbeit und Entwicklung vom 1. August 2007 (BAnz. 2008 S. 1297) ab dem 1. Januar 2008 anzuwenden. 2Die Regelungen des § 2 Absatz 2 Satz 1 Nummer 2 Buchstabe d in der bis zum 31. Mai 2008 geltenden Fassung sind bezogen auf die Ableistung eines freiwilligen sozialen Jahres im Sinne des Gesetzes zur Förderung eines freiwilligen sozialen Jahres oder eines freiwilligen ökologischen Jahres im Sinne des Gesetzes zur Förderung eines freiwilligen ökologischen Jahres auch über den 31. Mai 2008 hinaus anzuwenden, soweit die vorstehend genannten freiwilligen Jahre vor dem 1. Juni 2008 vereinbart oder begonnen wurden und über den 31. Mai 2008 hinausgehen und die Beteiligten nicht die Anwendung der Vorschriften des Jugendfreiwilligendienstegesetzes vereinbaren. 3§ 2 Absatz 2 Satz 1 Nummer 2 Buchstabe d in der Fassung des Artikels 13 des Gesetzes vom 16. Juli 2009 (BGBl. I S. 1959) ist auf einen Freiwilligendienst aller Generationen im Sinne von § 2 Absatz 1a des Siebten Buches Sozialgesetzbuch ab dem 1. Januar 2009 anzuwenden. 4§ 2 Absatz 2 Satz 1 Nummer 2 Buchstabe d in der Fassung des Artikels 9 des Gesetzes vom 7. Dezember 2011 (BGBl. I S. 2592) ist auf einen Internationalen Jugendfreiwilligendienst ab dem 1. Januar 2011 und auf einen Bundesfreiwilligendienst ab dem 3. Mai 2011 anzuwenden. 5§ 2 Absatz 2 Satz 1 Nummer 2 Buchstabe d in der am 31. Juli 2014 geltenden Fassung ist auf Freiwilligendienste im Sinne der Verordnung (EU) Nr. 1288/2013 des Europäischen Parlaments und des Rates vom 11. Dezember 2013 zur Einrichtung von „Erasmus+", dem Programm der Union für allgemeine und berufliche Bildung, Jugend und Sport, und zur Aufhebung der Beschlüsse Nr. 1719/2006/EG, Nr. 1720/2006/EG und Nr. 1298/2008/EG (ABl. L 347 vom 20. 12. 2013, S. 50), die ab dem 1. Januar 2014 begonnen wurden, ab dem 1. Januar 2014 anzuwenden.

(5a) § 2 Absatz 2 Satz 2 in der Fassung des Artikels 13 des Gesetzes vom 16. Juli 2009 (BGBl. I S. 1959) ist ab dem 1. Januar 2010 anzuwenden.

(6) § 2 Absatz 2 Satz 4 in der Fassung des Artikels 2 Absatz 8 des Gesetzes vom 16. Mai 2008 (BGBl. I S. 842) ist erstmals ab dem 1. Januar 2009 anzuwenden.

(7) § 6a Absatz 1 Nummer 2 in der am 30. September 2008 geltenden Fassung ist in Fällen, in denen zu diesem Zeitpunkt Kinderzuschlag bezogen wurde, so lange weiter anzuwenden, wie dies für den Antragsteller günstiger ist und der Bezug des Kinderzuschlags nicht unterbrochen wurde.

(8) 1Abweichend von § 9 Absatz 3 können die Leistungen nach § 6b vom 1. Januar bis 31. Mai 2011 bei der nach § 13 Absatz 1 zuständigen Familienkasse beantragt werden. 2Die Familienkasse, bei der die leistungsberechtigte Person den Antrag stellt, leitet den Antrag an die nach § 13 Absatz 4 bestimmte Stelle weiter. 3§ 77 Absatz 7 und 11 Satz 4 des Zweiten Buches Sozialgesetzbuch gilt entsprechend. 4§ 77 Absatz 9 und 11 Satz 1 bis 3 des

Zweiten Buches Sozialgesetzbuch gilt mit der Maßgabe, dass die abweichende Leistungserbringung bis zum 31. Mai 2011 erfolgt; dabei bleibt § 77 Absatz 8 des Zweiten Buches Sozialgesetzbuch außer Betracht. $_5$Leistungen für mehrtägige Klassenfahrten nach § 6b Absatz 2 Satz 1 in Verbindung mit § 28 Absatz 2 Satz 1 Nummer 2 des Zweiten Buches Sozialgesetzbuch werden für den Zeitraum vom 1. Januar bis zum 31. Mai 2011 durch Geldleistung erbracht.

(9) § 2 Absatz 3 ist letztmals bis zum 31. Dezember 2018 anzuwenden; Voraussetzung ist in diesen Fällen, dass das Kind den Dienst oder die Tätigkeit vor dem 1. Juli 2011 angetreten hat.

§ 21 Sondervorschrift zur Steuerfreistellung des Existenzminimums eines Kindes in den Veranlagungszeiträumen 1983 bis 1995 durch Kindergeld

$_1$In Fällen, in denen die Entscheidung über die Höhe des Kindergeldanspruchs für Monate in dem Zeitraum zwischen dem 1. Januar 1983 und dem 31. Dezember 1995 noch nicht bestandskräftig geworden ist, kommt eine von den §§ 10 und 11 in der jeweils geltenden Fassung abweichende Bewilligung von Kindergeld nur in Betracht, wenn die Einkommensteuer formell bestandskräftig und hinsichtlich der Höhe der Kinderfreibeträge nicht vorläufig festgesetzt sowie das Existenzminimum des Kindes nicht unter der Maßgabe des § 53 des Einkommensteuergesetzes steuerfrei belassen worden ist. $_2$Dies ist vom Kindergeldberechtigten durch eine Bescheinigung des zuständigen Finanzamtes nachzuweisen. $_3$Nach Vorlage dieser Bescheinigung hat die Familienkasse den vom Finanzamt ermittelten Unterschiedsbetrag zwischen der festgesetzten Einkommensteuer und der Einkommensteuer, die nach § 53 Satz 6 des Einkommensteuergesetzes festzusetzen gewesen wäre, wenn die Voraussetzungen nach § 53 Satz 1 und 2 des Einkommensteuergesetzes vorgelegen hätten, als zusätzliches Kindergeld zu zahlen.

§ 22 Bericht der Bundesregierung

Die Bundesregierung legt dem Deutschen Bundestag bis zum 31. Dezember 2006 einen Bericht über die Auswirkungen des § 6a (Kinderzuschlag) sowie über die gegebenenfalls notwendige Weiterentwicklung dieser Vorschrift vor.

XIII

Wohngeldgesetz (WoGG)

Vom 24. September 2008 (BGBl. I S. 1856)

Zuletzt geändert durch
SEPA-Begleitgesetz
vom 3. April 2013 (BGBl. I S. 610)

Inhaltsübersicht

Teil 1
Zweck des Wohngeldes und Wohngeldberechtigung

§ 1 Zweck des Wohngeldes

(1) Das Wohngeld dient der wirtschaftlichen Sicherung angemessenen und familiengerechten Wohnens.

(2) Das Wohngeld wird als Zuschuss zur Miete (Mietzuschuss) oder zur Belastung (Lastenzuschuss) für den selbst genutzten Wohnraum geleistet.

§ 2 Wohnraum

Wohnraum sind Räume, die vom Verfügungsberechtigten zum Wohnen bestimmt und hierfür nach ihrer baulichen Anlage und Ausstattung tatsächlich geeignet sind.

§ 3 Wohngeldberechtigung

(1) Wohngeldberechtigte Person ist für den Mietzuschuss jede natürliche Person, die Wohnraum gemietet hat und diesen selbst nutzt. Ihr gleichgestellt sind

1. die nutzungsberechtigte Person des Wohnraums bei einem dem Mietverhältnis ähnlichen Nutzungsverhältnis (zur mietähnlichen Nutzung berechtigte Person), insbesondere die Person, die ein mietähnliches Dauerwohnrecht hat,
2. die Person, die Wohnraum im eigenen Haus, das mehr als zwei Wohnungen hat, bewohnt, und
3. die Person, die in einem Heim im Sinne des Heimgesetzes oder entsprechender Gesetze der Länder nicht nur vorübergehend aufgenommen ist.

(2) Wohngeldberechtigte Person ist für den Lastenzuschuss jede natürliche Person, die Eigentum an selbst genutztem Wohnraum hat. Ihr gleichgestellt sind

1. die erbbauberechtigte Person,
2. die Person, die ein eigentumsähnliches Dauerwohnrecht, ein Wohnungsrecht oder einen Nießbrauch innehat, und
3. die Person, die einen Anspruch auf Bestellung oder Übertragung des Eigentums, des Erbbaurechts, des eigentumsähnlichen Dauerwohnrechts, des Wohnungsrechts oder des Nießbrauchs hat.

Die Sätze 1 und 2 gelten nicht im Fall des Absatzes 1 Satz 2 Nr. 2.

(3) Erfüllen mehrere Personen für denselben Wohnraum die Voraussetzungen des Absatzes 1 oder des Absatzes 2 und sind sie zugleich Haushaltsmitglieder (§ 5), ist nur eine dieser Personen wohngeldberechtigt. In diesem Fall bestimmen diese Personen die wohngeldberechtigte Person.

(4) Wohngeldberechtigt ist nach Maßgabe der Absätze 1 bis 3 auch, wer zwar nach den §§ 7 und 8 Abs. 1 vom Wohngeld ausgeschlossen ist, aber mit mindestens einem zu berücksichtigenden Haushaltsmitglied (§ 6) eine Wohn- und Wirtschaftsgemeinschaft (§ 5 Abs. 3 und 4) führt.

(5) Ausländer im Sinne des § 2 Abs. 1 des Aufenthaltsgesetzes (ausländische Personen) sind nach Maßgabe der Absätze 1 bis 4 nur wohngeldberechtigt, wenn sie sich im Bundesgebiet tatsächlich aufhalten und

1. ein Aufenthaltsrecht nach dem Freizügigkeitsgesetz/EU haben,
2. einen Aufenthaltstitel oder eine Duldung nach dem Aufenthaltsgesetz haben,
3. ein Recht auf Aufenthalt nach einem völkerrechtlichen Abkommen haben,
4. eine Aufenthaltsgestattung nach dem Asylverfahrensgesetz haben,
5. die Rechtsstellung eines heimatlosen Ausländers im Sinne des Gesetzes über die Rechtsstellung heimatloser Ausländer im Bundesgebiet haben oder
6. auf Grund einer Rechtsverordnung vom Erfordernis eines Aufenthaltstitels befreit sind.

Nicht wohngeldberechtigt sind ausländische Personen, die durch eine völkerrechtliche Vereinbarung von der Anwendung deutscher Vorschriften auf dem Gebiet der sozialen Sicherheit befreit sind.

Teil 2
Berechnung und Höhe des Wohngeldes

Kapitel 1
Berechnungsgrößen des Wohngeldes

§ 4 Berechnungsgrößen des Wohngeldes

Das Wohngeld richtet sich nach

1. der Anzahl der zu berücksichtigenden Haushaltsmitglieder (§§ 5 bis 8),
2. der zu berücksichtigenden Miete oder Belastung (§§ 9 bis 12) und
3. dem Gesamteinkommen (§§ 13 bis 18)

und ist nach § 19 zu berechnen.

Kapitel 2
Haushaltsmitglieder

§ 5 Haushaltsmitglieder

(1) Haushaltsmitglied ist die wohngeldberechtigte Person, wenn der Wohnraum, für den sie Wohngeld beantragt, der Mittelpunkt ihrer Lebensbeziehungen ist. Haushaltsmitglied ist auch, wer

1. als Ehegatte eines Haushaltsmitgliedes von diesem nicht dauernd getrennt lebt,
2. als Lebenspartner oder Lebenspartnerin eines Haushaltsmitgliedes von diesem nicht dauernd getrennt lebt,
3. mit einem Haushaltsmitglied so zusammenlebt, dass nach verständiger Würdigung der wechselseitige Wille anzunehmen ist, Verantwortung füreinander zu tragen und füreinander einzustehen,
4. mit einem Haushaltsmitglied in gerader Linie oder zweiten oder dritten Grades in der Seitenlinie verwandt oder verschwägert ist,
5. ohne Rücksicht auf das Alter Pflegekind eines Haushaltsmitgliedes ist,
6. Pflegemutter oder Pflegevater eines Haushaltsmitgliedes ist

und mit der wohngeldberechtigten Person in einer Wohn- und Wirtschaftsgemeinschaft lebt, wenn der Wohnraum, für den Wohngeld beantragt wird, der jeweilige Mittelpunkt der Lebensbeziehungen ist.

(2) Ein wechselseitiger Wille, Verantwortung füreinander zu tragen und füreinander einzustehen, wird vermutet, wenn mindestens eine der Voraussetzungen nach den Nummern 1 bis 4 des § 7 Abs. 3a des Zweiten Buches Sozialgesetzbuch erfüllt ist.

(3) Eine Wohngemeinschaft liegt vor, wenn Personen Wohnraum gemeinsam bewohnen.

(4) Eine Wirtschaftsgemeinschaft liegt vor, wenn Personen sich ganz oder teilweise gemeinsam mit dem täglichen Lebensbedarf versorgen. Sie wird vermutet, wenn Personen in einer Wohngemeinschaft leben.

(5) Ausländische Personen sind nur Haushaltsmitglieder nach Absatz 1 Satz 2, wenn sie die Voraussetzungen der Wohngeldberechtigung nach § 3 Abs. 5 erfüllen.

(6) Haben nicht nur vorübergehend getrennt lebende Eltern das gemeinsame Sorgerecht für ein Kind oder mehrere Kinder und halten sie für die Kinderbetreuung zusätzlichen Wohnraum bereit, ist jedes annähernd zu gleichen Teilen betreute Kind bei beiden Elternteilen Haushaltsmitglied. Betreuen die Eltern mindestens zwei dieser Kinder nicht zu annähernd gleichen Teilen, ist bei dem Elternteil mit dem geringeren Betreuungsanteil nur das jüngste dieser nicht zu annähernd gleichen Teilen betreuten Kinder Haushaltsmitglied. Für Pflegekinder und Pflegeeltern gelten die Sätze 1 und 2 entsprechend.

§ 6 Zu berücksichtigende Haushaltsmitglieder

(1) Bei der Berechnung des Wohngeldes sind vorbehaltlich des Absatzes 2 und der §§ 7 und 8 sämtliche Haushaltsmitglieder zu berücksichtigen (zu berücksichtigende Haushaltsmitglieder).

(2) Stirbt ein zu berücksichtigendes Haushaltsmitglied, ist dies für die Dauer von zwölf Monaten nach dem Sterbemonat ohne Einfluss auf die bisher maßgebende Anzahl der zu berücksichtigenden Haushaltsmitglieder. Satz 1 ist nicht mehr anzuwenden, wenn nach dem Todesfall

1. die Wohnung aufgegeben wird,
2. die Zahl der zu berücksichtigenden Haushaltsmitglieder sich mindestens auf den Stand vor dem Todesfall erhöht oder
3. der auf den Verstorbenen entfallende Anteil der Kosten der Unterkunft in einer Leistung nach § 7 Abs. 1 mindestens teilweise berücksichtigt wird.

§ 7 Ausschluss vom Wohngeld

(1) Vom Wohngeld ausgeschlossen sind Empfänger und Empfängerinnen von

1. Arbeitslosengeld II und Sozialgeld nach dem Zweiten Buch Sozialgesetzbuch, auch in den Fällen des § 25 des Zweiten Buches Sozialgesetzbuch,
2. Zuschüssen nach § 27 Absatz 3 des Zweiten Buches Sozialgesetzbuch,
3. Übergangsgeld in Höhe des Betrages des Arbeitslosengeldes II nach § 21 Abs. 4 Satz 1 des Sechsten Buches Sozialgesetzbuch,
4. Verletztengeld in Höhe des Betrages des Arbeitslosengeldes II nach § 47 Abs. 2 des Siebten Buches Sozialgesetzbuch,
5. Grundsicherung im Alter und bei Erwerbsminderung nach dem Zwölften Buch Sozialgesetzbuch,
6. Hilfe zum Lebensunterhalt nach dem Zwölften Buch Sozialgesetzbuch,
7. a) ergänzender Hilfe zum Lebensunterhalt oder
   b) anderen Hilfen in einer stationären Einrichtung, die den Lebensunterhalt umfassen,

   nach dem Bundesversorgungsgesetz oder nach einem Gesetz, das dieses für anwendbar erklärt,
8. Leistungen in besonderen Fällen und Grundleistungen nach dem Asylbewerberleistungsgesetz oder
9. Leistungen nach dem Achten Buch Sozialgesetzbuch in Haushalten, zu denen ausschließlich Personen gehören, die diese Leistungen empfangen,

wenn bei deren Berechnung Kosten der Unterkunft berücksichtigt worden sind (Leistungen). Der Ausschluss besteht in den Fällen des Satzes 1 Nr. 3 und 4, wenn bei der Berechnung des Arbeitslosengeldes II Kosten der Unterkunft berücksichtigt worden sind. Der Ausschluss besteht nicht, wenn

1. die Leistungen nach den Sätzen 1 und 2 ausschließlich als Darlehen gewährt werden oder
2. durch Wohngeld die Hilfebedürftigkeit im Sinne des § 9 des Zweiten Buches Sozialgesetzbuch, des § 19 Abs. 1 und 2 des Zwölften Buches Sozialgesetzbuch oder des § 27a des Bundesversorgungsgesetzes vermieden oder beseitigt werden kann und
   a) die Leistungen nach Satz 1 Nr. 1 bis 7 während der Dauer des Verwaltungsverfahrens zur Feststellung von Grund und Höhe dieser Leistungen noch nicht erbracht worden sind oder
   b) der zuständige Träger eine der in Satz 1 Nr. 1 bis 7 genannten Leistungen als nachrangig verpflichteter Leistungsträger nach § 104 des Zehnten Buches Sozialgesetzbuch erbringt.

(2) Ausgeschlossen sind auch Haushaltsmitglieder, die in

1. § 7 Abs. 3 des Zweiten Buches Sozialgesetzbuch, auch in den Fällen des Übergangs- oder Verletztengeldes nach Absatz 1 Satz 1 Nr. 3 und 4 bei der Berechnung des Arbeitslosengeldes II,
2. § 19 Abs. 1 und 4 sowie den §§ 20 und 43 Abs. 1 des Zwölften Buches Sozialgesetzbuch,
3. § 27a Satz 2 des Bundesversorgungsgesetzes in Verbindung mit § 19 Abs. 1 des Zwölften Buches Sozialgesetzbuch oder
4. § 1 Abs. 1 Nr. 6 des Asylbewerberleistungsgesetzes

genannt und bei der gemeinsamen Ermittlung ihres Bedarfs oder nach § 43 Abs. 1 des Zwölften Buches Sozialgesetzbuch bei der Ermittlung der Leistung nach Absatz 1 Satz 1 Nr. 5 berücksichtigt worden sind. Der Ausschluss besteht nicht, wenn

1. die Leistungen nach Absatz 1 Satz 1 und 2 ausschließlich als Darlehen gewährt werden oder

2. die Voraussetzungen des Absatzes 1 Satz 3 Nr. 2 vorliegen.

(3) Ausgeschlossen sind auch Haushaltsmitglieder, deren Leistungen nach Absatz 1 auf Grund einer Sanktion vollständig weggefallen sind.

§ 8 Dauer des Ausschlusses vom Wohngeld und Verzicht auf Leistungen

(1) Der Ausschluss vom Wohngeld besteht vorbehaltlich des § 7 Abs. 1 Satz 3 Nr. 2 und Abs. 2 Satz 2 Nr. 2 für die Dauer des Verwaltungsverfahrens zur Feststellung von Grund und Höhe der Leistungen nach § 7 Abs. 1. Der Ausschluss besteht vorbehaltlich des § 7 Abs. 1 Satz 3 Nr. 2 und Abs. 2 Satz 2 Nr. 2

1. nach der Antragstellung auf eine Leistung nach § 7 Abs. 1 ab dem Ersten
   a) des Monats, für den der Antrag gestellt worden ist, oder
   b) des nächsten Monats, wenn die Leistung nach § 7 Abs. 1 nicht vom Ersten eines Monats an beantragt wird,
2. nach der Bewilligung einer Leistung nach § 7 Abs. 1 ab dem Ersten
   a) des Monats, für den die Leistung nach § 7 Abs. 1 bewilligt wird, oder
   b) des nächsten Monats, wenn die Leistung nach § 7 Abs. 1 nicht vom Ersten eines Monats an bewilligt wird,
3. bis zum Letzten
   a) des Monats, wenn die Leistung nach § 7 Abs. 1 bis zum Letzten eines Monats bewilligt wird, oder
   b) des Vormonats, wenn die Leistung nach § 7 Abs. 1 nicht bis zum Letzten eines Monats bewilligt wird.

   Der Ausschluss gilt für den Zeitraum als nicht erfolgt, für den der Antrag auf eine Leistung nach § 7 Abs. 1 zurückgenommen, die Leistung nach § 7 Abs. 1 abgelehnt, versagt, entzogen oder ausschließlich als Darlehen gewährt wird.

(2) Verzichten Haushaltsmitglieder auf die Leistungen nach § 7 Abs. 1, um Wohngeld zu beantragen, gilt ihr Ausschluss vom Zeitpunkt der Wirkung des Verzichts an als nicht erfolgt; § 46 Abs. 2 des Ersten Buches Sozialgesetzbuch ist in diesem Fall nicht anzuwenden.

Kapitel 3
Miete und Belastung

§ 9 Miete

(1) Miete ist das vereinbarte Entgelt für die Gebrauchsüberlassung von Wohnraum auf Grund von Mietverträgen oder ähnlichen Nutzungsverhältnissen einschließlich Umlagen, Zuschlägen und Vergütungen.

(2) Von der Miete nach Absatz 1 sind abzuziehen:

1. Betriebskosten für zentrale Heizungs- und Warmwasserversorgungsanlagen sowie zentrale Brennstoffversorgungsanlagen,
2. Kosten der eigenständig gewerblichen Lieferung von Wärme und Warmwasser, soweit sie den in Nummer 1 bezeichneten Kosten entsprechen,
3. Untermietzuschläge,
4. Zuschläge für die Nutzung von Wohnraum zu anderen als Wohnzwecken,
5. Vergütungen für die Überlassung von Möbeln mit Ausnahme von üblichen Einbaumöbeln.

(3) Im Fall des § 3 Abs. 1 Satz 2 Nr. 2 ist als Miete der Mietwert des Wohnraums zu Grunde zu legen. Im Fall des § 3 Abs. 1 Satz 2 Nr. 3 ist als Miete der Höchstbetrag nach § 12 Abs. 1 zu Grunde zu legen.

§ 10 Belastung

(1) Belastung sind die Kosten für den Kapitaldienst und die Bewirtschaftung von Wohnraum in vereinbarter oder festgesetzter Höhe.

(2) Die Belastung ist von der Wohngeldbehörde (§ 24 Abs. 1 Satz 1) in einer Wohngeld-Lastenberechnung zu ermitteln. Von einer vollständigen Wohngeld-Lastenberechnung kann abgesehen werden, wenn die auf den Wohnraum entfallende Belastung aus Zinsen und Tilgungen den nach § 12 Abs. 1 maßgebenden Höchstbetrag erreicht oder übersteigt.

XIII

§ 11 Zu berücksichtigende Miete und Belastung

(1) Bei der Berechnung des Wohngeldes ist die Miete oder Belastung zu berücksichtigen, die sich nach § 9 oder § 10 ergibt, soweit sie nicht nach den Absätzen 2 und 3 in dieser Berechnungsreihenfolge außer Betracht bleibt, jedoch nur bis zum Höchstbetrag nach § 12 Absatz 1. Im Fall des § 3 Absatz 1 Satz 2 Nummer 3 ist der Höchstbetrag nach § 12 Absatz 1 zu berücksichtigen.

(2) Die Miete oder Belastung, die sich nach § 9 oder § 10 ergibt, bleibt in folgender Berechnungsreihenfolge und zu dem Anteil außer Betracht,

1. der auf den Teil des Wohnraums entfällt, der ausschließlich gewerblich oder beruflich genutzt wird;
2. der auf den Teil des Wohnraums entfällt, der einer Person, die kein Haushaltsmitglied ist, entgeltlich oder unentgeltlich zum Gebrauch überlassen ist; übersteigt das Entgelt für die Gebrauchsüberlassung die auf diesen Teil des Wohnraums entfallende Miete oder Belastung, ist das Entgelt in voller Höhe abzuziehen;
3. der dem Anteil einer entgeltlich oder unentgeltlich mitbewohnenden Person, die kein Haushaltsmitglied ist, aber deren Mittelpunkt der Lebensbeziehungen der Wohnraum ist und die nicht selbst die Voraussetzungen des § 3 Abs. 1 oder Abs. 2 erfüllt, an der Gesamtzahl der Bewohner und Bewohnerinnen entspricht; übersteigt das Entgelt der mitbewohnenden Person die auf diese entfallende Miete oder Belastung, ist das Entgelt in voller Höhe abzuziehen;
4. der durch Leistungen aus öffentlichen Haushalten oder Zweckvermögen, insbesondere Leistungen zur Wohnkostenentlastung nach dem Zweiten Wohnungsbaugesetz, dem Wohnraumförderungsgesetz oder entsprechenden Gesetzen der Länder, an den Mieter oder den selbst nutzenden Eigentümer zur Senkung der Miete oder Belastung gedeckt wird, soweit die Leistungen nicht von § 14 Abs. 2 Nr. 30 erfasst sind;
5. der durch Leistungen einer nach § 68 des Aufenthaltsgesetzes verpflichteten Person gedeckt wird, die ein zu berücksichtigendes Haushaltsmitglied zur Bezahlung der Miete oder Aufbringung der Belastung erhält.

(3) Ist mindestens ein Haushaltsmitglied vom Wohngeld ausgeschlossen, ist nur der Anteil der Miete oder Belastung zu berücksichtigen, der dem Anteil der zu berücksichtigenden Haushaltsmitglieder an der Gesamtzahl der Haushaltsmitglieder entspricht. In diesem Fall ist nur der Anteil des Höchstbetrages nach § 12 Absatz 1 zu berücksichtigen, der dem Anteil der zu berücksichtigenden Haushaltsmitglieder an der Gesamtzahl der Haushaltsmitglieder entspricht; die Gesamtzahl der Haushaltsmitglieder ist für die Ermittlung des Höchstbetrages maßgebend.

§ 12 Höchstbeträge für Miete und Belastung

(1) Die folgenden monatlichen Höchstbeträge für Miete und Belastung sind vorbehaltlich des § 11 Abs. 3 nach der Anzahl der zu berücksichtigenden Haushaltsmitglieder und nach der Mietenstufe zu berücksichtigen:

Anzahl der zu berücksichtigenden Haushaltsmitglieder	Mietenstufe	Höchstbetrag in Euro
1	I	292
	II	308
	III	330
	IV	358
	V	385
	VI	407
2	I	352
	II	380
	III	402
	IV	435
	V	468
	VI	501
3	I	424
	II	451
	III	479
	IV	517
	V	556
	VI	594

Anzahl der zu berücksichtigenden Haushaltsmitglieder	Mietenstufe	Höchstbetrag in Euro
4	I	490
	II	523
	III	556
	IV	600
	V	649
	VI	693
5	I	561
	II	600
	III	638
	IV	688
	V	737
	VI	787
Mehrbetrag für jedes weitere zu berücksichtigende Haushaltsmitglied	I	66
	II	72
	III	77
	IV	83
	V	88
	VI	99

(2) Die Zugehörigkeit einer Gemeinde zu einer Mietenstufe richtet sich nach dem Mietenniveau von Wohnraum der Hauptmieter und Hauptmieterinnen sowie der gleichzustellenden zur mietähnlichen Nutzung berechtigten Personen, für den Mietzuschuss geleistet wird.

(3) Das Mietenniveau ist vom Statistischen Bundesamt festzustellen für Gemeinden mit

1. einer Einwohnerzahl von 10 000 und mehr gesondert,
2. einer Einwohnerzahl von weniger als 10 000 und gemeindefreie Gebiete nach Kreisen zusammengefasst.

Maßgebend ist die Einwohnerzahl, die das statistische Landesamt auf der Grundlage des § 5 des Bevölkerungsstatistikgesetzes zum 30. September des vorletzten Kalenderjahres, das dem Tage des Inkrafttretens einer Anpassung der Höchstbeträge nach Absatz 1 vorausgeht, festgestellt hat. Kann die Einwohnerzahl nicht nach Satz 2 festgestellt werden, ist der Feststellung die letzte verfügbare Einwohnerzahl zu Grunde zu legen.

(4) Das Mietenniveau ist die durchschnittliche prozentuale Abweichung der Quadratmetermieten von Wohnraum in Gemeinden (Absatz 3 Satz 1) vom Durchschnitt der Quadratmetermieten des Wohnraums im Bundesgebiet. Zu berücksichtigen sind nur Quadratmetermieten von Wohnraum im Sinne des Absatzes 2. Das Mietenniveau wird vom Statistischen Bundesamt auf der Grundlage der Ergebnisse der Wohngeldstatistik (§§ 34 bis 36) zum 31. Dezember des vorletzten Kalenderjahres, das dem Tage des Inkrafttretens einer Anpassung der Höchstbeträge nach Absatz 1 vorausgeht, festgestellt. Kann das Mietenniveau nicht nach Satz 3 festgestellt werden, sind der Feststellung die letzten verfügbaren Ergebnisse der jährlichen Wohngeldstatistik zu Grunde zu legen.

(5) Den Mietenstufen nach Absatz 1 sind folgende Mietenniveaus zugeordnet:

Mietenstufe	Mietenniveau
I	niedriger als minus 15 Prozent
II	minus 15 Prozent bis niedriger als minus 5 Prozent
III	minus 5 Prozent bis niedriger als 5 Prozent
IV	5 Prozent bis niedriger als 15 Prozent
V	15 Prozent bis niedriger als 25 Prozent
VI	25 Prozent und höher

Kapitel 4
Einkommen

§ 13 Gesamteinkommen

(1) Das Gesamteinkommen ist die Summe der Jahreseinkommen (§ 14) der zu berücksichtigenden Haushaltsmitglieder abzüglich der Freibeträge (§ 17) und der Abzugsbeträge für Unterhaltsleistungen (§ 18).

(2) Das monatliche Gesamteinkommen ist ein Zwölftel des Gesamteinkommens.

§ 14 Jahreseinkommen

(1) Das Jahreseinkommen eines zu berücksichtigenden Haushaltsmitgliedes ist vorbehaltlich des Absatzes 3 die Summe der positiven Einkünfte im Sinne des § 2 Abs. 1 und 2 des Einkommensteuergesetzes zuzüglich der Einnahmen nach Absatz 2 abzüglich der Abzugsbe-

träge für Steuern und Sozialversicherungsbeiträge (§ 16). Bei den Einkünften im Sinne des § 2 Abs. 1 Satz 1 Nr. 1 bis 3 des Einkommensteuergesetzes ist § 7g Abs. 1 bis 4 und 7 des Einkommensteuergesetzes nicht anzuwenden. Ein Ausgleich mit negativen Einkünften aus anderen Einkunftsarten oder mit negativen Einkünften des zusammenveranlagten Ehegatten ist nicht zulässig.

(2) Zum Jahreseinkommen gehören:

1. der nach § 19 Abs. 2 und § 22 Nr. 4 Satz 4 Buchstabe b des Einkommensteuergesetzes steuerfreie Betrag von Versorgungsbezügen;
2. die einkommensabhängigen, nach § 3 Nr. 6 des Einkommensteuergesetzes steuerfreien Bezüge, die auf Grund gesetzlicher Vorschriften aus öffentlichen Mitteln versorgungshalber an Wehr- und Zivildienstbeschädigte oder ihre Hinterbliebenen, Kriegsbeschädigte und Kriegshinterbliebene sowie ihnen gleichgestellte Personen gezahlt werden;
3. die den Ertragsanteil oder den der Besteuerung unterliegenden Anteil nach § 22 Nr. 1 Satz 3 Buchstabe a des Einkommensteuergesetzes übersteigenden Teile von Leibrenten;
4. die nach § 3 Nr. 3 des Einkommensteuergesetzes steuerfreien
   a) Rentenabfindungen,
   b) Beitragserstattungen,
   c) Leistungen aus berufsständischen Versorgungseinrichtungen,
   d) Kapitalabfindungen,
   e) Ausgleichszahlungen;
5. die nach § 3 Nr. 1 Buchstabe a des Einkommensteuergesetzes steuerfreien
   a) Renten wegen Minderung der Erwerbsfähigkeit nach den §§ 56 bis 62 des Siebten Buches Sozialgesetzbuch,
   b) Renten und Beihilfen an Hinterbliebene nach den §§ 63 bis 71 des Siebten Buches Sozialgesetzbuch,
   c) Abfindungen nach den §§ 75 bis 80 des Siebten Buches Sozialgesetzbuch;
6. die Lohn- und Einkommensersatzleistungen nach § 32b Absatz 1 Satz 1 Nummer 1 des Einkommensteuergesetzes; § 10 des Bundeselterngeld- und Elternzeitgesetzes bleibt unberührt;
7. die ausländischen Einkünfte nach § 32b Absatz 1 Satz 1 Nummer 2 bis 5 sowie Satz 2 und 3 des Einkommensteuergesetzes;
8. die Hälfte der nach § 3 Nr. 7 des Einkommensteuergesetzes steuerfreien
   a) Unterhaltshilfe nach den §§ 261 bis 278a des Lastenausgleichsgesetzes,
   b) Beihilfe zum Lebensunterhalt nach den §§ 301 bis 301b des Lastenausgleichsgesetzes,
   c) Unterhaltshilfe nach § 44 und Unterhaltsbeihilfe nach § 45 des Reparationsschädengesetzes,
   d) Beihilfe zum Lebensunterhalt nach den §§ 10 bis 15 des Flüchtlingshilfegesetzes,

   mit Ausnahme der Pflegezulage nach § 269 Abs. 2 des Lastenausgleichsgesetzes;
9. die nach § 3 Nr. 1 Buchstabe a des Einkommensteuergesetzes steuerfreien Krankentagegelder;
10. die Hälfte der nach § 3 Nr. 68 des Einkommensteuergesetzes steuerfreien Renten nach § 3 Abs. 2 des Anti-D-Hilfegesetzes;
11. die nach § 3b des Einkommensteuergesetzes steuerfreien Zuschläge für Sonntags-, Feiertags- oder Nachtarbeit;
12. die nach § 37b des Einkommensteuergesetzes von dem Arbeitgeber pauschal besteuerten Sachzuwendungen;
13. der nach § 40a des Einkommensteuergesetzes von dem Arbeitgeber pauschal besteuerte Arbeitslohn abzüglich der zu erwartenden Aufwendungen zu dessen Erwerb, Sicherung und Erhaltung, höchstens jedoch bis zur Höhe des Arbeitslohns;
14. die nach § 3 Nr. 56 des Einkommensteuergesetzes steuerfreien Zuwendungen des Arbeitgebers an eine Pensionskasse und die nach § 3 Nr. 63 des Einkommensteuergesetzes steuerfreien Beiträge des Arbeitgebers an einen Pensionsfonds, eine

Pensionskasse oder für eine Direktversicherung zum Aufbau einer kapitalgedeckten betrieblichen Altersversorgung;

15. der nach § 20 Abs. 9 des Einkommensteuergesetzes steuerfreie Betrag (Sparer-Pauschbetrag), soweit die Kapitalerträge 100 Euro übersteigen;
16. die auf erhöhte Absetzungen entfallenden Beträge, soweit sie die höchstmöglichen Absetzungen für Abnutzung nach § 7 des Einkommensteuergesetzes übersteigen, und die auf Sonderabschreibungen entfallenden Beträge;
17. der nach § 3 Nr. 27 des Einkommensteuergesetzes steuerfreie Grundbetrag der Produktionsaufgaberente und das Ausgleichsgeld nach dem Gesetz zur Förderung der Einstellung der landwirtschaftlichen Erwerbstätigkeit;
18. die nach § 3 Nr. 60 des Einkommensteuergesetzes steuerfreien Leistungen aus öffentlichen Mitteln an Arbeitnehmer des Steinkohlen-, Pechkohlen- und Erzbergbaues, des Braunkohlentiefbaues und der Eisen- und Stahlindustrie aus Anlass von Stilllegungs-, Einschränkungs-, Umstellungs- oder Rationalisierungsmaßnahmen;
19. die nach § 22 Nr. 1 Satz 2 des Einkommensteuergesetzes dem Empfänger oder der Empfängerin nicht zuzurechnenden Bezüge, die ihm oder ihr von einer Person, die kein Haushaltsmitglied ist, gewährt werden, mit Ausnahme der Bezüge bis zu einer Höhe von 4800 Euro jährlich, die für eine Pflegeperson oder Pflegekraft geleistet werden, die den Empfänger oder die Empfängerin wegen eigener Pflegebedürftigkeit im Sinne des § 14 des Elften Buches Sozialgesetzbuch pflegt;
20. a) die Unterhaltsleistungen des geschiedenen oder dauernd getrennt lebenden Ehegatten, mit Ausnahme der Unterhaltsleistungen bis zu einer Höhe von 4800 Euro jährlich, die für eine Pflegeperson oder Pflegekraft geleistet werden, die den Empfänger oder die Empfängerin wegen eigener Pflegebedürftigkeit im Sinne des § 14 des Elften Buches Sozialgesetzbuch pflegt,
    b) die Versorgungsleistungen und die Leistungen auf Grund eines schuldrechtlichen Versorgungsausgleichs,

    soweit diese Leistungen nicht von § 22 Nr. 1a, 1b oder Nr. 1c des Einkommensteuergesetzes erfasst sind;
21. die Leistungen nach dem Unterhaltsvorschussgesetz;
22. die Leistungen von Personen, die keine Haushaltsmitglieder sind, zur Bezahlung der Miete oder Aufbringung der Belastung, soweit die Leistungen nicht von Absatz 1 Satz 1, von Nummer 19 oder Nummer 20 erfasst sind;
23. die nach § 3 Nr. 48 des Einkommensteuergesetzes steuerfreien
    a) allgemeinen Leistungen nach § 5 des Unterhaltssicherungsgesetzes,
    b) Leistungen für Grundwehrdienst leistende Sanitätsoffiziere nach § 12a des Unterhaltssicherungsgesetzes;
24. die Hälfte der Pauschale für die laufenden Leistungen für den notwendigen Unterhalt ohne die Kosten der Erziehung von Kindern, Jugendlichen oder jungen Volljährigen nach § 39 Abs. 1 in Verbindung mit § 33 oder mit § 35a Abs. 2 Nr. 3, auch in Verbindung mit § 41 Abs. 2 des Achten Buches Sozialgesetzbuch, als Einkommen des Kindes, Jugendlichen oder jungen Volljährigen;
25. die Hälfte der Pauschale für die laufenden Leistungen für die Kosten der Erziehung von Kindern, Jugendlichen oder jungen Volljährigen nach § 39 Abs. 1 in Verbindung mit § 33 oder mit § 35a Abs. 2 Nr. 3, auch in Verbindung mit § 41 Abs. 2 des Achten Buches Sozialgesetzbuch, als Einkommen der Pflegeperson;
26. die Hälfte der nach § 3 Nr. 36 des Einkommensteuergesetzes steuerfreien Einnahmen für Leistungen zur Grundpflege oder hauswirtschaftlichen Versorgung einer Person, die kein Haushaltsmitglied ist;

27. die Hälfte der als Zuschüsse erbrachten
    a) Leistungen zur Förderung der Ausbildung nach dem Bundesausbildungsförderungsgesetz,
    b) Leistungen der Begabtenförderungswerke, soweit sie nicht von Nummer 28 erfasst sind,
    c) Stipendien, soweit sie nicht von Buchstabe b, Nummer 28 oder Nummer 29 erfasst sind,
    d) Berufsausbildungsbeihilfen und des Ausbildungsgeldes nach dem Dritten Buch Sozialgesetzbuch,
    e) Beiträge zur Deckung des Unterhaltsbedarfs nach dem Aufstiegsfortbildungsförderungsgesetz;
28. die als Zuschuss gewährte Graduiertenförderung;
29. die Hälfte der nach § 3 Nr. 42 des Einkommensteuergesetzes steuerfreien Zuwendungen, die auf Grund des Fulbright-Abkommens gezahlt werden;
30. die wiederkehrenden Leistungen nach § 7 Abs. 1 Satz 1 Nr. 1 bis 9, auch wenn bei deren Berechnung keine Kosten der Unterkunft berücksichtigt worden sind, soweit sie nicht von Nummer 24 oder Nummer 25 erfasst sind oder wenn kein Fall des § 7 Abs. 1 Satz 3 Nr. 2 oder Abs. 2 Satz 2 Nr. 2 vorliegt;
31. der Mietwert des von den in § 3 Abs. 1 Satz 2 Nr. 2 genannten Personen selbst genutzten Wohnraums.

(3) Zum Jahreseinkommen gehören nicht:

1. Einkünfte aus Vermietung oder Verpachtung eines Teils des Wohnraums, für den Wohngeld beantragt wird;
2. das Entgelt, das eine den Wohnraum mitbewohnende Person im Sinne des § 11 Abs. 2 Nr. 3 hierfür zahlt;
3. Leistungen einer nach § 68 des Aufenthaltsgesetzes verpflichteten Person, soweit sie von § 11 Abs. 2 Nr. 5 erfasst sind.

§ 15 Ermittlung des Jahreseinkommens

(1) Bei der Ermittlung des Jahreseinkommens ist das Einkommen zu Grunde zu legen, das im Zeitpunkt der Antragstellung im Bewilligungszeitraum zu erwarten ist. Hierzu können die Verhältnisse vor dem Zeitpunkt der Antragstellung herangezogen werden; § 24 Abs. 2 bleibt unberührt.

(2) Einmaliges Einkommen, das für einen bestimmten Zeitraum bezogen wird, ist diesem Zeitraum zuzurechnen. Eine Abfindung, Entschädigung oder ähnliche Leistung, die im Zusammenhang mit der Beendigung eines Arbeitsverhältnisses zufließt (Entlassungsentschädigung), ist den folgenden drei Jahren nach dem Ende des Arbeitsverhältnisses zuzurechnen, wenn nicht in der Vereinbarung, die der Entlassungsentschädigung zu Grunde liegt, ein anderer Zurechnungszeitraum bestimmt ist. Ist eine Entlassungsentschädigung vor der Antragstellung zugeflossen, ist sie nur dann nach Satz 1 oder Satz 2 zuzurechnen, wenn sie innerhalb von drei Jahren vor der Antragstellung zugeflossen ist.

(3) Sonderzuwendungen, Gratifikationen und gleichartige Bezüge und Vorteile, die in größeren als monatlichen Abständen gewährt werden, sind den im Bewilligungszeitraum liegenden Monaten zu je einem Zwölftel zuzurechnen, wenn sie in den nächsten zwölf Monaten nach Beginn des Bewilligungszeitraums zufließen.

(4) Beträgt der Bewilligungszeitraum nicht zwölf Monate, ist als Einkommen das Zwölffache des im Sinne der Absätze 1 bis 3 und des § 24 Abs. 2 im Bewilligungszeitraum zu erwartenden durchschnittlichen monatlichen Einkommens zu Grunde zu legen.

§ 16 Abzugsbeträge für Steuern und Sozialversicherungsbeiträge

(1) Bei der Ermittlung des Jahreseinkommens sind von dem Betrag, der sich nach den §§ 14 und 15 ergibt, jeweils 10 Prozent abzuziehen, wenn zu erwarten ist, dass

1. Steuern vom Einkommen,
2. Pflichtbeiträge zur gesetzlichen Kranken- und Pflegeversicherung,
3. Pflichtbeiträge zur gesetzlichen Rentenversicherung

im Bewilligungszeitraum zu leisten sind. Satz 1 Nr. 2 und 3 gilt entsprechend, wenn keine

Pflichtbeiträge, aber laufende Beiträge zu öffentlichen oder privaten Versicherungen oder ähnlichen Einrichtungen zu leisten sind, die dem Zweck der Pflichtbeiträge nach Satz 1 Nr. 2 oder Nr. 3 entsprechen. Satz 2 gilt auch, wenn die Beiträge zu Gunsten eines zu berücksichtigenden Haushaltsmitgliedes zu leisten sind. Die Sätze 2 und 3 gelten nicht, wenn eine im Wesentlichen beitragsfreie Sicherung oder eine Sicherung besteht, für die Beiträge von Dritten zu leisten sind.

(2) Ergibt sich kein Abzugsbetrag nach Absatz 1, sind von dem Betrag, der sich nach den §§ 14 und 15 ergibt, 6 Prozent abzuziehen.

§ 17 Freibeträge

Bei der Ermittlung des Gesamteinkommens sind die folgenden jährlichen Freibeträge abzuziehen:

1. 1500 Euro für jedes schwerbehinderte zu berücksichtigende Haushaltsmitglied mit einem Grad der Behinderung
   a) von 100 oder
   b) von wenigstens 80 bei Pflegebedürftigkeit im Sinne des § 14 des Elften Buches Sozialgesetzbuch und gleichzeitiger häuslicher oder teilstationärer Pflege oder Kurzzeitpflege;
2. 1200 Euro für jedes schwerbehinderte zu berücksichtigende Haushaltsmitglied mit einem Grad der Behinderung von unter 80 bei Pflegebedürftigkeit im Sinne des § 14 des Elften Buches Sozialgesetzbuch und gleichzeitiger häuslicher oder teilstationärer Pflege oder Kurzzeitpflege;
3. 750 Euro für jedes zu berücksichtigende Haushaltsmitglied, das Opfer der nationalsozialistischen Verfolgung oder ihm im Sinne des Bundesentschädigungsgesetzes gleichgestellt ist;
4. 600 Euro für jedes Haushaltsmitglied unter zwölf Jahren, für das Kindergeld nach dem Einkommensteuergesetz oder dem Bundeskindergeldgesetz oder eine in § 65 Abs. 1 Satz 1 des Einkommensteuergesetzes genannte Leistung gewährt wird, wenn die wohngeldberechtigte Person allein mit noch nicht volljährigen Haushaltsmitgliedern zusammenwohnt und wegen Erwerbstätigkeit oder Ausbildung nicht nur kurzfristig von der Wohn- und Wirtschaftsgemeinschaft abwesend ist;
5. ein Betrag in Höhe des eigenen Einkommens jedes Kindes eines Haushaltsmitgliedes, höchstens jedoch 600 Euro, wenn das Kind ein zu berücksichtigendes Haushaltsmitglied und mindestens 16 Jahre, aber noch nicht 25 Jahre alt ist.

§ 18 Abzugsbeträge für Unterhaltsleistungen

Bei der Ermittlung des Gesamteinkommens sind die folgenden zu erwartenden Aufwendungen zur Erfüllung gesetzlicher Unterhaltsverpflichtungen abzuziehen:

1. bis zu 3000 Euro jährlich für ein zu berücksichtigendes Haushaltsmitglied, das wegen Berufsausbildung auswärts wohnt, soweit es nicht von Nummer 2 erfasst ist;
2. bis zu 3000 Euro jährlich für ein Kind, das Haushaltsmitglied nach § 5 Abs. 6 ist; dies gilt nur für Aufwendungen, die an das Kind als Haushaltsmitglied bei dem anderen Elternteil geleistet werden;
3. bis zu 6000 Euro jährlich für einen früheren oder dauernd getrennt lebenden Ehegatten oder Lebenspartner oder eine frühere oder dauernd getrennt lebende Lebenspartnerin, der oder die kein Haushaltsmitglied ist;
4. bis zu 3000 Euro jährlich für eine sonstige Person, die kein Haushaltsmitglied ist.

Liegt in den Fällen des Satzes 1 eine notariell beurkundete Unterhaltsvereinbarung, ein Unterhaltstitel oder ein Bescheid vor, sind die jährlichen Aufwendungen bis zu dem darin festgelegten Betrag abzuziehen.

Kapitel 5
Höhe des Wohngeldes

§ 19 Höhe des Wohngeldes

(1) Das ungerundete monatliche Wohngeld für bis zu zwölf zu berücksichtigende Haushaltsmitglieder beträgt

$$1{,}08 \cdot (M - (a + b \cdot M + c \cdot Y) \cdot Y) \text{ Euro.}$$

„M" ist die gerundete zu berücksichtigende monatliche Miete oder Belastung in Euro. „Y" ist das gerundete monatliche Gesamteinkommen in Euro. „a", „b" und „c" sind nach der Anzahl der zu berücksichtigenden Haushaltsmitglieder unterschiedene Werte und ergeben sich aus der Anlage 1.

(2) Die zur Berechnung des Wohngeldes erforderlichen Rechenschritte und Rundungen sind in der Reihenfolge auszuführen, die sich aus der Anlage 2 ergibt.

(3) Sind mehr als zwölf Haushaltsmitglieder zu berücksichtigen, erhöht sich für das 13. und jedes weitere zu berücksichtigende Haushaltsmitglied das nach den Absätzen 1 und 2 berechnete monatliche Wohngeld um jeweils 43 Euro, höchstens jedoch bis zur Höhe der zu berücksichtigenden Miete oder Belastung.

Teil 3
Nichtbestehen des Wohngeldanspruchs

§ 20 Gesetzeskonkurrenz

(1) Ein alleinstehender Wehrpflichtiger im Sinne des § 7a Abs. 1 des Unterhaltssicherungsgesetzes hat für die Dauer seines Grundwehrdienstes keinen Wohngeldanspruch, es sei denn, die Mietbeihilfe nach § 7a des Unterhaltssicherungsgesetzes ist abgelehnt worden; § 25 Abs. 3 gilt entsprechend. Ist dem Wehrpflichtigen Wohngeld für einen Zeitraum bewilligt worden, in den der Beginn des Grundwehrdienstes fällt, ist das Wohngeld bis zum Ablauf des Bewilligungszeitraums in gleicher Höhe weiterzuleisten; § 27 Abs. 2 und § 28 bleiben unberührt. Die Sätze 1 und 2 gelten entsprechend für Personen, für die § 7a Abs. 1 des Unterhaltssicherungsgesetzes unmittelbar oder entsprechend gilt.

(2) Stehen allen Haushaltsmitgliedern Leistungen zur Förderung der Ausbildung nach dem Bundesausbildungsförderungsgesetz oder den §§ 56, 116 Absatz 3 oder § 122 des Dritten Buches Sozialgesetzbuch dem Grunde nach zu oder stünden ihnen diese Leistungen im Fall eines Antrages dem Grunde nach zu, besteht kein Wohngeldanspruch. Satz 1 gilt nicht, wenn die Leistungen ausschließlich als Darlehen gewährt werden. Satz 1 gilt auch, wenn dem Grunde nach Förderungsberechtigte der Höhe nach keinen Anspruch auf Förderung haben. Ist Wohngeld für einen Zeitraum bewilligt, in den der Beginn der Ausbildung fällt, ist das Wohngeld bis zum Ablauf des Bewilligungszeitraums in gleicher Höhe weiterzuleisten; § 27 Abs. 2 und § 28 bleiben unberührt.

§ 21 Sonstige Gründe

Ein Wohngeldanspruch besteht nicht,

1. wenn das Wohngeld weniger als 10 Euro monatlich betragen würde,
2. wenn alle Haushaltsmitglieder nach den §§ 7 und 8 Abs. 1 vom Wohngeld ausgeschlossen sind oder
3. soweit die Inanspruchnahme missbräuchlich wäre, insbesondere wegen erheblichen Vermögens.

Teil 4
Bewilligung, Zahlung und Änderung des Wohngeldes

§ 22 Wohngeldantrag

(1) Wohngeld wird nur auf Antrag der wohngeldberechtigten Person geleistet.

(2) Im Fall des § 3 Abs. 3 wird vermutet, dass die antragstellende Person von den anderen Haushaltsmitgliedern als wohngeldberechtigte Person bestimmt ist.

(3) Zieht die wohngeldberechtigte Person aus oder stirbt sie, kann der Antrag nach § 27 Abs. 1 auch von einem anderen Haushaltsmitglied gestellt werden, das die Voraussetzungen des § 3 Abs. 1 oder Abs. 2 erfüllt. § 3 Abs. 3 bis 5 gilt entsprechend.

(4) Wird ein Wohngeldantrag für die Zeit nach dem laufenden Bewilligungszeitraum früher als zwei Monate vor Ablauf dieses Zeitraums gestellt, gilt der Erste des zweiten Monats vor Ablauf dieses Zeitraums als Zeitpunkt der Antragstellung im Sinne des § 24 Abs. 2.

(5) § 65a des Ersten und § 115 des Zehnten Buches Sozialgesetzbuch sind nicht anzuwenden.

§ 23 Auskunftspflicht

(1) Soweit die Durchführung dieses Gesetzes es erfordert, sind folgende Personen verpflichtet, der Wohngeldbehörde Auskunft über ihre für das Wohngeld maßgebenden Verhältnisse zu geben:

1. die Haushaltsmitglieder,
2. die sonstigen Personen, die mit der wohngeldberechtigten Person den Wohnraum gemeinsam bewohnen, und
3. bei einer Prüfung nach § 21 Nr. 3 zur Feststellung eines Unterhaltsanspruchs auch
   a) der Ehegatte, der Lebenspartner oder die Lebenspartnerin,
   b) der frühere Ehegatte, der frühere Lebenspartner oder die frühere Lebenspartnerin,
   c) die Kinder der zu berücksichtigenden Haushaltsmitglieder und
   d) die Eltern der zu berücksichtigenden Haushaltsmitglieder,

   die keine Haushaltsmitglieder sind.

Die Haushaltsmitglieder sind verpflichtet, ihr Geschlecht anzugeben (§ 33 Abs. 3 Satz 1 Nr. 6 und § 35 Abs. 1 Nr. 5).

(2) Soweit die Durchführung dieses Gesetzes es erfordert, sind die Arbeitgeber der zu berücksichtigenden Haushaltsmitglieder verpflichtet, der Wohngeldbehörde über Art und Dauer des Arbeitsverhältnisses sowie über Arbeitsstätte und Arbeitsverdienst Auskunft zu geben.

(3) Der Empfänger oder die Empfängerin der Miete ist verpflichtet, der Wohngeldbehörde über die Höhe und Zusammensetzung der Miete sowie über andere das Miet- oder Nutzungsverhältnis betreffende Umstände Auskunft zu geben, soweit die Durchführung dieses Gesetzes es erfordert.

(4) Zur Aufdeckung rechtswidriger Inanspruchnahme von Wohngeld sind die Kapitalerträge auszahlenden Stellen, denen ein zu berücksichtigendes Haushaltsmitglied einen Freistellungsauftrag für Kapitalerträge erteilt hat, verpflichtet, der Wohngeldbehörde Auskunft über die Höhe der zugeflossenen Kapitalerträge zu erteilen. § 21 Absatz 3 Satz 4 des Zehnten Buches Sozialgesetzbuch gilt entsprechend. Ein Auskunftsersuchen der Wohngeldbehörde ist nur zulässig, wenn auf Grund eines Datenabgleichs nach § 33 der Verdacht besteht oder feststeht, dass Wohngeld rechtswidrig in Anspruch genommen wurde oder wird und dass das zu berücksichtigende Haushaltsmitglied, auch soweit es dazu berechtigt ist, nicht oder nicht vollständig bei der Ermittlung der Kapitalerträge mitwirkt. Die Auslagen für Auskünfte von Kapitalerträge auszahlenden Stellen, die durch die Ermittlung der rechtswidrigen Inanspruchnahme von Wohngeld entstanden sind, sollen abweichend von § 64 Absatz 1 des Zehnten Buches Sozialgesetzbuch von der Person, die Wohngeld zu erstatten hat, erhoben werden.

(5) Auf die nach den Absätzen 1 bis 3 Auskunftspflichtigen sind die §§ 60 und 65 Abs. 1 und 3 des Ersten Buches Sozialgesetzbuch entsprechend anzuwenden.

§ 24 Wohngeldbehörde und Entscheidung

(1) Über den Wohngeldantrag muss die nach Landesrecht zuständige oder von der Landesregierung durch Rechtsverordnung oder auf sonstige Weise bestimmte Behörde (Wohngeldbehörde) schriftlich entscheiden. Die Landesregierung kann ihre Befugnis nach Satz 1, die Zuständigkeit der Wohngeldbehörden zu bestimmen, auf die für die Ausführung des Wohngeldgesetzes zuständige oberste Landesbehörde übertragen. § 69 des Ersten Buches Sozialgesetzbuch bleibt unberührt.

(2) Der Entscheidung sind die Verhältnisse im Bewilligungszeitraum, die im Zeitpunkt der Antragstellung zu erwarten sind, zu Grunde zu legen. Treten nach dem Zeitpunkt der Antragstellung bis zur Bekanntgabe des Wohngeldbescheides Änderungen der Verhältnisse im Bewilligungszeitraum ein, sind sie grundsätzlich nicht zu berücksichtigen; Änderungen im Sinne des § 27 Abs. 1 und 2, § 28 Abs. 1 bis 3 oder § 43 sollen berücksichtigt werden. Satz 2 gilt für nach dem Zeitpunkt der Antragstellung bis zur Bekanntgabe des Wohngeldbescheides zu erwartende Änderungen entsprechend.

(3) Der Bewilligungsbescheid muss die in § 27 Abs. 3 Satz 1 Nr. 2 und 3 genannten Beträge ausweisen und einen Hinweis über die Mitteilungspflichten nach § 27 Abs. 3 und 4 sowie § 28 Abs. 1 Satz 2 und Abs. 4 Satz 1 enthalten. Er soll einen Hinweis enthalten, dass der Wohngeldantrag für die Zeit nach Ablauf des Bewilligungszeitraums wiederholt werden kann.

(4) Für die Aufhebung eines Wohngeldbescheides, die Rückforderung zu erstattenden Wohngeldes sowie die Unterrichtung und den Hinweis nach § 28 Abs. 5 ist die Wohngeldbehörde zuständig, die den Wohngeldbescheid erlassen hat.

§ 25 Bewilligungszeitraum

(1) Das Wohngeld soll für zwölf Monate bewilligt werden. Ist zu erwarten, dass sich die maßgeblichen Verhältnisse vor Ablauf von zwölf Monaten erheblich ändern, soll der Bewilligungszeitraum entsprechend verkürzt werden; im Einzelfall kann der Bewilligungszeitraum geteilt werden.

(2) Der Bewilligungszeitraum beginnt am Ersten des Monats, in dem der Wohngeldantrag gestellt worden ist. Treten die Voraussetzungen für die Bewilligung des Wohngeldes erst in einem späteren Monat ein, beginnt der Bewilligungszeitraum am Ersten dieses Monats.

(3) Der Bewilligungszeitraum beginnt am Ersten des Monats, von dem ab Leistungen im Sinne des § 7 Abs. 1 abgelehnt worden sind, wenn der Wohngeldantrag vor Ablauf des Kalendermonats gestellt wird, der auf die Kenntnis der Ablehnung folgt. Dies gilt entsprechend, wenn der Ausschluss nach § 8 Abs. 1 Satz 3 oder Abs. 2 als nicht erfolgt gilt. Ist ein Bewilligungsbescheid nach § 28 Abs. 3 unwirksam geworden, beginnt abweichend von den Sätzen 1 und 2 der Bewilligungszeitraum frühestens am Ersten des Monats, von dem an die Unwirksamkeit eingetreten ist.

(4) Der neue Bewilligungszeitraum im Fall des § 27 Abs. 1 Satz 2 beginnt am Ersten des Monats, von dem an die erhöhte Miete oder Belastung rückwirkend berücksichtigt wird, wenn der Antrag vor Ablauf des Kalendermonats gestellt wird, der auf die Kenntnis von der Erhöhung der Miete oder Belastung folgt.

(5) Der neue Bewilligungszeitraum im Fall des § 28 Abs. 3 beginnt am Ersten des Monats, an dem die Unwirksamkeit des Bewilligungsbescheides eintritt, wenn der Wohngeldantrag vor Ablauf des Kalendermonats gestellt wird, der auf die Kenntnis von der Unwirksamkeit folgt.

§ 26 Zahlung des Wohngeldes

(1) Das Wohngeld ist an die wohngeldberechtigte Person zu zahlen. Es kann mit schriftlicher Einwilligung der wohngeldberechtigten Person oder, wenn dies im Einzelfall geboten ist, auch ohne deren Einwilligung, an ein anderes Haushaltsmitglied, an den Empfänger oder die Empfängerin der Miete oder in den Fällen des § 3 Abs. 1 Satz 2 Nr. 3 an den Leistungsträger im Sinne des § 12 des Ersten Buches Sozialgesetzbuch gezahlt werden. Wird das Wohngeld nach Satz 2 gezahlt, ist die wohngeldberechtigte Person hiervon zu unterrichten. Wird das Wohngeld an ein anderes Haushaltsmitglied gezahlt, ist es über die in § 27 Abs. 3 Satz 1 Nr. 2 und 3 genannten Beträge und seine Mitteilungspflichten nach § 27 Abs. 3 Satz 1 und § 28 Abs. 1 Satz 2 und Abs. 4 Satz 1 schriftlich zu unterrichten.

(2) Das Wohngeld ist monatlich im Voraus auf ein Konto eines Haushaltsmitgliedes bei einem Geldinstitut für das die Verordnung (EU) Nr. 260/2012 des Europäischen Parlaments und des Rates vom 14. März 2012 zur Festlegung der technischen Vorschriften und der Geschäftsanforderungen für Überweisungen und Lastschriften in Euro und zur Änderung der Verordnung (EG) Nr. 924/2009 (ABl. L 94 vom 30. 3. 2012, S. 22) gilt (Geldinstitut), zu zahlen. Ist ein solches Konto nicht vorhanden, kann das Wohngeld an den Wohnsitz der wohngeldberechtigten Person übermittelt werden; die dadurch veranlassten Kosten sollen vom Wohngeld abgezogen werden.

§ 27 Änderung des Wohngeldes

(1) Das Wohngeld ist auf Antrag neu zu bewilligen, wenn sich im laufenden Bewilligungszeitraum

1. die Anzahl der zu berücksichtigenden Haushaltsmitglieder erhöht,
2. die zu berücksichtigende Miete oder Belastung um mehr als 15 Prozent erhöht oder
3. das Gesamteinkommen um mehr als 15 Prozent verringert

und sich dadurch das Wohngeld erhöht. Im Fall des Satzes 1 Nr. 2 ist das Wohngeld auch rückwirkend zu bewilligen, frühestens jedoch ab Beginn des laufenden Bewilligungszeitraums, wenn sich die zu berücksichtigende Miete oder Belastung rückwirkend um mehr als 15 Prozent erhöht hat. Satz 1 Nr. 3 ist auch anzuwenden, wenn sich das Gesamteinkommen um mehr als 15 Prozent verringert, weil sich die Anzahl der zu berücksichtigenden Haushaltsmitglieder verringert hat.

(2) Über die Leistung des Wohngeldes ist von Amts wegen mit Wirkung vom Zeitpunkt der Änderung der Verhältnisse an neu zu entscheiden, wenn sich im laufenden Bewilligungszeitraum nicht nur vorübergehend

1. die Anzahl der zu berücksichtigenden Haushaltsmitglieder auf mindestens ein zu berücksichtigendes Haushaltsmitglied verringert; § 6 Abs. 2 bleibt unberührt,
2. die zu berücksichtigende Miete oder Belastung um mehr als 15 Prozent verringert; § 6 Abs. 2 bleibt unberührt, oder
3. das Gesamteinkommen um mehr als 15 Prozent erhöht

und dadurch das Wohngeld wegfällt oder sich verringert. Als Zeitpunkt der Änderung der Verhältnisse gilt im Fall des Satzes 1 Nr. 1 der Tag nach dem Auszug, im Fall des Satzes 1 Nr. 2 der Beginn des Zeitraums, für den sich die zu berücksichtigende Miete oder Belastung um mehr als 15 Prozent verringert, und im Fall des Satzes 1 Nr. 3 der Beginn des Zeitraums, für den das erhöhte Einkommen bezogen wird, das zu einer Erhöhung des Gesamteinkommens um mehr als 15 Prozent führt. Tritt die Änderung der Verhältnisse nicht zum Ersten eines Monats ein, ist mit Wirkung vom Ersten des nächsten Monats an zu entscheiden. Satz 1 Nr. 3 ist auch anzuwenden, wenn sich das Gesamteinkommen um mehr als 15 Prozent erhöht, weil sich die Anzahl der zu berücksichtigenden Haushaltsmitglieder erhöht hat. Als Zeitpunkt der Antragstellung im Sinne des § 24 Abs. 2 gilt der Zeitpunkt der Kenntnis der Wohngeldbehörde von den geänderten Verhältnissen.

(3) Die wohngeldberechtigte Person und das Haushaltsmitglied, an welches das Wohngeld nach § 26 Abs. 1 Satz 2 gezahlt wird, müssen der Wohngeldbehörde unverzüglich mitteilen, wenn sich im laufenden Bewilligungszeitraum nicht nur vorübergehend

1. die Anzahl der zu berücksichtigenden Haushaltsmitglieder (§ 6 Abs. 1) auf mindestens ein zu berücksichtigendes Haushaltsmitglied verringert oder die Anzahl der vom Wohngeld ausgeschlossenen Haushaltsmitglieder (§§ 7 und 8 Abs. 1) erhöht,
2. die monatliche Miete (§ 9) oder die monatliche Belastung (§ 10) um mehr als 15 Prozent gegenüber der im Bewilligungsbescheid genannten Miete oder Belastung verringert oder
3. die Summe aus den monatlichen positiven Einkünften nach § 14 Abs. 1 und den monatlichen Einnahmen nach § 14 Abs. 2 aller zu berücksichtigenden Haushaltsmitglieder um mehr als 15 Prozent gegenüber dem im Bewilligungsbescheid genannten Betrag erhöht; dies gilt auch, wenn sich der Betrag um mehr als 15 Prozent erhöht, weil sich die Anzahl der zu berücksichtigenden Haushaltsmitglieder erhöht hat.

Die zu berücksichtigenden Haushaltsmitglieder sind verpflichtet, der wohngeldberechtigten Person und dem Haushaltsmitglied, an welches das Wohngeld nach § 26 Abs. 1 Satz 2 gezahlt wird, Änderungen ihrer monatlichen positiven Einkünfte nach § 14 Abs. 1 und ihrer monatlichen Einnahmen nach § 14 Abs 2 mitzuteilen.

(4) Die Absätze 2 und 3 gelten entsprechend, wenn sich die Änderungen nach Absatz 2 Satz 1 und 4 und Absatz 3 Satz 1 auf einen abgelaufenen Bewilligungszeitraum beziehen, längstens für drei Jahre vor Kenntnis der wohngeldberechtigten Person oder der zu berücksichtigenden Haushaltsmitglieder von der Änderung der Verhältnisse; der Kenntnis steht

die Nichtkenntnis infolge grober Fahrlässigkeit gleich.

§ 28 Unwirksamkeit des Bewilligungsbescheides und Wegfall des Wohngeldanspruchs

(1) Der Bewilligungsbescheid wird vom Ersten des Monats an unwirksam, in dem der Wohnraum, für den Wohngeld bewilligt ist, von keinem zu berücksichtigenden Haushaltsmitglied mehr genutzt wird; erfolgt die Nutzungsaufgabe nicht zum Ersten eines Monats, wird der Bewilligungsbescheid vom Ersten des nächsten Monats an unwirksam. Die wohngeldberechtigte Person und das Haushaltsmitglied, an welches das Wohngeld nach § 26 Abs. 1 Satz 2 gezahlt wird, müssen der Wohngeldbehörde unverzüglich mitteilen, dass der Wohnraum nicht mehr genutzt wird.

(2) Der Wohngeldanspruch fällt für den Monat weg, in dem das Wohngeld vollständig oder überwiegend nicht zur Bezahlung der Miete oder zur Aufbringung der Belastung verwendet wird (zweckwidrige Verwendung). Die zweckwidrige Verwendung gilt als wesentliche Änderung der Verhältnisse im Sinne des § 48 Abs. 1 Satz 1 und 2 des Zehnten Buches Sozialgesetzbuch. Die Sätze 1 und 2 gelten nicht, soweit der Wohngeldanspruch Gegenstand einer Aufrechnung, Verrechnung oder Pfändung nach den §§ 51, 52 und 54 des Ersten Buches Sozialgesetzbuch ist oder auf einen Leistungsträger im Sinne des § 12 des Ersten Buches Sozialgesetzbuch übergegangen ist.

(3) Der Bewilligungsbescheid wird von dem Zeitpunkt an unwirksam, ab dem ein zu berücksichtigendes Haushaltsmitglied nach den §§ 7 und 8 Abs. 1 vom Wohngeld ausgeschlossen ist. Im Fall des § 8 Abs. 1 Satz 3 bleibt der Bewilligungsbescheid unwirksam.

(4) Die wohngeldberechtigte Person und das Haushaltsmitglied, an welches das Wohngeld nach § 26 Abs. 1 Satz 2 gezahlt wird, müssen der Wohngeldbehörde unverzüglich mitteilen, wenn für ein zu berücksichtigendes Haushaltsmitglied ein Verwaltungsverfahren zur Feststellung von Grund und Höhe einer Leistung nach § 7 Abs. 1 oder Abs. 2 begonnen hat oder ein zu berücksichtigendes Haushaltsmitglied eine Leistung nach § 7 Abs. 1 empfängt. Die zu berücksichtigenden Haushaltsmitglieder sind verpflichtet, der wohngeldberechtigten Person und dem Haushaltsmitglied, an welches das Wohngeld nach § 26 Abs. 1 Satz 2 gezahlt wird, die in Satz 1 genannten Tatsachen mitzuteilen.

(5) Die wohngeldberechtigte Person ist von der Unwirksamkeit des Bewilligungsbescheides zu unterrichten und im Fall des Absatzes 3 auf die Antragsfrist nach § 25 Abs. 3 Satz 1 und 2 oder Abs. 5 hinzuweisen.

(6) Der Wohngeldanspruch ändert sich nur wegen der in § 27, den vorstehenden Absätzen 1 bis 3 oder § 43 Abs. 1 genannten Umstände.

§ 29 Haftung, Aufrechnung und Verrechnung

(1) Ist Wohngeld nach § 50 des Zehnten Buches Sozialgesetzbuch zu erstatten, haften neben der wohngeldberechtigten Person die volljährigen und bei Berechnung des Wohngeldes berücksichtigten Haushaltsmitglieder als Gesamtschuldner.

(2) Die Wohngeldbehörde kann mit Ansprüchen auf Erstattung zu Unrecht erbrachten Wohngeldes abweichend von § 51 Abs. 2 des Ersten Buches Sozialgesetzbuch gegen Wohngeldansprüche statt bis zu deren Hälfte in voller Höhe aufrechnen.

(3) Die Wohngeldbehörde kann Ansprüche eines anderen Leistungsträgers abweichend von § 52 des Ersten Buches Sozialgesetzbuch mit der ihr obliegenden Wohngeldleistung verrechnen, soweit nach Absatz 2 die Aufrechnung zulässig ist.

§ 30 Rücküberweisung und Erstattung im Todesfall

(1) Wird der Bewilligungsbescheid nach § 28 Abs. 1 Satz 1 auf Grund eines Todesfalles unwirksam, gilt Wohngeld, das für die Zeit nach dem Tod des zu berücksichtigenden Haushaltsmitgliedes auf ein Konto bei einem Geldinstitut überwiesen wurde, als unter Vorbehalt geleistet. Das Geldinstitut muss es der überweisenden Behörde oder der Wohngeldbehörde zurücküberweisen, wenn diese es als zu Unrecht geleistet zurückfordert. Eine Verpflich-

tung zur Rücküberweisung besteht nicht, soweit

1. über den entsprechenden Betrag bei Eingang der Rückforderung bereits anderweitig verfügt worden ist, es sei denn, die Rücküberweisung kann aus einem Guthaben erfolgen, oder
2. die Wohngeldbehörde das Wohngeld an den Empfänger oder die Empfängerin der Miete überwiesen hat.

Das Geldinstitut darf den nach Satz 1 überwiesenen Betrag nicht zur Befriedigung eigener Forderungen verwenden.

(2) Wird der Bewilligungsbescheid nach § 28 Abs. 1 Satz 1 auf Grund eines Todesfalles unwirksam und ist Wohngeld weiterhin geleistet worden, sind mit Ausnahme des Empfängers oder der Empfängerin der Miete folgende Personen verpflichtet, der Wohngeldbehörde den entsprechenden Betrag zu erstatten:

1. Personen, die das Wohngeld unmittelbar in Empfang genommen haben,
2. Personen, auf deren Konto der entsprechende Betrag durch ein bankübliches Zahlungsgeschäft weitergeleitet wurde, und
3. Personen, die über den entsprechenden Betrag verfügungsberechtigt sind und ein bankübliches Zahlungsgeschäft zu Lasten des Kontos vorgenommen oder zugelassen haben.

Der Erstattungsanspruch ist durch Verwaltungsakt geltend zu machen. Ein Geldinstitut, das eine Rücküberweisung mit dem Hinweis abgelehnt hat, dass über den entsprechenden Betrag bereits anderweitig verfügt wurde, muss der überweisenden Behörde oder der Wohngeldbehörde auf Verlangen Name und Anschrift der in Satz 1 Nr. 2 und 3 genannten Personen und etwaiger neuer Kontoinhaber oder Kontoinhaberinnen benennen. Ein Anspruch nach § 50 des Zehnten Buches Sozialgesetzbuch bleibt unberührt.

(3) Der Rücküberweisungs- und der Erstattungsanspruch verjähren in vier Jahren nach Ablauf des Kalenderjahres, in dem die Wohngeldbehörde Kenntnis von der Überzahlung erlangt hat.

§ 31 Rücknahme eines rechtswidrigen nicht begünstigenden Wohngeldbescheides

Wird ein rechtswidriger nicht begünstigender Wohngeldbescheid mit Wirkung für die Vergangenheit zurückgenommen, muss die Wohngeldbehörde längstens für zwei Jahre vor der Rücknahme Wohngeld leisten. Im Übrigen bleibt § 44 des Zehnten Buches Sozialgesetzbuch unberührt.

Teil 5 Kostentragung und Datenabgleich

§ 32 Erstattung des Wohngeldes durch den Bund

Wohngeld nach diesem Gesetz, das von einem Land gezahlt worden ist, ist diesem zur Hälfte vom Bund zu erstatten.

§ 33 Datenabgleich

(1) Die Wohngeldbehörde ist verpflichtet, auf Verlangen

1. der zuständigen Behörde für die Erhebung der Ausgleichszahlung nach dem Gesetz über den Abbau der Fehlsubventionierung im Wohnungswesen und den hierzu erlassenen landesrechtlichen Vorschriften und
2. der jeweils zuständigen Behörde nach entsprechenden Gesetzen der Länder

diesen Behörden mitzuteilen, ob der betroffene Wohnungsinhaber Wohngeld erhält. Maßgebend hierfür ist der Zeitraum, der zwischen dem Zeitpunkt nach § 3 Abs. 2 des Gesetzes über den Abbau der Fehlsubventionierung im Wohnungswesen und den hierzu erlassenen landesrechtlichen Vorschriften oder nach entsprechenden Gesetzen der Länder und der Erteilung des Bescheides über die Ausgleichszahlung liegt.

(2) Die Wohngeldbehörde darf, um die rechtswidrige Inanspruchnahme von Wohngeld zu vermeiden oder aufzudecken, die Haushaltsmitglieder regelmäßig durch einen Datenabgleich daraufhin überprüfen,

1. ob und für welche Zeiträume Leistungen nach § 7 Abs. 1 beantragt oder empfangen werden oder wurden oder ein Ausschluss-

grund nach § 7 Abs. 2, Abs. 3 oder § 8 Abs. 1 vorliegt oder vorlag,

2. ob und welche Daten nach § 45d Abs. 1 und § 45e des Einkommensteuergesetzes dem Bundeszentralamt für Steuern übermittelt worden sind,
3. ob und für welche Zeiträume bereits Wohngeld beantragt oder empfangen wird oder wurde,
4. ob und von welchem Zeitpunkt an die Bundesagentur für Arbeit die Leistung von Arbeitslosengeld eingestellt hat,
5. ob, mit welchem Wohnungsstatus und von welchem Zeitpunkt an ein Haushaltsmitglied unter der Anschrift der Wohnung, für die Wohngeld beantragt wird oder geleistet wird oder wurde, bei der Meldebehörde gemeldet ist oder nicht mehr gemeldet ist und unter welcher neuen Anschrift es gemeldet ist,
6. ob, für welche Zeiträume und bei welchem Arbeitgeber eine Versicherungspflicht im Sinne des § 2 Abs. 1 des Vierten Buches Sozialgesetzbuch oder eine geringfügige Beschäftigung besteht oder bestand und entsprechende Daten an die Datenstelle der Träger der Rentenversicherung (Datenstelle) und die Minijob-Zentrale der Deutschen Rentenversicherung Knappschaft-Bahn-See übermittelt worden sind,
7. ob, in welcher Höhe und für welche Zeiträume Leistungen der Renten- und Unfallversicherungen durch die Deutsche Post AG oder die Deutsche Rentenversicherung Knappschaft-Bahn-See gezahlt worden sind.

Richtet sich eine Überprüfung auf einen abgelaufenen Bewilligungszeitraum, ist diese bis zum Ablauf von zehn Jahren nach Bekanntgabe des zugehörigen Bewilligungsbescheides zulässig.

(3) Zur Durchführung des Datenabgleichs dürfen nur

1. Name, Vorname (Rufname), Geburtsname,
2. Geburtsdatum, Geburtsort,
3. Anschrift der Wohnung, für die Wohngeld beantragt oder bewilligt wurde,
4. Tatsache des Wohngeldantrages und des Wohngeldempfangs,
5. Zeitraum des Wohngeldempfangs und
6. Geschlecht

an die in Absatz 1 Satz 1 und Absatz 2 Satz 1 Nr. 2, 4, 6 und 7 genannten Stellen und die für die Leistungen nach Absatz 2 Satz 1 Nr. 1 und 3 sowie an die Meldebehörden übermittelt werden. Die Daten, die der Wohngeldbehörde oder der sonst nach Landesrecht für den Datenabgleich zuständigen oder von der Landesregierung durch Rechtsverordnung oder auf sonstige Weise für den Datenabgleich bestimmten Stelle (zentralen Landesstelle) übermittelt werden, dürfen nur für den Zweck der Überprüfung nach den Absätzen 1 und 2 genutzt werden. Die übermittelten Daten, bei denen die Überprüfung zu keinen abweichenden Feststellungen führt, sind unverzüglich zu löschen oder zu vernichten. Die Betroffenen sind von der Wohngeldbehörde auf die Datenübermittlung hinzuweisen.

(4) Die in Absatz 2 Satz 1 Nummer 2, 4, 6 und 7 genannten und die für die Leistungen nach Absatz 2 Satz 1 Nummer 1 und 3 zuständigen Stellen sowie die Meldebehörden führen den Datenabgleich durch und übermitteln die Daten über Feststellungen im Sinne des Absatzes 2 an die Wohngeldbehörde oder die zentrale Landesstelle oder über die zentrale Landesstelle an die Wohngeldbehörde. Die jenen Stellen überlassenen Daten und Datenträger sind nach Durchführung des Datenabgleichs unverzüglich zurückzugeben, zu löschen oder zu vernichten.

(5) Der Datenabgleich nach den Absätzen 1 und 2 ist auch in automatisierter Form zulässig. Hierzu dürfen die erforderlichen Daten nach den Absätzen 1 bis 3 auch der Datenstelle als Vermittlungsstelle übermittelt werden. Die Datenstelle darf die nach den Absätzen 1 bis 3 übermittelten Daten speichern, nutzen und an die in Absatz 2 Satz 1 Nr. 2, 4, 6 und 7 genannten Stellen weiter übermitteln, soweit dies für den Datenabgleich nach den Absätzen 1 und 2 erforderlich ist. Die Datenstelle darf die nach § 52 Absatz 1 und 2 des Zweiten Buches Sozialgesetzbuch und nach § 118 Absatz 2 des

Zwölften Buches Sozialgesetzbuch übermittelten Daten sowie die Daten der Stammsatzdatei im Sinne des § 150 des Sechsten Buches Sozialgesetzbuch und der bei ihr für die Prüfung bei den Arbeitgebern geführten Datei im Sinne des § 28p Abs. 8 Satz 3 des Vierten Buches Sozialgesetzbuch nutzen, soweit dies für den Datenabgleich nach den Absätzen 1 und 2 erforderlich ist. Die Datenstelle gleicht die übermittelten Daten ab und leitet Feststellungen im Sinne des Absatzes 2 an die übermittelnde Wohngeldbehörde oder die zentrale Landesstelle oder über die zentrale Landesstelle an die übermittelnde Wohngeldbehörde zurück. Die nach Satz 3 bei der Datenstelle gespeicherten Daten sind unverzüglich nach Abschluss der Datenabgleiche zu löschen. Bei einer Weiterübermittlung der Daten nach Satz 3 gilt Absatz 4 für die in Absatz 2 Satz 1 Nr. 2, 4, 6 und 7 genannten Stellen entsprechend.

(6) Die Landesregierung kann ihre Befugnis, eine zentrale Landesstelle für den Datenabgleich zu bestimmen (Absatz 3 Satz 2, Absatz 4 Satz 1 und Absatz 5 Satz 5), auf die für die Ausführung des Wohngeldgesetzes zuständige oberste Landesbehörde übertragen. § 69 des Ersten Buches Sozialgesetzbuch bleibt unberührt.

(7) Die Landesregierungen werden ermächtigt, durch Rechtsverordnung die Einzelheiten des Verfahrens des automatisierten Datenabgleichs und die Kosten des Verfahrens zu regeln, solange und soweit nicht die Bundesregierung von der Ermächtigung nach § 38 Nr. 3 Gebrauch gemacht hat.

Teil 6 Wohngeldstatistik

§ 34 Zweck der Wohngeldstatistik, Auskunfts- und Hinweispflicht

(1) Über die Anträge und Entscheidungen nach diesem Gesetz sowie über die persönlichen und sachlichen Verhältnisse der zu berücksichtigenden Haushaltsmitglieder, die für die Berechnung des regionalen Mietenniveaus (§ 12 Abs. 3 und 4), den Wohngeld- und Mietenbericht (§ 39), die Beurteilung der Auswirkungen dieses Gesetzes und dessen Fortentwicklung erforderlich sind, ist eine Bundesstatistik zu führen.

(2) Für die Erhebung sind die Wohngeldbehörden auskunftspflichtig. Die Angaben der in § 23 Abs. 1 bis 3 bezeichneten Personen dienen zur Ermittlung der statistischen Daten im Rahmen der Erhebungsmerkmale (§ 35).

(3) Die wohngeldberechtigte Person ist auf die Verwendung der auf Grund der Bearbeitung bekannten Daten für die Wohngeldstatistik und auf die Möglichkeit der Übermittlung nach § 36 Abs. 2 Satz 2 hinzuweisen.

§ 35 Erhebungsmerkmale

(1) Erhebungsmerkmale sind

1. die Art des Wohngeldantrages und der Entscheidung;
2. der Betrag des im Erhebungszeitraum gezahlten Wohngeldes;
3. der Beginn und das Ende des Bewilligungszeitraums nach Monat und Jahr; die Art und die Höhe des monatlichen Wohngeldes;
4. die Anzahl der zu berücksichtigenden Haushaltsmitglieder, ihre jeweilige Beteiligung am Erwerbsleben und Stellung im Beruf sowie jeweils die Anzahl derjenigen zu berücksichtigenden Haushaltsmitglieder, die
   a) noch nicht 18 Jahre alt sind oder
   b) mindestens 18 Jahre, aber noch nicht 25 Jahre alt sind;

   ist mindestens ein Haushaltsmitglied vom Wohngeld ausgeschlossen, sind auch die Gesamtzahl der Haushaltsmitglieder und die Zahl der vom Wohngeld ausgeschlossenen Haushaltsmitglieder Erhebungsmerkmale;
5. das jeweilige Geschlecht der zu berücksichtigenden Haushaltsmitglieder;
6. der bei der Berechnung des Wohngeldes berücksichtigte Höchstbetrag für Miete und Belastung (§ 12 Abs. 1), im Fall des § 11 Abs. 3 der Anteil des Höchstbetrages, der dem Anteil der zu berücksichtigenden Haushaltsmitglieder an der Gesamtzahl der Haushaltsmitglieder entspricht;

7. die Wohnverhältnisse der zu berücksichtigenden Haushaltsmitglieder nach Größe der Wohnung, nach Höhe der monatlichen Miete oder Belastung, im Fall des § 10 Abs. 2 Satz 2 die Belastung aus Zinsen und Tilgung, nach öffentlicher Förderung der Wohnung oder Förderung nach dem Wohnraumförderungsgesetz oder entsprechenden Gesetzen der Länder, der Grund der Wohngeldberechtigung (§ 3 Abs. 1 bis 3) sowie die Gemeinde und deren Mietenstufe (§ 12); ist mindestens ein Haushaltsmitglied vom Wohngeld ausgeschlossen, sind die Größe der Wohnung und die Höhe der monatlichen Miete oder Belastung kopfteilig zu erheben;
8. a) das monatliche Gesamteinkommen, die Freibeträge nach § 17 und die Abzugsbeträge für Unterhaltsleistungen nach § 18;
   b) die Summe der positiven Einkünfte und der Einnahmen nach § 14 sowie die Abzugsbeträge für Steuern und Sozialversicherungsbeiträge nach § 16 für jedes einzelne zu berücksichtigende Haushaltsmitglied;

   im Fall einer nach den §§ 7 und 8 Absatz 1 vom Wohngeld ausgeschlossenen wohngeldberechtigten Person ist die Art der beantragten oder empfangenen Leistung nach § 7 Absatz 1 Erhebungsmerkmal;
9. der Monat und das Jahr der Berechnung des Wohngeldes und die angewandte Gesetzesfassung;
10. die Höhe des nach § 44 geleisteten einmaligen zusätzlichen Wohngeldbetrages nach der Anzahl der nach § 44 zu berücksichtigenden Personen.

(2) Hilfsmerkmale sind der Name und die Anschrift der auskunftspflichtigen Wohngeldbehörde.

(3) Zur Prüfung der Richtigkeit der Statistik dienen Wohngeldnummern, die keine Angaben über persönliche oder sachliche Verhältnisse der wohngeldberechtigten Personen sowie der in § 23 Abs. 1 bis 3 bezeichneten Personen enthalten oder einen Rückschluss auf solche zulassen. Die Wohngeldnummern sind spätestens nach Ablauf von fünf Jahren seit dem Zeitpunkt, zu dem die Erhebung durchgeführt worden ist (§ 36 Abs. 1), zu löschen.

§ 36 Erhebungszeitraum, Zusatz- und Sonderaufbereitungen

(1) Die Erhebung der Angaben nach § 35 Abs. 1 ist vierteljährlich für das jeweils abgelaufene Kalendervierteljahr durchzuführen. Die statistischen Landesämter stellen dem Statistischen Bundesamt unverzüglich nach Ablauf des Erhebungszeitraums oder zu dem in der Rechtsverordnung nach § 38 angegebenen Zeitpunkt folgende Angaben zur Verfügung:

1. vierteljährlich
   a) für den Erhebungszeitraum die Angaben nach § 35 Abs. 1 Nr. 1 bis 3;
   b) für den vergleichbaren Erhebungszeitraum des vorausgehenden Kalenderjahres die Angaben nach § 35 Abs. 1 Nr. 1 und 3 unter Berücksichtigung der rückwirkenden Entscheidungen aus den folgenden zwölf Monaten;
2. jährlich die Angaben nach § 35 Abs. 1 Nr. 3 bis 9 für den Monat Dezember unter Berücksichtigung der rückwirkenden Entscheidungen aus dem folgenden Kalendervierteljahr.

(2) Einzelangaben nach § 35 Abs. 1 aus einer Zufallsstichprobe mit einem Auswahlsatz von 25 Prozent der wohngeldberechtigten Personen sind dem Statistischen Bundesamt jährlich unverzüglich nach Ablauf des Erhebungszeitraums für Zusatzaufbereitungen zur Verfügung zu stellen. Für diesen Zweck dürfen die Einzelangaben, bei denen Wohn- und Wirtschaftsgemeinschaften mit mehr als fünf zu berücksichtigenden Haushaltsmitgliedern in einer Gruppe zusammenzufassen sind, ohne Wohngeldnummer auch dem Bundesministerium für Verkehr, Bau und Stadtentwicklung oder, wenn die Aufgabe der Zusatzaufbereitung an das Bundesamt für Bauwesen und Raumordnung übertragen worden ist, an dieses übermittelt werden. Bei der empfangenden Stelle ist eine Organisationseinheit einzurichten, die räumlich, organisatorisch und personell von anderen Aufgabenbereichen zu trennen ist. Die in dieser Organisationseinheit tätigen Personen müssen

Amtsträger oder für den öffentlichen Dienst besonders Verpflichtete sein. Sie dürfen aus ihrer Tätigkeit gewonnene Erkenntnisse nur für Zwecke des § 34 Abs. 1 verwenden. Die nach Satz 2 übermittelten Einzelangaben dürfen nicht mit anderen Daten zusammengeführt werden.

(3) Auf Anforderung stellen die statistischen Landesämter die von ihnen erfassten Einzelangaben dem Statistischen Bundesamt für Sonderaufbereitungen des Bundes zur Verfügung.

Teil 7 Schlussvorschriften

§ 37 Bußgeld

(1) Ordnungswidrig handelt, wer vorsätzlich oder leichtfertig

1. entgegen § 23 Abs. 1 bis 3 eine Auskunft nicht, nicht richtig, nicht vollständig oder nicht rechtzeitig gibt oder
2. entgegen § 27 Abs. 3 Satz 1, auch in Verbindung mit Abs. 4, oder § 28 Abs. 1 Satz 2 oder Abs. 4 Satz 1 eine Änderung in den Verhältnissen, die für den Wohngeldanspruch erheblich ist, nicht, nicht richtig, nicht vollständig oder nicht rechtzeitig mitteilt.

(2) Die Ordnungswidrigkeit kann mit einer Geldbuße bis zu zweitausend Euro geahndet werden.

(3) Verwaltungsbehörden im Sinne des § 36 Abs. 1 Nr. 1 des Gesetzes über Ordnungswidrigkeiten sind die Wohngeldbehörden.

§ 38 Verordnungsermächtigung

Die Bundesregierung wird ermächtigt, durch Rechtsverordnung mit Zustimmung des Bundesrates

1. nähere Vorschriften zur Durchführung dieses Gesetzes über die Ermittlung
   a) der zu berücksichtigenden Miete oder Belastung (§§ 9 bis 12) und
   b) des Einkommens (§§ 13 bis 18)

   zu erlassen, wobei pauschalierende Regelungen getroffen werden dürfen, soweit die Ermittlung im Einzelnen nicht oder nur mit unverhältnismäßig großen Schwierigkeiten möglich ist;
2. die Mietenstufen für Gemeinden festzulegen (§ 12);
3. die Einzelheiten des Verfahrens des automatisierten Datenabgleichs und die Kosten des Verfahrens (§ 33) zu regeln; dabei kann auch geregelt werden, dass die Länder der Datenstelle die Kosten für die Durchführung des Datenabgleichs zu erstatten haben.

§ 39 Wohngeld- und Mietenbericht

Die Bundesregierung berichtet dem Deutschen Bundestag alle vier Jahre bis zum 30. Juni über die Durchführung dieses Gesetzes und über die Entwicklung der Mieten für Wohnraum.

§ 40 Einkommen bei anderen Sozialleistungen

Das einer vom Wohngeld ausgeschlossenen wohngeldberechtigten Person bewilligte Wohngeld ist bei Sozialleistungen nicht als deren Einkommen zu berücksichtigen.

§ 41 Auswirkung von Rechtsänderungen auf die Wohngeldentscheidung

(1) Ist im Zeitpunkt des Inkrafttretens von Änderungen dieses Gesetzes oder der Wohngeldverordnung über einen Wohngeldantrag noch nicht entschieden, ist für die Zeit bis zum Inkrafttreten der Änderungen nach dem bis dahin geltenden Recht, für die darauf folgende Zeit nach dem neuen Recht zu entscheiden. Ist über einen nach dem Zeitpunkt des Inkrafttretens von Änderungen dieses Gesetzes oder der Wohngeldverordnung gestellten Wohngeldantrag, einen Antrag nach § 27 Absatz 1 oder in einem Verfahren nach § 27 Absatz 2 zu entscheiden und beginnt der Bewilligungszeitraum vor dem Zeitpunkt des Inkrafttretens von Änderungen dieses Gesetzes oder der Wohngeldverordnung, ist Satz 1 entsprechend anzuwenden.

(2) Ist vor dem Inkrafttreten von Änderungen dieses Gesetzes oder der Wohngeldverordnung über einen Wohngeldantrag entschieden worden, verbleibt es für die Leistung des Wohngeldes auf Grund dieses Antrages bei der

Anwendung des jeweils bis zu der Entscheidung geltenden Rechts.

Teil 8
Überleitungsvorschriften

§ 42 Gesetz zur Neuregelung des Wohngeldrechts und zur Änderung des Sozialgesetzbuches

(1) Ist bis zum 31. Dezember 2008 über einen Wohngeldantrag, einen Antrag nach § 29 Abs. 1 oder Abs. 2 des Wohngeldgesetzes in der bis zum 31. Dezember 2008 geltenden Fassung oder in einem Verfahren nach § 29 Abs. 3 des Wohngeldgesetzes in der bis zum 31. Dezember 2008 geltenden Fassung noch nicht entschieden worden, ist für die Zeit bis zum 31. Dezember 2008 nach dem bis dahin geltenden Recht, für die darauf folgende Zeit nach dem neuen Recht zu entscheiden. Ist in den Fällen des Satzes 1 das ab dem 1. Januar 2009 zu bewilligende Wohngeld geringer als das für Dezember 2008 zu bewilligende Wohngeld, verbleibt es auch für den Teil des Bewilligungszeitraums ab dem 1. Januar 2009 bei diesem Wohngeld; § 24 Abs. 2 und § 27 Abs. 2 bleiben unberührt.

(2) Ist Wohngeld vor dem 1. Januar 2009 bewilligt worden und liegt mindestens ein Teil des Bewilligungszeitraums im Jahr 2009, ist von Amts wegen über die Leistung des Wohngeldes für den nach dem 31. Dezember 2008 liegenden Teil des Bewilligungszeitraums unter Anwendung des ab dem 1. Januar 2009 geltenden Rechts nach Ablauf des Bewilligungszeitraums schriftlich neu zu entscheiden; ergibt sich kein höheres Wohngeld, verbleibt es bei dem bereits bewilligten Wohngeld. In den Fällen des Satzes 1 sind bei der Entscheidung abweichend von § 24 Abs. 2 die tatsächlichen Verhältnisse im Zeitraum, für den über die Leistung des Wohngeldes rückwirkend neu zu entscheiden ist, zu Grunde zu legen. Die §§ 29 und 30 des Wohngeldgesetzes in der bis zum 31. Dezember 2008 geltenden Fassung und die §§ 27 und 28 bleiben unberührt. Liegt das Ende des Bewilligungszeitraums, über den nach Satz 1 neu zu entscheiden ist, nach dem 31. März 2009, kann eine angemessene vorläufige Zahlung geleistet werden.

(3) Ist über einen nach dem 31. Dezember 2008 gestellten Wohngeldantrag, einen Antrag nach § 27 Abs. 1 oder in einem Verfahren nach § 27 Abs. 2 zu entscheiden und beginnt der Bewilligungszeitraum vor dem 1. Januar 2009, ist Absatz 1 entsprechend anzuwenden.

(4) Wären bei einer Entscheidung nach den Absätzen 1 und 3 Haushaltsmitglieder nach § 6 zu berücksichtigen, die in einem anderen Bescheid für denselben Wohnraum bereits als zum Haushalt rechnende Familienmitglieder berücksichtigt worden sind, bleibt dieser andere Bescheid von der Entscheidung nach den Absätzen 1 und 3 unberührt. Bei der Entscheidung nach den Absätzen 1 und 3 ist das Wohngeld ohne die Haushaltsmitglieder nach Satz 1 und unter entsprechender Anwendung des § 11 Abs. 3 zu berechnen. Die Fälle der Sätze 1 und 2 gelten als erhebliche Änderung der maßgeblichen Verhältnisse nach § 25 Abs. 1 Satz 2.

(5) Bei Wohn- und Wirtschaftsgemeinschaften von Personen, welche die Voraussetzungen nach § 4 des Wohngeldgesetzes in der bis zum 31. Dezember 2008 geltenden Fassung nicht erfüllen und keinen gemeinsamen Wohngeldbescheid erhalten haben, ist bei der Entscheidung nach Absatz 2 rückwirkend das Wohngeld gemeinsam zu berechnen, wenn die Voraussetzungen nach den §§ 5 und 6 Abs. 1 erfüllt werden. Enden die Bewilligungszeiträume in den Fällen des Satzes 1 nicht gleichzeitig, ist abweichend von Absatz 2 Satz 1 Halbsatz 1 nach dem Ende des zuletzt ablaufenden Bewilligungszeitraums für alle zu berücksichtigenden Haushaltsmitglieder nach § 6 einheitlich neu zu entscheiden. Beträgt der Zeitraum zwischen dem Ende des zuerst ablaufenden Bewilligungszeitraums und dem Ende des zuletzt ablaufenden Bewilligungszeitraums mehr als drei Monate, ist auf Antrag eine angemessene vorläufige Zahlung zu leisten.

§ 43 Weitergeltung bisherigen Rechts

(1) Ist nach dem 31. Dezember 2000 bis zum 14. Juli 2005 über einen Wohngeldantrag entschieden worden, liegt der Bewilligungszeit-

raum mindestens teilweise in der Zeit vom 1. Januar 2001 bis 31. Dezember 2004 und ergibt sich auf Grund der §§ 10a und 10b des Wohngeldgesetzes in der bis zum 31. Dezember 2008 geltenden Fassung eine Änderung des Wohngeldes oder im Fall einer früheren Ablehnung ein Wohngeldanspruch, ist über die Leistung des Wohngeldes von Amts wegen unter Aufhebung des bisherigen Wohngeldbescheides vom Zeitpunkt der rückwirkenden Änderung an neu zu entscheiden; § 31 ist nicht anzuwenden. Der Wohngeldbescheid ist in dem Umfang nicht aufzuheben, in dem sich die dem Wohngeldempfänger oder der Wohngeldempfängerin gewährte Hilfe in besonderen Lebenslagen nach dem Bundessozialhilfegesetz wegen des auf Grund des Bescheides geleisteten Wohngeldes verringert hat. Für die Neuentscheidung kann ein einziger Bewilligungszeitraum festgesetzt werden. Ein gestellter Wohngeldantrag ist in der Regel als bis zu dem Zeitpunkt der Neuentscheidung nach Satz 1 gestellt anzusehen.

(2) Die §§ 10c und 40 Abs. 5 des Wohngeldgesetzes in der bis zum 31. Dezember 2008 geltenden Fassung sind weiterhin anzuwenden.

§ 44 Einmaliger zusätzlicher Wohngeldbetrag

(1) Ist Wohngeld bewilligt worden und liegt mindestens ein Monat des Bewilligungszeitraums in der Zeit vom 1. Oktober 2008 bis zum 31. März 2009, ist von Amts wegen ein einmaliger zusätzlicher Wohngeldbetrag nach der Anzahl der zu berücksichtigenden Personen zu leisten. Zu berücksichtigende Personen im Sinne des Satzes 1 sind die zum Haushalt rechnenden Familienmitglieder im Sinne des § 4 des Wohngeldgesetzes in der bis zum 31. Dezember 2008 geltenden Fassung oder die zu berücksichtigenden Haushaltsmitglieder (§ 6). Der einmalige zusätzliche Wohngeldbetrag beträgt für

eine zu berücksichtigende Person	100 Euro,
zwei zu berücksichtigende Personen	130 Euro,
drei zu berücksichtigende Personen	155 Euro,
vier zu berücksichtigende Personen	180 Euro,
fünf zu berücksichtigende Personen	205 Euro und
jede weitere zu berücksichtigende Person zusätzlich	25 Euro.

(2) Für die Berechnung des einmaligen zusätzlichen Wohngeldbetrages ist die Anzahl der zu berücksichtigenden Personen maßgebend, die bei der Wohngeldbewilligung im Sinne des Absatzes 1 Satz 1 zu Grunde gelegt wurde. Liegt der Wohngeldbewilligung für Oktober 2008 bis März 2009 eine unterschiedliche Anzahl der zu berücksichtigenden Personen zu Grunde, ist der erste Monat des Zeitraums Oktober 2008 bis März 2009 maßgebend, für den Wohngeld bewilligt wurde.

(3) Der einmalige zusätzliche Wohngeldbetrag wird nur an den Wohngeldempfänger, ein zum Haushalt rechnendes Familienmitglied im Sinne des § 28 Abs. 1 Satz 1 und 2 des Wohngeldgesetzes in der bis zum 31. Dezember 2008 geltenden Fassung, die wohngeldberechtigte Person oder an ein anderes Haushaltsmitglied geleistet. Im Übrigen bleiben § 28 des Wohngeldgesetzes in der bis zum 31. Dezember 2008 geltenden Fassung und § 26 unberührt.

(4) Wird nach der Leistung des einmaligen zusätzlichen Wohngeldbetrages der Wohngeldbescheid, welcher der Wohngeldbewilligung im Sinne des Absatzes 1 Satz 1 zu Grunde liegt, aufgehoben oder unwirksam, ist dieser Betrag abweichend von § 28 Abs. 6 nur zu erstatten, wenn für keinen der Monate Oktober 2008 bis März 2009 ein Wohngeldanspruch mehr besteht. Entfällt auf Grund der Aufhebung oder der Unwirksamkeit des Wohngeldbescheides nach Satz 1 der Wohngeldanspruch für den Monat, der für die Berechnung des einmaligen zusätzlichen Wohngeldbetrages nach Absatz 2 maßgebend war, und besteht der Wohngeldanspruch noch für mindestens einen der Monate Oktober 2008 bis März 2009, ist über die Leistung des einmaligen zusätzlichen Wohngeldbetrages nach Maßgabe der Absätze 1 und 2 neu zu entscheiden, wenn sich die Anzahl der zu berücksichtigenden Personen ändert. Ist Wohngeld vor dem 1. Januar 2009

bewilligt worden, liegt mindestens ein Teil des Bewilligungszeitraums in einem der Monate Januar bis März 2009 und wird der Wohngeldbescheid nach Satz 1 mindestens für die Monate Oktober bis Dezember 2008 aufgehoben oder unwirksam, bleibt für die Berechnung des einmaligen zusätzlichen Wohngeldbetrages die Zahl der zum Haushalt rechnenden Familienmitglieder nach § 4 des Wohngeldgesetzes in der bis zum 31. Dezember 2008 geltenden Fassung für den ersten Monat des Zeitraums Januar bis März 2009, für den Wohngeld bewilligt wurde, maßgebend. Satz 3 gilt auch, wenn bereits nach § 27 oder § 42 Abs. 2 oder Abs. 5 entschieden worden ist.

(5) Der einmalige zusätzliche Wohngeldbetrag ist bei Sozialleistungen, deren Zahlung von anderen Einkommen abhängig ist, nicht als Einkommen zu berücksichtigen.

Anlage 1
(zu § 19 Abs. 1)

Werte für „a", „b" und „c"

Die in die Formel nach § 19 Abs. 1 Satz 1 einzusetzenden, nach der Anzahl der zu berücksichtigenden Haushaltsmitglieder unterschiedenen Werte „a", „b" und „c" sind der nachfolgenden Tabelle zu entnehmen:

	1 Haushalts-mitglied	2 Haushalts-mitglieder	3 Haushalts-mitglieder	4 Haushalts-mitglieder	5 Haushalts-mitglieder	6 Haushalts-mitglieder
a	6,300E-2	5,700E-2	5,500E-2	4,700E-2	4,200E-2	3,700E-2
b	7,963E-4	5,761E-4	5,176E-4	3,945E-4	3,483E-4	3,269E-4
c	9,102E-5	6,431E-5	3,250E-5	2,325E-5	2,151E-5	1,519E-5
	7 Haushalts-mitglieder	8 Haushalts-mitglieder	9 Haushalts-mitglieder	10 Haushalts-mitglieder	11 Haushalts-mitglieder	12 Haushalts-mitglieder
a	3,300E-2	2,300E-2	– 1,970E-2	– 4,010E-2	– 6,600E-2	– 8,990E-2
b	3,129E-4	2,959E-4	2,245E-4	1,565E-4	1,200E-4	1,090E-4
c	8,745E-6	7,440E-6	3,459E-5	5,140E-5	5,686E-5	6,182E-5.

Hierbei bedeuten:

E-2	geteilt durch	100,
E-4	geteilt durch	10 000,
E-5	geteilt durch	100 000,
E-6	geteilt durch	1 000 000.

XIII

Anlage 2
(zu § 19 Abs. 2)

Rechenschritte und Rundungen

1. „M" ist die gerundete zu berücksichtigende monatliche Miete oder Belastung (§ 19 Abs. 1 Satz 2). Bei der Umrechnung der ungerundeten zu berücksichtigenden monatlichen Miete oder Belastung im Sinne der §§ 11 und 12 („M*") auf „M" gilt: Um „M" zu erhalten, ist „M*" auf den nächsten durch 10 ohne Rest teilbaren vollen Euro-Betrag aufzurunden, wenn „M*" nicht bereits durch 10 ohne Rest teilbar ist. Wenn „M*" durch 10 ohne Rest teilbar ist, bleibt „M*" unverändert. Von dem sich ergebenden Betrag sind stets 5 Euro abzuziehen.
2. „Y" ist das gerundete monatliche Gesamteinkommen (§ 19 Abs. 1 Satz 3). Bei der Umrechnung des ungerundeten monatlichen Gesamteinkommens im Sinne des § 13 („Y*") auf „Y" gilt: Um „Y" zu erhalten, ist „Y*" auf den nächsten durch 10 ohne Rest teilbaren vollen Euro-Betrag aufzurunden, wenn es nicht bereits durch 10 ohne Rest teilbar ist. Wenn „Y*" durch 10 ohne Rest teilbar ist, bleibt „Y*" unverändert. Von dem sich ergebenden Betrag sind stets 5 Euro abzuziehen.
3. Werte für „M" und „Y", die unterhalb der folgenden Tabellenwerte liegen, werden durch diese ersetzt:

	1 Haushalts-mitglied	2 Haushalts-mitglieder	3 Haushalts-mitglieder	4 Haushalts-mitglieder	5 Haushalts-mitglieder	6 Haushalts-mitglieder
M	45	55	65	75	85	85
Y	205	245	265	315	345	365

	7 Haushalts-mitglieder	8 Haushalts-mitglieder	9 Haushalts-mitglieder	10 Haushalts-mitglieder	11 Haushalts-mitglieder	12 Haushalts-mitglieder
M	95	105	115	125	155	245
Y	385	415	585	805	1085	1255.

4. Der ungerundete monatliche Miet- oder Lastenzuschuss ergibt sich durch Einsetzen der Werte für „a", „b", „c" (Anlage 1) und für „M" und „Y" in die Formel nach § 19 Abs. 1 Satz 1 und durch Ausführen der vier folgenden Rechenschritte:
   Berechnung der Dezimalzahlen
   $z1 = a + b \cdot M + c \cdot Y$,
   $z2 = z1 \cdot Y$,
   $z3 = M - z2$,
   $z4 = 1{,}08 \cdot z3$.
   Hierbei sind die Dezimalstellen als Festkommazahlen mit zehn Nachkommastellen zu berechnen.
5. Dieser ungerundete monatliche Miet- oder Lastenzuschuss ist auf den nächsten vollen Euro-Betrag aufzurunden, wenn der sich ohne Rundung ergebende restliche Cent-Betrag größer als oder gleich 50 ist; er ist auf den nächsten vollen Euro-Betrag abzurunden, wenn der sich ohne Rundung ergebende restliche Cent-Betrag kleiner als 50 ist.

XIV SGG: Sozialgerichtsgesetz

Sozialgerichtsgesetz (SGG)

in der Fassung der Bekanntmachung vom 23. September 1975 (BGBl. I S. 2536)

Zuletzt geändert durch
Fünftes Gesetz zur Änderung des Vierten Buches
Sozialgesetzbuch und anderer Gesetze
vom 15. April 2015 (BGBl. I S. 583)

Inhaltsübersicht

Erster Teil Gerichtsverfassung

Erster Abschnitt Gerichtsbarkeit und Richteramt

§ 1 (Besondere Verwaltungsgerichte)

Die Sozialgerichtsbarkeit wird durch unabhängige, von den Verwaltungsbehörden getrennte, besondere Verwaltungsgerichte ausgeübt.

§ 2 (Die Gerichte)

Als Gerichte der Sozialgerichtsbarkeit werden in den Ländern Sozialgerichte und Landessozialgerichte, im Bund das Bundessozialgericht errichtet.

§ 3 (Besetzung der Gerichte)

Die Gerichte der Sozialgerichtsbarkeit werden mit Berufsrichtern und ehrenamtlichen Richtern besetzt.

§ 4 (Geschäftsstelle)

Bei jedem Gericht wird eine Geschäftsstelle eingerichtet, die mit der erforderlichen Zahl von Urkundsbeamten besetzt wird. Das Nähere bestimmen für das Bundessozialgericht das Bundesministerium für Arbeit und Soziales, für die Sozialgerichte und Landessozialgerichte die nach Landesrecht zuständigen Stellen.

§ 5 (Rechts- und Amtshilfe)

(1) Alle Gerichte, Verwaltungsbehörden und Organe der Versicherungsträger leisten den Gerichten der Sozialgerichtsbarkeit Rechts- und Amtshilfe.

(2) Das Ersuchen an ein Sozialgericht um Rechtshilfe ist an das Sozialgericht zu richten, in dessen Bezirk die Amtshandlung vorgenommen werden soll. Das Ersuchen ist durch den Vorsitzenden einer Kammer durchzuführen. Ist die Amtshandlung außerhalb des Sitzes des ersuchten Sozialgerichts vorzunehmen, so kann dieses Gericht das Amtsgericht um die Vornahme der Rechtshilfe ersuchen.

(3) Die §§ 158 bis 160, 164 bis 166, 168 des Gerichtsverfassungsgesetzes gelten entsprechend.

§ 6 (Geschäftsverteilung)

Für die Gerichte der Sozialgerichtsbarkeit gelten die Vorschriften des Zweiten Titels des Gerichtsverfassungsgesetzes nach Maßgabe der folgenden Vorschriften entsprechend:

1. Das Präsidium teilt die ehrenamtlichen Richter im voraus für jedes Geschäftsjahr, mindestens für ein Vierteljahr, einem oder mehreren Spruchkörpern zu, stellt die Reihenfolge fest, in der sie zu den Verhandlungen heranzuziehen sind, und regelt die Vertretung für den Fall der Verhinderung. Von der Reihenfolge darf nur aus besonderen Gründen abgewichen werden; die Gründe sind aktenkundig zu machen.
2. Den Vorsitz in den Kammern der Sozialgerichte führen die Berufsrichter.

Zweiter Abschnitt Sozialgerichte

§ 7 (Organisation der Sozialgerichte)

(1) Die Sozialgerichte werden als Landesgerichte errichtet. Die Errichtung und Aufhebung eines Gerichts und die Verlegung eines Gerichtssitzes werden durch Gesetz angeordnet. Änderungen in der Abgrenzung der Gerichtsbezirke können auch durch Rechtsverordnung bestimmt werden. Die Landesregierung oder die von ihr beauftragte Stelle kann anordnen, daß außerhalb des Sitzes eines Sozialgerichts Zweigstellen errichtet werden.

(2) Mehrere Länder können gemeinsame Sozialgerichte errichten oder die Ausdehnung von Gerichtsbezirken über die Landesgrenzen hinaus vereinbaren.

(3) Wird ein Sozialgericht aufgehoben oder wird die Abgrenzung der Gerichtsbezirke geändert, so kann durch Landesgesetz bestimmt werden, daß die bei dem aufgehobenen Gericht oder bei dem von der Änderung in der Abgrenzung der Gerichtsbezirke betroffenen Gericht rechtshängigen Streitsachen auf ein anderes Sozialgericht übergehen.

§ 8 (Funktionelle Zuständigkeit der Sozialgerichte)

Die Sozialgerichte entscheiden, soweit durch Gesetz nichts anderes bestimmt ist, im ersten Rechtszug über alle Streitigkeiten, für die der Rechtsweg vor den Gerichten der Sozialgerichtsbarkeit offensteht.

§ 9 (Besetzung der Sozialgerichte und Dienstaufsicht)

(1) Das Sozialgericht besteht aus der erforderlichen Zahl von Berufsrichtern als Vorsitzenden und aus den ehrenamtlichen Richtern.

(2) Die für die allgemeine Dienstaufsicht und die sonstigen Geschäfte der Gerichtsverwaltung zuständige Stelle wird durch Landesrecht bestimmt.

§ 10 (Gliederung der SG)

(1) Bei den Sozialgerichten werden Kammern für Angelegenheiten der Sozialversicherung, der Arbeitsförderung einschließlich der übrigen Aufgaben der Bundesagentur für Arbeit, für Angelegenheiten der Grundsicherung für Arbeitsuchende, für Angelegenheiten der Sozialhilfe und des Asylbewerberleistungsgesetzes sowie für Angelegenheiten des sozialen Entschädigungsrechts (Recht der sozialen Entschädigung bei Gesundheitsschäden) und des Schwerbehindertenrechts gebildet. Für Angelegenheiten der Knappschaftsversicherung einschließlich der Unfallversicherung für den Bergbau können eigene Kammern gebildet werden.

(2) Für Streitigkeiten aufgrund der Beziehungen zwischen Krankenkassen und Vertragsärzten, Psychotherapeuten, Vertragszahnärzten (Vertragsarztrecht) einschließlich ihrer Vereinigungen und Verbände sind eigene Kammern zu bilden. Zu diesen Streitigkeiten gehören auch

1. Klagen gegen Entscheidungen und Richtlinien des Gemeinsamen Bundesausschusses, soweit diese Entscheidungen und die streitgegenständlichen Regelungen der Richtlinien die vertragsärztliche Versorgung betreffen,
2. Klagen in Aufsichtsangelegenheiten gegenüber dem Gemeinsamen Bundesausschuss, denen die in Nummer 1 genannten Entscheidungen und Regelungen der Richtlinien des Gemeinsamen Bundesausschusses zugrunde liegen, und
3. Klagen aufgrund von Verträgen nach den §§ 73b und 73c des Fünften Buches Sozialgesetzbuch sowie Klagen im Zusammenhang mit der Teilnahme an der vertragsärztlichen Versorgung aufgrund von Ermächtigungen nach den §§ 116, 116a und 117 bis 119b des Fünften Buches Sozialgesetzbuch, Klagen wegen der Vergütung nach § 120 des Fünften Buches Sozialgesetzbuch sowie Klagen aufgrund von Verträgen nach § 140a des Fünften Buches Sozialgesetzbuch, soweit es um die Bereinigung der Gesamtvergütung nach § 140d des Fünften Buches Sozialgesetzbuch geht.

(3) Der Bezirk einer Kammer kann auf Bezirke anderer Sozialgerichte erstreckt werden. Die beteiligten Länder können die Ausdehnung des Bezirks einer Kammer auf das Gebiet oder Gebietsteile mehrerer Länder vereinbaren.

§ 11 (Ernennung der Berufsrichter)

(1) Die Berufsrichter werden nach Maßgabe des Landesrechts nach Beratung mit einem für den Bezirk des Landessozialgerichts zu bildenden Ausschuss auf Lebenszeit ernannt.

(2) Der Ausschuss ist von der nach Landesrecht zuständigen Stelle zu errichten. Ihm sollen in angemessenem Verhältnis Vertreter der Versicherten, der Arbeitgeber, der Versorgungsberechtigten und der mit dem sozialen Entschädigungsrecht oder der Teilhabe behinderter Menschen vertrauten Personen sowie der Sozialgerichtsbarkeit angehören.

(3) Bei den Sozialgerichten können Richter auf Probe und Richter kraft Auftrags verwendet werden.

(4) Bei dem Sozialgericht und bei dem Landessozialgericht können auf Lebenszeit ernannte Richter anderer Gerichte und Rechtslehrer an einer staatlichen oder staatlich anerkannten Hochschule für eine bestimmte Zeit von mindestens zwei Jahren, längstens jedoch für die Dauer ihres Hauptamts, zu Richtern im Nebenamt ernannt werden.

§ 12 (Besetzung der Kammern)

(1) Jede Kammer des Sozialgerichts wird in der Besetzung mit einem Vorsitzenden und zwei ehrenamtlichen Richtern als Beisitzern tätig. Bei Beschlüssen außerhalb der mündlichen Verhandlung und bei Gerichtsbescheiden wirken die ehrenamtlichen Richter nicht mit.

(2) In den Kammern für Angelegenheiten der Sozialversicherung, der Grundsicherung für Arbeitsuchende einschließlich der Streitigkeiten auf Grund des § 6a des Bundeskindergeldgesetzes und der Arbeitsförderung gehört je ein ehrenamtlicher Richter dem Kreis der Versicherten und der Arbeitgeber an. Sind für Angelegenheiten einzelner Zweige der Sozialversicherung eigene Kammern gebildet, so sollen die ehrenamtlichen Richter dieser Kammern an dem jeweiligen Versicherungszweig beteiligt sein.

(3) In den Kammern für Angelegenheiten des Vertragsarztrechts wirken je ein ehrenamtlicher Richter aus den Kreisen der Krankenkassen und der Vertragsärzte, Vertragszahnärzte und Psychotherapeuten mit. In Angelegenheiten der Vertragsärzte, Vertragszahnärzte und Psychotherapeuten wirken als ehrenamtliche Richter nur Vertragsärzte, Vertragszahnärzte und Psychotherapeuten mit.

(4) In den Kammern für Angelegenheiten des sozialen Entschädigungsrechts und des Schwerbehindertenrechts wirken je ein ehrenamtlicher Richter aus dem Kreis der mit dem sozialen Entschädigungsrecht oder dem Recht der Teilhabe behinderter Menschen vertrauten Personen und dem Kreis der Versorgungsberechtigten, der behinderten Menschen im Sinne des Neunten Buches Sozialgesetzbuch und der Versicherten mit; dabei sollen Hinterbliebene von Versorgungsberechtigten in angemessener Zahl beteiligt werden.

(5) In den Kammern für Angelegenheiten der Sozialhilfe und des Asylbewerberleistungsgesetzes wirken ehrenamtliche Richter aus den Vorschlagslisten der Kreise und der kreisfreien Städte mit.

§ 13 (Berufung der ehrenamtlichen Richter)

(1) Die ehrenamtlichen Richter werden von der nach Landesrecht zuständigen Stelle aufgrund von Vorschlagslisten (§ 14) für fünf Jahre berufen; sie sind in angemessenem Verhältnis unter billiger Berücksichtigung der Minderheiten aus den Vorschlagslisten zu entnehmen. Die zuständige Stelle kann eine Ergänzung der Vorschlagslisten verlangen.

(2) Die Landesregierungen werden ermächtigt, durch Rechtsverordnung eine einheitliche Amtsperiode festzulegen; sie können diese Ermächtigung durch Rechtsverordnung auf die jeweils zuständige oberste Landesbehörde übertragen. Wird eine einheitliche Amtsperiode festgelegt, endet die Amtszeit der ehrenamtlichen Richter ohne Rücksicht auf den Zeitpunkt ihrer Berufung mit dem Ende der laufenden Amtsperiode.

(3) Die ehrenamtlichen Richter bleiben nach Ablauf ihrer Amtszeit im Amt, bis ihre Nachfolger berufen sind. Erneute Berufung ist zulässig. Bei vorübergehendem Bedarf kann die nach Landesrecht zuständige Stelle weitere ehrenamtliche Richter nur für ein Jahr berufen.

(4) Die Zahl der ehrenamtlichen Richter, die für die Kammern für Angelegenheiten der Sozialversicherung, der Arbeitsförderung, der Grundsicherung für Arbeitsuchende, der Sozialhilfe und des Asylbewerberleistungsgesetzes, des sozialen Entschädigungsrechts und des Schwerbehindertenrechts zu berufen sind, bestimmt sich nach Landesrecht; die Zahl der ehrenamtlichen Richter für die Kammern für Angelegenheiten der Knappschaftsversicherung und für Angelegenheiten des Vertragsarztrechts ist je besonders festzusetzen.

(5) Bei der Berufung der ehrenamtlichen Richter für die Kammern für Angelegenheiten der Sozialversicherung ist auf ein angemessenes Verhältnis zu der Zahl der im Gerichtsbezirk ansässigen Versicherten der einzelnen Versicherungszweige Rücksicht zu nehmen.

(6) Die ehrenamtlichen Richter für die Kammern für Angelegenheiten des sozialen Ent-

schädigungsrechts und des Schwerbehindertenrechts sind in angemessenem Verhältnis zu der Zahl der von den Vorschlagsberechtigten vertretenen Versorgungsberechtigten, behinderten Menschen im Sinne des Neunten Buches Sozialgesetzbuch und Versicherten zu berufen.

§ 14 (Aufstellung von Vorschlagslisten für ehrenamtliche Richter)

(1) Die Vorschlagslisten für die ehrenamtlichen Richter, die in den Kammern für Angelegenheiten der Sozialversicherung, der Grundsicherung für Arbeitsuchende einschließlich der Streitigkeiten auf Grund des § 6a des Bundeskindergeldgesetzes und der Arbeitsförderung mitwirken, werden aus dem Kreis der Versicherten und aus dem Kreis der Arbeitgeber aufgestellt. Gewerkschaften, selbständige Vereinigungen von Arbeitnehmern mit sozial- oder berufspolitischer Zwecksetzung und die in Absatz 3 Satz 2 genannten Vereinigungen stellen die Vorschlagslisten für ehrenamtliche Richter aus dem Kreis der Versicherten auf. Vereinigungen von Arbeitgebern und die in § 16 Absatz 4 Nummer 3 bezeichneten obersten Bundes- oder Landesbehörden stellen die Vorschlagslisten aus dem Kreis der Arbeitgeber auf.

(2) Die Vorschlagslisten für die ehrenamtlichen Richter, die in den Kammern für Angelegenheiten des Vertragsarztrechts mitwirken, werden nach Bezirken von den Kassenärztlichen und Kassenzahnärztlichen Vereinigungen und von den Zusammenschlüssen der Krankenkassen aufgestellt.

(3) Für die Kammern für Angelegenheiten des sozialen Entschädigungsrechts und des Schwerbehindertenrechts werden die Vorschlagslisten für die mit dem sozialen Entschädigungsrecht oder dem Recht der Teilhabe behinderter Menschen vertrauten Personen von den Landesversorgungsämtern oder nach Maßgabe des Landesrechts von den Stellen aufgestellt, denen deren Aufgaben übertragen worden sind oder die für die Durchführung des Bundesversorgungsgesetzes oder des Rechts der Teilhabe behinderter Menschen zuständig sind. Die Vorschlagslisten für die Versorgungsberechtigten, die behinderten Menschen und die Versicherten werden aufgestellt von den im Gerichtsbezirk vertretenen Vereinigungen, deren satzungsgemäße Aufgaben die gemeinschaftliche Interessenvertretung, die Beratung und Vertretung der Leistungsempfänger nach dem sozialen Entschädigungsrecht oder der behinderten Menschen wesentlich umfassen und die unter Berücksichtigung von Art und Umfang ihrer bisherigen Tätigkeit sowie ihres Mitgliederkreises die Gewähr für eine sachkundige Erfüllung dieser Aufgaben bieten. Vorschlagsberechtigt nach Satz 2 sind auch die Gewerkschaften und selbständige Vereinigungen von Arbeitnehmern mit sozial- oder berufspolitischer Zwecksetzung.

(4) Die Vorschlagslisten für die ehrenamtlichen Richter, die in den Kammern für Angelegenheiten der Sozialhilfe und des Asylbewerberleistungsgesetzes mitwirken, werden von den Kreisen und den kreisfreien Städten aufgestellt.

§ 15 (weggefallen)

§ 16 (Eignung zum ehrenamtlichen Richter)

(1) Das Amt des ehrenamtlichen Richters am Sozialgericht kann nur ausüben, wer Deutscher ist und das fünfundzwanzigste Lebensjahr vollendet hat.

(2) (weggefallen)

(3) Ehrenamtlicher Richter aus Kreisen der Versicherten kann auch sein, wer arbeitslos ist oder Rente aus eigener Versicherung bezieht. Ehrenamtlicher Richter aus Kreisen der Arbeitgeber kann auch sein, wer vorübergehend oder zu gewissen Zeiten des Jahres keine Arbeitnehmer beschäftigt.

(4) Ehrenamtliche Richter aus Kreisen der Arbeitgeber können sein

1. Personen, die regelmäßig mindestens einen versicherungspflichtigen Arbeitnehmer beschäftigen; ist ein Arbeitgeber zugleich Versicherter oder bezieht er eine Rente aus eigener Versicherung, so begründet die Beschäftigung einer Hausgehilfin oder Hausangestellten nicht die Ar-

beitgebereigenschaft im Sinne dieser Vorschrift;

2. bei Betrieben einer juristischen Person oder einer Personengesamtheit Personen, die kraft Gesetzes, Satzung oder Gesellschaftsvertrags allein oder als Mitglieder des Vertretungsorgans zur Vertretung der juristischen Person oder der Personengesamtheit berufen sind;
3. Beamte und Angestellte des Bundes, der Länder, der Gemeinden und Gemeindeverbände sowie bei anderen Körperschaften, Anstalten und Stiftungen des öffentlichen Rechts nach näherer Anordnung der zuständigen obersten Bundes- oder Landesbehörde;
4. Personen, denen Prokura oder Generalvollmacht erteilt ist, oder Angestellte, die regelmäßig für den Arbeitgeber in Personalangelegenheiten tätig werden, sowie leitende Angestellte;
5. Mitglieder und Angestellte von Vereinigungen von Arbeitgebern sowie Vorstandsmitglieder und Angestellte von Zusammenschlüssen solcher Vereinigungen, wenn diese Personen kraft Satzung oder Vollmacht zur Vertretung befugt sind.

(5) Bei Sozialgerichten, in deren Bezirk wesentliche Teile der Bevölkerung in der Seeschifffahrt beschäftigt sind, können ehrenamtliche Richter aus dem Kreis der Versicherten auch befahrene Schiffahrtskundige sein, die nicht Reeder, Reedereileiter (Korrespondentreeder, §§ 492 bis 499 des Handelsgesetzbuchs) oder Bevollmächtigte sind.

(6) Die ehrenamtlichen Richter sollen im Bezirk des Sozialgerichts wohnen oder ihren Betriebssitz haben oder beschäftigt sein.

§ 17 (Gesetzliche Ausschließungsgründe)

(1) Vom Amt des ehrenamtlichen Richters am Sozialgericht ist ausgeschlossen,

1. wer infolge Richterspruchs die Fähigkeit zur Bekleidung öffentlicher Ämter nicht besitzt oder wegen einer vorsätzlichen Tat zu einer Freiheitsstrafe von mehr als sechs Monaten verurteilt worden ist,
2. wer wegen einer Tat angeklagt ist, die den Verlust der Fähigkeit zur Bekleidung öffentlicher Ämter zur Folge haben kann,
3. wer das Wahlrecht zum Deutschen Bundestag nicht besitzt.

Personen, die in Vermögensverfall geraten sind, sollen nicht zu ehrenamtlichen Richtern berufen werden.

(2) Mitglieder der Vorstände von Trägern und Verbänden der Sozialversicherung, der Kassenärztlichen (Kassenzahnärztlichen) Vereinigungen und der Bundesagentur für Arbeit können nicht ehrenamtliche Richter sein. Davon unberührt bleibt die Regelung in Absatz 4.

(3) Die Bediensteten der Träger und Verbände der Sozialversicherung, der Kassenärztlichen (Kassenzahnärztlichen) Vereinigungen, der Dienststellen der Bundesagentur für Arbeit und der Kreise und kreisfreien Städte können nicht ehrenamtliche Richter in der Kammer sein, die über Streitigkeiten aus ihrem Arbeitsgebiet entscheidet.

(4) Mitglieder der Vorstände sowie leitende Beschäftigte bei den Kranken- und Pflegekassen und ihren Verbänden sowie Geschäftsführer und deren Stellvertreter bei den Kassenärztlichen (Kassenzahnärztlichen) Vereinigungen sind als ehrenamtliche Richter in den Kammern für Angelegenheiten des Vertragsarztrechts nicht ausgeschlossen.

(5) Das Amt des ehrenamtlichen Richters am Sozialgericht, der zum ehrenamtlichen Richter in einem höheren Rechtszug der Sozialgerichtsbarkeit berufen wird, endet mit der Berufung in das andere Amt.

§ 18 (Weigerungsrecht)

(1) Die Übernahme des Amtes als ehrenamtlicher Richter kann nur ablehnen,

1. wer die Regelaltersgrenze nach dem Sechsten Buch Sozialgesetzbuch erreicht hat,
2. wer in den zehn der Berufung vorhergehenden Jahren als ehrenamtlicher Richter bei einem Gericht der Sozialgerichtsbarkeit tätig gewesen ist,
3. wer durch ehrenamtliche Tätigkeit für die Allgemeinheit so in Anspruch genommen

ist, daß ihm die Übernahme des Amtes nicht zugemutet werden kann,

4. wer aus gesundheitlichen Gründen verhindert ist, das Amt ordnungsmäßig auszuüben,
5. wer glaubhaft macht, daß wichtige Gründe ihm die Ausübung des Amtes in besonderem Maße erschweren.

(2) Ablehnungsgründe sind nur zu berücksichtigen, wenn sie innerhalb von zwei Wochen, nachdem der ehrenamtliche Richter von seiner Berufung in Kenntnis gesetzt worden ist, von ihm geltend gemacht werden.

(3) Der ehrenamtliche Richter kann auf Antrag aus dem Amt entlassen werden, wenn einer der in Absatz 1 Nr. 3 bis 5 bezeichneten Gründe nachträglich eintritt. Eines Antrages bedarf es nicht, wenn der ehrenamtliche Richter seinen Wohnsitz aus dem Bezirk des Sozialgerichts verlegt und seine Heranziehung zu den Sitzungen dadurch wesentlich erschwert wird.

(4) Über die Berechtigung zur Ablehnung des Amtes oder über die Entlassung aus dem Amt entscheidet die vom Präsidium für jedes Geschäftsjahr im voraus bestimmte Kammer endgültig.

§ 19 (Rechte des ehrenamtlichen Richters)

(1) Der ehrenamtliche Richter übt sein Amt mit gleichen Rechten wie der Berufsrichter aus.

(2) Die ehrenamtlichen Richter erhalten eine Entschädigung nach dem Justizvergütungs- und -entschädigungsgesetz.

§ 20 (Schutz des ehrenamtlichen Richters)

(1) Der ehrenamtliche Richter darf in der Übernahme oder Ausübung des Amtes nicht beschränkt oder wegen der Übernahme oder Ausübung des Amtes nicht benachteiligt werden.

(2) Wer einen anderen in der Übernahme oder Ausübung seines Amtes als ehrenamtlicher Richter beschränkt oder wegen der Übernahme oder Ausübung des Amtes benachteiligt, wird mit Freiheitsstrafe bis zu einem Jahr oder mit Geldstrafe bestraft.

§ 21 (Ordnungsgeld gegen ehrenamtliche Richter)

Der Vorsitzende kann gegen einen ehrenamtlichen Richter, der sich der Erfüllung seiner Pflichten entzieht, insbesondere ohne genügende Entschuldigung nicht oder nicht rechtzeitig zu den Sitzungen erscheint, durch Beschluß ein Ordnungsgeld festsetzen und ihm die durch sein Verhalten verursachten Kosten auferlegen. Bei nachträglicher genügender Entschuldigung ist der Beschluß aufzuheben oder zu ändern. Gegen den Beschluß ist Beschwerde zulässig. Über die Beschwerde entscheidet die durch das Präsidium für jedes Geschäftsjahr im voraus bestimmte Kammer des Sozialgerichts endgültig. Vor der Entscheidung ist der ehrenamtliche Richter zu hören.

§ 22 (Amtsentbindung eines ehrenamtlichen Richters)

(1) Der ehrenamtliche Richter ist von seinem Amt zu entbinden, wenn das Berufungsverfahren fehlerhaft war oder das Fehlen einer Voraussetzung für seine Berufung oder der Eintritt eines Ausschließungsgrundes bekannt wird. Er ist seines Amtes zu entheben, wenn er seine Amtspflichten grob verletzt. Er kann von seinem Amt entbunden werden, wenn eine Voraussetzung für seine Berufung im Laufe seiner Amtszeit wegfällt. Soweit die Voraussetzungen für eine Amtsentbindung vorliegen, liegt in ihrer Nichtdurchführung kein die Zurückverweisung oder Revision begründender Verfahrensmangel.

(2) Die Entscheidung trifft die vom Präsidium für jedes Geschäftsjahr im Voraus bestimmte Kammer. Vor der Entscheidung ist der ehrenamtliche Richter zu hören. Die Entscheidung ist unanfechtbar.

(3) Die nach Absatz 2 Satz 1 zuständige Kammer kann anordnen, dass der ehrenamtliche Richter bis zur Entscheidung über die Amtsentbindung oder Amtsenthebung nicht heranzuziehen ist. Die Anordnung ist unanfechtbar.

§ 23 (Bildung und Funktion des Ausschusses der ehrenamtlichen Richter)

(1) Bei jedem Sozialgericht wird ein Ausschuss der ehrenamtlichen Richter gebildet. Die Kreise der ehrenamtlichen Richter, die in den bei dem Sozialgericht gebildeten Fachkammern vertreten sind, wählen jeweils aus ihrer Mitte ein Mitglied in den Ausschuss. Das Wahlverfahren legt der bestehende Ausschuss fest. Der Ausschuss tagt unter der Leitung des aufsichtführenden oder, wenn ein solcher nicht vorhanden oder verhindert ist, des dienstältesten Vorsitzenden des Sozialgerichts.

(2) Der Ausschuss ist vor der Bildung von Kammern, vor der Geschäftsverteilung, vor der Verteilung der ehrenamtlichen Richter auf die Kammern und vor Aufstellung der Listen über die Heranziehung der ehrenamtlichen Richter zu den Sitzungen mündlich, schriftlich oder elektronisch zu hören. Er kann dem Vorsitzenden des Sozialgerichts und den die Verwaltung und Dienstaufsicht führenden Stellen Wünsche der ehrenamtlichen Richter übermitteln.

§§ 24 bis 26 (weggefallen)

§ 27 (Vertretung eines Vorsitzenden)

(1) und (2) (weggefallen)

(3) Wenn die Vertretung eines Vorsitzenden nicht durch einen Berufsrichter desselben Gerichts möglich ist, wird sie auf Antrag des Präsidiums durch die Landesregierung oder die von ihr beauftragte Stelle geregelt.

Dritter Abschnitt Landessozialgerichte

§ 28 (Organisation der Landessozialgerichte)

(1) Die Landessozialgerichte werden als Landesgerichte errichtet. Die Errichtung und Aufhebung eines Gerichts und die Verlegung eines Gerichtssitzes werden durch Gesetz angeordnet. Änderungen in der Abgrenzung der Gerichtsbezirke können auch durch Rechtsverordnung bestimmt werden. Die Landesregierung oder die von ihr beauftragte Stelle kann anordnen, daß außerhalb des Sitzes des Landessozialgerichts Zweigstellen errichtet werden.

(2) Mehrere Länder können ein gemeinsames Landessozialgericht errichten.

§ 29 (Funktionelle Zuständigkeit der Landessozialgerichte)

(1) Die Landessozialgerichte entscheiden im zweiten Rechtszug über die Berufung gegen die Urteile und die Beschwerden gegen andere Entscheidungen der Sozialgerichte.

(2) Die Landessozialgerichte entscheiden im ersten Rechtszug über

1. Klagen gegen Entscheidungen der Landesschiedsämter und gegen Beanstandungen von Entscheidungen der Landesschiedsämter nach dem Fünften Buch Sozialgesetzbuch, gegen Entscheidungen der Schiedsstellen nach § 120 Abs. 4 des Fünften Buches Sozialgesetzbuch, der Schiedsstelle nach § 76 des Elften Buches Sozialgesetzbuch und der Schiedsstellen nach § 80 des Zwölften Buches Sozialgesetzbuch,
2. Aufsichtsangelegenheiten gegenüber Trägern der Sozialversicherung und ihren Verbänden, gegenüber den Kassenärztlichen und Kassenzahnärztlichen Vereinigungen sowie der Kassenärztlichen und Kassenzahnärztlichen Bundesvereinigung, bei denen die Aufsicht von einer Landes- oder Bundesbehörde ausgeübt wird,
3. Klagen in Angelegenheiten der Erstattung von Aufwendungen nach § 6b des Zweiten Buches Sozialgesetzbuch,
4. Anträge nach § 55a.

(3) Das Landessozialgericht Nordrhein-Westfalen entscheidet im ersten Rechtszug über

1. Streitigkeiten zwischen gesetzlichen Krankenkassen oder ihren Verbänden und dem Bundesversicherungsamt betreffend den Risikostrukturausgleich, die Anerkennung von strukturierten Behandlungsprogrammen und die Verwaltung des Gesundheitsfonds,

2. Streitigkeiten betreffend den Finanzausgleich der gesetzlichen Pflegeversicherung,

3. Streitigkeiten betreffend den Ausgleich unter den gewerblichen Berufsgenossenschaften nach dem Siebten Buch Sozialgesetzbuch,

4. Streitigkeiten über Entscheidungen des Bundeskartellamts, die die freiwillige Vereinigung von Krankenkassen nach § 172a des Fünften Buches Sozialgesetzbuch betreffen.

(4) Das Landessozialgericht Berlin-Brandenburg entscheidet im ersten Rechtszug über

1. Klagen gegen die Entscheidung der gemeinsamen Schiedsämter nach § 89 Abs. 4 des Fünften Buches Sozialgesetzbuch und des Bundesschiedsamtes nach § 89 Abs. 7 des Fünften Buches Sozialgesetzbuch sowie der erweiterten Bewertungsausschüsse nach § 87 Abs. 4 des Fünften Buches Sozialgesetzbuch, soweit die Klagen von den Einrichtungen erhoben werden, die diese Gremien bilden,

2. Klagen gegen Entscheidungen des Bundesministeriums für Gesundheit nach § 87 Abs. 6 des Fünften Buches Sozialgesetzbuch gegenüber den Bewertungsausschüssen und den erweiterten Bewertungsausschüssen sowie gegen Beanstandungen des Bundesministeriums für Gesundheit gegenüber den Bundesschiedsämtern,

3. Klagen gegen Entscheidungen und Richtlinien des Gemeinsamen Bundesausschusses (§§ 91, 92 des Fünften Buches Sozialgesetzbuch), Klagen in Aufsichtsangelegenheiten gegenüber dem Gemeinsamen Bundesausschuss, Klagen gegen die Festsetzung von Festbeträgen durch die Spitzenverbände der Krankenkassen oder den Spitzenverband Bund der Krankenkassen sowie Klagen gegen Entscheidungen der Schiedsstellen nach den §§ 129 und 130b des Fünften Buches Sozialgesetzbuch.

§ 30 (Besetzung der Landessozialgerichte und Dienstaufsicht)

(1) Das Landessozialgericht besteht aus dem Präsidenten, den Vorsitzenden Richtern, weiteren Berufsrichtern und den ehrenamtlichen Richtern.

(2) Die für die allgemeine Dienstaufsicht und die sonstigen Geschäfte der Gerichtsverwaltung zuständige Stelle wird durch Landesrecht bestimmt.

§ 31 (Gliederung der Landessozialgerichte)

(1) Bei den Landessozialgerichten werden Senate für Angelegenheiten der Sozialversicherung, der Arbeitsförderung einschließlich der übrigen Aufgaben der Bundesagentur für Arbeit, für Angelegenheiten der Grundsicherung für Arbeitsuchende, für Angelegenheiten der Sozialhilfe und des Asylbewerberleistungsgesetzes sowie für Angelegenheiten des sozialen Entschädigungsrechts und des Schwerbehindertenrechts gebildet. Für Angelegenheiten der Knappschaftsversicherung einschließlich der Unfallversicherung für den Bergbau sowie für Verfahren wegen eines überlangen Gerichtsverfahrens (§ 202 Satz 2) kann jeweils ein eigener Senat gebildet werden.

(2) Für die Angelegenheiten des Vertragsarztrechts und für Antragsverfahren nach § 55a ist jeweils ein eigener Senat zu bilden.

(3) Die beteiligten Länder können die Ausdehnung des Bezirks eines Senats auf das Gebiet oder auf Gebietsteile mehrerer Länder vereinbaren.

§ 32 (Ernennung der Berufsrichter)

(1) Die Berufsrichter werden von der nach Landesrecht zuständigen Stelle auf Lebenszeit ernannt.

(2) (weggefallen)

§ 33 (Besetzung der Senate)

(1) Jeder Senat wird in der Besetzung mit einem Vorsitzenden, zwei weiteren Berufsrichtern und zwei ehrenamtlichen Richtern tätig. § 12 Abs. 1 Satz 2, Abs. 2 bis 5 gilt entsprechend.

(2) In Senaten, die in Verfahren wegen eines überlangen Gerichtsverfahrens (§ 202 Satz 2) entscheiden, wirken die für Angelegenheiten der Sozialversicherung berufenen ehrenamtlichen Richter mit.

§ 34 (weggefallen)

§ 35 (Eignung zum ehrenamtlichen Richter)

(1) Die ehrenamtlichen Richter beim Landessozialgericht müssen das dreißigste Lebensjahr vollendet haben; sie sollen mindestens fünf Jahre ehrenamtliche Richter bei einem Sozialgericht gewesen sein. Im übrigen gelten die §§ 13 bis 23.

(2) In den Fällen des § 18 Abs. 4, der §§ 21 und 22 Abs. 2 entscheidet der vom Präsidium für jedes Geschäftsjahr im voraus bestimmte Senat.

§§ 36 und 37 (weggefallen)

Vierter Abschnitt Bundessozialgericht

§ 38 (Sitz und Besetzung des Bundessozialgerichts; Dienstaufsicht)

(1) Das Bundessozialgericht hat seinen Sitz in Kassel.

(2) Das Bundessozialgericht besteht aus dem Präsidenten, den Vorsitzenden Richtern, weiteren Berufsrichtern und den ehrenamtlichen Richtern. Die Berufsrichter müssen das fünfunddreißigste Lebensjahr vollendet haben. Für die Berufung der Berufsrichter gelten die Vorschriften des Richterwahlgesetzes. Zuständiger Minister im Sinne des § 1 Abs. 1 des Richterwahlgesetzes ist der Bundesminister für Arbeit und Soziales.

(3) Das Bundesministerium für Arbeit und Soziales führt die allgemeine Dienstaufsicht und die sonstigen Geschäfte der Gerichtsverwaltung. Es kann die allgemeine Dienstaufsicht und die sonstigen Geschäfte der Gerichtsverwaltung auf den Präsidenten des Bundessozialgerichts übertragen.

§ 39 (Funktionelle Zuständigkeit des Bundessozialgerichts)

(1) Das Bundessozialgericht entscheidet über das Rechtsmittel der Revision.

(2) Das Bundessozialgericht entscheidet im ersten und letzten Rechtszug über Streitigkeiten nicht verfassungsrechtlicher Art zwischen dem Bund und den Ländern sowie zwischen verschiedenen Ländern in Angelegenheiten des § 51. Hält das Bundessozialgericht in diesen Fällen eine Streitigkeit für verfassungsrechtlich, so legt es die Sache dem Bundesverfassungsgericht zur Entscheidung vor. Das Bundesverfassungsgericht entscheidet mit bindender Wirkung.

§ 40 (Gliederung des Bundessozialgerichts)

Für die Bildung und Besetzung der Senate gelten § 31 Abs. 1 und § 33 entsprechend. Für Angelegenheiten des Vertragsarztrechts ist mindestens ein Senat zu bilden. In den Senaten für Angelegenheiten des § 51 Abs. 1 Nr. 6a wirken ehrenamtliche Richter aus der Vorschlagsliste der Bundesvereinigung der kommunalen Spitzenverbände mit.

§ 41 (Großer Senat beim Bundessozialgericht)

(1) Bei dem Bundessozialgericht wird ein Großer Senat gebildet.

(2) Der Große Senat entscheidet, wenn ein Senat in einer Rechtsfrage von der Entscheidung eines anderen Senats oder des Großen Senats abweichen will.

(3) Eine Vorlage an den Großen Senat ist nur zulässig, wenn der Senat, von dessen Entscheidung abgewichen werden soll, auf Anfrage des erkennenden Senats erklärt hat, daß er an seiner Rechtsauffassung festhält. Kann der Senat, von dessen Entscheidung abgewichen werden soll, wegen einer Änderung des Geschäftsverteilungsplanes mit der Rechtsfrage nicht mehr befaßt werden, tritt der Senat an seine Stelle, der nach dem Geschäftsverteilungsplan für den Fall, in dem abweichend entschieden wurde, nunmehr zuständig wäre. Über die Anfrage und die Antwort entscheidet der jeweilige Senat durch Be-

schluß in der für Urteile erforderlichen Besetzung.

(4) Der erkennende Senat kann eine Frage von grundsätzlicher Bedeutung dem Großen Senat zur Entscheidung vorlegen, wenn das nach seiner Auffassung zur Fortbildung des Rechts oder zur Sicherung einer einheitlichen Rechtsprechung erforderlich ist.

(5) Der Große Senat besteht aus dem Präsidenten, je einem Berufsrichter der Senate, in denen der Präsident nicht den Vorsitz führt, je zwei ehrenamtlichen Richtern aus dem Kreis der Versicherten und dem Kreis der Arbeitgeber sowie je einem ehrenamtlichen Richter aus dem Kreis der mit dem sozialen Entschädigungsrecht oder der Teilhabe behinderter Menschen vertrauten Personen und dem Kreis der Versorgungsberechtigten und der behinderten Menschen im Sinne des Neunten Buches Sozialgesetzbuch. Legt der Senat für Angelegenheiten des Vertragsarztrechts vor oder soll von dessen Entscheidung abgewichen werden, gehören dem Großen Senat außerdem je ein ehrenamtlicher Richter aus dem Kreis der Krankenkassen und dem Kreis der Vertragsärzte, Vertragszahnärzte und Psychotherapeuten an. Legt der Senat für Angelegenheiten des § 51 Abs. 1 Nr. 6a vor oder soll von dessen Entscheidung abgesehen werden, gehören dem Großen Senat außerdem zwei ehrenamtliche Richter aus dem Kreis der von der Bundesvereinigung der kommunalen Spitzenverbände Vorgeschlagenen an. Sind Senate personengleich besetzt, wird aus ihnen nur ein Berufsrichter bestellt; er hat nur eine Stimme. Bei einer Verhinderung des Präsidenten tritt ein Berufsrichter des Senats, dem er angehört, an seine Stelle.

(6) Die Mitglieder und die Vertreter werden durch das Präsidium für ein Geschäftsjahr bestellt. Den Vorsitz im Großen Senat führt der Präsident, bei Verhinderung das dienstälteste Mitglied. Bei Stimmengleichheit gibt die Stimme des Vorsitzenden den Ausschlag.

(7) Der Große Senat entscheidet nur über die Rechtsfrage. Er kann ohne mündliche Verhandlung entscheiden. Seine Entscheidung ist in der vorliegenden Sache für den erkennenden Senat bindend.

§§ 42 bis 44 (weggefallen)

§ 45 (Berufung der ehrenamtlichen Richter)

(1) Das Bundesministerium für Arbeit und Soziales bestimmt nach Anhörung des Präsidenten des Bundessozialgerichts die Zahl der für die einzelnen Zweige der Sozialgerichtsbarkeit zu berufenden ehrenamtlichen Richter.

(2) Die ehrenamtlichen Richter werden vom Bundesministerium für Arbeit und Soziales auf Grund von Vorschlagslisten (§ 46) für die Dauer von fünf Jahren berufen; sie sind in angemessenem Verhältnis unter billiger Berücksichtigung der Minderheiten aus den Vorschlagslisten zu entnehmen. Das Bundesministerium für Arbeit und Soziales kann eine Ergänzung der Vorschlagslisten verlangen. § 13 Abs. 2 gilt entsprechend mit der Maßgabe, dass das Bundesministerium für Arbeit und Soziales durch Rechtsverordnung eine einheitliche Amtsperiode festlegen kann.

(3) Die ehrenamtlichen Richter bleiben nach Ablauf ihrer Amtszeit im Amt, bis ihre Nachfolger berufen sind. Erneute Berufung ist zulässig.

§ 46 (Aufstellung von Vorschlagslisten für die ehrenamtlichen Richter)

(1) Die Vorschlagslisten für die ehrenamtlichen Richter in den Senaten für Angelegenheiten der Sozialversicherung und der Arbeitsförderung sowie der Grundsicherung für Arbeitsuchende werden von den in § 14 Abs. 1 aufgeführten Organisationen und Behörden aufgestellt.

(2) Die Vorschlagslisten für die ehrenamtlichen Richter in den Senaten für Angelegenheiten des Vertragsarztrechts werden von den Kassenärztlichen (Kassenzahnärztlichen) Vereinigungen und gemeinsam von den Zusammenschlüssen der Krankenkassen, die sich über das Bundesgebiet erstrecken, aufgestellt.

(3) Die ehrenamtlichen Richter für die Senate für Angelegenheiten des sozialen Entschädigungsrechts und des Schwerbehindertenrechts werden auf Vorschlag der obersten Verwaltungsbehörden der Länder sowie der in

§ 14 Abs. 3 Satz 2 und 3 genannten Vereinigungen, die sich über das Bundesgebiet erstrecken, berufen.

(4) Die ehrenamtlichen Richter für die Senate für Angelegenheiten der Sozialhilfe und des Asylbewerberleistungsgesetzes werden auf Vorschlag der Bundesvereinigung der kommunalen Spitzenverbände berufen.

§ 47 (Eignung zum ehrenamtlichen Richter)

Die ehrenamtlichen Richter am Bundessozialgericht müssen das fünfunddreißigste Lebensjahr vollendet haben; sie sollen mindestens fünf Jahre ehrenamtliche Richter an einem Sozialgericht oder Landessozialgericht gewesen sein. Im übrigen gelten die §§ 16 bis 23 entsprechend mit der Maßgabe, daß in den Fällen des § 18 Abs. 4, der §§ 21 und 22 Abs. 2 der vom Präsidium für jedes Geschäftsjahr im voraus bestimmte Senat des Bundessozialgerichts entscheidet.

§§ 48 und 49 (weggefallen)

§ 50 (Geschäftsgang des Bundessozialgerichts)

Der Geschäftsgang wird durch eine Geschäftsordnung geregelt, die das Präsidium unter Zuziehung der beiden der Geburt nach ältesten ehrenamtlichen Richter beschließt.

Fünfter Abschnitt
Rechtsweg und Zuständigkeit

§ 51 (Zulässigkeit des Rechtswegs)

(1) Die Gerichte der Sozialgerichtsbarkeit entscheiden über öffentlich-rechtliche Streitigkeiten

1. in Angelegenheiten der gesetzlichen Rentenversicherung einschließlich der Alterssicherung der Landwirte,
2. in Angelegenheiten der gesetzlichen Krankenversicherung, der sozialen Pflegeversicherung und der privaten Pflegeversicherung (Elftes Buch Sozialgesetzbuch), auch soweit durch diese Angelegenheiten Dritte betroffen werden; dies gilt nicht für Streitigkeiten in Angelegenheiten nach § 110 des Fünften Buches Sozialgesetzbuch aufgrund einer Kündigung von Versorgungsverträgen, die für Hochschulkliniken oder Plankrankenhäuser (§ 108 Nr. 1 und 2 des Fünften Buches Sozialgesetzbuch) gelten,
3. in Angelegenheiten der gesetzlichen Unfallversicherung mit Ausnahme der Streitigkeiten aufgrund der Überwachung der Maßnahmen zur Prävention durch die Träger der gesetzlichen Unfallversicherung,
4. in Angelegenheiten der Arbeitsförderung einschließlich der übrigen Aufgaben der Bundesagentur für Arbeit,

4a. in Angelegenheiten der Grundsicherung für Arbeitsuchende,

5. in sonstigen Angelegenheiten der Sozialversicherung,
6. in Angelegenheiten des sozialen Entschädigungsrechts mit Ausnahme der Streitigkeiten aufgrund der §§ 25 bis 27j des Bundesversorgungsgesetzes (Kriegsopferfürsorge), auch soweit andere Gesetze die entsprechende Anwendung dieser Vorschriften vorsehen,

6a. in Angelegenheiten der Sozialhilfe und des Asylbewerberleistungsgesetzes,

7. bei der Feststellung von Behinderungen und ihrem Grad sowie weiterer gesundheitlicher Merkmale, ferner der Ausstellung, Verlängerung, Berichtigung und Einziehung von Ausweisen nach § 69 des Neunten Buches Sozialgesetzbuch,
8. die aufgrund des Aufwendungsausgleichsgesetzes entstehen,
9. (weggefallen)
10. für die durch Gesetz der Rechtsweg vor diesen Gerichten eröffnet wird.

(2) Die Gerichte der Sozialgerichtsbarkeit entscheiden auch über privatrechtliche Streitigkeiten in Angelegenheiten der Zulassung von Trägern und Maßnahmen durch fachkundige Stellen nach dem Fünften Kapitel des Dritten Buches Sozialgesetzbuch und in Angelegenheiten der gesetzlichen Krankenversicherung, auch soweit durch diese Angelegenheiten Dritte betroffen werden. Satz 1 gilt für die

soziale Pflegeversicherung und die private Pflegeversicherung (Elftes Buch Sozialgesetzbuch) entsprechend.

(3) Von der Zuständigkeit der Gerichte der Sozialgerichtsbarkeit nach den Absätzen 1 und 2 ausgenommen sind Streitigkeiten in Verfahren nach dem Gesetz gegen Wettbewerbsbeschränkungen, die Rechtsbeziehungen nach § 69 des Fünften Buches Sozialgesetzbuch betreffen.

§ 52 (weggefallen)

§ 53 (weggefallen)

§ 54 (Anfechtungs- und Verpflichtungsklage)

(1) Durch Klage kann die Aufhebung eines Verwaltungsakts oder seine Abänderung sowie die Verurteilung zum Erlaß eines abgelehnten oder unterlassenen Verwaltungsakts begehrt werden. Soweit gesetzlich nichts anderes bestimmt ist, ist die Klage zulässig, wenn der Kläger behauptet, durch den Verwaltungsakt oder durch die Ablehnung oder Unterlassung eines Verwaltungsakts beschwert zu sein.

(2) Der Kläger ist beschwert, wenn der Verwaltungsakt oder die Ablehnung oder Unterlassung eines Verwaltungsakts rechtswidrig ist. Soweit die Behörde, Körperschaft oder Anstalt des öffentlichen Rechts ermächtigt ist, nach ihrem Ermessen zu handeln, ist Rechtswidrigkeit auch gegeben, wenn die gesetzlichen Grenzen dieses Ermessens überschritten sind oder von dem Ermessen in einer dem Zweck der Ermächtigung nicht entsprechenden Weise Gebrauch gemacht ist.

(3) Eine Körperschaft oder eine Anstalt des öffentlichen Rechts kann mit der Klage die Aufhebung einer Anordnung der Aufsichtsbehörde begehren, wenn sie behauptet, daß die Anordnung das Aufsichtsrecht überschreite.

(4) Betrifft der angefochtene Verwaltungsakt eine Leistung, auf die ein Rechtsanspruch besteht, so kann mit der Klage neben der Aufhebung des Verwaltungsakts gleichzeitig die Leistung verlangt werden.

(5) Mit der Klage kann die Verurteilung zu einer Leistung, auf die ein Rechtsanspruch besteht, auch dann begehrt werden, wenn ein Verwaltungsakt nicht zu ergehen hatte.

§ 55 (Feststellungsklage)

(1) Mit der Klage kann begehrt werden

1. die Feststellung des Bestehens oder Nichtbestehens eines Rechtsverhältnisses,
2. die Feststellung, welcher Versicherungsträger der Sozialversicherung zuständig ist,
3. die Feststellung, ob eine Gesundheitsstörung oder der Tod die Folge eines Arbeitsunfalls, einer Berufskrankheit oder einer Schädigung im Sinne des Bundesversorgungsgesetzes ist,
4. die Feststellung der Nichtigkeit eines Verwaltungsakts,

wenn der Kläger ein berechtigtes Interesse an der baldigen Feststellung hat.

(2) Unter Absatz 1 Nr. 1 fällt auch die Feststellung, in welchem Umfange Beiträge zu berechnen oder anzurechnen sind.

§ 55a (Gültigkeit von Vorschriften über Unterkunft und Heizung)

(1) Auf Antrag ist über die Gültigkeit von Satzungen oder anderen im Rang unter einem Landesgesetz stehenden Rechtsvorschriften, die nach § 22a Absatz 1 des Zweiten Buches Sozialgesetzbuch und dem dazu ergangenen Landesgesetz erlassen worden sind, zu entscheiden.

(2) Den Antrag kann jede natürliche Person stellen, die geltend macht, durch die Anwendung der Rechtsvorschrift in ihren Rechten verletzt zu sein oder in absehbarer Zeit verletzt zu werden. Er ist gegen die Körperschaft zu richten, welche die Rechtsvorschrift erlassen hat. Das Landessozialgericht kann der obersten Landesbehörde oder der von ihr bestimmten Stelle Gelegenheit zur Äußerung binnen einer bestimmten Frist geben. § 75 Absatz 1 und 3 sowie Absatz 4 Satz 1 sind entsprechend anzuwenden.

(3) Das Landessozialgericht prüft die Vereinbarkeit der Rechtsvorschrift mit Landesrecht nicht, soweit gesetzlich vorgesehen ist, dass

die Rechtsvorschrift ausschließlich durch das Verfassungsgericht eines Landes nachprüfbar ist.

(4) Ist ein Verfahren zur Überprüfung der Gültigkeit der Rechtsvorschrift bei einem Verfassungsgericht anhängig, so kann das Landessozialgericht anordnen, dass die Verhandlung bis zur Erledigung des Verfahrens vor dem Verfassungsgericht auszusetzen ist.

(5) Das Landessozialgericht entscheidet durch Urteil oder, wenn es eine mündliche Verhandlung nicht für erforderlich hält, durch Beschluss. Kommt das Landessozialgericht zu der Überzeugung, dass die Rechtsvorschrift ungültig ist, so erklärt es sie für unwirksam; in diesem Fall ist die Entscheidung allgemein verbindlich und die Entscheidungsformel vom Antragsgegner oder der Antragsgegnerin ebenso zu veröffentlichen wie die Rechtsvorschrift bekannt zu machen wäre. Für die Wirkung der Entscheidung gilt § 183 der Verwaltungsgerichtsordnung entsprechend.

(6) Das Landessozialgericht kann auf Antrag eine einstweilige Anordnung erlassen, wenn dies zur Abwehr schwerer Nachteile oder aus anderen wichtigen Gründen dringend geboten ist.

§ 56 (Zulässigkeit der Klagehäufung)

Mehrere Klagebegehren können vom Kläger in einer Klage zusammen verfolgt werden, wenn sie sich gegen denselben Beklagten richten, im Zusammenhang stehen und dasselbe Gericht zuständig ist.

§ 56a (Rechtsbehelfe gegen behördliche Verfahrenshandlungen)

Rechtsbehelfe gegen behördliche Verfahrenshandlungen können nur gleichzeitig mit den gegen die Sachentscheidung zulässigen Rechtsbehelfen geltend gemacht werden. Dies gilt nicht, wenn behördliche Verfahrenshandlungen vollstreckt werden können oder gegen einen Nichtbeteiligten ergehen.

§ 57 (Örtliche Zuständigkeit)

(1) Örtlich zuständig ist das Sozialgericht, in dessen Bezirk der Kläger zur Zeit der Klageerhebung seinen Sitz oder Wohnsitz oder in Ermangelung dessen seinen Aufenthaltsort hat; steht er in einem Beschäftigungsverhältnis, so kann er auch vor dem für den Beschäftigungsort zuständigen Sozialgericht klagen. Klagt eine Körperschaft oder Anstalt des öffentlichen Rechts, in Angelegenheiten nach dem Elften Buch Sozialgesetzbuch ein Unternehmen der privaten Pflegeversicherung oder in Angelegenheiten des sozialen Entschädigungsrechts oder des Schwerbehindertenrechts ein Land, so ist der Sitz oder Wohnsitz oder Aufenthaltsort des Beklagten maßgebend, wenn dieser eine natürliche Person oder eine juristische Person des Privatrechts ist.

(2) Ist die erstmalige Bewilligung einer Hinterbliebenenrente streitig, so ist der Wohnsitz oder in Ermangelung dessen der Aufenthaltsort der Witwe oder des Witwers maßgebend. Ist eine Witwe oder ein Witwer nicht vorhanden, so ist das Sozialgericht örtlich zuständig, in dessen Bezirk die jüngste Waise im Inland ihren Wohnsitz oder in Ermangelung dessen ihren Aufenthaltsort hat; sind nur Eltern oder Großeltern vorhanden, so ist das Sozialgericht örtlich zuständig, in dessen Bezirk die Eltern oder Großeltern ihren Wohnsitz oder in Ermangelung dessen ihren Aufenthaltsort haben. Bei verschiedenem Wohnsitz oder Aufenthaltsort der Eltern- oder Großelternteile gilt der im Inland gelegene Wohnsitz oder Aufenthaltsort des anspruchsberechtigten Ehemannes oder geschiedenen Mannes.

(3) Hat der Kläger seinen Sitz oder Wohnsitz oder Aufenthaltsort im Ausland, so ist örtlich zuständig das Sozialgericht, in dessen Bezirk der Beklagte seinen Sitz oder Wohnsitz oder in Ermangelung dessen seinen Aufenthaltsort hat.

(4) In Angelegenheiten des § 51 Abs. 1 Nr. 2, die auf Bundesebene festgesetzte Festbeträge betreffen, ist das Sozialgericht örtlich zuständig, in dessen Bezirk die Bundesregierung ihren Sitz hat, in Angelegenheiten, die auf Landesebene festgesetzte Festbeträge betreffen, das Sozialgericht, in dessen Bezirk die Landesregierung ihren Sitz hat.

(5) In Angelegenheiten nach § 130a Absatz 4 und 9 des Fünften Buches Sozialgesetzbuch

ist das Sozialgericht örtlich zuständig, in dessen Bezirk die zur Entscheidung berufene Behörde ihren Sitz hat.

(6) Für Antragsverfahren nach § 55a ist das Landessozialgericht örtlich zuständig, in dessen Bezirk die Körperschaft, die die Rechtsvorschrift erlassen hat, ihren Sitz hat.

(7) In Angelegenheiten nach § 7a des Vierten Buches Sozialgesetzbuch ist das Sozialgericht örtlich zuständig, in dessen Bezirk der Auftraggeber seinen Sitz oder in Ermangelung dessen seinen Wohnsitz hat. Hat dieser seinen Sitz oder in Ermangelung dessen seinen Wohnsitz im Ausland, ist das Sozialgericht örtlich zuständig, in dessen Bezirk der Auftragnehmer seinen Wohnsitz oder in Ermangelung dessen seinen Aufenthaltsort hat.

§ 57a (Örtliche Zuständigkeit im Kassenarztrecht)

(1) In Vertragsarztangelegenheiten der gesetzlichen Krankenversicherung ist, wenn es sich um Fragen der Zulassung oder Ermächtigung nach Vertragsarztrecht handelt, das Sozialgericht zuständig, in dessen Bezirk der Vertragsarzt, der Vertragszahnarzt oder der Psychotherapeut seinen Sitz hat.

(2) In anderen Vertragsarztangelegenheiten der gesetzlichen Krankenversicherung ist das Sozialgericht zuständig, in dessen Bezirk die Kassenärztliche Vereinigung oder die Kassenzahnärztliche Vereinigung ihren Sitz hat.

(3) Sind Entscheidungen oder Verträge auf Landesebene Streitgegenstand des Verfahrens, ist – soweit das Landesrecht nichts Abweichendes bestimmt – das Sozialgericht zuständig, in dessen Bezirk die Landesregierung ihren Sitz hat.

(4) Sind Entscheidungen oder Verträge auf Bundesebene Streitgegenstand des Verfahrens, ist das Sozialgericht zuständig, in dessen Bezirk die Kassenärztliche Bundesvereinigung oder die Kassenzahnärztliche Bundesvereinigung ihren Sitz hat.

§ 57b (Örtliche Zuständigkeit bei Wahlstreitigkeiten)

In Angelegenheiten, die die Wahlen zu den Selbstverwaltungsorganen der Sozialversicherungsträger und ihrer Verbände oder die Ergänzung der Selbstverwaltungsorgane betreffen, ist das Sozialgericht zuständig, in dessen Bezirk der Versicherungsträger oder der Verband den Sitz hat.

§ 58 (Bestimmung der Zuständigkeit durch das höhere Gericht)

(1) Das zuständige Gericht innerhalb der Sozialgerichtsbarkeit wird durch das gemeinsam nächsthöhere Gericht bestimmt,

1. wenn das an sich zuständige Gericht in einem einzelnen Falle an der Ausübung der Gerichtsbarkeit rechtlich oder tatsächlich verhindert ist,
2. wenn mit Rücksicht auf die Grenzen verschiedener Gerichtsbezirke ungewiß ist, welches Gericht für den Rechtsstreit zuständig ist,
3. wenn in einem Rechtsstreit verschiedene Gerichte sich rechtskräftig für zuständig erklärt haben,
4. wenn verschiedene Gerichte, von denen eines für den Rechtsstreit zuständig ist, sich rechtskräftig für unzuständig erklärt haben,
5. wenn eine örtliche Zuständigkeit weder nach den §§ 57 bis 57b noch nach einer anderen gesetzlichen Zuständigkeitsbestimmung gegeben ist.

(2) Zur Feststellung der Zuständigkeit kann jedes mit dem Rechtsstreit befaßte Gericht und jeder am Rechtsstreit Beteiligte das im Rechtszug höhere Gericht anrufen, das ohne mündliche Verhandlung entscheiden kann.

§ 59 (Unzulässigkeit von Zuständigkeitsvereinbarungen)

Vereinbarungen der Beteiligten über die Zuständigkeit haben keine rechtliche Wirkung. Eine Zuständigkeit wird auch nicht dadurch begründet, daß die Unzuständigkeit des Gerichts nicht geltend gemacht wird.

Zweiter Teil
Verfahren

Erster Abschnitt
Gemeinsame Verfahrensvorschriften

Erster Unterabschnitt
Allgemeine Vorschriften

§ 60 (Ausschließung und Ablehnung von Gerichtspersonen)

(1) Für die Ausschließung und Ablehnung der Gerichtspersonen gelten die §§ 41 bis 46 Absatz 1 und die §§ 47 bis 49 der Zivilprozeßordnung entsprechend.

(2) Von der Ausübung des Amtes als Richter ist auch ausgeschlossen, wer bei dem vorausgegangenen Verwaltungsverfahren mitgewirkt hat.

(3) Die Besorgnis der Befangenheit nach § 42 der Zivilprozeßordnung gilt stets als begründet, wenn der Richter dem Vorstand einer Körperschaft oder Anstalt des öffentlichen Rechts angehört, deren Interessen durch das Verfahren unmittelbar berührt werden.

§ 61 (Grundsätzliche Verfahrensvorschriften)

(1) Für die Öffentlichkeit, Sitzungspolizei und Gerichtssprache gelten die §§ 169, 171b bis 191a des Gerichtsverfassungsgesetzes entsprechend.

(2) Für die Beratung und Abstimmung gelten die §§ 192 bis 197 des Gerichtsverfassungsgesetzes entsprechend.

§ 62 (Gewährung des rechtlichen Gehörs)

Vor jeder Entscheidung ist den Beteiligten rechtliches Gehör zu gewähren; die Anhörung kann schriftlich oder elektronisch geschehen.

§ 63 (Zustellungen)

(1) Anordnungen und Entscheidungen, durch die eine Frist in Lauf gesetzt wird, sind den Beteiligten zuzustellen, bei Verkündung jedoch nur, wenn es ausdrücklich vorgeschrieben ist. Terminbestimmungen und Ladungen sind bekannt zu geben.

(2) Zugestellt wird von Amts wegen nach den Vorschriften der Zivilprozessordnung. Die §§ 174, 178 Abs. 1 Nr. 2 der Zivilprozessordnung sind entsprechend anzuwenden auf die nach § 73 Abs. 2 Satz 2 Nr. 3 bis 9 zur Prozessvertretung zugelassenen Personen.

(3) Wer nicht im Inland wohnt, hat auf Verlangen einen Zustellungsbevollmächtigten zu bestellen.

§ 64 (Fristenlauf)

(1) Der Lauf einer Frist beginnt, soweit nichts anderes bestimmt ist, mit dem Tage nach der Zustellung oder, wenn diese nicht vorgeschrieben ist, mit dem Tage nach der Eröffnung oder Verkündung.

(2) Eine nach Tagen bestimmte Frist endet mit dem Ablauf ihres letzten Tages, eine nach Wochen oder Monaten bestimmte Frist mit dem Ablauf desjenigen Tages der letzten Woche oder des letzten Monats, welcher nach Benennung oder Zahl dem Tage entspricht, in den das Ereignis oder der Zeitpunkt fällt. Fehlt dem letzten Monat der entsprechende Tag, so endet die Frist mit dem Monat.

(3) Fällt das Ende einer Frist auf einen Sonntag, einen gesetzlichen Feiertag oder einen Sonnabend, so endet die Frist mit Ablauf des nächsten Werktages.

§ 65 (Richterliche Fristen)

Auf Antrag kann der Vorsitzende richterliche Fristen abkürzen oder verlängern. Im Falle der Verlängerung wird die Frist von dem Ablauf der vorigen Frist an berechnet.

§ 65a (Übermittlung elektronischer Dokumente)

(1) Die Beteiligten können dem Gericht elektronische Dokumente übermitteln, soweit dies für den jeweiligen Zuständigkeitsbereich durch Rechtsverordnung der Bundesregierung oder der Landesregierungen zugelassen worden ist. Die Rechtsverordnung bestimmt den Zeitpunkt, von dem an Dokumente an ein Gericht elektronisch übermittelt werden können, sowie die Art und Weise, in der elektronische Dokumente einzureichen sind. Für Dokumente, die einem schriftlich zu unterzeich-

nenden Schriftstück gleichstehen, ist eine qualifizierte elektronische Signatur nach § 2 Nr. 3 des Signaturgesetzes vorzuschreiben. Neben der qualifizierten elektronischen Signatur kann auch ein anderes sicheres Verfahren zugelassen werden, das die Authentizität und die Integrität des übermittelten elektronischen Dokuments sicherstellt. Die Landesregierungen können die Ermächtigung auf die für die Sozialgerichtsbarkeit zuständigen obersten Landesbehörden übertragen. Die Zulassung der elektronischen Übermittlung kann auf einzelne Gerichte oder Verfahren beschränkt werden. Die Rechtsverordnung der Bundesregierung bedarf nicht der Zustimmung des Bundesrates.

(2) Ein elektronisches Dokument ist dem Gericht zugegangen, wenn es in der nach Absatz 1 Satz 1 bestimmten Art und Weise übermittelt worden ist und wenn die für den Empfang bestimmte Einrichtung es aufgezeichnet hat. Die Vorschriften dieses Gesetzes über die Beifügung von Abschriften für die übrigen Beteiligten finden keine Anwendung. Genügt das Dokument nicht den Anforderungen, ist dies dem Absender unter Angabe der für das Gericht geltenden technischen Rahmenbedingungen unverzüglich mitzuteilen.

(3) Soweit eine handschriftliche Unterzeichnung durch den Richter oder den Urkundsbeamten der Geschäftsstelle vorgeschrieben ist, genügt dieser Form die Aufzeichnung als elektronisches Dokument, wenn die verantwortenden Personen am Ende des Dokuments ihren Namen hinzufügen und das Dokument mit einer qualifizierten elektronischen Signatur nach § 2 Nr. 3 des Signaturgesetzes versehen.

§ 65b (Elektronische Prozessakten)

(1) Die Prozessakten können elektronisch geführt werden. Die Bundesregierung und die Landesregierungen bestimmen jeweils für ihren Bereich durch Rechtsverordnung den Zeitpunkt, von dem an die Prozessakten elektronisch geführt werden. In der Rechtsverordnung sind die organisatorisch-technischen Rahmenbedingungen für die Bildung, Führung und Verwahrung der elektronischen Akten festzulegen. Die Landesregierungen können die Ermächtigung auf die für die Sozialgerichtsbarkeit zuständigen obersten Landesbehörden übertragen. Die Zulassung der elektronischen Akte kann auf einzelne Gerichte oder Verfahren beschränkt werden. Die Rechtsverordnung der Bundesregierung bedarf nicht der Zustimmung des Bundesrates.

(2) Dokumente, die nicht der Form entsprechen, in der die Akte geführt wird, sind in die entsprechende Form zu übertragen und in dieser Form zur Akte zu nehmen, soweit die Rechtsverordnung nach Absatz 1 nichts anderes bestimmt.

(3) Die Originaldokumente sind mindestens bis zum rechtskräftigen Abschluss des Verfahrens aufzubewahren.

(4) Ist ein in Papierform eingereichtes Dokument in ein elektronisches Dokument übertragen worden, muss dieses den Vermerk enthalten, wann und durch wen die Übertragung vorgenommen worden ist. Ist ein elektronisches Dokument in die Papierform überführt worden, muss der Ausdruck den Vermerk enthalten, welches Ergebnis die Integritätsprüfung des Dokuments ausweist, wen die Signaturprüfung als Inhaber der Signatur ausweist und welchen Zeitpunkt die Signaturprüfung für die Anbringung der Signatur ausweist.

(5) Dokumente, die nach Absatz 2 hergestellt sind, sind für das Verfahren zugrunde zu legen, soweit kein Anlass besteht, an der Übereinstimmung mit dem eingereichten Dokument zu zweifeln.

§ 65c Formulare; Verordnungsermächtigung

Das Bundesministerium für Arbeit und Soziales kann durch Rechtsverordnung mit Zustimmung des Bundesrates elektronische Formulare einführen. Die Rechtsverordnung kann bestimmen, dass die in den Formularen enthaltenen Angaben ganz oder teilweise in strukturierter maschinenlesbarer Form zu übermitteln sind. Die Formulare sind auf einer in der Rechtsverordnung zu bestimmenden Kommunikationsplattform im Internet zur Nutzung bereitzustellen. Die Rechtsverordnung kann bestimmen, dass eine Identifikation des Formularverwenders abweichend von § 65a Absatz 3 auch durch Nutzung des elektronischen Identitätsnachweises nach § 18 des Personalausweisgesetzes oder § 78 Absatz 5 des Aufenthaltsgesetzes erfolgen kann.

§ 66 (Rechtsbehelfsbelehrung und Fristen)

(1) Die Frist für ein Rechtsmittel oder einen anderen Rechtsbehelf beginnt nur dann zu laufen, wenn der Beteiligte über den Rechtsbehelf, die Verwaltungsstelle oder das Gericht, bei denen der Rechtsbehelf anzubringen ist, den Sitz und die einzuhaltende Frist schriftlich oder elektronisch belehrt worden ist.

(2) Ist die Belehrung unterblieben oder unrichtig erteilt, so ist die Einlegung des Rechtsbehelfs nur innerhalb eines Jahres seit Zustellung, Eröffnung oder Verkündung zulässig, außer wenn die Einlegung vor Ablauf der Jahresfrist infolge höherer Gewalt unmöglich war oder eine schriftliche oder elektronische Belehrung dahin erfolgt ist, daß ein Rechtsbehelf nicht gegeben sei. § 67 Abs. 2 gilt für den Fall höherer Gewalt entsprechend.

§ 67 (Unverschuldete Fristversäumnis)

(1) Wenn jemand ohne Verschulden verhindert war, eine gesetzliche Verfahrensfrist einzuhalten, so ist ihm auf Antrag Wiedereinsetzung in den vorigen Stand zu gewähren.

(2) Der Antrag ist binnen eines Monats nach Wegfall des Hindernisses zu stellen. Die Tatsachen zur Begründung des Antrages sollen glaubhaft gemacht werden. Innerhalb der Antragsfrist ist die versäumte Rechtshandlung nachzuholen. Ist dies geschehen, so kann die Wiedereinsetzung auch ohne Antrag gewährt werden.

(3) Nach einem Jahr seit dem Ende der versäumten Frist ist der Antrag unzulässig, außer wenn der Antrag vor Ablauf der Jahresfrist infolge höherer Gewalt unmöglich war.

(4) Über den Wiedereinsetzungsantrag entscheidet das Gericht, das über die versäumte Rechtshandlung zu befinden hat. Der Beschluß, der die Wiedereinsetzung bewilligt, ist unanfechtbar.

§ 68 (weggefallen)

§ 69 (Verfahrensbeteiligte)

Beteiligte am Verfahren sind

1. der Kläger,
2. der Beklagte,
3. der Beigeladene.

§ 70 (Beteiligungsfähigkeit)

Fähig, am Verfahren beteiligt zu sein, sind

1. natürliche und juristische Personen,
2. nichtrechtsfähige Personenvereinigungen,
3. Behörden, sofern das Landesrecht dies bestimmt,
4. gemeinsame Entscheidungsgremien von Leistungserbringern und Krankenkassen oder Pflegekassen.

§ 71 (Prozeßfähigkeit)

(1) Ein Beteiligter ist prozeßfähig, soweit er sich durch Verträge verpflichten kann.

(2) Minderjährige sind in eigener Sache prozeßfähig, soweit sie durch Vorschriften des bürgerlichen oder öffentlichen Rechts für den Gegenstand des Verfahrens als geschäftsfähig anerkannt sind. Zur Zurücknahme eines Rechtsbehelfs bedürfen sie der Zustimmung des gesetzlichen Vertreters.

(3) Für rechtsfähige und nichtrechtsfähige Personenvereinigungen sowie für Behörden handeln ihre gesetzlichen Vertreter und Vorstände.

(4) Für Entscheidungsgremien im Sinne von § 70 Nr. 4 handelt der Vorsitzende.

(5) In Angelegenheiten des sozialen Entschädigungsrechts und des Schwerbehindertenrechts wird das Land durch das Landesversorgungsamt oder nach Maßgabe des Landesrechts durch die Stelle vertreten, der dessen Aufgaben übertragen worden sind oder die für die Durchführung des Bundesversorgungsgesetzes oder des Rechts der Teilhabe behinderter Menschen zuständig ist.

(6) Die §§ 53 bis 56 der Zivilprozeßordnung gelten entsprechend.

XIV

§ 72 (Bestellung eines besonderen Vertreters)

(1) Für einen nicht prozeßfähigen Beteiligten ohne gesetzlichen Vertreter kann der Vorsitzende bis zum Eintritt eines Vormundes, Betreuers oder Pflegers für das Verfahren einen besonderen Vertreter bestellen, dem alle Rechte, außer dem Empfang von Zahlungen, zustehen.

(2) Die Bestellung eines besonderen Vertreters ist mit Zustimmung des Beteiligten oder seines gesetzlichen Vertreters auch zulässig, wenn der Aufenthaltsort eines Beteiligten oder seines gesetzlichen Vertreters vom Sitz des Gerichts weit entfernt ist.

§ 73 (Prozessvertreter)

(1) Die Beteiligten können vor dem Sozialgericht und dem Landessozialgericht den Rechtsstreit selbst führen.

(2) Die Beteiligten können sich durch einen Rechtsanwalt oder einen Rechtslehrer an einer staatlichen oder staatlich anerkannten Hochschule eines Mitgliedstaates der Europäischen Union, eines anderen Vertragsstaates des Abkommens über den Europäischen Wirtschaftsraum oder der Schweiz, der die Befähigung zum Richteramt besitzt, als Bevollmächtigten vertreten lassen. Darüber hinaus sind als Bevollmächtigte vor dem Sozialgericht und dem Landessozialgericht vertretungsbefugt nur

1. Beschäftigte des Beteiligten oder eines mit ihm verbundenen Unternehmens (§ 15 des Aktiengesetzes); Behörden und juristische Personen des öffentlichen Rechts einschließlich der von ihnen zur Erfüllung ihrer öffentlichen Aufgaben gebildeten Zusammenschlüsse können sich auch durch Beschäftigte anderer Behörden oder juristischer Personen des öffentlichen Rechts einschließlich der von ihnen zur Erfüllung ihrer öffentlichen Aufgaben gebildeten Zusammenschlüsse vertreten lassen,
2. volljährige Familienangehörige (§ 15 der Abgabenordnung, § 11 des Lebenspartnerschaftsgesetzes), Personen mit Befähigung zum Richteramt und Streitgenossen, wenn die Vertretung nicht im Zusammenhang mit einer entgeltlichen Tätigkeit steht,
3. Rentenberater im Umfang ihrer Befugnisse nach § 10 Abs. 1 Satz 1 Nr. 2 des Rechtsdienstleistungsgesetzes,
4. Steuerberater, Steuerbevollmächtigte, Wirtschaftsprüfer und vereidigte Buchprüfer, Personen und Vereinigungen im Sinn des § 3a des Steuerberatungsgesetzes sowie Gesellschaften im Sinn des § 3 Nr. 2 und 3 des Steuerberatungsgesetzes, die durch Personen im Sinn des § 3 Nr. 1 des Steuerberatungsgesetzes handeln, in Angelegenheiten nach den §§ 28h und 28p des Vierten Buches Sozialgesetzbuch,
5. selbständige Vereinigungen von Arbeitnehmern mit sozial- oder berufspolitischer Zwecksetzung für ihre Mitglieder,
6. berufsständische Vereinigungen der Landwirtschaft für ihre Mitglieder,
7. Gewerkschaften und Vereinigungen von Arbeitgebern sowie Zusammenschlüsse solcher Verbände für ihre Mitglieder oder für andere Verbände oder Zusammenschlüsse mit vergleichbarer Ausrichtung und deren Mitglieder,
8. Vereinigungen, deren satzungsgemäße Aufgaben die gemeinschaftliche Interessenvertretung, die Beratung und Vertretung der Leistungsempfänger nach dem sozialen Entschädigungsrecht oder der behinderten Menschen wesentlich umfassen und die unter Berücksichtigung von Art und Umfang ihrer Tätigkeit sowie ihres Mitgliederkreises die Gewähr für eine sachkundige Prozessvertretung bieten, für ihre Mitglieder,
9. juristische Personen, deren Anteile sämtlich im wirtschaftlichen Eigentum einer der in den Nummern 5 bis 8 bezeichneten Organisationen stehen, wenn die juristische Person ausschließlich die Rechtsberatung und Prozessvertretung dieser Organisation und ihrer Mitglieder oder anderer Verbände oder Zusammenschlüsse mit vergleichbarer Ausrichtung und deren Mitglieder entsprechend deren Satzung durchführt,

und wenn die Organisation für die Tätigkeit der Bevollmächtigten haftet.

Bevollmächtigte, die keine natürlichen Personen sind, handeln durch ihre Organe und mit der Prozessvertretung beauftragten Vertreter. § 157 der Zivilprozessordnung gilt entsprechend.

(3) Das Gericht weist Bevollmächtigte, die nicht nach Maßgabe des Absatzes 2 vertretungsbefugt sind, durch unanfechtbaren Beschluss zurück. Prozesshandlungen eines nicht vertretungsbefugten Bevollmächtigten und Zustellungen oder Mitteilungen an diesen Bevollmächtigten sind bis zu seiner Zurückweisung wirksam. Das Gericht kann den in Absatz 2 Satz 2 Nr. 1 und 2 bezeichneten Bevollmächtigten durch unanfechtbaren Beschluss die weitere Vertretung untersagen, wenn sie nicht in der Lage sind, das Sach- und Streitverhältnis sachgerecht darzustellen. Satz 3 gilt nicht für Beschäftigte eines Sozialleistungsträgers oder eines Spitzenverbandes der Sozialversicherung.

(4) Vor dem Bundessozialgericht müssen sich die Beteiligten, außer im Prozesskostenhilfeverfahren, durch Prozessbevollmächtigte vertreten lassen. Als Bevollmächtigte sind außer den in Absatz 2 Satz 1 bezeichneten Personen nur die in Absatz 2 Satz 2 Nr. 5 bis 9 bezeichneten Organisationen zugelassen. Diese müssen durch Personen mit Befähigung zum Richteramt handeln. Behörden und juristische Personen des öffentlichen Rechts einschließlich der von ihnen zur Erfüllung ihrer öffentlichen Aufgaben gebildeten Zusammenschlüsse sowie private Pflegeversicherungsunternehmen können sich durch eigene Beschäftigte mit Befähigung zum Richteramt oder durch Beschäftigte mit Befähigung zum Richteramt anderer Behörden oder juristischer Personen des öffentlichen Rechts einschließlich der von ihnen zur Erfüllung ihrer öffentlichen Aufgaben gebildeten Zusammenschlüsse vertreten lassen. Ein Beteiligter, der nach Maßgabe des Satzes 2 zur Vertretung berechtigt ist, kann sich selbst vertreten; Satz 3 bleibt unberührt.

(5) Richter dürfen nicht als Bevollmächtigte vor dem Gericht auftreten, dem sie angehören. Ehrenamtliche Richter dürfen, außer in den Fällen des Absatzes 2 Satz 2 Nr. 1, nicht vor einem Spruchkörper auftreten, dem sie angehören. Absatz 3 Satz 1 und 2 gilt entsprechend.

(6) Die Vollmacht ist schriftlich zu den Gerichtsakten einzureichen. Sie kann nachgereicht werden; hierfür kann das Gericht eine Frist bestimmen. Bei Ehegatten oder Lebenspartnern und Verwandten in gerader Linie kann unterstellt werden, dass sie bevollmächtigt sind. Der Mangel der Vollmacht kann in jeder Lage des Verfahrens geltend gemacht werden. Das Gericht hat den Mangel der Vollmacht von Amts wegen zu berücksichtigen, wenn nicht als Bevollmächtigter ein Rechtsanwalt auftritt. Ist ein Bevollmächtigter bestellt, sind die Zustellungen oder Mitteilungen des Gerichts an ihn zu richten. Im Übrigen gelten die §§ 81, 83 bis 86 der Zivilprozessordnung entsprechend.

(7) In der Verhandlung können die Beteiligten mit Beiständen erscheinen. Beistand kann sein, wer in Verfahren, in denen die Beteiligten den Rechtsstreit selbst führen können, als Bevollmächtigter zur Vertretung in der Verhandlung befugt ist. Das Gericht kann andere Personen als Beistand zulassen, wenn dies sachdienlich ist und hierfür nach den Umständen des Einzelfalls ein Bedürfnis besteht. Absatz 3 Satz 1 und 3 und Absatz 5 gelten entsprechend. Das von dem Beistand Vorgetragene gilt als von dem Beteiligten vorgebracht, soweit es nicht von diesem sofort widerrufen oder berichtigt wird.

§ 73a (Prozesskostenhilfe)

(1) Die Vorschriften der Zivilprozeßordnung über die Prozeßkostenhilfe mit Ausnahme des § 127 Absatz 2 Satz 2 der Zivilprozeßordnung gelten entsprechend. Macht der Beteiligte, dem Prozeßkostenhilfe bewilligt ist, von seinem Recht, einen Rechtsanwalt zu wählen, nicht Gebrauch, wird auf Antrag des Beteiligten der beizuordnende Rechtsanwalt vom Gericht ausgewählt. Einem Beteiligten, dem Prozesskostenhilfe bewilligt worden ist, kann auch ein Steuerberater, Steuerbevollmächtigter, Wirtschaftsprüfer, vereidigter Buchprüfer

oder Rentenberater beigeordnet werden. Die Vergütung richtet sich nach den für den beigeordneten Rechtsanwalt geltenden Vorschriften des Rechtsanwaltsvergütungsgesetzes.

(2) Prozeßkostenhilfe wird nicht bewilligt, wenn der Beteiligte durch einen Bevollmächtigten im Sinne des § 73 Abs. 2 Satz 2 Nr. 5 bis 9 vertreten ist.

(3) § 109 Abs. 1 Satz 2 bleibt unberührt.

(4) Die Prüfung der persönlichen und wirtschaftlichen Verhältnisse nach den §§ 114 bis 116 der Zivilprozessordnung einschließlich der in § 118 Absatz 2 der Zivilprozessordnung bezeichneten Maßnahmen, der Beurkundung von Vergleichen nach § 118 Absatz 1 Satz 3 der Zivilprozessordnung und der Entscheidungen nach § 118 Absatz 2 Satz 4 der Zivilprozessordnung obliegt dem Urkundsbeamten der Geschäftsstelle des jeweiligen Rechtszugs, wenn der Vorsitzende ihm das Verfahren insoweit überträgt. Liegen die Voraussetzungen für die Bewilligung der Prozesskostenhilfe hiernach nicht vor, erlässt der Urkundsbeamte die den Antrag ablehnende Entscheidung; anderenfalls vermerkt der Urkundsbeamte in den Prozessakten, dass dem Antragsteller nach seinen persönlichen und wirtschaftlichen Verhältnissen Prozesskostenhilfe gewährt werden kann und in welcher Höhe gegebenenfalls Monatsraten oder Beträge aus dem Vermögen zu zahlen sind.

(5) Dem Urkundsbeamten obliegen im Verfahren über die Prozesskostenhilfe ferner die Bestimmung des Zeitpunkts für die Einstellung und eine Wiederaufnahme der Zahlungen nach § 120 Absatz 3 der Zivilprozessordnung sowie die Änderung und die Aufhebung der Bewilligung der Prozesskostenhilfe nach den §§ 120a und 124 Absatz 1 Nummer 2 bis 5 der Zivilprozessordnung.

(6) Der Vorsitzende kann Aufgaben nach den Absätzen 4 und 5 zu jedem Zeitpunkt an sich ziehen. § 5 Absatz 1 Nummer 1, die §§ 6, 7, 8 Absatz 1 bis 4 und § 9 des Rechtspflegergesetzes gelten entsprechend mit der Maßgabe, dass an die Stelle des Rechtspflegers der Urkundsbeamte der Geschäftsstelle tritt.

(7) § 155 Absatz 4 gilt entsprechend.

(8) Gegen Entscheidungen des Urkundsbeamten nach den Absätzen 4 und 5 kann binnen eines Monats nach Bekanntgabe das Gericht angerufen werden, das endgültig entscheidet.

(9) Durch Landesgesetz kann bestimmt werden, dass die Absätze 4 bis 8 für die Gerichte des jeweiligen Landes nicht anzuwenden sind.

§ 74 (Streitgenossenschaft und Hauptintervention)

Die §§ 59 bis 65 der Zivilprozeßordnung über die Streitgenossenschaft und die Hauptintervention gelten entsprechend.

§ 75 (Beiladung Dritter)

(1) Das Gericht kann von Amts wegen oder auf Antrag andere, deren berechtigte Interessen durch die Entscheidung berührt werden, beiladen. In Angelegenheiten des sozialen Entschädigungsrechts ist die Bundesrepublik Deutschland auf Antrag beizuladen.

(2) Sind an dem streitigen Rechtsverhältnis Dritte derart beteiligt, daß die Entscheidung auch ihnen gegenüber nur einheitlich ergehen kann, oder ergibt sich im Verfahren, daß bei der Ablehnung des Anspruchs ein anderer Versicherungsträger, ein Träger der Grundsicherung für Arbeitsuchende, ein Träger der Sozialhilfe, ein Träger der Leistungen nach dem Asylbewerberleistungsgesetz oder in Angelegenheiten des sozialen Entschädigungsrechts ein Land als leistungspflichtig in Betracht kommt, so sind sie beizuladen.

(2a) Kommt nach Absatz 2 erste Alternative die Beiladung von mehr als 20 Personen in Betracht, kann das Gericht durch Beschluss anordnen, dass nur solche Personen beigeladen werden, die dies innerhalb einer bestimmten Frist beantragen. Der Beschluss ist unanfechtbar. Er ist im Bundesanzeiger bekannt zu machen. Er muss außerdem in im gesamten Bundesgebiet verbreiteten Tageszeitungen veröffentlicht werden. Die Bekanntmachung kann zusätzlich in einem von dem Gericht für Bekanntmachungen bestimmten Informations- und Kommunikationssystem erfolgen. Die Frist muss mindestens drei Monate seit der Bekanntgabe betragen. Es ist jeweils anzugeben, an welchem Tag die Antragsfrist abläuft. Für die Wiedereinsetzung in den vorigen Stand wegen Fristversäumnis gilt § 67 entsprechend. Das Gericht soll Personen, die von der Entscheidung erkennbar in besonderem Maße betroffen werden, auch ohne Antrag beiladen.

(3) Der Beiladungsbeschluß ist allen Beteiligten zuzustellen. Dabei sollen der Stand der Sache und der Grund der Beiladung angegeben werden. Der Beschluß, den Dritten beizuladen, ist unanfechtbar.

(4) Der Beigeladene kann innerhalb der Anträge der anderen Beteiligten selbständig Angriffs- und Verteidigungsmittel geltend machen und alle Verfahrenshandlungen wirksam vornehmen. Abweichende Sachanträge kann er nur dann stellen, wenn eine Beiladung nach Absatz 2 vorliegt.

(5) Ein Versicherungsträger, ein Träger der Grundsicherung für Arbeitsuchende, ein Träger der Sozialhilfe, ein Träger der Leistungen nach dem Asylbewerberleistungsgesetz oder in Angelegenheiten des sozialen Entschädigungsrechts ein Land kann nach Beiladung verurteilt werden.

Zweiter Unterabschnitt
Beweissicherungsverfahren

§ 76 (Verfahren zur Sicherung von Beweisen)

(1) Auf Gesuch eines Beteiligten kann die Einnahme des Augenscheins und die Vernehmung von Zeugen und Sachverständigen zur Sicherung des Beweises angeordnet werden, wenn zu besorgen ist, daß das Beweismittel verlorengehe oder seine Benutzung erschwert werde, oder wenn der gegenwärtige Zustand einer Person oder einer Sache festgestellt werden soll und der Antragsteller ein berechtigtes Interesse an dieser Feststellung hat.

(2) Das Gesuch ist bei dem für die Hauptsache zuständigen Sozialgericht anzubringen. In Fällen dringender Gefahr kann das Gesuch bei einem anderen Sozialgericht oder einem Amtsgericht angebracht werden, in dessen Bezirk sich die zu vernehmenden Personen aufhalten oder sich der in Augenschein zu nehmende Gegenstand befindet.

(3) Für das Verfahren gelten die §§ 487, 490 bis 494 der Zivilprozeßordnung entsprechend.

Dritter Unterabschnitt
Vorverfahren und einstweiliger Rechtsschutz

§ 77 (Bindungswirkung der Verwaltungsakte)

Wird der gegen einen Verwaltungsakt gegebene Rechtsbehelf nicht oder erfolglos eingelegt, so ist der Verwaltungsakt für die Beteiligten in der Sache bindend, soweit durch Gesetz nichts anderes bestimmt ist.

§ 78 (Notwendigkeit des Vorverfahrens)

(1) Vor Erhebung der Anfechtungsklage sind Rechtmäßigkeit und Zweckmäßigkeit des Verwaltungsaktes in einem Vorverfahren nachzuprüfen. Eines Vorverfahrens bedarf es nicht, wenn

1. ein Gesetz dies für besondere Fälle bestimmt oder
2. der Verwaltungsakt von einer obersten Bundesbehörde, einer obersten Landesbehörde oder von dem Vorstand der Bundesagentur für Arbeit erlassen worden ist, außer wenn ein Gesetz die Nachprüfung vorschreibt, oder
3. ein Land, ein Versicherungsträger oder einer seiner Verbände klagen will.

(2) (weggefallen)

(3) Für die Verpflichtungsklage gilt Absatz 1 entsprechend, wenn der Antrag auf Vornahme des Verwaltungsaktes abgelehnt worden ist.

§§ 79 bis 82 (weggefallen)

§ 83 (Einleitung des Vorverfahrens)

Das Vorverfahren beginnt mit der Erhebung des Widerspruchs.

§ 84 (Widerspruchsfrist)

(1) Der Widerspruch ist binnen eines Monats, nachdem der Verwaltungsakt dem Beschwerten bekanntgegeben worden ist, schriftlich oder zur Niederschrift bei der Stelle einzureichen, die den Verwaltungsakt erlassen hat. Die Frist beträgt bei Bekanntgabe im Ausland drei Monate.

(2) Die Frist zur Erhebung des Widerspruchs gilt auch dann als gewahrt, wenn die Widerspruchsschrift bei einer anderen inländischen Behörde oder bei einem Versicherungsträger oder bei einer deutschen Konsularbehörde oder, soweit es sich um die Versicherung von Seeleuten handelt, auch bei einem deutschen Seemannsamt eingegangen ist. Die Widerspruchsschrift ist unverzüglich der zuständigen Behörde oder dem zuständigen Versicherungsträger zuzuleiten, der sie der für die Entscheidung zuständigen Stelle vorzulegen hat. Im übrigen gelten die §§ 66 und 67 entsprechend.

§ 84a (Vorverfahren)

Für das Vorverfahren gilt § 25 Abs. 4 des Zehnten Buches Sozialgesetzbuch nicht.

§ 85 (Abhilfe bzw. Widerspruchsbescheid)

(1) Wird der Widerspruch für begründet erachtet, so ist ihm abzuhelfen.

(2) Wird dem Widerspruch nicht abgeholfen, so erläßt den Widerspruchsbescheid

1. die nächsthöhere Behörde oder, wenn diese eine oberste Bundes- oder eine oberste Landesbehörde ist, die Behörde, die den Verwaltungsakt erlassen hat,
2. in Angelegenheiten der Sozialversicherung die von der Vertreterversammlung bestimmte Stelle,
3. in Angelegenheiten der Bundesagentur für Arbeit mit Ausnahme der Angelegenheiten nach dem Zweiten Buch Sozialgesetzbuch die von dem Vorstand bestimmte Stelle,
4. in Angelegenheiten der kommunalen Selbstverwaltung die Selbstverwaltungsbehörde, soweit nicht durch Gesetz anderes bestimmt wird.

Abweichend von Satz 1 Nr. 1 ist in Angelegenheiten nach dem Zweiten Buch Sozialgesetzbuch und, soweit Landesrecht nichts Abweichendes vorsieht, in Angelegenheiten nach dem Vierten Kapitel des Zwölften Buches Sozialgesetzbuch der zuständige Träger, der den dem Widerspruch zugrunde liegenden Verwaltungsakt erlassen hat, auch für die Entscheidung über den Widerspruch zuständig; § 44b Absatz 1 Satz 3 des Zweiten Buches Sozialgesetzbuch bleibt unberührt. Vorschriften, nach denen im Vorverfahren Ausschüsse oder Beiräte an die Stelle einer Behörde treten, bleiben unberührt. Die Ausschüsse oder Beiräte können abweichend von Satz 1 Nr. 1 auch bei der Behörde gebildet werden, die den Verwaltungsakt erlassen hat.

(3) Der Widerspruchsbescheid ist schriftlich zu erlassen, zu begründen und den Beteiligten bekanntzugeben. Nimmt die Behörde eine Zustellung vor, gelten die §§ 2 bis 10 des Verwaltungszustellungsgesetzes. § 5 Abs. 4 des Verwaltungszustellungsgesetzes und § 178 Abs. 1 Nr. 2 der Zivilprozessordnung sind auf die nach § 73 Abs. 2 Satz 2 Nr. 3 bis 9 als Bevollmächtigte zugelassenen Personen entsprechend anzuwenden. Die Beteiligten sind hierbei über die Zulässigkeit der Klage, die einzuhaltende Frist und den Sitz des zuständigen Gerichts zu belehren.

(4) Über ruhend gestellte Widersprüche kann durch eine öffentlich bekannt gegebene Allgemeinverfügung entschieden werden, wenn die den angefochtenen Verwaltungsakten zugrunde liegende Gesetzeslage durch eine Entscheidung des Bundesverfassungsgerichts bestätigt wurde, Widerspruchsbescheide gegenüber einer Vielzahl von Widerspruchsführern zur gleichen Zeit ergehen müssen und durch sie die Rechtsstellung der Betroffenen ausschließlich nach einem für alle identischen Maßstab verändert wird. Die öffentliche Bekanntgabe erfolgt durch Veröffentlichung der Entscheidung über den Internetauftritt der Behörde, im Bundesanzeiger und in mindestens drei überregional erscheinenden Tageszeitungen. Auf die öffentliche Bekanntgabe, den Ort ihrer Bekanntgabe sowie die Klage-

frist des § 87 Abs. 1 Satz 3 ist bereits in der Ruhensmitteilung hinzuweisen.

§ 86 (Änderung des Verwaltungsakts; Suspensiveffekt des Widerspruchs)

Wird während des Vorverfahrens der Verwaltungsakt abgeändert, so wird auch der neue Verwaltungsakt Gegenstand des Vorverfahrens; er ist der Stelle, die über den Widerspruch entscheidet, unverzüglich mitzuteilen.

§ 86a (Aufschiebende Wirkung)

(1) Widerspruch und Anfechtungsklage haben aufschiebende Wirkung. Das gilt auch bei rechtsgestaltenden und feststellenden Verwaltungsakten sowie bei Verwaltungsakten mit Drittwirkung.

(2) Die aufschiebende Wirkung entfällt

1. bei der Entscheidung über Versicherungs-, Beitrags- und Umlagepflichten sowie der Anforderung von Beiträgen, Umlagen und sonstigen öffentlichen Abgaben einschließlich der darauf entfallenden Nebenkosten,
2. in Angelegenheiten des sozialen Entschädigungsrechts und der Bundesagentur für Arbeit bei Verwaltungsakten, die eine laufende Leistung entziehen oder herabsetzen,
3. für die Anfechtungsklage in Angelegenheiten der Sozialversicherung bei Verwaltungsakten, die eine laufende Leistung herabsetzen oder entziehen,
4. in anderen durch Bundesgesetz vorgeschriebenen Fällen,
5. in Fällen, in denen die sofortige Vollziehung im öffentlichen Interesse oder im überwiegenden Interesse eines Beteiligten ist und die Stelle, die den Verwaltungsakt erlassen oder über den Widerspruch zu entscheiden hat, die sofortige Vollziehung mit schriftlicher Begründung des besonderen Interesses an der sofortigen Vollziehung anordnet.

(3) In den Fällen des Absatzes 2 kann die Stelle, die den Verwaltungsakt erlassen oder die über den Widerspruch zu entscheiden hat, die sofortige Vollziehung ganz oder teilweise aussetzen. In den Fällen des Absatzes 2 Nr. 1 soll die Aussetzung der Vollziehung erfolgen, wenn ernstliche Zweifel an der Rechtmäßigkeit des angegriffenen Verwaltungsaktes bestehen oder wenn die Vollziehung für den Abgaben- oder Kostenpflichtigen eine unbillige, nicht durch überwiegende öffentliche Interessen gebotene Härte zur Folge hätte. In den Fällen des Absatzes 2 Nr. 2 ist in Angelegenheiten des sozialen Entschädigungsrechts die nächsthöhere Behörde zuständig, es sei denn, diese ist eine oberste Bundes- oder eine oberste Landesbehörde. Die Entscheidung kann mit Auflagen versehen oder befristet werden. Die Stelle kann die Entscheidung jederzeit ändern oder aufheben.

(4) Die aufschiebende Wirkung entfällt, wenn eine Erlaubnis nach Artikel 1 § 1 des Arbeitnehmerüberlassungsgesetzes in der Fassung der Bekanntmachung vom 3. Februar 1995 (BGBl. I S. 158), das zuletzt durch Artikel 2 des Gesetzes vom 23. Juli 2001 (BGBl. I S. 1852) geändert worden ist, aufgehoben oder nicht verlängert wird. Absatz 3 gilt entsprechend.

§ 86b (Gericht der Hauptsache)

(1) Das Gericht der Hauptsache kann auf Antrag

1. in den Fällen, in denen Widerspruch oder Anfechtungsklage aufschiebende Wirkung haben, die sofortige Vollziehung ganz oder teilweise anordnen,
2. in den Fällen, in denen Widerspruch oder Anfechtungsklage keine aufschiebende Wirkung haben, die aufschiebende Wirkung ganz oder teilweise anordnen,
3. in den Fällen des § 86a Abs. 3 die sofortige Vollziehung ganz oder teilweise wiederherstellen.

Ist der Verwaltungsakt im Zeitpunkt der Entscheidung schon vollzogen oder befolgt worden, kann das Gericht die Aufhebung der Vollziehung anordnen. Die Wiederherstellung der aufschiebenden Wirkung oder die Anordnung der sofortigen Vollziehung kann mit Auflagen versehen oder befristet werden. Das Gericht der Hauptsache kann auf Antrag die Maßnahmen jederzeit ändern oder aufheben.

(2) Soweit ein Fall des Absatzes 1 nicht vorliegt, kann das Gericht der Hauptsache auf

Antrag eine einstweilige Anordnung in Bezug auf den Streitgegenstand treffen, wenn die Gefahr besteht, dass durch eine Veränderung des bestehenden Zustands die Verwirklichung eines Rechts des Antragstellers vereitelt oder wesentlich erschwert werden könnte. Einstweilige Anordnungen sind auch zur Regelung eines vorläufigen Zustands in Bezug auf ein streitiges Rechtsverhältnis zulässig, wenn eine solche Regelung zur Abwendung wesentlicher Nachteile nötig erscheint. Das Gericht der Hauptsache ist das Gericht des ersten Rechtszugs und, wenn die Hauptsache im Berufungsverfahren anhängig ist, das Berufungsgericht. Die §§ 920, 921, 923, 926, 928, 929 Absatz 1 und 3, die §§ 930 bis 932, 938, 939 und 945 der Zivilprozessordnung gelten entsprechend.

(3) Die Anträge nach den Absätzen 1 und 2 sind schon vor Klageerhebung zulässig.

(4) Das Gericht entscheidet durch Beschluss.

Vierter Unterabschnitt Verfahren im ersten Rechtszug

§ 87 (Klagefrist)

(1) Die Klage ist binnen eines Monats nach Bekanntgabe des Verwaltungsaktes zu erheben. Die Frist beträgt bei Bekanntgabe im Ausland drei Monate. Bei einer öffentlichen Bekanntgabe nach § 85 Abs. 4 beträgt die Frist ein Jahr. Die Frist beginnt mit dem Tag zu laufen, an dem seit dem Tag der letzten Veröffentlichung zwei Wochen verstrichen sind.

(2) Hat ein Vorverfahren stattgefunden, so beginnt die Frist mit der Bekanntgabe des Widerspruchsbescheids.

§ 88 (Untätigkeitsklage)

(1) Ist ein Antrag auf Vornahme eines Verwaltungsakts ohne zureichenden Grund in angemessener Frist sachlich nicht beschieden worden, so ist die Klage nicht vor Ablauf von sechs Monaten seit dem Antrag auf Vornahme des Verwaltungsakts zulässig. Liegt ein zureichender Grund dafür vor, daß der beantragte Verwaltungsakt noch nicht erlassen ist, so setzt das Gericht das Verfahren bis zum Ablauf einer von ihm bestimmten Frist aus, die verlängert werden kann. Wird innerhalb dieser Frist dem Antrag stattgegeben, so ist die Hauptsache für erledigt zu erklären.

(2) Das gleiche gilt, wenn über einen Widerspruch nicht entschieden worden ist, mit der Maßgabe, daß als angemessene Frist eine solche von drei Monaten gilt.

§ 89 (Ausnahmen von der Klagefrist)

Die Klage ist an keine Frist gebunden, wenn die Feststellung der Nichtigkeit eines Verwaltungsakts oder die Feststellung des zuständigen Versicherungsträgers oder die Vornahme eines unterlassenen Verwaltungsakts begehrt wird.

§ 90 (Klageerhebung)

Die Klage ist bei dem zuständigen Gericht der Sozialgerichtsbarkeit schriftlich oder zur Niederschrift des Urkundsbeamten der Geschäftsstelle zu erheben.

§ 91 (Wahrung der Klagefrist bei fehlerhafter Einreichung)

(1) Die Frist für die Erhebung der Klage gilt auch dann als gewahrt, wenn die Klageschrift innerhalb der Frist statt bei dem zuständigen Gericht der Sozialgerichtsbarkeit bei einer anderen inländischen Behörde oder bei einem Versicherungsträger oder bei einer deutschen Konsularbehörde oder, soweit es sich um die Versicherung von Seeleuten handelt, auch bei einem deutschen Seemannsamt im Ausland eingegangen ist.

(2) Die Klageschrift ist unverzüglich an das zuständige Gericht der Sozialgerichtsbarkeit abzugeben.

§ 92 (Inhalt der Klageschrift)

(1) Die Klage muss den Kläger, den Beklagten und den Gegenstand des Klagebegehrens bezeichnen. Zur Bezeichnung des Beklagten genügt die Angabe der Behörde. Die Klage soll einen bestimmten Antrag enthalten und von dem Kläger oder einer zu seiner Vertretung befugten Person mit Orts- und Zeitangabe unterzeichnet sein. Die zur Begründung dienenden Tatsachen und Beweismittel sollen angegeben, die angefochtene Verfügung und

der Widerspruchsbescheid sollen in Abschrift beigefügt werden.

(2) Entspricht die Klage diesen Anforderungen nicht, hat der Vorsitzende den Kläger zu der erforderlichen Ergänzung innerhalb einer bestimmten Frist aufzufordern. Er kann dem Kläger für die Ergänzung eine Frist mit ausschließender Wirkung setzen, wenn es an einem der in Absatz 1 Satz 1 genannten Erfordernisse fehlt. Für die Wiedereinsetzung in den vorigen Stand gilt § 67 entsprechend.

§ 93 (Anlagen zur Klageschrift)

Der Klageschrift, den sonstigen Schriftsätzen und nach Möglichkeit den Unterlagen sind vorbehaltlich des § 65a Abs. 2 Satz 2 Abschriften für die Beteiligten beizufügen. Sind die erforderlichen Abschriften nicht eingereicht, so fordert das Gericht sie nachträglich an oder fertigt sie selbst an. Die Kosten für die Anfertigung können von dem Kläger eingezogen werden.

§ 94 (Rechtshängigkeit)

Durch die Erhebung der Klage wird die Streitsache rechtshängig.

§ 95 (Streitgegenstand)

Hat ein Vorverfahren stattgefunden, so ist Gegenstand der Klage der ursprüngliche Verwaltungsakt in der Gestalt, die er durch den Widerspruchsbescheid gefunden hat.

§ 96 (Streitgegenstand bei Änderung des Verwaltungsakts)

(1) Nach Klageerhebung wird ein neuer Verwaltungsakt nur dann Gegenstand des Klageverfahrens, wenn er nach Erlass des Widerspruchsbescheides ergangen ist und den angefochtenen Verwaltungsakt abändert oder ersetzt.

(2) Eine Abschrift des neuen Verwaltungsakts ist dem Gericht mitzuteilen, bei dem das Verfahren anhängig ist.

§ 97 (weggefallen)

§ 98 (Verweisung des Rechtsstreits)

Für die sachliche und örtliche Zuständigkeit gelten die §§ 17, 17a und 17b Abs. 1, Abs. 2 Satz 1 des Gerichtsverfassungsgesetzes entsprechend. Beschlüsse entsprechend § 17a Abs. 2 und 3 des Gerichtsverfassungsgesetzes sind unanfechtbar.

§ 99 (Zulässigkeit der Klageänderung)

(1) Eine Änderung der Klage ist nur zulässig, wenn die übrigen Beteiligten einwilligen oder das Gericht die Änderung für sachdienlich hält.

(2) Die Einwilligung der Beteiligten in die Änderung der Klage ist anzunehmen, wenn sie sich, ohne der Änderung zu widersprechen, in einem Schriftsatz oder in einer mündlichen Verhandlung auf die abgeänderte Klage eingelassen haben.

(3) Als eine Änderung der Klage ist es nicht anzusehen, wenn ohne Änderung des Klagegrundes

1. die tatsächlichen oder rechtlichen Ausführungen ergänzt oder berichtigt werden,
2. der Klageantrag in der Hauptsache oder in bezug auf Nebenforderungen erweitert oder beschränkt wird,
3. statt der ursprünglich geforderten Leistung wegen einer später eingetretenen Veränderung eine andere Leistung verlangt wird.

(4) Die Entscheidung, daß eine Änderung der Klage nicht vorliege oder zuzulassen sei, ist unanfechtbar.

§ 100 (Zulässigkeit der Widerklage)

Bei dem Gericht der Klage kann eine Widerklage erhoben werden, wenn der Gegenanspruch mit dem in der Klage geltend gemachten Anspruch oder mit den gegen ihn vorgebrachten Verteidigungsmitteln zusammenhängt.

§ 101 (Vergleich und Anerkenntnis)

(1) Um den geltend gemachten Anspruch vollständig oder zum Teil zu erledigen, können die Beteiligten zur Niederschrift des Gerichts oder des Vorsitzenden oder des beauftragten oder ersuchten Richters einen Vergleich schließen, soweit sie über den Gegenstand der Klage verfügen können. Ein gerichtlicher Vergleich kann auch dadurch geschlossen werden, dass die Beteiligten einen in der Form

eines Beschlusses ergangenen Vorschlag des Gerichts, des Vorsitzenden oder des Berichterstatters schriftlich gegenüber dem Gericht annehmen.

(2) Das angenommene Anerkenntnis des geltend gemachten Anspruchs erledigt insoweit den Rechtsstreit in der Hauptsache.

§ 102 (Zulässigkeit der Klagerücknahme)

(1) Der Kläger kann die Klage bis zur Rechtskraft des Urteils zurücknehmen. Die Klagerücknahme erledigt den Rechtsstreit in der Hauptsache.

(2) Die Klage gilt als zurückgenommen, wenn der Kläger das Verfahren trotz Aufforderung des Gerichts länger als drei Monate nicht betreibt. Absatz 1 gilt entsprechend. Der Kläger ist in der Aufforderung auf die sich aus Satz 1 und gegebenenfalls aus § 197a Abs. 1 Satz 1 in Verbindung mit § 155 Abs. 2 der Verwaltungsgerichtsordnung ergebenden Rechtsfolgen hinzuweisen.

(3) Ist die Klage zurückgenommen oder gilt sie als zurückgenommen, so stellt das Gericht das Verfahren auf Antrag durch Beschluss ein und entscheidet über Kosten, soweit diese entstanden sind. Der Beschluss ist unanfechtbar.

§ 103 (Untersuchungsgrundsatz)

Das Gericht erforscht den Sachverhalt von Amts wegen; die Beteiligten sind dabei heranzuziehen. Es ist an das Vorbringen und die Beweisanträge der Beteiligten nicht gebunden.

§ 104 (Klagezustellung und Äußerungsfrist)

Der Vorsitzende übermittelt eine Abschrift der Klage an die übrigen Beteiligten. Zugleich mit der Zustellung oder Mitteilung ergeht die Aufforderung, sich schriftlich zu äußern; § 90 gilt entsprechend. Für die Äußerung kann eine Frist gesetzt werden, die nicht kürzer als ein Monat sein soll. Die Aufforderung muß den Hinweis enthalten, daß auch verhandelt und entschieden werden kann, wenn die Äußerung nicht innerhalb der Frist eingeht. Soweit das Gericht die Übersendung von Verwaltungsakten anfordert, soll diese binnen eines Monats nach Eingang der Aufforderung bei dem zuständigen Verwaltungsträger erfolgen. Die Übersendung einer beglaubigten Abschrift steht der Übersendung der Originalverwaltungsakten gleich, sofern nicht das Gericht die Übersendung der Originalverwaltungsakten wünscht.

§ 105 (Gerichtsbescheid)

(1) Das Gericht kann ohne mündliche Verhandlung durch Gerichtsbescheid entscheiden, wenn die Sache keine besonderen Schwierigkeiten tatsächlicher oder rechtlicher Art aufweist und der Sachverhalt geklärt ist. Die Beteiligten sind vorher zu hören. Die Vorschriften über Urteile gelten entsprechend.

(2) Die Beteiligten können innerhalb eines Monats nach Zustellung des Gerichtsbescheids das Rechtsmittel einlegen, das zulässig wäre, wenn das Gericht durch Urteil entschieden hätte. Ist die Berufung nicht gegeben, kann mündliche Verhandlung beantragt werden. Wird sowohl ein Rechtsmittel eingelegt als auch mündliche Verhandlung beantragt, findet mündliche Verhandlung statt.

(3) Der Gerichtsbescheid wirkt als Urteil; wird rechtzeitig mündliche Verhandlung beantragt, gilt er als nicht ergangen.

(4) Wird mündliche Verhandlung beantragt, kann das Gericht in dem Urteil von einer weiteren Darstellung des Tatbestandes und der Entscheidungsgründe absehen, soweit es der Begründung des Gerichtsbescheids folgt und dies in seiner Entscheidung feststellt.

§ 106 (Vorbereitung der Verhandlung)

(1) Der Vorsitzende hat darauf hinzuwirken, daß Formfehler beseitigt, unklare Anträge erläutert, sachdienliche Anträge gestellt, ungenügende Angaben tatsächlicher Art ergänzt sowie alle für die Feststellung und Beurteilung des Sachverhalts wesentlichen Erklärungen abgegeben werden.

(2) Der Vorsitzende hat bereits vor der mündlichen Verhandlung alle Maßnahmen zu treffen, die notwendig sind, um den Rechtsstreit

möglichst in einer mündlichen Verhandlung zu erledigen.

(3) Zu diesem Zweck kann er insbesondere

1. um Mitteilung von Urkunden sowie um Übermittlung elektronischer Dokumente ersuchen,
2. Krankenpapiere, Aufzeichnungen, Krankengeschichten, Sektions- und Untersuchungsbefunde sowie Röntgenbilder beiziehen,
3. Auskünfte jeder Art einholen,
4. Zeugen und Sachverständige in geeigneten Fällen vernehmen oder, auch eidlich, durch den ersuchten Richter vernehmen lassen,
5. die Einnahme des Augenscheins sowie die Begutachtung durch Sachverständige anordnen und ausführen,
6. andere beiladen,
7. einen Termin anberaumen, das persönliche Erscheinen der Beteiligten hierzu anordnen und den Sachverhalt mit diesen erörtern.

(4) Für die Beweisaufnahme gelten die §§ 116, 118 und 119 entsprechend.

§ 106a (Fristsetzung)

(1) Der Vorsitzende kann dem Kläger eine Frist setzen zur Angabe der Tatsachen, durch deren Berücksichtigung oder Nichtberücksichtigung im Verwaltungsverfahren er sich beschwert fühlt.

(2) Der Vorsitzende kann einem Beteiligten unter Fristsetzung aufgeben, zu bestimmten Vorgängen

1. Tatsachen anzugeben oder Beweismittel zu bezeichnen,
2. Urkunden oder andere bewegliche Sachen vorzulegen sowie elektronische Dokumente zu übermitteln, soweit der Beteiligte dazu verpflichtet ist.

(3) Das Gericht kann Erklärungen und Beweismittel, die erst nach Ablauf einer nach den Absätzen 1 und 2 gesetzten Frist vorgebracht werden, zurückweisen und ohne weitere Ermittlungen entscheiden, wenn

1. ihre Zulassung nach der freien Überzeugung des Gerichts die Erledigung des Rechtsstreits verzögern würde und
2. der Beteiligte die Verspätung nicht genügend entschuldigt und
3. der Beteiligte über die Folgen einer Fristversäumung belehrt worden ist.

Der Entschuldigungsgrund ist auf Verlangen des Gerichts glaubhaft zu machen. Satz 1 gilt nicht, wenn es mit geringem Aufwand möglich ist, den Sachverhalt auch ohne Mitwirkung des Beteiligten zu ermitteln.

§ 107 (Bekanntgabe des Beweisergebnisses)

Den Beteiligten ist nach Anordnung des Vorsitzenden entweder eine Abschrift der Niederschrift der Beweisaufnahme oder deren Inhalt mitzuteilen.

§ 108 (Vorbereitende Schriftsätze)

Die Beteiligten können zur Vorbereitung der mündlichen Verhandlung Schriftsätze einreichen. Die Schriftsätze sind den übrigen Beteiligten von Amts wegen mitzuteilen.

§ 109 (Gutachtliche Hörung von Ärzten)

(1) Auf Antrag des Versicherten, des behinderten Menschen, des Versorgungsberechtigten oder Hinterbliebenen muß ein bestimmter Arzt gutachtlich gehört werden. Die Anhörung kann davon abhängig gemacht werden, daß der Antragsteller die Kosten vorschießt und vorbehaltlich einer anderen Entscheidung des Gerichts endgültig trägt.

(2) Das Gericht kann einen Antrag ablehnen, wenn durch die Zulassung die Erledigung des Rechtsstreits verzögert werden würde und der Antrag nach der freien Überzeugung des Gerichts in der Absicht, das Verfahren zu verschleppen, oder aus grober Nachlässigkeit nicht früher vorgebracht worden ist.

§ 110 (Bestimmung und Mitteilung von Ort und Zeit der mündlichen Verhandlung)

(1) Der Vorsitzende bestimmt Ort und Zeit der mündlichen Verhandlung und teilt sie den Beteiligten in der Regel zwei Wochen vorher

mit. Die Beteiligten sind darauf hinzuweisen, daß im Falle ihres Ausbleibens nach Lage der Akten entschieden werden kann.

(2) Das Gericht kann Sitzungen auch außerhalb des Gerichtssitzes abhalten, wenn dies zur sachdienlichen Erledigung notwendig ist.

(3) § 227 Abs. 3 Satz 1 der Zivilprozeßordnung ist nicht anzuwenden.

§ 110a (Videoübertragung)

(1) Das Gericht kann den Beteiligten, ihren Bevollmächtigten und Beiständen auf Antrag oder von Amts wegen gestatten, sich während einer mündlichen Verhandlung an einem anderen Ort aufzuhalten und dort Verfahrenshandlungen vorzunehmen. Die Verhandlung wird zeitgleich in Bild und Ton an diesen Ort und in das Sitzungszimmer übertragen.

(2) Das Gericht kann auf Antrag gestatten, dass sich ein Zeuge oder ein Sachverständiger während einer Vernehmung an einem anderen Ort aufhält. Die Vernehmung wird zeitgleich in Bild und Ton an diesen Ort und in das Sitzungszimmer übertragen. Ist Beteiligten, Bevollmächtigten und Beiständen nach Absatz 1 Satz 1 gestattet worden, sich an einem anderen Ort aufzuhalten, so wird die Vernehmung auch an diesen Ort übertragen.

(3) Die Übertragung wird nicht aufgezeichnet. Entscheidungen nach Absatz 1 Satz 1 und Absatz 2 Satz 1 sind unanfechtbar.

(4) Die Absätze 1 und 3 gelten entsprechend für Erörterungstermine (§ 106 Absatz 3 Nummer 7).

§ 111 (Anordnung des persönlichen Erscheinens der Beteiligten)

(1) Der Vorsitzende kann das persönliche Erscheinen eines Beteiligten zur mündlichen Verhandlung anordnen sowie Zeugen und Sachverständige laden. Auf die Folgen des Ausbleibens ist dabei hinzuweisen.

(2) Die Ladung von Zeugen und Sachverständigen ist den Beteiligten bei der Mitteilung des Termins zur mündlichen Verhandlung bekanntzugeben.

(3) Das Gericht kann einem Beteiligten, der keine natürliche Person ist, aufgeben, zur mündlichen Verhandlung oder zu einem Termin nach § 106 Absatz 3 Nummer 7 einen Beamten oder Angestellten zu entsenden, der mit einem schriftlichen Nachweis über die Vertretungsbefugnis versehen und über die Sach- und Rechtslage ausreichend unterrichtet ist.

§ 112 (Gang der mündlichen Verhandlung)

(1) Der Vorsitzende eröffnet und leitet die mündliche Verhandlung. Sie beginnt nach Aufruf der Sache mit der Darstellung des Sachverhalts.

(2) Sodann erhalten die Beteiligten das Wort. Der Vorsitzende hat das Sach- und Streitverhältnis mit den Beteiligten zu erörtern und dahin zu wirken, daß sie sich über erhebliche Tatsachen vollständig erklären sowie angemessene und sachdienliche Anträge stellen.

(3) Die Anträge können ergänzt, berichtigt oder im Rahmen des § 99 geändert werden.

(4) Der Vorsitzende hat jedem Beisitzer auf Verlangen zu gestatten, sachdienliche Fragen zu stellen. Wird eine Frage von einem Beteiligten beanstandet, so entscheidet das Gericht endgültig.

§ 113 (Klageverbindung und -trennung)

(1) Das Gericht kann durch Beschluß mehrere bei ihm anhängige Rechtsstreitigkeiten derselben Beteiligten oder verschiedener Beteiligter zur gemeinsamen Verhandlung und Entscheidung verbinden, wenn die Ansprüche, die den Gegenstand dieser Rechtsstreitigkeiten bilden, in Zusammenhang stehen oder von vornherein in einer Klage hätten geltend gemacht werden können.

(2) Die Verbindung kann, wenn es zweckmäßig ist, auf Antrag oder von Amts wegen wieder aufgehoben werden.

§ 114 (Aussetzung des Verfahrens)

(1) Hängt die Entscheidung eines Rechtsstreits von einem familien- oder erbrechtlichen Verhältnis ab, so kann das Gericht das Verfahren solange aussetzen, bis dieses Verhältnis im Zivilprozeß festgestellt worden ist.

(2) Hängt die Entscheidung des Rechtsstreits ganz oder zum Teil vom Bestehen oder Nicht-

bestehen eines Rechtsverhältnisses ab, das den Gegenstand eines anderen anhängigen Rechtsstreits bildet oder von einer Verwaltungsstelle festzustellen ist, so kann das Gericht anordnen, daß die Verhandlung bis zur Erledigung des anderen Rechtsstreits oder bis zur Entscheidung der Verwaltungsstelle auszusetzen sei. Auf Antrag kann das Gericht die Verhandlung zur Heilung von Verfahrens- und Formfehlern aussetzen, soweit dies im Sinne der Verfahrenskonzentration sachdienlich ist.

(2a) Hängt die Entscheidung des Rechtsstreits ab von der Gültigkeit einer Satzung oder einer anderen im Rang unter einem Landesgesetz stehenden Vorschrift, die nach § 22a Absatz 1 des Zweiten Buches Sozialgesetzbuch und dem dazu ergangenen Landesgesetz erlassen worden ist, so kann das Gericht anordnen, dass die Verhandlung bis zur Erledigung des Antragsverfahrens nach § 55a auszusetzen ist.

(3) Das Gericht kann, wenn sich im Laufe eines Rechtsstreits der Verdacht einer Straftat ergibt, deren Ermittlung auf die Entscheidung von Einfluß ist, die Aussetzung der Verhandlung bis zur Erledigung des Strafverfahrens anordnen.

§ 114a (Musterverfahren)

(1) Ist die Rechtmäßigkeit einer behördlichen Maßnahme Gegenstand von mehr als 20 Verfahren an einem Gericht, kann das Gericht eines oder mehrere geeignete Verfahren vorab durchführen (Musterverfahren) und die übrigen Verfahren aussetzen. Die Beteiligten sind vorher zu hören. Der Beschluss ist unanfechtbar.

(2) Ist über die durchgeführten Musterverfahren rechtskräftig entschieden worden, kann das Gericht nach Anhörung der Beteiligten über die ausgesetzten Verfahren durch Beschluss entscheiden, wenn es einstimmig der Auffassung ist, dass die Sachen gegenüber dem rechtskräftig entschiedenen Musterverfahren keine wesentlichen Besonderheiten tatsächlicher oder rechtlicher Art aufweisen und der Sachverhalt geklärt ist. Das Gericht kann in einem Musterverfahren erhobene Beweise einführen; es kann nach seinem Ermessen die wiederholte Vernehmung eines Zeugen oder eine neue Begutachtung durch denselben oder andere Sachverständige anordnen. Beweisanträge zu Tatsachen, über die bereits im Musterverfahren Beweis erhoben wurde, kann das Gericht ablehnen, wenn ihre Zulassung nach seiner freien Überzeugung nicht zum Nachweis neuer entscheidungserheblicher Tatsachen beitragen und die Erledigung des Rechtsstreits verzögern würde. Die Ablehnung kann in der Entscheidung nach Satz 1 erfolgen. Den Beteiligten steht gegen den Beschluss nach Satz 1 das Rechtsmittel zu, das zulässig wäre, wenn das Gericht durch Urteil entschieden hätte. Die Beteiligten sind über das Rechtsmittel zu belehren.

§ 115 (Verfahren bei Entfernung eines Beteiligten)

Ist ein bei der Verhandlung Beteiligter zur Aufrechterhaltung der Ordnung von dem Ort der Verhandlung entfernt worden, so kann gegen ihn in gleicher Weise verfahren werden, als wenn er sich freiwillig entfernt hätte. Das gleiche gilt im Falle des § 73 Abs. 3 Satz 1 und 3, sofern die Zurückweisung bereits in einer früheren Verhandlung geschehen war.

§ 116 (Beweistermine)

Die Beteiligten werden von allen Beweisaufnahmeterminen benachrichtigt und können der Beweisaufnahme beiwohnen. Sie können an Zeugen und Sachverständige sachdienliche Fragen richten lassen. Wird eine Frage beanstandet, so entscheidet das Gericht.

§ 117 (Verfahren bei Beweiserhebung)

Das Gericht erhebt Beweis in der mündlichen Verhandlung, soweit die Beweiserhebung nicht einen besonderen Termin erfordert.

§ 118 (Beweisaufnahme)

(1) Soweit dieses Gesetz nichts anderes bestimmt, sind auf die Beweisaufnahme die §§ 358 bis 363, 365 bis 378, 380 bis 386, 387 Abs. 1 und 2, §§ 388 bis 390, 392 bis 406 Absatz 1 bis 4, die §§ 407 bis 444, 478 bis 484 der Zivilprozeßordnung entsprechend anzuwenden. Die Entscheidung über die Rechtmä-

ßigkeit der Weigerung nach § 387 der Zivilprozeßordnung ergeht durch Beschluß.

(2) Zeugen und Sachverständige werden nur beeidigt, wenn das Gericht dies im Hinblick auf die Bedeutung des Zeugnisses oder Gutachtens für die Entscheidung des Rechtsstreits für notwendig erachtet.

(3) Der Vorsitzende kann das Auftreten eines Prozeßbevollmächtigten untersagen, solange die Partei trotz Anordnung ihres persönlichen Erscheinens unbegründet ausgeblieben ist und hierdurch der Zweck der Anordnung vereitelt wird.

§ 119 (Vorlage von Behördenakten und Auskunftspflicht)

(1) Eine Behörde ist zur Vorlage von Urkunden oder Akten, zur Übermittlung elektronischer Dokumente und zu Auskünften nicht verpflichtet, wenn die zuständige oberste Aufsichtsbehörde erklärt, dass das Bekanntwerden des Inhalts dieser Urkunden, Akten, elektronischer Dokumente oder Auskünfte dem Wohl des Bundes oder eines deutschen Landes nachteilig sein würde oder dass die Vorgänge nach einem Gesetz oder ihrem Wesen nach geheim gehalten werden müssen.

(2) Handelt es sich um Urkunden, elektronische Dokumente oder Akten und um Auskünfte einer obersten Bundesbehörde, so darf die Vorlage der Urkunden oder Akten, die Übermittlung elektronischer Dokumente und die Erteilung der Auskunft nur unterbleiben, wenn die Erklärung nach Absatz 1 von der Bundesregierung abgegeben wird. Die Landesregierung hat die Erklärung abzugeben, wenn diese Voraussetzungen bei einer obersten Landesbehörde vorliegen.

§ 120 (Akteneinsicht und Abschriften)

(1) Die Beteiligten haben das Recht der Einsicht in die Akten, soweit die übermittelnde Behörde dieses nicht ausschließt.

(2) Beteiligte können sich auf ihre Kosten durch die Geschäftsstelle Ausfertigungen, Auszüge, Ausdrucke und Abschriften erteilen lassen. Nach dem Ermessen des Vorsitzenden kann einem Bevollmächtigten, der zu den in § 73 Abs. 2 Satz 1 und 2 Nr. 3 bis 9 bezeichneten natürlichen Personen gehört, die Mitnahme der Akte in die Wohnung oder Geschäftsräume, der elektronische Zugriff auf den Inhalt der Akten gestattet oder der Inhalt der Akten elektronisch übermittelt werden. § 155 Abs. 4 gilt entsprechend. Bei einem elektronischen Zugriff auf den Inhalt der Akten ist sicherzustellen, dass der Zugriff nur durch den Bevollmächtigten erfolgt. Für die Übermittlung von elektronischen Dokumenten ist die Gesamtheit der Dokumente mit einer qualifizierten elektronischen Signatur nach § 2 Nr. 3 des Signaturgesetzes zu versehen und gegen unbefugte Kenntnisnahme zu schützen. Für die Versendung von Akten, die Übermittlung elektronischer Dokumente und die Gewährung des elektronischen Zugriffs auf Akten werden Kosten nicht erhoben, sofern nicht nach § 197a das Gerichtskostengesetz gilt.

(3) Der Vorsitzende kann aus besonderen Gründen die Einsicht in die Akten oder in Aktenteile sowie die Fertigung oder Erteilung von Auszügen und Abschriften versagen oder beschränken. Gegen die Versagung oder die Beschränkung der Akteneinsicht kann das Gericht angerufen werden; es entscheidet endgültig.

(4) Die Entwürfe zu Urteilen, Beschlüssen und Verfügungen, die zu ihrer Vorbereitung angefertigten Arbeiten sowie die Dokumente, welche Abstimmungen betreffen, werden weder vorgelegt noch abschriftlich mitgeteilt.

§ 121 (Schluß und Wiedereröffnung der mündlichen Verhandlung)

Nach genügender Erörterung der Streitsache erklärt der Vorsitzende die mündliche Verhandlung für geschlossen. Das Gericht kann die Wiedereröffnung beschließen.

§ 122 (Protokoll)

Für die Niederschrift gelten die §§ 159 bis 165 der Zivilprozeßordnung entsprechend.

Fünfter Unterabschnitt Urteile und Beschlüsse

§ 123 (Urteilstenor)

Das Gericht entscheidet über die vom Kläger erhobenen Ansprüche, ohne an die Fassung der Anträge gebunden zu sein.

§ 124 (Entscheidungsgrundlage)

(1) Das Gericht entscheidet, soweit nichts anderes bestimmt ist, auf Grund mündlicher Verhandlung.

(2) Mit Einverständnis der Beteiligten kann das Gericht ohne mündliche Verhandlung durch Urteil entscheiden.

(3) Entscheidungen des Gerichts, die nicht Urteile sind, können ohne mündliche Verhandlung ergehen, soweit nichts anderes bestimmt ist.

§ 125 (Urteil)

Über die Klage wird, soweit nichts anderes bestimmt ist, durch Urteil entschieden.

§ 126 (Entscheidung bei Ausbleiben von Beteiligten)

Das Gericht kann, sofern in der Ladung auf diese Möglichkeit hingewiesen worden ist, nach Lage der Akten entscheiden, wenn in einem Termin keiner der Beteiligten erscheint oder beim Ausbleiben von Beteiligten die erschienenen Beteiligten es beantragen.

§ 127 (Verbot von Überraschungsentscheidungen)

Ist ein Beteiligter nicht benachrichtigt worden, daß in der mündlichen Verhandlung eine Beweiserhebung stattfindet, und ist er in der mündlichen Verhandlung nicht zugegen oder vertreten, so kann in diesem Termin ein ihm ungünstiges Urteil nicht erlassen werden.

§ 128 (Freie Beweiswürdigung)

(1) Das Gericht entscheidet nach seiner freien, aus dem Gesamtergebnis des Verfahrens gewonnenen Überzeugung. In dem Urteil sind die Gründe anzugeben, die für die richterliche Überzeugung leitend gewesen sind.

(2) Das Urteil darf nur auf Tatsachen und Beweisergebnisse gestützt werden, zu denen sich die Beteiligten äußern können.

§ 129 (Erkennende Richter bei mündlicher Verhandlung)

Das Urteil kann nur von den Richtern gefällt werden, die an der dem Urteil zugrunde liegenden Verhandlung teilgenommen haben.

§ 130 (Grundurteil)

(1) Wird gemäß § 54 Abs. 4 oder 5 eine Leistung in Geld begehrt, auf die ein Rechtsanspruch besteht, so kann auch zur Leistung nur dem Grunde nach verurteilt werden. Hierbei kann im Urteil eine einmalige oder laufende vorläufige Leistung angeordnet werden. Die Anordnung der vorläufigen Leistung ist nicht anfechtbar.

(2) Das Gericht kann durch Zwischenurteil über eine entscheidungserhebliche Sach- oder Rechtsfrage vorab entscheiden, wenn dies sachdienlich ist.

§ 131 (Urteilsinhalt)

(1) Wird ein Verwaltungsakt oder ein Widerspruchsbescheid, der bereits vollzogen ist, aufgehoben, so kann das Gericht aussprechen, daß und in welcher Weise die Vollziehung des Verwaltungsaktes rückgängig zu machen ist. Dies ist nur zulässig, wenn die Verwaltungsstelle rechtlich dazu in der Lage und diese Frage ohne weiteres in jeder Beziehung spruchreif ist. Hat sich der Verwaltungsakt vorher durch Zurücknahme oder anders erledigt, so spricht das Gericht auf Antrag durch Urteil aus, daß der Verwaltungsakt rechtswidrig ist, wenn der Kläger ein berechtigtes Interesse an dieser Feststellung hat.

(2) Hält das Gericht die Verurteilung zum Erlaß eines abgelehnten Verwaltungsakts für begründet und diese Frage in jeder Beziehung für spruchreif, so ist im Urteil die Verpflichtung auszusprechen, den beantragten Verwaltungsakt zu erlassen. Im Übrigen gilt Absatz 3 entsprechend.

(3) Hält das Gericht die Unterlassung eines Verwaltungsakts für rechtswidrig, so ist im Urteil die Verpflichtung auszusprechen, den

Kläger unter Beachtung der Rechtsauffassung des Gerichts zu bescheiden.

(4) Hält das Gericht eine Wahl im Sinne des § 57b oder eine Wahl zu den Selbstverwaltungsorganen der Kassenärztlichen Vereinigungen oder der Kassenärztlichen Bundesvereinigungen ganz oder teilweise oder eine Ergänzung der Selbstverwaltungsorgane für ungültig, so spricht es dies im Urteil aus und bestimmt die Folgerungen, die sich aus der Ungültigkeit ergeben.

(5) Hält das Gericht eine weitere Sachaufklärung für erforderlich, kann es, ohne in der Sache selbst zu entscheiden, den Verwaltungsakt und den Widerspruchsbescheid aufheben, soweit nach Art oder Umfang die noch erforderlichen Ermittlungen erheblich sind und die Aufhebung auch unter Berücksichtigung der Belange der Beteiligten sachdienlich ist. Satz 1 gilt auch bei Klagen auf Verurteilung zum Erlass eines Verwaltungsakts und bei Klagen nach § 54 Abs. 4; Absatz 3 ist entsprechend anzuwenden. Auf Antrag kann das Gericht bis zum Erlass des neuen Verwaltungsakts eine einstweilige Regelung treffen, insbesondere bestimmen, dass Sicherheiten geleistet werden oder ganz oder zum Teil bestehen bleiben und Leistungen zunächst nicht zurückgewährt werden müssen. Der Beschluss kann jederzeit geändert oder aufgehoben werden. Eine Entscheidung nach Satz 1 kann nur binnen sechs Monaten seit Eingang der Akten der Behörde bei Gericht ergehen.

§ 132 (Urteilsverkündung; Zeit)

(1) Das Urteil ergeht im Namen des Volkes. Es wird grundsätzlich in dem Termin verkündet, in dem die mündliche Verhandlung geschlossen wird. Ausnahmsweise kann das Urteil in einem sofort anzuberaumenden Termin, der nicht über zwei Wochen hinaus angesetzt werden soll, verkündet werden. Eine Ladung der Beteiligten ist nicht erforderlich.

(2) Das Urteil wird durch Verlesen der Urteilsformel verkündet. Bei der Verkündung soll der wesentliche Inhalt der Entscheidungsgründe mitgeteilt werden, wenn Beteiligte anwesend sind.

§ 133 (Ersatz der Verkündung eines schriftlichen Verfahrens)

Bei Urteilen, die nicht auf Grund mündlicher Verhandlung ergehen, wird die Verkündung durch Zustellung ersetzt. Dies gilt für die Verkündung von Beschlüssen entsprechend.

§ 134 (Unterschrift des Vorsitzenden)

(1) Das Urteil ist vom Vorsitzenden zu unterschreiben.

(2) Das Urteil soll vor Ablauf eines Monats, vom Tag der Verkündung an gerechnet, vollständig abgefasst der Geschäftsstelle übermittelt werden. Im Falle des § 170a verlängert sich die Frist um die zur Anhörung der ehrenamtlichen Richter benötigte Zeit.

(3) Der Urkundsbeamte der Geschäftsstelle hat auf dem Urteil den Tag der Verkündung oder Zustellung zu vermerken und diesen Vermerk zu unterschreiben. Werden die Akten elektronisch geführt, hat der Urkundsbeamte der Geschäftsstelle den Vermerk in einem gesonderten Dokument festzuhalten. Das Dokument ist mit dem Urteil untrennbar zu verbinden.

§ 135 (Urteilszustellung)

Das Urteil ist den Beteiligten unverzüglich zuzustellen.

§ 136 (Form und Inhalt des Urteils)

(1) Das Urteil enthält

1. die Bezeichnung der Beteiligten, ihrer gesetzlichen Vertreter und der Bevollmächtigten nach Namen, Wohnort und ihrer Stellung im Verfahren,
2. die Bezeichnung des Gerichts und die Namen der Mitglieder, die bei der Entscheidung mitgewirkt haben,
3. den Ort und Tag der mündlichen Verhandlung,
4. die Urteilsformel,
5. die gedrängte Darstellung des Tatbestandes,
6. die Entscheidungsgründe,
7. die Rechtsmittelbelehrung.

(2) Die Darstellung des Tatbestandes kann durch eine Bezugnahme auf den Inhalt der

vorbereitenden Schriftsätze und auf die zur Sitzungsniederschrift erfolgten Feststellungen ersetzt werden, soweit sich aus ihnen der Sach- und Streitstand richtig und vollständig ergibt. In jedem Falle sind jedoch die erhobenen Ansprüche genügend zu kennzeichnen und die dazu vorgebrachten Angriffs- und Verteidigungsmittel ihrem Wesen nach hervorzuheben.

(3) Das Gericht kann von einer weiteren Darstellung der Entscheidungsgründe absehen, soweit es der Begründung des Verwaltungsaktes oder des Widerspruchsbescheides folgt und dies in seiner Entscheidung feststellt.

(4) Wird das Urteil in dem Termin, in dem die mündliche Verhandlung geschlossen worden ist, verkündet, so bedarf es des Tatbestandes und der Entscheidungsgründe nicht, wenn Kläger, Beklagter und sonstige rechtsmittelberechtigte Beteiligte auf Rechtsmittel gegen das Urteil verzichten.

§ 137 (Ausfertigungen des Urteils)

Die Ausfertigungen des Urteils sind von dem Urkundsbeamten der Geschäftsstelle zu unterschreiben und mit dem Gerichtssiegel zu versehen. Ausfertigungen, Auszüge und Abschriften eines als elektronisches Dokument (§ 65a Abs. 3) vorliegenden Urteils können von einem Urteilsausdruck gemäß § 65b Abs. 4 erteilt werden. Auszüge und Abschriften eines in Papierform vorliegenden Urteils können durch Telekopie oder als elektronisches Dokument (§ 65a Abs. 3) erteilt werden. Die Telekopie hat eine Wiedergabe des Gerichtssiegels, die Telekopie zur Erteilung eines Auszugs zusätzlich die Unterschrift des Urkundsbeamten der Geschäftsstelle zu enthalten. Das elektronische Dokument ist mit einer qualifizierten elektronischen Signatur des Urkundsbeamten der Geschäftsstelle zu versehen.

§ 138 (Berichtigung des Urteils)

Schreibfehler, Rechenfehler und ähnliche offenbare Unrichtigkeiten im Urteil sind jederzeit von Amts wegen zu berichtigen. Der Vorsitzende entscheidet hierüber durch Beschluß. Der Berichtigungsbeschluß wird auf dem Urteil und den Ausfertigungen vermerkt. Werden die Akten elektronisch geführt, hat der Urkundsbeamte der Geschäftsstelle den Vermerk in einem gesonderten Dokument festzuhalten. Das Dokument ist mit dem Urteil untrennbar zu verbinden.

§ 139 (Tatbestandsberichtigung)

(1) Enthält der Tatbestand des Urteils andere Unrichtigkeiten oder Unklarheiten, so kann die Berichtigung binnen zwei Wochen nach Zustellung des Urteils beantragt werden.

(2) Das Gericht entscheidet ohne Beweisaufnahme durch Beschluß. Der Beschluß ist unanfechtbar. Bei der Entscheidung wirken nur die Richter mit, die beim Urteil mitgewirkt haben. Ist ein Richter verhindert, so entscheidet bei Stimmengleichheit die Stimme des Vorsitzenden. Der Berichtigungsbeschluß wird auf dem Urteil und den Ausfertigungen vermerkt.

(3) Ist das Urteil elektronisch abgefasst, ist auch der Beschluss elektronisch abzufassen und mit dem Urteil untrennbar zu verbinden.

§ 140 (Urteilsergänzung)

(1) Hat das Urteil einen von einem Beteiligten erhobenen Anspruch oder den Kostenpunkt ganz oder teilweise übergangen, so wird es auf Antrag nachträglich ergänzt. Die Entscheidung muß binnen eines Monats nach Zustellung des Urteils beantragt werden.

(2) Über den Antrag wird in einem besonderen Verfahren entschieden. Die Entscheidung ergeht, wenn es sich nur um den Kostenpunkt handelt, durch Beschluß, der lediglich mit der Entscheidung in der Hauptsache angefochten werden kann, im übrigen durch Urteil, das mit dem bei dem übergangenen Anspruch zulässigen Rechtsmittel angefochten werden kann.

(3) Die mündliche Verhandlung hat nur den nicht erledigten Teil des Rechtsstreits zum Gegenstand.

(4) Die ergänzende Entscheidung wird auf der Urschrift des Urteils und den Ausfertigungen vermerkt.

§ 141 (Rechtskraftumfang)

(1) Rechtskräftige Urteile binden, soweit über den Streitgegenstand entschieden worden ist,

1. die Beteiligten und ihre Rechtsnachfolger,
2. im Falle des § 75 Abs. 2a die Personen, die einen Antrag auf Beiladung nicht oder nicht fristgemäß gestellt haben.

(2) Hat der Beklagte die Aufrechnung einer Gegenforderung geltend gemacht, so ist die Entscheidung, daß die Gegenforderung nicht besteht, bis zur Höhe des Betrags der Rechtskraft fähig, für den die Aufrechnung geltend gemacht worden ist.

§ 142 (Vorschriften für Beschlüsse)

(1) Für Beschlüsse gelten § 128 Abs. 1 Satz 1, die §§ 134 und 138, nach mündlicher Verhandlung auch die §§ 129, 132, 135 und 136 entsprechend.

(2) Beschlüsse sind zu begründen, wenn sie durch Rechtsmittel angefochten werden können oder über einen Rechtsbehelf entscheiden. Beschlüsse über die Wiederherstellung der aufschiebenden Wirkung und über einstweilige Anordnungen (§ 86b) sowie Beschlüsse nach Erledigung des Rechtsstreits in der Hauptsache sind stets zu begründen. Beschlüsse, die über ein Rechtsmittel entscheiden, bedürfen keiner weiteren Begründung, soweit das Gericht das Rechtsmittel aus den Gründen der angefochtenen Entscheidung als unbegründet zurückweist.

(3) Ausfertigungen der Beschlüsse sind von dem Urkundsbeamten der Geschäftsstelle zu unterschreiben.

Zweiter Abschnitt Rechtsmittel

Erster Unterabschnitt Berufung

§ 143 (Statthaftigkeit der Berufung)

Gegen die Urteile der Sozialgerichte findet die Berufung an das Landessozialgericht statt, soweit sich aus den Vorschriften dieses Unterabschnittes nichts anderes ergibt.

§ 144 (Zulassung der Berufung)

(1) Die Berufung bedarf der Zulassung in dem Urteil des Sozialgerichts oder auf Beschwerde durch Beschluß des Landessozialgerichts, wenn der Wert des Beschwerdegegenstandes

1. bei einer Klage, die eine Geld-, Dienst- oder Sachleistung oder einen hierauf gerichteten Verwaltungsakt betrifft, 750 Euro oder
2. bei einer Erstattungsstreitigkeit zwischen juristischen Personen des öffentlichen Rechts oder Behörden 10 000 Euro

nicht übersteigt. Das gilt nicht, wenn die Berufung wiederkehrende oder laufende Leistungen für mehr als ein Jahr betrifft.

(2) Die Berufung ist zuzulassen, wenn

1. die Rechtssache grundsätzliche Bedeutung hat,
2. das Urteil von einer Entscheidung des Landessozialgerichts, des Bundessozialgerichts, des Gemeinsamen Senats der obersten Gerichtshöfe des Bundes oder des Bundesverfassungsgerichts abweicht und auf dieser Abweichung beruht oder
3. ein der Beurteilung des Berufungsgerichts unterliegender Verfahrensmangel geltend gemacht wird und vorliegt, auf dem die Entscheidung beruhen kann.

(3) Das Landessozialgericht ist an die Zulassung gebunden.

(4) Die Berufung ist ausgeschlossen, wenn es sich um die Kosten des Verfahrens handelt.

§ 145 (Nichtzulassungsbeschwerde)

(1) Die Nichtzulassung der Berufung durch das Sozialgericht kann durch Beschwerde angefochten werden. Die Beschwerde ist bei dem Landessozialgericht innerhalb eines Monats nach Zustellung des vollständigen Urteils schriftlich oder zur Niederschrift des Urkundsbeamten einzulegen.

(2) Die Beschwerde soll das angefochtene Urteil bezeichnen und die zur Begründung dienenden Tatsachen und Beweismittel angeben.

(3) Die Einlegung der Beschwerde hemmt die Rechtskraft des Urteils.

(4) Das Landessozialgericht entscheidet durch Beschluss. Die Zulassung der Berufung bedarf

keiner Begründung. Der Ablehnung der Beschwerde soll eine kurze Begründung beigefügt werden. Mit der Ablehnung der Beschwerde wird das Urteil rechtskräftig.

(5) Läßt das Landessozialgericht die Berufung zu, wird das Beschwerdeverfahren als Berufungsverfahren fortgesetzt; der Einlegung einer Berufung durch den Beschwerdeführer bedarf es nicht. Darauf ist in dem Beschluß hinzuweisen.

§§ 146 bis 150 (weggefallen)

§ 151 (Einlegung der Berufung und Frist)

(1) Die Berufung ist bei dem Landessozialgericht innerhalb eines Monats nach Zustellung des Urteils schriftlich oder zur Niederschrift des Urkundsbeamten der Geschäftsstelle einzulegen.

(2) Die Berufungsfrist ist auch gewahrt, wenn die Berufung innerhalb der Frist bei dem Sozialgericht schriftlich oder zur Niederschrift des Urkundsbeamten der Geschäftsstelle eingelegt wird. In diesem Falle legt das Sozialgericht die Berufungsschrift oder die Niederschrift mit seinen Akten unverzüglich dem Landessozialgericht vor.

(3) Die Berufungsschrift soll das angefochtene Urteil bezeichnen, einen bestimmten Antrag enthalten und die zur Begründung dienenden Tatsachen und Beweismittel angeben.

§ 152 (Aktenanforderung)

(1) Die Geschäftsstelle des Landessozialgerichts hat unverzüglich, nachdem die Berufungsschrift eingereicht ist, von der Geschäftsstelle des Sozialgerichts die Prozeßakten anzufordern.

(2) Nach Erledigung der Berufung sind die Akten der Geschäftsstelle des Sozialgerichts nebst einer beglaubigten Abschrift des in der Berufungsinstanz erlassenen Urteils zurückzusenden.

§ 153 (Berufungsverfahren)

(1) Für das Verfahren vor den Landessozialgerichten gelten die Vorschriften über das Verfahren im ersten Rechtszug mit Ausnahme der §§ 91, 105 entsprechend, soweit sich aus diesem Unterabschnitt nichts anderes ergibt.

(2) Das Landessozialgericht kann in dem Urteil über die Berufung von einer weiteren Darstellung der Entscheidungsgründe absehen, soweit es die Berufung aus den Gründen der angefochtenen Entscheidung als unbegründet zurückweist.

(3) Das Urteil ist von den Mitgliedern des Senats zu unterschreiben. Ist ein Mitglied verhindert, so vermerkt der Vorsitzende, bei dessen Verhinderung der dienstälteste beisitzende Berufsrichter, dies unter dem Urteil mit Angabe des Hinderungsgrundes.

(4) Das Landessozialgericht kann, außer in den Fällen des § 105 Abs. 2 Satz 1, die Berufung durch Beschluß zurückweisen, wenn es sie einstimmig für unbegründet und eine mündliche Verhandlung nicht für erforderlich hält. Die Beteiligten sind vorher zu hören. § 158 Satz 3 und 4 gilt entsprechend.

(5) Der Senat kann in den Fällen des § 105 Abs. 2 Satz 1 durch Beschluss die Berufung dem Berichterstatter übertragen, der zusammen mit den ehrenamtlichen Richtern entscheidet.

§ 154 (Aufschiebende Wirkung der Berufung und Beschwerde)

(1) Die Berufung und die Beschwerde nach § 144 Abs. 1 haben aufschiebende Wirkung, soweit die Klage nach § 86a Aufschub bewirkt.

(2) Die Berufung und die Beschwerde nach § 144 Abs. 1 eines Versicherungsträgers oder in der Kriegsopferversorgung eines Landes bewirken Aufschub, soweit es sich um Beträge handelt, die für die Zeit vor Erlaß des angefochtenen Urteils nachgezahlt werden sollen.

§ 155 (Vorbereitung der Verhandlung, Berichterstatter, Vorsitzender)

(1) Der Vorsitzende kann seine Aufgaben nach den §§ 104, 106 bis 108 und 120 einem Berufsrichter des Senats übertragen.

(2) Der Vorsitzende entscheidet, wenn die Entscheidung im vorbereitenden Verfahren ergeht,

1. über die Aussetzung und das Ruhen des Verfahrens;

2. bei Zurücknahme der Klage oder der Berufung, Verzicht auf den geltend gemachten Anspruch oder Anerkenntnis des Anspruchs, auch über einen Antrag auf Prozesskostenhilfe;
3. bei Erledigung des Rechtsstreits in der Hauptsache, auch über einen Antrag auf Prozesskostenhilfe;
4. über den Streitwert;
5. über Kosten.

In dringenden Fällen entscheidet der Vorsitzende auch über den Antrag nach § 86b Abs. 1 oder 2.

(3) Im Einverständnis der Beteiligten kann der Vorsitzende auch sonst anstelle des Senats entscheiden.

(4) Ist ein Berichterstatter bestellt, so entscheidet dieser anstelle des Vorsitzenden.

§ 156 (Zurücknahme der Berufung)

(1) Die Berufung kann bis zur Rechtskraft des Urteils oder des nach § 153 Abs. 4 oder § 158 Satz 2 ergangenen Beschlusses zurückgenommen werden. Die Zurücknahme nach Schluss der mündlichen Verhandlung setzt die Einwilligung des Berufungsbeklagten voraus.

(2) Die Berufung gilt als zurückgenommen, wenn der Berufungskläger das Verfahren trotz Aufforderung des Gerichts länger als drei Monate nicht betreibt. Der Berufungskläger ist in der Aufforderung auf die Rechtsfolgen hinzuweisen, die sich aus Satz 1 und gegebenenfalls aus § 197a Absatz 1 Satz 1 in Verbindung mit § 155 Absatz 2 der Verwaltungsgerichtsordnung ergeben. Das Gericht stellt durch Beschluss fest, dass die Berufung als zurückgenommen gilt.

(3) Die Zurücknahme bewirkt den Verlust des Rechtsmittels. Über die Kosten entscheidet das Gericht auf Antrag durch Beschluß.

§ 157 (Neues Vorbringen)

Das Landessozialgericht prüft den Streitfall im gleichen Umfang wie das Sozialgericht. Es hat auch neu vorgebrachte Tatsachen und Beweismittel zu berücksichtigen.

§ 157a (Zurückweisung und Ausschluss von Erklärungen und Beweismitteln)

(1) Neue Erklärungen und Beweismittel, die im ersten Rechtszug entgegen einer hierfür gesetzten Frist (§ 106a Abs. 1 und 2) nicht vorgebracht worden sind, kann das Gericht unter den Voraussetzungen des § 106a Abs. 3 zurückweisen.

(2) Erklärungen und Beweismittel, die das Sozialgericht zu Recht zurückgewiesen hat, bleiben auch im Berufungsverfahren ausgeschlossen.

§ 158 (Verwerfung der Berufung)

Ist die Berufung nicht statthaft oder nicht in der gesetzlichen Frist oder nicht schriftlich oder nicht in elektronischer Form oder nicht zur Niederschrift des Urkundsbeamten der Geschäftsstelle eingelegt, so ist sie als unzulässig zu verwerfen. Die Entscheidung kann durch Beschluß ergehen. Gegen den Beschluß steht den Beteiligten das Rechtsmittel zu, das zulässig wäre, wenn das Gericht durch Urteil entschieden hätte. Die Beteiligten sind über dieses Rechtsmittel zu belehren.

§ 159 (Zurückverweisung)

(1) Das Landessozialgericht kann durch Urteil die angefochtene Entscheidung aufheben und die Sache an das Sozialgericht zurückverweisen, wenn

1. dieses die Klage abgewiesen hat, ohne in der Sache selbst zu entscheiden,
2. das Verfahren an einem wesentlichen Mangel leidet und auf Grund dieses Mangels eine umfangreiche und aufwändige Beweisaufnahme notwendig ist.

(2) Das Sozialgericht hat die rechtliche Beurteilung, die der Aufhebung zugrunde gelegt ist, seiner Entscheidung zugrunde zu legen.

Zweiter Unterabschnitt
Revision

§ 160 (Zulassungsprinzip)

(1) Gegen das Urteil eines Landessozialgerichts und gegen den Beschluss nach § 55a Absatz 5 Satz 1 steht den Beteiligten die Re-

vision an das Bundessozialgericht nur zu, wenn sie in der Entscheidung des Landessozialgerichts oder in dem Beschluß des Bundessozialgerichts nach § 160a Abs. 4 Satz 1 zugelassen worden ist.

(2) Sie ist nur zuzulassen, wenn

1. die Rechtssache grundsätzliche Bedeutung hat oder
2. das Urteil von einer Entscheidung des Bundessozialgerichts, des Gemeinsamen Senats der obersten Gerichtshöfe des Bundes oder des Bundesverfassungsgerichts abweicht und auf dieser Abweichung beruht oder
3. ein Verfahrensmangel geltend gemacht wird, auf dem die angefochtene Entscheidung beruhen kann; der geltend gemachte Verfahrensmangel kann nicht auf eine Verletzung der §§ 109 und 128 Abs. 1 Satz 1 und auf eine Verletzung des § 103 nur gestützt werden, wenn er sich auf einen Beweisantrag bezieht, dem das Landessozialgericht ohne hinreichende Begründung nicht gefolgt ist.

(3) Das Bundessozialgericht ist an die Zulassung gebunden.

§ 160a (Anfechtung der Nichtzulassung der Revision)

(1) Die Nichtzulassung der Revision kann selbständig durch Beschwerde angefochten werden. Die Beschwerde ist bei dem Bundessozialgericht innerhalb eines Monats nach Zustellung des Urteils einzulegen. Der Beschwerdeschrift soll eine Ausfertigung oder beglaubigte Abschrift des Urteils, gegen das die Revision eingelegt werden soll, beigefügt werden. Satz 3 gilt nicht, soweit nach § 65a elektronische Dokumente übermittelt werden.

(2) Die Beschwerde ist innerhalb von zwei Monaten nach Zustellung des Urteils zu begründen. Die Begründungsfrist kann auf einen vor ihrem Ablauf gestellten Antrag von dem Vorsitzenden einmal bis zu einem Monat verlängert werden. In der Begründung muß die grundsätzliche Bedeutung der Rechtssache dargelegt oder die Entscheidung, von der das Urteil des Landessozialgerichts abweicht, oder der Verfahrensmangel bezeichnet werden.

(3) Die Einlegung der Beschwerde hemmt die Rechtskraft des Urteils.

(4) Das Bundessozialgericht entscheidet unter Zuziehung der ehrenamtlichen Richter durch Beschluß; § 169 gilt entsprechend. Dem Beschluß soll eine kurze Begründung beigefügt werden; von einer Begründung kann abgesehen werden, wenn sie nicht geeignet ist, zur Klärung der Voraussetzungen der Revisionszulassung beizutragen. Mit der Ablehnung der Beschwerde durch das Bundessozialgericht wird das Urteil rechtskräftig. Wird der Beschwerde stattgegeben, so beginnt mit der Zustellung dieser Entscheidung der Lauf der Revisionsfrist.

(5) Liegen die Voraussetzungen des § 160 Abs. 2 Nr. 3 vor, kann das Bundessozialgericht in dem Beschluss das angefochtene Urteil aufheben und die Sache zur erneuten Verhandlung und Entscheidung zurückverweisen.

§ 161 (Sprungrevision)

(1) Gegen das Urteil eines Sozialgerichts steht den Beteiligten die Revision unter Übergehung der Berufungsinstanz zu, wenn der Gegner schriftlich zustimmt und wenn sie von dem Sozialgericht im Urteil oder auf Antrag durch Beschluß zugelassen wird. Der Antrag ist innerhalb eines Monats nach Zustellung des Urteils schriftlich zu stellen. Die Zustimmung des Gegners ist dem Antrag oder, wenn die Revision im Urteil zugelassen ist, der Revisionsschrift beizufügen.

(2) Die Revision ist nur zuzulassen, wenn die Voraussetzungen des § 160 Abs. 2 Nr. 1 oder 2 vorliegen. Das Bundessozialgericht ist an die Zulassung gebunden. Die Ablehnung der Zulassung ist unanfechtbar.

(3) Lehnt das Sozialgericht den Antrag auf Zulassung der Revision durch Beschluß ab, so beginnt mit der Zustellung dieser Entscheidung der Lauf der Berufungsfrist oder der Frist für die Beschwerde gegen die Nichtzulassung der Berufung von neuem, sofern der Antrag in der gesetzlichen Form und Frist gestellt und die Zustimmungserklärung des Gegners beigefügt war. Läßt das Sozialgericht die Revision

durch Beschluß zu, so beginnt mit der Zustellung dieser Entscheidung der Lauf der Revisionsfrist.

(4) Die Revision kann nicht auf Mängel des Verfahrens gestützt werden.

(5) Die Einlegung der Revision und die Zustimmung des Gegners gelten als Verzicht auf die Berufung, wenn das Sozialgericht die Revision zugelassen hat.

§ 162 (Revisionsgründe)

Die Revision kann nur darauf gestützt werden, daß das angefochtene Urteil auf der Verletzung einer Vorschrift des Bundesrechts oder einer sonstigen im Bezirk des Berufungsgerichts geltenden Vorschrift beruht, deren Geltungsbereich sich über den Bezirk des Berufungsgerichts hinaus erstreckt.

§ 163 (Keine neue Tatsachenfeststellung)

Das Bundessozialgericht ist an die in dem angefochtenen Urteil getroffenen tatsächlichen Feststellungen gebunden, außer wenn in bezug auf diese Feststellungen zulässige und begründete Revisionsgründe vorgebracht sind.

§ 164 (Einlegung der Revision und Frist)

(1) Die Revision ist bei dem Bundessozialgericht innerhalb eines Monats nach Zustellung des Urteils oder des Beschlusses über die Zulassung der Revision (§ 160a Absatz 4 Satz 1 oder § 161 Abs. 3 Satz 2) schriftlich einzulegen. Die Revision muß das angefochtene Urteil angeben; eine Ausfertigung oder beglaubigte Abschrift des angefochtenen Urteils soll beigefügt werden, sofern dies nicht schon nach § 160a Abs. 1 Satz 3 geschehen ist. Satz 2 zweiter Halbsatz gilt nicht, soweit nach § 65a elektronische Dokumente übermittelt werden.

(2) Die Revision ist innerhalb von zwei Monaten nach Zustellung des Urteils oder des Beschlusses über die Zulassung der Revision zu begründen. Die Begründungsfrist kann auf einen vor ihrem Ablauf gestellten Antrag von dem Vorsitzenden verlängert werden. Die Begründung muß einen bestimmten Antrag enthalten, die verletzte Rechtsnorm und, soweit Verfahrensmängel gerügt werden, die Tatsachen bezeichnen, die den Mangel ergeben.

§ 165 (Verfahren)

Für die Revision gelten die Vorschriften über die Berufung entsprechend, soweit sich aus diesem Unterabschnitt nichts anderes ergibt. § 153 Abs. 2 und 4 sowie § 155 Abs. 2 bis 4 finden keine Anwendung.

§ 166 (weggefallen)

§ 167 (weggefallen)

§ 168 (Unzulässigkeit von Klageänderungen und Beiladungen)

Klageänderungen und Beiladungen sind im Revisionsverfahren unzulässig. Dies gilt nicht für die Beiladung der Bundesrepublik Deutschland in Angelegenheiten des sozialen Entschädigungsrechts nach § 75 Abs. 1 Satz 2 und, sofern der Beizuladende zustimmt, für Beiladungen nach § 75 Abs. 2.

§ 169 (Prüfung der Zulässigkeit)

Das Bundessozialgericht hat zu prüfen, ob die Revision statthaft und ob sie in der gesetzlichen Form und Frist eingelegt und begründet worden ist. Mangelt es an einem dieser Erfordernisse, so ist die Revision als unzulässig zu verwerfen. Die Verwerfung ohne mündliche Verhandlung erfolgt durch Beschluß ohne Zuziehung der ehrenamtlichen Richter.

§ 170 (Inhalt der Revisionsentscheidungen)

(1) Ist die Revision unbegründet, so weist das Bundessozialgericht die Revision zurück. Ergeben die Entscheidungsgründe zwar eine Gesetzesverletzung, stellt sich die Entscheidung selbst aber aus anderen Gründen als richtig dar, so ist die Revision ebenfalls zurückzuweisen.

(2) Ist die Revision begründet, so hat das Bundessozialgericht in der Sache selbst zu entscheiden. Sofern dies untunlich ist, kann es das angefochtene Urteil mit den ihm zugrunde liegenden Feststellungen aufheben und die Sache zur erneuten Verhandlung und Ent-

scheidung an das Gericht zurückverweisen, welches das angefochtene Urteil erlassen hat.

(3) Die Entscheidung über die Revision braucht nicht begründet zu werden, soweit das Bundessozialgericht Rügen von Verfahrensmängeln nicht für durchgreifend erachtet. Dies gilt nicht für Rügen nach § 202 in Verbindung mit § 547 der Zivilprozeßordnung und, wenn mit der Revision ausschließlich Verfahrensmängel geltend gemacht werden, für Rügen, auf denen die Zulassung der Revision beruht.

(4) Verweist das Bundessozialgericht die Sache bei der Sprungrevision nach § 161 zur anderweitigen Verhandlung und Entscheidung zurück, so kann es nach seinem Ermessen auch an das Landessozialgericht zurückverweisen, das für die Berufung zuständig gewesen wäre. Für das Verfahren vor dem Landessozialgericht gelten dann die gleichen Grundsätze, wie wenn der Rechtsstreit auf eine ordnungsgemäß eingelegte Berufung beim Landessozialgericht anhängig geworden wäre.

(5) Das Gericht, an das die Sache zur erneuten Verhandlung und Entscheidung zurückverwiesen ist, hat seiner Entscheidung die rechtliche Beurteilung des Revisionsgerichts zugrunde zu legen.

§ 170a (Mitwirkung der ehrenamtlichen Richter)

Eine Abschrift des Urteils ist den ehrenamtlichen Richtern, die bei der Entscheidung mitgewirkt haben, vor Übermittlung an die Geschäftsstelle zu übermitteln. Die ehrenamtlichen Richter können sich dazu innerhalb von zwei Wochen gegenüber dem Vorsitzenden des erkennenden Senats äußern.

§ 171 (Ablehnung; Streitgegenstand)

Wird während des Revisionsverfahrens der angefochtene Verwaltungsakt durch einen neuen abgeändert oder ersetzt, so gilt der neue Verwaltungsakt als mit der Klage beim Sozialgericht angefochten, es sei denn, daß der Kläger durch den neuen Verwaltungsakt klaglos gestellt oder dem Klagebegehren durch die Entscheidung des Revisionsgerichts zum ersten Verwaltungsakt in vollem Umfange genügt wird.

Dritter Unterabschnitt
Beschwerde, Erinnerung, Anhörungsrüge

§ 172 (Statthaftigkeit)

(1) Gegen die Entscheidungen der Sozialgerichte mit Ausnahme der Urteile und gegen Entscheidungen der Vorsitzenden dieser Gerichte findet die Beschwerde an das Landessozialgericht statt, soweit nicht in diesem Gesetz anderes bestimmt ist.

(2) Prozeßleitende Verfügungen, Aufklärungsanordnungen, Vertagungsbeschlüsse, Fristbestimmungen, Beweisbeschlüsse, Beschlüsse über Ablehnung von Beweisanträgen, über Verbindung und Trennung von Verfahren und Ansprüchen und über die Ablehnung von Gerichtspersonen und Sachverständigen können nicht mit der Beschwerde angefochten werden.

(3) Die Beschwerde ist ausgeschlossen

1. in Verfahren des einstweiligen Rechtsschutzes, wenn in der Hauptsache die Berufung der Zulassung bedürfte,
2. gegen die Ablehnung von Prozesskostenhilfe, wenn
   a) das Gericht die persönlichen oder wirtschaftlichen Voraussetzungen für die Prozesskostenhilfe verneint,
   b) in der Hauptsache die Berufung der Zulassung bedürfte oder
   c) das Gericht in der Sache durch Beschluss entscheidet, gegen den die Beschwerde ausgeschlossen ist,
3. gegen Kostengrundentscheidungen nach § 193,
4. gegen Entscheidungen nach § 192 Abs. 4, wenn in der Hauptsache kein Rechtsmittel gegeben ist und der Wert des Beschwerdegegenstandes 200 Euro nicht übersteigt.

§ 173 (Form und Frist)

Die Beschwerde ist binnen eines Monats nach Bekanntgabe der Entscheidung beim Sozialgericht schriftlich oder zur Niederschrift des Urkundsbeamten der Geschäftsstelle einzulegen; § 181 des Gerichtsverfassungsgesetzes bleibt unberührt. Die Beschwerdefrist ist auch gewahrt, wenn die Beschwerde innerhalb der Frist bei dem Landessozialgericht schriftlich oder zur Niederschrift des Urkundsbeamten der Geschäftsstelle eingelegt wird. Die Belehrung über das Beschwerderecht ist auch mündlich möglich; sie ist dann aktenkundig zu machen.

§ 174 (weggefallen)

§ 175 (Aufschiebende Wirkung)

Die Beschwerde hat aufschiebende Wirkung, wenn sie die Festsetzung eines Ordnungs- oder Zwangsmittels zum Gegenstand hat. Soweit dieses Gesetz auf Vorschriften der Zivilprozeßordnung und des Gerichtsverfassungsgesetzes verweist, regelt sich die aufschiebende Wirkung nach diesen Gesetzen. Das Gericht oder der Vorsitzende, dessen Entscheidung angefochten wird, kann bestimmen, daß der Vollzug der angefochtenen Entscheidung einstweilen auszusetzen ist.

§ 176 (Beschlußentscheidung)

Über die Beschwerde entscheidet das Landessozialgericht durch Beschluß.

§ 177 (Beschwerde zum Bundessozialgericht)

Entscheidungen des Landessozialgerichts, seines Vorsitzenden oder des Berichterstatters können vorbehaltlich des § 160a Abs. 1 dieses Gesetzes und des § 17a Abs. 4 Satz 4 des Gerichtsverfassungsgesetzes nicht mit der Beschwerde an das Bundessozialgericht angefochten werden.

§ 178 (Anrufung des Gerichts)

Gegen die Entscheidungen des ersuchten oder beauftragten Richters oder des Urkundsbeamten kann binnen eines Monats nach Bekanntgabe das Gericht angerufen werden, das endgültig entscheidet. Die §§ 173 bis 175 gelten entsprechend.

§ 178a (Rüge eines beschwerten Beteiligten)

(1) Auf die Rüge eines durch eine gerichtliche Entscheidung beschwerten Beteiligten ist das Verfahren fortzuführen, wenn

1. ein Rechtsmittel oder ein anderer Rechtsbehelf gegen die Entscheidung nicht gegeben ist und
2. das Gericht den Anspruch dieses Beteiligten auf rechtliches Gehör in entscheidungserheblicher Weise verletzt hat.

Gegen eine der Endentscheidung vorausgehende Entscheidung findet die Rüge nicht statt.

(2) Die Rüge ist innerhalb von zwei Wochen nach Kenntnis von der Verletzung des rechtlichen Gehörs zu erheben; der Zeitpunkt der Kenntniserlangung ist glaubhaft zu machen. Nach Ablauf eines Jahres seit Bekanntgabe der angegriffenen Entscheidung kann die Rüge nicht mehr erhoben werden. Formlos mitgeteilte Entscheidungen gelten mit dem dritten Tage nach Aufgabe zur Post als bekannt gegeben. Die Rüge ist schriftlich oder zur Niederschrift des Urkundsbeamten der Geschäftsstelle bei dem Gericht zu erheben, dessen Entscheidung angegriffen wird. Die Rüge muss die angegriffene Entscheidung bezeichnen und das Vorliegen der in Absatz 1 Satz 1 Nr. 2 genannten Voraussetzungen darlegen.

(3) Den übrigen Beteiligten ist, soweit erforderlich, Gelegenheit zur Stellungnahme zu geben.

(4) Ist die Rüge nicht statthaft oder nicht in der gesetzlichen Form oder Frist erhoben, so ist sie als unzulässig zu verwerfen. Ist die Rüge unbegründet, weist das Gericht sie zurück. Die Entscheidung ergeht durch unanfechtbaren Beschluss. Der Beschluss soll kurz begründet werden.

(5) Ist die Rüge begründet, so hilft ihr das Gericht ab, indem es das Verfahren fortführt, soweit dies aufgrund der Rüge geboten ist. Das Verfahren wird in die Lage zurückversetzt, in der es sich vor dem Schluss der mündlichen Verhandlung befand. In schriftlichen Verfahren tritt an die Stelle des Schlusses der

mündlichen Verhandlung der Zeitpunkt, bis zu dem Schriftsätze eingereicht werden können. Für den Ausspruch des Gerichts ist § 343 der Zivilprozessordnung entsprechend anzuwenden.

(6) § 175 Satz 3 ist entsprechend anzuwenden.

Dritter Abschnitt
Wiederaufnahme des Verfahrens und besondere Verfahrensvorschriften

§ 179 (Zulässigkeit)

(1) Ein rechtskräftig beendetes Verfahren kann entsprechend den Vorschriften des Vierten Buches der Zivilprozeßordnung wieder aufgenommen werden.

(2) Die Wiederaufnahme des Verfahrens ist ferner zulässig, wenn ein Beteiligter strafgerichtlich verurteilt worden ist, weil er Tatsachen, die für die Entscheidung der Streitsache von wesentlicher Bedeutung waren, wissentlich falsch behauptet oder vorsätzlich verschwiegen hat.

(3) Auf Antrag kann das Gericht anordnen, daß die gewährten Leistungen zurückzuerstatten sind.

§ 180 (Weitere Zulässigkeitsgründe – Form)

(1) Eine Wiederaufnahme des Verfahrens ist auch zulässig, wenn

1. mehrere Versicherungsträger denselben Anspruch endgültig anerkannt haben oder wegen desselben Anspruchs rechtskräftig zur Leistung verurteilt worden sind,
2. ein oder mehrere Versicherungsträger denselben Anspruch endgültig abgelehnt haben oder wegen desselben Anspruchs rechtskräftig von der Leistungspflicht befreit worden sind, weil ein anderer Versicherungsträger leistungspflichtig sei, der seine Leistung bereits endgültig abgelehnt hat oder von ihr rechtskräftig befreit worden ist.

(2) Das gleiche gilt im Verhältnis zwischen Versicherungsträgern und einem Land, wenn streitig ist, ob eine Leistung aus der Sozialversicherung oder nach dem sozialen Entschädigungsrecht zu gewähren ist.

(3) Der Antrag auf Wiederaufnahme des Verfahrens ist bei einem der gemäß § 179 Abs. 1 für die Wiederaufnahme zuständigen Gerichte der Sozialgerichtsbarkeit zu stellen. Dieses verständigt die an dem Wiederaufnahmeverfahren Beteiligten und die Gerichte, die über den Anspruch entschieden haben. Es gibt die Sache zur Entscheidung an das gemeinsam nächsthöhere Gericht ab.

(4) Das zur Entscheidung berufene Gericht bestimmt unter Aufhebung der entgegenstehenden Bescheide oder richterlichen Entscheidungen den Leistungspflichtigen.

(5) Für die Durchführung des Verfahrens nach Absatz 4 gelten im übrigen die Vorschriften über die Wiederaufnahme des Verfahrens entsprechend.

§ 181 (Verfahren bei Bedenken gegen die Passivlegitimation)

Will das Gericht die Klage gegen einen Versicherungsträger ablehnen, weil es einen anderen Versicherungsträger für leistungspflichtig hält, obwohl dieser bereits den Anspruch endgültig abgelehnt hat oder in einem früheren Verfahren rechtskräftig befreit worden ist, so verständigt es den anderen Versicherungsträger und das Gericht, das über den Anspruch rechtskräftig entschieden hat, und gibt die Sache zur Entscheidung an das gemeinsam nächsthöhere Gericht ab. Im übrigen gilt § 180 Abs. 2 und Abs. 4 und 5.

§ 182 (Bindung der Entscheidung über Passivlegitimation)

(1) Hat das Bundessozialgericht oder ein Landessozialgericht die Leistungspflicht eines Versicherungsträgers rechtskräftig verneint, weil ein anderer Versicherungsträger verpflichtet sei, so kann der Anspruch gegen den anderen Versicherungsträger nicht abgelehnt werden, weil der im früheren Verfahren befreite Versicherungsträger leistungspflichtig sei.

(2) Das gleiche gilt im Verhältnis zwischen einem Versicherungsträger und einem Land,

wenn die Leistungspflicht nach dem sozialen Entschädigungsrecht streitig ist.

§ 182a (Mahnverfahren)

(1) Beitragsansprüche von Unternehmen der privaten Pflegeversicherung nach dem Elften Buch Sozialgesetzbuch können nach den Vorschriften der Zivilprozeßordnung im Mahnverfahren vor dem Amtsgericht geltend gemacht werden. In dem Antrag auf Erlaß des Mahnbescheids können mit dem Beitragsanspruch Ansprüche anderer Art nicht verbunden werden. Der Widerspruch gegen den Mahnbescheid kann zurückgenommen werden, solange die Abgabe an das Sozialgericht nicht verfügt ist.

(2) Mit Eingang der Akten beim Sozialgericht ist nach den Vorschriften dieses Gesetzes zu verfahren. Für die Entscheidung des Sozialgerichts über den Einspruch gegen den Vollstreckungsbescheid gelten § 700 Abs. 1 und § 343 der Zivilprozeßordnung entsprechend.

Vierter Abschnitt
Kosten und Vollstreckung

Erster Unterabschnitt
Kosten

§ 183 (Gerichtskostenfreiheit)

Das Verfahren vor den Gerichten der Sozialgerichtsbarkeit ist für Versicherte, Leistungsempfänger einschließlich Hinterbliebenenleistungsempfänger, behinderte Menschen oder deren Sonderrechtsnachfolger nach § 56 des Ersten Buches Sozialgesetzbuch kostenfrei, soweit sie in dieser jeweiligen Eigenschaft als Kläger oder Beklagte beteiligt sind. Nimmt ein sonstiger Rechtsnachfolger das Verfahren auf, bleibt das Verfahren in dem Rechtszug kostenfrei. Den in Satz 1 und 2 genannten Personen steht gleich, wer im Falle des Obsiegens zu diesen Personen gehören würde. Leistungsempfängern nach Satz 1 stehen Antragsteller nach § 55a Absatz 2 Satz 1 zweite Alternative gleich. § 93 Satz 3, § 109 Abs. 1 Satz 2, § 120 Abs. 2 Satz 1 und § 192 bleiben unberührt. Die Kostenfreiheit nach dieser Vorschrift gilt nicht in einem Verfahren wegen eines überlangen Gerichtsverfahrens (§ 202 Satz 2).

§ 184 (Gebühren)

(1) Kläger und Beklagte, die nicht zu den in § 183 genannten Personen gehören, haben für jede Streitsache eine Gebühr zu entrichten. Die Gebühr entsteht, sobald die Streitsache rechtshängig geworden ist; sie ist für jeden Rechtszug zu zahlen. Soweit wegen derselben Streitsache ein Mahnverfahren (§ 182a) vorausgegangen ist, wird die Gebühr für das Verfahren über den Antrag auf Erlass eines Mahnbescheids nach dem Gerichtskostengesetz angerechnet.

(2) Die Höhe der Gebühr wird für das Verfahren

vor den Sozialgerichten auf 150 Euro,
vor den Landessozialgerichten auf 225 Euro,
vor dem Bundessozialgericht auf 300 Euro

festgesetzt.

(3) § 2 des Gerichtskostengesetzes gilt entsprechend.

§ 185 (Fälligkeit der Gebühr)

Die Gebühr wird fällig, sobald die Streitsache durch Zurücknahme des Rechtsbehelfs, durch Vergleich, Anerkenntnis, Beschluß oder durch Urteil erledigt ist.

§ 186 (Ermäßigung und Entfallen der Gebühr)

Wird eine Sache nicht durch Urteil erledigt, so ermäßigt sich die Gebühr auf die Hälfte. Die Gebühr entfällt, wenn die Erledigung auf einer Rechtsänderung beruht.

§ 187 (Gebührenteilung bei mehreren Beteiligten)

Sind an einer Streitsache mehrere nach § 184 Abs. 1 Gebührenpflichtige beteiligt, so haben sie die Gebühr zu gleichen Teilen zu entrichten.

§ 188 (Wiederaufnahmeverfahren als neue Streitsache)

Wird ein durch rechtskräftiges Urteil abgeschlossenes Verfahren wieder aufgenommen, so ist das neue Verfahren eine besondere Streitsache.

§ 189 (Gebührenverzeichnis)

(1) Die Gebühren für die Streitsachen werden in einem Verzeichnis zusammengestellt. Die Mitteilung eines Auszuges aus diesem Verzeichnis an die nach § 184 Abs. 1 Gebührenpflichtigen gilt als Feststellung der Gebührenschuld und als Aufforderung, den Gebührenbetrag binnen eines Monats an die in der Mitteilung angegebene Stelle zu zahlen.

(2) Die Feststellung erfolgt durch den Urkundsbeamten der Geschäftsstelle. Gegen diese Feststellung kann binnen eines Monats nach Mitteilung das Gericht angerufen werden, das endgültig entscheidet.

§ 190 (Niederschlagung einer Gebühr bei fehlerhafter Sachbehandlung)

Die Präsidenten und die aufsichtführenden Richter der Gerichte der Sozialgerichtsbarkeit sind befugt, eine Gebühr, die durch unrichtige Behandlung der Sache ohne Schuld der gebührenpflichtigen Beteiligten entstanden ist, niederzuschlagen. Sie können von der Einziehung absehen, wenn sie mit Kosten oder Verwaltungsaufwand verknüpft ist, die in keinem Verhältnis zu der Einnahme stehen.

§ 191 (Entschädigung bei persönlichem Erscheinen)

Ist das persönliche Erscheinen eines Beteiligten angeordnet worden, so werden ihm auf Antrag bare Auslagen und Zeitverlust wie einem Zeugen vergütet; sie können vergütet werden, wenn er ohne Anordnung erscheint und das Gericht das Erscheinen für geboten hält.

§ 192 (Kostenauferlegung)

(1) Das Gericht kann im Urteil oder, wenn das Verfahren anders beendet wird, durch Beschluss einem Beteiligten ganz oder teilweise die Kosten auferlegen, die dadurch verursacht werden, dass

1. durch Verschulden des Beteiligten die Vertagung einer mündlichen Verhandlung oder die Anberaumung eines neuen Termins zur mündlichen Verhandlung nötig geworden ist oder
2. der Beteiligte den Rechtsstreit fortführt, obwohl ihm vom Vorsitzenden die Missbräuchlichkeit der Rechtsverfolgung oder -verteidigung dargelegt worden und er auf die Möglichkeit der Kostenauferlegung bei Fortführung des Rechtsstreites hingewiesen worden ist.

Dem Beteiligten steht gleich sein Vertreter oder Bevollmächtigter. Als verursachter Kostenbetrag gilt dabei mindestens der Betrag nach § 184 Abs. 2 für die jeweilige Instanz.

(2) (weggefallen)

(3) Die Entscheidung nach Absatz 1 wird in ihrem Bestand nicht durch die Rücknahme der Klage berührt. Sie kann nur durch eine zu begründende Kostenentscheidung im Rechtsmittelverfahren aufgehoben werden.

(4) Das Gericht kann der Behörde ganz oder teilweise die Kosten auferlegen, die dadurch verursacht werden, dass die Behörde erkennbare und notwendige Ermittlungen im Verwaltungsverfahren unterlassen hat, die im gerichtlichen Verfahren nachgeholt wurden. Die Entscheidung ergeht durch gesonderten Beschluss.

§ 193 (Erstattung der notwendigen Kosten)

(1) Das Gericht hat im Urteil zu entscheiden, ob und in welchem Umfang die Beteiligten einander Kosten zu erstatten haben. Ist ein Mahnverfahren vorausgegangen (§ 182a), entscheidet das Gericht auch, welcher Beteiligte die Gerichtskosten zu tragen hat. Das Gericht entscheidet auf Antrag durch Beschluß, wenn das Verfahren anders beendet wird.

(2) Kosten sind die zur zweckentsprechenden Rechtsverfolgung oder Rechtsverteidigung notwendigen Aufwendungen der Beteiligten.

(3) Die gesetzliche Vergütung eines Rechtsanwalts oder Rechtsbeistands ist stets erstattungsfähig.

(4) Nicht erstattungsfähig sind die Aufwendungen der in § 184 Abs. 1 genannten Gebührenpflichtigen.

XIV

§ 194 (Mehrere Kostenpflichtige)

Sind mehrere Beteiligte kostenpflichtig, so gilt § 100 der Zivilprozeßordnung entsprechend. Die Kosten können ihnen als Gesamtschuldnern auferlegt werden, wenn das Streitverhältnis ihnen gegenüber nur einheitlich entschieden werden kann.

§ 195 (Kostenaufhebung bei Vergleich)

Wird der Rechtsstreit durch gerichtlichen Vergleich erledigt und haben die Beteiligten keine Bestimmung über die Kosten getroffen, so trägt jeder Beteiligte seine Kosten.

§ 196 (weggefallen)

§ 197 (Kostenfestsetzungsverfahren)

(1) Auf Antrag der Beteiligten oder ihrer Bevollmächtigten setzt der Urkundsbeamte des Gerichts des ersten Rechtszugs den Betrag der zu erstattenden Kosten fest. § 104 Abs. 1 Satz 2 und Abs. 2 der Zivilprozeßordnung findet entsprechende Anwendung.

(2) Gegen die Entscheidung des Urkundsbeamten der Geschäftsstelle kann binnen eines Monats nach Bekanntgabe das Gericht angerufen werden, das endgültig entscheidet.

§ 197a (Kosten)

(1) Gehört in einem Rechtszug weder der Kläger noch der Beklagte zu den in § 183 genannten Personen oder handelt es sich um ein Verfahren wegen eines überlangen Gerichtsverfahrens (§ 202 Satz 2), werden Kosten nach den Vorschriften des Gerichtskostengesetzes erhoben; die §§ 184 bis 195 finden keine Anwendung; die §§ 154 bis 162 der Verwaltungsgerichtsordnung sind entsprechend anzuwenden. Wird die Klage zurückgenommen, findet § 161 Abs. 2 der Verwaltungsgerichtsordnung keine Anwendung.

(2) Dem Beigeladenen werden die Kosten außer in den Fällen des § 154 Abs. 3 der Verwaltungsgerichtsordnung auch auferlegt, soweit er verurteilt wird (§ 75 Abs. 5). Ist eine der in § 183 genannten Personen beigeladen, können dieser Kosten nur unter den Voraussetzungen von § 192 auferlegt werden. Aufwendungen des Beigeladenen werden unter den Voraussetzungen des § 191 vergütet; sie gehören nicht zu den Gerichtskosten.

(3) Die Absätze 1 und 2 gelten auch für Träger der Sozialhilfe, soweit sie an Erstattungsstreitigkeiten mit anderen Trägern beteiligt sind.

§ 197b (Kosten beim Bundessozialgericht)

Für Ansprüche, die beim Bundessozialgericht entstehen, gelten das Justizverwaltungskostengesetz und die Justizbeitreibungsordnung entsprechend, soweit sie nicht unmittelbar Anwendung finden. Vollstreckungsbehörde ist die Justizbeitreibungsstelle des Bundessozialgerichts.

Zweiter Unterabschnitt
Vollstreckung

§ 198 (Anwendung der ZPO)

(1) Für die Vollstreckung gilt das Achte Buch der Zivilprozeßordnung entsprechend, soweit sich aus diesem Gesetz nichts anderes ergibt.

(2) Die Vorschriften über die vorläufige Vollstreckbarkeit sind nicht anzuwenden.

(3) An die Stelle der sofortigen Beschwerde tritt die Beschwerde (§§ 172 bis 177).

§ 199 (Titel)

(1) Vollstreckt wird

1. aus gerichtlichen Entscheidungen, soweit nach den Vorschriften dieses Gesetzes kein Aufschub eintritt,
2. aus einstweiligen Anordnungen,
3. aus Anerkenntnissen und gerichtlichen Vergleichen,
4. aus Kostenfestsetzungsbeschlüssen,
5. aus Vollstreckungsbescheiden.

(2) Hat ein Rechtsmittel keine aufschiebende Wirkung, so kann der Vorsitzende des Gerichts, das über das Rechtsmittel zu entscheiden hat, die Vollstreckung durch einstweilige Anordnung aussetzen. Er kann die Aussetzung und Vollstreckung von einer Sicherheitsleistung abhängig machen; die §§ 108, 109, 113 der Zivilprozeßordnung gelten entsprechend. Die Anordnung ist unanfechtbar; sie kann jederzeit aufgehoben werden.

(3) Absatz 2 Satz 1 gilt entsprechend, wenn ein Urteil nach § 131 Abs. 4 bestimmt hat, daß eine Wahl oder eine Ergänzung der Selbstverwaltungsorgane zu wiederholen ist. Die einstweilige Anordnung ergeht dahin, daß die Wiederholungswahl oder die Ergänzung der Selbstverwaltungsorgane für die Dauer des Rechtsmittelverfahrens unterbleibt.

(4) Für die Vollstreckung können den Beteiligten auf ihren Antrag Ausfertigungen des Urteils ohne Tatbestand und ohne Entscheidungsgründe erteilt werden, deren Zustellung in den Wirkungen der Zustellung eines vollständigen Urteils gleichsteht.

§ 200 (Geltung des Verwaltungsvollstreckungsgesetzes)

(1) Soll zugunsten einer Bundesbehörde oder einer bundesunmittelbaren Körperschaft des öffentlichen Rechts oder einer bundesunmittelbaren Anstalt des öffentlichen Rechts vollstreckt werden, so richtet sich die Vollstreckung nach dem Verwaltungsvollstreckungsgesetz.

(2) Bei der Vollstreckung zugunsten einer Behörde, die nicht Bundesbehörde ist, sowie zugunsten einer nicht bundesunmittelbaren Körperschaft oder Anstalt des öffentlichen Rechts gelten die Vorschriften des Verwaltungsvollstreckungsgesetzes entsprechend. In diesem Falle bestimmt das Land die Vollstreckungsbehörde.

§ 201 (Zwangsgeld bei Verpflichtungsurteilen)

(1) Kommt die Behörde in den Fällen des § 131 der im Urteil auferlegten Verpflichtung nicht nach, so kann das Gericht des ersten Rechtszugs auf Antrag unter Fristsetzung ein Zwangsgeld bis zu tausend Euro durch Beschluß androhen und nach vergeblichem Fristablauf festsetzen. Das Zwangsgeld kann wiederholt festgesetzt werden.

(2) Für die Vollstreckung gilt § 200.

Dritter Teil
Übergangs- und Schlußvorschriften

§ 202 (Subsidiäre Anwendung des GVG und der ZPO)

Soweit dieses Gesetz keine Bestimmungen über das Verfahren enthält, sind das Gerichtsverfassungsgesetz und die Zivilprozeßordnung einschließlich § 278 Absatz 5 und § 278a entsprechend anzuwenden, wenn die grundsätzlichen Unterschiede der beiden Verfahrensarten dies nicht ausschließen. Die Vorschriften des Siebzehnten Titels des Gerichtsverfassungsgesetzes sind mit der Maßgabe entsprechend anzuwenden, dass an die Stelle des Oberlandesgerichts das Landessozialgericht, an die Stelle des Bundesgerichtshofs das Bundessozialgericht und an die Stelle der Zivilprozessordnung das Sozialgerichtsgesetz tritt. In Streitigkeiten über Entscheidungen des Bundeskartellamts, die die freiwillige Vereinigung von Krankenkassen nach § 172a des Fünften Buches Sozialgesetzbuch betreffen, sind die §§ 63 bis 78a des Gesetzes gegen Wettbewerbsbeschränkungen mit der Maßgabe entsprechend anzuwenden, dass an die Stelle des Oberlandesgerichts das Landessozialgericht, an die Stelle des Bundesgerichtshofs das Bundessozialgericht und an die Stelle der Zivilprozessordnung das Sozialgerichtsgesetz tritt.

§ 203 (Verweisungen)

Soweit in anderen Gesetzen auf Vorschriften oder Bezeichnungen verwiesen wird, die durch dieses Gesetz aufgehoben werden, treten an deren Stelle die entsprechenden Vorschriften oder die Bezeichnungen dieses Gesetzes.

§ 203a (Sitzungen des Bundessozialgerichts in Berlin)

Die Senate des Bundessozialgerichts können Sitzungen auch in Berlin abhalten.

§ 204 (Überleitung)

Vor die Gerichte der Sozialgerichtsbarkeit gehören auch Streitigkeiten, für welche durch Rechtsverordnung die Zuständigkeit der früheren Versicherungsbehörden oder Versorgungsgerichte begründet worden war.

§ 205 (Rechtshilfe nach SGB X)

Erfolgt die Vernehmung oder die Vereidigung von Zeugen und Sachverständigen nach dem Zehnten Buch Sozialgesetzbuch durch das Sozialgericht, findet sie vor dem dafür im Geschäftsverteilungsplan bestimmten Richter statt. Über die Rechtmäßigkeit einer Verweigerung des Zeugnisses, des Gutachtens oder der Eidesleistung nach dem Zehnten Buch Sozialgesetzbuch entscheidet das Sozialgericht durch Beschluß.

§ 206 (Übergangsvorschriften)

(1) Auf Verfahren in Angelegenheiten der Sozialhilfe und des Asylbewerberleistungsgesetzes, die nicht auf die Gerichte der Sozialgerichtsbarkeit übergehen, ist § 188 der Verwaltungsgerichtsordnung in der bis zum 31. Dezember 2004 geltenden Fassung anzuwenden.

(2) Auf Verfahren, die am 1. Januar 2009 bei den besonderen Spruchkörpern der Gerichte der Verwaltungsgerichtsbarkeit anhängig sind, sind die §§ 1, 50a bis 50c und 60 in der bis zum 31. Dezember 2008 geltenden Fassung anzuwenden. Für einen Rechtsbehelf gegen Entscheidungen eines besonderen Spruchkörpers des Verwaltungsgerichts, die nach dem 31. Dezember 2008 ergehen, ist das Landessozialgericht zuständig.

§ 207 (Überleitung von Verfahren über Entscheidungen von Vergabekammern)

Verfahren in Streitigkeiten über Entscheidungen von Vergabekammern, die Rechtsbeziehungen nach § 69 des Fünften Buches Sozialgesetzbuch betreffen und die am 28. Dezember 2010 bei den Landessozialgerichten anhängig sind, gehen in dem Stadium, in dem sie sich befinden, auf das für den Sitz der Vergabekammer zuständige Oberlandesgericht über. Verfahren in Streitigkeiten über Entscheidungen von Vergabekammern, die Rechtsbeziehungen nach § 69 des Fünften Buches Sozialgesetzbuch betreffen und die am 28. Dezember 2010 beim Bundessozialgericht anhängig sind, gehen auf den Bundesgerichtshof über. Die Sätze 1 und 2 gelten nicht für Verfahren, die sich in der Hauptsache erledigt haben. Soweit ein Landessozialgericht an eine Frist nach § 121 Absatz 3 des Gesetzes gegen Wettbewerbsbeschränkungen gebunden ist, beginnt der Lauf dieser Frist mit dem Eingang der Akten bei dem zuständigen Oberlandesgericht von neuem.

§ 208 (Amtszeit ehrenamtlicher Richter)

(1) Ehrenamtliche Richter, die vor dem 1. Januar 2012 nach § 23 Absatz 1 Satz 2 als Mitglieder des Ausschusses der ehrenamtlichen Richter gewählt worden sind, bleiben bis zum Ende der für sie geltenden Wahlperiode im Amt. Dies gilt auch für ehrenamtliche Richter, die aus den Vorschlagslisten für den Kreis der Arbeitnehmer vor dem 25. Oktober 2013 in das Amt berufen worden sind.

(2) Ehrenamtliche Richter, die aus den Vorschlagslisten für den Kreis der Arbeitnehmer vor dem 25. Oktober 2013 in das Amt berufen worden sind, bleiben bis zum Ende der Zeit, für die sie berufen worden sind, im Amt und gehören so lange den für Angelegenheiten der Grundsicherung für Arbeitsuchende einschließlich der Streitigkeiten auf Grund des § 6a des Bundeskindergeldgesetzes und der Arbeitsförderung zuständigen Kammern an.

§§ 209 bis 217 (weggefallen)

§ 218 (gegenstandslos)

§ 219 (Abweichungen für bestimmte Länder)

Die Länder können Abweichungen von den Vorschriften des § 85 Abs. 2 Nr. 1 zulassen.

Stichwortverzeichnis

Sie finden das jeweilige Stichwort über die fettgedruckte Angabe der Leitziffer, gefolgt durch die Vorschriftenabkürzung. Im angegebenen Paragraphen finden Sie das gesuchte Stichwort.
Um mehr Übersichtlichkeit zu erreichen, sind die Bezeichnungen der Gesetze zum Teil verkürzt wiedergegeben. Wo die männliche Form verwendet wurde, ist implizit auch die weibliche gemeint.

Findex

Findex

Findex

Findex

Findex

Findex

Findex

Findex

Findex

Findex

Findex

Findex

Findex

Findex

Findex

Notizen

Notizen

Notizen

Notizen

Notizen

Schnellübersicht